Blickfeld DEUTSCH

Oberstufe LEHRERBAND

Herausgegeben von:
Peter Mettenleiter und Stephan Knöbl

Erarbeitet von:
Wolfgang Aleker, Werner Frank,
Walter Frei, Emil Göggel, Stephan Knöbl,
Kirsten Krebsbach, Peter Mettenleiter
und Josef Schnell

Best.-Nr. 028228 1

Schöningh

Umschlag: INNOVA, Borchen

Website
www.schoeningh.de

© 2003 Schöningh Verlag
im Westermann Schulbuchverlag GmbH,
Jühenplatz 1–3, D-33098 Paderborn

E-Mail
info@schoeningh.de

Druck: westermann druck GmbH, Braunschweig

Druck 5 4 3 2 1   Jahr 07 06 05 04 03

ISBN 3-14-028228-1

Dieses Werk folgt der reformierten Rechtschreibung und Zeichensetzung.
Ausnahmen bilden Texte, bei denen künstlerische, philologische oder lizenzrechtliche Gründe einer Änderung
entgegenstehen.

Inhaltsverzeichnis

4

Statt eines Vorworts – Fünf Vorschläge für die Arbeit mit BLICKFELD DEUTSCH Oberstufe

BLICKFELD DEUTSCH bietet die Neubearbeitung eines *voll integrierten, curricular* angelegten Deutschbuchs, das durch konsequente *Schülerorientierung* und die *Systematisierung eines Lernprozesses* drei Versprechen gibt:

- BLICKFELD DEUTSCH schafft durch problembezogene und handlungsorientierte Lösungswege eine *höhere Motivation* der Schülerinnen und Schüler.
- BLICKFELD DEUTSCH ermöglicht durch seine Demonstrationsdidaktik, seine vielfältigen Übungsangebote und seine differenzierten Ergebnisbilanzierungen einen langfristig *erfolgreicheren Deutschunterricht.*
- BLICKFELD DEUTSCH bringt eine erhebliche *Entlastung der Unterrichtenden,* sofern einige Vorschläge für die Arbeit mit dem Buch beachtet werden.

1. BLICKFELD DEUTSCH präsentiert in e i n e m Band Inhalte und Methoden für die gesamte Oberstufe als bewusst überschüssiges **Auswahlangebot,** um individuellen Lehrerstilen und spezifischen Unterrichtssituationen gerecht zu werden. Strukturierte *Planungsvorschläge* im Lehrerband auf verschiedenen Ebenen erleichtern die Auswahl:

- Ein *Jahresplan* zeigt die Gliederung nach Unterrichtseinheiten, die Angebote für die Integration der Arbeitsbereiche machen, Dominanzen bezeichnen und Vorschläge für den Zeitaufwand sowie für die Lernerfolgskontrolle geben.
- Exemplarisch ausgewählte *Unterrichtseinheiten* zeigen unterschiedliche didaktische Konzeptionen und Methoden der Erarbeitung.
- Die *Sequenzvorschläge* zu den einzelnen Kapiteln markieren das Fundamentum im Sinne der Obligatorik sowie das Additum und geben Planungsalternativen.
- Ganz konkret sind die *Gewichtungen* der Arbeitsanregungen, die in jedem Einzelfall die Unterscheidung zwischen Fundamentum und Additum erleichtern und die notwendige individuelle Stoffreduktion ermöglichen.
- Die *Synopse zur Integration der Arbeitsbereiche* am Schluss des Schülerbandes zeigt durch die halbfett gedruckten und nummerierten Schwerpunkte die „Eckdaten" für die individuelle Konzeption eines Jahresplanes.

2. BLICKFELD DEUTSCH ist in entscheidenden Teilen in **didaktischer Progression** konzipiert:

- Das *erste Kapitel* sollte unbedingt als *Grundlage* für die Oberstufenarbeit verstanden werden, weil es der *Reorganisation* von Inhalten und Methoden der Sekundarstufe I u n d der *Neuorientierung* auf die Sekundarstufe II dient.
  Auch innerhalb dieses Kapitels ist die Strukturierung zu beachten: Von der Lyrik über epische Kurzformen zum Adoleszenzroman, zum Drama und zur Vorstellung von Autor und Werk ist eine in sich schlüssige Abfolge konzipiert, die in dieser Form verbindlich erscheint. Konkret bedeutet dies, dass Kurt Tucholsky beispielsweise nicht am Anfang der Jahresarbeit stehen sollte, weil zu diesem Zeitpunkt für eine sinnvolle Beschäftigung die Voraussetzungen fehlen.
- Auch die verschiedenen *Schreibformen* stehen – gemäß ihrer Nummerierung in der Synopse – in einem curricularen Zusammenhang, der zu beachten ist, um die Lerneffekte einer systematischen Schulung nicht zu verspielen.

3. BLICKFELD DEUTSCH bietet die Chance, Jugendliche in den Umgang mit dem **Medium Fachbuch** so einzuführen, dass eine grundlegende Fertigkeit für Studium und Beruf exemplarisch erworben werden kann.

Der handlungsorientierten Konzeption des Bandes entspricht eine Einführung durch möglichst große **Selbsttätigkeit** der Schülerinnen und Schüler:

- Über die Betrachtung des *Umschlagbildes* könnten durch die Deutung der Bildelemente *Grundlinien der Konzeption* erschlossen werden:
  - Ausgehend von der Tradition (die Silhouette der stilisierten Goethe-Figur im Vordergrund) ließe sich der historische Horizont des Buches (Regenbogen und Zeituhr) umreißen.
  - Über die Bücher (für den Lesenden u n d Schreibenden) sowie durch zahlreiche Schreibutensilien (vom Gänsekiel bis zum modernen Schreibzeug) lassen sich vergangene und gegenwärtige Gestaltung und Rezeption sowie das weite „Blickfeld Deutsch" erörtern.
- Durch die *Ansprache* an die Schülerinnen und Schüler im „Vorwort" (SB, S. 7) könnte die erste Information erweitert werden.
- Über *Fragen* und *Gesprächsanstöße* ließen sich dann blätternd ein vorläufiger *Gesamteindruck* und erste *Auffälligkeiten* besprechen, z.B.
  - die Auftaktbilder für jedes Kapitel;
  - die Aufteilung in Kapitel mit thematischer Gliederung (1. und 12. Kapitel) und Epochenstrukturierung (2.–11. Kapitel), Sequenzen und Teilsequenzen;
  - die Gliederung in Haupt- und Randspalte;
  - die Siglen und die farbigen Hervorhebungen;
  - die Zuordnung von Texten, Bildern, Informationen, Methoden und Arbeitsanregungen.
- Durch *Leseproben* und *Suchaufgaben* könnte die Binnenstruktur des Bandes erschlossen werden, etwa über
  - den *Vergleich* des Inhaltsverzeichnisses (S. 3ff.) und der Synopse (S. 499ff.);
  - die *Recherche* einzelner Schreibformen innerhalb der vertikal gelesenen Synopse, um eine Vorstellung des Curriculums zu vermitteln;
  - das *Nachschlagen* von Biografien, Poetologie und Methoden im Autoren- und Sachregister, wodurch sich Möglichkeiten für selbstständiges Arbeiten vorführen ließen;
  - die Verdeutlichung der *Integration* der Arbeitsbereiche, indem die Synopse horizontal gelesen wird und dazu exemplarische Seiten im Schülerbuch aufzuschlagen sind.
- Ein *genaueres Kennenlernen* des Buches könnte arbeitsteilig über Partner- oder Gruppenaufträge erfolgen, z.B.
  - zur Konzeption ausgewählter *Epochen,* um die gesamtkulturelle Orientierung zu zeigen;
  - zum *Aufbau* der Interpretations- und Erörterungsteile nach dem Drei-Phasen-Modell;
  - zur *Sprachgeschichte* im Längsschnitt über verschiedene Kapitel;
  - zu elementaren *Studiertechniken* und *Methoden:* Wo und wie werden z.B. Exzerpt, Unterrichtsprotokoll und Metaplan dargestellt?

Insgesamt soll diese Einführung in die Oberstufenarbeit über die *Handhabung des Deutschbuchs* die Akzeptanz des Mediums sichern, allmähliche Vertrautheit vermitteln und so die Einschätzung des Faches Deutsch verbessern.

4. BLICKFELD DEUTSCH ist auf **handlungsorientierte Nutzung** angelegt, wobei den lernpsychologisch effizienten Formen der Selbsttätigkeit und Kooperation eine wichtige Rolle zukommt:

- z.B. im planvollen *Wechsel von Plenums- (Kurs-) und Gruppenunterricht* in allen Kapiteln, wobei die Anwendung und Optimierung eingeführter Arbeits- und Sozialformen ebenso wichtig ist wie die Präsentation und Fixierung arbeitsteilig gewonnener Ergebnisse im Plenum.
- z.B. durch *Binnendifferenzierung* des Unterrichts mit individuell angemessenen Übungsangeboten etwa für Schülerin-

nen und Schüler, die Defizite aufzuholen haben oder durch Zusatzaufgaben gefördert werden müssen.

– z.B. für *projektorientiertes Arbeiten* oder fächerverbindenden *Projektunterricht,* wozu im Schülerbuch Materialien, Literaturangaben, Aufgabenstellungen und Methodenhinweise geboten werden.

5. BLICKFELD DEUTSCH baut auf die Vorzüge einer **individuellen Ergebnisfixierung** in einem „Deutschordner":

– Durch seine *offene Form* lässt sich ein Ringbuch sinnvoll gliedern (z.B. nach Epochen, Sprech- und Schreibformen, Gattungsübersichten etc.), beliebig erweitern (z.B. durch Textkopien, Arbeitsblätter, Bildmaterial, Schülerbeispiele etc.) und durch ein sukzessiv wachsendes Inhaltsverzeichnis überschaubar gestalten.

– Lernpsychologisch betrachtet, ist eine *kontinuierliche Ergebnissicherung* allen anderen Formen überlegen:
  • Denn eine übersichtliche Informationsverarbeitung sichert eine schreibintensive Arbeitskontinuität über mehrere Jahre.
  • Ein selbst gestaltetes Informationsmedium hat den nachhaltigsten Lerneffekt. Es enthält z.B. kommentierte Tafelbilder, Protokolle und Mitschriebe aus dem Unterricht, Exzerpte, Grafiken – etwa Verlaufs- und Spannungskurven, Personenkonstellationsmodelle etc. –, Annotationen zu Gedichten und Arbeitsblättern, die Auflösung von Textverrätselungen, Inszenierungsvorschläge, Drehbuchentwürfe usw.

– Das über die Jahre selbst geschaffene *Kompendium* ist gleichzeitig der eindrucksvollste Nachweis eines gleichermaßen prozess- wie ergebnisorientierten Deutschunterrichts der Oberstufe.[1]

---

[1] Zur Anlage eines Deutschordners vgl. Peter Mettenleiter/Rolf Nußbaum: Unterrichtsideen Deutsch. 24 Vorschläge für einen anregenden Deutschunterricht. – Stuttgart (Klett) ⁴1993, S. 10–13.

I. Die Konzeption von Blickfeld Deutsch Oberstufe

1. Allgemeine pädagogische und didaktisch-methodische Prämissen des Schülerbandes

BLICKFELD DEUTSCH in der vierfarbigen **Neubearbeitung** erweitert das Text- und Methodenangebot, bewahrt aber in der pädagogischen und didaktisch-methodischen Zielset-zung die vielfach **bewährte Gesamtkonzeption** und bildet mit den Bänden der Sekundarstufe I eine curricular strukturierte Ganzheit.

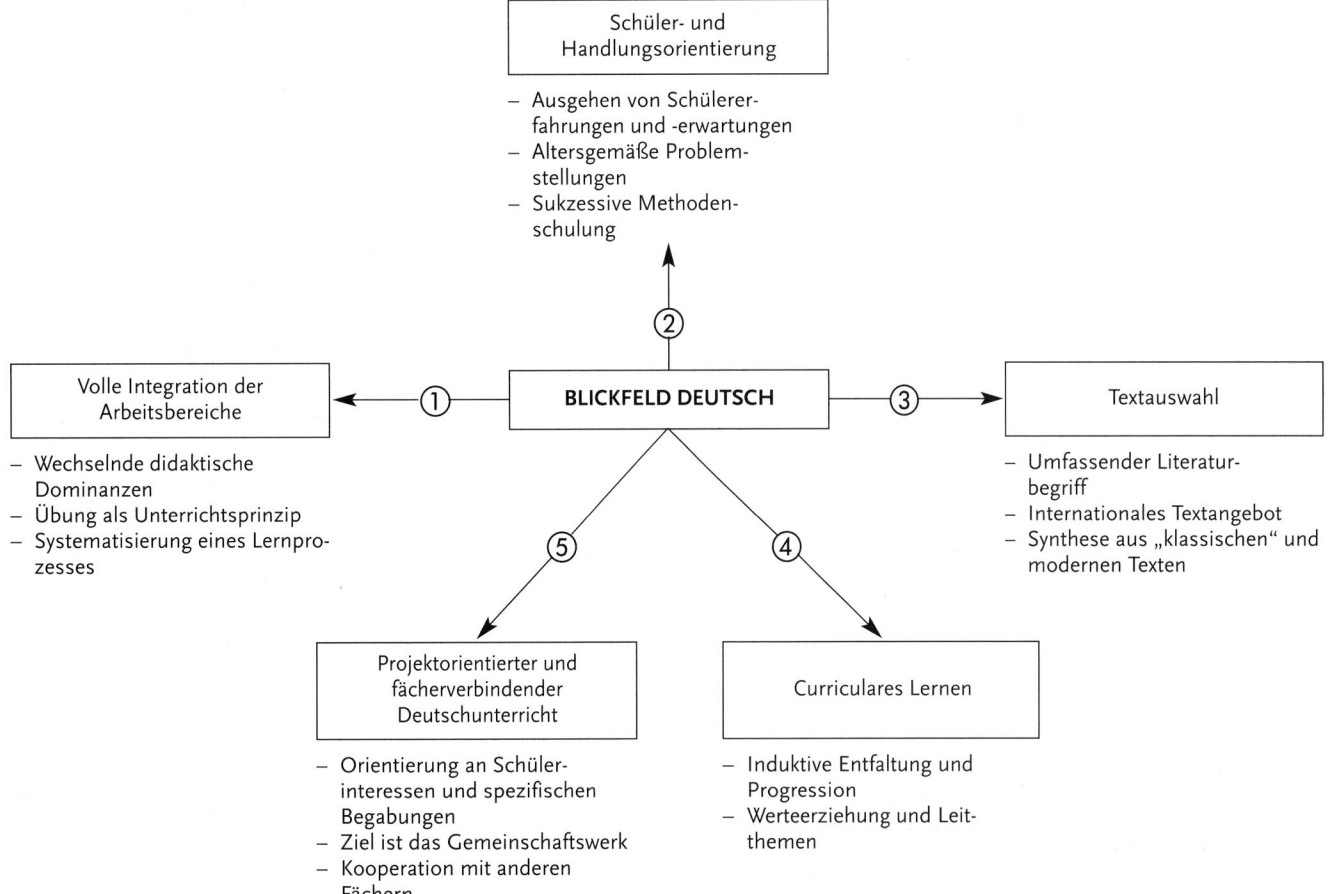

Schüler- und Handlungsorientierung
– Ausgehen von Schülerer-fahrungen und -erwartungen
– Altersgemäße Problem-stellungen
– Sukzessive Methoden-schulung

②

Volle Integration der Arbeitsbereiche
– Wechselnde didaktische Dominanzen
– Übung als Unterrichtsprinzip
– Systematisierung eines Lernpro-zesses

① ← **BLICKFELD DEUTSCH** → ③

Textauswahl
– Umfassender Literatur-begriff
– Internationales Textangebot
– Synthese aus „klassischen" und modernen Texten

⑤ ④

Projektorientierter und fächerverbindender Deutschunterricht
– Orientierung an Schüler-interessen und spezifischen Begabungen
– Ziel ist das Gemeinschaftswerk
– Kooperation mit anderen Fächern

Curriculares Lernen
– Induktive Entfaltung und Progression
– Werteerziehung und Leit-themen

1.1 Die volle Integration der Arbeitsbereiche

Die **volle Integration der Arbeitsbereiche** hat sich in der heuti-gen didaktischen Diskussion mit überzeugenden Argumenten völlig durchgesetzt:
– *Bildungspolitisch* ist das Integrationsprinzip in allen Lehrplä-nen der Bundesrepublik fest verankert.
– *Fachwissenschaftlich* und *fachdidaktisch* folgt die Integration ei-ner ganzheitlichen Auffassung von Sprache, bei der die heuris-tisch bedingte Einteilung in die Arbeitsbereiche „Sprechen und Schreiben", „Literatur und Medien" und „Sprachbetrachtung" nur verschiedene Aspekte einer Ganzheit verdeutlicht.
– *Lernpsychologisch* kann verbundener Deutschunterricht in be-sonderer Weise dem Anspruch auf ganzheitliches Lernen

genügen. Gleichzeitig lässt sich so die Motivation der Schü-lerinnen und Schüler steigern. Auch die Akzeptanz der schwierigen Teilbereiche des Faches ist höher, wenn Litera-tur- und Sprachbetrachtung sowie Sprechen und Schreiben nur wechselnde Dominanzen eines kontinuierlichen Lern-prozesses darstellen.
– *Arbeitsökonomisch* betrachtet, gibt es nur in der sinnvollen Integration der Arbeitsbereiche eine Chance, die große Stoff-fülle des Faches Deutsch angemessen, d.h. ohne ersticken-de Stoffhuberei, zu bewältigen. Denn nur eine integrierte Konzeption ermöglicht die gleichzeitige Verbindung von in-duktiver Entfaltung aller Lerninhalte, eine didaktische Progression innerhalb des Gesamtcurriculums (s. u.), z.B. in der Erarbeitung der schriftlichen Darstellungsformen, und ein permanentes Übungsangebot als Unterrichtsprin-zip.

1.2 Die konsequente Schüler- und Handlungsorientierung

Die Schüler- und Handlungsorientierung verfolgt das Ziel einer *Systematisierung des Lernprozesses* und geht dabei von folgenden Überlegungen aus:

– Die für jegliche Motivation unerlässliche *Problemorientierung* basiert auf den schulischen Voraussetzungen der Jugendlichen, ihren Lebenserfahrungen und ihren Erwartungen an ein Deutschbuch. Dazu wurden altersgemäße anthropologisch ausgerichtete Fragestellungen entwickelt, deren Anregungspotenzial in vielseitigen Sprech- und Schreibformen zu nutzen ist.

– Der *Erziehung zu selbstständigem Arbeiten* kommt durch ein Bündel von Maßnahmen höchste Priorität zu:

  • Anregungsimpulse zu *entdeckendem Lernen* sind häufig der Ausgangspunkt.

  • Begleitet von einer *Demonstrationsdidaktik* (s. u. Schreibformen) werden plausible Lösungswege und Strukturierungsmuster so angeboten, dass sie in eigenen Versuchen anzuwenden sind.

  • Durch gezielte Strategien zur *Fehlervermeidung* und *Fehlerkorrektur* erhalten die Lernenden ein angemessenes Rüstzeug, um ihre Kompetenzen selbstverantwortlichen Arbeitens sukzessiv zu verbessern.

  • *Simulationsmodelle*, z.B. in der fiktiven Rollenübernahme einer literarischen Figur und das Modelllernen insgesamt, bieten sich an für Probehandeln und Experimente.

  • Die *Methodenschulung* (vgl. LB, S. 26ff.) ist in der Neubearbeitung erheblich ausgeweitet und systematisiert worden, so dass die Schülerinnen und Schüler noch entschiedener Verfahren kennen lernen, diese reflektieren und die Methodenvielfalt funktionsgerecht nutzen können.

  • Auch *Studiertechniken* von A bis Z – von der Annotation bis zur Zitierweise – sind nicht nur verstärkt eingeführt, sondern werden auch permanent geübt.

– Neu entwickelt wurden Anregungen für die *Facharbeit* und den *Seminarkurs*, wodurch Weichenstellungen weit über die Schulzeit hinaus getroffen sind.

– Neben der Einübung traditioneller *Kooperationsformen*, wie z.B. Partner- und Gruppenarbeit, wurde in der Neubearbeitung Wert gelegt auf anspruchsvolle Arbeitsformen wie Gruppenpuzzle, Projektunterricht (s. u.) und Verfahrensvorschläge für die *selbstständige Erarbeitung* von schwierigen Ganzschriften.

– Die *Arbeitsanregungen*, die in der Neufassung durch blauen Druck abgehoben sind, favorisieren nach Möglichkeit *offene Text- und Problemzugänge*. Diese fördern die Aktivität der Schülerinnen und Schüler in besonderer Weise, weil sie z.B. auf Assoziationen zu Titeln und Themen, auf den Lese- oder Höreindruck aufbauen und von Vorgestaltungen bzw. spontanen Skizzierungen ausgehen.

– Indem neben allen einschlägigen analytischen Methoden der Interpretation dem *gestaltenden Interpretieren* in der neuen Version ein hoher Stellenwert zukommt, wird durch ein breites Repertoire an produktionsorientierten Verfahren ein starker Anreiz für schülergemäße Auseinandersetzung gegeben.

1.3 Das gesamtdeutsche und internationale Textangebot

Die **Textauswahl** in BLICKFELD DEUTSCH orientiert sich an bewährten literaturpädagogischen und didaktischen Kriterien, wonach Literatur i. w. S. den Jugendlichen sowohl Medium der Selbst- und Weltreflexion als auch Gegenstand vielfältiger sozialer und ästhetischer Erfahrungen sein kann.

– Das gesamtdeutsche und z.T. auch internationale *Textangebot* ist in einer Weise *überschüssig*, dass für alle Niveau- und Kompetenzstufen sowie für unterschiedliche Lehrerstile und unterrichtliche Rahmenbedingungen eine große Auswahl für alle Gattungen, Genres und Textarten besteht.

– *Exemplarisch* i. w. S. ist die Präsentation in BLICKFELD DEUTSCH, weil sie in den Schwerpunkten des Bandes repräsentativ ist für einen Autor, eine Gattung und eine Epoche. Dabei werden i. d. R. Texte unterschiedlicher Schwierigkeit angeboten.

– Zugrunde liegt ein weiter und *offener Textbegriff*, der anspruchsvolle Werke der sog. hohen Dichtung zwar in den Mittelpunkt stellt, philosophischen, kulturgeschichtlichen und historisch-politischen Texten aber nicht nur eine Ergänzungsfunktion zumisst, sondern diese an entscheidenden Stellen als Gegenstände eingehend thematisiert. Selbstverständlich gehören auch Tabellen, Grafiken und Bilder aller Art zu diesem weiten Textbegriff (vgl. PISA-Studie, LB, S. 29f.).

– *Kontrastive Textkonstellationen* und ein reiches Angebot an Bildern und Grafiken geben vielfache Diskussions- und Vergleichsimpulse, deren Ziel es ist, gesamtkulturelle Zusammenhänge aufzuzeigen.

– Die *Bebilderung* insgesamt hat sicher auch illustrierende Funktion, z.B. bei den Autorenporträts. Wichtiger aber ist die Absicht wechselseitiger Erhellung von Bild- und Textinformationen, wobei die sehr stark bildgesteuerten Rezeptionsweisen heutiger Jugendlicher berücksichtigt wurden.

1.4 Das lerntheoretisch begründete curriculare Lernen

Das **curriculare Lernen** mit e i n e m Band für die gesamte Oberstufe ist nach den Erkenntnissen heutiger Lernforschung von zentraler Bedeutung, da nur in den konsequent durchlaufenen Phasen von Einführung, Anwendung, Variation und Transfer nachhaltige Ergebnisse zu erzielen sind.

– Mit dem Ziel der *Werteorientierung* wird das Thema „Mensch und Menschlichkeit" von Anfang an verfolgt. Es spielt unter historisch-politischen, ethisch-philosophischen, sozialen und ästhetischen Aspekten in allen Kapiteln eine zentrale Rolle.

– Noch entschiedener als bisher folgt die grundsätzlich neu konzipierte *intentionale Sprech- und Schreiberziehung* (vgl. LB, S. 10ff.), die situations- und kontextbezogen ist, den Einsichten der modernen Lernpsychologie:

  • Analog zum Verstehen, das intensiv nur als Prozess erfolgt, müssen auch *Sprechen und Schreiben prozessorientiert* angelegt sein, um erfolgreich vermittelt und erlernt werden zu können. Dies bedeutet, dass von den ersten Einfällen bis zur Schlusskorrektur ein lehr- und lernbares Konzept bestehen muss, das in BLICKFELD DEUTSCH für alle Formen schriftlicher Darstellung als *Drei-Phasen-Modell* verwirklicht ist.

  • Bezogen z.B. auf *Gedichtinterpretation* gibt es acht Schwerpunkte im Buch, an denen an aktuellen und historischen Texten unterschiedlicher Genres und Schwierigkeitsgrade Interpretation demonstriert und geübt wird.

  • Dazu entsprechend werden alle Arten des Erörterns mehrfach exemplarisch vorgeführt und angewandt.

  • Dies gilt ebenso für alle Formen des *gestaltenden Interpretierens*, denen – neben analytischen Verfahren – in einer schüler- und handlungsorientierten Didaktik ein hoher Rang gebührt.

– Das Ziel des *kompetenten Lesers* (vgl. LB, S. 31ff.) wird folgerichtig im gesamten Band angestrebt.

– Der *Sprachbetrachtung* (vgl. LB, S. 34ff.) wird in BLICKFELD DEUTSCH als durchgehendes Unterrichtsprinzip und schwerpunktmäßig innerhalb der Epochen große Beachtung geschenkt.

1.5 Angebote für projektorientiertes und fächerverbindendes Arbeiten

Das **projektorientierte Arbeiten** (innerhalb des Faches Deutsch) und der **Projektunterricht** (mit anderen Fächern zusammen) wurden in der Neubearbeitung besonders stark herausgestellt.

– Unter pädagogischen und sozialpsychologischen Aspekten betrachtet, ist der hohe Rang von *Kooperationsformen* und *interdisziplinärem Arbeiten* heute völlig unbestritten, noch ehe an die sozioökonomische „Verwertbarkeit" zu denken ist. Ebenso fraglos sind die hohen Ansprüche, die dadurch an die Selbsttätigkeit, die Beherrschung von Studiertechniken i. w. S. sowie von Methoden und die Sozialkompetenz der Jugendlichen gestellt werden. Dies bedeutet, dass ohne langfristige curriculare Konzeption diese Arbeitsformen in Sekundarstufe II erfolglos blieben.

– Weil in allen Bänden der Sekundarstufe I von BLICKFELD DEUTSCH eine systematische Schulung dieser Fähigkeiten erfolgt, kann in der Oberstufe ein breites Angebot von Themen gemacht werden, die für projektorientiertes Arbeiten und für Projektunterricht geeignet sind. I. d. R. am Ende der Kapitel werden hierzu detaillierte Vorschläge gemacht und Hilfestellungen gegeben, die die Informationserarbeitung mit adäquaten Verfahrensweisen ebenso betreffen wie Literaturrecherchen, Ausarbeitung und Präsentation der Ergebnisse.

1.6 Die Funktionen von BLICKFELD DEUTSCH Oberstufe

In **einem Band** wird ein schüler- und zeitgemäßes Deutschbuch für die gesamte Kurs- bzw. Oberstufe geboten, das nicht nur den aktuellen Lehrplanforderungen und Bildungsstandards entspricht, sondern auf einschlägigen Ergebnissen der Lernforschung basiert:

– Als **integriertes Arbeitsbuch,** das die Bereiche Literatur und moderne Medien, Sprechen und Schreiben sowie Sprachbetrachtung funktional verbindet, präsentiert es sich in einem Layout mit *Haupt-* und *Randspalte,* in dem Text- und Bild-Informationen sowie Arbeitsanregungen mit offenen, gestalterischen, problem-, struktur- und stilbezogenen Aufgabenstellungen lerngerecht zugeordnet sind. Unabhängig von der jeweiligen Kompetenzstufe kann BLICK-FELD DEUTSCH je nach der spezifischen Funktion **Leitmedium** sein, z.B. im Einführungskapitel und zur systematischen Schreiberziehung, oder als **Begleitmedium** die Lektüre von Ganzschriften stützen. Ganz entscheidend ist in beiden Fällen die Gewährleistung einer konsequenten **Arbeitskontinuität,** jenseits des Notbehelfs wechselnder „Klassensätze", unterschiedlicher Jahrgangsbände und der Flut kopierter Materialien, die nicht selten zur „Zettelwirtschaft" verkommt. Wo sollten die Jugendlichen den sachkundigen Umgang mit einem **Fachbuch** lernen, wenn nicht im Deutschunterricht?

– Als vielseitiges **Informationsmedium** – mit Fakten und Daten aus Literatur- und Sprachgeschichte, Poetologie, Historie, bildender Kunst und Philosophie an der jeweils didaktisch richtigen Stelle – verwirklicht BLICKFELD DEUTSCH die Konzeption eines interdisziplinären Bildungsangebots, das eine ganzheitliche kulturelle Orientierung zum Ziel hat.

– Als **Nachschlagewerk** für alle wichtigen Teilaspekte des Deutschunterrichts der Sekundarstufe II, die für die Klausur- und Abiturvorbereitung sowie für Projektarbeit rasch verfügbar sein müssen, ist BLICKFELD DEUTSCH besonders geeignet: Durch Doppelüberschriften (s. u.), zahlreiche Querverweise im Text, die Synopse (s. u.) sowie durch ein differenziertes Autorenverzeichnis und die Mehrfachnennungen im Sach- und Methodenregister sind die einschlägigen Informationen leicht zu gewinnen.

1.7 Die Struktur von BLICKFELD DEUTSCH Oberstufe

– Das **Inhaltsverzeichnis** (S. 3ff.) gibt einen ersten Überblick über die *12 Kapitel* der Neubearbeitung.
  • Jedes Kapitel wird eröffnet durch ein *Auftaktbild,* das auf der Bildebene bestimmte Themen und Motive der Kontexte signalisiert und als Impuls oder zur Beschreibung und Deutung ebenso eingesetzt werden kann wie zur rückblickenden Reflexion, zumal der Lehrerband die dazu notwendigen Informationen liefert.
  • Die Gliederung der Kapitel erfolgt in *Sequenzen* (mit römischen Ziffern) und in *Teilsequenzen* (mir arabischen Ziffern). Letztere tragen im ersten Teil problemorientierte, im zweiten Teil fachspezifische Doppelüberschriften. Ihnen folgen knappe *Moderationstexte,* die in den jeweiligen Teilaspekt einführen und Interesse wecken sollen.
  • Die *Synopse* am Ende des Bandes gibt genaue Angaben zu Autoren und Texten und macht ein Angebot zur Integration der Arbeitsbereiche und zur curricularen Strukturierung.

– Das **Einführungskapitel** berücksichtigt die oft sehr heterogenen Voraussetzungen der Lerngruppe. Deshalb bietet es – analog zu allen Bänden der Sekundarstufe I – die Grundlage für die *Reorganisation* aller wichtigen Inhalte und Methoden. Auf diese Weise ist ein sicheres *Fundament* für alle weitere Arbeit zu schaffen: Dabei wird auf elementares Wissen ebenso Wert gelegt wie auf Studiertechniken und auf Denk- und Verstehensweisen. Angestrebt wird eine Synthese aus *Anknüpfung* an die Sekundarstufe I, um den Jugendlichen über Lernkontinuität Sicherheit zu vermitteln, und eine *Neuorientierung* auf die komplexere und anspruchsvollere Arbeit der Oberstufe.
Die **Neubearbeitung** dient dieser Zielsetzung durch folgende Akzente:
  • Die Arten der *Lyrik* und die *epischen Kleinformen* sind jetzt noch schärfer profiliert und durch *Gattungsübersichten* im Anhang ergänzt.
  • Über Beispiele des aktuellen *Adoleszenzromans* und den Vergleich von *attischer Tragödie* und *modernem Drama* sind nun auch die literarischen Großformen von Anfang an repräsentiert. Zusammen mit der Sequenz über Kurt Tucholsky, die das Verhältnis von Autor–Werk–Leser im epochalen Zusammenhang darstellt, sind alle wichtigen Aspekte der Literaturbetrachtung schon im ersten Kapitel berücksichtigt.
  • Alle *Schreibformen* – analytisch, gestaltend und erörternd – sind neu konzipiert und werden von Beginn an systematisch entwickelt. Gemäß ihrer Bedeutung für den Deutschunterricht der Oberstufe sind sie durch grüne Unterlegung von den übrigen Methodenteilen abgehoben.
  • Mit der Sigle $\mathcal{M}$ und durch gelbe Unterlegung sind alle andern *Methoden* gekennzeichnet. Sie werden schwerpunktmäßig eingeführt und an vielen Stellen im Buch eingeübt, so dass sich eine Kombination von Methodendemonstration und Methodentraining ergibt.

- Die für jede Teilsequenz neu nummerierten *Arbeitsanregungen* (in blauem Druck) wollen im Wortsinne als Impulse bzw. Möglichkeiten verstanden sein. Sie sind nicht als vorgegebenes starres Pensum, sondern als strukturiertes *Auswahlangebot* gedacht: Über Annäherung, Problemerfassung bzw. Gliederung reichen die Vorschläge zu Detailfragen, Vergleichs-, Anwendungs- und Transferaufgaben. Die jeweilige Gewichtung und in vielen Fällen die individuelle oder arbeitsteilige Lösung müssen im jeweiligen Unterricht nach dessen spezifischen Bedingungen entschieden werden. Die „Erläuterungen und Lösungsvorschläge" des Lehrerbandes bieten dazu zwar Hinweise, doch geben sie Spielraum für alternative selbst gewählte Aufgabenstellungen durch Lehrende und Lernende.
- Neu sind die mit $\mathcal{L}$ (für Lexikon) und durch einen orangefarbenen Streifen markierten *Informationsteile*, die den Texten funktional zugeordnet sind. Sie stellen Wissen zur Verfügung, das zu memorieren oder als Subtext zur Lösung von Aufgaben zu verwenden ist.
- Innerhalb der Teilsequenzen sind alle *Texte* und *Bilder* nummeriert.
- Die **Gliederung nach Epochen** (vgl. LB, S. 29ff.) ist in allen Kapiteln neu arrangiert oder durch neue Texte, Informations- und Methodenteile erweitert und durch das 11. Kapitel, Literatur nach 1989, fortgeführt.
- Ergänzt wird die Epochenkonzeption durch **thematische und gattungstypologische Gliederungsvorschläge** (vgl. LB, S. 30f.).
- Neu ist der Anhang **„Auf einen Blick",** in dem *Übersichten* und *Zusammenfassungen* zur Literaturgeschichte, zu Gattungen, zu Sprech- und Schreibformen sowie zur Sprachbetrachtung und Rechtschreibung gegeben werden. Gleichzeitig dienen pragmatische Anregungen der Vorbereitung zur *mündlichen Prüfung*, zum *Vorstellungsgespräch* und zur Abfassung von *Lebenslauf* und *Bewerbung.*

2. Prämissen der Sprech- und Schreibdidaktik des Schülerbandes

2.1 Ziele und Methoden einer intentionalen Sprech- und Schreiberziehung

Wer „Sprech- und Schreiberziehung" begrifflich für altmodisch hält, verkennt deren anthropologische Bedingungen und Ziele. Denn per definitionem muss jegliche Erziehung, also auch die Spracherziehung,

- *ganzheitlich* i. S. einer kognitiven und emotionalen Ausrichtung sein.
- Sie ist *langfristig* anzulegen i. S. einer curricularen Konzeption, die alle Stufen schulischer Bildung umfasst.
- Spracherziehung soll *vielseitig-funktional* i. S. individueller, situativer und thematischer Differenzierung sein.
- Sie ist *zielgerichtet* (intentional), weil sie von altersgemäßen Voraussetzungen ausgeht und von einem Optimismus getragen wird, der alle Forderungen an die Lernenden auf die Überzeugung gründet, dass die Förderung fruchtbare Lernprozesse in Gang setzt.
- Spracherziehung läuft stets *diskursiv* ab, als Dialog oder als Diskussion, und lebt vom lebendigen Wechselprozess zwischen Lernenden und Lehrenden, wobei alle Risiken, aber auch viele Möglichkeiten eingeschlossen sind.

Es ist an dieser Stelle nicht der Ort, in eine Diskussion der Sprech- und Schreibdidaktik einzutreten. Vielmehr sind hier nur die grundlegenden Erkenntnisse zu skizzieren, auf denen die Konzeption von BLICKFELD DEUTSCH aufbaut: Ausgangspunkt sind die Ergebnisse der **Motivationsforschung**[1], die nicht fragt „Ist Schreiben lernbar?"[2], sondern auf den optimistischen Appell setzt „Du kannst es lernen!", wenn du Sprech- und Schreibhemmungen abbaust (s. u.), dir der Komplexität und Schwierigkeit des Gegenstands „Sprechen und Schreiben" bewusst bist, Zutrauen in dein Leistungsvermögen gewinnst und dieses mit Anstrengung und Stetigkeit ausbaust. Wer dagegen den leichten, mühelosen und schnellen Lösungsweg verspricht, der beschönigt oder sagt die Unwahrheit.
Die **Sprech- und Schreibforschung** der letzten Jahre konnte überzeugend darlegen, dass es bei der Neugestaltung von „Sprechen und Schreiben" nicht nur um einen Arbeitsbereich des Faches, sondern stets um eine Reform des ganzen Deutschunterrichts geht, analog zum „Kampfruf" am Beginn des letzten Jahrhunderts „Aufsatzreform ist Unterrichtsreform".[3]

Wie eng der Zusammenhang zwischen Literaturverstehen, Sprachbetrachtung und Stilschulung sowie den „Aufsatzarten" (s.u.) tatsächlich ist, können die folgenden Ausführungen zeigen.
Dabei ist es nicht erforderlich, in den Streit über die Dignität einzelner didaktischer Ansätze[4] einzutreten, denn je nach Intention und Darstellungsart laufen sowohl kommunikative als auch heuristische und kreative bzw. produktionsorientierte Prozesse ab, wobei deren Anteile je und je unterschiedlich groß sind.
Nach der „kommunikativen Wende" des Deutschunterrichts in den Siebzigerjahren, durch die Erforschung und didaktische Reflexion des mündlichen Sprachgebrauchs zu Lasten der Schreibformen sehr in den Vordergrund rückten, hat die „kognitive Wende" in den Achtziger- und Neunzigerjahren eine erneute Hinwendung zum schriftlichen Sprachgebrauch bewirkt. Ob diese Trendwende primär als Reaktion auf zunehmende Defiziterfahrungen einer vernachlässigten „Schreibkultur" oder einfach als zwangsläufiger Paradigmenwechsel innerhalb eines natürlichen Pendelschlags zu deuten ist, kann hier unberücksichtigt bleiben.[5]

---

[1] Vgl. Jürgen Baurmann/Astrid Müller: Zum Schreiben motivieren – das Schreiben unterstützen. Ermutigung zu einem schreiber-differenzierten Unterricht. In: Praxis Deutsch, H. 149 (1998), S. 16–22. Die Autoren beziehen sich vor allem auf F. Rheinberg/S. Krug: Motivationsförderung im Schulalltag. – Göttingen (1993) und auf F. Rheinberg. Motivation. – Stuttgart (1995).

[2] So der Titel eines Heftes von Diskussion Deutsch, H. 102 (1988), der sich allerdings vor allem auf Erzählen und Gestalten bezieht.

[3] Vgl. Joachim Fritzsche: Was ist literarische Begabung, und wie kann man sie fördern? In: Diskussion Deutsch, H. 102 (1988), S. 347–366, hier S. 361. Gemeint sind die Aufsatzreformer Adolf Jensen/Wilhelm Lamszus: Unser Schulaufsatz ein verkappter Schundliterat (1910) und Der Weg zum eigenen Stil (1911). Dazu das Porträt von Hartmut Eggert im selben Heft, S. 427–431.

[4] Vgl. Karl Schuster: Einführung in die Fachdidaktik Deutsch. – Baltmannsweiler (Schneider) [7]1998, S. 112ff. – Vgl. Winfried Ulrich: Didaktik der deutschen Sprache. Ein Arbeits- und Studienbuch in drei Bänden. – Stuttgart (Klett) 2001. Bd. 2, S. 28f.: Über Funktionen und Ziele des Schreibens.

[5] Vgl. dazu Eva Neuland: Mündliche Kommunikation: Gesprächsforschung – Gesprächsförderung. Entwicklungen, Tendenzen und Perspektiven. In: Der Deutschunterricht, Jg. 47, H. 1 (1995), S. 3–15, besonders S. 3 und 11.

Entscheidend ist, dass nun mit entschiedener Konsequenz – analog zum Verstehensablauf – **Schreiben als Prozess** begriffen wird, der es erforderlich macht, den komplexen Gegenstand durch Differenzierung und Gliederung in einem operationalen Lösungsweg zugänglich zu machen und in Teiloperationen zu bearbeiten. Schwieriger, als eine kurzfristige *Anfangsmotivation* zu schaffen, ist dabei die Wahrung einer anhaltenden *Arbeitsmotivation,* die Phasen der Entwicklung ebenso einschließen muss wie die Überarbeitung und Korrektur. Wie dieser Schreibprozess didaktisch und methodisch konkretisiert werden kann, soll exemplarisch am Beispiel der Gedichtinterpretation (LB, S. 15ff.) erläutert werden. Der Terminus „Mündliche und schriftliche Darstellungsformen" wurde gewählt, weil er weit und offen genug erscheint, um analysierende und gestaltende Interpretation, kreative Formen und die Arten der Erörterung zu umfassen. Wo abkürzend für alle schriftlichen Formen synonym von „Aufsatzarten" die Rede ist, geschieht dies stets unter Vorbehalt und in Anführungszeichen, um anzuzeigen, dass nur in dieser Relativierung der traditionelle Begriff heute noch als Terminus technicus verwendbar ist. Denn sowohl Inhalt und Umfang der heutigen schriftlichen Darstellungsformen als auch die Methoden ihrer Vermittlung haben mit dem „alten" Aufsatz und der „alten" Aufsatzlehre nur noch wenig gemein, was sich im Folgenden erweisen wird.

2.2 Die Darstellungsformen im Curriculum

2.2.1 Die mündlichen Darstellungsformen

Sie haben – jenseits der Diskussion aktueller Kommunikationsstrategien angesichts einer bedrückenden Gewaltszene an Schulen – den Vorteil, dass „Schülerinnen und Schüler wirklich etwas fürs Leben lernen"[6] können, was ihnen durch den alltäglichen „Gebrauchswert" unmittelbar einleuchtet. Nicht zuletzt unter diesem pragmatischen Gesichtspunkt ist Eva Neulands[7] Forderung zu verstehen: „Die Didaktik der mündlichen Kommunikation bedarf einer Neubelebung, wenn sie zur ‚Entwicklung einer Gesprächskultur' beitragen will, die auch für die zukünftige Lebenspraxis der Schüler und Schülerinnen in einer demokratischen Gesellschaft bedeutsam ist." Nachdem in den Siebzigerjahren die Wissenschaftsdisziplinen der Kommunikations- und Sprechakttheorie, der Soziolinguistik und Sprachbarrierenforschung auch die Didaktik der mündlichen Kommunikation sehr stark bestimmten[8], ist der heute verwendete Kommunikationsbegriff offen für „emotional-affektive und kreativ-spielerische Dimensionen". Auch ist neuerdings ein deutlicher Trend zu einer anwendungsorientierten Gesprächsforschung und -didaktik[10] festzustellen. Gerade im Blick auf ein oft inflationäres außerschulisches Angebot an Rhetorikkursen und Ratgebern zum Kommunikationstraining mit z.T. pseudowissenschaftlichen Rezeptologien und Tricklisten, sind schulische Bemühungen im Deutschunterricht der Oberstufe umso dringlicher, wozu u.a. die Werke von Hellmut K. Geissner[11] und Werner Nothdurft[12] eine zuverlässige fachwissenschaftliche und pädagogisch-didaktische Grundlage bieten.

Die Konzeption von BLICKFELD DEUTSCH sucht Aspekte einer pragmatischen Rhetorik mit theoretischer Reflexion sowie mit Anwendungsformen innerhalb der Literaturbetrachtung und Poetologie zu verbinden. Die für die Oberstufenarbeit angenommenen Ausgangsbedingungen zeigt ein Blick auf das in den Bänden der Sekundarstufe I entwickelte **Curriculum:**

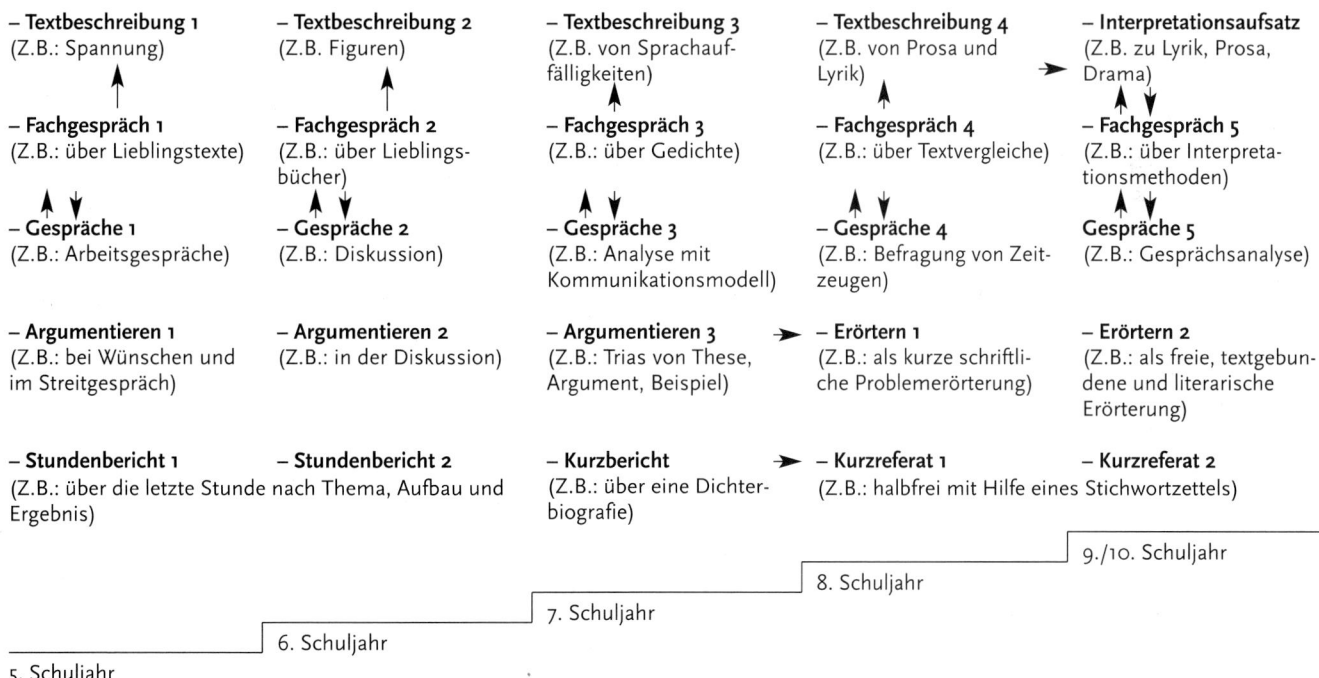

- **Textbeschreibung 1**
(Z.B.: Spannung)

- **Textbeschreibung 2**
(Z.B. Figuren)

- **Textbeschreibung 3**
(Z.B. von Sprachauffälligkeiten)

- **Textbeschreibung 4**
(Z.B. von Prosa und Lyrik)

- **Interpretationsaufsatz**
(Z.B. zu Lyrik, Prosa, Drama)

- **Fachgespräch 1**
(Z.B.: über Lieblingstexte)

- **Fachgespräch 2**
(Z.B.: über Lieblingsbücher)

- **Fachgespräch 3**
(Z.B.: über Gedichte)

- **Fachgespräch 4**
(Z.B.: über Textvergleiche)

- **Fachgespräch 5**
(Z.B.: über Interpretationsmethoden)

- **Gespräche 1**
(Z.B.: Arbeitsgespräche)

- **Gespräche 2**
(Z.B.: Diskussion)

- **Gespräche 3**
(Z.B.: Analyse mit Kommunikationsmodell)

- **Gespräche 4**
(Z.B.: Befragung von Zeitzeugen)

Gespräche 5
(Z.B.: Gesprächsanalyse)

- **Argumentieren 1**
(Z.B.: bei Wünschen und im Streitgespräch)

- **Argumentieren 2**
(Z.B.: in der Diskussion)

- **Argumentieren 3**
(Z.B.: Trias von These, Argument, Beispiel)

- **Erörtern 1**
(Z.B.: als kurze schriftliche Problemerörterung)

- **Erörtern 2**
(Z.B.: als freie, textgebundene und literarische Erörterung)

- **Stundenbericht 1**
(Z.B.: über die letzte Stunde nach Thema, Aufbau und Ergebnis)

- **Stundenbericht 2**

- **Kurzbericht**
(Z.B.: über eine Dichterbiografie)

- **Kurzreferat 1**

- **Kurzreferat 2**
(Z.B.: halbfrei mit Hilfe eines Stichwortzettels)

9./10. Schuljahr

8. Schuljahr

7. Schuljahr

6. Schuljahr

5. Schuljahr

---

[6] Vgl. den Basisartikel von Jürgen Baurmann/Helmuth Feilke/Elisabeth Vos: Streit und Konflikt. In: Praxis Deutsch, H. 174 (2002), S. 6–15.

[7] Eva Neuland: Mündliche Kommunikation. A.a.O., S. 3. Die Autorin zitiert Richtlinien Deutsch Gymnasium S I NRW 1994, S. 38.

[8] Ebenda, S. 6.

[9] Ebenda, S. 7.

[10] Ebenda, S. 12.

[11] Hellmut K. Geissner: Kommunikationspädagogik. Transformationen der „Sprech"-Erziehung. – St. Ingbert (Röhrig Universitätsverlag) 2000.

[12] Werner Nothdurft: Ausbildung zur Gesprächsfähigkeit – kritische Betrachtungen und konstruktive Vorschläge. In: Hansjörg Witte u.a. (Hrsg.): Deutschunterricht zwischen Kompetenzerwerb und Persönlichkeitsentwicklung. – Baltmannsweiler (Schneider) 2000, S. 251–269.

Horizontal betrachtet, zeigt die Übersicht die Stufen einer *didaktischen Progression,* die durch konsequente curriculare Planung in kontinuierlicher Arbeit über sechs Schuljahre zu erreichen ist. So erweist die sukzessive Vorbereitung des *Kurzreferats* beispielsweise, dass eine bestimmte Form nicht unvermittelt „vorgesetzt" werden darf, wenn die Schüler eine echte Lernchance i. S. eines zu bewältigenden Pensums haben sollen. Gleichzeitig erfahren die Jugendlichen Lernen als Prozess, in dem das Neue seinen Reiz behält, aber durch die Fortführung des bereits Erlernten den Schrecken verloren hat, der stets durch Überforderung entsteht. Wenn curriculares Arbeiten ein Unterrichtsprinzip darstellt, das dem Schüler hilft, wächst über die Jahre die pädagogisch wünschenswerte Überzeugung, dass stetiges Lernen dem punktuellen Pauken in jeder Beziehung überlegen ist.

Vertikal gelesen, demonstriert die Tabelle, dass Mündliches und Schriftliches im Unterrichtsprozess eng zusammenhängen. Das *Fachgespräch* z.B. ist nicht nur den „normalen" Gesprächsformen formal sehr nahe – es hebt sich vor allem inhaltlich durch einen höheren Sachanspruch ab –, sondern erlaubt auch den unmittelbaren Wechsel zur schriftlichen Form der Textbeschreibung bzw. später der Interpretation. Der selbstverständliche Wechsel vom einen Modus der Bearbeitung in den anderen schafft nicht nur permanente Übungsmöglichkeiten, sondern verstärkt auf Dauer auch die Akzeptanz des Schreibens insgesamt.

Die im Oberstufenband von BLICKFELD DEUTSCH vorgesehenen Formen sind hauptsächlich der **praktischen Rhetorik** i. S. einer methodisch[13] breit angelegten „mündlichen Redefähigkeit"[14] zuzuordnen. Dabei sollen neben dem jeweiligen Gegenstandsbezug situative Faktoren (Anlass, Absicht, Adressaten) ebenso beachtet werden wie Argumentationstechniken und Präsentationsstrategien.

Nach der Wiederholung elementarer Regeln der *Gesprächsarten*[15] und einer Übersicht über schulische Formen[16] (SB, S. 11) werden in einem ersten Reflexionsschwerpunkt Merkmale symmetrischer und asymmetrischer Kommunikation analysiert (SB, S. 71), ehe mit der *Rede*[17] (SB, S. 74ff.; vgl. die Predigt, SB, S. 121 und die politische Rede, SB, S. 375) und dem *Referat*[18] (SB, S. 75f.; S. 213ff.) zentrale „Gebrauchsformen" in Anlehnung an den berühmten Tucholsky-Essay im Mittelpunkt stehen. Wie sehr die *Körpersprache* die Präsentation nicht nur stützt, sondern grundsätzlich beeinflusst, wird – begleitet durch die Abbildung aufschlussreicher Posen – an zwei Stellen aufgegriffen (SB, S. 76f. und SB, S. 429). Wie sehr in der Sekundarstufe II eine lebendige Körpersprache[19] nur nach langer Übung von der Unterstufe an zu erwarten ist, geht auch aus der Forderung Otto Schobers[20] nach einem „semiotische[n] Curriculum" hervor, auf die sich Kurt Finkenzeller[21] stützt, wenn er ganz praktische Hinweise für die Schulung der Körpersprache gibt. Am Beispiel einer *Gedenkrede* Erich Kästners (SB, S. 77ff.) ist eine Reflexion auf zwei Ebenen anzuschließen: Einmal sollen über Textmarkierungen Aufbau und rhetorische Figuren (vgl. SB, S. 8off.) untersucht werden, zum andern kann mit dem Analyseinstrumentarium des Bühler'schen Organon-Modells (SB, S. 82f.) eine zusätzliche Ebene der Reflexion gewonnen werden.

Mit Formen der *Diskussion*[22] (SB, S. 11, 232 und 480), dem Beispiel eines *Prüfungsgesprächs* (SB, S. 482f.) und der Skizzierung eines *Vorstellungsgesprächs* (SB, S. 486) im Zusammenhang einer Bewerbung schließt sich der Kreis einer vor allem auf Anwendung und Kompetenzverbesserung angelegten praktischen Rhetorik.

2.2.2 Die schriftlichen Darstellungsformen

Sie haben im Deutschunterricht der Oberstufe einen traditionell hohen Rang, auch wenn die Hauptgründe dafür – die Vorbereitung auf Klausuren und auf die Abiturprüfung – zu Recht unter verschiedenen Aspekten kritisiert werden:

– Schreiben ist als *Lerngegenstand* und vor allem als *Lernmedium*[23] für den Deutschunterricht und für die Bildung der Jugendlichen zu wichtig, als dass es vor allem für Lernerfolgskontrollen instrumentalisiert und auf diese Weise in seiner prinzipiellen Funktion verkürzt werden dürfte.

– Schreiben ist in der heutigen Didaktik der schriftlichen Darstellungsformen *inhaltlich umfassender* und *methodisch vielseitiger* als die Klausuraufgaben zeigen, die i. d. R. noch überwiegend analytisch-erörternd ausgerichtet sind. Produktionsorientierte Aufgabenstellungen werden zurzeit nur sehr zögernd und noch zu selten angeboten.

---

[13] Vgl. Siegwart Berthold: Reden lernen im Deutschunterricht. – Essen 1997.
Es handelt sich um die überarbeitete und erweiterte Neuauflage des 1993 bei Cornelsen/Scriptor erschienenen gleichnamigen Bandes, in dem ein reiches Repertoire alltäglicher, spielerischer und experimenteller, meist kurzer Redeübungen angeboten wird. – Vgl. Heinz Klippert: Kommunikations-Training. Übungsbausteine für den Unterricht. – Weinheim (Beltz) 1995. Auch hier finden sich viele Übungsvorschläge.

[14] Vgl. Kaspar H. Spinner: Reden lernen. Basisartikel in Praxis Deutsch, H. 144 (1997), S. 16–25, hier S. 16, mit kommentierten Literaturangaben.

[15] Sehr hilfreich dabei ist das Buch von Wolfgang Endres u.a.: Mündlich gut. Die Lernmethodik zur mündlichen Mitarbeit. – Weinheim (Beltz) 1991.

[16] Vgl. dazu den Basisartikel von Angelika Linke/Horst Sitta: Gespräche. Miteinander reden. In: Praxis Deutsch, H. 83 (1987), S. 14–25. Neben dem anthropologischen Aspekt werden die Komplexität der Interaktionsform „Gespräch" sowie Arten des Gesprächs, Strukturierungsformen und die Rollen von Sprecher und Hörer untersucht.

[17] Gute praktische Hilfen bietet Stephan Gora: Grundkurs Rhetorik. Eine Hinführung zum freien Sprechen. (Mit Schüler- und Lehrerheft) – Stuttgart (Klett) 1992.

[18] Udo Kliebisch/Gregor Rauh: Keine Angst vor Referaten. Ein Lern- und Trainingsbuch. – Mülheim (Verlag an der Ruhr) 1996. Das auch im Schülerband (S. 76) vorgeschlagene Buch ist gleichfalls für die Lehrenden sehr hilfreich, weil die praktischen Vorschläge für den Unterricht und für die Schülerberatung sehr nützlich sind. – Vgl. dazu die Erläuterung eines wichtigen Teilaspekts bei Siegwart Berthold: Einleitung in ein mündliches Referat. Eine Übung zum freien Sprechen. In: Praxis Deutsch, H. 144 (1997), S. 44–46.

[19] Immer noch aktuell und anregend ist das Buch von Samy Molcho: Körpersprache. – München (Mosaik) 1984. – Dasselbe gilt für den Artikel von Gabriele Langowski: Körpersprache und „Hören mit vier Ohren". In: Praxis Deutsch, H. 83 (1987), S. 61–64.

[20] Heinz S. Rosenbusch/Otto Schober (Hrsg.): Körpersprache in der schulischen Erziehung. – Baltmannsweiler (Schneider) 1986, S. 119.

[21] Kurt Finkenzeller: Rhetorik und nonverbales Verhalten. In: Praxis Deutsch, H. 144 (1997), S. 40–43, hier S. 40. – Vgl. ebenda, S. 47–49 die vielseitig einsetzbaren Übungen im Beitrag von Dankwart C. A. Biederbick: Sich frei sprechen. Spielerische Vorübungen zur Förderung der Redefähigkeit.

[22] Otto Ludwig/Wolfgang Menzel: Diskutieren als Gegenstand und Methode des Deutschunterrichts. In: Praxis Deutsch, H. 14 (1976), S. 13–22. Die hier gegebenen Hinweise für Organisation, Strukturierung und Rollenverteilung sind immer noch gültig.

[23] Joachim Fritzsche hat diese Termini didaktisch und anthropologisch begründet in seiner „Aufsatzdidaktik". – Stuttgart (Kohlhammer) 1980. – Vgl. dazu auch Joachim Fritzsche: Zur Didaktik und Methodik des Deutschunterrichts. – Stuttgart (Klett) 1994, 2. Bd., S. 234ff. – Großen Wert legt der Verfasser darauf (S. 239ff.), Interpretation als „Lerngegenstand" durch Übungen zu einzelnen Aspekten besser lernbar zu machen. – Vgl. Winfried Ulrich: Didaktik der deutschen Sprache. Ein Arbeits- und Studienbuch in drei Bänden. – Stuttgart (Klett) 2001, 2. Bd., S. 9ff. Der Verfasser zitiert ein Beispiel für die hohe Wertschätzung des Abituraufsatzes als „Krönung des Sprachunterrichts" (S. 9).

– Schreiben müsste als *Unterrichtsprinzip* den Deutschunterricht ebenso prägen wie das Sprechen. Denn jeweils handelt es sich um Formen der Kommunikation zwischen Lernenden und Lehrenden und um die entscheidenden Modi des Verstehensprozesses und des Erkenntnisgewinns.

Die folgende Grafik zeigt den Zusammenhang der „Aufsatzarten" und ihre Verbindung zu mündlichen Formen und Arbeitstechniken.

Die schriftlichen Darstellungsformen der Sekundarstufe II

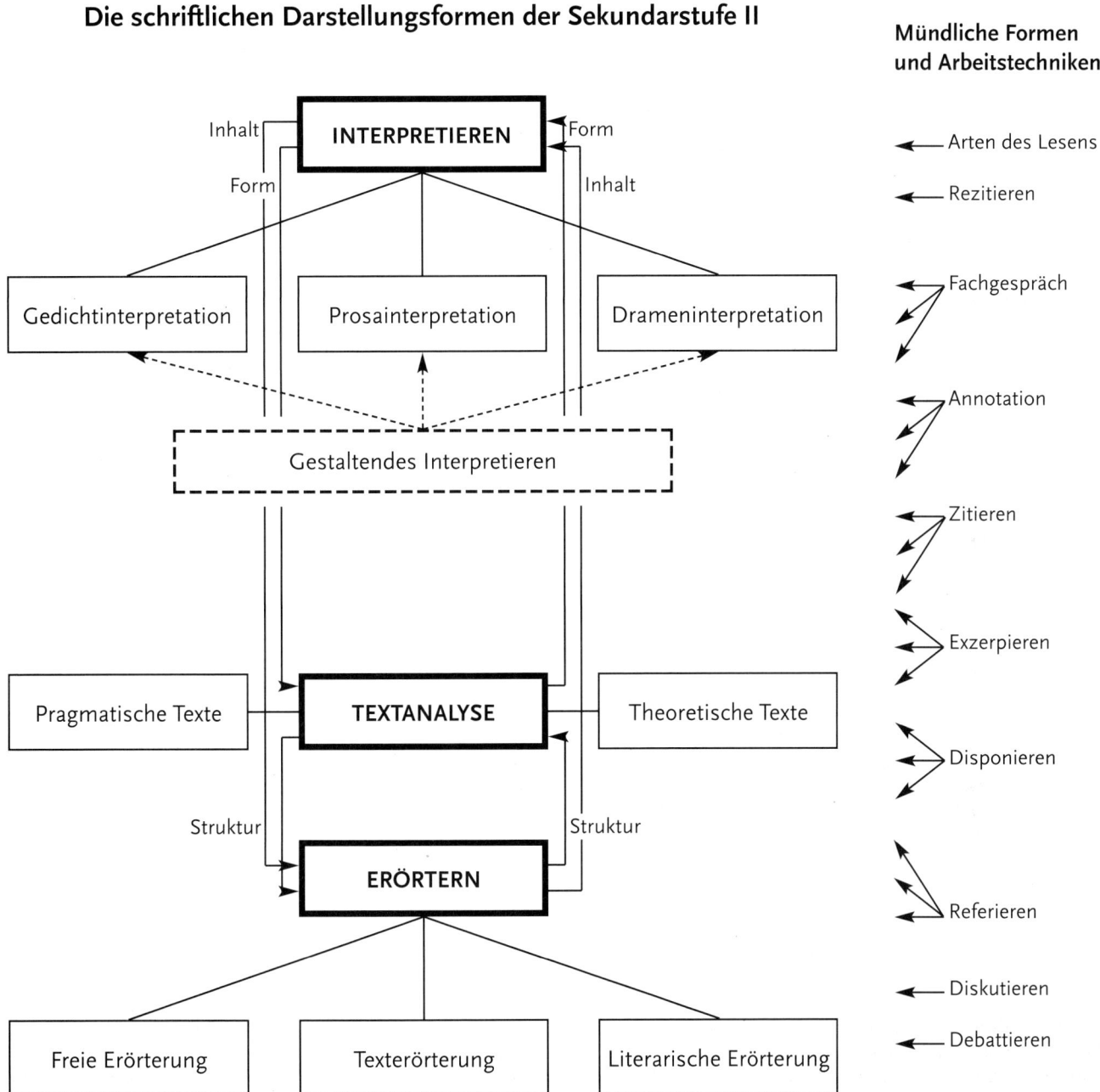

Mündliche Formen und Arbeitstechniken

Die Übersicht macht auch deutlich, wie die Anforderungen der Darstellungsformen korrelieren. Diese Einsicht ist für die Lehrer aus didaktischen und methodischen Gründen wichtig, für die Schüler lernpsychologisch aufschlussreich, weil sie das Lernpensum überschaubarer macht und dadurch die Lernchancen vergrößert.

Die Grafik verdeutlicht auch den curricularen Zusammenhang der Schreiberziehung: Denn alle Formen der Oberstufe sind bereits am Ende der Sekundarstufe I eingeführt, wobei – je nach den Lehrplanforderungen – nur gewisse Einschränkungen gelten für Textanalyse und literarische Erörterung. Um die didaktische Progression in den Bänden von BLICKFELD DEUTSCH im Detail zu zeigen, sind an dieser Stelle die Grafiken aus dem Lehrerband 9/10 (S. 16 und 22) noch einmal eingerückt.

Curriculum der Darstellungsformen vom 5.–10. Schuljahr

– **Gestalten 1** (Z.B.: Lückentext, Fortsetzen, Aus- oder Umgestalten etc.)	– **Gestalten 2** (Z.B.: ein Gedicht rekonstruieren, parallel gestalten)	– **Gestalten 3** (Z.B.: Einführen einer Figur, perspektivisch umformen)	– **Gestalten 4** ⟶ (Z.B.: innerer Monolog)	– **Gestaltendes Interpretieren** (Z.B.: über Brief, Tagebucheintrag etc.)
– **Dialogisieren 1** (Z.B.: als Rollenspiel)	– **Dialogisieren 2** ⟶ (Z.B.: als Sketsch)	– **Dramatisieren 1** (Z.B.: als Hörspiel)	– **Dramatisieren 2** (Z.B.: einer Sage)	– **Dramatisieren 3** (Z.B.: eines Plots)
– **Textbeschreibung 1** (Z.B.: Spannung)	– **Textbeschreibung 2** (Z.B.: Figuren)	– **Textbeschreibung 3** (Z.B.: von Sprachauffälligkeiten) ↑	– **Textbeschreibung 4** ⟶ (Z.B.: von Prosa und Lyrik) ↑	– **Interpretationsaufsatz** (Z.B.: zu Lyrik, Prosa, Drama) ↓ ↑
– **Fachgespräch 1** (Z.B.: über Lieblingstexte)	– **Fachgespräch 2** (Z.B.: über Lieblingsbücher)	– **Fachgespräch 3** (Z.B.: über Gedichte)	– **Fachgespräch 4** (Z.B.: über Textvergleiche)	– **Fachgespräch 5** (Z.B.: über Interpretationsmethoden)
– **Gespräche 1** (Z.B.: Arbeitsgespräche)	– **Gespräche 2** (Z.B.: Diskussion)	– **Gespräche 3** (Z.B.: Analyse mit Kommunikationsmodell)	– **Gespräche 4** (Z.B.: Befragung von Zeitzeugen)	– **Gespräche 5** (Z.B.: Gesprächsanalyse)
– **Argumentieren 1** (Z.B.: im Streitgespräch)	– **Argumentieren 2** (Z.B.: in der Diskussion)	– **Argumentieren 3** ⟶ (Z.B.: These, Argument, Beispiel)	– **Erörtern 1** (Z.B.: als schriftliche Problemerörterung)	– **Erörtern 2** (Z.B.: als freie, textgebundene und literarische Erörterung)
– **Stundenbericht 1** (Z.B.: über die letzte Stunde)	– **Stundenbericht 2** nach Aufbau und Ergebnis)	– **Kurzbericht** ⟶ (Z.B.: über Dichter)	– **Kurzreferat 1** (Z.B.: halbfrei mit Stichwortzettel)	– **Kurzreferat 2**
– **Berichten 1** (Z.B.: eines Unfalls)	– **Berichten 2** (Z.B.: eines Vorgangs)	– **Berichten 3** ⟶ (Z.B.: als Reportage)	– **Protokollieren 1** (Z.B.: als Verlaufs- und Ergebnisprotokoll)	– **Protokollieren 2**
– **Beschreiben 1** (Z.B.: von Gegenständen)	– **Beschreiben 2** (Z.B.: von Vorgängen und Verhaltensweisen)	– **Beschreiben 3** ⟶ (Z.B.: von Personen)	– **Charakterisieren 1** (Z.B.: von Personen bzw. Figuren)	– **Charakterisieren 2** (Z.B.: als Selbst- und Fremdcharakteristik)
– **Nacherzählen 1** (Z.B.: nach Märchen)	– **Nacherzählen 2** ⟶ (Z.B.: mit Stichwortzettel und als Kurzform)	– **Inhaltsangabe 1** (Z.B.: zu einer Erzählung)	– **Inhaltsangabe 2** (Z.B.: zu einer kurzen Novelle)	– **Inhaltsangabe 3** (Z.B.: zu einem Roman bzw. Drama)
– **Erzählen 1** (Z.B.: Auswahl und Aufbau)	– **Erzählen 2** (Z.B.: Raffung/Dehnung)	– **Erzählen 3** (Z.B.: nach Motiven)	– **Schildern 1** (Z.B.: als „Mischtext")	– **Schildern 2** (Z.B.: als Umformung)

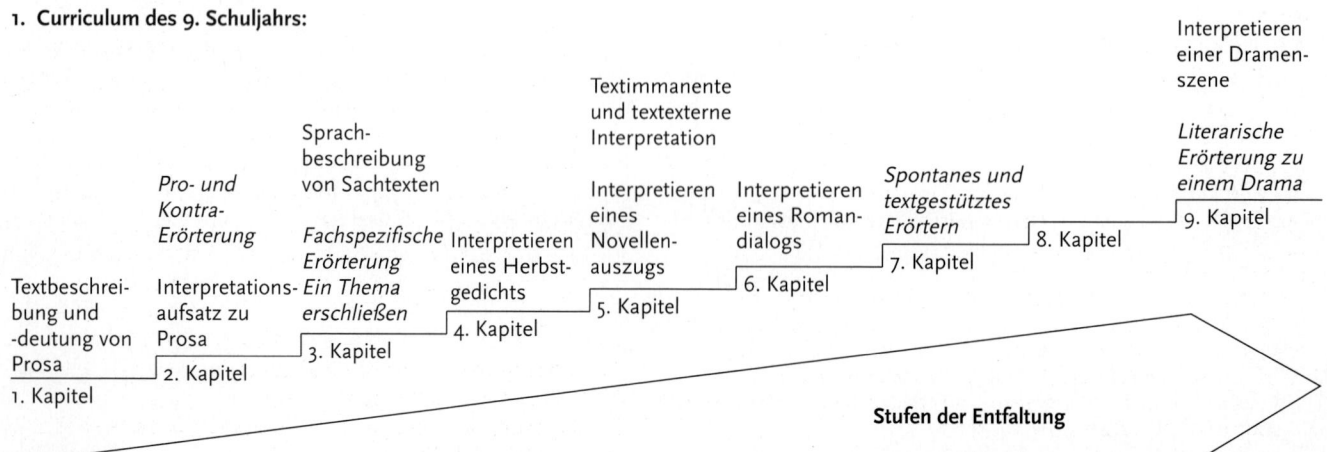

9./10. Schuljahr

8. Schuljahr

7. Schuljahr

6. Schuljahr

5. Schuljahr

Stufen einer didaktischen Progression

Interpretieren und *Erörtern*

1. Curriculum des 9. Schuljahrs:

Interpretieren einer Dramenszene

Literarische Erörterung zu einem Drama
9. Kapitel

Textimmanente und textexterne Interpretation

Spontanes und textgestütztes Erörtern
8. Kapitel

Sprachbeschreibung von Sachtexten

Interpretieren eines Romandialogs
7. Kapitel

Pro- und Kontra-Erörterung

Interpretieren eines Novellenauszugs
6. Kapitel

Interpretieren eines Herbstgedichts
5. Kapitel

Fachspezifische Erörterung
Ein Thema erschließen
4. Kapitel

Interpretieren

Interpretationsaufsatz zu Prosa
3. Kapitel

Textbeschreibung und -deutung von Prosa
1. Kapitel

2. Kapitel

Stufen der Entfaltung

2. Curriculum des 10. Schuljahrs

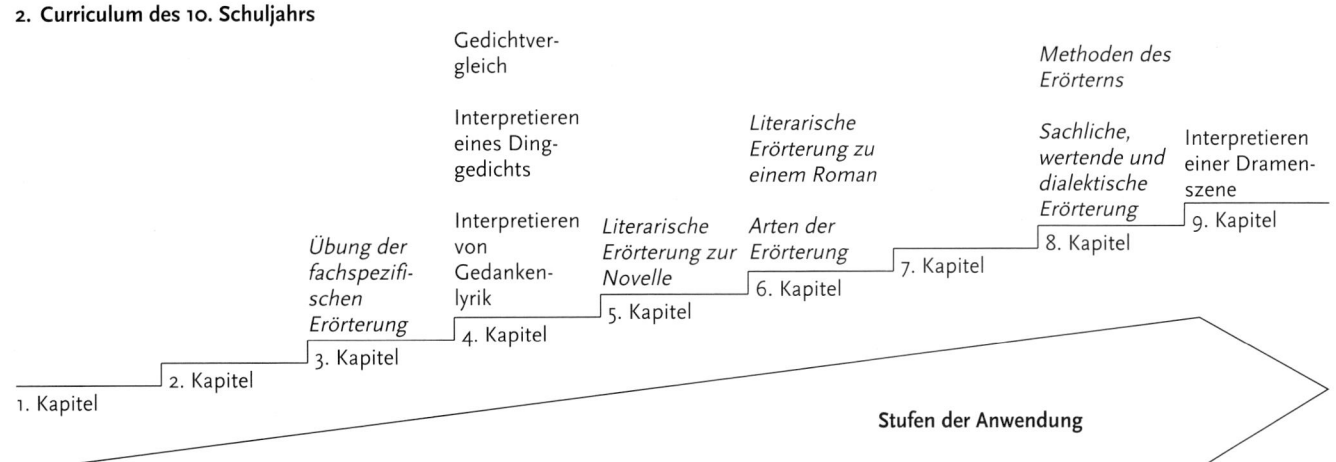

2.3 Die analytischen und gestaltenden Formen der Interpretation

Wenn an dieser Stelle die Interpretation, vor allem die Gedichtinterpretation, ins Zentrum gestellt wird, so hat dies verschiedene Gründe: Kein Teilbereich des Deutschunterrichts ist so belastet von Vorbehalten, Hemmungen, ja Ängsten der Schüler wie der so fragile, hehre und oft unverständliche Gegenstand „Lyrik". Aber auch die Deutschlehrer sind oft verunsichert ob der vielfach rüden und einschüchternden Schelte verschiedener Autoren, die „Interpretationssucht" (Günter Grass) kritisieren und gegen das „hässliche Laster der Interpretation" (Hans Magnus Enzensberger) die Forderung nach der anarchischen Freiheit des Lesers setzen. Dass dieser Leser aber oft erst durch die schulischen Impulse auf die Autoren aufmerksam gemacht wird, kommt leider nicht zur Sprache. Herbert Hoven[24], der die maßgeblichen Stellungnahmen von Schriftstellern sammelte, schreibt an anderer Stelle[25]: „,Literatur und Lernen' ist ein – vielleicht: verzweifelter – Versuch, deutlich zu machen, dass Lesen von Literatur und Schreiben über Literatur nicht konditioniert werden dürfen durch Muster und Merkmale, die die Perspektive verengen und letztendlich Literatur griffig und handhabbar machen, jedenfalls derart neutralisieren, dass die Widerständigkeit der Literatur gegen gesellschaftliche Normen und Werte wie gegen menschliches Verhalten verschleiert wird. [...] Den Lehrern und Hochschullehrern, den Schriftstellern und Publizisten, die an diesem Sammelband mitgearbeitet haben, ist daran gelegen, Lesen von Literatur und Schreiben über Literatur als einen Prozess deutlich zu machen, in dem das literarische Werk seinen historischen

Stellenwert erhält und die gesellschaftliche Position des Lesers/Interpreten deutlich wird." Sicher, das Postulat der Multivalenz und Unauslotbarkeit von Dichtung darf nicht erschüttert werden, und Verstehen als Prozess im Rahmen situativer, historischer und gesellschaftlicher Bedingungen sollte selbstverständlich sein. Trotzdem bleibt das Dilemma des Interpretationsunterrichts unauflösbar. Denn einerseits sollen gerade zu schwieriger Literatur Zugänge eröffnet werden, die dem allein auf sich gestellten Leser verschlossen blieben, andererseits werden unterrichtliche Verstehenstechniken und -verfahren, also das, was lehr- und lernbar zu sein scheint, häufig als Instrumente der Vergewaltigung und des Missbrauchs diskreditiert. Eine vermittelnde Position scheint Peter Huchel[26] einzunehmen, der am Anfang seiner Selbstinterpretation von „Winterpsalm" schreibt: „Auch dieser Text will für sich selber stehen und sich nach Möglichkeit behaupten gegen seine Interpreten, gegen etwaige Spekulationen, Erhellungen und Biographismen, womit dem Interpreten keineswegs das Recht abgesprochen sei, mit legitimen Mitteln den Text zu deuten und dessen einzelne Schichten aufzudecken."
In diesem Zitat sind wichtige Prämissen der Interpretation als Methode enthalten: Alle Deutungshypothesen, subjektivistischen Projektionen und Vorurteile haben ihre Berechtigung in der ersten Phase einer engagierten Auseinandersetzung, sie müssen ihre Tragfähigkeit aber messen an der Widerständigkeit des Textes, seiner erkennbaren Aussage, seiner strukturellen Fügung und seiner stilistischen Gestalt. Erst durch die „Kohärenz (oder Widerspruchsfreiheit) in der Argumentation", so Kaspar H. Spinner[27], erweisen sich die „legitimen Mittel" (Peter Huchel) der Deutung. Und wenn es um die Aufdeckung der „einzelnen Schichten" (Peter Huchel) geht, haben auch textexterne Betrachtungsweisen ihre Berechtigung, sofern sie biografische, historische, soziologische und poetologische Fixierungen auf simple Ursache-Wirkungs-Schemata vermeiden. Mit dem Verzicht auf die einzig „richtige" Interpretation, die der Deutschlehrer in der Vergangenheit oft gegen die oft „falschen" Interpretationen der Schüler zu verteidigen hatte, ist der Weg nicht frei für die Beliebigkeit wilder Spekulationen, sondern für einfallsreiche, vielseitig ausgerichtete und belegbare Deutungen, deren Plausibilität durch „nachvollziehbare Begründungen"[28] entsteht, ohne dass die Illusion erweckt würde, ein Verstehensprozess könne abgeschlossen sein, auch wenn die Interpretation überzeugend ist.
Die folgende Übersicht zeigt die **Interpretationsarten** in BLICKFELD DEUTSCH Oberstufe:

---

[24] Herbert Hoven (Hrsg.): Literatur und Lernen. Zur berufsmäßigen Aneignung von Literatur. – Darmstadt und Neuwied (Luchterhand) 1985.

[25] Herbert Hoven: Literatur und Lernen. Von Wissenschaftlern und von der Literatur. In: Praxis Deutsch, H. 81 (1987), S. 12–13, hier S. 13.

[26] Peter Huchel: Winterpsalm. In: Hilde Domin (Hrsg.): Doppelinterpretationen. Das zeitgenössische deutsche Gedicht zwischen Autor und Leser. – Frankfurt a.M. (Fischer TB 1060) 1977, S. 55.

[27] Kaspar H. Spinner: Interpretieren im Deutschunterricht. In: Praxis Deutsch, H. 81 (1987), S. 17–23, hier S. 21.

[28] Ebenda, S. 20.

Curriculum zu Schwerpunkten der Interpretation der Sekundarstufe II

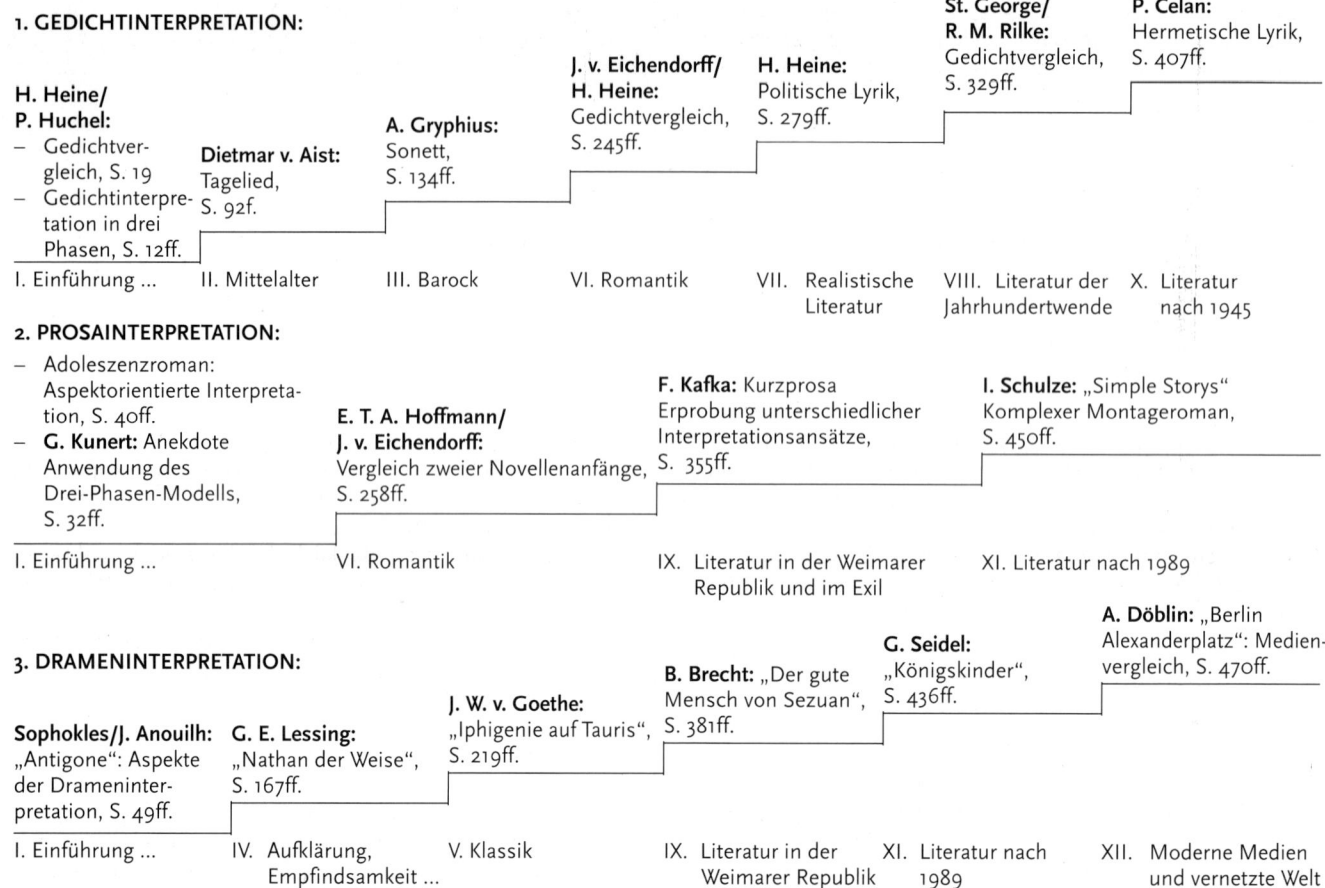

1. GEDICHTINTERPRETATION:

St. George/ R. M. Rilke: Gedichtvergleich, S. 329ff.

P. Celan: Hermetische Lyrik, S. 407ff.

J. v. Eichendorff/ H. Heine: Gedichtvergleich, S. 245ff.

H. Heine: Politische Lyrik, S. 279ff.

H. Heine/ P. Huchel:
- Gedichtvergleich, S. 19
- Gedichtinterpretation in drei Phasen, S. 12ff.

Dietmar v. Aist: Tagelied, S. 92f.

A. Gryphius: Sonett, S. 134ff.

| I. Einführung ... | II. Mittelalter | III. Barock | VI. Romantik | VII. Realistische Literatur | VIII. Literatur der Jahrhundertwende | X. Literatur nach 1945 |

2. PROSAINTERPRETATION:

- Adoleszenzroman: Aspektorientierte Interpretation, S. 40ff.
- **G. Kunert:** Anekdote Anwendung des Drei-Phasen-Modells, S. 32ff.

E. T. A. Hoffmann/ J. v. Eichendorff: Vergleich zweier Novellenanfänge, S. 258ff.

F. Kafka: Kurzprosa Erprobung unterschiedlicher Interpretationsansätze, S. 355ff.

I. Schulze: „Simple Storys" Komplexer Montageroman, S. 450ff.

| I. Einführung ... | VI. Romantik | IX. Literatur in der Weimarer Republik und im Exil | XI. Literatur nach 1989 |

3. DRAMENINTERPRETATION:

A. Döblin: „Berlin Alexanderplatz": Medienvergleich, S. 470ff.

G. Seidel: „Königskinder", S. 436ff.

B. Brecht: „Der gute Mensch von Sezuan", S. 381ff.

J. W. v. Goethe: „Iphigenie auf Tauris", S. 219ff.

Sophokles/J. Anouilh: „Antigone": Aspekte der Drameninterpretation, S. 49ff.

G. E. Lessing: „Nathan der Weise", S. 167ff.

| I. Einführung ... | IV. Aufklärung, Empfindsamkeit ... | V. Klassik | IX. Literatur in der Weimarer Republik ... | XI. Literatur nach 1989 | XII. Moderne Medien und vernetzte Welt |

2.3.1 Die Lyrikinterpretation

Das **Gesamtcurriculum der Gedichtinterpretation** in BLICK-FELD DEUTSCH (vgl. LB, S. 46f.) soll im Folgenden detailliert beschrieben und erläutert werden.

- Zu Beginn ist das Problem des motivierenden **Zugangs** zu bedenken, denn – so ein Oberstufenschüler[29] – „Deutschlehrer setzen immer voraus, dass wir den Zugang zu literarischen Texten schon haben. Dabei muss der erst einmal hergestellt werden, bevor man mit Texten arbeiten kann." Unter den vielfachen Möglichkeiten der Motivation – der problemorientierten Impulssteuerung, der provozierten Fragehaltung durch Irritation, der Weckung von Aufmerksamkeit durch Rezitation etc. – spielt die Stärkung des Selbstvertrauens[30] durch Konkretisierung und problemerschließende Differenzierung der Aufgabenstellung eine entscheidende Rolle. Dies ist auch das Ziel der *Annotation* (SB, S. 10f.) eines Benn-Gedichts, das nach der Erstlektüre viele Fragen offen lässt. Indem aber durch das sehr konkrete und manuell-praktische Verfahren der Markierung (vgl. SB, S. 78) und Annotation einerseits Vertrautes erkennbar wird – wie Metrum, Reimschema, Stabreim, Strophenform –, andererseits semantische Unklarheiten (z.B. „tiefere Stadt", „Manna", „Wüstennot"; „fahren" und „erfahren") und Stileigenarten (z.B. Parallelismus, Kumulation, Steigerung) auffallen, entsteht eine Beobachtungs- und Fragehaltung, die – lange im Vorfeld der schriftlichen Interpretation – zu einem *Fachgespräch* führt, in dem Schritt für Schritt ein vorläufiger Verstehenshorizont eröffnet wird. Auch wenn sich hierbei belegbare und unbelegbare Äußerungen noch stark vermischen, ist ein „Einstieg" gefunden, der Interpretieren als kommunikativen heuristischen Prozess deutlich macht und neben elementaren Verfahrensweisen auch erste Einsichten vermittelt. An welcher Stelle der im Schülerbuch (SB, S. 11) abgebrochene Gesprächsablauf in schriftliche Darstellung umgelenkt werden könnte oder sollte (vgl. LB, S. 11f.), muss

aus der Unterrichtssituation entschieden werden. Im Sinne einer Reorganisation von Fertigkeiten und Verstehensleistungen der Sekundarstufe I ist auf jeden Fall ein Anfang gemacht, der die Aufgabe als lösbar erscheinen lässt, weil dem erprobten Grundsatz der Lernpsychologie „Gib mir ein Pensum!" entsprochen wurde.

Der *Vergleich* themengleicher Gedichte von Hölderlin und Kästner (SB, S. 12f.) führt zu einer **Teilinterpretation,** in der über *Exzerpte* zur Biografie der Autoren und zur Poetologie beider Gedichte vorsichtig Beziehungen zwischen textimmanenten und textexternen Aspekten der Interpretation aufgezeigt werden, ohne daraus deterministische Schlussfolgerungen zu ziehen. Die hypothetische Form des Konjunktivs und eine offene Fragehaltung sollten zum selbstverständlichen Modus des Umgangs gehören.

An Friedrich Nietzsches „Vereinsamt" (SB. S. 14ff.) wird der Zugang über die **Rezitation** erprobt, wobei es nicht nur um einfaches Probehandeln durch mehrfache Versuche geht, sondern wobei durch Markierung und *Kommentierung* mit

---

[29] Zitiert nach Renate Beyer-Lange: Zugänge. Konkretisationen im Umgang mit Balladen. In: Praxis Deutsch, H. 81 (1987), S. 52–57, hier S. 52.

[30] Vgl. Jürgen Baurmann/Astrid Müller: Zum Schreiben motivieren – das Schreiben unterstützen. In: Praxis Deutsch, H. 149, S. 16–22, hier S. 17f. – Vgl. Winfried Ulrich: Didaktik der deutschen Sprache. A.a.O. 2. Bd., S. 85f.: Über Schreiben als Prozess. – Dazu auch Joachim Fritzsche: zur Didaktik und Methodik des Deutschunterrichts. – Stuttgart (Klett) 1994, 2. Bd., S. 187ff.

[31] Gabriele Malsch: Schwierigkeiten bei der Vermittlung von Lyrik. (Sekundarstufe II). In: Der Deutschunterricht. H. 3/87, S. 23–32. Die Autorin schreibt: „In welcher Phase des Unterrichts Sprechen und Hören auch immer einbezogen wird, die Vernachlässigung ist einfach widersinnig." (S. 31) – Vgl. auch Eberhard Ockel: Vorlesen als Methode der Textanalyse. In: N. Reiter (Hrsg.): Sprechen und Hören. Akten des 23. Linguistischen Kolloquiums. – Berlin 1988.

Hilfe des *Textblattes* eine Art „Regieanweisung" für den Vortrag entsteht, ohne den eine ganzheitliche Erfassung des Gedichts – als Sinn- und Klanggestalt – nicht möglich ist.[31] Über Sprechen und Hören kommt es zu Begründungen im Fachgespräch, das dann unmittelbar in das **Drei-Phasen-Modell** der schriftlichen Interpretation übergeht (SB. S. 15f.). Diesem Verfahren liegt das Verstehensmodell des **hermeneutischen Zirkels**[32] (vgl. SB, S. 15, 487) zugrunde, das in seiner Dreiphasigkeit auch in den *Grafiken* dargestellt ist (SB, S. 15). Die obere Grafik zeigt das erste *Gesamtverständnis* (die Primärrezeption): Es ist vorläufig, undifferenziert, vielleicht nur vage (deshalb ist das Oval gepunktet) und zeigt z.B. Assoziationen zum Titel, die Wahrnehmung einiger Auffälligkeiten des Inhalts (blau markiert) sowie verschiedene Auffälligkeiten der Form (rot markiert). Die mittlere Grafik stellt die *Analysephase* dar, wobei das Verstehen des funktionalen Zusammenhangs von inhaltlichen und formalen Merkmalen entscheidend ist. Die tabellarische Stoffsammlung (s. u.) ist eine einfache, aber sehr hilfreiche Methode, um die Schüler das Wechselspiel von Inhalt und Form besser verstehen und erläutern zu lassen.

Die untere Grafik verdeutlicht die *Phase der Resynthese* in einem *differenzierten Gesamtverständnis* (der Sekundärrezeption). Nun ist das Verstehen ganzheitlich (das Oval als Figur, die das Textganze repräsentiert, ist geschlossen), was aber nicht zu verwechseln ist mit „total" und „endgültig". Aber die Beziehungen der inhaltlichen und formalen Elemente (z.B. von Stil und Struktur), der textimmanenten Faktoren also, und der textexternen Aspekte (z.B. Stoff, Gattung, Zeit, Autor) sind erfasst. Weil sich dieses Verstehensmodell gleichzeitig in einem Verfahrensprozess konkretisieren lässt, wird es für alle „Aufsatzarten" vorgeschlagen, wobei sich selbstverständlich Modifikationen je nach Aufgabenstellung ergeben. Denn es ist unter lernpsychologischen Überlegungen wichtig, den Schülern ein gut durchschaubares Modell zu vermitteln, das einerseits stringent genug ist, um einen Lösungsprozess verstehenstheoretisch begründet zu steuern, das andererseits aber auch flexibel genug ist für individuelle Variationsmöglichkeiten. Diese können entwicklungs- und begabungsbedingt sein oder von geschlechtsspezifischen und soziokulturellen Faktoren abhängen.[33] Entscheidend ist von Beginn an eine subjektiv engagierte Auseinandersetzung, die z.B. über *Assoziationen zum Titel* einen doppelten Impuls erhält: Einmal wird der individuelle Faktor des Verstehens ernst genommen: Was fällt d i r ein? Wie empfindest d u diesen Titel? Zum andern befördern die Assoziationen zum Titel den Verstehensprozess. Entweder kann der Titel bereits ein Schlüssel zum Gedicht sein, dann

erleichtert er den Zugang. Oder er bewirkt das Gegenteil, verschlüsselt und irritiert. Dann verstärkt er eine Fragehaltung, die zur Klärung drängt. Hans Magnus Enzensberger[34] hat diese Bedeutung der Überschrift klar herausgestellt: „Ich halte den Titel für einen unentbehrlichen Teil des Gedichts. Er kann als Nenner oder Schlüssel, aber auch als Falle oder Sigel fungieren."

Um den Prozesscharakter des Verstehens auch sichtbar zu machen und für die Weiterarbeit verfügbar zu halten, ist die schriftliche Fixierung unabdingbar. Sie sollte in der Darstellung großzügig auf DIN-A4-Blättern erfolgen, die zunächst nur einseitig beschrieben werden, so dass sowohl der ständige Überblick gewährleistet ist als auch Ergänzungen bzw. Korrekturen an der richtigen Stelle möglich sind. Denn analog zu Heinrich von Kleists Essay „Über die allmähliche Verfertigung der Gedanken beim Reden" – gibt es auch eine allmähliche Entwicklung der Ideen beim Schreiben. Dies ist für die Schreibmotivation gerade gehemmter Schüler wichtig: Sie erfahren von Anfang an, dass sie etwas zu Papier bringen: Stichworte, Grafiken, Schlüsselbegriffe als Zitate, Fragen, Hypothesen etc.

Hierbei hilft auch die gedanklich simulierte (vorgestellte) Rezitation, wenn ein lauter Vortrag (z.B. bei Einzelarbeit im Plenum oder bei Klausuren) nicht möglich ist.

Die *Themenanalyse* erlaubt auf der Grundlage der Primärrezeption die Präzisierung der Aufgabenstellung (vgl. LB, S. 72) und dient sowohl der Reduktion des Pensums als auch der Lenkung des Schreibenden.

Über die zweite Phase der *tabellarischen Stoffsammlung* wird eine Darstellungshilfe angeboten, durch die ein Doppeltes erreichbar ist: Durch eine Zeilenorientierung wird den Jugendlichen klar, ob eine chronologisch-sukzessive oder eine problemorientierte Analyse sinnvoll ist. Entscheidender aber ist die Hilfe für eine ganzheitliche Interpretation, indem Stilmerkmale auf einer Ebene mit inhaltlichen und strukturbezogenen Beobachtungen notiert werden. Was auf den ersten Blick nur als Schreibtechnik erscheint, ist jedoch weitergehend als Medium geeignet, um das Wechselverhältnis von „Inhalt" und „Form" zu explizieren und für die Deutung erkennbar zu machen. Wer das dürftige Grammatikwissen als Beschreibungsinstrumentarium der meisten Oberstufenschüler beklagt[35], muss nicht nur die stilistische Sprachbetrachtung zum Unterrichtsprinzip machen (vgl. Synopse des Schülerbandes, S. 498ff. und LB, S. 34f.), sondern er sollte durch die äußere Organisation der Sprachbeschreibung und eine funktionale Sprachbetrachtung verhindern, dass zu viele Schüler zu häufig die übliche „Appendix"-Lösung wählen: Als meist lästige Pflichtübung werden sprachliche Eigenarten rein formalistisch aufgelistet und der sinnerhellenden Interpretation am Schluss angehängt. Hier kann eine sehr einfache Methodenempfehlung der Lehrenden sehr viel zum Guten bewirken, was sicher auch von Schülern[36] gewürdigt wird: „Um es etwas allgemeiner zu sagen, glaube ich, dass das Schreibenlernen auf jeden Fall stark vom Lehrer abhängt."

Die *Ausarbeitung* und *Korrektur* in der dritten Phase der Interpretation sind ohne erhebliche Willensanstrengungen und eine zielgerichtete und stabile Dauermotivation nicht zu schaffen. Denn nur, wenn die Bereitschaft zur Überarbeitung[37] ganz selbstverständlich zum Schreibprozess gehört, können die Ergebnisse befriedigen und lassen sich Verbesserungen in der Schreibfertigkeit der Schüler erzielen[38] (s. u.). Die durch Grafiken und Textbeispiele konkretisierte Zusammenstellung *poetischer Mittel der Lyrik* (SB, S. 16ff.) ist keineswegs als Lernpensum gedacht, sondern als Informationsangebot, das – jetzt auf der Grundlage eigener Bemühungen – bewusster und zielgenauer genutzt werden kann, um den Schülern die *Fachsprache* als wichtiges Instrument präziser Beschreibung mehr und mehr verfügbar zu machen.

[32] Vgl. dazu das Standardwerk von Hans-Georg Gadamer: Wahrheit und Methode. – Tübingen (1960).

[33] Vgl. dazu Jürgen Baurmann/Astrid Müller: Zum Schreiben motivieren – das Schreiben unterstützen. A.a.O., S. 17ff.

[34] Hans Magnus Enzensberger: An alle Fernsprechteilnehmer. In: Hilde Domin: Doppelinterpretationen. A.a.O., S. 126–131, hier S. 130f.

[35] Vgl. Schreibdefizite in der Sekundarstufe II. Interview mit einem Lehrer, einer Lehrerin und einem Schüler, geführt von Mitgliedern einer Arbeitsgruppe „Training Deutsch" am Oberstufen-Kolleg Bielefeld. In: Diskussion Deutsch, H. 134 (1993), S. 429–436, hier S. 430.

[36] Ebenda, S. 433, wo Hans Kroeger einen Schüler der 12. Jahrgangsstufe befragt.

[37] Vgl. Jürgen Baurmann/Astrid Müller: Zum Schreiben motivieren – das Schreiben unterstützen. A.a.O., S. 20f. – Vgl. Winfried Ulrich: Didaktik der deutschen Sprache. A.a.O., 2. Bd., S. 87ff. über Formen und Möglichkeiten des Überarbeitens.

[38] Zum Grundsätzlichen: Jürgen Baurmann/Otto Ludwig: Schreiben: Texte und Formulierungen überarbeiten. In: Praxis Deutsch, H. 137 (1996), S. 13–21.

– Weil der **Gedichtvergleich** eine ebenso lohnende wie schwierige Aufgabe ist, muss er curricular angelegt sein (SB, S. 19). An dieser Stelle ist die kontrastive Präsentation der Gedichte Heines und Huchels der Ausgangspunkt, der auch durch entsprechende Illustration verstärkt wird und eine starke Provokationswirkung hat. Wenn von Beginn an klar ist, dass der Vergleich mehr und anderes verlangt als die Addition zweier Einzelinterpretationen, ist eine wichtige Weichenstellung getroffen. Auch wenn die Aufgaben nicht expressis verbis ausgewiesen sind, bieten die jeweils folgenden Gedichte (z.B. von Tucholsky, SB, S. 63ff., zur Mundart, SB, S. 106f., zum Barock, SB, S. 116ff., zur Aufklärung, SB, S. 145ff., 154ff., 160ff., zum Sturm und Drang, SB S. 180ff., zur Klassik, SB, S. 197ff., zur Romantik, SB, S. 263ff., zum Realismus, SB, S. 277ff., 288ff., zur Jahrhundertwende, SB, S. 310ff., 324ff., 332ff., 344ff., zur Weimarer Republik, SB, S. 351ff., zur Literatur nach 1945, SB, S. 409ff., 414ff., 422ff., Literatur nach 1989, SB, S. 436ff., 443 und Moderne Medien, SB, S. 462) vielfältige Möglichkeiten für gemeinsame oder individuelle *Übungen.*

– Mit der Wahl eines dritten Schwerpunkts bei **mittelhochdeutscher Lyrik** wird sowohl die inhaltliche als auch die sprachliche Fremdheit zum Thema gemacht, um über Probehandeln und *operationale Lösungswege*[39] – Hypothesenbildung, Ersatzproben, lexikalische Recherche – zu einem Ergebnis zu kommen. Der methodische Trick dabei ist die produktive Nutzung einer anfänglichen Irritation. In dem Augenblick, in dem sich der Schüler nicht allein gelassen sieht, sondern einen Lösungsweg erproben kann, der zu befriedigenden Ergebnissen führt, gewinnt er eine Methode, die auf andere „Fremdheiten" anwendbar ist, etwa bis zur Interpretation hermetischer moderner Lyrik (vgl. SB, S. 407f.). Auch hier werden über *Strukturierungsvorschläge* (SB, S. 94, 101) weitere Übungsangebote (SB, S. 94 und 106f.) gemacht.

– Der vierte Schwerpunkt zeigt die Interpretation eines **Barocksonetts** (SB, S. 134f.), wobei es neben der exemplarischen Anwendung des Drei-Phasen-Modells um eine wesentliche Steigerung der Anforderungen geht: Neben der Analyse der strengen Struktur des Sonetts mit Hilfe einer Skizze, die wesentliche Gliederungsprinzipien (Antithetik, Parallelismus und Finalstruktur) des Genres zeigt, werden biografisch-historische Aspekte einbezogen. Zusätzlich nehmen Schülerlösungen und eine „professionelle" Teilinterpretation eine wichtige Rolle ein. Denn hier geht es nicht in erster Linie darum, einfach punktuelle Fehler zu verbessern, sondern über den Vergleich verschiedener Vorschläge Mängel und Vorzüge zu entdecken und im eigenen Bearbeitungsprozess Konsequenzen daraus zu ziehen. In dem Augenblick, in dem die Jugendlichen Leser fremder Texte sind, gewinnen sie die notwendige Distanz, lernen bestimmte Techniken, erkennen die Korrelation zwischen Beurteilen und Bearbeiten. Sie kommen im Transfer und der konsequenten Beachtung als Unterrichtsprinzip allmählich auch dazu, die eigenen Texte nicht nur unter dem engen Aspekt der Kontrolle von Fehlern, sondern darüber hinaus mit dem Anspruch konzeptioneller Überarbeitung[40] zu lesen.

– Nach dem **thematischen Vergleich** mehrerer epischer und lyrischer Texte (SB, S. 198ff.) stellt der **literaturgeschichtliche Vergleich**[41] von Gedichten Eichendorffs und Heines[42] einen fünften Schwerpunkt dar. Die Vorteile dieser Methode[43] bestehen z.B. in einer entdeckenden Arbeitsweise, wobei Kontraste als Impuls zu nutzen und durch Engführung und Fokussierung Schwerpunkte zu setzen sind. Hinzu kommt ein breites Spektrum an möglichen Verfahren: Über Assoziationen zu den Titeln, stilles und lautes Lesen, Versuche der Parallel- bzw. Gegengestaltung bis zu differenzierter Themenanalyse reicht die Palette. Interessant und leicht transferierbar sind Erfahrungen mit unterschiedlichen Lesemodi: Während beim stillen Lesen vor allem inhaltliche Auffälligkeiten ermittelt werden, erschließt die laute Rezitation über

verschiedene Versuche Eigenarten des Klangs, des Rhythmus und der Strophenform. Genaues Augenmerk ist auf den *Vergleichsaspekt* zu richten, über den erst ein *Vergleichsrahmen* zu gewinnen ist, der dem Ganzen Halt und Richtung verleiht. Denn jetzt erst ergibt sich eine Problemorientierung, nach der sich Analogien und Ähnlichkeiten oder Gegensätzlichkeiten bzw. Unterschiede finden lassen. Über ein *Blockbild* lässt sich die Gesamtstruktur abbilden, so dass für alle Details des intertextuellen Vergleichs eine ordnende Bezugsgröße gewonnen ist. Eine große Schwierigkeit stellt die *Gewichtung* der Teile dar, wozu die vorgestellten *Strukturierungsmodelle* (SB, S. 247) Vor- und Nachteile der diachronen und der synchronen Gliederung vor Augen führen, was vor allem für dominant visuelle Lerntypen eine große Hilfe darstellt. Unter dem Aspekt des Anregungscharakters und des Demonstrationswertes sind Reorganisationsphasen (z.B. durch das Beobachtungsraster zu Elementen des Inhalts, Aufbaus und Stils, SB, S. 246) ebenso wichtig wie Alternativangebote durch das Blockbild (SB, S. 247) und die tabellarische Stoffsammlung (SB, S. 248). Denn nur durch derartige Varianten als Offerten für individuelle Schreibstile lässt sich das Drei-Phasen-Modell als flexibel zu handhabendes „Grundgerüst" rechtfertigen.

– Am Beispiel **politischer Lyrik** (SB, S. 279ff.) wird ein sechster Schwerpunkt gewählt, der bei der *Kommunikationssituation* ansetzt und über Fragen die situativen, politisch-sozialen und intertextuellen Aspekte des Heine-Gedichtes erschließt und strukturiert. Weil die *Stilanalyse* (vgl. LB, S. 34f.) für die Jugendlichen auf der intentionalen, argumentativen und rhetorischen Ebene[44] gleichermaßen schwierig ist, wird über ein Beobachtungsraster (SB, S. 280) versucht, latent vorhandenes Sprachwissen zu aktivieren.

– Mit dem **Vergleich von Gedankenlyrik** Georges und Rilkes zum Thema Herbst wird an vertraute Muster der Naturlyrik angeknüpft, wobei wiederum dem *Vergleichsrahmen* und der *Themenanalyse* (durch genaue Betrachtung der *Operatoren*) sowie der tabellarischen Stoffsammlung große Aufmerksamkeit gilt. Durch die Darstellung in Kursivdruck (SB, S. 330) sind die vorsichtigen Deutungen als mögliche Schlussfolgerungen nach sorgfältiger Beschreibung ausgewiesen. Durch die fragmentarische Ausarbeitung des Vergleichs entstehen starke Impulse zur Ergänzung.

– Mit dem achten Schwerpunkt, der Interpretation **hermetischer Lyrik** von Paul Celan (SB, S. 407), schließt sich der Kreis des skizzierten Gesamtcurriculums: Wie zu Beginn (SB, S. 10) stützt sich die Arbeit auf *Annotationen,* aber erst nachdem über Assoziationstest und Klangproben erste Annäherungen versucht wurden. Das Ergebnis der Textmarkierungen muss viel stärker auf der Ebene formaler Beschreibung bleiben im Vergleich zum Gedicht Gottfried Benns (SB, S. 10). Sicher ist mit

39 Vgl. Kaspar H. Spinner: Interpretieren im Deutschunterricht. A.a.O., S. 22.

40 Aufschlussreich und mit vielen praktischen Hinweisen ist der Basisartikel von Jürgen Baurmann/Otto Ludwig: Schreiben: Texte und Formulierungen überarbeiten. A.a.O., S. 13–21, vor allem S. 16ff.

41 Kaspar H. Spinner: Gedichtvergleich im Unterricht. In: Praxis Deutsch, H. 105 (1991), S. 11–15. S. 13f. werden verschiedene Arten des Vergleichs erläutert.

42 Zum epochenorientierten Vergleich gibt es Vorschläge zu unterschiedlichen thematischen Arrangements bei Barbara Schubert-Feling: Entdeckendes Interpretieren und Epochenkenntnisse. Ein Vergleich von Gedichten aus Romantik und Realismus. In: Der Deutschunterricht, H. 3/87, S. 56–69.

43 Neuerdings auch Juliane Köster/Kaspar H. Spinner: Vergleichendes Lesen (Basisartikel). In: Praxis Deutsch, H. 173 (2002), S. 6–15.

44 Vgl. Annemarie Saxalber-Tetter: Mit dem eigenen Stil zurechtkommen lernen. Für eine schülerbezogene Stilberatung. In: Der Deutschunterricht, H. 3/91, S. 52–60. – Helga Bleckwenn: Stilarbeit. Überlegungen zum gegenwärtigen Stand ihrer Didaktik (Basisartikel). In: Praxis Deutsch, H. 101 (1990), S. 15–20.

„Fadensonnen" ein oberster Schwierigkeitsgrad erreicht, der nur am Ende eines Curriculums für interessierte und qualifizierte Schüler erreichbar erscheint. Wo eine unmittelbare Sinnerschließung unmöglich ist, wird ein *experimenteller Lösungsweg* erprobt: Über Umformungs-, Ersatz- und Ergänzungsproben lässt sich eine mögliche Sinnrichtung erschließen, die aber noch ungesichert bleibt. Hier entsteht ein idealer didaktischer Ort, um zur Ergänzung textimmanenter Aspekte intertextuelle Beziehungen[45] zu recherchieren. Wenn die Schüler an diesem Beispiel noch einmal den Verstehensprozess reflektieren, werden zwei Einsichten evident: Einmal wird deutlich, dass ein zunächst völlig verschlossen und dunkel erscheinendes Gedicht durch ganz einfache Operationen (s. o.) zu einem guten Stück durchschaubar wird. Eine bessere Ermutigung zu erprobend-entdeckendem und experimentellem Verfahren kann es nicht geben. Zum andern wird durch das Beispiel plausibel, dass der Griff zur sog. Sekundärliteratur nicht Ersatz für die eigenen Bemühungen sein kann, aber am Ende eines Verstehensprozesses sehr wohl wichtige Ergänzungen liefern und Aufschlüsse geben kann.

2.3.2 Die Prosainterpretation

Das **Curriculum** der Prosainterpretation (vgl. LB, S. 16) setzt an bei epischen Kleinformen: An einer **Anekdote** Günter Kunerts (SB, S. 32ff.) lässt sich die Tauglichkeit des Drei-Phasen-Modells erproben. Über Formen des Protokolls zu einer Unterrichtsstunde wird ein thematischer Zugang eröffnet, so dass Themenanalyse und tabellarische Stoffsammlung gut zu bewältigen sind. An zwei Schüler-Interpretationen kann exemplarisch erfahren werden, woran es liegt, dass – trotz identischer Informationsgrundlage – sehr unterschiedliche Ergebnisse erzielt werden. Durch erprobte praktische Vorschläge zur Zeitplanung (SB, S. 36f.), zur Interpretationstechnik und zum Korrekturverfahren soll den Schülern demonstriert werden, dass Verstehensprozesse nicht nur strukturiert werden sollen, sondern durch technische Hilfen (vgl. LB, S. 17f.) auch effizienter zu gestalten sind. Die oben gemachten Ausführungen zu einer ganzheitlichen Überarbeitung (vgl. LB, S. 17) erhalten an die Adresse der Schüler eine Spezifizierung: Wer Zweit- und Drittkorrekturen von Abiturarbeiten kennt, wundert sich stets, wie selten eine wirkliche Korrektur vorgenommen bzw. wie nachlässig und konfus sie ausgeführt wird. Nur wer die technischen Verfahren von Verbesserungen – als Ergänzung, Umstellung, Umformung und Fehlerkorrektur – beherrscht, wird nicht nur ganz selbstverständlich mit diesen umgehen, sondern auch seine Einstellung zum Schreiben entsprechend ändern: Denn der Prozesscharakter des Schreibens gilt nicht nur für die gedanklich-strukturelle Seite, sondern gleichermaßen für alle Revisions- und Optimierungsbemühungen.

– Das *aspektorientierte Verfahren* bei Adoleszenzromanen (SB, S. 40ff.) reduziert die Anforderungen zugunsten einer Vergleichsbetrachtung mehrerer Werke in *Gruppenarbeit*. Dabei kann die Verwendung eines *Lesezettels* (SB, S. 40) insofern gute Dienste leisten, als die Primärrezeption durch Beobachtungen zu den Personen, wichtigen Schauplätzen, Zeitpunkten, Ereignissen, Problemen, Formauffälligkeiten und Fragen zum Text konkretere und verbindlichere Züge erhält, ohne bereits eine Interpretation zu verlangen oder durch Leitfragen die Wahrnehmung vorschnell zu kanalisieren. Viel-

mehr ist durch den „Lesezettel" eine solide Planungsgrundlage geschaffen, auf der gemeinsam Entscheidungen über die Auswahl von Aspekten betroffen werden können, die genauer zu bearbeiten sind. Über produktionsorientierte Verfahren (z.B. durch Steckbrief oder Standbild zu den Figuren), über Visualisierungsformen (z.B. eine Stationenkarte für die Aufenthalte der Hauptfigur) und operationale Präsentationsweisen (z.B. durch Metaplan und Collage) können die Ergebnisse anschaulich vermittelt werden. Ein ergänzungs- und korrekturbedürftiger Auszug eines Unterrichtsprotokolls gibt Anstöße zur Überprüfung der Lösungen.

– Der „Simplicissimus Teutsch" vom Grimmelshausen (SB, S. 123ff.) gibt Gelegenheit, über die epochentypische Eigenart der **Emblematik** gestaltende, beschreibende und interpretierende Ansätze mit textexternen Aspekten zu verbinden.

– Im **Vergleich** zweier **Novellenanfänge**, dem „Goldenen Topf" von E. T. A. Hoffmann und dem „Marmorbild" von J. von Eichendorff, wird sehr stark auf den zentralen Vergleichsaspekt (vgl. LB, S. 18) und die Herausstellung der Gemeinsamkeiten und Unterschiede abgehoben. Durch die mitgeteilten „Textelemente" aus Schülerversuchen (SB, S. 262) sind Anstöße zur Ausgestaltung und zur Überarbeitung gegeben, wobei Informationen zum Kunstmärchen und zur romantischen Ironie heranzuziehen sind. Ein Kommunikationsmodell „Erzählen" (SB, S. 263) hebt die Reflexion auf eine theoretische Ebene, wobei die Faktoren Produktion, Werk und Rezeption als Oberbegriffe dienen, die für Anwendungs- und Transferaufgaben herangezogen werden könnten: z.B. zu Prosa von Kleist (SB, S. 267f.), Stifter (SB, S. 292ff.), Fontane (SB, S. 304), Holz/Schlaf (SB, S. 317ff.) und Schnitzler (SB, S. 328f.).

– Eine **parabolische Erzählung** Franz Kafkas (SB, S. 355ff.) ist geeignet, um unterschiedliche Interpretationsansätze – die werkimmanente, biografische, geistesgeschichtliche, literatursoziologische, rezeptionsästhetische und -geschichtliche Methode – zu reflektieren und grafisch darzustellen.

– Mit Ingo Schulzes **Montageroman** „Simple Storys" (SB, S. 450ff.) kann an einem komplexen Text ein Doppeltes gezeigt werden: Über Textmarkierungen und Annotationen werden Auffälligkeiten zum Inhalt (Personen, Orte, Zeitpunkte) und zur Form (z.B. Wortwahl, Figurensprache, Perspektivität) festgehalten. Über das 22. Kapitel, dem eine Schlüsselstellung im wörtlichen Sinne zukommt, weil es die Erzählstränge der Episoden bündelt, wird die Struktur des Ganzen sichtbar: Über die Kapitelzusammenfassung (SB, S. 455), Umformungen und Experimente mit Perspektiven und Stilmustern sowie durch eine Netzwerkanalyse (SB, S. 457f.) lässt sich der Collageroman erschließen und – angeregt durch Rezensionen – auch beurteilen. Mit dieser Form unterrichtlicher Interpretation kann „Simple Storys" außerdem als Paradigma dafür dienen, wie andere komplexe Gegenwartsromane auch in der *Privatlektüre* mit Gewinn zu lesen sind (SB, S. 461). Diese Weichenstellung für *Transfermöglichkeiten* ist lesepädagogisch sehr bedeutsam. Denn vor allem die Gattung Roman ist Gegenstand der Privatlektüre, sofern die Schwierigkeiten lösbar erscheinen und der Aufwand unterhalb der Schwelle „Interpretation" bleibt.

2.3.3 Die Drameninterpretation

Das **Curriculum** Drameninterpretation (vgl. LB, S. 16) versucht von Anfang an, die gattungsspezifischen Eigenarten zum Ausgangs- und Zielpunkt zu nehmen: Am Beispiel der klassischen und modernen Tragödie, an der Bearbeitung des Antigone-Stoffes durch Sophokles und Anouilh (SB, S. 49ff.), werden zwar auch dramenspezifische Untersuchungsaspekte (z.B. Exposition, Funktion von Dialog und Monolog, Chor bzw. Sprecher, Botenbericht etc.) wiederholt. Aber darüber hinaus ist großer Wert darauf gelegt, durch szenische Lesung, die Gestaltung eines Standbildes und Inszenierungsversuche das Drama als „Handlung" bewusst zu machen, wozu der Text nur die „Partitur" darstellt.[46]

---

[45] Vgl. Juliane Köster/Kaspar H. Spinner: Vergleichendes Lesen. A.a.O., S. 10.

[46] Sehr hilfreich ist Harald Frommer: Lesen und Inszenieren. Produktiver Umgang mit dem Drama der Sekundarstufe. – Stuttgart (Klett) 1995. – Über den lernpsychologischen Ansatz des szenischen Interpretierens und über viele Möglichkeiten informiert der Basisartikel von Ingo Scheller: Szenische Interpretation. In: Praxis Deutsch, H. 136 (1996), S. 22–32.

- Zum **Drama des Barock** (SB, S. 126ff., S. 137f.), repräsentiert durch eine Tragödie und zwei Komödien des Andreas Gryphius, ist auch die *Inszenierung* zum Ausgangspunkt genommen: Auf diese Weise gelingt es am besten, die pompöse Schaustellung – mit Analogien im barocken Festes- und Totenkult – allegorisch zu deuten, wobei das Theater zur Bühne des Lebens geworden ist. Dies gilt sowohl für dessen Buntheit und Wechselhaftigkeit, entschiedener aber noch für die religiöse Dimension: Die Bühne wird zum Entscheidungsraum zwischen Schein und Sein, wobei die wahre Sinngebung des menschlichen Lebens stets in der Ausrichtung auf Gott gesehen wird. Die entsprechende Emblematik, ein Figurengedicht und die Lehre der Stoa vermitteln als Subtexte die ethisch-philosophische Basis.
- So vorbereitet, kann als erster Schwerpunkt Lessings „Nathan der Weise" als **Drama der Aufklärung** (SB, S. 167ff.) interpretiert werden. Im Zentrum steht die *Gesprächsanalyse* am Beispiel des Dialogs zwischen Recha und Nathan. Noch unmittelbarer als in Erzählung und Roman treten auf dem Theater die Figuren[47] ins Blickfeld: Ihre geistige und ethische Position, ihre Rolle im Komplex der Personenkonstellation, ihre Mimik und Gestik, ihr Bewegungsspiel auf der Bühne und ihr Sprachduktus prägen eine Szene und ein Drama so sehr, dass es nur natürlich ist, große Mimen mit bestimmten Rollen zu verbinden. Deshalb sind dem Dramentext verschiedene Porträts von Nathan-Darstellern zugeordnet. Das eigene Vorstellungsbild des Lesers soll dem historischen Bild der Inszenierung gegenübergestellt werden können als Möglichkeit der Identifikation ebenso wie zur Abgrenzung. Beides kann mit ähnlicher Intensität für das Fachgespräch fruchtbar gemacht werden, denn beides erfordert Begründungen und provoziert den Widerspruch.
- Als „Kontrastprogramm" bietet sich am Beispiel von Schillers **„Räubern"** eine Form des *szenischen Interpretierens* an (SB, S. 184ff.). Dabei sind es wieder die tragenden Figuren, die durch *Rollenbiografien*, Stell- und Sprechproben, Rechtfertigungsmonologe bzw. -dialoge, Figurenbefragung durch die Mitspieler und/oder Zuschauer sowie durch Inszenierungsversuche in Gruppenarbeit und über perspektivisches Schreiben und Umformen handlungsorientiert vorgestellt werden können.
- Mit Goethes „Iphigenie auf Tauris" (SB, S. 218ff.) wird der Typus des **klassischen Dramas** ebenfalls über eine *Analyse des Dialogs* Iphigenie – Arkas erschlossen. Durch eine noch genauere Untersuchung von *Sprechakten* können die Figuren als Ideen- und Funktionsträger noch differenzierter charakterisiert werden. Wieder geht es darum, an einem knappen Auszug sowohl zentrale Einsichten in das Wechselverhältnis von Standpunkt und Form zu gewinnen. Gleichzeitig soll auch die Methode der Analyse durch Annotation und Markierung so exemplarisch vorgeführt werden, dass von den Schülern eine Übertragung auf andere Texte geleistet werden kann. Wiederum bestehen Anwendungsmöglichkeiten: Erweiterungen zu „Iphigenie" in einer *Facharbeit* (SB, S. 226ff.), zu anderen Dramenszenen bei Kleist (SB, S. 266), Büchner (SB, S. 286f.) und Hauptmann (SB, S. 318f.).
- Das **epische Theater** Bertolt Brechts (SB, S. 381f.) mit dem Auszug aus „Der gute Mensch von Sezuan" ist als Transferbeispiel gedacht: Die Schüler sollen selbstständig, ganz ohne die Hilfe von Arbeitsanregungen, Auffälligkeiten inhaltlicher und formaler Art registrieren und durch die beigefügten Begleittexte unter intentionalen und gattungstypologischen Aspekten erörtern und werten lernen.
- Ganz ähnlich werden zwei Spielarten des **dokumentarischen Theaters** durch einen Auszug aus Rolf Hochhuths „Stellvertreter" (SB, S. 395ff.) und der „Ermittlung" von Peter Weiß (SB, S. 398ff.) über eine *szenische Lesung* und mit Hilfe von Subtexten in ihrer Spezifik vorgestellt.
- Georg Seidels **Drama der deutschen Teilung** „Königskinder" (SB, S. 436ff.) wird als *Schülerinszenierung* präsentiert. Über die Stoffgeschichte, ein Plakat, Fotos von Figurenposen und Konfigurationen sowie eine semantische Reflexion zu einem Zentralbegriff sollen die szenische Lesung in Gruppenarbeit, die Sinndeutung und der eigene Inszenierungsversuch vorbereitet werden.
- Unter dem Aspekt des **intramedialen Vergleichs**[48] können Auszüge der Romanfassung, der Hörspiel- und Filmversion von Alfred Döblins „Berlin Alexanderplatz" (SB, S. 468ff.) betrachtet werden: Über die eigene Umgestaltung einer Romanpassage in ein Hörspiel und die Rekonstruktion einer Drehbuchsequenz mit Hilfe von Standbildern werden medienadäquate Formen des Umgangs erprobt und medienspezifische Eigenarten erarbeitet.

„Man versteht eine Landkarte am besten, wenn man sie selbst verfertigen kann. Das Verstehen hat zum größten Hülfsmittel das Hervorbringen."
(Immanuel Kant: Pädagogik. Akademie-Ausgabe, Band IX, S. 477, zitiert nach Thomas Kopfermann, Anmerkung 59)
Alle vorgeführten Formen der Interpretation, ganz besonders noch einmal der Medienvergleich, zeigen, dass es keine didaktisch plausible Trennung zwischen analytischen und produktionsorientierten Methoden gibt und dass ein starres Entweder-Oder bei der unterrichtlichen Gewichtung ganz und gar absurd wäre. Tatsächlich gilt nach dem heutigen Diskussionsstand **gestaltendes Interpretieren** (oder produktionsorientiertes Arbeiten) als gleichberechtigt mit analytischem Verfahren.[49] Für eine sachliche Auseinandersetzung ist jedoch eine klare begriffliche Unterscheidung zwischen „kreativ" und „produktionsorientiert" (oder auch produktiv) notwendig: Das „kreative Schreiben" sieht literarische Texte „nur" als Impulse und Ausgangsmaterial für freie individuelle Gestaltungen. Diese sind zweifellos fruchtbar, wie beispielsweise die vielfältigen und faszinierenden Exempel von Gerd Brenner[50] belegen. Unbestritten sind die außerordentlich hohe Motivation und der eindrucksvolle Trainingseffekt, die von anregenden Schreibsituationen ausgehen. Aber auch therapeutische Ansätze werden durch Gelegenheit des „Selbstausdrucks"[51], der Selbstbefrei-

---

[47] Vgl. den Basisartikel von Bettina Hurrelmann: Literarische Figuren. Wirklichkeit und Konstruktivität. In: Praxis Deutsch, H. 177 (2003), S. 4–12. – Die Autorin weist wiederholt auf die Untersuchung von Manfred Pfister hin: Das Drama. – München (Fink) ⁸1994.

[48] Vgl. Juliane Köster/Kaspar H. Spinner: Vergleichendes Lesen. In: Praxis Deutsch, H. 173 (2002), S. 11.

[49] Auch die z.T. heftig geführten Kontroversen über die Tauglichkeit und „Reichweite" unterschiedlicher Methoden ändert prinzipiell nichts an dieser Position. Vgl. u.a. Handlungs- und produktionsorientierter Literaturunterricht in der Diskussion. In: Praxis Deutsch, H. 126 (1994), S. 9–12. – Vgl. auch Kaspar H. Spinner: Von der Notwendigkeit produktiver Verfahren im Literaturunterricht. In: Diskussion Deutsch, H. 134 (1993), S. 491–496.

[50] Gerd Brenner: Kreatives Schreiben. Ein Leitfaden für die Praxis. Mit Texten Jugendlicher. – Frankfurt a. M. (Cornelsen Scriptor) ²1994. – Vgl. Joachim Fritzsche: Zur Didaktik und Methodik des Deutschunterrichts. – Stuttgart (Klett) 1994, 2. Bd., S. 159. Der Verfasser beschreibt u.a. Begriff, Geschichte und Spielarten des „kreativen Schreibens".

[51] Vgl. Joachim Fritzsche: Zur Didaktik und Methodik des Deutschunterrichts. Bd. 3: Umgang mit Literatur. – Stuttgart/Düsseldorf/Berlin/Leipzig (Klett) 1994. S. 198. – Vgl. zum Kreativitätsbegriff aus lernpsychologischen Grundlegung und zur Didaktik den Basisartikel von Kaspar H. Spinner: Kreatives Schreiben. In: Praxis Deutsch, H. 119 (1993), S. 17–23. „Die wichtigste Leistung des kreativen Schreibens besteht darin, dass es mehr als andere Zugänge zum Schreiben die ganze Person erfasst." (S. 21) – Winfried Ulrich: Didaktik der deutschen Sprache. A.a.O., 2. Bd., S. 59f., hebt für „kreatives Schreiben" drei Eigenarten heraus: die Prinzipien der „Irritation" durch Neuartigkeit, der „Expression" und „Imagination" und gibt zahlreiche „Ideen aus der Schreibkiste", S. 69ff.

ung und der Selbstfindung ebenso geschaffen wie die Chancen für reizvolle ästhetische Erfahrungen.

Dagegen sind produktionsorientierte Interpretationen, gestaltendes Interpretieren also, i. S. einer „produktiven Hermeneutik"[52] eine Methode, um Literatur durch eigene Gestaltung zu verstehen und zu deuten. Statt der überwiegend kognitiven philologischen Methode des Analysierens, Beschreibens und Deutens

dominiert beim gestaltenden Interpretieren ein ganzheitlicher Modus der Auseinandersetzung: Nach der Interessenweckung und Erstrezeption folgt der Kognitionsprozess des Textverstehens – nach den üblichen Aspekten von Inhalt, Aufbau und Stil –, ehe über die Gestaltung ein vertieftes Verstehen möglich wird. Dieses muss seine Plausibilität aber stets durch die Rückbindung an den dichterischen Text darlegen:

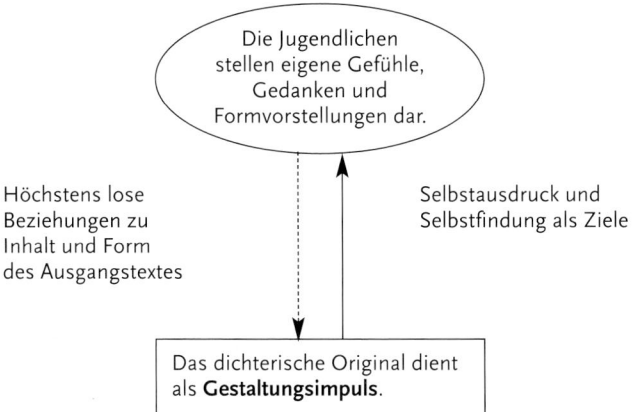

Kreatives Schreiben

Die Jugendlichen stellen eigene Gefühle, Gedanken und Formvorstellungen dar.

Höchstens lose Beziehungen zu Inhalt und Form des Ausgangstextes

Selbstausdruck und Selbstfindung als Ziele

Das dichterische Original dient als **Gestaltungsimpuls**.

Gestaltendes Interpretieren

Alle **Gestaltungsformen** sollen die dichterische Vorlage inhaltlich und formal genauer erschließen, z.B. durch das Ausfüllen von „Leerstellen", durch Einführung neuer Figuren, Um- und Ausgestaltungen etc. **Ziel** ist eine schlüssige Gesamtkonzeption, die Struktur und Stil des Ausgangstextes berücksichtigt.

Sehr enge Beziehung zu Inhalt und Form des Ausgangstextes

Textverständnis als Voraussetzung der Gestaltung

Das dichterische Original ist nach Inhalt, Aufbau und Form die **Ausgangsbasis** und das **Ziel**.

In dem von Günter Waldmann[53] – in Anlehnung an das bekannte Vier-Phasen-Modell des literarischen Verstehens von Jürgen Kreft – vorgeschlagenen vierphasigen didaktischen Prozess steht die eigene Gestaltung an dritter Stelle:

„‚Vorphase': Spielhafte Einstimmung in literarische Texte
1. Phase: Lesen und Aufnehmen literarischer Texte
2. Phase: Konkretisierende subjektive Aneignung literarischer Texte
3. Phase: Textuelles Erarbeiten literarischer Texte (Hervorhebung durch den Verf.)
4. Phase: Textüberschreitende Auseinandersetzung mit literarischen Texten."

Wie gut Analyse und Produktion auch mit moderner Computerarbeit zu verbinden sind, zeigt ein Versuch von Matthias Berghoff[54] mit einem Gedicht Ernst Jandls.

In der curricularen Konzeption von BLICKFELD DEUTSCH[55] ist von 5.–10. Schuljahr das Angebot freier spielerischer Formen und textgebundener Gestaltungen selbstverständliches Unterrichtsprinzip[56], so dass es sinnvoll erscheint, bereits im Einführungskapitel des Oberstufenbandes (SB, S. 26) eine Übersicht über die wichtigsten Formen des gestaltenden Interpretierens zu geben. Über die in der Grafik festgehaltenen Schwerpunkte hinausgehend, finden sich in allen Kapiteln zusätzlich weitere Anwendungsbeispiele, die über das Sach- und Methodenregister (SB, S. 517) rasch zu finden sind.

Curriculum zu Schwerpunkten des gestaltenden Interpretierens der Sekundarstufe II

– Ausgestaltungen
  • Ausfabulieren
  • Reflexionen
  • Rollenbiografien
  • Stellungnahmen

– Ergänzungen
  • Fortsetzungen
  • Anfänge
  • Schließen von Lücken
  • Einführung von Figuren

– Parallelgestaltungen

– Umgestaltungen
  • Gegengestaltungen
  • Veränderungen von Figuren, Motiven, Sprache, Niveau etc.
  • Perspektivenwechsel S. 26

– **F. Schiller:** „Die Räuber", Rollenbiografien, S. 185f.

– **J. W. v. Goethe:** „Werther", freies Arbeiten, S. 179f.

– Inszenieren von Briefen, S. 179

Anwendungen, z. B.:
  • innerer Monolog
  • Brief
  • Tagebuch, S. 295f.

Experimentieren mit Erzählperspektiven, S. 455ff.

Zusammenfassung und Reflexion, S. 487

I. Einführung ...

IV. Aufklärung, Empfindsamkeit, Sturm und Drang

VII. Realistische Literatur

XI. Literatur nach 1989

Auf einen Blick

---

[52] Vgl. Günter Waldmann: Produktiver Umgang mit Literatur im Unterricht. – Baltmannsweiler (Schneider) ²1999, S. 26–42. – Vgl. Einheitliche Prüfungsanforderungen in der Abiturprüfung Deutsch (EPA). – Bonn 2002, S. 21.
[53] Günter Waldmann: A.a.O., S. 28.
[54] Matthias Berghoff: Vom Gedicht zum Hypertext. In: Praxis Deutsch, H. 161 (2000), S. 53–58.
[55] Vgl. Lehrerband zu BLICKFELD DEUTSCH 9/10. – Paderborn (Schöningh) 2001, S. 22.
[56] Vgl. zu curricularen Überlegungen auch: Frauke Mühle-Bohlen: Grundlagen einer produktiven Schreibdidaktik. Curriculare Aspekte. In: Landesinstitut für Erziehung und Unterricht. Stuttgart (Hrsg.): Gestaltendes Interpretieren. Materialien Gymnasium Deutsch. (D. 100) – Stuttgart (Landesinstitut für Erziehung und Unterricht, Wiederholdstr. 13, 70174 Stuttgart) 2000, S. 38–49.

Weil die „produktive Hermeneutik" i. S. Günter Waldmanns[57] geeignet ist, analytische und gestaltende Verfahrensweisen, engen Bezug zum Schreiber und seiner subjektiven Imaginationskraft mit strengem Textbezug, also der Objektseite und dem Fremdverstehen[58] funktional zu verbinden, ist sie nach Thomas Kopfermann[59] „ein plausibles, aus ästhetischer Textstruktur und Rezeption sich zwingend ergebendes didaktisches System." Und neben anderen „Aufsatzarten" müssen dessen „Schreib- und Gestaltungsformen eingeübt und in Leistungskontrollen überprüft rsp. überprüfbar (das heißt vom Schüler aus: vorzeigbar, nachweisbar) gemacht werden." Noch weniger Schwierigkeiten als für die Beurteilung[60] des „kreativen Schreibens" (s. o.) bestehen für die Bewertung von Schülerarbeiten im Rahmen des gestaltenden Interpretierens. Wie in allen andern Fällen muss die **Lernerfolgskontrolle** *valide* sein, d.h. das messen, was besprochen und geübt wurde. Dies betrifft die Art der Gestaltung und den jeweiligen Übungsstand der Jugendlichen, wobei die Berücksichtigung des individuellen Lernfortschritts auch in diesem Fall in das pädagogische Ermessen des Lehrers/der Lehrerin gestellt ist. Hinzu kommt das Kriterium der *Sachangemessenheit* mit der Frage, ob die Gestaltung dem zu interpretierenden Text gerecht geworden ist:[61] z.B. als Satire, Parabel, Kurzgeschichte, Parodie etc. mit den entsprechenden Stilmustern und der jeweiligen Aufgabenstellung, etwa zur Ausgestaltung, Umformung oder Perspektivenveränderung. Wie für andere „Aufsatzarten" sollten auch für das gestaltende Interpretieren durch Bewertungsübungen in Partner- und Gruppenarbeit sukzessive Kriterien entwickelt[62] und erprobt werden, um auf diese Weise sowohl Argumentationsschulung zu betreiben mit dem Ziel, Beurteilungen transparent und dadurch plausibel zu machen, als auch eine permanente Sensibilisierung für ästhetische und stilistische Wahrnehmung zu erreichen. Peter Merkel[63] gibt neben zahlreichen Text-Beispielen hilfreiche Hinweise zur Textauswahl für Klausuren, zur Aufgabenstellung, Aufgabenanalyse und Bewertung von Schülerleistungen. Abschließend zitiert Merkel[64] das „Kriterienhaus" von Thomas Kopfermann[65], in dem „Kreativität" i. S. von „gestaltendem Interpretieren" zu verstehen ist.

Joachim Fritzsche[66] plädiert für einen „alternativen Umgang mit Schülertexten" und schlägt ein Dutzend Verfahren vor, die alle sehr schüler- und handlungsorientiert sind und die – außerhalb von Klausuren – zweifellos interessante Möglichkeiten bieten für die Schärfung des Urteilsvermögens, zumal die verschiedenen Methoden je nach Aufgabenstellung variiert werden können.

Unabhängig von der Art des Beschreibungs- und Bewertungsverfahrens durch die Mitschüler oder den Lehrer ist der *Motivationsaspekt* entscheidend für die Bereitschaft zur Überarbeitung der eigenen Texte durch die Jugendlichen[67]:

– Die Kommentierung der Leistung sollte *zielorientiert* sein, um dem Schreiber/der Schreiberin eine Vorstellung von der anzustrebenden verbesserten Version zu geben. D.h. eine pauschale „Mängelrüge" – etwa so: die Arbeit ist inhaltsarm, unstrukturiert oder sprachlich unbefriedigend – kann weder motivieren noch eine Hilfe sein. Ausschlaggebend ist die möglichst genaue *Konkretisierung* der Verbesserungsvorschläge, z.B. so: Charakterisieren Sie die Motive für den extremen Gefühlsausbruch der Figur A aus deren Vorgeschichte genauer; oder: Bedenken Sie bei der Analyse des Aufbaus die Klimaxstruktur des Sonettes; oder: Ihre Stilana-

57 Vgl. Anmerkung 52.

58 Vgl. Kaspar H. Spinner: Von der Notwendigkeit produktiver Verfahren im Literaturunterricht. In: Diskussion Deutsch, H. 134 (1993), S. 491–496, hier S. 493.

59 Beide Zitate aus Thomas Kopfermann: Produktives Verstehen von Literatur. In: Gestaltendes Interpretieren, hrsg. vom Landesinstitut für Erziehung und Unterricht, Stuttgart. A.a.O., S. 50–65, hier S. 50.

60 Vgl. Ulf Abraham/Christoph Launer: Beantwortung und Bewertung schriftlicher Leistungen. In: Praxis Deutsch, H. 155 (1999), S. 43–50. Die Verfasser erläutern, dass nicht das schreibende Subjekt, sondern die „gestaltete Sprache" (S. 43) bewertet wird.

61 Im Basisartikel sind grundsätzliche pädagogische und praktische Aspekte der Bewertung erörtert. Gerhard Haas: In der Schule Leistungen bewerten, ohne pädagogische Prinzipien außer Kraft zu setzen. Bewerten und Benoten im Offenen Unterricht. In: Praxis Deutsch, H. 155 (1999), S. 10–19. – Vgl. Winfried Ulrich: Didaktik der deutschen Sprache. A.a.O., 2. Bd., S. 99ff.
Der Verfasser erläutert die sog. Flensburger Norm und zeigt eine detaillierte Differenzierung der Teilbereiche „Inhalt" und „Ausdruck". – Joachim Fritzsche: Zur Didaktik und Methodik des Deutschunterrichts. – Stuttgart (Klett) 1994, 2. Bd., S. 194ff. Der Verfasser unterscheidet zwischen der sinnvollen Überarbeitung im Schreibprozess und der angeordneten Berichtigung nach der Bewertung durch den Lehrer, die er für fragwürdig hält.

62 Vgl. Barbara Lutz-Sikora: Kriterien für die eigene Leistung entwickeln. Die Selbstbewertung von Schülerarbeiten in der Mittel- und Oberstufe des Gymnasiums. In: Praxis Deutsch, H. 155 (1999), S. 51–53. – Auch Iris Welker-Sturm: Und dann kommt der Hammer: die Klausur. A.a.O., S. 54–57 und Günther Lange: Die Laufrichtung ändern. Überlegungen zu veränderten Bewertungsverfahren im Literatur- und Schreibunterricht. A.a.O., S. 58–62, geben wertvolle praktische Hilfen.

63 Peter Merkel: Gestaltendes Interpretieren. Textauswahl, Aufgabenstellung, Aufgabenanalyse. In: Gestaltendes Interpretieren, hrsg. vom Landesinstitut für Erziehung und Unterricht Stuttgart. A.a.O., S. 3–28. Auch im Anhang zu diesem Heft, S. 66–79, werden zahlreiche Texte und Aufgaben mitgeteilt.

64 Peter Merkel: A.a.O., S. 28.

65 Thomas Kopfermann: Produktives Verstehen von Literatur. Ein Kurs auf der Oberstufe. – Stuttgart (Klett) 1994. Dazu der gleich betitelte Lehrerband. Stuttgart (Klett) 1995.

66 Joachim Fritzsche: Zur Didaktik und Methodik des Deutschunterrichts. A.a.O., 2. Bd., S. 203–207. Vgl. zu „bewerten und benoten", ebenda, S. 208–233 mit detaillierten Hinweisen zu Kriterien und Verfahren. – Vgl. dazu auch Elly Glinz: Wie kommen Schülerinnen und Schüler zu ihren Texten. In: Praxis Schule 5–10, H. 6 (1996), S. 37. – Braunschweig (Westermann).

67 Vgl. Winfried Ulrich: Didaktik der deutschen Sprache. A.a.O., 2. Bd., S. 13.

Spezifische Kriterien für Kreativität:

ORIGINALITÄT   KOMPOSITION

Textbezogene Voraussetzungen:

ADÄQUANZ

Insbesondere inhaltliche und kontextuelle Vorgaben der Textstelle, Motive und Motivverknüpfungen

Unterrichtliche Voraussetzungen:

ÄSTHETIZITÄT

Insbesondere Textsortenspezifik, Klarheit und Anschaulichkeit der Figurenzeichnung, Funktionalisierung (z.B. des äußeren Verhaltens), Historizität

Sockelbereich sprachlich-grammatischer und ‚argumentationslogischer' und gemeinsamer Korrekturkriterien für analytische und kreative Aufgaben:

KOHÄRENZ   SPRACHLICHE DARSTELLUNG

lyse sollte die benachteiligte Außenseiterrolle der Figur stärker berücksichtigen, die unter ihrer Sprachohnmacht selbst am meisten leidet; oder: Wenn bei Lösungen zu literarischen Vorlagen Unstimmigkeiten zwischen der Form des Originals (z.B. bei der Offenheit einer Kurzgeschichte oder der ironischen Brechung einer Parodie) und der Ausgestaltung vorliegen, muss die Kritik diese Kohärenzverstöße exakt benennen und begründen.

– Die Mühe der Verbesserung sollte den Jugendlichen dadurch honoriert werden, dass auch die Überarbeitung kommentiert und für Klausuren außerdem benotet wird. Dies liegt in der Konsequenz des schreiberzieherischen Ausgangspunkts: Denn wenn das Interpretieren als lernbar vorgestellt wird, müssen Lernfortschritte auch entsprechend zur Kenntnis genommen werden. In der Kombination von Hilfestellung und Anerkennung ist auch für diese schwierige Phase des Schreibprozesses die notwendige Motivation und Legitimation zu gewinnen.[68]

2.4 Die Formen des Erörterns

Die Arten des mündlichen und schriftlichen Erörterns hatten im Deutschunterricht – ganz unabhängig von unterschiedlicher Terminologie[69] – stets den Vorzug, als pragmatische Formen der Auseinandersetzung – auch jenseits didaktischer „Moden" – weniger einem Legitimationszwang zu unterliegen als z.B. die Interpretation. Denn **Argumentieren** galt und gilt auf allen Stufen schulischer Sprachbildung und Darstellungsschulung als Grundfähigkeit, die es altersgerecht[70] und in curricularer Progression (vgl. Grafik, LB, S. 14f.) zu entwickeln gilt.

Die Wichtigkeit des Erörterns ergibt sich aus der Bündelung pädagogischer und didaktisch-methodischer Vorzüge: Dabei gilt die *Prämisse,* dass die Unterschiedlichkeit menschlicher Denkweisen und Standpunkte zu einem Sachverhalt oder Problem zu einer Auseinandersetzung drängt. Die *sozial-kommu-*

nikative Bedeutung des Erörterns liegt nun darin, Meinungsverschiedenheiten nicht gewaltsam, sondern argumentativ so auszutragen, dass am Ende ein Konsens oder mindestens eine Erklärung unterschiedlicher Positionen zu erreichen ist. Diese maximale und minimale Zielsetzung ist wichtig, um nicht der Illusion zu verfallen, dass in jedem Fall eine Übereinstimmung erreicht werden müsste. Denn nichts wäre einer offenen Auseinandersetzung abträglicher als eine Pseudoharmonisierung, die im Ergebnis nur eine unredliche Verflachung und Verfälschung zeitigen würde. Hinzu kommt die *kognitive Relevanz* des Erörterns, weil durch logisch-plausible und strukturierte Darlegung ein Standpunkt überzeugend zu vertreten ist oder bei bestehendem Dissens die eingenommenen Positionen doch nachvollziehbar erscheinen müssen. Als drittes Ziel ist die *Sprachangemessenheit* i. S. einer argumentativ konzisen Gedankenführung und stilistisch prägnanten Ausdrucksweise zu nennen, die ein hohes Maß an deskriptiver und erörternder Sprachbeherrschung voraussetzt.

Die enge Beziehung des schriftlichen Erörterns zum **Diskutieren**[71] ist ebenfalls unter pädagogischen und didaktisch-methodischen Überlegungen zu betrachten:

– *Pädagogisch* gesehen, ist bei der Diskussion die *Adressatenorientierung* – mit Partnereinschätzung, Einfühlungsvermögen, Rücksichtnahme, aber auch Mut zur Standpunktbehauptung und gleichzeitiger Offenheit zur Urteilsrevision, wenn die Argumente des Gegners überzeugender sind – der Ausgangspunkt.
Damit verbunden ist die *dialogische* bzw. *mehrperspektivische Argumentationsstruktur,* die einen ständigen Perspektivenwechsel verlangt. Dies wird in der Diskussion ganz konkret und personal ebenso erfahren wie das je und je subjektive Moment in der Auseinandersetzung, das sich in Engagement und Standpunktleidenschaft manifestiert.

– *Didaktisch* bedeutet die enge Beziehung des Erörterns zum diskutieren, dass zur kategorialen Orientierung der Argumentation (mit These-Argument-Beleg) die aus der rhetorischen Tradition[72] stammende *kommunikative Ausrichtung* von Anfang an als konstitutiv berücksichtigt ist.

– *Methodisch* betrachtet, ist durch die Ableitung von der Diskussion sowohl die Mehrperspektivität als auch der Adressatenbezug, die beim schriftlichen Erörtern nur als Simulationsmodell (vgl. SB, S. 191ff.) bzw. als Hilfskonstruktion des vorgestellten Lesers erscheinen, viel anschaulicher zu vermitteln. Außerdem bestehen von allen argumentativen Gesprächsformen aus – vom Unterrichtsgespräch, der Diskussion[73] und Debatte – permanent und übergangslos viele Möglichkeiten, um von der mündlichen in die schriftliche Argumentation zu wechseln und dadurch viele Übungsgelegenheiten und Reflexionsanlässe zu schaffen.

Die *Komplexität des Erörterns* macht es erforderlich, sowohl die Voraussetzungen in individuellen und sozialen Tugenden – also z.B. Mut, Offenheit, Urteilsfähigkeit, Rücksichtnahme, Fairness etc. – als auch die spezifischen kognitiven und sprachlichen Anforderungen – z.B. Einfallsreichtum, Argumentationslogik, Begriffsklarheit, sprachliche Präzision etc. – als *Teilfähigkeiten*[74] zu üben sowohl mündlich in Dialogen, Rollen- und Planspielen, Kurzreferaten usw. als auch in schriftlicher Stellungnahme (etwa als begründete Zustimmung oder Ablehnung eines Diskussionsbeitrags, einer Bitte, eines Gesuchs, eines Antrags etc.).

Über die semantische Analyse des Begriffs „Erörtern" – i. S. einer Betrachtung von verschiedenen Standpunkten (= Orten)[75] aus und mit der Bemühung, Argumente und Belege im Gefüge des Ganzen an den „richtigen Ort" zu bringen, kann sowohl der kognitive Prozess beschrieben als auch die Notwendigkeit der genauen Begriffserläuterung und -abgrenzung bei der Themenanalyse plausibel gemacht werden.

Besonders geübt werden müssen *Formen des Einstiegs*[76] über persönliche Erfahrungen, aktuelle oder historische Beispiele,

[68] Vgl. Martina Kreisel: Schreiben als Überarbeiten. In: Der Deutschunterricht, H. 5 (1994), S. 237–244. Die Verfasserin stellt zahlreiche Formen und Methoden des Überarbeitens vor.

[69] Dazu u.a. Joachim Fritzsche: Zur Didaktik und Methodik des Deutschunterrichts. A.a.O., 2. Bd., S. 114, 121. – Auch: Jürgen Baurmann/Otto Ludwig: Die Erörterung – oder: ein Problem schreibend erörtern? Versuch einer Neubestimmung. Basisartikel. In: Praxis Deutsch, H. 99 (1990), S. 16–25, hier S. 16. – Vgl. Klaus Lottmann: Erörterung in Klasse 11. Einen Text selbstständig gestalten. In: Praxis Deutsch, H. 99 (1999), S. 57–62, hier S. 58.

[70] Vgl. Paul-Ludwig Völzing: Kinder argumentieren. – Paderborn (Schöningh) 1982. Der Verfasser konnte belegen, dass bereits zweijährige Kinder auf einfachste Weise argumentieren.

[71] Vgl. Otto Ludwig/Wolfgang Menzel: Diskutieren als Gegenstand und Methode des Deutschunterrichts. In: Praxis Deutsch, H. 14 (1976), S. 13–22. Neben dem Basisartikel bietet das Themenheft zahlreiche Unterrichtsbeispiele, die das Curriculum von der Primarstufe bis zur Sekundarstufe II zeigen.

[72] Dazu Jürgen Baurmann/Otto Ludwig: Die Erörterung. A.a.O., S. 19.

[73] Vgl. Otto Ludwig/Kaspar H. Spinner: Mündlich und schriftlich argumentieren. In: Praxis Deutsch, H. 160 (2000), S. 16–22. – Neben dem Basisartikel gibt Norbert Berger ein interessantes Unterrichtsbeispiel, um den Adressatenbezug zu verdeutlichen: Podiumsdiskussion als Vorbereitung auf die Erörterung. A.a.O., S. 45–49.

[74] Vgl. Otto Ludwig/Kaspar H. Spinner: Mündlich und schriftlich argumentieren. A.a.O., S. 18–21. Im selben Heft praktische Vorschläge von Kaspar H. Spinner: „Davon haben Sie doch gar keine Ahnung." Alltagsnahe Argumentationsübungen. S. 54–56 und Varvara Disdorn: „Es gibt keine Möglichkeit, sich dagegen zu wehren. Oder doch?" Zivilcourage als Antwort auf Gewalt: Rollenspielübungen. S. 57–61.

[75] Vgl. Joachim Fritzsche: Zur Didaktik und Methodik des Deutschunterrichts. A.a.O., 2. Bd., S. 114 und 121f.

[76] Vgl. Hans Kroeger: Aller Anfang ist schwer. Die Bedeutung des Einstiegs für den Schreibprozess. In: Diskussion Deutsch, H. 134 (1993), S. 437–440.

aufschlussreiche Zitate aus der Literatur oder von bedeutenden Persönlichkeiten, provokante Thesen, Begriffsklärung oder Themenabgrenzung, Skizzierung der Lösungsstrategie u.a.
Auch für den *Schluss* sind ähnliche Typologien hilfreich: etwa als Bilanzierung der Hauptergebnisse, als Ausblick auf offen gebliebene Fragen, als Reflexion der gewählten Darstellungsmethode, als Themenkritik oder als Hinweis auf aktuelle, historische und literarische Exempel.
Entscheidend für die Verwendung jeglicher Typologien ist die Flexibilität des Schreibers: Ein Repertoire von Möglichkeiten nutzt dann am meisten, wenn es nicht schematisch, sondern themen- und methodenspezifisch verstanden wird und dabei Variations- und Modifikationsmöglichkeiten sowie die Stimmigkeit der Gesamtstruktur beachtet werden, wobei die Relation von Anfang und Schluss allerdings besondere Aufmerksamkeit verdient.
Ähnliches gilt für die *Binnengliederung* der Erörterung, für die es kein starres Schema gibt, sondern nur *Strukturierungsmodelle* (vgl. z.B. SB, S. 174–176 und S. 488), die je nach Erörterungstypus – also mehr sach- oder problemorientiert[77] – und nach der Akzentuierung des Einzelthemas zu wählen bzw. zu variieren sind. Wenn das Erörtern nicht nur als *Lernmedium*, sondern als *Lerngegenstand*[78] – und hierbei vor allem auch als Medium der Lernerfolgskontrolle – gesehen wird, ist neben der Lehr- und Lernbarkeit über eine sachsystematische Gliederung[79] und über Verfahrensweisen zur Stoffsammlung vor allem an das Gütekriterium der *Validität* bei der Ergebnisbewertung zu denken.

2.4.1 Die freie Erörterung

Unter dem Aspekt der Validität wird in BLICKFELD DEUTSCH darauf geachtet, dass die sog. **freie Erörterung** (Sach- oder Problemerörterung) eng in den fachspezifischen Zusammenhang eingebunden ist, um der Gefahr einer zu geringen Wissensgrundlage und damit einer oberflächlichen oder phrasenhaften Argumentation vorzubeugen. Während im Blick auf den Erfahrungshorizont in diesem Buch die Ansprüche bescheidener sind als in den „Einheitlichen Prüfungsanforderungen" (EPA 2002)[80], kann deren Aufgabenbeschreibung aber als Orientierung dienen:
„Die nicht an eine Textvorlage gebundene Erörterung (vgl. 3.1.2) eines komplexen Themas ist eine Auseinandersetzung mit wesentlichen Fragen des Menschen als Individuum und als Gemeinschaftswesen. Sie erfolgt auf der Grundlage von im Deutschunterricht, in anderen Fächern und außerschulisch erworbenen Kenntnissen und Einsichten sowie aufgrund eigener Wertvorstellungen, Lese- und Wirklichkeitserfahrungen. Sachverhalte der genannten Art sind immer auch Gegenstand von Literatur und pragmatischen Texten. Die Verbindung der nicht an eine Textvorlage gebundenen Erörterung zur literarischen Erörterung ist daher oft relativ eng. Diese Form der Erörterung zielt auf eine sorgfältige Klärung des Themas sowie die argumentative Entwicklung von Gedanken und Lösungsentwürfen. Sie verlangt selbstständiges methodisches Vorgehen, fördert somit das vernetzende fächerübergreifende und fächerverbindende Denken und Arbeiten und leistet einen Beitrag zur Ausbildung der Urteils- und Kritikfähigkeit.
Diese Form der Erörterung erfordert eine gegliederte, verständliche Darstellung auf angemessenem theoretischen Niveau, einen sachentsprechenden, klaren und präzisen Ausdruck sowie die Verwendung geeigneter sprachlicher Mittel des Überzeugens.
Aufgrund der fehlenden Textvorlage kommt der Erstellung einer durchdachten Gliederung bei der textungebundenen Erörterung großes Gewicht zu. Mit Hilfe der Gliederung versichert sich der Prüfling seines erörternden Vorgehens. Die Gliederung ist Teil der zu bewertenden Leistung.
Das zu behandelnde Thema muss klar formuliert, hinreichend komplex und auf die zur Verfügung stehende Bearbeitungszeit

abgestimmt sein. Das zur Erörterung vorgegebene Problem soll unterschiedliche Auffassungen zulassen. Eine Auseinandersetzung mit unbestrittenen Positionen ist als Aufgabe ungeeignet."

– Das **Gesamtcurriculum** in BLICKFELD DEUTSCH (vgl. LB, S. 46f.) ist so aufgebaut, dass zunächst (SB, S. 16) eine Anknüpfung an die Sekundarstufe I erfolgt, indem die *drei Phasen* des Schreibprozesses wiederholt und über ein Zitatthema angewandt werden. An dieser Stelle geht es um eine *Diagnose* der Leistungsfähigkeit sowohl der Lerngruppe als auch einzelner Schüler. Sinnvoll wäre dafür eine unterrichtliche Arbeitszeit von einer Stunde, um bei gleichen Arbeitsbedingungen realistische Vergleichsmöglichkeiten zu schaffen. Ideal wäre eine gründliche Durchsicht und Kommentierung der Arbeiten durch den Lehrer, weil er die unterrichtlichen Voraussetzungen am besten einschätzen kann und dadurch in der Lage ist, die zu erwartenden Problembereiche – mangelndes Wissen, unzureichendes Reflexionsvermögen und Verfehlen der Stilebene – bezüglich der Lerngruppe sowie der Einzelschüler genau zu diagnostizieren und zu differenzieren. Alternativ zu diesem sehr korrekturaufwändigen Verfahren könnte ein Schülerbeispiel im Unterricht so genau besprochen werden, dass die inhaltlichen und formalen Kriterien der Bewertung Grundlage einer Partner- bzw. Gruppenkorrektur (vgl. LB, S. 42) sein können.[81]
Hierzu ließen sich auch die Informationen über *Arten des Erörterns* (SB, S. 68) bereits heranziehen, die speziell aber dazu gedacht sind, die Erörterungs-Satire von Kurt Tucholsky qualifiziert einschätzen zu können.

– Als erster *Schwerpunkt* ist die Erörterung eines **Zitats von Martin Buber** vorgesehen (SB, S. 191ff.), das in einem doppelten Informationszusammenhang steht: Über die Kästner-Rede (SB, S. 77ff.), die Übersicht über rhetorische Figuren (SB, S. 80ff.), die Vorstellung des Organonmodells der Sprache (SB, S. 82f.) sowie die Betrachtung der Predigt (SB, S. 121) sind – auch bei individueller Gewichtung der Themen – Grundlagen in praktischer Rhetorik geschaffen sowie Reflexionsansätze gegeben.
Hinzu kommt über die Gesprächsanalyse zu „Nathan" (SB, S. 167–170) eine unmittelbare Vorbereitung auf die Erörterung der Bedeutung des Dialogs. Die Anwendung des Drei-Phasen-Modells auf die Problemerörterung in Verbindung mit der geforderten Selbsttätigkeit der Schüler, indem diese die einzelnen Phasen des Schreibprozesses ergänzen oder überprüfen bzw. kommentieren müssen, verlangt ein intensives Engagement. Durch die angebotenen *Hilfestellungen* – durch Tipps zur Themenerfüllung, der Gewichtung der Teile und eine Übersicht zu häufigen Fehlertypen[82] – werden der Reflexionsprozess angeregt und Lösungsmöglichkeiten vorgestellt.

---

77 Vgl. Joachim Fritzsche: Zur Didaktik und Methodik des Deutschunterrichts. A.a.O., 2. Bd., S. 114f. – Vgl. Otto Ludwig/Kaspar H. Spinner: Mündlich und schriftlich argumentieren. A.a.O., S. 21f.

78 Vgl. die Terminologie und Funktionsbeschreibung bei Joachim Fritzsche: Ebenda, S. 118ff.

79 Joachim Fritzsche: Ebenda, S. 130ff. verweist auf eine unveröffentlichte Untersuchung von Gerhard Sedding von 1987: Abhandeln – Besinnen — Erörtern. Versuch einer Erörterung des Erörterns. Systematische und historische Grundlegung einer umstrittenen Aufsatzart.

80 Einheitliche Prüfungsanforderungen in der Abiturprüfung Deutsch. – Bonn 2002, S. 2of. In der Folge abgekürzt zitiert als EPA 2002.

81 Vgl. Jürgen Baurmann/Otto Ludwig: Schreiben: Texte und Formulierungen überarbeiten. In: Praxis Deutsch, H. 137 (1996), S. 13–21, besonders S. 2of.

82 Vgl. Brigitte Seidel: „Das kann man genauer ausdrücken." Übungsvorschläge zur Arbeit an unscharfen Formulierungen. In: Praxis Deutsch, H. 137 (1996), S. 55–61.

Wenn im Zusammenhang von Adalbert Stifter (SB, S. 296f.) die These vom „sanften Gesetz" unter Bezug auf ein kritisches Zitat Friedrich Hebbels zur Diskussion gestellt wird, handelt es sich um ein *Anwendungsbeispiel,* das weitgehend selbstständig zu bearbeiten ist.

- Einen *zweiten Schwerpunkt* (SB, S. 425ff.) stellt die Erörterung eines **sprachtheoretischen Themas** dar, das im Kontext gründlicher sprachtheoretischer und -philosophischer Reflexionen (vgl. SB, S. 82f., 232ff., 341ff., 428ff.) steht. Durch Anregungen zur semantischen Differenzierung, Strukturmodelle, die das Verhältnis der Teile und die mögliche Binnengliederung der Erörterung abbilden, durch ein W-Fragen-Modell in der Abfolge konzentrischer Kreise und durch einen Katalog zur Kennzeichnung erörternder Sprache werden den Jugendlichen wichtige Hilfen angeboten, die sie in der Ergänzung und Reflexion der Vorschläge operational einsetzen sollen. Für die *Einübung* (SB, S. 428) ist ein alternatives Themenangebot zu empfehlen: Für alle Schüler ist es sinnvoll, ein Thema auszuarbeiten, das inhaltlich und strukturell erschlossen ist und vor allem am Ende als kompositorische und sprachliche Leistung gemessen wird (SB, S. 428, Arbeitsanregung 4a). Während Schüler mit mittlerer oder geringer Schreibkompetenz dieses Angebot nutzen werden, sollte den leistungsfähigeren Jugendlichen die Möglichkeit gegeben werden, Themen zu wählen (vgl. SB, Anregung 4b), die einen Transfer erlauben. Dieser ist auch möglich, wenn die Schüler – etwa nach den Vorschlägen von Joachim Fritzsche[83] – ein Thema selbst wählen und formulieren.
  In diesem Fall besteht der Vorteil, dass die Jugendlichen durch eine hohe „thematische" und „kommunikative Motivation"[84] inhaltlich interessiert und mit engem Adressatenbezug etwas zu erörtern haben. Dabei kann der Nachteil, dass die Ergebnisse dieser freien Themenwahl nur auf einer formalen Ebene zu vergleichen sind, für Übungszwecke in Kauf genommen werden.

2.4.2 Die textgebundene Erörterung

Die textgebundene Erörterung (Texterörterung) basiert auf der Auseinandersetzung mit Problemen und z.T. Strukturen pragmatischer und theoretischer Texte i. w. S., wobei es zwei Typen von Aufgabenstellungen gibt, die sich aber vermischen können: Eine dominant textimmanente (textinterne) Version setzt sich mit Auffassungen und Urteilen sowie mit der „argumentativen Entwicklung"[85] der Problemstellungen des vorliegenden Textes auseinander und zielt auf eine begründete Stellungnahme. Eine überwiegend textübergreifende Variante führt über die Erörterung der Vorlage hinaus. Dies kann als Fortführung der angelegten Gedankenstruktur oder als argumentativer Gegenwurf gesehen werden.

- Das **Gesamtcurriculum** in BLICKFELD DEUTSCH (vgl. LB, S. 46f.) wird eröffnet durch die **Erörterung eines SPIEGEL-Berichts** (SB, S. 20ff.) über die Feier von Jahrestagen der Bomberbesatzung, die die Atombombe auf Hiroshima warf. Dieser Text steht im Zusammenhang des Kriegs- und Hiroshima-Themas (SB, S. 19f.), so dass das für eine engagierte Erörterung notwendige Reflexionspotenzial vorhanden ist. Weil dabei die Gefahr einer einseitig-kritischen und pauschalen Verurteilung des Verhaltens der Bomberbesatzung sehr nahe liegt, ist es wichtig, durch einen sorgfältig geplanten Lösungsweg – mit genauer Themenanalyse, Operatorenbeschreibung, Clustertechnik und tabellarischer Stoff-

sammlung sowie mit Hilfe einer Grafik zur Mehrperspektivität – die Verbindung von problemorientierter Texterörterung und kritischer Stellungnahme zu bewältigen.
- Die **Erörterung eines Leserbriefs** (SB, S. 98f.) zur Aktualität von Lyrik steht im thematischen Kontext von mittelhochdeutschen Gedichten und wendet die Technik der Markierungen und Annotationen auf einen Prosatext an.
- Ein erster Schwerpunkt ist die **Erörterung eines philosophischen Textes** (SB, S. 149ff.), wozu Kants Essay „Was ist Aufklärung?" besonders geeignet ist: Er zeichnet sich durch eine geradezu paradigmatische Präzision der Gedankenentwicklung aus, indem die postulierte Ausgangsthese nach ihren Schlüsselbegriffen analysiert, durch Beispiele veranschaulicht und in ihren Ursachen erforscht wird. Durch das Textumfeld – essayistische, lexikalische, politische und lyrische Texte zur Aufklärung (SB, S. 144ff. und S. 153ff.) – ist die notwendige Wissens- und Materialgrundlage geschaffen, um Kants Essay textimmanent (durch Annotation und Strukturanalyse) und textübergreifend (durch eine vergleichende tabellarische Stoffsammlung) zu erörtern. Ein Kreismodell zur Erleichterung der Stoffsammlung (SB, S. 150), Argumentationstypen und -verfahrensweisen (SB, S. 151) sowie eine Liste charakteristischer Schwierigkeiten (SB, S. 152) zeigen, auf welche Weise das eingeführte Drei-Phasen-Modell differenziert und erweitert werden kann.
- Ein zweiter Schwerpunkt gilt einer **Mischform von textgebundener und literarischer Erörterung** (SB, S. 174ff.) zum Thema „Weisheit" mit Bezug auf die Figur des Nathan. Da die Stoffsammlung im Blick auf den ethischen Text und auf Nathan anzulegen ist, wird zur Orientierung eine Strukturskizze (SB, S. 174) beigefügt, die die Verfügung der Teile zeigt. Weil der Prozess des Abwägens auch sprachlich schwierig ist, sind Argumentationstypen für unterschiedliche Grade der Zustimmung bzw. Ablehnung beigefügt (SB, S. 175), die durch linear-steigernde bzw. dialektische Modelle der Erörterung (SB, S. 176) ergänzt werden.
- Als *Anwendungsbeispiele* dienen ein **Zeitungskommentar** (SB, S. 298) und eine **politische Rede** (SB, S. 321ff.). Zusätzliche Beispiele unterschiedlicher Textsorten lassen sich innerhalb des Buches in beliebiger Anzahl für Übungs- und Klausurzwecke finden.

2.4.3 Die literarische Erörterung

Die literarische Erörterung wird nach EPA 2002[86] nach Inhalt, Zielen und Anforderungen wie folgt beschrieben:

„Diese Aufgabenart (vgl. 3.1.2) erfordert die Auseinandersetzung mit in literarischen Texten gestalteten Sachverhalten, Problemen und Fragen auf der Grundlage der Ergebnisse einer untersuchenden Erschließung. Ausgehend von bei der untersuchenden Erschließung gewonnenen Erkenntnissen sollen Inhalts- oder Gestaltungsaspekte der literarischen Vorlage diskursiv weiter entfaltet werden. Diese Aufgabenart geht davon aus, dass Literatur kulturelle Erfahrungen speichert und deshalb Antworten auf Fragen der menschlichen Existenz bereit hält, dass also die Beschäftigung mit Literatur besonders geeignet ist, Hilfestellung bei der Selbstfindung zu leisten und Empathiefähigkeit sowie Fremdverstehen herzustellen. Das erörternde Erschließen regt an, über sich selbst nachzudenken und das eigene Sprechen bzw. Schreiben differenziert zu gestalten.
Thematisiert werden beispielsweise die in den literarischen Werken dargestellten Wahrnehmungsweisen, Menschenbilder, Gesellschaftsentwürfe und Wirklichkeitsauffassungen, Fragen nach unterschiedlichen Arten der Gestaltung, aber auch werkübergreifende Fragen des literarischen und kulturellen Lebens – auch in Form eines Vergleichs mit einem anderen literarischen Werk. Das erörternde Erschließen literarischer Texte ist offen für gattungspoetische Fragestellungen, für Fragen nach der literaturgeschichtlichen Einordnung von Texten, deren Rezeption und Wer-

[83] Joachim Fritzsche: Zur Didaktik und Methodik des Deutschunterrichts. A.a.O., 2. Bd., S. 128.
[84] Ebenda, S. 128f.
[85] Vgl. EPA 2002, a.a.O., S. 20. – Vgl. Jürgen Baurmann/Otto Ludwig: Die Erörterung. A.a.O., S. 19f.
[86] Vgl. EPA 2002, a.a.O., S. 19f.

tung sowie für die Thematisierung von Aspekten und Problemen des literarischen Lebens.

Die textgebundene Fragestellung kann vollständige Texte als Grundlage verwenden, vor allem, wenn es sich um kürzere Texte handelt (z.B. Gedichte, Parabeln), oder von Ausschnitten aus Ganzschriften ausgehen. In jedem Fall führt das erörternde Erschließen literarischer Texte aufgrund der Themen- und Aufgabenstellung über den zur Untersuchung vorgegebenen literarischen Text hinaus. Die Aufgabe muss auf einen abgrenzbaren und überschaubaren Sachverhalt zielen. Die Anforderungen für die Auswahl von literarischen Texten richten sich nach Ziffer 3.3.3, die an die Bewertung nach Ziffer 3.5.2."

Diese Darstellung zeigt, dass dieser Aufgabentypus gerade für Jugendliche, die Literatur vor allem unter der Sinnfrage lesen, eine interessante Alternative vor allem zur analytischen Interpretation bietet, die doch ausgeprägt an philologischer Exegese orientiert ist.

– Das **Gesamtcurriculum** von BLICKFELD DEUTSCH (vgl. LB, S. 46f.) geht aus von zwei unterschiedlichen Auffassungen von **Technik** in Texten von Günter Kunert und Thomas Bernhard (SB, S. 27f.): Indem Technik einmal als Instrument des Menschen gesehen wird (Kunert), zum andern als nicht mehr beherrschbarer Apparat gedeutet ist (Bernhard), drängt die provokante Kontrastierung von These und Gegenthese geradezu zu einer Auseinandersetzung. An dieser Stelle bleibt die Anregung absichtlich noch ohne Erläuterungen. Sie soll in Partnerarbeit erörtert werden, weil so die Grundlagen aus der Sekundarstufe I (vgl. LB, S. 11) zunächst in wechselseitiger Hilfestellung reorganisiert werden können. Die Auswertung der Ergebnisse im Plenum ist gut geeignet, um für Schüler und Lehrer ein erstes Bild sowohl der Leistungsfähigkeit als auch der hauptsächlichen Defizite zu gewinnen.

– Der erste Schwerpunkt gilt der Erörterung einer **literarischen Figur** (SB, S. 172f.), die durch den Lektüre- und Interpretationszusammenhang den Schülern bekannt ist. Weil verschiedene Porträts von Nathan-Darstellern (SB, S. 169f.) und Szenenbilder aktueller und historischer Aufführungen (SB, S. 171f.) vorgestellt werden, können die Jugendlichen ihre Imagination der Titelfigur mit exemplarischen Inszenierungsvorschlägen vergleichen. Auf diese Weise lässt sich der Begriff des „Vorbilds" messen an unterschiedlichen Erscheinungsbildern im Vergleich zum interpretatorisch gewonnenen Charakterbild des Nathan. Bildimpulse und Textbindung ergänzen sich so auf ideale Weise, wodurch Identifikations- und Abgrenzungsmöglichkeiten geschaffen werden.

– Ein Literaturbezug anderer Art besteht durch ein **Zitatthema** (SB, S. 359ff.), das sich auf Kurzprosa Franz Kafkas bezieht und eine Steigerung der Schwierigkeiten darstellt. Denn neben einer diffizilen Begriffsklärung müssen die Schüler verschiedene parabolische Texte auf die ästhetische Vermittlung ihrer „Botschaft" untersuchen. Die Zeitgenossenschaft Paul Klees und Franz Kafkas und die jeweils unterschiedlichen Stilprinzipien und Wirkungsabsichten in Malerei und Dichtkunst erhöhen den Reiz der Aufgabenstellung. Zahlreiche Arbeitsanregungen in allen Kapiteln könnten zusätzlich für kürzere und ausführliche Aufgabenstellungen Ausgangspunkt weiterer literarischer Erörterungen sein.

2.5   Methoden als Lerngegenstand und Lernmedium

2.5.1 Die Ziele

Ein Blick auf die Etymologie des Begriffs „Methode" (< gr. methodos = der Weg zu etwas hin, der Gang einer Untersuchung) und auf seine Verwendung i. S. eines folgerichtigen und plan-

mäßigen Verfahrens rechtfertigt es, von einem umfassenden und übergreifenden Bedeutungshorizont auszugehen, der „im Kleinen" Arbeits-, Lern- und Studiertechniken ebenso einschließt wie „im Großen" Verfahrens- und Darstellungsformen.[87] Gleichgültig, ob es sich „nur" um die Technik des korrekten Zitierens (SB, S. 11) und Exzerpierens (SB, S. 14, 79) handelt, oder ob es um die anspruchsvollen Formen des Protokolls (SB, S. 33ff., 42f.) und der Wochenplanarbeit (SB, S. 474f.) geht, oder ob gar Projektunterricht (SB, S. 60, 190) und die Facharbeit (SB, S. 226ff.) zu bewältigen sind, stets sollen die Schüler in ihrer Fähigkeit und Fertigkeit geschult werden, selbstständig erfolgreich zu arbeiten und mit anderen prozess- und ergebnisorientiert angemessen zu kooperieren. Insofern kann der von Wolfgang Menzel[88] zusammengefassten Zielbeschreibung uneingeschränkt zugestimmt werden, wenn er festhält: Methodenbeherrschung gehöre „zur Autonomie des Lernenden", führe „zu mehr Lernerfolg", entlaste „die Lehrenden", erleichtere „die Aneignung von Wissen", sei „selbst Teil des Wissens". Zwar dürfen die Mühen des Methodenlernens für Schüler nicht unterschätzt werden, aber – so wäre Menzel zu ergänzen – auf lange Sicht werden auch die Lernenden entlastet, weil Methodenkompetenz nicht nur einen hohen Transferwert durch die Anwendung auf neue Gebiete besitzt, sondern weil durch intensives Methodentraining auch ein hoher Grad an Internalisierung erreicht wird. Damit ist von Anfang an festzuhalten, dass **Methoden** im Deutschunterricht sowohl **Lerngegenstand** als auch **Lernmedium** sein müssen. Denn nur die sorgfältige Einführung bzw. Wiederaufnahme an der didaktisch richtigen Stelle – also z.B. des *Lesezettels* (SB, S. 40) im Zusammenhang einer schülerorientierten Erarbeitung von Adoleszenzromanen – und das permanente Anwenden, z.B. der Studiertechnik des Exzerpierens (vgl. SB, S. 14 und S. 79 und vielfach in den Arbeitsanregungen), führen die Schüler zu einer sicheren Methodenbeherrschung. Denn die lernpsychologisch so wichtige Formel „use it, or lose it" gilt für das Methodenlernen in ganz besonderer Weise.

2.5.2 Der didaktische Ort

Während noch vor 10–15 Jahren der „Primat der Kenntnisvermittlung"[89] im gymnasialen Deutschunterricht unbestritten war, ist seit einigen Jahren z.T. eine Methodisierungssucht zu beobachten mit einer selbstzwecklich verselbstständigten Methodeninflation. Dies war nicht das Ziel der wohl bekanntesten „Methodenbücher" von Hilbert Meyer[90] und Heinz Klippert[91]. Aber die neuerdings öfters grassierende „Hypostasierung von Methoden"[92] – vor allem durch Lehranfänger – bedeutet eine Entscheidung für Verfahren und deren Einsatz, ohne den Implikationszusammenhang von Zielorientierung und didaktischem Ort zu beachten und ohne nach der Angemessenheit von Gegenstand (Thema), Adressatenbezug und Methodenwahl zu fragen. Wilhelm H. Peterßen[93] ist zuzustimmen, wenn er fordert: „Methoden sind Werkzeuge in den Händen von Leh-

[87] Zur begrifflichen Abgrenzung vgl. Wolfgang Menzel: Methodenlernen im Deutschunterricht (Basisartikel). In: Praxis Deutsch, H. 164 (November 2000), S. 6–13, hier S. 9.

[88] Ebenda, S. 8.

[89] Vgl. Wolfgang Menzel/Hanne Henze: Arbeitstechniken. (Basisartikel) In: Praxis Deutsch, H. 21 (Januar 1977), S. 10–16, hier S. 10 und ähnlich noch in Wolfgang Menzel: Arbeitstechniken 2 (Basisartikel). In: Praxis Deutsch, H. 104 (November 1990), S. 16–20, hier S. 18.

[90] Hilbert Meyer: Unterrichts-Methoden. I. Theorieband. II. Praxisband. – Frankfurt a. M. ⁶1994.

[91] Heinz Klippert: Methodentraining, Übungsbausteine für den Unterricht. – Weinheim (Beltz) ⁵1996.

[92] Vgl. Wilhelm H. Peterßen: Kleines Methoden-Lexikon. – München (Oldenbourg) 1999, S. 31.

[93] Ebenda, S. 24f.

renden und Lernenden. Mit ihnen ist – wie mit Werkzeugen überhaupt – sorgfältig umzugehen, um nicht jenen damit Schaden zuzufügen, für die sie eingesetzt werden. Werkzeuge sind von Lehrenden sorgsam auszuwählen; sie müssen – didaktisch gesprochen – zur Zielsetzung und den Inhalten *passen*, besonders aber zu den Adressaten, den Schülern also, für die sie in den Unterrichtssituationen zum Einsatz gebracht werden. Das setzt zum einen eine bewusste Einstellung zu ihnen voraus, zum anderen die Fähigkeit zur rechten Einschätzung von Methoden."

Die Konsequenzen aus dieser funktionalen Verwendung von Methoden sind weder ein „Methodenmonismus"[94] – wie z.B. die auch heute noch vielfach unreflektierte Dominanz des Frontalunterrichts – noch eine modisch erscheinende „Methodenmanie"[95], wie z.B. die Favorisierung der Gruppenarbeit um je-

den Preis und bei jeder Gelegenheit in den Sechziger- und Siebzigerjahren. Vielmehr sollten eine „Methodenvielfalt" und eine „Methodenfantasie"[96] vorhanden sein, um ein Repertoire an Verfahrensweisen ziel-, themen-, situations- und adressatengerecht zu nutzen.

Hinzu kommen muss eine curriculare Konzeption, in der Methoden i. w. S. zur richtigen Zeit eingeführt, in permanentem Training geübt, sinnvoll variiert und differenziert werden sollten.

2.5.3 Das Curriculum

Die folgende Grafik zeigt, wie in den Bänden der Sekundarstufe I von BLICKFELD DEUTSCH Methoden eingeführt und geübt werden.

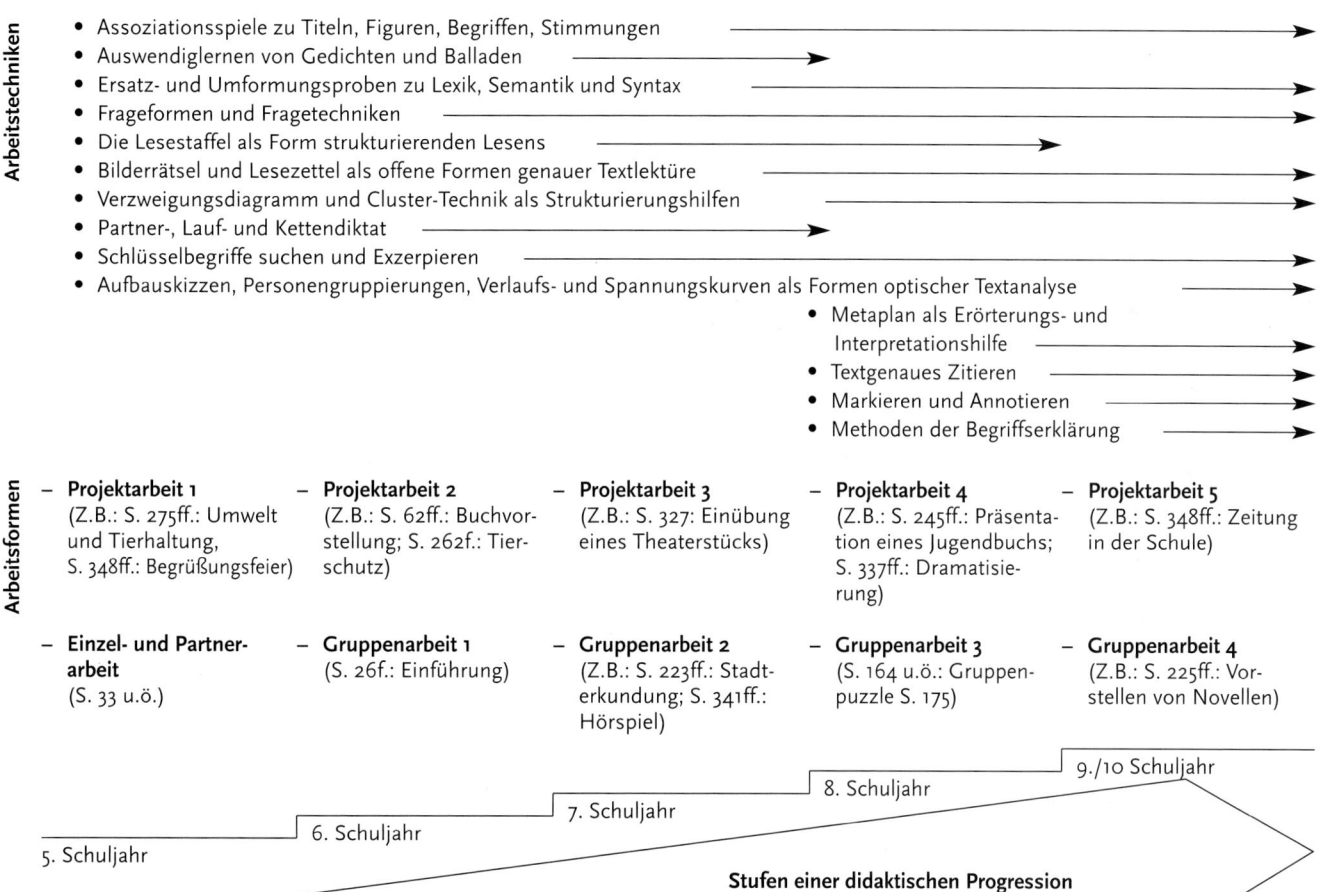

Die altersgemäße Einführung und Einübung von Methoden von Beginn der Sekundarstufe I an ist auch deshalb sehr wichtig, um durch möglichst frühe positive Erfahrungen der Schüler mit der **Entlastungsfunktion** erprobter Verfahrensweisen deren Akzeptanz definitiv zu sichern. Wenn dies gelingt, treten im Idealfall in der späteren pubertären Entwicklungsphase Widerstände der Jugendlichen gegen das Methodenlernen gar nicht erst auf.[97]

Zumindest aber ist dann eine sachgerechte Modifikation eingeführter Methoden und Modelle zu erwarten. Denn sosehr es richtig ist, dass deren hoher Grad an Standardisierung i. S. „intersubjektive[r] Handlungsmuster"[98] gewahrt sein muss, um ihren Gebrauchs- und Transferwert zu erhalten, so offensichtlich ist die Forderung nach Flexibilität berechtigt. Denn innerhalb des Implikationszusammenhangs von Zielen, Bedingungen des Gegenstandes und der Adressaten sind im Deutschunterricht Modifikationen und Differenzierungen von identischen Grundstrukturen nicht nur legitim, sondern auch erwünschter Ausdruck der methodischen Fantasie von Schülern (und Lehrern), was nicht erst seit den Erkenntnissen der konstruktivistischen Lernforschung[99] gefordert wird.

Das folgende Beispiel zeigt die unterschiedlich starke Differenzierung des **literarischen Kommunikationsmodells** am Ende der Sekundarstufe I und auf der Sekundarstufe II.

[94-96] Ebenda, S. 25.

[97] Vgl. Wolfgang Menzel: Arbeitstechniken. In: Praxis Deutsch, H. 21 (Januar 1977), S. 14. Der Verfasser befürchtet, dass Schüler gegen das Methodenlernen zu subjektivistisch auf ihrer „eigenen Technik" beharren könnten.

[98] Wolfgang Menzel: Methodenlernen im Deutschunterricht. In: Praxis Deutsch, H. 164 (November 2000), S. 8.

[99] Vgl. Heinz Mandl/Frank Fischer: Wissen sichtbar machen. Mappingtechniken für das Wissensmanagement in Lern- und Kooperationsprozessen. Göttingen (Hogrefe) 2000.

BLICKFELD DEUTSCH 9/10, SB, S. 277:

Situation des Autors   Situation des Lesers

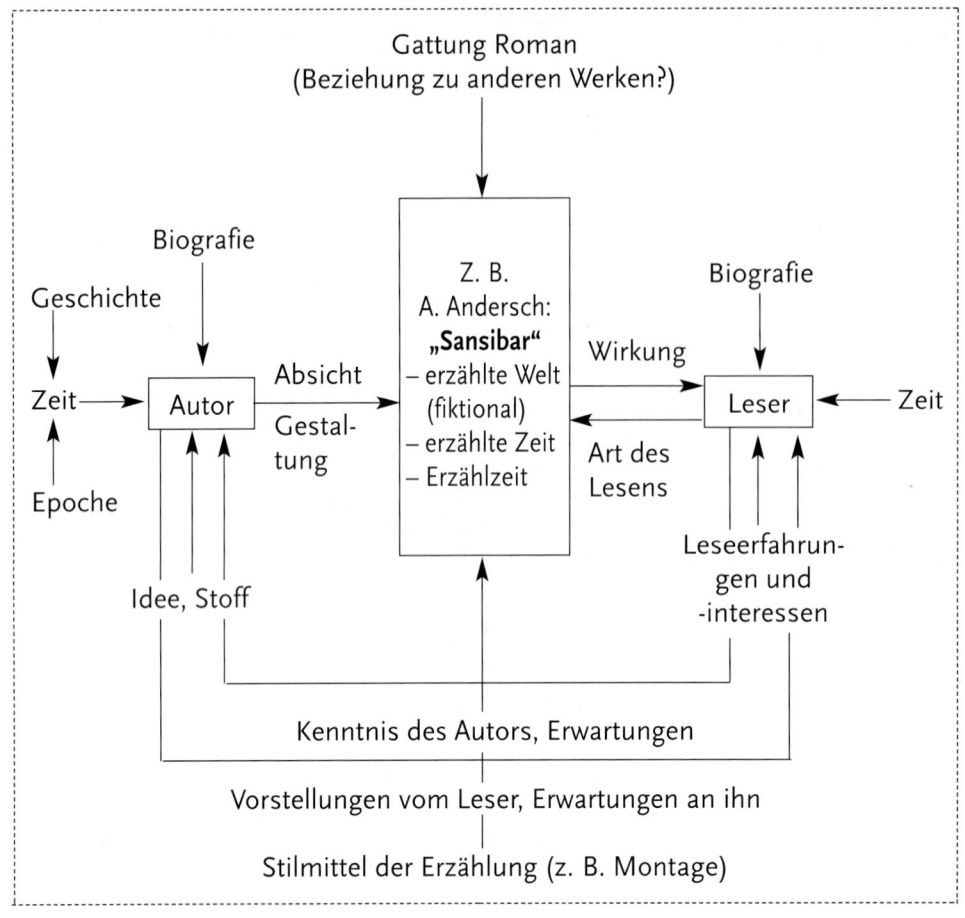

BLICKFELD DEUTSCH S II, SB, S. 263:

Aktuelle Situation des Autors   Aktuelle Situation des Lesers

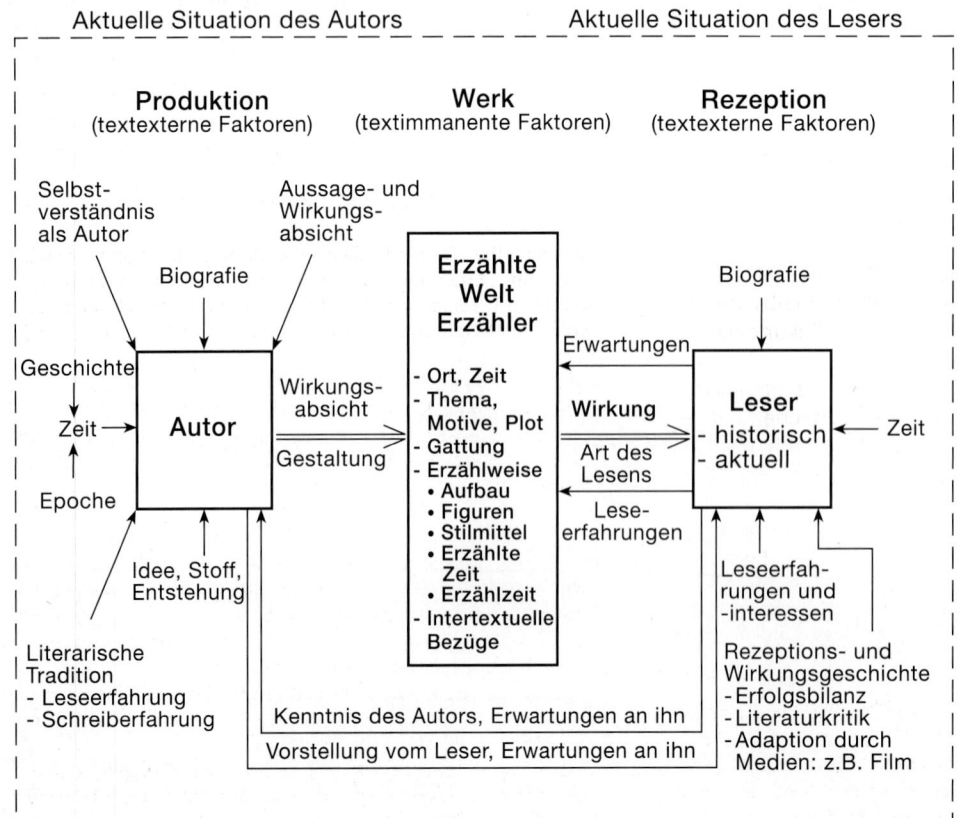

Die Chancen zur Differenzierung der Methodenkompetenz Jugendlicher sind nach Gerald Hüther[100] durch den Ausbau und die Umstrukturierungsprozesse „neuronaler Verschaltungen" sowohl vor als auch nach der Pubertät besonders günstig, so dass die gesamte Jugendphase für kognitive und methodische Lernprozesse außerordentlich wichtig ist. Gerade weil das Methodenlernen nicht auf technische Fertigkeiten reduziert werden darf, sondern kognitive, sozial-kommunikative und psychomotorische Dimensionen[101] umfasst, die je nach Art der Methode unterschiedliche Anteile haben, gehören Methodenlehre und Methodentraining ins Zentrum eines schüler- und handlungsorientierten Deutschunterrichts auf allen Stufen. Die folgende **Übersicht** der im Oberstufenband von BLICKFELD DEUTSCH vorkommenden Methoden (genannt sind hier nur die Schwerpunkte, nicht jedoch die „Aufsatzformen", vgl. LB, S. 46f.) hebt die bereits auf der Sekundarstufe I eingeführten Verfahrensweisen und Studiertechniken halbfett hervor und verdeutlicht auf diese Weise das langfristig angelegte Gesamtcurriculum.[102]

Dominant individuell genutzte Methoden:
– **Arten des Lesens**, SB, S. 10 u. ö.
– **Drei-Phasen-Modell**, SB, S. 15 u. ö., Zusammenfassung S. 487
– Einlegefolie, SB, S. 14
– **Exzerpieren**, SB, S. 14, 79 u. ö.
– Facharbeit, SB, S. 226ff.
– Freies Reden, SB, S. 74 u. ö.
– Internetnutzung, SB, S. 475 u. ö.
– Karteikartenarbeit, SB, S. 452
– **Kommunikationsmodell**, SB, S. 73, 75, 481, 493
– **Konspektieren**, SB, S. 79, 85 u. ö.
– Lesetagebuch, SB, S. 180
– **Lesezettel**, SB, S. 40

– Mitschreiben, SB, S. 28f., 213ff.
– Mündliche Prüfung, SB, S. 482f.
– **Protokollieren**, SB, S. 33ff., 42f. u. ö.
– **Referieren**, SB, S. 75f., 268, 287
– **Resümieren**, SB, S. 38
– Synopse, SB, S. 70, 143, 157
– **Textmarkierung**, SB, S. 78
– Textvergleich in einer Tabelle, SB, S. 200
– Überarbeiten und **Korrigieren**, SB, S. 16, 36f. u. ö.
– Übersetzung/Übertragung, SB, S. 102
– **Visualisierungstechniken**, SB, S. 21, 41, 94 u. ö.
– Wissenschaftliches Arbeiten, SB, S. 226f., 251 u. ö.
– **Zeitstrahl**, SB, S. 97
– **Zitieren**, SB, S. 11 u. ö.

Dominant kooperativ genutzte Methoden:
– **Cluster**, SB, S. 21 u. ö.
– **Freies Arbeiten**, SB, S. 179
– **Gesprächsarten**, SB, S. 11 u. ö.
– **Gruppenarbeit**, SB, S. 268, 287 u. ö.
– **Gruppenpuzzle**, SB, S. 443f.
– **Hörspiel gestalten**, SB, S. 470
– **Inszenieren**, SB, S. 129, 179 u. ö.
– Längsschnittbetrachtung von Lyrik, SB, S. 8ff., 292 u. ö.
– **Metaplan**, SB, S. 42 u. ö.
– **Mündlich und schriftlich**, SB, S. 236 u. ö.
– **Podiumsdiskussion**, SB, S. 232 u. ö.
– **Projektunterricht**, SB, S. 60, 190 u. ö.
– Semantische Reflexion, SB, S. 415, 440
– Seminarkurs, SB, S. 251
– **Standbild**, SB, S. 56 u. ö.
– **Szenisches Interpretieren**, SB, S. 185 u. ö.
– **Szenische Lesung**, SB, S. 50 u. ö.
– Wochenplanarbeit, SB, S. 474

3. Prämissen der Literaturdidaktik des Schülerbandes

3.1 Die literaturwissenschaftlichen Grundlagen

Entsprechend dem heute allgemein anerkannten umfassenden **Literaturbegriff** (vgl. LB, S. 8), der auch der PISA-Studie[103] zugrunde liegt, sind neben „kontinuierlichen Texten" – also allen Niveaustufen fiktionaler und expositorischer Texte – auch „nicht kontinuierliche Texte" – z.B. Diagramme, Tabellen, Schemata, Formulare, Karten, Bilder – sowie alle Formen der durch auditive, audiovisuelle und multimedial-interaktive Medien[104] vermittelte Informationen zuzurechnen und innerhalb eines didaktisch orientierten „Lernprogramms" für die Sekundarstufe II angemessen zu berücksichtigen.
BLICKFELD DEUTSCH repräsentiert dieses Textspektrum und gewichtet die einzelnen Textarten entsprechend ihrer pädagogischen und didaktischen Relevanz gemäß der verbindlichen Lehrplanvorgaben (vgl. LB, S. 30). Jürgen Förster[105] fragt, „was der Literaturunterricht im Zeitalter umfassender Mediatisierung und Ästhetisierung der Alltagswelt und des Wandels von Lesen und Lesern überhaupt noch zu leisten vermag, ohne realitätsblind zu sein oder es zu werden". Angesichts eines Literaturunterrichts, dessen Erziehungsfunktion immer noch in der Tradition preußischer Schulreform des 18./19. Jahrhunderts stehe, und angesichts der aktuellen Medienkonkurrenz zuungunsten des Buches bezweifelt Förster, dass der Topos „Lesen bildet" heute immer noch gilt. In einem späteren Aufsatz stellt Jürgen Förster[106] zugespitzt fest: „Zugleich schreitet die Marginalisierung der Literatur sowie deren Funktion im öffentlichen Leben und dem unserer Schü-

lerInnen weiter voran, eine Marginalisierung, die auch den Literaturunterricht weiter an die Peripherie des schulischen Fächerkanons abdrängt." Zum Beleg seiner These verweist der Autor auf Stimmen von Schriftstellern (z.B. von B. Kirchhoff und G. Kunert) sowie auf das Sterben renommierter Literaturverlage und die Vorrangstellung von Sachbüchern aller Art in den Verlagsproduktionen. Die Ergebnisse der PISA-Studie über das geringe Interesse der 15-Jährigen am Le-

100 Gerald Hüther: Damit die Saat der Bildung auch aufgeht … Der Einfluss früher Erfahrungen auf die Hirnentwicklung. In: Stiftung Lesen (Hrsg.): Forschungsdienst Lesen und Medien. Nr. 21, 2002.
101 Wolfgang Menzel: Arbeitstechniken. In: Praxis Deutsch, H. 21 (Januar 1977), S. 11.
102 Neben vielen praktischen Hinweisen und grundsätzlichen Erörterungen bei Heinz Klippert (s. o.) und Wilhelm H. Peterßen (s. o.) gibt auch das Heft von Wolfgang Mattes fruchtbare Anregungen für die Unterrichtspraxis, wobei der Verfasser seine Darstellung gliedert nach Methoden für die Lehrer und die Schüler: Wolfgang Mattes: Methoden für den Unterricht. 75 kompakte Übersichten für Lehrende und Lernende. – Paderborn (Schöningh) 2002.
103 Vgl. Jürgen Baumert u.a. (Hrsg.): PISA 2000. Basiskompetenzen von Schülerinnen und Schülern im internationalen Vergleich. – Opladen (Leske + Budrich) 2001, S. 8of.
104 Vgl. Susanne Barth: Medien im Deutschunterricht. In: Praxis Deutsch, H. 153 (Januar 1999), S. 11– 19.
105 Jürgen Förster: Literaturunterricht heute. Zwischen Tradition und Innovation. (Einführung in den Hefttitel) In: Der Deutschunterricht, H. 4 (August 1993), S. 3– 10, hier S. 4f.
106 Jürgen Förster: Literatur und Lesen im Wandel. Möglichkeiten einer anderen Literaturrezeption in der Schule. In: Der Deutschunterricht, H. 6 (Dezember 1995), S. 3–8, hier S. 3.

sen[107] wären ein weiterer Beleg für die von Förster geäußerte These. Unabhängig davon, welche Gegenbeispiele dieser kulturpessimistischen Einschätzung entgegengestellt werden können – z.B. die imponierenden Zahlen jährlicher belletristischer Neuerscheinungen, die Bestseller-Listen oder „nur" das Harry Potter-Fieber –, zentrale Aufgabe des **gymnasialen Literaturunterrichts** bleibt die Gegensteuerung, nicht nur weil die Deutschlehrpläne dies fordern, sondern weil Lesekompetenz (s. u.) im Allgemeinen und das Verstehen anspruchsvoller fiktionaler Literatur im Besonderen nach den Erkenntnissen moderner Lernforschung[108] zur Individuation und Sozialisation des Menschen von fundamentaler Bedeutung sind.

Wenn Jürgen Förster[109] beklagt, dass die neuesten wissenschaftlichen Diskussionen „im literaturdidaktischen Diskurs kaum Beachtung finden" und sich der Literaturunterricht vor allem auf einen Methodenwechsel beschränkt, „nämlich vom rezeptiv-analytischen zum produktiven Umgang mit Literatur"[110], so verkennt er einmal die Relevanz dieser Neuorientierung. Denn was – oberflächlich betrachtet – „nur" als Varianten einer handlungsorientierten Methode erscheint, reicht tatsächlich tief in pädagogische und didaktische Dimensionen des Literaturunterrichts hinein, vor allem aber betrifft es zentrale Bereiche der Leser- und Rezeptionsforschung, in deren Zentrum der Schüler als handelndes Subjekt steht (s. u.). Schließlich ist nicht zu verkennen, dass mit der heute literaturdidaktisch allgemein anerkannten ganzheitlichen Interpretation (vgl. LB, S. 15ff.), die analytische und produktionsorientierte Prozesse gleichberechtigt umfasst, ein Paradigmenwechsel vollzogen ist, der dem Gegenstand Dichtung und den Schülern gleichermaßen gerecht wird. Zum andern ist es ein Missverständnis der Funktion von Literaturdidaktik, wenn man deren Legitimität und Modernität daran misst, in welchem Tempo und Grad sie aktuelle Richtungen bzw. Moden der Literaturwissenschaft – nach Förster[111] die „so genannten poststrukturalistischen bzw. dekonstruktivistischen Theorieangebote" – rezipiert und in die Unterrichtspraxis umsetzt. So beweist z.B. Kaspar H. Spinners „poststrukturalistische Lektüre"[112] der Grimm'schen Märchen unfreiwillig, dass die bisherige moderne Literaturdidaktik, die von der Multivalenz der Dichtung sowie der damit verbundenen Unabgeschlossenheit jeglicher Interpretation ausgeht und dabei textimmanente und textexterne Faktoren angemessen berücksichtigt, zu Ergebnissen kommt, die dem dekonstruktivistischen Ansatz weitgehend entsprechen, ohne die Schüler durch den Jargon bestimmter Richtungen der Fachwissenschaft zu belasten und zu irritieren.

3.2 Die erweiterte Epochenkonzeption

Die Epochengliederung (im 2.-11. Kapitel) ist literaturwissenschaftlich legitimiert, wenn sie zwei Grundforderungen erfüllt: Erstens muss die Individualität des einzelnen Kunstwerks erhalten bleiben und darf nicht dadurch nivelliert werden, dass das Einzelwerk – also z.B. „Nathan", „Iphigenie" oder „Woyzeck" – und die Epochen Aufklärung, Klassik oder Realismus gleichgesetzt werden. Zweitens dürfen Epochen nicht linear-additiv missverstanden, sondern müssen als nachträglich versuchte Orientierungshilfen – als „Quadratnetze" (Egon Fridell) – qualifiziert werden, die sowohl historische Kontinuitäten unter der Macht leitender Ideen als auch Diskontinuitäten in der historischen Vielfalt der Einzelphänomene deutlich machen. Deshalb wurde in die Neubearbeitung zusätzlich sowohl ein Epochenüberblick aufgenommen (SB, S. 490f.), der die Relationen von Real-, Kultur- und Literaturgeschichte zeigt, als auch ein Diagramm (SB, S. 492), das die Epochenüberlagerungen verdeutlicht.

Für die „literarische Grundbildung"[113] ist die Epochengliederung literaturpädagogisch in doppelter Hinsicht unerlässlich: Nur auf diese Weise können die Schüler Einzelphänomene historisch sachgerecht einordnen und Orientierung gewinnen innerhalb der Vielfalt und Komplexität kultureller Erscheinungen. Außerdem bieten die in BLICKFELD DEUTSCH vorgestellten Epochen vom Mittelalter bis zur Gegenwart in ihrem Angebot historischer, philosophischer, sprachtheoretischer und dichterischer Texte sowie durch ihr reichhaltiges Bildmaterial für fächerverbindendes Arbeiten in projektorientiertem Unterricht bzw. über die ausgewiesenen Projekte mit anderen Fächern gesamtkulturelle Orientierungen, ohne in starre Periodisierungsschemata zu verfallen.

Die Ergänzung der Epochenkonzeption durch **thematische und gattungstypologische Gruppierungen** ist sowohl explizit als auch implizit angelegt: Das 1. und das neu verfasste 12. Kapitel sind explizit thematisch bzw. gattungstypologisch strukturiert und stellen einen *Rahmen* des ganzen Buches dar, auf den sowohl im Vorgriff als auch im Rückgriff in vielen Kapiteln Bezug genommen wird. Z.B. gibt es neben Anregungen zu Literaturrecherchen im Internet häufig Vorschläge zu Vergleichen zwischen traditionellen und modernen Medien. Über Vorschläge des Lehrerbandes (vgl. LB, S. 48ff.) können implizit zu allen Kapiteln im Längsschnitt *epochenübergreifende Sequenzvorschläge* strukturiert werden, wie die beiden folgenden Beispiele zeigen:

[107] Vgl. Jürgen Baumert u.a. (Hrsg.): PISA 2000. A.a.O., S. 262ff.

[108] Vgl. z.B. Manfred Spitzer: Lernen. Gehirnforschung und die Schule des Lebens. – Heidelberg/Berlin (Spektrum) 2002. Besonders S. 243ff., 339ff., 361ff., 389ff., 405f., 447ff.

[109] Jürgen Förster: Literaturunterricht heute. A.a.O., S. 5.

[110] Ebenda, S. 5. Förster weist auf Gerhard Haas u.a. Artikel hin: Produktionsorientierter Umgang mit Literatur in der Schule. Abschließende Bemerkungen zur Theoriediskussion und Anregungen für die Praxis (nebst einem geharnischten Brief). In: Praxis Deutsch, H. 98 (November 1989), S. 7ff.

[111] Jürgen Förster: Literatur und Lesen im Wandel. A.a.O., S. 6.

[112] Kaspar H. Spinner: Poststrukturalistische Lektüre im Unterricht – am Beispiel der Grimm'schen Märchen. In: Der Deutschunterricht, H. 6 (Dezember 1995), S. 9–18.

[113] Vgl. Einheitliche Prüfungsanforderungen in der Abiturprüfung Deutsch, hrsg. vom Sekretariat der ständigen Konferenz der Kultusminister der Länder in der Bundesrepublik Deutschland. – Bonn 2002, S. 6 u. ö.

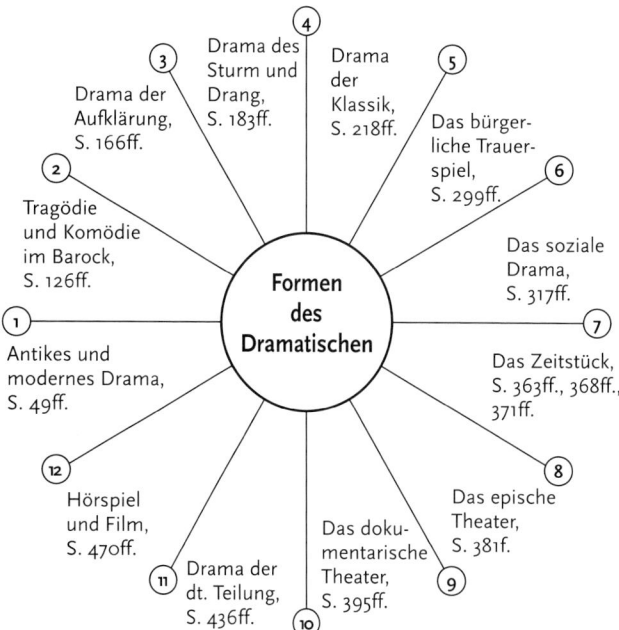

1. Thematische Gruppierung:

- ④ Der Mensch im Lichte der Vernunft, S. 144ff.
- ③ Zwischen vanitas und carpe diem, S. 116ff.
- ⑤ Das Ideal klassischer Humanität, S. 196ff.
- ② Der Mensch vor Gott im Mittelalter, S. 84ff.
- ⑥ Gruppenbildung in der Romantik, S. 253ff.
- (Mitte) **Was ist der Mensch?**
- ① Menschenbilder über 400 Jahre, S. 9ff.
- ⑦ Ein Leben unter Zwängen? S. 283ff.
- ⑫ Jugend 2000, S. 39ff.
- ⑧ Sinnfrage und Sinnverlust in der Moderne, S. 308ff., 341ff.
- ⑪ Suche nach Anfängen, S. 384ff., S. 411ff.
- ⑨ Vertriebene und Verbannte, S. 377ff.
- ⑩ Verfemte und Verfolgte, S. 390ff.

2. Gattungstypologische Gruppierung:

- ④ Drama des Sturm und Drang, S. 183ff.
- ③ Drama der Aufklärung, S. 166ff.
- ⑤ Drama der Klassik, S. 218ff.
- ② Tragödie und Komödie im Barock, S. 126ff.
- ⑥ Das bürgerliche Trauerspiel, S. 299ff.
- (Mitte) **Formen des Dramatischen**
- ① Antikes und modernes Drama, S. 49ff.
- ⑦ Das soziale Drama, S. 317ff.
- ⑫ Hörspiel und Film, S. 470ff.
- ⑧ Das Zeitstück, S. 363ff., 368ff., 371ff.
- ⑪ Drama der dt. Teilung, S. 436ff.
- ⑨ Das epische Theater, S. 381f.
- ⑩ Das dokumentarische Theater, S. 395ff.

Neben den thematisch oder gattungstypologisch gegliederten *Längsschnitten* – z.B. dem Thema „Natur" in der Lyrik seit dem Mittelalter oder dem Sonett im Barock und Expressionismus – sind *Querschnitte* innerhalb der Epochen, z.B. lyrische Formen der Jahrhundertwende, sowie *Kursangebote*, z.B. zu Gedichtinterpretation oder Sprachgeschichte, denkbar.

3.3 Der kompetente Leser

Was die einschlägige **Leserforschung**[114] schon seit Jahren erkannte, ist in der PISA-Studie[115] zusammengefasst: Lesen ist nicht passive Rezeption, sondern wird „vielmehr als aktive Auseinandersetzung mit Texten aufgefasst", so dass „der Prozess des Textverstehens als Konstruktionsleistung des Individuums zu verstehen ist. [...] Die im Text enthaltenen Aussagen werden aktiv mit dem Vor-, Welt- und Sprachwissen des Lesers verbunden. Die Auseinandersetzung mit dem Text lässt sich als ein Akt der Bedeutungsgenerierung verstehen, bei dem das Vorwissen der Leser und die objektive Textvorgabe interagieren. [...] Lesen ist ein höchst komplexer Vorgang der Bedeutungsentnahme, der aus mehreren Teilprozessen besteht. Auf der untersten Ebene besteht Lesen aus dem Erkennen von Buchstaben und Wörtern sowie aus der Erfassung von Wortbedeutungen. Auf der nächsthöheren Ebene steht die Herstellung se-

mantischer und syntaktischer Relationen zwischen Sätzen im Vordergrund und – auf der Textebene – die satzübergreifende Integration von Sätzen zu Bedeutungseinheiten sowie der Aufbau einer kohärenten mentalen Repräsentation der Bedeutung des Textes." Dies gilt für die „Mikroebene" ebenso wie bei längeren Texten für die „Bildung von Makrostrukturen."[116]

Jenseits der primären familiären Lesesozialisation und der Lese- und Schreibentwicklung in der Grundschule sind zur weiteren Förderung der Lesekompetenz auch in der Sekundarstufe II des Gymnasiums zielgerichtete **Lesestrategien** zu vermitteln, zu erproben und zu reflektieren:

- Durch Anknüpfen beim *Vorwissen* der Schüler, z.B. durch Assoziations- und Antizipationsimpulse (vgl. SB, S. 9 u. ö.), und durch eine motivierende und altersgemäße *Problemorientierung* werden die Wissensbasis aktiviert und die Neugier geweckt. Die Sequenz Adoleszenzromane (SB, S. 39ff.) z.B. entspricht auf doppelte Weise diesem Prinzip: Einmal sind in den vorgestellten Romanen Fragen und Probleme Jugendlicher dargestellt. Zum andern werden für Erarbeitung und Präsentation der Ergebnisse schüler- und handlungsorientierte Verfahren angewandt. Mit ähnlicher Absicht zielt die Besprechung eines modernen Montageromans (SB, S. 450ff.) auf Methodenhinweise für die Privatlektüre eines anspruchsvollen modernen Romans (SB, S. 461).
- Die Anwendung des *Vier-Phasen-Modells* der Literaturbetrachtung nach Jürgen Kreft[117] im Aufbau der Epochen ist geeignet, im Großen über konsequente Leserorientierung die Lesesozialisation zu fördern: Über motivierende Zugänge soll zunächst ein Problembewusstsein geschaffen werden (vgl. z.B. die Epoche „Barock", SB, S. 117f.). Die schwerpunktmäßige Erarbeitung dient der Differenzierung eines ersten Gesamtverständnisses (SB, S. 118ff.). Weitere Beispiele und Subtexte ermöglichen eine Erweiterung und Vertiefung (SB, S. 123ff.). Durch Anwendung und Überprüfung (SB, S. 130ff.) wird eine zuverlässige Ergebnisbilanz erreicht, z.B. durch eine Synopse oder Zusammenfassung (SB, S. 141ff.).
- Auch die Beherrschung verschiedener *Lese- und Rezitations-* sowie *Studiertechniken* – z.B. die Textmarkierung und Annotation – dient der Verbesserung der Lesekompetenz (vgl. SB, S. 10, 14, 479f. u. ö.).

[114] Vgl. u.a. Norbert Groeben: Leserpsychologie. 2 Bde. – Münster (Aschendorff) 1982 und 1988. – Neuerdings Norbert Groeben (Hrsg.): Lesesozialisation in der Mediengesellschaft. – Tübingen (Niemeyer) 1999.

[115] Jürgen Baumert u.a. (Hrsg.): PISA 2000. A.a.O., S. 70f.

[116] Ebenda, S. 71. – Vgl. zum Lesen als Integrationsprozess auch Manfred Spitzer: Lernen. A.a.O., S. 416f.

[117] Jürgen Kreft: Grundprobleme der Literaturdidaktik. – Heidelberg (Quelle und Meyer) ³1982. – Vgl. Manfred Spitzer: Lernen. A.a.O., S. 416. Er spricht von der wichtigen Vernetzung mit eigenen Erfahrungen. – Zur literarischen Rezeptionspraxis von Schülern auch: Gerhard Rupp: Literarische Rezensionen und Rollenspiele im Umgang mit umfangreichen epischen Texten am Beispiel von Romanen der Dreißigerjahre (Kästner, Hesse). In: Diskussion Deutsch, H. 97 (Oktober 1987), S. 498–515. Hier S. 498ff.

- Alle relevanten und interessanten textexternen Aspekte von Literaturbetrachtung erweitern den *Verstehenshorizont*. Die Konzeption von BLICKFELD DEUTSCH, biografische, historische und poetologische Informationen auf der jeweiligen „Arbeitshöhe" zur Verfügung zu stellen, hat sich bewährt.
- Auch die Überwindung historischer Diskrepanzen und z.B. der Hermetik moderner Texte zugunsten von spannungsvollen *Differenzerfahrungen* fördert die Lesekompetenz: Denn nicht nur historisch ferne und damit inhaltlich und sprachlich „fremde" Literatur erfordert besondere Verstehensleistungen, die Schüler häufig als Barrieren erfahren, sondern ebenso Gegenwartsdichtung, die komplex, extrem abstrakt und formal überdifferenziert ist, kann als unüberwindlich erscheinen. Um die Jugendlichen nicht abzuschrecken, sind Zugänge zu eröffnen und Annäherungen einzuleiten, wozu es vielfältige Möglichkeiten gibt: Z.B. können durch den Einstieg in eine Epoche über Rezeptionsdokumente (Mittelalter, S. 84f., Klassik, S. 196f.) oder durch die Einbeziehung alltagssprachlicher Semantik („klassisch", „romantisch") oder durch die kontrastive Präsentation von Bild und Text (etwa der Januskopf zur „Jahrhundertwende", S. 308) Annäherungen ermöglicht werden.
- Neben Wolfgang Isers[118] Rezeptionstheorie von den „Leerstellen" und dem „impliziten Leser" liefert die konstruktivistische Lernforschung zusätzliche Argumente für *produktionsorientierte Verfahrensweisen* (vgl. LB, S. 20f.). Dabei können sowohl literarische Figuren[119] emotional „als Türöffner" zu fiktiven Welten dienen oder Formen der szenischen Interpretation[120] erprobt werden, um aus der Fülle handlungsorientierter Methoden nur zwei herauszuheben: Der Schülerband lenkt das Interesse deshalb sehr stark auf Figuren – z.B. Antigone (SB, S. 49ff.), Nathan (SB, S. 166ff.), Iphigenie (SB, S. 218ff.) u.a. – und macht Gestaltungsformen (SB, S. 26 u. ö.) zum Unterrichtsprinzip.
- Auch das Erkennen und Reflektieren von *Lesertypen*[121] – z.B. des Typus der hingebungsvollen Identifikation, der skeptischen Differenz, der desinteressierten Indifferenz und des „Alleslesers" – kann über die kritische Selbsteinschätzung der Schüler der Ausbildung der Lesekompetenz dienen. Deshalb werden in BLICKFELD DEUTSCH nicht nur häufig unterschiedliche Leseweisen erprobt, sondern immer wieder auch auf ihre Reichweite und Funktion reflektiert.
- Fundamental für die Verbesserung der *Lesemotivation* ist das Ernstnehmen des Schülers[122] als handelndes Subjekt im Verstehensprozess. Dies bedeutet, dass subjektive Rezeptionsweisen im Deutschunterricht nicht nur zugelassen, sondern angeregt, ja provoziert werden sollten, auch wenn die Ergebnisse dieser Erstrezeption – nach den Maßstäben einer belegbaren Interpretation – noch unzureichend, ja banal, extrem subjektivistisch und „falsch" erscheinen. Denn nur wenn sich der Leser mit dem Text „verhakt" (Harald Weinrich), kommt es zu einer emotional engagierten Auseinandersetzung. Erst auf dieser Grundlage werden die kognitiven Prozesse möglich, die zu einer schrittweisen Überprüfung des vorläufigen Erstverständnisses führen und in der textimmanenten und textexternen Analyse dann zum objektorientierten und reflektierten Sekundärverständnis der Interpretation voranschreiten. Weil die Jugendlichen zu dieser Form des „Textverstehens als Kommunikationsprozess" ausdrücklich ermuntert werden sollen, ist eine entsprechende Grafik in den Schülerband (und nicht „nur" in den Lehrerband) aufgenommen worden (SB, S. 493). Was die Lernforschung früher zum Thema der Subjektorientierung des Lernens vor allem motivationspsychologisch zu erklären wusste, können die Neurowissenschaften[123] heute experimentell durch differenzierte Erfassungsmöglichkeiten – z.B. durch die Positronenemissionstomographie (PET), durch Kernresonanz- und Magnetresonanztomographie (MRT) – als gehirnphysiologische Prozesse nachweisen: Erst im Zusammenwirken der verschiedenen Assoziationscortices, wobei der limbische Assoziationscortex unerlässlich ist für die affektive, emotionale und motorische Aktivierung, kommen erfolgreiche Lernprozesse in Gang.[124]
- Wie sehr der *Leseprozess* – wie alles Lernen[125] – der Aktivierung bedarf, belegen die Forderungen, Lesen nicht nur rezeptiv zu verstehen, sondern durch vielfältige Formen der *Verschriftlichung*[126] produktiv zu verfahren: Neben Textmarkierungen und Annotationen (SB, S. 78 u. ö.), Textkommentierungen beim Erlesen (SB, S. 14), Skizzieren, Disponieren, grafischer Gestaltung, Formen des eingreifenden Lesens, Modi des Überarbeitens und Korrigierens (z.B. SB, S. 37 u. ö.) gibt es vielfältige Möglichkeiten, sich schreibend mit Texten auseinander zu setzen. Es entspricht dem prozesshaft-offenen Charakter des Textverstehens, wenn dabei alle Phasen schriftlich festgehalten werden und nicht nur das Endergebnis als „Reinschrift" dokumentiert wird. In allen „Aufsatzteilen" von BLICKFELD DEUTSCH werden die Jugendlichen nicht nur zu diesem Prozedere aufgefordert, sondern auch mit handwerklich-technischen Hinweisen (z.B. SB, S. 22f., 36f., 150ff., 174ff., 192f., 222f., 226ff., 247, 260, 280f., 298, 322, 357f., 426f.) unterstützt.
- Entscheidend für die Ausbildung des kompetenten Lesers ist nach PISA[127] auch die *diagnostische Kompetenz* der Lehrenden. Denn nur wenn die Fähigkeit zur Diagnose von Kenntnissen, Verstehensleistungen bzw. von -defiziten differenziert ausgebildet ist, können rechtzeitig die adäquaten Steuerungsinitiativen ergriffen werden. Ziel bleibt es, den Schülern Strategien zu vermitteln, die Kontrolle und Korrektur des eigenen Lese- und Verstehensprozesses selbstverantwortlich und selbstgesteuert möglich machen.

Da für die Analyse der Lesekompetenz mit guten Gründen immer wieder auf die Ergebnisse der PISA-Studie hingewiesen wurde, muss abschließend betont werden, dass die den Testaufgaben zugrunde gelegte Lesekompetenz des **„Reading Li-**

---

[118] Vgl. Wolfgang Iser: Die Appellstruktur der Texte. In: Konstanzer Universitätsreden 28. – Konstanz 1970. – Derselbe: Der Akt des Lesens. Theorie ästhetischer Wirkung. – München (Fink) 1976.

[119] Dazu u.a. Bettina Hurrelmann: Literarische Figuren. Wirklichkeit und Konstruktivität. In: Praxis Deutsch, H. 177 (Januar 2003), S. 4–12, hier S. 6). – Karla Müller: Identifikation und Konstruktion. Ebenda, S. 47–51. – Vgl. dazu das Themenheft „Die literarische Figur". In: Diskussion Deutsch, H. 104 (Dezember 1988) mit Beiträgen u.a. von Jörn Stückrath (S. 556–573), Els Andringa (S. 622–644) und Karlheinz Fingerhut (S. 651–656).

[120] Vgl. dazu u.a. Herta-Elisabeth Renk: Spielprozesse und Szenisches Spiel im Deutschunterricht. In: Praxis Deutsch, H. 76 (März 1986), S. 18–25. – Maßgeblich auch Ingo Scheller: Szenische Interpretation mit Standbildern, dargestellt an Ibsens „Nora". Ebenda, S. 60–65. – Auch die Praxis-Deutsch-Hefte 115 (September 1992), 123 (Januar 1994), 136 (März 1996) und 166 (März 2001) widmen sich diesen Themen.

[121] Vgl. Wolfgang Schröder: Hingabe, Distanz oder Desinteresse. Entwurf eines Lesertypenmodells aus Beispielen dargestellten Lesens bei Michael Ende, Alfred Andersch und anderen. In: Der Deutschunterricht, H. 4 (August 1988), S. 9–20.

[122] Vgl. Günter Graf: Produktion und Interpretation zu einer schülerorientierten Behandlung von Heinrich von Kleists „Die Marquise von O...". In: Diskussion Deutsch, H. 118 (April 1991), S. 163–177.

[123] Vgl. die Einführung von Hans Lenk: Kleine Philosophie des Gehirns. – Darmstadt (Wissenschaftliche Buchgesellschaft) 2001. S. 18.

[124] Ebenda, S. 11ff.

[125] Vgl. Manfred Spitzer: Lernen. A.a.O., S. 4f., 9f. u. ö.

[126] Vgl. u.a. Harald Frommer: Leseprozesse im Unterricht. In: Der Deutschunterricht, H. 2 (1981). – Derselbe: Langsam lesen lernen! Ein Plädoyer für die gelegentliche Langzeitlektüre. In: Der Deutschunterricht, H. 4 (August 1988), S. 21–44. – Ortwin Beisbart: Schreiben als Lernprozess. In: Der Deutschunterricht, H. 3 (1989), S. 5–17. – Jürgen Baurmann/R. Weingarten (Hrsg.): Schreiben. Prozesse, Prozeduren und Produkte. – Opladen (Westdeutscher Verlag) 1995.

[127] Jürgen Baumert u.a. (Hrsg.): PISA 2000. A.a.O., S. 131ff.

teracy" nur **Basisqualifikationen** umfasst, wie die Autoren der Studie[128] selbst feststellen, „die in modernen Gesellschaften für eine befriedigende Lebensführung in persönlicher und wirtschaftlicher Hinsicht sowie für eine aktive Teilnahme am gesellschaftlichen Leben notwendig sind." Abgesehen davon, dass der Anteil fiktionaler Literatur in der PISA-Studie nur 12 % der Aufgaben[129] ausmacht, ist nach Cornelia Rosebrock[130] das gymnasiale **Konzept der literarischen Bildung** erheblich weiter und umfassender – sowohl was die Textarten, deren Komplexität und Schwierigkeit als auch was die Ganzheitlichkeit des Anspruchs an das Textverstehen betrifft. Dies bedeutet für die Sekundarstufe I keineswegs, die offensichtlichen Defizite im Bereich des „Reading Literacy" zu beschönigen. Vielmehr fordert Rosebrock dazu auf, Reformansätze von den Stärken der gymnasialen Literaturdidaktik aus zu suchen.[131]

3.4 Die Medienkompetenz

Dass die elektronischen Medien i. w. S. gegenwärtig den Alltag der Schüler stärker prägen als das Buch, ist nicht zu bestreiten. „Mit den Angeboten der auditiven, audiovisuellen und multimedial-interaktiven Medien einen Teil des Alltags zu gestalten,

ist für Kinder und Jugendliche heute mittlerweile selbstverständlich."[132] Mit der Parole „Schulen ans Netz" haben auch die Bundesländer mit hohem finanziellen Aufwand die technische Ausstattung forciert, ohne dass die mediendidaktischen Initiativen damit Schritt halten konnten, auch wenn gerade die jüngeren Lehrer und Lehrerinnen den Neuerungen gegenüber aufgeschlossen sind.

Seit 1995 gilt als „Orientierungsrahmen" für die Medienerziehung in der Schule die Zielbeschreibung der Bund-Länder-Kommission für Bildungsplanung und Forschungsförderung (BLK): „Die Schule ist weitgehend durch Fächer- und Lernbereichsstrukturen gekennzeichnet. Medienerziehung wird in der Regel kein eigenständiges Fach und kein eigenständiger Lernbereich sein. Das hat zur Folge, dass Medienerziehung [...] im allgemeinen Unterricht geleistet werden muss."[133] Gleichzeitig wird betont, dass dem Deutschunterricht im Fächerkanon eine Leitfunktion zukommt, was bedeutet, dass neben den traditionellen Gegenständen, den Printmedien vor allem, elektronische und digitale Medien gleichberechtigt einzubeziehen sind. Dieses medienintegrative Konzept geht von einem weiten Textbegriff aus (vgl. LB, S. 29f.), der alle Zeichen – sprachliche und nichtsprachliche – umfasst[134], und der ein langfristig angelegtes curriculares „Programm" erfordert, wie es die Bände von BLICKFELD DEUTSCH in der Sekundarstufe I aufbauen.

Curriculum der Mediendidaktik vom 5.–10. Schuljahr

Elektronische Medien	– **Massenmedien** (Z.B.: S. 311ff. Rundfunk und Fernsehen)	– **Moderne Medien** (Z.B.: S. 291ff. „Fernseheinmaleins")	– **Neue Technologien** (Z.B.: S. 271ff. ein fiktives Gespräch zwischen J. Gutenberg und B. Gates)	– **Fernsehen und Multimedia** (Z.B.: S. 291ff. „Sprache" und Funktionen des Fernsehens)
	– **Verfilmen 1:** einer Erzählung (Z.B.: S. 129f. Kameraeinstellungen)	– **Verfilmen 2:** eines Märchens (Z.B.: S. 108ff. Regieanweisungen)	– **Verfilmen 3:** eines Schwanks (Z.B.: S. 244 Anlage eines Drehbuchs)	– **Fotografieren** (Z.B.: S. 220ff. Vergleich von Text und Bild)	– **Verfilmen 4:** einer Romansequenz (Z.B.: S. 262ff. zu „Sansibar oder der letzte Grund")
Theater	– **Theaterwerkstatt 1** (Z.B.: S. 335ff. von der Erzählung zum Stück)	– **Theaterwerkstatt 2** (Z.B.: S. 107f. Märchenspiel)	– **Theaterwerkstatt 3** (Z.B.: S. 144ff. vom Rollenlesen zur Inszenierung)	– **Theaterwerkstatt 4** (Z.B.: S. 334ff. Schultheater „Der Geizige")	– **Theaterwerkstatt 5** (Z.B.: S. 387ff. szenische Interpretation zum „Hauptmann von Köpenick")
Printmedien	– **Wandzeitung 1** (Z.B.: S. 123, 162 u.ö.)	– **Wandzeitung 2** (Z.B.: S. 135f.; 359 u.ö.)	– **Wandzeitung 3** (Z.B.: S. 99, 208 u.ö.)	– **Wandzeitung 4** (Z.B.: S. 250f.)	– **Wandzeitung 5** (Z.B.: S. 120, 256 u.ö.)
	– **Bänkelsang 1** (Z.B.: S. 350ff.)	– **Lesetagebuch 1** (Z.B.: S. 71f., 357f.)		– **Bänkelsang 2 und Moritat** (Z.B.: S. 157ff.)	– **Lesetagebuch 2** (Z.B.: S. 36)
	– **Klassenbibliothek** (Z.B.: S. 78ff. Leihverkehr, Buchkarte)	– **Bibliotheksarten** (Z.B.: S. 63; 324f. Nutzung der Stadtbücherei)	– **Buchmarkt** (Z.B.: S. 316 Jugendbuchpreise)	– **Buchdruck** (S. 59ff.) – **Bildsachbuch** (S. 265)	– **Buchrezensionen** (S. 284f.)
	– **Buchvorstellung 1** (Z.B.: S. 76f. von Lieblingsbüchern)	– **Buchvorstellung 2** (Z.B.: S. 62f. u.ö. Präsentation und Buchempfehlungen: S. 359f.)	– **Buchvorstellung 3** (Z.B.: S. 317ff.: in Gruppenarbeit)	– **Buchvorstellung 4** (Z.B.: S. 295f. als Buchbesprechung)	– **Buchvorstellung 5** (Z.B.: S. 355 als Buchkritik)

9./10. Schuljahr

8. Schuljahr

7. Schuljahr

6. Schuljahr

5. Schuljahr

Stufen einer didaktischen Progression

---

[128] Vgl. Jürgen Baumert u.a. (Hrsg.): PISA 2000. A.a.O., S. 16.

[129] Ebenda, S. 81.

[130] Cornelia Rosebrock: Folgen von PISA für den Deutschunterricht. In: Praxis Deutsch, H. 174 (Juli 2002), S. 51–55.

[131] Ebenda, S. 52.

[132] Susanne Barth: Medien im Deutschunterricht. In: Praxis Deutsch, H. 153 (Januar 1999), S. 11–19, hier S. 11. – Vgl. auch Gerhard Rupp: Vorboten kultureller Praxis. In: Diskussion Deutsch, H. 129 (Februar 1993), S. 74–87. S. 74f. über literarische Bildung heute.

[133] „Orientierungsrahmen" der BLK, S. 19, zitiert nach Susanne Barth: A.a.O., S. 12

[134] Vgl. dazu u.a. Michael Titzmann: Strukturale Textanalyse. – München (UTB 582) 1977, S. 10. – Franz Josef Röll: Mythen und Symbole in populären Medien. Der wahrnehmungsorientierte Ansatz in der Medienpädagogik. – Frankfurt a. M. 1998, S. 21. – Christian Doelker: Ein Bild ist mehr als ein Bild. Visuelle Kompetenz in der Multimedia-Gesellschaft. – Stuttgart (Klett-Cotta) 1997, S. 61ff.

Trotzdem bleiben die **gymnasialen Möglichkeiten** der Medienerziehung sehr begrenzt: Denn einmal werden die entscheidenden Weichenstellungen für verantwortungsvolle und kompetente Mediennutzung in der frühkindlichen Sozialisationsphase – in Elternhaus, Kindergarten und Grundschule – getroffen. Zum andern sind die Spielräume für Kompensations- und Ergänzungsaufgaben des Gymnasiums im Bereich der Medienerziehung durch entscheidende Prägungen – genannt sei nur das Thema „Gewalt im Fernsehen"[135] – sehr eng. Das Curriculum vom 5.-10. Schuljahr zeigt ein Doppeltes. Die Wichtigkeit der Printmedien wird nicht nur inhaltlich in den Ausprägungen von Buch, Zeitung und Theater betont, sondern durch die Akzentuierung handlungsorientierter Methoden zusätzlich verstärkt, so dass die Akzeptanz durch die Schüler entsprechend hoch ist.

Ebenso wird die **Nutzungs- und Gestaltungskompetenz**[136] der modernen Medien dadurch entwickelt, dass die Schüler im aktiven Umgang geschult werden, um durch die Ausbildung von Handlungskompetenz dem überwiegend rezeptiven privaten Konsum gegenzusteuern. Lehrpläne und Bildungsstandards fordern, dass die „Informationstechnische Grundbildung (ITG), vor allem unter den Aspekten „Schreiben und Lesen am Computer" und „Kommunikation mittels Informationstechnik"[137], in Sekundarstufe I noch stärker ausgebaut wird.

Über Medienkunde, Analyse und die „Differenzerfahrungen"[138], z.B. durch die Auseinandersetzung mit elektronischen Medien durch traditionelle Darstellungsformen – Erzählen, Beschreiben, Berichten und Erörtern –, lässt sich eine **Kritikkompetenz** entwickeln, die für die Sekundarstufe II zentral ist. Dementsprechend ist das Medienkapitel „Moderne Medien und vernetzte Welt" (SB, S. 462ff.) in BLICKFELD DEUTSCH strukturiert: Über den Bildimpuls „Black and White" von Jackson Pollock erfolgt ein Reflexionsanstoß, der Schülererfahrungen aktiviert und das Gespräch anregt über Vorteile der Vernetzung – z.B. unter den Informationsnotwendigkeiten der Globalisierung – und deren Problematik, etwa unter den Aspekten der Werbung für Gewalt, Rassismus, politischen Radikalismus, Pornografie etc.

Über die Gegenüberstellung „alter" und „neuer" Medien, „alter" und „neuer" Fernsehprogramme wird die Wirklichkeits- und Wahrnehmungsproblematik (SB, S. 466) aus BLICKFELD DEUTSCH 9/10 fortgeführt und unter dem Aspekt der Diskrepanz zwischen öffentlich-rechtlichem Auftrag der Medien und Fernsehrealität erörtert.

Die Sequenz „Literatur im Medienverbund" (SB, S. 468ff.) setzt den Schwerpunkt in Döblins „Berlin Alexanderplatz" und ist durch den Vergleich von Großstadt-Montageroman mit Hörspiel- und Filmfassungen hauptsächlich auf die Ausbildung der **ästhetischen Kompetenz** ausgerichtet.[139]

Eine Synthese der verschiedenen Kompetenzen strebt die abschließende Sequenz an (SB, S. 474ff.), die folgerichtig in die kontroverse Diskussion einer multimedialen Informationsgesellschaft[140] mündet. Dabei sollte nicht vergessen werden, dass Medienkompetenz ohne eine differenzierte und hoch entwickelte Lesekompetenz, zumal im anspruchsvollen Bereich fiktionaler Literatur, nicht möglich ist. Susanne Barth resümiert: „Eine entwickelte Lesekompetenz ist die Grundlage eines verantwortungsbewussten, souveränen Umgangs mit Radio, Kino- und Fernsehfilmen, Videoclips und multimedial-interaktiven Computeranimationen."[141]

4. Prämissen der Sprachdidaktik des Schülerbandes

4.1 Sprachbetrachtung als Unterrichtsprinzip

Die Defizite der Jugendlichen auch in der Sekundarstufe II im Verfügen über ein anwendbares Grammatikwissen sind bekannt und wurden häufig beklagt. Die Klage gilt einem doppelten Mangel: Es fehlen Grammatikkenntnisse, um das eigene Schreiben i. S. einer „kreativen Korrektur"[142] zu steuern und um über grammatikalische Fachbegriffe[143] ein Instrument für die Interpretation zu besitzen. Während in BLICKFELD DEUTSCH 9/10 entsprechende Informationen an didaktischen „Brennpunkten" als Interpretations- und Korrekturhilfen bereitgestellt wurden, verfährt der Oberstufenband anders: Einmal werden im „Anhang" (SB, S. 494ff.) Grundinformationen zu Lexik, Syntax und Rechtschreibung zusammengestellt, zum andern ist **stilistische Sprachbetrachtung** an dreizehn Schwerpunkten (vgl. die Synopse, SB, S. 498ff.) und an vielen weiteren Stellen im ganzen Band als **Unterrichtsprinzip** vorgesehen. Mit der gewählten Terminologie *stilistische* Sprachbetrachtung" soll den Schülern von Anfang an das Prinzip einer integrierten und funktionalen Sprachreflexion bewusst werden, das für alle Bände von BLICKFELD DEUTSCH bestimmend ist. In der „Synopse zur Integration der Arbeitsbereiche" (SB, S.

[135] Vgl. Manfred Spitzer: Lernen. A.a.O., S. 361ff. Der Autor zeigt aufgrund neuester neurowissenschaftlicher Forschungen die fatalen Folgen der frühen Prägungen.

[136] In der Differenzierung der Medienkompetenz nach Nutzungs-, Kritik-, Gestaltungs- und ästhetischer Kompetenz folge ich dem Vorschlag von Susanne Barth: A.a.O., S. 15f.

[137] Zitiert nach Susanne Barth: A.a.O., S. 15. Die Autorin verweist auf Elin-Birgit Berndt: Der Deutschunterricht als Ort der Informationstechnischen Grundbildung und Medienerziehung. In: Osnabrücker Beiträge zur Sprachtheorie 55/1997, S. 7–19.

[138] Susanne Barth: A.a.O., S. 16. Vgl. Jutta Wermke: Integrierte Medienerziehung im Fachunterricht. Schwerpunkt: Deutsch. – München 1997, S. 39ff.

[139] Vgl. dazu Franz Josef Röll: A.a.O. – Klaus Neumann-Braun/Tanja Güra: Hörmedien bei Kindern und Jugendlichen. Ein Literaturbericht zur Nutzung und Funktion. In: Der Deutschunterricht, H. 3 (Juni 1997). – Hans-Dieter Erlinger (Hrsg.): Neue Medien. Edutainment. Medienkompetenz. Deutschunterricht im Wandel. – München 1997. – Gudrun Marci-Boehncke/Wolfgang Gast: Zwischen „Faust" und die daily soap. Medienpädagogik im Fach Deutsch – eine kleine Empirie. In: medien + erziehung 5/1997, S. 293–302. –

Helmut Schanze (Hrsg.): Fernsehgeschichte der Literatur. Voraussetzungen-Fallstudien-Kanon. – München 1996. – Bodo Lecke (Hrsg.): Literaturstudium und Deutschunterricht auf neuen Wegen. – Frankfurt a. M. 1996. – Dieter Baacke: Medienpädagogik. – Tübingen 1997.

[140] Vielseitige Informationen geben u.a. Rüdiger Weingarten (Hrsg.): Sprachwandel und Computer. – Opladen (Leske + Budrich) 1997. – Jens Hildebrand: Internet-Ratgeber für Lehrer. – Köln 1996. – Ludwig Janssen/Horst Schnepper-Fries: Internet und HTML für Lehrer und Schüler. – Hannover 1997. – Reinhard Kaiser: Literarische Spaziergänge im Internet. Bücher und Bibliotheken online. – Frankfurt ²1997.

[141] Susanne Barth: A.a.O., S. 14. – Eine vorrangige Bedeutung der „Textkompetenz" fordert auch Helmut Feilke: Wege zum Text. In: Praxis Deutsch, H. 161 (Mai 2000), S. 14–22.

[142] Vgl. Peter Gocht: Orientierungsversuch eines Grammatikliebhabers. In: Der Deutschunterricht, H. 2 (April 1974), S. 6–16.

[143] Für einen raschen Überblick gut geeignet ist das Werk von Winfried Ulrich (Hrsg.): Grammatik. – Braunschweig (Westermann) 1997.

498ff.) ist in der letzten Spalte auf diesen Aspekt besonderer Wert gelegt, weil es sich in der ganz „normalen" Alltagsarbeit im Deutschunterricht entscheidet, ob ein grammatikalisches Grundwissen und Sprachbewusstsein zum selbstverständlichen Bestand unseres Faches gehört. Dabei wird kein Unterschied gemacht zwischen fiktionalen und nicht fiktionalen sowie vorliegenden oder von den Schülern verfassten Texten. Denn jeweils geht es vordergründig zunächst um die Benennung bestimmter grammatischer Phänomene – z.B. von Fachbegriffen, Spracheigenarten verschiedener Textsorten, sprachgeschichtlicher Veränderungen, sprachlicher Varietäten usw. –, hauptsächlich aber interessiert die Beschreibung der jeweiligen Funktion sprachlicher Eigenarten. Abgesehen von den Schwerpunkten handelt es sich in der Regel um den eher beiläufigen Blick auf sprachliche Phänomene, der aber in der Kontinuität zur Selbstverständlichkeit i. S. des So-Üblichen werden soll. Denn nur auf diese Weise besteht die Chance, Jugendlichen Sprache und den Stil insgesamt nicht als lästiges Additum erscheinen zu lassen, mit dem man sich in der Analyse und Korrektur pflichtmäßig befassen m u s s . Vielmehr soll sich das Bewusstsein bilden, dass „Form" i. w. S. nicht etwas Zusätzliches ist, sondern – genauso wie alles Inhaltliche – als Wesensbestandteil jeglicher Aussage zu verstehen ist. Auf dem Hintergrund einer pragmatisch angelegten Linguistik[144] spielen funktional-stilistische und Aspekte der handlungsorientierten Grammatik ebenso herein wie sprachgeschichtliche Reflexionen[145], wobei an dieser Stelle auf die detaillierte Erläuterung der jeweiligen sprachtheoretischen Zusammenhänge verzichtet werden kann.

4.2 Thematische Schwerpunkte innerhalb der Epochen

Nicht nur weil die Deutschlehrpläne der Sekundarstufe II[146] bestimmte Themen vorsehen – z.B. Sprache und Kommunikation, Sprache als System, Sprache und Sozialisation, Sprache und Geschichte, Sprache–Denken–Wirklichkeit, Sprache und Geschlecht, Ideologie und Sprache, ästhetische Möglichkeiten der Sprache u.a. –, sondern weil Sprachtheorien und Sprachgeschichte i. w. S. Bestandteil der Epochenkonzeption sein müssen, sind sie in BLICKFELD DEUTSCH an der didaktisch richtigen Stelle integriert.

– Die **Semantik** (mit insgesamt 18 Schwerpunkten) erhält aus gutem Grund einen besonderen Rang: Denn sehr viel entscheidender als z.B. durch die Syntax werden Differenzierung und Nuancierung des aktiven Wortschatzes Jugendlicher i.S. eines elaborierten Codes durch semantische Reflexionen ausgebildet.[147] Davon sind pragmatische Bereiche – z.B. Wortfelder – ebenso berührt wie metasprachliche Betrachtungen, z.B. zu Fachbegriffen der Literatur. Entscheidend für die unterrichtliche Praxis ist die hohe Akzeptanz semantischer Betrachtungen durch die Schüler, wofür die unmittelbar erfahrbare Erweiterung des Verstehenshorizontes und des aktuell verfügbaren Wortschatzes sicher maßgeblich sind.

– Die **Semiotik** (vgl. vor allem SB, S. 139f., 312, 428, 462, 470ff.) ist unter zwei Aspekten besonders wichtig: Einmal umfasst der BLICKFELD DEUTSCH zugrunde liegende offene Textbegriff Zeichen aller Art. Zum andern ist es für das Verstehen der Epochen als gesamtkulturelle Phänomene unerlässlich, Texte und Bilder in ihrer jeweiligen Zeichensprache deuten und vergleichend in Beziehung setzen zu können.[148] Die dabei gewonnenen Einsichten sind auch unmittelbar anwendbar für eine kritische Nutzung elektronischer Medien und für den produktionsorientierten Umgang mit ihnen.

– Die **Sprachgeschichte,** die in elf Schwerpunkten vom Indoeuropäischen bis zu Tendenzen der Gegenwartssprache reicht und dabei Sprachvarietäten ebenso einschließt wie Aspekte des Sprachsystems, ist nicht als „materialisierter oder gar fossilierter Ausdruck von Kultur"[149] zu verstehen, sondern wird auf zweifache Weise nahe gebracht: Einmal stehen die sprachhistorischen Abschnitte in enger Verbindung zur Mentalitäts- und Literaturgeschichte der jeweiligen Zeit. Zum andern knüpft die stilistische Sprachbetrachtung (s.o.) unter dem Aspekt der Analyse des jeweiligen Zeitstils vielfache Beziehungen. Auf diese Weise ist es möglich, den Sprachgebrauch der Schüler immer wieder zur Vergleichsfolie zu machen, um Sprachveränderungen zu erörtern. Wenn es so gelingt, den Jugendlichen Sprachgeschichte nicht archivalisch erscheinen zu lassen, sondern Sprachveränderungen als fortdauernden Prozess bewusst zu machen, der nur aus der historischen Distanz deutlicher erkennbar wird als in der Gegenwart, ist für das Sprachbewusstsein und für den kritischen Sprachgebrauch viel gewonnen.[150]

– Themen der **Sprachtheorie** werden an fünf Schwerpunkten (SB, S. 77f., 233ff., 236f., 341f. und 344ff.) vermittelt: Im Zusammenhang der *rhetorischen Figuren* (SB, S. 77ff.) bietet das *Organonmodell der Sprache* (SB, S. 82f.) bereits im Einführungskapitel einen ersten Reflexionsmittelpunkt. Von hier aus werden über die Grundfunktionen von „Ausdruck", „Appell" und „Darstellung" nicht nur Paradigmen des Rhetorischen beschrieben, sondern die Schüler erhalten einen ersten Einblick in Grundfunktionen von Sprache überhaupt. *Sprache als „Urmedium" des Menschen* (SB, S. 232ff.) wird unter entwicklungstheoretischen und anthropologischen Gesichtspunkten dargestellt und in den Kontext der Humanitätsproblematik der Weimarer Klassik eingebunden.

Eingefügt in den Prozess fundamentaler Veränderungen der Jahrhundertwende ist das Thema *Sprache und Wirklichkeit*. Neben die Aspekte moderner Sprachkritik (Hugo von Hofmannsthal und Fritz Mauthner) tritt die Betrachtung der Problematik in traditioneller und moderner Lyrik und Prosa aus verschiedenen Perspektiven. Durch die Kombination expositorischer und fiktionaler Texte wird eine hochgradige Verdichtung erreicht, die durch die Verbindung mit eigenen Spracherfahrungen der Schüler und angeregt durch Sprachkarikaturen ein starkes Anregungspotenzial entwickelt.

Da in den einzelnen Kapiteln auf die jeweilige Spezialliteratur hingewiesen wird, kann in dieser thematischen Übersicht auf differenzierte Literaturangaben verzichtet werden.

---

[144] Vgl. die Übersicht bei Winfried Ulrich: Didaktik der deutschen Sprache. Ein Arbeits- und Studienbuch in drei Bänden. Texte–Materialien–Reflexionen – Stuttgart (Klett) 2001. 3. Bd.: Grammatikunterricht, S. 10f.

[145] Vgl. dazu Angelika Linke: Sprachgebrauch und Sprachgeschichte. In: Praxis Deutsch, H. 96 (Juli 1989), S. 9–18.

[146] Beispielhaft werden an dieser Stelle nur zwei Pläne zitiert: Lehrplan Deutsch, hrsg. vom Ministerium für Bildung, Wissenschaft und Weiterbildung. Rheinland-Pfalz (1998), S. 15ff. – Lehrplan für das Fach Deutsch der Kursstufe des Gymnasiums, hrsg. vom Ministerium für Kultus, Jugend und Sport Baden-Württemberg (2001), S. 85f.

[147] Vgl. Noam Chomsky: Thesen zur Theorie der generativen Grammatik. – Frankfurt (Fischer-Athenäum). – Herbert Ernst Brekle: Semantik. – München (UTB 102).

[148] Eine gute Orientierung gibt: Umberto Eco: Einführung in die Semiotik. – München (UTB 105).

[149] Angelika Linke: A.a.O., S. 11.

[150] Vor allem unter pragmatischen Gesichtspunkten ist besonders wegen seiner Prägnanz und Anschaulichkeit immer noch zu empfehlen Peter von Polenz: Geschichte der deutschen Sprache. – Berlin ⁹1978. Derselbe: Deutsche Sprachgeschichte vom Spätmittelalter bis zur Gegenwart. – Berlin 1991ff. – Eine stärkere literaturgeschichtliche Orientierung gibt Hans Eggers: Deutsche Sprachgeschichte. 2 Bände. – Hamburg 1986.

5. Der Aufbau des Lehrerbandes zu BLICKFELD DEUTSCH Oberstufe

Der Lehrerband kann die gründliche fachwissenschaftliche und didaktisch-methodische Auseinandersetzung mit den Gegenständen nicht ersetzen. Auch will er keine entmündigenden Rezepte anbieten, sondern geht aus vom knappen Zeitbudget des Deutschlehrers und versucht, durch die auf eine solide Unterrichtspraxis angelegten Orientierungen und Hilfen eine Entlastungsfunktion zu erfüllen.

Die Neubearbeitung stellt die fünf Funktionen des Lehrerbandes noch deutlicher heraus:

5.1 Vorschläge für Planungen im Deutschunterricht

– Die *Jahresplanung* zeigt neben konkreten Hinweisen zur Stoffverteilung nach Tertialen und Unterrichtseinheiten auch curriculare Prinzipien einer mittel- und langfristig angelegten Unterrichtskonzeption, so dass eine Übertragung auf andere Jahrgangsstufen leicht möglich ist. Unabhängig von wechselnden Schwerpunktthemen in den einzelnen Bundesländern und unabhängig auch von immer wieder notwendigen Planungsrevisionen, haben sich Jahrespläne als „Organisationsgerüste" auch dort gut bewährt, wo sie nicht durch entsprechende Erlasse vorgeschrieben sind.
– Besonders in den *epochenübergreifenden Planungsvorschlägen* erweist sich unter inhaltlichen und methodischen Aspekten die Vielseitigkeit von BLICKFELD DEUTSCH: Das Buch gewährt durch themen-, werk- und gattungsbezogene Vorschläge ebenso Spielräume für individuelle Arbeitsstile und Unterrichtskonzeptionen der Unterrichtenden wie für spezifische Voraussetzungen des Lehr- und Lernfeldes. Dabei eröffnen sich *Planungsalternativen* für einen Transfer unter anderen Zielsetzungen und mit anderen Textarrangements.
– Die *Sequenzvorschläge* zu den einzelnen Kapiteln zeigen eine Binnendifferenzierung nach Fundamentum, Erweiterung und Additum sowie nach Phasen des Lernprozesses von der Problemstellung über die Erarbeitung bis zur Anwendung.
– Exemplarisch ausgewählte *Unterrichtseinheiten* zeigen Möglichkeiten für unterschiedliche didaktische und methodische Schwerpunkte sowie für die Verbindung von Plenumsarbeit mit unterschiedlichen Differenzierungs- und Kooperationsformen.

5.2 Gegenstands- und Konzeptionsbeschreibung der Kapitel

Die Arbeit mit BLICKFELD DEUTSCH wird auch dadurch erleichtert, dass alle 12 Kapitel nach derselben Binnenstruktur dargestellt sind:

– Die *pädagogisch-fachwissenschaftlichen Aspekte* betreffen einerseits Fragen der Entwicklungs- und Lernpsychologie, der Sozialisation, der jeweiligen Beziehungen der Schüler zu den Lerngegenständen sowie zu deren Position innerhalb eines Gesamtcurriculums. Andererseits sind die Kapitelthemen in ihrem Sachanspruch so vorgestellt, dass der Forschungsstand deutlich wird und eine weiterführende Einarbeitung mit Hilfe der angegebenen Literatur leichter fällt, zumal die unterrichtsrelevanten Titel überwiegen.

– Die *fachdidaktisch-methodischen Aspekte* berücksichtigen die Anteile der einzelnen Arbeitsbereiche des Deutschunterrichts und erläutern die didaktische Gewichtung sowie die vorgesehenen Methoden.

5.3 Die Sequenzvorschläge der Kapitel

Die Sequenzvorschläge für jedes Kapitel korrespondieren sowohl mit den Gewichtungen der *Synopse* des Schülerbandes (vgl. SB, S. 498ff.) als auch mit den Unterrichtseinheiten der *Jahresplanung* (vgl. LB, S. 39ff.) und sind dreifach differenziert:

– Mit dem *Fundamentum* (grau gerastert) wird zum einen die grundlegende Obligatorik der Lehrpläne erfüllt. Zum andern sind aber auch didaktisch-methodische Schwerpunkte markiert, die produktionsorientierte und kreative Aufgabenstellungen (vgl. LB, S. 20f.) betreffen.
– Wichtige *Erweiterungen* (mit Sternchen versehen) bezeichnen zusätzliche Texte, aber auch weitere Übungsformen und Transferaufgaben.
– Das *Additum* (ohne Markierung) enthält fakultative Angebote sowie ergänzende Übungsvarianten, die sich gut für Formen der Binnendifferenzierung und auch für das Freie Arbeiten eignen.

5.4 Erläuterungen und Lösungsvorschläge

Diese Teile bilden den Schwerpunkt des Lehrerbandes, weil hier die Angebote für die Unterrichtsvorbereitung am konkretesten sind.

– *Bilderläuterungen* zu den am Beginn der Kapitel vorgestellten Werken geben eine Kurzinterpretation, skizzieren den Zusammenhang mit dem Kapitelthema und geben Hinweise zu den Möglichkeiten des didaktischen Einsatzes.
– Die Beschreibung der *Teilsequenzen* schließt ab mit einem Vorschlag zu möglichen Zielsetzungen.
– Text- und Methodenerläuterungen erfolgen an den inhaltlichen und methodischen Schwerpunkten.
– Zu allen *Arbeitsanregungen* – den als Fundamentum mit markierten ebenso wie zu den fakultativen – werden Hinweise gegeben.
  • Diese betreffen Skizzen (grafisch aufbereitet als Gliederungen oder in Tafelbildern) zu den zu *erwartenden Schülerlösungen*. Bei kreativen und offenen Aufgaben, die keine Konkretisierungen zulassen, sind mögliche Lösungsrichtungen angedeutet.
  • Entwürfe zu *Tafelbildern* (z.B. als Strukturskizzen, Tabellen, Exzerpten) halten denkbare Ergebnisfixierungen fest und können z.T. auch Orientierung für den Stundenverlauf geben.
  • Anregungen zur Wahl von *Methoden, Sozial- und Arbeitsformen* beziehen sich i.d.R. auf unterrichtliche Erfahrungswerte.
  • *Ideen* für Motivation, für Einstiege, für mögliche Präsentationsformen von Ergebnissen, für Anschluss- und Erweiterungsaufgaben ergänzen die Angebote und münden z.T. auch in *Alternativvorschläge* zu den im Schülerband vorgeschlagenen Lösungswegen.
– Jeweils am didaktisch richtigen Ort werden Hinweise gegeben auf die jedem Kapitel beigefügten *Kopiervorlagen* (s.u.).

5.5 Vorschläge für Übungen und Klausuren

Die **Kopiervorlagen** am Ende eines Kapitels sind durch Seitenhinweise und die Beschreibung ihres didaktischen Ortes eng mit dem Unterrichtsprozess verzahnt. Sie wurden nach unterschiedlichen Gesichtspunkten ausgewählt:

– Zusätzliche oder alternative *Materialien* (Texte und Bilder) ergänzen, nuancieren und kontrastieren die Angebote des Schülerbuches und erweitern die unterrichtlichen Dispositionsmöglichkeiten.
– Didaktisch arrangierte *Textpräsentationen* (z.B. als Montage oder Kontrastierung, als Textverrätselung oder als Lückentext usw.) ermöglichen Angebote, die im Schülerbuch so nicht zulässig sind.
– *Übungs- und Klausurvorschläge,* die durch verbindliche Arbeitsanweisungen (nicht durch fakultative Arbeitsanregungen!) versehen sind, machen eine *valide Lernerfolgskontrolle* möglich, weil sie genau auf den jeweiligen Lernstand abgestimmt sind. Erläuterungen zur Schwierigkeit der Aufgabenstellung und zu den erwarteten Schülerleistungen umreißen einen Erwartungshorizont.
– *Schülerbeispiele,* vorgelegt zur Korrektur, Beurteilung und Verbesserung, haben den Vorteil, dass sich an „fremden" Texten distanzierter und vorurteilsloser arbeiten lässt als an Beispielen aus der jeweiligen Lerngruppe.

II. Vorschläge für Planungen im Deutschunterricht der Sekundarstufe II

1. Die Planungsprämissen

1.1 Die Notwendigkeit einer Jahresplanung

Die Notwendigkeit einer Jahresplanung ist mehrfach zu begründen:

- *Unterrichtsökonomisch* verlangt die Stofffülle inhaltsorientierter Fachlehrpläne nach einer mittel- und langfristigen Strukturierung. Und wo die Vorschriften auf verbindliche Bildungsstandards reduziert sind, wird konkrete Unterrichtsplanung nur im Rahmen eines jahrgangsorientierten Gesamtkonzeptes möglich.
- *Unterrichtsdidaktisch* ist es beispielsweise für den Übergang von Sekundarstufe I in Sekundarstufe II – bei neunjährigem Gymnasium also in Jahrgangsstufe 11 – von zentraler Bedeutung, in der Gewichtung der Gegenstände nach Schwierigkeitsgrad und Komplexität den Voraussetzungen und Bedürfnissen der Schüler möglichst genau zu entsprechen.
- *Lernpsychologisch* und *pädagogisch* betrachtet, kann durch eine Jahresplanung sichergestellt werden, dass Deutschunterricht curricular strukturiert werden muss, um mittel- und langfristig die Systematisierung eines Lernprozesses zu gewährleisten. Dessen Qualitätskriterien müssen Übungskontinuität und Nachhaltigkeit sein. In diesem Zusammenhang sind auch die Lernerfolgskontrollen[1] zu bedenken, die valide und am richtigen didaktischen Ort eingeplant sein müssen.

1.2 Die Tertialsplanung

Die Tertialsplanung entspricht folgenden Überlegungen:

- *Organisatorisch* orientiert sie sich an längeren Ferienzäsuren (zu Weihnachten und Ostern), vor denen thematische Einheiten abgeschlossen werden sollen. Dabei sind das erste und dritte Tertial je nach den Ferienzeiten – vor allem der Sommerferien – flexibel nach längeren oder kürzeren Zeitabschnitten zu planen. Der unten folgende Vorschlag geht von 40 Schulwochen zu je 4 Wochenstunden aus, in deren Verlauf i. d. R. 6 Klausuren so einzuplanen sind, dass eine gleichmäßige Verteilung über das Schuljahr möglich wird.
- *Didaktisch* gilt die *Integration der Arbeitsbereiche* als oberstes Strukturierungsprinzip, nicht nur weil sie in den Deutschlehrplänen aller Bundesländer verbindlich gefordert ist, sondern weil sie den Erkenntnissen der heutigen Lernforschung entspricht. (Vgl. die Ausführungen dazu in den Abschnitten „Aufsatzarten", LB, S. 12ff. und „Lesekompetenz", LB, S. 31ff.). Wenn aktive Auseinandersetzung nur in der Synthese von Reflexion, Verschriftlichung und vielfacher Anwendung erfolgen kann, bleiben die Arbeitsbereiche zwar in ihrer spezifischen Zielsetzung erhalten, sind aber bei wechselnden Dominanzen miteinander verbunden. Dabei zeigen die gestrichelten Vertikalen die „Durchlässigkeit" an. Die unterschiedlichen Konstellatio-

nen werden im Vorschlag für die Jahresplanung (s. u.) durch Rahmen markiert:

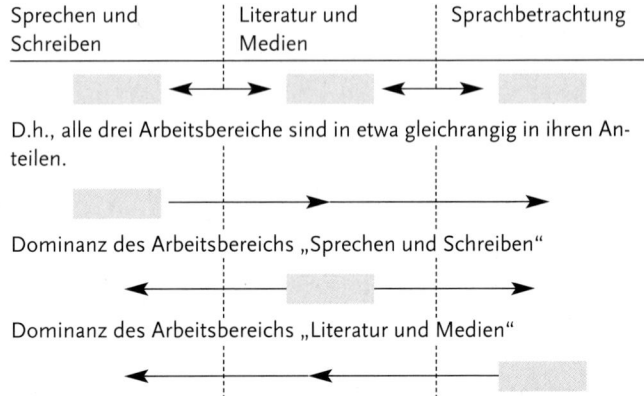

| Sprechen und Schreiben | Literatur und Medien | Sprachbetrachtung |

D.h., alle drei Arbeitsbereiche sind in etwa gleichrangig in ihren Anteilen.

Dominanz des Arbeitsbereichs „Sprechen und Schreiben"

Dominanz des Arbeitsbereichs „Literatur und Medien"

Dominanz des Arbeitsbereichs „Sprachbetrachtung".

(Natürlich sind auch Konstellationen denkbar, in denen zwei Arbeitsbereiche „führend" sind.)

Die horizontale Leseweise zeigt – analog zur Synopse (SB, S. 498ff.) – das Integrationsangebot, die vertikale das Gesamtcurriculum eines Jahres. Dabei werden Untergliederungen halbfett und Gewichtungen kursiv hervorgehoben.

- Die Prämisse einer *offenen Unterrichtsplanung*[2] bedeutet, dass ein sinnvoller Jahresplan nicht als „Prokrustesbett" missverstanden werden darf. Denn bei aller angemessenen Berücksichtigung der Obligatorik, der gebotenen Übungsintervalle und der vorgeschriebenen Klausuren, müssen Spielräume für Planungsrevisionen bestehen, um für Projekte, Gelegenheitsunterricht (z.B. zur Vorbereitung von Klassen- und Schulfesten) sowie für unvorhergesehene Organisationsprobleme (z.B. wegen des Stundenausfalls durch Krankheit) Umschichtungen zu ermöglichen. All dies lässt sich aber nur in einer individuellen Planung berücksichtigen.
- Das Prinzip des *Spiralcurriculums* orientiert sich an der Ausgangssituation und der Zielsetzung des Schuljahres: So wie das Einführungskapitel (vgl. LB, S. 55ff.) die Funktion der Reorganisation von Inhalten und Methoden der Sekundarstufe I mit der Orientierung auf das „Programm" der Sekundarstufe II verbindet, so verläuft der Jahresplan in didaktischer Progression (s. u.) – in den Stufen von Einführung, Schwerpunkt sowie Anwendung und Vertiefung –, so dass die Abfolge der Unterrichtseinheiten nicht ohne Umschichtung der Inhalte beliebig verändert werden kann.

---

[1] Vgl. zum Grundsätzlichen der Leistungsmessung den Lehrerband 9/10 zu BLICKFELD DEUTSCH. – Paderborn (Schöningh) 2001, S. 29f.

[2] Vgl. das immer noch aktuelle Sonderheft „Unterricht planen und vorbereiten." In: Praxis Deutsch. Sonderheft 1982. – Durchaus übertragbar auf die Sekundarstufe II sind die grundsätzlichen Überlegungen von Kaspar H. Spinner: Vorschläge zur offenen Unterrichtsplanung auf der Orientierungsstufe. In: Der Deutschunterricht, H. 1 (Februar 1976), S. 80–93.

2. Vorschlag einer Jahresplanung für die Jahrgangsstufe 11[1]

2.1 Die Gliederung nach Tertialen[2]

1. Tertial: Sommer – Weihnachten[3]

Didaktische Prinzipien[4]

Einführung in die Sekundarstufe II durch Reorganisation und Orientierung I

Sprechen und Schreiben	Literatur und Medien	Sprachbetrachtung
1. UE ca. 12 Std[5]: Einführung in Inhalte und Methoden des Faches[6] (SB, S. 8ff.) *Thema: Lyrik im historischen Längsschnitt*		
– Formen des Fachgesprächs – *Studiertechniken[7]:* Zitieren, Annotieren, Exzerpieren – Gedichtinterpretation und -vergleich – Parallel- und Gegengestaltung – Problemerörterung – *Texterörterung*	– **Textarten:** Gedankenlyrik, Ballade, Biografie, Bericht – **Textbetrachtung[8]:** Titel und Sinnrichtung, Thema und Motive, textimmanente und textexterne Aspekte, poetische Mittel der Lyrik – **Rezitation:** Arten des Lesens, Textblatt	– Fachbegriffe der Grammatik, Textbeschreibung und Lyrik – Semantische Reflexion – Merkmale des Zeitstils – Vergleich von Stilebenen
2. UE ca. 12 Std.: Einführung in epische Kleinformen (SB, S. 23ff.) *Thema: Menschen zwischen Herausforderung und Bewährung*		
– *Studiertechniken:* Mitschreiben, Formen des Protokolls, Korrekturverfahren, Resümieren – *Formen des gestaltenden Interpretierens* – Sachbeschreibung (Textanalyse) – *Prosainterpretation*	– **Textarten:** epische Kleinformen, journalistische und expositorische Texte, Biografien, Interpretationen – **Textbetrachtung:** Erzählperspektiven, poetische Mittel der Prosa, Stoff und Dichtung, Rezeption – Prosarezitation	– Wortwahl und Syntax – Stileigenarten fiktionaler und nicht fiktionaler Prosa – Merkmale des Zeitstils – Formen und Mittel der Kommunikation
3. UE ca. 8 Std.: Einführung in den modernen Roman (SB, S. 39ff.) *Thema: Jugendliche um 2000 im Adoleszenzroman*		
– *Studiertechniken:* Lesezettel, Collage, Visualisierung, Expertengruppe, Exzerpieren, Umfrage durchführen, Metaplan, Stundenprotokoll, Präsentation – *Prosainterpretation*	– **Textarten:** Romanauszüge, Protokoll, expositorische Texte, Biografien, Leserbrief – **Textbetrachtung:** Aspektorientiertes Verfahren, Lesen mit Bleistift, literarische Collage, Romanvergleich	– *Gestaltungs- und Stilmittel der Prosa* – Zeitstil und Merkmale der Jugendsprache – Merkmale der Fachsprache
4. UE ca. 10 Std.[9]: Einführung in das Drama (SB, S. 49ff.) *Thema: Die Gestalt der Antigone*		
– Text-Bild-Vergleich – Vorgestaltung – *Studiertechniken:* Clustering, Standbild und Inszenierung – Beschreiben, Erörtern, Charakterisieren, fiktiver Brief	– **Textarten:** Dramenauszüge, expositorische Texte, Bilder und Grafiken – **Textbetrachtung:** Chor und Sprecher, Tragik und Katharsis, Botenbericht, Teichoskopie – *Szenische Lesung*	– Merkmale lyrischer und dramatischer Sprache – Fachbegriffe des Theaters – Jargon als Mittel der Verfremdung – Thesenhaftigkeit und Pathos
5. UE ca. 12 Std.: Autor, Werk und Leser[10] (SB, S. 61ff.) *Thema: Kurt Tucholsky, ein engagierter Autor des 20. Jh.s*		
– Vergleich von Textarten – *Studiertechniken:* Beschreiben, Exzerpieren, Resümieren, *halbfrei Referieren* – Arten des Erörterns – *Symmetrische und asymmetrische Kommunikation*	– **Textarten:** Gedankenlyrik, politische Gedichte, persönlicher Brief, Kurzgeschichte, Essay, expositorische Texte, Satire, Rede – **Textbetrachtung:** Grundmodell der literarischen Kommunikation, Synopse zu Autor, Werk und Epoche, Kabarett – Rezitation von Lyrik und Prosa	– Funktion von Jargon und Dialekt in der Dichtung – Stilmittel der Satire – Stilmerkmale appellativer und argumentativer Texte

	Sprechen und Schreiben	Literatur und Medien	Sprachbetrachtung
			6. UE ca. 6 Std.: Grundfunktionen der Sprache (SB, S. 77ff.) *Thema: Macht und Literatur*
	– *Textanalyse* – *Studiertechniken: Text markieren, Annotieren, Exzerpieren, Konspektieren*	– **Textarten:** Gedenkrede, sprachtheoretischer Text – **Textbetrachtung:** Rhetorische Figuren – Vortrag einer Rede	– *Stilmittel der politischen Rede* – „Organonmodell": Ausdruck, Appell, Darstellung
Lernerfolgskontrolle	– KA 1: Gedichtinterpretation (1. und 5. UE) – KA 2: Prosainterpretation (2., 3. und 5. UE)	– Rezitation von Lyrik und Prosa (1., 2., 3., 5. und 6. UE) – Wiederholung poetologischer Fachbegriffe (1.–6. UE) – Szenisches Lesen (4. UE)	– Wiederholung zu Syntax und Lexik (1.–6. UE) – Wiederholung zur Funktion sprachlicher Mittel (1.–5. UE) – Wiederholung zur Sprachtheorie (6. UE)

II. Tertial: Januar – Ostern

Orientierung II	**7. UE ca. 20 Std.: Übersicht über Mittelalter und Barock**[11] (SB, S. 84ff.) *Thema: Menschenbilder und Lebensziele im Vergleich*[12]		
	– *Studiertechniken:* Konspektieren, visuelle Darstellungen, Anlage einer Synopse, Collagieren, Protokollieren, Exzerpieren, Mitschreiben, Resümieren, tabellarische Darstellung, Zeitstrahl – Übersetzen, Übertragen – Gestaltungsaufgaben – *Gedichtinterpretation*	– **Textarten:** Ballade, Minnesang, Spruchdichtung, Heldenlied, Dialektgedicht, Gebet, Gedankenlyrik, Sonett, Figurengedicht; Glosse, Vers- und Abenteuerroman, Predigt; Tragödie, Komödie; expositorische Texte; Malerei und Kupferstich – **Textbetrachtung:** Übersetzung/Übertragung, Wertordnung, Strophenform, Emblematik, Poetiken – Rezitieren	– *Sprachgeschichte:* Dialekt, Laut- und Bedeutungswandel, Erb-, Lehn- und Fremdwort, Luthers Sprachleistung – *Sprachgesellschaften und Sprachreform* – Sprachtheorien – Semiotik – Semantik im historischen Bezug
	8. UE ca. 10 Std.: Arten des Erörterns[13] (SB, S. 8–143) *Thema: Reflexion von Lebensformen*		
	– *Arten des Erörterns* – Diskussion und Erörterung – Von der Themenanalyse bis zur Korrektur und Bewertung – Evaluation im Plenum – Anwendung verschiedener *Studiertechniken*	– **Textarten:** fiktionale und nicht fiktionale Texte aus verschiedenen Epochen – **Textbetrachtung:** Freie oder textgebundene Erörterung von Lebensformen des Mittelalters, des Barocks und der Moderne; literarische Erörterung, z.B. zu Antigone	– Stileigenarten von Beschreibung und Erörterung – Vergleich von Zeitstil und Sprache – *Formen und Mittel der Argumentation:* These, Argument, Beleg (Beispiel)
Schwerpunkt I	**9. UE ca. 16 Std.: Literatur und Geschichte im Epochenzusammenhang** (SB, S. 144ff.) *Thema: Die Teilepoche Aufklärung*		
	– *Studiertechniken:* Exzerpieren, Vergleichen, Clustering, Resümieren, Kurzreferat – Gestaltungsaufgaben – Beschreiben und Erörtern – *Texterörterung*	– **Textarten:** Fabel, Gedankenlyrik, Anekdote, Essay, Sonett, Dramenausschnitt, Epigramm, expositorische Texte, Holzschnitt, Kupferstich – **Textbetrachtung:** Leitbegriffe der Epoche, Zitattechnik, Text- und Bildsprache – Szenisches Lesen, Gedichtrezitation	– Stileigenarten von Aufklärungstexten – Merkmale des Zeitstils in Briefen – *Argumentationstypen* – Rhetorische Figuren
Lernerfolgskontrolle	– KA 3: Gedichtinterpretation (7. und 8. UE) – KA 4: Erörtern (8. und 9. UE) oder Sprach- bzw. Literaturklausur (7. und 9. UE)	– Wiederholung zu Poetologie, Sprach- und Literaturgeschichte (7. und 9. UE) – Rezitation (7. und 9. UE) – Szenisches Lesen (7. und 9. UE)	– Wiederholung zur Sprachgeschichte (7. UE) – Korrektur von Argumentationstechniken (8. und 9. UE) – Anwendung rhetorischer Figuren (7. und 9. UE)

III. Tertial: Nach Ostern – Sommer

	Sprechen und Schreiben	Literatur und Medien	Sprachbetrachtung
Schwerpunkt II	**10. UE ca. 12 Std.: Drameninterpretation**[14] (SB, S. 166ff.) *Thema: G. E. Lessing „Nathan der Weise"* – *Studiertechniken:* Textmarkierungen und Annotationen – Gestaltungsaufgaben – Charakterisieren – *Drameninterpretation* – *Literarische Erörterung*	**Textarten:** Dramenauszüge, Resolution, Vorrede, Rezension, expositorischer Text – **Textbetrachtung:** Poetologie des Dramas, Regiekonzepte – **Rezitation:** Szenische Lesung	– Fachbegriffe des Dramas – Stilebenen im „Nathan" – Spracheigenarten der Argumentation
Transfer in projekt- orientierter Arbeit oder in einem Projekt	**11. UE ca. 20 Std.: Literatur und Geschichte im Epochenzusammenhang** (SB, S. 177ff.) *Thema: Die Teilepochen Empfindsamkeit und Sturm und Drang* – *Studiertechniken:* Exzerpieren, Vergleichen, Skizzieren, *freies Arbeiten* – Charakterisieren, Beschreiben, Interpretieren, Erörtern – *Gestaltendes Interpretieren: Inszenieren* – *Problemerörterung*	**Textarten:** Lyrik, Dramenauszüge, Briefroman, Essay, Briefe, Radierung, Holzschnitt, Kupferstich, Lesetagebuch – **Textbetrachtung:** Rezeption, Inszenieren, Theatergeschichte – Rezitieren	– Stilmerkmale der Empfindsamkeit – Stilmerkmale des Sturm und Drang – Spracheigenarten der Erörterung
	12. UE ca. 16 Std.: Moderne Literatur in Text und Bild[15] *Thema: Multimediale Präsentation aktueller Texte* – Anwendung eingeübter Studiertechniken und Arbeitsformen – Anwendung eingeübter Gestaltungs- und Präsentationsformen	**Textarten:** Lyrik, Epik, Dramatik – **Textbetrachtung:** Gattungs- und Medienvergleich – Arten des Lesens und der Rezitation	– Wiederholung gattungsspezifischer Stilformen – Analyse und Vergleich von Text-Bild-Zeichen
Lernerfolgs- kontrolle	– KA 5: Drameninterpretation (10. und 11. UE) – KA 6: Texterörterung oder literarische Erörterung (10. und 11. UE) oder gestaltendes Interpretieren (11. UE)	– Rezitation von Lyrik und szenisches Lesen – Wiederholungen zu Poetologie und Literaturgeschichte	– Wiederholung zu Fachbegriffen des Dramas – Analyse und Beschreibung von gattungsspezifischen Stilmitteln

2.2 Anmerkungen und Alternativen

1 Die Organisationsform des achtjährigen Gymnasiums (G8) mit einer Reduktion der **Kursstufe** auf die Jahrgänge 11 und 12 verlangt eine didaktische und methodische Umstrukturierung. Diese erfordert eine Synthese aus den Plänen der bisherigen Jahrgangsstufen 10/11. Dabei wird sich an der Obligatorik von „Schreibformen" i. w. S. kaum etwas ändern, da schon in den meisten bisherigen Lehrplänen Deutsch a l l e „Aufsatzformen" bis zum Ende der Sekundarstufe I/2 eingeführt sind. Auch im Bereich der Sprachbetrachtung kann es ohne größere Schwierigkeiten zu einer Kombination der bisher auf 10 und 11 verteilten Aspekte der Sprachgeschichte kommen. Am eingreifendsten werden die Veränderungen im Arbeitsbereich „Literatur und Medien" sein, weil für die Stoffverteilung in G8 die Großepoche „Aufklärung/Empfindsamkeit/Sturm und Drang" – oder zumindest wesentliche Teile von ihr – in die bisherige 10. Schuljahr vorgezogen werden müssen. Die Verbindung von orientierender und exemplarischer Lektüre kann sich dann entweder um den Schwerpunkt „Nathan der Weise" oder „Die Leiden des jungen Werthers" bzw. „Die Räuber" konzentrieren. Das Einführungskapitel von BLICKFELD DEUTSCH könnte in diesem Fall ebenso eine wichtige Grundlage bieten.

2 In seiner zeitlichen und didaktischen Konzeption ist der Planungsvorschlag auch als **Paradigma** gedacht, das **für ande-**

re **Jahrgangsstufen** übertragbar ist. Dabei könnten Entwürfe herangezogen werden, die an anderer Stelle veröffentlicht wurden: Vgl. Peter Mettenleiter: Vorschläge zur Jahresplanung innerhalb eines integrierten Deutschunterrichts. In: Deutschunterricht 45 (1992), H. 3, S. 114–127 und 45 (1992), H. 4, S. 208–216. Magazin für Deutschlehrerinnen und Deutschlehrer aller Schulformen. – Berlin (Pädagogischer Zeitschriftenverlag) 1992.

3 Der zeitliche Umfang des ersten Tertials orientiert sich an einem Schuljahrsbeginn Anfang September. Bei früherem Beginn verlängert sich das erste Tertial entsprechend und verkürzt sich das dritte Tertial.

4 Die in der linken **Randspalte** eingetragenen Anmerkungen bezeichnen die didaktisch-methodische Akzentuierung innerhalb des Jahrescurriculums. Die Länge der Pfeile markiert jeweils die entsprechende „Reichweite".

5 Die **Zeitangaben** zu den Unterrichtseinheiten (UE) wollen nur als ungefähre Orientierung verstanden werden. Sie können sich ändern, wenn aus Gründen einer „offenen Unterrichtsplanung" (s. o.) andere Gewichtungen getroffen werden, etwa um stärkere Übungsschwerpunkte zu setzen, projektorientiertes oder fächerverbindendes Arbeiten einzuplanen. Auch die Wahl didaktischer Alternativen zu den vorgeschlagenen Gegenständen (z.B. bei der Lektüre von Ganzschriften) kann neue Dispositionen notwendig machen, die jedoch nur in der individuellen Planung zu berücksichtigen sind.

6 Die **Themen** der Unterrichtseinheiten orientieren sich an den *Sequenzen* bzw. *Teilsequenzen* des Schülerbandes (mit römischen bzw. arabischen Ziffern bezeichnet) und gehen davon aus, dass BLICKFELD DEUTSCH als **Leitmedium** benützt wird. In Bundesländern, die eine sehr umfangreiche Obligatorik an Ganzschriften haben, wird der Schülerband häufiger die Funktion eines **Begleitmediums** erhalten, wodurch sich die inhaltlichen Anteile am Deutschunterricht reduzieren. Alle Informations- und Methodenteile (*L*- und *M*-Passagen) sowie die Epochenorientierung werden jedoch ihre zentrale Bedeutung behalten.

7 Die durch **Kursivdruck** markierten Hervorhebungen bezeichnen jeweils didaktisch-methodische Schwerpunkte.

8 Die Aspekte der **Textbetrachtung** sind jeweils überschüssig und absichtlich redundant aufgeführt. Sie dürfen keinesfalls in toto Text für Text abgehandelt werden, sondern sind als *Gesamtprogramm der Interpretation* zu betrachten. Dieses sollte in literaturpädagogisch behutsamer Dosierung über das ganze Jahr verteilt werden und die für den Lernprozess sinnvollen Stufen einer didaktischen Progression einhalten, also von Einführung über Übung, Variation, Differenzierung und Transfer verlaufen.

9 Der skizzierte **Projektunterricht** (SB, S. 60) unter den historisch-philosophischen und wirkungsgeschichtlichen Aspekten würde zusätzlich etwa 8–10 Stunden in Anspruch nehmen, wäre aber sehr lohnend. Über zweieinhalb Jahrtausende könnten die Schüler an einem „Stoff" – repräsentiert durch die Figur der jugendlichen Antigone – nach Intention und Gattung unterschiedliche Gestaltungsweisen verfolgen. Über eine Kopiervorlage (**K 11** , LB, S. 126) werden dazu zusätzliche Informationen angeboten.

10 Warum Tucholsky gewählt wurde, ist an anderer Stelle (vgl. LB, S. 96ff.) dargelegt. Bei notwendig werdender alternativer Gewichtung wäre auch eine knappe Unterrichtseinheit denkbar, die die Inhalte der 6. UE verkürzt einbezieht (vgl. Vorschlag, LB, S. 43). Als Alternative könnte eine Ganzschrift in den Mittelpunkt gestellt werden, z.B. *erzählende Literatur*: M. Frisch: Homo faber; G. Gaiser: Schlussball; S. Lenz: Deutschstunde; G. Grass: Katz und Maus; A. Andersch: Der Vater eines Mörders; H. Mann: Der Untertan; Th. Mann: Bekenntnisse des Hochstaplers Felix Krull. Oder *dramatische Literatur*: B. Brecht: Leben des Galilei oder Der gute Mensch von Sezuan; Ö. von Horvath: Italienische Nacht; F. Dürrenmatt: Die Physiker; P. Weiß: Die Ermittlung; H. Kipphardt: In der Sache J. Robert Oppenheimer.
Bei dieser Planung stünde jeweils ein *Werk* im Zentrum. Aber angesichts des umfangreichen Gesamtwerks der genannten Autoren wäre – im Gegensatz zu den Möglichkeiten bei Tucholsky – die literaturdidaktische Konzeption Autor–Werk–Leser nur sehr eingeschränkt und nur in einem orientierenden Verfahren möglich: Durch Binnendifferenzierung – nach Einzel-, Partner- und Gruppenarbeit – könnten über Kurzreferate zu Einzelwerken, Stoff-, Zeit- und Wir-

kungsgeschichte etc., Leseproben, mediale Präsentation (z.B. Filmausschnitte) Einblicke eröffnet werden.

11 Wenn alternativ zur Übersicht der Epochenschwerpunkt **Mittelalter** bzw. **Barock** mit etwa 12 Stunden (vgl. Vorschlag LB, S. 40) gewählt wird, bezieht sich das orientierende Verfahren (mit etwa 8 Stunden) auf die noch verbleibende Epoche.

12 **Mensch und Geschichte** wäre eine thematische Alternative (vgl. epochenübergreifende Vorschläge, LB, S. 48f.). Unabhängig von der Themenwahl sollte die Erarbeitung so erfolgen, dass sich Plenumsarbeit und Differenzierungsformen (vgl. LB, S. 44) sinnvoll ergänzen.

13 Gedacht ist an ein **Kursangebot**, das auf dem Texthintergrund des Einführungskapitels und der Epochen Mittelalter und Barock basiert und die bislang vorgestellten Arten des Erörterns zur Auswahl stellen könnte. Dabei ließen sich verschiedene *Arbeitsformen* erproben: Neben Einzelarbeit von der Themenanalyse bis zur Ausarbeitung wären durchaus Kombinationen denkbar von kooperativer Stoffsammlung und Gliederung (z.B. in Partner- und Gruppenarbeit), individueller Ausarbeitung sowie kooperativer Korrektur, Bewertung und der abschließenden Besprechung im Plenum. Neben dem auf diese Weise gesetzten Reflexionsschwerpunkt und dem Übungseffekt ist die *Diagnosefunktion* sehr wichtig: Schüler und Lehrer könnten einschätzen, wo die gravierendsten Probleme liegen und wie die künftige Gewichtung der einzelnen Erörterungsart für die Lerngruppe und für den Einzelnen aussehen könnte.

14 Die **Dramenbesprechung** nach den Vorschlägen des Schülerbandes (SB, S.166) ist sehr deutlich auf analytische Interpretation und literarische Erörterung angelegt. Dieses Konzept steht unter dem Leitziel, die wichtigsten „Aufsatzarten" (vgl. LB, S. 46) bis zum Ende des Schuljahrs gründlich einzuüben.
Als Alternative wäre aber auch eine stärkere Dominanz von Formen des **gestaltenden Interpretierens** (vgl. SB, S. 26) denkbar, sofern die Interessenlage und das Leistungsvermögen der Schüler dafür die Voraussetzungen bieten.

15 **Moderne Literatur** könnte sich in der Auswahl – im Vorgriff auf das 11. Kapitel – am „Kanon für die Gegenwart" (SB, S. 450) orientieren, aber ohne die im Kapitel vorgestellten Werke vorwegzunehmen.
Auch ein **Literaturprojekt** (vgl. SB, S. 460) könnte in Frage kommen, wenn fächerverbindendes Arbeiten angestrebt wird. Denkbar wäre aber auch die Vorstellung von **Privatlektüre** der Schüler, sofern die Bereitschaft und die Voraussetzungen (z.B. gutes Gruppenklima, Vertrauensverhältnis, Offenheit) dazu vorhanden sind. Sehr viel bescheidener wäre die schüler- und handlungsorientierte Erarbeitung einer **Ganzschrift** (Roman oder Drama). Bei allen Vorschlägen aber wäre es wichtig, am Ende eines Schuljahrs mit der Wahl eines interessanten Gegenstandes neue Motivation zu schaffen und die didaktisch-methodischen Funktionen eines *Transfers* zu berücksichtigen.

3.   Vorschläge für die Planung von Unterrichtseinheiten

Die Vorschläge sind im Zusammenhang der Jahresplanung für die Jahrgangsstufe 11 zu sehen (vgl. LB, S. 39ff.). Ziel der drei Konzeptionen von Unterrichtseinheiten war es vor allem, das mögliche Verhältnis von *Plenumsarbeit* und Formen der *Binnendifferenzierung* (in Einzel-, Partner- und Gruppenarbeit) zu zeigen, wobei besonderer Wert auf die verbindenden und für alle verbindlichen Teile gelegt wurde. Dabei galt es das Vorurteil zu widerlegen, dass Binnendifferenzierung immer einen Verlust an Integration von

Einzelergebnissen und damit an gesicherter Informationsgrundlage für die ganze Lerngruppe bedeuten müsse. Es versteht sich, dass für erfolgreiche Differenzierungs- und Integrationsphasen die Beherrschung der wichtigsten *Studiertechniken* (z.B. Textmarkierung, Zitieren, Exzerpieren, Mitschreiben, Fachgespräch und Diskussion sowie sachgerechte und wirkungsvolle Präsentationsformen) und der angemessen einbezogenen und bewerteten *Hausaufgaben* unerlässliche Voraussetzung sind.

3.1 Die 4. Unterrichtseinheit: Die Gestalt der Antigone im antiken und modernen Drama (ca. 10 Std.)

Die Erarbeitung zielt auf einen *Inszenierungsversuch*, der gleichzeitig als Lernerfolgskontrolle dient. Dabei geht es nicht um eine Ausarbeitung bis zur Aufführungsreife. Vielmehr sollen die Jugendlichen, angeregt durch die Szenenfotos und die Informationen zur Theatergeschichte (z.B. SB, S. 51, 53, 57ff.), über den Inszenierungsversuch ihr Textverständnis umsetzen und begründen. Wenn Regiekonzept, Bühnenbild, Requisiten, Kostüme und Rollenbesetzung in den Gruppen erörtert und im Plenum vorgestellt werden, kann eine mediengemäße Lernerfolgskontrolle erfolgen. Dabei werden die jeweilige Gruppen- und die Einzelleistungen bewertet. Was die Ausstattung insgesamt angeht, genügt die Simulation: Die Schüler beschreiben und begründen ihr Bühnenbild, die Kostüme, Requisiten etc. nur, so dass der äußere Aufwand sehr in Grenzen gehalten werden kann.

Themen der Stunden	Erarbeitung im Deutschunterricht	Vor- und Nachbereitung durch Hausaufgaben
1./2. Std.: Einführung in Mythos und Probleme	S. 49ff. [1] + [2] + [5]	S. 51–55: Lektüre und Vorbereitung des szenischen Lesens S. 51: [6]
3./4. Std.: Zuspitzung des Konflikts und Konfliktlösung	S. 51: [6] Auswertung S. 55: [8] + [9]	S. 56–59: Lektüre
5./6. Std.: Eigenarten der modernen Version der Tragödie	S. 56f.: [1] + [2] + [3] S. 58: [4]	S. 50: [4] S. 56: [1c]
7./8. Std.: Inszenierung einer Szene (in zwei Abteilungen und in rivalisierender Gruppenarbeit)	1. Abteilung: Sophokles: S. 50: [4] 2. Abteilung: Anouilh S. 56: [1c] (Vgl. dazu Projektvorschlag, S. 60)	Jeweils Einübung der 1. Szene mit Simulation von Bühnenbild, Kostümen und Requisiten
9./10. Std.: Vorführung und Erläuterung der Inszenierungsversuche durch Gruppen. Besprechung und Beurteilung der Versuche.		

3.2 Die 5. Unterrichtseinheit: Kurt Tucholsky: Autor, Werk und Leser (ca. 12 Std.)

Die Konzeption dieser Unterrichtseinheit basiert auf vorbereitender häuslicher Lektüre, *Kurzreferaten* (ca. 10–15 Min.) zu ausgewählten Themen, Einzel- und Partnerarbeit sowie Fachgesprächen. Eingeübt werden soll eine Form des halbfreien Referats (vgl. SB, S. 76f.), wie diese in der Mittelstufe eingeführt wurde.

Themen der Stunden	Erarbeitung im Deutschunterricht	Vor- und Nachbereitung durch Hausaufgaben
1./2. Std.: Einführung in das Werk des Autors	S. 63: [1] + [2]	S. 64–70: Lektüre S. 66: [1]
3.–8. Std.: Kurzreferate (KR) zu einzelnen Aspekten des Werks 1. KR: S. 64, Text 2	S. 64f.: Lektüre der Texte 1 + 3	S. 66: [2]
2. KR: S. 66f., Text 4 oder 5 nach Arbeitsanregung [3] , S. 67	S. 67: Text 6	
3. KR: S. 68f.: Hitler und Goethe, AA [4], S. 68	S. 69f.: Text 8 S. 70: [5]	S. 71–75: Lektüre S. 70: [6] + [[7]]
4. KR: S. 71, Texte 1 + 2, AA [1], S. 71	S. 71: [3a]	
5. KR: S. 72, Texte 3–7, AA [2], S. 71 AA [4] + [5] + [6], S. 74	S. 71: [3b]	S. 74: [7]
6. KR: S. 74f., Texte 8 + 9 AA [9], S. 75		S. 77–79: Lektüre S. 77ff.: [1] + [2a]
9. Std.: Rede als Sachtext	S. 79: [2c]	S. 80ff.: Lektüre
10./11. Std.: Das Organonmodell der Sprache	S. 83: [4] + [5]	S. 83: [3]

12. Std.: Lernerfolgskontrolle: Mit Hilfe des Schülerbuches eine Disposition entwerfen zu einem halbfreien Referat über Tucholsky (ca. 1 Schulstunde) AA [8], S. 75

3.3 Die 7. Unterrichtseinheit: Die Epoche Barock (ca. 12 Std.)

Die didaktische Eigenart dieser Unterrichtseinheit besteht in der Verbindung von *Plenumsunterricht* und *Binnendifferenzierung*.[3]

Ziel ist es, die Phasen exemplarischer Arbeit so mit orientierenden Verfahren zu verbinden, dass für alle Schüler ein Gesamtbild der Epoche entsteht. Die Verteilung der Arbeitsanregungen ist so gewählt, dass die vorgetragenen und durch Mitschrift fixierten Gruppenergebnisse durch gemeinsame Einzel- bzw. Partnerarbeit im Plenum ergänzt und vertieft werden.

Themen der Stunden	Erarbeitung im Deutschunterricht	Vor- und Nachbereitung durch Hausaufgaben
1./2. Std.: Einführung in die „Gesichter" der Epoche	S. 117: Text 1 S. 120: [4] + [5][4] S. 118: Text 2 S. 119: Text 5	S. 116–122: Lesen der Texte
3. Std.: Motive und Strukturen 1. Gr.: Krieg, Texte 2 + 3 (S. 117)	S. 117: [1] + [2]	S. 117: [3]
2. Gr.: Liebe, Texte 2 + 3 (S. 118)		S. 119: [3]
3. Gr.: Vanitas, Texte 4 + 6 (S. 119)	S. 119: [1] + [2]	S. 120: [5c] — Zusammenfassung S. 122/123
4. Gr.: Vanitas, Texte 7 + 8 (S. 120)		
5. Gr.: Pestpredigt und Epigramme, Texte 9 + 10 (S. 121f.)	S. 121/122: [6]	S. 122: [7]
4. Std.: Auswertung der Gruppenergebnisse durch Rezitation, Vortrag mit Mitschrift und Unterrichtsgespräch.		
5./6. Std.: Literatur, Philosophie und Sprache 1. Gr.: Roman, Texte 1–4 (S. 123ff.)	S. 123f.: [1] + [3] + [4] + [5]	S. 123–133: S. 137–141: Kursorische Lektüre aller
2. Gr.: Tragödie, Texte 1–3 und 4–5 (S. 126ff.)	S. 126f.: [1] + [2] + [3] + [5]	
3. Gr.: Komödie, Texte 4/5 und 6 (S. 128f.)	S. 128f.: [5] + [7]	
4. Gr.: Philosophie und Kampfschriften, Texte 1–4 (S. 130ff.)	S. 131f.: [1] + [2] + [3] + [4]	
5. Gr.: Die Ordnung des Wortes (S. 137ff.)	S. 137ff.: [1] + [3] + [4]	
7./8. Std.: Auswertung und Vertiefung der Gruppenergebnisse	S. 123: [2] S. 127: [4] S. 129: [8] + [[6]] [S. 141: [8]]	S. 129f.; 141–143: Lese- und Exzerpierauftrag S. 140f.: [5] + [[8]] S. 141: [7]
9./10. Std.: Exemplarische Interpretation eines Sonetts (Plenums-, Einzel- bzw. Partnerarbeit)	S. 134: [1] S. 137ff.: [3] + [4]	S. 136: [2a]

11./12. Std.: Lernerfolgskontrolle nach einem der Vorschläge in den Kopiervorlagen

4. Epochenübergreifende Planungsvorschläge

Die folgenden Planungsvorschläge relativieren die bewährte Epochenkonzeption nicht, sondern ergänzen diese, um für besondere Unterrichtssituationen und individuelle Vorhaben zusätzliche Anregungen zu geben. Die hier gewählte Gliederung erfolgt nach dem jeweils dominierenden didaktischen Schwerpunkt, ohne das Prinzip der Integration von Arbeitsbereichen dadurch aufzugeben.

---

[3] Vgl. zum Grundsätzlichen Jürgen Baurmann: Differenzieren – Individualisieren im Basisartikel von Praxis Deutsch, H. 108 (1991), S. 10–16.

[4] In der Regel ist die Untergliederung der Arbeitsanregungen nicht angegeben, da je nach Unterrichtssituation und individuellem Leistungsvermögen differenziert werden soll. Die in eckige Klammern gesetzten Ziffern gelten als Zusätze.

4.1 Schwerpunkt Sprechen und Schreiben

Planungsvorschläge	Texte und Bilder aus BLICKFELD DEUTSCH Oberstufe	Didaktisch-methodische Kommentierung
4.1.1 Gesprächsformen	– Debatte: S. 11, 480 – Dialog: S. 11, 221ff., 480 – Diskussion: S. 11, 480 – Lehrer-Schüler-Gespräch: S. 11, 480 – Monolog: S. 11, 221ff., 480 – Prüfungsgespräch: S. 482f. – Unterrichtsgespräch: S. 11, 480 – Vorstellungsgespräch: S. 486	Dieses **Übungsprogramm** könnte eingesetzt werden, um Defizite – einer Lerngruppe oder – von Einzelschülern rasch auszugleichen.
4.1.2 Studiertechniken	– Arbeits- und Sozialformen: S. 479 – Arten des Lesens: S. 10, 479 – Exzerpieren: S. 14, 79, 479 – freies Reden: S. 74ff., 479 – Konspektieren: S. 14, 79, 85 – Mitschreiben: S. 28f., 213f., 479 – Protokollieren: S. 33ff., 43f., 479 – Referieren: S. 75f., 479 – Resümieren: S. 38, 479 – Schreiben als Prozess: S. 15, 479 – Textmarkierungen: S. 78, 479 – Überarbeiten und Korrigieren: S. 16, 36, 479 – Visualisierungstechniken: S. 21, 41, 94, 479 – Wissenschaftliches Arbeiten: S. 226f., 251, 479 – Zitieren: S. 11, 479	Beabsichtigt ist eine doppelte **didaktische Funktion:** – Zur *Individualisierung* des Unterrichts (z.B. für Nachzügler, Schüler, die krank waren etc.) soll ein Nachhol- und Übungsprogramm angeboten werden. – Für *Klausur- und Prüfungsvorbereitungen* dient die Übersicht der raschen Orientierung.
4.1.3 Interpretieren	– Einführung des Drei-Phasen-Modells: S. 12ff. – Einführung in den Gedichtvergleich: S. 19	Ein zusätzlicher **Interpretationskurs** zur Prüfungsvorbereitung könnte – der Wiederholung wichtiger Teilkompetenzen (z.B. Themenanalyse, tabellarische Stoffsammlung, Gliederung, Überarbeitung) dienen oder – durch das Erproben des Verfahrens an neuen Texten die Übung intensivieren.
Lyrikinterpretation (Zusf. S. 487)	– Tagelied: S. 92f. – Barocksonett: S. 134ff. – Gedichtvergleich: S. 245ff. – Politische Lyrik: S. 279ff. – Gedichtvergleich: S. 329ff. – Hermetische Lyrik: S. 407ff.	Von diesem Zusatzangebot bleibt die curriculare Einbindung der Einzelbeispiele in die einzelnen Epochen
Prosainterpretation (Zusf. S. 487)	– Anwendung des Drei-Phasen-Modells: S. 32f. – Aspektorientierte Interpretation: S. 40ff. – Vergleich zweier Novellenanfänge: S. 258ff. – Erprobung unterschiedlicher Interpretationsansätze: S. 355ff. – Komplexer Montageroman: S. 450ff.	unberührt, denn es ist davon abzuraten, einen „Interpretationskurs" an die Stelle einer sukzessiven Einführung und Einübung zu setzen. Abgesehen von dem zu befürchtenden Motivationsverlust wäre das „geballte" Pensum kein Ersatz für – die Kontextbindung der Texte,
Drameninterpretation (Zusf. S. 487)	– Aspekte der Drameninterpretation: S. 49ff. – „Nathan der Weise": S. 167ff. – „Iphigenie auf Tauris": S. 219ff. – „Der gute Mensch von Sezuan": S. 381ff. – „Königskinder": S. 436ff. – „Berlin Alexanderplatz" im Medienvergleich: S. 470ff.	– die Berücksichtigung der jeweils individuellen Lösungswege, – den Verzicht auf didaktische Progression, – das „Grundgesetz", dass nachhaltige Lernergebnisse nur durch Üben in Intervallen zu erzielen sind.
4.1.4 Erörtern Freie Erörterung (Zusf. S. 488)	– Zitatthema: Lyrik: S. 15 – Zitatthema: Gespräch: S. 191ff. – Zitatthema: Literatur: S. 297ff. – Zitatthema: Sprache: S. 425ff.	Für einen erfolgreichen ergänzenden **Kurs im Erörtern** ist es besonders wichtig, – den individuellen Leistungsstand der Schüler zu ermitteln und – die Übungen nach Erörterungsart und Schwierigkeit gezielt auszuwählen.
Texterörterung (Zusf. S. 488)	– SPIEGEL-Bericht: S. 20ff. – Leserbrief: S. 98f. – Philosophischer Essay: S. 149ff. – Ethischer Essay: S. 174ff. – Zeitungskommentar: S. 298f. – Politische Rede: S. 322f.	
Literarische Erörterung (Zusf. S. 488)	– Epische Kurzformen: S. 30 – Nathan als Vorbild?: S. 172ff. – Kafkas Kurzprosa: S. 359ff.	

4.1.5   Das Gesamtcurriculum der schriftlichen Darstellungsformen

	I. Einführung	II. Mittelalter	III. Barock	IV. Aufklärung/ Empfindsamkeit/ Sturm und Drang	V. Klassik	VI. Romantik
Gedichtinterpretation	– Annotationen (S. 10) – Ganzheitliche Interpretation (S. 13f.) – **Drei-Phasen-Modell** (S. 14f.) – **Gedichtvergleich** (S. 19)	Anwendung auf – **Tagelied** (S. 92ff.) – Reichston (S. 101)	Sonett (S. 134ff.)	Anwendung in – Gedankenlyrik (S. 154f.) – Fabeln (S. 160ff.) – Erlebnislyrik (S. 180ff.)	Anwendung in – Ideenlyrik (S. 197f.)	– **Gedichtvergleich** (S. 24…)
Prosainterpretation	– Vergleich von Interpretationen (S. 31) – **Anwendung des Drei-Phasen-Modells** (S. 32ff.) – **Aspektorientierte Interpretation** (S. 40ff.)		Schelmenroman (S. 123ff.)	– Prosafabeln (S. 160ff.) – Briefroman (S. 177ff.)	– Romanauszüge (S. 196f., 204f.) – Reisebericht (S. 201ff.)	– **Vergleich zw… Novellenanfä ge** (S. 258ff.) – Novellenanfa (S. 267)
Drameninterpretation	Aspekte der Drameninterpretation (S. 49ff.)		Vergleich von Tragödie und Komödie (S. 126ff., 137f.)	– **„Nathan der Weise"** (S. 167ff.) – „Die Räuber" (S. 183ff.)	– **„Iphigenie auf Tauris"** (S. 219ff.)	– „Amphitryon (S. 265f.) – „Marionetten theater (S. 268ff.)
Textanalyse	Beschreibung eines Sachtextes (S. 77ff.)	Expositorische Texte (S. 79, 103, 105)	– Predigt (S. 121) – Expositorische Texte (S. 130ff.)	– Briefe (S. 158ff.) – Expositorische Texte (S. 166ff., 186ff.)	– Reisebericht (S. 201ff.) – Expositorische Texte (S. 207, 217)	Expositorische Texte (S. 251ff., 263ff., 268f.)
Gestalten und gestaltendes Interpretieren	– Umformen (S. 24) – **Gestaltungsformen** (S. 26) – Anwendungen (S. 40, 49, 55, 58, 66, 70, 74)	– Collage (S. 85) – Schaubild (S. 91) – Musikunterlegung (S. 93)	– Parodie (S. 119) – Vor- und Parallelgestaltung (S. 122f.) – Inszenieren (S. 126, 129, 137) – Embleme (S. 127)	– **Inszenieren von Briefen** (S. 179) – **Freies Arbeiten** (S. 179f.) – **Rollenbiografien** (S. 185f.)	– Parallelgestaltung (S. 201ff.) – Dialog (S. 211, 218)	– Rede (S. 240) – Satire (S. 253) – Ausgestaltung (S. 267f.)
Freie Erörterung	– **Zitatthema: Lyrik** (S. 16) – Wertungen (S. 24, 27, 38, 43, 70)	– Anwendung (S. 85)	– Bilderörterung (S. 123) – Schlüsselbegriffe (S. 126, 129) – Maximen (S. 128)	– Zitat (S. 188) – **Zitatthema: Gespräch** (S. 191ff.)	– Zitate (S. 210, 230) – Brief (S. 217) – Problem (S. 225)	
Texterörterung	– **Zeitungsbericht** (S. 20ff.) – Anwendungen (S. 28 ff., 55, 58, 74)	– **Leserbrief** (S. 98f.) – Werten (S. 115)	– Werten (S. 132)	– **Philosophischer Essay** (S. 149ff.) – **Ethischer Essay** (S. 174ff.)	– Werten (S. 205f.)	– Werten (S. 24… 271) – These (S. 249) – Zitat (S. 252, 257)
Literarische Erörterung	Einführung: Epische Kurzformen (S. 30f.)			– **Nathan als Vorbild?** (S. 172ff.) – Anwendung (S. 179)		

Realistische eratur	VIII. Jahrhundert-wende	IX. Weimarer Republik und Exil	X. Literatur nach 1945	XI. Literatur nach 1989	XII. Moderne Medien und vernetzte Welt
•olitische Lyrik S. 279ff.) → \nwendung in \Iatur- und \Erlebnislyrik S. 288f.)	– **Vergleich von Herbstgedichten** (S. 329ff.) → – Stadtgedichte (S. 334ff.)	Themen- und → Motivvergleich (S. 351f.)	– Motivvergleich (S. 365ff.) → – Erproben von Interpretationen (S. 404f.) – **Hermetische Lyrik** (S. 407f.)	– Rekonstruktion (S. 443) → – Gedichtvergleich (S. 443)	– Gedichtvergleich (S. 462)
\Iovellenanfang S. 284f.) \Iovellenvergleich → S. 292ff.) \Roman (S. 302ff.)	– Novelle (S. 320f.) – Erzählung (S. 317ff.) → – Prosavergleich (S. 327f.)	– Romanauszüge (S. 352f.) → – Erproben unterschiedlicher **Interpretationsansätze** (S. 355ff.)	– Kurzgeschichten (S. 386ff.) → – Romanauszüge (S. 390ff., 412)	– Romanvergleich (S. 443) → – **Montageroman** (S. 450ff.)	– Romanauszüge → (S. 468ff.)
\Szenenvergleich (S. 285ff.) → \Bürgerliches Trauerspiel (S. 299ff.)	„Vor Sonnenaufgang" (S. 318ff.) →	– Dramenauszüge (S. 363, 368ff., 371) → **„Der gute Mensch von Sezuan"** (S. 381f.)	– Dramenauszüge (S. 393ff.) → – Szenische Interpretation (S. 395ff.)	– **„Königskinder"** (S. 437ff.) → – Inszenierung (S. 440f.)	– **Vergleich** von → Hörspiel- und Filmversion (S. 471ff.)
\positorische \te (S. 275ff.) →	Expositorische Texte (S. 309f., 315ff., 341ff.)	**Politische Rede** (S. 375f.) →	– Essay (S. 388f.) – Expositorische → Texte (S. 402f., 428ff.)	– Semantische →Reflexion (S. 440) – Rezension (S. 458ff.)	– Expositorische → Texte (S. 463f.) – **Textbeschreibung** (S. 476f.)
\Umformen (S. 274f.) **Gestaltungen** (S. 295f.) →	– Fiktiver Brief (S. 321ff.) – Grafische Gestaltung (S. 326) →	– Schilderung (S. 333) – Feuilleton (S. 353f.) → – Rezension (S. 365) – Parallel- und Gegengestaltung (S. 370)	– Fiktiver Brief (S. 387) – Filmdrehbuch (S. 390) → – Umformen (S. 391) – Streitgespräch (S. 395, 398) – Text-Bild-Collage (S. 404) – Experimentieren (S. 410f., 423)	– Vorgestaltung (S. 436) – Inszenieren (S. 439) → – Gegengestaltung (S. 441) – Werbeplakat (S. 444) – Briefe, Hörfeature (S. 448) – **Experimente** (S. 454ff.)	– Streitgespräch (S. 462) – Gegengestaltung → (S. 462) – Umgestalten (S. 469)
Zitatthema: Literatur (S. 297) →	Offener Brief → (S. 323) – Zitat (S. 348)	– Zitate (S. 361) → – Rezension (S. 365)	– Thesen (S. 400, → 413, 435) – **Zitatthema: Sprache** (S. 425)	– Problem (S. 436)→ – Werten (S. 440)	– Werten (S. 462) – Problem (S. 463, 468, 477)
Werten (S. 277, 287, 302ff., 307) **Zeitungskommentar** (S. 297f.) →	– **Politische Rede** (S. 322ff.) → – Anwendungen (S. 316, 318, 321, 327, 338)	– Anwendungen (S. 353, 376) → – Rezension (S. 365)	– Werten (S. 391, → 396) – Plädieren (S. 401)		
		Kafkas Kurzprosa → (S. 359ff.)			

4.2   Schwerpunkt Literatur

Planungsvorschläge	Texte und Bilder aus BLICKFELD DEUTSCH Oberstufe	Didaktisch-methodische Kommentierung
4.2.1 Thematische Gruppierung		
Was ist der Mensch?		
a) Antworten vom 17.-20. Jh. im Überblick	S. 8–23	Als **Problematisierung** und Perspektivierung ließen sich die Gedichte der „Einführung" nutzen.
b) Der Mensch vor Gott im Mittelalter	von Eschenbach, von Aue (S. 87–91), v.d. Vogelweide (S. 94ff.)	Die folgenden Texte unterschiedlicher Gattungen könnten unter verschiedenen **Leitfragen** betrachtet werden:
c) Vanitas oder die Nichtigkeit des Irdischen	von Hofmannswaldau, Gryphius, Opitz, Angelus Silesius (S. 118–122, 134ff.)	– Wie ist das Selbstverständnis des Menschen in Abhängigkeit (von Gott, von der Gesellschaft) oder in Autonomie?
d) Der aufgeklärte Mensch	Wieland, Lessing und Kant (S. 144–160)	– Welches Menschenbild existiert unter heilsgeschichtlichen Perspektiven und in einer säkularisierten Welt?
e) Das Ideal klassischer Humanität	Goethe und Schiller (S. 196ff., 208ff., 218ff.)	
f) Geselligkeit und die Suche nach Selbstverwirklichung in der Romantik	Schleiermacher, F. Schlegel, K. von Günderode, B. von Arnim (S. 253–257)	Sinnvoll wäre ein **projektorientierter Unterricht** oder ein **Projekt** im Zusammenwirken von Religion/Ethik, Philosophie und bildender Kunst, der exemplarische Interpretation und kursorische Lektüre verbinden müsste.
g) Leben unter Zwängen	Büchner (S. 284ff.)	
h) Sinnfrage und Sinnverlust in der Moderne	Nietzsche (S. 189, 315f.), bildende Kunst (S. 312ff.), Hauptmann (S. 318f.), Hofmannsthal, George, Rilke (S. 324ff.), Heynicke (S. 327), Benn (S. 146, 337, 352), Lichtenstein (S. 311, 338), Th. Mann, Hesse, Polgar, Kafka, R. Walser (S. 352–361, 383), Celan, Sachs (S. 403f.), Bachmann (S. 409f.)	
i) Der lange Weg zu sich selbst	Bichsel (S. 304), Wolf, Frisch, M. Walser, Bachmann, Huchel (S. 418 ff.), Seidel u.a. (S. 437ff.)	
Mann-Frau-Beziehungen		
a) Minnesang als Standesdichtung	von Kürenberg, von Aist, von Johansdorf, v.d. Vogelweide, von Morungen, von Fenis (S. 92ff.), Manessische Liederhandschrift (S. 97f.)	Die **Textauswahl** bezieht alle Gattungen ein sowie die bildende Kunst. **Didaktisch** sind verschiedene Ansatzpunkte denkbar:
b) Allegorie und Manierismus im Barock	Fleming, von Hofmannswaldau, (S. 118ff.); Teniers (S. 117)	– Das Bild von Mann und Frau; – die Qualität der Partnerbeziehung; – Individualität oder gesellschaftliche Bedingtheit der Liebe;
c) Vom Anakreon zur Erlebnislyrik	von Hagedorn, Goethe (S. 164f., 177ff.)	– Semantik der Leitbegriffe im historischen Wandel und in unterschiedlichen Gattungen;
d) Liebesthema in der Romantik	von Eichendorff (S. 238), Friedrich (S. 238)	– spezifische Ausdrucksmittel in Texten und Bildern.
e) Beispiele realistischer Literatur	Heine (S. 275ff.), Hebel (S. 23ff.), Clauren (S. 295)	Ausgehend vom Interpretationsschwerpunkt Erlebnislyrik ließen sich Vergleichsbeispiele im historischen Längsschnitt **methodisch** auf unterschiedliche Weise einbeziehen:
f) Jahrhundertwende	von Hofmannsthal (S. 324ff.) Nolde (S. 315)	– durch Rezitation und offenes literarisches Gespräch;
g) Gegenwart	Brecht (S. 381), Dix (S. 361), Bichsel (S. 304), Müller (S. 385)	– arbeitsteilig (durch Gruppenarbeit oder Kurzreferate).
Zeittypische Lebensformen		
a) Götter- und Familiengebot	Sophokles (S. 49ff.)	Die anthropologische Fragestellung erhält bei dieser **Textanordnung** eine stark gesellschaftliche Orientierung, wobei ähnliche Leitfragen zu stellen wären. Berührungen, ja Überschneidungen mit verwandten Sequenzvorschlägen sind zwangsläufig und zeigen, dass auch verschiedene Kombinationen innerhalb der Sequenzen denkbar wären.
b) Ritter und Mönch im Mittelalter	von Eschenbach, von Aue, (S. 87ff.), „liber avium" (S. 91)	
c) Leben als Theater im Barock	Gryphius (S. 126ff.), Sprachgesellschaften (S. 137ff.)	
d) Bürgerliches Leben und aufgeklärte Schriftsteller	Wieland, Lessing (S. 158ff.)	**Arbeitsteilig** ließen sich Charakteristika herausarbeiten, die in einer Zeitleiste oder Synopse dargestellt werden könnten.
e) Antike als Leitbild	Goethe, Winckelmann, Hölderlin, Schiller (S. 201ff.)	
f) Lebensformen der Romantik	Schleiermacher, C. Brentano, F. Schlegel, K. von Günderode, B. von Arnim (S. 253ff.)	
g) Der determinierte Mensch	Holz/Schlaf (S. 317f.), Hauptmann (S. 318ff.)	
h) Der Großstadtmensch	Loerke, Heym, Boldt, Wolfenstein, Kästner (S. 334ff.)	
i) Leben im Ungesicherten	Eich, Böll, Benn, Borchert, Huchel (S. 384ff.), Eich, Kunert, Fried, Wondratschek (S. 405ff.)	
j) Jugendkultur	Jenny u.a. (S. 39ff.)	

Planungsvorschläge	Texte und Bilder aus BLICKFELD DEUTSCH Oberstufe	Didaktisch-methodische Kommentierung
Der Mensch in der Herausforderung durch die Geschichte		
a) Kaiser und Reich	v.d. Vogelweide (S. 100ff.), Evangelienbuch Heinrichs II. (S. 104)	**Didaktisch** legt diese Sequenz eine doppelte Orientierung nahe:
b) Das Jahrhundert des Krieges	Gryphius, Fleming, Grimmelshausen, von Logau, a Sancta Clara (S. 116ff.), von Spee, Thomasius (S. 132f.)	– Die *historische Bedingtheit* des individuellen Lebens und damit auch der Literatur wird exemplarisch in dieser Auswahl von Beziehungsaspekten.
c) Bürger und Tyrann	Friedrich II., Bürger, Claudius, Schubart (S. 153ff.), de La Fontaine; Lessing, Pfeffel, Lichtenberg (S. 160ff.), Schiller (S. 183ff.)	– Neben dem thematischen Aspekt eignet sich die Reihe gut als *historischer Längsschnitt* vom Mittelalter bis zur Gegenwart.
d) Antworten auf Revolutionen	Goethe, Eckermann (S. 213ff.), Tieck, Wackenroder, Fichte (S. 249ff.), Büchner, Körner, Herwegh, Heine (S. 275ff.)	Die große Anzahl der Texte macht eine Auswahl nötig, die sich sowohl an führenden Autoren (z.B. v.d. Vogelweide, Gryphius, Lessing, Goethe, Heine, Büchner, Heym, Benn, Kafka, Brecht, Borchert) als auch an prononcierten Fragestellungen orientieren könnte (z.B. Reichsidee, Kriegsleiden, Revolutionsgedanken, Sinnkrise, Neuanfang).
e) Lebensgefühl der Jahrhundertwende	Klemm, Lotz (S. 308ff.)	
f) Weltende und Krieg	van Hoddis, Lasker-Schüler, Heym, Trakl (S. 335ff.), Remarque, Kraus, Jünger, Kisch (S. 361ff.)	**Methodisch** lassen sich exemplarische Lektüre weniger Texte und erweiternde Rezitation sowie begleitende Informationen über historische Kontexte (z.B. in Gruppenarbeit oder über Referate) sinnvoll verbinden.
g) Eine Welt aus den Fugen	Tucholsky (S. 64ff.), Kästner, Benn, Klabund, Th. Mann, Hesse, Polgar, Kafka, R. Walser (S. 350ff.), Schwitters (S. 371f.), Döblin (S. 470ff.)	Auch ein **Projektunterricht** mit Geschichte und bildender Kunst wäre geeignet.
h) Wege in den Faschismus	Tucholsky (S. 64ff.), Kuh, Feuchtwanger, von Horváth, Kästner (S. 366ff.)	
i) Leben im Exil	Brecht, K. Mann, Roth, Bloch, Feuchtwanger, Th. Mann (S. 377ff.)	
j) Trümmerliteratur und Neuanfang	Kästner (S. 77ff.), Bobrowski, Eich, Müller, Böll, Benn, Borchert, Ausländer, Huchel, Bender, Seghers, Zuckmayer, Lenz, Mitscherlich, Weiß, Celan, Sachs (S. 385ff.)	
k) Literatur der sog. Wende 1989	Seidel, Kunze, Delius u. a. (S. 436ff.)	
Menschenbilder im Wandel der Zeit		
a) Entwürfe vom idealen Menschen – Ein gottgefälliges Leben	von Eschenbach, von Aue (S. 87ff.), v.d. Vogelweide (S. 100ff.), Luther (S. 114f.), Gryphius, Silesius, a Sancta Clara (S. 120ff.); Klopstock (S. 181), Hebel (S. 23ff.), von Eichendorff (S. 239f., 259ff.), Novalis (S. 252), Mörike, Lasker-Schüler (S. 9f.), Rilke (S. 329), Heynicke (S. 337), Domin (S. 422)	**Didaktisch** zeigt die Textauswahl, dass es im Laufe der Geschichte deutliche Dominanzen, aber keine Ausschließlichkeit gibt: Z.B. reichen Darstellungen des religiösen Menschen vom Mittelalter bis zur Gegenwart; aber seit dem 18. Jh. dominieren die innerweltlichen Entwürfe und im 20. Jh. die Beispiele der Sinnkrise.
– Ein humanes Leben	Lessing (S. 145, 166f.), Kant (S. 149ff.), Goethe (S. 197f., 218ff.), Lichtenstein (S. 338), Th. Mann (S. 352, 383), Kafka (S. 355ff.), Brecht (S. 381f.)	**Ausgangspunkt** wird ein exemplarisches Menschenbild sein – entweder gewonnen aus der epochengeschichtlichen Orientierung – oder aus einer thematischen Fragestellung, an das sich historische Vergleiche anschließen.
b) Der Mensch als Held?	von Kleist (S. 29ff.), Heine (S. 19), Huchel (S. 19), Polgar (S. 31f.), Kunert (S. 32f.)	**Methodisch** wird i. d. R. eine beispielhafte Interpretation im Zentrum stehen, die durch kursorische Lektüre (oder sinngestaltende Rezitation) mit gezielten Beobachtungsaufträgen an die Lerngruppe ergänzt wird.
c) Vom Übermenschen zum Unmenschen	Nietzsche (S. 315f.), Hauptmann (S. 318f.), Remarque (S. 362f.), Kraus (S. 363), E. Jünger (S. 364), Kaschnitz (S. 20), Der Spiegel (S. 20f.), Celan (S. 403)	Auf einem **Zeitstrahl** lassen sich mit verschiedenen Farben Auftreten und Dauer der verschiedenen Bilder vom Menschen markieren.
d) Der gefährdete und verlorene Mensch	de Goya, Nietzsche (S. 188f.), von Hofmannsthal (S. 324f.), Th. Mann (S. 327), Benn (S. 146, 337, 386), Kästner (S. 351, 370), Hesse (S. 353), Polgar (S. 353f.), Kafka (S. 354), Feuchtwanger, von Horváth (S. 366ff.), Schwitters (S. 371), K. Mann (S. 373ff.), Roth (S. 373, 379), Eich (S. 385, 415), Ausländer (S. 388), Huchel (S. 388, 421), Bachmann (S. 10, 409ff., 419), Enzensberger (S. 414, 462), Bobrowski (S. 385, 423), Celan (S. 424)	
e) Der Mensch im Aufbruch	Jenny, Lebert, Kracht u.a. (S. 39ff.), Schulze (S. 450ff.)	

Planungsvorschläge	Texte und Bilder aus BLICKFELD DEUTSCH Oberstufe	Didaktisch-methodische Kommentierung
Der Mensch und die Natur		
a) Natur als Schöpfung	v.d. Vogelweide (S. 94f.), Goethe (S. 177ff.), Friedrich (S. 238, 257, 273), von Droste-Hülshoff (S. 288f.), Mörike (S. 288f.), Stifter (S. 296), Eckmann (S. 313)	Die Anordnung der Texte und Bilder lässt **didaktisch** verschiedene Ansätze zu: – problemorientiert, etwa in der vorgeschlagenen Art; – den historischen Längsschnitt, wobei chronologisch oder retrospektiv (von der Gegenwart aus) verfahren werden könnte;
b) Natur und Kulturlandschaften	Goethe (S. 201f., 207f.), Hölderlin (S. 204f.), Tischbein (S. 196), von Eichendorff (S. 259ff.), van Gogh (S. 313)	– anthropologisch-philosophisch ausgerichtet wäre die Frage nach der Rolle des Menschen;
c) Natursehnsucht	von Eichendorff (S. 238f., 245), Novalis (S. 240), C. Brentano (S. 242), Storm (S. 291), George, Rilke (S. 325f., 329f.), von Hofmannsthal (S. 324), Eich (S. 424), Bobrowski (S. 423)	– mehr poetologisch angelegt wäre die medienspezifische Betrachtung: Welche Eigenarten der Darstellung fallen auf in Texten (Lyrik, Prosa) und Bildern?
d) Missbrauchte und gefährdete Natur	Clauren (S. 295), Trakl (S. 311), Hauptmann (S. 320), Lichtenstein (S. 338), Benn (S. 337), Eich (S. 415), Gomringer (S. 410), Bachmann (S. 10), Kunze (S. 417), Meckel (S. 414), Wagner (S. 417)	**Methodisch** ließe sich variieren: sinngestaltendes Lesen, Einzelinterpretation, kursorische Lektüre; die Darstellung von Ergebnissen wäre in einer **Wandzeitung** möglich: Historisch gegliedert durch einen Zeitstrahl könnte über Leitbegriffe, Textmontage und Deutungen oder grafische Veranschaulichungen eine **Collage** gemacht werden.
4.2.2 Literatur und Geschichte		
Autor, Zeit und Werk	Walther v.d. Vogelweide (S. 94f., 100ff.) *Andreas Gryphius (S. 117, 120, 126ff., 134ff., 148, 344) H. J. Christoph von Grimmelshausen (S. 117, 123ff.) *Gotthold Ephraim Lessing (S. 145, 158f., 161–176, 188) Christoph Martin Wieland (S. 147, 158ff.) *Johann Wolfgang von Goethe (S. 177ff., 196ff., 201ff., 207ff., 215ff., 218–229) *Friedrich Schiller (S. 183ff., 205, 209f., 217f.) *Joseph von Eichendorff (S. 239, 243ff., 259ff.) Ernst Theodor Amadeus Hoffmann (S. 258ff.) *Heinrich Heine (S. 275f., 278ff., 283ff., 289) Georg Büchner (S. 275f., 284ff.) Friedrich Nietzsche (S. 14f., 189f., 315ff.) Hugo von Hofmannsthal (S. 324ff., 341f.) Franz Kafka (S. 354–361) *Kurt Tucholsky (S. 61–77) *Bertolt Brecht (S. 377f., 380ff.) Günter Eich (S. 385, 405, 415, 424) Christa Wolf (S. 196f., 257, 420) Georg Seidel (S. 436–441) Friedrich Christian Delius (S. 443–447) *Ingo Schulze (S. 450–461) Alfred Döblin (S. 468–473)	**Didaktisch** folgt die biografisch-historische Orientierung nicht nur den gängigen Lehrplanforderungen, sondern entspricht auch einem ausgeprägten Leserbedürfnis: Konkrete historische Kontexte erleichtern den Zugang zum Werk und schaffen zusätzliche Motivationen für die literarische Auseinandersetzung. Zu den mit Sternchen markierten Autoren – z.B. zu Tucholsky – sind im Schülerband Autorenporträts entworfen oder entsprechend ergiebige Materialien bereitgestellt. Zu den übrigen Autoren sind Ansätze für eine biografisch-historische Besprechung vorhanden. Anregend wären *kontrastive* Konstellationen (z.B. Gryphius-Tucholsky) oder historische *Vergleiche*: z.B. politische Dichter: v.d. Vogelweide, Heine, Brecht. **Methodisch** ließe sich die gemeinsame Lektüre der zentralen Texte durch *projektorientiertes* Arbeiten erweitern und vertiefen: In arbeitsteiligem Gruppenunterricht könnten einzelne Autoren durch Texte, Bilder (Dias, Illustrationen), Biografien und Zeitzeugnisse vorgestellt oder auf *Wandzeitungen* präsentiert werden.
Klassik als Epochen- und Wertbegriff		
a) Die staufische Klassik um 1200	von Eschenbach, von Aue (S. 87–91) Der „Bamberger Reiter" (S. 89), v.d. Vogelweide (S. 94ff., 100ff.)	Die Überschrift zeigt die doppelte **didaktische Orientierung** an: – Klassik i. S. eines kulturellen Höhepunkts;
b) Rezeption der griechischen Klassik	S. 49–60, 204–212	– Klassik als Inbegriff produktiver Kraft i. S. Martin Walsers: „Die uns beleben, die können wir brauchen, das sind Klassiker." (SB, S. 428, AA 4b)
c) Die Weimarer Klassik	Goethe (S. 177ff., 196ff., 201ff., 207ff., 215ff., 218–229) Winckelmann (S. 204), Hölderlin (S. 204f.), Schiller (S. 209f., 217f.), Architektur der Klassik (S. 206), Rietschel (S. 209), Begriff der Klassik (S. 210ff.), A. Feuerbach (S. 219), Treitschke und Hohler (S. 229ff.)	Als **Projekt** in fächerverbindendem Unterricht (Literatur, bildende Kunst und Musik) wäre das Thema am ergiebigsten zu erarbeiten. Mindestens aber sollte der Schwerpunkt Literatur durch *wechselseitige Erhellung* (vgl. SB, S. 312) mit anderen Künsten (z.B. über „Experten"-Referate) ergänzt werden.
d) Bertolt Brecht – ein Klassiker der Moderne	S. 377f., 380ff.	

Planungsvorschläge	Texte und Bilder aus BLICKFELD DEUTSCH Oberstufe	Didaktisch-methodische Kommentierung
Literatur zwischen Wirklichkeit und Utopie a) Das Ideal der mâze und der ordo im Mittelalter b) Constantia und die Ordnung des Denkens c) Ideale Menschlichkeit d) Das andere Leben in der Romantik e) Das Ideal einer humaneren und gerechteren Welt f) Das Ideal einer freien Welt	von Aue (S. 88f.), von Eschenbach (S. 87f., 89ff.), Bumke (S. 90), Arentzen/Ruberg (S. 90), v.d. Vogelweide (S. 100ff.), Evangelienbuch Heinrichs II. (S. 104) Gryphius (S. 126ff.), Pascal (S. 130f.), Leibniz (S. 131f.), von Spee, Thomasius (S. 132f.) Lessing (S. 145, 158, 161–176, 188), Kant (S. 149ff.), Goethe (S. 177ff., 196ff., 201f., 207ff., 215ff., 218–229), Schiller (S. 183ff., 205, 209f. 217f.,), Hebel (S. 23f.) Bonaventura (S. 239f.), Novalis (S. 240 ff., 252ff.), C. Brentano (S. 252f.), F. Schlegel (S. 254), K. von Günderode (S. 255ff.), Hoffmann (S. 258ff.), von Eichendorff (S. 259ff.), von Kleist (S. 265ff.) Büchner (S. 275f., 284ff.), Heine (S. 275f., 278ff., 283ff., 289), Holz/Schlaf (S. 317), Hauptmann (S. 318ff.), Kafka (S. 354ff.), Remarque (S. 362f.), Kraus (S. 363), Wassermann (S. 348f.), Feuchtwanger (S. 366f.), Tucholsky (S. 61–77), von Horváth (S. 368ff.), Brecht (S. 377f., 380ff.,), Bobrowski (S. 385), Borchert (S. 387ff.), Zuckmayer (S. 393f.), Lenz (S. 390f.) Seidel (S. 437ff.), Schulze (S. 450ff.)	Literatur in ihrer verändernden Kraft, ihrem utopischen Überschuss (E. Bloch) und in ihrem Widerspruch zum Bestehenden schafft Leseanreize und gibt Erörterungsimpulse. **Didaktischer Ansatzpunkt** wäre – die Epochenbesprechung – oder eine problemorientierte Fragestellung: Kann Literatur Wirklichkeit verändern? Reagiert Literatur auf ihre Zeit oder bereitet sie Neues vor? etc. *Ausgangspunkt* könnten die letzten Aspekte (e und f) sein, weil sie den Schülern historisch und in der Problematik am nächsten stehen: Wogegen richtet sich Literatur und wofür plädiert sie? So etwa könnte die Leitfrage lauten. Eine gute *literaturgeschichtliche Orientierung* ergäbe die Materialsammlung, Sichtung und **arbeitsteilige Auswertung** in der angedeuteten Weise.
Rezeption und Wirkung von Literatur a) Bilder vom Mittelalter b) Fortwirken der Aufklärung c) Lebendigkeit der Klassik d) Aktualität der Romantik e) Rezeption Tucholskys f) Rezeption eines Collageromans	Geibel (S. 84f.), Heine (S. 85), Merz (S. 84), Kunert (S. 86) Lessing-Rezeption (S. 174), A. W. Schlegel (S. 251), Nietzsche (S. 189f.), Grass (S. 189), de Goya (S. 188), Piranesi (S. 191) Wolf (S. 196f.), Nestroy (S. 210f.), Werbung (S. 212f.), Treitschke (S. 229f.), Piontek (S. 230), Hohler (S. 230f.) Vierhaus (S. 272), Hauser (S. 272), von Bormann (S. 272f.) S. 72–74 Schulze (S. 457ff.)	**Didaktisch** werden Fragen zu Rezeption und Wirkung i. d. R. im Zusammenhang von Epoche oder Autor–Werk–Leser stehen. Die hier ausgewählten Beispiele exemplarischer Rezeption könnten aber auch – im Zusammenhang einer Ganzschriftenlektüre – oder unter dem Aspekt stehen, dass auch der Leser und seine Art zu lesen historisch vermittelt sind. Es eignet sich ein *kontrastives Verfahren*, bei dem die Subjektivität des Leseprozesses beim Schüler mit historischen Rezeptionsweisen verglichen wird. **Methodisch** angemessen erscheint die exemplarische Arbeit an einem Beispiel in Kombination mit kursorischer Lektüre oder arbeitsteiliger Erschließung.
Kunst und Künstlertum a) Das Werk verdeckt den Dichter b) Der gelehrte Dichter c) Der aufgeklärte Schriftsteller d) Klassische Normen der Kunst e) Romantische Ästhetik und ihre Kritik f) Was heißt Realismus in der Literatur? g) Literatur als Experiment h) Wirklichkeitsverlust i) Parteilichkeit der Literatur j) Literatur als Widerspruch k) Literatur als Neuanfang	von Eschenbach, von Aue (S. 87–91), v.d. Vogelweide (S. 94ff., 100ff.) Gryphius (S. 117, 120, 126ff., 134ff., 148, 344) Wieland (S. 147ff., 158ff.), Lessing (S. 161ff., 166ff.) Winckelmann (S. 204), Hölderlin (S. 204f.), Goethe (S. 207ff.), Schiller (S. 205f., 217ff.) A. W. Schlegel (S. 251), C. Brentano (S. 252f.), Freud (S. 263f.), Kamper (S. 264f.), von Kleist (S. 265ff.), F. Schlegel (S. 271), Heine (S. 283f.), Büchner (S. 284f.) Stifter (S. 296f.), Keller (S. 302f.), Fontane (S. 304f.), Preisendanz (S. 307) Holz/Schlaf (S. 317), Hauptmann (S. 318f.) Bölsche (S. 321), Wilhelm II. (S. 321ff.); „Form ist Wollust": Heym, Stadler, Marc (S. 332f.), Pinthus (S. 338) von Hofmannsthal (S. 341f.), Rilke, Benn, Bachmann, Gomringer, Handke, Aichinger (S. 345f.), Schwitters (S. 371), Bloch, Feuchtwanger (S. 379), Borchert (S. 388f.) Eich (S. 405), Kunze (S. 417), Banstner (S. 417), Friedrich (S. 422), Zimmermann (S. 422f.), Celan (S. 424) Becher (S. 411), Reimann (S. 412f.), Lenz (S. 413) Enzensberger (S. 414), Bachmann (S. 414), Braun, Eich, Meckel, Schädlich (S. 414ff.) Schulze (S. 450ff.)	Dieser Vorschlag ist in seinem theoretischen Anspruch eher ein Angebot für Leistungskurse. **Didaktisch** wären folgende Ansatzpunkte denkbar: – die Künstlerproblematik (z.B. bei Thomas Mann); – Kunsttheorien. Aus der Gegenüberstellung fiktionaler und theoretischer Texte ließen sich interessante *Schreibanlässe* gewinnen: – Schüler könnten den Versuch theoretischer Reflexion an ausgewählten dichterischen Texten machen: Welche Kunstauffassung, welches dichterische Selbstverständnis sind abzuleiten? – Dem eigenen Theoretisierungsversuch ließen sich ästhetische Reflexion von Autoren und Interpreten vergleichend gegenüberstellen. In einem **fächerverbindenden Projekt** wären bildende Kunst und Musik einzubeziehen, wobei Kunstauffassung und Selbstverständnis von Zeitgenossen betrachtet werden könnten. Epochenorientierte Textanordnungen, wie z.B. Klassik, Romantik, Expressionismus, ergäben interessante Möglichkeiten.

Planungsvorschläge	Texte und Bilder aus BLICKFELD DEUTSCH Oberstufe	Didaktisch-methodische Kommentierung
Historische Ausprägungen des Komischen		
a) Die Komik der Übertreibung	Fleming (S. 118), Dedekind (S. 118), Gryphius (S. 129, 137), Sprachwitz (S. 139), Hagedorn (S. 164), Goethe (S. 164), Lichtenstein (S. 311), van Hoddis (S. 336), Tucholsky (S. 61ff.), Kästner (S. 370), Schwitters (S. 371f.), Flora u.a. (S. 344ff., 432ff.)	Das Komische als Spiegel der Wirklichkeit ist **didaktisch** unter zwei Aspekten zusammengestellt. Interessant wären auch andere Gruppierungen: – z.B. das Komische epochengeschichtlich als Ausdruck von Zeitgeist und Zeitstil; – z.B. gattungspoetologisch (Lyrik, Prosa, Essay, Drama) und im Vergleich von Text und Bild (z.B. Sprachwitz bei Brentano) mit der Frage nach je spezifischen Ausdrucksformen.
b) Humor und Komik als Ausdruck der Gebrochenheit	C. Brentano (S. 252f.), Heine (S. 279ff., 283ff.), Nestroy (S. 211f.), Tucholsky (S. 68f.), Kästner (S. 351), Kuh (S. 366), Ionesco (S. 152f.)	**Die Methoden** des sinngestaltenden Lesens und der exakten Sprachbeschreibung und -reflexion („Was bewirkt den Effekt des Komischen?") wären geeignet, um Komik in ihrer Entstehung und Wirkung zu erhellen.
Auffassung von Literatur im historischen Wandel		
a) Rollen- und Standesdichtung im Mittelalter	Bumke, Arentzen/Ruberg (S. 90f.), von Kürenberg, von Aist (S. 92), von Johansdorf (S. 93), v.d. Vogelweide (S. 94ff., 100ff.), von Morungen (S. 95f.), Formen (S. 98, 100), Eggers, Bumke (S. 98)	Was den **didaktischen Ort** anbetrifft, stehen theoretische Reflexionen i. d. R. im unmittelbaren Zusammenhang mit Texten und Epochenbezügen. Die hier getroffene Gruppierung könnte – etwa für einen Leistungskurs – auch in anderen Konstellationen stehen:
b) Ständeklausel und Fallhöhe im Barock	Gryphius (S. 127ff., 139f.), Barocktheater (S. 129f.), Opitz (S. 139f.), Harsdörffer (S. 140)	– z.B. als literaturtheoretische Begleitung eines über repräsentative Texte (Lyrik, Epik und Drama) konzipierten *historischen Längsschnitts*. Dabei wäre ein doppelter Akzent denkbar: Erhebung signifikanter Merkmale an den Primärtexten und ergänzende Reflexionen über theoretische Texte.
c) Das Drama im 18. Jahrhundert	Lessing (S. 166ff.), Schiller (S. 183ff.), Goethe (S. 186f.), Lenz (S. 187), Gottsched (S. 187f.)	
d) Normen der Kunst in der Klassik	Goethe (S. 204ff.), Nestroy (S. 210f.), Klassikbegriff (S. 212), Schiller (S. 209, 217)	– z.B. als *historischer Exkurs*, der sich im Anschluss an die Lektüre einer Ganzschrift (etwa als Schwerpunktthema zur Abiturprüfung) anböte: Reflexionen über literaturtheoretische Fragen eines modernen Romans oder Dramas könnten ergänzt werden durch Aspekte früherer poetologisch relevanter Positionen.
e) Ästhetik der Romantik	A. W. Schlegel (S. 251f.), Begriff der Utopie (S. 252), Volksmärchen und Kunstmärchen (S. 261f.), romantische Ironie (S. 262), Fantasie als produktive Kraft (S. 263ff.), Novellentheorie (S. 267), von Kleist (S. 265ff.), romantische Poetik: F. Schlegel (S. 271f.), Vierhaus (S. 272), Hauser (S. 272), Bormann (S. 272f.)	– z.B. im *fächerverbindenden Unterricht* eines Projekts, in dem Fragen der Paradigmenbildung und des Paradigmenwechsels im historischen Entwicklungsprozess von bildender Kunst, Musik und Literatur zu klären wären.
f) Literaturtheorie des Realismus	Junges Deutschland und Vormärz (S. 283ff.), Heine (S. 283f.), Büchner (S. 284ff.), Lyrik und Sprache des Realismus (S. 285), Stifter (S. 292ff.), Keller (S. 302), Fontane (S. 304ff.), Preisendanz (S. 307)	**Methodisch** ließen sich wegen des hohen theoretischen Anspruchs Ergebnisse nur arbeitsteilig (z.B. über „Experten"-Gruppen oder „Experten"-Referate) gewinnen. Gut darstellbar wären die Ergebnisse in einer Art *Kultur-Synopse*, in der neben der Periodisierung zu bildender Kunst, Musik und Literatur jeweils auch die stilprägenden Theoriebildungen einzutragen wären.
g) Literatur der Jahrhundertwende als Experiment	Holz/Schlaf (S. 317), Hauptmann (S. 318f.), Bölsche (S. 321), Wilhelm II. (S. 321f.), „Form ist Wollust": Heym, Stadler, Marc (S. 332f.), Pinthus (S. 338), Stilrichtungen der Jahrhundertwende (S. 338ff.)	
h) Tendenzen und Stilrichtungen des 20. Jahrhunderts	Expressionismus (S. 332f.), Neue Sachlichkeit (S. 369), Volksstück (S. 368f.), Dadaismus (S. 371f.), Episches Theater (S. 380f.), Theater des Absurden (S. 152f.), Gruppe 47 (S. 387), Dokumentarisches Theater (S. 395f., 398ff.), Sozialistischer Realismus (S. 411ff.), Adoleszenzroman (S. 39–48), Sog. Wendeliteratur (S. 436–461)	

4.2.3 Literatur und Gattung

Formen der Lyrik

a) Gedanken- und Erlebnislyrik im Überblick	S. 8 – 23	**Didaktisch** vertrauter sind motiv- und themenorientierte Sequenzen (vgl. oben), da sie dem Leseinteresse der Schüler eher entsprechen.
b) Minne- und Liebeslyrik	Mittelalter (S. 92–96), Liebesdichtung des Barock (S. 118f.), Erlebnislyrik des Sturm und Drang (S. 180f.), Romantik (S. 242ff., 436f.), Realismus (S. 283ff.), Jahrhundertwende (S. 324)	Die *gattungstypologische Gruppierung* könnte aber leicht mit der thematischen Orientierung verbunden werden, wenn – z.B. im Leistungskurs – eine historisch angelegte Formgeschichte zu betrachten wäre. *Ausgangspunkt* ist i. d. R. ein bestimmter Autor, zu dessen Formeigenarten im Vergleich andere historische Beispiele herangezogen werden: z.B. Goethes Sesenheimer Lieder als Exempel für Erlebnisdichtung im Vergleich zu Walthers Minneliedern als Standesdichtung.
c) Naturlyrik	Mittelalter (S. 94), Romantik (S. 238f., 244), Realismus (S. 288f.), Jahrhundertwende (S. 311, 325f., 338), Lyrik nach 1945 (S. 291, 409f., 414f., 417, 423f.)	
d) Politische Lyrik	Spruchdichtung des Mittelalters (S. 100ff.), Barocksonett (S. 117, 120, 134), Aufklärung	

Planungsvorschläge	Texte und Bilder aus BLICKFELD DEUTSCH Oberstufe	Didaktisch-methodische Kommentierung
	(S. 154, 160f.), Sturm und Drang (S. 182), Klassik (S. 197), Realismus (S. 277ff.), Jahrhundertwende (S. 309, 311, 335ff.), Weimarer Republik (S. 351, 370), Emigration (S. 377f.), Lyrik über den II. Weltkrieg als Thema und nach 1945 (S. 385, 388, 403f., 406, 409ff., 414, 443)	**Methodisch** wäre die exemplarische Interpretation mit vergleichender Rezitation oder mit der Vorstellung von Vergleichsbeispielen über Kurzreferate zu verbinden.
e) Mundartlyrik f) Religiöse Lyrik	S. 106f. Reformation (Luther, S. 115), Barock (S. 120, 122), Biedermeier (Mörike S. 9), Jahrhundertwende (Lasker-Schüler, S. 10)	

Formen der Prosa

| a) Epische Kleinformen | – Anekdote (S. 29, 30, 32, 154)
– Autobiografie (S. 61f., 373f., 378, 394)
– Brief (S. 63, 158ff., 188, 205f., 248f., 255f., 326)
– Essay (S. 31f., 65f., 68ff., 71f., 74f., 147, 149f., 175, 186f., 189, 207f., 217, 230ff., 251ff., 257, 263f., 268ff., 309f., 321, 338, 343ff., 346ff., 366, 373, 379f., 388f., 402f., 405, 410f., 413)
– Fabel (S. 145f.)
– Gleichnis und Parabel (S. 27, 354ff.)
– Kalender- und Keunergeschichte (S. 23f.)
– Kampfschrift (S. 72, 275f.)
– Kurzgeschichte (S. 25, 27f., 385ff., 416, 424)
– Predigt (S. 121f.)
– Rede (S. 77ff., 321, 375f.)
– Reportage (S. 20f., 364f.)
– Satire (S. 68ff.)
– Tagebuch (S. 332)
– Reiseliteratur (S. 201ff., 274f., 444f.) | **Didaktisch** ermöglicht diese Zusammenstellung ganz unterschiedliche Anknüpfungspunkte:
– Nahe liegend ist der Vergleich verwandter Formen: z.B. Anekdote, Kalendergeschichte und Kurzgeschichte; oder: Predigt und Rede; oder: Brief, Tagebuch und Autobiografie.
– Innerhalb eines stark repräsentierten Genres – z.B. beim Essay – ließen sich Differenzierungsformen erarbeiten: Merkmale des wissenschaftlichen oder philosophischen Essays.
– Bei den Großformen Novelle und Roman liegt eine Abgrenzung zur Schwerpunktlektüre nahe. Motive und Merkmale des Zeitstils lassen sich vergleichen.

Methodisch können neben exemplarischen Analysen (etwa zum Stil) Themen- und Motivvergleiche in arbeitsteiligen Verfahren angestellt werden. |
| b) Novelle und Roman | – Adoleszenzroman (S. 39ff., 45f.)
– Höfischer Roman (S. 87ff.)
– Schelmenroman (S. 117f., 123ff.)
– Briefroman (S. 177ff., 205f.)
– Versepos (S. 215f.)
– Bildungsroman (S. 239f., 254ff., 302f.)
– Romantische Novelle (S. 258f., 267)
– Realistische Novelle (S. 275f., 284, 292ff., 317, 320f., 327f., 383, 421)
– Gesellschaftsroman (S. 304ff.)
– Tagebuchroman (S. 327f.)
– Zeitroman (S. 197, 353, 362f., 366ff., 380f., 390f., 392ff., 397f., 400ff., 412f., 418, 420, 444ff., 468ff.) | |

Formen des Dramas

| a) Dramenvergleich
b) Barocktheater
c) Theater des 18. Jahrhunderts
d) Theater des 19. Jahrhunderts

e) Theater des 20. Jahrhunderts

f) Hörspiel und Film | – Antike und moderne Tragödie (S. 49ff.)
– Tragödie (S. 126f., 363)
– Komödie (S. 128f., 137ff., 266, 225f.)
– Drama der Aufklärung (S. 166ff.)
– Drama des Sturm und Drang (S. 183ff.)
– Klassisches Drama (S. 219ff.)
– Revolutionsdrama (S. 199, 285)
– Soziales Drama (S. 286f., 299ff., 318f.)
– Posse (S. 210f.)
– Absurdes Drama (S. 152f.)
– Episches Theater (S. 381f.)
– Volksstück (S. 210f., 368f.)
– Dokumentarisches Theater (S. 395f., 398f.)
– Zeitstück (S. 393, 415, 436ff.)
– Groteske Oper (S. 371ff.)
Döblin: Berlin Alexanderplatz (S. 470f.) | Die zeitlich sehr begrenzten Lektüremöglichkeiten, vor allem in den Grundkursen, machen es notwendig, durch **orientierendes Verfahren** (bzw. „fragmentarische Lektüre", Rolf Geißler) einen Überblick zu gewinnen: Repräsentative Textproben oder gattungstypologische Informationen könnten ergänzt werden
– durch literarische Inhaltsangaben,
– szenisches Lesen
– und Video- oder Toneinspielungen. |

4.3 Schwerpunkt Sprachbetrachtung

Planungsvorschläge	Texte und Bilder aus BLICKFELD DEUTSCH Oberstufe	Didaktisch-methodische Kommentierung
4.3.1 Funktionen sprachlicher Mittel		
Stilfiguren im Überblick	– Poetische Mittel der Lyrik (S. 16ff.) – Rhetorische Figuren (S. 8off.)	BLICKFELD DEUTSCH geht vom **didaktischen Prinzip einer funktionalen Sprachbetrachtung** aus. Die hier vorgestellte Heraushebung einzelner Aspekte soll diesen Grundsatz nicht durchbrechen, sondern zusätzlich eine doppelte Orientierung erleichtern:
Grundfunktionen der Sprache	– Organonmodell (S. 82f.) – Sprache als Zeichen (Semiotik, S. 139f., 312, 428, 462, 470ff.) – Semantik (S. 415, 426, 428ff., 440)	– Über vergleichende *Exkurse* können Sprachphänomene in den jeweiligen Reflexionszusammenhang einbezogen werden. Z.B. lassen sich Eigenarten der Gegenwartssprache auf dem Hintergrund anderer „Zeitstile" signifikanter beschreiben.
Soziale und regionale Differenzierung	– Jargon und Dialekt (S. 67f.) – Dialektarten (S. 106f.) – Idiolekt, Soziolekt, Dialekt (S. 319)	– Für Klausur- und Abiturvorbereitungen kann die vorliegende Differenzierung ebenso hilfreich sein wie für einen wiederholenden *Sprachkurs*. Im Zusammenhang lassen sich historische, semantische und philosophische Fragestellungen ergiebiger bearbeitet.
Sprache und Politik	– Spruchdichtung (S. 100ff.) – Ideologie und Sprache (S. 199, 285, 375, 411ff., 434f.) – Exil und Sprache (S. 377ff.)	
Ästhetische Funktionen von Sprache (sog. Zeitstile)	– Mittelhochdeutsch (S. 87ff.) – Barockrhetorik (S. 121f., 128f., 137ff.) – Deutsch als Sprache der Wissenschaften (S. 133f., 140) – Sprache der Aufklärung (S. 145ff.) – Leitbegriffe des Sturm und Drang (S. 177ff.) – Sprache der Klassik (S. 208ff.) – Stilmittel der Romantik (S. 239ff., 271ff.) – Sprache im Realismus (S. 283ff.) – Sprachmerkmale von Prosa und Poesie der Jahrhundertwende (S. 320f., 324ff.) – Phonografische Methode im Naturalismus (S. 317)	**Methodisch** sind neben den schwerpunktmäßigen Reflexionen im Unterricht längerfristige *Hausarbeiten* ebenso möglich wie arbeitsteiliger *Gruppenunterricht* oder *Kurzreferate*, die z.B. den Literaturunterricht begleiten.
4.3.2 Kommunikationsmodell und Rhetorik	– Formen der Kommunikation (S. 11, 71ff., 236, 466, 482f.) – Kommunikationsmodelle (S. 73, 75, 263, 493) – Referat (S. 75ff., 213f., 236, 479) – Gedenkrede (S. 77ff.) – Predigt (S. 121) – Politische Rede (S. 375ff.)	

4.3.3 Sprachgeschichte	– Das Indoeuropäische (S. 108f.)
	– Das Althochdeutsche (S. 109f.)
	– Das Mittelhochdeutsche (S. 112f.)
	– Das Neuhochdeutsche (S. 114f.)
	  • Martin Luther (S. 114)
	  • Sprachgesellschaften des Barock (S. 137f.)
	  • Stationen zur Einheitssprache (S. 141f.)
	  • Sprache der Gegenwart (S. 428ff.)
	  • Frauensprache (S. 432f.)	

4.3.4 Sprachphilosophie	– Sprache und Logik (S. 152ff., 425ff., 429f.) – Wesen und Ursprung der Sprache: (S. 232ff., 348ff.) – Sprache, Denken, Wirklichkeit (S. 237, 341ff.)	

III. Die Kapitel von Blickfeld Deutsch Oberstufe

ERSTES KAPITEL

Einführung in die Arbeit der Oberstufe am Thema „Mensch und Menschlichkeit"

1. Gegenstands- und Konzeptionsbeschreibung

1.1 Pädagogisch-fachwissenschaftliche Aspekte

BLICKFELD DEUTSCH stellt in allen ersten Kapiteln der Unter- und Mittelstufenbände in altersgemäßer Progression der Problemstellungen und den Formen der Auseinandersetzung die existenzielle Orientierung und die Sozialisationsthematik in den Vordergrund. Zusätzlich zu den ethischen Aspekten erhält die Frage nach dem Sinn des Lebens am Beginn der Sekundarstufe II eine historische Ausrichtung durch die Präsentation von Texten aus zweieinhalb Jahrtausenden, wenn die attische Tragödie mit einbezogen wird. Gleichzeitig ist durch die Textauswahl und die Fragestellungen eine philosophische Dimension der Reflexion angestrebt, die von Adoleszenten nicht erst seit dem 11.9.2001 und jenseits rasch wechselnder Zeitgeist-Moden gesucht wird. Bereits die 12. Shell-Studie (1997)[1] erwies sehr eindeutig, dass nicht nur das Problembewusstsein der Jugendlichen im Blick auf die Gegenwartsanalyse und die Zukunftserwartungen sehr hoch ist, sondern dass neben ichbezogenen und materiellen Werten die Suche nach ideellen Orientierungen i.w.S. sehr ausgeprägt ist, auch wenn die Gewichtungen häufig wechseln.[2] Hartmut von Hentig[3] nennt etwa ein Dutzend Werte, u.a. Brüderlichkeit, Frieden, Gerechtigkeit, Freiheit, Weisheit und Liebe, die in Familie, Schule und durch die Jugendlichen in der Gruppe der Gleichaltrigen nicht nur er-

fahren, sondern vor allem gelebt werden wollen. Anders als für Jüngere, bietet sich für Adoleszenten nun darüber hinaus erstmals die Chance, Wertfragen auch zu reflektieren, wie man aus der Erziehungslehre schon lange weiß und wie Manfred Spitzer[4] auch aus aktueller neurobiologischer Sicht bestätigt: „Ethik im Sinne einer Reflexion auf Prinzipien von Handlungen wird man erst in der Oberstufe betreiben können." Dabei ist zu berücksichtigen, dass es Jugendlichen noch sehr schwer fällt, ethische Normen distanziert und systematisch zu erörtern und zu beurteilen. Deshalb ist es notwendig, diese Wertorientierung als Erziehungsprinzip zu begreifen, unterschiedliche Ansatzpunkte zu nutzen, ohne penetrant zu wirken und ohne zu überfordern. Denn reflektierte Werthaltungen lassen sich nicht als Lernpensum rasch und geballt vermitteln, sondern müssen Spielräume für allmähliche Differenzierung erhalten. Erst im Laufe der Oberstufe wird es gelingen, Grundrisse einer Systematisierung zu legen.

In BLICKFELD DEUTSCH sind die dafür ausgewählten Texte so angeordnet, dass sowohl Identifikations- als auch Aversionsangebote gemacht werden. Denn die Beispiele spiegeln keine „heile Welt", wie schon das Auftaktbild des Kapitels (SB, S. 8) signalisiert, und durch die oft kontrastive Präsentation von Standpunkten entstehen vielfache Reflexions- und Diskussionsimpulse.

Noch entschiedener als für den „normalen" Wechsel in ein neues Schuljahr ist es für den Beginn der Sekundarstufe II wichtig, den Jugendlichen durch die Reorganisation (nicht durch bloße Rekapitulation!) von Wissen und Methoden der Mittelstufe Sicherheit zu geben und sie gleichzeitig durch Neuorientierung auf Inhalte, Denk- und Verfahrensweisen der Oberstufe neugierig zu machen. Je nach acht- oder neunjähriger gymnasialer Schulzeit müssen Zeit und Maß für Reorganisation und Neuorientierung unterschiedlich bemessen sein.

Wiewelt die Ziele einer **Einführung** in die Arbeit der Oberstufe im ersten Kapitel erreicht werden können, hängt sehr stark vom Lehrerverständnis für die Probleme dieser Übergangsphase und davon ab, inwieweit es gelingt, die *Handlungskompetenz* der Adoleszenten zu stärken. Deshalb gilt neben den Inhalten auch den Studiertechniken, den Methoden und den Kooperationsformen gleichermaßen die Aufmerksamkeit.

Im ersten Kapitel sind *alle Gattungen* und die meisten Textarten vertreten. Auf deren Einzelanalyse kann an dieser Stelle aber verzichtet werden, da die unterrichtsrelevanten Informationen im Schülerband zu finden sind und für die Unterrichtenden in der germanistischen Fachliteratur[5] und in didaktisch orientierten Standardwerken[6] zusätzliche Analysen mit den einschlägi-

---

[1] Jugendwerk der deutschen Shell (Hrsg.): Jugend' 97. Zukunftsperspektiven. Gesellschaftliches Engagement. Politische Orientierungen. – Opladen (Leske + Budrich) 1997, S. 277–301. – Die Shell-Studie von 2002 bestätigt die Ergebnisse von 1997 und favorisiert Freundschaft, Partnerschaft und Familienleben mit 95–85%.

[2] A.a.o., S. 300f.

[3] Hartmut von Hentig: Ach, die Werte. – Weinheim (Beltz) 2001, S. 69, 162.

[4] Manfred Spitzer: Lernen. Gehirnforschung und die Schule des Lebens. – Heidelberg/Berlin (Spektrum Akademischer Verlag) 2002, S. 438.

[5] Günther und Irmgard Schweikle (Hrsg.): Metzler-Literatur-Lexikon. Stichwörter zur Weltliteratur. – Stuttgart (Metzler) ¹1984. Neben einem knappen Problemaufriss und einer Analyse der Forschungssituation finden sich jeweils zahlreiche Literaturhinweise.

[6] Günter Lange u. a.(Hrsg.): Textarten – didaktisch. Eine Hilfe für den Literaturunterricht. – Baltmannsweiler (Schneider Verlag Hohengehren) 1993. Abgehandelt sind in mehrseitigen Beiträgen der vier Herausgeber alle Gattungen und Textarten, wobei jedem Artikel eine überschaubare Anzahl von Titeln der Spezialliteratur angefügt ist.

gen Literaturangaben leicht zugänglich sind. Entscheidend ist von Anfang an die Vorstellung verschiedener *Interpretationsansätze* (vgl. SB, S. 355ff.), die werkästhetische, rezeptionsästhetische, literatursoziologische und wirkungsästhetische Aspekte berücksichtigen und die einen Methodendogmatismus verhindern.

1.2 Fachdidaktisch-methodische Aspekte

Entsprechend der Funktionsvielfalt einer *Einführung* erfüllen alle Arbeitsbereiche den Anspruch auf Reorganisation und Neuorientierung (s.o.).

1.2.1 Sprechen und Schreiben

Im Arbeitsbereich Sprechen und Schreiben stehen grundlegende *Studiertechniken* (z.B. Zitieren, Markieren und Annotieren, Exzerpieren, Clustering, Mitschreiben und Metaplan) sowie *Gesprächsarten* (Kommunikationsformen) und *Arbeitsformen* (z.B. Einzel-, Partner- und Gruppenarbeit) so im Vordergrund, dass eine systematische Aufnahme und Weiterführung der in den Schuljahren 9/10 erworbenen Fertigkeiten gewährleistet ist. Gestützt auf die pragmatischen Sprech- und Schreibformen des Referierens, Protokollierens, der Inhaltsangabe und des Resümees erfolgt eine grundlegende Einführung in *Interpretations- und Erörterungsarten*. An Lyrik, epischen Kleinformen, Roman und Drama werden analytische und gestaltende Interpretationsformen (vgl. LB, S. 15ff.) so erprobt, dass textimmanente und textexterne Aspekte der Deutung zur Geltung kommen, wobei abwechselnd immanent-werkästhetische (SB, S. 10, 14ff., 35ff.), biografisch-historische (SB, S. 12ff., 29ff.), stoffgeschichtliche (SB, S. 29ff., 49ff.), literatursoziologische (SB, S. 29ff.) sowie rezeptionsästhetische und wirkungsgeschichtliche Gesichtspunkte (SB, S. 71ff., 77ff.) einzeln oder kombiniert betont sind.

1.2.2 Literatur und Medien

Im Arbeitsbereich Literatur und Medien sind die ersten vier Sequenzen vordergründig nach *Gattungen* gegliedert: Lyrik (SB, S. 8ff.), epische Kurzformen (SB, S. 23ff.), Adoleszenzroman (SB, S. 39ff.) und Drama (SB, S. 49ff.). Sie werden aber durch die thematische Klammer „Mensch und Menschlichkeit" nicht nur verbunden, sondern auch durch die jeweiligen Zugänge und Fragestellungen geprägt. Denn der problemorientierte Ansatz entspricht der Lesehaltung Jugendlicher, denen Formen i.w.S. – als Gattungen, Genres, Textarten und Stilmerkmale – nur über interessante Inhalte, also funktional, zu vermitteln sind. Konkret bedeutet dies, dass Schüler i. d. R. nicht für die isolierte Betrachtung von Formen der Lyrik oder des Romans, sondern primär für Inhalte zu interessieren sind, die sich dann eben auf lyrische, epische oder dramatische Art präsentieren.

Das Interesse am Was auch auf das Wie der jeweiligen Darstellung zu erweitern und die Wechselbeziehung von inhaltlichen und formalen Elementen als dichterische Gestaltung plausibel zu machen, ist die Kunst der Interpretation. Im Einführungskapitel wird dies sowohl in Einzelinterpretationen (SB, S. 10, 14f., 20, 23f., 29f., 32ff., 40ff.), durch Vergleiche (SB, S. 12f., 19, 49ff.), im historischen Längsschnitt (SB, S. 15) als auch in der komplexen Konstellation von Autor, Werk und Leser in der fünften Sequenz (SB, S. 61ff.) angeboten.

Auch die Einbeziehung *expositorischer Texte* als Fachgespräch (SB, S. 11), Biografie (SB, S. 13), poetologische Beschreibung (SB, S. 16ff., 80ff.), Bericht (SB, S. 20f., 24, 30), Interpretation (SB, S. 31, 37f.), Sachtext (SB, S. 33, 42f., 44ff., 76), Umfrage (SB, S. 47f.), Rezeptionszeugnis (SB, S. 47, 72ff.), Rede (SB, S. 77ff.) und Sprachtheorie (SB, S. 82f.) erfolgt unter dem Doppelaspekt von Information und Textart.

Die Erprobung und Reflexion von *Arten des Lesens und Rezitierens* (SB, S. 10, 14, 19, 29, 39, **50**, 67, **78**) sind als Aspekte und Elemente der Interpretation stets mehr als bloße „Techniken".

1.2.3 Sprachbetrachtung

Im Arbeitsbereich Sprachbetrachtung wird im ersten Kapitel das Prinzip des ganzen Buches (vgl. LB, S. 34ff.) konkretisiert: Einerseits erfolgt Sprachreflexion als Unterrichtsprinzip *stilistischer Sprachbetrachtung*, etwa durch die Beschreibung und Reflexion von zentralen Begriffen der Fachsprache (z.B. SB, S. **10**, **13**, **16ff.**, 45, 80ff. u. ö.). Andererseits ergeben die *thematischen Schwerpunkte* sukzessiv ein Gesamtcurriculum aller einschlägigen Bereiche.

Wenn mit dem Bühler'schen Organonmodell der Sprache (SB, S. 82f.) ein anspruchsvolles Beispiel der Sprachtheorie vorgestellt und angewandt wird, so werden damit unterschiedliche Ziele angestrebt: Einmal erweisen sich die Kategorien „Ausdruck", „Appell" und „Darstellung" als grundlegend für jegliche Sprachbeschreibung, wie dies an der Gedenkrede Kästners (SB, S. 77ff.) gezeigt wird. Zum andern ergibt sich aus dem „Organonmodell" die entscheidende Grundstruktur für alle später zu entwickelnden Kommunikationsmodelle. An diesem Beispiel wird deutlich, wie verflochten Sprachreflexion mit Textbeschreibung und Literaturbetrachtung ist. Diesen Zusammenhang den Schülern immer wieder vor Augen zu führen, ist die eindrucksvollste „Werbung" für eine funktionale Sprachbetrachtung, die lernpsychologisch unter dem Aspekt der Plausibilität von Operationen (vgl. LB, S. 34ff.) eine größere Motivation auslöst und eine höhere Akzeptanz findet als die formalistische Isolierung sprachlicher Phänomene, und die unter dem Aspekt einer ganzheitlichen Sprachdidaktik heute in der fachwissenschaftlichen Diskussion weitgehenden Konsens findet. Dass die Praxis des Deutschunterrichts davon leider oft noch weit entfernt ist, erklärt nicht nur das vielfach unzureichende Sprachwissen, sondern auch die unbefriedigende Fertigkeit vieler Oberstufenschüler, „Grammatik" i.w.S. als Analyse-, Beschreibungs- und Interpretationsinstrumentarium zu benützen.

2. Sequenzvorschläge[7]

2.1 Curriculum der Einführung

Texte und Bilder aus BLICKFELD DEUTSCH Oberstufe	Didaktisch-methodische Kommentierung
I. Die Frage nach dem Sinn des Lebens als Thema von Gedichten (S. 8–23) 1. Was ist der Mensch? – Arten der Lyrik im historischen Längsschnitt (S. 8–11) Harsdörffer: Das Leben des Menschen Claudius: Der Mensch Hölty: Aufmunterung zur Freude Matthisson: Zuruf Goethe: Wer nie sein Brot mit Tränen aß Mörike: Gebet Nietzsche: Ecce homo Hesse: Im Nebel Lasker-Schüler: Gebet Benn: Reisen Bachmann: Schatten Rosen Schatten Ein Fachgespräch über Gedichte	**Motivation** und **Einführung I** in die Problemstellung: – Assoziationen zu Titeln – Problem- und Epochenorientierung durch einen historischen Längsschnitt – Reorganisation von Gesprächsformen und Studiertechniken (Arten des Lesens und Zitierweisen)
2. Mensch und Zeit – Aspekte und Methoden der Gedichtinterpretation (S. 12–23) *Hölderlin: Lebenslauf *Kästner: Kurzgefasster Lebenslauf Zwei Lebensläufe Nietzsche: Vereinsamt *Heine: Die Grenadiere *Huchel: Soldatenfriedhof Kaschnitz: Hiroshima Der Spiegel: Unbarmherziger Stolz	**Konkretisierung** der Interpretation: – Durch expliziten biografisch-historischen und poetologischen Bezug – Über das sinnerschließende Lesen („Textblatt") und poetische Mittel der Lyrik Demonstration einer ganzheitlichen Interpretation – Schritte eines Gedichtvergleichs – Texterörterung zu themenverwandten Texten
II. Situationen und Grenzsituationen in epischen Kurzformen (S. 23–38) 1. Die Vieldeutigkeit des Alltäglichen – Gestaltendes Interpretieren von Kalender- und Kurzgeschichten sowie Parabeln (S. 23–29) *Hebel: Unverhofftes Wiedersehen Hebels Quelle: Ein Zeitungsbericht von 1809 *Brecht: Der hilflose Knabe *Borchert: Das Brot Brambach: Besuch bei Franz Schopenhauer: Die Stachelschweine *Kafka: Heimkehr Kunert: Die Maschine Bernhard: Eine Maschine	**Differenzierung I** der Gattungstypologie und **Erweiterung I** der Interpretation: – Epische Kurzformen von höherem Schwierigkeitsgrad kennen lernen – Erproben von unterschiedlichen Formen des gestaltenden Interpretierens – Die Studiertechnik des Mitschreibens trainieren
2. Von Helden und Opfern – Unterrichtsprotokoll und Prosainterpretation am Beispiel der Anekdote (S. 29–38) *Kleist: Anekdote aus dem letzten preußischen Kriege Zeitgenössische Darstellung von 1807 Erklärung Ankündigung Steig: Interpretation der „Anekdote" von 1901 Pongs: Interpretation der „Anekdote" von 1957	**Differenzierung II** der Gattungstypologie und **Erweiterung II** der Interpretation: – Historisch bedingte Formen der Anekdote besprechen – Das Verhältnis von dichterischem Text und Subtexten analysieren – Die Zeitbedingtheit von Interpretationen erfahren – Die mündliche Deutung einer Anekdote im Protokoll mit der Prosainterpretation vergleichen

---

[7] Die Sequenzvorschläge erscheinen dreifach differenziert:
 – Texte und Bilder mit *Grauraster* gelten als **Fundamentum**, da sie die Obligatorik erfüllen bzw. didaktisch-methodische Schwerpunkte betreffen.
 – Die mit *Sternchen* gekennzeichneten Texte und Bilder sind wichtige **Erweiterungen**.
 – Die nicht gekennzeichneten Texte und Bilder dienen als **Additum**. Sie ergeben eine zusätzliche Differenzierung oder sind „Spielmaterial".
 Da es sich im Einführungskapitel um eine Synthese aus Reorganisation und Neuorientierung handelt (s. o.) und aus lernpsychologischen Überlegungen ein induktiver Lösungsweg gewählt wird, ist die Differenzierung nach Fundamentum und Additum schwieriger und auch anfechtbarer als in den Epochenkapiteln.

Texte und Bilder aus BLICKFELD DEUTSCH Oberstufe	Didaktisch-methodische Kommentierung
*Polgar: Der unbekannte Soldat Kunert: Das Bild der Schlacht am Isonzo Schülerbeispiele zum Unterrichtsprotokoll Schülerinterpretationen zu G. Kunerts „Das Bild der Schlacht am Isonzo"	

Texte und Bilder aus BLICKFELD DEUTSCH Oberstufe	Didaktisch-methodische Kommentierung
III. Jugendliche an der Schwelle zum Jahr 2000 (S. 39–48) 1. Moderne Adoleszenzromane als Spiegel zeitgenössischer Jugendkultur? – Schülerorientierte Erarbeitung (S. 39–45) Jenny: Das Blütenstaubzimmer Lebert: Crazy Kracht: Faserland Brussig: Wasserfarben „Faserland" – Visualisierungen des Handlungsverlaufs *Stundenprotokoll (Schülerbeispiel) zum Thema „Familie" in modernen Adoleszenzromanen *Gansel: Jugend- und Adoleszenzroman	**Hinführung** zu modernen Adoleszenzromanen: – Ausgehend von Romanauftakten eine eigenständige Textauswahl treffen – Das „Lesen mit Bleistift" und die Anlage eines Lesezettels als Hilfe bei der Erstlektüre nutzen – Gestaltungsversuche dienen als Ausdruck eines ersten Leseverständnisses. Themengleiche Texte (Adoleszenzromane) aspektorientiert vergleichen (schülerorientierte **Erarbeitung**): – Das Metaplanverfahren zur Planung und Strukturierung des gemeinsamen Vorgehens nutzen **(Methodentraining)** – Text-Bild-Collagen zur Textsicherung erstellen – Buchpräsentationen abwechslungsreich und informativ gestalten – Themengleiche Romane unter geeigneten Aspekten vergleichend besprechen – Diskussionsergebnisse im Protokoll festhalten – Ausgehend von einem literaturwissenschaftlichen Sachtext literaturgeschichtliche Zusammenhänge und Merkmale des modernen Adoleszenzromans erkennen und reflektieren
2. Wozu Literatur? – Positionen und Reflexionen über Probleme eines Literaturkanons (S. 45–48) Kracht: Faserland Brussig: Wasserfarben Lebert: Crazy *Steinmetz: Moderne Literatur lesen Klotzek: „1979" – der neue Roman von Christian Kracht Die ZEIT-Umfrage: Der deutsche Literatur-Kanon	**Differenzierung III der Gattungstypologie sowie Vertiefung** und **Anwendung** der Einsichten in die spezifische Gestaltungsweise moderner Adoleszenzromane: – Austausch über Vorstellungen von „guter" Literatur – Einem Sachtext Informationen über die Anforderungen, die moderne Literatur an den Leser stellt, entnehmen – Das Genre des modernen Adoleszenzromans kritisch reflektieren: gelungene moderne Literatur? – Einen Kriterienkatalog für die Auswahl schulischer Lektüren erstellen – Zur Kanondebatte in Form eines Leserbriefes Stellung beziehen
IV. Die Gestalt der Antigone im antiken und modernen Drama (S. 49–60) 1. Mitmenschlichkeit und Göttergebot gegen königlichen Machtanspruch – Sophokles' „Antigone" (441 v. Chr.) (S. 49–55) * Brecht: Antigone *Sophokles: Antigone (Anfang) *Sophokles: Kreons „Thronrede" und der Chor *Sophokles: Der Chor *Sophokles: Antigone – Kreon *Sophokles: Chor – Antigone – Kreon *Sophokles: Antigone (Schluss)	**Differenzierung IV** der Gattungstypologie und **Einführung II:** – Historische und religiöse Aspekte der Humanitätsfrage – Die attische Tragödie als typusbildendes Paradigma – Aspekte des Dramatischen – Kulturhistorische Perspektiven der Theaterentwicklung – Szenisches Lesen und Inszenierungsversuche – Beispiel einer fragmentarischen Interpretation
2. Die Forderung des Unbedingten gegen den Kompromiss – Jean Anouilhs „Antigone" (1942) (S. 56–60) *Anouilh: Antigone (Anfang) *Anouilh: Ismene – Antigone *Anouilh: Die Tragödie als „Uhrwerk" *Anouilh: Kreon – Antigone *Anouilh: Sprecher – Kreon *Anouilh: Der Sprecher (Schluss)	**Differenzierung V** der Gattungstypologie und **Einführung III:** – Zeitgeschichtliche Aspekte der Humanitätsfrage – Die moderne Fassung eines antiken Mythos – Fragmentarische Interpretation über Inszenierungsversuch und Personencharakteristik – Gestaltungsformen des antiken Mythos als Projekt

Texte und Bilder aus BLICKFELD DEUTSCH Oberstufe	Didaktisch-methodische Kommentierung
V. Kurt Tucholsky: Autor, Werk und Leser (S. 61–83) 1. Zeitkritik als humaner Appell – Exempel engagierter Literatur (S. 61–63) Tucholsky: Vorsätze *Tucholsky: Start *Tucholsky: Park Monceau *Tucholsky: Das Lächeln der Mona Lisa Tucholsky: Mein Nachruf Tucholsky: Brief an Nuuna	**Erweiterung III** auf eine Werkbetrachtung: – Orientierung über das Spektrum an Themen und Motiven – Beispiele engagierter Literatur und deren Verstummen – Über autobiografische und fiktionale Texte Stationen eines Lebens verdeutlichen
2. Ein gekränkter Idealist – Möglichkeiten der Satire (S. 64–70) *Tucholsky: Märchen *Tucholsky: Krieg dem Kriege *Tucholsky: Vision *Tucholsky: Das Dritte Reich Tucholsky: Joebbels *Tucholsky: An das Publikum Tucholsky: Hitler und Goethe – Ein Schulaufsatz Tucholsky: Was darf die Satire? Entscheidung des Reichsgerichts Synopse zu Leben und Werk Kurt Tucholskys	**Anwendung I** von Kenntnissen und Fertigkeiten auf einen Autor des 20. Jahrhunderts: – Zeitkritik, Polemik und weltbürgerlich orientierter Pazifismus – Ironisierung des Menschlichen und Allzumenschlichen in der Satire – Die Synopse als Möglichkeit realgeschichtlicher, biografischer und literarhistorischer Zuordnung
3. Die Wirkung der Worte – Literarische Kommunikation und Rezeption (S. 71–77) *Tucholsky: Gruß nach vorn Tucholsky: Avis an meinen Verleger *Neuköllner Tagblatt vom 12.5.1933: Die Rufer Vesper: Das erwachte Gewissen *Stimmen zur Rezeption der Werke Tucholskys Deutsche Reichs- und Preußische Staatsanzeiger vom 23.8.1933: Ausbürgerung Tucholskys Erné: Kurt Tucholsky Tucholsky: Ratschläge für einen schlechten Redner Tucholsky: Ratschläge für einen guten Redner	**Anwendung II** und **Erweiterung IV:** – Selbstreflexion des Autors im Vergleich zur Rezeption und Wirkungsgeschichte – Analyse und Vergleich von Rezeptionszeugnissen – Das halbfreie Referat als Beispiel für Informationsverarbeitung und -präsentation – Grundmodell der literarischen Kommunikation – Kommunikationsmodell zum Referat
4. Was Sprache leisten kann – Rhetorische Figuren und Grundfunktionen der Sprache (S. 77–83) Kästner: Über das Verbrennen von Büchern *Bühler: Das Organonmodell der Sprache	**Anwendung III** und **Erweiterung V** auf Aspekte der Rhetorik und Sprachwissenschaft: – Am Beispiel einer Gedenkrede Beschreibung eines Sachtextes durch Annotation und mit Hilfe rhetorischer Figuren – Metasprachliche Reflexion und Anwendung von Beschreibungskategorien

2.2 Alternative Sequenzen

Texte und Bilder aus BLICKFELD DEUTSCH Oberstufe	Didaktisch-methodische Kommentierung
1. Epische Kleinformen: – Kalendergeschichten: Hebel (S. 23f.), Brecht (S. 25) – Anekdoten: Kleist (S. 29), Kunert (S. 32) – Parabolische Erzählungen: Schopenhauer (S. 27), Kafka (S. 27) Bernhard (S. 28), Kunert (S. 27) – Märchen: Tucholsky (S. 64) Döblin (**K 6** , S. 121) – Satire in Gedicht und Prosa: Heine (S. 19), Tucholsky (S. 68f.) – Literarisches Feuilleton: Polgar (S. 31), Tucholsky (S. 61f., 65f., 71)	– **Rezitationskurs** und **Fachgespräch** • mit Formen des sinnerschließenden, sinngestaltenden und szenischen Lesens, • mit Reflexion über den Zusammenhang von Thema und Form, • mit Wiederholung gattungstypologischer Merkmale. – Oder **Interpretationskurs** in Partner- oder Gruppenarbeit • mit Erprobung textimmanenter und ganzheitlicher Interpretation, • mit Parallelversuchen: z.B.: Kleists „Anekdote" ohne und mit Sekundärinformationen z.B.: Kafkas „Heimkehr" ohne und mit biografischen Daten.

Texte und Bilder aus BLICKFELD DEUTSCH Oberstufe	Didaktisch-methodische Kommentierung

2. Texte und Subtexte:
– Stoff und Dichtung
   Hebel (S. 23f.), Kleist (S. 29f.)
– Wirkungsgeschichte
   Kleist – Interpretationen (S. 31), Rezeptionszeugnisse zu Tucholsky (S. 72ff.)
	– Unter dem Aspekt der **Werkästhetik** ließe sich das Verhältnis von Stoff und Gestaltung untersuchen.
	– Mit Hilfe des **literarischen Kommunikationsmodells** könnten Bedingungen (Situation, Zeitumstände, Tendenzen) einer Wirkungsgeschichte geprüft werden.

3. Kompaktkurs in Interpretation:
– Gedichtinterpretation:
   Benn (S. 10), Hölderlin/Kästner (S. 12ff.), Heine/Huchel (S. 19)
 	
– Prosainterpretation:
   Kleist (S. 29ff.), Kunert (S. 32ff.), Kracht (S. 40ff.)
 	
– Drameninterpretation:
   Sophokles/Anouilh (S. 49ff., S. 56ff.)
   Dazu für alle Formen:
   *Ganzheitliche Interpretation (S. 16)
   *Gestaltendes Interpretieren (S. 26)
	Ein **Kompaktkurs** könnte aus individuellen Gründen (Ausfall des Fachlehrers, Erkrankung eines Schülers usw.) oder aus schulorganisatorischen Umständen (z.B. Neugruppierung eines Jahrgangs) sinnvoll sein, um wichtige **Darstellungsformen** rasch verfügbar zu machen für einzelne Schüler (Binnendifferenzierung) oder ganze Lerngruppen. Auch die Kombination verschiedener **Sozialformen** wäre denkbar:
	– Ein *Paradigma* im Plenum;
	– *Differenzierung* nach Interpretationsarten in Gruppen und durch individuelle Hausarbeit;
	– *Auswertungsphase* im Plenum mit Präsentation und Reflexion der Einzelergebnisse.

4. Funktionen sprachlicher Mittel:
– Textarten und Stil:
   • Lyrik (S. 9f., 14f., **16ff.**)
   • Prosa (S. 20 f., 23ff., 32ff., 39ff., 46)
   • Drama (S. 49ff., 56ff.)
   • Sachtexte (S. 24, 30f., 44f., 46ff., 74)
 	
– Absicht und Stil:
   • Satire (S. 68ff., 74f.)
   • Polemik (S. 64ff., 72f.)
   • Amtssprache (S. 70, 72)
   • Wissenschaftssprache (S. 44f., 82f.)
   • Mischform „Rede" (S. 74f., 77ff., **8of.**)
	Ein **Kompaktkurs mit dem Schwerpunkt Sprachbetrachtung** wäre denkbar, um folgende Unterrichtssituationen zu bewältigen:
	– Defizite der Schüler in semantischer Differenzierung
	– Verbesserung des Begriffsinventars und des Beschreibungsinstrumentariums für Textanalyse und Interpretation
	– Gewinnung einer kritischen Distanz zu bewussterer Analyse und differenzierterem Sprachgebrauch
	Dafür eignen sich vor allem folgende **Methoden:**
	– Individuelle Beobachtungsbogen zu einzelnen Aspekten, die sukzessiv geführt und von Zeit zu Zeit im Plenum besprochen werden;
	– Beobachtergruppen, die über einen gewissen Zeitraum Auffälligkeiten sammeln und im Plenum zur Sprache bringen;
	– Arbeitsteilige Gruppenarbeit, die gezielt Einzelaspekte aufgreift.

5. Formen der Kommunikation: – Formen des Fachgesprächs (S. 11, 46, 71) – Dramatischer Dialog (S. 49ff., 56ff.) – Die Rede (S. 74f., 77f.) – Das Referat (S. 75f.)	Als Möglichkeit der **Ergebnissicherung** und **Reflexion** ließen sich in Gruppenarbeit am Ende der Einführungsphase die einzelnen Aspekte vergleichen: – In der Plenumsphase I wird das Thema mit Hilfe des SB in seinen Aspekten differenziert (orientierendes Lesen). – In der Differenzierungsphase lassen sich die vier Aspekte bearbeiten. – Die Plenumsphase II vermittelt die Ergebnisse und dient der Einübung des Fachgesprächs und des Mitschreibens.
6. Kompaktkurs Studiertechniken: – Arten des Lesens und Rezitierens (S. 10, 50) – Techniken des Zitierens (S. 11) – Formen des Protokolls (S. 33ff., 42f.) – Das halbfreie Referat (S. 74f., 75f.) – Annotieren, Markieren, Exzerpieren (S. 14, 78, 79) – Technik des Mitschreibens (S. 28, 213f.)	Es geht um **elementare Fertigkeiten** der Mittelstufe, die für eine Lerngruppe oder Einzelne (vgl. Punkt 4) rasch zu reorganisieren bzw. zu trainieren sind. Als **Methoden** eignen sich – individuelle Förderung einzelner Schüler, – Binnendifferenzierung nach Defizit- bzw. Interessengruppen, – gemeinsame Erarbeitung in Einzel-, Partner- und Gruppenarbeit mit häuslicher Vor- und Nachbereitung.
7. Autor-Werk und Leser als Erweiterung zu Kurt Tucholsky, wobei ein Autor wie **Wolfgang Borchert** wegen der Überschaubarkeit seines Werks gut geeignet wäre: – Ein Leben, vernichtet durch den Krieg (S. 25) – Zeugnisse eines Pazifisten (S. 387ff.) – Rezeption des engagierten Autors	Denkbar wäre eine **Transferaufgabe,** bei der die Schüler in projektorientiertem Deutschunterricht das anwenden, was sie an Tucholsky gelernt haben. Mit wenigen Titeln (der Werkausgabe, der Bildmonografie rm 58[1] von Peter Rühmkorf: Wolfgang Borchert. – Reinbek (Rowohlt) [1]1961 und der Biografie von Helmut Gumtau, Berlin, (Colloquium, 1969) könnte das Thema erfolgreich bearbeitet werden.

Texte und Bilder aus BLICKFELD DEUTSCH Oberstufe	Didaktisch-methodische Kommentierung
8. BLICKFELD DEUTSCH als Begleitmedium zur Lektüre einer Ganzschrift: – Mensch, Gott und die Welt: Walther von der Vogelweide (S. 101f.), Hölderlin (S. 12), Mörike (S. 9), Lasker-Schüler (S. 10), Hesse (S. 10), Kästner (S. 12), Benn (S. 10) – Begrenztheit einer nur technisch-naturwissenschaftlichen Weltorientierung: Kunert (S. 27f.), Bernhard (S. 28), Spiegel-Artikel (S. 20f.) – Kommunikationsanalyse zu Fabers Dialogen mit Hanna, Ivy und Sabeth (S. 11, 71, 80ff.) und zu seiner Sprache (S. 82f.)	Am Beginn der Oberstufe, z.B. im Anschluss an die ersten beiden Kapitel von BLICKFELD DEUTSCH, wird oft **Max Frischs „Homo faber"** gelesen. Die im Arbeitsbuch angebotenen **Vergleichstexte** zu zentralen Aspekten dieses modernen Montageromans könnten durch unterschiedliche **Methoden** in die Unterrichtsarbeit einbezogen werden: – Kursorisch-begleitend als Lektürehinweise für die häusliche Vorbereitung; – Intensiv-vergleichend über halbfreie Kurzreferate bzw. Gruppenaufträge.

3. Erläuterungen und Lösungsvorschläge[8]

I. Die Frage nach dem Sinn des Lebens als Thema von Gedichten (S. 8–23)

Bilderläuterungen:

Das **Auftakt-Bild** von Marc Chagall (1887–1985) „Der Engelssturz" (1,48 x 1,66 m, Kunstsammlung Basel) zeigt neben der Signierung in der rechten unteren Bildecke die Daten 1923–1933–1947, wodurch der lange Arbeitsprozess deutlich wird.

Dieses Bild ist in seinen deutlichen Kontrasten, seiner ungeheuren Dynamik in der großflächigen Gliederung und seiner wirkungsstarken Farbgebung in Rot, Blau und Gelb sehr gut geeignet, in das erste Kapitel einzuführen, in dem Themen und Motive in vergleichbarer Spannung stehen. Karl Bertsch[9] deckt in seiner Bilddeutung zentrale Motive und wichtige Beziehungen auf:

Eine apokalyptische Vision mit vielen Bildzeichen. Von rechts oben stürzt groß und rot vor dem nachtschwarzen Himmel der Engel als riesiges Flügelwesen ins Bild. In der linken Bildecke steht ein bärtiger Mann mit der Mütze auf dem Kopf und hält die Thora, die Gesetzesrolle der Juden vor sich. Über ihm in der oberen Bildecke sitzt ein Mann mit einem Spazierstock wie auf einem fliegenden Teppich und blickt gebannt ins Bild. Neben ihm hängt vor dem roten Engelsflügel seltsam die Wanduhr aus einer guten Stube, deren ganzes Gehäuse wie ein Perpendikel schwingt.

Zwischen dem Thoraträger und dem Engel vor dem dunklen Himmel die gelbe Scheibe des Monds, eine wahre Sonne der Nacht. Im gleichen Gelb reckt eine Kuh ihren Kopf in die Höhe und berührt eine blaue Geige, die seltsam in der Luft schwebt. Dem Bildrand entlang zieht sich eine verschneite Stadt bis in die rechte Bildecke. Dort steht ein Leuchter mit brennender Kerze zwischen einer Mutter, die ihr Kind auf dem Arm trägt, und dem

Bild des Gekreuzigten, das aus der Stadt in den Nachthimmel aufragt.

Es ist eine Vision und für uns zugleich ein Bilderrätsel. Was mag das alles bedeuten? Eine runde Antwort, die aus einem mythologischen Bericht zu ziehen wäre, gibt es nicht. Wir müssen zusehen und das Bild selbst befragen, nach dem Ausdruckswert seiner Formen suchen.

Die zentrale Figur ist der Engel, die große rote fremde Form. Sie fällt, sie stürzt ins Bild, flammend, in eine Welt, die nächtlich dunkel, winterlich kalt ist. Gegenfigur zum Engel ist der alte Mann mit der Thora. Er ist in die Ecke gedrängt, oder er ist in die Ecke geflüchtet: Mit seinem Leib deckt er die Thora, mit seinem Arm umgreift er sie schützend. Sie ist das Bedrohte, vielleicht ist sie auch das Rettende. Sie wird nicht versteckt, sie wird geschützt und zugleich vorgezeigt. Zornig, nicht besiegt, eher drohend wendet sich der Alte dem Bildereignis zu.

Und der Mann mit dem Spazierstock in der Bildecke oben? Er ist von dem starken Wirbel, der mit dem Erscheinen des Engels entstanden ist, aus dem Bild herausgeschleudert und zum Zuschauer geworden, der erschrocken und verängstigt in das Geschehen blickt. Die verschneite Stadt ist Hintergrund und Basis des Bildes. Auf sie ist das Geschehen bezogen. Es ist Witebsk, die Heimat Chagalls. Bedrohlich leuchtet der Feuerschein hinter den Dächern am Horizont. Aus den Häusern erhebt sich der Klagelaut der gelben Kreatur, der in der blauen Geige sichtbar wird. Am Bildrand sehen wir einen alten Mann, mit dem Sack auf dem Rücken, der die bedrohte Stadt verlässt; der Junge unter dem Engelsflügel, die alte Frau mit dem Kopftuch ganz rechts am Bildrand sehen voll Sorge die nächtliche Erscheinung und wissen nicht, was sie tun sollen.

Die Uhr am Himmel ist der Zeitzeiger, der unerbittlich tickt und in Flammen gehüllt jetzt die Stunde der Katastrophe anzeigt, die nun da ist.

Wo Gefahr ist, wächst das Rettende auf. Sind so die Symbole rechts zu deuten? Dem Symbol des jüdischen Glaubens, dem Rabbi mit der Thora, sind die christlichen Heilszeichen gegenübergestellt: wie auf einem Altar hinter dem brennenden Leuchter die Bilder der Gottesmutter und des Gekreuzigten. So wird es wohl sein. Aber Symbole haben einen vielschichtigen Charakter. Der Gekreuzigte ist Jesus. Und Jesus ist der König der Juden, das hat schon Pilatus ans Kreuz anschreiben lassen. Er wird für Chagall, auch auf anderen Bildern, zum Symbol für das Leiden des jüdi-

8 Das Signum ▯ bezeichnet das Fundamentum, das für die Erfüllung der Obligatorik bzw. die Berücksichtigung didaktisch-methodisch wichtiger Schwerpunkte notwendig ist.

9 Karl Bertsch: Marc Chagall: Der Engelssturz. In: Meisterwerke der Kunst. Folge XVI, S. 11–12, hrsg. von der Landesanstalt für Erziehung und Unterricht, Stuttgart o. J.

schen Volkes. Die Mutter mit dem Kind ist Ausdruck der Geborgenheit im Mütterlichen, der Tod am Kreuz Zeichen für das Äußerste an Ungeborgenheit, an Ausgesetztsein, das den Menschen treffen kann. Im Weg vom Kind an der Brust der Mutter zum Tod am Kreuz wird ein düsterer Aspekt des Menschenlebens sichtbar.

Kehren wir zum Engel zurück, von dem wir ausgegangen sind. Er ist das Flammenzeichen der Katastrophe. Sein schreckhaft offenes Auge die genaue Mitte des Bildes. Ist er das Symbol des Krieges? Dann ist der Krieg nicht als Täter dargestellt, als Vernichter, sondern als Opfer, als Symbolfigur des in Flammen untergehenden Landes.

Wenn man allzu genau von ihm wissen will, was seine Bildzeichen bedeuten, wehrt sich Chagall. Er meint, man solle ihnen den Spielraum lassen, den sie nun einmal haben. Und man möge über aller Inhaltsdeutung nicht vergessen, dass er ein Maler sei. Nicht ein Geschichtenerzähler, sondern ein Formerfinder. Um diese Formen und ihren Zusammenklang zur Bildgestalt gehe es ihm. [...]

Absichtlich wurden dem Bild keine Arbeitsanregungen hinzugefügt. Es kann über die Bildbetrachtung als *Einstieg* verwendet werden, wobei die Jugendlichen – gestützt auf das Kapitelthema – Beziehungen entdecken können, die beispielsweise in einer Tabelle festzuhalten und durch Motive des Textangebots zu ergänzen sind, die sich beim Durchblättern des Kapitels ergeben. Aber auch im *Rückblick* gibt der „Engelssturz" einen fruchtbaren Reflexionsanstoß sowohl zu Ergebnisbilanzierung als auch zum Medienvergleich von Literatur und bildender Kunst.

Die zweiteilige Sequenz ist so gegliedert, dass der intensive Umgang mit den Gedichten in der ersten Teilsequenz sehr stark orientierende Funktion hat. In der zweiten Teilsequenz werden durch die Gedichtinterpretationen 1 und 2 sowie die Texterörterung 1 gewichtige Schreibformen eingeführt, die in den Anforderungen an die Sekundarstufe I anknüpfen, die aber auch weiterführende Informationen und Methoden für immanente und textexterne Interpretation zur Verfügung stellen. Dass die Hiroshima-Problematik des Kaschnitz-Gedichts und Spiegel-Berichts in die Texterörterung mündet, ist geradezu zwingend.

S. 8–11: I,1.	**Was ist der Mensch? – Arten der Lyrik im historischen Längsschnitt**

Aus pädagogischen Überlegungen (vgl. LB, S. 55) wurde als Eingangs- und Leitthema die ethische Frage nach dem **Humanum** gestellt und nicht eines der modischen Themen gewählt, wie aktuelle Jugendkultur oder Beziehungsprobleme. Denn anders als bei tagesaktuellen, oft stark emotional besetzten Themen lassen sich aus der reflektierenden Distanz – gleichsam auf ethisch-philosophischer Ebene – wichtige Grundfragen der Jugendlichen affektfreier erörtern.

Die ausgewählten 11 Gedichte sind absichtlich in chronologischer Abfolge – und nicht in thematischer Gruppierung – geboten, um bereits an dieser Stelle die erhellende Funktion eines **historischen Längsschnitts** zu zeigen: Denn nach dem ersten Zugang, bei dem zunächst thematische Kontinuität und Diskontinuität sowie Eigenarten des Tons und der Sprache über drei Jahrhunderte erkannt werden sollen, werden die differenziertere historische und ästhetische Betrachtung der zweiten Teilsequenz vorbereitet.

Um dem Leseprozess der Jugendlichen zu entsprechen und eine schülerorientierte Annäherung an die Texte zu ermöglichen, werden zunächst mündliche und gestaltende Formen der Auseinandersetzung gewählt.

Mögliche Ziele:

1. Über Assoziationen und Vergleiche soll eine Problemorientierung erreicht werden
2. Durch Rezitationsversuche und Fachgespräche sind historisch bedingte Eigenarten der Lyrik festzuhalten
3. Gestaltungsaufgaben können das Primärverständnis erweitern

---

Seite 9

1a Gängelnde Leitfragen an dieser Stelle wären falsch, weil sie den *offenen Textzugang* blockieren würden. Dagegen sind Notizen zu Titel-Assoziationen gut geeignet, um sowohl einen offenen Problemhorizont zu eröffnen als auch erste inhaltliche Orientierungen zu erhalten.

z.B.: „Das Leben des Menschen" → eine unablässige Herausforderung (eine ständige Bewährungsprobe, ein Streben nach Glück und Erfolg, ein täglicher Kampf etc.)

Der kursorische Vergleich einiger Ergebnisse zeigt, dass es stärker inhaltsresümierende und sehr stark offene Titel gibt.

1b Der *Vergleich* setzt *stilles Lesen* voraus, das eine stärkere Konzentration auf das Inhaltliche erlaubt, während der laute Vortrag die Formeigenarten deutlicher heraushebt.

Einige Schülerergebnisse auf *Folienstreifen* erlauben eine vergleichende Präsentation, die zu einem Tafelanschrieb führen könnte.

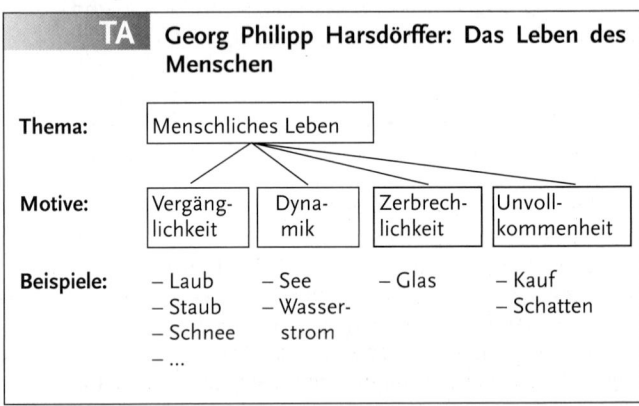

TA	**Georg Philipp Harsdörffer: Das Leben des Menschen**			
Thema:	Menschliches Leben			
Motive:	Vergänglichkeit	Dynamik	Zerbrechlichkeit	Unvollkommenheit
Beispiele:	– Laub – Staub – Schnee – ...	– See – Wasserstrom	– Glas	– Kauf – Schatten

Der Vergleich der Schüler-Assoziationen mit dem Barockgedicht zeigt eine völlig andere Denkweise mit ganz ungewöhnlichen Beispielen und Vergleichen.

Gleichzeitig fallen Eigentümlichkeiten der Form auf: Parallelismus der Glieder, Anfangs- und Endreime (als Paarreime), eigenartige Interpunktion.

1c Bei entsprechender Aufgeschlossenheit der Lerngruppe böte sich eine arbeitsteilige *Partnerarbeit* an. Wenn dabei möglichst alle Gedichte besprochen werden, ergibt die Auswertung der Ergebnisse einen *historischen Längsschnitt,* der eine gute Vorarbeit für die spätere Epochengliederung leisten könnte. Daten und Begriffe wären aber nur durch stärkere Lehrersteuerung oder durch etwas arbeitsintensivere Recherchen im Buch zu gewinnen.

TA Gedichte im historischen Längsschnitt			
Text/Zeit	Eher vertraute Gedanken	Irritierende Gedanken	Eigene Gedanken über den Sinn des Lebens
1. **G. Ph. Harsdörffer:** (Barock, 17. Jh.) 2. **M. Claudius:** (Empfindsamkeit, 18. Jh.) 3. **L. Chr. B. Hölty:** (Sturm und Drang, 18. Jh.) 4. **F. v. Matthisson:** (Sturm und Drang, 18. Jh.) 5. **J. W. v. Goethe:** (Klassik um 1800) 6. **E. Mörike:** (Biedermeier, 1820–1850) 7. **F. Nietzsche:** (Jahrhundertwende um 1900) 8. **H. Hesse:** (Neuklassik um 1900) 9. **E. Lasker-Schüler:** (Expressionismus, 1910–1925) 10. **G. Benn:** (Literatur nach 1945) 11. **I. Bachmann:** (Literatur nach 1945)	– Dynamik und Unvollkommenheit – Wunder des Lebens (Z. 1ff.) – Wechselfälle des Lebens (Z. 5ff.) – Jugendliche Unbeschwertheit (Z. 1f., 5f.) – Liebe (Z. 15f.) und Lebensgenuss (Z. 21ff.) – Zukunftsoptimismus (Z. 1ff.) – Kühnheit und Tatkraft (Z. 5ff.) – Not, Trauer und Leid (Z. 11f.) – Der goldene Mittelweg (Z. 5ff.) – Starke Dynamik (Z. 3) – Freunde in guten Zeiten (Z. 5ff.) – Bitte um Geborgenheit in Gott (Z. 14ff.) – Wichtigkeit des „umgrenzenden Ichs" (Z. 15f.)	– Der Aspekt der Vergänglichkeit ist fast verabsolutiert. – Sehr pessimistisch gesehener Lebensgang (Z. 10ff.) – Verachtung des Schwachen (Z. 7) – „Himmlische Mächte" sehr negativ (Z. 4ff.) – Nur Rächergott? (Z. 7ff.) – Gottergebenheit (Z. 2ff.) – Absolutheitsanspruch (Z. 1ff.) – Extreme Gewaltsamkeit (Z. 3ff.) – „Leben ist Einsamsein" (Z. 14); dies ist sehr extrem. – Suche des Paradieses (Z. 1ff.) – Die Leere in der Welt (Z. 10ff.) – Der Mensch ist nicht nur Schatten in der Fremdheit (Z. 3ff.)	– Das „Normale" des Lebens, die Mischung aus Positivem und Negativem, kommt zu kurz: • Spaß und Glück zu haben • Hilfe in der Not zu erhalten • Karriere zu machen und erfolgreich zu sein • Verwandte und Freunde als „Halt" zu besitzen – Die heutigen Sinngebungen werden zu wenig gesehen: • Weltweite Solidarität mit den Armen und Schwachen • Internationale Anstrengungen, um den Frieden zu erhalten • Weltumspannende ökologische Bemühungen • Kampf gegen die Arbeitslosigkeit • Zukunftsforschung

2 Nach der entwicklungsbedingten Rezitationsunlust der späten Mittelstufe – gelegentlich ist sogar von einer „Vortragsvakanz" die Rede –, ist der Adoleszent zu einer neuen Versachlichung seines Verhaltens bereit, vor allem wenn ihm konkrete Verfahrensweisen angeboten werden. Die Arbeit mit dem *Textblatt*[10] sollte den Schülern als Methode aus der Sekundarstufe I bekannt sein. Die *Gruppenarbeit* fordert den fachlichen Diskurs über Fachbegriffe der Prosodik – Betonung und Satzmelodie, Metrum und Rhythmus, Tempo und Pausen, Enjambement, Reim etc. – und dient der immanenten Wiederholung.

Methodisch bewährt hat sich die Rezitation mit (häuslicher) *Tonaufnahme*, wobei unterschiedliche Stadien des Experimentierens oder auch des Arrangements mit Musikunterlegung (mit alter oder moderner Musik oder mit beidem im Vergleich bzw. mit eigener Vertonung) sehr anregend sein können für die Diskussion des Verhältnisses von Text und Melodie.

Erprobung und Auswertung von Rezitationsversuchen vor der Lerngruppe sind die fruchtbarsten Anlässe für das *Fachgespräch*. Wieweit dabei mit Toneinspielungen und/oder mit direkter Rezitation gearbeitet werden kann, hängt sehr vom Lehrer-Schülerverhältnis und dem allgemeinen Unterrichtsklima ab.

3 Die *Gestaltungsaufgabe* eignet sich gut als Hausaufgabe und gibt Aufschluss darüber, inwieweit die Jugendlichen ihr Textverständnis bzw. ihre eigenen Ideen umsetzen können. Interessant ist dabei die Beobachtung, inwiefern traditionelle oder moderne Formen gewählt werden. – Sonderleistungen wären Gestaltungen nach Vorgabe der Gedichtform – etwa des Epigramms oder Sonetts etc.

Seite 11

4 Das *Fachgespräch* ist in BLICKFELD DEUTSCH seit dem 7. Schuljahr eingeführt und als mündliche Vorform der Interpretation vielfach geübt.

Der Kontext – Informationen zur Lyrik und den Arten des Lesens (S. 10), ein Paradigma für Annotationen (Text 10), eine

Übersicht über Gesprächsarten und die Zitierweise (S. 11) – zeigt an, dass genaues Lesen, Zusatzinformationen und Methodenbeherrschung das Fachgespräch erst möglich machen. Indem in Text 12 ein fehlerhaftes Beispiel vorgegeben wird, lassen sich über Analyse und Wertung wichtige Kriterien wiederholen und anwenden: Wegen der regen Beteiligung und der weitgehend schülerzentrierten Interaktionen handelt es sich um den Typus des *Unterrichtsgesprächs*, das allerdings deutliche Schwächen zeigt:
– Die Gesprächsdisziplin ist unzureichend.
– Der Textbezug ist – außer bei Tobias und Christian – mangelhaft.
– Die Lehrersteuerung benennt die Defizite und schlägt eine konkretisierende Engführung des Gesprächs vor.

Methodisch reizvoll wäre ein *Parallelversuch:* Eine Abteilung bearbeitet einzeln oder mit Partner Text 12 o h n e die auf S. 10f. mitgeteilten Informationen, die andere Abteilung nutzt diese. Beim Vergleich der Ergebnisse ergibt sich eine immanente Wiederholung wichtiger Fakten und Methoden.

 5 Die Fortführung als *Diskussion* – wohl mit der Lehrerin/dem Lehrer als Diskussionsleiter – sollte mit einer Reflexionsphase eingeleitet werden:
– Wie verändern sich die Rollen von Diskussionsteilnehmern und Diskussionsleiter?
– Welche Regeln müssen beachtet werden?
– Welcher Sachanspruch sollte erfüllt werden?

Die **Informationen** (S. 11) geben den Schülerinnen und Schülern gleichzeitig ein Beispiel, wie integriertes Arbeiten abläuft. Schwierig ist ohne Zweifel die *Zitiertechnik*, weil sie neben dem exakten auswählenden Lesen (von Schlüsselstellen) die Integration der Zitate in den eigenen Kontext verlangt. Empfeh-

---
[10] Zur Methode vgl. Peter Mettenleiter/Rolf Nußbaum: Unterrichtsideen Deutsch. 24 Vorschläge für einen anregenden Deutschunterricht. – Stuttgart (Klett) [4]1993, S.64–67.

lenswert dazu sind gezielte *schriftliche Übungen,* die an Fehlerstellen einsetzen und in Einzelarbeit eine Korrektur verlangen: Steht der Begleitsatz vorne (vgl. Text 12, Z. 32f.), ist die Lösung stilistisch einfacher als bei Zwischen- oder Endstellung des Begleitsatzes.

Als *Zusatzübung* könnte Text 12 als Hausaufgabe verbessert und um einschlägige Zitate ergänzt werden.

Wenn die Annäherung an Gedichte ihren motivierenden Sinn bewahren soll, ist das richtige Maß der Auseinandersetzung entscheidend. Dies muss der Lehrer/die Lehrerin finden. Deshalb sollte überlegt werden, an welcher Stelle der Diskussion es eventuell sinnvoll wäre, die Arbeitsform zu wechseln und eine schriftliche Erörterung als Fortsetzung anzuregen.

Als *Diskussionspunkte* wären etwa folgende Aspekte möglich:

- Vergleich der pessimistischen Grundstimmung in den Texten 2 und 5 (Claudius und Goethe).
- Wie lässt sich der Rückzug auf das Ich bei Benn deuten (Text 10)?
- Inwiefern zeigen die Texte 6 (Mörike) und 9 (Lasker-Schüler) religiös und sprachlich unterschiedliche Formen des Gebets?
- Lässt sich Hesses Hauptthese (Text 8) verallgemeinern: „Jeder ist allein."?

Erörterungsthemen zur freiwilligen schriftlichen Übung wären u.a.

- Bertolt Brecht: Die Ballade vom angenehmen Leben. Erörtern Sie den Refrain: „Nur wer im Wohlstand lebt, lebt angenehm!"
- Bertolt Brecht: An die Nachgeborenen. Erörtern Sie den Satz: „Was sind das für Zeiten, wo / Ein Gespräch über Bäume fast ein Verbrechen ist / Weil es ein Schweigen über so viele Untaten einschließt!"

(Als Ergänzung im Unterricht oder als Übungstexte könnten die themenverwandten Gedichte von `K 1`, LB, S. 113, herangezogen werden.)

S. 12–23: I,2. Mensch und Zeit – Aspekte und Methoden der Gedichtinterpretation

Der Titel der Teilsequenz macht die doppelte Zielsetzung deutlich: Die **historische** Perspektive der **Textbetrachtung,** exemplarisch dargestellt im Vergleich zweier themengleicher Gedichte Hölderlins und Kästners, und ein erster Schwerpunkt der **Gedichtinterpretation** mit der Wiederaufnahme des Drei-Phasen-Modells, das bereits aus BLICKFELD DEUTSCH 9/10 bekannt ist.

Dass die historische Betrachtung zunächst im Biografischen ansetzt, hat einen doppelten Grund: Einmal ist den Schülern „Lebenslauf" als Form des offiziellen Schreibens aus den Klassen 9/10 vertraut, zum andern erleichtert die Konzentration auf das Biografische das Auffinden textexterner Bezüge: Das Vorverständnis der Jugendlichen von „Lebenslauf" wird im Kästner-Gedicht als Ausdruck der neuen Sachlichkeit (vgl. „Weimarer Republik", SB, S. 369f.) durch zahlreiche realistische Details biografischer Stationen weitgehend bestätigt. Dagegen finden sich im Gedicht Hölderlins nur sehr mittelbare Anklänge an Biografisches; ihm geht es vielmehr um eine Deutung des Lebens. Diese Einsicht führt zur Frage nach der Rolle von Wirklichkeit in fiktionalen Texten, die durch unterschiedliche Absichten und bedingt durch Zeit, Persönlichkeit und gewählte Form zu erklären ist.

Eine exemplarische Einübung könnte an dieser Stelle durch Friedrich Nietzsches „Vereinsamt" erfolgen. Wer beschreibt und deutet, braucht einmal eine angemessene **Fachsprache,** weshalb im Schülerband an dieser Stelle (SB, S. 16f.) poetische Mittel der Lyrik zusammengefasst sind. Zum andern sind **Ver-**

fahrensweisen (SB, S. 14ff.) notwendig, die später immer wieder angewandt werden (vgl. Sach- und Methodenregister). Wenn an dieser Stelle schon eine Ausweitung auf literaturgeschichtliche Aspekte insgesamt sinnvoll erscheint, könnte nach den Informationen (S. 15f.) eine Gruppenarbeit zu Gedichten der ersten Teilsequenz angeschlossen werden (vgl. Arbeitsanregung 7, S.16). Damit wäre ein erstes Epochengerüst vom Barock bis zur Gegenwart zu gewinnen, das sich später (z.B. S. 70 und 97) ausbauen lässt. Gleichzeitig kann für das 20. Jahrhundert der Epochenbegriff schon jetzt problematisiert werden. Mit der **Texterörterung 1** ist ein zweiter wichtiger Akzent gesetzt, indem nach den Hiroshima-Texten (S. 20f.) ein Erörterungspotenzial vorhanden ist, das genutzt werden soll.

Mögliche Ziele:

1. Exemplarische Einführung in textimmanente und textexterne Interpretation, wobei biografische und poetologische Informationen zur Verfügung stehen
2. Das „Textblatt" soll als Rezitations- und Interpretationshilfe plausibel gemacht werden.
3. Gedicht und Bericht als Grundlage einer textgebundenen Erörterung
---

Seite 12

Texterläuterungen:

Friedrich Hölderlins vierstrophiger Ode „Lebenslauf" geht eine einstrophige Fassung von 1798 voraus.

Lebenslauf
1798
Hoch auf strebte mein Geist, aber die Liebe zog
Schön ihn nieder; das Leid beugt ihn gewaltiger;
So durchlauf ich des Lebens
Bogen und kehre, woher ich kam.

Bereits hier ist das Gleichnis vom Lebenslauf als Bogen vorgeprägt. Das lyrische Ich deutet den eigenen Lebenslauf in aufsteigender und abfallender Linie und entspricht damit einem geschichtsphilosophischen Zyklus, wie er von Giovanni Battista Vico (1668–1744) in seinem Hauptwerk „Principi di una Scienza Nuova" (1725) dargestellt wurde.[11] Vico betrachtete geschichtliche Abläufe als Aufstieg (corsi) vom barbarischen Zeitalter ins humane. Von hier erfolgt durch Korruption und Schwächung der Verfall (ricorsi).

Das hohe Streben des Geistes, das „schöne" Niederziehen durch die Liebe und das Leid – wohl in der Trennung von Diotima –, das ihn „gewaltiger" beugt, entsprechen dem Gleichnis vom Bogen, das nicht in Verzweiflung endet, sondern „zur Erkenntnis vom Sinn des Lebens"[12] führt.

Die vierstrophige Version des „Lebenslaufs" vollzieht eine Distanzierung vom „Ich" zum „Du" und „Uns", erweitert die immanente Deutung des Schicksals ins Transzendente und gestaltet das Thema in einem dreistufigen Aufbau, wie Clemens Heselhaus[13] zusammenfassend zeigt:

„[...] ein Beginn im Ehrgeiz („Größers wolltest auch du"), ein Niederbeugen im Leid („das Leid beuget gewaltiger") und die Selbstvollendung im Verstehen des Leides und im Gewinn der neuen Freiheit („Dass er, kräftig genährt, danken für alles lern"").

---
[11] Vgl. Clemens Heselhaus: Friedrich Hölderlin: Lebenslauf. In: Benno von Wiese (Hrsg.): Die deutsche Lyrik I. Form und Geschichte. Vom Mittelalter bis zur Frühromantik. – Düsseldorf (Bagel) 1957, S. 375–380.
[12] A.a.O., S. 376.
[13] A.a.O., S. 379.

Wer sich diese Hölderlin'sche Lehre von dem schicksalsfrommen Lebenslauf ansieht, wird genötigt sein, den eminent christlichen Sinn dieser Erweiterungen und Veränderungen anzuerkennen. Wenn ihm die Hinweise auf die christlich inspirierte Uminterpretation der Nacht und des Orkus noch nicht genügen, dann ist jedenfalls der Auftrag der Himmlischen in der vierten Strophe unmissverständlich und eindeutig; denn die Himmlischen benutzen ein Wort aus dem ersten Paulusbrief an die Thessalonicher („Prüfet aber alles ..." I Thess. 5, 21); und die Aufforderung zur Umwandlung des Leides in kräftige Nahrung erinnert an den Römerbrief: „Wir rühmen uns auch der Trübsale. Wissen wir doch, dass die Trübsal zur Standhaftigkeit führt, die Standhaftigkeit zur Bewährung, die Bewährung zur Hoffnung." (Röm. 5, 3–4). Die Erweiterung der Kurz-Ode kreist also wirklich um die christliche Interpretation des Leides.

Dann können wir aber auch feststellen, dass die beiden formalen Durchführungen, die ich aufgezeigt habe, begleitet sind von einer thematischen Durchführung im Kontrapunkt: Die ganze Erweiterung der Kurz-Ode ist thematisch eine Uminterpretation jenes Wortes, das aus der frühen Fassung nur wenig abgewandelt ist: „das Leid beuget gewaltiger". Diese erweiterte Ode „Lebenslauf" bleibt nicht mehr bei dem immanenten Lebenssinn, sondern sie versucht, den Sinn des Leides zu verstehen und verstehend als Einsicht und Lehre mitzuteilen. In dieser Ode setzt sich Hölderlin mit dem Problem des Leides in seinem Leben und in der Welt auseinander. Das erfolgt dadurch, dass er schließlich dem Leiden einen christlich-entelechischen Sinn gibt. Damit wird das immanentistische Lebensverständnis aus der Kurz-Ode beibehalten und zugleich, durch die Einführung der Himmlischen, an Maß und Gesetz, das jene aus der Transzendenz uns setzen, gemessen. So sagt uns Hölderlin, selbst schon gewaltig vom Leid gebeugt, in dieser späteren Ode eins der tiefsinnigsten und erhellendsten Dichterworte über den Sinn des Leidens in der Welt. Sein tiefster Sinn ist Dank für das Leben und ein neues Verständnis der Freiheit."

Auch in **Erich Kästners** „Kurzgefasstem Lebenslauf" wird eine überirdische Dimension des Lebens eröffnet (Z. 2), aber es fehlen nicht nur die transzendenten Bezüge, sondern die Herkunft wird karikiert und ironisiert: „Er sitzt im All auf einem Baum und lacht."

Der absichtsvoll persiflierend-schnoddrige Stil wird in allen sieben Strophen von unterschiedlicher Verslänge durchgehalten. Der Kreuzreim betont die kontrastive Binnenstruktur ebenso wie die z.T. gezielt „unlyrische" Wortwahl: z.B. „patentierter Musterknabe" (Z. 7), „Fußartillerie" (Z .10), „Arterien" (Z .11), „Inflation" (Z.13), „Gotisch, Börse und Büro"(Z.14) etc. Die genannten Lebensstationen – Schule, Weltkrieg, Inflation, Studium, Versfabrik, Bürde des Lebens („Rucksack", Z. 25f.) – sind aufschlussreich durch die „Lücken": Es fehlen die Jugendzeit, persönliches Glück und die Umstände eines halbwegs „normalen" Lebens. Es bleiben die kritische Distanz (Z. 21ff.), der Galgenhumor (Z. 23f.) und das energische „Trotzdem"(Z. 28).

1a Erwartungen an „Lebenslauf": Stationen der Schule und Ausbildung und des Berufs; persönliche Daten; Interessen, Zusatzqualifikationen

1b „Lebenslauf" bei Hölderlin und Kästner:

Hölderlin	Kästner
– Streben nach Größerem, aber begrenzt durch Liebe und Leid	– Ironisierung des Geborenwerdens
– Gleichnis des Bogens	– Schulzeit des „Musterknaben" (bedauert dies)
– Grundprinzip des Rechts auch im Orkus?	– Weltkrieg: der Globus blutet
– Die Himmlischen (= Alleserhaltenden) führen das Ich keine „ebenen Pfade"	– Inflationszeit, Studium und „junge Damen"
– Alles prüfen, für alles danken	– 31 Jahre: kleine Versfabrik, erste graue Haare
– Freiheit = eigene Entscheidung	– Widerspruchshaltung des Schriftstellers, schwarzer Humor
	– Last des Lebens, aber Lebenswille trotz allem

2 **Beziehungen textexterner und textimmanenter Informationen** (vgl. LB, S. 64)

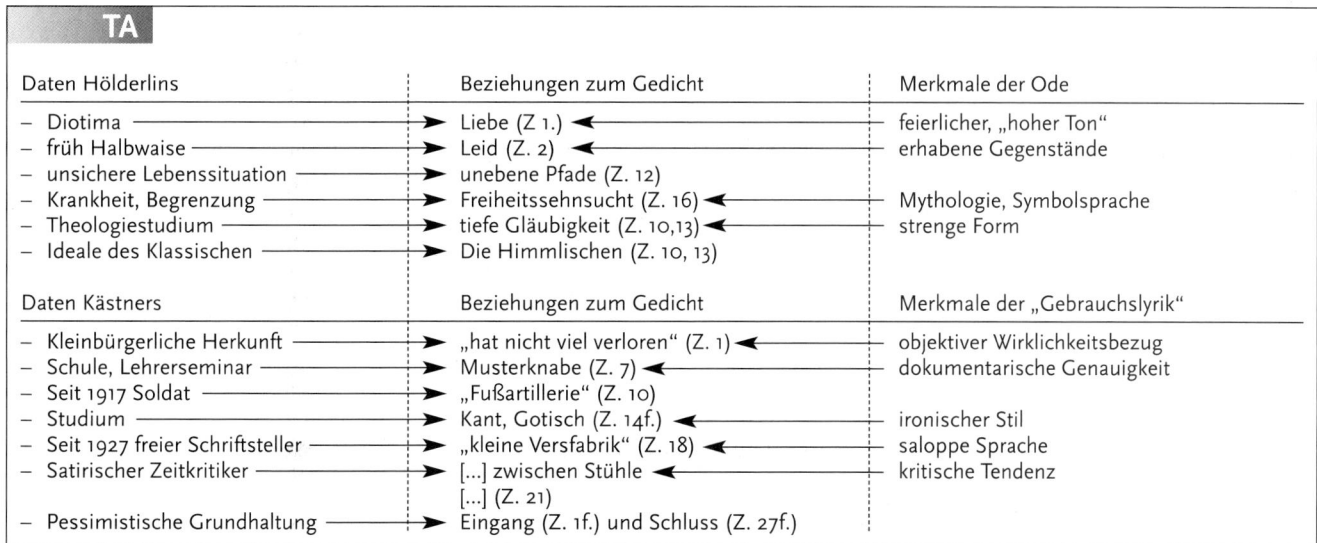

TA

Daten Hölderlins	Beziehungen zum Gedicht	Merkmale der Ode
– Diotima	➤ Liebe (Z 1.) ◄	feierlicher, „hoher Ton"
– früh Halbwaise	➤ Leid (Z. 2) ◄	erhabene Gegenstände
– unsichere Lebenssituation	➤ unebene Pfade (Z. 12)	
– Krankheit, Begrenzung	➤ Freiheitssehnsucht (Z. 16) ◄	Mythologie, Symbolsprache
– Theologiestudium	➤ tiefe Gläubigkeit (Z. 10,13) ◄	strenge Form
– Ideale des Klassischen	➤ Die Himmlischen (Z. 10, 13)	

Daten Kästners	Beziehungen zum Gedicht	Merkmale der „Gebrauchslyrik"
– Kleinbürgerliche Herkunft	➤ „hat nicht viel verloren" (Z. 1) ◄	objektiver Wirklichkeitsbezug
– Schule, Lehrerseminar	➤ Musterknabe (Z. 7) ◄	dokumentarische Genauigkeit
– Seit 1917 Soldat	➤ „Fußartillerie" (Z. 10)	
– Studium	➤ Kant, Gotisch (Z. 14f.) ◄	ironischer Stil
– Seit 1927 freier Schriftsteller	➤ „kleine Versfabrik" (Z. 18) ◄	saloppe Sprache
– Satirischer Zeitkritiker	➤ [...] zwischen Stühle [...] (Z. 21) ◄	kritische Tendenz
– Pessimistische Grundhaltung	➤ Eingang (Z. 1f.) und Schluss (Z. 27f.)	

(Diese Übung könnte in zwei Schritten erfolgen:
– **Arbeitsanweisungen** zu Bertolt Brechts „Vom armen B. B."
  1. Ermitteln Sie in einer tabellarischen Übersicht, welche textimmanenten und welche textexternen Aspekte zu klären sind.
  2. Erläutern Sie die Überschrift.
– Zu Bertolt Brechts „An die Nachgeborenen" ist als **K 2** , LB, S. 114, ein Arbeitsblatt vorgesehen.)

Seite 14

Texterläuterungen:

Friedrich Nietzsches Gedicht „Vereinsamt" passt gut in den Zusammenhang von „Lebensläufen", weil es eine Grenzsituation menschlichen Lebens zwischen „Heimat" und „Wüste", zwischen Geborgenheit und Unbehaustsein gestaltet, wie die erste und letzte Strophe in einem „Rahmen" verdeutlichen.[14]

Durch die lapidare Härte in Klang und Syntax der ersten Zeile entsteht eine Art Natureingang von suggestiver Kraft: Während die Krähen – die Assoziation zu Totenvögeln liegt nahe – in der Stadt Schutz suchen, endet die erste Strophe mit dem emphatisch ausgedrückten Glück der **Heimat** für die Vögel und wohl auch für den Menschen.

Im äußersten Kontrast zu „Heimat" folgt in der zweiten Strophe die **Flucht**: Das lyrische Ich wendet sich in dramatischer Zwiesprache, die mit der Schärfe einer Klage („ach", Z. 6) und Anklage geführt wird, an ein Du (den Autor?). Erstarrung (Z. 5), Rückwärtsgewandtheit des Narren (Z. 7), trauriger Inbegriff einer törichten und nutzlosen Existenz, zeigen die lähmende Fixierung nach vollzogener Flucht in die Welt (3. Strophe), die in die Wüste führt und **Verlust** bedeutet (Z. 11f.). Im **Fluch** zur „Winter-Wanderschaft" (Z. 14) der vierten Strophe, eingehämmert durch die Alliteration und verbildlicht durch die Metapher des Rauches (Z. 15f.), werden Schuld und Vergeblichkeit signalisiert. In der fünften Strophe wird für das Du des Gedichts die Vorstellung des Flugs aus dem Anfang aufgenommen, aber ganz im Sinne des flüchtigen Rauchs gedeutet als nutzlose Flucht des Narren (Z. 19) in die Wüste (Z. 18). Der zynische Schlussappell (Z. 19f.), das „blutend Herz in **Eis und Hohn**" (Z. 20) zu verstecken, wird zum Symbol innerster Versehrtheit, die nicht mehr zu heilen ist, wie die Schlussstrophe zeigt.

Den Zusammenhang zwischen Inhalt und Gestaltung stellt F. N. Mennemeier[15] dar:

„[...] Der Gedichttitel, zu dem Nietzsche sich entschloss, nachdem er eine ganze Anzahl anderer Titel versucht hatte, ist von fast rührender Schlichtheit. Eine sehr „lyrische" Überschrift, dieses „Vereinsamt". Und ebenso „lyrisch", d. h. einfach, liedhaft, ohne Gedankenfracht oder Stilspannungen, ist die äußere Form des Gedichts. Nichts lebt da von der formzersprengenden Gewalt der Dionysos-Dithyramben. Alle Strophen sind gleich gebaut. Jede besteht aus vier jambischen Verszeilen. Auf einen zweihebigen Vers, die Anbewegung, folgt im Wechsel ein vierhebiger Vers, die elegisch verströmende Abbewegung. Beide Verse verbinden sich jeweils zu einem festen Teil im Ganzen der Strophe, so dass fast durchweg ans Ende der zweiten Zeile, in die Mitte jeder Strophe also, ein syntaktischer Einschnitt fällt. Der Kreuzreim aber, der dafür sorgt, dass die Zeilen eins und drei bzw. zwei und vier an ihrem Ende miteinander reimen, leistet die musikalische Bindung über die syntaktische Trennung hinaus. Ein schlichtes metrisches und reimliches Schema. Es ist das angemessene Gefäß für das einfache, wuchtige Thema des Gedichts. Abgesehen von der fünften Strophe, in der ein jäher Tempowechsel erfolgt und in der auch der Ton ins Grelle angehoben wird, müssen die Verse langsam, getragen gesprochen werden. Weder Geistreichigkeit noch forcierte Assoziationen mindern in diesem Gedicht die lyrische Intensität. Kein Denkschema steht im Hintergrund, nach dem „dichterisch" gearbeitet worden wäre. Das Gedicht entfaltet sich aus einem Kern. Die *ganze* Klage quillt aus *jeder* Strophe, wiederholt sich, in Abwandlungen, von Mal zu Mal. Hinter den unprätentiösen, ineinander übergleitenden Bildern und Wendungen öffnet sich die dunkle Tiefe der Existenz: Das Gedicht „Vereinsamt" besitzt „Transzendenz" in hohem Maß. Hier wurzelt auch Nietzsches ureigener, in der Schwermut noch seltsam kühn und nobel wirkender Rhythmus. Er materialisiert sich nur in den Versen. Er macht das metrische Schema erst wahrhaft suggestiv und ist im Grunde wissenschaftlich nicht zu fassen. Zwangsläufig führte die vorliegende Interpretation mit ihren Wort- und Bildanalysen immer wieder in jene Zone der Wi-

dersprüche, in der die rationalen Aussagen das schwankende Gesicht von Konjekturen annehmen und in der auch das Gedicht sich selber nicht mehr „versteht".

Methodenerläuterungen:

Aus technischen Gründen ist es im Schülerband leider nicht möglich, sog. Textverrätselungen[16] abzudrucken, was für Nietzsches „Vereinsamt" *vor der Bearbeitung* der Arbeitsanregungen sehr produktiv wäre. Auf Folie oder auf Arbeitsblättern ließen sich aber interessante Arrangements treffen: z.B. Umstellung der Strophen, Darbietung des Gedichts als „Prosatext" oder als Lückentext.

Der in den Arbeitsanregungen 3–6 vorgeschlagene Lösungsweg wählt mit Bedacht ein induktives Verfahren über Rezitationsversuche – mit Hilfe des Textblattes (SB, S. 14) –, wobei die charakteristische Inhalt-Form-Korrelation zunächst „hörbar" werden soll. Die folgenden genauen Interpretationshinweise haben literaturpädagogische u n d didaktische Funktion: Einerseits sollen die Schülerinnen und Schüler den Lösungsweg in kleinen Schritten gut nachvollziehen können. Andererseits kann handelnd erfahren werden, was der Operator „interpretieren" inhaltlich und formal an Aspekten enthält.

Das Paradigma der Gedichtinterpretation 1 (SB, S. 15, vgl. LB, S. 16f.) und die zusammenfassende Grafik (SB, S. 16) sollen dann n a c h der Stoffsammlung als methodische Explikation durchgearbeitet werden.

3 Leseversuche, mit Erarbeitung eines „Textblatts"[17] als textnahe Interpretationsmethode, am besten mit Tonbandeinsatz. Merkmale des Vortrags: getragener Rhythmus, in der V. Strophe jäher Tempowechsel, Dominanz greller Laute; auffallend ist der Wechsel zwischen langen und kurzen Zeilen, zwischen Enjambements und Zeilenstil; oft am Ende jeder zweiten Zeile, also in der Strophenmitte, syntaktischer Einschnitt; Wechsel zwischen expressiver Sprache (Ausrufe, Du-Anrede) und Reflexionen (Fragen, Postulate, Gedankenpausen).

4 Die Überschrift „Vereinsamt" (Nietzsche notierte u.a. auch „Freigeist" als Titel) macht eine eindeutige Aussage: Kontrast und Spannung entstehen so zu dem, der „Heimat hat", und zu den Krähen, die stadtwärts, in die schützende Nähe von Menschen ziehen. Die Stadt erscheint hier als das Bergende im Gegensatz zur „Welt".

4a Der Rückwärtsschauende: Leitbegriffe wie „starr", „Narr", „Wüsten stumm und kalt", „bleich"; Klimaxstruktur: entflohn (Str. II), verlor–verlorst (Str. III) und verflucht (Str. IV); Vergleich mit Rauch, Wüstenvogel-Ton.

4b Natur: Krähen sind sehr ‚unlyrische' Vögel (Totenvögel?): „schrein" und „schwirren Flugs" als Ausdruck des Lauten und Hektischen. – Winter als bedrohliche Jahreszeit, verstärkt das Verlorensein; im Vergleich zur Tradition ganz ungewöhnlicher ‚Natureingang'.

4c Auktoriale Perspektive des lyrischen Ichs: beschreibend, scheinbar objektiv in Strophe I und VI; dann postulie-

---

14 Sehr hilfreich ist die Interpretation von Franz Norbert Mennemeier: Friedrich Nietzsche: Vereinsamt. In: Benno von Wiese (Hrsg.): Die deutsche Lyrik II. Von der Spätromantik bis zur Gegenwart. – Düsseldorf (Bagel) [1]1957, S. 245–254.

15 A.a.O. , S. 253f.

16 Vgl. vielfache Anregungen u.a. bei Peter Mettenleiter/Rolf Nußbaum: Unterrichtsideen Deutsch, a.a.O., S. 90–98 mit weiterführenden Literaturhinweisen.

17 Zur Methode: Peter Mettenleiter/Rolf Nussbaum: Unterrichtsideen Deutsch. A.a.O., S. 64–67.

rend, fragend, appellierend; Du-Anrede als Zwiesprache mit dem Ich, das stumm bleibt.

5 Herausgestellt werden sollte die nahezu vollkommene Kongruenz von Sinn und Form.
– Kontinuität der Bewegung (Z. 1/2, 7/8 und 21/22); Grenzenlosigkeit im Räumlichen (im Horizontalen Z. 9/10 und Vertikalen Z. 16); schriller Ton (Z. 1/2, 17/18), harte Konsonanten, schneidende Vokale; jambisches Metrum, aber sehr unregelmäßig; große Unruhe durch Syntax und Zeilenbild.
– Kreuzreim als musikalische Klammer über die syntaktische Trennung hinweg; harter, stakkatoartiger Stabreim: „stehst du starr" (Z. 5), „Winters [...] Welt" (Z. 8), „Winter-Wanderschaft" (Z. 14), „Flieg, Vogel" (Z. 17).
– Wortwiederholungen, die verstärkend wirken: „verlor – verlorst" (Z. 11/12), „Narr" (Z. 7 und 19) als Inbegriff der nutzlosen Existenz.
– Parallelität der Strophen als Rahmen, aber durch Interpunktion (Z. 3,23: Komma und Gedankenstrich) und Wortwahl („weh" in Z. 24 statt „wohl" in Z. 4) tragische Umkehr im Schluss: Wehklage, Verstärkung des Verlorenseins. – Dazwischen die vorwurfsvolle Du (= Ich)-Anrede (Z. 5), Welt als Wüste (= äußerster Kontrast zur Heimat); Flucht als Verlust (Z. 11f.), Verfluchtsein (Z. 14); der Narr als Vogel apostrophiert, aber es gibt keine Freiheit in der Wüste: das „blutend Herz" als Topos existenziellen Versehrtseins.

6 Wieweit die Heimatlosigkeit des Dichters als Erfahrungshintergrund herangezogen werden soll, hängt vom didaktischen Ansatz ab: Bei Einbeziehung biografischer Aspekte könnte die bedrückend lange Liste der Fluchtstationen sehr erhellend sein: 1878: Baden-Baden, Naumburg, Interlaken; 1879: Bremgarten, Genf, St. Moritz, Chur; 1880: Riva, Marienbad, Genua; 1881: Recoaro, Sils Maria, Genua; 1882: Messina, Rom, Luzern, Naumburg, Bayreuth, Leipzig, Rapallo usw. usw.
Ein themengleiches Jugendgedicht (1859) könnte im Kontrast das Maß der eingetretenen Entfremdung verdeutlichen.

Friedrich Nietzsche: Ohne Heimat

Flücht'ge Rosse tragen
mich ohn' Furcht und Zagen
durch die weite Fern'.
Und wer mich sieht, der kennt mich,
5 und wer mich kennt, der nennt mich
den heimatlosen Herrn.
Heidideldi!
Verlass mich nie,
mein Glück, du heller Stern!

10 Niemand darf es wagen,
mich danach zu fragen,
wo meine Heimat sei.
Ich bin wohl nie gebunden
an Raum und flücht'ge Stunden,
15 bin wie der Aar so frei.
Heidideldi!
Verlass mich nie,
mein Glück, du holder Mai!

Dass ich einst soll sterben,
20 küssen muss den herben
Tod, das glaub' ich kaum.
Zum Grabe soll ich sinken
und nimmermehr dann trinken
des Lebens duft'gen Schaum?
Heidideldi!
Verlass mich nie,
mein Glück, du bunter Traum!

(Für eine gemeinsame Erarbeitung im Unterricht eignet sich Nietzsches Gedicht „Der geheimnisvolle Nachen", wobei sich verschiedene Schritte der Annäherung u.a. auch differenzierte Arbeitsanweisungen entwickeln ließen. **K 3/1**, LB, S. 115. In kontrastiver Textanordnung könte Nietzsches Gedicht „Mein Glück!" als Tranferaufgabe zu „Vereinsamt" interpretiert werden. **K 3/2**, LB, S. 115.)

Seite 16

Methodenerläuterungen:

Gruppenunterricht (GU) und **Gruppenarbeit** (GA) wurden in den 60er-Jahren des letzten Jahrhunderts vor allem im Primarschulbereich sehr favorisiert und auch ins Übermaß getrieben, weil die Themen oft untauglich waren, und häufig in Fehlformen missbraucht, weil den Schülern die Voraussetzungen fehlten und weil die Organisationsbedingungen unzureichend waren. Bis heute sind, vor allem auch im gymnasialen Unterricht, die theoretischen Reflexionen[18] überzeugender als die schulische Praxis.(vgl. LB, S. 26ff.)
Gruppenarbeit wird vor allem unter zwei Aspekten wichtig: **Pädagogisch** betrachtet, kann durch themen- und funktionsgerechte Kooperation aus einer heterogenen Gruppierung rascher ein gegliedertes Sozialgebilde werden, ohne das ein schülerorientierter Unterricht schlecht möglich ist. **Lernpsychologisch** gesehen, vermindert eine gut funktionierende Gruppenarbeit die emotionale Spannung des Einzelnen, weil die Last der Verantwortung verteilt ist durch den sog. De-Individuations-Effekt, wie Werner Corell[19] analysierte.
Weil Gruppenarbeit wichtige Arbeitsformen wie Einzel- und Partnerarbeit sowie elementare Studiertechniken wie Lesen mit Bleistift, Exzerpieren, Protokollieren, Mitschreiben, Referieren etc. voraussetzt, kann sie in der Sekundarstufe I nur behutsam und über längere Zeitspannen eingeführt werden. Trotzdem bleibt Gruppenunterricht in Planung und Durchführung äußerst anspruchsvoll und zeitaufwändig. Um in den Ergebnissen nicht enttäuscht zu werden, müssen Gegenstände, Ziele und Organisationsformen von Lehrenden und Lernenden gut bedacht werden.

– Nur **Gegenstände (Themen)** von entsprechendem Umfang, mit zureichender Komplexität bzw. Differenziertheit eignen sich, sofern die Schüler zumindest ein Orientierungswissen besitzen.
– Neben **quantitativen Zielen** (durch Arbeitsteilung Bewältigung einer größeren Stofffülle innerhalb eines entsprechenden Zeitplans) spielen die **qualitativen Ziele** die Hauptrolle: Durch mehrperspektivische Analyse soll die Komplexität des Gegenstandes angemessen erschlossen, wirkungsvoll präsentiert und gründlich rezipiert werden.
– Für die **Organisation** gilt es, Folgendes zu beachten:
  • Sog. *Homogengruppen* mit ähnlicher Begabung und Leistung der Einzelnen werden vom Lehrer gebildet.
  • Sog. *Heterogengruppen* mit Begabungs- und Leistungsgefälle der Einzelnen bilden sich spontan.

Die Praxiserfahrung und Untersuchungsergebnisse zeigen, „dass schwächere Schüler in heterogenen Gruppen besser lernen als in homogenen, dass stärkere Schüler in heterogenen

[18] Auch heute noch als grundlegend zu empfehlen ist Ernst Meyer (Hrsg.): Die Gruppe im Lehr- und Lernprozess. In: Erziehungswissenschaftliche Reihe. – Frankfurt (Akademische Verlagsgesellschaft) ¹1970. – Wilhelm H. Peterßen: Kleines Methoden-Lexikon. – München (Oldenbourg) 1999. S. 139–142. Der Verfasser gibt eine knappe Analyse mit Literaturhinweisen.
[19] Werner Corell: Lernpsychologie. Grundfragen und pädagogische Konsequenzen. – Donauwörth (Auer) ⁴1965, S. 109–133, hier S. 122.

Gruppen zumindest nicht schlechter lernen als in homogenen".[20]

- Nach Inhalt und Zielsetzung unterscheidet man *arbeitsgleiche* (rivalisierende oder konkurrierende) GA und *arbeitsteilige* GA. Auch Mischformen sind üblich.
- Ohne funktionsgerechte *Ausstattung* (z.B. bewegliches Gestühl, Tafel, Projektor, Dia-, Video- oder Filmgerät) und ohne *Arbeitshilfen* (z.B. Wörterbücher, Lexika, Literaturgeschichten, Poetologien, evtl. Internetanschluss) ist wirkliche GA nicht möglich.
- Unerlässlich ist ein entsprechender *Zeitrahmen* (i.d.R. eine Doppelstunde), denn die sog. 10-Minuten-Phasen der Kooperation sind Fehlformen der GA.
- Für die **Phasen der Gruppenarbeit** mit dem Ziel, eine komplexe Aufgabe kooperativ so zu lösen, dass alle Beteiligten zum Endergebnis beitragen, hat sich eine Dreiergliederung bewährt:
  - In der *Plenumsphase I* werden gemeinsam das Thema, die Ziele, die Aufgabenverteilung, Methoden, Arbeitsmittel, Arbeitszeit, Darstellungs- und Präsentationsformen erörtert.
  - Während der *Differenzierungsphase* erfolgt die Erarbeitung in Einzelgruppen (arbeitsteilig zu je einem Teilthema oder konkurrierend alle zum gleichen Thema), wobei sich eine Gruppengröße von 4–6 Mitgliedern bewährt hat. Die Gefahr ungleichmäßiger Forderungen an die Schüler (Gruppenführer oder Sprecher, der alles macht für die bloßen „Trittbrettfahrer") kann durch ein gutes Vertrauensverhältnis zwischen Lehrenden und Lernenden sowie durch entsprechende „Spielregeln" minimiert werden: Es besteht ein rollierendes System in den Gruppenfunktionen, jedes Gruppenmitglied notiert die Ergebnisse, um jederzeit für die Auswertung vorbereitet zu sein.
  - Die *Plenumsphase II* dient der Vorstellung, Besprechung und Zusammenfassung der Gruppenergebnisse im Plenum, wobei aus Einzelbeiträgen ein differenziertes Gesamtergebnis für alle erreicht werden soll. Die Information der Mitschüler gelingt am besten, wenn verbale und optische Darstellung sich in mehrkanaliger Präsentation ergänzen: Der halbfreie Vortrag, Tafel- bzw. Folienaufschriebe und -skizzen, Gliederungen, Bilder, Toneinspielungen usw. erleichtern die Informationsaufnahme und -verarbeitung, z.B. über das Medium „Deutschordner" (vgl. LB, S. 6). Gradmesser für das Gelingen der GA ist die Plenumsphase II, die sog. *Präsentations- und Integrationsphase,* die ideal verläuft, wenn das Endergebnis eine kritisch reflektierte Synthese von Einzelbeiträgen und nicht nur deren Addition darstellt.
- Die **Lehrerrolle** im Gruppenunterricht ist wesentlich anspruchsvoller als in anderen Funktionen: Nur eine exzellente Vorbereitung in der Sache und die souveräne Beherrschung der Methoden ermöglicht eine effiziente Koordination und Regieführung, eine fruchtbare Hilfestellung im Arbeitsprozess und eine sach- und schülergemäße Steuerung der Auswertung.

Texterläuterungen:

Z.B. **Matthias Claudius:** Der Mensch (Text 2, SB, S. 9): Z.T. altertümliche Sprache, volksliedhaft schlicht, aber fest gefügt in Aussage und Form: typischer Lebenslauf von der Zeugung bis zur Bahre, Reihung der Stationen (dominierende Funktion der Verben und Partizipien, oft im Kontrast gefügt; dreihebige Jamben, Betonung des „und" zur Bekräftigung der Reihung), streng alternierend, durchgehende Kreuzreime im Schema abab im Wechsel von weiblicher und männlicher Kadenz; nur Heraushebung der letzten zwei Zeilen durch Paarreim und fünf Hebungen (Z. 17). Verhaltene Metaphorik: „Tränlein" (Z. 6), „braun und graues Haar" (Z. 14), „Dann legt er sich zu seinen Vätern nieder", (Z. 17). Ausgeprägter Zeilenstil (mit Ausnahme des Enjambements der Verse 1–3). Lobpreis der festen Ordnung, die in ihrer Regelhaftigkeit als „sonderbar" (Z. 2) und selbstverständlich (Z. 17/18) anerkannt wird, auch im Allzumenschlichen (Z. 6), mit leicht ironischem Anklang (Z. 14: „[...] und graues Haar etc.").

Zum Vergleich z.B. **Ingeborg Bachmann:** Schatten Rosen Schatten (Text 11, SB, S. 10): Im Gegensatz zu Claudius' Gedicht der festgefügten Ordnung des Seins und der Form weitgehende Verrätselung in Chiffren, wobei nur die letzte Zeile die Identifizierung als Ich-Aussage zulässt: „mein Schatten": Individualität reduziert auf den Schatten (fünfmalige Wiederholung mit Klammerfunktion in der Überschrift und meist mit deutlicher Betonung in Z. 3 und Z. 7), ohne Tätigkeit (keine Verben!), nur situiert in der Fremdheit: „fremder Himmel" (Z. 1), „fremde Erde" (Z. 4), „fremdes Wasser" (Z. 6), durch Präpositionen („unter", „auf", „zwischen", „in") in einen unvertrauten Lebensraum vertikal und horizontal eingefügt. Nur „Rosen" wahrt einen positiv zu füllenden Assoziationsspielraum. Prädikatslose, elliptische Reihung, ohne Satzzeichen, wobei sich durch unterschiedliche Rezitation (als Zeilenstil mit kurzen rhythmischen Pausen oder mit Enjambements, z.B. Z. 3–5 oder Z. 4–7) verschiedenartige Sinnkonstellationen ergeben, ohne dass die Finalstruktur aufgehoben wird. Freirhythmisch, ohne Endreim, was dem ambivalenten Chiffrencharakter entspricht; mit weiblichen Kadenzen, was dem anmutigen und dem wechselnden Farbenspiel (blau oder grau der Himmel, farbig die Rose, grau oder schwarz der Schatten, braun oder grün die Erde usw.) gemäß ist. Die Verse 1, 4 und 6 lassen sich vierhebig lesen, die Verse 2, 3, 5 und 7 haben nur zwei, eine oder drei Hebungen. Der meist trochäische Einsatz wirkt rhythmisch getragen. Helles und Dunkles in verhaltener Antithetik („Schatten Rosen Schatten"), dazwischen das Ich als Schatten, mehr ausgesetzt (fremd) als eingefügt (Rosen).

7 Die *Gruppenarbeit* (s.o.) ist zur Anwendung der erlernten textimmanenten und textexternen Betrachtungsweise und zur Einübung in Methoden der Informationserarbeitung gedacht.

Als Hilfsmittel ist zunächst eine der gängigen Literaturgeschichten zu empfehlen:

- Gerhard Fricke/Mathias Schreiber: Geschichte der deutschen Literatur. – Paderborn (Schöningh) [20]1992.
- Helmuth Nürnberger: Geschichte der deutschen Literatur, begründet von Willy Grabert und weitergeführt von Arno Mulot. – München (Bayerischer Schulbuch-Verlag) [24]1992.
- Hans Gerd Rötzer: Geschichte der deutschen Literatur. Epochen-Autoren-Werke. – Bamberg (Buchner) 1992
- Diether Krywalski/Walter Beimdick (Hrsg.): Werk und Wirkung. Fünfzehn Jahrhunderte deutscher Dichtung. – München (Ehrenwirth/Oldenbourg) 1993.

Wichtige Ergänzungen sind:

- Herbert A. /Elisabeth Frenzel: Daten deutscher Dichtung. Chronologischer Abriss der deutschen Literaturgeschichte. 2 Bde. – Köln (Kiepenheuer und Witsch) [24]1988.
- Bernd Balzer/Volker Mertens: Deutsche Literatur in Schlaglichtern. – Mannheim/Wien/Zürich (Meyers Lexikonverlag) 1990.
- Gero von Wilpert (Hrsg.): Lexikon der Weltliteratur. 4 Bde. – München (dtv) 1997.

Um die Arbeit zeitlich überschaubar zu halten, dürfen keine ausgearbeiteten Interpretationen, sondern nur knappe **Stoffsammlungen** erwartet werden.

---

[20] Wilhelm H. Peterßen: Kleines Methodenlexikon. A.a.O. , S. 139.

Z.B. zu den oben skizzierten Gedichten:

Gedicht	Sinnaussagen	Zeitbeziehungen
M. Claudius: Der Mensch	– Wunder der Geburt – Vielfalt individuellen Lebens: Trug, Lust, Freude, Gefahr etc. – Typik des Lebensgangs trotz allem	– individuell bescheidenes, frommes Leben des Dichters – politisch revolutionäre Veränderungen (Französische Revolution, Revolutionskriege) im Kontrast zum insgesamt gleichförmig geregelten Lebenslauf
J. Bachmann: Schatten ...	– Fremdheit: Himmel, Erde, Wasser – Leben im Schatten – Kontrapunkt: du, Rosen (Farbe, Duft)	– hochsensible, auch gefährdete Existenz – trotz aller Erfolge – Entfremdung innerhalb einer anonymen Masse – Unsicherheit der Gegenwart (Kriege, Armut, Not) – wenig positive Zukunftserwartung

8 Die *Erörterung* der Brecht-These (vgl. LB, S. 23ff.) soll (etwa als Hausaufgabe) Gelegenheit geben, mit Hilfe der Methodeninformation (SB, S. 16), die intensiv und kursorisch erprobte Gedichtinterpretation kritisch zu reflektieren:

– Mit der Rose wird landläufig die vollkommene (unantastbare) und fragile Schönheit assoziiert.
– Gedichte sind für Brecht nicht Natur-, sondern Kunstgebilde, stabile Gestaltungen, die auch die gründliche Analyse (das Entblättern i.S. von erforschen, aufschließen, erhellen) nicht nur vertragen, ohne Schaden zu nehmen, sondern geradezu fordern, um richtig verstanden zu werden.
– Im Gegensatz zu den meisten anderen Lyrikern, die schulische Interpretation als Gefährdung oder gar als Zerstörung des dichterischen Kunstwerks einschätzen, hält Brecht den Erkenntnisgewinn durch genaue Untersuchung für entscheidend.

Seite 19

Texterläuterungen:

Heinrich Heines Ballade „Die Grenadiere" ist historisch-stofflich auf dem Hintergrund der Kriege Napoleons zu sehen. Konkret nimmt sie Bezug auf die vernichtende Niederlage der „Großen Armee" (450 000 Mann, davon nur etwa ein Drittel Franzosen) beim Rückzug über die Beresina (26.-28.11.1812) und auf die sog. Freiheitskriege der 4. Koalition (Russland, Preußen, Österreich und England) gegen Frankreich (ab Frühjahr 1813–1815). Die entscheidenden Daten: Napoleons Niederlage in der „Völkerschlacht" bei Leipzig (16.-19.10.1813); 6.4.1814 Abdankung Napoleons; Wohnsitz auf Elba, dort als Souverän mit Kaisertitel; März 1815 Rückkehr nach Frankreich, triumphaler Siegeszug auf dem Weg nach Paris, aber endgültige Niederlage bei Belle-Alliance (18.6.1815); 22.6.1815 Abdankung des Kaisers und Verbannung auf die britische Insel St. Helena; Tod 5.5.1821; 1840 Überführung nach Paris, Beisetzung im Invalidendom.

Die historische Größe des Kaisers wird in der Ballade gespiegelt in der – auch nach schmählicher Niederlage, tödlicher Verwundung und persönlichem Elend – ungebrochenen Heldenverehrung durch die beiden Grenadiere, besonders aber in der Sicht des Sterbenden: Während der Kamerad ob der Niederlage des Kaisers auch in tiefste Resignation verfällt – „Das Lied ist aus" (Z. 13) – und auch am liebsten sterben möchte, wenn die Sorge um das Wohl von Weib und Kind nicht wäre, verwirft der Todwunde alle bürgerlich-familiären Gefühle (Z. 17) und sozialen Rücksichten (Z. 19) im Angesicht des kaiserlichen Schicksals (Z. 20): Über 5 Strophen (Z. 17–36) inszeniert er seine heroische und ganz persönliche Kaisertreue (dreimal „m e i n Kai-

ser", Z. 20,33) über den Tod hinaus. Sie reicht von der Bestattung in „Frankreichs Erde" (Z. 24) mit allen militärischen Ehrenzeichen über die „Schildwach" (Z. 30) für den Kaiser bis zur triumphalen Auferstehung (Z. 31ff.) nicht am jüngsten Tage, sondern schon bei der Wiederkunft des Kaisers.

In dieser säkularisierten und auch trivialisierten christlichen Eschatologie-Vorstellung zeigt sich das ganze Ausmaß eines hypertrophierten Heroenkultes aus der Perspektive „von unten", wodurch der volksliedhafte Vierzeiler angemessen erscheint. Er ist überwiegend daktylisch-vierhebig mit männlicher und dreihebig mit weiblicher Kadenz.

Nach dem epischen Bericht (Z. 1–10) setzt der kurze Dialog ein (Z. 11–16), ehe der Monolog des Sterbenden (Z. 17–36) ganz dominiert. Die aufs Volksläufige stilisierte Sprache – „gefangen" (Z. 2); „hangen" (Z. 4); „Der eine sprach" (Z. 11); Der andre sprach" (Z. 13) etc. – und die Naivität in der Deutung der Grabesruhe (Z. 29ff.) kontrastieren mit dem hohen Ton des Heldenpathos und ironisieren es bis hin zur „Auferstehungs-Parodie" (Z. 35f.).

In **Peter Huchels** „Soldatenfriedhof" herrscht von Beginn an der Ton lapidarer Knappheit: Nach der vieldeutigen Situationsbeschreibung – „Die Luft ist b r ü c h i g" (Z. 1) – im kargen Aussagesatz folgen elliptische Aufzählungen in der Sprache des Exerzierreglements in der ersten (Z. 3–5) und letzten Strophe (Z. 28–33). Das Subjekt „sie" (Z. 7) korrespondiert grammatikalisch mit „Kreuze" (Z. 2). Die Friedhofsszenerie wird in den Strophen 2–5 auf gespenstische Weise „belebt": Ähnlich wie in der Gespenster- oder Widergängerballade „bevölkern" (Z. 8) „sie" die Ruinen der Stadt, „besuchen den Dom / Und verdunkeln den Heiland" (Z. 11/12), führen in der Bar ein Schattendasein (Z. 17ff.) und gehen „kurz vor Mitternacht" (Z. 22ff.) wieder zurück in die militärisch-starre Ordnung des Soldatenfriedhofs (Z. 29ff.).

Die makabre Phantasmagorie persifliert das militärische Ritual des abendlichen Ausgangs in die Stadt: Diese ist zerstört (Z. 8) und verbrannt (Z. 9), der Heiland ist „verdunkelt" (Z. 12) durch die Schatten der Toten; das Brandmal der Abendröte (Z. 15), der Eishauch des Todes (Z. 19) und sein Signalhorn (Z. 24) vervollkommnen die gespenstische Szenerie.

Wird das frei-rhythmische Gedicht umgeschrieben in Prosa – und so auch den Jugendlichen vorgestellt –, lässt sich die strenge Fügung der fünf- und sechszeiligen Strophen überzeugend nachweisen, gerade auch in den harten Versbrüchen.

9 Zu empfehlen ist die Vorbereitung des *sinnerschließenden Lesens* als Hausaufgabe. Bei ausreichender Zeit (mindestens 20 Minuten) ist auch das „Erlesen" im Unterricht (mit Tonaufnahme) sehr ergiebig, weil die Beurteilung der Versuche zwanglos in das *Fachgespräch* übergeht.

TA

H. Heine: Die Grenadiere	P. Huchel: Soldatenfriedhof
Soldatentod	
– Kaisertreue über den Tod hinaus – volksliedhaft-balladesk, daktylisch – Kreuzreim – in der Übertreibung verfremdetes Pathos – stilisiert bis zur Grenze des heroischen Kitsches (letzte Strophe) als ironisierte Klimax	– „Geisterarmee" – freirhythmisch – reimlos, harte Versbrüche – fast trocken-deskriptiv, Wechsel zwischen dem Stakkato der kurzen Sätze (Zeilenstil) und Enjambements – kühne Metaphern (Z. 15, 20) – Rahmenstruktur durch erste und sechste Strophe

10   *Exzerpt* wichtiger textexterner Aspekte aus Biografien[21], wobei es wichtig ist, dass die Schüler sehr früh lernen, dass es keinen direkten Kausalnexus zwischen Zeit – Leben und Werk gibt.

H. Heine	P. Huchel
– in Düsseldorf geboren, deshalb Recht, in Frankreich zu leben, 1831 Emigration – politischer Schriftsteller, der in Deutschland keine beruflichen Chancen hatte – liebte Frankreich, Vermittler zwischen Deutschland und Frankreich – verwendet gezielt Volksliedform und romantische Stilmittel (aber gebrochen, ironisiert) – Leiden an innerer Zerrissenheit und Bindungslosigkeit	– Soldat 1940–45, Gefangenschaft: zeitgeschichtliche Erfahrungen des Grauens („Chausseen, Chausseen") – hohe Sensibilität für bedrohte Welt – gilt als „hermetischer" Lyriker – Parteinahme für DDR-Sozialismus, aber 1962 Publikationsverbot; 1971 Ausreise aus der DDR – verwendet mythische Bildzeichen und Chiffren – war gegen „etwaige Spekulationen, Erhellungen und Biographismen"

11   Die *vergleichende Interpretation* (vgl. LB, S. 18f.) könnte nach den Vorarbeiten und der Anleitung (SB, S. 19) als Übungsaufsatz erfolgen.

Dabei liegt es nahe, dass als Schwerpunkt das Heine-Gedicht gewählt wird, weil es leichter zugänglich erscheint.

Neben dem Soldatentod in beiden Texten – heroisch-pathetisch als Einzelschicksal bei Heine, gespensterhaft-anonym als Massentod bei Huchel – könnte das Wiedergängermotiv in seiner gegensätzlichen Bedeutung herausgestellt werden: Bei Heine steht der absolute und zeitlose Treue- und Gefolgschaftsgedanke im Vordergrund. Bei Huchel könnte man im nächtlichen Gespensterzug einmal den Kontrast zur militärisch geordneten Friedhofs-„Ordnung" sehen, zum andern aber auch ein traumatisches Erinnerungsphänomen konstatieren: Die Friedhofsruhe besteht nur oberflächlich und äußerlich, tatsächlich kehren die Gespenster in jeder Nacht alptraumhaft erneut zurück. Für die Besprechung der Schülerlösungen wäre es wichtig, kurzschlüssige Deutungen zu korrigieren. Also z.B. folgende Argumentationsreihe in Frage zu stellen: Weil Heinrich Heine Frankreich liebte, verehrte er Napoleon bedingungslos, was sich in der Perspektive des sterbenden Grenadiers überzeugend zeigt. Vielmehr müsste die Interpretation etwa so lauten: Die grenzenlose Verehrung des sterbenden Grenadiers für „seinen" Kaiser wird einerseits besser verständlich, wenn man Heines inniges Verhältnis zu Frankreich bedenkt. Andererseits hilft ihm die kritische Distanz des politischen Schriftstellers, der gegenüber blindem Heroenkult lebenslang aber skeptisch bleibt, zur Ironisierung und damit Relativierung des hohen Pathos.

Zusätzliches **Reflexionsangebot:** Frühestens an dieser Stelle, aber auch später im Zusammenhang mit Gedichten, könnte ein viel beachteter Essay von Peter Wapnewski[22] für interessierte Schüler eingesetzt werden, um auf anspruchsvollem Niveau über das Wesen von Lyrik nachzudenken, nachdem in den bisherigen Teilsequenzen erste eigene Erfahrungen der Jugendlichen gewonnen werden konnten (Vgl. **K 4**, LB, S. 116ff.).

Seite 20

Texterläuterungen:

Marie Luise Kaschnitz' „Hiroshima" ist in den beiden ungleichen Abschnitten (Z. 1–8 und Z. 9–23) in äußerstem Kontrast aufgebaut: Die nach menschlichem Ermessen durchaus glaubwürdige „Sage" der individuell schrecklichen Folgen für die Bomberbesatzung von „ENOLA GAY" wird durch die „Wahrheit" des zweiten Teils als absolute Lüge entlarvt.

Die individuelle Schuld jedes Einzelnen der Mannschaft wird von Anfang an durch das demonstrative „Der" (Z. 1) in der Erstbetonung herausgestellt und dreimal wiederholt, so dass eine eindrucksvolle Klimaxstruktur entsteht: Flucht ins Kloster, Flucht in den Selbstmord, gepeinigt im Wahnsinn und gefoltert vom nächtlichen Alptraum der wiederkehrenden Opfer.[23]

Wie sensationslüstern lärmende Schlagzeilen einer Boulevardzeitung stehen die Aussagen da. Aber ihr authentisch wirkender Indikativ – „ging ins Kloster" (Z. 2), „erwürgte sich" (Z. 4) und „wehrt Gespenster ab" (Z. 6) –, nicht die konjunktivische Vermutung, dass es so sein könnte, wird in der ersten Zeile des zweiten Abschnitts in lapidar wirkender Anklage als Lüge entlarvt: „Nichts von alledem ist wahr." (Z. 9)

Wahr ist, was sich verbirgt hinter der scheinbaren Idylle einer „banale[n] middle-class-Durchschnittlichkeit"[24] – mit „Haus vor der Stadt" (Z. 11), „Hecken" und „Rosenbüschen" (Z. 12) und dem jungen Familienglück (Z. 15ff.). Nicht die mythische Entrückung der Tat des ersten Abschnitts (Z. 1, 3 und 5) und ihre spektakulären Konsequenzen, sondern die banale Wirklichkeit des Alltäglichen geben eine Erklärung für die Schrecklichkeit des Geschehenen. Manfred Herrmann[25] resümiert:

„Die 2. Strophe verweigert sich einer solchen ‚eskapistischen' Vorstellung vom historischen Geschehen. Was da in Hiroshima geschah, liegt nicht außerhalb des Lebens von Jedermann; deswegen ist auch der Name des Piloten so nebensächlich, dass er gar nicht erwähnt wird. „Der den Tod auf Hiroshima warf", unterscheidet sich nicht von andern. Die 2. Strophe versperrt dem Leser den bequemen Ausweg, einen Sündenbock mit dem Ungeheuren zu belasten und sich selbst damit der Betroffenheit und möglichen Konsequenzen im Alltag zu entziehen."

Der **Spiegel-Artikel** beginnt – anders als das Gedicht – mit den Zahlen und Fakten des „atomaren Inferno[s]" (Z. 8), resümiert die Gerüchte über den „Fluch der bösen Tat" (Z. 21ff.) und bestätigt dann die im zweiten Abschnitt des Kaschnitz-Gedichts genannte „Wahrheit" (Z. 28f.). Allerdings geschieht dies mit der

---

[21] Z.B. Metzler Autoren-Lexikon. Deutschsprachige Dichter und Schriftsteller vom Mittelalter bis zur Gegenwart. – Stuttgart (Metzler) 1986. S. 255–260 (Heine) und S. 303f. (Huchel)

[22] Peter Wapnewski: Gedichte sind genaue Form. Zuerst veröffentlicht in DIE ZEIT vom 28.1.1977. Danach in: P.W.: Zumutungen. Essays zur Literatur des 20. Jahrhunderts. – München (dtv) 1982, S. 26–42.

[23] Vgl. Theodor Brüggemann: Marie Luise Kaschnitz: „Hiroshima", „Die Katze". In: Th. Brüggemann u.a. (Hrsg.): Kristalle. Moderne Gedichte für die Schule. – München (Kösel) 1967. S. 227–239.

[24] Manfred Herrmann: Gedichte interpretieren. Modelle, Anregungen, Aufgaben. – Paderborn (Schöningh) 1978, S. 60–62, hier S. 61.

[25] A.a.O., S. 62.

Zuspitzung, dass die greisen Veteranen der „Hiroshima-Apokalypse" (Z. 34) auch nach 37 Jahren beim „Kameradschaftsabend" (Z. 40f.) mit Frauen die „patriotische Hochstimmung" (Z. 71) nicht nur unreflektiert pflegen, sondern sich vom japanischen Ehrengast, dem 1945 schwer verletzten Mr. Shimodoi, feiern lassen: In grotesker Verkehrung der Wahrheit können sich die alten Herren durch das „wahre Hiroshima" (Z. 89) in ihrer Selbstbeweihräucherung bestätigt sehen.

12 Die **Problemeröffnung** könnte über einen Impuls erfolgen: „Hiroshima" wird unkommentiert an die Tafel geschrieben. Spontane Äußerungen der Jugendlichen zum historischen Ereignis könnten zur Frage führen: „Hiroshima"

– Thema eines Gedichts?! Welche Motive? Welche Darstellung? Welche Absicht?

12a/b Nach der *stillen Erstlektüre* kann die zunächst ungelenkte Aussprache beginnen, wobei rasch die kontrastive Struktur erkannt sein wird.

In *Partnerarbeit* ließen sich die Hauptaspekte tabellarisch herausstellen. In dieser Phase hat der Spiegel-Artikel nur ergänzende Funktion (s.o.): Die gefeierten „Kriegshelden" (Z. 25) perpetuieren ihren Ruhm im regelmäßig zelebrierten „Kameradschaftsabend" (Z. 40 f.), der in seiner peinlichen Spießigkeit und ahistorischen Verantwortungslosigkeit der „Runde aufgeräumter Greise" (Z. 42f.) nur noch auf erschütternde Weise grausig wirkt

TA Stoffsammlung zu „Hiroshima" von Marie Luise Kaschnitz

Inhalt/Aufbau ⟶	Formmerkmale ⟹	Deutung
1. Teil (Z. 1–8): Die „Sage" der Schicksalsversionen: – Eintritt ins Kloster, – Selbstmord, – Wahnsinn des Täters. aufgebaut in Steigerung (Klimaxstruktur) Keine Darstellung des Ereignisses, nur historischer Verweis („Tod auf Hiroshima" in der 1., 3. und 5. Z.).	„Der" in der Funktion des Demonstrativpronomens, später (Z. 7/8) als pronominales Objekt; Subjektsatz; Parallelismus der Glieder; vier- und fünfhebiger trochäischer Einsatz, außer Z. 2 und 7 männlich-harte Kadenz; nur das „warf" reimt sich[!]; Verzicht auf Kommasetzung am Ende der Zeilen; Indikativ der Aussage im Kontrast zu den Vermutungen über den Sachverhalt.	Hinweis auf den Täter in seiner Anonymität, nicht Schilderung der Tat; Vielzahl der Schicksalsversionen (Buße, Verzweiflung, Irresein); Vorstellungen dessen, wie so einer nur leben (oder sterben) könnte.
2. Teil (Z. 9–23): Die Wahrheit, mitgeteilt in einer entschiedenen Aussage, umfangreicher als die „Sagen".	Apodiktisch, ausschließlich („nichts") in *einem* Satz;	Der drastische, übergangslose Kontrast entlarvt den Schein durch die Wirklichkeit des tatsächlichen Lebens.
Das lyrische Ich (Z. 10) tritt als Augenzeuge auf. Garten, Haus und Familie sind „jung". Versatzstücke der Idylle: Hecken, Rosenbüsche, nacktes Vorstadthaus, junge Frau (Blumenkleid), kleines Mädchen, Knabe mit Peitsche auf Rücken des Vaters reitend.	„Erst vor kurzem [...]" (Z. 10); „Wald des Vergessens" (Metapher); Monotonie des gleichen Satzbaus; jambische Versanfänge.	Heranrücken an Gegenwart: Beglaubigung, Dokumentation doppeldeutig: eigenes und/oder öffentliches Vergessen? Klischee der sog. Normalfamilie, in der Schilderung leicht fließend.
Erst in Zeile 20 der Täter im Nominativ, aber namenlos „er"; nicht stehend, sondern am Boden auf allen Vieren, das Gesicht „verzerrt von Lachen" (Z. 22); d.h. Grimasse für „das Auge der Welt" (Z. 23).	„Sehr gut [...]" (Z. 20) in schwebender Betonung; Der Junge, die Peitsche schwingend; weil-Satz erklärt den Grund des Lachens: „Das Auge der Welt".	Heraushebung und Verallgemeinerung: Ein Jedermann, der Schuld trägt. Doppeldeutigkeit: Spiel oder Geißel? sarkastische Aussage: Das scheinbar objektive Bild zeigt nur die verlogene Idylle.

Seite 22

13 Am Spiegel-Bericht (Text 8) könnte mit *Einlegefolie* (SB, S. 14) und durch *Textmarkierungen* (SB, S. 7) das „Lesen mit Bleistift" geübt werden. Dabei ließen sich neben der Gliederung – Rückblick auf das historische Ereignis (Z. 1–25), die „Sage" (Gerüchte) über die individuellen Folgen für die Bomberbesatzung (Z. 26–32), die Beschreibung des Film-Protokolls „Auftrag ausgeführt!" (Z. 33–91) – auch die Binnenstruktur des TV-Films ermitteln: Neben den Sendedaten (Z. 33–39) erfolgen der Rückblick auf den Bombenabwurf (Z. 40–51), die Zeit im Trainingscamp (Z. 52–63), das Schicksal der Maschine und der Mannschaft (Z. 64–70), der Besatzungstourismus im September 1945 (Z. 71–77), das Amüsement über die „Sage" (Z. 78–83) und die Begegnung mit Mr. Shimodoi (Z. 84–91).

13a Folgende **Ergänzungen** zum Thema und zur Themenanalyse (vgl. LB, S. 72) wären denkbar:

– **Spontane Einfälle:** die „Erinnerungsfeier" alle drei Jahre, die naive bzw. dreiste Gedankenlosigkeit, die buchhalterische Betrachtung des Zerstörungswerks, der peinliche Auftritt des „Ehrengastes"

– **Themenanalyse:** Der leitende Operator „Erörtern" und die Zweiteilung sind erkannt und als Cluster auch übersichtlich dargestellt.

 13b **Fortführung der Stoffsammlung:**
1. Problemorientierte Textuntersuchung:
...

– „unheilbar" gesunde alte Herren (Z. 51)
– große Zeit des Trainingscamps (Z. 52ff.)
– leider auch private Rivalitäten (Name des Bombers, Z. 59ff.), die aber vor allem Eifersüchteleien und keine sachlichen Positionen betreffen
– Verbitterung über die Behandlung des Bombers und der Tat (Z. 64ff.)
– Tibbets und Ferebee Besatzungstouristen in Hiroshima (Z. 71ff.)
– Amüsement über die „Sage" (Z. 78)
– Pilot Eatherly ein „Spinner" (Z. 82f.)
– Höhepunkt: Der Ehrengast (Z. 85ff.)

Fazit: Keine erkennbaren Unterschiede in der Glorifizierung der Tat.

2. Kritische Stellungnahme im Text, an die angeknüpft werden könnte:

pro	kontra
– Kapitulation erreicht (Z. 24f.) – „Verleugnung einer historischen Leistung" (Z. 66f.)	– noch heute: „Akt des Patriotismus" (Z. 2) – in den 50er-Jahren verstummten die Ruhmesfanfaren (Z. 26f.) – Tragigroteske (Z. 28f.) – walzerselige Erinnerung (Z. 41f.) – „Hiroshima mon amour." (Z. 44f.) – „blättern verträumt in alten Fotoalben" (Z. 46f.) – Amateurfilm „stürmisch beklatscht" (Z. 48f.) – „wunde Seelen unbekannt" (Z. 51f.) – „Menschlichkeit bewahrt" (Z. 55f.) – „Helden" (Z. 70)

3. Eigene Position des Schreibers:

– Gewisses Verständnis für die Haltung der Besatzung in der historischen Lage von 1945:
  • Grausame Kriegführung der Japaner
  • Verteidigungswillen bis zur Selbstzerstörung (Kamikaze-Piloten)
  • Eroberung Japans hätte große US-Opfer bedeutet
  • Abkürzung eines Krieges, den die Japaner begonnen hatten (Pearl Harbor)
– Gewisses Verständnis auch für die „Kameradschaftstreffen" alle drei Jahre
– Scharfe Kritik am „unbarmherzigen Stolz":
  • keine kritische Reflexion aus dem Abstand,
  • kein Mitleid mit den Opfern,
  • kein Versuch der historischen Einordnung,
  • kein Gedanke daran, welches Signal mit diesen Atombombenabwürfen gesetzt wurde.
  • Abscheu vor der Einladung des „Ehrengastes", dessen Naivität und Dummheit auf schamlose Weise missbraucht werden.

Die Besprechung der **Methodenhinweise** zur *Themenanalyse* und zu den *Operatoren* sowie zur *Mehrperspektivität* sollte sehr sorgfältig erfolgen, weil hier Techniken und Termini dargestellt werden, die für alle Formen des Schreibens grundlegend sind. Die sachgerechte Auslegung der Operatoren ist das A und O einer aufgabengerechten Lösung und die beste Gewähr dafür, dass das Thema nicht verfehlt wird und dass die Zeitplanung für die einzelnen Arbeitsphasen stimmt. Was den Jugendlichen besonders schwer fällt, ist die Forderung, die *Mehrperspektivität* zu beachten. Denn gerade bei einem Text wie dem Spiegel-Bericht ist die „Standpunktleidenschaft" die natürliche Reaktion vor allem jugendlicher Leser. Wie bei der Interpretation ist die subjektive spontane Reaktion zwar durchaus erwünscht, um das notwendige Engagement für den Gegenstand zu erreichen. Für den aber danach notwendigen Objektivierungsprozess, der nur über Distanzierung und Differenzierung erreichbar ist, müssen den Schülerinnen und Schülern Hilfen angeboten werden:

– Durch das Aufspüren immanenter Kritik im Text (vgl. den zweiten Aspekt der Stoffsammlung) soll die Differenzierung vorbereitet werden.
– Über *Rollensimulation* gelingt es leichter, unterschiedliche mögliche Standpunkte außerhalb der individuellen Wertung einzunehmen, z.B. durch
  • den „Soldatenstandpunkt" 1945,
  • die historische Situation,
  • die Brutalität des Feindes,
  • den „Opferstandpunkt" etc.

Die Vorstellung der mündlichen Auseinandersetzung in einer *Diskussion* erleichtert die Rollensimulation: Das Hineindenken in Vertreter unterschiedlicher Positionen, die man im Rundgespräch als Personen vor und gegen sich hat, hilft als Vorstellungsmodell: Statt der Diskussion zwischen konkreten Teilnehmern kann bei der *Erörterung* der mehrperspektivische Diskurs nur virtuell stattfinden. Aber ohne seine Simulation besteht die Gefahr einer monokausalen Argumentation.

Seite 22

14 Die **textgebundene Erörterung** als Übungsaufsatz sollte über exemplarisch ausgewählte und anonymisierte Schülerbeispiele (am besten natürlich aus einer fremden Lerngruppe) in konkurrierender *Gruppenarbeit* ausgewertet werden: Ergiebig ist die Vorlage von 2–3 fehlerhaften Lösungen mit typischen inhaltlichen (Lücken, falschen Gewichtungen) und formalen (Sprachebene, Stil, Zitierweise) Defiziten, wobei immer zwei Gruppen dasselbe Beispiel bearbeiten. Erfolgt die Ergebnispräsentation über *Folienprojektion* im Gruppenvergleich und wird im Anschluss daran im Plenum eine gute Lösung analysiert, ist der Lerneffekt besonders groß.

II. Situationen und Grenzsituationen in epischen Kurzformen (S. 22–37)

Der Doppeltitel betrifft nicht nur die stoffliche Akzentuierung der ersten und zweiten Teilsequenz, sondern deutet die innere Dimension der Texte an, die aus vordergründig alltäglichen Ereignissen unvermittelt Hinter- und Abgründe aufzeigen und Grenzsituationen menschlicher Existenz beleuchten. Die Erzählungen sind so gewählt, dass neben der Betrachtung traditioneller und moderner Formen durch Subtexte einige wichtige Grundlinien von **Intertextualität** (vgl. SB, S. 283) deutlich werden, die in der fünften Sequenz des ersten Kapitels und dann häufig in den einzelnen Epochen eine große Bedeutung erhält: Im Zusammenspiel von dichterischem Text, Stoffgeschichte, Sekundärtexten zu Gattung und Genres und unterschiedlichen Arten des mündlichen und schriftlichen Umgangs werden Lesetechniken und Arbeitsformen geschult, die grundlegend für die Arbeit der Oberstufe sind.

S. 23–29: II,1.   Die Vieldeutigkeit des Alltäglichen – Gestaltendes Interpretieren von Kalender- und Kurzgeschichten sowie Parabeln

Die Vieldeutigkeit des Alltäglichen stellt sich in **epischen Kurzformen** der Teilsequenz dar als Tod und ewige Treue (Hebel), kindliches Versagen (Brecht), Pervertierung in der Notsituation (Borchert), Zwiespältigkeit der menschlichen Seele (Brambach), Lebenserfahrung und Lebensweisheit (Schopenhauer), Unsicherheit und Angst (Kafka), Unersetzlichkeit des Menschen (Kunert) und Mechanisierung menschlichen Tuns (Bernhard).
In einem zweiten Schwerpunkt sollen unterschiedliche Möglichkeiten des **gestaltenden Interpretierens** (vgl. LB, S. 20f.) erprobt werden als Textumformung (Text 1), Gegengestaltung (Text 3), Erzählen aus anderer Perspektive (Text 4), Umgestaltung (Text 7). Weil nicht beabsichtigt ist, eine Interpretationsmethode zu verabsolutieren, sind partielle **analytische Untersuchungen** vor allem auf den Vergleich, die Textstruktur und **Stileigenarten** bezogen.

Mögliche Ziele:

1. Epische Kurzformen der Sekundarstufe I durch Subtexte und Vergleiche genauer erfassen
2. Gestaltungsformen kennen lernen und erproben
3. Das Mitschreiben üben

Seite 24

Texterläuterungen:

Johann Peter Hebels „Unverhofftes Wiedersehen", das Gleichnis der Liebe und Treue zweier Menschen, ist d i e exemplarische Kalendergeschichte. Auch der plötzliche Tod des Mannes durch einen Berufsunfall kann die absolute Bindung der Frau nicht gefährden, weil ihr alles Irdische fraglos in einem jenseitigen Leben aufgehoben erscheint.

Der dreiteilige *Aufbau* ist thematisch und stilistisch klar konturiert:

– **Verlöbnis und Tod** (Z. 1–14) beginnen mit genauer Orts- und Zeitangabe, wobei Rede und Gegenrede des Versprechens in bildhafter Sprache und geradezu idyllisierend („eigenes Nestlein", Z. 3) von hoher Emotionalität getragen sind. In deutlichem Kontrast steht die formelhafte Sprache des kirchlichen Aufgebots (Z. 7f.). Nach der lapidaren Schreckensbotschaft „da meldete sich der Tod" (Z. 8) werden in zwei Hypotaxen die Umstände des Todes und der Trauer expliziert, wobei in der komplexen Syntax die Nähe und Verschränktheit von Leben und Tod fassbar werden. Im „Weglegen" (Z. 13) des Hochzeitstuches und im ewigen Erinnern (Z. 14) werden Zeichen der Liebe und die Trauer „aufgehoben", d.h. bewahrt für immer.

– Das **Vergehen der Zeit** über den Zeitraum von 50 Jahren (Z. 14–24) wird in der additiven Berichtsform durch Satzreihen dargestellt. Der „großen Geschichte", in deren unkommentierter Aufzählung vor allem epochaler Ereignisse die Vergänglichkeit und wohl auch die Vergeblichkeit großer Teile menschlichen Tuns in geradezu barocker Eindringlichkeit einer „vanitas" konstatiert werden, steht die alltägliche Lebenswelt der Ackerleute, Müller, Schmiede, Bergleute gegenüber (Z. 22ff.), die als zeitenthoben erscheint.

– Das **unverhoffte Wiedersehen** (Z. 24–53), der umfangreichste Teil der Erzählung, ist so genau datiert, dass man den Zeitrahmen zwischen 1759 und 1809 exakt festlegen kann. Die durch Eisenvitriol erhaltenen Züge des Jünglings im Kontrast zur Hinfälligkeit der Braut vermitteln nochmals, jetzt im Individuellen, eine Vorstellung von der großen Zeitspanne. Das Paradoxon der Situation – der lebende Mensch wird ein Opfer der Zeit, der konservierte Tote scheint der Zeit enthoben zu sein – und das „freudige Entzücken" (Z. 35) des Wiedersehens rühren die „Gemüter aller Umstehenden" (Z. 39). Analog zum ersten Teil kennzeichnen den Schluss Idyllisierungsformen („ihr Stüblein", Z. 44, „Kästlein", S. 47) und die eindringliche persönliche Rede der Braut dem Toten gegenüber, die aber durch die Schlichtheit und die religiöse Symbolik (Z. 51f.) nicht ins Sentimentale abgleitet. Die Synthese von Entzücken und emotionalem Gefasstsein der Frau

sind aus der religiösen Gewissheit zu verstehen, dass der Tod in der Verheißung des ewigen Lebens überwunden ist:[26]

Besonders klar wird die Eigenart von Hebels Kalendergeschichte beim Vergleich mit Hugo von Hofmannsthals Erzählung „Das Bergwerk von Falun" (1899).

1a Nach der am besten stillen (auch häuslichen) Lektüre ist ein impulsgesteuertes *Unterrichtsgespräch* am fruchtbarsten. (Bei der Vorbereitung zu Hause sollten die spontanen Ersteindrücke unbedingt festgehalten werden.)

Beabsichtigt ist, den extremen Kontrast zu heutigen Liebesbeziehungen, die häufig durch raschen Wechsel und Flüchtigkeit gekennzeichnet sind, zur Auseinandersetzung zu nutzen: Dabei dürfen Reaktionen von Unverständnis, Ablehnung und Spott nicht vorschnell verworfen werden. Vielmehr gilt es, das Fremde und ganz und gar Andersartige als Anstoß für die genauere Untersuchung zu nehmen.

1b Klar erkennbar sind die drei Teile:
– Liebe, Versprechen, Aufgebot und der unvermittelte Tod, mitten im Satz (Z. 1–14): Rede und Gegenrede, Erzählstil, z.T. idyllisierend, anschauliche Gestaltung der Situation;
– Die Ereignisse der 50 Jahre (Z. 14–24): reihender Bericht, karge Zahlen und Fakten; Kontrast zwischen dem Vergänglichen und Fortdauernden.
– Bergung des Bergmanns und Wiedersehen (Z. 24–53): ähnliche Konkretisierung des Erzählstils wie im ersten Teil.

1c Verhältnis von Zeitungsbericht und Kalendergeschichte

Zeitungsbericht von 1809	„Unverhofftes Wiedersehen"
– Sprache des Berichts: Bergung des Leichnams (Ort, Details, z.T. sehr genau) – Im Erzählteil: Reaktion des Volkes und der greisen Braut, Kontrast des Paares	– Individualisierung durch den situativen Rahmen: Versprechen, Aufgebot und Wiedersehen: Konkretisierung (Zeit, Ort, Attribute), innige Zärtlichkeit, wörtliche Reden – Konkretisierung der Zeitspanne von 50 Jahren und Verknüpfung der „großen Welt" mit der „kleinen Alltagswelt" (Z. 22f.).

Ergebnis: Hebel übernimmt die Details der Quelle fast ganz, gibt ihnen aber eine neue Struktur und Sprache, denn erst durch die Liebesszene des Anfangs wird das anrührende Wiedersehen glaubwürdig.

1d Die Zeitspanne von 50 Jahren wird konkretisiert:
Naturkatastrophe (Z. 14), Krieg (Z. 15), Regierungswechsel (Z. 15ff.), politische Veränderungen (Z. 16), Skandale (Z. 17), weltgeschichtliche Ereignisse (Z. 17, 20) und im selben Satz die Verrichtungen des Alltags (Z. 22ff.).

2a Die **Inhaltsangabe** müsste die Dreiteilung, die Individualität und Konkretisierung von Abschied und Wiedersehen und die jedem Teil angemessene Sprache betonen. Als Einleitung könnte folgendes **Resümee** stehen: Johann Peter Hebels Kalendergeschichte „Unverhofftes Wiedersehen" erzählt, wie Liebe und Treue die Zeit und den Tod überdauern.

2b Die **Sensationsmeldung** für eine heutige Boulevardzeitung sollte folgende Merkmale aufweisen:
– eine reißerische Überschrift (Z.B. Greisin trifft jungen Geliebten!);
– eine ins Kitschige gehende Emotionalisierung des Wiedersehens;
– übersteigerte Außenspannung und „Nervenkitzel" statt Innigkeit und Würde;

---

[26] Aus den zahlreichen Interpretationen zu Hebels „Unverhofftem Wiedersehen" sind vor allem zwei zu nennen: Edgar Neis: Struktur und Thematik der traditionellen und modernen Erzählkunst. – Paderborn (Schöningh) ³1982, S. 59ff.
– Jan Knopf: Die deutsche Kalendergeschichte. – Frankfurt (Suhrkamp) 1983. – Vgl. Jan Knopf: Geschichten zur Geschichte. Kritische Tradition des „Volkstümlichen" in den Kalendergeschichten Hebels und Brechts. – Stuttgart (J.B. Metzler) ¹1973, S. 75–80.

- eine drastische Sprache (Kumulation reißerischer Attribute) und plakativer Stil, der alles Persönliche durch Klischees verdeckt.

3 Die literarische **Wertung** ist für Jugendliche generell schwierig, weil ihnen ästhetische Maßstäbe und Vergleichskategorien weitgehend fehlen. Besondere Schwierigkeiten aber entstehen, wenn der Zeitgeschmack zu einem spontanen Vorurteil führt, das nicht leicht zu korrigieren ist.
Umso wichtiger ist es, nach dem eingeschlagenen Lösungsweg – vom Ersteindruck über Analyse und Umgestaltung – zu einer Reflexion zu gelangen.

- Die Hochschätzung der Erzählung kann jetzt sicher erklärt werden: „Größe des Einfachen" dieser Rahmenerzählung durch
  - Dreigliederung mit jeweils spezifischem Stil (Schilderung, Bericht und Chronikstil);
  - Individualisierung des Geschehens durch innige Zwiesprache, Symbolik und Körpersprache;
  - Würde und menschliche Größe in Verhaltensweisen und Gesten;
  - Veranschaulichung der Idee von Liebe und Treue.
- Die Stellungnahme schließt zumindest immanent die eigene Wertung der Schülerinnen und Schüler ein: Sie kann durchaus kritisch sein (Fremdheit der Sprache, Andersartigkeit der Verhaltensweise, hohe Idealisierung), sollte aber – im Gegensatz zum geschmäcklerischen Vorurteil – streng textbezogen und argumentativ sein.

Texterläuterungen:

Bertolt Brechts Keunergeschichte „Der hilflose Knabe" repräsentiert eine moderne Version der Kalendergeschichte, deren Grundtendenz von Unterhaltung und Belehrung sehr entschieden ins Didaktische verstärkt wurde. Als pointiertes Gegenmodell zur Verhaltensweise und Ethik der Bergpredigt wird die „Unart" (Z. 1) des stillschweigenden Leidens als Sklavenmoral verurteilt. Durch das gewählte Paradigma des Kindes spitzt sich die Problematik zu: Der Knabe ist „hilflos", weil er sich nicht angemessen zur Wehr setzt und laut um Hilfe schreit. Der erwachsene Mann – der Wissende – hilft dem Jungen nicht durch Tröstung oder Gunsterweis, sondern durch extreme Steigerung des Unrechts, um so durch Brutalität eine Lehre für ein andermal zu erteilen. Ist „liebevoll streichelnd" (Z. 7) dann als Indiz echter Mitmenschlichkeit oder als Signal zynischer Taktik zu verstehen?

4 Herr K. identifiziert sich mit dem „Vorübergehenden" (Z. 2f.), einem Herrn Jedermann, wie durch den Einleitungssatz deutlich wird (Z. 1): Hilflosigkeit und Schwäche des Kindes werden nicht als naturgegeben hingenommen und i.S. der Caritas unterstützt, weil nur die Brutalität des Schocks für tauglich gehalten wird, im Raubtierkapitalismus das Überleben zu gewährleisten.
Nach Auffassung Herrn K.s hat der Knabe die entschiedene, tatkräftige und erfolgreiche Gegenwehr (etwa durch lautes Schreien) nicht gelernt. Statt sich um kollektive Hilfe und Solidarität zu bemühen, verharrt er in individualistischem Selbstmitleid und bleibt Opfer.

5 Die **Umgestaltung** des Schlusses soll Brechts Absicht mit den Keunergeschichten noch deutlicher herausstellen. Dabei entstehen neue Wertungsprobleme, die in Bezug auf das Genre dieser Beispielgeschichten (SB, S. 24) an konkreten Schülerlösungen besprochen werden müssen:
- Lösungstyp „Gunsterweis des Mannes": Der Mann schenkt dem Jungen einen Groschen und tröstet ihn.
Diese persönlich-begütigende Lösung muss Herr K. (B. Brecht) ablehnen, weil sie individualistisch und damit unbrauchbar bleibt für künftige sozial (Armut) oder moralisch (Habgier) bedingte Fälle.

- Lösungstyp „Hilfe": Der Mann hilft dem Jungen bei der Verfolgung des Diebs und demonstriert Solidarität mit den Schwachen und mobilisiert Selbsthilfe.
- Lösungstyp „Lehrgespräch": Der Mann führt ein verständnisvolles pädagogisches Gespräch mit dem Jungen mit dem Ziel des Lernens durch Einsicht.
(Durch kontrastive Textpräsentation ließe sich Brechts Absicht noch entschiedener veranschaulichen: Die Keunergeschichte „Wenn die Haifische Menschen wären" ließe sich als Beispiel für den „Raubtierkapitalismus" mit folgenden Arbeitsanweisungen erschließen:
1. Interpretieren Sie die Keunergeschichte nach Absicht und Eigenart der Gestaltung.
2. Fassen Sie die Lehre als „Klartext" in einem Resümee zusammen.

Dagegen könnte als vorzügliches Exempel für die pädagogische Methode das Gespräch zwischen Galilei und Andrea gestellt werden im 1. Bild von „Leben des Galilei", etwa mit den Arbeitsanweisungen:
1. Beschreiben Sie den Lernprozess Andreas.
2. Fassen Sie die pädagogische Methode Galileis in einem Resümee zusammen.)

Ergebnis: Es gibt sinnvolle Alternativen zur Reaktionsweise des Mannes in Text 3, die pädagogisch sinnvoller und humaner sind als die brutale „Schocktherapie", die zu Verzagen, Misstrauen, Lähmung, ja sogar Traumatisierung führen kann, selbst wenn das „liebevoll streichelnd" (Z. 7) als Beweis wahrer Fürsorge gedeutet wird, die sich nur harter Methoden bedienen muss.

Seite 25

Texterläuterungen:

Wolfgang Borcherts Kurzgeschichte „Das Brot" gehört – vielleicht zusammen mit der Erzählung „Die Küchenuhr" – zu den charakteristischen Musterbeispielen für die erste Generation der deutschen Kurzgeschichte nach dem Zweiten Weltkrieg, was Heinrich Böll[27] als einer der Ersten bereits 1955 erkannte:

„[...] Es ist viel vom „Aufschrei Wolfgang Borcherts" geschrieben und gesagt worden, und die Bezeichnung „Aufschrei" wurde mit Gelassenheit geprägt. Gelassene Menschen ihrerseits schreien nicht – die Propheten der Müdigkeit werden nicht einmal von der Bitterkeit des Todes gerührt. Aber Kinder schreien, und es tönt in die Gelassenheit der Weltgeschichte hinein der Todesschrei Jesu Christi –
Die Dichter, auch wenn sie sich scheinbar in der Unverbindlichkeit ästhetischer Räume bewegen – kennen den Punkt, wo die größte Reibung zwischen dem Einzelnen und der Geschichte stattfindet, sie können – wie es in einem Vers von Günter Eich heißt – „nicht gelassen sein". Sie sind immer betroffen, und niemand nimmt ihnen die Last ab, die auch die Last des jungen Borchert war, diese Betroffenheit in einer Form auszudrücken, die wie Gelassenheit erscheinen mag. Zwischen dieser Betroffenheit und der Gelassenheit der Darstellung liegt der Punkt, wo der Dichter seine größte Reibung zwischen Stoff und Form erlebt. Borcherts Erzählung „Brot" mag als Beispiel dienen: Sie ist Dokument, Protokoll des Augenzeugen einer Hungersnot, zugleich aber ist sie eine meisterhafte Erzählung, kühl und knapp, kein Wort zu wenig, kein Wort zu viel – sie lässt uns ahnen, wozu Borchert fähig gewesen wäre: Diese kleine Erzählung wiegt viele gescheite Kommentare über die Hungersnot der Nachkriegsjahre auf, und sie ist mehr noch als das: ein Musterbeispiel für die Gattung Kurzgeschichte, die nicht mit novellistischen Höhepunkten und der Erläuterung moralischer Wahrheiten erzählt, sondern erzählt, indem sie darstellt. An ihr, an der Erzählung „Brot" lässt sich auch der Unterschied zwischen Dichtung und der so miss-

---

[27] Heinrich Böll: Die Stimme Wolfgang Borcherts (1955). In: Heinrich Böll. Essayistische Schriften und Reden. Bd. 1. © 1979 by Verlag Kiepenheuer & Witsch Köln.

verstandenen Gattung Reportage erklären: Der Anlass der Reportage ist immer ein aktueller, eine Hungersnot, eine Überschwemmung, ein Streik – so wie der Anlass einer Röntgenaufnahme immer ein aktueller ist: [...]

Wo das Röntgenauge eines Dichters durch das Aktuelle dringt, sieht es den ganzen Menschen, großartig und erschreckend – wie er in Borcherts Erzählung „Brot" zu sehen ist. Die „Helden" dieser Geschichte sind recht alltäglich: ein altes Ehepaar, neununddreißig Jahre miteinander verheiratet. Und der „Streitwert" in dieser Geschichte ist gering (und doch so gewaltig, wie ihn die Augenzeugen der Hungersnot noch in Erinnerung haben mögen): eine Scheibe Brot. Die Erzählung ist kurz und kühl. Und doch ist das ganze Elend und die ganze Größe des Menschen mit aufgenommen – wie hinter dem gebrochenen Nasenbein auf der Röntgenaufnahme der Totenschädel des Verletzten zu sehen ist. Die Erzählung „Brot" ist Dokument und Literatur, in ähnlicher Weise wie die Prosa, die Jonathan Swift über den Hunger des irischen Volkes schrieb. [...]"

Die Technik der Intensivierung durch leitmotivische Wiederholung (z.B. „Es war halb drei", Z. 1, 5, 7) ist keine Erfindung Wolfgang Borcherts[28], aber sie wurde von ihm konsequenter angewandt als von anderen Autoren der sog. „Trümmerliteratur". Was auf den ersten Blick wie die gehetzte Sprache eines Atemlosen wirkt, zeigt in der Stakkatotechnik der Stilisierung aufs Naive und oft Umgangssprachliche („Komm man", Z. 27, 31; „Iss man", Z. 64), der Kumulation und Variation knapper, oft parataktisch gereihter Aussagen und in der oft beklemmenden Metaphorik (z.B. „Kälte", Z. 11, 19f., 27f., 42, 43f.) ein ausgeprägtes Gestaltungsprinzip: Es wird der mündlichen Rede ebenso gerecht wie der Entsetzlichkeit von existenziellen Grenzsituationen der Angst, Verlorenheit, des Ausgeliefertseins, des Alleinseins, der Not und des tiefsten Versehrtseins. Und doch versucht Borchert auch in „Brot" über das Negative hinaus in liebevoller Zuwendung zu Mitmenschlichkeit (Z. 59) zu gelangen, mit der das Diskrepante und Dissonante überwunden werden kann: Hier ist es die egoistische Lüge des Mannes (Z. 13), die zur Entfremdung führt (Z. 14ff.), zunächst nur unzulänglich vertuscht wird („Ich dachte, hier wär was", Z. 13, 23, 39) und erst durch die altruistische Notlüge der Frau (Z. 63) aufgehoben und in der gestisch sich äußernden Scham des Mannes (Z. 58, 65f.) versöhnt ist.

6 Die *Erzählung aus anderer Perspektive* erfolgt am besten arbeitsteilig in zwei Abteilungen:

– Die Perspektive der Frau ist weitgehend in Borcherts Kurzgeschichte vorgeprägt. Der auktoriale Erzähler schaut ihr eigentlich über die Schulter.
– Die Erzählung aus der Perspektive des Mannes verlangt eine radikale Umgestaltung. Er ist der vom Hunger Getriebene, der sich in die Küche schleicht, von der Frau überrascht wird, auf peinliche Weise nach Ausreden sucht, ohne seinen Mundraub vertuschen zu können. Während die Frau agieren kann, bleibt ihm nur Spielraum für unglaubwürdige Verlegenheitsreaktionen und den Gestus der Scham.

Der Vergleich mit dem Original zeigt, dass ihm die Erzählung aus der Perspektive der Frau sehr nahe kommt. Die Darstellung aus der Perspektive des alten Mannes ergibt eine strukturell und intentional andere Geschichte, die direkter und in wesentlichen Teilen plumper wäre.
In diesem Fall dient die Umgestaltung dazu, den Jugendlichen zu zeigen, dass die Wahl der Perspektive Absicht und Stil eines Textes substanziell prägt.

[28] Vgl. Ruth J. Kilchenmann: Die Kurzgeschichte. Formen und Entwicklung. – Stuttgart/Berlin/Köln/Mainz (Kohlhammer) 1967, S. 161ff.
[29] Winfried Ulrich (Hrsg.): Deutsche Kurzgeschichten 11.–13. Schuljahr Stuttgart (Reclam) 1973, S. 4–9.

7 *Stilbeschreibung* ist nur ergiebig, wenn die Analyse an einem knappen Auszug von 5–10 Zeilen gemacht wird.
Die Untersuchung erfolgt am besten in arbeitsteiliger *Partnerarbeit*, so dass am Ende der ganze Text bearbeitet ist. Wenn in tabellarischer Darstellung nach vorgegebenen Aspekten auf *Folienstreifen* geschrieben wird, kann die Auswertung rasch erfolgen.

Stilbeschreibung des Anfangs

Syntax	Lexik	Bildlichkeit
– Kurze Aussagesätze (Z. 1) – erweiterter Aussagesatz (Z. 2) – Einwortsätze („Nachts", Z. 7) und Ellipsen (Z. 7)	– Wortwiederholungen („still", Z. 3/4) – Umgangssprache („Die Uhr war halb drei". Z. 5) – „Sie", „Es" – oft gleiche Satzanfänge	– „Ach so!" (Z. 1) Die Interjektion signalisiert die einsetzende Erinnerung. – Bild der tastenden Suche (Z. 3) – „etwas Weißes" (Z. 6)

Die Stilbeschreibung zeigt im ganzen Text ähnliche Merkmale. Entscheidend ist die Reflexion über die Funktion dieser Stilmittel (s.o.). Auf diese Weise sollen die Schülerinnen und Schüler lernen, n a c h der genauen Deskription die Deutung im Kontext des Sprachganzen zu versuchen (vgl. SB, S. 15), wie dies für jede Interpretation notwendig ist.

Seite 26

8 Die **Kurzgeschichten** Borcherts und Brambachs (Text 5) zeigen auf exemplarische Weise die charakteristischen Merkmale des Genres:[29]

– *Ausschnitthaftigkeit* der Situation, i.d.R. auch Kürze: Küche, nachts um halb drei; Streit auf der Baustelle
– *Komprimierung* des Geschehens (Punktualisierung, Reduktion, Verdichtung): e i n äußerlich banaler, aber entscheidender Augenblick (Mundraub, Demütigung)
– *„Simultaneität"* im Zusammenwirken verschiedener Wirklichkeits- und Bewusstseinsebenen: nur ein Stück Brot, aber Betrug am andern; ein „Scherz", aber tödliche Konsequenz
– *Offenheit* der Struktur, d.h. fehlende Einleitung, offener Schluss: mitten in der Nacht; Brambach weicht in diesem Punkt von der Regel ab. Dies zeigt, dass es d i e Kurzgeschichte mit jeweils dem gleichen Merkmalskatalog nicht gibt.
– *Alltäglichkeit* des Geschehens mit „kleinen" Leuten, so wie ich und du: altes Ehepaar, Umgangssprache; Bauarbeiter mit Jargon
– *Mehrdeutigkeit* und Verweischarakter des Gesagten: Erkennen des Alters als Zeichen der Entfremdung; Franz fiel vom Gerüst (Unfall oder Verbrechen), „Verstehe einer die Südländer!" (Großmut oder Unberechenbarkeit, die auch vor dem Verbrechen nicht Halt macht.)

Seite 27

9a Der erste Eindruck von Schopenhauers **Parabel** mag bei heutigen Jugendlichen, die untereinander meist einen sehr unkonventionellen „amerikanischen" Umgangsstil pflegen, schwanken zwischen den Polen Befremden ob des Skeptizismus und dem Erstaunen über die Definition von „Höflichkeit und feiner Sitte" (Z. 11), die der Vorstellung von englischer Kühle und Distanziertheit entspricht.

Diese Irritation ist beabsichtigt und kommt am besten durch individuelle Notizen zum Ausdruck, auf deren Grundlage sich ein *Fachgespräch* entwickeln könnte über „die mittlere Entfernung" (Z. 9f.) im gesellschaftlichen Umgang sowie über den Sinn menschlicher Konventionen im Allgemeinen.

9b Der **Aufbau** der Parabel zeigt einen **Bildteil** (Z. 1–7), der anschaulich erzählt und beschreibt: Handlungsträger, Situation (Kälte, Bedürfnis nach Wärme) und Ziel werden knapp vorgestellt. Daran schließt sich die Beschreibung der Bewegungen an, wobei der Paragraph 396 am Anfang (Gliederung wie „Gesetzestext"?!), die ungewöhnlichen Satzanschlüsse („welches", Z. 3, „Wann" statt Konjunktion „Wenn", Z. 4) und die altertümliche Wortwahl („beide Leiden", Z. 5) besonders auffallen.

Im **Reflexionsteil** (Z. 7–15) wechselt mit dem Ton einer reflektierenden und wertenden Beschreibung, eingeleitet durch das vergleichende „So" (Z. 7) – „Leere und Monotonie", Z. 7f., „Höflichkeit und feine Sitte", Z. 11; englisches Zitat, Z. 12; Juristendeutsch: „Vermöge derselben" (Z. 12 –, auch die Wirklichkeitsebene: Unter anthropologischen und soziologischen Aspekten wird erörtert, wobei die Forderung nach „mittlerer Entfernung" (Z. 9f.) und die jetzt metaphorisch benützte Wendung „Stich der Stacheln" (Z. 13f.) das tertium comparationis zwischen Bild- und Reflexionsteil darstellen. Die Persönlichkeit mit viel eigener „innerer Wärme" (Z. 14) kann sich den „Luxus" eines unbeeinträchtigten Individualismus leisten.

10 Die textgebundene **Erörterung** bietet sich als Hausaufgabe an, um – nach der Vorbereitung durch das Fachgespräch und die Strukturanalyse – die eingeführte Schreibform (vgl. SB, S. 16 und 21) einzuüben.
Die Lösung könnte sich in zwei Richtungen entwickeln oder eine Synthese aus beiden Möglichkeiten anstreben:

- Nahe liegend (s.o.) ist die Kritik am pessimistischen Menschenbild Schopenhauers (Bild des Stachelschweins!; „Leere und Monotonie des eigenen Innern", Z. 7f.), seiner einseitigen „Defizitbegründung" für Gesellschaft und an der Formalisierung der so entstehenden sozialen Beziehungen.
- Möglich ist aber auch, die Vorteile der „mittleren Entfernung" (Z. 9f.) herauszustellen, z.B. nach den Spielregeln von eigenem Grenzbewusstsein, Respekt vor dem andern und Andersartigen, vor tradierten Regeln der Rücksichtnahme, Diskretion und Höflichkeit.
- Dass in der kritischen Abwägung auch die eigene Lebensweise und Verhaltensreflexion der Jugendlichen einbezogen wird, liegt nahe.

In der Besprechung dieser Parabel ergibt sich häufig ein allmählicher Erkenntnisprozess: Von der spontanen Kritik, ja Ablehnung der Position Schopenhauers, über Analyse und Erörterung hin zu einer kritischen Akzeptanz der Prämisse. Dabei ist häufig auch eine gewisse Sehnsucht nach „geregelten" und überschaubaren Sozialverhältnissen herauszuhören, trotz oder vielleicht gerade wegen der weithin üblichen Freizügigkeit eines „schicken" Nonkonformismus.

Texterläuterungen:

Franz Kafkas parabolische Erzählung „Heimkehr" und das „Gleichnis vom verlorenen Sohn" (vgl. Lukas-Evangelium 15, 11ff.) zeigen Grundmöglichkeiten von Vater-Sohn-Beziehungen: Einerseits das archetypische Paradigma vorbehaltloser und grenzenloser väterlicher Liebe und Versöhnungsbereitschaft im Lukas-Evangelium, obwohl die Vorgeschichte einen undankbaren, verschwenderischen und unmoralischen Sohn zeigt, der als Schweinehirt den Tiefpunkt der Entwürdigung erreicht hatte. Andererseits bei Kafka – ganz ohne Mitteilung der Vorgeschichte – das Exempel angstmachender Fremdheit, wobei Begegnung und Versöhnung nicht einmal versucht werden. Wenn es gelänge, eine biografisch verengte monokausale Deutung zu vermeiden, könnte als Erfahrungshintergrund Kafkas

problematische Beziehung zum Vater („Brief an den Vater", 1919) einbezogen werden. Kafkas Erzählung verlangt eine sorgfältige semantische Differenzierung: „Ich bin zurückgekehrt" (Z. 1) und „Ich bin angekommen." (Z. 4) bilden eine Klammer, zwischen der alle benannten Details – „Vaters alter Hof" (Z. 1), „die Pfütze" (Z. 2), „unbrauchbares Gerät" (Z. 2), die Katze (Z. 3), ein „zerrissenes Tuch" (Z. 3) – die Vertrautheit mit dem Bekannten und Wiedererkannten signalisieren. Aber bereits auf der Ebene der äußeren Umstände und Gegebenheiten gibt es irritierende Anzeichen: das alte Gerät „verstellt den Weg" (Z. 2f.), die Katze „lauert" (Z. 3), das Tuch ist „zerrissen" (Z. 3). Dass „angekommen" nur ganz äußerlich in quasi topographischem Sinne zu verstehen ist, ergibt sich aus der syntaktischen Konstellation: In drei Fragesätzen, die alle auf das mögliche Verhalten der Menschen „hinter der Tür" bezogen sind, verraten die Unsicherheit, ehe diese ausdrücklich eingestanden wird (Z. 7). „Meines Vaters Haus ist es" (Z. 7), aber die Dinge stehen „kalt" (Z. 7) und fremd nebeneinander, so dass es nicht „mein Haus" werden kann, möchte man ergänzen. Unter dem Aspekt der Nützlichkeit (Z. 9) des Heimkehrers verzagt dieser völlig, und das dreimal wiederholte „Ferne" (Z. 10–12) wird zur Chiffre für die ins Maßlose wachsende innere Distanz, in die nur noch ein ferner, vielleicht nur eingebildeter Klang aus „Kindertagen" (Z. 13) reicht. Schließlich wird das „Geheimnis" der andern (Z. 14) und des eigenen Ichs (Z. 16) zum definitiven Hemmnis, so dass „Heimkehr" ohne Ankunft i.S. von Einkehr bleibt.
(Zur Polysemie von „verlieren" vgl. Jacob und Wilhelm Grimm: Deutsches Wörterbuch. Bd. 25. Sp. 794–813. – München (dtv) 1984.)

11a Der *Vergleich* der Heimkehr ergibt Folgendes:

Lukas-Evangelium	Kafkas „Heimkehr"
- Schuldbewusstsein und Bußbereitschaft des Sohnes - Demut vor Gott und dem Vater - Der Vater erwartet den Sohn: ist von Erbarmen gerührt, eilt ihm entgegen, fällt ihm um den Hals, küsst ihn. - Erneute Selbstbezichtigung des Sohnes - Der Vater stellt die Würde des Sohnes wieder her (Kleidung, Schuhe, Ring). - Feier des Freudenmahls: Der verlorene Sohn ist wiedergefunden. - Eifersucht und Einspruch des Älteren lässt der Vater nicht gelten	- Äußere Annäherung (Flur, Hof, Geräte, Katze, Z. 1ff.), aber bereits mit Irritationen („verstellt", „lauert") - Bange Fragen: Wer wird mich empfangen? (Z. 4ff.) - Unsicherheit (Z. 7) und Verharren in zunehmender Distanz (Z. 7ff.) - „Meines Vaters Haus" (Z. 7), aber alles ist „kalt" (Z. 7) - Küche als Zentrum, aber kein Klopfen (Z. 10) - „Ferne" (Z. 12ff.) und beiderseitiges „Geheimnis" (Z. 14 und 16): Heimkehr ohne Ankunft.

11b Die **Inhaltsangabe** (vgl. SB, S. 38) sollte Fertigkeiten der Sekundarstufe I im Formalen reorganisieren: Angabe von Autor, Titel, Gattung (Parabel oder parabolische Erzählung) und Kern im Übersichtssatz (einer Art Resümee): Scheitern der Heimkehr durch Fremdheit der Dinge, der Menschen und des Seins, aber auch wegen Angst und Ichbezogenheit v o r dem Versuch einer Begegnung.
Im Unterschied zum biblischen Gleichnis, in dem der verlorene Sohn der irrende Mensch und der Vater Gott ist, der sich gegen den Widerstand des älteren Bruders (d.h. des Mitmenschen) mit seiner Liebestat durchsetzt, kann die Inhaltsangabe des Kafka-Textes auf der Ebene der Immanenz bleiben und die Gliederung herausstellen: äußere Heimkehr (Z. 1–4), Fragen und Unsicherheit (Z. 4–10), zunehmende innere Ferne (Z. 11–13) und Wahrung des Geheimnisses (Z. 14–16).

12 *Exzerpt* zum Scheitern der Heimkehr, sofern die Lösung zu 11a unbefriedigend und ungenau geblieben ist.

Aussagen	Stileigenarten

– Weg zur Bodentreppe (= nach oben?) ist verstellt (Z. 2f.)
– Die Katze „lauert" (Z. 3)
– Das Tuch ist „zerrissen" (Z. 3)
– Bange Fragen: Wer? (= welche Personen, Z. 4ff.)
– (Nur) Rauch aus dem Schornstein (Z. 5)
– „Ist dir heimlich?" (Z. 6) i.S. von heimatlich oder heimelig
– Unsicherheit (Z. 7), Kälte, Vereinzelung
– „Was kann ich ihnen nützen?" (Z. 9)
– „Was bin ich ihnen?" (Z. 9)
– Verzagtheit, dreimal „Ferne" (Z. 10ff.)
– Vielleicht Klang aus Kindertagen (Z. 13)
– Doppeltes Geheimnis (Z. 14, 16)
	– Kontrast zwischen dem knappen Konstatieren der Rückkehr (Z. 1 und 4) in lapidaren Aussagesätzen und der zunehmenden Ferne und Fremdheit:
	  • unsichere Fragen (Z. 4ff.)
	  • konjunktivische Vermutungen (Z. 7f., 15f.)
	– Intensivierung durch Wiederholung: „Wer?" (Z. 4ff.), „Ferne" (Z. 10ff.)
	– Ich-Perspektive (Z. 1–16), aber Verallgemeinerung durch „man" (Z. 14f.) und Anonymisierung durch „jemand" (Z. 15)
	– Sätze, die mit „Und" beginnen (Z. 10, 12) drücken die enge Beziehung zwischen den Fragen und den Folgerungen aus.
	– Mit „horchen", „erhorchen" (Z. 12) und „hören" (Z. 13) wird das komplizierte Verhältnis von Wahrnehmung und Imagination auch in Wortwahl und Syntax deutlich.

13 Die *Umgestaltung* (vgl. LB, S. 20f.) des Kafka-Textes zu einer gelingenden Heimkehr kann nicht nach einem platten Happyend-Muster erfolgen, weil die aufgewiesene semantische Vernetzung (s.o.), die Isotopieebenen von Fremdheit, Ferne, Kälte und Ich-Bewahrung, zwingend auf das Scheitern weisen.
Folgende Lösungen aber wären denkbar:
– Kafkas Text müsste von Anfang an in der Attribuierung (z.B. „vertrautes" statt „unbrauchbares Gerät", Z. 2) und Prädikation (z.B. Die Katze „schnurrt", Z. 3) offener gestaltet werden, so dass die Frage des Heimkehrers zwar Spannung zeigen dürfte, aber keine lähmende Verzagtheit.
– Nach dem Schluss von Kafkas parabolischer Erzählung „Vor dem Gesetz" (1914) – „Hier konnte sonst niemand Einlass erhalten, denn dieser Eingang war nur für dich bestimmt." – könnte man – trotz aller Entfremdung – den Versuch machen, im Durchbrechen des Geheimnisses eine Begegnung und eine argumentative Auseinandersetzung zu erreichen.

Der Vergleich mit dem Original könnte erweisen, dass der erste Lösungsversuch eine tatsächliche Gegengestaltung zu Kafka i.S. des Lukas-Evangeliums wäre. Den Intentionen Kafkas näher und entsprechender wäre ohne Zweifel der zweite Versuch.
(„Vor dem Gesetz" wäre auch als anspruchsvolle Übungs- oder Klausurarbeit geeignet.
1. Charakterisieren Sie das Verhalten des „Mannes vom Lande".
2. Deuten Sie die Parabel, indem Sie vom Schluss ausgehen.
Interpretationen dazu: Werner Zimmermann: Deutsches Prosadichtungen unseres Jahrhunderts. Interpretationen für Lehrende und Lernende. Bd. 1. – Düsseldorf (Schwann) ³1973. S. 209–217. – Wilhelm Emrich: Franz Kafka. – Frankfurt/Bonn (Athenäum) ³1964, S. 266–269.)

---

³⁰ Nur eine systematisierte Informationsverarbeitung, z.B. in einem Deutschordner (vgl. LB, S. 6), lässt die Optimierungsbemühungen sinnvoll erscheinen.

Seite 28

14 Die *Partnerarbeit* an den Texten 8 und 9 kann nach der Lektüre konkurrierend so erfolgen, dass immer mehrere Partner einen Text bearbeiten.

Das Bild der Technik bei

Kunert	Bernhard	„Moderne Zeiten"

– erhabene Größe (Z. 1)
– Monument des Zeitalters (Z. 2)
– gezähmter Antagonismus der Teile (Z. 5)
– wundervolles System (Z. 6)
– Mensch = „unansehnliches Teil" (Z. 9), aber „nur scheinbar ersetzlich" (Z. 22f.)
	– Maschine wie Guillotine (Z. 1)
	– Maschine ist „eine der größten Errungenschaften der Technik" (Z. 8f.)
	– Maschine mit Musik und Respekt empfangen (Z. 9f.)
	– Maschine muss regelmäßig gewartet werden (Z. 12f.)
	– Der Mensch wird Opfer der Maschine (Z. 15ff.)
		– Technik als Gewirr von Rädern
		– Der Mensch sitzt mitten im Räderwerk:
		  • fröhlich hantierend,
		  • beherrschend = souveräner Herr der Technik

(Zum Vergleich bietet sich ein Text Ernst Jüngers an: „Das Lied der Maschinen". **K 5**, LB, S. 120 und/oder Alfred Döblins „Das Märchen von der Technik" **K 6**, LB, S. 121)

15 Das *Mitschreiben* im Unterricht muss oft geübt werden, bis die notwendige Verknappung und Zuverlässigkeit zu erreichen sind.
Deshalb ist dieses einfache Beispiel nach Vorgabe der tabellarischen Darstellungsform gut geeignet für den Anfang, weil der „Stoff" überschaubar ist, die Eintragungen relativ einfach zu gewinnen sind, denn durch den Vortrag mehrerer Ergebnisse besteht die Möglichkeit der Wiederholung und Ergänzung.

Methodenerläuterungen:
Da das Mitschreiben über die Schule hinaus eine grundlegende Studiertechnik ist, sollte es plausibel eingeführt und oft geübt werden, wobei sich mittelfristig folgendes Curriculum ergeben könnte:
– Eine *erste Phase* wäre ein kurzer Schüler- (s.o.) oder Lehrervortrag von wenigen Minuten (einfacher Gegenstand, langsames Sprechtempo, übersichtliche Gliederung, überschaubare Syntax), den die Schüler protokollieren.
(Bei gänzlich ungeübten Jugendlichen ist der kurze Lehrervortrag dem Schülervortrag vorzuziehen, weil der Lehrer/die Lehrerin im Inhaltlichen und Formalen didaktischer und pädagogischer verfahren können als Schüler dies i.d.R. vermögen.)
  • Vergleich der Notizen (nach Inhalt und Darstellungsform), wobei es nach fehlender Vorgabe meist erhebliche Unterschiede gibt.
  • Wiederholung des Vortrags, nachdem die formalen Verbesserungsmöglichkeiten hinreichend besprochen sind: Format des Papiers DIN-A4, breiter Rand, übersichtliche Darstellung mit Überschriften, Gliederungen, Markierungen etc. und die optimalen Verarbeitungstechniken (z.B. auswählendes Hören, Notieren der Schlüsselbegriffe und Kernzitate).³⁰
  • Der Vergleich zwischen erstem und zweitem Versuch ist wichtig, um über den festgestellten Fortschritt die Motivation zu stärken.

- Eine *zweite Phase* wäre die vielfache Anwendung in anderen Lehrervorträgen, deren Schwierigkeiten (nach Umfang, Inhalt, Sprechtempo) sukzessiv gesteigert werden können. Damit einher gehen weniger Hilfen (z.B. Gliederungsvorgaben, Hinweise für grafische Gestaltung, etwa als Cluster) und Wiederholungsangebote bei Nachfragen.
- Eine *dritte Phase* wäre das selbstständige Mitschreiben bei Kurzreferaten – etwa zu Dichter-Biografien, Einzelwerken, Epochenübersichten etc. – und in der Auswertungsphase zu Gruppen- und Projektarbeiten.
  - Da die Schülerreferate i.d.R. stofforientierter und rhetorisch oft unzureichend sind, fällt den Mitschülern das Mitschreiben viel schwerer als beim Lehrervortrag. Eine doppelte Hilfe – für den Referenten als Gliederungsvorgabe und für die Hörer als Orientierungsrahmen – ist die Arbeit mit einem offenen Dispositionspapier[31], das nur die Grobstruktur und die „harten" Daten und Fakten (z.B. Lebens- und Werkdaten) enthält.
  - Am schwierigsten ist das Mitschreiben während des Unterrichtsgesprächs und der Diskussion, weil die Schüler dabei die Gliederung selbst finden müssen und weil die Reduktion einzelner Beiträge auf bestimmte Sachpositionen eine große Abstraktionsleistung erfordert.

S. 29–38: II,2.   Von Helden und Opfern – Unterrichtsprotokoll und Prosainterpretation am Beispiel der Anekdote

---

Der erste Teil der Überschrift ist mit Bedacht kontrastiv und wohl auch provokatorisch so gewählt: Dabei ist der Aspekt **„Opfer"** – als Folge von Gewalt und Krieg – sicher unbestritten. **„Helden"** dagegen muss für die Vorstellung vieler heutiger Jugendlicher, wenn auch nicht für alle (vgl. die Schülerdarstellung in SB, S. 37f.), geradezu anstößig wirken angesichts moderner Massenvernichtungsmittel. Im Textangebot soll deshalb einerseits der traditionelle Heldenbegriff durch Kleists „Anekdote" repräsentiert sein und gleichzeitig durch die literatursoziologischen und interpretatorischen Aspekte der Betrachtung relativiert werden (SB, S. 29f.). Andererseits kommen in den Texten Polgars und Kunerts verschiedene Facetten eines kritischen Heldenbildes vor, die vor allem das Ausmaß der Leiden und den Opferstandpunkt zeigen.
Während Kleists „Anekdote" unter textimmanenten, entstehungs- und wirkungsgeschichtlichen Aspekten betrachtet wird, rückt Günter Kunerts Anekdote „Das Bild der Schlacht am Isonzo" als Gegenstand der ganzheitlichen **Prosainterpretation** in den Mittelpunkt, weil der Text in seiner Knappheit und seinem Provokationspotenzial für Jugendliche besonders geeignet erscheint.
Die bei der Gedichtinterpretation (SB, S. 15f.) gewonnenen Erfahrungen sollen an dieser Stelle am Prosabeispiel modifiziert werden. Lernpsychologisch entscheidend bleibt das Leitziel aller Schreiberziehungsteile: Die Jugendlichen sollen erkennen, dass durch angemessene Verfahrensweisen und die Beachtung handwerklich-technischer Hinweise das Interpretieren erlernbar ist.

Mögliche Ziele:

1. Formen der Anekdote kennen lernen
2. Einen dichterischen Text und Subtexte in Beziehung setzen
3. Formen des Unterrichtsprotokolls reorganisieren
4. Eine Prosainterpretation erarbeiten und ein Schülerbeispiel werten

---

Seite 29

Methodenerläuterungen:

Vor der Interpretation sollte die *Rezitation* der „Anekdote" stehen, um die äußere und innere Dramatik dieses Sprachkunstwerks „hörbar" zu machen.

In der Kombination von vorbereitetem Schülervortrag, Lehrerrezitation und Einspielung einer professionellen Rezitation ließen sich ein Gesamteindruck vermitteln und Gesprächsanstöße geben: Situationsdichte, unerhörte Lebendigkeit, rasante Dynamik und eine höchst raffinierte und wirkungsvolle Inszenierung eines „Heldenstücks" sind sicher gut erkennbar.

Ergiebig ist ein *kontrastives Verfahren*: Unmittelbar auf den Höreindruck und die spontanen Schüleräußerungen sollte ein *Kurzreferat* über die militärische Katastrophe von Jena und Auerstedt vorgetragen werden. Ein *Stichwortprotokoll* des Plenums (am besten mit Hilfe eines offenen Dispositionspapiers) gibt eine solide Stoffgrundlage für die später zu reflektierende Entstehungsgeschichte.
Das *Unterrichtsgespräch* über die Diskrepanz zwischen dem historischen Ereignis der vernichtenden preußischen Niederlage und einer „heldenhaften" Episode am Rande führt unmittelbar zu den Arbeitsanregungen: Warum schreibt Kleist so? Für wen schreibt er so? Was will er erreichen?

1a Die **Absicht** ist evident: Der Einzelne als „Held" soll als „dramatische Monumentalfigur"[32] herausgehoben und gegen das Versagen der Vielen gestellt werden: Seine Gelassenheit und sein Mut in einer außerordentlich gefährlichen Situation werden durch den Sieg über einen numerisch überlegenen Gegner belohnt. Die Tatsache, dass das Gefecht n a c h der verheerenden preußischen Niederlage stattfindet, steigert die Beispielhaftigkeit und gewinnt den Rang eines geschichtspädagogischen Exempels (vgl. die dritte Arbeitsanregung).

Die **Darstellungsweise** zeigt zu Beginn (Z. 1–10) die Ich-Perspektive des Erzählers, der von Anfang an den Wirt als Augenzeugen benennt, was der Beglaubigung seiner Geschichte dient. Ab Zeile 10 wird aus der personalen Perspektive des Wirts erzählt: Die Vergegenwärtigung des Geschehens wird erreicht durch den Wechsel ins Präsens, durch den spannungsvollen Dialog im Kontrast zwischen der Gelassenheit des Reiters – wenige Worte, einfache Sätze – und der Hektik des Wirts, ausgedrückt in aufgeregten Fragen, Ausrufen, Befehlen, raffiniert abgebrochenen Sätzen (sog. Aposiopesen = gr. das Verstummen) und durch anschauliche Situationsschilderungen. Im rühmenden Schluss (Z. 44f.) schließt sich der Rahmen.

---

[31] Vgl. Peter Mettenleiter/Rolf Nußbaum: Die „offene Hektografie" als Möglichkeit der Ergebnisfixierung, der Leistungskontrolle und der Schreiberziehung. In: Unterrichtsideen Deutsch. A.a.O., S. 39–43.
[32] Vgl. Herbert Thiele: Kurze Geschichten von Heinrich von Kleist für die Mittel- und Oberstufe. In: Der Deutschunterricht, Heft 1/1957, S. 73–76.

1b Der **Vergleich** von Vorlage und „Anekdote":

Zeitgenössische Darstellung	Kleists „Anekdote"
– preußischer Husar	
– Einkehr ins Wirtshaus	
– Der Husar sitzt im Wirtshaus, das Pferd ist im anderen Haus (Z. 3f.).	– Der Reiter bleibt auf seinem Pferd vor dem Wirtshaus sitzen (Z. 8).
	– Das Dorf ist schon umringt.
– Sorglosigkeit	
– Die Franzosen nähern sich dem Ort.	
– Der Preuße wird zur Flucht aufgefordert (Z. 6).	– Wiederholte dringende Appelle zur Flucht (Z. 10ff.)
– Die Feinde sprengen ins Städtchen (Z. 7).	– Schüsse prasseln von allen Seiten. (Z. 19)
– Fünf Franzosen	– Drei Chasseurs (Z. 35)
– Der Sieg erfolgt in zwei Etappen.	– Absolute Furchtlosigkeit (Z. 36ff.)
• im Dorf: 2 Gegner (Z. 9)	
• vor dem Tor: Drei Feinde nach „langem hitzigen Kampf" (Z. 11f.)	
– Sieg mit Mut, Glück und Gewandtheit des Pferdes (Z. 12f.)	– Sieg mit „Kriegsgeschrei" (Z. 38ff.) im Handstreich (Z. 43f.)
– Langsamer „Abgang" des „Braven" (Z. 14)	– Furioser „Abgang" (Z. 45f.)
– Viele „Brave" in der Armee, aber feige Generäle (Z. 15f.)	– So ein „Kerl" als Ausnahme

Ergebnis: Im äußeren Ablauf des Geschehens zeigen sich zahlreiche Parallelen, so dass im Faktischen die Besonderheiten kaum fassbar werden: größere Gefahr von Anfang an, Hektik der Einkehr, Überraschung und Schnelligkeit des Siegs bei Kleist.

Entscheidend ist die „Verwandlung" des Stoffes durch die dichterische Gestaltung: Denn statt des distanzierten Berichts der Vorlage entsteht bei Kleist eine höchst dramatische Szene mit klar profiliertem Personal: Was in der Vorlage in einem Satz (Z. 3–5) dargestellt ist, entfaltet Kleist zu einem Kurzdrama in fünf Stationen – dem dreimaligen Einschenken, dem Feuergeben für die Pfeife und dem schließlichen Aufbruch des Husaren mit „Kriegsgeschrei". Zur äußeren Hektik des Ablaufs kommt die innere Dynamik in der wachsenden Spannung zwischen den drängenden Fluchtappellen des Wirts und der enervierenden Gelassenheit des Reiters mit Interjektionen und knappen Befehlen „Ei, was!" (Z. 11, 36), „Ach, was!" (Z. 14), „Noch eins!" (Z. 18, 19f.), „Ach!" (Z. 28), „Na!" (Z. 30, 35).

2a Das *sinngestaltende Lesen* (SB, S. 10) ist eine gezielte Überforderung der Schüler, die jedoch wichtige Einsichten bringt:

– Der öfters geäußerte Vorschlag, mit verteilten Rollen zu lesen, also mit Erzähler, Wirt und Reiter, muss scheitern.
Der äußere Grund ist die Art der Interpunktion, denn nur die wörtlichen Reden des Reiters sind gekennzeichnet. Vor allem aber scheitert der Versuch, mit verteilten Rollen zu lesen, weil die Redebegleitsätze i.d.R. sehr kurz und so eng mit der direkten Rede verflochten sind, dass eine Absetzung durch einen Erzähler unmöglich ist. Daraus erwächst die Einsicht: Die Dominanz des Dialogischen erfordert einen Rezitator mit großer Modulationsfähigkeit.

– Über Probehandeln in Gruppen mit Tonbandaufnahmen sind die besten Ergebnisse zu erreichen, wenn zuvor kurze Passagen (arbeitsteilig) mit dem *Textblatt* vorbereitet wurden und wenn die jeweilige Beobachtergruppe nicht nur Verbesserungsvorschläge macht, sondern im direkten Sprechversuch konkretisiert.
Der *Vergleich* einzelner Passagen im Plenum schärft die Wahrnehmungsfähigkeit und gibt interessante Gesprächsanstöße.

– Schauspielerisch begabte Schüler einer überdurchschnittlich motivierten Lerngruppe könnten eine *Pantomime* zur Bewirtungsszene versuchen, um für alle erkennbar zu machen, wie schwierig die Koordination von Rede und Körpersprache ist.

– Abschließend sollte eine *professionelle Rezitation* eingespielt werden, weil nach den eigenen Versuchen jetzt auch Bewertungskriterien zur Verfügung stehen.

2b Früher bereits gewonnene Einsichten in die **Erzählweise zur Perspektive** (vgl. Arbeitsanregung 1a) sollen hier zusammengefasst und ergänzt werden: über die **Syntax** (Einwortsätze, Ellipsen, Imperative), die **Interpunktion** (Interjektionen, Fragen; Aussagesätze nur am Anfang und Ende) und die **Semantik** (z.B. „Kerl" im positiv wertenden Sinne, Z. 7ff.; „Dienstmagd = „Mensch", Z. 31, drastische Ausdrücke wie „Mord[s]kerl" und „Galgenstrick", Z. 34) lassen sich wichtige Stilmittel erheben.

2c Die **syntaktische Analyse** des Schlusses (Z. 38ff.) ergibt durch Markierung und Annotation eine erstaunliche Kongruenz von Inhalt und Satzbau.

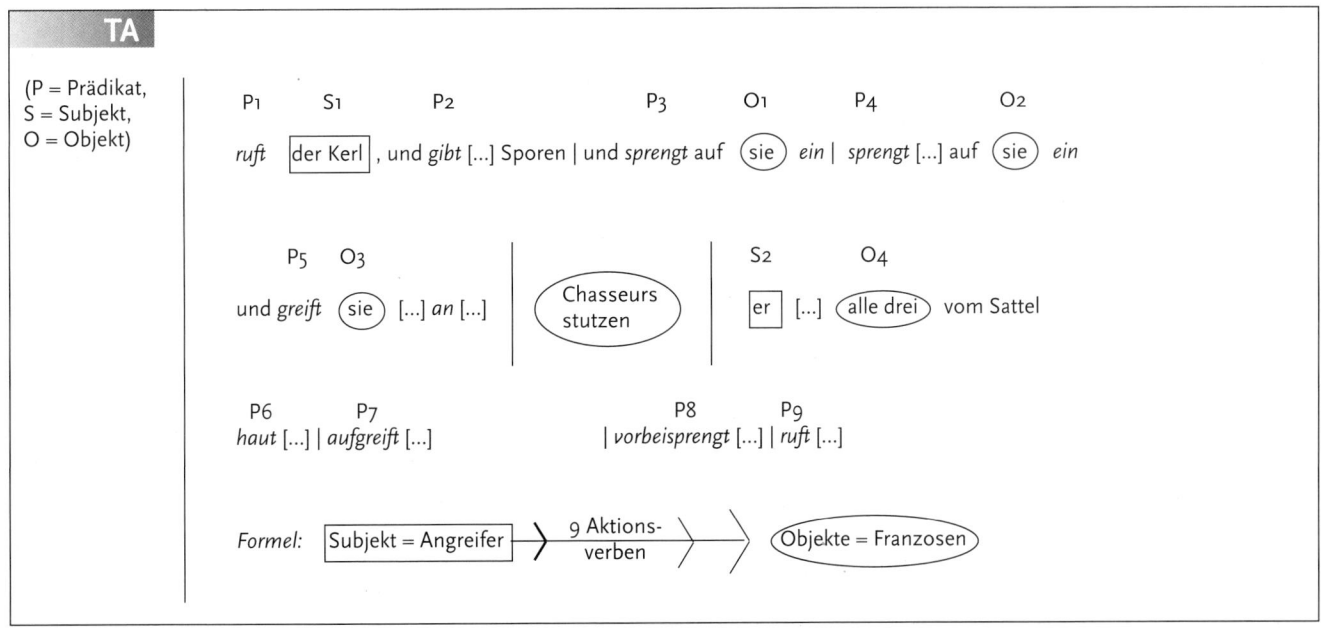

Seite 30

3a *Exzerpt* aus Kleists Biografie:
– Abstammung aus Offiziersfamilie, selbst Offizier bis 1799
– unsichere Existenz, persönliche Krisen
– letzter Versuch (1810/11) scheitert an der Zensur
– 1811 Freitod

Ein *Schüler-Kurzreferat* und dessen *Mitschrift* könnten die Informationen über die Krisenjahre ergänzen.
Literatur: Curt Hohoff: Heinrich von Kleist. Rowohlts Monografien. – Reinbek (Rowohlt) ¹1958, S. 121–130.

3b Ein *Exzerpt* über die Entstehungsbedingungen der „Anekdote" ergibt folgendes Bild:

Erklärung	Ankündigung
– Zweck des Blattes • Unterhaltung aller Stände (Z. 7) • Beförderung der Nationalsache (Z. 9) – Dank an unbekannte Mitarbeiter	– Grundsätze: • Liebe für Vaterland und König • Eifer für alles Gute in allen Ständen

3c **Biografie** und **Quellen** zur Entstehungsgeschichte der „Anekdote" ergeben folgende textexterne Hinweise für die Interpretation:

– Nach Herkunft und Profession besaß Kleist eine enge und sachkundige Beziehung zu allem Militärischen.
– Die Niederlage von 1806 betraf ihn persönlich, und als politischer Mensch sah er sich aufgerufen, vorbildliche Zeugnisse für die Erneuerung zu geben.
– Die strengen Zensurbedingungen machten politische Loyalitätsbezeugungen notwendig und die Beteuerung von Volksbildungsinteressen opportun.
– Die wirtschaftliche Krise Kleists erforderte angestrengte Bemühungen, durch politisch vorbildliche, thematisch spannende und dichterisch gute Texte den Absatz der Zeitschrift zu steigern.

Seite 31

4a Das *Exzerpt* der Kernstellen aus zwei Interpretationen zeigt folgende Unterschiede:

Reinhold Steig (1901)	Hermann Pongs (1957)
– Neu: die Sicht vom Offiziersstandpunkt aus (Z. 2) – Im Gegensatz zu „gewöhnlichen Kriegsanekdoten" (Z. 3) bei Kleist bewusste und kunstgemäße Stilisierung (Z. 8) – „Kerl" ist die „derb-gemüthlich subordinierende Benennung" (Z. 11) – In den Kriegsanekdoten steckt Kleist „als preußischer Garde-Leutnant" (Z. 13)	– „Anekdote" zur Belehrung und Unterhaltung als hohe Kunstform (Z. 1ff.) – Struktur der „Anekdote" als dramatische Steigerung im wirkungsvollen Kontrast zwischen Wirt (Angst) ↔ „Kerl" (Ruhe) (Z. 9ff.) – siebenmal „Kerl", gesteigert zum „Mordskerl" (Z. 12) – geschlossene Form um die Figur des „Kerls" (Z. 12f.) – dramatisches Tempo zwischen Angst und Bewunderung des Wirts (Z. 13ff.) – Der „Kerl" als das große Beispiel (Z. 21ff.)

4b Die **Erklärung** der unterschiedlichen Interpretationsansätze kann überzeugend aus der jeweiligen Entstehungszeit gegeben werden: Steigs Deutung (1901) orientiert sich offensichtlich an den militaristischen und hierarchischen Vorstellungen seiner Zeit. Pongs (1957) beschränkt sich, nachdem der Militarismus durch die Erfahrungen des Zweiten Weltkriegs fragwürdig geworden war, auf eine immanent strukturanalytische Interpretation.

5 Kleists „Anekdote" repräsentiert charakteristische **Anekdotenmerkmale:**

– beispielhafte historische Situation (Jena 1806) mit scharfer Typisierung (und auch Charakterisierung) der Personen: Husar, Wirt, Chasseurs
– hochdramatische Rede und Gegenrede
– überraschender Gipfel am Ende (Klimaxstruktur) mit Pointe: „Husarenstreich" mit Ausrufen des „Kerls"
– Mut des Einzelnen gegen das Versagen der Armee.

(Als *Anwendungsaufgabe* nach der Besprechung von Kleists „Anekdote" bietet sich „Der schwarze Husar" (1793) von J.W. von Archenholtz an. Ideologisch tendenziell verändert erschien der Text 1939 in Teubners „Lesebuch für höhere Lehranstalten" (vgl. **K 7**, LB, S. 122).

Seite 32

Texterläuterungen:

Günter Kunerts Anekdote „Das Bild der Schlacht am Isonzo" hat auch den Krieg zum Thema, aber sie stellt ihn aus doppelter Perspektive und unterschiedlicher Distanz dar: Der Maler war als „Kriegsberichterstatter" in der Funktion des „Schlachtenmalers" unmittelbarer Augenzeuge; der alte General (in der Schlacht wohl im Befehlsstand, Z. 6) verwirft das Bild des Malers und spricht ihm die Wahrhaftigkeit ab (Z. 11). Er lässt nur ein heroisches Detail (Z. 14f.) gelten als historisches Dokument für „künftige Generationen" (Z. 21).
Diese Anekdote stellt die Frage nach der Wirklichkeit und Wahrheit, die eng mit der jeweiligen Perspektive und Absicht sowie mit der spezifischen Darstellungsweise verbunden ist. Deshalb müssen die Arbeitsanregungen (s.u.) in diese Richtung laufen.

6a Von Zeile 1 nach Zeile 2 wechselt die Perspektive: Einführung durch den auktorialen Erzähler im ersten Satz; danach die Perspektive des Malers (Z. 2–7): Im Vordergrund malt er grausam verstümmelte Sterbende und Tote, die bis zur Unkenntlichkeit entstellt sind; im Mittelgrund werden die Schrecken der Kämpfe dargestellt; im Hintergrund sind Korruption und Exzesse der Offiziere festgehalten.
Nach der Zwischenpassage aus der Sicht des Erzählers (Z. 8–10) wird die Perspektive des erschrockenen Generals gezeigt (Z. 11–18): Das Bild lüge; nur der singende und kühn erscheinende Trommler, der im Mittelgrund als „eine kleine Gestalt" (Z. 13) hinter dem zerschmetterten Schädel eines Toten auftaucht, wird vom General als einzig wahres Detail anerkannt, herausgelöst und gekauft (Z. 14–16).
Der Maler stellt die Schrecken des Krieges eindringlich dar, lässt dahinter das heroische Detail – durch Vereinzelung und Kleinheit – ganz zurücktreten. Der General verabsolutiert dieses heroische Detail zum wahren Bild der Schlacht, indem er es aus dem Zusammenhang des schrecklichen Ganzen isoliert und als authentisches historisches Dokument ausgibt.

6b Der Erzähler stellt die Sichtweise des Malers, den er im prägnanten Einleitungssatz als Augenzeugen vorstellt, als eindeutig plausibler dar: Indikativisch sind die Kriegsgräuel in drei dicht gefügten Sätzen mit drastischen und z.T. vulgären Worten geschildert: Die semantische Kohärenz dieses Teils wird durch die enge Verflechtung negativ besetzter Worte erreicht. Dies gilt für die Substantive ebenso (z.B. „Sterbende", „Leiden") wir für die Verben (z.B. „quollen", „schwängern", „saufen", „verhökern") und die attributiven und adverbialen Wendungen (z.B. „aus den aufgerissenen Leibern", „blutiger Brei", „in besudelten Uniformen", „angstverzerrt die Gesichter").
Die sarkastische Verfremdung des Schreckensbildes durch das nachgestellte „geschmückt mit Knochensplittern" (Z. 4) verstärkt die negative Wirkung der Passage.
Die Glaubwürdigkeit des Generals wird durch den Erzähler mehrfach in Frage gestellt: Sein Erschrecken (Z. 10) wird nicht durch die Betrachtung des grausamen Bildes der Schlacht ausgelöst, sondern resultiert aus der Enttäuschung, dass auf den ersten Blick nichts Heroisches auf dem Bild zu erkennen ist. Während die Auffassung des Malers in einem zusammenhängenden Text komprimiert und wirkungsvoll dargestellt wird (Z. 2–7), unterbrechen Beschreibungen und Kommentare des Erzählers das ‚Bild', wie es der General sieht. Durch die indirekte Rede im Konjunktiv (Z. 11 und 21f.), durch die Unsicherheit („sein blinzelnder Blick", Z. 12) und durch die mühsame Suche nach Heroischem (Z. 13ff.) wird die Auffassung des Generals ganz und gar unglaubwürdig.

7 Eigennamen würden die Anekdote individualisieren und damit in ihrem paradigmatischen Anspruch begrenzen. Dadurch, dass die Personen des Textes als Träger eines Berufes auftreten – „der Maler" (Z. 1, 8) und „ein Besucher [...], der sich als alter General zu erkennen gab" (Z. 9, 19) –, wird Allgemeingültigkeit der Aussage angestrebt: der Maler als der sensible Augenzeuge der ganzen Schlacht, der den Krieg verabscheut; der General, der nicht nur für sich persönlich ein selektives Wahrnehmungsinteresse zeigt, sondern den winzigen Ausschnitt als die ganze historische Wahrheit ausgibt.
Brechts Kalendergeschichte „Der Soldat von La Ciotat" ergibt an dieser Stelle eine anspruchsvolle Transferaufgabe mit folgenden Arbeitsanweisungen:

1. Interpretieren Sie die Kalendergeschichte nach Aufbau und Stilebenen.
2. Erörtern Sie die Metapher „Aussatz der Geduld" und die Schlussfrage.

Einen allgemeinpolitischen Aspekt für das Überleben in Gewaltregimen zeigt Brechts Keuner-Geschichte „Maßnahmen gegen die Gewalt". Folgende Arbeitsanweisungen wären möglich:

1. Interpretieren Sie die Keunergeschichte.
2. Nehmen Sie Stellung zu einer Schüleräußerung: „Herr Keuner ist ein Maulheld! Ein Gewaltregime lässt sich nicht aussitzen."

Seite 33

8 *Exzerpt* zu den Aspekten und zum Verlauf in den Protokollen:

1. Beispiel	2. Beispiel
„Kopf" formal ähnlich, aber bei T. M. genauer: (Thema der UE und der Stunde)	

– Über Fach Deutsch und Oberstufe
– Lesen des ersten Teils der Kunert-Anekdote
– Kurze Besprechung
	– Lesen des ersten Teils
	– Ergebnisse der Interpretation:
	  • General will nur das Heldenhafte sehen.
	  • Maler sieht Krieg kritisch.

– Schüler schreiben Fortsetzung	– Fortsetzung des Textes (keine Annäherung der Standpunkte des Malers und des Generals)
– Besprechung der Ergebnisse	– Vergleich mit Originallösung: Verfälschung durch den General durch das Herauslösen eines Details
– Aufschrieb – Interpretation als Hausaufgabe	– Aufschrieb: Ziele und Aufbau einer Interpretation

9a Unterschiede der beiden Protokolle:

1. Beispiel	2. Beispiel
– Fast rein chronologisch-formal nach den Unterrichtsschritten aufgebaut – Formal ein *Verlaufsprotokoll*, das aber inhaltlich nichts sagend bleibt.	– Auch zeitlich gegliedert (nachdem, danach, anschließend), aber mit konkreten Ergebnissen des Unterrichts – Formal eine *Mischform* aus Verlaufs- und Ergebnisprotokoll, die informativ ist.

9b Das *Verlaufs-* und das *Ergebnisprotokoll* weisen Mängel auf, wobei nur das zweite Schülerbeispiel eine inhaltliche Kritik möglich macht.

10 Der Schluss des zweiten Protokolls könnte etwa so ergänzt werden:

Das Ziel ist ein genaues **Textverstehen** als eine Art „Entschlüsselungsprozess", der nur über verschiedene Phasen gelingt:

• Assoziationen zum Titel können eine Erwartungshaltung aufbauen.
• Über mehrmaliges gründliches Lesen („Lesen mit Bleistift") kann die Sinnrichtung ermittelt werden.
• Über die Wahrnehmung von Auffälligkeiten des Inhalts und der Form in ihrem Wechselverhältnis erschließt sich ein erstes Gesamtverständnis.
– über die **Themenanalyse** können Problem- und Aufgabenstellung erfasst werden.
– Von einer tabellarischen **Stoffsammlung** und einer Gliederung nach dem Schwerpunkt der Aufgabenstellung kann die Ausarbeitung in beschreibender und erörternder Darstellungsweise beginnen.

Seite 35

11 Die **Themenanalyse** (vgl. LB, S. 72) ist sehr sorgfältig und differenziert durchgeführt, indem
– über die Analyse der vier Operatoren die Anforderungen deutlich werden.
– Durch Markierungen (Pfeile, Hervorhebungen, Unterstreichungen) werden die Gewichtung und die Beziehungen klar.

Seite 36

12 Die **Stoffsammlung** lässt sich in etwa so ergänzen:

Zeilen	Inhalt/Aufbau ← → Stil ⟹		Deutung
8	– Bild im Atelier	– „Dies war [...]"	– konstatierend und verstärkend
	– Der Besucher (ein General): Porträt	– „Wesen und Benehmen"	– Auffälligkeiten des Besuchers
10	– „Er erschrak [...]"	– definitive Aussage	– Aber: Noch ist der Grund unbekannt → Spannung
11	– Bild lügt	– erregter Ausruf	– Warum diese Emphase?
11/12	– Suche nach „seiner" Wahrheit	– komplexer Satz	– zeigt die Bewegung an
13	– die „kleine Gestalt"	– lebhafte adverbiale Umschreibung	– Aus dem Kontrast (Z. 12–13) wird der kleine Held anschaulich fassbar.
14	– Kauf des Ausschnitts	– „einrahmen"	– d.h. als neues Bild der Schlacht ausgeben

13 Da die Vorarbeiten alle im Unterricht geleistet sind, kann die **Interpretation** ohne erheblichen Aufwand als Hausaufgabe erfolgen, wobei für die Korrektur und Rückmeldung folgende Aspekte im Vordergrund stehen sollten:

– Inwieweit gelingt es, die bereits vorhandene Stoffsammlung in der Ausarbeitung sachgerecht (inhaltlich umfassend und formal korrekt, z.B. durch Textbelege und Zitierweise) und stilistisch angemessen (Deskription, Begründungen und Belege, Überleitungen zwischen den Abschnitten) umzusetzen in einen geschlossenen und strukturierten Text.
– Da nur die Gliederung und Gewichtung sowie die Darstellungsweise neue Anforderungen an die Schülerinnen und Schüler darstellen, sind diese Aspekte für die Kommentierung besonders zu berücksichtigen.
– Aus dem Ergebnis des Testfalls können für die weitere Arbeit didaktisch und methodisch richtige Schlussfolgerungen gezogen werden: In welchem Bereich müssen Übungsschwerpunkte gesetzt werden? Gibt es individuell signifikante Feh-

lerschwerpunkte, die über Methoden der *Binnendifferenzierung* bearbeitet werden könnten?

(Bewährt hat sich hierbei ein **Beobachtungsbogen** pro Schüler und Schuljahr, der tabellarisch nach mündlicher Mitarbeit, den einzelnen Darstellungsformen und der Spalte „fachspezifische Auffälligkeiten" gegliedert ist. Durch knappe, datierte Vermerke zum jeweiligen Lernfortschritt wäre eine genaue und individuell „maßgeschneiderte" Beratungsgrundlage für die Jahresarbeit gewonnen.)

Seite 38

14a Nach dem eigenen Versuch einer Interpretation müssten die Jugendlichen den notwendigen Sachverstand und die maßgeblichen Kriterien für eine *Kommentierung* besitzen.

1. Beispiel	2. Beispiel
– Beide Beispiele zeigen formal die Dreigliederung nach Übersichtssatz, Hauptteil und Schluss.	
Übersichtssatz	
– Der Übersichtssatz ist formal richtig, erfasst den Kern aber nur z.T.	– Inhaltlich ergiebiger, aber z.T. zu weitschweifig und stilistisch schwerfällig
Verhältnis von Inhalt, Aufbau und Stil	
– Die Dreiteilung ist erkannt, aber die Binnengliederung des Bildes fehlt.	– Genaue inhaltliche und formale Interpretation, die durch Belege und Zitate gestützt ist.
– Die Funktion von Indikativ und Konjunktiv wurde gesehen.	– Erfassung des inneren und äußeren Textaufbaus
– Insgesamt aber unvollständige Interpretation	– Verzicht auf vorschnelle Wertung; dagegen begründete Schlussfolgerung aus der Analyse
– Sehr vorschnelle und einseitige Wertung der Darstellungstechnik	
Wertung des Textes	
– Rein inhaltliche und subjektivistische Einschätzung	– Die Beurteilung zeigt ein gutes Textverständnis.
– Keine Begründung	– Sie ist differenziert und begründet.

14b Die *Zitierweise* im zweiten Beispiel zeigt, dass wichtige Passagen erkannt sind. Sie sollte aber in einigen Fällen noch den genauen Zeilennachweis erbringen (Z. 3–19). An anderer Stelle ist sie formal richtig (Z. 20, 27), aber die Integration der Zitate in den eigenen Text ist noch zu verbessern.

15 Diese Anregung könnte mit Hilfe überschaubarer Literatur[33] zu einem *Kurzreferat* führen, das tendenziell folgende zusätzliche Information enthalten sollte, die der Interpretation dienen können.
– Kunert war (ist) Marxist und Pazifist.
– Er steht als Gegner des Nationalsozialismus in der Nachfolge Brechts.

– Er war zunächst ein von J.R. Becher und Brecht geförderter und ausgezeichneter DDR-Autor: 1962 Heinrich Mann-Preis der Deutschen Akademie der Künste
– Seit 1956 Kritiker des Stalinismus; ab 1962 wurde Kunert von Kurt Hager öffentlich gemaßregelt.
– 1972 erneut geehrt durch die höchste Lyriker-Auszeichnung, den Johannes R. Becher-Preis
– Protest gegen die Ausbürgerung Wolf Biermanns aus der DDR (1976). Seit 1979 lebt Kunert in der Bundesrepublik.

[33] Vgl. Bernd Lutz (Hrsg.): Metzler Autoren Lexikon. Deutschsprachige Dichter und Schriftsteller vom Mittelalter bis zur Gegenwart. – Stuttgart (Metzler) 1986, S. 394–396.

– Perspektive und Wertung des Malers in der Anekdote sind weitgehend identisch mit der humanistischen und pazifistischen Position des Autors.

Ergebnis: Zahlreiche textexterne Aspekte lassen die Auffassung des Malers (und des Erzählers) besser verstehen, weil sie biografische und politische Orientierungen zeigen.

III. Jugendliche an der Schwelle zum Jahr 2000 (S. 39–48)

Im Mittelpunkt dieser Sequenz steht das vergleichende Lesen themengleicher Romane **(Text im Kontext)**. Damit die Schüler diese komplexe Aufgabe selbstständig bewältigen können (angefangen bei der engeren Auswahl der Texte über die Benennung sinnvoller Vergleichsaspekte und die Durchführung des Vergleichs), ist es notwendig, dass das zugrunde liegende Textrepertoire vergleichsweise leicht zu lesen ist: Begrenzter Textumfang, moderne Sprache, Nähe zur eigenen Erfahrungswelt. Diese Kriterien erfüllt die sog. **Popliteratur,** die in den Neunzigerjahren hohe Verkaufszahlen zu verzeichnen hatte, in besonderer Weise. Ihren Vertretern[34] ging es darum, „umfassend die Impulse von amerikanischer Unterhaltungsliteratur, Popliteratur, Magazinjournalismus und Filmästhetik in die Literatur aufzunehmen, also ein ‚neues Erzählen' zu entwickeln. [...] Gegen den reflexiven, antifaschistischen Gestus der so genannten Suhrkamp-Kultur [...] forderten sie damit Romane, die so unterhaltsam sein sollten wie ‚ein prima Film' (Biller) oder ein ‚Videospiel' (Altenburg)."[35] Der Verkaufserfolg gab diesem Konzept Recht, allerdings klagten renommierte Literaturkritiker, „die ‚jungen Wilden' wollten [...] die Literatur ihrer ureigensten Qualitäten berauben, sie der niveaulosen Medienkultur anschließen und dadurch die Literatur als solche auflösen. Letztlich handele es sich um eine ‚Literaturzerstörung' (Vormweg), die Literatur zu einem Drehbuchlieferanten auf Boulevardniveau herabwürdige."[36] Dieses Spannungsverhältnis – „ernst zu nehmende Gegenwartsliteratur oder abgehobene, individualistische Schreiberei?" (SB, S. 39) – bildet zugleich auch die übergeordnete Leitfrage der Sequenz.[37]

Innerhalb der Popliteratur nehmen die psychischen Konflikte der Jugendlichen eine besondere Rolle ein, so dass man auch im engeren Sinne vom **Adoleszenzroman** spricht.[38] Im Unterschied zum klassischen und modernen Adoleszenzroman finde im „postmodernen" Adoleszenzroman laut Carsten Gansel gar keine „Suche nach der eigenen Identität mehr statt [...], vielmehr geht es um die immer wieder neue Suche nach Erlebnissen".[39] Statt der angestrebten Ich-Identität begegnen die Adoleszenten in diesen Romanen eher als „plurale Existenzen", als „Collage-Persönlichkeiten", die oftmals in aufgebrochenen Familiensituationen Kind, Elternersatz für Geschwister und Vertrauensperson eines Elternteils in einer Person verkörpern. Die bewusst zur Schau getragene „Coolness" dient somit als Fassade, hinter der sich oftmals Unsicherheit und jugendliche Überforderung verstecken. An die Stelle zwischenmenschlicher Kommunikation, gestützt auf Argumente, treten Sprüche und Gags; die Bedeutung der Pop-Kultur (Musik, Markennamen ...) ist bestimmend. Sexualität wird nicht nur enttabuisiert, sondern mit schonungsloser Offenheit angegangen. „Für einen Leser, der an zentralen Kategorien der Moderne wie Subjekt – Geschichte – Sinn festhält, kann die unkommentierte Darstellung von Sex, Koksen, Genuss, Bindungslosigkeit, Oberflächlichkeit abstoßend wirken."[40] Schüler lesen diese Romane dagegen unbefangener und stellen bei der häuslichen Lektüre sicherlich fest, dass sie dieser Literatur sprachlich und thematisch gewachsen sind.

Für den Verlauf der Unterrichtseinheit werden Expertengruppen für jeden einzelnen Roman gebildet, in denen eine aussagekräftige und methodisch abwechslungsreiche **Buchvorstellung** ausgearbeitet wird. Im Anschluss daran ermitteln die Schüler mit Hilfe der **Metaplantechnik** Aspekte, unter denen die drei ausgewählten Romane verglichen werden, und legen die Reihenfolge der thematischen Schwerpunkte für die einzelnen Unterrichtsstunden fest. Während der Unterrichtseinheit geht die **Gesprächsleitung** an die Schüler über, die wichtigsten Ergebnisse des Romanvergleichs werden in **Ergebnisprotokollen** festgehalten. Den Abschluss der ersten Teilsequenz bildet ein theoretischer Text zum Genre des Adoleszenzromans.

In der zweiten Teilsequenz liegt der Fokus auf der Frage, was Literatur eigentlich leisten soll. Eng damit verknüpft ist nicht nur die abschließende Bewertung der gelesenen Romane (vgl. Leitfrage), sondern auch die Auseinandersetzung mit der **Kanon-Debatte,** die immer wieder in den Feuilletons geführt wird.

> **S. 39–45: III,1.   Moderne Adoleszenz-Romane als Spiegel zeitgenössischer Jugendkultur? – Schülerorientierte Erarbeitung**

Den Beginn der Teilsequenz bilden vier Romanauftakte aus dem **Kontext Adoleszenzliteratur.** Ausgehend davon einigen sich die Schüler auf drei der vorgestellten Romane, die im Folgenden vergleichend gegenübergestellt werden sollen. In einer Lesephase bereitet jeder Schüler zwei dieser Romane vor, indem er jeweils einen *Lesezettel* anlegt, eine Textstelle markiert, die im Unterricht besprochen werden sollte, und einen *gestaltenden Schreibauftrag* erledigt (z.B. Tagebucheintrag einer Figur zu einer Schlüsselstelle). Nach der individuellen Lesephase werden im Plenum erste Leseeindrücke gesammelt und *Expertengruppen* zu den Romanen gebildet. Da jeder Schüler ja nur zwei der drei zu vergleichenden Romane kennt, muss zunächst eine Kurzinformation über alle Texte erfolgen. Diese werden in den Expertengruppen ausgearbeitet, die *Präsentation* erfolgt im Plenum. In einem zweiten Schritt werden mit Hilfe des *Metaplan-Verfahrens* die Aspekte ermittelt, unter denen die drei Romane verglichen werden sollen; auch die Reihenfolge der Besprechung wird von den Schülern selbst festgelegt. Während der folgenden Stunden wechselt immer wieder die Arbeit in den Expertengruppen mit der vergleichenden Auswertung der Teilergebnisse im Plenum. Dabei liegt sowohl die **Gesprächsleitung** als auch die Ergebnisfixierung (in Form von **Ergebnisprotokollen**) in den Händen der Schüler. Den Abschluss der ersten Teilsequenz bildet die Reflexion des Begriffs „Adoleszenzroman" ausgehend von einem literaturwissenschaftlichen **Sachtext.**

---

[34] Thomas Ernst nennt vor allem den Lektor Martin Hielscher (geb. 1957) sowie die Autoren Maxim Biller (geb. 1960), Matthias Altenburg (geb. 1958), Karen Duve (geb. 1961), Christian Kracht (geb. 1966) und Eckhart Nickel (geb. 1966). Vgl. Thomas Ernst: Popliteratur – Rotbuch 3000. Hamburg (Rotbuch Verlag) 2001, S. 66–79.

[35] Ebd., S. 67.

[36] Ebd., S. 68.

[37] Sehr instruktiv und zudem mit einer umfangreichen Literaturliste versehen ist der Beitrag von Hans-Peter Schwander: „Dein Leben ist eine Reise mit dem Ziel Tod ... – Tod in der neuen Pop-Literatur", in: Der Deutschunterricht Heft 1/2002 (Klett), S. 72–84.

[38] Vgl. Hans-Heino Ewers (Hrsg.): Der Deutschunterricht – Themenheft: Jugend- und Adoleszenzroman 4/1996, sowie Carsten Gansel: Moderne Kinder- und Jugendliteratur, Kapitel 2.4: Jugend- und Adoleszenzroman, insbesondere S. 121–123 (Postmoderner Adoleszenzroman).

[39] Gansel, a.a.O., S. 122.

[40] Gansel, a.a.O., S. 123. Vgl. dort auch den tabellarischen Vergleich von klassischem (frühes 20. Jh.), modernem (um 1970) und postmodernem Adoleszenzroman (1990ff.), S. 127.

Mögliche Ziele:

1. Gemeinsamkeiten und Unterschiede themengleicher literarischer Texte erkennen
2. Selbstständig Themen für die Besprechung im Plenum ermitteln und die weitere Vorgehensweise festlegen
3. Als Experte (für einen Text) Mitschüler informieren
4. Informationen anschaulich und mit funktionalen Methoden vermitteln

Seite 39

Texterläuterungen:
Zum Sammelbegriff „Adoleszenzroman" vgl. LB, S. 83.

Text 1 – **Zoë Jenny: Das Blütenstaubzimmer**
Jo, die Protagonistin des Romans, wächst als Scheidungswaise bei ihrem Vater in der Schweiz auf, der tagsüber als Kleinverleger und nachts als Taxifahrer arbeitet. „Jo bleibt nächtelang allein zu Haus; auf den Partys ihres Vaters wird sie mit einem genussfreudigen Milieu konfrontiert, in dem Kinder als Exoten Narrenfreiheit genießen, aber keinerlei verbindliche Zuneigung erfahren."[41] Ein zweites, ungleich umfangreicheres Romankapitel beschreibt, wie Jo nach dem Abitur zu ihrer Mutter Lucy nach Süden zieht, wo diese seit 12 Jahren mit ihrem neuen Mann Alois lebt. Als Jo bereits zwei Jahre dort ist, stirbt Alois bei einem Autounfall und ihre Mutter zieht sich in das titelgebende „Blütenstaubzimmer" zurück. Die psychische Krise der Mutter „zwingt Jo zu einem Rollentausch: Sie war gekommen, die in ihrer Kindheit entbehrte Geborgenheit und Liebe zu suchen, und sieht sich nun selbst in der Rolle der Mutter."[42] Allerdings dankt ihr die Mutter dies nicht, sondern bricht die auf Initiative ihrer Tochter begonnene Therapie ab, wendet sich einem neuen Mann zu und verlässt Jo erneut. Winfried Freund resümiert: „Illusionslos schildert Zoë Jennys Roman das Verhältnis der Generationen in einer vom Egoismus der Älteren beherrschten und korrumpierten Welt."[43]

Text 2 – **Benjamin Lebert: Crazy**
Die „gelegentlich aufscheinenden Utopien einer Freundschaft unter Gleichaltrigen, die der Vereinzelung trotzt, unterscheidet Jennys ,Das Blütenstaubzimmer' von dem überaus erfolgreichen Internatsroman ,Crazy' von Benjamin Lebert. Der sechzehnjährige Erzähler, gleichen Alters wie Lebert, ist halbseitig gelähmt, in der Schule ein Versager; er findet aber nach einem Schulwechsel im neuen Internat eine Schar von Gleichaltrigen, die dem Behinderten überraschend viel Verständnis entgegenbringen. Mit ihnen teilt er die (genretypischen) nächtlichen Bacchanalien. [...] Aus den tiefsinnigen Gesprächen der Jungen entspringt ein Kollektiv-Ich, für dessen Konstituierung Eltern und Erzieher weder negativ noch positiv eine Rolle zu spielen scheinen."[44]

Text 3 – **Christian Kracht: Faserland**
Krachts Debüt-Roman setzte innerhalb der Pop-Literatur eine erste, wichtige Marke, wie Thomas Ernst betont, da „[Faserland] die Schwemme der Popliteratur in den Neunzigerjahren eröffnete".[45] „Krachts Figuren entstammen einem Milieu, in dem Geld nicht mehr verdient werden muss, [... und] die sich ganz auf das konzentrieren könnten, was man ,Leben' nennt. Und genau das versucht der Erzähler."[46] Plaudernd, emotionslos und nach Auskunft des Autors ohne jedwede Ironie[47] erzählt er ein paar Tage aus seinem Leben, genauer gesagt von seiner Reise quer durch Deutschland, von Nord nach Süd. Partybesuche, Szene-Kneipen, Markenartikel bestimmen dabei die Szenerie, vor der sich der Protagonist rauchend und trinkend langweilt. Bei der Lektüre spürt der Leser immer deutlicher die Leere und

Beziehungslosigkeit, die nicht nur den Protagonisten umgeben. Letztlich „verwandelt sich die scheinbare Leichtigkeit des Fabulierens in Melancholie, wird die Reise durch Party-Deutschland zu einer Chronik des Verfalls".[48] Auf den letzten Seiten des Buches konstatiert der Ich-Erzähler die innere Leere seines Freundes (?) Rollo, Millionärssohn und Gastgeber einer Party am Bodensee: „Aber das sind nicht seine Freunde. Seine Freunde würden ihm doch sagen, dass er aussieht wie ein Alkoholiker und tablettensüchtig ist. [...]" (Faserland, S. 134). Noch in derselben Nacht ertrinkt Rollo (Unfall, Drogentod oder Selbstmord?), während der Erzähler mit dessen Porsche auf dem Weg in die Schweiz ist. Der Roman endet damit, dass er sich von einem Mann für 200 Franken auf die andere Seite des Zürichsees rudern lässt – eine Anspielung auf Charon, den Fährmann des Hades?

Text 4 – **Thomas Brussig: Wasserfarben**
Brussigs Roman unterscheidet sich insofern von den drei anderen, als in ihm die Geschichte einer Jugend in der DDR der Achtzigerjahre erzählt wird. Protagonist ist Anton Glienecke, Abiturient, gerade achtzehn geworden, dem plötzlich klar wird, „dass ihm der Himmel nicht mehr offen steht, dass er sich nach einem durchschnittlichen Beruf umsehen muss und seine Zukunft irgendwie schon vorbei ist. Kein besonders angenehmes Gefühl, zumal niemand sein Problem zu teilen scheint. Anton fühlt sich als Versager, dem jedes Mal erst hinterher einfällt, wie er etwas hätte besser machen können."[49] Anton sucht bewusst keine Unterstützung bei seinen Eltern, von denen er zwar selbst sagt, dass er großes Glück mit ihnen gehabt habe, „aber sie sind nun mal dreißig Jahre älter und für manche Fragen nicht mehr zu gebrauchen" (Wasserfarben, S. 39). Stattdessen wendet er sich in vertrauensvollen Dingen an seinen Bruder Leff, der ihn am Schluss des Romans in einem Gespräch über den Dächern von Berlin dazu ermuntert, sich auf die Suche nach dem zu begeben, was zutiefst seiner Natur entspreche (Wasserfarben, S. 221). Zugleich deutet er Anton gegenüber aber auch an, dass solch ein Weg in der reglementierten DDR-Realität auch Kompromisse erfordere.

1   Beim Unterrichtsgespräch über die **Romanauftakte** bietet es sich an, die zugrunde liegende Erzählperspektive zu benennen und deren Funktion bzw. Wirkung herauszuarbeiten, damit die Schüler bei der häuslichen Lektüre dem Erzähler mit einer gewissen kritischen Haltung gegenübertreten. Folgendes Tafelbild ist denkbar:

---

41 Dirk Frank: „,Talking about my generation': Generationskonstrukte in der zeitgenössischen Pop-Literatur", in: Der Deutschunterricht 5/2000, S. 72.
42 Margret Behringer, Juliane Köster: Romane der Gegenwart: Drei Romane über das Erwachsenwerden. Reihe: Kursthemen Deutsch, hrsg. von Dietrich Erlach u. Bernd Schurf. Berlin (Cornelsen) 2002, S. 19.
43 Winfried Freund: „,Neue Objektivität' – Die Rückkehr zum Erzählen in den Neunzigerjahren", in: Wieland Freund/Winfried Freund (Hrsg.): Der deutsche Roman der Gegenwart. München (Fink) 2001, S. 94.
44 Frank, a.a.O., S. 74.
45 Ernst, a.a.O., S. 72.
46 Stefan Beuse: „154 schöne weiße leere Blätter. – Christian Krachts ,Faserland'", in: Freund/Freund, a.a.O., S. 153.
47 Vgl. „Die legendärste Party aller Zeiten" – Interview mit Christian Kracht, in: Berliner Zeitung, 19.07.1995. Darin bezieht Kracht den Titel „Faserland" auf die Verben „ausfasern" („In Dt. definiert man sich über Telefonfasern, Kleidungsfasern") und „faseln".
48 Beuse, a.a.O., S. 154.
49 Klappentext zu Thomas Brussig: Wasserfarben. Berlin (Aufbau) 1991.

TA **Vergleich der Romananfänge in „Wasserfarben"/„Crazy"/„Faserland":**

In allen drei Romanen: **Ich-Erzählperspektive**
- Der fiktive Erzähler ist selbst Teil der dargestellten Romanwelt.
- Das Erzählte ist gekennzeichnet durch subjektive Beschränkung (Erzähler kann nicht alles wissen).
- Zwischen Leser und Erzähler entsteht Gefühl der Verbundenheit
- Problem: Vertrauenswürdigkeit des Erzählers?

Unterscheidung zwischen **erzählendem Ich** (zum Zeitpunkt der Darstellung der Ereignisse) und **erlebendem Ich** (zum Zeitpunkt der Handlung) :

Crazy:

erlebendes Ich = erzählendes Ich

Wasserfarben:

erlebendes Ich   (Rückblick)   erzählendes Ich
= Distanz zum Geschehen
⟵ 1 Jahr ⟶

Faserland: scheinbar: ⊗
aber: Aussage S. 10 „Das erkläre ich später" markiert vorhandenen Erzählplan und damit Distanz:

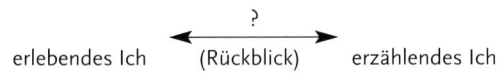

erlebendes Ich   (Rückblick)   erzählendes Ich
?

Alternativ zu den vorgeschlagenen Adoleszenzromanen ist natürlich auch eine andere themengleiche Textauswahl bei gleicher Vorgehensweise möglich. Entscheidend für die Auswahl sind ein überschaubarer Textumfang, moderne Sprache und Zugriff auf preiswerte Taschenbuchausgaben.
Denkbar wären z.B. die **Themenreihen:**

„Deutsche Wiedervereinigung in der Literatur – oder: zwei Ossis und ein Wessi"[50]
- F.C. Delius: Der Spaziergang von Rostock nach Syrakus (1995).
- Jens Sparschuh: Der Zimmerspringbrunnen (1995).
- Thomas Brussig: Am kürzeren Ende der Sonnenallee (1999).

„Romane der Gegenwart: Drei Romane über das Erwachsenwerden"[51]
- Zoë Jenny: Das Blütenstaubzimmer (1997).
- Hans-Ulrich Treichel: Der Verlorene (1998).
- Pearl Abraham: Die Romanleserin (1997).

2a Da die Werke bei der späteren Besprechung im Unterricht vergleichend gegenübergestellt werden sollen, müssen die Schüler bereits bei der Erstlektüre Methoden anwenden, die ihnen einen schnellen Überblick über das Gelesene ermöglichen. Dazu bieten sich die Arbeit mit *Textmarkierungen* (SB, S. 78 u. 454) und die Anlage eines *Lesezettels* (SB, S. 40) begleitend zur selbstständigen Lektüre an. Beides ist für die spätere Besprechung im Unterricht eine notwendige und unverzichtbare Voraussetzung.

[50] Diese Themenreihe wurde zusammengestellt von Ulrike Blattert und analog zur Vorgehensweise in BLICKFELD DEUTSCH (SB, Kap. I.3) durchgeführt. Bei dieser Themenreihe ist die Einbeziehung der Verfilmungen zum „Zimmerspringbrunnen" und der „Sonnenallee" reizvoll. Vgl. auch die Anregungen zum Thema „Wiedervereinigung in der Literatur" (SB, Kap. 11, S. 436–461).

[51] Behringer/Köster: Romane der Gegenwart: Drei Romane über das Erwachsenwerden. Reihe: Kursthemen Deutsch, hrsg. von Dietrich Erlach u. Bernd Schurf. Berlin (Cornelsen) 2002.

Seite 40

2b Die Entscheidung für eine Textstelle, die im Unterricht von Bedeutung sein sollte, bereitet die Schüler bereits auf ihre Experten-Rolle im Verlauf der schülerorientierten Erarbeitung aller drei Romane vor.

2c Die *Gestaltungsversuche* sollen die Schüler schon bei der Erstlektüre zu einer inhaltlichen Auseinandersetzung mit den Romanen bewegen: Entweder konkretisieren sie dabei ihr Textverständnis, indem sie Leerstellen füllen, oder sie stellen der subjektiv-beschränkten Ich-Erzählerperspektive, die in allen vier Romanen vorliegt, eine andere Perspektive gegenüber.

3a-c Der *Austausch der Leseeindrücke* erfolgt in sehr offener Form („Jahrmarktcharakter"): Zum einen entsteht eine Bestandsaufnahme, wer welche Romane gelesen hat und wie der erste Gesamteindruck (positiv/negativ) ausgefallen ist. Dabei sollte den Schülern ausreichend Gelegenheit gegeben werden, erste Leseeindrücke mit denjenigen Schülern auszutauschen, die dieselbe Lektüre gewählt haben. Unter Umständen finden sich dabei schon die späteren Expertengruppen. Interessant wäre eine erneute Bestandsaufnahme am Ende der Teilsequenz: Haben sich die ersten Einschätzungen verändert? Hat die Besprechung evtl. sogar einige Schüler zur Lektüre des dritten Romans bewogen?

4a/b Die Auswertung der Gestaltungsversuche im Plenum kann der Textsicherung dienen, aber auch erste inhaltliche Diskussionen über die Romane anstoßen.

Seite 41

5a Ergänzung der fehlenden Stationen:
Frankfurt – Ankunft mit dem Flugzeug, Buchung eines Hotelzimmers, in dem der Ich-Erzähler seine Barbourjacke verbrennt. Besuch im „Eckstein" (Bar), wo er seinen alten Freund Alexander sieht, aber nicht anspricht, und dessen Barbourjacke klaut.
Heidelberg – Die geplante Reise unterbricht der Ich-Erzähler in HD wegen eines Mitreisenden, mit dem er nicht länger die Zugfahrt verbringen will. Wiederum mietet er sich in einem Hotel ein und begibt sich ins „Max" (Bar). Dort laden ihn Studenten zu einer Party ein, auf der er seinen Freund Nigel wieder sieht. Nach Alkohol- und Drogenkonsum wird er ohnmächtig.
München – Ein weiterer Freund namens Rollo hat ihn von der Heidelberger Party direkt in sein Auto verfrachtet und nach M. mitgenommen. Dort besucht er ein Rave-Festival und wird zu Rollos Geburtstagsfest am Bodensee eingeladen.
Meersburg/Bodensee – In Rollos Elternhaus steigt die Geburtstagsparty, bei der viel getrunken wird. Der Ich-Erzähler bemerkt Rollos innere Leere, die in seiner Familie liegt. Rollo ertrinkt in derselben Nacht, während der Ich-Erzähler bereits mit dessen Porsche auf dem Weg in die Schweiz ist.
Zürich – Aus der Zeitung erfährt der Ich-Erzähler von Rollos Tod. Er will das Grab von Thomas Mann aufsuchen, findet es aber nicht. Schließlich begibt er sich zum See und beauftragt einen Mann, ihn für 200 Franken auf die andere Seite zu rudern. Mit dem Beginn der Bootsfahrt endet der Roman.

5b *Vorteil:* Die Verbindung von Textinformation und grafischer Gestaltung (*Visualisierung*) wirkt ansprechender (auch bei einem mündlichen Vortrag), veranschaulicht einen Aspekt der Handlung (Reiseverlauf von Nord nach Süd) und trägt dazu bei, dass die Informationen besser im Gedächtnis haften bleiben.
Nachteil: Die Textinformation muss aus Platzgründen sehr stark reduziert werden. Dadurch wird das Ergebnis allgemeiner, oberflächlicher.

6a Der Austausch der Leseeindrücke innerhalb der Expertengruppe dient der Vorbereitung der Kurzpräsentation zum eigenen Buch. Darüber hinaus werden die Themen aller Romane im Anschluss daran mit Hilfe der **Metaplan-Technik** gesammelt, geordnet und bilden die Grundlage der weiteren Arbeit im Plenum (vgl. SB, S. 42).

Als **Themenbereiche**, nach denen diese Adoleszenzromane (vgl. LB, S. 84 u. 87) vergleichend besprochen werden können, bieten sich an:

– *Gesellschaft:* Inwiefern fühlen sich die Protagonisten ihrer Gesellschaft zugehörig? Teilen sie deren Wertesystem? Wie reagieren sie auf Autoritäten, die diese Gesellschaft verkörpern?
– *Familie:* Familienstrukturen? Verhältnis zu Vater/Mutter/Geschwistern? Generationskonflikte? Formen der Ablösung von der Familie? Wie werden Konflikte gelöst?
– *Kommunikation:* Wer ist Gesprächspartner? Findet gelungene Kommunikation statt?
– *Medien:* Welche Rolle spielen die verschiedenen Medien (Fernsehen, Radio, Computer, Bücher)?
– *Konsum:* Welchen Lebensstandard pflegen die Protagonisten? Wie stehen sie zu Markenartikeln, Konsumgütern, Drogen- und Alkoholkonsum?
– *Liebe/Sexualität:* Gelingende und misslingende Versuche, (erste) intime Beziehungen einzugehen.
– *Interessen:* Bedeutung von Musik, Sport etc.
– *Sinnsuche:* Was erwarten die Protagonisten vom Leben? Inwieweit reflektieren sie ihre derzeitige Situation/ihre Zukunft?

6b Die Arbeit an der **Text-Bild-Collage** zum Roman fordert die Mitglieder der Expertengruppen zum intensiven Austausch über den eigenen Roman heraus und stellt darüber hinaus eine methodische Alternative zur traditionellen Buchpräsentation dar.

6c Schülerbeispiel einer Collage-Beschreibung zum Roman „Crazy":

Crazy – Die Collage

Die Collage soll sowohl den groben Handlungsverlauf als auch die Beweggründe und Motive der Hauptcharaktere darstellen. Die ungleichmäßige, chaotisch angeordnete Überschrift stellt den ersten Bezug zum Buch her. Sie spiegelt das Chaos, die Unregelmäßigkeit, aber auch die Spontanität der Handlung wider, wie sie auch von den Hauptpersonen empfunden wird. Crazy ist aber nicht nur der Titel des Buches, sondern auch ein nicht fest umrissener Begriff, der vor allem von Janosch, aber auch von seinen Freunden oft verwendet wird. Auch das wird durch die chaotisch angeordnete Überschrift zum Ausdruck gebracht.

Darunter ist der Satz, mit dem sich Benjamin seinen Klassenkameraden auf Seite 21 vorstellt und der viel über sein Selbstverständnis aussagt. Das hervorstechendste Element der Collage, das Kreuzworträtsel, ist direkt unter diesem Satz in der Mitte der Collage angeordnet, so dass es jedem Betrachter sofort ins Auge sticht. Die Jugend, das Leben und dessen Sinn sind zentrale Fragen für die Jungen, mit denen sie sich auf der Fahrt nach München beschäftigen, ohne jedoch zu einer Lösung zu kommen. Dieses Rätsel zum Sinn des Lebens, das die Hauptpersonen zu lösen versuchen, soll durch die Verwendung eines Kreuzworträtsels dargestellt werden. Die Buchstaben der Antwort, die Sambraus auf die Frage gibt (S. 130f.), sind wie bei einem normalen Kreuzworträtsel in die einzelnen Kästen geschrieben. Ob sie die richtige Lösung sind, muss der Betrachter selbst entscheiden.

Die weiteren Elemente der Collage sind nun gegen den Uhrzeigersinn um dieses Rätsel herum angeordnet. Links oben sind die Hintergründe und Ursachen für Benjamins Charakter und Verhalten. Da ist zum einen die Schule und der Druck, den sie auf Benjamin ausübt. Dies wird noch durch die Wörter „Pflicht" und Benjamins Motto in den Mathestunden „NUR NICHT AUFFALLEN" verdeutlicht. Zum anderen ist da Benjamins Familie („family"); sein ruhiger Vater und die stets um ihn besorgte Mutter. Weiter unten folgen die aktuellen Motive für Benjamins Verhalten. Da sind zum einen die Mädchen („Frauen"), zum anderen seine Freunde beziehungsweise die Clique. Auch sie üben einen starken Einfluss auf ihn und seine persönliche Entwicklung aus. Weiter rechts geht es dann mit dem Thema „Mädchen" weiter. Da ist zum einen das Liebespaar, welches aber in starkem Kontrast mit der Bildüberschrift „Liebeslügen" steht. Dies soll das Verhalten Maries, die mit ihm ein kurzes Verhältnis hatte und ihm danach einfach auswich, illustrieren.

Ein Stück weiter rechts ist nun das Bild einer Großstadt, im Buch ist es München, zu sehen. Dies ist der Ort, zu dem die Jungen, wenn auch ohne genaue Vorstellungen, nach ihrer Flucht aus dem Internat reisen. Auch das Striplokal, das sie in München besuchen, wird durch ein Bild dargestellt.

Weiter oben sieht man eine Bartheke aus Sicht eines Betrunkenen, so wie sie Benjamin im Striplokal auch gesehen haben muss. Die Bildunterschrift „Sinn? Ich sehe keinen ..." stellt wieder den Bezug zu der Hauptfrage des Buches her. Der Trip nach München bietet nur kurzfristige Erfüllung, kann aber die wirklich bedeutenden Fragen und Probleme nicht lösen. Rechts oben stehen der Werbeslogan „Kurzer Weg zum Bier" und eine Zigarettenpackung für die Mittel, mit denen Benjamin und seine Freunde nach Erfüllung streben und ihre Sorgen vergessen wollen. Auf der linken Seite in der Mitte findet sich nun ein Satz, der von Benjamin hätte stammen können und die Zeit im Internat beschreibt: GESCHICHTEN, DIE DEIN LEBEN SCHRIEB.

7a Das im Schülerband vorgeschlagene Verfahren zur Präsentation der Collagen im Plenum stellt eine Variante zur üblichen **Ergebnispräsentation** dar: Die Collagen werden jeweils von einer fremden Gruppe vorgestellt, so dass die „Produzenten" indirekt eine Rückmeldung darüber erhalten, wie selbsterklärend ihre Collage ist bzw. wie ihre Arbeit auf andere Betrachter wirkt. Die schriftlich formulierten Beschreibungen gewinnen dadurch an Bedeutung, dass darin die tatsächlich intendierte Aussage offen gelegt wird.

7b Die Collagen zu den einzelnen Romanen und ihre Beschreibungen können zur Lesestatistik (SB, S. 40, Arbeitsanregung 3) zugeordnet werden und bilden somit den Grundstock für eine *Wandgestaltung*.

Seite 43

8 Bewertung des **Stundenprotokolls:**
Äußere Form:
– Protokollkopf nahezu vollständig, es fehlt lediglich ein Hinweis auf abwesende Schüler bzw. ein Vermerk auf die Vollzähligkeit.
– Hauptteil mit klarer Gliederung (allerdings ist die Nummerierung der Ergebnisse mit römischen Ziffern überflüssig); deutliche Unterscheidung zwischen Vorgehensweise und Ergebnissen; sinnvolle Verwendung von Absätzen und Hervorhebungen durch Fettdruck; sprachliche Richtigkeit; korrekte Verwendung der Tempora
– Schluss enthält Ort, Datum, Name, allerdings fehlt die Unterschrift der Protokollantin.

Art des Protokolls:
– Mischung aus Verlaufs- und Ergebnisprotokoll

Vollständigkeit:
– Formale Gliederung (Protokollkopf, Hauptteil, Schluss) ist erfüllt.

– Inhaltlich kann man die Vollständigkeit nur in Bezug auf den tatsächlichen Stundenverlauf beurteilen; die Ergebnisse wirken sehr gewissenhaft festgehalten, zumal es sich bei dem Protokoll im Schülerband nur um einen Auszug handelt (die Gruppenergebnisse zu „Wasserfarben" und „Faserland" sind nicht abgedruckt).

Aussagekraft:
– Wichtige Ergebnisse sind festgehalten, darüber hinaus Einzelbeiträge, die die Diskussion besonders bestimmt haben.
– Der Leser des Protokolls bekommt einen informativen Einblick ins Unterrichtsgeschehen.

9 Das abgedruckte Protokoll kann als Impuls für eine daran anknüpfende Romanbesprechung zum Aspekt „Familie" dienen, allerdings besteht dabei die Gefahr, dass die im Protokoll genannten Fragen und Ergebnisse eigene Überlegungen verbauen. Insofern erscheint es sinnvoll, das Protokoll im Vergleich zu einer vorausgegangenen eigenen Besprechung heranzuziehen: Welche Ergebnisse sind identisch, welche unterschiedlich?
Welchen Verlauf nahm die jeweilige Diskussion im Plenum: Gemeinsamkeiten/Unterschiede?

10 Innerhalb einer Unterrichtseinheit, in der drei Romane vergleichend besprochen werden, kommt einem Stundenprotokoll als adäquatem Mittel der Ergebnisfixierung besondere Bedeutung zu.
Da es sich bei dem vorgelegten Protokoll um ein ausgesprochen gelungenes Beispiel handelt, kann es als Muster dienen.

Seite 44

11 Exzerpt zu Gansels Darstellung:
a) **Klassischer bzw. traditioneller Adoleszenzroman:**
– Im klassischen Bildungsroman: „Kindheit und Jugend als Vorstufen für eine geglückte Integration in die Erwachsenenwelt" (Z. 1f.).
– In den Adoleszenzromanen um die Jahrhundertwende funktioniert das Muster nicht mehr (Z. 5), kommt es zum „Bruch mit der bürgerlichen Gesellschaft" (Z. 6) = Ausdruck einer Krise der bürgerlichen Gesellschaft (Z. 11).
– Bevorzugter Schauplatz: Schule als symbolischer Ort (Z. 13f.)
– Erzählerische Muster: Schule als „Zwangsanstalt" (Z. 17); Lehrer als autoritäre Feinde; Vorherrschen einer Art „Sozialdarwinismus" (Z. 22); schwacher jugendlicher Held (Z. 24) mit Freunden als Helfer

b) Der **moderne Adoleszenzroman** nimmt den Prozess der Modernisierung" (Z. 1) auf:
– „Entdramatisierung des Generationenkonflikts" (Z. 4)
– Trennlinien zwischen Kindheit, Jugend und Erwachsensein verwischen sich (Z. 7–13).
– Jugendliche leben in verschiedenen Realitäten parallel (Z. 14f.).
– „Auflösung patriarchalischer Strukturen [...] und Geschlechterrollen" (Z. 18f.)
Konsequenz aus diesem Wandel:
– Jugendliche der 1980er- und 90er-Jahre leben in sog. „Verhandlungsfamilien" (Z. 23), „müssen sich ihre Gleichbe-

rechtigung nicht mehr erkämpfen, ihre Eltern respektieren sie als eigenständige Partner" (Z. 26f.).
– Zugleich Auslöser für „Überforderungssyndrome" (Z. 28)
– Moderne literarische Darstellungsweisen spiegeln diese innere Zerrissenheit der Protagonisten.

12a/b **„Blütenstaubzimmer"** – Die von Gansel beschriebene „Überforderung" der jungen Generation (Z. 26–28) trifft auf Jo in besonderer Weise zu: Ihre Mutter will nicht etwa die verantwortungsvolle Mutterrolle erfüllen, sondern verhält sich eher wie eine kritische Freundin. „Auf ihr jugendliches Aussehen bedacht, verschweigt sie gar einem Verehrer, dass sie bereits eine erwachsene Tochter hat: Jo muss sich in der Rolle der jüngeren Schwester üben".[52]
Nach den gescheiterten Versuchen, erst beim Vater, dann bei der Mutter Zuwendung zu finden, wendet sich die Protagonistin Jo von der Welt der älteren Generation ab. Am Ende des Romans beschreibt sie: „Ich gehe in der Mitte der Straße, auf der weißen Linie, die die Fahrbahn in zwei Spuren teilt; gehe darauf der Stadt entgegen, wie auf einem Faden, der mich langsam, Schritt für Schritt aufwickelt." („Blütenstaubzimmer", S. 121). Freund sieht darin einen „Aufbruch ohne Rückkehr" – der Roman lässt offen, ob es lediglich die Abkehr von den Eltern ist, die an dieser Stelle vollzogen wird, oder ob eine Abkehr vom Leben überhaupt stattfindet.[53] Von einer geglückten Integration in die Gesellschaft bzw. die Welt der Erwachsenen kann also keineswegs die Rede sein.

„Crazy" – „Die ganze Jugend ist ein einziges großes Fadensuchen", konstatiert Benjamin etwa in der Mitte des Romans („Crazy", S. 65). Inwieweit ihm die „Fadensuche" gelungen ist, darüber lässt sich streiten:
Einerseits hat er im Internat Freunde gefunden, wird in Zukunft bei seinem Vater leben, eine Sonderschule besuchen (statt der ihn überfordernden Internate), und er hat ein Mädchen kennen gelernt: „Vielleicht war das ein Anfang. Aber ich weiß es nicht" („Crazy", S. 173). Andererseits steht er am Ende dort, wo er am Anfang gestartet ist: Wieder muss er einen Neuanfang in einer neuen Umgebung machen und seine Freunde zurücklassen. Darüber hinaus ist seine Familie auseinander gebrochen, die Eltern leben mittlerweile getrennt. Von einer geglückten Integration in die Erwachsenenwelt im Sinne des traditionellen Bildungsromans kann man also am Ende dieses Romans kaum sprechen.

„Faserland" – Es gehört zum Konzept dieses Romans der Pop-Literatur (vgl. LB, S. 83), dass es nicht um gesellschaftliche oder politische Themen geht. Statt der Bildung einer Persönlichkeit steht hier „die Verortung eines Erzähler-Ichs in der Konsumgesellschaft"[54] im Mittelpunkt. Dem Protagonisten wird von den Kritikern oftmals seine hedonistische Ausrichtung vorgeworfen, diesen Vorwurf kann man jedoch auch gegen die Elterngeneration richten, die solch eine Orientierung an Konsumgütern mit zu verantworten hat.
Darüber hinaus findet im gesamten Roman keinerlei sichtbare Entwicklung des Helden wie im klassischen Bildungsroman statt. Im Gegenteil: Die Reise von Nord nach Süd kann auch als eine „Chronik des Verfalls" (vgl. LB, S. 84) gelesen werden und damit als Umkehrung des Bildungsromans.

„Wasserfarben" – Im Vergleich zu den anderen Romanen steht „Wasserfarben" dem klassischen Entwicklungsroman noch am nächsten: Durch das Gespräch mit seinem Bruder Leff (vgl. LB, S. 84) gewinnt Anton zumindest eine Perspektive. Die Integration in die Erwachsenenwelt hat am Ende des Romans jedoch noch nicht begonnen, vielmehr ist bestenfalls der Abschied von Kindheit und Jugend gelungen.
Gansels Beobachtungen zum modernen Adoleszenzroman (Spiegel eines Modernisierungsprozesses) lassen sich auf diesen Roman kaum beziehen, da stattdessen die spezifische Situation einer Jugend in der DDR im Vordergrund steht.

---

[52] Frank: a.a.O., S. 73.
[53] „Schwarze Vögel [...] in kahlen Ästen", „Kälte" und „Schnee" bestimmen die Stimmung in den Schlusszeilen des Romans.
[54] Beuse, a.a.O., S. 151.

12c　Fehlende Aspekte sind z. B.
- Die neuen Medien
- Das Handy als Mittel der Kommunikation

13　**Gestaltungs- und Stilmittel** in den vier modernen Adoleszenzromanen sind z.B.:
- Die subjektive Ich-Erzählperspektive (vgl. LB, S. 85).
- Alltagssprachliche Partikel und Redewendungen = Eindruck einer unmittelbaren, mündlichen Erzählsituation
- Anspielungen auf literarische Werke, (Pop-)Musik, Filme = Spiegelung eines jugendlichen Lebensgefühls
- Schonungslose Darstellung von Sexualität = Versuch, „Coolness" und Missachtung von Tabus zu suggerieren, tatsächlich wird dadurch jedoch eher die emotionale Kälte zwischen den Romanfiguren aufgedeckt.

S. 45–48: III,2.　Wozu Literatur? – Positionen und Reflexionen über Probleme eines Literaturkanons

---

Nachdem in der ersten Teilsequenz eine mögliche Vorgehensweise beim Vergleich mehrerer themengleicher Romane vorgestellt worden ist, steht zu Beginn der zweiten Teilsequenz ein konkreter Vergleichsaspekt im Vordergrund: Ausgehend von Textauszügen aus drei Adoleszenzromanen arbeiten die Schüler die darin vertretenen unterschiedlichen **Vorstellungen von „guter Literatur"** heraus und grenzen diese Positionen gegen ihre eigene sowie die eines Literaturwissenschaftlers ab.
Daran schließt sich das **Nachdenken über die** eingangs gestellte **Leitfrage** zu den modernen Adoleszenzromanen an. Am Beispiel von Krachts Roman „Faserland" wird der Frage nachgegangen, ob es sich dabei um „ernst zu nehmende Gegenwartsliteratur oder abgehobene, individualistische Schreiberei" handelt. In einem letzten Schritt stellen die Schüler einen eigenen **Kriterienkatalog für Schullektüren** zusammen und setzen sich mit den Vorschlägen prominenter Zeitgenossen auseinander, welche Texte ein **Literatur-Kanon** für die Schule umfassen sollte.

--- **Mögliche Ziele:** ---

1. Themengleiche Romane unter einem spezifischen Aspekt vergleichen
2. Ein Bewusstsein für die Funktion moderner Literatur entwickeln
3. Kriterien für die Lektüreauswahl in der Schule benennen

Seite 45

1　Vor der Beschäftigung mit fremden Positionen sollen die Schüler zunächst ihre eigenen Erwartungen an ein „gutes Buch" reflektieren. Diese Haltung soll später sowohl mit der Haltung der Protagonisten in den gelesenen Romanen verglichen werden als auch mit der Position des Literaturwissenschaftlers Horst Steinmetz (SB, S. 46f.).[55]

2a/b　Einstellungen der Hauptfiguren (Ich-Erzähler) zur Literatur:

„Faserland": Deutliche Ablehnung von Schullektüren, die als lästige Pflicht empfunden wurden. Thomas Mann hat „trotzdem" gefallen. Außer den Schullektüren werden keine anderen Werke erwähnt. Weitere Textstelle: S. 54f. (Ernst Jünger; Hermann Hesse)

„Wasserfarben" – Ablehnung der allzu poetischen Ausdrucksweise („smarte Formulierungen", Z. 6) und Weltfremdheit bei

Goethe und Thomas Mann. Positive Bewertung Büchners wegen dessen zupackender (politischer?) Haltung und verständlicher Ausdrucksweise.
„Crazy": Literatur sollte verständlich sein und die Möglichkeit zur Identifikation bieten.
Weitere Textstellen: S. 118f. (Kafka); S. 140–43 (Hemingway: „Der alte Mann und das Meer"); S. 87 (King: „Misery"); S. 65 (Bücher allgemein)

Seite 46

3a　Gemeinsamkeiten: grundlegende Skepsis gegenüber schulischer Lektüre; Bedürfnis nach leicht zugänglicher Literatur und Möglichkeit der Identifikation; Erwähnung eines positiven Lektüreerlebnisses (Bücher werden keineswegs pauschal abgelehnt)
Unterschiede: unterschiedliche Bewertung von Thomas Mann in „Faserland" und „Wasserfarben"

3b　Im Vergleich mit den eigenen Erwartungen der Schüler gegenüber „guter Literatur" ergeben sich vermutlich deutliche Überschneidungen, die in Richtung eines **„automatisierten", „konsumierenden" Lesens** weisen:

„Zwischen Schullektüre und Privatlektüre besteht ein Unterschied, der sich nicht in jedem Falle, aber in der Regel mit dem Gegensatz zweier Rezeptionsweisen deckt. Der Privatlektüre entspricht das ‚bedürfnisnahe Alltagslesen': hungrig, selbstvergessen, weiterdrängend, den Text ‚konsumierend'. [...] Auf der anderen Seite steht das ‚literarische Lesen', das auch die Schule fordert: verweilend, selbstbewusst, vor- und rückwärts gerichtet, Querverbindungen herstellend, entschlüsselnd [...]."[56] Gerade dieses „literarische Lesen", das auch Reflexion statt bloßer Einfühlung und Identifikation erfordert, stößt bei den Romanfiguren (und bei vielen Schülern) auf deutliche Ablehnung, die auf die besprochenen Bücher übertragen wird.

4　Benjamin Lebert („Crazy") erinnert sich an die schulische Lektüre von „Antigone" (Schülerbeispiele vgl. **K 8**, LB, S. 123).

5a　*Exzerpt* zu Steinmetz, „Moderne Literatur lesen":
- Bedürfnis des Lesers: „will das Werk verstehen" (Z. 2)
- Leser muss unter verschiedenen Bedeutungsmöglichkeiten auswählen.
- Er „erzeugt immer nur die Bedeutungen, [...] die er bereits vor der Lektüre kennt." (Z. 1of.)
- „Verschiedene Leser verstehen dasselbe Werk verschieden." (Z. 9f.)
- Schwierigkeiten entstehen, wenn Literatur etwas „zur Darstellung bringt, was außerhalb der Ordnung liegt." (Z. 20)
- Genau dies ist das Ziel der Literatur des 20. Jh.s: „Sie will den Leser verunsichern." (Z. 28f.)
- „Lesen wird auf diese Weise zu einer einsamen Entdeckungsreise." (Z. 24)

5b　„In der **modernen Literatur** werden die Enttäuschungen entstandener Erwartungen geradezu zu einem Strukturprinzip gemacht. Das kann so weit reichen, dass förmliche Lesehindernisse aufgeworfen werden."[57]

---

55 In diesem Zusammenhang lohnt die Lektüre der von Uwe Naumann herausgegebenen Anthologie „Verführung zum Lesen – Zweiundfünfzig Prominente über Bücher, die ihr Leben prägten", Reinbek (rowohlt/Stiftung Lesen) 2003.
56 Harald Frommer: „Statt einer Einführung: Zehn Thesen zum Literaturunterricht", in: DU 2/1981, S. 5.
57 Vgl. Horst Steinmetz: Moderne Literatur lesen – Eine Einführung. München (Beck) 1996, S. 55f.

Ein Leser, der eine Lektüre nicht in Beziehung zu den Erfahrungen setzen kann, die er in seiner Lebenswelt bisher gemacht hat, kann unterschiedlich darauf reagieren:

a) Der Leser kann solche Werke ablehnen, „weil sie den Erwartungen nicht entsprechen, mit denen er Literatur entgegentritt. Eine derartige Reaktion verbindet sich häufig mit dem Urteil, die betreffenden Werke seien keine Kunstwerke."[58]
→ Literatur wird abgelehnt.

b) Leser neigen aber auch dazu, „den Text auf ihre eigene Weise zu lesen. Sie finden Mittel und Wege, diese fremdartigen Phänomene so zu deuten, eigentlich umzudeuten, dass am Ende die Übereinstimmung wieder hergestellt ist."[59]
→ Literatur wird „eingeebnet."

c) Manchem Leser gelingt es, sich auf diese Unsicherheiten einzulassen, bereit zu sein, „die Normen und Werte seiner Sinnordnung als Richtschnur außer Kraft zu setzen, wenigstens für die Dauer der Lektüre. [...] Er gerät so in einen Zustand der Sinnsuche, die nicht mehr nur dem Werk gilt, sondern eben auch seiner lebensweltlichen Realität."[60]
→ Literatur trägt zur Horizonterweiterung des Lesers bei.

6 Beide Positionen markieren völlig unterschiedliche Rezeptionshaltungen, die in etwa Frommers Unterscheidung zwischen konsumierendem Lesen (Ich-Erzähler in „Crazy") und literarischem Lesen (Steinmetz) entsprechen.
Die Schüler werden spontan sicherlich eher mit der Position des Ich-Erzählers in „Crazy" sympathisieren. Unter Umständen erkennen sie im gemeinsamen Gespräch über Steinmetz' Ansatz jedoch, dass das Überschreiten des eigenen Erfahrungshorizonts beim Lesen einen Gewinn für die eigene Person und eine Erweiterung der eigenen Handlungsmuster bedeuten kann.

Seite 47

7 Vorwürfe: Handlungsarmut/geringe sprachliche Qualität („hohles Gerede der Figuren")/Arroganz des Autors/fehlende Aussage des Textes

8 Unter der Internetadresse **www.faserland.de/rezen** finden sich – geordnet nach „Loblieder", „Verrisse" und „Ambivalenz" – zahlreiche Rezensionen, die als Impuls für die Bewertung des Romans dienen können. (Vgl. **K 9**, LB, S. 124)

9 Mögliche Kriterien:
aktuelle Themen ↔ überzeitlich/allgemeingültig
leicht verständlich ↔ anspruchsvoll
tiefgründig/belehrend ↔ unterhaltsam
Alltagssprache ↔ Kunstsprache
weibliche Heldin ↔ männlicher Held
weibliche Autorin ↔ männlicher Autor
...

10a–c Die Arbeitsanregung bezieht sich auf die im Schülerband abgedruckte ZEIT-Umfrage (SB, S. 47f., Text 6). Die Teilaufgaben sollen die Schüler zu einer genaueren Auseinandersetzung mit den genannten Vorschlägen bringen und ihnen eine erste eigene Stellungnahme ermöglichen. Unter Umständen beeinflusst die Diskussion über eine sinnvolle Literaturauswahl auch die gemeinsame Lektürewahl im laufenden Schuljahr bzw. in der weiteren Oberstufe.

[58] Steinmetz: a.a.O., S. 86.
[59] Steinmetz, a.a.O., S. 64.
[60] Steinmetz, a.a.O., S. 87.
[61] „Der Deutsche Literatur-Kanon" (2), in: DIE ZEIT vom 23. Mai 1997 (Feuilleton).
[62] Vgl. Käte Hamburger: Von Sophokles zu Sartre. Griechische Dramenfiguren antik und modern. – Stuttgart/Berlin/Köln/Mainz (Kohlhammer) ⁴1968, S. 189.

11 In der ZEIT erschien nach Abschluss der Umfrage folgende Statistik:[61]

Johann Wolfgang von Goethe	28
Franz Kafka	18
Thomas Mann	14
Georg Büchner, Bertolt Brecht	12
Friedrich von Schiller, Heinrich von Kleist	11
Gotthold Ephraim Lessing	10
Friedrich Hölderlin	9
Heinrich Heine	8
Rainer Maria Rilke	7
Theodor Fontane, Gottfried Benn	6
Uwe Johnson	5
Gottfried Keller, Paul Celan	4
Nibelungenlied, Eduard Mörike, Else Lasker-Schüler, Robert Musil, Thomas Bernhard	3
Walther von der Vogelweide, Grimmelshausen, Andreas Gryphius, Joseph von Eichendorff, Friedrich Hebbel, Annette von Droste-Hülshoff, Georg Trakl, Franz Werfel, Hermann Hesse, Robert Walser, Wolfgang Koeppen, Heinrich Böll, Friedrich Dürrenmatt, Max Frisch, Ingeborg Bachmann, Peter Weiss, Arno Schmidt, Ernst Jandl	2

(Interessant wäre folgende Arbeitsanweisung: Verfassen Sie nach den Beispielen aus „Crazy" einen Rückblick auf eine Schullektüre Ihrer Wahl.
Als Anregung könnte, auch in Auswahl, folgendes Buch dienen:
Uwe Naumann (Hrsg.): Verführung zum Lesen. – Reinbek (Rowohlt) 2003. Z.B. John von Düffel: Verliebt in Lady Macbeth, S. 48–52.)

Seite 48

12 Die **Stellungnahme** in Form eines persönlichen Briefes dient als Wiederholung der steigernden Erörterung (vgl. SB, S. 425ff.). Der **Adressatenbezug** erfordert in besonderer Weise Sachlichkeit und Höflichkeit beim Schreiben.

13 Der *Umfrage-Vorschlag* hat mittlerweile einen realen Hintergrund erhalten: Am 10. Oktober 2002 veröffentlichte DIE ZEIT eine Vorschlagsliste mit 50 deutschsprachigen Titeln für eine „Schülerbibliothek", im Sinne eines literarischen Kanons, gedacht für Schüler ab zehn Jahren.
Die Umfrage sollte nach Lehrern und Schülern getrennt durchgeführt werden – interessant ist der Vergleich beider Seiten. Bei den Schülern stößt man mit solch einer Umfrage natürlich an Grenzen, denn die Kenntnis an Büchern ist noch nicht sehr umfangreich. Dennoch kann die Umfrage ein breiteres Nachdenken über schulische Lektüren auslösen. Wenn diese schulinterne Umfrage in regelmäßigen Abständen wiederholt wird, ergibt sich zudem die Möglichkeit, Veränderungen im Leseverhalten von Schülern und Lehrern über einen größeren Zeitraum auszuwerten.

14 Die Veröffentlichung des Literatur-Kanons in der ZEIT löste nach ihrem Erscheinen im Frühjahr 1997 eine große Debatte in den deutschen Feuilletons aus. Lehrer, Autoren, Literaturwissenschaftler und bekannte Personen des öffentlichen Lebens reagierten kontrovers auf die Forderung nach einem Literaturkanon für deutsche Schüler. Lediglich die Betroffenen selbst kamen so gut wie gar nicht zu Wort ...

IV. Die Gestalt der Antigone im antiken und modernen Drama (S. 47–57)

Die zweiteilige Sequenz bietet einen didaktischen Lösungsweg an, der es auch bei knappem Zeitbudget möglich macht, mit der vorliegenden Textauswahl und den mitgeteilten Subtexten unter den Bedingungen einer „fragmentarischen" Lektüre (Rolf Geißler) eine Einführung ins antike und moderne Drama zu geben.

Die Entscheidung für die „unvergängliche literarische **Gestalt**"[62] **der Antigone**, die vielen Interpreten als Inbegriff abendländischer Humanität gilt, bietet einen doppelten Vorteil: Für Jugendliche hat diese Mädchenfigur einen hohen Anregungswert, indem sie viele Ansatzpunkte für Identifikation und/oder Aversion und somit für engagierte Auseinandersetzung schafft. Außerdem erübrigt die Ähnlichkeit des Handlungsplots bei Sophokles und Anouilh zeitraubende stoffliche Informationen und ermöglicht es, den Schwerpunkt der Betrachtung auf Unterschiede der jeweiligen Weltauffassung und der Darstellungsweise zu legen. Vor allem aber sind so Spielräume eröffnet für eine schüler- und handlungsorientierte Erarbeitung.

Die Beschränkung der ausgewählten Szenen auf den Grundkonflikt Antigone-Kreon lässt sich dadurch rechtfertigen, dass in den Positionen von Spieler und Gegenspieler die jeweiligen Kernideen verkörpert sind, wie sie in den Überschriften der Teilsequenzen zum Ausdruck kommen. Über die Dialoge Antigone-Ismene werden nicht nur individuelle Unterschiede der Figuren, sondern Grundlinien der Exposition herausgestellt. Der Chor bei Sophokles und der Sprecher bei Anouilh sind als Kommentierungsinstanzen den Protagonisten und Antagonisten zwingend zugeordnet.

Wie beide Dramen als **Projekt** mit den Fächern Geschichte und eventuell bildende Kunst zu erarbeiten wären, sofern die entsprechende Zeit zur Verfügung steht, ist am Schluss der Sequenz (SB, S. 60) dargestellt.

S. 49–55: IV,1.	Mitmenschlichkeit und Göttergebot gegen königlichen Machtanspruch – Sophokles' „Antigone" (441 v.Chr.)

Die in literarischen Arbeitsbüchern häufig vorgeschlagene Vergleichskonstellation paralleler Textstellen bei Sophokles und Anouilh von Anfang an – also z.B. Kreons „Staatsrede" oder der Konflikt zwischen Kreon und Antigone – wird in dieser Konzeption verworfen, weil sie nur eine punktuelle Kontrastierung ermöglicht, der sowohl die jeweilige dramatische Idee als auch die Grundstruktur der Handlung fehlt. Nur wenn das Profil der **antiken Tragödie** bekannt ist und durch **Informationen** zum attischen Drama ergänzt wird, kann auf dieser Basis der **Vergleich** mit der **modernen Tragödie** ganzheitlich erfolgen.

Methodisch soll in dieser Teilsequenz nicht die analytische Interpretation im Vordergrund stehen, sondern der Gattung gemäß – Drama heißt „Handlung" – ist der *Vorgestaltung,* der *szenischen Lesung* und der *Inszenierung* ein breiter Raum gegeben. Wo Interpretations- und Erörterungsteile eingefügt sind, haben sie dienende Funktion im Rahmen der auf *Gestaltung* i.w.S. angelegten Einheit.

Mögliche Ziele:

1. Sophokles' „Antigone" als Paradigma der attischen Tragödie
2. Das Gegeneinander von Spieler und Gegenspieler als Grundfigur des Dramatischen
3. Erprobung verschiedener Gestaltungsformen, die durch Interpretations- und Erörterungsteile begründet sind

---

Seite 49

Texterläuterungen:

Wenn an dieser Stelle Grundlinien des „Antigone"-Dramas von **Sophokles** und **Anouilh** im tabellarischen Vergleich skizziert werden, so geschieht dies zunächst wegen der Parallelen im Mythos und in der Stoffgeschichte, vor allem aber wegen der „wechselseitigen Sinnerhellung".[63]

Sophokles' „Antigone"	Anouilhs „Antigone"
Mythos des Labdakidenschicksals[64]: Antigones Verhängnis Wahrung der Einheit von Zeit, Ort und Handlung	
– Schauplatz: vor dem Königspalast	– Privatisierung und Modernisierung des Ganzen mit modernen Menschen (vgl. Attribute, Tätigkeiten, Kleidung).
– **Antigone** vertritt das ungeschriebene göttliche Gesetz und das unabdingbare Gebot der Familienliebe (der Pietas). • Ihr „Mitlieben" bezieht sich ausschließlich auf die Blutsverwandtschaft. • Ihr Todeswille[65] ist stärker als ihr Lebenswille und ist durch die Bindung an die Blutsverwandten bedingt. • Der Rettungsversuch kommt nicht nur für Kreon, sondern prinzipiell für Antigone „zu spät".	– **Antigone** vertritt kein göttliches Gesetz und gehorcht keinem Familiengebot. • Ihre Ideale sind am Ende ausschließlich subjektivistisch, nachdem Kreon sie „aufgeklärt" hat. • Sie hat einen stärkeren Lebenswillen (vgl. Liebe zu Hämon, Kinderwunsch), geht aber letztlich nur „für sich" in den Tod: Ihr Todeswille entspringt einer existenziell begründeten Unbedingtheit, einer Freiheit zum Tode. • Sie verachtet das „kleine Glück", sie will alles oder nichts.
– **Kreon** ist zwar der Hüter der Staatsräson, aber in seiner egozentrischen Gottlosigkeit verfällt er der Hybris.	– **Kreon** repräsentiert das bedingte Ja zum Leben (zum notwendigen Kompromiss) und das Bekenntnis zum „kleinen Glück". Er ist der humane Büchermensch (der gute Onkel), der aber aus Selbstachtung und Staatsräson gegen den absoluten Individualismus Antigones sein muss.
– Die Protagonistin Antigone und der Antagonist Kreon müssen tragisch enden, weil beide dem Übermaß und der Unbedingtheit verfallen.	– Spieler und Gegenspieler vertreten extreme Antinomien: Der Tragödie des „Erwachsenwerdens" bei Kreon steht die Tragödie der Verpflichtung zum Nein-Sagen gegen jeden Kompromiss bei Antigone entgegen.

---

[63] Vgl. Käte Hamburger: Von Sophokles zu Sartre. A.a.O., S. 193.

[64] Vgl. Margret Dietrich: Das moderne Drama. Strömungen, Gestalten, Motive. – Stuttgart (Kröner) 1961, S. 409–427, vor allem S. 409f. und S. 423–425.

[65] Vgl. Käte Hamburger: A.a.O., S. 189–212, die ihre Interpretation sehr stark darauf aufbaut. – Vgl. auch Wolfgang Rösler: Zweimal „Antigone" – griechische Tragödie und episches Theater. In: Der Deutschunterricht. Heft 6/1979, S. 42–58.

1 Die Anregung zum *Vergleich* von Text und Bild zielt nicht auf eine Interpretation des Gedichts, sondern ist als Impuls gedacht, um von Anfang an eine konkrete Vorstellung der Titelfigur zu entwickeln: Im Kontrast zwischen mädchenhafter Zartheit und unbändiger Kraft der selbstbewusst Handelnden (Bestimmtheit, ethische Vorbildlichkeit und Rigorosität) entwickelt sich die Gestalt Antigones.

2 Wenn Text und Bild als Antizipationsimpuls genutzt werden, kann **Antigone als Handelnde** ins Bewusstsein treten:
– Die Freundliche mit leichtem Schritt ↔ aber die absolut Entschiedene in der Herausforderung durch das Böse;
– Trotz Todesfurcht (Antigone wird auf diese Weise vermenschlicht und nicht zur Heroine überhöht) Widerstand gegen „ein unwürdig Leben" (Z. 9);
– Kompromisslosigkeit gegen die Mächtigen;
– „Salut!" (Z. 15), d.h. Respekt und Ehrerbietung vor dieser Gestalt.

zu, setzt sich aber dann (auch mimisch-gestisch und in ihrer Körperbewegung) mehr und mehr von ihr ab.
– **Ismene** ist weicher, möglicherweise eleganter, aber passiver und reaktiver. Sie weicht vor der Aktivität und Dynamik Antigones mehr und mehr zurück, was sich sprachlich zunächst als Unsicherheit, später in Angst und Vorwurfshaltung äußert.
– Die **Kulisse** zeigt im Hintergrund Umrisse eines Palastes, jedoch keine Details. Außer der unterschiedlichen Kleidung der Schwestern (schlicht ↔ elegant) und ihrem Erscheinungsbild (etwas wild ↔ gepflegte Schönheit) werden Unterschiede im Auftreten deutlich. Requisiten sind nicht nötig.

Seite 50

3 Die Verbindung von **Exposition** und **Figurenkonstellation** (vgl. LB, S. 19f.) verlangt von den Schülern neben dem genauen Lesen und Exzerpieren eine grafische Umsetzung der Informationen. Die Erarbeitung in zwei Schritten sollte zu einem Tafelbild führen.

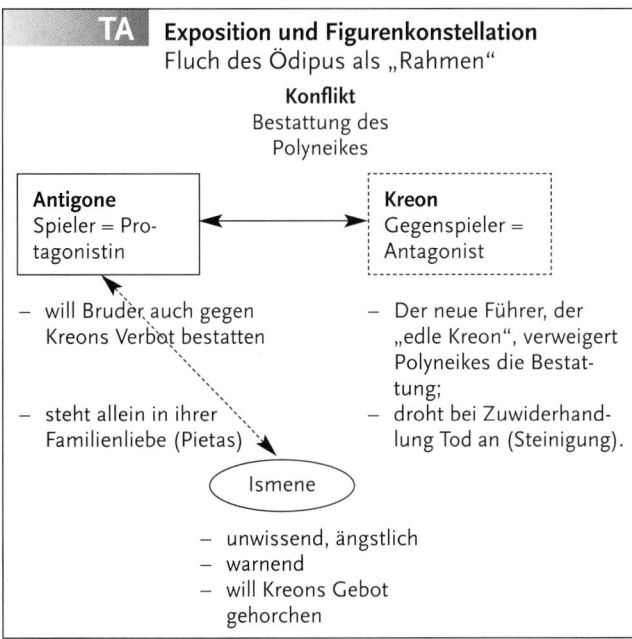

TA Exposition und Figurenkonstellation
Fluch des Ödipus als „Rahmen"
Konflikt
Bestattung des Polyneikes

Antigone Spieler = Protagonistin ↔ **Kreon** Gegenspieler = Antagonist

– will Bruder auch gegen Kreons Verbot bestatten
– steht allein in ihrer Familienliebe (Pietas)

– Der neue Führer, der „edle Kreon", verweigert Polyneikes die Bestattung;
– droht bei Zuwiderhandlung Tod an (Steinigung).

Ismene
– unwissend, ängstlich
– warnend
– will Kreons Gebot gehorchen

4a/b Die *Gruppenarbeit* zur Besprechung der **Inszenierung** berücksichtigt die unterrichtlichen Gegebenheiten, wo aus Zeitgründen und wegen des Aufwandes öfters „Simulationsmodelle" ausreichen müssen.
Wichtig dabei ist ein Doppeltes: Die Inszenierungsüberlegungen veranlassen zum einen zur intensiven Beschäftigung mit dem Text, die aber nicht mehr nur als schulische Pflichtübung erscheint, sondern zum andern Funktion gewinnt als Vorbereitung zu textgerechter Darstellung auf der Bühne. Folgende Ergebnisse sind zu erwarten:
– **Antigone** ist die Hauptfigur (die Protagonistin) und steht herausgehoben im Spotlight: Sie wirkt einerseits zierlich und schüchtern, andererseits zunehmend entschlossen und energisch in der Sprechweise. Sie geht zunächst auf Ismene

Seite 51

5a Ein *Exzerpt* aus Kreons „Thronrede" ergibt folgendes Ergebnis:
– Das Vaterland ist das Höchste: Heil des Volks.
– Polyneikes ist der Feind der Stadt.
– „mein Wille" (Z. 27): Er bleibt unbestattet.
– Der Chor soll Hüter des Befehls sein.

D.h., weil Kreon die **Staatsräson**, repräsentiert durch seinen Herrscherwillen, zum Maßstab seines Handelns macht, muss es gegen Antigones Beharren auf Pietas und Göttergesetz zum Konflikt kommen.
Indem Kreon sich auf den allwissenden Zeus beruft (Z. 4), sichert er nur formal seine Position ab, ohne sich aber dem göttlichen Gesetz zu unterwerfen.

5b Der **Chor** steht an dieser entscheidenden Stelle offensichtlich ganz hinter Kreon, lehnt es aber merkwürdigerweise ab, „Hüter des Befehls" (Z. 35) zu sein. Der Hinweis auf das Alter (Z. 36) kann nicht überzeugen. Eher ist der Vorbehalt des Chores zu begründen mit der Relativierung von Kreons Rechtslage, denn der Herrscher beruft sich ja nur auf das Staatsgesetz (Z. 32ff.).
(Die genaue Analyse dieser Passage, in der die Pflichten der Pietas und des Göttergebots noch nicht in den Blick geraten sind, ist wichtig, um die spätere Haltung des Chores nicht als schieren Opportunismus zu missdeuten.)

6a Das **Menschenbild** und die **Normen** des Chores werden in einem *Cluster* deutlich:

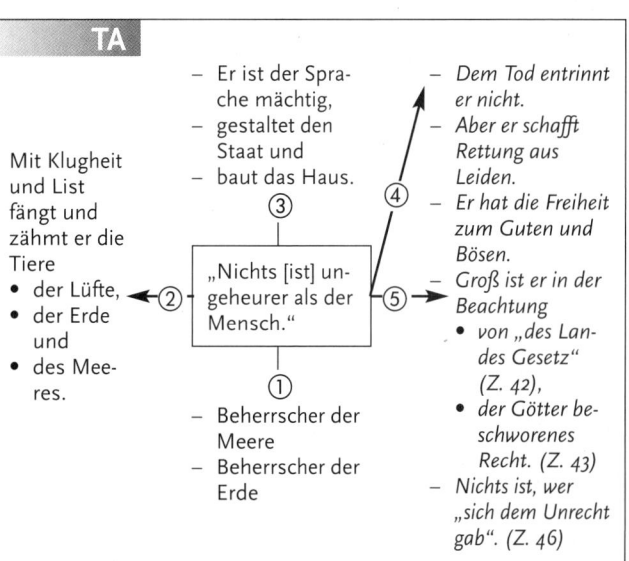

TA

Mit Klugheit und List fängt und zähmt er die Tiere
• der Lüfte,
• der Erde und
• des Meeres.

– Er ist der Sprache mächtig,
– gestaltet den Staat und
– baut das Haus.
③

„Nichts [ist] ungeheuer als der Mensch."

② ①

– Beherrscher der Meere
– Beherrscher der Erde

④ ⑤

– Dem Tod entrinnt er nicht.
– Aber er schafft Rettung aus Leiden.
– Er hat die Freiheit zum Guten und Bösen.
– Groß ist er in der Beachtung
• von „des Landes Gesetz" (Z. 42),
• der Götter beschworenes Recht. (Z. 43)
– Nichts ist, wer „sich dem Unrecht gab". (Z. 46)

6b Die **Grundposition des Chores** – „Ehret des Landes Gesetz/Und der Götter beschworenes Recht" (Z. 42f.) – macht die in Anregung 5b beschriebene Haltung nicht nur verständlich, sondern sie ist die Basis aller folgenden Argumente: Die Wertung von Antigones Verhalten i.S. des vorrangigen Göttergebots ist hier begründet.

Das Entsetzen (Z. 52ff.), die erschrockenen Fragen und der Ausruf des Chores beim Anblick der als Täterin vorgeführten Antigone zeigen ein Zweifaches: Einerseits leuchtet das fatale Verhängnis des Labdakidenschicksals drohend auf – „Unselige du,/Des unseligen Ödipus Kind!" (Z. 55f.) –, andererseits wird für Antigone „sinnloses Tun" (Z. 58) wider „Königs Gesetz" nicht für möglich gehalten.

Hier ist zwischen den Zeilen bereits die Rechtfertigung Antigones angelegt: Weil sie gegen „Königs Gesetz" nicht in „sinnlosem Tun", sondern nach übergeordneten Geboten (s.o.) verstößt, muss sie gerettet werden.

Eine fruchtbare *Gestaltungsaufgabe* für interessierte Schüler wäre eine „Neufassung" des Chorliedes aus heutiger Sicht: Ob es als Impuls reicht, nur einige Aspekte der „Aktualisierung" zu erörtern, oder ob es notwendig ist, wenige mögliche Zeilen vorzugeben, muss je nach dem Leistungsstand der Schüler entschieden werden. Der abgedruckte Text sollte nicht als „Muster" für Schüler dienen. Er könnte aber als Vergleichsbeispiel zu eigenen Versuchen herangezogen werden.

Neufassung des Chorliedes aus Sophokles' „Antigone"

Ungeheuer ist viel
und nichts ungeheurer als der Mensch.
In den Weltraum greift er hinaus,
erobert ihn mit Raketen und Satelliten,
5 fängt Spiralnebel und Pulsare in seinem Teleskop.
Lichtjahre sind ihm geläufig
wie Jahr und Tag.
Die Erde macht er sich untertan,
dringt ein in ihren Schoß und raubt
10 ihre Schätze, beutet sie rücksichtslos aus.
Selbst Wind und Wetter, Nacht und Tag
glaubt er, beherrschen zu können.

Der Natur Geheimnisse erschließt er
suchend und forschend.
15 Den Bau der Atome will er ergründen,
die Sprache der Gene verstehen:
dem Leben selbst hemmungslos
auf der Spur –
versuchend, Versucher.

20 Mit seiner Erfindungen Kunst
überwindet er Räume und Zeiten.
In Stunden umkreist er den Erdball,
in Sekunden tun's seine Gedanken und Worte.
Gegen Krankheit und Alter
25 lehnt er sich auf,
möchte Herr sein über Schmerzen und Leid,
möchte der Trauer entfliehn.
Ratlos tritt er – so scheint es –
vor nichts, was kommt.
30 Nur der Tod ist immer noch
stärker als er.

Recht schafft er,
schafft Gesetze;
denkt sich Regeln und Satzungen aus
35 und bricht sie selber sogleich,
wenn Eigennutz es ihm rät.

Klug und erfindungsreich schmiedet er Waffen,
todbringende,
zerstört mit eigener Hand
40 das Werk seiner Hände.
Schändet, verstümmelt und tötet,
mordet weit grausamer als jedes Tier.
Menschliches achtet er gar
für nichts.
45 Verloren ging ihm
die Scheu vor dem Göttlichen.
Keinen mehr duldet er über sich.
Gottlos und heillos.
Selbstherrlich, sein eigener Herr.
50 Immer näher am Abgrund.

(e 2003)
Emil Göggel

Seite 53

7a Der *Inszenierungsversuch*[66] in konkurrierender *Gruppenarbeit* erfordert mindestens zwei Doppelstunden. Gegenüber der Arbeitsanregung 4a/b (SB, S. 50) soll es nicht bei der Besprechung bleiben, sondern zur textgestützten Vorführung ausgestaltet werden.
Unabhängig vom Grad des Gelingens ist das *Probehandeln* unverzichtbar, um zum einen die Feinheiten des Textes sensibel aufzunehmen und ansatzweise in Handlung umzusetzen, und um zum andern ein differenziertes Wahrnehmungsvermögen für die professionelle Einspielung der Szene zu entwickeln.
Da nur zwei Schauspieler benötigt werden, stehen die übrigen Gruppenmitglieder für Regie, Inszenierungsprotokoll und evtl. für Ton- bzw. Videoaufnahmen zur Verfügung.

7b Die **Auswertung** der Versuche im Plenum in der zweiten Doppelstunde wäre durch den Vergleich zweier unterschiedlicher Video-Einspielungen mit anschließender Kommentierung am fruchtbarsten.
Aber auch das „Anspielen" der Szene oder eines Ausschnitts wäre hilfreich, weil im Vergleich des Spielprozesses Optimierungsvorschläge zu erwarten sind.
Die Strukturierung des **Streitgesprächs** könnte durch Kärtchen an der *Pinnwand* oder auch über ein Folien- oder Tafelbild so erfolgen, dass der Prozess der wachsenden Distanzierung zwischen Protagonistin und Antagonist sichtbar wird.

---

[66] Viele Anregungen bei Ingo Scheller: Wir machen unsere Inszenierungen selber. Szenische Interpretation von Dramentexten. – Oldenburg (Zentrum für pädagogische Berufspraxis) 1989. – Eine Möglichkeit bloßer Hörerfahrung stellt Michael Kampermann vor: Ein Theaterstück hörend erarbeiten. Eine Unterrichtsanregung (nicht nur) für Klasse 11. In: Praxis Deutsch, H. 88 (1988), S. 57.

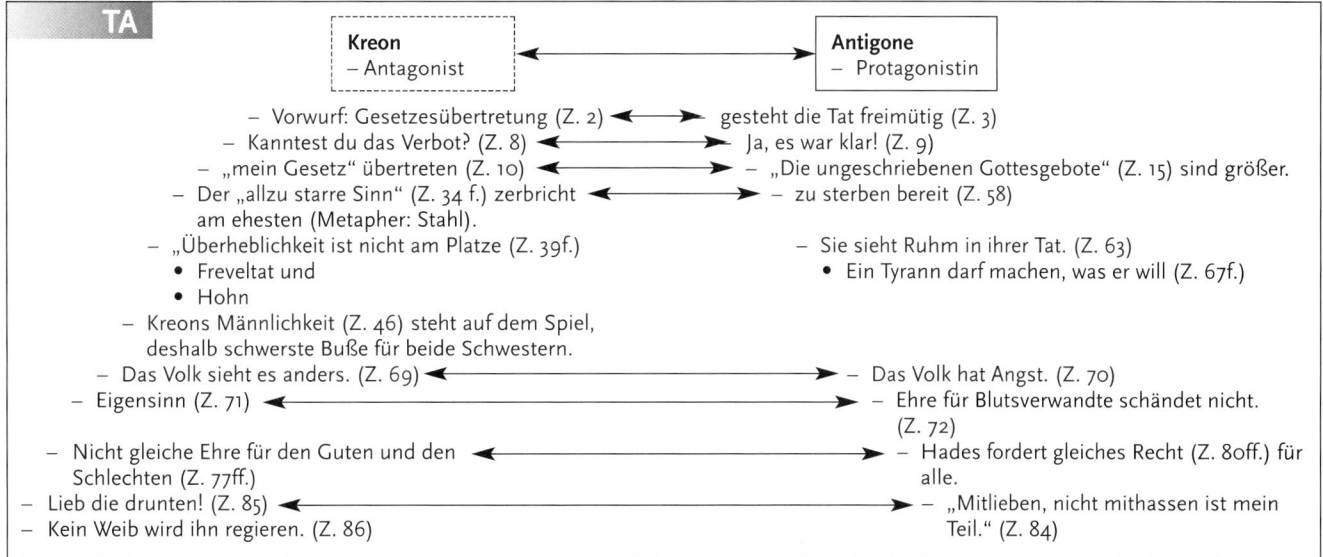

Die Analyse der Struktur ergibt am Anfang (Z. 1–10) einen knappen Austausch, argumentative Rede und Gegenrede im gewichtigen Mittelteil (Z. 13–68) und dynamische Zuspitzung in Stichomythien am Schluss (Z. 69–86). Dabei zeigt sich das Auseinanderdriften der Positionen. Gleichzeitig setzt sich Kreon mehr und mehr ins Unrecht, weil er vom Anspruch auf das Gesetz des Herrschers (Z. 10), das noch als Staatsräson legitimiert werden kann, am Schluss auf die subjektivistische Position des in Hybris verfallenen Egozentrikers (Z. 86) herabsinkt.

Die Einspielung der Szene Kreon–Antigone aus einer professionellen **Aufzeichnung**[67] hätte nun ihren optimalen didaktischen Ort: Durch mehrmalige Wiederholung könnten die Jugendlichen vom
– Gesamteindruck
– über differenzierte arbeitsteilige Beobachtungsaufträge zur Rollenbesetzung, Körpersprache, dem Bewegungsspiel und der Sprechweise
– zu einer Gesamtwertung gelangen.

Seite 55

8a Im **Abschiedsmonolog** Antigones werden die Maßstäbe ihres Handelns – Göttergebot und Pietas – gegen Kreons hybriden Machtanspruch noch einmal herausgestellt. Aber zusätzlich klingen Abschiedsschmerz und Trauer an, die Antigones Todesbereitschaft nicht relativieren, die ihr aber zusätzliche menschliche Tiefe und Glaubwürdigkeit verleihen.

8b Der fiktive **Abschiedsbrief** an Haimon, den es ja bei Anouilh gibt, wäre aus der Stimmung des Abschiedsmonologs heraus zu entwickeln:
– unvermählt (Z. 5): Grab = Brautgemach (Z. 20)
– unvollendetes Leben (Z. 25), doch Hoffnung auf Wiedersehen der Familie (Z. 26ff.)
– Nur die eigene Sippe ist nicht zu ersetzen. (Z. 35ff.)

Aus der unauflöslichen Spannung zwischen der Liebe zu Haimon und der doppelten Pflicht Antigones, die vorrangig ist, ließe sich der Brief konzipieren.

8c Der **Einschub** ist sicher nicht notwendig, um Antigones Handlungsmotive glaubwürdig erscheinen zu lassen. Denn er wirkt – gerade in der Abschiedssituation – sehr stark spitzfindig räsonierend, ja fast sophistisch. Zur ethischen (Pietas) und religiösen Begründung (Göttergebot) wirkt diese biologistische Argumentation über die Einmaligkeit der Blutsbande doch etwas aufgesetzt.

9 Diese abschließende Anregung bezieht sich auf das ganze Stück. Die Schüler sollen die Rolle Kreons im Kontrast zur Rolle Antigones reflektieren.

9a Die **Erörterung** sollte am besten schriftlich erfolgen und etwa folgende Aspekte berücksichtigen:
– Der einst so stolze und herrscherliche Kreon erkennt am Ende, dass seine Vorstellung von Macht, königlicher Entschlossenheit und Manneswürde nichts wert sind angesichts der schrecklichen Ereignisse.
– „Narr" (Z. 24) ist i.S. von „Tor" zu verstehen (vgl. F. Nietzsche: „Vereinsamt", SB, S. 14), der lange nichts verstanden und alles falsch gemacht hat. Weil Kreon sich in scharfer Selbstbezichtigung so nennt, zeigt er Selbsterkenntnis und Selbstverurteilung.
Die Fallhöhe zwischen „König" und „Narr" könnte extremer nicht sein.

9b Die **Hybris** Kreons besteht darin, dass er irdische Gesetze und seinen egoistischen Machtanspruch über das Göttergebot der Totenehrung und über die Pietas als Familienliebe gestellt hat.
Die Hybris als frevelhafter Hochmut ist nach antiker Vorstellung „die Ursache des Leidens, indem die Gottheit jedes anmaßende Hochgefühl mit rächender Strafe verfolgt".[68]
Der Chor erscheint in seinen Schlussversen als Vertretung der ethisch-religiösen Norm, nachdem er über weite Strecken zu Kreon und Antigone unterschiedliche Standpunkte bezogen hatte. Erst die Stimme der Götter, vermittelt durch das Urteil des blinden Teiresias, weist Kreon und dem Chor den richtigen Weg. (Sollten weitere Informationen über die griechische Klassik und die attische Tragödie für notwendig erachtet werden, könnte ein Arbeitsblatt eingesetzt werden: **K 10**, SB, S. 125).

---

[67] In Frage kommt i.d.R. historisches Material der Bildstellen oder ein aktueller Mitschnitt von Neuinszenierungen, wie sie z.B. aus Stuttgart (2000) oder Bochum zu erhalten sind.
[68] Gero von Wilpert: Sachwörterbuch der Literatur. – Stuttgart (Kröner) 1979, S. 357.

S. 56–60: II,2. Die Forderung des Unbedingten gegen den Kompromiss – Jean Anouilhs „Antigone" (1942)

Da die Hauptfabel[69] in Anouilhs „Antigone" im Ablauf der äußeren Handlung weitgehend identisch ist mit der Sophokles'schen Tragödie, kann didaktisch der Schwerpunkt auf einer **Vergleichsbetrachtung** liegen, wobei einige Aspekte besonders herausgestellt werden sollen:

– Die **Privatisierung** des modernen Dramas durch die Personen in Straßenkleidern, die Rolle der Amme, die Liebesszene mit Hämon, den Sprecher und das profane Szenenbild hat eine starke **Entmythologisierung** zur Folge, bis hin zu einer fast mechanistischen Definition des Tragödienbegriffs.

– **Kreon** ist kein selbstherrlicher Tyrann, sondern ein „homme de lettres", der unfreiwillig das Geschäft eines Königs zu erledigen hat. Als realistisch-humaner Politiker erfüllt er die ihm aufgebürdeten Pflichten als Pragmatiker, der „die Ärmel hochkrempelt", aber doch auch der Selbstüberschätzung verfällt. Doch er taugt nicht als Kronzeuge für Kollaboration.

– Für **Antigone** fallen die mythisch-religiösen und humanen Begründungen ihres Tuns weg. Denn beide Brüder sind Schurken, und es ist nicht mehr zu ermitteln, wer bestattet ist und wer noch draußen liegt.
Antigone ist aber auch keine politische Heldin, die als Protagonistin der Résistance gelten könnte. Vielmehr setzt sie ihre „kindliche Absolutheit" gegen den Kompromiss von „Leben" und relativem „Glück".

– Antigones **Tragödie** ist deshalb weder religiös-ethisch noch politisch, sondern rein menschlich-privat und **existenzialistisch** motiviert. Die Privatisierung und Säkularisierung des Stoffes ist deshalb konsequent durchgeführt.

Mögliche Ziele:

1. Durch Inszenierungsversuche wesentliche Merkmale des modernen Dramas im Vergleich zur attischen Tragödie erfassen
2. Über Personencharakteristik das Wesen Antigones kennzeichnen
3. Projektunterricht über einen Dramenvergleich vorstellen

Seite 56

 1a/b Das *Standbild* (vgl. SB, S. 56) zur Eröffnung der Szene ist in seiner Gestaltung im Schülerbuch genau beschrieben.
Sinnvoll ist es, eine Gruppe den Versuch ohne die Lektüre des Sprechertextes machen zu lassen: Es liegt nahe, dafür folgende Konstellation auf der Hinterbühne vorzuschlagen:

– Antigone etwas abgesondert; Ismene ihr zugewandt, ebenso die Amme (strickend)
– Kreon, dahinter Eurydike und etwas abgewandt Hämon
– Die Wächter und der Bote plaudernd und spielend
– Der Sprecher an der Rampe mit dem Blick auf die Darsteller, aber auch dem Publikum halb zugewandt.

Die zweite Gruppe, die den Sprechertext auch als Regieanweisung gelesen hat, wird folgende Akzente setzen:

– Antigone sitzt ganz verlassen da. Nur die strickende Amme schaut liebevoll zu ihr hin.
– Ismene schäkert mit Hämon.
– Kreon wirkt müde und abgespannt, mit Sorge betrachtet von Eurydike.
– Laut geht es bei den spielenden Wächtern zu, von denen sich der Bote in Richtung des Königs löst.

– Der Sprecher steht an der Rampe und zeigt wie zur Erklärung auf die Gruppierung.

Auffällig für beide Gruppen wird das Fehlen des Chores und des Teiresias sein. Eine erste Einsicht kann bereits an dieser Stelle sein: Die religiöse Dimension fehlt; mit der Figur der Amme und den alltäglichen Verrichtungen der Personen, durch das „neutrale Bühnenbild" und durch den „Ton" des Sprechers findet eine Desillusionierung statt: keine Spur mehr von herrscherlichen Zeichen der Macht (Palast, Säulen, Skulpturen, prächtige Gewänder etc.).
Alles deutet auf eine Tendenzverschiebung hin: weg vom hohen Staatsakt, hin zur privaten Geschichte.

1c Die Vorschläge als **Szenenanmerkungen** könnten etwa so ausfallen:

– Das **Bühnenbild**: graue Wand eines ganz normalen Hauses, zu dem drei schmale Türen (keine Portale!) führen.
– Die **Figuren** erscheinen in Alltagskleidern, vielleicht nach der Mode der Entstehungszeit des Stückes (1942) oder jeweils gekleidet nach der Mode der Zeit.
– Die **Rollenbesetzung** kann sich nach den Beschreibungen des Sprechers richten, wobei die sympathische „Normalität" Kreons noch schwieriger zu besetzen ist als die fragile Gestalt Antigones, in der sich so viel Energie ballt.

Seite 57

2a Die **Charakterisierung** kann sowohl durch *sinnerschließendes szenisches Lesen* erfolgen, indem durch verschiedene Versuche im Sprechton das Wesen der Schwestern Schritt für Schritt entwickelt wird.
Einfacher ist das *sinngestaltende szenische Lesen* (vgl. SB, S. 10), bei dem die in Einzel- oder Partnerarbeitsauftrag herausgestellten Wesenseigenarten der Schwestern in der Sprechweise hörbar gemacht werden müssen.

TA Charakterisierung der Schwestern	
Antigone	**Ismene**
– liebevolle Zuwendung zu Ismene	– rational kontrollierte Reaktion: Vorwurfshaltung
– Die Bestattung des Bruders ist Pflicht, trotz Todesangst.	– Verweigert die Tat, hat Angst vor dem Tod
– Sie will nicht überlegen.	– Nimmt die Position der Älteren, Vernünftigeren ein
– Sie will nicht „ein wenig" verstehen.	– Versteht Kreon „ein wenig"
– Als Privatmensch braucht sie kein Beispiel zu geben.	– Der König muss ein Beispiel geben.
– Sie will nicht Recht haben, nicht „verstehen".	– Sie wirft Antigone Starrsinn vor, pocht auf ihre größere Reife.

In der Sprechweise muss sich der Ton zunehmend verschärfen, wobei Antigone durch Körpersprache und Bewegung (weg von Ismene) ihre Distanzierung betont, während Ismene durch Eindringlichkeit und besorgte Ernsthaftigkeit zu überzeugen sucht.

2b Schon von Beginn an wird die extreme **Ichbezogenheit** der Argumentation Antigones – und damit ihre Tendenz zum Übermaß – sehr deutlich, auch wenn sie an dieser Stelle noch überwiegend als Starrköpfigkeit und Unbelehrbarkeit erscheint. Von Pietas und Göttergebot ist nicht mehr die Rede. Nur die Rollenverteilung (Z. 16f.) verlangt, dass die Schwestern den Bruder bestatten müssen und Kreon die Tat zu bestrafen hat.

---

[69] Vgl. Volker Canaris: Anouilh. In: Friedrichs Dramatiker des Welttheaters. Bd. 61. S. 44ff.

3a Über ein *Exzerpt* zu Text 4 lässt sich das Wesen der **Tragödie** bei Anouilh definieren: Die Tragik ist ganz und gar automatisiert und formalisiert, aller Ethik und Religion und damit der Frage von Verantwortung und Schuld enthoben. Sie ist nur ein Problem der „Rollenverteilung" (Z. 8).

3b Zusätzlich zur knappen Definition (SB, S. 55) könnten zwei weitere Informationen aus der „Poetik"[70] herangezogen, etwa auf *Folie* eingeblendet oder als Auszug vorgelegt werden:

Aristoteles schreibt im sechsten Kapitel zur Tragödie: „Aus dem bisher Gesagten entnehmen wir die Bestimmung ihres Wesens. Die Tragödie ist die Nachahmung einer edlen und abgeschlossenen Handlung von einer bestimmten Größe in gewählter Rede, derart, dass jede Form solcher Rede in gesonderten Teilen erscheint und dass gehandelt und nicht berichtet wird und dass mit Hilfe von Mitleid und Furcht eine Reinigung von eben derartigen Affekten bewerkstelligt wird." Hier wird erkennbar, dass „Tragik" bei Anouilh auch nicht geeignet ist, Emotionen der Betroffenheit und der Anteilnahme auszulösen.

Bei Günther und Irmgard Schweikle[71] heißt es zur **Katharsis** (gr. Reinigung): „Nach Aristoteles (Poetik 6) löst die Tragödie, indem sie ‚Jammer und Schaudern' (gr. éos und phóbos) bewirkt, eine „Reinigung" (gr. katharsis) des Zuschauers von ‚eben derartigen Affekten' aus. ‚Jammer' und ‚Schaudern' sind bei Aristoteles (so die Ergebnisse der neueren Aristoteles-Forschung) in erster Linie als psych. Erregungszustände aufgefasst, die sich in heftigen psych. Prozessen äußern."

Seite 58

4a Die **Charakterisierung** Antigones aus den Texten 4–6 lässt wichtige Charakterisierungsformen wiederholen:

Die **indirekte Selbstcharakteristik** durch Handlung (praktisches Tun und Rede) ergibt sich aus Text 4:

– Kreon will seine kleine Nichte wie ein störrisches Mädchen ins Bett schicken (Z. 8ff.), aber Antigone würde die Bestattung wiederholen (Z. 11f.).
– Antigones Zwang zur Tat erhält hier eine religiöse Begründung (Z. 16f.), die aber unmittelbar hinter privater schwesterlicher Fürsorge zurücktritt.
– Gegen die moralische Abwertung des Polyneikes durch Kreon (Z. 22) setzt sie die Bruderliebe (Z. 23) gegen jegliches Verbot (Z. 26ff.).
– Den Vorwurf des Handelns aus Hochmut – „Tochter des Ödipus" (Z. 30) – wehrt sie als unzutreffend ab (Z. 32ff.).
– Antigone will nicht verstehen, sondern „muss nein sagen und sterben" (Z. 39).
– Sie lehnt ein „bescheidenes Alltagsglück" (Z. 52) als „gemein" ab. Sie will „alles [...] oder nichts" (Z. 52f.).

Mehr und mehr spitzt sich im Streitgespräch mit Kreon Antigones Argumentation zu auf eine extreme Ichbezogenheit, so dass in deren Übermaß auch eine Form der Hybris deutlich wird.

Die **direkte Fremdcharakteristik** durch Kreon und den Sprecher lässt sich aus den Texten 5 und 6 ermitteln.

– **Kreon:**
  • Antigone „musste" (Z. 3) und „wollte sterben" (Z. 6).
  • „Polyneikos war nur ein Vorwand" (Z. 8).

  • Ihr Hauptgrund: „nein sagen und sterben" (Z. 8f.)
  • Antigone war nicht zu retten.
– **Sprecher:**
  • Antigone ist doch „noch ein Kind" (Z. 11).
  • Sie hat Unruhe gebracht (Z. 2f.).
  • „Antigone ist jetzt ruhig" (Z. 8).
  • Sie war von einem „Fieber" befallen (Z. 9).

4b Der fiktive **Abschiedsbrief** Antigones an Hämon sollte die oben herausgestellten Handlungsmotive berücksichtigen: Auch die innige Liebe zum Verlobten muss scheitern am Anspruch des Alles oder Nichts. (In diesem Punkt zeigt sich der größte Unterschied zum erdachten Brief der Antigone bei Sophokles.) Dass in diesem persönlichen Brief auch die Ängste und die Trauer ausgedrückt werden, liegt nahe.

Im diktierten Originalbrief Antigones[72] lautet die entscheidende Stelle: „Ich weiß nicht mehr, wofür ich sterbe. Ich habe Angst." Diesen letzten Satz lässt Antigone dann wieder streichen, weil es sonst wäre, als „sähe man mich nackt". „Verzeih!", soll der Wächter statt dessen schreiben. Wo das Sterben „für etwas" als Motiv nicht mehr gilt, dominiert der Entschluss „gegen etwas" – das kleine Glück – zu sterben. Aber beim Gedanken an das ersehnte Kind mit Hämon wird auch dieses Handlungsmotiv relativiert: „Jetzt begreife ich erst, wie einfach das Leben war …" Dieser Brief ist ein Beispiel dafür, wie selbst die entschiedensten Grundsätze im Angesicht des Todes durch elementare kreatürliche Empfindungen erschüttert werden.

4c In der abschließenden schriftlichen **Erörterung** geht es nicht um eine literarische Wertung der dichterischen Gestaltung, sondern um eine bewusst subjektive Einschätzung, die mit emotionaler Nähe oder Ferne zu den beiden Antigone-Figuren zu umschreiben wäre. Im Zeitalter der Emanzipation der Frau und der lautstark propagierten Ichstärke als höchstem Persönlichkeitswert wäre anzunehmen, dass die Jugendlichen sich eindeutig für Anouilhs Antigone entscheiden, das egozentrische moderne Mädchen, das kaum nach ethischen, religiösen und politischen Grundsätzen handelt. Dies ist erfahrungsgemäß aber nicht der Fall. Ob bei der Favorisierung der Antigone des Sophokles die mehr oder weniger latente Sehnsucht der jungen Leute nach einem klaren Ordnungs- und Wertesystem bestimmend ist, ergibt sich nur aus den individuellen Argumentationsmustern.

Methodenerläuterungen:

Auch wenn projektorientiertes Arbeiten (innerhalb des Faches Deutsch mit dem Ziel eines „Gemeinschaftswerks") und der Projektunterricht in der Kooperation mehrerer Fächer allen Schülerinnen und Schülern aus der Sekundarstufe I bekannt sein sollten, ist es sinnvoll, Voraussetzungen, Ziele und Organisation nochmals klar zu beschreiben. Mit dem Vorschlag eines umfangreichen „großen" Projekts, dessen Vernetzung in der Grafik dargestellt und dessen Details im Lehrerband erläutert werden (vgl. **K 11**, LB, S. 126), und eines „kleinen" Projekts werden konkrete Hinweise gegeben. Je nach Unterrichtssituation und der zur Verfügung stehenden Zeit kann die Entscheidung für den einen oder andern Vorschlag getroffen werden.

(Zur Lernerfolgskontrolle böte sich der Vergleich paralleler Szenen der attischen Tragödie und des modernen Dramas an. Neben dem Vergleich Ismene – Antigone – Kreon, **K 12**, LB, S. 127f., wären ebenfalls geeignet:

– Sophokles: Kreon – Haimon und Anouilh: Kreon – Hämon
  1. Vergleichen Sie die Taktik Haimons bei Sophokles und Hämons bei Anouilh.
  2. Machen Sie Vorschläge für die Inszenierung beider Szenen.
– Der Bote bei Sophokles und Anouilh
  1. Vergleichen Sie den Bericht des Boten bei Sophokles und Anouilh.
  2. Machen Sie Vorschläge für die Inszenierung beider Szenen.)

---

[70] Aristoteles: Poetik. Übersetzung von Olof Gigon. – Stuttgart (Reclam) 1961, S. 33. Hier erscheinen noch „Mitleid und Furcht", die neuerdings als „Jammer und Schaudern" übersetzt werden (vgl. Anmerkung 71).
[71] Günther und Irmgard Schweikle (Hrsg.): Metzler Literatur-Lexikon. Stichwörter zur Weltliteratur. – Stuttgart (Metzler) 1984, S. 223.
[72] Jean Anouilh: Antigone. Theater-Texte Bd. 3. – München/Wien (Langen-Müller) 1969, S. 60.

V. Kurt Tucholsky: Autor, Werk und Leser

Diese Sequenz steht mit guten Gründen am Ende des Einführungskapitels: Nach Lyrik, den epischen Klein- und Großformen und nach dem Drama ist mit der thematischen Konstellation „Autor, Werk und Leser" einerseits der Komplexitätsanspruch am größten, andererseits erfolgt über die Beschränkung auf e i n e n Autor eine erste Einführung in die Epochenbesprechung.

Weil dies am Beginn der Sekundarstufe II ein schwieriges Vorhaben ist, musste ein didaktisch-methodisches Arrangement getroffen werden, das Schülerinteresse und Sachanspruch angemessen verbindet. Verschiedene Qualitäten machen Kurt Tucholskys Werk für Jugendliche dieses Alters besonders interessant:

– Tucholskys kritische Potenz kommt ihrem Bedürfnis nach engagierter Auseinandersetzung sehr entgegen. Sicher galt Tucholskys seismografisch sensible Zeitdiagnose zunächst dem Tagesaktuellen, aber durch ihre zutiefst humanen Prämissen und Ziele sowie durch den literarischen Rang sind die wichtigen Teile des Werks noch heute unvermindert gültig, so dass mit Tucholsky ein wichtiger Autor des 20. Jahrhunderts vorzustellen ist.

– Tucholskys stilistisches Vermögen – vom zartesten lyrischen Ton über eine nuancenreiche Skala humorvoll und ironisch gebrochener Darstellung bis zur drastischen Polemik oder zum grellen kabarettistischen Effekt – schafft ein literarisches „Reizklima" von hohem Anregungswert, und das Sprachspielerische gibt zusätzliche Impulse für produktionsorientierte Schreibformen.

– Hinzu kommt eine didaktisch wichtige Eigenart Tucholskys: Wohl kaum ein anderer Autor des 20. Jahrhunderts lässt sich – ganz ohne die für die Unterrichtspraxis zeitaufwändigen Großformen Drama und Roman – durch ein breites Spektrum von Lyrik, Prosa und Sachtexten, also ausschließlich über „kleine" Formen, in einem Arbeitsbuch so repräsentativ darstellen, dass die Schüler alle für eine exemplarische Arbeit notwendigen Texte vor sich haben: Über den streitbaren und umstrittenen Autor Tucholsky werden die zeitgeschichtlichen Umstände und die epochalen Umbrüche eines engagierten Schriftstellers wie unter der Lupe evident. Über Aspekte der Rezeptions- und Wirkungsgeschichte wird eine wichtige Phase der modernen Literatur paradigmatisch erfasst.

Die vier Teilsequenzen – Zeitkritik, Satire, Rezeption und Rhetorik – versuchen der oben skizzierten Zielsetzung gerecht zu werden.

Methodenerläuterungen:

Nach der gemeinsamen Lektüre von V/1 als Einführung in Themen und Stil Tucholskys könnten die Teilsequenzen V/2–V/4 auch in arbeitsteiligem *Gruppenunterricht* oder als *Projekt* (vgl. SB, S. 69) erarbeitet werden, wenn alle Schüler alle Texte als Arbeitsgrundlage gelesen haben.

S. 61–63: V,1.   Zeitkritik als humaner Appell – Exempel engagierter Literatur

---

In der Einführung soll eine knappe Auswahl – Anekdote, Essay, Lyrik, Biografisches – das **Werkspektrum** Tucholskys vorstellen und sowohl den ethischen als auch den politischen Standort des Autors markieren: Die „Vorsätze" lassen schon beim Siebzehnjährigen das Talent zu pointierter Selbstironisierung aufblitzen. Über den „Start" werden die Vielfalt der gewählten Rollen, das Gespür für Anekdotisches und die strenge „Schreibschule" Siegfried Jacobsons deutlich. Im „Park Monceau" leuchtet – fast in der Manier Heinrich Heines – das Leiden am

eigenen Vaterland auf. „Das Lächeln der Mona Lisa" hat bei aller liebenswürdigen Ironie in den Schlussversen schon die Resignation des „Sudelbuchs" vorweggenommen. Der „Nachruf" und der „Brief an Nuuna" schließen den Lebenskreis auf anrührende Weise.

Mögliche Ziele:

1. Eine erste Orientierung im Spektrum des Werks
2. Über die Pseudonyme literarische Tendenzen Tucholskys erschließen

---

Seite 63

1 Die Anregung ist als **Orientierung** gedacht (z.B. als stille Lesephase im Unterricht oder als Hausaufgabe), um eine bestimmte Erwartungshaltung für die folgende genauere Auseinandersetzung aufzubauen: Selbstironie und Frechheit (Text 1), Versteck- und Verwandlungsspiel (Text 2) mit den „5 PS", wodurch ein breites Publikum zu erreichen ist. Zeitkritik (Text 3) und Lebensweisheit (Text 4) sowie die Fähigkeit zur relativierenden Distanzierung (Text 5) und zur nüchternen Situationsbeschreibung auch bei tiefster Betroffenheit (Text 6).

2 Es geht nicht um ein Erraten der **Pseudonyme**, sondern um den Versuch, genaues Lesen zu schulen und Informationen aus Text 2 anzuwenden. „Vorsätze" (anonym im „Ulk"), „Start" (Kurt Tucholsky), „Park Monceau" und „Das Lächeln der Mona Lisa" (Theobald Tiger), „Eine Treppe", „Mein Nachruf" und „Brief an Nuuna" (Kurt Tucholsky)

S. 64–70: V,2.   Ein gekränkter Idealist – Möglichkeiten der Satire

---

Die poetologische Unterscheidung zwischen satirischen Texten und der in sich abgerundeten Satire, die sich nach dem jeweiligen Anteil des Satirischen bemisst, kann unter didaktischen Gesichtspunkten entfallen, weil es hier nicht um quantitative, sondern um qualitative Merkmale geht. In der vorliegenden Auswahl von Lyrik, verschiedenen Genres der Prosa und Beispielen des Essays wird gut erkennbar, dass das Satirische keine eigene Textart ist, sondern „gleichsam quer zu den Gattungen und den anderen Textarten"[73] steht, was sich schon in der Etymologie des Begriffs Satire (<lat. satura = buntes Allerlei) erweist. Dass Kurt Tucholsky ein Satiriker par excellence ist, in seiner Zeit nur noch vergleichbar mit Erich Kästner, zeigt sich in der geradezu idealtypischen Verwirklichung aller wesentlichen Merkmale[74] der Satire:

– Bezüglich der **Absicht** richten sich seine Texte sowohl gegen Ideologien und Geisteshaltungen (z.B. den Militarismus und den Untertanengeist in den Texten 1, 2, 3 und 6) als auch gegen Missstände einer Gesellschafts- und Herrschaftsform (z.B. gegen den Nationalsozialismus in Text 4) und gegen individuelles Fehlverhalten von Nazigrößen in den Texten 5 und 7.

– Tucholskys **Wertesystem** ist geprägt durch die Ideen der europäischen Aufklärung (Humanität, Toleranz, Gleichheit, Brü-

---

[73] Vgl. Werner Ziesenis: Satire. In: Günter Lange u.a. (Hrsg.): Textarten – didaktisch. Eine Hilfe für den Literaturunterricht. – Hohengehren (Schneider) 1993, S. 155–161, hier S. 155.

[74] Vgl. Werner Ziesenis: A.a.O., S. 156f. – Vgl. auch: Jürgen Brummack: Zu Begriff und Theorie der Satire. In: DVJS, Sonderheft 1971. – Norbert Feinäugle (Hrsg.): Satirische Texte. – Stuttgart (Reclams Arbeitstexte für den Unterricht) 1976. – Klaus Gerth: Satire. In: Praxis Deutsch. H. 22 (1977).

derlichkeit), einen leidenschaftlichen Pazifismus nach den Leiden des Ersten Weltkriegs, und seine Normen wurzeln in der Verteidigung der Menschenwürde gegen eine anonymisierende Massengesellschaft und gegen totalitäre Diktaturen.

– Wie souverän Tucholsky auch die Vielfalt **satirischer Darstellungsmittel** beherrscht, zeigt nicht nur sein perspektivisches Sprechen in der Camouflage der vier Pseudonyme. Insgesamt bietet er ein ganzes Arsenal spezifischer Stilmittel auf: z.B. die raffiniert angewandten Techniken der Ironisierung, der Karikierung bis zur Groteske und Hyperbolik, der anspielungsreichen Metaphorik und Mehrdeutigkeit, der Verkleidung, der Kontrastierung durch Montage und heterogene Konstellationen (z.B. Hitler und Goethe, Text 7) sowie der Sprachspiele und der pseudologischen Konstrukte (z.B. Text 7).

Anders als noch in den Sechzigerjahren des letzten Jahrhunderts bedarf die Satire heute als Gegenstand des Deutschunterrichts keiner besonderen Rechtfertigung mehr. Seit der Wende zum kritischen Lesen in den Siebzigerjahren wurde das ethische Potenzial satirischer Texte nicht nur wiederentdeckt, sondern auch literaturpädagogisch ganz im Sinne Friedrich Schillers[75] aufgewertet: „Satirisch ist der Dichter, wenn er die Entfernung von der Natur und den Widerspruch der Wirklichkeit mit dem Ideale (in der Wirkung auf das Gemüt kommt beides auf eins hinaus) zu seinem Gegenstande macht. Dies kann er aber sowohl ernsthaft und mit Affekt als scherzhaft und mit Heiterkeit ausführen; je nachdem er entweder im Gebiete des Willens oder im Gebiete des Verstandes verweilt. Jenes geschieht durch die *strafende* oder pathetische, dieses durch die *scherzhafte* Satire. [...] In der Satire wird die Wirklichkeit als Mangel dem Ideal als der höchsten Realität gegenübergestellt. Es ist übrigens gar nicht nötig, dass das Letztere ausgesprochen werde, wenn der Dichter es nur im Gemüt zu erwecken weiß; dies muss er aber schlechterdings, oder er wird gar nicht poetisch wirken."

Mögliche Ziele:

1. Die Inhalte und Formen der Kritik an Mängeln der Wirklichkeit kennen lernen
2. Dabei Merkmale und Mittel des Satirischen erfahren
3. Die Satire als Paradigma engagierter Literatur verstehen
4. Über produktionsorientierte Formen die Wirkung der Satire erfassen

Seite 66

Texterläuterungen:

In dieser Teilsequenz werden zunächst Texte mit **pazifistischer Tendenz** vorgestellt: Dies geschieht retrospektiv im Blick auf den Ersten Weltkrieg in den Texten 2 und 3, für Tucholsky gegenwartsbezogen und gleichzeitig prophetisch in der Abrechnung mit dem Nationalsozialismus in den Texten 4, 5 und 7 sowie allgemein politisch und gleichsam überzeitlich in Text 6. Die Aktualität auch der zeitkritischen Texte liegt in ihrem humanen Impetus, der auch die Situation gegenwärtiger Kriegsschauplätze klarsichtig erfasst.

In der **Pseudo-Erörterung** (Text 7) geht es um historische Größe, wobei durch den Vergleich „Hitler und Goethe" die groteske Verzerrung auf den Gipfel getrieben ist.

Abschließend ist der **Essay** „Was darf die Satire?" (Text 8) geeignet, die bisher gewonnenen Einsichten zu reflektieren und durch zeitgeschichtliche Bezüge zu konkretisieren.

 1 Das *Exzerpt* aus den Texten 2 und 3 über das Verhalten der Menschen im Krieg zeigt das „Doppelgesicht" von Front und Heimat:

Im Krieg:

– Elend und Tod in den Schützengräben (Z. 3ff.) ↔ Gier, Schiebergeschäft, Kriegsparolen (Z. 12ff.)
– Tod der Kameraden (Z. 18f.), Ohnmacht ↔ „Der Kapitän hat den Abschied genommen" (Z. 33).
– Appell: Nie wieder! (Z. 36ff.)
– „Krieg dem Kriege!" (Z. 59)
– Der Krieg ist die Verkehrung menschlicher Verhältnisse auf beiden Seiten (Text 3, Z. 5ff., Z. 15ff.).

Im Frieden:

– Freundlich, Ministerbesuch (Text 3, Z. 21ff.)
– Schweigen über das Verhalten in der Zukunft (Text 3, Z. 26ff.)

2 Diese *Gestaltungsaufgabe* (als Brief oder als fiktiver Dialog) hat zwei Voraussetzungen: Einmal müssen die Schüler die eindeutig pazifistische Haltung Tucholskys erfasst haben, zum andern ist ein Grundwissen über Zeitgeschichte (z.B. Krisenherde) und weltpolitische Probleme (z.B. Dritte Welt, Terrorismus, Armut etc.) unerlässlich. Nur auf dieser Informationsgrundlage ist es möglich, die seit Tucholskys Zeit verwirklichten „Visionen" zu würdigen (z.B. die deutsch-französische Freundschaft, die Kooperation in der EU, die NATO, die Osterweiterung etc.) und gleichzeitig die unerfüllten Visionen bezüglich des Weltfriedens und einer solidarischen Weltgesellschaft zu sehen.

Die Schwierigkeit besteht stofflich in der begründeten Auswahl aus der Informationsfülle und der Beschränkung auf Paradigmatisches sowie formal in der Wahl der Perspektive:

– Der **Brief** kann sich aus der Sicht eines Zeitgenossen (mit Kenntnis seiner Gegenwart u n d der Zeit Tucholskys) als Bilanzierung des Erreichten im Vergleich zu den zeittypischen Problemen befassen.
– Im **Dialog** könnte eine Doppelperspektive gewählt werden: Die durch seine Lebenszeit begrenzte Sicht Tucholskys steht gegen die Perspektive des Heutigen, der die Vergangenheit aus der Literatur und die Gegenwart aus Erfahrung kennt. Daneben ist aber auch die Simulation einer fiktiven Gegenwart Tucholskys denkbar, der die Vergangenheit subtil kennt und die Gegenwart aus der Distanz – vom „fernen Stern" aus – beobachtet.

(Zur genaueren Kenntnis der Position Tucholskys wären weitere pazifistische Texte heranzuziehen: z.B. „Unser Militär" (1919) und „Der Graben" (1926), etwa mit folgenden Arbeitsanweisungen:

1. Vergleichen Sie beide Gedichte unter dem Aspekt der Militarismuskritik.
2. Eines der beiden Gedichte sollte in eine Anthologie aufgenommen werden. Begründen Sie Ihre Entscheidung.)

Seite 67

3 Mit diesem *Inszenierungs- und Gestaltungsauftrag* in *Gruppenarbeit* (arbeitsteilig und konkurrierend, so dass jeweils zwei Gruppen einen Text vorbereiten) soll eine doppelte Transferleistung erbracht werden: Aufbauend auf Primärerfahrungen der Schülerinnen und Schüler (z.B. über politische Sketsche bei Schulveranstaltungen) und Sekundärerfahrungen (z.B. durch Kabaretts im Fernsehen und im Film) sollen

– formale Kenntnisse zu **Regieanweisungen** (Raum, Beleuchtung, Requisiten, Kulissen, Musikeinspielung, etwa durch die Originalvertonung[76] oder eigene Gestaltung) und zum **Inszenierungsstil** (z.B. Personenbesetzung, Sprech- und Rezitationsweise, Körpersprache in Mimik, Gestik und Bewegungsspiel) angewandt werden.
– Inhaltlich müssen Grundlinien der **Interpretation** verfügbar sein und umgesetzt werden.

[75] Friedrich Schiller: Über naive und sentimentalische Dichtung. In: F. Sch.: Sämtliche Werke. 5. Bd. – Darmstadt (Wissenschaftliche Buchgesellschaft) [7]1984, S. 694–780, hier S. 721f.
[76] Vgl. Mary Gerold-Tucholsky/Hans Georg Heepe (Hrsg.): Das Kurt Tucholsky-Chanson-Buch. Texte und Noten. – Reinbek (Rowohlt) 1983.

| 3a/b | **Stichworte zur Interpretation und Rezitation** |

Texte	Politische Aussage ⟵————⟶ Stileigenarten ═══════⟹ Regieanweisungen zur Rezitation

Texte	Politische Aussage	Stileigenarten	Regieanweisungen zur Rezitation
1. **„Das Dritte Reich"**	– Ideal: Das Dritte Reich (Z. 1ff.) – Kriterien: „rassisch" (Z. 14), „völkisch" (Z. 16) u.a. – Feinde: Pazifist und Bolschewist (Z. 20) – Glück: Eroberungen und Krieg (Z. 23 ff.) – Herrenrasse mit Gewaltherrschaft (Z. 30ff.) – Gleichmacherei im „Vaterland" (Z. 35ff.) – „nationale Mistik" (Z. 50)	– ungleiche Abschnitte – Refrain – Gliederung – Zeilenbrüche – Parallelismen (Z. 9ff.) – Aussagen, Fragen, Ausrufe – Aufzählungen – Sprachironie (Z. 4, 13, 16, 20) – durch die Schreibweise Ironisierung von Mystik (Assoziation zu „Mist")	– Die Spannung zwischen „Ideal" (Z. 1) und „Mistik" (Z. 50) herausarbeiten – In der Darstellung sind wichtig: • Das Gestische (ans Publikum gewandt) • Kontrast zwischen Pathos (Z. 1ff.) und Sarkasmus (Z. 13ff., 43ff.) • Pseudofeierlichkeit (Z. 24f., 33, 40f.) und Drohgebärde (Z. 24ff., 30ff., 36ff.)
2. **„Joebbels"**	– Verhöhnung des „Mächtigen" (Z. 1ff.) durch Banalisierung (Z. 3, 8) – Missverhältnis zwischen Können (Z. 9ff.) und Anmaßung (Z. 12f.) – Psychologische Deutung der angemaßten „Größe" aus einem Minderwertigkeitskomplex (Z. 17ff.)	– Dialekt mit gezielten Verbalinjurien (Z. 1ff.) – Vulgärsprache (Z. 3, 5, 6) – Refrains (Z. 8, 16, 25f.) zur Verstärkung – Demaskierung durch Kontrastierung, Hyperbolik, Paradoxa (Z. 17ff.) („keen Führer" ↔ „bloß 'n Reißer", Z. 24)	– Ton der individuellen polemischen Attacken – Die Schnoddrigkeit und Frechheit des Berliner Dialekts treffen – Durch Betonung und Pausen die Kontraste und die Pointierung herausarbeiten
3. **„An das Publikum"**	– „Publikum" (Z. 1) als Synonym für „Menschen" – Perspektive der „Unternehmer" (Z. 4f.) • Direktor • Filmfritze • Verleger – Feigheit der Zeitungen vor Wahrheit wegen (Z. 13ff.) • Abonnenten (Z. 17f.) • Reichsverbänden (Z. 20f.) – Schlussfolgerung: „Fluch der Mittelmäßigkeit (Z. 27)	– Paradoxe Fügung (Z. 1f.) als Frage – Refrain als Wiederholung der Leitfrage – „Dummheit" in Erststellung (Z. 13) – gezielte Verbalinjurien (Z. 30)	– Jahrmarktsstil eines Bänkelsängers – Wechsel zwischen den einzelnen „Einschätzungen" in der 1. und 2. Strophe – Steigerung der Ironie und des Sarkasmus in der 3. Strophe mit deutlicher Vorwurfshaltung

Ergebnis: Charakteristische Stileigenarten sind: unmittelbare Ansprache der Adressaten, Provokation und Übertreibung, Situationskomik durch Wortspiel und Wortwitz, Verwendung des Dialekts als soziales „Kontaktmittel", um durch witzige Direktheit, entlarvende Persiflage und grobe Effekte den „Volkston" zu treffen und Nähe zum „gemeinen Volk" zu demonstrieren. Verstärkung durch Parallelismen, Wiederholungen (z.B. Refrain) und Pointierung. Diese Eigenarten treffen die spezifische Kommunikationssituation eines **Kabaretts**: grelle Töne, Drastik bis zur Polemik, Bloßstellung und Frivolität. Alles zielt auf Wirkung: Aufrüttelung, Herausforderung, Aktivierung i.S. einer Veränderung der politischen und gesellschaftlichen Missstände. Dies muss jedoch auf pfiffige und unterhaltsame Weise geschehen, so dass auch das Lehrhafte „ankommt".

| 3c | Aus diesem späten Text 6 sprechen die Erfahrungen eines enttäuschten und z.T. auch resignierenden Aufklärers, der zunächst im ungläubigen Nachfragen das schier Unfassbare umkreist, in der letzten Strophe aber zu einem bitteren Verdikt kommt: Nur weil das Publikum sich Verdummung, Einschüchterung und Panikmache gefallen lässt, können „die da oben" so mit ihm verfahren und die Wahrheit (Z. 29) vorenthalten. Diese „Generalabrechnung" mit einer unpolitischen und unsolidarischen Verhaltensweise der Massen unter dem „Fluch der Mittelmäßigkeit" (Z. 27) ist von bedrückender Aktualität. An dieser Stelle böte sich eine *Diskussion* an über heutige Erscheinungsformen dieser „Mittelmäßigkeit" (z.B. durch |

politisches Desinteresse, Konsumrausch, Spaßgesellschaft, Flucht in seichte Unterhaltung in Kino und Fernsehen, Verdrängung durch Drogen etc.) und ihre Kritiker in der Politik (z.B. durch Bundespräsidenten Richard von Weizsäcker, Roman Herzog, Johannes Rau), im Journalismus (z.B. Marion Gräfin Dönhoff, Rudolf Augstein u.a.) und in der Literatur (z.B. Heinrich Böll, Günter Grass, Martin Walser, Hans Magnus Enzensberger u.a.).

| 3d | Die *Gestaltung* eines Gegenbeispiels zu Text 6 sollte in der Form offen gelassen werden, weil die politische Lyrik Tucholskys doch sehr anspruchsvoll ist und nur von Spitzenschülern annähernd nachzugestalten ist. |

Gedacht ist als Gedicht an eine Art profaner **Kontrafaktur** (<lat. contra = gegen, factura = Verfertigung ursprünglich i.S. einer geistlichen Umdichtung eines weltlichen Liedes, seltener umgekehrt, z.B. Martin Luthers „Vom Himmel hoch" nach der Melodie „Aus fremden Landen komm ich her"), wobei ein politisch sensibles Publikum – z.B. engagierte Jungwähler – angesprochen werden könnte, dem rational-kritisches und ethisch verantwortungsvolles Handeln zuzutrauen wäre, wenn es um Aufklärung und Wahrheit geht.
Eine Schülerin nahm die positive Anrede in Tucholskys Gedicht ernst und schrieb folgende Strophe:

O hochverehrtes Publikum,
ich glaub', du bist wirklich nicht dumm,
wie uns die Demoskopen verraten

mit ihren Jung-Wähler-Befragungs-Daten:
Du prüfst sehr kritisch die Kandidaten,
du lässt dich nur durch Argumente beraten,
du fragst mit scharfer Logik die Damen und Herrn,
du sagst es deutlich und laut, sie aber hören's nicht gern:
Wollt ihr uns endlich die harte Wahrheit sagen?
Wollt ihr nicht aufhör'n, nur über den Gegner zu klagen?
   Sei wach und kritisch, verehrtes Publikum,
   dann hält dich keiner mehr für dumm!   Tanja M, 17 J.

Seite 68

4 Über die *Rollensimulation* soll perspektivisches Beschreiben und Werten unter Einbeziehung von Informationen zum Genre **Satire** (SB, S. 69, LB, S. 96f.) und zur Darstellungsform **Erörterung** (SB, S. 64) angewandt werden.

4a Aus der Sicht des kundigen Literaturkritikers sollte Folgendes festgehalten werden:

Ironisiert und persifliert wird alles, die inhaltlichen Aussagen im Einzelnen ebenso wie die „äußere" und „innere" Form der Erörterung:

– gezielte Denkfehler (z.B. Hitler ist „eine Millionenpartei", Z. 61), absichtsvoll stilisierte Versprecher (z.B. „Hitler ist [...] deutscher Spießbürger", Z. 14f.; „Goethe ist ein Marxstein", Z. 20; „erstreckte sich ins kosmetische", Z. 31f.; „Machtübergreifung", Z. 33; „die Industrie setzt dauernd zu", Z. 63), verquere Sinnbezüge (z.B. auf Napoleon, Z. 10, die Schlacht bei Tannenberg, Z. 13; „Hitler zerfällt in 3 Teile", Z. 22; auf Zeppelin, Z. 25 u.ö.);

– drastische Kalauer (z.B. „Goethe war Geheim", Z. 30; „Goethe war kein gesunder Mittelstand", Z. 57; „dass Goethe kein nordischer Mensch war, sondern egal nach Italien fuhr", Z. 61f.), Slangausdrücke (z.B. „dem mausetoten Goethe", Z. 6; „Goethe ist nicht knorke", Z. 17), Stilbrüche (Z. 9f., 14f., 22ff., 26ff., 32ff. u.ö.) und bombastisch verquollene Wendungen (z.B. Z. 23ff., 34f., 41f., 50f., 57ff., 65f.).

Dies alles u.v.m. kennzeichnet diese scharfzüngige und bissige Satire, in der schon die Überschrift die Absurdität des Größenvergleichs signalisiert.

4b Als „ernsthafte" **Erörterung** muss Text 7 mit ungenügend beurteilt werden, weil er

– weder sachgerecht noch differenziert, inhaltlich oft falsch und argumentativ unzulänglich sowie in den Beispielen (Belegen) nicht überzeugend ist;

– sprachlich unangemessen bleibt und weder deskriptiv noch argumentativ plausibel ist.

Seite 70

 Ein *Exzerpt* aus Text 8:

5a

TA	
Merkmale der Satire	Methoden der Satire
– Satire rennt gegen das Träge und Verstockte an. (Z. 5)	– Satire sagt „Nein!" (Z. 3)
– Satire ist positiv. (Z. 6)	– Satire beißt, lacht, pfeift und trommelt. (Z. 4)
– Satire zeigt gekränkten Idealismus. (Z. 9f.)	– Satire hebt den Vorhang, ist krass. (Z. 18f.)
– Satire bringt die Wahrheit ans Licht. (Z. 31f.)	– Satire muss übertreiben. (Z. 31)
– Satire muss ehrlich sein. (Z. 54)	– Satire kann boshaft sein. (Z. 53f.)
– Satire ist blutreinigend. (Z. 56f.)	– Satire sollte nicht zwischen den Berufsständen etc. tanzen. (Z. 54f.)
– Satire darf alles (Z. 58f.), hat aber Grenze nach oben und unten. (Z. 60)	

(Biografisch mögen Tucholskys Erfahrungen mit der Wirkungslosigkeit der Satire gegenüber dem Nationalsozialismus zu dieser resignativen Einschätzung ebenso beigetragen haben wie die Einsicht, dass im Religiösen keine Tabuverletzungen geschehen sollten. Dabei steht „Buddha" für das Göttliche generell.

Es wäre auch möglich, mit einer Zusatzaufgabe weitere Merkmale der Satire – etwa Etymologie, Vorkommen, Wirklichkeitserfahrung, Ethik – aus dem Informationstext (SB, S. 69) erheben zu lassen.)

5b Hinweise für das *Schreiben einer Satire* aus den Texten 4–6:

– **Aus Text 4:**
• Messen der Kritik am Ideal (Z. 1ff.)
• Spielen mit ideologisch besetzten Begriffen (Z. 13ff.)
• Ironische Brechung und Verdrehung von Begriffen (Z. 20)
• Paradoxe Fügungen: Glück ↔ Krieg (Z. 23ff.)
• Technik der Übertreibung (Hyperbolik) (Z. 31ff., 40ff.)

– **Aus Text 5:**
• Anbiederung durch Du-Anrede und Banalisierung (Z. 1ff.)
• Aufdeckung persönlicher Schwächen (Z. 9)
• Entlarvung der Diskrepanz zwischen Anspruch und Wirklichkeit (Z. 17ff.)
• Pointierung durch Paradox (Z. 26f.)
• Refrain zur Verstärkung (Z. 8, 16 und 25f.)

– **Aus Text 6:**
• Kontrast (Diskrepanz) zwischen dem Gesagten und Gemeinten (Z. 1f.)
• Provozierende Fragen (Z. 2f.)
• Charakteristische Beispiele (Z. 5ff.)
• Parallelismus (Z. 16ff.)
• Provokante Behauptungen (Z. 26ff.)

6a Diese *Erörterung* ist als Anwendungsaufgabe gedacht:

– Die Argumente sind aus Text 8 zu gewinnen (s.o.) und können von den Schülern ergänzt werden. Als Sinnrichtung sollte dabei die „Kritik des Normwidrigen" gelten.

– Als Erörterungstypus ist an eine Kombination aus textgebundener und freier Erörterung gedacht. Dabei wird sich das Gewicht je nach dem Anteil an eigenen Argumenten in die eine oder andere Seite verschieben.

6b Der *Vergleich* mit Text 9 ergibt – neben den Unterschieden zwischen den Absichten und Stilmitteln eines Essays und eines normativen Textes – folgende Ergebnisse:

TA	
Gerichtsentscheidung	Tucholskys Essay
Die Satire übertreibt.	
Die Satire ist mit einer Karikatur vergleichbar.	
– Der „kundige Leser" (Z. 5) den „gemeinten Gehalt". (Z. 7)	**Ergebnis:** Das Urteil bezieht sich auf wichtige Merkmale der Satire, setzt den „kundigen Leser" voraus, geht aber nicht auf den für Tucholsky wichtigen ethischen Gehalt und seine Beispiele ein.
– Übertreibung und Verzerrung dienen der Wirkung. (Z. 9ff.)	
– Satire darf „nicht nach ihrem Wortsinn genommen werden." (Z. 12f.)	

Fazit: – Das **Gerichtsurteil** betrachtet die Satire unter dem Aspekt der strafbaren Handlung, geht von einer Definition aus, vergleicht mit einer Karikatur und zieht eine Schlussfolgerung auf den justiziablen Kern der Satire. Durch eine hypotaktische Syntax und eine genau beschreibende sowie fachsprachlich exakte Ausdrucksweise ist dieser normative Text gekennzeichnet.

– Der **Essay** Tucholskys beginnt mit einer Frage, die schrittweise beantwortet wird: Die Wiederholung der Frage am Schluss und die Antwort „alles" (ergänzt durch die Einschränkung in „Schnipsel") ergeben eine Rahmenstruktur mit deutlicher Pointe. Der Text baut sich auf aus einer Situationsbeschreibung über die Wirkung der Satire im Parallelismus von Behauptung (Z. 3) und Gegenbehauptung (Z. 6); letztere wird durch Argumente und Beispiele begründet und vielfältig konkretisiert bis zur apodiktischen Schlussantwort, die erst 1932 relativiert wird. Stilistisch zeigt der Essay ein breites Spektrum: Thesenhafte Behauptungen, Fragesätze, Ausrufe, pointierte Beschreibung und durch Vergleiche, Beispiele und Zitate eine eindrucksvolle Veranschaulichung.

Als **Sonderaufgaben** wären zusätzlich folgende Anregungen möglich:
– Vergleichen Sie Aufbau und Darstellungsweise der Texte 8 und 9 (s.o.).
– Versuchen Sie, charakteristische Merkmale des Essays (SB, S. 65f.) an Text 8 nachzuweisen.

(Merkmale des Tucholsky-Essays: problemorientiert, facettenreich, gedanklich überzeugend, aber persönlich geprägt, unterhaltsam; sprachlich ebenso erhellend wie einprägsam, vielfach gebrochen (witzig, ironisch, humorvoll) und originell. Gute Erweiterungsmöglichkeiten geben die Satire „Zwei Mann: Gitarre und Mandoline" (1919) **K 13** , LB, S. 129, und die Schülerinterpretation **K 14** , LB, S. 130. Eine Transferaufgabe könnte die Satire „Kleine Begebenheit" (1921) mit folgenden Arbeitsanweisungen sein:
1. Interpretieren Sie den Text, indem Sie von seinen Auffälligkeiten ausgehen.
2. Beziehen Sie in die Schlusswertung den Titel mit ein.)

7 Als *Transferaufgabe* ist die Anregung gedacht, einen eigenen **Essay** zu schreiben.
Dabei sind folgende Kriterien zu beachten:
– Inhaltlich muss das aktuelle Ereignis ganz deutlich einen eklatanten Normverstoß enthalten (z.B. Betrugsskandal, politische Intrige etc.).
– Formal sollten wichtige Struktur- und Stilmerkmale der Satire (s.o.) angewandt werden.

S. 71–77: V,3.   Die Wirkung der Worte – Literarische Kommunikation und Rezeption

Diese Teilsequenz umfasst im ersten Teil (Texte 1–7) unterschiedliche Textarten zur **Rezeptions- und Wirkungsgeschichte** Tucholskys: Einen Essay (Text 1), zwei Briefe (Text 2), Kampfparolen (Text 3), politisch und literarisch begründete Werturteile (Texte 4/5, 7) und eine amtliche Bekanntmachung (Text 6). Außer Text 6 verbindet alle genannten Texte eine deskriptiv-argumentative bzw. polemisch-wertende Sprache. Die dabei zu beachtenden Aspekte nationalsozialistischer **Kulturpolitik** können an dieser Stelle besprochen und durch Kurzreferate[77] ergänzt werden. Es ist aber auch möglich, diese Fragen erst im Zusammenhang der Kästner-Gedenkrede (SB, S. 73ff.) einzubeziehen.
Im zweiten Teil (Texte 8 und 9) bereiten zwei Essays Tucholskys über gute und schlechte Redner vor auf die Konzeption und Präsentation eines **Referats**, das im Unterricht i.d.R. als halbfrei vorgetragenes, auf einen Stichwortzettel gestütztes Kurzreferat die Hauptrolle spielt.
In diesem Zusammenhang liegt es nahe, einige theoretische Aspekte der **Kommunikation** im Allgemeinen und der **Rhetorik** im Besonderen so zu betrachten, dass sowohl Kriterien für die Textbetrachtung als auch Hinweise für die eigene Kommunikation der Jugendlichen gewonnen werden können.
In ihrer Struktur zeigt die Teilsequenz eine besonders enge Verflechtung von Literatur- und Sprachbetrachtung sowie Sprechen und Schreiben.

Mögliche Ziele:

1. Die Heterogenität von Rezeptionsdokumenten verstehen
2. Eigenarten von Textarten wiederholen
3. Am Beispiel von „Rede" und „Referat" Grundsätze der Rhetorik kennen lernen

Seite 71

Texterläuterungen:

Tucholskys Projektion über ca. 60 Jahre im Essay „Gruß nach vorn" ergibt interessante Vergleichsmöglichkeiten zwischen Epochen, Mentalitäten und Wertungen. Durch die persönliche Anrede (Z. 1) und das vertrauliche „Du" ergibt sich eine dialogische Grundstruktur des Essays, der durch die Anknüpfung an „Mona Lisa" (vgl. SB, S. 60) interessante inhaltliche Verweis- und sprachspielerische Anknüpfungsmöglichkeiten enthält. Der Aufbau zeigt eine höchst raffinierte und leserwirksame Anknüpfung mit der Befangenheitsattitüde des Autors – über Mode (Z. 4), Schreibweise (Z. 10ff.) und Zeitgebundenheit (Z. 13ff.).
Es folgt eine klarsichtige und nüchterne Zukunftsprognose – politisch (Z. 17f.), technisch (Z. 19f.), kulturell bezüglich der eigenen Wirkungsgeschichte (Z. 21ff.) – und der gemeinsamen jeweiligen Zeitgenossenschaft (Z. 27ff.) bei ähnlicher „Mittelmäßigkeit" (Z. 35f.). Die kunstvolle Stilisierung dieses „Grußes" – mit Verlegenheitsfloskeln (Z. 4ff.), politischen, kulturpolitischen und technischen Zitaten (Z. 14ff.), rhetorischen Fragen (Z. 17), Alltagsjargon der mündlichen Rede (Z. 25f., 32, 37) sowie mit Ausrufen (Z. 39f.) – und der Perspektivenwechsel schaffen ein sehr lebendiges Ganzes.
Die beiden **Kurzbriefe** beziehen ihre appellative Wirkung aus der Pointierung (Z. 6) und der Wiederholung des Aufrufs (Z. 9f.).

1 Die Arbeitsanregung ist gut geeignet für *Partnerarbeit* (oder als Hausaufgabe) mit gemeinsamer Auswertung im Unterricht.

TA	
Tucholskys Selbstverständnis	Tucholskys Wirkungsabsicht
– Bewusstsein der Zeitbedingtheit (Text 1, Z. 4ff.), dennoch deutliche Selbstsicherheit – Relativierung des sog. technischen Fortschritts (Text 1, Z. 19ff.) bei gleichzeitiger ethisch-politischer Rückständigkeit (Text 1, Z. 17f.) – Zeitgenossenschaft ist das Merkmal jeder Generation. (Text 1, Z. 29ff.) – Gefühl der Mittelmäßigkeit (Text 1, Z. 35f.)	– Alles ist zu zeitbedingt. (Text 1, Z. 7f.) – „Geblieben ist, was zufällig blieb." (Text 1, Z. 22) – „Unser Inhalt ist mit uns dahingegangen. Die Form ist alles." (Text 1, Z. 36) – „Macht unsere Bücher billiger!" (3x, Text 2, Z. 10f.)

2 *Exzerpt* zur nationalsozialistischen **Kulturpolitik:**
– Definition des Idealen und Allgemeingültigen sowie Vernichtung des „Undeutschen" (Text 3, Z. 3ff.) mit folgenden Pseudo-Begründungen:
• Gegen Materialismus – für Volksgemeinschaft (Z. 5),
• gegen Dekadenz – für Zucht und Sitte (Z. 7),

---

[77] Vgl. dazu die immer noch sehr ergiebige Textsammlung von Joseph Wulf: Literatur und Dichtung im Dritten Reich. Eine Dokumentation. – Reinbek (Rowohlt, rororo 809–811) ¹1966.

- gegen politischen Verrat – für Hingabe an Volk und Staat (Z. 10),
- gegen „Überschätzung des Trieblebens" – für den „Adel der menschlichen Seele" (Z. 12f.),
- gegen Verfälschung der Geschichte – für „Ehrfurcht vor der Vergangenheit" (Z. 14.f.),
- gegen „volksfremden Journalismus" – für nationales Aufbauwerk (Z. 17f.),
- gegen literarischen Verrat am Soldaten – für den „Geist der Wahrhaftigkeit" (Z. 20f.),
- gegen „Verhunzung der deutschen Sprache" – für „Pflege des kostbaren Guts" (Z. 23f.),
- gegen Frechheit – für Achtung vor dem „unsterblichen deutschen Volksgeist" (Z. 25f.).
– Diffamierung des Andersdenkenden und Andersartigen als „Kulturbolschewismus" (Text 4, Z. 11f.) und Ausschaltung in allen Bereichen der Kultur.
– Durch Ausbürgerung Gleichschaltung der Ideen und Meinungen (Text 5)

3 Der **Leserbrief** als *Gestaltungsaufgabe* eröffnet ein breites Spektrum an Möglichkeiten:

– Es gibt die spontane, entschieden parteiliche und stark situationsbezogene subjektive Stellungnahme des Schülers aus Text 2.
– Denkbar aber ist auch eine distanziertere Erörterung mit satirischen Elementen und essayistischer Struktur.

Die Überzeugungskraft des Leserbriefs hängt ab von der Erfassung des Wertungsstandpunkts (der Schüler ist ein begeisterter Leser und Verehrer Tucholskys), der Sachkompetenz (bezüglich der literarischen Qualität und des ethischen Werts von Tucholsky) sowie der argumentativen, wirkungsvollen (anschaulichen, witzigen, pointierten) stilistischen Gestaltung.

3b Diese arbeitsteilige *Gruppenarbeit* ist als Erweiterung gedacht, sofern an dieser Stelle ein Blick auf die demagogische Kulturpolitik geworfen werden soll. Die Auswahl von 4–5 Autoren aus der langen Liste der Verfemten (z.B. Feuchtwanger, Kerr, Heinrich Mann, Ernst Toller) könnte ein Vorgriff auf die „Literatur in der Weimarer Republik und dem Exil" sein (vgl. SB, 9. Kapitel, S. 351ff.) oder von dort im Rückgriff einbezogen werden. Interessant ist die Aufgabe vor allem unter dem Aspekt der demagogischen Verkehrung durch die Nazipropaganda: Die Jugendlichen suchen aus Lexika deskriptive und wertende Charakterisierungen der Autoren und finden dazu – aus NS-Sicht (!) –
– eine demagogische Verzerrung.
Z.B.: **Ernst Toller** (1893–1939): Autor des Expressionismus
– anklagende Antikriegsstücke = als Verhöhnung des deutschen Soldaten in feigem Pazifismus gedeutet;
– radikalsozialistische Tendenz = als marxistisch-materialistischen Klassenkampf bezeichnet;
– revolutionäres Pathos = als zersetzende Sprachverhunzung etc. verunglimpft.

Seite 74

4a *Exzerpt* aus **Rezeptionszeugnissen** über Tucholsky:

positive Wertung	Begründung	negative Wertung	Begründung
6b. Chancen, der Heine des 20. Jh's zu werden		6a. gegen Patriotismus 6d. „eine ganze Welt des Teufels"	– „geistige und seelische Umwertung des deutschen Volkes"
6c. Satiriker von Format, Kämpfer für Menschenrechte	Reichtum an Bildung, Fantasie, kritischer Vernunft		
6e. Verstand den Berliner Witz, konnte Berliner Dialoge schreiben	Erbe des vormärzlichen Humors	6f. Ablehnung wegen des Buchtitels	absolutes Unverständnis
Text 7: große Ausdruckskraft, breite Spannweite, Meister der kleinen Form, extrem im Lieben und Hassen, engagiert kämpferisch	Er wollte nicht Erfolg, sondern Wirkung, nicht Dichtung, sondern Leben.	6g. zersetzendes Schrifttum 6h. deutschfeindliches Machwerk	Kommunist pro-bolschewistisch

4b Die **Motive** der Ablehnung sind außerliterarisch, politisch-ideologisch pauschal diffamierend

4c Die Stellungnahme könnte als **Leserbrief** erfolgen. Dazu bietet sich vor allem eine der pauschalen Polemiken an. Folgende Aspekte wären wichtig:

– Gegen die politisch-ideologische Abwertung sollte die humane Grundtendenz Tucholskys ins Feld geführt werden, wozu Beispiele aus der Sequenz zu nennen wären.
– Unbedingt müsste auf die literarischen Qualitäten abgehoben werden (z.B. Witz, Pointierung, Bildhaftigkeit, Originalität etc.), ohne die ein Schriftsteller nicht angemessen beurteilt werden kann.
– Grundsätzlich wären Differenzierung und Argumentation als Grundvoraussetzung zu erwarten und gegen Pauschalierung, Einseitigkeit und Polemik als Kriterien einer seriösen Wertung festzuhalten.

Schülerbeispiel zu Text h.
Hier irrt der Herr Professor!
Herr Dr. theol. A.H. mag privat Kurt Tucholsky ablehnen, weil ihm dessen politische Auffassung nicht gefällt. Aber als Professor sollte er wissen, dass zu einer Kritik Sachkenntnis und Differenzierungsvermögen gehören. An einer Aussage möchte ich nachweisen, dass Herr A.H. über beides nicht verfügt: Weil Kurt Tucholsky in allen Werken gegen Militarismus, Nationalismus und Chauvinismus ist, kann er nicht als „deutschfeindlich" bezeichnet werden. Gerade weil er Deutschland liebte (vgl. sein Gedicht „Kurt Tucholsky") und neues Elend in einem künftigen Krieg befürchtete, musste er Kriegstreiber und Revanchisten verurteilen. Auf welch' sprachlich raffinierte, witzig-ironische und pointierte Art und Weise Tucholsky seine Kritik äußert, ist Herrn A.H. völlig entgangen. Der Boykottaufruf gegen die Buchhandlung Schmidt, nur weil sie Bücher eines international anerkannten Schriftstellers ausstellt, demaskiert den Herrn Theologieprofessor völlig. Seine Studenten können einem Leid tun. Marius B., 17 J.

5a/b Diese Anregung und 6 (s.u.) wären als *Transfer* (z.B. als Hausaufgabe oder Kurztest) geeignet, weil sie Reflexion mit Anwendung verbinden.
– Die positiven Wertungen (s. Arbeitsanregung 4a) treffen insgesamt sowohl die Hauptabsicht Tucholskys, als gekränkter

Idealist den humanen Appell ständig zu erneuern, als auch seine literarischen Qualitäten.
– Die negativen Äußerungen verfehlen zu einem guten Teil oder ganz das Charakteristische in Tucholskys Werk, da sie in ideologischer Verzerrung das Grundanliegen des Autors verkennen und überhaupt nicht ganzheitlich-wertungs-ästhetisch ausgerichtet sind.
– Das „Grundmodell der literarischen Kommunikation" verdeutlicht die Faktoren und die Beziehungen, mit deren Hilfe eine literarische Wertung möglich wird.

6 Die **Wertung** Nino Ernés hebt sich durch folgende Punkte ab:
– Sie geht aus von einer spezifisch literarischen Qualität: der inhaltlichen und stilistischen Spannweite.
– Im Vergleich mit dem Zeitgenossen Alfred Polgar und durch Analyse erschließt sie das jeweils Spezifische.
– Das absolute Engagement Tucholskys im Lieben und Hassen, das auf Wirkung bedacht war, ist klar erkannt.
– „Dichtung" im Gegensatz zu „Leben" ist aber keine wertungs-ästhetisch akzeptable Kontrastierung, denn bei „Leben" fehlt alles sprachlich Gestalterische.
– Tucholsky schätzte sich selbst unter Wert ein, wenn er den Vergleich mit dem „Jahrhundertkerl" Heine als unangemessen ablehnte.

7 Diese *Transferaufgabe* könnte als Alternative zu Anregung 5/6 gestellt werden, weil sie Ergebnisse der Rezeptionsanalyse und die Kenntnis von Wertungskriterien voraussetzt.
Diese **Kritik** kann (für die Schülerzeitung, nicht aber für das Literaturlexikon) von der subjektiven Einschätzung der Jugendlichen ausgehen, sollte dann aber die Absicht, Themen und Gestaltungsweisen Tucholskys objektiv beschreiben und angemessen werten. Dabei kann das „Grundmodell der literarischen Kommunikation" (SB, S. 73) helfen, sachgerechte Aspekte zu finden, die den Autor und sein Werk im Zusammenhang von Geschichte, Produktion.und Rezeption zeigen.

Seite 75

Methodenerläuterungen:
8a-c Alternativ zu dem vorgeschlagenen Projekt (vgl. SB, S. 73) könnte an dieser Stelle das *halbfreie Referat*[78] (vgl. SB, S. 76) über Kurt Tucholsky in exemplarischer Weise z.B. mit offenem Dispositionspapier von allen Schülerinnen und Schülern induktiv erarbeitet werden.
Dabei sind die als „schwierig" erkannten Punkte besonders zu beachten.
– Der **Sachanspruch** im Finden, Auswählen und Ordnen des Materials könnte durch differenzierte Aufgabenstellung leichter bewältigt werden:
• Exzerpieren Sie Fakten und Daten nach *Sachgruppen* zu den Aspekten Biografie (etwa aus der ersten Teilsequenz die Texte 1, 2, 5, 6, Zeittafel und Synopse), Absichten (z.B. die Texte 2, aus der 2. Teilsequenz 2, 3–6), Werke (z.B. Anekdote, Autobiografie, Lyrik, Brief, Chanson, Essay, Erzählung), Wirkung (z.B. aus der 3. Teilsequenz die Texte 1–7).
• Suchen Sie eine *Gliederung* (Disposition), die interessant (z.B. Einstieg durch Anekdote, Witz etc., etwa über „Vorsätze", eine Passage aus „Start", Z. 14ff., „Mein Nachruf", „An das Publikum", „Avis an meinen Verleger"), sachgerecht und durch einen für Tucholsky charakteristischen Schwerpunkt (etwa die ethisch-politische Absicht) sinnvoll gewichtet ist.

• Die *Vorgabe des absichtlich begrenzten Materials* in dieser Sequenz für alle reduziert den Aufwand für die „Stoffsuche" und vermindert auch die Gefahr des „Ertrinkens in der Fülle", so dass alle Schüler ein halbfreies Referat in einer mittelfristig gestellten Hausaufgabe zur Übung erarbeiten könnten.
– Noch schwieriger ist die **Präsentation** als Informationsvermittlung, die durch einige (freiwillige) Schülervorträge im Plenum besprochen werden könnte.
• Eine Art kategorischer Imperativ „Eine Rede ist keine Schreibe!", ergänzt durch die Texte 8/9, könnte die Vorbereitung erleichtern.
• Die Begründung für das halbfreie Referat: Der Blickkontakt, um Zuhörerreaktionen zu berücksichtigen (z.B. Unverständnis, Unaufmerksamkeit, Lautstärke, Modulation), ermöglicht ein angemessenes Sprechtempo mit Pausen, überschaubaren Sätzen, Erklärungen, Demonstrationen (Tafel, Dias, Toneinspielung, Filmsequenzen etc.), Textproben, Bildern usw.
• Die Anlage der Disposition sollte keinesfalls chronologisch sein, sondern nach der Motivationsphase etwa folgende Gliederung haben:
– Wer war Tucholsky? (engagierter Humanist, gezeigt an Lebensstationen)
– Was wollte er? (Hauptrichtungen seiner Aufklärung, Beispiele)
– Wie versuchte er, seine Ziele zu erreichen? (Satire im Gedicht, in Prosa und im Essay)
– Welche Wirkung erzielte er? (Differenzierung nach politischer und literarischer Wirkung, Zitate aus Rezensionen)
– Wie werte ich sein Werk? (begründete persönliche Wertung, etwa mit Bezug auf Rezensionen)

8c Auch hier kann das **Kommunikationsmodell** (SB, S. 75) als Orientierung dienen. Denkbar wäre auch, die Informationen der Grafik – etwa nach der Lektüre der Texte 8 und 9 – in einen Text zu fassen: „Anweisung für Referenten".

Die *Besprechung* der Referatsbeispiele sollte sich auf eine *Mitschrift* (vgl. SB, S. 28f.) stützen, die tabellarisch nach den Hauptkriterien „Sachanspruch" und „Präsentation" gegliedert ist. Je nach dem Übungsstand der Schüler soll die Kritik verständnisvoll-zurückhaltend oder – bei „Fortgeschrittenen" – differenzierter sein. Auf keinen Fall darf sie polemisch oder abschätzig ausfallen, sondern muss aufbauend wirken i.S. einer fairen Abwägung von guten Aspekten und verbesserungsfähigen Teilen. Bewährt hat sich folgender Grundsatz: Die beste Kritik ist die, die vom Referenten als Hilfe für ein andermal erfahren wird.

9a Diese Arbeitsanregung soll durch ein *Exzerpt* aus den Texten 8 und 9 sowie aus der Grafik (SB, S. 75) der **Ergebnissicherung** dienen: Schwierig ist dabei die Umkehr der satirischen Verfremdung in positive Handlungsanweisung nach Text 8.

---

[78] Vgl. Hellmut Geißner: Rhetorik. – München (Bayerischer Schulbuchverlag) ²1974, vor allem S. 139ff. Hier werden grundlegende Informationen, viele methodische Anregungen und einschlägige Literaturhinweise gegeben.

TA

Text 8	Text 9	Grafik
– Keine lange Vorrede! – Frei sprechen, kurze Sätze! – Keine langen historischen Exkurse! – Blickkontakt zum Publikum! – Eine Rede ist kein Monolog, sondern ein Orchesterstück! – Keine Statistik, kein Lexikon! – Kündige den Schluss nicht lange vorher an! – Nicht zu lange Reden, kein Missbrauch der Aufmerksamkeit!	– Hauptsätze! – Disposition vor allem im Kopf! – „Schleuder" oder „Harfe"! – Sprich nie länger als 40 Minuten! – Keine aufgesetzten Effekte! – Beschränkung!	– Durch das Thema die Zuhörer beachten! – Sachgerechte Erarbeitung des Themas und adressatengerechte Vermittlung! – Situationsgerechte Einschätzung des Publikums! – Erwartungen der Zuhörer inhaltlich und sprachlich berücksichtigen!

9b Die **Anleitung** für einen guten Redner (Referenten) könnte folgende sechs Punkte umfassen:

1. Bereiten Sie das Thema sachgerecht vor und stellen Sie sich dabei schon die vermeintlichen Erwartungen und möglichen Reaktionen der Zuhörer vor!
2. Entwerfen Sie nach dem Exzerpt ein Dispositionspapier, in dem Einstieg, Schwerpunkt und Schluss besondere Beachtung erhalten und auch grafisch markiert sind (z.B. durch Unterstreichung, Farbe)!
3. Notieren Sie am Rande (mit Farbe) die einzusetzenden Medien (Bilder, Dias, Textbeispiele) und Erklärungen (z.B. von Namen, Daten, Fachbegriffen)!
4. Prägen Sie sich den Ablauf des Referats so ein, dass Sie die Disposition nur als „Stütze" benötigen!
5. Sprechen Sie inhaltlich und sprachlich so, dass auch „Laien" Ihren Ausführungen gut und interessiert folgen können, und bedenken Sie, dass Sie nicht nur mit Ihrer Stimme, sondern mit ihrem ganzen Körper (Mimik, Gestik) sprechen!
6. Bauen Sie Stellen ein, vor allem auch am Schluss, die zur Diskussion anregen!

S. 77–83: V,4. Was Sprache leisten kann – Rhetorische Figuren und Grundfunktionen der Sprache

Das Einführungskapitel wird abgeschlossen mit einem Schwerpunkt im Arbeitsbereich **Sprachbetrachtung**. Integriert ist dieser Aspekt in mehrfacher Hinsicht: Inhaltlich wird durch die Gedenkrede Erich Kästners zum Tag der Bücherverbrennung am 10.5.1933 die **Rezeptionsthematik** – auch im Blick auf Kurt Tucholsky – fortgeführt. Literaturgeschichtlich werden durch die Kästner-Rede auch die Zeitumstände nochmals erhellt, in denen Tucholsky u.a. Gegner des NS-Regimes standen.
In der **Analyse der Rede** durch Textmarkierungen und Annotationen lässt sich eine wichtige Technik zur Beschreibung von expositorischen und fiktionalen Texten üben. Mit den erläuterten **rhetorischen Figuren** (SB, S. 8off.) sind die notwendigen Informationen und Fachbegriffe bereitgestellt.
Auf der Metaebene findet dann über Auszüge aus Karl Bühlers **Organonmodell** die Reflexion von Sprech- und Sprachintentionen statt.

Mögliche Ziele:

1. An einem Redebeispiel rhetorische Figuren kennen lernen
2. Textmarkierungen und Annotationen anwenden
3. Sprachfunktionen nach dem Organonmodell beschreiben

Seite 77

Texterläuterungen:

Die **Gedenkrede Erich Kästners** vom 10.5.1958 ist in Auszügen mit den wesentlichen zeitgeschichtlichen und kulturpolitischen Aussagen abgedruckt. Ausgespart sind der historische Exkurs auf die Bücherverbrennung auf dem Wartburgfest 1817 und der Abschnitt über Kästners selbstkritische Einschätzung seines eigenen Verhaltens am 10.5.1933. Die Rede hat innerhalb der Teilsequenz verschiedene Funktionen:

– Durch sie wird die Rezeption Tucholskys in größere historische Zusammenhänge gestellt: Ein Zeitgenosse mit vergleichbaren Tendenzen engagierter Literatur beschreibt und wertet aus der Distanz von 25 Jahren.
– Die Rede ist als Zeitdokument in ihrer Aussage und rhetorischen Gestaltung beispielhaft und auch unter den von Tucholsky postulierten Kriterien aufschlussreich. Nach den Beispielen, Grafiken und Reflexionen wird so das Thema literarischer „Sachvortrag" eindrucksvoll abgerundet und gegen ein reines Sach-Referat abgehoben.
– Sprache unter dem Aspekt der Rhetorik wird in der Rede anschaulich vorgeführt und bereitet sowohl die Übersicht „rhetorische Figuren" als auch den theoretischen Essay Karl Bühlers vor.

1 Durch den Aufbau einer Erwartungshaltung, gestützt durch Wissen aus dem Geschichtsunterricht über Bücherverbrennung oder angeregt durch den *Bildimpuls*, soll die Konzentration auf die Lektüre der Kästner-Rede (oder noch eindrucksvoller auf deren Vortrag) verstärkt werden.
Gleichzeitig soll durch die Arbeitsanregung ein *Transfer* geleistet werden: Alle Faktoren einer Redesituation (vgl. SB, S. 71ff.) sollen berücksichtigt werden.

1a Zu erwarten sind Erfahrungsberichte eines Zeitzeugen über Gewalt, Meinungsterror, die damalige Kulturbarbarei, eventuell das Schicksal von unmittelbar Betroffenen.
Aber auch Hinweise auf die Vergeblichkeit, Ideen zu verbrennen, sowie das Lob für garantierte Rechte der Meinungsfreiheit in einem demokratisch verfassten Staatswesen wären denkbar.

1b Nach den angestellten bisherigen Reflexionen wäre als **Einstieg** ein zündendes aktuelles Beispiel, ein treffendes Zitat, eine spannende Situationsbeschreibung, eine provokante These, ein aufrüttelnder Appell eines Zeitgenossen u.a. zu erwarten. Als Schluss könnten eine „Lehre" aus der versuchten Ideenvernichtung, ein flammender Appell an die Wachsamkeit und Verantwortlichkeit eines mündigen Staatsbürgers o.Ä. stehen.

Seite 79

2a Der schriftlich notierte **Gesamteindruck** nach dem Lesen (oder Hören) der Rede ist doppelt wichtig: Einmal

sollen die Jugendlichen sich mit ihrer ganzen Subjektivität engagieren – ähnlich wie bei der Primärrezeption von Dichtung –, zum andern soll v o r der Analyse der Text als Ganzes wahrgenommen werden.
Erfahrungsgemäß fällt den Schülern neben dem emotionalen Engagement und der rhetorischen Brillanz des Redners vor allem sein stupendes historisches Wissen auf.

2b Zur Vorbereitung der Analyse könnte in einer Grafik (vgl. SB, S. 75) die **Kommunikationssituation** skizziert werden, wobei auch früher gewonnenes Wissen über Kästner (vgl. SB, S. 12.f.) einbezogen werden könnte: Der Veranstaltungsrahmen (Gedenkrede vor „Experten"), die politische Situation (Rückblick auf die Diktatur aus der Zeit des Wirtschaftswunders, aber auch aus einer Phase mit deutlichen restaurativen Tendenzen) und die kritische Grundhaltung des Redners, der selbst ein Opfer des Nationalsozialismus war, sollen beachtet werden.

Methodenerläuterungen:
Die Beschränkung auf den ersten Teil der Rede berücksichtigt neben dem großen Zeitaufwand für die Analyse der ganzen Rede die Erfahrung, dass **Textanalysen** (vgl. LB, S. 34f.) nur an überschaubaren Passagen mit der notwendigen Konzentration durchzuführen sind. Absichtlich wurde die Textmarkierung am zweiten Teil demonstriert, denn die Schüler sollen einen Transfer leisten. Die *Arbeitsform* sollte nach dem Interessen- und Leistungsstand der Jugendlichen gewählt werden: Bei geringen Fertigkeiten in Textbeschreibung sollte *Partnerarbeit* mit Textmarkierungen und Annotationen gewählt werden. Versierten Schülern wäre der Auftrag auch in *Einzelarbeit* zu erteilen. Bewährt hat sich eine tabellarische Darstellung, wobei die eine Hälfte der Lerngruppe rein deskriptiv-paraphrasierend aus den Vorkenntnissen arbeitet, die andere Hälfte aber Informationen und Fachbegriffe über rhetorische Figuren (SB, S. 8off.) einbezieht. Wenn zu beiden Aufträgen je ein Ergebnis auf *Folie* vorliegt, wird die Auswertung sehr erleichtert. Durch den Vergleich der Vorschläge ergibt sich ganz nebenbei ein Gespräch über die Funktion von Fachbegriffen.

TA Beschreibung der Kästner-Rede

Zeilen	Aufbau	Stilmittel/rhetorische Figuren
1–13	– „**Einstieg**": These über wiederholte Bücherverbrennungen aus Neid und Hass – und Appell zur künftigen Verhütung	– provokante These (Z. 2) – Kumulation: biblisches Zitat (Z. 4), biblische und antike Beispiele – Parenthese (Z. 6f.) – Thema der Rede (Z. 10f.) und Appell (Z. 8ff.)
14–31	– **Die Geschichte des Geistes und Ungeistes** • Wiederholung der Anfangsthese als Axiom • Historische Belege von Namen • Vernichtung von Büchern und Menschen	– Parallelismus (Z. 14ff.) – Metaphern und historisches Zitat (Z. 18) – Variation eines lateinischen Zitats (Z. 20) – Wiederholung des Eingangssatzes (Z. 22) – Historische Belege in additiver Reihung (Z. 22ff.) und drastische Pointierung (Z. 29ff.)
32–49	– **Konkretisierung des Ungeists** • Tacitus-Zitat • Heine-Zitat • Überzeitlichkeit der Scheiterhaufen ...	– Persönliche Anrede an Zuhörer (Z. 33f.) – „Suchaufgabe" zur Stärkung der Aufmerksamkeit (Z. 33) – historische Zitate als Belege (Z. 33ff., 46ff.) – emphatische und metaphorische Schlusssentenz (Z. 50)

2c Der *Vergleich* ist als Reflexionsphase doppelt ausgerichtet, um den vielleicht nur oberflächlich-geschmäcklerischen Äußerungen zur Arbeitsanregung 2a die Erkenntnis entgegenzustellen, dass ohne sachgerechte Kategorien eine Verbesserung der Beschreibungs- und Wertungskompetenz nicht zu erreichen ist.
– In Kästners Rede sind zahlreiche „Ratschläge" Tucholskys (vgl. die Texte 8/9, SB, S. 74f.) „umgesetzt": unmittelbare Adressatenorientierung, die Technik medias in res, die rhetorische Lebendigkeit und stilistische Spannbreite, die eindringliche Akzentuierung und Pointierung und der zeitliche Rahmen. Aber das zwar geschickt platzierte, aber sehr üppige „Bildungswissen", die Zitate und Bezüge gehen ebenso weit über die Empfehlungen Tucholskys hinaus wie die oft sehr raffiniert gestaltete Rhetorik, die eben nicht nur aus „Hauptsätzen" besteht. Dass diese Form dennoch dem Anlass und den Adressaten gemäß ist, steht außer Frage. Die Erkenntnis, dass Tucholskys „Ratschläge" in der Kästner-Rede sowohl z. T. relativiert als auch situationsgerecht variiert und erweitert werden, kann innerhalb eines Lernprozesses nicht schaden.
– Der Vergleich mit dem Kommunikationsmodell (SB, S. 75) zeigt, dass Kästner in seiner Gedenkrede *alle wesentlichen Faktoren* optimal berücksichtigt hat, dass er aber in der rhetorischen Gestaltung – angesichts des besonderen Publikums – weit über das normalerweise zu erwartende Maß hinausgegangen ist. Hier wird den Schülern noch einmal klar, dass die Hauptunterschiede zwischen einem Referat als Sachvortrag und einer literarischen Rede vor allem im Aufbau und im Gebrauch rhetorischer Mittel bestehen.

(Zur Übung oder als Klausur könnten zwei Aufgaben eingesetzt werden: Der Aufruf Oskar Maria Grafs „Verbrennt mich", LB, S. 528, mit der Arbeitsanweisung:
1. Beschreiben Sie den Aufbau und erläutern Sie den Stil dieses Textes.
2. Setzen Sie sich kritisch mit Oskar Maria Grafs Forderung „Verbrennt mich!" auseinander.
Möglich wäre auch eine freie Erörterung: Wer aus ideologischen Gründen Bücher verbrennt, offenbart seine geistig-moralische und politische Schwäche.
Erörtern Sie diese These auf dem Hintergrund der nationalsozialistischen Kulturpolitik.)

Seite 83

Texterläuterungen:

Karl Bühlers Auszug aus dem **„Organonmodell der Sprache"** ist nicht vor allem wegen der Differenzierung nach Sprachfunktionen schwierig, denn dass es je nach Text und Absicht einmal mehr um den *Ausdruck* von Gefühlen oder den *Appell* an einen Adressaten, zum andern vor allem um die *Darstellung* eines Sachverhalts geht, ist den Jugendlichen vom eigenen Sprechen und Schreiben sowie von der Literaturbetrachtung her bekannt. Schwierig ist dieser sprachtheoretische Text vor allem wegen seiner Analyse von Interferenzen der drei Grundfunktionen und wegen der z.T. eigenwilligen Begrifflichkeit (z.B. „Linienscharen", Z. 19), der Fachsprache und der z.T. sehr komplexen Syntax. Trotz der geäußerten Bedenken kann die Abhandlung im vorliegenden didaktischen Zusammenhang vor allem unter zwei Aspekten fruchtbar eingesetzt werden:

– Einmal erfolgt am Ende des Einführungskapitels eine meta-sprachliche Reflexion der bislang in unterschiedlichen Zu-sammenhängen angestellten Betrachtungen zu Funktionen sprachlicher Mittel. Das Prinzip einer stilistischen Sprach-betrachtung wird durch Karl Bühlers Theorie gedanklich er-weitert und vor allem kategorial präzisiert.

– Zum andern wird das hier erworbene vertiefere Sprachwis-sen gleichzeitig instrumentell genutzt, um einmal die Rede Kästners, dann aber auch unterschiedliche Textarten des ganzen Kapitels funktional beschreibend und ordnend zu er-fassen. In dieser Doppelfunktion – Vermittlung von Sprach-wissen als vertiefte Einsicht und Begriffsinventar sowie als Analyse- und Beschreibungsinstrumentarium – wird der Text Bühlers für die ganze Sekundarstufe II wichtig.

(Sollte der Text an dieser Stelle aber als zu schwierig gelten oder würde er bei grundsätzlich anderer Unterrichtsplanung funkti-onslos für sich stehen, ließe sich Bühlers „Sprachtheorie" auch später in geeigneten Zusammenhängen einbeziehen, wie die Vorschläge zur „Sprachbetrachtung", LB, S. 54 zeigen.)

Methodenerläuterungen:

Wie kann die Hemmschwelle abgebaut oder zumindest abge-senkt werden, die Jugendliche vor der genauen und geduldigen Analyse von theoretischen Texten abhält, die als „schwierig" gel-ten?

Die unvorbereitete Aufforderung, die gründliche Lektüre als Hausaufgabe zu erledigen, bleibt i.d.R. ein drückendes, frus-trierendes (und deshalb meist unerledigtes) „Pensum". Der Moderationstext gibt eine Anregung:

– Über **Erfahrungsbeispiele** zu den drei Grundfunktionen der Sprache erfolgt über die Klärung des **Vorverständnisses** eine erste inhaltliche Annäherung:
  • Ein Baby schreit: Drückt es Hunger, Durst, Angst etc. aus?
  • Eine Elster sitzt auf der Tanne, die Amsel schlägt in regel-mäßigen Lauten an: Vorsicht Gefahr!
  • Eine Glucke hat Futter gefunden. Sie macht den stakkato-haften Lockruf für die Küken.
  • Beim Fußball ruft der Mittelfeldspieler dem Stürmer zu „links!". Heißt dies abspielen nach links oder von links kommt der Verteidiger?
  • Der Polizist ruft „zurücktreten!" Geht es um das Zurück-drängen von Gaffern oder um einen Sicherheitsappell?
  • Der Kassiber (rotwelsch für eine geschmuggelte Mittei-lung) aus der Zelle zeigt eine sehr unsichere, verwackelte Schrift. Bedeutet dies Schwäche, Nervosität, Erschöpfung, Hektik?

Ergebnis: Alle Beispiele zeigen, dass neben dem emotionalen *Ausdruck* stets auch eine „Botschaft" als *Appell* oder *Darstellung* i.S. einer Mitteilung enthalten ist. Mit dem Hinweis, dies und nichts anderes ist das Thema Bühlers, erfolgt die Überleitung zum zweiten Schritt.

– **Lesen als Prozess** bedeutet den Verzicht auf ein Gesamtver-ständnis nach der Erstlektüre.
  • Die Schüler sollen zunächst nach einer kursorischen Text-aufnahme nur notieren, was sie zu „Ausdruck", „Appell" und „Darstellung" nach dem ersten Lesen für zusätzliche Informationen gewonnen haben.
  • Der Austausch über die Ergebnisse zeigt sowohl indivi-duelle Unterschiede in der Lesefertigkeit als auch allge-meine Probleme des Verstehens.

  • In einem zweiten Durchgang als „Lesen mit Bleistift" wer-den Textmarkierungen, Annotationen und Begriffser-klärungen mit Hilfe von Wörterbüchern und Lexika vor-genommen.

Ergebnis: Wie unterschiedlich der Grad des Verständnisses bei einzelnen Schülern auch jetzt noch sein mag, so ist doch ein Ergebnis offensichtlich: Durch ein strukturiertes Verfahren vom Vorverständnis über ein partielles Erstverständnis gibt es einen graduellen Annäherungsprozess an ein Gesamtverständnis.

Dass ein derartiger Leseprozess den Jugendlichen zunächst nur an relativ kurzen Texten zugemutet werden kann, liegt auf der Hand. Eine Überforderung wäre absolut kontraproduktiv, während die kalkulierte Forderung wegen des Plausibilitäts- und Nützlichkeitseffekts einen hohen Anregungswert und Transferimpuls bedeutet.

Sicher ist, dass auf dieser Grundlage Verfahren zur Texterar-beitung – z.B. über Exzerpt und Konspekt – eine bessere Ak-zeptanz finden.

3a Dieses *Exzerpt* zielt nochmals (s.o.) auf das Erstver-ständnis der drei Grundfunktionen:

TA		
Ausdruck	Appell	Darstellung
– „Meine Damen und Herren!" (Z. 1 u.ö.) – Emotionale Be-troffenheit (Z. 75ff.) – Trauer, Respekt (Z. 99) ...	– „[...] heißt kei-neswegs: alles verzeihen!" (Z. 8) – „Hören Sie sich, bitte [...]" (Z. 33) – „Bekämpfe den Beginn!" (Z. 115) ...	– Die Geschichte der Bücherver-brennung (Z. 2ff., 22ff.) – Zitate von Taci-tus (Z. 33ff.), Heine (Z. 47ff.) – Scheiterhaufen (Z. 50) ...
3b – Erlebnis-lyrik (Ge-fühlsausdruck) – Reportage (Mischform: subjektive Erfah-rung, aber auch Sachbericht)	– Reklame (Kaufaufforde-rung)	– Referat (Sach-vortrag) – Unterrichtspro-tokoll (Verlaufs- und Ergebnisbe-richt) – Lexikonartikel (präzise Infor-mation) – Gesetzestext (normierende Sprache) – Essay (Erörte-rung)

 Der **Konspekt**[79] zu Text 2 könnte wie folgt aussehen:
– Dreifache semantische Funktion des komplexen Sprachzeichens:
  • Ausdruck (< Kundgabe)
  • Appell (< Auslösung) und
  • Darstellung i.S. von Information
  • Erläuterungen und Beispiele zu den drei Funktionen und ihren Kombinationen
– Eingrenzungen zur D o m i n a n z der Darstellungsfunktion der Sprache:
  • Eigene Position von Sender (Subjekt) und Empfänger (Adressat)
  • Der Laut hat je eigene Zeichenrelation zum Sender und Empfänger
– Die Appellfunktion wird bei Menschen und Tieren zuerst greifbar.
(Im Original folgen Beispiele zu Bienen, Ameisen und Ter-miten sowie Hinweise zur Rolle der Demonstrative, der Sig-nale, beim Menschen.)

---

[79] Ob an dieser Stelle bereits auf den „Abstract" (vgl. SB, S. 38) einge-gangen wird oder erst im Zusammenhang der Facharbeit (vgl. SB, S. 226ff.), muss individuell entschieden werden. Hilfreich könnte da-bei die Abhandlung von Andrea Stader sein: Der Abstract – die mul-tifunktionelle Textzusammenfassung. Eine ungewöhnliche Textsor-te in der Oberstufe. In: Praxis Deutsch, H. 168 (Juli 2001), S. 50–53.

- Alle drei Funktionen der Sprache sind „gemischt" im konkreten Sprechen:
  - Z.B. enthält die Darstellung – Sie ist am deutlichsten ausgeprägt in wissenschaftlicher Sprache und in der formalen Logik. – etwa in der charakteristischen Art des Kreidestrichs (dick, dünn, breit, gerade etc.) auch ein Moment des Ausdrucks.
  - Der Ausdruck ist beim Lyriker am stärksten, aber auch hier gibt es logische Aspekte.
  - Der Appell dominiert in der Kommandosprache.
  - Bei Kose- und Schimpfwörtern sind Ausdruck und Appell im Gleichgewicht (z.B. „Sie Ehrenmann!" „Sie Alpha! Sie Beta!")
- Es herrschen jeweils Dominanzphänomene mit wechselnden Grundbezügen.
- Jede der drei Funktionen betrifft ein eigenes Gebiet der Sprachforschung (Lyrik, Rhetorik, Drama, Epik, Wissenschaft).

4b   **Anwendung** der drei Grundfunktionen der Sprache auf die drei Grundarten der Dichtung:

- **Lyrik:** Dominanz des „Ausdrucks" in der Erlebnislyrik, aber stets mehr oder weniger große Anteile von „Darstellung", (z.B. in Gedankenlyrik) sowie von „Appell" (z.B. in politischer und agitatorischer Lyrik).
- **Epik:** Mischform aus „Darstellung", „Ausdruck" und „Appell", wobei das Mischungsverhältnis sehr unterschiedlich sein kann, je nachdem es sich um Schilderung (Dominanz des „Ausdrucks"), essayistische Abhandlung (Dominanz der „Darstellung") und engagierte Prosa (Dominanz des „Appells") handelt.
- **Dramatik:** Ebenfalls Mischform aus allen drei Grundfunktionen, aber deutliche Unterschiede zwischen Dramen des Sturm und Drang oder des Expressionismus (mit großem Anteil von „Ausdruck" und „Appell") oder Lehrstücken i.S. des epischen Theaters (mit Dominanz der „Darstellung" und des impliziten „Appells").

5a   Diese These Karl Bühlers würde sich gut für eine schriftliche *Erörterung* (als Übungs- oder Klassenaufsatz) eignen. Folgende Aspekte wären wichtig:

- Abgrenzung gegen die sog. „Tiersprache" und die Babysprache, die vor allem die Funktionen des „Ausdrucks" und „Appells" erfüllen.
- Nur der Mensch verfügt zusätzlich über die Fähigkeit zur „Darstellung" i.S. einer Fixierung aller drei Grundfunktionen durch symbolische Zeichen (Schriftzeichen) mit festgelegter Bedeutung; denn der Mensch
  - besitzt Erinnerungen (die historische Dimension),

- ist befähigt zur Gegenwartsanalyse (durch Reflexions- und Kombinationsvermögen) und
- macht Zukunftsentwürfe (durch antizipierende und gestaltende Fantasie).

Indem der Mensch mehr oder weniger kreative Möglichkeiten der Gestaltung beherrscht (bis zur metaphorischen, chiffrierten und symbolischen Äußerung) und zusätzlich die produzierte Sprache auf einer Metaebene reflektieren kann, was nur über die Fähigkeit der „Darstellung" möglich wird, nimmt er eine einmalige und vorrangige Position ein.

5b   Die frühen **Lallwörter** des Kleinkindes betreffen die Grundfunktionen des „Ausdrucks" (Lust/Unlust) und des „Appells" (Hinweise auf Durst, Hunger, Pflegebedürftigkeit).

5c   „Ausdruck" und „Appell" in der sog. **„Tiersprache"**[80] betreffen:

- Angst- und Warnsignale der Vögel;
- Gesang der Vögel (Ausdruck und Werbung);
- Schwänzeltanz der Bienen: als „Appell" an die Arbeitsbienen mit nonverbalen Elementen von „Darstellung", die Entfernung, Richtung und Ergiebigkeit der Nahrungsquelle betreffen.

(Die Arbeitsanregungen 5 b/c können unberücksichtigt bleiben, wenn die Arbeitsschritte zur Erschließung des Bühler-Textes, s.o., entsprechend angelegt waren. Aber auch als **Kurztest** wären sie in diesem Fall sinnvoll. Als Übungs- oder Klassenaufsatz wären zwei Aufgaben geeignet.

- Eine textgebundene Erörterung ließe sich an Kurt Tucholskys Essay „Mir fehlt ein Wort" anschließen:
  1. Benennen Sie das Grundproblem dieses Essays und beschreiben Sie seinen Aufbau.
  2. Erörtern Sie, was die These Tucholskys – „Was man nicht sagen kann, bleibt unerlöst – ‚besprechen' hat eine tiefe Bedeutung" – für Ihre privaten Gespräche bedeuten kann.

Vgl. dazu Otto Ludwig: Was die Birkenblätter tun. Anregungen zu einem Tucholsky-Text. In: Praxis Deutsch. H. 126 (1994), S. 55–57.

- Eine freie Erörterung könnte folgendes Thema haben:

Persönliche Briefe werden heute vielfach durch Telefongespräche (E-Mails, SMS-Botschaften) ersetzt. Darin sehen manche Kritiker unserer Zeit einen bedauerlichen Verfall der hochentwickelten Briefkultur früherer Zeiten. Erörtern und beurteilen Sie das heutige Kommunikationsverhalten.

Zur Vertiefung der Einsicht in „Sprache" und als Übersicht über die Forschungsrichtungen wäre ein Lexikonartikel aus dem dtv-Sprachatlas geeignet. Vgl. **K 15** , LB, S. 131).

---

[80] Knappe und aufschlussreiche Informationen dazu geben: Detlev Ploog: Tierische Kommunikation. In: Harm Paschen (Hrsg.) : Kommunikation. – München (Bayerischer Schulbuch-Verlag) ¹1974, S. 115–128. – Beate Marquardt: Sprache? Tier – Mensch. – Düsseldorf (Schwann) ¹1975.

88

88

88

88

4. Vorschläge für Übungen und Klausuren; Materialen/Kopiervorlagen K

4.1 Übersicht über Arten und Funktion der Kopiervorlagen

4.2 Kurzbeschreibung der Kopiervorlagen

K 1 Gedichte zum Thema „Was ist der Mensch?"

Didaktischer Ort: Erweiterungs- und Anwendungsbeispiele (SB, S. 11)
1. Je nach dem Interesse der Jugendlichen könnten die Ergebnisse der Beispiele des Schülerbandes differenziert werden.
2. Sollte eine genauere Ausarbeitung des historischen Längsschnitts beabsichtigt werden, wären die zusätzlich abgedruckten Gedichte ebenfalls geeignet.

Erläuterungen zur Aufgabe:[81]
1. a. Das Notieren von Assoziationen zu den Titeln ist eine Parallelaufgabe zu AA 1a (SB, S. 9), um die Schüler in das Unterscheiden zwischen inhaltsbezogenen Überschriften und verhüllenden oder irritierenden Titeln einzuüben:
   - Goethe: „Wanderers Nachtlied" → Eine Art Tagesbilanz als Gebet oder Klage?
   - Platen: „Sonett Nr. 83" → Keine Inhaltsandeutung, nur formaler Hinweis: zwei Quartette, zwei Terzette
   - Brecht: „Von der Freundlichkeit der Welt" → Soziale Wohltaten? Persönliches Glück?
   - Bonhoeffer: „Von guten Mächten" → Gottvertrauen, Dank für Hilfe, Ergebenheit?

1. b. Der Vergleich der Themen und Motive mit den Assoziationen zeigt Folgendes:
   - Goethe: Art Gebet mit Klage und Bitte um Erlösung
   - Platen: Klage über Verlust und Widersprüche des Lebens sowie die Unerträglichkeit und Unerreichbarkeit des Glücks
   - Brecht: Kontrast zur Überschrift: Die kalte Welt wird dennoch geliebt.
   - Bonhoeffer: absolutes Gottvertrauen, Dank und Annahme jeglicher Prüfung

K 2 Arbeitsblatt zu Bertolt Brecht: An die Nachgeborenen

Didaktischer Ort: Transferaufgabe nach der Besprechung der Gedichte Hölderlins und Kästners, um an Brechts Exilgedicht den Zusammenhang zwischen biografischer und zeitgeschichtlicher Erfahrung des Autors und seinem Werk besonders deutlich zu zeigen (SB, S. 12).

Erläuterungen zur Aufgabe:
1. Die Dreiteiligkeit des Aufbaus ist evident:
   - Zunächst erfolgt die Situationsbeschreibung des Exilanten – man vergleiche die Fluchtstationen –, wobei die Diskrepanz zwischen der Idee (freundlicher Humanität) und der Wirklichkeit (Not, Unrecht, Gewalt) durch Beschreibung, Argumentation und Appelle im Präsens ausgedrückt wird. Durch den „Rahmen" (Z. 1 und 30) entsteht der Eindruck starker Sentenzenhaftigkeit.
   - Der zweite Teil stellt im Präteritum die Vergangenheit dar: Herkunft (vgl. „Vom armen B.B."), Kriegserfahrung (Brechts Sanitätsdienst 1918), die Wirren der Weimarer Republik (Z. 43ff.), die Brecht in München, aber vor allem in Berlin (ab 1924) hautnah erfuhr. Durch den viermal wiederkehrenden Refrain wird die Spannung zwischen jeweiliger Zeiterfahrung (Schwäche, ja z.T. Ohnmacht des Individuums) und der sehr begrenzten Lebenszeit besonders deutlich.

[81] Im Unterschied zum Terminus „Arbeitsanregungen", der für die Aufgabenstellung im Schülerbuch gilt und der als Möglichkeit offen sein soll für Alternativen, die Lehrende und Lernende selber finden können, will der Begriff „Arbeitsanweisungen" als verbindlicher Auftrag verstanden sein. Dabei hat die Nummerierung nur den praktischen Zweck der raschen Orientierung. Den Schülern ist von Anfang an zu sagen, dass alle Ausarbeitungen zu „Aufsatzformen" ohne Bezifferung eine immanente Gliederung nach Abschnitten haben müssen, wobei die Dreigliederung Einleitung, Hauptteil und Schluss nur die Grobstruktur vorgibt.

– Der dritte Teil im Futur (Z. 55, 71) eröffnet eine Zukunftsperspektive, indem das lyrische Ich eine mögliche bessere Welt andeutet und die Nachgeborenen bittet, Nachsicht zu üben, wenn sie das harte Emigrantenschicksal (Z. 61ff.) und den individuellen Konflikt zwischen Idee (Freundlichkeit) und Wirklichkeit (Hass) bedenken. Durch die direkte Anrede (Z. 55, 71) entsteht ein eindringlicher Appell.

2. Durch Gegenwartsanalyse, Rückblick und Zukunftserwartung ist die Emigrantensituation exemplarisch getroffen: Leidvolle Reflexion der eigenen Situation, die „Ursachenforschung" und die Hoffnung auf bessere Zeiten spiegeln sehr eindringlich die seelische und soziale Lage der Emigranten.

K 3/1 Friedrich Nietzsche: Der geheimnisvolle Nachen

Didaktischer Ort: Gemeinsame Besprechung im Plenum, um Eigenarten zu erschließen und eine Arbeitsanweisung zu finden (SB, S. 14).

Erläuterungen zur Aufgabe:

Dieses Gedicht aus der „Zarathustra"-Phase entstammt dem Zyklus „Lieder des Prinzen Vogelfrei" und hieß ursprünglich „Das nächtliche Geheimnis".
Obwohl der Text nach Entstehung und Grundgefühl in unmittelbarer Nähe zu „Vereinsamt" steht, wäre er für eine selbstständige Interpretation, etwa als Klassenarbeit, zu schwierig, weil die Chiffrenhaftigkeit in der Erfahrung von Zeit und Tod von den Jugendlichen nicht ohne Hilfen[82] aufzulösen ist.

1. Analog zu „Vereinsamt" ließen sich durch wiederholte Versuche sinnerschließenden Lesens (still, laut) mit jeweiligen Beobachtungsnotizen, Annotationen, das Festhalten von Auffälligkeiten und die Sichtung im Fachgespräch wichtige Eigenarten ermitteln:
   – Unruhe, Schlaflosigkeit, Gewissensbisse, quasi „normale" Alltagserfahrung (1. Str.)
   – Vermeintliche Wachhandlung (Gang zum Strand), nächtliche Kahnfahrt (2. Str.)
   – Ungewissheit der Zeiterfahrung (eine Stunde, zwei Stunden, ein Jahr?), Fallen in den Abgrund (Z. 15ff., 3. Str.)
   – Realgeschehen (Morgen, Z. 19f.), unveränderte Situation wie in der zweiten Strophe, Reflexion (Z. 21ff.), keine Sensation, „nur" ein Traum (4. Str.).
   Trochäisches Versmaß (mit daktylischer Variation Z. 15f.) und Kreuzreim. Rätselhafte Stellen (Z. 11f., 16, 21f.)

2. Da im Fachgespräch das wirklichkeitsgesättigte Traumgeschehen – gegen den Wortlaut des Beginns der zweiten Strophe – herausgestellt werden kann, bietet sich als Einzel- oder Partnerarbeitsauftrag der Entwurf einer zweigliedrigen Arbeitsanweisung an, die die Haupteigenart des Gedichts und die Beziehung zu „Vereinsamt" erfassen soll. Die Gegenüberstellung von Schülervorschlägen (z.B. auf Folienstreifen) mit einem „fertigen" Beispiel wäre geeignet, den Schülern eine wichtige Hilfe für das richtige Lesen von Arbeitsanweisungen zu vermitteln.

Ein Vorschlag:
1. Interpretieren Sie das Gedicht unter besonderer Berücksichtigung der Gestaltung des Verhältnisses von Wirklichkeit und Traum.
2. Stellen Sie Einsichten dar, die sich für die Deutung dieses Gedichts aus seiner zeitlichen Nähe zur Entstehung von „Vereinsamt" (1884) gewinnen lassen.

K 3/2 Friedrich Nietzsche: Mein Glück!

Didaktischer Ort: Vergleichstext zu „Vereinsamt" (z.B. als Übungsaufsatz), um die Spannweite von Nietzsches Lyrik anzudeuten (SB, S. 14)

Erläuterungen zur Aufgabe:

1. Absichtlich erfolgt die Angabe der Aspekte-Trias ganzheitlicher Interpretation – Inhalt, Aufbau und Stil –, um die Schüler einzuüben:
   – San Marco in Venedig wird in vier Strophen so besungen, als gälte es die wechselnden Lichtstimmungen eines Tages vom Morgen bis zur hereinbrechenden Dämmerung zu erfassen: der stille Platz (1. Str.), der beseelte Bau (2. Str.), der Turm (3. Str.), das „Lied" zur Nacht (4. Str.).
   – Unregelmäßiges überwiegend jambisches Versmaß mit Kreuzreim (abab cac) und einem Refrain in Variation, der mit dem a-Reim an die erste und dritte Zeile gebunden ist, aber mit gleichbleibenden Reimwörtern endet: „zurück" – „Glück" und den Titel in vierfacher Wiederholung aufnimmt.
   Auffällig die Wortwahl in den Komposita (z.B. „Augen-Wunderweide", Z. 13, Z. 25, 27)

2. Es überrascht die impressionistische Klang- und Bilderfülle (Z. 6, 8, 13, 15, 17/18, 25) mit der viermaligen Schlussemphase (Z. 7, 14, 21, 28), die gerade im Vergleich zu „Vereinsamt" (1884) positiv überrascht.

K 4 Peter Wapnewski: Gedichte sind genaue Form

Didaktischer Ort: Zusatzaufgabe für besonders interessierte und gute Schüler zur Reflexion über Wesensmerkmale von Lyrik (SB, S. 19)

Erläuterungen zur Aufgabe:

Die Arbeitsblätter werden absichtlich ohne Arbeitsanweisungen vorgelegt, weil sie im Unterricht – mit starker Lehrersteuerung – sukzessiv erschlossen werden sollen.

1. In einem ersten Schritt könnte K 4/1 mit folgenden Hinweisen vorgelegt werden:
   – Finden Sie das Gedicht (die Gedichte) unter den vier Texten heraus.
   – Begründen Sie Ihre Auswahl kurz.

2. Danach sollen die Ergebnisse mit Wapnewskis Erläuterungen K 4/2 verglichen werden. Nach dem Einzelarbeitsauftrag bietet sich ein Fachgespräch über äußere (z.B. Versbrechung) und innere Merkmale von Lyrik an (Bildlichkeit, Akzentuierung der Aussage, Rhythmus etc.).
   An dieser Stelle ließe sich auch der Titel des Essays nennen – „Gedichte sind genaue Form" – und an den Texten überprüfen.

3. Als vertiefende Hausaufgabe könnte unter der Überschrift des Essays K 4/3 ein Exzerpt angefertigt werden.

K 5 Ernst Jünger: Das Lied der Maschinen

Didaktischer Ort: Der Text ließe sich im Vergleich zu Kunert und Bernhard als thematische Erweiterung oder am Ende der Teilsequenz als Übung oder Klausur verwenden (SB, S. 28).

Erläuterungen zur Aufgabe:

Dieser Auszug stammt aus Jüngers Tagebuch „Das abenteuerliche Herz" (1929) und ist mit dem Untertitel „Aufzeichnungen bei Tag und Nacht" versehen.

1. Die Beschreibung sollte folgende Eindrücke erfassen:
   – Das „ungeheuere Schwungrad" (Z. 4) in seiner Faszination „gesteuerter Energie" (Z. 6)
   – Vergleich der Maschine mit einem Panther (Z. 6f.)

---

[82] Möglich wäre – etwa durch eine „Expertengruppe" – die Einbeziehung der Interpretation von Wolfgang F. Taraba. In: Benno von Wiese (Hrsg.): Die deutsche Lyrik II. Form und Geschichte. Interpretationen von der Spätromantik bis zur Gegenwart. – Düsseldorf (Bagel) ¹1957, S. 255–267.

– Das Lied der Maschinen (Z. 39ff.) – als Summe elektrischer Ströme, als Beben der Turbinen, als rhythmische Explosion der Motoren – erfüllt uns „mit einem geheimeren Stolze als mit dem des Siegers". (Z. 41f.)

2. Assoziierte und reflektierte Bereiche:
   – Triebwerk eines Flugzeuges (Z. 10f.)
   – Zyklopische Landschaften, Hochöfen (Z. 13f.)
   – Über den Wolken und im Innern der Schiffe (Z. 15f.)
   – Auge des Gegners im Fadenkreuz des Visiers (Z. 19)
   – Einsamkeit des Einzelnen, Durchhalten (Z. 23ff.)
   – In der Sommeschlacht der Angriff „ein geselliger Akt" (Z. 34)

K 6 Alfred Döblin: Das Märchen von der Technik

Didaktischer Ort: Der Text könnte in doppelter Funktion eingesetzt werden:

– „Märchen von der Technik" als wunderbar i.S. des Unerwarteten und Unvorstellbaren zur Erweiterung des Bildes der Technik in der Teilsequenz (SB, S. 28)
– Weil Volks- und Kunstmärchen in der Sequenz einfacher Formen in BLICKFELD DEUTSCH nicht vorkommen, könnte über diesen Text das Vorwissen der Schüler aus Sekundarstufe I reorganisiert werden. (SB, S. 28)

Die Arbeitsanweisungen versuchen, beide Funktionen des Textes zu verbinden.

Erläuterungen zur Aufgabe:

1. Um die Lösung vorzubereiten, könnte über ein *Assoziationsspiel* das Wissen über „Märchen" reorganisiert werden: Über den Tafelanschrieb „Grimms Märchen" finden die Schüler leicht Merkmale des Genres: „Es war einmal", Happyend, Sieg des Guten, Typisierung, Zauber, symbolische Zahlen, Zwerge, Riesen, Feen, Proben und Bewährung etc. Die Gegenüberstellung mit Döblins Titel kann den Widerspruch aufdecken: Technik = rational Mach- und Steuerbares; Märchen = Geheimnisvoll-Wunderbares.

   Auf diese Weise werden Interesse und Spannung auf den Text geweckt, die durch das Zitieren von Döblins erstem Satz i.S. des „verzögerten Lesens"[83] noch gesteigert werden können. Im **Ergebnis** ergibt sich ein neuer Begriff von „Märchen", etwa i.S. der alltagssprachlichen Verwendung für das Unerwartete, nicht mehr für möglich Gehaltene, das Großartige und fast Unglaubliche.

   Der Hinweis auf die „wahre Geschichte" (Z. 1) und auf „hellste Zeiten" (Z. 1) in Döblins Erzählung führt auf die Fragen: Sind traditionelle Märchen „verlogen" und spielen sie in „finsteren Zeiten"? (Ob hier – im Vorgriff auf die Besprechung der Epoche Aufklärung – schon auf die Licht-Metapher hingewiesen wird, muss aus der Unterrichtssituation entschieden werden.) Bei Döblin erscheint „Märchen" i.S. der wunderbaren göttlichen Fügung (Z. 55ff.), denn der in den Wirren eines Pogroms verschollene Sohn wird mit Hilfe der technischen Errungenschaften von Schallplatte und Radio (Z. 34ff.) vom Vater wiedergefunden (Z. 42ff.) und in Amerika als Kantor (Z. 52ff.) ausfindig gemacht.

2. Die *Gestaltungsaufgabe* i.S. eines Kunstmärchens ist sehr schwierig, nicht nur weil das Verständnis über das Genre „Märchen" (s.o.) angewandt werden muss, sondern weil die Erzählung zu reduzieren ist: Anfang und Ende sowie vielfache Anspielungen wären wegzulassen. Aber der Wirklichkeitskern (Pogrom, Verschollensein, Suche nach der unverwechselbaren Stimme des Sohnes durch den Vater) und das unerwartete Wiedererkennen der Stimme durch den „Zauberkasten" (das Radio) als wunderbares Happyend könnten erhalten bleiben.

---

[83] Vgl. Harald Frommer: Verzögertes Lesen. Über die Möglichkeit, in die Erstrezeption von Schullektüren einzugreifen. In: Leseprozesse im Unterricht, S. 10–27. Der Deutschunterricht, Heft 2/1981.

K 7 Johann Wilhelm von Archenholtz: Der schwarze Husar

Didaktischer Ort: Weil Rezeptionsüberlegungen am Beginn der Sekundarstufe II i.d.R. für die Schüler etwas Neues sind, könnte dieser Text als einfache Aufgabe am Anfang der Einübung stehen (SB, S. 31).

Erläuterungen zur Aufgabe:

1. In der Original- und in der Neufassung der Anekdote ist die Verhaltensweise des Husaren vorbildlich in seinen soldatischen Tugenden (Verschweigen militärischer Geheimnisse, Ehrenhaftigkeit und absolute Treue).
   Deutlichere Akzente setzt Text 6 durch den unmittelbaren Beginn (die Reflexionen über die Totenkopf-Formation fehlen), dann ab Z. 2 durch das „Heldenbild" (der Soldat ist schwer verwundet) und schließlich ab Z. 23 durch militärpolitische „Nutzanwendung" (ein Soldat, mit dem man „gegen eine Welt Krieg führen kann").

2. Die Absicht des Bearbeiters ist klar:
   – Vorbildliche preußische Soldatentradition selbstloser Pflichterfüllung soll als Konstante fortgeführt werden.
   – Am Beginn von Hitlers Eroberungskriegen (1939) soll nationalsozialistische „Wehrertüchtigung" betrieben werden, wobei die Wendung „gegen eine Welt Krieg führen" (Z. 23f.) bereits wie eine makabre Anspielung auf den Zweiten Weltkrieg (1939–1945) erscheint.

K 8 Schülerbeispiele: Eine Romanfigur erinnert sich an ihre „Antigone"-Lektüre

Didaktischer Ort: Schülerbeispiel zum Vergleich mit eigenen Gestaltungsversuchen oder als Anregung zu eigenen Schreibversuchen (SB, S. 46)

Erläuterungen zur Aufgabe:

Beide Auszüge aus Schülerbeispielen können als gelungen bezeichnet werden:

a) Lars

Deutliche Bezüge zum Originaltext („Crazy"), z.B.:
– Erwähnung der Mitschüler Janosch und Troy
– Aufgreifen des Zitats „Literatur ist, wenn ..."
– Erwähnung der Lektüre von „Misery"

Glaubwürdigkeit der Figur, z.B.:
– Benjamins Verständnis von Literatur wird am Bsp. der Antigone variiert: „Ich kann da nicht so viele Häkchen machen ..."
– Verständnisschwierigkeiten bei der Dramenlektüre (Benjamin ist ja ein schwacher Schüler)
– glaubwürdige Identifikation mit der Situation der Antigone („Sie spielt allein gegen alle"), in der Benjamin sich in der Tat gespiegelt sehen kann
– Deren Reaktion („Willen durchzuhalten", „gibt die Hoffnung nicht auf") wird von Benjamin als nachahmenswert empfunden, zugleich sieht er jedoch auch seine eigenen Grenzen („erst mal muss der Mut für die Deutscharbeit reichen").

Sprachliche Gestaltung, z.B.:
– Tonfall der jugendlichen Erzählerfigur wird getroffen (kurze, z.T. elliptische Sätze; Abbildung einer mündlichen Ausdrucksweise; jugend- und alltagssprachliche Elemente)
– erkennbarer Gestaltungswille

b) Sebastian

Bezüge zum Originaltext:
– Das „Flennen" beim Lesen guter Bücher
– Nachdenken über den Vater

Glaubwürdigkeit der Figur:
– Benjamin lässt sich in der Tat von Büchern nachhaltig beeindrucken, wenn sie ihm gefallen (z.B. „Der alte Mann und das Meer").

– Die Parallele zwischen dem eigenen Vater und Kreon einerseits sowie Antigone und ihm selbst andererseits ist stimmig, überzeugend begründet und tatsächlich überraschend nahe liegend.

Sprachliche Gestaltung:

– insgesamt ein etwas anspruchsvollerer Satzbau als im Beispiel von Lars, aber auch hier dominieren mündliche Ausdrucksweisen von Jugendlichen

K 9   www.faserland.de – Rezensionen

Didaktischer Ort: Zusatztexte zur Diskussion über den literarischen Wert bzw. Anregungscharakter des Romans „Faserland" im Deutschunterricht (SB, S. 47)

Erläuterungen zur Aufgabe:

1. Die originalen Überschriften lauten:
   a) „Wunder-wunder-schön"
   b) „Schnell gelesen"

2. Erwartungen an Literatur, die den beiden Rezensionen zugrunde liegen:
   a) Unterhaltungscharakter/treffende Beschreibungen von Alltagssituationen (Wirklichkeit)/Vermittlung tieferer Einsichten und Erkenntnisse
   b) Anstöße zum Nachdenken geben

3. Die vorliegenden Beispiele erleichtern das Verfassen einer eigenen Rezension, da die Schüler an bereits Vorhandenes anknüpfen können.

K 10   Ein Arbeitsblatt zur griechischen Klassik

Didaktischer Ort: Erweiterung der Informationen zum Begriff der Klassik und zur attischen Tragödie (SB, S. 50)

Erläuterungen zur Aufgabe:

1. Der tabellarische Vergleich soll nicht ins Detail gehen, sondern nur eine erste Orientierung geben. (Auf die Einbeziehung der römischen, elisabethanischen und der französischen Klassik wurde hier verzichtet, weil dieser Vergleich weitere Hilfsmittel, zusätzlich zum Arbeitsbuch, verlangen würde.)

Zeit/Epoche	Literatur	Philosophie und Künste
Griechische Klassik (5.Jh.v.Chr.)	– Dramatiker Aischylos, Sophokles, Euripides – Lyriker Pindar	– Zeitalter des Perikles mit Sokrates und Platon – Blüte der bildenden Kunst (Phidias) und Architektur (Akropolis)
Staufische Klassik (um 1200)	– Lyrik Walthers von der Vogelweide – Versromane Wolframs von Eschenbach, Gottfrieds von Straßburg	– Hochscholastik (z.B. Franz von Assisi) – Romanische Architektur und Buchmalerei
Weimarer Klassik (um 1800)	– Werke Goethes und Schillers – Winckelmann (Rezeption der Antike) – z.T. Hölderlin	– Philosophie Kants und Hegels – Architektur des Klassizismus

2. Das Exzerpt ist am übersichtlichsten auch tabellarisch anzulegen:

Autoren	Entwicklungen
– Thespis (6.Jh.)	– Ursprung: Dionysoskult (8.Jh.v.Chr.) mit Chor und Chorführer – Einführung des Schauspielers (des Protagonisten) = Urform der Tragödie
– Aischylos (6./5.Jh.)	– Einführung des zweiten Schauspielers (des Antagonisten) mit Dialog; Trilogie
– Sophokles (5.Jh.)	– Einzeldrama, mehr Choreten, dritter Schauspieler (Tritagonist), tragisches Geschehen immer noch als „gottgewollt"
– Euripides (5.Jh.)	– Das Tragische ist sinnentleert, realistische Gestaltung, psychologische Motivierung

K 11   Projektunterricht zur Gestalt der Antigone

Didaktischer Ort: Anregungen zur Planung eines „großen" Projekts mit Deutsch, Geschichte und bildender Kunst (SB, S. 58)

Erläuterungen zur Aufgabe:

1. Die Grafik im Schülerbuch und die Themenvorschläge sind als Auswahlangebote zu verstehen, wobei das Interesse der Jugendlichen am Thema ausschlaggebend ist für den Umfang und die Gewichtung der Teile.

2. Der Zeitrahmen (mindestens 8 Stunden schulischer Arbeit, wobei 2 Stunden für die Präsentation der Ergebnisse vorzusehen wären), die Arbeitsteilung (am besten Differenzierung nach Neigung für die Aspekte Literatur als Schwerpunkt, Geschichte, Philosophie und bildender Kunst) und die Arbeitsformen (wohl in der Verbindung von Gruppen-, Partner- und Einzelarbeit, letztere z.B. für Kurzreferate und Dia-Vorträge) sind zu klären. Die Präsentation müsste nicht nur in Wort, Bild und Ton erfolgen, sondern sollte auch Dokumente und schriftliche Ergebnisse vorlegen.

3. Das Arbeitsprotokoll sollte individuell geführt werden und auch Hauptergebnisse der Plenumsphase II (vgl. LB, S. 67f.) sowie eine persönliche Schlusswertung enthalten. Für den Lernprozess ist es wichtig, besonders die inhaltlichen, formalen und methodischen Schwierigkeiten des Arbeitsprozesses festzuhalten, um Konsequenzen für ein andermal ziehen zu können.
   Typische Fehler bei der Projektarbeit sind: unzureichende Begrenzung des Themenumfangs, umständliche Literaturrecherche (z.B. vom Speziellen zum Allgemeinen statt umgekehrt), unklare Gliederung, Verfehlen der Sprachebene (z.B. zu wenig deskriptiv und fachsprachlich), langweilige Präsentation der Ergebnisse (z.B. rein additiv statt auf einen Schwerpunkt hin konzentriert), ein wenig prägnantes Ergebnispapier (z.B. Nacherzählung statt Resümee und Strukturbild) und unvollständige Literaturangaben.

K 12   Szenenvergleich zu Sophokles – Anouilh: Ismene – Antigone – Kreon

Didaktischer Ort: Am Ende der Unterrichtseinheit könnte eine Lernerfolgskontrolle stehen, die nun – nach Abschluss der Besprechung – als Vergleich möglich ist. Dabei sind die vorgeschlagenen drei Möglichkeiten als Alternativen zu verstehen. (SB, S. 58)

Erläuterungen zur Aufgabe:

1. Ismene ist bereit, sich der Tat Antigones anzuschließen, weil sie allein nicht mehr leben will. Antigone lehnt die – zu späte – Solidarisierung schroff ab.

2. Während bei Sophokles die Auseinandersetzung weitgehend in Stichomythien abläuft, hat Antigone bei Anouilh die größeren Sprechanteile, wirkt in der Zurückweisung der Schwester noch entschiedener, detaillierter und bezieht Kreon auf provokative Weise mit ein.

K 13   Kurt Tucholsky: Zwei Mann: Gitarre und Mandoline

Didaktischer Ort: Der Text steht im Zusammenhang von Tucholskys Kriegskritik und könnte die Vorlage für eine Übungs- oder Klausurarbeit sein (SB, S. 70).

Erläuterungen zur Aufgabe:

Durch die Vorgabe eines Arbeitsblatts mit dem Schema für eine tabellarische Stoffsammlung, wie sie im Unterricht eingeführt und geübt wurde, wird eine valide Lernerfolgskontrolle angestrebt. Dieser durch die vorgegebene Tabelle ausgeübte „heilsame Zwang" zur Differenzierung und zum Erkennen der Wechselbeziehung von Inhalt und Form hat sich bewährt.

1. Der Übersichtssatz (als kürzeste Form des Resümees) enthält den Namen des Autors, den Titel, das Genre und den Kern. Dabei muss der doppelte Kontrast erfasst sein einerseits zwischen der Scheinidylle (Z. 8ff.), dem Wohlleben der Offiziere (Z. 26ff.) und dem Elend der Mannschaften sowie der „Heimatfront" (Z. 33ff.) und andererseits zwischen der noch größeren Verelendung der Soldaten nach dem Kriege und der uninteressierten Menge.

2. Die Schüler müssen den zweifachen Operator (knappe Inhaltsangabe und Charakteristik) erkennen und „charakterisieren" als inhaltliche u n d formale Beschreibung und Deutung verstehen. Die insgesamt vorherrschende Perspektive des auktorialen Erzählers kann in der Schlussfrage (Z. 59f.) auch als personale Perspektive des Majors oder Adjutanten gedeutet werden.

Stichworte zur Interpretation

Situation und Personen	Stilmerkmale	Deutung
– Waldlager – Bataillonsunterstand (Z. 1ff.): Major = Herr: spiegelt (in der Sonne) Wohlleben der Offiziere im Kontrast zur Truppe. (Z. 1ff., 15ff.)	Präsens zeigt Unmittelbarkeit; knappe Aussagen; Wiederholungen; Beschreibung und Schilderung: „Ansichtskarte" = Inbegriff der kitschigen Idylle.	Gegensatz zwischen „Waldlager" (= Herrenleben) und Stellungskrieg (= Not der Soldaten)
– ‚Großaufnahme' der Herren (Kommandeur und beflissener Adjutant) im Kontrast zu den „zwei Kerls" (Z. 15ff., 32ff.)	„Kerls" = Abwertung (vgl. Kleist); salopper Casinojargon; knappe militärische Anweisung (Satzellipsen).	Langeweile der Herrn, die mit Hilfe von Unterhaltung und Wohlleben „gemeistert" wird.
– Die Musketiere im Kontrast zum Luxus der Herren: Aufzählung von Luxuswaren (Z. 26ff.); Einschüchterung der Soldaten (Z. 32f.); Lied der Heimat: drohend? warnend? (Z. 38ff.)	Technik des Kontrasts; Kumulation als Verstärkung; Konkretisierung („schluckts im Halse", Z. 33) Ton der Herablassung und Verachtung.	Mitten im Krieg; Leben wie im Frieden – im Gegensatz zur Truppe und zur Heimat.
– Nach dem Kriege: zerlumpte Krüppel, Gitarre und Mandoline; „Friedenssituation"; Wiederholung von Gebärden und Mimik und des Liedes. (Z. 42ff.)	genaue Chronologie als Rahmen; Kontrast zur Ausgangssituation; Stakkato, Ellipsen; Schluss als Frage.	Den Soldaten geht es im „Frieden" noch schlechter als im Krieg – ein Allerweltsschicksal.

3. Bezeichnend sind die pazifistische Tendenz, die satirische Charakterisierung von „oben" und „unten" (den ewigen Verlierern) bis in die Sprachverwendung, die Kontrasttechnik (Idylle ↔ Realität), die Zwischentöne (Z. 34f.) und die sarkastischen Verweise (Z. 39f.). Je nach dem politischen Standort

der Jugendlichen wird die Beurteilung der dichterischen Absicht unterschiedlich – zustimmend oder kritisch relativierend – ausfallen. Davon unabhängig müsste die literarische Wertung die wichtigsten Eigenarten des Textes (s.o.) erfassen.

K 14 Schülerinterpretation zu Kurt Tucholskys „Zwei Mann: Gitarre und Mandoline"

Didaktischer Ort: „Fremdbeispiel" zur Besprechung eines Übungs- oder Klassenaufsatzes (SB, S. 70)

Erläuterungen zur Aufgabe:

Dieser Schüleraufsatz aus dem ersten Vierteljahr einer 11. Klasse kann als anregendes Analyse- und Diskussionsbeispiel dienen, weil er inhaltlich und sprachlich typische Mängel, aber auch gute Passagen zeigt.

Vor der individuellen Verbesserung der eigenen Interpretation kann an diesem „fremden" Beispiel sowohl die Korrektur (mit den üblichen Korrekturzeichen und Randanmerkungen) als auch die Kommentierung gemäß der dreigliedrigen Differenzierung der zweiten Arbeitsanweisung geübt werden. Auf diese Weise wird nicht nur die Beurteilungsfähigkeit gestärkt, sondern es kann auch Verständnis geweckt werden für den Lehrerkommentar und die Benotung. Erfahrungsgemäß fällt es Schülern schwer, eine Kongruenz zwischen verbaler Beurteilung und Notenvorschlag zu erreichen.

1. Für die inhaltliche und sprachliche Korrektur (in der Randspalte des Arbeitsblattes) sollen die Schüler die ihnen vertrauten Korrekturzeichen verwenden. Eine „Konzeptfassung" mit Bleistift in Einzelarbeit erleichtert den späteren Austausch und die Ergänzung bzw. Revision der Anmerkungen.

2. Die Kommentierung sollte sich nach der vorgegebenen Binnengliederung richten:

   – Die **Einleitung** enthält die vier „Essentials" (s.o.), aber dem Kern mangelt die Prägnanz. Der zweite Teil ist sachlich z.T. unscharf bzw. falsch. (Teilnote 2,5)

   – Im **Hauptteil** sind die Grundtendenz (Pazifismus) und die ironische Darstellung erkannt, und der Vergleich mit thematisch verwandten Texten ist prinzipiell positiv, könnte aber z.T. noch präziser sein.
   Leider fehlen weitgehend die Kurzinhaltsangabe, die Situations- und Personenbeschreibung sowie die genaue Analyse von Aufbau und Stilmitteln.
   Nicht übersehen werden soll aber, dass inhaltlich einige richtige Elemente erkannt sind, z.T. aber fälschlich schon in der Einleitung stehen (Gliederungsfehler!). (Teilnote 3,5 bei doppelter Wertung)

   – Die recht ordentliche **Schlusswertung** geht auf stilistische Vorzüge und die dichterische Absicht ein. (Teilnote 2)

Die **Darstellung** zeigt eine meist korrekte Zitierweise, eine insgesamt angemessene, z.T. auch gute Ausdrucksweise, leidet aber unter einer öfters extrem schwachen Rechtschreibung und Zeichensetzung.

Note: Wegen einiger guter inhaltlicher Elemente und gelungener sprachlicher Passagen trotz auffallender Mängel in der Gliederung und großer Schwächen in Rechtschreibung und Zeichensetzung noch befriedigend.

K 15 Über Sprache und Sprachwissenschaften

Didaktischer Ort: Der Funktion des Einführungskapitels gemäß geht es einerseits um Reorganisation von Inhalten und Methoden der Sekundarstufe I, andererseits um eine „Exposition" des Oberstufen-„Programms". Unter dem zuletzt genannten Aspekt bietet der Text eine gute Gelegenheit, das Thema „Sprache" in einem Vorgriff auf die folgenden Kapitel zu umreißen. (SB, S. 83)

Erläuterungen zur Aufgabe:

1. Das verlangte Kommunikationsmodell bleibt in der Differenzierung unterhalb der im Schülerband (SB, S. 73ff.) vorgestellten Beispiele.

2. „parole"   =   Sprechen des einzelnen Menschen
   „langue"   =   System (Repertoire) der Sprechteilhaber

Sender	vom Kanal übertragene Zeichen →	Empfänger

– Sprecher
– Schreiber
– Zeichengeber

– Hörer
– Leser

3. Differenzierung der Sprachwissenschaften in einem Cluster:

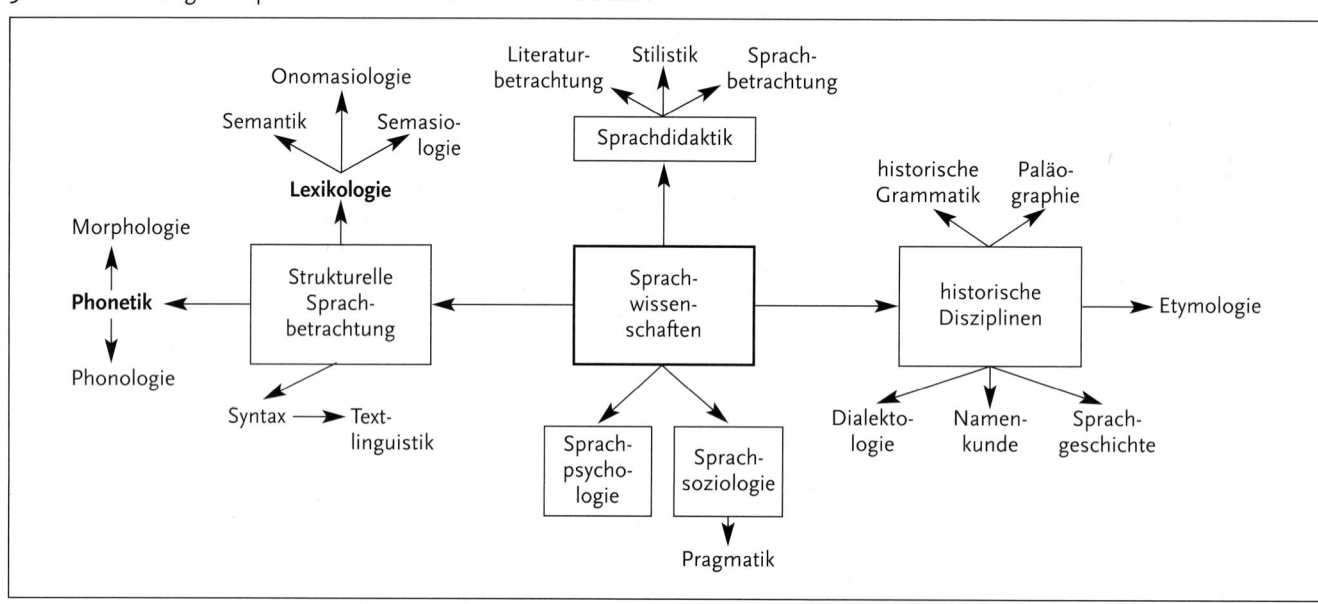

4.3 Die Kopiervorlagen

Gedichte zum Thema „Was ist der Mensch?"

1 **Johann Wolfgang von Goethe (1749–1832):**
Wanderers Nachtlied

Der du von dem Himmel bist,
Alles Leid und Schmerzen stillest,
Den, der doppelt elend ist,
Doppelt mit Erquickung füllest,
5 – Ach, ich bin des Treibens müde,
Was soll all der Schmerz und Lust? –
Süßer Friede,
Komm, ach komm in meine Brust!

(e 1776)

2 **August Graf von Platen (1796–1835):**
Sonett Nr. 83

Wer wusste je das Leben recht zu fassen,
Wer hat die Hälfte nicht davon verloren
Im Traum, im Fieber, im Gespräch mit Toren,
In Liebesqual, im leeren Zeitverprassen?

5 Ja, der sogar, der ruhig und gelassen,
Mit dem Bewusstsein, was er soll, geboren,
Frühzeitig einen Lebensgang erkoren,
Muss vor des Lebens Widerspruch erblassen.

Denn jeder hofft doch, dass das Glück ihm lache,
10 Allein das Glück, wenn's wirklich kommt, ertragen,
Ist keines Menschen, wäre Gottes Sache.

Auch kommt es nie, wir wünschen bloß und wagen:
Dem Schläfer fällt es nimmermehr vom Dache,
Und auch der Läufer wird es nicht erjagen.

(e 1826)

3 **Bertolt Brecht (1898–1956):**
Von der Freundlichkeit der Welt

Auf die Erde voller kaltem Wind
Kamt ihr alle als ein nacktes Kind.
Frierend lagt ihr ohne alle Hab,
Als ein Weib euch eine Windel gab.

5 Keiner schrie euch, ihr wart nicht begehrt
Und man holte euch nicht im Gefährt.
Hier auf Erden wart ihr unbekannt,
Als ein Mann euch einst nahm an der Hand.

Und die Welt, die ist euch gar nichts schuld:
10 Keiner hält euch, wenn ihr gehen wollt.
Vielen, Kinder, wart ihr vielleicht gleich.
Viele aber weinten über euch.

Von der Erde voller kaltem Wind
Geht ihr all bedeckt mit Schorf und Grind.
15 Fast ein jeder hat die Welt geliebt,
Wenn man ihm zwei Hände Erde gibt.

(e 1921)

4 **Dietrich Bonhoeffer (1906–1945):**
Von guten Mächten

1. Von guten Mächten treu und still umgeben
behütet und getröstet wunderbar, –
so will ich diese Tage mit euch leben
und mit euch gehen in ein neues Jahr;

2. noch will das alte unsre Herzen quälen
noch drückt uns böser Tage schwere Last.
Ach, Herr gib unsern aufgeschreckten Seelen
das Heil, für das Du uns geschaffen hast.

3. Und reichst Du uns den schweren Kelch, den bittern,
des Leids, gefüllt bis an den höchsten Rand,
so nehmen wir ihn dankbar ohne Zittern
aus Deiner guten und geliebten Hand.

4. Doch willst Du uns noch einmal Freude schenken
an dieser Welt und ihrer Sonne Glanz,
dann woll'n wir des Vergangenen gedenken,
und dann gehört Dir unser Leben ganz.

5. Laß warm und hell die Kerze heute flammen
die Du in unsre Dunkelheit gebracht,
führ, wenn es sein kann, wieder uns zusammen!
Wir wissen es, Dein Licht scheint in der Nacht.

6. Wenn sich die Stille nun tief um uns breitet,
so laß uns hören jenen vollen Klang
der Welt, die unsichtbar sich um uns weitet,
all Deiner Kinder hohen Lobgesang.

7. Von guten Mächten wunderbar geborgen
erwarten wir getrost, was kommen mag.
Gott ist bei uns am Abend und am Morgen,
und ganz gewiß an jedem neuen Tag.

(e 1944)

(Aus lizenzrechtlichen Gründen ist dieser Text nicht in reformierter Rechtschreibung abgedruckt.)

Arbeitsanweisungen:

1. a) Halten Sie Assoziationen zu den Gedichttiteln fest.
 b) Vergleichen Sie Thema und Motive der Gedichte mit Ihren Assoziationen.

2. Erörtern Sie das Menschen- und Weltbild eines der Gedichte.

Aus:
– J.W. von Goethe: Werke. Hamburger Ausgabe in 14 Bänden, Hrsg.: Erich Trunz, Verlag C.H. Beck, München. Bd. 1.
– A. von Platen: Sonett Nr. 83. In: Theodor Ecktermeyer, Deutsche Gedichte – Düsseldorf (Bagel) 1956.
– B. Brecht: Werke. Große kommentierte Berliner und Frankfurter Ausgabe. Hg. von Werner Hecht, Jan Knopf, Werner Mittenzwei, Klaus-Detlef Müller. 30 Bände (Suhrkamp) Frankfurt a.M./Berlin und Weimar 1988–2000, Band 11 (1988), S. 68.
– D. Bonhoeffer: Widerstand und Ergebung. © Chr. Kaiser/Gütersloher Verlagshaus GmbH, Gütersloh.

| Arbeitsblatt zu **Bertolt Brecht (1898–1956): An die Nachgeborenen** | Einführung in die Arbeit der Oberstufe | K 2 |

Brecht, Bert(olt), 10.2.1898 Augsburg – 14.8.1956 Berlin, Vater Direktor e. Papierfabrik; 1917 Stud. Naturwiss. u. Medizin München, Herbst 1918 Sanitätssoldat im Militär-
5 lazarett; 1919 Stud., dann 1920 Dramaturg der Münchner Kammerspiele; 1924 Übersiedlung nach Berlin, zeitweilig Dramaturg bei Max Reinhardt am Dt. Theater Berlin, 1928/29 Besuch der Marxistischen Arbeiter-
10 schule und Stud. des Marxismus. Floh 1933 über Prag nach Wien, dann über Schweiz u. Frankreich nach Dänemark (Svendborg). 1936–39 Mithrsg. der in Moskau erscheinenden Zs. >Das Wort< mit L. Feuchtwanger
15 und W. Bredel; schrieb gleichzeitig 1934–39 satir. Gedichte für den Dt. Freiheitsender. 1940 Flucht über Schweden nach Finnland, 1941 über Moskau u. Wladiwostok nach Kalifornien/USA. Zog 1947 nach Zürich, 1948
20 nach Berlin (Ost), dort Regisseur und Begründer des von s. Frau Helene Weigel geleiteten >Berliner Ensembles< (Brecht-Ensembles). – Bedeutender sozialist. Dramatiker und Lyriker des 20. Jh.; Vertreter e. en-
25 gagierten Dichtung als Sprachrohr kommunist. Gesellschaftskritik u. Meinungsschulung. Zugleich Parodist und Satiriker bestehender Gesellschafts- und Dichtungsformen. Vertritt das von ihm entwickelte >epische
30 Theater<, das nicht e. Handlung illusionistisch vertäuschen, sondern erzählen, den Zuschauer zum aktiven Betrachter machen, ihm statt Suggestion Argumente bieten und Entscheidungen abverlangen soll, anstatt Ge-
35 fühle zu wecken. Hauptmovens des ep. Theaters ist neben der Einführung von Chören, Sprechern und Songs die sog. >Verfremdung< (V-Effekt): e. sachlich-nüchterne, den Intellekt ansprechende und die Selbstinter-
40 pretation und Belehrung fördernde Atmosphäre. Begann als anarchist.-nihilist., antibürgerl. Expressionist in e. Stilmischung naturalist. und expressionist. Elemente und Balladentechnik. Ging rasch zu extremer
45 Neuer Sachlichkeit über, in der für B. typ. Verbindung von grausig-groteskem Spaß und sozialer Anklage, Sentimentalität und Sarkasmus. Wurde jedoch immer mehr zum Vf. kommunist. Lehr- und Parabelstücke.
50 Freizügige Verwendung und Bearbeitung von Stoffen der gesamten Weltlit.; Vorliebe für exot., weil leichter verfremdbares Milieu; starke Sprach- u. Bildkraft bes. durch epigrammat. Pointen und Paradoxien, aber auch
55 durch echtes soziales Mitleid. Als Lyriker bes. spruchhaft-didakt., vor allem Songs u. Bänkelsangballaden im Stil von Kollektivliedern, aber auch bewusste Anleihen bei Villon, Rimbaud, Kipling, Wedekind. [...]

Aus: Gero von Wilpert: Deutsches Dichterlexikon, Kröners Taschenbuchausgabe Band 288, 3. Auflage 1988, S. 99, Alfred Kröner Verlag, Stuttgart.

© Schöningh Verlag, Best.-Nr. 028228 1

Bezüge zwischen Biografie und Gedicht	Beschreibung von Inhalt – Aufbau – Form

Arbeitsanweisungen:

1. Gehen Sie bei der Interpretation von der inhaltlichen Gliederung und der sprachlichen Gestaltung aus und beziehen Sie die Exilsituation mit ein.

2. Erläutern Sie, warum „An die Nachgeborenen" als charakteristisches Exilgedicht gilt.

Friedrich Nietzsche (1844–1900): Der geheimnisvolle Nachen

Gestern nachts, als alles schlief,
Kaum der Wind mit ungewissen
Seufzern durch die Gassen lief,
Gab mir Ruhe nicht das Kissen,
5 Noch der Mohn, noch, was sonst tief
Schlafen macht, – ein gut Gewissen.

Endlich schlug ich mir den Schlaf
Aus dem Sinn und lief zum Strande.
Mondhell war's und mild, – ich traf
10 Mann und Kahn auf warmem Sande,
Schläfrig beide, Hirt und Schaf: –
Schläfrig stieß der Kahn vom Lande.

Eine Stunde, leicht auch zwei,
Oder war's ein Jahr? – da sanken
15 Plötzlich mir Sinn und Gedanken
In ein ew'ges Einerlei,
Und ein Abgrund ohne Schranken
Tat sich auf: – da war's vorbei!

– Morgen kam: auf schwarzen Tiefen
20 Steht ein Kahn und ruht und ruht ...
Was geschah? so riefs, so riefen
Hundert bald: was gab es? Blut? – –
Nichts geschah! Wir schliefen, schliefen
A l l e – ach, so gut! so gut!

(e zwischen 1882–1884)

Aus: Theodor Echtermeyer: Deutsche Gedichte von den Anfängen bis zur Gegenwart.
Neugestaltet von Benno von Wiese. Düsseldorf (Bagel) 1956. S. 515.

Arbeitsanweisungen:

1. Erschließen Sie Eigenarten des Gedichts durch Leseversuche.

2. Finden Sie nach dem Fachgespräch eine zweiteilige Arbeitsanweisung.

Friedrich Nietzsche (1844–1900): Mein Glück!

Die Tauben von San Marco seh ich wieder:
Still ist der Platz, Vormittag ruht darauf.
In sanfter Kühle schick ich müßig Lieder
Gleich Taubenschwärmen in das Blau hinauf –
5 Und locke sie zurück,
Noch einen Reim zu hängen ins Gefieder
– mein Glück! Mein Glück!

Du stilles Himmels-Dach, blau-licht, von Seide,
Wie schwebst du schirmend ob des bunten Baus,
10 Den ich – was sag ich? – liebe, fürchte, n e i d e ...
Die Seele wahrlich tränk ich gern ihm aus!
Gäb ich sie je zurück? –
Nein, still davon, du Augen-Wunderweide!
– mein Glück! Mein Glück!

15 Du strenger Turm, mit welchem Löwendrange
Stiegst du empor hier, siegreich, sonder Müh!
Du überklingst den Platz mit tiefem Klange –:
Französisch, wärst du sein accent aigu?
Blieb ich gleich dir zurück,
20 Ich wüsste, aus welch seidenweichem Zwange ...
– mein Glück! Mein Glück!

Fort, fort, Musik! Lasst erst die Schatten dunkeln
Und wachsen bis zur braunen lauen Nacht!
Zum Tone ist's zu früh am Tag, noch funkeln
25 Die Gold-Zierraten nicht in Rosen-Pracht,
Noch blieb viel Tag zurück,
Viel Tag für Dichten, Schleichen, Einsam-Munkeln
– mein Glück! Mein Glück!

(v um 1900)

Aus: Theodor Echtermeyer: Deutsche Gedichte. Von den Anfängen bis zur Gegenwart.
Neugestaltet von Benno von Wiese, Düsseldorf (Bagel) 1956. S. 513f.

Arbeitsanweisungen:

1. Interpretieren Sie nach Thema, Aufbau und Stil.

2. Schreiben Sie eine begründete Wertung.

Peter Wapnewski: Gedichte sind genaue Form

Ist dies ein Gedicht? Ist dies kein Gedicht? Warum?

Text 1:

„Meint, was ihr wollt. Je mehr
ihr glaubt, über mich
sagen zu können, desto
freier werde ich von euch.
5 Manchmal
kommt es mir vor; als ob
das, was man von den Leuten
Neues weiß, zugleich auch
schon nicht mehr gilt.
10 Wenn mir
in Zukunft jemand erklärt, wie ich bin –
auch wenn er
mir schmeicheln oder
mich bestärken will –,
15 werde ich
mir diese Frechheit
verbitten.“

Text 2:

„Die Landschaft schwenkt. Die eigenen Geräusche brauchst du auch. Wenn du schreist,
ist das eine Selbststimulation. Ruf ein paar dreckige Wörter aus deinem Körper hervor,
schau nach, wohin sie gehen ... Alles Flickwörter? Also warum bist du nicht stumm ...
Die Tagträume in der Dämmerung verblassen auf dem Papier. Hier bin ich und gehe in
5 dem lieblichen Nachmittagsschatten, der die Straße nicht nur schwarz und weiß wie eine
Erinnerung fleckt, die Löcher hat. Ich kann durch sie entwischen und atme auf. Ich bin
froh, dass ich kein anderer bin. Wie einfach die Umgebung wird, nachdem das klar ist.
Die Sonne scheint lautlos, ich mag sie und das, was sie tut, lautloser, als die Katze blin-
zelt, die auf dem Autoblech sitzt, faul, ausgestreckt, in ihrem eigenen, unüberschauba-
10 ren Tagtraum, lautloser als ein Schatten. Ich bin für sie draußen. Das Gehen ist ein Lied
in meinem Kopf, lautlos und ohne Wörter.“

Text 3:

„Stabilisator aus-
gebaut und Zugstrebe
vorn rechts ersetzt. Vorderachs-
träger rechts ausgerichtet,
5 Gummilager erneuert und Stabilisator
wieder montiert.
Bremsjoch hinten
links ersetzt und Gelenk-
welle links
10 ausgewechselt.
Fahrzeug optisch
vermessen.“

Text 4:

„Auf einmal und ganz unvermittelt
blieb ich stehn
Und horcht.
Da war etwas.
5 Etwas ist vergangen.
(Wir sehn uns bald,
wir werden reden,
wir werden auch zusammen essen gehn.)
Es wäre Zeit gewesen,
10 zu hören und zu sehn.
Ich wusste, ungenau,
und hatte viel zu tun.“

Textbeispiele aus: Peter Wapnewski: Gedichte sind genaue Form. In: Die Zeit vom 28.1.1977.

© Schöningh Verlag, Best.-Nr. 028228 1

Hinweise zu den Textbeispielen

Zu Text 1:
Auch die Gedichtzeilen zu Anfang sind von mir gesetzt, also von mir umbrochen. Es handelt sich im Original um sehr prosaische Überlegungen einer Frau vor dem Spiegel. Handkes „linkshändige Frau". Alles, was ihr von mir zugemutet wurde, war die Brechung der Prosa in eine Form, die Lyrik zu sein vorgibt. Der Genauigkeit halber sei hinzugefügt, dass
5 man dieses Experiment mit dem Text fast jeder Seite des Handke'schen Buchs durchführen könnte – nur dass der materielle Inhalt solchem Verfahren gelegentlich Widerstände entgegensetzt.

Zu Text 2:
Die an zweiter Stelle folgende Prosapassage hingegen ist ursprünglich ein Gedicht, und zwar eines von Rolf-Dieter Brinkmann aus seinem von der Kritik hoch gelobten letzten Band „Westwärts 1 & 2". Das originale Druckbild organisiert die Wörter und Sätze in recht beliebig wirkenden, gewissermaßen absichtslosen Zeilenbildern:
5 „Die Landschaft schwenkt. / Die eigenen Geräusche brauchst du auch. / Wenn du schreist, ist das eine Selbststimulation. / Ruf ein paar dreckige Wörter …" (und so fort).

Zu Text 3:
Jedenfalls ist es eine Rechnung, die Reparatur eines Autos betreffend (und um wenige Zeilen gekürzt, im Übrigen unangetastet, nur eigenwillig in Einheiten zerlegt bei schließlicher Aussparung der, wie das Gesetz der Poetik befiehlt, ans Ende postierten und durch Ziffern statt Buchstaben reizvoll verfremdeten Pointe. Sie lautet „Sa. DM 962,93").
5 Einen bescheidenen Einblick in das „Geheimniß", das heißt das zu entschlüsselnde Wesen der Formfunktion gibt das an dritter Stelle postierte banale Eingangsbeispiel. Wer wollte, den Spielcharakter einmal abgerechnet, bestreiten, dass die Umsetzung der technisch-mechanischen Benennungsreihen, heraus aus den Prosa-Längen des DIN-Formates und dann hinein in die Willkür der kurz gebrochenen Zeilen, dass solche Transposition sinnverwan-
10 delnde Wirkung hat? „Stabilisator aus-", das ist ein vitalitätsbrechender Appell, wenn er so für sich die Einheit der Zeile behauptet. Und „-träger rechts ausgerichtet", das ist stramm und scharf und kommandiert nicht zwar die Poesie, aber den Leser. Und das „wieder montiert", einen Vers lang, hat Beruhigung in sich und – fast – Trost, der indes durch das „Joch" in „Bremsjoch" hart konterkariert wird; ein „Joch", das wiederum in der rhythmischen He-
15 raushebung der Einzelzeile einen Neuwert erhält, an Last und Kreuz gemahnt. Das erfährt dann seine Klimax im pathetischen Klang, des „vermessen", der den Schlusshall setzt: eine Spur von Prometheus. In der Tat, wer wollte es bestreiten beim Blick auf unsere Autowelt: Das Fahrzeug, es ist optisch vermessen. Und wir mit ihm, weil wir darin.

Zu Text 4: Elisabeth Borchers: Nachträglicher Abschied
Gewiss, auch dieser Fall wäre Verlockung zur Umsetzung. Man könnte Prosazeilen aus dem Gedicht machen und ein jeder würde sie als solche passieren lassen. Dass sie damit andere „Wertigkeit" erhalten, ist leicht einzusehen, jedoch wäre nachzuweisen, dass lediglich die Art von Wertigkeit angemessen ist, die der originalen Form mitgegeben wurde. Eben die
5 mit Adornos „Glück".
Da fällt nämlich bei Betrachtung der Form die Merkwürdigkeit eines strukturbildenden Elementes auf. In diesem „statischen Gedicht", das da einen Menschen plötzlich anhalten, einhalten lässt, ihn durch die Bewegung des Stillstands an den Stillstand nicht ausgelebter Gefühle erinnert, ihn nötigt nachträglich im Innern zu vollziehen, also wirklich zu vollziehen,
10 was äußerlich schon „gelaufen" ist (wie der Jargon es nennt): In diesem Gedicht der einfachen Bewegungen, der einfältigen Gesten bildet der simple einsilbige „-ehn"-Reim das formende, das heißt die Ordnung der Gedanken aus der Unordnung der Gefühle gewinnende Prinzip. Dreifach wirft er sein Netz über die „unvermittelte" Materie aus: „stehn" – „gehn" – „sehn". Dazu, als eine Art Binnenreim, noch einmal das zweite Wort in der Klammer:
15 „sehn". Schließlich das, was die Philologen einen „grammatischen Reim" nennen, also eine andere Flexionsform des gleichen Verbs: „gegangen" fügt sich zu „gehn". Das sind noch andere Bezogenheiten, etwa das Partizip „gewesen" bezieht sich auf das „vergangen" davor. Oder die Koppelung des Antinomischen zum Ende: „wusste" und „ungenau", die vom Gedicht seine Balance mitgibt in den Ausklang, das Schwebend-Unentschiedene, das Ausdruck
20 ist eines verpassten Lebensaugenblicks und vielleicht nicht nur Augenblicks:
All dies macht sinnfällig, wie ein neuer Ton und ein eigener Ton sich bemerkbar erst machen, wenn er sich der *ars*, der handwerklichen Kunst bedient, die das Gesetz der Gattung ausmacht. In diesen zwölf Versen wird eine triviale Erfahrung zu mehr, wird zu Unruhe, Appell, zu Einsicht: mit Hilfe der Form. Das Gedicht „steht" auf einfachen Wörtern, die ihre
25 Einfachheit als Kunst ausspielen in ihrer Verschränkung und Beziehung, die Zeilen werden zu Versen durch diese Statik und das Stehen und Gehen und Hören und Sehen und Reden, einfache Verrichtungen, erfahren Eigenmächtigkeit durch die Formation im Netzwerk des Ganzen, das ohne diese Struktur eben doch nur eine Tagebuchnotiz in Prosa wäre.

Erläuterungen aus: Peter Wapnewski: Gedichte sind genaue Form. In: Die Zeit vom 28.1.1977.

Peter Wapnewski: Gedichte sind genaue Form
(Auszüge, neu angeordnet)

Ist die Grenze zwischen Lyrik und Prosa beliebig, die „Aussage" der Form, elementare Substanz aller dichterischen Gattungs-Lehre, hinfällig geworden? Sind Prosa und Lyrik herstellbar geworden durch den Setzer, das heißt, sind sie lediglich Resultat so oder so umbrochener Zeilen? Ist „das Gedicht" nur mehr Alibiform für den, der nichts Umfangreiches
5 zu sagen, nicht den Mut hat das zu Sagende der einfältig scheinenden Prosaform anzuvertrauen? Fühlt anderseits „Prosa" sich dispensiert von der Forderung nach weltbuntem Erzählen, nach aufbauend-komponierender Handlung, nach Geschichte und Geschehnis und bietet sich als leichthändig zu bewältigende Alibiform an da, wo das Gedicht ein höheres Maß von Strenge zu fordern scheint?
10 Es ist in der Tat so, dass die Grenzen der Gattungen verwischt, ja weitgehend aufgehoben sind. Das Problem ist so neu nicht, die aus ihm sich ergebenden Fakten stellen keine Sensation dar. Goethes grundgescheites Wort von den „Naturformen" der Dichtung, mit dem er die gelehrte und aus der Antike überkommene Gattungs-Trias Epik – Lyrik – Dramatik charakterisierte, verweist auf Urgliederungen der gebundenen Aussage, der Dichtung also.
15 Da ist das *Gedicht*. Formal: knapp, konzentriert, streng stilisiert. Inhaltlich: nach innen gewandt. In der Haltung: ichbefangen, einnehmend, monologisch.
Da ist das *Epos*, der Roman. Formal: ausladend, ja ausschweifend erzählend. Inhaltlich: Welt liefernd und Welt aufschlüsselnd. In der Haltung: „objektiv", extrovertiert, weiter gehend.
Da ist schließlich das *Drama*. Formal: „pluralistisch", das heißt, der Autor „singt" nicht noch
20 erzählt er, sondern er lässt andere Personen für sich reden („für sich" im doppelten Sinne). Inhaltlich: Drama ist Lehrstück, Vorführung, ist Welt als Geschichte. In der Haltung: scheinbar die „objektivste" Gattung, das Ich ist ausgelöscht, zumindest scheint es zu schweigen, und das Persönliche wird ins Allgemeine gehoben, so wie das Allgemeine exemplarisch „personalisiert" wird.
25 Auch diese Bestimmungen sind durch die Wirklichkeit, also die jeweiligen Texte, in Frage gestellt, nicht hat Poesie sich den Gattungszwängen zu fügen (obwohl sie es oft getan hat, im Mittelalter etwa oder im 17. und 18. Jahrhundert), sondern sie hat kraft ihrer Eigenmächtigkeit Gattungen zu setzen. Immerhin aber ist doch Goethes organischer Begriff „Naturformen" offenbar den Gegebenheiten gemäß und mein Versuch ihn skizzierend auszu-
30 füllen, wird als Arbeitshilfe zureichen.
Zurück zu unserer Frage nach der Verbindlichkeit des Gedicht-Begriffs hier und heute. Meine erste These lautet:
Lyrik ist eine einfache Gattung. Sie bestimmt sich wenn nicht streng, so doch klar durch Form und Gegenstand. Wo die ihr eigene Form (stilisierte Knappheit) und der ihr eigene
35 Gegenstand (das arg strapazierte „lyrische Ich") preisgegeben sind, wird Lyrik preisgegeben. Was bleibt, ist allenfalls noch „das Lyrische".
Meine zweite These lautet:
Ein gut Teil dessen, was heute als Lyrik angeboten wird und prosperiert, ist stecken gebliebene Prosa, ist Schwundform des Essays, ist Tagebuch im Stammel-Look. Wem das fehlt,
40 was man wohl den epischen Atem oder den dramatischen Nerv nennt, der macht sich und uns gern glauben, Lyrik sei Säuseln und diffuses Licht. Dabei ist sie eine spröde, strenge und sehr entschiedene Sache.
Form ist nicht Oberfläche. Form in der Literatur ist die geglückte Angemessenheit der sprachlichen Mittel beim Versuch Gedachtes in Worten zu verdinglichen. Form ist gleich
45 Kunst, denn selbst die gewollte Un-Form ist nur zu begreifen als künstlerisches Prinzip und bestätigt ihr Gegenteil durch die Verneinung. Auf das Gedicht bezogen: es steht mit der Form, es fällt mit ihr.
„Aber die großen Kunstwerke sind jene, die an ihren fragwürdigsten Stellen Glück haben", sagt Adorno *(Noten zur Literatur I)*. Derselbe Adorno, dem bis zum Überdruss sein Diktum
50 vorgehalten wird, es könne nach Auschwitz kein Gedicht mehr geschrieben werden. Eine Aussage von tiefer Richtigkeit, die nicht durch Augenschein widerlegt wird. Ein Gedicht um zu entstehen, ein Gedicht um zu wirken setzt bestimmte Verbindlichkeiten voraus, unterstellt Konsens, Gemeinsamkeit an Erfahrung, Kommunikationsmöglichkeit der Worte, der Empfindungen. Es gibt Gedichte über die bestialische Welt, aber es kann kein Gedicht ge-
55 ben in einer durchaus bestialisierten Welt. Dass es doch noch Gedichte gibt nach Auschwitz, und das heißt nach einer Phase der Aufkündigung aller menschlichen Verbindlichkeit, beweist nur, dass die Welt nach Auschwitz Auschwitz vergessen hat. (Ob sie Auschwitz hätte überleben können ohne es zu vergessen, das freilich ist die große Frage an die Generation von damals und die von heute.)
60 Das von Adorno gemeinte „Glück" jedenfalls ist ein Formprinzip auch des Gedichtes, ohne das es nicht gedeihen kann. Und dieses „Glück" seinerseits kann nicht gedeihen abseits einer Ordnung, die Form hat und Maß, Gliederung und Proportion. Begriffe wohlgemerkt, die durchaus ihre Gegenbegriffe zulassen, ja provozieren, also Un-Maß und Disproportion und die Struktur des Wüsten, der Wüste. Wenn indessen richtig ist, dass vieles von dem,
65 was heute als Lyrik auftritt, sich spielerischer Beliebigkeit verdankt, dann mag in diesen Stücken Kluges gedacht, Tiefes empfunden, Lust- und Schmerzvolles gefühlt sein: Aber der

© Schöningh Verlag, Best.-Nr. 028228 1

Schritt zum Gedicht, will sagen in eine Form, die als solche dem Gedachten und Gesagten und Empfundenen einen spezifischen Mehrwert gibt, dieser Schritt ist nicht gemacht. Denn, um ein berühmtes Diktum abzuwandeln, diesmal ist es von Benn:

70 Gedicht ist das Gegenteil von Beliebigkeit.

So dass zu Recht gesagt worden ist, man könne nicht ein Wort verrücken und nicht eine rhythmische Nuance verändern ohne das Gedicht, wie es sein soll, aus den Fugen zu heben. Wenn aber das Gedicht in solch extremem Maße an die Gesetze von Klang und Reim, von Rhythmus, Metrum, Strophe und Bild gebunden ist, dann bedeutet Preisgabe dieser For-

75 mantien nichts anderes als Preisgabe des Gedichts. Es sei denn, die Gattung bestimme sich neu mit Hilfe neuer Prinzipien, was mir als Ding logischer Unmöglichkeit erscheinen will. Noch einmal Goethe:

„Den Stoff sieht jedermann vor sich, den Gehalt findet nur der, der etwas dazu zu thun hat, und die Form ist ein Geheimniß den meisten." Mit „Geheimniß" ist nichts Mystisch-Mys-

80 teriöses gemeint, sondern jene Schwierigkeit die Funktion – und also Art – von Form zu erkennen, die „Kunst" ausmacht und die „den meisten" versperrt bleibt. Was zu tun hat mit jenem „Widerstand der Texte" (Walther Killy), den sie als Kunst wesensmäßig ausüben und der dem Begriff vom „Kunstgenuss" nur dann den rechten Akzent gibt, wenn man die spezifisch geistige Form des Genusses durch Mühewaltung kennen gelernt hat.

85 Übrigens sagt Goethe mit diesem Satz aus den „Maximen und Reflexionen" Bedeutendes (um es ihm gemäß auszudrücken) auch zum so genannten Gehalt. Es ist nämlich „dazu" das zu betonende Wort, und gemeint ist die Vorstellung von dem produktiven Anteil des Lesers, der immer auch ein Mit-Autor des von ihm Gelesenen ist. Wohingegen der nicht-produktive, der nichtkreative Leser (oder Kunstbetrachter anderer Art) lediglich den „Stoff"

90 antreffen wird.

Daraus ist aber zu lernen, was es auf sich hat mit dem „Geheimniß" der Form. Sie deckt nicht ab, sie schönt nicht, sie ist nicht Fläche noch Oberfläche, sondern sie ist Substanz. In solchem Sinne: Der Kern ist außen. Oder: Das Außen ist der Kern. Die scheinbar lediglich optisch-technische Umsetzung der banalen Rechnungsposten in gebrochene Kurzzeilen hat

95 jedem dieser Posten eine neue Aufgabe gegeben. Eine neue Wertigkeit, die wiederum abhängig ist von der jeweiligen formalen Variante, eine andere Zeilenbrechung hätte, andere Begriffe hervorgehoben und durch Verfremdung oder Verstärkung neu bestimmt.

Als Carlo Schmidt jüngst achtzig Jahre alt wurde, da schenkten ihm die Freunde einen Band mit Gedichten: rund zweihundert. Und zwar nicht etwa selbst verfertigte. Auch solche nicht,

100 von denen sie glaubten, dass der zu Ehrende sie liebe. Sondern, das war die Ordre: Sie schrieben ihr liebstes Gedicht auf (oder eines derer, die jeder zu seinen liebsten zählte). Es muss aufregend sein, das Ergebnis zu analysieren. Wer hat was ausgewählt? Welche Gedichte sind mehrfach vertreten? Welche unbekannten ans Licht gehoben, welche der bekanntesten ignoriert worden? Welcher historischen, welcher kulturellen Landschaft sind die Zeugnisse

105 abgewonnen, in welchen Sprachen sind sie präsentiert?

Falls die Dreistigkeit einer Vermutung erlaubt ist: Keines dieser Stücke wird jenem Bereich des „Ungefähren" angehören, das die neueste Lyrik auszeichnet. Nicht, weil der Empfänger als alter Mann und also, wie das im Alter zu gehen pflegt, als konservativ zu gelten hat. Nicht, weil seine Freunde allesamt der Art wären, dass sie sich vorzüglich der Lust an Geschichte

110 und Geschehenem zuwendeten – das hieße ihn und sie unterschätzen. Sondern weil das „Glück" im Gedicht, das gelungene Maß also, gebunden ist an Prinzipien der Form, die zu bewahren nicht als „konservativ" gerügt werden darf, sondern Erfüllung eines für gültig erkannten Gesetzes bedeutet. Die großen deutschsprachigen Lyriker unserer Zeit haben sich an solche Norm gehalten, dabei ihre Bedeutung durch Normaufhebung *innerhalb* des Ka-

115 nons bestätigt: Günter Eich und Ingeborg Bachmann und Paul Celan, und von den Lebenden: Peter Huchel und Karl Krolow.

Der nunmehr fällige Einwand: das sei vieux jeu und die Jungen seien nur in dem Maße etwas wert, als sie „Neues" brächten, wäre ein Missverständnis. Die Geschichte der Lyrik ist wie jede Geschichte eine der Überlagerung, auch der Erledigung des Alten durch Neues.

120 Aber das Gedicht, wenn es denn eines bleiben und nicht bequeme Ausweichmarke sein soll, bedarf seiner es konstituierenden Momente und das Neue ist als solches nur innerhalb der Ordnung dieser konstituierenden Elemente zu erkennen. So halten es unter den Jungen oder den etwas Älteren (also: unter den Jüngeren) etwa Jürgen Becker und Elisabeth Borchers, Michael Krüger und Peter Rühmkorf und Friederike Mayröcker. Oder andere Große,

125 die eher die großen anderen sind: Gomringer etwa und Jandl.

Peter Wapnewski in: DIE ZEIT vom 28.1.1977.

Ernst Jünger (1895–1998): Das Lied der Maschinen (Auszug)

Berlin

Gestern, bei einem nächtlichen Spaziergang durch entlegene Straßen des östlichen Viertels, in dem ich wohne, sah ich ein einsames und finsteres Bild. Ein vergittertes Kellerfenster öffnete dem Blick einen Maschinenraum, in dem ohne jede menschliche Wartung ein ungeheures Schwungrad um die Achse pfiff. Während ein warmer, öliger
5   Dunst von innen heraus durch das Fenster trieb, wurde das Ohr durch den prachtvollen Gang einer sicheren, gesteuerten Energie fasziniert, der sich ganz leise wie auf den Sohlen des Panthers des Sinnes bemächtigte, begleitet von einem feinen Knistern, wie es aus dem schwarzen Fell der Katzen springt, und vom pfeifenden Summen des Stahles in der Luft – dies alles ein wenig einschläfernd und sehr aufreizend zugleich. Und hier
10 empfand ich wieder, was man hinter dem Triebwerk des Flugzeuges empfindet, wenn die Faust den Gashebel nach vorne stößt und das schreckliche Gebrüll der Kraft, die der Erde entfliehen will, sich erhebt; oder wenn man nächtlich sich durch zyklopische Landschaften stürzt, während die glühenden Flammenhauben der Hochöfen das Dunkel zerreißen und inmitten der rasenden Bewegung dem Gemüte kein Atom mehr möglich
15 scheint, das nicht in Arbeit ist. Hoch über den Wolken und tief im Inneren der funkelnden Schiffe, wenn die Kraft die silbernen Flügel und die eisernen Rippen durchströmt, ergreift uns ein stolzes und schmerzliches Gefühl – das Gefühl, im Ernstfall zu stehen, gleichviel, ob wir in der Luxuskabine wie in einer Perlmutterschale dahintreiben, oder ob unser Auge den Gegner im Fadenkreuz des Visieres erblickt.
20 Das Bild dieses Ernstfalles ist schwer zu erfassen, weil die Einsamkeit zu seinen Bedingungen gehört, und stärker noch wird es verschleiert durch den kollektiven Charakter unserer Zeit. Und doch besetzt ein jeder heute seinen Posten sans phrase und allein, gleichviel, ob er hinter den Feuern einer Kesselanlage steht oder in die verantwortliche Zone des Denkens einschneidet. Der große Prozess wird dadurch erhalten, dass der
25 Mensch ihm nicht auszuweichen gedenkt, und dass seine Zeit ihn bereit findet. Was ihm jedoch begegnet, indem er sich stellt, ist schwer zu beschreiben; vielleicht ist es auch wie in den Mysterien nur ein allgemeines Gefühl, etwa dass die Luft allmählich glühender wird. Wenn Nietzsche sich wundert, dass der Arbeiter nicht auswandert, so irrt er insofern, als er die schwächere Lösung für die stärkere hält. Es gehört eben zu den Kenn-
30 zeichen des Ernstfalles, dass es ein Ausweichen in ihm nicht gibt; der Wille führt vielleicht auf ihn zu, dann aber vollziehen sich die Dinge, wie bei der Geburt oder beim Sterben, unter pressendem Zwang. Daher ist unsere Wirklichkeit denn auch jener Sprache entzogen, mit welcher der miles gloriosus sie zu meistern sucht. In einem Vorgange wie dem der Sommeschlacht war der Angriff doch eine Erholung, ein geselliger Akt.
35 Die stählerne Schlange der Erkenntnis hat Ringe um Ringe und Schuppen um Schuppen angesetzt, und unter den Händen des Menschen hat seine Arbeit sich übermächtig belebt. Nun dehnt sie als blitzender Lindwurm sich über Länder und Meere aus, den hier fast ein Kind zu zügeln vermag, während dort sein glühender Atem volkreiche Städte zu Asche verbrennt. Und doch gibt es Augenblicke, in denen das Lied der Maschinen, das
40 feine Summen der elektrischen Ströme, das Beben der Turbinen, die in den Katarakten stehen, und die rhythmische Explosion der Motore uns mit einem geheimeren Stolze als mit dem des Siegers ergreift.

(v 1929)

Aus: Ernst Jünger. Das Abenteuerliche Herz. Erste Fassung. Aufzeichnungen bei Tag und Nacht. In: Sämtliche Werke. Band 9. Das Abenteuerliche Herz. (Klett-Cotta) Stuttgart 1979.

Arbeitsanweisungen:

1. Beschreiben Sie den Eindruck, den „Das Lied der Maschinen" im Betrachter auslöst.

2. Benennen Sie die sich anschließenden Assoziations- und Reflexionsbereiche.

Alfred Döblin (1878–1957): Das Märchen von der Technik

Dies ist eine wahre Geschichte, und sie zeigt, dass sogar in den hellsten Zeiten Wunder möglich sind.

Da war in der Ukraine ein kleines jüdisches Städtchen, da saß ein Vater mit seiner Familie, es war noch vor dem Krieg, der Zar regierte in Petersburg, in der Ukraine aber saß
5 die ‚Schwarze Hand'[1] und regierte auch. Und einmal brauchten einige Leute wieder Geld, und die Juden waren doch da und hatten gute Geschäfte gemacht, da ließ man was herumerzählen von Ostern, von einem schlechten Wort über die Popen, und ein Jude hat gelacht, wie einer was gesagt hat von der heiligen Mutter Gottes zu Czenstochau, und so und noch anderes wurde vorbereitet, die Schwarze Hand aber hat alles nachbereitet, auch
10 dass die Polizei grade ein Fest hatte und der Herr Oberst saß beim Festmahl, grade an dem Tag. Und was wird geschehen, sie werden sich zusammenrotten, es war schon etwas durchgesickert, aber es hilft nichts. Pogrom[2] ist Pogrom, Blut fließt, die jüdischen Leute sind aber auch keine Kinder, und endlich fließt auch Blut drüben, man wird sich nicht von bösen Tieren zerreißen lassen. Und da ist ein Vater, der sein Haus gut beschützt
15 hat, und ein Beil hat er auch bei dem Pogrom gehabt, und es werden wohl einige das Beil gesehen haben, – und da hat der Vater gedacht, es ist besser, wir warten nicht erst auf die Untersuchung und den Prozess, und ist mit der Familie auf und davon, und weil es heimlich ging, hat er die beiden großen Söhne getrennt und gesagt: „Lemberg!" und hat ihnen Geld gegeben. Aber nur einen hat er dann wiedergesehen. Der andere, der so schön sin-
20 gen konnte, der kam nicht wieder. Keine Silbe hat man je von ihm gehört. Verschlungen vom Erdboden war der geliebte Sohn. Vater und Mutter zogen in eine kleine Stadt, die Verwandten taten für sie, was sie konnten, man kam wieder hoch, man kam auch durch den Krieg. Aber weder Vater noch Mutter wurden mehr froh. Der liebe Sohn war weg. Tausendmal besprachen sie alles. Du hast ihm ein Beispiel gegeben, jammerte die Mut-
25 ter, er wird auch ein Beil oder ein Messer genommen haben, ein Jud soll sich verstecken, – hätt ich mich erschlagen lassen sollen und euch alle damit, – ach, es leben noch so viele daheim.

Und die Zeit verging, die Mutter starb, dem Vater ging es schlimm, der Sohn unterstützte und die Verwandten halfen. Der Vater aber saß noch immer, wo gesungen wurde, und
30 dachte, wie hat mein Iizchak gesungen, eine schöne, schöne Stimme, wo gibt es heute noch solche Stimmen. Aber dass er so viel hörte und in Konzerte ging, das war die Fügung Gottes. Die Mutter war weggestorben, aber der Vater sollte wissen, dass Gott lebte und ihn nicht vergaß.

Da schenkte ihm der Vorsteher der Gemeinde, wie er siebzig alt war, ein Grammophon,
35 und das ließ er sich vorspielen, und sein Ältester brachte ihm noch das Neuste, einen Radioapparat, damit konnte man hören weit weit, wo gesungen wurde auf der ganzen Welt, von wem auch immer. Aber Isaak singt nicht mit.

Und er hörte Tag für Tag alle Stimmen ab, so viele, so schmetternde, und die Schlager, die sie jetzt machen, wonach sie tanzen.
40 Und eines Mittags gegen zwölf spielte wieder sein Apparat und die Schwiegertochter kochte in der Küche, da ging die Tür auf, und der alte Vater, das Käppchen schief auf dem Kahlkopf, kommt schreiend heraus, hat große große Augen und schreit: „Rosalie, hör doch, hör doch!" Gotteswillen, was ist mit dem Mann, ich lauf rüber zu Jankel. „Hör doch, Rosalie, er singt, es ist Iizchak! Rosalie, mein Kind, hör doch, Iizchak ist es!"
45 Und sie muss ihn festhalten und zu einem Küchenstuhl führen, den alten Mann, die Musik hat geendet, es war ein Tempelgesang, jetzt kam ein Gassenhauer, sie wollte abstellen, stell nicht ab, vielleicht kommt es nochmal.

Was ist weiter zu erzählen. Sie haben auf den Alten gehört, der Sohn ist mit ihm nach Warschau gefahren, sie haben die Platte gefunden, und auf der Platte stand sein Name,
50 ein englischer, er war ein amerikanischer Kantor, ein berühmter Mann, sie fanden noch eine andere Platte von ihm in Warschau.

Und dann gingen die Telegramme hin und her, und wirklich, es war Iizchak, der mit einem Schub nach Amerika gegangen war, er hatte nach den Eltern geforscht in Russland, aber dann kam der Krieg, und wie sollte er dann suchen.
55 Und das hat das Radio gemacht, und das ist die Technik, und sie hat einen Sohn wieder zu seinem Vater geführt, und beide wissen, Gott lebt, und wer an ihn glaubt, kann auf ihn bauen.

(1935)

Alfred Döblin: Das Märchen von der Technik. In: Erzählungen aus fünf Jahrzehnten.Olten/Freiburg (Walter) 1977.

---

[1] Schwarze Hand: ein 1911 gegründeter serbischer Geheimbund
[2] Der oder das Pogrom: Ausschreitungen gegen nationale, religiöse, rassische Gruppen

Arbeitsanweisungen:

1. Erläutern Sie, welcher Begriff von „Märchen" in Döblins Erzählung zugrunde liegt und auf welche Wirklichkeitserfahrung er sich bezieht.

2. Gestalten Sie den Text so um, dass ein „Märchen" im traditionellen Sinn mit der Überschrift „Märchen vom verlorenen Sohn" entsteht.

Johann Wilhelm von Archenholtz: Der schwarze Husar

a)

Ein Preußischer Husar wurde von den Franzosen gefangen, und ins Haupt-Quartier gebracht. Clermont selbst wollte ihn sprechen; denn die Gefangennehmung eines Preußischen Husaren war hier ein sehr seltner Vorfall. Dieser Krieger gehörte zu dem schwarzen Regiment. Ein jeder Reiter desselben, seinen Leib in Kleidungsstücke gehüllt in der
Farbe des Trauerns, trug überdem einen Todtenkopf, das Sinnbild der Verwesung an
der Stirn; er war ein lebendiges memento mori; ...
Die Unterredung des Französischen Feldherrn mit dem gefangenen Husaren geschah durch Dolmetscher. Auf die Frage, wo Ferdinand sich gelagert hätte, war die Antwort: „Da, wo ihr ihn nicht angreifen werdet." Man fragte ihn, wie stark die Armee seines Königs sey; er antwortete, sie möchten sie aufsuchen und zählen, wenn sie Muth genug dazu hätten. Clermont hielt sich durch diese Kühnheit nicht beleidigt. Sie gefiel ihm
vielmehr, und veranlasste ihn, den Husaren zu fragen, ob sein König viel solche Soldaten hätte, wie er. Der Mann mit dem Todtenkopf antwortete: „Ich gehöre zu den schlechtesten, sonst wäre ich jetzt nicht euer Gefangener." Eine solche Sinnesart außerhalb
Frankreich zu finden, war den Franzosen ein Räthsel. Man entließ den Husaren, und
Clermont schenkte ihm einen Louisd'or. Der Preuße nahm ihn an, allein obgleich aus-
geplündert und ohne einen Heller im Besitz, gab er im Angesicht des Feldherrn das Gold-
stück einem Französischen Soldaten, mit der Erklärung, dass er von den Feinden seines
Volks keine Geschenke annehmen wollte. Man trug ihm Dienste und eine Officier-Stel-
le an; er aber antwortete mit Hohngelächter, dass er ein Preuße sey.

(1793)

Die Neufassung der historischen Anekdote erschien 1939 in „Teubners Deutschem
Unterrichtswerk", einem „Lesebuch für höhere Lehranstalten".

b)

Im Jahre 1758 wurde ein preußischer Totenkopfhusar von den Franzosen gefangen und
ins Hauptquartier gebracht. Blut quoll aus seiner Stirnbinde und rann über seine Au-
gen. Graf von Clermont selbst, der französische Oberbefehlshaber, wollte ihn sprechen;
denn die Gefangennahme eines preußischen Husaren war ein seltener Vorfall.
„Antworte schnell und genau: Wohin marschiert der König von Preußen?", fragte ihn
der Graf.
„Dahin, wo Ihr ihn nicht angreifen werdet", war die Antwort.
„Wie stark ist die Armee deines Königs? Wie viel Kanonen? Wie viel Reiter?"
„Sucht sie auf und zählt sie – wenn Ihr Mut genug dazu habt."
Der Franzose runzelte drohend die Stirn. Aber plötzlich hellte sein Gesicht sich auf, er
ging auf den Husaren zu und fragte ihn:
„Hat der König von Preußen viele Soldaten wie dich?"
„Ich bin einer von den schlechtesten. Sonst wäre ich jetzt nicht Euer Gefangener."
Da wandte sich der Graf zu seinen Offizieren und rief: „Bis heute hielt ich es für Fabe-
leien, was man über König Friedrich und seine Soldaten erzählte. Jetzt habe ich seine
Armee kennen gelernt!"
Dann hieß er den Husaren abtreten und schenkte ihm einen Louisdor. Der Husar nahm
ihn und gab ihn vor den Augen des Feldherrn dem Französischen Soldaten, der neben
ihm stand:
„Ihr versteht, Herr General. Ihr seid als Feind in unser Land gekommen. Ich will den
Feinden meines Volkes nichts zu verdanken haben."
„Der Mann ist ein Rätsel", sagte kopfschüttelnd einer der Offiziere.
„Nicht doch, meine Herren – er ist einer von den Soldaten, mit denen man gegen eine
Welt Krieg führen kann", entgegnete lächelnd der Feldherr und legte dem Husaren die
Hand auf die Schulter:
„Es wäre schade für uns beide, wenn wir Feinde blieben. Ich berufe dich in den Dienst
des Königs von Frankreich – als Leutnant!"
Der Husar wischte sich das Blut von den Augen, sah den Grafen mit unbewegten Au-
gen an und sprach:
„Herr General, Sie ehren mich. Aber Sie irren sich. Ich bin Preuße, und ich kann auch
als Gefangener nur Soldat meines Königs sein."

(v 1939)

Aus: J. W. von Archenholtz: Geschichte des siebenjährigen Krieges. Bd. 1. – Berlin (Haude und Spener) ²1793. Zitiert nach Klaus Zobel (Hrsg.): Moderne Kurzprosa. Eine Textsammlung für den Deutschunterricht. – Paderborn
(Schöningh) 1978, S. 93/94.

Arbeitsanweisungen:

1. Beschreiben und vergleichen Sie die Verhaltensweise des Husaren in der Anekdote von 1793 und in der Neufassung von 1939.

2. Erörtern Sie die Absicht des Bearbeiters von 1939.

Schülerbeispiele: Eine Romanfigur erinnert sich an ihre „Antigone"-Lektüre

a) Romanpassage zu „Crazy" (von Lars Gerhard)

Endlich sind wir mit „Antigone" fertig. War anstrengend. Dieser Sophokles hat ja für seine Zeit sehr viel geschrieben. Das ist das Einzige, was mich ein wenig neidisch auf ihn macht. Der Mann hat, glaube ich, fast jeden seiner Gedanken zu Papier gebracht. Doch uns ist nur ein kleiner Teil erhalten. Das hat uns unser Lehrer erzählt.
5 Er hat auch gesagt, das sei Literatur. Wenn ich jedoch an Janoschs Beschreibung von Literatur denke, dann bin ich mir da nicht so ganz sicher. Janosch hat gesagt, Literatur sei, wenn man unter jeden Satz ein Häkchen machen könne, weil er einfach richtig sei. Ich kann da nicht so viele Häkchen machen, weil ich die längeren Passagen (die langweiligen) nicht verstehe. Aber unser Lehrer hat gesagt, das sei Literatur. Dann wird das wohl
10 auch so sein. Glaubt bloß nicht, ich hätte das Buch gerne gelesen. Es steht eben auf dem Lehrplan. Jeder von uns hat es lesen müssen.
Ich mache das immer so: Ich lese eine Seite in dieser „Antigone". Danach gönne ich mir zehn Seiten „Misery". Das hab ich mir von Troy ausgeliehen. [...]
Diesen Chor habe ich überhaupt nicht verstanden. Der kommt immer dann, wenn man
15 ihn nicht braucht, und erzählt irgendwas, das keiner wissen will. Ist mir aber egal, Sophokles wird sich damals schon was dabei gedacht haben. Die einzige Figur, die ich voll und ganz verstehe, ist Antigone. Sie spielt allein gegen alle. Sie hat den Willen durchzuhalten und gibt die Hoffnung nicht auf. Ich glaube, es ist ziemlich schwer, wenn alle gegen einen stehen, zu sagen, was man denkt, und sein Recht durchzusetzen. Sie nimmt
20 es ja sogar in Kauf für dieses Recht mit ihrem Leben zu bezahlen. Das haben ja auch in diesem Jahrhundert viele Menschen getan. Vor solchen Leuten hab ich echt Respekt. Diesen Mut muss man erst einmal aufbringen. Ich werde mein Bestes geben, diesen Mut auch in mir zu entdecken. Aber erst mal muss der Mut für die Deutsch-Arbeit reichen ...

b) Romanpassage zu „Crazy" (von Sebastian Roller)

„Antigone" ist schon ein klasse Buch! Es hat zwar kein Happy-End, sondern geht tragisch aus; doch das macht es gerade so gelungen. Sowieso ist mir dieses Buch ziemlich an die Nieren gegangen. Vor allem die Szene, als Kreon endlich einsieht, dass er falsch gehandelt hat, dann aber schon alles zu spät ist, hat mich schwer berührt. Ich glaub, da
5 hab' ich endgültig zu flennen angefangen. Kreon hat mich auch ein bisschen an meinen Vater erinnert. So wie Kreon behauptet, das Beste für seinen Sohn zu wollen und dann aber dessen geliebte Antigone einsperrt, so behauptet mein Vater immer, das Beste für mich zu wollen, steckt mich dann aber in ein Internat nach dem anderen. Er verfolgt doch nur – wie Kreon – seine eigenen Interessen! Denn er will nur, dass ich das Abitur
10 schaffe, damit er sich nicht wegen mir schämen muss. Ich halte „Antigone" für ein echt gutes Buch ...

Arbeitsanweisung:

Vergleichen Sie die beiden Schülerarbeiten und entscheiden Sie, welche Fassung Ihrer Meinung nach besser zum Roman „Crazy" passt. (Bezug zum Original, Glaubwürdigkeit der Figur, Ausdrucksweise).

www.faserland.de – Rezensionen

a) Magda O. (München)

Was für ein wunder-, wunder-, wunderschönes Buch! In einer Sprache, die unterhaltsam, scheinbar einfach, manchmal geradezu primitiv wirkt. „Wie kann man nur so schreiben?", denkt man zuerst entrüstet und begreift dann erschrocken, dass wir bereits alle so denken und sprechen. Ein junger Mann, ehemaliger Salem-Schüler mit reichlich Geld
5 in der Tasche, fährt von Nord- nach Süddeutschland (fatherland) und gibt die Eindrücke seiner Reise wieder, vielfach mit so genauen Details, dass man meint, die Wirklichkeit in Zeitlupe zu sehen. Ohne dass er es ein einziges Mal wirklich ausspricht, fühlt man, wie unendlich einsam, unsicher, ratlos er ist, wie sehr er nach Freunden, Freundschaft, Wärme, Halt sucht. Die er natürlich nirgendwo findet, weil alle seine Freunde, die ei-
10 gentlich keine sind, dasselbe Problem haben wie er. Die kurzen Momente von Wärme und Geborgenheit, die er je kennen gelernt hat, liegen weit zurück. Kleine Wahrnehmungen in der Gegenwart, einen Geruch z.B., nimmt er stets zum Anlass, von den vergangenen Wärme-Splittern zu erzählen, aber immer mit einer Haltung von Nicht-Verstehen, nicht wirklich Besitzen.
15 Dabei sieht er die Nöte seiner Freunde durchaus. Das ist das Atemberaubende an diesem Buch, dass diese Figur trotz allen Kaputtseins den Durchgriff zur Tiefe hat, glaubhaft und anrührend. Und seine beiläufigen Feststellungen und Charakterisierungen der Menschen, der verschiedenen Städte und ihrer Bewohner sind erstaunlich messerscharf und sehr amüsant. Wenn alles nicht so traurig wäre, könnte man herzlich drüber lachen.

b) Melanie Holtz (Winsen/Luhe, Deutsch LK)

Ich habe noch nie ein Buch so schnell durchgelesen wie „Faserland" von Christian Kracht. Man schlägt es auf, liest es durch und macht es dann einfach zu. Ganz lecker muss ich sagen, wie so ein kleiner Snack zwischendurch.
Aber ein Snack, wie Knoppers oder so kann den großen Hunger leider nicht stillen. So
5 ein kleines Etwas verschlingt man so ganz nebenbei und es ist schwierig sich kritisch damit auseinander zu setzen. Es bleibt einem also nichts anderes übrig als den verbleibenden Nachgeschmack zu untersuchen; leider blieb bei Faserland nicht viel hängen. Die prägnanteste Stelle, die den Nachgeschmack bestimmt, ist die, als der Protagonist seinen „Freund" Rollo am See stehen lässt. Jeder, der das Buch gelesen hat, weiß, was
10 dann passiert. Die Textstelle ist verdammt traurig und für jeden normal denkenden Menschen äußerst provokativ. Es stellt sich nun die Frage, ob es die Absicht des Autors war in irgendeiner Weise in seinem Buch hintergründig Gesellschaftskritik zu üben. Der Protagonist führt den Leser durch seine kleine beschränkte Welt und konfrontiert ihn mit seinen „Weltansichten". Er beschreibt alles sehr genau und detailliert, aber genau
15 genommen wertet er nicht ein einziges Mal. Er beschreibt einfach nur, wie es ist. Punkt. Wie Christian Krachts Vater sagte: „Schreib klarere Sätze, Christian". Ja, Christian, schreib klar und deutlich, bloß nicht zu tiefgründig, mehr verträgt unsere oberflächliche und schnelllebige Gesellschaft sonst nicht. [...]

Aus: www.faserland.de

Arbeitsanweisungen:

1. Finden Sie eine treffende Überschrift für beide Rezensionen.

2. Benennen Sie die Erwartungen an Literatur, die den beiden Rezensionen zugrunde liegen.

3. Entscheiden Sie sich für eine Rezension, die Ihnen zusagt, und setzen Sie diese fort oder fügen Sie eine eigene Passage ein.

© Schöningh Verlag, Best.-Nr. 028228 1

Arbeitsblatt zur griechischen Klassik

1. Die griechische Klassik

Als griechische Klassik wird das Zeitalter des Perikles im 5. Jh. v. Chr. bezeichnet. Es wird in der Dichtung geprägt durch die Dramatiker Aischylos, Sophokles, Euripides und den Lyriker Pindar (518 bzw. 522 – ca. 446 v. Chr.); in der Philosophie durch Sokrates und Platon; in der Architektur und bildenden Kunst durch das Dionysostheater in Athen sowie den Ausbau der Akropolis unter dem Bildhauer Phidias. Kunst und Kultur Athens entwickeln sich im Rahmen der Polis, die sich nach außen in den Perserkriegen (490 und 480 v. Chr.) sowie den Peloponnesischen Kriegen gegen Sparta (ab 459 v. Chr.) und nach innen im Parteienstreit um die Demokratie zunächst behaupten kann, aber 404 mit der spartanischen Eroberung untergeht. (vgl. Klassik, SB, S. 198ff.)

2. Die Entwicklung der attischen Tragödie

Die **griechische (attische) Tragödie** (< gr. tragodia = wohl Gesang um den Bock als Preis- oder Opfertier) hatte ihren
- Ursprung im *Dionysoskult,* der im 8. Jh. aus Kleinasien nach Griechenland kam. Zu Ehren des Dionysos (dem Gott des Weinbaus und der Fruchtbarkeit) wurde von einem maskierten und vermummten Chor (mit Chorführer) in magischem Kult gesungen und getanzt.
- In der zweiten Hälfte des 6. Jhs. wurde in Athen, vermutlich durch Thespis (534 v. Chr.), ein *Schauspieler* (gr. der Hypokrites = der Antwortende oder gr. der Protagonist = erster Kämpfer) eingeführt, so dass die *Urform der Tragödie* entstand: mit Einzugslied (gr. Parodos = Einzug, Zugang), Auftritt des Schauspielers (gr. Epeisodion = das Hinzutreten), Reaktion des Chores im sog. Standlied (gr. Stasimon = Aufstellung), eventuell einem lyrischen Wechselgesang zwischen Chor und Schauspieler (gr. Amoibain = das Abwechselnde) und dem Auszugslied des Chores (gr. Exodus = Auszug).
- Indem Aischylos (525/4–456/5 v. Chr.) einen zweiten Schauspieler einführte (den Deuteragonist oder Antagonist = Gegenspieler), der einen *Dialog* und eine Ausweitung der Tragödie ermöglichte, wurden im Mittelteil Epeisodion und Stasimon mehrfach wiederholt.
- Gegenüber Aischylos gab Sophokles die Form der Trilogie (< gr. tri = drei, logos = Handlung, Geschehnis) von drei stofflich zusammenhängenden Dramen auf zugunsten des abgeschlossenen *Einzeldramas,* in dem ein einzelner Mensch im Zentrum steht.
  Die Anzahl der Choreuten (Chorsänger) hatte er von 12 auf 15 erhöht und gleichzeitig den *dritten Schauspieler* (den Tritagonisten) fest eingeführt. (Erstmals erschien er in Aischylos' Orestie). Die Helden bei Sophokles gehen ihren Weg kompromisslos. Der tragischen Figur (z.B. Antigone) steht oft die untragische Figur (z.B. Ismene) gegenüber. Obwohl bei Sophokles die Gottferne des Menschen (z.B. bei Kreon) dargestellt wird, ist das tragische Geschehen dennoch als gottgewollt verstanden.
- Bei Euripides (um 480–406 v. Chr.), von dem 19 Tragödien (von 92 Titeln) erhalten sind, erscheint das Tragische als sinnentleertes Spiel. Die Stücke sind realistischer in der Gestaltung und psychologischer in der Motivierung. Seine Nachwirkung auf das römische und neuzeitliche Drama war besonders groß.

In der Neuzeit haben sich verschiedene Theorien des Tragischen entwickelt, die als Neu- bzw. Fehlinterpretationen der antiken Auffassung bezeichnet werden:

- Die *idealistische Theorie* (beim Philosophen Georg Wilhelm Friedrich Hegel (1770–1831) und beim Dramatiker Friedrich Hebbel, 1813–1863) sieht das Wesen des Tragischen im „tragischen Konflikt" zwischen Freiheit und Notwendigkeit, Individuum und Gesellschaft etc.
- Die *moralistische Theorie* erkennt das Wesen des Tragischen in der „tragischen Schuld", der eine außerordentliche Sühne folgen muss.
- Nach der *fatalistischen Theorie* zeigt sich Tragik im Vorherrschen eines ausweglosen „tragischen Schicksals" (lat. fatum).

Arbeitsanweisungen:

1. Entwerfen Sie einen tabellarischen Vergleich der griechischen, staufischen (vgl. SB, S. 87ff.) und Weimarer Klassik (vgl. SB, S. 196ff.).

Zeit/ Epoche	Literatur	Philosophie und Künste

2. Exzerpieren Sie die wichtigsten Fakten und Daten zur Entwicklung der attischen Tragödie.

Projektunterricht:
**Die Gestalt der Antigone in der griechischen Klassik
und im 20. Jahrhundert**

Mögliche Themen des PU:

„Die Gestalt der Antigone" im Anteil der Fächer (zur Auswahl):

Deutsch:

1. Die attische Tragödie (Autoren, Entwicklung, Aufführungspraxis, kulturelle und politische Bedeutung) im Vergleich zum modernen Drama (Rezeptionsaspekte, Neubearbeitungen, Umdeutungen)
2. Bei Sophokles Staatsgesetz und Hybris gegen Familien- und Göttergebot (Anlage eines „Lesezettels" zur Dramenlektüre) im Vergleich zur Privatisierung und Entmythologisierung in einer götterlosen Welt bei Jean Anouilh und zur ideologischen Umdeutung bei Bertolt Brecht
3. Charakteristiken der Hauptfiguren im Vergleich einzelner Fassungen und Vorschläge zur Rollenbesetzung
4. Klärung poetologischer und zentraler Grundbegriffe (z.B. Pietas, Hybris, Pflicht, Glück, Kompromiss etc.) und Reflexion von Stilebenen (z.B. bei Sophokles die Staatsreden Kreons im Kontrast zur Geschwätzigkeit des Wächters oder der Plauderton des Sprechers bei Anouilh im Vergleich zum antiken Chor oder bei Hochhuth der Amtsjargon des Gerichts gegen den Individualstil im Brief Annes)
5. Übersetzungsprobleme (z.B. von Sophokles durch Friedrich Hölderlin oder Wolfgang Schadewaldt oder Wilhelm Kuchenmüller) und ausgewählte Textvergleiche zwischen dem Originaltext Anouilhs und der deutschen Fassung
6. Interpretationsansätze zu Sophokles' „Antigone" bei Hegel, Kirkegaard u.a. oder Anouilhs „Antigone" unter humanistischen, politischen, existenziellen oder nihilistischen Deutungsaspekten
7. Vergleich verschiedener Inszenierungen der sophokleischen „Antigone" (z.B. von G.R. Sellner am Burgtheater 1961 oder von Elias Perrig in Stuttgart 2000 oder von Peter Mussbach in Bochum 2001) bzw. des Fernsehspiels „Berliner Antigone" (1968) von Leopold Ahlsen mit eigenen Inszenierungsversuchen der Schüler zu Hochhuths Text
8. Szenische Lesungen und szenische Interpretation einzelner Auftritte: z.B. Ismene – Antigone oder Kreon und Antigone bei Sophokles und Anouilh; Modellierung von Standbildern und Kommentierung von Stellproben
9. Gestaltendes Interpretieren: z.B. durch Rollenbiografien, durch Textumformung bei Sophokles (etwa Kreons Staatsrede in Umgangssprache oder des Wächters Bericht im Telegrammstil oder von Sprecherpassagen bei Anouilh im Stil des antiken Chores); durch einen inneren Monolog Ismenes, Antigones oder Haimons nach den entscheidenden Auftritten; durch einen Dialog des Wächters mit einem Kameraden nach der ersten Berichterstattung bei Kreon; durch einen Tagebucheintrag Kreons bei Anouilh nach dem Streitgespräch mit Antigone oder am Ende des Stücks; durch Dramatisierung einer Passage bei Hochhuth (z.B. die Szene Admiral – Staatsanwalt)

Geschichte:

1. Griechische Geschichte im 5. Jh. v. Chr., besonders im Zeitalter des Perikles (z.B. Anlage einer Zeitleiste und Synopse)
2. Die kulturelle und politische Bedeutung der Polis
3. Große Philosophen und Philosophenschulen des 5. Jhs. v. Chr.
4. Der Zweite Weltkrieg in Frankreich: Vichy-Regime und Résistance
5. Die totalitäre Herrschaft der NS-Diktatur (z.B.: „Sekretäre" des Diktators erledigen den „Fall" Annes)
6. Der Existenzialismus und andere philosophische Strömungen des 20. Jh.s
7. Theatergeschichte mit Dias

Bildende Kunst:

1. Theatergeschichte in Theatermodellen
2. Gestaltung von Kulissen, Figurinen und Kostümen
3. Vergleich von Szenenbildern unter dem Aspekt der Regiekonzepte

Arbeitsanweisungen:

1. Orientieren Sie sich an der Grafik (SB, S. 60) und planen Sie im Plenum mit Hilfe des obigen Themenangebots ein Projekt.
2. Legen Sie den Zeitrahmen, die Arbeitsteilung und die Arbeitsformen sowie die vorgesehenen Formen der Präsentation fest.
3. Führen Sie ein Arbeitsprotokoll (vgl. SB, S. 226) und verfassen Sie eine Schlusswertung des Projekts.

© Schöningh Verlag, Best.-Nr. 028228 1

Szenenvergleich zu Sophokles – Anouilh: Ismene – Antigone – Kreon

Sophokles: Ismene – Antigone – Kreon

[...]

CHOR
Da tritt Ismene heraus,
Tränen der Schwesterliebe vergießend,
Blutig geschändet das Antlitz.
5 Aus der Brauen Gewölk
Rinnt es auf liebliche Wangen.

KREON
Du krochst an mich heran wie eine Natter
Und sogst mein Blut im Stillen! Ahnungslos
10 Zog ich zweifachen Fluch und Umsturz groß.
Nun steh mir Rede: Hast du mitbegraben?
Gestehst du oder schwörst: Ich weiß von nichts?

ISMENE
Ich hab's getan. Wenn sie es denn gesteht,
15 Bin ich beteiligt, trage mit die Schuld.

ANTIGONE
Das ist nicht wahr! Dazu hast du kein Recht!
Du wolltest nicht, allein hab ich's getan.

ISMENE
20 Doch jetzt in deiner Not schäm ich mich nicht,
Der Leiden Bootsgefährtin dir zu sein.

ANTIGONE
Wer es getan, weiß Hades und die Toten,
Ich mag nicht Liebe, die mit Worten liebt.

25 ISMENE
Ach, Schwester, lass mich würdig sein, mit dir
Zu sterben und den Toten zu versöhnen!

ANTIGONE
Du sollst nicht mit mir sterben. Was du miedest,
30 Das eigne dir nicht zu – mein Tod genügt.

ISMENE
Was ist mein Leben, wenn du mich verlässt?

ANTIGONE
Du schaust doch stets auf Kreon, frage den!

ISMENE
35 Was kränkst du mich und hast doch nichts davon!

ANTIGONE
Es schmerzt mich, glaub mir, wenn ich deiner spotte.

ISMENE
Was kann ich aber jetzt noch für dich tun?

40 ANTIGONE
Bring dich in Sicherheit! Ich gönn es dir.

ISMENE
Weh mir, ich darf dein Los nicht mit dir teilen?

ANTIGONE
45 Du wähltest ja das Leben, ich den Tod.

ISMENE
Doch wie ich's meinte, blieb nicht ungesagt.

ANTIGONE
Du dachtest hier es recht zu tun, ich dort.

50 ISMENE
Vergangen haben wir uns beide gleich.

ANTIGONE
Sei ruhig, du sollst leben. Meine Seele
Ist lange tot und steht im Dienst der Toten.

55 KREON
Die beiden sind von Sinnen, sage ich,
Nun auch die zweite, jene seit sie lebt.

ISMENE
O Herr! Wer unterm Fluche lebt, dem bleibt
60 Der eingeborne Sinn nicht unzerstört!

KREON
Dir nicht, da du den Weg des Fluchs gewählt.

ISMENE
Wie soll allein ich leben, ohne sie?

65 KREON
Sie sage lieber nicht – sie ist nicht mehr.

ISMENE
Du willst sie töten, deines Sohnes Braut?

KREON
70 Es sind noch andre Äcker da zur Saat.

ISMENE
Nie fügt sich's mehr wie zwischen ihm und ihr.

KREON
Für Söhne schlechte Weiber hasse ich.

75 ISMENE
O liebster Haimon! So schmäht dich dein Vater!

KREON
Mehr als genug kränkst du und deine Ehe!

CHOR
80 So willst du deinem eignen Sohn sie rauben?

KREON
Hades macht mir mit diesem Bund ein Ende.

CHOR
Beschlossen scheint es, dass sie sterben muss.

85 KREON
Bei dir und mir. Kein Zaudern mehr, ihr Knechte,
Schafft sie hinein! In Fesseln legen muss
Man diese Weiber und nicht laufen lassen!
Denn auch die Kühnen fliehn, wenn sie den Hades
90 Auf einmal nahe ihrem Leben sehn.

Bewaffnete führen Antigone und Ismene ins Haus.
Kreon folgt.

Aus: Sophokles: Antigone – Stuttgart (Reclam) 1955, S. 26–29.

Jean Anouilh: Ismene – Antigone – Kreon

Die Tür geht auf, ISMENE *tritt ein, abgehetzt.*

ISMENE *schreit:* Antigone!
ANTIGONE: Was willst du denn von mir?
ISMENE: Antigone, verzeih mir. Du siehst, ich komme.
   Jetzt hab ich den Mut. Ich werde mit dir gehen.
5 ANTIGONE: Wohin wirst du mit mir gehen?
ISMENE *zu* KREON: Wenn du sie töten lässt, dann musst du mich mit ihr sterben lassen.
   Ich bin auch dort gewesen, auch ich habe versucht, meinen Bruder einzugraben.
ANTIGONE: Nein, nein, nein, das ist nicht wahr! Du nicht. Du bist nicht dort gewesen. Ich
   allein war es. Glaube nur nicht, dass du jetzt mit mir sterben kannst. Das wäre zu ein
10 fach!
ISMENE: Ich will nicht mehr leben, wenn du stirbst. Ich kann nicht ohne dich sein.
ANTIGONE: Du hast das Leben gewählt – ich den Tod. Lasse mich jetzt mit deinem Ge-
   jammer zufrieden. Heute Morgen hättest du hingehen sollen, als es noch dunkel war,
   auf allen Vieren. Mit den Nägeln hättest du in der Erde herumkratzen sollen, während
15 die Wächter danebenstanden – bis sie dich wie eine Diebin ergriffen hätten!
ISMENE: Nun gut, dann gehe ich morgen hin.
ANTIGONE: Hörst du sie, Kreon? Sie ist schon angesteckt! Und wer weiß, ob nicht auch
   noch andere angesteckt werden, wenn sie mich hören? Auf was wartest du noch, bis
   du mich zum Schweigen bringst? Warum zögerst du? Rufe deine Wächter! Komm,
20 Kreon – nur noch ein bisschen Mut! Nur ein kurzer unangenehmer Augenblick muss
   überwunden werden: Komm, rufe – wenn es schon sein muss.
KREON *schreit plötzlich:* WACHE! *Die* WÄCHTER *erscheinen sofort*
   Führt sie ab!
ANTIGONE *schreit erleichtert auf:* Endlich, Kreon! *Die* WÄCHTER *ergreifen sie und führen sie*
25 *ab.* ISMENE *läuft klagend hinterher.*
ISMENE: Antigone! Antigone!

KREON *bleibt allein zurück. Der* SPRECHER *tritt auf und geht auf ihn zu.*

Aus: Jean Anouilh: Antigone – München/Wien (Langen/Müller) 1969, S. 52f. © by Langen Müller Verlag in der F. A.
Herbig Verlagsbuchhandlung GmbH, München, aus dem Französischen von Franz Geiger.

Arbeitsanweisungen:

1. Charakterisieren Sie die Haltung
   der Schwestern in beiden Stücken.

2. Machen Sie Vorschläge für die Inszenierung beider Szenen.

Kurt Tucholsky (1890–1935): Zwei Mann: Gitarre und Mandoline

Im Waldlager 1917. Der Major steht vor dem Bataillonsunterstand und spiegelt sich in der Sonne. Wir stehen im Stellungskrieg, seit langen Monaten im Stellungskrieg, und jetzt ist August, der Feind ist ruhig,
5 die Marketenderei[1] klappt, die Herrn trinken abends ihren Sekt und denken sich am Tage immer etwas Neues aus, um das Leben ein bißchen abwechslungsreicher zu machen. Birkengeländer um die Offiziersunterstände haben wir schon. Es werden zwar die
10 feindlichen Flieger auf uns aufmerksam werden, aber dafür sieht es schön aus. Schön wie eine Ansichtskarte. Schilder an allen Ecken und Kanten haben wir auch. Die Offiziersunterstände sind pompös ausgebaut. Wir haben alles, Verzeihung, die Herren haben alles.
15 Und nun steht der feiste Kommandeur in der Sonne und glänzt und strahlt und denkt nach, was man jetzt aufführen könnte. Richtig! – „Waren da nicht neulich zwei Kerls, die Musik machen konnten? Jeije oder so was?" – Der Adjutant wippt nach vorn. „Gewiß, Herr
20 Major! Sehr wohl, Herr Major! Zwei Mann aus der dritten Kompanie. Einer spielt Gitarre, der andere Mandoline. Hört sich sehr hübsch an. Vielleicht könnten die heute abend, wenn ich mir den Vorschlag erlauben darf ...?" – „Kerls sollen heute abend antreten. Um
25 neun Uhr. Kriegen Freibier."
Und sie treten an, und die kleinen Lampions schaukeln im Winde, das Kasino hat in der Birkenlaube decken lassen, und es gibt schöne Sachen, die so ein Musketier noch nie im Kriege zu sehen bekommen
30 hat: Gänseleberpastete und Gurken und kalten Fisch und Rotwein und Sekt und Weißwein und viele, viele Schnäpse ... Die Spieler stehen schüchtern am Eingang der Laube. Dem einen schluckts im Halse – seine Frau schreibt, sie stehe täglich zwei Stunden nach
35 Kartoffeln an ... „Na, spielt mal was, ihr beiden!" ruft der Major gutgelaunt herüber. Und sie fassen ihre Instrumente fester, verständigen sich durch einen Blick, und durch die lauten und lustigen Gespräche der Offiziere zimpert es – drohend? warnend? – klar und me-
40 lodisch: „In der Heimat – in der Heimat – da gibts ein Wiedersehn ..."
Staubiger Stadtsommer 1919. Am Ausgang eines Berliner Stadtbahnhofs stehen zwei Mann, krüppelig und zerlumpt: Gitarre und Mandoline. Jedesmal, wenn die
45 Fahrgäste enes Zuges auf die Straße herunterströmen, fassen die beiden ihre Instrumente fester, verständigen sich durch einen Blick, und los gehts: „In der Heimat – in der Heimat – da gibts ein Wiedersehen ..."
Wo habe ich die beiden Grauen nur schon einmal ge-
50 sehn? –   (v 1919)

Aus: Kurt Tucholsky: Gesammelte Werke in 10 Bänden, hrsg. von Mary Gerold-Tucholsky und Fritz J. Raddatz, Band 2, S. 141. – Reinbek (Rowohlt) 1975.

(Aus lizenzrechtlichen Gründen ist dieser Text nicht in reformierter Rechtschreibung abgedruckt.)

---

1 Marketenderwaren: Genussmittel u.a. Kleinigkeiten für den persönlichen Gebrauch der Truppe

Stoffsammlung für eine Interpretation

Beschreibung von → ←   →

Zeilen	Inhalt (Probleme und Aufbau)	sowie Stilmerkmalen	Deutung

Arbeitsanweisungen:

Interpretieren Sie den Text.

1. Schreiben Sie als Einleitung einen Übersichtssatz, der das Grundproblem erfasst.

2. Geben Sie eine knappe Inhaltsangabe, und zeigen Sie, wie die Situation und die Personen charakterisiert werden.

3. Erläutern Sie kurz, inwiefern dieser Text charakteristisch für Tucholsky ist, und begründen Sie Ihre persönliche Wertung.

Schülerinterpretation zu Kurt Tucholskys „Zwei Mann: Gitarre und Mandoline" (1919)

(Unkorrigierte Schülerarbeit)

Kurt Tucholsky beschreibt in seiner Anekdote „Zwei Mann: Gitarre und Mandoline" ein Bataillonslager im Stellungskrieg, mit feisten Offizieren und unglücklichen Soldaten, von denen zwei Mann die Gelegenheit einer Vorladung zum Musizieren während einer Kasinofeier benutzen, die Offiziere mit einem Lied an die Heimat zu erinnern, haben
5 aber keinen Erfolg und auch bei einer zweiten Begegnung des Majors mit den beiden kann der Offizier keinen Zusammenhang zwischen dem Lied und dem Elend der Heimat herstellen.

Wenn man diese Geschichte mit der Kalendergeschichte ebenfalls von Kurt Tucholsky „Kleine Begebenheit" vergleicht, so fällt einem eine Parallele auf. Die „Herren" Offizie-
10 re und die leidenden Untergebenen, die den Offizieren dienen. Der Major spricht nur in hartem Befehlston um seine Stellung jederzeit klar hervortreten zu lassen. In der Birkenlaube, am Abend, spielen, auf Wunsch – Befehl – des Majors, zwei Soldaten ein Lied „In der Heimat – in der Heimat – [...]" (Z. 40f.) und weisen so „[...] – drohend? warnend? – [...]" (Z. 39) auf das Elend der Heimat hin. Doch sie können sich nicht durchsetzen,
15 zimpern nur leise durch die lauten und lustigen Gespräche der Offiziere (Z. 38f.) Die Offiziere lachen in ihrer eigenen Welt, fern von der Heimat, fern vom Elend.

Nach dem Krieg – 1919 – sieht der Major die beiden ehemaligen Soldaten wieder und hört zum zweiten Mal das Lied, doch auch jetzt bedeutet es ihm nichts. Er erinnert sich nur schwach an die Gitarre und die Mandoline, „Wo habe ich die beiden Grauen nur
20 schon einmal gesehen" (Z. 49f.)

Auch hier findet sich eine Parallele zu einer anderen Geschichte: „Die Schlacht am Isonso" von Günter Kunert. Die Offiziere leben in saus und braus, doch nach dem Krieg leugnen sie ihre Lebensart, täuschen vor sich nicht zu erinnern. Der Offizier in „Die Schlacht am Isonso" erschrickt vor einem Bild eines Malers, der „dabei gewesen ist", zerschnei-
25 det das Bild und trennt ein Teil heraus, das ihm gefällt und verfälscht so die Wahrheit der Aussage des Bildes. Der Major dieser Geschichte erkennt auch nur den Teil des Liedes, der ihm gefällt, die Melodie und nicht den Text, der die Beziehung zu Armut und Leid schafft und das Bild wahrheitsgemäß vervollständigt.

Der Text zeigt deutlich den pazifismus, die ablehnung des Krieges, Tucholskys. Kurt
30 Tucholsky schrieb viele solcher pazifistischen Texte und Gedichte, besonders während der Weimarer Republik und vor der Nazizeit, die dann stark zum antinationalsozialismus neigen.

Charakteristisch für Tucholsky ist auch die klare verständlichkeit des Textes und des dargestellten Problems. Er schildert alles etwas übertrieben, wie zum Beispiel das Leben der
35 Offiziere „[...], die Herrn trinken abends ihren Sekt und denken sich am Tage immer etwas Neues aus, um das Leben ein bisschen abwechslungsreicher zu machen." (Z. 5f.), und leicht ironisch „Wir haben alles, Verzeihung, die Herren haben alles"? (Z. 13f.) Im letzten Abschnitt wiederholt er das „Ritual" der beiden Musikanten „[...] fassen die beiden ihre Instrumente fester, verständigen sich durch einen Blick, [...]" bevor sie anfan-
40 gen zu spielen um anzudeuten, es hat sich nichts geändert, seit dem Abend in der Birkenlaube.

Ich finde, der Text ist sehr gut, lebendig und konkret und anschaulich geschrieben. Es macht mir spaß ihn zu lesen, und doch ist der „mahnende Zeigefinger" immer klar zu erkennen. Dieser warnt davor, die Sitten noch einmal sò zu vernachlässigen, wie es in
45 vielen Kriegen der Fall gewesen ist.

H.Ch.K., 17 Jahre

Arbeitsanweisungen:

1. Korrigieren und verbessern Sie die Schülerinterpretation.

2. Kommentieren Sie die Arbeit nach Einleitung, Inhalt/Aufbau/Form des Hauptteils und der Schlusswertung, und machen Sie einen begründeten Notenvorschlag.

Über Sprache und Sprachwissenschaften

Sprache

Die Sprache ermöglicht die Verständigung der Menschen untereinander, sie dient der Vermittlung von Information, der Kommunikation. Das lässt sich in einem Modell darstellen: Von einem **Sender** (Sprecher, Schreiber, Zeichengeber) gehen
5 Äußerungen aus mit einer bestimmten Intention in einer bestimmten sprachlichen Form (Laute, Schrift, Gebärden). Solche Laute bzw. Lautkombinationen sind Träger von Bedeutungen, die einem gewissen Ausschnitt der **realen** Wirklichkeit zugeordnet sind (*Baum, Haus*) oder sich auf eine **ideelle**
10 Wirklichkeit (*Wille, Struktur*) beziehen.

Wenn ein **Empfänger** (Hörer, Leser) auf einen Sender ausgerichtet ist, wird er Äußerungen des Senders (Schallwellen, Laute, Schriftzeichen), die von einem Medium (Kanal) übertragen werden, wahrnehmen und diese Signale ebendem-
15 selben Ausschnitt aus der Wirklichkeit bzw. ebendemselben Platz im System seiner Begriffe zuordnen. Das Ziel der Kommunikation, die Übermittlung von Nachrichten, ist erreicht, wenn die vom Kanal übertragenen Signale bei Sender und Empfänger als Zeichen den gleichen Inhalt repräsentieren.
20 Der Zeichenvorrat (Zeichen = Signal + zugeordnete Bedeutung) bei Sender und Empfänger und das Zeichensystem müssen (wenigstens teilweise) gleich sein, d.h. sie müssen wenigstens teilweise die gleiche Sprache sprechen, um sich zu verstehen.
25 „Sprache" tritt immer nur als Einzelsprache auf. „Sprachen" (als Einzelsprachen) sind an bestimmte soziologisch zu definierende Gruppen (Nation, Gesellschaftsschicht, Bewohner bestimmter Landstriche bzw. Orte, Menschen bestimmter historischer Zeiten) gebunden. Sprachen werden im Sprechen
30 in jeder Minute neu „geschaffen". Was der Sprachwissenschaftler nur beobachten kann, ist **parole**, das „Sprechen" der Menschen. Das aus der parole zu analysierende, vom Sprachwissenschaftler zu beschreibende, allen Sprachteilhabern gemeinsame (alle reden in gewisser Weise anders, doch reden
35 sie auch gleich, sonst würden sie sich nicht mehr verstehen) System nennt man abstrahierend die **langue**. Der schöpferische Akt des täglichen wieder neu „Schaffens" der Sprache im Reden bedingt die Veränderlichkeit jeder Sprache. Der historische Wandel gehört damit notwendig zu jeder gesprochenen
40 Einzelsprache.

Die Sprache eines Individuums nennt man **Idiolekt**, die einer Gruppe **Soziolekt**.

Dialekte definieren sich nach geograph. bestimmten Deckungs- und Vorkommensbereichen von Idio- und Sozio-
45 lekten. Eine Sprache besteht (in der Regel) aus einem Gefügekomplex von Idiolekten, Soziolekten und Dialekten.

Die Wissenschaften von der Sprache

In der **historischen Sprachwissenschaft** wird die Entwicklung der Sprache durch die Zeiten betrachtet (Diachronie). In der
50 **Etymologie** werden Elemente (z.B. Wörter, Endungen) verschiedener Sprachen (oder auch einer Einzelsprache) durch Vergleich in ihrer Verwandtschaft zueinander dargestellt. Die **historische Grammatik** verfolgt die Sprache als System durch die Geschichte, die **Sprachgeschichte** betrachtet den
55 Wandel der Sprache auch in der Abhängigkeit von ihrem soziokulturellen Hintergrund.

Die **strukturelle Sprachbetrachtung** ist bestrebt, das Beziehungsgefüge eines Sprachsystems in einem möglichst gleichzeitigen (synchronen) Schnitt zu beschreiben. Man
60 sucht nach den „koexistenziellen Gesetzen" (A. SCHAFF), die die Kommunikation ermöglichen.

Die **Phonetik** untersucht als artikulatorische Phonetik die Laute in ihrer Erzeugung, als akustische Phonetik die physikalische Natur der Schallwellen, die die Laute konstituieren,
65 sowie als auditive Phonetik die Aufnahme dieser Schwingungen im Ohr. Mit den Lauten als kleinsten bedeutungs**differenzierenden** Einheiten beschäftigt sich die **Phonologie**. Wörter, Endungen u.a. als kleinste bedeutungs**tragende** Einheiten sind das Arbeitsgebiet der **Morphologie**. Die **Syntax** be-
70 trachtet die Sätze in ihrer inneren Ordnung und in ihren Bestandteilen. Die **Textlinguistik** behandelt Strukturen, die über die Satzebene hinausgreifen.

Die **Lexikologie** sammelt und erforscht den Wortschatz einer Sprache. Die **Semantik** beschäftigt sich mit den Bedeutun-
75 gen der sprachlichen Äußerungen; die **Onomasiologie** (Bezeichnungslehre) geht von den Sachen (*signatum* ‚das Bezeichnete') aus und untersucht ihre Bezeichnungen (*signans* ‚das Bezeichnende'), während die **Semasiologie** den umgekehrten Weg beschreitet; sie geht von den Bezeichnungen
80 (Wörtern) aus.

Die **Dialektologie** (Mundartkunde) untersucht die Sprache in geograph. Hinsicht (diatop). Die **Namenkunde** (Onomastik) kümmert sich um die Namen (v.a. Personen-, Örtlichkeitsnamen), ihre historische Entwicklung, ihre Deutung.

85 Die **Sprachpsychologie** (Psycholinguistik) beschäftigt sich mit der Abhängigkeit der Sprache von psychischen Faktoren, z.B. mit der Sprache des Kindes, den sprachl. Defekten, dem Verhältnis von Sprache und Denken u.Ä.

Das Arbeitsfeld der **Sprachsoziologie** (Soziolinguistik) sind
90 die Ausformungen der Sprache bei versch. sozialen Schichten und Gruppen, in verschiedenen Rollen und Situationen. In der Nähe der Soziolinguistik steht die **Pragmatik**, die die Sprache unter dem Gesichtspunkt „Sprechen als Handeln" betrachtet.

95 Die **Sprachdidaktik** befasst sich mit der Übertragung sprachwissenschaftlicher Erkenntnisse auf den Sprachunterricht, die **Paläographie** mit der Entschlüsselung historischer Schriften, die **Literaturwissenschaft** mit dem Inhalt und der Interpretation von sprachlichen Denkmälern, die **Stilistik** mit den
100 sprachlichen Erscheinungsformen in ihrer Differenziertheit und Wirkung in den verschiedenen Textsorten.

Aus: Werner König: dtv-Atlas Deutsche Sprache. © 1978, 2001: Deutscher Taschenbuch Verlag, München, S. 11.

Arbeitsanweisungen:

1. Skizzieren Sie ein Kommunikationsmodell.

2. Definieren Sie „parole" und „langue".

3. Zeichnen Sie, ausgehend von „Sprachwissenschaften", ein Cluster zu den verschiedenen Disziplinen.

ZWEITES KAPITEL

Mittelalter

1. Gegenstands- und Konzeptionsbeschreibung

1.1 Pädagogisch-fachwissenschaftliche Aspekte

Der Historiker Horst Fuhrmann spricht in seinem Buch „Überall ist Mittelalter" von der Gegenwärtigkeit mittelalterlicher Vorstellungen und Traditionen bis in unsere Gegenwart:

„Aber wer mit offenen Augen durchs europäische Leben geht, kommt an der Feststellung nicht vorbei, dass seine Umgebung und die Daseinsgestaltung vielfach im Mittelalter ihre „Prägung" erhalten haben, um einen Ausdruck der Verhaltensforschung aufzunehmen. An das Mittelalter erinnern nicht nur die himmelstürmenden Dome und die Ruhe ausstrahlenden Klosterbauten – Benediktiner auf der Höhe, Zisterzienser im Tal –, in denen, wenn säkularisiert, auf der Suche nach einem vernünftigen Verwendungszweck häufig „Begegnungs- und Tagungszentren" untergebracht sind. An das Mittelalter erinnern auch die alten Stadtkerne mit ihren Ringmauern, nicht nur die Lorscher Königshalle, das Lübecker Holstentor und das Breslauer Rathaus. Vor allem die katholische Kirche und das Papsttum stellen uns weitgehend mittelalterliche Formen und Rituale vor Augen. [...] Dies alles sind sichtbare Zeugnisse des Mittelalters. Indes auch unsere geistige Ausstattung hat mittelalterliche Züge, angefangen mit dem alltäglichen Gruß vom „Guten Morgen" bis zum „Ciao"; von dem Friedenskuss des mafioso bis zu den Anspielungen einer italienischen politischen Partei, die sich in Erinnerung an den Widerstand gegen den staufischen Kaiser Friedrich I. „Lega Nord", nennt; von dem „moralischen Schatten", der immer noch auf der Zinsnahme liegt (so das Mitglied des Direktoriums der Deutschen Bundesbank O. Issing), bis zu dem Ruf, der den Deutschen anhaftet, „plump" und „brutal" zu sein, denn nicht erst die Untaten des Nationalsozialismus haben das Bild dunkel gefärbt. Manches ist uns gegenwärtig, manches wird gedankenlos hingenommen. "

Orientierungspunkt für unsere Beschäftigung mit historisch-literarischen Epochen sollte Jacob Burckhardts Forderung sein: „Unser Ausgangspunkt ist der vom einzigen bleibenden und für uns möglichen Zentrum, vom duldenden, strebenden und handelnden Menschen, wie er ist und immer war und sein wird." Der Mensch duldet, strebt und handelt zu verschiedenen Zeiten verschieden, geprägt von seiner Epoche, wie er umgekehrt diese prägt. Wie viel vom Mittelalterlichen sich bis zu uns gehalten hat, für uns bis heute von Interesse ist, davon bietet das Kapitel „Mittelalter" eine Auswahl an thematischen Aspekten.[1] Vom Mittelalter reden, heißt aber auch von einer Zeit sprechen, die sich selbst als eine Zeit des Übergangs verstanden hat – von Christi Tod bis zu seiner Wiederkehr beim Jüngsten Gericht. Auch die Gelehrten in der Renaissance und Aufklärung verstanden das Mittelalter als eine „Übergangs-Zeit" zwischen der Antike und ihrer eigenen Zeit, allerdings in einem anderen Sinn: Sie lehnten die Rückständigkeit der mittelalterlichen Lebensweise rigoros ab und sahen ihre eigene Zeit als ein Herausschreiten aus den finsteren Zuständen des Mittelalters. Im Gegensatz dazu verherrlichten die Romantiker die Helden und Frauen der mittelalterlichen Dichtung als „Abbilder der Wirklichkeit", „als Zeugen einer vergangenen schönen Welt, in der die Menschen noch in kindlich-frommem Geist mit sich selbst und mit den größeren Ordnungen eins waren".[2] Diese Verherrlichung mittelalterlicher Kultur lebte im 19. und 20.

Jahrhundert in der Baukunst, Malerei, Literatur und politischen Propaganda fort.[3]

Nach dieser unterschiedlichen Beurteilung der Zeit des Mittelalters bemüht sich die Geschichts- und Literaturwissenschaft der Gegenwart um ein objektives und differenziertes Bild von der mittelalterlichen Kultur.[4] Der Literaturwissenschaftler Helmut de Boor versuchte in seinem Werk „Die höfische Literatur. Vorbereitung, Blüte, Ausklang. 1170–1250", das 1953 erschienen ist und große Beachtung gefunden hat, eine umfassende Neu-

---

[1] Horst Fuhrmann: Überall ist Mittelalter. Von der Gegenwart einer vergangenen Zeit. – München (C. H. Beck) 2002, S. 9f.
Besonders anschaulich ist die Gestalt Kaiser Friedrich Barbarossas geschildert und gewürdigt. Dieses Kapitel eignet sich gut für ein Referat zur Teilsequenz I,4 über die politische Lyrik Walthers von der Vogelweide.
Weiterhin empfehlenswert sind die Darstellungen von Robert I. Moore: Die erste europäische Revolution. Gesellschaft und Kultur im Hochmittelalter. – München (C. H. Beck) 2001. Hans-Werner Goetz: Leben im Mittelalter vom 7.-13. Jh.– München (C. H. Beck) ⁷2002.

[2] Joachim Bumke: Höfische Kultur, Band 1. – München (Deutscher Taschenbuch Verlag) 1986, S. 9.

[3] Vgl. BFD, S. 100ff., 240 und LB, S. (86f. und 107)

[4] Helmut de Boor: Die deutsche Literatur von Karl dem Großen bis zum Beginn der höfischen Dichtung. München (Beck) ¹¹1991 (= Helmut de Boor, Richard Newald (Hrsg.): Geschichte der deutschen Literatur von den Anfängen bis zur Gegenwart, Band 1).
Die höfische Literatur. Vorbereitung, Blüte, Ausklang München (Beck) ¹¹1991 (= Helmut de Boor, Richard Newald (Hrsg.): Geschichte der deutschen Literatur von den Anfangen bis zur Gegenwart, Band 2).
Das grundlegende Werk zum frühen und hohen Mittelalter. Einzelne Kapitel, z.B. Minnesang, Nibelungenlied oder zu den einzelnen Minnesängern, sind für den Schüler geeignet.
Karl Bertau: Deutsche Literatur im europäischen Mittelalter. Band I: 800–1197. Band II: 1195–1220. München (Beck) 1972 und 1973. Bertau gibt einen Überblick über die Literatur Europas und ordnet die Literatur des deutschen Sprachraums in ihrer Eigenart ein.
Ernst und Erika Borries: Deutsche Literaturgeschichte vom Mittelalter bis zur Gegenwart in 12 Bänden. Band 1: Mittelalter, Humanismus, Reformationszeit, Barock. München (Deutscher Taschenbuch Verlag) 1991.
Dieser Band bietet einen knappen Überblick über das Mittelalter; geeignet zur ersten Information.
Joachim Bumke: Geschichte der deutschen Literatur im hohen Mittelalter. München (Deutscher Taschenbuch Verlag) 1989 (= Geschichte der deutschen Literatur im Mittelalter in drei Bänden).
Joachim Bumke: Höfische Kultur. Literatur und Gesellschaft im hohen Mittelalter in zwei Banden. München (Deutscher Taschenbuch Verlag) ²1986.
Der Autor gibt ein Panorama der Lebenswirklichkeit in hochmittelalterlicher Zeit. Ein Standardwerk. Für den Schüler geeignet.
Arno Borst: Das Rittertum im Mittelalter. Darmstadt (Wissenschaftliche Buchgesellschaft) 1989 (= Wege der Forschung, Band 349).
Eine Sammlung von Aufsätzen zur Idee und gesellschaftlichen Stellung des Rittertums im mittelalterlichen Staat.
Arno Borst: Lebensformen im Mittelalter: Berlin (Propyläen) 1987.
Arno Borst: Alltagsleben im Mittelalter. Frankfurt/Main (Insel).
Die beiden Bände sind wegen ihrer materialreichen und anschaulichen Darstellungsweise für den Schüler geeignet.

bewertung der Literatur des Hochmittelalters.[5] Er betonte die besondere Leistung des Ritterstandes für die höfische Literatur der Zeit. Diese wurde geprägt vom Selbstverständnis des Ritterstandes, das von den Wertvorstellungen des Lehenswesens und den Normen des höfischen Lebens bestimmt wurde. Höfische Bildung war „eine ästhetische Bildung" (de Boor), eine menschliche Stilform, zu der eine Reihe höfischer Tugenden gehörten, wie Schönheit, Anmut, Ehre, Edelmut, Freigebigkeit, vröude u.a. In der „minne" erhielt die Liebe ihre höfische Ausdrucksform. Gegenüber der lateinischen Literatur des Frühmittelalters und der spätmittelalterlichen Dichtung, die vom Zwiespalt zwischen Gott und Welt bestimmt waren, lag der höfischen Kultur eine „neue Wertung des Diesseits" zugrunde. Die Bewältigung des Lebens in dieser Welt war die eigenständige Aufgabe des Menschen. Christlicher Glaube und Frömmigkeit ergänzten das Bemühen des Menschen, sich aus sich selbst heraus zu formen („staufische Humanität"). Die Welt wurde verstanden als „ein Kosmos stufenweise emporsteigender Zuordnungen zu Gott", und sie erreichte ihre Vollkommenheit dann, wenn jeder Teil dieses Kosmos den Auftrag Gottes erfüllte. Dieser Hierarchie der Welt entsprach auch eine „Rangordnung der Güter" (de Boor), die das menschliche Leben bestimmten.[6]

[5] Helmut de Boor: Die höfische Literatur: Vorbereitung, Blüte, Ausklang. 1170–1250. In: Helmut de Boor, Richard Newald (Hrsg.): Geschichte der deutschen Literatur von den Anfängen bis zur Gegenwart, Bd. II (11. Auflage 1991).

[6] Vgl. Helmut de Boor: A. a. O., S. 8, 13, 17; siehe BFD, S. 104

[7] Vgl. Helmut de Boor: Die höfische Literatur. A. a. O., S. 8ff. Hugo Kuhn, Henning Brinkmann, Friedrich Naumann und Wolfgang Mohr: Aufsätze. In: Hans Fromm: Der deutsche Minnesang. Darmstadt (Wissenschaftliche Buchgesellschaft) 1966 (= Wege der Forschung. Band XV).

[8] Joachim Bumke: Höfische Kultur, a. a. O., S. 431.

[9] Joachim Bumke: Höfische Kultur, a. a. O. Bd. 1, S. 12. Vgl. auch Horst Holzschuh: Der beschwerliche Weg nach oben. Die Wirklichkeitserfahrung der Minnesänger und deren Vermittlung im literarischen Text. In: Helmut Brackert, Hannelore Christ, Horst Holzschuh: Literatur in der Schule, Bd. 2, S. 231ff. München (Beck) 1976.

[10] Vgl. vor allem Joachim Bumke: Höfische Kultur, Bde. 1 und 2. Horst Holzschuh: Siehe Anmerkung 8.

[11] Die Deutung des Minnesangs hat zu verschiedenen Interpretationen geführt:
Der Ritter unterwirft sich einer Dame als seiner Herrin, die gesellschaftlich über ihm steht und nach den Ordnungsvorstellungen des Lehensrechts für ihn unerreichbar ist. Ihr dient er treu, erhält jedoch keinen Lohn und beklagt diese Vergeblichkeit seines Bemühens. Dieser verehrende Dienst trägt jedoch letztlich zur Veredelung des männlichen Wesens bei, führt zum vollkommenen höfischen Mann. Die Bindung an das Idealbild von der „hêren frouwe" (hohen Herrin) wirkt erzieherisch. (Helmut de Boor: Die höfische Literatur)
‚Hohe Minne' „erhöht die Dame der Gesellschaft zum Symbol einer gesellschaftlichen Laien- und Weltmoral, zum Symbol der Standeskultur des internationalen Rittertums [...]. Der Minnedienst, der Frauendienst wird zur höchsten, ganz ins freie, freiwillige Spiel sublimierten Gestalt der ritterlichen Lebensform überhaupt, des Lehensdienstes."
(Hugo Kuhn: Zur inneren Form des Minnesangs. In: Der deutsche Minnesang. A. a. O., S. 173).
Der Minnesänger „will seine Liebe, seine Ergebenheit, das Sichabhängigfühlen zum Ausdruck bringen und bedient sich dazu der für ihn bereit liegenden Wendungen, die höfisch wohlerzogene

In den Fünfziger- und Sechzigerjahren wiesen Forscher wie Hugo Kuhn, Hennig Brinkmann, Friedrich Naumann und Wolfgang Mohr neben de Boor darauf hin, dass die höfische Dichtung des Hochmittelalters sich in einem idealen Raum bewegte: Sie fand ihren Ausdruck in der Welt des König Artus und seiner Helden und der ‚Hohen Minne'. Der Ritterstand wurde in der Literatur und Bildenden Kunst idealisiert dargestellt.[7]
Die Realität des adligen Lebens stand jedoch in krassem Gegensatz zum höfischen Ritterideal: Die Diskrepanz zwischen dem hohen moralischen Anspruch, der mit dem Namen Ritter verbunden war, und der gelebten Wirklichkeit war oft allzu deutlich. Der Hofkaplan des englischen Königs Heinrichs II. berichtet: „Der Orden der Ritter besteht heute darin, keine Ordnung zu halten. Denn derjenige, der am meisten seinen Mund mit unflätigen Worten besudelt, der am abscheulichsten flucht, der am wenigsten Gott fürchtet, der die Diener Gottes verächtlich macht, der die Kirche nicht ehrt, der wird heute im Kreis der Ritter als der tüchtigste und berühmteste geachtet."[8] Diesen Gegensatz zwischen idealem Anspruch und gesellschaftlicher Realität haben die Historiker seit den Siebzigerjahren in den Mittelpunkt ihrer Darstellungen gestellt. Sie wollten den Kontrast zwischen der höfischen Literatur des hohen Mittelalters und den gesellschaftlichen sowie kulturellen Erscheinungen aufzeigen, die den Lebensstil des Adels in dieser Zeit bestimmten. Es interessierte die Frage, inwieweit die Literatur diese Spannungen widerspiegelt und ob sie zu deren Überwindung beitragen wollte. Als beispielhaft kann Joachim Bumkes Antwort gelten: „Den negativen Erscheinungen der mittelalterlichen Wirklichkeit haben die höfischen Dichter ein Gesellschaftsbild entgegengesetzt, in dem alles fehlte, was das Leben damals beschwerlich und drückend machte, in dem alle wirtschaftlichen und sozialen Zwänge, alle politischen Konflikte ausgeklammert waren und nur das Streben nach moralischer und gesellschaftlicher Vollkommenheit die Menschen bewegte. Dieses extrem unrealistische Bild der Gesellschaft ist offensichtlich als Gegenentwurf zur Realität konzipiert worden und muss so interpretiert werden.[9] Man kann annehmen, dass die höfischen Dichter dadurch, dass sie das poetische Idealbild des Rittertums in die ferne vergangene Zeit des König Artus verlegten, den Abstand zwischen diesem Ideal und den Gesellschaftsverhältnissen ihrer eigenen Gegenwart ins Bewusstsein rufen wollten. Die Gestaltung des höfischen Ritterideals hatte jedoch auch eine appellative Absicht: Es sollte nicht nur der literarischen Erbauung der adligen Zuhörer dienen, sondern auch auf die gesellschaftliche Praxis Einfluss nehmen.[10]
Die neue Konzeption von höfischer Vollkommenheit entfaltet sich in der literarischen Darstellung des Ritterideals und des Minnegedankens in der Lyrik und im Versroman. Über den Begriff, die Wesensmerkmale und vor allem die gesellschaftliche Funktion der Minne in der feudalen Adelsgesellschaft führen die Literaturwissenschaftler bis heute eine kontroverse Diskussion, die didaktisch genutzt werden kann (vgl. LB, S. 90).[11]
Die „Höfische Kultur" (1170–1300) war geprägt vom Zusammengehörigkeitsgefühl des europäischen Rittertums. Ein gemeinsames höfisches Wert- und Weltverständnis (vgl. Walthers politische Sprüche mit ihrer Herrschaftsauffassung und ihren Vorstellungen über die Weltordnung) verband die europäische Ritterschaft. Die „Höfische Dichtung" dieser Zeit stellt den bedeutendsten und interessantesten Teil mittelhochdeutscher Literatur dar. Ausgelöst wohl durch die Begegnung mit der hochzivilisierten ritterlichen arabischen Kultur während der Kreuzzüge (11./12. Jahrhundert) und angeregt durch französische Vorbilder entwickelten sich auch die deutschen Fürstenhöfe zu kulturellen Zentren.
Wie ihre französischen Vorbilder wollten auch die deutschen Dichter mit ihren Werken die höfische Gesellschaft zunächst einmal unterhalten; doch zeigen ihre Werke darüber hinaus besondere Wesenszüge. In der **Minnelyrik** gab es eine Tendenz zur Theoretisierung und Stilisierung:

- Die Gestalt der höfischen Dame wurde bei den deutschen Sängern immer mehr zum Inbegriff vollkommener Tugendhaftigkeit und Schönheit. Sie war nur noch als ideale Repräsentantin höfischer Werte für den Ritter von Bedeutung. Diese Entwicklung wird deutlich im Vergleich zwischen der donauländischen Lyrik (z.B. Der von Kürenberg und Dietmar von Aist) und dem „Hohen Minnesang" (z.B. Walther: So die bluomen ûz dem grase dringent; Albrecht von Johansdorf: Ich vant âne huote).
- In der **höfischen Epik** neigten die Dichter zu einer Idealisierung und Typisierung der ritterlichen Helden. Ihr Weg zur höfischen Vollkommenheit wird als ein Weg des Schuldig-Werdens und der Läuterung dargestellt. Hier können Hartmanns höfische Legende „Der arme Heinrich" und Wolframs höfischer Roman „Parzival" als Beispiele dienen.
- Kennzeichnend für die **Dichtung des Hochmittelalters** insgesamt ist „das Bemühen der deutschen Dichter, die verschiedenen Aspekte höfischer Vorbildlichkeit in einem einheitlichen Programm zusammenzufassen, das um den Gedanken kreiste, dass der vollkommene Ritter Gott und der Welt gefallen müsste".[12]

Nur fünf Jahrzehnte dauerte die Blütezeit der mittelalterlichen Literatur (1170–1225): während der Regierungszeit Friedrich Barbarossas (1152–1190) und seines Enkels Friedrichs II. (1212–1250). Vorausgegangen war dem höfischen Minnesang und dem höfischen Epos eine ernste, belehrende Literatur religiösen Inhalts, die durch die Stauferzeit hindurch bis in die Reformationszeit und noch in das Barock weiterwirkte. Die althochdeutsche Literatur (750–1050) hatte mit ganz wenigen Ausnahmen der Ausbreitung und Festigung des christlichen Glaubens gedient. Die Kreuzzüge, 1099 begonnen, und der Streit zwischen den Päpsten und den deutschen Kaisern um die Rangordnung in Staat und Kirche und um die Legitimation ihrer Macht – den Höhepunkt bildete der sog. Investiturstreit von 1075–1122 – spiegelt sich auch in den Werken der Dichter wider: vgl. Walthers von der Vogelweide politische Dichtung. Die Kirche war Trägerin der Kultur: Kulturelle Zentren waren die Kloster- und Domschulen, in denen Mönche und Gelehrte in der lateinischen Tradition dichteten. In der frühmittelalterlichen Literatur (1050–1170) nahmen Hymnen, Lehrgedichte, Bußpredigten und vor allem die Bibelerzählung einen breiten Raum ein. Geprägt war diese Literatur von den Wertvorstellungen einer feudal-ständischen Gesellschaft.

1.2   Fachdidaktisch-methodische Aspekte

Die Konzeption dieser Epoche wird von zwei Überlegungen bestimmt: Die Behandlung der Literatur des Mittelalters wird in der Praxis wohl als „Kurz-Einheit" (vgl. „Alternative Sequenzvorschläge", LB, S. 138f.) erfolgen. Vorausgehen wird in der Regel die Erarbeitung des „Einführungskapitels". So begegnet der Schüler in diesem Kapitel zum ersten Mal konzentriert der Dichtung einer fernen historischen Epoche, die bei ihm Erstaunen oder Irritation und wohl auch Fragen über ihre besonderen Wesensmerkmale und deren Bedeutung auslösen wird. Die Frage nach den Wirklichkeitsgrundlagen von Dichtung bestimmt zum einen die Konzeption dieses und aller folgenden Kapitel, weil die poetischen Entwürfe der Dichter nur als „Idealbilder" verstanden werden können, wenn auch die gesellschaftliche Relevanz des dichterischen Entwurfs einsichtig wird. „Die Schüler lernen literarische Werke im Zusammenhang mit ihren historischen Voraussetzungen und Wirkungen kennen. Aus der Einsicht in die Geschichtlichkeit der Literatur

erweitert sich ihr Textverständnis und entwickelt sich ein Bewusstsein für literarische Tradition und literaturgeschichtliche Fragestellungen[13]

Es gilt zu fragen, wie die literaturpädagogischen Zielsetzungen im Deutschunterricht verwirklicht werden können. Es geht darum, zunächst orientierende Perspektiven zu eröffnen, in welche der Standort des Schülers und seine Interessen miteinbezogen und in welchen die Bedeutung des Mittelalters für die heutige Zeit sichtbar gemacht wird. So erst erreicht der Literaturunterricht beim Schüler neben distanzierter Betrachtung auch die Haltung der Betroffenheit. Zwei Intentionen verfolgt der Literaturunterricht: die „Erziehung zur Literatur" und die „Erziehung durch Literatur".[14] Der Literaturunterricht hat den Schülern eine „fachlich literarische Kompetenz" (J. Kreft) zu vermitteln, zu der neben dem Formverständnis auch die Erschließung der mythologischen, theologischen, philosophischen und wissenschaftlichen Konzeptionen und Traditionen gehört.

Besonders hat der Deutschunterricht aber die sprachlich-ästhetische Kompetenz des Schülers zu fördern und dabei die kreativen Kräfte zu entwickeln. Diese Ziele des Deutschunterrichts werden durch die historische Betrachtungsweise mit ihren sozialen, ethischen und philosophischen Aspekten ergänzt. Da-

---

Mann – einerlei ob Freiherr, ob Ministerial – in solchen Lagen zu sagen hatte. Diese Ergebenheitsausdrücke sind konventionelle Wendungen der Sprache höfischen Verkehrs."
(Paul Kluckhohn: Der Minnesang als Standesdichtung. In: Der deutsche Minnesang. A.a.O., S. 72).
„In der einen Frau feiert der Minnesang die Frau schlechthin; denn die Einzelne ist als Stellvertreterin des Frauentums überhaupt gemeint." (Hennig Brinkmann: Der deutsche Minnesang. In: Der deutsche Minnesang. A.a.O., S. 126).
„Die Hohe Minne strebt nach der „Idee" der Frau. Das gilt vor allem, wo sich der Liebende dieses Zustandes bewusst ist, wo sich für den Liebenden die ethische Bedeutung der Minne stark heraushebt, wo Minnedienst als Lebenskunst gewertet wird."
(Friedrich Neumann: Hohe Minne. In: Der deutsche Minnesang. A.a.O., S. 186).
Im 12. Jahrhundert erwarben die großen Feudalherren immer mehr Macht und Reichtum. Für die militärischen Aufgaben und für die Verwaltung benötigten sie deshalb fähige Männer (Ministeriale) an ihren Höfen. Diese Fürsten zeigten ihre Macht auch in einem glanzvollen höfischen und kulturellen Leben, an dem auch die Hofleute teilnehmen wollten.
Der Minnesang spiegelt die gesellschaftliche Situation dieser Ministerialen wider, nämlich die Bedingungen ihres Dienstverhältnisses zum großen Feudalherrn. Sie wussten um ihre soziale Abhängigkeit, und sie mussten erfahren, dass gesellschaftliche Anerkennung und Lohn für erbrachte Dienste nur selten gewährt wurden. Das ‚Lohnbegehren' an die Minnedame, die symbolisch für den Feudalherrn steht, drückt den Wunsch nach Anerkennung durch eine höhere Gesellschaftsschicht aus, aber auch das Leiden an der Gesellschaft, an unerfüllten Wünschen.
(Horst Holzschuh: Der beschwerliche Weg nach oben. In: Literatur in der Schule. A.a.O., Bd. 2, S. 216ff.).

[12] Joachim Bumke: Höfische Kultur. A.a.O. Bd. 1, S. 135f. Gerd Kaiser: Die Reichssprüche Walthers von der Vogelweide. In: Der Deutschunterricht, Heft 2/1976, S. 5–24. In diesem Aufsatz geht der Autor auf den historischen und geistesgeschichtlichen Hintergrund des mittelalterlichen „ordo-Denkens" ein.
[13] Jürgen Kreft: Grundprobleme der Literaturdidaktik. Heidelberg (Quelle und Meyer) 1982, S. 302.
[14] Jürgen Kreft, a.a.O., S. 262.

bei sollen dem Schüler kulturelle Traditionen in ihren historischen Bedingungen einsichtig gemacht werden, damit ihm die geschichtliche Bedingtheit seiner Herkunft bewusst wird. Um diese Ziele zu erreichen ist es notwendig, den Schüler als Leser in seinem subjektiven Lesevollzug ernst zu nehmen. Die Komplexität literarischer Texte eröffnet dem Schüler „Bedeutungsspielräume" (K. Spinner), die seine Erfahrungen, Wünsche, Gedanken und Gefühle mit ins Spiel bringen.[15] Die Vieldeutigkeit literarischer Werke und oft auch die durch sie ausgelösten Irritationen bieten ausgezeichnete Gesprächsanlässe und fordern zum Austausch von Lektüreerfahrungen heraus.[16] Sie setzen so Prozesse der Identitätsbildung in Gang.

1.2.1 Sprechen und Schreiben

Im Arbeitsbereich Sprechen und Schreiben werden geeignete Schreibformen aus der Mittelstufe und aus dem „Einführungskapitel" dieses Bandes im Sinne einer curricularen Progression aufgenommen und angewandt, um bei der Beschäftigung mit der mittelalterlichen Literatur den eigenen Verstehensprozess zu reflektieren. Im Gespräch und in der Diskussion sollen die Schüler z.B. die eigenen historisch geprägten Vorstellungen kritisch überprüfen, um auf diese Weise zu einem ersten Urteil über die Deutungsabsichten der Dichter und der bildenden Künstler zu gelangen. So können sie die Texte als Zeitdokumente verstehen lernen. Die Ergebnisse sollen in einem Protokoll gesichert werden.

In beschreibenden und analytischen Unterrichtsverfahren, z.B. durch Exzerpt und die Präsentation der Ergebnisse, durch Notizen und Beschreibungen, sollen die Schüler die Leitbegriffe erarbeiten und die Wertvorstellungen der handelnden Figuren erläutern. Durch Beobachtungen von Bild und Text sollen wechselseitige Bezüge sichtbar gemacht und die Leitbilder mittelalterlichen Lebens veranschaulicht werden. Eine Übertragung der Verhaltensnormen auf die eigene Zeit soll den Schülern sowohl die Zeitbedingtheit als auch die zeitübergreifende Gültigkeit dieser Werte einsichtig machen.

[15] Zu Fragen der Identitätsfindung sei auf folgende Werke verwiesen: Kaspar H. Spinner (Hrsg.): Identität und Deutschunterricht. – Göttingen (Vandenhoeck und Ruprecht) 1980.
Joachim Fritzsche: Aufsatzdidaktik. Kritische und systematische Untersuchungen zu Funktionen schriftlicher Texte von Schülern. – Stuttgart (Kohlhammer) 1980.
[16] Vgl. den „leserorientierten Ansatz" des Bildungsplanes von Baden-Württemberg 1994, S. 531,
Vgl. Hans Robert Jauß: Klassik – wieder modern? In: Der Deutschunterricht, Heft 1/1978, S. 35ff.
Ingeborg Meckling: Leserorientierter Deutschunterricht. Rezeptionsanalyse und Produktivität. In: Der Deutschunterricht, Heft 2/1977, S. 83ff. Außerdem sei verwiesen auf die Aufsätze von Harald Frommer, Reinhard Lindenhahn, Hubert Wolf und Dietrich Steinbach: Leseprozesse. In: Der Deutschunterricht. Heft 2/1981.
[17] Jürgen Kreft: Grundprobleme der Literaturdidaktik. A. a. O., S. 382.
[18] Einen informativen Überblick über die gesellschaftliche Funktion der mittelalterlichen Literatur in der Schule vom 18. Jahrhundert bis zur Gegenwart geben Helmut Brackert, Hannelore Christ und Horst Holzschuh (Hrsg.) In: Literatur in der Schule, Bd. 1. Mittelalterliche Texte im Unterricht. München (Beck) 1973.
Erika Essen: Gegenwärtigkeit mittelhochdeutscher Dichtung im Deutschunterricht. Heidelberg (Quelle und Meyer) 1967, setzte sich in den 60er-Jahren für einen didaktischen Neubeginn bei der Behandlung mittelalterlicher Literatur von der Unterstufe bis zur Oberstufe ein. Vgl. S. 7ff., 15ff., 63ff.
Als exemplarisches Beispiel für den ideologischen Missbrauch eines mittelalterlichen Werkes und der in ihm dargestellten Wertvorstellungen kann das ‚Nibelungenlied' gelten. Vgl. dazu einen alternativen Sequenzvorschlag im LB, S. 138f., und Helmut Brackert: Heldische Treue, heldische Tapferkeit, heldisches Schicksal. Die Rezeptionsgeschichte des Nibelungenliedes im Deutschunterricht. In: Helmut Brackert u.a. (Hrsg.): Literatur in der Schule. A. a. O. Bd. 1, S. 72ff.

Der Minnesang und die politische Spruchdichtung Walthers werden über beschreibende und gestaltende Verfahrensweisen erschlossen: Im Fachgespräch kann die besondere Beziehung zwischen Mann und Frau im Minnesang diskutiert werden, und die Wirkung ist über einen Gedichtvortrag mit musikalischer Gestaltung erschließbar. Über Strukturbeschreibungen können die besondere Liedform des hohen Minnesang deutlich gemacht sowie seine Aussage und Wirkung beschrieben werden. In gründlichen Textuntersuchungen und -beschreibungen können Inhalt, formale Struktur und Intention des politischen Spruches herausgearbeitet werden. Die wiederholt vorgesehene gegenseitige Erhellung zwischen Text, Bild und wissenschaftlichem Text hat zum Ziel, den Schülern die Wertvorstellungen mittelalterlicher Lebensweisen und das Ideal mittelalterlicher Weltordnung in seiner Spannung zur politischen Wirklichkeit einsichtig zu machen. Dadurch sollen sie zu einer vergleichenden Reflexion mit den Normen der eigenen Gegenwart angeregt werden.

1.2.2 Literatur und Medien

Der Literaturwissenschaftler Jürgen Kreft hat für den Arbeitsbereich Literatur und Medien eine schlüssige didaktisch-methodische Konzeption entwickelt.

Dabei geht er von zwei Grundvoraussetzungen aus: Jedes Verstehen eines literarischen Textes muss ein Moment von Kreativität enthalten, und der Text muss zur Kommunikation mit der je eigenen inneren Natur seines Lesers gebracht werden. Er schlägt für den Literaturunterricht vier Phasen vor. Die praktische Umsetzung von Kretts „Vier-Phasen-Modell", an dem sich alle Teile von BLICKFELD DEUTSCH orientieren, soll an dem Epochenteil „Deutsche Literatur des Mittelalters" erläutert werden. Die **erste Phase** dient der Annäherung an das Thema, an die Texte in ihrer Besonderheit. In dieser *Phase der Motivation*[17] und Assoziation soll die Bereitschaft geweckt werden, Befremden und Zustimmung zu überprüfen. „Text und Rezipient müssen sich emotional verhaken."[16] Dies kann zum Beispiel dadurch geleistet werden, dass der Schüler seine Vorstellungen vom Mittelalter mit Entwürfen vom Mittelalter aus dem 19. Jahrhundert konfrontiert. Dabei kann er die Einsicht gewinnen, dass alle Entwürfe zeitgebunden sind. Dies wird umso deutlicher, wenn die Infragestellung der ‚Heroisierung' des Mittelalter-Bildes durch das 19. Jahrhundert mit Günter Kunerts Gedicht erreicht werden kann. Die Anfertigung einer Text-Bild-Collage dient dieser Absicht und soll Fragen nach der Gültigkeit historischer Entwürfe eröffnen. Die Gestalt des ‚populären' Kaisers Barbarossa wurde gewählt, weil sie den Schülern aus dem Geschichtsunterricht noch bekannt sein dürfte und weil sie in der Rezeption der Nachwelt eine zentrale Rolle gespielt hat (vgl. ihre Bedeutung im deutschen Einigungsprozess des 19. Jahrhunderts: Sie war Vorbild für ein starkes Kaisertum in einem deutschen Reich.). Die Erarbeitung von Leitbegriffen und ihren historischen Bezügen und erste Einsichten in Epochenmerkmale sollen beim Schüler Fragen nach möglichen Interpretationswegen auslösen.[18] Die zweite Sequenz verwirklicht die zweite und dritte Phase des Kreft'schen Modells. In der **zweiten Arbeitsphase** soll das „Vorverständnis" durch die angebotene Textauswahl und durch geeignete Arbeitsmethoden bestätigt, ergänzt oder korrigiert werden und so zu einem *adäquaten Textverständnis* führen. Die Beschäftigung mit Texten und Bildern aus dem Mittelalter, die Leitbilder mittelalterlichen Lebens darstellen, soll zu einer Diskussion und Reflexion der Ergebnisse und Denkanstöße der ersten Arbeitsphase führen: Die Schüler sollten in die Lage versetzt werden, mittelalterliche Leitbilder zu verstehen und ihr Verständnis in zentralen Aussagen zu formulieren (vgl. den hermeneutischen Zirkel: „Einführung", SB, S. 15 u. S. 487). Dieses didaktische Ziel kann vor allem durch die Behandlung der Teilsequenz „Ritter und Mönch

– zwei Lebensformen des Mittelalters" erreicht werden, weil es unterschiedliche Aspekte des feudalständischen und des christlichen Mittelalters darstellt.

Die Beschäftigung mit dem Minnesang und der politischen Dichtung Walthers (I,3 und I,4) leitet gleichzeitig zur **dritten Arbeitsphase** über, wobei die Beschränkung auf eine Teilsequenz möglich ist. Die Texte dieser beiden Teilsequenzen eröffnen die Möglichkeit, dass der Schüler bei der Beschäftigung mit der Minnedichtung der höfisch ständischen Gesellschaft und Walthers Entwurf eines politisch-gesellschaftlichen ordo-Konzepts die Bedingungen seiner eigenen Zeit mitreflektiert und sich bewusst macht, was er aus der Arbeit mit dem Text für sein Selbstverständnis gewonnen hat. „Die Infragestellung der eigenen Existenz, in welche die Fragestellung an den Text im gelingenden Fall umschlägt, soll zu neuen Einsichten, Einstellungen, Wahrnehmungs- und Denkweisen, Selbstinterpretationen führen."[19]

1.2.3 Sprachbetrachtung

In einer **vierten Phase** wird **Sprachgeschichte** thematisiert, die den Arbeitsbereich Sprachbetrachtung betrifft. Dadurch ist die Möglichkeit gegeben, wesentliche Ergebnisse der Beschäfti-

gung mit mittelhochdeutscher Literatur unter dem Aspekt der Sprache zusammenzufassen und weiterzuführen sowie zugleich über die Epochengrenze des Mittelalters hinauszuweisen. Damit ist der Kategorie „Anwendung", mit der Kreft die vierte Phase bestimmt, entsprochen. Die Reflexion über Sprache wird in den Schlusskapiteln der Teile „Barock", „Klassik", „Jahrhundertwende" und „Literatur nach 1945" unter sprachgeschichtlichen und sprach-philosophischen Aspekten fortgeführt, so dass insgesamt ein historisches und thematisches Konzept entsteht.

Es wird über die Beschäftigung mit verschiedenen Mundarten angestrebt, den Schülern erste Einsichten in die sprachlichen Besonderheiten der Dialekte im Laut- und Wortbestand sowie in der Bedeutung zu vermitteln. Über vergleichende Übungen gewinnen die Schüler einen Überblick über die Sprachräume der Mundarten. Durch Beschreiben, Überprüfen und Anwenden sollen die Schüler die Gesetzmäßigkeiten der zweiten Lautverschiebung erarbeiten und vor allem auch den Bedeutungswandel im Sprachgebrauch zwischen dem Mittel- und Althochdeutschen überprüfen. Abschließend lernen die Schüler an Martin Luthers Übersetzungen seine Prinzipien des Übersetzens kennen und reflektieren grundsätzlich, welche Prinzipien beim Übersetzen moderner Fremdsprachen hilfreich sein können.

2. Sequenzvorschläge

2.1 Epochensequenzen

Texte und Bilder aus BLICKFELD DEUTSCH Oberstufe	Didaktisch-methodische Kommentierung
I. Leitbilder mittelalterlichen Lebens (S. 84–105) 1. Bilder der Nachwelt – Rezeption des Mittelalters (S. 84–86) Geibel: Friedrich Rotbart Heine: Deutschland. Ein Wintermärchen Kunert: Neuere Ballade infolge älterer Sage	**Motivation** durch Gedichte, die zeitbedingte ‚Bilder' vom Mittelalter entwerfen – Das ‚Mittelalter-Bild' des Schülers wird am Beispiel des Kaisers Barbarossa konfrontiert mit Bildern vom Mittelalter aus der literarischen Tradition. – Durch kritischen, vergleichenden und gestaltenden Umgang mit den Texten und mit einer Darstellung Barbarossas sollen die verschiedenen ‚Entwürfe' vom Mittelalter problematisiert werden: Tradition und Rezeption, Verhältnis von Gegenwart und Vergangenheit.
2. Ritter und Mönch – Zwei Lebensformen des Mittelalters (S. 87–91) Wolfram: Parzival (Lehre des Gournemans) Hartmann: Der arme Heinrich Bamberger Reiter Wolfram: Parzival (Begegnung mit Trevrizent) Arentzen/Ruberg: Die mittelalterliche Ständeordnung Mönch und Ritter (Federzeichnung) Bumke: Adliges Rittertum	**Phase der ersten Erweiterung: Korrektur** der tradierten Entwürfe vom Mittelalter: – Die Schüler gewinnen Einsichten in das mittelalterliche Welt- und Selbstverständnis zweier typischer Lebensformen: der des Ritters und der des Mönchs. – Klärung des Bedeutungsbereiches zentraler Begriffe; – Fächerübergreifender Aspekt: Bilder sollen im vergleichenden Verfahren zur Erhellung und Veranschaulichung der literarischen Texte herangezogen werden.

---

[19] Jürgen Kreft: Grundprobleme der Literaturdidaktik. A. a. O., S. 385.
Für eine erste Information über die epische Literatur sind hilfreich: Helmut de Boor: Höfische Literatur. A. a. O., S. 63ff.: Hartmann und Wolfram.
Erika Essen: Gegenwärtigkeit mittelhochdeutscher Dichtung im Deutschunterricht. A. a. O., S. 67ff.: Wolframs „Parzival".
Erika Ludwig: Wolfram von Eschenbachs ‚Parzival' auf der Oberstufe. In: Der Deutschunterricht, Heft 6/1953, S. 57ff.
Zum Minnesang: Helmut de Boor: Höfische Literatur. A. a. O., S. 215ff.
Irmgard Lindner: Minnelyrik des Mittelalters. München (Oldenbourg) 1968, bes. S. 31–36.

Horst Holzschuh: Der beschwerliche Weg nach oben. Die Wirklichkeitserfahrung der Minnesänger und deren Vermittlung im literarischen Text. In: Mittelalterliche Texte im Unterricht. München (Beck 1976) (= Helmut Brackert u.a. (Hrsg.): Literatur in der Schule, Bd. 2, S. 216ff.)
Zu Walthers Sprüchen: Wolfgang Mohr: ‚Der Reichston' Walthers von der Vogelweide. In: Der Deutschunterricht, Heft 6/1953, S. 45ff.
Gert Kaiser: Die Reichssprüche Walthers von der Vogelweide. In: Der Deutschunterricht, Heft 2/1976, S. 5ff.

Texte und Bilder aus BLICKFELD DEUTSCH Oberstufe	Didaktisch-methodische Kommentierung
3. Der höfische Ritter als Minnesänger – Formen des Minnesangs (S. 92–99) Der von Kürenberg: Ich zôch mir einen valken Ditmar von Aist: Slâfst du, friedel ziere? Albrecht von Johansdorf: Ich vant âne huote Walther von der Vogelweide: Wenn die Blumen aus dem Grase sprießen Walther von der Vogelweide: Under der linden *Heinrich von Morungen: Sin hiez mir nie widersagen Rudolf von Fenis: Gewan ich ze Minnen je guoten wân *Stationen einer Minnebotschaft Eggers: Der Stand der Minnesänger Bumke: Höfische Liebe Leserbrief	**Phase der Differenzierung und zweiten Erweiterung:** Es sollen in der höfisch-ständischen Gesellschaft des Hochmittelalters erkannt werden: – die Selbstentdeckung des Individuums in der Liebesdichtung des Minnesangs; – die gesellschaftliche Funktion des Minnesangs: Rollen- und Standesdichtung in einer konventionalisierten Form. Die Arbeit an den Texten kann in Gruppenarbeit erfolgen; durch Übersetzungsübungen und Gedichtvortrag soll die Eigenart des Minnesangs in seiner sprachlichen und akustischen Wirkung bewusst gemacht werden. Der Vergleich von Bildern mit ihrer gestischen Darstellung soll das Selbstverständnis des Minnedichters deutlich machen. Dazu kann auch ein Vergleich mit Liebesgedichten aus dem 18. und 20. Jahrhundert beitragen.

4. Walther von der Vogelweide als politischer Dichter – In der Spruchdichtung Kritik an einer gestörten Ordnung (S. 100–105)
Walther von der Vogelweide: Dô Friderich ûz Ôsterrich alsô gewarp
Walther von der Vogelweide: Philippe, künec hêre
Walther von der Vogelweide: Ich hân mîn lêhen
Walther von der Vogelweide: Drei Sprüche im sog. „Reichs-Ton":
– Ich saz ûf eime steine
– Ich hôrte ein Wasser diezen
– Ich sach mit mînen ougen
Schrade: Die romanische Malerei
*– Herrad von Landsberg. Hortus Deliciarum
– Kaiser Otto III., aus dem Evangeliar des Kaisers
– Kaiser Friedrich Barbarossa mit seinen Söhnen
– Kaiserfigur, Glasfenster
– Ludwig der Heilige mit seiner Gemahlin
– Kaiser Heinrich II., aus seinem Evangeliar
*– Die Zwiespältigkeit des Menschen
*– Heiliger Michael mit der Seelenwaage
*Bumke: Das Herrscherideal des Mittelalters
	Konkretisierung und **Differenzierung** der historischen Orientierung und **Vertiefung** der Einblicke in die mittelalterliche Weltsicht:
	– Erarbeitung von wesentlichen Merkmalen mittelalterlicher Spruchdichtung:
	  – die besonderen Bedingungen eines politischen Dichters in der ständisch-feudalen Gesellschaft;
	  – das Dienstverhältnis des Dichters;
	  – Intention und Strategie der politischen Gedichte.
	– Einsicht in den ‚ideologischen' Aspekt der Sprüche: offene oder geschlossene gesellschaftliche Konzeption als Grundlage?
	– Die zentralen Gedanken des mittelalterlichen Weltbildes sollen erarbeitet werden:
	  – die Wert-Ordnung mittelalterlichen Lebens: Gradualismus-Idee;
	  – das Herrscherideal des Mittelalters als ‚Gegenmodell' zur gesellschaftlich-politischen Realität.
	Die Zielsetzung verlangt eine gründliche Textarbeit: Übersetzen und Erarbeiten der Struktur der Texte. Durch den Vergleich der Aussagen der Texte mit Bildern aus dem Mittelalter sollen die Aussagen Walthers veranschaulicht und vertieft werden.

II. Die Sprachen des Mittelalters (S. 106–115) 1. Quellen der Hochsprache? – Mundarten früher und heute (S. 106–108) *Lauremberg: Von alemodischer Poesie Blau: Dr. Bahwärter Huber: deheim Kleinlein: a rouh mou sai Debus: Vun disse Tiet Die deutschen Mundarten um 1900 Die sprachliche Herkunft des Deutschen und seine Dialektaufteilung im Mittelalter	**Zusammenfassung** unter dem Aspekt der Sprachentwicklung des Deutschen: Untersucht werden sollten – die Aspekte der Einheitlichkeit der deutschen Sprache; – die Herausbildung einer literarischen hochdeutschen „Gemeinsprache"; – die Wechselwirkung zwischen Dialekt und Hochsprache: ihre Unterschiede im phonetischen, lexikalischen, syntaktischen und semantischen Bereich. Es soll Einsicht in die Gesetzmäßigkeiten des Hochdeutschen im Konsonantismus und Vokalismus und im semantischen Bereich gewonnen werden. Für eine Reihe von Aufgaben ist Gruppen- oder Partnerarbeit möglich.
2. Die Vorgeschichte der deutschen Sprache – Die indoeuropäische Sprachenfamilie (1./2. Jahrtausend v. Chr.) (S. 108–110) Die erste (germanische) Lautverschiebung Die zweite (althochdeutsche) Lautverschiebung	Mit dieser Teilsequenz soll der gemeinsame **Ursprung der europäischen Sprachen** deutlich werden.

Texte und Bilder aus BLICKFELD DEUTSCH Oberstufe	Didaktisch-methodische Kommentierung
3. Die Sprachen des frühen Mittelalters – Das Althochdeutsche (600–1050, S. 110, 112) *Die Vorherrschaft des Lateinischen Frühe althochdeutsche Zeugnisse – Der Abrogans – Das Wessobrunner Gebet – Das Hildebrandslied *Der zweite Merseburger Zauberspruch *Das Vaterunser *Die wichtigsten Schreiborte des Althochdeutschen	Die wenigen Zeugnisse dieser Teilsequenz können nur einen ersten Eindruck einer reichen, vorwiegend **religiösen Literatur** geben.
4. Die literarische „Gemeinsprache" – Das Mittelhochdeutsche (1100–1400, S. 112 -113) Der Vokalwandel *Verbreitung der neuhochdeutschen Diphthongierung nach den schriftlichen Zeugnissen Geografisch-politisch-kulturelle Zentren „hochsprachlicher" Tendenzen in der deutschen Sprachgeschichte	Ergänzend zur exemplarisch im Schülerband dargestellten Literatur soll in dieser Teilsequenz vor allem die Differenzierung der **mittelalterlichen Sprachlandschaften** gezeigt werden.
5. Der Weg zur deutschen „Einheitssprache" (ab 1400) – Die Rolle Martin Luthers (S. 114–115) Luther: Sendbrief vom Dolmetschen Bibelübersetzungen des 23. Psalms Luther: Vom Kranich und Wolffe	Ziel ist es, die für die **Entwicklung des Neuhochdeutschen** entscheidende Bedeutung Martin Luthers herauszustellen.

2.2 Alternative Sequenzen

In der Regel wird sich die Behandlung der „Literatur des Mittelalters" auf Sequenzen beschränken, in denen Texte aus dem Mittelalter einer Ganzschrift oder Texten anderer Epochen unter einem thematischen Aspekt zugeordnet werden. Dabei übernimmt BLICKFELD DEUTSCH die Funktion eines Begleitmediums.

Bei dieser Art der thematischen Zuordnung werden die sozialen und historisch-ästhetischen Wesenszüge der mittelalterlichen Literatur dominieren.

Unterrichtseinheiten	Texte und Bilder aus BLICKFELD DEUTSCH Oberstufe	Didaktisch-methodische Kommentierung
Politische Lyrik vom Mittelalter bis zur Gegenwart (Vgl. Epochenübergreifende Sequenzvorschläge, LB, S. 49)	*Walther von der Vogelweide: Drei Sprüche im „Reichston" (S. 101f.) *Gryphius: Thränen des Vaterlandes (S. 117) Claudius: Kriegslied (S. 155) *Heine: Die schlesischen Weber (S. 278) Heym: Der Krieg (S. 336) Trakl: Grodek (S. 337) *Tucholsky: Krieg dem Kriege (S. 64) *Kaschnitz: Hiroshima (S. 20) Enzensberger: Ins Lesebuch der Oberstufe (S. 414) Ausländer: Der Brunnen (S. 388)	Die Auswahl der Gedichte bietet einen **Längsschnitt** durch die Epochen vom Mittelalter bis zur Gegenwart: Er zeigt die Bedeutung der politischen Dichtung in der deutschen Literatur. Es kann ein Schwerpunkt gesetzt werden: siehe die mit * markierten Texte. Didaktische Ziele: – geschichtliche Situation und gesellschaftliche Bedingungen in ihrem Wechselbezug; – Wirklichkeitserfahrung der Schriftsteller; – ideologischer Standpunkt; – Intention und Strategie der Texte. Es bietet sich nach zwei exemplarischen Interpretationen im Unterricht zu den weiteren Autoren Gruppenarbeit an. Um eine größere Differenzierung und Wirkung zu erreichen, können die Gedichte in Form einer vorbereiteten Lesung vorgetragen werden.
Minnesang im Vergleich mit Liebesgedichten vom Barock bis zur Gegenwart	*Der von Kürenberg: Ich zôch mir einen valken (S. 92) *Albrecht von Johansdorf: Ich vânt ane huote (S. 93) *Walther von der Vogelweide: Sô die bluomen ûz dem grase dringent (S. 94) Heinrich von Morungen: Sin hiez mir nie widersagen (S. 96)	Den Schülern soll durch diesen **Vergleich motiv- und themenverwandter Gedichte** einsichtig werden, dass im Minnesang die persönlichen Erfahrungen des Minnesängers in eine konventionalisierte Form gekleidet sind: der Minnesang als Standesdichtung. Die Darstellung der Liebeserfahrung in den späteren Epochen kann damit verglichen werden. Die didaktisch-methodische Zielsetzung und Durchführung ist ähnlich wie die in der vorhergehenden Unterrichtseinheit.

Unterrichtseinheiten	Texte und Bilder aus BLICKFELD DEUTSCH Oberstufe	Didaktisch-methodische Kommentierung
	*Goethe: Willkommen und Abschied (S. 180) *Brentano: Der Spinnerin Nachtlied (S. 242) Eichendorff: Das zerbrochene Ringlein (S. 243) Heine: Ein Jüngling liebt ein Mädchen Sie saßen und tranken am Teetisch (S. 283)	
Ritterliches Leben in einer höfischen Welt – seine Rezeption im 19. und 20. Jahrhundert	Wolfram: Parzival (S. 87) Hartmann von Aue: Der arme Heinrich (S. 88) Der von Kürenberg: Ich zôch mir einen valken (S. 92) Walther: Sô die bluomen ûz dem grase dringent (S. 94) Das Nibelungenlied: 36. Aventiure/Strophen 2082–2090; 2104–2106; 2110–2112; 2125–2127 (Siehe LB, S. 175) 37. Aventiure/Strophen 2135–2166 In: Wort und Sinn: Lesebuch für die Oberstufe: Paderborn (Schöningh) 1968, S. 27ff. Geibel: Friedrich Rotbart (S. 84) Dahn: Schon einmal ward [...] (Siehe LB, S. 177) Göring: Appell an die deutsche Wehrmacht, 30. 1. 1943 (Siehe LB, S. 177) Kunert: Neuere Ballade infolge älterer Sage (S. 86)	Im Mittelpunkt dieser Unterrichtseinheit stehen zum einen die **ritterliche Welt und ihre Weltordnung** in einer ständisch-feudalen Gesellschaft. Zum anderen hat dieses mittelalterliche „Ritterbild" eine lange Rezeptionsgeschichte erfahren und das Bild vom Mittelalter bei vielen Generationen bis in die Gegenwart hinein geprägt. Didaktische Schwerpunkte dieser Unterrichtseinheit sollen sein: – Mittelalterliche Idealvorstellung vom ritterlichen Leben bei Wolfram, Hartmann und Walther; – Aspekte der Rezeption vom „ritterlichen Kaiser" Barbarossa im 19./20. Jh.; – Germanisch-heroisches Heldentum in einer höfisch-ritterlichen Welt, dargestellt im Nibelungenlied; – die zentralen Wertvorstellungen von Ehre, Treue, Standhaftigkeit und Heldentum in ihrer literarischen Rezeption; Aspekte des ideologischen Missbrauchs. Die Auszüge aus dem Nibelungenlied sollten gemeinsam, die übrigen Texte in Gruppen erarbeitet werden (Kurzreferate).
Aspekte der Geschichte der deutschen Sprachentwicklung	*Das Vaterunser (S. 112) *Hartmann von Aue: Der arme Heinrich (S. 88); Bibelübersetzungen des 23. Psalms (S. 115) *Luther: Sendbrief vom Dolmetschen (S. 114) *Gryphius: Abend (S. 148) Abraham a Sancta Clara: Mercks Wien (S. 121) Grimmelshausen: Der abenteuerliche Simplicissimus (S. 117f.) *Die Ordnung des Wortes (S. 137ff.) *Wieland: Briefe (S. 158ff.) *Goethe: Die Leiden des jungen Werthers (S. 177ff.)	Didaktische Schwerpunkte der **Sprachbetrachtung** sind die Erarbeitung – der Einheitlichkeit der deutschen Sprache; – der Herausbildung einer deutschen Hochsprache; – der Sprachentwicklung vom Mittelalter über das Barock bis ins 18. Jahrhundert. Die Untersuchung der Texte soll dem Schüler Einblicke in die Sprachentwicklung vermitteln. Alle drei Arbeitsbereiche des Deutschunterrichts können schwerpunktmäßig berücksichtigt werden: – Interpretation literarischer Texte; – Kurzreferat, Resümee, Protokoll, Thesenpapier; – Übersetzungsübungen, Wirkung stilistischer Mittel, auch in ihrer historischen Bedingtheit. Gleichzeitig kann mit dieser Textauswahl eine literaturgeschichtliche Wiederholung am Ende der Klasse 11 durchgeführt oder ein kursorischer Überblick vom Mittelalter bis ins 18. Jh. erreicht werden.

3. Erläuterungen und Lösungsvorschläge

I. Leitbilder mittelalterlichen Lebens (S. 84 – 105)

Bilderläuterungen:
Die beiden Auftaktbilder dieses Kapitels (SB, S. 84) zeigen zwei zentrale Aspekte von Lebensgestaltung und Weltverständnis. Die Miniatur des Herrn Werner von Teufen aus der Manessischen Liederhandschrift zeigt exemplarisch das Lebensgefühl des Minnesängers in der Zeit des hohen Mittelalters (1170–1250). Das Bild aus einer Bibel des 13. Jahrhunderts stellt Gott als Baumeister des Universums dar und gibt beispielhaft die Vorstellung von einer wohlgeordneten göttlichen Weltordnung wider.

Das Bild aus der Manessischen Liederhandschrift um 1300 zeigt auf einer Pergamentseite den Ritter Werner von Teufen auf dem Ausritt mit einer Dame. In einer stilisierten Darstellungsweise wird ein Liebespaar mit einem Falken auf dem Jagdausritt gezeigt.

„Das ritterliche Paar reitet miteinander und nebeneinander zur geschlossenen Gruppe gefügt. Er auf einem Falben, sie zögernd und um einen kurzen Schritt zurückhaltend auf einem Apfelschimmel. Den linken Arm hat er um ihre Schulter gelegt, die rechte Hand belehrend hochgehoben. Er will ihr etwas klar machen: was wohl anderes als seine Liebe? Aber nicht nur uns will die Gebärde mit dem deutend gestreckten Zeigefinger etwas schulmeisterlich vorkommen. Die Dame hört wohl zu, aber sie macht nicht den Eindruck, als ob sie sehr überzeugt wäre. Mit der zügelnden Bewegung, die das Pferd zurückhält, hält sie sich auch selbst zurück. Sie ist dem jungen Herrn zwar nahe, mit ihm zur Gruppe, zum Paar verbunden. Aber wie den Falken auf ihrer Hand scheint sie ihr Herz doch betont noch auf Distanz zu halten. Die Pferde sind mehr als nur dienstbare Träger, sie sind die zum ritterlichen Leben gehörenden mitfühlenden Begleiter der Menschen. Der junge Herr hat in seiner Bemühung um die Dame den Zügel fahren lassen. Das Pferd verhält und dreht den Kopf. Wie der Herr um die Dame, bemüht sich der Hengst um die Stute und beißt ihr liebkosend in den Kamm. Sie, mit der Gemütsbewegung ihrer Herrin verbunden, entzieht sich und beißt den Ritter in seinen Schnabelschuh. Im freien Feld über dem ritterlichen Paar zweimal das Wappen der Herren von Teufen, im roten Schild über dem goldenen Topfhelm ein silberner Schwan.“[20]

Charakteristisches Merkmal der Bildstruktur ist der Abstand der Größenverhältnisse. Der Maler weist in der ihm geläufigen Bildsprache darauf hin, dass die Reiter wichtiger als die Pferde sind, und malt sie deshalb größer. Auch die Farbgebung zeigt Unterschiede: Der Herr reitet einen Falben und die Dame einen Apfelschimmel. Außerdem „verformt“ er die Köpfe und zeigt sie in einer Dreiviertelansicht. Genauso hat er die Gangart entgegen der anatomischen Natur zwischen Vorder- und Hinterbeinen stilisiert.

Prägend für die Darstellung der Figuren ist eine „betonte Schönlinigkeit“: Straff geführte und biegsam schwingende Konturlinien lassen diese gertenschlank erscheinen und zugleich plastisch wirken. Die Farben sind klar gegeneinander abgesetzt, ergeben einen farblichen Wohlklang und sind dennoch durch klare Konturen voneinander getrennt. Diese Formgestaltung erinnert an die Verfahren gotischer Glasmalerei.

Thema dieser Miniatur ist die gegenseitige Liebe bzw. Beziehung eines jungen Paares.

„Bei aller Gemeinsamkeit bleibt alles klar gesondert. Da ist die Werbung des Mannes und das Zögern des Mädchens ebenso wie die Trennung der Farben in scharfen Konturen. Wie der historische Minnesang gibt das Bild das, was man den Spielcharakter heißt. Die Gegner im Spiel liegen im Zwiespalt der Gefühle und der Antriebe. Es überkreuzt sich die Spannung zwischen Mann und Weib und komplizierter noch zwischen dem Drängen der Natur, das sie beide verbindet, und den Bedürfnissen der Gesellschaft, die den Trieb bändigen will. Die Spannung wird aufgehoben in der Form. Im Lied des Minnesangs mit seinen komplizierten Strophenformen wie in der Bildform unseres Malers. Es geht gewiss nicht um ein Gesellschaftsspiel in einem oberflächlichen, der Unterhaltung dienenden Sinn. Es geht darum, dass die Lebensspannung gemeistert wird. In der Kunstgestalt des Minnesangs und im Bild des Malers.“[21]

Die reiche Patrizierfamilie Manesse aus Zürich hat im 13. Jahrhundert die Lieder von 140 Dichtern mit 6000 Strophen gesammelt, nach Rang und Stand der Dichter angeordnet und in einem Codex zusammengestellt. Ein ganzseitiges Bild des Dichters steht am Beginn seiner Liedgruppe. Herr Werner von Teufen steht an 29. Stelle: Er stammt aus einem Schweizer Adelsgeschlecht mit Besitz zwischen Schaffhausen und Zürich. Er gehörte wohl zum Umfeld Kaiser Friedrichs II. (1215–1250).

Die Dichterbilder sind natürlich keine Porträts, sondern allgemeine Standesbilder. Nur das Wappen gibt einen Hinweis auf eine bestimmte Person. Die dargestellten Kaiser, Könige und Ritter werden in verschiedenen typischen Situationen, etwa im ritterlichen Kampf, auf der Jagd oder als Minnesänger abgebildet. Häufig spielt die dargestellte Situation im Bild auf ein Thema oder Motiv in einem der Lieder des Dichters an: Herr Werner von Teufen wird als Liebender dargestellt. Mit dem Zeigefinger weist er wahrscheinlich auf den Mund der Dame und damit auf seinen Spruch hin, in welchem er sich gegen eine Form der Minne wendet, die nicht von Herzen kommt. Sein Lied lautet:

„Ich sah die Blumen herrlich sprießen
zu schöner Jahreszeit, der Wald war wohlbelaubt.
Die Freude will der kalte Winter verdrängen,
er hat den Anger seiner Fülle beraubt.
Dazu hat mich um meinen Verstand gebracht
meines Herzens Trost, meine Königin.
Ihr roter Mund hat mich verwundet,
so dass ich aus wahrer Liebe wie betäubt bin.

Weshalb beklage ich die Blumen auf der Heide?
Warum beklage ich nicht den Kummer, den ich leide?
Da mir doch meine Dame so viel Schmerz bereitet,
die mir ohne meine Schuld bös gesinnt ist.
Wie gut versteht sie es doch, Herzeleid zu vertreiben!
Sie ist die Krone aller reinen Frauen.
Ihre Wängelein
geben einen hellen Schein:
Nach meinem Leid wäre ich froh, besäße ich ihre Zuneigung.

Das Bild ist nicht die Illustration nur einer bestimmten Stelle in den Liedern Teufens, sondern es spiegelt manche Bilder daraus wieder. Der ritterliche Sänger reitet mit seiner Dame über die grüne Heide, die öfter in seinen Versen die Szenerie für seine Minneklagen abgibt. Er ringt mit seinen Gebärden um die Huld der Dame, die sich ihm deutlich versagt, und ist dennoch durch ihre Minne gebunden wie der Falke mit den roten Riemen an die Hand der Herrin – ganz so, wie er es in einem seiner Lieder ausdrückt. [...] Wenn er den Ritter auf den Mund der Dame zeigen lässt, so spielt der Maler gleich auf zwei Stellen an: Der rote Mund bringe dem Dichter Tod und Schmerzen [...] und: auf „mundes minne“ gebe er nichts, das Herz müsse dabei sein. [...] Aber der Maler will Minnenot und -schmerzen, die Klagen um die Herzenskälte der Dame und die Beschwörung des Todes bei Werner von Teufen doch nicht so bitterernst nehmen. Er sieht wohl mehr ein konventionelles Formenspiel darin. Deshalb hängt er der Szene einen kleinen spaßhaften Schnörkel an: Die Pferde wiederholen das Spiel ihrer Reiter in komisch genauer Nachahmung.“[22]

Die Bildseite aus einer Bibel des 13. Jahrhunderts zeigt Gott als jugendlich wirkenden Schöpfer, der mit einem Zirkel einen Kreisbogen schlägt, um so aus einer noch ungeformten Materialmasse einen göttlichen Kosmos zu gestalten, der von göttlichen Gesetzen bestimmt ist, die für den Menschen erkennbar sind. Gott als Schöpfer beginnt offensichtlich entschlossen

---

[20] Eine ausführliche Beschreibung und Deutung dieses Bildes gibt Karl Bertsch: Miniatur aus der Manessischen Liederhandschrift (um 1300): Herr Werner von Teufen. Deckfarbe auf Pergament. Blattgröße der Druckseite 35 x 25 cm. Um 1300. Universitätsbibliothek Heidelberg. In: Meisterwerke der Kunst. Folge 17/1969, hrsg. im Auftrag des Kultusministeriums Baden-Württemberg für die Schulen des Landes in der Landesanstalt für Erziehung und Unterricht in Stuttgart. – Villingen-Schwenningen (Neckar-Verlag) 1969, S. 3–5.

[21] A.a.O., S. 4.

[22] Walter Koschorreck: Minnesinger. In Bildern der Manessischen Bilderhandschrift. © Insel Verlag 1975, S. 100f.

mit seinem Schöpfungsakt: Sein rechter Fuß durchstößt den Bildrahmen, und die linke Hand hält die Erdmasse fest, um ihr Form geben zu können. Die in einem großen Bogen gebeugte Gestalt Gottes wirkt so dem Gestaltungs-Gegenstand gegenüber intensiv zugewandt; der Gesichtsausdruck ist konzentriert, weil die Augen geschlossen bleiben, als ob ein innerer Schöpfungsplan umgesetzt werden soll. Karl Bertsch hat zu diesem Bild eine ausführliche Beschreibung und Deutung gegeben:

Gott als Baumeister des Universums

„Bildseite aus einer Bibel des 13. Jahrhunderts.
Mit dem Zirkel messend konstruiert Gott das Weltall. Es ist ein Bild aus einer alten Handschrift, einer französischen Bibel aus dem 13. Jahrhundert.
ICI • CRIE • DEX (deus) • CIEL • ET • TERRE • SOLEIL • ET • LUNE • ET • TOZ • ELEMENZ
Hier erschafft Gott Himmel und Erde, Sonne und Mond und alle Elemente, steht in mittelalterlichem Französisch über dem Bild. Rot und blau wechseln die Majuskeln und bilden eine feingegliederte Zierleiste.
Der Schöpfer ist dargestellt in der Gestalt, die wir in den Bildern für die Person Jesu gewohnt sind, mit dem Kreuznimbus, dem antiken Gewand, bärtig und barfuß. Das macht theologisch keine Schwierigkeiten, da Gottvater in der Gestalt des Sohnes sichtbar wird, Christus in der Sprache der Bildertheologie „die Ikone des Vaters" ist. Das Weltall wird durch das Bildzeichen einer kreisrunden Scheibe wiedergegeben. In der Mitte als unregelmäßiges gelbes Gebilde die Erde. Um sie herum auf schwarzem Grund die Gestirne; orangerot die Flammenscheibe der Sonne, rechts der gelbe Mond, klar bezeichnet durch die eingemalte Sichel, dazu acht Sterne. Die blaue Zone mit dem reich bewegten Wolkenrand ist die Luft, der grüne Ring mit den Wellenlinien das Wasser. Es sind die „toz elemenz" der Überschrift, zur Erde und dem Feuer der Sonne die Luft und das Wasser.
Die ganze Bildseite ist großartig in der inhaltlichen Bedeutung und in der geschlossenen, einheitlichen Gestaltung von Figur, Weltscheibe und Rahmung. Die Figur beherrscht das Bild. Der Rahmen ist durch die farbige Entsprechung von Rot und Blau und durch das Übergreifen des Fußes und des Mantelzipfels mit der Figur zu enger Bildeinheit verbunden. Der grüne Kranz um die Scheibe korrespondiert mit dem Kreuznimbus um das göttliche Haupt, die blaue Luft mit dem Blau des Kleides. Der schimmernde Goldgrund, auf Hochglanz polierts Blattgold, bezeugt Majestät und Heiligkeit des Bildthemas. [...]
Für uns ist die Bildvorstellung der Erschaffung der Welt, wie sie diese Miniatur zeigt, überraschend kühn in ihrer konkreten Deutlichkeit. Der große Zirkel aus der Bauhütte verblüfft uns als Schöpfungswerkzeug in der Hand Gottes. Gott als Architekt? Nun, in der mittelalterlichen Literatur ist der Weltenschöpfer als Baumeister ein ganz geläufiger topos, wie die Philologen sagen, eine viel benutzte Redefigur. Deus tanquam mundi architectus, Gott der Architekt der Welt, heißt es bei Alanus von Lille um 1200, zeitlich und räumlich nicht weit von unserem Bild.
Natürlich gibt es eine Verbindung der Vorstellung vom Weltenbaumeister zu den zeitgenössischen Architekten der Kathedralen. Das zeigt schon der Riesenzirkel aus der Bauhütte. Aber es war sicher nicht so, dass der angesehene Beruf in Literatur und bildender Kunst zu der Monumentalfigur des Weltarchitekten hinaufstilisiert worden wäre. Das hieße die Denkweise des Mittelalters auf den Kopf stellen. Umgekehrt war es. Die Vorstellung des Weltarchitekten war aus uralt ehrwürdiger, bis in die Antike zurückreichender Tradition da. Und von diesem Urbild bezogen die Architekten für ihren Beruf Glanz und Würde".[23]

Die beiden Bilder können entweder zu Beginn oder nach der Behandlung der Teilsequenzen I,3 („Der höfische Ritter als Minnesänger – Formen des Minnesangs", SB, S. 92ff.) bzw. I,4

---

[23] Karl Bertsch, in: Meisterwerke der Kunst, a.a.O., Folge 15/1967, S. 3.

(„Walther von der Vogelweide als politischer Dichter – In der Spruchdichtung Kritik an einer gestörten Ordnung", SB, S. 100ff.) mit in die Besprechung einbezogen werden.
Am Beginn können die Bilder nach einer genauen Betrachtung und Beschreibung dazu anregen, erste Einsichten in eine den Schülern doch recht fremde und ferne Lebensweise und Weltsicht zu gewinnen und Fragen nach den Gründen dieser Welterfahrung zu stellen. Die Jugendlichen könnten außerdem beim Blättern im ganzen Kapitel eine erste Zuordnung zu den Teilsequenzen versuchen. Es könnten auch Überlegungen angestellt werden, ob es heute ebenfalls exemplarische bildliche Darstellungen gibt, die etwas über das Lebensgefühl und die Weltsicht unserer Zeit aussagen. Hier bietet sich die Möglichkeit in Zusammenarbeit mit dem Fach Kunst, im Klassenzimmer eine kleine Präsentation geeigneter Bilder zu gestalten und mit kurzen erläuternden Texten zu versehen. An dieser Stelle sollen einige Hinweise zum Verständnis der beiden Bilder gegeben werden, auch im Sinne eines fächerübergreifenden Unterrichts.
Werden die Bilder zur Schlussbetrachtung nochmals herangezogen, so können die Schüler ihre ersten Einsichten kritisch überprüfen und ergänzend korrigieren.
In der ersten Teilsequenz soll bei den Schülern mit den Gedichten von Emanuel Geibel, Heinrich Heine und Günter Kunert über Fragen der Rezeption einer doch so fernen literarischen Epoche das Interesse an der mittelalterlichen Literatur geweckt und gleichzeitig ein erstes Bewusstsein darüber vermittelt werden, wie das Urteil über historische Epochen grundsätzlich zeitbedingt ist.
Die zweite Teilsequenz enthält Auszüge aus höfischen Romanen von Wolfram von Eschenbach und Hartmann von Aue, die die beiden Lebensformen des Mittelalters von Ritter und Mönch einander gegenüberstellen. Ergänzt durch wissenschaftliche Texte und Bilder können die Schüler ein differenziertes Bild und Urteil über diese Lebensformen gewinnen.
Die dritte Teilsequenz vermittelt über Minnelieder, Bilder und wissenschaftliche Texte ein anschauliches und genaues Bild vom mittelalterlichen Ritter als Minnesänger und von der Funktion des Minnesangs als einer Gestaltungsform höfischen Lebens.
Mit der Präsentation und Konzentration auf Walthers von der Vogelweide politische Lieder verfolgt die vierte Teilsequenz die didaktische Zielsetzung, dass die Schüler eine möglichst genaue Einsicht in die mittelalterliche „ordo-Vorstellung" gewinnen. Dazu dienen vor allem auch die ausgewählten Bilder.

S. 84–86: I,1.   Bilder der Nachwelt – Rezeption des Mittelalters

---

Der Zugang zur Welt des Mittelalters soll dem Schüler ermöglicht werden, indem er sein eigenes „Mittelalter-Bild" mit Entwürfen aus der literarischen Tradition vergleicht. Es soll ihm klar werden, wie verschieden vergangene Epochen im Laufe der geschichtlichen Entwicklung beurteilt wurden.
Eine vergleichende und kritisch wertende Text- und Bildinterpretation zeigt am Beispiel Barbarossas die Probleme der literarischen Rezeption und die Gefahr des ideologischen Missbrauchs einer historischen Figur in der Literatur. Die Aufgabenstellung verlangt vom Schüler über sinnerschließendes Lesen und über einen Konspekt die genaue Erschließung der Textmotive. Über eine gestaltende Text-Bild-Collage zu einer historischen Figur, über einen Text-Bildvergleich und in einer abschließenden Diskussion über die Intention der Autoren sollen die Schüler zu einer ersten Bewertung der in den Texten und in dem Kupferstich entworfenen Vorstellungen vom Mittelalter gelangen. In einem Ergebnisprotokoll werden die Ergebnisse dieser ersten Teilsequenz festgehalten.

Mögliche Ziele:

1. Sinnerschließendes Lesen von Gedichten als erster Zugang zur Themenstellung
2. Über einen Konspekt die Motive der Gedichte und die Absichten der Dichter erschließen
3. Entwerfen einer Bild-Text-Collage zu einer historischen Figur
4. Diskutieren über Darstellungsabsichten in literarischen Texten und Bildern
5. Erklären, warum diese Gedichte als Zeitdokumente zu verstehen sind

Seite 85

Texterläuterungen:

Das Gedicht „Friedrich Rotbart" von **Emanuel Geibel** steht ganz in der Tradition der Verherrlichung mittelalterlichen deutschen Kaisertums.[24]

„Poetisierung und Idealisierung des Mittelalters aber nahmen Formen an, die in krassem Gegensatz zu der oft grausamen Wirklichkeit jenes „ritterlichen" Säkulums standen. Es war, als wenn die Dichter der Romantik, fasziniert von holdseligen Minneliedern und dem Ideal eines Rittertums mit dem Profil des Bamberger Reiters, diese Wirklichkeit übersahen. Sie schufen eine Märchenwelt, die während des ganzen 19. Jahrhunderts in Bildern und Buchillustrationen, in Denkmälern, Balladen und Theaterstücken weiterlebte. [...]
Spätmittelalterliche Stauferanhänger und „vaterländisch" gesinnte Patrioten des 19. Jahrhunderts waren der Auffassung, dass Kaiser Friedrich I. und Friedrich II. durch die Kunst ihrer Staatsgestaltung, ihren beharrlichen Reformwillen, ihre aufgeklärte Denkungsart Maßstäbe und Ziele von überzeitlicher Geltung gesetzt hatten, die auch die Nachwelt verpflichten. Den großen Vertretern des staufischen „Heldengeschlechtes" traute man zu, dass sie selbst oder einer ihrer geistigen und leiblichen Erben in naher oder ferner Zukunft von neuem in den Gang der Geschichte eingreifen, um für den gesamten Erdkreis eine Zeit des inneren und äußeren Friedens heraufzuführen. Auf Friedrich Rotbart, den Garanten und Anwalt einer neuen Reichsherrlichkeit, der im Kyffhäuser, in Kaiserslautern oder im Untersberg bei Salzburg halb schlafend, halb wachend seiner Wiederkunft entgegenharrte, richtete sich bis ins ausgehende 19. Jahrhundert die „Sehnsucht der Nation". Spätmittelalterliche Stauferanhänger glaubten und hofften, dass Friedrich nicht für immer gestorben sei, sondern als endzeitlicher Friedensherrscher wiederkomme – sei es in eigener Person, sei es in Gestalt eines nicht minder tüchtigen Nachfahren. [...]
Bei der Ausbildung und Aneignung staufischer Geschichtssagen ging es nicht allein um die Erinnerung an eine große Zeit deutscher Geschichte; mit der Zuwendung zur vermeintlichen oder tatsächlichen staufischen Vergangenheit verband sich auch immer der Ausblick auf eine segensreiche Zukunft, in der das segenstiftende Vermächtnis der Staufer, so wie es in der Sage „von Keyser Freiderichs vermeynter Widerkunfft" literarische Gestalt gewonnen hatte, den Gang der Geschichte bestimmen sollte. [...]
Die mittelalterliche Kaisersage zählte in den Dreißigerjahren unseres Jahrhunderts zu jenen „hartnäckigen Träumen", die in Zeiten der Krise rettende Kräfte mit den richtigen Konzepten mobilisieren. Der Glaube an einen verborgenen Retter gehöre zur geistigen Welt des „ewigen Germanien"; er beinhalte die dem deutschen Volkstum „eingeborene Eschatologie", die „vom grauen Mythos über die Volkssage bis in die politische Aktualität der Gegenwart" hereinreiche. Aktuell war in der Endphase der Weimarer Republik die Sehnsucht nach einem charismatisch begabten Ordnungsstifter, der nicht nur das Chaos der Parteien- und Parlamentswirtschaft beseitigt, sondern einer ihres natürlichen Lebensraumes beraubten Nation von neuem das Bewusstsein vermittelt, „Schutz- und Ordnungsvolk Europas zu sein". [...]

Heinrich Heine (1797–1856) setzt sich in seinem Versepos „Deutschland. Ein Wintermärchen" mit dem Mythos Kaiser Barbarossas kritisch auseinander.
Heine verarbeitet in diesem zeitkritischen Reisebericht die Eindrücke seiner Reise von Paris nach Hamburg 1843. Inkognito kommt er an die deutsche Reichsgrenze und muss zusehen, wie ein preußischer Zollbeamter sein Reisegepäck nach Waren und verbotenen Büchern durchsucht. Heine spottet: „Ihr Toren, die ihr im Koffer sucht!/ Hier werdet ihr nichts entdecken!/ Die Konterbande, die mit mir reist, / Die hab ich im Kopfe stecken!" Der Dichter kritisiert die Engstirnigkeit und Heuchelei einer autoritär-konservativ-restaurativen Politik vor der Revolution von 1848. Im Vorwort zur Erstausgabe weist er die mögliche Kritik an seiner kosmopolitischen und humanistischen Position als deutscher Patriot im Exil entschieden zurück:

„Wir sind im Herzen gewappnet gegen das Missfallen dieser heldenmütigen Lakaien in schwarz-rot-goldner Livree. Ich höre schon ihre Bierstimmen: du lästerst sogar unsere Farben, Verächter des Vaterlands, Freund der Franzosen, denen du den freien Rhein abtreten willst.
Beruhigt euch. Ich werde eure Farben achten und ehren, wenn sie nicht mehr eine müßige und knechtische Spielerei sind. Pflanzt die schwarz-rot-goldne Fahne auf die Höhe des deutschen Gedankens, macht sie zur Standarte des freien Menschentums, und ich will mein bestes Herzblut für sie hingeben."[25]

In dieser Deutschland-Satire in 27 Kapiteln kritisiert Heine scharf einen militanten Nationalismus und eine religiöse Bevormundung in „seinem Vaterland", die Burschenschaften, den Franzosenhass, die Vielstaaterei und die Begeisterung für ein falsch gesehenes Mittelalter. Geprägt ist diese scharfe Kritik von einer tiefen und schmerzlichen Liebe zu eben diesem Vaterland. Auf seinen Stationen über Aachen, der ehemaligen Residenzstadt Karls des Großen, gelangt er nach Köln mit seinem Dom; für ihn ein Sinnbild der Macht der römischen Kirche, in der „die deutsche Vernunft verschmachten" solle.
Im Gespräch mit dem alten „Vater Rhein" beklagt sich dieser über den Besitzanspruch an ihn zwischen den Franzosen und den Deutschen, also über eine nationale Vereinnahmung. Über den Teutoburger Wald und Paderborn geht die Reise weiter; über Minden erreicht er Hamburg. Dort begegnet er nach 13 Jahren im Exil seiner alten Mutter und seinem Verleger Campe. In einer Traumvision mit Harmonia, Hamburgs Schutzgöttin, redet sich der Dichter allen Ärger von der Seele: seinen Ärger über die Rückständigkeit des deutschen Reichs, über die Zensur und die Verfolgung liberaler Ideen. Und er spricht von seiner Liebe zu seiner Heimat. Er hofft auf ein „neues Geschlecht, Ganz ohne Schminke und Sünden, / Mit freien Gedanken, mit freier Lust ..."
Heine konfrontiert auf seinen Reisestationen die gegenwärtigen Verhältnisse mit Figuren und Symbolen aus der Vergangenheit, um so Kritik an der Restauration des Vormärz zu üben und den Verlust fortschrittlicher Traditionen aufzuzeigen: Dies geschieht in fantasierten Dialogen, in Anspielungen, Träumen und Reflexionen in einer assoziativen Reihung.

---

[24] Zur Wirkungsgeschichte und über die Überlieferung des staufischen Kaisertums informieren anregend die Aufsätze von:
– Karl Schreiner: Die Staufer in Sage, Legende und Prophetie, S. 249ff.
– Walter Migge: Die Staufer in der deutschen Literatur seit dem 18. Jh., S. 275ff.
Beide in: Die Zeit der Staufer. Geschichte – Kunst – Kultur. Kataloge der Ausstellung, hrsg. von Reiner Haussherr. – Stuttgart (Württembergisches Landesmuseum) 1977, Bd. 1.
[25] Walter Jens (Hrsg.): Kindler Neues Literaturlexikon. – München (Kindler) 1990, Bd. 7, S. 568.

Im Gegensatz zu den großen Städten zeichnet Heine in den Kapiteln 8–10 die Landschaft Westfalens liebevoll als eine rückständige Region, in der die „Prahlerei" der Städte noch nicht Einzug gehalten habe. Seine Kritik an der großspurig geplanten nationalen Gedenkstätte des Hermann-Denkmals leitet über zur Auseinandersetzung mit der Figur Kaiser Barbarossas.

Während der Fahrt in der Postkutsche schläft er ein und träumt von einer Unterhaltung mit Kaiser Barbarossa im Kyffhäuser. Er klärt ihn über die politische Entwicklung auf, berichtet vom Tode Ludwigs XVI. während der Revolution in Frankreich. Barbarossa ist entsetzt, und es kommt zum Streit. Der Dichter lehnt despektierlich die Person des Kaisers und ihre mögliche Wiederkehr ab. In der Zeit der Romantik wurde die deutsche Vergangenheit des Mittelalters wiederentdeckt und die Figur Kaiser Barbarossas zum Symbol für die Reichsidee, für soziale Gerechtigkeit sowie für eine kluge und weise politische Führung. Heine nimmt die im Traum geäußerte Kritik an der Monarchie nach dem Erwachen ironisch zurück. Er beurteilt das alte „römische Reich deutscher Nation" letztlich besser als das gegenwärtige regierende „Komödienpack", das sich zu Unrecht auf die Vergangenheit beruft.

Heine entlarvt den Versuch der regierenden Hohenzollern, sich als Nachfolger der Staufer darzustellen (Kap. 14–17).

„Anfangs- und Schlusskapitel formulieren an exponierter Stelle Heines unter dem Einfluss des französischen Frühsozialismus (SAINT SIMON) entwickeltes sozialrevolutionäres Programm, das gegen Nationalismus und religiöse Bevormundung eine sinn-lich und ästhetisch befriedigte Menschengemeinde fordert: „Wir wollen hier auf Erden schon / Das Himmelreich errichten. // ... Ja, Zuckererbsen für jedermann, / Sobald die Schoten platzen! / Den Himmel überlassen wir / Den Engeln und den Spatzen. / ... Die Jungfer Europa ist verlobt / Mit dem schönen Genusse / Der Freiheit, sie liegen einander im Arm, / und schwelgen im ersten Kusse." (Kap. 1); Kap. 27 nennt als eigentlichen Adressaten die dem aussterbenden „Geschlecht der Heuchelei" nachfolgende Jugend: „Es wächst heran ein neues Geschlecht / Ganz ohne Schminke und Sünden, / Mit freien Gedanken und freier Lust – / Dem werde ich alles verkünden."[26]

1 Vor der Besprechung der drei Texte zur Rezeption des Mittelalters könnten die Schüler nach ihren eigenen Vorstellungen befragt werden. Als Antworten sind möglich:
- „Finsteres Mittelalter";
- Zeit von Krankheiten/Epidemien/Not;
- Zeitalter der Orden und Klöster;
- Kunstepochen der Romanik und Gotik;
- Zeit der Burgen/Kreuzzüge/des Raubrittertums;
- Ende des Mittelalters: Hexenverbrennungen.

1a/b Das *sinnerschließende Lesen* kann die Intention der drei Texte verdeutlichen. Dies „Probehandeln" als Zugang zum Text kann wesentlich die Formeigenarten und inhaltlichen Merkmale einsichtig machen, die in einer Strukturskizze als einer möglichen Form des Konspekts festgehalten werden.

Tempo	Lautstärke/Betonung	Form	Inhalt
1. Geibel: vierhebiger Trochäus getragen/feierlich Str. 1–8	verhaltene Stimmführung, Betonung der charakterisierenden Begriffe wie Z. 3 alt Z. 5 Purpurmantel Z. 8 Schlafes Z. 10 Ernst und Milde usw.	Strophe 1–8: Darstellung einer Sage	Strophe 1–8: Beschreibende Darstellung einer vergangenen historischen Situation, einer alten Sage
Aber ab Str. 9: Tempo beschwingter, drängender	Lautstärke steigern mit „Aber" (Z. 33) → Wendepunkt Z. 43 Betonung von „Schwerte" und „Harfen" Z. 45 „Und" betonen: → begeisterte Zustimmung	Ab Strophe 9: – Aufruf – Zustimmung Vision von einer zukünftigen politischen Ordnung	Ab Strophe 9: – emphatische Zukunftsvision mit appellativem Charakter an die deutschen Völker
2. Heine: Teil 1 flüssig im Vortrag	Zeile 1–8: mittlere Lautstärke Z. 9 Frage mit gehobener Stimme → Zweifel Z. 10–13 sachlicher Vortragston → Pause	Strophe 1–4: Darstellung des im Kyffhäuser sitzenden Barbarossas	Strophe 1–4: Sagenmotiv
Ab Z. 14–25 Steigerung des Tempos → Ausrufe Ab Z. 25 Tempo langsamer	Ab Z. 14 Steigerung des Tones z.B. Z. 21 Aufzählung betonen Z. 24 Pause Z. 27–28 Ausruf der Begeisterung Z. 29–32 steigender Ton zum Ausruf hin	Strophe 4–7: Steigerung: Gerichtstag des Kaisers, Drohung Strophe 8–9: Hoffnungsvoller Ausruf	Strophe 4 Mitte: Gerichtstag des Kaisers mit den Feinden der Jungfrau „Germania!" Strophe 8: Drohungen gegen Feinde Strophe 9: Begeisterung für die zukünftige Ordnung
Heine: Teil 2 Z. 1–12: vorwurfsvoller Ton → rasches Tempo Z. 13–20: verhaltender Ton Ab Z. 21: rasches, energisches Tempo	Strophe 1–3: Laut im Ton → Entrüstung bis hin zum Ausruf in der letzten Strophenzeile Z. 13–20: zunehmende Steigerung der Lautstärke Strophe 6–9: Gegenrede in heftiger Lautstärke	Anklage Vorwurf Strophe 4–5: Reflexion des lyrischen Ichs	Barbarossa entrüstet sich über die Französische Revolution → mangelnder Respekt vor legitimer königlicher Macht Strophe 4–5: Bewertung der Rede Strophe 6–9: Unzeitgemäßheit des Kaisers

[26] A. a. O., S. 567.

Tempo	Lautstärke/Betonung	Form	Inhalt
3. Kunert:[27] Strophe 1–3: getragenes Lesetempo Siehe: 4-hebiger Trochäus Strophe 4–6: drängend mit Pausen Z. 20 und 25	Strophe 2: verhaltener, vermutender Tonfall Z. 12 bestätigend Z. 17 und 20: „wären" ist wohl zu betonen: → Vermutungen, auch fragende Feststellungen Strophe 6: Z. 36 und 37 ist das Wort „deutsch" zu betonen Aufzählung der Schlachtorte vielleicht beiläufig in der Betonung: verfremdend Strophe 1, 3, 5, 7, 9: Refrain ironisch-bestätigender Tonfall	Strophe 1, 3, 5, 7 und 9: Refrain mit Variationen in der Wortwahl z.B. Z. 2 „hell" Z. 14 „fahl" Z. 29 „ohne" Schein Strophe 4, 6, 8: Mythos wird durch historische Erfahrungen entlarvt.	Der Mythos von der Wiederkehr des weisen Kaisers Barbarossa wird kritisch vorwurfsvoll entlarvt.

2 Die Lösung dieser Aufgabe soll den Schülern zeigen, dass es eine gemeinsame Tradition in der bildenden Kunst und in der Literatur gibt, die einer Verherrlichung mittelalterlicher Kaisergröße und Heldentums diente. Diese Aufgabe verlangt in einem zweiten Lernschritt genaues *Lesen mit dem Bleistift*. Es empfiehlt sich, die **Collage** zunächst nur mit Geibels Gedicht durchzuführen und dann erst in einem zweiten Schritt die Gedichte von Heine und Kunert mit heranzuziehen.

Geibel	Kupferstich von Merz
Z. 1–4: Kaiser sitzt am Tisch im Kyffhäuser Z. 5–8: Pracht der Rüstung: doch „Schlaf" des Kaisers Z. 9–10: Antlitz, geprägt von Ernst und Milde Bart durch Marmortisch gewachsen Strophen geben ein Abbild des Kupferstiches Z. 25: allgemeines Schweigen; Warten auf „großen Morgen" Z. 41: „auf dem Helm trägt er die Krone"	Inschrift: „Seyd einig, einig, einig. " → Kaiser eines geeinten Deutschlands Schilde, Helme und Waffen der deutschen Bundesstaaten (links) → Wehrhaftigkeit Pilgerausrüstung des St. Jakob-Pilgers (rechts) → Frömmigkeit des Kaisers Kaiser trägt das Reichsschwert → Herrschersymbol über dem Kaiser schwebt eine Friedenstaube → Friedensbringer im „unterirdischen Bereich" schmieden Zwerge Waffen

3a-c Das Gedicht von Geibel und das Bild von Merz dienten der Weckung patriotischer Gefühle und nationalen Stolzes auf die vergangene Zeit staufischer Kaiserherrlichkeit und als Appell an die eigene Zeit, an diese verloren gegangene Größe wieder anzuknüpfen. Heine und Kunert stellen in ihren Gedichten diese Vorstellungen in Frage. Sie entlarven diese in ihrer Fragwürdigkeit aufgrund der Erfahrungen der deutschen Geschichte des 19. und 20. Jahrhunderts. Folgende Aussagen können zur Begründung herangezogen werden:

Heine:	Kunert
Teil 1: Z. 3–4: Barbarossa sitzt auf steinernem Stuhl ... Z. 5–6: Sein Bart ist rot wie Feuerflammen Z. 9: Frage, ob er schläft oder denkt Z. 23–24: Kaiser hält Gericht und straft die Mörder	1. Str.: Motivaufnahme: Barbarossa im Kyffhäuser/„hellem Schein"; 2. Str.: Wiederkunft: als „Schlagetot"; 3. Str.: Barbarossas „mürbes lauerndes Gebein" bei „fahlem Schein"; 4. Str.: Modernes Kriegsgerät könnte ihn wieder wecken; 5. Str.: Barbarossas „ohne Schein" außerhalb von Zeit und Sein"; 6. Str.: Imperiale Politik Barbarossas verglichen mit der des 2. Weltkrieges;

Heine:	Kunert
Z. 31–32: Barbarossas Zorn ist ohne Nachsicht Teil 2: Z. 7–8: Barbarossa protestiert gegen die Ermordung Ludwigs XVI.	7. Str.: ein Kaiser ohne Reich: Bezug zur Gegenwart: BRD – DDR; 8. Str.: die Deutschen als „Opfer der Geschichte": „der gute Deutsche ist ein ausgestopfter"; 9. Str.: Barbarossa als „Schimmelpilz" und als „betrogene Hoffnung"; Appell, die Geschichte selbst in die Hand zu nehmen.

In Heines „Traum" ist das Verhältnis zu der sagenumwobenen Figur ambivalent: Einerseits knüpft er die Hoffnung auf bessere politische Zustände im restaurativen deutschen Reich an die Sage des staufischen Kaisers, andererseits kritisiert er die restaurativen Tendenzen, die mit dem Barbarossa-Mythos verbunden sind.

Kunert stellt in parodistischer Weise die deutsche Heldenideologie in Frage, indem er sie mit den realgeschichtlichen Folgen konfrontiert. Diese war bzw. ist in der zum Klischee verstaubten, sagenhaften Barbarossa-Gestalt personifiziert.

In Strophe 8 z.B. argumentiert Kunert ideologiekritisch und verweist auf die imperialistischen Triebkräfte eines missbrauchten Heldentums. Er stellt schonungslos die katastrophalen Folgen für den Einzelnen heraus: Dieser wurde immer wieder in der deutschen Geschichte für ein falsches heroisches Nationalgefühl missbraucht und instrumentalisiert. Egoistische Machtcliquen haben ihn entwürdigt und geopfert (s. die Romane von Arnold Zweig: Der Streit um den Sergeanten Grischa, Opfer vor Verdun; Wolfgang Koeppen: Tod in Rom; Günter Grass: Die Blechtrommel, Katz und Maus; Hans Magnus Enzensberger: verteidigung der wölfe gegen die lämmer). Kunert hofft, dass die Menschen sich diesem Machtmissbrauch entziehen und ihre Geschichte selbst gestalten. Diese Ergebnisse können von den Schülern in einer sorgfältig vorbereiteten und klar strukturierten Diskussion (s. SB, S. 232 und 480) erarbeitet und bewertet werden. Die Ergebnisse hält am besten ein „Expertenteam" in einem Ergebnisprotokoll fest. (Als zusätzliches Rezeptionsbeispiel könnte Ludwig Uhlands „Schwäbische Kunde" gewählt werden.)

[27] Hilfreiche Interpretationshilfen sind zu finden: Zu der Art der „historisierenden" Gedichte von Emanuel Geibel zu seinem Gedicht „An König Wilhelm", in: (Hrsg.) Günter Häntschel: Vom Biedermeier zum Bürgerlichen Realismus in: Gedichte und Interpretationen, Bd. 4 – Stuttgart (Reclam) 1983.
Zu Heinrich Heine: Peter Haida: Heinrich Heine: Deutschland. Ein Wintermärchen. In: Anregungen für den Literaturunterricht, hrsg. von Dietrich Steinbach. – Stuttgart (Klett) 1986.
Zu Günter Kunert: Eine Ballade infolge ... In: Christian Freitag: Ballade. Themen, Texte, Interpretationen. – Bamberg (Buchners) 1986. Der Band enthält eine Reihe informativer Aufsätze zu Volksballade, Bänkelsang und zur Entwicklung der Kunstballade bis zur Gegenwart.

S. 87–91: I,2.   Ritter und Mönch – Zwei Lebensformen des Mittelalters

In diesem Kapitel sollen die traditionellen, von ideologischer Verzerrung späterer Jahrhunderte bestimmten Vorstellungen korrigiert werden, indem der Schüler durch die Beschäftigung mit zentralen Textstellen aus der höfisch-erzählenden Literatur sich selbst ein ‚Bild machen‘ kann vom mittelalterlichen Welt- und Selbstverständnis zweier typischer Lebensformen: von der des Ritters und der des Mönchs. Die Textauswahl stellt dem Schüler gleichzeitig zwei bedeutende Dichter des Hochmittelalters vor: Wolfram von Eschenbach mit einem höfischen Roman und Hartmann von Aue mit einer „höfischen Legende“. Die Auswahl der Texte dieser beiden Dichter zeigt das höfische Leben als gesellschaftliches Idealbild: Im Mittelpunkt steht der höfische Ritter, der sich durch seine höfische Gesinnung auszeichnete, nach höfischer Liebe strebte (vgl. I,3 Der höfische Ritter als Minnesänger) und sein Leben an höfischer Tugendhaftigkeit orientierte. Diesem Leitbild werden die Vorstellungen vom „mönchischen Leben“ – der Askese, der Weltabgeschiedenheit und Frömmigkeit – gegenübergestellt. Die Bilder dienen der Veranschaulichung der ausgewählten Textstellen. Wie brüchig dieser ‚ideale Entwurf‘ einer ritterlichen Lebensform schon kurz nach seiner Konzipierung wurde, kann ein Blick auf „Meier Helmbrecht“ von Wernher dem Gärtner zeigen, der das Idealbild des Hochmittelalters dem Raubrittertum seiner Zeit entgegenhält.

Mögliche Ziele:

1. Über Exzerpieren und Präsentieren sowie Beschreiben die Leitbilder vom ritterlichen und mönchischen Leben erarbeiten und ihre Wertvorstellungen bewerten
2. Über einen Vergleich von Bild und Text zu einer differenzierten Vorstellung mittelalterlicher Leitbilder von Ritter und Mönch gelangen
3. Verhaltensnormen einer vergangenen Epoche mit eigenen Vorstellungen vergleichen und kritisch bewerten

Seite 91

Text- und Bilderläuterungen:

Wolframs von Eschenbach „Parzival“ war im Mittelalter die berühmteste deutsche Dichtung. Das um 1200 begonnene und wohl 1210 vollendete Werk ist in 84 Handschriften überliefert. Wolfram verbindet märchenhafte Motive mit Sagenmotiven vom heiligen Gral und vom keltischen König Artus. In seinem Prolog zum Epos in 25810 Versen führt der Dichter grundlegende Gedanken zum Verständnis seines Werkes aus. Er versucht die Unsicherheit der gesellschaftlichen Gruppe der Ritter, die in ihrem Bestreben nach geistiger Selbstständigkeit zweifelt, zu beschreiben. Er stellt den „zwivel“ (Zweifel) der „staete“ gegenüber.

„Wolframs Parzival hat drei Helden: Parzivals Vater Gahmuret, von dem die ersten beiden Bücher erzählen; Parzival selbst, der in den Büchern III bis VI, IX und XV–XVI im Mittelpunkt steht; und schließlich sein Freund und Verwandter Gawan, dem die Bücher VII–VIII und X–XIV gewidmet sind. Die Bucheinteilung stammt von Karl Lachmann (in seiner kritischen Parzival-Ausgabe von 1833) und hat sich durchgesetzt, obwohl nicht sicher ist, dass die Einteilung in sechzehn Großabschnitte auf Wolfram zurückgeht. *Die Gahmuret-Vorgeschichte (Buch I–II)*: Parzivals Vater Gahmuret zieht in den Orient und heiratet dort die schwarze Königin Belakane. Doch es hält ihn nicht in dieser Ehe. Heimlich verlässt er seine Frau, die einen schwarz-weiß gescheckten Sohn, Feirefiz, gebiert. Gahmuret kehrt in den Westen zurück, heiratet Herzeloyde, die Schwester des Gralkönigs Anfortas, und fällt im Kampf, bevor sein Sohn Parzival geboren ist.

Die erste Parzivalpartie (Buch III–VI): Herzeloyde zieht ihren Sohn in der Wildnis auf, um ihn vor den Gefahren des Ritterlebens zu bewahren. Als Parzival jedoch drei Ritter trifft, die ihm von König Artus erzählen, will er auch Ritter werden. Beim Aufbruch bemerkt er nicht, dass seine Mutter tot umfällt. Am Artushof wird seine Torheit belacht. Er tötet Ither, den Roten Ritter, und zieht dessen Rüstung an. Bei Gurnemanz wird er höfisch erzogen. In Belrapeire steht er der Königin Condwiramurs gegen ihre Feinde bei und heiratet sie. Nach wenigen Monaten bricht er wieder auf. Er gelangt nach Munsalvaesche, wo er den wunderbaren Aufzug des Grals miterlebt. Aus Anstand fragt er nicht nach den Leiden des Gralkönigs Anfortas. Am nächsten Morgen ist das Schloss leer. Am Artushof wird Parzival in die Tafelrunde aufgenommen; die Festfreude endet, als die Gralsbotin Cundrie erscheint und Parzival verflucht, weil er die Erlösungsfrage nicht gestellt hat. Parzival hadert mit Gott und will nicht ruhen, bis er den Gral wiedergefunden hat. Auch Gawan verlässt den Artuskreis, als ein Bote König Vergulahts ihn zum Gerichtskampf lädt.

Die erste Gawanpartie (Buch VII–VIII): Die Erzählung folgt nun den Abenteuern Gawans. In Bearosche wird er in den Konflikt zwischen dem Fürsten Lippaut und König Meljanz hineingezogen. Als Frauenritter im Dienst von Lippauts kleiner Tochter Obilot greift er in die Kämpfe ein, und es gelingt ihm, den Streit zu schlichten. In Schapfanzun beginnt er ein Liebesverhältnis mit Vergulahts Schwester Antikonie, wird dabei aber überrascht und von einer aufgebrachten Menge angegriffen. Der Gerichtskampf wird verschoben.

Parzival bei Trevrizent (Buch IX): Viereinhalb Jahre lang ist Parzival schon auf der Suche nach dem Gral. Am Karfreitag kommt er in die Klause seines Oheims Trevrizent, des Bruders von Herzeloyde und Anfortas. In langen Gesprächen forscht Trevrizent nach den Ursachen von Parzivals Gotteshass und öffnet ihm die Augen für seine Sünden: Unwissentlich hat er den Tod der Mutter verschuldet und hat in Ither einen Verwandten getötet. Trevrizent belehrt den Neffen über Gottes Barmherzigkeit und berichtet ihm von den Geheimnissen des Grals. Als ein innerlich Gewandelter zieht Parzival weiter.

Die zweite Gawanpartie (Buch X–XIV): Gawan begegnet der Herzogin Orgeluse und trägt ihr seine Liebe an, wird jedoch mit Spott zurückgewiesen. Er besteht das Abenteuer von Schastel marveile und löst den Zauber, der über der Burg lag. Gawan wirbt weiter um Orgeluse, und schließlich wandelt sich ihre Ablehnung in Liebe. Gawan bereitet ein großes Fest vor, zu dem König Artus und sein Hof geladen werden. Als alle versammelt sind, verlässt Gawan allein das Lager und trifft auf einen fremden Ritter; er kämpft mit ihm, ohne zu wissen, dass es Parzival ist. Als Gawan schon fast besiegt ist, erkennen sie sich. Parzival wird feierlich in den Artuskreis zurückgeführt; er hat jedoch keinen Anteil an der Festfreude und verlässt heimlich das Lager.

Der Abschluss der Parzivalhandlung (Buch XV bis XVI): Parzival trifft auf einen Unbekannten. Es ist sein Halbbruder Feirefiz, den den Spuren seines Vaters gefolgt ist. Parzival geleitet ihn an den Artushof. Dort erscheint Cundrie und verkündet, dass Parzival zum Gralkönig berufen worden ist. Mit Feirefiz zusammen zieht er nach Munsalvaesche und erlöst durch seine Frage Anfortas von seinen Leiden. Auch Condwiramurs kommt mit ihrem Sohn Loherangrin nach Munsalvaesche. Feirefiz verliebt sich in die Gralträgerin Repanse de Schoye, Anfortas' Schwester, lässt sich taufen, um Repanse heiraten zu können, und kehrt mit ihr in den Orient zurück. Ihr Sohn ist der Priester Johannes. Mit einem Ausblick auf die Geschichte von Loherangrin endet die Dichtung.

Die Sage von Parzival und dem Gral ist durch den französischen Dichter Chrétien de Troyes in die europäische Literaturgeschichte eingeführt worden. Seine unvollendete „Geschichte vom Gral“ (*Le conte du Graal, 9234 Verse, um 1180–1190*) bildet die Grundlage aller späteren Parzivaldichtungen und hat auch Wolfram als Hauptquelle gedient. Es gibt noch eine zweite französische Graldichtung aus dieser Zeit, die wahrscheinlich etwas jünger ist: die *Estoire dou Graal* von Robert de Boron (3514 Verse). In ihrer Auffassung des Grals gehen die beiden Texte weit auseinander. Bei Chrétien de Troyes ist der Gral eine goldene Schüssel, die bei der festlichen Mahlzeit im Schloss des „Reichen Fischers" zusammen mit der blutenden Lanze in feierlicher Prozession herumgetragen wird und die dazu dient, dem alten Gralkönig eine geweihte Hostie zu bringen. Bei Robert de Boron ist der Gral eine Passionsreliquie: der Kelch, den Christus beim letzten Abendmahl benutzt hat und in dem Joseph von Arimathia das Blut Christi am Kreuz aufgefangen hat. Es war lange strittig, ob der Gral aus christlicher oder aus keltischer Tradition stammt. Heute nimmt man meistens an, dass Chrétien de Troyes auf der Grundlage keltischer Motive dem Gral eine neue christliche Bedeutung gegeben hat und dass die Identifizierung des Grals mit dem Abendmahlskelch sekundär ist. Eine dritte, von den beiden französischen Dichtungen unabhängige Gralkonzeption bietet Wolfram von Eschenbach im *Parzival*. Bei Wolfram ist der Gral ein Stein, der auf wunderbare Weise alle gewünschten Speisen und Getränke hervorbringt und der jugenderhaltende und lebensverlängernde Kraft besitzt. Jeden Karfreitag kommt eine Taube vom Himmel und legt eine Oblate auf den Stein nieder; und manchmal erscheint auf dem Gral eine wunderbare Inschrift, die den Willen Gottes offenbart.

Die Herkunft dieser Gralvorstellung ist bis heute ungeklärt. Die Tischlein-deck-dich-Funktion stammt sicherlich aus französischer Überlieferung; die Steinform des Grals versucht man aus orientalischen Quellen abzuleiten." [...]

Zur Deutung des Werkes gibt Joachim Bumke folgende Hinweise:[28]

„Während es in den früheren Artusromanen in erster Linie um gesellschaftliche Probleme ging, rückt im Gralroman die religiöse Thematik in den Mittelpunkt. Dass Parzival auf der Gralsburg die Frage nicht stellt, die den Gralkönig erlösen kann, wird ihm als Sünde angerechnet. Der Sünder Parzival muss den Weg der Buße, den Weg der inneren Umkehr gehen; der Besuch bei dem Einsiedler Trevrizent wird zur entscheidenden Station auf dem Weg zum Gral. Wolfram hat die Sündenthematik von Chrétien übernommen, hat aber das Gewicht der Sünden anders verteilt. Auf Parzival lasten *„zwei große Sünden"* (499,20): Er hat den Tod der Mutter verschuldet und hat außerdem in Ither einen Verwandten getötet. Parzival wusste nicht, dass seine Mutter tot umgefallen ist, als er wegritt; und er wusste nicht, dass Ither sein Verwandter war, als er ihn erschlug. Parzivals Sünden sind ungewollt und unwissentlich begangen worden. Im Vordergrund steht bei Wolfram nicht das Problem der persönlichen Verantwortung, sondern eher der menschheitliche Aspekt der Sünde. Zugleich geht es um die Frage, wie sich die weltlich-höfischen Wertvorstellungen und die christlichen Glaubensgrundsätze zueinander verhalten. Wolfram hat darauf mit dem Bekenntnis geantwortet, dass es das höchste Ziel des Menschen sei, Gnade vor Gott zu finden und zugleich die Achtung der Welt zu erringen. In Parzivals Gralkönigtum ist dieses Ziel erreicht. Dieser harmonische Gedanke steht im Widerspruch zu der zeitgenössischen Sicht der Kleriker, nach denen der Mensch zwischen dem Glanz der Welt und dem Weg zu Gott wählen muss.

Die Gesellschaftsdarstellung im *Parzival* ist gegenüber der französischen Vorlage tiefgreifend verändert. König Artus und sein Hof sind nicht mehr der Bezugspunkt der ganzen Handlung. Daneben und darüber gibt es einen zweiten Gesellschaftskreis, die Gesellschaft des Grals, die in Munsalvaesche ihren Mittelpunkt hat. Beides sind höfische Gesellschaftsformen; gemeinsam sind ihnen der materielle Prunk, der Kodex der höfischen Umgangsformen und die Normen der ritterlichen Moral. Der wichtigste Unterschied liegt darin, dass die Gralgesellschaft unmittelbar von Gott gelenkt wird. Der Name „Templeisen" für die Gralritter deu-

tet darauf, dass Wolfram sich an der gesellschaftlichen Wirklichkeit der religiösen Ritterorden orientiert hat. Dazu passt, dass den Gralrittern Frauenliebe verboten ist. Durch Anfortas' Verstoß gegen dieses Verbot ist die Gralgesellschaft tiefgreifend gestört. Parzival und Gawan haben die Aufgabe, die gesellschaftliche Harmonie wiederherzustellen. Was Gawan für die Artusgesellschaft durch höfisch-ritterliche Vorbildlichkeit leistet, kann Parzival für die Gralgesellschaft mit Gottes Hilfe vollbringen. Ob damit alle Probleme gelöst sind, bleibt am Schluss jedoch offen." [...]

In der um 1195 entstandenen Verslegende „Der arme Heinrich" mit 1520 Versen charakterisiert **Hartmann von Aue** im Prolog sein Werk als ein Trostgedicht für „schwere Stunden" und als ein Preisgedicht auf Gottes Güte.

Zu Beginn (s. Text 2) schildert Hartmann den „herre Heinrich" (Vers 20) als ideales Vorbild eines ritterlich-höfischen Menschen, der edel, reich, schön, beliebt und angesehen ist: Er führt ein von „froide" geprägtes höfisches Leben. Ein mit dem biblischen Hiob vergleichbarer Schicksalsschlag macht aus dem weltfrohen Ritter den „armen Heinrich", der sein Unglück nicht fassen kann. Als ein reicher Mann sucht er bei allen Ärzten Hilfe und Rat gegen seinen Aussatz. Ein Arzt in Salerno (Italien) macht ihn darauf aufmerksam, dass Rettung nicht durch Geld möglich sei, sondern nur das „herzebluot" einer frei geborenen reinen Jungfrau, die sich freiwillig für ihn opfere, ihn retten könne. In verzweifelter Ohnmacht verschenkt er nach seiner Heimkehr sein ganzes Vermögen an Arme und Klöster, um durch gute Werke wenigstens seine Seele zu retten. Er zieht sich auf den Hof eines Pächters zurück, wo er von allen gemieden wird. Nur die Tochter des Pächters pflegt und tröstet ihn.

Nach drei Jahren erkennt Heinrich sein Leiden als Strafe für seine Weltverfallenheit und für seinen Hochmut an. Doch bleibt er dem Selbstmitleid verhaftet und ist nicht bereit Buße zu tun. Die Tochter des Pächters ist jedoch bereit, sich für Heinrich zu opfern, aus Liebe zu ihm. Doch er glaubt in seiner Verblendung, dass das Opfer eines Mitmenschen ihn retten könne und nicht Gott. Erst im letzten Augenblick, als das Mädchen nackt vor dem Arzt liegt, erfassen ihn Mitleid und Einsicht, und er wandelt sich: Er verzichtet auf das Opfer und akzeptiert seine Krankheit als Buße. Dieser inneren Umkehr folgt die wunderbare Genesung.

Hartmann will in dieser legendenhaften Erzählung auf die richtige Rangordnung der Lebenswerte hinweisen und kritisiert die absolute Betonung ritterlich-höfischer Ideale. Der Mensch muss begreifen, dass über allen irdischen Gütern Gottes Huld das „summum bonum" (höchste Gut) ist (s. SB, S. 104).

In dieser Erzählung vermischt Hartmann novellistische, märchen- und legendenhafte Züge. Märchenhaft ist der Schluss: Das Mädchen bekommt seinen Prinzen. Die Handlung ist novellistisch in der knappen Handlungsführung und in der Beschränkung auf zwei Hauptfiguren. Legendenhaft ist das Verhalten des Mädchens, das mit seinem Opfer die Märtyrerkrone erreichen möchte.

Außerdem zeigt die Liebe des Mädchens Züge christlicher caritas und personaler amor. Damit besitzt diese Erzählung innerhalb der mittelhochdeutschen Literatur eine Sonderstellung.

Der Bamberger Reiter, um 1235:

Die aus Sandstein gehauene Figur von etwa 2,30 Metern Höhe steht im Bamberger Dom am nördlichen Arkadenpfeiler des Georgenchores. „Die Meißelung einer monumentalen Reiter-

---

[28] Joachim Bumke: Wolfram von Eschenbach „Parzival", in: (Hrsg.) Walter Jens: Kindler Neues Deutsches Literaturlexikon, Bd. 17, S. 808ff. – München (Kindler) 1990.

figur war für einen Bildhauer im 13. Jh. eine ungewohnte Aufgabe. Auch lebensgroße Statuen wurden damals fast immer aus einem einzigen Block gemeißelt, nicht gestückt. Das gilt auch für sämtliche anderen Figuren im Bamberger Dom. Die Reitergruppe jedoch ließ sich nur aus mehreren Blöcken fertigen. Sie wurden in der Werkstatt fertig ausgearbeitet, dann an dem Dompfeiler montiert. Es ist kaum anders möglich, als dass diese Arbeit von einem vorbereitenden Modell begleitet war."[29]

Auf den Ostchor blickend sieht man über Mannshöhe auf einem schmalen Sockel den Reiter stehen: Er sitzt gelassen auf dem Pferd und wendet den Kopf in die Weite des Raumes nach Westen. Der erste Eindruck ist für den Betrachter faszinierend: „Sicher ist, dass der Bamberger Reiter, das älteste erhaltene Reiterstandbild der Nachantike, einen Großteil seiner Popularität diesem romantischen Akzent von Einsamkeit und Abenteuer verdankt, den der heutige Betrachter so leicht, so mühelos mit der Gestalt verbinden kann."[30]

Das Ross steht an der schmalen Kante des Sockels und hält wie am Rande einer Schlucht. Die Vorderbeine stehen parallel und fest. Das Pferd steht ruhig wartend neben der Wand. Seine Gestalt ist klar gegliedert: Seine Beine wirken stark und knochig, der Leib wohl gerundet und der Kopf massiv und muskulös. Details beleben die Form: eisenbeschlagene Hufe; der lange, gestriegelte Schweif, die Locken über der Stirn, die Mähne am Nacken und die Zotten an den Fesseln.

„Das Geschirr ist auf das Nötigste beschränkt; auf das Zaumzeug, das den Kopf gliedernd umgreift, und den Sattel, der durch breite, um Bauch und Brust geführte Gurte gehalten wird. Die Form des Sattels ist ungewöhnlich: Zwei hohe Lehnen reichen vorne und hinten bis fast zur Gürtellinie des Reiters hinauf.

Wohl durch den Sattel bedingt, sitzt der Mann sehr hoch; mehr über dem Pferd thronend als wirklich auf ihm reitend. Sein Fuß ist eher spielerisch mit den Zehenspitzen in den sehr kurzen Steigbügel geschlüpft und dreht die Ferse vom Pferdeleib weg, so dass die Sporen keinen Kontakt halten. Seine linke Hand fasst zwar den Zügel, doch schwingt dieser spannungslos zum leicht geöffneten Pferdemaul hinüber. Der Reiter hat sich locker zurückgelehnt. Zwischen der Schräge seines Oberkörpers und der Nackenlinie des Tieres klafft ein weiter Raum. Ein aktiver Wille wird nicht übertragen. Wollte der Reiter das Pferd wirklich unter sich versammeln, so müssten Schulter, Hüfte und Ferse senkrecht untereinander stehen, die Oberschenkel eng anliegen und die Fußspitzen in Richtung Pferdemaul zeigen. Auch wenn man weiß, dass die metallnen Zügel eine falsche Ergänzung aus jüngerer Zeit sind und die ursprünglichen stärker gestrafft waren, so ist das Pferd doch nicht beigezäumt. Sonst müssten Pferdemaul, Hand und Ellenbogen entschieden in einer Linie liegen und der Kopf des Pferdes nach unten gezogen sein. Das Tier aber blickt ungehindert und frei nach vorn, die Ohren wachsam aufgestellt. Der Reiter ist mit einem langen Leibrock bekleidet und einem Tasselmantel, dessen Enden unterhalb des Gürtels quer über die Schenkel geschlagen sind. Die rechte Hand greift mit dem Zeigefinger in den Mantelriemen, und zieht ihn straff nach vorn. Wie eine zweite Haut wird dadurch der Stoff glatt über die Rundung

der Schulter gespannt. Von diesem Punkt aus fällt das Gewand mit zunehmender Bewegtheit den Körper umspielend nach unten; leise gefältet noch unter der Achsel, deutlicher schon unter dem Arm bis zum Gürtel, die Schräge des Oberkörpers begleitend. Nun aber wird in lautem Kontrast die Strömungsrichtung geändert. Heftig zwischen den ruhigen Senkrechten der Sattellehnen sich bauschend, wird der Mantel mit aufsteigendem Faltenwurf dagegengesetzt. Unter dem Mantel stößt das Knie hervor, in der Rundung das Motiv der Schulter als schwächeres Echo wiederholend. Zweimal noch heftig schlagen die Falten, straffer durch die Schwere des Rocksaums nach unten gezogen, schattenfangend um das Bein des Reiters, und enden rückwärts am Bauch des Pferdes in einer wunderbar gegenläufigen Wellenspur. Mit der Schulter als oberem Punkt bilden der glatt gerundete, abgewinkelte Arm und der Mantelriemen ein gespanntes Dreieck, über das der schlanke, zylindrische Hals des Reiters hinwegragt. Schräg nach vorne geneigt, bereitet er die Haltung des Kopfes vor, auf die hin die ganze Komposition angelegt ist.

Das Pferd, und bis zur Schulter auch der Reiter, sind genau der vorgezeichneten Richtung des Pfeilers gefolgt, an der sie verharren. Der Kopf aber schert aus, ändert die Richtung und wendet sich frei nach außen. Und damit ist der Reiter nicht mehr nur auf die Fläche bezogen, an der er steht, sondern auf den ganzen, gewaltigen Raum des Domes, in den sein Blick einmündet. Fast ohne Einhalt setzt sich die aufragende Bewegung des Halses im gelängten Schädel des Mannes fort, dessen jugendliches Gesicht oben durch eine Buckelkrone und seitlich von Haupthaar eingefasst ist. Im Wechsel fallender und steigender Diagonalen und im Gegensatz belebter und ruhiger Flächen, eingetiefter Räume und plastisch vorgewölbter Volumen entfaltet sich der Ausdruck. Unter dem Stirnreif quillt wellig und dicht das Haar hervor und fällt wie ein dick gewirkter Flockenmantel, nach vorn sich öffnend, bis in den Nacken herab. Seitlich schwingen seine Flächen, vom Schädel Abstand gewinnend, schräg nach außen. Im Gegensatz dazu erlangt von der Kinnspitze aufwärts, in den ansteigenden Schrägen der Wangen, der Kopf zunehmend Breite und mündet im vollen Rund der Krone, deren unterer Rand die Stirne waagrecht begrenzt.

Über den Augenlidern steigen schräge Falten zur Nasenwurzel; die Brauen nähern sich an; die glatte Ruhe der Stirn ist gestört. Der leicht geöffnete Mund schiebt die Lippen nach vorn; die Spannung der Wangenflächen nimmt zu. Unmerklich fast ist der mimische Ausdruck im Wandel. Hinter der gelassenen Selbstgewissheit keimt Zweifel, hinter der gelösten Haltung wächst Unruhe auf. Das Pferd hat die Ohren gespitzt, der Mantelriemen ist gespannt. Witternd gleichsam, wendet der Reiter den Blick in den Raum. Was lässt ihn aufhorchen, und woher kommt der Impuls, dem er nachspürt? Lauscht er einem Ruf aus der Ferne oder einer inneren Stimme? Bewegen sich Schatten am Horizont oder bewegen ihn Bilder, die innen, aus der Erinnerung aufsteigen? Die Frage ist müßig; im Reiter wirkt beides zusammen. Inneres und Äußeres in einem, vergegenwärtigt der Ausdruck dieses sensiblen, beseelten Gesichtes; es zeigt nicht einen abgeschlossenen Zustand, sondern einen lebendigen Vorgang: das Gewahrwerden. Ein Vorbehalt aber muss bleiben, da das Bildwerk ursprünglich farbig gefasst war. Das Pferd hatte eine rotbraune, der Mantel eine blaue Tönung. Krone, Gürtel und Zaumzeug waren vergoldet, die Augäpfel des Reiters trugen aufgemalte Pupillen. Die erhaltenen Farbspuren sind aber zu gering, um den ursprünglichen Zustand überzeugend rekonstruieren zu können. So kann die Deutung nur jene Ausdruckswerte erfassen, die durch die plastische Form bestimmt sind."[31]

Einen weiteren Deutungsansatz gibt Walter Schlesinger:[32]

„[...] Der König hat sich im Krippensattel zurückgelehnt. Sein kurzes, gegürtetes Gewand – für einen König auffallend schlicht – schmiegt sich eng dem wohlgeformten, schlanken Körper an und ist am Halsausschnitt mit einer rautenförmigen Agraffe geschlossen. Der Tasselmantel ist von der Schulter gesunken und

[29] Walter Schlesinger: Unbekannter reitender König (Bamberger Reiter). In: Die Zeit der Staufer. Geschichte – Kunst – Kultur. Katalog der Ausstellung, Bd. I; S. 316f. – Stuttgart (Württembergisches Landesmuseum) 1977.

[30] Kraft/Geer: Der Bamberger Reiter, um 1235. In: Meisterwerke der Kunst. Folge 32/1984, hrsg. Zur Förderung des Kunstunterrichts von der Landesstelle für Erziehung und Unterricht Stuttgart mit Unterstützung des Ministeriums für Kultus und Sport Baden-Württemberg. – Villingen (Neckar-Verlag) 1984, S. 14

[31] A.a.O., S. 15.

[32] Walter Schlesinger: Unbekannter reitender König (Bamberger Reiter). In: Die Zeit der Staufer. Geschichte – Kunst – Kultur. Katalog der Ausstellung. – Stuttgart (Württembergisches Landesmuseum), Bd. 1, S. 316f., 1977.

gibt den Blick auf Brust und Rumpf frei. Der spitz abgewinkelte Arm mit den auffallend schmalen Gelenken und die Mantelschnur schließen sich vor der Brust zu einem vorwärts gerichteten Dreieck zusammen. Das Haupt, vom Kinn zur Stirn hin auseinander strebend und von einem weit abstehenden Haarkranz umschlossen, ist in Dreiviertelansicht ins Langhaus gewandt. Der Blick aus den tiefliegenden und von zusammengezogenen Brauen überschatteten Augen ist betont dargestellt – der König hat im Reiten innegehalten. Das Pferd steht, aber noch sind Hals und Kopf erhoben, die Ohren erwartungsvoll gespitzt, die eine Hinterhand ist scharrend bewegt. Den *equus animosus et alacer*, das feurige und lebhafte Pferd, rühmt 1729 die erste Beschreibung. Offensichtlich beruht die Darstellung mindestens partiell auf genauer Naturbeobachtung. Die Umrisse von Ross und Reiter weisen in entgegengesetzte Richtungen. Er stemmt sich zurück, Hals und Kopf des Pferdes aber schieben sich wie ein Keil bis an die Kante des Pfeilers nach vorn. Alles ist überlegt, noch der Sockel sorgsam in die Komposition einbezogen. Rückwärts endet er horizontal, vorn bildet die Blattmaske ein Gegengewicht zum erhobenen Kopf des Pferdes. Alles ist zugleich ruhig und voller Spannung; diese königliche Gestalt ist distanziert, entrückt, durch den Baldachin überhöht und doch mit bezwingender Lebensnähe gegenwärtig. Hierauf beruht die verführerische Wirkung der berühmten, vielleicht allzu berühmten Gruppe. [...]

In der örtlichen Überlieferung heißt der Reiter seit 1729 bis weit in das 19. Jh. der hl. Stephan. Gemeint ist jener Ungarnkönig Waik, der sein Land zum Christentum bekehrte, 995 Gisela, die Schwester Heinrichs II., heiratete und 1083 heiliggesprochen wurde. Seine Verehrung in Bamberg ist vom 12. bis ins 18. Jh. bezeugt. So hat dieser Ungarnkönig wohl den historisch begründetsten Anspruch auf Verknüpfung mit dem Reiter im staufischen Dom zu Bamberg. Für ihn scheint die kirchliche Überlieferung zu sprechen. Einwenden kann man, dass der Name im Zusammenhang mit dem Reiter erst spät und dann in einer legendären Einkleidung auftaucht, die ihrerseits durch das Bildwerk motiviert sein könnte. Auch wird Stephan von Ungarn fast stets bärtig und meist in fortgeschrittenem Alter dargestellt. [...]"

Auch zu dem Relief des Hl. Martin, dem sog. **Bassenheimer Reiter,** findet sich bei Walter Schlesinger eine Bilddeutung:[33]

„[...] Nach der Legende teilte der jugendliche, noch ungetaufte Martin, der im römischen Militärdienst stand, an einem Wintertag vor dem Stadttor von Amiens seinen Mantel mit einem frierenden Bettler. In der folgenden Nacht erschien ihm Christus im Traum, bekleidet mit jenem Stück seines Mantels, das er dem Bettler gegeben hatte, und sprach: Martin, der noch nicht getauft ist, hat mich mit diesem Kleide bekleidet. Darstellungen der Mantelteilung des hl. Martin häufen sich seit dem 12. und 13. Jh. Der Heilige sitzt im Krippensattel auf einem auffallend kleinen Pferd, das sich im Schritt von links nach rechts bewegt und nur durch eine Wendung des Kopfes auf das Geschehen in seinem Rücken reagiert. Martin hat sich im Reiten zurückgewendet und neigt sein betont jugendliches, von Locken umspieltes Haupt gütig dem Bettler zu. Der offene Mantel scheint im Augenblick von seinen Schultern zu sinken. Mit weit ausholender und offensichtlich demonstrativ übersteigerter Gebärde hat seine Rechte das unnatürlich große Schwert erhoben, um das Tuch auseinander zu trennen und mit dem hastig und gierig zupackenden Armen zu teilen. Der Bettler, barfüßig und mit nacktem Oberkörper, ist nur mit einer zerlumpten Hose bekleidet. Sein Körper lässt die Spuren des Hungers erkennen: Der Rücken ist ausgemergelt, der Bauch gedunsen, das Haupt fast kahl; das hohlwangige Antlitz zeigt scharf gezeichnete, leidende Züge. Der Stil ist charakterisiert durch die Verbindung von täuschender Lebensnähe mit sinnbildlicher Aussagekraft. Der Eindruck ungewöhnlicher Nähe wird dadurch hervorgerufen, dass sich die Gestalten wie Freifiguren von dem neutralen Hintergrund abheben und nach oben und den Seiten über den Rahmen hinausdrängen. Auch zeigt die Oberflächenbehandlung eine in der Bau-

skulptur des 13. Jh. selten reiche Modellierung, wobei weiche, schwellende Partien – etwa im Antlitz Martins oder am Körper des Pferdes – mit schärferen, expressiv zugespitzten Formen kontrastieren. [...]"

1a Diese Aufgabe des *Exzerpierens* bezieht sich nur auf die Texte 1–3 und dient der ersten Orientierung in Form einer Präsentation. Außerdem sollen die Schüler bei der Vorstellung der Ergebnisse das Mitschreiben üben: Sie ergänzen die eigenen Stichworte und heben wichtige inhaltliche Aussagen hervor.

Dazu ist eine sorgfältige Textarbeit erforderlich, die eine sichere Arbeitsgrundlage für die weitere Beschäftigung mit den Texten bietet.

Text 1: Parzival	Text 2: Armer Heinrich	Text 3: Parzival
Z. 10: „Sinn für Scham"	Z. 11: edle Geburt/ Reichtum	Z. 1: frommer Mann
Z. 15: Ansehen/ Schönheit	Z. 18: Ehre und Gesinnung	Z. 2ff.: Fasten
Z. 22: Haltung der Demut	Z. 23: ehrlich und wohl erzogen	Z. 9: Leben eines Heiligen
Z. 32ff.: rechtes Augenmaß im Verhalten	Z. 29: Ehre/Ansehen/ Lauterkeit	Z. 14: Leben der Askese
Z. 51ff.: ritterliche Gnade üben	Z. 33: voller „Weltfreude" → lebensfroh	Z. 24: kennt menschliche Schwächen und bringt Verständnis auf
Z. 61: mutig und hochgestimmt → „froide"	Z. 34f.: „staete triuwe" „krône der zuht" „der nôthaften fluht" „milte" = Freigebigkeit	Z. 40ff.: gewährt Gastfreundschaft
Z. 125ff.: ritterliches Benehmen auf dem Kampfplatz	Z. 42: guter Ratgeber Z. 43: „sanc vil wol von minnen" = Minnesänger Z. 45: „hövesch und dar zuo wis" = höfischer Ritter	Z. 72: liest in der Bibel, spendet Hoffnung und Trost

1b Als **Schlüsselbegriffe** können genannt werden:

Ritter:	Mönch:
Text 1: Wolfram – Edelmut, Streben nach Tugend und Ehre; – Güte und Großmut; – Demut und Hilfsbereitschaft; – mâze und Zielstrebigkeit; – Erbarmen und Mitleid; – Treue im Wort. Text 2: Hartmann	Text 3: Wolfram – Güte und Mitleid; – führt ein Leben der Meditation und des Gebetes; – führt ein Leben der Askese und der Buße.

[33] A.a.O., S. 331f.

An den *Ritter* ist die Forderung gestellt:

individuelle Tugenden	Er muss sich bemühen, – nach Ruhm zu streben/Ehre zu erlangen; – Falschheit und Ungeschliffenheit abzulegen; – Treue und Zucht zu wahren.
sozialer Status	Er – soll Reichtum und Vermögen besitzen; – muss von edler Geburt sein; dies ermöglicht ihm Freigebigkeit („milte")
soziales Verhalten	Er soll – den Bedrängten Hilfe leisten; – Schutz den Verwandten geben; – mit Rat und Tat helfen.

So erfährt er in seinem Leben Lob und Preis der Welt und damit Ansehen und Achtung, Freude am Leben.
So erreicht er sein Lebensziel: „er was hövesch und dar zuo wîs."

1c Die Schüler sollen nach einer genauen Textanalyse ein zusammenfassendes *Resümee* ziehen, das als Zwischenbilanz für die nachfolgenden Aufgaben mitverwertet werden kann. Die Aussagen der Dichter über den ‚höfischen Ritter' fasst Joachim Bumke zusammen:[34]

„Der höfische Ritter war nicht nur fromm und tugendhaft, er war auch schön, stolz, reich, prachtliebend, voll Ruhmverlangen und von hoher Abkunft. An der Bewertung dieser weltlichen Vorzüge schieden sich die Positionen. Die *militia Christi*-Idee beruhte auf der Unterscheidung zwischen weltlicher Ritterschaft, die nicht nur wegen ihrer Gewalttätigkeit, sondern auch wegen ihres höfischen Prunks der Verdammung verfiel, und der religiösen Ritterschaft, die ganz auf Gott gerichtet war. In der höfischen Dichtung ist dieser Gegensatz verschwunden. Was die geistlichen Autoren verdammt hatten, wurde bei den Dichtern zum Bestandteil von Vorbildlichkeit: zwar nicht Unrecht und Gewalt, aber doch die äußere Machtstellung, die körperliche Schönheit, die prächtige Ausstattung und das feine Benehmen. Die positive Bewertung der adligen Gesellschaftskultur und die scheinbar ganz unproblematische Verbindung dieser weltlichen Werte mit den Tugendbegriffen des traditionellen Herrscherideals und der religiösen Kreuzzugsethik war kennzeichnend für die poetische Konzeption des höfischen Rittertums.
Der eigene Charakter des höfischen Ritterbildes wird besonders deutlich in der Verbindung von Tugendforderungen mit Vorschriften des gesellschaftlichen Verhaltens. Der Ritter sollte nicht nur Weisheit, Gerechtigkeit, Mäßigung und Tapferkeit besitzen, er sollte nicht nur vornehm, schön und schick in den Waffen sein, sondern er sollte auch die feinen Sitten des Hofes beherrschen, die Regeln des Anstands und der Etikette, die richtigen Umgangsformen, den guten Ton, vor allem gegenüber den Damen. Die Dichter haben die höfische Anstandslehre mit den Begriffen *zuht* und *vuoge* umschrieben. "

Für das Leitbild des Mönchs sind die Aussagen Wolframs zusammenzufassen.

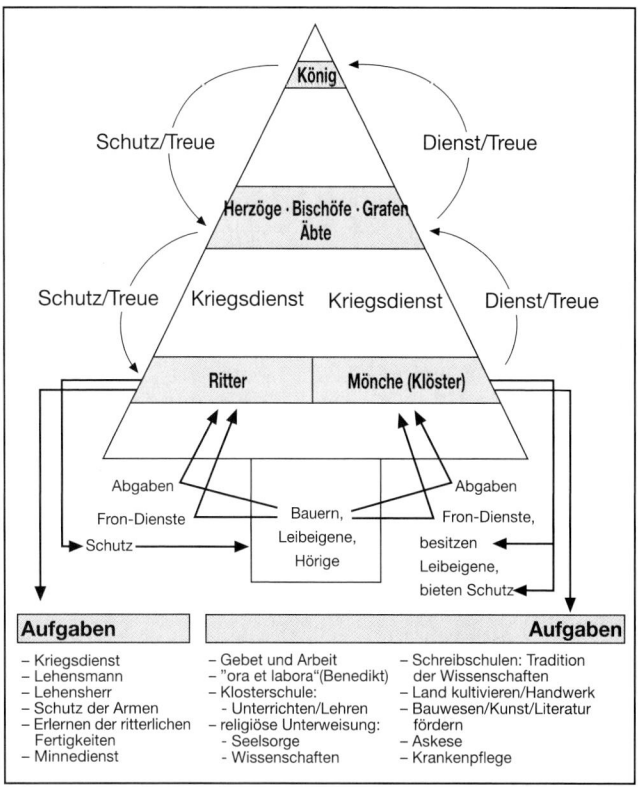

2a Die Bilder a und b zeigen idealtypische Situationen mittelalterlichen **Rittertums:**

Bild a	Bild b
– majestätisch blickender Reiter (König) – hoheitsvoller Blick – Reiter zeigt Entschlossenheit und Energie (Hand/Haltung) → Würde und Ruhe in der Haltung	Ein Reiter teilt mit dem Schwert seinen Mantel und gibt ihn einem frierenden Bettler. → Hinweis auf den Hl. Martin: Sinnbild für den Ritter, der Erbarmen und Milde zeigt.

2b Den Bildern lassen sich folgende Textstellen zuordnen:

Bild a	Bild b
Text 1: Z. 15–22 Z. 37 Z. 61	Text 1: Z. 15–22 Z. 49
Text 2: Z. 11–18 Z. 41–44 Z. 46	Text 2: Z. 36–39

3a Einige Hinweise zum **Aufbau und zur Deutung** von Bild c:
Das Frontispiz zeigt ein Gebäude, das an eine dreischiffige Basilika mit drei Türmchen und drei Bögen erinnert. Unter den Bögen sitzen Taube und Falke, die die beiden dargestellten Lebensformen symbolisieren: Mönch und Ritter.

---

[34] Joachim Bumke: Höfische Kultur. Literatur und Gesellschaft im hohen Mittelalter, Bd. 2, S. 419 und 425. © 1986, 1999: Deutscher Taschenbuch Verlag, München.

Die Bildinschriften erläutern die Eigenart der Leitbilder und ihre Wertvorstellungen:

Mönch:

Er sitzt in seiner Zelle und liest konzentriert/reflektierend in einem Buch (Bibel?): vgl. Gesichtsausdruck, Haltung der Arme, Geste der Finger.

Ritter:

Ungerüstet, ausgestattet mit Attributen der Jagd: Pferd, Jagdfalken auf der Hand, Hunde = höfischer Ritter

Dieses Bild stellt eine idealtypische Verkörperung christlicher Lebensführung dar. Beide Lebensformen können einander ergänzen: die von Gottesliebe inspirierten Gedanken (sanctae cogitationes) und die guten Werke (bona opera). So kann ein friedliches Leben in dieser Welt stattfinden (utopischer Aspekt).

3b   Die verlangte Bilddeutung hat die Funktion einer Zusammenfassung; Aussagen der Dichtung, des Bildes und zweier Texte über die Genese des Rittertums und des mittelalterlichen Ordo-Denkens sollen vom Schüler für eine integrierende Gesamtdeutung verwendet werden. Damit soll eine historische Standortbestimmung erreicht werden.

Die Texte von Jörg Arentzen/Uwe Ruhberg und von Joachim Bumke über die **Genese des Rittertums** enthalten folgende Gedanken:

Jörg Arentzen: Mittelalterliche Ständeordnung	Joachim Bumke: Adliges Rittertum
„ordo-Begriff" **Frühes Mittelalter** (600–950): Weltliche Lebensform: ordo laicorum geistliche Lebensform: ordo clericorum alle weltlichen Stände alle geistlichen Stände **Mitte 10. Jh.:** Karolinger: Kriegführung mit Reitern und Lehen als Lebensgrundlage ordo der bellatores: – Aufgabe des Kampfes – verlangt teure Ausrüstung – ständige Übung ordo der laboratores: Arbeitende	**These:** Römischer Begriff „miles" im Mittelalter ein Adelsprädikat **Begründung:** a) miles = gepanzerter Reiterkrieger, gelangt in die Nähe von „eques" b) miles als Bezeichnung für adlige Krieger: enthält einen moralischen, ideologischen Akzent mit schmückenden Adjektiven **Folgerung:** adliges Rittertum ist vor allem ein ideologisches Phänomen Cluny (10. Jh.): Kriegsdienst im Dienste der Kirche und der Religion 11. Jh.: Gottesfriedensbewegung 12. Jh.: Kreuzzugsidee „miles Dei" bzw. „miles Christi"

4   Diese Aufgabe verlangt von den Schülern eine kritische **Bewertung** ritterlicher Wertvorstellungen. Außerdem kann der Vergleich zeigen, dass einige Verhaltensnormen des Mittelalters auch für unsere Zeit Geltung haben können.

Beim Betrachten der ritterlichen Tugenden sollte überlegt werden, welche Wertvorstellungen ständisch, damit mittelalterlich geprägt sind, und welche sich als Norm bis in unsere Zeit erhalten und womöglich sich dabei gewandelt haben. Es können folgende Kriterien genannt werden:

Gournemans Lehre an Parzival	Verhaltensnormen für junge Menschen in unserer Zeit
– Sinn für Scham	– mittelalterlicher Begriff; heute: Rücksichtnahme, Takt und Feingefühl
– Ansehen/Schönheit	– Normen für die öffentliche Anerkennung
– Hilfe für die Armen	– Freigebigkeit, soziales Engagement Verantwortungsgefühl für Mitmenschen
– Haltung der Demut	– Demut: gilt heute als überholt; meint: die Bereitschaft zum „Dienst", Engagement in der Gesellschaft; vielleicht Hilfsbereitschaft
– rechtes Augenmaß	– Schlüsselwort der Ritterethik: Es umfasst bis heute die Idealvorstellung einer harmonisch ausgeprägten Persönlichkeit
– Mut/Lebensfreude	– Mut, Lebensfreude können auch heute noch gelten; auch im Sinne von Entschlussfreudigkeit
– Frauen in Ehren halten	– mittelalterlich-ständischer Begriff; heute: Respekt vor Frauen
– Hartmann nennt im „Armen Heinrich" folgende zentrale Werte:	
– „milte"	– Freigebigkeit
– „staete triuwe"	– Zuverlässigkeit
– gute Sitten/höfisches Benehmen	– gutes Benehmen aus Respekt heraus

(Zur Rezeption des Nibelungenliedes vgl. **K 2** und **K 3** , LB, S. 175ff.)

S. 92–99: I,3.   Der höfische Ritter als Minnesänger – Formen des Minnesangs

Der Minnesang als höfisch-ständische Dichtung stellt einmal individuelle Liebeserfahrung dar, reflektiert andererseits aber auch die Situation eines ganzen Standes, nämlich die der Ministerialen, und ist gekleidet in die Form gesellschaftlicher Konvention. Auf diese besonderen Bedingungen wird der Schüler zunächst sicher mit Befremden, vielleicht sogar mit Unverständnis/Ablehnung reagieren. Doch gerade daraus können sich für den Unterricht fruchtbare Fragen ergeben nach den Gründen für diese „besondere Form" von Liebesdichtung und ihrer Funktion in der Gesellschaft des Hochmittelalters.

Die Auswahl ist so getroffen worden, dass die verschiedenen Formen des Minnesangs und seine geschichtliche Entwicklung in Ansätzen sichtbar gemacht werden können. Gleichzeitig werden bedeutende Minnesänger vorgestellt; die gesellschaftliche Problematik der Minnesänger wird deutlich gemacht.

Der Zugang zu den Gedichten kann auf verschiedene Weise erfolgen: Gedichtvortrag (akustische Wirkung), exemplarische Interpretation eines Gedichtes und anschließende Gruppen-/Partnerarbeit, um die Unterschiede zwischen den einzelnen Gedichten zu erarbeiten. In einem abschließenden Arbeitsschritt sollen Bilder und theoretische Texte eine vertiefte historische Bewertung ermöglichen. Der kontrastive Vergleich mit Liebesgedichten anderer Epochen kann die Eigenart des Minnesangs verdeutlichen und seine Nachwirkung aufzeigen.

Mögliche Ziele:

1. In einem Fachgespräch eine dargestellte Situation beurteilen
2. Erarbeitete Ergebnisse in einer Mind-Map zusammenfassen
3. Einen Gedichtvortrag vorbereiten
4. Ein Gedicht interpretieren
5. Die Bild- und Textaussagen miteinander in Beziehung setzen
6. Texte exzerpieren und einen Lexikonartikel schreiben

Seite 93

Texterläuterungen:

Das Liebeslied „Ich zôch mir einen valken" **des von Kürenberg**[35] besteht aus zwei Strophen ohne Endreime, sondern mit Assonanzen, d.h. es besteht ein Gleichklang der Vokale von der letzten betonten Silbe jedes Verses an bei Verschiedenheit der Konsonanten. Der Falke ist das Symbol des Geliebten (vgl. im „Nibelungenlied" Kriemhilds Traum, 1,13ff.). Die Frau spricht nur vordergründig von einem Falken, den sie gezähmt und mit Gold geschmückt hat und der dann davonfliegt. Die letzte Zeile macht deutlich, dass der treulose Geliebte gemeint ist. Das Gedicht ist letztlich eine Klage von unerfüllter Liebe und Sehnsucht mit schlichter Eindringlichkeit.

Thematisiert ist der Gegensatz zwischen dem weiblichen und dem männlichen Liebeserleben: In der ersten Strophe wird der Falke aus der Sicht der Frau dargestellt, in der zweiten aus der Sicht des Mannes, wenn auch in den Worten der Frau gesehen. Die Schlusszeile kehrt zum Empfinden der Frau zurück. Die zweite Strophe nimmt Motive steigernd wieder auf, z.B. „schône fliegen" (vgl. I,4), „sîdîne riemen", „alrôt guldîn" (vgl. I,2 und I,3) und betont so den hohen Wert des Vogels. Der Schlusssatz mit beschwörendem Ton weist das Lied „als eine in Falkensymbol eingegossene Liebesklage" aus.[36]
Der Dichter hat zwei alte Wandermotive in eine ritterlich-höfische Form umgestaltet, nämlich das Falkensymbol und die Sehnsuchtsklage der Frau:

---
[35] Zu Kürenberg bietet eine Interpretation Robert Hippe: Interpretationen zu 60 ausgewählten motivgleichen Gedichten. – Hollfeld (C. Bange) 1964, S. 48.
[36] Irmgard Lindner: Minnelyrik des Mittelalters. In: Interpretationen zum Deutschunterricht, hrsg. von Rupert Hirschenauer und Albrecht Weber. – München (R. Oldenbourg) 1968, S. 23.
[37] A.a.O., S. 24.
[38] Walter Koschorreck: Minnesinger. In Bildern der Manessischen Liederhandschrift. © Insel Verlag 1975, S. 70.
[39] Helmut de Boor: Die höfische Literatur. Vorbereitung, Blüte, Ausklang 1170–1250. – München (C. H. Beck) ⁵1962, S. 215.
[40] A.a.O., S. 222ff.
[41] Lesenswert ist der Aufsatz von Rüdiger Krohn/Werner Wunderlich: „Die Nacht hat ihre Kerzen ausgebrannt ...". Unterrichtsvorschläge zum „Tagelied" in der Sekundarstufe II. In: Der Deutschunterricht, Jg. 36 (1984), Heft 2, S. 95–108.

„Das *Symbol vom Beizfalken* umschließt die Gebärde der gegenseitigen Verbundenheit der Liebenden. Beide Partner bemühten sich umeinander; die Frau, indem sie ihren „Falken" sich geneigt machte, ihn durch die Liebe auszeichnete und ihm als symbolische Zeichen ihrer verehrenden Zuneigung Sorge und Sehnsucht zuteil werden ließ. Sie erst erzog ihn zum Ritter in den höfischen Tugenden. Der Mann bemühte sich um die Partnerin, indem er ihre Liebe entgegennahm, sich „zähmen" ließ und so zu werden strebte, wie sie ihn „wolte han"."[37]

„*Das Bild* zeigt den Sänger im Gespräch mit seiner Dame, die als Fürstin dargestellt ist, als Landesherrin, von der der Dichter in seiner Strophe spricht:
„Nu brinc mir her vil balde mîn ros, mîn îsengewant, wan ich muoz einer frouwen rûmen diu lant"
(„Bringt mir schnellstens ein Pferd, mein Eisenkleid her, denn ich muss einer Dame das Land räumen")
Das Wappen zeigt einen Mühlstein, eine Anspielung auf den Namen, denn mhd. kürn heißt Mühle."[38]

In der Lyrik der Stauferzeit werden zwei Hauptgattungen unterschieden: das Lied, großenteils als Minnelied, und der Spruch. Das Lied ist Bekenntnis des Herzens oder des Gefühls; der Spruch ist Lehre, will bilden und erziehen.[39]
Der Minnesang ist geprägt von einem ganz neuen Daseinsgefühl: Das Individuum steht im Mittelpunkt. Seine Wurzeln scheinen aus verschiedenen literarischen Traditionen zu kommen:
- aus der volkstümlichen Liebeslyrik und
- aus der Wirklichkeit sozialer Strukturen: Das Liebeserlebnis wird in die Formen des Lehenswesens eingebettet und das Minneverhältnis wird als Lehensverhältnis gesehen.
- Es wird aus dem religiösen Erlebnis hergeleitet, nämlich aus der Marienverehrung.
- Der Minnesang habe seine Wurzeln in der lateinischen Dichtung: einmal aus der antiken erotischen Dichtung und zum anderen aus der mittelalterlichen Literatur;
- und schließlich soll er arabische Vorbilder gehabt haben.[40]

Der Minnesang wird in drei Phasen unterteilt:
- Die **frühhöfische Lyrik** 1160–1175:
  Dazu gehören der frühe donauländische Minnesang, z.B. mit dem Kürenberger und Dietmar von Aist. Die staufische Lyrik mit Friedrich von Hausen und Rudolf von Fenis; zudem gehören dazu die Lyrik nach französischem Vorbild sowie die Lyriker am Oberrhein.
- Die **hochhöfische Lyrik** 1175–1220:
  Zu ihr gehören Hartmann von Aue, Albrecht von Johansdorf, Heinrich von Morungen, Reinmar von Hagenau und Walther von der Vogelweide.
- Die **späthöfische Dichtung** 1220–1250:
  Hier sind Ulrich von Lichtenstein und Neithard von Reuenthal zu nennen.

In Dietmar **von Aists** Lied „Slâfst du, friedel ziere?"[41] ist die Minneauffassung gleich der des Kürenbergers: Es wird unbefangen von Begehren und Liebeserfüllung gesprochen. Die Frau als die Sprechende ist als die liebende Frau dargestellt. In diesem Tagelied benutzt Dietmar den sog. „Wechsel", einen dreistrophigen Aufbau, in dem es zu einer Wechselrede zwischen den Liebenden kommt.
Die Frau bedauert in der ersten Strophe, dass ein Vogelruf bei Anbruch des Tages nach der Liebesnacht zum Abschied mahnt. Der Geliebte tröstet sie, dass es Liebe ohne leidvolle Erfahrung nicht gebe. Und er verspricht ihr, dass er sich an die Befehle seiner „vriundin" gebunden fühle. Der Mann äußert sich weniger gefühlsbetont und beschränkt sich auf die Pose des Dienenden. Das Gedicht enthält alle typischen Elemente eines Tageliedes: Die Situation des Abschieds ist schlicht dargestellt und eine Grunderfahrung von Liebe wird ausgesprochen.

Das Bild im SB, S. 92 aus der Weingartner Liederhandschrift zeigt die Dichterfigur und einen beladenen Esel. [42]

„*Das Bild* erscheint in der Weingartner Liederhandschrift verkürzt: Dichterfigur und beladener Esel. Der Dichter trägt in der Linken den Treiberstab, mit der anderen Hand hält er ostentativ einen Ast empor. Die Bezugnahme auf die Namensform „von Ast" ist unverkennbar. Es liegt nahe, auch den Esel zum Namen in Beziehung zu setzen: diet-mar in scherzhafter Etymologie als „Volkspferd" gedeutet. Der Maler des Manesse-Bildes unterstreicht diese Beziehung durch die Zeigegeste des Dichters. Im Übrigen hat er die geschilderte Grundform fantasievoll durch eine reichhaltige Minnemetaphorik erweitert: Die Gürtel und Taschen auf dem „Ast", der hier zum Querbalken geworden ist, sind bekannte Symbole aus dem Bereich der sinnlichen Liebe. Das Gold tritt als Metapher für „werdekeit" des Wesens mehrfach in der mittelhochdeutschen Dichtung auf; hier hat ihm der Maler noch durch die Formen des Gürtelendes, das die Dame mit der Hand umfasst, sowie der goldenen Gürtelschnalle, die der Dichter ihr entgegenhält, eine hintergründige Beziehung zu dem Minneverständnis des Dichters verliehen, wie es dem Maler in den unter Dietmars Namen in der Manesse'schen Liederhandschrift überlieferten Strophen zum Ausdruck zu kommen schien."

Albrechts von Johansdorf Minnelied „Ich vant âne huote" gehört zur hochhöfischen Lyrik. In der Zeit zwischen 1180–1190 hat an verschiedenen Orten im Reich der Durchbruch einer neuen lyrischen Kunst stattgefunden. Die Dichter lösen sich von ihren provenzalischen Vorbildern. Dies zeigt sich auch an der Form: Johansdorf wählt einen stolligen Aufbau mit verschiedener rhythmischer Gestaltung. Die hohe Minne ist das beherrschende Thema. Das Wort „Minne" als zentraler Begriff des hohen Minnesangs gehört zu dem lateinischen Wort „memini" = sich erinnern, eingedenk sein. Somit heißt „minnen" ursprünglich, sich an jemanden erinnern, an ihn denken. Damit ist minne also zunächst ein rein geistiger Vorgang ohne erotischen Bezug.

In dem anmutigen Dialoggedicht stellt sich Albrecht von Johansdorf ein Gespräch mit seiner „frouwe" vor, welcher er den Kummer seines langen, ungelohnten Werbens klagt. Die Herrin verspricht ihm endlich Lohn; doch auf die Frage nach der Art des Lohnes gibt sie zur Antwort: „Dadurch seid ihr umso mehr wert/ höher angesehen und habt dabei eine hohe Gesinnung." Dies ist die klassisch formulierte Auffassung von „hoher minne". Der minnende Ritter erfährt also durch seinen Dienst eine gesellschaftlich und sittliche Erhöhung sowie das aus ihr entspringende freudig erhobene Gefühl der Zugehörigkeit zum höfischen Lebensstil.

Dennoch ist Albrecht von Johansdorf unter den Dichtern des „hohen Minnesangs" derjenige, der von gegenseitiger Liebe spricht. In einem weiteren Lied (91,22 Minnesangs Frühling) stellt er Anfang und Ende der Liebe in einem vorausahnenden Gefühl des Trennungsschmerzes dar: „Wie die Liebe anhebt, weiß ich wohl, wie sie endet, davon weiß ich nicht." Und er bekennt in diesem Lied: „Swâ zwei herzeliep gefriundet sich unde ir beider minne ein triuwe wirt." Aus der Gegenseitigkeit wird eine Einheit.

Walthers Lied „Wenn die Blumen aus dem Grase sprießen" gehört dem hohen Minnesang an: Er wendet sich an einen Kreis höfischer Zuhörer (Vers 23 „ir") und weiß sich in dieser Ge-

sellschaft mit einbezogen (vgl. Verse 8, 21, 24: „wir"). Walther versteht sich als der „Sprecher" dieses Kreises: Man beachte den häufigen Gebrauch des „ich"-Pronomens (vgl. Verse 9, 11, 28, 31 und 33). Walther stellt kein individuelles Erlebnis dar, sondern dichtet ganz in der Konvention des höfischen Minnesangs. Der Reiz des Gedichtes liegt in der Gestaltung des Themas, die faszinierende Gestaltung des so genannten „Natureingangs": Die Naturdarstellung gestaltet den Gegensatz zwischen dem beginnenden Frühling (1. Strophe) und dem Auftritt einer „edeliu schoene frouwe reine" (Vers 12/2. Strophe). Die vergleichende Frage in Vers 6 macht neugierig auf den Auftritt in der höfischen Gesellschaft. Mit wenigen Motiven (Blumen, Sonne, Maimorgen und Vögel) wird die Frühlingspracht gezeichnet. Diese formelhaften Topoi geben eine stilisierte, idyllische „Naturlandschaft" wieder, wichtig nur im Bezug zum glanzvollen Auftritt der Herrin in der höfischen Gesellschaft. Die Natur bleibt Hintergrund für die Stimmung der freudig gestimmten Menschen.

In der zweiten Strophe führt der Dichter in den Versen 18–22 das Frühlings-Motiv und die Herrin zusammen und beantwortet seine rhetorischen Fragen in den Versen 6 und 20 mit der Aussage in Vers 22: Es bleibt nur die Bewunderung der „herrlichen Frau". In der dritten Strophe nennt Walther „meine Herrin" (Vers 33), der er dient. Für ihn gibt es bei der Wahl zwischen der Schönheit des Mais und der seiner Herrin nur die Entscheidung für seine „frouwe".

Innerhalb der Entwicklung, die Walther als Minnesänger vollzogen hat, von den Liedern der „hohen minne" zu den Liedern der – bezüglich des Standesunterschieds – „niederen minne", gelangt er zu einem neuen Liebesverständnis: Er versteht Liebe nicht wie sein Lehrer Reinmar als „spiritualisierte Bildungsmacht", sondern als persönliche Liebeserfahrung. Er selbst nannte dies die Haltung der „ebenen minne". Für ihn ist „friundin unde frouwe" = Geliebte und Herrin zugleich. [43]

Das ausgewählte Lied aus der späten Schaffensphase Walthers stellt einen Höhepunkt unter seinen Liedern dar. Diese „frouwe" ist nicht nur beschrieben, sondern eine erlebte Gestalt mit bewegter Anmut und fassbarer Sinnenfreude.

Walthers Pastourelle „Under der linden" gehört den sog. „Liedern der ebenen Minne" an, die in der vagantisch-volkstümlichen Tradition stehen. In diesen Liedern wird Liebe sehr innig erlebt. Das puella = Mädchen des vagantischen Tanzliedes wird zur „frouwe" erhoben: Walther spricht in diesen Liedern von „herzeliepen frouwelin", womit eine unmittelbare wechselseitige Liebe erfahrbar wird.

Das Lied spricht von einer Liebes-Begegnung in einer bukolischen Landschaft: Es wird vom Geliebten gesprochen („friedel"/Vers 12) sowie vom Kuss und Hingabe in aller Unbekümmertheit. Das durch das Liebeserlebnis beglückte Mädchen „erzählt" von seiner Begegnung. Das äußere Erlebnis wird so spielerisch-ernst in die Verborgenheit des eigenen Herzens verlagert (s. Schlussstrophe). Mit dieser koketten Brechung des Erlebnisses wahrt Walther die Zucht und die Scham für seine Sprecherin.

Die Standesgrenzen und die Normen der höfischen Gesellschaft sind ohne Bedeutung. Die Liebe des Mannes bedeutet für diese wohl junge Frau das höchste Glück. Dies drückt sie in ihrem Selbstgespräch aus. Das Gedicht prägt ein volksliedhafter Rhythmus mit einem spielerischen Refrain in der zweitletzten Zeile einer jeden Strophe.

---

[42] Walter Koschorreck: Minnesinger. In Bildern der Manessischen Liederhandschrift. © Insel Verlag 1975, S. 70f.
[43] Helmut de Boor: A.a.O., S. 304 und 306.

WALTHERS „EBENE MINNE"[44]
herzeliebe zum wîp, zum frouwelîn
= ebene minne ohne Standesgrenzen
= gegenseitige, veredelte, beglückende Liebe, die Erfüllung
 einschließt

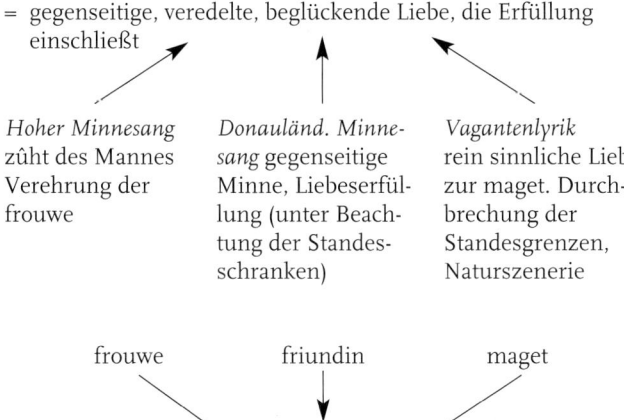

Hoher Minnesang zûht des Mannes Verehrung der frouwe

Donauländ. Minnesang gegenseitige Minne, Liebeserfüllung (unter Beachtung der Standesschranken)

Vagantenlyrik rein sinnliche Liebe zur maget. Durchbrechung der Standesgrenzen, Naturszenerie

frouwe   friundin   maget

wîp
(frouwelîn)

Heinrich von Morungen ist vom rheinischen Minnesang und vom thüringischen Hof beeinflusst: Er ist geprägt von antikisierenden Tendenzen, z.B. von der Dämonie der Minne, gekleidet in das Bild der antiken Liebesgöttin Venus. Viele seiner Lieder sprechen von der Minnehaltung der devotio, von dem hoffnungslosen Dienst um die Gnade der überirdisch hohen Herrin.[45]

Das Bild aus der manessischen Liederhandschrift zeigt den Dichter, wie er im Traum seine Herrin erblickt: „Das Motiv ist einem Liede Morungens entnommen (MF 145), in dem er die hohe Vollkommenheit des Traumbildes schildert, gleichzeitig aber seine Vergänglichkeit, die Trennung von der Geliebten und die Hoffnungslosigkeit seines Werbens beklagt. So ist es gemeint, wenn sich die Dame auf dem Bilde von dem träumenden Sänger abwendet; das Traumbild gleitet vorüber. Bald wird es ganz entschwunden sein."[46]

Heinrich von Morungen benutzt in seinem Gedicht „Sîn hiez mir nie widersagen" des hohen Minnesangs eine ungewöhnliche Wortwahl: Er spricht von „widersagen" (Vers 1) = freundlich gesinnt sein; „wirbet noch hiute ûf den schaden mîn" (Vers 3) = mir Schaden zufügen; „ein rouberinne sîn" (Vers 6) = eine Räuberin sein. Dies sind Bilder, die zu einem Krieg zwischen zwei Lehensherren passen. Dazu kommt das Motiv von der Minne als einer magischen Macht: „Alle ir tugent und ir schoene" der Herrin machen den Minnesänger zu ihrem Gefangenen (Vers 7–11). Er wird ihr Dienstmann und ihr Höriger (Vers 13): „Da umgarnte sie mich mit ihrer Minne" (Vers 15f.). Den Sänger befallen Schwermut („an fröiden sieh", Vers 18) und Leid. Es ist zu fragen, wie diese Art der Bild- und Motivwahl innerhalb des Minnesangs zu deuten ist.

Ist es die vergebliche Liebe des Sängers zu seiner hohen Herrin; ist es die Klage über die vergebliche Liebe in der Sprache des mittelalterlich-ständischen Lebens? Oder steht dahinter eine gesellschaftliche ständische Problematik des 13. Jahrhunderts, die in literarische Konvention gekleidet indirekt ausgedrückt wird?

Man kann das Gedicht so deuten, dass ein Abhängigkeitsverhältnis zwischen „dienstman" (Verse 12, 13, 14) und Herrin dargestellt sei: Diese nimmt die Bewunderung wahr, akzeptiert seinen Dienst, macht ihm Hoffnung auf Zuwendung und lässt ihn dann „stehen". Es ist denkbar, dass eine gesellschaftliche wie emotionale Abhängigkeit dargestellt ist. Der Sänger sieht für sich keine Lösung des Problems und will andere vor diesem Leid des Verfallenseins warnen (s. Verse 8–9 und 20–23).[47]

Rudolf von Fenis lebte an der französischen Sprachgrenze und entstammte dem Hochadel. Seine Lieder sind noch von den Dichtern der Provence geprägt, und er übernimmt von ihnen eindrückliche Motive, z.B. den Mann, der beim Erklettern eines Baumes stecken bleibt.

Alle seine Lieder umkreisen ein Thema: das unerfüllte Werben, dessen Leid und dessen Sinn. Er stellt die psychische Situation eines Mannes dar, der sich auf eine Minnebeziehung mit einer adligen Dame eingelassen hat. Er weiß um seine Erfolglosigkeit und gelangt dennoch zu keinem Verzicht.

Seine ambivalente Haltung stellt er uns im Bild des Baumkletterers dar, der auch nicht nach oben oder zurück weiß.

In der Literaturwissenschaft wird diskutiert, ob in diesem und überhaupt in den anderen Minnegedichten nicht die sozialpsychologische Situation des gesellschaftlichen Aufsteigers dargestellt wird, der die höhere Schicht noch nicht erreicht und die untere bereits verlassen hat. Ihn treffen Misstrauen und Nichtbeachtung von oben bzw. Neid von unten. Ob dann nicht Selbstüberwindung im Verzicht bleibt und so letztlich Anerkennung zu finden ist, bleibt die Frage. Diese dargestellte Situation spiegele die gesellschaftliche Realität der mittelalterlichen Feudalgesellschaft wider.[48]

Seite 93

1a Als Vorüberlegungen und zum Vergleich mit den Minneliedern können die Schüler zu Beginn des *Fachgesprächs* ihre Vorstellungen von Liebesgedichten nennen:

– „Schwärmen" von der Geliebten/dem Geliebten;
– Werben um die Geliebte;
– Preis der Schönheit der Geliebten;
– Motiv der Sehnsucht nach der fernen Geliebten;
– Motiv der vergangenen Liebe;
– Motiv der „verdeckten" Eifersucht.

Als Leseeindrücke sind denkbar:

Rolle des Mannes	Rolle der angesprochenen Frau	Art der Beziehung
– Preis der Schönheit – Werben um Liebeserfüllung – Hoffnung auf Liebe – Mann gewinnt Lebensfreude	– Abschied/Trennung – Trennung – Trauer/Leid: – Zweifel an der Rückkehr des Mannes – übergeordnete Stellung der Frau – Frau als Erzieherin	– Figuren sprechen in Rollen – frouwe-dienstman-Verhältnis („lôn-dienst")

[44] Irmgard Lindner: A.a.O., S. 67.
[45] Helmut de Boor: A.a.O., S. 278.
[46] Walter Koschorreck: Minnesinger. In Bildern der Manessischen Liederhandschrift mit Erläuterungen. – Frankfurt (Insel) 1974, S. 79.
[47] Horst Holzschuh: Der beschwerliche Weg nach oben. Die Wirklichkeitserfahrung der Minnesänger und deren Vermittlung im literarischen Text. In: (Hrsg.) Helmut Brackert, Hannelore Christ, Horst Holzschuh: Literatur in der Schule, Bd. II: Mittelalterliche Texte im Unterricht, S. 220. – München (C. H. Beck) 1976.
[48] Horst Holzschuh: A.a.O., S. 230f.

1b Die Ergebnisse können in einer Mind-Map oder in *Tabellen-Form* zusammengefasst werden:

Dichter	Situation	Rolle von Mann und Frau	seelische Erfahrungen Gefühle/Erwartungen der Sprecher
Der von Kürenberg (Text 1):	Frau klagt über den Weggang ihres Ritters (Motiv des Falkens = ritterliches Zeichen).	Frau: ‚Dompteuse‘ ihres Ritters; sie will ihn an sich binden, verwöhnen Mann: ‚undankbar‘, lässt sich nicht binden	Enttäuschung der Frau; Trauer Hoffnung auf die Rückkehr des Mannes
Dietmar von Aist (Text 2):	Abschied/Aufbruch nach der Liebesnacht Tagelied	Es spricht eine Frau (1. Strophe); der Mann (2. Str.); die Frau (2. Str.) Liebesdialog („Wechsel“)	Frau mahnt, drängt zum Aufbruch; liebevolle gegenseitige Zuneigung; Trennungsschmerz, Zweifel an der Rückkehr des Geliebten; zur Liebe gehören „fröide“ und Leid.
Albrecht von Johansdorf (Text 3):	Ritter trifft auf eine „frouwe“: Dialog über den Sinn der Minne. (Es werden Begriffe aus dem Lehenswesen gebraucht.)	Der Mann wirbt um die Frau (adlige Frau), die Frau stellt Bedingungen.	„frouwe mîn“ = Besitzanspruch; „tumber“ = Tor, Narr Sehnsucht des Mannes nach der Frau, kann ohne sie nicht leben: Ablehnung durch die Frau fordert vom Mann Beständigkeit: „staete“; die Frau gibt Ratschläge, macht ein Angebot: „lôn“ besteht in der Entfaltung innerer Werte: „hôher muot“.
Walther (Text 4):	Preis der Schönheit eines Maimorgens; Frage nach vergleichbarem Glanz der höfischen Frau bei ihrem Auftritt in der Gesellschaft; Bevorzugung der Herrin vor dem Mai.	Der Mann preist die Schönheit einer „edeliu schoene frouwe reine“ in ihrem höfischen Glanz.	innere Erfüllung des Minnesängers beim Anblick der von ihm angebeteten Herrin: „hohe Minne“
Walther (Text 5):	‚Liebeslandschaft‘: Linde, Nachtigall, Wald, Pfad, Tal, Gras Darstellung einer Liebesbegegnung aus der ‚Fernsicht‘	Mädchen erzählt von einer Liebesbegegnung: von seiner Liebe zum Mann, vom Gefühl höchster Seligkeit; Selbstgespräch der Liebenden in Zucht und Schamhaftigkeit.	Gefühl sicheren Besitzes; Glücksgefühl durch erfüllte Liebe; Lachen der herzlichen Freude; Motiv der Herzensliebe, der gegenseitigen beglückenden Liebe = „ebene Minne“
Morungen (Text 6):	Klage des Sängers über Minneverweigerung durch die verehrte Dame	Sänger als Bewunderer der Dame; Lehensmann der Dame, ihr Höriger; Dame nimmt den Dienst an; bestärkt den Sänger in seiner Hoffnung auf einen Gunstbeweis.	Abhängigkeitsgefühl des Sängers; Sänger ist der Dame verfallen: Macht, Schönheit, freundliches Entgegenkommen haben ihn verführt; Warnung vor dieser verführerischen Gefahr.
Rudolf von Fenis (Text 7):	Klage des Minnesängers über die Vergeblichkeit seiner Liebeswerbung	Dargestellt am Motiv des Baumkletterers, der sich in einer ausweglosen Situation befindet	Sänger erfährt seinen ‚Liebesdienst‘ als Zeitverschwendung; er kann weder auf- noch absteigen durch seinen Sang.

2a–c Dieses *Fachgespräch* kann durch einen guten Gedichtvortrag abgeschlossen werden. Die Schüler müssen abwägen, wie die Gedichte vorgetragen werden können und welche Musik die Aussage der Gedichte unterstützt. Hier empfiehlt sich unbedingt die Zusammenarbeit mit dem Musiklehrer. Die Schüler können unter seinem fachkundigen Rat ausprobieren, welchen Musikstil sie entsprechend der Intention, wie sie das einzelne Gedicht verstehen, wählen wollen. Es ist auch möglich, dass die Texte „verfremdend“ musikalisch unterlegt werden. Denkbar könnten folgende Melodien sein:
- Schlager-Melodien
- Melodien von bekannten Pop-Stars
- Volksliedmelodien
- Melodien von Schubert, Schumann und anderen klassischen Musikern.

Abschließend können diese Gestaltungsversuche mit mittelalterlichen Notationen verglichen werden. Sie müssten bei den Musiklehrern zur Verfügung stehen.[49]

(Für einen Vergleich mit Kürenbergs „Ich zôch mir einen Valken“ wären Hugo von Hofmannsthals „Die Beiden“ und Karl Krolows „Liebesgedicht“ geeignet.)

 3a/b Die *Interpretation* nach dem Drei-Phasen-Modell (vgl. LB, S. 16ff.) eröffnet den Zugang zum Text über den Gesamteindruck und das Gesamtverständnis. Die Lösungsvorschläge, um die Fremdheit des Textes zu überwinden, können in einem gemeinsamen Erschließungsprozess gelöst und in einem TA festgehalten werden. Auf dieser Basis müssen den Schülern nun Worterklärungen angegeben werden bzw. eine Gruppe schlägt die unklaren Begriffe im Lexikon nach, z.B.

---

49 Sehr informativ sind die Ausführungen zur mittelalterlichen Notation von Wolfgang Mohr: Zur Form des mittelalterlichen deutschen Strophenliedes. Fragen und Aufgaben. In: Der Deutschunterricht. Jg. 5 (1953) Heft 2.

Vers 3   „so wol getân" (Part. Adjektiv): gestaltet
Vers 4   „daz" = welches (gemeint „vogellin")
          „zwî" = Zweig
Also: „Welches sich auf dem Zweig der Linde niedergelassen hat."
Vers 5   „vil sanfte" = so sanft
Vers 6   „kint" = Kindchen (Koseform)
          „Wâfen" = Ausruf: Not/Lärm
Vers 7   „friundin" = Geliebte/Liebste
Vers 11 „wenne" = wann
Vers 12 „sament" = Präposition mit Dativ: zusammen mit

Damit ist eine Übersetzung möglich. Ein Beispiel:[50]

Schläfst du, mein schöner Liebster?
Leider weckt man uns bald.
Ein hübsches Vöglein
hat sich auf dem Zweig der Linde niedergelassen.

Ich war so sanft eingeschlafen.
Da schlägst du, Kindchen, Lärm!
Liebe ohne Leid gibt es nicht.
Alles, was du gebietest, Liebste, das tue ich.

Die Dame begann zu weinen.
„Du reitest fort und lässt mich alleine.
Wann wirst du wieder zu mir kommen?
O weh, du trägst meine Freude mit dir fort."

Die tabellarische *Stoffsammlung* könnte so aussehen:

Die Sprecher	Stilmerkmale	Inhalt/Aufbau	Deutung
1. Strophe: (Vers 1–4) Die Frau	– liebevolle Anrede – Hinweis auf baldiges Wecken – Vöglein als Bote des Tages	– Fragesatz – bekanntes Motiv – zweifacher Paarreim	– sanftes Wecken – Bedauern über Ende der Liebesbegegnung – schlichter Ton
2. Strophe: (Vers 5–8) Der Mann	– Erklärung: „sanft eingeschlafen" – spricht Lebenserfahrung aus (Vers 7) – Versprechen an die Geliebte: wird ihr gehorchen	– Erschrecken (Vers 5–6): Schlaf-Lärm – Paarreim – Aussagen	– Antwort des Mannes – Einsicht in die Begrenztheit des Liebesglückes – verspricht ihr Gehorsam
3. Strophe: (Vers 9–12) Die Frau	– Reaktion der Frau: weinen (Vers 9) – bange Frage: baldige Wiederkehr? – Geliebter = Lebensfreude	– Fragesatz – Klage – Feststellung	– Trauer beim Abschied – Betroffenheit – Liebeserklärung der Frau

Form eines Wechsels = wechselseitiges Gespräch zwischen den Liebenden

Den Lösungsweg an Johansdorfs Lied zu erproben, dient im Anschluss an diese Übung der weiteren Anwendung, weil dazu keine neuhochdeutsche Übersetzung vorliegt. Zu den Gedichten wird eine Kopiervorlage angeboten mit einer Interpretation zu Dietmar von Aists Gedicht.
Diese Deutung können die Schüler untersuchen und prüfen, welche Veränderungen sie noch für ihren Interpretationsaufsatz vornehmen sollten.
(Zur Beurteilung eines Interpretationsversuchs siehe **K 5**, LB, S. 179)

Seite 94

4a/b   Der *Aufbau* des zweiten Gedichtteils kann so strukturiert werden:

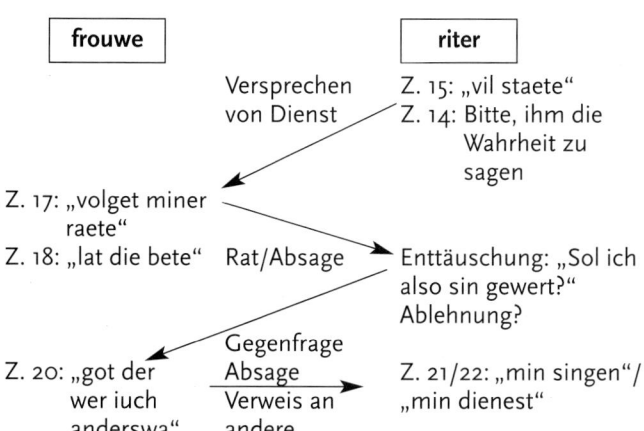

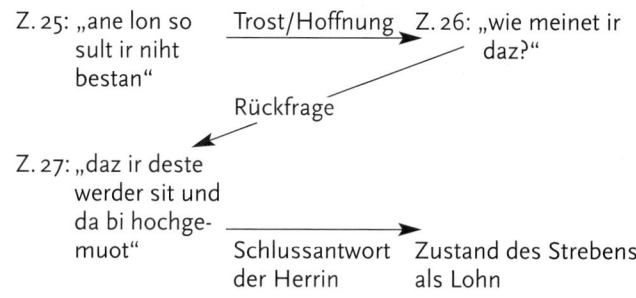

Die Beschreibung der Struktur des Minneliedes hat zusammenfassenden Charakter und verlangt eine persönliche Bewertung. Zur Information können die Texterläuterungen im LB, S. 152 herangezogen werden.

5a/b   *Das Bild* ist eine Illusion zur Auffassung Johansdorfs von der hohen Minne, insbesondere zu seinem Lied. „Ich vant âne huote die vil minneclîchen eine stân" (MF 93,12). Hier wird im Zwiegespräch zwischen dem Sänger und seiner Dame die Gegenseitigkeit der hohen Minne herausgestellt und ihr ausschließlich sittlicher Lohn, den die Dame mit den Worten beschreibt: „daz ir deste werder sît und dâ bî hôchgemuot" („dass Euer sittlicher Wert sich erhöht und damit in Euch das erhebende Bewusstsein der Teilhabe an der höfischen Daseinsform"). Für

---

[50] Walter Koschorreck: A.a.O., S. 71.

den komplexen Sinngehalt jenes Liedes hat der Maler eine Chiffre gefunden, die in ihrer Einfachheit fast genial wirkt: Die Füße der Liebenden schreiten aufeinander zu, die Häupter finden sich, die Gegenseitigkeit der Minne ausdrückend, in liebender Vereinigung, aber in der Sphäre der niederen Sinnlichkeit fliehen sich die Leiber, im ganzen eine harmonisch gerundete Einheit bildend.[51]

Seite 97

6a Es handelt sich um typische Darstellungen von **Minnesängern,** wie sie ein bis zwei Jahrhunderte später gesehen wurden. Sie können die Aussagen der Gedichte über das Selbstverständnis der Minnesänger veranschaulichen. Die Bilder 1–5 stellen die „Entstehung und Überbringung eines Minneliedes" dar.

Körperhaltung	Mimik/Gestik	Requisiten	Selbstverständnis des Dichters
Bild 1: Sänger sitzt würdevoll, hält Wachstafeln in Händen = schnelles Schreiben möglich	zufriedener Gesichtsausdruck	Wappen und Helmzier in der oberen Bildhälfte Schwert in der unteren Hälfte	Hinweis auf ritterlichen Stand
Bild 2: Dichter übergibt seine ‚Botschaft'/ sein Gedicht an einen Boten	übergroßer ‚Textstreifen', Bote kniet vor dem Dichter	siehe oben Schriftstreifen	Das Spruchband bleibt in allen Bildern leer: Die Seelenlage bleibt offen.
Bild 3: Der Bote des Dichters macht sich auf den Weg mit dem Spruchband.	erhobene Hand: Bedeutung der Botschaft Linke Hand am Kopf des Boten: Mahnung zur Aufmerksamkeit	siehe oben	Wird nicht sichtbar gemacht. Die Gefühle werden nicht ausgesprochen. Das innere Erleben wird zurückgedrängt.
Bild 4: Die Herrin nimmt das Spruchband in Empfang: hebt es mit einer Hand hoch, Dichter steht daneben.	Zurückhaltung bei beiden: Zwischen den Figuren „steht" die Botschaft, siehe oben. kein Körperkontakt, gefaltete Hände des Dichters, Kopfneigung = Zuneigung?	siehe oben	Der Dichter erwartet „demutsvoll" die Annahme seiner Botschaft.
Bild 5: Variation des Motivs des Bildes 4	Der Sänger überbringt selbst die Botschaft, Herrin nimmt sie an.	Burg: Herrin darin, Sänger zu Pferd, Wappen und Helmzier	Erwartungshaltung bei beiden Figuren erkennbar
Bild 6: Minnesänger als „Entertainer"	Konzentriertes Spiel des Sängers; Tanz einer Frau; Herrin hört aufmerksam zu.	Wappen und Helmzier in der oberen Bildhälfte	Der Sänger „dient" der höfischen Unterhaltung, Lohnerwartung.

6b Die Bilder geben folgende Stationen der Minnebotschaft wieder:
a) Schreiben der Minnebotschaft
b) Absenden der Botschaft
c) Botschaft auf dem Weg
d) Ankunft und Empfang der Botschaft
e) Antwortbrief der Geliebten
(Beispiele für den späten Minnesang bieten **K 6** und **K 7**, LB, S. 180)

Seite 99

7a/b Die Analyse des **Leserbriefs** ist vollständig angelegt, so dass daraus zur Lösung der Aufgabe inhaltliche Aspekte herangezogen werden können. Die vorgeschlagenen Gesichtspunkte zur Einleitung und zum Schluss sollten danach ausgewählt werden, welchen Lösungsweg der Schreiber des Aufsatzes ins Auge fasst.
Für den textimmanenten Weg empfiehlt es sich, etwa mit eigenen Leseerfahrungen von Lyrik zu beginnen; bei der textübergreifenden Akzentsetzung könnte z.B. ein Vergleich mit der öffentlichen Wirksamkeit von Romanen oder Dramen zur Fragestellung hinführen, warum Lyrik nur eine geringe öffentliche Resonanz besitzt. Entsprechend sollte der Schlussteil gestaltet werden.

Die Stoffsammlung könnte ergänzt werden:

Leserbrief (textimmanent)	weiterführend (textübergreifend)
– Überprüfung der Auffassung von Aktualität: z.B. Thema „Krieg" – einseitiges Verständnis von Lyrik? vgl. Roman und Drama – Bemühen um größere Wirksamkeit?	– Erziehung zum besseren Verständnis von Lyrik in der Schule – Lyrik als sog. „Wegbegleitung"? – Sensibilität und Offenheit nützen für das Bewusstmachen von persönlichen und öffentlichen Fragestellungen

---

[51] Walter Koschorreck: Minnesinger. In Bildern der Manessischen Liederhandschrift. – © Insel Verlag 1975, S. 77f.

8a Die Texte 9 und 10 enthalten folgende **Kerninformationen:**

Hans Eggers: Der Stand der Minnesänger	Joachim Bumke: Höfische Liebe

– Hoffnung des Dienstadels auf Integration in die Adelsgesellschaft
– Identifikation dieser Schicht mit den literarischen Vorbildern":
  – Preis der hochgestellten Herrin im Minnesang
  – Aufstieg der Helden nach ritterlicher Leistung in die Artusrunde
– Enttäuschung dieser Hoffnung und neue Abhängigkeit durch die Landesherren nach 1200
– Mehrzahl der Minnesänger Angehörige des Dienstadels: auf „milte" der Fürsten angewiesen
	– Schönheits- und Tugendideal erfährt seinen Glanz durch die Rolle der Frau in der höfischen Gesellschaft: Erleben der „vreuden".
	– Höfische Damen haben repräsentative Aufgaben:
	  – Zuschauerinnen bei ritterlichen Spielen
	  – Verteilen aufmunternder Geschenke
	  – Teilnahme an Tänzen und Spielen
	  – höfische Gespräche führen
	– Höfische Liebe als besondere Form:
	  – Frau als Herrin – Mann als Diener
	  – Leistung des Mannes gilt als Dienst

8b Diese Aufgabe verlangt von den Schülern eine Wiederholung der erarbeiteten Kenntnisse über den Minnesang und eine Reduzierung auf zentrale Aspekte. Durch das Schreiben eines *Resümees* über „Minnesang" fassen die Schüler ihre Kenntnisse zusammen. Mögliche inhaltliche Aspekte könnten sein:

– Entstehung und Herkunft des Minnesangs
– Stellung der Minnesänger in der höfischen Gesellschaft
– Merkmale und Themen des Minnesangs
– Verhältnis zwischen Herrin und Minnesänger
– Bewertung des Minnesangs.

> **S. 100–105: 1,4. Walther von der Vogelweide als politischer Dichter –**
> **In der Spruchdichtung Kritik an einer gestörten Ordnung**

Die zentrale Bedeutung Walthers innerhalb der mittelalterlichen Dichtung erschließt sich erst ganz, wenn seine Minnelieder durch die Spruchdichtung ergänzt werden. Diese zeigt,

---

[52] Zur Spruchdichtung Walters gibt es informative Interpretationen, die zur ersten Orientierung und zu einer näheren Beschäftigung nützlich sein können:
Helmut de Boor: Die höfische Literatur, S. 312–321 bietet einen fundierten Überblick.
Einzelinterpretationen sind zu finden bei:
– Wolfgang Mohr: Der Reichston Walthers von der Vogelweide. In: Der Deutschunterricht. Jg. 5 (1953) Heft 6, S. 45–56.
– Gerd Gaiser: Die Reichssprüche Walthers von der Vogelweide. In: Der Deutschunterricht. Jg. 28 (1976) Heft 2, S. 5–24.
– Theodor Karst: Politisch-soziale Gedichte. In: Der Deutschunterricht. Jg. 19 (1967) Heft 4, S. 64–93.
– Irmgard Lindner: Minnelyrik des Mittelalters. Interpretationen zum Deutschunterricht. – München (R. Oldenbourg) 1968, S. 77ff.
– Helmut Kokott: Swer nû sage irre gê. Politische Sprüche Walthers von der Vogelweide im Deutschunterricht. In: Helmut Brackert, Hannelore Christ, Horst Holzschuh: Literatur in der Schule, Bd. II: Mittelalterliche Texte, 2. Teil, S. 130–169. – München (C. H. Beck) 1976.
[53] Peter Wapnewski (Hrsg.): Walther von der Vogelweide: Gedichte. Mittelhochdeutscher Text und Übertragung, S. 246f. Veröffentlicht im Fischer Taschenbuch Verlag, ein Unternehmen der S. Fischer Verlag GmbH, Frankfurt am Main 1962. Alle Rechte vorbehalten.

---

wie intensiv und engagiert sich Walther mit den Problemen seiner Zeit auseinander gesetzt hat.
Die Auswahl der Sprüche musste auf einige wenige Texte beschränkt bleiben; die erste Gruppe der Sprüche (Texte 1–3) zeigt die besonderen Bedingungen der ständisch-feudalen Gesellschaft und das „Dienstverhältnis" des Dichters in ihr. Die Interpretation der drei Sprüche im „Reichston" hat ein dreifaches Ziel: Einmal kann der Text dazu dienen, durch einen sorgfältigen Übersetzungsversuch die Eigenart mittelalterlicher Ausdrucksweise zu erfassen (siehe Sequenz II); zweitens sollen die kunstvolle Struktur der drei Sprüche und die damit verbundene Intention deutlich werden; und drittens kann an diesen Sprüchen dem Schüler der Entwurf mittelalterlichen Weltverständnisses einsichtig gemacht werden. Damit wird die Haltung Walthers, die er den großen Fragen seiner Zeit gegenüber einnahm, deutlich. Die Erkenntnis wird möglich, dass Walther in seinem „Reichston" die aktuelle politische Aussage auf dem Hintergrund der für seine Zeit gültigen Weitsicht macht.

> **Mögliche Ziele:**
> 1. Einen Gedichtvortrag vorbereiten
> 2. Beschreiben von Gedichten nach verschiedenen Aspekten
> 3. Ein Resümee schreiben
> 4. Einen mittelhochdeutschen Text übersetzen
> 5. Bilder beschreiben und deuten
> 6. Einen Text unter Einbezug von zusätzlichen Bild- und Textinformationen interpretieren

Seite 100

Texterläuterungen:

Fahrende Sänger aus niederen Schichten waren wohl die Wegbereiter der **Spruchdichtung** in Form von Spruchweisheiten und Sprichwörtern in gereimter Form. Walther dient die Spruchdichtung zum Broterwerb: Er will mit ihr erziehen, nämlich Lebenserfahrung und Weisheit weitergeben. Für den ethisch orientierten Dichter ist die politische und soziale Ordnung der Welt seine zentrale Aufgabe. Ihm geht es nicht um Belehrung, sondern um Erziehung.
Mit diesem Anspruch hat er der Spruchdichtung erst die Geltung einer anerkannten Kunstgattung im höfischen Bereich verschafft. Walthers Spruchdichtung umfasst den persönlich geprägten Spruch: nämlich den Bitt- und Dankspruch, den Lob- und Scheltspruch: Sie zeigen Walthers Treffsicherheit, seine humorvolle Überlegenheit und seine Schärfe im Urteil (s. T 3). Sie enthält außerdem den politischen Spruch (T 1, 2 und 4) und den erzieherisch-ethischen Spruch. Walthers große Leistung beruht auf seinen politischen Sprüchen: Die drei Sprüche im sog. **„Reichs-Ton"**[52] gehören zu den ältesten Sprüchen aus den Jahren 1198–1201.
„Die drei Sprüche im Reichston: ernst, mahnend, warnend, beschwörend spiegeln sie die Lage Deutschlands nach Heinrichs VI. Tod und suchen mit der Macht des Wortes die Wogen zu bändigen, das Chaos zu ordnen. Augustinische Geschichtstheologie, symbolische Geschichtsspekulation, Naturmythologie, Elemente antiker Rhetorik – all dies und anderes wird umgegossen in diese knappen geballten Aussagen, die von der Gestik der persönlichen Erfahrung, der Gebärde des persönlichen Lehrens artikuliert werden. Sie alle drei beginnen mit dem anspruchsvollen „Ich": *Ich hôrte ..., Ich saz ..., Ich sach ...,* sie alle drei enden in beschwörendem Anruf."[53]

1. Spruch: Walther nimmt die Haltung des Nachdenkenden oder Trauernden ein, wie er in der Manessischen Liederhandschrift dargestellt ist. Er denkt über das richtige Leben in der Welt nach und entwickelt seine Wertelehre von utile, honestum und summum bonum (s. SB, S. 104) in ihrem Spannungsverhältnis. Da die politische Ordnung gestört ist, „fride unde reht sind sêre wunt" (V. 23), ist auch die sittliche Ordnung verletzt. Deshalb stellt er in der Schlusszeile eindeutig appellativ fest, dass diese Missstände beseitigt werden müssen. Die Herstellung der Einheit der zentralen Werte in einem Herzen ist nicht möglich: Denn Verrat und Gewalt müssen zuerst beendet werden. Nur dann ist eine Verwirklichung dieses idealen Wunschbildes möglich.

In den Versen 9ff. zitiert Walther einen

„Güterternar, der eine von der Antike vorgeprägte, vom Mittelalter auf seine Verhältnisse umgemünzte Wertfolge ausdrückt: *varndez guot = utile; êre = honestum; gotes hulde = summum bonum*. Im harmonischen Zusammenwirken dieser drei Kräfte offenbart sich Gottes Ordnungswille – der hier durch menschliche Willkür zerstört worden ist, die keine sinnvolle Antwort mehr erlaubt auf die bedrängende, für die ganze mittelhochdeutsche Klassik bezeichnende Frage: *wie man zer werlte solte leben*. Der Spruch ist eine dunkel getönte Zeitklage, aus der Elemente augustinisch-theologischer Geschichtsspekulation sprechen. *fride unde reht, pax et iustitia*, die *signa* herrscherlicher Gewalt, sind zerbrochen, mit ihnen ist die Weltharmonie zerstört und *gotes hulde* verloren. König Philipp sagte es ähnlich wie Walther: „Nach dem Tode unseres geliebten Herrn und Bruders, des erhabenen Kaisers Heinrich, geriet das Reich in Verwirrung. Unrecht und Aufruhr zerfleischten es, warfen es hin und her und erschütterten es an allen Ecken und Enden, so dass einsichtige Leute daran zweifeln konnten, ob wir seine Wiederherstellung erleben könnten. Denn jeder lebte ohne Richter und Gesetz und tat, was ihm gefiel und beliebte" (Wilmanns-Michels I, S. 91)."[54]

2. Spruch: Walther stellt sich in der Pose des Betrachtenden vor. Er überschaut die natürliche Ordnung: Alle Tiere leben in Feindschaft und Kampf untereinander. Doch dies geschieht in einer gottgegebenen Ordnung. Wie in der Fabel wählten sie Könige und eine Rechtsordnung; sie setzten Herren und Knechte fest und damit ein starkes Regiment. Im Vergleich dazu ist die staatliche Ordnung in Un-Ordnung geraten. Die Herzöge, Vasallen und Könige Europas halten sich nicht an die Regeln. Deshalb appelliert Walther in der Schlusszeile an Philipp von Schwaben, den Sohn Barbarossas und Bruder Kaiser Heinrichs VI., die Kaiserkrone zu nehmen und die europäische Ordnung wieder in die richtigen Relationen zu bringen.

3. Spruch: Walther zeigt sich in der Pose des Sehenden, des „vates". Er weiß um die innersten Geheimnisse der Menschen: Sie sind in dieser Zeit „verwirrt". Die Ursache dieses inneren Zwistes liegt im Lug und Trug, der von Rom kommt. Der Streit zwischen „pfaffen unde leien" (Vers 10) lässt die Kirche ihre eigentlichen Aufgaben vergessen, nämlich Frieden und Vergebung zu predigen. Stattdessen benützt sie politische Mittel, um ihre Macht durchzusetzen.

Dieses Versagen und diese Schuld können nur in einer Rückbesinnung auf ihre eigentlichen Aufgaben gutgemacht werden. Walther stellt mit dem weinenden „klosenaere" einen eigentlichen Christen dem Papst gegenüber. Nur über das Gebet ist die gestörte Weltordnung mit Gottes Hilfe wieder herzustellen, unter Verzicht auf alle Welthändel und alles Machtstreben. „Selbst der als Urteilsinstanz des Verdiktes eingeführte Klausner ist eine zeitgenössisch aktuelle Figur. Durch die Gestalt und Gebärde des der Welt entsagenden Einsiedlers wendet sich der Dichter direkt an Gott, ohne die Vermittlung der Kirche bzw. deren Oberhauptes, des Papstes. Damit richtet sich der Spruch nicht nur gegen diese oder jene Handlung der Kurie, sondern greift deren Verhalten grundsätzlich an. Der weltabgewandte Klausner, der auf irdischen Ruhm und materielles Gut völlig verzichtet hat, wird der Institution der römischen Kurie entgegengehalten. Die implizite Alternative ist eindeutig: Verzicht auf jede Machtanmaßung und weltliche Politik.

Getroffen werden soll damit der Anspruch von Kurie und Papst auf die Suprematie der geistlichen gegenüber der weltlichen Gewalt. Aus dieser Theorie leitete der Papst seine Berechtigung ab, in weltliche Auseinandersetzungen, hier den Thronstreit in Deutschland, einzugreifen. Mit der Adaption des im Klausner verkörperten Ideals der vita apostolica hat Walther ein durchaus politisches Argument gegen die Suprematiebestrebungen der Kurie gefunden, wobei er ein wesentliches Moment damaliger religiöser Massenbewegungen aufnimmt (vgl. die Humilianten, die ‚ketzerischen' Waldenser oder auch Männer wie Joachim von Fiore und Franz von Assisi). Langfristige Tendenzen der Veränderung gesellschaftlicher Werthaltungen werden für sein eigenes, relativ kurzfristiges politisches Ziel, die aktuellen Interessen Philipps, operationalisiert."[55]

Bei der Betrachtung seiner Spruchdichtung müssen wir immer Walthers Grundsituation mitbedenken, dass er ein deutscher Berufsdichter ohne festen Wohnsitz gewesen ist. Damit war er ständig in finanzieller Abhängigkeit von seinen Gönnern und deren höfischem Publikum. Viele politische Lieder geben Auskunft über die Probleme seiner sozialen Stellung, über sein Verhältnis zu seinen Zuhörern und über die Motivation zur Produktion seiner Sprüche. Walthers Spruch **„Do Friderich uz Osterrich also gewarp"** gibt Aufschluss über Walthers soziale Lage:

„Die inhaltliche und formale Organisation des Spruches ist klar und eindeutig. Zwei Blöcke stehen sich gegenüber: Der erste Teil (Z. 1-5) befasst sich mit der Vergangenheit, mit dem freudelosen Zustand, der zweite (Z. 6–12) handelt von der freudigen Gegenwart und mündet in einen Ausblick auf eine noch freudigere Zukunft. Was wird berichtet?

Nach dem Tode Friedrichs I. von Österreich (1198 auf dem Kreuzzug gestorben: „daz er an der sêle genas und im der lîp erstarb") hatte sich die Lage des Dichters verändert. Sein stolzer, selbstbewusster Gang („krenechen trit") verwandelte sich in den schleppenden Schritt eines niedergeschlagenen Mannes („slîchent als ein pfâwe"). Zeile 6, die letzte Zeile des Aufgesangs, gibt eine neue Situation: Das alte Selbstbewusstsein ist zurückgekehrt, der Dichter geht wieder stolz mit hocherhobenem Haupt. Benutzt man die formale Zweiteilung des Spruches in Auf- und Abgesang als Argument, dann scheint es, da die neue Lage scheinbar eine Zeile zu früh geschildert wird, als breche der Jubel aus dem Dichter heraus. Die neue Situation muss für den Dichter so wichtig sein, dass er sich ausführlich mit ihr befasst, sie beschreibt, begründet und von ihren persönlichen wie auch gesellschaftlichen Konsequenzen erzählt. Er sei „wol ze fiure komen", d.h. er habe bei einem neuen Herrn eine gastliche Bleibe gefunden. Die Folgen dieser erneuten sozialen Absicherung sind aber nicht nur persönlicher Art (Aufrichten des Hauptes, Wiedergewinnung des alten Selbstverständnisses), sondern sie wirken auch auf die Umwelt. Die unmittelbare, überschwängliche Freude über die neue Lage soll nicht auf das einzelne Individuum (den Dichter) beschränkt bleiben, sondern sich, so will es der Betroffene, der ganzen Gesellschaft mitteilen: Tanz als Ausdruck gemeinschaftlicher Freude und Hochstimmung ist es, wonach es ihn verlangt. Da die neue Lage von Dauer und nicht nur eine vorübergehende Verbesserung zu sein scheint, wird durch die Aussicht auf eine glückliche Zukunft die Freude des Dichters noch mehr gesteigert."[56]

---

54 A.a.O., S. 249.

55 Hartmut Kokott: A.a.O., S. 159.

56 Hartmut Kokott: Politische Sprüche Walthers von der Vogelweide. A.a.O., S. 139.

In seinem „Philipps-Ton" stellt Walther in der abgedruckten zweiten Strophe **„Philippe, künec here"** Philipps verantwortungsvolle Stellung dar: Er besitzt jetzt „guot und êre" (Vers 4), die für zwei Könige ausreichen könnten.

Und so appelliert Walther als Sänger am Hofe Philipps an dessen „milte" (Vers 6). Dieser zentrale Begriff wird in Variationen in den Versen 7 „milte lôn", Vers 10 „wirf von dir milteclîche" und Vers 11 aufgenommen und damit hervorgehoben. Die dreifache Betonung („gap", Vers 14) im Schlussvers, dass der große Alexander so großzügig gegeben habe, ist ein Appell an Philipps Großzügigkeit. Diese werde dann auch ihm ein großes Reich, die Herrschaft schenken.

Dieser Spruch ist nach 1202 gedichtet worden, denn Walther hat sich von Philipps Hof gelöst. Er dichtet nicht mehr für ihn, sondern wendet sich wohl aus Enttäuschung an ihn: Sein Drängen gerade diesem allseits beliebten Fürsten gegenüber wirkt befremdlich.

Umso hymnischer klingt das Lob auf und der Dank an Kaiser Friedrich II. über das erhaltene Lehen. Die erste Zeile **„Ich hân mîn lêhen, al die werlt, ich hân mîn lêhen"** ist ein befreiter Jubelschrei. Walther stellt seine missliche frühere Lage der nun freundlichen, frohen Gegenwart gegenüber.

Auf der einen Seite verbrachte er ein Leben in Winterskälte, in Wind und Wetter und auf Wanderschaft: ein Bild vom Elend des fahrenden Sängers und seiner Diskriminierung. Auf der anderen Seite stehen nun Geborgenheit und Schutz im eigenen Haus, aber auch größere gesellschaftliche Unabhängigkeit sowie ein gesteigertes Selbstbewusstsein und die Sicherung des Lebensunterhalts. Er dankt dem Gönner, dessen Ruhm er durch die Epitheta „der edel künec, der milte künec" (Vers 4) vermehrt. Seine Außenseiterrolle ist vorbei: Seine Umwelt braucht ihn nicht mehr als ein Hausgespenst anzusehen („in butzen wîs", Vers 7).

„Über die Auswirkungen des Aufstiegs auf die literarische Produktion handelt der letzte Teil des Gedichtes (Z. 8–10). Zu lange, wenn auch ohne eigenes Verschulden, war der Dichter arm gewesen. Inhalt und Tenor seiner Gedichte hatten sich, so erzählt er selbstkritisch, seiner äußeren und inneren Verfassung angeglichen: Verbittert hatte er nur noch Schelt- und Schmähgedichte verfassen können. Deren Wirkung auf die Umwelt könnte kaum drastischer als mit dem Bild des „stinkenden Atem" ausgedrückt werden. Aber mit der Armut endete auch des Dichters Bosheit, und seine Scheltlieder hören auf. Denn da er es nun nicht mehr nötig hat, zu bitten und zu betteln, werden auch nicht mehr seine Person und sein Selbstbewusstsein durch Zurückweisung herabgesetzt. Die endlich bestätigte, dem eigenen Selbstverständnis entsprechende soziale Stellung bewirkt wieder freudige Lieder: Der „sanc" des Dichters wurde „reine" und trägt nun wieder bei zur gesellschaftlichen Unterhaltung. Der Spruch selbst enthält bereits Reflexe der neuen Lage, denn nur aus ihr heraus kann der Dichter seine bitteren Erfahrungen der Vergangenheit selbstironisch zu drastisch-humoristischen Bildern verarbeiten: Der an den Zehen frierende Dichter, das spöttisch gemiedene Schreckgespenst, der stinkende Atem.

Diese Selbstironie weist hin auf ein wichtiges Moment des Selbstverständnisses des Dichters als literarischer Produzent in der feudalen deutschen Gesellschaft um 1200. Nicht die Tatsache, dass er auf die Gunst hoher Herren angewiesen ist, verbittert ihn, sondern lediglich die Vorenthaltung entsprechenden Entgelts für die als Dienstleistung aufgefasste Dichtung."[57]

Seite 100

1a Der *Gedichtvortrag*, als Hausaufgabe vorbereitet, soll die Form und die Intention der einzelnen „Töne", die auf öffentliche Wirkung angelegt waren, deutlich machen: Ausruf der Freude, Appell, Dankbarkeit und Mahnung. Damit soll dem Schüler das Verständnis der Texte erleichtert werden.

TA

Adressat	Rolle der angesprochenen Person	Inhaltliche Aussage
Text 1: Friedrich, Herzog von Österreich, und König Philipp von Schwaben	Lobpreis auf den verstorbenen Herzog: Gönner; Walther hat einen neuen Gönner gefunden: König Philipp	Trauer um den toten Herzog auf dem Kreuzzug 1198; trostlose Situation des Dichters (Herzog Leopold verweist Walther vom Hof in Wien.) Äußere Verbesserung; Freude über die neue Sicherheit am Hofe Philipps; Erhöhung seines Selbstwertgefühls.
Text 2: König Philipp von Schwaben	Aufforderung zur Freigebigkeit („milte")	Walther lobt den Edelmut des Königs und seinen großen Reichtum. Freigebigkeit fördert das Ansehen des Königs und das Wohlbefinden seiner Untertanen.
Text 3: Kaiser Friedrich II. von Hohenstaufen	Friedrich als großzügiger Gönner: Er schenkte Walther ein Lehen (1220).	Walther stellt seine missliche Lage mit ihren konkreten Auswirkungen dar. Er hat sein Ziel erreicht: – ist existenziell abgesichert; – genießt jetzt Sicherheit und Unabhängigkeit gegenüber anderen; – erfährt höhere Achtung.

[57] Hartmut Kokott: A.a.O., S. 146f.

1c Als Ergebnis können die Schüler feststellen, dass Walther in materiellen Angelegenheiten von den Mächtigen sehr abhängig ist; er besitzt jedoch innere Unabhängigkeit. Walther übernimmt häufig die Rolle eines Ratgebers; er durchschaut die Probleme seiner Zeit und kann sie pointiert fassen. Als Gestaltungsmittel sind zu nennen:

Text 1: Häufige Wahl von Metaphern und Vergleichen: oft aus dem Tierbereich;
indirekte Nennung; pars pro toto;
Aufforderungen/Ausrufe.

Text 2: Direkte Anrede/Appell;
Vergleiche;
Hinweis auf ein Vorbild;
Folgerung.

Text 3: Freudiger Ausruf;
Häufung von Epitheta;
Anapher.

(Zur historischen Orientierung eignet sich die Zeittafel **K 9**, LB, S. 182)

Der Aufbau der Strophen 2 und 3:

Ich hôrte ein wazzer diezen
4 Verse → Eingang → persönlicher Charakter/Pose → der Betrachtende
3 Verse → Gegenstand der Betrachtung
13 Verse → 9 Verse These (Natur)
        4 Verse Antithese (politischer Zustand im Reich)
3 Verse → Ermahnung
1 Vers → Resultat → politische Forderung

Ich sach mit mînen ougen
4 Verse → Eingang → persönlicher Charakter/Pose → der Seher
2 Verse → Ausgangspunkt der Vision
13 Verse → 8 Verse These (Zwietracht zwischen Geistlichkeit und Laien)
        5 Verse Antithese (Pflichtverletzung der Geistlichen)
4 Verse → Idealbild der Christenheit
1 Vers → Resultat → Fürbitte
(Für einen Vergleich politischer Lyrik bietet sich **K 8** an, LB, S. 181)

Seite 102

2 Zum besseren Verständnis des **„Reichstons"** sollen folgende Angaben beitragen:

1197 war Heinrich VI. (1190–1197), der Sohn Barbarossas, verstorben. Sein Sohn, von 1215–1250 Kaiser Friedrich II., war beim Tod des Vaters erst drei Jahre alt. So wählte ein Teil der deutschen Fürsten den Bruder Heinrichs, Philipp von Schwaben, zum König. Otto, der Sohn Heinrichs des Löwen, wurde zum Gegenkönig gewählt. Der Thronstreit dauerte bis ins Jahr 1208, in dem Philipp ermordet wurde. Papst Innozenz III., 1201 von den Anhängern Ottos zum Schiedsrichter angerufen, entschied sich für Otto und bannte Philipp mit seinen Anhängern.
Die drei Sprüche des „Reichstons" beziehen sich auf geschichtliche Vorgänge im Zeitraum von 1198 bis 1201.

Seite 105

3 Für die *Beschreibung der Bilder* dienen folgende Erläuterungen:

Gott als Baumeister des Universums, SB, S. 84, vgl. LB, S. 141

Das Bild **a: Herrad von Landsberg, Hortus Deliciarum** wird von Hubert Schrade (Text 5) umfassend gedeutet und kann als Grundlage für das Verständnis der übrigen Bilder hilfreich sein, weil er die grundsätzliche Vorstellung mittelalterlicher Weltsicht beschreibt. Eine Möglichkeit zur Veranschaulichung des Bildes ist es, das Bild zu kopieren und von der Arbeitsgruppe mit Randnotizen versehen zu lassen. So kann die Besonderheit der mittelalterlichen Weltsicht noch anschaulicher gemacht werden.

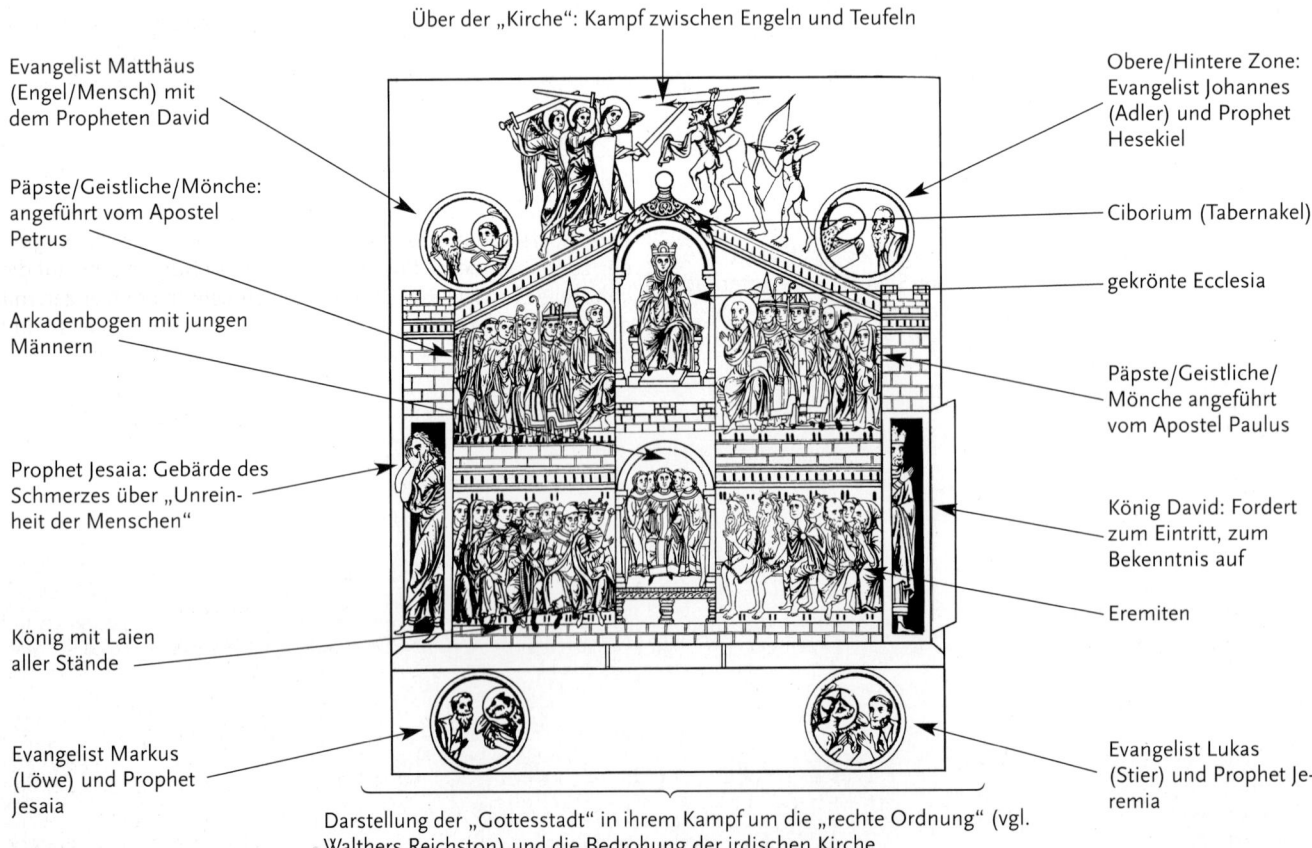

Über der „Kirche": Kampf zwischen Engeln und Teufeln

Evangelist Matthäus (Engel/Mensch) mit dem Propheten David

Päpste/Geistliche/Mönche: angeführt vom Apostel Petrus

Arkadenbogen mit jungen Männern

Prophet Jesaia: Gebärde des Schmerzes über „Unreinheit der Menschen"

König mit Laien aller Stände

Evangelist Markus (Löwe) und Prophet Jesaia

Obere/Hintere Zone: Evangelist Johannes (Adler) und Prophet Hesekiel

Ciborium (Tabernakel)

gekrönte Ecclesia

Päpste/Geistliche/Mönche angeführt vom Apostel Paulus

König David: Fordert zum Eintritt, zum Bekenntnis auf

Eremiten

Evangelist Lukas (Stier) und Prophet Jeremia

Darstellung der „Gottesstadt" in ihrem Kampf um die „rechte Ordnung" (vgl. Walthers Reichston) und die Bedrohung der irdischen Kirche

Bild b: Diese idealisierte Darstellung[58] des jugendlichen Kaisers Otto III. (782–1002), der unter dem Baldachin thront und hoheitsvoll Achtung gebietet, ist eine Darstellung ottonischer Herrscherauffassung aus dem Evangeliar Ottos III., das am Ende des 10. Jh. im Kloster Reichenau hergestellt wurde. Der Kaiser thront zwischen je zwei geistlichen und weltlichen Würdenträgern, die im „ottonischen Reichskirchensystem" als oberste Lehensträger die kaiserliche Macht stützten und das Reich verwalteten.

Dies zeigt sich in den Gebärden der Figuren: Der Bischof links legt seine Hand auf das kaiserliche Sitzkissen und hält mit der rechten Hand das Evangelienbuch: Zeichen für kirchlichen Segen und Unterstützung. Der weltliche Würdenträger stützt mit der rechten Hand zeichenhaft den Arm und die Hand des Kaisers, die den Reichsapfel als Zeichen kaiserlicher Macht hält. Mit der linken Hand wird ein übergroßes Schwert als Zeichen weltlicher Macht gehalten. Insgesamt sehen wir also eine von symbolischen bzw. zeichenhaften Hinweisen geprägte Darstellung kaiserlicher Herrscherauffassung. Die Farbgestaltung ist relativ flächig und kontrastreich.

Die Buchmalerei aus ottonischer Zeit ist relativ reich überliefert. Zunächst wurden Kopien nach karolingischen Werken hergestellt. Ein wichtiges Zentrum der Buchmalerei war wohl nicht auf der Reichenau, wie lange Zeit angenommen, sondern in Trier.[59] Dort arbeitete eine Gruppe von Malern um den sog. „Gregoriusmeister". So zeigt z.B. ein anderes Kaiserbild wahrscheinlich Kaiser Otto II. mit einer Baldachinarchitektur, die auf einen Zentralbau verweist, dessen vier Säulen die Welt meinen. Die vier Teile des Reiches entsprechen ihnen. Die vier Figuren links und rechts des Thrones, von denen jede eine Kugel trägt als Hinweis auf den Reichsapfel, huldigen dem Kaiser. Sie stellen Personifikationen der Reichsteile dar: Germania, Alemania, Francia und Italia. Diese Architektur ist als Hinweis auf den kaiserlichen Baustil der Aachener Pfalzkapelle zu verstehen.

Bild c: Das Bild enthält eine Struktur und Anordnung der Figuren, wie sie in vielen Darstellungen von Herrschern seit der Zeit der Ottonen (s. Bild b) in der Kunstepoche der Romanik zu beobachten sind.

Die Miniatur aus der Welfenchronik zeigt Kaiser Friedrich Barbarossa (1152–1190) auf einem Thron sitzend mit einer Krone auf dem Haupt, dem Reichszepter in der linken und dem Reichsapfel in der rechten Hand. Der Blick ist zur Seite gerichtet im Vergleich zu Bild d. Das Gesicht wirkt hoheitsvoll und doch freundlich. Außerdem trägt der Kaiser einen roten Bart: Die Darstellung des Kaisers zeigt also individuelle Züge. Denn Barbarossas Höflichkeit und Freundlichkeit im Umgang mit den Mitmenschen wurde oft besonders gerühmt. Die beiden Kaisersöhne Heinrich und Friedrich tragen ebenfalls eine Krone, denn sie üben die Herrschaft über Sizilien und Unteritalien bzw. Schwaben aus. Doch beide weisen mit einer Fingergeste auf den Vater als Kaiser; damit ist die Rangordnung hervorgehoben. Alle drei Figuren sitzen bzw. stehen unter drei Arkadenbögen. Die Farbgebung ist umgekehrt gewählt: Der Kaiser trägt eine rote Tunika und den blauen Krönungsmantel, die Söhne eine blaue Tunika mit rotem Mantel. Mit diesem Bild wird der Machtanspruch der Staufer-Dynastie unterstrichen.

Der Bildrand korrespondiert in den Farben blau, rot und grün mit der Farbgebung der Figuren und des Raumes.

Bild d: Diese Kaiserfigur, dargestellt in einem Glasfenster des alten romanischen Doms in Straßburg, wirkt so beeindruckend

und majestätisch durch ihre imposante Figur, die aufrecht auf einem Thron sitzt und in der rechten Hand das Szepter und in der linken den Reichsapfel hält als Zeichen kaiserlicher Macht. Über einer blauen Tunika mit breiter Goldbordüre geschmückt trägt die Kaiserfigur einen Purpurmantel, der ebenfalls mit einer goldenen Bordüre geschmückt ist. Eine besondere Wirkung geht vom Gesicht aus: Zwei in die Ferne gerichtete Augen und ein schmaler ernster Mund fesseln den Betrachter. Durch den Nimbus (Heiligenschein) erhält der Herrscher den Rang eines Heiligen. Man sah in dieser Figur die Idee des christlichen Herrschers verkörpert: als Statthalter Gottes und als Nachfolger römischer Cäsaren. Da sich jedoch die hinter der Kaisergestalt dargestellten Figuren als Roland und Olivier identifizieren lassen, die Helden des Rolandliedes, die mit Karl dem Großen gegen die Sarazenen kämpften, ist die dargestellte Kaiserfigur Karl der Große. Dieser war 1165 auf Betreiben Friedrich Barbarossas heilig gesprochen worden. Das Domkapitel in Straßburg förderte seine Verehrung.

Bild e: Diese Plastik von Ludwig dem Heiligen und seiner Gemahlin charakterisiert der Kunsthistoriker Hans H. Hofstätter so:[60]

„Das plastische Bildnis Ludwigs des Heiligen (1250–1270) und seiner Gemahlin (gestorben 1295) zeigt die fließenden Übergänge zwischen geistlicher und weltlicher Mystik. Sein weltlicher Inhalt ist die Begleitung des Herrschers auf seinem Kreuzzug von 1248 ins Heilige Land durch seine Gemahlin, in zärtlichem Miteinander. Doch die Gruppe wurde gestiftet zur Aufstellung auf dem Altar der Kapelle St-Laurent des Schlosses Joinville vom Verfasser der Chronik des Heiligen Ludwig, Jean de Joinville. Möglicherweise hat auch der Bildhauer die Personen seiner Darstellung von Angesicht her gekannt, denn die Plastik zeigt authentische Bildniszüge der beiden. Der König ließ sich auf seinem Kreuzzug einen Bart wachsen. In seiner Rechten trägt er eine zu der Zeit übliche symbolische Architektur, welche die Grabesrotunde in Jerusalem verbildlicht: Sinn und Aufgabe der Kreuzfahrt. Die Frau soll in der Hand eine Lilie gehalten haben, das Symbol der französischen Königsherrschaft.

Deutlich hat der Bildhauer die männliche und die weibliche Figur nach der Auffassung des Mittelalters differenziert: der König, mit beiden Beinen fest auf der Erde stehend, den Blick in die Ferne auf seine Aufgabe gerichtet. Die Frau dagegen rankt sich nach biblischer Auffassung an ihrem Manne empor und sieht nur ihn, der ihre Aufgabe ist. Wenn das Lächeln der Frau nach Auffassung des Mittelalters Ausdruck weiblicher Vollkommenheit war, so drückt sich darin Geistigkeit und Weltfreudigkeit zugleich aus."

Einige Hinweise zur Kunstauffassung des späten Mittelalters: Entscheidend für diesen Zeitraum (1350–1520) ist zu Beginn der zunehmende Einfluss des städtischen Bürgertums auf die kulturelle Entwicklung. Dieser endet zu Beginn der Neuzeit mit dem Durchbruch des humanistischen Persönlichkeits- und Weltbewusstseins der Renaissance. Das Bürgertum entwickelt ein neues ausgeprägtes Standesbewusstsein: Es gewinnt Einfluss in den Räten der Städte, nutzt die Bildungsmöglichkeiten und wird zur tragenden wirtschaftlichen Schicht. Ausdruck dieses bürgerlichen Zusammengehörigkeitsgefühls ist der Bau der gotischen Kathedralen: Der gotische Kirchenbau wird für die Menschen zum Abbild des himmlischen Jerusalems.

Sinn der mittelalterlichen **Skulptur** ist die Vergegenwärtigung des biblischen Heilsgeschehens. In der Gotik wird die Bilderwelt erweitert, die sich nicht mehr nur auf biblische Themen bezieht, sondern weltliches Wissen der eigenen Zeit dem Heilsgeschehen zuordnet. So wird der Bilderschmuck zu einem „Bilderlexikon der Zeit": Figuren aus der Bibel, aus dem Tierkreise, aus den sieben freien Künsten, aus den Tugendkatalogen, historische Figuren wie Kirchenstifter und sog. Königsgalerien. Beeinflusst von der Mystik entstehen die Typen des Andachtsbildes, z.B. Madonnenstatuen, Pieta-Darstellungen, Leidensbilder Christi und Kruzifixe. Sie dienen meist der Privatandacht.

[58] Magnus Backes/Regine Dölling: Die Geburt Europas. In: Kunst im Bild. – Baden-Baden (Holle) 1979, S. 165

[59] Siehe Hans Holländer: Kunst des frühen Mittelalters. In: Belser Stilgeschichte im dtv, Bd. 5, S.129ff. – München (Deutscher Taschenbuch Verlag) 1979

[60] Hans H. Hofstätter: Spätes Mittelalter. In: Kunst im Bild. – Baden-Baden (Holle) 1979, S. 110f.

Die Bildhauer der Gotik bezogen immer mehr auch den Menschen mit seiner individuellen und prägenden Erscheinung mit ein. So ist in der französischen Kunst selbst in den Königsbildern die individuell-menschliche Eigenart der Figur den strengen Normen einer geistigen Idee unterworfen. Die Skulptur des französischen Königs Ludwig mit seiner Gemahlin Margarete besitzt zwar individuelle Züge des Königs, ist letztlich jedoch geprägt von der idealen Vorstellung ihrer Zeit von der Idee des Königtums.

In Deutschland wird die Skulptur mit individuell-menschlichen Charakteristika zugunsten des idealen Bildes wieder zurückgedrängt. Ausnahmen bilden nur die ganz großen Bildhauer wie der Naumburger Meister, Peter Parler aus Schwäbisch Gmünd, Tilman Riemenschneider in Würzburg und Veit Stoß in Nürnberg. Ihre Skulpturen zeigen oft porträthafte Züge, unverwechselbare menschliche Individualität, Selbstbildnisse der Bildhauer und Apostelfiguren der Schnitzaltäre. Ihre Figuren verkörpern jedoch immer auch gesteigerte menschliche Möglichkeiten der Lebenserfahrung.

Bild f: Zur Politik Kaiser Heinrichs II. folgende Hinweise:

„Heinrich II. (1002–1024), der Sohn des Bayernherzogs Heinrich des Zänkers, wurde u.a. von dem Schwaben Wolfgang von Pfullingen, dem Bischof von Regensburg, erzogen.

Die kirchliche Gesinnung, die ihm aufgrund seiner Erziehung eigen war, hinderte ihn nicht daran, konsequenter als seine Vorgänger das System der Reichskirche auszubauen. In Deutschland besetzte er fast ausschließlich die Bischofssitze mit Mitgliedern der Hofkapelle und schuf sich so eine machtvolle Stütze seines Reiches. Von den utopischen Plänen Ottos III., Rom zum Mittelpunkt seiner Herrschaft zu machen, rückte er ab. Er gründete das Bistum Bamberg als Missionsbistum für den Osten und stattete zahlreiche Kirchen, z.B. den Dom von Basel und von Straßburg, mit Besitz aus. Er unterstützte die Klosterreform, die von Gorze in Lothringen ausging."

Die Bildunterschrift enthält die wichtigsten Hinweise zum Verständnis des Bildes. Ergänzend sei auf die zweiteilige Bildstruktur hingewiesen: Im oberen, „himmlischen" Bereich sind Kaiser Heinrich und seine Frau Kunigunde, die Mitregentin gewesen ist, abgebildet. Sie haben damit die Mittlerrolle zwischen dem irdischen und dem göttlichen Bereich. Die Herrschaftsübergabe wird von den beiden Apostelfürsten Petrus und Paulus „assistiert". Damit wird auch der Vorrang gegenüber dem Papst in Rom deutlich, der ja Nachfolger auf dem „Stuhle Petri" ist.

Bild g: In jeder romanischen Kirche ist das Kapitell „die Krone der Säule".[61] Sie wird als Bindeglied zwischen Himmel und Erde zum „Symbol der Weltachse": In ihr verkörpert sich das uralte Bild vom Weltenbaum, das in vielen Kulturen zu finden ist, z.B. die Weltesche Yggdrasil, der Baum der Erkenntnis oder der Lebensbaum orientalischer Kulturen. Der Baum ist das Urbild der Säule, wie die ägyptische Kultur es zeigt. Das Kapitell ist nötig, um die Last des Daches oder der Decke zu tragen. Der älteste Schmuck aller Kapitelle waren pflanzliche Formen wie die Akanthusblätter in der Antike. Das Akanthusblatt symbolisiert Unsterblichkeit; deshalb wird es in den christlichen Kirchen als Symbol des ewigen Lebens übernommen.

Figuren und Pflanzenschmuck sind nicht zufällig angebracht, sondern haben eine symbolische Bedeutung und sind in ein geistiges Programm eingegliedert. „Ein romanisches Kapitell hatte nicht zu „unterhalten" oder bloß „schön" zu sein. Es hatte zu belehren, zu warnen, zu erheben, zu drohen, zu stärken, zu trösten und vieles mehr."[62] Konnten die Menschen auch kaum lesen, die Bildersprache dieser Kunstwerke war ihnen vertraut.

Das Wissen um den Symbolwert dieser fantastischen Geschöpfe von Tieren hatte sich seit den frühen Tagen des Christentums von Mesopotamien über Ägypten und über das ganze spätrömische Reich ausgebreitet. Die Symbole aus den heidnischen Kulturen wurden christlich umgedeutet. Schwierig war es, den Kampf des Menschen gegen die ihn bedrängenden Versuchungen bildlich darzustellen. Diesen Widerstreit in der menschlichen Seele zeigt das Kapitell von St. Peter in Chauvigny:

„Hier wird ganz gegenständlich der Zwiespalt dargestellt, in dem jeder noch dem Irdischen Verhaftete sich befindet. Ein Mensch mit großem Kopf und ruhigem Gesicht und ausgebreiteten Armen, jedoch von der Körpermitte abwärts sich in zwei auseinander strebende Leiber teilend, so dass er nun mit je zwei Beinen und Füßen begabt ist, die einander meiden, doch dort zusammenstreben, wo aus der Brust rippenartig der Lebensbaum aufsteigt. Das Erstaunliche ist nun, wie dieser sich tänzerisch bewegende Doppelmensch von Ungeheuern umringt ist, wie er fast spielerisch in jeder Hand die Hinterläufe eines von ihnen festhält, die ihn in seine Arme zu beißen trachten, sie also beherrscht, wie er ferner mit dem linken, äußersten seiner vier Füße einer riesigen bärtigen Harpyie scheinbar nebenbei noch einen abwehrenden Tritt versetzt, während sein rechter dem anderen löwenartigen Untier schon entkommen ist und dem aufsteigenden Lebensbaum zustrebt. Dieser Mensch ist der Überwinder seiner Zwiespältigkeit. Er beherrscht sie, obwohl er sich ihrer noch bewusst ist. Die rechte Körperhälfte, sein „geistiges Teil", deutet mit den drei betonten Gewandfalten auf die Dreieinigkeit, mit den fünf daneben liegenden auf „die vollkommene Zahl des Mikrokosmos Mensch" und damit auf Christus selbst, mit den senkrechten Falten aufwärts. Aber auch die linke Hälfte, sein „irdisches Teil", strebt, das Tierische überwindend – nicht zufällig ist auch sie bekleidet —, dem Lebensbaum in der Leibesmitte zu, wie die schwungvolle Aufwärtsbewegung der Rockfalten nach rechts anzeigt und ebenso der das Ungeheuer zurückstoßende Fuß. In diesem Kapitell ist auf beschränktem Raum meisterlich die ganze Zwiespältigkeit menschlicher Existenz in künstlerische Form gebracht. Und der Sieg über sie."[63]

Bild h: Die verschiedenen Episoden über das Jüngste Gericht sind häufig auf den Säulenkapitellen zu finden: Die Figur des Erzengels Michael steht zentral auf der Kapitellseite, wirkt mit den mächtig symmetrisch gestalteten Flügeln und dem gefalteten Gewand souverän und majestätisch. Er weist mit drei ausgestreckten Fingern mahnend nach oben. Zur Linken kniet ein „kleiner Mensch" neben ihm und bittet mit ausgestreckten Armen offensichtlich um Schutz und Hilfe in der Todesstunde. Mit der linken Hand hält der Erzengel Michael eine Waage, in der eine Seele nach ihren Verdiensten im Leben „gewogen" wird. Ein Dämon versucht die Waagschale der geretteten Seele zu sich herunterzuziehen.

Das Motiv der Seelenwaage in der Hand des Erzengels Michael stammt aus dem ägyptischen Kulturkreis: Der Glaube der Ägypter, dass Osiris im Schattenreich die Seelen der Toten wiegt, ist ins Christliche übertragen. Nur die Engelsflügel und mitunter drei Steine, Zeichen für die Dreifaltigkeit, auf der einen Waagschale unterscheiden das christliche Bild vom heidnischen Vorbild.

---

[61] Die Ausführungen zu den Bildern g und h orientieren sich an Ingeborg Tetzlaff: Romanische Kapitelle in Frankreich. Löwe und Schlange, Sirene und Engel. – Köln (DuMont) 1977.
[62] Ingeborg Tetzlaff: A.a.O., S. 94.
[63] A.a.O., S. 94f.

In die Komposition vieler Kapitelle ist eine waagrecht verlaufende Girlande, zuweilen mit reichem Blattschmuck und in Form eines griechisch anmutenden Mäanders gestaltet, eingebaut worden als Symbol für das Auf und Ab menschlichen Lebens.[64] Bezogen auf das dargestellte Bildmotiv kann diese Girlande nach oben in die göttliche Sphäre oder auf das Verhaftetsein im Diesseits weisen.

Zur Reichskrone: Die ottonischen Kaiser förderten die Kunsttradition der spätantiken und christlichen Überlieferungen Roms bewusst in Konkurrenz zum byzantinisch-christlichen Kaisertum, um ihren Anspruch auf das Vorrecht des abendländischen-christlichen Imperiums zu beweisen.[65] Die königlich-kaiserliche Familie sowie die Bischöfe und Äbte, die weltliche Machtbefugnisse wie Reichsfürsten besaßen und so die Königsmacht dauerhaft sicherten, sahen ihre Macht in der sakralen Reichsidee legitimiert.

In den Reichsinsignien werden Ideen des ottonischen Kaisertums sinnbildlich dargestellt:

Die **Reichskrone** wurde vielleicht anlässlich der Kaiserkrönung Ottos I. des Großen 962 geschaffen. Ihr Achteck weist auf die Vollkommenheit hin; das Emailbild König Davids auf die Gerechtigkeit; das Bild König Salomons ist Zeichen der Weisheit. Mit der Darstellung Ezechiels verbindet sich die Hoffnung auf ein langes, segensreiches Leben des Kaisers, und die Inschrift auf dem Christusbild lautet: „Per me reges regnant." = „Durch mich herrschen die Könige." Dies macht den imperialen Führungsanspruch der Ottonen deutlich: Walther von der Vogelweide fordert in seinem „Reichston" König Philipp von Schwaben auf, den „Waisen", den größten einzelnen Edelstein, also die Kaiserkrone aufzusetzen und die übrigen Könige Europas „hinter sich treten zu lassen". Die hohe künstlerische Qualität der Reichskrone spiegelt den Glanz und den Machtanspruch des Kaisertums wieder.

Die sakrale Herrscheridee des „Heiligen römischen Reiches deutscher Nation" wurde sichtbar in den Reichsinsignien: Zu ihnen gehörten Kaiserkrone, Szepter, Krönungsmantel, Reichsapfel und Kreuz sowie die Reichsheiligtümer wie die heilige Lanze oder die Kreuzpartikel. Sie wurden dem deutschen König bei der Krönung übergeben. Das Reichskreuz z.B. stärkte als sog. „Siegeskreuz" die Macht des Kaisers gegen die Feinde des Reiches und der Kirche.

4 Der Schüler wird im **ersten Reichston** erkennen, dass der Bau der drei Strophen vollkommen identisch ist. Die Einheit der drei Strophen lässt auf die Einheitlichkeit der Konzeption schließen.
Das dreimalige „Ich" („Ich saz" – „Ich horte" – „Ich sach") weist auf ein ausgeprägtes Individualbewusstsein hin: Hier tritt uns ein für das Mittelalter erstaunlich selbstbewusster Dichter entgegen, der sagt, was richtig und falsch ist. Er entwickelt ein Konzept, wie die Menschen sich verhalten sollen, um der göttlichen Weltordnung zu entsprechen.
Walther empfindet sich als Kontrollinstanz, als moralische Instanz, als Hüter und Bewahrer der gottgewollten Ordnung.
Um diese Wirkung zu erzielen, benützt Walther in seinem „Reichston" folgende Gestaltungsmittel: die Personifizierung abstrakter Begriffe, bildhafte Wendungen (Vergleiche, Metaphern), Appelle, Ausruf, Klage.
Die Werte, die das Leben in der Welt bestimmen sollen, sind „êre", „varne guot" und „gotes hulde". Während die beiden ersten gleichrangig sind, ist „gotes hulde" deutlich höherwertig. Im Zusammenwirken von menschlicher Leistung und göttlicher Gnade soll die Welt zu vollkommener Einheit gelangen.

Ehre (honestum) und Besitz (utile) sind schwer zu vereinbaren. Der Mensch jedoch besitzt die Fähigkeit, sie zu verbinden. Er muss diesen Gegensatz im dialektischen Sinne aufheben. Diese Gedanken Walthers lassen sich grafisch so darstellen:

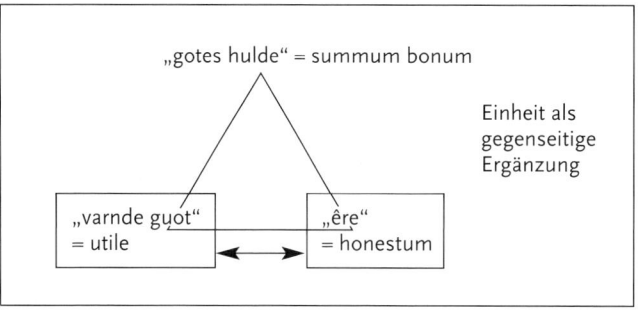

Die Werte sind zusammengefasst in dem Begriff „ordenunge" (Str. 2, Vers 18). Für Walther ist die Ordnung mit Hilfe der menschlichen Vernunft als sinnvoll erkennbar. Sie ist in sich geschlossen und stellt Bezüge her zwischen Mensch, Welt und Gott.
Den Texten und Bildern liegen folgende Aussagen zugrunde: Im Bereich des utile und honestum hat das Kaisertum einen klaren Führungsanspruch, stellt die Ordnung her. Das Papsttum (sacerdotium) hat die Verbindung zwischen den verschiedenen Ordnungsbereichen herzustellen durch Glaube und Gebet. Es hat den gläubigen Christen „gotes hulde" (summum bonum) zu vermitteln.
An dieser Stelle kann der Fachlehrer auf den sich seit Kaiser Konstantin hinziehenden Streit um die Rangordnung zwischen Kaiser (imperium) und Papst (sacerdotium) in dieser Welt hinweisen: Papst Gelasius II. /Konstantin/Pippin/Karl der Große/ Investiturstreit.
Walther greift deshalb das Papsttum auch so scharf an, weil es für sich die Ausübung weltlicher Herrschaft beansprucht. Für ihn ergänzen sich beide Mächte zu einer Einheit. Aus dieser Position heraus zieht er in seinem „Reichston" folgende Forderungen:

1. Spruch: Thema ist die Frage: „wie man zer welte solte leben". Er verlangt die Unterwerfung unter die gesamte Ordnung. Ehre und Besitz sind die materiellen und idealen Daseinsgrundlagen; Gott hat die Mitte zu sein.
2. Spruch: Alles Sein in dieser Welt ist auf den göttlichen Ordnungsprinzipien aufgebaut: Die weltliche Staatsordnung soll die göttliche Ordnung widerspiegeln. Deshalb kann nur einer in dieser Welt Kaiser sein, nämlich der rechtmäßige Erbe Heinrichs VI.
3. Spruch: In ihm wird ein ausgewogenes Verhältnis von weltlicher und geistlicher Herrschaft verlangt. Sie sollen sich ergänzen wie Leib und Seele.

Im „Reichston" zeigt sich ein geschlossenes Weltbild, aus dem Walther seine persönlichen Konsequenzen zieht. Damit wird dem Schüler auch einsichtig werden, dass jede politische Dichtung standpunkt- und wertbezogen, damit ideologisch ist. Es gibt nicht die Möglichkeit, zu einem Ereignis Stellung zu nehmen, ohne dieses Ereignis an dem jeweiligen Weltbild zu messen.
Die nachfolgende Grafik versucht, die in den Texten, den Bildern und Walthers Gedicht dargestellten Beziehungen zwischen Gott, der Welt und dem Menschen zusammenfassend darzustellen:

[64] Ingeborg Tetzlaff: A. a. O., S. 39.
[65] Siehe Regine Dölling: Die Geburt Europas. In: Kunst im Bild. – Baden-Baden (Holle) 1979, S. 5–11.

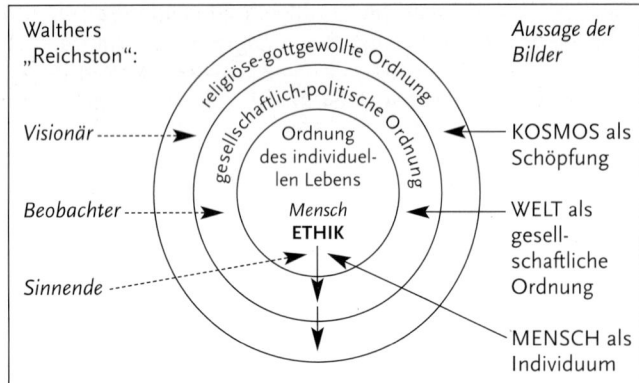

Die Ordnung, der der Mensch als denkendes Wesen verpflichtet ist, ist die Ethik. Ethik als Anweisung für sittliches Handeln begründet die anderen Ordnungen (Pfeile). Dies begründet die Geschlossenheit des Systems und erklärt den absoluten Anspruch der Ordnung, wie Walther sie vertritt.

II. Die Sprachen des Mittelalters (S. 106–115)

Zunächst soll eine Auswahl von Texten zu verschiedenen Dialekten den Schülern die Möglichkeit bieten, auffällige Unterschiede zwischen den verschiedenen Mundarten im Wortgebrauch, in der Syntax, im Lautbestand und auch in ihrer Sprechintention zu untersuchen. Dabei können vor allem auch die besonderen Merkmale des eigenen Dialekts mitreflektiert werden. Kurze informative Texte, literarische Beispiele, Tabellen, Bilder und Grafiken bieten in fünf Teilsequenzen einen knappen und doch anschaulichen Überblick über die Entwicklung der deutschen Sprache bis zu Martin Luther. Diese Sequenz bietet außerdem die Möglichkeit, die bei der Behandlung der mittelalterlichen Dichtung gewonnenen Einsichten in die Strukturen der mittelhochdeutschen Sprache, in ihre historische Entwicklung und in ihre Unterschiede zur neuhochdeutschen Sprache zusammenfassend zu betrachten.

S. 106–108: II,1. Quellen der Hochsprache? – Mundarten früher und heute

Das Gedicht von Johann Lauremberg aus dem 17. Jh. greift eine schon länger andauernde Diskussion auf, in welcher es um die Frage geht, ob die hochdeutsche der niederdeutschen Sprache überlegen sei. Er verweist auf die Beständigkeit und auf die Ausdrucksfähigkeit der **Dialekte** niederdeutschen Sprachraums. Damit sollen die Schüler angeregt werden, über die Eigenart von Dialekten nachzudenken. Bei der Beschäftigung mit Dialektgedichten aus dem schwäbisch-alemannischen, niedersächsischen und fränkischen Sprachraum, die nur eine Auswahl darstellen können, sollen die Schüler deren besonderen Merkmale erkennen und dabei über ihren eigenen Dialektgebrauch nachdenken. Die Karte über die räumliche Zuordnung der Dialekte des deutschen Sprachraums und das Schaubild über die Herkunft der Dialekte dienen den Schülern zur Veranschaulichung.

Mögliche Ziele:

1. Einen Gedichtvortrag in Gruppen vorbereiten
2. Ein Dialektgedicht in das Hochdeutsche übertragen
3. Die sprachlichen Besonderheiten eines Dialektgedichtes herausarbeiten
4. Die Besonderheiten von Dialekten untersuchen und den Sprachräumen der Mundartkarte zuordnen

Seite 106

1a Als „Einstieg" für die Beschäftigung mit der Entwicklung der deutschen Sprache wurden Dialekt-Gedichte gewählt, weil sie den Schülern Unterschiede zwischen ihrem Dialekt und der Hochsprache aufzeigen können. Der *Gedichtvortrag* kann die Schwierigkeiten in der Schreibung von Dialekten, vor allem aber auch die phonetischen, lexikalischen und semantischen Differenzen verdeutlichen und zu einer genaueren Untersuchung dieser Unterschiede anregen. Es wird dem Schüler bewusst, dass der Dialekt als Umgangssprache von regionaler Eigenart geprägt ist und nur einen begrenzten Kommunikationsbereich umfasst.

1b Als Schwierigkeiten bei der *Rezitation* können die Schüler beobachten, dass die Aussprache der Vokale mit ihrer jeweiligen Dialektfärbung nur schwer zu treffen ist: Einige Beispiele sollen dies verdeutlichen.

– Phonetik: Die Aussprache der Vokale, ihr Tonfall ist dialektgefärbt:

z.B. Text 2, Vers 1 „zwische" = nicht als „e" gelesen, sondern eher als kurzer nasaler a-Laut.

Dies gilt für alle Mundartgedichte: Die regionale Lautung ist nur schwer zu treffen, weil die gesprochene Sprache nicht mit der geschriebenen Sprache übereinstimmt.

– Semantik: Viele Wörter sind in ihrer Bedeutung nur regional verständlich.

– Anklänge an das Mittelhochdeutsche:

Text 2: Z. 3 „uf" = auf   Text 3: Z. 9 „us" = aus
Z. 3 „Roa" = Rain   Z. 16 „muul" = Maul
Z. 7 „pfludrert" =   Z. 26 „bini" = bin ich
plustert
Z. 15 „gheit" = wirft
„schier gär" = beinahe

Es fallen Anklänge im Vokal- und Wortgebrauch auf, z.B. keine Diphthongierung.

2a/b Durch einen *Übertragungsversuch* soll der Schüler sich die Eigenart des Dialektes, in dem das gewählte Gedicht geschrieben ist, und die Schwierigkeiten des Übersetzens bewusst machen.

Text 2: als Beispiel für einen oberdeutschen Dialekt

Lautbestand: (phonetische Ebene)	Kender = Kinder; Bronne = Brunnen; zwua = zwei; one = und; uf = auf; Roa = Rain; kloa = klein; zmol = zumal; Schlof = Schlaf; feagt = fegt u.a.
Wortbestand: (lexikalische Ebene)	Stapfel = Treppe; gompe = pumpen oder plantschen; hentrem = hinter dem
Satzbau: (syntaktische Ebene)	loht se sonne = sonnt sich; zom trockne lao' = zum Trocknen
Bedeutung: (semantische Ebene)	aoscheniert: unbekümmert

Text 3:

Lautbestand: (phonetische Ebene)	widder = wieder; hiiser = Häuser; wä = Weg; us = aus; heef = Höfe; kueh = Kühe; mini = meine; muul = Maul

Wortbestand: (lexikalische Ebene)	d = die; winke = winket; fensterläde = Fensterläden e = eine; mer = mir; → Plural beim Verb umgestellt → Wortverknüpfungen
Satzbau: (syntaktische Ebene)	d = den (Akk.); di = dich winkel = Winkeln (Dativ); bini = bin ich → Kasusänderungen → Wortzusammenziehungen
Bedeutung: (semantische Ebene)	schäbere = laut reden; rawoose = herumtollen; maucht = muht; schnäfle = mit der Schere heraus- schneiden; bäbbe = kleben

Text 4:

Lautbestand:
(phonetische Ebene)
	sohng = sagen; wos = was;
	glanns = Kleines;
	→ Vokalbestand verändert
	→ keine Anlautveränderung

Wortbestand: (lexikalische Ebene)	ba = bei; des = das; sohng = sagen; was glanns = was Kleines; däi = die; hodds = hat es
Satzbau: (syntaktische Ebene)	barrierder = pariert er; konni = kann ich; ihner = ihnen; gehm = gegeben → Kasusänderungen → Wortzusammenziehungen → Synkope „ge" fällt weg
Bedeutung: (semantische Ebene)	gräings = kriegen sie mordsdrumm schelln = Riesenohr- feige

Text 5: als Beispiel für einen niederdeutschen Dialekt:

Lautbestand: (phonetische Ebene)	kumm = komm; sitten = sitzen; vertellt = erzählen; wat = was; afplackt = abgeplagt; gröön = grün; Minschen = Menschen
Wortbestand: (lexikalische Ebene)	sik = sich; de = welcher; snaken = sprechen; böögt = biegen oder beugen
Satzbau: (syntaktische Ebene)	den annern sien Nacken = den Nacken des andern
Bedeutung: (semantische Ebene)	röögt = rühren; rieten = reißen

Die von den Schülern beschriebenen sprachlichen Erscheinungen können im Unterrichtsgespräch mit Fachbegriffen versehen werden: Die folgende Übersicht ist für die Hand des Lehrers gedacht:

Dialekt-Unterschiede:

Phonologie: – Diphthongierung: î-iu-û = ei-eu-au;
– Monophthongierung: ië – uo – üe = ie – u – ü;
– Binnendeutsche Konsonantenabschwächung: „e" fällt weg;
– Rundung oder Entrundung der Vokale: z.B. e = ö;
– Dehnung und Kürzungen von Vokalen.

Morphologie: – *Kasus-Veränderungen:* Einschränkung der Kasus-Endungen, z.B. Fehlen eines Genitivs, bei Substantiven meist nur noch der Dativ gekennzeichnet;

– *Reflexivpronomen:* im Niederdeutschen nicht vorhanden;
– Unterschiede in der Bildung von *Possessiv- und Personalpronomen;*
– *Apokope:* „e" am Ende fällt weg;
– *Synkope:* „ge" fällt weg;
– Verlust des *Präteritums* im süddeutschen Raum;
– Im Nord- und Südwesten sind die Formen des *Plurals* beim Verb zusammengefallen: „et";
– *Diminutivsuffix:* „le".

Syntax: – Änderung in der *Wortstellung;*
– unterschiedlicher Gebrauch der unterordnenden *Konjunktionen;*
– regionale Unterschiede im *Tonhöhenverlauf:* im Süden letztes Wort im Fragesatz durch Anhebung der Stimme markiert.

3a/b Die Unterschiede zwischen den **Dialekten** können mit folgenden Hinweisen erklärt werden:
– Die Dialekte sind in ihrem Laut- und Formenbestand älter als die gemeinsame Schriftsprache.
– Sie sind gebunden an ihre regionalen Bedingungen: Brauchtum, Volkstum und Sachkultur; von den geographischen und historischen Gegebenheiten wie Siedlung, Territorium, Wirtschaft, Verkehr und Kirchenorganisation abhängig.
– Große Bedeutung für die Dialekt-Bindung hatten die spätmittelalterlichen Territorien.
– Siehe auch AA 2 a/b

Die **Sprachwissenschaft** unterscheidet oberdeutsche, mitteldeutsche und niederdeutsche Mundarten. Die oberdeutschen Mundarten haben die Lautverschiebung fast vollständig, die mitteldeutschen teilweise und die niederdeutschen überhaupt nicht mitgemacht.
Die Grenzlinie zwischen der hoch- und niederdeutschen Sprachlandschaft verläuft nördlich von Aachen, Köln, Kassel, Dessau, Wittenberg, südlich von Magdeburg, Frankfurt a. O. und umfasst den südostpreußischen Raum um Elbing und Allenstein.

Text 1: Mecklenburgisch; ostniederdeutsch
Text 2: Schwäbisch; alemannisch (hochdeutsch)
Text 3: Alemannisch; niederalemannisch (hochdeutsch)
Text 4: Fränkisch; nordbairisch (hochdeutsch)
Text 5: Nordniedersächsisch; westniederdeutsch

S. 108–110: II,2. Die Vorgeschichte der deutschen Sprache – Die indoeuropäische Sprachenfamilie (1. /2. Jahrtausend v. Chr.)

In dieser Teilsequenz soll die **Entwicklung der deutschen Sprache** in ihrer Ursprungsphase aufgezeigt werden: Die Schüler sollen einmal die Bedeutung der ersten germanischen Lautverschiebung erkennen, die entscheidend zur Veränderung der indogermanischen Schlusslaute beitrug und damit zu einer weiteren Abgrenzung führte. Zum Zweiten sollen sie erkennen, dass die zweite sog. althochdeutsche Lautverschiebung ihrerseits mit der Veränderung der Verschlusslaute zu zwei Sprachlandschaften führte, nämlich zur ober- und niederdeutschen.

Mögliche Ziele:

1. Nach einer Karte die Veränderungen der Verschlusslaute in den verschiedenen Sprachräumen während der zweiten Lautverschiebung beschreiben
2. Die Erkenntnisse an Beispielen selbstständig anwenden

Seite 110

 1a/b Die Aufgabe verlangt vom Schüler eine zusammenfassende Reflexion der Veränderungen der **Verschlusslaute**.

1. In der 1. oder germanischen Lautverschiebung machen alle drei Sprachräume die Veränderungen im Konsonantensystem mit und grenzen sich auf diese Weise von den anderen Sprachen ab.
2. In der 2. oder althochdeutschen Lautverschiebung grenzen sich die drei Sprachräume voneinander ab:

niederdeutsch	mitteldeutsch	oberdeutsch	
i**k**	i**ch**	i**ch**	k – ch – ch
ma**k**en	ma**ch**en	ma**ch**en	k – ch – ch
dor**p**	dor**f**	dor**f**	p – f – f
da**t**	da**s**	da**s**	t – s – s
a**pp**el	a**pp**el	a**pf**el	pp – pp – pf
pund	(**p**)**f**und	**pf**und	p – (p)f – pf

Der Gebrauch der Verschlusslaute gilt weitgehend noch heute in den Dialektgedichten.

2 Es liegen als Verschlusslaute zugrunde bei

Pflug:	p	Dor**f**:	f
Pfeife:	pf p/ f p	**z**ehn:	t
Wa**ss**er:	t	Schi**ff**:	p
Zunge:	t	rei**t**en:	d
Ku**ch**en:	k	**tr**inken:	d
ma**ch**en:	k	rei**ß**en:	t

S. 110–112: II,3. Die Sprachen des frühen Mittelalters – Das Althochdeutsche (600–1050)

Diese Teilsequenz will zeigen, wie neben dem Gebrauch der lateinischen Sprache sich die **althochdeutsche Sprache** entwickelt hat über die Anleihe an lateinischen Wörtern.
Es soll den Schülern bewusst werden, wie schwierig dieser Prozess war, weil die Kirche mit ihren Schreibschulen nur sehr eingeschränkt an der althochdeutschen „Volkssprache" interessiert war. Deshalb sind die schriftlichen Zeugnisse aus dieser Sprachepoche auch äußerst selten.

___ **Mögliche Ziele:** ___

1. Nach Gründen der Vorherrschaft der lateinischen Sprache suchen
2. Wortformen im Althochdeutschen und im Neuhochdeutschen vergleichen
3. Einsicht gewinnen in die Bedeutung kultureller Zentren

Seite 112

 1 Die Vorherrschaft der **lateinischen Sprache** bis ins 13. Jahrhundert hatte folgende Gründe:

– Die bedeutenden Klöster und Bistümer im Deutschen Kaiserreich pflegten die lateinische Sprache in den Schreibschulen.

– Latein war die Sprache der römischen Kirche für die Bibel, für religiöse Texte wie Psalmen, Hymnen, Evangelienbücher und liturgische Gesänge.
– Sie war die Sprache der Kanzleien an allen Höfen.
– Sie war die Sprache im Gottesdienst.
– Die Gelehrten und Wissenschaftler benützten die lateinische Sprache bis ins 17. bzw. 18. Jahrhundert.
– Die lateinische Sprache diente für eine überregionale Verständigung innerhalb der universalen römischen Kirche und an den Königshöfen.

Daneben gab es bei der feudalen Oberschicht seit dem 8.–10. Jahrhundert eine überregionale **Verkehrssprache**. Seit der Stauferzeit wird es wohl eine einheitliche deutsche Sprache gegeben haben. Diese deutsche Verkehrssprache war sicher stark mundartlich geprägt. Die Basis bildeten wahrscheinlich die fränkischen und alemannischen Dialekte.
In der Dichtung wurde seit 1150 eine überregionale deutsche Hochsprache verwendet: so in der mittelhochdeutschen Literatur ab 1100.
Seit dem 16. Jahrhundert mit dem Barock beginnt eine Ausdehnung der neuhochdeutschen Schriftsprache und die lateinische Dichtung verschwindet.

2 Wortformen des „**Vaterunsers**", die im Alt- und Neuhochdeutschen ähnlich bzw. unterschiedlich klingen. Einige Beispiele:

ähnlich	unterschiedlich
fater = Vater	queme = komme
unser = unser	sama = ebenso
thu = du	endi = auch
in = in	emezzigaz = beständiges
bist = bist	falaz = erlass
giuuihit = geweiht	falazzem = erlassen
namo = Name	costunga = Versuchung
thin = dein	auh = sondern
richi = Reich	
usw.	

3 Die Verteilung der **Schreiborte** ist offensichtlich bestimmt von den Schreibschulen in den Klöstern und an den Bischofssitzen:

1. Im bayerischen Sprachraum von den
   – Klöstern: Tegernsee und Monsee sowie Freising
   – Bischofssitzen: Salzburg, Freising, Augsburg und Regensburg
2. Im alemannischen Sprachgebiet von den
   – Klöstern: St. Gallen, Reichenau und Murbach und dem
   – Bischofssitz: Straßburg
3. Im südrheinfränkischen Sprachraum das Kloster Weissenburg.
4. Im mittelfränkischen Sprachraum:
   – Das Kloster Echternach
   – Die Bischofssitze: Trier und Köln
5. Im rheinfränkischen Sprachraum:
   – Das Kloster: Lorsch
   – Die Bischofssitze: Worms, Mainz und Frankfurt
6. Im ostfränkischen Sprachraum:
   – Das Kloster: Fulda
   – Die Bischofssitze: Würzburg, Bamberg und Fulda

Wir können davon ausgehen, dass an den Bischofssitzen meist auch bedeutende Klöster vorhanden waren.

<table>
<tr><td>

S. 112–113: II,4. Die literarische „Gemeinsprache" – Das Mittelhochdeutsche (1100–1400)

</td></tr>
</table>

Diese kurze Teilsequenz will zeigen, wie vom 12. bis 14. Jh. die Basis gelegt wurde zu einer **deutschen Schriftsprache**, die gleichberechtigt neben das Lateinische trat und über den Vokalwandel einen wichtigen Schritt vollzog hin zur neuhochdeutschen Schriftsprache.

Mögliche Ziele:

1. Einen mittelhochdeutschen Text und ein Dialektgedicht ins Neuhochdeutsche übersetzen
2. Karten und Schaubilder über die Entwicklung der frühneuhochdeutschen Schriftsprache auswerten
3. Einsichten in den Bedeutungswandel des Wortgebrauchs gewinnen

Seite 113

1a/b Diese Aufgabe soll dem Schüler zeigen, dass die Dialekte im Gebrauch der Vokale dem Mittelhochdeutschen näher stehen als die neuhochdeutsche Sprache. Durch die *Übersetzungsübung* kann gleichzeitig der Lautwandel vom Mittel- zum Neuhochdeutschen aufgezeigt werden.
Werden als Beispiele Walthers „Reichston", 2. Strophe und Sebastian Blaus Gedicht „Dr Bahwärter" gewählt, so sind folgende ‚Regeln' festzustellen:

Walther: Ich hôrte ein [...]   *Sebastian Blau:* Dr Bahwärter

– Wörter mit kurzem Stammvokal werden gedehnt:
ságen = sagen
– Veränderung der Umlaute:
ou = au: loup = Laub   zwua = zwei
iu = je: fliuget = fliegen   kloa = klein
iu = eu: iu = euch   aoscheniert = ungeniert

– Änderung der langen Vokale:
î = ei: dîn = dein
û = au: ûf = auf

feagt = fegt
Hond = Hund
Schlof = Schlaf

 Die Schüler können aus den **Karten** folgende Beobachtungen in Stichworten festhalten:

Text 2: 1. Beginn der neuhochdeutschen Diphthongierung im 12. Jh. in Kärnten (Österreich): i, u, und iu → ei, au und eu

2. Diese Ausdehnung erfolgt im 13. Jh. bis zur Donau.

3. Von dort erfolgt im 14./15. Jh. die Ausdehnung bis zum Main und dann von Frankfurt bis zur Sprachgrenze zwischen dem hoch- und niederdeutschen Sprachraum.

4. Im 16. Jh. findet nochmals eine letzte Ausweitung bis an die Mosel und nach Hessen statt.

Text 3: Diese Grafik zeigt die regionalen Zentren, die in einem bestimmten Zeitraum die Entwicklung der deutschen Sprache entscheidend geprägt haben. „Hochsprachlich" ist so zu verstehen, dass in diesen Zentren eine sprachliche Tendenz dominant den allgemeinen Sprachgebrauch bestimmt hat. Z.B.:

1. Im fränkischen Reichsgebiet fördern die Karolinger die althochdeutsche Literatur, wie z.B. Karl der Große.

2. Im alemannischen Sprachgebiet prägt der alemannische Dialekt die hochmittelalterliche Literatur und wird so vorbildhaft.

3. Die Prager Kanzlei der luxemburgischen Herrscher prägt im 14./15. Jh. mit ihrem überregionalen Sprachstil die Entwicklung der Amtssprache.

4. Die Sprache im meißnerisch-sächsischen Sprachgebiet gewinnt über die Dichter des Barock und über die Aufklärung entscheidenden Einfluss auf die Entwicklung der deutschen Sprache.

5. Die Aussprache des niedersächsischen neuhochdeutschen Sprachgebrauchs wird zum Vorbild für eine korrekte Aussprache in der Rede und auf der Bühne.

 Die Belegstellen für die **Bedeutungsentwicklung** sind vom Schüler ohne Schwierigkeiten aufzufinden und in den Zusammenhang einzuordnen.
3a/b

Mhd. Wort	Bedeutung im Mhd.	Bedeutung im Nhd.
tugent:	Sicherheit im Waffenwerk; Sicherheit im höfischen Auftreten	sittlich-religiöses Verhalten (spätes Mittelalter); soziales Verantwortungsgefühl, Redlichkeit, Treue (seit dem 18. Jh. auch in dieser Bedeutung) (= Bedeutungsverbesserung und -erweiterung)
êre:	Alles, was Ansehen bei den Mitmenschen bringt: Hochachtung, Ruhm, Vorrecht, vornehmer Stand, Vermögen, glänzende Lebenshaltung, Macht, tapfere Gesinnung	Geltung des Menschen vor sich selbst und vor anderen, Freisein von Schande, Untadeligkeit (= Bedeutungsverengung)
wîp:	Vertreterin des weiblichen Geschlechtes	um 1300 abwertende Bedeutung; im 18. Jh. positive Bedeutung, betont die besonderen Fähigkeiten der Frau; im 19. Jh. niederer Stil: Weib (= Bedeutungsverschlechterung)
frouwe:	Gemahlin des Burgherrn, Vertreterin des adligen Standes	allgemein der erwachsene weibliche Mensch (= Bedeutungserweiterung)
staete: milte: mâze:	Festigkeit, Beständigkeit Freigebigkeit, Güte, Barmherzigkeit, Sittsamkeit Maßhalten, sittliche Mäßigung, Bescheidenheit	charakterliche Zuverlässigkeit Güte, Mildtätigkeit Mäßigkeit, Maßhalten im leiblichen Genuss (= Bedeutungsverengung)
zûht:	Weg, Gang; Erziehung, Bildung des inneren und äußeren Menschen, feine Sitte und Lebensart, Sittsamkeit, Anstand	Aufziehen von Tieren; Züchtung von Tieren; sonst die mittelalterliche Bedeutung (= Verengung für die ersten Bedeutungen)

Mhd. Wort	Bedeutung im Mhd.	Bedeutung im Nhd.
edel:	adligen Standes	von vornehmer Gesinnung; kostbar, vorzüglich; Metall von größter Beständigkeit (= Bedeutungserweiterung)
gast:	Fremdling	Gastfreund (= Bedeutungserweiterung)
hohgezîte:	hohes kirchliches oder weltliches Fest	Hochzeitsfest: Feier bei der Eheschließung (= Bedeutungsverengung)
hübesch:	entspricht dem Begriff ‚hövesch‘: hofgemäß; fein gebildet und gesittet	anmutig, nett, wohlgesittet (= Bedeutungsverengung)
rîch:	von hoher Abkunft; vornehm, edel, mächtig, gewaltig, kostbar, ansehnlich	begütert, wohlhabend (= Bedeutungsverengung)

**S. 114–115: II,5   Der Weg zur deutschen „Einheitssprache"
(ab 1400) – Die Rolle Martin Luthers**

Diese Teilsequenz weist abschließend auf die zentrale Bedeutung des Reformators **Martin Luther** für die Entwicklung einer deutschen Einheits- und Schriftsprache hin. Daneben sollen die übrigen Faktoren wie Buchdruck, erwachendes Nationalgefühl im Deutschen Reich und die Bedeutung der großen Hofkanzleien bei der Abwicklung hoheitsstaatlicher Verwaltungsaufgaben und die Abwicklung von Handelsgeschäften in den Städten in ihrer Bedeutung nicht geschmälert werden.

Mögliche Ziele:

1. Luthers Grundsätze für seine Bibelübersetzung kennen lernen
2. Die sprachliche Qualität verschiedener Übersetzungen vergleichen und bewerten

Seite 115

 Luthers Grundsätze für das „dolmetzschen" können jedem Übersetzer moderner Fremdsprachen ebenfalls als Ratschläge empfohlen werden.

Luthers Überlegungen zum Übersetzen lassen sich in folgende Thesen fassen:

- Oberstes Ziel des Übersetzens ist, in einem reinen und klaren Deutsch zu schreiben.
- Es ist eine intensive Suche nach dem genauen und treffenden Ausdruck erforderlich.
- Wichtig ist der flüssige sprachliche Duktus.
- Die Übersetzung muss für jedermann verständlich sein.
- Die Aussage des Textes darf nicht verfälscht werden, deshalb muss zuweilen dem Worte nach übersetzt werden.

Luther strebt in seiner Bibelübersetzung eine anschauliche, lebendige und dem Ohr eingängige Sprache an, die auch den nicht gebildeten Bevölkerungsschichten verständlich ist.

Zainer-Bibel	Luthers Übersetzungen 1523 u. 1545
– Eine größere Zahl von Substantiven – weitläufiger Stil: gelehrt und von Begriffen geprägt – Häufung nominaler Ausdrücke → Übersetzung eines Gelehrten	**Luther 1523** Luther ersetzt den nominalen Ausdruck durch das einfache Verb. Vergleich der Fassungen von 1523 und 1545: Luthers Übersetzung von 1545 ist noch etwas knapper und lebendiger als die früheren Übersetzungen: Er hält sich einerseits an die hebräische bzw. griechisch/lateinische Vorlage, andererseits ändert er die Bildstruktur.
	Z. 1: regit = betont die Funktion des Herrschers, nicht die des Hirten Luther betont die Einheitlichkeit des Bildes in der ganzen Aussage: Z. 3: collocavit = Perfekt 1523: „er lässt mich weyden" betont die Allgemeinheit der Aussage 1545: „er weidet mich" aktivere, prägnantere Tempusform

 Diese Aufgabe verlangt vom Schüler eine Zusammenfassung seiner Arbeitsergebnisse. Ergänzen muss er noch, dass die **Zürcher Bibel** (1954) sich zwar eng an Luthers Übersetzung anlehnt, dass aber der Satzrhythmus ausgeprägter ist und die Verse als Sinneinheiten betont werden. Als Übersetzungsgrundsätze können genannt werden:

1475:   Vorlagentreue; inhaltlich-dogmatische Redlichkeit;

Luther 1523/1545: Verständlichkeit, Anschaulichkeit, Volkstümlichkeit;

Zürcher Bibel: dichterische Schönheit.

(Historische Informationen zur Großepoche „Mittelalter" bietet **K 10** , LB, S. 183ff.)

4. Vorschläge für Übungen und Klausuren; Materialien/Kopiervorlagen K

4.1 Übersicht über Arten und Funktion der Kopiervorlagen

Ritter und Mönch (I/2)	**K 1**	Nibelungenlied (um 1200): Inhalt des Liedes (SB, S. 91)
	K 2	Nibelungenlied: 36. Aventiure (Auszug) WIE DIU KÜNEGINNE DEN SAL VEREITEN HIEZ (SB, S. 91)
	K 3	Felix Dahn: Schon einmal ward so stolz gerungen ... Hermann Göring: Appell an die Wehrmacht 30. Januar 1943 (SB, S. 91)
Der höfische Ritter als Minnesänger (I/3)	**K 4**	Helmut de Boor: Die mittelalterliche Lyrik Walther von der Vogelweide: Aller werdekeit ein füegerinne (SB, S. 97)
	K 5	Interpretationsbeispiel: Dietmar von Aist: Slafst du, friedel ziere? (SB, S. 93)
	K 6	Neidhart von Reuental: Uf dem berge und in dem tal (SB, S. 97)
	K 7	Steinmar: Ein kneht der lac verborgen (SB, S. 97)
Walther von der Vogelweide als politischer Dichter (I/4)	**K 8**	Gedichtvergleich: Walther von der Vogelweide: Drei Sprüche im „Reichs-Ton" Heinrich Heine: Die schlesischen Weber Bert Brecht: Die Ballade vom Wasserrade Hans Magnus Enzensberger: verteidigung der wölfe gegen die lämmer (SB, S. 102)
	K 9	Zeittafel zu Walthers Sprüchen (SB, S. 100)
	K 10	Zusammenfassungen zur Großepoche „Mittelalter" (SB, S. 115)

4.2 Kurzbeschreibung der Kopiervorlagen

K 1 Nibelungenlied (um 1200): Inhalt des Liedes

Didaktischer Ort: Ein Zusatztext zur Rezeption der ritterlichen Ideale im 19. und 20. Jh. Dieser Text dient zur Orientierung und als Grundlage für die Texte **K 2** und **K 3** . (SB, S. 91)

Erläuterungen zur Aufgabe:

Figurenkonstellation und Motive ihres Verhaltens:

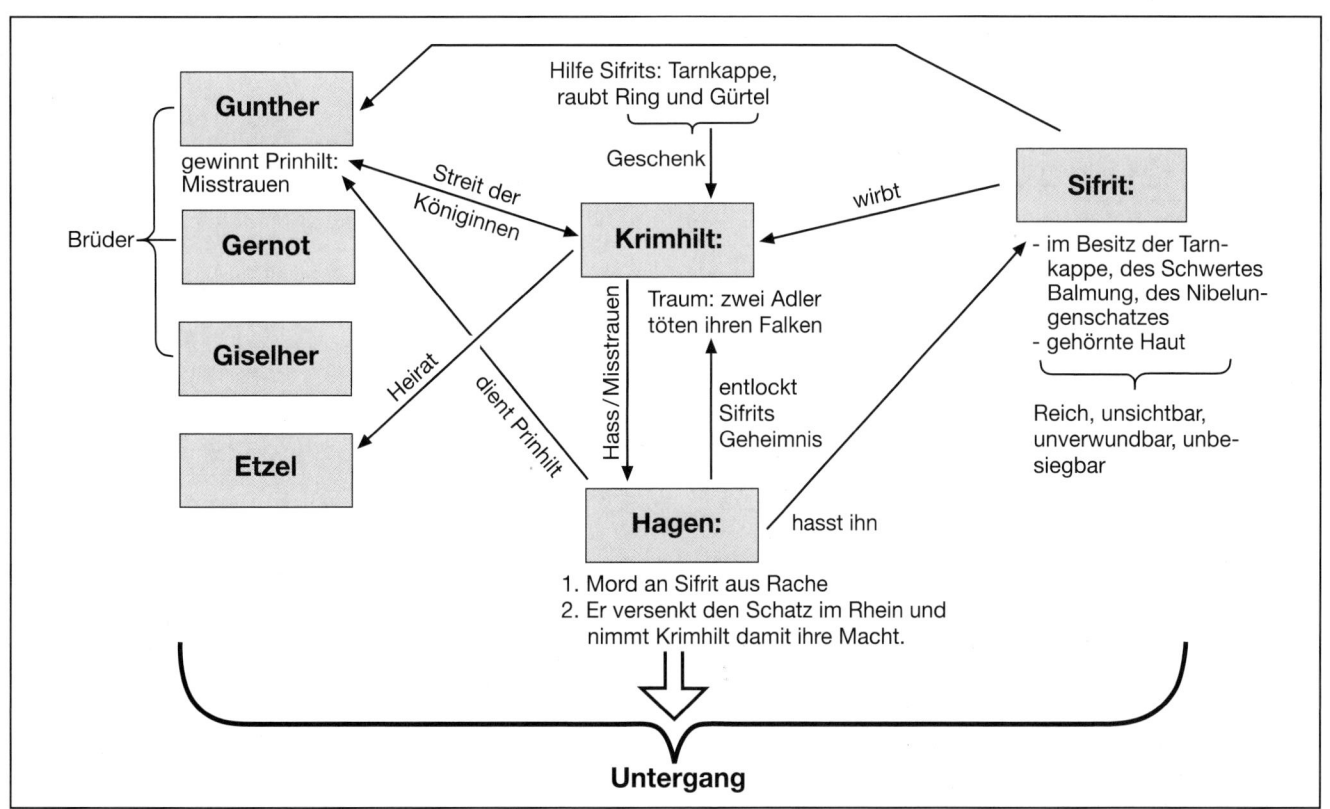

K 2   Nibelungenlied: 36. Aventiure (Auszug):
WIE DIU KÜNEGINNE DEN SAL VEREITEN HIEZ

Didaktischer Ort: Ergänzender Text zur Rezeption der ritterlichen Ideale im 19. und 20. Jahrhundert. Dieser Text dient ebenfalls als Grundlage für die Texte von **K 3** (SB, S. 91).

Erläuterungen zur Aufgabe:

1. Situation der Burgunden:

Bedingungen	Selbsteinschätzung	Reaktion
Str. 2083 und 2086: Berg von Leichen	Str. 2087: Wünschen einen raschen Tod, Wünschen Frieden, Gernot besteht auf Treue zum Dienstmann Hagen, Burgunden nehmen Tod in Kauf für ritterliche Ehre und Treue.	Str. 2088: Wollen König Etzel sprechen Keine Auslieferung Hagens
Etzel und Krimhilt versuchen das Leid der Burgunden zu steigern. Krimhilts Rache bedeutet den Tod für viele Mannen König Etzels. Str. 2089: Etzel lehnt Frieden ab. Str. 2104: Krimhilt verlangt Hagens Auslieferung; verspricht Schonung für alle anderen. Str. 2110: Angriff der Hunnen, der Saal brennt Str. 2111: Große Qual der Burgunden	Klage der Burgunden über diesen schmachvollen Tod	Weigerung der Burgunden

2. Das Verhalten der burgundischen Könige ist geprägt von der Tugend der Treue zu ihren Dienstleuten (Str. 2105, 2106, 2110) und von ihrer ritterlichen Ehre.

K 3   Felix Dahn: Schon einmal ward so stolz gerungen ...
Hermann Göring: Appell an die Wehrmacht, 30. Januar 1943

Didaktischer Ort: Zusatztext für eine Klasse, die sich für Fragen der Rezeption interessiert, nämlich den ideologischen Missbrauch von Wertvorstellungen einer vergangenen Epoche. Dieser Text eignet sich für ein Fachgespräch. (SB, S. 91)

Erläuterungen zur Aufgabe:

1. und 2. Felix Dahn: Schon einmal ward so stolz gerungen

Motive der Nibelungensage	Intention Dahns
Z . 1–4: – „stolzer" und „kühner" Kampf deutscher Helden im Tod – prophetische Sage und ihre grauenhafte Erfüllung Z. 5–9: – Entwurf eines Szenarios vom heroischen Untergang: Selbst Rhein und Donau greifen in den Kampf ein. Z. 10–16: – Aufforderung zum bedingungslosen Kampf (Anapher „kämpft")	– Appell an Heldenmut seiner deutschen Landsleute, – Bereitschaft zum Kampf bis zum Untergang – Appell zu einer heroischen Bereitschaft bis in den Untergang – Anspruch auf „Heldentod" (Z. 13 „Heldentod ist unser Recht") – Perversion des Heldentums: Idee der „verbrannten Erde" (Z. 12 „Und lachend, wie der grimme Hagen springt in die Schwerter und den Tod")

Hermann Göring: Appell an die Wehrmacht

Motive der Nibelungensage	Intention Görings

Z. 1: „gigantischer Kampf" in Stalingrad als „Monument"
Z. 5: „ungebrochener Mut"
Z. 10f.: „mit heiligem Schauer"
Z. 16f.: Rettung der europäischen Kultur vor den Bolschewisten
Z. 22ff.: Appell an die Soldaten
Z. 26f.: Kampf um die Freiheit, Kultur und Zukunft Deutschlands
Z. 29f.: Verlangt Härte und soldatische Tugenden
	Z. 2: „der größte Heroenkampf unserer Geschichte"
	    → Stolz auf deutschen Soldatenmut
	Z. 7: „ein gewaltiges Heldenlied von einem Kampf ohnegleichen": Nibelungen
	    → literarisches Vorbild soll Mut machen
	Hinweis auf die Größe des Kampfes:
	→ ehrfürchtige Bewunderung
	– Appell an das deutsche Volk: Historische Bedeutung dieses Kampfes
	– Stolz auf die Größe und Bedeutung des Kampfes für Deutschland und Europa
	– Appell an das Verantwortungsgefühl der Soldaten
	– Appell an soldatische Tugenden: Kameradschaft, Pflichttreue und Opferbereitschaft

Das literarische Vorbild wird von Göring für sinn- und skrupellose machtpolitische Ziele missbraucht.

K 4   Helmut de Boor: Die mittelalterliche Lyrik
Walther von der Vogelweide: Aller werdekeit ein füegerinne

Didaktischer Ort: Diese Texte können nach der Behandlung des Minnesangs als HA für eine Diskussion im Unterricht, als schriftlicher Arbeitsauftrag zur Einübung der Texterörterung oder als Klassenarbeit benützt werden. (SB, S. 97)

Erläuterungen zur Aufgabe:

1. Helmut de Boors Position:

Für ihn ist Minnesang Ausdruck eines Erlebnisses:
– ein Teil höfischer Geselligkeit
– erhöht höfische „vröude"
– Minnelied als ein Beitrag zur höfischen Unterhaltung
– Gegensatz zwischen Minneerlebnis und gesellschaftlichem Ergebnis
– Staufische Zeit:
  • Ziel ist der vollendete Mensch über „zuht" durch „arebeit"
  • Minne führt den Mann zur sittlichen Läuterung: Sie wird so zum Weg zu einem höheren Ziel.

Folge:
- Liebende Hingabe der Frau wird zum „wan", die Frau rückt in unerreichbare Ferne.
- Die hohe Minne ist von „zuchtvoller Gemessenheit" geprägt.

2. Aufbau des Gedichtes: Ein Lied der „neuen hohen Minne"
   I. Z. 1–2 Anruf der Frau Maze
      → Bildnerin menschlicher Werte und Ratgeberin zwischen zwei Extremen: tot = niedere Minne
      siech = hohe Minne
      Z. 11 Warnung vor „unmaze"

   II. Z. 1–3 Definition von „niederer Minne"
      Z. 4–5 Definition von „hoher Minne"
      Z. 11 „herzeliebe" verführt Walther

Peter Wapnewski schreibt zu diesem Lied:

„Die grundsätzlichen Erörterungen dieses Liedes geben ihm eine wichtige Stellung in Walthers Werk und könnten unser Verständnis seiner Liebesauffassung und ihrer gesellschaftlichen Relevanz wesentlich erhellen, wenn es uns gelänge, es klar zu verstehen. Die Missverständnisse setzten indes schon früh ein, wie die vielen Varianten der Überlieferung zeigen, und sind bis heute nicht geschlichtet. Auch die hier für Strophe 11 vorgeschlagene Textfassung klärt sie nicht etwa vollends – sie sorgt jedoch wenigstens in diesen Zeilen mit Parallelen und Antithesen für ein Maß an Deutlichkeit, wie sie übrigens für Walther bezeichnend ist. [...]
Man ist angesichts von Walthers Kritik an Hoher wie Niederer Minne verleitet, den zum Schluss neu eingeführten Begriff der *herzeliebe* als die Lösung zu begrüßen, die an der Hand der Göttin Mâze daherkommt. Aber das *verleitet* wie die Schlusswendung machen diese Deutung schwierig. – *ebene werben* meint nicht die Gleichberechtigung der Liebenden, sondern ist offenbar die dem Gesetz der *mâze* entsprechende Form der Zuneigung, die sich fernhält von der Gefahr, den Extremen zu verfallen. Man darf aus diesem Lied nicht einen Begriff der *ebenen minne* konstruieren, der dann ganz anderes meint (nämlich die in den Mädchenliedern sich niederschlagende Gemeinsamkeit der Ich-Du-Beziehung). – Und schließlich stiftet hier die Geltung der Termini Verwirrung während sonst Niedere Minne als sozial bezogene Prägung zu verstehen ist, hat sie in diesem Liede einen geradezu affektiv belasteten moralischen Gehalt. "

(Aus: Peter Wapnewski (Hg.), Walther von der Vogelweide: Gedichte. Mittelhochdeutscher Text und Übertragung, S. 236f.
Veröffentlicht im Fischer Taschenbuch Verlag, ein Unternehmen der S. Fischer Verlag GmbH, Frankfurt am Main 1962. Alle Rechte vorbehalten.)

3. „Herzeliebe": Liebe wird auf einer neuen Ebene erfahren: Geliebte = „herzeliebez frouwelin". Die Liebe wird sehr innig erlebt aus der aufblickenden Verehrung des höfischen Dienstes.
   Der Begriff „frouwelin" statt „frouwe" steht als Ausdruck für vertrauliche Nähe. „Herzelieb" meint also ein echtes Liebesempfinden.
   Irmgard Lindner: Minnelyrik des Mittelalters. In: Interpretationen zum Deutschunterricht, hrsg. von R. Hirschenauer/A. Weber. München (Oldenbourg) 1968, S. 67.
   Fasst Walthers Liebesauffassungen in einer Skizze zusammen (vgl. LB, S. 153)

K 5 Interpretationsbeispiel: Dietmar von Aist: Slafst du, friedel ziere?

Didaktischer Ort: Beurteilung der Interpretation eines Gedichtes zur Veranschaulichung und Übung des im SB, S. 92f. dargestellten Beispiels (SB, S. 93)

Erläuterungen zur Aufgabe:
Beim Gliederungsversuch zu der Interpretation von Irmgard Linder sollten folgende Gesichtspunkte genannt werden:
I. Einleitung:
   Dietmars Gedicht gehört zur Standesdichtung
II. Hauptteil:
   1. Situation der Liebenden: Tagesanbruch
      - Motive des Liedes, z.B. „vogellin"
      - ein echtes Gespräch: geführt von der Frau

   2. Inhalt des Liedes:
      a) Klage der Frau über die Trennung vom geliebten Partner
      b) Liebesauffassung im 12. Jh.
      c) Literarische Tradition des Tageliedes:
         - Warnung der Liebenden von einem Wächter
         - Übernahme im Volkslied
      d) Tagelied als Darstellung einer „epischen Situation"
III. Schluss:
   Vergleich mit den Gedichten des Kürenbergers: Dietmars Lieder sind stimmungsvoller

K 6 Neidhart von Reuental: Uf dem berge und in dem tal

Didaktischer Ort: Zusatztext zur Minnelyrik in ihrer Spätform, in der Phase des Niedergangs (SB, S. 97)

Erläuterungen zur Aufgabe:
Walter Koschorrek bietet folgende Übersetzung:
(Minnesinger. In Bildern der Manessischen Liederhandschrift. © Insel Verlag 1975, S. 90)

Auf dem Berg und in dem Tal
beginnt wieder das Vogelkonzert,
dies Jahr wie früher
grünt der Klee.
5 Mach dich davon, Winter, du tust weh.

Die Bäume, die grau dastanden,
die haben alle ihr neues Gezweig
voller Vögel.
Das tut wohl.
10 Daran hat der Mai seinen Anteil.

Eine Alte rang mit dem Tode
Tag und Nacht.
Die sprang seither
wie ein Ziegenbock
15 und stieß die Jungen alle zu Boden.

Dichter	Situation	Rolle von Mann und Frau	seelische Erfahrungen
Neidhart v. Reuenthal:	Lobpreis auf den beginnenden Frühling; Eine alte Frau erholt sich und benimmt sich flegelhaft.	Der Sänger preist den Frühling im höfischen ‚Ton'. Bruch in der 3. Strophe: grobianisches Verhalten der ‚Alten', keine Dame mehr.	Gefühle/Erwartungen der Sprecher Karikatur höfischen Benehmens; Infragestellung des höfischen Minneideals

K 7 Steinmar: Ein kneht der lac verborgen (nach 1250)

Didaktischer Ort: Zusatztext zum späten Minnesang, geeignet für ein Fachgespräch über den Minnesang und auch zum unterhaltenden Vortrag in der Klasse (SB, S. 97)

Erläuterungen zur Aufgabe:

Zum Autor: Der nachhöfische Dichter, der in der Manessischen Liederhandschrift „Her Steinmar" genannt wird, ist vermutlich mit einem Bertold Steinmar von Klingnau identisch, der 1251 bis 1294 urkundlich bezeugt ist und der wohl in der Nordschweiz gelebt hat. In seinen Liedern behandelt er unterschiedliche Themen: Einige sind noch von der höfischen Minne bestimmt, andere dagegen tragen grobianische und parodistische Züge.

Worterklärungen:

Z. 1:   *kneht* – „junger Bursche"
Z. 2:   *dirne* – „Dienstmagd"
Z. 3:   *uns ûf* – „bis zum"
Z. 5:   *wol ûf* – „auf denn!"
      hert – „Herde"
Z. 6:   *des* – „darüber"
      geselle wert – „edler Gefährte" (ironisch)
Z. 7:   *strou* – „Stroh"
      rûmen – „räumen, verlassen"
Z. 8:   *varn* – „weggehen"
Z. 9:   *torste* – „traute, wagte"
      sûmen – „säumen, verweilen"
Z. 10: *arn* – „Arm"
Z. 11: *höi* – „Heu"
      ob im – „auf ihm"
Z. 12: *ersach* – „sah"
      diu reine – „die Tugendhafte" (ironisch)
Z. 13: *erlachen* – „auflachen"
Z. 14: *sigen ... zuo* – „schlossen sich"
Z. 15: *suoze* – „angenehm"
Z. 16: *fruo* – „früh"
Z. 17: *bettespil* – „Liebesspiel"
Z. 18: *sach* – „sah"
      ân geraete – „ohne großen Aufwand"
      ie ... mê – „jemals"

Zur Sinnrichtung des Gedichtes:

„Die Parodie arbeitet mit dem Mittel der Umkehrung. Das Personal ist nicht höfisch-ritterlich (*„rîter"/"vrouwe"*), wie es im „klassischen" Tagelied in der Regel der Fall ist, sondern bäuerlich-länd-lich (*„kneht"/"dirne"*); die Szene ist nicht die vornehme Kemenate der Dame, sondern das Strohlager der Scheune; und der „Tagverkünder" (wie er in „Romeo und Julia" heißt) ist nicht ein Burgwächter, sondern ein Schweinehirt. Dennoch spielen einige Begriffe auf den ursprünglich höfischen Rahmen an: Der Bursche wird als *„geselle wert"* (Z. 6), die Magd als *„diu reine"* (Z. 12) bezeichnet, aber diese feinen Begriffe passen nicht recht zu den Personen dieses Liedes. Auch in diesem Lied kommt es zu einer Umarmung am Morgen, aber diesmal überwiegt der derb-komische Aspekt: Das Mädchen sieht das Heu hoch in die Luft fliegen und amüsiert sich darüber. Vor Lachen schließen sich ihr die Augen, und ihre belustigte Tränenblindheit steht in deutlichem Kontrast zum konventionellen, höfischen Tagelied, in dem die Dame über die anstehende Trennung weint und klagt. Steinmars Lied zeigt, wie die Gattungen der höfischen Lyrik im Laufe des 13. Jahrhunderts allmählich verfallen und wie die literarischen Muster ausgehöhlt bzw. parodiert werden."[66]

Tagelied-Elemente	Steinmar
Zeitpunkt	der Morgen nach der Liebesnacht
Ort	Scheune (strou, höi)
Personen	kneht – dirne hirte
Situation	Abschied (heiter)
Stimmung	Ausgelassenheit Liebesfreude

K 8 Gedichtvergleich: Walther von der Vogelweide: Drei Sprüche im „Reichs-Ton"
Heinrich Heine: Die schlesischen Weber
Bert Brecht: Die Ballade vom Wasserrad
Hans Magnus Enzensberger: verteidigung der wölfe gegen die lämmer

Didaktischer Ort: Zusatztexte zur politischen Dichtung, geeignet für Gruppenarbeit oder als Hausaufgabe nach der Behandlung der Teilsequenz I,4. Die Ergebnisse dienen als Grundlage für eine abschließende Diskussion über die Aufgabe der politischen Dichtung. Sie kann auch als Material für einen Erörterungsaufsatz über die gesellschaftliche Wirkung von Literatur dienen. (SB, S. 102)

Erläuterungen zur Aufgabe:

Die Sinnrichtung der Gedichte soll in wenigen Stichworten skizziert werden:

Autor	Gegenstand des Gedichts	Absicht/Gestaltung	Selbstverständnis Standort des Dichters
Walther:	Politischer Zustand des deutschen Reiches zur Zeit des Thronstreites zwischen den Staufern und den Welfen von 1198–1208	Paralleler Strophenbau; bildhafte Wendungen, Appelle, Ausruf, Klage	Ausgeprägtes Selbstbewusstsein, Kontrollinstanz, moralische Instanz, Hüter und Bewahrer der gottgewollten Ordnung; Walther in der Pose des Sinnenden, des Beobachtenden und des Sehers (vates)
Heine:	Kritik am sozial-politischen System in Deutschland vor 1848: Uneinsichtigkeit der Machthaber	Bildhafte Darstellung der Situation: Leichentuch für Deutschland. Dreifache Klage und dreifacher Fluch der Weber, Intensive Wirkung des Refrains	Düstere Prophetie über die Zukunft Deutschlands; Kritik am sozialen Elend und an der geistig-religiösen Krise; Totenrede der Weber auf „Alt-Deutschland"
Brecht:	Zustand der Welt: Notwendigkeit einer grundlegenden Änderung der Weltverhältnisse	Metapher des Wasserrades	Brecht steht auf der Seite des „Wassers", der Kleinen, die auch das Rad der Geschichte bewegen, sie müssen sich auf ihre eigene Kraft besinnen.

[66] Rüdiger Krohn/Werner Wunderlich: „Die Nacht hat ihre Kerzen ausgebrannt ...". Unterrichtsvorschläge zum „Tagelied" in der Sekundarstufe II. In: Der Deutschunterricht, Jg. 36, 1984/ Heft 2, S. 105ff.

Autor	Gegenstand des Gedichts	Absicht/Gestaltung	Selbstverständnis Standort des Dichters
Enzensberger:	Handeln und Gesinnung des ja-sagenden Untertanen, Aufforde-rung an die „Lämmer" zur Selbst-begegnung im Spiegel	Ironische Fragen an den gedan-kenlosen Bürger; Fragen/Auffor-derung Mittel der Ironie, Reihung von Substantiven, Stabreime	Kritiker der geistigen Bequemlich-keit; appelliert an die Bereitschaft zur Umkehr des gewohnt Bösen Schmährede auf die „Lämmer"

K 9 Zeittafel zu Walthers Sprüchen

Didaktischer Ort: Die Zeittafel kann vor der Besprechung von Walthers Sprüchen den Schülern zur Verfügung gestellt werden. Diese Informationen können ihnen die Aussagen und histori-schen Bezüge in den Gedichten leichter zugänglich machen. (SB, S. 100)

K 10 Zusammenfassungen zur Großepoche „Mittelalter"

Didaktischer Ort: Diese Informationen eignen sich dazu, eine Synopse anfertigen zu lassen oder für ein Kurzreferat. (SB, S. 115)

4.3 Die Kopiervorlagen

Nibelungenlied (um 1200): Inhalt des Liedes

Die Handlung setzt ein mit dem Falkentraum Kriemhilts, der schönen Schwester der Burgundenkönige Gunther, Gernot und Giselher. Sie träumt, dass zwei Adler einen von ihr gezogenen Falken (das althergebrachte Symbol für den Geliebten) töten –
5 ein Traum, der sich auf tragische Weise bewahrheiten wird. Der junge Königssohn Siefrit aus den „Niderlanden" wirbt bald darauf um Kriemhilt. Ihm eilt die durch Hagen, den Gefolgsmann Gunthers, verbreitete Kunde voraus, dass er den Hort Nibelungs mit seinem Schwert Balmung erworben und dem Zwerg Albe-
10 rich die Tarnkappe abgewonnen habe. Hagen berichtet auch von dem Drachenkampf, und dass Siefrit im Blute des erschlagenen Drachen gebadet und damit seine Haut gehörnt habe. Siefrit wird mit Ehren am Burgunderhof aufgenommen, kann aber Kriemhilt, die beim ersten Anblick für ihn erglüht, erst heim-
15 führen, nachdem er Gunther geholfen hat, die über alle Maße schöne und starke Prünhilt zur Königin zu gewinnen. Prünhilt, die nur dem gehören will, der sie in einer Art Dreikampf – Schaftwurf, Steinwurf und Weitsprung – übertrifft, wird von Siefrit, der unsichtbar in der Tarnkappe Gunther die Hand führt
20 und ihn beim Sprung trägt, besiegt und folgt den Burgunden nach Worms – widerstrebend und im Innersten wohl ahnend, dass der Kampf nicht mit rechten Dingen zuging. In Worms wird die Doppelhochzeit festlich begangen, doch in der Hochzeitsnacht erwehrt sich Prünhilt Gunthers auf drastische Wei-
25 se, indem sie ihn fesselt und an einen Nagel hängt. Gunther bittet Siefrit, ihm noch einmal beizustehen, und dieser erscheint in der folgenden Nacht unsichtbar im Schlafgemach, überwindet Prünhilt im Ringkampf und überlässt sie Gunther, von dem sie sich besiegt glaubt. Doch vorher entwendet er Prünhilt – und
30 dies wird ihm und schließlich den Burgunden zum Verhängnis – Ring und Gürtel, die er später, als er mit seiner Frau zurück an den Niederrhein gezogen ist, Kriemhilt schenkt, nicht ohne ihr über die Herkunft der Kleinodien zu berichten.
Zehn Jahre später erreicht Prünhilt, die immer noch spürt, dass
35 in der Beziehung Gunthers zu Siefrit etwas mitspielt, das sie betrifft, dass Siefrit und Kriemhilt zu einem Fest nach Worms geladen werden. Dort spielt sich nun, auf der Treppe des Münsters, der berühmte Streit der Königinnen um den Vortritt ab, bei dem aus Kriemhilts Mund das beschimpfende „Kebse" fällt
40 und sie das Geheimnis der zweiten Hochzeitsnacht offenbart, indem sie Ring und Gürtel vorweist. Diese tödliche Beleidigung seiner Herrin ist Hagen willkommener Anlass Siefrit, dem er von Anfang an feindlich gesinnt war, aus dem Wege zu schaffen. Er gewinnt Gunther für seinen Plan, entlockt Kriemhilt
45 das Geheimnis der verwundbaren Stelle – während seines Bades im Drachenblut fiel Siefrit ein Eichenblatt zwischen die Schulterblätter – und ermordet den nichtsahnenden Siefrit auf der Jagd. In „grôzer übermüete" (großem Mutwillen) und aus „eislîcher râche" (schrecklicher Rache) legt Hagen den Leichnam
50 vor Kriemhilts Schlafgemach – eine verachtungsvolle Geste, die diese sofort versteht und auch verstehen soll: „ez hât gerâten Prünhilt, / daz ez hât Hagene getân!" Das Leid Kriemhilts, ihre wilden Anklagen kennen keine Grenzen, ebenso wenig aber auch ihre Freigebigkeit mit dem Gold ihrer „Morgengabe", des
55 Nibelungenhorts, das sie für Siefrits Seele ausstreut. Nach viereinhalb Jahren versöhnt sich Gunther auf Anraten Hagens mit Kriemhilt. Hagen gelingt es, die Hortschlüssel zu gewinnen und Kriemhilt aller Mittel und damit ihrer Macht zu berauben, indem er den Hort in den Rhein versenkt.
60 Dies geschieht zu einer Zeit, als der Hunnenkönig Etzel nach dem Tod seiner Frau um eine neue Königin werben will. Seine Wahl fällt auf Kriemhilt, die nach einigem Widerstreben dem Werber Etzels, Markgraf Rüedeger, ihre Zusage gibt,

65 nachdem dieser ihr nichts ahnend geschworen hat, ihr Rächer zu sein an jedem, der ihr ein Leid tut. In Kriemhilt aber reifen bereits Rachegedanken heran, die sich hauptsächlich gegen Hagen richten, den Mörder ihres Mannes und Entführer ihres
70 Horts, und die sie nach dreizehn Jahren in die Tat umsetzt. Sie lädt die Burgunden an Etzels Hof und empfängt sie mit offener Feindschaft. Hass und Misstrauen schaffen eine Atmosphäre, in der jeder Funke zu furchtbarer Entladung führen kann. Während des Mahls, zu dem die Burgundenfürsten in
75 krassem Gegensatz zu höfischen Gepflogenheiten bewaffnet erscheinen und an dem Kriemhilt auch ihren und Etzels kleinen Sohn teilnehmen lässt, werden auf Befehl Kriemhilts die neuntausend unbewaffneten Ritter der Burgunden, die unter der Aufsicht von Hagens Bruder Dankwart stehen, hinge-
80 metzelt. Der blutüberströmte Dankwart bringt die Nachricht an die Festtafel, Hagen lässt die Türen des Festsaals sperren, tötet Etzels Sohn und dessen Erzieher und entfesselt einen allgemeinen Kampf. Dietrich von Bern, dem am Hunnenhof im Exil lebenden König, gelingt es, für seine eigenen Männer und
85 das hunnische Königspaar freies Geleit aus dem Saal zu erlangen. Dann tobt der blutige Kampf weiter. Alle Hunnen im Saal fallen, danach die Mannen der am Hofe Etzels weilenden thüringischen und dänischen Fürsten. Kriemhilt lässt den Saal an vier Enden anzünden, sie lässt das Gold in Schilden he-
90 rantragen, um die Hunnen anzuspornen. Ihr geht es um den Tod Hagens, um dessentwillen sie Tausende hinschlachten lässt. Auch Rüedeger muss nun seinen so bedenkenlos gegebenen Schwur einlösen: Er fällt im Kampf mit Hagen. Schließlich sind Hagen und Gunther die einzigen Überlebenden, die
95 von Dietrich von Bern im Ringkampf übermannt und Kriemhilt ausgeliefert werden. Sie aber bewegt nur eine Frage, die nach dem Hort, „in dem für sie sinnbildlich ihr ganzer Verlust an Glück und Macht beschlossen ist" (F. Neumann): Als Hagen ihr erwidert, er habe geschworen, nichts über dessen Verbleib zu
100 sagen, so lange einer seiner Herren lebe, lässt Kriemhilt ihrem Bruder das Haupt abschlagen und bringt es Hagen, der ihr antwortet: „den schaz den weiz nû niemen / wan got unde mîn: // der soll dich vâlandinne / immer wol verholn sîn." („Von dem Schatz weiß nun niemand etwas außer Gott und mir, er soll dir
105 Teufelin immer verborgen bleiben.") Da ergreift Kriemhilt in ihrer Wut Hagens Schwert, in dem sie Balmung, das Schwert Siefrits erkennt, und schlägt dem Todfeind das Haupt ab. Die Klage Etzels, dass ein Held durch die Hand eines Weibes hat fallen müssen, entfacht den Zorn Hildebrants, des Waffen-
110 meisters Dietrichs: Er tötet die laut schreiende Königin mit einem Schwertstreich.

„Ine kann iu niht bescheiden waz sider dâ geschah:
wan ritter unde vrouwen weinen man dâ sach,
dar zuo di edeln knehte, ir lieben friunde tôt.
115 *hie hât das maere ein ende: daz ist der Nibelunge nôt. "*
(*„Ich kann euch nicht sagen, was danach geschah,*
nur, dass man Herren und Damen, dazu edle Ritter
den Tod ihrer lieben Freunde beweinen sah.
Das ist das Ende des Liedes: das ist die Not der
120 *Nibelungen.")*

Aus: Kindlers Literaturlexikon, Bd. V. Weinheim (Zweiburgen) 1981, S. 6720f.

Arbeitsanweisung:

Informieren Sie sich über die Beziehungen zwischen den Figuren des Nibelungenliedes, und arbeiten Sie heraus, welche Motive das Verhalten der Personen und den Handlungsverlauf bestimmen.

Nibelungenlied: 36. Aventiure (Auszug)
WIE DIU KÜNEGINNE DEN SAL VEREITEN HIEZ

Ein neues Hunnenheer greift an; die Kämpfe dauern bis an die Nacht. Die ermatteten Burgunden versuchen eine letzte Verhandlung. Doch da Kriemhild auf Hagens Auslieferung besteht, wird sie abgebrochen. Kriemhild lässt den Saal über dem Kopf der Burgunden anzünden. Auf Hagens Rat löschen sie den quälenden Durst im Blut der Erschlagenen und fangen das stürzende Gebälk mit den Schilden ab. So überdauern sie die Nacht. Der Morgen bringt neue Kämpfe.

2082 Do entwâfént' daz houbet vil manic ritter guot.
si sâzen ûf die wunden, die vor in in daz bluot
wâren zuo dem tôde von ir handen komen.
dâ wart der edeln geste vil übele góumé genomen.

Sein Haupt da entblößte mancher Ritter gut.
Sie saßen auf den Gefallnen, die von ihnen ins Blut
waren in dem Kampfe in den Tod gekommen.
Da wurden Etzels Gäste von den Hunnen übel wahrgenommen.

2083 Noch vor dem âbénde dô schuof der künec daz,
und ouch diu küneginne, daz ez versuochten baz
die hiunischen recken. der sah man vor in stân
noch wol zweinzec tûsent: si muosen dâ ze strîte gân.

Vor der Abendstunde schuf der König hehr
und ebenso auch Kriemhild, dass sie versuchten noch mehr,
die hunnischen Recken, den Gästen zu bringen Leid.
Was man von ihnen begehrte, dazu waren sie bereit.

2086 Z'einen sunewenden der grôze mort geschach,
daz diu vrouwe Kriemhilt ir herzen leit errach
an ir naehsten mâgen und ander manigem man,
dâ von der künec Etzel vreude nimmer mêr gewan.

Zu einer Sonnenwende der große Mord geschah,
dass Etzels Gattin ihr Leid rächte da
an ihren nächsten Magen und an so manchem Mann,
wodurch der König Etzel so manchen Siechen gewann.

2087 In was des tages zerunnen: dô gie in sorge nôt.
si gedâhten daz in heller waere ein kurzer tôt
denne lánge dâ ze quelle ûf ungefüegiu leit.
eines vrides si dô gerten, die stolzen rittér gemeit.

Der Tag war nun vergangen; das schuf ihnen Sorge und Not.
Sie dachten, dass ihnen besser sei ein rascher Tod,
als sich so lange zu quälen in ungefügem Leid.
Frieden da begehrten die stolzen Ritter tatbereit.

2088 Si bâten daz man braehte den künec zuo in dar.
die bluotvarwen heide und ouch harnaschvar
trâten ûz dem hûse, die drie künege hêr.
sin wessen wem ze klagene diu ir vil groézlîchen sêr.

Sie baten, dass man brächte Etzel ihnen her.
Die blutbespritzten Degen, gefärbt vom Harnisch schwer,
drei Könige, die hehren, traten aus dem Saal.
Sie wussten nicht, wem zu klagen ihres Leides grimme Qual.

2089 Etzel unde Kriemhilt die kômen beide dar.
daz lant was ir eigen, des mêrte sich ir schar.
er sprach zuo den gesten: „nu saget, waz welt ir mîn?
ir waenet vride gewinnen: daz kunde müelich gesîn.

Als Etzel mit Kriemhild zu ihnen gekommen war –
das Land, das war ihr eigen; drum mehrte sich ihre Schar –,
sprach er zu den Königen: „Sagt, was ihr wollt von mir!
Ihr wähnet, Frieden zu schließen. Das könnt schwerlich gewinnen ihr.

2090 Uf schaden alsô grôzen als ir ir habt getân.
ir sult is niht geniezen, sol ich mîn leben hân:
mîn kint daz ir mir sluoget und vil der mâge mîn!
vride unde suone sol iu vil gar versaget sin. "

Also großen Schaden wie ihr mir getan.
sollt ihr nicht genießen, wenn ichs erleben kann,
Mein Kind, das ihr erschluget, und viele der Magen mein,
mit eurem Leben sollt ihr dafür ein jeder haftbar sein. "

König Etzel lehnt Versöhnung und Frieden ab, und Kriemhild versagt den Burgunden sogar, vor dem Saal frische Luft zu schöpfen. Sie entgegnet ihrem Bruder Gernot:

2104 „Welt ir mir Hagenen einen ze gîsél geben,
sone wil ich niht versprechen ich welle iuch lâzen leben,
wande ir sît mîne bruoder und éiner muoter kint:
sô réde ich ez nâch der suone mit disen helden die hie sint. "

„Doch wollt ihr mir als Geisel meinen Feind nun geben,
so will ich nicht verweigern, euch zu lassen am Leben;
denn ihr seid meine Brüder, derselben Mutter Kind;
so rede ich um die Sühne mit den Recken, die hier sind."

2105 „Nune wélle got von himele", sprach dô Gêrnôt,
„ob unser tûsent waeren, wir laegen alle tôt,
der sippen dîner mâge, ê wir dir éinen man
gaben hie ze gîsel: ez wirdet nimmér getân. "

„Nicht wolle es Gott im Himmel", sprach da Gernot,
„ob unser tausend wären, wir lägen alle tot,
unsrer Sippe Magen, eh wir den einen Mann
hier als Geisel geben. Das wird nimmermehr getan."

2106 „Wir müesen doch ersterben", sprach dô Giselher.
„uns enscheidet niemen von ritterlîcher wer.
swer gerne mit uns vehte, wir sîn et aber hie,
wande ich deheinen mînen friunt an den triuwen nie verlie. "

„Wir müssen doch sterben", sprach da Giselher;
„uns soll niemand scheiden von ritterlicher Wehr.
Wer gerne mit uns streitet, der komme zu uns her!
An meinen Freunden ließe von meiner Treue ich nimmermehr."

2110 Die noch hie ûze stuonden,   die tribens' in den sal
mit slegen und mit schüzzen,   des wart vil grôz der schal.
doch wolden nie gescheiden   die fürsten und ir man.
sine kónden von ir triuwen   an ein ander niht verlân.

Die noch draußen standen,   hinein man sie trieb
wieder in den Palas   mit Speerwurf und manchem Hieb.
Da wollten sich nicht trennen   die Fürsten und ihr Heer.
Sie wollten in ihrer Treue   voneinander lassen nimmermehr.

2111 Den sal den hiez dô zünden   daz Etzelen wip.
dô quelte man den recken   mit fiwer dâ den lip.
daz hûs von einem winde   vil balde állez enbrán.
ich waene daz volc deheinez   groezer angest ie gewan.

Etzels Weib ließ da   anzünden den Saal.
Mit dem Feuer den Recken   schuf man grimme Qual.
Das Haus durch die Kraft des Windes   geriet in hohen Brand.
Mich dünkt: größerer Schrecken   ward keinem Heere je bekannt.

2112 Genuoge ruoften drinne: „ôwê dirre nôt!
wir möhten michel gerner   sîn in sturme tôt.
ez möhte got erbarmen: wie sin wir alle vlorn!
nu richtet ungefuoge   an uns diu küneginne ir zorn."

Viele riefen drinnen: „O weh, diese Not!
Wir wollen viel lieber   sein im Kampfe tot.
Möge Gott sich erbarmen!   Wie geht unser Leben hin!
Nun rächt über die Maßen   ihren Zorn an uns die Königin."

2125 Der ellenden huote   hete wol ersehen
daz noch die geste lebten,   swie vil in was geschehen
ze schaden unt ze leide,   den herren unde ir man.
man sach si in dem gademe   noch vil wol gesunde stân.

Die Hüter der Fremden   hatten wohl gesehen,
dass die Gäste noch lebten,   wie viel ihnen auch geschehn
zum Schaden und zum Leide,   dem König und der Schar.
Man sah ihrer manchen,   der noch unbeschädigt war.

2126 Man sagete Kriemhilde,   ir waere vil genesen.
dô dprach diu küneginne,   daz kunde nimmer wesen,
daz ir deheiner lebte   von des fiwers nôt:
„ich will des baz getrûwen,   daz si alle ligen tôt."

Der Königin man sagte,   es seien viele genesen.
Da sprach die hehre Fraue: „Wie wäre das gewesen,
dass noch jemand lebte   nach des Feuers Not?
Ich musst vielmehr glauben,   dass sie alle liegen tot."

2127 Noch genasen gerne   die fürsten und ir man,
ob noch iemen wolde   genâde an in begâan
dine kunden si niht vinden   an den von Hiunen lant.
dô râchen si ir sterben   mit viel williger hant.

Noch wären gern entkommen   die Fürsten und wer ihr Mann,
hätte ihnen jemand   Gnade angetan.
Die konnten sie nicht finden   bei denen vom Hunnenland.
Da rächten sie ihr Sterben   mit gar tatkräftiger Hand.

Aus: Felix Genzmer (Übersetzer): Das Nibelungenlied. Stuttgart (Reclam) 1967. S. 325–327, S. 329–332.

Nibelungen-Strophe

Die Nibelungen-Strophe besteht aus vier Langzeilen, die paarweise am Ende reimen: aabb. Jede Zeile wird durch eine Zäsur in zwei Halbzeilen geteilt: einen Anvers und einen Abvers. Die Anverse sind viertaktig gebaut; die Abverse der drei ersten Verse haben nur drei Takte, der letzte pausiert. Der vierte Abvers besitzt vier Hebungen und betont so das Strophenende.

Beispiel:

2087 In / wás des / táges zér / ùnnen: // dô / gie ín / sórge / nôt. / ∧ //
si ge/dâhten / dáz in / béz/zèr // waére ein / kúrzer / tôt / ∧ //
denne / lánge / dâ ze / quél/nè // ûf / únge/fúegiu / leìt. / ∧ //
eínes / vrídes / sí do / gêrten, // die / stólzen / rítt/èr ge/meìt.

Arbeitsanweisungen:

1. Beschreiben Sie möglichst genau die Situation der Burgunden in der 36. Aventiure: ihre Bedingungen, ihre Selbsteinschätzung und ihre Reaktion auf diese.

2. Erläutern Sie, welche Motive und Wertvorstellungen das Verhalten der einzelnen Figuren und ihr Verhältnis zueinander bestimmen.

Felix Dahn: Schon einmal ward so stolz gerungen ...

Schon einmal ward so stolz gerungen von deutschen Helden kühn im Tod:
Ein zweiter Kampf der Nibelungen sei unsern Feinden angedroht:
Prophetisch war die alte Sage und grauenhaft wird sie erfüllt,
Wenn an dem letzten deutschen Tage der Schlachtruf dreier Völker brüllt.

5 Von Blute schäumend ziehn mit Stöhnen empört die Donau und der Rhein:
Es wollen brausend ihren Söhnen die deutschen Ströme Helfer sein;
Auf! Schleudert Feuer in die Felder, von jedem Berg werft Glut ins Land,
Entflammt die alten Eichenwälder zum ungeheuren Leichenbrand.
Dann siegt der Feind: – doch mit Entsetzen, und triumphieren soll er nicht!

10 Kämpft bis die letzte Fahn' in Fetzen, kämpft bis die letzte Klinge bricht,
Kämpft bis der letzte Streich geschlagen ins letzte deutsche Herzblut rot
Und lachend, wie der grimme Hagen, springt in die Schwerter und den Tod.
Wir fliegen auf in Kampfgewittern, der Heldentod ist unser Recht:
Die Erde soll im Kern erzittern, wann fällt ihr tapferstes Geschlecht:
15 Brach Etzels Haus in Glut zusammen, als er die Nibelungen zwang,
So soll Europa stehn in Flammen bei der Germanen Untergang!

Felix **Dahn** (1834–1912) war Geschichtsschreiber, Rechtsgelehrter und Schriftsteller und schrieb „Die Könige der Germanen", 20 Bände, sowie den populären geschichtlichen Roman „Ein Kampf um Rom", 4 Bände.

1859 ging das Gerücht um, Russland, Frankreich und Italien hätten Deutschland den Krieg erklärt.

Hermann Göring: Appell an die Wehrmacht, 30. Januar 1943

Rede zum 10. Jahrestag der Machtergreifung im Sportpalast in Berlin. Im Dezember 1942 und Januar 1943 war die 6. Armee mit 300.000 Mann bei Stalingrad von russischen Truppen eingekesselt worden. Hitler hatte einen möglichen Ausbruch verboten. Am 3. Februar gingen 90.000 völlig erschöpfte und halb verhungerte Soldaten in die Gefangenschaft.

„[...] Aus all diesen gigantischen Kämpfen ragt nun gleich einem Monument der Kampf um Stalingrad heraus. Es wird der größte Heroenkampf unserer Geschichte bleiben. Was dort jetzt unsere Grenadiere, Pioniere, Artilleristen, Flakartilleristen und wer sonst in dieser Stadt ist, vom General bis zum letzten Mann, leisten, ist einmalig.
5 Mit ungebrochenem Mut, und doch zum Teil ermattet und erschöpft, kämpfen sie gegen eine gewaltige Übermacht um jeden Block, um jeden Stein, um jedes Loch, um jeden Graben. Wir kennen ein gewaltiges Heldenlied von einem Kampf ohnegleichen, es heißt „Der Kampf der Nibelungen". Auch sie standen in einer Halle voll Feuer und Brand, löschten den Durst mit dem eigenen Blut, aber sie kämpfen bis zum letzten. Ein solcher
10 Kampf tobt heute dort, und noch in tausend Jahren wird jeder Deutsche mit heiligem Schauer von diesem Kampf in Ehrfurcht sprechen und sich erinnern, dass dort trotz allem Deutschlands Sieg entschieden worden ist.
Europa beginnt jetzt vielleicht zu verstehen, was dieser Kampf bedeutet. Europa und nicht zuletzt die Staaten, die heute in einem neutralen Wohlleben noch dahindämmern, ler-
15 nen nun begreifen, dass diese Männer, die todesmutig dort noch bis zum letzten Widerstand leisten, nicht allein Deutschland, sondern die ganze europäische Kultur vor der bolschewistischen Vernichtung retten. England war nie fähig, für Europa einzutreten. England hat sein Imperium gehabt, das wir ihm zu allen Zeiten gegönnt haben. England war nie eine Macht, die für europäische Interessen mit eigenem Blut auf dem Plan
20 erschien. In diesem Augenblick aber übt England den gewaltigsten europäischen Verrat, den gewaltigsten Verrat am Schicksal des Abendlandes.
Aber, meine jungen Soldaten, um so stolzer und freudiger muss das Herz in eurer Brust jetzt schlagen, einem solchen Volk, einer solchen Wehrmacht angehören zu dürfen. Und es ist schon ein wunderbares Gefühl, das über einen kommt, wenn man weiß: Hier ste-
25 he ich, in meinem Volk, das heute der Garant dafür ist, dass Deutschland und Europa bestehen können. Das europäische Schicksal liegt in unserer Hand und damit auch Deutschlands Freiheit, seine Kultur und seine Zukunft. Das ist der höchste Sinn dieses Opfers, das zu jeder Stunde und an jedem Ort ebenfalls von euch, meine Kameraden, gefordert werden kann. Denke jeder von euch an die Kämpfer von Stalingrad, dann wird
30 er hart und eisern werden. Vergesst nicht, dass zu den vornehmsten Grundtugenden des ganzen Soldatentums neben Kameradschaft und Pflichttreue vor allem die Opferbereitschaft gehört. Es hat immer kühne Männer gegeben, die sich geopfert haben, um etwas Größeres für die anderen zu erreichen [...]"

Hermann **Göring** (1893–1946); nationalsozialistischer Politiker: 1932 Reichstagspräsident, 1935 Oberbefehlshaber der Luftwaffe, 1940 Reichsmarschall

Beide Texte aus: Helmut Brackert u.a. (Hrsg.): Literatur in der Schule. Bd. I: Mittelalterliche Texte im Unterricht. München (Beck) 1973, S. 107f. , 72f.

Arbeitsanweisungen:

1. Untersuchen Sie arbeitsteilig, auf welche Motive der Nibelungen-Sage sich Felix Dahn und Hermann Göring beziehen.

2. Diskutieren Sie, welche Intention Dahn und Göring verfolgen.

Helmut de Boor: Die mittelalterliche Lyrik

Minnesang ist Ausdruck eines Erlebnisses, dessen besondere Art noch näher zu bestimmen sein wird. Einer solchen Auffassung widerspricht es nicht, dass der Minnedienst und der Minnesang zugleich auch eine gesellschaftliche Seite hat.
5 Das Minneerlebnis wird wirklich zu einem gesellschaftlichen Gegenstand, der Minnesang zu einem Stück der höfischen Geselligkeit. Er erhält erst daraus sein Daseinsrecht. Wie alle Kunst erhöht auch das Minnelied die höfische Festlichkeit als ein Teil dessen, was die Zeit vröude nannte. Es
10 gibt damals so wenig die heimliche Herzensergießung wie den veröffentlichten Gedichtband, der seine anonyme Gemeinde der Gleichgesinnten sucht. Das Gedicht entsteht, um in der höfischen Gesellschaft, dem konkreten Kreis des Hofes, dem der Dichter angehört, vorgetragen zu werden.
15 Das zarteste, ursprünglichst ichhafte Erlebnis der Liebe, die sorglich gehütete „heimliche Liebe", wird im Minnesang zu einem gesellschaftlichen Begebnis. Diese erregende Antinomie, diese Öffentlichkeit des Geheimsten gehört zu Wesen und Reiz des Minnesangs. Wir können ihn nur verstehen,
20 wenn wir uns in die Antinomie einleben [...]
Das Hochziel der staufischen Zeit ist der vollendete Mensch. Er ist ein Ergebnis der Erziehung (zuht), die als Selbstzucht und Selbstbildung zur Vollkommenheit ständige Aufgabe auch des Erwachsenen bleibt und unablässige Anstrengung
25 (arebeit) erfordert. Dabei ist der Minne ganz besonders die Aufgabe zugemessen, den Mann zur Läuterung zu führen. Daher muss das Triebhafte und Sinnliche der Liebe gebändigt werden, damit das Seelische und Sittliche sich entfalte. Nur der vollkommene höfische Mann ist wert, um Minne zu
30 werben und Minne zu empfangen. So wird Minne nicht nur Ziel, sondern zugleich Weg zu einem höheren Ziel, und es geschieht, dass der Weg wichtiger wird als das ursprüngliche, sinnengegebene Ziel. Albrecht von Johansdorf hat dafür in dem Liede 94, 14 die
35 klassische Formulierung gefunden. Als der werbende Liebhaber ungeduldig zu erfahren wünscht, welchen Lohn er zu erwarten habe, erhält er aus dem Munde der Dame die Antwort: „dass euer Wert dadurch gesteigert wird, und ihr daraus freudige Erhebung erfahrt". Das ursprüngliche Ziel des
40 Werbens, die liebende Hingabe der Frau, rückt in unerreichbare Ferne; denn nur wo das ursprüngliche Ziel unerreichbar, die Erfüllung wân bleibt, kann die erzieherische Aufgabe der Minne verwirklicht werden.
Erhöhung, wo sie gewährt wird, kleidet sich in zart zeichen-
45 hafte Formen: ein Blick, ein Gruß, ein Lächeln. Hohe Minne ist also nichts Elementares, kein flammender Ausbruch leidenschaftlichen Gefühls, nicht Seligkeit leibseelischer Erfüllung. Sie ist gebändigt, sanft leuchtend, auf zuchtvolle Gemessenheit gestellt. Sie hat es mit den differenzierten in-
50 neren Vorgängen von Menschen zu tun, die einer seelischen Verfeinerung und der Formung nach einem Idealtypus zustreben. Das gibt der daraus erwachsenden Lyrik einen Zug zum Abstrakten, Reflektierenden und seelisch Zergliedernden; ihr Mangel an Unmittelbarkeit weht den modernen Le-
55 ser oft mit einem Hauch der Kühle an.

Aus: Helmut de Boor: Die höfische Literatur. Vorbereitung, Blüte, Ausklang. 1170–1250. In: Geschichte der deutschen Literatur von den Anfängen bis zur Gegenwart, Bd. 2, S. 218f. – München (C. H. Beck) ¹¹1991

Walther von der Vogelweide: Aller werdekeit ein füegerinne

I
Aller werdekeit ein füegerinne,
daz sît ir zewâre, frouwe Mâze:
er saelic man, der iuwer lêre hât!
Der endarf sich iuwer niender inne
5 weder ze hove schamen noch an der strâze:
dur daz sô suoche ich, frouwe, iuwern rât,
Daz ir mich ebene werben lêret.
wirbe ich nidere, wirbe ich hôhe, ich bin versêret.
ich was vil nâch ze nidere tôt,
10 nû bin ich aber ze hôhe siech:
unmâze enlât mich âne nôt.

II
Nideriu minne heizet diu sô swachet
daz der muot nâch kranker liebe ringet:
diu minne tuot unlobelîche wê.
Hôhiu minne heizet diu da machet
5 daz der muot nâch hôher wirde ûf swinget:
diu winket mir nû, daz ich mit ir gê.
Mich wundert wes diu mâze beitet.
kumet diu herzeliebe, ich bin iedoch verleitet.
mîn ougen hânt ein wîp ersehen,
10 swie minneclich ir rede sî,
mir mac wol schade von ir geschehen.

Aus: Peter Wapnewski (Hg.), Walther von der Vogelweide: Gedichte. Mittelhochdeutscher Text und Übertragung, S. 86f. Veröffentlicht im Fischer Taschenbuch Verlag, ein Unternehmen der S. Fischer Verlag GmbH, Frankfurt am Main 1962. Alle Rechte vorbehalten.

Ordner aller Werte –
das wahrlich seid Ihr, frowue Mâze:
glücklich, wer in Eure Schule ging!
Mit Eurer Lehre braucht man sich nirgend
5 zu schämen, bei Hofe nicht noch auf der Straße:
Und darum such ich, Herrin, Euern Rat,
dass Ihr mich lehrt, gemäß um Liebe zu werben.
Werbe ich nieder, werb ich hoch – es macht mir Schaden.
Niedere Minne hat mich fast umgebracht,
10 jetzt macht mich Hohe Minne krank:
Maßlosigkeit quält mich immerfort.

Niedere Minne heißt, die so erniedrigt,
dass der Sinn um nichts ringt als gemeine Lust:
der Schmerz aus solcher Minne bringt nur Verachtung ein.
Hohe Minne heißt, die da macht,
5 dass der Sinn sich aufschwingt zu den höchsten Werten.
Sie winkt mir jetzt, dass ich ihr folgen solle:
doch möcht ich wissen, worauf Frau Mâze noch wartet.
Kommt die Herzensneigung, dann bin ich doch wieder verführt.
Meine Augen haben eine Frau erblickt:
10 wie lieblich ihre Worte auch seien,
sie mag mir sehr wohl zum Unglück werden.

Arbeitsanweisungen:

1. Arbeiten Sie die Wesenszüge des Hohen Minnesangs nach Helmut de Boors Ausführungen heraus, und versuchen Sie eine Definition des Minnesangs im Sinne de Boors.

2. Wie ist Walthers Gedicht aufgebaut?

3. Zeigen Sie, ausgehend vom Begriff „herzeliebe", welches Grundproblem des Minnesangs Walther darstellt und welche Lösung er für sich gefunden hat.

Interpretationsbeispiel:

Dietmar von Aist: Slafst du, friedel ziere?

Die Partner des Gesprächs sind der „friedel" und die „friundin". Wir erinnern uns an die Bezeichnungen „trut" und„ wini". Ähnliche Bedeutungen haben beide Begriffe (beide zum Stamme indogermanisch prî – „lieben, schützen, schonen" gehörig), friedel, das ist der Geliebte, der Buhle, friundin die Geliebte. Diese Bezeichnungen des innigen Lie-
5 besverhältnisses stehen in enger Verbindung mit den *Standesbezeichnungen* „frouwe" und Ritter. [Der Ausruf „wâfen" statt des neutralen „owê" und der Hinweis auf das Pferd des Mannes deuten auf die Sphäre des Rittertums.]. Damit ist das Liedchen als Standesdichtung eingeordnet.
Die Situation: Zwei Liebende nehmen am Morgen nach einem verbotenen Zusammen-
10 sein Abschied. Das „Tagelied" behandelt immer diese festgelegte Situation. Wieder begegnet uns das Vöglein auf der Linde in einer Art „Natureingang". Es ist hier der Bote des Tages, Wecker und Warner und somit der Freund des Paares. [Als Helfer der Liebenden ist uns aus spätmittelalterlichem Volkslied und Märchen das Vöglein wohlbekannt.]
15 Hier im Tagelied erleben wir ein echtes Gespräch, anders als im Wechsel. Führender Gesprächspartner ist die Frau. Das Tagelied strebt nicht nach Verfremdung, deshalb wird die Situation unmittelbar geschildert und nicht aus der Brechung in der Erinnerung dargestellt. Alle Gefühlsaussagen sind direkt und unverstellt. Beide Partner empfinden gleich, die Frau aber gibt wiederum dem Gefühl hemmungsloser nach, ihr sind die Kla-
20 gestrophen vorbehalten, sie weint.
Der Inhalt des Liedchens – auch er in allen Tageliedern festgelegt wie die Situation – ist Klage, Klage über das Leid der Trennung vom geliebten Partner, über das freudlose Dasein ohne ihn. Der Mann spricht die dieser Gattung zugrunde liegende schmerzliche Lebenserfahrung schlicht und ohne Pathos aus: Liebe ohne Leid kann nicht sein, kann
25 es auf dieser Welt nicht geben. Dieselbe Einsicht in die Unvollkommenheit allen irdischen Glücks begegnet uns im Nibelungenlied: Str. 15 bis 17: „wie liebe mit leide zu jungest lônen kan. "
Die Liebe zwischen den Geschlechtern, das Gefühl, das das 12. Jahrhundert sozusagen als Wert neu entdeckte, ist, wie wir an den meisten der besprochenen Lieder der Früh-
30 zeit sahen, den betroffenen Menschen zum Schmerz geworden, zum Problem, das nicht mehr aus eigener Kraft gelöst werden kann. Für den gläubigen Menschen gibt es im Grunde keine unlösbare Tragik, da ihn seine Beziehung zu Gott über die Welt der Widersprüche und des Todes hinaushebt. Sobald das „Ich" es aber wagt, sein Glück im Irdischen zu sehen, muss es das Leid, das Zeit und menschliche Unvollkommenheit brin-
35 gen, in Kauf nehmen.
Dietmars Tagelied beruht wohl auf einheimischen Formen; er hat die vorgegebenen Formen ins Ritterliche umstilisiert und seelisch vertieft. Nach Dietmar wird der Typus der romanischen Alba (= Morgengrauen) in Deutschland gebräuchlich. Ein Wächter warnt die Liebenden, das Zwiegespräch des Paares wird durch das Zwiegespräch zwischen
40 Wächter und Frau ersetzt. Beide, die deutsche und die romanische Form, gelangen über die höfische Lyrik ins ältere Volkslied. Auf zwei auch heute noch bekannte Beispiele kann hier hingewiesen werden; „Wach auf, meins Herzens Schöne" und „Der Winter ist vergangen", dessen dritte Strophe es als ehemaliges Tagelied ausweist: „Der Wächter auf der Mauer hub an sein Lied und sang: Ist jemand noch darinnen, der soll jetzt heim-
45 wärts gehn. Ich seh den Tag herdringen, schon durch die Wolken klar. " (Zupfgeigenhansel, 121 und 14.)
Das Tagelied ist ebenfalls eine „epische" Gattung, d.h., die Ich-Aussage ist eingeschlossen in den epischen Rahmen, in die epische Situation. Im Gegensatz zum Erfahrungsstil, und besonders zum Wechsel, der mehr in Andeutungen spricht, gibt das Tagelied
50 das Intimste unverhüllt den Hörern preis. Darin beruht seine Sonderstellung. Jedoch kommt es nicht auf die ja wohl bekannte, da immer gleichbleibende Situation an, sondern auf das seelische Erlebnis, auf das innerliche Betroffensein des Menschen durch die Liebe.
Vergleichen wir die beiden Hauptvertreter der donauländischen Lyrik, den Kürenberger
55 mit Dietmar von Aist, so stellen wir fest, dass die Lieder des Kürenbergers kraftvoller und männlicher wirken; er bevorzugt ritterliche Motive, wie z.B. den Falken, häufig sind die Hinweise auf Rittertum und Lehenswesen. Dietmars Lieder sind dagegen weicher, stimmungsvoller, seine Motive „überzeitlicher" und allgemeiner. Er fand auch keine so persönliche Strophenform wie der Kürenberger.

Aus: Irmgard Lindner: Minnelyrik des Mittelalters. In: Interpretationen zum Deutschunterricht. – Mädchen (R. Oldenbourg) 1968, S. 28ff.

Arbeitsanweisung:

Fertigen Sie zu dem Interpretationsbeispiel eine Gliederung an und beurteilen Sie die Gliederungsaspekte.

© Schöningh Verlag, Best.-Nr. 028228 1

Neidhart von Reuenthal: Ûf dem berge und in dem tal

Ûf dem berge und in dem tal
hebt sich aber der vogele schal,
hiure als ê
gruonet klê.
5 rûme ez, winter, dû tuost wê!

Die boume, die dâ stuonden grîs,
die habent alle ir niuwez rîs
vogele vol:
daz tuot wol.
10 dâ von nimt der meie den zol.

Ein altiu mit dem tôde vaht
beide tac und ouch die naht.
diu spranc sider
als ein wider
15 und stiez die jungen alle nider.

Auf dem Berg und in dem Tal
beginnt wieder das Vogelkonzert,
dies Jahr wie früher
grünt der Klee.
5 Mach dich davon, Winter, du tust weh.

Die Bäume, die grau dastanden,
die haben alle ihr neues Gezweig
voller Vögel.
Das tut wohl.
10 Daran hat der Mai seinen Anteil.

Eine Alte rang mit dem Tode
Tag und Nacht.
Die sprang seither
wie ein Ziegenbock
15 und stieß die Jungen alle zu Boden.

(übertragen von Walter Koschorreck)

Aus: Minnesinger in Bildern der Manessischen Liederhandschrift, hrsg. von W. Koschorreck, Frankfurt/Main
(Insel) 1975.

Neidhart von Reuenthal ist um 1180 in Bayern geboren und um 1250 in Österreich gestorben. Er war mit seinen Liedern sehr erfolgreich: verspottet in ihnen die rittermäßig herausgeputzten Bauernflegel und das fragwürdig gewordene Minneideal.

Arbeitsanweisung:

Untersuchen Sie Neidharts Gedicht nach Bildern und Begriffen, die die Situation, die Erfahrungen und Gefühle der Personen darstellen.

Steinmar: Ein kneht der lac verborgen

Ein kneht der lac verborgen,
bî einer dirne er slief
unz ûf den liehten morgen:
der hirte lûte rief
5 „wol ûf, lâz ûz die hert!"
des erschrac diu dirne und ir geselle wert.

Daz strou daz muost er rûmen
und von der lieben varn.
er torste sich niht sûmen,
10 er nam si an den arn.
daz höi daz ob im lac
daz ersach diu reine ûf fliegen in den tac.

Dâ von si muoste erlachen,
ir sigen diu ougen zuo:
15 sô suoze kunde er machen
in deme morgen fruo
mit ir daz bettespil;
wer sach ân geraete ie froiden mê sô vil!

Aus: Die Schweizer Minnesänger. Karl Bartsch (Hrsg.). Frauenfeld 1886. Neudruck Wiss. Buchges. (Darmstadt) 1964,
S. 179f.

Arbeitsanweisung:

Lesen und untersuchen Sie das Gedicht. Beschreiben Sie die Struktur dieses Tageliedes.

Gedichtvergleich:

Walther (um 1170–1228): Drei Sprüche im „Reichs-Ton" (SB, S. 101f.)
Heinrich Heine (1797–1856): Die schlesischen Weber (SB, S. 278)

Bert Brecht (1898–1956):
Die Ballade vom Wasserrad

1

Von den Großen dieser Erde
Melden uns die Heldenlieder:
Steigend auf so wie Gestirne
Gehn sie wie Gestirne nieder.
5 Das klingt tröstlich und man muß es wissen.
Nur: für uns, die wir sie nähren müssen
Ist das leider immer ziemlich gleich gewesen.
Aufstieg oder Fall: wer trägt die Spesen?
    Freilich dreht das Rad sich immer weiter
10   Daß, was oben ist, nicht oben bleibt.
    Aber für das Wasser unten heißt das leider
    Nur: daß es das Rad halt ewig treibt.

2

Ach, wie hatten viele Herren
Hatten Tiger und Hyänen
15 Hatten Adler, hatten Schweine
Doch wir nährten den und jenen.
Ob sie besser waren oder schlimmer:
Ach, der Stiefel glich dem Stiefel immer
Und uns trat er. Ihr versteht: ich meine
20 Daß wir keine andern Herren brauchen, sondern keine!
    Freilich dreht das Rad sich immer weiter
    Daß, was oben ist, nicht oben bleibt.
    Aber für das Wasser unten heißt das leider
    Nur: daß es das Rad halt ewig treibt.

3

25 Und sie schlagen sich die Köpfe
Blutig, raufend um die Beute
Nennen andre gierige Tröpfe
Und sich selber gute Leute.
Unaufhörlich sehn wir sie einander grollen
30 Und bekämpfen. Einzig und alleinig
Wenn wir sie nicht mehr ernähren wollen
Sind sie sich auf einmal völlig einig.
    Freilich dreht das Rad sich immer weiter
    Das, was oben ist, nicht oben bleibt.
35   Aber für das Wasser unten heißt das leider
    Nur: daß es das Rad halt ewig treibt.

(e 1938)

Aus: Werke. Große kommentierte Berliner und Frankfurter Ausgabe. Hg. von Werner Hecht, Jan Knopf, Werner Mittenzwei, Klaus-Detlef Müller. 30 Bände (Suhrkamp) Frankfurt a.M./Berlin und Weimar 1988–2000, Band 14 (1993), S. 207.

Hans Magnus Enzensberger (*1929):
verteidigung der wölfe gegen die lämmer

soll der geier vergißmeinnicht fressen?
was verlangt ihr vom schakal,
daß er sich häute, vom wolf? soll
er sich selber ziehen die zähne?
5 was gefällt euch nicht
an politruks und an päpsten,
was guckt ihr blöd aus der wäsche
auf den verlogenen bildschirm?

wer näht denn dem general
10 den blutstreif an seine hose? wer
zerlegt vor dem wucherer den kapaun?
wer hängt sich stolz das blechkreuz
vor den knurrenden nabel? wer
nimmt das trinkgeld, den silberling,
15 den schweigepfennig? es gibt
viel bestohlene, wenig diebe; wer
applaudiert ihnen denn, wer
steckt die abzeichen an, wer
lechzt nach der lüge?

20 seht in die spiegel: feig,
scheuend die mühsal der wahrheit,
dem lernen abgeneigt, das denken
überantwortend den wölfen,
der nasenring euer teuerster schmuck,
25 keine täuschung zu dumm, kein trost
zu billig, jede erpressung
ist für euch noch zu milde.

ihr lämmer, schwestern sind,
mit euch verglichen, die krähen:
30 ihr blendet einer den andern.
brüderlichkeit herrscht
unter den wölfen:
sie gehen in rudeln.

gelobt sein die räuber: ihr,
35 einladend zur vergewaltigung,
werft euch aufs faule bett
des gehorsams. winselnd noch
lügt ihr. zerrissen
wollt ihr werden. ihr
40 ändert die welt nicht   (e 1957)

Aus: Hans Magnus Enzensberger: verteidigung der wölfe gegen die lämmer. © Suhrkamp Verlag 1963, S. 43f.

(Aus lizenzrechtlichen Gründen sind diese Texte nicht in reformierter Rechtschreibung abgedruckt.)

Arbeitsanweisung:
Füllen Sie in Stichworten folgendes Schema aus:

	Walther	Heine	Brecht	Enzensberger
Gegenstand des Gedichtes:				
Absicht/ Gestaltung:				
Selbstverständnis: des Dichters/ Standort:				

Zeittafel zu Walthers Sprüchen

1197 Sept. 28: Kaiser Heinrich VI. stirbt in Messina. Aufruhr im Reich.

1197 Weihnachten: Heinrichs Bruder Herzog Philipp von Schwaben von der staufischen Partei als *Sachwalter* (*per procuratorem*) anerkannt, der bis zur Mündigkeit von Heinrichs Sohn Friedrich (geb. 1194 Dez. 26) das Reich verwesen soll. Die Verhältnisse zwingen Philipp weiterzugehen:

1198 März 8: Philipp in Mühlhausen (Thüringen) von der Mehrzahl der deutschen Fürsten zum König gewählt (nicht also durch alle wahlberechtigten Reichsfürsten).
Unterdes stellt die welfisch-angevinische Gegenpartei, rührig angeführt durch Englands König Richard Löwenherz, dessen Neffen auf, den Sohn Heinrichs des Löwen: Otto von Braunschweig, Grafen von Poitou.

1198 Juli 12: Otto in Aachen durch den Erzbischof von Köln gekrönt: am legitimen Ort durch die legitime Hand – nicht aber mit den echten Krönungsinsignien.

1198 Sept. 8: Philipp gekrönt mit den echten Reichsinsignien – jedoch in Mainz und durch den burgundischen Erzbischof von Tarentaise.

1198 Januar 8: Papst Coelestin II. gest. Zu seinem Nachfolger der jüngste der Kardinäle gewählt: der 37-jährige Lothar von Segni: Innocenz III. – ein hoch begabter Politiker und Diplomat von großem Selbstbewusstsein und geschmeidiger Natur. Beharrlich strebt er in seinen ‚Rekuperationen‘ die „Wiederherstellung“ des Kirchenstaates an – in einem Umfang, den dieser nie gehabt hatte, und schädigt die Ergebnisse seiner Politik schließlich doch durch das Übermaß von Taktik und Ehrgeiz, mit dem er dieses Ziel verfolgt. – Im deutschen Thronstreit hält er sich vorerst zurück, um Spielraum zu haben für seine italienischen Projekte. Er nimmt Kontakt und Verhandlungen wohl mit Philipp, definitiv aber mit Otto auf, den als Gegner der staufischen Partei zu begünstigen prinzipiell im Interesse der Kurie liegen musste. – In Deutschland herrschen Rechtlosigkeit, Gewalttat. Skrupellos profitieren die Reichsfürsten von der allgemeinen Unsicherheit, nur bedacht, die persönliche Macht zu mehren. So kann auch der Thronstreit sich nicht zugunsten der einen oder anderen Partei entscheiden, wenngleich insgesamt die Sache Philipps günstiger steht. Da entschließt endlich Innocenz sich zur Anerkennung Ottos:

1201 März 1: Brief des Papstes an Otto: *te in regem recipimus.*

1201 Juli 3: Der päpstliche Legat, Kardinalbischof Guido von Praeneste, ruft in Köln „kraft päpstlicher Vollmacht Otto als den rechtmäßigen König aus, erteilte den Segen und sprach endlich mit verlöschten Kerzen den Bann über alle aus, die sich ihm ferner widersetzen möchten“ (Wilmanns-Michels I, S. 102): Philipp gebannt.

1201 Sept. 8: 3. Jahrestag der Krönung Philipps: Fürstenversammlung zu Bamberg, glänzende Demonstration des ungebrochenen Machtwillens der staufischen Partei:

1202 Januar: Protest der Anhänger Philipps (30 Reichsfürsten) zu Halle gegen die Einmischung des päpstlichen Legaten in den deutschen Thronstreit.

1203/04: Johann Ohneland, der Nachfolger von Richard Löwenherz, wird durch Philipp II. August von Frankreich vom Festland vertrieben. Damit verliert die welfische Partei ihren entscheidenden Rückhalt, ihre Macht bröckelt ab, einige ihrer mächtigsten Anhänger gehen zu Philipp über. Innocenz

nimmt geheime Verhandlungen mit dem von ihm gebannten Staufer auf.

1207/1208: Verhandlungen der Kurie mit beiden Königen; Waffenstillstand in Deutschland. Der Papst bereit, Philipp als König und künftigen Kaiser anzuerkennen: da wird

1208 Juni 21: Philipp zu Bamberg ermordet (durch den bayrischen Pfalzgrafen Otto von Wittelsbach aus privaten Rachemotiven): mit ihm geht, etwa 30-jährig, der Repräsentant eines mittelalterlichen Harmonieideals aus der Welt, der die seelischen, geistigen und körperlichen Tugenden eines vorbildlichen Fürsten ritterlich, gütig und edel verkörperte.

1208 Nov. 11: Otto IV. noch einmal zum König gewählt und nunmehr allgemein anerkannt: Ein Mann, zwar ausgezeichnet durch persönliche Tapferkeit, aber doch ein Gegenbild seines staufischen Rivalen: ungebildet, skrupel- und würdelos. Sein Amt lenkt ihn sehr bald in die Bahnen „staufischer“ Politik:

1209 Oktober 4: Otto in Rom durch Innocenz zum Kaiser gekrönt.

1210 Herbst: Otto wendet sich nach Unteritalien und schickt sich an, das Königreich Sizilien zu erobern.

1210 Nov. 18: Otto gebannt.

1211 September: Heinrichs VI. Sohn Friedrich II. wird (*in absentia*) zu Nürnberg von einigen Fürsten unter der Protektion Frankreichs und der Kurie zum Kaiser gewählt. Otto bricht das Sizilienunternehmen ab.

1212 September: Der *puer Apiliae* Friedrich II. betritt, 17-jährig, nach abenteuerlicher Reise deutschen Boden. Die Fürsten fallen von Otto ab. – Staufisch-kapetingisches Bündnis gegen England und die Welfen.

1212 Dezember: Wahl und Krönung Friedrichs zum deutschen König (die Wahl war von seinem Vater Heinrich schon einmal – 1196 – durchgesetzt worden).

1214 Juli 27: Otto IV. durch Philipp II. August von Frankreich bei Bouvines (östlich Lille) geschlagen. Damit ist die englisch-welfische Allianz besiegt; Ottos Macht gebrochen; das englische Anjou-Königtum auf die Insel zurückgedrängt; der deutsche Thronstreit ohne dessen Mitwirkung zugunsten des Staufers entschieden.
Der französische König übersendet Friedrich den erbeuteten goldenen Reichsadler mit gebrochenen Flügeln: „Seit jener Zeit verloren die Deutschen ihr Ansehen bei den Franzosen“ (Chronist vom Petersberg bei Halle).

1218 Mai 19: Otto IV., vereinsamt, auf der Harzburg gestorben.

1216 Juli: Innocenz III. gest. – Nach außen hin hat er die päpstliche Macht aufs Höchste gesteigert, doch rächten sich die Irrtümer seiner Politik schon bald nach seinem Tod.

1220 Nov. 22: Friedrich II. durch Papst Honorius III. zum Kaiser gekrönt.

1227 Herbst: Friedrich II. gebannt durch Papst Gregor IX. (Nachfolger Honorius’ III.), da er das Kreuzzugsversprechen einer Erkrankung halber auch zum letzten Termin nicht eingelöst hat.

1228/1229: Kreuzzug Friedrichs II. (in der üblichen Zählung der 5. Kreuzzug).

Aus: Peter Wapneweski (Hg), Walther von der Vogelweide: Gedichte. Mittelhochdeutscher Text und Übertragung, S. 243–246
Veröffentlicht im Fischer Taschenbuch Verlag, ein Unternehmen der S. Fischer Verlag GmbH, Frankfurt am Main 1962. Alle Rechte vorbehalten.

Zusammenfassung zur Großepoche „Mittelalter"

Frühes Mittelalter (750–1170 n. Chr.)

Im 5. Jh. löst sich das römische Reich auf und es beginnt die Zeit der Völkerwanderung: 476 geht das weströmische Reich unter und die Franken übernehmen das Erbe des römischen Reiches im Westen. Ihr Leben ist geprägt von einer Bauern- und Kriegerkultur: Es gelten Werte wie Treue, Ehre und Tapferkeit. Die Kirche erhält und fördert die römische Kultur: Kirchenväter wie Augustinus (354–430) und Ambrosius (340–397). Der angelsächsische Mönch Bonifatius (673/754) missioniert die germanischen Stämme im 8. Jh., baut eine Kirchenordnung auf und fördert die Gründung bedeutender Klöster nach benediktinischer Regel, z.B. das Kloster Fulda.

Die germanische Literatur bietet bis ins 8. Jh. Sprichwörter, Rätsel und Zaubersprüche. Kurze balladeske Heldenlieder entstehen aus der Lebensform adliger Lebensgemeinschaft in der Zeit der Völkerwanderung (4.–8. Jh.): Eine umfangreiche Sammlung der Heldenlieder liegt in der Edda vor (ca. 1260) mit mythischen Liedern, Spruchweisheiten und Heldensagen aus der Völkerwanderungszeit. Das erste germanisch-christliche Dokument ist die Bibelübersetzung des westgotischen Bischofs Ulfila „Codex argenteus".

Mit Karl dem Großen (758–814) übernehmen die Königsfamilien die entscheidende Förderung der Kultur: Sie fördern die Klöster und Bistümer als Bildungsstätten, sie übernehmen spätantike Bildungstraditionen und den Gebrauch der lateinischen Sprache. Es werden drei Phasen unterschieden:

a) 750–900: Karolingische Renaissance: ahd. Literatur neben lateinischen Schriften.

b) 900–1025: Ottonische Renaissance: Zeit der Frühromanik mit vorwiegend mittellateinischer Literatur

c) 1025–1170: Wirkung der Reform durch das Kloster Cluny/Burgund: Hochromanik mit frühmittelhd. Literatur

a) **Karl der Große** fördert eine antik geprägte christliche Bildung: Alle bedeutenden Gelehrten seiner Zeit werden an den Hof berufen; Bibliotheken werden angelegt, eine Hofakademie wird gegründet, die lateinische Hofpoesie gepflegt und die Lektüre antiker Schriftsteller und die Vervielfältigung ihrer Werke gefördert. An seinem Hofe lehren: Alkuin (Angelsachse), Einhard (Franke) und Paulus Diakonus (Langobarde). Hrabanus Maurus (784–856), Schüler Alkuins, leitet die Klosterschule von Fulda und ist dann Bischof von Mainz. Sein Schüler Walafried Strabo wirk im Kloster Reichenau. Die Literatur hat Missions- und Bildungsziele: Dazu fördert Karl die Pflege der ahd. Sprache und lässt Glossare, Übersetzungen und Gebete anfertigen, z.B. das Wessobrunner Gebet. Die Geistlichen müssen die biblisch-christliche Anschauungs- und Begriffswelt, die theologischen Gedankengänge in deutsche Sprache fassen. In der Architektur und in der bildenden Kunst wird Karl durch die italienische und byzantinische Kunst beeinflusst: In Italien haben die Ostgoten und Langobarden im 6.–8. Jh. die antiken Vorbilder nachgeahmt. Beispielhaft sind die Basiliken und Theoderichs Grabmal in Ravenna.

Die Palastschule stellt große Prachthandschriften mit Miniaturen in spätantiker Maltradition, Initialen und Darstellungen von Menschen nach antikem Vorbild her. In der Architektur wird die römische Basilika ab dem 8. Jh. die Grundform für den Kirchenbau. Das Münster von Aachen wird als achteckiger Zentralbau nach dem Vorbild der Kirche San Vitale in Ravenna erbaut und soll kaiserliche Macht und Größe ausdrücken.

b) **Otto I.** und **Otto III.** erneuern die Bindung an die antike Kultur. Der königliche Hof, lothringische Klöster und Bischöfe förderten Bildung und Wissenschaft. Unter den sächsisch-ottonischen Kaisern wird die ahd. Literatur durch die lateinische Literatur abgelöst: Einerseits entsteht eine lateinische Vagantenlyrik, in der wandernde Geistliche und Studenten ihre Lebensfreude ausdrücken, z.B. in der Sammlung der „Carmina burana" (Benediktbeuren). Andererseits entstehen lateinische Oster- und Weihnachtsspiele, z.B. von Hroswitha von Gandersheim. Im 11./12. Jh. bestimmen frühmittelhochdt. Heils- und Bußdichtungen die Literatur: Predigten, Marienlyrik und Legenden, z.B. Anno- und Ezzolied. Seit Otto I. werden Aachen und die Pfalzkapelle zum Symbol der ottonischen Reichsidee: Bau- und Kunstwerke verdeutlichen mit vollendeter Technik die Vorstellung vom christlichen Herrschertum: z.B. die Reichsinsignien, Handschriften und Kirchen wie in Hildesheim und Bamberg.

c) Mit Kaiser **Heinrich II.** (1002–1024) gewinnt das im Jahre 910 gegründete Benediktinerkloster von Cluny in Burgund großen Einfluss im Reich: Die Äbte reformieren die Klosterzucht, erneuern das religiöse Leben durch Weltabkehr und Askese. Cluny unterstehen im 11. Jh. 1600 Klöster; das Kloster Hirsau (Schwarzwald) ist das Zentrum der Reformbewegung im deutschen Kernland. Geprägt von dieser Re-

---

Herrschergeschlechter im Mittelalter

1. Zeit der fränkischen Herrscher (714–919)
Geschlecht der Karolinger

714–741: Karl Martell („Hammer") herrscht in Austrasien als ‚Hausmeier' (Kanzler)

732: Sieg über die Araber bei Tours und Poitiers

751–768: König Pippin

754: Salbung durch Papst Stephan II. zum König. Er wird „patricius Romanorum" = Schutzherr Roms. Er legitimiert dadurch seine Dynastie und übernimmt den Schutz des Papstes. Damit verbindet sich weltliche und geistliche Macht.

768–814: Karl der Große
Ausweitung des Reiches nach Sachsen, Bayern, Spanien, Italien und Ungarn

800: Kaiserkrönung durch Papst Leo III.

814–840: Ludwig der Fromme

843: Reichsteilung: Westfranken; Lothringen und Ostfranken

2. Zeit der sächsischen Herrscher (919–1024)
Zeit der Ottonen

919–396: Heinrich I.
Regiert im „Reich der Deutschen": „regnum Teutoricorum" Fördert das Zusammengehörigkeitsgefühl der deutschen Stämme

933: Sieg über die Ungarn an der Unstrut
Quedlinburg, Magdeburg, Erfurt, Merseburg, Meißen, Naumburg bilden das Machtzentrum Heinrichs.

936–973: Otto I., der Große setzt im ganzen Reich die königliche Macht durch; Lothringen, Burgund, Norditalien kommen wieder zum Reich. Einführung des sog. ‚ottonischen Reichskirchensystems': Bischöfe und Äbte übernehmen weltliche Aufgaben.

955: Sieg über die Ungarn auf dem Lechfeld bei Augsburg

962: Kaiserkrönung Ottos in Rom: Beginn des deutschen Kaisertums (Ende 1806)

972–983: Kaiser Otto II.

983–1002: Kaiser Otto III.
Er hat universale Reichspläne und strebt eine „Erneuerung des Reiches" an mit Rom als Hauptstadt („Renovatio imperii Romanorum").

1002–1024: Heinrich II.
Konzentriert seine Macht auf das Kernland im Reichsgebiet: Er baut Bamberg zu einem Macht- und Kulturzentrum aus (Dom und sog. ‚Bamberger Reiter').

formbewegung entstehen neue Reformorden: Der Kartäuserorden, gegründet 1084 in Chartrause/Burgund, der 1089 in Prémontré/Burgund gegründete Prämonstratenser-Orden sowie der Zisterzienserorden, gegründet 1120 in Burgund. Diese Orden entfalten eine europaweite kirchliche Bautätigkeit: Der romanische Kirchenbau verkörpert die Sicherheit des Glaubens in einer bedrohten Welt. Zeichen für diese Bedrohung ist die Darstellung von Dämonen in der romanischen Bauplastik.

Abteikirche Maria-Laach (Eifel) 12. Jahrhundert

Die große Anzahl der in Grundriss und Höhe unterschiedlichen Türme prägt das Bild der Abteikirche von Maria-Laach. Dem etwas später als Langhaus und Ostchor fertig gestellten Westchor wurde eine Art Atrium, das wie ein kleiner Kreuzgang mit nur drei Seiten wirkt, vorgebaut. Dieses so genannte „Paradies" stammt erst aus dem 13. Jahrhundert. Maria-Laach zählt zu den kunstvollsten Bauwerken der rheinländischen Romanik.

3. Zeit der fränkisch-salischen Herrscher (1024–1125)

1024–1039: Kaiser Konrad II.

1033: Burgund wird mit dem Deutschen Reich vereint.

1039–1056: Heinrich III.
Böhmen, Ungarn und Polen werden dt. Lehensgebiete: größte Ausdehnung des Reiches.

1046: Synode von Sutri bei Rom: Heinrich setzt drei Päpste wegen Amtsmissbrauch ab. Die kirchliche Reformbewegung geht vom Kloster Cluny/Burgund aus: gegen Kauf geistlicher Ämter (Simonie). Heinrich unterstützt die Reform.

1056–1106: Heinrich IV.

1059: Papstwahldekret: Wahl des Papstes durch die Kardinäle, damit Einfluss des Kaisers beschränkt; Verbot der Einsetzung von Bischöfen (sog. Laieninvestitur) durch den Kaiser; Verbot der Simonie

1076: Beginn des Investiturstreits mit Papst Gregor VII. (1073–1085): Papst beansprucht alleinige Macht über die Kirche.

1077: Heinrich, vom Papst aus der Kirche verbannt, macht einen Bußgang nach Canossa/Toskana.

1096/99: 1. Kreuzzug mit Eroberung des sog. ‚Heiligen Landes'

1098: Gründung des Zisterzienserordens: Fördert kulturelle Entwicklung ländlicher Gebiete

1106–1125: Heinrich V.

1122: Wormser Konkordat: Ende des Investiturstreits: Bischöfe werden Reichsvasallen.

Hildesheim, St. Michael. Um 1000 von Bischof Bernward von Hildesheim begonnen als dreischiffige Anlage mit Querschiffen und Chören im Westen und Osten. Der Westchor über der Krypta, der Grablege Bernwards, wurde später verändert, die Ostapsis im 17. Jh. abgerissen. Die Ausgewogenheit der Anlage mit ihrer gleichartigen Betonung von Ost- und Westteil zeigt sich in der vieltürmigen äußeren Erscheinung. Über den Vierungen erheben sich quadratische Vierungstürme, an den Stirnseiten der Querhauswände stehen polygonale Treppentürme mit zylindrischen Aufsätzen. In Hildesheim tritt zum ersten Mal die rationale, auf klaren Maßverhältnissen beruhende Gliederung des architektonischen Raumes auf, die später „quadratischer Schematismus" genannt wurde: Das Quadrat der „ausgeschiedenen" Vierung, deren Bögen sich zum Langhaus und zum Querhaus in der vollen Mittelschiffhöhe öffnen, bildet das Grundmaß der Anlage: Dreimal liegt es dem Langhaus zugrunde, betont durch die Pfeiler, zwischen die je zwei Säulen mit Arkaden eingestellt sind (Sächsischer Stützenwechsel). Das Verhältnis von Schiffbreite zur Höhe ist nahezu 1 : 2. Die Seitenschiffe weichen noch von dem „Schematismus" ab, sie haben mehr als die halbe Breite des Hauptschiffs. Die Wand über der Arkadenzone bleibt, im Gegensatz zu Gernrode, ungegliedert, über den Arkaden verläuft ein Gesims, darüber die nur durch die Obergadenfenster durchbrochene Hochschiffwand. Neuartig sind die Querschiffemporen, die als Engelchöre bezeichnet werden.

Spätes Mittelalter (1300–1500)

Gesellschaft

1268: Untergang der Hohenstaufen in Italien

1254: Kaiserlose Zeit: „Interregnum", Verfall der kaiserlichen Macht in Italien und in Deutschland

1273: Ab diesem Jahr regieren die Habsburger, Luxemburger und Bayern als Herrscherhäuser.

Aufstieg der Territorialherren und Städte; Dt. Ritterorden und Hanse erleben eine Blütezeit.

1348: Beginn der Großen Pest in Europa

1414–1418: Konzil von Konstanz: Versuch der Stärkung kaiserlicher Macht; Versuche einer Kirchenreform; Beseitigung des Schismas

1453: Eroberung Konstantinopels durch die Türken: Ausweitung des Islam auf dem Balkan und im Mittelmeer

Nach dem Niedergang des Rittertums übernimmt das Bürgertum in den Städten die ökonomische und kulturelle Führung. Die erstarkten Städte sind die Bildungszentren neben den Höfen: Gründung von Universitäten wie Heidelberg, Tübingen, Prag u.a. Papier und Buchdruck (1449) ermöglichen die weite Verbreitung literarischer Erzeugnisse. Das späte bürgerliche MA sieht sich als Zeit des Verfalls und orientiert sich am höfischen Mittelalter.

Architektur/Kunst

- Die **gotische Baukunst** erlebt ihre Blütezeit: Dome werden z.B. in Köln, Straßburg, Wien, Prag, Ulm, Freiburg, Regensburg und in ganz Europa erbaut. Der gotische Kirchenbau ist als Abbild des Himmels zu verstehen (Abt Suger von St. Denis/Paris).
- **Plastiken** prägen die Kirchenportale und das Kircheninnere: Sie dienen der Vergegenwärtigung der heilsgeschichtlichen Lehren. Sie stellen ein Bilderlexikon für die Laien dar, die nicht lesen können.
  In der Zeit der Mystik (13. Jh.) entstehen für das persönliche Gebet bewegliche Andachtsbilder, Madonnenstaturen, Kruzifixe und Leidensbilder Christi.
  Im 15. Jh. entstehen die „Wandelaltäre" mit beweglichen Stellflügeln für den Festkreis im Kirchenjahr.
- Die **Tafelmalerei** übernimmt Anregungen der niederländischen Malerei, z.B. von Jan van Eyck, Roger van der Weyden und Hans Memling.
  Bedeutende deutsche Meister sind Stephan Lochner, Hans Multscher, Martin Schongauer und Michael Pacher.
  Der italienische Maler Giotto di Bandone (1266–1337) entwickelt eine neue Bildkomposition, in der die Landschaft einbezogen und lebensnahe Gestalten von plastischer Körperlichkeit in einem perspektivisch geöffneten Raum handeln. Er gilt als Wegbereiter der Malerei der Renaissance in Europa.

Literatur

Kulturelle Zentren werden im 14. Jh. die Städte Köln, Nürnberg und Prag.

14./15. Jh. ist die Zeit verschiedener Stilrichtungen: Literatur sollte ‚nützen'. Es dominieren Zeit- und Gelegenheitsdichtungen, politische Dichtungen, Geschichts- und Reisebeschreibungen, Romane und Fastnachtsspiele.

- Der Minnesang wirkt im Volkslied und im geistlichen Lied weiter.
- Minnesang und Spruchdichtung leben im Meistersang weiter.
- Lehrhafte Dichtung wird in Allegorien gekleidet.
- Mit dem Brief und der Autobiografie (Seuse) entstehen neue Prosagattungen.
- Legenden und Novellen sind weit verbreitet.
- Das geistliche Drama wird zu großen Spielen auf dem Kirch- oder Marktplatz ausgebaut: Passions- und Mysterienspiele, Fronleichnamsspiele und Marienklagen.
- Mit seinen Fastnachtsspielen erlangt das Nürnberger Fastnachtspiel mit Hans Sachs die größte Bedeutung (Siehe die Oper von Richard Wagner „Die Meistersinger von Nürnberg", 1868).

Geistesgeschichte

Ein Krisenbewusstsein bestimmt die geistige Situation: Hungersnöte, Stadtbrände und die Pest führen zu einer Art Untergangsstimmung.

Es entsteht eine vertiefte Frömmigkeit: Eine mystische Glaubenshaltung strebt die Einheit mit Gott (unio mystica) an über Askese und den Nachvollzug des Leidens Christi (imitatio Christi). Die Ursprünge finden sich bei dem Kirchenlehrer Bernhard von Clairvaux (1091–1153) und bei dem Ordensgründer Franz von Assisi (1181–1223). Der Dominikaner-Orden bringt große Mystiker hervor wie Meister Eckart, Johannes Tauler und Heinrich Seuse. Großen Einfluss gewinnt der Theologe und Philosoph Kardinal Nikolaus von Cues/Mosel (1401–1464): Er vertritt eine mystische Frömmigkeit, weil er jeder menschlichen Erkenntnisfähigkeit skeptisch gegenübersteht (docta ignorantia) und setzt sich für eine innere Erneuerung der Kirche ein.

Daneben bleibt der Einfluss des großen Theologen Thomas von Aquino (1225–1274) bestehen: In seiner „Summa theologica" stellt er wie Aristoteles die Erfahrung der Sinne und der Wirklichkeit in den Vordergrund.

© Schöningh Verlag, Best.-Nr. 0282228 1

Renaissance – Humanismus – Reformation (1470–1600)

Gesellschaft/Geschichte

1519: Vereinigung des Deutschen Reiches mit dem spanischen Weltreich unter dem Habsburger Karl V. (1519–1556)

1517: Beginn der Reformation durch Luthers Thesen in Wittenberg

1524/25: Bauernkrieg in Süddeutschland, Ausbau der deutschen Territorialstaaten während der Ausbreitung der Reformation

1555: Augsburger Religionsfrieden: Der Landesherr bestimmt die Religionszugehörigkeit („cuius regio, eius religio"). Spanien setzt sich in einer Reihe von Kriegen mit Frankreich als Großmacht bis 1620 durch.

Religiöse Konflikte in Frankreich und England: Bürgerkriege

Beginn der Gegenreformation nach dem Konzil von Trient (1545–1563) unter Führung des Jesuitenordens, gegründet 1534 von Ignatius von Loyola.

Revolutionäre Entdeckungen:
- 1492: Kolumbus entdeckt Amerika.
- 1498: Vasco da Gama entdeckt den Seeweg nach Indien.
- 1507: beschreibt der Theologe und Astronom Nikolaus Kopernikus sein heliozentrisches Weltsystem: Erde kreist um die Sonne („De revolutionibus orbium coelestium").
- um 1440 erfindet Johannes Gutenberg (ca. 1400–1468) mit gegossenen beweglichen Lettern den Buchdruck.

Architektur/Kunst

Städtisch-bürgerliche Kultur: gefördert von Adels- und reichen Patrizierfamilien Zentren sind Nürnberg und Augsburg.

Bedeutende Maler in Deutschland:
- Albrecht Dürer (1471–1528): Kupferstiche, Holzschnitte, Gemälde
- Hans Holbein d. Ä. (1465–1524)
- Hans Holbein d. J. (1497–1543)
- Hans Baldung, gen. Grien (1484–1545)
- Lucas Cranach d. Ä. (1472–1553)
- Albrecht Altdorfer (1480–1538)
- Matthias Grünewald (1460–1528)

Bedeutende Plastiken schufen:
- Adam Krafft (1460–1508)
- Tilman Riemenschneider (1460–1531)
- Veit Stoß (1440–1533)
- Peter Vischer (1460–1529)

Italien erlebt einen Höhepunkt in der Malerei und beeinflusst die Künstler in ganz Europa:
- Fra Angelico (1387–1455)
- Sandro Botticelli (1444–1510)
- Leonardo da Vinci (1452–1529)
- Masaccio (1401–1428)
- Michelangelo Buonarotti (1475–1564)
- Raffael Santi (1483–1520)
- Tizian (1489–1576)

Literatur

Die Humanisten pflegen nach antikem Vorbild die lateinische Dichtung. Nur Ulrich von Hutten benutzt die deutsche Sprache.
- Martin Luthers Bibelübersetzung (1521) ist das prägende literarische Ereignis: Damit trägt er entscheidend zur Entwicklung der hochdeutschen Gemeinsprache bei.
- Luther begründet das protestantische Kirchenlied.
- Satirische Literatur: Sebastian Brants „Narrenschiff"
- Blühende Schwankliteratur mit oft derber Erzählweise: Wickram „Rollenwagenbüchlein"
- Fastnachtsspiele: z.B. Hans Sachs, schreibt auch gereimte Schwänke

Geistesgeschichte

1. Die Renaissance in Italien strebt als Ziele an:
   - den autonomen, allseitig gebildeten Menschen („uomo novo") nach antikem Vorbild,
   - die Freiheit der Wissenschaft
   - Entwurf des Machtpolitikers: Machiavelli „Il prinzipe" (Der Fürst)
2. Humanismus:
   Eine wahre Bildung ist nur über die Kenntnis der griechisch-römischen Kultur möglich.
   Erasmus von Rotterdam (1465–1536) strebt einen harmonischen Ausgleich zwischen der Antike und dem Christentum in einem christlichen Humanismus an.
3. Martin Luther gründet als Reformator die religiöse Erfahrung auf dem Glauben (sola fides) an die göttliche Gnade (sola gratia) durch die geoffenbarte Bibel (sola scriptura).

© Schöningh Verlag, Best.-Nr. 028228 1

DRITTES KAPITEL Barock

1. Gegenstands- und Konzeptionsbeschreibung

1.1 Pädagogisch-fachwissenschaftliche Aspekte

Wie ist es zu erklären, dass Jugendlichen am Beginn der Oberstufe die Auseinandersetzung mit der Epoche „Mittelalter" leichter fällt als die Beschäftigung mit der Epoche „Barock", obwohl für das 12. und 13. Jahrhundert die historische Distanz und die sprachlichen Probleme größer sind als für das 17. Jahrhundert? Liegt dies möglicherweise daran, dass dem Adoleszenten die Architektur, bildende Kunst und Musik – zumindest oberflächlich betrachtet – sehr vertraut erscheinen, wobei es sicher erhebliche Unterschiede zwischen den Barocklandschaften Mittel- und Süddeutschlands zu den meisten Regionen Nord- und Ostdeutschlands gibt? Entstehen aus diesem Grunde zunächst massive Irritationen durch die artifizielle Sprache, die Vorstellungswelt, die Sicht des Menschen und seines Verhältnisses zu Gott? Ist es das antithetische Grundprinzip von Sein und Schein, Diesseits und Jenseits, Tugend und Wollust, Carpe diem und Memento mori etc.? Oder ist es die Bildungsfracht barocker Literatur, die gegenüber den sinnenhaft-konkret zugänglichen Künsten des Barock Zugänge verstellt? Und sind es alle diese Faktoren zusammen, die die Epoche merkwürdig fremd, ja befremdlich erscheinen lassen?

Nach Heinz-Dieter Weber bedarf das Verstehen des Fremden stets „der Neugier und der Ich-Abstinenz".[1] Der zeitweise Verzicht auf spontane Zugänge, auf unmittelbare Erfolgserlebnisse im Verstehen des Andersartigen fällt Jugendlichen besonders schwer, da hierzu Geduld und Anstrengung verlangt sind. Um dennoch Neugier zu wecken, müssen die Adoleszenten auf ihrer Suche nach Orientierung (vgl. LB, S. 8f.) das Andersartige als Vergleichsfolie entdecken, auf der sich das Vertraute abhebt und auf diese Weise besser verstehen lässt. Zu beachten ist, dass es dabei – gerade wegen der Erfahrungen mit bildender Kunst und Musik – keinen Diskrepanzschock geben darf, in dem das Fremde im Denken und im Sprachgestus so übermächtig wird, dass eine Rezeptionsbarriere entsteht. Vielmehr müsste es gelingen, eine spannungsvolle **Differenzerfahrung** aufzubauen, die vom Bekannten, also über Architektur, bildende Kunst und Musik eine Brücke zur Literatur schlägt, wobei

auch Formen medialer Vermittlung – z.B. die Verfilmung des „Simplicissimus" – hilfreich sein können.

Die Konzeption von BLICKFELD DEUTSCH (s.u.) versucht, über Stufen der Annäherung und altersgerechte Problemstellungen, die Spannung zwischen Nähe und Ferne produktiv zu nutzen. Über Einblicke in die Forschungslage[2], den Epochenbegriff und einige Hauptaspekte des Zeitalters soll zunächst aber die fachwissenschaftliche Grundlage bereitet werden.

Keine Epoche der deutschen Literaturgeschichte erfuhr im Verlauf von hundert Jahren eine so weitgehende Um- und Aufwertung wie das Zeitalter des Barock. Noch bis ins letzte Drittel des 19. Jahrhunderts galt die Literatur des 17. Jahrhunderts als minderwertig, ja als entartet. Aufklärerische Polemik und Satire, klassizistische Kunstkritik – besonders pointiert vorgetragen von Johann Joachim Winckelmann[3] – und der Originalitätsmaßstab der Goethezeit mit der nahezu absoluten Hochschätzung dichterischer Individualität und Schöpferkraft sahen in der Barockliteratur nur Produkte der Willkür und eines inhaltslosen Formalismus. So hieß es etwa noch 1887 bei Karl Goedeke: „Gelehrt-gebildete Männer, zu hochmütig, um die alten Stoffe und Formen der Poesie zu würdigen, und zu ohnmächtig, um neue zu schaffen, entlehnten beide aus der Fremde und führten eine Dichtung ein, die weder geübt noch verstanden werden konnte, wenn gelehrte Bildung nicht voraufgegangen war. [...] Hand in Hand mit dem politischen Verfalle Deutschlands ging der Verfall der Dichtung."[4]

Erst der Kunsthistoriker Heinrich Wölfflin (1864–1945) leitete 1888 durch sein Werk „Renaissance und Barock" eine Wende ein: Barock wurde zum neutralen Fachbegriff für die Bezeichnung der in ihrer spezifischen Eigenart und Eigengesetzlichkeit anerkannten Kunst des 17. und z.T. des 18. Jahrhunderts. Der Literaturwissenschaftler Fritz Strich (1882–1963) übertrug 1916 Wölfflins Barockbegriff und dessen 1915 in den „Kunstgeschichtlichen Grundbegriffen" entwickelte Stiltypologie auf den lyrischen Stil des 17. Jahrhunderts. Das durch Fritz Strich die **deutsche Barockforschung** mit dem interdisziplinären Versuch begründet wurde, epochentypische Denk- und Betrachtungsweisen in einer „wechselseitigen Erhellung der Künste" zu untersuchen, ist gerade auch für die heutige Didaktik einer mehrperspektivischen Epochenorientierung von Belang. Während in der Folgezeit „Barock" als Stilbegriff vielen Forschern als zu offen und zu wenig eindeutig erschien (u.a. Richard Alewyn), setzte er sich als Epochenbezeichnung endgültig durch. Sicher trugen auch Dichter des Expressionismus durch ihre große Affinität zu einer als besonders ausdrucksstark empfundenen Barockliteratur dazu bei, das Interesse der Literaturwissenschaftler des 20. Jahrhunderts weiter zu fördern. Zwei große Forschungsphasen sind in der Folge zu unterscheiden: In den frühen Zwanziger- und in den Dreißigerjahren wurden durch die geistesgeschichtlich orientierte Literaturwissenschaft sowohl detailreiche Einzeluntersuchungen gemacht, die oft den expressiven Charakter barocker Dichtung besonders betonten, als auch auf ganzheitliche Erfassung angelegte Epochenbilder des 17. Jahrhunderts erarbeitet. Seit den Sechzigerjahren setzte eine breite internationale Barockforschung ein. Sie richtete sich besonders auf die enge Verknüpfung der Barockliteratur mit den vorausgehenden humanistischen Traditionen. Aus ihnen wurden die erstaunliche Gelehrsamkeit und vor allem der

---

[1] Heinz-Dieter Weber (Hrsg.): Barockliteratur. Einführung. In: Der Deutschunterricht. – Stuttgart(Klett).Heft 5/1985, S. 4.

[2] Die grundlegenden Forschungen der Zwanziger- und Dreißigerjahre sind mit Beiträgen von H. Cysarz, K. Vietor, W.-E. Peuckert F. Gundolf, E. Trunz, G. Müller, F. Strich, B. von Wiese, G. Fricke, W. Kayser, R. Alewyn, W. Benjamin u.a. – nach „Gesamtbild" „Bewegungen und Gestalten", „Gesellschaft", „Stile[n] und Strukturen" – vorbildlich zusammengefasst bei Richard Alewyn (Hrsg.): Deutsche Barockforschung. Dokumentation einer Epoche. Köln/Berlin (Kiepenheuer und Witsch) ²1966.
Ausführlich über die Forschungsgeschichte informiert Manfred Brauneck: Deutsche Literatur im 17. Jahrhundert. Revision eines Epochenbildes. In: DVjs. 45 (1971), Sonderheft, S. 378–468.

[3] Johann J. Winckelmann: Gedancken über die Nachahmung der Griechischen Wercke in der Mahlerey und Bildhauerkunst (1755).

[4] Zitiert nach Hans-Henrik Krummacher: Weltflucht und Sinneslust. Zur deutschen Barockliteratur als Modell des Verstehens von Literatur. Manuskript einer Sendung des Südwestfunks, 2. Programm, vom 17.1.1988, S. 2.

ausgeprägt rhetorisch-artistische Charakter barocker Dichtung, erklärt, so dass die älteren expressiven Deutungen in den Hintergrund traten.[5] Auch die sozialgeschichtlichen Aspekte für die Herausbildung einer neuen bürgerlichen Literatur wurden jetzt zunehmend erforscht.

Obwohl Albrecht Schöne die Barockliteratur „in sich uneinheitlich, ja gegensätzlicher und spannungsreicher als die aller anderen Epochen der deutschen Dichtungsgeschichte" erscheint, gibt er zu bedenken, „ob nicht eben in dieser Uneinheitlichkeit, diesem spannungsreichen Miteinander des Gegensätzlichen in der Literatur des Barock eine innere Einheit beschlossen liege, die der Epochenbegriff sehr wohl definiert.[6] Und dieser **Epochenbegriff**[7] „Barock" wird meist durch zwei Etymologien erklärt: Die eine These[8] geht aus von *„baroco*, einem mnemotechnischen Symbol für eine besonders ausgefallene syllogistische Figur aus den *Summulae logicales* des Pietro Ispano, die bei den Humanisten als Regelwidrigkeit galt, während sie die Argumentationstechnik der ma. Scholastik zuließ; hier lag die Wurzel für die negative Bedeutung des Begriffs als Stilverstoß". Geläufiger ist die Erklärung aus dem Fachbegriff *pérola barocca* (< portugiesisch *barocco* = unregelmäßig, schiefrund), mit dem die Portugiesen eine nicht ebenmäßig gebildete Perle bezeichneten. Über das französische Adjektiv „baroque" wurde der Begriff dann im übertragenen Sinne für außergewöhnlich, bizarr und wunderlich gebraucht. Auch etymologisch gerechtfertigt kann Herbert Cysarz[9] deshalb sagen: „Barock im landläufigen Sinn bedeutet nicht nur repräsentativ, theatralisch, pathetisch, geschraubt und verschroben, schwülstig und hochgerissen. Zum Barock gehört neben dem Bombastischen und Sublimen das Subtile, neben dem Bewunderungswürdigen auch das V e r wunderliche, Absonderliche, die störrische Idiosynkrasie, die gewitzte Pointe, das in doppeltem Sinn erlesene Detail. Überall aber gibt es Äußerstspannungen und formwerdende *Zündschläge von grellem Schauspiel und gesetzhaftem Sinn der Szenen* – so verstricken sich Nächstes und Höchstes, Erhabenes und Gewöhnliches."

Aus dem heterogenen „Kosmos" der Epoche sollen hier unter dem Aspekt des „Literaturbarock" die Dimensionen der allgemeinen Historie sowie der Geistes- und Stilgeschichte besonders akzentuiert werden.

Die **Geschichte**[10] des 17. Jahrhunderts ist durch die Glaubensspaltung, den Absolutismus und durch die großen Kriege geprägt: den Dreißigjährigen Krieg (1618–1648), die Hegemonialkriege Ludwigs XIV. (ab 1661), die Schwedenkriege (1672–1678) und die Türkenkriege (1683–1699). Ohne diese existenzielle Grunderfahrung von Gewalt, Krieg, Not, Seuchen und Tod lässt sich die Antithetik – in der von christlichem Stoizismus geprägten Spannung zwischen *vanitas* und *carpe diem* – nicht verstehen. Aber auch die sozio-ökonomischen Umwälzungen der Zeit haben darin ihren Ursprung: Erst durch die Verwüstung und Verödung weiter bäuerlicher Regionen wurde die wirtschaftliche Grundlage des Adels so stark zerstört, dass die ökonomische Entwicklung des städtischen Bürgertums nicht weiterhin durch feudale Strukturen behindert war.

Geistes- und **glaubensgeschichtlich** betrachtet, gehört zum Selbstverständnis des Barockzeitalters ein universelles *Ordo-Bewusstsein*[11], in dem Irdisches und Jenseitiges in allen Dimensionen heilsgeschichtlich gedeutet wurden und das als universales Modell der Welterklärung diente. „Um das Gesamt der göttlichen Weltordnung zu erkennen, musste man alle Gebiete umfassen: Das ist der religiöse Hintergrund der barocken Vielwisserei, die kein Vielheits-, sondern ein Ganzheitsstreben war. Darum haben in diesem Jahrhundert immer wieder Gelehrte versucht, die Ganzheit darzustellen."[12] Erich Trunz führt den „verschachtelten Riesenbau" von Alstedts „Encyclopaedia" (1630) und entsprechende ganzheitliche Pläne und Versuche bei Kepler, Czepko, Leibniz u.a. an: „Immer werden Gott, Makrokosmos (Natur) und Mikrokosmos (Mensch) in harmonikale Beziehungen gebracht; daher ist Welterkenntnis zugleich

Gotteserkenntnis und Selbsterkenntnis. Die Vorstellung, dass die Naturordnung eine Parallele der Heilsordnung sei, ist von Valentin Weigel, Kepler und Böhme bis zum Ende des Jahrhunderts Gemeingut. Daniel v. Czepko schreibt:

„Gut: der Weißheit in der Natur nachschlagen:
Besser: Seeligkeit in der Schrifft erfragen:
An dem besten: Natur und Schrifft vergleichen,
Als der göttlichen Wahrheit feste Zeichen."

(Czepko, Geistl. Schr., 1930, S. 218)

Für den **Stil** bedeutungsvoll wurde das Selbstverständnis der Barockautoren: Ihre besondere Würde sahen sie in ihrer humanistisch geprägten Gelehrsamkeit und in ihrer virtuosen Kunstfertigkeit; der Dichter verstand sich vor allem als *artifex*. Niemand hätte vom Poeten erwartet, dass er aus seinem Innern schöpft und seine individuellen Gefühle ausdrückt. „Barockdichtung ist nicht Bekenntniskunst, die von Erlebnissen des Ich spricht, sondern ist getragen durch die Vorstellung, dass alles, was geschieht, einem Stand, einem Typ angehört. Darum werden ebenso wie in der Malerei auch in der Dichtung die Themen von einem zum andern weitergegeben und dutzend- und hundertfach abgewandelt."[13] Daraus folgt, dass Dichtung in erster Linie auf Wirkung zielt und somit vor allem eine intentionale Kunst ist: Neben den Elementarwissenschaften der Grammatik und Logik spielte deshalb nach dem Vorbild von Scaligers „Poetices libri septem" (1561) vor allem die *Rhetorik* eine entscheidende Rolle. Ihr Kernstück war die Stillehre, in der es darum ging, „das Verhältnis von Form, Inhalt und Zweck un-

---

5   Vgl. Birgit Neugebauer: Barock. In: Deutsche Literatur in Schlaglichtern, hrsg. von Bernd Balzer und Volker Mertens. – Mannheim/Wien/Zürich (Meyers) 1990, S. 163–194.

6   Albrecht Schöne (Hrsg.): Das Zeitalter des Barock. Texte und Zeugnisse. München (Beck) 1963, S. VIII/IX (= Walther Killy (Hrsg.): Die deutsche Literatur, Bd. 3).

7   Zum *Barockbegriff* in seiner Etymologie und seinen vielfältigen Ausprägungen in Kunst und Literatur ist die Abhandlung von Hans Tintelnot aufschlussreich: Zur Gewinnung unserer Barockbegriffe. In: Rudolf Stamm (Hrsg.): Die Kunstform des Barockzeitalters. Vierzehn Vorträge. Bern (Francke) 1956, S. 13–91.
Wilfried Barner (Hrsg.): Der literarische Barockbegriff. Darmstadt: (Wissenschaftliche Buchgesellschaft) 1975.
Dieser umfangreiche Sammelband geht durch Beiträge von B. Migliorini und M. Szyrocki auf Etymologie, Geschichte und Differenzierung des Begriffs ein, bietet aber darüber hinaus einen Gesamtüberblick über wichtige Strömungen europäischer Barockforschung – von H. Wölfflin (1888) bis W. Barner (1970) – und ergänzt den Sammelband Richard Alewyns (s.o.) in wesentlichen Beiträgen.

8   Dargestellt nach Manfred Brauneck: Barockliteratur. In: Diether Krywalsky (Hrsg.): Handlexikon der Literaturwissenschaft. München (Ehrenwirth) ²1976, S. 63.

9   Herbert Cysarz: Deutsche Barock-Lyrik. Eine Auswahl. Stuttgart (Reclam) 1957, S. 10.

10 Nur drei Titel sollen genannt werden, die einen leichten Zugang (Golo Mann) bzw. wichtige Erweiterungen (Herbert Langer und Walter Hubatsch) ermöglichen:
Golo Mann. Das Zeitalter des Dreißigjährigen Krieges. Berlin/Frankfurt a.M. (Propyläen) 1986, S. 133–230. (Hrsg. Golo Mann, August Nitschke: Von der Reformation zur Revolution. Propyläen Weltgeschichte, Band 7) (Sonderausgabe).
Herbert Langer: Kulturgeschichte des Dreißigjährigen Krieges. Stuttgart (Verlag Kohlhammer) 1978.
Walther Hubatsch: Das Zeitalter des Absolutismus. 1600–1789. Braunschweig (Westermann) ¹1962. (Hrsg. Gerhard Ritter): Geschichte der Neuzeit in 3 Bänden, Band 2).

11 Vgl. Manfred Brauneck: Barockliteratur: A.a.O., S. 65.

12 Erich Trunz: Weltbild und Dichtung im deutschen Barock. In: Aus der Welt des Barock, dargestellt von Richard Alewyn u.a. Stuttgart (Metzler) 1957, S. 1–35. Zitate, S. 6/7.

13 Erich Trunz: Weltbild und Dichtung im deutschen Barock. A.a.O., S. 29.

ter der Bedingung der Angemessenheit *(aptum)* "[14] so zu bestimmen, dass die „verba" entsprechend der „res" und der Absicht richtig gesetzt wurden.

Durch die angemessene Zahl von Gattung und Stilebene – des niederen (genus humile), mittleren (genus mediocre) oder hohen Stils (genus grande) – musste das jeweilige Publikum wirkungsvoll erreicht werden. Nicht die freie Erfindungskraft, sondern die Auffindung und neue Anordnung des Stoffes (die inventio) in eindrucksvollen „exempla" kennzeichnete den dichterischen Schaffensprozess. Neben vielfältigen Gedanken-, Klang- und Wortfiguren dienten dem ,Schmuck' (ornatus) der Dichtung vor allem *Allegorie* und *Emblematik,* die zu den charakteristischen Formen barocker Bildlichkeit wurden. Wie sehr das Deutsche als Muttersprache durch diese bewusste Gestaltung an Ausdruckskraft und Differenzierung gewann, zeigt der Vergleich mit dem 16. Jahrhundert. Nach dem Vorbild west- und südeuropäischer Volkssprachen gelang es den Barockdichtern durch intensive Sprachpflege, vor allem auch in den sog. Sprachgesellschaften, die Muttersprache auf dem Weg zur „Haubt-Sprache" (Justus G. Schottel, 1663) ein gutes Stück voranzubringen und sie als adäquates Ausdrucksmittel auch für die Bereiche zu empfehlen, die bislang dem Lateinischen vorbehalten blieben.

1.2 Fachdidaktisch-methodische Aspekte

„Die Vergangenheit ist nie tot,
sie ist nicht einmal vergangen."
William Faulkner (1897–1962) in „Requiem for a Nun" (1951)

Für die Epoche Barock scheint die Sentenz Faulkners in besonderer Weise zuzutreffen: In Musik, Malerei und Architektur ist das 17. Jahrhundert wie keine andere vergangene Epoche gegenwärtig.

Ganz anders verhält es sich mit der Literatur, die – sieht man von einigen Gedichten und geistlichen Liedern ab – im öffentlichen Bewusstsein so gut wie unbekannt ist, obwohl es seit Jahrzehnten eine sehr lebendige und vielfältige Forschung und ein breites Angebot leicht zugänglicher Texte gibt.[15]

Für die häufige Vernachlässigung der Barockliteratur in der Schule galten sicher schon seit langem nicht mehr die rigorosen Aus-

grenzungen der Siebzigerjahre, wie sie sehr aggressiv z. B. von Hans-Joachim Grünwaldt betrieben wurden. „Sind die Klassiker etwa nicht antiquiert?",[16] fragte er 1970 polemisch und hielt alle Dichtungen, „die vor der Jahrhundertwende geschrieben" wurden, für veraltet, sah sie „als ideologische Leichen", an denen die Schüler nur noch „das Sezieren" lernen könnten. Nach der radikalen Trendwende ist heute zu fragen, wie die seit einigen Jahren zu beobachtende historische Neuorientierung, in der die Pflege des kulturellen Erbes und die Suche nach historisch legitimierter Identität zu erstrangigen literaturpädagogischen Zielen erklärt wurden, auch für die Besprechung der Epoche Barock so genutzt werden kann, dass mehr als nur ein modischer „literaturdidaktische[r] Pendelschlag"[17] entsteht. Unbestritten ist heute, dass ohne die Sprachleistungen der Barockdichtung – die Differenzierung der neuhochdeutschen Schrift- und Literatursprache und auch die Erkenntnisse ihrer Poetik – und ohne die Grundlagen des modernen Denkens im 17. Jahrhundert die Dichtung der deutschen Klassik so nicht möglich gewesen wäre. Und weil ein Hauptziel heutigen Literaturunterrichts, die „Herausbildung der Zeitgenossenschaft"[18], ohne kritische und produktive Auseinandersetzung mit der Tradition nicht zu erreichen ist, erhält die Epoche „Barock" im Deutschunterricht eine besondere Bedeutung. Erstmals in deutscher Sprache vermittelt die Barockliteratur eine über Renaissance und Mittelalter bis zur Antike reichende europäische Bildungstradition, und sie repräsentiert diese in einem Kulturraum, der Süd- und Westeuropa umschließt. Rolf Geißlers Ziel der „ersten Weltorientierung"[19] durch den Literaturunterricht müsste sich also an der Epoche „Barock" besonders gut realisieren lassen, wenn die unterrichtliche Besprechung nicht so schwierig wäre (s.o.).

Aber auch gesamthistorisch – im Blick z.B. auf die Herausbildung einer modernen Staatsauffassung, auf die wichtige Rolle eines selbstbewussten Bürgertums – werden im Barock Entwicklungen sichtbar, ohne die Grundzüge der Aufklärung des 18. Jahrhunderts nicht zu verstehen sind.

Wenn im ersten Jahrgang der Oberstufe trotzdem die Epoche „Barock" nicht den didaktischen Schwerpunkt bildet, sondern „Mittelalter" oder – was die Regel sein dürfte – „Aufklärung, Empfindsamkeit, Sturm und Drang", so sind unterschiedliche didaktische Reduktionsstufen bzw. thematisch orientierte Konzeptionen zu bedenken (vgl. die entsprechenden Vorschläge für alternative Sequenzen, LB, S. 44, 48ff. und 192).

Die folgenden Darlegungen beziehen sich trotzdem auf die **Epochenkonzeption**. Deren didaktische Schwerpunkte sind der motivierende Einstieg (I,1), der Interpretationsschwerpunkt (III, 2) und die Sprachbetrachtung (< III,3). Die übrigen Sequenzen und Teilsequenzen (I,2, II,1 und 2 sowie III,1) ließen sich durch arbeitsteilige Gruppenarbeit erschließen und sinnvoll in den Unterricht einbeziehen, sofern die Schüler jeweils a l l e Texte gelesen haben. In vier Gruppen könnten die Teilaspekte – „Lebensgenuss und Weltabkehr", „Das Leben als Abenteuer?", „Das Leben als Theater?" und „Die Ordnung des Denkens" – erarbeitet werden, wozu eine Auswahl aus den Arbeitsanregungen genügen würde. Gestützt auf die Rezitation einschlägiger Textbeispiele könnten die Gruppen dem Plenum die Ergebnisse so vortragen, dass die Fixierung über das Mitschreiben (SB, S. 28, 213f.) und mit Hilfe offener Dispositionspapiere (SB, S. 236) möglich wäre. Über Hausaufgaben zu den einzelnen Teilsequenzen an alle ließen sich die jeweils notwendigen Übungs- und Transfermöglichkeiten gewinnen.

Da im Schülerbuch die **Arbeitsanregungen** auf eine Epochenbesprechung ausgerichtet sein müssen, erfolgt bei den Planungsvorschlägen (LB, S. 44) ein Unterrichtsmodell, das zeigt, wie Kursunterricht im Plenum und Formen der Binnendifferenzierung zu verbinden sind.

Erheblich leichter fielen den Jugendlichen der Zugang und die Orientierung durch fächerübergreifende Themen in Geschichte und Deutsch. „Das Werden des modernen Europa"[20] wäre eine sinnvolle und stimulierende thematische Klammer.

---

[14] Manfred Brauneck: Barockliteratur: A.a.O., S. 65.

[15] Die reichhaltigste *Textsammlung* zu Sprache und Poetik, geistlicher Dichtung, der höfisch-galanten, bürgerlichen und volkstümlichen Literatur gibt Albrecht Schöne (Hrsg.): Das Zeitalter des Barock. Texte und Zeugnisse. München (Beck) 1963 (= Walther Killy (Hrsg.): Die deutsche Literatur).
Für den *Schulgebrauch* sind neben den zahlreichen Anthologien, z.B. bei Reclam, vor allem zwei Editionen zu nennen: Renate Fischetti (Hrsg.): Barock. Stuttgart (Reclam) 1975 (= Otto F. Best, Hans-Jürgen Schmitt (Hrsg.): Die deutsche Literatur. Ein Abriss in Text und Darstellung in 16 Bänden, Band 4).
Volker Meid (Hrsg.): Gedichte und Interpretationen, Band 1: Renaissance und Barock. Stuttgrt (Reclam) 1982.

[16] Hans-Joachim Grünwaldt: Sind die Klassiker etwa nicht antiquiert? In: Diskussion Deutsch, Heft 1/1970, S. 16–31. Zitate S. 16 und 31.

[17] Heinz-Dieter Weber (Hrsg.): Barockliteratur. Einführung. In: Der Deutschunterricht, Heft 5/1985, S. 3.

[18] Rolf Geißler: Wozu Literaturunterricht? In: Diskussion Deutsch, Heft 1/1970, S. 3–15. Zitat S. 13.

[19] Rolf Geißler: Wozu Literaturunterricht? A.a.O., S. 13.

[20] Im Bildungsplan für das Gymnasium Baden-Württemberg, Villingen (Neckarverlag), Lehrplanheft 4/1994, S. 535, wird dies als „Jahresthema" für den Jahresplan 11 in Geschichte vorgeschlagen.

1.2.1 Sprechen und Schreiben

Im Arbeitsbereich Sprechen und Schreiben dominiert neben verschiedenen Gestaltungsaufgaben (Parallel- und Vorgestaltung, Romanplot, fiktivem Streitgespräch), der Bild- und Textbeschreibung vor allem die *Gedichtinterpretation* am Beispiel eines Sonetts. Dabei handelt es sich nicht um eine Neueinführung, sondern um den vierten Schwerpunkt zur Anwendung und Differenzierung des Drei-Phasen-Modells, wobei unter dem Ordnungsgedanken des Barock vor allem die Struktur im Zentrum steht.

Wenn *Studiertechniken* (z.B. der Metaplan und das Exzerpt) hier als Lernmedien verwendet werden, geht es in erster Linie um Methodentraining.

Komplexere Aufgaben, etwa nach Szenenanmerkungen und historischen Kupferstichen Vorschläge für ein Bühnenbild und die Inszenierung zu skizzieren, erfordern die Kombination deskriptiver und produktionsorientierter Darstellungsleistungen.

1.2.2 Literatur und Medien

Der Arbeitsbereich Literatur und Medien umfasst alle Textarten des Barock: *Lyrik* wird in unterschiedlicher Thematik (Krieg, Not, Liebe, Lebensgenuss und Askese, Religion, Vergänglichkeit und Tod) präsentiert als Sonett sowie in ein- und mehrstrophigen Beispielen, als Figuren- und Scherzgedicht sowie als Epigramm. *Epik* liegt vor als Romanauszug, Predigt, philosophischer Essay, Kampfschrift und als poetologische und sprachtheoretische Texte. *Dramatik* wird vorgestellt durch Auszüge einer Tragödie und zweier Komödien von Andreas Gryphius. Diese Konzentration auf Werke eines Autors erlaubt es, zusammen mit ethischen Gedichten, Umrisse eines Dichter-Bildes zu zeichnen.

Der gesamtkulturelle Ansatz des Kapitels[21] – in enger Beziehung von Bild und Text (z.B. der Emblematik[22]), von Weltauffassung und Form (z.B. im Sonett), von Literatur, Philosophie und sprachtheoretischer Reflexion (z.B. in den Sprachgesellschaften) – ergibt ein Gesamtbild der Epoche, das es jedoch auch möglich macht, für eine mehr kursorische Beschäftigung einzelne Elemente herauszulösen (vgl. die Beschreibung der Sequenzen und Teilsequenzen, LB, S. 191ff.).

Die *rhetorische Tendenz*[23] der Epoche wird nicht nur in der Erprobung von Arten des Lesens und der Rezitation berücksichtigt, sondern ebenso in der Herausarbeitung rhetorischer Figuren und stilistischer Eigenarten, z.B. in der Allegorese, dem Parallelismus, der Kumulation und der Hyperbolik.

Das *Weltbild*[24] des Barock – etwa in der Spannung von Ordo-Gedanke und Mystik – wird in allen Sequenzen unter verschiedenen Fragestellungen untersucht und im epochalen Zusammenhang in einer abschließenden Synopse (SB, S. 143) zusammengefasst.

1.2.3 Sprachbetrachtung

Der Bereich Sprachbetrachtung umfasst im ganzen Kapitel semantische, stilistisch-rhetorische und orthografische Beobachtungen unter den Aspekten Zeitstil, historische Schreibung und Interpunktion (z.B. durch die Virgeln). Dabei helfen ausführliche Worterklärungen (Z.B.: SB, S. 117, 119, 122, 124, 138) zu den einzelnen Texten, die „Sprachbarriere" zu überwinden.

Über eine Auflistung von *Neologismen* und die Aktivitäten von *Sprachgesellschaften* sowie über sprachtheoretische Reflexionen werden Ziele und Grundzüge einer *Sprachreform* deutlich: Sie erweiterte den Wortschatz zu intensiverer Farbigkeit und größerer Bildgewalt und beförderte die Durchsetzung des Deutschen als Einheitssprache, die sich auch im Bereich der Wissenschaften mehr und mehr als „Hauptsprache" entwickelte. Nach Martin Luthers Sprachleistung am Beginn der Neuzeit wird im Barock ein Maß an sprachlicher Differenzierung erreicht, ohne das die Sprach- und Stilqualität der Weimarer Klassik nicht hätte erreicht werden können. Diese *sprachgeschichtlichen Entwicklungen* sowie Ansätze modernster Sprachforschung, wie z.B. der Semiotik, auf methodisch anregende Weise den Jugendlichen nahe zu bringen, ist ein zentrales sprachpädagogisches Ziel.

---

[21] Materialreich und in ihrer gesamtkulturellen Konzeption nicht übertroffen sind die beiden folgenden Darstellungen: Willi Flemming: Deutsche Kultur im Zeitalter des Barocks. Konstanz (Athenaion) ²1960.
Pierre Chaunu: Europäische Kultur im Zeitalter des Barock. München/Zürich (Droemer/Knaur) 1968.

[22] Das Standardwerk zur Emblematik mit ausführlicher Einführung und einer Fülle thematisch geordneter Beispiele wurde herausgegeben von Arthur Henkel und Albrecht Schöne: Emblemata. Handbuch zur Sinnbildkunst des XVI. und XVII. Jahrhunderts. Stuttgart (Metzler) 1967.

[23] Die literarische Tradition des barocken *Stils* wird gut aufgearbeitet in der Habilitationsschrift von Wilfried Barner: Barockrhetorik. Untersuchungen zu ihren geschichtlichen Grundlagen. Tübingen (Niemeyer) 1970.
Vgl. auch Joachim Dyck: Ticht-Kunst. Deutsche Barockpoetik und rhetorische Tradition. Bad Homburg v.d.H./Berlin/Zürich (Gehlen) ²1969 (= Ars poetica, Band 1).

[24] Eine knappe und übersichtliche *Einführung* in Weltbild, Gattungen, Stilformen und Autoren des 17. Jahrhunderts bietet Marian Szyrocki: Die deutsche Literatur des Barock. Eine Einführung. Reinbek (Rowohlt) 1968.
 – Für die genauere Beschäftigung empfiehlt sich: Harald Steinhagen (Hrsg.): Zwischen Gegenreformation und Frühaufklärung: Späthumanismus, Barock. 1572–1740. Reinbek (Rowohlt) 1985 (Horst Albert Glaser (Hrsg.): Deutsche Literatur. Eine Sozialgeschichte in 10 Bänden, Band 3).
 – Der *Ordo-Gedanke* ist in seinen Grundzügen und vielfältigen Konsequenzen knapp und eindringlich dargestellt bei Erich Trunz: Weltbild und Dichtung im deutschen Barock. In: Aus der Welt des Barock, dargestellt von Richard Alewyn u.a. Stuttgart (Metzler) 1957, S. 1–35.
 – Zwei wichtige Teilbereiche zeigen: Ludwig Andreas Veit und Ludwig Lenhart: Kirche und Volksfrömmigkeit im Zeitalter des Barock. Freiburg (Herder) 1956.

2. Sequenzvorschläge

2.1 Epochensequenzen

Texte und Bilder aus BLICKFELD DEUTSCH Oberstufe	Didaktisch-methodische Kommentierung
I. „Gesichter" einer Epoche (S. 116–123) 1. Das Jahrhundert des Krieges – Motivvergleich in Text und Bild (S. 116–117) *Frank: Dreißigjähriger Krieg *Gryphius: Thränen des Vaterlandes Anno 1636 *Beschießung Magdeburgs *von Grimmelshausen: Der abenteuerliche Simplicissimus, II. Buch, 27. Kapitel *von Logau: Abgedanckte Soldaten	**Motivation und Problematisierung:** – Thema Krieg als Prägung des Jahrhunderts – Möglichst ungesteuerter Zugang durch stille Lektüre, Rezitation und Fachgespräch – Keine detaillierte Interpretation einzelner Texte
2. Lebensgenuss und Weltabkehr – Antithetik zwischen Carpe diem und Vanitas (S. 118–123) *Fleming: Wie Er wolle geküsset seyn von Hofmannswaldau: Auf den Mund Dedekind: Allegorisch Sonett *Opitz: Carpe diem von Hofmannswaldau. Sonnett Vergänglichkeit der schönheit *Gryphius: Menschliches Elende Kloster Weingarten van Goyen: Bauerngehöft am Fluss *Gryphius: Vanitas! Vanitatum Vanitas! Ehinger: Trauernder Philosoph Gryphius: Die Hölle *a Sancta Clara: Mercks Wienn *Angelus Silesius: Cherubinischer Wandersmann Baldung/Grien: Die drei Lebensalter des Weibes und der Tod Emblem: Vita mihi mors est	**Differenzierung I** durch Herausarbeitung des antithetischen Dualismus: – Spektrum der Themen und Motive – Spannweite der stilistischen und rhetorischen Mittel – Geistig-religiöser Horizont der Epoche
II. Die Welt im Sinnbild (S. 123–130) 1. Das Leben als Abenteuer? – Emblematik und Roman (S. 123–126) *Titelblatt und Titelkupfer des „Simplicissimus Teutsch" (1669) *von Grimmelshausen: Der abenteuerliche Simplicissimus, I. Buch, 1. Kapitel *vom Grimmelshausen: Der abenteuerliche Simplicissimus, V. Buch, 24. Kapitel Inhaltsangabe und Aufbau des „Simplicissimus" Emblem: Durch Geduld werde ich zerbrechen	**Erweiterung I** auf die Gattung Schelmenroman: – Vorausdeutungen auf den Handlungsplot durch Titelblatt und Titelkupfer – Skizzierung eines möglichen Handlungsplots – Abenteuerlust und Gotteserfahrung – Vergleich der Biografie des Autors mit den Schichten des Romans
2. Das Leben als Theater? – Tragödie und Komödie (S. 126–130) Theatralisierte Darstellung der Aufbahrung des Herzogs Eberhard III. Totentanz in Basel *Gryphius: Catharina von Georgien: Personenverzeichnis und Kupferstich Emblem: Sapientia Constans *Gryphius: Catharina von Georgien, Schluss Emblem: Faire tout par moyen Kornfeld: Eine Sand-Uhr Emblem: Erkenne dich selbst *Marc Aurel: Selbstbetrachtungen Emblem: Amboss *Gryphius: Absurda Comica	**Erweiterung II** auf die Gattung Drama (in Gruppenarbeit): – Repräsentation als Lebensprinzip und im Theater – Inszenierungsversuch als Methode – Aufbau und Aussage der Embleme und des Figurengedichts – Barocker Tugendkatalog im Vergleich zur antiken Stoa – Tragödie und Komödie als Standesdichtung mit charakteristischen Merkmalen – Tendenzen und Geschichte des Barocktheaters

Texte und Bilder aus BLICKFELD DEUTSCH Oberstufe	Didaktisch-methodische Kommentierung
III. Die Ordnung der Welt (S. 130–143) 1. Die Ordnung des Denkens – Philosophie und Kampfschriften (S. 130–133) Gesamtansicht des Gartens von Herrenhausen Pascal: Über die Religion und einige andere Gegenstände *Leibniz: Die Theodizee von der Güte Gottes *von Spee: Cautio Criminalis *Thomasius: Vom Laster der Zauberei Holzschnitt: Von Peinigung	**Vertiefung I** unter geistes- und sozialgeschichtlichen Aspekten: – Philosophie und Religion – Philosophie und die Rechtfertigung Gottes – Kampf gegen die Hexenverfolgungen aus christlicher Humanität – Kampf gegen Hexenwahn als „Vorschein" der Aufklärung
2. Gegen das Chaos die strenge Form – Anwendung des Drei-Phasen-Modells am Sonett (S. 134–137) *Männling: Todthen-Bahre Döhl: Apfel Emblem: Widerstand des Schicksals Gryphius: Es ist alles eitel Schülerbeispiele für Einleitungen Trunz: Interpretation des ersten Quartetts Schülerbeispiele für Schlüsse	**Vertiefung II** exemplarische Interpretation (in Einzelarbeit): – Leitbegriffe und Struktur des Sonetts – Unterschiedliche Exempel der Interpretation – Beurteilung und Verbesserung von Teilinterpretationen
3. Die Ordnung des Wortes – Sprachreform und Poetik (S. 137–143) *Gryphius: Horribilicribrifax *Flugblatt: der teutsche Michel Festtafel der „Fruchtbringenden Gesellschaft" *Neubildungen (Neologismen) *Opitz: Buch von der deutschen Poeterey *Harsdörffer: Die Teutsche Sprache *Leibniz: Unvorgreiffliche Gedancken, betreffend die Ausübung und Verbesserung der Teutschen Sprache	**Vertiefung III** der Sprachbetrachtung und **Ergebnisbilanz** (in Einzel- und evtl. Partnerarbeit): – Rezitation und Inszenierung als Gestaltungsauftrag – Exempel der Sprachverwilderung – Ziele der Sprachgesellschaften – Ordnung der Sprache als Paradigma für die Ordnung der Welt – Sprachgeschichte und Epochensynopse

2.2 Alternative Sequenzen

Texte und Bilder aus BLICKFELD DEUTSCH Oberstufe	Didaktisch-methodische Kommentierung
1. **Aspekte des „Barock" im Überblick** – Thema „Krieg": Gryphius (S. 117), von Logau (S. 117) – Thema „Lebensgenuss": Fleming (S. 118), von Hofmannswaldau (S. 118), Opitz (S. 119) – Thema „Weltabkehr": Gryphius (S. 120), Angelus Silesius (S. 122) – Thema „Ordnung der Welt": Leibniz (S. 131 und S. 140f.), von Spee (S. 132) – Thema: „Sonett" (S. 134–137)	**Kursorische Besprechung** einzelner Aspekte unter Verzicht auf die Epochenorientierung: – Im Vordergrund stehen Gedichte, die durch Rezitation und Fachgespräch vorgestellt werden. – Die theoretischen Texte ließen sich durch Partnerarbeit erschließen. – Die exemplarische Interpretation des Sonetts sollte den Schwerpunkt bilden.
2. **„Barock" als Zeitalter des Rhetorischen** – Parallelismus membrorum: von Logau (S. 117), von Hofmannswaldau (S. 118) – Kumulation und Emphase: von Grimmelshausen (S. 124f.) Gryphius: Die Hölle (S. 120) – Allegorese und Hyperbolik: Dedekind (S. 118), a Sancta Clara (S. 121), Gryphius (S. 137f.)	Als **Teilaspekt** einer im historischen **Längsschnitt** angelegten Untersuchung rhetorischer Tendenzen in der deutschen Literatur (als Gruppenarbeit): – Gesamteindruck über Rezitationen – „Suchaufgabe" ans Plenum zur Benennung einzelner Phänomene – Nachweis und Erläuterung einzelner Merkmale
3. **„Barock" und die Differenzierung der deutschen Literatursprache** – Semantische Differenzierung: Gryphius: Menschliches Elende (S. 120) Angelus Silesius (S. 122) – Metaphorik und Farbigkeit: Gryphius (S. 117), von Hofmannswaldau (S. 119), a Sancta Clara (S. 121) – Sprachverderbnis und Sprachreform (S. 137f., 139 und S. 140f.)	Innerhalb eines Kompaktkurses **Sprachgeschichte** vom Mittelalter bis zur Gegenwart (in arbeitsteiliger Gruppenarbeit) würde die Sprache des Barock eine wichtige Entwicklungsstufe darstellen: – Sammeln von Auffälligkeiten – Bestimmung spezifischer Stilfiguren (z.B. Kumulation, Metaphorik, Allegorie, Emphase, Hyperbolik, Parallelismus etc.) – Einordnen in einen sprachgeschichtlichen Zusammenhang

Texte und Bilder aus BLICKFELD DEUTSCH Oberstufe	Didaktisch-methodische Kommentierung
4. H. J. Chr. von Grimmelhausen: Der abenteuerliche Simplicissimus – Motivation und Einführung: Titelblatt und Emblematik (S. 123) – Leben des Autors und Schichten des Romans (S. 125) – Der Typus Schelmenroman (S. 124) – Weltflucht und Wechselhaftigkeit des Lebens: von Grimmelshausen (S. 124f.) Gryphius: Menschliches Elende (S. 120) Pascal (S. 130f.) – Die Tugend der Constantia: Gryphius (S. 127), Marc Aurel (S. 128) – Ordnung des Worts (S. 141ff.)	Wenn „Der Simplicissimus" als **Ganzschrift** gelesen wird (i.d.R. als gekürzte Schulausgabe), wäre BLICKFELD DEUTSCH Begleitmedium zur Verdeutlichung verschiedener Aspekte: – Gestaltungsversuch (S. 123) i.S. des „verzögerten Lesens" – Über arbeitsteilige Gruppenarbeit bzw. über Kurzreferate ließen sich ergänzende Aspekte aus Lyrik und Theorie einbeziehen. – Über Leseproben bzw. literarische Inhaltsangaben Ausblick auf die Entwicklung des Schelmenromans z.B. bei G. Guareschi, Th. Mann, H. Böll, G. Grass
5. Jakob Bidermann (1578–1639): Cenodoxus: Der Doctor von Paris – Hoffart und Eitelkeit: Gryphius (S. 134), Harsdörffer (S. 9) – Höllenstrafen des Verdammten im Vergleich zur Seligkeit in Gott: Gryphius: Die Hölle (S. 120), a Sancta Clara (S. 121), Gryphius (S. 127)	Zum **Jesuitendrama** als **Ganzschrift** könnte über das Begleitmedium BLICKFELD DEUTSCH eine Perspektiverweiterung erfolgen: – Tendenzen des Dramas könnten durch den Vergleich mit Lyrik und Predigt als zeittypisch erfahren werden. – Über arbeitsteilige Verfahren ließen sich die Ergänzungen erarbeiten und durch Hausaufgaben vertiefen.
6. Günter Grass (*1927): Das Treffen in Telgte (1979) – Zeitgeschichtliches barockes Kolorit: Gryphius (S. 117), von Logau (S. 117), Opitz (S. 119) – Auftretende Autoren stellen ihre Texte vor: (Auswahl von S. 117–143) – Verfahren gegen von Grimmelshausen (S. 117, 123f.) – Ordnung des Wortes durch Sprachreform und Poetik (S. 137–143)	**Literarisches Leben der Gegenwart** im historischen Gewand der Barockzeit. Zur **Ganzschriftlektüre** wird BLICKFELD DEUTSCH als Begleitmedium genutzt: – Vergleich mit „Butt" (1977), vor allem dem Kapitel über Opitz und Gryphius – Parallelisierung von Autoren der „Gruppe 47" mit Barockautoren – Einbeziehung von Barocktexten als Konkretisierung bzw. als „Enträtselungsspiel"
7. Lyrik des Expressionismus und das Barocksonett Gryphius: Thränen des Vaterlandes (S. 117) Dedekind: Allegorisch Sonett von Hofmannswaldau: Vergänglichkeit der schönheit (S. 119) Gryphius: Menschliches Elende (S. 120) Gryphius: Es ist alles eitel (S. 134)	**Motiv- und Formvergleich** moderner Lyrik (SB, S. 332–338) mit Gedichten des Barock: – Gründe für den Rückgriff auf das 17. Jahrhundert – Vergleichende Rezitation und Interpretation – Einbeziehung des jeweiligen Zeithintergrunds durch Kurzreferate
8. Traditionslinien der Theatergeschichte – Beispiele und Tendenzen des Barocktheaters (S. 126–130) – Prinzipien und Strömungen des Barock (S. 122f.) – Ordnung des Denkens (S. 130–133)	BLICKFELD DEUTSCH als **Begleitmedium** zu verschiedenen Drameninterpretationen: – F. Schiller: „Wallenstein" (Kapuzinerpredigt) im Vergleich zu Abraham a Sancta Clara, (SB, S. 121) – F. Raimund (1790–1836) und J. N. Nestroy (1801–1862): Das Wiener Volkstheater und das Barockdrama – B. Brecht: „Mutter Courage" und das Jahrhundert des Krieges (S. 116ff.)

3. Erläuterungen und Lösungsvorschläge

I. „Gesichter" einer Epoche (S. 116–123)

Bilderläuterungen:

Das Auftakt-Bild von David Teniers d.J. (1610–1690) „Die Versuchung des heiligen Antonius"(1640-1650, Öl auf Leinwand, Museo Nacional de Prado, Madrid) bezieht sich auf Antonius den Großen, der um 250 in Koma (Oberägypten) geboren wur-

de und der 356 als Einsiedler in der Wüste starb. Er gilt als Schutzheiliger der Haustiere und gegen Brandgefahr. Am 17.1. ist sein Namenstag, und sein Kennzeichen (Attribut) ist das T-förmige Antoniuskreuz. In der bildenden Kunst – z.B. von Martin Schongauer (wohl 1453–1491) und Matthias Grünewald (= Mathis Neithardt oder Nithart, um 1460-1528) – wurden besonders die Versuchungen des Heiligen dargestellt. Wie eng sich Teniers in der Wahl seiner Motive an die Heiligenlegende hält, zeigt ein Auszug aus der „Legenda aurea"[25]:

---

[25] Jacobus de Voragine: Die Legenda aurea. Aus dem Lateinischen übersetzt von Richard Benz. – Darmstadt (Wissenschaftliche Buchgesellschaft) ¹⁰1984, S. 121–126, hier S. 122.

Antonius der Große, aus dem Mittelschrein des Isenheimer Altars, von Niklas Hagnower (Kolmar, Museum)

[...]

Antonius war seines Alters zwanzig Jahre, da hörte er in der Kirche lesen ‚Willst du vollkommen sein, so gehe hin und verkaufe alles was du hast und gieb es den Armen'. Da verkaufte er all sein Gut und teilte es unter die Armen, und nahm an sich ein Einsiedlerleben. Da mußte er von den bösen Geistern Anfechtungen leiden ohne Zahl. ¶ Einsmals hatte er mit der Kraft des Glaubens den Teufel überwunden, welcher mit leiblicher Lust versucht; da erschien ihm der Teufel in eines schwarzen Kindes Gestalt, und warf sich vor ihm nieder und sprach ‚Du hast mich überwunden'. Denn Sanct Antonius hatte Gott gebeten, daß ihm der Teufel der Unkeuschheit würde erzeigt, der den Jünglingen nachstelle. Und da er ihn also sah in des schwarzen Kindes Gestalt, da sprach er ‚Ich habe dich in einer schnöden Gestalt gesehen, ich fürcht dich hinfort nicht mehr'. ¶ Einst lag Antonius in einem Grabe; da kam eine große Schar der bösen Geister zu ihm, die schlugen und zerrten ihn also, daß sein Knecht ihn für tot auf seinen Schultern von dannen trug. Und seine Freunde, alle versammelten sich um ihn, und beweinten ihn, als wäre er tot. Aber da die andern entschliefen, erwachte Antonius und gebot seinem Knecht, daß er ihn wieder in das Grab trüge. Also lag er, von den Schmerzen seiner Wunden darniedergestreckt; aber mit der Kraft des Geistes reizte er die Teufel abermals zum Streite. Da erschienen die bösen Geister in mancherlei greulicher Tiere Gestalt und zerzerrten ihn abermals mit ihren Hörnern und Zähnen und Krallen gar jämmerlich. Aber auf einmal kam ein lichter Schein und verjagte die Teufel ganz und gar; und Antonius war alsbald gesund. Da verstund er wohl, daß Christus gegenwärtig war, und sprach ‚Guter Jesu, wo warest du, daß du nicht zu dem ersten bist hie gewesen, und mir halfest und heiltest meine Wunden:' Da antwortete unser Herr und sprach ‚Antoni, ich war bei dir, doch gelüstete michs, zuzusehen deinem Streit; nun aber, da du so mannlich hast gestritten, will ich deinen Namen groß machen in aller Welt'. [...]

Trotz der Vielzahl von Figuren und Tieren fällt der Blick des Betrachters sofort auf den Heiligen, der im rechten Bilddrittel betend am Rande seiner Höhle kniet. Eingehüllt ist er in einen schwarzen Mantel, aus dem am rechten Knie ein rotbraunes Gewand sichtbar wird. Eine gleichfarbene flache Kappe bedeckt das Haupt des Greises, dessen energisches Gesicht von einem wallenden weißen Vollbart und langen Haaren eingerahmt wird. Ein aufgeschlagenes Buch (die Bibel?) liegt vor ihm, ein Tisch-

kreuz mit Kruzifixus überragt bis zur Kopfhöhe des Heiligen die Embleme der Vergänglichkeit, die Sanduhr und den Totenschädel. Ein Tintenfässchen mit Schreibzeug und die vier Bücher am Fuß des Tisches sind Zeichen von Antonius' Gelehrsamkeit. Ein Wanderstab, der am Tisch lehnt, ist Symbol für die zeitlich begrenzte Pilgerschaft des Menschen auf dieser Erde. Bei Betrachtung der Horizontalen wirkt dieses barocke Stillleben der Vanitas im rechten Brennpunkt der elliptischen Komposition wie eine Insel der Ruhe, Sammlung und Meditation.

Ovale Öffnungen in der Vertikalen – rechts in das dunkle Innere der Höhle, links in strahlender Helligkeit ins Freie – schaffen eine starke Spannung in der Bildstruktur und in der Farbgebung. Diese Wirkung wird verstärkt durch den äußersten Kontrast des bacchanalischen Treibens: Eine Figur mit Tiermaske hält einen Hexenbesen (dem Mäuse(?) entspringen) über das Kreuz und das Haupt des Heiligen, und in einem Oval umringen Antonius allerlei wilde Tiere, abscheuliche Fabelwesen, scheußliche Ungeheuer, fratzenhafte Gesichter, feiste Zecher und derbe Musikanten. Aber nicht genug damit, nicht nur auf der Erde, sondern auch in der Luft (durch die auf Drachen kämpfenden Wesen) ist der Heilige aufs Äußerste bedrängt. Durch Größe und das gleißende Licht herausgehoben aus dem sitzenden und kauernden Pulk der „Rand"-Gestalten führt der Teufel, vornehm verkleidet und notdürftig mit einer Perücke getarnt, welche die spitz abstehenden Ohren aber nicht verhüllen kann, Antonius eine geschmackvoll herausgeputzte und geschmückte junge Frau zu. Das Paar bewegt sich auf den Heiligen zu, wie die Fußstellung der Frau und der seitlich geneigte Oberkörper des Teufels andeuten. Man kann vermuten, dass seine linke Hand den Rücken des Antonius auffordernd berührt. Ganz entschieden aber in Richtung der Frau zerrt ein froschähnliches Ungeheuer mit rüder Gewalt am Umhang des Heiligen. Entsetzt, angewidert und in seiner Körperhaltung leicht abgewandt von der lauten und wüsten Szenerie sieht dieser scheinbar an dem Verführungspaar vorbei. Genau über diesem fliegt ein Engel in Richtung des Antonius', und außerhalb der Höhle tut sich ein leicht bewölkter, blauer und heiterer Himmel auf. Auf dem Berg gegenüber ist ein Kirchlein zu erkennen, so dass dem massenhaften und turbulenten teuflischen Pandämonium eine friedliche Gegenwelt Paroli bietet. Die Antithetik zwischen Vanitas und Askese könnte nicht exemplarischer und eindrucksvoller dargestellt werden.

Die **Verwendung des Bildes** im Unterricht hängt von der Interessenlage und Verfassung der Lerngruppe und von der Zielsetzung ab: Für sensible und in der Bildbetrachtung aufmerksame Schüler könnte die Beschreibung und Deutung des Gemäldes einen motivierenden Einstieg in die Epoche „Barock" sein. Als Ergebnis entstünde durch die Deutung der Bildzeichen – unterstützt durch die Heiligenlegende (s.o.) – eine Art Exposition für Grundtendenzen der Epoche: Frömmigkeit gegen die Versuchung, Gedanken des Memento mori gegen die Eitelkeit und Vergänglichkeit der Welt, Constantia im Glauben gegen Wollust und Tand, Gott gegen Dämonen und Teufel. Als Botschaft des Bildes könnten diese Einsichten gleichsam als Fragen aufgestellt werden, die an Literatur und Gesamtkultur der Epoche zu überprüfen wären. Aber auch am Schluss der unterrichtlichen Besprechung böte das Bild einen sinnvollen Reflexionsanstoß, weil es zentrale Merkmale des Barock bündelt und – nach der Methode „wechselseitiger Erhellung" (vgl. SB, S. 312) – in der bildenden Kunst Parallelen aufzeigen ließe.

Die erste Sequenz versucht, ganz konkret in Text und Bild, Prinzipien und Tendenzen des Barock aufzuzeigen. Um die Leseschwierigkeiten zu begrenzen, werden die Texte überwiegend in modernisierter sprachlicher Fassung geboten. Die wenigen Beispiele einer historischen Schreibung – vor allem in Form der Predigt (SB, S. 121) – reichen aus, um Eigenarten des Zeitstils in Semantik, Lexik und Orthografie zu verdeutlichen.

S. 116–117: I,1. Das Jahrhundert des Krieges – Motivvergleich in Text und Bild

Da es in dieser knappen Eröffnung nur um Motivation und Problematisierung geht, ist eine detaillierte Interpretation nicht vorgesehen. Eine ausführliche Moderation soll Erfahrungen der Jugendlichen mit „Barock" aktivieren und zu einer Fragehaltung bezüglich der Literatur führen.

Wenn zunächst das „Gesicht" des Krieges mit drastischen Beispielen im Zentrum steht, so ist beabsichtigt, die am nachdrücklichsten alle Lebensbereiche prägende Grunderfahrung des Zeitalters in ihrem schrecklichen Ausmaß bewusst zu machen. Gleichzeitig sind heutige Jugendliche besonders stark sensibilisiert für friedliche Konfliktregelung und können zu Kriegsnot und Leid einen emotional engagierten Zugang finden.

Die beiden Bilder und der Grimmelshausen-Text zeigen die Brutalität des Krieges. Das Sonett von Gryphius und das Gedicht Logaus veranschaulichen Not und Elend nach der Schlacht.

— Mögliche Ziele: —————————
1. Vergleich von Kriegs-Motiven in Texten und Bildern
2. Erkennen der Aktualität des Themas durch eigene Gestaltung

Seite 117

1 Als *Motivation* könnten zunächst die beiden Kriegsbilder betrachtet werden. Das in seiner Brutalität geradezu archaische Bild (SB, S. 116) des mit seiner Axt auf den am Boden liegenden uniformierten schlagenden Mannes zeigt ein Doppeltes:

Die Bauern (nur mit Äxten bewaffnet) haben einen berittenen Soldaten vom Pferd gestürzt und geben kein Pardon. Überlegungen zur vermutlichen Vorgeschichte – Soldaten hatten wohl ein Dorf überfallen („Der Krieg ernährt den Krieg" war nicht nur die Strategie Wallensteins) – machen klar, dass der Dreißigjährige Krieg nicht nur ein Kampf der Heere war, sondern die Zivilbevölkerung ebenso betraf.

Der Vergleich mit der Beschießung Magdeburgs (SB, S. 117) vermittelt das Bild des technisch modernen Krieges: Über die Befestigungsmauern hinweg erfolgt aus der Distanz die Kanonade „aus allen Rohren". Im Gegensatz zum ersten Bild sind Anonymität und Technisierung des Kampfes unverkennbar. Die Aufnahme der Texte 1–3 kann – je nach Situation und Ziel – in *stiller Lektüre* mit Einzelarbeitsauftrag erfolgen, wenn die Jugendlichen interessiert und in der Wahrnehmung „fremder" Texte geschult sind.

Die *Rezitation* (durch die Lehrerin/den Lehrer oder einen Schüler/eine Schülerin nach häuslicher Vorbereitung) enthält schon Ansätze einer Deutung und lässt nach dem Austausch des ersten Gesamteindrucks rasch im *Fachgespräch* das Ergebnis ermitteln.

---

[26] Zum epigrammatischen Stil Friedrich von Logaus: Ernst-Peter Wieckenberg: Logau – Moralist und Satiriker. In: Volker Meid (Hrsg.): Renaissance und Barock. – Stuttgart (Reclam) 1982, S. 255–266.

TA Motive des Krieges in Bild und Text

- Brutalität und Gnadenlosigkeit
  - „Abschlachtung" des Soldaten (Frank)
  - Gräuel der Schlacht (Text 2)
- Totalität der Kriegsmaschine
  - Beschießung Magdeburgs (moderner Krieg)
  - Verwüstung und Verheerung aller Bereiche (Text 1)
- Keine Soldatenherrlichkeit
  - Verstümmelung und Tod (Text 2)
  - Verarmung und Verelendung (Text 3)

2 **Ergebnis:** In der Darstellung der äußeren Schrecknisse zeigen Bilder und Texte Ähnliches. Bei der Analyse der Hintergründe und der Folgen gehen Gryphius (Text 1) und von Logau[26] (Text 3) über die Bildaussage hinaus, indem sie in praller Bildlichkeit und Hyperbolik Deutungen und Wertungen geben.

Bei Grimmelshausen fällt zusätzlich auf, dass der Erzähler durch ironische Brechung (Z. 8ff.) und groteske Überzeichnung (Z. 14ff.) die Distanz des Gestalters wahrt.

3 Die *Gestaltungsaufgabe* eines Parallelgedichts zu Text 1 (am besten als Hausaufgabe) verlangt keine Berücksichtigung der Sonettform, sondern ist als Simulationsmodell nur auf inhaltliche Entsprechungen angelegt. Die Form ist frei zu wählen – von der traditionell gereimten Strophe bis zu freirhythmischer Gestaltung gibt es viele Möglichkeiten.

Wenn Jugendliche in der Gestaltung sehr ungeübt und gehemmt sind, können sie mit Ausschnitten aus Illustrierten und Zeitungen auch *eine Bild-Text-Collage* anfertigen, die mit wenigen Textelementen (z.B. als Zitate, Überschriften, Bilderläuterungen etc.) auskommt.

Zwei **Schülerbeispiele** mögen verdeutlichen, wie groß die Spannweite sein kann.

Kabul

In kahlen Fensterhöhlen das kalte Licht.
Zerlumpte Kinder kauern an der Mauer.
Das kleine Feuer ist zu schwach für die Suppe.
Hinter der Burka Angst in den Augen der Mutter.

Dagmar, 17 J.

Kabul

Wie ist die Stadt verheeret
Von diesem langen Krieg.
Die Häuser sind zerstöret
durch Schlachten ohne Sieg.

Die Menschen sind geschunden
durch Mord im eigenen Land.
Die Kräfte sind geschwunden.
Sie suchen meine Hand.

Frank, 18 J.

S. 118–123: I,2. Lebensgenuss und Weltabkehr – Antithetik zwischen Carpe diem und Vanitas

Nach der Beschränkung auf ein Motiv in der Einführung beabsichtigt die zweite Teilsequenz eine **thematische Differenzierung**, durch die Liebe, Lebensgenuss, Vergänglichkeit, Eitelkeit, Höllenstrafen und Gottergebenheit erfasst werden. Neben den wichtigsten Autoren des Barock – Fleming, von Hofmannswaldau, Opitz, Gryphius, a Sancta Clara und Angelus Silesius – und den dominierenden Dichterlandschaften Schlesien und Sachsen werden mit den stilistischen und strukturellen Eigenarten auch Prinzipien der die Epoche prägenden **rhetorischen**

Tendenz fassbar. Das ästhetische Bedürfnis nach Schmuck und Eleganz und das forcierte Streben nach Außenwirkung bestimmen – auch hierin der bildenden Kunst des Barock verwandt – nicht nur die Dichtung, sondern bereits seit dem Mittelalter zunehmend auch die Predigt. Neu und schwierig ist dabei für die Schüler die Einsicht, dass dies alles nicht einer gesteigerten Emotionalität und individuellen Erlebnishaftigkeit, sondern einem planvollen artifiziellen Kalkül entspringt, das sich eines von der Antike überkommenen reichen Repertoires[27] an *Wortfiguren* (z.B. des Pleonasmus, der Tautologie, der Klimax), *Sinnfiguren* (z.B. des Vergleichs, der Parenthese, der Interjektion), *grammatischen Figuren* (z.B. der Elision, der Ellipse, der Inversion) und *Klangfiguren* (z.B. des Parallelismus, der Alliteration und des Reims) kunstvoll bedient. Literaturpädagogisch, aber auch dichtungsgeschichtlich kann hier ein Beobachtungsfeld entstehen, das den „Zusammenbruch der rhetorischen Tradition"[28] in der Aufklärung gegen Ende des 18. Jahrhunderts besser erklären hilft. Denn dann treten an die Stelle eines typisierenden Regelapparats eine neue, naturwissenschaftlich-rationale Ausrichtung und eine individuell-originale Ausdrucksabsicht, die einem subjektiven Gestaltungswillen folgt.

Über die **Methoden** der Rezitation, der wechselseitigen Erhellung (SB, S. 312) mit bildender Kunst, der Beschreibung, Kommunikationsanalyse und der Gestaltung soll die Annäherung erfolgen, wobei sich Phasen der intensiven und kursorischen Erarbeitung ergänzen werden.

Mögliche Ziele:
---

1. Erarbeitung von Motiven und Stileigenarten in Lyrik und Prosa
2. Durch Rezitation die Klangwirkung erschließen
3. Durch Gestaltung Anwendung von Analyseergebnissen

Seite 119

1 Nach häuslicher Vorbereitung wären folgende **Ergebnisse** zu erwarten:

Text	Überschrift	Hauptmotiv
1. Fleming:	Kussanweisung	Arten des Küssens
2. von Hofmannswaldau:	Lob des Mundes	Umschreibung des Mundes
3. Dedekind:	Amanda über alles	Metaphern zur Beschreibung des Mädchens
4. Opitz:	Probieren statt Studieren	Vergnügungsarten
5. von Hofmannswaldau:	Es geht alles vorüber ...	Hinfälligkeit des Irdischen

2 Der *Vergleich* mit dem Barockgemälde (SB, S. 116) zeigt deutliche Parallelen:
- Das Vanitas-Motiv in Text 5
- Pralle Lebenslust in Text 4
- Liebeslust in den Texten 1–3

3 Die *Parodie* ist als freiwillige Zusatzaufgabe gedacht, da sie relativ hohe Ansprüche stellt: Die Hyperbolik, vor allem in den Texten 2 und 3, wirkt auf den heutigen Leser bereits stark parodistisch, so dass der Entwurf eines zusätzlichen satirischen oder polemischen Metatextes neben einem subtilen Formverständnis ein hohes Maß distanzierter Gestaltungskraft verlangt. Auch wenn aus dem Einführungskapitel (z.B. bei Tucholsky) parodistische Elemente vertraut sind, verlangt die Anwendung eine anspruchsvolle Transferleistung. Relativ oft gewählt wird die Parodie auf Paul Fleming[29] (Text 1), wobei die Regularienfülle aus moderner subjektivistischer Auffassung der

Liebe besonders gerne lächerlich gemacht wird, wie das folgende Beispiel zeigt:

Kussfreiheit

Welch' ein Regelkram der Alten,
die Art des Küssens zu verwalten!
Ob der Katalog in Flemings Strophen
nicht doch bloß galt Super-Doofen?

Statt auf Regeln bau' ich aufs Gefühl
und komme damit gut ans Ziel.
Ich für meinen Teil halt's mit Pauls Schluss:
Küss' ein jeder, wie er kann und muss!

Sabine, 17 J.

Seite 120

Text- und Bilderläuterungen:

Die Texte und Bilder der S. 120/121 stehen in schroffem Kontrast zur Liebesthematik der Texte 1–5 (S. 119f.): Bereits die Überschriften verraten die Motive Vanitas, Tod und Höllenstrafe, und nur die religiösen Sinngedichte von Angelus Silesius (SB, S. 122) verkünden die Heilsbotschaft. Insofern entspricht die Anordnung der Texte innerhalb der Teilsequenz der Klimaxstruktur vieler Sonette. Auch die Bilder sind einzubeziehen in diesen Kontext: Dem Idealplan zum Prunkbau des Klosters Weingarten ist das armselige Bauerngehöft Jan van Goyens gegenübergestellt: Dort monumentale Repräsentation, hier Kargheit und Verfall. Und wie die distanzierte Reflexion zu beidem wirkt Gabriel Ehingers „Trauernder Philosoph": Überragt vom sterbenden Baum und dem zerfallenden Monument zeigt die Hand auf die Leiche im offenen Sarg. Der resignative Gestus des Philosophen scheint zu sagen: „Seht nur, dies ist die Vergänglichkeit des Belebten und Unbelebten!" Dasselbe verkündet die Allegorie Hans Baldung-Griens (SB, S. 122).

4a *Partnerarbeit* würde sich gut eignen für diese erste Orientierungsaufgabe in einem *Metaplan*:

Themen und Motive im Barock

Carpe diem ⇄ *Vanitas*

| Liebeslust | Lebensgenuss | *Vergänglichkeit* | Tod --- Heil |

Texte 1–3   Text 4   Texte 5–7, 9   Text 10

Hölle

Text 8

4b Die **Erklärung** der „Gesichter" müsste aus dem Bisherigen wenigstens partiell möglich sein:

- Das „Jahrhundert des Krieges" hat Leid, Not, Verwüstung und Tod unmittelbar zur Folge.
- Liebeslust, Repräsentation, Prachtentfaltung und Lebensgenuss können als Flucht- und Kompensationsversuche gedeutet werden, die jedoch ebenso vergeblich sind.
- Als einziger „Ausweg" aus der Erdennot bleibt die Hinwendung zu Gott, er ist das einzig Gültige und Ewige.

---

[27] Vgl. Günter und Irmgard Schweikle (Hrsg.): Metzler Literaturlexikon. – Stuttgart (Metzler) 1984, S. 366f.
[28] Ebenda, S. 367.
[29] Vgl. dazu: Wilhelm Kühlmann: Paul Fleming: Wie er wolle geküsset seyn. In: Volker Meid (Hrsg.): Renaissance und Barock. A.a.O., S. 176–186.

4c Das *Exzerpt* aus der Sekundärliteratur könnte arbeitsteilig aus verschiedenen Literaturgeschichten[30] erfolgen. Auf diese Weise würde der Vergleich der Ergebnisse ermöglicht. Das Fazit wäre etwa folgende Gegenüberstellung:

TA	Die „Vielgesichtigkeit" der Epoche Barock

- Zeitalter des Absolutismus, der Glaubenskämpfe und der Gegenreformation
- Pessimismus und Todesangst ↔ Lebensgier
- Eitelkeit der Welt (vanitas) ↔ Religiosität, Askese, christlicher Stoizismus und Heilserwartung (memento mori)
- Naturzuwendung ↔ Kunstdichtung
- artifizielle Literatursprache ↔ volkssprachliche Anschaulichkeit
- strenge Formkunst in einer Vielfalt von Gattungen und Genres
- Mäzenatentum fürstlicher Höfe und reicher Städte
- repräsentativer Charakter von Dichtung und bildender Kunst (mit Phasenverschiebung ans Ende des 17. und den Beginn des 18. Jahrhunderts)

5a Die Methode des *sinnerschließenden Lesens* wird vorgeschlagen. Weil nicht anzunehmen ist, dass die Mehrzahl der Schüler ein ausdrucksstarkes „Lesen vom Blatt" beherrscht, ist an ein schrittweises Erlesen gedacht, wozu zunächst einige Vorbehalte abzubauen sind: Es geht um „Probehandeln", wodurch über Versuch – Kritik – Optimierung schließlich eine angemessene Rezitation zu erreichen ist. Dass dabei Kritik und Verbesserungsvorschläge Formen des *Fachgesprächs* sind, ist die „List" dieser Methode.

Ungewohnt für die Schüler sind zunächst die Schrägstriche als Gliederungszeichen (die Virgeln, die/das Virgel, vgl. Anmerkung 1, SB, S. 114), die weniger dem grammatischen als dem rhetorischen Prinzip der Kommasetzung folgen. Das Nebeneinander von Virgeln und Kommata weist auf eine Übergangsphase hin. Erst seit dem 17. Jahrhundert wird eine geregelte Zeichensetzung[31] häufiger, in deren Folge noch im Barock die Virgeln ganz verdrängt wurden.

TA	Formale Eigenarten barocker Texte	
Orthographie und Grammatik	**Stilmittel**
- häufige Abweichung von der heutigen (meist grammatisch begründeten) Kommasetzung - keine einheitliche Groß- und Kleinschreibung - freiere s-Laut-Verwendung und anderer Schärfungszeichen - öfters „y" statt „i" - altertümliche Wortformen - heute ungebräuchliche Wörter: umb, sonder, fleucht etc.	- häufig Paarreime und umarmende Reime - viele Fragen und Interjektionen - Kumulation von ähnlichen Aussagen - Parallelismus membrorum - drastische Bilder - emphatischer Gestus - Antithetik - Klimaxstruktur - Lehrhaftigkeit

5b Im *Fachgespräch* oder durch arbeitsteilige *Partnerarbeit* zu ausgewählten Beispielen (z.B. SB, S. 116, 120, 126, 130, 138, 141) lässt sich eine erste gesamtkulturelle Orientierung erreichen.

TA	Vergleich der Künste			
Lyrik	**Architektur**	**Malerei**	**Musik**
- Alle Künste sind reich an „Schmuck" und kunstvoller Gestaltung.			
- nicht leicht zugänglich - Vielfalt der Themen und Motive	- Eindrucksvolle, zunächst leicht zugängliche Gesamtwirkung, - aber in Einzelheiten von Motiven und Symbolen nicht leicht zu deuten. - Repräsentation ist dominierend.	- Thematisch und motivlich bestehen viele Parallelen zur Dichtung.	- Das Ornamentale dient auch der Repräsentation, aber bei Bach und Händel auch inniger Gefühlsausdruck.

5c Die *Interpretation* ist (i.d.R. als Hausaufgabe) zur Vorbereitung auf den Interpretationsschwerpunkt (SB, S. 134f.) gedacht und soll zeigen, wieweit die Schüler in der Lage sind, die in der „Einführung" und in der Epoche „Mittelalter" (SB, S. 14f., 92) erworbenen Fertigkeiten anzuwenden. Für die unterrichtliche Besprechung sollten (auf freiwilliger Basis) möglichst zwei unterschiedliche Schülerbeispiele zum selben Gedicht vorgelegt werden, die – nach häuslicher Vorbereitung – in *Gruppenarbeit* beurteilt werden. Besser als im Frontalunterricht lassen sich auf diese Weise Probleme der Schüler ermitteln, die dann im Plenum besprochen und systematisiert werden können. (Als Übungsaufgabe oder auch als Klausur wären die beiden Aufgaben geeignet: K 1 oder K 2 , LB, S. 217).

Seite 121

Texterläuterungen:

Abraham a Sancta Claras literarisches Werk ist fast ganz mit seiner Tätigkeit als Prediger verbunden. Und kein Geringerer als Goethe erkannte das Einzigartige dieses Talents, wenn er am 5.10.1798 Friedrich Schiller einen Band der Schriften des Predigers zusandte mit der Empfehlung, „sie würden ihn gewiss gleich zu der Kapuzinerpredigt begeistern".[32] Es waren i. d. Regel aktuelle Anlässe für a Sancta Claras Predigten: 1679 gab die große Pestepidemie den Anstoß zu „Mercks Wienn"(1680), worin sich Pestbericht, Totentanz und Bußpredigt verbinden; „Lösch Wienn" (1680) mit einem leidenschaftlichen Appell an die Wiener, die Seelen der Pesttoten durch Opfer und Gebet aus dem Fegefeuer zu erlösen. Auf die Belagerung Wiens 1683 durch die Türken reagierte der Prediger mit einem flammenden Aufruf „Auff/auff Ihr Christen" (1683) zum Kampf gegen den „Türckischen Bluet-Egel". Aber auch in seiner Narrensatire „Wunderlicher Traum Von einem grossen Nar-

---

[30] Prinzipiell kommen alle gängigen Schul-Literaturgeschichten in Frage.
Deshalb seien hier nur drei genannt:
- Herbert A. und Elisabeth Frenzel: Daten deutscher Dichtung. Chronologischer Abriss der deutschen Literaturgeschichte. – München (dtv) ²⁴1988. 1. Bd. S. 115–127.
- Hans Gerd Rötzer: Geschichte der deutschen Literatur: Epochen, Autoren, Werke. – Bamberg (Buchners) ¹1992, S. 51–63.
- Dieter Krywalski/Walter Beimdick (Hrsg.): Werk und Wirkung. Fünfzehn Jahrhunderte deutscher Dichtung. – München (Ehrenwirth und Oldenbourg) 1993, S. 95–126.

[31] Vgl. Adolf Bach: Geschichte der deutschen Sprache. – Heidelberg (Quelle und Meyer) ⁶1956, S. 164.

[32] Zitiert nach Volker Meid: Abraham a Sancta Clara. In: Bernd Lutz (Hrsg.): Metzler Autorenlexikon. Deutschsprachige Dichter und Schriftsteller vom Mittelalter bis zur Gegenwart. – Stuttgart (Metzler) ¹1986, S. 1–2, hier S. 1.

ren-Nest"(1703) und in seiner moralisierenden Unterweisung in der Sterbekunst (ars moriendi) in „Huy! und Pfuy! Der Welt"(1707) bleibt er seinem charakteristischen Stilmuster des religiösen Traktats treu: Entscheidender als alle Formen der äußeren Bedrohung durch Not, Leiden, Krankheit und Tod ist die Gefährdung des Seelenheils, das nur durch ein Leben für Gott gerettet werden kann. Mit zahlreichen Zitaten aus Werken antiker und christlicher Autoritäten, häufig eingefügt als lateinisches Zitat mit deutscher Übertragung, fundiert er seine Unterweisung. Er bringt kurze Gedichteinlagen, expliziert seine Lehre durch Beispielgeschichten und Wundererzählungen (sog. Predigtmärlein) und kleidet alles in einen ebenso gelehrten wie volkstümlichen Predigtstil. Dieser ist geprägt durch Reihung und Kumulation, Wortspiele aller Art, Inversionen und eine pralle, ja drastische Bilderfülle, die Metaphern, Vergleiche und Allegorien umfasst. Ganz ähnlich wie Sebastian Sailer (1714–1777), der als der „Vater" der schwäbischen Mundartdichtung gilt, gewann Abraham a Sancta Clara seine volkstümlichen Sprüche und Lebensweisheiten weniger, indem er dem „Volk aufs Maul" schaute, als vielmehr meist aus „gelehrten Sammlungen".[33] Und obwohl sich a Sancta Clara im Mündlichen und Schriftlichen „die lebendige Vielfalt des Schwäbischen so gut wie des Bairisch-Österreichischen zunutze"[34] machte, ist seine Sprache insgesamt nicht mundartlich, sondern allgemein oberdeutsch getönt.

Der vorliegende Auszug aus der **Pestpredigt** stellt mit derber Bildlichkeit eine weitere Variante der Vanitas-Thematik dar. Nicht der Tod ist die Katastrophe, sondern der Verlust des Seelenheils. Schroff stehen der wortreichen, drastischen, ja vulgären Negativumschreibung des Leibes die erhabenen und lieblichen Attribuierungen und Metaphern für die Seele als „Kleinod Gottes"(Z. 23) entgegen. Wie ein theologischer Rahmen spannen sich die Eingangsthese und der Schlussappell um die Explikationen der Vergänglichkeit und Nichtigkeit des Menschenlebens.

6a Die Situation der Pestpredigt kann durch ein *Kommunikationsmodell* veranschaulicht werden:

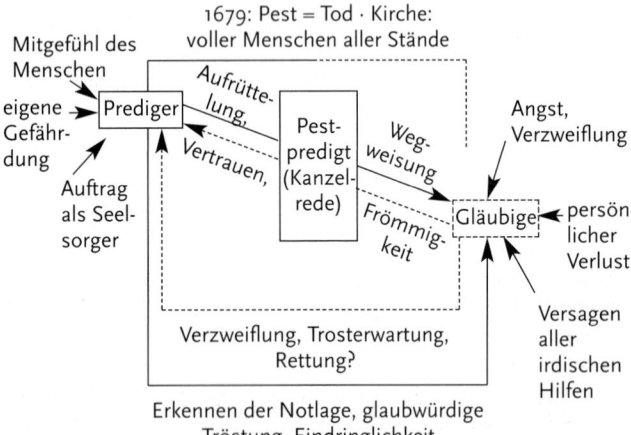

6b Den **Predigtton** durch *lautes Lesen* zu treffen, ist auch nach häuslicher Vorbereitung sehr schwierig. Das originale Schriftbild in gotischer Fraktur (nach einer Textausgabe von 1687), die vertrackte Orthografie und vor allem die Wortwahl – viel mehr als die reihende Syntax – und die eingefügten lateinischen Zitate, abgehoben durch Antiquaschrift, stellen auch nach Erläuterung der Kommunikationssituation hohe Anforderungen an die rhetorischen Fähigkeiten. Es handelt sich um eine asymmetrische Kommunikation: Der Prediger spricht von der Kanzel, hoch über den Köpfen der Gläubigen. Er redet langsam und mit Nachdruck, mit Pausen, starker Modulation der Stimme, stets auf höchstmögliche Wirkung bedacht.

Die Virgeln helfen in diesem Fall, den Rhythmus der Reihung mit der notwendigen Eindringlichkeit zu sprechen. Ganz entscheidend ist der Wechsel in der Tonlage von anschaulicher Derbheit (Z. 3–16), einer gemäßigten Überleitung (Z. 17–19) bis zu einer fast lyrischen Zartheit (Z. 19–25).

Seite 122

6c Diese *Transferaufgabe*, „Ratschläge für einen Prediger des 17. Jahrhunderts" zu geben, knüpft an die Thesen Kurt Tucholskys an (SB, S. 74f.) und stellt eine immanente Kontrolle dar, wieweit die „Machart" der Pestpredigt erkannt wurde. Insofern würde sich die Arbeitsanregung für eine Hausaufgabe, aber auch für einen *Kurztext* eignen.

TA   Ratschläge für einen Prediger des 17. Jahrhunderts

– Wähle ein Thema, das die Menschen bewegt und packt!
– Gib Anfang und Ende einen klaren religiösen Sinn!
– Begründe deine Kernaussagen mit den Sentenzen von kirchlichen und weltlichen Autoritäten!
– Ziehe das Verhalten und Schicksal der Großen zum Vergleich heran!
– Hämmere die Hauptthesen durch viele Wiederholungen und Variationen ein!
– Halte dich nicht mit Kleinigkeiten und Nuancierungen auf, sondern zeige klare Gegensätze in einprägsamer Schwarz-weiß-Technik!
– Predige eindringlich und dynamisch in Gestik und Sprache!
– Wähle drastische Bilder und anschauliche Beispiele aus den Lebensbereichen der Menschen!
– Scheue Übertreibungen nicht, um die Zuhörer aufzurütteln und zu bekehren!

---

7 Diese *Gestaltungsaufgabe* fällt am leichtesten, wenn sich die Schüler an einem zweizeiligen **Epigramm** mit Paarreim orientieren (vgl. Text 10).
Mögliche antithetische Stichwörter zu modernen Themen wären z.B.:

– **Frieden:** Abwehrbereitschaft ↔ Hochrüstung
Stärke ↔ Großmachtallüren
Hilfe für die Schwachen ↔ mangelnde Eigeninitiative

– **Sport:** Gesundheit ↔ Verletzungsgefahr
Freude ↔ Rivalität
persönliches Glück ↔ Glamour und Ruhm

– **Freizeit:** Vergnügen ↔ Stress
Lebensfreude ↔ Kommerz
Unbeschwertheit ↔ Animation

(Eine Klausurmöglichkeit bieten der Anfang der Pestpredigt und eine dazu passende Allegorie **K 3**, LB, S. 218)

---

[33] Vgl. Hermann Bausinger: Dialektdichtung. In: Bernhard Zeller/Walter Scheffler (Hrsg.): Literatur im deutschen Südwesten. – Stuttgart (Theiss) 1987, S. 277–295, hier S. 278.
[34] Ebenda, S. 278.

Methodenvorschlag:

Die Zusammenfassung (SB, S. 122f.) am Ende der ersten Sequenz könnte Anlass geben, eine erste *Zwischenbilanz* zu ziehen und durch ein gemeinsam entwickeltes Tafelbild gleich- zeitig eine Vorbereitung auf die Gesamtsynopse (SB, S. 143) zu schaffen. Je nach Fertigkeit der Schüler in der Anlage von Grafiken muss mehr oder weniger gesteuert werden.

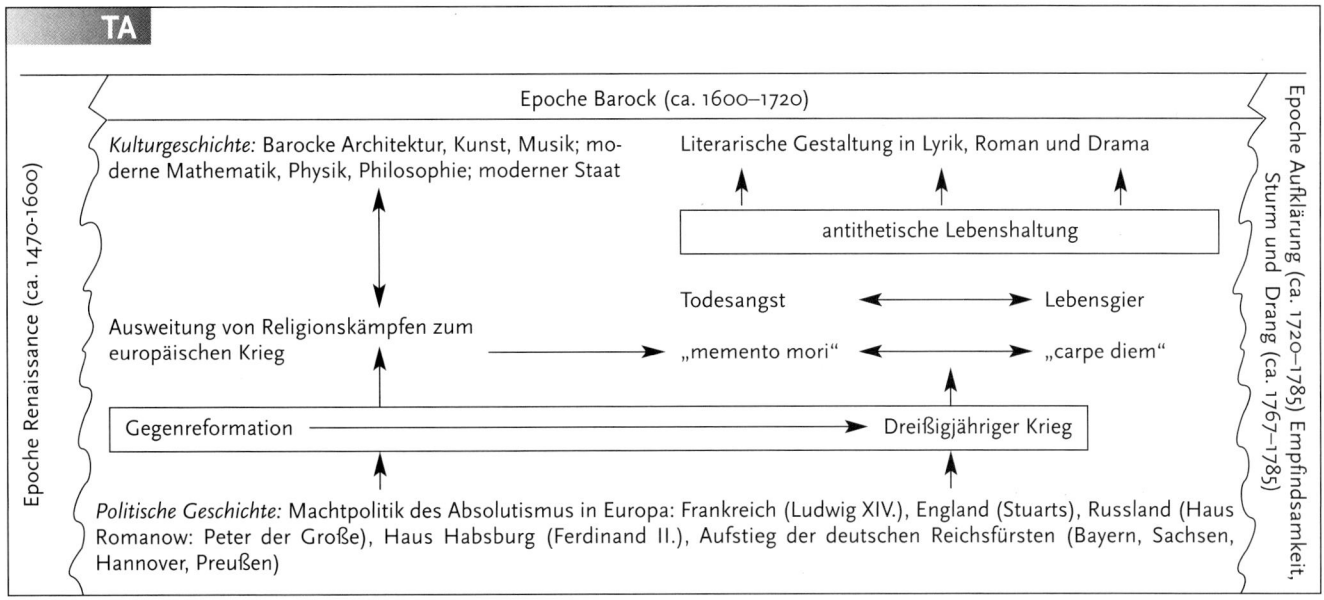

Weitergehend wäre die Möglichkeit, an dieser Stelle eine *Epochensynopse* vorzubereiten und sukzessive so zu ergänzen, dass die am Ende des Kapitels (SB, S. 143) vorgeschlagene Synopse nur noch eine detailliertere Ergänzung darstellen würde, mit deren Hilfe eine Vorstellung der Gesamtepoche „Barock" zu vermitteln wäre. Die Schüler erhielten dazu auf einem DIN-A4-Bogen einen Grundraster mit der Zeitleiste und den Beobachtungskategorien.

Im Laufe der unterrichtlichen Besprechung ließen sich die leeren Spalten dann schrittweise ausfüllen. Der Vorteil dieser Verfahrensweise wäre die noch problemlosere Übertragung der Synopse auf andere Epochen.

II. Die Welt im Sinnbild (S. 123–130)

Während die erste Sequenz über Lyrik und Prosa die Grunderfahrung des Krieges und über verschiedene „Gesichter" ein vielgestaltiges Epochenpanorama aufzeigen will – sowohl im geistig-religiösen Horizont des barocken Weltbildes als auch im rhetorischen Wirkungspotenzial der Literatur –, stellt die zweite Sequenz nicht nur zwei weitere Hauptgattungen vor, sondern differenziert über die Emblematik das Verständnis barocker Denk- und Gestaltungsweisen. Im Europa des 16.–18. Jahrhunderts waren Emblemata nicht nur in der Malerei – vor allem in Fresken[35] – besonders beliebt, sondern mit allen Themen auch im barocken Roman und Schauspiel. In dieser Sequenz dominieren die Motive aus antiker Sage, Ethik und Philosophie.

> **S. 123–126: II,1. Das Leben als Abenteuer? – Emblem und Roman**

Literarische Großformen können in einem Arbeitsbuch als Gattung nicht exemplarisch dargestellt werden, sondern nur unter thematisch-motivlichen und stilistischen Aspekten, sofern diese durch knappe Auszüge zu vermitteln sind, wie dies zu den Themen Krieg (SB, S. 117), Lebensverhältnisse und Vanitas-Idee (SB, S. 124f.) versucht wurde. Es ist unbestritten, dass „Der abenteuerliche Simplicissimus" im 17. Jahrhundert nicht als Hauptwerk der Gattung Roman[36] galt, wie dies für den *heroisch-galanten Roman* (auch Staatsroman, z.B. D. Caspar von Lohensteins „Arminius und Thusnelda", 1689/90) oder den *Schäferroman* (z.B. Martin Opitz' „Schaefferey von der Nimpfen Hercinie", 1630 oder Philipp von Zeesens „Adriatische Rosemund", 1645) galt. Während für diese beiden Genres nach der antiken Lehre von den drei Stilarten[37] (Genera dicendi) das genus grande (hoher Stil) bzw. das genus mediocre (mittlerer Stil) galt, wurde der *Schelmenroman* (der pikareske Roman) dem genus humile (niederer Stil) zugeordnet, gemäß seiner Figuren aus der unteren Gesellschaft (Soldaten, Bauern, Narren, Komödianten, Marketenderinnen, Dirnen).

Wenn in BLICKFELD DEUTSCH weder der Staats- noch der Schäferroman als Exempel gewählt wurde, sondern der **Schelmenroman,** so hängt dies sowohl mit der relativ guten Lesbarkeit des „Simplicissimus" als auch mit der bis heute lebendigen Wirkungsgeschichte (vgl. SB, S. 124) zusammen. Auch wenn die Gliederung des Romans deutliche Parallelen zum Leben des Autors zeigt, darf z.B. auch bei den äußerst wirklichkeitsnah erscheinenden Kriegsszenen nicht der Trugschluss gezogen werden, der Autor habe die Rolle eines „Kriegsberichterstatters" übernommen.

Denn – wie im Barock üblich – ist auch der „Simplicissimus" gelehrte Dichtung in dem Sinne, dass Grimmelshausen aus den zeitgenössischen „Kriegschroniken schöpfte",[38] ohne dass deshalb der prägende Einfluss des eigenen Erlebens bedeutungslos gewesen sein dürfte. Entscheidend ist, dass eigene Erfahrungen und „Lesefrüchte" dem Denk- und Demonstrationsmodell der „verkehrten Welt" untergeordnet und nutzbar gemacht wurden, wie der Schluss des 24. Kapitels (SB, S. 124f.) sehr eindrucksvoll zeigt.

---

35 Günther und Irmgard Schweikle (Hrsg.): Metzler Literaturlexikon. A.a. o., S. 115f.

36 Vgl. Erich Trunz: Weltbild und Dichtung im deutschen Barock. In: Aus der Welt des Barock, dargestellt von Richard Alewyn u.a. – Stuttgart (Metzler) 1957, S. 1–35, hier S. 30.

37 Günther und Irmgard Schweikle: A.a.o., S. 38ff. und 164f.

38 Vgl. Dieter Breuer: Krieg und Frieden in Grimmelshausens „Simplicissimus Teutsch". In: Heinz-Dieter Weber (Hrsg.): Barockliteratur. Der Deutschunterricht, Heft 5/1985, S. 79–92, hier S. 79.

Über die **Emblematik,** zwei Auszüge und die Dichterbiografie Grimmelshausens sollen Zusammenhänge zwischen realistischer Zeiterfahrung und deren allegorischer Deutung gezeigt werden. Dabei treten Beschreibung, Gestaltung und Erörterung in den Vordergrund.

Mögliche Ziele:
---

1. Ein Emblem lesen und deuten
2. Elemente des Schelmenromans erkennen
3. Die allegorischen und rhetorischen Tendenzen verstehen

Seite 123

Texterläuterungen:

„Der abenteuerliche Simplicissimus" ist, anders als es die Interpreten des 19. Jahrhunderts sahen, kein autobiografischer Bildungs- oder Entwicklungsroman, denn die Zentralfigur ist „sowohl Individuum wie auch allegorische Gestalt"[39], deren Lebensablauf sich in einer Ringkomposition vollzieht: Beginnend in der Einsiedelei ergibt die Handlung – ohne Berücksichtigung der kommentierenden Einschübe – nach Friedrich Gundolf eine „Stufenfolge von Tumbheit, Narrheit, Sünde, Strafe, Buße"[40] und endet am Schluss wieder mit dem Leben als Einsiedler. Vorgeführt werden auf allegorische Weise unterschiedliche Verhaltensweisen des Menschen zur Welt und zu Gott, so dass die Reihe von Abenteuern nie Ziel, sondern nur spannend-unterhaltsames Vehikel der Darstellung eines zutiefst religiösen Themas ist. Zwar ist der 30-jährige Krieg zeitgeschichtlicher Lebensraum des Simplicius, aber er ist vor allem Sinnbild der Unbeständigkeit und Nichtigkeit alles Irdischen, Inbegriff der Vanitas also. Je mehr der Held an äußerem Ansehen gewinnt, desto größer wird seine Gottferne, bis er nach Krankheit und Demütigung über Selbsterkenntnis wieder zur Gotterkenntnis gelangt. In der „Continuatio", im 6. Buch, wird das Motiv der Gottverbundenheit bei gleichzeitiger Weltferne durch das Inseldasein des Simplicius noch einmal verstärkt, und das Leben als Eremit ist stilisiert als utopischer Gegenentwurf zum Dasein in der Welt. Stilistisch erfasst der Erzähler mit Episoden des pikarischen Romans, Traumallegorien, Schwankelementen, der Standessatire, gesellschaftskritischen und apokalyptischen Motiven in der Jupiter-Episode sowie durch intensive Belehrungen sein inhaltliches Programm in vielfältiger humorvoller und ironischer Brechung. Aber weniger wegen seiner allegorischen Gesamtkonzeption, sondern wegen seiner Welthaltigkeit und lebensvollen Erzählkunst wird der Roman bis heute zu Recht als Schullektüre empfohlen.

Der Anfang und das Ende des Romans wurden gewählt, um die Spannweite der Thematik und die Grundidee zu zeigen. Durch den Ausgang von Titelblatt und Titelkupfer soll der allegorische Charakter von Anfang an verdeutlicht werden.

1 Die Anknüpfung an den Text des **Titelblatts** soll eine doppelte Perspektive für den Leser eröffnen: Einerseits wird inhaltlich die Biografie eines „Sonderlings" von der Geburt bis zum „Ausstieg" aus dieser Welt skizziert. Dies scheint die durch die Überschrift der Teilsequenz geweckten Erwartungen nach „Abenteuern" auf lustig-unterhaltsame und „männigliche" Weise (stark, aktiv, unerschrocken, mutig etc.) zu erfüllen. Andererseits treten sehr deutlich Momente der Irritation auf: Fraktur und Antiqua in der Schriftwahl, die Veröffentlichung unter dem Pseudonym German Schleifheim von Sulsfort (mit falscher Angabe des Verlagsorts: Mömpelgart statt Nürnberg).

2 Nach dem „Übersichtssatz" über den Inhalt des Romans durch das Titelblatt kann das **Titelkupfer** als eine Art Aufriss der zu erwartenden Lebensbereiche gedeutet werden, wobei über die Vorgabe in der Arbeitsanregung ab-

sichtlich eine Hilfestellung gegeben wird. Das Wesen der Emblematik, die wechselseitige Erhellung der sinnlich wahrnehmbaren und der geistigen Welt, des Konkreten und des Abstrakten, wird hier paradigmatisch fassbar und erläutert ohne Zweifel den Aufbau des Romans als „Deutbild zeitgenössischer Satire-Theorie".[41] Gleich doppelt – im Fabelwesen mit subscriptio und im aufgeschlagenen „Bilderbuch" – wird der emblematisch geprägte Charakter des Literaturbarock fassbar. Wenn es gelänge, über die genaue Beschreibung des Titelkupfers eine Sensibilität zu schaffen für die Wahrnehmung der hochgradigen Konstruktivität des Barockromans in seiner ebenso lebensprallen wie allegorisch beziehungsreichen Komposition des Stoffes, wäre viel erreicht.

2a Die seltsame **Mischgestalt** – mit der Nähe zum Teufel (Pferdefuß, Hörner, Spitzohren), als ritterlich aufgeputztes Bocks-Vogel-Fischwesen(mit Schärpe und Degen, Flügeln und Schwanzflosse) – bezieht sich auf eine Fabelgestalt, die Horaz in seiner „Ars Poetica"[42] schildert. Damit werden gezielt alle klassischen Normen und die Ansprüche der „idealistischen Harmonie des hohen Romans"[43] missachtet: Die mythologische Deutung in der subscriptio – aus dem Feuer geboren, ewig sich verwandelnd, aber wie Phönix auch immer wieder auferstehend und unsterblich, in der Luft, im Wasser, auf der Erde zu Hause (d.h. in allen Elementen), der Vielgereiste und Erfahrene, der oft Betrübte und selten Ergötzte – will warnen und den Leser dazu bringen, der Torheit (der Welt) zu entsagen. Zumindest die Schlussbotschaft läuft parallel zum Titelblatt. Aber weckt dort der „seltsame Vagant" noch Erwartungen an das Leben eines Abenteurers, konkretisiert das Titelkupfer das Heterogene und widernatürlich Groteske in absichtsvoller Deutlichkeit und treibt die Kuriosität ins Wunderliche und Abstruse. Auf doppelte Weise, durch Text und Bild, wird die Neugier geweckt.

2b Die abgelegten oder gefallenen **Masken** symbolisieren die Vielgesichtigkeit, die Wandlungsfähigkeit (sind vielleicht auch eine Anspielung auf die wechselnden Pseudonyme des Autors?), sicher aber auch die „Entlarvung" der Wahrheit hinter der Maskierung.
Die **Bilder** des aufgeschlagenen Buches können als Programm gedeutet werden: Von oben nach unten betrachtet zeigen sie Krone und Barett als Insignien der Herrschaft; Kanonen und Degen stehen für Macht und Krieg; die Würfel verweisen auf Spiel; der Turm ist Zeichen für Wehrhaftigkeit und Befestigung; das Glas kann auf Trunk und Geselligkeit, aber auch auf die Zerbrechlichkeit alles Irdischen hindeuten; die Narrenkappe steht für Torheit und Eitelkeit der Welt; das Schiff erinnert an Seefahrt und Reisen (Lebensreise?); Biene (Emsigkeit und Fleiß) und Kröte repräsentieren Kreaturen der Luft, des Wassers und der Erde.

2c Mit der Heraushebung des Wickelkindes (Lebensbeginn, aber belastet mit der Erbsünde) und des Lebensbaumes (= Baum des Paradieses) wird die Spannweite der religiös verstandenen Lebensstationen bezeichnet: Von der Erb-

39 Meinhard Prill: Der abenteuerliche Simplicissimus Teutsch. In: Kindlers neues Literatur-Lexikon, hrsg. von Walter Jens. – München (Kindler) 1988. Bd.6, S. 921–924, hier S. 923.
40 Ebenda, S.923.
41 Hubert Gersch: Dreizehn Thesen zum Titelkupfer des Simplicissimus. In: Dokumente des internationalen Arbeitskreises für deutsche Barockliteratur. – Wolfenbüttel 1973. 1. Bd., S. 76–81, hier S. 77. Zitiert nach Hans Gerd Rötzer: „was ich ihn zuberichten aigentlich bedacht gewesen." Einige Anmerkungen zum mehrfachen Schriftsinn in Grimmelshausens Simplicissimus.
In: Der Deutschunterricht, Heft 5/1985. S. 102–110, hier S. 102.
42 Vgl. Meinhard Prill: A.a.O., S. 921.
43 Hans Gerd Rötzer: A.a.O., S. 102.

sünde über all die Freuden und Leiden des Lebens hin zum Erlösungsversprechen des Paradieses. Dies ist das „Programm" des Romans, ungeachtet aller „nichtigen" (eitlen) Wechselfälle des Erdenweges. Schon an dieser Stelle ließe sich die Frage in der Überschrift zur Teilsequenz, ob das Leben ein Abenteuer sei, zwar vordergründig bejahen, aber als Ziel verneinen.

Seite 124

3a Der **Romananfang** wurde ausgewählt, nicht weil es hier eine Art Exposition i.S. eines realistischen Romans gibt, sondern um den Ausgangspunkt des Helden (Hochstapelei trotz Unbedarftheit) und durch den humoristisch und ironisch distanzierten Stil die gebrochene Darstellung zu zeigen, was auch für die später vorgesehene Gestaltungsaufgabe (Arbeitsanregung 4) als Ansatzpunkt wichtig ist.
Durch den stark subjektiven Zugang – Erwartungen an die „Lectiones" zu äußern – soll die beträchtliche historische Distanz des jugendlichen Lesers zum Gegenstand schrittweise abgebaut werden.
Zu erwarten sind nach Einbeziehung von Titelblatt und Titelkupfer und der Analyse von Text 2 **„Lectiones"** auf allen Gebieten des Lebens (vgl. Arbeitsanregung 2b), die der adligen Herkunft des Helden (eine deutliche Parallele zur Situation des Autors) gemäß sind, vor allem aber steht die Bildung im Christentum im Vordergrund. Hier wird bereits die „Christenlehre" durch den Einsiedel angedeutet.

3b Die *Stilanalyse* des Anfangs soll über eine kurze Textstelle Grundlinien des ganzen Romans aufzeigen.

TA	**Beschreibung des Anfangs**	
Zeilen	Inhalt ⬅➡	Stilmerkmale
1ff.	– Zeit der Anmaßung und Überheblichkeit als „Vorspann"	– Satirischer Grundton, Hypotaxe mit Metaphern („Patienten", Z. 5), drastische Handlungsverben (Z. 6), ironische Attribuierung (Z. 6f.), Vergleich (Z. 8f.)
10ff.	– Bauernkate als Palast	– Spöttische Beschreibung mit sarkastischen Analogien (statt Pagen Schafe etc., Z. 11f.)
15ff.	– Totale Unbildung des Zehnjährigen („vollkommen in der Unwissenheit", Z. 25)	– Ironisierung („trefflicher Musicus", Z. 15), Hyperbeln (Z. 22, 27), Kumulation (Z. 18ff.), Reihung, Interjektionen (Z. 22,27), altertümliche Ausdrücke („Sackpfeifen", Z. 15; Knan, Z. 27, derowegen, Z. 29 u.ö.), lateinische Fachbegriffe (Theologiam, Z. 16, 20, 24)

4 Der Entwurf eines **Handlungsplots** würde sich als Hausaufgabe anbieten, wenn die inhaltlich-thematischen Vorbereitungen durch die sorgfältige Bearbeitung der Arbeitsanregungen 1–3 geleistet ist.
Stichworte für die Strukturierung der Episoden wären etwa: Elementarerziehung, Abenteuer und Lebenslust, aber auch Niederlagen, Kriegswirren, Eitelkeit, Versuchungen und Gefahren in den Begegnungen mit der „kleinen" und „großen" Welt, Happyend i.S. der religiös motivierten Finalkonzeption als Läuterung (Wiedergeburt) und Erlösung.

Seite 125

5a Der **Romanschluss** bestätigt die Allegorie des Titelkupfers und akzentuiert die Antwort auf die Frage der Teilsequenz-Überschrift (vgl. Arbeitsanregung 2b, SB, S. 123), ob das Leben ein Abenteuer sei: Alle irdischen Abenteuer sind im Grunde unwesentliche Episoden (Nichtigkeiten). Das Entscheidende sind die Besinnung auf Gott und die Weltabkehr („Adieu Welt!"). Hier werden die Vanitas-Thematik und die Parallelität zur Finalstruktur vieler Sonette besonders deutlich.
Über die Fragestellung der Arbeitsanregung hinausgehend, ließen sich an diesem Schluss weitere Aspekte des Romans und der Epoche deutlich machen:

– Der Schluss entbehrt als Übersetzung des Guevara-Textes jeglicher Originalität. Aber diese ist erst seit dem „Sturm und Drang" wichtiges Wertkriterium. Der Schluss zeigt aber neben der epochalen Zielsetzung (Seelenheil und Erlösung in Gott) sehr viel von der großen Gelehrsamkeit und Bildungsfracht der Zeit.
– Auch bereits erkannte Stileigenarten und rhetorische Elemente (Wiederholung, Parallelismus, Variation, Kumulation, Interjektion etc.) lassen sich nachweisen.

5b Ein passendes **Emblem** wäre u.a. das Glücksrad der Fortuna (vgl. SB, S. 126), Glas oder eine Blüte.

5c Die **Interpretation** des Schlusses sollte nach dem Drei-Phasen-Modell geschehen, wobei die Schüler die Binnengliederung nach Inhalt/Aufbau und Stil selbst finden sollen, um eine differenzierte **Stoffsammlung** anlegen zu können.

(In engem Zusammenhang mit dem Schluss könnte das 23. Kapitel des V. Buches mit folgenden Arbeitsanweisungen stehen:
1. Interpretieren Sie das 23. Kapitel unter dem Aspekt des Orakelspruchs.
2. Erörtern Sie knapp, welche Konsequenzen Simplicius aus seiner Selbsterkenntnis ziehen muss.)

TA			
Zeilen	Inhalt/Aufbau ⬅➡	Stilmerkmale ➡	Deutung
1/2	– Überschrift als Ankündigung	– nüchterne Beschreibung	– Orientierung
3–7	– „Adieu Welt ..."	– Kennzeichnung als Zitat des Guevara: Reihung und Kumulation	– Verstärkung, Eindringlichkeit der Lehre
8–16	– Tod, aber Versprechen der Auferstehung und Fluch der bußbereiten Seele auf die verführerische Welt (z. 14f.)	– Variation der Absage an die Welt (Z. 8); Wiederholung des Fluchs (Z. 10); Interjektionen	– Eine These oder ein Thema wird nicht nur postuliert, sondern entfaltet.
17–20	– Unreine Welt, die verworfen wird.	– Wortfeld „bitten" (Z. 17f.) und die erneuerte Absage	– Steigerung durch Wiederholung
21–30	– Rückblick und Beschreibung der Einsiedelei im Spessart: Bitte um ein seliges Ende.	– Sehr realistische Begründung der Ortswahl (Z. 22ff.); die Ringkomposition schließt sich.	– Leben als „Reise": Rückkehr zum Ausgangspunkt, aber auf höherer Warte.

6 Der *Vergleich* von Romanplot, Inhaltsangabe und Biografie dient der Einordnung von Teilaspekten der Interpretation in eine orientierende Gesamtbetrachtung.
Es wurde oben (LB, S. 200) dargelegt, warum die Intention und Konzeption des Romans verfehlt würden, wenn man ihn als erlebnishafte Lebensgeschichte des Autors verstünde. Gerade aber weil Grimmelhausen „mehr an der exemplarischen Darstellung kollektiver Erfahrungen"[43] interessiert ist, kann die Gegenüberstellung von Romaninhalt und Biografie des Autors lohnend sein, weil der große Überschuss an beispielhaften Details und der Grad der Stilisierung sichtbar werden. Die **Schichten** lassen sich so beschreiben:

– *Biografisch-historische Elemente:* adelige Herkunft des Autors und des Helden, Kriegserfahrungen beider, oft wechselnde Dienstverhältnisse
– *Satirische Zeitkritik:* Kritik an närrischer Eitelkeit der Zeit vom ersten Satz an, an Lasterhaftigkeit, an Egoismus, an der Gewalt des Krieges und an Rückfällen in platten Lebensgenuss
– *Moralisch-religiöse Aussagen:* Wichtigkeit christlicher Bildung, Bedeutung der Freundschaft, der Weltentsagung und des Seelenheils in Gott.
– *Unterhaltung:* die zahllosen „Stücklein", die Anekdoten, Schwänke und die abenteuerlichen galanten Episoden. Unterhaltend ist auch die Art und Weise der Darstellung in ihrer Farbigkeit, Bildmächtigkeit, oft gebrochen durch Humor und Ironie.

Seite 126

7 Ziel einer *fragmentarischen Lektüre*, die i.d.R. der unter Zeitnot stehenden Unterrichtspraxis entspricht, ist das Erfassen grundlegender inhaltlicher, struktureller, typologischer und stilistischer Eigenarten eines Romans, wozu auch die abschließende Arbeitsanregung verhelfen soll.

7a Nach folgenden **Themenbereichen** lassen sich die Informationen ordnen:
– Leben als Erziehungsprozess,
– als Bestehen von Wechselfällen und
– als Erfahrung göttlicher Führung.

7b Die **Inhaltsbereiche** der Originalfassung sind: Erziehung zum Christentum durch den Einsiedel, die Soldaten- und Kriegserfahrungen des Helden, die Narretei sowie Glück und Spiel als Höhepunkte der Vanitas, Freundschaft und „Buhlschaften", die „Stücklein" des Jägers von Soest, die Reise nach Paris und die Abenteuer des „Beau Alman", die Erfahrungen bei den „Merode-Brüdern", die Episoden mit Olivier, die Pilgerzeit mit „Herzbruder", die Ehen des Simplicius, die allegorischen Exkurse, die Fahrt ins „Centrum terrae", die Reise nach Russland, der Einsiedel.

7c „Abenteuer" reicht als Schlüsselbegriff nicht aus, da er nur die Oberfläche der äußeren Handlung des Romans erfasst.
Die Zielsetzung sowohl des individuellen als auch des gemeinschaftlichen und gesellschaftlichen Lebens aber bleibt der Weg der Läuterung über die Selbsterkenntnis (s.o.) zum gottgefälligen Leben „jenseits" des Weltgetriebes.
Die Analyse eines Emblems (vgl. SB, S. 123 und 126), am besten über Folie oder Kopiervorlage o h n e subscriptio präsentiert, wäre als *Testaufgabe* geeignet.

S. 126–130: II,2. Das Leben als Theater? – Tragödie und Komödie

Abgesehen von einer gewissen Renaissance von Lohenstein-Dramen im letzten Drittel des 20. Jahrhunderts und gelegentlichen Aufführungen von Jakob Bidermanns „Cenodoxus" sowie vielleicht der Mittelstufenlektüre einiger Gryphius-Komödien, ist die heutige Wirksamkeit des Barocktheaters insgesamt geringer als die der Barockoper. Literarisch bedeutsamer sind die über Ferdinand Jakob Raimund (1790-1836) und Johann Nepomuk Nestroy (1801–1862) im Volkstheater vermittelten Traditionslinien des Wiener Barock, und theatergeschichtlich werden Ständeklausel, Fallhöhe und Typenrepertoire für die späteren Entwicklungen des Dramas relevant.
Aus didaktischen Überlegungen ist die Einbeziehung des Barockdramas in die Epochenkonzeption aber vor allem als Sinnbild zu rechtfertigen. Das Theater wurde im 17. Jahrhundert in doppeltem Sinne zum entscheidenden Paradigma barocken Lebens: Einmal i.S. repräsentativer Demonstration und Schaustellung, zum andern als Bühne der Entscheidung für jeden Menschen.
Die Beschränkung auf **Trauerspiel** und **Komödie** bei Gryphius folgt der bereits in der Auswahl von Lyrik deutlich gewordenen Schwerpunktbildung: Durch exemplarische Biografie, durch Beispiele aus Lyrik und Drama soll einer der bedeutendsten Barockautoren vorgestellt werden, von dem auch starke Impulse für die Zukunft ausgingen.
Über Bilddarstellung (z.B. Text 1 „Theatralisierte Darstellung …", SB, S. 126) und Embleme können der Zusammenhang von Lebenswirklichkeit und Theater gezeigt und die allegorische Bedeutung von Anfang an bewusst gemacht werden: „Dasein heißt eine Rolle spielen."[44] Für „Theater" als Metapher des Lebens sind heutige Jugendliche als Zeitgenossen eines maßlosen Personenkultes im Showgeschäft leicht zu sensibilisieren. Dagegen verlangt die Vermittlung der Meta-Sinngebung „Theater" als Bühne der existenziellen und religiösen Entscheidung größere Anstrengungen.
Über *theatergemäße Methoden* – Skizzierung eines Bühnenbildes sowie dessen Beschreibung und über Inszenierungsversuche – soll eine schüler- und handlungsorientierte Erarbeitung erfolgen.
Die eingefügten **Embleme** dienen nicht der Illustration, sondern geben über den Bildimpuls Reflexionsanstöße, um Grundgedanken des Barocktheaters auf diese Weise besser zu verstehen.

Mögliche Ziele:
1. „Theater" als Metapher im doppelten Sinne verstehen
2. Über Inszenierungsversuche Merkmale von Tragödie und Komödie erfassen
3. Embleme und die Philosophie der Stoa als „Kommentare" nutzen

Seite 126

1a *Assoziationen* zur Überschrift der Teilsequenz „Leben als Theater?" bewegen sich notwendigerweise zunächst an der Oberfläche: Vielfalt, Buntheit, Wirrwarr, Turbulenz, Gegeneinander, Auseinandersetzung, Haupt- und Nebenfiguren, aber auch Klamauk, Gaukelspiel, Komödie etc.

---

43 Vgl. dazu detaillierte Quellennachweise bei Dieter Breuer: Krieg und Frieden in Grimmelshausens „Simplicissimus Teutsch". A.a.O., S. 79–92.
44 Zitiert nach Manfred Brauneck: Barockliteratur. A.a.O., S. 65.

1b Die „**Aufbahrung des Herzogs**" scheint in scharfem Kontrast zur spontanen Assoziation zu stehen. Dies ist in dieser Weise durch die Abfolge der Arbeitsanregungen beabsichtigt: „Dies passt doch nicht!" „Hier herrscht die Ernstsituation, nicht das Spiel!" „Der Tod ist eine zu ernste Sache!" Solche und ähnliche Reaktionen der Jugendlichen sind zu erwarten.

Die *Beschreibung* des Bildes sollte v o r der Lektüre des Begleittextes erfolgen, um den so zu gewinnenden Erkenntniseffekt zu nutzen: Diese „Aufbahrung" ist genauso inszeniert wie ein Theaterstück:

- Unten befinden sich die Insignien der Macht (der Helm mit Federbusch, ein Kronreif, die Rüstung) und die umgestürzten Trink- und Spielbecher der zu Ende gegangenen Lebensfülle.
- Der Herzog ist in prachtvoller Kleidung erhöht in der Mitte aufgebahrt, Kopf und Füße liegen auf schwarzen Zierkissen.
- Zum Toten schwebt aus den Wolken ein großer Engel mit Posaune herab, an deren Rohr ein weißes beschriebenes Banner befestigt ist. Im Hintergrund öffnet sich nach oben – wie hinter einem Theatervorhang, der gerade hochgezogen wird – der Himmel. Zwei kleine Engel tragen eine reich verzierte Krone, und genau über dem Haupt des verstorbenen thront Christus.

Er hält das Kreuz der Erlösung über den Toten, und zu seinen Füßen ist ein Spruch in den Stein gemeißelt: „Sey getreu biß / in den Tod, / so will ich dir die / Cron des Lebens / geben."

Alles ist auf den mit dunklen Tüchern ausgeschlagenen Stufen eines Palastes aufgebaut, und nach rechts öffnet sich der Blick weit in eine Landschaft, in der sich vor einem Palmbaum eine schmale Pyramide (vielleicht das Mausoleum?) erhebt.

Die von oben hereinströmende Helligkeit erfasst auch den Herzog und bildet einen deutlichen Kontrast zum schwarzen Trauerflor, der den Toten umgibt. Durch ihre Körperhaltung und Mimik wenden sich die Engel dem Herzog zu: Der Himmel ist offen für den Eingang des Verstorbenen ins Paradies.

2a/b Das **Bühnenbild** zu „Catharina von Georgien" kann ganz nach der „Aufbahrung des Herzogs" gestaltet werden, denn die verblüffende Parallelität zur Szenenanmerkung, bis hin zur Lichtwirkung, ist ganz erstaunlich. Die Insignien des irdischen Schauplatzes sind fast identisch, einzig die Hölle unter dem Schauplatz ist zu ergänzen. Die Figur der „Ewikeit", die den Prolog hält, schwebt als Deus ex machina vom Himmel auf die Bühne herab.

Seite 127

Texterläuterungen:

Der Tragödie „Catharina von Georgien", entstanden 1647–1650, erstmals veröffentlicht 1657, liegt ein historischer Stoff zugrunde, den Gryphius aus einer Sammlung von Geschichten kannte: Die „Histoires tragiques de nostre temps" (1635/1641)[45] von Claude Malingre, Sieur de Saint-Lazare, erzählen die Geschichte der christlichen Königin Catharina von Georgien, die 1624 in der Gefangenschaft des mohamedanischen persischen Schahs Abas als Märtyrerin starb. Das Stück ist jedoch kein Geschichtsdrama, sondern nimmt die histori-

sche Begebenheit nur als lehrhaftes Paradigma für die „bewehrte Beständigkeit" (so der Untertitel) gegen alle Versuchungen, Qualen der Gefangenschaft, des Martyriums und des Todes. Die „Ewikeit" endet ihren Prolog (I, V. 86–88) mit der Aufforderung: „Verlacht mit ihr / was hir vergeht. // Last so wie Sie das wehrte Blutt zu Pfand: // Und lebt und sterbt getrost für Gott und Ehr und Land."[46] In geradezu klassizistischer Strenge der Komposition – in Kontrastierung der Szenen, Steigerung bis zum Höhepunkt und Umschlag in die Katastrophe, mit kommentierenden Chören am Ende des ersten bis vierten Aufzugs – beschränkt sich die eigentliche Handlung der Tragödie auf den letzten Lebenstag Catharinas. Alle Vorgeschichte über Grausamkeiten, Mord und die jahrelange Gefangenschaft der Königin wird nur erzählt.

Die äußere Spannung entsteht durch die wachsende Hoffnung auf Befreiung nach einem Friedensvertrag mit dem Zaren und nach der Intervention einer russischen Gesandtschaft. Innere Spannung wird erreicht durch die Frage, wie sich Catharina nach der schließlich durch den Schah doch verweigerten Freilassung zu seinem ultimativen Angebot verhalten wird: Sie soll entweder seine Gemahlin und persische Kaiserin werden und dazu ihrem Land und ihrem Glauben abschwören oder den qualvollen Märtyrertod erleiden.

Der mächtige Schah ist in grenzenloser Leidenschaft für Catharina entbrannt und bleibt dadurch der in Affekten Gefangene, während die berückend schöne Königin der Werbung widersteht und durch ihre Entscheidung für den Märtyrertod eine Freiheit im Geiste und eine Form höherer Schönheit gewinnt, indem sie alles der himmlischen Liebe opfert. Gegen Ende der vierten „Abhandelung" sagt Catharina: [...] Mißgönt man uns die Cron? wir fangen an zu leben // Und trotzen Perß und Tod! wer wil den Mutt begeben? // Schaut JEsus geht voran! ein Augenblick beschwert // Die Ewikeit erquickt. Creutz/Messer/Zang' und Herdt // Sind Staffeln zu der Ehr! Itzt wird der Traum erfüllet // Der / als vergangne Nacht uns Sorg und Schlaff umbhüllet; // Auff disen Außgang wiß. [...]" Wenn Catharina nach grausamer Folter und Feuertod im fünften Aufzug dem Schah als Erscheinung entgegentritt (vgl. Auszug, SB, S. 127), verheißt sie ihm die Strafe Gottes und lässt ihn, der seinen Todesbefehl bereut und zu spät widerrufen hatte, in Verzweiflung zurück.

Eine Entwicklung der Figuren findet nicht statt. Catharinas Constantia ist auch keine Frage eines starken Charakters, sondern ist in einer radikal verstandenen christlichen Freiheit von Anfang im Heilsplan vorgesehen als Standhaftigkeit gegenüber der Vanitas i.S. von Hinfälligkeit und Vergänglichkeit alles Irdischen.

Die Verssprache ist von großer rhythmischer Vielfalt, in der der Alexandriner oft durch ein freieres Metrum abgelöst wird. Neben dem dramatischen Dialog, oft in knapper Wechselrede, erörternden Monologen und langen epischen Berichten gibt es Passagen von lyrischer Stimmung. Die bilderreiche Sprache ist selten überladen, weist häufig eine geheimnisvolle Emblematik und ein hohes Pathos auf. „Pathos entsteht immer dort, wo die Seele in Distanz vor einem erhabenen Gegenstand steht. Sie identifiziert sich nicht mit ihm, sondern verehrt ihn als objektives Sonderwesen, als von Gott gesetzte Offenbarung seines Geistes."[47]

Der abgedruckte Schluss-Dialog (SB, S. 127) verdeutlicht wesentliche Stilmerkmale in der reumütigen Bitte des Schahs um Vergebung und der majestätischen Entgegnung der Königin, dass der Himmel das Verbrechen rächen werde.

3a Der **Doppeltitel** zeigt die lehrhafte Tendenz des Stückes, denn von Anfang an ist auf diese Weise klar, dass es um die Personifizierung einer Tugend geht.

3b Das Personenverzeichnis spiegelt die **Ständeklausel** wider: Könige sind die Handlungsträger der Tragödie. Zu den „stummen Personen" gehören Hofleute und das Gesinde.

45 Willi Flemming (Hrsg.): Andreas Gryphius „Catharina von Georgien." Abdruck der Ausgabe von 1663 mit den Lesarten von 1657. Einleitung. – Tübingen (Niemeyer) ³1955, S. IX.

46 Ebenda, S. 12.

47 Willi Flemming: A.a.O., S. X. Der Autor gibt genaue Hinweise auf Entstehungs- und Wirkungsgeschichte, auf Handlung, Aufbau und Form sowie auf Spezialliteratur.

3c Die Konfrontation der Figuren ist eindeutig: Hier die christliche Königin und ihre Begleitung, dort der mohamedanische Schah und seine Berater, vermittelnd dazwischen die russischen Gesandten.

3d Der **Kupferstich** zeigt einen Palast, dessen Größe durch ein mächtiges Portal mit einem weiten Ausblick auf die Stadt angedeutet wird. Die Personen – zwei Begleiter, wohl der Schah und vor ihm in tiefer Verbeugung ein Ankömmling – zeigen, wie hoch der Vorsaal ist, der von mächtigen Statuen flankiert wird, die in Nischen stehen.
Dieses Bühnenbild – große Staatsaktion, pompöses Ausstattungstheater – entspricht dem hohen Stil, dem genus grande, der Tragödie.[48]

4a Die **Embleme** passen zu „Catharina": Die Königin verkörpert die „feststehende Weisheit" ebenso wie die Constantia (Amboss-Emblem) und vermeidet die Hybris, wie sie im Ikarus-Emblem zum Ausdruck kommt.
Der eigene Vorschlag könnte sich am Titelkupfer zum Stück orientieren. „Er stellt die Königin dar, die sich auf einen Tisch mit Blumenkorb mit dem rechten Arm aufstützt; in der linken Hand hält sie eine Tulpe; sie tritt auf einen Schild, neben dem ein Panzer, dahinter ein Türkensäbel liegt. Ihr Blick wendet sich zum Himmel, aus dem ein Engel ihr Palmwedel und Krone entgegenbringt. So beachtet sie Abbas nicht, der auf der rechten Seite steht und ihr mit seiner rechten Hand eine Krone hinhält."[49]

4b Das **Ikarus-Emblem** hat folgende Subscriptio[50]: „In allem Maß halten.
Wer sich zu hoch aufschwingt, überschätzt sich, wer sich zu sehr erniedrigt, handelt würdelos; derjenige aber, der das Rechte tun will, hält sich in der Mitte."
Der Vergleich mit dem Emblem „Erkenne dich selbst!" zeigt Übereinstimmung in der Betonung menschlicher Würde, die ihre Begründung aus der Vorstellung von der Ebenbildlichkeitslehre erhält.

Seite 128

5a **Grundgedanken Marc Aurels:**
- Handeln nach einem festen Lebensplan
- Unerschütterliche Festigkeit, wie der Fels in der Brandung
- Nichtigkeit des Irdischen gegen die Beständigkeit der Tugenden Treue, Ehrfurcht, Gerechtigkeit und Wahrheit
- Gelassenheit im Warten auf den Übergang, bis dahin sind die Götter zu ehren
- Glück durch vernünftiges Denken und Handeln
- Standfestigkeit sowie rechtes Denken und Handeln haben die Menschen und Gott gemein.

5b Manche Schüler kennen vielleicht die kämpferische Gegenparole: „Du sollst nicht Amboss, sondern Hammer sein!" Zu erwarten wäre als Vorschlag für eine subscriptio etwa: Auch noch so viele Hämmer können meine Standfestigkeit nicht erschüttern. Die subscriptio zum **Amboss-Emblem** lautet im Original[51] so:
„Der Beständige ähnelt dem Amboss, der die Macht der Hämmer nicht fürchtet. Das tugendhafte Herz ist so gewappnet, dass es sich vor der Härte des Unglücks nicht ängstigt. Vor Raserei, Zorn und Bosheit hat es keine Angst; jedem Übel kann es unverzüglich die Stirn bieten. Auch Widerstände können es nicht davon abbringen, zu Ehre und Tatenruhm zu gelangen. Beständigkeit lässt den Weisen zur Fülle seines Wesens gelangen und Adel erwerben."
Der *Vergleich* mit Grundgedanken des Marc Aurel ergibt eine völlige Übereinstimmung unter dem Aspekt der Constantia. In

der Funktionsbeschreibung geht der philosophische Text aber weit über das Emblem hinaus, indem er die Standfestigkeit nicht als Selbstzweck sieht, sondern als Verhaltensweise, um zu Gott zu kommen.

5c Die **Erörterung** des Appells von Marc Aurel könnte ansetzen bei der heute in vielen Bereichen geforderten Flexibilität.
Auf den ersten Blick scheint Constantia dieser aktuellen Forderung diametral entgegenzustehen, wenn diese als Unbeweglichkeit, ja Starrheit oder gar Sturheit missdeutet würde. Aus dem Kontext des philosophischen Zitats wird jedoch klar, dass mit Constantia eine ethisch-religiöse Fundierung gemeint ist, die einer substanziell verstandenen Flexibilität nicht zuwiderlaufen würde. Denn – richtig verstanden – meint Flexibilität ja eine situations- und zielbezogene Wendigkeit, ein rasches und kreatives Reagieren auf die sich plötzlich ändernden Umstände – in persönlichen, gesellschaftlichen und ökonomischen Bereichen, ohne existenzielle und ethisch-religiöse Werte und Normen aufzugeben. Über Redensarten – „der/die hat Charakter", „der/die zeigt konsequentes Verhalten", der/die hat Format" – könnte das Zitat beleuchtet werden, wobei sowohl die Umschreibungen als auch die Wertungen eine klare semantische Differenzierung verlangen, denn zwischen „Sturheit" und dem Handeln aus „tiefster Überzeugung" liegen Welten.

Seite 129

Texterläuterungen:

„Herr Peter Squenz", ein „Schimpfspiel" in drei Aufzügen, war bei den Zeitgenossen des Andreas Gryphius äußerst beliebt, wie die vielen Aufführungszeugnisse belegen. Den Stoff kannte der Autor nicht unmittelbar aus Shakespeares „Sommernachtstraum", sondern wohl über Komödianten englischer Wanderbühnen in der Bearbeitung des Daniel Schwenter (1585–1636), eines Professors für Mathematik und Orientalistik an der Universität Altdorf (Nürnberg).
Typisch für das Genus humile ist ein doppelter parodistischer Umschlag: Der aus Ovids „Metamorphosen" stammende klassische Stoff der Liebestragödie von Pyramus und Tisbe (s.u.), der Inhalt eines Trauerspiels sein müsste, wird Gegenstand einer Komödie, die in der Tradition der Rüpelposse mit all ihren Flegeleien und Unflätigkeiten steht. Während die „spielenden Personen" dilettierende Handwerker unter der Spielleitung des Schreibers und Schulmeisters Peter Squenz sind, gehören die „zusehenden Personen", der König, seine Familie sowie ein Marschall, den höchsten Ständen an.
Wie drastisch die inhaltlichen und sprachlichen Fehler („die Säue") sind, zeigt schon die Inhaltsbeschreibung durch Peter Squenz: „Der heilige alte Kirchenlehrer Ovidius schreibet in seinem schönen Buch memorium phosis[52], dass Piramus die Tisbe zu einem Brunnen bestellet habe; inzwischen sei ein abscheulicher, hässlicher Löwe gekommen, vor welchem sie aus Furcht entlaufen und ihren Mantel hinterlassen, auf dem der Löwe Junge ausgehecket. Als er aber weggegangen, findet Piramus das blutige Gewand und meint, der Löwe habe Tisbe gefressen; darum ersticht er sich aus Verzweiflung. Tisbe kommt

---

[48] Grundlegende Informationen und zahlreiche Illustrationen gibt Edmund Stadler: Die Raumgestaltung im barocken Theater. In: Rudolf Stamm (Hrsg.): Die Kunstformen des Barockzeitalters. Vierzehn Vorträge. – Bern (Francke) 1956, S. 190–226.

[49] Willi Flemming: A.a.O., S. V.

[50] Vgl. Arthur Henkel/Albrecht Schöne (Hrsg.): Emblemata. A.a.O., Sp. 1617.

[51] A.a.O., Sp. 1409.

[52] Gemeint sind die „Metamorphoses" IV, 55–166.

wieder und findet den Piramus tot; derowegen ersticht sie sich ihm zum Trotz."[53]

Indem die kleinbürgerlichen Schauspieler, die auch die Requisiten (Mond, Wand, Löwe und Brunnen) darstellen, zusätzlich zu ihrem mangelhaften Verständnis auch Wirklichkeit und Spiel fortlaufend verwechseln, kann die Komödie auch als Parodie auf die bürgerliche Tradition der Meistersinger verstanden werden. In der oft derben Prosa, vermengt mit Knittelversen und mundartlichen Elementen, ist auch sprachlich ein äußerster Kontrast zum hohen Stil der barocken Alexandriner-Tragödie erreicht. Inhaltlich und sprachlich führen die Spieler ihr stofflich hohes Streben selbst ad absurdum. Trotzdem erhalten sie als Gnadenerweis des Königs – vielleicht als Abglanz der göttlichen Gnade gegenüber den irdischen Unzulänglichkeiten? – „nur ein Trinkgeld für die Säu'."[54] Trotzdem werden die Akteure nach Herbert Cysarz[55] „nicht als Menschen ausgelacht", „nicht moralisch gewogen, sondern ästhetisch zu leicht befunden. [...] Das Squenzische, noch das Gossenhafte im „Squenz" ist für Gryphius nie Selbstzweck. Vielmehr werden die hilfswilligen Schnorrer des Barocktheaters, menschlich unverachtet, als Narren aufgenommen in Gottes große Fasnacht. Sie vervollständigen die barocke Scheinwelt. Ja, indem Gryphs ,absurde' Komödie die gemimte Begebenheit [...] zugleich von unten – nicht von außen – zeigt, hilft sie die Illusion berichtigen. Die handfesten Zünftler entlarven das hohle Pathos, die gewaltsame Allegorisierung von allem und jedem zum theatralischen Möbel, die Plattheit in bombastischer Verkleidung. Das Allzumenschliche widerlegt den blühenden Schwulst, der nur himmelhoch redet und nicht erhebt noch verwandelt. Und es widerlegt sich selbst zugunsten des wahrhaft barocken Scheins, der jederlei Wirklichkeit einschließt."

Das Gryphius ursprünglich daran dachte, die Komödie im Anschluss an eine Tragödie aufzuführen, beabsichtigte er eine potenzierte Kontrastwirkung.

 6 Der Vorschlag für die arbeitsteilige *Gruppenarbeit* zur Inszenierung des Tragödien- und des Komödienschlusses entspringt mehr didaktischen als zeitökonomischen Überlegungen: Barocktheater als Bühne im weltlichen und religiösen Sinne kann am besten über einen **Inszenierungsvorschlag** verstanden werden, wobei durch die kontrastive Ausrichtung des Arbeitsauftrags die „hohe" und „niedere" Version des Schein-Sein-Exempels erarbeitet und verglichen werden soll. Durch den in der Kleingruppe intensiv möglichen Transfer von Kenntnissen über Thematik, Personal und barocke Poetik des Dramas wird über die motivierende handlungsorientierte Methode gleichzeitig auch eine sehr ergiebige immanente Lernerfolgskontrolle möglich.

6a

Aspekte	„Catharina"-Trauerspiel	„Absurda Comica"-Schimpfspiel
1. Regieanweisungen: 2. Inszenierungsvorschläge:	– „Großer Stil" mit feierlichem Pathos der Hauptfiguren auf dem repräsentativen Schauplatz; großer Gestus leidenschaftlichen Sprechens. – Die herausgehobene Einzelfigur des *Schahs* als des zerknirschten und reuigen Gegenspielers (z.B. Beschreibung von Haltung, Stellung auf der Bühne, Mimik und Gebärden, Beleuchtung etc.) – *Catharina* (nur über Stimme, Lichteffekte oder höchstens als Schattenfigur?) erscheint als Gestalt aus der andern Welt; stummes Spiel des Schahs während ihres Monologs.	– Milieu der „kleinen Leute", Parodie auf Rituale der Meistersinger; Situationskomik als Ergebnis von Unzulänglichkeit und Einfältigkeit. – Der Protagonist Peter Squenz steht dem König und dem Prinzen gegenüber: oben – in der Zuschauerloge die „Herrschaften" –, unten auf der Szene Peter Squenz. – Freundliche Herablassung steht gegen wichtigtuerische Bemühtheit (Beschreibung bzw. Skizzierung von Schauplatz, Bühnenbild, Kulissen, Requisiten und Kostümen). Gegensätze in Auftreten und Sprechweise sind über Rezitationsversuche herauszustellen.

6b Simuliert werden soll eine *intensive Probenarbeit,* wobei über die Rollenbesetzung auch Details zu Kulissen, Kostümen, Stellung und Bewegungen der Figuren auf der Bühne, Mimik, Gestik und Sprechweise innerhalb des jeweiligen Genres zu sprechen ist.

Stichworte dazu könnten sein:

Rollenbesetzung und Regieanweisungen

Catharina ← → Schah		König Theodorus ← → Peter Squenz	
– Jüngere, aber reife Frau, die Glaubwürdigkeit, Würde und Überzeugungskraft ausstrahlt. – Selbstsicher im Auftreten als starke Persönlichkeit – Kontrollierte Bewegungen in Mimik und Gestik – Sie spricht mit Nachdruck, großem Ernst.	– Nach Gestalt und Aussehen Gewaltherrscher, der unnahbar und überheblich auftritt. – Leidenschaftlich-hochfahrend und unbeherrscht – Dynamische Bewegungen – Am Schluss Umschlag in reuige Zerknirschung und Unterwerfung	– Majestät mit königlicher Würde, aber großer Menschlichkeit, mit viel Humor und Offenheit. – Durch Haltung, Gestik und Mimik Ausdruck der Überlegenheit des Wissenden – Er spricht nachsichtig und humorvoll, aber leicht ironisch.	– Der „Held" als posierender Wichtigtuer, der in eitler Selbstüberschätzung befangen ist. – Der Gestus des Bedeutsamen wird durch die „Säue" ständig karikiert. – Unsicher in Sprache und Haltung, hohles Pathos; unfreiwillige Demaskierung

[53] Andreas Gryphius: Absurda Comica oder Herr Peter Squenz. Schimpfspiel in drei Aufzügen, hrsg. von Herbert Cysarz. – Stuttgart (Reclam) 1982, S. 14f.

[54] Ebenda, S. 52.

[55] Herbert Cysarz: Motive, Komik und Text des „Peter Squenz". A.a.O., S. 8.

7 Sinnvoll wäre die häusliche Arbeit, um für die unterrichtliche Auswertung die Sprachuntersuchung zu „Horribilicribrifax" vorzubereiten.

TA Analyse zu „Peter Squenz"		
Stilmerkmale	Situationskomik	Wortwitz
– unterschiedliche Sprechhaltung bei König/Prinz und Peter Squenz: Initiativen durch Fragen beim König und beim Prinzen; unzureichende Antworten bei Squenz; – „Stilgefälle", umständliche Wiederholungen und Häufungen von Squenz; – „Säue" zur Entlarvung des Unvermögens	– das Spiel im Spiel; – Kontrastierung: Witz ↔ Geld; – Komödie als Tragödie bezeichnet; – die „Rechenkünste" des Schulmeisters; – Kalauer; – umständliche Verabschiedung	– stilisierte Umständlichkeit und Tölpelhaftigkeit des Peter Squenz; – „Sau" als Metapher für Fehler; – Vergleiche (z.B. Adam Riese) als Mittel der (unfreiwilligen) Selbstironisierung.

8 Die Überschrift der Teilsequenz könnte auch ohne Fragezeichen stehen, wenn „Theater" im doppelten Sinn verstanden wird: Einmal als repräsentative Schaustellung eines auf imposante Wirkung bedachten Lebensstils, zum andern als Metapher für die Welt- und Lebensbühne, auf der die Menschen sich entscheiden müssen und auf der der Erkenntnisprozess vom Schein zum religiös verstandenen Sein führt.
(Als Transferaufgabe oder als Lernerfolgskontrolle sind unterschiedliche Aufgabenarten möglich. Vgl. **K 4** bis **K 6**, LB, S. 219f.)

III. Die Ordnung der Welt (S. 130-143)

Mit der Kategorie „Ordnung" wird ein philosophisch und religiös begründetes Grundprinzip der Epoche erfasst, das nach den „Gesichtern" und „Sinnbildern" erst auf einer dritten, abstrakteren Stufe der Betrachtung umfassend zugänglich wird. Die Schüler wird es zunächst überraschen, dass dieses Prinzip über alle verwirrenden Einzelerscheinungen der Epoche dominiert (vgl. Einführungstext, S. 130). Natürlich gelingt es leichter, bei einer Gesamtbetrachtung diesen Ordnungsgedanken zu explizieren als bei einer auf Teilaspekte reduzierten Besprechung. Aber auch in letzterem Fall sollte zumindest über die exemplarische Interpretation eines Sonetts (SB, S. 134f.) die Ordnung der Sprache erkennbar werden.

S. 130-133: III,1. Die Ordnung des Denkens – Philosophie und Kampfschriften

Die Beschränkung auf je zwei **philosophische und ethisch-politische Texte** folgt einem doppelt akzentuierten Auswahlprinzip: Die Texte der Philosophen Pascal und Leibniz, ergänzt durch Informationen über ihr Leben und Werk, zeigen ein Zweifaches, das für die Epoche Barock bezeichnend ist: Einmal die nahezu universale Gelehrsamkeit, die in dieser Komplexität und Vielfalt später nie mehr erreicht wurde, zum andern ein eindrucksvolles Phänomen des Übergangs: Die hier vorliegende Form philosophisch reflektierter Religiosität und Theologie repräsentiert eine Entwicklungsstufe zwischen mittelalterlicher Glaubensgewissheit und moderner aufklärerischer Vernunftgewissheit.
Ganz ähnlich werden in den Schriften Friedrich von Spees und Christian Thomasius' zwei Phasen eines Kampfes fassbar: Während Spee juristisch und ethisch gegen die Grausamkeiten und Ungerechtigkeiten der Hexenprozesse argumentiert, stellt Thomasius den Hexenglauben grundsätzlich in Frage und erweist sich hierin bereits als Aufklärer. Durch vergleichende **Beschreibung, Erörterung** und **Gestaltungsaufgaben** soll versucht werden, den Jugendlichen die inhaltlich und formal sehr schwierigen Texte zu erschließen.

Mögliche Ziele:
1. Über Vorgestaltung und Analyse zu philosophischen Texten Zugang gewinnen
2. Tendenzen einer geistesgeschichtlichen Übergangszeit erkennen
3. Über die Aktualität der Thematik reflektieren

Seite 131

Methodenerläuterungen:
Um die Jugendlichen den Ordnungsgedanken „anschaulich" erfahren zu lassen, könnte kontrastiv gearbeitet werden: Einige Dias zu barocken Fresken und Stuckverzierungen könnten Farbe, Bewegung, Lichtfülle und reiches Dekor nochmals als Detailmerkmale barocker Darstellung ins Gedächtnis rufen.
Der ungesteuerte Vergleich mit dem „Garten von Herrenhausen" (SB, S. 130) würde die geometrisch strenge Ordnung des Ganzen zeigen. Ein Blick auf den Idealplan des Klosters Weingarten (SB, S. 120) ergibt einen ähnlichen Eindruck, so dass als Schlussfolgerung resümiert werden könnte: Die Vielfalt im Detail fügt sich ein in eine strenge Ordnung des Ganzen.

1 Die einprägsame Sprache **Pascals** erlaubt es, den Text (als Hausaufgabe oder im Einzelarbeitsauftrag) untersuchen zu lassen.

1a Die Größe des Menschen erweist sich darin, dass er als denkendes Wesen – „ein Schilfrohr, das denkt" (Z. 13f.) – sich über seinen Ort im Sein im Klaren ist: „eine Mitte zwischen Nichts und All" (Z. 2).
Die Grenzen des Menschen sind bezeichnet durch seine Nichtigkeit vor dem All (Z. 3f.) und seine Zerbrechlichkeit („Schilfrohr", Z. 13f.).

1b Traditionell in Pascals Denken ist seine demütige Ehrfurcht vor dem Unendlichen. Modern ist seine ausgeprägte Rationalität mit dem hohen Rang des Denkvermögens.

Seite 132

2 Der sehr schwierige Text von **Leibniz** ist nicht ohne intensive Arbeit (z.B. Lesen mit Bleistift auf Einlegefolie, SB, S. 14, Notieren von Verständnisfragen, Exzerpt, Anlage eines Konspekts etc.) und nicht ohne deutliche Hilfe des Lehrers (z.B. durch gemeinsames Erlesen, Annotieren und Kommentieren) zu erschließen. Als Motivation und „Einstieg" hat sich folgender Weg bewährt:

2a Die eigenen *Reflexionen* könnten den Zugang zu Leibniz' Gedanken erleichtern. Elementare Grundsätze der Argumentation ließen sich auf diese Weise wiederholen.

– Die Welt ist gut, so wie sie ist: Die kosmische Ordnung (z.B. Galaxien), der Zyklus der Jahreszeiten, die menschliche Freiheit, Schöpferkraft, Solidarität, Liebe etc. könnten erörtert werden.
– Die Welt ist schlecht, so wie sie ist: Krankheit und Tod, Not und Leid, Ungerechtigkeit und Bosheit, Egoismus und Verbrechen sowie Gewalt und Krieg wären zu erwähnen.

2b Angeregt durch die eigenen Gedanken fällt der *Vergleich* mit zentralen Aussagen Leibniz leichter:

– Gott handelt seiner „höchsten Vernunft gemäß" und schafft deshalb: die beste aller möglichen Welten.
– „Die Welt ohne Sünde und ohne Leiden" wäre nicht besser, weil das Gute und Schlechte zur ganzen Ordnung gehören.
– Die Welt „ohne Sünde und ohne Elend" gliche Utopien, würde aber unserer – von Gott geschaffenen Welt – „bedeutend nachstehen", denn wir wissen, „dass ein Übel oft ein Gut bewirkt".

Der Vergleich zeigt ein Doppeltes: Leibniz schließt von der Vollkommenheit Gottes auf „die beste unter allen möglichen Welten"; das Unvollkommene in dieser Welt hat eine positive Funktion: z.B. als Herausforderung menschlicher Entscheidungsfreiheit, als Appell an sein ethisches Vermögen etc.

2c Glaube als absolute und unreflektierte Setzung im Mittelalter. Seine rationale Rechtfertigung zeigt, dass es für eine ganzheitliche Auffassung des Menschen keine Bereiche gibt, die nicht mit dem Verstand erfasst werden sollen. Dabei wird von Leibniz nicht geleugnet, dass die „Unendlichkeiten" nicht durchdrungen werden können.

Texterläuterungen:
Die Texte gegen das **Hexenunwesen** stehen in deutlichem Kontrast zu den Aussagen Pascals und vor allem zu Leibniz'. Die Diskrepanz zwischen „hehren" Gedanken und grausamer Wirklichkeit ist als Herausforderung an die Schüler gedacht, sich auf eine Auseinandersetzung einzulassen, an deren Ende etwa folgende Einsicht stehen könnte: Selbst in einem Bereich, der in seinem dumpfen Fanatismus und seiner barbarischen Unmenschlichkeit im negativsten Sinne als „mittelalterlich" erscheint, bahnen sich bereits im 17. Jahrhundert, also lange vor dem Zeitalter der Aufklärung, maßgebliche Entwicklungen humanen Denkens und vernünftigen Handelns an. Als Beispiele für „Kampfschriften", die wesentlichen Anteil hatten, die Welt wirklich zu verändern, stehen die Texte von Friedrich von Spee und Christian Thomasius tatsächlich einzigartig da.

3a Der Titel **„Hexenhammer"** lässt an erbarmungsloses Zerschmettern und Vernichten denken, eine Vorstellung, die außer rücksichtsloser Gewalt keinen Raum lässt.
Friedrich von Spees Hauptthesen lauten:

– Vor verleumderischen Anschuldigungen ist niemand sicher.
– Durch Feuerbrände kann man die „Hexenplage" nicht beseitigen.
– Vielmehr sollte man dem Problem mit christlicher Nächstenliebe, nach den Normen des Naturrechts und mit dem gesunden Menschenverstand begegnen, um das eigene Seelenheil nicht zu gefährden.

3b **Friedrich von Spees** Schrift stand in ihrer Zeit nicht nur diametral gegen die herrschende Praxis, sondern gegen

die Lehre der Inquisition und die sie tragenden weltlichen und kirchlichen Kräfte. Der Autor befand sich wegen seiner Thesen in Lebensgefahr. Aus dieser Situation ist die „feierliche Erklärung" am Schluss des Buches[56] zu verstehen:
„Wenn ich etwas geschrieben habe, was der heiligen Römischen Kirche missfällt, so soll es nichtig sein, ich verdamme und verfluche es. Ebenso alles, was jemanden unrechterweise kränken sollte, usw."

Seite 133

4 **Christian Thomasius** wendet sich nicht nur gegen die unmenschlichen Hexenprozesse, sondern er bestreitet, dass es „ein Laster der Zauberey" gebe. Zwar existiere der „Teuffel", aber es bestünden keine Verträge zwischen Hexen und Zauberern mit dem Satan. Diese Leugnung satanischen Zaubers aber ist bereits die Auffassung der Aufklärung.

5 **Jakob Sprenger** und **Heinrich Institoris** fordern im „Hexenhammer" (1487) die allerschwersten Strafen für Hexen. Deren Verbrechen gingen über alle Schandtaten hinaus, da sie nicht nur Abgefallene seien, sondern den Dämonen auch „Leib und Seele" preisgegeben hätten. Mit dieser Vorgabe kann eine produktionsorientierte Verarbeitung der hier skizzierten Positionen[57] gelingen.
Möglich wäre die Form einer *Podiumdiskussion* mit einem Gesprächsleiter, der in die Thematik einführt, die Auseinandersetzung steuert und zusammenfasst. Wichtig wäre es, einerseits die rigide und unbewiesene Thesenhaftigkeit von Sprenger/Institoris hart zu postulieren, andererseits über die Verfahrenskritik Spees zur radikalen Leugnung des Hexenwahns durch Thomasius vorzustoßen.

6 Die Anregungen sind als *Zusatzaufgaben* gedacht, sofern das Thema bei den Schülern das notwendige Interesse findet. Um die Aktualität der für überholt gehaltenen „mittelalterlichen" „Teufelsaustreibungen" zu zeigen, könnte der folgende Zeitungsbericht vorgelesen werden:

36-Jährige stirbt nach „Teufelsaustreibung"
MADRID (dpa) – Eine 36-jährige Spanierin ist in Granada an den Folgen einer brutalen „Teufelsaustreibung" gestorben. Wie das Krankenhaus Ruiz de Alda in Granada gestern bestätigte, war die Frau am Donnerstagvormittag mit schweren Verletzungen bewusstlos in das Krankenhaus eingeliefert worden. Die „Teufelsaustreiber" hatten die Frau offenbar gezwungen, große Mengen eines Salz-Trunkes zu schlucken und sie außerdem mit einer Eisenstange misshandelt. Die Ärzte konnten die Frau nicht mehr retten, da Gehirnblutungen bereits zu Schäden im zentralen Nervensystem geführt hatten. Der Vater des Opfers erstattete Anzeige gegen einen 46 Jahre alten Bäcker, der als „Satansaustreiber" fungiert habe und gegen drei Cousinen seiner Tochter, die diese zu dem Ritual überredet hätten.
Aus: Schwäbische Zeitung vom 3.2.1990.

6a Neben einem „privaten" Fall wie dem oben geschilderten, könnten auch Menschenrechtsverletzungen aus gegenwärtigen Krisengebieten Ausgangspunkt sein. Beachtet sollten dabei die Kriterien für die Abfassung eines Leserbriefs (vgl. SB, S. 98f.) werden. Sowohl die Sprache des aufrüttelnden Appells als auch die der beißenden Satire ist innerhalb des Erörterungsstils durchaus zulässig.

6b Das *Kurzreferat* (vgl. SB, S. 76) ließe sich in zwei Funktionen einsetzen:

– Nach häuslicher Lektüre der Texte 3 und 4 durch die Jugendlichen könnte ein Schüler – geleitet durch die Arbeitsanregungen und eventuell gestützt auf weitere Texte aus den genannten Werken (vgl. Anmerkung 57) – im Überblick informieren, wozu ein „offenes Arbeitspapier" (SB, S. 28) für das Mitschreiben und die Ergebnisfixierung hilfreich wäre.

---

[56] Friedrich von Spee: Cautio Criminalis oder Rechtliches Bedenken wegen der Hexenprozesse. Aus dem Lateinischen übertragen und eingeleitet von Joachim-Friedrich Ritter. – München (dtv) ⁴1986, S. 295.
[57] Sofern zusätzliche Texte notwendig sein sollten, sind sie leicht zugänglich in der vom Deutschen Taschenbuchverlag herausgegebenen dreibändigen Ausgabe „Von Zauberei und Hexenwahn" mit den Schriften Sprenger/Institoris (Nr. 2162), Friedrich von Spee (Nr. 2171) und Christian Thomasius (Nr. 5926). – München (dtv) 1987.

– Das Kurzreferat könnte als Zusammenfassung der Teilsequenz auch von allen Schülern vorbereitet werden, um die „kritischen Punkte" – motivierender Einstieg, pointierte Problemstellung, anschauliche Präsentation, interessante Diskussionsanstöße – zu „proben" und für das dann vorgetragene Referat die kritische Aufmerksamkeit zu entwickeln.
(Als Übungs- oder Klausuraufgaben würden sich mit unterschiedlicher Zielsetzung **K 7** und **K 8**, LB, S. 221ff., eignen.)

S. 134–137: III,2. Gegen das Chaos die strenge Form – Anwendung des Drei-Phasen-Modells am Sonett

---

Die Überschrift der Teilsequenz bezieht sich realhistorisch noch einmal auf das Jahrhundert des Krieges, geistesgeschichtlich auf die Wirrsal des Lebens schlechthin. Dem Chaos wollen die Dichter ihren Gestaltungswillen entgegensetzen. Nach der „Ordnung" im Denken erläutert dieser Abschnitt die „Ordnung" in der Dichtung, schwerpunktmäßig dargestellt am **Figuren- oder Bildgedicht** und am **Sonett**. Wenn hier die Vanitas-Thematik der ersten beiden Teilsequenzen nochmals aufgenommen wird, so geschieht dies in der Absicht, durch intensive Reflexion und Beschreibung der Inhalt-Form-Relation, speziell in den Ausprägungen von Antithetik und Parallelismus, näher zu kommen. Mit einer *Strukturskizze* zur strengen Bauform des Sonetts (SB, S. 135) soll ein Modus der Visualisierung vorgestellt werden, der in gegenstandsgemäßer Variation (vgl. z.B. SB, S. 169, 174ff., 247, 426f.) später erneut aufgegriffen wird. Vor allem visuell bestimmten Lerntypen wird damit ein Angebot gemacht, um einerseits komplexe Textstrukturen besser durchschauen zu können, andererseits gleichzeitig eine Verfahrenskonzeption für die eigene Darstellung zu gewinnen. Der in BLICKFELD DEUTSCH vertretenen Gesamtkonzeption schriftlicher Darstellungsformen (vgl. LB, S. 12ff.) liegt die Überzeugung zugrunde, dass Lernerfolge i.S. einer wachsenden Schreibkompetenz nur nach den Prinzipien von Nachhaltigkeit und permanenter Übung mit ausgewählten Schwerpunkten zu erzielen sind.
Die exemplarische **Interpretation eines Gryphius-Sonetts** hat innerhalb des Gesamtcurriculums von insgesamt acht Gedichtinterpretationen (vgl. Synopse, SB, S. 499ff.) eine spezifische didaktische Funktion: Nach der Demonstration von Annotation (SB, S. 10) und ganzheitlicher Beschreibung sowie Deutung (SB, S. 14ff.), Aspekten und Methoden des Vergleichs (SB, S. 19) und der Erschließung eines sprachlich „fremden" Textes (SB, S. 92) geht es jetzt darum, in der **Anwendung** erworbener Fertigkeiten eine Evaluation zu ermöglichen: Eine bereits mehrfach erfahrene Form, das Sonett, soll nun in seiner Struktur erschlossen sowie aus der Biografie seines Autors, seiner Gattungstypologie und seiner Epoche ganzheitlich gedeutet werden. Durch Schülerbeispiele und das professionelle Exempel einer Teilinterpretation werden Gelegenheiten zur Beurteilung und Verbesserung geschaffen, die Voraussetzungen für eine eigene Gesamtinterpretation bieten (vgl. Arbeitsanregung 2a oder 2b, SB, S. 136).

Mögliche Ziele:

1. Die Beziehungen eines Figurengedichts zu konkreter Poesie erkennen
2. Das Sonett als Paradigma enger Inhalt-Form-Relation verstehen

---

Seite 134

1a In der Gartenanlage und in den **Figurengedichten** wird ein großer Gestaltungswille sichtbar. In den Gedichten erfolgt die vollkommene Umsetzung eines Gegenstandes – eines Sarges und eines Apfels – in sprachliche Gestalt, die auch die typografische Form betrifft.

1b Dem religiösen Ernst des Barockgedichts steht die ironische Verfremdung im Gedicht Reinhard Döhls entgegen. Männling verbindet das Vanitas- und Memento mori-Motiv mit dem Motiv der Heilserwartung. Die Totenbahre wird zum Sinnbild dafür.
Döhl wählt einen sehr profanen Gegenstand und spielt druckgrafisch mit der Form, die durch „Wurm" aufgebrochen und ironisch relativiert wird.

1c Die *Gestaltungsaufgabe* fällt möglicherweise für ein barockes Figurengedicht leichter, weil durch die zahlreichen Embleme auch Bildimpulse gegeben werden (vgl. SB, S. 126f.) und die zentralen Motive inzwischen bekannt sind.
(Bei zu großen Vorbehalten gegen eine Gestaltungsaufgabe bzw. bei unzureichenden Fertigkeiten der Jugendlichen könnte mit anderen Figurengedichten, z.B. mit Sigmund Birken (1626–1681): „Ach! diese Stätt", eine Interpretationsübung gemacht werden.)

Texterläuterungen:

Nach Erich Trunz[58] zeigt Andreas Gryphius' Gedicht „Es ist alles eitel" besonders überzeugend, wie auch die strenge Form des Sonetts voller Spannung und Dynamik sein kann. Da im Schülerband (SB, S. 135f.) eine sehr textnahe Demonstration und Teilinterpretation abgedruckt sind, genügen an dieser Stelle einige Hinweise.
Nach der Eingangsthese (Z. 1), in der die Überschrift verstärkt wird, folgen in den Antithesen (Z. 2, 3, 5, 6 und 8) Exempla für den „mikrokosmischen" (Z. 2–9) und den „makrokosmischen" (Z. 12/13) Bereich der Vanitas.[59] Ein erster Höhepunkt ist mit der Frage nach dem Wesen des Menschen (Z. 10), ein zweiter mit der Conclusio in der Schlusszeile (Z. 14) erreicht. Das „Ach" (Z. 11) als Klage über die Hochschätzung der Eitelkeit klingt bis zur Schlusszeile durch, denn selbst jetzt will „kein einig Mensch" (Z .14) das Ewige „betrachten". Der umarmende Reim von der 11. zur 14. Zeile bindet den Gegensatz von Vergänglichkeit und Ewigkeit noch einmal zusammen. Erich Trunz sieht in diesem Sonett einen „Gipfel der Rhetorik"[60] und resümiert: „Vor Gryphius hatte es weltanschauliche Lyrik nur als Kirchenlied und als neulateinische Ode gegeben. Seine Gedichte von der Art dieses Sonetts waren daher eine schöpferische Tat. Sie schufen neu eine deutsche weltanschauliche Lyrik und führten sogleich zum Gipfel dessen, was im Barock auf diesem Gebiet erreicht wurde."[61]

Methodenerläuterungen:

Damit die Schüler der exemplarischen Demonstration mit höherem Reflexionsstand folgen können, hat sich eine *häusliche Vorbereitung* in verschiedenen Schritten mit folgenden Anweisungen bewährt:

– Machen Sie mehrere Rezitationsversuche und halten Sie den Gesamteindruck fest.
– Vergleichen Sie den Titel damit.

---

58 Erich Trunz; Andreas Gryphius: Es ist alles eitel. In: Benno von Wiese (Hrsg.): Die deutsche Lyrik. Form und Geschichte. Interpretationen vom Mittelalter bis zur Frühromantik. – Düsseldorf (Bagel) ¹1957. 1. Bd., S. 145 –151.
59 Ebenda, S. 149.
60 Ebenda, S.150.
61 Ebenda S. 151.

– Stellen Sie Hypothesen auf zum Zusammenhang zwischen den vier Strophen und orientieren Sie sich dazu auch an den Endreimen.
– Erschließen Sie über die genannten Beispiele der Nichtigkeit die jeweiligen Wirklichkeitsbereiche.
– Ermitteln Sie den Höhepunkt (die Höhepunkte) des Gedichts und überprüfen Sie von da aus Ihre Ergebnisse.

Ein *Arbeitsblatt* (in DIN-A4–Format mit ausreichendem Platz zwischen den Verfahrenshinweisen) erleichtert die Arbeit, und wenn zwei Schülerergebnisse auf Folien kopiert und projiziert werden, lässt sich die Auswertung im Plenum beschleunigen.

Die *Durcharbeitung* der drei Phasen (SB, S. 135ff. und LB, S. 17f.) kann in *Einzel- oder Partnerarbeit* erfolgen, wobei Letztere i.d.R. ergiebiger ist, weil mehr Fragen gestellt werden, die dann gemeinsam zu besprechen sind.
Die *Ausarbeitung* der Interpretation wäre als Übungsbeispiel nun in einer Doppelstunde zu leisten. Wenn die *Besprechung* der Schülerbeispiele und der Teilinterpretation (SB, S. 134) v o r der Rückgabe der korrigierten Übungsaufsätze erfolgt, ist eine gute Vorbereitung der individuellen Verbesserung gewährleistet.

Was die **textexternen Aspekte** der Interpretation betrifft, könnten folgende Informationen eine Rolle spielen:

Textexterne Aspekte	Informationen	Deutung im Blick auf „Es ist alles eitel"
1. Die Biografie des Autors:	– Früh Waise, Erfahrung von Leid, Krieg und Verlust am eigenen Leibe (Verarmung, Zerstörung der Schule, Pest) – Umfassende Bildung schon in jungen Jahren; rascher Aufstieg, aber stete Gefährdung	– Das Thema „Vergänglichkeit" ist vom Autor seit der frühen Kindheit erfahren und erlitten. – Zu den Topoi der tradierten Rhetorik tritt Erlebtes, wodurch die Eindringlichkeit des Sonetts besonders glaubwürdig wird.
2. Die tradierte Gedichtform „Sonett":	– Seit dem 13. Jh. durch Petrarca entwickelt, im Barock häufig gewählt – Das Sonett ist der Inbegriff einer strengen gedanklichen und syntaktischen Struktur. – Seine Klimax- und Finalstruktur entspricht der Vorstellung, dass die Heilserwartung am Ende stehen sollte.	– Das Verfügen über eine reiche humanistische Bildung erlaubt den Rückgriff auf die gemäße Form. – Das Chaos kann nur in einer strengen Form mit klarer Zielsetzung „gebändigt" werden.
3. Die Epoche:	– Tradition der Mystik (Kontemplation, Meditation und Askese) – Hauptmotive der Dichtung (memento mori, vanitas, carpe diem, Seligkeit in Gott) in ihrer Antithetik – Tradition der Rhetorik als Bildungswissen	– Wechselspiel von Erfahrung und Zeittendenzen, aus dem ein Kunstwerk entsteht. – Der Rang einer Dichtung innerhalb einer Epoche und eines Zeitstils bestimmt sich im Barock nach dem Maß der gelungenen Gestaltung.

Seite 136

2a Die *Ausarbeitung* der Interpretation zu „Es ist alles eitel" wird i.d.R. von den Schülern vorgezogen, weil durch wichtige Vorarbeiten mehr Sicherheit gegeben ist. Und da es bei diesem Übungsaufsatz vor allem auf die sprachliche Umsetzung ankommt, kann auch das Schülerbuch als Stoffsammlung und Gliederungshilfe benutzt werden.

2b Nur in seltenen Fällen wählen sehr gute und selbstständige Schüler an dieser Stelle als Transferaufgabe „Thränen des Vaterlandes".[62]
Üblicher ist es, diese Aufgabe als Klausurarbeit zu nutzen. (Für die Besprechung wäre eine Schülerarbeit gut geeignet.
K 9 , LB, S. 224)

Seite 137

3a/b Außer dem Beispiel b (zu ungenau in der Gattungsbeschreibung, ohne Titel und zu einseitig in der inhaltlichen Aussage) sind alle **Einleitungen** insgesamt brauchbar. Während das Beispiel a von der Verunsicherung ausgeht und die Interpretation als Klärungsprozess versteht, enthält das Beispiel c die genauesten Informationen. In d müsste der Vorname des Autors ergänzt werden.
Bei den **Schlüssen** ist die Lösung a am überzeugendsten: Sie fasst Ergebnisse sachlich richtig und genau zusammen und argumentiert schlüssig. Der Schluss b bleibt oberflächlich-geschmäcklerisch in der Einschätzung und gründet seine Ablehnung des Gedichts auf eine Fehlinterpretation („nihilistisch"). Der Vorschlag c bezieht sich auf die Einleitung a (SB, S. 136) und reflektiert den Verstehensprozess sehr gut, jedoch fehlt eine differenziertere Darstellung des Epochenbezuges.

4a Die **Interpretation** des ersten Quartetts verfährt sehr textnah, geht vom Titel aus, erwähnt aber auch die Stoffgeschichte (Z. 2f.) und zeigt die Herkunft von „eitel" aus der Bedeutung im 17. Jahrhundert. Mit der Einschätzung als Gedankenlyrik wird indirekt auch das analytische Verfahren gerechtfertigt, das (zusätzlich zur Aufgabenstellung) in einer dritten Spalte zu erheben wäre.

TA	**Beschreibung von Aufbau und Methode**	
immanente Aspekte	textexterne Aspekte	Methode
– Erste Zeile als Wiederholung des Titels → Verstärkung der Aussage, aber auch Einschränkung: „auf Erden". – Konkretisierung des Abstrakten: Wiederholung („siehst") und Exempla: Antithesen, so dass Gestaltung und Zerstörung diametral entgegenstehen (Z. 2/3). – Aber auch nach Zerstörung der Städte wird wieder Leben einkehren (Relativsatz mit dem Idyll des spielenden Kindes).	– Verweis auf die Stoffgeschichte: Motiv der Überschrift als Zitat aus dem Prediger Salomo (Kap. 1, Vers 2) – Christliche Überlieferung – Beispielhäufung ist keine individuelle Eigenart des Autors, sondern ein übliches rhetorisches Mittel der Barockdichtung. – Gedankenlyrik als besonderes Genre	– Zuerst genaue inhaltliche und formale Beschreibung, danach erst die Deutung. – Schlüssige Verbindung textimmanenter und textexterner Aspekte – Genaue Bezugnahme auf den Text durch Zeilenangaben

---

[62] Vgl. Erich Trunz: Andreas Gryphius: Thränen des Vaterlandes. Anno 1636. In: Benno von Wiese (Hrsg.): A.a.O., 1. Bd., S. 139–144.

4b Die **Wechselbeziehung** von Inhalt und Form ist generell überzeugend gedeutet, aber besonders dicht erscheint sie in den Zeilen 7–15: Indem der Interpret die Beziehung zwischen Titel und erster Zeile nicht nur inhaltlich analysiert, sondern in der Aussage die immanente Frage aufspürt, gelingt es ihm, von Anfang an die Finalstruktur des Sonetts in den Blick zu nehmen.
(Bei entsprechendem Interesse der Schüler könnte eine Kurzinterpretation in ähnlicher Weise untersucht werden. **K 10**, LB, S. 225)

S. 137–143: III,3. Die Ordnung des Wortes – Sprachreform und Poetik

Gleichsam als Engführung zur Analyse des Ordnungsprinzips im Barock konzentriert sich die letzte Teilsequenz auf die Ordnung des Wortes. Über ein dichterisches Beispiel hochgradiger Sprachverhunzung – in satirischer Absicht durch Andreas Gryphius – soll eine Problematisierung erreicht werden. Gesteigert wird die satirische Entlarvung in einem drastisch karikierenden Flugblatt, das die Umstände expliziert, aus denen die Sprachverderbnis zu verstehen ist und das als dringender Aufruf zu einer **Sprachreform** zu interpretieren ist. Die Bemühungen der **Sprachgesellschaften** werden nur auf diesem Hintergrund verständlich. Dass wichtige Bestandteile des heutigen Wortschatzes Ergebnis der sprachschöpferischen Bemühungen der Reformer des 17. Jahrhunderts sind, soll dabei ebenso deutlich werden wie die kuriosen Missgriffe mancher Eiferer und Puristen. Wie aktuell dieser Aspekt ist, zeigt ein Blick auf die gegenwärtige Sprachdiskussion. Denn von den Reformbemühungen im Barock aus lassen sich Verbindungen knüpfen zu manchen aktuellen Bestrebungen, in denen berechtigte Anliegen oft direkt neben grotesken Übertreibungen und lächerlichen Irrwegen (vgl. SB, S. 430ff.) liegen. Über zwei maßgebliche Lehrbücher der **Poetik** soll mit Gottfried Wilhelm Leibniz ein Beispiel früher **Sprachtheorie** gegeben werden, das einen Ausblick auf moderne Zeichentheorie eröffnet.
Mit der abschließend gebotenen **Sprachgeschichte** wird die Grundlegung im Kapitel „Mittelalter" fortgeführt. Gleichzeitig ist damit eine Basis bereitet für die sprachphilosophischen und sprachtheoretischen Beiträge der Weimarer Klassik (SB, S. 232ff.), der Romantik (SB, S. 271f.) und der Moderne (SB, S. 341ff. und 428ff.).

Mögliche Ziele:

1. Sensibilisierung für Sprachverwilderung und Sprachreform
2. Einblicke in Poetik und Sprachtheorie verschaffen
3. Den Anteil der Epoche Barock an der Entwicklung des Deutschen erkennen

---

Seite 137

Texterläuterungen:

Das Scherzspiel „Horribilicribrifax" von Andreas Gryphius gehört in das Genre der Bramarbasspiele, die von Titus Maccius Plautus (von 244–184 v.Chr.) und der Commedia dell'Arte vorgeprägt sind. Allerdings erscheint der prahlerische Typ des „miles gloriosus" bei Gryphius gleich in doppelter Verkörperung: Don Horribilicribrifax von Donnerkeil auf Wüsthausen äußert seine Großmäuligkeit überwiegend in einem italienisch-deutschen Kauderwelsch, während sein Widerpart Don Daradiridatumarides Windbrecher von Tausend Mord vorwiegend Brocken des Französischen verwendet. In diesem Zusammenhang ist die äußerst vertrackte Werbe- und Intrigenhandlung von sieben Paaren, angekündigt im Untertitel durch „Wehlende Liebhaber", die nach Tugendhaftigkeit und Leichtsinn differenziert werden, nicht von Belang. Entscheidend ist zum einen das Barockmotiv von Schein und Sein, das in den beiden Capitani-Typen durch deren Aufschneiderei und Feigheit so entwickelt wird, dass das Zusammentreffen im 5. Akt von Walter Hinck[63] als „Zusammenprall zweier Vacua" interpretiert ist, wobei die „absolute Leere ihrer selbst ansichtig wird" und damit den Schein nicht nur verurteilt, sondern gänzlich vernichtet. Zum andern wird das Ausmaß der Verirrung beider Aufschneider und Großmäuler in ihrer Sprachverhunzung deutlich. Indem diese in Gryphius' Satire nicht nur lächerlich, sondern verächtlich gemacht wird, liegt hier neben aller Kritik an den sozialen und moralischen Zuständen des Dreißigjährigen Krieges auch eine drastische Sprachkritik vor, die sich – ganz im Sinne der Sprachgesellschaften – gegen die Verrohung der Sprache durch die sich aufspielende Soldateska wendet. Dass die komische Wirkung weniger aus den Lustspielsituationen als aus dem deutsch-italienischen und französischen Sprachgemisch entsteht, das, eingefärbt durch Elemente der schlesischen Mundart des Autors, eine große Variationsbreite zwischen lachhaft-skurril und grobschlächtig-unflätig erreicht, beweist die Wichtigkeit der Form dieses Stücks.

1a Die *Rezitation* verlangt eine intensive Vorbereitung, am besten durch interessierte Freiwillige, eventuell auch durch eine Tonbandeinspielung mit entsprechender Geräusch- bzw. Musikunterlegung (z.B. durch Exerzierbefehle, Marschmusik). Angestrebt werden sollte, den aufgeblasenen „miles gloriosus" durch ebenso sinnwidrigen wie affektierten Sprachgestus als Maulhelden zu entlarven: Fragen sollten durch bedeutungsvolle Pausen abgesetzt sein. Die Entrüstung ausdrückenden Ausrufesätze müssen mit Steigerung der Lautstärke gesprochen werden. Dagegen sind die Passagen des Pagen im Ton stark zurückzunehmen. Sie wirken fast schüchtern, um die Unsicherheit seiner Aussagen hörbar zu machen.

1b Für eine *Inszenierung* wären neben übertrieben großen Attributen des Militärischen (Rüstung, Säbel etc.) ein Bühnenbild zu planen, das durch Überhöhung das Martialische karikiert.
Der Capitano muss durch Mimik (grimmassierend wild), dramatisierende Gestik und Bewegungen den „großen Auftritt" suchen. Dabei soll der Möchtegern-„Held" durch Gestalt, Kostüm und pompösen Habitus eine bühnenbeherrschende Wirkung gegen den subalternen Pagen entwickeln. Aber auch durch die Übertreibung ins Gegenteil – kleine Gestalt, Kinderspielwaffen, narrenhafte Kostümierung etc. – könnte aus der Diskrepanz zwischen Gestalt und großen Worten die demaskierende Wirkung erreicht werden.

2a Bei der *Übertragung* geht es um eine „Verdeutschung" der muttersprachlichen Passagen nach Syntax und Wortwahl. Der erste Satz lautete dann etwa so: „Was, der Kaiser hat Frieden gemacht, ohne mich zu fragen?" Dabei könnten Inversionen, altertümliche oder nicht mehr gebräuchliche Ausdrücke, historische Schreibweisen und der Fremdwortgebrauch sowie das Sprachgemisch erörtert werden. Wo es Freiwillige mit Latein- und Italienischkenntnissen gibt, wäre zusätzlich der Versuch einer Übersetzung der fremdsprachigen Einsprengsel zu machen. Wenn dabei beiläufig Parallelen zur heute üblichen Sprachverwendung eines deutsch-amerikanischen Gemischs erkannt würden, ergäben sich interessante

---

63 Vgl. Walter Hinck: Gryphius und die italienische Komödie. Untersuchung zum Horribilicribrifax. In: Germanisch-Romanische Monatshefte, N.F. 13 (1963), S. 120–146.

Fragen: Im Dreißigjährigen Krieg war das Kauderwelsch durch die Söldner aus vielerlei Nationen bedingt.

– Ist die Amerikanisierung der Sprache heute mehr durch kulturelle Dominanz (z.B. im Show- und Unterhaltungsbusiness) verursacht oder stärker durch kommerzielle Einflüsse der USA (z.B. als Folge einer amerikanisch dominierten Globalisierung.)? (Vgl. SB, S. 431f.)
– Welche Chancen haben heutige „Sprachpfleger", etwa im „Verein zur Wahrung der deutschen Sprache", mit ihren Bemühungen zur Sprachreinigung?
– Welche Maßnahmen und Sanktionen sind beispielsweise in Frankreich gegen das Eindringen der Anglizismen vorgesehen?
– Wie war es in der ehemaligen DDR mit dem Einfluss des Russischen auf die Alltagssprache?

2b Gryphius' **Sprachkritik** richtet sich nicht gegen die Fremdsprachen an sich, sondern gegen deren fragwürdige Funktionalisierung: Neben der inhaltlich belegten Wichtigtuerei des „Helden" über seinen Anteil an der großen Politik dienen die fremdsprachlichen Elemente – ganz ähnlich wie in vielen Bereichen heute das Englische – der vermeintlichen „Aufbesserung" der Muttersprache. Offensichtlich wird diese für ungeeignet gehalten, dem „großen Gedanken" und dem „hohen Gefühl" angemessenen Ausdruck zu verleihen. Außerdem versucht der „Held", seine Weltläufigkeit und universale Bildung auf diese Weise zu zeigen.
(Gut geeignet als weiterer Text ist der Auftritt des Daradiridatumtarides. **K 11** , LB, S. 225)

Gleichsam als konzentrierte Zusammenfassung der Sprachkritik kann Text 2 (SB, S. 138) gelesen werden: Wie es für ein **Flugblatt** angemessen ist, wird in volkstümlich-schlichter Verssprache, aber karikierend und pointiert auf drastische Weise Kritik geübt. Das Spiel mit der Unverständlichkeit wird in der sechsten Strophe auf die Spitze getrieben.

3a *Exzerpt* zu den Zielen der **Sprachgesellschaften:**
– Reinigung der deutschen Sprache von Fremdwörtern und idiomatischer Syntax
– Förderung einer einheitlichen Orthographie
– Klärung sprachwissenschaftlicher und poetologischer Fragen zur Gewinnung einer Literatursprache
– Kampf gegen das Alamodewesen und den Grobianismus

3b Das barocke **Ordnungsdenken** zeigt sich vor allem in den Tendenzen zur Vereinheitlichung, zur Klarheit und zur Übersichtlichkeit.
Hierin ist diese Tendenz durchaus vergleichbar mit der Gartenanlage von Herrenhausen (SB, S. 130) oder der klaren Struktur eines Sonetts (SB, S. 134f.).

Bilderläuterungen:

Erich Trunz[64] informiert über das Sinnbild des Palmbaumes: „Ein *Palmbaum* ist Sinnbild dafür, dass man aufrecht und gerade der Sonne (Gott) entgegenwachsen und dabei mit allem – Früchten, Blättern, Holz – anderen (den Menschen) nützlich sein sollte. Wenn also die ‚Fruchtbringende Gesellschaft' als Wappen einen Palmbaum wählte mit dem Satz ‚Alles zum Nutzen', so wusste damals jeder, was gemeint ist."

---

[64] Erich Trunz: Weltbild und Deutung im deutschen Barock. A.a.O., S. 31.

Seite 139

4a Das Nebeneinander von **Neologismen** und **Fremdwörtern** zeigt sich z.B.:

– *in Text* 2: armiren = armieren (z.B. im Baugewerbe, im Kohlebergbau, bei Festungsanlagen); avisiren = avisieren (z.B. einen Brief, einen Besuch ankündigen); avancieren (z.B. im Beruf, beim Militär); attaquiren = attackieren (z.B. im Kampfsport, in der Politik); arriviren = arrivieren (z.B. innerhalb einer Laufbahn); accordiren = akkordieren (z.B. in einer Geschäftsbeziehung)
– *in Text* 3: Anschrift (Adresse); Augenblick (Moment); Besonnenheit (Contenance); Bittschrift (Petition); Briefwechsel (Korrespondenz); Durchmesser (doppelter Radius); Bekenntnis (Konfession)

4b Nahe liegt zunächst die Abgrenzung von **Lehnübersetzung** gegenüber dem **Lehnwort**, das sich als ursprüngliches Fremdwort ganz der aufnehmenden Sprache – in Aussprache, Schreibweise, Flexion etc. – angepasst hat (z.B. Mauer < lat. murus). In der Barockzeit geht es um Entlehnungen aus anderen Sprachen zur Erweiterung des eigenen Wortschatzes, wobei jeweils wichtige Veränderungen vorgenommen werden. Auf die genauen Differenzierungen der verschiedenen *Lehnbildungen*[65] kann im Unterricht aber verzichtet werden:
Die **Lehnübersetzung** ersetzt fremde Morpheme durch muttersprachliche (z.B. Verfasser, Urheber < lat. auctor, < frz. auteur neben dem erhaltenen Fremdwort Autor).
Die **Lehnübertragung** verbindet die Teilübersetzung des fremden Wortes mit dem muttersprachlichen Grundwort (z. B. Vaterland < lat. patria).
Die **Lehnschöpfung** übernimmt den Inhalt des fremden Wortes, bildet aber ein formal eigensprachliches Wort (z.B. Umwelt < frz. milieu).

4c Die **Sprachkarikaturen** zeigen Eindeutschungsvorschläge, die sich nicht durchsetzen konnten, weil

– unangemessene Assoziationen (z.B. Nachruf, Lusthöhle) unpassend bzw. lächerlich wirkten, oder
– die offenkundige Künstlichkeit der Wortbildung zeigten (z.B. bei Jungfernzwinger und Zitterweh).

Unter dem Aspekt der Semantik betrachtet, haben die verworfenen Neubildungen kein eindeutiges Denotat, sondern nur Konnotationen, die Missverständnisse provozieren.

Seite 140

5a Das *Exzerpt* über Grundgedanken aus Martin Opitz' „Poeterey" ergibt Folgendes:
– *Erstes Kapitel:*
  • Keiner kann durch Regeln zum Poeten gemacht werden.
– *Sechstes Kapitel*
  • Nach den Dingen ist von den Worten zu reden.
  • Worte sind bestimmt durch Zierlichkeit, Zusammensetzung und Ansehen.
  • Zierlichkeit erfordert reine Worte, d.h. eine hochdeutsche Sprache, nicht künstliche Reimwörter und fremdsprachliche Ausdrücke.
  • Der Gebrauch ausländischer Wörter ist zur Mode geworden, obwohl z.B. die Lateiner ihre Sprache i.d.R. nicht mit dem Griechischen vermischten oder nur mit begründeten Absichten.
  • Eigennamen und Namen der Götter sollten nach deutschen Regeln dekliniert werden.
  • Neue Wörter (z.B. Zusammensetzungen) geben der Dichtung Anmut, wenn sie mäßig gebraucht werden (z.B. die Musik = Kummerwenderin).

5b Der *Lexikonartikel* sollte sich an den Stichworten von 5a orientieren: Also nach Martin Opitz die Bedeutung von Regeln für die Dichtung relativieren, dann aber erläutern, was der Autor mit Zierlichkeit, Zusammensetzung und Ansehen meint.

6 Der *Vergleich* der Bewertung des Deutschen durch Harsdörffer und Leibniz ergibt folgendes Ergebnis:

Harsdörffer	Leibniz
– Die deutsche Sprache kann alle möglichen Naturlaute vorzüglich nachahmen (z.B. brüllen wie ein Löwe, grunzen wie ein Schwein, prasseln wie brennendes Holz etc.). – Die anderen Sprachen haben diese Fähigkeit nicht in solcher Ausprägung.	– Die deutsche Sprache ist sehr entwickelt in der Darstellung des sinnenhaft zu Begreifenden, aber sie zeigt Mängel bei abstrakten Aussagen (z.B. bei Gemütsbewegungen, in der Sittenlehre, Logik und Metaphysik), obwohl es nur am Willen zu deren Bildung fehlt. – Keine Sprache ist reicher an Wortschatz über Bergwerk, Jagdwesen und Schifffahrt als die deutsche.

(Als Übungs- oder Klausuraufgabe böte sich eine Erörterung an: Erörtern Sie, wie Sie selbst zum heutigen Fremdwortgebrauch stehen.)

Seite 141

7a Für Leibniz sind Worte **Zeichen** für Gedanken und Dinge. Sprache als Zeichen vergleicht er mit anderen Zeichen, z.B. mit Wechseln statt barem Geld.
Worte bezeichnet er als „Zifern oder Rechen-Pfennige (Z. 17), als „Wechsel-Zeddel des Verstandes" (Z. 20).[66]

7b Die ausdrucksstärksten Beispiele barocker **Zeichenlehre** (Semiotik) sind: Allegorie, Emblematik, Figurengedichte, Titelkupfer.

8 Diese **Problemerörterung** ist inhaltlich durch das gesamte Kapitel, speziell aber durch die letzte Teilsequenz vorbereitet.

– Die kritische Stellungnahme kann sich der Grundposition der barocken Sprachgesellschaften anschließen und dann eine rigide Sprachreinigung von Anglizismen fordern.
– Aber auch die Einstellung G.W. Leibniz' ist legitim. Sie ist differenzierter, verurteilt eine puritanische Haltung ebenso wie das Übermaß fremder Einflüsse.
– Mit Blick auf frühere Phasen von massiven Fremdworteinflüssen (z.B. in der frühen Neuzeit im Bankwesen des Italienischen, im 17./18. Jahrhundert in der Mode des Französischen, und im 19. Jahrhundert im Sport des Englischen) ließe sich im 20./21. Jahrhundert der Einfluss des Amerikanischen unter den Vorzeichen der Globalisierung erklären und – zumindest in Teilbereichen – auch rechtfertigen.
Unabhängig von der inhaltlichen Ausrichtung sind klare Argumentation und treffende Beispiele entscheidend für die Qualität der Erörterung.
(Als Lernerfolgskontrolle, die sich auf die ganze Epoche bezieht, wäre eine Erörterung (mit Benutzung des Schülerbuches) möglich:

---

65 Vgl. Winfried Ulrich: Wörterbuch. Linguistische Grundbegriffe. – Kiel (Hirt) ¹1972, S. 32f.
66 Sollte an dieser Stelle, etwa über Kurzreferate, ein Exkurs über Aspekte der modernen Semiotik sinnvoll erscheinen, wären u.a. unter Anleitung auch Teile aus Umberto Ecos Werk zu verwenden: Einführung in die Semiotik, autorisierte deutsche Ausgabe von Jürgen Trabant. – München (Fink) ¹1972.

1. Zeigen Sie an ausgewählten Beispielen der Philosophie, Literatur und Sprache, dass die Epoche Barock eine Zeit des Übergangs ist.
2. Versuchen Sie zu erklären, warum die Barockliteratur insgesamt sehr viel zeitkritischer, aber heute auch unbekannter ist als Zeugnisse anderer Barockkünste.)

Vorschlag zum Abschluss des Kapitels:
Sofern „Das Treffen in Telgte" von Günter Grass nicht als alternative Sequenz gewählt wird (vgl. LB, S. 193), böte eine Lesung aus dem Schlusskapitel ein gutes Beispiel für die Wirkungs- und Rezeptionsgeschichte der Epoche Barock.
In seiner 1979 erschienenen Erzählung porträtiert Grass berühmte Autoren des Barock bei einem erfundenen Dichtertreffen in Telgte bei Münster: Fünf Tage lässt er sie im Jahre 1647 zusammenkommen, um aus ihren Werken zu lesen und zu diskutieren. Über viele allegorische Bezüge zeigen sich Parallelen zwischen der Bewusstseinslage der Barock-

dichter und der Schriftsteller nach dem Zweiten Weltkrieg, besonders zu der von Hans Werner Richter (1908–1993) 1947 begründeten „Gruppe 47": 1647 und 1947 suchten die Poeten nationale Identität in Sprache und Literatur, nachdem sie sowohl territoriale Zerrissenheit und politische Wirren als auch die unlösbaren Widersprüche zwischen heilloser Wirklichkeit und dichterischen Möglichkeiten erfahren hatten. In einer Distel aus dem verwilderten Garten der Tagungsherberge wird das geeignete Symbol für das zerrissene Vaterland gesehen. Der Schwabe Georg Rudolf Weckherlin (1584–1653) spricht am Schluss des Treffens aus dreißigjähriger Erfahrung in wechselnden diplomatischen Diensten über seine „gesammelten Niederlagen".
Gesprächsimpuls: Das von den Dichtern in Telgte in mehreren Fassungen mühsam erarbeitete politische Manifest an die über den Frieden verhandelnden Mächte verbrennt am Schluss zusammen mit dem Wirtshaus zum „Brückenhof", während die poetischen Werke der Autoren gerettet werden können. (Zufall oder tiefere Bedeutung?)

4. Vorschläge für Übungen und Klausuren; Materialien / Kopiervorlagen ⓚ

4.1 Übersicht über Arten und Funktion der Kopiervorlagen

Lebensgenuss und Weltabkehr (I/2)

K 1 Martin Opitz (1597–1639): Ach Liebste [...]
Johann Wolfgang von Goethe: Erwache Friederike (SB, S. 120)

K 2 Vergleich von Text und Bild: Andreas Gryphius (1616–1664): An Eugenien und das Emblem Memento mori (SB, S. 120)

K 3 Abraham a Sancta Clara (1644–1709): Mercks Wienn (Anfang der Pestpredigt) in Verbindung mit einer themengleichen Allegorie (SB, S. 122)

Das Leben als Theater? (II/2)

K 4 Andreas Gryphius (1616–1664): Absurda Comica oder Herr Peter Squenz (III. Aufzug, Epilog) (SB, S. 129)

K 5 Andreas Gryphius (1616–1664): Ebenbild unseres Lebens (SB, S. 129)

K 6 Analyse einer Textcollage (SB, S. 129)

Die Ordnung des Denkens (III/1)

K 7 Vergleich von Texten und einem Bild zum Hexenunwesen (SB, S. 133)

K 8 Transferaufgabe zu einem Auszug aus Bertolt Brechts (1898–1956) „Leben des Galilei" (1. Bild, SB, S. 133)

Gegen das Chaos die strenge Form (III/2)

K 9 Andreas Gryphius: Thränen des Vaterlandes Anno 1636 (Schülerarbeit, SB, S. 136)

K 10 Andreas Gryphius: Es ist alles eitel (Kurzinterpretation, SB, S. 137)

Die Ordnung des Wortes (III/3)

K 11 Andreas Gryphius: Horribilicribrifax Teutsch. Wehlende Liebhaber (Auszug, SB, S. 137)

4.2 Kurzbeschreibung der Kopiervorlagen

K 1 Martin Opitz (1597–1639): Ach Liebste [...]
Johann Wolfgang von Goethe: Erwache Friederike

Didaktischer Ort: Übungs- oder Klausuraufgabe (SB, S. 120)

1. Um den Grad des Verständnisses barocker Eigenarten zu testen, wäre die Aufgabe als Übung einzusetzen, deren Ergebnisse besprochen werden müssten.
2. Bei einer stark reduzierten Besprechung des Barock ließe sich der Gedichtvergleich als abschließende Klausur verwenden.

---

[67] Wulf Segebrecht: Rede über die rechte Zeit zu lieben. Zu Opitz' Gedicht „Ach Liebste / lass uns eilen". In: Volker Meid (Hrsg.): Gedichte und Interpretationen. Bd.1: Renaissance und Barock. – Stuttgart (Reclam) 1982, S. 136–147.

Erläuterungen zur Aufgabe:
Wulf Segebrecht[67] interpretiert das Gedicht von Opitz im Vergleich zu Friedrich Hagedorns „Der Morgen" (1744) und Goethes „Erwache Friederike" (1771). Die folgende Skizzierung bezieht sich auf Segebrecht.

1. Auch wenn die Schüler Goethes Sesenheimer Lyrik noch nicht kennen, darf vorausgesetzt werden, dass ihnen die mittelalterliche Tagelied-Situation bekannt ist (vgl. SB, S. 92f.). Die Innigkeit der Liebesbeziehung bei Goethe – im Weckruf (Z. 1f.), im Lobpreis des alles erhellenden Blickes (Z. 3f.) und durch das „geliebt Geschwister" (Z. 7f.) – ist offenkundig. Demgegenüber gibt es bei Opitz keine innige Übereinstimmung der Liebenden, sondern es erfolgt erst der Versuch, die Frau von der Notwendigkeit eines rasch zu erlangenden Liebesglücks zu überzeugen.
2. Nachdem „Zeit" (Z. 2) als die „rechte Zeit" i.S. der Göttin der Gelegenheit (Occasio) erklärt ist, lässt sich die Dreiteiligkeit des Opitz-Gedichts gut erkennen: Anrede an die Frau,

Occasio-Lehre und die Vergänglichkeits-These (Z. 1–8); die lehrhafte Reihung der Exempla in der Antithetik von Schönheit (Wangen, Haare, feurige Augen, Korallenmund) und Verfall (Fahlheit, graue Haare, Gefühlserkaltung, Alterserscheinungen an Mund und Händen) im Mittelteil (Z. 9–16); als logische Konsequenz der Appell, die Liebe jetzt zu genießen (Z. 17–24).

Neben Eigenarten der historischen Schreibung (Orthografie, Virgeln) sind alle wesentlichen rhetorischen Tendenzen und Merkmale des Barock vorhanden: Carpe diem ↔ vanitas und memento mori, Parallelismus membrorum, Metaphorik, drastische Lehrhaftigkeit, Schlusspointe.

K 2 Vergleich von Text und Bild: Andreas Gryphius (1616–1664): An Eugenien und das Emblem Memento mori

Didaktischer Ort: Übungs- oder Klausuraufgabe (SB, S. 120)

1. Nach der Besprechung des Kapitelauftaktbildes (SB, S. 116) wäre dieser Text-Bild-Vergleich eine Anwendungsaufgabe.
2. Als Lernerfolgskontrolle am Ende der ersten Sequenz könnte dies auch eine anspruchsvolle Aufgabe sein.

Erläuterungen zur Aufgabe:

Rudolf Drux[68] gibt eine Interpretation, an der sich die folgenden Stichworte orientieren.

1. Unter dem Aspekt des Gelehrten, angezeigt durch das aufgeschlagene Buch, wird schon durch die Über- und Unterschrift (die inscriptio und subscriptio, vgl. SB, S. 123) das Thema postuliert: Weil du sterben musst, gilt es, den Tag zu nutzen, um das Werk zu vollenden. Im allegorischen Bild (der pictura) wird durch die brennende Kerze, die rasch welkenden Blumen, die Sanduhr als Symbol der schnell verrinnenden Zeit, deren Flügel – „die Zeit hat Flügel" – den Eindruck der Vergänglichkeit noch steigern und den nach Größe und Platzierung dominierenden Totenschädel der Appell zum Carpe diem als Konsequenz des Memento mori veranschaulicht.
2. Im Gryphius-Gedicht ist der Memento-mori-Gedanke am Beispiel von Jungfrau und Rose zunächst als Frage, die tatsächlich einer These entspricht, im ersten Terzett postuliert.
   In den beiden Quartetten wird die Prämisse expliziert: Die unmittelbare Ansprache Eugeniens dient der Konkretisierung und ermöglicht die im Barock übliche Veranschaulichung des Verfalls in der traditionellen Exempelreihe – Hals, Stirn, Augen, Brust und Mund –, um zur ersten Klimax zu kommen, der Bestimmung zum Tode von Anfang an (Z. 11). Das zweite Terzett greift den Vergleich mit der Rose und ihrer fragilen Schönheit nochmals auf und führt die Metapher vom Blühen und Verwelken zur zweiten Klimax, die die erste variiert und verstärkt.
3. Anders als bei Martin Opitz (vgl. K 1) dient das einschüchternde Arsenal der vanitas-Exempel nicht der Überredung zum Liebesgenuss. Anders auch als das Emblem, fordert Gryphius explizit nicht zum Carpe diem auf. Es fehlt auch der finale Hinweis auf die Rettung in und durch Gott. Die drastische Schilderung des Memento mori scheint dem Dichter ausreichend zu sein, um Eugenie den rechten Weg zum Seelenheil zu weisen.

K 3 Abraham a Sancta Clara (1644–1709): Mercks Wienn (Anfang der Pestpredigt) in Verbindung mit einer themengleichen Allegorie

Didaktischer Ort: Anwendungs- oder Klausuraufgabe (SB, S. 121)

1. Vorausgesetzt, die unterrichtliche Besprechung des abgedruckten Predigtauszugs (SB, S. 121) findet eine positive Resonanz, könnte dieser zweite Text als Hausaufgabe gegeben werden.

2. Da der Textanfang ganz ähnliche Struktur- und Stilmerkmale zeigt wie der besprochene Auszug, wäre er auch für eine valide Lernerfolgskontrolle gut geeignet.

Erläuterungen zur Aufgabe:

1. Die aus der Stadt geflohene „Frau Wien", im Hintergrund der Stephansdom, sitzt mit Trauerschleier und hilfloser Gebärde am Fuße eines absterbenden Baumes, umgeben von Totenschädeln und gegenüber dem Tod: Dessen lange Sense weist unmissverständlich auf das Schild „Wien". Den Besen (für den großen „Kehraus"!) trägt er wie einen Säbel an der Seite. Er ist herausgeputzt wie ein vornehmer Herr, und sein linker Fuß zeigt auf das am Boden liegende Schriftband mit der Aufschrift „Respect". Die Haltung des Todes ist herrisch und duldet weder Widerspruch noch signalisiert sie Pardon.
2. Im gekürzten Anfang dieser Pestpredigt sind alle wesentlichen Merkmale vorhanden, die die Jugendlichen bereits kennen gelernt haben:
   – Der *Aufbau* zeigt nach der Prämisse und der Wehklage die antithetische Struktur in mehrfachen Anläufen: Glanz und Größe ↔ plötzlicher Umschlag, wobei das Exempel weltlicher und biblischer Größen als Vergleich dient.
   – Die *Motive* Glück-Unglück, Glanz-Vanitas, Größe-Verfall, Lebenslust-Tod etc. werden in drastischen weltlichen und biblischen Beispielen entfaltet.
   – Die *Stilmittel* sind Reihung, Kumulation, pralle Metaphorik, Ausrufe, eingefügte Verse.

K 4 Andreas Gryphius (1616–1664): Absurda Comica oder Herr Peter Squenz (III. Aufzug, Epilog)

Didaktischer Ort: Transfer- oder Klausuraufgabe (SB, S. 129)

1. Als Gestaltungsaufgabe könnte ein Inszenierungsvorschlag verlangt werden.
2. Eine Alternative dazu wäre eine Interpretationsaufgabe.

Erläuterungen zur Aufgabe:

1. Die Regieanweisungen werden von der Figur des Peter Squenz ausgehen: Großsprecherisch, wichtigtuerisch, aber unbedarft bewegt er sich auf der Bühne (vor den Ausgangsrequisiten Mond, Wand, Brunnen) und spricht sehr lehrhaft. Die Wirrnis seiner Rede über Liebe, Tod, seine „Quellen" etc. wird durch besonderen Nachdruck auf die inhaltlichen und sprachlichen Fehler (die „Säue") betont. Hohles Pathos an den unpassenden Stellen (z.B. Z. 6, 9, 20f., 39 u.ö.) dient der Selbstcharakteristik und Selbstentlarvung. Die Zuschauerseite sollte mit zunehmender Heiterkeit reagieren, die sowohl mimisch-gestisch als auch durch Ausrufe und durch Lachen anzeigen soll, dass gerade die Mischung aus dreist zur Schau gestellter Unbedarftheit und Situationskomik reizt.
2. Die Interpretation wird gleichfalls am besten von der Hauptfigur ausgehen (s.o.) und deren inhaltliche Fehler (z.B. in der Verwechslung von Wirklichkeit und Spiel, Z. 2f.; Sachfehler, Z. 5, 9, 28, 57), sprachliche Schnitzer (Z. 4, 19, 22f., 29, 32, 47, 57) und die holprigen Verse herausstellen.
   Auch die „Lehren" sind völlig widersinnig (z.B. Z. 9, 20f., 23) und zeigen das Ausmaß des Unverständnisses.
   Was ein bilanzierendes Resümee sein sollte, gerät zum wirren Kunterbunt, in dem sich Falsches, Unsinniges und Lächerliches mischen.

---

[68] Rudolf Drux: Wie reimt sich Lieb und Tod zusammen? Gestalten und Wandlungen einer Motivkombination in der barocken Lyrik. In: Der Deutschunterricht, Heft 5/1985, S. 25–37, besonders S. 28–30.

K 5 Andreas Gryphius (1616–1664): Ebenbild unseres Lebens

Didaktischer Ort: Verständniskontrolle zur Überschrift der Teilsequenz „Leben als Theater?" und Herausstellung barocker Eigenarten (SB, S. 129)

Erläuterungen zur Aufgabe:

1. „Ebenbild unseres Lebens" erscheint als „Spiel der Zeit" (Z. 1) und „Schauplatz dieser Welt" (Z. 2). Dieses Sonett kann als Bejahung der Frage gedeutet werden, die in der Überschrift der Teilsequenz gestellt wird. Im ersten Quartett sind die Vergänglichkeit, die Wechselfälle und die Ungleichheit der individuellen Schicksale das Thema. Das zweite Quartett konkretisiert die Prämissen (Glück ↔ Untergang, Leben ↔ Tod, Pilgerexistenz ↔ ständige Bedrohung). Im ersten Terzett ist die ständische Ungleichheit betont, die nur im Tode aufgehoben wird. Das zweite Terzett nimmt die Spiel-Metapher nochmals auf und schließt mit dem Vanitas-Gedanken.

2. Sowohl im Blick auf die Lyrik und Dramatik des Andreas Gryphius als auch im Blick auf die Epoche ist dieses Gedicht charakteristisch, weil Nichtigkeit und Vergänglichkeit aller irdischen Dinge und die Antinomien des Lebens Grundthemen sind.

K 6 Analyse einer Textcollage

Didaktischer Ort: Die Collage von Marc Aurel, Blaise Pascal und Jakob Bidermann ist als Lernerfolgskontrolle geeignet, wenn dabei epochentypische Merkmale herausgestellt werden sollen (SB, S. 129).

Erläuterungen zur Aufgabe:

1. Alle drei Texte haben das Wesen und das Ziel des Menschen zum Thema.
2. Das Bild des Menschen ist jeweils vergleichbar, aber es wird unterschiedlich dargestellt: Mehr als Wunschbild (Text 1) oder mehr als Kritik (Texte 2 und 3).
   Marc Aurel hebt Milde und Constantia als positiv heraus und kritisiert die Eitelkeit.
   Blaise Pascal sieht den Menschen als ein Wesen voller Widersprüche, die es im Prozess der Selbsterkenntnis zu erfassen gilt. Eitelkeit und die Sucht nach Zerstreuung gelten als verhängnisvoll.
   Jakob Bidermann nimmt den „Doctor von Pariß" als Exempel für den Erfolg des schönen Scheins auf dieser Welt, der aber spätestens nach dem Tode entlarvt wird.
3. Das Motiv von Eitelkeit i.S. von Vanitas war deshalb so zentral, weil es der antithetischen Grundauffassung so entgegenkam: Hier die irdische Nichtigkeit, dort das ewige Heil, das zu erwerben sich lohnt.

K 7 Vergleich von Texten zum Hexenunwesen mit einem Bild

Didaktischer Ort: Transferaufgabe zum Abschluss der Teilsequenz (SB, S. 133)

Erläuterungen zur Aufgabe:

1. Der Text von Sprenger/Institoris geht in seiner fundamentalistischen Begründung und Radikalität der Strafforderungen weit über den Wortlaut der offiziellen „Gerichtsordnung" (der Carolina) hinaus. Im „Hexenhammer" dominiert die Abschreckungstendenz durch Brutalität nahezu absolut über das Streben nach Gerechtigkeit.
   Die „Vorrede" Friedrich von Spees verdichtet das zutiefst ethische Anliegen: Die Gewissenhaften in der Prozessführung haben die Darlegungen eigentlich nicht nötig. Aber die „sorglose Obrigkeit" (Z. 7) sollte die Ausführungen beachten, die im Kupferstich allegorisch gestaltet sind: Im

Strahlenlicht von oben, vor den hierarchisch aufgestellten geistlichen und weltlichen Größen entscheiden die Richter (in der Mitte am Tisch). Die ihre Unschuld beschwörende Frau in der Mitte steht ebenso im Licht wie die Autoritäten. (Ihre Hand zeigt zum Himmel und ruft ihn als Zeugen an. Das Lamm ihr zu Füßen ist Symbol der Unschuld.) In hartem Kontrast steht dem Lamm der bissige Hund gegenüber, gefolgt von den gestaltgewordenen Untugenden, die sich durch Haltung und Farbgebung deutlich abheben.

2. Die Gestaltung eines Flugblatts (am besten in passender Fraktur!) fällt je nach der Perspektive anders aus:
   – Aus der Sicht von Sprenger/Institoris könnte das Bild einer Folterszene durch Zitate aus dem abgedruckten Text verstärkt werden.
   • Hexen verkörpern den Gipfel der Schandtaten!
   • Sie haben Leib und Seele preisgegeben.
   • Ihre Strafe muss alles übertreffen!
   – Aus der Sicht Friedrich von Spees wäre der abgedruckte Kupferstich zu verwenden mit Elementen aus Text 3:
   • Appell an gewissenhafte Obrigkeiten!
   • Bitte um Sorgfalt und Behutsamkeit in der Prozessführung!
   • Bemühen um Gerechtigkeit vor Gott und den geistlichen und weltlichen Autoritäten.

K 8 Transferaufgabe zu einem Auszug aus Bertolt Brechts (1899–1956) „Leben des Galilei" (1. Bild)

Didaktischer Ort: Transferaufgabe zum Abschluss der Teilsequenz (SB, S. 133).

Erläuterungen zur Aufgabe:

1. Nach Vorgabe der Hauptthese bereitet die Textbeschreibung keine großen Schwierigkeiten:

Argumente	Beispiele
– Früher: Die Erde ist der Mittelpunkt des Weltalls. – Jetzt: Alles bewegt sich! – Jetzt: Erforschung der Ursachen aller Dinge – Jetzt: Statt dem Glauben der Zweifel – Jetzt: Eine neue Astronomie beweist, dass auch die Erde sich bewegt.	– Unbewegliches Schalenmodell, alle glauben daran. – Schiffe fahren zu neuen Kontinenten. – Fallen des Steines, Bauleute in Siena – Alte Bücher sind überholt; die Himmel sind leer. – Alle sprechen vom Neuen, alle lernen es in der Schule.

2. Der Barockkenner Andrea vertritt die These, dass sie noch in einer Übergangszeit leben:
   – Er kann alle Aussagen Galileis als überzeugende Zeichen einer „neuen Zeit" bestätigen.
   – Aber er relativiert den grenzenlosen Zukunftsoptimismus des großen Lehrers durch folgende Einwände:
   • Noch gibt es die Philosophien von Pascal und Leibniz, die auch der Rechtfertigung von Theologie dienen.
   • Noch gibt es die Hexenprozesse auf der Grundlage eines finsteren Aberglaubens.
   • Selbst ein mutiger Kritiker wie Friedrich von Spee vertritt seine Reformthesen unter dem Vorbehalt kirchlicher Billigung.
   (Christian Thomasius ist zu Galileis Lebzeiten noch nicht geboren.)

K 9 Andreas Gryphius: Thränen des Vaterlandes
(Schülerbeispiel)

Didaktischer Ort: Fremdes Beurteilungsbeispiel, nachdem die Schüler eine eigene Interpretation geschrieben haben (SB, S. 136).

Erläuterungen zur Aufgabe:

1. Der Aufbau folgt sehr genau dem Wortlaut des Sonetts:
   - Die Einleitung erfasst neben Titel, Name des Autors und Genre den Kern des Sonetts.
   - In klarer Gliederung werden die Quartette und Terzette in ihren Aussagen und in ihrer gedanklichen sowie rhetorischen Verknüpfung interpretiert.
   - Dabei sind die Spannungsmomente (Z. 25ff., 34ff.) und die Finalstruktur sehr genau herausgestellt.
   - Der Schluss verbindet die persönliche Wertung mit einem Resümee und der Zuordnung in die Epoche.
2. Die Beurteilung der insgesamt sehr guten Arbeit sollte im Kommentar abheben auf folgende Aspekte:
   - Idealtypisches Beispiel für die Einleitung (mit Kerngedanken) und Schluss (Resümee, Zuordnung, persönliche Wertung)
   - Der Logik der Sonett-Struktur folgend, ist eine strophenbezogene Gliederung nicht nur angemessen, sondern zwangsläufig.
   Dabei ist mit der Einleitung die Klimaxstruktur schon erkannt und konsequent herausgearbeitet, wobei die Verknüpfung der Strophen differenziert beschrieben wird.
   - Die Synthese aus inhaltlicher und formaler Interpretation ist überzeugend gelungen, wobei die genauen Textstellennachweise auch die Beherrschung des Formalen zeigen.
   - Die sprachliche Darstellung – in der Verwendung von Fachbegriffen, in der Verbindung der Aussagen, in den Überleitungen und im Durchhalten eines angemessenen deskriptiv-erörternden Stils – ist vorbildlich, auch was Grammatik und Orthografie betrifft.

K 10   Andreas Gryphius: Es ist alles eitel. Eine Kurzinterpretation als Analysebeispiel

Didaktischer Ort: Nach der Untersuchung der im Schülerbuch abgedruckten Beispiele und nach dem eigenen Interpretationsversuch könnte diese schwierige Aufgabe – vielleicht nur als Zusatzaufgabe für besonders Interessierte – gestellt werden (SB, S. 137).

Erläuterungen zur Aufgabe:

Wegen ihrer Komprimierung, dem hohen Abstraktionsgrad und wegen der zahlreichen Fachbegriffe/Fremdwörter ist diese Interpretation sehr schwierig.

1. Die Beschreibung ergibt Folgendes:

Aufbau	fehlende Details
- Eindringlichkeit durch Wiederholung und Variation der ersten Zeile - Zäsuren heben die Antithesen heraus, die nur z.T. aufgehoben sind (Z. 4, 10, 12f.). - antithetischer Denk- und Sprachcharakter als Hauptcharakteristikum des Barock - Die Metaphorik der Vergänglichkeit ist biblischen Ursprungs: Sinnbild der „fragilitas". - Antwort ab der 11. Zeile: Die anaphorische Verkettung schafft Eindringlichkeit. - Das menschliche Elend wird als Schuld gedeutet. - Wertung: Das Sonett wirkt objektiv gültig wegen seiner rhetorischen Meisterschaft.	- *Inhaltlich* fehlen in der Kurzinterpretation • die Einschränkung der ersten Zeile, • die Beschreibung und Deutung der einzelnen Exempla, • der spezifische Charakter der vierten Zeile, • die Erläuterung von „ewig" i.S. der Zielsetzung des Menschen. - *Formal* fehlen • die Wortwiederholungen (Anaphern) der Quartette, • die genaue Syntaxanalyse und • die Betrachtung der Endreime.

Selbstverständlich will diese Analyse keine Auflistung von Mängeln sein, denn es handelt sich um eine **Kurzinterpretation,** die nur mit äußerster Verknappung zu schreiben ist. Vielmehr geht es um die Schulung des Beobachtungsvermögens und um das Erkennen von Eigenarten, die in der jeweiligen Darstellungsform begründet sind.

2. An textexternen Aspekten finden sich:
   - Hinweise auf die antike Rhetorik (Bildungstradition)
   - biblische Bildsprache und christliche Eschatologie (Religion)
   - Fachbegriffe zu Stil und Struktur (Rhetorik und Poetologie)
3. Die Einleitung müsste neben dem Namen des Autors, dem Titel und der Gattung die Antithese von Vanitas und Heilserwartung enthalten.

K 11   Andreas Gryphius: Horribilicribrifax Teutsch. Wehlende Liebhaber (Auszug)

Didaktischer Ort:

1. Ergänzungstext zur Erweiterung der Sprachuntersuchung (SB, S. 137)
2. Transferaufgabe zur Übung oder Leistungsmessung (SB, S. 137)

Erläuterungen zur Aufgabe:

1. Die Inszenierung könnte ähnlich erfolgen, wie diese zur Arbeitsanregung 1b (LB, S. 210) dargestellt wurde. Der Kontrast zwischen den Figuren wäre zu wahren, aber der Diener müsste in dieser Szene etwas pfiffiger auftreten.
2. Die Sprache des Capitano ist durch französische Einsprengsel gekennzeichnet, weist neben den Vergleichen mit den „Großen" der Politik zahlreiche Kumulationen auf (Z. 1, 18f., 20f.) und reiht Ausrufesätze (Z. 18ff.) als Ausdruck gesteigerter Affekte. Die Sprachkritik des Andreas Gryphius ist identisch mit den zur Arbeitsanregung 2b (LB, S. 211) gemachten Ausführungen.

4.3 Die Kopiervorlagen

Martin Opitz (1597–1639):
Ach Liebste [...]

Johann Wolfgang von Goethe
(1749–1832): Erwache, Friederike

Ach Liebste / lass vns eilen /
   Wir haben Zeit[1]:
Es schadet das verweilen
   Vns beyderseit.
5 Der edlen Schönheit Gaben
   Fliehn fuß für fuß:
Das alles was wir haben
   Verschwinden muss.
Der Wangen Ziehr verbleichet /
10   Das Haar wird greiß[2] /
Der Augen Fewer weichet /
   Die Brunst[3] wird Eiß.
Der Mündlein von Corallen
   Wird vngestalt /
15 Die Händ' als Schnee verfallen /
   Vnd du wirst alt.
Drumb lass vns jetzt geniessen
   Der Jugend Frucht /
Eh' als wir folgen müssen
20   Der Jahre Flucht.
Wo du dich selber liebest /
   So liebe mich /
Gieb mir / das / wann du giebest /
   Verlier auch ich.

(1624)

Erwache, Friederike,
Vertreib die Nacht,
Die einer deiner Blicke
Zum Tage macht.
5 Der Vögel sanft Geflüster
Ruft liebevoll,
Dass mein geliebt Geschwister
Erwachen soll.
[...]

(1771)

---

1 „Zeit" meint hier „die rechte (richtige) Zeit", um das als richtig Erkannte zu tun. Dahinter steht die Vorstellung der Occasio (Göttin der Gelegenheit), die mit Flügeln an den Füßen dargestellt wird und mit kahlem Hinterhaupt. Denn wenn sie vorbei ist, kann sie nicht mehr erhascht werden.
2 greiß: grau, silbergrau
3 Die Brunst: hier Liebesglut, Liebeslust

Arbeitsanweisungen:

1. Nehmen Sie eine knappe Charakterisierung des Verhältnisses der Liebenden in beiden Gedichten als Ausgangspunkt.

2. Interpretieren Sie das Opitz-Gedicht genau, und arbeiten Sie dabei typische Merkmale barocker Lyrik heraus.

Aus: Volker Meid (Hrsg.): Renaissance und Barock. Stuttgart (Reclam) 1982, S. 136 (= Gedichte und Interpretationen, Bd. 1).

Vergleich von Andreas Gryphius' (1616–1664): An Eugenien mit dem Emblem des memento mori

An Eugenien

Was wundert ihr euch noch / Ihr Rose der Jungfrawen
   Das dieses spiel der zeit / die ros / in ewrer handt
   Die alle rosen trotzt / so vnversehns verschwandt?
Eugenie so gehts! so schwindet was wir schawen.
5 So bald des Todes seens[1] wird diesen leib umbhawen:
   Mus dieser hals / die stirn / die augen / dieses pfand
   Der liebe diese brust / der mund / der arm in sand /
Und dem / der euch mitt lieb itzt ehrt / wird für euch grawen!
   Der seufftzer ist vmbsonst! nichts ist das auff der welt /
10   Wie schön es immer sey bestand und farbe hält
Wir sind von mutterleib zum untergang erkohren.
   Mag auch an schönheit was der rosen gleiche sein?
   Doch ehe sie recht blüht verwelckt vndt fält sie ein
So greifft der Todt nach vns so bald wir sindt gebohren.

Aus: Andreas Gryphius: Sonette. Hrsg. von Marian Szyrocki. Gesamtausgabe der deutschsprachigen Werke, Bd. 1, S. 44f., Tübingen 1963.

---

1 Sense

Arbeitsanweisungen:

1. Beschreiben und erklären Sie die Motive des Emblems.

2. Interpretieren Sie im Vergleich dazu das Gryphius-Gedicht.

3. Deuten Sie die erkennbare Absicht und die vermutliche Wirkung des Sonetts.

Der Tod spornt zum Werk. Emblem des memento mori

Abraham a Sancta Clara (1644–1709): Mercks Wienn
(Anfang der Pestpredigt)

Die Kayserliche Residentz-Statt in Österreich / dises verfestigte Gränitz-Hauß[1] / dise Ehr-reiche / Lehr-reiche / vnd Gewehr-reiche Statt hat von vhralten Zeiten her / den Namen Wienn / dessen erster Buchstab ein W. Nun muss ich es mit nassen Augen anzaigen / vnd nicht mit geringen Hertzens-Seufftzer erin-
5 nern / dass / wer anjetzo will Wienn schreiben / muss es schreiben mit einem grossen W. allermassen ein grosses vnd aber grosses W. vnd Weheklagen in Wienn / an Wienn / vnd vmb Wienn.

Starck hat sich gewendt vnd geendt das Glück deß Königs Nabuchodonosor, in dem derselbe von der Königlichen Hochzeit verstossen / vnd in ein wildes
10 Thier vermumbt worden / dass er also müste Graß essen wie ein Ochs / ist ihm aber nicht vnrecht geschehen / dann er ware ein lauteres Unkraut. Starck ist gefallen in allem das Glück deß vornehmen vnnd angenehmen Hof-Minis-ters Amman, welcher den König allzeit in Händen gehabt / vnnd doch zu letzt das Spil verlohren / auch den Raaben zu Thail worden / der die Rabiner wolte
15 vertilgen. Starck hat sich gewendt das Glück der gecrönten Königin Vasthi, die durch Einrathung etlicher Hof-Schmeichler vnd Ohren-Tittler[2] (von welchem Unziffer fast kein Haupt sicher) aller ihrer Ehren entsetzt worden / vnd also von der Hofstatt auff die Brandstatt kommen.

Noch vil stärcker / wer soll sich nicht darob verwundern! / ist gefallen das Glück
20 vnd Wohlstand der berühmten Haupt-Statt Wienn in Österreich.

Die H. Schrift schreibt vil von dem Auffbutz der wolgestalten Judith / von der Zier der holdseligen Esther / von dem Geschmuck der freundlichen Rebecca, vnd von der Schönheit der jungen Rahel; Ich lasse die Göttliche Schrifft in ihrem Gewicht / vnd verehr sie / zweiffle aber / ob nit mehr zu schreiben von
25 der ansehlichen Wienn-Statt.

Anno 1679. noch in dem anbrechenden Monath Julij stunde obberührte Statt in höchster Glory / die schöne Residentz vnd Burg ware würcklich von dem Römischen Kayser / vnd dessen volckreicher Hofstatt bewohnt / der Adl fast in einer vnzahlbaren Menge nicht ohne kostbaren Pracht / frequentiret gantz diensthafft den Hof / von allen Orthen
30 vnd hohen Höffen thäten ab-vnd zu lauffen die eylfertige Curier / absonderlich dazu-mahlen ware mit höchster Verwunderung zusehen / der prächtige Einzug der grossen Moscowittischen Gesandtschafft / [...]

Aber / O wanckelhafftes Glück! gleich wie bald verwelcket die Kürbes-Blätter Jonae / gleich wie vnverhofft zu Boden gefallen / die künstliche vnd köstliche Bildnuß deß Kö-
35 nigs Nabuchodonosor / gleich wie bald wurmstichig worden das süsse Manna; Also ver-gehet ebner massen das öde vnd schnöde Glück der Welt; welches dann vhrplötzlich sich gestalter massen geendt hat in der Wienn-Statt / dann mitten in gedachten Monath Ju-lij risse ein die laydige Sucht / welche schon lang her vnder dem Titul hitziger Kranck-heit von Gewissens-losen Leuthen verhüllt / endlichen in ein allgemaine gifftige Conta-
40 gion[3] außgebrochen / dass man mit männiglicher Bestürtzung gleich hin vnd her auff freyer Gassen todte Cörper gefunden / vnd also die traurige Tragoedi offentlich kundbar worden: [...]

Allhier ist mit keiner Feder nit zubeschreiben / das vilfältige Fliehen der Menschen / vnd hat es den Augenschein gehabt / als seye ein neuer Moyses aufferstanden / welcher
45 die Leuth auß Egypten in das gelobte Land zu locken vorhabe; Man hat Tag vnd Nacht fast nichts zu hören gehabt / als das klägliche *Behüt dich GOtt*. Und welches die Men-schen noch mehrer anspohrte zu der eylfertigen Flucht / war das traurige Spectackel der hin vnd her ligenden Todten-Cörper auff der Gassen / dahero in kurtzen Tagen die Wienn-Statt also Volckloß worden / dass sie der hunderte für ein zerstöhrtes Troja hät-
50 te zu abcopieren gedacht / deßwegen dann der Poet durch die drey vornehmste Gassen obbenennten Statt melancholisch getreten / vnd da ihme nichts als die traurige Schwind-sucht aller Freuden vor Augen kommen / hat er stillschweigend bey ihme selbsten folgender Gestalt geseufftzet: [...]

Jetzt ist alls still / man siht nit vil /
55 Grün / Blau / oder Rothe /
Man find darfür / frühe vor der Thür /
Nur Krancke / oder Todte.   (v 1680)

Aus: Renate Fischetti (Hrsg.): Barock, Stuttgart: (Reclam) 1975, S. 232–236 (= Otto F. Best und Hans-J. Schmitt (Hrsg.): Die deutsche Literatur. Ein Abriss in Text und Darstellung in 16 Bänden, Bd. 4).

[1] Gränitz-Haus: Grenzhaus
[2] Ohren-Tittler: i.S. von Ohrenbläser = Zuträger, Verleumder
[3] Contagion (< lat. contagio): Ansteckung

Arbeitsanweisungen:

1. Gehen Sie von einer Beschreibung und Deutung der Allegorie aus.
2. Interpretieren Sie Aufbau, Motive und Stilmittel dieser Predigt.

Barock K 4

Andreas Gryphius (1616–1664): Absurda Comica oder Herr Peter Squenz
(III. Aufzug, Epilog)

[...]
Peter Squenz *(als Epilog).*
Vorhin war ich ein Prologus,
Jetzund bin ich der Epilogus.
5 Hiermit end't sich die schöne Komödie.
Oder, wie man's heißt, die Tragödie.
Daraus ihr alle sollt nehmen an
Lehr', Trost und Warnung jedermann.
Lernet hieraus, wie gut es sei,
10 Dass man von Liebe bleibe frei.
Lernet auch, wenn ihr habt eine Wund',
So zieht den Pfeil hinaus zur Stund'
Und steckt in ein Pechfass ihn beizeit,
So heilt es bald, ihr lieben Leut'!
15 Das ist fürwahr eine schöne Lehr'.
Ei, bitte, sagt, was wollt ihr mehr?
Doch tröstet euch, dass es sei schön,
Wenn man die Toten sieht aufstehn.
Ihr Jungfraun, habet dessen Acht
20 Und diese Warnung wohl betracht't,
Dass, wenn im Gras ihr schlafen wollt,
Ihr nicht den Mund aufmachen sollt;
So kreucht die Lieb' euch nicht in'n Hals;
Die Liebe, die verderbet all's!
25 Weiter soll sich auch niemand wundern,
Dass Wand, Löw' und auch Brunn besondern
In diesem Spiel haben gered't.
Mit Wohlbedacht man dieses tät.
Der Kirchenlehrer Äsopus spricht,
30 Dass ein Topf sich an den andern gericht't
Und ihm Gesellschaft angetragen;
Aber der eine wollt's nicht wagen.
Auch narriet der Löw' den Schafen
Und tut sie um Mutwillen strafen.
35 Derhalben kann es gar wohl sein,

Dass hier redet Löw' und Brunnen fein.
Dass wir es so gedichtet haben,
Dass ein Toter den andern begraben,
Dasselbe ist geschehen mit Fleiß.
40 Merket, was ich hievon weiß:
Ein Christe trug einen toten Juden,
Den sie ihm auf die Schulter luden,
Und als er nun ging seinen Weg,
Kam er zu einem schmalen Steg.
45 Beim selben stund ein tiefer Bronn.
Der Christ war heiß von Jud' und Sonn',
Drum wollt' er trinken frisches Wasser.
Aber der Jude, der lose Prasser,
Überwog und zog so fein
50 Den Christen in den Brunnen 'nein.
So hat der tote Jude begraben
Den lebendigen Christenknaben.
Drum glaubt, dass man es wohl erlebt,
Dass ein Toter den andern begräbt,
55 Es sei Winter, Sommer oder Lenz,
Wünscht euch zu guter Nacht der Schulmeister und
Kirchschreiber zu Rumpelskirchen, Herr Peter Squenz.
Telos, amen, dixi, finis, Ende. [...]

(1657)

Aus: Herbert Cysarz (Hrsg.): Andreas Gryphius: Absurda Comica oder Herr Peter Squenz. Schimpfspiel in drei Aufzügen. Stuttgart (Reclam) 1982, S. 49–51.

Arbeitsanweisungen:

Bearbeiten Sie eine der beiden Aufgaben:

1. Entwerfen Sie genaue Regieanweisungen für die Inszenierung des Epilogs.
2. Interpretieren Sie den Epilog.

Barock K 5

Andreas Gryphius (1616–1664): Ebenbild unseres Lebens

Der Mensch, das Spiel der Zeit, spielt, weil er allhie lebt
Im Schauplatz dieser Welt, er sitzt und doch nicht feste.
Der steigt und jener fällt, der suchet die Paläste
Und der ein schlechtes Dach, der herrscht und jener webt.

5 Was gestern war, ist hin, was jetzt das Glück erhebt,
Wird morgen untergehn. Die vorhin grünen Äste
Sind nunmehr dürr und tot. Wir Armen sind nur Gäste,
Ob den' ein scharfes Schwert an zarter Seide schwebt.

Wir sind zwar gleich am Fleisch, doch nicht von gleichem Stande
10 Der trägt ein Purpurkleid und jener gräbt im Sande,
Bis nach entraubtem Schmuck der Tod uns gleiche macht.

Spielt denn dies ernste Spiel, weil es die Zeit noch leidet,
Und lernt, dass, wenn man vom Bankett des Lebens scheidet,
Kron, Weisheit, Stärk und Gut sei ein' geborgte Pracht.

Aus: Andreas Gryphius: Werke in einem Band. Hrsg. von Marian Szyrocki. Berlin (Ost) und Weimar 1966, S. 5.

Arbeitsanweisungen:

Interpretieren Sie das Gedicht unter dem Aspekt „Leben als Theater?"

1. Orientieren Sie Ihre inhaltliche und formale Analyse an der Überschrift des Gedichts.
2. Prüfen Sie, inwieweit dieser Text charakteristisch ist für Gryphius und die Epoche Barock.

Analyse einer Textcollage:

1 **Marc Aurel (121–180): Selbstbetrachtungen** (Auszüge)

[...]

16. Milde und eine absolute Beharrlichkeit in allem, was einem nach reiflicher Prüfung gut dünkt, sind die Eigenschaften, die ich von meinem Vater überliefert bekam. Jede Eitelkeit im Hinblick auf äußerliche Ehrungen war ihm fremd; er arbeitete freudig und mit Ausdauer, ließ sich von anderen gerne einen Rat geben, der allen zugute kam, hielt alles darauf, jeden zu behandeln, wie er es verdiente, und hatte eine gute Erfahrung darin, wo er die Zügel anspannen und wo er sie lockern musste. [...]

8. Im Herzen eines Menschen, der sich selbst in Zucht genommen und geläutert hat, kannst du keinen Eiter, keinen Makel finden und keinen verborgenen Schaden. Trifft ihn das Schicksal, so überrascht es ihn im Zustande der Nichtvollendung; es ist nicht so wie bei einem Schauspieler in der Tragödie, von dem man etwa sagte, er sei abgetreten, bevor seine Rolle zu Ende war. An einem solchen Menschen findet man auch nichts, was an einen Sklaven erinnert, nichts Unechtes, keine Sucht sich anzubiedern, aber auch kein Streben sich abzusondern, auch keine Abhängigkeit und keine Geheimnistuerei. [...]

(e ab 168)

Aus: Marc Aurel: Selbstbetrachtungen. Übertragen und eingeleitet von H. M. Endrös. München (Goldmann) 1961, S. 16 f. und S. 34.

2 **Blaise Pascal (1623–1662): Pensées** (Auszüge)

[...]

Was für ein Hirngespinst ist dann der Mensch? Welche Neuerung, was für ein Unbild, welche Wirrnis, was für ein Ding des Widerspruchs, was für ein Wunder! Beurteiler von allem, törichter Erdenwurm, Verwalter der Wahrheit, Schlammfang der Ungewissheit und der Irrheit, Ruhm und Auswurf des Universums. Wer wird diese Verwirrung entwirren? Die Natur verwirrt die Skeptiker und die Vernunft verwirrt die Dogmatiker. Was soll aus euch Menschen werden, die ihr durch eure natürliche Einsicht erkennen wollt, was eure wirkliche Seinslage ist? Keine der Sekten könnt ihr meiden, noch in einer bestehen.

Erkenne also, Hochmütiger, was für ein Widerspruch du dir selbst bist. Demütige dich, unmächtige Vernunft, schweige still, törichte Natur, begreife: der Mensch übersteigt unendlich den Menschen; und vernehme von deinem Herrn deine wirkliche Lage, von der du nichts weißt. Höre auf Gott. [...]

(aus 434)

Eitelkeit. Es ist erstaunlich, dass etwas, das so offenbar ist wie die Eitelkeit der Welt, so wenig bekannt ist, dass es befremdet und überrascht, wenn man sagt, es sei Torheit, ihre Auszeichnungen zu suchen.

161

Wer die Eitelkeit des Menschen vollkommen kennen will, braucht nur die Ursachen und die Wirkungen der Liebe zu betrachten. Ihre Ursache ist ein „Ich weiß nicht was" (Corneille), und ihre Wirkungen sind erschreckend. Dies Ich-weiß-nicht-was, das so wenig ist, dass man es kaum fassen kann, setzt die Erde, die Fürsten, die Heere, die ganze Welt in Bewegung. Die Nase der Kleopatra: wäre sie kürzer gewesen, das Gesicht der ganzen Erde würde verändert sein.

162

Eitelkeit: Die Ursache und die Wirkungen der Liebe: Kleopatra.

163

Zerstreuung. Da die Menschen unfähig waren, Tod, Elend, Unwissenheit zu überwinden, sind sie, um glücklich zu sein, übereingekommen, nicht daran zu denken.

(e 1669)

Aus: Blaise Pascal: Über die Religion [...] Heidelberg (Schneider) 1963.

3 **Jakob Bidermann (1578–1639): Conodoxus. Der Doctor von Paris** (Titelblatt)

CENODOXVS
Der Doctor von Pariß.
Ein sehr schöne
Comædi / von einem verdambten Doctor zu Pariß / durch dessen schröckliches Exempel S. Bruno den Carthäuser Orden angefangen.
Sehr lustig vnd annemblich / darneben auch erschröcklich / vnd dahero sonderlich zu diser Zeit gar nutzlich zu lesen.
Vor etlich Jahren durch den Ehrwürd: P. Iacobum Bidermannum Soc. IESV Theologum in Latein gestellt:
Vnd an jetz
Durch M. Ioachimum Meichel Brunouiensem, ipsius quondam discipulum; verteutscht.
Getruckt zu München bey Cornelio Leysserio, Churfürstlichen Buchtrucker vnd Buchhandler.
In Verlag deß Teutschen Authoris.
M. DC. XXXV.

(dt. 1625)

„Cenodoxus" porträtiert einen berühmten Gelehrten in Paris, der nach außen fromm und bescheiden erscheint, was sein Ansehen erhöht, innerlich aber hohl und eitel ist und nur um sich selber kreist. Als er, höchst geehrt, stirbt, gibt er sich noch auf dem Sterbebett als demütiger und frommer Christ und wird mit allem weltlichen und geistlichen Gepränge begraben. Gleichzeitig aber steht seine Seele vor Gott, dem Unbestechlichen, der sie in die Hölle verstößt.

Arbeitsanweisungen:

Vergleichen Sie die Texte:

1. Welche Gemeinsamkeiten lassen sich erkennen?

2. Welches Bild vom Menschen liegt den Auszügen jeweils zugrunde?

3. Warum griffen die Barockdichter das Motiv der Eitelkeit auf?

Vergleich von Texten zum Hexenunwesen mit einem Bild:

1. Jakob Sprenger (1436/38–nach 1494) / Heinrich Institoris (um 1430–1505): Der Hexenhammer (Auszug aus dem ersten Teil)

Dass die Hexen die schwersten Strafen verdienen, über alle Verbrecher der Welt.

Endlich übertreffen ihre Schandtaten alle anderen. Was wird erklärt bezüglich der verdienten Strafe: erstens hinsichtlich der Strafe, die den Ketzern zuteil werden muss, zweitens hinsichtlich der Strafe, die den Apostaten[1] auferlegt werden muss. Ketzer nämlich
5 werden nach *Raymundus* vierfach bestraft, durch Exkommunikation, Absetzung, Einziehung des Vermögens und körperlichen Tod. [...]
Auf diese Weise aber die Hexen zu strafen, scheint nicht genügend, da sie nicht einfache Ketzerinnen sind, sondern Abgefallene; und es kommt dazu, dass sie bei dem Abfalle nicht, wie oben festgestellt, aus Furcht vor Menschen oder fleischlicher Lust ab-
10 leugnen, nein, sie geben, außer der Ableugnung, auch Leib und Seele dem Dämonen preis und leisten ihm Huldigung. Daraus ist hinreichend klar, dass, wie sehr sie auch bereuen, und wenn sie auch zum Glauben zurückkehren, sie nicht wie andere Ketzer in ewiges Gefängnis gesteckt werden dürfen, sondern mit der schwersten Strafe zu bestrafen sind, und zwar auch wegen der zeitlichen Schäden, die (von ihnen) auf ver-
15 schiedene Weisen Menschen und Vieh zugefügt werden. So befehlen die Gesetze, wie sich zeigt c. de malefic. 1. nullus; 1. nemo und 1. culpa. Und es ist die gleiche Schuld, Verbotenes zu lehren und zu lernen. Die Gesetze reden von den Wahrsagern: wie viel mehr gilt das von den Hexen, wenn sie sagen, dass ihre Strafe bestehe in Einziehung des Vermögens und Entziehung der Ehrenrechte. Und wer durch solche Kunst ein Weib
20 zur Unzucht verleitet, oder umgekehrt, wird den Bestien vorgeworfen, wie es ebendort heißt, 1. multi. Davon steht geschrieben in der ersten Frage.

(v 1487)

Aus: Jakob Sprenger/Heinrich Institoris: Der Hexenhammer. München (Deutscher Taschenbuch Verlag) ⁷1987. S. 186f.

2. Die Peinliche Gerichtsordnung Kaiser Karl V. von 1532 (Carolina) (Auszug)

Straff der zauberey

109. Item so jemandt den leuten durch zauberey schaden oder nachtheyl zufügt, soll man straffen vom leben zum todt, vnnd man soll solche straff mit dem fewer thun. Wo aber jemandt zauberey gebraucht, vnnd damit niemant schaden gethan hett, soll sunst gestrafft werden, nach gelegenheit der sach, darinnen die vrtheyler radts gebrauchen sollen, wie vom radt suchen hernach geschriben steht.

(1532)

Aus: Gustav Radbruch (Hrsg.): Die peinliche Gerichtsordnung Kaiser Karls von 1532 (Carolina). Stuttgart (Reclam) 1962, S. 76

---

[1] Der Apostat (< gr. apo = ab, weg und stenai = stehen): Abtrünniger, vom Glauben Abgefallener; die Apostasie = der Abfall vom Glauben

3. Friedrich von Spee (1591–1635): Cautio Criminalis (Auszug)

VORREDE DES VERFASSERS

Den Obrigkeiten Deutschlands habe ich dies Buch gewidmet; vor allem denen, die es nicht lesen werden, weniger denen, die es lesen werden. Denn welche Obrigkeit so gewissenhaft ist, dass sie sich verpflichtet fühlt, zu lesen, was ich hier über die Hexenprozesse geschrieben habe, die hat bereits das, um dessentwillen das Buch gelesen werden
5 sollte, nämlich Gewissenhaftigkeit und Sorgfalt bei der Prüfung dieser Fälle. Sie braucht es darum nicht erst zu lesen und solche Eigenschaften aus ihm zu lernen. Welche Obrigkeit aber so sorglos ist, dass sie es nicht lesen will, die hat es dringend nötig, das Werk zu lesen und aus ihm Sorgfalt und Behutsamkeit zu lernen. Darum sollen es die lesen, die es nicht wollen. Die es lesen wollen, brauchen es nicht erst zu tun.
10 Ob nun aber einer mein Buch lesen will oder nicht, so wünschte ich doch, dass jeder wenigstens die letzte „Frage" liest und sorgfältig bedenkt. Ja, es wird sogar nicht nutzlos und gegen die Anordnung der Gedanken sein, diesen Abschnitt vor allen übrigen zuerst zu lesen.

(dt. 1649)

4. Kupferstich

Sap: 2. Cap:
Sagen die gottlosen wir wollen die fromen peinlich fragen vnd mitt dem aller schmälichsten tot vmbbringen.

Allegorie des Inhalts der „Cautio":

Die Unschuld (Bildmitte mit Lamm) wird im Namen Gottes vor geistlichen (links) und weltlichen Gerichtsherrn (rechts) gerechtfertigt gegen die Helfer des Unrechts (links vorne), gegen Habgier, Falschheit, Lüge, Neid und Folter (Matth. 5,10). Die Folterwerkzeuge liegen links im Vordergrund am Boden. Rechts knien die für die Unschuldige betenden Gläubigen.

Aus: Friedrich von Spee: Cautio Criminalis. München (Deutscher Taschenbuch Verlag) ⁴1986, S. XXXVIII und S. 3,302.

Arbeitsanweisungen:

1. Beschreiben und erörtern Sie die Texte 1 und 2 im Vergleich zu Text 3 und der Allegorie.

2. Entwerfen Sie ein Flugblatt aus der Perspektive von Sprenger/Institoris oder von Friedrich von Spee.

Transferaufgabe zu einem Auszug aus Bertolt Brechts (1898–1956) „Leben des Galilei" (1. Bild)

Das Prosaschauspiel in 15 Bildern handelt vom Gewissenskonflikt Galileo Galileis (1564–1642), der durch seine Forschungen in den Gegensatz zu den Lehren der Kirche gerät. Diese verwirft Galileis Auffassung, dass die Erde sich um die Sonne drehe (sog. Kopernikanische Wende). Unter dem Druck der Inquisition widerruft Galilei seine Lehre, weil er – nach Brecht – in der Wissenschaft mehr den geistigen Genuss als die soziale Verantwortung sieht. Galilei überlebt als Gefangener der Inquisition. Seine bahnbrechende Lehre aber wird durch seinen Lieblingsschüler Andrea Sarti bewahrt und verbreitet.

Der Abgedruckte Monolog Galileis richtet sich an den zehnjährigen Andrea und enthält Grundgedanken über die „neue Zeit".

[...]

GALILEI *sich abtrocknend:* Ja, das fühlte ich auch, als ich das Ding zum ersten Mal sah. Einige fühlen das. *Er wirft Andrea das Handtuch zu, daß er ihm den Rücken abreibe.* Mauern und Schalen und Unbeweglichkeit! Durch zweitausend Jahre glaubte die Menschheit, daß die Sonne und alle Gestirne des Himmels sich um sie drehten. Der Papst, die Kar-
5 dinäle, die Fürsten, die Gelehrten, Kapitäne, Kaufleute, Fischweiber und Schulkinder glaubten, unbeweglich in dieser kristallenen Kugel zu sitzen. Aber jetzt fahren wir heraus, Andrea, in großer Fahrt. Denn die alte Zeit ist herum, und es ist eine neue Zeit. Seit hundert Jahren ist es, als erwartete die Menschheit etwas.

Die Städte sind eng, und so sind die Köpfe. Aberglauben und Pest. Aber jetzt heißt es:
10 da es so ist, bleibt es nicht so. Denn alles bewegt sich, mein Freund.

Ich denke gerne, daß es mit den Schiffen anfing. Seit Menschengedenken waren sie nur an den Küsten entlang gekrochen, aber plötzlich verließen sie die Küsten und liefen aus über alle Meere.

Auf userm alten Kontinent ist ein Gerücht entstanden: es gibt neue Kontinente. Und
15 seit unsere Schiffe zu ihnen fahren, spricht es sich auf den lachenden Kontinenten herum: das große gefürchtete Meer ist ein kleines Wasser. Und es ist eine große Lust aufgekommen, die Ursachen aller Dinge zu erforschen: warum der Stein fällt, den man losläßt, und wie er steigt, wenn man ihn hochwirft. Jeden Tag wird etwas gefunden. Selbst die Hundertjährigen lassen sich noch von den Jungen ins Ohr schreien, was Neues ent-
20 deckt wurde.

Da ist schon viel gefunden, aber da ist mehr, was noch gefunden werden kann. Und so gibt es wieder zu tun für neue Geschlechter.

In Siena, als junger Mensch, sah ich, wie ein paar Bauleute eine tausendjährige Gepflogenheit, Granitblöcke zu bewegen, durch eine neue und zweckmäßigere Anordnung der
25 Seile ersetzten, nach einem Disput von fünf Minuten. Da und dann wußte ich: die alte Zeit ist herum, und es ist eine neue Zeit. Bald wird die Menschheit Bescheid wissen über ihre Wohnstätte, den Himmelskörper, auf dem sie haust. Was in den alten Büchern steht, das genügt ihr nicht mehr.

Denn wo der Glaube tausend Jahre gesessen hat, eben da sitzt jetzt der Zweifel. Alle Welt
30 sagt: ja, das steht in den Büchern, aber laßt uns jetzt selbst sehn. Den gefeiertsten Wahrheiten wird auf die Schulter geklopft; was nie bezweifelt wurde, das wird jetzt bezweifelt.

Dadurch ist eine Zugluft entstanden, welche sogar den Fürsten und Prälaten die goldbestickten Röcke lüftet, so daß fette und dürre Beine darunter sichtbar werden, Beine
35 wie unsere Beine. Die Himmel, hat es sich herausgestellt, sind leer. Darüber ist ein fröhliches Gelächter entstanden.

Aber das Wasser der Erde treibt die neuen Spinnrocken, und auf den Schiffswerften, in den Seil- und Segelhäusern regen sich fünfhundert Hände zugleich in einer neuen Anordnung.
40 Ich sage voraus, daß noch zu unsern Lebzeiten auf den Märkten von Astronomie gesprochen werden wird. Selbst die Söhne der Fischweiber werden in die Schulen laufen. Denn es wird diesen neuerungssüchtigen Menschen unserer Städte gefallen, daß eine neue Astronomie nun auch die Erde sich bewegen läßt. Es hat immer geheißen, die Gestirne sind an einem kristallenen Gewölbe angeheftet, daß sie nicht herunterfallen kön-
45 nen. Jetzt haben wir Mut gefaßt und lassen sie im Freien schweben, ohne Halt, und sie sind in großer Fahrt, gleich unseren Schiffen, ohne Halt und in großer Fahrt. [...]

(erste Fassung 1938/1939; letzte Fassung 1955/1956)

Aus: Werke. Große kommentierte Berliner und Frankfurter Ausgabe. Hg. von Werner Hecht, Jan Knopf, Werner Mittenzwei, Klaus-Detlef Müller. 30 Bände (Suhrkamp) Frankfurt a.M./Berlin und Weimar 1988–2000, Band 5, Stücke 5 (1988).

(Aus lizenzrechtlichen Gründen ist dieser Text nicht in reformierter Rechtschreibung abgedruckt.)

Arbeitsanweisungen:

1. Beschreiben Sie, durch welche Argumente und Beispiele Galilei seine These von der „neuen Zeit" (Z. 7f.) belegt.

2. Nehmen Sie an, Andrea sei – jetzt als junger Mann – ein guter Kenner des Barock und halte Galilei mit überzeugenden Argumenten und Beispielen entgegen, das 17. Jahrhundert sei eine Zeit des Übergangs.

Schülerarbeit (Arbeitszeit 2 Schulstunden)

Interpretieren Sie das Gedicht, indem
- Sie vom Titel und dem ersten Gesamtverständnis ausgehen,
- in einer textnahen Beschreibung und Deutung zeigen, wie das Thema inhaltlich entfaltet und formal gestaltet wird.
- Berücksichtigen Sie in der abschließenden Wertung auch, inwieweit dieses Gedicht charakteristisch für die Epoche ist.

Andreas Gryphius: Thränen des Vaterlandes Anno 1636

In seinem klassischen Sonett „Tränen des Vaterlandes Anno 1636" zeigt Andreas Gryphius die Grausamkeiten des Dreißigjährigen Krieges auf, gipfelt aber in der Feststellung, dass der Mensch nicht nur weltlicher Unbill ausgesetzt ist, sondern auch, was noch schlimmer ist, seinen Glauben zu verlieren droht.

5 Schon die Überschrift zeigt dem Leser, dass ihn eine Klage über die Situation im Kriegsjahr 1636 erwartet. Durch das Bild des weinenden Vaterlandes wird aber auch schon gleich eine gewisse schwermütige Stimmung hervorgerufen, die im ganzen Gedicht vorherrscht und sogar verstärkt wird.

Die erste Zeile beginnt mit einer fast paradoxen, aber dadurch verstärkten Feststellung,
10 dass das ganze Land, alle Menschen vom Heerwesen betroffen sind, ja sogar „mehr als ganz" (I,1) betroffen. Auf diesen Ausruf, in den der Autor sich selbst durch das „Wir" einbezieht, ganz nach Art der barocken Sonette, folgt eine genaue Beschreibung, was das bedeutet. In vier Halbversen, aus einem „Kriegsmittel" und einer beschreibenden Ergänzung bestehend, zeigt Gryphius in starken, emotionsgeladenen Bildern die Grau-
15 samkeiten dieses Kriegswesens auf. Von bluttriefenden Schwertern, von donnernden „Karthaunen" (= Geschützen) ist hier (I,3) die Rede, von „frechen Völkern" (Soldaten) und „rasenden Posaunen" (I,2). Dieser Parallelismus prägt sich besonders stark ein, er wurde bewusst dazu eingesetzt. Das erste Quartett endet dann mit der Folgerung, dass durch diesen Krieg alle positiven Werte, wie „Schweiß und Fleiß und Vorrat" (I,4), „auf-
20 gezehrt" sind.

Das zweite Quartett führt diesen Gedanken weiter, verlegt ihn aber nun auf die Auswirkungen. Wieder wird in einer Bilderhäufung in Halbversen die Aussichtslosigkeit aufgezeigt. Die Türme, die hier wohl für die Schutz bietenden Befestigungsanlagen stehen, sind zerstört (II,1) und auch das Sinnbild für die städtische Kultur und Verwaltung, das
25 Rathaus, liegt in Asche und Staub. Besonders auffällig ist die „Umkehrung" der Kirche, was wahrscheinlich ein Hinweis auf die zwangsweise gewechselte Konfession in den besetzten Gebieten ist. Gekrönt wird diese Bilderhäufung dann noch durch die Ausweitung auf menschliche Aspekte. Die beiden Idealbilder der damaligen Menschen, hier der „starke" Mann, dort die ehrenhafte „Jungfrau", sind ebenfalls zerstört. Diese dadurch
30 entstandene Schlussfolgerung, es sind nicht nur die äußeren Werte des Menschen zerstört, sondern auch der Mensch selbst ist „geschändet" und „zerhaun", führt zu der Aussage in der letzten Zeile des zweiten Quartetts: Herz und Geist sind von Feuer, Pest und Tod durchwirkt.

Vielleicht könnte der Leser meinen, jetzt käme ein Umschwung, aber Gryphius bringt
35 im ersten Terzett ein kaum an schrecklicher Darstellung zu überbietendes Bild. Die Stadt wird durchschwemmt von Blut und Leichen. Wenn dann aber im zweiten Terzett die Feststellung kommt, dass es etwas Ärgeres als alles vorher Genannte gibt (IV, 1–2), da muss der Leser aufhorchen. In der letzten Zeile des Sonetts zeigt sich dann deutlich die Finalstruktur: Der Verlust des „Seelen-Schatzes", das kann sowohl die Seele als Schatz,
40 aber auch besonders den christlichen Glauben bedeuten, ist Gryphius noch wichtiger als menschliche Entbehrung. Nun wird auch die Verbindung der ersten zur letzten Zeile deutlich. Das Land ist mehr als nur vom Heer in Besitz genommen, es sind nämlich auch der Mensch und seine Seele in diesen Krieg miteinbezogen. Auch fällt die Unterscheidung der Personen auf: In der ersten Zeile wird von „Wir" gesprochen, in der letz-
45 ten nur noch von vielen. Gryphius drückt damit auch seine große Sorge über die Konfessionswirren seiner Zeit aus. Besonders die aufkommende Maxime, dass jeder die Religion haben muss, die sein Landesfürst hat, ist für ihn nicht einsehbar.

Meiner Meinung nach zeigt das im Alexandriner-Metrum abgefasste Gedicht gut die Wirren des Krieges einerseits und andererseits die tiefe Religiosität dieser Zeit. Auch ist die
50 strenge Form des Sonetts gewahrt, Parallelismus und Finalstruktur werden gut ersichtlich. Alles in allem ist dieses Sonett damit ein ideales Beispiel für die damalige Dichtkunst.

R. S., 17 Jahre

Arbeitsanweisungen:

1. Beschreiben Sie den Aufbau dieser Schülerinterpretation.

2. Beurteilen Sie die Schülerleistung in einem Kommentar.

Andreas Gryphius: Es ist alles eitel
– Kurzinterpretation –

Nach seiner Wiederholung in der ersten Zeile wird die Hauptidee durch Amplifikation[1] immer neu umschrieben, variiert: der Angesprochene soll durch die insistierende[2] Nennung voll und ganz überzeugt werden. Die deutlichen Zäsuren der Alexandriner nach der sechsten Silbe unterstützen die scharfen Antithesen, Halbvers gegen Halbvers, die
5 nur zur Vermeidung formaler Langeweile etwa am Ende des ersten Quartetts aufgegeben werden. Den antithetischen Sprach- und Denkcharakter – als Stilmittel aus der antiken Rhetorik[3] überkommen – hat man oft geradezu als das Hauptcharakteristikum des Barockzeitalters angesehen. Die Metaphorik der Vergänglichkeit geht auf die biblische Bildsprache zurück; die Identifikation mit der religiösen Tradition bestätigt und bekräf-
10 tigt die Aussage. Als Sinnbilder der fragilitas[4] erscheinen „asch und bein" (im Übrigen gleichzeitig auch im realen Sinn der christlichen Eschatologie[5] zu verstehen), der „traum" als Metapher der Irrealität, die Klimax „schaten staub und windt" und selbst die „wiesen blum / die man nicht wiederfindt". Die Antwort auf die leidenschaftlich gestellte Frage der zehnten Zeile gibt bereits der folgende Satz, der in das zweite Terzett übergreift und
15 durch die anaphorische[6] Verkettung Eindringlichkeit erzielt. Der Schluss deutet das menschliche Elend nicht als Schicksal, sondern als Schuld. Dass das Sonett den Eindruck objektiver Gültigkeit erweckt, verdankt es der rhetorischen Meisterschaft seines Verfassers.

Aus: Die Literatur. Wege zum Verständnis der Literatur. – Freiburg (Herder) ²1973. S. 521.

---

[1] Die Amplifikation: kunstvolle Ausweitung einer Aussage
[2] insistieren: beharrlich auf etwas bestehen
[3] Die Rhetorik: Redekunst
[4] Die Fragilitas: Zerbrechlichkeit, Hinfälligkeit
[5] Die Eschatologie: Lehre vom Endschicksal des einzelnen Menschen und der Welt
[6] Die Anapher: Wiederholung des Anfangswortes in aufeinander folgenden Sätzen (vgl. SB, S. 80)

Arbeitsanweisungen:

1. Beschreiben Sie den Aufbau dieser Kurzinterpretation und halten Sie fest, was Sie vermissen.

2. Exzerpieren Sie die textexternen Aussagen und erklären Sie, welchen Bereichen diese zuzuordnen sind.

3. Verfassen Sie eine Einleitung, die die Kernaussage enthält.

Andreas Gryphius (1616–1664): Horribilicribrifax. Teutsch. Wehlende Liebhaber (Auszug)

Der erste auffzug.

Capitain Daradiridatumtarides Windbrecher von Tausend-Mord. Don
    Cacciadiavolo. Don Diego, sein diener.
        D a r a d i r i d a t u m t a r i d e s :
5   Don Diego, rücket uns den mantel zurechte! Don Cacciadiavolo, ich halte, dass das
ostliche theil des bartes mit der westseiten nicht allzuwol überein komme.
        D o n   C a c c i a d i a v o l o :
  Großmächtiger herr capiten, es ist kein wunder. Die haare der lincken seiten sind
etwas versenget von den blitzen seiner feurschießenden augen.
10   D a r a d i r i d a t u m t a r i d e s :
  Blitz, feuer, schwefel, donner, salpeter, bley und etliche viel millionen tonnen pulver sind nicht so mächtig, als die wenigste reflexion, die ich mir über die reverberation meines unglücks mache. Der große chach Sesi von Persen erzittert, wenn ich auff die erden trete. Der türckische kaiser hat mir etlich mahl durch gesandten eine offerte von
15 seiner kron gethan. Der weitberühmte mogul schätzt seine retrenchemente nicht sicher für mir. Africa hab ich vorlängst meinen cameraden zur beute gegeben. Die printzen in Europa, die etwas mehr courtese, halten freundschafft mit mir, mehr aus furcht, als wahrer affection. Und der kleine verleckerte bernhäuter, der rappschnabel, ce bugre, ce larron, ce menteur, ce fils de putainy, ce traistre, ce faquin, ce brutal, ce bourreau, ce Cu-
20 pido, darff sich unterstehen seine schuch an meinen lorberkräntzen abzuwischen! Ha ma deesse! merville de monde! aborabel beaute! Unüberwindliche schöne! unvergleichliche Selene! wie lange wolt ihr mich in Courtegarde eurer ungunst verarrestiret halten?

        [...]

(v um 1650)

Aus: Andreas Gryphius: Lustspiele. Hrsg. von Hermann Palm. Hildesheim (Olms) 1961, S. 67/68.

Arbeitsanweisungen:

1. Machen Sie Vorschläge für eine Inszenierung dieses Auftritts.

2. Beschreiben Sie das Sprachgemisch und ziehen Sie Schlussfolgerungen auf die von Gryphius geäußerte Sprachkritik.

VIERTES KAPITEL Aufklärung – Empfindsamkeit – Sturm und Drang

1. Gegenstands- und Konzeptionsbeschreibung

1.1 Pädagogisch-fachwissenschaftliche Aspekte

Ein Blick in die Fachliteratur der letzten zwanzig Jahre zeigt, dass die Aufklärungsliteratur zunehmend auf dem Hintergrund ihrer „sozialen Wirklichkeit"[1] gesehen wird, um so ihre gesellschaftliche Dimension sichtbar zu machen: ihre Übereinstimmung oder ihre Differenz mit der damals bestehenden Wirklichkeit der Gesellschaft. So stehen neu im Blickpunkt die Stadtkultur, das Bildungswesen, die Aufklärungsgesellschaften der Schriftsteller und der literarische Markt. Die bildungs- und gesellschaftspolitischen Prozesse sollen so bewusst gemacht werden.

Der Begriff „Aufklärung" im Sinne der ‚Großepoche' Aufklärung, Empfindsamkeit sowie Sturm und Drang ist in der Literaturwissenschaft erst allmählich konsensfähig. Für die Orientierung bei der Beschäftigung mit der Literatur des 18. Jahrhunderts und für ihre didaktische Umsetzung im Unterricht ist der Ausgang von der These hilfreich, dass „Aufklärung" als übergeordnete Kategorie für alle Strömungen der Literatur im 18. Jahrhundert gelten kann. „Sie umfasst also die unterschiedliche und teils widersprüchliche Literatur mehr rationaler oder mehr irrationaler Herkunft im 18. Jahrhundert und kann daher auch nur in der Einheit ihrer Unterschiede und Widersprüche historisch zutreffend beschrieben werden."[2]

Der Dichter Schubart erhoffte sich, dass „unser Vaterland als eine Götterwohnung vor allen Völkern" dastehen und in einem strahlenden Lichte schimmern werde, wenn sich die Ideen der Aufklärung durchsetzen würden (siehe SB, S. 144). Welche Ziele sollten bei ihrer Verwirklichung Deutschland zu einer Götterwohnung machen?

– Der Mensch sollte sich an der Vernunft orientieren als einer in ihm liegenden Kraft zur freien Selbstbestimmung.
– Als praktische Zielsetzung der Vernunft wurden die vollkommene Glückseligkeit der Menschen sowie das Gemeinwohl im Staat und in der Gesellschaft definiert. Die Vernunft hat die Praxis des Lebens ordnend und gesetzmäßig zu steuern. Die Idee von der Wohlfahrt und die Utopie des Friedens sowie die Moralität des bürgerlichen Handelns sollten das Verhalten der Bürger bestimmen (vgl. Gellerts Erzählgedicht „Der baronisirte Bürger", SB, S. 165).
– Den Widerspruch zwischen Ratio und Gefühl galt es aufzuheben. Das so genannte ‚Rokoko' und die ‚Empfindsamkeit' betrieben Aufklärung, indem sie über die Gefühle mit den Mitteln der ‚guten Affekte' den Glückseligkeitszweck der Vernunft zu fördern versuchten. Goethes „Werther" bietet ein Beispiel für das Laster der zerstörenden Leidenschaft.
– Die Aufklärung säkularisierte die religiöse Heilsgeschichte des Christentums und seiner Moral. Der Blick des Menschen sollte von der jenseitigen Welt der Offenbarung auf diese Welt gelenkt werden, um die Energien des Menschen auf die Veränderung dieser Welt zu richten. Diese Problematik behandelte am Ende der Aufklärung Lessing in seinem Drama „Nathan der Weise".
– Die Gedanken der Aufklärung führten notwendig zu einer Auseinandersetzung mit der Tradition, nämlich mit dem mittelalterlichen „ordo"-Denken, das immer noch die Ständegesellschaft, die staatliche Obrigkeit und deren Legitimation rechtfertigte. Diese Tradition musste neu legitimiert werden: Sie bezog sich nun nicht mehr auf eine religiöse Heilsordnung, sondern auf das Vermögen des Menschen zur Vernunft. Zu vergleichen sind Lessings „Nathan die Weise" (SB, S. 166ff.) und Friedrichs II. „Politisches Testament" (SB, S. 153). Die Auseinandersetzung mit der Tradition konnte zwischen kämpferischer Haltung und versöhnungsbereiter Kritik schwanken.

Für den inneren Wandel der Einstellung zu den Ideen der Aufklärung ergibt sich folgende Einteilung:[3]

1. Die Haltung der politischen und galanten Klugheit in der **Übergangsphase** von 1680–1720/30: Sie umfasste eine recht begrenzte protestantisch-städtische Teilkultur gebildeter bürgerlicher Schichten in Hamburg, Leipzig, Halle und Zürich.
2. Es folgte die **rationalistische Frühaufklärung** von 1720/30–1750: Diese breitete sich über weitere Wirtschafts- und Gelehrtenzentren protestantischer Prägung aus wie etwa Bremen, Lübeck, Königsberg, Göttingen, Berlin, Frankfurt, Basel und Bern. Dominierend war Gottscheds Einfluss in dieser Phase, dem die französische Klassik und Christian Wolffs Systemphilosophie zum Vorbild dienten.
3. In der **Phase der Hochaufklärung** von 1750–1770 ging die Dominanz der Theorie zurück, und die bedeutenden Werke der bürgerlich-aufklärerischen Kunst entstanden, z.B. die Werke von Klopstock, Wieland und Lessing.

In der Nachfolge von John Locke herrschte der sensualistisch oder empirisch bestimmte Vernunftgebrauch vor. Der individuelle Spielraum der Vernunft im Handeln des Individuums konnte sich entfalten. Die vernunftgeleitete Erkenntnis richtete sich so auf äußeres Empfinden, wie sich vernunftgeleitetes Handeln auf inneres Empfinden richtete. Folglich diente die Entfaltung von Empfindungen der Entwicklung der Tugend und der Schönheit in der Kunst.[4] Diese Folgerung zog auch Lessing in seiner Theatertheorie mit seiner Lehre

---

[1] Rolf Grimminger (Hrsg.): Deutsche Aufklärung bis zur Französischen Revolution 1680–1789, I. Teilbd. – München (Deutscher Taschenbuchverlag) 1980, S. 7.
Empfehlenswert ist Grimmingers umfassende Einleitung über die Aufklärung, den Absolutismus und das Bürgertum im Deutschland des 18. Jahrhunderts. Dieser Basisartikel gibt einen gründlichen Überblick über die Beziehungen von Literatur, Gesellschaft und Staat zur Aufklärungszeit. Er überzeugt durch sein abgewogenes Urteil. Die Institutionen der Aufklärung, die Entwicklungsphasen und die einzelnen literarischen Gattungen werden in den beiden Bänden anschließend untersucht. Besonders nützlich für den Unterricht sind die Aufsätze von Schulte-Sasse, Sauder-Ueding und Grimminger.

[2] Rolf Grimminger: A.a.O., S. 16. Diese Position vertritt auch Gerhard Kaiser, wenn er von einer relativen Einheit der Epoche Aufklärung spricht und diese als epochale Grundschicht bezeichnet (In: Geschichte der deutschen Literatur, Bd. 3: Aufklärung, Empfindsamkeit, Sturm und Drang. – München (Francke) 1976, S.12.)

[3] Rolf Grimminger: A.a.O., S. 35ff.: Zugrunde liegt die Einteilung von Grimminger.

[4] Rolf Grimminger: A.a.O., S. 62.

von der Katharsis der inneren Gefühle. Man kann mit gutem Grund von einer Formung der Affekte sprechen, die durch Vernunftgebrauch sich zur „guten Tugend" hinbilden. Diese Lehre stellte den Ausgleich dar zwischen der Leidenschaft und den Zwängen rationalen Verhaltens. Diese Spannung in der Entwicklung des Aufklärungsbewusstseins spiegeln Goethes Lyrik der ,Sturm und Drang'-Zeit und sein „Werther" wieder, desgleichen die Werke von Wieland, Gellert und Lessings Trauerspiel. Diese Gedanken zeigen deutlich die engen Verbindungen zwischen den bisher getrennt gesehenen literarischen Strömungen „Aufklärung" – „Empfindsamkeit" – „Sturm und Drang" auf.

4. In der **Spätaufklärung** und im **„Sturm und Drang"** von 1770–1789 war diese Entwicklungsphase von einem zunehmenden Selbstbewusstsein der Schriftsteller gekennzeichnet. Diese Phase prägte eine grundlegende Diskussion über die Spannung zwischen dem idealen Entwurf einer vernunftgeleiteten Gesellschaft und den tatsächlichen Bedingungen des Individuums in der Ständegesellschaft und in der staatlichen Ordnung des 18. Jahrhunderts. Diese regulative Idee führte einerseits zu einer desillusionierenden Ernüchterung, andererseits zu verstärkter Kritik und Opposition.

Die Literatur artikulierte seit 1770 ein deutliches Unbehagen an der gesellschaftspolitisch starren Situation des 18. Jahrhunderts. Kants Schrift „Was ist Aufklärung?" aus dem Jahre 1784 fasste diese Kritik der Spätaufklärung zusammen. Diese Kritik des „individuellen Selbstdenkens" war bei Lessing und Wieland noch nicht zu finden. Eine allgemein verbindliche Anerkennung konnte diese autonome geistige Selbstständigkeit nur in der Konkurrenz freier Meinungen gewinnen.

Am Ende des 18. Jahrhunderts gab es keinen Konsens mehr über die Ziele der Aufklärung: Diese konnte verstanden werden

– als eine „Verbreitung des reinen Erkenntnisvermögens der Vernunft"; sie sollte zu klaren philosophischen Einsichten führen.
– Sie konnte verstanden werden als „Beförderung des kritischen Selbstdenkens" oder
– als „Aufklärung des Herzens".[5]

Dies führte zu einer Diskussion über wahre und falsche Aufklärung bis in die Gegenwart.[6] Diese Widersprüche vor allem ermöglichten den „Sturm und Drang" von 1770–1785. Goethe verwies im Rückblick in seiner Autobiografie „Dichtung und Wahrheit" auf mehrere Ursachen:

– Auf eine allgemeine Opposition gegen die tradierten Normen: „Genie" wurde zum Gegenbegriff für Freiheit (vgl. Goethes Hymne „Prometheus", SB, S. 182).
– Er verweist darauf, dass die Erlebnisarmut und die geringen Aufstiegschancen des Bürgers die Jugend in eine literarische Revolution führten.[7]

Die „Sturm-und-Drang-Bewegung" ist somit als Ausdruck eines Krisenbewusstseins zu verstehen: als ein Protest unangepasster junger Menschen gegen die starren gesellschaftlichen Normen der eigenen Zeit. In ihrem Pochen auf Autonomie und auf das Recht zur Kritik vertraten sie allerdings Gedanken der Aufklärung. Charakteristisch für die Literatur des „Sturm und Drang" war außerdem, dass die menschlichen Erfahrungen vom Gefühl bestimmt waren. Die Dichter lehnten ein utilitaristisch-kluges Denken ab, übten Kritik an der Gesellschaft, stellten die Autonomie des Individuums in ästhetisch wirksamen Affekten dar und betonten die leidenschaftliche Spontaneität. In Schillers Drama „Die Räuber" und Goethes Drama „Götz von Berlichingen" sowie in seinem Roman „Werther" sind alle diese Wesensmerkmale enthalten. Die Helden dieser Werke glauben alle daran, die „Güter des Herzens" mit absolutem Anspruch verwirklichen zu können, und sie weisen ihren Protest gegen die Gesellschaft und in ihrem Scheitern auf die Unmöglichkeit deren Verwirklichung hin.[8]

Der „Sturm und Drang" stellt also eine intensive, in seiner Form ästhetisch bestimmte Tendenz spätaufklärerischer Literatur dar und ist somit Ausdruck eines orientierungslos gewordenen öffentlichen Bewusstseins kurz vor Ausbruch der Französischen Revolution. Die bisherigen Ausführungen zeigen drei zentrale Aspekte auf:

– Der absolutistische Staat mit seinen ständisch-feudalen Strukturen musste zum aufgeklärten Denken mit seinen utopischen Zügen führen.
– In der Literatur des 18. Jahrhunderts spiegelte sich das Bewusstsein der neuen bürgerlichen Schicht wider.
– Die so gewonnenen Einsichten in die Bedingungen der Literatur des 18. Jahrhunderts sollen die Gesichtspunkte für ihre didaktische Umsetzung im Unterricht einsichtiger machen und die für den Unterricht zu treffende Stoffauswahl sowie die Unterrichtsziele erklären und begründen helfen.

Die Epoche der Aufklärungszeit ist, wie bisher gezeigt wurde, von der Spannung zwischen dem absolutistischen Staat und dem aufgeklärten Denken geprägt. Dieses neue aufgeklärte Bewusstsein wird vor allem von den bürgerlichen Schichten, die innerhalb der Ständegesellschaft an Bedeutung gewinnen, getragen. Die Entwicklung dieses Spannungsverhältnisses in dieser Großepoche lässt sich in einer Synopse etwa so darstellen:[9]

5 Rolf Grimminger: A.a.O., S. 62.
6 Vgl. die Schriften von Karl Jaspers: Einführung in die Philosophie – München (Piper) 1953: Darin das Kapitel: Glaube und Aufklärung. Max Horkheimer/Theodor W. Adorno: Dialektik der Aufklärung – Frankfurt (Fischer) 1971. Diese Philosophen setzen sich in ihren Abhandlungen kritisch mit der Bedeutung der Aufklärung in der europäischen Geistesgeschichte auseinander. Diese Kritik hat wieder aufgenommen Manfred Frank: Der kommende Gott. Vorlesungen über die Neue Mythologie. – Frankfurt (Suhrkamp) 1982.
7 J. W. von Goethe: Dichtung und Wahrheit. Hamburger Ausgabe, Bd. 9: S. 471, 565f., 583f.; Bd. 10: S. 66, 160f. – München (C. H. Beck) 1981f.
8 Gerhard Kaiser: Geschichte der deutschen Literatur, Bd. 3, S. 206ff. und 277ff. – München (Francke) 1976.
9 Leo Balet/E. Gerhard: Die Verbürgerlichung der deutschen Kunst. Literatur und Musik im 18. Jahrhundert, hrsg. von G. Mattenklott. – Frankfurt (Ullstein) 1972.
Balet gibt in anschaulicher Weise und materialreich Auskunft über die politische Ordnung und Gesellschaftsstruktur (Adel, Höfe und Hofleben, Stadtkultur der Bürger) in Deutschland und deren Rückwirkungen auf die Literatur und die Stellung der Schriftsteller in der damaligen ständischen Gesellschaft.
Walter H. Bruford: Die gesellschaftlichen Grundlagen der Goethezeit. – Frankfurt (Ullstein) 1979.

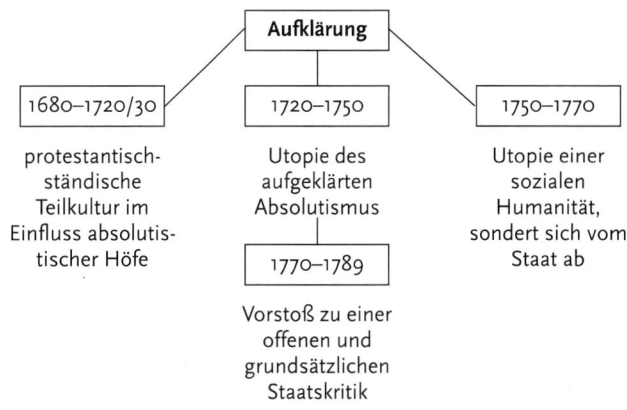

I. Der **höfische Absolutismus** von 1648–1740 ist geprägt von folgenden Faktoren:

1. Die Institutionen der Staatsmacht sind
   – das Heer,
   – die Bürokratie und
   – das Steuersystem in der absoluten Macht des Fürsten.
2. Gottesgnadentum des Fürsten soll der Sicherung des Friedens dienen.
3. Der Hof hat die Aufgaben
   – einer politischen Zentrale;
   – stellt den neuen Typ der repräsentativen Gesellschaft dar,
   – repräsentative Bautätigkeit zur Demonstration der Macht,
   – „Hofadel" im Dienste des Fürsten.

In der ersten Phase waren die fürstlichen Höfe offen für die bürgerliche Intelligenz und boten
– Aufstiegschancen und die
– Übernahme höfischen Verhaltens.

In der zweiten Phase führte die wachsende Exklusivität des Hofes zur bürgerlichen Opposition:
– zur Kritik am barocken Prunkstil,
– zum Angriff auf die galante Unnatur und politische Unmoral der Hofleute sowie
– zur Kritik an der irrationalen Willkürherrschaft.

→ Damit hatte eine Trennung zwischen der höfischen Staatsgesellschaft und der Privatgesellschaft stattgefunden.

→ Das intellektuelle Bürgertum entwarf eine bürgerliche Gegenwelt mit rationalistischen Ordnungsprinzipien (vgl. die Fabel-Literatur und Gellerts Schriften).

II. Der sog. **aufgeklärte Absolutismus** von 1750–1789 zeigte folgende Entwicklungstendenzen:

1. Der Staatsapparat wurde ausgebaut, verstärkt und nach unten ausgeweitet.
2. Der Fürst als Machtträger wird ideell legitimiert durch rationale Argumente der Aufklärung, z.B. in der Idee von der Staatsmaschine.
3. Es entstand ein zunehmender Widerspruch zwischen dem höfischen Absolutismus und seinen ökonomischen Krisen.
4. Das politische Ziel war, die zentralisierte Herrschaft des Fürsten zu stabilisieren.
5. Der Fürst sollte die Glückseligkeit seiner Untertanen fördern:
   – durch ökonomisches Wachstum,
   – sein soziales und moralisches Verhalten.

Philosophen und Schriftsteller wie Christian Wolff, Gottsched und Lessing kämpften gegen den höfischen Absolutismus und gegen die Trägheit der Ständegesellschaft.

Allerdings begünstigte das Merkantilsystem das Bürgertum und förderte seinen finanziellen Einfluss.

Als ideale Vorstellung wurde das Bild von einem tugendhaft-aufgeklärten Fürsten entworfen.

III. Um 1770 wird in dieser Einschätzung der gesellschaftlich-politischen Zustände eine **Wende** deutlich:

1. In der Literatur des „Sturm und Drang" wird eine **Utopie einer privaten Humanität ohne Staat** entworfen:
   Schillers Drama „Die Räuber" und Goethes Roman „Werther" zeigen Versuche der Verwirklichung dieser Utopie und sogleich ihr Scheitern an der Gesellschaft.
2. Die „Freiheit" auch zur politischen Aktivität wird in zwei Richtungen verlangt:
   – in der liberalen Staatsidee einer „demokratischen Republik",
   – in der Wiederherstellung der „alten deutschen Freiheit" in einer ständischen Selbstverwaltung.

Bei der Behandlung dieser Epoche sollte die besondere Chance wahrgenommen werden, den Begriff „Aufklärung" als Epochenbezeichnung und in seiner Bedeutung für die Auffassung eines permanenten historischen Prozesses neuzeitlicher Geistesgeschichte dem Schüler einsichtig zu machen. Vor allem die problemorientierte perspektivische Fragestellung eignet sich dafür besonders. Die Schüler begegnen im Verlauf der Oberstufe verschieden strukturierten Epochen, die Einsichten in beharrende und oppositionelle Elemente der deutschen literarischen und gesamtkulturellen Entwicklung ermöglichen. Mit dem „Zeitalter der Aufklärung" lernt der Schüler eine Epoche kennen, in der das Bürgertum in Kultur und Wissenschaft sich emanzipiert hat.
Die Jugendlichen sollen begreifen, dass aufklärerisches Denken in der Zeit der Aufklärung und auch in seiner Tradition bis heute zum Ziel hatte und noch hat, dem Menschen zur Eigenstän-

digkeit im Urteil und im Handeln zu verhelfen, damit er so seinen individuellen Platz in der Gesellschaft leichter findet. Dabei muss bewusst gemacht werden, dass aufklärerische Literatur zum Aufbau einer vernunftorientierten Gesellschaft beitragen wollte und will. „Tugendhaftes" und „richtiges" Denken und Handeln sollen die menschliche Unvernunft zurückdrängen. Die Schüler lernen im Vergleich mit und im Kontrast zu Positionen moderner Schriftsteller den ungebrochenen Glauben aufgeklärter Schriftsteller an die Wirkung ihrer ästhetischen und gesellschaftlichen Bestrebungen kennen. Dies könnte zu einem Denkprozess über die Bedeutung von Literatur im Bereich der „Öffentlichkeit" (Jürgen Habermas)[10] im 18. Jahrhundert anregen und zu einem fruchtbaren Vergleich mit der gesellschaftlichen Situation unserer Zeit führen.

---

[10] Jürgen Habermas: Strukturwandel der Öffentlichkeit. Untersuchungen zu einer Kategorie der bürgerlichen Gesellschaft. – Neuwied und Berlin (Luchterhand) ⁴1969.
Jochen Schmid (Hrsg.): Aufklärung und Gegenaufklärung in der europäischen Literatur. Philosophie und Politik von der Antike bis zur Gegenwart. Darmstadt (Wissenschaftliche Buchgesellschaft) 1989.
Die umfassende Einleitung von Jochen Schmid über die ‚Dialektik der Aufklärung' vermittelt einen Einblick in die vielfältigen Aspekte von Aufklärung. Lohnend für unsere Fragestellung sind die Aufsätze von U. Gaier bis I. Fetscher (S. 261–522), die einen differenzierten Überblick über die geistige Bewegung der Aufklärung vom 18. Jahrhundert bis zur Gegenwart geben. Dabei werden einzelne Aspekte schwerpunktartig behandelt.

1.2 Fachdidaktisch-methodische Aspekte

Die Klassen 10 und 11 haben als „Zwischenstufe" zwischen der Mittelstufe und den beiden Kursjahren eine Bindegliedsfunktion. In der Mittelstufe erworbene methodische Kenntnisse sollen wieder aufgenommen, weiterentwickelt und gefestigt werden, damit in der Oberstufe auf der Basis gesicherter Arbeitstechniken und Verfahrensweisen unterrichtet werden kann. Diesen Aspekten versuchen der didaktische Ansatz der Einstiegsphase („Was ist Aufklärung?" (Immanuel Kant) – Bedeutungshorizont eines Begriffes und seine Erörterung) und die Stoffauswahl in den weiteren Teilsequenzen gerecht zu werden. Berührt sind gleichzeitig auch Fragen der Epochentypologie und -abgrenzung.

Die vorgeschlagene Unterrichtssequenz ist aufgrund ihrer thematischen Zielsetzung in sich geschlossen angelegt (s. die Teilsequenz I,1 und die Teilsequenz II,3). Sie bleibt aber auch so weit offen, dass vom jeweiligen Fachlehrer je nach Situation (Klasse, Interessen der Schüler und des Lehrers) Weglassungen oder stoffliche Umbesetzungen vorgenommen werden können, ohne dass die Gesamtkonzeption der Epoche in Frage gestellt wird.

Lessings Drama „Nathan der Weise" hat die Funktion der Zusammenfassung und der Zentrierung aufklärerischen Denkens innerhalb des ganzen Epochenkapitels.

In der Teilsequenz II,3 „Leben wir in einem aufgeklärten Zeitalter?" (Immanuel Kant) können die dort angebotenen Texte durch eine Ganzschrift ersetzt werden (vgl. LB, S. 232), etwa durch Max Frischs Roman „Homo faber" oder Dürrenmatts Drama „Die Physiker", weil in beiden Werken der ursprüngliche Optimismus des 18. Jahrhunderts an die Vernunfthaftigkeit des Menschen den Autoren des 20. Jahrhunderts gegangen ist.

1.2.1 Sprechen und Schreiben

Im Arbeitsbereich Sprechen und Schreiben werden im Sinne einer curricularen Progression die in den vorangegangenen Schuljahren und in den Kapiteln dieses Bandes erlernten Fertigkeiten und Kenntnisse aufgenommen, angewandt und auch in produktiven Verfahrensweisen eingeübt.

In der ersten Sequenz stehen die Textanalyse und -erörterung im Mittelpunkt: Die Schüler erschließen die Texte, indem sie die Sachverhalte benennen und vergleichen; Begriffe z.B. mit Hilfe eines Clusters erklären und sich Notizen zum Primäreindruck machen. Sie untersuchen Argumentationsstrukturen und überprüfen diese nach ihrer Schlüssigkeit, z.B. zur Theatertheorie (SB, S. 187ff.) Leitbegriffe sollen geklärt und die Arten des Erörterns eingeübt werden. Das Beschreiben von argumentativen Texten hat zum Ziel, den Aufbau und den Gedankengang dieser Texte beurteilen zu lernen und sie durch Markierungen sowie Annotationen lesbarer zu machen. Daneben sind produktive Schreibübungen vorgesehen, in denen die Schüler ihre Einsichten im Schreibversuch umsetzen können, z.B. beim Gestalten eines Beschwerdekatalogs oder einer Biografie, beim Verfassen eines fiktiven Berichts oder einer Fabel. In einem Projekt zu Goethes „Werther" können die Formen des „Freien Arbeitens" eingeübt werden.

Im gesamten Kapitel bilden die Formen der Erörterung einen Schwerpunkt:

- Die Texterörterung wird demonstriert am Beispiel des philosophischen Essays von Immanuel Kant „Was ist Aufklärung?" (SB, S. 149ff.).
- An der Dialogszene zwischen Nathan und seiner Tochter Recha üben die Schüler ihre Fertigkeit, eine Dramenszene nach Aufbau, Gesprächsführung und ihrer Wirkung zu interpretieren. (s. SB, S. 168ff.)
- Die literarische Erörterung soll nach der Besprechung von Lessings Drama „Nathan der Weise" anhand einer Fragestellung zum Verhalten der Hauptfigur geübt werden (s. SB, S. 172f.).
- Die Problemerörterung wird anhand einer These zur Schlussbewertung der Epoche (s. SB, S. 195f.) geübt.

Kreative und produktionsorientierte Gestaltungsformen bieten die Möglichkeit, den Schüler als Leser bei der Beschäftigung mit den literarischen Texten intensiver miteinzubeziehen. So können sie ihre eigenen Leseerfahrungen beim Schreiben einer Rollenbiografie einbringen, z.B. bei Schillers Drama „Die Räuber" (s. SB., S. 183). Eine Form des gestaltenden Interpretierens wird angeboten über szenisches Lesen, ebenfalls an Schillers Drama.

1.2.2 Literatur und Medien

Im Arbeitsbereich Literatur und Medien sollen die Schüler über Notizen zum ersten Leseeindruck, über das Exzerpieren zentraler Textstellen und über den Vergleich mit bildlichen Darstellungen sowie über szenisches Lesen einen Zugang zur Literatur finden.

Vor allem sollen sie eine Reihe der in diesem Kapitel vorkommenden literarischen Formen untersuchen und verstehen lernen: So den Essay, historische Texte, das politische Gedicht, die Gedankenlyrik der Anakreontiker oder Klopstocks, die Anekdote, die persönlichen Briefe z.B. von Wieland und Lessing. Sie lernen die Fabel und als typische Formen, die aufklärerisches Denken zu vermitteln versuchen, den Aphorismus und das Epigramm kennen.

Die Merkmale der dramatischen Rede und der dramatischen Wirkung sollen an Lessings Drama „Nathan der Weise" und an Schillers Schauspiel „Die Räuber" erschlossen werden. Literaturgeschichtliche Bezüge sind bei der Beschäftigung mit diesen Werken immer mit einbezogen: z.B. bei der Fabel als einem „Kampfmittel", um indirekt gesellschaftlich-politische Kritik zu üben (SB, I,4); die Literatur des „Sturm und Drang" (SB, S. 177ff.) kann und soll als Protest einer jungen Generation gegen die gesellschaftlichen Bedingungen ihrer Zeit begriffen werden.

1.2.3 Sprachbetrachtung

Im Arbeitsbereich Sprachbetrachtung soll beim Schreiben von erörternden Texten vor allem auch auf die stilistische Struktur dieser Texte geachtet werden: so etwa auf eine argumentativ richtige Syntax, auf die logische Verbindung der Abschnitte. Damit wird die Fähigkeit des in sich stimmigen Schreibens gefördert, indem Argumentationsstrukturen einsichtig gemacht und häufige Fehlertypen des Erörterns erkannt und damit vermieden werden können. Die stilistischen Stilmittel literarischer Texte und deren Wirkung wie z.B. Ironie bei Ionesco oder wie der Appell im politischen Gedicht sollen die Schüler verstehen lernen. In Wielands Briefen und in der Fabel des 18. Jahrhunderts werden Formen des Zeitstils deutlich. Sie spiegeln die gesellschaftliche Situation der Autoren wider und enthalten Kritik und Appell. Der Ausdruck eines neuen Lebensgefühls wird in den Texten Goethes und Schillers in ihrer Sturm-und-Drang-Zeit sichtbar: z.B. die Prometheus-Symbolik, der Genie-Kult oder der Gefühlsüberschwang dieser Generation. Die Gefühlsintensität und die Neigung zur Selbstanalyse sind Stilmittel der „Empfindsamkeit". Der Gebrauch der rhetorischen Figuren in den Gedichten der Anakreontik, z.B. Zitate antiker Texte, Emphase, Kumulation und der formelhafte Gebrauch von Wendungen weisen auf tradiertes und allgemein akzeptiertes Bildungsgut hin und auf eine gemeinsame Lebensstimmung.

2. Sequenzvorschläge

2.1 Epochensequenzen

Texte und Bilder aus BLICKFELD DEUTSCH Oberstufe	Didaktisch-methodische Kommentierung
I. Aufklärung – Aufbruch in ein neues Zeitalter des Geistes? (S. 144–153) 1. „Was ist Aufklärung"? (Immanuel Kant) – Bedeutungshorizont eines Begriffs und seine Erörterung (S. 144–153) Lessing: Über die Wahrheit Pfeffel: Die Aufklärung Benn: Verlorenes Ich *Wieland: Sechs Fragen zur Aufklärung Descartes: Meditationen ... Gryphius: Abend Lexikonartikel Kant: Was ist Aufklärung? Lösungen zum Hauptteil Verstöße gegen Klarheit und Folgerichtigkeit Ionesco: Die Nashörner	Phase der **Motivation** und der Textdarbietung: Problematisierung des Begriffes ‚Aufklärung': – Vielschichtigkeit des Begriffes ‚Aufklärung'; – Bedeutung der ‚Aufklärung' für das geistige Selbstverständnis des Menschen bis zur Gegenwart Eröffnen einer historisch-geistesgeschichtlichen Perspektive für den Schüler, zurückgreifend auf das „Barock" und vorausschauend auf unsere Zeit: – Vergleich von Werken aus verschiedenen Epochen – Erstes Eingehen auf die Texte und Diskussion ihrer Aussagen – Klärung des Bedeutungsbereichs zentraler Begriffe – Fächerübergreifende Aspekte: Bilder sollen im kontrastiv-vergleichenden Verfahren zur Erhellung und Veranschaulichung herangezogen werden. – Für die Behandlung im Unterricht bietet sich Gruppenarbeit an: Ergebnisse sollten in eine Synopse eingetragen werden.
2. Aufklärung und Absolutismus – Idee und Wirklichkeit (S. 153–157) Friedrich II.: Politisches Testament Bürger: Der Bauer Unbekannter Verfasser: Eine militärische Anekdote *Claudius: Kriegslied *Schubart: Freiheitslied ... Das Leben im 18. Jahrhundert	Phase der **ersten Erweiterung**, der **Korrektur des Vorverständnisses** und der **Objektivierung**: – Erste geschichtliche Ortsbestimmung der Bewegung ‚Aufklärung' – Erarbeitung typischer Merkmale absoluter Herrschaft – Einsicht in die Spannung zwischen idealem Anspruch der absolutistischen Herrscher und der Wirklichkeit am Beispiel Preußens – Vergleich zwischen höfischem und bürgerlichem Leben
3. Lessing und Wieland – Biografie in Briefen und Kurzbericht (S. 158–160) *Wieland: An Leonhard Meister * Kurzbiografie zu Lessing Wieland: An Zimmermann Wieland: Brief an Zimmermann	**Phase der Erweiterung 2 und Konkretisierung 1:** – Einsicht in die besonderen Bedingungen literarischen Schaffens in der Ständegesellschaft des Absolutismus gewinnen – Durch Rezitation ein „Zeitbild" gewinnen – Eine Synopse über die Epoche entwerfen
4. Der Kampf um geistige Freiheit – Fabel und Aphorismus (S. 160–163) La Fontaine: Der Rabe und der Fuchs La Fontaine: Der Wolf und das Lamm * Gellert: Der Tanzbär Lessing: Der Rabe und der Fuchs Lessing: Der Wolf und das Schaf * Pfeffel: Der Tanzbär Lichtenberg: Aphorismen Lessing: Sinngedichte	**Phase der Differenzierung 1:** – Darstellungsweisen der Literatur der Aufklärungszeit kennen lernen – Ein reflektiertes subjektives Urteil über die Zeit gewinnen – Die Verfremdung in der Darstellung der Fabel als Mittel gegen Beschränkungen geistiger Freiheit verstehen – Die gesellschaftskritische Leistung einer literarischen Gattung erfassen – Die Kenntnisse über die Fabel in einer Gestaltungsaufgabe anwenden
5. Der „gesittete" Bürger in der höfischen Welt – Stilmittel der Anakreontik (S. 164–165) *Hagedorn: Anakreon Hagedorn: Die Küsse *Lessing: Die verschlimmerten Zeiten Goethe: Annette an ihren Geliebten Goethe: Das Schreien *Gellert: Der baronisirte Bürger	**Phase der Differenzierung 2:** – Die Aufklärung als geistige Bewegung begreifen, die gegen ständische Vorurteile ankämpft – Die Vielschichtigkeit einer literarischen Epoche erfassen – Die Gesellschaftskritik an ihrem kritischen und affirmativen Charakter deutlich machen
6. Utopie des aufgeklärten Zeitalters – Drameninterpretation und literarische Erörterung zu Lessings „Nathan der Weise" (S. 166–176) Resolution des Herzogs von Braunschweig-Wolfenbüttel Lessing: Entwurf zu einer Vorrede Lessing: Nathan I/2	**Phase der Konkretisierung 2:** – Durch die Besprechung eines exemplarischen Dramas die Ideen der Aufklärung erfassen – Humanität und Toleranz im Sinne der Aufklärung bei Lessing und Kant verstehen lernen

Texte und Bilder aus BLICKFELD DEUTSCH Oberstufe	Didaktisch-methodische Kommentierung
Lessing: Nathan III/7 Einleitungen und Schlüsse ... Stimmen zur Rezeption Bollnow: Die Weisheit Zuordnung, Beurteilung und Korrektur von Textelementen	– Die Struktur des Dramas und seiner Figurenkonstellation erarbeiten – Die Ringparabel (Szene III/7) als inhaltliche Kernszene interpretieren – Die Entstehungsbedingungen und die Rezeption des Dramas im 18. und 19. Jahrhundert reflektieren – Den Dialog als zentrales Instrument humaner Erziehung im Sinne der Aufklärung erkennen – Arbeitstechniken des Erörterns einüben: Methoden der Texterschließung und der Texterörterung
II. Empfindsamkeit, Sturm und Drang – Utopie einer privaten Humanität (S. 177–195) 1. Die Güter des Herzens – Briefroman und Erlebnislyrik (S. 177–182) Goethe: Die Leiden des jungen Werthers *Goethe: Es schlug mein Herz ... Goethe: Mit einem gemalten Band Goethe: Maifest Klopstock: Dem Unendlichen *Goethe: Prometheus *Goethe: Ganymed	**Phase der Erweiterung 3** durch die Einsicht in – das neue Verständnis von Natur und Liebe – das Verhältnis zwischen Gesellschaft und Individuum – den Begriff „Humanität", wie ihn die Stürmer und Dränger verstanden haben – Die Zielsetzungen der Sturm-und-Drang-Bewegung erarbeiten – Stilmerkmale der Dichtung des „Sturm und Drang" untersuchen – Die besondere Leistung der Erlebnislyrik Goethes begreifen lernen
2. Die Schaubühne als Richterstuhl – Drama des „Sturm und Drang" (S. 183–188) Schiller: Die Räuber I/1 Schiller: Die Räuber I/2 *Schiller: Was kann eine gute stehende Schaubühne eigentlich wirken *Goethe: Zum Shakespeare-Tag *Lenz: Handeln ist die Seele der Welt Gottsched: Versuche einer kritischen Dichtkunst Lessing: Brief an Nicolai	**Phase der Differenzierung 3 und Erweiterung 4:** – Einsicht in die Zielsetzung des Dramas des „Sturm und Drang" am Beispiel die „Die Räuber" von Schiller gewinnen – Die dramaturgischen Gestaltungsmittel und ihre anthropologischen Zielsetzungen des Theaters erarbeiten – Die Bedingungen des dramatischen Spiels über Gestaltungsaufgaben einsichtig machen
3. „Leben wir in einem aufgeklärten Zeitalter?" (Immanuel Kant) – Wirkungsgeschichte einer Großepoche und Problemerörterung (S. 188–195) Goya: Der Traum ... Grass: Der Traum der Vernunft Nietzsche: Der tolle Mensch Vorschläge für Einleitungen und Schlüsse Elemente aus dem Hauptteil	**Phase der Zusammenfassung und Bewertung:** – Die Wirkungsgeschichte des aufgeklärten Denkens bis zur Neuzeit diskutieren und seine Grenzen erfassen – Das eigene Wissen überprüfen und weiterführende Fragestellungen erarbeiten

2.2 Alternative Sequenzen

Unterrichtseinheiten	Texte und Bilder aus BLICKFELD DEUTSCH Oberstufe	Didaktisch-methodische Kommentierung

G. E. Lessing: Nathan der Weise
als exemplarisches Drama der Aufklärung. Es bietet sich ein Vergleich an mit
– Sophokles: Antigone oder
– Dürrenmatt: Die Physiker.
 	
An die Stelle von Lessings „Nathan" kann auch als Ganzschrift ein Drama von Schiller: „Die Räuber" oder „Kabale und Liebe" treten; dann wird von Lessing die Szene III/7 gelesen (SB , S. 170ff.).
	1. Lessing: Über die Wahrheit (S. 145)
	   Kant: Was ist Aufklärung (S. 149)
	   Pfeffel: Aufklärung (S. 145)
	
	2. Vorstellungen vom „aufgeklärten Schriftsteller" (S. 158ff.)
	
	3. Schiller: Die Räuber, I.1–2 (S. 183ff.)
	   Die Schaubühne als Richterstuhl (Auswahl) (S. 186ff.)
	
	4. Grass: Der Traum der Vernunft (S. 189)
	   Goya: Der Traum [...] (S. 188)
		Lessings Drama steht im Mittelpunkt. Es wird eingeordnet in die geistigen Bezüge seiner Zeit (Prinzip der Erweiterung und Differenzierung). Am Schluss kann die Behandlung eines antiken oder modernen Dramas stehen: kontrastives Verfahren im Rück- und Ausblick, Verschiedenheit der anthropologischen Positionen.
		In dieser Unterrichtseinheit steht **dramatische Literatur im** Zentrum.

Unterrichtseinheiten	Texte und Bilder aus BLICKFELD DEUTSCH Oberstufe	Didaktisch-methodische Kommentierung
J. W. von Goethe: Die Leiden des jungen Werthers im Vergleich mit **U. Plenzdorf: Die neuen Leiden des jungen W.** Der Protest junger Menschen gegen erstarrte Gesellschaftsordnungen – ihre Forderungen nach innerer Freiheit	1. Die „vernunftorientierte Gesellschaft" im absolutistischen Zeitalter Idee und Wirklichkeit (S. 153–157) 2. Lessing: Über die Wahrheit (S. 145) Kant: Was ist Aufklärung (S. 149) Goethe: Prometheus (S. 182) 3. Grass: Der Traum der Vernunft (S. 189) Benn: Verlorenes Ich (S. 146)	Die **Gattung „Roman"** steht im Mittelpunkt, wobei einer der Romane kursorisch gelesen werden kann. zu 1. Dient zur Einordnung in die historisch-sozialen Bedingungen des 18. Jahrhunderts. zu 2. Funktion der geistesgeschichtlichen Einordnung und Differenzierung zu 3. Die Problematik und die Auswirkungen der erkannten Positionen sollen erfasst werden.
Ein Dichter der Aufklärung – G. E. Lessing	1. Lessing. Fabeln (S. 161f.) „Nathan" (S. 166ff.) Brief an Nicolai (S. 188) 2. Vorstellungen von einem „aufgeklärten" Schriftsteller (S. 153ff.) 3. Lessings Wirkung? Lessing: Über die Wahrheit (S. 145) Kant: Was ist Aufklärung? (S. 149) Grass: Der Traum der Vernunft (S. 189)	Ein **Dichter** steht im Zentrum. zu 1. Lessing als Vorkämpfer für ein vernunftorientiertes Handeln zu 2. Historische Einordnung: Bedingungen eines Dichters im 18. Jahrhundert zu 3. Eröffnen einer neuen Perspektive: Fragen der geistesgeschichtlichen Wirkung
Zwei Dichter der Aufklärungszeit – G. E. Lessing J. W. von Goethe	1. Lessing: Fabeln Anakreontik „Nathan", III.7 (S. 170ff.) Goethe: Anakreontik Hymnen „Werther" (S. 164f., 177ff.) 2. Dichtung in ihrer Zeit Dazu die Teilsequenzen I,2–3 (S. 153–160) 3. Ihre Wirkung? Kant: Was ist Aufklärung? (S. 149) Benn: Verlorenes Ich (S. 146) Grass: Der Traum der Vernunft (S. 189)	Ein **Vergleich** von Dichtern steht im Zentrum: Didaktisch-methodische Zielsetzung ähnlich wie im vorausgehenden Vorschlag
Ein Zeitalter stellt sich vor: Zeit der Aufklärung oder aufgeklärtes Zeitalter?	1. Was heißt Aufklärung? Kant: Was ist Aufklärung? (S. 149) Pfeffel: Aufklärung (S. 145) 2. Wir glauben an die Wirkung der Vernunft! Lessing: Über die Wahrheit (S. 145) Der Rabe und der Fuchs (S. 161) Nathan: Ringparabel, III.7 (S. 173) Gellert: Der baronisirte Bürger (S. 165) 3. „Tintenklecksendes Saeculum"! Schiller: Die Räuber, I.1 (Anfang) (S. 183) Goethe: Prometheus (S. 182) Willkommen und Abschied (S. 180) Werther: Briefe (Auswahl) (S. 177ff.) 4. Sieg der Aufklärung? Benn: Verlorenes Ich (S. 146) Nietzsche: Der tolle Mensch (S. 189)	Wird die **Epoche „Aufklärung"** nur kursorisch behandelt, weil eine andere Epoche als Schwerpunkt gewählt wurde, so können einige Aspekte zusammengestellt und durch vorbereitete Rezitation den Schülern nahe gebracht werden (z.B. als Gruppenlesung mit Diskussion).

3. Erläuterungen und Lösungsvorschläge

I. Aufklärung – Aufbruch in ein neues Zeitalter des Geistes? (S. 144–176)

Bilderläuterungen:

Das Auftakt-Bild dieses Kapitels (SB, S. 144) will auf eine Grundhaltung, die für die Gelehrten, Philosophen und Dichter der Aufklärung beispielhaft gewesen ist, hinweisen: auf die Haltung des intensiven Forschens, des geduldigen, abwägenden Nach-

denkens. Das Bild kann zu Beginn oder am Ende der Behandlung des ganzen Kapitels in die Besprechung mit einbezogen werden.

Zu Beginn kann das Bild die Schüler dazu anregen, darüber nachzudenken, inwiefern dieser dargestellte Mann die Haltung eines forschenden Gelehrten zeigt. Die Jugendlichen können das Bild mit ihren eigenen Erfahrungen als Lernende und mit ihrem Wissen über berühmte Gelehrte vergleichen. Zudem können sie sich über die Darstellungsabsicht des Künstlers Gedanken machen. In Zusammenarbeit mit dem Fach Kunst könnten die Schüler in der ersten Phase der Beschäftigung mit dem Thema z.B. eine Bild-Text-Collage aus Texten der ersten Teilsequenz (SB, S. 144–148) anfertigen. Am Schluss der Besprechung bietet die Bildbetrachtung die Möglichkeit, im Sinne einer Zusammenfassung die wichtigsten Gedanken der Aufklärungs-Zeit mit den Aussagen des Bildes zu vergleichen und kritisch zu bewerten. Zur ersten Orientierung sollen an dieser Stelle einige Hinweise zum Verständnis des Bildes gegeben werden; dies geschieht auch im Sinne des fächerverbindenden Unterrichts.

Das Gemälde von Johannes Vermeer „Der Geograph" zeigt einen Mann, der über eine Karte gebeugt vor seinem Arbeitstisch steht.[11] Mit dem Zirkel hat er soeben eine Entfernung gemessen und schaut nun nachdenklich auf, um über die Folgerungen seiner Feststellung nachzudenken. Die Karte ist eine Sternkarte wie der Globus auf dem Schrank ein Himmelsglobus. Es handelt sich wohl um Fragen der Weltraum-Geographie, mit denen sich der junge Mann beschäftigt. Deshalb heißt das Bild zuweilen auch „Der Astronom".

Den Bildaufbau beschreibt Karl Bertsch sehr anschaulich:

Auf dem Tisch liegt das volle Licht aus dem hohen Fenster. Das Zimmer ist nicht tief, aber recht hoch; die Decke im Bild nicht mehr zu sehen. An der Rückwand steht ein brauner Schrank, auf dem der Himmelsglobus und Bücher abgestellt sind; vom rechten Bildrand schon überschnitten hängt eine Landkarte in schwarzem Rahmen; darunter steht, auch nur noch halb zu sehen, ein Stuhl.

Am linken Bildrand verdeckt ein Vorhang, der auf der halben Bildhöhe gerafft ist, einen Teil des Fensters. Auf dem Tisch liegt, am vorderen Rand zusammengeschoben, eine schwere Gobelindecke und hängt bis zum unteren Bildrand herunter. In der rechten Bildecke sieht man über die Sitzfläche eines Hockers, der übereck gestellt ist, auf den bis zur Wand freien Boden des Zimmers. Wir sehen eine gepflegte und solide Welt. Einigermaßen großartig und bürgerliches Maß fast überschreitend erscheint das Fenster mit seinem profilierten Rahmen und der schwere Gobelin auf dem Tisch. Was sonst an Hausrat sichtbar ist, ist gediegen. Jedes Stück hat seine Eigenart und seinen Platz, für den es passt.

Die abschließende hintere Wand zeigt mit ihrer rechtwinkligen Gliederung die feste und selbstverständliche Ordnung dieser Welt. Am Arbeitstisch ist diese Ordnung ebenso selbstverständlich zur Seite geschoben. Da musste für Wichtigeres improvisiert werden.

Dem Mann war zu einem Problem, das ihn seit langem beschäftigt, ein Licht aufgegangen. Er hat die Karten aus dem Schrank geholt, die feine Decke auf dem Tisch zurückgeschlagen, das wichtige Blatt ausgebreitet und, was er nicht braucht, auf den Boden gelegt.[12]

Der entscheidende Eindruck an der Haltung des Forschers ist der, dass er sich offensichtlich seit längerer Zeit mit einem Problem beschäftigt hat und ihm nun plötzlich ein Licht aufgegangen ist. Er wollte seine Erkenntnis offensichtlich schnell über-

prüfen, denn er hat hastig die feine Decke auf dem Tisch zurückgeschlagen und das, was er nicht benötigt an Material auf den Boden gelegt und sich dann konzentriert auf das wichtige Blatt gebeugt, um seine Einsicht zu überprüfen.

Die Form des Bildes ist von den Gegenständen geprägt: Sie sind überlegt angeordnet und in ihrer farbigen Abstimmung sowie durch die Wirkung des Lichts vermitteln sie den Eindruck von einer Einheit. So fällt z.B. die schwere Tischdecke wie eine Barriere vor dem Bildeingang auf: Sie stellt ein wahres Faltengebirge dar.

In der Bildmitte steht der Geograph über seiner Karte. Wie ein blendend weißes Schneefeld liegt sie hinter dem dunklen Massiv des Faltengebirges, das ausgesprochen das ist, was man in der Lehre von der barocken Bildkomposition ein Repoussoir[13] nennt. Die hinter ihm liegenden Formen werden energisch in den Bildraum hineingeschoben. Der Mann steht nicht mehr vorne im Bild. Er steht tiefer im Raum, der ihn nun rings umgibt.

Als Kern des Bildgefüges ist er farbig betont. Wenn man das Ganze überblickt, so bilden die Spielarten olivgrüner Abtönungen mit den Abstufungen der Brauntöne den Grundakkord des Bildes. Von ihm heben sich die roten Streifen und auch das Blau des Mantels als Farben eines anderen Charakters, als Buntfarben ab. Der Mantel ist eine Forminsel, die von der Farbe her isoliert ist, doch über die Helldunkelabstufung in das Zusammenspiel eingefügt ist.[14]

> **S. 144–153: I,1.** „Was ist Aufklärung?" (Immanuel Kant) –
> Bedeutungshorizont eines Begriffes und
> seine Erörterung

Die Beschäftigung mit den Texten dient der **ersten Orientierung** und Problematisierung und soll dem Schüler eine erste Einsicht in die thematische Kontinuität des Begriffes ‚Aufklärung' vermitteln. Die angebotenen Texte können je nach Zielsetzung und zeitlichem Rahmen der geplanten Unterrichtseinheit ausgewählt werden.

Für die Erarbeitung im Unterricht bietet sich Gruppenarbeit an. Die ersten Ergebnisse sollten in eine Synopse eingetragen werden.

Die beiden zeitgenössischen Stiche (SB, S. 145 und 147) mit einer allegorischen Darstellung der Aufklärung sollen einmal von den Schülern als Zeitdokumente gesehen werden und außerdem zeigen, wie mit „Aufklärung" die Vorstellung von Licht und bestimmte Tugenden verbunden worden sind: wie z.B. „aufgeklärte Weisheit", Toleranz u.a. Sie können zu den Texten in Bezug gesetzt werden, z.B. durch die Zuordnung bestimmter Textstellen.

Bei der Beschäftigung mit Immanuel Kants Essay bietet sich eine **textgebundene Erörterung** an, weil der Text argumentativ stringent aufgebaut ist. Außerdem sollen die Schüler durch den Textauszug aus Ionescos Drama „Die Nashörner" angeregt werden, über logische Gedankenführung und Fehlleistungen nachzudenken.

---

[11] Die folgenden Ausführungen orientieren sich an Karl Bertsch: Johannes Vermeer (1632–1675), Der Geograph, 1669, Ölfarbe auf Leinwand. 53 x 46,6 cm; Frankfurt, Städelsches Kunstinstitut. In: Meisterwerke der Kunst. Folge 38/1970, hrsg. vom Institut für Bildungsplanung und Studieninformation Stuttgart im Auftrag des Kultusministeriums Baden-Württemberg für die Schulen des Landes. – Villingen (Neckarverlag) 1970, S. 8f.

[12] Karl Bertsch: A.a.O., S. 8.

[13] Das Repoussoir (frz.): Bestandteil einer bildlichen Darstellung, der im Vordergrund aufragt und einen Eindruck von räumlicher Tiefe bewirkt.

[14] Karl Bertsch: A.a.O., S. 8f.

Mögliche Ziele:

1. Leseeindrücke notieren
2. Exzerpieren von zentralen Textstellen und mit den Aussagen von Bildern vergleichen
3. Einen Begriff anhand eines Clusters erklären
4. Die Argumentationsstruktur von Texten untersuchen und beschreiben
5. Bei einer Erörterung auf eine argumentativ richtige Syntax und auf logische Verbindungen achten
6. Eine Dramenszene durch szenisches Lesen gestalten

Seite 148

 Die Aufgabe verlangt eine vorausgehende gründliche Lektüre, am besten in häuslicher Vorbereitung. Der Schüler soll seine persönliche Leseerfahrung in dieser ersten Arbeitsphase mit einbringen können: Damit wird er angehalten, Stellung zu nehmen, und es ist sein Urteil bei der weiteren Beschäftigung gefragt. Außerdem ist beabsichtigt, dass auch bei einer freien Wahl möglichst alle sechs Texte ihren „Liebhaber" finden werden. Zu den Texten 1–3 sowie zu Text 6 kann folgendes **TA** erstellt werden:

TA

Texte	Eindrücke	Gedanken	
Lessing: **Über die Wahrheit**	– Prosatext – Lessing argumentiert mit Beispielen (vgl. 1. Abschnitt) und kontrastiv – stellt eine Fülle rhetorischer Fragen – klare Behauptungen als Tatsachen – Ausrufe → engagiert im Ton	– Der Mensch ist zur Einsicht in die Wahrheit fähig. – Entscheidend ist das Streben nach Wahrheit: (Z. 18ff.): Macht den Wert/die Würde des Menschen aus.	
Pfeffel: **Die Aufklärung**	– Kleidet seine Gedanken in ein beispielhaftes Erzählgedicht – „fabula docet et delectat" – erzählt die Geschichte von einem „welterfahrenen" Löwen – dessen Bemühen um eine **gute** Ordnung – Mittel der Ironie als Kritik (Z. 11; Z. 14ff.) – Tiere verkörpern menschliche Schwächen (Z. 25ff.) – Löwe zieht seine Lehre aus seiner Erfahrung (Z. 64ff.) – Mittel des Kontrasts (Z. 25ff.): gute Eigenschaften der Tiere – Entlarvung: Alles bleibt beim Alten (Z. 54ff.)	Kritik in der Form der Fabel: – Bemühen der Menschen um gutes Handeln (Z. 11), um die Wahrheit (Z. 49); – Kampf gegen Vorurteil und Wahn (Z. 51); – Scheitern dieses Bemühens: die Menschen sind von Natur aus nicht gut; – Forderung: Statt Gelehrtheit ist Gutsein zu fördern (Z. 65ff.).	
Benn: **Verlorenes Ich**	– Schwieriger Sprachgebrauch – neue Wortstrukturen – Einwortsätze – Fragen und bilanzierende Aussagen – ein Gedicht aus zwei Teilen	I. (1.–6. Strophe) Thema: Gegenwart 1. Opfer der Physik 2. Eingriff in die Natur 3. Wertmaßstäbe: Profit 4. Erforschung unerschlossener Bereiche: Konflikte II. (7.–8. Strophe) Vergangenheit, Erinnerung Vergleich/Bedauern – Verlust des Glaubens an Gott – Verlust eines zentralen Gesichtspunktes	Sprachl. Aspekte: Begriffe/Worte „zerstört" ⟶ Einwortsätze keine Einheit Einheit ganze Sätze/ ⟶ Aussagesätze
Wieland: **Sechs Fragen zur Aufklärung**	– Text beginnt mit zentraler Fragestellung zum Thema. Aufklärung; Abschnitt I gibt erste Antwort. – Zweiter Abschnitt: Er stellt die Frage, welche Gegenstände „aufgeklärt" werden sollen. – Antwort mit vielen rhetorisch-ironischen Fragen. – Er argumentiert mit Bildern. – Er stellt verschiedene Situationen dar.	– Abgrenzung des Begriffes „Aufklärung" mit der Licht-Metapher: Licht/Helligkeit → unterscheiden die Dinge, „klären auf" (Z. 6), – Bedingung: – Es muss genug Licht da sein zur Differenzierung. – Bereitschaft der Menschen zu „sehen" – Ergebnis der Aufklärung: Licht des Geistes = Erkenntnis des Wahren und Falschen, Guten und Bösen; z.B. geschehene Dinge werden nach ihren Ursachen befragt. Alle Vorstellungen müssen auf ihren Wahrheitsgehalt überprüft werden.	
Descartes: **Meditationen**	Philosophisch-argumentative Gedankenführung: – 1. Abschnitt: Hypothese – 2. Abschnitt: Gegenposition wird bezogen – 3. Aufstellung einer These	– Descartes stellt einmal hypothetisch fest, dass es nichts Gewisses gebe (Z. 7). – Er kommt zu dem Ergebnis, dass es eine Gewissheit gibt. Das Denken beweist die eigene Existenz („Cogito, ergo sum."). – Er bestätigt seine Einsicht im dritten Abschnitt: Der Mensch ist ein denkendes Wesen.	
Gryphius: **Abend**	– Eine geschlossene Form: Sonett mit zwei Teilen – Formale Gestaltungsmittel sind prägend: – Reimstellung: 1./2. Strophe mit umgreifendem Reim 3./4. Strophe mit Schweifreim – Anaphern: Z. 9 und 12 – Ausrufe: Z. 9, 12, 14 – Bitte: Z. 14 – Aufzählung: Z. 10 – Bildhafte Sprache: z.B. Z. 1f., 5, 8, 9, 14 – „altertümliche" Wortwahl – Form eines Gebetes?	Zeile 1–4: Situationsbeschreibung: Abendstimmung, Natur 6–8: Übertragung auf das persönliche Leben und seine Vergänglichkeit 9ff.: Gebet, Bitte um Bewahrung vor Oberflächlichkeit und Zeitvergeudung, um Kraft zur hoffenden Wachsamkeit und um Sinnerfüllung/Rettung Weltanschauliche Position: – Endliches Leben ist beleuchtet vom Glanz des Ewigen; – Transzendenz in der Immanenz; – „Heil der Seele".	

Die Präsentation der *Leseeindrücke* der Schüler wird zu einem Vergleich und zu einer ersten Diskussion darüber führen, welche Beziehung diese sechs Texte zur „Aufklärung" haben. Dabei wird sich wohl eine differenzierte Sicht ergeben: Die Schüler werden erkennen, dass Gryphius in die Weltsicht des Barock eingebunden ist und dass Benn als Dichter des 20. Jahrhunderts kritisch auf die Aufklärung zurückblickt.

 2a Die Lösung dieser Aufgabe enthält die dritte Spalte des Tafelbildes zur 1. Arbeitsanregung.

 2b Lohnend wegen der kontrastierenden Wirkung ist sicher auch, noch das Bild im SB, S. 84 „Gott als Baumeister des Universums" mit in den *Vergleich* einzubeziehen.

Einige Deutungshinweise zu den Bildern:
1. Deutscher Holzschnitt aus dem 16. Jh. (SB, S. 147): Zeigt einen Menschen, der den Kopf und eine Hand durch das Himmelsgewölbe stößt. Er dringt mit seinem Verstand und seinen Sinnen über die ihm bekannte Welt hinaus und sucht nach neuen Erkenntnissen über das unbekannte Weltall.

2. Gott als Baumeister des Universums (Bildseite aus einer Bibel des 13. Jahrhunderts) (Farbtafel, SB, S. 84) Deutungshinweise: s. LB, S. 141 (Mittelalter)
3. Raffael Santo: Disputà del Sacramento (ca. 1508) in der „Stanza della Segnatura" im Vatikan (Farbtafel: SB, S. 146) Italienischer Maler der Renaissance. Geboren 1483 in Urbino, gestorben 1520 in Rom. 1515 Bauleiter der Peterskirche. Malt mit 25 Jahren im Auftrag des Papstes Julius II. dessen Amtsräume im Vatikan aus.

Das Bild ist geteilt in *zwei Zonen:*
Oben über den Wolken die triumphierende Kirche, die Gott in direkter Vision anbetet.
Die streitende Kirche in der unteren Hälfte betet Gott in der Gestalt des Sakramentes an, das in der Mitte auf dem Altar sich gegen den Himmel abhebt.
Raffael stellt in diesem Fresko die Mitte der Welt dar: Christus, verklärt als Herr des Himmels und als Mitte der christlichen Welt in der leibhaftigen Gestalt der Eucharistie.

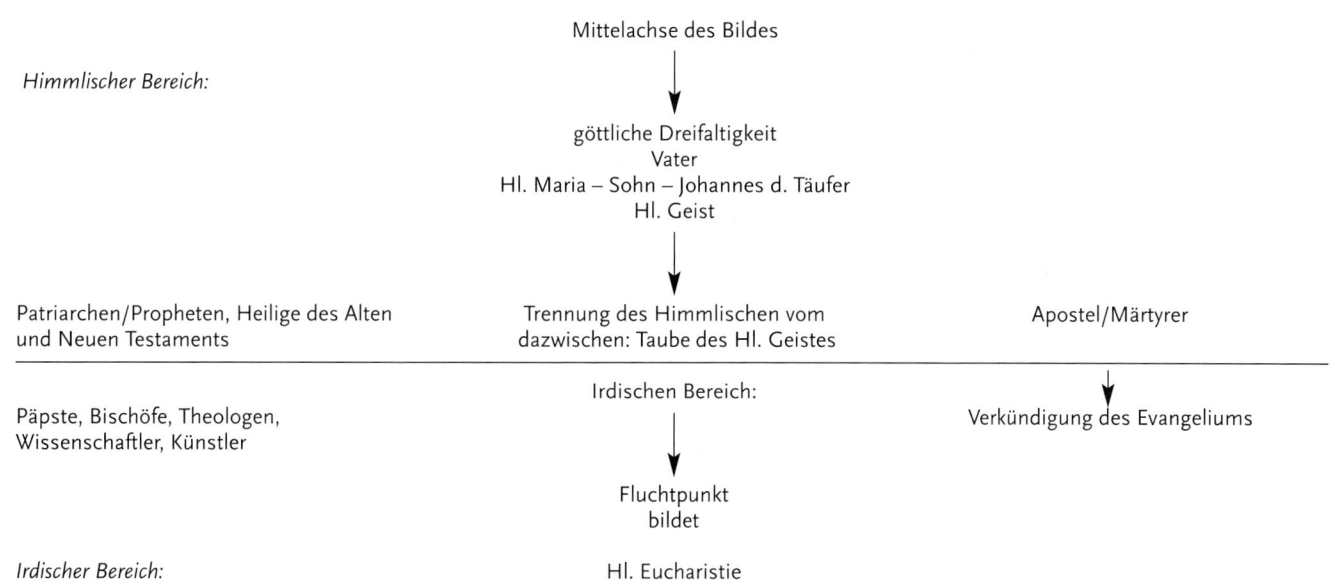

Vergleicht man die Ergebnisse und überprüft, welche gegenseitigen Bezüge und Verstehenshilfen zwischen Malerei und Literatur deutlich werden, so können die Schüler folgende Beobachtungen machen und diese auch in einer *Synopse* als Zwischenbilanz festhalten.

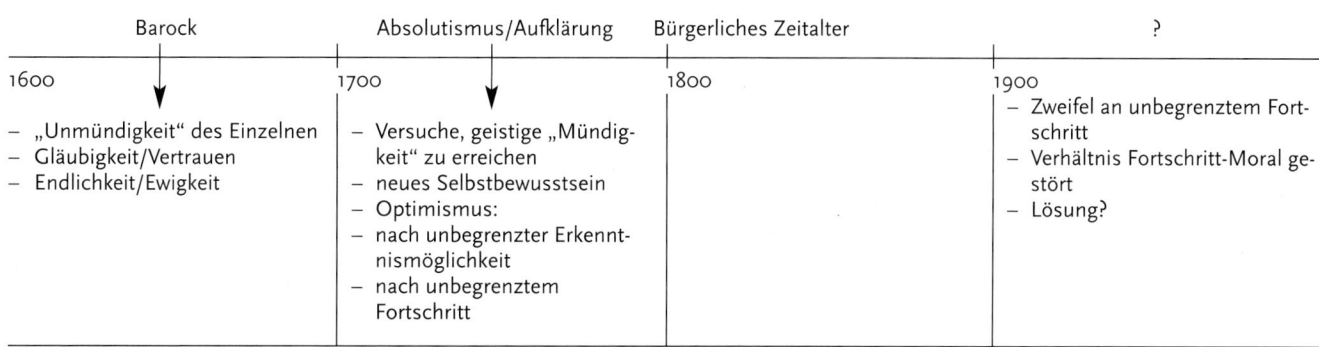

Ergebnisse:
1. Um 1700 findet ein geistiger Umbruch statt.
2. Dieser geistige Umbruch bestimmt die geistige und politische Entwicklung bis in die Gegenwart.

3. Der ursprüngliche Optimismus des Fortschrittsglaubens wird heute in Frage gestellt.

3a/b Diese Aufgabe verlangt von den Schülern, über ihre eigenen Vorstellungen, die für „aufgeklärtes" Verhalten wichtig sind, nachzudenken.

Im Vergleich mit den Vorstellungen von Wieland und Descartes kann eine fruchtbare erste Zwischenbilanz gezogen werden. Die Forderungen von Wieland und Descartes sind in den Lösungshinweisen der AA 1 zu finden. Folgende Gesichtspunkte könnten von den Schülern genannt werden:

- Fähigkeit zum eigenständigen Denken
- Neugierde, Dinge und Sachverhalte nach ihren Ursachen zu befragen
- Bereitschaft, beim Überprüfen der Ursachen differenziert abzuwägen
- Bereitschaft, Gegenpositionen zu akzeptieren
- Offenheit für eine sachliche Argumentation
- Toleranz und Fairness gegenüber dem Gesprächspartner
- Überzeugung, dass Probleme rational gelöst werden können
- Bereitschaft, richtig erkannte Sachverhalte auch in der Praxis umzusetzen
- Fähigkeit zu Kritik unter Achtung des Mitmenschen

- Verantwortungsbewusstsein aus Einsicht in vernunftbegründete Sachverhalte

Der Vergleich zeigt, dass Wieland und Descartes zu Beginn der Aufklärungsepoche im 18. Jahrhundert diese Haltungen forderten und die Autonomie sowie die Eigenverantwortung der Vernunft verlangten: Ihre Ziele waren
- Kritik an überkommenen Autoritäten,
- Loslösung aus theologischer Bevormundung,
- Selbstverantwortlichkeit des autonomen Menschen und Bürgers.

Ziel war es, für alle Menschen vernünftige Lebensbedingungen zu schaffen, die die Voraussetzung sein sollten für ihre Selbstverwirklichung in einer repressionsfreien bürgerlichen Gesellschaft. Diese sollte ihnen die Menschenrechte und ihre bürgerlichen Freiheiten garantieren (s. SB, I,2). Diese Forderungen der Philosophen der Aufklärung beruhten auf einem optimistischen Glauben an die Macht der menschlichen Vernunft.

 3c Der *Cluster* kann folgende Bezüge zur Epoche der „Aufklärung" sichtbar machen:

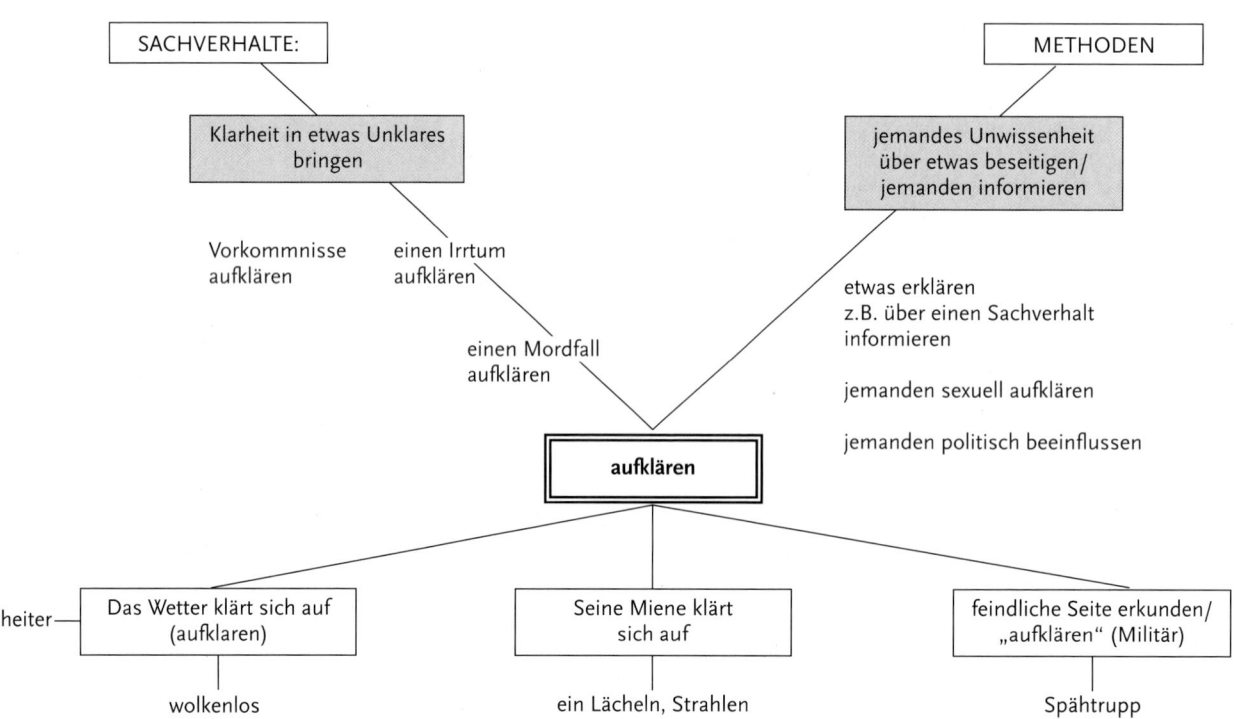

Die Schüler sehen, dass zwei Aspekte des Begriffs „aufklären" zur Aufklärung passen:
- nämlich Sachverhalte aufklären, entweder eine Fehleinschätzung oder Ursachen und Gründe. Dies verlangt Eigeninitiative.
- Die Beseitigung von Unwissenheit durch die Weitergabe von Informationen oder durch Unterrichtung. Dies ist die Aufgabe gelehrter Menschen.

In einer abschließenden Reflexion kann der Begriff „aufklären" den einzelnen Schriftstellern zugeordnet werden:
Kant, Wieland, Lessing, Benn (skeptisch), Pfeffel (skeptisch)

Aufklären:
- Licht ins Dunkel bringen – Missverständnisse aufklären – Unwissenheit beseitigen/genau informieren: sich oder jemanden –

jemanden aufklären (sexuell) – sich aufhellen (Meteorologie) – auskundschaften (Militär)

Seite 149

4 Zur Lösung der Aufgabe (zur Texterörterung vgl. LB, S. 25) einige gedankliche **Hinweise:**
Aufklärung ist nach Kant zu verstehen als ein Prozess hin zu einem „aufgeklärten Zeitalter". Dies ist nur annähernd zu erreichen. Aus diesem skeptischen Bewusstsein, die letzte Wahrheit (Lessing) nicht finden zu können, ist die Forderung nach Toleranz („Nathan") und geistiger Auseinandersetzung zu stellen. Aufklärung versteht Geschichte als einen Fortschritt hin zu mehr Humanität („Nathan"): utopischer Aspekt dieser geistigen Haltung.

Aufklärung versteht den Menschen als vernunftbegabtes Wesen (Locke/Kant/Hume), und damit sind alle Menschen in ihrem Wesen gleich.

Aufklärung verfolgt eine wesentliche Veränderung des praktischen menschlichen Handelns im Sinne eines „guten Handelns". Sie verfolgt damit ein pädagogisches Ziel in allen Bereichen der Wissenschaften, der Politik und Gesellschaft.

Der Erfolg der Aufklärung ist langfristig abhängig von der kommunikativen Wirkung des Vernunftgebrauchs im öffentlichen Austausch: Dialog-Funktion.

Ausgehend von diesen Gedanken, die im Unterricht bei der Behandlung des Kant-Traktates erarbeitet worden sind, kann der Schüler überprüfen, wie in unserer Gegenwart diese Ziele der Aufklärung verwirklicht werden können und wo die Schwierigkeiten, liegen.

4a Der **Essay** Kants ist ohne die Bereitschaft der Schüler zu geduldiger und intensiver Lektüre nicht zu erschließen.
Als Motivation hat es sich bewährt, die Jugendlichen „herauszufordern", etwa durch folgenden Hinweis: Der Text ist sehr schwierig und stellt eine echte „Probe" für Ihr analytisches Vermögen dar. Ich bin gespannt, wie weit Sie bei gründlicher Lektüre „mit Bleistift" kommen!

4b Ohne „Arbeit am Text", d.h. ohne Markierungen und *Annotationen*, ist die Aufgabe nicht zu lösen.

Stilistisch-rhetorische Analyse

Inhaltlich-strukturelle Analyse

[...]

These → Es ist also für jeden einzelnen Menschen schwer, sich aus der ihm beinahe zur Natur gewordenen Unmündigkeit herauszuarbeiten. Er hat sie sogar lieb gewonnen und ist vorderhand wirklich unfähig, sich seines eigenen Verstandes zu bedienen, weil man ihn niemals den Versuch davon machen ließ. Satzungen und Formeln, diese mechanischen Werkzeuge eines vernünftigen Gebrauchs oder vielmehr Missbrauchs seiner Naturgaben, sind ← *3. Satzungen und Formeln*

Metapher → die Fußschellen einer immerwährenden Unmündigkeit. Wer sie auch abwürfe, würde dennoch auch über den schmalsten Graben einen nur unsicheren Sprung tun, weil er zu dergleichen freier Bewegung nicht gewöhnt ist. Daher gibt es nur wenige, denen es gelungen ist, durch eigene Bearbeitung ihres Geistes sich aus der Unmündigkeit herauszuwickeln und dennoch einen sicheren Gang zu tun.

These → Dass aber ein Publikum sich selbst aufkläre, ist eher möglich; ja es ist, ← *1. Selbstdenkende* wenn man ihm nur Freiheit lässt, beinahe unausbleiblich. Denn da werden sich immer einige Selbstdenkende, sogar unter den eingesetzten Vormündern des großen Haufens, finden, welche, nachdem sie das Joch der Unmündigkeit abgeworfen haben, den Geist einer vernünftigen Schätzung des eigenen Werts und des Berufs jedes Menschen, selbst zu denken, um sich verbreiten werden. Besonders ist hierbei: dass das Publikum, welches zuvor von ihnen unter dieses Joch gebracht worden, sie hernach selbst zwingt, darunter zu bleiben, wenn es von einigen seiner Vormünder, die selbst aller Aufklärung unfähig sind, dazu aufgewiegelt worden; so schädlich ist es, Vorurteile zu pflanzen, weil sie sich zuletzt an denen selbst rächen, die, oder deren Vorgänger, ihre Urheber gewesen sind. Daher kann

Gattungsbegriff → ein Publikum nur langsam zur Aufklärung gelangen. Durch eine Revolution ← *2. Publikum* wird vielleicht wohl ein Abfall von persönlichem Despotism und gewinnsüchtiger oder herrschsüchtiger Bedrückung, aber niemals wahre Reform der Denkungsart zustande kommen; sondern neue Vorurteile werden, ebensowohl als die alten, zum Leitbande des gedankenlosen großen Haufens dienen.

③ **Aufklärung** des Einzelnen und der Öffentlichkeit

Zu dieser Aufklärung aber wird nichts erfordert als *Freiheit*; und zwar die

Zentralbegriff und Erläuterung → unschädlichste unter allem, was nur Freiheit heißen mag, nämlich die: von ← *Freiheit* seiner Vernunft in allen Stücken *öffentlichen Gebrauch* zu machen [...]

Differenzierte Begriffsverwendung → Wenn denn nun gefragt wird: Leben wir jetzt in einem *aufgeklärten Zeit-* ← *Frage* *alter?* so ist die Antwort: Nein, aber wohl in einem Zeitalter der *Aufklärung.* ← *Antwort* Dass die Menschen, wie die Sachen jetzt stehen, im Ganzen genommen, schon imstande wären oder darin auch nur gesetzt werden könnten, in Religionsdingen sich ihres eigenen Verstandes ohne Leitung eines andern sicher und gut zu bedienen, daran fehlt noch sehr viel. Allein, dass jetzt ih- ← *weniger*

Synthese in hypotaktischer Aussage → nen doch das Feld geöffnet wird, sich dahin frei zu bearbeiten, und die *Hindernisse* Hindernisse der allgemeinen Aufklärung oder des Ausganges aus ihrer selbst verschuldeten Unmündigkeit allmählich weniger werden, davon haben wir doch deutliche Anzeigen. In diesem Betracht ist dieses Zeitalter das Zeitalter der Aufklärung oder das Jahrhundert *Friederichs*. [...] (v 1784)

④ „Zeitalter der **Aufklärung**"

⑤ **Bilanz:** das Jahrhundert Friedrichs

(Aus: Immanuel Kant, Beantwortung der Frage: Was ist Aufklärung? In: E. Bahr (Hg.): Was ist Aufklärung?, Stuttgart (Reclam) 1975)

5a Bei dieser Arbeitsanregung ist nicht daran gedacht, dass Schüler den Essay des großen Philosophen wie einen Schulaufsatz zensieren.
Mit „Prüfen" ist die Reflexion der bisherigen Ergebnisse gemeint:
Die Schlüssigkeit der Argumentation entsteht durch das dichte Gefüge aus These, Erläuterung der Schlüsselbegriffe und durch die Veranschaulichung mit einleuchtenden Beispielen aus dem privaten und öffentlichen Bereich.
Wenn die Jugendlichen dabei erkennen, dass Kant in seinem Essay auf höchstem gedanklichem und stilistischem Niveau eine Darstellungsform wählt, die ihnen in der **Trias der Erörterung** (SB, S. 151) als Grundschema vermittelt wurde, ist ein gutes Ergebnis erzielt.

5b Gedacht ist an ein *Resümee* (etwa als Hausaufgabe oder Kurztest), wobei die Schüler die inhaltlich-strukturellen und die stilistisch-rhetorischen Annotationen zu Text 8 (SB, S. 149f.) in einem Text nach der vorgegebenen Gliederung zusammenfassen.

Seite 150

6 Zur Ergänzung der *tabellarischen Stoffsammlung* (SB, S. 151) sollen die im „Kreismodell" (SB, S. 150) aufgeführten Lebensbereiche berücksichtigt werden.

c. *Problemerörterung* von Kants Schlussfrage

Zeitalter der Aufklärung?	aufgeklärtes Zeitalter
...	...
– ja, im Bereich des Staates größere Anteile einer kritischen Kontrolle • Presse und moderne Medien • Demonstrationen • plebiszitäre Elemente	– ja, z.T., denn der seriöse Journalismus (in Presse und elektronischen Medien) gilt in der Aufklärung von Skandalen als „vierte Gewalt"; – nur z.T., weil demagogischer Missbrauch möglich ist.
– ja, im Bereich der Schule mehr oder weniger • Mitwirkung und Kontrolle von Eltern und Schülern • mehr Diskurs (Partnerschaftlichkeit) statt autoritärem Oktroy	– Institution und Rollenverteilung setzen Grenzen.
– ja, im privaten Bereich • Gleichberechtigung von Frau und Mann • Freiräume für eigene Lebensgestaltung • mehr rationaler Diskurs von Eltern und Kindern	– je nach sozialem Status, individueller Situation und kulturellem Hintergrund (vor allem religiös bedingt) riesige Unterschiede

Seite 151

7a/b Die Vorgaben dieses Demonstrationsbeispiels gehen weiter als in den meisten anderen Fällen, weil die sehr schwierige Aufgabe weitgehende Hilfen nicht nur rechtfertigt, sondern notwendig macht.
Eine *Ausarbeitung* – als Hausaufsatz oder auch als anspruchsvolle Klausur (Arbeitszeit mindestens drei Stunden mit Benützung des Schülerbuches) – ist dringend zu empfehlen, weil Binnengliederung (vor allem wegen der Verknüpfung der Abschnitte) und stilistische Gestaltung eine große Herausforderung darstellen.
Für die Besprechung der Schülerlösungen sei auf die früher gemachten Vorschläge verwiesen (LB, S. 66, 82).

8 Die *Beurteilung* der abgedruckten Schülerlösungen (Text 9, SB, S. 151f.) sollte erst im Anschluss an die eigene Erörterung der Schüler erfolgen, weil sowohl der Blick für die Vorzüge und Mängel dann geschärft ist als auch die notwendigen Kriterien erprobter sind.
Beide Beispiele erfassen Wesentliches, doch unterscheiden sie sich nach gedanklicher Differenzierung und Methode.
- Beispiel a) verfährt nach dem Prinzip eines Resümees, indem in eigenen Worten eine Zusammenfassung des Anfangs erfolgt.
- Beispiel b) verbindet eine genaue Textbeschreibung mit einer nuancierten Erörterung des Inhalts und der Form. Durch den exakten Zeilenbezug, durch Zitierweise und Darstellungsstil (deskriptiv, argumentativ, an wichtigen Stellen mit Fachbegriffen) genügt es höchsten Ansprüchen.

Seite 152

9a *Kritik* und *Verbesserung* der Beispielsätze:
a) *Kritik:* Das Beispiel ist inhaltlich unscharf, unlogisch aufgebaut und syntaktisch misslungen.
Verbesserung: Kant antwortet in seiner Abhandlung „Was ist Aufklärung?" auf eine Preisfrage. Unter Aufklärung versteht er das Herausgehen aus „selbst verschuldeter Unmündigkeit" (Z. 1f.) durch den Einsatz des eigenen Verstandes. „Selbst verschuldet" (Z. 3) ist die Unmündigkeit, weil der notwendige Mut zu geistiger Selbstständigkeit fehlt.
b) *Kritik:* gedanklich und stilistisch unzureichend
Verbesserung: Unabhängig von andern sollte jeder seinen Verstand einsetzen.
c) *Kritik:* sinnwidrig und sprachlich misslungen
Verbesserung: In Kants Abhandlung besticht der klare, in sich schlüssige Aufbau, der durch genaue Begriffserläuterungen, sinnvolle Argumente und anschauliche Beispiele überzeugend wirkt.
d) *Kritik:* inhaltlich falsch, sprachlich unzutreffend
Verbesserung: Die Vorschriften der „Vormünder" (Z. 11, 20) sollten nicht als verbindliche Regeln hingenommen werden, nur weil deren Befolgung bequemer ist als das mutige Selberdenken.
e) *Kritik:* inhaltlich falsch bzw. unscharf, sprachlich völlig unangemessen, weil die Stilebene der Erörterung verfehlt ist
Verbesserung: Der Seelsorger sollte als Vormund mir meine individuelle Gewissensentscheidung nicht abnehmen (Z. 13). Bei den heute noch unmündigen Massen hat die Kirche immer noch eine hohe Autorität, obwohl ihre Vorschriften und Entscheidungen in der Vergangenheit nicht immer richtig waren.
f) *Kritik:* inhaltlich z.T. falsch, in der Schlussfolgerung unlogisch und sprachlich unangemessen, z.T. durch Jargon
Verbesserung: Auch wenn heute dem „blinden" Glauben oft der kritische Zweifel entgegengestellt wird, lässt sich auf diese Weise zwar die Unmündigkeit (Z. 2) verringern, aber der Prozess der Aufklärung ist damit längst nicht abgeschlossen.
g) *Kritik:* inhaltlich im Ansatz richtig, aber saloppe, ja vulgäre Ausdrucksweise, stilistisch verfehlt
Verbesserung: Kants Appell, sich ohne „Vormünder" (Z. 11, 20) seines „Verstandes [...] zu bedienen" (Z. 2f.) ist überzeugend. Aber wie sollen sich die Menschen verhalten, denen es zwar nicht an dem notwendigen Mut fehlt, die aber wegen ihres geringen Verstandes keine Möglichkeit haben (sehen), sich aus den Normen der Tradition und aus dem Regelwerk der Vormünder zu befreien?

Seite 153

10a Aus mehreren Gründen lässt sich die Wirkung dieses Textes besonders gut durch *„szenisches Lesen"* entfalten:
- wegen der dominanten Wechselrede (Stichomythie), die in diesem Text im Ausdruck erregt wirkt und so die banalen Aussagen entlarvt
- Es findet eine scheinbar konzentrierte Auseinandersetzung zwischen den Dialogpartnern um absurde Diskussionsthemen statt.
- Die Figuren entlarven sich in dieser Wechselrede, weil sie übereifrig Position gegen Position setzen.
- Der Charakter der Figuren bzw. ihre Eigenart sollen deutlich werden: nämlich die resignative Bedächtigkeit Behringers und dazu die nervöse Hektik, Wichtigtuerei und Besserwisserei der anderen Figuren.

10b Eugène Ionesco: Die Nashörner
Dieser Auszug aus Ionescos Drama ist gedacht als Übungstext zum Erkennen **argumentativer Strukturen** und kann bei einer interessierten Klasse eingesetzt werden.

Die Schüler sollen sich über die Situation dieser Szene und die Eigenart der Gesprächspartner klar werden.

Folgende logische Strukturen sind vorhanden:

Behauptung und Begründung:
BEHRINGER *zu Hans* Kraft haben Sie ...
HANS Jawohl habe ich Kraft. Aus mehreren Gründen habe ich Kraft, weil ich Kraft habe, dann habe ich Kraft, weil ich moralische Kraft habe, und schließlich habe ich Kraft, weil ich kein Alkoholiker bin.

Logischer Schluss (Syllogismus):
LOGIKER *zum älteren Herrn* Hier haben Sie einen beispielhaften Syllogismus. Die Katze hat vier Pfoten. Waldi und Hasso haben je vier Pfoten, also sind Waldi und Hasso Katzen.

Analogieschluss
ÄLTERER HERR *zum Logiker nach längerem Nachdenken* Mein Hund hat auch vier Pfoten.
LOGIKER Also ist er eine Katze.

Dialektische Antithese und *Prinzip der Umkehrung:*
LOGIKER *zum älteren Herrn* Logischer Weise, ja. Aber das Gegenteil ist auch wahr.

Prinzip des Widerspruchs:
BEHRINGER *zu Hans* Die Einsamkeit bedrückt mich. Auch die Gesellschaft.
HANS *zu Behringer* Sie widersprechen sich. Was bedrückt Sie? Einsamkeit oder Gemeinsamkeit. Sie halten sich für einen Denker und haben nicht die geringste Logik.

Behauptung, Gegenbehauptung/
Begründung, Gegenbegründung:
BEHRINGER *zu Hans* Eine anomale Sache, das Leben.
HANS Im Gegenteil. Nichts natürlicher. Der Beweis: alle Welt lebt.
BEHRINGER Die Toten sind zahlreicher als die Lebenden. Ihre Zahl nimmt zu. Die Lebenden sind selten.

Syllogismus, Folgerung und Wortgleichheit bei Sachverschiedenheit *(Äquivokation):*
LOGIKER *zum älteren Herrn* Ein anderer Syllogismus: alle Katzen sind sterblich. Sokrates ist gestorben. Also ist Sokrates eine Katze.
ÄLTERER HERR Und hat vier Pfoten. Richtig, ich habe eine Katze, die heißt Sokrates.
LOGIKER Sehen Sie ...

Im Text kommen zwei Syllogismen vor, die offensichtlich falsch sind, weil falsche Schlüsse gezogen werden. Bei einem *logischen Schluss* werden Urteile verknüpft, wobei für die Zulässigkeit der Verknüpfung der Begriffsumfang wichtig ist.
Eine grafische Darstellung der Begriffsumfänge verdeutlicht die logische Struktur der Schlüsse:

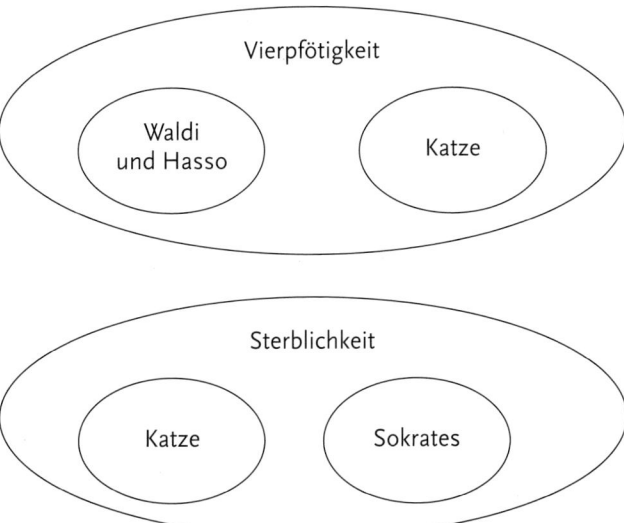

Beide Symbole sind falsch, da Begriffsbereiche sich teilweise ausschließen.

Korrekter Syllogismus:

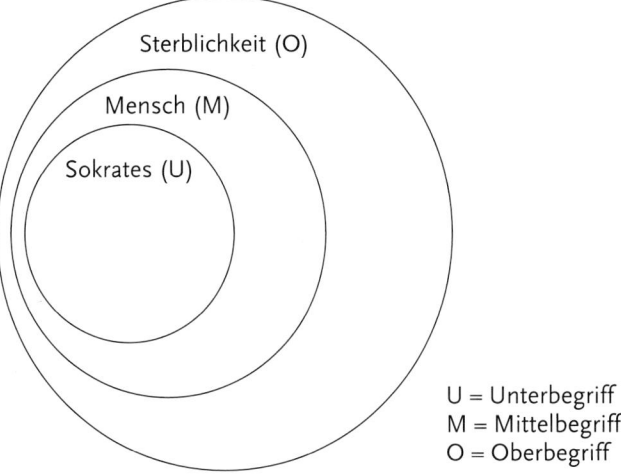

U = Unterbegriff
M = Mittelbegriff
O = Oberbegriff

Es gilt die *Grundformel:*

Prämisse 1: Sokrates ist ein Mensch.
              (U)   (M)

Prämisse 2: Alle Menschen sind sterblich.
              (M)   (O)

Folgerung: Sokrates ist sterblich.
             (U)   (O)

Es sei noch darauf hingewiesen, dass Witze sich besonders gut eignen, um den Schülern logische Denkstrukturen einsichtig zu machen. Ein großer Teil von Witzen erzielt seine komische Wirkung durch Verstöße gegen logische Strukturen.[15]
(Zusätzliches Material: K 1, LB, S. 279)

S. 153–157: I,2. Aufklärung und Absolutismus – Idee und Wirklichkeit

Die Schüler sollen erkennen, dass der Entwurf einer vernunftorientierten, friedlichen politischen Ordnung und die Vorstellung von einem Herrscher, der für Gerechtigkeit und Wohlfahrt im Staate sorgt, politisches Machtstreben und daraus entstehendes Leid und Elend in Frage stellen. Auch soll ihm gezeigt werden, dass gesellschaftliche Veränderungsprozesse nur mühselig durchzusetzen sind.
Diese Einsichten sollen die Schüler über eine **genaue Textarbeit** an Gedichten, an einer Anekdote sowie an theoretischen und darstellenden Texten erarbeiten.
Über handlungsorientierte Schreibformen sollen sie als Leser Stellung beziehen.

Mögliche Ziele:

1. Sachverhalte, Probleme und ihre Ursachen durch genaue Textanalyse erarbeiten
2. Normen höfischen und bürgerlichen Lebens in Stichworten erfassen
3. Handlungsorientierte Schreibformen anwenden, z.B. einen Beschwerdebrief oder einen Reisebericht schreiben

---

[15] Eine hervorragende Sammlung und geistreiche Analyse jüdischer Witze bietet Salcia Landmann: Jüdische Witze. München (Deutscher Taschenbuchverlag) 1982.
Grundlegend zum Verständnis des Witzes ist das Buch von Sigmund Freud: Der Witz und seine Beziehung zum Unbewussten. Frankfurt/Main (Fischer) 1978.
Anregend ist der Aufsatz von Robert Ulshöfer: Witze – Verstöße gegen die Logik. Einführung in Logik und Argumentationslehre – Ein Lehrgang im 9. Schuljahr. In: Der Deutschunterricht, Heft 2/1975, S. 26–41.

Seite 156

Texterläuterungen:

Im 18. Jahrhundert hatte sich aus den Huldigungsgesängen für die Landesfürsten eine neue Form entwickelt: Aus der Fürstenhuldigung wurde eine **Fürstenklage.**
Oppositionelle Gedanken wurden in gesellschaftskritischen Themen aufgegriffen und rückten in einer nicht gekannten Vielfalt in den Mittelpunkt des öffentlichen literarischen Interesses. Als krassestes Thema, das die gesellschaftlichen Widersprüche der Zeit enthüllte, galt das Aufbegehren gegen die Fürstenwillkür. Die Gedichte von Schubart und Bürger waren von einem unmittelbaren gesellschaftskritischen Impuls geprägt: In ihnen wurde vor allem der Gegensatz von Moral und Politik kritisiert und in einem unverhüllten Angriff gegen die Fürsten vorgetragen. So werden der Hof angegriffen und die Ungerechtigkeit gegenüber den Untertanen angeprangert. Eine solche Fürstenklage stellt Gottfried August Bürgers Gedicht **„Der Bauer. An seinen durchlauchtigen Tyrann"** dar. In drei zornigen Fragen an seinen Fürsten drückt in diesem Rollengedicht der Bauer seine Sorgen aus: Rücksichtslosigkeit (1. Strophe), Jagdfrevel (2. und 3. Strophe) werden kritisiert. Im zweiten Teil des Gedichts stellt der Bauer einige Sachverhalte klar: Er beansprucht für sich die Ernteerträge (4. Strophe), betont diesen Anspruch durch das nachgestellte Possessivpronomen „mein" (Z. 12); er hat sich durch harte Arbeit sein Brot verdient (Z. 14f.) und die Vorwürfe kulminieren in der letzten Strophe. Der Bauer spricht der Obrigkeit ihre Legitimität ab. Ein Tyrann kann sich nicht auf die göttliche Ordnung berufen (Z. 16ff.).
Matthias Claudius' **„Kriegslied"** ist häufig fehlgedeutet worden: Einmal wegen der falschen zeitlichen Einordnung, weil die Person des Dichters falsch bewertet und weil Claudius mit der letzten Strophe eine zu einfache Bewertung des Themas zugesprochen wurde. Dagegen ist zunächst festzustellen, dass Claudius mit diesem sog. Gelegenheitsgedicht zum Krieg zwischen Friedrich II. und Joseph II. von Österreich 1778 Stellung bezieht und in diesem lehrhaften Gedicht zeigen wollte, warum Krieg unbedingt unterbleiben sollte.
Diese Moral ist integrierender Bestandteil des Gedichts und wird nicht expressis verbis ausgesprochen.[16]
Die erste Zeile der letzten Strophe erschließt die Adressaten dieses Gedichtes: Sie spricht von den Urhebern der Kriege. In diesem Rollengedicht gibt Claudius den Krieg führenden Herrschern mit „Kron und Land und Gold und Ehre" die Schuld am Krieg. Er vertritt eine entschieden bürgerliche Position. Denn er übt Kritik an den dynastischen Kriegen seiner Zeit und beklagt, dass die Bürger diese erdulden und Opfer bringen müssten sowie Leid zu ertragen hätten.

„[...] Kennzeichen des Gedichts ist seine faszinierende rhetorische Konstruktion, die sämtliche Strophen auszeichnet, und die fast zwanghafte Syntax.
Das beginnt mit der Epanalepse[17] in der ersten Zeile der ersten Strophe. Die Wiederholung der beiden Sätze, das rhetorisch gewichtige Moment dieses evokanten Eingangs, das wie ein Fanal nach allen Seiten hin, einer Sirene vergleichbar, ausstrahlt, wird durch die Wiederaufnahme des Aussagesatzes in der dritten Zeile bekräftigt. Aber Claudius intensiviert den Eindruck jener Aussage mit Hilfe *eines* Wortes. Die unerhörte Verwendung eines so unansehnlich scheinenden, weil alltäglich gesprochenen Wortes wie „leider" hat Karl Kraus dazu hingerissen, es als den „tiefsten Komparativ von Leid, vor dem alle Leidenslyrik vergeht", zu charakterisieren. Claudius liefert auch anderenorts Beispiele der Intensivierung unangemessen erscheinender oder alltäglicher Wendungen; doch das berühmteste Beispiel ist zweifellos die Verwendung dieser Bedauernsfloskel, die „gerade durch ihre Blässe und Unangemessenheit zum Zeichen des Verzichts auf Pathos, zum Zeichen der Hilflosigkeit" wird. Die dritte und vierte Zeile der ersten Strophe werden in der dritten und vierten Zeile der sechsten Strophe wörtlich wiederaufgenommen. Claudius bindet auf diese Weise den Fortgang des Gedichts durch einen festen Kehrreim ein, nachdem die ersten beiden Zeilen die Einstimmung geliefert haben.
Die Darstellung des Schuld-Komplexes Krieg, die wuchtigen Exempel der Verheerungen durch den Krieg fangen die zweite Strophe an, ein mit „Was" eingeleiteter Fragesatz, den Claudius akzentuiert, indem er das Pronomen wie eine Anapher und Epipher gebraucht. Diesem schier barock anmutenden Bauprinzip entspricht schließlich die Parallelführung seiner Beispiele, die er viermal mit „Wenn" einleitet, wobei die Strophen drei bis fünf anaphorisch mit dem Bindewort beginnen. Ihnen folgt, wie resümierend, ein für sich stehender Fragesatz, der abermals mit „Was" anhebt. Claudius setzt seine drastischen Bilder und moralischen Exempel in den Konjunktiv. Ungewöhnlich für die kunstvoll ‚volkstümliche' Schreibabsicht dieses Schriftstellers die verzwickte Darstellung eines Sachverhalts, der ja beschwört, welche Folgen derjenige auf sich lädt, der schuld an einem Krieg ist. [...]
Die Stilfigur der Wiederholung von Wörtern ein effektvolles Gespinst von Alliterationen prägen stark auch die vierte Strophe; Beispiele sind „tausend tausend" (13) oder „alle elend, alle arme Leute" (15). Das Element des Klanges trägt zur Wirkung dieses Textes bei. Claudius verwendet zu Endreimen auffallend viele Diphthonge, auch Vokale, die dem Ganzen etwas Dumpfes mitteilen. Und der unreine Reim „Nöthen"/„krähten" (17/19), von Claudius gewiss bewusst verwendet, macht die schreiende Dissonanz des Bildes schrecklich hörbar.
Die Emotionalisierung des Hörers erreicht Claudius vollends durch Art und Inhalt der von ihm suggerierten Gesichte. Die Erscheinung der Geister der Gefallenen; das Bild der verstümmelten Krieger; der Zug von Tausenden von Menschen, die der Krieg elend machte. Ihre heftige Artikulation: weinend, fluchend, wehklagend. Die Vorstellungen, die mit jenem Alptraum eröffnet wurden, gipfeln in dem ungeheuerlichen Bild, das wie ein abhanden gekommenes Emblem anmutet: Beschwörung der schauderhaften Folgen des Kriegs, in der Claudius Hunger und Krankheit personifiziert und sie von einer Leiche herab *krähen* lässt, misstönig wie Hähne. Er suggeriert damit ein Bild, das eher an Galgen, Gehenkte und Raben denken lässt, ein Bild wie von Goya, dessen „Sueños" und „Caprichos" gleichwohl später entstanden sind als das Gedicht. [...]
Seine Aufzählung der Kriegs-Folgen beschließt Claudius zu Anfang der sechsten Strophe durch einen Satz, der angesichts der vorher ausgemalten Schrecken und Gräuel alle denkbaren Errungenschaften eines Kriegs für sich in Frage stellt. Er tut es in Form eines ‚barocken' Polysyndeton, das wie eine Klimax erscheint, aber nur die Summe negativer Werte ausmacht: „Die könnten mich nicht freun!" (22). Und das Lied endet ebenso lakonisch, wie es begonnen hatte, mit den Worten des Kehrreims, der aus der ersten Strophe bereits vertraut ist, und der klaren Distanzierung von der Schuld am Krieg. [...]"[18]

Christian Friedrich Daniel Schubarts **„Freiheitslied eines Kolonisten"** ergänzt die gesellschaftskritisch-politischen Gedichte Bürgers und Claudius', in dem er einen weiteren Missstand beklagt: nämlich den Verkauf von Landeskindern an die englische Kolonialmacht durch skrupellose Landesfürsten (s. SB, S. 156). Wie der Titel des Gedichtes zeigt, entwirft Schubart eine Visi-

---

16 Die Interpretation folgt den überzeugenden Ausführungen von Wolfgang Promies: Bürgerliche Bedenken gegen den Vater aller Dinge. Zu dem „Kriegslied" von Matthias Claudius. In: Gedichte und Interpretationen. Bd. 2: Aufklärung und Sturm und Drang, hrsg. von Karl Richter. – Stuttgart (Reclam) 1983, S. 357ff.
17 Die Epanalepse (< gr. epanalepsis = Wiederholung): rhetorische Figur, die innerhalb eines Verses oder Satzes ein Wort oder einen Satzteil wiederholt.
18 Wolfgang Promies: A.a.O., S. 360ff.

on, dass die verkauften Söldner nicht für den „gier'ge(n) Britte(n)" (Z. 13) kämpfen, sondern als „Columbier" (Z. 29) für die Freiheit, für die Freiheit dieses neuen Landes und für ihre Freiheit kämpfen werden. Er wirft den europäischen Völkern vor, sich wie Sklaven zu verhalten, die Tyrannen in Ketten halten wie ein „würgbares Vieh" (Z. 20).

Die vier ausgewählten Texte appellieren in einem durchaus revolutionären Impetus an die Bürger, sich gegen politische Bevormundung zu wehren und für die Freiheit sowie für das Selbstbestimmungsrecht mündiger Bürger zu kämpfen.

1 Friedrich II. führt in seinem „Politischen Testament" folgende Gedanken zum Bild eines guten Herrschers auf. Der Schüler kann dazu ein kurzes „Regierungsprogramm" schreiben.

In Stichworten das
Bild des „guten Herrschers"   und   *seine Qualitäten*

- Fähigkeit zu guter Planung seiner Tätigkeit;
- rationales Durchdenken der Probleme;
- Offenheit für die Nöte des Volkes;
- Einsetzen für eine gerechte Behandlung seiner Untertanen;
- Sorge um das Ansehen des Staates.

    – Einsatzbereitschaft für das Glück des Volkes;
    – Pflichtbewusstsein;
    – Fleiß, Genügsamkeit und Klugheit.

⟶ Die Würde des Herrschers liegt in seiner Leistung für das Volk;
der König ist der „erste Diener des Staates".

2 Durch genaues Lesen sollen die Schüler einen Einblick in die sozialen Verhältnisse Deutschlands im 18. Jh. gewinnen und in einem Exzerpt festhalten. In einem zweiten Arbeitsschritt werden die Ursachen erfasst.

„Beschwerdekatalog"
- Rücksichtslosigkeit der Fürsten gegenüber den Bauern bei der Jagd;
- Aufbegehren gegen Fürstenwillkür;
- Anspruch auf Unabhängigkeit (Text 2);
- Not/Elend durch Kriege (Text 3);
- Grausamkeit des Lebens beim Militär (Text 4);
- Soldatenhandel deutscher Fürsten (Text 5).

Ursachen:
- Verschwenderisches und gedankenloses Leben;
- Verantwortungslosigkeit der Fürsten;
- Gewissenlosigkeit und Machtgier.

3 Gottfried Konrad Pfeffel, den wir als einen überzeugten Aufklärer kennen gelernt haben, trat immer für Toleranz und ein vernunftorientiertes Leben ein. Deshalb wird er Friedrichs II. Überlegungen zu einem guten Herrscher begrüßt haben. Er könnte ihn auf die bestehenden Missstände nochmals aufmerksam machen:
- Auf Unterdückung,
- auf den Verkauf von Landeskindern aus Geldgier und Verschwendungssucht,
- auf religiöse Intoleranz und
- auf die Ausbeutung der Untertanen durch den Adel.

(Siehe auch SB, S. 165 Gellerts Kritik in seinem Erzählgedicht „Der baronisirte Bürger" oder die Lösungen zu AA 4, SB, S. 157.) Doch wird Pfeffel Friedrich II. auch seine Skepsis darüber äußern, dass die Menschen und auch Herrscher sich noch nicht zu „guten Bürgern" und „guten Herrschern" entwickelt haben (s. SB, S. 146, Text 2, Z. 63ff.).

Seite 157

4 Als **Normen für höfisches und bürgerliches Leben** können in Stichworten folgende Aspekte festgehalten werden:

Höfisches Leben	Bürgerliches Leben

– Repräsentation fürstlicher Macht im Residenzschloss mit symmetrisch auf das Schloss angelegten Gartenanlagen
– Höfische Unterhaltungsprogramme:
  • Theater, Oper, Dichterlesung
  • Hofbälle, Wasserspiele, Feuerwerke
– Große Spielsucht um hohe Geldbeträge
– Groß angelegte, verschwenderische Jagdveranstaltungen
– Menschenhandel zur Kostendeckung
– Insgesamt eine große Verschwendungssucht
– Mäzenatentum der Fürsten für Maler, Musiker und Dichter: Musik und Malerei sind oft „höfische Auftrags-Kunst"
– Große Bautätigkeit der Fürsten: Schlösser, Kirchen und Klöster als Residenzen weltlicher und geistlicher Fürsten
– Moralische Missstände: Mätressenwesen, Affären und Intrigen
– Höfisches Zeremoniell, höfische Präsentation und Etikette bestimmen das Leben des einzelnen Adligen
 	
→ Ständische Privilegiengesellschaft
	– Schnelles Wachstum der Städte durch Handel und Handwerk
	– Tätigkeiten der Bürger:
	  • Handwerk dominant,
	  • landbesitzende Patrizier und Kaufleute mit politischem Einfluss
	  • Beschäftigung in städtischen Ämtern
	  • geringer Anteil an Bürgern mit Bürgerrecht
	– Strenge Kleiderordnung
	– Geistlichkeit bestimmt das geistige Leben
	– Geistliche leiten die Schulen
	– Gelehrtenstand von Theologen, Juristen und Medizinern
	– Evangelische Geistliche prägen das kulturelle Leben in den Städten

5 Mit dem „*Reisebericht"* soll der Schüler versuchen, eine lebendige Situationsbeschreibung zu verfassen, die von ihm eine geschickte Materialauswahl sowie eine distanzierte und kritische Darstellung verlangt.
Es ist empfehlenswert, dass die Schüler in Gruppenarbeit eine Synopse erarbeiten und im Laufe der Epochenbehandlung schrittweise ergänzen. Diese Synopse soll die Wechselbeziehungen zwischen politischer Geschichte, Kultur- und Geistesgeschichte und der Literatur anschaulich machen.
Eine mögliche Lösung zeigt das Beispiel im SB, S. 143.
(Siehe auch **K 2** im LB, S. 280.)

S. 158–160: I,3.   Lessing und Wieland – Biografie in Briefen und als Kurzbericht

---

Dem Schüler bieten diese beiden **exemplarischen Lebensläufe** die Möglichkeit, die besonderen Bedingungen der Schriftsteller in der Ständegesellschaft des 18. Jahrhunderts zu erfassen.

Mögliche Ziele:

1. Historische Texte in ihrer sprachlichen Eigenart erfassen
2. Anhand von Briefen eine Biografie mit ihren inneren und äußeren Bedingungen schreiben
3. Die Situation Wielands und Lessings unter ihren zeitlichen Bedingungen beurteilen
4. Ein Kurzreferat halten

Seite 158

1a   Folgende **Begriffe** dürften den Schülern unbekannt sein:

Text 1:

Z. 4:   Frugalität (lat.) = Einfachheit, Bescheidenheit

Z. 8 f.:   Nepos, Horaz, Vergil = Cornelius Nepos (100–32 v. Chr.): römischer Geschichtsschreiber; Horaz (65–8 v. Chr.) römischer Dichter und Vergil (70–19 v. Chr.): römischer Dichter

Z. 13:   devot (lat.) = unterwürfig

Z. 14:   „Progressen in Litteris" (lat.) = Fortschritte auf dem Gebiet der Wissenschaft und der Literatur

Z. 16:   Durch eine poetische Manier in den metaphysischen Terris incognitis herumvagieren = durch eine dichterische Art und Weise in den die letzten Dinge betreffenden unbekannten Ländern herumstreifen

Z. 20:   Privatissimum (lat.) = Vorlesung für einen ausgewählten Zuhörerkreis

Z. 28:   Liaison (frz.) = Bindung

Z. 37:   Styx (griech.) = Fluss der Unterwelt in der griechischen Sage

Z. 43:   Konnexion (lat.) = vorteilhafte Beziehung

Z. 58:   Zelebrität (lat.) = die Berühmtheit einer Person

Text 2:

Z. 2:   Anti-Parnass (griech.) = Parnass ist ein mittelgriechischer Gebirgszug; im übertragenen Sinne: Musenberg, Dichtersitz; also kein Dichtersitz

Text 3:

Z. 12:   Maître Pangloss (frz.) = Meister Pangloss

Z. 23:   Konversation (lat.) = gepflegte Unterhaltung

1b   Die sprachlichen Eigentümlichkeiten Wielands und seiner Zeit sollen in *kontrastivem Schreibversuch* den Schülern bewusst gemacht werden: geprägt von antikem Bildungsgut, französischer Literatur und den gesellschaftlichen Umgangsformen des Adels.

Einige Hinweise zu den *äußeren* und *inneren Bedingungen* der Biografie

– Herkunft aus einer gutbürgerlichen Familie in der Reichsstadt Biberach;

– ein einfaches Leben auf dem Land prägt seine Jugend;

– Privatunterricht beim Vater;

– Schulbesuch in einer Klosterschule bei Magdeburg mit 13 Jahren;

– Jura-Studium in Thüringen;

– Aufenthalt in der Schweiz bis 1760;

– 1760 Senator in Biberach und dann Direktor der Kanzlei der Stadt Einordnung ins „praktische Leben"

– begeisterte Beschäftigung mit lateinischen Dichtern;

– intensive literarische und philosophische Studien;

– frühe literarische Schreibversuche;

– lebt in einem anregenden Freundeskreis;

– Ohne Kontakt zu Gelehrten und Schriftstellern: geistige Isolierung

– Berufliche Arbeit ist lästig: deshalb zum Trost Bearbeitung literarischer Vorlagen; Biberach: kein Ort zu bleiben, ein „Anti-Parnass"; seine Talente bleiben unterentwickelt ohne Bibliothek. Die Zeit in der Schweiz wird als „schöner Traum" empfunden.

– 1761 Die Verbindung zum Grafen von Stadion auf seinem Schloss in Warthausen und zu Frank und Sophie von La Roche, seiner ehemaligen Verlobten Ein anregender Freundeskreis: gemeinsame Lektüre, Konversation und gutes Essen

– Führt zu einer „Revolution in seiner Seele": „Erweiterung und Berichtigung" seiner Welt- und Menschenkenntnis

– Gewinnt Anerkennung, Ansehen und Respekt in der Stadt Biberach

– 1769 Ruf an die Universität Erfurt: Professor der Philosophie

– Lernt die neue deutsche Literatur kennen

– 1772 Einladung an den Hof von Weimar von der Regentin Herzogin Amalia; Stellung eines Hofrates

– Erziehung des Prinzen

– 1775 Pensionierung mit gutem Gehalt und Rückzug auf Gut Osmannstedt

– Weiteres Leben „nach meinen Wünschen frei, ohne Geschäfte, meiner Familie und den Musen zu leben".

Es könnte auch sinnvoll sein, wenn eine Gruppe von Schülern nur die äußeren Bedingungen von Wielands Werdegang beschreibt, die andere die inneren Bedingungen. Im Vortrag kann dann jeweils ein Beispiel miteinander kombiniert werden.

2a   Als Gesichtspunkte können genannt werden:
– gute Ausbildung; frühe Beschäftigung mit Dichtung;
– führen ein Leben in verschiedenen Freundeskreisen;
– Suche nach einer gesicherten Existenzgrundlage;
– Kampf gegen adlige Bevormundung und bürgerlichen Untertanengeist;
– die Notwendigkeit, sich in den Dienst adliger Herren zu begeben, um die finanzielle Lebensgrundlage zu sichern. Dies führt zur Abhängigkeit bei Lessing.
– Wieland schätzt die anregende geistige Atmosphäre an den Adelshöfen (Warthausen, Weimar).

2b   Für dieses *Kurzreferat* liegt das Materialangebot zu Wielands Leben vor. Die Schüler können weitere Informationen in einer Literaturgeschichte oder aber auch im Internet finden.[19] Für das Kurzreferat sollte der Schüler die erlernten Regeln beachten:

- Zielsetzung des Referates
- geeignete Materialien auswählen und auswerten
- richtige Medien für die Präsentation
- Aufbau des Referates so, dass Interesse zu wecken ist
- Präsentation: guter Einstieg – Vortrag mit Stichwortzettel – Blickkontakt – Zusammenfassung und Wertung
- Diskussion und Möglichkeit zum Nachfragen

S. 160–163: I,4. Der Kampf um geistige Freiheit – Fabel und Aphorismus

Die **Fabel** eignet sich als typische Gattung der Literatur der Aufklärungszeit, um das Bemühen der Dichter – z.B. Lessings, Gellerts und Pfeffels – im Kampf um geistige Freiheit des Bürgertums gegenüber der Bevormundung durch die adligen Herren deutlich zu machen.

Die Auswahl der Fabeln in dieser Teilsequenz ist unter dreierlei Gesichtspunkten vorgenommen worden: Einmal sollen an einigen Beispielen die Schüler mit den bedeutendsten Fabeldichtern des 17./18. Jahrhunderts bekannt gemacht werden; zum anderen zeigen diese sechs Fabeln in ihrer Motivgestaltung und in der Darstellung der handelnden Tiere einen deutlichen Unterschied in der Einstellung der Dichter. Dieser soll die Schüler anregen, über die Ursachen dieser Sichtweise nachzudenken. Vor der Beschäftigung mit den einzelnen Fabeln ist es lohnend, den Lexikonartikel über die Fabel nachzulesen, da er einen Überblick über die **Geschichte der Fabel** und über die wichtigsten Dichter gibt.

Mögliche Ziele:

1. Sich über die Form und die Entwicklung der Fabel informieren
2. Fabeln nach Form und Problemstellung untersuchen und ihre Unterschiede erklären
3. Eine Fabel zu einem gesellschaftlichen Problem schreiben
4. Eine Fabel interpretieren
5. Aphorismen untersuchen und ihre Bedeutung in der Aufklärung bewerten

Seite 162

Texterläuterungen:

Anhand des Lexikonartikels lassen sich die Fabeln leicht erschließen. Deshalb sollen an dieser Stelle nur noch einige Hinweise gegeben werden:
In La Fontaines Fabel **„Der Fuchs und der Rabe"** wird der didaktische Gehalt der Fabel dem Fuchs in den Mund gelegt und die Lehre wird in die Fabelhandlung mit einbezogen. La Fon-

---

[19] Sehr gut lesbar und fachkundig ist der biografische Abriss von Heinrich Bock: Wieland – Lesebuch. – Frankfurt (Insel Verlag) 1983, S. 308–330.

[20] Eine fundierte Darstellung über die Fabel findet man bei Klaus Doderer: Fabeln. Formen, Figuren, Lehren. – München (Deutscher Taschenbuchverlag) 1977.
Sehr informativ ist der Aufsatz von Klaus Gerth: Fabeln und Witze. In: Praxis Deutsch, Jg. 11 (März 1984) Heft 64. – Velber (Friedrich Verlag), S. 14ff.
Die Fabel Lessings interpretiert Gerhard Schmidt-Henkel: Ein Schmeichler und sein Schicksal. Zu Lessings Fabel „Der Fuchs und der Rabe". In: Gedichte und Interpretationen. Bd. 2: Aufklärung und Sturm und Drang, hrsg. von Karl Richter. – Stuttgart (Reclam) 1983, S. 205ff.

---

taines Fabel erzielt trotz ihrer Kritik am Adel – die Anrede „mein Herr" (Z. 5 und 14) weist auf den hohen Rang der Figuren hin – eine unterhaltende Wirkung.

Lessing erweitert in seiner Fabel **„Der Rabe und der Fuchs"** die Handlung: Der Rabe lässt das Fleisch freiwillig fallen und wird so vor dem Gift gerettet. Die Lehre richtet sich als Anrede an die Betroffenen und wird scharf formuliert: Für Lessing wird die Fabel zur „Waffe": Er übt scharfe Kritik an den Schmeichlern in der Gesellschaft.

La Fontaine formuliert in seiner Fabel **„Der Wolf und das Lamm"** die Lehre knapp: Der Wolf repräsentiert den absoluten Herrscher, der sich nicht an das Recht hält und keinen Richter fürchtet. In dieser Fabel spiegelt sich die höfische Gesellschaft. Deshalb auch die gewählte Wortweise wie „Euer Gnaden" (Z. 10) und „geruht" (Z. 12).

Lessing überlässt es dem Leser, die Lehre in seiner Fabel **„Der Wolf und das Schaf"** selbst zu finden. Er zeigt die Möglichkeit des Schwachen, den Starken anzugreifen, wenn er selbst gesichert ist. Lessing setzt die Kenntnis der antiken Fabel voraus: Er verkehrt den Sinn ins Gegenteil, was folglich zu einer Veränderung der Situation führt. So ist es möglich, dass in seiner Fabel der Schwache Selbstbewusstsein zeigen kann. Damit gibt er einen Hinweis auf das Bürgertum im 18. Jahrhundert.

Christian Fürchtegott Gellert führt in seiner Fabel **„Der Tanzbär"** die Didaxe aus: Der Tanzbär verkörpert den geschmeidigen, gewandten Weltmann, der Neid und Eifersucht seiner sozial zurückgebliebenen plumpen Artgenossen erregt. Das Motiv des Tanzbären war im 18. Jahrhundert sehr beliebt. Gellert empfiehlt in seiner Verserzählung seinen bürgerlichen Lesern Bescheidenheit und Anpassung. In seinen Fabeln behandelt er allgemein menschliche Verhaltensweisen sowie häusliche und familiäre Probleme. Sie bieten Lebensregeln ohne sozialkritische und politische Zielsetzung. Thematisiert werden moralische Werte wie Genügsamkeit, Einfachheit und Ehrlichkeit.

Gottlieb Konrad Pfeffels Fabel **„Der Tanzbär"** erscheint 1789, im Jahr des Ausbruchs der Französischen Revolution, und spielt in Polen. Der Unterdrückte entschließt sich zur revolutionären Tat. Deshalb werden die Unterdrückung und die Solidarität der anderen Bären geschildert. Der Tanzbär bei Pfeffel verkörpert den ahnungslosen Halbwüchsigen, der in die Hände der Soldatenwerber fällt und ein grausames Schicksal erleidet. Das Epimythion enthält eine pathetische Drohung: „Ihr Zwingherrn, bebt!"[20]

Enthält Lessings Fabel eine deutliche Sozialkritik, so geht Pfeffel zur offenen politischen Agitation über. Gellerts Tanzbär verkörpert zwei menschliche Schwächen, nämlich Neid und Prahlsucht, während Pfeffels Tanzbär zum Exempel eines unfreien Menschen wird, der der Sklaverei entflieht. Er zerstört gewaltsam die Grundlagen der Tyrannei. Damit wird in den Fabeln von La Fontaine über Gellert, Lessing bis Pfeffel eine zunehmende gesellschaftskritische Intention deutlich. 1789 wird zum Fanal des Aufbegehrens.

1 Die Informationen des Artikels vermitteln den Schülern das Wissen, um die Aufgaben zu den Fabeln sachkundig erarbeiten zu können. Es ist empfehlenswert, wenn sie sich einige Notizen zum Aufbau machen und zu den einzelnen Autoren.

2a/b Die Fabeln können einander folgendermaßen zugeordnet werden:
a) Chronologische Reihe: Texte 1–6
b) Thematische Reihe:
Text 1 und 4: Rabe und Fuchs
Text 2 und 5: Wolf und Lamm / Wolf und Schaf
Text 3 und 6: Tanzbär

Problemstellungen der Zeit: Der Aufstieg des Bürgertums im 18. Jahrhundert spiegelt sich in den Fabeln wider. Etwa folgende Aspekte sind erkennbar:

– Heuchelei im Umgang miteinander (Text 1);
– Schmeichelei, um seine Interessen bei Hofe durchzusetzen (Texte 1; 4);
– Recht des Stärkeren ohne Verantwortlichkeit gegenüber einer höheren Instanz (Text 2);
– Klugheit im Verhalten gegenüber dem Stärkeren (Text 5);
– Aufforderung an den scheinbar Schwächeren, sich selbstbewusst zu verhalten;
– Aufforderung, sich bescheiden zu verhalten und sich in den gleichen Stand einzufügen (Text 3);
– Ablehnung von Prahlerei, Warnung vor dem Neid der Mitmenschen (Text 3);
– Aufforderung zum Kampf gegen Unterdrückung, Sklaverei und Demütigung (Text 6).

Die *Interpretation* ist als Anwendung zu sehen (vgl. SB, S. 35ff.) und soll im Vergleich mehrerer Lösungen zu einem Text wichtige Kriterien und Verfahrenschritte reorganisieren. Die Informationen des Schülerbuches können dafür genutzt werden. (Als weiteres Übungsbeispiel oder als Klausur könnte **K 3**, LB, S. 281 dienen.

Als Klausur wäre ebenfalls ein anderer Fabelvergleich möglich:
– Phädrus (1. Jh. n. Chr.): Fuchs und Rabe
– G.E. Lessing (1729–1781): Der Rabe und der Fuchs

Arbeitsanweisung:
1. Arbeiten Sie den Zusammenhang heraus zwischen Inhalt, Aufbau und Stil der Fabeln.
2. Interpretieren Sie die Lehren der Fabeln im Blick auf die historische Situation.
3. Ergänzen Sie den Schluss von Lessings Fabel.)

3 In der empfohlenen *gestaltenden Schreibübung* sollen die bisher erarbeiteten Einsichten angewandt werden. Für das Schreiben einer eigenen Fabel ist Lessings Fabeldefinition hilfreich. Er geht von einem allgemeinen moralischen Satz aus, bezieht diesen auf einen besonderen Fall, der als Geschichte aus der Wirklichkeit erzählt wird. Der Leser soll daraus eine Erkenntnis über den moralischen Satz, der der Fabel zugrunde liegt, gewinnen. Bei La Fontaine fehlt die ausdrückliche Nennung des moralischen Satzes. Er muss erschlossen werden.

La Fontaine lässt den Fuchs seinen amüsierten Spott aussprechen: Ein Beispiel für die galant-höfische Fabel mit humoristischem Akzent.

Im Sinne Lessings liegt der Fabel eine Lebenswahrheit zugrunde, die von allgemeiner Gültigkeit ist. Ihre Form ist dramatisch geprägt mit Spieler und Gegenspieler: „Sie ist Handlung, verbunden mit Reflexion."[21] Die Fabel ist also ein Kurzdrama in Berichtform, das eine allgemeine Wahrheit oder eine Lebensregel versinnbildlicht. Eigenschaftspaare der handelnden Figuren werden verschränkt, z.B. klug und einfältig, aber hilfsbereit; auf der anderen Seite neidisch und bösartig. Daraus kann ein Konflikt entstehen, in dem die negativen Charaktereigenschaften einer Person entlarvt werden.

Sprichwörter als Basis für eine Fabel müssen also in eine Handlung „umgesetzt" werden, z.B. „Der Krug geht so lange zum Brunnen, bis er bricht". Als Themen sind denkbar:

a) Gesellschaftliche Probleme:
– Rücksichtslosigkeit politisch Mächtiger, z.B. Löwe – Fuchs – Esel
– Aussichtslosigkeit auf Änderung der Verhältnisse, z.B. Löwe – Esel
– Abhängigkeit von einem ungerechten Vorgesetzten, z.B. Adler – Sperling

b) Menschliche Verhaltensweisen:
– Dummheit – Schläue, z.B. Esel – Fuchs – lebenstüchtige Klugheit – ungeschickte Stärke, z.B. Schilfrohr – Eiche

c) Redensarten eignen sich gut als Motiv für eine Fabel:
– Wer auf Schmeicheleien hereinfällt, wird dies später bereuen.
– Undank ist der Welten Lohn! Z.B. Wolf – Reiher
– Hochmut kommt vor dem Fall!
– Wer andern eine Grube gräbt, fällt selbst hinein!

Seite 163

4a Die Texte 7 und 8 enthalten folgende Aussagen:

Leben	Verhaltensweise	Gesellschaft
Lichtenberg: Das menschliche Leben ist trotz aller Planung vom Zufall bestimmt. (2) Das menschliche Wesen ist unbestimmbar. (3) Zweifel am menschlichen Verstand und am menschlichen Herz. (6)	Der Mensch handelt automatisch, ohne Ziel. (1) Selbstüberschätzung des Menschen (3) Unberechenbarkeit menschlichen Verhaltens (3) Menschliche Arroganz: Er erhebt sich zum Maß aller Dinge. (4)	Das Bestreben der Menschen ihren eigenen Vorteil zu suchen (8) Manipulation mit Halbwahrheiten (5) Unterdrückung aus Furcht (9)
Lessing: Ehrlichkeit unter den Menschen ist nicht immer gegeben. (S. 1)	Menschen leiden an „Blindheit" gegenüber der Realität. (S. 2) Lob der inneren Unabhängigkeit (S. 5) Appell an Bescheidenheit (S. 6)	Armut nimmt den Menschen den Wert. (S. 3)

4b Die **Aphorismen** zielen auf eine Pointe hin; sind knapp gefasst und enthalten u.a. Wortspiele. Die Schüler können die Lexikonartikel „Aphorismus" und „Epigramm" (SB, S.163) durcharbeiten und ihre Aussagen an den Textbeispielen überprüfen.

Die wichtige Pointe regt zum Nach- und Weiterdenken an. Sie kann z.B. als paradoxe Wendung, als Wortspiel, als Antithese oder als überspitzte Formulierung gestaltet sein. Sie ist eine Form, die rational geprägt ist, verfremdend wirkt und zu einer distanzierten Haltung beim Leser führen soll.

Lichtenberg – Aphorismus:
„Die gefährlichsten Unwahrheiten sind Wahrheiten mäßig entstellt."

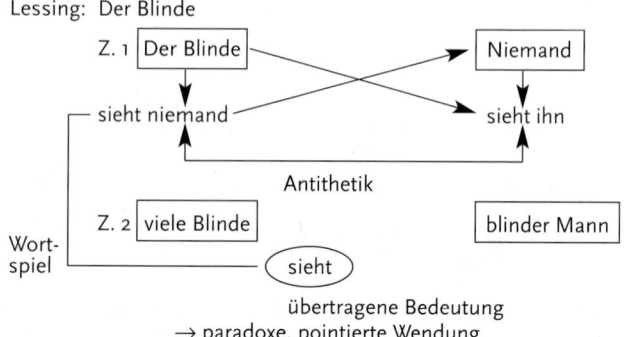

Wortspiel antithetisch

Lessing: Der Blinde

Z. 1　Der Blinde　→　Niemand
　　　sieht niemand　　sieht ihn
　　　　　Antithetik
Wort-spiel　Z. 2　viele Blinde　　blinder Mann
　　　　　sieht
　　übertragene Bedeutung
　　→ paradoxe, pointierte Wendung

21 Robert Ulshöfer: Methodik des Deutschunterrichts. Bd. 1: Unterstufe. Stuttgart (Klett Verlag) ³1967, S. 222–238. Ulshöfers Ausführungen sind bis heute noch informativ für das Schreiben einer Fabel.

4c Der Aphorismus trifft das Anliegen der Aufklärer, den Menschen zum Gebrauch der eigenen Vernunft zu erziehen, indem er zur wahren Einsicht über sich und die Welt gebracht werden soll.
(Geeignet als Klassenarbeit wären **K 4** LB, S. 282 und **K 5**, LB, S. 283f.)

stimmte in spätantiker Form gestaltete **Lyrik der sog. Anakreontik** erkennen lernen. Daneben wird an Gellerts Verserzählung bürgerliche Tugendlehre als Ausdruck des Selbstbewusstseins gegenüber dem Adel deutlich werden.

> **S. 164–165: I,5. Der „gesittete" Bürger in der höfischen Welt – Stilmittel der Anakreontik**

In dieser kurzen Teilsequenz sollen die Schüler neben der didaktisch geprägten Fabel-Dichtung die von Lebensfreude be-

Mögliche Ziele:

1. In einem Cluster die Motive der Anakreontik festhalten
2. Die formalen Gestaltungsmittel der Gedichte untersuchen
3. Das Verhältnis zwischen Anakreontik und Aufklärung beschreiben
4. Gellerts Kritik am Adel untersuchen und bewerten
5. Ein anakreontisches Gedicht schreiben

Seite 165

Diese Texte sind in ihrer relativ einfachen Struktur ohne Schwierigkeiten zu erschließen. Es werden einige Hinweise zur interpretierenden Literatur angeboten.[22]

1a Die **Motive** der Texte können in einem *Cluster* etwa so dargestellt werden:

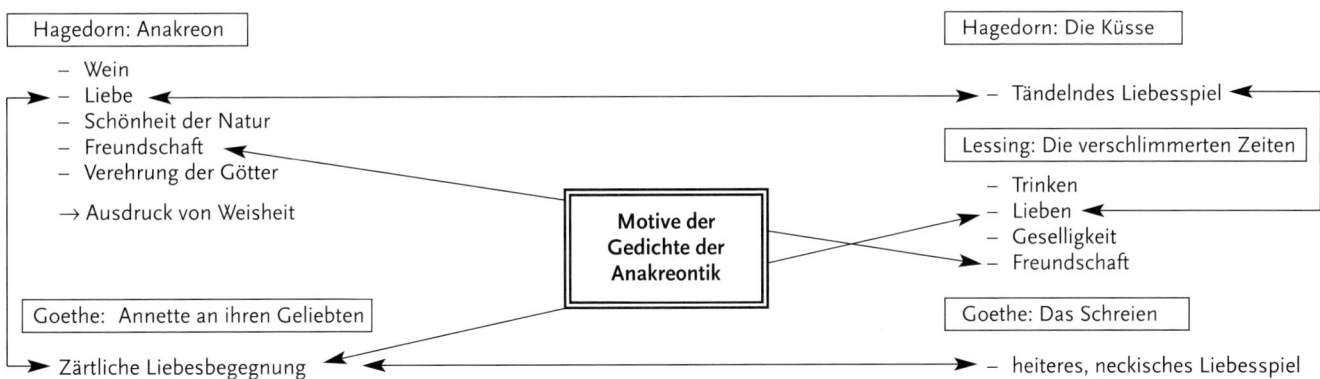

1b Formale **Gestaltungsmittel** im Überblick:

T 1: Hagedorn	T 2: Hagedorn	T 3: Lessing	T 4: Goethe	T 5: Goethe

Hagedorn
Z. 4: Hendiadyoin
Z. 4f.: Akkumulation
Z. 6: Antithese „doch"
Z. 7f.: Anapher
    Wiederholung
    Parallelismus
    Emphase
Z. 9: Rhetorische Frage
Z. 10: Anrede, Appell
Z. 13ff.: Akkumulation
Z. 14: Antithese „doch"
Z. 18f.: Anapher
	Str. 1–3: Variation des Motivs: 1.–3. Tag
	Str. 4/Z. 13: Antithese „allein"
	4. Tag
		Z. 1–3: Anapher
		Akkumulation
		Wiederholung
		Z. 6–8: s. oben
		Z. 5 und 10: Anapher und Variation
		Z. 11f.: Emphase
			Z. 4f.: Anapher
			Z. 6: Ellipse
				Z. 4ff.: Emphase
				Z. 7: Wiederholung

[22] Literaturempfehlungen zur anakreontischen Lyrik:
Friedrich Hagedorn: Der Tag der Freude. Klaus Bohnen: Die Kultivierung des geselligen Sinnenspiels in Friedrich von Hagedorns „Tag der Freude".
Friedrich Hagedorn: Die Alster. Uwe-K. Ketelsen: Alte Ausdrucksformen und neue Wunschträume. Zu Friedrich von Hagedorns „Die Alster".
Johann Wilhelm Ludwig Gleim: Anakreon: Klaus Bohnen: Der „Blumengarten" als „Quell von unserm Wissen". Johann Wilhelm Ludwig Gleims „Anakreon."
Johann Peter Uz: Der Schäfer. Christoph Perels: Der Traum des Aufgeklärten. Zu Johann Peter Uz' „Der Schäfer".
Alle in: Gedichte und Interpretationen. Bd. 2: Aufklärung und Sturm und Drang, hrsg. von Karl Richter. – Stuttgart (Reclam) 1983.

1c Die Ergebnisse können in einem Tafelbild festgehalten werden:

TA Lyrik des „Rokoko":

I. Dichter: Hagedorn
Götz
Uz
Lessing

Motive ihrer Gedichte:
Wein
Liebe
Naturschönheit
Freundschaft
Geselligkeit

Aufforderung
zur Lebensfreude

→ Ausdruck unkomplizierter, lebensbejahender, positiver Lebenseinstellung
→ Ausdruck subjektiven Erlebens, gestaltet mit hintergründigem Humor

Leitmotive: 1. Tugend und Vernunft

Mäßigung

2. Lebenserfahrung
Wissen und Verantwortung
gegenüber einer göttlichen
Instanz
Freisein/Muße

Weisheit auf der Grundlage
vernünftigen Handelns

II. Historische Einordnung: ←→ Aufklärung:
a) Tradition: Barock
– zierliche Leichtigkeit
– anmutige Heiterkeit
– spielerische Lebensfreude
als ein Zug barocker Lyrik

– Vernunftregeln
– Stilisierung:
Verfremdungseffekt

Thema: Schönheit der Welt in vernunftgebender Anmut

b) Form: gekleidet in antike Formmuster:
– Mythologie
– Schäferpoesie
– Idyllik „Arkadiens"

2a/b Gellert[23]: Der baronisirte Bürger
Der Text enthält folgende *Kritik* an der höfisch-aristokratischen Gesellschaft:
– Vorzug der Herkunft;
– Förderung der Schmeichelei;
– Großmanns- und Verschwendungssucht;
– Suche nach Ehre und Macht als Heerführer;
– Verachtung anderer;
– Unverstand, Eitelkeit, Stolz, Pracht und Wollust zwingen die Menschen in ihre Dienste; dies führt zu Unfreiheit und Knechtung.

Forderungen eines bürgerlichen Tugendkatalogs:
– Güter des Herzens;
– Anwendung der Gesetze der Vernunft und des Gewissens;
– mäßig, enthaltsam, großmütig, gelassen, geduldig sein;

– Selbstbeherrschung; Selbstbescheidung, Zufriedenheit;
– Ehrfurcht, Vertrauen, Liebe und Dankbarkeit Gott gegenüber;
– Freude an der Betrachtung der Natur;
– Klugheit, Anständigkeit und Pflichterfüllung;
– Freuden der Freundschaft, der wahren Liebe, des Wohltuns und der Dankbarkeit erfüllen/genießen

Ergebnis:
– Aufgabe zur Selbsterziehung;
– Erziehung zur Mitmenschlichkeit;
– Erziehung zu wirtschaftlicher Tüchtigkeit und Leistung, zur virtus;
– Herstellung einer echten Gottesbeziehung.

Die abschließende Diskussion, warum das Bürgertum aus dem Gefühl geistig-moralischer Überlegenheit nicht gesellschaftliche Veränderungen, ja eine Revolution versuchte, könnte zu folgenden Einsichten führen.
Der Widerspruch im Verhalten des deutschen Bürgertums ist zu erklären:
1. durch die protestantische Soziallehre, z.B. Luthers Obrigkeitslehre;
2. durch die politische Zersplitterung (Partikularismus);
3. durch das Bewusstsein von der moralischen Überlegenheit des Bürgertums: „Güter des Herzens" (Gellert).
→ quietistische Haltung

3 Zunächst sollte sich der Schüler bei der *Gestaltungsaufgabe* für ein Motiv der Anakreontiker entscheiden oder ein Motiv wählen, das für ihn selbst Lebensfreude ausdrückt. Wenn die Schüler sich an der Form von Hagedorns Gedicht „Anakreon" oder an „Die verschlimmerten Zeiten" von Lessing orientieren, sollten sie diese Aufgabe bewältigen können, zumal sie sich sehr eng an die Form der literarischen Vorbilder halten können.
Für eine knappe Lösung sind auch die Texte 4 und 5 als Vorbilder gut geeignet.

S. 166–176: I,6. Utopie des aufgeklärten Zeitalters – Drameninterpretation und literarische Erörterung zu Lessings „Nathan der Weise"

Diese Teilsequenz stellt nach Thema und Umfang einen Schwerpunkt innerhalb der ersten Sequenz dieses Kapitels dar, in welchem bisher verschiedene thematische Aspekte zur Epoche „Aufklärung" beleuchtet worden sind.
Im Mittelpunkt dieser Teilsequenz stehen zwei thematische Schwerpunkte: Zunächst einmal wird angestrebt, den Schülern zu **Lessings Drama „Nathan der Weise"** (vgl. LB, S. 19ff.) einen Zugang zu eröffnen. Dies geschieht mit zwei Texten über die Vorgeschichte zur Entstehung des Dramas und mit zwei exemplarisch ausgewählten Textauszügen aus den Szenen I,2 und III,7. Die beiden Texte zur Entstehung zeigen den Schülern die Schwierigkeiten Lessings, eine Druckerlaubnis bei seinem Landesherrn zu erhalten. Damit wird schlaglichtartig einmal Lessings Abhängigkeit von seinem Dienstherrn und zum zwei-

---

[23] Zu Gellerts Position gibt es zwei Interpretationen zu „Das Pferd und die Bremse" von Wolfgang Martens: Hochmut kommt vor dem Fall und von Wolfgang Martens: Der alte böse General: Gellerts Verserzählung „Das Unglück der Weiber". In: Gedicht und Interpretationen. Bd. 2: Aufklärung und Sturm und Drang, hrsg. von Karl Richter. – Stuttgart (Reclam) 1983, S. 163ff. bzw. 182ff.
Zu Goethes Gedicht „Das Schreien": Robert Hippe: Interpretationen zu 60 ausgewählten motivgleichen Gedichten: – Hollfeld/Ofr. (C. Bange-Verlag) 1964, S. 47.

ten die Brisanz seines Themas beleuchtet. Zum anderen zeigt seine Vorrede die Intentionen, die Lessing mit seinem Drama verbindet und welche Zuversicht er besitzt, dass sein Stück einen „Ort in Deutschland, wo dieses Stück schon jetzt aufgeführt werden könnte", finden möge. Daraus lässt sich ablesen, welchen utopisch-visionären Entwurf dieses Drama für seine Zeit und wohl auch bis in unsere Gegenwart darstellt: Nämlich die Verwirklichung von Toleranz zwischen den verschiedenen religiösen Gruppen in der Welt. Das Jerusalem des 12. Jahrhunderts unter Sultan Saladin bleibt in seiner symbolhaften Bedeutung bis in unsere Zeit beispielhaft, ebenso die Erziehung der Menschen zu tolerantem Verhalten. Dass dies nur geschehen kann, wenn religiöse Vorstellungen und ein sog. Wunderglauben kritisch einer vernünftigen Überprüfung unterzogen werden, dies zeigt Nathans „Erziehungsgespräch" mit seiner Tochter Recha in der Szene I,2. In seinem Gespräch mit dem Sultan Saladin (Szene III,7) entwirft Nathan mit seiner Parabel von den drei Ringen die Vision einer praktisch orientierten Humanität der Konfessionen und einer von gegenseitigem Respekt geprägten Toleranz.

Wird Lessings Drama als Ganzschrift gelesen, so können die Angebote des Buches an der jeweiligen geeigneten didaktischen Stelle einbezogen werden.

Bei einer kursorischen Lektüre können entweder noch weitere zentrale Stellen mit herangezogen werden, oder die Schüler referieren detailliert über die Handlung, die Entwicklung der Figuren und über die Probleme.

In einem zweiten Schwerpunkt werden die **literarische Erörterung** über die Vorbild-Funktion der Hauptfigur Nathan und die **Texterörterung** als gleichzeitig textgebundene und literarische Erörterung exemplarisch aufgezeigt und mit Übungsaufgaben für die Schüler verbunden.

Mögliche Ziele:

1. Verfahrensweisen der Textanalyse anwenden und einüben
2. Eine Dramenszene mit Annotationen versehen und strukturieren
3. Literarische Figuren in ihrem Verhalten beurteilen
4. Ein Regiekonzept zu einem Drama entwerfen
5. Die Konsequenzen für das praktische Leben aus Nathans Antwort über die drei Weltreligionen erörtern
6. Verfahrensweisen für eine literarische und textgebundene Erörterung anwenden
7. Eine persönliche Stellungnahme zu einer Dramenszene schreiben

---

„Humanitätsdichtung, Forderung entschiedener Toleranz und vorurteilsfreien Liebeswerks. Die bloße Zugehörigkeit zu einer der positiven Religionen gibt keinen Vorrang. Sie haben nur insoweit Geltung, als sich die Gesinnung ihrer Bekenner bewährt. Die wahre Religion ist sittliches Empfinden und Handeln, unabhängig von aller geoffenbarten Religion.

Lessing führt auf dem Boden des ma. Palästina Vertreter des Christentums, des Islams und des Judentums in einer verwickelten Handlung zusammen und gibt, nicht ohne Absicht, Nathan die Führung. Seiner jenseits der Konfessionen stehenden Religiosität schließen sich die besten Vertreter der anderen Religionen an. Keimzelle und berühmtes Kernstück die um 1100 in Spanien von aufklärerischen Juden erfundene Parabel von dem Ring, dessen Besitz den Erben der wahren Religion kenntlich macht und zu dem ein Vater, der keinen seiner Söhne enterben will, noch zwei gleiche anfertigen lässt, so dass der echte nicht mehr erkannt werden kann. In L.s Quelle, Boccaccios Decamerone (Giornata I, Nov. 3), will Saladin mit der Frage nach der besten Religion dem Juden Melchisedech eine Falle stellen, der dieser jedoch durch seine Parabel geschickt entgeht. Bei Lessing ist der Ring nicht nur wundersamer Herkunft, sondern hat „... die geheime Kraft, vor Gott / und Menschen angenehm zu machen". Nach Lessing liegt es an jedem einzelnen, seinen Ring zu dem echten zu machen. An der Echtheitsprobe, die in dem sittlichen Wettstreit liegt, sind alle aus der Urreligion hervorgegangenen Offenbarungsreligionen beteiligt. Das Werk näherte sich in Gehalt und Gestalt der Hochklassik."

„Die Diskrepanz zwischen historischer Wirklichkeit und geschichtsphilosophischem Ziel zu überwinden, ist die Aufgabe des Menschen. Lessings Überzeugung wird sichtbar, dass sich in der Aktivität des Menschen unausweichlich ein göttlicher Weltplan erfüllt."[25] Damit ist der „Nathan" kein bürgerliches Familiendrama, wie im 18. Jahrhundert häufig thematisiert, sondern die Dramatisierung eines geschichtsphilosophischen Entwurfs. So wie die Ringparabel als ein Denkmodell zu verstehen ist, ist das ganze Drama als ein experimentaler Denkprozess zu den religiösen Problemen der eigenen Zeit zu sehen.

Lessing kritisiert außerdem die verschwenderische Mildtätigkeit Saladins als sozialethisch unverantwortbar und als Ausdruck einer persönlichen Schwäche. Damit kritisiert er auch das höfische „Staatsverbraucherethos" (Norbert Elias) der Fürsten seiner Zeit.

Lessings Verständnis des Aufklärungsprozesses lässt sich grafisch so darstellen:[26]

Seite 167

Texterläuterungen:

Lessings Drama „**Nathan der Weise**" (1779) gehört sicher zu den bedeutendsten Dramen des 18. Jahrhunderts und fasst zentrale Ideen der Aufklärung zusammen.

Herbert A. und Elisabeth Frenzel fassen Inhalt und Problemstellung des Dramas kurz zusammen:[24]

---

[24] Herbert A. und Elisabeth Frenzel: Daten deutscher Dichtung: Chronologischer Abriss der deutschen Literaturgeschichte. München (Deutscher Taschenbuchverlag) [24]1988, S. 183f. © 1953, 1971 by Verlag Kiepenheuer & Witsch Köln.

[25] Wilfried Barner u.a. (Hrsg.): Lessing: Epoche – Werk – Wirkung. In: Arbeitsbücher für den Literaturunterricht. – München (C. H. Beck) [2]1976, S. 285.

[26] Wolfgang Kröger: Lessings „Nathan der Weise". Ein toter Klassiker. In: Interpretationen für Schule und Studium, hrsg. von Rupert Hirschenauer und Albrecht Weber. – München (Oldenbourg Verlag) 1980, S. 23.

Der Aufklärungsprozess
(nach Lessings „Die Erziehung des Menschengeschlechts", 1777/1780)

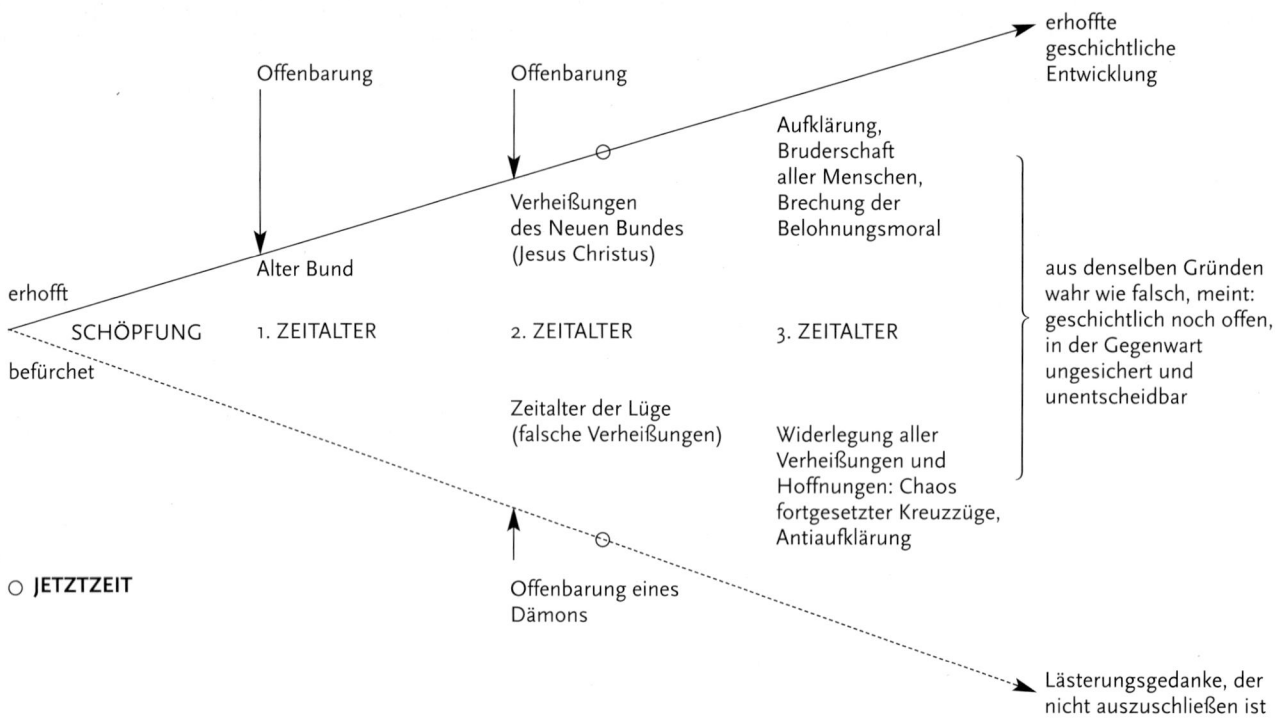

Einen Überblick über die **Handlungs- und Zeitstruktur** bieten die beiden folgenden Grafiken:[27]

Handlungsstruktur: Das „Nathan"-Drama als dramatische Mischform

Aufzüge	I. (Exposition)			II. (Schürzung)			III. (Peripetie)
Momente der Bedrohung	Brand des Hauses	Derwisch gegen den Sultan	Patriarch will Tempelherrn als Werkzeug	Sittahs Plan gegen Nathan	Al Hafis Flucht	Ahnung verwandtschaftlicher Beziehungen	
Momente, die zur ‚guten Lösung' vorwärts drängen	Rückkehr Nathans	Wiederfinden des Tempelherrn		Freundschaft zwischen Nathan und Tempelherr			Zusammenführung von Tempelherrn und Recha

Aufzüge	IV. (retardierende Momente)					V. (Lösung)
Momente der Bedrohung	Heiratsverweigerung durch Nathan, Empörung des Tempelherrn	Dajas „Geständnis"	Denunziation beim Patriarchen	Erinnerung an die Vergangenheit (Pogrom in Gath)	Dajas „Entdeckung"	(Kreuzzüge)
Momente des Vorwärtsdrängens	Freundschaft zwischen Nathan und Saladin		Freundschaft zwischen Tempelherrn und Saladin	Klosterbruder bei Nathan		Auflösung

---

[27] Wolfgang Kröger: A.a.O., S. 29 und 61.

Zeitstruktur A

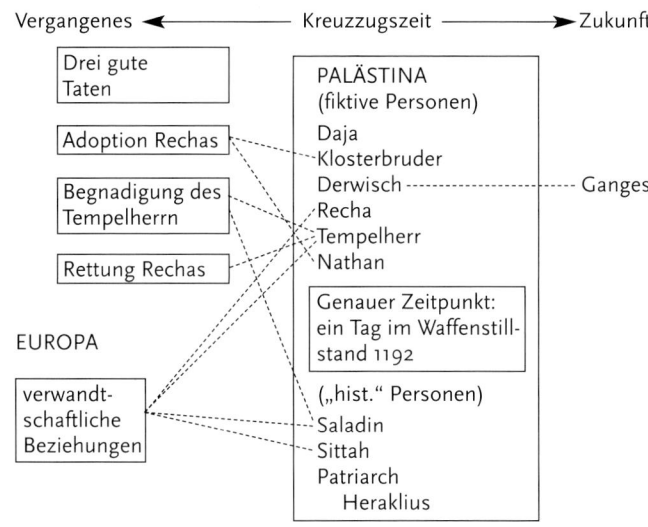

Zeitstruktur B

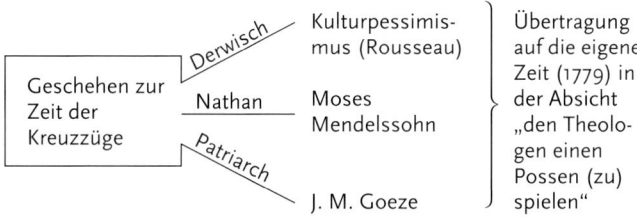

Auf eine detaillierte Interpretation[28] kann angesichts der zahlreichen „Nathan"-Untersuchungen an dieser Stelle verzichtet werden. Nur zur „Ringparabel" (III/7) sei aus der komprimierten Darstellung von Gerd Sautermeister[29] zitiert.

[28] Aus der Fülle der Interpretationen zu Lessings „Nathan der Weise" soll auf einige leicht zugängliche Autoren hingewiesen werden:
Richard Newald: Von Klopstock bis zu Goethes Tod. Bd. 1: Ende der Aufklärung und Vorbereitung der Klassik. In: Geschichte der deutschen Literatur, Bd. 6, Teil 1, hrsg. von Helmut de Boor und Richard Newald. – München (C. H. Beck) 1957, S. 48ff.
Hans Gehrke: Lessings „Nathan der Weise". Biografie und Interpretation. In: Analysen und Reflexionen, Bd. 10. – Hollfeld/Ofr. (Beyer) ²1976.
Günter Rohrmoser: Nathan der Weise. In: Benno von Wiese (Hrsg.): Das deutsche Drama vom Barock bis zur Gegenwart. Bd. 1: Vom Barock bis zur klassisch-romantischen Zeit. – Düsseldorf (Bagel) 1962, S. 113ff.
[29] Lessing: Nathan der Weise. In: Kindlers Neues Literaturlexikon, hrsg. von Walter Jens. – Zürich (Kindler) 1996, Bd. 10, S. 327f.
Hans Ritscher: Lessing „Nathan der Weise". In: Grundlagen und Gedanken zum Verständnis des Dramas und der erzählenden Literatur. – Frankfurt (Diesterweg) ⁴1968.
Wolfgang Kröger: Lessings „Nathan der Weise". Ein toter Klassiker? In: Interpretationen für Schule und Studium, hrsg. von Bernhard Sowinski und Helmut Schwimmer. – München (Oldenbourg) 1980.
Josef Schnell: Dramatische Struktur und soziales Handeln. Didaktische Überlegungen zur Lektüre von Lessings „Nathan der Weise" in: Der Deutschunterricht. Jg. 28 (1976) Heft 2, S. 46ff.
Peter von Düffel: Gotthold Ephraim Lessing: Nathan der Weise. In: Erläuterungen und Dokumente. – Stuttgart (Klett) 1978.
Wilfried Barner u.a. (Hrsg.): Lessing: Epoche – Werk – Wirkung. In: Arbeitsbücher für den Literaturunterricht, hrsg. Wilfried Barner und Günter Grimm. – München (C. H. Beck) ²1976.

„[...] Im Umarmungsfest des letzten Auftritts nimmt der utopische Charakter des Dramas sinnfällige Gestalt an. Indem Lessing Menschen verschiedenen Glaubens als Mitglieder einer einzigen Familie enthüllt, zeichnet er der Menschheit den Weg in eine paradiesische Vollendung vor, die aus der Erfahrung schrankenloser Solidarität hervorginge. Das Erreichen dieses Ziels macht er freilich von unpolitischer Individualethik abhängig: *„Wie aus einer guten Tat ... doch so viel andre gute Taten fließen!"* Auf diesem idealistischen Glauben ist der innere Vorgang des Dramas erbaut: Eine einzige gute Tat Nathans, die zeitlich noch vor Beginn des Dramas liegt, wird im Drama zur Bedingung des guten Endes. Nathan war einst Zeuge eines Verbrechens, das Christen an Juden verübt hatten. Dieses Verbrechen, dem auch seine Frau und sieben Söhne zum Opfer fielen, ist Ausdruck der auf einem Absolutheitsanspruch basierenden Machtpolitik aller bestehenden Weltreligionen; ihre Inhumanität darf im Drama als Metapher für die entfremdete Geschichte insgesamt gelten. Auf die Exzesse dieser Entfremdung antwortet Nathan nun nicht mit einem Vergeltungsschlag, wie es zunächst, im Affekt leidenschaftlicher Empörung, seine Absicht war. Vielmehr erfolgt, mitten im Unheil, der dialektische Umschlag, der für Lessings progressives Geschichtsdenken typisch ist: Nathan meistert seine Leidenschaft durch die Vernunft und nimmt an seiner Kinder Statt die elternlose, christlich getaufte Recha auf, die er vorbildlich erzieht. Damit hat er zum einen die Vernunft in ihr Herrschaftsrecht eingesetzt, den Absolutheitsanspruch aller Religionen relativiert und zum andern ihren Wahrheitsgehalt als weltumfassende, tatkräftige Solidarität bestimmt.
Sowohl von der Vernunft wie von praktischer Ethik lässt sich denn auch Nathan, seiner ersten schweren Erfahrung gemäß, während des ganzen Dramas leiten. So setzt er Daja und Recha gleich im ersten Akt mit der Logik unbestechlicher Argumentation auseinander, *„wie viel andächtig schwärmen leichter als gut handeln ist"* – und befreit die beiden von der selbstgenügsamen Exaltation, in die sie sich nach der Rettungstat des Tempelherrn verirrt haben. [...]."

Es muss bei der Besprechung des Dramas deutlich werden, dass Lessing in der Ringparabel eine ethische Frage nach der richtigen Religion stellt, weil beim absoluten Wahrheitsanspruch der drei Religionen nur nach „Einsichten" und „Gründen" (III,7) gefragt werden kann, warum jemand an seiner Religion festhält. Entscheidend ist die Frage, wie jemand durch individuelle Anstrengungen zu begründeten Einsichten in seinem eigenen Glauben kam. In der Figur des Patriarchen will Lessing zeigen, wie gefährlich und inhuman ein blinder Gehorsam gegenüber unberechtigten Ansprüchen religiöser Fanatiker sein kann (Szenen IV, 1–2). Glaube besteht in diesem Falle nur als ein theologisch-juristisches System. Eine Ethik der Belohnung wird bei Lessing abgelöst von einer Ethik des freiwilligen und humanen Handelns.

Seite 167

 1a Zur Ermittlung des **Primärverständnisses** ist zunächst die *stille Lektüre* zu empfehlen, die etwa zu folgenden Notizen führen könnte:
– Überschwängliche Gefühlsäußerung Rechas, deren Botschaft bei Nathan zunächst Entsetzen und fast Sprachlosigkeit bewirkt.
– Erst der von Recha zur Begründung des Rettungswunders genannte und als wirklich angenommene „Engel" führt zum Umschwung: Gegen die Schwärmerei setzt Nathan rational differenzierte Argumentation.
– Damit übernimmt er die Gesprächsdominanz.
Der mitgeteilten ersten Leseeindrücke (SB, S. 167) zeigen diese Richtung an und ließen sich ergänzen um den Aspekt der Gesprächsdominanz.

1b Die **Themenanalyse** ist sorgfältig durchgeführt und zeigt folgendes Ergebnis:

– Die Operatoren sind klar herausgestellt und semantisch richtig erläutert.
– Die Schlüsselbegriffe der Aufgabenstellung sind nach Anspruch und Reichweite sowie in der Beziehung zueinander differenziert erfasst.
– In der Themenanalyse ist kein Aspekt übersehen oder unzureichend gewichtet, so dass optimale Voraussetzungen für die Stoffsammlung geschaffen sind.

Seite 169

2a Die **Annotationen** zeigen, wie das Gespräch als Prozess abläuft: Durch die Verbindung inhaltlicher und formaler Beschreibung wird deutlich, wie sich die Personen in der Kommunikation selbst charakterisieren (indirekte Selbstcharakteristik).

2b Ergänzung der Annotationen und Fazit:
RECHA (Z. 82f.): Sie lässt sich von Nathans Argumentation noch nicht überzeugen, weil sie an ein immanentes Wunder nicht glauben kann.
Fazit: Da Recha – und nicht nur Daja – den Glauben an den überirdischen Retter (den Engel) bis zum Schluss und gegen die „starken" Argumente des Vaters vertritt, verkörpert sie die Haltung des Schwärmens sehr eindrucksvoll. Wenn ein kluges Wesen so hartnäckig unbelehrbar erscheint, wird erahnbar, wie lang der Prozess der Aufklärung sein wird.
NATHAN (Z. 76ff.): Er untermauert seine Beweisführung, indem er darstellt, wie Saladin mit Gefangenen üblicherweise verfährt. Dass er schließlich Daja – Inbegriff der Schwärmerei – zum Zeugen seiner Argumentation aufruft (Z. 89ff.), ist von faszinierender Ironie und Pointierung.
Fazit: Das Wunder der Rettung Rechas besteht darin, dass nicht nur ein Mensch ihr zu Hilfe kam, sondern dass es ein Tempelherr war, der wie Saladin auf wundersame Weise verschont worden war.

2c *Charakterisierung* der Personen in Stichworten:
RECHA: intelligente, sehr sensible und gefühlsstarke junge Frau; naive und schwärmerische Gläubigkeit; alles wird so umgedeutet, dass die Vorstellung von „Wunder" als überirdisches, unerklärbares Ereignis „stimmig" wird; trotz großer Liebe für den Vater seinem rationalen Diskurs nicht zugänglich.
NATHAN: Der Pflegetochter herzlich zugetan, sehr behutsam und geduldig im Prozess der Aufklärung; argumentativ überlegen; souverän in seiner Einschätzung einer wunderbar beschaffenen Welt, wie sie durch Rechas Rettung sichtbar wurde.

3 Da die *Drameninterpretation* (vgl. LB, S. 19ff.) wegen der spezifischen Eigenarten von Haupt- und Nebentext (vgl. SB, S. 167) wohl die schwierigste Interpretationsart ist, wurden im Demonstrationsbeispiel besonders viele Hilfen angeboten. Zwei Verfahren für die Ausarbeitung haben sich bewährt:
– Nach den Vorarbeiten (Themenanalyse und Stoffsammlung) könnte der *Übungsaufsatz im Unterricht* verfasst werden (2–3 Arbeitsstunden), ohne dass die Hinweise zur 3. Phase (SB, S. 169f.) vorher genau besprochen wurden.
In diesem Fall könnten die Ergebnisse zur Diagnose des individuellen Leitungsstandes dienen: Denn je nach dem auf der Sekundarstufe I gewonnenen Übungsstand (vgl. z.B. das Angebot von BLICKFELD DEUTSCH 9/10, S. 375–426) und den bisher in der Sekundarstufe II genutzten Möglichkeiten (vgl. SB, S. 49ff.) zeigen sich auf zwei Ebenen mehr oder weniger große Schwierigkeiten: Trotz guter stofflicher Grund-

lage stellt sowohl die Binnengliederung der Interpretation als auch die Darstellungsform (Stil und Zitierfertigkeit) große Anforderungen.
– Nach der gründlichen Reflexion der 3. Phase (SB, S. 169f.) wäre die Interpretation auch als *Hausaufsatz* zu schreiben, wobei die Arbeitszeit individuell flexibel gewählt werden könnte.
In jedem Fall aber sollten die Schülerlösungen sorgfältig korrigiert und differenziert kommentiert werden, so dass ein individuelles **Lernprogramm** vorgeschlagen werden kann. Denn die Aussicht auf einen Übungserfolg nach gezieltem Training ist die beste Motivation.

Seite 170

4 Die Bilder (SB, S. 169–173) können zu einem Gespräch in PA oder GA anregen: Welche Aussage machen sie über die Auffassung der Figuren und das ihnen zugrunde liegende **Regiekonzept?**

– Bild von der Aufführung im Ulmer Theater, 2002, S. 167:
Dieses Standbild stellt die erste Begegnung Rechas mit ihrem von einer weiten Reise heimgekehrten Vater dar. Recha berichtet offensichtlich voller Leidenschaft Nathan von ihrer wunderbaren Rettung aus dem brennenden Haus. Dies zeigt ihr Gesichtsausdruck und die intensive Nähe zu ihrem Vater. Nathan schaut mit konzentriertem Blick auf seine innerlich bewegte Tochter und hält sie an beiden Händen fest. Er möchte auf diese Weise sie offensichtlich beruhigen und ihre Bereitschaft für ein ruhiges Gespräch fördern. Ihre Dienerin Daja steht mit distanziert-skeptischem Blick im Hintergrund abseits.

– Bild von der Aufführung am Schillertheater Berlin, 1955, S. 169:
Nathan, dargestellt von Ernst Deutsch, zeigt die Figur mit leuchtenden Augen, einem intensiven Blick und einem lächelnden Mund. Diesen Gesichtsausdruck kann man etwa so deuten:
– Nathans Wesen ist geprägt von Humor, Verständnis für menschliche Schwächen und einer Zuneigung für die Menschen.
– Das Gesicht zeigt eine Fülle von Lebenserfahrung.
– Man sieht einen Menschen, der für sich eine innere Sicherheit gefunden hat und diese Zuversicht ausstrahlt.
→ Hier wird Nathan als der „Weise" sichtbar.

– Bild mit Peter Fitz als Nathan, S. 169:
Hier wird Nathan als trauernder Versöhner gezeigt, wie die Bildunterschrift informiert. Peter Fitz stellt einen Nathan dar, der im Gespräch mit Saladin demutsvoll kniet: Dies zeigt seine Bescheidenheit. Er spricht mit einer nachdenklichen in sich gekehrten Miene. Die Augen sind fast geschlossen. Ihm fällt offensichtlich die Darlegung seiner Gedanken nicht leicht, er ringt um ihren Wahrheitsgehalt. Peter Fitz spielt einen alten, vom Leben geprüften Mann, der über menschliches Leid Bescheid weiß. Die Hände auf der Brust sind eine Geste dafür, dass er seine Meinung zurückhaltend und doch überzeugt vorbringt.
→ Nathan wird hier als Versöhner im Zeichen aufgeklärter Vernunft dargestellt, als ein humaner Skeptiker.

– Nathan in der Aufführung des Bayerischen Staatsschauspiels 1988, S. 170:
Hier wird Nathan ebenfalls im Gespräch mit Saladin als Jude dargestellt; man beachte seine Requisiten wie Hut, Schal und Gewand. Dieser vertritt selbstbewusst und entschlossen seine für richtig gehaltene Meinung. Dies zeigt der auf den Gesprächspartner gerichtete Blick; andererseits greift die linke Hand den Schal, was Sicherheit geben soll.
→ Nathan wird als überzeugter Vertreter seines Glaubens gezeigt.

– Nathan in der Aufführung des Bayerischen Staatsschauspiels 1988, S. 171:

Nathan verbeugt sich vor dem gönnerhaft vor ihm stehenden Sultan Saladin. Er zieht respektvoll seinen Hut und wendet ihm seinen Kopf in der Erwartung dessen zu, was Saladin von ihm wohl wünsche.

– Bild von einer Aufführung von Lessings „Nathan der Weise" im Ulmer Theater 2002, S. 171:

Dieses Szenenbild von der Schlussszene des Dramas zeigt alle Hauptfiguren vereint auf der Bühne.

Zur Ulmer Aufführung von 2002 ein Auszug aus der Besprechung von Hanskarl von Neubeck[30]:

„[...] Das „Evangelium der Toleranz" ist ein Appell, nicht Rache zu üben, sondern der „sanften Stimme der Vernunft" zu folgen – wie Nathan nach dem Pogrom, dem seine Frau und die sieben Söhne zum Opfer fallen. Damit allerdings ist die Frage nicht beantwortet: Ist es vernünftig und damit geboten, auch die Intoleranz mit Toleranz zu bekämpfen? „Nathan, hilf!" Dieser Stoßseufzer bringt die praktische Politik mit Sicherheit nicht weiter. Die Ulmer „Nathan"-Inszenierung von Franz Burkhard rückt nicht eine Botschaft in den Mittelpunkt, sondern die Menschen dieses Stücks. So präsentiert sie die Ring-Parabel nicht als wunderschönen Text und einlullende Utopie, sondern als bedrängende Szene. Bei Lessing ist von „tausend tausend Jahren" die Rede, die den Kindern und Kindeskindern bleiben, um als Träger der Ringe Positives zu bewirken. Doch Burkhards Inszenierung begegnet den frommen Wünschen und humanen Tönen mit Skepsis. Sie bleibt realistisch und bringt Signale ins Spiel, die auf die „tausend Jahre" des Nationalsozialismus hinweisen. Vor dem Rundhorizont wartet ein Güterwagen mit geöffneter Ladefläche, Bestimmungsort Auschwitz. In dieser Richtung verschwindet Nathan, der Jude, wenn am Ende ein Aschenregen herniedergeht. Und das ist nicht alles. Zu Beginn wird im Vorhang ein kleines Viereck in Flammen gesetzt – Zeichen für den Brand von Nathans Haus, aber auch für Krematorien und Feueröfen. Ehe der erste Satz fällt, wird auf der Bühne eine „Reise nach Jerusalem" gespielt. Wer bleibt ohne Stuhl, wer ist der Verlierer? Nathan. Am Schluss, als geklärt ist, dass Saladin und Sittah, Recha und der Tempelherr miteinander verwandt sind, wiederholt dieses Quartett das alte Spiel. Diesmal, der Jude ist nicht dabei, verliert niemand. Alle haben, als Bruder und Schwester, Onkel und Tante, Neffe und Nichte, ihren Platz gefunden. „Kommt, wir gehen", ruft der Sultan. Auf der anderen Seite steht Nathan, allein gelassen. Für ihn bleibt der Waggon nach Auschwitz."

Der Bühnenbildner verzichtet auf ein orientalisches Milieu: Schwarz-weiß-Töne bestimmen die Optik. Jerusalem besteht nur aus Stühlen. Nathan steht nicht herum, er sitzt in der Mitte. Er ist ein vom Leben gezeichneter Mann, ein Jude im grauen Anzug, ein nachdenklich grübelnder Mann. Das Bild zeigt, wie in der ganzen Inszenierung, Nathan als einsamen und bitteren Menschen. Ihm gehen die Worte nicht leicht von den Lippen. Seine Souveränität ist verletzbar und gefährdet. Sultan Saladin und Sittah auf den Stühlen im Hintergrund wirken amüsiert, gut unterhalten, wie ihr lässiges Sitzen auf den Stühlen und ihr Gesichtsausdruck zeigt. In dieser Inszenierung wird Saladin als ein übellauniger Herrscher dargestellt, der die Zeit totschlägt; seine Schwester Sittah wirkt gewitzt und immer im Bilde. Der Tempelherr in Lederjacke stellt eine ehrliche Haut dar. Recha agiert auf der Bühne einerseits wie ein ungebärdiges Kind mit funkelnden Augen und andererseits wie eine junge Frau. Die Auswertung der Szenenbilder zeigt den Schülern die Möglichkeiten verschiedener Inszenierungs-Konzeptionen.

---

[30] Hanskarl von Neubeck: Auf den Weisen wartet am Ende ein Güterwaggon. Eine packende Inszenierung – Regisseur Franz Burkhard begegnet der humanen Utopie mit Skepsis. In: SÜDWEST PRESSE ULM vom 12. Januar 2002.

– Die kolorierte Illustration Chodowieckis von 1779, S. 172, zeigt das Schlussbild als Familienidylle der Versöhnung.
– Die Radierung von Henschel von 1811, S. 173, stellt Nathan als Weisen dar: konzentriert, nachdenklich, „aufrecht" und als Autorität.

Seite 172

5a/b Die Beantwortung der Fragen kann im folgendem Tafelbild festgehalten werden:

TA **Lessing: Nathan der Weise, III/7: Ringparabel als „Denkmodell"**

I. Ausgangspunkt: Saladins Geldnot – Saladins Frage

Alle drei Religionen wähnen sich im Besitz der Wahrheit. „Ergebenheit in Gott"

Im Laufe der Geschichte entwickelt sich → eine Vielfalt der Formen, Gesetze, Sitten.

Deshalb: Frage nach „Gründen" und „Einsichten"

→ *ethische Fragestellung*

1. Pflicht auf Prüfung des Glaubens,
2. Recht auf individuelle Entwicklung, Unvollkommenheit, Irrtum

→ Wie gelangte der Mensch zum Glauben?

II. Aussage der Parabel:

Gott: Ursprung des Glaubens, nicht die Vernunft ← Würde der *Vernunft*: Sie erfasst die göttliche Wahrheit der Religion.

verschiedene Stufen der Offenbarung → Offenbarung in der Geschichte: zeigt die „Vielfalt der Schöpfung", von Gott gegebene Wirklichkeit verwirklicht sich im Menschen, deshalb Offenbarung in vielen Religionen

Religionen: Christentum – Judentum – Islam (Gleichheit im Grundsätzlichen)

Richter: (Rat) Frage der Echtheit nicht wichtig Entscheidend sind Liebe/Vertrauen auf Gott.

Maxime des *menschlichen Handelns:* Humanität: vor Gott und den Menschen „angenehm zu machen"

→ praktisches Christentum

Toleranz: anerkennt die Vielfalt der menschlichen Gemeinschaft Freiheit: Ist in der Eigenverantwortung des Menschen begründet, der seine Vernunft gebraucht (Kant).

Utopische Aspekte: „In ferner Zukunft" wird ein „letzter Richter" die „letzte Wahrheit" an den Tag bringen.

6 Ergänzungen zur *Themenanalyse*

6a Die **Titelgestalt** eines Dramas ist i. d. R. nicht nur die alles beherrschende Hauptfigur, sondern gibt dem Werk den Namen. (Aber nicht alle Titelgestalten spielen auch die Hauptrolle: z.B. H. v. Kleist: „Amphitryon"; F. Hebbel: „Maria Magdalene".)

6b Mit **Vorbild** ist ein mustergültiges Beispiel, eine herausragende Gestalt gemeint, die durch Geist, Charakter, Verhalten und Handlungen Maßstäbe setzt, an denen man sich orientieren kann. Einem Vorbild eifert man nach. Es hat prägende Kraft.

6c Unter den „Vielen" könnte verstanden werden:
 – die Humanen, Toleranten,
 – die Offenen und Lernbereiten,
– die Gutwilligen,
– alle, die Orientierung suchen an Idealen.
Ausgenommen sind alle Intoleranten, die ideologisch geprägten Fanatiker und die religiösen Fundamentalisten.

6d Die zeitliche Differenzierung „heute noch" geht davon aus, dass Nathan eine historische Gestalt in doppeltem Sinne ist: Einmal im Blick auf das Vorbild für die Figur, zum anderen hinsichtlich der Entstehung des Dramas im Zeitalter der Aufklärung.
Daraus lässt sich die Frage ableiten, ob eine Gestalt aus dem 18. Jahrhundert auch im 21. Jahrhundert noch Vorbild sein kann. Die Frage kann bejaht werden, denn die durch Nathan verkörperten Werte (vor allem Humanität und Toleranz) sind von überzeitlicher Gültigkeit.
Die *tabellarische Stoffsammlung* (S. 173) lässt sich etwa so ergänzen:

...	...
– Freundschaftsangebot an den Tempelherrn (II/5)	– Menschlichkeit ohne Religionsgrenzen
– Wettbewerb der Religionen als Ideal (III/7)	– ökumenischer Gedanke
– absoluter Einsatz für Recha (IV/7)	– Hilfe aus reiner Menschlichkeit
– Alle Menschen sind „Brüder" V/5+8).	– Brüderlichkeit aller ist bis heute unerfüllt.

Seite 173

8a Folgende Kombinationsmöglichkeiten von *Einleitungen* und *Schlüssen* sind denkbar:

– Einleitung a und Schluss c
– Einleitung d und Schluss g
– Einleitung f und Schluss b
– Einleitung h und Schluss e

8b Die **Ergänzung** der „Lückentexte":
a. [...] zunächst einmal Vorbehalte und Nachdenklichkeit (Skepsis). Denn erstens handelt es sich um ein „altes" Drama, und zweitens stellt sich die Frage, ob eine erdachte Figur (eine Kunstfigur) überhaupt Vorbild sein kann, oder ob dazu nicht wirkliche Menschen besser geeignet sind.
b. [...] Vorbild sein kann, hat die Analyse nachgewiesen. Allerdings müssen im Menschen, der ein Vorbild sucht, bestimmte Voraussetzungen in seinem Charakter und in seinen Zielen vorhanden sein.
c. [...] unbegründet war, denn es erwies sich, dass es nicht um erdachte (fiktive) Figuren oder um wirkliche Menschen geht, sondern um die von ihnen verkörperten überzeitlichen Werthaltungen.
d. [...] die vor allem für offene und lernbereite heutige Jugendliche gelten, verlangen zunächst eine sorgfältige Themenanalyse, die ich im Blick auf die Leitbegriffe und den Operator in einem Cluster machen will.
e. Die Vorbildlichkeit Nathans durch seine Güte, Menschlichkeit, Toleranz und Weisheit [...] großer Dramen, z.B. Nathan, Iphigenie, Götz von Berlichingen, Tell u.a. sehr viel deutlicher Vorbildlichkeit zeigen als die meisten wirklichen Menschen, weil in diesen Figuren die Ideen eines Autors überzeugend verdichtet und exemplarisch dargestellt sind.
f. [...] kann im Blick auf G. E. Lessings „Nathan der Weise" ohne Einschränkung bejaht werden, weil die in diesem Stück vertretenen Werte und Tugenden von überzeitlicher Gültigkeit sind.
g. [...] Einschränkungen gerechtfertigt sind, weil es sich gezeigt hat, dass die von Nathan vorgelebten Werte zwar überzeitlich sind, aber nicht von allen Menschen angestrebt werden wollen.
h. [...] in eine Frage umformen: Ist „Nathan der Weise" nur ein historisches Stück oder kann die Titelgestalt auch im 21. Jahrhundert für alle, die Humanität und Toleranz verwirklichen wollen, ein Vorbild sein?

9 Die **literarische Erörterung** wäre am Ende der Unterrichtseinheit ein echtes Alternativangebot zur früher vorgeschlagenen Interpretation einer Szene (SB, S. 169). Voraussetzung ist die genaue Kenntnis des ganzen Textes.
Eine valide Lernerfolgskontrolle ist auch gewährleistet, wenn beide Themen zur Wahl gestellt werden und wenn es darum geht, den Grad des Textverständnisses zu überprüfen und nicht die Beherrschung einer bestimmten „Aufsatzart".
Gerade für Jugendliche, die Schwierigkeiten mit der Interpretation haben, ist die literarische Erörterung eine gute Alternative: Die Problemorientierung auf die Titelgestalt verlangt zwar ein gründliches Gesamtverständnis, jedoch fällt vielen Schülern die Erörterung inhaltlicher Aspekte leichter als die detaillierte ganzheitliche Interpretation einer Szene.
Die Aufgabe kann als Übungsaufsatz oder als Klausur erörtert werden.

Seite 174

10a Im ersten Arbeitsschritt sollen die Aussagen der Texte *exzerpiert* werden:

TA	
Text 1–2 (S. 166)	Text 6 (S. 174)
Text 1: Herzog von Braunschweig-Wolfenbüttel ordnet an: Lessing darf ohne seine Zustimmung „in Religionssachen" nirgends etwas drucken lassen.	a) Hamann: Er kritisiert Immanuel Kants Ablehnung Nathans als jüdischen Helden in einem Drama. Dies zeigt den Widerspruch zwischen Philosophie und Realität.
Text 2: Lessings Vorrede: – Lessing verteidigt Leute, die sich über geoffenbarte Religionen hinweggesetzt haben, als gute Menschen. – In den Kreuzzügen wurde Juden und Muslimen Unrecht getan.	b) Tieck: – Lessings „Nathan" ist auf Druck der Obrigkeit vom Spielplan genommen worden. – Dies ist kein Verlust: Zeigt Tiecks Vorurteil.

Text 1–2 (S. 166)	Text 6 (S. 174)
– Er findet in Saladin einen „vernünftigen Mann". – Seine Zeit ist noch nicht reif für sein Stück.	c) Mendelssohn: – Lessing werde vorgeworfen, das Christentum beleidigt zu haben. – Lessing gereicht der „Nathan" zur Ehre. – Die Gebildeten aber lehnen ihn ab. d) Dühring: – „Nathan" ist ein „plattes Judenstück". – Lessing ist kein wahrer Dichter, seine Stücke lassen einen kalt, sprechen niemanden an. Er ist „lau und flau", weil ohne Leidenschaft. – Eine judenverherrlichende Tendenz ist deutlich.

10b Die Aufgaben verlangen vom Schüler eine abschließende Bewertung der in Lessings Drama aufgeworfenen Fragestellungen. Die Textauswertung sollte zu folgenden Einsichten führen:

- Vorurteil der orthodoxen Christen gegen religiöse Toleranz
- Geoffenbarte Religionen sind nicht abzulehnen.
- Die Wahl des Stoffes, der Personen und des historischen Zeitraumes ist gerechtfertigt: wirken verfremdend und schaffen so Distanz.

- Die eigene Zeit ist für die Ideen Lessings noch nicht reif.

Wenn *Lessings Drama als Ganzschrift* gelesen wird, empfiehlt es sich, während der Behandlung folgendes Schema anzulegen und schrittweise auszufüllen. Es dient der Zusammenfassung der Ergebnisse nach jedem Behandlungsschritt. Hier ist besonders *Gruppenarbeit* geeignet.

Strukturskizze zu Lessings „Nathan der Weise"

	Geschichtliche Entwicklung	
Vergangenheit	Zeit der Un-Vernunft/Zeit des Aberglaubens Zeit der Intoleranz, der konfessionalen Trennung	
Gegenwart des 18. Jhs.	1. Vor Beginn des Stückes:	Die drei guten Taten: – Nathan rettet Recha. – Saladin begnadigt den Templer. – Templer rettet Recha.
„Nathan" spielt zur Zeit der Kreuzzüge im 12. Jh. als geschichtlich verfremdete „Gegenwart"	2. Ausgangsfrage:	Was muss der Mensch tun? Wie verhalten sich menschliches Handeln und Gottes Eingreifen zueinander?
	Nathan I/2: Templer IV/2: Bruder IV/7: Patriarch IV/2:	
	Geldnot Saladins als auslösendes Moment ↓ Ringparabel III/7: ↓	
Zukunft	▼ Wirkungen der Aussagen des Dramas/„Erziehung des Menschengeschlechtes"	

Seite 175

Aufgaben- und Texterläuterungen:

Diese Kombinationsaufgabe aus **textgebundener und literarischer Erörterung** (vgl. zum Grundsätzlichen LB, S. 23ff.) verlangt ein Doppeltes: Einmal sind die immanente Analyse und Erörterung eines Essays mit ethisch-philosophischer Thematik zu leisten (Text 7). Zum anderen ist die textübergreifende Erörterung – anders als in den meisten Aufgabenstellungen – auf einen dichterischen Text zu beziehen. Damit ist die Erörterung in doppelter Weise textgebunden: im Blick auf Bollnows Essay und im Blick auf Lessings „Nathan". Die Schwierigkeit der Aufgabenstellung besteht nun darin, dass beide Texte – der knappe Essay und das ganze Drama – unter dem Zentralbegriff der „Weisheit" präsent sein müssen. Dies ist nur gewährleistet, wenn die Aufgabe in engem Zusammenhang mit der Gesamtschriftenlektüre von „Nathan" steht.

Neben der Schwierigkeit ist aber auch der Vorzug dieser doppelten Textbindung offensichtlich: Die übliche Not der meisten Schüler, für die textübergreifende Erörterung genügend eigene Gedanken zu entwickeln, ist durch den Bezug auf ein bekanntes Drama beseitigt.

Gegen den möglichen Einwand, dass in dieser Teilsequenz drei anspruchsvolle Schreibformen im Zentrum stehen, ist Folgendes zu entgegnen:

- Natürlich ist keineswegs daran gedacht, den Schülern drei gewichtige Übungsaufsätze bzw. Klausuren zuzumuten. Der Lehrer/die Lehrerin wird sinnvoller Weise e i n e Aufgabe stellen oder die drei Angebote zur Auswahl vorschlagen.
- Wenn drei Schwerpunkte bestehen, kommt es entscheidend auf die *Methode zur Erarbeitung* an: Im Wechsel zwischen exemplarischer Plenumsarbeit an einem Beispiel und Gruppen- bzw. Partner- und Einzelarbeit ergibt sich eine sinnvolle Rhythmisierung des Verfahrens.

– Unter didaktischen Aspekten betrachtet, zeigt die **Konzentration** auf drei Schwerpunkte, die eng miteinander verbunden sind, das Bemühen, den **richtigen didaktischen Ort** für ein Thema zu finden. Wenn Lessings „Nathan" zum zentralen Bezugspunkt gewählt wird, so sprechen folgende lernpsychologischen Überlegungen dafür:

• wenn es gelingt, schwierige ethisch-philosophische Grundbegriffe an einer **Titelfigur** (vgl. die grundsätzliche Erörterung LB, S. 20) zu betrachten, ist ein hohes Maß an Motivation durch Anschaulichkeit und Plausibilität zu gewinnen.

• Die beschriebene Konzentration demonstriert den Jugendlichen, dass eine kompetente Auseinandersetzung nur innerhalb eines **Problemzusammenhangs** erfolgreich möglich ist.

• Das sog. **Transferlernen**, d.h. die Anwendung erworbener Kenntnisse und Fertigkeiten auf neue (verwandte) Gegenstände, ist unter den beschriebenen Umständen besonders überzeugend.

Strukturierung von O. F. Bollnows „Die Weisheit"

1. *Begriffserläuterung:*
   – „Weisheit" (Z. 3ff.) ist vorwiegend eine Tugend des Alters.
   – Der Weise ist ein durch Lebenserfahrung gereifter Mensch.

2. *Begriffsabgrenzungen:*

Lebensweisheit	Lebensklugheit
– im Laufe eines langen Lebens erworben (Z. 8f.)	– „Kunst des Sich-Hindurchfindens" (Z. 11)
– erfordert Abstand, die Position der „höheren Warte" (Z. 13)	– steht pragmatisch mitten im Leben (Z. 12)
– reiche Erfahrung als Voraussetzung (Z. 16) und Gelassenheit	– auch in jugendlichem Ungestüm möglich (Z. 9)
– Der Weise will Dinge und Menschen besser verstehen (Z. 19f.).	– Der Kluge strebt nach zweckmäßiger Lebensbeherrschung (Z. 19).
– Lebensweisheit richtet sich nicht auf den einzelnen Fall, sondern auf das Allgemeine (Z. 21f., 29).	– richtet sich auf Einzelfälle
– Sie paart sich mit der Güte des Herzens (Z. 23f.).	
– Der Weise erteilt „weise Lehren" (Z. 29).	– Der Kluge erteilt „kluge" (nützliche) Ratschläge (Z. 31).
– Der weise Rat erfolgt aus sittlicher Verantwortung (Z. 38f.).	– Der kluge Rat kann sittlich neutral sein (Z. 37).

3. Die *Redundanzen* im letzten Abschnitt (Z. 28ff.) können als Bekräftigung und als eine Art Resümee verstanden werden.

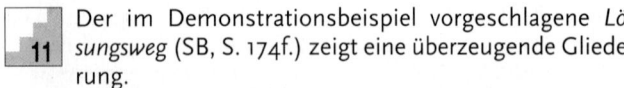

11 Der im Demonstrationsbeispiel vorgeschlagene *Lösungsweg* (SB, S. 174f.) zeigt eine überzeugende Gliederung.

11a Bollnow wählt für seine Abhandlung vor allem eine synchrone Strukturierung (vgl. SB, S. 176), woraus auch bestimmte Wiederholungen zu erklären sind. Durch die Verbindung von Begriffserläuterung und Begriffsabgrenzung entsteht ein klares Profil zur Klärung des Zentralbegriffs.

11b Die **Kriterien** zur Beurteilung der Gedankenführung sind folgende:

– Wie gelingt es dem Autor, Interesse für die Klärung des Begriffs „Weisheit" zu wecken? (Motivation durch Vorwegnahme eines möglichen kritischen Einwandes.)
– Sehr klare semantische Erläuterung der Zentralbegriffe „Weisheit" und „Klugheit" und durch das kontrastive Verfahren eine anregende Auseinandersetzung auslösen.

– Durch den Prozesscharakter der Erläuterung ist eine zunehmende Aufklärung günstig für den Lernvorgang.

Seite 176

12a Die *Zuordnung* von „Textelementen" zur Binnengliederung der Erörterung ist eine wichtige Übung, um zu prüfen, wieweit den Schülern die Funktionalität der Teile bewusst ist. Dabei soll zunächst die Zuordnung ohne Wertung erfolgen.

a) *Schluss*: Es wird eine Bilanz gezogen, die erst am Ende so möglich ist.
b) *Hauptteil*: Überleitungssatz von der textimmanenten Erörterung zur Anwendung auf Nathan.
c) *Hauptteil*: Abschluss des textimmanenten Erörterungsteils als Resümee.
d) *Hauptteil*: Ergebnis der Strukturanalyse des immanenten Erörterungsteils.
e) *Hauptteil:* Überleitung zur textübergreifenden Erörterung.
f) *Schluss:* Ergebnisbilanzierung als Abrundung der Erörterung.
g) *Hauptteil oder Schluss:* Entweder Bilanzierung der textimmanenten Erörterung oder Teil des Schlusses, sofern hier beide Ergebnisse zusammengefasst werden.

12b – Am besten ist Beispiel d) zu beurteilen, weil hier der Aufbau des Textes nicht nur beschrieben, sondern auch reflektiert und bewertet wird.
– Am schlechtesten sind die Beispiele b) und g) zu beurteilen, weil sie logische bzw. inhaltliche Fehler aufweisen.

12c Die *Korrektur* könnte so erfolgen:

– *Beispiel b*: Der Hauptgedanke Bollnows zur Charakterisierung von „Weisheit" findet in der Figur Nathans eine ideale Verkörperung. So wie im Essay Bollnows der Begriff „Weisheit" immer klarer und anschaulicher wird, so rundet sich das Bild des durch seine Weisheit vorbildlichen Nathan im Verlaufe des Dramas immer mehr.
– *Beispiel g*: Jugendliche können nach Bollnows Auffassung zwar klug sein i.S. einer zweckmäßigen Lebensgestaltung, aber sie vermögen nicht weise zu sein, weil ihnen die dafür notwendige Lebenserfahrung fehlt.

13 Auch diese Aufgabe wäre sowohl als *Übungsaufsatz* als auch als *Klausur* geeignet. Im Übrigen gilt auch hier, was oben ausgeführt wurde (vgl. LB, S. 66, 82).
(Drameninterpretation und literarische Erörterung: **K 6** LB, S. 285f.)

II. Empfindsamkeit, Sturm und Drang – Utopie einer privaten Humanität (S. 177 – 195)

Diese Sequenz zeigt an Auszügen aus Goethes Briefroman „Die Leiden des jungen Werthers", an drei Gedichten Goethes aus seiner Straßburger Zeit von 1771, an seinen beiden Hymnen „Prometheus" und „Ganymed" sowie an Klopstocks Gedicht „Dem Unendlichen", wie eine junge Generation von Schriftstellern gegen die oft platten, populärwissenschaftlichen Schriften und die rationalen Zwänge der Aufklärer aufbegehrten und einen Ausgleich zwischen einer gefühlvollen Naturerfahrung und oft rationalistischem Räsonieren zu suchen begannen. Sie übten Kritik an den starren Regeln einer feudalen Ständeordnung, an der reglementierenden kirchlichen Orthodoxie und auch an den gesellschaftlichen Normen bürgerlichen Wohlverhaltens.
Die Dichter dieser jungen Generation forderten eine autonome geistige Selbstbestimmung in einer öffentlichen Konkurrenz freier Meinungen (vgl. Goethes „Werther" oder Schillers

„Die Räuber"). Mit diesen Forderungen stehen die Autoren einerseits in der Tradition aufgeklärten Denkens, in der Radikalität ihrer Ansprüche jedoch gehen sie andererseits darüber hinaus: Sie forderten ein Anrecht auf die Respektierung der Würde eines autonomen Individuums, verkörpert im Geniekult, und auf ein von Spontaneität bestimmtes, ja „leidenschaftliches" Handeln. Sie forderten, dass sie die „Güter des Herzens" ohne Beschränkung verwirklichen konnten, sei es in gesellschaftlichen oder im religiösen Bereich (vgl. Goethes Hymne „Prometheus").

> **S. 177–182: II,1. Die Güter des Herzens – Briefroman und Erlebnislyrik**

Entsprechend seiner zentralen Stellung innerhalb der Sturm-und-Drang-Sturm-Bewegung enthält diese Teilsequenz fast ausschließlich Werke von **Johann Wolfgang von Goethe**: Auszüge aus seinem „Bestseller" und sog. „Kultbuch" „Die Leiden des jungen Werthers", drei Liebesgedichte aus seiner Straßburger Zeit sowie seine berühmten Hymnen „Prometheus" und „Ganymed". Wegen ihres provokativen Inhalts zögerte Goethe damals, sie sofort zu veröffentlichen. **Klopstocks Gedicht** zeigt die weltanschauliche Position eines Dichters der Empfindsamkeit. An Goethes „Werther" sollen die Kritik an der Gesellschaft des 18. Jahrhunderts deutlich sowie seine völlig neue Begegnung mit der Natur und seine emotional geprägte Liebeserfahrung gezeigt werden. Es sind aber auch die problematischen und für den Einzelnen gefährdenden Aspekte dieses neuen Lebensgefühls deutlich zu machen.
Diese Texte eignen sich auch als ergänzende Lektüre zu einer Ganzschrift aus der Zeit des „Sturm und Drang" (vgl. LB, S. 232).

____ **Mögliche Ziele:** ____

1. Werthers gesellschaftskritische Haltung und sein Naturerleben anhand der Romanauszüge erarbeiten
2. Goethes Sprachstil in seinem Briefroman untersuchen
3. Die erarbeiteten Ergebnisse und die eigenen Erfahrungen in einer Collage gestalten
4. In Goethes Liebesgedichten die Beziehung der Liebenden und die Naturerfahrung untersuchen und beschreiben
5. Goethes Gottesvorstellung in seinen Hymnen untersuchen und ein Gedicht interpretieren

Seite 179

Texterläuterungen:

Goethes Briefroman **„Die Leiden des jungen Werthers"** (1774) war der berühmteste Roman seiner Zeit. Goethe schreibt rückblickend in „Dichtung und Wahrheit": „Die Wirkung des Büchleins war groß, ja ungeheuer [...], weil es genau in die rechte

Zeit traf." Das Schicksal Werthers wurde von einer Generation, die sich in dieser Romanfigur wiederzuerkennen glaubte, begierig aufgegriffen als ein Zeichen des Protests und der Selbstdarstellung. Die Leser zur Zeit Goethes interessierten sich für die Liebesgeschichte zwischen Werther und Lotte. Doch die Kritik Goethes an den gesellschaftlichen Verhältnissen der Ständeordnung wurde weniger beachtet.
Die Diskussion zwischen den Gegnern und Befürwortern des Romans drehte sich vor allem um moralische Fragen: Goethe wurde vorgeworfen, in seinem Roman den Selbstmord attraktiv gemacht zu haben, und dies am Beispiel eines jungen Mannes, der empfindsam, gefühlvoll und gebildet war. Die Aufklärer sprachen von einem Affront gegen die Vernunft, die der Mensch zur Lösung seiner Probleme gebrauchen sollte. Lessing z.B. bestritt das in dem Roman propagierte Recht des Einzelnen, seine Individualität bis zur Selbstzerstörung zu behaupten; er verlangte die Erfüllung der Pflichten als ein Glied der menschlichen Gesellschaft.[31]
Über die Herkunft und den Beruf Werthers erhält der Leser keine näheren Angaben; gleichwohl verkörpert er den Typ des bürgerlich-empfindsamen Intellektuellen. Werther versucht in seinen Briefen vom 4. Mai 1771 bis zum 23. Dezember 1772 eine Fülle von Erfahrungen seines seelischen Erlebens mitzuteilen. Wichtig zum Verständnis Werthers ist, dass sein Erleben immer wieder von fremden Erfahrungsmustern beeinflusst wird. Verschiedene Episoden, die die Handlung retardierend prägen und auf die bevorstehende Katastrophe vorausweisen, beeinflussen die Wahrnehmung Werthers bis zur äußersten Konsequenz. Goethe fand in diesem Briefroman neue Formen des sprachlichen Ausdrucks für seelische Vorgänge, so dass dieser Roman als der Beginn der modernen Prosa in Deutschland bezeichnet werden kann.
Goethe charakterisiert in „Dichtung und Wahrheit" das Problem von Liebe und Selbstmord so:

„Ich kannte einen wackeren Gärtner, den Aufseher einer großen Parkanlage, der einmal mit Verdruss ausrief: „Soll ich denn immer diese Regenwolken von Abend gegen Morgen ziehen sehn!" Man erzählt von einem unserer trefflichsten Männer, er habe mit Verdruss das Frühjahr wieder aufgrünen gesehn, und gewünscht, es möchte zur Abwechselung einmal rot erscheinen. Dieses sind eigentlich die Symptome des Lebensüberdrusses, der nicht selten in den Selbstmord ausläuft, und bei denkenden in sich gekehrten Menschen häufiger war, als man glauben kann.
Nichts aber veranlasst mehr diesen Überdruss, als die Wiederkehr der Liebe. Die erste Liebe, sagt man mit Recht, sei die Einzige: denn in der zweiten und durch die zweite geht schon der höchste Sinn der Liebe verloren. Der Begriff des Ewigen und Unendlichen, der sie eigentlich hebt und trägt, ist zerstört, sie erscheint vergänglich wie alles Wiederkehrende. Die Absonderung des Sinnlichen vom Sittlichen, die in der verflochtenen kultivierten Welt die liebenden und begehrenden Empfindungen spaltet, bringt auch hier eine Übertriebenheit hervor, die nichts Gutes stiften kann."[32]

Im Folgenden sollen die wichtigsten Aspekte der Interpretationen von Erich Trunz und Jochen Schmidt vorgestellt werden:
Erich Trunz[33] versteht Goethes Roman als einen „Roman des Herzens":

„Werther wuchs auf in einer Zeit, da man die Menschen nach ihrem Wissen beurteilte. Wir können uns heute schwer vorstellen, welche Bedeutung in der Zeit des Rationalismus das Wissen besaß und welche Revolution es dann war, als eine junge Generation begann, das Gefühl, das Herz in seiner Bedeutung zu entdecken. Werther bemerkt ganz richtig: erst damit wird der Mensch eigentlich als Individuum erkannt. Der neuzeitliche Subjektivismus hängt mit der Bewertung des Herzens zusammen. Nie – weder vorher noch nachher – hat es in der deutschen Dichtung ein Werk gegeben, das mit solcher Ausschließlichkeit wie *Werther* ein Roman des Herzens ist."

[31] Siehe Erich Trunz: Johann Wolfgang von Goethe: Werke, Hamburger Ausgabe in 14 Bänden, Hrsg: Erich Trunz, Verlag C. H. Beck, München, Bd. 6, S. 557.
  – Brigitte Hauger: Individualismus und aufklärerische Kritik. Johann Wolfgang Goethe: Die Leiden des jungen Werthers; Friedrich Nicolai: Freuden des jungen Werthers. – Stuttgart (Klett) 1987, S. 30.
[32] Erich Trunz: A.a.O., Bd. 6, S. 578f.
[33] Erich Trunz: A.a.O., Bd. 6, S. 543.

Die Figurenkonstellation[34] charakterisiert er auf folgende Weise:

„In jedem Buche wechseln Schilderungen von Ereignissen mit solchen von Stimmungen und Gedanken. Beide halten sich etwa die Waage. Jedes Buch hat einige große gegenständliche Szenen. Das 1. *Buch*: Ballszene, Besuch beim Landpfarrer, Abschiedsgespräch; das 2. *Buch*: Einladung beim Gesandten; der Blumensucher im Winter; der Bauernknecht; der letzte Besuch bei Lotte. Fast alle Gestalten, mit denen Werther zu tun hat, sind anders als er. Dadurch ist in der Gesamtkomposition immer das Gegengewicht gegen seine Innenwelt vorhanden: Lotte, Albert, der Amtmann, die Bauersfrau sind die Naiven gegenüber Werther, dem Sentimentalen; sie sind in sich gerundet, harmonisch, gleichmäßig, er dagegen ist innerlich gespannt bis zum Zerreißen. Aber eben wegen dieser seiner Art muss Werther diesen gegensätzlichen Typ von Menschen lieben, und deswegen sind sie so zahlreich in seinen Briefen geschildert. Es gibt zu Werthers spannungsreicher Innenwelt keinen größeren Gegensatz als die Welt der Kinder; und Kinderszenen ziehen sich durch das ganze Buch. Mit Recht hat man die Lebendigkeit dieser Bilder immer wieder bewundert. Anschaulich stehen Lotte, die Kinder, die Mägde am Brunnen vor uns, und in diesen Bildern beruht viel von des Buches bezaubernder und beglückender Kraft."

Werthers Einstellung zur beruflichen Tätigkeit, zur Religiosität und zum Selbstmord werden von ihm so gedeutet:[35]

„Tätigkeit ist ihm Zwang und Last. Seine Berufsarbeit gibt ihm nie das Gefühl, sinnvoll an einem Platze zu stehen und eine Funktion zu erfüllen. Es gäbe noch eine andere Art von Tätigkeit: die des Künstlers, der besessen ist von seinem Werk, der für das Werk da ist, der sein Schaffen empfindet als Bewegung in der großen kosmischen Bewegung des Weltgeistes. Aber auch diese Tätigkeit ist für Werther nicht möglich. Er bleibt Dilettant. Das Zeichnen ist für ihn da, nicht er für das Zeichnen. Nie gehört seine Leidenschaft einem Werk, das er schaffen muss.

Werther hat als Knabe und Jüngling Unterricht in der Religion erhalten; Bilder und Wendungen aus der Bibel und dem kirchlichen Leben bestimmen auch jetzt, nachdem er sich von der Kirche entfernt hat, weitgehend seine Ausdrucksweise (vgl. 86,6ff. und die Anmkg. dazu). Er hat außerdem die geistige Welt des Rationalismus kennen gelernt; er durchschaut ihre Einseitigkeit und lehnt sie ab, wo immer sie ihm begegnet.

Werther ist einen Weg gegangen, den im 18. Jahrhundert nicht wenige gegangen sind; die Kirche wird nur mehr als eine symbolische Form aufgefasst, die zu einer freieren Religiosität hinführt. Werther sagt: *Ich ehre die Religion ..., ich fühle, dass sie manchem Verschmachtenden Erquickung ist. Nur – muss sie denn das einem jeden sein?* (85,37ff.) Er geht für sich persönlich an dem Mittelertum des Kreuzestodes vorüber: *Wenn mich nun der Vater für sich behalten will, wie mir mein Herz sagt?* (86,9f.). Die unmittelbare Beziehung gibt ihm also sein Herz, nicht die geschichtlich überlieferte Lehre. In Werther ist eine echte und starke Religiosität, aber ihr Weg ist der des Herzens, und dieses ergreift Erlebnisse in der diesseitigen Welt und lässt zugleich empfinden, dass sie hinausweisen in eine absolute, für die er das Wort von dem Vater beibehält, wobei er dann freilich hinzufügt: *Vater, den ich nicht kenne!* (90,38ff.).

[...] Die erste Stelle, an welcher er von Selbstmord spricht, steht in einem seiner Briefe. Es ist, bevor er Lotte kennen lernt. Und was er hier sagt, zeigt, dass die Möglichkeit des Selbstmordes für ihn ein Element seines Lebensgefühls ist, das er stets einbezieht und stets nötig hat. Er sagt hier – gleich zu Beginn –, er habe *im Herzen das süße Gefühl der Freiheit, und dass er diesen Kerker verlassen kann, wann er will* (14, 16ff.). Zu diesem Satz treiben ihn nicht Enttäuschung, Beruf, Liebe oder Krankheit, sondern nur sein Leiden unter der Begrenztheit des Menschseins. Er hat dafür das Wort *Einschränkung* (13, 11) und bezeichnet damit, dass ihm das Absolute ungreifbar ist, dass er immer an die engen Grenzen seines Menschseins stößt, die sich erst im Tode öffnen werden. Darum: *so eingeschränkt er ist, hält er doch immer im Herzen das süße Gefühl der Freiheit ...* So steht hier ganz am Beginn Werthers Selbstmord-Gedanke, Selbstmord aus religiöser Verzweiflung. Am Ende des Romans wird der Selbstmord dann Wirklichkeit. Und er hat noch genau den gleichen Sinn wie hier am Beginn: *Vater, den ich nicht kenne! ... Schweige nicht länger! ... Zürne nicht, dass ich die Wanderschaft abbreche ...* (90,38ff.)

Werther empfindet den Tod als Entgrenzung. Es ist Freitod aus religiöser Verlassenheit; aber auch aus Liebe. Die Liebe ist hier mit dem Religiösen untrennbar vermischt."

Jochen Schmidt[36] kommt in seiner Interpretation zu folgenden Ergebnissen: Nach seiner Auffassung wird der **Subjektivismus** der Sturm-und-Drang-Epoche problematisiert am exemplarischen Lebensweg Werthers. „Weil Werthers Leben tödlich scheitert, erscheint die Grundstimmung der Zeit in einer tragischen Fragwürdigkeit." Werther spricht aus der Gewissheit heraus, ein großes Zeitthema aufzugreifen.

Werthers **Genie-Begriff** [37] ist bestimmt von der Vorstellung eines sich selbst absolut setzenden Individuums, dem die Welt keine Erfüllung bieten kann und das für sich das Recht in Anspruch nimmt, sich über die Welt hinwegsetzen zu können. Deshalb bricht Werther aus der Welt der bürgerlichen Berufstätigkeit aus, akzeptiert nicht die Spielregeln der Gesellschaft und flüchtet aus einem ihm zu eng gewordenen Leben in den Selbstmord.

„[...] Sein Plädoyer für das Genie ist Resultat ästhetischer Reflexionen. Dem schon längst etablierten Schema entsprechend setzt Werther in ihnen die „Natur" den „Regeln" entgegen. „Allein an die Natur" will er sich halten. Da ihm die Natur, wie sich alsbald zeigt, nur als Projektionsgrund seiner eigenen Gefühle dient, stellt er sich damit unbewusst einen Freibrief für subjektive Willkür aus. Dass es ihm um die Freisetzung einer regel- und grenzenlosen Subjektivität geht, verrät auch die Art, wie er die künstlerischen „Regeln" mit der abgelehnten sozialen Wirklichkeit analogisiert: mit der „bürgerlichen Gesellschaft", mit ihren „Gesetzen" und ihrem „Wohlstand" («bienséance»).[...]

Die radikale Subjektivität erscheint auch in der Sphäre der Kunst, wie in allen anderen Bereichen des Geschehens, nicht als schöpferisch, sondern im Gegenteil als zerstörerisch.

Werthers Verhängnis ist die Verabsolutierung der Subjektivität. Als melancholischer Narziss kultiviert er die eigne Innerlichkeit. So gerät er in die Verneinung aller gesellschaftlichen Formen und Normen, in ein asoziales Verhalten, das nur noch sentimentalische Annäherungen an andere Menschen zulässt. Der erste Satz des Werkes: „Wie froh bin ich, dass ich weg bin!" ist symptomatisch für das Ganze. Am Anfang geht Werther weg aus der Welt der bürgerlichen Gesellschaft, ihrer Geschäfte und Komplikationen, aber auch aus ihren Ordnungen und Gesetzen. Am Ende geht er überhaupt aus der Welt hinaus, in den Tod. Nachdem er am Anfang aus der Stadt als dem Ort der Gesellschaft geflohen ist, lebt er auf dem Lande, im Bereich der Natur und des einfachen Volkes, um so möglichst ungebunden sein Ich entfalten zu können: um sich ganz seinen Empfindungen und Stimmungen zu überlassen. Der Selbstbezug überlagert jedwede Möglichkeit konstruktiven Weltbezuges. Ja, Werthers scheinbare Anteilnahme an dem Geschehen um ihn wird von der Suche nach Selbstgenuss bestimmt.

Diese Suche nach Selbstgenuss erscheint als Kompensation der Selbstentfremdung und als exzentrische Reaktion auf den drohenden Selbstverlust. Immer wieder beruft sich Werther auf sein

---

[34] Erich Trunz: A.a.O., Bd. 6, S. 548.
[35] Erich Trunz: A.a.O., Bd. 6, S. 538 und 540f.
[36] Jochen Schmidt: Die Geschichte des Genie-Gedankens in der deutschen Literatur, Philosophie und Politik 1750–1945, Bd. 1: Von der Aufklärung bis zum Idealismus. – Darmstadt (Wissenschaftliche Buchgesellschaft) 1985, S. 322.
[37] A.a.O., S. 323ff.

„Herz", in exhibitionistischer Intimität, und er glaubt alles zu tun, was Bedürfnis seines Herzens ist. Er glaubt es nur, denn indem ihm das „Herz" zum Thema wird, bestätigt er die Selbstentfremdung, der er zu entkommen sucht. Gerade, dass er ganz bei sich selbst sein möchte, verrät, wie sehr er „außer sich" ist, «hors de lui», um die zentrale Kategorie der Rousseau'schen Entfremdungstheorie zu zitieren. [...]"

Der **Natur** begegnet Werther in der Weise, dass er sie ganz aus seinem inneren Leben heraus beseelt: Er nimmt sie einerseits wahr als „locus amoenus" der Idylle; andererseits erscheint ihm die Natur im Zustand der Verzweiflung als ein alles verschlingendes Ungeheuer.

„[...] So ist die Natur durchgehend nur ein Spiegel der Subjektivität. Und wie seine eigne Gemütsverfassung, so verwandeln sich auch die Naturvisionen immer mehr ins Negative. Abgesehen vom allgemeinen jahreszeitlichen Rhythmus, nach dem das gesamte Geschehen geordnet ist, sind dies nicht etwa nur von Goethe gestaltete symbolische Entsprechungen der äußeren Naturbilder zu den inneren Stimmungen und Zuständen Werthers. Denn als Briefschreiber wählt Werther selbst seine Landschaftserlebnisse aus. Er stellt nur diejenigen dar, die seiner Gefühlslage entsprechen und lädt sie dann erlebnishaft auf. [...]"[38]

Die **Wirklichkeitserfahrung** Werthers charakterisiert Jochen Schmidt[39] so:

„[...] Werthers Exzentrizität resultiert aus dem Heilsverlangen der in ihrer Identität bedrohten, weil weltlos gewordenen Subjektivität. Da er keine wirklichen Erfahrungen mehr macht, verliert er die Orientierung in der Welt, in der ihm dann auch die Ortung des eigenen Ichs verwehrt bleibt. Deshalb sucht er bald nach der festen Kontur einer Halt gewährenden Idylle, bald drängt es ihn in ein mit Freiheits- und Erlösungssehnsüchten besetztes Unendliches. Der Wechsel extremer Begrenzungs- und Entgrenzungsanwandlungen ist das exzentrische Erlebnismuster der labil gewordenen, nur noch auf sich selbst zurückgeworfenen Existenz. Zu ihrem Horizontverlust trägt sowohl die Auflösung gesellschaftlicher Rückbindungen wie die metaphysische Obdachlosigkeit bei. [...]"

Die von Goethe gewählte **Form des Briefromans** entspricht nach Jochen Schmidts[40] Auffassung der inneren Problematik der Hauptfigur:

„[...] Er hat keine darstellerische Kontinuität und Stabilität. Da es sich nicht um einen rückblickenden brieflichen Bericht handelt wie in Hölderlins „Hyperion", ist er dem Moment verfallen, aus dessen Stimmung heraus Werther seinen jeweiligen Brief schreibt. Die epische Diskontinuität wird zum Signum der nicht mehr integrationsfähigen Subjektivität. Durch keinerlei Reflexion vermag sie zwischen ihrer eigenen Vergangenheit und Gegenwart zu vermitteln. „Ich will das Gegenwärtige genießen, und das Vergangene soll mir vergangen sein", sagt Werther schon im ersten Brief, und als Alternative erscheint ihm bezeichnenderweise nur das reflexionslose „Wiederkäuen" des Vergangenen. Er kennt nichts mehr als den Augenblick, dem er sich, in geradezu süchtiger Weise, ausliefert. Die monologisch-intime Redseligkeit gegenüber dem – entfernten! – Freund entspringt einer Kommunikationsschwäche und zugleich einer Deutungslosigkeit des Daseins, die sich an der Schwelle sprachloser Not noch sprachlich betäubt. Das Moment subjektivistischer Beliebigkeit kennzeichnet denn auch Werther. Die „Natur" ist ein chaotisch-gestaltloser Fundus, in dem das aus allen Bindungen gelöste Ich Schein-Orientierungen gewinnt, in Wahrheit aber nur sich selbst und seine fortschreitende „Krankheit zum Tode" reproduziert. [...]"

Jochen Schmidt stellt bilanzierend fest, dass Werthers individuelle Pathologie repräsentativ sei für die Krise, in welche die Zeit in der zweiten Hälfte des 18. Jahrhunderts geraten sei. Goethe hat diese krisenhafte Situation diagnostisch erfasst und mit großer Konsequenz in seinem Roman dargestellt.[41] Hilfreich für die Interpretation der Auszüge aus Goethes „Werken" könnte der Überblick über die **Binnengliederung**[42] sein.

Schematische Darstellung der Zeitstruktur

Buch	Monat	Briefzahl	Seitenlänge	Ereignis
I	Mai 1771	10	13	Werthers Ankunft, Landleben
	Juni	4	12	Lotte
	Juli	14	13	
	August	9	13	Albert
	September	2	5	Werthers Abreise
	5	39	56	Außen- und Innenwelt
II	Oktober	1	1	Ankunft in der Residenzstadt
	November	1	1/2	
	Dezember	1	3	Fräulein B.
	Januar 1772	2	2	Brief an Lotte
	Februar	3	1 1/2	Lotte und Albert verheiratet
	März	3	4	Der Affront
	April	1	1/2	Entlassung
	Mai	3	3	Besuch des Geburtsortes
	Juni	3	1/2	Abschied vom Fürsten
				Außenwelt
	Juli	1	1	Rückkehr zu Lotte, ihre Ehe mit Albert
	August	2	1	
	September	6	5	Bauernbursch, Bäume
	Oktober	7	3	Ossian
	November	8	7	Verzweiflung
	Dezember	3	1	
	15	45	34	nur noch Innenwelt
III	Dezember		34	„Herausgeber"-Bericht mit 4 nachgelassenen Briefen Tod Werthers

Johann Wolfgang von Goethes Gedicht **„Es schlug mein Herz/ Willkommen und Abschied"** gehört zu den sog. „Sesenheimer Liedern" aus dem Jahre 1771. Ende März 1770 kam Goethe zur Fortsetzung seines Jurastudiums nach Straßburg und lernte im Oktober 1770 Friederike Brion in Sesenheim kennen. Die Begegnung mit Johann Gottfried Herder (1744 – 1803) und der Gedankenaustausch mit ihm regten Goethe dazu an, neue sprachliche Gestaltungsmittel in seinen Gedichten zu verwenden. So sollten Natürlichkeit, Einfachheit und gefühlvolles Erleben ausgedrückt werden können. Alle hier ausgewählten Gedichte von Goethe sind im Grunde schlichte Briefgedichte, die in einem herzlichen Ton an Friederike gerichtet sind.
Erich Trunz fasst die charakteristischen Merkmale dieses Gedichtes prägnant zusammen:[43]

38 Jochen Schmidt: A.a.O., S. 328f.
39 A.a.O., S. 329.
40 A.a.O., S. 330f.
41 A.a.O., S. 332f.
42 Brigitte Hauger: Individualismus und aufklärerische Kritik. Johann Wolfgang Goethe: Die Leiden des jungen Werthers; Friedrich Nicolai: Freuden des jungen Werthers. – Stuttgart (Klett) 1987, S. 23.
43 Erich Trunz: A.a.O., Bd. 3, S. 453.

„[...] Das Motiv des Gedichts kommt in der deutschen Lyrik früher nicht vor. Die Situationen – Ritt, Empfang, Abschied – ganz sprunghaft (der dazwischenliegende Aufenthalt fehlt), ihre Darstellung ganz verschieden lang, also nur das am stärksten Gefühlte, visionär Haftende. Beginn und Ende leidenschaftlicher Affekt, zu Beginn wild, dumpf, am Ende jubelnd, befreit. Die Natur – ganz anders als bisher – bewegte und bewegende Umwelt (darum die Fülle der Tätigkeitswörter). Und dann der Schluss (31/32): Wo sonst war das Urphänomen der Liebe derart einfach und derart mitreißend ausgesprochen? Ein Passiv, ein Aktiv, beidemal *Glück*, und dazwischen der Hinweis auf die Instanz, zu der jede große Liebe in tiefster Beziehung steht, *Götter*; und das alles in zwei klaren, zügigen, mitreißenden Jambenzeilen. – Das Verbindende des Ganzen ist Stimmung, nicht äußerer, sondern innerer Vorgang. [...]"

Die Rolle der Frau in der Liebesbeziehung wird von Goethe in veränderter Sicht dargestellt:[44]

„[...] Obwohl sich die Verständigung der Liebenden im Wesentlichen auf die visuelle Interaktion beschränkt, kommt der Frau eine wichtige Rolle zu: Sie ist nicht mehr die zu umwerbende reizende Rokokoschöne, sondern ein Subjekt, das einem anderen gleichberechtigt Liebe entgegenbringt. Der Lakonismus, der alltagssprachlichen Wendungen eine bislang unerhörte Bedeutung im Kontext des Liebesgedichts gibt, versucht die partnerschaftliche Liebesbeziehung sprachlich abzubilden. [...]"

So wie die neue Form der partnerschaftlichen Liebe nicht mehr in den zierlichen und reizenden Formen des Rokoko dargestellt wird, so sind auch die lieblichen Züge der Naturdarstellung in der Lyrik des Rokoko aufgegeben.
Erich Trunz gibt zu Goethes Gedicht **„Mit einem gemalten Band"** folgende Hinweise:[45]

„[...] Bemalte Bänder waren damals eben Mode geworden, Goethe stellte selbst einige her und sandte sie mit diesem Gedicht nach Sesenheim. Die duftige Leichtigkeit der grüßenden Verse birgt vier scharf gesehene, durch den stark verbalen Charakter der Sprache zum lebhaften Geschehen gemachte Bilder: Die *Frühlingsgötter* streuen wie in die ganze Natur so auch auf dieses Band junge Blüten und Blätter; *Zephir* nimmt es und trägt es zu der Geliebten: sie tritt damit vor den Spiegel; und nun tritt in seiner Fantasie der Dichter neben sie. Das graziöse Spiel mit den *Frühlingsgöttern* und *Zephir* ist noch rokokohaft, auch der musikalische Klang behält bis zum Schluss seine schwingende Leichtigkeit. Zu dem gemalten Band, dieser modischen Verbindlichkeit, passt der leichte Stil; auch wählt man für ein Grußgedicht an ein ländliches junges Mädchen nicht einen Ton, der neu und befremdend wäre. Aber der inhaltliche Ernst (17–20) tritt in Gegensatz zur Leichtfertigkeit der Anakreontik. Nicht Galanterie, sondern Herzlichkeit, schlicht, volksmäßig (13/14, 17/18). Man kann das Gedicht als Höhepunkt und zugleich Überwindung der deutschen Anakreontik bezeichnen."

Zum Verständnis von Goethes Gedicht **„Mailied"** können folgende Hinweise hilfreich sein:[46]

„Das Frühlingsgedicht Goethes, im Mai 1771 entstanden, bildet den großen Höhepunkt seiner Sesenheimer Lyrik. Es ist sein erstes rein lyrisches Gedicht ganz eigener Prägung und gestaltet die Harmonie zweier Liebender, der die Harmonie zwischen Mensch und Natur entspricht. Dass Goethes Liebe zur Sesenheimer Pfarrers-tochter Friederike Brion durch diese Verse schimmert und klingt, ist nützlich zu wissen, aber auch ohne diese biografischen Kenntnisse ist das Gedicht als Frühlings-, Natur- und Liebeslied klar verständlich.
Das Gedicht ist in neun Strophen zu je vier Versen äußerlich gegliedert; alle Verse zeigen zweihebige Trochäen, doch wechseln akatalektische und katalektische Versausgänge. In acht von den neun Strophen bemerkt man das Reimschema abcb, nur in einer – der dritten – den Kreuzreim. Die inhaltliche Gliederung zeigt

jedoch eine starke Abweichung von der formalen in Strophen. Der so genannte „lyrische Vorgang" besteht nämlich aus drei Phasen:

I. I,1 – III, 2 (V. 1–10): Drei beglückende menschliche Ausrufe über die Schönheit der frühlingshaften Natur (V. 1–4), die V. 5–10 beziehen dann die Pflanzenwelt und das Tierreich in den Jubel der menschlichen Seele mit ein.

II. III, 3 – V, 4 (V. 11–20): Zunächst wiederum eine Fülle von Ausrufen, dann ein (pantheistischer) Vergleich der göttlichen Liebe mit der Natur, schließlich die Segnungen dieser göttlichen Liebe, gezeigt an der frühlingshaften Natur.

III. VI,1 –IX, 4 (V. 21–36): Wieder Ausrufe der Liebe, jetzt aber sehr klar der menschlichen Liebe, anschließend in einem Vergleichen mit der Lerche und den Morgenblumen das (wiederum pantheistische) Einswerden von Natur und Mensch in der Liebe.

Das Gedicht schließt (V. 35–36) mit einem letzten in die Form eines Wunsches gekleideten Ausruf. – Der Ring hat sich geschlossen."

Friedrich Gottlieb Klopstock schrieb seine Oden in einem hymnisch-feierlichen Ton, welcher der Erhabenheit der gewählten Gegenstände entspricht: Er stellt als Themen eine fein verklärte Freundschaft dar, die Größe des allmächtigen Gottes oder die unermessliche und allharmonische Natur, die ein Abbild des großen Gottes ist. Klopstock bewahrt jedoch in seinen Hymnen die Haltung frommer Gläubigkeit, obwohl das lyrische Ich in einem subjektiven einfühlenden Ton und mit einer enthusiastisch-empfindsamen Hingabe spricht.[47] Letztlich verstand sich Klopstock im Gegensatz zu den Autoren des Sturm und Drang, die wie z.B. Goethe aus dem Erlebnis heraus dichteten, als ein „Diener der Gottheit", dem Ideal des „poeta vates" verpflichtet.[48] Klopstock muss jedoch als Wegbereiter des Sturm und Drang gesehen werden, weil er die Ansicht vertrat, dass die wahre Dichtung aus dem fühlenden Herzen (vgl. die Haltung des Pietismus) komme und von den schöpferischen Kräften gespeist werde.
Das Aufbauprinzip von Klopstocks Oden ist bestimmt von dem Verhältnis eines selbstständigen Ichs zu einem selbstständigen Du: So spricht das lyrische Ich in der Ode **„Dem Unendlichen"** von seinem Herzen, das sich erhebt, wenn es an den Unendlichen, das göttliche Du, denkt. In einer Fülle von Ausrufen (insgesamt zwölfmal) wird die Größe Gottes gepriesen: Seine Schöpferkraft, seine Größe werden gelobt. Die ganze Natur wird zum Lobpreis Gottes aufgerufen (Z. 9–12); die Welt der Sphären und der Chor der Engel sollen laut die Größe und Macht Gottes verkünden (Z. 13–20). Dies geschieht in variierenden Ausrufen und wiederholenden sowie gehäuften Anreden an den unendlichen Gott (Z. 7f. und 19f.).

44 Gerhard Sauder: Willkomm und Abschied: wortlos. Goethes Sesenheimer Gedicht „Mir schlug das Herz". In: Gedichte und Interpretationen. Bd. 2: Aufklärung und Sturm und Drang, hrsg. von Karl Richter. – Stuttgart (Reclam) 1983, S. 412ff.

45 Erich Trunz: A.a.O., Bd. 3, S. 452f.

46 Robert Hippe: Interpretationen zu 60 ausgewählten motivgleichen Gedichten. – Hollfeld (Bange) 1964, S. 13f.

47 Jochen Schmidt: Die Geschichte des Genie-Gedankens in der deutschen Literatur, Philosophie und Politik 1750–1945, Bd. 1: Von der Aufklärung bis zum Idealismus. – Darmstadt (Wissenschaftliche Buchgesellschaft), 1985, S. 196f.

48 Richard Newald: Von Klopstock bis zu Goethes Tod, Bd. 6/1: Ende der Aufklärung und Vorbereitung der Klassik, S. 17. In: Geschichte der deutschen Literatur, hrsg. von Helmut de Boor und Richard Newald. – München (C.H.Beck) 1961.

Die grundsätzlichen Erläuterungen von Erich Trunz zum Genie-Begriff, zur Form der Hymnen und zum Thema der beiden **Hymnen** von J. W. v. Goethe sind zum Verständnis sehr hilfreich:[49]

„Vor dem Sturm und Drang sagte man, „jemand hat Genie", und meinte damit, dass er Klugheit, Einfälle und Geschick habe, um ein Werk nach dem Stilprinzip des „Witzes" hervorzubringen. Seit dem Sturm und Drang sagt man, „jemand ist ein Genie", und meint damit, dass er aus sich heraus ein Weltbild formt, bleibend, groß, vorbildhaft, und dass ihm dabei der Sinn für die Gesetzlichkeit der Lebensvorgänge eingeboren sei, so dass sein Werk die innere Notwendigkeit der Natur in sich trägt. Der **Geniebegriff** ist einer der Leitgedanken der neuzeitlichen weltlichen Kultur, ähnlich wie in früheren Kulturen die Begriffe des Propheten, des Heroen oder des Sängers an hoher Stelle standen.

Seit dem Beginn des 18. Jahrhunderts setzten die englischen Kunstphilosophen Shaftesbury, Addison und Young gegen die alten Forderungen der Naturnachahmung und Gelehrtheit des Dichters das neue Bild des impulsiven, irrationalen, originellen Schöpfers. Die Deutschen führten es fort. Lessing (Hamburgische Dramaturgie, 34. u. 79. Stück) betont, dass das Werk des Genies innere Notwendigkeit habe. Unbewusst schaffe das Genie Vollkommenes. Während aber Lessings Denken noch die Beziehung des Werks zur Vollkommenheitsregel untersuchte, fragten die folgenden Denker nach der Beziehung des Werks zur Seele des Schöpfers. Diese Fragestellung wies auf psychologische Echtheit, auf Erlebniskunst. Die Welt muss erst ganz durch die Individualität des Schöpfers hindurch, um im Werk zur zweiten Schöpfung zu werden.

Die **Religiosität** der großen Goethe'schen Hymnen hat ihre Quellen im Erleben der Welt. Sie macht das Diesseits durchschimmernd und symbolhaft für eine höhere Sphäre. Diese Gedichte sprechen darum von der Natur in ihrer Schönheit und Allgewalt, von der Liebe in ihrer inneren Unendlichkeit, von der menschlichen genialen Schöpferkraft in ihrer Unergründlichkeit. Seither neigen in Deutschland die freien Rhythmen dazu, Weltanschauungsdichtung zu werden: Novalis' Hymnen an die Nacht und Hölderlins späte Hymnen ebenso wie Rilkes Duineser Elegien.

In diesen Hymnen stehen alle **Elemente des Stils** in einem Strukturzusammenhang. Das erste Merkmal ist der freie Rhythmus. Die Verse sind verschieden lang, sie haben verschieden viele Hebungen, und zwischen den Hebungen können eine, zwei oder drei Senkungen oder auch gar keine stehen. Damit verbindet sich eine freie Strophik. Es gibt wohl strophische Abschnitte, wie es auch Versabschnitte gibt, aber diese Gliederung ist nicht gleichmäßig. Dadurch schmiegt sie sich unmittelbar dem seelischen Erleben an.

In der Hymne „**Prometheus**" spricht nicht der Dichter (wie in *Ganymed*), sondern Prometheus, nach der griechischen Sage – die Goethe hauptsächlich aus neueren Werken (Barock-Humanistisches in der Bücherei des Vaters) bekannt war – ein Titanensohn und Halbgott, der Menschen aus Ton bildete und sie beseelte oder – anderer Überlieferung zufolge – sie durch Athene beseelen ließ. Er holte das von Zeus ihnen noch vorenthaltene Feuer für sie vom Olymp und wurde zur Strafe auf Zeus' Befehl an den Kaukasus geschmiedet. Später mit Zeus' Willen von Herakles befreit, kam er in den Olymp als Berater der Götter. Goethes Gedicht stellt ihn im Zeitpunkt des größten Gegensatzes zu Zeus dar. Er befindet

sich gleichfalls im Gegensatz zu den Titanen (30), steht also völlig für sich. In dieser Einsamkeit wird seine Kraft offenbar: Er schafft Menschen (und anscheinend erhalten sie sogleich auch das Leben durch ihn, nicht wie im Drama durch Athene). Er ist gehorsam höchsten uralten Göttern, die noch über den Olympiern stehn, dem *ewigen Schicksal* (μοῖρα) und der *allmächtigen Zeit* (χρόνος). Ebenso wie der *Mahometsgesang* hat dieses Gedicht Monumentalität; nur eine einzige Gestalt, kraftgeschwellt, zorndrohend ausblickend, das erste Wort: ein Imperativ an Zeus! Das letzte Wort: ich! Ist Prometheus in diesen Zügen der antike Halbgott, so ist er anderseits doch auch mythische Übersteigerung des Genies: Sein Mittelpunkt ist das Schöpferische."

Jochen Schmidt gibt folgende Hinweise zum Verständnis der Hymne:[50]

„In blasphemischer Umkehrung des traditionellen hymnischen Anrufs, in dem sich die gläubige Verehrung der Gottheit ausdrückt, fordert Goethes Prometheus Zeus auf, in einem als irrelevant erfahrenen Jenseits zu verschwinden: hinter „Wolkendunst". „Dein Himmel" – das ist das Jenseits als nichtiges Abseits. Indem die Gottheit mit der Vorstellung des Kindischen („Knaben gleich") behaftet wird, erscheint sie vollends degradiert. *„Meine Erde", „meine Hütte", „mein Herd":* das ist das Diesseits, von dem der prometheische, mündig gewordene Mensch nun Besitz ergreift. In seiner konkreten Erfahrbarkeit stellt es den alleinigen Wert dar.

Nicht zuletzt hat der junge Goethe mit der prometheischen Attacke gegen die transzendente Gottheit bestimmte Grundzüge der christlichen Religion im Visier, Züge, die aus der christlichen Ausrichtung auf die Transzendenz resultieren. Die Verse

> Wähntest du etwa,
> Ich sollte das Leben hassen,
> In Wüsten fliehn,
> Weil nicht alle Knabenmorgen-
> Blütenträume reiften?

– diese Verse lassen sich nicht verstehen, wenn man die rhetorisch-polemische Frage an Zeus mit dem Zeus des griechischen Mythos oder unspezifisch lediglich mit der Vorstellung eines höchsten Gottes in Verbindung bringt. Der Hass auf das Leben und die Flucht in die Wüste meint die christlich-asketische Weltabkehr und Lebensverachtung. [...]
Die Prometheus-Ode bekämpft also die Vorstellung eines transzendenten Gottes allgemein und die aus ihr im Christentum entspringende Welt- und Lebensverneinung speziell. Sie ist ein Gedicht der Hinwendung zum Diesseits und der neuen Lebensbejahung, wenn auch durchaus nicht einer oberflächlich optimistischen. Das diesseitige Leben steht auch unter dem Gesetz der Vergänglichkeit: der „Zeit" (V. 44). Es ist dem „Schicksal" unterworfen (V. 45).
Den Mittelteil des Gedichts durchzieht der Gedanke menschlichen Leidens und menschlicher Not. Das Leben in seinem ganzen Umfang, in seinen positiven wie negativen Möglichkeiten, bejaht der prometheisch seine Selbstständigkeit verwirklichende Mensch. „Zu leiden, weinen/Genießen und zu freuen sich" – alles will gleichermaßen bejaht sein, weil sich nur so die Totalität des Daseins herstellt. Selbst die Resignation ist in diese Lebenstotalität aufgenommen: Prometheus lehnt die christliche Weltverneinung ab, *obwohl* „nicht alle Knabenmorgen-/Blütenträume reiften".
Ihre äußerste Schärfe erhält die Autonomie-Proklamation des Prometheus durch die Statuierung göttlicher Heteronomie in der zweiten Strophe. Damit verkehrt sich die traditionelle Anschauung von der Autarkie und Autonomie der Gottheit ins Gegenteil. Diese Umkehrung gründet sich, das zeigt die zweite Strophe, auf den Gedanken, dass das jenseitige Göttliche nur eine Ausgeburt menschlichen Opferbedürfnisses, menschlicher Verehrungsbereitschaft und schließlich – menschlicher Torheit ist: die Illusion von „Kindern und Bettlern". Insofern hängt das „Göttliche" von den Menschen ab. Es ist das Produkt ihrer projektiven Fantasie.

[49] Erich Trunz: A.a.O., Bd. 3, S. 356, 359, 371f.
[50] Jochen Schmidt: Die Geschichte des Genie-Gedankens in der deutschen Literatur, Philosophie und Politik 1750–1945, Bd. 1: Von der Aufklärung bis zum Idealismus. – Darmstadt (Wissenschaftliche Buchgesellschaft), 1985, S. 264ff.

In keinem anderen Text der Geniezeit lässt sich die Leistung einer radikalen Aufklärung für die Ausbildung des Ideals vom autonom-genialen Menschen so unmittelbar greifen, wie hier in der zweiten Strophe der Prometheus-Ode. Erst die aufklärerische Reduktion alles vermeintlich Übernatürlichen auf Natürliches, alles Mythischen auf Soziales („Bettler") und Psychologisches („Kinder"), letztlich alles Göttlichen auf Menschliches, fundiert die zentrale Aussage über die stolze Selbstständigkeit, aber auch über das einsame Auf-sich-selbst-gestellt-Sein des Menschen: „Hast du's nicht alles selbst vollendet ...?" [...]

Alles bisher in der Transzendenz Geglaubte und Gehoffte wird nun in die Immanenz hereingenommen. „Sich des Bedrängten zu *erbarmen*" (V. 28), Hilfe in der Not, Trost für die „Beladenen" (V. 40) – man denkt an das Bibelwort: „Kommet her zu mir alle, die ihr mühselig und *beladen* seid" – all diese dem christlichen Gott zugeschriebenen Fähigkeiten kommen in Wahrheit nicht der Gottheit, sondern nur dem Menschen selbst zu. Hier liegt auch das Zentrum der prometheischen Revolte. Sie entspringt der Erfahrung des Leidens und der Suche nach Abhilfe. Erst darauf folgt der prometheische Schöpfungsakt. Er ist eine letzte Konsequenz der dunklen, eigentlich fundierenden Erfahrungen, und deshalb erscheint die prometheische Auflehnung und Selbstermächtigung nicht im Licht genialer Hybris. Der Selbstermächtigung am Ende geht die Phase einer von der Not erzwungenen *Selbstvergewisserung* voraus. Diese legitimierende Selbstvergewisserung gedeiht aber nicht nur als Erfahrung des Zurückgeworfenseins auf sich selbst und als Gefühl der Bewältigung des Lebens aus eigener Kraft. Sie ist zugleich auch ein Innewerden des Humanen als einer sozialen Dimension, die ganz dem eigenen Innern zugehört. Der Substanz nach ist sie säkularisiertes Christentum. Indem Prometheus „ein Herz wie meins, / Sich des Bedrängten zu erbarmen" fordert, sagt er ja, dass ihn wesentlich das Gefühl des Humanen beseelt. Das Pathos der Autonomie in der Frage: „Hast du's nicht alles selbst vollendet, / Heilig glühend Herz" meint daher ein schöpferisches Vollenden von viel umfassenderer Art als das bloß künstlerische: humane Lebensgestaltung und -bewältigung."

Wolfdietrich Rasch gibt zu Goethes Hymne **„Ganymed"** einige Deutungshinweise:[51]

„In reimlosen, freien Versen erfolgt der Anruf an den Frühling, in dessen andringender Schönheit und aufbrechender Gewalt es Gott erfährt. Und dieser Gott ruft seinerseits das Ich an, neigt sich zu ihm aus der Höhe, hüllt es in seine Wolke und zieht es zu sich empor. Ausgesprochen wird hier also ... die innere Erfahrung einer Vereinigung des Ich mit der Gottheit, seine Rückkehr aus der Vereinzelung in die allumfassende göttliche Einheit ... Es ist eine doppelte Bewegung, vom Ich zur Gott-Natur und von dieser zu jenem ...; der vom angerufenen Du ausgehende Impuls hat ein leises Übergewicht ... Beide Bewegungen aber – und damit ist die Grundstruktur des Gedichts bezeichnet – gipfeln, sich verbindend, in der drittletzten Verszeile: *Umfangend umfangen!* Das *Fassen* und *Kommen* der vorhergehenden Verse mündet in das *Umfangend*; das *Anglühen*, *Drängen*, *Rufen* Gottes kommt zur Ruhe

in der zweiten Hälfte des Verses, dem *Umfangen*, das freilich in seiner passivischen Form nicht mehr die handelnde Bewegung ausdrückt, sondern ihr Ziel, ihren Ertrag; den Zustand des Ich, das von der nahenden Gottheit sich nun umschlossen und getragen fühlt. Der endgültige Zustand, auf den das ganze Gedicht sich hinbewegt; die wahre Nähe zum Göttlichen, ist vom Menschen her ausgesprochen in einer Verknüpfung der aktivischen mit der passivischen Verbform. Der außerordentliche Vers fasst die ganze Hymne in dichtester Verkürzung in sich. Ein Ausgleich findet statt in der sprachlichen Form dieses Verses, ein Gleichgewicht wird gestiftet. [...]

Man erwartet vergebens die spezifischen Motive des Mythos von Ganymed, der erzählt, wie der schöne Jüngling durch den Adler des Zeus geraubt und zum Olymp entführt wird, um dann als Mundschenk den seligen Göttern zu dienen. Von der sehnenden Liebe des Jünglings zum Gott, von dessen Selbstoffenbarung in der frühlingshaften Natur ist nichts überliefert, auch nichts von der einhüllenden Wolke. Die Goethe'sche Umdeutung des Mythos geht also sehr weit ... Hier spricht nicht unmittelbar das dichterische Ich, wie etwa im *Mailied*, sondern die mythische Gestalt. Die Goethe'sche Erfahrung des Angerufenwerdens von Gott durch die ‚Stimme' der Natur, das Erlebnis ekstatischer Vereinigung mit der Gottheit mischt sich untrennbar mit dem Gefühl, ein anderer Ganymed zu sein. Im geistigen Erlebnisbereich Goethes wohnt dieser Mythos als das Urbild solchen Geschehens ... Was Goethes Ich als Drang und ekstatische Imagination erlebt, das Emporgehobenwerden zu Gott, das widerfuhr Ganymed leibhaft, und im mythischen Bilde lässt es sich anschaubar und eindringlich sagen."

Seite 179

 1 Diese Aufgabe hat zum Ziel, dem Schüler die Diskrepanz zwischen feudal-absolutistischer Gesellschaft und bürgerlichem Selbstbewusstsein einsichtig zu machen.

 1a/b Der Roman spiegelt die neuen **Wertorientierungen** der „Sturm-und-Drang-Zeit" wider, die am Schicksal und an der Person Werthers dargestellt werden.

Er zeigt uns Werthers Stellung in der Gesellschaft (Isolation); seine Suche nach eigenen Wertvorstellungen (Hervorheben seiner Individualität, seines subjektiven Empfindens), einer Neubestimmung des Verhältnisses zur Natur. Werthers Verhältnis zur *Gesellschaft* kennzeichnen etwa folgende Aspekte:
- Kritik an der Gesellschaft: Besserwisserei, Leistungsorientierung;
- Ablehnung durch die adlige Gesellschaft (15.3.1772);
- Adel wird ironisch, satirisch gesehen;
- Aufgabe der beruflichen Stellung: Anspruch auf Individualität;
- gezielte Abkapselung;
- Bürger werden wie Marionetten behandelt.

(Texterörterung **K 7** , LB, S. 287)

---

51 Wolfdietrich Rasch: Ganymed. Über das mythische Symbol in der Goethezeit. In: Wirkendes Wort, 2. Sonderheft, 1954, S. 34ff. Zitiert in: Erich Trunz: A.a.O., Bd. 3, S. 473f.

2a-c

Texte	Sicht der Natur	Motivwahl/Sprache	Autoritäten
1a 15.3.1772	Z. 34f.: Betrachtung des Sonnenuntergangs Z. 36: „Das war alles gut" → Trostspenderin/ Gegenwelt zur Gesellschaft	z.B. Z. 6ff.: "übergnädige Dame" → wertendes Adjektiv: subjektive Bewertung der Figuren – Wechsel zwischen kurzen Sätzen und langen Hypotaxen → Wechsel zwischen Feststellungen und der Reflexion der Betroffenen	Z. 35: „in meinem Homer den herrlichen Gesang zu lesen"
1c 10.5.1771	Z. 1: „süßer Frühlingsmorgen" → Heiterkeit der Empfindung entspricht dem Zustand der Natur Z. 6: „das liebe Tal [...] dampft", „ die hohe Sonne [...] ruht" u.a. Z. 9: „am Bache liegen, tausend mannigfaltige Gräschen" Z. 10: „das Wimmeln der kleinen Welt zwischen Halmen" Z. 11: „Würmchen"/„Mückchen"	– Vergleiche – aktive Verben → tätige Natur – Diminutiva → Sympathie lange Hypotaxe von Z. 6–15: „wenn" – „dann" → Reflexion/Wiederaufnahme des Gedankens → intensive Wirkung – Vergleiche, Ausrufe	Erfahrungen Werthers: Z. 12: „fühle die Gegenwart des Allmächtigen" → Gott als Schöpfer nach seinem Bild Z. 12f.: „Wehen des Allliebenden" Z. 17f.: "Deine Seele ist der Spiegel des unendlichen Gottes" → pantheistische Welterfahrung
1d 22.5.1771	Z. 8ff.: Rückzug aus der Natur in sich selbst	Z. 1: Das Leben wird als „Traum" empfunden. Z. 6: „träumende Resignation" → Mensch als Gefangener	– Autorität und Fluchtpunkt ist die eigene Welt, das eigene Selbst.
1e 18.8.1771	Z. 8: „kein Augenblick, wo du nicht Zerstörer bist, sein musst" → Sterben in der Natur Z. 11ff.: große Naturkatastrophen rühren Werther nicht Z. 12f.: "Die verzehrende Kraft" belastet sein „Herz". Z. 16: die Natur als „Ungeheuer"	Ausrufe, Fragen – Interjektionen – Sätze wirken stakkatohaft → innere Unruhe	→ Natur im Prozess des Untergehens erfahren

Werthers Sicht der **Natur** lässt sich zusammenfassend so beschreiben:

– Hinwendung zur Natur aus Zorn und Enttäuschung;
– Natur spiegelt die subjektive Empfindung wider;
– Natur ermöglicht die Begegnung mit Gott.

Die Natur ist für Werther die Antithese zur Gesellschaft: Sie regt ihn zu Empfindungen an, die ihn immer unfähiger machen, seine inneren Wünsche in praktisches Handeln münden zu lassen; so bedeutet Naturhingabe für Werther einerseits Einheit mit Gott und der lebendigen Natur (10.5.1771), andererseits Einsicht in Zerstören und Vergehen (8.8.1771).

3 Die Beantwortung der Aufgabe könnte zu folgenden Einsichten führen:

– Der Subjektivismus des „Sturm und Drang" wird als Problem erkannt und am Lebensweg Werthers exemplarisch dargestellt.
– Werthers Scheitern weist auf eine fragwürdige Grundstimmung seiner Zeit hin:
– Verabsolutierung der Subjektivität: Als melancholischer Narziss pflegt Werther ausschließlich seine eigene Innerlichkeit.
– Dies führt zu einer Reihe von Folgen:
– Werther verneint alle gesellschaftlichen Normen, dies führt zu einem asozialen Verhalten.
– Er verliert jeden Weltbezug; er ist auf der ständigen Suche nach Selbstgenuss. Dies führt letztlich zur Selbstentfremdung, zum Selbst-Mord.
– Er sucht nach einem Zentrum, das er im „Herzen" zu finden glaubt, in sich selbst (22.5.1771).
– Die Natur wird durchgehend zum Spiegel der eigenen Subjektivität: Jeder Brief wird aus der jeweiligen Stimmung heraus geschrieben.
– Werther verkörpert den weltlos gewordenen Menschen. Er hat die Orientierung in der Welt verloren, besitzt keine gesellschaftlichen Bindungen und lebt in einem „Zustand metaphysischer Obdachlosigkeit" (Lukacs).[52]

---

[52] Als nützlich haben sich folgende Interpretationen erwiesen:
Leo Löwenthal: Erzählkunst und Gesellschaft. Sammlung Luchterhand 32, 1971, S. 40–65.
Herbert Schöffler, a.a.O., S. 155–181: Die Leiden des jungen Werther. Ihr geistesgeschichtlicher Hintergrund.
Klaus Oetinger: Eine Krankheit zum Tode. Der Skandal um Werthers Selbstmord. In: Deutschunterricht, Heft 2/1976, S. 55–74.
Jochen Schmidt, a.a.O. Bd. 1, S. 322–336.
Brigitte Hauger: Individualismus und aufklärerische Kritik: J.W. Goethe: Die Leiden des jungen Werthers; Friedrich Nicolai: Freuden des jungen Werthers. Stuttgart (Klett) 1987.

4a/b Diese ‚kreative' Aufgabe soll den Schüler dazu anhalten, seine persönliche Einstellung zu Werther in einer Bild-Text-Collage zum Ausdruck zu bringen.
Hier bietet sich eine Zusammenarbeit mit dem Kunstunterricht an. Wird der „Werther" als *Ganzschrift* gelesen, so ist die Frage zu diskutieren, warum Werther Selbstmord begangen hat. Dazu bietet sich folgende Gestaltungsaufgabe an:

Arbeitsanregung:
Stellen Sie sich folgende Situation vor: Goethe begegnet nach dem Tod seiner literarischen Figur Werther. Dieser beklagt sich bei seinem „Schöpfer" darüber, dass er ihn habe Selbstmord begehen lassen. Verfassen Sie einen Dialog, in dem Sie die Vorwürfe Werthers und die möglichen Erklärungen Goethes darlegen.
Die Ergebnisse können in einem *Tafelbild* festgehalten werden:

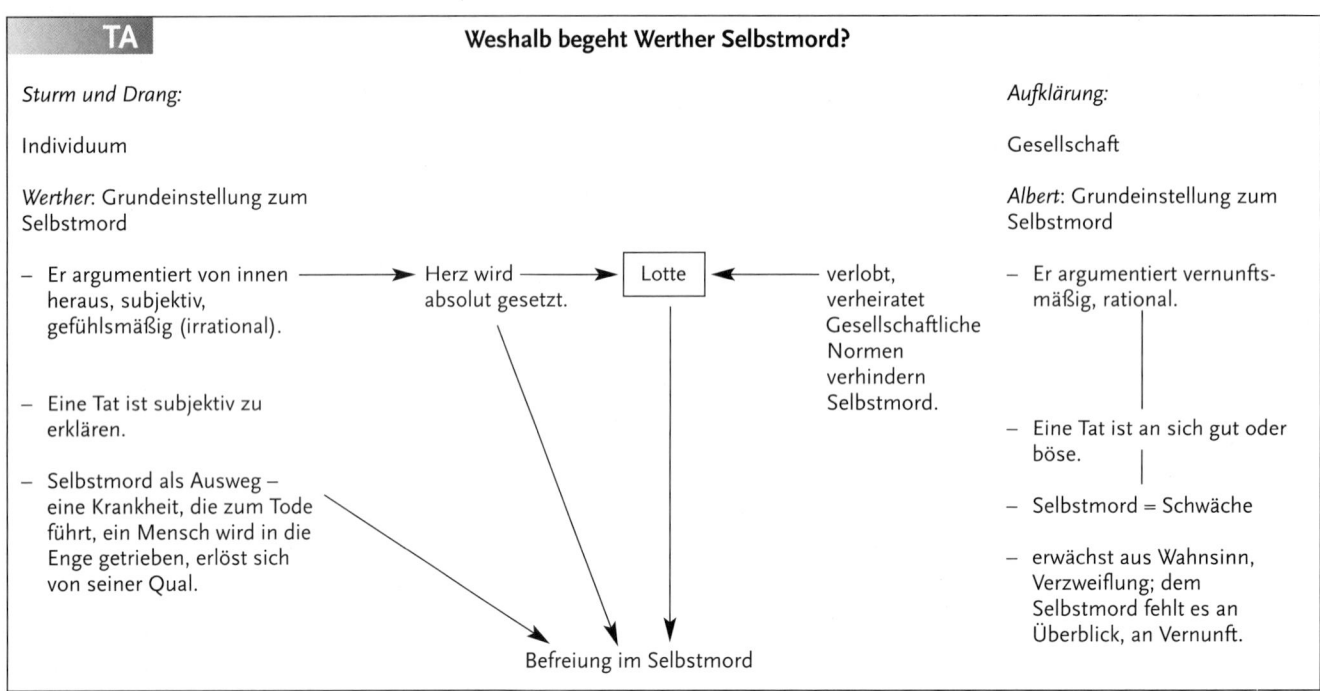

TA **Weshalb begeht Werther Selbstmord?**

Sturm und Drang:

Individuum

Werther: Grundeinstellung zum Selbstmord

– Er argumentiert von innen heraus, subjektiv, gefühlsmäßig (irrational).

– Eine Tat ist subjektiv zu erklären.

– Selbstmord als Ausweg – eine Krankheit, die zum Tode führt, ein Mensch wird in die Enge getrieben, erlöst sich von seiner Qual.

Herz wird absolut gesetzt. → Lotte ← verlobt, verheiratet Gesellschaftliche Normen verhindern Selbstmord.

Befreiung im Selbstmord

Aufklärung:

Gesellschaft

Albert: Grundeinstellung zum Selbstmord

– Er argumentiert vernunftsmäßig, rational.

– Eine Tat ist an sich gut oder böse.

– Selbstmord = Schwäche

– erwächst aus Wahnsinn, Verzweiflung; dem Selbstmord fehlt es an Überblick, an Vernunft.

Seite 180

5a Wird dieser Teil der Teilsequenz ausführlicher behandelt, können vier Arbeitsgruppen die Gedichte der „Anakreontik", Goethes „Erlebnislyrik", die Hymne Klopstocks und Goethes Hymnen einander gegenüberstellen.
Als Unterschiede der beiden Fassungen von Goethes Gedicht lassen sich feststellen:

Es schlug mein Herz	Willkommen und Abschied
Z. 5: „stund" → altertümliche Präteritum-Form	Z. 5: „stand"
Z. 10: „schläfrig"	Z. 10: „kläglich" → intensiveres Adjektiv
Z. 14: „tausendfacher war mein Mut"	Z. 14: „frisch und fröhlich war mein Mut" → Lyrisches Ich hat eine große Erwartung auf die Begegnung mit der Geliebten.
Z. 15: „mein Geist..."	Z. 15: „In meinen Adern welches Feuer!" → Leidenschaft des Liebenden, intensiver Ausruf
Z. 16: „Mein ganzes Herz zerfloss in Glut."	Z. 16: „In meinem Herzen welche Glut!" → Steigerung der Leidenschaft
Z. 17: „Ich sah dich, ..."	Z. 17: „Dich sah ich, ..." → Betonung der Begegnung mit der Geliebten durch die „Frontstellung" des Pronomens im Satz.
Z. 22: „Lag auf dem lieblichen Gesicht"	Z. 22: „Umgab das liebliche Gesicht," → ein Erstrahlen aus dem Innern der Geliebten
Z. 23: „Und Zärtlichkeit für mich, ihr Götter!"	Z. 23: „Und Zärtlichkeit für mich – ihr Götter!" → Stau des Glücksgefühls
Z. 24: „... nicht."	Z. 24: „... nicht!" → Wirkung durch Ausrufezeichen intensiver
Z. 25: „Der Abschied, wie bedrängt, wie trübe!"	Z. 25: „Doch ach, schon mit der Morgensonne" → kontrastive Konjunktion und Interjektion, Gegensatz zur Zeit der Begegnung, Klage über den so raschen Abschiedsmoment, Tageliedmotiv: Klage des Geliebten
Z. 27: „In deinen Küssen welche Liebe," → persönlichere Aussage	Z. 27: „In deinen Küssen welche Wonne!" → „Liebesgenuss" aus der Sicht des Geliebten
Z. 29: „Du gingst, ich stund ..."	Z. 29: „Ich ging, du standst [...]" → Umkehr der Perspektive der Wahrnehmung; der Geliebte ist aktiv.
Z. 30: „Und sah dir nach mit nassem Blick" → Der Geliebte weint über die Trennung von der Geliebten.	Z. 30: „Und sahst mir nach mit nassem Blick:" → Die Geliebte weint über die Trennung von dem Geliebten.

5b/c Die Beziehung der Liebenden zueinander und das Verhältnis des „lyrischen Ichs" zur Natur lässt sich den Interpretationen von Jörg Hinger/Rudolf Knauf und Erich Trunz entnehmen.

„Von zweierlei ist die Rede: Die Strophen 1 und 2 schildern den Ritt zur Geliebten, der durch die dunkelnde Landschaft führt, die Strophen 3 und 4 die Begegnung mit der Geliebten und den Abschied von ihr. Landschaft und Liebe – von beiden fühlt sich der Erlebende gleich stark betroffen, wenn auch in jeweils anderer Weise: jene wirkt Grauen erregend, diese befreiend. So führt das Gedicht aus der Umgebung des Grauens und des Wagnisses (1. Teil) in den Bereich der Vertrautheit und der Erfüllung (2. Teil). Trotz der angedeuteten schuldhaften Verstrickung (V. 24) und des Abschiedsschmerzes (V. 25 ff.), die diesen Bereich überschatten, endet es mit einem das Liebesglück bekräftigenden Ausruf.

Die Natur ist nicht aus nüchterner Distanz beobachtete, sondern aus nächster Nähe erlebte Landschaft. Als eine Abfolge von Vorgängen geschildert, wird sie als bewegte und zugleich bewegende Umwelt empfunden. Aber so unheimlich sie auch den Erlebenden berührt, lediglich mit den Sinnesorganen wahrgenommen, ficht sie ihn letzten Endes nicht an. Vers 14, den die Konjunktion des Gegensatzes „doch" einleitet, verdeutlicht die Distanz zwischen Erlebendem und Erlebtem. Der „fröhliche Mut" in ihm kontrastiert den „tausend Ungeheuern" (V. 13), die ihn von außen bedrohen. Mit dem Wechsel von außen nach innen, der zugleich den Übergang vom Landschafts- zum Liebeserlebnis darstellt, knüpft der Schluss des ersten Teils (V. 13–15) unmittelbar an den Anfang des Gedichtes an. Die ins Unpersönliche gewendeten Sätze in den Versen 1 und 2 zeigen, dass der Sprechende seinem Gefühl wie einer unkontrollierbaren Macht ausgesetzt zu sein scheint. Der frohlockende Ausruf der Verse 15 und 16 hingegen deutet darauf hin, dass der Sprechende dieses Gefühl als eine befreiende Kraft bejaht. Identität von Person und Gefühl stellt sich schließlich in Vers 16 ein. Beim Anblick der Geliebten formuliert sich das von Liebe erfüllte Ich. Anstelle der Metaphern, vorherrschend im ersten Teil, häufen sich im zweiten Personalpronomen. Spannungsvoll aufeinander bezogen, korrespondiert das Du dem Ich in der liebenden Begegnung. Trotz der zahlreichen gefühlsgeschwellten Wendungen bleibt die sprachliche Gestaltung dieser Begegnung im Vergleich zu der von Hyperbeln durchsetzten und dadurch vieldeutigen Naturbeschreibung einfach, d.h. eindeutig. Ein Passiv und ein Aktiv (V. 31/32) verdeutlichen in knappster Form das Wesen der empfundenen Liebe. Was im zweiten Teil des Gedichtes noch als Bewegung erfasst werden kann, vollzieht sich als Wechsel zwischen Du und Ich. Verben der Bewegung finden sich nur an zwei Stellen, und zwar dort, wo die Liebenden einander begegnen („fließen", V. 18) und sich voneinander trennen („gehen", V. 29). Den im ersten Teil wahrgenommenen äußeren Raum überlagert ein innerer, spürbar in Begriffen „wie milde Freude", „süßer Blick", „Herz", „Atemzug" usw. Der Unterschied wird auch im Wechsel des Rhythmus sichtbar. Die nach stakkatohaftem Einsatz (V. 1 und 2) gleichmäßig ansteigende und abfallende rhythmische Bewegung wird in Vers 13 ab zunehmend schneller und erreicht in dem stumpf endenden 16. Vers ihren Höhepunkt. Der Zusammenfall von Vers- und Satzeinheit sowie das Fehlen der Verben in den Versen 15 und 16 bewirken diese Beschleunigung. Demgegenüber verlangsamen die hebungsbeschwerten Versanfänge in Vers 16 bis 18 den rhythmischen Fluss. Die unregelmäßige Behandlung des Metrums vergrößert außerdem den Abstand zwischen den einzelnen Akzenten, so dass starktontragende Schlüsselwörter wie „Dich", „milde", „Freude" usw. um so deutlicher hervorgehoben werden."[53]

---

[53] © Vandenhoeck & Ruprecht, Jörg Hienger/ Rudolf Knauf: Deutsche Gedichte von Andreas Gryphius bis Ingeborg Bachmann. Eine Anthologie mit Interpretationen. – Göttingen 1969, S. 37f.

Seite 181

6 Für die *Interpretation* der Naturdarstellung in den Texten 1c und 4 lassen sich folgende Gesichtspunkte heranziehen:

Text 1c: Werthers Brief vom 10. Mai	Text 4: Goethe: „Maifest"
Zur Lösung der Aufgabe können die Interpretations-Hinweise zur AA 2a–c, LB, S. 255ff. herangezogen werden. Einige ergänzende Hinweise: Werther findet in der Natur Erfüllung, Harmonie, weil sich in ihr Gott spiegelt. Sein Naturerlebnis ist Ausdruck seines subjektiven Empfindens. Die Natur bedeutet für ihn eine Stätte der Zuflucht, in der er Erfüllung findet. Werther akzeptiert die Gesetze der Natur.	Inhalt: Vers 1–10: Zu „es dringen" gehören „Blüten" und Stimmen aus jedem Gesträuch: Das Erleben der Pflanzen- und Tierwelt führen zu „Freud und Wonne" beim lyrischen Ich. Z. 11f.: Ausrufe bezeichnen Natur und Seele als Einheit. Z. 13–20: Liebe und Morgenwolken sind Ausdruck des Schönen und Göttlichen. Z. 21–30: Liebe, Morgenblumen und das lyrische Ich bilden eine Einheit. Liebendes Mädchen/liebendes Ich als Einheit mit der allliebenden Natur Form: Zwei Kurzverse mit zwei Hebungen gehören klanglich wie eine Langzeile zusammen. Sprache: Ausrufe in den Zeilen 2, 4, 20, 22, 24 Thema: Natur und Erleben des lyrischen Ichs bilden einen Einklang: jubelnd, leicht und doch feierlich.

Seite 182

7a Ein guter *Gedichtvortrag* kann dazu dienen, das Verständnis für die Aussage der Gedichte bei den Schülern zu fördern: Diese können zur Vorbereitung sich nochmals im SB, S. 10 über die Gesichtspunkte des „sinnerschließenden Lesens" informieren.

Text 5: Klopstock: Dem Unendlichen	Text 6: Goethe: Prometheus	Text 7: Goethe: Ganymed
Grundton: religiöser Lob- und Preisgesang Gestaltungsmittel: freie Rhythmen	Grundton: Protest des fordernden Individuums Gestaltungsmittel: – freie Rhythmen – Gliederung in Abschnitte – assoziative Fügung der Satzglieder – kühne Wortbildungen	Grundton: Preis auf den „allliebenden Vater"

Diese Gestaltungsmittel verlangen eine ausdrucksvolle Sprechweise.

Einige Hinweise: Tonfall feierlich, getragen 1. Str.: Z. 1: Betonung von „Herz" Z. 2: „Unendlicher" betonen Z. 4: „Elend" ist zu betonen 2. Str.: Z. 5: „Allein du" ist zu betonen. Z. 6: „ganz": betonen Z. 7: „herrlicher": betonen Z. 8: „Herr, Herr, Gott! ...": jedes Wort betonen Die Aussagesätze sind getragen zu sprechen. Z. 20: „Gott, Gott ist es, den ihr preist!" Diese Zeile ist hervorzuheben.	Z. 3: „Knaben gleich" → ironischer Ton Z. 5: Ausruf betonen Z. 6, 8, 10: „mein" ist zu betonen → Anspruch des Prometheus 2. Abschnitt: vorwurfsvoller, anklagender Ton 3. Abschnitt: Z. 22: „Da" betonen Z. 27: „Ein Herz wie meins" Diese Zeile ist getragen zu sprechen. 4. Abschnitt: Z. 29: „Wer" ⎱ Betonung des Z. 31: „Wer" ⎰ Fragewortes mit ironisch-klagendem Ton. Z. 33f.: Ton energisch, bestätigend Z. 35ff.: ironisch-vorwurfsvoll 5./6. Abschnitt: ironisch-vorwurfsvolle Anklage 7. Abschnitt: vorwurfsvoll-ironische Frage Bestätigung der eigenen Haltung, Entscheidung 8. Abschnitt: Z. 52: „Hier": betonen im Gegensatz zum Olymp des Zeus Z. 53: „Nach meinem Bilde" – betonen: Prometheus als selbstbewusster Schöpfer Z. 54: „mir" – Das Pronomen ist zu betonen. Z. 55f.: Die Verben sind hervorzuheben. Weisen auf die Fülle des menschlichen Lebens hin. Z. 57f.: „dein" und „ich" sind hervorzuheben als Gegensatz.	1. Abschnitt: Z. 3: getragen zu lesen Z. 8: getragen zu lesen mit Ausruf 2. Abschnitt: Z. 9f.: Dieser Wunsch ist als Ausruf zu lesen. 3. Abschnitt: Z. 11: Ausruf „ach" ist hervorzuheben. Z. 12–19: getragen – feierlicher Ton 4. Abschnitt: Z. 20: „begeisterter Ausruf" Z. 21: fragend – orientierter Ton 5./6. Abschnitt: begeisterter Ton

7b Die Lösung dieser Aufgabe ist in den Texterläuterungen zu Beginn dieser Teilsequenz, LB, S. 258ff.

Zu Goethes Hymne „Prometheus" werden noch folgende Hinweise gegeben:

Die Deutung der Hymnen könnte folgende Einsichten vermitteln. Die „Prometheus"-Hymne wird dabei wegen ihrer Bedeutung für Goethe im Mittelpunkt der Interpretation stehen.
Die Hymnen kennzeichnen folgende *Grundmerkmale:*

– Den Bezug des Genies zur schöpferischen All-Natur;
– die Autonomie-Erklärung des auf seine Produktivkraft bauenden Menschen;
– sein Originalitäts-Bewusstsein;
– die Hinwendung zu den elementaren Gefühlen menschlichen Lebens.

Zur *Form*: Das dichterisch sprechende Ich und das hymnisch gefeierte Objekt werden identisch. Es drückt sein inneres Erleben unmittelbar aus; formuliert in einer mythischen Figur seine geniale Wesensart.
Als *Gestaltungsmittel* werden verwendet: freie Rhythmen, kühne Bilder und „Machtwörter".
Einige Deutungsaspekte zur Hymne „*Prometheus*":
Thema:
Autonomie-Erklärung des Prometheus
Die Gestalt des Prometheus, der aus sich selbst schöpferisch tätig ist, symbolisiert die Bestrebungen seiner Zeit, die sozia-

le, politische und geistige Selbstbestimmung forderten. Er löst sich von überkommenen Autoritäten und setzt als neue Autorität das Genie, das auf seine Schaffenskraft vertraut.

Struktur:
Der traditionelle hymnische Anruf zur Verehrung Gottes wird umgekehrt:

– Das Jenseits ist irrelevant, ein nichtiges Abseits und Kinderparadies.
– Vom Diesseits wird Besitz ergriffen durch den mündig gewordenen Menschen: „meine Erde", „meine Hütte", „mein Herd".
– Es werden rhetorisch-polemische Fragen gestellt: Kampf gegen die Vorstellung eines transzendenten Gottes und gegen christliche Weltverneinung.
– Im *Mittelteil* herrscht der Gedanke vom menschlichen Leiden und von menschlicher Not vor. Das Leben wird in all seinen Gegensätzen akzeptiert.

Die Gottheit wird in ihrer Autonomie in die Abhängigkeit des Menschen gestellt. Der Glaube an sie ist eine Torheit des Menschen. Hier wird die letzte Konsequenz aufklärerischen Denkens gezogen (2. Strophe). Damit ist der autonome Mensch einsam auf sich selbst gestellt (4. Strophe).

Der *Mittelteil* hat die Funktion einer Selbstvergewisserung des ‚modernen Menschen': Er muss sein Leben aus eigener Kraft bewältigen, darin liegt seine *Humanität* begründet.

Im Schöpfungsakt am *Ende* der Hymne findet der Mensch zu sich selbst – wie es die ‚Stürmer und Dränger' verstanden – sie finden auf diese Weise zu einem neuen Lebensgefühl und Bewusstsein.

8 Die Informationen zur AA 7b und die Hinweise zu den einzelnen Hymnen können die Schüler für ihre *Interpretation* einer Hymne heranziehen. Sie sollten außerdem sich nochmals über die Verfahrensweise einer Gedichtinterpretation im SB informieren: z.B. SB, S. 15f., 92f., 134ff., 245ff., 279ff., 329ff., 407f. und 487.

S. 183–188: II,2. Die Schaubühne als Richterstuhl – Drama des „Sturm und Drang"

Wie Lessing das Theater als Forum nutzte, um seine Vorstellungen eines aufgeklärten Menschenbildes publik zu machen und auf eine intensive Diskussion beim Publikum hoffte, so nahmen auch die Dichter des „Sturm und Drang" wie Goethe, Lenz und etwas später Schiller diese Intention ebenfalls auf und propagierten in ihren Dramen einerseits das Recht des großen Individuums auf ein ungebundenes, von gesellschaftlichen Zwängen freies Leben.

Andererseits kritisierten sie mit großer Leidenschaft die Missstände der feudal-ständisch geprägten Gesellschaftsordnung: Sie prangerten die moralisch verantwortungslose Lebensart des Adels an; die Nöte und Zwänge sowie die Wünsche des Bürgertums wurden auf die „Bühne" gebracht, so z.B. die missliche Lage bürgerlicher Intellektueller in dem Drama „Der Hofmeister" von Lenz oder der Konflikt zwischen bürgerlicher Norm und adliger Intrige in Schillers Drama „Kabale und Liebe".

Die große einzelne historische Persönlichkeit scheitert an den Bedingungen des entstehenden Territorialstaates und seiner Machtträger, wie es Goethe in seinem Drama „Götz von Berlichingen" darstellt.

In dieser Teilsequenz stehen zwei Szenen aus Schillers Drama „Die Räuber" und Auszüge von Gottsched, Lessing, Goethe, Lenz und Schiller über ihre Vorstellungen zur Zielsetzung des Dramas auf dem Theater im Mittelpunkt. An den beiden Szenenauszügen sollen zwei zentrale Themenbereiche der Epoche „Aufklärung – Sturm und Drang" aufgezeigt werden: der bei den Stürmern und Drängern häufig dargestellte Bruderzwist im adligen Hause und die Krise aufklärerischen Denkens. Schiller hat in seinem Drama einen Konflikt zwischen zwei Menschen gestaltet, in dem in Franz Moor eine Bühnenfigur das Geschehen „steuert", die an ihrer Machtgier, ihrem Ehrgeiz und vor allem an ihren amoralischen und bindungslosen Verhaltensnormen zugrunde geht. Franz Moor scheitert als ein Mensch, der die Ideen aufklärerischen Denkens pervertiert: nämlich die Autonomie des vernunftorientierten Handelns absolut setzt. Desgleichen scheitert der „große Kerl" Karl Moor in seinem hemmungs- und skrupellosen Kampf gegen Recht und Ordnung. Er sieht die inhumane Maßlosigkeit seines Handelns ein und stellt sich dem weltlichen Gericht als Buße für seine Verbrechen.

Mögliche Ziele:

1. Eine Rollenbiografie erarbeiten
2. Eine Vorgeschichte zu einer Rollenbiografie entwerfen
3. Eine Dramenszene mit den notwendigen Gestaltungsmitteln inszenieren
4. Aus Texten Aussagen über die Ziele des Theaters und seine Wirkungsabsichten exzerpieren
5. Die Wirkungsabsichten des Theaters erörtern

Seite 185

Texterläuterungen:

Friedrich Schiller vollendete sein Schauspiel **„Die Räuber"** 1780, die dann am 13. Januar 1782 mit großem Erfolg in Mannheim aufgeführt wurden (vgl. SB, S. 185). Der Ort des Geschehens spielt um die Mitte des 18. Jahrhunderts und umfasst einen Zeitraum von ungefähr zwei Jahren. Das Geschehen des Dramas lässt sich so darstellen:

„Maximilian, regierender Graf von Moor, hat zwei Söhne: Karl führt ein wildes Studentenleben in Leipzig; Franz, der Zweitgeborene, erreicht durch gefälschte Briefe, in denen Karl als steckbrieflich gesuchter Verbrecher verleumdet wird, dass der alte Moor seinen Sohn Karl enterbt und verflucht. Der enttäuschte und verbitterte Karl gehört einer Horde von Studenten an, die auf Vorschlag Spiegelbergs in den böhmischen Wäldern eine Räuberbande gründen; Karl wird zum Hauptmann gewählt. Franz versucht, seinen Vater, der die Verstoßung Karls bereut, in den Tod zu treiben: er lässt ihm durch Hermann melden, Karl sei als Soldat gefallen – der Schock macht den Vater ohnmächtig; Franz gibt ihn für tot aus, sperrt ihn in einen verlassenen Turm im Wald und übernimmt die Herrschaft. Vergeblich versucht er, Amalia, Karls Braut, die als Waise auf dem Schloss lebt, für sich zu gewinnen. In der Räuberbande gibt es zwei Gruppen: Karl hilft den Armen, rächt unschuldig Verfolgte und straft korrupte Minister und Advokaten; die Anhänger Spiegelbergs (der später als Verräter beseitigt wird) betreiben Überfälle, Raub und Vergewaltigung aus Lust am Luderleben. Die Bande wird von Militär umzingelt; es wird ihr Generalpardon angeboten, wenn sie ihren Hauptmann ausliefert. Karl ist bereit, sich zu opfern, doch Roller zerreißt den Pardon, und die Bande schlägt sich durch, wobei Roller umkommt. Kosinsky stößt neu zur Bande: Er hat ein ähnliches Schicksal wie Karl hinter sich, auch eine Braut namens Amalia, und dies bringt Karl zum Entschluss in seine Heimat Franken zu ziehen. Er lässt sich unter falschem Namen in das Schloss seines Vaters bringen, erkennt, dass ihn Amalia noch immer liebt, und wird von dem alten Diener Daniel über die Intrigen seines Bruders Franz aufgeklärt. Die Räuberbande lagert im Wald in der Nähe des Turmes und entdeckt den alten, dem Verhungern nahen Moor, als ihm Hermann heimlich Essen bringt. Karl schwört Rache; er beauftragt Schweizer, seinen Bruder Franz lebend zu ihm zu schaffen. Franz, von einer Vision des Jüngsten Gerichtes erschreckt, lässt Pastor Moser holen, um sich, im Streite mit ihm, von der Überlegenheit seines Unglaubens zu überzeugen – es gelingt ihm nicht, er bleibt im Todesschrecken. Die Räuber haben das Schloss angesteckt und dringen ein. Franz erdrosselt sich. Schweizer, da er Franz nicht lebend bringen kann, erschießt sich. Der alte Moor stirbt, als Karl sich als sein Sohn und als Räuberhauptmann zu erkennen gibt. Amalia will bei Karl bleiben, doch die Räuber verlangen, dass Karl seinen Schwur hält: „Opfer um Opfer! Amalia für die Bande!" Amalia bittet Karl, sie zu töten. „Karl", so schreibt Schiller in seiner Selbstrezension, „auch im größten Bedrängnis noch Mann, ermordet Amalien, die er nicht mehr besitzen kann, verlässt die Bande, die er durch dieses unmenschliche Opfer befriedigt hat, und geht hin, sich selbst in die Hände der Justiz zu überliefern."[54]

Gert Sautermeister gibt einige interessante Hinweise zum Verständnis der Figuren:[55]

„[...] Franz Moor, zweitgeborener Sohn des Grafen Maximilian von Moor, verkörpert wie keine andere Figur in Schillers Dramen den Zweifel an der bestehenden Ordnung der Welt, an einer das Walten Gottes offenbarenden Natur und an den Bindungskräften der Familie: *„Ich habe große Rechte, über die Natur ungehalten zu sein, und bei meiner Ehre! ich will sie geltend machen. – Warum bin ich nicht der erste aus Mutterleib gekrochen? Warum nicht der Einzige? Warum musste sie mir diese Bürde von Hässlichkeit aufladen? Gerade mir? ... Wirklich, ich glaube, sie hat von allen Menschensorten das Scheußliche auf einen Haufen geworfen und mich daraus gebacken!"* Hässlich, von Geburt benachteiligt und von der Erbfolge des gräflichen Hauses Moor ausgeschlossen, kündigt Franz Moor seine Loyalität zur eigenen Familie auf, verwirft den Begriff der *„Blutliebe"*, diesen *„possierlichen Schluss von der Nachbarschaft der Leiber auf die Harmonie der Geister"* und verwirklicht mit kalter Rationalität – *„das Resultat eines aufgeklärten Denkens und liberalen Studiums"*, so Schiller in einer Selbstrezension des Stücks – den Plan, sich auf Kosten seines Vaters und seines älteren Bruders Karl, des Erstgeborenen, zum Herrn zu erheben: *„Frisch also! mutig ans Werk! – Ich will alles um mich her ausrotten, was mich einschränkt, dass ich nicht Herr bin."* Um sein Ziel zu erreichen, setzt er jene Intrige ins Werk, mit der das Stück beginnt: Er unterschlägt einen Brief seines Bruders Karl, Lieblingssohn des alten Moor, und ersetzt ihn durch den schriftlichen Bericht eines angeblichen Gewährsmannes, wonach der genialische ältere Bruder, einst ausgezeichnet durch Gestalt, Geist und Charakter, zu einem steckbrieflich gesuchten Räuber verkommen sei, *„nachdem er zuvor die Tochter eines reichen Bankiers ... entjungfert und ihren Galan ... im Duell auf den Tod verwundet"* habe. Wahr ist, dass Karl nach stürmischen, von Schulden und provozierenden Streichen gezeichneten Studentenjahren in Leipzig einen Brief an den Vater geschrieben hat, worin er sein Elend und seine Reue bekennt (Schiller variiert mit diesem Handlungszug das biblische Motiv des verlorenen Sohnes). Dass der Vater diese grobe Fälschung nicht in Zweifel zieht und die Antwort an Karl dessen Bruder Franz überlässt, weist ihn, wie Schiller in seiner Selbstrezension ausführt, als *„klagend und kindisch"* aus, *„mehr Betschwester als Christ"*. Im zweiten Auftritt des ersten Aufzugs stellt Schiller sogleich Karl vor, womit sich die antithetisch konstruierte Handlungsführung des Dramas sofort entfaltet – jener permanente, durch heftige Steigerungen und Katastrophen führenden Wechsel der Szenen um Franz und Karl, dem das Schauspiel seine effektvollen Kontraste wie sein forciertes Tempo verdankt.

Karl stellt sich in der enthusiastischen Manier des Sturm und Drang zunächst als freiheitsdürstender, von zeittypischem Abscheu (*„Mir ekelt vor diesem tintenklecksenden Säkulum, wenn ich in meinem Plutarch lese von großen Menschen"*) an den provinziellen deutschen Zuständen erfasster Rebell dar, der aber zugleich geleitet ist von einer Idyllensehnsucht im Stile Rousseaus, mit der er das väterliche Heim und die dort auf ihn wartende Braut Amalia verklärt:

„Im Schatten meiner väterlichen Haine, in den Armen meiner Amalia lockt mich ein edler Vergnügen. Schon die vorige Woche hab ich meinem Vater um Vergebung geschrieben, ... und wo Aufrichtigkeit ist, ist auch Mitleid und Hilfe." Stattdessen erhält er einen unversöhnlichen Brief, den Franz angeblich auf Befehl des Vaters verfasst hat. Auch Karl fällt der Intrige zum Opfer; die beiderseitige Blindheit enthüllt die Brüchigkeit ihrer vermeintlich von *„Blutliebe"* getragenen Beziehung. Von Anfang an behauptet die Familientragödie sich als eine beherrschende Dimension des Stücks, und die väterliche Zurückweisung bedeutet zugleich die Absage an die bürgerliche Ordnung der Welt. [...]

„Man hätte drei Theaterstücke daraus machen können", bemerkte schon Schiller in seiner Selbstrezension des Stücks, das einerseits den tugendhaften politischen Verbrecher (*„Die grässlichsten seiner Verbrechen sind weniger die Wirkung bösartiger Leidenschaften als des zerrütteten Systems der guten."*) in der Manier des Sturm und Drang feiert, um ihn schließlich doch zugrunde gehen zu lassen und damit scheinbar die bestehenden Verhältnisse zu bestätigen, die in sich aber bereits problematisch geworden sind: Familie, Staat, Religion. Der Impuls der subjektiven Empörung, und darin unterscheidet sich das Stück vom frühen Sturm und Drang, relativiert sich abschließend durch die Anerkennung dessen, was als Moral und göttlich legitimierte Ordnung die Stabilität der Gesellschaft und des Staates garantiert; eben darin sieht Schiller, wie er auch in seinen theoretischen Schriften ausführt, eine der Aufgaben des Theaters."

 Es empfiehlt sich die Anlage einer *Synopse* für je eine der beiden Figuren.[56)]

1a/b

Franz Moor:

Aussehen/Alter/Kleidung	Auftreten	Sprechweise
– Hässlichkeit: Lappländernase, Mohrenmaul, Hottentottenaugen (Z. 21ff.)	– aufbegehrend (Z. 19f.)	– zupackend, energisch (Z. 8ff.)
– Fehlen von Liebenswürdigkeit, Charme, menschlicher Wärme	– anklagend gegen die Natur (Z. 19ff.)	– Selbstanrede (Z. 13ff.)
– ungefähr zwischen 20–25 Jahre alt	– fordernder Ton (z.B. Z. 19ff.)	– Fragen an sich und an die Zuhörer (z.B. Z. 20ff.)
– gepudertes Haar, sorgfältig nach der Mode des 18. Jh. gekleidet, Gegensatz zu seinem Aussehen	– entschiedene Handbewegungen zur Unterstützung seiner Gedanken	– Ausrufe (Z. 20ff., Z. 26)
	– abgefeimt, berechnend (Z. 9)	– Folgerungen ziehend (Z. 75ff.)
	– ironischer Triumph (Z. 9)	– Ironie (Z. 39ff.)
		– Bilder – Sprache (Z. 28f., 34f., 52ff.)

[55] Gert Sautermeister: Friedrich Schiller: Die Räuber. In: Kindlers Neues Literaturlexikon, hrsg. von Walter Jens, Bd. 14, S. 938ff. – München (Kindler) 1991.

[56] Interpretationshilfen: Friedrich Schiller: Die Räuber. In: Analysen und Reflexionen. Hollfeld/Ofr. (Beyer). Hans Schwerte: Schillers „Räuber". In: Deutsche Dramen von Gryphius bis Brecht, Interpretationen, Bd. 2. Hrsg. Josef Schillemeit. Frankfurt/Main (Fischer) 1965. Für dramaturgische Fragestellungen hilfreich ist Herta-Elisabeth Renk: Dramatische Texte im Unterricht: Vorschläge, Materialien und Kursmodelle für die Sekundarstufe I und II. Stuttgart (Klett) 1978.

Charaktereigenschaften	Absichten	Beziehungen zu anderen Personen
– hinterhältig, schadenfroh – zielstrebig in seinem Handeln (Z. 11ff.) – leidet an der „Zweitgeburt": ehrgeizig (Z. 20) – pocht auf das Recht des Stärkeren (Z. 57ff.) – Strebt *skrupellos* den Erfolg an: keine Bindung an Recht, Wahrheit, Gewissen (Z. 35ff., 48ff., 75ff.). – verachtet die Skrupulösen (Z. 47ff.) – kennt nur die Eigenliebe (Z. 64ff.) zynischer Nihilist unausgesprochene Gedanken – heuchelnde Fürsorge: Sieht seinen Vater als weichlichen alten „Trottel", – wünscht ihm den Tod, – Intrige gegen den älteren Bruder geplant, – will das Erbe allein antreten.	– planvolles Vorgehen bei der Intrige gegen den Bruder (Z. 3ff., 11ff., 75ff.) – will den Vater umbringen (Z. 17) – Amalia gewinnen (Z. 17f.) – erhebt Anspruch auf gleiches Recht, sein eigenes Leben zu gestalten (Z. 31f.) – will Herr ohne Schranken werden über seine Mitmenschen (Z. 42ff., 75ff.) – Anklage gegen die Gesetze der Natur, sie widert ihn an (Z. 66ff.) – Freiheit als schrankenlose Willkür (Z. 64f.)	Vater: verachtet ihn, will seinen Tod (Z. 56ff.) Bruder: Hass auf seine Fähigkeiten, (Z. 11) Vorzüge Kennt keine Liebe und Zuneigung als Sohn und Bruder (Z. 50ff., 56ff.)

Karl Moor:

Aussehen/Alter/Kleidung	Auftreten	Sprechweise
– groß gewachsen, volle Haarpracht – ohne Perücke mit offen getragenem Haar – sportlicher Typ: athletisch durchtrainiert – geschmeidig – lockere Bewegungen – trägt offenes Hemd, eng anliegende schwarze Lederhose und schwarze Stulpenstiefel – leidenschaftlich funkelnde Augen	– emphatisch in den Gesten: Legt schwungvoll das Buch weg (Z. 3). – Geht heftig auf und ab: rasche Handbewegungen, – abrupte Kehrtwendungen – temperamentvoll – Unterstreicht mit dem Degen seine Anklagen. → zeigt eine Trotzhaltung in seiner Anklage	– leidenschaftlich, anklagend – ironisch-zynischer Ton – klagt die Schwächen seiner Zeitgenossen an (Z. 6ff., 16ff.), – Gebrauch von Bildern (Z. 10, 16ff., 22f., 40ff.) – Spott (Z. 19) – Ausrufe (Z. 22, 36ff., 40f.) – Aufzählung von Beispielen (Z. 6ff., 27ff., 40ff.) – Aufbegehren, Vorwürfe (Z. 3f., 6ff., 27ff.) – Stammeln (Z. 37) – Selbstanrede (Z. 40ff.) → pathetische Diktion

Charaktereigenschaften	Absichten	Beziehungen zu anderen Personen
– leidenschaftlich (Z. 6ff., 27ff., 40ff.) – fordernd – aufbegehrend – protestiert gegen die Mittelmäßigkeit seiner Zeitgenossen und gegen die Zwänge seiner Zeit (Z. 6ff., 16ff., 27ff., 40ff.) – verachtet zaghaftes Verhalten und Angepasstheit (Z. 6ff., 40ff.) – begeisterungsfähig (Z. 40ff.) – kontaktfreudig – maßlos in der Wirklichkeitswahrnehmung unausgesprochene Gedanken – Hoffnung auf eigenen Ruhm, Größe, „Genie" – Hoffnung auf gesellschaftliche Veränderung – Erwartung, dass die eigene Begeisterung ansteckt – Hoffnung auf die Gnade des Vaters	– Lobpreis auf die Größe der antiken Helden und mythischer Gestalten, – will sich von der Dumpfheit und Kleinheit seiner Zeit abheben (Z. 6ff., 16ff., 22ff., 27ff.), – wilder individualistischer Anarchismus (Z. 40ff.), – berauscht sich an seiner eigenen Begeisterung, – rüde Anklage des eigenen Zeitalters: Alltäglichkeit, Bürgerlichkeit, Mäßigung, geordnetes Leben. → kraftmeierischer Anarchist	– lebt in einer Gruppe Gleichgesinnter. – Liebe zu seiner Verlobten Amalia, – erhofft die Verzeihung seines Vaters

2 Die Schüler könnten etwa folgende Gesichtspunkte miteinander *diskutieren* oder in *Partnerarbeit* skizzieren:
Die Brüder erleben eine behütete Jugend auf dem väterlichen Schloss:
– spielen und reiten gemeinsam; nehmen an den Festen auf dem Schloss teil.
– Karl ist der bessere Sportler; von freundlichem Wesen; gut aussehend und spielt zur Laute.

– Karl wird wegen seines angenehmen Wesens vom Hof und den Eltern bevorzugt.
– Karl wird von den Frauen bevorzugt.
– Franz spürt die Ablehnung; entdeckt mit zunehmendem Alter seine unsympathische Wirkung auf die Mitmenschen.
– Franz verlegt sich auf „geistiges Räsonieren", Zynismus, Sarkasmus und Spott, um überlegen zu wirken.

3a/b Bei dem *Inszenierungs-Entwurf* kommt es vor allem auf die innere Stimmigkeit der Inszenierungsvorschläge an. Die Schüler können z.B. für die Szene I,2 als Anregung die beiden Szenen-Fotos betrachten und zu den verschiedenen Inszenierungs-Konzeptionen Ausführungen zum Bühnenbild, zur Beleuchtung oder zur Musik skizzieren und Regieanwei-sungen formulieren. Zudem besteht die Möglichkeit, sich im Internet über Regie-Konzeptionen zu informieren.

Zur Anregung für die *Gruppenarbeit* sollen einige **historische Regiekonzeptionen** mit dem Schwerpunkt auf den beiden Hauptfiguren vorgestellt werden:

Zeit	Franz Moor		Zeit	Karl Moor
um 1800	– Romantischer Deutungssatz: • gebrochener Charakter als elegante Horror-Figur mit satanischen Zügen, • ein hoheitsvoller Teufel, ein Ungeheuer mit Majestät, das Ideal des Grauens.		1889	– Heldische Rollenauffassung: Ein verstoßener Rebell verlangt sein Recht mit gefühlvoll-ironischer Sprache.
um 1910 Paul Wegener	– Franz als „Wüterich": mit „rotem Schopf" und breiter Fresse und Gallenfarbe. → gehört ins Reich der Unzurechnungsfähigkeit		1926 Erwin Piscator	„Die Räuber" als Revolutionsereignis: Karl Moor als Revolutionär aus privatem Antrieb
1932 Leopold Jeßner (Berlin)	Franz Moor verkörpert den „Fluch der Intellektualität".			
1944 und 1951 Gustav Gründgens (Düsseldorf)	Franz eine Spottgeburt aus aggressiver Lust, mit gefährlichem Charme; ein Drahtzieher von teuflischer Intellektualität.			
1949 und 1963 Hanns Messemer (Hannover)	Einer der besten Darstellungsversuche: vgl. folgenden Auszug			

„Messemer kam nicht mit dem fertigen Bild einer Figur auf die Bühne. Er war nicht der Satan oder der Dämon, auch nicht der gottlose Zyniker oder der sich rächende Zukurzgekommene, und wie immer die Versionen benannt werden mögen, in denen die Erinnerung an andere Schauspieler die Rolle sieht. Er spielte, überspitzt gesagt, überhaupt nicht die Figur, sondern deren Denkvorgänge, Reaktionen, Empfindungen, Planungen. Da er jede einzelne Szene mit dem Vorsatz höchster Genauigkeit, gespanntester Konzentration und völliger Identifikation anging, musste sich daraus wohl notwendigerweise das Bild der Figur ergeben, die Schiller vor Augen gehabt hatte, als er die einzelnen Szenen entwarf. [...] Er versuchte also nicht, Franz zu ‚sein'; er ‚spielte' dessen Denkvorgänge, Reaktionen, Empfindungen, Planungen. Es war eine erstaunliche Person, die dabei herauskam. Und sie erwies sich bei der Nachprüfung anhand des Textes als nicht nur denkbar, sondern als richtig. ‚Der kalte, hölzerne, trockene Franz' – so, sagt er von sich selbst, erscheine er der Welt, und so sei er nicht. Er ist es nicht, obwohl das, was er in diesem Moment wirklich zu sein vorgibt, die reine Lüge ist. Franz ist kalt in der Gefühllosigkeit seines Planens, aber dieses selbst entspringt einer gierigen Hitze. Er ist hölzern in seiner sperrigen Körperlichkeit – manch-

mal glich Messemer in dem das Knochige unterstreichenden Kostüm mit den schwarzen Strümpfen einer Spinne –, aber er federt und wippt und springt, wenn er die List, die Lüge, das Böse ausübt: er probiert es aus, während er es tut, stets bereit, sich mit elastischer Schnelle zu korrigieren, zurückzunehmen oder voranzutreiben, das Steuer herumzuwerfen oder erst recht aufs Ziel loszufahren. Er ist trocken in der Brutalität, als ein Sadist, der nicht einmal imstande ist, den Sadismus zu genießen. [...] Er entschuldigt das Böse nicht etwa durch eine eingewachsene Hässlichkeit, für die das Geschöpf ja nicht könnte. Ohne den Seidenrock und das Jabot würde sich dieser Mensch nicht von den SS-Mördern unterscheiden: er besitzt, auf den ersten Blick, die gleiche Farblosigkeit. Das Böse ist stumpf. Es will gar nicht ‚groß' sein.

Der moderne Schauspieler Messemer reduziert also das Format der Figur im Geiste einer Generation, auf die das Satanische keinerlei Faszination mehr ausübt. Und er gibt ihr mit der nervösen Reizbarkeit, die jede ihrer Aktionen und Reaktionen unterhalb der Bewusstseinsschicht nicht nur bestimmt, sondern geradezu produziert, eine Glaubwürdigkeit, in der wir das Wirken des Bösen in unserer Zeit erkennen. [...]"

Zeit	Franz Moor	Karl Moor
1966 Regie Peter Zadek (Bremen) (s. SB, S. 184)	Zadek arbeitet den pubertären Aspekt des Dramas heraus und verfremdet mit Pop-Mitteln mit der Grundtendenz: „höheres Indianerspiel" (Thomas Mann). Bühnenbild: Zitat aus den Comic-Tafeln Roy Lichtensteins, Franz wurde als verkrümmte und verkrüppelte Horror-Figur dargestellt.	Karl wird als eleganter Supermann dargestellt. Der Text wurde wie „Sprechblasen" gesprochen.
1968 Hans Lietzau (München) (s. SB, S. 184)	Franz als Bösewicht aufgefasst, der scharf zweckorientiert denkt und immer isoliert wirkt.	Karl Moor als dominante Figur, der seinen Dialog hervorpresst. Die Bande lagert unter den symbolhaft von der Bühne hängenden Stricken in einem Zustand des „Erschöpft-Seins".[57]

---

[57] Nach Henning Rischbieter: Schiller, Bd. 1: Von den „Räubern" bis zum „Don Karlos", S. 8off. In: Friedrichs Dramatiker des Welttheaters, Bd. 52. – Velber (Friedrich) 1969.

Seite 188

TA

Dichter/Kriterien	Aufgaben/Wirkung	Gestaltungsmittel	Verhältnis zur Wirklichkeit
1. Schiller:	– Über das Verhalten der Menschen richten: Unrecht, Missetaten der Mächtigen, Furcht der Menschen; – ‚heilsame Schauer‘ sollen ergreifen.	– Zeigt in drastischen Bildern die Missstände, das Fehlverhalten auf.	– Entlarvt die Wirklichkeit. – Die Aufgabe der Bühne beginnt jenseits der wirklichen Welt vor dem Gewissen des Einzelnen.
2. Goethe:	Shakespeare als Vorbild: – zeigt die „prätendierte Freiheit" im Konflikt mit dem notwendigen Gang des Ganzen; – den Menschen in seiner ‚kolossalen Größe‘ zeigen.	– Ablehnung des regelmäßigen Theaters der drei Einheiten als Fesseln der Einbildungskraft; – den natürlichen Menschen zeigen.	– Erkennen der Wirklichkeit als „Raritätenkasten".
3. Lenz:	– Zeigt die Stellung, die Aufgaben des Menschen im „Rad" der Gesellschaft. – Mensch als vorzüglich künstliche kleine Maschine in der großen Maschine Welt; – Mensch als Spielball der Mitmenschen; – Zeigt, wie der Mensch in eigenständigem Handeln seine Freiheit gewinnt.	– Zeigt den handelnden, kraftvollen Menschen: den kolossalen Menschen, vgl. Goethe. – Zeigt das wahre Leben in den Empfindungen.	– Handeln ist die „Seele der Welt": begründet die ‚Gottähnlichkeit des Menschen‘. – Macht den Menschen zum ‚Gott‘ über die Welt.
4. Gottsched:	– Die Wahrheit anhand einer Fabel aufzeigen.	– Sinnliche Darstellung eines moralischen Lehrsatzes; – berühmte geschichtliche Figuren als Vorbilder, um den Figuren Ansehen zu geben; – Einteilung der Fabel in etwa fünf gleiche Teile; – Anordnung nach dem Prinzip der Folgerichtigkeit.	– Prinzip der Wahrscheinlichkeit.
5. Lessing:	– „**Tragödie** soll Leidenschaften erregen"; – Tragödie soll die Fähigkeit des Zuschauers erweitern, Mitleid zu fühlen; – Führt zur Besserung des Menschen, fördert seine Tugend; – **Komödie** soll helfen, die Arten des Lächerlichen zu erkennen.	– Erregung von Mitleid auf vergnügliche Weise: ‚prodesse et delectare‘ gehören zusammen.	– Der „mitleidigste Mensch" ist der beste Mensch für alle gesellschaftlichen Tugenden. – Fördert den wohlerzogenen und gesitteten Bürger; darin liegt sein Nutzen für die Gesellschaft.

5 Die Schüler sollen *erörtern*, welche Vorstellungen über die Wirkung des Theaters heute noch relevant sein können. Folgende Gesichtspunkte sollten bei der Diskussion berücksichtigt werden. Die Schüler können feststellen, dass die Vorstellungen von Schiller und Lenz auch heute noch Gültigkeit besitzen.

Grundsätzlich ist festzuhalten, dass das moderne Theater von veränderten Bedingungen ausgehen muss:

1. Der Verlust sicherer Orientierungsmöglichkeiten in unserem Leben verlangt den Wechsel einer perspektivischen Darstellung: Es kann z.B. gezeigt werden, unter welchen Zwängen die Menschen handeln; es können die „Absurditäten" im menschlichen Verhalten deutlich gemacht werden.

2. Der Zerfall objektiver Prinzipien für das menschliche Handeln macht die Form der Tragödie unmöglich, wovon Friedrich Dürrenmatt überzeugt gewesen ist.

3. Der Mensch ist zu zeigen im Zustand seiner Ohnmacht: Dem modernen Drama ist der sog. „Gegenspieler" abhanden gekommen.

4. Das moderne Drama stellt den „vereinsamten Menschen" dar, z.B. auf der Suche nach Freiheit. Damit ist den Figuren des modernen Dramas ihre Fähigkeit zum Dialog weitgehend abhanden gekommen.

Es stellt sich die Frage, welche Ziele das gegenwärtige Theater sich setzen und was es leisten kann. Hier sollten vier Aspekte diskutiert werden:

1. Theater als Widerspruch zur bestehenden Wirklichkeit
2. Theater als Vorstoß zur Wahrheit
3. Theater als Gegenwirklichkeit im Spiel
4. Das Theater muss seine Grundfunktionen erfüllen, nämlich die der Unterhaltung.

S. 188–195: II,3. „Leben wir in einem aufgeklärten Zeitalter?" (Immanuel Kant) – Wirkungsgeschichte einer Großepoche und Problemerörterung

---

In dieser abschließenden Teilsequenz soll nochmals eine Reflexionsphase über die gesamte Epoche der Aufklärungszeit und über die Geschichte sowie die Entwicklung aufgeklärten Denkens initiiert werden. Die Texte sollten nicht ‚analysiert' werden, sondern sind als Anregung für eine abschließende Diskussion gedacht. Auch können die Schüler sich auf einige zentrale Thesen und Bildeindrücke beschränken, um so eine zielgerichtete und konzentrierte Diskussion zu führen.

Die **Problemerörterung** über eine Aussage des Philosophen Martin Buber, „dass die Zukunft des Menschen als Mensch von einer Wiedergeburt des Dialogs abhängt", fordert die Schüler zu einem Rückblick und zu einem Ausblick in unsere Zeit auf.

Mögliche Ziele:

1. Bilder beschreiben und ihre Bezüge zur Aufklärung herstellen sowie beurteilen
2. Ein eigenes Bild von Aufklärung entwerfen und auf Kants Frage eine Antwort versuchen
3. Die Verfahrensweise der Erörterung anwenden

Seite 188

Bilderläuterungen:

Susanne Gayer erläutert die Strichradierung „Der Traum (Schlaf) der Vernunft gebiert Ungeheuer" von **Francisco de Goya:**[58]

Die caprichos

„Eine Sammlung von Drucken mit kapriziösen Motiven, erfunden und in Ätzkunst ausgeführt von Don Francisco de Goya." So kündigte Goya seine *caprichos* am 6. Februar 1799 im *Diario de Madrid* an (es war damals durchaus üblich, für Grafiken in der Presse zu werben). Kaufen konnte man die Blätter in einem Parfüm- und Likörladen in demselben Haus, in dem Goya wohnte. Eine „Kritik der menschlichen Verirrungen und Laster", „Themen aus der Vielfalt der Absonderlichkeiten und Torheiten, denen man in jeder Ansammlung gesellschaftlicher Wesen begegnet", schrieb Goya. Er warb für seine Arbeiten als ein Werk der Fantasie, ohne die Absicht, Einzelpersonen lächerlich machen zu wollen. Man kann allerdings davon ausgehen, dass die spanische Öffentlichkeit Goyas versteckte Anspielungen auf Hof und Gesellschaft genau zu deuten wusste, denn es kursierten Blätter, auf denen Namen und Kommentare hinzugefügt worden waren. Goya ging es jedoch nicht in erster Linie darum, einzelne Personen bloßzustellen, die *caprichos* stellten vielmehr eine allgemeine Kritik der Missstände der spanischen Gesellschaft dar. Die Serie besteht aus 80 Radierungen, kombiniert mit Aquatinta, und zeigt in satirischer Weise die Fehler der Gesellschaft auf. Goya prangert menschliche Torheiten und Vorurteile an, übertriebenen Ehrgeiz und Bestechlichkeit, erotische Beziehungen, von Eitelkeit, Lüge und Kuppelei geprägt. Die *caprichos* enthalten bissige Attacken gegen Mönche, Priester und Kirche, die Machenschaf-

ten der Inquisition, das Schmarotzertum des Adels und Anspielungen auf Skandale und Machtmissbrauch am Hof. Aber auch mit Dummheit und Aberglauben quer durch alle Schichten rechnet Goya ab. [...]

Das Blatt Nr. 43 (Druck und Vorzeichnung)

„Der Schlaf der Vernunft gebiert Ungeheuer" (El sueño de la razon produce monstruos), sollte ursprünglich das Titelblatt der Serie werden. Ein Mann – Goya selbst – lehnt sich, den Kopf auf die Arme gelegt, auf einen Tisch, in der Vorzeichnung noch deutlich als Arbeitstisch mit Druckplatten gekennzeichnet. Über ihm steigen die Geschöpfe seines Traumes auf, Eulen, Fledermäuse und eine Katze. Sie kommen als schwarze Schatten aus dem Hintergrund, die ersten haben den Schlafenden schon erreicht und treten aus dem Dunkel hervor ins Licht. In einem großen Bogen fliegen sie nach vorne, die große Fledermaus am oberen Bildrand führt den Schwarm an. Man kann sich vorstellen, wie sich die Tiere im nächsten Moment auf den Schlafenden stürzen.

Die Komposition der Radierung wirkt sehr eindringlich. Durch den krassen, fast scheinwerferartigen Hell-Dunkel-Kontrast bekommt das Bild etwas Aggressives, Beklemmendes. Die Dunkelheit führt den Blick in die Tiefe, während der Schlafende und die vorderen Vögel sich fast weiß dagegen abheben.

Goya bediente sich bei den *caprichos* des Aquatintaverfahrens, um ganze Flächen rasterartig zu verdunkeln. Damit kam zu den grafischen Mitteln der Linie und der Schraffur die gleichmäßig getönte Fläche hinzu. Sie ermöglichte Goya, je nach Dichte des Rasters, eine fast malerische Wirkung durch verschiedene Tonstufen zu erzielen.

In der Radierung tritt der Kontrast zwischen hellen und dunklen Flächen deutlicher auf als in der Federzeichnung. Die Tiere wirken bedrohlicher, greifbarer. Die Strahlen, die in der Vorzeichnung vom Kopf des Schlafenden ausgehen mit den darin erscheinenden Gesichtern und Fratzen, fallen bei der gedruckten Fassung weg, möglicherweise um der prägnanteren Bildwirkung willen. Die linke obere Ecke erscheint als leere Fläche, das Bild wird dadurch leichter lesbar.

Goyas Radierung ist vieldeutig, die Dämonen, die ihn bedrängten, waren nicht allein psychischer Natur. In einer Unterschrift auf einer weiteren Vorzeichnung von 1797 machte er den gesellschaftskritischen Aspekt deutlich: „Der träumende Autor. Seine einzige Absicht ist, schädliche Gemeinplätze zu verbannen und mit diesem Werk von Caprichos das unerschütterliche Zeugnis der Wahrheit zu verewigen."

Hexen, Tod und Teufel – Aberglaube und Aufklärung in Spanien

Das Spektrum der *caprichos* reicht von drastischen, realistischen Darstellungen über groteske, karikaturhafte Übertreibungen bis hin zur Dämonisierung der Wirklichkeit. Tiere, die den Menschen beherrschen, Hexen, Kobolde und Gespenster tauchen auf und mit ihnen kommt das Unbewusste, Dämonische der menschlichen Natur zum Vorschein. Banale Geschehnisse bekommen etwas Beunruhigendes, Goya wollte das gedankenlose Vertrauen in das so genannte „normale Leben" erschüttern.

Darstellungen von Fledermäusen, Hexen und anderen magischen Gestalten waren Goyas Zeitgenossen durchaus verständlich. Die Menschen glaubten tatsächlich an Zauberei und Versuchungen des Teufels. In einem Blatt der *caprichos* beraubt eine Frau einem Gehenkten seiner Zähne, weil diese als Zaubermittel für die Liebe galten. „Bedauerlich, dass das Volk solchen Unsinn glaubt", schrieb Goya darunter.

---

[58] Susanne Gayer: Francisco de Goya (1746–1828): Der Traum (Schlaf) der Vernunft gebiert Ungeheuer 1797/98. Aquatinta, geätzte Strichradierung, Blatt: 31,1 x 22,0 cm, Madrid, Prado. In: Meisterwerke der Kunst, hrsg. zur Förderung des Kunstunterrichts von dem Landesinstitut für Erziehung und Unterricht Stuttgart mit Unterstützung des Ministerium für Kultus und Sport Baden-Württemberg, Folge 42/1994, S. 10. – Villingen (Neckar-Verlag) 1994.

Die Hexen und Spukgestalten der *caprichos* richteten sich satirisch gegen den im Volk verwurzelten Aberglauben. Die Kirche trug noch zu seiner Verbreitung und Bestätigung bei, indem sie Hexenprozesse und -verbrennungen abhielt. Der Glaube an Hexen und Zauberei war bestens geeignet, das Volk in Dumpfheit und Angst zu halten.

Die liberalen Ideen der Aufklärung, die mit der Französischen Revolution nach Spanien kamen, kritisierten die mangelnde Bildung der Bevölkerung und forderten Anhebung des allgemeinen Wissens und der Schulbildung. Aufklärerische Ideen fassten in Spanien jedoch nur im Kreis der Intellektuellen Fuß. Während andere Länder sich öffneten und sich das Leben im übrigen Europa veränderte, verhinderte die Inquisition in Spanien durch Zensur und unerbittliches Vorgehen gegen Andersdenkende die Verbreitung liberaler Ideen. Das politische Denken blieb dem Mittelalter verhaftet, die Zahl der Universitäten war rückläufig, aufklärerische Schriften wurden verboten.

Vor diesem Hintergrund bekommt die Inschrift der Radierung den Charakter eines Programmsatzes, in dem die Vernunft als Basis menschlichen Handelns gefordert wird, als Gegenpol zu Unvernunft und mangelnder Einsicht, die den Fortschritt behindern. In der Vorzeichnung ist dieser Gedanke durch Lichtstrahlen um den Kopf des Künstlers verdeutlicht. [...]

Ebenso sehr wie den Aberglauben kritisierte Goya auch Bigotterie und den doktrinären Glauben, die Spukgestalten der *caprichos* stehen auch für das Gespenst der spanischen Inquisition. Religiöser Fanatismus erschien ihm so schlimm wie der Teufelsglaube selbst, anstelle des unkritischen Glaubens sollte der kritische Verstand das Handeln bestimmen.

Zwischen den Stühlen

Als Goya im Alter von 51 Jahren die *caprichos* anfertigte, hatte er bereits eine steile Karriere hinter sich. 1786 wurde er zum königlichen Maler, drei Jahre später zum Hofmaler ernannt. Er war ein gesuchter Porträtist der spanischen Gesellschaft und hätte getrost als Hofbeamter einen geruhsamen Lebensabend verbringen können.

Stattdessen schuf er mit den *caprichos* eine scharfe Satire auf Gesellschaft, Hof und Kirche, deren Veröffentlichung für ihn nicht ungefährlich war. [...]"

Einige Deutungshinweise zu **Giovanni Battista Piranesis** „Carceri d'invenzione":[59]

„[...]
III.
Das Bauwerk ist charakterisiert durch das zyklopische Mauerwerk und den Labyrinthcharakter des Raums.
Es sind riesenhafte Steinblöcke, die da aufeinander getürmt sind. Die Figuren, die als schwarze Schatten an den Treppenläufen hinaufsteigen und von einer Brücke über das Geländer in die Tiefe blicken, geben den Maßstab. Die Blöcke sind in den Auflageflächen und der Wandstärke, also auf vier Seiten sorgfältig zugehauen. Aber in der Pfeilerbreite kragen sie wie für die Verzahnung im durchgehenden Wandverband unregelmäßig aus und geben dem Ganzen den auffallenden Charakter, bei dem der einzelne schwere Steinblock nicht völlig in den Pfeiler eingegliedert ist. Er bleibt für sich als Einzelblock betont, und das ganze Bauwerk erhält den Charakter des Schweren und Zyklopischen.
Zu der Schwere und Wucht des Steins kommt das unübersicht-

lich Labyrinthische des Raums. Dieser Eindruck entsteht durch die dichte Fülle der Bauglieder mit all ihren Überschneidungen. Der Blick muss sich immer neu ansetzend in den Raumabschnitten durch die Bauglieder in eine Tiefe zwängen, die nirgends zu Ende ist.
Für einen Innenraum ist es auffallend, dass Piranesi eine Übereckperspektive mit zwei Fluchtpunkten benützt. Sie hat in diesem Blatt all ihre festen Elemente, den Horizont und die Fluchtpunkte außerhalb der Bildfläche. Der Horizont liegt noch unter dem Bildrand, und dem Betrachter ist damit ein Platz für einen Blick aus der Tiefe angewiesen. Er steht an irgendeinem Geländer über dem Abgrund.
Es bleibt ganz unbestimmt, aus welcher Tiefe die Treppen kommen oder in welche Tiefe sie führen. Auch nach rechts und links und oben gibt es keine festen Grenzen. Der Bildraum ist ein Ausschnitt aus einem riesigen Labyrinth, in dem der Mond aus irgendeiner Öffnung hoch oben einfallend zyklopische Glieder geisterhaft beleuchtet. [...]
V.
Die Radierung ist das Blatt von in einer Serie von 16 Blättern, die Piranesi „Carceri d'invenzione" betitelt hat, also „erfundene" Gefängnisse. Es sind Visionen von Kerkeranlagen, eine finstere Welt, in die hier der Mensch gestoßen wird, der er ausgeliefert ist, die ihn überwältigt. Die Mauern sind so schwer und fest, dass bei ihrem Anblick jede Hoffnung erstickt, man könne hier je mit Gewalt ausbrechen. Dazu ist es ein unüberschaubares riesiges System, aus dem es keinen Ausweg gibt. Wohin man auch über die Treppen und Brücken kommt, bleibt die Situation, in der man sich findet, die gleiche.
Wenn man sich einen Überblick verschaffen und im Zusammenhang des Ganzen orientieren will, wird einem schwindelig. Man verliert die Fähigkeit, klar zu sehen, den Bau, seine logische Struktur. Man erliegt einer Halluzination. Die Kumulierung der Effekte macht die Hölle: Lasst alle Hoffnung fahren, wenn ihr hierher geraten seid. Es gibt kein Entrinnen. [...]
VII.
Giovanni Battista Piranesi ist 1720 in Venedig geboren. Sein Vater war Steinmetz. Der Bruder seiner Mutter war Tiefbauingenieur; von ihm ist Piranesi als Architekt ausgebildet worden. Dazu kamen für seine spätere Arbeit wichtige Erfahrungen im Atelier eines Malers und bei einem Bühnenarchitekten.
1740 kam er im Gefolge der venezianischen Gesandten beim Heiligen Stuhl zum ersten Mal nach Rom. Er war als Zeichner engagiert. Damals wohnte er im Palazzo Venezia. Bald nach 1745 ist er endgültig nach Rom übergesiedelt. Von da an befasste er sich fast ausschließlich mit Bauaufnahmen der großen Bauten der Vergangenheit, vor allem mit den antiken Ruinen. 1756 erschien sein erstes vierbändiges Werk über die römischen Altertümer. Die Bände waren schnell als Bildbände des berühmten Reiseziels in ganz Europa verbreitet."

 Vor der *Bildbetrachtung* sollten die Schüler darauf hingewiesen werden, dass „el sueno" sowohl „Traum" als auch „Schlaf" bedeuten kann. Die Schüler können etwa folgende Beobachtungen festhalten:
Zu sehen ist im Zentrum ein über seinen Arbeitstisch gebeugter Mann, der von vogel- bzw. fledermausartigen Wesen umflogen wird, die allerdings katzenartige Gesichter besitzen. Rechts unten sitzt eine große Katze und schaut aufmerksam auf den schlafenden bzw. träumenden Mann. Die Deutung des Titels bietet folgende Möglichkeiten:

– Es treiben ungeheuerliche Fabelwesen ihr Unwesen, wenn die Vernunft schläft, die Kontrolle verliert und nicht mehr sorgfältig über die menschlichen Schwächen wacht.
– Träumt die Vernunft, so kann sie auch Ungeheuerlichkeiten hervorbringen.
Einige ergänzende Hinweise von Seiten des Lehrers können für die Schüler hilfreich sein.

59 Karl Bertsch: Giovanni Battista Piranesi: „Kerker" (um 1761). In: Meisterwerke der Kunst, hrsg. mit Unterstützung des Kultusministerium Baden-Württemberg zur Förderung des Kunstunterrichts vom Institut für Bildungsplanung und Studieninformation, Stuttgart. – Villingen (Necker-Verlag) 1972 Folge 20, S. 17ff.

Seite 189

2 *Schlegels* Kritik lässt sich in folgende **Thesen** fassen:

– Den Aufklärern geht es um pragmatische Ziele: Brauchbarkeit, Anwendbarkeit.
– Die Aufklärer beschränken sich auf „sichere" Einsichten, lehnen jedes spekulative Fragen ab. Das Prinzip der Nützlichkeit ist die Schranke.
– Die „Welt wird als Rechenexempel" verstanden.

Als Hauptgedanken des **Lexikonartikels** (SB, S. 190) können genannt werden:

Definition: Aufklärung wird als jede Form von Belehrung seit dem 18. Jahrhundert mit folgenden Merkmalen, die kritisch bewertet werden, verstanden:

– Rationalistisch-ungläubig: Lehnt den christlichen Glauben ab
– Löst die Vernunft von der Offenbarung
– Die Wurzeln der Aufklärung liegen bei den englischen Deisten und französischen Enzyklopädisten sowie in den protestantischen Gebieten Deutschlands,.
– Verbreitung vor allem bei den Philosophen und Schriftstellern in Preußen z.Zt. Friedrichs II.
– Vordringen der Aufklärung von Norden in katholische Teile Deutschlands
– Ende des 18. Jahrhunderts herrschte an allen katholischen Universitäten die „seichteste Aufklärung".
– „Verflachung" und rationalistische Umgestaltung aller katholischen Dogmen und Einrichtungen
– Bedauern, dass auch in der Liturgie alles „eigentümliche Katholische und Christliche" beseitigt wurde.

Tendenz des Artikels: Ablehnung der Ideen der Aufklärung von einem konservativ katholisch-christlichen Standpunkt aus.

3a Günter Grass' Auffassung vom „Traum der Vernunft":
Günter Grass spricht in seiner Ausgangs-These vom „Elend der Aufklärung" als zentralem Diskussionspunkt (Z. 8f.). Denn:
1. Im Traum gebiert die Vernunft Ungeheuer oder
2. schläft die Vernunft, so haben die nächtlichen Ungeheuer Freiräume, d.h. die Ziele der Aufklärung werden in Frage gestellt.

Erläuterungen zu
1: Der vernunftbegabte Mensch kann mit seiner „träumenden Vernunft" Utopien als Schreckensherrschaften entwerfen (Z. 16), z.B. scheinbar rational begründete politische Ideologien.
2: Den Menschen darf die Vernunft nicht einschlafen, weil sonst irrationales Verhalten dominieren könnte.

Einwand: Eine überwache Vernunft kann die Einbildungskraft und Fantasie infrage stellen, ein „kaltes Licht" ausstrahlen (Z. 35).

2 *Nietzsche:* Der „tolle Mensch" sucht den dem Menschen abhanden gekommenen Gott der Welt:

Er *kündigt* an und *verkündet* den „Tod Gottes", den die Menschen getötet haben.
Er fragt nach den *Folgen:* Zustand der Leere/Orientierungslosigkeit; Nihilismus.
Hier kann rückgreifend auf Benns Gedicht „Verlorenes Ich" und auf Raffaels „Disputa" verwiesen werden.
Grass: Traum der Vernunft
Die Deutung kann in zwei Richtungen gehen:
– Die Vernunft erträumt sich ‚Ungeheuer'.
– Weil die Vernunft schläft, macht sich Unvernunft breit.

Seite 191

4a Die Ausführungen von Karl Bertsch enthalten Hinweise zur Bildstruktur und ihrer Deutung von Piranesis „Gefängnis"(LB, S. 271).

4b Diese Aufgabe hat zusammenfassenden Charakter: Die Schüler sollten in *Gruppenarbeit* nochmals die einzelnen Kapitel rekapitulierend durchblättern und sich Notizen machen, welche Ziele die Philosophen und Schriftsteller der Aufklärungszeit hatten und sich dann entscheiden, welche sie persönlich für „ihr Bild" von Aufklärung wichtig halten. Sie sollten ebenfalls überlegen, welche Entwicklung aufklärerisches Denken als geistiger Prozess in den letzten beiden Jahrhunderten genommen hat. Sie können die Errungenschaften aufgeklärten Denkens in Staat und Gesellschaft für dein einzelnen Menschen und auch die negativen Erfahrungen der vergangenen zwei Jahrhunderte einander gegenüberstellen.
Diese abschließende Diskussion kann die Beschäftigung mit Karl Jaspers Text fördern (s. K 8 , LB, S. 288).
Als Diskussionsgrundlage werden die Gedanken des Philosophen Karl Jaspers über wahre und falsche Aufklärung einander gegenübergestellt:

Wahre Aufklärung	Falsche Aufklärung

– Die vorgegebenen „Wahrheiten" auf ihren wahren Wesensgehalt befragen,
– Freiheit des einschränkungslosen Fragens und Forschens,
– Kampf gegen überkommene Vorurteile,
– unbegrenztes Bemühen um Einsicht,
– kritisches Bewusstsein von der Art und der Grenze jeder Einsicht,
– Verstand als Mittel zur Einsicht,
– Suche nach Wegen zum Ursprung der Einsicht,
– Einsicht auch in die Grenzen des Verstandes.
→ Aufklärung wird als ein Prozess der Selbst-Findung verstanden.
	– Vorwürfe:
	  – zerstörte Überlieferung,
	  – löst Glauben auf und führt zum Nihilismus;
	  – Freiheit als ein Mittel zur Willkür verstanden.
	– Alles Wissen, Handeln und Wollen ist ausschließlich auf den Verstand gegründet.
	– Sie setzt partikulare Erkenntnisse des Verstandes absolut.
	– Sie verführt das einzelne Individuum, sein Wissen autonom zu setzen als Richtschnur seines Handelns.
	– Verabsolutierung des Wissens.
	– Irrtum falscher Aufklärung, dass der Verstand aus sich selber allein Wahrheit und Sein erkennen könne.

(Texterörterung als zusätzliche Übung: K 9 , LB, S. 288)

Seite 192

5 Diese **freie Problemerörterung** (vgl., LB, S. 23f.) stellt im Schülerbuch zwar den ersten Demonstrationsschwerpunkt dar, steht aber über die vorausgehenden Kapitel in vielfachen Übungszusammenhängen (vgl. u.a. SB, S. 16, 22f., 68, 77, 80, 82f., 121, 167ff.), so dass auch die Beziehung zur Diskussion und Debatte (SB, S. 11 u.ö.) sowie die Eigenarten in den Abgrenzungen gegen die Texterörterung (SB, S. 22f., 98f. und 149ff.) und gegen die literarische Erörterung (SB, S. 68, 172ff.) hinreichend bekannt sind. Wichtig für die Motivation der Schüler und ihre Lösungskompetenz ist der thematische und methodische Zusammenhang, also der didaktische Ort der Aufgabe: Am Ende des Kapitels „Aufklärung, Empfindsamkeit, Sturm und Drang" ist nicht nur die notwendige Problemorientierung gewährleistet, sondern durch die Gesprächsinterpretation zu „Nathan" (SB, S. 167ff.) ist eine unmittelbare Voraussetzung geschaffen, um die Bedeutung des Dialogs für menschliche Kommunikation, ja grundsätzlich für das Wesen des Menschen zu erfassen.

5a Die Anlage der *Themenanalyse* ist in der vorliegenden Form insgesamt richtig, konnte aber um den Aspekt „Z u k u n f t des Menschen" ergänzt werden.

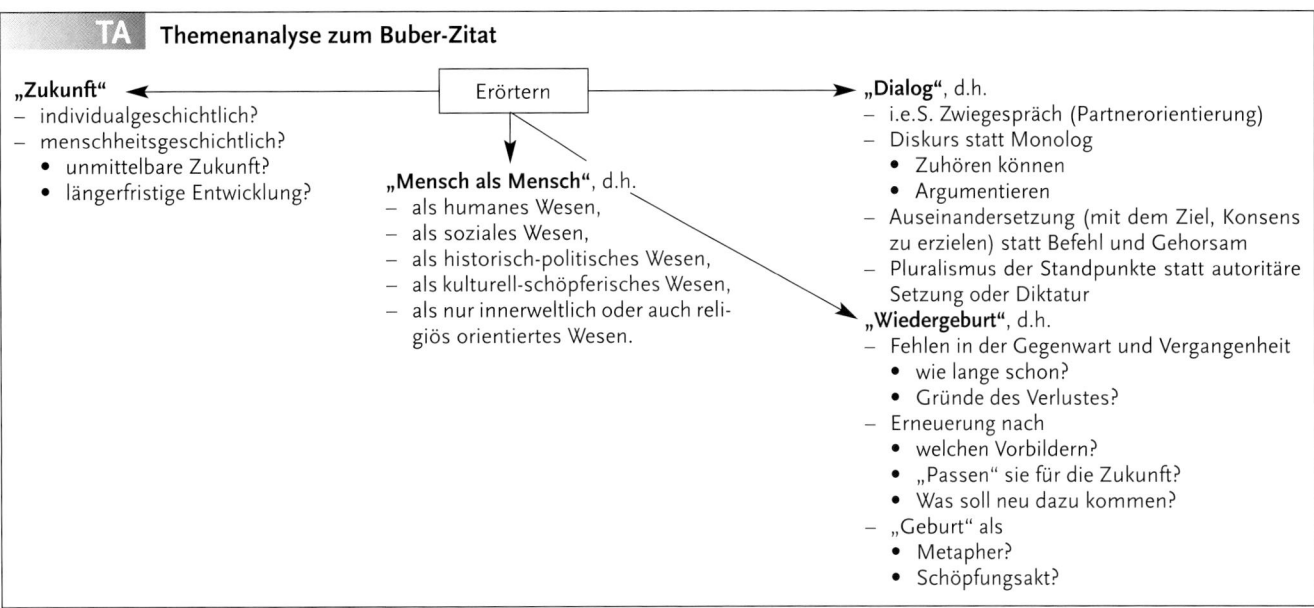

TA Themenanalyse zum Buber-Zitat

„Zukunft" ◄——— [Erörtern] ———► **„Dialog", d.h.**
- individualgeschichtlich?
- menschheitsgeschichtlich?
  - unmittelbare Zukunft?
  - längerfristige Entwicklung?

„Mensch als Mensch", d.h.
- als humanes Wesen,
- als soziales Wesen,
- als historisch-politisches Wesen,
- als kulturell-schöpferisches Wesen,
- als nur innerweltlich oder auch religiös orientiertes Wesen.

„Dialog", d.h.
- i.e.S. Zwiegespräch (Partnerorientierung)
- Diskurs statt Monolog
  - Zuhören können
  - Argumentieren
- Auseinandersetzung (mit dem Ziel, Konsens zu erzielen) statt Befehl und Gehorsam
- Pluralismus der Standpunkte statt autoritäre Setzung oder Diktatur

„Wiedergeburt", d.h.
- Fehlen in der Gegenwart und Vergangenheit
  - wie lange schon?
  - Gründe des Verlustes?
- Erneuerung nach
  - welchen Vorbildern?
  - „Passen" sie für die Zukunft?
  - Was soll neu dazu kommen?
- „Geburt" als
  - Metapher?
  - Schöpfungsakt?

5b Die *Stoffsammlung* über ein *Cluster* hat eine doppelte Funktion:

- Einmal dient diese Strukturierung der individuellen Gedankenfindung und Gedankendifferenzierung, wobei das „Modell der konzentrischen Kreise" (SB, S. 427) ein wichtiges Suchinstrument darstellt.
- Zum andern demonstriert ein Cluster dem Leser, dass der Schreiber die möglichen Dimensionen der Thematik überblickt, gleichzeitig aber zu einer begründeten Gewichtung in der Lage ist.

Auf der Ebene Familie, Partnerschaft und Schule könnten noch folgende Aspekte bedacht werden:

- Fehlende Gesprächsfähigkeit: wortreiches Schwätzertum, Egozentrik, Ungeduld, Hektik, Oberflächlichkeit
- Ungünstige Wesenseigenarten: Scheu, Unsicherheit, mangelnde Courage, die eigene Meinung auch gegen Widerstände zu vertreten; Mitläufertum, Bequemlichkeit, Opportunismus
- Negative Wirkung der Medien: seichtes Palaver statt Argumentation, oberflächliches Geschwätz (z.B. viele Talkshows), kleinkariertes Parteiengezänk statt kritischer Auseinandersetzung in der Sache und über Probleme

Die *tabellarische Stoffsammlung* mit historischer Einordnung könnte wie folgt ergänzt werden:

Zeitdiagnose M. Bubers ...	Chancen für die „Wiedergeburt" ...
...	...
– Diktatur verhindert • Offenheit und Vertrauen als Voraussetzung des Dialogs, • Auseinandersetzung und Ringen um die beste Lösung, • Ausbildung einer Gesprächskultur. – Diktatur erfasst alles: • den Privatbereich, • den gesellschaftlichen Raum, • die staatlichen Bereiche. ... – Dialogfähigkeit setzt voraus • intensive Schulung auf allen Ebenen, • eindrucksvolle Vorbilder in allen Bereichen.	– Demokratie lebt von • Mündigkeit der Bürger, • Verantwortungsbewusstsein, • Toleranz, • Solidarität, • Pluralismus, • Streitkultur, • Pressefreiheit, • Gewaltenteilung. – Demokratie ist Angebot und Appell an • individuelles und soziales Engagement, • konstruktive Kritik. ... – Bessere Dialogfähigkeit lässt hoffen auf • mehr soziale Rücksichtnahme, • größere Respektierung des Andersdenkenden, • eine letztlich humanere Gesellschaft.

S. 193

6a Als **Einleitung** könnten die Beispiele a, c und e vorgesehen werden, weil sie – unabhängig von ihrer sehr unterschiedlichen Qualität – die Problemstellung mehr oder weniger genau aufnehmen:

- Das Beispiel a zitiert die These Bubers und legt danach die Schritte des Vorgehens dar, wobei wichtig wäre, die „Zukunft des Menschen a l s Mensch" nicht aus dem Blick zu verlieren.
- Der Vorschlag c ist am wenigsten gelungen, da er nicht

einmal die These Bubers richtig erfasst. Auf bloße Alltagskommunikation darf das Zitat nicht reduziert werden.
- Die Einleitung e ist insgesamt gelungen, weil das Zitat korrekt aufgenommen ist und weil die persönliche Irritation des Schreibers zum Anlass genommen wird, um die folgende Erörterung als notwendig zu begründen.

Als **Schluss** wären die Vorschläge b, d und f geeignet, weil sie eine persönliche Wertung des Zitats, eine selbstkritische Einschätzung der eigenen Erörterung und eine wertende Bilanzierung enthalten.

- Das Beispiel b ist inhaltlich unbefriedigend, weil durch oberflächliches Verständnis des Dialogs dessen viel grundsätzlichere Bedeutung (vgl. Text d) nicht gesehen wird.
- Der Schluss d reflektiert den Erkenntnisprozess während der Erörterung und kommt zu einer anthropologisch substanziellen Wertung des Zitats.
- Der Vorschlag f verbindet die Zusammenfassung wichtiger Ergebnisse der Erörterung mit einer Schlussfrage, die auf die Offenheit der Lösung verweist.

6b – Die Verbesserung der Einleitung c könnte so lauten: Im Zitat Martin Bubers geht es nicht um die „Wiedergeburt" gewöhnlicher Alltagsdialoge, sondern um die Wiedergewinnung des Gesprächs in seiner substanziellen Bedeutung für das Menschsein und das Miteinander der Menschen. Unter diesem Aspekt will ich nach der Klärung der Schlüsselbegriffe aus der Vielseitigkeit der Problemstellung den privaten und politischen Bereich zur Erörterung auswählen.
- Die *Verbesserung* des Schlusses b muss eine inhaltliche Neufassung ergeben: Auf den ersten Blick irritiert die in Bubers Zitat geäußerte These, denn Probleme des Hungers, der Umweltzerstörung und der privaten und kriegerischen Gewalt scheinen heute und zukünftig dominierend zu sein. Erst wenn verstanden wird, dass die Zukunft des Menschen in den genannten Problembereichen davon abhängig ist, wie Menschen mit Menschen umgehen, d.h. wie sie im vertrauensvollen und argumentativen Dialog versuchen, Schwierigkeiten zu lösen, hat man den Kern des Zitats verstanden. Dann muss man Martin Buber ohne Einschränkung zustimmen.

Seite 194

7a Die *Ergänzung* der Elemente aus dem Hauptteil wäre folgendermaßen denkbar: [...] Denn in einer Atmosphäre von Unfreiheit, Propaganda und Überwachung sowie Zensur und Meinungsterror fehlen die elementaren Voraussetzungen für die Entfaltung des existenziell bedeutsamen Dialogs im Sinne Martin Bubers. Wie sollen hier Offenheit und Vertrauen entstehen, die für eine kritische Auseinandersetzung über Probleme grundlegend sind? Wie soll Toleranz gegenüber dem Andersdenkenden möglich sein, wo Befehl und Gehorsam die Kommunikation bestimmen? Wie sollen junge Menschen zur Dialogfähigkeit erzogen werden, wenn eine Staatsdoktrin die pädagogischen Ziele für die Züchtung des „Herrenmenschen" vorgibt und wo alles Fremde und Andersartige als „Untermenschentum" verteufelt wird? [...] Und wie egoistisch leben Menschen vielfach nebeneinander her in einer kalten und hektischen Welt? Wo „Ichstärke", „Erfolg" und „Spaß" zu den leitenden Zielen von Erziehung und Lebensplanung erklärt werden, bleibt keine Zeit für das reflektierende und fragende Innehalten, für das Zuhörenkönnen und das Eingehen auf den andern sowie für die geduldige Auseinandersetzung über private und persönliche Probleme zum Nutzen aller. Die „Wiedergeburt des Dialogs" i.S. Martin Bubers setzt ein radikales Umdenken voraus, denn nur, wenn es gelingt, Grundbedingungen des Menschseins als soziales Wesen zu erkennen, hat der Dialog als Miteinander im Gespräch und als Voraussetzung für gemeinsames Handeln eine Chance.

7b Die *Kommentierung* des Textes b hat davon auszugehen, dass der Schreiber/die Schreiberin eine zu oberflächliche Auffassung des Buber-Zitats hat und eine genaue Erläuterung der Schlüsselbegriffe vermissen lässt (vgl. Themenanalyse, SB, S. 192).
- Sie beschreiben auf der gesellschaftlichen und politischen Ebene eine richtige Zukunftserwartung und geben eine in Grundzügen zutreffende Einschätzung des vielfach „seichten pseudopolitischen Geplauders". Auch Martin Buber könnte dieser Diagnose generell zustimmen.

- Die Probleme Ihrer Erörterung beginnen mit einem doppelten Missverständnis: Einerseits verstehen Sie „Dialog" als „bloßes Reden im Zwiegespräch", das über die elektronischen Medien inflationär vervielfacht wird. Andererseits übersehen Sie, dass Handeln – im persönlichen und politischen Bereich – mit dem Sprechen beginnt. Sprechen ist bereits Handeln. Nicht ohne Grund spricht man von „Sprechakten". D.h., um die von Ihnen erwähnten „wirklichen" Menschheitsprobleme menschenwürdig zu lösen, ist der Dialog unerlässlich.

Als *Tipps für die Überarbeitung* sollte Folgendes beachtet werden:
- Machen Sie eine genaue Themenanalyse (vgl. SB, S. 192), bei der Sie die Schlüsselbegriffe in ihrer Semantik analysieren. Z.B.: Was bedeutet die Formulierung „Zukunft des Menschen a l s   M e n s c h"?
- Die genaue Begriffserläuterung muss eine exakte Begriffsverwendung in Ihrer Erörterung zur Folge haben. Z.B.: Es geht nicht an, „Dialog" i.S. Bubers als „bloßes Reden im Zwiegespräch" misszuverstehen.
- Wählen Sie aus dem durch die Problem- und Aufgabenstellung eröffneten Spektrum (vgl. Cluster, SB, S. 192) Bereiche aus, zu denen Sie ausreichende Kenntnisse besitzen. Begründete Auswahl und Gewichtung sind innerhalb der zur Verfügung stehenden Zeit unerlässlich.
- Bedenken Sie für die Binnengliederung Ihrer Erörterung als Grundstruktur der Darstellung immer die Trias von These, Argument und Beispiel (vgl. z.B. SB, S. 193).

8 Entsprechend seiner Schwierigkeit wäre das Thema zur Darstellung im *Übungsaufsatz* zu empfehlen. Für die unerlässliche gründliche Auswertung der Ergebnisse sei auf die an anderer Stelle ausgeführten methodischen Möglichkeiten hingewiesen (vgl. LB, S. 66, 82).
Sofern die Arbeitsanregungen 7 und 8 intensiv bearbeitet wurden, ist die Vorlage eines Aufsatzes aus einer andern Lerngruppe zur individuellen Korrektur und Kommentierung sowie zur kooperativen Auswertung der Ergebnisse dringend zu empfehlen.
Je nach Einschätzung der Leistungsfähigkeit einer Lerngruppe sollte die Auswahl der vorzulegenden Erörterung ausgerichtet sein:
- Eine gute oder sehr gute „Musterlösung" kann nach dem eigenen Versuch einer mittelmäßig begabten, aber lernwilligen Schülergruppe als Ansporn und Vorbild dienen.
Eine unterdurchschnittlich begabte Lerngruppe wird durch eine Spitzenarbeit aber eher frustriert sein, weil sie den Niveauunterschied als einschüchternde Diskrepanz empfindet, die kaum überwindbar erscheint. Ein Aufsatz zwischen zwei und drei ist hier zur Vorlage eher geeignet.
- Ein Beispiel (etwa Gesamtnote 4) mit deutlichen inhaltlichen und sprachlichen Mängeln ist eher für eine leistungsfähige und kritische Lerngruppe vorzusehen, die auf der Grundlage der eigenen Schreibkompetenz zu kritischem und differenziertem Urteil in der Lage ist.
- Da die zu korrigierenden Aufsätze natürlich ohne Angabe der Gesamtnote bearbeitet werden, ist eine Gruppenauswertung der Ergebnisse besonders aufschlussreich. Die Gruppenbildung kann homogen erfolgen, so dass Schüler mit ähnlicher Notengebung sich über die Differenzierungen und Begründungen austauschen können.
Bei Heterogengruppen, wobei die einzelnen Notengebungen deutlich differieren, ist ein Vergleich der Gewichtung von positiver und negativer Wertung in Relation zur Gesamtnote interessant. Z.B.: Ist es gerechtfertigt, bei der Note 3– für Inhalt und Aufbau wegen einer 5+ in Sprache eine 4,5 zu geben? Auch die Diskussion über gelungene oder verfehlte Kongruenz zwischen Kommentierung und Note ist doppelt aufschlussreich: Einmal wird so die Fähigkeit zur Selbstkorrektur verbessert, zum andern wächst die Akzeptanz von Noten, sofern diese überzeugend begründet sind.

4. Vorschläge für Übungen und Klausuren; Materialien/Kopiervorlagen K

4.1 Übersicht über Arten und Funktion der Kopiervorlagen

„Was ist Aufklärung?" (Immanuel Kant) (I/1)	**K 1**	Witze (SB, S. 153)
Aufklärung und Absolutismus (I/2)	**K 2**	Synopse zur Epoche „Aufklärung – Empfindsamkeit – Sturm und Drang" (SB, S. 157)
Der Kampf um geistige Freiheit (I/4)	**K 3**	Fabelvergleich: Phädrus: Wolf und Lamm; G. E. Lessing: Der Wolf und das Schaf Helmut Arntzen: Der Wolf (SB, S. 162)
	K 4	Textinterpretation: Voltaire: Candid oder die beste der Welten (SB, S. 163)
Der „gesittete" Bürger in der höfischen Welt (I/5)	**K 5**	Gedichtvergleich: Schüleraufsatz zu Matthias Claudius: Der Mensch (SB, S. 9) und Bertolt Brecht: Gegen Verführung (SB, S. 165)
Utopie des aufgeklärten Zeitalters (I/6)	**K 6**	Drameninterpretation: G. E. Lessing: Nathan der Weise IV/2: Dialog Patriarch – Tempelherr (SB, S. 175)
	ohne K	Literarische Erörterung: Nathan, der Derwisch und der Klosterbruder kennen die Unzulänglichkeiten der Welt. Welche Konsequenzen ziehen der Derwisch und der Klosterbruder aus dieser Erkenntnis. Wie bewerten Sie diese Verhaltensweisen, wenn Sie ihnen Nathans Verhalten gegenüberstellen? (SB, S. 175)
Die Güter des Herzens (II/1)	**K 7**	Texterörterung: J. W. Goethe: Die Leiden des jungen Werthers (SB, S. 179) Briefe vom 24.12.1771/8.1.1772: Werthers Verhältnis zur Gesellschaft
„Leben wir in einem aufgeklärten Zeitalter?" (Immanuel Kant) (II/3)	**K 8**	Texterörterung: Karl Jaspers: Wahre und falsche Aufklärung (SB, S. 191)
	K 9	Texterörterung: Thomas von Randow: Das Ende des Fortschrittglaubens (SB, S. 191)

4.2 Kurzbeschreibung der Kopiervorlagen

K 1 Witze

Didaktischer Ort: Übungen zur Logik und Stilistik (SB, S. 153)

Erläuterungen zur Aufgabe:

1. Da es sehr schwierig ist, einen guten Witz zu verfassen, wäre es auch möglich, zu einem der vorliegenden Witze eine Art Parallelgestaltung zu schreiben.
Alternativ wären auch eine Nacherzählung eines Witzes und dessen Analyse denkbar.

2. Verstöße gegen logische Kategorien:

Nr. 1: Der Sohn begeht einen logischen Fehler. Seine Bemerkung verändert die Aussage des Vaters. Vater: Gut = selten = teuer. Sohn: Gut = billig = seltener. Der Vater spricht eine allgemeine Erkenntnis aus; der Sohn von einem persönlichen Vorteil.

Nr. 2: Es wird ein falscher Schluss gezogen; eine falsche Kausalerklärung eines Vorgangs.

Nr. 3: Der Rabbi verlagert seine Begründung auf eine andere Begründungsebene als die beiden Ankläger. Folge: Jede Aussage ist damit jeweils „richtig".

Nr. 4: Die Komik entsteht aus einer „sozialen Situation": Gefühl des zu „Kurz-Gekommen-Seins" bei Frau Goldblum. Sie will einen Ausgleich und zieht deshalb die Folgerung: Preis pro Kuss „billiger".

Nr. 5: Der „Herr" zieht einen sophistischen Schluss: Ein Irrtum wird als „Wahrheit" streng logisch bewiesen nach dem Prinzip der Verschiebung. Der Herr begeht einen Denkfehler: Er stellt fälschlicherweise eine Beziehung zwischen der Torte und dem Likör her. Das Wort „dafür" ist doppelsinnig und sachlich nicht richtig.

Nr. 6: Dieser Witz enthält einen komplementären Denkfehler mit einem Schein von Logik: Jeder einzelne Fehler der Braut soll getrennt bewertet werden. Der Heirats-vermittler weigert sich, diese zur Summe zusammenzusetzen.

Nr. 7: Der Zweck der Handlung in diesem Witz ist die Bezahlung der Mitgift.
Die Mittel dieser Handlung sind nicht erfüllbar. Der alte Nachtlicht hat **gar keine** der beiden Hälften. Die Kausalerklärung wird erst an der Pointe deutlich.

Nr. 8: Der Verarmte verdreht elegant die Tatsachen durch eine falsche Argumentation. Es findet eine Verschiebung des Fragepunktes statt: Die rhetorische Frage wird falsch gestellt. Nicht „wann", sondern „ob" er Lachs essen soll, ist das Problem.

Nr. 9: Der Vater der Tochter zieht aus einem Sachverhalt eine falsche Schlussfolgerung. Die Motivation für das Handeln wird nicht beachtet.

K 2 Synopse zur Epoche „Aufklärung – Empfindsamkeit – Sturm und Drang"

Didaktischer Ort: Zusatzmaterial (SB, S. 157)

Erläuterungen:

Wenn die Synopse nicht nur als Informationsmaterial, sondern als Arbeitsblatt verwendet wird, könnten die Schüler auch eine Gesamtübersicht anlegen, etwa nach dem Vorbild zur Epoche Barock (SB, S. 143).

K 3 Fabelvergleich: Phädrus: Wolf und Lamm; G. E. Lessing: Der Wolf und das Schaf; Helmut Arntzen: Der Wolf [...]

Didaktischer Ort: Anwendung der Interpretationsfertigkeiten in einem Übungsaufsatz oder in einer Klausur (SB, S. 162).

Erläuterungen zur Aufgabe:

1. Die Grundsituation ist äußerlich ähnlich: Das Lamm (Schaf) begegnet in einer entscheidenden Lebenssituation (Wasser als Lebensquelle) dem bösen Wolf. In der Charakterisierung des „Schwachen" aber unterscheiden sich die Fabeln sehr deutlich.

2.

Texte	Aufbau	Charakterisierung	Bedeutung
Phädrus:	**Dreiteilig** (Vers): – Situation (Z. 1–4) – Dialog (Z. 5–14) – Lehre (Z. 15–16) → detaillierte Schilderung	– Das unschuldige, schwache Lamm ↕ – Der gierige böse Wolf	Paradigma für die Willkür des Mächtigen, der keinem Argument zugänglich ist nach der Devise: Macht vor Recht!
Lessing:	**Zweiteilig** (Prosa): – Situation (Z. 1f.) – Dialog (Z. 2–8) → ironisches („verfremdendes") Spiel mit der Vorlage	– Der Fluss trennt Schaf und Wolf, so dass keine Gefahr besteht. – Das Schaf wird initiativ und verhöhnt den Wolf.	Die Sicherheit (die Rechtssicherheit) erlaubt es auch dem Schwachen, den Starken herauszufordern. (= idealistische Position)
Arntzen:	**Zweiteilig** (Prosa): – Situation (Z. 1) – Dialog (Z. 2–4) → Pointierung des Konflikts durch äußerste Verknappung	– Äußere Situation wie bei Phädrus – Aber es handelt sich um ein aufgeklärtes, nicht mehr um ein naives Schaf.	– Weniger optimistisch als Lessing – Aber Vorsicht des Belesenen (Gebildeten) gegenüber Lüge und Hinterhältigkeit des Mächtigen (= realistische Position)

K 4   Textinterpretation: Voltaire: Candid oder die beste der Welten

Didaktischer Ort: Diese Textinterpretation ist zur Überprüfung von Zielen der Aufklärung geeignet, wobei vor allem auch hinter der satirischen Darstellung Voltaires ein moralischer Appell erkannt werden sollte (SB, S. 163).

Erläuterungen zur Aufgabe:

1. Dem Text liegt grundsätzlich eine Diskrepanz zwischen „Harmonie" und „Hölle" zugrunde. Diese Struktur lässt sich in einer Skizze so darstellen:[60]

```
schön     ⎫
gewandt   ⎬ (Ästhetische ------------ Heere      (Vernichtungs-
stattlich ⎪  Begriffe)                            instrumente)
wohlgeordnet ⎭

                                                  (Lärm, der die
                                                   gegenseitige
Konzert        (Harmonie) ------------------------ Vernichtung
                                                   begleitet =
                                                   Disharmonie)

Trompeten ⎫
Pfeifen   ⎬ (Freudige ---------------- Kanonen     (Vernichtungs-
Hörner    ⎪  Bewegung)                             maschinerie)
Trommeln  ⎭

┌─────────────┐                    ┌─────────────┐
│  HARMONIE   │--------------------│   HÖLLE     │
└─────────────┘                    └─────────────┘
```

Die positiven Werte werden genannt, die negativen angeprangert. Die Vortäuschung von Harmonie ist sarkastisch gemeint als „eine Harmonie der Hölle". Die Schüler werden leicht erkennen, dass der Inhalt eine riesige Gräuelgeschichte enthält: Zwei Heere kämpfen, 30000 Tote, zwei Dörfer in Schutt und Asche: Gemetzel, Brandstiftung, Mord, Vergewaltigung und Misshandlung.
Der Stil ist von einem leichten Sprachduktus mit vielen schmückenden Epitheta.

2. Der Erzähler verfolgt folgende Intentionen:
   – Kampf gegen den Krieg, der Menschen zu Un-Menschen macht;
   – Kampf gegen Gedankenlosigkeit und Dummheit der Menschen, die sich nicht gegen Unvernunft und Machtgier stellen;
   – Kritik an der Kirche, die Gott für politische Zwecke missbraucht;
   – Kritik an der Philosophie, die eine „falsche Welt" als die beste aller Welten preist.

Der philosophische Hintergrund dieses Textes ist die Philosophie der Aufklärungszeit, die ein vernunftgemäßes Handeln in Staat und Gesellschaft und die Achtung der Menschenrechte forderte.
Candid (lat. candidus = weiß, aufrichtig, ungetrübt) erfährt auf seiner Reise durch die Länder der Erde, dass er im Gegensatz zur Meinung der Philosophen nicht „in der besten aller möglichen Welten" lebt.
Die Zielsetzungen einer Satire sind nachzulesen im SB, S. 69.

K 5   Gedichtvergleich: Schüleraufsatz zu Matthias Claudius: Der Mensch und Bertolt Brecht: Gegen Verführung

Didaktischer Ort: In einem kontrastiven Gedichtvergleich sollen Möglichkeiten menschlichen Selbstverständnisses reflektiert werden. (SB, S. 165)

Erläuterungen zur Aufgabe:
Der Schüleraufsatz ist folgendermaßen aufgebaut:

I. Einleitung: (Z. 1–7)
  – Hinweis auf eine christliche Zeitschrift: Zitat aus dem 90. Psalm
  – Bewusstsein von der begrenzten Zahl unserer Tage
  – Ein Zitat als Herausforderung für viele Menschen

II. Hauptteil: (Z. 8–51)
  1. Überleitung zum Thema: (8–12)
    – Viele Menschen verdrängen diese Mahnung.
    – Doch die Frage nach Sinn und Ziel menschlicher Existenz bleibt bestehen.
  2. Die Antwort von Matthias Claudius in seinem Gedicht: (Z. 13–38)
    – Darstellung des Lebensweges eines Menschen
    – Einbindung der einzelnen Existenz in den gleichmäßigen Gang des Lebens
    – Formale Darstellung:
      – Gegensätzliche Verben und Adjektive: Unterstreichen die Gegensätze im menschlichen Leben.
      – Rückgriff auf Bibelzitat in der Einleitung
      – Sonderform der beiden letzten Verse mit Paarreim: Betonung des Schlusses
  3. Bertolt Brechts Gedicht: (Z. 39–51)
    – Gedicht als ein Aufruf, das Leben auszuschöpfen, s. Schlussvers

---

[60] Ingrid Matthes: Formen der gesellschaftlichen Satire. Ein Lehrgang in Klasse 11. In: Der Deutschunterricht, Jg. 26, Heft 4. 1974, S. 48.

- Aufbau der vier Strophen:
  - Anfang jeweils mit einem Appell
  - Ausrufe, Imperative: Bedrängen der Aufforderung zum Lebensgenuss
  - Wertung dieser Haltung:
    - Zeit- und Leistungsdruck?
    - Halt in Grenzsituationen?
    - Gewährt keine wahre Sinnfindung

III. Schluss: (Z. 51–57)
  - Sicherheit im christlichen Glauben
  - Erwerb einer gelassenen Güte und von Lebensfreude

2. Die Schülerin hat sich inhaltlich sehr engagiert und in einer persönlichen Weise mit den Gedichten von Claudius und Brecht auseinander gesetzt. Sie hat die Aussage der beiden Gedichte präzise erfasst und überzeugend bewertet. Die Deutung des Brecht-Gedichtes kommt bei der Interpretation vielleicht etwas zu kurz. Der Gedankengang ist klar gegliedert und in sich schlüssig aufgebaut. Die sprachliche Leistung überzeugt durch einen flüssigen und eleganten Sprachduktus.
Der Aufsatz wurde mit gut – sehr gut bewertet.

K 6 Drameninterpretation: G. E. Lessing: Nathan der Weise, IV/2: Dialog Patriarch – Tempelherr

Didaktischer Ort: Diese Textinterpretation soll dazu dienen, dass die Schüler einmal den Gesprächsverlauf eines dramatischen Dialoges untersuchen und außerdem das Verhalten einer literarischen Figur an den Zielen der Aufklärung messen (SB, S. 174).

Erläuterungen zur Aufgabe:

1. Der Gesprächsverlauf zwischen dem Patriarchen und dem Tempelherrn lässt sich etwa so darstellen:

Patriarch: ◄─────────► *Tempelherr:*

1. Hinweis auf das Alter: ──► Jugend: Unerfahrenheit
   Erfahrung
2. Pochen auf Gehorsam und ──► Gewissenskonflikt beim
   Anerkennung der geistlichen   Tempelherrn
   Autorität
3. Fordert die Unterwerfung der
   Vernunft vor dem „Gesetz der
   Herrlichkeit des Himmels".
   Der Patriarch durchschaut die
   Lage seines Gesprächspartners.
4. Versucht eine Beeinflussung
   seines Gesprächspartners durch   Der Tempelherr tritt aus
   – Ausmalung von Todsünden;   dem Diskurs aus, da dieser
   – Berufung auf Kirchenstrafen;   die Frage nach dem
   – Drohungen.   richtigen Vernunftgebrauch
   Zweck-Nutzen-Denken gegen   abwürgt.
   Anspruch der Wahrheit;
   Inhumanität dieses Denkens
   zeigt sich in Intoleranz.
   → Entlarvung der Position des
   Patriarchen.
5. Blinder Fanatismus ◄───── Distanzierung durch die innere Sicherheit: Berufung auf den Sultan
6. Kriecherischer Rückzug des ◄───── Ironie des Tempelherrn; sie
   Patriarchen   zeigt seine natürliche Würde.

2. Kommentierung des Verhaltens des Patriarchen:
Gegen den autonomen Vernunftgebrauch, wie ihn Kant definiert hat, stellt Lessing in der Gestalt des Patriarchen den ‚Vernunftbegriff' der Kirche: Sie tritt ein für einen begrenzten Vernunftgebrauch unter der beständigen Vormundschaft der Kirche. Der Patriarch spottet auf das Recht des Menschen, sich seines Verstandes frei und unabhängig zu bedienen. Diese Haltung/Auffassung entlarvt Lessing, indem

er den Patriarchen inhaltsleere Floskeln sprechen und sich ständig wiederholen lässt. Dadurch wird die hartherzige Borniertheit und Lieblosigkeit des Patriarchen deutlich. Er wird zur Karikatur eines christlichen Oberhirten.

ohne K Literarische Erörterung: Nathan, der Derwisch und der Klosterbruder kennen die Unzulänglichkeiten der Welt. Welche Konsequenzen ziehen der Derwisch und der Klosterbruder aus dieser Erkenntnis. Wie bewerten Sie diese Verhaltensweisen, wenn Sie ihnen Nathans Verhalten gegenüber stellen?

Didaktischer Ort: Vergleichende Beurteilung des Verhaltens verschiedener literarischer Figuren; zusätzliche Übung für eine literarische Erörterung als Hausaufgabe oder als Klausur (SB, S. 174).

Erläuterungen zur Aufgabe:

Klosterbruder:
- Ist aus der Welt geflohen;
- spielt bewusst den Einfältigen, um so seinem mönchischen Gehorsam gegenüber dem Patriarchen zu entgehen;
- ist verschmitzt;
- verweist auf seine Vermittlerrolle, um sich so vom Patriarchen zu distanzieren.

Derwisch:
- Flieht aus der Welt nach Indien;
- resigniert wegen der Unzulänglichkeit der Welt und der Schwächen der Menschen.

Nathan:
- Er ist gefasst auf jedes zufällig eintretende Ereignis;
- besitzt innere Freiheit: zeigt sich in Menschenliebe, Güte und bewusster Aufklärung; vgl. Recha, Tempelherr;
- wahrt zu den alltäglichen Dingen Distanz; sein Verhalten ist bestimmt von der Liebe zu den Menschen;
- darauf beruht seine Toleranz und Offenheit für den Dialog;
- der Grund liegt in Nathans „Hiob-Erlebnis": Verlust seiner Familie; darauf beruhen sein Glaube an die göttliche Vorsehung, auch wenn sie nicht einsehbar ist, und seine Entscheidung für ein verantwortliches Leben in dieser Welt;
- will deshalb in dieser Welt praktisch tätig sein, vgl. Gespräch mit Recha und Saladin;
- ist reich durch kluges und fleißiges Handeln.

K 7 Texterörterung: J. W. Goethe: Die Leiden des jungen Werthers: Briefe vom 24.12.1771/8.1.1772: Werthers Verhältnis zur Gesellschaft

Didaktischer Ort: Übungsaufgabe als Hausaufgabe oder als Klassenarbeit (SB, S. 179)

Erläuterungen zur Aufgabe:

1. Die Lösungshinweise zu der Aufgabe entsprechen Werthers Kritik an der Gesellschaft (vgl. LB, S. 260). Dort werden auch seine Wertvorstellungen genannt.
2. Die Schüler sollten bei ihrer Erörterung prüfen, welche Kritikpunkte sie für sich heute noch akzeptieren und welche sie kritisch infrage stellen wollen. Dabei sollten sie auch die im Unterricht besprochenen Texte und deren Aussagen in ihre Überlegungen mit einbeziehen.

K 8 Texterörterung: Karl Jaspers: Wahre und falsche Aufklärung

Didaktischer Ort: Zusatzmaterial zur abschließenden Diskussion über die Frage, ob wir in einem aufgeklärten Zeitalter leben (SB, S. 191).

Erläuterungen zur Aufgabe:

1. Die Antworten zu dieser Arbeitsanweisung sind im LB, S. 272, AA 4b zu finden.

2. Die Vorstellungen über die wahre Aufklärung sind ebenfalls im LB, S. 272, AA 4b aufgelistet.

3. Die Schüler sollten nun diskutieren, inwieweit wir heute die Anforderungen der Aufklärung erfüllen und wo wir noch Defizite feststellen müssen. Dabei können sie die einzelnen Punkte wahrer und falscher Aufklärung in PA oder GA diskutieren und ihre Argumente mit Beispielen belegen.

K 9 Texterörterung: Thomas von Randow: Das Ende des Fortschrittglaubens

Didaktischer Ort: Zusatzmaterial für die abschließende Diskussion oder für eine Klausur (SB, S. 191)

Erläuterungen zur Aufgabe:

1. Stichworte zur ersten Arbeitsanweisung:
   1. Fragen nach den Ursachen der Wissenschaftsfeindlichkeit:
      – Diagnose/Feststellungen: These: „Wir brauchen die Wissenschaft", sie führt uns aus der Krise.
   2. Auswirkung der Einstellung:
      Vorschlag: Konzentration der menschlichen Forschungstätigkeit auf die Naturwissenschaft
   3. Begründungen für diese Einstellung:
      a) Versprechungen der Wissenschaftler:
         – Lösung der Energieprobleme
         – neue Errungenschaften
      b) Enttäuschungen in der Gegenwart:
         – Einsicht in die Begrenztheit menschlicher Erkenntnis
         – Erschütterung der Vertrauensbasis
         – Fehleinschätzung der zeitlichen Dauer

2. Zur zweiten Arbeitsanweisung die Stellungnahme eines Schülers:

„In einer von Umwelt-, Energie- und anderen existenziellen Problemen heimgesuchten Welt stellt sich gegenwärtig immer wieder die Frage: „Brauchen wir die Wissenschaft?" Meiner Meinung nach ist die Zeit des uneingeschränkten Fortschrittsglaubens vorbei. Steigende Umweltbelastung und andere schwerwiegende Probleme, wie z.B. die Bevölkerungsexplosion, verdeutlichen dies in drastischer Weise. Man muss sich daher fragen, ob die derzeitige Entwicklung so weitergehen kann. Da aber nach meiner Ansicht eine Stagnation der Wissenschaft unmöglich ist, bleibt die Wissenschaft als Ausweg aus der jetzigen Situation. Man sollte sich jedoch nicht, wenn man vor einem unlösbaren Problem steht, in Okkultismus oder Aberglauben flüchten. Ebenso sollte man Okkultismus und die renommierten Geisteswissenschaften scharf trennen. Meiner Meinung nach sind weder die Geisteswissenschaften noch die Naturwissenschaften allein fähig, die derzeitigen Probleme zu lösen. Dies kann nur durch eine sinnvolle Kombination geschehen. Der Lösungsversuch mit den Naturwissenschaften alleine würde meines Erachtens einen moralischen Verfall mit sich bringen, und neue Probleme würden entstehen. Andererseits würde der Lösungsversuch mit den Geisteswissenschaften alleine daran scheitern, dass eben die naturwissenschaftlichen Ergebnisse dann fehlen. Die Aufgabe der Menschen muss deshalb sein, diese sinnvolle Kombination zu finden und sich in manchen Gebieten einzuschränken."

4.3 Die Kopiervorlagen

Aufklärung/ Empfindsamkeit/ Sturm und Drang	**K 1**

Witze:

Nach Sigmund Freud ruft der Witz Verblüffung und Erleuchtung hervor, weil er eine intellektuelle Überraschung, ein logisches Problem und eine Pointe enthält. Der Witz spricht in Worten, deren Aussage strenger Logik und der allgemeinen Denk- und Redeweisen nicht entspricht.

1. Der alte Tortschiner klärt seinen Sohn über ökonomische Zusammenhänge auf: „Alles, was selten ist, ist teuer. Ein gutes Pferd ist selten. Darum ist es teuer."
„Aber Papa", wendet der Sohn ein, „ein gutes Pferd, das billig ist, ist doch noch seltener."

2. Wirtschaftskunde.
„Eines verstehe ich nicht, Josse! Die Post verkauft Zehnkopekenmarken für genau zehn Kopeken. Wo bleibt da der Verdienst? Wovon lebt sie?"
„Das muss man klären ... Ich habs! Ein Brief über zehn Kopeken darf ein bestimmtes Höchstgewicht haben. Es sind aber viele Briefe leichter. Nun: In der Differenz zwischen dem erlaubten Höchstgewicht und dem Realgewicht der Briefe liegt der Reingewinn der Post!"

3. Ein Jude kommt zum Rabbi und führt Klage gegen seinen betrügerischen Lieferanten. Der Rabbi hört aufmerksam zu und erklärt dann: „Du hast Recht."
Bald danach kommt der beschuldigte Lieferant und klagt seinerseits über den Ankläger. Der Rabbi hört wieder sehr aufmerksam zu und sagt abermals: „Du hast Recht."
Die Frau des Rabbiners hat beide Entscheide mit angehört, und als der Lieferant weggegangen ist, sagt sie vorwurfsvoll zu ihrem Manne: „Es können doch niemals beide Recht haben!" Da gibt der Rabbi zu: „Du hast auch Recht."

4. Zum Schluss des Wohltätigkeitskonzertes versteigert die reizende Sängerin einen Kuss. Der Vorsitzende des Vereins besteigt das Podium und beginnt: „50 Mark für einen Kuss, 70 Mark zum Ersten, zum Zweiten ..."
Da kann die Gattin des Kaufmanns Goldblum nicht mehr an sich halten und ruft dazwischen: „Ech geb drei Küss for zwanzig Mark!"

5. Ein Herr kommt in eine Konditorei und lässt sich eine Torte geben; bringt dieselbe aber bald wieder und verlangt an ihrer Statt ein Gläschen Likör. Dieses trinkt er aus und will sich entfernen, ohne gezahlt zu haben. Der Ladenbesitzer hält ihn zurück. „Was wollen Sie von mir?" „Sie sollen den Likör bezahlen." „Für den habe ich Ihnen ja die Torte gegeben." „Die haben Sie ja auch nicht bezahlt." *„Die habe ich ja auch nicht gegessen."*

6. Der Schadchen[1] verteidigt das von ihm vorgeschlagene Mädchen gegen die Ausstellungen des jungen Mannes. „Die Schwiegermutter gefällt mir nicht", sagt dieser, „sie ist eine boshafte, dumme Person." – „Sie heiraten doch nicht die Schwiegermutter, Sie wollen die Tochter." – „Ja, aber jung ist sie nicht mehr und schön von Gesicht gerade auch nicht." – „Das macht nichts; ist sie nicht jung und schön, wird sie Ihnen umso eher treu bleiben." – „Geld ist auch nicht viel da." – „Wer spricht vom Geld? Heiraten Sie denn das Geld? Sie wollen doch eine Frau!" „Aber sie hat ja auch einen Buckel!" – „Nun, was wollen Sie? *Gar keinen Fehler soll sie haben!"*

7. Der alte Nachtlicht geht tief besorgt umher.
„Was fehlt dir?", fragt ein Bekannter.
„Eine böse Geschichte", sagt Nachtlicht niedergeschlagen, „ich habe meine Tochter verlobt und zehntausend Mark Mitgift versprochen und nun soll morgen die Hochzeit sein und es fehlt mir von der Mitgift die Hälfte."
„Na und? Man gibt ja ohnehin immer nur die Hälfte!"
„Ja, das schon, aber *diese* Hälfte fehlt mir eben."

8. Ein Verarmter hat sich von einem wohlhabenden Bekannten unter vielen Beteuerungen seiner Notlage 25 fl. geborgt. Am selben Tage noch trifft ihn der Gönner im Restaurant vor einer Schüssel Lachs mit Majonäse. Er macht ihm Vorwürfe: „Wie, Sie borgen sich Geld von mir aus und dann bestellen Sie sich Lachs mit Majonäse. Dazu haben Sie mein Geld gebraucht?" „Ich verstehe Sie nicht", antwortete der Beschuldigte, „wenn ich kein Geld habe, *kann* ich nicht essen Lachs mit Majonäse, wenn ich Geld habe, *darf* ich nicht essen Lachs mit Majonäse. *Also wann soll ich eigentlich essen Lachs mit Majonäse?"*

9. Eine junge Frau kommt weinend zum Rabbiner. Sie wohnt mit ihrem Mann bei ihrem Vater – beide prügeln sie!
Der Rabbiner zitiert den Vater zu sich.
„Dein Schwiegersohn", sagt er ihm, „ist ein stadtbekannter Grobian. Aber du bist doch ein ordentlicher Mensch – wie kommst du dazu, deine arme Tochter zu schlagen?"
„Rabbi", erklärt der Mann, „ich tue es nur, um meinen Schwiegersohn zu strafen: haut er mir meine Tochter hau' ich ihm seine Frau!"

Arbeitsanweisungen:

1. Probieren Sie selbst durch Anwendung eines logischen Regelverstoßes einen Witz zu schreiben oder erzählen Sie einen nach und analysieren ihn.

2. Welche Verstöße gegen logische Kategorien erkennen Sie? Stellen Sie eine Liste der Verstöße auf.

Zitiert nach Salcia Landmann (Hrsg.): Jüdische Witze. Olten: Walter-Verlag 1962 und Sigmund Freud, aus: „Die Technik des Witzes". In: der., „Der Witz und seine Beziehung zum Unbewussten." 1940 Imago Publishing Co., Ltd., London. Abdruck mit Genehmigung der S. Fischer Verlag GmbH, Frankfurt am Main 1958, S. 39, 48, 49.

---

[1] Schadchen: Heiratsvermittler

| | | Aufklärung/ Empfindsamkeit/ Sturm und Drang | **K 2** |

Synopse zur Epoche „Aufklärung/Sturm und Drang"

Literatur	
Geistesgeschichte	**England:** John Locke (1632–1704): Begründer des Empirismus; David Hume (1711–1776): Begründer des Sensualismus **Frankreich:** Descartes (1596–1659): Begründer des Rationalismus; Voltaire (1694–1778): Kämpft für die Ideen der Aufklärung **Deutschland:** Gottfried Wilhelm Leibniz (1646–1716): Begründer der Monadenlehre, bemüht sich um eine Theodizee; Kant (1724–1804): ... Lessing (1729–1781): ...
Kulturgeschichte	**Musik:** Johann Sebastian Bach (1685–1750: Leipzig); Friedrich Händel (1685–1759: London); Joseph Haydn (1732–1809: Wien); Wolfgang Amadeus Mozart (1756–1791: Salzburg/Wien); Wien ist Zentrum der europäischen Musik **Malerei:** England: Gainsbourgh; Frankreich: Watteau **Architektur:** Schlüter (Berlin); Pöppelmann (Dresden); Neumann (Würzburg); Fischer von Erlach (Wien); Gebrüder Asam (Süddeutschland): Zeitalter der barocken Baukunst **Naturwissenschaften:** 1709 Böttcher (Porzellan); 1752 Franklin: Blitzableiter; 1767 Hargreaves: Spinnmaschine; 1765 James Watt: Dampfmaschine **Staatslehre:** Abschaffung der Folter in Preußen 1740; 1734 Voltaire: Briefe über Engländer; Montesquieu: Über den Geist der Gesetze (1748); Rousseau: Gesellschaftsvertrag (1762); Smith: Natur und Ursachen des Volkswohlstandes (1776): Begründer der liberalen Wirtschaftslehre
Politische Geschichte	Zeitalter des europäischen Gleichgewichts: Friede von Utrecht 1713 (Spanischer Erbfolgekrieg); Ende der französischen Vormachtstellung **Preußen:** Friedrich Wilhelm I. (1713–1740); Friedrich II. (1740–1786): Aufstieg zur Großmacht, Dualismus mit Österreich, aufgeklärter Absolutismus **Österreich:** Karl VI. (1711–1740); Maria Theresia (1740–1786); Joseph II. (1786–1790): Toleranzedikt 1781; Ausweitung Österreichs nach Südosten (Prinz Eugen) **Russland:** Peter der Große (1689–1725): Reformen nach westeuropäischem Vorbild; Erbauung Petersburgs **England:** Aufstieg Englands zur Seemacht und größten Kolonialmacht nach dem Siebenjährigen Krieg (1763); Verlust der nordamerikanischen Kolonien (1783)
Zeitleiste	1701–1715 Spanischer Erbfolgekrieg 1715 Tod Ludwigs XIV. 1740–1780 Maria Theresia 1740–1786 Friedrich II., der Große 1756–1763 Siebenjähriger Krieg 1776 Amerikanische Unabhängigkeit

© Schöningh Verlag, Best.-Nr. 028228 1

Fabelvergleich:

Phädrus (1. Jh. n. Chr.): Wolf und Lamm

Der Durst trieb einmal Wolf und Lamm zum selben Bach.
Der Wolf stand höher und weit unterhalb das Lamm.
Da reizte gleich den Wolf des Rachens wilde Gier,
Und darum brach der Räuber einen Streit vom Zaun.
5 „Du hast das Wasser, das ich trinken will, getrübt!"
Verschüchtert warf das wollig weiche Lämmchen ein:
„Mein lieber Wolf, ich bitte dich, wie kann ich das?
Das Wasser fließt doch erst von dir zu mir herab."
Die Macht der Wahrheit war selbst für den Wolf zu stark.
10 „Du schmähtest", rief er, „mich vor einem halben Jahr!"
„Da war ich", sprach das Lamm, „noch gar nicht auf der Welt!"
„Dann war's dein Vater eben, ja, beim Herakles!"
Schrie jener und zerriss es wider Fug und Recht.

Die Fabel geht auf den, der Menschen ohne Schuld
15 durch falsche Unterstellung ins Verderben zieht.

Gotthold Ephraim Lessing (1729–1781): Der Wolf und das Schaf (SB, S. 162)

Helmut Arntzen (*1931): Der Wolf ...

Der Wolf kam zum: Bach. Da entsprang das Lamm.
„Bleib nur, du störst mich nicht", rief der Wolf.
„Danke", rief das Lamm zurück, „ich habe im Äsop ge-
lesen."

Aus: Helmut Arntzen, Kurzer Prozess. Aphorismen und Fabeln. München
(Nymphenburger) 1966, S. 64.

Arbeitsanweisungen:

Interpretieren und vergleichen Sie
die Fabeln.

1. Vergleichen Sie Grundsituation
   und Aufbau der Fabeln.

2. Welche Bedeutung hat die jeweilige Charakterisierung der Tiere für
   die Aussage der Fabeln?

Textinterpretation:

Voltaire (1694–1778): Candid oder die beste der Welten

Voltaire stellt in seinem Roman die Abenteuer des gutgläubigen Candid dar. Sie beginnen im idyllischen Schloss eines westfälischen Barons, wo er metaphysische Studien betreibt und zur Überzeugung gelangt, dass die Welt absolut gut sei und alles Geschehen unausweichlich zum besten Ende führen werde. Candid wird wegen seiner verliebten Vertraulichkeit mit Kunigunde, der Tochter des Barons, vertrieben. Er wird mit wechselndem Glück von einem Land ins andere verschlagen.

Wie Candid den Bulgaren entkam
und was dann geschah

Nichts war so schön, so gewandt, so stattlich, so wohl geordnet wie die beiden Heere. Selbst in der Hölle hatte man kaum jemals ein Konzert vernommen, das sich mit dem der Trompeten, Pfeifen, Hörner, Trommeln und Kanonen hätte messen können. Zuerst rissen die Kanonen auf jeder Seite gegen sechstausend Mann nieder; dann säuberte das
5 Musketenfeuer die beste aller möglichen Welten von neun- bis zehntausend Schurken, die ihre Oberfläche vergifteten. Und auch das Bajonett war ein zureichender Grund, dass einige tausend Menschen umkamen. Im Ganzen mochten es an die dreißigtausend gewesen sein. Candid zitterte wie ein Philosoph. Er versteckte sich während dieser heroischen Schlächterei, so gut er konnte.
10 Als endlich jeder der beiden Könige in seinem Lager das Tedeum anstimmen ließ, entschloss er sich, anderwärts über Ursachen und Wirkungen nachzudenken. Er stieg über Haufen von Toten und Sterbenden hinweg und gelangte in ein nahe gelegenes Dorf. Es bestand nur aus Aschenhaufen: da es ein Abarendorf gewesen war, hatten die Bulgaren es nach den Bestimmungen des Völkerrechts in Brand gesteckt. Von Schüssen durch-
15 siebte Greise sahen hier ihre erdrosselten Frauen sterben, die Kinder noch an die blutenden Brüste gepresst. Aufgeschlitzten Leibes hauchten einige Mädchen ihren letzten Seufzer aus, nachdem sie die natürlichen Bedürfnisse einiger Helden befriedigt hatten. Andere lagen halb verbrannt da und wimmerten flehentlich, dass man sie vollends töte. Zwischen abgerissenen Armen und Beinen war auf dem Boden Gehirnmasse verspritzt.
20 So schnell er vermochte, floh Candid in ein anderes Dorf. Es gehörte den Bulgaren, und abarische Helden hatten es genauso zugerichtet. Candid schritt über zuckende Glieder, zwischen rauchenden Trümmern hindurch, bis er sich schließlich außerhalb des Kriegstheaters befand. In seinem Schnappsack trug er ein wenig Proviant, und seine Gedanken weilten unaufhörlich bei Fräulein Kunigunde. Sein Mundvorrat ging ihm aus, als er
25 die holländische Grenze überschritten hatte; doch da er hatte sagen hören, in diesem Lande sei jedermann reich und zudem Christ, war er sicher, dass er dort zumindest ebenso gut behandelt werden würde wie im Schlosse des Herrn Baron, bevor er um der schönen Augen Fräulein Kunigundes willen verjagt worden war. Er bat mehrere gravitätisch einherschreitende Männer um einen Zehrpfennig. Sie alle antworteten, wenn er dieses
30 Handwerk weiterhin betreibe, werde man ihn ins Zuchthaus stecken, um ihm Lebensart beizubringen.

Aus: Voltaire: Candid oder die beste der Welten. Stuttgart (Reclam) 1963, S. 9f.

Arbeitsanweisungen:

Interpretieren Sie diesen Text.

1. Stellen Sie vor allem die Erfahrungen Candids dar und untersuchen Sie, wie diese formal gestaltet sind.

2. Erläutern Sie die Gründe für diese Welterfahrung und die Absicht, die der Erzähler damit verbindet.

Gedichtvergleich:

Matthias Claudius (1740–1814): Der Mensch (SB, S. 9)

Bertolt Brecht (1898–1956): Gegen Verführung

1. Laßt euch nicht verführen!
   Es gibt keine Wiederkehr.
   Der Tag steht in den Türen;
   Ihr könnt schon Nachtwind spüren.
5 Es kommt kein Morgen mehr.

2. Laßt euch nicht betrügen
   Daß Leben wenig ist.
   Schlürft es in schnellen Zügen!
   Es wird euch nicht genügen
10 Wenn ihr es lassen müßt!

3. Laßt euch nicht vertrösten!
   Ihr habt nicht zuviel Zeit!
   Laßt Moder den Erlösten!
   Das Leben ist am größten:
15 Es steht nicht mehr bereit.

4. Laßt euch nicht verführen
   Zu Fron und Ausgezehr!
   Was kann euch Angst noch rühren?
   Ihr sterbt mit allen Tieren
20 Und es kommt nichts nachher.

Aus: Werke. Große kommentierte Berliner und Frankfurter Ausgabe. Hg. von
Werner Hecht, Jan Knopf, Werner Mittenzwei, Klaus-Detlef Müller. 30 Bände,
Frankfurt a.M./Berlin und Weimar (Suhrkamp) 1988–2000, Bd. 11 (1988), S. 116.

*(Aus lizenzrechtlichen Gründen ist dieser Text nicht in reformierter Recht-
schreibung abgedruckt.)*

Arbeitsanweisungen:

Interpretieren und vergleichen Sie
die beiden Gedichte.

1. Achten Sie besonders auf ihren gedanklichen Aufbau.

2. Stellen Sie die Verschiedenheit der
   in den Gedichten geäußerten Lebensauffassung heraus.

Schüleraufsatz:

Matthias Claudius: Der Mensch – Bert Brecht: Gegen Verführung

Eine bekannte religiöse Zeitung („Christ in der Gegenwart, Herder") hat dem Leitartikel der ersten Ausgabe dieses Jahres (1984/Nr. 1) ein Schriftwort vorangestellt, das den Leser nachdenklich machen sollte. Es handelt sich dabei nämlich um einen Vers aus dem 90. Psalm, der überschrieben ist mit den Worten: „Der ewige Gott – der vergängliche Mensch." Hieraus also griff der Autor gleichsam die „Jahreslo-
5 sung 1984" – ein Wort, das gerade in unserer Zeit eine bleibende Herausforderung darstellt:

   „Unsere Tage zu zählen, lehre uns!

   Dann gewinnen wir ein weises Herz." (Ps 90,12)

Ich könnte mir denken, dass viele Menschen heute nichts damit anfangen und sich nicht mit solchem (überholten?) Gedankengut identifizieren können, ja diese Mahnung sogar verdrängen. Doch sie bleibt
10 stehen – die Frage nach dem Sinn und Ziel menschlicher Existenz, nach der Ausrichtung und Erfüllung des Lebens. Wir werden besonders in Grenzsituationen mit ihr konfrontiert, doch letztendlich wird nur der eine Antwort finden, der sich diesem Anspruch stets aufs Neue existenziell stellt.

Wie viele Leute vor und nach ihm, so hat sich im 18. Jahrhundert auch Matthias Claudius mit der Frage nach dem Leben des Menschen auseinander gesetzt und seine Gedanken und Erfahrungen in dem Ge-
15 dicht „Der Mensch" fixiert. In neun zweizeiligen Versen „rollt" er gleichsam den Lebensweg der Menschen von der Geburt bis zum Tod „auf" und bringt so eine Darstellung, die ausnahmslos auf jeden Menschen passt. Durch die sich ständig wiederkehrenden gleichen Endungen, die sich über Kreuz reimen, entsteht „ein fast monotoner Leserhythmus. Diese äußere Form veranschaulicht, dass jeder – wirklich jeder Mensch mit hineingenommen, ja eingezwängt ist in den Trott des Lebens: Unweigerlich führt sein
20 Weg von der Wiege zum Grab. Dabei vollzieht sich eine Entwicklung, die von der Unschuld und Unwissenheit des Kindes („wunderbar", „nimmt des Trugs nicht wahr") über Stationen menschlicher Grunderfahrungen schließlich eben zum unausweichlichen Ende, zum Alter und Tod führt.

Claudius beschreibt diesen Lebensprozess mit einer Unmenge gegensätzlicher Verben und Adjektive: z.B. „verachtet – verehrt", „gelüstet, begehrt – enttäuscht", „glaubt – zweifelt", „wächst – zehrt" u.v.a. Durch
25 diese antithetische Wortwahl stellt er die menschliche Existenz in die Spannung, in der sie sich tatsächlich auch befindet: in der Spannung zwischen dem „Alles und Nichts", den Erfahrungen von „Freude und Gefahr", kurz: dem Ausgesetzt- und Preisgegeben-Sein des Menschen. Dabei sagt er nicht, wem er ausgeliefert ist; man könnte vermuten, einfach dem Schicksal. Doch ich meine, am Ende des Gedichts wird eine andere Tendenz deutlich: Im zweitletzten Vers seines Gedichtes zitiert Claudius nur ein Wort aus per Bibel,
30 und zwar aus eben jenem Psalm 90, den ich eingangs schon erwähnte. Er sagt: „Und alles dieses (nämlich unser Leben) währet, wenn's hoch kommt, 80 Jahr." (Ps 90,10). Außerdem „tanzt" auch der letzte Gedichtvers „aus der Reihe"; er endet nämlich mit zwei ganz neuartigen Worten: „nieder", „wieder", also auf einmal mit einem Paarreim.

35 Dieser Bruch in der Form lässt aufhorchen, wodurch einem auch der Inhalt des Schlusses tiefer eingeprägt werden soll: das unwiederbringliche Scheiden aus dem Leben, die Unmöglichkeit einer „Wiederkehr".

Doch im Gegensatz zum nun folgenden Gedicht von Brecht, „Gegen Verführung" bleibt offen, wie Claudius über den Tod und ein Leben danach denkt bzw. ob er daran glaubt.
40 Brecht endet dagegen mit den Worten: „... Und es kommt nichts nachher." Deshalb ist auch sein ganzes Gedicht ein einziger Aufruf dazu, das Leben voll auszuschöpfen. Jede der vier Strophen beginnt mit einem Appell: „Lasst euch nicht verführen, ... betrügen, ... vertrös-ten!" Dabei wirken die vielen Imperative und Ausrufezeichen richtig bedrängend, ja aggressiv und hektisch: „Ihr habt nicht viel Zeit!", „schlürft es (das Leben) in schnellen Zügen!" Daraus spricht für mich die totale Unfreiheit, ein unerhörter Zwang und Zeit-
45 und Leistungsdruck. Er nennt das Leben zwar das „Größte" und verwendet dafür das Symbol des hellen „Tages", doch liegt auf dieser Lebensauffassung stets der Alpdruck der „Nacht", auf die „kein Morgen" mehr folgt: „Es (das Leben) wird euch nicht genügen, wenn ihr es lassen müsst." Deshalb lautet meine Parole: Lebt *jetzt!* „Schlürft das Leben in schnellen Zügen"! Doch fragt sich, ob nicht eben diese Weltanschauung den Menschen „zu Fron und Ausgezehr verführt" und „Angst" macht. Mit dieser Auffassung von Leben
50 zerbricht der Mensch erfahrungsgemäß in Grenzsituationen. Der rein materiell und profitorientierte gelangt zu keiner wahren Sinnfindung, ist also viel eher vom „Moder" betroffen als die „Erlösten". Die wahrhaft Erlösten nämlich können in Fortführung der Gedanken von Matthias Claudius mit dem Psalmisten sagen: „Warum soll ich mich in bösen Tagen fürchten? ... Gott wird mich loskaufen aus dem Reich des Todes, ja, er nimmt mich auf." (Ps 49,6.16) Nur wer zu dieser „Freiheit der Kirche Gottes" (Paulus) gelangt
55 ist, vermag „dem Leben zu trauen" und sich ihm mit all seinen Schwierigkeiten und seiner Begrenztheit gewachsen zu fühlen. Wer seine „Tage zu zählen gelernt" hat und sie in der Kraft des Glaubens lebt, der gewinnt ein „weises", gütiges und lebensfrohes „Herz".   E. H. (18 Jahre)

Arbeitsanweisungen:

1. Beschreiben Sie, wie der Schüleraufsatz aufgebaut ist.

2. Beurteilen Sie die Schülerleistung nach Inhalt, Aufbau und Stil.

© Schöningh Verlag, Best.-Nr. 028228 1

Drameninterpretation:

Gotthold Ephraim Lessing (1729–1781): Nathan der Weise, IV/2

ZWEITER AUFTRITT

Der Patriarch, welcher mit allem geistlichen Pomp den
einen Kreuzgang heraufkömmt, und die Vorigen

TEMPELHERR:
5 Ich wich ihm lieber aus. – Wär' nicht mein Mann! –
Ein dicker, roter, freundlicher Prälat!
Und welcher Prunk!
KLOSTERBRUDER: Ihr solltet ihn erst sehn,
Nach Hofe sich erheben. Itzo kömmt
10 Er nur von einem Kranken.
TEMPELHERR: Wie sich da
Nicht Saladin wird schämen müssen!
PATRIARCH: *(indem er näher kömmt, winkt dem Bruder).*
        Hier! –
15 Das ist wohl der Tempelherr. Was will
Er?
KLOSTERBRUDER: Weiß nicht.
PATRIARCH: *(auf ihn zugehend, indem der Bruder und das Ge-*
folge zurücktreten.) Nun, Herr Ritter! – sehr erfreut
20 Den braven jungen Mann zu sehen! – Ei, noch
So gar jung! – Nun, mit Gottes Hülfe, daraus
Kann etwas werden.
TEMPELHERR: Mehr, ehrwürd'ger Herr,
Wohl schwerlich, als schon ist. Und eher noch,
25 Was weniger.
PATRIARCH: Ich wünsche wenigstens,
Dass so ein frommer Ritter lange noch
Der lieben Christenheit, der Sache Gottes
Zu Ehr und Frommen blühn und grünen möge!
30 Das wird denn auch nicht fehlen, wenn nur fein
Die junge Tapferkeit dem reifen Rate
Des Alters folgen will! – Womit wär' sonst
Dem Herrn zu dienen?
TEMPELHERR: Mit dem nämlichen,
35 Woran es meiner Jugend fehlt: mit Rat.
PATRIARCH: Recht gern! – Nur ist der Rat auch anzunehmen.
TEMPELHERR: Doch blindlings nicht?
PATRIARCH...   Wer sagt denn das? – Ei freilich
Muss niemand die Vernunft, die Gott ihm gab,
40 Zu brauchen unterlassen, – wo sie hin
Gehört. – Gehört sie aber überall
Denn hin? – O nein! – Zum Beispiel: wenn uns Gott
Durch einen seiner Engel, – ist zu sagen,
Durch einen Diener seines Worts, – ein Mittel
45 Bekannt zu machen würdiget, das Wohl
Der ganzen Christenheit, das Heil der Kirche,
Auf irgendeine ganz besondre Weise
Zu fördern, zu befestigen: wer darf
Sich da noch unterstehn, die Willkür des,
50 Der die Vernunft erschaffen, nach Vernunft
Zu untersuchen? und das ewige
Gesetz der Herrlichkeit des Himmels, nach
Den kleinen Regeln einer eiteln Ehre
Zu prüfen? – Doch hiervon genug. – Was ist
55 Es denn, worüber unsern Rat für itzt
Der Herr verlangt?
TEMPELHERR: Gesetzt, ehrwürd'ger Vater,
Ein Jude hätt' ein einzig Kind, – es sei

Ein Mädchen, – das er mit der größten Sorgfalt
60 Zu allem Guten auferzogen, das
Er liebe mehr als seine Seele, das
Ihn wieder mit der frömmsten Liebe liebe.
Und nun würd' unser einem hinterbracht,
Dies Mädchen sei des Juden Tochter nicht;
65 Er hab' es in der Kindheit aufgelesen,
Gekauft, gestohlen, – was Ihr wollt; man wisse,
Das Mädchen sei ein Christenkind, und sei
Getauft; der Jude hab' es nur als Jüdin
Erzogen; lasst es nur als Jüdin und
70 Als seine Tochter so verharren: – sagt,
Ehrwürd'ger Vater, was wär; hierbei wohl
Zu tun?
PATRIARCH: Mich schaudert! – Doch zu allererst
Erkläre sich der Herr, ob so ein Fall
75 Ein Faktum oder eine Hypothes'.
Das ist zu sagen: ob der Herr sich das
Nur bloß so gedichtet, oder obs geschehn,
Und fortfährt zu geschehn.
TEMPELHERR: Ich glaubte, das
80 Sei eins, um Euer Hochehrwürden Meinung
Bloß zu vernehmen.
PATRIARCH: Eins? – Da seh der Herr
Wie sich die stolze menschliche Vernunft
Im Geistlichen doch irren kann. – Mitnichten!
85 Denn ist der vorgetragne Fall nur so
Ein Spiel des Witzes: so verlohnt es sich
Der Mühe nicht, im Ernst ihn durchzudenken.
Ich will den Herrn damit auf das Theater
Verwiesen haben, wo dergleichen pro
90 Et contra sich mit vielem Beifall könnte
Behandeln lassen. – Hat der Herr mich aber
Nicht bloß mit einer theatral'schen Schnurre
Zum Besten; ist der Fall ein Faktum; hätt'
Er sich wohl gar in unsrer Diözes',
95 In unsrer lieben Stadt Jerusalem,
Eräugnet: – ja alsdann –
TEMPELHERR: Und was alsdann?
PATRIARCH. Dann wäre mit dem Juden fördersamst
Die Strafe zu vollziehn, die päpstliches
100 Und kaiserliches Recht so einem Frevel,
So einer Lastertat bestimmen.
TEMPELHERR: So?
PATRIARCH: Und zwar bestimmen obbesagte Rechte
Dem Juden, welcher einen Christen zur
105 Apostasie verführt, – den Scheiterhaufen, –
Den Holzstoß –
TEMPELHERR: So?
PATRIARCH: Und wie vielmehr dem Juden,
Der mit Gewalt ein armes Christenkind
110 Dem Bunde seiner Tauf entreißt! Denn ist
Nicht alles, was man Kindern tut, Gewalt? –
Zu sagen: – ausgenommen, was die Kirch'
An Kindern tut.

TEMPELHERR: Wenn aber nun das Kind,
115   Erbarmte seiner sich der Jude nicht,
       Vielleicht im Elend umgekommen wäre?
PATRIARCH: Tut nichts! der Jude wird verbrannt. –
                              Denn besser,
       Es wäre hier im Elend umgekommen,
120   Als dass zu seinem ewigen Verderben
       Es so gerettet ward. – Zu dem, was hat
       Der Jude Gott denn vorzugreifen? Gott
       Kann, wen er retten will, schon ohn' ihn retten.
TEMPELHERR: Auch Trotz ihm, sollt' ich meinen,– selig
125   machen.
PATRIARCH: Tut nichts! der Jude wird verbrannt.
TEMPELHERR: Das geht
       Mir nah'! Besonders, da man sagt, er habe
       Das Mädchen nicht sowohl in seinem, als
130   Vielmehr in keinem Glauben auferzogen,
       Und sie von Gott nicht mehr nicht weniger
       Gelehrt, als der Vernunft genügt.
PATRIARCH: Tut nichts!
       Der Jude wird verbrannt ... Ja, wär' allein
135   Schon dieserwegen wert, dreimal verbrannt
       Zu werden! – Was? ein Kind ohn' allen Glauben
       Erwachsen lassen? – Wie? die große Pflicht
       Zu glauben, ganz und gar ein Kind nicht lehren?
       Das ist zu arg! – Mich wundert sehr, Herr Ritter,
140   Euch selbst ...
TEMPELHERR: Ehrwürd'ger Herr, das Übrige,
       Wenn Gott will, in der Beichte. *(Will gehn)*
PATRIARCH: Was? mir nun
       Nicht einmal Rede stehn? – Den Bösewicht,
145   Den Juden mir nicht nennen? – mir ihn nicht
       Zur Stelle schaffen? – O da weiß ich Rat!
       Ich geht sogleich zum Sultan. – Saladin,
       Vermöge der Kapitulation,
       Die er beschworen, muss uns, muss uns schützen;

150   Bei allen Rechten, allen Lehren schützen,
       Die wir zu unsrer allerheiligsten
       Religion nur immer rechnen dürfen!
       Gottlob! wir haben das Original.
       Wir haben seine Hand, sein Siegel. Wir! –
155   Auch mach' ich ihm gar leicht begreiflich, wie
       Gefährlich selber für den Staat es ist,
       Nichts glauben! Alle bürgerliche Bande
       Sind aufgelöst, sind zerrissen, wenn
       Der Mensch nichts glauben darf. – Hinweg! hinweg
160   Mit solchem Frevel! ...
TEMPELHERR: Schade, dass ich nicht
       Den trefflichen Sermon mit bessrer Muße
       Genießen kann! Ich bin zum Saladin
       Gerufen.
165 PATRIARCH: Ja? – Nun so – Nun freilich – Dann –
TEMPELHERR: Ich will den Sultan vorbereiten, wenn
       Es Eurer Hochehrwürden so gefällt.
PATRIARCH: O, oh! – Ich weiß, der Herr
       hat Gnade funden
170   Vor Saladin! – Ich bitte meiner nur
       Im Besten bei ihm eingedenk zu sein. –
       Mich treibt der Eifer Gottes lediglich.
       Was ich zu viel tu, tu ich ihm. – Das wolle
       Doch ja der Herr erwägen! – Und nicht wahr,
175   Herr Ritter? das vorhin Erwähnte von
       Dem Juden, war nur ein Problema? – ist
       Zu sagen –
TEMPELHERR: Ein Problema.   *(Geht ab)*
PATRIARCH: (Dem ich tiefer
180   Doch auf den Grund zu kommen suchen muss.
       Das wär' so wiederum ein Auftrag für
       Den Bruder Bonafides.) – Hier, mein Sohn!
                *(Er spricht im Abgehn mit dem
                Klosterbruder)*

Aus: Gotthold Ephraim Lessing: Das dichterische Werk. Bd. 2. München (Deutscher Taschenbuch Verlag) 1979, S. 295–300.

Arbeitsanweisungen:

Interpretieren Sie den Dialog zwischen dem Patriarchen und dem Tempelherrn.

1. Charakterisieren Sie den Gesprächsverlauf und beachten Sie dabei die Redeanteile der Figuren und die sprachlichen Mittel.

2. Kommentieren Sie das Verhalten des Patriarchen, indem Sie es an den Anforderungen der Aufklärung messen.

Texterörterung:

Johann Wolfgang von Goethe (1749–1832): Die Leiden des jungen Werthers

Thema: Werthers Verhältnis zur Gesellschaft

Am 24. Dezember 1771.

Der Gesandte macht mir viel Verdruss, ich habe es vorausgesehn. Er ist der pünktlichste Narr, den es nur geben kann; Schritt vor Schritt und umständlich wie eine Base: ein Mensch, der nie mit sich selbst zufrieden ist, und dem es daher niemand zu Danke ma-
5 chen kann. Ich arbeite gern leicht weg, und wie es steht, so steht es; da ist er imstande, mir einen Aufsatz zurückzugeben und zu sagen: „Er ist gut, aber sehen Sie ihn durch, man findet immer ein besseres Wort, eine reinere Partikel." – Da möchte ich des Teufels werden. Kein Und, kein Bindewörtchen darf außen bleiben, und von allen Inversionen, die mir manchmal entfahren, ist er ein Todfeind; wenn man seinen Period nicht
10 nach der hergebrachten Melodie heraborgelt, so versteht er gar nichts drin. Das ist ein Leiden, mit so einem Menschen zu tun zu haben.

Und das glänzende Elend, die Langeweile unter dem garstigen Volke, das sich hier nebeneinander sieht! Die Rangsucht unter ihnen, wie sie nur wachen und aufpassen, einander ein Schrittchen abzugewinnen; die elendesten, erbärmlichsten Leidenschaften,
15 ganz ohne Röckchen. Da ist ein Weib, zum Exempel, die jedermann von ihrem Adel und ihrem Lande unterhält, so dass jeder Fremde denken muss: Das ist eine Närrin, die sich auf das bisschen Adel und auf den Ruf ihres Landes Wunderstreiche einbildet. – Aber es ist noch viel ärger: Eben das Weib ist hier aus der Nachbarschaft eine Amtsschreiberstochter. – Sieh, ich kann das Menschengeschlecht nicht begreifen, das so wenig Sinn
20 hat, um sich so platt zu prostituieren.

Zwar ich merke täglich mehr, mein Lieber, wie töricht man ist, andere nach sich zu berechnen. Und weil ich so viel mit mir selbst zu tun habe und dieses Herz so stürmisch ist – ach ich lasse gern die andern ihres Pfades gehen, wenn sie mich auch nur könnten gehen lassen.

25 Was mich am meisten neckt, sind die fatalen bürgerlichen Verhältnisse. Zwar weiß ich so gut als einer, wie nötig der Unterschied der Stände ist, wie viel Vorteile er mir selbst verschafft: nur soll er mir nicht eben gerade im Wege stehen, wo ich noch ein wenig Freude, einen Schimmer von Glück auf dieser Erde genießen könnte. Ich lernte neulich auf dem Spaziergange ein Fräulein von B. kennen, ein liebenswürdiges Geschöpf, das
30 sehr viele Natur mitten in dem steifen Leben erhalten hat. Wir gefielen uns in unserem Gespräche, und da wir schieden, bat ich sie um Erlaubnis, sie bei sich sehen zu dürfen. Sie gestattete mir das mit so vieler Freimütigkeit, dass ich den schicklichen Augenblick kaum erwarten konnte, zu ihr zu gehen. Sie ist nicht von hier und wohnt bei einer Tante im Hause. Die Physiognomie der Alten gefiel mir nicht. Ich bezeigte ihr viel Auf-
35 merksamkeit, mein Gespräch war meist an sie gewandt, und in minder als einer halben Stunde hatte ich so ziemlich weg, was mir das Fräulein nachher selbst gestand: dass die liebe Tante in ihrem Alter Mangel von allem, kein anständiges Vermögen, keinen Geist und keine Stütze hat als die Reihe ihrer Vorfahren, keinen Schirm als den Stand, in dem sie sich verpalisadiert, und keine Ergetzen, als von ihrem Stockwerk herab über die bür-
40 gerlichen Häupter wegzusehen.

Den 8. Januar 1772.

Was das für Menschen sind, deren ganze Seele auf dem Zeremoniell ruht, deren Dichten und Trachten jahrelang dahin geht, wie sie um einen Stuhl weiter hinauf bei Tische sich einschieben wollen! Und nicht, dass sie sonst keine Angelegenheit hätten: Nein,
45 vielmehr häufen sich die Arbeiten, eben weil man über den kleinen Verdrießlichkeiten von Beförderung der wichtigen Sachen abgehalten wird. Vorige Woche gab es bei der Schlittenfahrt Händel, und der ganze Spaß wurde verdorben.

Die Toren, die nicht sehen, dass es eigentlich auf den Platz gar nicht ankommt, und dass der, der den ersten hat, so selten die erste Rolle spielt! Wie mancher König wird durch
50 seinen Minister, wie mancher Minister durch seinen Sekretär regiert! Und wer ist dann der Erste? Der, dünkt mich, der die andern übersieht und so viel Gewalt oder List hat, ihre Kräfte und Leidenschaften zu Ausführung seiner Plane anzuspannen.

Aus: Johann Wolfgang von Goethe: Werke. Hamburger Ausgabe in 14 Bänden. Hrsg.: Erich Trunz, Verlag C. H. Beck, München, Bd. 6. S. 61–63, 64.

Arbeitsanweisungen:

Erörtern Sie Werthers Briefe.

1. Erläutern Sie, nach welchen Wertvorstellungen Werther die Verhaltensweisen der damaligen Gesellschaft kritisiert.

2. Erörtern Sie, ob Werthers Maßstäbe auch für die Kritik der heutigen Gesellschaft tauglich wären.

© Schöningh Verlag, Best.-Nr. 028228 1

Texterörterungen:

Karl Jaspers (1883–1969): Wahre und falsche Aufklärung

[...] Aber die Ansprüche der Aufklärung werden so leicht missverstanden, dass der Sinn der Aufklärung zweideutig ist. Sie kann wahre und sie kann falsche Aufklärung sein. Und daher ist der Kampf gegen die Aufklärung seinerseits zweideutig. Er kann – mit Recht – gegen die falsche, oder – mit Unrecht – gegen die wahre Aufklärung sich rich-
5 ten. Oft vermengen sich beide in eins.
Im Kampf gegen die Aufklärung sagt man: sie zerstöre die Überlieferung, auf der alles Leben ruhe; sie löse den Glauben auf und führe zum Nihilismus; sie gebe jedem Menschen die Freiheit seiner Willkür, werde daher Ausgang der Unordnung und Anarchie; sie mache den Menschen unselig, weil bodenlos.
10 Diese Vorwürfe treffen eine falsche Aufklärung, die selber den Sinn der echten Aufklärung nicht mehr versteht. Falsche Aufklärung meint alles Wissen und Wollen und Tun auf den bloßen Verstand gründen zu können; [...] sie verabsolutiert die immer partikularen Verstandserkenntnisse; [...] sie verführt den Einzelnen zum Ausspruch, für sich allein wissen und auf Grund seines Wissens allein handeln zu können, als ob der Ein-
15 zelne alles wäre; [...] ihr mangelt der Sinn für Ausnahme und Autorität, an denen beiden alles menschliche Leben sich orientieren muss. Kurz: Sie will den Menschen auf sich selbst stellen, derart, dass er alles Wahre und ihm Wesentliche durch Verstandeseinsicht erreichen kann. Sie will nur wissen und nicht glauben. [...]

Aus: Karl Jaspers: Einführung in die Philosophie. © Piper Verlag GmbH, München 1953, S. 89f.

Arbeitsanweisungen:

1. Geben Sie mit Ihren eigenen Worten wieder, was Jaspers unter falscher Aufklärung versteht.

2. Welche Vorstellung von wahrer Aufklärung lässt sich aus dieser Kritik erschließen?

3. Setzen Sie sich mit der These auseinander, wir leben in einer ‚zweiten Aufklärung'.

Thomas von Randow: Das Ende des Fortschrittglaubens

[...]
Weltweit verbreitet sich Unlust an der Wissenschaft, ja Wissenschaftsfeindlichkeit. Paradoxerweise geschieht dies gerade in einer Zeit, in der uns allen die naturwissenschaftliche Forschung aus den Sackgassen Energie- und Rohstoffknappheit, Überbevölkerung und Umweltvernichtung herausführen könnte. Die Symptome sind unüberseh-
5 bar.
Trotz des enormen Ansturms der Abiturienten auf unsere Universitäten melden die naturwissenschaftlichen Fachbereiche [...], dass die bei ihnen verfügbaren Plätze für Studienanfänger in diesem Semester nur zu siebzig Prozent eingenommen sind [...].
Sachbücher, vor einem Jahrzehnt noch hauptsächlich Schilderungen naturwissen-
10 schaftlicher Errungenschaften, widmen sich heute vornehmlich pseudopsychologischen und übersinnlichen Spekulationen. Nicht die Kerntechnik, nicht die Chemie der uns alle umgebenden Kunststoffe machen Sachbuchauflagen, sondern das Bermuda-Dreieck, Astrologie und der Okkultismus [...]. Warum wird der Pädagogik-Student heute im Fach Wissenschaftslehre nicht mehr über die Wissenschaften selbst unterrichtet, sondern nur
15 noch darüber, wie Kinder möglichst effektiv dazu erzogen werden könnten, den Naturwissenschaften und der Technik zu misstrauen? Logisches Denken ist fast schon synonym mit falschem Denken. Der Spezialist heißt Fachidiot, und wer wissenschaftliche Rationalität verteidigt, macht sich als Reaktionär verdächtig. Warum ist Wissenschaft so in Verdacht geraten?
20 Butter aus Kohle, Eiweiß aus Erdöl würden – so die Versprechungen der um Forschungsmittel werbenden Institute – den Hunger in der Welt bald ausgerottet haben. Analphabetentum sollte in absehbarer Zeit kein Problem mehr sein; Übersetzungsmaschinen würden blitzschnell Texte von einer Sprache in die andere übertragen; Krebs werde es bald nicht mehr geben. Wer keine Versprechen machen konnte, weckte den
25 Nationalstolz. In Amerika ließen sich die Bürger zig Milliarden Dollar für den Wettlauf zum Mond abschwatzen. [...]
Aber dann wurde offenbar, dass die Mondexpedition keine neue Epoche der Menschheit eingeläutet hatte, sondern alles beim Alten blieb. Bei der Energiekrise stellte sich heraus, dass die viel versprechenden Geschichten über neue Energiequellen nur Märchen
30 waren. Es ließ sich nicht länger leugnen, dass Menschen am Krebs und am Hunger sterben. Auf einmal fühlte sich das Laienvolk von den Gelehrten hintergangen. Die Skepsis wuchs und der Zweifel. Die Debatte über die Kernenergie liefert ein Musterbeispiel dafür. Den Naturwissenschaften entglitt nun ein gut Stück Vertrauens, das man ihnen entgegengebracht hatte. [...]

Thomas von Randow, In: DIE ZEIT, 9. Dez. 1977

Arbeitsanweisungen:

1. Arbeiten Sie die Gedanken Randows heraus und ordnen Sie diese nach übergeordneten Gesichtspunkten.

2. Nehmen Sie zu Randows Thesen Stellung.

FÜNFTES KAPITEL

Klassik

1. Gegenstands- und Konzeptionsbeschreibung

1.1 Pädagogisch-fachwissenschaftliche Aspekte

Das seit der zweiten Hälfte des 19. Jahrhunderts festgefügte Bild der „Deutschen Klassik" als der Epoche Goethes und Schillers steht seit den Siebzigerjahren des letzten Jahrhunderts zur Diskussion. Während nach der früheren Auffassung die Klassik von der Aufklärung und dem Sturm und Drang einerseits, von der Romantik andererseits scharf abgegrenzt und zum Höhepunkt deutscher Literatur mit „zeitloser" Geltung stilisiert wurde, betont die neuere Forschung die Kontinuität der geistesgeschichtlich-literarischen Entwicklung von der zweiten Hälfte des 18. Jahrhunderts bis zu Goethes Tod. Ein wichtiges Argument findet diese wissenschaftliche Position in der Tatsache, dass sich Goethe und Schiller trotz des hohen Geltungsanspruchs ihrer Kunstauffassung nicht als „Klassiker" verstanden haben. Man verweist darauf, dass das traditionelle Bild der Klassik im Zusammenhang mit der Entwicklung Deutschlands zum Nationalstaat geprägt worden sei, vor allem als kultureller Bezugspunkt für nationale Identität und deutsches Selbstbewusstsein. Dieser deutsche Klassik-Begriff sei jedoch von der Literaturgeschichtsschreibung Frankreichs und Englands nicht übernommen worden.[1]

Auch Dieter Borchmeyer geht in einer neueren Arbeit[2] auf die Problematik der traditionellen Epochenbezeichnung „Klassik" ein, plädiert aber im Hinblick auf die „urbildlich-normative Bedeutung", die den „Weimarer Klassikern"[3] auch in der heutigen Rezeption noch zukomme, für die Bezeichnung „Weimarer Klassik" anstelle des früheren Begriffs einer „Deutschen Klassik". Borchmeyer argumentiert damit, dass mit dem neueren Begriff eine „Historisierung und präzise Lokalisierung" verbunden sei, was eine „Ablösung des klassischen Modells von der nationalen Ideologie des 19. Jahrhunderts" bedeute.[4]

Die „Historisierung" des Begriffs der Klassik ermöglicht eine sachangemessene Integration der Epoche in ihre historischen

Zusammenhänge. In der Forschung zu diesem Thema ist vor allem die Bedeutung der Aufklärung herausgestellt worden. So wird der Sturm und Drang nicht mehr als eine eigene Epoche, sondern als Phase der Aufklärung verstanden und wesentliche Züge der Klassik werden von der Aufklärung her gedeutet.[5]

In vielen Werken Goethes und Schillers wird das Thema der Autonomie des Menschen, ein Leitgedanke der Aufklärung, entfaltet. So lässt sich zum Beispiel Goethes „Iphigenie" weitgehend unter diesem Aspekt erschließen.[6] Die „aufklärerische" Modernität des Dramas wird vor allem beim Vergleich mit der Tragödie des Euripides deutlich. Was das Thema der Autonomie bei Schiller angeht, so sei auf seinen Gedanken des „Erhabenen" und dessen Entfaltung in seinen großen klassischen Dramen verwiesen. In den „Briefen zur ästhetischen Erziehung des Menschen" stellt Schiller die Selbstentfremdung und Verdinglichung des Menschen infolge der modernen Arbeitsteilung dar und entwickelt sein Konzept einer ästhetischen Kultur als eine Möglichkeit, die menschliche Ganzheit wiederzugewinnen.

Für beide, Goethe wie Schiller, bedeutet Autonomie jedoch nicht schrankenlose Selbstentfaltung des Individuums; der Einzelne bleibt vielmehr immer eingebunden in die Verantwortung gegenüber der Gemeinschaft und dem Sittengesetz und nur so erfüllt sich das Ideal der Humanität. Damit grenzen sich beide Autoren deutlich ab von dem radikalen Subjektivismus des Sturm und Drang, und dies durchaus im Sinne der Aufklärung. Goethe löste sich allmählich vom Lebensgefühl des Sturm und Drang; eine deutliche Zäsur setzte jedoch sein Italienaufenthalt, die Begegnung mit der Landschaft Italiens und der Kunst der Antike. Kunst und Natur wollte er ohne subjektive Prätention, in „reiner" Anschauung auf sich wirken lassen.[7] Weil die antike Kunst für die Zeit der Klassik normative Bedeutung bekam, ist es sinnvoll, deren Beginn mit der Italienreise Goethes zu datieren.

Dem Gedanken der Autonomie kommt auch in der Kunsttheorie der Klassik große Bedeutung zu: „Kunst der Klassik will (tendenziell) autonom sein, selbstgewiss und in sich selbst ruhend, ihre eigene Gesetzlichkeit ausprägend und nichts sonst [...]".[8] Autonomie bedeutet zunächst einmal Freiheit von Abhängigkeiten, wie sie früher kirchliches und feudales Auftraggebertum mit sich brachten. Abgelehnt wird aber auch eine den Ideen der Aufklärung entsprechende moralisch belehrende Literatur, deren Intention es war, auf die „Lebenspraxis durch das Angebot von Handlungsmustern"[9] zu wirken. Diese Ablehnung bedeutet aber nicht, dass den klassischen Autoren die konkreten Lebensverhältnisse und die Probleme ihrer Zeit einfach gleichgültig gewesen wären. An entsprechenden kritischen Äußerungen fehlt es durchaus nicht. Goethe engagierte sich in seinem Weimarer Staatsamt für Reformen, musste allerdings resignierend feststellen, dass seine Wirksamkeit sehr begrenzt war.[10] Letztlich lief das Konzept Goethes und Schillers auf eine „ästhetische Erziehung" hinaus, im Sinne einer Menschenbildung durch Kunst, von der sie eine Entwicklung der menschlichen Verhältnisse zum Besseren erhofften. Dieser Grundgedanke kommt in einer brieflichen Äußerung Goethes an Schiller vom 21. Juli 1798 zum Ausdruck: „Sein Jahrhundert kann man nicht verändern, aber man kann sich dagegenstellen und glückliche Wendungen vorbereiten."[11] Als gesellschaftliche Träger einer solchen „ästhetischen Erziehung" kamen das gebil-

[1] Wilfried Malsch: Klassizismus, Klassik und Romantik der Goethezeit. In: Karl Otto Conrady (Hrsg.): Deutsche Literatur zur Zeit der Klassik. Stuttgart (Reclam)1977, S. 381ff.

[2] Dieter Borchmeyer: Weimarer Klassik. Portrait einer Epoche. Aktualisierte Neuausgabe. Weinheim (Beltz Athenäum) 1998.

[3] Borchmeyer, a.a.O., S. 38.

[4] Borchmeyer, a.a.O., S. 39.

[5] Gottfried Wilms: Goethe – ein Überwinder der Aufklärung? Thesen zur Revision des Klassik-Bildes. In: GRM, NF40, Heft 1/1990, S. 22ff.

[6] Dazu vor allem: Wolfdietrich Rasch: Goethes Iphigenie auf Tauris als Drama der Autonomie. München (Beck)1979.
Vgl. auch: Thomas Kopfermann: Johann Wolfgang von Goethe: „Iphigenie auf Tauris" – Heraustreten vom Mythos in die Geschichte. In: Dietrich Steinbach (Hrsg.): Dramen in ihrer Epoche. Stuttgart (Klett) 1990, S. 51–61.

[7] Zum Italienaufenthalt Goethes: Norbert Miller: Der Wanderer. Goethe in Italien. München (Hanser) 2002.

[8] Karl Otto Conrady: Anmerkungen zum Konzept der Klassik. In: Karl Otto Conrady (Hrsg.): Deutsche Literatur zur Zeit der Klassik, a.a.O., S. 22.

[9] Gerhard Sauder: Ästhetische Autonomie als Norm der Weimarer Klassik In: Friedrich Hiller (Hrsg.): Normen und Werte. Heidelberg (Winter) 1982, S. 130–150, Zitat S. 131.

[10] Borchmeyer, a.a.O., Kap. 2,I: [Goethe –] Staatsmann und Sozialreformer im Dienste des Herzogtums Sachsen-Weimar, S. 65–83.

dete Bürgertum und auch der gebildete Adel infrage. Schon Zeitgenossen Goethes und Schillers kritisierten jedoch die Distanz zwischen Kunst und politischer Realität, die in der Weimarer Autonomie-Konzeption angelegt ist. Die Kritik wurde in neuerer Zeit von der „68er- Generation" wieder aufgenommen, die den Klassikern den Vorwurf machte, sie hätten sich den Forderungen des Tages entzogen und sich in ihrer Abneigung gegen das Politische ins Allgemein-Menschliche geflüchtet.

Diese Kritik berücksichtigt die historisch-gesellschaftlichen Bedingungen, unter denen die deutschen Klassiker lebten, zu wenig. „Die Literatur in Deutschland seit Mitte der Neunzigerjahre [des achtzehnten Jahrhunderts] hatte es mit einer Gesellschaft zu tun, die nicht nur ihrem objektiven Zustand nach, sondern auch nach Maßgabe eines fortgeschrittenen gesellschaftlichen Bewusstseins in absehbarer Zeit nicht politisch revolutionierbar war."[12]

Goethe und Schiller ignorierten die großen politischen Veränderungen ihrer Zeit durchaus nicht, sondern setzten sich in großer Betroffenheit mit der Französischen Revolution auseinander. Da Goethes Weltsicht jedoch im Wesentlichen durch sein Naturverständnis bestimmt war, hatte er keinen scharfen Blick für die historische Situation, aus der die Revolution entstand. Wie andere Zeitgenossen beurteilte er sie nicht von ihren sozialgeschichtlichen Voraussetzungen her, sondern lehnte sie aus moralischen Gründen ab. Für ihn wie für Schiller und andere deutsche Intellektuelle desavouierte sich die Revolution vor allem durch die Schreckensherrschaft ab 1793. Anstöße zum Nachdenken über die eigenen Lebensverhältnisse ergaben sich jedoch aus der Auseinandersetzung mit den Ereignissen in Frankreich allemal.

Das deutsche Bildungsbürgertum war durch die Schule der Aufklärung gegangen und deshalb an staatlichen Reformen, an der Verwirklichung des Rechtsstaats interessiert. Die Bürger hatten mit den aufgeklärten Fürsten das Ideal einer vernünftigen Ordnung gemeinsam und viele Fürsten arbeiteten zusammen mit ihren Beamten an einer Verbesserung der staatlichen Ordnung. Dadurch bewahrten die deutschen Fürsten in der bürgerlichen Öffentlichkeit viel von ihrem Ansehen, während die französische Monarchie im Laufe des 18. Jahrhunderts immer mehr Autorität verloren hatte.

Stagnation und Rückschläge in der Reformarbeit gaben aber auch in Deutschland Anlass zur Unzufriedenheit und Kritik. Viele empfanden den Widerspruch, der zwischen dem Ausschluss des deutschen Bürgertums von politischen Mitwirkungsrechten und dessen administrativen und kulturellen Leistungen bestand. So schwankte die Stimmung des Bürgertums zwischen Optimismus und Unzufriedenheit, zwischen Selbstvertrauen und Zweifel an den eigenen Möglichkeiten. Deshalb kann man die Kultur der deutschen Klassik mit ihrer Orientierung an der Antike und an den Idealen der Humanität auch als einen Versuch der Selbstvergewisserung und Selbstsicherung verstehen, zumal die bisher bestehende Bindung an die christliche Religion seit der Aufklärung nicht mehr selbstverständlich war.

Man kann die „Weimarer Klassik" unter den geschilderten Voraussetzungen durchaus aus dem „Zusammenhang grundlegender Krisenerfahrungen der Neuzeit"[13] deuten. Den Krisen der Zeit stellen die Klassiker das Ideal der Humanität entgegen, dessen Bedeutung Herder so formuliert: „Das Göttliche in unserem Geschlecht ist also die Bildung zur Humanität; [...] Humanität ist der Schatz und die Ausbeute der menschlichen Bemühungen, gleichsam die Kunst unseres Geschlechts. Die Bildung zu ihr ist ein Werk, das unablässig fortgeübt werden muss, oder wir sinken, höhere und niedere Stände, zur rohen Tierheit, zur Brutalität zurück."[14] Allein schon von dieser Überlegung her rechtfertigt sich die Thematisierung der Weimarer Klassik im Literaturunterricht: Erziehung zur Menschlichkeit, eine Aufgabe, die „unablässig fortgeübt werden muss." Wenn die Beschäftigung mit der Epoche der Klassik einen Beitrag dazu leisten soll, dann gilt hier, wie für den Literaturunterricht

überhaupt, dass die Arbeit sich nicht in „Stoffaneignung" und Prüfungsvorbereitung erschöpfen darf, sondern sich mit zentralen Problemen auseinander setzen muss. Da heißt, dass die Schüler eine eigene Fragehaltung entwickeln müssen, ohne die Verstehen und Selbstbildung nicht möglich sind. Hans-Georg Gadamer kennzeichnet Verstehen als ein „Einrücken in ein Überlieferungsgeschehen, in dem sich Vergangenheit und Gegenwart beständig vermitteln."[15] Er charakterisiert dieses dynamische Verhältnis zwischen Vergangenheit und Gegenwart als „Wirkungsgeschichte".

Der Literaturdidaktiker Jürgen Kreft setzt mit seiner Begründung der pädagogischen Bedeutung des Themas Klassik ebenfalls an diesem Punkt an.[16] Kreft geht davon aus, dass die Klassik zum Traditionsbestand unserer Kultur gehöre und dass jede Tradition kritischer Aneignung bedürfe. Nur so sei Bewahrung, aber auch kritische Distanzierung möglich.[17] Kreft argumentiert aber nicht nur mit der „Geschichtsmächtigkeit" der Klassik, sondern weist auch auf das „emanzipative Potenzial" hin, das in ihr angelegt sei.[18] Für den Literaturunterricht zieht Kreft daraus die Konsequenz, dass die klassischen Texte und die Traditionen, aus denen sie stammen, den Schülern nicht vorenthalten werden dürften. In der Schule müsse vielmehr die Gelegenheit zur kritischen Auseinandersetzung mit diesen Traditionen geboten werden, die unsere Identität nach wie vor bestimmten.[19]

Eine programmatische Äußerung Borchmeyers könnte auch der Leitgedanke des Unterrichts sein, der sich die kritische Aneignung der Klassik zur Aufgabe gestellt hat: „Dass [...] dem großen Vergangenen, mag es auch die Bedeutung des unmittelbaren Modells und Musters verloren haben, über die vermittelnde Brücke der historischen Reflexion immer wieder neue Aktualität zukommt, das zeigt die Beschäftigung mit der Dichtung der Weimarer Klassik immer wieder aufs Neue."[20] Diese Erfahrung ist aber nur möglich, wenn man mit einer Einstellung an das Thema herangeht, die Nietzsche so beschrieben hat: Es komme darauf an zu wissen, „dass es nur eine Art gibt, sie [die Klassiker] zu ehren, nämlich dadurch, dass man fortfährt, in ihrem Geiste und mit ihrem Mut zu suchen, und dabei nicht müde wird."[21]

1.2 Fachdidaktisch-methodische Aspekte

Die Einsicht in die pädagogische Bedeutung eines Themas räumt natürlich noch nicht die Schwierigkeiten aus, die sich im Unterricht bei dessen Behandlung ergeben können. Die Beschäftigung mit dem „Annäherungsversuch" an die Klassik, den Christa Wolf schildert, die dabei erfahrene Faszination, die

---

[11] Zitiert nach Sauder, a.a.O., S. 148.

[12] Hans Georg Werner: Literarische „Klassik" in Deutschland? In: Jahrbuch der deutschen Schillergesellschaft 32 (1988). Stuttgart (Kröner)1988, S. 347f.

[13] Wilhelm Voßkamp: Klassik als Epoche. Zur Typologie und Funktion der Weimarer Klassik. In: Hans-Joachim Sinn (Hrsg.): Literarische Klassik. Frankfurt/Main (Suhrkamp)1988 (=suhrkamp taschenbuch 2084), S. 248–277; Zitat S. 249.

[14] Zitiert nach Voßkamp, a.a.O., S. 253.

[15] Hans-Georg Gadamer: Wahrheit und Methode. Grundzüge einer philosophischen Hermeneutik. Tübingen (Mohr/Siebeck) 6. Auflage 1990, S. 295.

[16] Jürgen Kreft: Grundprobleme der Literaturdidaktik. Heidelberg (Quelle und Meyer) 1977 (2. verbesserte Auflage 1982).

[17] Jürgen Kreft, a.a.O., S. 308ff.

[18] Jürgen Kreft, a.a.O., S. 315.

[19] Jürgen Kreft, a.a.O., S. 302.

[20] Dieter Borchmeyer, a.a.O., S. 40.

[21] Friedrich Nietzsche: Unzeitgemäße Betrachtungen, Erstes Stück. Werke in drei Bänden, Band 1. München (Hanser) 3. Auflage 1962, S. 144.

von einem klassischen Gedicht auch heute noch ausgehen kann, aber auch die kritischen Fragen, die sich aufdrängen, könnten einen Zugang zur Epoche eröffnen (SB, S. 196f.). Der anthropologische Ansatz soll mit der Frage nach der Stellung des Menschen in der Welt, nach den Normen seines Verhaltens, nach den Möglichkeiten, wie Humanität gelingen kann, dem Schüler die Klassik als ein Thema nahe bringen, mit dem die Auseinandersetzung sich lohnt (SB, S. 198ff., 218ff., 232ff.). Diese Problemstellung verbindet die verschiedenen Epochenkapitel von BLICKFELD DEUTSCH und lässt eine zentrale geistesgeschichtliche Perspektive deutlich werden. Durch den Vergleich unterschiedlicher, z.T. gegensätzlicher Positionen wird es dem Schüler ermöglicht, sich mit der Frage nach dem Menschen auseinander zu setzen und dabei das Profil der Epoche der Klassik deutlicher herauszuarbeiten.

Die Epoche der Klassik ist also nicht „ahistorisch", sondern in ihren vielfältigen geschichtlichen Bezügen zu betrachten. Eine besondere Rolle spielt dabei die idealisierende Orientierung der Klassiker an der Antike und ihre daraus abgeleiteten Vorstellungen von Kunst (SB, S. 201ff.). Die Schüler sollen die Klassik aber auch auf den historischen Kontext des ausgehenden 18. Jahrhunderts beziehen können. Dazu ist es notwendig, die Französische Revolution als die große geschichtliche Herausforderung zu sehen, mit der sich die Klassiker auseinander gesetzt haben (SB, S. 213ff.). Darüber hinaus lässt sich anhand der Biografien Goethes und Schillers die soziale Situation von Künstlern im Übergang von der höfischen zur bürgerlichen Gesellschaft verdeutlichen (SB, S. 208ff.).

Die Einsicht in historische Zusammenhänge wird abgerundet durch einen Blick in die Rezeptionsgeschichte, durch die die Epoche Goethes und Schillers überhaupt erst zur „Klassik" im Sinne des Verbindlichen, Normativen wurde, eine Bewertung, die später einer kritischen Prüfung unterzogen wurde (SB, S. 229ff.). Bei der Besprechung der Rezeptionsbeispiele könnten sich die Schüler noch einmal ihre eigene Einstellung zur Klassik bewusst machen; gemäß dem Prinzip eines schülerorientierten Literaturunterrichts sollten sie die Möglichkeit haben, darüber zu reflektieren, was sie an der Klassik auch heute noch anspricht, aber auch darüber, was ihnen fremd, vielleicht sogar befremdlich erscheint.

1.2.1 Sprechen und Schreiben

Im Arbeitsbereich Sprechen und Schreiben liegt ein Schwerpunkt des Kapitels auf der Interpretation eines dramatischen Textes. Im Sinne des integrativen Konzepts von BLICKFELD DEUTSCH wird diese methodisch am Beispiel des für die Weimarer Klassik exemplarischen Schauspiels „Iphigenie auf Tauris" erarbeitet. Weitere Schwerpunkte werden, den propädeutischen Aufgaben des Oberstufenunterrichts entsprechend, im Bereich der Studiertechniken gesetzt: Der Schülerband bietet in diesem Zusammenhang methodische Anleitungen zum Textvergleich, zu Unterrichtsmitschrift und Unterrichtsprotokoll, zum (mündlichen) Referat und zur Facharbeit. Außerdem werden thematische Anregungen zur Projektarbeit gegeben.

1.2.2 Literatur und Medien

Der literatur- und geistesgeschichtlichen Orientierung des Oberstufenbands entsprechend kommt dem Arbeitsbereich Literatur und Medien auch in diesem Kapitel besondere Bedeutung zu. Vom Essay, Auszügen aus philosophisch-theoretischen Werken, Reiseberichten bis zu den literarischen Hauptgattungen wird ein umfangreiches Repertoire an Textsorten angeboten. Neben dem Schwerpunkt Drama wird mit einem Auszug aus Goethes „Hermann und Dorothea" auch das Versepos thematisiert. Durch ein entsprechendes Bildangebot soll ein umfassenderes Epochenverständnis auch in fächerverbindender Sicht ermöglicht werden. Über die durchgehende Methodenreflexion zur Texterschließung und Textinterpretation wird dieser Arbeitsbereich eng mit dem Arbeitsbereich Sprechen und Schreiben verbunden.

1.2.3 Sprachbetrachtung

Thematisch auf die zentrale Frage des Klassik-Kapitels nach den Möglichkeiten und Gefährdungen eines humanen Lebens bezogen, ist der Sprachbetrachtung eine eigene Sequenz mit sprachphilosophisch-sprachtheoretischer Ausrichtung gewidmet. Die Erarbeitung des Epochenbegriffs der Klassik erfordert darüber hinaus eine differenzierte Reflexion über die Semantik des entsprechenden Wortfelds. Mit zahlreichen Hinweisen und Aufgabenstellungen zur Stilistik ist im gesamten Kapitel eine durchgehende Verbindung des Arbeitsbereichs Sprachbetrachtung mit den beiden anderen Arbeitsbereichen gesichert.

2. Sequenzvorschläge

2.1. Epochensequenzen

Texte und Bilder aus BLICKFELD DEUTSCH Oberstufe	Didaktisch-methodische Kommentierung
I. Lebendigkeit der Klassik (S. 196–200) 1. Erinnerung an ein Goethe-Gedicht – Individuelle Aneignung der Tradition (S. 196–197) J.H.W. Tischbein: Goethe in der Campagna di Roma Ch. Wolf: Kindheitsmuster J.W. v. Goethe: Symbolum	**Motivation** durch einen modernen, sich auf die Klassik beziehenden Text und **Hinführung** zum Menschenbild der Klassik: – Eine Fragehaltung zu einem Text der Klassik entwickeln – Die Thematik und inhaltliche Grundpositionen von Gedankenlyrik skizzieren – Nähe und Distanz zu einem Text der Vergangenheit erfahren und im Fachgespräch reflektieren
2. Ansichten vom Menschen – Menschenbilder im Textvergleich (S. 198–200) *J.W. v. Goethe: Prometheus *M. Claudius: Der Mensch J. W. v. Goethe: Grenzen der Menschheit J. W. v. Goethe: Das Göttliche *G. Büchner: Dantons Tod H.M. Enzensberger: Doomsday	**Wiederaufnahme** der Frage nach dem Menschen im Textvergleich **Erarbeitung 1** des Menschenbilds der Klassik: – Texte aus verschiedenen Epochen unter inhaltlichen und stilistischen Gesichtspunkten vergleichen – Die Vergleichsergebnisse in einer tabellarischen Übersicht und in einem zusammenfassenden Text darstellen – Eine Gedichtinterpretation erarbeiten – Zu Texten persönlich Stellung nehmen

Texte und Bilder aus BLICKFELD DEUTSCH Oberstufe	Didaktisch-methodische Kommentierung
II. Die Antike als Leitbild (S. 201–212) 1. Reiseerfahrungen – Johann Wolfgang von Goethes „Italienische Reise" (S. 201–203) (4 Texte) J. W. v. Goethe: Italienische Reise *Projektorientiertes Verfahren	**Erweiterung 1** des Verständnisses der Klassik und **Erarbeitung 2** eines Projekts: – Die Bedeutung der Antike für die Epoche der Klassik anhand von Reiseliteratur erfahren – Literarische Gestaltungen von Reiseerfahrungen in einem Projekt vergleichen
2. Aneignung der Antike – Normen der Kunst (S. 204–207) *J. J. Winckelmann: Gedanken über die Nachahmung der griechischen Werke in der Malerei und Bildhauerkunst *F. Hölderlin: Hyperion F. Schiller: Brief an Herder Antike als Leitbild in der Architektur (Bilder) *J. W. v. Goethe: Einfache Nachahmung der Natur, Manier, Stil	**Differenzierung 1** des Bezugs der Klassik zur Antike: – Normierung als wesentliches Element des Kunstverständnisses der Klassik kennen lernen und erörtern – Die Orientierung der Klassiker an der Antike als Reaktion auf die Zeitsituation verstehen lernen – Beispiele aus der Kunstgeschichte zum Verständnis der literarischen Klassik fächerübergreifend heranziehen
3. Klassiker und Klassik – Lebensläufe und Begriffsbestimmung (S. 208–212) Johann Wolfgang von Goethe Friedrich Schiller J. W. v. Goethe: Über den Begriff des „Klassischen" *J. N. Nestroy: Einen Jux will er sich machen Klassik in der Werbung Lexikonartikel: Klassik	**Erarbeitung 3** des Begriffs der Klassik: – In einem Vergleich der Lebensläufe Goethes und Schillers unterschiedliche Lebensbedingungen von Künstlern in der bürgerlichen Gesellschaft erschließen – Das Wortfeld „Klassik"/„klassisch" erarbeiten und sprachgeschichtlich reflektieren – Den Epochenbegriff „Klassik" verstehen, dabei Funktion und Problematik von Epochenbegriffen reflektieren
III. Die Antworten der Klassiker auf Fragen der Zeit (S. 213–232) 1. Die Französische Revolution als Herausforderung – Positionen Goethes und Schillers (S. 213–218) Tonbandaufzeichnung und Beispiel einer Mitschrift J. W. v. Goethe: Hermann und Dorothea *J. P. Eckermann: Gespräche mit Goethe in den letzten Jahren seines Lebens J. W. v.. Goethe: Maximen und Reflexionen *J. P. Eckermann: Gespräche mit Goethe in den letzten Jahren seines Lebens F. Schiller: Die Horen	**Erweiterung 2** des Verständnisses der Klassik/**Erarbeitung 4** der literarischen Form des Versepos: – Die Technik der Mitschrift üben – Die Literaturepoche der Klassik in ihrem zeitgeschichtlichen Zusammenhang verstehen – Die literarische Form des Versepos kennen lernen
2. Gelingende Menschlichkeit – Die Interpretation eines dramatischen Textes (S. 218–229) Die Handlung des Schauspiels J. W. v. Goethe: Iphigenie auf Tauris I/1 J. W. v Goethe: Iphigenie auf Tauris IV/2 Auszug aus dem Hauptteil einer Schülerinterpretation J. W. v. Goethe: Iphigenie auf Tauris V/3 und V/6 *Das Drama und seine Inszenierung Die Facharbeit Th. Kopfermann: J. W. v. Goethe: „Iphigenie auf Tauris" *Projektvorschläge	**Wiederholung** und **Erarbeitung 5**: – Wichtige Grundbegriffe des Dramas wiederholen – Die schriftliche Interpretation eines dramatischen Textes erarbeiten – Möglichkeiten einer Inszenierung erörtern – Eine Facharbeit planen, erarbeiten und präsentieren
3. Klassik im Rückblick – Aspekte der Rezeption (S. 229–232) H. v.. Treitschke: Deutsche Geschichte im 19. Jahrhundert H. Piontek: Um 1800 *A.E.Hohler: Goethes Weimar hat Buchenwald nicht verhindert P. Sloterdijk: Regeln für den Menschenpark	**Erweiterung 3** des Verständnisses der Klassik von der Rezeptionsgeschichte her/**Rückblick**: – Die Klassik als Produkt ihrer Rezeption sehen lernen – Sich mit kritischen Äußerungen zur Klassik auseinander setzen – Eine Podiumsdiskussion durchführen
IV. Die Sprache – das „Urmedium" des Menschen (S. 232–237) 1. Über den Ursprung der Sprache – Eine philosophische und entwicklungspsychologische Deutung (S. 232–234) W. v. Humboldt: Sprache ist Tätigkeit D. E. Zimmer: So kommt der Mensch zur Sprache	**Erweiterung 4** der Frage nach dem Menschen: – Philosophische und entwicklungspsychologische Fragestellungen zur Bedeutung der menschlichen Sprache kennen lernen
2. „Tiersprache" und „Menschensprache" – Theorien im Vergleich (S. 234–237) J. G. Herder: Abhandlung über den Ursprung der Sprache A. Gehlen: Der Mensch *B. Lee Whorf: Sprache, Denken, Wirklichkeit	**Differenzierung 2** der sprachtheoretischen Fragestellungen: – „Sprache" im Mensch-Tier-Vergleich reflektieren – Mit wissenschaftlich-theoretischen Texten arbeiten lernen

2.2   Alternative Sequenzen

Unterrichtseinheiten	Texte und Bilder aus BLICKFELD DEUTSCH Oberstufe	Didaktisch-methodische Kommentierung
J. W. von Goethe: Iphigenie auf Tauris	1. Goethe: Grenzen der Menschheit (S. 198) Goethe: Das Göttliche (S. 198) 2. Kap. III.2 (S. 218ff.) 3. Goethe: Italienische Reise (S. 201ff.) Bilder (S. 206) 4. Kohler: Goethes Weimar... (S. 230f.) Enzensberger: Doomsday (S. 200)	Im Mittelpunkt der Unterrichtseinheit steht Goethes Schauspiel **„Iphigenie auf Tauris"**, das für die Klassik formal und inhaltlich exemplarisch ist. Entsprechend sind auch die Texte aus dem Schülerband zu nutzen: – Menschenbild der Klassik – Bezug zur Antike – Infragestellung des idealistischen Menschenbildes der Klassik. Das Kapitel III.2 bietet Anregungen zur Besprechung einzelner Aspekte des Dramas und Hilfen für die schriftliche Interpretation. Mögliche Vergleiche: – Sophokles: Antigone (vgl. SB, S. 49ff.) – Lessing: Nathan der Weise (vgl. SB, S. 166ff.) – Brecht: Der gute Mensch von Sezuan (vgl. SB, S. 381ff.)
Blick in eine Epoche: Klassik	1. Wolf: Kindheitsmuster (S. 196f.) Goethe: Symbolum (S. 197) 2. Goethe: Grenzen der Menschheit (S. 198) Goethe: Das Göttliche (S. 198) 3. Autorbiografien (S. 208ff.) 4. Der Begriff der Klassik (S. 210ff.) 5. Goethe: Hermann und Dorothea (S. 215f.) Eckermann: Gespräche mit Goethe (S. 216) Schiller: Die Horen (S. 217f.) 6. Goethe und Schiller in Bildern (S. 208f.) Treitschke: Deutsche Geschichte (S. 229f.) Hohler: Goethes Weimar ... (S. 230f.)	Für eine kursorische Behandlung der Epoche Klassik bieten sich folgende Schritte an: – Erschließung **(Motivationsphase)** – Humanitätsidee **(Fortführung** und **Erweiterung)** – Die Klassiker Goethe und Schiller – Der Begriff der Klassik **(Systematisierung** und **Vertiefung)** – Die Klassik in ihrer Zeit – Nachwirkung der Klassik
Humanität und Sprache	1. Zimmer: So kommt der Mensch zur Sprache (S. 233f.) 2. Herder: Abhandlung über den Ursprung der Sprache (S. 234ff.) Gehlen: Der Mensch (S. 236f.) 3. Goethe: Das Göttliche (S. 198) Goethe: Iphigenie V/3 und V/6 (S. 223ff.)	Ziel dieser Unterrichtseinheit ist es, im Sinne des verbundenen Deutschunterrichts Literatur- und Sprachbetrachtung zum Thema Humanität zu verbinden. Nach einer Phase der **Hinführung** werden sprachtheoretische Texte erarbeitet **(Erweiterung** und **Vertiefung)**. In einer **Anwendungsphase** könnte überlegt werden, welche Bedeutung der Sprache in Goethes Konzept der Humanität zukommt und wie Menschlichkeit im Dialog verwirklicht werden kann.
F. Schiller: Wallenstein	1. Drameninterpretation (S. 220ff.) 2. Goethe: Das Göttliche (S. 198) Büchner: Dantons Tod (S. 199) Enzensberger: Doomsday (S. 200) 3. Schiller: Ästhetische Erziehung (siehe LB, **K 4**, S. 330f.) 4. Biografie Schillers (S. 209f.) Begriff der Klassik (S. 210ff.)	Zur **Erarbeitung** einzelner Dialoge können die Methodenhinweise herangezogen werden. **Weiterführung** der Thematik: Ethische Probleme, die bei der Besprechung des Stücks zur Sprache kommen, könnten anhand zusätzlicher Texte reflektiert werden. Zur **Vertiefung** des Verständnisses trägt die Lektüre theoretischer Texte Schillers bei. Ein Überblick über Schillers Biografie und die Erarbeitung des Epochenbegriffs eignen sich als **Abschluss.**[22]

---

[22] Herbert Kaiser stellt Schillers „Wallenstein" in eine thematische Vergleichsreihe:
Herbert Kaiser: Geschichtliches Handeln zwischen Friedensidee und Gewalt – in Shakespeare: König Richard der Dritte, Goethe: Iphigenie auf Tauris, Schiller: Wallenstein, Grillparzer: Ein Bruderzwist in Habsburg, Dürrenmatt: Romulus der Große. Eine didaktische Reihe. In: Literatur für Leser, Heft 1/1978, S. 35–74.

Anregungen zur historischen Einordnung des Wallenstein-Dramas finden sich in: Dietrich Steinbach (Hrsg.): Dramen in ihrer Epoche. Stuttgart (Klett)1991. Hier sei vor allem auf die kurze Einleitung zur Klassik (S. 40) und auf die Beiträge zu „Iphigenie" und „Wallenstein" verwiesen (Thomas Kopfermann: Johann Wolfgang von Goethe: „Iphigenie auf Tauris" – Heraustreten aus dem Mythos in die Geschichte. A.a.O., S. 51–61; Dietrich Steinbach: Friedrich Schiller: ‚Wallenstein' – Ein Drama der Geschichte und der Politik. A.a.O., S. 62–73).

2.3 Epochenübergreifende Sequenzvorschläge

Themen	Texte	Didaktisch-methodische Kommentierung
1. Autonomes Ich – Verlorenes Ich	Goethe: Das Göttliche (1783, SB, S. 198) Benn: Verlorenes Ich (1943, SB, S. 146) Büchner: Lenz (1839, SB, S. 284f.) Hauptmann: Bahnwärter Thiel (1888, SB, S. 320f.) Kafka: Die Verwandlung (1915)	Seit dem Ende des Zeitalters, in dem die christliche Religion **die Deutung des Menschen und der Welt** vorgab, wurde sich der Mensch in einer bisher nicht gekannten Radikalität selbst zur Frage. Dies spiegelt sich in Kants Fragestellungen: „1) Was kann ich wissen? 2) Was soll ich tun? 3) Was darf ich hoffen? 4) Was ist der Mensch?"[23] Auch in der Dichtung steht der Mensch „in Frage". Die Textauswahl spiegelt die Spannung wider zwischen dem Optimismus des aufgeklärt-idealistischen Zeitalters und der Skepsis der fortschreitenden Moderne. Dieser Problematik nachzugehen ist für den Unterricht der gymnasialen Oberstufe unerlässlich. Da die ausgewählten Texte von überschaubarer Länge sind, könnten sie Gegenstände einer zusammenhängenden Unterrichtseinheit sein.
2. Der „gute Mensch"	Goethe: Iphigenie in Tauris (1786, SB, S. 218ff.) Lessing: Nathan der Weise (1779, SB, S. 166ff.) Büchner: Woyzeck (1836/37, SB, S. 286f.) Hofmannsthal: Der Schwierige (1921) Brecht: Der gute Mensch von Sezuan (1938–40, SB, S. 381ff.)	Thema dieser Sequenz ist die Frage, inwieweit **Menschen in ihrem Leben das Gute verwirklichen** können, sowohl im Hinblick auf das Gelingen des eigenen Lebens als auch im Sinne einer Verbesserung der Lebensbedingungen (in vielfältigem Sinne) von Mitmenschen. Die Textauswahl führt von utopischen Konzeptionen im Sinne der Aufklärung zu skeptischen Positionen, die aber immer noch von der Idee der Humanität geprägt sind. Nach einer eingehenderen Behandlung von Goethes „Iphigenie" könnten die anderen Texte von *Gruppen* (evtl. auch in größeren Abständen, also über einen längeren Zeitraum) vorgestellt werden. (Auswahl der Themen durch die Schüler anhand von Textbeschreibungen im *Internet* oder in *Lexika*)
3. Reiseliteratur	Goethe: Italienische Reise (1815–17, SB, S. 201ff.) Seume: Spaziergang nach Syrakus im Jahre 1802 (1803) Heine: Reisebilder. Dritter und vierter Teil: Italien (1828/30) Brinkmann: Rom, Blicke (1979) Wolfgang Büscher: Berlin – Moskau. Eine Reise zu Fuß (2003)[24]	Die **Begegnung mit Fremdem** fordert zu dessen kritischer Prüfung, aber auch zur Überprüfung eigener Positionen heraus. Die Schüler können bei der Beschäftigung mit Reiseliteratur solche Prozesse nachvollziehen und reflektieren. Ausgangspunkt könnte die Behandlung von Goethes „Italienischer Reise" sein. Die anderen Texte könnten im Rahmen von *Schülerreferaten* vorgestellt werden. Dabei ist es nicht unbedingt notwendig, dass sie von den Referenten vollständig durchgearbeitet werden. Auch eine selektiv-recherchierende Lektüre kann die Basis für eine prägnante Darstellung des jeweiligen Textes (mit exemplarischen Textproben) schaffen.
4. Kunst und Künstlertum	Goethe: Torquato Tasso (1790) Hoffmann: Rat Krespel (1819/21) Mörike: Mozart auf der Reise nach Prag (1855) Th. Mann: Tonio Kröger (1903) oder Der Tod in Venedig (1913) Gert Hofmann: Die Rückkehr des verlorenen Jakob Michael Heinrich Lenz nach Riga (1981)[25]	Die **Künstlerexistenz** wird mit dem Prozess der Autonomisierung der Kunst seit dem ausgehenden 18. Jahrhundert zunehmend prekär. Die Gesellschaft weist ihm nicht mehr wie bisher religiöse, höfisch-repräsentative und moralisch-didaktische Aufgaben zu. Er arbeitet jetzt – im wahrsten Sinne des Wortes – auf eigene Rechnung und in eigener Verantwortung, oft im Widerspruch gegen die herrschenden gesellschaftlichen Normen und Kräfte. Ein Einblick in diese Problematik eröffnet deshalb den Schülern nicht nur Perspektiven in das Feld der Kunst, sondern auch in wechselnde Tendenzen des Selbstverständnisses der Gesellschaft. Literatur, Musik und bildende Kunst sind in der Textauswahl repräsentiert. Es könnten zunächst im Unterricht Auszüge aus einzelnen Werken behandelt werden; die daran anschließende Wahl könnte den jeweiligen Interessen der Schüler gemäß erfolgen. (Einzelarbeit, Zweier-Teams, Kleingruppen)[26]

[23] Immanuel Kant: Logik. Einleitung. In: Immanuel Kant: Werke in sechs Bänden (Hrsg. Wilhelm Weischedel), Band III. Darmstadt (Wissenschaftliche Buchgesellschaft) 1959, S. 448.
[24] Wolfgang Büscher: Berlin – Moskau. Eine Reise zu Fuß. Reinbek (Rowohlt) 2003.
[25] In: Gert Hofmann: Gespräch über Balzacs Pferd. München (dtv) 1994, S. 7–39.
[26] In fächerverbindender Arbeit könnten Künstlerdarstellungen in Malerei und Plastik einbezogen werden. Alle aufgeführten Themen eignen sich für projektorientiertes Arbeiten oder auch für Facharbeiten.

3. Erläuterungen und Lösungsvorschläge

I. Lebendigkeit der Klassik (S. 196–200)

Bilderläuterungen:

Das Auftaktbild zum 5. Kapitel, Tischbeins „Goethe in der Campagna di Roma", eignet sich weniger für einen Einstieg in das Thema Klassik, weil es ohne entsprechende Vorkenntnisse die Schüler wohl nicht unmittelbar anspricht. Christa Wolfs Text aus dem Roman „Kindheitsmuster" (SB, S.196f., Text 1) und die anschließende Besprechung von Goethes Gedicht „Symbolum" (SB, S. 197, Text 2) ermöglichen wohl einen besseren Zugang zum Thema. Der geeignetste „didaktische Ort" für den Einsatz des Bildes ist die Untersequenz „Klassiker und Klassik – Lebensläufe und Begriffsbestimmung" (vgl. SB, S. 212, AA 10), doch wäre auch eine Besprechung im Zusammenhang mit Goethes „Italienischer Reise" denkbar, und zwar am Ende der II. Sequenz („Die Antike als Leitbild"), weil die Kenntnis von Grundprinzipien klassizistischer Kunst ein besseres Verständnis von Tischbeins Gemälde ermöglicht.

Das Bild kann im Unterricht (mit ergänzenden Informationen durch den Lehrer) besprochen oder in einem *Schülerreferat* vorgestellt werden. Auf eine einleitende „Testfrage" könnten die Schüler Vermutungen über die Maße des Bildes äußern: 1,64 x 2,06m! Das Format ist wohl auch ein Mittel, dem Bildgegenstand Bedeutsamkeit zu verleihen.

Das Gemälde ist sicherlich ein Schlüsselwerk zum Verständnis der Weimarer Klassik. In der ausführlichen Beschreibung von Andrea Wagener[27] wird das deutlich:

„[...] Das Bild zeigt Goethe in einer römischen Landschaft nahe der Via Appia, wie er *in der Attitüde von sitzen und liegen* [...] auf den Bruchstücken eines Obelisken ruht. Ein helles Gewand vereinheitlicht die Gestalt des Wanderers. Der große dunkle Hut hebt das Gesicht Goethes vom Hintergrund ab. Bei aller Präzision gibt die gemalte Physiognomie einen wesentlicheren Zug als den der Ähnlichkeit wieder. Spannungsvoll drückt dieses Gesicht gleichzeitig tiefsinnende Versenkung und wacheste Konzentration aus. Mit Goethes halb ins Profil gewandtem Blick eröffnet sich dem Betrachter die Ansicht der Campagna di Roma. Vor den Albaner Bergen erstreckt sich die weite Ebene mit einigen Ruinen großer Aquädukte und dem Grabmal der Caecilia Metella an zentraler Stelle. Im Vordergrund umgeben steinerne Zeugen der wichtigsten antiken Kunstepochen den Lagernden. Das Kompositkapitell erinnert an den spätantiken, das Relief an den griechischen und der Obelisk an den ägyptischen Stil. Die gelassene Pose des Ruhenden verbindet die Erinnerung an antike Skulptur, etwa der des Flussgottes Tiber auf dem Kapitol, mit bukolischer Stimmung, wie sie Tischbein durch den Holländer Nicolas Berchen vermittelt worden sein mag.

Das Bild strahlt eine eigenartige Zeitlosigkeit aus. Der alle zeitgenössische Tracht überdeckende Mantel des Dargestellten wirkt nicht wie eine Verkleidung. Er besitzt sowohl die Erhabenheit der antiken Toga als auch die Schlichtheit des Hirtengewandes, ohne sich jedoch nachbildend auf eines der beiden festzulegen. Dadurch entsteht der Eindruck, Tischbein habe Goethe wie in großem zeitlichen Abstand, fast wie in vorweggenommener Rückschau, gesehen.

Es war Tischbeins Absicht gewesen, über die dokumentarische Fixierung der individuellen Erscheinung hinaus, Goethes Verhältnis zur Natur und zur Vergangenheit exemplarisch darzustellen. An Lavater schrieb Tischbein, er wolle Goethe zeigen, *wie er auf den Ruinen sizet und über das Schicksal der Menschligen Wercke*

nachdencket [...] So sollte das Porträt des Freundes zugleich Sinnbild klassizistischer Anschauungsweise werden.

Schon das Format (1,64 m x 2,06 m) war ungewöhnlich für ein Bildnis. *Es gibt ein schönes Bild, nur zu groß für unsere nordischen Wohnungen* [Italienische Reise]. So wenig sich die Ausmaße der Leinwand mit der Konvention des kleinen Porträts, gar der Miniatur bescheiden mochten, so deutlich brach diese Größe mit der feudalen Größe des Barock: der Dargestellte war ein Bürgerlicher. Seine Macht war Bildung im grundlegenden Sinn: lebendiger Begriff.

Das belegen die vielfachen allegorischen Anspielungen der Bildgegenstände. Sie sind nicht kulissenhafte Ausstattung eines statisch-repräsentativen Anspruchs, sondern tiefsinnige Zeichen der neuen lebendigen Wechselbeziehung des Menschen zu den Erscheinungen der Natur und den Zeugnissen der Vergangenheit. An den Aquädukten war dem Dichter die Großzügigkeit der antiken Kulturleistungen aufgegangen: Die *Reste der großen Wasserleitung sind höchst ehrwürdig. Der schöne, große Zweck, ein Volk zu tränken durch eine so ungeheure Anstalt* [Italienische Reise]. Das Grab der Caecilia Metella hatte Goethe *erst einen Begriff von solidem Mauerwerk* [Italienische Reise] gegeben. Der Eindruck vervollständigte sich in Goethes Denken: *Wer sich hier mit Ernst umsieht und Augen hat zu sehen, muss solid werden, er muss einen Begriff von Solidität fassen, der ihm nie so lebendig ward* [Italienische Reise]. Auch anhand der ägyptischen Obelisken hatte sich Erkenntnis gebildet. Später bezeichnete Goethe die Kunstform des Obelisken als geklärte Fassung einer von der Natur vorgegebenen Form, nämlich des aufgrund seiner Materialität obeliskenförmig zersprungenen Granitgesteins (Weimarer Ausgabe I, 47, S. 65). So entwickele der Künstler das Wesentliche aus den im natürlichen Gegenstand angelegten Bildungsgesetzen.

Den Doppelcharakter von biografischem Bezug und allgemeiner Sinnbildlichkeit verdeutlicht besonders das efeuumrankte Relief, welches Orest und Pylades vor Iphigenie zeigt. Zum einen bezieht es sich darauf, dass Goethe gerade seine Iphigenien-Dichtung überarbeitete. Zum anderen verbildlicht die grüne Pflanze auf dem alten Stein, wie der antike Stoff in Goethes Dichtung seine Erneuerung fand. – Dass das Relief in dieser Form Tischbeins freie Erfindung war, mag außerdem darauf weisen, wie sehr die vergangene Größe den Nachgeborenen erst durch ihre eigenen Schöpfungen bedeutsam werden konnte.

Indem Tischbein das eigentliche Porträt um die bedeutungsvollen historischen Denkmale erweiterte, veränderte sich nach damaliger Auffassung das Verhältnis des Gemäldes zur zeitlichen Vergänglichkeit. Es sollte zu jenen Bildern gehören, die *auch nach erloschener Bekanntschaft von vorgestellten Personen als schätzbare Gemälde aufgehoben zu werden verdienen* [...] (So hatte Reiffenstein 1783 den Wert des Historischen im Bild erklärt.) Doch in Tischbeins Gemälde geschah mehr und anderes. Nicht die historische Umgebung erhöhte den Porträtierten, sondern dieser verlieh ihr erst Tiefe. Da Goethes Beziehung zu den historischen Gegenständen eine besondere war, wurde eben diese Besinnung auf die Antike Thema des Bildes. Damit war der Betrachter vor dem Bild aufgefordert, wie der exemplarische Mensch vor den Trümmern aus antiker Zeit, das Mangelnde zu großer, zeitloser Einheit des Denkens zu ergänzen, eben *aus den Bruchstücken der Alten ihren Geist zu erklären* [...].

In der Farbwahl war Tischbein streng auf Ruhe und Schlichtheit bedacht. Buntheit und sichtbaren Pinselduktus vermied er zugunsten klar umrissener Formen. Eine solche Formgebung hatte Moritz als *erste Erforderniß des Schönen* [...] herausgestellt: *So wie der gebildete Geist im Denken Ordnung, Licht und Klarheit liebt, so muss auch in der Kunst das Wohlgeordnete, was leicht zu durchschauen und ohne Mühe zu umfassen ist, vor dem Verwickelten, Verwirrten, und Unbehülflichen nothwendig den Vorzug haben* [...]. Tischbein gibt die Bildwelt in geschlossenen Flächen mit klaren Um-

---

[27] Andrea Wagener: Goethe und sein römischer Freundeskreis. In: Jörn Göres (Hrsg.): Goethe in Italien. Mainz (Philipp von Zabern) 1986, S. 46f.

rissen wieder, was den Gegenstand im Bild deutlich als einzelnen betont. (So kommt z.B. dem Hut eine geradezu emblemhafte Wirkung zu. Während die Dreiviertelansicht den Kopf Goethes plastisch erscheinen lässt, bleibt der Hut frontal in der Fläche. Ein solch strenger Flächenbezug in direkter Umgebung eines ansonsten plastisch aufgefassten Kopfes kennzeichnet in ähnlicher Weise den Nimbus in der gotischen Goldgrundmalerei.)

Wie aus Tischbeins Aquarell „Goethe rettet ein Pferd" hervorgeht, gehörten Hut und Mantel tatsächlich zu Goethes Reisekleidung. Den Hut als Bildmittel mag Tischbein dem Porträt des in Rom lebenden Kunsthistorikers Aloys Ludwig Hirt von Friedrich Georg Weitsch (1785) entnommen haben. Auf den Faltenwurf des hellen Mantels im Bild hat der Maler viel Mühe verwandt. Goethe berichtete von Tischbeins Arbeitsweise, dieser habe *sich durch einen fertigen Bildhauer ein kleines Modell von Ton machen lassen, welches gar zierlich mit einem Mantel drapiert worden. Danach malt er fleißig, [...]* [Italienische Reise]. Diese Methode war unter den Künstlern in Rom durchaus verbreitet, zumal Mengs geäußert hatte, auch Raffael habe solche Vorstudien in Wachs betrieben. Die ausgiebigen Mantelstudien ließen Tischbein jedoch den anatomischen Zusammenhalt des sich unter dem Mantel verbergenden Körpers und dessen natürliche physische Beschaffenheit vernachlässigen. Zwar sitzt der Oberkörper, das eigentliche Bildnis, tektonisch fest in der linken Bildhälfte, der Beinansatz dagegen bleibt unter der Fülle des Gewandes unklar. Zudem ist vor allem der linke Oberschenkel unnatürlich lang. Obwohl sich Goethe mit dem rechten Arm aufstützt, wird nichts vom Auflagedruck hier oder an der Schulter sichtbar. Solche Details vermitteln etwas von der drohenden regelhaften Erstarrung in der deutschen Malerei zu jener Zeit. Nach dem Tode von Anton Raphael Mengs 1779 gelangte im 18. Jahrhundert kein deutscher Künstler mehr zu europäischem Ansehen.

Nichtsdestoweniger gilt heute vielen der *Wanderer auf'm Obelisken* (Weimarer Ausgabe IV, 35, S. 243), wie Goethe das Gemälde später einmal nannte, als das bedeutendste Werk der Malerei des deutschen Klassizismus. Seit in den Vierzigerjahren des vorigen Jahrhunderts das Gemälde in lithografischen Reproduktionen weite Verbreitung fand, gilt es der Nachwelt auch als die gültige bildliche Vorstellung von Goethe in Italien und als das beste Bildnis des Dichters überhaupt". [...]

Zur Ergänzung der Informationen wären Hinweise auf Tischbeins Lebenslauf sinnvoll; der exemplarisch ist für einen Künstler der damaligen Zeit (Italienaufenthalt; bürgerlich-freiberufliche Tätigkeit, aber auch Sicherung des Lebensunterhalts durch Staatsdienst, z. T. im „feudalistischen" Amt eines „Hofmalers").

Tischbein, Johann Heinrich Wilhelm
14. oder 15.2.1751 Haina – 26.6. 1829 Eutin

„Aus einer weit verzweigten Künstlerfamilie stammend, war sein Lebensweg vorgezeichnet. Nachdem er zuerst von seinem Onkel in Kassel unterrichtet worden war, setzte er seine Studien bei einem anderen Onkel in Hamburg und in Holland fort. 1777–79 arbeitete er als Porträtmaler in Bremen und Berlin, anschließend ging er für die nächsten zwanzig Jahre nach Italien (Neapel, Rom), wo es auch zu dem berühmten Zusammentreffen mit Goethe kam. 1789 wurde Tischbein zum Direktor der Accademia di Belle Arti in Neapel ernannt. Von 1801 bis 1808 lebte er in Hamburg, später nahm er das Amt eines Hofmalers beim Herzog von Oldenburg in Eutin an. In seinem malerischen Werk durchlief Tischbein den Weg vom Sturm und Drang zu einem gemäßigten Klassizismus".[28]

Die Frage nach dem Weltverständnis und dem Selbstverständnis des Menschen, Probleme der Lebensorientierung und Lebensgestaltung sind zentrale Themen und bewegen erfahrungsgemäß viele Jugendliche, die nach Orientierung suchen. Da die Idee der Humanität ein Leitgedanke der Klassik ist, liegt

es nahe, den Einstieg in die Epoche mit dieser Thematik zu wählen.

Nach der Hinführung (I,1) wird deshalb als erstes Hauptthema das Menschenbild der Klassik anhand von exemplarischen Gedichten Goethes und damit kontrastierenden Texten aus dem 19. und 20. Jahrhundert behandelt (I,2). Damit soll die Frage nach „Mensch und Menschlichkeit", die im 1. Kapitel (vgl. SB, S. 8ff.) eingeführt wurde, auch in diesem Kapitel wieder aufgenommen und epochenspezifisch akzentuiert werden.

> **S. 196–197: I,1. Erinnerung an ein Goethe-Gedicht – Individuelle Aneignung der Tradition**

Der Beginn mit einem kritischen Text des 20. Jahrhunderts ermöglicht es, Vorbehalte heutiger Jugendlicher gegenüber Klassik und Klassikern sowie ihre Irritationen bei der Begegnung mit einer „alten" Epoche aufzunehmen, weil solche Probleme ja in diesem Text selbst artikuliert werden, und sich mit ihnen im Blick auf das Gedicht „Symbolum" reflexiv-argumentativ auseinander zu setzen (vgl. auch das Nietzsche-Zitat in der Randspalte S. 196). In dieser Phase genügt ein *offener Textzugang*, die eingehende Textinterpretation sollte erst in der nächsten Teilsequenz gefordert werden.

Methodische Schwerpunkte der Arbeit bilden das *Fachgespräch*, das sich auf Inhaltliches, aber auch auf Fragen des **Stils** bezieht, und der Versuch, in einem eigenen zusammenhängenden Text zentrale Aussagen des Gedichts wiederzugeben.

Mögliche Ziele:
1. Ausgehend von der Darstellung einer modernen Rezeptionssituation sich auf die Beschäftigung mit einem klassischen Text einlassen
2. Erste Einblicke in das Menschenbild der Klassik gewinnen
3. Erfahren, dass das Verständnis eines Textes von der eigenen Lebenserfahrung und Lebenssituation geprägt ist

Seite 197

1a/b Der Text von Christa Wolf könnte im *Unterrichtsgespräch* erarbeitet werden.

Die erste Strophe ist mit ihrem Hinweis auf das Leben des Freimaurers zeitgebunden. Der Erzählerin kommen jedoch auch Textstellen in Erinnerung, die das menschliche Leben allgemein betreffen und die sie deshalb auf ihre eigene Situation beziehen kann. Sie hat Erfahrungen gemacht, die sie vorsichtig und skeptisch gestimmt haben (vgl. AA 3): Die Grundstimmung der Hoffnung (Z. 30) ist ihr deshalb nicht selbstverständlich. Darüber hinaus stellen sich Fragen: Ist jedes Fortschreiten schon ein Fortschritt? (Bezug zu Z. 10) Gibt der Gedanke an die Zukunft nicht Anlass zu Befürchtungen? (Z. 9)

Offensichtlich fällt es ihr in ihrer Situation nicht leicht, an die „Kräfte des Guten" (Z. 25) zu glauben.

2 Hier geht es nicht um eine gründliche Interpretation des Gedichts, sondern um die konzentrierte *Beschreibung* des Bildes vom menschlichen Leben, das darin dargestellt wird: menschliches Leben als mutiges, strebendes Vorwärtsschreiten im Bewusstsein der eigenen Grenzen (keine umfassende Kenntnis der Zukunft; Bewusstsein von der erhabenen Macht der Natur und des Todes). Ernst und Ehrfurcht als angemes-

---

[28] Norbert Wolf: Klassizismus und Romantik. Stuttgart (Reclam) 2002, S. 285 (Kunst-Epochen, Band 9 =UB Nr. 18176).

sene Haltung des Menschen. Kraft aus der Hoffnung, dass das tätige Gutsein belohnt werden wird.

3 Die Reise in die alte Heimat konfrontiert die Erzählerin mit ihrer Kindheit und Jugend. Vieles aus ihrer Vergangenheit belastet sie: die Erinnerung an den Nationalsozialismus, den Krieg und die Flucht aus der Heimat. Es könnte sein, dass ihr gerade in dieser Situation Goethes Text deshalb in Erinnerung kommt, weil in ihm die Frage nach den Grundbedingungen und dem Sinn des menschlichen Lebens thematisiert wird.

S. 198–200: I,2. Ansichten vom Menschen – Menschenbilder im Textvergleich

Nach einer ersten Annäherung an das Thema in I,1 lassen sich Grundzüge des Menschenbildes der Klassik an zwei Gedichten Goethes („Grenzen der Menschheit" und „Das Göttliche") unter **philosophisch-anthropologischen Aspekten** exemplarisch verdeutlichen. Im kontrastiven Vergleich mit anderen Texten kann einerseits das Profil der Klassik verdeutlicht werden, eröffnen sich andererseits Einblicke in andere Epochen.

Der methodische Schwerpunkt der Teilsequenz liegt im **Vergleich mehrerer Texte** mit dem Ziel der Erarbeitung von *Studiertechniken;* die Ergebnisse sollen durch eine **tabellarische Übersicht** gesichert werden. Nach der Erarbeitung des Überblicks soll das Verständnis eines klassischen Textes in einer eingehenden *Gedichtinterpretation* entfaltet werden.

Mögliche Ziele:

1. Zentrale Positionen der Klassik aus Gedichten erarbeiten
2. Anhand von philosophischen Fragestellungen Texte vergleichen und somit historische Zusammenhänge erschließen
3. Ergebnisse des Textvergleichs tabellarisch darstellen

Seite 199

1 Hier wäre ein *arbeitsteiliges Verfahren* zur Erschließung der einzelnen Texte denkbar. Die Ergebnisse sollten dann im Unterrichtsgespräch vergleichend ausgewertet werden.

 Tabellarischer Vergleich:

Vergleichsaspekte	„Prometheus" (1774)	„Der Mensch" (1775)	„Grenzen der Menschheit" (1781)	„Das Göttliche" (1783)	„Dantons Tod" (1834/35)	„Doomsday" (1964)
1. Menschenbild	– Der Mensch als Schöpfer (Z. 6ff.; 52ff.) – Betonung der eigenen Fähigkeiten, des Selbstwerts und der Autonomie (Z. 27f.; 33ff.; 54ff.)	– Elender, festgelegter Lebenslauf (Z. 1ff.) – Endlichkeit, Vergeblichkeit(?) des Daseins (Z. 14ff.)	– „Kind Gottes" (Z. 9) – Unterordnung (Z. 11ff.) – Gefährdete Existenz (Z. 14ff.) – Endlichkeit (Z. 29ff.)	– Fähigkeit zu Edelmut und Güte (Z. 1ff.) – Fähigkeit, Gut und Böse zu unterscheiden (Z. 37ff.) – Endlichkeit (Z. 20ff.; 32ff.)	– Mensch als Objekt gesetzmäßiger Abläufe (Z. 3ff., 11ff.) – Geschichte als revolutionärer Fortschritt (Z. 16ff., 47ff.)	– Nahezu ausweglose Situation (Z. 4ff.) (= Appell an den Menschen?)
2. Gottesbild	– Schmähung der Götter (Z. 1f., 13ff.) – Tatenlosigkeit, Ohnmacht der Götter (Z. 24ff., 39ff.)	– Keine direkte Nennung von Gott – Darstellung der menschlichen Immanenz von der Geburt bis zum Tod	– Der „heilige Vater" (Z. 2) – Macht Gottes (Z. 3ff.) – Erhabenheit der Götter (Z. 29ff.)	– „Höhere Wesen" (Z. 8) – Ahnung des (unbekannten) Göttlichen (Z. 7ff., 60)	– Hinweis auf Mythos (Z. 41f.) – Idee eines „Weltgeistes" (Z. 17f.)	– Kein Gott erwähnt – Krieg und Vernichtung als das „Letzthinnige" (Z. 18) – Weltgericht = Weltzerstörung (Titel)
3. Verhältnis von Mensch und Gott	– Herausforderung (Z. 1f.) – Verachtung (Z. 13ff.) – Absage (Z. 52ff.)	– Keine Beziehung – doch Anklänge an die religiöse Sprache der Bibel (Z. 1f., 15–17)	– „Kindliche Schauer" (Z. 9) – Ehrfurcht (Z. 7, 11ff.)	– Mensch soll höheren Wesen gleichen (Z. 10f.) – Verehrung der Unsterblichen (Z. 49f.)	– Keine Beziehung – Unterwerfung unter die Gesetze des Naturgeschehens und des Geschichtsverlaufs (Z. 5ff., 15ff., 33ff.)	– Mensch auf Diesseits fixiert
4. Stileigenarten	– Imperative an die Götter (Z. 1ff.) – Provozierende Fragen (Z. 29) – Intensive, erregte Sprache (Anaphern, z.B. 8/10; 26/27, unvollständige Sätze (Z. 38)	– Kumulation (Z. 11ff.) – altertümlicher Konjunktiv (Z. 3, 18) – Antithesen als Ausdruck der Widersprüchlichkeit (Z. 3f., 5ff.)	– Häufige Hypotaxen (Z. 1ff.) – Feierlich-stilisierte Wortwahl – Viele Bilder (Veranschaulichung abstrakter Zusammenhänge)	– Appellative Sprache (Z. 1ff., 7ff., 55ff.) – Wiederholungen (Z. 1ff., 55ff.) – Parataxen (Z. 37ff.)	– Argumentative Prosa – Stilmittel der Rede – Suggestive Sprache (Z. 43f., 47)	– Keine Interpunktion – z.T. Jargon (Z. 4) – Paradoxien (Z. 5ff., 19ff., 29ff.)

1b Zentrale Aussagen in den Texten 1 – 6: Lösungsmöglichkeiten in tabellarischer Form (empfehlenswert als *Hausaufgabe)*

Text	zentraler Satz	Begründung
1	„Hier sitze ich, forme Menschen / Nach meinem Bilde, / [...] dein nicht zu achten, / Wie ich." (Z. 52ff.)	Prometheus, der exemplarische Mensch, ist sich seiner Schöpferkraft bewusst; in der Sicherheit des Gefühls seiner Autonomie sagt er sich von dem höchsten Gott los.
2	„Dann legt er sich zu seinen Vätern nieder, / Und er kömmt nimmer wieder." (Z. 17f.)	Der Tod, die radikale Erfahrung der Endlichkeit, behält das letzte Wort. Alles menschliche „Treiben" erscheint dadurch als fragwürdig.
3	„Uns hebt die Welle, / Verschlingt die Welle, / Und wir versinken." (Z. 34ff.)	Auch hier geht es um die Endlichkeit des Menschen; an sie wird erinnert, um dem Menschen seine Grenzen vor Augen zu stellen.
4	„Heil den unbekannten / Höhern Wesen, / Die wir ahnen!" (Z. 7ff.)	Das Göttliche ist nicht greifbar, sondern nur zu ahnen. Menschen können durch ein gutes, hilfreiches Leben auf das Göttliche verweisen.
5	„Soll überhaupt ein Ereignis, was die ganze Gestaltung der moralischen Natur, das heißt der Menschheit, umändert, nicht durch Blut gehen dürfen?" (Z. 16f.)	Saint-Just ist der Überzeugung, dass das Opfer von Menschenleben im Dienste des revolutionären Fortschritts gerechtfertigt ist. Der Einzelne zählt im Verhältnis zum Ganzen nichts.
6	„die Katastrophe wäre da / wenn über uns käme die Nachricht / dass sie ausbleiben wird / für immer." (Z. 29ff.)	Der Leser soll durch das Paradox, dass das Ausbleiben der Katastrophe *die* Katastrophe wäre, zum Nachdenken darüber veranlasst werden, was eigentlich Inhalt und Ziel menschlichen Denkens und Bemühens sein sollte.

1c **Hier sollten nur Möglichkeiten von „Lebensmaximen" skizziert werden:**

„Prometheus":
Vertraue auf deine eigene schöpferische Kraft, die du in dir fühlen und mit der du dein Leben gestalten kannst.

„Der Mensch":
Mache dir bewusst: Die Tatsache, dass du lebst, ist ein Wunder. Du hast aber auch das allgemeine menschliche Los zu tragen – die Alltäglichkeit, Widersprüchlichkeit, Vergeblichkeit des Lebens und den sicheren Tod.

„Grenzen der Menschheit":
Akzeptiere die Grenzen, die dir als Menschen gesetzt sind; verwirkliche in Ehrfurcht vor dem Göttlichen deine begrenzten Möglichkeiten.

„Das Göttliche":
Verwirkliche deine Möglichkeit zum sittlichen Handeln, die dich als Menschen auszeichnen. Mache vor allem durch mitmenschliches Verhalten erfahrbar, was in der Religion als das Göttliche geglaubt und verehrt wird.

„Dantons Tod":
Der Politiker, der Einblick in die gesetzmäßigen Abläufe der Geschichte hat, darf, da er zugleich deren Werkzeug ist, auch

Menschenleben opfern, um den Fortschritt der Geschichte zu befördern, einen Fortschritt, der zur vollkommenen Freiheit und Gleichheit aller Menschen führen wird.

„Doomsday":
Sprenge die Enge deines Denkens, die sich auf Feindbilder, Kampf und Krieg fixiert; fange an, ein Mensch zu sein.

Seite 200

2a Die Aufgabe eignet sich nach entsprechender Vorarbeit (siehe SB, S. 199, AA1) als *Hausaufgabe*. Sie fordert eine zusammenhängende, vergleichende Betrachtung der sechs Texte unter den in der Tabelle vorgegebenen Gesichtspunkten. Es liegt deshalb nahe, die Darstellung nach diesen Aspekten zu gliedern. Es ist darauf zu achten, dass nicht einfach additiv, sondern vergleichend gearbeitet wird. Bestimmte Vergleichsaspekte können auch, weil sie thematisch eng zusammenhängen, miteinander verbunden werden. Die vorgegebene chronologische Textfolge muss dabei nicht strikt eingehalten werden; entscheidend ist die Prägnanz des Vergleichs. Die Eigenarten des jeweiligen Stils – darauf sollten die Schüler ausdrücklich hingewiesen werden – müssen im Sinne einer funktional-integrativen Betrachtung entsprechenden inhaltlichen Aussagen zugeordnet werden.

Im Folgenden sei ein Lösungsansatz vorgestellt, der von den Vergleichsaspekten „Menschenbild" und „Gottesbild" ausgeht:
Die sechs Texte sollen zunächst unter dem Aspekt ihres jeweiligen Menschenbilds verglichen werden. Goethe lässt in seinem Gedicht „Prometheus", die Titelfigur, die repräsentativ für den Menschen steht, als Schöpfer auftreten, der sich seiner Eigenständigkeit, seines Selbstwerts bewusst ist, ja in seiner schöpferischen Kraft sich sogar Gott überlegen fühlt und gegen ihn rebelliert. Das Aufbegehren gegen Gott kommt in Imperativen sowie in bohrenden rhetorischen Fragen, die Prometheus an Zeus und die anderen Götter richtet, zum Ausdruck. Es ist bemerkenswert, dass derselbe Verfasser sieben Jahre später in „Grenzen der Menschheit" programmatisch die Endlichkeit und Gefährdung des Menschen thematisiert und daraus die Unterordnung unter Gott als Kind Gottes folgert. Die Haltung der Selbstgewissheit und des Aufbegehrens, die für den „Sturm und Drang" charakteristisch war, ist hier aufgegeben.
Matthias Claudius betrachtet den Menschen ebenfalls in seiner Endlichkeit, jedoch ohne einen Gottesbezug zu thematisieren. Er konzentriert sich vielmehr auf den empirisch greifbaren Lebenslauf zwischen Geburt und Tod, der durch Widersprüchlichkeit und Vergeblichkeit gekennzeichnet ist. In der kumulierenden Aufzählung elementarer menschlicher Verhaltensweisen, die dadurch geradezu zwanghaft und trostlos erscheinen, vermittelt er ein recht skeptisches Bild des Menschen ...

2b Die Interpretationsaufgaben können im Unterricht („mündlich") oder in Form einer schriftlichen Hausaufgabe gelöst werden. Beide Formen sind auch miteinander kombinierbar, so dass sich folgende Möglichkeiten ergeben:

– Arbeit im Rahmen des Unterrichts: strukturierte Stoffsammlung in *Gruppenarbeit,* anschließend Auswertung im *Plenum*
– schriftliche Ausarbeitung von Interpretationen als *Hausaufgabe* auf der Basis der unterrichtlichen Vorarbeit
– schriftliche Interpretation als selbstständige *Hausaufgabe.*

Bei der Auswertung der Gruppenarbeit im Plenum sind Tafelanschriebe zur Ergebnissicherung empfehlenswert. Das Ergebnis der Erarbeitung von Goethes Gedicht „Das Göttliche" könnte grafisch so zusammengefasst werden:

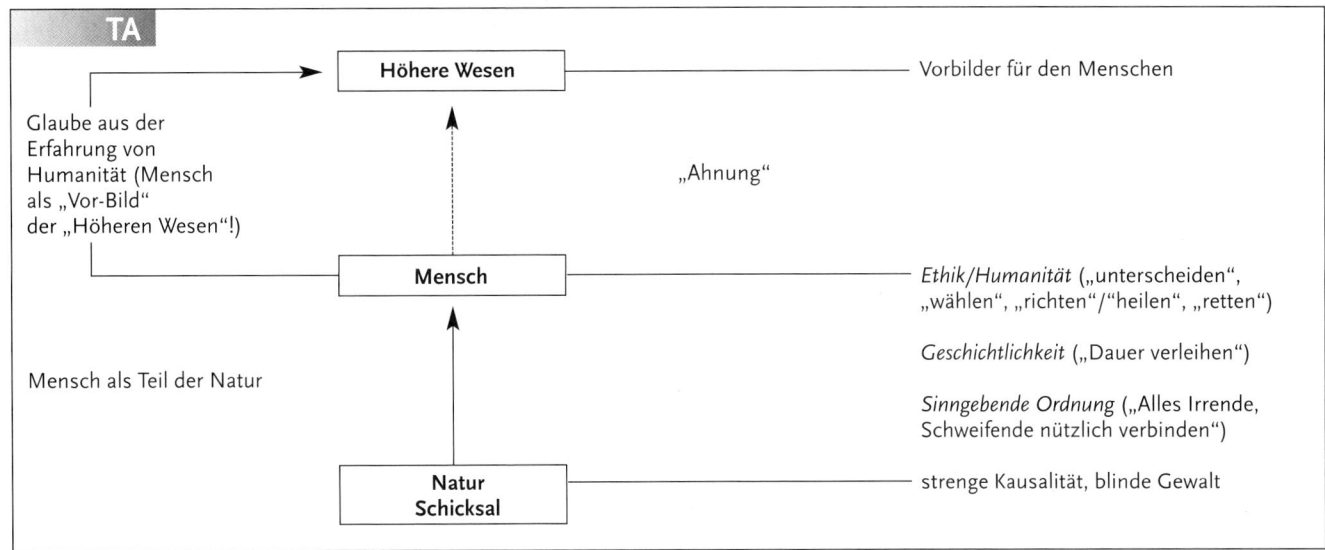

2c Vermutlich werden viele Schüler vom Menschenbild als Kriterium der Wahl ausgehen. Dabei kann die subjektive Erfahrung, aber auch der Aspekt der Zeitgemäßheit im Vordergrund stehen.

Im Hinblick auf die persönlich zu treffende Entscheidung und auf den „Abschlusscharakter" der Aufgabe am Ende der Sequenz empfiehlt sich *Einzelarbeit* und ein daran anschließendes *Unterrichtsgespräch*.

(Als *Klausuraufgabe* wird in der Kopiervorlage K 1 , LB, S. 326, ein Gedichtvergleich vorgeschlagen: Goethe: Das Göttliche – Benn: Nur zwei Dinge, vgl. SB, 386).

II. Die Antike als Leitbild (S. 201–212)

Nachdem die Schüler in der vorausgehenden Sequenz Grundzüge des Menschenbilds der Klassik kennen gelernt haben, soll ihnen in dieser Sequenz deutlich werden, welche Bedeutung das Vorbild der Antike für die Autoren der Klassik hatte. Heutigen Schülern mag es befremdlich erscheinen, dass sich Schriftsteller (und auch bildende Künstler) der Epoche der Klassik auf eine schon damals längst vergangene Epoche bezogen, um ihre Vorstellungen und Absichten zu artikulieren.

Die Sequenz geht von den konkreten Erfahrungen Goethes beim Erlebnis der Antike während seiner Italienreise aus (II, 1). Im Vergleich mit Seumes „Spaziergang nach Syrakus" von 1802 könnten im Rahmen eines *projektorientierten Verfahrens* Goethes Intentionen und Erfahrungen prägnanter herausgearbeitet und kritisch reflektiert werden.

Die Beschäftigung mit programmatischen Texten zum Verhältnis Klassik – Antike (II,2) kann dann auf der Kenntnis der autobiografischen **Reiseliteratur** aufbauen. Einblicke in die Architekturgeschichte vermögen das aus Texten gewonnene Verständnis zu veranschaulichen und zu ergänzen. Auf diesen Grundlagen ist dann nach einem Überblick über die Biografien der „Weimarer Klassiker" Goethe und Schiller eine systematische Klärung des **Epochenbegriffs** Klassik sinnvoll (II,3).

> **S. 201–203: II,1. Reiseerfahrungen – Johann Wolfgang von Goethes „Italienische Reise"**

Die Bedeutung der Antike für die Klassik ist verhältnismäßig einfach aus den Beschreibungen und Reflexionen zu erschließen, die Goethe unter dem Titel „Italienische Reise" veröffentlicht hat. Die Zugänglichkeit wird für die Schüler dadurch erleichtert, dass der Autor seinen „Zugang" zur Welt der Antike in konkreten Reiseerfahrungen beschreibt.

Die Textauszüge aus der „Italienischen Reise" sollen nicht nur inhaltlich ausgewertet, sondern auch auf ihre **Sprachform** hin untersucht werden. Vor allem Goethes Interesse für die Antike und die Natur sind so anhand exemplarischer Textauszüge zu erschließen.

> **Mögliche Ziele:**
> 1. Die Bedeutung des Reisens für die persönliche Erfahrung bei der Gestaltung eines eigenen Textes reflektieren
> 2. Goethes Italienerlebnis charakterisieren; dabei auch Veränderungen seiner Einstellung im Vergleich mit der Periode des „Sturm und Drang" erkennen
> 3. Bisherige Erfahrungen mit Projektarbeit in einem Vergleich zweier Texte der Reiseliteratur nutzen und erweitern

Seite 201

1 Die Fremdheit von Landschaften, Sprache und Kultur kann bei einer Auslandsreise zu wichtigen Fremd- und Selbsterfahrungen führen. Die von den Schülern verfassten **Briefe** könnten solche Erfahrungen zur Sprache bringen; dadurch sollte eine Art „Resonanzraum" entstehen für das Verständnis von Goethes „Italienischer Reise". Wichtig wäre, dass die Schüler den persönlichen Ton in der Darstellung beachten.

Seite 203

2 Die Auszüge aus der „Italienischen Reise" sollten in *arbeitsteiliger Gruppenarbeit* untersucht werden.

2a Während die Texte 1 und 4 grundsätzliche Bewertungen der Italienreise enthalten, machen die Texte 2 und 3 die besonderen Interessensschwerpunkte Goethes exemplarisch deutlich: die Kultur der Antike und die Natur.

Text 1:
Rom als Ziel einer das Leben beherrschenden Sehnsucht: unwiderstehliches Bedürfnis (Metapher der Gravitation: „[...] Mittelpunkt [...] hinzog"), überreife Begierde; Vergleich dieser Sehnsucht mit Krankheit. Das Romerlebnis erscheint kostbar, weil es nicht selbstverständlich ist (Z. 4ff.). Goethe geht in diesem Textauszug nicht auf einzelne Erfahrungsinhalte ein, sondern wertet allgemein-grundsätzlich („Schätze [...] *mir* und *andern* durchs *ganze* Leben zur *Leitung* und *Fördernis* [...]").

Text 2:
Der Text zeigt Goethes Hochschätzung der Antike und seine Abwertung des Mittelalters.

Goethe ist darüber informiert, dass sich in Assisi ein vollkommen erhaltener antiker Tempel befindet, und will ihn aus eigener Anschauung kennen lernen. Seine Begeisterung über die architektonische Gestalt und die städtebauliche Lage des Tempels bringt er überschwänglich zum Ausdruck: „das löblichste Werk", „so vollkommen schön gedacht", „genialisch konsequent", „ungern riss ich mich von dem Anblick los". Er lässt sich dabei aber nicht einfach von seinen Gefühlen hinreißen, sondern beschreibt auf Grund genauer Beobachtung differenziert die ästhetische Qualität des Bauwerks (Einordnung in die Landschaft, Position auf einem zentralen Platz, Wirkung auf den von Rom kommenden Betrachter; Begründung für die besondere Anlage der Treppe).

Das mittelalterliche Assisi dagegen lässt er – im doppelten Sinne des Worts – links liegen (Z. 11f.); seine Abneigung wird in der summarischen Beschreibung deutlich, welche die mittelalterliche Architektur als barbarisch-rohe Anhäufung von Gesteinsmassen abqualifiziert („ungeheure[n] Substruktionen der babylonisch übereinander getürmten Kirchen").

(Ein entsprechender Auszug aus einem modernen Italien-Reiseführer könnte Goethes „Ausblendungen" verdeutlichen. Folgende Arbeitsanweisung könnte sich anschließen:
Vergleichen Sie den Artikel aus dem Reiseführer mit Goethes Darstellung seines Aufenthalts in Assisi, SB, S., 201f.)

Text 3:
Auch dieser Text zeigt, welche Bedeutung Goethe der Anschauung zumisst (Z. 12f.). Dem entspricht die genaue Beschreibung der beobachteten Phänomene. So wird z.B. der Fluss der Lava detailliert dargestellt: Eine Folge hypotaktisch gebauter Sätze widerspiegelt gleichsam den kausalen Zusammenhang der einzelnen Gegebenheiten (Z. 13ff.). Goethe begnügt sich also nicht mit einem allgemeinen Stimmungsbild eines packenden Naturereignisses, sondern ist neugierig auf Details: Beobachtung des Lavaflusses (s.o.); Versuch, die ‚Lavaquelle' genau zu beobachten; Untersuchung eigenartiger Kondensatbildungen.

Text 4:
Goethe spricht in diesem Text zweimal von dem Glückserlebnis, das ihm in Italien zuteil wird (Z. 4, Z. 13). Dieses Glück resultiert aus einem Zusammenspiel von Erfahrungsgegenständen und Erfahrungsfähigkeit. Das Land Italien vermittelt ihm großartige Eindrücke (Z. 4–11), die ihm eine neue Sicht der Welt eröffnen (Z. 17ff.). Dem entspricht eine gesteigerte Wahrnehmungsfähigkeit (Z. 2f.), mit der er die Dinge aufnimmt, die ihm in Italien begegnen (Vgl. die Lösungsvorschläge zur AA 3). So kann ihm Italien zum Bildungserlebnis ihm wahrsten Sinne des Wortes werden; seine Persönlichkeit wird für das ganze Leben geprägt (Z. 14ff.).

(Für eine zusätzliche Übung könnte im Sinne einer *Transferleistung* ein weiterer exemplarischer Auszug aus der „Italienischen Reise" eingesetzt werden, und zwar die Beschreibungen zum Aufenthalt in Venedig am 29. und 30. September 1786. (Hamburger Ausgabe, Bd. 11, Hamburg (Wegener) 7. Aufl. 1967, S. 68ff.) Zur Erschließung eignen sich folgende Arbeitsanweisungen:
1. Charakterisieren Sie die Art und Weise, in der Goethe Venedig kennen lernt, und zeigen Sie, wie er seine Erfahrungen in dieser Stadt beschreibt.
2. Legen Sie dar, inwieweit dieser Textauszug kennzeichnend ist für Goethes Italienerlebnis.)

2b Goethe erlebt die Antike aus der Anschauung: Sehen, Beobachten, dabei Zusammenhänge erkennen – darauf beruhen seine Beschreibungen (Text 4: „[...] täglich frische, große, seltsame Bilder [...]").
Die Antike ist für ihn Inbegriff des „Großen" (dieser Begriff wird in den Texten 2 und 4 mehrmals verwendet im Sinne von: be-

deutend, exemplarisch), des Vollkommenen und Schönen. Goethe versteht sich als Lernenden: Die Begegnung mit der Antike wird sein weiteres Leben prägen.

3a

Die Leiden des jungen Werthers	Italienische Reise
Konzentration auf das eigene Ich	Betrachtung der Landschaft, Beobachtung von Naturvorgängen
Darstellung der eigenen Gefühle, Schilderung der Natur als „Spiegel der eigenen Seele"	genaue Beschreibung der äußeren Gegebenheiten
Verschmelzung mit der Natur	interessiertes und zugleich distanziertes Verhältnis zur Natur
gefühlsbetonte Sprache (Wiederholungen; Diminutiva, Ausrufe)	anschauliche, differenzierende Sprache

3b „Rückkehr in sich selbst": Bei Werther bedeutet dies den resignierenden Rückzug in das eigene Innere aus Enttäuschung über eine Welt, in der die Kräfte des Menschen nicht zur Entfaltung kommen können. „Welt" findet dieses Ich nur in sich selbst, aber nicht in klaren Vorstellungen, sondern in unbestimmter Ahnung. Der Außenwelt gilt nur noch ein träumendes Lächeln.

Für den Italienreisenden Goethe ist die „Rückkehr in sich selbst" ein Moment der Besinnung, der seine weltzugewandte Aktivität nur kurz unterbricht. Er fühlt die Freude über das, was seiner aufmerksamen Betrachtung (nicht der „Einbildungskraft"!) an Erfahrungen und Einsichten geschenkt wird: Eine Vielfalt bedeutender Gegenstände findet sein Interesse. Mit innerer Klarheit und Festigkeit („Solidität") begegnet er der Welt. Die Reflexion über die eigene Befindlichkeit mündet ein in den Entschluss, die Zeit zu nützen und weiterhin zu lernen und sich zu bilden.

Projektorientiertes Verfahren

Thema: Vergleich zweier Italienreisen und ihrer Darstellung: J. W. v. Goethe: Italienische Reise (e 1815–1817) und J. G. Seume: Spaziergang nach Syrakus im Jahre 1802

Die Aufgabe fordert ein „*projektorientiertes Verfahren*", ein Vorgehen innerhalb des Deutschunterrichts also, das einige Elemente der Projektarbeit aufnimmt (umfangreicheres Thema; *arbeitsteilige Gruppenarbeit*; Präsentation der Arbeitsergebnisse), aber nicht die volle Reichweite eigentlicher Projektarbeit verlangt (nicht unbedingt fächerverbindendes Arbeiten, auch wenn der historische Hintergrund beider Reisen zu reflektieren ist und auch landeskundlich-geographische Bezüge hergestellt werden könnten). Als Textgrundlage für die Arbeit über Seumes Reise sei die dtv-Ausgabe von 1994 empfohlen, seit 2002 in 8. Auflage. Der Band bietet einen umfangreichen Anmerkungsapparat und ein informatives Nachwort des Herausgebers Albert Meier.

Es muss von den Schülern nicht unbedingt die Gesamtlektüre der beiden Reiseberichte verlangt werden, obwohl dies eine ideale Voraussetzung für die Arbeit wäre. Die für die Bearbeitung der einzelnen Arbeitsanregungen exemplarischen Textstellen sollten jedoch von den Schülern selbstständig ausgewählt werden.

| 1 | Das Arbeitsblatt (im Hinblick auf den zu erwartenden Umfang der Ergebnisse wohl praktikabler als eine Folie) sollte in *Gruppenarbeit* (Gruppe I) erstellt werden. Für Goethes Biografie könnte der Überblick im SB, S. 208f. herangezogen

werden. Entscheidende Lebensstationen Seumes sind der Zeittafel in der dtv-Ausgabe, S. 313ff. zu entnehmen. Empfohlen seien auch Seumes Vorreden zur ersten und dritten Auflage seines Berichts (a.a.O., S. VII-XIII).

Das Ergebnis könnte so aussehen:

Goethe	Seume
1749 Geburt in Frankfurt am Main, Sohn einer wohlhabenden bürgerlichen Familie	1763 Geburt in Posena (Sachsen) als Sohn einer Bauernfamilie. Versuch des Vaters, seine gesellschaftliche Position zu verbessern, scheitert.
1765 Beginn des Jurastudiums in Leipzig nach dem Willen des Vaters, Freude am „weltstädtischen" Lebensstil, Interesse an den Künsten	1780 Beginn des Theologiestudiums in Leipzig auf Anordnung des Grafen Hohenthal, der ihn finanziell unterstützt.
1768 vorläufiger Abbruch des Studiums infolge einer gesundheitlichen Krise, Rückkehr ins Elternhaus	1781–83 religiöse Krise; Flucht aus Leipzig; Abbruch des Studiums; zwangsweise als Soldat nach England verkauft, von dort nach Amerika transportiert zum Kampf gegen die aufständischen englischen Kolonisten, nach Deutschland zurückgebracht, zum preußischen Heeresdienst gezwungen
1770/71 Fortsetzung und Abschluss des Jurastudiums in Straßburg, Beginn der Freundschaft mit einem Kreis Gleichgesinnter („Sturm und Drang")	1787 Wiederaufnahme des Studiums mit zusätzlichen Fächern (weiterhin von Graf Hohenthal unterstützt)
1771/72 Rechtsanwalt in Frankfurt, Referendar in Wetzlar; Veröffentlichungen, die ihn früh bekannt machen.	1792–97 Arbeit als Erzieher (Hauslehrer); Promotion zum Magister Artium, Habilitation
1775 Politisch-administrative Tätigkeit an führender Stelle im Herzogtum Sachsen-Weimar	1792–97 Tätigkeit im russischen Militär, bald im Offiziersrang; Einsatz im besetzten aufständischen Polen 1797 Ausschluss aus dem russischen Heer ohne Pensionsberechtigung; Tätigkeit als Korrektor im Verlag Göschen (in Grimma bei Leipzig)
1786–88 Italienreise (als Flucht vor einem unbefriedigenden Leben, Erfüllung eines lange gehegten Wunsches), Studium des Landes, literarische Arbeit	1801/02 Reise nach Italien und Frankreich; unmittelbar nach der Rückkehr Beginn der Niederschrift des Reiseberichts, Veröffentlichung im folgenden Jahr als „ehrliche[r] Beitrag zur Charakterisierung unserer Periode" (Seume: Spaziergang, S. XIII)
1788ff. Wiederaufnahme der Tätigkeit am Weimarer Hof, jetzt mit Schwerpunkt Kultur und Wissenschaft; zahlreiche Veröffentlichungen	1803 schwere Erkrankung 1804ff. Reisen; Veröffentlichungen. Seume sucht kein Amt.
1806 Heirat mit Christiane Vulpius	1807 Beginn einer „platonischen" Freundschaft mit der verheirateten Johanna Devrient, in die er sich 1804 unglücklich verliebt hatte.
1816/17 Veröffentlichung der autobiografischen Darstellung seiner Italienreise auf der Grundlage von Reisebriefen und Tagebüchern, die er nach Abschluss der Arbeit z.T. verbrennt.[29]	1808 erneut schwere Erkrankung, finanzielle Schwierigkeiten
1832 Tod Goethes	1810 Tod Seumes

Das Arbeitsblatt mit den Ergebnissen könnte von der Gruppe mit einer kurzen Erläuterung der herangezogenen Quellen und der leitenden Gesichtspunkte der Arbeit der ganzen Klasse in Kopien ausgehändigt werden. Der Vergleich wäre dann nach einer entsprechenden *Hausaufgabe* im *Plenum (Unterrichtsgespräch, Tafelanschrieb)* durchzuführen.

Mögliche Ergebnisse in Stichworten:
- Herkunft aus ganz unterschiedlichen Milieus; entsprechend die materiellen Lebensgrundlagen, die sich auf die Gestaltung des ganzen Lebens auswirken.
- „fremdbestimmte" Wahl der Studienfächer; Krise und Unterbrechung des Studiums

- finanzielle Sicherheit Goethes während der Krankheit im Elternhaus; abenteuerliche, ungesicherte Lebensphase Seumes
- „ordentliche" Studienabschlüsse; zunächst Tätigkeit im Rahmen der im Studium erworbenen Voraussetzungen
- später unterschiedliche Tätigkeiten: Goethes hohes Staatsamt in Weimar; Seume als Offizier in russischen Diensten, dann Entlassung ohne finanzielle Sicherung
- Italienreisen unterschiedlicher Dauer (Goethe fast 2 Jahre, Seume 9 Monate)
[Goethe finanziert die Reise vor allem aus seinem weiterlaufenden Weimarer Gehalt und aus den Honoraren seiner ersten Werkausgabe; Seume lebt von Ersparnissen und einem Darlehen.]
- Seume schreibt seinen Reisebericht unmittelbar nach der Rückkehr aus Italien, denn er will sein Publikum *über die aktuelle Situation unterrichten* (deshalb auch die genaue Jahresangabe im Titel!). Goethe dagegen verarbeitet seine Ein-

---

[29] Empfehlenswert die Textausgabe: J.W.Goethe: Italienische Reise. Erster und zweiter Teil. dtv-Gesamtausgabe, Band 25. München (Deutscher Taschenbuch Verlag) ⁵1997 (lesenswertes Nachwort von Harald Keller).

drücke und Erfahrungen aus langem zeitlichen Abstand im Rahmen einer umfassenden *autobiografischen Darstellung*.
– Goethe wird 82 Jahre alt, Seume stirbt mit 47 Jahren.

2 Die Folie sollte in *Gruppenarbeit* (Gruppe II) erstellt werden. Seumes Reiseroute wird als Kopiervorlage **K 2** (LB, S. 327) angeboten. Goethes Reiseroute ist in diese Karte mit anderer Farbe einzutragen. Bei der Vorstellung der ausgearbeiteten Folie im Plenum sollte Seumes „Abstecher" nach Frankreich als entscheidender Unterschied zu Goethes Route thematisiert werden. Dazu ist es notwendig, dass sich die Gruppe in der Vorbereitungsphase mit den entsprechenden Passagen von Seumes Reisebericht beschäftigt (a.a.O., S. 262ff.). Das Interesse Seumes an den aktuellen politisch-gesellschaftlichen Problemen seiner Zeit (Französische Revolution und ihre Folgen, Napoleons Politik) und die politische Einstellung des Autors müssen dabei herausgearbeitet und der Klasse (auch anhand von exemplarischen Zitaten bzw. Textauszügen) vermittelt werden.

3 Die allgemeinen Bedingungen, unter denen Goethe und Seume nach Italien reisten, könnten in einem *Referat* dargestellt werden.
Grundlegend wäre auf die Bedeutung der Italienreise als Bildungsreise seit dem 16. Jahrhundert hinzuweisen[30]. Zu den Bedingungen der Italienreise im späten 18. Jahrhundert kann folgender Aufsatz herangezogen werden:
Hartmut Schmidt: Die Kunst des Reisens – Bemerkungen zum Reisebetrieb im späten 18. Jahrhundert am Beispiel von Goethes erster Italienreise. In: Jörn Göres (Hrsg.): Goethe in Italien. Mainz (Philipp v. Zabern) 1986, S. 9–14.

4 Diese Aufgabe ist wiederum in *Gruppenarbeit* (Gruppe III) auszuführen. Die Auswahl der Textstellen setzt zumindest ein „Querlesen" des Reiseberichts voraus. Ein Vergleich der Passagen über die Großstädte Rom und Neapel liegt nahe, der Lehrer könnte zudem einen Hinweis auf die Beschreibungen der Vesuv-Besteigung geben. Es ist aber auch durchaus denkbar, ohne spezifische „Ortsbindung" Textstellen beider Autoren auszuwählen, die besonders bedeutsam sind für ihre jeweils leitenden Interessen und Darstellungsabsichten.
Eine solche Auswahl setzt allerdings eine einlässlichere Lektüre und die Bereitschaft der Gruppe voraus, sich auf eine hermeneutisch erprobende Lektüre einzulassen.
Als unterschiedliche Tendenzen bei Goethe und Seume wären herauszuarbeiten:

Goethe	Seume
– klare, beschreibende Sprache, mitunter auch gehobene Sprache der Begeisterung[31]	– sachliche, beschreibende Sprache, prägnante Sprache engagierter Kritik
– eingehende Beschreibungen (oft vom anschaulichen Detail zum Grundsätzlichen) (Ziel: Belehrung)	– immer wieder „Momentaufnahmen" im Rahmen zusammenfassender Darstellung (Ziel: Information)
– Hinweise auf die Bedeutung einer konkreten Erfahrung für die persönliche Entwicklung (autobiografische Reflexion)	– mitunter anekdotische Schilderungen (Ziel: Unterhaltung)
– Interesse für gesellschaftliche Lebensformen (distanziert-sachliche Beschreibungen)[32]	– Zeitkritik (an politischen und kirchlichen Verhältnissen) (Ziel: politische Meinungsbildung)

Für die *Präsentation* der Gruppenergebnisse bieten sich verschiedene Möglichkeiten an, z.B.:
– Vorlage von kopierten Textauszügen, die der Klasse unter bestimmten Vergleichsaspekten (s.o.) vorgestellt werden.

– Vortrag von Textauszügen mit hinführenden Einleitungen und/oder anschließenden Kommentaren, evtl. Projektion von zeitgenössischen Bildern (z.B. Goethezeichnungen)
– *Szenisches Spiel*: Gespräche von Goethe bzw. Seume mit Menschen, denen die beiden auf ihrer Reise begegnet sind. (Gerade Seume berichtet von vielen Begegnungen sehr anschaulich.)

5 Diese Aufgabe dient einer konkretisierend-zusammenfassenden Beschäftigung mit dem Thema und hat somit auch den Charakter einer „Ergebniskontrolle". Als Arbeitsformen kommen sowohl Einzelarbeit im Rahmen einer *Hausaufgabe* als auch themengleiche *Gruppenarbeit* infrage.
Damit der Dialog nicht im Beliebigen verläuft, ist es notwendig, zunächst ein Thema zu konzipieren, das Ergiebigkeit ermöglicht. Sehr nahe liegend ist das Thema der Zeitkritik: Während Seumes Reisebericht immer wieder von der Auseinandersetzung mit gesellschaftlich-politischen Problemen geprägt ist, konzentriert sich Goethe viel mehr auf die Themen Kunst und Natur. Seine Darstellungen gesellschaftlicher Phänomene sind eher deskriptiv-distanziert, „ethnographisch": Lebensformen werden wie „Naturphänomene" betrachtet. In der fiktiven Begegnung zwischen Goethe und Seume könnte dieser Unterschied kontrovers diskutiert werden. Natürlich könnten auch andere Fragen zur Sprache kommen: Reisen mit der Kutsche oder zu Fuß? Längere oder kürzere Aufenthalte in wichtigen Städten? u.a.
Neben den Überlegungen zur Themenstellung ist auch eine dem Gespräch zugrunde liegende Rollenkonzeption sinnvoll: Welcher von beiden sollte als Herausforderer fungieren? Soll Goethe Seume nach der Veröffentlichung des „Spaziergangs" wegen des politischen Engagements zur Rede stellen oder soll Seume Goethe wegen „politischer Abstinenz" kritisieren? Als Zeitpunkt des Dialogs könnte man die Veröffentlichung von Goethes Reisedarstellung wählen. (Seume lebte damals zwar nicht mehr, aber ein fiktiver Dialog ist daran ja nicht gebunden.) Gehen wir von der zuletzt genannten Möglichkeit aus, könnte der Dialog etwa so beginnen:
Seume: Herr Goethe, ich habe Ihre Darstellung der Reise durch Italien, die Sie vor vielen Jahren unternommen haben, mit Interesse gelesen, habe ich doch selbst vor etwa 15 Jahren eine Wanderung durch Italien unternommen, die eine große Bedeutung für mein Leben hatte. Es ist mir allerdings bei der Lektüre Ihrer Veröffentlichung aufgefallen, dass Sie in gesellschaftlich-politischen Fragen sehr zurückhaltend sind: keine Kritik z.B. an der Feudalherrschaft, vor allem im Kirchenstaat. Ihre Darstellung der armen Leute von Neapel – hier wird die Armut doch verharmlost, wenn nicht geradezu verklärt!
Goethe: ...

Die Klasse könnte zu dieser Aufgabe in *Gruppen* eingeteilt werden, die dieselbe Aufgabe „konkurrierend" zu lösen versuchen. Von der Aufgabenstellung her ist mit ganz unterschiedlichen

---

[30] Eine kurze, instruktive Übersicht dazu findet sich in der Einleitung zu Goethes „Tagebuch der italienischen Reise für Frau von Stein" in Johann Wolfgang Goethe: Sämtliche Werke nach Epochen seines Schaffens. Münchner Ausgabe. Hrsg. Karl Richter u.a., Abteilung 3, Band 3. Italien und Weimar 1786–1790. München (Hanser) 1990, S. 617–622.

[31] Harald Keller ordnet die „Italienische Reise" in die Gattung der „großen Bekenntnisschriften" ein: „Es ist ein Rechenschaftsbericht von einer großen Lebenskrise und deren Überwindung." (Vgl. Anm. 29, Zitat S. 313).

[32] Hier wäre darauf aufmerksam zu machen, dass Goethes Reise *vor* der Französischen Revolution von 1789 stattfand. (Keller bezeichnet sie als „eine der allerletzten Künstlerfahrten aus dem ancien régime", a.a.O., S. 318) Seume dagegen war mit den eingreifenden Veränderungen, die die Revolution (auch für Italien) gebracht hatte, konfrontiert.

Lösungen zu rechnen, die in *szenischer Lesung* im Plenum vorgetragen und anschließend besprochen werden könnten.
(Ergänzend und kontrastierend zu Goethes und Seumes Texten könnten Auszüge aus dem Reisetagebuch von Rolf Dieter Brinkmann (1940–1975) vorgelegt werden, das 1979 posthum unter dem Titel „Rom, Blicke" veröffentlicht worden ist. Dazu wird eine Kopiervorlage (**K 3** , LB, S. 328f.) angeboten.[33]

S. 204–207: II,2. Aneignung der Antike – Normen der Kunst

Nachdem anhand von anschaulichen Berichten die Bedeutung der Antike für das Kunstverständnis und das Lebensgefühl der „gebildeten Schicht" im 18. und beginnenden 19. Jahrhundert deutlich geworden ist, wird in dieser Teilsequenz die „Antike als Leitbild" in **theoretischen Texten** und an exemplarischer **Architektur** thematisiert.
Methodisch kommt deshalb der **Textanalyse** und der **Erörterung** hier besondere Bedeutung zu. Daneben ermöglicht die **Bildbetrachtung** eine Veranschaulichung und zugleich Vertiefung der aus den Texten gewonnenen Einsichten. Je nach der zeitlichen Planung wäre sogar die Konzentration auf die Architekturbeispiele denkbar, um die normative Bedeutung der Antike zu verdeutlichen.

Mögliche Ziele:

1. Eine sich an Normen ausrichtende Konzeption von Kunst kennen lernen und verstehen
2. Programmatische Texte analysieren und erörtern
3. Werke der bildenden Kunst in das Verständnis einer literarischen Epoche fächerübergreifend einbeziehen

---

Seite 204

1 Aufgrund der Schwierigkeit der Texte empfiehlt sich die gemeinsame Erarbeitung im Unterricht nach einer vorbereitenden *Hausaufgabe* (**Exzerpieren** zentraler Textstellen).

1a Beide Autoren beziehen sich auf die griechische Antike, die sie als vorbildlich bewerten. Winckelmann beschreibt die Kunst der Griechen als idealisierende Überhöhung der Naturschönheit; die zeitgenössische Kunst kann nur Bedeutung gewinnen in der „Nachahmung" griechischer Vorbilder. Hölderlins Hyperion preist zusammen mit seinen Freunden die „Trefflichkeit" der Athener, die in ihrer Freiheit gründet. Diese wiederum ist nur möglich, wo „Maß" und „Mäßigung" das Leben bestimmen (Bedeutung des gemäßigten Klimas Griechenlands; Beschränkung der königlichen Gewalt in der Frühzeit Athens). Maß und Mäßigung findet auch Winckelmann bei den Griechen, wenn er „Einfalt" und „stille Größe" als Kennzeichen ihrer Kunst sieht („Gesetztheit" bei aller Leidenschaft; Beherrschung des Schmerzes bei Laokoon).
So wie Winckelmann die Griechen als Vorbilder sieht, zieht auch Hyperion/Hölderlin aus der Darstellung des griechischen Wesens Konsequenzen für die Menschenbildung seiner Zeit.

1b Aus Winckelmanns Kunstprogramm lässt sich schließen, dass er die Kunst seiner Zeit noch nicht für bedeutend hält; sie muss erst noch in der Nachahmung antiker Vorbilder „groß" werden.
Dass Hölderlins Zuwendung zum antiken Griechenland dem Ungenügen an der eigenen Gegenwart entspringt, geht deutlich aus seiner Kritik an den Deutschen hervor: Er beklagt ihre „Zerrissenheit" (das Wort in einem doppelten Sinn: Uneinigkeit untereinander, aber auch Spaltung der Persönlichkeit durch gesellschaftlichen Rollenzwang).

Seite 205

2 Den Schülern muss hier Spielraum für ihre eigene Urteilsbildung gelassen werden. Es ist anzunehmen, dass sie sich kritisch über die Idealisierung eines vergangenen Zeitalters äußern, dessen historische Realitäten dabei oft überspielt werden (Konkurrenz und Kriege zwischen den griechischen Stadtstaaten; Sklaverei). Sie sollten über die Fragwürdigkeit eines Rückzugs aus der Gegenwart nachdenken; doch wäre auch zu überlegen, ob eine solche verweigernde Distanzierung nicht u.U. eine Form produktiver Kritik sein kann.

Seite 206

3 Die Arbeitsanregungen könnten in *Partnerarbeit* behandelt werden.

3a Symmetrie, Ausgewogenheit zwischen horizontalen und vertikalen Baugliedern, harmonische Proportionen, Vorliebe für geometrische Formen: Dreieck (Giebel), Kubus, Zylinder (Säulen).

3b Baumeister seit der Renaissance orientierten sich immer wieder an vorbildlichen Bauwerken der Antike und verwendeten einen antikisierenden Stil vor allem für repräsentative öffentliche Bauten, z.B. für Kirchen (Bild c), Theater (Bild b), Museen.
(Evtl. ergänzende Information durch den Lehrer: Eine besondere Rolle spielte dabei das Studium des architekturtheoretischen Werks des antiken Architekten und Ingenieurs Vitruvius. Architekten des 18. und 19. Jahrhunderts griffen im Zeitalter des „Klassizismus" auf antike Vorbilder mit geradezu wissenschaftlicher Systematik zurück („Historismus"). Der italienische Architekt der Spätrenaissance Andrea Palladio (vgl. die Abb. im SB, S. 202) hatte dabei eine Art Brückenfunktion zwischen Antike und Klassizismus.

3c Ausgewogene Proportionen bei Palladio und den Klassizisten – Betonung der Vertikalen in der Gotik; „Körperlichkeit" der Architektur der Renaissance und des Klassizismus – Auflösung des Körperhaften in der Gotik durch die ausgeprägte Tiefenschichtung bzw. Durchbrechung der Wände.
Die mittelalterliche gotische Kathedrale wurde als Symbol für eine immaterielle Größe, nämlich das „Himmlische Jerusalem", das endzeitliche Reich Gottes also, verstanden. Die Kathedrale sollte also das Jenseitige im Diesseitigen vergegenwärtigen. Renaissance und Klassizismus betonen demgegenüber den Eigenwert der Welt und des Menschen; diese Einstellung kommt in der „Bodenhaftung" und im menschlichen Maß ihrer Bauwerke zum Ausdruck.

Seite 207

4a Der Goethe-Text sollte wegen seines Schwierigkeitsgrads im Unterricht erörtert werden. Vorbereitende Hausaufgabe: Lektüre mit Textmarkierungen (z.B. Unterstreichung von Stellen, an denen eine Wertung vorgenommen wird) oder mit Exzerpt, Klärung der Begriffe „Manier" und „Stil" mit Hilfe von Lexika.

---

[33] Rolf Dieter Brinkmann: Rom, Blicke. Reinbek (Rowohlt) 1979, Auflage 1997.

„Einfache Nachahmung der Natur": entspricht dem üblichen Sprachgebrauch.

„Manier": eine künstlerische Gestaltungsweise, die nicht das Einzelne, Individuelle, sondern das Charakteristische der Dinge darstellen will. Damit kommt auch die Subjektivität des Künstlers ins Spiel, die dem Werk ihr jeweiliges Gepräge gibt. Im heutigen Sprachgebrauch wird der Begriff ebenfalls zur Charakterisierung der Darstellungsweise des einzelnen Künstlers verwendet; er kann allerdings auch eine deutlich abwertende Tendenz aufweisen im Sinne des „Gekünstelten". Dies zeigt sich besonders im Adjektiv „manieriert" = übertrieben; gekünstelt, unnatürlich. (Zum Begriff „Manierismus" siehe SB, S. 119.)

„Stil": der höchste Grad künstlerischer Gestaltung; Vereinigung der besten Elemente von Naturnachahmung (ruhige, harmonische Darstellung vollkommener Gegenstände; Harmonie der Farben bei günstiger Beleuchtung) und Manier (Herausarbeitung des Charakteristischen der Gegenstände, Ausdruck der „reinen", d.h. der Sache verpflichteten „lebhaften" Individualität des Künstlers).

Der Begriff „Stil" wird heute, im Unterschied zu Goethes Sprachgebrauch, meistens wertneutral gebraucht und dient zur Kennzeichnung individueller Gestaltungsweisen („der Stil Picassos") und der künstlerischen Ausdrucksformen einer Epoche („Stil des Barock"). Er kann auch ganz allgemein vom Menschen gestaltetes Leben meinen („Lebensstil"). In bestimmten Zusammenhängen wird der Begriff aber auch wertend gebraucht („Sie hat Stil.").

4b Neben den beschreibenden Passagen des Textes finden sich immer wieder wertende, Normen setzende Äußerungen. Schon die Einleitung kündigt eine Klarstellung der Begriffe an: Die „Regelung" des Sprachgebrauchs ist eine Voraussetzung für die gelingende Normierung von Vorstellungen über Kunst.

Die Begriffe „Einfache Nachahmung" und „Manier" erscheinen ambivalent: Goethe schreibt ihnen positive und negative Züge zu. Den Begriff des „Stils" gebraucht er jedoch ausschließlich positiv (vgl. den heutigen Sprachgebrauch, etwa in dem Satz: „Er/Sie hat Stil.") und spricht wiederholt vom „höchsten Grad" der Kunst.

5 Den Aufsatz „Einfache Nachahmung der Natur, Manier, Stil" verfasste Goethe unmittelbar nach seinem Italienaufenthalt. Er fasst in diesem Text seine Kunsterfahrungen zusammen, die er in Italien gewonnen hat. Es bietet sich also an, nach Bezügen zwischen Goethes Erfahrung der Kunst Italiens und seiner kunsttheoretischen Schrift zu suchen. Goethe geht davon aus, dass die Darstellungsmöglichkeiten der Kunst, vor allem der bildenden Kunst, in psychologisch zu verstehenden Begabungstypen gründen, deren Gestaltungsweise er mit den Begriffen „Einfache Wahrnehmung", „Manier" und „Stil" bezeichnet. Deshalb ist es sinnvoll, die im Schülerband wiedergegebenen Textauszüge aus der „Italienischen Reise" auf diese spezifischen Wahrnehmungs- und Darstellungsweisen hin zu untersuchen.

Der Schwierigkeitsgrad der Aufgabe legt eine Behandlung im *Unterrichtsgespräch* nach schriftlicher häuslicher Vorbereitung nahe. Die Aufgabe muss (im Unterricht) zunächst sorgfältig erklärt werden. Es empfiehlt sich, von den Grundbegriffen des kunsttheoretischen Textes als Prinzipien des Wahrnehmens und Darstellens auszugehen und die in der Aufgabenstellung genannten Textauszüge daraufhin zu untersuchen, welche Passagen der „Italienischen Reise" einzelnen Prinzipien besonders entsprechen. Als Ergebnis der Hausaufgabe sollten zumindest Stichwortnotizen gefordert werden.

Mögliche Ergebnisse:

Prinzipien	Beispiele aus der „Italienischen Reise"
Einfache Nachahmung der Natur	Die strenge Orientierung an den Gegebenheiten der Natur ist besonders in Text 3 zu erkennen. Hier beschreibt Goethe genau die für einen Vulkan charakteristischen Phänomene: fließende und erstarrte Lava sowie den Austritt der heißen Gase aus dem Berg. Der Beobachter tritt als Person völlig zurück; er ist „ganz Auge".
Manier	Ein subjektzentriertes Verhalten, das ist ja mit dem Begriff „Manier" hauptsächlich gemeint (vgl. SB, S. 207, Text 5, Z. 27–30 und Z. 33ff.), wäre eigentlich nach dem Eintreffen in Rom, dem Ziel der Sehnsucht des Reisenden (Text 1), zu erwarten. Doch weist die abschließende Äußerung (Z. 14ff.) deutlich darauf hin, dass es dem Autor weniger um subjektive Befriedigung als um einen bleibenden (objektiven) Ertrag für ihn und andere geht.
Stil	Bei dem Besuch Assisis (Text 2) geht es Goethe vor allem um den Minervatempel im Zentrum der Stadt. In diesem Zusammenhang werden wieder Prinzipien von Goethes Wahrnehmungs- und Darstellungsweise deutlich: Goethe beschreibt (hier nicht Natur, sondern ein „Kunstgebilde") im Sinne der „einfachen Wahrnehmung" und orientiert sich dabei am Gegebenen. Auf der Grundlage eines „genaue[n] und tiefe[n] Studium[s] der Gegenstände" (SB, S. 207, Text 5, Z. 46) gelingt es ihm jedoch darüber hinaus, gesetzmäßige Zusammenhänge zu erschließen: mögliche Gründe für die Wahl dieses Platzes zum Bau des Tempels (SB, S. 201f., Text 2, Z. 19ff.), Gründe für die Durchschneidung des Sockels (Z. 37ff.). Das ist die Haltung und Leistung, die Goethe zumindest als eine Voraussetzung dessen ansieht, was er „Stil" nennt (vgl. SB, S. 207, Text 5, Z. 50ff.).

Die Erarbeitung der Teilsequenz könnte mit der Besprechung des Auftaktbildes (SB, S. 196) abgeschlossen werden. (Vgl. die Ausführungen im LB, S. 295f.)

(Zur Sicherung von Arbeitsergebnissen der Teilsequenzen II,1 und II,2 könnte den Schülern ein Textauszug aus Goethes Essay „Winckelmann", z.B. als *Hausaufgabe,* vorgelegt werden. Es wird empfohlen, den Abschnitt „Antikes" zu wählen (in der Hamburger Ausgabe, Bd. 12, Hamburg (Wegener) 6. Aufl. 1967, S. 981f.).

Als Arbeitsanweisung eignet sich die Aufgabenstellung: Zeigen Sie, wie Goethe in diesem Text die Antike bewertet und wie er die Bewertung begründet.)

> **S. 208–212: II,3. Klassiker und Klassik – Lebensläufe und Begriffsbestimmung**

Die Teilsequenz II,3 soll zu einer **Bestimmung des Begriffs „Klassik"** hinführen. Diese Aufgabe steht etwa in der Mitte des Kapitels; es wird damit deutlich, dass der Epochenbegriff einerseits *induktiv* vorbereitet, andererseits *deduktiv* gesichert und entfaltet werden soll.

Wichtig ist, dass die Schüler Leistung und Grenzen des Epochenbegriffs reflektieren. (Vgl. die Kurzinformation: „Zur Benutzung von Epochenbegriffen" im SB, S. 210 und die Grafik S. 492.)

Die Thematisierung der **Biografien** von Goethe und Schiller geschieht im Hinblick auf die Bedeutung der beiden Autoren für die Weimarer Klassik. Es geht dabei nicht um reine Daten- und Faktenvermittlung, sondern in erster Linie um **historisch-soziologische Fragestellungen**, mit denen bereits das Thema der **Rezeption** aufgenommen wird, dessen Schwerpunkt jedoch in einer späteren Teilsequenz (III,3) liegt.

Der *Auswertung von Informationen* und der *Begriffsbestimmung* kommt in dieser Teilsequenz besondere Bedeutung zu.

Mögliche Ziele:
---

1. Biografien und bildliche Darstellungen von Autoren unter historisch-soziologischen Gesichtspunkten betrachten und vergleichen
2. Einen Epochenbegriff vor dem Hintergrund des heutigen Sprachgebrauchs erarbeiten
3. Die Bedeutung von Epochenbegriffen kritisch reflektieren

Seite 209

1 Die Arbeitsanregung eignet sich als *Hausaufgabe*. Unterschiede in Bezug auf die Herkunft: Goethe stammte aus einer wohlhabenden, großbürgerlichen Familie, die wirtschaftlich unabhängig war. Die bürgerlichen Freiheiten der Reichsstadt waren für sie selbstverständlich. Schillers Vater dagegen stand im Dienste eines absolutistischen Fürsten, war an Weisungen gebunden (Versetzungen!) und schlecht bezahlt. Beide, Goethe und Schiller, nahmen ein Studium auf, das ihren Neigungen nicht entsprach. Goethe war aufgrund seiner wirtschaftlichen Unabhängigkeit nicht gezwungen, seinen Beruf auf Dauer auszuüben, band sich jedoch freiwillig an eine öffentliche Aufgabe in leitender Stellung, die ihm ein regelmäßiges Einkommen sicherte, ihm aber auch noch Zeit zur schriftstellerischen Arbeit ließ. Goethe konnte beides verbinden, den bürgerlich-höfischen Lebensstil und die künstlerische Existenz. – Schiller konnte sich den Freiraum für sein künstlerisches Werk nur sichern, indem er sich seinen Verpflichtungen im Herrschaftsbereich des württembergischen Herzogs durch Flucht entzog. Dafür nahm er wirtschaftliche Unsicherheit in Kauf, die ihn für viele Jahre zu einem häufigen Wechsel des Wohnorts zwang: Die einigermaßen ausreichende Sicherung seiner Existenz war lange Zeit nur durch das Wohlwollen von Freunden und Gönnern möglich. Bei Schiller standen, abgesehen von der letzten Lebensphase, bürgerliche und künstlerische Existenz in einem ständigen Spannungsverhältnis.

Goethe erreichte ein hohes Alter; seine Lebensspanne umgriff einen historischen Zeitraum, in dem sich ein tiefgreifender historischer Wandel vollzog: Absolutismus, Französische Revolution, Befreiungskriege gegen Napoleon, Restauration in Deutschland, Anfänge der Industriellen Revolution. Schiller starb in jüngerem Alter nach vielen Jahren geschwächter Gesundheit.

2a/b Bevor der *Vergleich* im Plenum durchgeführt wird, könnte er in Partnerarbeit vorbereitet werden. Die Federzeichnung von 1804 zeigt die beiden Dichter, wie sie sich im Gespräch einander zuwenden, und kennzeichnet damit den durchaus nicht spannungsfreien geistigen Austausch, der ihre Freundschaft bestimmte. – Das Denkmal dagegen ist ganz auf repräsentative Wirkung ,nach außen‘ angelegt: Die beiden Dichter sind einander nicht zugewandt, sondern stehen auf erhöhendem Sockel nahezu frontal zum Betrachter. Die Darstellung idealisiert die beiden Figuren (Lorbeerkranz!), durch die Inschrift werden sie harmonisierend zum „Dichterpaar". Der Hinweis auf das huldigende „Vaterland" lässt erkennen, dass die Klassiker als Repräsentanten und Leitfiguren der Nation galten und dass ihr Werk als ein Mittel gesehen wurde, den Deutschen das Gefühl nationaler Identität zu geben. In diesem Zu-

sammenhang könnte Treitschkes Würdigung der deutschen Klassik besprochen werden (siehe SB, S. 229f.).

Reinhards (?) Federzeichnung ist im Gegensatz dazu frei von einem solchen programmatischen Anspruch. – Es ist zu erwarten, dass die Schüler die charakterisierende Darstellung der ‚ideologischen‘ Funktionalisierung vorziehen.

An dieser Stelle wäre der Hinweis sinnvoll, dass die Ehrung durch ein Denkmal zunächst das Privileg von Herrschern und Feldherren war und dass erst im 19. Jahrhundert bürgerliche Leitfiguren ‚denkmalswürdig‘ wurden.

Seite 210

3a

Sammlung des Materials in einer längerfristigen *Hausaufgabe*.

Beispiele	Bedeutung
1 *klassisch*-schönes Grandhotel	traditionsorientierter, repräsentativer Stil
2 „*Klassik*" in der Kleidungsmode	Kleidung in ‚zeitlos‘-schönem Stil
3 „Es war ein *klasse* Spiel."	ein hervorragendes Spiel
4 „Galilei ist ein *Klassiker* der Physik."	Er ist ein Wissenschaftler, dessen Werk lange über seine Zeit hinaus Gültigkeit hat.
5 „Das ist ein *klassisches* Beispiel für Zivilcourage."	ein besonders typisches, mustergültiges Beispiel
6 Kunst des *klassischen* Altertums	Kunst der Blütezeit des antiken Griechenland und des antiken Rom

3b Die Arbeitsanregung könnte Gegenstand einer *schriftlichen Hausaufgabe* sein. „Überraschend" mag die These des Autors sein, weil es für uns fast selbstverständlich ist, Goethe (und Schiller) als „Klassiker" zu bezeichnen. „Klassische" Autoren, eine „klassische" Literatur sind nach Goethes Auffassung jedoch nur unter bestimmten gesellschaftlich-historischen Voraussetzungen möglich. Dazu gehören:

– die Einheit der Nation,
– ein Nationalbewusstsein, auch im Hinblick auf eine gemeinsame Geschichte,
– ein hoher Grad der kulturellen Entwicklung als Voraussetzung entsprechender Bildung.

Dagegen ist Deutschland 1795, im Jahr der Veröffentlichung von Goethes Text, in eine Vielzahl von größeren und kleineren Reichsstädten und Staaten mit weitgehender Autonomie unterteilt. Es gibt zwar viele kulturelle Zentren, aber keinen kulturellen Mittelpunkt für ganz Deutschland. Ein Nationalbewusstsein entwickelt sich erst später im Zusammenhang mit dem Kampf gegen die französische Vorherrschaft im Zeitalter Napoleons (nach 1805).

Im unmittelbaren Anschluss an diesen Text Goethes könnten Treitschkes Gedanken zur „klassischen Literatur" Deutschlands besprochen werden (SB, S. 229, Text 1). Damit könnte verdeutlicht werden, dass die Begriffe „Klassik" und „klassisch" keine Selbstbezeichnung der Epoche, sondern eine spätere „Klassifizierung" letztlich aus politischen Gründen bedeuteten.

Seite 211

4a

in der Grundbedeutung überein-stimmend, wenn auch übertreibend:	
„[...] Kost [...] war klassisch."	
„klassischer Kaffee"	ausgezeichnet
„Meine Aufführung war klassisch."	hervorragender Kaffee
	mustergültiges Verhalten

4b

unüblicher bzw. sinnloser Gebrauch:	
„klassische Bub'n"	(Jungen in einer bestimmten Schulkasse)
„Das ist klassisch."	(Bezeichnung für den häufigen Gebrauch dieses Worts)

4c Die Dialogszene könnte in *Partnerarbeit* gestaltet und in *szenischen Lesungen* vorgetragen werden.

Ein Beispiel mit dem Modewort „Stress":

Im Klassenzimmer

Lehrer: Sammeln Sie bitte als Hausaufgabe Beispiele für unterschiedliche Verwendungen des Wortes „Klassik", „klassisch" und „Klassiker" aus dem heutigen Sprachgebrauch und notieren Sie, was mit diesen Begriffen im jeweiligen Verwendungszusammenhang gemeint ist.
Schüler: Könnten Sie bitte diese Aufgabe langsam diktieren. So ist das ja der reinste Stress!
L. *diktiert langsam.*
S. *(dazwischen):* O Stress, lass nach!
L.: Was ihr immer mit eurem Stress habt!
S.: Stressen Sie uns bitte nicht noch mit Ihrer Kritik!
L.: Ist die Aufgabe jetzt klar?
S.: Ja. Aber müssen wir das unbedingt schriftlich machen? Am Montag schreiben wir eine Mathe-Arbeit, extremer Stress, dazwischen das Wochenende, da habe ich ein echt stressiges Programm.
L.: Vor kurzem habe ich einen Ratgeber mit einem Anti-Stress-Programm gelesen. Das kann ich nur empfehlen.
S.: Lesen?! Noch mehr Stress!

Es läutet, der Lehrer verlässt das Klassenzimmer.

Im Lehrerzimmer

L. *(zu einer Kollegin):* Heute hat mich meine Klasse wieder einmal richtig gestresst.
K.: Mir ging's auch nicht besser. So kurz vor den Ferien ist halt immer der größte Stress.
L. und K. *(gleichzeitig):* Stress??

Seite 212

5a Diese Aufgabe könnte in *Einzelarbeit* gelöst werden, weil die Schüler sich dabei in der präzisen Aufnahme einer kompakten Information üben können.
Gemäß dem Lexikonartikel haben die Begriffe „Klassik" und „klassisch" folgende Hauptbedeutungen:
– Bezeichnung für die griechische und römische Antike, die in der Renaissance als Leitbild für das eigene kulturelle Leben in Abgrenzung vom vorhergehenden Mittelalter galt

– Bezeichnung für Kunstepochen, die sich in der Ausprägung ihres Stils an der klassischen Antike orientierten
– wertende Bezeichnung für eine überragende, grundlegende, über die eigene Epoche hinaus gültige Leistung, vor allem in Kunst und Wissenschaft.

5b Der für eine Aufgabe dieser Art notwendige Einfallsreichtum legt *Gruppenarbeit* nahe.
Beispiele:
„Modernste Technik in klassischem Outfit!" (Autowerbung)
„Biocats classic – die bewährte Grundlage für die täglichen Bedürfnisse ihrer Katze!" (Werbung für Katzenstreu)

6 Die Aufgabe eignet sich für *Gruppenarbeit*.

Beispiele	Hauptbedeutungen im Lexikon
Vgl. AA 3a	Vgl. Lösungen zu AA 3a
Äußerung von Goethes Mutter	überragende, grundlegende, über die Epoche hinaus gültige Leistung, vor allem in Kunst und Wissenschaft
Beispiele aus der Werbung	Orientierung an einer bewährten, gültigen Tradition (der Formgebung)

7 Mit der Vermeidung der Bezeichnung „Klassizismus" möchte man zum Ausdruck bringen, dass Goethe und Schiller nicht einfach „klassische Muster" nachahmten, sondern dass ihre Werke eigenständige Leistungen in ihrer Zeit sind.[34]

8 Die Arbeitsanregung könnte Gegenstand einer *Hausaufgabe* sein.

8a Durch seinen Aufenthalt in Italien gewann Goethe über sein bisheriges Bildungswissen hinaus einen unmittelbaren Einblick in die antike Kunst, die für ihn zum Vorbild wurde (vgl. die Entstehungsgeschichte der „Iphigenie", SB, S. 218ff.: In Italien entstand die endgültige ‚klassische' Form dieses Schauspiels). Vor allem Goethes Spätwerk ist nicht mehr an die Stilformen der Klassik gebunden, sondern greift andere Stilelemente, z.B. die der Romantik auf (vgl. SB, S. 208f.).

8b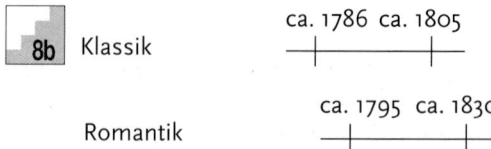

Epochen der Literaturgeschichte sind – wie auch die allgemeingeschichtlichen Epochen – in Beginn und Ende nicht genau zu fixieren; sie stellen auch nicht eine Abfolge im Sinne eines ‚Nacheinander' dar, sondern verlaufen in bestimmten Phasen parallel zueinander („Gleichzeitigkeit des Ungleichzeitigen", vgl. Grafik, S. 492).

---

[34] Auf eine differenziertere Abwägung der Begriffe „Klassik" und „Klassizismus" im Unterricht kann aus didaktischen Gründen verzichtet werden. Verwiesen sei auf René Wellek: Das Wort und der Begriff „Klassizismus" in der Literaturgeschichte. In: Schweizer Monatshefte 45 (1965/66), S. 154–173.

9 Die Aufgabenstellung eignet sich für eine *schriftliche Hausaufgabe*. Damit hat jeder Schüler die Möglichkeit, seine Kenntnisse am Ende der wichtigen Teilsequenz zu überprüfen.

Der kurze Artikel muss auf folgende Punkte eingehen:
- Zeitraum
- Autoren
- Bedeutungsfeld der Grundbegriffe (vgl. AA 5a)
- Grundzüge des Menschenbilds (vgl. Teilsequenz I,2).

10 Siehe LB, S. 295f.

III. Die Antworten der Klassiker auf Fragen der Zeit

Die „Geschichtsmächtigkeit" und „Vorbildlichkeit" klassischer Kunst führten oft zu der Auffassung, Klassik sei „zeitlos". Moderne Aufführungen klassischer Theaterstücke versuchten dagegen immer wieder, dieses Vorurteil durch eigenwillige, aktualisierende Inszenierungen zu erschüttern, stießen damit aber bei einem traditionsorientierten Publikum auf Unverständnis und Unmut. Gerade im Zusammenhang des Klassik-Kapitels ist es deshalb grundsätzlich wichtig, dass die **Geschichtlichkeit der Literatur** (und der Kunst allgemein) reflektiert wird.
Dies soll in drei Schritten geschehen. Zunächst wird der Blick auf historische **Entstehungsbedingungen** der Literatur der Weimarer Klassik gerichtet. Nachdem dies ansatzweise schon in der vorhergehenden Sequenz, im Zusammenhang mit der Rezeption der Antike durch die Klassik, geschehen ist (vgl. die AA 1b, SB, S. 204 und Text 3, SB, S. 210), wird in der Sequenz III gezeigt, wie die Klassiker auf die Herausforderung des epochalen Ereignisses der Französischen Revolution geantwortet haben (III,1). In der Reflexion von Geschichtlichkeit ist aber nicht nur nach den Entstehungsbedingungen der Kunst einer Epoche zu fragen, sondern es sollte auch didaktisch vermittelt werden, inwiefern hier Fragen gestellt und Probleme verhandelt werden, die uns auch heute noch angehen. Deshalb wird im zweiten Schritt der Sequenz ein zentrales Thema der Weimarer Klassik, die Frage nach der Möglichkeit von Humanität, erschlossen (III,2). Damit wird zugleich der Ansatz von Sequenz I (SB, S. 196–200) weitergeführt.
Wenn die Schüler ein Verständnis für die Geschichtlichkeit der Literatur gewinnen sollen, ist es neben der Klärung allgemeingeschichtlicher Zusammenhänge und der Thematisierung „epochenübergreifender" Problemstellungen sinnvoll, auch auf ausgewählte „Stationen" der **Rezeptionsgeschichte** der Klassik einzugehen, von der Anwendung des Begriffs auf die Zeit Goethes und Schillers bis zu modernen, auch zeitgenössischen Äußerungen (III,3). Vielleicht kann es auf diesem Weg gelingen, den bei Jugendlichen weit verbreiteten Eindruck, Klassik sei etwas Steriles, wenigstens infrage zu stellen.

> **S. 213–218: III,1. Die Französische Revolution als Herausforderung – Positionen von Goethe und Schiller**

Die Wirkung der Französischen Revolution auf die Autoren der Klassik soll mit Textauszügen verdeutlicht werden; dabei kommt dem Auszug aus Goethes „Hermann und Dorothea", auch im Hinblick auf die Textart des **„Versepos"**, besondere Bedeutung zu. In der *Untersuchung* und *Erörterung* dieser Texte wird zugleich das Verständnis der Epoche erweitert und vertieft, so dass es in eigenen *Gestaltungsversuchen* der Schüler kon-

kretisiert und erprobt werden kann. Ein besonderer methodischer Akzent wird in dieser Teilsequenz durch die Thematisierung der **Unterrichtsmitschrift** gesetzt.

> **Mögliche Ziele:**
> 1. Methoden der Unterrichtsmitschrift erarbeiten und erproben
> 2. Positionen Goethes und Schillers zur Französischen Revolution kennen lernen und erörtern
> 3. Eigene Gestaltungsversuche als Mittel des Verstehens und der Auseinandersetzung erfahren

Seite 214

1 Das Layout der **Mitschrift** ist klar strukturiert: Hervorhebung des Themas und der Angabe des Referenten; Fixierung der Ausgangsthese mit prägnanter Hervorhebung von drei Begründungen; Verweis auf Konsequenzen (Reaktionen der Zeitgenossen), zugleich als Überleitung zum Thema. Die Gliederung wird zusätzlich durch Markierungen (unterschiedliche Arten von Unterstreichungen, Spiegelstriche) und Zeichen (z.B. Pfeile) verdeutlicht.
Die Tatsache, dass die wesentlichen Punkte des Referatsanfangs festgehalten sind, zeigt, dass die nicht leichte Aufgabe der „Synchronisierung" der Mitschrift mit dem Vortrag gelungen ist. Dazu haben die sprachliche Verknappung auf wesentliche Stichwörter sowie die Verwendung von Zeichen und Abkürzungen beigetragen. Trotz der notwendigen Kürzungen ist der Gedankengang des Referats anhand der Aufzeichnungen nachzuvollziehen. Das ist wichtig, damit die Möglichkeit besteht, den Stoff nachzubereiten und zu wiederholen. Wichtig ist auch, dass am linken Rand genügend Platz freigelassen worden ist für Nachträge zu Punkten, die dem Schreiber zunächst schwer verständlich waren, was durch eine Unterstreichung mit Wellenlinie und am Rand durch ein Fragezeichen signalisiert werden kann. Nach späterer Rückfrage bzw. eigenen Recherchen können die entsprechenden Punkte dann, wie das abgedruckte Beispiel zeigt, genauer gefasst werden.

2 Die Ergänzung könnte so aussehen:

> < große Betroffenheit bei Goethe,
>
> aber <u>zunächst</u> nur spärliche   ↔   offene Begeisterung für die
> Kommentare   Revolution bei anderen
> (Abneigung, Fluchttendenz)   Schriftstellern
>
> <u>später</u> Thematisierung der
> Revolution in <u>Dichtungen</u>
>
> ausdrückliche, <u>direkte</u>
> <u>Stellungnahmen aus größerem</u>
> <u>zeitlichen Abstand</u>

Bemerkungen:
- Mit dem Zeichen < kann man darauf hinweisen, dass eine Begründung für zuvor Angeführtes folgt.
- der Doppelpfeil (↔) verweist auf einen Gegensatz bzw. Widerspruch.
- Eigene Formulierungen des Schreibers ermöglichen eine sinngemäße, prägnante Zusammenfassung von Sachverhalten („Fluchttendenz").

Seite 216

3a

TA

Bewertung der Revolution	Gestaltungsmittel
Begeisterung für die Revolution Hoffnung auf eine bessere Gestaltung und Ordnung des Zusammenlebens der Menschen: Menschenrechte, Freiheit und Gleichheit, Brüderlichkeit	Schilderung der Situation in religiös-gehobener Sprache: Analogie zum Pfingstereignis (vgl. Apostelgeschichte, Kap. 2): „Glanz der neuen Sonne"; „Verkünder der Botschaft", „Da ward jedem die Zunge gelöst [...]"
Umschlag	einschneidendes „Aber"
Enttäuschung: Kampf um die Macht, um den eigenen Vorteil Gesetz des Krieges: Gewalt, Recht des Stärkeren, Chaos, Herrschaft des Bösen	Verselbstständigung destruktiver Stimmungen und Triebe; diese erscheinen als Subjekte des Handelns. Z.B.: „Da fiel Kummer und Wut auch selbst ein gelassnes Gemüt an [...]"
Skepsis Der Mensch ist nicht fähig, in Freiheit und Autonomie zu leben.	sentenzartige Lehre als „Bilanz"

3b Anlehnung an die Form des antiken **Epos** (Hexameter; vgl. „Ilias", „Odyssee", „Äneis").

Das politisch elementare Ereignis der Französischen Revolution und seine Auswirkungen werden in einer literarischen Form dargestellt, für die eine gehobene Sprache kennzeichnend ist. Es geht hier letztlich nicht um individuelle Schicksale, sondern um etwas Allgemeines, Typisches: den Menschen in einer historischen Umbruchszeit. Goethes Position ist eindeutig: Ablehnung revolutionärer Gewalt, weil sie seiner Auffassung nach letztlich ins Chaos führt; Lob des bescheidenen, eingegrenzten Lebens in Frieden und bürgerlichem Wohlstand. Die distanzierte Darstellung des Epos soll den Charakter einer objektiv gültigen Aussage unterstreichen. Der lehrhafte Anspruch ist unverkennbar (vgl. den Schluss des Textauszugs).

Seite 217

4 Die Schwierigkeit des Themas macht die gemeinsame Besprechung im Unterricht erforderlich.

Goethe betrachtet den Geschichtsverlauf als einen ständigen Wandel der Verhältnisse, dem die Regierungen durch Reformen des Bestehenden entsprechen müssen; nur so können Revolutionen vermieden werden.

Da jede Nation ihren eigenen Bedürfnissen und Gesetzmäßigkeiten folgen muss, warnt Goethe vor einer Revolution in Deutschland, die nichts anderes wäre als eine „Nachäffung" der Französischen Revolution.

Für Goethe ist Geschichte eigentlich ein naturhafter Ablauf; die Wiederholung des Gleichen ist ihr Strukturprinzip. Deshalb begegnet er einerseits dem utopischen Fortschrittsgedanken der Revolution mit tiefer Skepsis, vor allem im Hinblick auf die „Kosten", die sie verursacht. Andererseits setzt er kein großes Vertrauen auf die Einsicht der Menschen und ihre Fähigkeit, Revolutionen zu vermeiden. Ein Rückblick von diesen späten, skeptischen Äußerungen auf das klassische Gedicht von 1783, das noch von Optimismus bestimmt ist (vgl. SB, S. 198, Text 4) könnte zum Nachdenken anregen.

5 Zentrale Punkte des *Briefes* könnten sein:
– Revolution als Antwort auf drückende, ja empörende Ungerechtigkeit der bisherigen absolutistischen Gesellschafts- und Staatsordnung in Frankreich (Armut der Bauern und städtischen Unterschichten bis zu materieller Not); Verweigerung von politischen Rechten gegenüber den wirtschaftlichen „Leistungsträgern", dem Bürgertum des „Dritten Standes"
– Überholtheit alter Privilegien des Adels und der Kirche
– Eindruck, dass nur noch stärkerer Druck und schließlich Gewalt weiterhelfen können ...

Seite 218

6a Die Arbeitsanregungen 6a (Information über die historische Situation) und 6b (Anwendung der bisher erarbeiteten Kenntnisse) eignen sich besonders als *Hausaufgaben.*[35]

Schreckensherrschaft der Jakobiner; Sturz Robespierres; Fortdauer des ersten Koalitionskriegs, in dem europäische Mächte in wechselnden Bündnissen gegen die Ausbreitung revolutionärer Ideen („Kampf politischer Meinungen und Interessen", „allesverfolgender Dämon der Staatskritik") und die Expansion der französischen Republik kämpfen; Erfolge Frankreichs gegen die Koalition („nahes Geräusch des Krieges").
Schon in der Wortwahl (s.o.) wird Schillers Distanzierung von den revolutionären Ereignissen und ihren über Frankreich hi-

---

[35] Literatur zum Verhältnis der Weimarer Klassik zur Französischen Revolution: Dieter Borchmeyer, a.a.O., S. 247–317. – Richard Brinkmann: (Hrsg.): Deutsche Literatur und Französische Revolution. Sieben Studien. Göttingen (Vandenhoeck) 1974, – Harro Segeberg: Deutsche Literatur und Französische Revolution. Zum Verhältnis von Weimarer Klassik, Frühromantik und Spätaufklärung. In: Karl Otto Conrady (Hrsg.): Deutsche Literatur zur Zeit der Klassik. Stuttgart (Reclam) 1973, S. 243–266.

nausreichenden Wirkungen deutlich. Deshalb wendet er sich in der programmatischen Zielbestimmung der neuen Zeitschrift entschieden vom Zeitgeschehen ab („strenges Stillschweigen" über das „Lieblingsthema des Tages"). Wahre Humanität scheint nur abseits vom politischen Geschehen erreichbar zu sein (vgl. 6b).

6b
– Orientierung an einem „allgemeine[n], höhere[n] Interesse", an dem, was „rein menschlich" und „über allen Einfluss der Zeiten erhaben" ist;
– Forderung nach einer Vereinigung der Menschen unter der „Fahne der Wahrheit und Schönheit";
– Angebot einer „leidenschaftsfreien Unterhaltung";
– Ziele: „Ideal veredelter Menschheit", „edle Sitten", „wahre Humanität", Verbindung von Wahrheit und Schönheit.

6c
Die Schüler werden dazu angeregt in einem fiktiven *Dialog* die Rollen zweier Zeitgenossen Schillers zu übernehmen. Im Streitgespräch werden jedoch, über die damalige historische Situation hinausgehend, Positionen sichtbar, die auch heute noch kontrovers sind: politisches Engagement des verantwortungsbewussten Zeitgenossen oder Distanz zum politischen Kampf, Rückzug in den privaten Bereich aus Ohnmacht und/oder Resignation.

(Zum Abschluss der Teilsequenz könnte Schillers 6. Brief aus der Briefreihe „Über die ästhetische Erziehung des Menschen" (Kopiervorlage **K 4**, LB, S. 330f.) eingesetzt werden.)

S. 218–229: III,2. Gelingende Menschlichkeit – Die Interpretation eines dramatischen Textes

---

Den Mittelpunkt der Teilsequenz bildet Goethes Schauspiel „Iphigenie auf Tauris". Es steht einerseits als Paradigma für das **Humanitätsideal der Klassik** und fügt sich damit in die wichtige thematische Linie des Oberstufenbandes „Mensch und Menschlichkeit" (vgl. Einleitungskapitel, SB, S. 8–11 und das Klassik-Kapitel, S. 196–200). Andererseits bietet sich hier ein Ansatz für die Methodenarbeit mit dem Schwerpunkt der *Interpretation eines dramatischen Textes* unter Berücksichtigung der entsprechenden **fachsprachlichen Begriffe**. Darüber hinaus wird eine Anleitung zur Anfertigung einer *Facharbeit* geboten, verbunden mit der Behandlung der *Studiertechniken* des *Arbeitsprotokolls* und des *Mind-Mappings*. Inhaltliche und methodische Aufgaben sind miteinander verschränkt in Vorschlägen zu *Projekten*, die sich auf die behandelte Epoche der Klassik, z.T. auch auf den **Epochenvergleich** beziehen.

Mögliche Ziele:

1. Goethes Schauspiel „Iphigenie auf Tauris" als Beispiel für den Humanitätsgedanken der Klassik erschließen
2. Kenntnisse und Fertigkeiten zur Interpretation eines dramatischen Textes festigen und erweitern
3. Möglichkeiten einer Inszenierung erproben
4. Methoden zur Anfertigung einer Facharbeit kennen lernen und erproben
5. Grundkenntnisse zur Epoche der Klassik in Projektarbeit anwenden und erweitern

---

[36] In: Harenbergs Lexikon der Weltliteratur. Autoren – Werke – Begriffe, Band 3. Dortmund (Harenberg) 1989, S. 1441–1443.

Texterläuterungen:

Werner Keller: Iphigenie auf Tauris[36]

„Schauspiel von Johann Wolfgang von Goethe; (Liebhaber-)Uraufführung der Erstfassung in rhythmischer Prosa: Ettersburg, 1779, Erstaufführung der endgültigen Versfassung (in Schillers Bearbeitung): Weimar 1802. – Das wohl bekannteste und gewiss verkannteste Drama der deutschen Literatur ist kein Weihespiel wohlklingender Sentenzen, sondern ein Stück voll ungelöster Fragen und uneingelöster Forderungen – eine vom Mythos umhüllte Utopie, in der selbstvergessene Wahrhaftigkeit und selbstloser Großmut einander in einem geschichtsenthobenen Augenblick ermöglichen und bedingen.

Der Vergleich mit Euripides' Drama *Iphigeneia he en Taurois* (413 v.Chr.[?]; dt. *Iphigenie in Tauris*, 1803), dessen Griechenstolz menschliche List und göttliche Konzilianz mischt, um Barbaren zu düpieren, demonstriert Goethes aufklärerische Modernität: Bei ihm geht es um Sühnbarkeit von Schuld einzig durch reine Gesinnung, um sittliche Autonomie des Menschen angesichts verwirrender göttlicher Gunst und Willkür, schließlich um die angemessene Antwort auf unbedingte Wahrheit in einer Grenzsituation. Ist das Stück wirklich „ganz verteufelt human", wie Goethe am 19. Januar 1802 Schiller gegenüber meinte? Ist es „erstaunlich modern und ungriechisch", „nur sittlich", wie Schiller zwei Tage später Körner gegenüber anmerkte? Wie weit reicht Iphigenies „Menschlichkeit"? Erstaunt nicht, dass dieser Begriff, ein einziges Mal nur gebraucht, ihr in bitterer Ironie von Thoas entgegengehalten wird (V. 1938)? Und wer oder was heilt Orest, der zur Blutrache gezwungen ist, die Schuld aber dafür übernehmen muss? Läutert ihn sein Bekenntnis, entsühnt ihn die Schwester oder hilft der „Beistand" der Götter? Das Mörderische des Tantalidengeschlechts (→ Atridensage), die Krankheit Orests, die Verzweiflung Iphigenies und die zögernde Zustimmung durch Thoas widersprechen den gängigen harmonisierenden Deutungen: Das Stück gibt eine Lösung, die nur für die vorgegebene Konfiguration der Personen gilt.

Durch ihre Bindung an die Göttin, die sie rettete, an ihre Familie und an Thoas ist Iphigenie Konflikten ausgesetzt, die mit dem Wiedererkennen ihres Bruders aufbrechen. Der Fluch, der wie eine Erbschuld über dem Tantalidengeschlecht liegt, scheint sich fortzusetzen, als Iphigenie auf Geheiß des Thoas ihren Bruder opfern soll. Die Flucht mit dem geheilten Orest und der geraubten Götterstatue musste bedeuten, dass die Reinigung des Geschlechts erkauft wäre durch Verschuldung des einzigen rein gebliebenen Individuums. Die zentrale Frage lautet: In welchem Verhältnis stehen göttliche Gnade und menschliche Leistung zueinander? Die Götter sind objektive Mächte und zugleich weltimmanente Wesen, die in einem Immediatverhältnis zu Menschen stehen. Als Iphigenie Thoas' Werbung ablehnt, entdeckt er, dass diese die Gottheit subjektiviert, indem sie ihr „Herz" als deren Medium verabsolutiert: „Es spricht kein Gott; es spricht dein eignes Herz" (V. 493). Weder unbedingte Demut noch bedingungsloses Vertrauen konstituieren ihren Glauben an die oberen Mächte. Ihr neues Gottesverhältnis, das sich im Gang des Dramas als Autonomiestreben herausbildet, ist nicht frei von den hybriden Zügen des Tantalus, denn Iphigenie tritt mehr als Fordernde denn als Bittende den himmlischen Mächten entgegen. Wir müssen das „Parzenlied" als Ausdruck der alten Göttervorstellung deuten, um Iphigenies neue Haltung – das Ultimatum ihres Glaubens, der die eigene Errettung als Preis für ihr Priestertum voraussetzt – zu verstehen. Ihr Vertrauen, das sie in die Verbindlichkeit der Wahrheit und in die Götter setzt, wird von ihren Bedingungen relativiert: „Wenn / Ihr wahrhaft seid, wie ihr gepriesen werdet, / So zeigt's durch euern Beistand" (V. 1916ff.). Iphigenie verlangt die Wahrhaftigkeit, ja die „Menschlichkeit" der Götter; sie besteht auf dem ausgeglichenen Verhältnis von Gnade und Leistung, auf der göttlichen Hilfe in der Situation, in die sie durch ihr Ethos gerät. Im Geist der Aufklärung des 18. Jh.s

fordert sie die prästabilierte Übereinstimmung der von ihr auf Sittlichkeit festgelegten Götter mit dem Sittlichen im Menschen. In dem Augenblick, da Iphigenie den Fluchtplan gesteht, nimmt sie den Skythenkönig in die Gemeinschaft der „Humanen" auf, der er sich durch seinen Tötungsbefehl entziehen will. Sein „Lebt wohl!" ist das tapferste, menschlichste Wort dieses Schauspiels. Iphigenies Wahrheitsliebe trifft auf Thoas' – verzeihendes Entsagen, das erst das Lebensgefährdende ihres Ethos aufhebt.
Iphigenie ist das bedeutendste Zeugnis von Goethes Frühklassik. Dieses sog. Seelendrama repräsentiert idealtypisch die tektonisch-geschlossene Dramenform. Die symmetrische Gliederung – mit Iphigenie als Mittel- und Mittlerfigur – reicht als Kompositionstechnik bis ins szenische Detail. Der Blankvers, auch das Metrum von G. E. Lessings *Nathan der Weise* (1779), schließt die Alltagssprache und mit ihr das Alltägliche aus. „Hain vor Dianens Tempel" – die penibel beachtete Einheit des sakralen Orts deutet streng auf die Nähe der Göttin; vor deren Angesicht sich die Menschen verantworten müssen. Der „Hain" verweist auf eine stilisierte Bedeutungslandschaft, in der die natürliche Natur überwunden ist. – Sinnbild für die Aufgabe der dramatis personae, auch in sich der bloßen Natur, der zerstörerischen Leidenschaft, Maß und Ordnung abzugewinnen. Schaubare Bühnenaktion ist nur für Momente zugelassen. Verinnerlichte Gesinnung ersetzt das äußere Geschehen; die Handlung findet im sprachlichen Duell statt. Die Stichomythien beweisen die Geistesgegenwart der Sprechenden, die Sentenzen ihre Distanz zur Emotion und die Fähigkeit zum verallgemeinernden Resümee. Die gehobene Sprache dient dem erhabenen Ausdruck sublimierter Gefühlsgedanken. Die Personen unterwerfen sich der Norm des Metrums wie dem Normativen des Sittlichen – einem Anspruch, der sie erhebt, indem sie sich ihm unterstellen."

Seite 219

1a Die Arbeitsanregungen 1–3 eignen sich als Grundlage für ein *Gespräch*, das in dieses Teilkapitel einführt. Falls das ganze Drama im Unterricht gelesen wird, könnte das Gespräch im Rahmen einer Einführungsstunde der häuslichen Lektüre des Gesamttextes vorausgehen.[37]
Zu erwarten sind Äußerungen der Schüler über:
– Iphigenies Gefühl der Einsamkeit (Monolog!)
– Ihre Fremdheit im Land der Taurier, doch Ausdruck der Achtung für den König der Taurier
– Sehnsucht nach der Heimat Griechenland
– Erinnerung an frühere Zeiten; ungewisses Schicksal des Vaters Agamemnon
– Unzufriedenheit mit den Lebensbedingungen der Frau
– Vertrauen auf die Göttin Diana (Gebet!), dennoch Vorbehalt, Kritik gegenüber der Göttin (Wunsch nach „freiem Dienste")
– trotz der bedrückenden Situation: reflektierte, souveräne Haltung.

1b **Feuerbachs Bild** stellt Iphigenie dar, die, in der Nähe des Ufers sitzend, beim Anblick des Meeres in tiefes Nachdenken versunken ist. Sie hat sich vom Betrachter nahezu abgewandt, ihr Gesicht ist nur im Halbprofil zu sehen, das faltenreiche Gewand schirmt sie gegen den Vordergrund ab.
Feuerbachs Darstellung könnte insofern eine Anregung für eine *Inszenierung* sein, als sie die Einsamkeit („monologische Situation"), Nachdenklichkeit und Sehnsucht Iphigenies wiedergibt („Das Land der Griechen mit der Seele suchend"). Der Widerwille gegen den Ort ihrer Verbannung käme in der abgewandten Körperhaltung zum Ausdruck.
Ein wesentlicher Grundzug des Monologs käme allerdings bei einer Inszenierung, die Feuerbachs Konzeption folgte, zu kurz:

die Energie, mit der sie ihren Willen zu einem autonomen Leben betont, sogar gegenüber der Göttin Diana. Feuerbachs Iphigenie erscheint dagegen eher verträumt, in ihre Sehnsucht geradezu verloren („Sehnsucht": ein eher passiver, leidensvoller Zustand; „mit der Seele suchend": ein Ausdruck für innere Aktivität!). Vielleicht dürfte eine Inszenierung deshalb über das Verb „stehen" nicht einfach hinweggehen („Und an dem Ufer *steh* ich lange Tage, [...]").

2/3 Die **erste Szene** des Schauspiels führt in die Handlung ein. *Ort:* Hain auf Tauris, der zu einem Heiligtum der Göttin Diana gehört.
Situation/Voraussetzungen der Handlung/Problemstellung: Iphigenie ist gegen ihren Willen auf der Insel Tauris; sie fühlt sich, obwohl sie das Amt einer Priesterin ausübt, als Sklavin des Königs Thoas. Ihr größter Wunsch ist es, selbst über ihr Leben zu bestimmen und in ihre Heimat zu ihrer Familie zurückzukehren. Eine gewisse Unsicherheit kommt allerdings in ihrem Gebet an die Göttin zum Ausdruck: Sie weiß nicht, ob ihr Vater vom Kampf um Troja wieder wohlbehalten nach Hause gekommen ist, und sie kann nicht sicher sein, ob ihre Mutter und ihre Geschwister noch am Leben sind. Auch ihr eigenes Leben ist für sie kein selbstverständlicher Besitz; sie verdankt es der Göttin Diana, die sie vom Tod errettet hat. Fragen bleiben offen und verweisen auf den Fortgang der dramatischen Handlung: Wird es Iphigenie gelingen, wieder in ihre Heimat zurückzukehren? In welcher Lage befinden sich ihre Familienangehörigen?
Der *dramatische Konflikt* wird dadurch angedeutet, dass Thoas als ‚Gegenspieler' genannt wird.
Personen des Stücks: Allein Iphigenie, die Titelfigur, kommt in dieser einleitenden Szene zu Wort. Ihr Monolog gibt dem Zuschauer/Leser einen ersten Einblick in ihre Situation und in ihre Grundhaltung (vgl. die Hinweise zur Arbeitsanregung 1b). Der Gegenspieler Thoas und Agamemnons Sohn (ihr Bruder Orest) werden nur kurz erwähnt (vgl. Personenverzeichnis).

4 Die Versuche zur *Rezitation* sollten nicht ohne Vorbereitung unternommen werden: häusliche Vorbereitung durch einzelne Schülerinnen, evtl. arbeitsteilig auf einzelne Sinnabschnitte des Monologs bezogen. Die Einspielung und der Vergleich vorbereiteter Tonaufnahmen haben sich bewährt, weil auf diese Weise eine distanziertere Besprechung möglich ist.

5a/b Mögliche Ergebnisse des *Vergleichs:*
Hochstilisierte Sprache der Versfassung: Zusammenspiel von Versmaß und Rhythmus; syntaktische Fügungen, die, abweichend von der üblichen Prosasprache, sinntragende Wörter an exponierte Stellen setzen: „Heraus" am Versanfang als Auftakt; „Welle" an einer ‚Gelenkstelle' (Übergang vom Ende eines Verses zum nächsten Vers: Wiedergabe von Bewegung). Gerade hier könnte verdeutlicht werden, dass die Versfassung den Text nicht schematisiert. Der Verzicht auf Reime („Blankvers"), die Verwendung von Enjambements ermöglichen einen natürlichen Sprachfluss.
Aufschlussreich wäre ein Vergleich der eigenen Prosafassungen mit Goethes ursprünglicher Prosafassung des Eingangs-

---

37 Weitere Literatur zu Goethes „Iphigenie":
Dieter Brochmeyer: Johann Wolfgang von Goethe: Iphigenie auf Tauris. In: Harro Müller – Michaels (Hrsg.): Deutsche Dramen, Bd. 1: von Lessing bis Grillparzer. Königstein/Ts. (Athenäum) 1985, S. 52ff.
Arthur Henkel: Iphigenie auf Tauris. In: Benno von Wiese (Hrsg.): Das deutsche Drama, Bd. 1. Düsseldorf (Bagel) 1958, S. 170ff.
Wolfdietrich Rasch: Goethes Iphigenie auf Tauris als Drama der Autonomie. München (Beck) 1979.
Arthur Henkel: Die „verteufelt humane" Iphigenie. In: Euphorion 59 (1965), S. 1–17.

monologs (Kopiervorlage **K 5** , LB, S. 331). Die Schüler könnten, ausgehend von ihren eigenen Texten, feststellen, dass Goethes Prosafassung der Versfassung des Monologs schon sehr nahe kommt.

Mögliches Resümee: Die moderne „Prosaübersetzung" des Monologs ist für den heutigen Leser wohl leichter zugänglich, aber sie bleibt für den Leser vielleicht auch belangloser, weil sie seine Aufmerksamkeit nicht durch Fremdheit und besondere sprachliche Prägung herausfordert.

Seite 220

6a Die Notizen zum **Primärverständnis** (vgl. LB, S. 17) sind, da es sich um die Fixierung spontaner Eindrücke handelt, u.U. widersprüchlich und bedürfen deshalb in den folgenden Arbeitsphasen der Korrektur bzw. Differenzierung: Arkas redet nicht nur in scharfem Ton, er geht auch diskret-behutsam vor und versucht auf Iphigenie einzugehen. Iphigenie reagiert nicht einfach „weich", sondern spricht einerseits taktisch, um Zeit zu gewinnen, und weist andererseits entschieden den Heiratswunsch des Thoas zurück.

Mögliche Ergebnisse der *Themenanalyse:*

Die Operatoren 2 und 3 sind Anweisungen, die differenziert verdeutlichen, was mit dem Operator 1 gemeint ist. Sie gelten allgemein für die Interpretation von Dialogen, d.h. sie beziehen sich nicht speziell auf den vorgelegten Textauszug.

Erwartete Leistung:

Differenzierte Textuntersuchung, die den Textauszug erarbeitet, ohne sich in zu viele Einzelheiten zu verlieren (Operator 3). Deshalb sind die leitenden Gesichtspunkte „Rollen" und „Grundhaltungen" (Operator 2) besonders zu beachten.

6b Die Untersuchung der **Rollen** und Grundhaltungen: Der Begriff der „Rolle" kann unterschiedlich verstanden werden:

a) im umfassenden Sinn der Position und Funktion der einzelnen Figuren im Ganzen des Dramas

b) im engeren Sinn einer „Rolle", auf die sich eine Figur des Dramas in einer bestimmten Situation, mit einer bestimmten Absicht beruft oder zurückzieht. (Darum geht es in der Aufgabenstellung von AA 6b). So spielt Iphigenie in der Szene IV/2 ihre *Rolle* als Priesterin taktisch gegenüber Arkas aus und scheut in diesem „Rollenspiel" nicht vor Verstellung zurück. Gegen Ende der Szene lässt sie jedoch ihre persönlich „echte" Betroffenheit und Zerrissenheit erkennen, wie es ihrer humanen *Grundhaltung* entspricht. Auch Arkas nimmt zunächst seine Person zurück und stellt sich in der *Rolle* eines Boten des Königs dar, gibt dann aber recht unvermittelt (Z. 34ff.) dem Gespräch eine Wendung, indem er als redlicher Vermittler zwischen Thoas und Iphigenie handelt, dabei aber der treue Diener seines Herrn bleibt, dessen Position er nach wie vor vertritt *(Grundhaltung des Arkas).*

Einbeziehen der Sprechanteile und Art der Gesprächsführung:

In den vom „Zeilenstil" der Stichomythie bestimmten Passagen wird deutlich, wie entschieden die Gesprächspartner ihre jeweilige Position kontrovers vertreten. Die längeren zusammenhängenden Sprechpassagen enthalten dagegen ausführlichere Begründungen (z.T. mit berichtenden Darstellungen), um das Gegenüber zu dem jeweils gewünschten Verhalten zu veranlassen. Dabei hat Arkas mehr Sprechanteile als Iphigenie, ein Zeichen dafür, dass er eindringlicher um eine (in seinem Sinne!) „konstruktivere" Haltung Iphigenies wirbt, während Iphigenie situationsbedingt eher taktisch-defensiv handelt.

Seite 223

7a **Aspekte** der Interpretation
Der Schüler geht auf die *Interessen, Absichten* und *Methoden* der beiden Gesprächspartner ein und erwähnt auch Iphigenies *Situation* (Problem der Lüge). Im Hinblick auf die Stichomythie wird die *Art des Gesprächs* (Konfliktgespräch) verdeutlicht. Der Verfasser weist auf *Wirkungen* hin (Arkas' Einlenken, Iphigenies Nachgeben). Der Gesprächsverlauf wird genau beschrieben *(Verben des sprachlichen Handelns!)*, ohne dass der Verfasser sich in zu viele Einzelheiten verliert; wenn nötig, werden Sachverhalte zusammengefasst.

7b Die Ausführungen in der Schülerarbeit sind inhaltlich insgesamt zutreffend, gleich am Anfang wären jedoch Präzisierungen erforderlich: Arkas „erteilt" (Z. 2) nicht den Befehl, sondern fordert im Auftrag des Königs dessen schnelle Ausführung. Der Begriff „Funktionärscharakter" (Z. 4) wirkt anachronistisch und ist zu weitgehend. (Mögliche Verbesserung: [...] betont er, dass sie beide im Auftrag einer höheren Autorität, jeweils im Rahmen ihres Amtes zu handeln hätten.)

Weil hier nur ein Auszug aus einer Interpretation vorliegt, ist eine Gesamtbeurteilung nicht möglich. Dennoch lässt sich grundsätzlich Folgendes vermerken: Die Darstellung hält sich chronologisch an den Gesprächsablauf, verfällt aber nicht in eine Textparaphrase. Da die gewählte Vorgehensweise jedoch leicht dazu tendiert, über den angeführten Details übergreifende Gesichtspunkte zu vernachlässigen, sollten die Schüler darauf hingewiesen werden, dass neben der Arbeit am Detail übergeordnete Aspekte (Situation, Motive der Sprecher, Struktur des Dialogs) nicht vernachlässigt werden dürfen, damit der Zusammenhang des Ganzen sichtbar wird. Die Textannotationen in den Spalten „Grundhaltungen" (vgl. SB, S. 221) müssen deshalb bei der Ausarbeitung der Interpretation gebührend berücksichtigt werden.

8a/b Beide *Interpretationsaufgaben* sollten im Sinne einer didaktischen Progression nacheinander als schriftliche Hausaufgaben ausgeführt werden. Während die AA 8a auf der vorliegenden Stoffsammlung der Annotationen SB, S. 221f.) aufbauen kann, erfordert 8b eine durchgehend selbstständige Lösung. Möglich wäre es, diese Aufgabe in zwei Phasen ausführen zu lassen: zunächst die Stoffsammlung in Form von Textannotationen, die auf Folienstreifen vorgestellt werden könnten, dann, darauf aufbauend, die Ausarbeitung der Interpretation.

Zu den Szenen V/3 und V/6:

Die Ausgangssituation des Dialogs ist bestimmt durch das Misstrauen Thoas' gegenüber Iphigenie und durch Iphigenies inneren Konflikt. Einerseits möchte sie Orest und Pylades retten und mit ihnen in die Heimat zurückkehren, andererseits will sie dabei „rein", bleiben, d.h. ihr Ziel erreichen, ohne Thoas zu betrügen. Der König hat die Macht, seinen Willen durchzusetzen. Da er misstrauisch geworden ist, ist Pylades' Fluchtplan gefährdet. Iphigenie bleibt nur die Möglichkeit, Thoas mit Worten zu bewegen („Ich habe nichts als Worte [...]"). Diese Konstellation spiegelt sich in der Verteilung der Redeanteile wider: Iphigenies Versuche, auf Thoas Einfluss zu nehmen, ihre innere Spannung und Erregung kommen in ihren umfangreicheren Dialogpartien zum Ausdruck; Thoas' Sprache dagegen ist knapp: Er entgegnet ihr mit kurzen Einwürfen, Befehlen und Warnungen; er, der sich in der Position des Mächtigen weiß, hat es nicht nötig, viele Worte zu machen. Auch seine Enttäuschung und seine Verletztheit könnten Ursachen für die ‚reduzierte' Sprechweise sein.

Der stichomythische Auftakt des Dialogs signalisiert Konfrontation: Beide stellen einander Fragen, ohne dass der Partner sie beantwortet. Thoas fordert eine Begründung dafür, dass das Opfer verzögert wird; Iphigenie hält ihm das ‚Ultimatum' der Göttin entgegen. Thoas deutet an, dass er hinter dieser Berufung auf den Willen der Göttin Iphigenies persönliches Interesse vermutet. Später kehren sich die Rollen um: Thoas bezieht sich auf ein „altes Gesetz", Iphigenie wendet dagegen ein, dass er dieses Gesetz zum Instrument seines eigenen Interesses mache. Sie formuliert jedoch diesen Einwand nicht als persönlichen Vorwurf, sondern beschreibt einen typischen Zug menschlichen Verhaltens („*Wir* fassen [...] an", „[...] *unsrer* Leidenschaft [...]"). Ihren Hinweis auf das „ältere" Gebot des Gastrechts will Thoas wieder mit seinem Verdacht entkräften, Iphigenie sei am Schicksal der Gefangenen persönlich interessiert. Iphigenie versucht in mehreren Anläufen, Thoas zum Nachgeben zu bewegen. Zuerst hält sie ihm ein abschreckendes Bild des Despoten vor Augen, der mit der willfährigen Hilfe seiner Diener alles („Unmenschliches", „Tod", „Verderben") erreichen kann, ohne sich die Hände zu beschmutzen. (Schüler, die das ganze Drama gelesen haben, könnten hier Anklänge an das „Parzenlied", IV/5, finden. Auf die Parallele machen auch Iphigenies und Thoas' Worte aufmerksam: „Vor meinen Ohren tönt ein altes Lied [...]" – „Die heilge Lippe tönt ein wildes Lied.") Iphigenie will sich nicht auf die Funktion der Priesterin einschränken lassen, sondern spricht zum König als Fürstentochter, die zwar gehorchen kann, aber nicht bereit ist, sich harten Ansprüchen und Forderungen einfach zu „fügen". Ihre Zurückweisung des „rauen Ausspruchs eines Mannes" kommt in zwei negierenden Ausrufen zum Ausdruck: „Nicht Priesterin!" – „Nein!".

Sehr viel persönlicher wird sie, wenn sie an Thoas' Verständnis appelliert: Sie könne sich mit den Gefangenen identifizieren („In ihnen seh ich mich."), weil sie selbst einmal in der gleichen Lage gewesen sei, und ihre eigene Rettung verpflichte sie, auch die beiden Griechen vor dem Opfertod zu bewahren. Ihre damalige Situation vergegenwärtigt sie in dramatisch-erregter Rede, ihren Appell an den König formuliert sie in zwei rhetorischen Fragen. Thoas jedoch scheint ungerührt; er weicht wieder ins Unpersönliche aus, indem er befiehlt: „Gehorche deinem Dienste, nicht dem Herrn." Iphigenie weist diese Formulierung als Beschönigung der Gewalt zurück; sie sieht sich hier in die Rolle der Frau gedrängt, deren Schwäche vom Mann ausgenützt wird. Sie beansprucht dagegen Gleichheit und appelliert an Thoas' Edelmut („[...] es ziemt/Dem edlen Mann [...]") mit der Bitte, ihr Wort zu achten. Thoas' Zustimmung („Ich acht es mehr als eines Bruders Schwert") scheint sie jedoch gar nicht richtig wahrzunehmen, denn sie warnt ihn vor dem wechselnden Glück der Waffen und macht ihn darauf aufmerksam, dass auch der Schwache Möglichkeiten dem Gewaltigen gegenüber habe, nämlich Ausweichtaktiken und List. Damit begibt sie sich wieder auf die Ebene der Konfrontation, und der Dialog beschleunigt sich vorübergehend zum stichomythischen Wechsel von Rede und Gegenrede, der Iphigenie ratlos macht, ja fast in Verzweiflung führt. Ihre Ratlosigkeit findet in einer Reihe von Fragen Ausdruck; ihre Wehrlosigkeit und Hilflosigkeit lässt sie nach letzten Möglichkeiten Ausschau halten: „Ruf ich die Göttin um ein Wunder an? Ist keine Kraft in meiner Seele Tiefen?"[38]

(Zusätzliche Übung: Szenenvergleich: Goethe: Iphigenie 1/4 – Büchner: Woyzeck (Mariens Kammer) **K 6** , LB, S. 332)

umsdiskussion, sei es in der individuellen Form eines *Leserbriefs.*

In der Diskussion/im Leserbrief könnten folgende Positionen vertreten werden:

Ablehnung des utopischen Entwurfs, der das Ende von Goethes Schauspiel bestimmt. Die Erfahrung der Lebensrealität lässt den Optimismus nicht zu, der hier zum Ausdruck kommt. Deshalb sind Ratlosigkeit, ‚Tristesse' (Regenwetter: immerhin schon etwas mehr Wärme als beim Schneefall zu Beginn des Stücks!) der Gestaltung des Schlusses angemessen. Die eigene Situation des Regisseurs/der Schauspieler (der Zuschauer?) bestimmt die Inszenierung des Dramenschlusses.

Gegenposition: Der utopische Ansatz der Klassik wird aufgenommen und bewahrt. Utopie bedeutet ja nicht ein illusionäres Sich-Hinweg-täuschen über die harte Realität, sondern ist Ausdruck der *Sehnsucht* nach einer besseren Welt und zugleich ein *Appell,* auf den ersehnten Zustand aktiv hinzuarbeiten, auch wenn er sich vielleicht nur ‚asymptotisch' erreichen lässt.

Die Schüler könnten aber auch einfach den Standpunkt der ‚Werktreue' vertreten und von daher das Experiment des Stuttgarter Schauspiels ablehnen.

Die Problematik der Konfliktlösung sollte im Unterrichtsgespräch nicht außer Acht bleiben:

– Ist das Risiko, das Iphigenie eingeht, um wahrhaftig zu bleiben, nicht zu groß?
– Wirkt die moralische Überlegenheit, mit der sie Thoas gegenüber auftritt, nicht ein wenig überheblich, vielleicht sogar verletzend? („Du hast nicht oft / Zu solcher edeln Tat Gelegenheit.")

Die Schüler sollten bei alldem erkennen, dass die Lösung, das Gelingen der Humanität in Goethes Schauspiel – ähnlich wie die Schlussszene in Lessings „Nathan der Weise" – utopischen Charakter hat.

Der Vergleich von Goethes Dramenschluss mit dem Schluss der Tragödie „Iphigenie bei den Taurern" von Euripides könnte abschließend verdeutlichen, worin sich Goethes in der Tradition der Aufklärung stehende Gestaltung des überkommenen Stoffes von der Konzeption Euripides' unterscheidet, die von der mythischen Tradition herkommt. (Als Übungsaufgabe eignet sich **K 7** , LB, S. 333.)

11 Goethes Schauspiel „Iphigenie" ist insgesamt geprägt durch die Spannung zwischen den religiös-mythologischen Elementen, die aus der antiken Überlieferung herrühren und in die Handlung des Stückes hineinragen, und der Gedankenwelt der Aufklärung, in welcher die humane Utopie des Dramas gründet. Es empfiehlt sich deshalb, das Feld dieser dialektischen Spannung in den Blick zu nehmen, bevor man beide Bereiche im Einzelnen untersucht.

Für einen ersten Einblick bietet sich Iphigenies Eingangsmonolog (I/1) an, weil hier beide Tendenzen sichtbar werden. (Vgl. die AA 1a, 1b und 3, SB, S. 219 und die AA 13; SB, S. 227.)

Seite 225

9/10 Im Zusammenhang mit der Frage, wie der Schluss des Schauspiels inszeniert werden könnte, ist die in Text 6 wiedergegebene Erörterung von den Schülern aufzunehmen und weiterzuführen, sei es im Rahmen einer *Podi-*

---

[38] Über diese Hinweise hinaus sei verwiesen auf Arthur Henkels sensible und eindringliche Interpretation der beiden Szenen in: A. Henkel: Iphigenie auf Tauris (siehe Anm. 37); S. 180ff.

11a Die Ergebnisse der *Gruppenarbeit* könnten auf Folienstreifen dargestellt und im Plenum ausgewertet werden. Dabei könnte folgender Überblick entstehen:

Die Bedeutung der Religion in Goethes Drama „Iphigenie": Stoffsammlung

1. Akt	2. Akt	3. Akt	4. Akt	5. Akt
– I. als Priesterin: Ergebenheit in den Willen der Göttin Diana, dennoch Vorbehalte; Gebete – Abschaffung der bisherigen Menschenopfer durch den Einfluss der Priesterin (I/2) – Thoas legt den „Willen der Götter" zu seinem Vorteil aus (V. 290) > Widerspruch I.s. (V. 438ff.) – Die Tantaliden unter dem Fluch der Götter (V. 306ff.) – Vermittlung des Götterwillens durch die Sprache des menschlichen Herzens (V. 494) – Gefahr der Funktionalisierung der Götter durch menschliche Projektionen > falsche Gottesbilder (V. 523ff.) – positives Götterbild I.s > Vertrauen auf die Götter (V. 554ff.)	– Orests Enttäuschung von den Göttern (V. 563ff.) – Verfolgung durch die „Unterirdischen" (V. 581ff.) – Pylades' Hoffnung auf das Versprechen Apolls, Verlässlichkeit der Götter (V. 610ff.) – Orest: willkürliche Verfügung der Götter über die Menschen: Schicksal (V. 701ff.) – dagegen Pylades: keine rächenden Götter, Lohn und Strafe im Handeln der Menschen fundiert (V. 713ff., 756f.) – Pylades' Selbst-Widerspruch (V. 872ff.) – Pylades und Orest in Tauris aus Gehorsam gegenüber dem Willen des Orakels (V. 721ff.)	– Orests Vision von der Erlösung der Tantaliden/Unerlösbarkeit des Tantalus selbst (3/2) – Gebet Orests, Anzeichen seiner Befreiung von den Seelenqualen (V. 1343ff.)	– I.s Vertrauen auf die Götter (Gebet) (IV/I) – I. nutzt ihr Priesteramt taktisch (IV/2) – Widerspruch: V. 1582! – Arkas: Gutes vom *Himmel* in *menschlicher* Gestalt (V. 1477ff.) – I.s Konflikt > Krise ihres bisherigen Gottesbildes: Parzenlied (V. 1726ff.): Willkür der Götter, ihre Gleichgültigkeit gegenüber dem Schicksal der Menschen, Abwendung der Götter von den Menschen (Tantalus!)	– I.: Menschen missdeuten ihren eigenen Willen als Willen der Götter, dagegen I.s Berufung auf das „ältere" Gesetz der Götter gegenüber Thoas (V. 1832ff.) – Bitte an die Göttin oder Vertrauen auf eigene Kraft? (V. 1884f.) – I.s Bitte an die Götter, sich als diejenigen zu erweisen, an die sie weiterhin glauben kann (V. 1918f.) – „Stimme der Wahrheit und Menschlichkeit als entscheidende Instanz (V. 1937ff.) – neue Deutung des Orakels: vom Kultischen zum Menschlichen (Heimkehr I.s statt Raub des Götterbilds) – Orest: Zurückführung der Heilung auf menschliche Hilfe I.s (V. 2119ff.)

Die *Präsentation* der Gruppenergebnisse darf sich nicht mit dem Aufzählen von Stichwörtern begnügen, sondern muss in einem zusammenhängen *Vortrag* erfolgen.
Zum Abschluss muss die Vielzahl der Einzelbeobachtungen auf Parallelen, Überschneidungen, Widersprüche untersucht und auf wesentliche Punkte konzentriert werden.

Diese übergeordneten Gesichtspunkte könnten so formuliert werden:
– Die Religion spielt im Schauspiel durchgehend eine wichtige Rolle. Ein auffälliges Indiz dafür sind die zahlreichen Gebete, vor allem Iphigenies. Immer wieder wird die Überzeugung artikuliert, dass es eine Entsprechung und Wechselwirkung zwischen den Menschen und göttlichen Kräften gibt.
– Die im Drama geäußerten Vorstellungen von den Göttern sind nicht einheitlich, sondern weisen Widersprüche auf: Die Erfahrung des Willkürhandelns der Götter steht gegen den Glauben, die Götter handelten menschenfreundlich. Dem entsprechen einerseits resignierter Fatalismus bis zur Verzweiflung (Orest vor seiner Heilung), andererseits Vertrauen auf die Hilfe der Götter (Iphigenie, Pylades).
– Immer wieder ist davon die Rede, dass das Bild von den Göttern ein Produkt menschlicher Vorstellungen, also auch abhängig von menschlichen Interessen ist. Daraus resultiert die Frage nach dem „wahren" Willen der Götter. Das Schauspiel Goethes gibt eindeutig die Richtung vor, in der eine Antwort auf diese Frage gefunden werden kann: Kriterium für

die „Angemessenheit" einer Gottesvorstellung ist, ob sie „gelingende Menschlichkeit" ermöglicht. (Vgl. die Ausführungen zur folgenden AA 11b.)

11b Diese Aufgabe steht in engem Zusammenhang mit der vorausgehenden Arbeitsanregung. Die Frage nach der Möglichkeit einer aufgeklärten Religiosität im Sinne von Goethes „Iphigenie" ist also in die Überlegungen einzubeziehen.

Methodisch ist folgendes Vorgehen zu empfehlen:
1. vorbereitende *Hausaufgabe* (mit Anfertigung von Stichwortnotizen bzw. einer *Mind-Map*) zum Thema: Was ist Aufklärung? Hier sollte auf frühere Unterrichtsergebnisse zurückgegriffen werden.
2. themengleiche *Gruppenarbeit* zur Aufgabenstellung von 11a (Dieses Verfahren ermöglicht eine Vielfalt von Ergebnissen und entsprechende Ansätze zur Diskussion.)
3. Auswertung und Ergebnissicherung
Mögliche Ergebnisse seien stichwortartig zusammengefasst:
– Freiheitsliebe Iphigenies; Wunsch nach einem selbstbestimmten Leben (Mensch als Subjekt des Handelns – Autonomie)
– Bedeutung von Wahrheit und Wahrhaftigkeit im ganzen Drama
– Prozess der Humanisierung von Religion, der im Drama veranschaulicht wird:

TA

Mythos	⟶	humane Religion

Determiniertheit des Menschen (Beispiel: Schicksal des Geschlechts der Tantaliden)	Möglichkeit einer Befreiung des Menschen (Heilung Orests, gelingende Menschlichkeit Iphigenies)
„Verdinglichung" des Menschen im Menschenopfer	Aufhebung der Menschenopfer
Ohnmacht der Menschen gegenüber den Göttern	freier, mündiger Glaube Iphigenies[39]
Glaube als Traditionsbestand	Konkretisierung des Glaubens in einer humanen Lebensführung (vgl. Lessing, SB, S. 145, Text 1)

– „Iphigenie" als Utopie des Sieges der Humanität (vgl. Lessings „Nathan", SB, S. 166ff.)

Seite 226

Das Thema der vorhergehenden Arbeitsanregung ist so komplex, dass es sich durchaus auch als Gegenstand einer **Facharbeit** eignet.

12 Zur *Themenanalyse:*
Das Schaubild weist auf die wesentlichen Elemente und Bezüge des Themas hin. Im Blick auf die Erarbeitungsphase könnte hier schon festgehalten werden:

– „Epoche, wichtige Autoren": knappe Darstellung im Blick auf die in der Ausarbeitung zu setzenden Schwerpunkte; Verzicht auf eine katalogartige Aufzählung von Autoren-Namen.
– „Schaffensphase des Autors": keine ausführliche biografische Darstellung, aber evtl. Hinweis auf Gedichte der gleichen Schaffensphase (SB, S. 198, Texte 3 und 4), auf die Erfahrung der klassischen Antike während des Italienaufenthalts (SB, S. 201ff.). Goethes spätere Skepsis gegen das in „Iphigenie" entwickelte „Harmoniemodell" könnte am Ende der Facharbeit erwähnt werden.[40]
– „Nicht Tragödie oder Komödie": Der Begriff des Schauspiels verweist auf das nicht-tragische Ende der „positiven Utopie".

Zu den *Schwerpunkten:*

– Iphigenies Problem ist nicht das einer „selbst verschuldeten Unmündigkeit". Das Schicksal ihrer Familie und ihre gegenwärtige Situation auf Tauris lasten auf ihr und engen ihre Lebensmöglichkeiten ein. Trotz aller Schwierigkeiten bewährt sie sich aber in ihrer sittlich-humanen Einstellung und gewinnt dadurch für sich und andere Freiheit.
– Im Zusammenhang mit dem Thema der Toleranz könnte z.B. überprüft werden, ob der Eindruck des Thoas berechtigt ist, als Nicht-Grieche „von oben herab", als „erdgeborener Wilder" (V. 501) behandelt zu werden.

Die Liste der Schwerpunkte könnte so ergänzt werden:

– Wahrheit: Besitz oder Prozess?
– Verbindung von Vernunft und Gefühl im Sinne einer „vernünftigen Gefühlskultur"
– Bedeutung der sozialen Verantwortung.

Seite 227

13 *Markierungen* und *Annotationen* können sich am Beispiel von Text 6 (SB, S. 221f.) sowie an den Hinweisen zur Interpretation von Monologen (SB, S. 222 unten) orientieren.
Die Lösung könnte so aussehen:

Johann Wolfgang von Goethe: Iphigenie auf Tauris (I/1)

Einzelbeobachtungen am Text: Struktur, sprachliche Gestaltung	Text des Monologs	Situation/Motive/ Grundhaltungen Iphigenies
knappe Angabe der Handlungsorte	IPHIGENIE. Heraus in eure Schatten, rege Wipfel Des alten, heilgen, dicht belaubten <u>Haines,</u> Wie in der Göttin stilles <u>Heiligtum,</u>	*Einsamkeit (~ Monolog)* *Ortsangabe: Tempel, Hain, Ufer und Meer; Ziel der Sehnsucht: Heimat Griechenland*
bleibende Fremdheit	Tret ich noch jetzt <u>mit schauderndem Gefühl,</u> 5 Als wenn ich sie zum ersten Mal beträte, Und <u>es gewöhnt sich nicht mein Geist hierher.</u> So manches Jahr bewahrt mich hier verborgen	
Ergebung in den Willen der Göttin (Diana)? (vgl. V. 36)	Ein hoher Wille, dem ich mich ergebe; <u>Doch immer bin ich,</u> wie im ersten, fremd.	*Exilsituation* *Spannung zwischen Ergebung und Sehnsucht nach der verlorenen Heimat*
	10 Denn <u>ach</u> mich trennt das Meer von den Geliebten Und an dem Ufer steh ich lange Tage, Das Land der Griechen mit der Seele suchend;	
Klage	Und gegen <u>meine Seufzer</u> bringt die Welle Nur dumpfe Töne brausend mir herüber.	
Klage	15 Weh dem der fern von <u>Eltern</u> und <u>Geschwistern</u> Ein einsam Leben führt! Ihm zehrt der Gram Das nächste Glück vor seinen Lippen weg, Ihm schwärmen abwärts immer die Gedanken	*konkretisierende Darstellung der Exilsituation*
Nennung verlorener Bezugspersonen	Nach seines <u>Vaters</u> Hallen wo die Sonne	

persönliche Ausgangssituation (Verwendung der 1. Pers. Sing.)

---

[39] Hier ist eine Verbindung mit Goethes Gedicht „Das Göttliche" von 1783 zu empfehlen (SB, S. 198, Text 4).
[40] Vgl. dazu die „Iphigenie"-Interpretation Borchmeyers in: Weimarer Klassik (siehe Anm. 2), S. 148–159.

(linker vertikaler Text, oben:) Grundsätzliches: Exil, Leben der Frau (3. Pers. Sing.)

(linker vertikaler Text, unten:) Rückwendung zur persönlichen Situation (1. Pers. Sing.)

Einzelbeobachtungen am Text: Struktur, sprachliche Gestaltung	Text des Monologs	Situation/Motive/ Grundhaltungen Iphigenies
	20 Zuerst den Himmel vor ihm aufschloss, wo	
	Sich Mitgeborne spielend fest und fester	
positive Bindungen, betont durch a-Assonanzen	Mit sanften Banden aneinander knüpften.	
Anerkennung der Götter und	Ich rechte mit den Göttern nicht; allein	
doch Einschränkung (pers. „Ich"!)	Der Frauen Zustand ist beklagenswert.	
kürzere, kontrastierende Sätze: Vergleich Frau – Mann	25 Zu Haus und in dem Kriege herrscht der Mann,	*Klage über die Situation der Frau*
	Und in der Fremde weiß er sich zu helfen.	
	Ihn freuet der Besitz, ihn krönt der Sieg!	
Klimax-Struktur: allgemeine Situation der Frau → Frau im Exil	Ein ehrenvoller Tod ist ihm bereitet.	
	Wie eng-gebunden ist des Weibes Glück!	
f-Alliteration: Verbindung „feindlich" und „Ferne"	30 Schon einem rauen Gatten zu gehorchen,	
	Ist Pflicht und Trost, wie elend, wenn sie gar	
	Ein feindlich Schicksal in die Ferne treibt!	
	So hält mich Thoas hier ein edler Mann,	
	In ernsten heilgen Sklavenbanden fest.	
Wendung zur konkreten Gegenwart: Ausdruck von Widersprüchen	35 O wie beschämt gesteh ich, dass ich dir	*problematisches Verhältnis zur Göttin Diana → Idee einer Verbindung von Dienst*
	Mit stillem Widerwillen diene, Göttin,	*und Freiheit*
Gebet an Diana: Spannung zwischen Widerwille und Dankbarkeit, Realität (Indikativ) und Wunsch/Ideal (Konjunktiv)	Dir, meiner Retterin! Mein Leben sollte	
	Zu freiem Dienste dir gewidmet sein.	
	Auch hab ich stets auf dich gehofft und hoffe	*Hoffnung unter Bedingungen („Wenn") ~ Ungewissheit*
	40 Noch jetzt auf dich, Diana, die du mich,	
	Des größten Königes verstoßne Tochter,	
	In deinen heilgen, sanften Arm genommen.	
dennoch Ausdruck der Hoffnung: Wiederholung des zentralen Verbs, Enjambements	Ja, Tochter Zeus', wenn du den hohen Mann,	*idealisierende Sicht der eigenen Familie, vor allem des Vaters*
	Den du die Tochter fordernd ängstigtest,	
	45 Wenn du den göttergleichen Agamemnon,	
Steigerung zum Ende hin: längster Satz des Monologs, Anaphern	Der dir sein Liebstes zum Altare brachte,	
	Von Trojas umgewandten Mauern rühmlich	
	Nach seinem Vaterland zurückbegleitet,	
	Die Gattin ihm, Elektren und den Sohn,	
Ziel- und Höhepunkt: Bitte um Rettung (= Heimkehr) m-Alliteration: Sprecherin u. Familie	50 Die schönen Schätze, wohl erhalten hast:	
	So gib auch mich den Meinen endlich wieder,	
	Und rette mich, die du vom Tod errettet,	
paradoxer Parallelismus	Auch von dem Leben hier, dem zweiten Tode!	*Kontrast: Exilleben = Tod!*

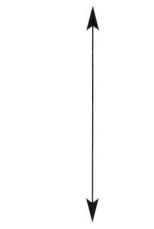

expositorische Funktion des Monologs:
– Kennzeichnung der Ausgangssituation der Titelfigur
– Einbeziehung von Elementen der Vorgeschichte
– Wünsche/Hoffnungen ~ offen
  → Vorbereitung des Lesers/Zuschauers auf die weitere Handlung

Seite 228

Weiterführung des *Exzerpts* und des *Konspekts*:

Exzerpt	Konspekt
– „durch die hinzugedichtete letzte Strophe, die das Ganze als Vergangenheit distanziert und ihm Zitatcharakter gibt." (Z. 24f.) – durch den Beleg einer „abzulehnende[n] Gottesvorstellung" (Z. 26) – durch die Verweigerungsgeste des Tantalus schrittweiser „Vollzug der Subjektwerdung" (Z. 29): – Anagnorisis: „Anlage" zur Subjektwerdung (Z. 29) – praktische Tat im Sinne „praktizierte[r] Wahrhaftigkeit" (Z. 35) als Vollzug der Emanzipation	Vergegenwärtigung des Tantalidenfluchs im „Parzenlied" – Vergegenwärtigung *und Distanzierung zugleich* Distanzierungssignale: – die logische Struktur des Textes – explizite Ausdrücke der Distanzierung – zeitliche Distanzierung durch letzte Strophe – „Parzenlied" (nur) als Zitat – Tantalus' stumme Verweigerungsgeste Schritt von der Anlage zur Subjektwerdung hin zur Gewinnung ethischer Autonomie im Akt der Wahrhaftigkeit

Abstract (als *Hausaufgabe* geeignet)

Lösungsmöglichkeit:

Kopfermann untersucht die Szene IV/5 aus Goethes Schauspiel „Iphigenie auf Tauris" unter dem leitenden Aspekt der Emanzipation von Vormundschaft. Auf diesem Weg zur Autonomie ist Iphigenie in einen doppelten Konflikt geraten (Bildraub und Nicht-Wahrhaftigkeit), der ihr Vorhaben, ihre Familie vom Tantaliden-Fluch zu erlösen, gefährdet.

In dieser Situation vergegenwärtigt sie im „Parzenlied" noch einmal den Fluch, der auf Tantalus und seinen Nachkommen lastet. Dabei geht sie zugleich auf Distanz zu dieser vom Mythos geprägten Darstellung. Noch ist jedoch die angestrebte Autonomie nicht erreicht; es bedarf dazu eines weiteren Schrittes, eines mutigen Akts der Wahrhaftigkeit.

Seite 229

Die **Projektvorschläge** verweisen auf Thementypen, denen im Deutschunterricht der Oberstufe besondere Bedeutung zukommt: (historische) Ausprägungen der Gattung Drama (Thema 1), Dramen als Paradigmen ihrer Zeit/Epoche (Thema 2), Untersuchung einer (überwiegend inhaltlichen) Problematik im historischen Kontext (Thema 3) und eine empirische Untersuchung (Thema 4).

An dieser Stelle können nur knappe Hinweise auf die einzelnen Themen gegeben werden:

Thema 1:

Maßgebend für die Typisierung der Dramenformen ist die Arbeit von Volker Klotz[41].

Möglich ist auch ein Rückgriff auf:

Blickfeld Deutsch: Jahrgangsstufen 9/10. (Hrsg.: Peter Mettenleiter/Stephan Knöbl. Paderborn (Schöningh) 2000, S. 375–436.)

Die wichtigsten Ergebnisse könnten auf *Plakaten* mit erläuternden *Kurzreferaten* präsentiert werden. Hilfreich wären zusätzliche Ausschnitte aus *Videoaufzeichnungen* der herangezo-

genen Dramen mit entsprechenden durch die Arbeitsgruppen erstellten *Kommentierungen*.

Thema 2:

Das gewählte paradigmatische Drama ist im Hinblick auf epochentypische inhaltliche Positionen und auf die charakteristische dramatische Form zu untersuchen und vorzustellen. So sind z.B. für Goethes „Iphigenie" die Thematik der Humanität und die Bezüge zur Tradition der Aufklärung herauszuarbeiten. Dazu wäre auch der utopische Charakter dieses Schauspiels zu erschließen.

Als Grundmerkmale der geschlossenen klassischen Form sollten verdeutlicht werden:

– strukturelle Symmetrien (Figurenkonstellation, Aufbau in fünf Akten mit III/3 als „Achse des Stücks" (Goethe)
– Einhaltung der „drei Einheiten"
– Stilisierung der Sprache (Bedeutung des Blankverses, Neigung zur Sentenz)
– Distanz zu konkreten Lebensbezügen bei gleichzeitiger „indirekter" Zeitkritik
– größeres Gewicht der Reflexion im Vergleich zur äußeren Handlung.

Die Ergebnisse könnten durch die Mitglieder der Arbeitsgruppen anhand von *Schaubildern/Strukturbildern* in *Kurzreferaten* vermittelt werden.

Thema 3:

Die Schwierigkeit des Themas liegt in der Aufgabe, den historischen Zusammenhang der Entstehung des Schauspiels zu erarbeiten und ihn in Bezug zum Drama und dessen gedanklichen Positionen zu setzen.

Der Optimismus des utopischen Humanitätsprogramms der „Iphigenie" ist ein Erbe der Aufklärung (vgl. Lessings „Nathan"). Dass Goethe in späteren Jahren diese Position mit größerer skeptischer Distanz betrachtet hat, wäre erwähnenswert. Dazu Dieter Borchmeyer[42]:

„*Iphigenie* scheint Goethe seit der Italienischen Reise freilich fremd geworden zu sein. Die eigentümliche Äußerung über ihren „ganz verteufelt humanen" Charakter (an Schiller, 19. Januar 1802) deutet seine Skepsis gegenüber dem in ihr konstituierten Harmoniemodell und gegenüber dessen – von den Hoffnungen des Reformpolitikers während des ersten Weimarer Jahrzehnts bestimmten – politisch-sozialen Implikationen an. Zugleich sprechen aus jener Äußerung die Erfahrungen einer durch die Revolution tiefgreifend veränderten Welt, die dem Jahrzehnt zuvor noch emphatisch seine Autonomie verkündenden Individuum inzwischen vielfältige Fesseln angelegt hat. Grenzen und Opfer der ‚Humanität' zeigen sich freilich schon in Goethes Drama selbst, so in den Verdammten des Tartaros oder in der Verlassenheit des Königs am Ende, in seinem schmerzlichen Verstummen. Der Abschiedssegen „Lebt wohl!", der das Schauspiel beschließt, bildet bezeichnenderweise nur den ersten Fuß eines nicht fortgeführten Verses, der so gleichsam schweigend weiterklingt; der Schluss der *Iphigenie* bleibt im wahrsten Sinne offen."

Die Beschäftigung mit einschlägiger Literatur ist bei der Erarbeitung dieses Themas unerlässlich. Empfohlen werden:

Christa Bürger: Der Ursprung der bürgerlichen Institution Kunst im höfischen Weimar. Literatursoziologische Untersuchungen zum klassischen Goethe. Frankfurt/Main (Suhrkamp) 1977, v.a. Kapitel 7 über „Iphigenie" (S. 177–207).

---

41 Volker Klotz: Geschlossene und offene Form im Drama. München (Hanser) Auflage 1999.

42 Dieter Borchmeyer: Weimarer Klassik. Porträt einer Epoche. Aktualisierte Neuausgabe. Weinheim (Beltz Athenäum) 1998, S. 158.

Gert Ueding: Klassik und Romantik. Deutsche Literatur im Zeitalter der Französischen Revolution 1789–1815. 2 Teilbände. München (dtv) 1988 (= dtv 4346).
Richard Friedenthal: Goethe. Sein Leben und seine Zeit. München (Piper) 1999.

Thema 4:

Diese Aufgabenstellung soll dazu beitragen, den Schülern die Geschichtlichkeit der Literatur am Beispiel des Dramas und seiner Aufführungspraxis bewusst zu machen. Gerade das Theater stellt sich immer wieder die Aufgabe, Texte der Vergangenheit in die jeweilige Gegenwart hereinzuholen. Dies kann auf unterschiedliche Weise geschehen. Erläuterungen und Begründungen von Inszenierungskonzepten, z.B. Äußerungen von Regisseuren in Programmheften der Theater, sowie Theaterkritiken in der Presse sind als Quellen für entsprechende Untersuchungen heranzuziehen. Eventuell können Theater „Pressemappen" mit Kritiken zu bestimmten Stücken zur Verfügung stellen.

Eine wichtige Fragestellung der Untersuchung müsste sein, worin der Bezug klassischer Stücke zur Gegenwart gesehen bzw. wie er durch das Regiekonzept verdeutlicht wurde. Auch Leserbriefe mit Zuschauerreaktionen auf Klassiker-Aufführungen können eine interessante Quelle sein.

Die Ergebnisse des Projekts könnten u.a. auch in einer *Ausstellung* präsentiert werden. Dazu wären Szenenfotos bei den Theatern zu beschaffen.

S. 229–232: III,3. Klassik im Rückblick – Aspekte der Rezeption

Die Frage nach der Rezeption der Klassik durchzieht das 5. Kapitel von Anfang an, stößt doch gerade der Geltungsanspruch der Weimarer Klassik seit langem auf Skepsis, wenn nicht Widerstand. In dieser Teilsequenz soll nun in einem Rückblick eine vorläufige Bilanz gezogen werden, soweit dies bei beschränktem Quellenmaterial und im Rahmen des Unterrichts möglich ist. Es gilt zunächst, den Klassik-Begriff als Rezeptionsphänomen in den Blick zu nehmen (Text 1). In zwei Texten (Texte 2 und 3) wird der hohe Anspruch der Klassik im Blick auf reale Lebensverhältnisse infrage gestellt. In einem neueren Text (Text 4) wird das traditionelle Humanismus-Konzept angesichts der Schwierigkeiten seiner Realisierung mit den (zukünftigen) Möglichkeiten der Gentechnik konfrontiert.

Dem Thema entsprechend stehen **Sachtexte** (Geschichtsschreibung, Essays) im Vordergrund.

Zur Erarbeitung sind Methoden der *Textanalyse* und *Erörterung* erforderlich.

Mögliche Ziele:

1. Den Begriff der Klassik von seiner historisch-politischen Funktion her verstehen lernen
2. Sich mit Bewertungen der Klassik auseinander setzen und sich dabei ein eigenes Urteil bilden
3. Die Podiumsdiskussion als eine Form der Auseinandersetzung mit einem Problem kennen lernen und üben

---

Seite 230

1 Die Texte könnten in *arbeitsteiliger Gruppenarbeit* erschlossen, die Ergebnisse im Plenum ausgewertet werden.

1a Treitschke bewertet die Weimarer Klassik aus nationaler Sicht. Er hebt dabei folgende Gesichtspunkte hervor:

– Aufholen der literarischen ‚Verspätung' Deutschlands;
– Übernahme und schöpferische Neugestaltung der wertvollsten Elemente anderer europäischer Literaturen;
– Klassik als Wegbereitung und ‚Vorwegnahme' der deutschen Einheit;
– Vorrang der deutschen Kultur gegenüber der Kultur anderer Nationen;
– Grundlage des Selbstbewusstseins der Deutschen.

Zur Zeit der Veröffentlichung von Treitschkes „Deutsche Geschichte im 19. Jahrhundert" ist die nationale Einheit Deutschlands unter Bismarck verwirklicht. Die Hochschätzung der deutschen Klassik ist in dieser historischen Situation Ausdruck und Rechtfertigung des deutschen Nationalgefühls.

1b Während Treitschke die Zeit der Klassik mit großem rhetorischem Aufwand preist, übt Piontek in äußerst knapper Sprache („Mini-Strophen", Kurzzeilen), in „lakonischem" Stil Kritik an den damaligen Verhältnissen. Dabei ist weniger von der ästhetischen Kultur als von der gesellschaftlichen Ordnung die Rede. Die der Kunst gewidmeten zwei Verse (V. 5 und 8) werden von den Aussagen über die grundlegenden Lebensverhältnisse geradezu erdrückt: Das zeremonielle, unterwürfige Verhalten der „Untertanen" (V. 1f.) wird dem zornigen Auftrumpfen der Fürsten (V. 3f.) kontrastiert. Auf das Wort „Gedichtzeilen" (V. 5) folgt unmittelbar der Ausdruck „Stockschläge" (V. 6); dieses Verspaar ist zudem noch dadurch hervorgehoben, dass jeder Vers nur aus einem einzigen Wort besteht. Die Träume der Menschen sind nicht von Hoffnungen erfüllt, es sind Angstträume (V. 7f.). Nicht die Gegenwart oder die Zukunft leuchten, sondern die Tinte auf dem Papier (V. 9): Ausdruck der Vergeblichkeit des Schönen, der Fruchtlosigkeit einer realitätsfremden Ästhetik? – Die Schlussverse könnten auch die Überschrift bilden: „Deutschlands/klassische Zeit" (V. 10f.) Aus dem Vorbildlichen, Maßgebenden ist das Fragwürdige geworden.

1c Die folgenden Hinweise gehen über das hinaus, was die Schüler von sich aus an Überlegungen zum Text entwickeln können. Ein kurzer *Lehrervortrag* im Anschluss an die Auswertung der Schülerergebnisse könnte aber für die Erörterung des Problems hilfreich sein, ohne dass damit der Anspruch auf eine „abschließende" Bewertung verbunden sein dürfte.

Hohler stellt die Kultur der Klassik als die Sache eines relativ kleinen, exklusiven Kreises von „Mächtigen und Besitzenden" (Z. 3) dar. Für die konkreten Nöte der kleinen Leute habe diese Gruppe weder Interesse gehabt noch habe ihre Kultur die Armen erreicht. – Das Theater- und Lesepublikum der Zeit um 1800 setzte sich aus Adligen und Angehörigen der bürgerlichen Oberschicht (Bildungs- und Besitzbürgertum) zusammen. Goethe selbst sah den Kontrast zwischen der hohen Form, in der er sein Verständnis der Humanität darstellte, und den einfachen Lebensverhältnissen der Unterschicht sehr selbstkritisch. In einem Brief an Schiller vom 19.1.1802 bezeichnete er sein Schauspiel „Iphigenie" als „verteufelt human" und schon in der Zeit, als er noch an dem Werk arbeitete, schrieb er an Charlotte von Stein, er komme mit der Arbeit nicht voran, denn es sei „verflucht, der König von Tauris soll reden, als wenn kein Strumpfwürker in Apolde [= Apolda in Thüringen] hungerte." Das Stück wurde dann in seiner ersten Fassung 1779 im Kreise des Weimarer Hofes aufgeführt – ein Stück nur „für einen erlauchten Kreis" (Z. 2) also?

Man sollte bei der Diskussion nicht vergessen, dass Goethe durchaus auf eine provokante und damit vielleicht über den Kreis der bei der Aufführung Anwesenden hinausreichende Wirkung gehofft hat. In einem Brief an seinen Freund Knebel vom 14.3.1779 schreibt er von seinem Vorhaben, mit seinem Schauspiel „einigen guten Menschen Freude zu machen und einige Hände Salz ins Publikum zu werfen". Arthur Henkel gibt dazu folgende Erläuterung[43]:

„Goethe ist sich eines „Abenteuers" bewusst, womit nicht bloß das liebhabertheatralische gemeint ist. Sodann: Wenn er „einigen guten Menschen" Freude machen will, indem er ihnen „den guten Menschen von Tauris" zeigt, so dürfte das über die Freude, als den geheimen Zweck aller theatralischen Veranstaltungen, hinaus auch die Selbstvergewisserung der Guten meinen: die in die Krisis geführte und bestätigte Möglichkeit überhaupt, gut sein zu können in einer zumeist unerleuchteten Welt. Dass solchem Selbstverständnis seiner ästhetischen Absicht die moralisch gedeutete Spannung der „Wenigen" zu „dieser Welt" zugrunde liegt, verrät das Bild vom Salz. Es ist so greifbar aus Matth. 5,13 geschöpft, dass auch der verweltlichte Gebrauch keiner Auslegung bedarf. Vielleicht aber ist diese Akzentuierung wichtig: dass das Quantum mehr die Schärfe des Ärgernisses meint als die Absicht, würzend die Qualität zu verändern. Dies freilich auch: dass das Salz in der Verteilung wirke und der Fäulnis wehre. Wenn wir aber gewohnt sind, in den poetisch vereitelten Theodizeen das Ärgernis in der Konfrontation mit der Verderbtheit der Welt zu erblicken, im schreienden Unrecht, in der Korrumpiertheit der „Verhältnisse" und in der verletzenden Inhumanität und Sinnlosigkeit der Endzustände, so wagt Goethe das positive Ärgernis. Er lässt die „Wahrheit" [...] zur Stimme werden in der Höhe einer Sittlichkeit an jener Grenze, wo Utopia beginnt. Ob wir Utopia sein können, ist eine Frage über das Drama hinaus."

Dass „Goethes Weimar Buchenwald nicht verhindert" hat, ist wahr, kann doch kulturelles Wissen keine „Garantie für menschliches Verhalten" (Z. 8) sein. Wird der Humanitätsgedanke aber dadurch hinfällig oder gar widerlegt? Goethe kann nie „absolute[n] Autorität" (Z. 11) zukommen, aber der Verzicht auf die Utopie der Humanität wäre doch nichts anderes als eine Kapitulation vor einer schlechten Wirklichkeit.

(Eine andere Form kritischer Rezeption des Klassischen stellt die Karikatur dar. „Aneignung der Antike" einmal anders! Der Wechsel des Mediums, der Witz der Karikatur könnten den Schülern einen Impuls zur Auseinandersetzung geben. (Vgl. **K 8**, LB, S. 334)

Seite 231

2a Voraussetzung für ein sinnvoll angelegtes und somit für die spätere Nutzung brauchbares *Exzerpt* ist die aufmerksame Textlektüre und die Klärung eines ersten, wenn auch noch vorläufigen Textverständnisses. Sloterdijks Rede von 1999 löste in der Öffentlichkeit eine z.T. auf Missverständnissen beruhende Polemik aus. Deshalb erscheint es sinnvoll, nach einer *häuslichen Erstlektüre*, bei der schwer verständliche Textstellen zu *markieren* sind (z.B. auf der Einlegefolie, vgl. SB, S. 14), eine erste Klärung im *Unterrichtsgespräch* herbeizuführen und erst dann die Exzerpte anzufertigen.

Ein *Exzerpt* könnte so aussehen:
- Humanismus: „Zurückholung des Menschen aus der Barbarei" (Z. 2f.)
- Erfahrung mit dem „barbarischen Potenzial" (Z. 4) > verstärkter „Ruf nach Humanismus" (Z. 7)
- „Verwilderungen" als Folgen „roher Machtentfaltung" (als „kriegerische und imperiale Rohheit" oder als „alltägliche Bestialisierung" durch „Medien enthemmender Unterhaltung") (Z. 12ff.)
- „Thema des Humanismus": „Entwilderung des Menschen" (Motto: „Richtige Lektüre macht zahm.") (Z. 20f.)
- „Credo des Humanismus": den Menschen „die richtige Art von Beeinflussung [mit dem Ziel der „Zähmung" zukommen zu] lassen" (Z. 27ff.)

- „Domestikation des Menschen" (Z. 32) durch Lektüre allein nicht möglich > Bedeutung von „Selektion"/„Auslese" (Z. 39 und 41)
- Auslese durch Bildungsvermittlung (Alphabetisierung) > „literate[n]" vs. „illiterate[n]" Menschen (Z. 46)
- These als Folgerung: Menschen = „Tiere, von denen die einen lesen und schreiben können und die anderen nicht:" (Z. 49f.)
- anschließende Folgerung: These, „dass Menschen Tiere sind, von denen die einen ihresgleichen züchten, während die anderen die Gezüchteten sind." (Z. 51f.)
- Blick in die Zukunft: Wird es gelingen, „wirkungsvolle Verfahren der Selbstzähmung auf den Weg zu bringen"? (Z. 55f.)
- Frage nach der Möglichkeit einer „genetischen Reform der Gattungseigenschaften" aufgrund „langfristige[r] Entwicklung" (Z. 60f.)
- Gibt es die Alternative einer „expliziten Merkmalsplanung" durch eine „künftige Anthropotechnologie" mit den Mitteln der Gentechnik? (Z. 61f.)
- Anknüpfung an vorausgegangene Überlegungen: „Alles deutet daraufhin, dass Archivare [...] die Nachfolge der Humanisten angetreten haben" (Z. 84f.) (Ausdruck der Skepsis gegenüber den Möglichkeiten der humanistischen Tradition, den Menschen unter heutigen Verhältnissen zu „kultivieren"?)

Eine über die Anforderung der Arbeitsanregung hinausgehende *Diskussion* der Überlegungen Sloterdijks im Kontext des klassischen Humanitätskonzepts liegt nahe.

2b Die Texte der **Plakate** könnten lauten:

DEUTSCHE KLASSIK – STOLZES ERBE	*Klassik?* Deutsches Elend!
zu Text 1	zu Text 2

Vom klassischen Weimar zum barbarischen Buchenwald	LASSET UNS DEN MENSCHEN ZÄHMEN!!
zu Text 3	zu Text 4

3 Eine *Diskussion* der Frage nach der „Antiquiertheit" der Klassiker sollte nur durchgeführt werden, wenn die Klassik als Schwerpunkt des Unterrichts behandelt wurde und den Schülern somit ein breiterer Überblick und tieferer Einblick vermittelt werden konnten.

IV. Die Sprache – das „Urmedium" des Menschen

Dem thematischen Schwerpunkt des Klassik-Kapitels „Mensch und Menschlichkeit" entsprechend liegt der Akzent der *Sprachbetrachtung* in dieser Sequenz auf **sprachphilosophisch-anthropologischen Aspekten**: Welche Bedeutung hat die Sprache für den Menschen? Was leistet die Sprache im Hinblick auf das Gelingen von Menschlichkeit?
In der Überschrift der Sequenz wird die Sprache als „Urmedium" des Menschen bezeichnet: Der Mensch verfügt zwar über zahlreiche Möglichkeiten der non-verbalen Kommunikation, dennoch ist die Sprache das zentrale, differenzierteste Mittel menschlicher Verständigung.
Auch in gedanklichen Prozessen, soweit sie an Sprache teilhaben, ist diese ein „Medium", „vermittelt" sie doch das einzelne Ich mit einer Sprachgemeinschaft.

---

[43] Arthur Henkel: Iphigenie auf Tauris (siehe Anm. 37), S. 171.

Die Sequenz bietet in einem ersten Schritt (IV,1) Texte zur Frage nach dem Ursprung der Sprache unter philosophischen und entwicklungspsychologischen Aspekten. In der Teilsequenz IV,2 wird von verschiedenen Zugängen her Sprache in ihrer Bedeutung für den Weltbezug des Menschen thematisiert; dabei kommt dem Vergleich zwischen Mensch und Tier besonderes Gewicht zu.

**S. 232-234: IV,1. Über den Ursprung der Sprache –
Eine philosophische und entwicklungspsychologische Deutung**

Die Teilsequenz beginnt mit einer Kurzinformation zu „Sprachexperimenten", die der Stauferkaiser Friedrich II., ein früher „Empiriker", mit kleinen Kindern durchgeführt haben soll. Dieser Text will mit den entsprechenden Arbeitsanregungen den Weg zur *Sprachbetrachtung* durch eine spezifische Fragehaltung eröffnen, eine unerlässliche Voraussetzung für die Auseinandersetzung mit den folgenden Texten. Diese weisen unterschiedliche Schwierigkeitsgrade auf. Der entwicklungspsychologische Ansatz von Dieter E. Zimmer ist für die Schüler wohl leichter zugänglich als der abstraktere philosophische Text Wilhelm von Humboldts. Eine Vertauschung der Reihenfolge kann deshalb – je nach Klasse – ratsam sein. In beiden Fällen jedoch

wird das Verständnis **theoretischer Texte** gefordert. Der *Einstieg* könnte auch über die **Karikatur** (SB, S. 233) erfolgen: Warum misslingt hier die Kommunikation?

Mögliche Ziele:

1. Ein Problembewusstsein für sprachtheoretische Fragen entwickeln
2. Sprache unter philosophischen und entwicklungspsychologischen Gesichtspunkten betrachten

---

Seite 232

1 Das Ergebnis des Experiments in der Darstellung des mittelalterlichen Chronisten Salimbene von Parma: Alle Säuglinge starben, denn „sie vermochten nicht zu leben ohne das Händepatschen und das fröhliche Gesichterschneiden und die Koseworte ihrer Ammen [...]"[44]

2 Zunächst sollten in *Einzelarbeit* Stichwortnotizen angefertigt werden; die individuellen Ergebnisse könnten dann im *Unterrichtsgespräch* ausgetauscht und auf einer Folie in Form eines *Clusters* zusammengefasst werden.

Beispiel:

3 Die nicht einfache Aufgabe eignet sich für das *Unterrichtsgespräch*.
Humboldt sieht das Eigentliche der Sprache in deren lebendigem *Vollzug*, im Sprechen, nicht in einem *Bestand* von Wörtern (Lexikon) und Regeln (Grammatik). Sprache ist nach diesem Verständnis gebunden an Zeitlichkeit, also etwas Vorübergehendes und deshalb der „ewig wiederholende[n] Arbeit des Geistes" (Z. 6) bedürftig. Humboldt sieht durchaus, dass in dieser Betrachtungsweise eigentlich nur einzelne Akte des Sprechens, nicht aber „die" Sprache erfasst werden können (Z. 9), und greift deshalb zum Konstrukt einer „Totalität des Sprechens", worunter die Gesamtheit aller wirklichen (und denkbaren?) Akte des Sprechens verstanden werden kann. Den le-

xikalisch und grammatikalisch erfassbaren „Sprachbestand" bezeichnet er von seinem „dynamischen" Verständnis der Sprache her als „zerstreute[s] Chaos von Wörtern und Regeln" (Z. 9f.). Das könnte ein Anlass für eine *Diskussion* sein.

Seite 233

4 Die Anregung könnte Grundlage einer *Hausaufgabe* sein, deren Ergebnisse im Unterricht in einem Tafelbild zusammenzuführen sind. Dabei sollten Individuation und Sozialisation in ihrem Wechselbezug betrachtet werden.

---

[44] Nach: Dieter E. Zimmer: So kommt der Mensch zur Sprache. Zürich (Haffmanns) 1988, S. 7.

TA

	Individuation	Sozialisation
Piaget	frühkindliche egozentrische Sprache (Sprache als „Begleitmusik" bei Tätigkeiten) ~ egozentrisches Denken → Bedürfnisbefriedigung, Lustgewinn	

Bedürfnisbefriedigung ——————————→ *Anpassung*
(7./8. Lebensjahr)

Anpassung sozialisierte Sprache ~ realistisches Denken → ‚objektive' Sicht der Welt; Fähigkeit, sich auf den Standpunkt des Gesprächspartners einzustellen, ihn zu verstehen, ihm etwas zu begründen

Wygotski

Soziale Sprache
(Einheit von Bedürfnis und Anpassung)

↙ ↘

egozentrisch-monologisches Sprechen des Kindes als Mittel, sich Probleme klarzumachen und Probleme zu lösen (= Mittel realistischen Denkens)

innerer Monolog des Erwachsenen

kommunikativ-dialogisches Sprechen

S. 234–237: IV,2. „Tiersprache" und „Menschensprache" – Theorien im Vergleich

In dieser letzten Teilsequenz werden Fragestellungen der **Philosophischen Anthropologie und Sprachtheorie** noch einmal aufgenommen und erweitert. Im Textangebot kommt dem Vergleich zwischen Mensch und Tier sowie dem Verhältnis Sprache – Denken – Wirklichkeit besondere Bedeutung zu. Im Sinne eines *integrativen Deutschunterrichts* wird versucht, die im Rahmen der Sequenz IV gewonnenen Erkenntnisse im Bereich der *Sprachbetrachtung* mit dem literaturgeschichtlichen, also dem Arbeitsbereich *Literatur und Medien* zuzuordnenden Thema des Kapitels „Klassik" in Beziehung zu setzen (SB, S. 237, AA 5). Eine Verbindung zwischen den Arbeitsbereichen *Sprach-*

betrachtung und *Sprechen und Schreiben* wird durch eine Reflexion der **Mündlichkeit der Rede** (SB, S. 236) hergestellt.

Mögliche Ziele:

1. Anspruchsvolle theoretische Texte erarbeiten und verstehen
2. Die anthropologische Bedeutung der Sprache im Hinblick auf das Verhältnis des Menschen zur Welt reflektieren

Seite 235

1a   Die Schwierigkeit des Texts erfordert eine gründliche gemeinsame *Erarbeitung im Unterricht* (evtl. abschnittweises „Erlesen").

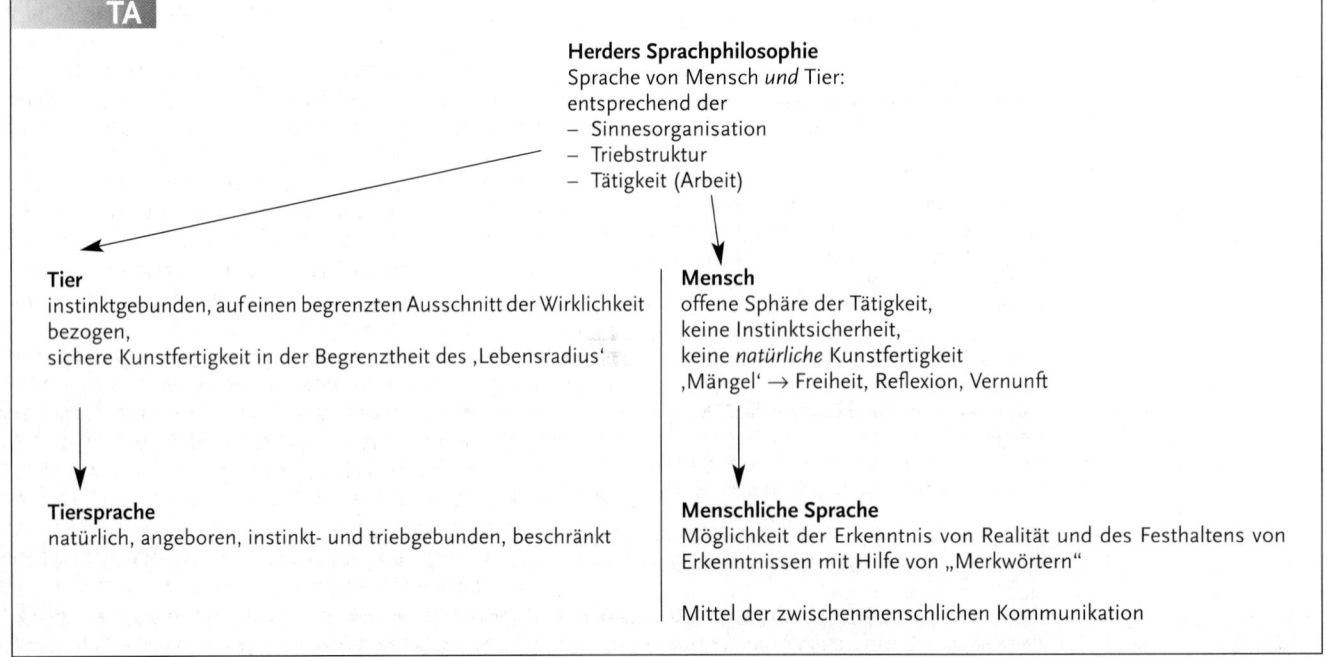

TA

Herders Sprachphilosophie
Sprache von Mensch *und* Tier:
entsprechend der
– Sinnesorganisation
– Triebstruktur
– Tätigkeit (Arbeit)

Tier
instinktgebunden, auf einen begrenzten Ausschnitt der Wirklichkeit bezogen,
sichere Kunstfertigkeit in der Begrenztheit des ‚Lebensradius'

Mensch
offene Sphäre der Tätigkeit,
keine Instinktsicherheit,
keine *natürliche* Kunstfertigkeit
‚Mängel' → Freiheit, Reflexion, Vernunft

Tiersprache
natürlich, angeboren, instinkt- und triebgebunden, beschränkt

Menschliche Sprache
Möglichkeit der Erkenntnis von Realität und des Festhaltens von Erkenntnissen mit Hilfe von „Merkwörtern"

Mittel der zwischenmenschlichen Kommunikation

Herders Sprachtheorie vermittelt zwischen der „naturalistischen Position", für die zwischen der menschlichen und der tierischen Sprache kein Wesensunterschied, sondern nur ein gradueller Unterschied besteht, und der „theologischen Position", nach der die menschliche Sprache in ihrer Unvergleichlichkeit ein den Menschen auszeichnendes unmittelbares Geschenk des Schöpfers ist. Herder lässt sich nicht auf eine theologische Begründung der menschlichen Sprache ein, sondern geht von einem „naturalistischen" Ansatz aus, indem er Mensch und Tier biologisch vergleicht. Er stellt dabei, ähnlich wie die moderne Verhaltensforschung, grundsätzliche Unterschiede zwischen Mensch und Tier fest. Indem er aber sowohl den Menschen als auch das Tier primär als „Lebewesen" sieht, relativiert er die frühere Entgegensetzung Mensch – Tier.

1b **Besonnenheit** (= Reflexion):
Der Mensch ist fähig zum „innehaltenden" Nachdenken; er ist nicht durch Triebe auf bestimmte Objekte fixiert, von diesen unwiderstehlich angezogen (Herder erwähnt den Nahrungstrieb und den Geschlechtstrieb), sondern hat die Möglichkeit, alles distanziert zum Objekt seiner Betrachtung zu machen und sprachlich zu benennen.

Seite 236

2 Die **Bedeutung der Sprache** liegt nach Gehlen vor allem darin, dass sie den Menschen vom Druck des unmittelbar Wahrgenommenen und vom Drang des triebgeleiteten Interesses am Wahrgenommenen „entlastet". In der Sprache werden die „besprochenen" Gegenstände symbolisch vertreten. Indem der Mensch sprachlich handelt (vgl. die Informationen zu „Sprechakte", SB, S. 220) verfügt er über die Dinge aus der Distanz, d.h. auch über räumlich und zeitlich entfernte Gegenstände: Wir sprechen über Abwesende(s), Vergangenes und Zukünftiges. So kann der Mensch über seinen unmittelbaren Aktionsradius hinaus sich Welt vergegenwärtigen, d.h. auch Vergangenes bedenken (Geschichtsbewusstsein) sowie Zukünftiges erwägen und planen.

3a Der Textauszug fasst den Sachverhalt knapp und abstrakt zusammen. Die Schüler sollten mit eigenen Worten wiedergeben, was Whorf unter dem Begriff des „linguistischen Relativitätsprinzips" versteht, evtl. in einem kurzen schriftlichen Text. Darüber hinaus wäre es sinnvoll, in einem Schülerreferat ein Beispiel vortragen zu lassen, das Whorf zur Begründung und Illustrierung seiner These anführt.[45]

3b Die *Stellungnahme* kann ohne genauere Informationen über das Problem Sprache – Denken[46] nur vorläufigen Charakter haben. Aber auch solche vorläufigen Überlegungen haben ihren Sinn, wenn sie den Blick für das Problem öffnen. U.a. aufgrund ihrer Fremdsprachenkenntnisse könnten die Schüler in ihrer Stellungnahme folgende Gesichtspunkte anführen:

pro „Relativitätsprinzip"	contra „Relativitätsprinzip"
Schwierigkeiten bei der Übersetzung bestimmter Wörter von einer Sprache in die andere → Notwendigkeit von Umschreibungen; Beispiele: – lat. patruus = deutsch „Onkel väterlicherseits"; avunculus = „Onkel mütterlicherseits"; – kein einfaches Äquivalent für das deutsche Wort „Gemütlichkeit" in fremden Sprachen	Grundsätzliche Übersetzbarkeit von „Denkinhalten" grundsätzliche Ähnlichkeiten in der grammatikalischen Struktur verschiedener Sprachen trotz vorhandener Abweichungen (Grundmuster des Satzes in sehr vielen Sprachen: „Gegenstand der Rede" – „Aussage über diesen Gegenstand", d.h. Subjekt-Prädikat-Struktur) gemeinsame biologische Basis aller Menschen: Wahrnehmungsapparat, fundamentale Denkstrukturen (Aspekte der Evolution: Anpassung dieser Strukturen an die Realität als Voraussetzung des Überlebens) Möglichkeit, einen Sachverhalt angemessen zu erkennen, auch wenn seine sprachliche Fassung unangemessen ist (Beispiel: „Die Sonne geht auf.").

4 Die im Zusammenhang mit der Arbeitsanregung 2, SB, S. 232 erstellte Folie könnte nach *häuslicher Vorbereitung* in themengleicher *Gruppenarbeit* ergänzt werden. Damit würde auch der Erkenntniszuwachs, der während der Arbeit mit den Texten der Sequenz IV erzielt wurde, verdeutlicht.
Das Beispielschema von LB, S. 319 könnte ergänzt so aussehen (Ergänzungen in *Kursivschrift*):

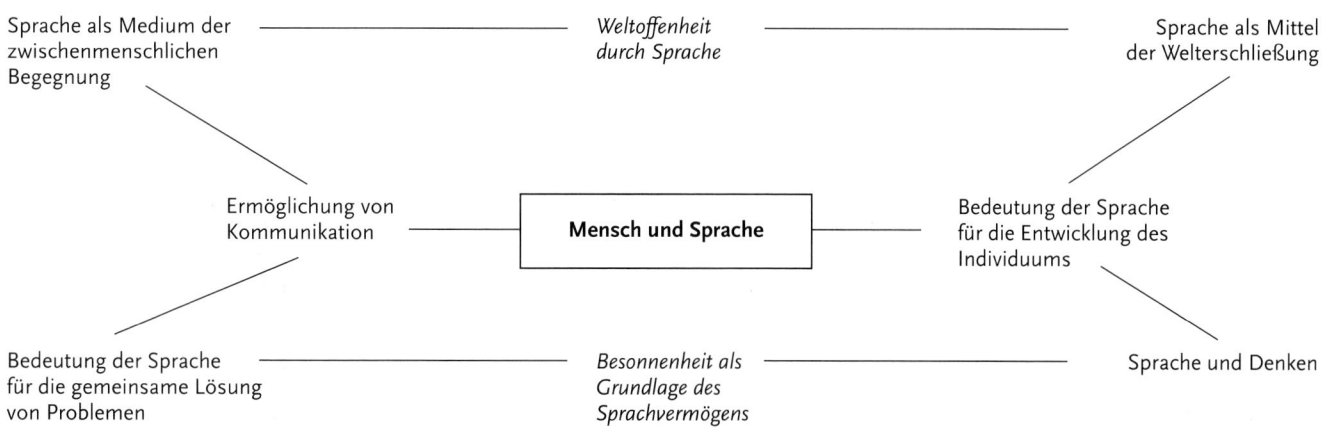

---

[45] Dafür eignen sich z.B. Whorfs Ausführungen über die Sprache der Hopi-Indianer. Siehe: Benjamin Lee Whorf: Sprache, Denken, Wirklichkeit. Reinbek (Rowohlt) 1978, S. 74ff.
[46] Auch hier könnte ein Schülerreferat weiterführen. Empfohlen sei wegen seiner leichten Zugänglichkeit und seiner Anschaulichkeit ein Kapitel in: Dieter E. Zimmer: So kommt der Mensch zur Sprache. Zürich (Haffmans) 1988, S. 119ff. („Wiedersehen mit Whorf – Sprache und Denken").

5 Das Schema könnte etwa so ergänzt werden:

Positionen der Sprachphilosophie	Menschenbild der Klassik
[...] – Entlastung des Menschen durch Sprache > Distanz zum unmittelbar Wahrgenommenen (Gehlen)	[...] – Ermöglichung einer humanen Grundhaltung durch Freiheit (etwa im Sinne von Goethes Gedicht „Das Göttliche")
– offener Weltbezug des Menschen (Herder)	Befähigung des Menschen zur Weltoffenheit und zu klarer, unvoreingenommener Betrachtung der Dinge (vgl. Goethes genaue Betrachtung der Natur während der Italienreise)

4. Vorschläge für Übungen und Klausuren; Materialien/Kopiervorlagen K

4.1 Übersicht über Arten und Funktion der Kopiervorlagen

Ansichten vom Menschen (I/2)   **K 1** Gedichtvergleich (Klausuraufgabe): Goethe: Das Göttliche – Benn: Zwei Dinge (SB, S. 200)

Reiseerfahrungen (II/1)   **K 2** J. G. Seumes Reiseroute (SB, S. 203)

K 3 R. D. Brinkmann: Rom, Blicke (SB, S. 203)

Die Französische Revolution als Herausforderung (III/1)   **K 4** Schiller: Über die ästhetische Erziehung des Menschen (SB, S. 218)

Gelingende Menschlichkeit (III/2)   **K 5** Goethe: Iphigenie I/1 (Prosafassung von 1779) (SB, S. 219)

K 6 Vergleich zweier Dramenszenen (Klausuraufgabe): Goethe: Iphigenie I/4 – Büchner: Woyzeck (Mariens Kammer) (SB, S. 223)

K 7 Euripides: Iphigenie bei den Taurern (Schluss der Tragödie) (SB, S. 225)

Klassik im Rückblick (III/3)   **K 8** Honoré Daumier: Histoire ancienne: Ménélas vainqueur (1841) (SB, S. 230)

4.2 Kurzbeschreibung der Kopiervorlagen

K 1 Goethe: Das Göttliche – Benn: Zwei Dinge

Didaktischer Ort: Abschluss der Sequenz I, deren Ziel ein Einblick in das Menschenbild der Klassik ist, der durch epochenübergreifende Vergleiche Tiefenschärfe gewinnen soll. Deshalb liegt es nahe, zum Abschluss den Vergleich eines klassischen Gedichts von Goethe mit einem Gedicht von Benn auszuarbeiten. Die Aufgabe eignet sich für eine *Klausurarbeit*, aber auch als Übung im Rahmen einer *schriftlichen Hausaufgabe*. (SB, S. 200)

Erläuterungen zur Aufgabe:

Mögliche Ergebnisse des Vergleichs:
– Umfassender Anspruch des Goethe-Gedichts (Appellcharakter): Es geht um *den* Menschen. Der Sprecher spricht als Glied der menschlichen Gemeinschaft (Wir-Form). – Benns Gedicht erwähnt das „Wir" und das „Du" nur in einer Retrospektive, der Text hat seine Schlusspointe in einem einsamen „Ich", das sich als „gezeichnete[s]" (V. 13) (verletztes? mit einem „Mal" versehenes?) auf sich selbst zurückzieht. Das Gedicht Benns kann als Selbstgespräch dieses Ichs verstanden werden.
– Goethe stellt den Menschen in einen umfassenden Bezug zur Welt (Mitmenschen/Natur) und zum Göttlichen und weist ihm dabei eine Sonderstellung zu; bei Benn dagegen erscheint die Welt nur im Entzug (V. 10f.), von einem „Gött-

lichen" ist hier nicht mehr die Rede, der Mensch ist auf die Immanenz seines Ichs reduziert.
– Benn verabschiedet sich von der Sinnfrage, es bleibt die „Leere" (V. 12) und die Unausweichlichkeit des Leben-Müssens, dessen Bestimmungsgrund nicht greifbar („fernbestimmt[es]", V. 9) ist. – Auch bei Goethe ist von einem Müssen die Rede, es ist aber nicht das einsame „Du musst" (V. 9) Benns, sondern das gemeinsame Menschenlos („Müssen wir alle", V. 33). Dieses Müssen steht zudem im Spielraum eines Könnens, der in den vielen Imperativen des Gedichts ausgemessen wird und dessen „Kreise" „vollende[t]" (V. 36) werden sollen (und können). Das „Du musst" bei Benn dagegen ist eine Last, die zu „ertrage[n]" (V. 7) ist.

K 2 Johann Gottfried Seumes Reiseroute

Didaktischer Ort: Die kartographische Darstellung von Goethes und Seumes Reiserouten soll die räumliche Veranschaulichung der beiden Reisen ermöglichen und vor allem auf die Besonderheit von Seumes Rückweg über Frankreich aufmerksam machen. So sollte – unter Einbezug der entsprechenden Passagen aus Seumes „Spaziergang nach Syrakus" – das Interesse des Autors für zeitgeschichtlich-politische Probleme verdeutlicht werden. (SB, S. 203)

Erläuterungen zur Aufgabe:

Da Seumes Reiseroute vorgegeben wird, ist nur noch Goethes Reiseweg in die Karte einzutragen. Dies setzt eine zumindest „diagonale" Lektüre von Goethes „Italienischer Reise" voraus. Stationen der Reise: Karlsbad, Mittenwald, Brenner, Trient, Torbole, Verona, Vicenza, Padua, Venedig, Ferrara, Cento, Bologna, Lojano, Perugia, Terni, Città Castellana, Rom 1 (Frascati), Neapel (Caserta), Sizilien (Palermo, Alcamo, Segesta, Castel Vetrano, Sciacca, Girgenti, Caltanisetta, Castro Giovanni, Catania, Taormina, Messina), Neapel, Rom 2 (Frascati, Albano, Castel Gandolfo)

K 3 Rolf Dieter Brinkmann: Rom, Blicke

Didaktischer Ort: Ergänzend zum „Goethe-Seume-Projekt", möglicherweise aber auch schon nach der Beschäftigung mit den Auszügen aus Goethes „Italienischer Reise", kann es sich lohnen, Romerfahrungen eines Autors des 20. Jahrhunderts zum Vergleich heranzuziehen: Rolf Dieter Brinkmanns (1940–1975) 1979 posthum erschienenes Arbeits- und Reisejournal „Rom, Blicke".[47] (SB, S. 203)

Während Goethes Italienreise noch in der Tradition der klassischen Bildungsreise nach Italien steht, ist für Seume das Interesse an politischer Information und Meinungsbildung im Sinne der Publizistik der Aufklärung charakteristisch.

Brinkmanns Text steht sowohl zu Goethes als auch zu Seumes Darstellung in krassem Gegensatz – eine Herausforderung an die Schüler, Stellung zu beziehen. Deshalb lohnt es sich, den Text nach *häuslicher Vorbereitung* im *Plenum der Klasse* zu besprechen und zu *diskutieren*.

Erläuterungen zur Aufgabe:

Bevor die Textauszüge den Schülern vorgelegt werden, sollten ihnen in einem kurzen **Lehrervortrag** einige Erläuterungen gegeben werden, die das Verständnis erleichtern.[48]

Brinkmann hatte seit 1959 Gedichte veröffentlicht, die sich vor allem mit der Realität des modernen Großstadtlebens auseinander setzten. Realität wird in diesen Texten sensibel und präzise wahrgenommen und mit den Ansprüchen der eigenen Subjektivität konfrontiert. Eine starke Resonanz löste beim Autor die Studentenrevolte von 1968 aus. 1972/73 hielt er sich mit anderen Künstlern (Komponisten, Autoren, bildenden Künstlern, Architekten) als Stipendiat der Bundesrepublik an der Deutschen Akademie Villa Massimo in Rom auf, wo „Rom, Blicke" entstand. Es enthält eines Sammlung von Tagebucheinträgen, Briefen an seine Frau und an Freunde; Fotos/Ansichtskarten, Stadtpläne und Zeichnungen sind zur Veranschaulichung des Geschriebenen zwischen die Texte eingefügt. Auf die Grundhaltung des Autors, seine Empfindlichkeit und seine zunehmende Resignation sollte im Lehrervortrag nicht eingegangen werden, weil dies aus den Texten selbst zu erschließen ist.

1. Brinkmann vermittelt Momentaufnahmen seiner Eindrücke in Rom, die er in der Öffentlichkeit der Straßen und Plätze, aber auch im Bereich der Villa Massimo, wo er ein Atelier bewohnt, gewonnen hat. Der Autor schildert Alltagssituationen, die ihn bedrängen und abstoßen. Auffällig ist, dass vieles gar nicht typisch ist für Rom, sondern für die moderne Großstadt überhaupt: Verkehrslärm, Gestank, Schmutz, Gedränge auf den Straßen, abstoßendes Verhalten. Das Rom

der Reiseführer kommt dagegen in den Texten nicht vor. Flüchtige Eindrücke von Kirchen, Museen werden sogleich wieder weggewischt. Mit „Abendländische[r] Geschichte" wird der „Große Schrott" (Z. 84) moderner Konsumartikel von Lebensmitteln bis zu Filmstars assoziiert.

2. Brinkmann reagiert aggressiv. Italien und Rom sind nicht Ziel der Sehnsucht und Gegenstände des Studiums wie für Goethe, auch nicht ein Feld für interessierte Beobachtung, wie sie es für Seume waren, sondern eine Welt, zu der er ständig auf Distanz geht (vgl. seinen Entschluss, nicht Italienisch lernen zu wollen, Z. 24ff.), der er sich aber, solange er in Rom ist, nicht entziehen kann.

   Kennzeichnend für Brinkmanns Darstellung ist eine hoch entwickelte, intensive Wahrnehmung. Schon der Titel „Rom, Blicke" weist daraufhin, zugleich wird aber auch signalisiert, dass keine Systematik, kein „Gesamtbild" beabsichtigt ist. Die Sprache ist alltäglich, mitunter nachlässig und vulgär, aber dennoch differenziert und eindringlich. Hier schreibt ein Mensch, der sich in seiner Sensibilität einer widrigen Welt ausgeliefert fühlt. Deshalb wirkt Brinkmann wie ein Objekt, ein Opfer der Wirklichkeit, die er beschreibt, während Goethe immer die Souveränität des Beobachters bewahrt. Auch Seume behält den Überblick über das Erlebte, auch wenn er mehr als Goethe – schon durch die Tatsache, dass er meistens zu Fuß unterwegs ist – der Realität des Lebens ausgesetzt ist.

3. Brinkmann ist mit Seume im Hinblick auf seine gesellschaftskritische Einstellung vergleichbar. Seumes Kritik jedoch ist aufklärerisch-optimistisch: Vieles ist kritikbedürftig, aber auch verbesserungsfähig, Fortschritt ist möglich. Brinkmann dagegen erlebt die „fortgeschrittene" technisierte, konsumorientierte großstädtische Moderne als aussichts- und ausweglos und verzweifelt an ihrer Inhumanität. Am liebsten zieht er sich von ihr auf sich selbst zurück. So erinnert er an die leidende Empfindsamkeit und an die Gefährdung von Goethes Werther.

K 4 Schiller: Über die ästhetische Erziehung des Menschen (6. Brief)

Didaktischer Ort: Am Ende der Teilsequenz, die nach den Herausforderungen der Französischen Revolution und den Antworten fragt, die die Klassiker darauf gegeben haben, könnte ein Text Schillers stehen, der von grundsätzlicher Bedeutung für die Problematik des modernen Menschen ist. Da Schiller einer problematischen Moderne das Idealbild der Antike gegenüberstellt, ist auch eine Anknüpfung an die Sequenz II möglich.

Der anspruchsvolle Text könnte in *Teamarbeit* von interessierten Schülern vorbereitet und der Klasse in einem *Referat* vorgestellt werden. (SB, S. 218)

Erläuterungen zur Aufgabe:

1./2. Schiller stellt die Probleme seiner Zeit dar, indem er ihr das Bild der antiken griechischen Kultur gegenüberstellt:

Charakterisierung der Zeitsituation	Griechische Kultur als Gegenbild
Problematische, dem Menschen abträgliche Situation: Spezialisierung der Wissenschaften; komplizierte Struktur der Gesellschaft/Arbeitsteilung →	Verbindung von Sinnlichkeit und Geistigkeit, von „Materie" und Vernunft im Dienste der Wahrheit
Zerstörung der Harmonie im Menschen: Dominanz der jeweiligen Fähigkeiten und Kräfte der ‚Spezialisten', Verkümmerung der übrigen Fähigkeiten; Trennung als Grundmerkmal: Staat – Kirche, positives Recht – Sitten (tradierte Normen); Arbeit – Genuss (Freizeit); Arbeit – Belohnung	Vielfalt der Kräfte in jedem Individuum → größere Unabhängigkeit des Einzelnen, größere Flexibilität Grundlage: „einfache Organisation der ersten Republiken"

---

[47] Rolf Dieter Brinkmann: Rom, Blicke. Reinbek (Rowohlt) 1979 (Neuauflage 1997).
[48] Einen knappen, informativen Überblick bietet Florian Vaßen in: Metzler Autoren Lexikon. Stuttgart (Metzler) 1986, S. 80–82.

3. Vergleichbare Probleme in unserer Zeit:
   Problem der Spezialisierung; „Stellenwert" der Arbeit im Leben; Komplexität, Unübersichtlichkeit gesellschaftlicher und staatlicher Prozesse; Problem der Lebensorientierung in einer pluralistischen Gesellschaft.

K 5 Goethe: Iphigenie auf Tauris I/1 (Prosafassung von 1779)

Didaktischer Ort: Die Versform eines dramatischen Textes erschwert vielen Schülern den Zugang. Die Leistung des Blankverses kann ihnen bewusst werden, wenn sie versuchen, die Versfassung in eine Prosafassung zu übersetzen und beide Fassungen miteinander zu vergleichen (vgl. SB, S. 219, AA 5a/b). Goethes eigene Prosafassung der Eingangsszene könnte in diesen Vergleich einbezogen werden. (SB, S. 219)

Erläuterungen zur Aufgabe:

Vgl. die Lösungshinweise zu SB, S. 219, AA 5a/b, (LB, S. 310)
Mögliches Resümee: Die moderne ‚Prosaübersetzung' des Monologs ist für den heutigen Leser wohl leichter zugänglich, aber sie bleibt für den Leser vielleicht auch belangloser, weil sie seine Aufmerksamkeit nicht durch Fremdheit und besondere sprachliche Prägung herausfordert.

K 6 Goethe: Iphigenie auf Tauris I/4. Georg Büchner: Woyzeck (Mariens Kammer)
Vergleich zweier Dramenszenen:

Didaktischer Ort: Im Zusammenhang mit der systematischen Interpretation ausgewählter Szenen aus Goethes „Iphigenie" bietet es sich an, eine Szene aus dem Schauspiel Goethes mit einer Szene aus Büchners „Woyzeck" zu vergleichen. Ähnlich wie bei den Gedichtvergleichen in Sequenz I ist es auch hier möglich, Texte mit unterschiedlichen Menschenbildern einander gegenüberzustellen und dabei ihr je eigenes Profil herauszuarbeiten.
Eine strukturierte Stoffsammlung könnte in *Partner-* oder *Gruppenarbeit* erstellt werden, darauf aufbauend wäre die schriftliche Ausarbeitung als *Hausaufgabe* möglich. (SB, S. 223)

Erläuterungen zur Aufgabe:

1. Im Mittelpunkt beider Szenen stehen Frauen in einer kritischen Situation, in der es um mögliche bzw. reale Schuld geht. Iphigenie steht vor einer schwierigen Entscheidung, hat sich also auf eine noch unsichere Zukunft einzustellen. Marie empfindet quälend ihre Schuld, nachdem sie Woyzeck untreu geworden ist. Beide suchen in ihrer bedrängenden Situation Hilfe in der Religion: Iphigenie betet zur Göttin Diana, Marie blättert in der Bibel und sucht offensichtlich Hilfe und Orientierung; die Bibelzitate münden dann dreimal ins Gebet ein.
   Trotz der Ähnlichkeit beider Situationen ist das Verhalten der Frauen ganz unterschiedlich. Iphigenie betet gefasst, geradezu „souverän". Ihre Wort sind gewählt, feierlich. Sie spricht zwar in der Bedrängnis ihrer persönlichen Situation, ihr Gebet geht aber ins Grundsätzliche. Sie preist die Menschenfreundlichkeit Dianas und der anderen Gottheiten und gründet auf dieses Gottesbild ihr Vertrauen. Nur in einem Vers äußert sie

eine persönliche Bitte, die durch die Stellung etwa in der Mitte des Dialogs und durch das einleitende „O" besonderes Gewicht bekommt: „O enthalte vom Blut meine Hände!" (V. 13)
Marie ist zwar nicht wie Iphigenie allein auf der Bühne, der Narr und ihr Kind sind bei ihr. Das mindert aber nicht, sondern verstärkt eher ihre Einsamkeit. Mit dem Narren ist keine Kommunikation möglich; die Anwesenheit des Kindes, das sich an sie „drängt" (Z. 10), erinnert sie an ihre Bindung an Woyzeck und gibt ihr „einen Stich ins Herz"(Z. 10f.). Abgesehen von der ersten Bibelstelle, die ihr die Unschuld Jesu vor Augen stellt und ihr so die eigene Schuld noch schärfer zu Bewusstsein bringt, wären die anderen Zitate geeignet, ihr Zuversicht und Vertrauen in Gottes verzeihende Gnade zu vermitteln. Aber sie kommt nicht zur Ruhe, sondern ist der Verzweiflung nahe. Der Satz: „Ich kann nicht!" (Z. 9) und der elliptische Ausruf: „Alles tot!" (Z. 16) zeigen, dass alle positive Aussicht für sie verschlossen und dass sie am Ende ihrer Kraft ist. Sie kann nur noch darum beten, beten zu können (Z. 17). Sie findet im Beten keine Fassung, kann im Gegensatz zu Iphigenie keinen klaren Gedanken entwickeln. Ihr Gebet besteht vielmehr aus Ausrufen und kurzen Sätzen; man könnte es als einen Aufschrei in der Not bezeichnen.

2. Die gefasste, klar und feierlich in kunstvollen Sätzen sprechende Iphigenie verkörpert das Menschenbild der Klassik. Die Möglichkeiten des Menschen sind zwar begrenzt und er kann schuldig werden. Er ist aber auch fähig, in schwierigen Lagen Besonnenheit zu bewahren, seine Situation zu reflektieren und zuversichtlich auf Lösungen zu sinnen. Büchner dagegen stellt einige Jahrzehnte später den Menschen in seiner Bedrängtheit, Gebrechlichkeit, im Scheitern dar. Dem liegt kein geringeres, sondern ebenfalls ein humanes Bild des Menschen, der Wunsch nach einem gelingenden Leben zugrunde, aber das Vertrauen in das Gelingen ist dem Zweifel gewichen, ob in einer Welt, in der die Lebensbedingungen nicht in Ordnung sind, Menschen überhaupt noch menschenwürdig leben können.

K 7 Euripides: Iphigenie bei den Taurern (Schluss der Tragödie)

Didaktischer Ort: Die beiden Dramenschlüsse von Goethe und Euripides eignen sich zum Vergleich. Beide Handlungen gehen zwar gut aus, aber die Wege zur Lösung sind verschieden: Euripides ist der mythischen Tradition noch verbunden, auch wenn er dem Mythos einen „Ansatz zur Humanisierung"[49] verleiht. Goethe dagegen „entmythisiert" weitgehend den alten Stoff im Sinne des neuzeitlichen Humanitätsgedankens. (SB, S. 225)

Erläuterungen zur Aufgabe:

1. Wie gelingt es Iphigenie, das Menschenopfer zu vermeiden und mit Orest sowie Pylades in die Heimat zurückzukehren? Welche Rolle spielt Thoas dabei?
   Welche Bedeutung haben die Götter in diesem Zusammenhang?

2. Goethe	Euripides
Iphigenie sagt Thoas die Wahrheit, auch wenn sie damit das Risiko eingeht, Orest, Pylades und sich selbst ins Verderben zu stürzen.	Iphigenie betrügt den König, um die Flucht zu sichern, aber der Erfolg wird durch ungünstige Windverhältnisse in Frage gestellt. Thoas gibt den Befehl, die Fliehenden zu fangen.
Iphigenie ist in dieser Situation auf sich allein gestellt; niemand kann ihr die Verantwortung abnehmen. Zwar ruft sie die Götter um Hilfe an, aber sie erwartet keinen unmittelbaren Eingriff, der die Rettung bringt. Die Götter sollen *durch den Menschen* die Wahrheit „verherrlichen".	Die Lösung der Problems ist nur ‚von oben' möglich, durch einen unerwarteten, wunderbaren göttlichen Eingriff.
Iphigenie appelliert an das humane Ethos des Königs; ihm bleibt somit die Freiheit der Entscheidung. Er entschließt sich nach langem inneren Kampf, die Griechen freizulassen.	Die Göttin Athena befiehlt Thoas, die Griechen ziehen zu lassen, und Thoas gibt unter diesem Druck sofort nach, weil es nicht ratsam ist, sich den Göttern zu widersetzen.
Die Beteiligten treffen eigenverantwortliche Entscheidungen, die sich am Ideal der Humanität orientieren.	Alle Beteiligten folgen ihrem jeweiligen vitalen Interesse.

[49] Bernhard Kytzler in: Harenberg Literatur Lexikon. a.a.O., S. 1444

K 8 Honoré Daumier (1808–1879): Histoire ancienne: Ménélas vainqueur (1841) (Menelaus als Sieger)

Didaktischer Ort: Aneignung der Antike einmal anders! Nach der intensiven Beschäftigung mit der Epoche der Klassik und ihrer Rezeption der Antike kann es im Sinne der Autonomie der heutigen Rezipienten (unserer Schülerinnen und Schüler) förderlich sein, ein wenig auf Abstand zu gehen. Die Karikatur von Daumier könnte dabei helfen.
Empfohlen wird die Besprechung im *Plenum* der Klasse anhand einer Bildfolie. Der Lehrer sollte dabei einige Hintergrundinformationen einfließen lassen. (SB, S. 230)

Erläuterungen zur Aufgabe:
Einige Informationen für den Lehrervortrag zur Entstehungszeit und zum historischen Anlass der Karikatur:

„Mit der Konsolidierung des Bürgerkönigtums um 1840 gelangten Klassizismus und Akademismus in Kunst und Literatur zu neuer Blüte. Während der Restauration hatten die Romantiker mehr im Mittelpunkt des Interesses gestanden. Mit diesen konnte und wollte sich die herrschende Bourgeoisie nicht identifizieren – der idealistische, von „gebändigten Leidenschaften" bestimmte Klassizismus indessen kam der Einstellung des ‚Juste-Milieu' entgegen. Durch die Forderung nach genauester Nachahmung der Antike und Befolgung des klassischen Themen- und Regelkanons beschränkt, erlaubte der Klassizismus in Kunst und Literatur kaum Neuerungen, weder in thematischer, noch in formaler oder inhaltlicher Hinsicht, und war damit, ganz im Sinne des „Bon bourgeois", zutiefst konservativ und antirevolutionär.
Daumiers Serien „Histoire Ancienne" (Antike Geschichte 1841–1843) und „Physiognomies tragico-classiques" (Tragisch-klassische Physiognomien 1841) sind eine satirische Auseinandersetzung mit dem bürgerlichen Klassizismus in der bildenden Kunst und auf der Bühne. Thema aller Lithografien ist das groteske Missverhältnis zwischen dem nach Geld strebenden Spießbürger und den in den antiken oder antikisierenden Kunstwerken gepriesenen sittlichen Werten, für die zu schwärmen in Mode war.
Daumier setzt verschiedene Mittel ein, um das heroische Gebaren als unzeitgemäße und schlecht gelungene Fassade der vom Grundsatz „Enrichissez-vous!" (Bereichert Euch!) bestimmten Bourgeoisie zu entlarven, und verwandte dazu seine gründliche Kenntnis der antiken Mythologie und Geschichte und der klassischen Dramen. Aus seiner eigenen Akademiezeit bestens bekannt war ihm auch die Geisteshaltung der klassischen Malerschulen, und so sehr, wie er die Kunst der Antike bewunderte, verachtete er ihre pedantische Nachahmung.

[...] Daumier stellt Helena und Menelaus in Haltung und Gebaren eines wichtigtuerischen Bürgerpaars dar (ein Paar, das sicherlich oft ins Theater geht, um sich die klassischen und pseudo-klassischen Stücke anzusehen). Menelaus hält sein bluttriefendes Schwert wie einen Regenschirm und „schreitet" über die Leichen hinweg, ohne seine Umgebung zu sehen."[50]

1. Der Künstler übersetzt die antike Vorlage der Ilias in eine Karikatur. Aus dem „Sohn der Götter" Menelaus ist ein alternder Mann mit Hängebauch geworden, der mit stolz erhobenem Haupt und bluttriefendem Schwert über Leichen hinwegschreitet (s.o.), Siegerstolz in der Haltung, aber eher Müdigkeit und Verdrossenheit im Ausdruck des Gesichts. Bei seiner Gattin Helena, die er zurückerobert hat und die jetzt im Gleichschritt an seiner Seite schreitet, ist nichts mehr von der „Schamhaftigkeit und Liebe" zu erkennen, die der antike Dichter ihr zugeschrieben hat. Ihre Erscheinung (Figur, Frisur, Kleid) ist etwas aus der Form gegangen; mit herabgezogenen Mundwinkeln schielt sie nach ihrem Mann und macht ihm eine „lange Nase", Ausdruck des Spotts und der Verachtung. Aber er sieht nichts.
Im Gegensatz zu den Bildern von Tischbein (SB, S. 196) und Feuerbach (SB, S. 219) wird die Antike hier nicht idealisierend überhöht, sondern satirisch verzerrt. Die Antike wird so zur Staffage und damit zum Mittel der Kritik an den Verhältnissen der eigenen Gegenwart. Der Krieg erscheint in seiner Grausamkeit, das Paar wird gerade *in* seiner antikisierenden Verkleidung demaskiert: ein rücksichtsloser „Siegertyp" mit „anhänglicher" Gattin, die sich das ihre denkt und dies auch zu erkennen gibt, ohne dass er es in seiner verbissenen Sicherheit wahrnehmen kann. Sie schreiten dem Licht entgegen (vgl. die Schatten ihrer Beine), aber in was für eine Zukunft?

2. Daumier sagt einem idealisierenden Klassizismus ab, ihm geht es um die konkrete, problematische Wirklichkeit. Er entsprach damit der Forderung nach einer radikal zeitgenössischen Kunst, die von kritischen Zeitgenossen erhoben wurde. Das hieß „sich von Vorbildern überhaupt freizumachen, um einen Einklang mit der eigenen Zeit zu verwirklichen. ‚Il faut être de son temps', man muss seiner eigenen Zeit angehören. Dieser Imperativ der Zeitgenossenschaft war um 1830 die Devise Honoré Daumiers. Es ist die einzige kunstprogrammatische Äußerung, die von ihm überliefert ist. Dass man seiner eigenen Zeit angehören solle, hieß zugleich, dass alle Kunst, ob sie es wollte oder nicht, politisch war. [...] Nur eine konsequente Gegenwartsbezogenheit enthielt Garantien gegen den Absturz in die Barbarei."[51]

[50] Ursula Sdunnis: Antike Geschichte. In: Honoré Daumier. Bildwitz und Zeitkritik. Sammlung Horn. Münster 1978 (Katalog), S. 258 und 261.
[51] Henning Ritter: Die Kunst, die aus dem Exorzismus kam. In: Frankfurter Allgemeine Zeitung vom 7. 12. 2002, S. 39.

4.3   Die Kopiervorlagen

Gedichtvergleich:

Johann Wolfgang von Goethe (1749–1832): Das Göttliche

Edel sei der Mensch,
Hilfreich und gut!
Denn das allein
Unterscheidet ihn
5 Von allen Wesen,
Die wir kennen.

Heil den unbekannten
Höhern Wesen,
Die wir ahnen!
10 Ihnen gleiche der Mensch;
Sein Beispiel lehr uns
Jene glauben.

Denn unfühlend
Ist die Natur:
15 Es leuchtet die Sonne
Über Bös' und Gute,
Und dem Verbrecher
Glänzen wie dem Besten
Der Mond und die Sterne.

20 Wind und Ströme,
Donner und Hagel
Rauschen ihren Weg
Und ergreifen
Vorübereilend
25 Einen um den andern.

Auch so das Glück
Tappt unter die Menge,
Fasst bald des Knaben
Lockige Unschuld,
30 Bald auch den kahlen
Schuldigen Scheitel.

Nach ewigen, ehrnen,
Großen Gesetzen
Müssen wir alle
35 Unseres Daseins
Kreise vollenden.

Nur allein der Mensch
Vermag das Unmögliche:
Er unterscheidet,
40 Wählet und richtet;
Er kann dem Augenblick
Dauer verleihen.

Er allein darf
Den Guten lohnen,
45 Den Bösen strafen,
Heilen und retten,
Alles Irrende, Schweifende
Nützlich verbinden.

Und wir verehren
50 Die Unsterblichen,
Als wären sie Menschen,
Täten im Großen,
Was der Beste im Kleinen
Tut oder möchte.

55 Der edle Mensch
Sei hilfreich und gut!
Unermüdet schaff er
Das Nützliche, Rechte,
Sei uns ein Vorbild
60 Jener geahneten Wesen!

(e 1783)

Aus: Werke. Hamburger Ausgabe in 14 Bänden. Hrsg.: Erich Trunz, Verlag C. H. Beck, München, Bd. 1.

Gottfried Benn (1886–1956): Nur zwei Dinge

Durch so viel Formen geschritten,
durch Ich und Wir und Du,
doch alles blieb erlitten
durch die ewige Frage: wozu?

5 Das ist eine Kinderfrage.
Dir wurde erst spät bewußt,
es gibt nur eines: ertrage
– ob Sinn, ob Sucht, ob Sage –
dein fernbestimmtes: Du mußt.

10 Ob Rosen, ob Schnee, ob Meere,
was alles erblühte, verblich,
es gibt nur zwei Dinge: die Leere
und das gezeichnete Ich.

(e 1953)

Aus: Gottfried Benn: Sämtliche Gedichte. Klett-Cotta, Stuttgart 1998

(Aus lizenzrechtlichen Gründen ist dieser Text nicht in neuer Rechtschreibung abgedruckt.)

Arbeitsanweisungen:

Interpretieren und vergleichen Sie die beiden Gedichte. Beachten Sie dabei, auf welche Weise die Situation und die Aufgabe des Menschen in der Welt jeweils dargestellt werden.

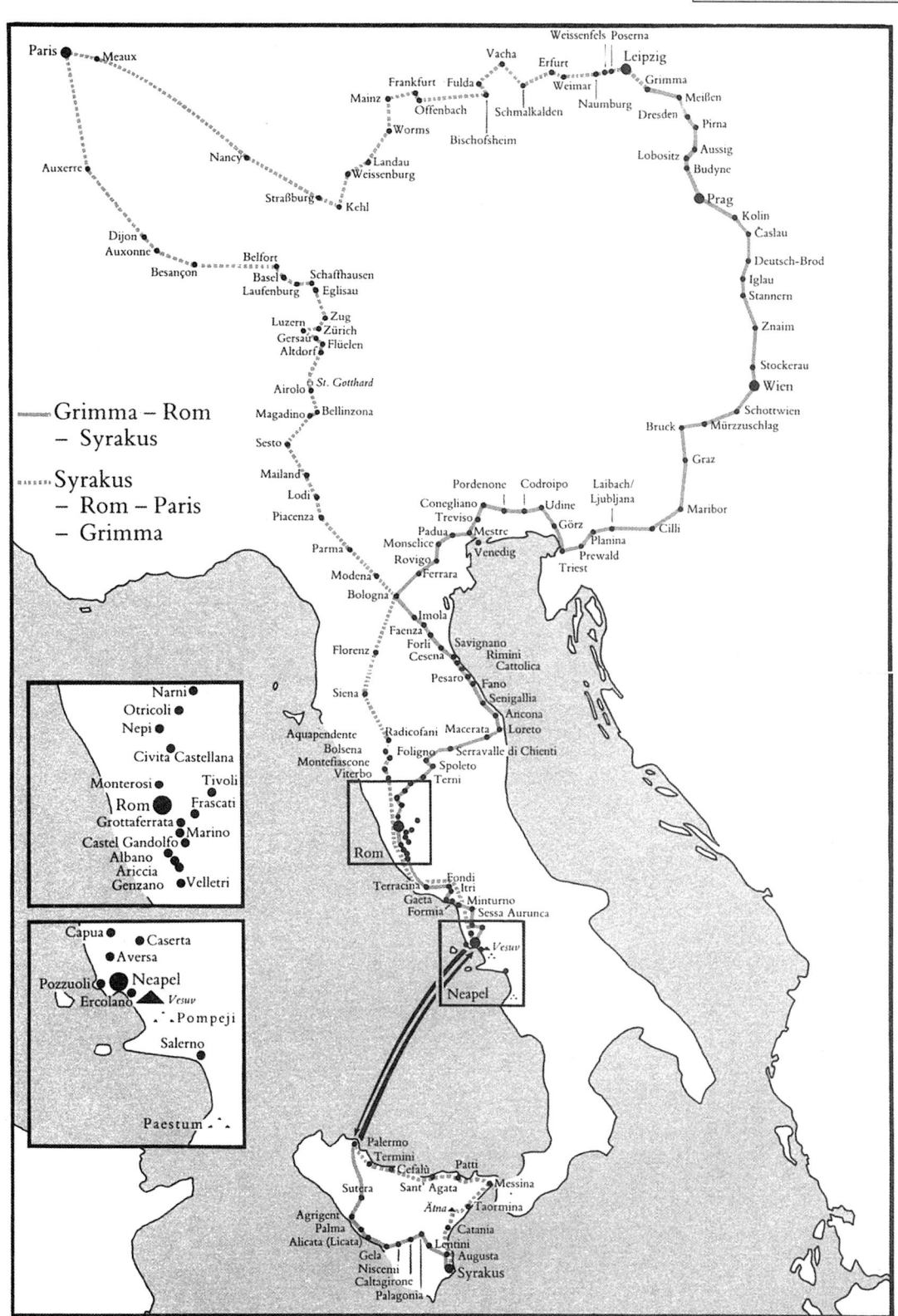

Johann Gottfried Seumes Reiseroute (1801/02)

Klassik

K 2

—— Grimma – Rom
   – Syrakus

······ Syrakus
   – Rom – Paris
   – Grimma

Arbeitsanweisungen:

1. Rekonstruieren Sie Goethes Reiseroute aus dem Text seiner „Italienischen Reise" und tragen Sie sie in die Karte ein.

2. Vergleichen Sie die beiden Routen. Erläutern Sie, warum Seume auf der Heimreise den Umweg über Frankreich wählte. (Lesen Sie dazu die Seiten 262ff. in seinem Reisebericht.)

© Schöningh Verlag, Best.-Nr. 028228 1

Rolf Dieter Brinkmann (1940–1975): Rom, Blicke (Auszüge)

Der Autor schreibt kurz nach seiner Ankunft in Rom im Oktober 1972 seiner Frau einen Brief, in dem er ihr seine ersten Eindrücke schildert:

„[...] Später ging ich zu Fuß zum Bahnhof, vorbei an der Britischen Botschaft nahe einer alten Mauer; gegen 5 Uhr ein blasser Sichelmond, besah mir gelbe und ochsenrot gestrichene alte Villen, dachte, dass ich mich durch einen zerfallenen Traum bewegte und trat im gleichen Moment in Hundescheiße, sah eine Kachel mit einem antiken Ketten-
5 hund darauf gebrannt und das berühmte Cave Canem = Hüte dich vor dem Hund! – auf einem eisernen Abflusskanaldeckel sah ich SPQR/Der Senat und das römische Volk – langsam wachsendes Empfinden einer Bedrückung angesichts der schnörkeligen Architektur von Kirchen und buntem Heiligem Kitsch – in einem Durchgang brannte ein elektrischer Lichterkranz um eine miese Madonna – ein Wachsmuseum hatte geöffnet
10 in Nähe des Bahnhofs an der Piazza della Publica[1] – Jahrmarktsstimmung – Soldaten – eine faltige Alte hockte neben einem altertümlichen Fotoapparat mit einer Plastikschüssel Wasser zum Entwickeln und einer Kiste als Dunkelkammer – schlaffe Droschkengäule stehen mitten im Gestank von Auspuffgasen – Maronen-Verkäufer und Verkäufer von Wassermelonen – grau in grauem Staub gebadet der Platz – Sonne – kaputte Bäume –
15 Mischmasch der Architektur – und der Bahnhof wieder: laufen nach der Gepäckaufgabe, hin- und zurückverwiesen worden, dann die Koffer, und – das schrieb ich dir ja schon – seltsam war, dass nun auch um meine Koffer diese Bänder geschnürt waren, obwohl wir sie ja in Köln ohne aufgegeben hatten – holte mir einen Kuli mit ratterndem Eisengestell, der die Koffer bis zum Taxistand karrte für 1 Tausend Lire; was irrsinnig war,
20 dann 6 Hundert Lire Abstellgebühr, endloses Warten in einer Schlange von Leuten auf wenige Taxis, ich habe fast 1 1/2 Stunden dort gestanden – und die Taxis kamen nur tröpfelweise, alle 10 bis 20 Minuten ein oder zwei Taxis, und die Leute waren so verrückt, dass sie das Warten in der Zwischenzeit nicht ertragen konnten und blöde nachdrängelten trotz Koffer, obwohl sie sahen, dass überhaupt kein Taxi da war! – Ich überlegte
25 mir, dass ich nicht Italienisch werde lernen, sondern auf der Straße mir das Nötigste aneigne, so bleiben diese ganzen Wörter für mich sinnlose Zeichen, und meine anderen Sinne werden geschärft durch dauernde Wachsamkeit – andrerseits brauche ich nicht jeden Mist zu verstehen. – Und mit dem Taxi zurück für 1 Tausend Lire."

Wenig später schreibt er einem Freund:

„[...] Mit einem grellen, fuchtigen Blick durchstreifte ich den Park[2] hier und die Leute.
30 Es handelt sich entweder um Familienklüngel oder um Künstler-Klüngel und mir fällt schwer zu unterscheiden, welches schlimmer und übler ist. Und heute Nachmittag habe ich etwas äußerst Nachlässiges gemacht, ich bin nämlich vorzeitig nach draußen gegangen und in die Stadt Richtung Bahnhof und altes Viertel und geriet zwischen 6 und 7 eine Stunde lang auf dem Weg zurück in den Verkehr. Aber auch ohne diese Zeit war
35 mir kaum möglich, mir etwas anzusehen, denn das Drängen der Leute, der Straßenverkehr, der Gestank, der Lärm nimmt fast alle Sinne und Energien in Anspruch, so dass einfach kaum noch etwas bleibt, um sich etwas anzusehen, ich war pausenlos in Beschlag genommen und beschäftigt mit der Szene um mich herum, überall standen Leute vor dem, das ich gar nicht sah, überall quollen Wörter auf, wurden Grimassen und Fratzen
40 geschnitten, in den Ohren das Rattern, in der Nase der Gestank, kaum wagt man noch zu atmen, wie konnte ich mir da etwas ansehen und auf mich wirken lassen? Auf dem Rückweg habe ich dann lauthals deutsch geflucht und die vorüberfahrenden Kolonnen verwünscht, ich habe ihnen Unfälle gewünscht, Karambolagen, allen, die da vorbeifuhren, heim zu irgendeiner doofen Mamma Mia und Amore und Madonnen bzw. Film-
45 bildern, dass sie sich den Hals brechen möchten, zum Krüppel fahren möchten, in Massen, wegen des Lärms und Gestanks, und es gab schöne große Platanen und große braune Platanenblätter auf dem Fußweg, aber von dem pausenlosen Verkehr war ich in feinem Schweiß am ganzen Körper gebadet und nach dem Gang hatte ich das Gefühl totaler geistiger Leere im Kopf, wie nach einem überanstrengten stundenlangen Formel-
50 Lernen, noch viel schlimmer! Richtig leer im Kopf, körperlich taub und ohne Empfinden bis auf eine graue, poröse Müdigkeit, die mit körperlicher Erschöpfung nichts zu tun hatte, sondern mit einem Zustand des Ausgewrungenseins – und ich begriff, dass dann also jeder von neuem angeheizt werden muss mittels TV, Illustrierten, Kino, Sex und so kommt es dann zu dem blöden Idiotenkarussell eines jeden Tages. Darüber ein
55 Sonnenuntergang.

---

[1] Eigentlich: Republica
[2] Park der Villa Massimo, in der Brinkmann während seines Romaufenthalts lebte.

Also kehre ich zurück zum Lesen und versuche zu träumen und schreibe Briefe und Karten und sitze über meinen Materialalben. Den ganzen Müll möchte ich am liebsten den Leuten und der Kultur in die Fresse kippen.

Hast du dir schon einmal klargemacht, dass diese alltäglichen Situationen und Umstände
60 regelrecht zu zwanghafter Selbstverstümmelung führen müssen und auch tatsächlich führen? Und dieser Zug ist schon sehr erschreckend, da man sich ja gar nicht mehr weit entfernen kann. Die Sinne werden verstümmelt, der Geschmack wird verstümmelt, der Blick und das Empfinden, jede zarte oder zärtliche Regung. Nach der Verstümmelung der Landschaft die Selbstverstümmelung des Menschen, auch folgerichtig und irrwitzig,
65 witzig. Jetzt bellt draußen ein Köter. Der Mond ist ein ziemliches Stück weitergerutscht. Die Lichter hinter den schwarzen Schatten in der Dunkelheit sind fast alle erloschen. Jetzt ist es stiller geworden. Ich stehe noch einmal auf, gehe ans offene Fenster, über dem abgehauenen Baumbündel das weiße Stück Licht oben, aus dem kleinen, schmalen ungepflegten Streifen Garten bis zur Mauer des Parks kommen angenehme kühle
70 Gerüche. Ein leichter Geruch nach einem Feuer ist auch darin zu spüren, irgendwo hat jemand nachmittags Laub verbrannt und dieser brandige Geruch ist mit den Ausdünstungen der Pflanzen vermischt. Er erinnert mich, mitten in Rom, mitten in Italien, mit dem neuerlichen Bellen des Hundes, an norddeutsche Kartoffelfeuer, im Herbst.
[...]
75 Ich kann nur hoffen, dass du etwas von dem Eindruck gewonnen hast, der von der Umgebung hier ausgeht, und dass er dich nicht schreckt zu kommen, denn wie gesagt, wäre es doch, vielleicht auch einmal für dich gut, hierher zu kommen und wir könnten gemeinsam lästerliche und zynische Studien treiben und durch die aufgehäuften Museen gehen, den Vatikan, unsere Empfindlichkeit nach allen Seiten blitzen lassen ((::wer wagt
80 das überhaupt noch zu tun??)), und ein Gewinn wäre es bestimmt, nix Amore, denke daran, dass wir auch noch immer im Tierstadium leben und wie Robert Ardrey sagt, Sex is in the Animal World a Side-Show, the first Thing is Fear, nun gegen solche Furcht hat irgendwie auch Kulturelle Sensibilität zu wirken, oder? Du wirst mir sicher zustimmen.

Also der Große Schrott der Abendländischen Geschichte erwartet dich hier, Knorr-
85 Arlecchino-Suppen, ein kümmerlicher Platz, der widerliche Filmstar Mastrojanni Commendatottore Piizeria Rostecceria Gordon Rattray Taylor Das Selbstmordprogramm Leonardo da Vinci auf 10 Tausend Lire-Scheinen abgegrämt Blu Flush Via Veneto Foro Romano wo sie mittags ohne Panzer für die Vorstadt-Slum-Menschen kämpften." [...]

Aus.: Rolf Dieter Brinkmann: Rom, Blicke. Reinbek (Rowohlt) 1997, S. 21f., 34, 38f.

Arbeitsanweisungen:

1. Zeigen Sie, wie der Autor Rom erfährt und wie er seine Erfahrungen beschreibt.

2. Vergleichen Sie Brinkmanns Darstellung seines Aufenthalts mit den Reisebeschreibungen Goethes und Seumes.

3. Diskutieren Sie darüber, welche Darstellung Sie am meisten anspricht.

Friedrich Schiller (1759–1805): Über die ästhetische Erziehung des Menschen in einer Reihe von Briefen, 6. Brief (Auszüge)

[...]

Damals[1], bei jenem schönen Erwachen der Geisteskräfte, hatten die Sinne und der Geist noch kein strenge geschiedenes Eigentum; denn noch hatte kein Zwiespalt sie gereizt, miteinander feindselig abzuteilen und ihre Markung zu bestimmen. Die Poesie hatte noch nicht mit dem Witze[2] gebuhlt und die Spekulation sich noch nicht durch Spitzfin-
5 digkeit geschändet. Beide konnten im Notfall ihre Verrichtungen tauschen, weil jedes, nur auf seine eigene Weise, die Wahrheit ehrte. So hoch die Vernunft auch stieg, so zog sie doch immer die Materie liebend nach, und so fein und scharf sie auch trennte, so verstümmelte sie doch nie. Sie zerlegte zwar die menschliche Natur und warf sie in ihrem herrlichen Götterkreis vergrößert auseinander, aber nicht dadurch, dass sie sie in Stücken
10 riss, sondern dadurch, dass sie sie verschiedentlich mischte, denn die ganze Menschheit fehlte in keinem einzelnen Gott. Wie ganz anders bei uns Neuern! Auch bei uns ist das Bild der Gattung in den Individuen vergrößert auseinander geworfen – aber in Bruchstücken, nicht in veränderten Mischungen, dass man von Individuum zu Individuum herumfragen muss, um die Totalität der Gattung zusammenzulesen. Bei uns, möchte
15 man fast versucht werden zu behaupten, äußern sich die Gemütskräfte auch in der Erfahrung so getrennt, wie der Psychologe sie in der Vorstellung scheidet, und wir sehen nicht bloß einzelne Subjekte, sondern ganze Klassen von Menschen nur einen Teil ihrer Anlagen entfalten, während dass die Übrigen, wie bei verkrüppelten Gewächsen, kaum mit matter Spur angedeutet sind.
20 Ich verkenne nicht die Vorzüge, welche das gegenwärtige Geschlecht, als Einheit betrachtet und auf der Waage des Verstandes, vor dem Besten in der Vorwelt behaupten mag; aber in geschlossenen Gliedern muss es den Wettkampf beginnen und das Ganze mit dem Ganzen sich messen. Welcher einzelne Neuere tritt heraus, Mann gegen Mann mit dem einzelnen Athenienser um den Preis der Menschheit zu streiten?
25 Woher wohl dieses nachteilige Verhältnis der Individuen bei allem Vorteil der Gattung? Warum qualifizierte sich der einzelne Grieche zum Repräsentanten seiner Zeit, und warum darf dies der einzelne Neuere nicht wagen? Weil jenem die alles vereinende Natur, diesem der alles trennende Verstand seine Formen erteilten.
Die Kultur selbst war es, welche der neuern Menschheit diese Wunde schlug. Sobald auf
30 der einen Seite die erweiterte Erfahrung und das bestimmtere Denken eine schärfere Scheidung der Wissenschaften, auf der andern das verwickeltere Uhrwerk der Staaten eine strengere Absonderung der Stände und Geschäfte notwendig machte, so zerriss auch der innere Bund der menschlichen Natur, und ein verderblicher Streit entzweite ihre harmonischen Kräfte. Der intuitive und der spekulative Verstand[3] verteilten sich jetzt
35 feindlich gesinnt auf ihren verschiedenen Feldern, deren Grenzen sie jetzt anfingen mit Misstrauen und Eifersucht zu bewachen, und mit der Sphäre, auf die man seine Wirksamkeit einschränkt, hat man sich auch in sich selbst einen Herrn gegeben, der nicht selten mit Unterdrückung der übrigen Anlagen zu endigen pflegt. Indem hier die luxurierende[3] Einbildungskraft die mühsamen Pflanzungen des Verstandes verwüstet, ver-
40 zehrt dort der Abstraktionsgeist das Feuer, an dem das Herz sich hätte wärmen und die Fantasie sich entzünden sollen.
Diese Zerrüttung, welche Kunst und Gelehrsamkeit in dem innern Menschen anfingen, machte der neue Geist der Regierung vollkommen und allgemein. Es war freilich nicht zu erwarten, dass die einfache Organisation der ersten Republiken die Einfalt der ersten
45 Sitten und Verhältnisse überlebte, aber anstatt zu einem höhern animalischen Leben zu steigen, sank sie zu einer gemeinen und groben Mechanik herab. Jene Polypennatur[4] der griechischen Staaten, wo jedes Individuum eines unabhängigen Lebens genoss und, wenn es Not tat, zum Ganzen werden konnte, machte jetzt einem kunstreichen Uhrwerke Platz, wo aus der Zusammenstückelung unendlich vieler, aber lebloser Teile ein
50 mechanisches Leben im Ganzen sich bildet. Auseinander gerissen wurden jetzt der Staat und die Kirche, die Gesetze und die Sitten; der Genuss wurde von der Arbeit, das Mittel vom Zweck, die Anstrengung von der Belohnung geschieden. Ewig nur an ein einzelnes kleines Bruchstück des Ganzen gefesselt, bildet sich der Mensch selbst nur als Bruchstück aus, ewig nur das eintönige Geräusch des Rades, das er umtreibt, im Ohre, ent-
55 wickelt er nie die Harmonie seines Wesens, und anstatt die Menschheit in seiner Natur

---

[1] Damals: Schiller charakterisiert hier die griechische Kultur.
[2] Witz: hier: geistreicher Intellekt
[3] intuitiver und spekulativer Verstand: Einbildungskraft und abstraktes Denken
[3] luxurierend: üppig, wuchernd
[4] Polypennatur: Jeder abgetrennte Teil des Polypen vermag wieder zu einem vollkommenen Ganzen zu werden.

auszuprägen, wird er bloß zu einem Abdruck seines Geschäfts, seiner Wissenschaft. Aber selbst der karge fragmentarische Anteil, der die einzelnen Glieder noch an das Ganze knüpft, hängt nicht von Formen ab, die sie sich selbsttätig geben (denn wie dürfte man ihrer Freiheit ein so künstliches und lichtscheues Uhrwerk vertrauen), sondern wird ih-
60 nen mit skrupulöser[1] Strenge durch ein Formular vorgeschrieben, in welchem man ihre freie Einsicht gebunden hält. Der tote Buchstabe vertritt den lebendigen Verstand, und ein geübtes Gedächtnis leitet sicherer als Genie und Empfindung. [...]
Wie viel also auch für das Ganze der Welt durch diese getrennte Ausbildung der menschlichen Kräfte gewonnen werden mag, so ist nicht zu leugnen, dass die Individuen, wel-
65 che sie trifft, unter dem Fluch dieses Weltzweckes leiden. Durch gymnastische Übungen bilden sich zwar athletische Körper aus, aber nur durch das freie und gleichförmige Spiel der Glieder die Schönheit. Ebenso kann die Anspannung einzelner Geisteskräfte zwar außerordentlich, aber nur die gleichförmige Temperatur derselben glückliche und vollkommene Menschen erzeugen. Und in welchem Verhältnis stünden wir also zu dem
70 vergangenen und kommenden Weltalter, wenn die Ausbildung der menschlichen Natur ein solches Opfer notwendig machte? Wir wären die Knechte der Menschheit gewesen, wir hätten einige Jahrtausende lang die Sklavenarbeit für sie getrieben und unsrer verstümmelten Natur die beschämenden Spuren dieser Dienstbarkeit eingedrückt – damit das spätere Geschlecht in einem seligen Müßiggange seiner moralischen Gesund-
75 heit warten und den freien Wuchs seiner Menschheit entwickeln könnte!
Kann aber wohl der Mensch dazu bestimmt sein, über irgendeinem Zwecke sich selbst zu versäumen? Sollte uns die Natur durch ihre Zwecke eine Vollkommenheit rauben können, welche uns die Vernunft durch die ihrigen vorschreibt? Es muss also falsch sein, dass die Ausbildung der einzelnen Kräfte das Opfer ihrer Totalität notwendig macht; oder
80 wenn auch das Gesetz der Natur noch so sehr dahin strebte, so muss es bei uns stehen, diese Totalität in unsrer Natur, welche die Kunst zerstört hat, durch eine höhere Kunst wiederherzustellen.

(e 1794)

Aus: Friedrich Schiller: Sämtliche Werke. 5. Band. München. (Hanser) 1958, S. 582ff.

_____

[1] skrupulös (< lat. scrupulus = spitzes Steinchen): übertrieben gewissenhaft

Arbeitsanweisungen:

1. Fassen Sie in einem Resümee Schillers Ansichten über die Situation seiner Zeit zusammen.

2. Welches Bild der griechischen Kultur stellt der Autor der Analyse der eigenen Zeit gegenüber?

3. Welche Probleme, die in dem Text zur Sprache kommen, sind heute noch aktuell?

Johann Wolfgang von Goethe (1749–1832): Iphigenie (Prosafassung), I/1

Iphigenie alleine.
IPHIGENIE.

Heraus in eure Schatten, ewig rege Wipfel des heiligen Hayns, hinnein ins Heiligthum der Göttinn, der ich diene, tret' ich mit immer neuen Schauer und meine Seele gewöhnt
5 sich nicht hierher! So manche Jahre wohn' ich hier unter euch verborgen, und immer bin ich wie im ersten fremd, denn mein Verlangen steht hinnüber nach dem schönen Lande der Griechen, und immer mögt ich über's Meer hinnüber das Schicksal meiner Vielgeliebten theilen. Weh dem! der fern von Eltern und Geschwister ein einsam Leben führt, Ihn lässt der Gram des schönsten Glükes nicht genießen, ihm schwärmen abwärts
10 immer die Gedanken nach seines Vaters Wohnung, an jene Stellen wo die Goldne Sonne, zum erstenmal den Himmel vor ihm aufschloss, wo die Spiele der Mitgebohrnen die sanften liebsten Erden Bande knüpften. Der Frauen Zustand ist der schlimmste vor allen Menschen. Will dem Mann das Glük, so herscht er und erficht im Felde Ruhm, und haben ihm die Götter Unglük zubereitet, fällt er, der Erstling von den Seinen in
15 den schönen Tod. Allein des Weibes Glük ist eng gebunden, sie dankt ihr Wohl stets andern, öfters Fremden, und wenn Zerstörung ihr Hauß ergreift, führt sie aus rauchenden Trümmern durch der erschlagenen liebsten Blut der Ueberwinder fort. Auch hier an dieser heiligen Stätte hält Thoas mich in ehrenvoller Sclaverey! Wie schwer wird mir's dir wieder Willen dienen ewig reine Göttinn! Retterinn! dir solte mein Leben zu ewigen
20 Dienste geweiht seyn. Auch hab' ich stets auf dich gehofft und hoffe noch. Diana die du mich verstoßne Tochter des größten Königs in deinen heiligen sanften Arm genommen. Ja Tochter Jovis hast du den Mann deßen Tochter du foderst, hast du den Götter gleichen Agamemnon, der dir sein Liebstes zum Altare brachte, hast du den glüklich von dem Felde der umgewanden Troia mit Ruhm nach seinem Vaterlande zurück begleitet,
25 hast du meine Geschwister Electren und Oresten den Knaben und unsere Mutter, ihm zu Hauße den schönen Schaz bewahrt, so rette mich, die du vom Tode gerettet, auch von dem Leben hier dem Zweiten Tod.

(e 1779)

Aus: Programmbuch Nr. 30 des Württembergischen Staatstheaters, Stuttgart 1977

Arbeitsanweisungen:

1. Vergleichen Sie Goethes Prosafassung der 1. Szene von „Iphigenie auf Tauris" mit der klassischen Fassung in Blankversen (SB, S. 219) und mit der von Ihnen gestalteten Prosafassung (vgl. SB, S. 219, AA 5a).

2. Überprüfen Sie, durch welche sprachlichen Mittel die unterschiedlichen Wirkungen hervorgerufen werden.

Vergleich zweier Dramenszenen:

Zum jeweiligen Handlungszusammenhang:

a) Iphigenie (vgl. SB, S. 218): Am Ende des ersten Aktes ist Iphigenie mit der Forderung des Königs Thoas konfrontiert, die beiden gefangenen Griechen zu opfern. In dieser Notlage wendet sie sich an die Göttin Diana.

b) Woyzeck (vgl. SB, S. 286f.): Marie hält sich vor Augen, dass sie Woyzeck untreu geworden ist.

Johann Wolfgang von Goethe (1749–1832): Iphigenie auf Tauris, I/4

IPHIGENIE *allein.*
Du hast Wolken, gnädige Retterin,
Einzuhüllen unschuldig Verfolgte,
Und auf Winden dem ehrnen Geschick sie
5 Aus den Armen, über das Meer
Über der Erde weiteste Strecken,
Und wohin es dir gut dünkt, zu tragen.
Weise bist du und siehest das Künftige;
Nicht vorüber ist dir das Vergangne,
10 Und dein Blick ruht über den Deinen,
Wie dein Licht, das Leben der Nächte,
Über der Erde ruhet und waltet.
O enthalte vom Blut meine Hände!
Nimmer bringt es Segen und Ruhe;
15 Und die Gestalt des zufällig Ermordeten
Wird auf des traurig-unwilligen Mörders
Böse Stunde lauern und schrecken.
Denn die Unsterblichen lieben der Menschen
Weit verbreitete gute Geschlechter,
20 Und sie fristen das flüchtige Leben
Gerne dem Sterblichen, wollen ihm gerne
Ihres eigenen, ewigen Himmels
Mitgenießendes fröhliches Anschaun
Eine Weile gönnen und lassen.

(e 1786)

Aus: Goethes Werk, Bd. 2, Frankfurt (Insel) o. J., S. 388f.

Georg Büchner (1813–1837): Woyzeck (Mariens Kammer)

MARIENS KAMMER
NARR *liegt und erzählt sich Märchen an den Fingern* Der hat die goldne Kron, der Herr König ... Morgen hol ich der Frau Königin ihr Kind ... Blutwurst sagt – komm, Leberwurst ...
5 MARIE *blättert in der Bibel* „Und ist kein Betrug in seinem Munde erfunden ...“ Herrgott, Herrgott! Sieh mich nicht an! *(Blättert weiter.)* „Aber die Pharisäer brachten ein Weib zu ihm, im Ehebruch begriffen, und stelleten sie ins Mittel dar ... Jesus aber sprach: So verdamme ich dich auch nicht. Geh hin und sündige hinfort nicht mehr!“ *(Schlägt die Hände zusammen.)* Herrgott! Herrgott! Ich kann nicht! – Herrgott, gib mir nur so viel,
10 dass ich beten kann. *(Das Kind drängt sich an sie.)* Das Kind gibt mir einen Stich ins Herz. – *(Zum Narrn.)* Karl! Das brüst' sich in der Sonne!
NARR *nimmt das Kind und wird still.*
MARIE Der Franz ist nit gekommen, gestern nit, heut nit. Es wird heiß hier! *(Sie macht das Fenster auf)* – „Und trat hinein zu seinen Füßen und weinete, und fing an, seine Füße
15 zu netzen mit Tränen und mit den Haaren ihres Hauptes zu trocknen, und küssete seine Füße und salbete sie mit Salben ...“ *(Schlägt sich auf die Brust.)* Alles tot! Heiland! Heiland! Ich möchte dir die Füße salben! –

(e 1836/37)

Aus: Georg Büchner: Gesammelte Werke. München (Goldmann) 1960, S. 160f.

Arbeitsanweisungen:

Interpretieren und vergleichen Sie die beiden Szenen.

1. Achten Sie dabei vor allem auf das Verhalten der Frauen in ihrer jeweiligen Problemsituation und gehen Sie auch auf die formale Gestaltung der Szenen ein.

2. Zeigen Sie, welches unterschiedliche Menschenbild in den beiden Darstellungen zum Ausdruck kommt.

© Schöningh Verlag, Best.-Nr. 028228 1

Euripides (ca. 480–407/406 v. Chr.): Iphigenie bei den Taurern
(Schluss der Tragödie)

Den Griechen ist es durch eine List gelungen das Standbild der Diana zu rauben und auf ihr Schiff zu kommen. Flutwellen hindern sie jedoch daran aufs offene Meer zu gelangen und hoher Seegang treibt sie ans Land zurück. Ein Bote berichtet dem König:

[...]

Ich aber eilte gleich hieher zu dir
Um zu berichten, Herr, was dort geschehn.
Mach' schnell dich auf; nimm Fesseln mit und Stricke.
Wenn nicht ganz unverhofft der Wind sich legt,
5 So können uns die Fremden nicht entrinnen.
Der Meeresherr Poseidon schirmte stets
Troja, den Pelopssöhnen war er feind!
So wird er jetzt auch Agamemnons Sohn
Dir und den Deinen in die Hände geben
10 Samt seiner Schwester, die, was Artemis
Für sie getan, ganz zu vergessen scheint.
CHOR: O Iphigenie, dein und deines Bruders
Harrt Tod, wenn ihr in Thoas Hände fallt.
THOAS: Ihr Brüder allesamt des Taurerlands!
15 Auf! zäumt die Rosse, sprengt den Strand entlang,
Damit das Strandgut von dem Griechenschiff
Euch nicht entgeht. Eilt, mit der Göttin Hilfe
Fangt mir die Tempelräuber wieder ein.
Zieht auch ins Meer manch schnelles Ruderboot.
20 Zu Wasser jagend und zu Land mit Rossen
Ergreifet sie, dass sie vom Fels gestürzt,
Auf Pfählen aufgespießt des Todes sterben.
Zum Chor:
Euch aber, Frau'n, des Plans Mitwisserinnen,
25 Werd' ich, sobald ich Zeit und Muße finde,
Zur Strafe ziehn. Jetzt drängt der Augenblick
Zu sehr zur Tat, um länger still zu sitzen.
Über dem Tempel erscheint Athena.
ATHENA: Wen eilst du zu verfolgen, König Thoas?
30 Ich bin Athena; lausche meinem Wort.
Treib' zur Verfolgung nicht des Heeres Strom.
Nach Schicksalsschluss, auf Loxias' Befehl
Kam, auf der Flucht vor der Erinyen Zorn,
Orest her, um nach Argos seine Schwester
35 Heimzugeleiten und das heil'ge Bild
Zu holen in das Land, das mir gehört.
So viel zu dir! Dem Helden, den du fangen,
Wenn ihn die Brandung hemmt, und töten willst,
Hat schon Poseidon mir zulieb die Wogen
40 Gestillt und seinem Schiffe Fahrt gegönnt.
In die Ferne sprechend:
Vernimm, Orest, was ich dir anbefehle:
(Du hörst, obwohl du fern, der Göttin Wort)
Zieh' hin mit deiner Schwester und dem Bild.
45 Und kommst du nach der gottgebauten Stadt
Athen, wo an den Grenzen Attikas
Die heil'ge Stätte liegt, Karystos' Bergen
Ganz nah, die Halai wird vom Volk genannt,
Bau' einen Tempel dort, stell' auf das Bild
50 Und nenn' es nach den Taurern und dem Pol
Der Kreiselfahrt, in der Rachgeister dich
Umhergejagt: künftig sei Artemis
Als Tauropolos von dem Volk verehrt.
Stifte den Festbrauch, dass man zum Entgelt
55 Für deine Opf'rung eines Mannes Hals
Ritzt mit dem Schwert, bis ihm das Blut entquillt,
Wie Recht und Ehrfurcht vor der Göttin heischt.

Du aber führst an Braurons heil'ger Treppe,
Iphigenie, der Göttin Schlüsselamt.
60 Stirbst du, begräbt man dich daselbst und bringt
Als Weihgeschenk dir schöne Kleider dar,
Von Frau'n getragen, die gestorben sind
Im Wochenbett. *Zu Thoas:* Auch diese Griechinnen
Entlass von hinnen, ich befehl' es dir,
65 Thoas, an Leib und Leben ungekränkt,
Nach Griechenland, dass sie der Artemis
Als Iphigeniens Gehilfinnen
Auch ferner dienen oder, lockt es sie,
Zu Eltern und Geschwistern heimwärts ziehn.
70 Dich hab' ich aus Gefangenschaft und Tod
Und von der Rachegeister wildem Dräun
Befreit, weil du gerechten Sinnes bist.
Ich hab' auch auf dem Areshügel einst
Für dich, Orest, die Stimmen gleich gemacht,
75 Wodurch in Ewigkeit der Brauch besteht,
Dass gleiche Stimmenzahl als Freispruch gilt.
Du führe denn mit dir die Schwester heim,
Agamemnons Sohn! Du, Thoas, zürne nicht.
THOAS. Herrin Athena, göttlichem Gebot
80 Nicht zu gehorchen wäre frevelhaft.
Dem Mann, der uns der Göttin Bild entführt,
Und seiner Schwester zürn' ich nicht. Wem hat
Kampf mit Göttern Ehre je gebracht?
Zum Heile sei für sie zu deinem Land
85 Die Fahrt, zum Heil des Bildes Siedelung.
Auch diese Frau'n will ich ins reiche Land
Der Griechen senden, wie du mir befiehlst.
Der schon erhob'nen Ruder Reih'n und Speere
Sie senken sich gehorsam deinem Wink.
90 ATHENA: Recht so!
Das Schicksal waltet über dich und uns.
Weht, Winde! führt den Agamemnonssohn
Zu Schiff nach Attika! Ich reise mit
Und schütze meiner Schwester hehres Bild.
95 CHOR: Weil euch denn ein rettenden Schicksal erschien,
Zieht hin und erfreut euch des Glückes.
Ehrwürdige Maid, von den Göttern geehrt
Und den Sterblichen, Pallas Athena, wir sind
Dein göttlich Gebot zu erfüllen bereit.
100 Denn ein freudiges, kaum noch erwartetes Wort
Ist uns in die Ohren geklungen.
O erhabene Nike, walte du stets
Über all meinem Tun
Und bekränze mich immer von neuem

(übersetzt von Hans von Arnim)
Aus: Euripides: Tragödien II. Hamburg (Standard Verlag) 1958.

Arbeitsanweisungen:

1. Formulieren Sie Fragen, die sich dazu eignen, die Dramenschlüsse Goethes und Euripides' miteinander zu vergleichen und führen Sie den Vergleich durch.

2. Charakterisieren Sie aufgrund des Vergleichs Goethes Idee der Humanität, wie sie in der letzten Szene seines Schauspiels zum Ausdruck kommt.

Klassik **K 8**

Honoré Daumier (1808–1879): Histoire ancienne: Ménélas vainqueur (1841)

HISTOIRE ANCIENNE.

MÉNÉLAS VAINQUEUR.

Sur les remparts fumants de la superbe Troie,
Ménélas fils des Dieux, comme une riche proie,
Ravit sa blonde Hélène et l'emmène a sa cour
Plus belle que jamais de pudeur et d'amour.
ILIADE (Traduction Rareste)

Aus: Honore Daumier. Bildwitz und Zeitkritik. Sammlung Horn. Münster 1978, Katalog Nr. 270.

Übersetzung und Erläuterung des Textes:

Menelaus als Sieger
Auf den rauchenden Wällen des herrlichen Troja
raubt Menelaus, Sohn der Götter, als reiche Beute,
seine blonde Helena und entführt sie an seinen Hof,
schöner als je in ihrer Schamhaftigkeit und Liebe.

(Zitat aus der Ilias)

Menelaus, König von Sparta, eroberte nach jahrelanger Belagerung mit einem griechischen Heer die Stadt Troja, in die ihm seine Gattin Helena, die schönste Frau der Welt, von Paris entführt worden war.

Aus: Honoré Daumier, a.a.O., S. 273

Arbeitsanweisungen:

1. Untersuchen Sie, wie eine Situation aus der antiken Ilias-Sage in diesem Bild von Daumier gestaltet wird. Berücksichtigen Sie dabei das Verhältnis von Wort und Bild.

2. Vergleichen Sie Daumiers Darstellung mit den Bildern von Tischbein (SB, S. 196) und Feuerbach (SB, S. 219) im Hinblick auf die Einstellung zur Antike, die jeweils zum Ausdruck kommt.

SECHSTES KAPITEL ___ Romantik

1. Gegenstands- und Konzeptionsbeschreibung

1.1 Pädagogisch-fachwissenschaftliche Aspekte

Was für die meisten der mit einem einheitlichen Begriff bezeichneten Epochen der Literaturgeschichte gilt, trifft auf die Romantik in besonderer Weise zu: Die Definition des Epochenbegriffs erweist sich als eigentlich unmöglich. Dennoch werden die Begriffe ‚Romantik' und ‚romantisch' verwendet, weil man ohne sie nicht auskommt: „Die Popularität, ja Magie der Wörter ‚Romantik' und ‚romantisch' wiederum ist so stark, dass jeder ernsthafte Versuch, sie ihrer Vieldeutigkeit wegen aus der Wissenschaft einfach zu verbannen, hoffnungslos zum Scheitern verurteilt ist."[1] Da eine Unterrichtseinheit „Romantik" nicht von der Zielsetzung bestimmt sein wird, den Epochenbegriff zu definieren, kann man sich darauf beschränken, Aspekte, Facetten eines allerdings höchst interessanten Phänomens zu erschließen. Es gilt in der Tat: „Romantik aber, die übernationale, die europäische, die aufklärerisch-kritische, die rationale, die moderne, ist aktueller als je zuvor."[2] Die literaturgeschichtliche Epocheneinteilung dient als Folie, als Ordnungsbegriff für eine historische Profilierung. Bei aller Aktualität der Romantik[3] wird man nicht verkennen, dass das Moderne an ihr aus der Differenz verstanden werden muss; Romantik muss also auch als geschichtliches Phänomen erfasst werden. Ohne das Bewusstsein der historischen Differenz wird man blind für das Eigentümliche der Vergangenheit. Am Ende kann dann durchaus die Einsicht stehen, dass Romantik „eine Gewähr dafür [ist], dass es beim Alltag nicht sein Bewenden haben muss, dass Sehnsucht legitim, Fantasie und Poesie nicht ohnmächtig sind, dass es vielleicht eine andere Vernunft gibt, ja dass Wünschen noch immer geholfen hat."[4]

„Das Klassische nenne ich das Gesunde, und das Romantische das Kranke. Und da sind die *Nibelungen* klassisch wie der *Homer*, denn beide sind gesund und tüchtig. Das meiste Neuere ist nicht romantisch, weil es neu, sondern weil es schwach, kränklich und krank ist, und das Alte ist nicht klassisch, weil es alt, sondern weil es stark, frisch, froh und gesund ist." (2.4.1829)[5] Damit hat Goethe eine für die Rezeptionsgeschichte bestimmende Dichotomie vorgegeben: Spricht man über die eine Epoche, nimmt man auch auf die andere Bezug; lobt man

die eine, kritisiert man gleichzeitig die andere und bringt damit die Unverträglichkeit beider Epochen zum Ausdruck, blendet dabei aber aus, dass es sehr wohl Gemeinsamkeiten und wechselseitige Abhängigkeiten gab. Alle Rezeption ist subjektiv vermittelt, im Rezeptionsprozess geht es nicht um ein gerechtes, philologisch abgesichertes Urteil; gerade das macht sie, mit all ihrer Widersprüchlichkeit, so spannend. Die Beschäftigung mit der Epoche sollte deren Rezeption einbeziehen, einerseits zur Erweiterung des eigenen Leserhorizonts durch die Gewinnung verschiedenartiger Fragestellungen, andererseits auch, um zu verhindern, dass die Vorurteile früherer Rezeptionsweisen unser Verständnis bestimmen, ohne dass wir uns dessen bewusst sind. Die Widersprüchlichkeit der Stellungnahmen belegt außerdem, dass es sich um eine Epoche handelt, der gegenüber Leser in verschiedenen Zeiten nicht gleichgültig geblieben sind, und das könnte sich positiv für das Interesse heutiger jugendlicher Leser nutzen lassen.

Einige Aspekte dieser Rezeptionsgeschichte seien kurz vorgestellt. In der Literatur des Vormärz wurde die Klassik – verkörpert durch Goethe und Schiller – aufgewertet, die Romantik dagegen abgewertet, denn man warf ihr politischen Konservativismus, Subjektivismus und einen katholisierenden Mittelalterkult vor; der bürgerliche Realismus folgte dieser Wertung, deren politischer Hintergrund unübersehbar – im Blick auf die Klassik allerdings nicht unbedingt nachvollziehbar – ist. Um die Jahrhundertwende änderte sich die Bewertung, nun wurde die Romantik für die Moderne reklamiert: „Die Wiederentdeckung der Romantik als Paradigma der Moderne am Ende des 19. Jahrhunderts vollzog sich als Absage sowohl an den Naturalismus und dessen sozialreformerische Thematik als auch an einen idealisierenden Klassizismus, der im wilhelminischen Schiller- und Goethe-Kult sein Fundament gefunden hatte."[6] Zu einer neuen Bewertung der Romantik trug maßgeblich das sehr verbreitete Buch „Die Romantik"[7] von Ricarda Huch bei, die in der Romantik ein universales, alle Lebensbereiche umgreifendes Phänomen sah. Als herausragende Leistung der Epoche betrachtete sie die Frühromantik und ihre „Synthese von Natur und Geist, Unbewusstsein und Bewusstsein, Kunst und Leben, Magie und Reflexion"[8]. Den Gegensatz von Klassik und Romantik versuchte Hermann August Korff in seinem monumentalen (und heute noch in vielen einzelnen Darstellungen ergiebigen) Werk „Geist der Goethezeit" (4 Bde., 1923–54) zu harmonisieren, wobei der Titel programmatisch den geistesgeschichtlichen Ansatz zum Ausdruck bringt. Einflussreich war ebenfalls das 1922 erschienene Buch von Fritz Strich „Deutsche Klassik und Romantik oder Vollendung und Unendlichkeit", das im Titel die Wesensmerkmale der beiden Richtungen auf den Begriff zu bringen suchte. Von einer andern Richtung der Literaturwissenschaft wurde verstärkt das Irrationale, Germanisch-Nationale, Heroisch-Mythische in den Mittelpunkt des Romantikverständnisses gerückt (Josef Nadler, Alfred Baeumler) und damit die „völkische" Literaturbetrachtung der Nationalsozialisten vorbereitet. Merkwürdigerweise stammt eine entschiedene Kritik der Romantik gerade von einem späteren Sympathisanten der nationalsozialistischen Ideologie, dem Staatsrechtler Carl Schmitt, der im „Occasionalismus" und der freischwebenden Intellektualität den Kern der Romantik sah. In seinem Verständnis ist die Romantik das Anomale, wogegen er einwendet: „Keine Gesellschaft kann eine Ordnung finden

[1] Gerhard Schulz: Romantik. Geschichte und Begriff. München (Beck) 1996, S. 8.

[2] Romantik-Handbuch. Hg. von Helmut Schanze. Stuttgart (Kröner) 1994, S. 1.

[3] Die Aktualität der Frühromantik. Hg. von E. Behler/J. Hörisch. Paderborn (Schöningh) 1987.

[4] Fischer Lexikon Literatur. Hg. von Ulfert Ricklefs. Frankfurt/M. (Fischer) 1996, S. 1710.

[5] Johann Peter Eckermann: Gespräche mit Goethe. Wiesbaden (Brockhaus) 1959, S. 253.

[6] Karl Robert Mandelkow: Deutsche Literatur zwischen Klassik und Romantik in rezeptionsgeschichtlicher Sicht. In: Karl Robert Mandelkow (Hrsg.): Europäische Romantik I. Wiesbaden (Athenaion) 1982, S. 12 (= Neues Handbuch der Literaturwissenschaft, Bd. 14).

[7] Der erste Teil erschien 1899 unter dem Titel „Blütezeit der Romantik", der zweite 1902 unter dem Titel „Ausbreitung und Verfall der Romantik".

[8] Karl Robert Mandelkow, a.a.O., S. 13.

ohne einen Begriff von dem, was normal, und dem, was Recht ist."[9] Sieht man von der Wertung ab, kann man in Carl Schmitts Position den Ursprung für zwei unsere Gegenwart bestimmende Rezeptionsweisen der Romantik sehen. In der 68er-Bewegung wurde die Romantik zum Verbündeten des Protests gegen das Normale und für die tabuverletzende Grenzüberschreitung jeder Norm und jedes Ordnungsdenkens. „Die Fantasie an die Macht" wurde zur Kampfparole. Für den Marxisten Georg Lukacs war die Romantik der Ursprung der Ideologie, die zum Faschismus führte („Die Zerstörung der Vernunft", 1954). Die andere Rezeption in der Gegenwart, die sich auf C. Schmitt beruft, betont die ästhetische Revolution und sieht in der Romantik die Vorbereitung der ästhetischen Moderne, wobei „die beiden zentralen Figuren des romantischen Bewusstseins, die *Reflexivität* des Kunstwerks und das *Fantastische*"[10] herausgehoben werden.

Die Romantik eignet sich also als Vorläufer und Kronzeuge für Verschiedenartiges – für progressive und reaktionäre politische Tendenzen, für aufklärerische und antiaufklärerische, für ästhetisch harmonisierende und ästhetisch revolutionäre Auffassungen. Die Widersprüche müssen auch in den Werken der Romantiker enthalten sein, denn alle – Befürworter wie Kritiker – können ihre Auffassung mit Texten der Romantik belegen. Nun geht es allerdings für den heutigen Leser nicht in erster Linie darum, frühere Leser wegen ihrer Einseitigkeit oder Irrtümer zu kritisieren und die „Wahrheit" freizulegen, sondern es geht vielmehr für ihn um eine schöpferische Rezeption, „die immer durch Verkürzung der Totalität der angeeigneten Phänomene erkauft wird".[11]

Allerdings kann auch die schöpferische Aneignung nicht auf die Kenntnis geschichtlicher Voraussetzungen, ästhetischer und literaturgeschichtlicher Bedingungen verzichten, denn sonst ist sie in der Gefahr, dem Werk gegenüber blind zu sein, auf das lediglich die eigene Befindlichkeit projiziert und dem damit die Möglichkeit genommen wird, als eine wirkliche Alternative zur eigenen Wirklichkeitsauffassung wahrgenommen, diskutiert, anerkannt oder kritisiert zu werden.

Auch die Romantiker gehen von ihrer Zeiterfahrung aus und nehmen auf sie Bezug; das entscheidende Ereignis war die Französische Revolution. Das Bewusstsein, in einer Umbruchsituation zu leben, prägt das Lebensgefühl, die Lebenseinstellung der Romantiker. Ihre ästhetischen Innovationen und vor allem ihre Bewertung der Fantasie als angewandter Möglichkeitssinn werden erst in der Moderne wieder neu entdeckt und machen verständlich, dass sie nicht mehr von einem normativen Wirklichkeitsbegriff ausgehen und sich notwendigerweise vom Nachahmungsprinzip lossagen. Die Kunst behauptet und verteidigt ihre Autonomie, d.h. zunächst ihre Freisetzung von politischer und theologischer Bevormundung. „Die Kunst ist autonom, gleichwohl nicht das Höchste. Es bestimmt ihre utopische Funktion, dass höher als sie die ,Lebenskunst' ist (F. Schlegel). [...] Ihren einzigartigen Rang erhält die Kunst in einer geschichtsphilosophischen Begründung im Rahmen einer Analyse der Epoche. Die Leistung der Kunst wird bestimmt im Hinblick auf grundsätzliche Entzweiungs- und Entfremdungsstrukturen, sei es in der bürgerlichen Gesellschaft, sei es im Menschen selbst zwischen Vernunft und Triebstruktur. Kunst wird kraft ihres ästhetischen Wertes begriffen als Organ und Darstellung von Einheit, als Versöhnung des Getrennten – daher ihre Funktion als erzieherisch-utopisches Modell."[12]

Gegen die ästhetische Autonomie aber kam Widerspruch aus dem Kreis der Frühromantiker selbst, verstärkt nach dem Zusammenbruch des alten Reichs durch die Niederlage Preußens 1806 in der Schlacht bei Jena und Auerstedt. „Der an den Begriffen Schönheit und Spiel orientierten frühklassischen und frühromantischen Auffassung von Kunst wurde jetzt eine Poetik des Herzens, des Mitleids, des Schmerzes und der Sehnsucht nach dem Ewigen und Unendlichen entgegengesetzt, die den Bedürfnissen der nach 1806 einsetzenden vaterländischen

und religiösen Restauration entsprach und die Dichtung der Befreiungskriege vorbereiten half."[13] Dazu gehörte auch der Rückgriff auf Vergangenes, die Neuentdeckung der Volkspoesie. Hält man fest am zeitgeschichtlichen Bezug der Romantik, lässt sich eine Periodisierung im Anschluss an markante Daten der Geschichte vornehmen:

– die **Frühromantik**, die im Zeichen der Französischen Revolution steht, von 1794–1804;
– die **Hochromantik** im Zeichen der Befreiungskriege, 1806–1815;
– die **Spätromantik** im Zeichen der Metternich'schen Restauration nach 1815.

Die folgenden Gesichtspunkte sind wesentlich für das Verständnis der Epoche:

– Die Romantik ist – in ihren Anfängen – Auseinandersetzung mit der Französischen Revolution;
– sie ist deshalb auch Kritik an den deutschen Verhältnissen;
– die Kritik äußert sich vielfach als Kritik an der Aufklärung, sofern diese auf ein bloßes Nützlichkeitsdenken reduziert wird;
– Kritik wird gleichzeitig zur zentralen Kategorie der Poetik und Ästhetik, die sich gegen das Nachahmungsprinzip wendet und die Autonomie der Kunst vertritt;
– die Autonomie manifestiert sich in der Aufhebung der traditionellen Trennung literarischer Gattungen;
– die Ästhetik hat eine universale Tendenz, d.h. ihr geht es nicht nur um die Kunst als einen eigenständigen Bereich, sondern um die Gesellschaft, das Leben als Ganzes;
– daraus entstehen Vorstellungen und Experimente neuer Lebensformen;
– der utopische Ansatz wird schließlich zurückgenommen, an seine Stelle tritt die Berufung auf Volk, Nation, Religion, die allerdings in ihrem Ansatz ästhetisch vermittelt bleiben durch den Begriff des Natürlichen, Ursprünglichen;
– das genuin ästhetische Vermögen ist die Fantasie und, in Verbindung damit, die Ausschöpfung der Potenziale und Fähigkeiten, die die Normalität überschreiten (z.B. Traum, Unbewusstes).

1.2 Fachdidaktisch-methodische Aspekte

Das für Jugendliche vielfach Befremdliche, Ferne, Abgehobene poetischer und ästhetischer Werke der Romantik soll als Herausforderung verstanden werden, nach distanzüberwindenden Zugängen zu suchen, damit das Fremde als Erweiterung des eigenen Erfahrungsraums wahrgenommen werden kann. Möglich wäre ein aktualisierender Zugang, der von solchen romantischen Motiven ausgeht, die in der Gegenwart immer noch Geltung haben oder eine neue Geltung erlangt haben, entsprechend den Ausführungen Alexander von Bormanns: „Heimat, Natur, Gemeinschaft, Nähe, Freundschaft/Liebe, Wärme, Poesie, Fantasie, Spiel, Tanz, Sehnsucht, Frieden, Leben, Ursprung, Mythos, Kreislauf, organische Ordnung, Vielheit (statt Einheit). Die Angst davor, dass diese Denkfiguren durch den Nationalsozialismus korrumpiert seien, ist offensichtlich geschwunden. „Heimat" wird, selbst bei der Linken, als „Sehnsucht nach Identität" neu gewertet, der Taugenichts, der Indi-

---

9 Zitiert bei Karl Robert Mandelkow, a.a.O., S. 15.
10 Besonders betont wird diese ästhetische Vorläuferschaft der Romantik für die Moderne von Karl Heinz Bohrer: Die Kritik der Romantik. Frankfurt/M. (Suhrkamp) 1989.
11 Karl Robert Mandelkow, a.a.O., S. 21.
12 Gerhard Kurz: Ästhetik, Literaturtheorie und Naturphilosophie. Zwischen Revolution und Restauration. Reinbek (Rowohlt) 1987, S. 95 (= Horst Albert Glaser (Hrsg.): Deutsche Literatur. Eine Sozialgeschichte in 10 Bänden, Bd. 5).
13 Karl Robert Mandelkow, a.a.O., S. 67.

aner, die Frau werden unter dem Titel „Das Recht anders zu sein" wiederentdeckt; die Märchenromane eines Michael Ende erreichen Millionenauflagen; der „neue Irrationalismus" versteht sich genauer als Behauptung eines alternativen Vernunfttypus, der sich der „Kolonialisierung der Lebenswelt" entgegenstemmt."[14]

Romantik lässt sich als Suche nach Entgrenzung, Grenzüberschreitung verstehen; Entgrenzungserfahrungen bedeuten Erweiterung der Lebenswelt, die Wünsche, Begehren in vielerlei Hinsicht unerfüllt lässt, gesellschaftlich-politisch und individuell. Entgrenzung heißt Erproben von Möglichkeiten, Interesse an der Vielfalt, an Andersheit, am Fremden, auch an extremen Möglichkeiten, am Unheimlichen. Neue Existenzmöglichkeiten können erprobt werden in einer Zeit, in der Bindungen an Traditionen schwächer werden. Dass es sich tatsächlich um ein Ausprobieren handelt, zeigt sich an den Biografien derjenigen, die zu aufgegebenen Bindungen (z.B. religiösen) zurückkehren. Als ein Spiel-Raum, der weniger gefährdend ist, erweisen sich die Künste, wobei allerdings zu bedenken ist, dass die Existenz des Künstlers als bedroht gesehen wird. Reizvoll erscheinen die Übergänge zwischen der Normalität und den Möglichkeiten der Fantasie, auch die Übergänge zwischen den Künsten, was nahe legt, Musik und bildende Kunst einzubeziehen.

Sucht man einerseits den Zugang zu erleichtern, indem man die Aktualität, Modernität ihrer Fragen, Themen und Motive hervorhebt, riskiert man aber andererseits, dass das Interesse sehr rasch erlahmt, wenn das Identische aufgebraucht ist und die Differenz dominiert. Deshalb ist die Aktualität weniger als „Köder" geeignet; sie könnte eher ein Erkenntnisziel sein. Die Einsicht, dass im Fremden auch Eigenes enthalten ist, sollte für jeden Umgang mit Literatur leitend sein; doch wenn es sich wirklich um eine Einsicht handeln soll, muss sie im Prozess des Umgangs mit den Texten gewonnen, sie kann – wenn sie überzeugend sein soll – nicht als Behauptung (über vordergründige Aktualisierung) vorausgestellt werden.

Vergleiche von Texten aus verschiedenen Epochen sind ein besonders geeignetes Mittel um das Spezifische der Epoche zu erfassen.

Vorausgesetzt werden kann bei den jugendlichen Lesern eine Vorstellung des Romantischen; auf sie nimmt die **erste Sequenz** Bezug mit der Absicht, zu einer – gegenüber dem Romantik-Klischee – präziseren Vorstellung und Begriffsbildung zu gelangen, wobei die ästhetische Erfahrung im Mittelpunkt steht. Hier schon kann deutlich werden, dass zwischen der poetischen Gestaltung und der Welterfahrung ein deutlicher Zusammenhang besteht, dessen geschichtlichen (und lebensgeschichtlichen) Ursachen in der **zweiten Sequenz** nachgegangen wird. Dabei geht es nicht nur um einen historischen Ansatz, der darauf zielt, die Literatur aus ihrer Zeit zu verstehen; vielmehr geht es um die Einsicht, dass die Literatur und Kunst in der Romantik zu einem zentralen Schauplatz und Medium der Wirklichkeitserkenntnis und Identitätsfindung werden. Festmachen lässt sich dieses Streben, die Totalität des Daseins zum Gegenstand der Kunst zu machen, zunächst an der Auseinandersetzung mit dem überragenden politischen und gesellschaftlichen Zeitereignis, der Französischen Revolution. An ihr konnte exemplarisch erlebt und begriffen werden, dass eine grundlegende Veränderung der Zeit- und Lebensverhältnisse möglich ist. Die Erfahrung der Möglichkeit der Veränderung war befreiend, weil man sich ihrer Notwendigkeit bewusst war. Allerdings muss man sehen, dass die Idee der Revolution entpolitisiert

oder – im Verständnis der Romantiker – radikalisiert wurde, indem ihr lebensverändernder Gehalt in den Mittelpunkt gerückt wurde: Demgegenüber lassen sich aus der französischen Wirklichkeit keine Vorstellungen des Neuen gewinnen; das Bild des anzustrebenden Neuen wird gemalt durch den Rückgriff auf längst Vergangenes (Mittelalter), was Missverständnisse herausfordert. Der Vorwurf reaktionär zu sein wird nicht nur daraus abgeleitet; er lässt sich auch aus der Art, wie die Aufklärung kritisiert wird, ableiten. Aber auch hier ist Vorsicht geboten bei der Bewertung: Ähnlich wie „Revolution" zum Symbolwort positiver Veränderung, wird Aufklärung zum Begriff für Negatives, und zwar Borniertsein, Philisterhaftigkeit. Die Aufklärungskritik darf also nicht den Blick dafür verstellen, dass die Romantik in vielerlei Hinsicht das Erbe der Aufklärung angetreten hat, nicht zuletzt in der Bewertung der Rolle der Kritik.

„Aufklärung trat an, um das Irrationale der Welt – Religion und Aberglauben, ständische Autoritäten und Ungleichheiten, irrlichternde Affekte und Naturzwänge – durch Kritik aufzulösen. Die Austreibung *dieses* Irrationalen [...] erwies sich aber zugleich als Verlust soziokultureller Selbstverständlichkeiten und des Zusammenlebens mit der Natur als Entfremdung vom eigenen Leib und Unterdrückung wertvoller Erfahrungsressourcen und Wissenstypen, vor allem aber auch als Exilierung der Fantasie, der Leidenschaften und Triebe."[15]

Während die Hoffnung auf Veränderung der Gesellschaft nicht aufgegeben wird, beginnen die Romantiker, im engeren Rahmen des eigenen Lebens, Alternativen zur bürgerlich-patriarchalischen Herkunftswelt zu erproben; freie Geselligkeit, Freundschaft sollen das Zusammenleben bestimmen. Der existenzielle Bezug eröffnet nicht nur die Möglichkeit der Anknüpfung an die eigene Lebenswelt, sondern schafft auch die Voraussetzung für das Verständnis der Wirklichkeitsbewältigung in der poetischen Produktion. Gerade die Abgehobenheit mancher Texte der Romantik bedarf dieser Rückbindung. Zu den neuen Lebensformen gehört auch, dass die Frauen versuchen, ihren Platz in der Gesellschaft zu erobern. Das tragische Scheitern solcher Versuche wird am Schicksal der Karoline von Günderode sichtbar, die ihre poetischen Werke bezeichnenderweise unter einem männlichen Pseudonym veröffentlichte.

Vor dem Hintergrund der geschichtlichen Veränderungen und der gesellschaftlichen Interessen der Romantiker wird erkennbar, dass ihr Freiheitsverständnis auch im Bereich der Poesie und Ästhetik durchaus konkrete Wurzeln hat. Die künstlerische Reflexion und Produktion stellt die Antwort auf erlebte, erfahrene Mängel dar und kann also auch als Kompensation eines Mangels gedeutet werden. Die Bedingungen, die diese Kunstwerke möglich oder auch nötig machten, erklären noch nicht ihre Form. Diese Werke bilden die Wirklichkeit nicht ab, sondern sie schaffen etwas Neues, Eigenes, dessen Fremdheit für den Leser eine Barriere darstellen kann.

„Der goldene Topf" und das „Marmorbild" eignen sich besonders gut, eine solche Barriere zu überwinden (**dritte Sequenz**). Im Anschluss an romantische Erzählprosa wird die zentrale Rolle der Fantasie thematisiert, was wiederum die Möglichkeit bietet, an die eigene Lebenswirklichkeit der Jugendlichen anzuknüpfen, vor allem mit dem Ziel, Unterschiede zwischen der romantischen und modernen Fantasie (Fantasy) erkennbar zu machen.

Die dichterischen Werke haben ihren Ursprung in der Fantasie, die von den Romantikern als produktives Vermögen reflektiert und entfaltet wird. Sie führt immer wieder zum Konflikt mit der Wirklichkeit. Es soll deutlich werden, dass die Qualität poetischer Werke sich auch daran bemisst, wie dieser Konflikt gestaltet wird. Das Bild der Romantik wäre sehr unvollständig, wenn es nur aus den Gattungen Lyrik und Erzählprosa bestünde; eigentlich tendieren die Romantiker zur Aufhebung der Gattungsunterschiede in einer Art Gesamtkunstwerk.

---

[14] Alexander von Bormann: Wie aktuell ist die deutsche Romantik? In: Euphorion 78/1984. S. 401–414. hier S. 410f.

[15] Hartmut Böhme: Das Andere der Vernunft. © Suhrkamp Verlag 1985, S. 17.

Das Werk Heinrich von Kleists steht „dazwischen", zwischen Klassik und Romantik. Nicht nur der Aufsatz über das „Marionettentheater", sondern auch die anderen Werke („Die Marquise von O...", die Dramen) weisen in der Thematisierung von Unmittelbarkeit des Gefühls und Reflexion/Bewusstsein eine unverkennbare Nähe zur Romantik auf. Der ästhetischen Reflexion und der Rezeption ist die **vierte Sequenz** gewidmet; allerdings ist diese explizite Reflexion als eine Ergänzung zu verstehen, die implizit in vielen Werken enthalten ist.

1.2.1 Sprechen und Schreiben

Im Arbeitsbereich Sprechen und Schreiben stehen die Gattungen Lyrik und Erzählung (Novelle) im Mittelpunkt: Die Gedichtinterpretation wird als Vergleich motivgleicher Texte aus zwei benachbarten Epochen vorgestellt. Der Seminarkurs soll Arbeitstechniken vermitteln und einüben, besonders auch zu fächerverbindendem Arbeiten veranlassen. Neben der Lyrik ist die Novelle eine der Hauptgattungen der Romantik; anhand eines Vergleichs von zwei Novellenanfängen soll die Technik der Prosainterpretation weitergeführt und dabei ein Kommunikationsmodell „Erzählen" entwickelt werden.

1.2.2 Literatur und Medien

Die Verbindung von Kunst und Leben führt dazu, dass Übergänge zwischen Lebenszeugnissen und fiktionalen Texten fließend sind. Für das im Bewusstsein der Leserinnen und Leser verankerte Romantik-Bild ist die Lyrik die dominierende Gattung; Volkslied und Märchen spiegeln das Interesse am Ursprünglichen, das schon für Herder leitend war. Viele Gedichte (vor allem Eichendorffs) erschienen zuerst in erzählerischen Kontexten (Roman, Novelle). Die Kurzform Novelle erlebte einen starken Auftrieb, auch durch die große Zahl von Zeitschriften und Almanachen. Zur Romantik gehören die ästhetische Reflexion und die Kritik, das Fragment ist in seiner Unabgeschlossenheit und seinem Prozesscharakter paradigmatisch für romantisches Denken. Die Satire zeigt, dass die Romantiker ihre Positionen auch kämpferisch vertraten.

1.2.3 Sprachbetrachtung

Die Sprache war in der Romantik Gegenstand der Untersuchung, die Brüder Grimm waren auch Sprachforscher. Das Interesse am unmittelbaren Ausdruck führte zur Volkspoesie; als modernes Korrelat der Unmittelbarkeit galt die Musik, die Musikalität der Sprache. Formen bildhaften Sprechens (Metapher, Synästhesie) werden gesucht; in der Vorliebe für die Ironie kommt das Bewusstsein der Begrenztheit, der Endlichkeit zum Ausdruck.

2. Sequenzvorschläge

Texte und Bilder aus BLICKFELD DEUTSCH Oberstufe	Didaktisch-methodische Kommentierung
I. Romantik-Bilder (S. 238–249) 1. Nacht und Traum – Motive, Bilder und Symbole (S. 238–242) *Friedrich: Mann und Frau den Mond betrachtend Eichendorff: Sehnsucht *Brinkmann: Gedicht Eichendorff: Mondnacht Günderode: Der Kuss im Traum *Bonaventura: Nachtwachen Novalis: Heinrich von Ofterdingen *Schubert: Die Symbolik des Traumes	**Einblicke** in die Epoche: – kreativer Umgang mit Gedichten – Gegenüberstellung von romantischen und modernen Gedichten – Schwellensituation als zentrales Motiv – motivgleiche Gedichte zusammenstellen – fächerübergreifendes Arbeiten: Lyrik und Musik – Auffinden von Schlüsselbegriffen zur Texterschließung – Kritik und Satire – Nachtseite der Romantik: Traum
2. Lieder von Natur und Heimat – Gedichtinterpretationen als Vergleich (S. 242–249) Brentano: Der Spinnerin Nachtlied Brentano: Sprich aus der Ferne Arnim: Gebet Anonym: Lass rauschen Goethe: Rezension *Eichendorff: Das zerbrochene Ringlein *Rühmkorf: Auf eine Weise ... Eichendorff: Abschied Eichendorff: Die Heimat Eichendorff: Die zwei Gesellen Heine: Rückschau	**Erweiterung** und **Differenzierung** durch Gedichtinterpretation und -vergleich: – Gedicht als Klanggebilde – Funktion und Poetik des Volksliedes – Parodie als Rezeptionsform – biografische Information als Verstehenshilfe – Methodik des Interpretationsaufsatzes – Sinnerschließung durch Textvergleich – Lyrik im historischen Längsschnitt
II. Romantik oder das andere Leben (S. 249–257) 1. Veränderung durch Revolution? – Vorschläge für einen Seminarkurs (S. 249–251) *Tieck: Brief an W. Wackenroder *Wackenroder: Brief an L. Tieck Fichte: Zurückforderung der Denkfreiheit ...	**Erweiterung 2** durch die Kenntnis des Zeitbewusstseins: – Auswertung von Briefzeugnissen – griechische Antike als Metapher – Textverstehen durch Erstellen des Klartextes – Seminarkurs als fächerverbindende Projektarbeit

Texte und Bilder aus BLICKFELD DEUTSCH Oberstufe	Didaktisch-methodische Kommentierung

2. Kritische Gänge – Utopie und Satire (S. 251–253)
*Schlegel: Vorlesungen ...
  Novalis: Die Christenheit oder Europa
  Brentano: Der Philister ...
	Vertiefung durch die Erschließung des historischen Selbstverständnisses:
	– Epochenzusammenhänge erfassen
	– einen theoretischen Text erschließen
	– Literatur als Utopie deuten
	– Text-Leser-Kommunikation
	– Satire verstehen

3. Lebensformen: Geselligkeit und Müßiggang
  – Gruppenbildung in der Romantik (S. 253–255)
  Schleiermacher: Versuch einer Theorie des geselligen Betragens
  *Schlegel: Lucinde
  Freundschaftskult in der Romantik
	Erkennen des Zusammenhangs von Literatur und Leben:
	– Verfahren der Begriffsdefinition
	– Einblicke in literatursoziologische Fragestellungen

4. Suche nach Selbstverwirklichung – Frauen in der Romantik (S. 255–257)
  *Günderode: Brief an G. Brentano
  *Günderode: Brief an G. Brentano
  *Günderode: Brief an F. C. von Savigny
  *Arnim: Brief an Goethes Mutter
  *Günderode: Brief an C. Brentano
  Wolf: Der Schatten eines Traumes
	Erweiterung 3 durch die Beschäftigung mit dem Geschlechterrollenverständnis:
	– Mind-Map als Strukturierungs- und Verstehenshilfe
	– Brief als Kommunikationsform und Mittel der Selbstreflexion
	– Literatur und Geschlechterdiskurs

III. Fantasie und Wirklichkeit (S. 258–270)
1. Fantasiebilder in der Dichtung – Vergleich zweier Novellenanfänge (S. 258–265)
  Hoffmann: Der goldene Topf
  Eichendorff: Das Marmorbild
  Textelemente zur Interpretation
  *Kommunikationsmodell „Erzählen"
  Günderode: Der Luftschiffer
  Heine: Auf Flügeln des Gesangs
  *Freud: Der Dichter und das Fantasieren
  Kamper: Macht und Ohnmacht der Fantasie
	Erweiterung 4 der Interpretationsmethode:
	– Novellenanfänge vergleichen
	– Elemente der Prosainterpretation
	– Interpretationsaufsatz: strukturierte Stoffsammlung
	– literarische Gattung: Märchen
	– Nutzung eines Kommunikationsmodells
	– Begriffserläuterung und Textinterpretation
	– Epoche durch Projektarbeit erschließen

2. Gefühlsgewissheit und Verwirrung – Grundthemen Heinrich von Kleists (S. 265–270)
  *Kleist: Amphitryon
  Kleist: Die Marquise von O...
  Kleist: Über das Marionettentheater
	Differenzierung des Epochenbegriffs:
	– eine Dramenszene inszenieren
	– die Wirkung eines Novellenanfangs erfassen
	– Ausgestaltung von Leerstellen als Mittel zum Textverstehen
	– Texterschließungsaspekte entwickeln
	– einen Essay verstehen
	– Begriffserläuterung im Wertequadrat

IV. Romantik begreifen (S. 271–273)
1. Das Selbstverständnis der Romantiker – Aspekte der Poetik (S. 271)
  Schlegel: Athenäums-Fragment 116
  Schlegel: Athenäums-Fragment 216
  *Gedanken zur Poetik
	Erweiterung 5 durch Gesichtspunkte der Poetik und Ästhetik:
	– dichotomische Denkweisen erkennen
	– pointiertes, fragmentarisches Denken verstehen
	– Poetik als Ausdruck des Epochenselbstverständnisses

2. Rückblick auf eine Epoche – Geschichtlichkeit und Aktualität der Romantik (S. 272–273)
  Vierhaus: Schriftsteller in einer Zeit des Umbruchs
  *Hauser: Romantik als übersteigerter Subjektivismus
  Bormann: Über die Aktualität der Romantik
  Romantik-Begriff
	Erweiterung 6 und **Bilanzierung** der Einblicke in eine Epoche:
	– die Sicht des Historikers als Verstehenshilfe nutzen
	– eine Epoche im europäischen Kontext sehen
	– biografische Informationen auswerten
	– Epochenbegriffe als Rezeptionsphänomene begreifen
	– das literarische Leben erforschen
	– Epoche im Spiegel der Entwicklung der literarischen Sprache

3. Erläuterungen und Lösungsvorschläge

I. Romantik-Bilder (S. 238–249)

Es geht um eine erste Begegnung mit Bildern und Texten der Romantik, wobei auch Verbindungen zur Gegenwart hergestellt werden. Bekannte Texte vermitteln den Eindruck des Vertrauten; doch es werden auch neue Kontexte hergestellt und das Bekannte soll vertieft werden. Die **romantische Lyrik** steht dabei im Mittelpunkt.

Bilderläuterungen:

Caspar David Friedrichs Bild „Mann und Frau den Mond betrachtend" ist eine Variante des Dresdner Gemäldes „Zwei Männer, die den Mond betrachten". In dem Paar auf dem **Auftaktbild** werden der Maler und seine junge Frau Christiane Caroline Bommer gesehen. Die Datierung des Bildes ist ungewiss – zwischen 1819 und 1824. Die Anschauung des Mondes ist das zentrale Motiv, das Mondlicht besaß für Friedrich eine große Faszination. Alles gehört dem Vordergrund an, Natur und Personen, die Tiefe ist durch den Mond bestimmt, dessen Licht einen dunstigen Himmel durchdringt. Die Rückenfiguren „lassen uns nur die Wahl, draußen zu bleiben oder uns mit ihnen zu identifizieren. Seine Figuren erscheinen vollkommen passiv – Wanderer, die nicht mehr weitergehen, sondern in Meditation versunken sind.[16] „Die Landschaften Friedrichs zeigen die Kompositionsfigur unverhohlen als erfundenes Gebilde, das sich vor die Dinge stellt. Das besagt aber, dass die Ordnung des Bildes nicht einer unmittelbar sichtbaren Ordnung der Natur entspricht, sondern erst im Bild durch den Künstler hergestellt wird.[17] Friedrich selbst hat sich in einem berühmt gewordenen Zitat so geäußert: „Schließe dein leibliches Auge, damit du mit dem geistigen Auge zuerst siehst dein Bild. Dann fördere zutage, was du im Dunkeln gesehen, dass es zurückwirke auf andere von außen nach innen."

„Im Gegensatz zu dem früheren Bild [„Zwei Männer ..."] ist hier der Vollmond zu sehen, die Leuchtkraft des nächtlichen Gestirns hat zugenommen. Helles, aber diffus-gegenstandsloses Licht füllt den fernen Horizont. [...] Menschen sind, wie immer bei Friedrich, als Einzelpersönlichkeit ausgelöscht. Die ‚Freundschaftsbilder' sind keine Porträts. Sie vermitteln nur das Gefühl der Zusammengehörigkeit von gleichgestimmten Seelen angesichts eines schweigenden und unendlichen Kosmos."[18]

Die altdeutsche Tracht kann als Politikum gedeutet werden – wer sie trägt, weist sich als Sympathisant der als Demagogen verketzerten liberalen Reformer aus, die altdeutsche Tracht war seit den „Karlsbader Beschlüssen" (1819) verboten.

Helmut Börsch-Supan deutet das Bild allegorisch: „Das Paar steht unter einer mächtigen Fichte, dem Sinnbild des Christen. Der ansteigende steinige Weg ist der Lebensweg. Er führt an einem Abgrund entlang, der der Abgrund des Todes ist, aber die Betrachtung des Paares gilt dem Vollmond, dem Symbol für Christus. Der Stumpf einer abgebrochenen Fichte im Rücken der Wanderer ist ein Hinweis auf ihren Tod."[19]

Einer solchen fast gewaltsam erscheinenden Deutung seien die folgenden Ausführungen Wieland Schmieds gegenübergestellt: „Immer wieder hat Caspar David Friedrich diesen Augenblick gemalt: ein einsamer Wanderer, oder ein Freundespaar, oder Mann und Frau, oder eine kleine Gruppe städtisch gekleideter Menschen sind auf ihrem Weg durch die Natur unvermittelt an eine Grenze geraten und halten inne. [...] Die Wanderer bleiben stehen, sie halten inne, sie schauen die Natur an. Es ist, als stünden sie auf der Schwelle zu einer anderen Welt. [...] Der Betrachter wird Zeuge eines ungeheuren Vorgangs: Menschen sehen die Natur an, als wäre sie etwas noch nie Gesehenes. Als wäre es der erste Tag, die erste Dämmerung, die erste Nacht. Als wäre für einen Augenblick das Geheimnis der Welt und unseres Lebens offenbar. Die Wanderer sind stehen geblieben, als wollten sie für immer verweilen. Als könnte sie dieser Augenblick an der Schwelle der Unendlichkeit nie mehr loslassen. Sie haben eine Grenze erreicht. Diese Grenze ist der Ort Caspar David Friedrichs."[20]

(Die Rezeption eines anderen Bildes von C. D. Friedrich, „Mönch am Meer", zeigt, als wie neuartig dieser Maler empfunden wurde, vgl. **K 3**, LB, S. 365).

> ### S. 238–242: I,1. Nacht und Traum – Motive, Bilder und Symbole

Zentrale **Motive** und die zumindest rezeptionsgeschichtlich zentrale Gattung der Lyrik sollen in die ‚Epoche' einführen. *Gestaltungsaufgaben* sollen der analytischen Beschäftigung mit Gedichten vorausgehen. Texte aus verschiedenen Gattungen, aber mit ähnlicher Thematik vermitteln eine Vorstellung von der Einheit der Romantik.

Mögliche Ziele:

1. Über kreative Aufgaben im Anschluss an Texte und Bilder die Gegenwärtigkeit des Vergangenen erfassen
2. Bereits Bekanntes an seinem historischen Ort verstehen
3. Neben dem Naturbezug die „Nachtseite" der Romantik kennen lernen und deren Weiterwirken in der Moderne

---

Seite 238

Texterläuterungen: Das häufig interpretierte Gedicht „Sehnsucht" von J. von Eichendorff, das zuerst im Roman „Dichter und ihre Gesellen" erschien und dort von Fiametta gesungen wird, erzählt in Andeutungen eine Geschichte, ausgehend von der Befindlichkeit des lyrischen Ich, die in der Überschrift ausgedrückt wird. Am Anfang steht der typisch romantische Blick aus dem Fenster, das Posthorn verweist auf Reiselust und Fernweh – zentrale Motive Eichendorffs. Die Bilder am Schluss verweisen auf Italien, nach Adorno wird das Italienbild aus **Goethes** „Kennst du das Land, wo die Zitronen blühn" evoziert. Das Geschehen spielt sich in der Fantasie des lyrischen Ich ab, das seinen Ort am Fenster nicht verlässt, das aber im Prozess des Vorstellens seine innere Situation verändert. Hinweise auf die Situation am Anfang – außer dem Innenraum, der auf Sicherheit verweist: einsam, das Herz entbrennte, heimlich gedacht: Hinweise auf das Ungenügen an der Normalität, ohne dass eine reale Veränderung gesucht wird.

---

[16] Wieland Schmied: Caspar David Friedrich. Köln (DuMont) 1992, S. 18.
[17] Wieland Schmied, a.a.O., S. 34.
[18] Ingeborg Agnesia Becker: C. D. Friedrich. Stuttgart und Zürich (Belser) 1983, S. 73.
[19] Helmut Börsch-Supan: Caspar David Friedrich. München (Prestel) 1973, S. 164.
[20] Wieland Schmied: Caspar David Friedrich. Zyklus, Zeit und Ewigkeit. München, London, New York (Prestel) 1999, S. 5.

1 Skizzierung der Lebenssituation des lyrischen Ichs:

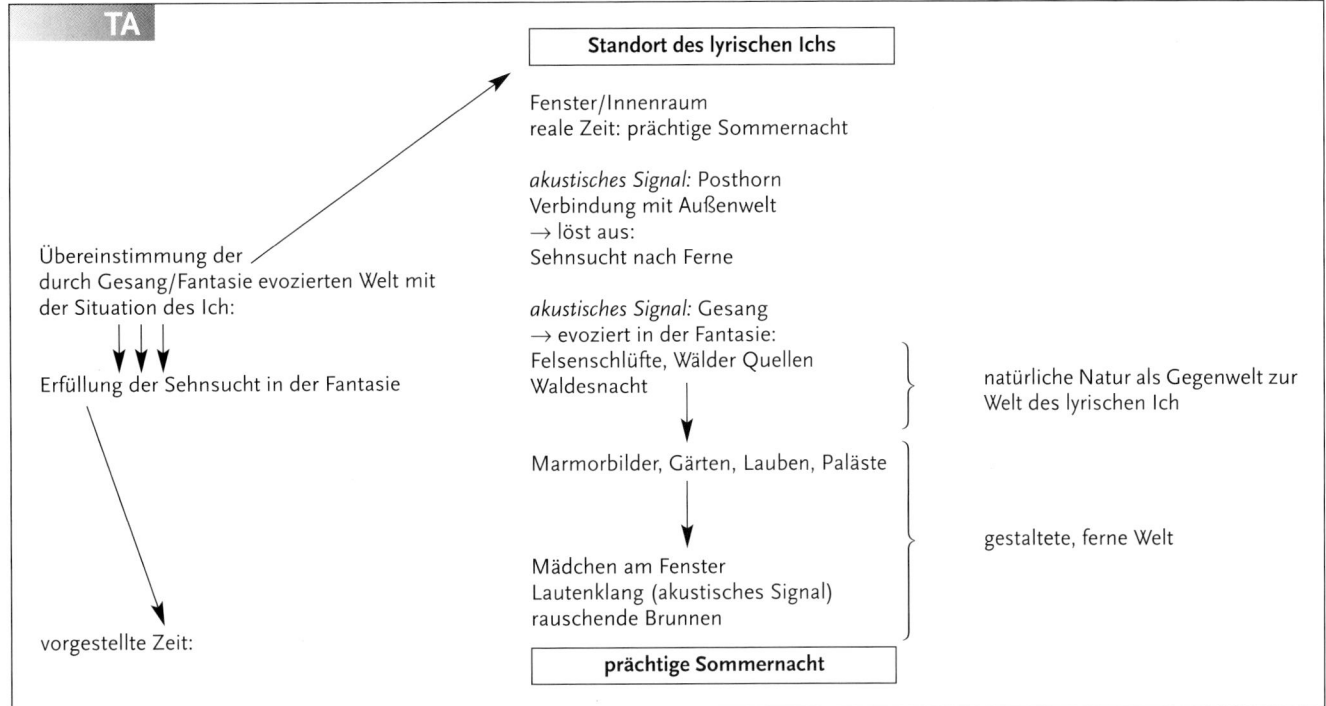

TA

Standort des lyrischen Ichs

Fenster/Innenraum
reale Zeit: prächtige Sommernacht

akustisches Signal: Posthorn
Verbindung mit Außenwelt
→ löst aus:
Sehnsucht nach Ferne

Übereinstimmung der
durch Gesang/Fantasie evozierten Welt mit
der Situation des Ich:

akustisches Signal: Gesang
→ evoziert in der Fantasie:
Felsenschlüfte, Wälder Quellen
Waldesnacht

natürliche Natur als Gegenwelt zur
Welt des lyrischen Ich

Erfüllung der Sehnsucht in der Fantasie

Marmorbilder, Gärten, Lauben, Paläste

gestaltete, ferne Welt

vorgestellte Zeit:

Mädchen am Fenster
Lautenklang (akustisches Signal)
rauschende Brunnen

prächtige Sommernacht

2 Damit eine solche *Nachdichtung* mehr bietet als eine flüchtige, oberflächliche Aufnahme des Motivs Fernweh, müssen sich die Schüler genauer mit der Struktur des Gedichts befasst haben, das erst gibt Anregungen zur Nachgestaltung. (Ein Beispiel aus einem „Schülerwettbewerb im kreativen Schreiben zum 200. Geburtstag Joseph von Eichendorffs am 10. März 1988", veranstaltet vom Schöningh Verlag, enthält **K 1**, LB, S. 363.)

Seite 239

3 Beginnen könnte die Suche mit einem *Cluster* zu „Sehnsucht". Es wird deutlich werden, dass Werbung Sehnsüchte weckt und ihre Erfüllung durch Produkte verspricht. Doch sollten auch andere Medien wie Film, Musik, Literatur berücksichtigt werden. Das Ergebnis ließe sich – in Verbindung mit dem Gedicht – als *Collage* präsentieren oder als *Bild-Text-Ton-Montage.*

4 Es sollte zunächst die Grundstruktur des Gedichts erkannt sein, also die Bezugnahme auf den Standort des lyrischen Ichs im Gedicht, so dass die Spannung zwischen der realen und der fantastischen Welt deutlich wird. („Frau am Fenster" von C. D. Friedrich ist ein Beleg aus der romantischen Malerei für die Situation am Fenster, vgl. **K 2**, LB, S. 364.)

Texterläuterungen:
G. Benn: Das Gedicht hat Gesprächscharakter, der Sprecher nimmt Bezug auf implizit mitgeteilte Erwartungen vom Reisen. Die pessimistische Haltung wird direkt ausgesprochen, Reisen befriedigt kein Sinnbedürfnis, die eigentlichen existenziellen Erfahrungen macht das Ich mit sich, nicht, indem es sich auf die Welt einlässt.
R. D. Brinkmann: Ein sicher jugendlicher Reisender, der hohe Erwartungen hatte (Träume) und nun am neuen Ort mit einer Realität konfrontiert wird, die ernüchternd, enttäuschend ist.

Der inneren Erfahrung entspricht die wenig poetische Form (die im Benn-Gedicht in traditioneller Weise gewahrt ist). Am Ende der Entschluss, einen andern Ort zu suchen – er ist durch die Farbmetapher als Fantasieort ausgewiesen.
Die Realität kann weder für Benn noch für Brinkmann eine Erfüllung bieten. Das Ich im Brinkmann-Gedicht setzt – und darin ist es dem lyrischen Ich bei Eichendorff nahe – auf Fantasie; aber nicht auf die ‚Mythen' Eichendorffs. (Italien gehört zu den Mythen Eichendorffs, die Ankunft des Taugenichts in Rom könnte als Erweiterung einbezogen werden, vgl. **K 4**, LB, S. 366.)

5 Es geht darum, Gedichte für jugendliche Leser dadurch zum Sprechen zu bringen, dass man sie zueinander in Beziehung setzt; möglich wäre das auch unter Verwendung des Begriffs der **Intertextualität** (vgl. SB, S. 283). Die Aufgabenstellung erfordert die Interpretation der einzelnen Gedichte – eine Interpretation, aus der Fragestellungen zum Vergleich entwickelt werden sollen.

Texterläuterungen:
Zur „Mondnacht" von **J. von Eichendorff** gibt es zahlreiche **Vertonungen**, hingewiesen sei besonders auf R. Schumann (1840) und Brahms (1853/54). Über die Rezeption dieses Gedichts, das von O. Seidlin als „Eichendorffs allerschönstes Gedicht" gepriesen wird, berichtet W. Frühwald knapp am Anfang seiner Interpretation, aus der folgende Passagen zitiert seien: „Zwei auffällig vom Konjunktiv geprägte Strophen, mit der korrespondierenden ‚als ob'-Figur, umschließen eine von Verben im Indikativ getragene Mittelstrophe. Die sprachliche Bewegung führt dabei in der ersten Strophe von oben nach unten, vom Himmel zur Erde, in der letzten Strophe aber wechselt die Perspektive, es ist, als ob die Seele aus der dunklen Welt auf zum Himmel flöge. In der zweiten Strophe begegnen sich die beiden gegenläufigen Bewegungen im Bild des Nachtwindes: Der Blick des impliziten Betrachters führt über die wogenden Felder, die Ähren, die rauschenden Bäume des Waldes hinauf zum Himmel einer sternklaren Nacht; [...]."[21]
„Die Seele, die ihre Flügel spannt, als Bild eines Augenblicks, in dem der Mensch den Abglanz des Paradieses erfährt, ist in

[21] Wolfgang Frühwald: Die Erneuerung des Mythos. Zu Eichendorffs Gedicht *Mondnacht*. In: Gedichte und Interpretationen. Klassik und Romantik. Stuttgart (Reclam) 1984, S. 394–407, hier: S. 397.

der *Mondnacht* sinnlich präsent durch die Synkopierung des jambischen Metrums zu Beginn der vierten Verszeile der dritten Strophe."[22]

In **K. von Günderodes** „Der Kuss im Traume" handelt es sich um ein Sonett. Die Vereinigung des Getrennten, wie sie in Eichendorffs Gedicht durch die Mondnacht evoziert wird, schließt das lyrische Ich ein, das die Heimkehr als Möglichkeit erlebt. Zwischen Sehnsucht und Erfüllung im Traum bewegt sich das lyrische Ich im Gedicht der Günderode: Es ist ein „Kuss im Traume", der das Versprechen enthält, dass das Begehren befriedigt werden kann – wenn der Tag „karg" ist „an liebesüßen Wonnen". In beiden Gedichten ist mit ausgesprochen, dass die Erfüllung keine im kruden Sinne reale ist. Im Unterschied etwa zu Gedichten Heines, in denen Fantasie und Realität meist als harte Gegensätze gesehen werden, sind Traum und Fantasie in

diesen romantischen Gedichten produktive Kräfte. Während in Eichendorffs Gedicht die Gegensätze aufgehoben scheinen, bleiben sie in Günderodes Gedicht bestehen, die Imperative drücken den Wunschcharakter aus.

6 Der *Gedichtvergleich* soll die früher eingeübten Aspekte (vgl. u.a. SB, S. 19) anwenden und den differenziert durchgeführten Vergleich (vgl. SB, S. 245ff.) vorbereiten. Der Vergleichspunkt „Sehnsucht und Erfüllung" muss in der jeweils spezifischen inhaltlichen und formalen Gestaltung gesehen werden.

7 Die Aufgabe bietet neben der *Motivuntersuchung* die Möglichkeit, verschiedene Dichter der Romantik kennen zu lernen; einige Vorschläge[23]:

Autor/Titel	Konnotationen zu „Nacht"	Beziehung Subjekt-Außenwelt	Wertung
...	...	...	...
Novalis: Hymnen an die Nacht, 6. Hymne	ewige Nacht – Tod/Heimkehr/Heimat	positives Verhältnis zur Nacht	Abwertung der Welt, des Diesseits
Achim von Arnim: Abendempfindung	Nacht – Liebe – Lust – Ruhe	positives Verhältnis zur Nacht (glänzen, funkeln)	Aufwertung der Welt, Sinnesreize
C. Brentano: Hörst du wie die Brunnen rauschen	Nacht – Flügel – Himmel	Nacht und Traum verwandeln das Ich, Glückserleben	

8 *Fächerübergreifendes Projekt* Deutsch – Musik: Es soll an die 5000 Vertonungen von Gedichten Eichendorffs geben, sein Nachruhm gründet vor allem darauf. Literatur: Eckart Busse: Die Eichendorff-Rezeption im Kunstlied. Würzburg 1975.
Teamarbeit ist hilfreich; Ziel könnte eine *Präsentation* einiger Beispiele in einem Romantik-Café sein, am Ende einer Unterrichtseinheit. Entscheidend wäre, in der Kommentierung das Verhältnis von Eichendorffs „Sprachmusikalität" und die jeweilige Umsetzung in „Tonsprache" zu erörtern. Interessant wäre es, e i n e n Text in unterschiedlicher Vertonung zu betrachten.

Seite 240

9 Die **Nacht** erscheint gleichzeitig als wunderbar, märchenhaft und geheimnisvoll und als gefährlich und abenteuerlich, da sie die Fantasie zu Angstszenarien verführt. Der **Sprecher** sieht sich als Ex-Poeten, der nun einem „ehrlichen Handwerk" nachgeht, das so beschaffen ist, dass es ihn ernährt und seine Fantasietätigkeit anregt. Nur der Beruf des Nachtwächters, so der ironische Grundton, also eines Polizisten, gewährt der **Fantasie** einen Spielraum in der „kalt-prosaischen Welt".
Der **Poet** wird gesehen als einer, der wie die Nachtwächter tauben Ohren singt. Er ist, wie die theatralische Pose es zeigt, eine tragische Existenz. Er schreibt um der eigenen Unsterblichkeit willen, aber hat nicht die Mittel, um überhaupt zu überleben. Er hungert, verfolgt von den Gläubigern.

10 Der **Poet** könnte sich wehren gegen die Unterstellung, dass er nur für seine Unsterblichkeit, also den Nachruhm schreibt. Aus dem Bedürfnis des Nachtwächters, seine langweiligen Gänge durch Fantasietätigkeit zu beleben (vgl. Novalis: „Die Welt muss romantisiert werden ..."), könnte der Sinn der Poesie für das menschliche Leben belegt werden. Der Nachtwächter beweist damit, dass die „kalt-prosaische Welt" die menschliche Natur verkümmern lässt, wogegen sich die Fantasie wehrt. Die Poesie ist kein „unehrliches Handwerk". Weitere Gesichtspunkte zur Notwendigkeit der Poesie wären:

– das Bedürfnis nach dem „Anderen der Vernunft"
– Poesie als Mittel zur Erweiterung des Ich und seiner ungelebten Möglichkeiten
– Poesie als Widerstand gegen die durchrationalisierte Welt
– Verkümmerung des Menschen ohne Fantasie und Poesie; Fantasie als Menschenrecht
– Das singende Kind, Märchen und Mythen als Beweis für die im Menschen angelegte Poesie
– Die Poesie entsteht in angespannter Arbeit (das nächtliche Schaffen des Poeten)
– Der Dichter erzeugt ständig neue Ideen und Gestalten
– Fantasie ohne poetische Arbeit könnte in Angstvorstellungen enden (die Ängste des Nachtwächters)
– Die Gesellschaft müsste den Dichter honorieren statt ihn verhungern zu lassen.

11 Der Poet und die Poesie werden durch die **Ironie** des Erzählers ambivalent bewertet, eindeutig kritisiert wird nur die Gesellschaft.
Der Satz: „Wer jetzt leben will, darf nicht dichten" ist diskutierbar. Einerseits wird der **Poesie** angelastet, dass sie die Sterblichkeit vergessen macht und über den Ernst des Lebens hinwegtäuscht, andererseits entspringt sie dem Bedürfnis nach Romantisierung der Welt und macht das Leben lebenswert.
Dasselbe gilt für den **Poeten**. Hier kommt als weiterer Kritikpunkt hinzu, dass sein Hauptmotiv die Ruhmsucht sei, dagegen steht der eigene, nun aufgegebene Wunsch des Sprechers Poet zu sein; sein unausgesprochener Neid.
Die **Gesellschaft** wird bezeichnet als „kalt-prosaisch". Ein fast nutzloser Nachtwächter, der das Leben kaum schützt und nur das ewig mahnende Lied von der verrinnenden Zeit und der Kürze des Lebens singt, das auf taube Ohren stößt, kann davon leben, während der Poet, dessen Arbeit menschlichen Bedürfnissen gilt, hungert. Die bürgerliche Gesellschaft missachtet die Künste und überlässt sie dem Markt. Genauso wie die Sicherheit (Nachtwächter) müsste sie die Künste fördern.

---

[22] Ebenda, S. 401f.
[23] Romantik Lyrik. Hg. von H.-H. Evers. Stuttgart (Klett) 1984. – Epochenübergreifend findet man Textzusammenstellungen beispielsweise auch in der Lyrik-Anthologie von Echtermeyer/von Wiese.

Seite 241

Texterläuterungen:

„Der Traum ist ein dritter Bewusstseinszustand neben dem Wachsein und dem Schlaf, seine existenzielle Bedeutung für den Menschen – und für alle Säuger – unbestritten. [...] Bis in das 17. Jahrhundert hinein war der Traum auch in der Philosophie als Mittel der Erkenntnis und der Wahrheit anerkannt. Ganze Gedankengebäude wurden mit einem Traum eingeleitet, sinnierende Philosophen und Dichter als Einschlafende dargestellt, die träumende Inspiration erwarteten."[24] Daran ist zu denken, wenn man verstehen will, weshalb Traum und Unbewusstes in der Romantik eine so wichtige Rolle spielen, sie knüpft damit an vorromantische Vorstellungen an.

12 Schubert vergleicht die Sprache des Traumes mit derjenigen des Wachzustandes; die **Sprache des Traums** ist bildhaft, sie ist assoziationsreich, stellt Beziehungen zwischen verschiedenen Bereichen her in einer Geschwindigkeit, zu der die aus Worten bestehende Sprache nicht in der Lage ist. Der Traum ermöglicht einen Zugang zur Natur des Geistes, er eröffnet den Zugang zur freien Kreativität der Seele.

Texterläuterungen:

Die Erzählung von der blauen Blume hat den Protagonisten an die Welt des Traumes denken lassen, weil in der realen, vom Nützlichkeitsdenken bestimmten Welt eine Blume keine solche Bedeutung hat. Er kann sich nicht mitteilen, kann nicht in Sprache ausdrücken, was ihn beschäftigt. Musik scheint als Medium eher geeignet. Die Traumlandschaft ist räumlich ohne Grenzen, die Bewegung erfolgt mit Leichtigkeit. Das Leben ist äußerst abwechslungsreich, wandelt sich in großer Geschwindigkeit; die Empfindungen sind intensiver. Unzugänglich erscheinende Orte können leicht erreicht werden. Das Gesehene ist unvorstellbar schön; der Protagonist hat himmlische Empfindungen, unzählbare Gedanken, neue Bilder, erotische Vorstellungen: „Berauscht von Entzücken und doch jedes Eindrucks bewusst" (Z. 53).

13 Einerseits soll deutlich werden, wie die Realität im Traum überschritten wird, neue Wahrnehmungen und Erfahrungen möglich werden; andererseits ist der Traum in der ‚normalen' Sprache erzählt: Das ganz andere der Erfahrung, von dem Schubert spricht, ist eigentlich gerade nicht übersetzbar.
(Der Vergleich des Traums des Vaters mit dem des Sohnes lässt das „typisch Romantische" noch deutlicher werden, vgl. **K 5**, LB, S. 367.)

TA Auswertung der Ergebnisse:

Aufbau		Innenwelt	Außenwelt
Z. 1–4:	Einleitung	unaussprechliches Verlangen	Wind/Mond
Z. 4–21:	Erinnerung an den Fremden; der andere Zustand und die Sehnsucht nach der blauen Blume	seltsame Leidenschaft entzückend wohl	man kümmert sich nicht um Blumen unbeeindruckt
Z. 22–67:	der Traum		
	Verdichtung des Lebens	Empfindungen – nie gekannte Höhe	Traumwelt Fernen, Meere, Kriege, Liebe, Verlust
	Weg zur Höhle	still in seiner Seele	Wald, Felsenschlucht, Licht, Stille, unendliche Farben, kühl
	das Innere der Höhle		
	Wasser	geistiger Hauch unwiderstehliches Verlangen	Strom, Himmel lichtblaue Blume
Z. 67–69:	die blaue Blume Erwachen		

Seite 242

14 (Eine kurze Darstellung des Surrealismus enthält **K 17**, LB, S. 377.)

> **S. 242–249: I,2. Lieder von Natur und Heimat – Gedichtinterpretation als Vergleich**

Die Gedichtinterpretation und der Gedichtvergleich stehen im Mittelpunkt des methodischen Lernens. Durch die Konfrontierung von Gedichten aus verschiedenen Epochen kann das jeweils Spezifische noch besser erfasst werden.

Mögliche Ziele:

1. Die Bedeutung der Volkspoesie für die Romantik erkennen
2. Die Rezeption in Gestalt von Parodie verstehen
3. Die Methoden der Gedichtinterpretation und des Gedichtvergleichs differenzieren

Seite 242

1a In den Gedichten Brentanos wird der Vorrang des Klangs gegenüber der expliziten Aussage erst durch *lautes Lesen* fassbar. Das Gedicht von Arnim hat vor allem eine Botschaft (Gebet), die referiert werden kann.
Schwierigkeiten beim *Vortrag* machen die Enjambements, wie überhaupt besonders auf Pausen zu achten ist. Es ist durchaus sinnvoll, dass die Texte vor dem Vorlesen mit Sprecherhinweisen markiert werden.

1b Nicht jedes Gedicht sollte in gleicher Ausführlichkeit interpretiert werden. Deshalb werden verschiedene Zugänge nahe gelegt. Die Detailanalyse darf dennoch nicht vernachlässigt werden – sie ist ein Mittel, die Wahrnehmungsfähigkeit zu schulen. Der *Cluster*, aus **Schlüsselwörtern** erstellt, lässt die Struktur erkennen:

---

[24] Margret Kampmeyer-Käding in: 7 hügel – Bilder und Zeichen des 21. Jahrhunderts. VII träumen. Berlin (Henschel) 2000, S. 15f.

Brentano: „Sprich aus der Ferne"

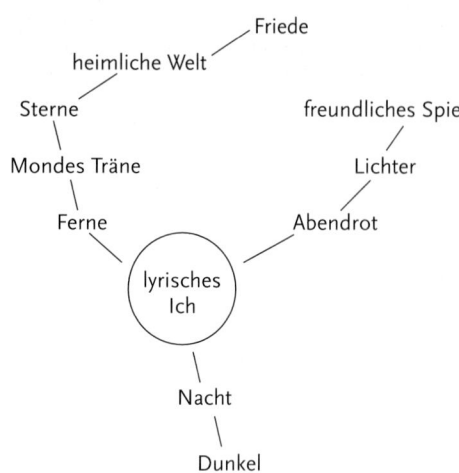

(Aus dem kontrastiven Vergleich gerade von romantischen und expressionistischen Gedichten lässt sich das je Spezifische besonders gut herausarbeiten, vgl. **K 6** und **K 7**, LB, S. 368.)

Seite 243

2a **Schlüsselbegriff** ist die „höhere innere Form", die sowohl dem vollkommenen Kunstwerk wie dem Volkslied eignet. Merkmale des Volksliedes:

– das Stimmige und Tüchtige
– wahre Poesie
– unglaublicher Reiz für die auf höherer Bildungsstufe Stehenden
– Konflikt von Natur und Kunst
– in sich vollendet
– Unvollkommenheit der Sprache, der äußeren Technik
– beschränkter Zustand
– die ganze Welt im kleinen Raume

2b Das Gedicht weist Ähnlichkeiten mit manchen Gedichten Brentanos auf; der innere Zusammenhang ist unklar, Wiederholungen wirken kunstvoll. – Die meisten **Volkslieder** aus „Des Knaben Wunderhorn" erzählen eine Geschichte. Goethe hat in seiner Rezension eine große Anzahl kurz charakterisiert; einige Zitate: „feenhaft, kindlich, gefällig"; „tief, rätselhaft, dramatisch vortrefflich behandelt".

Seite 244

Texterläuterungen:

Die **Parodie** des Eichendorff-Gedichts von Peter Rühmkorff wurde zuerst im Oktober 1960 auf der Tagung der Gruppe 47 in Aschaffenburg vorgetragen. „Mit der Parodie soll jene in der Wirkungsgeschichte vorgeprägte Rezeption erschwert werden, und zwar mittels eines Montageverfahrens, das zu Verfremdungen, Oppositionen, Diskrepanzen und Vermischungen verschiedener Ebenen führt."[25] In den „Doppelinterpretationen" äußert sich Rühmkorf selbst zu dem Text und Dieter E. Zimmer interpretiert ihn: „Rühmkorfs wahrer Gegenstand dagegen ist nicht ein bestimmtes Gedicht von Eichendorff, es ist nicht Eichendorff überhaupt und auch nicht das, was unter dem Begriff romantischer Poesie zusammengefasst wird – es ist das Bewusstsein von Peter Rühmkorf."[26]

3 Treue und Treubruch sind die zu vergleichenden Motive. Entscheidender aber als das Inhaltliche ist das Maß an Gebrochenheit und Verfremdung in der Parodie, so dass eine Beschränkung auf den Motivvergleich nicht ausreichte.

4 Eichendorff: Die Heimat. – Ausgehen könnte man von der Kommunikationssituation, – der Bruder des Sprechers als Adressat, entsprechend sind Vertrautheit, gemeinsame Erfahrungen vorauszusetzen, die dem Leser nur über den Gedichttext vermittelt werden. Die erste Strophe fragt nach der Mächtigkeit der Erinnerung und evoziert zugleich den Ort, der durch charakteristische Attribute vorgestellt wir; das lockende akustische Signal, das Reh am Abgrund mit der Konnotation „Angst", der Wald, der verwirrt und die Vorstellung eines unaussprechlichen Schmerzes weckt. Die Heimat ist also nicht nur mit positiven Vorstellungen besetzt. – Der Vergleich der Fassungen zeigt, dass die handschriftliche Fassung pessimistischer ist; die Bindung an die Heimat ist ambivalent. „Unter **Heimat** wird von Anfang an – das zeigt gerade die chronologische Anordnung der Gedichte – die transzendente Heimat des Menschen verstanden, die er erst im Tode erreicht."[27] (Ein Vergleich zwischen Eichendorff und Karl Krolow zeigt, dass Literatur auch immer als Antwort auf Literatur gelesen und verstanden werden kann, vgl. **K 8**, LB, S. 368.)

Seite 246

Texterläuterungen:

Das Gedicht wurde von Eichendorff zuerst mit dem Titel „Frühlingsfahrt" veröffentlicht (1818). Eine ausführliche Interpretation hat O. Seidlin verfasst[28].

„In keinem anderen Eichendorff'schen Gedicht sind die Bedrohungen wahrer menschlicher Existenz: engumzirktes Philisterium und allentgrenzender Selbstverlust, Sich-Verliegen und Sich-Verlieren, so scharf nebeneinander gestellt, so nummernmäßig aufgezählt wie in diesem von den beiden Gesellen. Eine Doppelgeschichte wird entfaltet, die erste und die zweite, jede in sich abgerundet – und in sich zentriert, nicht nur eine Lebensweise als Hintergrund und Gegenbild für die andere beschworen, so wie etwa vor dem Taugenichts, dem „frohen Wandersmann", *die Trägen, die zu Hause liegen*, als abschreckendes Beispiel auftauchen, oder umgekehrt dem häuslich Eingeschlossenen, der lauschend am Fenster steht, der Gesang der fahrenden Gesellen als Lied der „Sehnsucht" entgegenklingt. Das erzählende Ich, in dem sich in vielen anderen Eichendorff-Liedern die polaren Lebensmöglichkeiten als abgewiesene oder umworbene aufeinander beziehen, hat sich in unserem Gedicht zurückgezogen, „verhält" sich im wörtlichen Sinne bis in die letzte Strophe, in der es ganz unerwartet als neue Figur auf der Bühne des Gedichts erscheint. Damit bekommt das poetische Gefüge einen Doppelcharakter, der auch im Formalen der thematischen Zweiheit der nachgezeichneten Lebenswege entspringt: ein objektives Erzählgedicht der balladesken Art, wie Eichendorff deren viele in der Gruppe „Romanzen" zusammengestellt hat, schlägt unvermutet am Ende in Selbstbekenntnis und Gebet um." (S. 162)

Der **Vergleich** dieses Gedichts mit Heinrich Heines „Rückschau" vermittelt ein gutes Bild von zwei aufeinander bezogenen Kunstauffassungen und Lebensentwürfen: Eichendorffs Gedicht kritisiert das Philisterdasein, aber auch das frühromantische Freiheitskonzept; der Schluss spricht sich für die religiöse Bindung als existenzielle Notwendigkeit aus, bleibt aber letztlich offen.

[25] Deutsche Lyrik-Parodien aus drei Jahrhunderten. Hrsg. Th. Verweyen und G. Witting. Stuttgart (Reclam) 1983, S. 249.
[26] Doppelinterpretationen. Hrsg. Hilde Domin. Frankfurt/Bonn (Athenäum) 1966, S. 295.
[27] Joseph von Eichendorff: Gedichte Versepen. Hrsg. H. Schultz. Deutscher Klassiker Verlag 1987, S. 752.
[28] Oskar Seidlin: Versuche über Eichendorff. Göttingen (Vandenhoeck und Ruprecht) 1985, S. 162–192.

Das lyrische Ich Heines (hier sicher weitgehend identisch mit dem biografischen Ich des Autors) vertritt zunächst selbstbewusst ein hedonistisches Konzept; aber es ist von Anfang an ironisch gebrochen, der Genuss ist reichlich banal und bescheiden, gewollt unheroisch. Dieses Glück hat keinen Bestand, ihm folgt die Desillusionierung und keine Aussicht auf Erlösung. Die Fantasie wird desillusioniert, wenn sie mit der Realität konfrontiert wird; die romantische Fantasie wird ironisch gebrochen, weil sie die angestrebte Unendlichkeit nicht erreichen kann. Bei Heine werden innerweltliches Glück, Genuss nicht entwertet, wohl aber relativiert; für Eichendorff stellen weder das kleinbürgerliche Idyll noch die freie ästhetische Existenz das Glück dar.

5a „Die zwei Gesellen" lässt eine vergleichende Charakteristik erwarten, bei der es möglicherweise um deren Beziehung zueinander geht. „Rückschau" macht deutlich, dass es um eine nachträgliche Reflexion geht, um Bilanzierung, ohne dass inhaltlich schon etwas vorgegeben ist.

5b Beim *stillen Lesen* werden sehr viel stärker inhaltliche Auffälligkeiten notiert. Bei Eichendorff z.B. Frühling, Lust und Schmerz, Pläne etc. Bei Heine z.B. Genuss, Heldenhaftigkeit, Reichtum etc. – Die Aufforderung zum *lauten Lesen* sollte immer wieder erfolgen, damit das Gedicht in seinen formalen Eigenarten, vor allem als Klanggebilde wahrgenommen wird: Eichendorff – dreihebig, jeweils nur zwei Zeilen reimen, Strophengliederung; Heine: vierhebig, Paarreime, keine Strophen.

5c Die Gedichte beschreiben Lebensentwürfe; so liegt es nahe, sich über Lebensentwürfe Gedanken zu machen,

wie man sie sich vorstellen könnte; denkbar wären *Bildimpulse* (Menschen/Porträts) als Anstoß für eine *Vorproduktion*. Eichendorff: Die 1. Strophe könnte Anlass sein, eine Aufbruchsgeschichte zu erzählen – nach dem Schulabschluss verlässt man den vertrauten Ort, die Familie; man hat Vorstellungen, Erwartungen. Heine: Z. 21 „Das waren Visionen, Seifenblasen" – dazu ließe sich eine Geschichte erzählen von Erwartungen, die nicht erfüllt wurden.

Seite 247

6a Die dargestellten Aspekte treffen das Wesentliche. Aber zu den Auffälligkeiten gehört auch der inhaltliche Aufbau:
Eichendorff: Strophen 1/2 – 3 – 4/5 – 6 (beide Gesellen, der 1. Geselle, der 2. Geselle, das lyrische Ich).
Heine: Zweiteiligkeit; Steigerung im 1. Teil bis Z. 20 (Rückblick mit impliziter Reflexion/Ironie ab Z. 11); Z. 21 – 34: explizite Reflexion, die Wahrheit; Z. 35/36 ironische Anrede.

6b Hier geht es darum, den inhaltlichen Aufbau der Gedichte zu beschreiben, dabei aber auf die Struktur zu achten, also auch *Oberbegriffe* zu bilden. Die Blockbilder zeigen die Hauptaspekte und verhindern auf diese Weise, dass sich die Schüler in Details verlieren: Vor allem wird der Kontrast zwischen Schein und Wirklichkeit deutlich.

6c Die **Stoffsammlung** ließe sich etwa so ergänzen: Hinweise zu Eichendorffs „Die zwei Gesellen":

Strophe	Inhalt / Motive	Formmerkmale	Bedeutung/Sinn
1	Aufbruch von zwei jungen Männern von zu Haus, im Frühling	– erzählend, Präteritum – dreihebig, Daktylen, Trochäen – Reim: a b a a b – Enjambements Z. 1/2, 3/4/5 – Partizipien Präsens/Adjektive mit positiven Konnotationen – Metapher „Wellen des Frühlings", Konnotation Bewegung, Dynamik – Lautmalerei	Aufbruch – typisches romantisches Motiv
2	Absichten, Ziele – hohe Dinge, was Rechtes tun, dabei das Bewusstsein der Ambivalenz, also von Lust und Schmerz	– Strophe = Satz (im ganzen Gedicht) – *die*: Ausdruck von Distanz des Sprechers? – Aufbau: Zusammengehörigkeit von Strophe 1 und 2, Schilderung der Ausgangssituation; Gedankenstrich am Ende	Ziel der Reise ist das Hohe, das Rechte, also nicht einfach das ganz Normale, Alltägliche.
3	Schicksal des Ersten: Heirat, gute Mitgift, Familie, Behaglichkeit	– nur eine Strophe für den Ersten – Diminutiva – Zeichen für das kleine Glück, ironisch? – Alliteration (Hof, Haus) – heimlich = heimelig – Adverb „behaglich" als Schlüsselwort – passivisch: ihm wird etwas gekauft; er sitzt als Zuschauer am Fenster	Angesichts der ursprünglichen Ziele ein kleines Glück im Winkel, für das er eigentlich nicht viel getan hat: erinnert an Philisterleben
4/5	Schicksal des Zweiten – lässt sich verführen, geht unter, scheitert, steht am Ende einsam da und hat nichts	– Gegensatz singen – lügen (Z. 1) – Unbestimmtheit von „Grund": Konnotation Abgrund – Sirenen: mythologische Anspielung/Odysseus – Enjambements (Str. 4) – Metapher: buhlende Wogen – Synästhesie: farbig klingend – Metaphern: Schlund; Schifflein = Lebensschiff Gegensatz klingend – still; Zugehörigkeit – Einsamkeit	Scheitern am Lustprinzip; Einsamkeit, Kälte, Alter: Wer von beiden steht am Ende besser da?

Strophe	Inhalt / Motive	Formmerkmale	Bedeutung/Sinn
6	Kommentar des lyrischen Ichs – Trauer, Melancholie, Sorge angesichts junger Menschen im Aufbruch	– Wechsel der Zeit: Präsens – lyrisches Ich erscheint explizit als Sprecher – Wiederholung, vgl. 1. Strophe – Gebet – Pronomen: uns	Reflexion des lyrischen Ichs: Weder die Glücks-, Erfolgsgeschichte noch die Misserfolgsgeschichte sind wünschbare Biografien. Resignation oder Hoffnung am Schluss?

Hinweise zu Heines „Rückschau":

Z. 1	Gerüche: Geruchssinn als elementarer Sinn, sinnliche Erfahrung des Lebens
Z. 2	holde Erdenküche: Das hochliterarische Adjektiv „hold" wird mit der Metapher „Erdenküche" verknüpft; Konnotationen – Einfachheit, elementare Lebensbedürfnisse, leibliche Genüsse
Z. 4	Held: Verbindung von Held und Genuss – provozierender Ausdruck einer materialistischen Grundhaltung
Z. 5ff.	Die aufgeführten Genüsse sind bewusst einfach, Ausdruck eines nicht idealistischen Menschenbildes
Z. 9	ironischer Vergleich, die Doppeldeutigkeit wird gesucht: auf hohem Ross – selbstkritisch
Z. 11	auf der grünen Wiese des Glücks: Glück als Lebensglück, Genuss, sinnliche Erfahrung, Wohlstand – alles Dinge, die nicht mit dem Idealbild eines Dichters assoziiert werden
Z. 12	„goldigst": der eigentlich unmögliche Superlativ ist ein weiteres Ironiesignal, ebenso der Lorbeerkranz (Symbol des Dichterruhms) als Duftquelle, die Rauschzustände auslöst
Z. 15	Rosen, ewiger Mai: poetische Symbolik, die abgenutzt ist
Z. 18	Schlaraffenland: Ironiesignal, ebenso Z. 20 die operettenhaften „Englein"
Z. 21	Kontrast „Vision" und „Seifenblase"
Z. 34	Tod – im Grabe verschnaufen: euphemistische Umschreibung, Ironiesignal
Z. 35f.	Ironiesignale: „das versteht sich", „dort oben"; Anrede „christliche Brüder" – vom jüdischen Poeten

6d Die Ausformulierung – als umfangreiche *Hausaufgabe* – verlangt Zeit, die den Schülern eingeräumt werden sollte. Die Arbeiten sollten dann zur Kenntnis genommen/gewürdigt werden – als (allerdings aufwendige) Lehrerkorrektur oder als gegenseitige Korrektur nach dem Verfahren der *Textlupe*. Eine ausgeführte Interpretation ist eine unerlässliche Übung für die Schüler.

Seite 249

7 Die *Bearbeitung* der Schlüsse ergibt folgende Ergebnisse:
Beispiel a: ... wenn man die Lebensentwürfe als beispielhaft für eine bestimmte Zeit versteht; es ist keine Sinnaussage über *das Leben*.
Beispiel b: ... dass es nicht nur um ganz subjektive, individuelle Vorstellungen geht. Den zwei Gesellen fehlt ein Realitätsbezug, so könnte man sagen; ihre Erwartungen sind recht unbestimmt, so dass ein Scheitern nahe liegt. Bei Heine geht es darum, wie man eine Lebensgeschichte erzählen kann, nämlich auf sehr verschiedene Arten: Einmal, was für den Dichter eher typisch ist, heroisierend, sich stilisierend; zum andern, indem man auch hinter die Fassade schaut, Widrigkeiten nicht ausblendet.
Beispiel c: Sowohl Eichendorff wie Heine haben einen kritischen, ernüchternden Blick; allerdings gibt es für den einen die Religion als Sinnstiftung, für den andern gibt es nur das Leben im Diesseits, die eine Wirklichkeit.
Beispiel d: lässt sich aus den Hinweisen a–c ergänzen.

II. Romantik oder das andere Leben (S. 249–257)

Die Romantik ist nicht nur eine Stilrichtung der Literatur, sondern sie entwickelt neben einem Kunst- auch ein Lebenskonzept, das auf Veränderung zielt – sowohl in der Kunst wie im Leben. Facetten dieser Verankerung im Leben sollen erfasst werden: Das Verhältnis zur Französischen Revolution, zur Gesellschaft der Zeit, zur Geschlechterordnung.

S. 249–257: II,1. Veränderung durch Revolution? – Vorschläge für einen Seminarkurs

Um die Herkunft und Form des romantischen Denkens zu erfassen, muss man neben den literarischen Zeugnissen auch solche des Lebens (Briefe) einbeziehen. Wie sich die Französische Revolution auswirkte, kann man dort erkennen. In einem *Seminarkurs* könnte das Thema umfassender und fächerverbindend aufgearbeitet werden.

Mögliche Ziele:

1. Briefe als wichtige literarische Zeugnisse auswerten
2. Den gesellschaftlich-politischen Ursprung einer Kunstkonzeption begreifen
3. Der Seminarkurs als fächerverbindende Projektarbeit

Seite 250

1 Der *Vergleich* der Briefauszüge ergibt Folgendes:

Tieck	Wackenroder
– drückt eine gewisse Enttäuschung aus, weil sein Freund sich nicht über die Franzosen geäußert hat – Wunsch, Franzose zu sein – Bedauern, in einer Monarchie zu leben, die gegen die Freiheit kämpft – stellt fest, sich sehr verändert zu haben – Bereitschaft, für die Freiheit zu kämpfen – sieht den Genius Griechenlands in Frankreich – Hoffnung auf positive Auswirkungen auf Europa	– teilt den Enthusiasmus des Freundes – erträgt nicht die Herablassung von Leuten gegenüber den Franzosen – könnte nicht als Soldat kämpfen – ist in der Situation sich zu rechtfertigen, weil ihm Heldenmut und Tapferkeit abgehen – sein Hauptinteresse gilt der idealischen Kunstschönheit

Zwei unterschiedliche Temperamente äußern sich in diesen Briefen, doch zeigt Tiecks Brief, dass seine Begeisterung stark ästhetisch vermittelt ist, wenn er Parallelen zu Griechenland herstellt. Eine Beziehung zu dem Tagebuch **G. Heyms** ließe sich herstellen, SB, S. 332. (Ein literarisches Zeugnis für die außerordentliche Bedeutung der Kunst im Verhältnis zur Wirklichkeit stellt die Berglinger-Novelle aus den „Herzensergießungen eines kunstliebenden Klosterbruders" dar, vgl. **K 9**, LB, S. 369.)

2 „Griechen als Metapher" – das bedeutet, auf die Rolle der **Antike** für die **Weimarer Klassik** zu blicken und damit auch auf Johann Joachim **Winckelmann** (1717–1768), der den Blick der Kunstwissenschaft nach jahrhundertelanger Konzentration auf die römische Antike auf die Kunst des griechischen Altertums lenkte (Gedanken über die Nachahmung der griechischen Werke, 1755). Die Formulierung „edle Einfalt und stille Größe" war prägend (vgl. SB, S. 204ff.). Bei den Griechen findet sich „nicht allein die schönste Natur sondern noch mehr als Natur, das ist, gewisse idealische Schönheit derselben". Auch für **Schiller** werden die Griechen durch die Tatsache attraktiv, dass sie „die Natur in der Menschheit nicht verloren hatten" („Über naive und sentimentalische Dichtung"). Eine Fortsetzung findet dieses Denken bei **Friedrich Schlegel**, er sieht bei den Griechen den „Geist des Ganzen", während für die Neueren das „Bewusstsein der inneren Entzweiung" (**A. W. Schlegel**) bestimmend ist. **Heine** nimmt in seinem Gedicht „Die Götter Griechenlands" darauf skeptisch-ironisch Bezug. Schiller spricht in „Über die ästhetische Erziehung des Menschen" von den „griechischen Staaten, wo jedes Individuum eines unabhängigen Lebens genoss und, wenn es Not tat, zum Ganzen werden konnte". Das antike Griechenland steht für Freiheit, Ganzheit, Natürlichkeit, Schönheit.

Seite 251

3a Der Text ist in seiner Schärfe dem vergleichbar, was **Büchner** und **Heine** im 19. Jahrhundert über die politischen Verhältnisse schrieben. Die Absage an das absolutistische Staats- und Herrschaftsverständnis beinhaltet im Kern die Aussage, dass jeder Mensch frei, autonom ist, darin liegen seine Würde, seine Bestimmung.

Zweckbestimmung des Volkes aus der Sicht der Herrscher	Die wahre Bestimmung
– Herden Vieh – Tragen der Lasten – Knechte und Mägde ihrer Bequemlichkeit zum Abschlachten – Leben als Lehen – blind, hülflos, unwissend – unmündige Kinder	– niemandem angehören – Freiheit – Volk ist stärker als die Herrscher – Stärke der Herrscher hängt vom Volk ab [Dialektik von Herr und Knecht]

3b **Klartext:** Hintergrund ist die Französische Revolution, auf die mit dem Satz „Beispiele haben es ihnen gezeigt, vor denen sie noch beben" (Z. 16f) angespielt wird. Inhaltsskizze: Freiheit als gottgewollte Bestimmung des Menschen; die herrschende Ordnung als Widerspruch dazu; Schlussfolgerungen für die realen Lebensverhältnisse: Keiner darf als Mittel verbraucht werden (Knechtschaft), jeder muss das Recht und die Möglichkeit haben zum freien Menschsein. – Anknüpfungspunkte zur Klassik und zum Realismus.

---

[29] Zitiert nach Horst Meixner: Politische Aspekte der Frühromantik. In: Silvio Vietta (Hrsg.): Die literarische Frühromantik. Göttingen (Vandenhoeck) 1983, S. 187f.
[30] Horst Meixner, a.a.O., S. 188.

S. 251–253: II,2. Kritische Gänge – Utopie und Satire

Der gesellschaftliche Bezug der Autoren der Epoche zeigt sich in der wichtigen Rolle der **Kritik** – Kritik an der Aufklärung, an der bürgerlichen Enge. Daneben gibt es Gegenbilder zur bestehenden Ordnung.

Mögliche Ziele:
---

1. Literarische Formen der Kritik kennen lernen
2. Utopisches Denken als Mittel der Zeitkritik
3. Mittel der Satire analysieren

Seite 252

1a A. W. Schlegels Vorwürfe gegen die Aufklärung: Reduktion der Lichtmetapher (= Entwertung); Halbherzigkeit der Aufklärung, die ihre Prinzipien (Zweifel) nicht konsequent anwendet; Brauchbarkeit und Anwendbarkeit, Verwertbarkeit als erkenntnis- und handlungsleitende Prinzipien; Unterordnung des Guten unter das Nützliche; Beförderung des körperlichen Wohls, der Sinnlichkeit; Fazit: Dasein/Welt als Rechenexempel. Die Aufklärung wird reduziert auf reines Nützlichkeitsdenken, dadurch entwertet; dieser Aufklärungsbegriff steht im Gegensatz zur Mündigkeit bei Kant.

1b A. W. Schlegels Kritik an der Aufklärung gilt dem Utilitarismus, der Reduktion der Vernunft auf Nützlichkeit, Zweckmäßigkeit – was man später Zweckrationalität genannt hat. Konkretisieren lässt sich diese Kritik durch **Friedrich Nicolais** (1733–1811) Werther-Parodie („Die Freuden des jungen Werthers. Leiden und Freuden Werthers des Mannes", Berlin 1775; abgedruckt in Auszügen: **J. W. von Goethe:** Die Leiden des jungen Werthers. Erläuterungen und Dokumente. Stuttgart (Reclam) 1971, S. 140ff.). Daran lässt sich zeigen, dass die verflachte Aufklärung ein stark reduziertes Menschenbild hatte, das der Mündigkeit, von der **Kant** spricht, nicht gerecht wird. Schlegels Kritik gilt vor allem dieser popularisierten Aufklärung, die – in anderer Form – auch Brentano anvisiert.

2a–c Novalis: Die Christenheit oder Europa: – L. Tieck beschrieb 1837 die Reaktion der Freunde, nachdem Novalis die Rede vorgetragen hatte:
„Da wir uns, als vertrauten Freunden, gegenseitig ein offenes unbefangenes Urteil zugestanden, wie man es vielleicht selten unter Autoren findet, so ward, nach geendigter Lesung, dieser Aufsatz einstimmig verworfen, und beschlossen, dass er nicht durch den Druck bekannt gemacht werden sollte. Wir fanden die historische Ansicht zu schwach und ungenügend, die Folgerungen zu willkürlich, und die ganze Abhandlung schwach, so dass sehr leicht die Blößen von jedem Kundigen entdeckt werden konnten."[29] Meixner hebt als geschichtlich wesentlichen Aspekt der Rede den Paradigmenwechsel hervor: „An die Stelle des antiken Griechenlands als dem Inbegriff einer sich vollkommen verwirklichenden Menschheit tritt nun das ‚ächt katholische Mittelalter' als ein goldenes Zeitalter, in welchem sich die geistliche und weltliche Gewalt versöhnten, indem die Letztere sich der Ersteren unterordnete."[30]

Meixner referiert die Fortsetzung des Gedankengangs von Novalis:

„An die verklärende Schilderung ‚ächtkatholischen oder ächt christlichen Zeiten' schließt sich bei Novalis eine Geschichtsbetrachtung unter dem beherrschenden Thema des Verfalls an. Zu den Verfallserscheinungen einer in der Vergangenheit geleisteten Synthese gehören der Protestantismus, die Aufklärung, die Französische Revolution und die Entwicklung der neuzeitlichen Naturwissenschaft. Dennoch behält die Restauration nicht das letzte Wort. Dem Rückwärtsgewandten [...] setzt Novalis ‚das entzückende Gefühl der Freiheit, die unbedingte Erwartung mächtiger Wirkungskreise, die Lust am Neuen und Jungen, die zwanglose Berührung mit allen Staatsgenossen, den Stolz auf menschliche Allgemeingültigkeit, die Freude am persönlichen Recht und am Eigentum des Ganzen, und das kraftvolle Bürgergefühl' entgegen. Was hier der Neffe des Staatskanzlers von Hardenberg ausspricht und was durchaus bürgerlichen Charakter hat, wird im utopisch-politischen Entwurf allerdings wieder zurückgenommen, wenn Novalis allein einer ‚geistlichen Macht' und einer ‚sichtbaren Kirche' die Schlichtung der aufgebrochenen Dissonanzen des Zeitalters und die Stiftung des ewigen Friedens zutraut." (S. 188f.)

Über die tatsächlichen geschichtlichen Verhältnisse – die mittelalterliche Ständeordnung, den Gegensatz von Kaiser und Papst – müsste durch ein Schülerreferat informiert werden. Daraus ergäben sich Ansätze einer Kritik an dem harmonischen Bild, das Novalis zeichnet; herauszuarbeiten wäre ferner das Menschenbild, dabei auch die Einschränkung des Wissens.

3 **Huxleys** und **Orwells** Bücher verlängern die Aufklärungskritik in die Moderne.

Als Diskussionsbasis kann der folgende Auszug aus einem Lexikonartikel genommen werden:

„Problematisch in allen Utopien ist ihr ungeklärtes Verhältnis zur Geschichte, die aus dem Vorrang der Zukunft entstehende Unterbewertung von Vergangenheit und Gegenwart. Dabei bildet nicht die begrenzte Realisierbarkeit utopischer Forderungen das Moment der Gefahr, sondern die Fehleinschätzung real verfügbarer Mittel und die Möglichkeit des Umschlagens enttäuschter Hoffnung in die ursprünglich bekämpfte Gewalt. Utopien können eine integrale Rolle in bestehenden Gesellschaften spielen. Ohne utopische Elemente kommen freiheitliche und soziale politische Ordnungen nicht aus. Kriterium ihrer utopischen, nicht als vollkommen realisierbar erachteten Handlungsziele ist, im Gegensatz zu revolutionären Utopien, ihre vernünftige Legitimierbarkeit."[31]

4 Die *Erörterung* setzt eine *Begriffsklärung* „Utopie" voraus, doch sollte sie nicht lediglich durch einen Lexikonartikel erfolgen, sondern z. B. mit Hilfe eines Clusters. Es sollte vom umgangssprachlichen Wortgebrauch ausgegangen werden („Das ist ja utopisch!" als Einwand gegen Veränderungen.) „Literatur als Utopie ist ja generell Vorgriff der Einbildungskraft auf neue Erlebniswirklichkeiten, bedeutet planvoll fantasiereiches Entdecken und Aktivieren der schöpferischen Vermögen des Menschen im ästhetischen Bild und kritische Absage an eine hemmende Wirklichkeit."[32] Die *Geltung der These* kann durch eine solche Definition nahezu auf die gesamte Literatur ausgedehnt werden – über den Begriff der Fantasie. Einschränkungen wären sinnvoll, wenn man zu einer differenzierteren Betrachtung kommen will.

Seite 253

5 Der *Cluster* wird vermutlich in erster Linie kleinbürgerliche Merkmale enthalten wie: Fußball und Bier, Musikantenstadel, piekfeines Äußeres, toupierte Dauerwellenfrisur, gepflegter Vorgarten, Gartenzwerge, Putzfimmel, Kaninchenzüchterverein, joviales Wir-Gefühl, Miefigkeit etc.

Sehr wahrscheinlich auch Engstirnigkeit, die Neigung zu Prinzipienreiterei und Vorurteilen wie: Ordnungsfimmel, Anpassung an das, was „man" tut, Intoleranz und Ausländerfeindlichkeit, Vorurteile gegen alle Minderheiten, Studenten, „Linke", Alleinerziehende, also Rollenkonformität.

Die Lehrperson könnte politische Konsequenzen andeuten; die Folgen fehlender Zivilcourage, Mitläufertum, Fremdenhass,

Mobverhalten, politische Verführbarkeit, Ruf nach dem starken Mann (3. Reich).

6 Der Text nennt unsystematisch und in unterschiedlicher Ausführlichkeit verschiedene Denkweisen und Verhaltensweisen. Die Überschrift deutet an, dass es sich beim **Spießer** um eine überhistorische, unausrottbare Mentalität handelt, die aller Aufklärung trotzt. Merkmale, geordnet nach der Ausführlichkeit der Darstellung:

– das Tabakrauchen; damit verbunden Unaufgeklärtheit (vgl. Z. 41 Aufklärung als Zündstrick für die Pfeifen) und bornierte Stammtischgeselligkeit (Raucherkollegien)
– Hypochondrie, Reduziertsein auf den eigenen Körper, abstoßende abergläubische Gesundheitsmaßregeln, fixe Ideen, verursacht durch traumlosen Schlaf, in dem sie wie Tote daliegen (Unnatur, Starre, Beherrschtheit bis in den Schlaf)
– Liebe zum Kaffee, verbunden mit den immer gleichen behaglichen Redensarten
– Blindheit, Resistenz gegen Aufklärung: Pessimismus, Selbstgefälligkeit und Arroganz, der Stolz, in einer aufgeklärten Zeit zu leben
– Kurz erwähnt wird: Wahrung des äußeren Scheins zur Kreditwürdigkeit
– Pedantische Pünktlichkeit
– Abhandlungen zum Gebet an die Kinder
– Explizit Z. 26: „ideenlos, verkehrt" im Gegensatz zu den Nicht-Spießern: „die lebendigsten, tüchtigsten, reinsten, seelenvollsten Menschen"

Als Gegenprogramm ergibt sich

1) der natürliche („lebendige", „seelenvolle") Mensch gegen den „verkehrten"; er besitzt innere Lebendigkeit, kann träumen, ist sorglos und offen, kein Pessimist.
2) Der geistig bewegliche (für Aufklärung offene) Mensch mit eigener Sprache, mit Fantasie und Lust an anregender Geselligkeit.

Der politische Aspekt des **„autoritären Charakters"** mit den verhängnisvollen Folgen wird noch nicht gesehen.

Auszug aus Brentanos Bilderläuterung, zu Nr. 4:

„Diese Kette, nicht von Feldhühnern, sondern von Enten, ist die Parodie der so genannten philosophischen und ästhetischen Cliquen aller Zeiten; sie haben sich alle an einer Angelschnur, woran etwas Speck, fressend und von sich gebend hintereinander eingefädelt, und sie werden so lange eine unendliche Endlichkeit sein, als der Speck noch die Reise aushält; nimmt ihn irgendein andrer Philister auf, um seine Stiefeln mit zu schmieren, so rollen die Körner des Rosenkranzes, woran ihr Abgott sich selbst anbetet, auseinander, und das Paternosterwerk, womit er die Wasser aus den Stollen seines Ruhmes treibt, zerreißt. Das Rührende ist, dass diese Freiwilligen sich alle aus Enthusiasmus enrollieren ließen, und nun doch nichts als den Faden im Leibe haben; sie sind die wahren Spekulanten, wenn ich dieses Wort in das deutsche Speck, das französische cul und das tirolische Anten für Enten zerlege."[33]

7 Die *Gestaltungsaufgabe* bietet mehrere Aspekte:

Zum einen die Aversion gegen Menschenmassen, von denen man sich als Individuum abgrenzt: Umweltsünder, Busreisende, Besucher von Vergnügungsparks, Fernsehzuschauer, Konsumidioten, Menschen, die im Stau stecken; am augenfälligsten die Massenurlauber an überfüllten Mittelmeerstränden.

[31] Ottfried Höffe: Lexikon der Ethik. München (Beck) 6 2002, S. 274
[32] Gert Ueding: Literatur ist Utopie. Frankfurt/M (Suhrkamp) 1978, S. 10.
[33] Clemens Brentano: Werke, Bd. 2, Hrsg. F. Kemp. München (Hanser) 1963, S. 1007.

Herauskommen müsste elitäre Arroganz, verursacht durch den Anblick von Massen, die man per se für primitive Herdenwesen hält. Zu zeigen wäre, dass diese Massen systembedingt sind (Ferientermine, Wünsche nach wettersicherem Urlaub). Ein anderer Aspekt wäre die Aversion gegen alles Ordentliche, Gepflegte, Kultivierte aus dem eigenen Hang zu Unordnung und Schlamperei, man lässt sich gehen und von den ordentlichen Arbeitstieren verwöhnen.

S. 253–255: II,3. Lebensformen: Geselligkeit und Müßig-gang – Gruppenbildung in der Romantik

---

Der Romantik geht es um Literatur, Kunst und Musik, um Philosophie und Wissenschaften, aber auch um neue Formen des Lebens und Zusammenlebens, die ausprobiert werden.

Mögliche Ziele:

1. Ideen zur Gestaltung des gesellschaftlichen Lebens in ihrer Bedeutung für die Vergangenheit und Gegenwart einschätzen
2. Sich mit Formen direkter und indirekter Kritik an der Gesellschaft auseinander setzen
3. Gruppenbildungen als Mittel der Literaturpolitik

Seite 254

1a Erarbeitet werden kann die **Definition** durch eine Gegenüberstellung von freier Geselligkeit und dem Gegenbild des eingeschränkten Daseins, das durch Sorge bestimmt ist:

freie Geselligkeit	häusliches/bürgerliches Leben
– durch keinen äußeren Zweck gebunden – edelstes Bedürfnis gebildeter Menschen – höheres Ziel des menschlichen Daseins – Ergänzung zum Alltäglichen – Berührung mit den Sphären vieler anderer	– Sorgen – Geschäfte – Beruf – Tätigsein im engen Kreis – Einseitigkeit – Beschränkung – Wiederholung
vollständiges Bild menschlicher Möglichkeiten	*eingeschränktes Dasein*

Die freie Geselligkeit soll die Entfaltung des Individuums befördern, sie ist also ein Beitrag zur Bildung im Sinne des **Humanitätsideals der Klassik**. „Theorie und Praxis der Geselligkeit sind das Komplementärphänomen zum romantischen Individualismus, der die Freiheit des Subjekts von allen einengenden Bindungen proklamiert. Intersubjektivität, der Austausch mit anderen, erscheint in der Frühromantik geradezu als Voraussetzung der Entwicklung und Ausreifung der Individualität.“[34]

---

[34] Romantik-Handbuch. Hrsg. von Helmut Schanze. Stuttgart (Kröner) 1994, S. 513.
[35] Gero von Wilpert: Lexikon der Weltliteratur. Autoren und Werke. Berlin (Digitale Bibliothek) 1999, S. 20167f.

1b Darstellung im *Kreisdiagramm:* Individuum und die es vervollständigende freie Geselligkeit

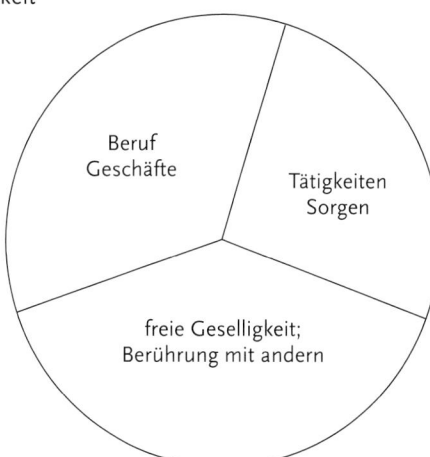

2 Für die Jugendlichen erscheinen die Gedanken Schleiermachers sicher äußerst abgehoben, weil die Formen des Umgangs sich radikal verändert haben. Man muss also nach Begriffen, Vorstellungen suchen, die eine Brücke zu heutigem Denken ermöglichen: Das können die Begriffe Selbstverwirklichung und Selbstentfaltung sein; ein Gegenbild wäre der hoch spezialisierte ‚Fachidiot‘. Bei jugendlichen Formen der Geselligkeit (Clique) geht es in erster Linie um Stärkung des Selbst durch Zugehörigkeit. (Vertieft und aktualisiert werden kann das Thema durch Texte von Schleiermacher, Kleist und M. Frisch, vgl. **K 10** und **K 11**, LB, S. 370 und S. 371.)

Texterläuterungen:

„Die *Lucinde* ist, nach dem Vorbild von Goethes *Wilhelm Meister*, ein Bildungsroman; doch soll sie romantische Bildung in romantischer Form darstellen. Dem begrenzten **Bildungsideal Goethes**, dem Ideal einer moralischen, ästhetischen, urbanen Bildung wird das Ideal einer totalen Bildung, ja einer religiösen Erfüllung entgegengesetzt, das Ideal einer Versöhnung von Ich und All. Dies soll hier bewirkt werden durch die Liebe zwischen Mann und Frau; sie sollen sich wechselseitig zum Universum werden. [...] Diese Verherrlichung romantischer Lebenszustände setzt F. Schlegel der Lebensauffassung und Ethik seines bürgerlichen Publikums polemisch und aggressiv entgegen. Durch die offene Darstellung seines Liebeslebens mit Dorothea Veit, der Tochter Moses Mendelssohns, die Verherrlichung des Sinnenglücks und die augenscheinliche Glorifizierung der freien Liebe bewirkte der Roman einen literarischen Skandal.“[35]

3a Das *Exzerpt* aus Text 2:

positive Begriffe, Vorstellungen	negative Begriffe, Vorstellungen
– Gelassenheit – Sanftmut – heilige Stille der echten Passivität – ganzes Ich – Welt und Leben anschauen – Recht des Müßiggangs – Geist des Genusses – reines Vegetieren	– unbedingtes Streben und Fortschreiten – leeres unruhiges Treiben – Langeweile – Antipathie gegen die Welt – Fleiß und Nutzen als Todesengel

3b *Methoden der Begriffserläuterung:*

Clustering: Der zu erläuternde Begriff wird mitten auf ein großes Blatt geschrieben, alle Assoziationen werden notiert und im zweiten Schritt geordnet und aussortiert; Vorteil dieser ungeordneten Stoffsammlung: Man strebt nach Offenheit.
Gegenbegriff: Klärung durch Abgrenzung; im vorliegenden Fall: Arbeit

Etymologie: Sie ist nicht immer ergiebig; Muße – Gelegenheit oder Möglichkeit etwas tun zu können.

BUW: Was ist Muße? Woraus entsteht Muße – das Bedürfnis, die Notwendigkeit? Wie wirkt sie sich aus? Wie wirkt sich ihr Fehlen aus?

(Als Vorlage für eine Texterörterung eignet sich ein Text von S. Gräfin Schönfeldt, **K 12**, für die Begriffserläuterung hilfreich ist ein Lexikon-Text über „Muße", vgl. **K 13**, LB, S. 372 und S. 373.)

S. 255–257: II,4. Suche nach Selbstverwirklichung – Frauen in der Romantik

---

Die Versuche das Leben zu verändern führen zur Auseinandersetzung mit bestehenden Ordnungen, in der Literatur und in der Gesellschaft. Die Geschlechterordnung wird von den Frauen, die bisher literarisch eher am Rande standen, als Hindernis für ihre Entfaltung erlebt. Im **Brief** erfolgt in der Romantik eine besonders intensive Auseinandersetzung.

Mögliche Ziele:

1. Erkennen, wie sehr die Literatur von männlichen Autoren beherrscht war/ist
2. Die Auswirkung der Geschlechterordnung an der Selbstreflexion von Frauen erkennen
3. Über männliches/weibliches Schreiben nachdenken

Seite 257

1 Das *Mind-Mapping* müsste sichtbar machen, dass der Normal-Lebensentwurf männlicher Gymnasiasten mit dem Ziel eines verantwortungsvollen, fordernden, interessanten Berufs mit Aufstiegsmöglichkeiten und einem Einkommen, das eine Familie ernährt, für heutige Frauen attraktiv und erreichbar, allerdings häufig mit gewollter (?) Kinderlosigkeit verbunden ist. Die Mind-Map sollte nicht die Illusion erzeugen, dass der Frau heute eine Fülle von Lebensentwürfen offen steht, zwischen denen sie freier entscheiden kann als der Mann. Viele Jugendliche glauben, die Frau könne frei wählen zwischen beruflicher Karriere, Familienarbeit oder Teilzeitarbeit, die beides verbindet. Vielmehr geraten beruflich engagierte und erfolgreiche Frauen durch den Wunsch nach Kindern häufig in Konfliktsituationen, die durch Verzicht oder den „Spagat" zwischen Erwerbsarbeit und Familienarbeit gelöst werden; auch bietet Teilzeitarbeit nur selten Karrierechancen.

2 Text 1:
– Heldentod statt einem „gemeinen", d.h. ruhmlosen Ende
– Gefallen am Wilden, Großen, Glänzenden
– Tätigsein, das Kraft erfordert

Text 2: – Anschlagen von Tönen (Autonomie) statt Äußern von monotonen Klängen (bloßes Reagieren)

Text 3: – rastlose Begier nach Wirken
– in Verhältnisse kommen, wo sie ihrer Kraft gemäß wirken kann

Demgegenüber empfindet sie das Leben der Frau als „Gefangenschaft", „mit Ketten beladen" und das Dasein der Frau als eintönig (Text 3) und bezeichnet es ironisch als „Weiberglückseligkeit" (Text 1).

In der Einschätzung der eigenen Kraft, die ein männliches Leben erfordert, ist sie schwankend: verzagt in Text 1, optimistisch in Text 3.

3 Ihre Schwierigkeiten liegen in der Verschlossenheit der Freundin, die nicht auf ihre Wünsche nach einem anderen (männlichen) Leben reagiert und nichts über ihre eigenen Wünsche verlauten lässt. Der Text gibt keinen Aufschluss darüber, ob Gunda diese Wünsche nicht versteht oder ob sie diese verschweigt, weil sie sie als unschickliche Abweichung von der **Rollennorm** empfindet. Karoline wirft der Freundin vor, dass sie „nur immer dieselben monotonen Klänge äußert", also keine eigene Stimme und keine alternativen Fantasien hat, dass sie bedrückt ist, weil sie ihre Unterdrückung nicht wahrhaben will.

Zur **Briefkultur** schreibt Gerd Mattenklott:

„In den Briefen stecken die Frauen wie in Quarantäne. Die Korrespondenzen, in denen sie als Personen eingesperrt sind, waren andererseits oft die einzige Chance, sich als Person überhaupt erst zu erschaffen." – „In ihren Briefen kann sich Rahel von dieser bedrückenden Wirklichkeit befreien, ihr Leben, wenigstens zum Schein, in eigener Regie gestalten, die Klage zur Kunstklage stilisieren. Der Brief wird zum imaginären Aktionsort, zur intimsierten Öffentlichkeit, der für all das zu entschädigen hat, was die Wirklichkeit dieser neugierigen romantischen Frauengeneration hartnäckig vorenthält: die Praxis selbstständigen Handelns. Rahel versucht, die Diskrepanz, die zwischen den weiblichen Fähigkeiten und den Möglichkeiten ihrer gesellschaftlichen Verwirklichung lag, in ihren Briefen ästhetisch zu überwinden. So wird der Brief zum utopischen Ort einer möglichen Selbstverwirklichung."[36]

4 *Stichworte:* Abenteuer, Erfindung, Wirklichkeitsferne („Wolke") Paradies, neu, überraschend. – Die *Ausgestaltung* könnte z.B. so aussehen:

Hier liegen Abenteuer nahe, die sie in männlicher Verkleidung, also in einer Hosenrolle erleben können. Freiere Bewegung, eigene Handlungsmöglichkeiten, nicht nach weiblichen Schönheitsidealen taxiert werden, keine Nötigung zu komplizierten Frisuren, große Schritte, lautes Sprechen und Lachen, selbstbewusstes und gleichberechtigtes Auftreten, Verzicht auf den schützenden männlichen Arm, deftig essen und trinken, sich gegen Räuber wehren, bei Radbruch helfen, eine schwache Frau beschützen, selber Freunde suchen, oben auf dem Kutschbock sitzen, das kurze Haar im Wind flattern lassen (vgl. **Droste Hülshoff**: „Am Turme"). Ausgestaltet werden könnte eine Wanderetappe durch die Alpen, eine Fußwanderung in Italien, die Suche nach einem Schiff nach Griechenland, sich auf dem Schiff verdingen, ein Sturm, bei dem die weiblichen Passagiere nacheinander in Ohnmacht fallen oder Situationen, wo sie stärker und mutiger sind als die Männer.

 Karoline von Günderode deutet drei Ursachen für den Ausschluss der Frauen vom Leben (Natur, Genuss, Tätigkeit im Großen) an:

– enge Verhältnisse
– enge Begriffe
– die Staatsform.

Schreibende Frauen schwanken zwischen Höhe (Frömmigkeit) und Tiefe (Selbstbezug), auffällig ist das Fehlen kräftiger, markiger Gestalten.

Christa Wolf nimmt an, dass sie das Leiden der Romantikerinnen besser durchschaut als diese selber. Sie liest sie als Zeichen, also Symptome, deren Ursachen heute deutlicher zu Tage liegen. Das Leiden der Günderode ist der Preis des Privilegs, ihre eigene Lage zu reflektieren.

---

[36] Gerd Mattenklott: Romantische Frauenkultur. Bettina von Arnim zum Beispiel. In: Hiltrud Gnüg, Renate Möhrmann (Hrsg.): Frauen Literatur Geschichte. Schreibende Frauen vom Mittelalter bis zur Gegenwart, 2. vollst. neu bearb. und erw. Auflage © 1998 J. B. Metzlersche Verlagsbuchhandlung und Carl Ernst Poeschel Verlag GmbH in Stuttgart.

Die Glücksansprüche der Frau
- Ursprünglichkeit
- Natürlichkeit
- Wahrhaftigkeit
- Intimität

scheitern damals wie heute an den durch die männliche Vorherrschaft in Politik und Gesellschaft verstärkten Verhaltensweisen
- Kälte
- Steifheit
- Absonderung
- Etikette.

Eine Frau, die dagegen verstieß wie die Günderode, wurde verfemt, verleumdet, verhöhnt und in die Isolation getrieben; Ursachen dafür sind Hass und Neid. Die daraus resultierenden Selbstzweifel verstärken die Exaltiertheit der Gefühle und der daraus entstehenden Literatur.

Chr. Wolf sieht eine Ähnlichkeit der Leidenssymptome mit denen der Stürmer und Dränger (vgl. **J. M. R. Lenz:** „Handeln ist die Seele der Welt"), die die Ursachen der Unnatur in der künstlichen Welt der Höfe sahen. Die Romantiker/innen leben zu Beginn der Industrialisierung mit erhöhter Arbeitsteilung und sichtbarer Durchrationalisierung des Lebens, die ähnlich wie die von **Rousseau** inspirierten jungen Intellektuellen um 1770 als Vergewaltigung der Natur des Menschen gesehen wird. Ursache ist jetzt „die Verkehrtheit der bürgerlichen Gesellschaft" und die damit verbundene Diffamierung der Wahrheit des Empfindens und Denkens.

Die **Salons** für Chr. Wolf: die ersten Organisationen, in denen Frauen als gleichberechtigte Mitglieder wirken. Möglicherweise unbewusste Versuche, weibliche Elemente in die patriarchalisch strukturierte Gesellschaft einzubringen, um die kranke Welt gesund zu machen.[37]

6a Zu empfehlen ist arbeitsteiliges Verfahren in *Partnerarbeit*, wobei auch gängige Literaturgeschichten für die Schule mit „großen" wissenschaftlichen Darstellungen (z.B. vom Helmut de Boor/Richard Newald: Geschichte der deutschen Literatur. – München (Beck)) verglichen werden könnten.

6b Die *Umfrage* wäre als freiwillig durchzuführende Zusatzaufgabe denkbar, z.B. bei einer parallel arbeitenden Lerngruppe oder bei einer Nachbarschule.

6c Gedacht ist an eine *Recherche* in der Bibliothek, Buchhandlung und im Internet, wobei es interessant wäre, ein Beispiel nach seinen Eigenarten genauer darzustellen.

6d **These:** Es gibt kein **geschlechtsspezifisches Schreiben**, daher sind Frauen-Literaturgeschichten überflüssig:
- Man sieht es einem Text nicht an, ob er von einem Mann oder einer Frau verfasst wurde.
- Männer haben immer die Probleme der Frauen sensibel thematisiert (z.B. Fontane).
- Damit werden unbedeutende Schreiberinnen nachträglich mit einer Bedeutung versehen, die ihnen nicht zukommt.
- Diese Dichotomisierung der Literatur fördert die obsolete Festschreibung von angeblich naturgegebenen Unterschieden.
- Sie drängt Frauen, auch selbstbewussten Autorinnen, einen Opferstatus auf.
- Männer leiden wie Frauen unter den ihnen zugewiesenen Rollenzumutungen.
- Künstler, Literaten sind immer sensibel gegen Einschränkungen und gesellschaftliche Zwänge, sie waren oft in einer

Außenseiterposition; Literatur dient nie den Interessen der Starken und Mächtigen.
- Die Einbeziehung von Schriftstellerinnen in eine „normale" Literaturgeschichte entspricht dem Anspruch der Frauen auf Gleichbehandlung.

Gegenthese: Spezielle Frauen-Literaturgeschichten sind sinnvoll und nötig:
- Die vehemente Ablehnung von Frauen-Literaturgeschichten durch Männer lässt auf Abwehrverhalten schließen. Mögliche Einwände von Frauen: Ablehnung positiver Diskriminierung, Demonstration von Gleichheit, Desinteresse an einem Opferstatus, der die Arbeit von Frauen entwertet.
- Schreibende Frauen waren immer eine Minderheit; ihre Werke galten als zielgruppenorientierte Gebrauchsliteratur ohne Kunst-Status; Veröffentlichung war oft nur unter männlichem Pseudonym möglich, oft wurden die Leistungen schreibender Frauen durch Männer vereinnahmt (Dorothea Schlegel, die Frauen um Brecht).
- Autorinnen mussten sich gegen Missachtung und Unterdrückung zur Wehr setzen.
- Aufgrund ihrer gesellschaftlichen Stellung und geringerer Wertschätzung sind Frauen besonders sensibel gegen gesellschaftliche Unterdrückung; daher sind ihre Texte kulturgeschichtlich und psychologisch besonders aufschlussreich.
- Die Maßstäbe von literarischer Qualität wurden von Männern gesetzt und sind geschichtlichem Wandel unterworfen. Dadurch wurden viele heute möglicherweise interessante Werke von Frauen unterdrückt und vergessen.
- Durch gezielte Recherchen werden viele vergessene Autorinnen neu entdeckt. Literaturgeschichten enthalten zahlreiche heute nicht mehr gelesene männliche Autoren mit ungenießbaren Texten, sie könnten durch neu entdeckte interessantere Autorinnen ersetzt werden. Frauen-Literaturgeschichtsarbeit könnte dazu beitragen die herkömmlichen Literaturgeschichten zu entstauben.
- Es gibt ein Bedürfnis und ein kulturelles Interesse an Frauen-Literaturgeschichten. Niemand wehrt sich gegen Darstellungen der Literatur von Emigranten und Exilierten, von Gefängnisinsassen, von Drogenabhängigen, von ethnischen Minderheiten, von Jugendlichen. Seltsamerweise immer wieder gegen spezielle Frauen-Literaturgeschichten.

III. Fantasie und Wirklichkeit (S. 258–270)

Neben der Lyrik waren **Novelle** und **Märchen** zentrale poetische Gattungen der Romantik. Die Fantasie war produktive Kraft und zugleich auch Thema sowohl in poetischen wie in theoretischen Texten.

> **S. 258–265: III,1. Fantasiebilder in der Dichtung – Vergleich zweier Novellenanfänge**

Der Vergleich von zwei Novellenanfängen soll zeigen, wie romantische Fantasie zu einem Thema wird, das mit der Adoleszenzproblematik verbunden wird. Analyse und Interpretation von Prosatexten soll methodisch differenziert weitergeführt werden.

Mögliche Ziele:
1. Fantasie als Thema und als Motiv
2. Einübung der Interpretation in Verbindung mit einem Kommunikationsmodell „Erzählen"
3. Die Rolle der Fantasie in heutiger Literatur
4. Erarbeitung und Vermittlung einer literarischen Epoche durch Projektarbeit

---

[37] Vgl. dazu auch: Irmgard Nickel-Bacon: „Vorgänger ihr, Blut im Schuh". Zur Konstruktivität literarischer Figuren in Christa Wolfs Novelle *Kein Ort. Nirgends*. In: Praxis Deutsch, H. 177 (2003), S. 52–57.

Seite 258

Texterläuterungen:

E. T. A. Hoffmann hielt den **„Goldenen Topf"** für eine seiner gelungensten Arbeiten. Das Märchen erschien 1814 als 3. Band der „Fantasiestücke". Während der Entstehung wurde Hoffmann Zeuge der kriegerischen Auseinandersetzungen mit Napoleon, doch ist davon im Text nichts zu spüren, weshalb man ihn auch als Dokument des Eskapismus verstanden hat. Hoffmann schrieb in einem Brief: „In keiner als in dieser düstern verhängnisvollen Zeit, wo man seine Existenz von Tage zu Tage fristet und ihrer froh wird, hat mich das Schreiben so angesprochen – es ist, als schlösse ich mir ein wunderbares Reich auf, das aus mein[em] Innern hervorgehend und sich gestaltend mich dem Drange des Äußern entrückte."[38] Das Handlungsschema: „Ein aus bürgerlich-gesicherten Verhältnissen stammender junger Mann, der aufgrund seiner Sensibilität und poetischen Affizierbarkeit sowie seiner mangelnden sozialen Kontakte die Außenseiterrolle eines Sonderlings einnimmt, gerät durch einen scheinbaren Zufall oder Vorfall in einen Zustand der Rat- und Orientierungslosigkeit: Eine zweite, ihm zunächst undurchschaubar bleibende Wirklichkeit öffnet sich ihm, wunderbare Mächte greifen in sein Leben ein, ziehen ihn an und befremden ihn zugleich; er erfährt die Doppelgesichtigkeit der Wirklichkeit. Unter der Anleitung eines „Meisters", zusätzlich motiviert von einer sehnsuchtsvollen Liebe, sieht sich der Märchenheld vor die Aufgabe gestellt, Erkenntnisleistungen zu vollbringen, die sowohl auf die Selbsterkenntnis als auch die Einsicht in die Heterogenität, in die „Dissonanz der Erscheinungen" in der Alltags- und Wunderwelt zielen. Diese Erkenntnisleistungen sind die Voraussetzung für das neue Lebensverständnis des „Helden", für seine Form der Integration des Heterogenen."[39]

Etwas konkreter: „Ein junger Mann, der die Universität besucht, um sich für ein Amt und eine bürgerliche Karriere vorzubereiten, tritt eines Tages in den Bann einer ganz anderen, unbürgerlichen, fantastischen Welt. Da zeigt sich, dass er für eine solche Begegnung innerlich vorbereitet war. Er besitzt ein Gemüt, das dem Ausgefallenen und Wunderbaren entgegenkommt, ja, darin sein eigentliches Wesen angesprochen fühlt. So überlässt er sich mit seiner ganzen Seele den neuen Eindrücken. Dabei verliert er in zunehmendem Maße die Basis seiner früheren Existenz aus dem Blick. Fühlte er sich ursprünglich zu einem liebenswürdigen bürgerlichen Mädchen hingezogen, so strebt er nun nach dem Besitz einer fabelhaften Geliebten. Diese mag zwar in manchen Zügen an jene andere erinnern, im Ganzen scheint sie jedoch viel höher zu stehen und dem inneren Wesen des Studenten viel gemäßer zu sein. Ein geisterhaft überlegener Mann, nach außen in bürgerlichen Verhältnissen lebend, in Wirklichkeit einer magischen Sphäre angehörend, lenkt den Jüngling auf seinem Weg zum Wunderbaren, aber im Grunde ist dieser selbst für seine Entscheidungen verantwortlich. Nur vorübergehend gelingt es seinen bürgerlichen Freunden, besonders der ehemaligen Geliebten, ihn in ihre Welt zurückzuziehen. Am Ende gehört er ganz dem Bereich des Fantastischen an."[40]

„Das Marmorbild" ist 1816/1817 entstanden. Walter Hinderer stellt in seiner Darstellung der Geschichte Florios eine Beziehung zu Tiecks „Der blonde Eckbert" her:

„In seiner Märchennovelle *Das Marmorbild* (1817) greift Joseph von Eichendorff ähnliche Motive wie Tieck auf, um sie allerdings ganz anderen Bewertungskategorien zu unterstellen. Auch Florio verlässt wie Christian und die meisten fiktionalisierten romantischen Hauptfiguren die Heimat, die Welt der Eltern und des Alltags, um „alle alten Wünsche und Freuden ... auf einmal in Freiheit" zu setzen. Pubertäre Fantasie und Sexualwünsche werden hier mit einem „Zauberberg" assoziiert, den Verlockungen eines Venusbildes, das nach der Aussage der imaginierten Schönen „wohl in allen Jugendträumen mit herauf" dämmert und blüht. Florio wird ähnlich wie Christian mit dem Gegensatz zweier Frauengestalten – von Traumbild (Venus) und Realität (Bianka) – und zweier Welten konfrontiert, die jeweils noch durch einen besonderen Vormund oder Mentor vertreten sind: durch den Ritter Donati, der von seinem Kontrahenten als „Mondscheinjäger", „Schmachthahn" und „Renommist in der Melancholie" denunziert wird, und durch den christlichen Sänger Fortunato, dem fröhlichen Agitator der Morgenwelt und unermüdlichen Kritiker der heidnischen Nachtwelt, des Bereichs der Triebe. Von Fortunato stammt auch der entscheidende Kommentar über die gefährliche Welt der Venus: „Aus der erschrecklichen Stille des Grabes heißt sie das Andenken an die irdische Lust jeden Frühling immer wieder in die grüne Einsamkeit ihres verfallenen Hauses heraufsteigen und durch teuflisches Blendwerk die alte Verführung üben an jungen, sorglosen Gemütern, die ... an Leib und Seele verloren, umherirren und in der entsetzlichsten Täuschung sich selber verzehren." Enthält sich Tieck noch einer direkten Bewertung der dualistischen Existenzkrise Christians, so entlarvt Eichendorff die verführerische heidnische Nachtseite der falschen Romantik und der mit ihr assoziierten Triebnatur als „teuflisches Blendwerk" und stellt ihr seine christliche katholische „Gesinnung" gegenüber."[41]

In beiden Werken geht es um **Adoleszenzgeschichten** und um Identitätsfindungen; während der „Goldene Topf" im Reich der Fantasie endet, führt das „Marmorbild" zurück in die Gesellschaft, nachdem die Fantasie als Gefährdung erlebt wurde. (**K 14** , LB, S. 374, enthält zur näheren Erläuterung zwei Inhaltsangaben.)

 Auffälligkeiten der Novellenanfänge:
1a **„Der goldene Topf":**

– genaue Angabe von Zeit und Ort; real existierender Ort
– der ungeschickte junge Mann
– der befremdliche Fluch der Alten
– Wendung vom Lächerlichen zum beinahe Tragischen
– Syntax: lange Sätze
– Umschlagen ins Märchenhafte
– Komik des letzten Teils

„Das Marmorbild":

– Lucca, reale Stadt
– Unbestimmtheit der Beschreibung
– Stimmungsbild
– Zeit: Vergangenheit
– Florios Art zu reden
– sein schwaches Selbstbewusstsein
– asymmetrische Beziehung
– viele Adjektive
– Florio gibt sehr viel von sich preis, der andere hält sich bedeckt
– überwiegend aus der Sicht Florios erzählt

38 Zitiert in: Brigitte Feldges: E. T. A. Hoffmann, Epoche-Werk-Wirkung. München (Beck) 1986, S.71.

39 Wulf Segebrecht: Heterogenität und Integration. Frankfurt (P. Lang) 1996, S. 154.

40 Wolfgang Nehring: Spätromantiker. Eichendorff und E. T. A. Hoffmann. Göttingen (Vandenhoeck und Ruprecht) 1997, S. 120. Zur Interpretation: Günter Oesterle in: Interpretationen. Erzählungen und Novellen des 19. Jahrhunderts. Bd. 1, Stuttgart (Reclam) 1988, S. 181–220.

41 Walter Hinderer: Die Depotenzierung der Vernunft. In: Romantisches Erzählen. Hrsg. von Gerhard Neumann. Würzburg (Königshausen und Neumann) 1995, S. 55. – Weitere Literatur: Paul-Wolfgang Wührl: Das deutsche Kunstmärchen. Heidelberg 1984 (UTB 1341).

1b Die Erwartung richtet sich auf den Fortgang des Geschehens: Wie geht es weiter mit den Protagonisten? Was bedeutet das Geheimnisvolle? (Als Erweiterung eignet sich der Vergleich von zwei Romananfängen – Eichendorffs „Dichter und ihre Gesellen" und Kafkas „Schloss", vgl. **K 15**, LB, S. 375.)

1c Die *Vergleichsaspekte* ergeben sich aus der Darstellung im Methodenkasten und aus der obigen Einführung in den Text. Es ließe sich auch nach der Beziehung zu modernen Adoleszenzgeschichten fragen und nach modernen **Fantasy-Geschichten**.

Seite 260

2a Die *Themenanalyse* zeigt Folgendes: Die beiden **Protagonisten** erscheinen in einer bestimmten Situation, beide sind in einer eher schwachen Position: Anselmus gerät in Situationen, es geschieht etwas mit ihm; Florio wird in einer Dialogsituation vorgestellt, er ist aber vergleichsweise weniger ausgeliefert. Im einen Fall begleitet der Erzähler humorvoll-wohlwollend, im andern gibt es einen Mentor, der eine beschützende Rolle einzunehmen scheint. Deutlich werden sollte, dass es keinen mechanistischen Zugang zu solchen Erzählungen gibt, d.h. dass es nicht genügt, mit einer Checkliste nach Informationen zu suchen. Erst wenn man eine Sinnrichtung gefunden hat, lassen sich angemessene, auswertbare Beobachtungen machen. Vom inhaltlichen Verständnis muss man zu Fragen der Form gehen.

Seite 261

2b In der **Stoffsammlung** wird auf den Inhalt/die Handlung, die Figurendarstellung und -konstellation, den Aufbau und spannungsstiftende Elemente sowie auf die Erzählform und stilistische Elemente eingegangen.
Fortführung der Stoffsammlung:
„Der goldene Topf": Anselmus Erwartung, als er sich auf dem Weg ins Linkische Bad befindet, wird mit der Realität des soeben erlebten Missgeschicks konfrontiert, seine innere Verfassung kommt durch die beinahe geflossenen „Tränen" (Z. 39) zum Ausdruck und durch die erhoffte „Glückseligkeit" (Z. 41). Durch ein merkwürdiges Geschehen ändert sich die Situation: „Kristallglöckchen" (Z. 54) nehmen ihn gefangen, er weiß aber nicht, ob es sich um Realität oder Fantasie handelt (als ob ...), als er „in grünem Gold erglänzende Schlänglein" (Z. 65f.) sieht, ist er eher von der Realität des Wahrgenommenen überzeugt.
„Das Marmorbild": Der Fremde scheint sich widersprüchlich zu verhalten – einerseits leicht ironisch, doch er stärkt auch Florios schwaches Selbstwertgefühl („alle Stimmen zusammen machen den Frühling" Z. 21). Florio hat Vertrauen zu dem Fremden und redet offen über sich – er ist „wie aus einem Gefängnis erlöst" (Z. 25), er ist außerordentlich empfänglich für Natureindrücke („Frühling wie ein zauberischer Spielmann", Z. 27f.). Der Fremde reagiert nun sehr gedämpft, mahnend und warnend, so dass Florio verunsichert bleibt.

Seite 262

3a Zu a): *Der goldene Topf*; Verben: rennen, hinausschleudern, zuwerfen, umringen, hinausschießen
Attribute: alt, hässlich, hastig, pöbelhaft
Adverbiale: geradezu, lustig, mit pöbelhaftem Ungestüm, vor Ärger und Scham, begierig
Zu b): *Marmorbild*
Zu c): *Der goldene Topf* – lassen ihn so erscheinen, als sei er verrückt; er erregt öffentliches Ärgernis, vielleicht gefährdet er auch sich selbst.
Zu d): *Marmorbild*

3b Es geht um die Interpretation des „Marmorbildes"; die Beziehung zwischen beiden Personen wird dargestellt. Im Vergleich müssten die Unterschiede herausgearbeitet werden: Das aber ist erst dann möglich, wenn beide Texte verstanden sind.

4 Die *vergleichende Interpretation* ist als Hausaufgabe gedacht, für die angemessene Zeit zur Verfügung stehen muss. Die Auswertung könnte mit einer *Textlupe* (in Partner- oder Gruppenarbeit) vorgenommen werden. Der Begriff „Wirklichkeitsmärchen", eigentlich ein Widerspruch in sich, wird auf E. T. A. Hoffmanns Erzählung angewandt: Die Fantasie, das Fantastische tritt in die vertraute Realität ein, und zwar nicht bloß als subjektive, auflösbare Täuschung (wie bei Eichendorff).

Seite 263

5 *Mind-Map* zum Begriff „Fantasie" in differenzierter Ausführung:

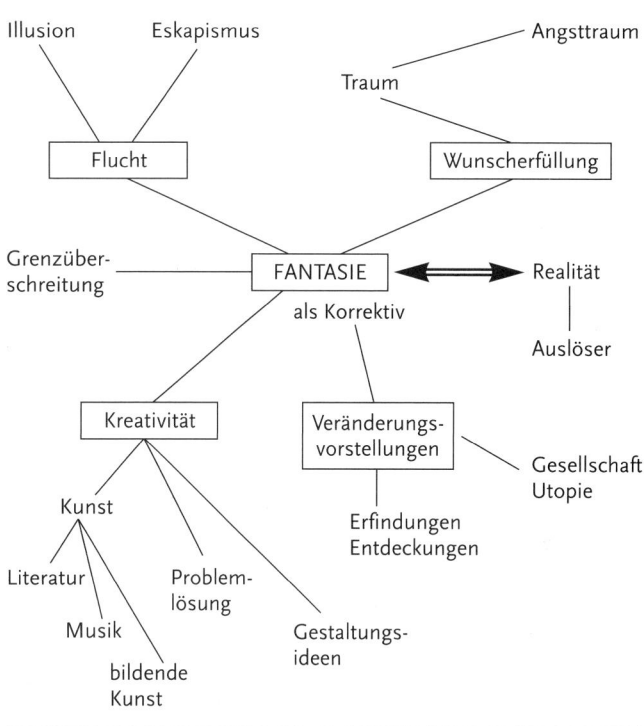

6 Vergleichbar sind die beiden Gedichte über die Rolle der **Fantasie**.

Günderode:

– die Analyse kann sehr gut von der metrisch-rhythmischen Form ausgehen wegen des Rhythmuswechsels nach V. 12
– Bedeutung der Überschrift: real und metaphorisch, wie am Ende deutlich werden müsste
– Schlüsselbegriffe: bläulicher Ozean, leuchtende Sterne, himmlische Mächte, ewiger Äther, heiliger Rhythmus verweisen auf Transzendenz
– 2. Teil: Nebel, Grenzen, Gesetz der Schwere, irdisches Geschlecht verweisen auf Diesseitigkeit
– Grenzüberschreitung nur in der Fantasie, nicht real; Luftschiff als Metapher für grenzüberschreitende Fantasie/Dichtung

Heine:

– Redesituation: Ich spricht Du an bzw. spricht über ein Du
– Gesang als ,Transportmittel'/Ironie

– Ziel: exotische Landschaft/Paradies, aber nicht der Himmel wie bei Günderode

– Wunschfantasie steht am Ende; ihr wird die Wirklichkeit nicht explizit entgegengesetzt; implizit im Wunsch enthalten (wollen), dass es sich um Fantasie handelt

7a Siehe oben Arbeitsanregung 5. (Eine humorvolle Konfrontation eines Poeten mit der Realität enthält „Balduin Bählamm von W. Busch, vgl. **K 16**, LB, S. 376.)

7b Ursprung der **Fantasie** sind, nach Freud, unbefriedigte Wünsche, Fantasie ist ein Medium der Wunscherfüllung, sie ist Korrektur unbefriedigender Wirklichkeit. Das wird im „Goldenen Topf" durchgespielt, mit anderem Resultat auch im „Marmorbild". Die Einteilung der Wünsche in ehrgeizige und erotische erscheint zu wenig differenziert.
Dass die Literatur von Spannungen der Seele befreit, hat eigentlich schon die aristotelische Tragödientheorie gezeigt. Die Auffassung Freuds könnte dazu verleiten, in der Literatur eine Form des Eskapismus zu sehen. Wenn der Fantasiebegriff weiter gefasst wird als Möglichkeitssinn, entgeht man dieser Einengung.

8 „Fantasy" hat Konjunktur, das zeigt nicht zuletzt das Kino; es wird eine einfache, dichotomische Weitsicht geboten – in einer Welt, die eher unübersichtlich erscheint.
Beispiele für Fantasy: J.R.R. Tolkien: Der Herr der Ringe (Roman und Film); Marion Zimmer Bradley: Die Nebel von Avalon; J.K. Rowling: Harry Potter (Bücher und Filme); W. Moers: Rumo. Sciencefiction: G. Orwell: 1984 (Buch und Film); Clive Cussler: Im Zeichen der Wikinger; Tad Williams: Otherland; John Shirley: Eclipse; Romane von Stanislaw Lern.

9 *Stichworte* zu „Fantasie" (< gr. phantasia = Vorstellung, Erscheinung): Einbildungskraft (Imagination), Schöpferkraft als Voraussetzung für künstlerische Gestaltung (in Dichtung, bildender Kunst, Musik, aber auch in Technik und Wissenschaft sowie in Gesellschaftslehre und Politik, z.B. Utopie) Fantasie auch als Gegenbegriff zu Alltagsverhaftetsein, zu Pragmatismus, Nüchternheit, Sterilität.
(Einen Blick auf die Wirkungsgeschichte der Romantik erlaubt **K 17**, LB, S. 377.)

S. 265–270: III,2. Gefühlsgewissheit und Verwirrung – Grundthemen Heinrich von Kleists

---

Der Autor Heinrich von Kleist ist im literaturgeschichtlichen Epochenschema nicht wirklich heimisch; dass ihn vieles mit der Romantik verbindet, soll anhand exemplarischer Texte erarbeitet werden.

Mögliche Ziele:

1. Anthropologische Fragestellungen im Werk Heinrich von Kleists
2. Eine Novelle arbeitsteilig vorwiegend mit Verfahren der produktiven Hermeneutik verstehen
3. Einen philosophischen Essay begreifen

Seite 266

Texterläuterungen:

„Während Molière die Fabel als galantes Liebesabenteuer Jupiters geistreich und witzig, nicht ohne Frivolität, vor dem Hintergrund der höfischen Gesellschaft in Szene setzt, geht es Kleist sehr viel mehr als Molière um die in der Fabel angelegte Erkenntnis- und Identitätsproblematik. Dabei gewinnt die Gestalt der Alkmene einen weitaus höheren Stellenwert als im Stück des französischen Dichters. Um ihrer Problematik Gewicht zu verleihen, hat Kleist, über Molière hinaus, mehrere Szenen eingefügt, insbesondere die Szene II, 5, die heute als Kernstück des Lustspiels gilt."[42]

1a Beim *szenischen Lesen* muss darauf geachtet werden, dass die Irritation, ja die Verstörtheit Alkmenes hörbar wird: Die Interpunktion (Gedankenstriche, Fragezeichen) gibt dabei wichtige Anhaltspunkte. Dagegen steht die Sicherheit Jupiters, der fordern, aber auch beruhigen kann.
Bei einer *Inszenierung* wären zusätzlich der Schauplatz (Intimität des Raumes und der Beleuchtung), Kostüme, Requisiten und vor allem Mimik und Bewegungsspiel der Figuren zu beachten. Dabei ist es sehr schwierig, Alkmenes Verwirrung auf der Grundlage ihrer Gefühlsgewissheit darzustellen.

1b Zentrale Aussagen der Figuren:

Alkmene	Jupiter
– „[...] er walte über mich." (Z. 4)	– Entscheidungsfrage an Alkmene (Z. 12ff.)
– „Ehrfurcht" dem Gott, die „Liebe" für Amphitryon (Z. 9/10)	– Schafft Verwirrung durch Rollenüberlagerung (Z. 19ff.)
– Bedingungslose Gefolgschaft, wenn Amphitryon ein Gott wäre (Z. 23ff.)	– Kann Amphitryon nicht „verdrängen" (Z. 32ff.)

1c Jupiter erscheint der Alkmene zum zweiten Mal in der Gestalt ihres Mannes Amphitryon, mit dem sie sich vorher gestritten hat – sie hatte ihm gesagt, er sei schon in der vergangenen Nacht bei ihr gewesen, doch es war Jupiter. Dieser hatte ihr ein Diadem mit dem Initial J hinterlassen und sie damit in Verwirrung gestürzt. Vollends außer Fassung gerät sie, als Jupiter ihr erklärt, der Gott sei ihr in der Nacht erschienen. Von ihr möchte er hören, dass sie den Gott mehr als den Gatten liebt, doch sie bleibt fest, für den Gott empfinde sie Ehrfurcht, für Amphitryon aber Liebe. Alkmenes Verwirrung zeigt sich auch darin, dass sie die Aussagen wiederholt, um sie zu begreifen. Da sie überzeugt ist, mit ihrem Mann zu sprechen, sind die Äußerungen Jupiters verwirrend: Warum sollte ihr Mann der Gott sein? Warum sollte sie daran zweifeln, dass Amphitryon bei ihr ist? Kernstelle: Z. 35 bis 42.

Seite 267

2a Der irritierende Anfang der Novelle könnte Anreiz sein den Text ganz zu lesen und ihn selbstständig erarbeiten zu lassen.[43] Für den Leser stellen sich viele Fragen nach den möglichen Motiven der Marquise. **Spannung** entsteht nicht nur durch die Ungewöhnlichkeit des „Falles", sondern auch durch Textelemente, die nicht zusammenzupassen scheinen: Witwe, vortrefflicher Ruf, Mutter, Schwangerschaft.

2b Aspekte, die beim Nachdenken über die kuriose **Annonce** zu bedenken sind: Die Marquise kompromittiert sich und ihre Familie sowie ihren Stand; sie macht sich zum Objekt öffentlichen Spotts; sie löst moralische Entrüstung aus; sie stellt sich selbst an den Pranger; ihr Vorgehen ist sinnlos, denn es ist nicht zu erwarten, dass sich der Vergewaltiger stellt; die Person könnte ein Betrüger sein.

---

[42] Peter Bekes: Heinrich von Kleist. Leben und Werk. Stuttgart (Klett) 1990, S. 90.

[43] Zur Interpretation: Dirk Grathoff: Heinrich von Kleist. Die Marquise von O... In: Erzählungen und Novellen des 19. Jahrhunderts. Bd. 1 Stuttgart (Reclam) 1988, S. 97–131.

Die *Dialoge* können die angeführten Gesichtspunkte **2c** zum Ausdruck bringen. Aus der Gegenüberstellung mit dem Novellentext wird schon hier deutlich, welche Wirkung die **Indirektheit des Erzählens** hat. Die vorgegebenen Dialog-Konstellationen, die beliebig erweitert werden könnten, sollen dazu anregen, unterschiedliche Perspektiven bzw. Wertungen zu erwägen: z.B. Entrüstung der Eltern, aber unterschiedlich strenge Reaktion; absolute Verwirrung bei den besten Freunden der Marquise, die zwischen Ratlosigkeit, Erklärungs- und Entschuldigungsversuchen schwanken usw.
Der eigentliche Text der Anzeige ist ausgespart. Versucht man die Anzeige zu formulieren *(Ausfüllen einer Leerstelle)*, wird das Skandalöse erst richtig spürbar, denn sozialer Stand, die „anderen Umstände" und das Heiratsangebot müssen enthalten sein.
(Zur Verfilmung der Novelle von Rohmer vgl. **K 18** , LB, S. 378; vertiefende Aspekte der Identitätsthematik bei J. Straub, vgl. **K 19** , LB, S. 379.)

Seite 268

Methodenerläuterungen:
Zur selbstständigen Erarbeitung der Novelle „Die Marquise von O…":
Die selbstständige, arbeitsteilige Beschäftigung mit der Novelle ist eine anspruchsvolle Aufgabe; einfacher wird es sein, nur einen Teil der Aufgaben machen zu lassen, insbesondere die Gestaltungsaufgaben. Wichtig ist eine angemessene *Präsentation* der Ergebnisse. Einige Hinweise:

1. Statt eines Drehbuchs ist auch an eine **szenische Umsetzung** zu denken; dazu muss der Text in direkte Rede umgewandelt werden – was zu Einsichten führt, die sich bei der Redewiedergabe nicht so leicht einstellen.
2. Das **Kommunikationsverhalten** des Grafen verstößt gegen jede Konvention; die Familie versucht das Anstößige zu ignorieren.
3. Die **analytische Struktur** muss gesehen werden; der auktoriale Erzähler (Chronist) äußert sich an wenigen Stellen, die dadurch zu Schlüsselstellen werden.
4. Auftakt/Annonce; Fall der Zitadelle; Nachricht vom Tod des Grafen; sein unerwarteter Besuch und Heiratsantrag; Erkennen der Schwangerschaft; Trennung der Marquise von der Familie; Zeitungsanzeige; Besuch des Grafen bei der Marquise; ihre Aussöhnung mit der Familie; Graf F – der „Täter", zweite Hochzeit.
5. Beispiel: „Wenige Tage nachher erhielt der Kommandant, in Beziehung auf diesen Zeitungsartikel, einen Brief von der Marquise, in welchem sie ihn, da ihr die Gnade versagt wäre, in seinem Hause erscheinen zu dürfen, auf eine ehrfurchtsvolle und rührende Art bat, denjenigen, der sich am Dritten morgens bei ihm zeigen würde, gefälligst zu ihr nach V… hinauszuschicken." **Wirkung: Aufschub des Informationskerns.**

   (Markierungen: HS; NS1a; NS2; NS3 (Inf.); NS1b; NS4a (Inf.); NS5; NS4b (Inf.))
6. Die Aufgabe verlangt die Analyse verschiedener Kommunikationssituationen; nötige Ergänzung: Formulierung eines **Subtextes**.
7. **Erörterung:** Argumente, die den Grafen zumindest teilweise entlasten könnten; Einbeziehung des ‚spontanen' Leserurteils, der Gründe für dieses Urteil
8. Tatsächlich eine Handlung der **Emanzipation?** Oder nur eine partielle Trennung, bezogen auf eine bestimmte Situation?
9. Sie hat zu der Freundin ein besonderes Vertrauensverhältnis; im **Tagebuch** ist eine größere Offenheit möglich; der Psychologe kann die Situation sachlich von außen betrachten und analysieren.
10. Zum Vergleich kann man die Szene aus **Rousseaus** „Neuer Héloise" einbeziehen; man kann versuchen, das Zeichenhafte zu erkennen, das Nicht-Realistische / Nicht-Abbildende der Erzählung.
11. Wieder muss reflektiert werden, welche **Schwierigkeiten des Ausdrucks** sich ergeben: Was darf er sagen? Wie kann sich der Vergewaltiger als Liebhaber empfehlen?
12. **Argumente** aus dem Text sammeln und psychologische Deutungen versuchen.
13. Die zweite Heirat als Zugeständnis an die Konventionen, als Bedienen von **Lesererwartungen?**
14. Lexikondefinitionen; Goethes **unerhörte Begebenheit**; die Falkentheorie.
15. Es sollte weniger um eine **Rezeptionsgeschichte** gehen, sondern um verschiedene Stimmen, die sich äußern; dementsprechend könnte man die Präsentation szenisch gestalten lassen.
16. Hinweise bei den Erläuterungen zum „Marionettentheater".
17. Zur Vorbereitung sollten **Filmbesprechungen** eingesehen werden.

Seite 268

Texterläuterungen:
In seinem dialogischen Essay „Über das Marionettentheater" setzt sich Heinrich von Kleist mit dem Interesse der Romantiker am Unbewussten auseinander und kommt zu einem „unromantischen" Ergebnis: Die Ratio bestimmt unser Handeln, man darf sich nicht auf unbewusste Impulse verlassen. Zwei weit auseinander liegende Denkbereiche sind in dieser Schrift verschlungen: einerseits das sehr spezielle ästhetische Problem anmutiger und sicherer Körperbeherrschung in Tanz und Fechtkunst verbunden mit der Darstellung der adoleszenztypischen Befangenheit und andererseits eine angedeutete hochspekulative Geschichte des **Selbstbewusstseins**, ausgehend vom Sündenfall-Mythos. Ausgespart bleibt der gesamte Bereich der Erkenntnis, die Frage nach Intuition und Vernunft im Wahrnehmen und Erkennen der Welt, der Menschen und des eigenen Ich, ausgespart bleibt auch die praktische Vernunft. Der theoretische Status dieses **Essays** als Schlüssel- und Metatext für das Verständnis des literarischen Werks Kleists wird heute bezweifelt. Da der Bezug zu den Dramen und Erzählungen nur auf der hier fehlenden Ebene der Ethik und der Anthropologie möglich ist, kann der Essay nur unter Vorbehalt bzw. mit einigen Konjekturen für die Deutung der Novelle „Die Marquise von O…" herangezogen werden.

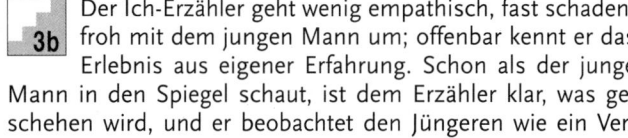

Möglicher **Kommentar:**
3a – Das Dornauszieher-Beispiel zeigt, dass der Hörer die Ausführungen über die Marionette verstanden und auf den menschlichen Bereich übertragen hat.
– Im Gegensatz zur bewusstlosen mechanischen Marionette ist der Mensch ein sich entwickelndes Wesen; der Einbruch des Bewusstseins ist ein wesentlicher Entwicklungsschritt.
– Die Kindheit ist vergleichbar mit der Marionette, da es hier noch kein störendes Bewusstsein gibt.
– In dem Moment, wo der junge Mann bewusst versucht die Haltung des Dornausziehers anzunehmen, geht sein Zugang zum „Schwerpunkt" verloren.
– An Stelle der unbewussten Anmut tritt jetzt Reflexion und Bewusstheit, sichtbar in einem gezierten Verhalten.
– Diese Entwicklung ist unumkehrbar und wird als Verlust und nicht als Gewinn erlebt.

Der Ich-Erzähler geht wenig empathisch, fast schaden-**3b** froh mit dem jungen Mann um; offenbar kennt er das Erlebnis aus eigener Erfahrung. Schon als der junge Mann in den Spiegel schaut, ist dem Erzähler klar, was geschehen wird, und er beobachtet den Jüngeren wie ein Versuchstier. Er verschärft die Situation zum Experiment, indem er ihn lachend provoziert, er solle es ihm zeigen. Natürlich schafft es der Beobachtete nicht; nicht nur wegen des Blicks in den Spiegel, sondern auch wegen des lachenden Beobachters, der ihn zum Erröten bringt. Durch sein Lachen versagt dieser ihm die Anerkennung; „er saugt den Schwerpunkt gewissermaßen aus dem jungen Mann heraus."[44] Die Gefühlskälte des Erzählers ist damit zu erklären, dass er dem Jüngeren keinen individuellen Schaden zufügt, sondern ihn in einem entscheidenden Entwicklungsmoment des Menschseins fasziniert beobachtet.

 4 Die Begriffe lassen sich den zwei **zentralen Metaphern** „Schwerpunkt" und „Essen vom Baum der Erkenntnis" (Mythos vom Sündenfall) zuordnen.

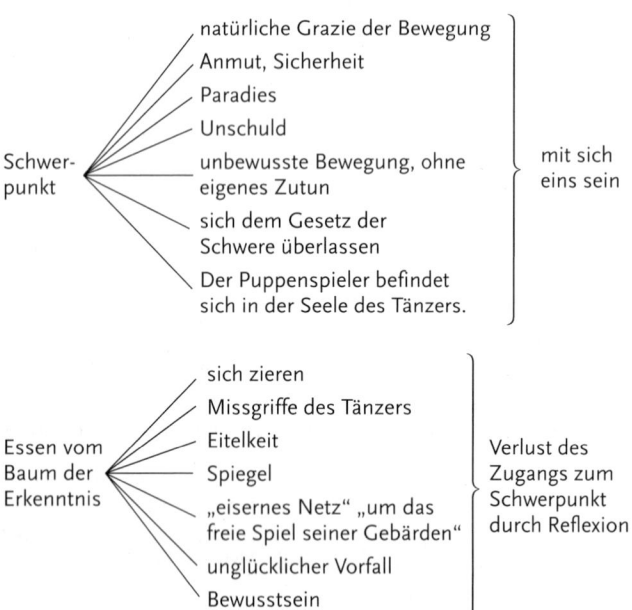

Der Schwerpunkt bedeutet intuitive Gefühlsgewissheit. Geht man über die Beispiele des Essays hinaus, wäre er eine Metapher für ein handlungsleitendes intaktes Instinktverhalten, das es uns ermöglichen würde, aus dem Gefühl heraus sich richtig zu entscheiden, ein natürlich gegebenes Orientierungs- und Warnsystem, auf das wir uns verlassen können.
Als der Mensch vom Baum der Erkenntnis isst, wird er aus dem Paradies vertrieben, d.h. er muss alles der Reflexion unterziehen – und irrt sich dennoch. Die Vernunft ist eine Notwendigkeit; sie ist der entscheidende Unterschied zum Tier, aber sie macht uns unglücklich.
Am Ende des Essays (das hier nicht abgedruckt ist) findet sich die paradoxe Formulierung, dass der Mensch erst „nach einem unendlichen Durchgang" durch die Reflexion die unbewusste Grazie wiederfindet. Die Vereinigung von Intuition und unendlichem Bewusstsein ist Gott vorbehalten, der Mensch wird sie nie erreichen und muss den Wunsch nach instinktiver Sicherheit als utopisch erkennen, ihn also aufgeben.
Wichtig für die Schüler ist die Einsicht, dass die Suche nach Gefühlsgewissheit, die von esoterischen Bewegungen versprochen wird, trügerisch und, denkt man an Charismatiker in Machtpositionen, auch politisch gefährlich sein kann. Das Handeln „aus dem Bauch" ist meist nur Entscheiden nach dem Lustprinzip.
Der Hirnforscher **Gerhard Roth** räumt übrigens dem Gefühl, das im limbischen System verortet ist, einen weitaus größeren Einfluss bei scheinbar rational getroffenen Entscheidungen ein, als der Versuchsperson bewusst ist. Er geht so weit zu sagen, dass das Gefühl, also unsere Wünsche, entschieden hat, bevor die Ratio tätig wird. Wir sind also weniger frei, als wir annehmen.[45]

Bezug zu „Die Marquise von O...":
Keine der Hauptpersonen hat die Gefühlssicherheit und die damit verbundene Anmut. Das häufige Erröten deutet ein belastetes Verhältnis zum eigenen Innern an; die tiefsten Wünsche müssen schamhaft verborgen werden. Das hysterische Verhalten der Marquise beim Besuch des Grafen ist alles andere als anmutig. Kleist führt sie durch die unerklärliche Schwangerschaft in eine Situation, in der der Restbestand von Gefühlssicherheit zusammenbricht. – Einmal handelt sie gefühlssicher und spontan richtig, als sie in der „schönen Anstrengung" ihre Widerstandskraft, der sie sich bis dahin nicht bewusst ist, mobilisiert und mit den Kindern flieht. Ihrer zweiten Aktion, der Anzeige, geht eine zwischen Wünschen und (Un)vernunft pendelnde Anstrengung voraus, die man heute als **„Identitätsarbeit"** bezeichnen würde. Der Graf F. handelt beim Anblick der ohnmächtigen Marquise spontan, muss aber dieses Verbrechen in einer langen nachfolgenden Reflexion verarbeiten und bereuen.

Seite 269

5 Bei dieser *Begriffsbestimmung* empfiehlt sich die Arbeit mit **Wertequadraten**. Dieses auf aristotelischem Denken basierende Verfahren erlaubt eine schnelle Klärung von Begriffen mit Hilfe von Gegenbegriffen und Entartungsformen. (Friedemann Schulz von Thun: Miteinander reden. Bd. 2: Stile, Werte und Persönlichkeitsentwicklung. Reinbek (Rowohlt) 1989 u.ö.) (Weitere Aufgaben zum Wertequadrat enthält **K 20**, LB, S. 380f.)

Der Begriff „Selbstbewusstsein" erscheint hier nicht in der heute gängigen Bedeutung von Selbstsicherheit/Selbstwertgefühl, sondern in der Bedeutung der romantischen Philosophie, die man als „Selbstgewissheit" bezeichnen könnte. Der Begriff der Selbstständigkeit ist bei Kleist nicht gemeint, könnte aber zur Klärung herangezogen werden.

Das Wertequadrat – allgemeines Verfahren:

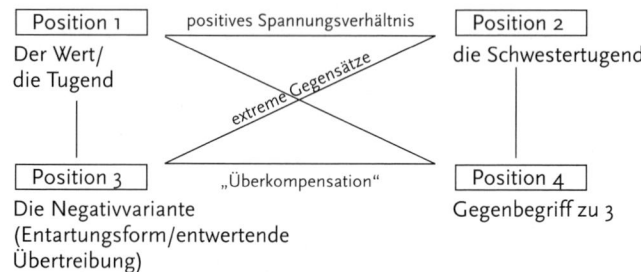

Anwendung auf die Aufgabe

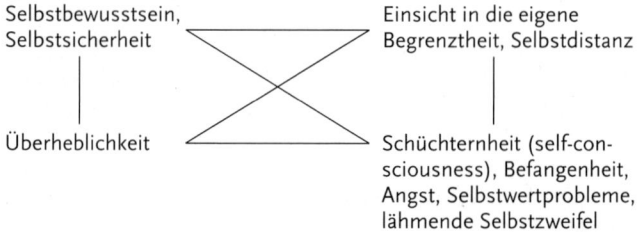

[44] Bettina Schulte: Unmittelbarkeit und Vermittlung im Werk Heinrich von Kleists. Göttingen und Zürich (Vandenhoeck und Ruprecht) 1988, S. 75
[45] Gerhard Roth: Fühlen, Denken, Handeln. Frankfurt (Suhrkamp) 2001, S. 337ff.

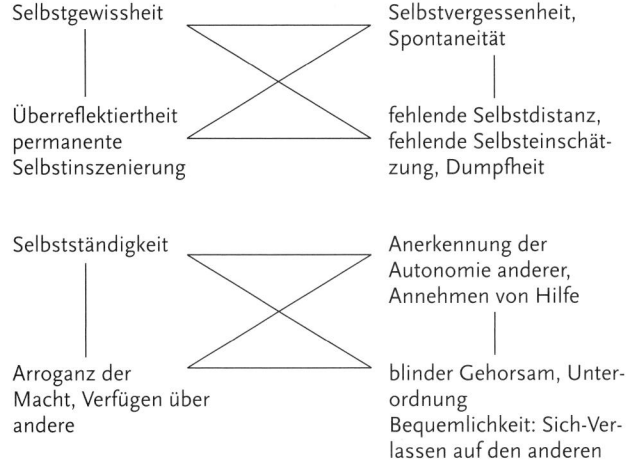

IV. Romantik begreifen (S. 271–273)

In der Romantik spielt neben der literarischen Produktion die ästhetische Reflexion eine herausragende Rolle. Die Denkweise der romantischen Poetik/Ästhetik soll anhand einiger Textbeispiele untersucht werden. Die **Rezeptionsgeschichte** lässt erkennen, dass die Romantik unterschiedliche Bewertungen erfahren hat.

S. 271: IV,1. Das Selbstverständnis der Romantiker – Aspekte der Poetik

Die nicht leicht zugängliche Sprache romantischer Poetik soll vor dem Hintergrund bisher erworbener Kenntnisse zu einer abschließenden Bilanzierung beitragen.

Mögliche Ziele:
1. Sich mit Textformen romantischer Poetik auseinander setzen
2. Die Denkweise einiger Romantiker zu verstehen versuchen
3. Versuch einer Schlussbilanz

Seite 271

1 Zu bedenken ist, dass es sich bei der Textgattung **Fragment** der Frühromantiker um eine bewusst gesuchte Unfertigkeit des Gedankens handelt. – Vereinigung/Trennung; Poesie/Prosa; Genialität/Kritik; Naturpoesie/Kunstpoesie; Werden/Vollendung; Willkür/Gesetz; Poesie/vernünftig denkende Vernunft; Chaos/Ordnung; unendlich/endlich: Deutlich wird ein dichotomisches Denken, ein Denken in Gegensätzen: Man könnte als Schlüsselbegriffe das Gegensatzpaar Fantasie und Vernunft ansehen. Plausibel wird das einmal, wenn man an die Grunderfahrung des Ungenügens an der Normalität denkt und darauf den Wunsch nach Aufhebung der Grenzen, nach Grenzüberschreitung zurückführt. Allerdings gibt es auch immer wieder Versuche nach der Verankerung in einer Ordnung zu suchen.

---

[46] Informationen über das 18. Jahrhundert gibt W. H. Bruford: Die gesellschaftlichen Grundlagen der Goethezeit. Frankfurt/Berlin (Ullstein) 1979.
Für das 19. Jahrhundert finden sich Hinweise bei Rudolf Schenda: Volk ohne Buch. – München (Deutscher Taschenbuch Verlag) 1977. Vgl. besonders das III. Kapitel: Produktion und Vertrieb der populären Lesestoffe.

2a Das Provokative besteht im Nebeneinander, das als Gleichsetzung verstanden werden kann. Drei Bereiche werden bezeichnet: Politik – dort geht es um Freiheit; Philosophie – dort geht es um die Möglichkeitsbedingungen der Erkenntnis; Literatur – dort geht es um Bildung zur Individualität und Humanität. Man könnte dem auch die drei Fragen zuordnen, mit denen Kant das Gebiet der Philosophie definiert: Was kann ich wissen? Was soll ich tun? Was darf ich hoffen? Und – als umgreifende Frage –: Was ist der Mensch?

2b Die Aufwertung der Kunst hat ihren Anfang schon im **Sturm und Drang** und in der Klassik, eigentlich schon in Lessings Dramentheorie. Deutlich erkennbar wird der hohe Rang der Kunst in Schillers „Ankündigung der Horen" (SB, S. 217f.). Die Bildung der Individuen erhält Priorität, weil sie als Voraussetzung für eine Veränderung der Gesellschaft gehalten wird. Die Romantik hat sich – pauschal gesprochen – schon sehr viel mehr von der Politik, der Gesellschaft entfernt. Die frühe Begeisterung für die Französische Revolution hat sich nicht erhalten. Die Verbindung zur **autonomen Kunst** bleibt über die Begriffe Fantasie, Utopie dennoch bestehen.

3 Die von Vierhaus angeführten Phänomene – zusammengefasst im Begriff der Krisenerfahrung – verdichten (verengen) sich bei den Romantikern im Unbehagen an der Normalität.

S. 272: IV,2. Rückblick auf eine Epoche – Geschichtlichkeit und Aktualität der Romantik

Historische und literaturgeschichtliche Texte sollen noch einmal zu einer Reflexion über die Epoche und den Epochenbegriff anregen. Zugleich wird eine Zusammenfassung angestrebt und ein Ausblick auf die Situation des Schriftstellers heute.

Mögliche Ziele:
1. Historische und literaturgeschichtliche Texte verstehen und auswerten
2. Die Romantik als gesamteuropäisches Phänomen sehen
3. Den Wandel in der Rolle des Schriftstellers erkennen
4. Eine kritische Position zu einer Epoche vertreten

Seite 272

1a/b Die Aufgabe sollte *arbeitsteilig* angegangen werden. Sie bietet die Möglichkeit sich einen literaturgeschichtlichen Überblick zu verschaffen. Die Ergebnisse könnten tabellarisch erfasst werden: Herkunft, Bildung, sozialer Status, Beruf; bevorzugte literarische Gattung, Thema. Die materielle Situation der meisten Schriftsteller ist, wenn sie nicht aufgrund ihrer Herkunft über Vermögen verfügen, nach wie vor prekär: Unvereinbarkeit von dichterischem Schaffen und bürgerlicher Existenz; Abhängigkeiten, die sich notwendigerweise ergeben.
Der Vergleich mit Schriftstellerbiografien des 18. Jahrhunderts ergibt ein ähnliches Bild.[46]

2 Gedacht ist an *Partner-* oder *Gruppenarbeit*, wobei es um eine erste Orientierung geht. Nur bei speziellem Interesse der Schüler könnten die Gestaltung einer *Wandzeitung* und die Vorstellung in Textproben erwogen werden.

3a–c Ausgangspunkt könnte eine *Recherche vor Ort* sein: Welche Schriftsteller leben in der Region? Die jüngere Vergangenheit könnte einbezogen werden. Ein weiterer Zugang ist über eine *Internet-Recherche* möglich: Schriftstellerverband; P.E.N.; Gewerkschaft; Literaturhäuser; Stadtbücherei und Buchhandlungen; Besuch von Autorenlesungen; Präsentation der Ergebnisse.[47]

4a/b Arnold Hausers „Sozialgeschichte der Kunst und Literatur", zuerst 1953 erschienen, bringt ein Romantik-Verständnis zum Ausdruck, das heute keine volle Gültigkeit mehr beanspruchen kann – es ist ein Dokument der Rezeptionsgeschichte. Heute tendiert man dazu, Weimarer Klassik und Romantik näher aneinander zu rücken. Entwicklung der Sensibilität, Recht des Künstlers, subjektive Haltung – mit dem Begriff der Individualisierung kann man verständlich machen, dass es die Entstehung der Moderne ist, an der die Romantik einen wesentlichen Anteil hat. Während Hauser noch der antithetischen Sicht Klassik vs. Romantik verpflichtet ist, ist es das Bestreben in diesem Buch zu einer differenzierteren Sicht zu gelangen.

 5 Bormann zeigt auf, warum das Interesse an der Romantik groß war (und heute noch ist): Statt der beschädigten Gesellschaft das beschädigte Subjekt.

Ergänzend sei darauf hingewiesen, dass die Münchner Ausstellung „Ernstes Spiel. Der Geist der Romantik in der deutschen Kunst 1790–1990" (München, Haus der Kunst 1995) die Entstehung der Moderne aus dem Geist der Romantik aufzeigen wollte: „Unverändert ist auch die Sehnsucht nach dem Paradies von Runge über Marc bis zu Beuys ein und möglicherweise sogar das Zentralmotiv der deutschen Kunst geblieben." (Katalog S. 60)

6 Eine *Diskussion* könnte geführt werden, indem die Teilnehmer bestimmte *Rollen* übernehmen, auch Rollen von Schriftstellern der Romantik, der Klassik und Aufklärung: der Aufklärer Nicolai und A. W. Schlegel; die Günderode und Brentano; Goethe und Bettine von Arnim geb. Brentano; ein Romantiker und Heine, der Kritiker der romantischen Schule ... Das Finden möglicher Personenkonstellationen wäre zugleich eine Form der Wiederholung. Die Teilnehmer müssten sich gezielt auf ihre Rollen vorbereiten, wozu die notwendigen Texte und Informationen im Schülerband zu finden sind.

4. Vorschläge für Übungen und Klausuren; Materialien/Kopiervorlagen K

4.1 Übersicht über Arten und Funktion der Kopiervorlagen

Nacht und Traum (I,1)

K 1 K. Kroppach u.a.: Fernweh. Variation zu J. von Eichendorff: Sehnsucht (SB, S. 238)

K 2 Bildbeschreibung: W. Schmied: C. D. Friedrich, Frau am Fenster (SB, S. 239)

K 3 C. D. Friedrich: Mönch am Meer – Rezeption durch Brentano und Kleist (SB, S. 239)

K 4 Rom-Erlebnis: Vergleich mit Goethe – J. von Eichendorff: Taugenichts (SB, S. 239)

K 5 Textvergleich: Novalis: Heinrich von Ofterdingen. Der Traum des Vaters (SB, S. 241)

Lieder von Natur und Heimat (I,2)

K 6 Gedichtvergleich: G. Heym: Die Stadt; J. von Eichendorff: In Danzig 1842 (SB, S. 242)

K 7 Gedichtvergleich: J. von Eichendorff: Mondnacht; G. Heym: Spitzköpfig kommt er (SB, S. 242)

K 8 Gedichtvergleich: J. von Eichendorff: Abschied; K. Krolow: Angesichts einer Landschaft (SB, S. 244)

Veränderung durch Revolution? (II,1)
Lebensformen: Geselligkeit und Müßiggang (II,3)

K 9 Motiv: Kunst und Leben – W. H. Wackenroder, L. Tieck: Berglinger-Novelle (SB, S. 250)

K 10 Texterörterung: F. Schleiermacher: Versuch einer Theorie des geselligen Betragens; H. von Kleist: Über die allmähliche Verfertigung der Gedanken beim Reden (SB, S. 254)

K 11 Texterörterung: M. Frisch: Höflichkeit (SB, S. 254)

K 12 Texterörterung: S. Gräfin Schönfeldt: Muss man alles locker sehen? (SB, S. 254)

K 13 Begriffserläuterung: Historisches Wörterbuch der Philosophie: „Muße" (SB, S. 254)

Fantasiebilder in der Dichtung (III,1)

K 14 Inhaltsangaben: E. T. A. Hoffmann: Der goldene Topf; J. von Eichendorff: Das Marmorbild (SB, S. 258)

K 15 Vergleich von Romananfängen: J. von Eichendorff: Dichter und ihre Gesellen; F. Kafka: Das Schloss (SB, S. 258)

K 16 Fantasie und Wirklichkeit – W. Busch: Balduin Bählamm, der verhinderte Dichter (SB, S. 263)

K 17 Romantik und Surrealismus – A. Lesjak: wann werden wir schlafende philosophen haben? Surrealistische traumkonzepte (SB, S. 263)

Gefühlsgewissheit und Verwirrung (III,2)

K 18 Literaturverfilmung – E. Rohmer: Anmerkungen zur Inszenierung der „Marquise von O..." (SB, S. 267)

K 19 Über „Identitätsarbeit" als Thema der Literatur – J. Straub: Personale und kollektive Identität (SB, S. 267)

K 20 F. Schulz von Thun: Arbeit mit dem Wertequadrat (SB, S. 269)

---

[47] Die Situation von Schriftstellern in der Mitte des 20. Jahrhunderts beschreibt Heinrich Böll: Ende der Bescheidenheit (1969). In: I. D. Arnold-Dielewicz, hrsg. von H. L. Arnold: Literarisches Leben in der Bundesrepublik. – Stuttgart (Reclam) 1974.

4.2 Kurzbeschreibung der Kopiervorlagen

K 1 K. Kroppach u.a.: Fernweh. Variation zu J. von Eichendorff: Sehnsucht

Didaktischer Ort: Neben dem analytischen spielt der kreative Umgang mit Texten der Vergangenheit eine wichtige Rolle um das Eigene im Fremden sichtbar zu machen. (SB, S. 238)

Erläuterungen zur Aufgabe:

Die Schülerinnen und Schüler haben die Wahl, entweder selbst eine Nachdichtung zu versuchen oder sich mit Gesichtspunkten zur Beurteilung zu beschäftigen; am besten sollten sie wohl beides tun. Da es sich um Texte handelt, die vor dem Kurs vorgetragen werden sollen, bestehen auch hier verschiedene Möglichkeiten der Präsentation, z.B. auch als Rap-Gesang.

K 2 Bildbeschreibung: W. Schmied: C. D. Friedrich, Frau am Fenster

Didaktischer Ort: Die Einheit der Epoche soll auch darin zum Ausdruck kommen, dass neben der Literatur auch Musik und bildende Kunst zu ihrem Recht kommen. Da Romantik in der Malerei, besonders durch die Bilder von C. D. Friedrich im Bewusstsein der Schüler präsent ist, empfiehlt sich die Einbeziehung schon in der Phase der Einführung. (SB, S. 239)

Erläuterungen zur Aufgabe:

Um das Gefühl der Unsicherheit, das manche Schüler angesichts der Aufgabe „Bildbeschreibung" haben, zu überwinden, kann es nützlich sein, ihnen eine Hilfe in Gestalt einer professionellen Bildbeschreibung an die Hand zu geben. Allerdings kann ein solches Vorgehen auch den entgegengesetzten Effekt haben; deshalb ist es vorzuziehen, zunächst gemeinsam, evtl. in GA, Eindrücke zu dem Bild zu sammeln und aufzuschreiben. Die Schüler werden erkennen, dass sie bei genauem Hinschauen sehr wohl vieles an dem Bild wahrnehmen können; beim Vergleich mit der gedruckten Bildbeschreibung können sie sich in manchem bestätigt sehen oder auch eigene Beobachtungen „verteidigen".

1. Gliederung der Bildbeschreibung:
   - Entstehung und „Malort"
   - Bild 1822 verspätet in Dresdener Akademieausstellung
   - Besprechung in Wiener Kunst-Zeitschrift
   - „Frau am Fenster" das einzige Innenraumbild des Künstlers
   - Inhaltliche Beschreibung des Bildes
   - Vergleich mit Bild von 1818
   - Formale Beschreibung und Wertung
2. Als Orientierung für den eigenen Versuch wird den Schülern vor allem die inhaltlich-strukturelle Beschreibung dienen. Es eignen sich C. D. Friedrichs „Mondaufgang am Meer" (SB, S. 273 und E. Hoppers „Morgensonne", SB, S. 264).

K 3 C. D. Friedrich: Mönch am Meer – Rezeption durch Brentano und Kleist

Didaktischer Ort: Es geht darum, die eigene Rezeption eines bekannten Bildes mit derjenigen von Zeitgenossen des Malers zu vergleichen; dabei ist die Einsicht zu gewinnen, dass die Einstellung zu einem Kunstwerk sich im Verlauf seiner Rezeption radikal verändern kann. (SB, S. 239)

Erläuterungen zur Aufgabe:

1. In einem ersten Schritt sollte nur das Bild angeschaut werden, jeder könnte seine persönlichen Eindrücke auf einen Zettel schreiben, die (anonymen) Zettel werden ausgetauscht oder ausgelegt.
2. „Der Mönch am Meer" gilt deshalb als das radikalste Bild C. D. Friedrichs, weil die klassische Perspektive hier nicht mehr

gilt. Das Gefühl des Ausgeliefertseins wird durch die Figur des Mönchs vermittelt. – Heinrich von Kleist hatte Brentano und Arnim gebeten über das Bild zu schreiben, doch er war mit ihrem Text nicht zufrieden. Brentano und Arnim wollten mit ihren Dialogen den Unverstand des Publikums glossieren.

3. Die Beschäftigung mit den Texten wird auf das Nebeneinander von Ernst und Satire abheben; die Satire könnte zur Nachgestaltung reizen – zu einem modernen Bild; dabei sollte aber auch klar werden, dass ‚neue' Kunst Herausforderung für die Betrachter ist.

Der Vergleich macht sichtbar, wie sich die Rezeption eines Kunstwerks verändert – ein Beleg für die doppelte Historizität von Werk und Rezipient.

K 4 Rom-Erlebnis: Vergleich mit Goethe – J. von Eichendorff: Taugenichts

Didaktischer Ort: Zur Lyrik können Prosatexte zum Vergleich herangezogen werden, im Fall von Eichendorffs Rombeschreibung besonders, um die Nähe von beiden Gattungen aufzuzeigen. Das Besondere soll ferner durch einen Vergleich mit einem Text der Klassik augenfällig werden. (SB, S. 239)

Erläuterungen zur Aufgabe:

1. Bei der Textuntersuchung sollte zunächst der Aufbau beschrieben werden; die Stiluntersuchung wird auf Adjektive und Verben besonders eingehen: Dabei wird deutlich, dass es um eine äußerst subjektive Beschreibung von Eindrücken geht.
2./3. Der Vergleich mit einem Text aus Goethes „Italienischer Reise", in dem es gerade um Schulung in Genauigkeit geht (SB, S. 201f.; S. 203), macht die Unterschiede deutlich, sollte aber nicht dazu verleiten, eine strenge Opposition zwischen Klassik und Romantik zu konstruieren.

K 5 Textvergleich: Novalis: Heinrich von Ofterdingen. Der Traum des Vaters

Didaktischer Ort: Der Vergleich von zwei Texten, die Ähnlichkeiten und Unterschiede aufweisen, lässt die romantische Fantasie in ihrer Eigenart deutlich werden. (SB, S. 241)

Erläuterungen zur Aufgabe:

Der Traum des Vaters ist Gegenbild zu dem des Sohnes; er enthält Anspielungen auf die Kyffhäusersage. Der Harz ist für die Romantiker eine beliebte Gegend für die Begegnung mit dem Wunderbaren. Während der Vater eine negative Einstellung zu Träumen hat, ist Heinrichs Verhältnis zu ihnen positiv, für ihn sind sie Mittel der Erkenntnis, sie weisen voraus auf das Dichtertum und auf die Liebeserfahrung. Allerdings stimmen die Träume darin überein, dass die blaue Blume vorkommt. – Die Textbeschreibung sollte vom Aufbau ausgehen.

K 6 Gedichtvergleich: G. Heym: Die Stadt; J. von Eichendorff: In Danzig 1842

Didaktischer Ort: Der Gedichtvergleich eignet sich besonders gut um das Eigentümliche eines Textes zu erfassen; es geht nicht in erster Linie um einen Begriff der Epoche. (SB, S. 242)

Erläuterungen zur Aufgabe:

1. Der Gegensatz der Stimmung ist deutlich: Eichendorffs Gedicht beginnt mit einer unheimlichen Stimmung, deren Charakter sich in den folgenden Strophen verändert – „träumerisch", „Märchenwelt", „wunderbare Einsamkeit"; vom Türmer geht eine Bitte um Schutz für die Schiffer aus. Dagegen ist Heyms Sonett düster, die Stadt kein Ort der Geborgenheit, sondern einer, der ein monotones, stumpfes Leben symbolisiert, die Menschen sind ihm ausgeliefert.
2. Die Gedichte aus dem Epochenbezug verstehen meint, einen Kontextbezug herzustellen. In Interpretationsaufsätzen

begegnet man immer wieder dem Fehler, dass von Epochenmerkmalen ausgegangen und das Gedicht als deren Bestätigung gelesen wird.

K 7 Gedichtvergleich: J. von Eichendorff: Mondnacht; G. Heym: Spitzköpfig kommt er

Didaktischer Ort: Ein weiterer Gedichtvergleich, bei dem es um eine auffällige Entsprechung der beiden letzten Strophen geht. (SB, S. 242)

Erläuterungen zur Aufgabe:

Dieses expressionistische Gedicht scheint dem Romantischen viel näher zu sein als andere Gedichte Heyms: Konnotationen zu Nacht und Mond sind positiv; in der dritten Strophe geht es in Eichendorffs Gedicht um die Vorahnung der Heimkehr des lyrischen Ich, bei Heym dagegen geht es um surrealistische Bilder, um Auflösung des Ich in einer fantastischen Vorstellung, nicht aber um Transzendenz im religiösen Sinne Eichendorffs.

K 8 Gedichtvergleich: J. von Eichendorff: Abschied; K. Krolow: Angesichts einer Landschaft

Didaktischer Ort: Dass Eichendorff für *die* Romantik steht, zeigt auch die innerliterarische Rezeptionsgeschichte; ein Beispiel dafür ist das Gedicht von K. Krolow. (SB, S. 244)

Erläuterungen zur Aufgabe:

1. Einmal ist die Natur Ort der Geborgenheit und der Identitätssuche, zum andern drückt sich im zweiten Gedicht Distanz aus zu solch einem Naturbezug.
2. Der Wald, Chiffre für Heimat bei Eichendorff, kann diese Bedeutung für den Dichter im 20. Jahrhundert nicht mehr haben; doch ist bemerkenswert, dass auf Natur, Landschaft als poetisches Motiv Bezug genommen wird. Dieser Prozess der kritischen Auseinandersetzung mit der Romantik hat schon mit Heine, der gleichzeitig mit Eichendorff dichtete, begonnen. Zu beachten ist die Veränderung der Form des Gedichts.

K 9 Motiv: Kunst und Leben – W. H. Wackenroder, L. Tieck: Berglinger-Novelle

Didaktischer Ort: Während die Briefzeugnisse die Auseinandersetzung mit der Zeit, mit der Französischen Revolution dokumentieren, zeigen die „Herzensergießungen eines kunstliebenden Klosterbruders" die Dimension des Poetischen und eignen sich damit den ‚Sitz des Poetischen' im Leben sichtbar zu machen. (SB, S. 250)

Erläuterungen zur Aufgabe:

1. Die Musik ist Gegenwelt zur prosaischen des gemeinen Lebens der Menschen, Kontraste von prosaischem Leben und poetischem Taumel bestimmen die Darstellung. Zum Vergleich: Robert Schneider; Schlafes Bruder (1992).
2. Der Gegensatz von poetischer und prosaischer Welt ist charakteristisch; das Ungenügen an der Normalität als Grunderfahrung; die Musik als Auslöser der Fantasietätigkeit – das sind romantische Elemente.

K 10 Texterörterung: F. Schleiermacher: Versuch einer Theorie des geselligen Betragens; H. von Kleist: Über die allmähliche Verfertigung der Gedanken beim Reden

Didaktischer Ort: Die romantische Philosophie und Poetik sind häufig sehr abgehoben und (absichtlich) unverständlich; dem steht entgegen, dass sich gerade die Romantiker sehr mit dem Zusammenleben insbesondere der Intellektuellen, der Künstler beschäftigt haben. Über alternative Formen des Zusammenlebens nachzudenken ist etwas den Jugendlichen besonders Gemäßes, denn zu ihrer Identitätsfindung gehört auch die Abgrenzung von der Lebensweise der Erwachsenen. (SB, S. 254)

Erläuterungen zur Aufgabe:

1. Geklärt, verstanden werden muss, was es bedeutet den Charakter der Gesellschaft völlig auszubilden: Es geht um eine Vorstellung von Ganzheit, die der Bildungsidee Goethes (Wilhelm Meister) und Humboldts entspricht. In heutige Sprache übersetzt heißt das, was Schleiermacher wünscht und fordert, man selbst, authentisch sein.
2. Kleist weist auf Hemmungen hin, die es Menschen erschweren oder unmöglich machen, zu einer solchen Selbstentfaltung zu gelangen, wie sie Schleiermacher haben möchte. In der Kultur der Salons sollen Unterschiede aufgehoben sein, die sonst in der Gesellschaft existieren.
3. Bei den Ratschlägen, die die Schüler finden sollen, geht es um Gesprächskultur, Gesprächsregeln, aber besonders auch um Möglichkeiten Hemmungen in Gesellschaft zu überwinden; um Voraussetzungen, die das erleichtern. – Möglich wäre eine szenische Darstellung.

K 11 Texterörterung: Max Frisch: Höflichkeit

Didaktischer Ort: Der Text eignet sich für eine Texterörterung. (SB, S. 254)

Erläuterungen zur Aufgabe:

1. Zu erinnern ist daran, dass es sich beim reproduktiven Teil dieser Aufgabenart um eine perspektivische Wiedergabe handelt, nicht um eine Inhaltsangabe. Es muss erkannt werden, dass es um zwei Schlüsselbegriffe geht: Höflichkeit und Wahrhaftigkeit.
2. Die beiden Standpunkte müssen in Thesenform umformuliert werden. Beiden Auffassungen liegt ein unterschiedliches Menschenbild zugrunde: Während für Frisch die Mitmenschlichkeit konstitutiv für das menschliche Dasein ist, geht Schopenhauer von einer eher monadischen Existenz aus. Eine gute Arbeit müsste diesen Unterschied sinngemäß erfassen.

K 12 Texterörterung: S. Gräfin Schönfeld: Muss man alles locker sehen?

Didaktischer Ort: Ein Texterörterungsthema, das nach wie vor aktuell ist. (SB, S. 254)

Erläuterungen zur Aufgabe:

1. Erkannt werden müsste, dass es einerseits um eine Gesellschaftskritik geht, die negative Verhaltensweisen benennt; andererseits aber wird diese Kritik mit einem moralisierenden, „kulturpessimistischen" Tonfall vorgetragen. Dass in einer sog. Ellbogengesellschaft soziales Denken und Handeln nicht genügend entwickelt sind, lässt sich wohl nicht bestreiten, wenn auch der Pauschalverdacht sicher nicht berechtigt ist, denn es lassen sich viele Gegenbeispiele finden.
2. Darstellungsmittel: u.a. Alltagsbeispiele, Alltagssprache, Zitate, Ironie, Metaphorik, Ellipsen, Verallgemeinerungen, Beschönigung, Anonymisierung, historische Einschübe
3. Die Schwierigkeit beim Umgang mit solchen Texten besteht darin, dass die Schüler zur bloßen Zustimmung verleitet werden; deshalb die Aufforderung sich mit einzelnen Punkten auseinander zu setzen. Eine Analyse solch journalistischer Texte ist sinnvoll, weil das Anliegen eigentlich spontan Zustimmung findet.

K 13 Begriffserläuterung: Historisches Wörterbuch der Philosophie: „Muße"

Didaktischer Ort: Begriffserläuterung ist ein grundlegendes Instrument jeder Art von Erörterung; deshalb ist es wichtig, auch den Nutzen von verschiedenen Arten von Nachschlagewerken zu kennen. (SB, S. 254)

Erläuterungen zur Aufgabe:

Sinnvoll mit Nachschlagewerken umzugehen heißt einmal, dass man weiß, welche es gibt; zum andern aber muss man

sich auch bewusst sein, dass man das eigene Nachdenken übergeht, wenn man bei einem an sich bekannten Begriff sofort nachschlägt. Deshalb sollten die Schüler zuerst mit den vertrauten Methoden beginnen den Begriff zu erläutern.
„Freizeit": zunächst die von Arbeit freie Zeit, die in der modernen Gesellschaft ständig zugenommen hat.
„Freizeit" kann ganz unterschiedlich genutzt werden: Nichtstun, Sport, Hobbys, Spiel etc.
„Muße" ist als Begriff (und als Lebensform) heutigen Schülern meist völlig fremd. Eine Spaß- und Event-Gesellschaft sucht das extreme Gegenteil von „Muße".
Während „Freizeit" weitgehend aus der Schülererfahrung zu erläutern ist, kann „Muße" nur durch Sachinformation erläutert werden. Etwa durch ein *Exzerpt* aus dem Lexikonartikel.
– Gegensatz zu zweckorientiertem Handeln
– „ruhende Gelassenheit" im Raum der Kontemplation
– Feierlichkeit in der Nähe von Kult und Feier
– erwächst aus innerer Freiheit
– Abgrenzung gegen Müßiggang, Langeweile, „leere" Zeit, gegen Geschäftigkeit und Hetze
– In der Moderne „Freizeit" statt „Muße"

K 14 Inhaltsangaben: E. T. A. Hoffmann: Der goldene Topf; J. von Eichendorff: Das Marmorbild

Didaktischer Ort: Literaturlexika gehören zu den Nachschlagewerken, die die Schüler kennen lernen sollten. (SB, S. 258)

Erläuterungen zur Aufgabe:

Die Lexikonartikel sind keine reinen Inhaltsangaben, sondern interpretierende Darstellungen; der Unterschied sollte bewusst sein. Die Begründung kann rein inhaltlich und nach persönlicher Präferenz erfolgen, aber sie sollte argumentativ sein.

K 15 Vergleich von Romananfängen: J. von Eichendorff: Dichter und ihre Gesellen; F. Kafka: Das Schloss

Didaktischer Ort: Als Ergänzung zum Vergleich von zwei Novellenanfängen zwei Romananfänge aus verschiedenen Epochen. (SB, S. 258)

Erläuterungen zur Aufgabe:

1. Die Methode des Vergleichs als bekannt vorausgesetzt, handelt es sich hier um eine Transferaufgabe. Die Erzählsituation scheint gleich zu sein: Erzählt wird in der 3. Person, bei Eichendorff aber mit Innensicht, während bei Kafka Außensicht bestimmend ist, was für den Leser wesentlich ist. Die Vergleichbarkeit ergibt sich aus der erzählten Situation der Ankunft. Bei Eichendorff ein Déjà-vu-Erlebnis, am Ende steht das Wiedererkennen; bei Kafka nimmt die Fremdheit zu, K. ist am Ende der Sequenz ausgeschlossen, während er zu Beginn noch einigermaßen wohlwollend aufgenommen wird.
2. Für die Detailanalyse ist es hilfreich, wenn die Schüler daran gewöhnt sind, Texte in Abschnitte zu gliedern, damit ein exemplarisches Vorgehen möglich ist und nicht wie beim zeilenweisen Vorgehen der Überblick verloren geht.
Bei Eichendorff erwartet der Leser, dass die Freunde sich austauschen über früher und heute, wobei die Unterschiede der Biografien deutlich werden. – Bei Kafka wird die bedrückende Stimmung des Anfangs durch die Forderung des Schlossboten noch verstärkt, so dass der Leser gespannt ist, wie die unerfreuliche Situation bewältigt wird. Die spöttische Herablassung des jungen Mannes und die Reaktion der Bauern lassen nichts Gutes erwarten.

K 16 Fantasie und Wirklichkeit – W. Busch: Balduin Bählamm, der verhinderte Dichter

Didaktischer Ort: Die Rolle der Fantasie – humorvoll in einer Bildergeschichte dargestellt. (SB, S. 263)

Erläuterungen zur Aufgabe:
Soll der Dichter als liebenswerter Sonderling oder als weltfremder Trottel dargestellt werden? Oder als tragische Figur, die am Widerspruch von Poesie und Realität zerbricht, also am Gegensatz von realer und idealer Welt? Eine reizvolle, den Jugendlichen vertraute Aufgabe kann darin bestehen, die Bildersprache zu entschlüsseln um den Standpunkt des Erzählers und Zeichners zu erfassen. Die Ästhetik könnte man in Beziehung setzen zu Vorstellungen Heines und Büchners.

K 17 Romantik und Surrealismus – A. Lesjak: wann werden wir schlafende philosophen haben? – Surrealistische traumkonzepte

Didaktischer Ort: Die Romantik ist nicht einfach ein Phänomen der Vergangenheit, sondern die Epoche, in der wichtige Richtungen der modernen Kunst ihren Ursprung hatten; deshalb ist es sinnvoll, einen Blick auf den Surrealismus zu werfen. (SB, S. 263)

Erläuterungen zur Aufgabe:

1. Stichworte für den Lexikonartikel: Entstehung des Begriffs „Surrealismus" 1922 in Paris; Abgrenzung gegen bürgerlichen Kunstbegriff; Traum als Grundlage (Freud, 19. Jhd. als Anreger); Manifest des Surrealismus 1924 (Breton); „écriture automatique" als spontane Wiedergabe der Gedanken; daneben „halbautomatische Techniken" (Max Ernst, Joan Miró u. a.); Zeitschrift „La Révolution", Ziel: Gesellschaftsveränderung i. S. kommunistischer Ideen
2. Interessant wären die Wahl und der Vergleich von Künstlern, die eher unbekannt sind (z.B. Frottage, Dripping), und „großen" Namen (z.B. Max Ernst, René Magritte oder Salvador Dalí).
Neben biografischen Daten wäre es wichtig, jeweils die künstlerische Eigenart zu erfassen und – wenn möglich – auch durch entsprechende Bilder zu dokumentieren.
3. Zwischen den in der romantischen Ästhetik/Poetik geäußerten Vorstellungen und denen des Surrealismus bestehen erstaunliche Ähnlichkeiten. Hinter der surrealistischen Malerei verblasst die écriture automatique, sie ist nur als Experiment noch von Interesse. Anhand von Bildern könnten sich interessierte Schüler mit der Frage beschäftigen, ob/inwiefern die Maler realisiert haben, was die Romantiker eher erdacht als realisiert haben. Der Traum im „Heinrich von Ofterdingen" bleibt in einer ‚normalen' ästhetischen Realität.

K 18 Literaturverfilmung – E. Rohmer: Anmerkungen zur Inszenierung der „Marquise von O..."

Didaktischer Ort: Wie sich die Verfilmung zum literarischen Ausgangstext verhält, ist eine Frage, die zu kontroversen Meinungen führt. (SB, S. 267)

Erläuterungen zur Aufgabe:

1. Grundsätze Rohmers: Werktreue – Wort für Wort; Detailtreue so weit wie möglich; „wissenschaftlicher Versuch"; ein „Werk verjüngen", d.h. „es in seine Zeit zu stellen"; die Novelle ist bereits ein „echtes Drehbuch": Dialoge sind vorhanden, innere Vorgänge werden nicht gedeutet, Kleist gibt „mit äußerster Präzision" Auskunft über die Personen in ihren Bewegungen und Verhaltensweisen.
2. Rohmers Verfilmung der Novelle wirkt in vieler Hinsicht befremdlich: Die von ihm vertretene Werktreue entspricht nicht den Sehgewohnheiten von Filmbesuchern. Ob der Novellentext ein fast fertiges Drehbuch ist, kann überprüft werden, wenn man die indirekte in die direkte Rede überträgt.
Vor dem Verfassen der Filmkritik sollten sich die Schüler noch einmal über die filmischen Gestaltungsmittel informieren (SB, S. 472f.).

K 19 Über „Identitätsarbeit" als Thema der Literatur – J. Straub: Personale und kollektive Identität

Didaktischer Ort: Mit Hilfe eines theoretischen Textes soll erläutert und verstanden werden, worum es in der Literatur vielfach geht: um Identitätsarbeit. (SB, S. 267)

Erläuterungen zur Aufgabe:

1. Es handelt sich um einen anspruchsvollen Text, dessen Verständnis schrittweise erarbeitet werden muss, indem zunächst Kernstellen gesucht werden. Was ist das Selbst- und Weltverhältnis von Menschen? Ausgehen könnte man von der Situation in der „Marquise von O...", in der sich die Protagonistin entschließt sich von ihrer Familie zu trennen, ein Vorgang, der vom Erzähler kommentiert wird: Zu fragen wäre, was sie über sich erfährt.

2. Diese „Identitätsarbeit" spielt in der Literatur vom 19. Jahrhundert an eine immer wichtigere Rolle, vor allem in der erzählenden Literatur. Aber auch ein Theaterstück wie „Nora" zeigt einen solchen Prozess – der häufig ein Prozess der Emanzipation ist.

K 20 F. Schulz von Thun: Arbeit mit dem Wertequadrat

Didaktischer Ort: Das Wertequadrat ist ein Mittel zur Begriffserläuterung durch Abgrenzung. (SB, S. 269)

4.3 Die Kopiervorlagen

Karina Kroppach u.a.: Fernweh.
Variation zu Joseph von Eichendorff: Sehnsucht

Lichter auf der Rollbahn,
einsam steh' ich in der überfüllten Abflughalle,
die verzerrte Lautsprecherstimme tönt schrill zu mir:
„Passagiere des Flugs 378 nach New York zum check-in!"
5 Das Fernweh überkommt mich – AMERIKA.

Tosende Fluten der Niagarafälle seh'n,
auf den Gipfeln der Rocky Mountains steh'n,
heimlich mit Winnetou durch die Büsche kriechen
und anschließend im Saloon am Whisky riechen,
10 über die Prärie wie 'n Cowboy Büffel hetzen,
danach im Kanu den Mississippi 'runterfetzen. –

Einmal die Highways up and down,
einmal über den Grand Canyon schau'n.

Von der Golden Gate Bridge die absolute Sicht,
15 Wolkenkratzer blitzen im grellen Neonlicht,
die Skyline von Manhattan streift ein faszinierter Blick,
in großen Boutiquen der neueste Pariser Chic,
im Straßenkreuzer über den Broadway jagen,
und dann in der Wall Street die Geldkoffer tragen. –

20 Einmal die Highways up and down,
einmal über den Grand Canyon schau'n.

Mit Ronald bei McDonald Hamburger mampfen,
In Nashville Tennessee zur Country Music stampfen,
danach nach Las Vegas, Tausende von Dollar verprassen
25 und sich in Hollywood von Spielberg engagieren lassen,
vielleicht ein Rendezvous mit Don Johnson und Mickey Mouse,
zuletzt mit Nancy zu 'ner Fete ins Weiße Haus. –

Einmal die Highways up and down,
einmal über den Grand Canyon schau'n.

30 Einsam steh' ich in der überfüllten Abflughalle ...

Aus: Ein Dichter und seine Gesellen. Schüler schreiben wie Eichendorff? Paderborn (Schöningh) 1989, S. 44.

Arbeitsanweisungen:

In einem für Schüler ausgeschriebenen Wettbewerb wurde zu Eichendorffs Gedicht „Sehnsucht" (SB, S. 238) folgende Aufgabe gestellt:

Darstellung einer gedachten Reise in ein „Land der Sehnsucht" mit einer Landschaft, die eher vorgestellt als erlebt ist. Erwünscht – ein Gedicht mit Strophen gleicher Länge.

Stellen Sie sich vor, Sie nehmen am Wettbewerb teil.

Alternativ: Sie bilden mit einer Gruppe aus etwa 7 Mitgliedern eine Jury und bewerten die Beiträge bzw. den Beitrag „Fernweh". Sie müssen Ihre Beurteilung begründen.

Bildbeschreibung:

Wieland Schmied: C. D. Friedrich, Frau am Fenster

Die *Frau am Fenster* ist Caroline. Caspar David Friedrich hat das Bild 1822 gemalt, vier Jahre nach seiner Heirat. Die Familie war damals schon aus dem alten Quartier in die neue Wohnung im Haus ‚An der Elbe 33' (später Terrassenufer 5) übersiedelt. Vergleicht man den Innenraum mit dem Atelier, wie es Kersting 1811 und 1812 gemalt hat, so fällt auf, dass Friedrich seine Fensterkonstruktion mit dem Holzladen und dem schmalen Kreuz darüber offenbar mitgenommen und hier wieder eingebaut haben muss. Unterschiede entdecken wir im Vorhandensein einer Fensternische, dafür fehlt unten die Stufe. Die Seitenwände sind stärker, und unter der Fensterkonstruktion befindet sich noch ein schmaler Aufsatz. Der Blick geht über die Elbe auf eine Pappelreihe am gegenüberliegenden Ufer.

Friedrich hat das kleine Bild im August 1822 zur Dresdener Akademieausstellung gegeben. Wie so oft wurde er, bedingt durch seine gründliche und penible Arbeitsweise, erst verspätet fertig, so dass die *Frau am Fenster* zusammen mit zwei anderen Bildern – darunter *Die gescheiterte ‚Hoffnung'* – nur im Nachtrag aufgenommen werden konnte. Dort ist sie verzeichnet als: „Des Künstlers Atelier, nach der Natur gemalt von Friedrich, Mitglied der Akademie." In der ‚Wiener Zeitschrift für Kunst, Literatur, Theater und Mode' wurde das Bild so besprochen: „Ein kleines Bild, das Atelier des Künstlers darstellend in seiner eigentümlichen Einfachheit, mitten im Hintergrund das Fenster mit der Aussicht auf die Elbe und die gegenüberstehenden Pappeln, wäre sehr wahr und hübsch, wenn Friedrich hier nur nicht wieder seiner Laune gefolgt wäre, die es so sehr liebt, Personen nämlich gerade von hinten darzustellen, seine Gattin steht so am Fenster, teils in Beleuchtung und Stellung sehr unvorteilhaft, teils wiederholt er solche Gestalten, die sich alle gleich sehen, viel zu oft."

Die *Frau am Fenster* ist das einzige Innenraumbild unter den Gemälden Caspar David Friedrichs, das wir kennen. Aber auch hier wird der Blick aus der Dunkelheit der engen Kammer hinausgeleitet ins Freie, durch ein schmales Fenster – im Zentrum – geht er auf eine helle Wand von Bäumen, darüber öffnet sich ein großer Himmel.

Eine Frau ist in Friedrichs Leben getreten. Sie ist in sein Atelier gekommen und hat das Fenster geöffnet, das der Maler geschlossen hielt, um bei der Arbeit nicht abgelenkt zu werden. Sie hat ihm das Fenster geöffnet, durch sie und mit ihr – gleichsam mit ihren Augen sieht er in die Welt. Eine stille und schöne Huldigung an die geliebte Frau.

In einem vergleichbaren kleinen Werk, das vielleicht 1818 entstanden ist, können wir die weibliche Rückenfigur im Zentrum des Bildes wiederfinden. Mit ausgebreiteten Händen steht sie vor einem Bergmassiv, hinter dem die Sonne versinkt. Der abendliche Himmel mit den Strahlen der untergehenden Sonne lässt an den *Tetschener Altar* denken. Es ist eine Art Kommunionsbild: Die Figur nimmt die Landschaft in sich auf, menschliche Seele und Landschaft werden eins.

Die Erinnerung an dieses sakral überhöhte Motiv lebt in der *Frau am Fenster:* Aber alles wirkt hier heimeliger, intimer, verhaltener, ist nur angedeutet. Stand die Frauenfigur absichtsvoll und bedeutungsschwer vor der Landschaft im Abendlicht, so ist sie hier leicht und ungezwungen ans Fenster getreten. Nichts an ihrer Haltung ist starr, sie lehnt am Fensterbrett und schaut hinaus, sieht auf dem Fluss die Masten der festgemachten Segelboote schwanken.

Die leichte Neigung der Segelmasten, die leichte Neigung der Frau sind das Einzige, das von der strengen Geometrie dieses Bildes ein wenig abweicht und sie dadurch nur um so nachhaltiger betont. Das Bild ist durch die Verstrebung von Vertikalen und Horizontalen bestimmt, die wir im Fensterkreuz oben finden, in den Rechtecken der Fensteröffnung und der Fensternische, in den Quadraten des Fensterkreuzes, auf sie spielen die Rhomben der Dielenbretter und die zarten Dreiecke an, die von den gespannten Tauen der Takelage umschrieben werden. Jede Form fügt sich dieser Ordnung ein, die waagerechte Leiste unter dem Fenster, die beiden Flaschen auf dem Sims – die einzigen Gegenstände in dem kahlen Raum –, die Mastbäume draußen, selbst die Reihe der Pappeln am anderen Ufer. Wir sind geneigt an Runges Wort von der „strengen Regularität" zu denken, die „gerade bei den Kunstwerken, die recht aus der Imagination und der Mystik unserer Seele entspringen, am allernotwendigsten" sei. Eine strengere Architektur als die dieses symmetrisch gebauten Bildes ist schwer vorzustellen. Ein kahler Innenraum, eine karge Zelle. Aber alles führt den Blick zum Fenster, die Stufungen der Farben, der Kontur des Kleides, die Fluchtlinien des Fensterladens. Wir können nicht anders, als unser Auge dorthin zu richten.

Am Fenster steht eine Frau, abgewendet von uns, und bestätigt und verstärkt so unsere Blickrichtung. Sie schaut hinaus, hinaus auf den Fluss, auf die Boote, auf die Wellen, hinüber zum anderen Ufer, auf die Bäume, nach drüben. Hinaus, hinüber, nach drüben. Dorthin reicht auch dieser Innenraum. Das ist alles, was wir diesem Bild an Deutung meinen geben zu dürfen.

Deutlicher und direkter hat es Erik Forssmann in einem Essay über ‚Fensterbilder von der Romantik bis zur Moderne' 1966 ausgesprochen, als er die ‚romantische Deutung' anbot, dass „die Rückenfigur die Sehnsucht der Seele aus irdischer Befangenheit heraus nach der Unendlichkeit der Natur ausdrücken soll, oder die unstillbare Sehnsucht überhaupt".

Aus: Wieland Schmied: Caspar David Friedrich. DuMont Buchverlag Köln 1992, DuMont Literatur und Kunst Verlag 2003, S. 100.

Arbeitsanweisungen:

1. Erarbeiten Sie die Gliederung der Bildbeschreibung.

2. Nutzen Sie den Text als Anregung zur Beschreibung eines Bildes aus dem Kapitel „Romantik".

Romantik **K 3**

C. D. Friedrich: Mönch am Meer – Rezeption durch Brentano und Kleist

Clemens Brentano (1778–1842) (unter Mitarbeit von Ludwig Achim von Arnim, 1781–1831): Verschiedene Empfindungen vor einer Seelandschaft von Friedrich, worauf ein Kapuziner

Es ist herrlich, in unendlicher Einsamkeit am Meeresufer unter trübem Himmel auf eine unbegrenzte Wasserwüste hinzuschauen, und dazu gehört, dass man dahin gegangen, dass man zurück muss, dass man hinüber möchte, dass man es nicht kann, dass man alles zum Leben vermisst, und seine Stimme doch im Rauschen der Flut, im Wehen der
5 Luft, im Ziehen der Wolken, in dem einsamen Geschrei der Vögel vernimmt; dazu gehört ein Anspruch, den das Herz macht, und ein Abbruch, den einem die Natur tut. Dieses aber ist vor dem Bild unmöglich, und das, was ich in dem Bilde selbst finden sollte, fand ich erst zwischen mir und dem Bilde, nämlich einen Anspruch, den mir das Bild tat, indem es denselben nicht erfüllte, und so wurde ich selbst der Kapuziner, das Bild ward
10 die Düne, das aber, wohinaus ich mit Sehnsucht blickte, die See, fehlte ganz. Dieser wunderbaren Empfindung nun zu begegnen, lauschte ich auf die Äußerungen der Verschiedenheit der Beschauer um mich her, und teile sie als zu diesem Gemälde gehörig mit, das durchaus Dekoration ist, vor welchem eine Handlung vorgehen muss, indem es keine Ruhe gewährt.

15 *Eine Dame und ein Herr, welcher vielleicht sehr geistreich war, traten auf, die Dame sah in ihr Verzeichnis und sprach:*

Nummer zwei: Landschaft in Öl. Wie gefällt sie Ihnen?
HERR. Unendlich tief und erhaben.
DAME. Sie meinen die See, ja die muss erstaunlich tief sein, und der Kapuziner ist auch
20 sehr erhaben.
HERR. Nein, Frau Kriegsrat, ich meine die Empfindung des einzigen Friedrichs bei diesem Bilde.
DAME. Ist es schon so alt, dass er es auch gesehen?
HERR. Ach, Sie missverstehen mich, ich rede von dem Maler Friedrich, Ossian schlägt
25 vor diesem Bilde in die Harfe. *Ab.*

Zwei junge Damen.
ERSTE DAME. Hast du gehört, Louise? das ist Ossian.
ZWEITE DAME. Ach nein, du missverstehst ihn, es ist der Ozean.
ERSTE DAME. Er sagte aber, er schlüge in die Harfe.
30 ZWEITE DAME. Ich sehe aber keine Harfe. Es ist doch recht graulich anzusehen. *Ab.*

Zwei Kunstverständige.
ERSTER. Jawohl, graulich, es ist alles ganz grau, wie der nur solche trockene Dinge malen will.
ZWEITER. Sie wollen lieber sagen, wie er so nasse Dinge so trocken malen will.
35 ERSTER. Er wird es wohl so gut malen, als er kann. *Ab.* [...]

(v 1810)

Zitiert nach H. E. Hass (Hrsg.): Sturm und Drang – Klassik – Romantik. München (Beck) 1966, S. 1471ff. (= W. Killy (Hrsg.): Die deutsche Literatur, Teilband 2).

Heinrich von Kleist (1777–1811): Empfindungen vor Friedrichs Seelandschaft

[...] Nichts kann trauriger und unbehaglicher sein, als diese Stellung in der Welt: der einzige Lebensfunke im weiten Reiche des Todes, der einsame Mittelpunkt im einsamen
5 Kreis. Das Bild liegt, mit seinen zwei oder drei geheimnisvollen Gegenständen, wie die Apokalypse da, als ob es Youngs Nachtgedanken hätte, und da es, in seiner Einförmigkeit und Uferlosigkeit, nichts, als den Rahm, zum Vordergrund hat, so ist es, wenn man es betrachtet, als ob einem die Augenlider weggeschnitten wären. Gleichwohl hat der Maler zweifelsohne eine ganz neue Bahn im Felde seiner Kunst gebrochen; [...]

(v 1810)

Aus: Heinrich von Kleist: Sämtliche Werke und Briefe, Bd. 2, S. 327f., München (Hanser) 1978.

Arbeitsanweisungen:

1. Beschreiben Sie das Bild und seine Wirkung.
2. Untersuchen Sie anschließend, wie Kleist/Brentano die Aussage des Bildes zu erfassen versuchen.
3. Vergleichen Sie damit Ihre eigenen Überlegungen.

Rom-Erlebnis: Vergleich mit Goethe

Joseph von Eichendorff (1788–1857): Aus dem Leben eines Taugenichts

Es handelt sich um den Anfang des 7. Kapitels

Ich war Tag und Nacht eilig fortgegangen, denn es sauste mir lange in den Ohren, als kämen die vom Berge mit ihrem Rufen, mit Fackeln und langen Messern noch immer hinter mir drein. Unterwegs erfuhr ich, dass ich nur noch ein paar Meilen von Rom wäre. Da erschrak ich ordentlich vor Freude. Denn von dem prächtigen Rom hatte ich schon
5 zu Hause als Kind viele wunderbare Geschichten gehört, und wenn ich dann an Sonntagnachmittagen vor der Mühle im Grase lag und alles ringsum so still war, da dachte ich mir Rom wie die ziehenden Wolken über mir, mit wundersamen Bergen und Abgründen am blauen Meer und goldnen Toren und hohen glänzenden Türmen, von denen Engel in goldnen Gewändern sangen. –
10 Die Nacht war schon wieder lange hereingebrochen, und der Mond schien prächtig, als ich endlich auf einem Hügel aus dem Walde heraustrat und auf einmal die Stadt in der Ferne vor mir sah. – Das Meer leuchtete von weitem, der Himmel blitzte und funkelte unübersehbar mit unzähligen Sternen, darunter lag die heilige Stadt, von der man nur einen langen Nebelstreif erkennen konnte, wie dunkle Riesen, die ihn bewachten.
15 Ich kam nun zuerst auf eine große, einsame Heide, auf der es so grau und still war wie im Grabe. Nur hin und her stand ein altes verfallenes Gemäuer oder ein trockner wunderbar gewundener Strauch; manchmal schwirrten Nachtvögel durch die Luft, und mein eigener Schatten strich immerfort lang und dunkel in der Einsamkeit neben mir her. Sie sagen, dass hier eine uralte Stadt und die Frau Venus begraben liegt und die alten Hei-
20 den zuweilen noch aus ihren Gräbern heraufsteigen und bei stiller Nacht über die Heide gehen und die Wanderer verwirren. Aber ich ging immer gerade fort und ließ mich nichts anfechten. Denn die Stadt stieg immer deutlicher und prächtiger vor mir herauf, und die hohen Burgen und Tore und goldenen Kuppeln glänzten so herrlich im hellen Mondschein, als stünden wirklich die Engel in goldnen Gewändern auf den Zinnen und
25 sängen durch die stille Nacht herüber.
So zog ich denn endlich erst an kleinen Häusern vorbei, dann durch ein prächtiges Tor in die berühmte Stadt Rom hinein. Der Mond schien zwischen den Palästen, als wäre es heller Tag, aber die Straßen waren schon alle leer, nur hin und wieder lag ein lumpiger Kerl, wie ein Toter, in der lauen Nacht auf den Marmorschwellen und schlief. Dabei
30 rauschten die Brunnen auf den stillen Plätzen, und die Gärten an der Straße säuselten dazwischen und erfüllten die Luft mit erquickenden Düften.
[...]

(v 1826)

Aus: Joseph von Eichendorff: Werke in einem Band. Hrsg. W. Rasch. München (Hanser) 1958, S. 1110f.

Arbeitsanweisungen:

Interpretieren Sie den Text.

1. In welchem Verhältnis stehen Kindheitserwartung und erlebte Wirklichkeit zueinander?

2. Vergleichen Sie den Text mit einem von Ihnen gewählten Auszug aus Goethes „Italienische[r] Reise" (SB, S. 201ff.)

3. Beschreiben Sie die Unterschiede und versuchen Sie sie zu erklären.

Textvergleich:

Novalis (1772–1801): Heinrich von Ofterdingen

Der Traum des Vaters (Ende des 1. Kapitels)

[...]

Erzählt uns doch jenen seltsamen Traum, sagte der Sohn. Ich war eines Abends, fing der Vater an, umhergestreift. Der Himmel war rein, und der Mond bekleidete die alten Säulen und Mauern mit seinem bleichen schauerlichen Lichte. Meine Gesellen gingen den Mädchen nach, und mich trieb das Heimweh und die Liebe ins Freye. Endlich ward ich
5 durstig und ging ins erste beste Landhaus hinein, um einen Trunk Wein oder Milch zu fordern. Ein alter Mann kam heraus, der mich wohl für einen verdächtigen Besuch halten mochte. Ich trug ihm mein Anliegen vor; und als er erfuhr, dass ich ein Ausländer und ein Deutscher sey, lud er mich freundlich in die Stube und brachte eine Flasche Wein. Er hieß mich niedersetzen, und fragte mich nach meinem Gewerbe. Die Stube war voll
10 Bücher und Alterthümer. Wir geriethen in ein weitläufiges Gespräch; er erzählte mir viel von alten Zeiten, von Mahlern, Bildhauern und Dichtern. Noch nie hatte ich so davon reden hören. Es war mir, als sey ich in einer neuen Welt ans Land gestiegen. Er wies mir Siegelsteine und andre alte Kunstarbeiten; dann las er mir mit lebendigem Feuer herrliche Gedichte vor, und so vergieng die Zeit, wie ein Augenblick. Noch jetzt heitert mein
15 Herz sich auf, wenn ich mich des bunten Gewühls der wunderlichen Gedanken und Empfindungen erinnere, die mich in dieser Nacht erfüllten. In den heidnischen Zeiten war er wie zu Hause, und sehnte sich mit unglaublicher Inbrunst in dies graue Alterthum zurück. Endlich wies er mir eine Kammer an, wo ich den Rest der Nacht zubringen könnte, weil es schon zu spät sey, um noch zurückzukehren. Ich schlief bald, und da dünkte michs
20 ich sey in meiner Vaterstadt und wanderte aus dem Thore. Es war, als müsste ich irgendwohin gehn, um etwas zu bestellen, doch wusste ich nicht wohin, und was ich verrichten solle. Ich ging nach dem Harze mit überaus schnellen Schritten, und wohl war mir, als sey es zur Hochzeit. Ich hielt mich nicht auf dem Wege, sondern immer feldein durch Thal und Wald, und bald kam ich an einen hohen Berg. Als ich oben war, sah ich
25 die goldne Aue vor mir, und überschaute Thüringen weit und breit, also dass kein Berg in der Nähe umher mir die Aussicht wehrte. Gegenüber lag der Harz mit seinen dunklen Bergen, und ich sah unzählige Schlösser, Klöster und Ortschaften. Wie mir nun da recht wohl innerlich ward, fiel mir der alte Mann ein, bei dem ich schlief, und es gedäuchte mir, als sey das vor geraumer Zeit geschehn, dass ich bey ihm gewesen sey. Bald gewahrte
30 ich eine Stiege, die in den Berg hineinging, und ich machte mich hinunter. Nach langer Zeit kam ich in eine große Höhle, da saß ein Greis in einem langen Kleide vor einem eisernen Tische, und schaute unverwandt nach einem wunderschönen Mädchen, die in Marmor gehauen vor ihm stand. Sein Bart war durch den eisernen Tisch gewachsen und bedeckte seine Füße. Er sah ernst und freundlich aus, und gemahnte mich wie ein alter
35 Kopf, den ich den Abend bey dem Manne gesehn hatte. Ein glänzendes Licht war in der Höhle verbreitet. Wie ich so stand und den Greis ansah, klopfte mir plötzlich mein Wirth auf die Schulter, nahm mich bei der Hand und führte mich durch lange Gänge mit sich fort. Nach einer Weile sah ich von weitem eine Dämmerung, als wollte das Tageslicht einbrechen. Ich eilte darauf zu; und befand mich bald auf einem grünen Plane; aber es
40 schien mir alles ganz anders, als in Thüringen. Ungeheure Bäume mit großen glänzenden Blättern verbreiteten weit umher Schatten. Die Luft war sehr heiß und doch nicht drückend. Überall Quellen und Blumen und unter allen Blumen gefiel mir Eine ganz besonders, und es kam mir vor, als neigten sich die Andern gegen sie.

Ach! liebster Vater, sagt mir doch, welche Farbe sie hatte, rief der Sohn mit heftiger Be-
45 wegung.

Das entsinne ich mich nicht mehr, so genau ich mir auch sonst alles eingeprägt habe. War sie nicht blau?

Es kann seyn, fuhr der Alte fort, ohne auf Heinrichs seltsame Heftigkeit Achtung zu geben. So viel weiß ich nur noch, dass mir ganz unaussprechlich zu Muthe war, und ich
50 mich lange nicht nach meinem Begleiter umsah. Wie ich mich endlich zu ihm wandte, bemerkte ich, dass er mich aufmerksam betrachtete und mir mit inniger Freude zulächelte. Auf welche Art ich von diesem Orte wegkam, erinnere ich mir nicht mehr. Ich war wieder oben auf dem Berge. Mein Begleiter stand bey mir, und sagte: du hast das Wunder der Welt gesehn. Es steht bey dir, das glücklichste Wesen auf der Welt und noch über
55 das ein berühmter Mann zu werden. Nimm wohl in Acht, was ich dir sage: wenn du am Tage Johannis gegen Abend wieder hieher kommst, und Gott herzlich um das Vertändniß dieses Traumes bittest, so wird dir das höchste irdische Loos zu Theil werden; dann gieb nur Acht, auf ein blaues Blümchen, was du hier oben finden wirst, brich es ab, und überlass dich dann demüthig der himmlischen Führung.

(v 1802)

Aus: Novalis: Werke. Tagebücher und Briefe, Bd. 1, S. 246–248. Hrsg. H. J. Mähl, R. Samuel. München (Hanser) 1978.

Arbeitsanweisungen:

Vergleichen Sie den Traum des Vaters mit dem seines Sohnes (vgl. SB, S. 240f.) nach Aufbau und Verhältnis zur Wirklichkeit.

Romantik **K 6**

Gedichtvergleich:

Georg Heym (1887–1912): Die Stadt (SB, S. 334)

Joseph von Eichendorff (1788–1857): In Danzig 1842

Dunkle Giebel, hohe Fenster,
Türme tief aus Nebel sehn,
Bleiche Statuen wie Gespenster
Lautlos an den Türen stehn.

5 Träumerisch der Mond drauf scheinet,
Dem die Stadt gar wohl gefällt,
Als läg' zauberhaft versteinet
Drunten eine Märchenwelt.

Ringsher durch das tiefe Lauschen,
10 Über alle Häuser weit,
Nur des Meeres fernes Rauschen –
Wunderbare Einsamkeit!

Und der Türmer wie vor Jahren
Singet ein uraltes Lied:
15 Wolle Gott den Schiffer wahren,
Der bei Nacht vorüberzieht!

Aus: Joseph von Eichendorff: Werke. Hrsg. W. Rasch. München (Hanser) 1959, S. 425.

Arbeitsanweisungen:

Interpretieren und vergleichen Sie die Gedichte.

1. Beachten Sie dabei, mit welchen sprachlichen Mitteln das Bild der Stadt jeweils gestaltet ist.

2. Versuchen Sie die Verschiedenheit der Sehweisen aus dem Epochenbezug zu erläutern.

Romantik **K 7**

Gedichtvergleich:

Joseph von Eichendorff (1788–1857): Mondnacht (SB, S. 239)

Georg Heym (1887–1912): Spitzköpfig kommt er

Spitzköpfig kommt er über die Dächer hoch
Und schleppt seine gelben Haare nach,
Der Zauberer, der still in die Himmelszimmer steigt
In vieler Gestirne gewundenem Blumenpfad.

5 Alle Tiere unten im Wald und Gestrüpp
Liegen mit Häuptern sauber gekämmt,
Singend den Mond-Choral. Aber die Kinder
Knien in den Bettchen in weißem Hemd.

Meiner Seele unendliche See
10 Ebbet langsam in sanfter Flut.
Ganz grün bin ich innen. Ich schwinde hinaus
Wie ein gläserner Luftballon.

Aus: Georg Heym, Gedichte und Prosa. Frankfurt (Fischer Bücherei) 1962, S. 68.

Arbeitsanweisungen:

Interpretieren und vergleichen Sie die Gedichte; berücksichtigen Sie beim Vergleich vor allem jeweils die letzte Strophe.

Romantik **K 8**

Gedichtvergleich:

Joseph von Eichendorff (1788–1857): Abschied (SB, S. 244)

Karl Krolow (1915–1999): Angesichts einer Landschaft

Diese Landschaft wie ein
nationales Lied.

Ihr vielzugrüner Bart im Wind.
Er ist zu alt
5 für die Vögel, die sich
in ihm paaren.

Dazu ein Himmel
mit leisen Sohlen,
Gedichthimmel,
10 großer Augenaufschlag.

Der grüne Anstrich überall.
Er färbt die Finger
und die falschen Töne.

Die nationale Luft
15 steigt in die Luft.

(e 1963)

Aus: Gesammelte Gedichte, Band 1. © Suhrkamp Verlag 1965.

Arbeitsanweisungen:

1. Interpretieren und vergleichen Sie die Gedichte.

2. Inwiefern könnte man Krolows Gedicht als eine Art Antwort auf Eichendorff verstehen?

Motiv: Kunst und Leben

Wilhelm H. Wackenroder (1773–1798), Ludwig Tieck (1773–1853): Berglinger – Novelle

Zur Einführung in den Textzusammenhang: Joseph Berglinger, dessen Mutter bei seiner Geburt starb, ist der Sohn eines Arztes, der in „dürftigen Vermögensumständen" lebt und der noch fünf weitere Kinder zu versorgen hat. Josephs Leidenschaft gilt der Musik.

[...] Eine vorzügliche Epoche in seinem Leben machte eine Reise nach der bischöflichen Residenz, wohin ein begüterter Anverwandter, der dort wohnte, und der den Knaben lieb gewonnen hatte, ihn auf einige Wochen mitnahm. Hier lebte er nun recht im Himmel: sein Geist ward mit tausendfältiger schöner Musik ergötzt, und flatterte nicht anders als
5 ein Schmetterling in warmen Lüften umher.
Vornehmlich besuchte er die Kirchen, und hörte die heiligen Oratorien, Kantilenen und Chöre mit vollem Posaunen- und Trompetenschall unter den hohen Gewölben ertönen, wobei er oft, aus innerer Andacht, demütig auf den Knien lag. Ehe die Musik anbrach, war es ihm, wenn er so in dem gedrängten, leise murmelnden Gewimmel der Volks-
10 menge stand, als wenn er das gewöhnliche und gemeine Leben der Menschen, als einen großen Jahrmarkt, unmelodisch durcheinander und um sich herum summen hörte; sein Kopf ward von leeren, irdischen Kleinigkeiten betäubt. Erwartungsvoll harrte er auf den ersten Ton der Instrumente; – und indem er nun aus der dumpfen Stille, mächtig und lang gezogen, gleich dem Wehen eines Windes vom Himmel hervorbrach, und die ganze
15 Gewalt der Töne über seinem Haupte daherzog, – da war es ihm, als wenn auf einmal seiner Seele große Flügel ausgespannt, als wenn er von einer dürren Heide aufgehoben würde, der trübe Wolkenvorhang vor den sterblichen Augen verschwände, und er zum lichten Himmel emporschwebte. Dann hielt er sich mit seinem Körper still und unbeweglich, und heftete die Augen unverrückt auf den Boden. Die Gegenwart versank vor
20 ihm; sein Inneres war von allen irdischen Kleinigkeiten, welche der wahre Staub auf dem Glanze der Seele sind, gereinigt; die Musik durchdrang seine Nerven mit leisen Schauern, und ließ, so wie sie wechselte, mannigfache Bilder vor ihm aufsteigen. So kam es ihm bei manchen frohen und herzerhebenden Gesängen zum Lobe Gottes ganz deutlich vor, als wenn er den König David im langen königlichen Mantel, die Krone auf dem
25 Haupt, vor der Bundeslade lobsingend hertanzen sähe; er sah sein ganzes Entzücken und alle seine Bewegungen, und das Herz hüpfte ihm in der Brust. Tausend schlafende Empfindungen in seinem Busen wurden losgerissen, und bewegten sich wunderbar durcheinander. Ja bei manchen Stellen der Musik endlich schien ein besonderer Lichtstrahl in seine Seele zu fallen; es war ihm, als wenn er dabei auf einmal weit klüger wür-
30 de, und mit helleren Augen und einer gewissen erhabenen und ruhigen Wehmut, auf die ganze wimmelnde Welt herabsähe.
So viel ist gewiss, dass er sich, wenn die Musik geendigt war, und er aus der Kirche herausging, reiner und edler geworden vorkam. Sein ganzes Wesen glühte noch von dem geistigen Weine, der ihn berauscht hatte, und er sah alle Vorübergehende mit andern
35 Augen an. Wenn er dann etwa ein paar Leute auf dem Spaziergang zusammenstehn und lachen, oder sich Neuigkeiten erzählen sah, so machte das einen ganz eignen widrigen Eindruck auf ihn. Er dachte: du musst zeitlebens, ohne Aufhören in diesem schönen poetischen Taumel bleiben, und dein ganzes Leben muss *eine* Musik sein.
Wenn er dann aber zu seinem Anverwandten zum Mittagessen ging, und es sich in ei-
40 ner gewöhnlich lustigen und scherzenden Gesellschaft hatte wohl schmecken lassen, – dann war er unzufrieden, dass er so bald wieder ins prosaische Leben hinabgezogen war, und sein Rausch sich wie eine glänzende Wolke verzogen hatte.
Diese bittere Misshelligkeit zwischen seinem angebornen ätherischen Enthusiasmus, und dem irdischen Anteil an dem Leben eines jeden Menschen, der jeden täglich aus seinen
45 Schwärmereien mit Gewalt herabziehet, quälte ihn sein ganzes Leben hindurch. – [...]
(v 1796)

Aus: Wilhelm H. Wackenroder. Ludwig Tieck: Herzensergießungen eines kunstliebenden Klosterbruders. Stuttgart; (Reclam) 1963.

Arbeitsanweisungen:

Interpretieren Sie die Textstelle.

1. Beachten Sie dabei besonders, mit welchen sprachlichen Mitteln die Wirkung der Musik dargestellt wird.

2. Zeigen Sie, inwiefern dieser Textauszug ein für die Romantik zentrales Thema behandelt; begründen Sie Ihre Ausführungen durch Beispiele.

© Schöningh Verlag, Best.-Nr. 028228 1

Texterörterung:

Friedrich Schleiermacher (1768–1834): Versuch einer Theorie des geselligen Betragens

[...] Es gehört gradehin zur Vollkommenheit einer Gesellschaft, dass ihre Mitglieder in ihrer Ansicht des Gegenstandes und ihrer Manier ihn zu behandeln, so mannigfalt als möglich voneinander abweichen, weil nur so der Gegenstand in Beziehung auf die Geselligkeit erschöpft und der Charakter der Gesellschaft völlig ausgebildet werden kann.
5 Die Scheu, seine eigne Art frei gewähren zu lassen, wenn sie auch untergeordnet und fehlerhaft sein sollte, ist eine der Gesellschaft höchst verderbliche Blödigkeit. Es ist freilich nicht lobenswürdig in seinen Höflichkeitsbezeugungen fade, im Gespräch weitläufig, und in seinen Einfällen platt zu sein; aber es läuft doch der Schicklichkeit gar nicht zuwider, und kann durch Übung – aber auch nur durch sie – besser werden. Darum hal-
10 te ich es gradehin für notwendig, sowohl in Beziehung auf die Gesellschaft als in Rücksicht auf die Individua selbst, dass jeder darnach strebe, das was er ist, an den Tag zu geben; seine unbequemen Eigenschaften in Schranken zu halten, das ist dann die Angelegenheit der Andern, und sie werden schon dafür sorgen. Es gibt nicht leicht einen traurigeren Anblick, als wenn in einer Gesellschaft einige von denen, die mit jenen un-
15 glücklichen Eigenschaften behaftet sind, es wagen, ihrer Natur freien Lauf zu lassen, und andre ihnen ähnliche diesem freien Spiel halb ängstlich und halb neidisch zusehn, und sich in eine ihnen fremde Form zwängen, in der sie für die Gesellschaft doch auch nichts sind. Niemand scheue sein Element. Nicht als eine verführerische Sirene, sondern aus freundlicher Meinung, wünschte ich Allen, die sich in diesem Falle befinden, mit gutem
20 Erfolg zurufen zu können:

O, wüsstest du, wie's Fischlein ist
So wohlig auf dem Grund;
Du sprängst hinunter wie du bist,
Und würdest erst gesund.
[...]

(e 1799)

Aus: Friedrich Schleiermacher: Werke. Hrsg. O. Braun. Aalen 1967, S. 17, 18.

Heinrich von Kleist (1777–1811): Über die allmähliche Verfertigung der Gedanken beim Reden

[...] Man sieht oft in einer Gesellschaft, wo durch ein lebhaftes Gespräch eine kontinuierliche Befruchtung der Gemüter mit Ideen im Werk ist, Leute, die sich, weil sie sich der Sprache nicht mächtig fühlen, sonst in der Regel zurückgezogen halten, plötzlich mit einer zuckenden Bewegung aufflammen, die Sprache an sich reißen und etwas Un-
5 verständliches zur Welt bringen. Ja, sie scheinen, wenn sie nun die Aufmerksamkeit aller auf sich gezogen haben, durch ein verlegnes Gebärdenspiel anzudeuten, dass sie selbst nicht mehr recht wissen, was sie haben sagen wollen. Es ist wahrscheinlich, dass diese Leute etwas recht Treffendes, und sehr deutlich, gedacht haben. Aber der plötzliche Geschäftswechsel, der Übergang ihres Geistes vom Denken zum Ausdrücken schlug die
10 ganze Erregung desselben, die zur Festhaltung des Gedankens notwendig, wie zum Hervorbringen erforderlich war, wieder nieder. In solchen Fällen ist es um so unerlässlicher, dass uns die Sprache mit Leichtigkeit zur Hand sei, um dasjenige, was wir gleichzeitig gedacht haben und doch nicht gleichzeitig von uns geben können, wenigstens so schnell als möglich aufeinander folgen zu lassen. Und überhaupt wird jeder, der, bei gleicher
15 Deutlichkeit, geschwinder als sein Gegner spricht, einen Vorteil über ihn haben, weil er gleichsam mehr Truppen als er ins Feld führt. [...]

Aus: Heinrich von Kleist: Sämtliche Werke. Berlin, Darmstadt, Wien (Deutsche Buchgemeinschaft) 1960, S. 1036.

Arbeitsanweisungen:

1. Legen Sie mit eigenen Worten dar, welche Empfehlungen Schleiermacher für das angemessene Verhalten in Gesellschaft gibt.

2. Stellen Sie vor dem Hintergrund von Kleists Beispiel dar, welche Probleme mit Schleiermachers Forderungen verbunden sein können.

3. Skizzieren Sie Ihre Ratschläge für das angemessene Verhalten in Gesellschaft.

Texterörterung:

Max Frisch (1911–1991): Höflichkeit

Wenn wir zuweilen die Geduld verlieren, unsere Meinung einfach auf den Tisch werfen und dabei bemerken, daß der andere zusammenzuckt, berufen wir uns mit Vorliebe darauf, daß wir halt ehrlich sind. Oder wie man so gerne sagt, wenn man sich nicht mehr halten kann: Offen gestanden! Und dann, wenn es heraus ist, sind wir zufrieden; denn
5 wir sind nichts anderes als ehrlich gewesen, das ist ja die Hauptsache, und im weiteren überlassen wir es dem andern, was er mit den Ohrfeigen anfängt, die ihm unsere Tugend versetzt.
Was ist damit getan?
Wenn ich einem Nachbarn sage, daß ich ihn für einen Hornochsen halte – vielleicht
10 braucht es Mut dazu, wenigstens unter gewissen Umständen, aber noch lange keine Liebe, so wenig wie es Liebe ist, wenn ich lüge, wenn ich hingehe und ihm sage, ich bewundere ihn. Beide Haltungen, die wir wechselweise einnehmen, haben eines gemeinsam: sie wollen nicht helfen. Sie verändern nichts. Im Gegenteil, wie wollen nur die Aufgabe loswerden ...
15 [...]
Der Wahrhaftige, der nicht höflich sein kann oder will, darf sich jedenfalls nicht wundern, wenn die menschliche Gesellschaft ihn ausschließt. Er darf sich nicht einmal damit brüsten, wie es zwar üblich ist, je mehr er nämlich unter seinem Außenseitertum leidet. Er trägt eine Gloriole, die ihm nicht zukommt. Er übt eine Wahrhaftigkeit, die
20 stets auf Kosten der andern geht –.
Das Höfliche, oft als leere Fratze verachtet, offenbart sich als eine Gabe der Weisen. Ohne das Höfliche nämlich, das nicht im Gegensatz zum Wahrhaftigen steht, sondern eine liebevolle Form für das Wahrhaftige ist, können wir nicht wahrhaftig sein und zugleich in menschlicher Gesellschaft leben, die hinwiederum allein auf der Wahrhaftigkeit be-
25 stehen kann – also auf der Höflichkeit.
Höflichkeit natürlich nicht als eine Summe von Regeln, die man drillt, sondern als eine innere Haltung, eine Bereitschaft, die sich von Fall zu Fall bewähren muß –
Man hat sie nicht ein für allemal.
Wesentlich, scheint mir, geht es darum, daß wir uns vorstellen können, wie sich ein Wort
30 oder eine Handlung, die unseren eigenen Umständen entspringt, für den anderen ausnimmt. Man macht, obschon es vielleicht unsrer eignen Laune entspräche, einen Witz über Leichen, wenn der andere gerade seine Mutter verloren hat, und das setzt voraus, daß man an den andern denkt. Man bringt Blumen, als äußeren und sichtbaren Beweis, daß man an die andern gedacht hat, und auch alle weiteren Gebärden zeigen genau, worum es geht.
35 Man hilft dem andern, wenn er den Mantel anzieht. Natürlich sind es meistens bloße Faxen; immerhin erinnern sie uns, worin das Höfliche bestünde, das wirkliche, wenn es einmal nicht als Geste vorkommt, sondern als Tat, als lebendiges Gelingen –
Zum Beispiel:
Man begnügt sich nicht damit, daß man dem andern einfach seine Meinung sagt; man
40 bemüht sich zugleich um ein Maß, damit sie den andern nicht umwirft, sondern ihm hilft; wohl hält man ihm die Wahrheit hin, aber so, daß er hineinschlüpfen kann.

(v 1950)

Aus: Tagebuch 1946–1949. © Suhrkamp Verlag 1950.

(Aus lizenzrechtlichen Gründen ist dieser Text nicht in reformierter Rechtschreibung abgedruckt.)

Arbeitsanweisungen:

1. Legen Sie dar, von welchen Voraussetzungen Frisch bei seinem Verständnis von Höflichkeit ausgeht.

2. „Höflichkeit ist eine stillschweigende Übereinkunft, gegenseitig die moralisch und intellektuell elende Beschaffenheit voneinander zu ignorieren und sie sich nicht vorzurücken, – wodurch diese, zu beiderseitigem Vorteil, etwas weniger leicht zu Tage kommt."
(Arthur Schopenhauer, 1788–1860)
Setzen Sie sich mit den beiden Auffassungen auseinander und beziehen Sie Stellung.

Texterörterung:

Sybil Gräfin Schönfeldt: Muss man alles locker sehen?

Der Junge, der zum Abi einen Sportwagen bekommen hat, prahlt mit jeder geglückten Schwarzfahrt im Bus.

Das Mädchen erzählt, die Eltern hätten das blühende Geschäft wieder dem Großvater über-tragen und sich von ihm zu einem so niedrigen Gehalt anstellen lassen, dass sie den An-
5 trag auf BAföG hätte stellen können.

Schulkinder haben entdeckt, wie man die unzerbrechlichen Glastüren im Schulflur trotz-dem zerschlagen kann. „Na und?", fragt einer, vom Lehrer zur Rede gestellt, „das zahlt doch die Versicherung."

Der Einwand, dies alles sei eigentlich Diebstahl am Gemeingut, oder besser: am Steuer-
10 Vermögen, das von einer offenbar immer kleiner werdenden Gruppe für eine immer größer werdende Schar aufgebracht werden müsse, wird kaum mehr ernst genommen. Der eine sagt: „Wieso? Das ist doch nur ein gerechter Ausgleich! Früher haben nur die Großen den Staat bescheißen können, heute können das alle!", und der andere fragt verwundert: „Na und? Es ist doch genug da!" Da ist mir der wohlwollende Satz schon lieber: „Mami, das
15 musst du ganz locker sehen!"

Auf jeden Fall gilt, ganz locker betrachtet, die Verwunderung nicht der Tat, sondern jenen, die sich noch darüber wundern. Den prähistorischen Mumien aus einer Zeit, in der man beim Begriff „Werte" nicht an verschwommene demokratische Grundwerte von der Qua-lität eines „Seid nett zueinander" dachte, sondern an ziemlich genau definierte ethische
20 Werte. An die Unterschiede zwischen Gut und Böse.

Mit diesem Verzicht auf alle Unterschiede und Normen ist die Flucht in den amorphen Mutterschoß der Institutionen verbunden. Wenn schon nichts über mir, dann wenigstens wohlige Vollversorgung um mich herum. Watte und Oropax für Geist und Seele.

Und dazu wiederum gehört, dass keiner mehr „Ich" sagt, Person ist, Verantwortung über-
25 nimmt. Eine Tasse fällt und zerspringt. Nie: „Oh Verzeihung, ich habe sie ...", sondern: „Komisch, die muss irgendwie falsch gestanden haben!"

Auf der Straße rennt wer wen um und faucht: „Können Sie nicht gucken?" Eine alte Frau stürzt. Keiner hilft. Einer schreit nur: „Wo bleibt der Krankenwagen?" Aber alle finden es empörend, dass wir per Computerzahlen erfasst werden sollen. Was muss da empören?
30 Der Computer hinkt doch der Zeit nach, wir sind doch längst dabei, auf das zu verzichten, was uns über Graugänse, Katzen, Computer erhebt; wir sind immer wieder bereit, uns die persönliche Freiheit und Gewissensentscheidung von Ämtern und Institutionen abnehmen zu lassen, wir sind längst Zahlen mit der persönlichen Meinung der Tageszeitung.

Wie rasch das alles vergriffen und verdreht worden ist. Vor 100 Jahren formulierte August
35 Bebel die Arbeitspflicht aller nach vorhandenen Fähigkeiten und ohne Unterschied des Ge-schlechts. Vor 60 Jahren stand in der Verfassung des Deutschen Reiches von 1919 noch mit Selbstverständlichkeit unter anderem der Satz: „Jeder Deutsche hat die Pflicht zur Über-nahme ehrenamtlicher Tätigkeiten."

Endlich, so meinte man einen kurzen Augenblick lang, sei es erreicht. „Die Menschheit",
40 schrieb Bebel, „wird ihre Entwicklung mit Bewusstsein lenken ... in Kenntnis der Gesetze ihrer eigenen Entwicklung bewusst und planmäßig." Freiwillig und freudig sollten freie Bürger Arbeiten und Pflichten übernehmen, und eines konnten sie in der Tat verwirkli-chen: die Hoffnung, für die Männer und Frauen mindestens seit der Aufklärung leiden-schaftlich und unermüdlich gestritten hatten: Bildung für alle, vor allem Bildung für alle
45 Kinder.

Und dann gipfelte der Zusammenbruch der pervertierten Werte des Nationalsozialismus darin, dass die befreiten Bürger 1945 ihre eigenen öffentlichen Zäune klauten und ver-heizten. Hans Erich Nossack, der das beschrieb, knüpfte daran die Fragen: „Gibt es über die gebrechlichen Rechtsbegriffe und Übereinkünfte, deren Wirksamkeit eine Zivilisation
50 zur Voraussetzung hat, ein Gesetz, das man auch in äußerster Not nicht verletzen würde? Sozusagen ein menschliches Gesetz, das uns Verlass auf uns selbst gewährt? Denn sonst sähe es ganz hoffnungslos für die Zukunft aus. Kein noch so ausgeklügelter und mit Ideo-logien, Religionen und Verhaltenslehren aufgeputzter Funktionalismus würde uns vor der endgültigen Katastrophe schützen können."

55 Abermals ein kleines Menschenalter weiter erleben die letzten Zeitgenossen aus der Wei-marer Republik, wie ihren Enkeln Comics und Pop mehr wert sind als Bildung und Wissen. Sie erleben, dass diejenigen, die heute überhaupt ein Ehrenamt übernehmen, zuerst fra-gen: „Was bringt es mir? Wie bringt es mich weiter?"

Sie erleben, dass die „endgültige Katastrophe" auf so leisen Sohlen gekommen, uns so ta-
60 gesschautäglich und vertraut geworden ist, dass wir bestens mit ihr leben. Man muss alles nur locker sehen und von den eigenen Schultern ab und an die rechten Stellen schütteln. [...]

Sybil Gräfin Schönfeldt, in: DIE ZEIT vom 16.5.1980.

Arbeitsanweisungen:

1. Skizzieren Sie Inhalt und Aussa-geabsicht des Textes.

2. Auf welche Weise versucht die Au-torin die Leser zu überzeugen? Analysieren Sie die sprachlichen Mittel.

3. Wählen Sie einen der vorgebrach-ten Kritikpunkte aus und setzen Sie sich mit ihm auseinander.

Begriffserläuterung:

Historisches Wörterbuch der Philosophie: „Muße"

[...]

Aspekte des M.-Begriffes sind also seine Polarität zum zweckorientierten und zielgerichteten Handeln, die Bereitstellung eines Raumes, innerhalb dessen die Kontemplation sich entfalten kann, indem das Ich sich aus der Isoliertheit einzelner Betätigung und aus dem Dienst des unmittelbaren Zweckes löst und in ruhender Gelassenheit sich in
5 der Sinnmitte der Person sammelt. Dieser Ruhe eignet eine besondere Feierlichkeit, die die M. in die Nähe von Spiel, Kult, Fest, Feier und Repräsentation rückt. Der Fest-Teilnehmer steht der Darstellung des im Fest (Kult, Liturgie) Gefeierten in der Haltung der M. gegenüber. Die Fähigkeit zur M. prägt sich so gesellschaftlich auch in einer geistigen Rangordnung aus, die aus dem Unterschied im Grad innerer Freiheit erwächst (Herr-
10 schaftsmoment). Wie M. die eine Seite des menschlichen Lebens darstellt, in dem aufnehmendes Empfangen und tätiges Sich-Auswirken wie Ebbe und Flut alterieren, so steht sie auch zwischen Nichts-Tun (Müßiggang, Langeweile, „leere" Zeit) und betriebsamer Geschäftigkeit, Hetze. In der M. „haben" wir die Zeit, und in diesem Haben sind wir bei uns selbst und der Welt im Modus der Geborgenheit, Entspanntheit und Gelöstheit.
15 Der Knecht-Freie-Sinnentwurf der Antike freilich wirkte so stark nach, dass der Zerfall der feudalen Gesellschaftsordnung einen tiefgreifenden Bedeutungswandel nach sich zog. Während der im Gefolge der ersten industriellen Revolution aufkommende Arbeitsbegriff – zusammen mit der Funktionalisierung (Entzauberung) – auch noch die spezifisch musische Geistigkeit (artes liberales) seinem Geltungsanspruch zu unter-
20 werfen trachtete (Freizeit und Erholung als Arbeit), erweiterte die zweite industrielle Revolution die dem Menschen zur Verfügung stehende „freie Zeit" derart, dass die Theorie der „Freizeit" weithin an die Stelle der M. trat.
[...]

Aus: J. Ritter, K. Gründer, G. Gabriel (Hrsg.): Historisches Wörterbuch der Philosophie, Band 6: Mo–O. Basel (Schwabe) 1984, Sp. 259.

Arbeitsanweisung:

Freizeit und Muße – Schreiben Sie eine Begriffserläuterung; versuchen Sie die beiden Begriffe deutlich voneinander abzugrenzen.

Inhaltsangaben:

E. T. A. Hoffmann: Der goldene Topf
J. v. Eichendorff: Das Marmorbild

Der goldene Topf. *Ein Märchen aus der neuen* Zeit von Ernst Theodor Amadeus HOFFMANN. Entstanden 1813; Erstausgabe *Fantasiestücke in Callot's Manier* Bd. 3, Bamberg 1814. Dieses Kunstmärchen, das aus 12 ‚Vigilien' besteht, mischt von Anfang an die Welt einer bürgerlichen Alltagswirklichkeit mit den Bereichen einer poetischen Fantasiewirklichkeit und wechselt in den verschiedenen ‚Vigilien' zwischen diesen Welten hin und her. Die I. Vigilie behandelt ‚Die Unglücksfälle des Studenten Anselmus. Des Konrektors Paulmann Sanitätsknaster und die goldgrünen Schlangen'. Bereits die Ankündigung der Personen, Gegenstände und Geschehnisse bereitet auf eine Verquickung von Alltäglichem und Fantastischem vor, so dass neben nüchternen Angaben von Zeit, Ort und Namen bald auch geheimnisvolle Andeutungen auf Künftiges und Seltsames vorausweisen. Der Dichter lässt die Leser ebenso real an der fantasielosen Philisterwelt des Konrektors Paulmann und des Registrators Heerbrand teilnehmen wie an ‚der Familie des Archivarius Lindhorst' und den Erlebnissen des Studenten Anselmus, der wie Lindhorst in beiden Bereichen zu leben vermag. Gerade diese beiden Personen tragen entschieden dazu bei, die Nahtstellen zwischen Philistertum und Poesiewelt bewusst werden zu lassen, weil sie zuweilen übergangslos von einem Bereich in den anderen hinüberzuwechseln vermögen. Diese Gabe ist den allzu bürgerlich wirkenden Figuren der nüchternen Alltagswelt offenbar restlos versagt. Anselmus geht aber nicht ungefährdet seinen Weg, sondern muss wie jeder Märchenheld Proben bestehen. So wie er von Paulmanns Tochter Veronika sehr irdisch wegen seiner beruflichen Aufstiegsmöglichkeiten begehrt wird, ebenso leidenschaftlich wird er von den geheimnisvollen Mächten des Archivarius und des bösen Apfelweibes umkämpft. Als ihm (in der 9. Vigilie), obwohl er zu den Eingeweihten gehört, vorübergehend der Glaube an die Welt des Wunders schwindet, wird er zeitweise in eine Flasche gesperrt; denn der Unglaube hat für den Eingeweihten bedeutsame Folgen. Natürlich löst sich in der 12. Vigilie echt märchenhaft alles zum Guten für die Beteiligten auf. [...]

Das Marmorbild. *Novelle* von Joseph von EICHENDORFF. Entstanden 1817; Erstdruck ‚Frauentaschenbuch für das Jahr 1819'; Erstausgabe Berlin 1826.
Die episodische Reisenovelle erzählt in allegorisch-märchenhafter Weise von Verblendung und Verstrickung durch die Mächte des Ursprungs und der Tiefe, als deren Verkörperung eine marmorne Venus erscheint. Der junge Florio lernt auf einer Italienreise den Sänger Fortunato kennen. Sie gelangen zusammen nach Lucca, wo Florio eine Neigung zu der naiven Bianca fasst. Jedoch begegnet er, nachts umherstreifend, einem Marmorbild, das ihm wie eine lang gesuchte Geliebte erscheint, ‚wie eine Wunderblume, aus der Frühlingsdämmerung und träumerischen Stille seiner frühesten Jugend heraufgewachsen'. Wenig später gelangt Florio zum Palast einer namenlosen Schönen, in deren Zügen und Gestalt er das Venusbild wiedererkennt. Bei einer Geselligkeit begegnet er sowohl der als Griechin maskierten Bianca wie auch, als deren Doppelgängerin, jener leiblichen Venus, der seine Sehnsucht gehört und die ihn Bianca vergessen lässt. In traumhafter Selbstverlorenheit findet er durch Vermittlung des düsteren Ritters Donati – Gegenspieler Fortunatos – Zugang zum Palast der Unbekannten. Gefangen in einer heidnisch-mythischen Welt sieht er unter nächtlichem Gewitter die antiken Steinbilder gleich der Venus zu drohendem Leben erwachen. Der fromme Gesang Fortunatos aus dem Garten wirkt jedoch als bannende Gegenmacht, die das Venusbild wieder zu leblosem Stein zurückverwandelt. Entsetzt flieht Florio das ‚verwirrende Blendwerk der Nacht'. Erwacht und errettet aus der somnambulen Verstrickung, gewinnt er auf der Weiterreise am übernächsten Morgen Bianca zurück. Zahlreiche, meist deutende Liedeinlagen begleiten das geheimnisvolle Geschehen. F. W. W.

Aus: Gero von Wilpert: Lexikon der Weltliteratur, Band II, Werke, 3. Aufl. 1993, S. 494, 869, Alfred Kröner Verlag, Stuttgart.

Arbeitsanweisung:

Sie sollen sich für die Lektüre eines der beiden Werke entscheiden und dabei von der aktuellen Anschließbarkeit des Textes leiten lassen: Treffen Sie eine Wahl und begründen Sie Ihre Entscheidung.

© Schöningh Verlag, Best.-Nr. 028228 1

Vergleich von Romananfängen:

Joseph von Eichendorff (1788–1857): Dichter und ihre Gesellen

In den letzten Strahlen der Abendsonne wurde auf der grünen Höhe ein junger Reiter sichtbar, der zwischen dem Jauchzen der Hirten und heimkehrenden Spaziergänger fröhlich nach dem freundlichen Städtchen hinabritt, das wie in einem Blütenmeere im Grunde lag. Er sann lange nach, was ihn hier mit so altbekannten Augen ansah, und sang immerfort
5 ein längst verklungenes Lied leise in sich hinein, ohne zu wissen, woher der Nachhall kam. Da fiel es ihm plötzlich aufs Herz: wie in Heidelberg lagen die Häuser da unten zwischen den Gärten und Felsen und Abendlichtern, wie in Heidelberg rauschte der Strom aus dem Grunde, und der Wald von allen Höhen! So war er als Student manchen lauen Abend sommermüde von den Bergen heimgekehrt und hatte über die Feuersäu-
10 le, die das Abendrot über den Neckar warf, in die duftige Talferne gleichwie in sein künftiges, noch ungewisses Leben hinausgeschaut. –
Mein Gott, rief er endlich, da in dem Städtchen unten muss ja Walter wohnen, mein treuer Heidelberger Kamerad, mit dem ich manchen stillen, fröhlichen Abend auf den Bergen verlebt! Was muss der wackere Gesell nicht alles schon wissen, wenn er fortfuhr,
15 so fleißig zu sein, wie damals! – Er gab ungeduldig seinem Pferde die Sporen und hatte bald das dunkle Tor der Stadt erreicht. Walters Wohnung war in dem kleinen Orte leicht erfragt: ein buntes, freundliches Häuschen am Markte, mit hohen Linden vor den Fenstern, in denen unzählige Sperlinge beim letzten Abendschimmer einen gewaltigen Lärm machten. Der Reisende sprang eilig die enge, etwas dunkle Treppe hinan und riss
20 die ihm bezeichnete Tür auf; die Abendsonne, durch das Laub vor den Fenstern zitternd, vergoldete soeben die ganze, stille Stube, Walter saß im Schlafrock am Schreibtische neben großen Aktenstößen, Tabaksbüchse, Kaffeekanne und eine halb geleerte Tasse vor sich. Er sah den Hereintretenden erstaunt und ungewiss an, seine Gipspfeife langsam weglegend. Baron Fortunat!, rief er dann, mein lieber Fortunat!, und beide Freunde la-
25 gen einander in den Armen. Also so sieht man aus in Amt und Brot?, sagte Fortunat nach der ersten Begrüßung, während er Walter von allen Seiten umging und betrachtete; denn es kam ihm vor, als wäre seit den zwei Jahren, dass sie einander nicht gesehen, die Zeit mit ihrem Pelzärmel seltsam über das frische Bild des Freundes dahingefahren, er schien langsamer, bleicher und gebückter. Dieser dagegen konnte sich gar nicht satt
30 sehen an den klaren Augen und der heitern, schlanken Gestalt Fortunats, die in der schönen Reisetracht an Studenten, Jäger, Soldaten und alles Fröhliche der unvergänglichen Jugend erinnerte. – [...] (v 1834)

Aus: Joseph von Eichendorff: Werke in einem Band. Hrsg. W. Rasch. München (Hanser) 1959, S. 837f.

Franz Kafka (1883–1924): Das Schloss

Es war spätabends, als K. ankam. Das Dorf lag in tiefem Schnee. Vom Schlossberg war nichts zu sehen, Nebel und Finsternis umgaben ihn, auch nicht der schwächste Lichtschein deutete das große Schloss an. Lange stand K. auf der Holzbrücke, die von der Landstraße zum Dorf führte, und blickte in die scheinbare Leere empor.
5 Dann ging er, ein Nachtlager suchen; im Wirtshaus war man noch wach, der Wirt hatte zwar kein Zimmer zu vermieten, aber er wollte, von dem späten Gast äußerst überrascht und verwirrt, K. in der Wirtsstube auf einem Strohsack schlafen lassen. K. war damit einverstanden. Einige Bauern waren noch beim Bier, aber er wollte sich mit niemandem unterhalten, holte selbst den Strohsack vom Dachboden und legte sich in der Nähe des
10 Ofens hin. Warm war es, die Bauern waren still, ein wenig prüfte er sie noch mit den müden Augen, dann schlief er ein.
Aber kurze Zeit darauf wurde er schon geweckt. Ein junger Mann, städtisch angezogen, mit schauspielerhaftem Gesicht, die Augen schmal, die Augenbrauen stark, stand mit dem Wirt neben ihm. Die Bauern waren auch noch da, einige hatten ihre Sessel he-
15 rumgedreht, um besser zu sehen und zu hören. Der junge Mann entschuldigte sich sehr höflich, K. geweckt zu haben, stellte sich als Sohn des Schlosskastellans vor und sagte dann: „Dieses Dorf ist Besitz des Schlosses, wer hier wohnt oder übernachtet, wohnt oder übernachtet gewissermaßen im Schloss. Niemand darf das ohne gräfliche Erlaubnis. Sie aber haben eine solche Erlaubnis nicht oder haben sie wenigstens nicht vorgezeigt."
20 K. hatte sich halb aufgerichtet, hatte die Haare zurecht gestrichen, blickte die Leute von unten her an und sagte: „In welches Dorf habe ich mich verirrt? Ist denn hier ein Schloss?"
„Allerdings", sagte der junge Mann langsam, während hier und dort einer den Kopf über K. schüttelte, „das Schloss des Herrn Grafen Westwest."
„Und man muss die Erlaubnis zum Übernachten haben?", fragte K., als wollte er sich
25 davon überzeugen, ob er die früheren Mitteilungen nicht vielleicht geträumt hätte.
„Die Erlaubnis muss man haben", war die Antwort, und es lag darin ein großer Spott für K., als der junge Mann mit ausgestrecktem Arm den Wirt und die Gäste fragte: „Oder muss man etwa die Erlaubnis nicht haben?" [...] (e 1922)

Aus: Franz Kafka: Das Schloss. Frankfurt/M (Fischer) 1958, S. 71.

Arbeitsanweisungen:

1. Interpretieren und vergleichen Sie die beiden Romananfänge. Auf welche Weise wird der Leser in die Atmosphäre der erzählten Welt eingeführt?

2. Welche Erwartungen werden bei ihm geweckt?

Fantasie und Wirklichkeit:

Wilhelm Busch (1832–1908): Balduin Bählamm, der verhinderte Dichter

Das Einleitungskapitel handelt von der Poesie:

„Im Durchschnitt ist man kummervoll
Und weiß nicht, was man machen soll. –
Nicht so der Dichter. Kaum missfällt
Ihm diese altgebackne Welt,
5 So knetet er aus weicher Kleie
Für sich privatim eine neue
Und zieht als freier Musensohn
In die Poetendimension."

Diesen Versuch unternimmt auch der verheiratete Schreiber
Balduin Bählamm; er reist ohne seine Frau und seine vier Kinder
aufs Land um zu dichten.

Viertes Kapitel

Wie lieb erscheint, wie freundlich winkt
dem Dichter, der noch etwas hinkt,

Des Dörfleins anspruchsloses Bild,
In schlichten Sommerstaub gehüllt.

5 Hier reitet Jörg, der kleine Knabe,
Auf seinem langen Hakenstabe,

Die Hahnenfeder auf der Mütze,
Kindlich naiv durch eine Pfütze.

Dort mit dem kurzen Schmurgel-
                        pfeifchen,
10 Auf seinem trauten Düngerhäufchen
Steht Krischan Bopp und füllt die Luft
Mit seines Krautes Schmeichelduft

Er blickt nach Rike Mistelfink.
Ein Mädel sauber, stramm und flink.
15 Sie reinigt grad den Ziegenstall;
Und Friede waltet überall.

Sofort im ländlichen Logis
Geht Bählamm an die Poesie.
Er schwelgt im Sonnenuntergang,

20 Er lauscht dem Herdenglockenklang,
Und ahnungsfroh empfindet er's:
Glück auf! Jetzt kommt der erste Vers!

Klirrbatsch! Da liegt der Blumentopf
Es zeigt sich ein gehörnter Kopf,

25 Das Maulwerk auf, die Augen zu,
Und plärrt posaunenhaft: Ramuh!

Erschüttert gehen Vers und Reime
Mitsamt dem Kunstwerk aus dem Leime.
Das tut die Macht der rauen Töne,
30 die Sängerin verlässt die Szene.

Aus: Wilhelm Busch: Humoristisches Hausbuch. München (Bassermann) 1924.

© Schöningh Verlag, Best.-Nr. 028228 1

Arbeitsanweisung:

Erzählen Sie eine Episode aus Balduin Bählamms Leben. Entscheiden Sie, ob Sie ihn als komische oder als tragische Figur erscheinen lassen wollen.
(Alternativ: Analysieren und interpretieren Sie die Szene als W. Buschs Auseinandersetzung mit der Rolle der Fantasie in der Literatur.)

Romantik und Surrealismus

Andrea Lesjak: wann werden wir schlafende philosophen haben? Surrealistische traumkonzepte

Diese Definition entstand 1922, als in Paris eine Gruppe junger Literaten und Künstler auf der Suche nach neuen Quellen der Kreativität mit Hypnosezuständen experimentierte. Sie wandten sich damit gegen den bürgerlichen Kunstbegriff,
5 den sie als Ergebnis einer beschränkten Wirklichkeitsauffassung kritisierten. In Anlehnung an Freuds revolutionäre Schrift *Die Traumdeutung* und ebenso inspiriert von den Traumdiskursen des 19. Jahrhunderts erklärten sie den Traum zur Grundlage ihrer Bemühungen. Im Manifest des
10 Surrealismus von 1924 formulierte Breton die gesellschaftsverändernden Absichten der Gruppe. Durch die Aufwertung des Traumes eröffne sich die Möglichkeit, dem „wirklichen Ablauf des Denkens" auf die Spur zu kommen. Erst wenn die „Allmacht des Traumes" alle psychischen Mechanismen
15 und Zwänge zerstört habe, werde es zur „Lösung der hauptsächlichen Lebensprobleme" kommen. ___ Die „écriture automatique", eine schnelle, möglichst unkontrollierte Niederschrift der Gedanken, sollte die Wiedergabe traumähnlicher Zustände ermöglichen. Von der unkonventionellen, poeti-
20 schen Qualität dieser Traumberichte angeregt, suchten auch bildende Künstler nach Strategien, um mit Hilfe traumähnlicher Mechanismen zu verborgenen, bislang tabuisierten inneren Bildwelten vorzustoßen. Neben den gestischen Protokollen der automatischen Zeichnungen André Massons
25 entwickelten Max Ernst, Joan Miró und Oscar Dominguez halb automatische Techniken wie Frottage, Dripping, Décalcomanie, Rauch- und Schnurbilder, bei denen bewusst provozierte Zufälle zur Inspirationsquelle gestalterischer Ausdeutung wurden. Die kreative Spannung zwischen Finden
30 und Erfinden, wie die Projektion eigener Ideen in vorgefundene Strukturen, liegt auch dem kombinatorischen Verfahren zugrunde, das von Vorläufern des Surrealismus wie Lautréamont und Apollinaire propagiert worden war. Max Ernst

Max Ernst „Pieta oder die Revolution bei Nacht", 1923. London. The Tate Gallery

entwickelte mit seinen Collagen diese Technik zu höchster Präzision, indem er die Bruch-
35 stellen zwischen den disparaten Fragmenten unkenntlich machte und neue, unheimliche Bildrealitäten erschuf. Ende der Zwanzigerjahre finden sich Ansätze, die die neuen Fragestellungen in eher akademischer Malweise artikulierten. Rene Magritte spielte in kalkuliert verrätselten Bildern mit Fragen nach der Realität der Bilder oder den Bedingungen des Sehens, während Salvador Dalí in seinen hyperrealistischen Gemälden er-
40 fundene Traummotive mit Erkenntnissen der Psychoanalyse zu künstlichen Fantasielandschaften verband. ___ Zeitgleich mit dem Manifest erschienen regelmäßig Traumberichte und automatische Texte in der Zeitschrift *La Révolution surréaliste,* deren Titel den politischen Anspruch der Bewegung dokumentiert. Die Surrealisten verstanden ihre Beschäftigung mit dem Traum keineswegs als bloße Kompensation oder Flucht vor der
45 Alltagsrealität. Ihre Recherchen und künstlerischen Arbeiten sollten vielmehr eine neue Realität heraufbeschwören und Grundlage einer an kommunistischen Ideen orientierten Gesellschaftsveränderung sein. [...]

Aus: 7 hügel – Bilder und Zeichen des 21. Jahrhunderts. VII) träumen. Berlin (Henschel) 2000, S. 027f.

Arbeitsanweisungen:

1. Resümieren Sie den Text und verfassen Sie einen knappen Lexikonartikel „Surrealismus".

2. Wählen Sie zwei Namen von denjenigen, die in dem Text genannt werden, aus und informieren Sie sich; berichten Sie Ihrem Kurs.

3. Vergleichen Sie den „Traum" der Romantik mit Vorstellungen der Surrealisten: Welche Einstellung könnten Novalis oder Schubert zu diesen Gedanken und Projekten haben?

© Schöningh Verlag, Best.-Nr. 028228 1

Literaturverfilmung

Eric Rohmer (geb. 1920): Anmerkungen zur Inszenierung der „Marquise von O..."

Dem Kleist'schen Text Wort für Wort zu folgen, war das leitende Prinzip unserer Verfilmung. Am liebsten würden wir bei dieser Arbeit an einem klassischen Text die vergangene Welt mit der gleichen Detailtreue zeichnen wie wir es in unseren „Moralischen Erzählungen" hinsichtlich der Welt von heute versucht haben. Zweifellos kann eine sol-
5 che Wiederherstellung niemals absolut getreu sein. Unser Versuch ist kein wissenschaftlicher. Aber vielleicht ist es möglich, durch die filmische Übersetzung Sitten und Empfindungen einer vergangenen Epoche besser zu erfassen. Ein Werk verjüngen heißt nach unserer Meinung nicht, es zu modernisieren, sondern es in seine Zeit zu stellen. Es ist durchaus denkbar, dass in bestimmten Fällen eine filmische Inszenierung das klas-
10 sische Werk vom Firnis, mit dem das Alter es überzogen hat, befreien kann und ihm – gleichsam wie das Restaurieren von Gemälden in den Museen – seine echten Farben wiedergibt.

In diesem Fall zeigt es sich, dass die Novelle „Die Marquise von O." nicht nur das ‚Sujet' für einen eineinhalbstündigen Film abgibt, sondern schon ein echtes ‚Drehbuch' ist,
15 auf das sich die Regiearbeit ohne Vermittlung einer so genannten ‚Bearbeitung' direkt stützen kann. Das Werk, das ganz für sich steht und nur zur einmaligen Lektüre bestimmt ist, fordert jene Anstrengung der Vorstellungskraft oder genauer: der Vergegenwärtigung, die auch vom Leser eines Theaterstücks gefordert wird. Es verlangt nach Fortsetzungen, die in diesem Fall nicht mehr auf der Bühne stattfinden, sondern auf der
20 Leinwand. Die filmische Übersetzung gelingt hier gleichsam wie von selbst und ist nicht, wie so oft, ein Kampf gegen eine widerstrebende Materie.

Erstens, weil die Dialoge des künftigen Films schon vollständig ausgearbeitet sind in einer Form, die gänzlich untheatralisch ist, die, wie wir meinen, glatt ‚über die Leinwand gehen' müssten; weil die Dialoge in direkter Rede stehen oder, in indirekter Rede ge-
25 schrieben, äußerst leicht umzusetzen sind.

Zweitens, weil sich der Erzähler jegliche Andeutung der inneren Vorgänge seiner Helden versagt. Alles ist von außen her beschrieben und mit der gleichen Ungerührtheit betrachtet wie durch das Objektiv einer Kamera. Die Beweggründe der Personen lassen sich nur durch die Beschreibung ihres Verhaltens hindurch erahnen. Der Film ist hier
30 also der Erzählung gegenüber nicht im Nachteil, da sie ja gerade ihre Möglichkeit zur Introspektion an keiner Stelle wahrnimmt.

Drittens, weil Kleist uns mit äußerster Präzision, besser als der gewissenhafteste Drehbuchautor, über die Gewohnheiten, Bewegungen, Äußerungen seiner Helden Auskunft gibt. In jedem Augenblick wissen wir, ob eine Figur steht, sitzt oder auf den Knien liegt,
35 ob sie ihren Partner umarmt oder ihm die Hand reicht, ... ob sie ihn anschaut oder den Blick abwendet. Wäre jede Zeile des Textes mit einem Stich illustriert, könnte dieser nicht besser unsere Vorstellungskraft ansprechen. Beweis sei diese Passage, eine unter Hunderten: „Sie sah, über und über rot, ihre Mutter, und diese, mit Verlegenheit, den Sohn und den Vater an; während der Graf vor die Marquise trat, und indem er ihre Hand nahm,
40 als ob er sie küssen wollte, wiederholte: Ob sie ihn verstanden hätte? Der Kommandant sagte: Ob er nicht Platz nehmen wolle; und setzte ihm, auf eine verbindliche, obschon etwas ernsthafte, Art einen Stuhl hin ... Der Graf setzte sich, indem er die Hand der Dame fahren ließ, nieder."

Wir haben uns vorgenommen, diesen Angaben Schritt für Schritt zu folgen, auch wenn
45 uns solche Gefühlsäußerungen zuweilen übertrieben erscheinen verglichen mit unseren heutigen Umgangsformen. Aber sie stimmen mit dem Geschehen, von dem berichtet wird, überein. Sie deuten es, wie dieses seinerseits jene deutet und rechtfertigt. [...]

Aus: Heinrich von Kleist: Die Marquise von O... Hrsg. von Werner Berthel. Frankfurt (Insel) 1979, S. 111f.

Arbeitsanweisungen:

1. Stellen Sie dar, von welchen Überlegungen und Grundsätzen Rohmer sich bei der Verfilmung von Kleists Novelle leiten lässt.

2. Verfassen Sie – nachdem Sie den Film gesehen haben – eine Kritik.

Über „Identitätsarbeit" als Thema der Literatur

Jürgen Straub: Personale und kollektive Identität

[...]
Identität ist nichts, was eine Person ein- für allemal besitzt, gar von Geburt an mit sich bringt. Dieser theoretische Begriff bezeichnet gewisse Merkmale des personalen Selbstverhältnisses, die niemand einfach *hat,* sondern für die jede und jeder *sorgen* muss. Die Tatsache, dass „wir" dies in aller Regel tun, scheint evident. „Identitätsarbeit", wie diese
5 psychische Tätigkeit bisweilen genannt wird, ist uns eine ganz und gar selbstverständliche, obschon soziokulturell konstituierte Angelegenheit, sie ist ein kultur- und gesellschaftsspezifischer Modus, Subjektivität zu formen, mit anderen Worten: dem Selbst- und Weltverhältnis von Personen eine spezifische Struktur oder Form *zu verleihen.* Identität ist in jedem Fall ein stets nur vorläufiges Produkt psychischer Akte, in denen das
10 Denken, Fühlen und Wollen untrennbar ineinander greifen und die ihrerseits sozial konstituiert oder vermittelt sind: „Identität ist ein soziales Phänomen bzw. ‚soziogen‘."
Man sollte sich vor Augen halten, dass es soziokulturelle Handlungs- und Lebensbedingungen sind, die Identität als eine spezifische Subjektivitäts*form* erst „schaffen", das heißt: erforderlich machen und zugleich auf den Weg bringen. Nur unter Bedingungen
15 der Moderne wird Identität im hier verstandenen Sinne zum Problem, zu einer Aufgabe, um die die Einzelnen kaum herumkommen. [...]
Betrachtet man genauer, worin die „psychische Leistung" der Bildung und Bewahrung personaler Identität besteht, und versucht dies in *theoretische Begriffe* zu fassen, ergibt sich folgendes Bild. Wer zum Ausdruck bringt, was für ein Mensch er ist und sein möch-
20 te, liefert qualitative Beschreibungen und artikuliert Vorstellungen, die „starke Wertungen" (Taylor) enthalten. Im Prinzip kann eine Person über alles Mögliche sprechen, um ihre Identität inhaltlich zu charakterisieren. Für die personale Identität sind im konkreten Fall jedoch diejenigen Merkmale des Selbst- und Weltverhältnisses einer Person relevant, die für deren Sein nicht bloß akzidentell, sondern fundamental sind. So mag sich
25 jemand als überzeugter Christ oder aufrechte Kommunistin, als wahre Wissenschaftlerin oder als hingebungsvoller Vater verstehen und sein Handeln an diesem Selbstverständnis ausrichten. Der qualitative Identitätsbegriff bezieht sich immer auf den Rahmen oder Horizont, der einem Menschen eine bestimmte Lebens*führung* ermöglicht, seinem Tun und Lassen Sinn und Bedeutung verleiht. Ebendadurch erscheint das Ver-
30 halten als *orientiertes Handeln,* als ein Handeln, das Prinzipien und Maximen folgt: Nur auf dieser Ebene sind Orientierungskrisen möglich, nicht aber dort, wo es allenfalls um akzidentelle Charakteristika der Seinsweise eines Menschen geht. [...]
Aus dem Gesagten geht hervor, dass identitätsbildende Akte im Wesentlichen *nachträgliche* Leistungen sind. Nachträglich sind dabei sowohl die reflexiven, bewussten und vor-
35 bewussten synthetischen Akte der Identitätsbildung als auch die von der Psychoanalyse hervorgehobenen unbewussten Vorgänge der „Ich-Synthese". Die Einsicht, dass kein Mensch Identität einfach hat, sondern dass Identität gebildet und im Lichte neuer Erfahrungen und Erwartungen durch Umstrukturierung bewahrt werden muss, besagt nicht zuletzt, dass die Identität einer Person ein *Konstrukt* ist. Auf der Suche nach Iden-
40 tität kann nichts gefunden werden, was bereits „da" ist, irgendwo im Verborgenen schlicht gegeben und auf seine Entdeckung wartend. Wer Erfolg hat bei der „Suche" nach seiner Identität, hat in kreativen Akten geschaffen, wonach er suchte. Identität ist ein immer nur vorläufiges Resultat kreativer, konstruktiver Akte, man könnte fast sagen: sie ist geschaffen für den Augenblick. Medium und Ausdrucksmittel für solche Akte sind alle
45 möglichen sprachlichen und sonstigen Verhaltensweisen: Vom Beschreiben und Argumentieren über das (höchst bedeutsame) Erzählen von Geschichten bis hin zum Träumen und Gestalten von Objekten kommt hier so gut wie alles in Betracht. [...]

Aus: Identität © Suhrkamp Verlag 1998, S. 73, 104.

Arbeitsanweisungen:

1. Resümieren Sie den Text.

2. „Identitätsarbeit" als Thema der Literatur: Suchen Sie Beispiele und erläutern Sie, inwiefern der Begriff zutrifft.

Friedemann Schulz von Thun: Arbeit mit dem Wertequadrat (1)

Das Wertequadrat ist eine sehr effektive Methode der Klärung und Abgrenzung von Wertbegriffen. In der Psychologie der Kommunikation kann es zu verschiedenen Zwecken eingesetzt werden. Es kann z.B. ein Mittel sein, in Diskussionen unnötige und unfaire Polarisierungen durch falsche Vorwürfe zu vermeiden. Oder es kann, als „Entwicklungsquadrat", zur Darstellung angestrebter Ziele der Persönlichkeitsentwicklung verwendet werden.

Die allgemeine Struktur

Die Prämisse lautet: Um den dialektisch strukturierten Daseinsforderungen zu entsprechen, kann jeder Wert (jede Tugend, jedes Leitprinzip, jedes Persönlichkeitsmerkmal) nur dann zu einer konstruktiven Wirkung gelangen, wenn er sich in *ausgehaltener Spannung* zu einem positiven Gegenwert, einer „Schwestertugend", befindet. Statt von
5 ausgehaltener Spannung lässt sich auch von *Balance* sprechen. Ohne diese ausgehaltene Spannung (Balance) verkommt ein Wert zu seiner „Entartungsform" (Helwig) – oder sagen wir lieber: zu seiner *entwertenden Übertreibung*.
Nehmen wir ein einfaches Beispiel aus dem Bereich der bürgerlichen Tugenden (s. Bollnow, 1958): Sparsamkeit verkommt ohne ihren positiven Gegenwert *Großzügigkeit* zum
10 *Geiz*, umgekehrt verkommt auch Großzügigkeit ohne Sparsamkeit zur *Verschwendung*. Die hierbei regelmäßig entstehenden vier Begriffe lassen sich nach Helwig zu einem „Wertequadrat" anordnen, wobei jeweils die beiden positiven Gegenwerte oben und die entsprechenden Unwerte unten zu stehen kommen:
[...]
15 Diese Wertequadrat-Struktur ist der von Aristoteles in seiner „Nikomachischen Ethik" entwickelten Vorstellung verwandt, nach der jede Tugend als die rechte Mitte zwischen zwei fehlerhaften Extremen zu bestimmen ist: zum Beispiel Sparsamkeit zwischen Geiz und Verschwendung, oder Mut zwischen Feigheit und übermütigem Leichtsinn.

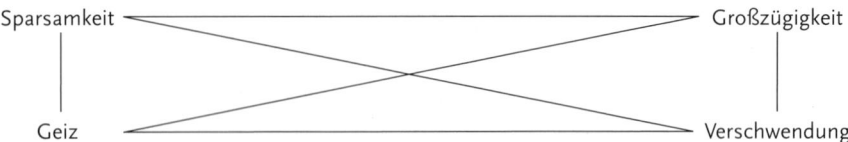

Allgemeine Struktur eines Wertequadrates am Beispiel „Sparsamkeit"

„Alle diese werthaften Begriffe ordnen sich zu einer ‚Vierheit' von Werten bzw. Unwerten. In jedem Wert liegt eine ‚Quaternität von Werten' eingeschlossen ... Dieses Wertequadrat ‚verklammert' also die vier Begriffe miteinander. Jeder wird damit doppelt gegensätzlich präzisiert" (Helwig, 1967, S. 66).
Bei diesem Quadrat entstehen nun vier Arten von Beziehungen, durch die das Verhältnis der Begriffe zueinander charakterisiert ist:
1. Die obere Linie zwischen den positiven Werten bezeichnet ein *positives Spannungs-* bzw. *Ergänzungsverhältnis,* wir können auch von einem *dialektischen Gegensatz* sprechen.
2. Die Diagonalen bezeichnen *konträre Gegensätze* zwischen einem Wert und einem Unwert;
3. die senkrechten Linien bezeichnen die *entwertende Übertreibung;*
4. die untere Verbindung zwischen beiden Unwerten „stellt gleichsam den Weg dar, den wir beschreiten, wenn wir dem einen Unwert entfliehen wollen, aber nicht die Kraft haben, uns in die geforderte Spannung der oberen Pluswerte hinaufzuarbeiten. Also wenn wir aus *einem* Unwert in den entgegengesetzten *anderen* Unwert fliehen. Die Verbindung zwischen den unteren Begriffen stellt also die Fehlleistung einer „Überkompensation des zu vermeidenden Unwertes durch den gegenteiligen Unwert dar" (Helwig, 1967, S. 66).

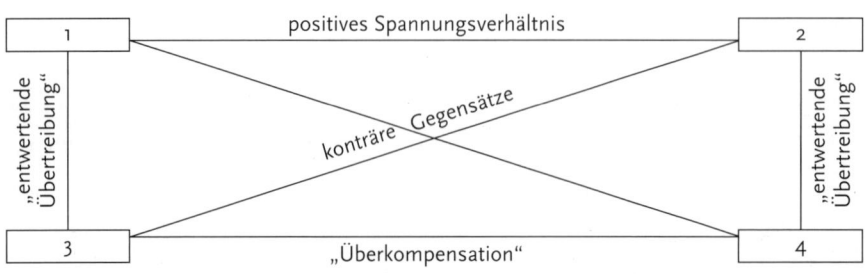

Aus: Friedemann Schulz von Thun: Miteinander reden, Band II. Reinbek bei Hamburg (Rowohlt) 1992, S. 38–55.

© Schöningh Verlag, Best.-Nr. 028228 1

Friedemann Schulz von Thun: Arbeit mit dem Wertequadrat (2)

Übungen

<u>Aufgabe 1:</u> Bilden Sie Quadrate zu folgenden Ausgangsbegriffen:

a) Toleranz
b) Feigheit
c) Durchsetzungsvermögen
d) Spontaneität

Entscheiden Sie jeweils zunächst, ob Sie den angegebenen Begriff oben oder unten hinschreiben.

<u>Aufgabe 2:</u> Klären Sie den Begriff „Aufsässigkeit" mit Hilfe der Begriffe: musterschülerhafte Angepasstheit, Einordnung, Eigensinn. Überlegen Sie, an welcher Position im Wertequadrat sie „Aufsässigkeit" einordnen. Wozu kann dieses Wertequadrat dienen?

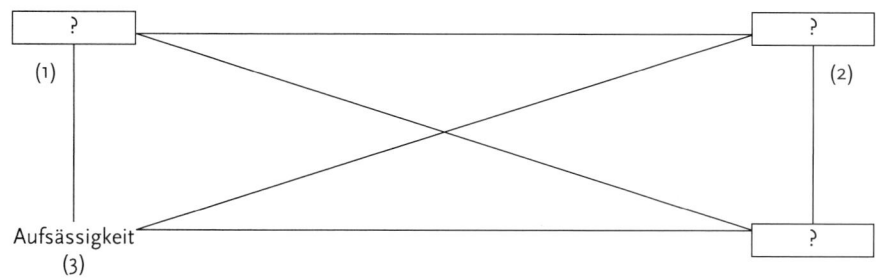

<u>Aufgabe 3:</u> Bilden Sie ein weiteres Entwicklungsquadrat zu „Selbstverwirklichung", verwenden Sie dabei den Begriff „selbstsüchtige Egozentrik".
Formulieren Sie, ausgehend von Ihrem Wertequadrat, ein Argument gegen den Vorwurf: „Selbstverwirklichung ist nur eine Verbrämung von Egoismus."

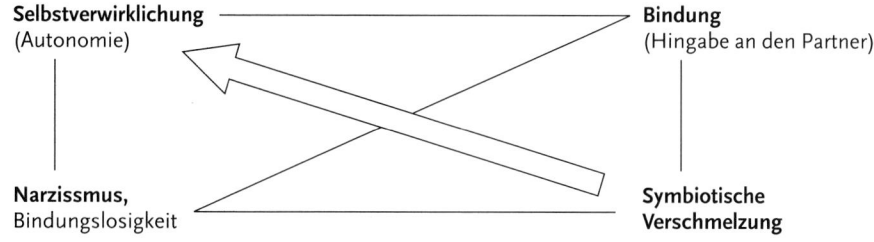

© Schöningh Verlag, Best.-Nr. 028228 1

SIEBTES KAPITEL Realistische Literatur des 19. Jahrhunderts

1. Gegenstands- und Konzeptionsbeschreibung

1.1 Pädagogisch-fachwissenschaftliche Aspekte

Die Frage, ob eine Literatur, eine Geschichte realistisch sei, mag sich ein Leser stellen, sofern er darin eine Bedingung für sein Interesse an ihr sieht. Aber „realistisch" ist dann ein sehr weites Feld, der Begriff wird rein subjektiv aufgefasst, was für den einen realistisch ist, kann für einen anderen Leser vielleicht eher fantastisch sein. Oder ist nicht eigentlich alle Literatur realistisch, hat sie es doch mit der menschlichen Realität zu tun, zu der zweifellos auch Fantastisches gehört. Wenn man dieser Frage nachgehen will, kommt man in philosophisches Fragen, befasst man sich mit Ontologie, mit der Seinsweise von Literatur. Für unser heutiges Verständnis von Literatur gilt: „Anders als der Künstler kann der Dichter nicht wirklich abbilden, er wird vielmehr seine Eindrücke und die damit assoziierten Gefühle und Gedanken teils beschreibend, teils evozierend in eine anregende sprachliche Form umsetzen, aus der die Einbildungskraft des Lesers erst wieder Gestalten schafft. So entsteht eine Nachbildung der erfahrenen Wirklichkeit, die allerdings eine Steigerung und Sinngebung gewonnen hat, die dem primären Erscheinungsbild noch nicht eigen war."[1]

Aber man kann und muss die Frage nach dem, was realistische Literatur ist, auch anders, nämlich historisch stellen: Was haben Autorinnen und Autoren als Realismus angesehen? Warum haben sie ihre Literatur als realistische definiert? Wie hat die wissenschaftliche Beschäftigung mit Literatur den Realismus-Begriff verstanden?

Die Kapitelüberschrift „Realistische Literatur des 19. Jahrhunderts" benennt ein dominantes Merkmal der gemeinten Literatur, vermeidet jedoch die Übernahme der nach wie vor nicht einheitlich verwendeten Begriffe Vormärz, Junges Deutschland, Biedermeier, poetischer Realismus bzw. bürgerlicher Realismus. Zweifellos kann man gute Gründe für eine differenzierte literaturgeschichtliche Darstellung angeben, die sich der erwähnten Kategorien bedient. Dieses Buch hat sich eine derartige literaturgeschichtliche Darstellung aber nicht zum Ziel gesetzt; deshalb ist es erforderlich, in diesem Fall eine umfassende Kategorie zu verwenden, ohne dabei außer Acht zu lassen, dass literarische Werke geschichtlich vermittelt sind. Dementsprechend müssen die Epocheneinteilungsbegriffe wohl auftauchen, damit verschiedene Texte deutlicher voneinander abgegrenzt werden können, sie bestimmen aber nicht den Aufbau dieses Epochenkapitels.

Als umgreifende Fragestellung eignet sich die nach dem Verhältnis von Literatur und Wirklichkeit, und zwar in der Weise, dass nach dem Wirklichkeitsbezug der Literatur gefragt wird; nicht zu trennen ist davon die Frage nach der Funktion der Literatur. Während in der Romantik das Bestreben vorherrschte, die Literatur nicht von ihrem Wirklichkeitsbezug her zu begreifen (Ablösung von der Nachahmungstheorie), gewinnt gerade diese Frage in der realistischen Literatur die Oberhand und führt dazu, – und das ist die übereinstimmende Tendenz aller oben genannten Richtungen – sich nachdrücklich von der Romantik abzugrenzen, freilich mit unterschiedlicher Schärfe. „[...] zur Genese des literarischen Realismusbegriffs gehört das

polemische oder wenigstens distanzierte Verhältnis zur romantischen Literatur."[2] Aus der Sicht der Theoretiker des poetischen Realismus bedeutet das: „Der Realismus verstand sich – was sein Verhältnis zur literarischen Tradition betraf – in erster Linie als Gegenbewegung zur Romantik. Regellose, willkürliche Vermischung der Formen und Stoffe; subjektiver Geniekult und aristokratische Exklusivität, Verachtung des Volkes und des Verstandes, absolutistische und katholische Restaurationstendenz, vor allem: Abkehr von der Wirklichkeit und Flucht ins Märchenhaft-Fantastische oder zurück ins Mittelalter – das waren die Vorwürfe, die Freytag, Schmidt, Vischer, Hettner und Gottschall gegen die Romantik richteten."[3] Dabei spielt es keine Rolle, ob die kritisierte romantische Kunst tatsächlich durch die genannten Merkmale richtig und angemessen beschrieben wird; in der Tat handelt es sich um eine subjektive, selektive Wahrnehmung, die von einer anderen Erwartung dessen ausgeht, was Literatur zu sein und zu leisten hat.

So problematisch der Realismusbegriff ist, so wenig Sinn hätte es doch, das Problem dadurch lösen zu wollen, dass man der Brecht'schen Direktive folgt: „Realistisches Schreiben kann man von nicht realistischem nur dadurch unterscheiden, dass man es mit der Realität selber konfrontiert, die es behandelt." Das liefe auf eine neue Zugrundelegung der Widerspiegelungstheorie hinaus, die nur neue erkenntnistheoretische Probleme aufwürfe, ohne dass sie es ermöglichte, die gemeinte Literatur in ihrer Geschichtlichkeit und Eigentümlichkeit zu erfassen. Zur Vorsicht vor einer allzu raschen Gegenüberstellung von geschichtlicher Wirklichkeit und Literatur mahnt Peter Demetz: „Jedes Gespräch über den Realismus impliziert zunächst die Frage, wie es denn überhaupt geschieht, dass eines (der Text) für jemanden (den Leser) ein anderes (die Welt) repräsentiert oder für das andere zu stehen vermag, und die Antwort auf diese Frage wird nicht einfacher durch die Gewissheit, dass die Welt, unendlich, dicht, kompliziert, etwas anderes ist als ein Text, der für diese Welt steht, und dass dieser Text für uns Leser durch eine regelmäßige Menge von Zeichen konstituiert wird, die bestimmte Lese-Akte und hermeneutische Bestrebungen auslösen können oder auch nicht."[4] Das Verhältnis von Literatur und Wirklichkeit wird nicht dadurch erfasst, dass man ein vorgängiges (welches?) Bild der gesellschaftlichen Wirklichkeit mit der Literatur vergleicht. Der Weg kann auch umgekehrt eingeschlagen werden, indem man die literarischen Texte daraufhin befragt, welches Verhältnis sie zur Wirklichkeit einnehmen. Allerdings ermöglicht auch dieses Verfahren keine einfachen Lösungen, denn die in der Literatur gegenwärtige Wirklichkeit ist vielfältig vermittelt.

---

[1] Fischer Lexikon Literatur. Hrsg. von Ulfert Ricklefs, Frankfurt (Fischer) 1996, S. 1575.

[2] Wolfgang Preisendanz: Das Problem der Realität in der Dichtung. In: Wolfgang Preisendanz: Wege des Realismus. München (Fink) 1977, S. 220.

[3] Viktor Žmegač (Hrsg.): Geschichte der deutschen Literatur von 18. Jh. bis zur Gegenwart, Bd. II. Königstein (Athenäum) 1978, S. 21.

[4] Peter Demetz: Über die Fiktionen des Realismus. In: Neue Rundschau 88/1977, S. 554–567, hier: S. 555.

Indem die Autoren des *Jungen Deutschland* gegen den „Aristokratismus" in der Literatur kämpfen, stellen sie die Kunst unter den Primat des Politischen; es wird Aufgabe der Literatur, sich am Freiheitskampf der Gesellschaft zu beteiligen. Die Trennung von Kunst und Leben soll aufgehoben werden, die Literatur wird allein durch ihr Engagement für gesellschaftliche Ziele gerechtfertigt und daran gemessen, welche Positionen sie einnimmt. Mit der Funktion der Literatur ändern sich auch die Ausdrucksmittel, publizistische Formen erfahren eine Aufwertung und helfen zur Verbreitung der neuen Ideen. Da die Zensur alles, was veröffentlicht wird, kontrolliert, suchen die Autoren nach immer neuen Wegen, ihre Gedanken an ihr vorbeizuschmuggeln; Tarnungen sind gefragt; Reiseliteratur und Roman sind beliebte und verbreitete Formen, die als Transportmittel für Ideen benutzt werden. Selbstverständlich vertreten nicht alle Schriftsteller die gleichen politischen Ziele, ebenso wenig besteht ein allgemeiner Konsens über die Funktion der Literatur.

So gibt es neben der engagierten Literatur der Jungdeutschen und des Vormärz eine andere Literatur, die man später unter dem eher abfällig klingenden Begriff *Biedermeier* subsumiert, der Enge, Rückzug, Konservatismus, Idylle konnotiert. Ein solches Vorurteil verstellt den Blick für wesentliche Qualitäten dieser Literatur, wie sie sich am Beispiel Mörikes aufzeigen lassen: „Schönheit ist Weltordnung, und ihr Erleben zugleich ein Stück Rückverwandlung von Ich, Natur und Welt in diesen verloren gegangenen Zustand: Das Kunst-Schöne setze, wie Mörike in einem Brief an Luise Rau vom 10. Dezember 1831 ausführt, das Ich immer und überall ‚wunderbar in Harmonie mit der Welt, mit sich selbst, mit allem'. In solcher Wirkung rechtfertigt sich für Mörike fortan seine Kunst, und sie zu erzielen, dient ihm das genaue Erfassen und Gestalten von Einzel-‚Dingen', an denen sich eine ursprünglich harmonische Weltordnung noch sichtbar machen lässt."[5] Diese harmonische Ordnung wird aber nicht einfach behauptet, sondern in ihrer Bedingtheit erkennbar. Wenn man die Literatur nur im Hinblick auf die in ihr dargestellte Gegenständlichkeit mit der außerliterarischen Wirklichkeit vergliche, würde einem ihre eigentümliche Funktion entgehen.

„Die literaturgeschichtliche Epoche, die man Realismus nennt, fällt schwerpunktmäßig in die zweite Hälfte des 19. Jahrhunderts. Sie liegt zwischen Biedermeierzeit (d.i. Spätromantik, Biedermeier, Junges Deutschland, Vormärz) und Naturalismus; von jener setzt sie sich ab durch ihre Kritik an der romantischsubjektiven Willkürlichkeit und dem spekulativen Idealismus, von diesem durch ihre Abwehr des entpoetisiert verwissenschaftlichten Wirklichkeitsbezugs und des pessimistischen Weltbildes."[6] Als Epochenbeginn des *Realismus* wird meistens das Jahr 1848 angesehen; der Begriff entstand um 1850. Häufig verwendet man den Zusatz „bürgerlicher" oder „poetischer" Realismus. Otto Ludwig (1813–1865) beschrieb den poetischen Realismus als Synthese zwischen genauer Wirklichkeitskopie und idealisierender Überhöhung; diese Tendenz wird durch den Begriff Verklärung gekennzeichnet. Gottfried Keller prägte für sein Dichtungsverhältnis den Begriff „Reichsunmittelbarkeit der Poesie": „Die Welt, die den Menschen als vorhandene und schon deshalb scheinbar banale umstellt, soll nicht umgangen oder überstiegen werden, sie soll vielmehr von einer Dichtung, die der scheinbar von aller Poesie verlassenen Gewöhnlichkeit und Banalität des Alltäglichen standhält, als Träger der Dimension des Poetischen aufgeschlossen werden."[7]

Dass es daneben auch eine andere Literatur gab, die die Banalität des Alltäglichen einfach übersprang, darf nicht vergessen werden; diese massenhaft verbreitete Literatur (Trivialliteratur) nahm einen ungeheuren Aufschwung.

1.2 Fachdidaktisch-methodische Aspekte

Der Realismus ist die letzte Epoche, die ein verhältnismäßig geschlossenes Bild bietet, was den Zugang und die Orientierung erleichtert. Ein anderer Vorzug dieser Epoche besteht darin, dass die Schüler die meisten der in diesem Kapitel vorkommenden Autoren bereits in der Mittelstufe kennen gelernt haben, denn es sind vorwiegend die Lyriker und Erzähler des Realismus, die die Vorstellungen von Gedichten und Erzählstrukturen maßgeblich bestimmen, so dass sie geradezu normbildend wirken. Wertungsbegriffe sind vielfach aus den Werken dieser Autoren abgeleitet, die damit auch die Einstellung zu anderen Texten beeinflussen. Man braucht nur an die Namen Droste-Hülshoff, Heine, Mörike, Storm, Keller, Fontane, Raabe zu denken. Der Vorzug der Bekanntheit kann sich allerdings auch in einen Nachteil verwandeln, wenn nämlich die aus den Werken dieser Autoren abgeleiteten Normen den Zugang zu anderen Werken verstellen oder zumindest erschweren; gerade deshalb ist es wichtig, sich mit der Herkunft der Normen und ihrer geschichtlichen Bedingtheit zu beschäftigen.

Ziel der Beschäftigung mit der realistischen Literatur des 19. Jahrhunderts soll nun nicht der vollständige Überblick über Namen, Werke und Stilrichtungen sein, sondern der Versuch einer Synthese, d.h. der Zusammenschau dessen, was die Schüler bisher nur in Einzelwerken kennen gelernt haben. Dazu gehört die Kenntnis der Voraussetzungen, unter denen diese Literatur entstanden ist, also der Zusammenhang von geschichtlichen Bedingungen, Leseerwartungen sowie Ausdrucks- und Wirkungsabsichten der Autoren. Anders gesagt: Es geht darum, die Funktion der Literatur zu begreifen, und dazu soll versucht werden, die Fragen zu rekonstruieren, auf die die Werke die Antwort darstellen. Gemeinsame Fragestellungen führen zu ähnlichen Funktionsbestimmungen von Literatur, die sich unter Stilbegriffen (z.B. Biedermeier, Vormärz) zusammenfassen lassen. Wenn es gelingt, die Fragestellungen einsichtig zu machen, auf die die verschiedenen Richtungen eine Antwort darstellen, kann man diese Stilbegriffe als Markierungen oder auch als Kürzel verwenden zu einer schnelleren Verständigung.

Der Wirklichkeitsbezug in seinen verschiedenen Facettierungen ist das verbindende Merkmal der Epoche, insofern ist der Begriff „Realismus" auch eine Art Programm. Einer sehr direkten Form des Wirklichkeitsbezuges gilt die **I. Sequenz.** In ihr geht es um Literatur, der eine handelnde, verändernde Aufgabe zugewiesen wird, also um Formen engagierter Literatur. Zur Legitimierung bedarf sie einer neuen Ästhetik, die sich in erster Linie gegen die Autonomie der Kunst wendet, wie sie in der Klassik und Romantik postuliert wurde.

Die Ästhetik soll begründen und rechtfertigen, was in der literarischen Praxis geschieht – die Kritik gesellschaftlicher und politischer Verhältnisse unter den erschwerten Bedingungen der Zensur, die die Autoren zwingt, Strategien (und d.h. literarische Formen) zu entwickeln, um sie zu unterlaufen. Einerseits kann die Handlungsfunktion der Literatur hier unmittelbar wahrgenommen werden; doch muss auch bedacht werden, dass der Zugang zu diesen Texten dadurch erschwert wird, dass die politischen Verhältnisse als die unmittelbaren Bezugspunkte fremd geworden sind. Durch ergänzende Referate müssten Wissenslücken geschlossen werden, noch besser wäre – wenn möglich – eine direkte Zusammenarbeit mit dem Geschichtsunterricht. Bei der Textauswahl wurden die Verstehensschwierigkeiten andererseits dadurch mitbedacht, dass

---

5 Victor Žmegač (Hrsg.): *Geschichte der deutschen Literatur vom 18. Jh. bis zur Gegenwart.* Bd. I,2. Königstein (Athenäum) 1978, S. 243.

6 Hugo Aust: *Literatur des Realismus.* Stuttgart (Metzler) 1981, S. 46f.

7 Wolfgang Preisendanz: *Humor als dichterische Einbildungskraft.* München (Fink) 1976, S.181.

Texte, die vor allem oder ausschließlich auf Tagesaktualität Bezug nehmen, weggelassen werden. Dabei kann auch deutlich werden, dass die literarische Qualität – wie man sie gemeinhin definiert, nämlich als überzeitliche Geltung – dementsprechend mit der Distanz zur Aktualität zunimmt. Gerade im Bereich der politischen Dichtung ist es empfehlenswert, epochenübergreifende Längsschnitte vorzunehmen, um die Vielfalt der Ausdrucksmittel und den Zusammenhang von Zeitsituation und Textform zu verdeutlichen. Die Geschichtlichkeit literarischer Formen lässt sich dadurch in einer sehr direkten und einleuchtenden Weise vermitteln.

Der Wirklichkeitsbezug der Literatur besteht nicht nur dort, wo sie als Mittel des Handelns gesehen wird. Etwa gleichzeitig entsteht eine Kunst, der es um Bewahrung von Lebens-, Erlebnis- und Bewusstseinsformen geht, die unter den Zwängen gesellschaftlicher Veränderungen bedroht sind. Bewahrung von Individualität und Natur ist das Ziel einer anderen Weise der Auseinandersetzung mit der Wirklichkeit **(II. Sequenz)**, die in der Literaturgeschichte als Biedermeier bezeichnet wird. Man muss nicht die Position der „engagierten" Literatur des Vormärz einnehmen, um sich dennoch mit Fragen der literarischen Wertung in diesem Zusammenhang zu befassen: Schlagworte wie Rückzug, Flucht in Idylle, heile Welt, mit denen das Biedermeier bedacht wird, nötigen zur Suche nach Wertungskriterien. Eine auflagenstarke Trivialliteratur entstand in Nachbarschaft zur Biedermeier-Literatur. Der Titel der verbreiteten Zeitschrift „Gartenlaube" wurde zum Symbolbegriff für alles Rückständige, Idyllische. Doch sollten die aus heutiger Perspektive vorgenommenen Wertungen zurücktreten hinter dem Bemühen um angemessene Warnehmungs- und Beschreibungskategorien. Vorrang haben sollte also die Einsicht in verschiedene Funktionen von Literatur und den literarischen Markt, der über ihre Verbreitung entscheidet.

Die vielfältigen Formen der Literatur sind Antworten von Individuen auf bestimmte Situationen, die durch subjektive Motive, Charaktereigenschaften, Gedanken, aber auch durch vorgegebene Bedingungen geprägt sind – gesellschaftlich-historisch-politische und literarische, denn Literatur entsteht auch immer in Bezug auf andere Literatur. Eine wesentliche Bedingung, auf die das 19. Jahrhundert explizit und implizit sich bezog, wurde von Fontane mit dem bewusst unbestimmt gehaltenen Begriff „Gesellschaftsetwas" bezeichnet – entsprechend dem Denken und Bewusstsein vieler Autoren des Realismus in Deutschland; man vermied es, etwa von Klassenzugehörigkeit

oder anderen soziologischen oder ideologischen Begriffen zu sprechen. Die **III. Sequenz** handelt davon, dass die gesellschaftlichen Verhältnisse zunehmend als bedrängend, einengend empfunden wurden, ohne dass Möglichkeiten der Befreiung gesehen wurden.

1.2.1 Sprechen und Schreiben

Die sich dezidiert von der „Kunstperiode" der Klassik absetzende Literatur jener Zeit versteht sich politisch; dementsprechend ist **Interpretation politischer Dichtung** ein erster Schwerpunkt. Doch gilt Lyrik auch weiterhin und vielleicht sogar verstärkt als Ausdruck von Individualität; im historischen Vergleich erst wird der **Wandel der lyrischen Sprache** fassbar, der Begriff der Individualisierung beschreibt eine wesentliche Tendenz. Wie in anderen literarischen Gattungen die Auseinandersetzung mit der Gesellschaft geführt und die Situation der Individuen, vor allem die Beziehungen zwischen den Menschen, zwischen den Geschlechtern thematisiert werden, ist Gegenstand der Interpretation. Dabei erhält das **gestaltende Interpretieren** eine besondere Bedeutung.

1.2.2 Literatur und Medien

Die literarische Landschaft des 19. Jahrhunderts ist vielgestaltig, sie reicht von der politischen Literatur bis zum **lyrischen Gedicht, Gebrauchsliteratur, Romane** und **Novellen** sind die dominierenden Gattungen. Das Drama spielt, verglichen mit den genannten Gattungen, eine untergeordnete Rolle. Die **Funktion der Literatur** wird verschieden gesehen, viele verschiedene Stilrichtungen und Literaturauffassungen bestehen nebeneinander; auch wenn die literarische Überlieferung eine Auswahl für heutige Leser schon getroffen hat, ist es sinnvoll sich mit Kriterien **literarischer Wertung** zu beschäftigen.

1.2.3 Sprachbetrachtung

Unterschiedliche Auffassungen von der Funktion der Literatur spiegeln sich wider in verschiedenen Sprech-, Darstellungs- und Erzählweisen; auch der Wandel des Menschenbildes wirkt sich auf die **Veränderung der literarischen Sprache** aus. Besonders die Sprache, mit der Innenwelt, Bewusstseinszustände ausgedrückt wird, entwickelt neue Ausdrucksmöglichkeiten. Das Erzählen wird „modern" durch die Weiterentwicklung **perspektivischer Darstellung.**

2. Sequenzvorschläge

Texte und Bilder aus BLICKFELD DEUTSCH Oberstufe	Didaktisch-methodische Kommentierung

I. Handeln durch Literatur (S. 274–487)
1. „Ideenschmuggel" – Programmschrift und Karikatur
   (S. 274–277)
   Menzel: Eisenwalzwerk
   Heine: Harzreise
   Büchner: Der Hessische Landbote
   Der Denker-Club
   Bücherverbrennung
	Einsicht in Grundtendenzen der „jungdeutschen" Literatur:
	– Ironiesignale erkennen
	– Texte aus zwei Epochen vergleichen
	– Produktions- und Wirkungsbedingungen verstehen
	– Texte durch Umgestaltung (Klartext) erschließen
	– historische Bedingungen heranziehen

2. Lyrik als Waffe – Interpretation politischer Gedichte
   (S. 277–283)
   *Körner: Aufruf
   *Herwegh: Aufruf
   Heine: Die schlesischen Weber
   Heine: An einen politischen Dichter
   Mäurer: Wider politische Gedichte
   Heine: Zur Beruhigung
   Auszüge aus einer Interpretation
	Erweiterung 1 durch die Analyse politischer Gedichte:
	– Typen politischer Lyrik unterscheiden
	– Erschließungsfragen stellen
	– Schlüsselbegriffe erkennen
	– Beobachtungsraster zur Formanalyse anwenden
	– eine Gedichtinterpretation schreiben

Texte und Bilder aus BLICKFELD DEUTSCH Oberstufe	Didaktisch-methodische Kommentierung
3. Gegen die „Kunstperiode" – Gegenpositionen bei Heine und Büchner (S. 283–287) Heine: Sie saßen und tranken am Teetisch Heine: Sie haben heut Abend Gesellschaft Heine: Ein Jüngling liebt ein Mädchen Heine: Enfant perdu Büchner: Lenz *Büchner: Dantons Tod *Büchner: Leonce und Lena Büchner: Woyzeck	**Vertiefung 1** durch Untersuchung der Kunstauffassungen: – Anwendung kreativer Zugänge zur Deutung von Gedichten – Realitätsdarstellung als Ausdruck von Subjektivität – textimmanente Kunstreflexion verstehen – intertextuelle Bezüge berücksichtigen – den Zusammenhang von Menschenbild und literarischer Gestaltung erkennen
II. Selbstbehauptung und Welterfahrung (S. 288–298) 1. Individualität in der Lyrik – Projektorientiertes Arbeiten (S. 288–292) Droste-Hülshoff: Im Grase *Mörike: An einem Wintermorgen, vor Sonnenaufgang *Heine: Mein Herz, mein Herz ist traurig Droste-Hülshoff: Am Turme Droste-Hülshoff: Das Spiegelbild Mörike: Auf einer Wanderung Mörike: Verborgenheit Mörike: Gebet *Storm: Abseits *Storm: Meeresstrand *Grünbein: Etwas das zählt *Musschenga: Persönliche Identität ...	**Vertiefung 2** durch Untersuchung des Wandels der Sprache der Lyrik: – das Verhältnis von Innenwelt und Außenwelt in Gedichten beschreiben – biografische Information und lyrisches Motiv – Unterscheidungsmerkmale traditioneller und moderner Lyrik – Gedichtstrukturen im historischen Längsschnitt analysieren
2. Das Maß des Humanen – Novellenauszüge und Texterörterungen (S. 292–298) Stifter: Brigitta Clauren: Mimili *Storm: Immensee Stifter: Vorrede zu „Bunte Steine" Fritzen: Helden unserer Zeit	**Differenzierung** durch Einbeziehung von Erzähltexten: – Vertiefung des Verständnisses durch Einbeziehung der Psychologie – die Darstellung zwischenmenschlicher Beziehungen vergleichen – gestaltender Umgang mit Texten – eine Texterörterung konzipieren und schreiben
III. Das „Gesellschaftsetwas" (Theodor Fontane) 1. Im Gefängnis der Ordnungen – Das bürgerliche Trauerspiel (S. 299–302) Hebbel: Maria Magdalene, III, 4 *Ibsen: Nora, III, 4 *Männer und Frauen – Lexikondefinitionen	**Erweiterung 2** durch Einbeziehung der Gattung Drama: – Beziehungsstörungen und Kommunikationsverhalten – die Bedeutung von Beziehungsdefinitionen untersuchen – die historische Vermittlung von Geschlechtsrollenverständnis erkennen – Einblicke in die Geschichte und Thematik des bürgerlichen Trauerspiels.
2. Was ist Wirklichkeit? – Merkmale des poetischen Realismus (S. 302–307) Keller: Der grüne Heinrich *Keller: An Eduard Vieweg *Bichsel: San Salvador Fontane: Effi Briest *Preisendanz: Was bedeutet Realismus in der Dichtung? Wellershoff: Das Schimmern der Schlangenhaut	**Erweiterung 3** durch die Untersuchung des Zusammenhangs von poetologischer Reflexion und literarischer Praxis: – Wirklichkeitsdarstellung in Literatur und bildender Kunst – die Bedeutung des Bildungsromans kennen lernen – die Rolle der Perspektive durch Gestaltungsversuche erfassen – über den Zusammenhang von Literatur und Gesellschaft in Vergangenheit und Gegenwart nachdenken

3. Erläuterungen und Lösungsvorschläge

I. Handeln durch Literatur (S. 274–287)

Politische Literatur, insbesondere Lyrik, soll im Hinblick auf die Ausdrucksmittel und die Wirkung untersucht werden. Dass die kritische Haltung nicht nur explizit, sondern auch indirekt zum Ausdruck kommen kann, wird an Novelle, Drama und Lyrik deutlich. Dahinter stehen ein neues Konzept von der Funktion der Literatur und ein verändertes Menschenbild.

Bilderläuterungen:

„Das Eisenwalzwerk" von Adolph von Menzel als Auftaktbild signalisiert einen veränderten Realitätsbezug der Kunst; um ihn geht es in erster Linie und nicht darum, dass eine Szene aus der Arbeitswelt dargestellt ist.

„Wir schauen in eine weite Halle mit Maschinen, Rädern, Trägerteilen, Gestänge und Karren und an ihnen schwer arbeitende Menschen. In das dämmrige Hallendunkel leuchtet das rotgelbe Licht der glühenden Metallstücke und von hinten und von oben durch die abziehenden Rauchschwaden fällt das blaukühle Tageslicht. Durch diese verschiedenen Lichtquellen sind die Körper und Maschinenteile in Licht- und Schattenteile deutlich modelliert, z.T. scharf abgesetzt in Hell-Dunkel, z.T. in feinsten Übergängen. Durch Licht und Schatten, durch die stemmenden, greifenden, zupackenden Körperbewegungen ist das dramatische Arbeitsgeschehen dargestellt. [...]
Adolf Menzel hatte das Bild 1875 fertig gestellt. In der „Zeitschrift für bildende Kunst" in Leipzig wird im gleichen Jahr darüber berichtet: „Drei Jahre hat der Meister an seiner ‚Cyklopie' gearbeitet ... Wie den rußigen Cyklopen des Ätna nichts Ideales anhaftet noch angedichtet werden kann, so wird man auch den Arbeitern des Eisenwalzwerkes, in das uns Menzel eingeführt, schwerlich etwas von der ‚Weihe der Arbeit' ansehen ... Es ist eben die ungeschminkte Wahrheit, welche uns Menzel vorführt ... Man verlangt heute in der Darstellung der Erscheinungen und der Dinge eine ‚archäologische' Treue ... Das scharfe Auge des Künstlers erspähte jeden Griff der Arbeiter, jede Bewegung der Maschine, jede einzelne Funktion, die das Glied einer Kette von Funktionen bildet ... so dass selbst der Fachmann durch die Präzision in der Wiedergabe der Vorgänge in Erstaunen versetzt wird." [...]
Das ist das Besondere und Neue: Die Verhältnisse, in denen die Arbeiter ihren Lebensunterhalt erwerben mussten, werden im „Eisenwalzwerk" gezeigt. Denn schon vier Jahrzehnte vorher gab es Fabrikbilder. Auf ihnen wurden Fabrikgebäude in einer Landschaftsdarstellung gemalt, wie 1834 bei Alfred Rethel „Porträtlandschaft mit Industriegebäuden", 1835 bei Carl Blechen „Walzwerk bei Neustadt-Eberswalde" (Bildern mit Eisenbahn, 1844 bei William Turner und 1847 bei Adolf Menzel). Sein Bild Eisenwalzwerk von 1875 ist ein Zeitdokument, sein Hauptinhalt aber ist der Mensch in der Kraft und in der Mühsal der Arbeit. [...]
Menzel hatte in mehr als hundert Zeichnungen die einzelnen Bewegungen der Arbeiter studiert, ebenso Geräte und Maschinen, Zangen, Hämmer, Schweißöfen, Gießpfannen und Gussformen. Er berichtet: „Das war in Schlesien, auf Königshütte, wo ich diese Studien machte. Ich schwebte dabei in steter Gefahr, gewissermaßen, mit verwalzt zu werden. Wochenlang von morgens bis abends habe ich da zwischen den sausenden Riesenschwungrädern und Bändern und glühenden Blöcken gestanden und skizziert. Diese Cyklopenwelt der modernen Technik ist überreich an Motiven." [...]
Bildzentrum ist das gleißende Licht des glühenden Metalls an der Zu- und Einführung des Blockes zur Öffnung der Walztrommel. Damit ist der Arbeitsvorgang ausgewählt, in der die vorbereitende Materie die Form erhält, die Form, die die Funktion der Schiene bestimmt. Um diesen Vorgang herum ist das Bild komponiert: Die Arbeiter am glühenden Metall vor der Walztrommel sind die Hauptfiguren. In ihrer Staffelung nach links und nach hinten – der perspektivischen Anordnung folgend – bilden sie über die nach rechts hin verbindende Rundform des Schwungrades den inneren Kreis des Bildgeschehens.
Eine Waagrechte teilt die Bildhöhe etwa im goldenen Schnitt; im gleichen Verhältnis entsteht eine optische Teilung in einen größeren linken und in einen kleineren rechten Bereich. Seil und Gestänge reichen über die ganze Höhe des Bildes, sie überschneiden die zentrierende Helligkeit, die weißglühende Luppe. Gleich über dieser Funken sprühenden Helligkeit ist Dunkel gesetzt, vor dem sich aufleuchtende Funken in einem sprühenden Punktfeld und die geöffnete Zange des zupackenden Arbeiters abheben.

Hat nun das Auge in dieser Ordnung des Bildes einen ersten Halt gefunden, wird es bald in einer immer weiter differenzierten Pendelbewegung um dieses Achsenzentrum folgen. Immer neue Teilgruppen sind dabei zu entdecken; links zerrt ein Arbeiter eine Eisenkarre, weiter hinten, ein Herr in besserer Kleidung führt die Aufsicht, am linken Bildrand Arbeiter, die sich waschen. Im Bild, nach rechts unten und in der Halle an den Rand, in die Ecke gerückt, vor der glühenden Hitze durch eine Schirmwand geschützt, können einige Arbeiter in dieser Arbeitshetze essen. So ist das Eisenwalzwerk auch ein Zeitdokument einmal über den technischen Stand der Eisenverarbeitung um 1875, vor allem aber in diesem Zusammenhang, ein realistisches Dokument über Arbeitsverhältnisse in der Fabrik. Das Bild belegt, welch großen Anteil die körperliche Anstrengung einnahm, wie sehr gleichzeitig der Mensch dem Arbeitsprozess untergeordnet war. Kaum bleibt ihm Zeit für die Bedürfnisse der Reinigung und der Nahrung. Dafür gab es keine Räume und kaum Zeit.
Ganz in der rechten Bildecke räumt ein Mädchen den Esskorb ein, den Körper hinabgebeugt, das Gesicht nach oben gewendet als einzige Figur mit dem Blick zum Betrachter. [...]"[8]

S. 274–277: I,1. „Ideenschmuggel" (Karl Gutzkow) – Programmschrift und Karikatur

Politische Dichtung muss unter Bedingungen der Zensur Ausdrucksmittel entwickeln, die ihr den Zugang zur Öffentlichkeit ermöglichen. Die „Jungdeutschen" haben die Gattung Reiseliteratur politisiert. Schriftsteller haben aber auch die Konfrontation mit der „Obrigkeit" riskiert.

Mögliche Ziele:

1. Ironiesignale erkennen und entschlüsseln
2. Mittel der aufklärerischen Satire analysieren
3. Die Situation der Literatur unter Bedingungen der Zensur begreifen

Seite 275

1a-c   Der Text eignet sich sehr gut um die Heine'sche **Schreibart** kennen zu lernen: die Mischung von stimmungshafter Schilderung und Satire. Der Bergwerksbesuch erfolgt nicht – wie es zunächst den Anschein hat – aus touristischem Interesse, sondern es geht darum, dass die geschilderte Wirklichkeit zum Zeichen wird, das auf die gesellschaftlich-politischen Verhältnisse verweist.
Aufbau: Z. 1–24: Carolina; Z. 24–67: Dorothea.
Gedanken, Reflexionen sind vorherrschend; im ersten Teil wird das Schmutzige, Gefährliche, Verwirrende und Unheimliche unterstrichen; Assoziationen des Erzählers: Die Grube ist ein Ort bedrohlicher Enge; „Lafayette" ist ein erstes Signal, dass es nicht nur um Reiseschilderung geht, sondern dass der Ort auf etwas anderes verweist – auf die deutschen Verhältnisse. Im Gegensatz zur Carolina herrscht in der Dorothea eine freundliche Stimmung, wobei allerdings die Bedeutung der „quälend rätselhaften Erinnerung" (Z. 32) zunächst unklar bleibt. Der letzte Absatz enthält die Erklärung, wenn der Cicerone als „kreuzehrlich, pudeldeutsch" charakterisiert wird; was auf den ersten Blick positiv sein könnte, erweist sich in der

---

8   Paul Arnold. In: Meisterwerke der Kunst. Hrsg. vom Landesinstitut für Erziehung und Unterricht Stuttgart, Folge 40/1992.

Folge als das Gegenteil, deutlich ab Z. 43: Überträgt man den Text in die direkte Rede, wird erkennbar, dass der Führer *so* nicht gesprochen haben wird, wie es vom Erzähler referiert wird, denn durch die Wiedergabe erscheinen die Äußerungen über den Herzog despektierlich; ganz drastisch in Z. 45: Die *indirekte Wiedergabe* ist entlarvende *Interpretation;* würde man statt „totschlagen" „sterben" sagen, wäre die Äußerung im Sinne des Cicerone referiert. „Untertanstreue" (eine Neuschöpfung Heines) dient ebenso der Entlarvung: Der Untertan ist unfrei, abhängig, während Treue eine freie Entscheidung, eine Wahl voraussetzt. Die Variationen über „Treue" machen das Unwahre ironisch-satirisch sichtbar. Von hier aus erhält auch der erste Teil des Textes eine andere Bedeutung:

anfängliche Lesererwartung: Stimmungsbild	➡	Gesellschaftsbild/Arbeit	➡	politische Satire

1d Heine hat sich selbst als „romantique défroqué" bezeichnet, also als einer, der die Kutte der Romantiker ausgezogen hat. Im Traum des **Heinrich von Ofterdingen** wird eine fantastische Welt geschildert, eine künstliche, die Sinne betörende Welt, neue, nie gesehene Bilder; das ist eine Wunscherfüllungsfantasie, die gerade wegführt von der ‚realen' Welt, während Heine den Blick des Lesers auf die Realität lenken will, so dass er etwas erkennt – und zwar auch gerade dort, wo er es nicht erwartet. (Einen Text aus Heines „Reise von München nach Genua" bietet **K 1**, LB, S. 408.)

Texterläuterungen:

Büchner gründete im März 1834 in Gießen eine Sektion der „Gesellschaft der Menschenrechte" und plante eine **Flugschrift**, die er schließlich gemeinsam mit Weidig, einem Theologen, verfasste. Nachdem Minnigerode, einer der Mitstreiter, denunziert und verhaftet worden war, warnte Büchner die andern und ging, nachdem er verhört worden war, nach Straßburg. Büchner hatte die Strategie, dass das Volk durch zwei Hebel revolutioniert werden könnte: über das materielle Elend und über die Religion. Die Absicht der Flugschrift war, die hessischen Bauern für die Revolution zu gewinnen.

Zum Textverständnis: Bibel-Anspielung bezieht sich auf 1. Mos. 1ff.; dort heißt es: Am 5. Tag werden geschaffen die Tiere des Wassers, die Vögel; am 6. Tag andere Tiere, ferner die Menschen als Herrscher über die Erde.

Schlussfolgerung: Nichtübereinstimmung der Wirklichkeit mit der Schöpfungsordnung, das impliziert die Selbstlegitimation der absolutistischen Ordnung, die sich als gottgewollt darstellt.

Grundstruktur: Gegensatz von Reichen und Armen; Definition des Staates „von unten" (= was sein sollte), Konfrontation mit der Wirklichkeit des Staates, die entlarvt wird. Dem Selbstverständnis der Obrigkeit (Anspruch) werden die allzu menschlichen Eigenschaften ihrer Repräsentanten als Wirklichkeit gegenübergestellt.

2a Methodischer Hinweis:
Es ist einfacher für die Schüler, wenn man die Antworttexte in Gruppen entwerfen lässt und es der Gruppe überlässt, die Schreibsituation genauer zu definieren. Auf jeden Fall müsste der Gestaltungsaufgabe die Textanalyse vorausgehen.

Das Rezeptionsproblem besteht darin, ob die gemeinten Adressaten überhaupt erreicht werden. Mögliche Reaktionen: Bauer: Zustimmung, Erkenntnis/Einsicht in die eigene Lage; oder: Ablehnung, Verwerfung dieser Sehweise und ihrer obrigkeitsfeindlichen Tendenz;

---

[9] Otfried Höffe: Lexikon der Ethik. München (Beck) [6]2002; S. 195.

Hof: Rechtfertigung der Standesunterschiede; Verurteilung der Unbotmäßigkeit, der Anstiftung zum Ungehorsam; Anklageschrift gegen die ‚Drahtzieher', Volksaufwiegler.

2b „Ordnung ist eine nach Gesetzen und Regeln gegliederte Ganzheit von einander wechselseitig zugeordneten Elementen, die entweder vorgefunden und entdeckt oder durch menschliches Handeln und Denken bewirkt und nach menschlichen Bedürfnissen geschaffen wird (Ordnung des Denkens, der Logik, der Methodik, Ordnung der Kultur und Technik, Ordnung des Rechts)."[9] Konnotierungen von „Ordnung" können positiv sein – Orientierung, Sicherheit, Geltung von Regeln und Gesetzen – und Ordnung kann repressiv sein; mit beiden Bedeutungen wird gespielt. (Der Text von G. Büchner ließe sich mit einem Text von L. Börne vergleichen, vgl. **K 2**, LB, S. 409.)

Seite 276

2c Im *Klartext:*
– die Vornehmen leben im Wohlstand, sie schmarotzen, während das Volk im Elend vegetiert;
– die Reichen grenzen sich vom Volk ab, sie haben eine eigene Sprache;
– sie verzehren, was die Bauern erarbeitet haben;
– sie verbrauchen, was das Volk schafft, sie verbrauchen das Volk;
– der Staat ist für die/alle Menschen da;
– die Gesetze sollen sicherstellen, dass Gerechtigkeit herrscht;
– was die Reichen ‚Ordnung' nennen, ist die Ordnung der Ausbeutung des Volkes,
…

Die mögliche Wirkung auf einen der gemeinten Adressaten, einen Bauern, könnte sein, dass er Angst hat und keineswegs zur Revolution bereit ist; die Flugschrift setzt gleiche Gesinnung und Aufgeklärtheit eigentlich schon voraus.

3 Zur **Bücherverbrennung:** 1815 wurde in Jena die Burschenschaft gegründet, die für die nationale Einheit eintrat – gegen die Zersplitterung des Reiches in 38 Bundesstaaten. Am 18.10.1817, zur Feier der vier Jahre vorher gegen Napoleon gewonnenen Völkerschlacht bei Leipzig und zur Dreihundertjahrfeier von Luthers Thesenanschlag, fand auf Einladung der Jenaer Burschenschaft das Wartburgfest statt, zu dem etwa 500 Studenten von den meisten deutschen Universitäten zusammenkamen. Dabei wurden am Abend ein österreichischer Korporalstock, ein hessischer Zopf, ein preußischer Gardeschnürleib sowie einige Bücher verbrannt, darunter auch das Buch „Geschichte des Deutschen Reiches" des Schriftstellers August Friedrich Ferdinand von Kotzebue (geb. 1761), der u.a. im Interesse Russlands gegen Napoleon geschrieben hatte und dafür zum russischen Staatsrat ernannt worden war. In seinem 1818 gegründeten „Literarischen Wochenblatt" verspottete er die liberalen Ideen und patriotischen Ideale der Burschenschaft; er wurde 1819 von dem Jenaer Theologiestudenten Karl Ludwig Sand (1795–1820) erdolcht. Das führte zu den Karlsbader Beschlüssen (1819): Verbot der Burschenschaften; Amtsenthebung von Universitätslehrern; Einführung einer präventiven Zensur für sämtliche Zeitungen, Zeitschriften und alle Druckschriften unter 20 Bogen (320 Seiten). –
Dargestellte Themen: Flugschrift; Bücherverbrennung; Karikatur über Zensur; Revolution als Reaktion auf Unterdrückung, Unfreiheit. Ergänzende Fragestellungen: Wogegen richten sich die Handlungen? Welche Mittel werden eingesetzt? Wie bewerten Sie die Mittel?
Die **Bücherverbrennung** der Nationalsozialisten war am 10. Mai 1933; **Heine** hatte in „Almansor" geschrieben: „Das war ein Vor-

spiel, dort wo man Bücher verbrennt, verbrennt man auch am Ende Menschen."

„Die Bücherverbrennung war ein symbolischer Akt. Symbolisch nicht nur für die Haltung der Nazis gegenüber der Literatur, die sie da auf den Scheiterhaufen warfen, sondern auch für die Art und Weise, in der sie mit allen Autoren (und Kunstproduzenten schlechthin), die ihrer Politik Widerstand entgegensetzten oder ihnen ganz einfach nicht in den Kram passten, umzugehen gedachten."[10] (Vgl. Kästners Rede, SB, S. 77ff.)

Die beiden Bücherverbrennungen stehen in einem unterschiedlichen Kontext. **Lessing** schrieb über das Verbrennen von Büchern: „Was einmal gedruckt ist, gehört der ganzen Welt auf ewige Zeiten. Niemand hat das Recht, es zu vertilgen. Wenn er es tut, beleidigt er die Welt unendlich mehr, als sie der Verfasser des vertilgten Buches, von welcher Art es auch immer sei, kann beleidigt haben."

S. 277–283: I,2. Lyrik als Waffe – Interpretation politischer Gedichte

Politische Lyrik erscheint zu verschiedenen Zeiten auch als **Herrscherlob** und als emotionaler, pathetischer Aufruf zum Handeln – im Sinne und im Dienste einer bestimmten politischen Meinung. Ihre für uns wichtigste Funktion ist die kritische Tendenz. Um die Botschaft zu verstehen, müssen die Leser in der Lage sein sie zu entschlüsseln, denn die **Satire** – um sie handelt es sich – verwendet Mittel indirekten Sprechens. Für die **Interpretation politischer Gedichte** gelten andere Fragestellungen als für lyrische Gedichte.

> ___ Mögliche Ziele: ___
> 1. Arten politischer Lyrik unterscheiden
> 2. Wirkungsmöglichkeiten bewerten
> 3. Politische Gedichte interpretieren

Seite 277

1a/b Der unterschiedliche Ton der Gedichte kommt erst beim *Vortrag* zur Geltung; die erste Aufgabe – vor einer Diskussion – sollte die Erarbeitung des Gedichtvortrags sein, der erste Schritt dazu könnte eine gruppenweise Beschäftigung mit den Gedichten sein. Untersuchungsgesichtspunkte: Situation; Sprecher; Adressat; Wirkungsabsicht; sprachliche Mittel. Den Abschluss der Beschäftigung mit politischer Lyrik könnt eine Vortragsstunde bilden, in die außer Gedichten auch Prosatexte aus verschiedenen Epochen einbezogen werden könnte. Dieses Projekt könnte als Ziel der Unterrichtseinheit angestrebt werden; die Schüler sollten während der Beschäftigung mit Texten aus verschiedenen Epochen Gesichtspunkte zur Programmgestaltung finden (historisch? thematisch? formbezogen?). Material bieten die verschiedenen Epochen vom Mittelalter bis zur Gegenwart.

Zu den Texten:

Th. Körner: Aufruf zum Befreiungskrieg gegen Napoleon, – für Körner wie für viele andere war das ein Volkskrieg.

G. Herwegh: Aufruf 1841. – Im Zusammenhang mit der französischen Forderung nach der Rheingrenze zu sehen, – dadurch wurde das deutsche Nationalgefühl gestärkt;

G. Herwegh: Wiegenlied. – „Kein Kind läuft ohne Höschen" (6. Strophe) – Anspielung auf die Sansculotten (Ohnehosen), die statt der Kniehosen lange Hosen trugen; seit der Französischen Revolution dient das Wort zur Bezeichnung radikaler Patrioten, Republikaner und allgemein von Radikalen.

2a/b **Konnotationen** (zu: den Stahl in Feindes Herz tauchen; reife Saat/Schnitter; die Erde mit Blut rein wa-

schen; Kreuzzug, heiliger Krieg): Ernte des Bauern, Reinigung, religiöse Handlung – also alles sehr positiv besetzte Vorstellungen, die nicht weiter legitimiert werden müssen. Dazu kommen Wiederherstellung von Recht, Sitte, Tugend, Glaube, Gewissen; Rache für die Schande der Töchter, den Meuchelmord an den Söhnen.

Seite 278

 3a Die Vorstellung, die vom Gegner vermittelt wird:

Herwegh	Heine
benannt werden Tyrannen und Philister, sonst bleibt das Bild unbestimmt	– Fluch gilt dem gleichgültigen Gott – dem König, den nur die Reichen interessieren – dem falschen Vaterland (das nichts Väterliches hat) – dem alten, rückständigen Deutschland, das untergehen soll

Herweghs Gedicht ist vom Pathos geprägt, während Heine das Unrecht, die Ungerechtigkeit anprangert.

 3b **Darstellungsmittel Herweghs:** Ausrufe, Aufforderungen; Adressaten: Dichter, Deutsche, Rhein; religiöse Anspielungen; nationale Symbolik (3. Strophe)

Darstellungsmittel Heines: spricht für die hungernden Weber, also eine bestimmte Gruppe; bestimmte Adressaten – die Urheber des Elends, die „Täter", benennt das Unrecht; Bilder der Anklage

Seite 279

4a Heines Position wird deutlich: Das politische Gedicht soll nicht in eine Stimmung versetzen, sondern es soll konkret sein, also die anzuprangernden Verhältnisse sichtbar machen, allerdings in einer Sprache, die nicht lediglich benennt, sondern emotional und intellektuell die Leser anspricht, von ihnen **Entschlüsselung**/Nachvollzug fordert. Er verspottet die politische Dichtung, der es um den Ausdruck von Begeisterung geht (selbst wenn es um eine positiv zu bewertende Sache geht): Das ist die von ihm verspottete **Tendenzpoesie,** die vielleicht in einen Gefühlsrausch versetzt, aber nicht zum wirklichen Handeln/Erkennen führt.

4b Eine *Diskussion* wird nur dann sinnvoll, ergiebig sein, wenn sie auf Kenntnissen, Erfahrungen mit politischer Dichtung basiert. Die Vorbereitung müsste darin bestehen, politische und/oder zeitkritische Texte zu sammeln, auch aus der Gegenwart; Lieder, Rap könnten einbezogen werden; Texte könnten auf einer *Wandzeitung* veröffentlicht werden, jeweils mit einem Hinweis auf den historischen Ort (das kann auch durch Bilder geschehen).

Textsammlungen:

– Von großen und von kleinen Zeiten. Politische Lyrik von den Bauernkriegen bis zur Gegenwart. Hrsg. von Thomas Rothschild. Frankfurt (Fischer) 1981.

– Politische Lyrik. Deutsche Zeitgedichte des 19. und 20. Jahrhunderts. Hrsg. von W. Gast. Stuttgart (Reclam)1987.

– Albrecht Schöne: Über politische Lyrik im 20. Jahrhundert. Göttingen (Vandenhoeck und Ruprecht) 1965.

(H. Heines „Erinnerung aus Krähwinkels Schreckenstagen" eignet sich als Interpretationsaufgabe, vgl. **K 3**, LB, S. 410.)

---

[10] Das Vorspiel. Die Bücherverbrennung am 10. Mai 1933. Hrsg. von Thomas Friedrich. Berlin (LitPol) 1983, S. 151.

5a/b Material und Gesichtspunkte zur Analyse von **Karikaturen** bei Herbert und Werner Krüger.[11]

Dort werden folgende Leitfragen angeführt: Entstehungszeit und -ort? Veröffentlichung in welchem Medium? An wen gerichtet? Auf welches Ereignis, welchen Sachverhalt, welche Personen bezieht sich das Dargestellte? Was wissen wir aus andern Quellen darüber? Welche Position bezieht der Künstler? Welche Informationen aus dem weiten Umfeld brauchen wir, um zu einer begründeten eigenen Meinung zu kommen? (S. 19)

Mittel der Komik, mit denen Karikaturisten arbeiten: Übertreibung, Drastik, Paradoxie, Ironie, Situationskomik, Charakterkomik, Parodie, Witz, Individuation, Humor, Sarkasmus (vgl. a.a.O., S. 22f.).

Seite 280

Zur *Interpretation* **politischer Lyrik**

6 – Sprache wird appellativ gebraucht;
– Kommunikationssituation der Entstehungszeit und Lesersituation können verschieden sein
– Aussageabsicht muss erkannt werden
– Darstellungsmittel: kritische oder „panegyrische" Lyrik ist zu unterscheiden

Seite 281

7 Um das Gedicht zu verstehen bedarf es einiger Hintergrundinformationen und der Klarheit über die **Redesituation**: Der Sprecher, der sich in die Wir-Gruppe einbezieht, konfrontiert die eigene Gruppe mit derjenigen der Römer. Herauszufinden ist, weshalb er diese Gegenüberstellung macht; wie die eigene Gruppe und die Fremdgruppe eingeschätzt werden. Dazu enthält das Gedicht deutliche Signale, die allerdings eine sehr genaue Lektüre erfordern.

Die Themenformulierung enthält mit dem Begriff des „Doppelbödigen" einen entscheidenden Hinweis darauf, was die Interpretation zu leisten hat: Es geht um das Verhältnis von Gesagtem und Gemeintem. Alle Aussagen des Gedichts sind unter diesem Aspekt zu überprüfen. Das ist erst dann möglich, wenn zusätzliche Informationen eingeholt sind.

 Vervollständigung der *Stoffsammlung*:

Wir-Gruppe/Sprecher-Gruppe	Römer/Vergleichsgruppe
Schlafen	Brutus/Römer
Tabak rauchen	das kalte Messer bohren
Klöße	Tyrannenfresser
gemütlich, brav	nach dem Blut der Fürsten dürsten
gesunder Pflanzenschlaf	Cäsar
36 Herrn	Iden des März fürchten
Väter, Vaterland	römische Mördergrube
erbeigentümlich	
Sauerkraut mit Würsten	
fromme Kinderstube	
Konnotationen: brav, bieder, dumm, bequem	**Konnotationen:** Freiheitskämpfer, Kämpfer gegen Tyrannei
Funktion: scheinbar positiv, tatsächlich aber handelt es sich um Kritik, Abwertung	**Funktion:** scheinbar negativ, tatsächlich aber handelt es sich um Aufwertung der Vergleichsgruppe

---

[11] Herbert und Werner Krüger (Hrsg.): Geschichte in Karikaturen. Stuttgart (Reclam) 1981.

Schlüssel zum Verständnis der Aussageabsicht ist die Wahrnehmung der Ironie:

IRONIE

Gegensatz zwischen

Gesagtem (positive Zuschreibungen zur Wir-Gruppe)	**Gemeintem** (negative Darstellungsabsicht in Bezug auf die Wir-Gruppe)

Um die Ironie zu erkennen, muss man auf die **Ironiesignale** achten:

z.B. Reime – Größe/Klöße
Vergleiche – keine Römer/Tabak rauchen
im Zusammenhang Unpassendes – In Schwaben kocht man die besten Klöße
Abwandlung einer Redensart – treu wie Eichenholz, auch Lindenholz
Parenthese – ist nicht zu viel

usw.

> **Ironiesignal:** Unpassendes, Heterogenes, die Ordnung/ Logik Störendes

Fazit: Gelobt wird nicht die Wir-Gruppe, sondern sie wird im Gegenteil kritisiert, weil sie unmündig ist und nicht in der Lage, sich gegen die Herrschaft der 36 Herren zu wehren. Die Herren können beruhigt sein, weil ihre Macht nicht bedroht ist. Hinter der Kritik am Untertanenverhalten steckt ein Appell: Die Noch-Untertanen sollten aus ihrem Schlaf erwachen und sich zur Wehr setzen. Außerdem wird die Aura der Herrscher zerstört; sie verdanken ihre Macht eigentlich nur der Untertanenhaltung der von ihnen Beherrschten.

Seite 282

9a Für die Einleitung eignet sich Text c, für den Schluss geeignet Texte a, b, d.

9b Z.B. Text a: Der Text ist als Schluss einer Interpretation formuliert, doch es wird ein Fazit gezogen, das nur eine methodische Reflexion enthält – sie sollte am Anfang stehen.

9c Z.B. Text c: Die Fragen sind wesentlich für die Interpretation; sie beziehen den Leser in den Prozess der Interpretation ein, die so nachvollziehbar wird; zugleich entsteht eine gewisse Spannung.

Zum **Projektvorschlag:** Texte aus SB

S. 19f. Heine, Huchel, Kaschnitz	S. 154f. Bürger, Schubart	S. 404 Sachs
S. 64ff. Tucholsky	S. 336f. Heym, Hoddis	S. 411 Becher
S. 85 Heine	S. 337f. Brecht	S. 414 Enzensberger
S. 86 Kunert	S. 385 Eich	S. 443 Petersdorff
S. 100f. Walther v.d. Vogelweide	S. 388 Huchel, Bender	
S. 117 Gryphius	S. 403 Celan	

(Heines Gedicht „Die Wanderratten" eignet sich als Interpretationsaufgabe für eine Klausur, vgl. **K 4**, LB, S. 410.)

> **S. 283–287: I,3. Gegen die „Kunstperiode" der Klassik – Gegenpositionen bei Heinrich Heine und Georg Büchner**

Die erst später so genannte „Weimarer Klassik" mit Goethe und Schiller als hauptsächlichen Repräsentanten war einerseits normbildend, andererseits war sie einem Kunstverständnis verpflichtet, das eine spätere Generation als zu idealisierend und zu wenig realitätsbezogen kritisierte. Dabei sah sie sich im Zwiespalt – sie musste die literarische Qualität der Werke anerkennen, wollte aber die Kunstauffassung nicht übernehmen. Heine und Büchner sind wichtige Stimmen aus dieser Gruppe.

—— Mögliche Ziele: ——————————

1. Gedichte als immanente Kritik lesen und verstehen
2. Neue Stilmittel aus Ausdruck einer veränderten Kunstauffassung begreifen
3. Einen Zusammenhang zwischen einem veränderten Menschenbild und literarischen Formen erkennen

Seite 283

 Vergleichstexte könnten sein: Günderode, Der Kuss (SB, S. 239); Brentano, Der Spinnerin Nachtlied (SB, S. 242); Eichendorff, Das zerbrochene Ringlein (SB, S: 243).

Fragen zu Liebesgedichten:
Wie wird die Beziehung zwischen Mann und Frau gesehen, definiert?
Welche Rolle haben jeweils die Geschlechter?
Welche Situation wird dargestellt?
Wer spricht? In welcher Situation/inneren Verfassung?

Brentano: Nachtlied	Günderode: Kuss	Eichendorff: Ringlein
– die Frau spricht – sie ist die Verlassene – sie drückt Trauer und Sehnsucht aus – hofft, dass sie wieder zusammenkommen *Trauer über verlorene Liebesbeziehung*	– nicht eindeutig, wer spricht – der Kuss geschah im Traum – Kuss/Liebe als Quelle des Lebens *Absolutheitsanspruch an die Liebe*	– der verlassene Mann – Volksliedton – verlorene Liebe bedeutet verlorener Lebenssinn *Liebe als Sinnerfüllung des Lebens*

„Gewissermaßen als Herzstück dieser personenbezogenen Stabilität bildet sich ein neues Verständnis von Liebe heraus. Es ist das Leitbild der zugleich romantischen und dauerhaften Liebe, die aus der engen gefühlsmäßigen Bindung zwischen zwei Personen erwächst und ihrem Leben Inhalt und Sinn gibt. Hier wird der andere zu dem, der die Welt mir bedeutet, und Sonne und Mond und sämtliche Sterne dazu. Nehmen wir als Beispiel ein klassisches Liebesgedicht – Friedrich Rückert, *Du bist mein Mond.*

„Du bist mein Mond, und ich bin deine Erde;
Du sagst, du drehtest dich um mich.
Ich weiß es nicht, ich weiß nur, dass ich werde
In meinen Nächten hell durch dich [...]

5 Du meine Seele, du mein Herz,
Du meine Wonn', o du mein Schmerz,
Du meine Welt, in der ich lebe,
Mein Himmel du, darein ich schwebe,
O du mein Grab, in das hinab
10 Ich ewig meinen Kummer gab!

Du bist die Ruh, du bist der Frieden,
Du bist der Himmel mir beschieden.
Dass du mich liebst, macht mich mir wert,
Dein Blick hat mich vor mir verklärt,
15 Du hebst mich liebend über mich.
Mein guter Geist, mein bessres Ich!"

Dies ist die exemplarische Form einer personenbezogenen Stabilität, die auf der romantischen Liebe gründet. Ihr innerer Kern lässt sich folgendermaßen beschreiben: *Je mehr andere Bezüge der*

Stabilität entfallen, desto mehr richten wir unser Bedürfnis, unserem Leben Sinn und Verankerung zu geben, auf die Zweierbeziehung. Immer mehr richten wir unsere Hoffnung jetzt auf einen anderen Menschen, diesen Mann, diese Frau: Er oder sie soll uns Stabilität gewähren in einer Welt, die immer schneller sich dreht."[12]

Heine: Sie saßen ...
– Sprecher: Mann
– Gesprächsrunde – Konversation über Liebe
– Personen: diejenigen – so die unterschwellige Annahme – die Liebe nicht wirklich erlebt haben
– Das Liebchen, das in Gedanken in die Runde versetzt wird, hätte von seiner Liebe (Und derjenigen des lyrischen Ich?) erzählen können

Liebe als Gegenstand der Konversation vs. wahre Liebe

Heine: Sie haben ...
– Sprecher: Mann, dessen Liebe nicht erwidert wird
– Situation: Er sieht sich ausgeschlossen
– Seine Liebe wird nicht erwidert und nicht gewürdigt

nicht erwiderte Liebe ist tödlich

Heine: Ein Jüngling ...
– nicht erwiderte Liebe

unglückliche Liebe als ‚alte Geschichte'

Einige Schlussfolgerungen aus dem Vergleich von romantischen und Heines **Liebesgedichten:**
– die **Liebeskonzeptionen** stimmen eigentlich überein
– Heines Gedichte gehen mit dieser Liebesauffassung ironisch-sentimental um
– in romantischen Gedichten wird das Gefühl unmittelbarer ausgedrückt
(Eine Zusammenstellung von Liebesgedichten enthält **K 5**, LB, S. 411f., zusammen mit einem theoretischen Text.)

2a Die Situation im Gedicht ist nicht ganz eindeutig: Entweder handelt es sich um eine glückliche Liebesbeziehung, dann müsste die Liebste von der eigenen, der wahren Liebe sprechen; wahrscheinlicher aber ist, dass die Liebe des lyrischen Ich nicht erwidert wird, das „Schätzlein" einem andern gehört; es könnte/würde genau so wie die andern reden.

2b Das „Schattenbild" könnte sich als Teil der sog. guten Gesellschaft präsentieren; oder es könnte – das entspräche dem Wunsch des lyrischen Ich – dieses leiden sehen.

Seite 284

3a Die **biografische Situation** des seit vielen Jahren im französischen **Exil** lebenden Dichters müsste bekannt sein. Der Sprecher sieht sich als Kämpfer im „Freiheitskrieg", der für ihn ein Befreiungskrieg der Menschheit ist. Dass er nicht siegen kann, ist ihm wohl bewusst; dass er mit Gesundheit und Leben zahlen muss, weiß er ebenfalls. Die Waffen waren/sind Texte, Gedichte (z. B. satirische). Doch musste er auch damit rechnen selbst von anderen getroffen zu werden. Die eigene Rolle wird mit leichtem Pathos, das ironisch gebrochen ist, gesehen. – Das ist das **Selbstverständnis des Dichters** nach der „Kunstperiode". (Der geschichtsphilosophische Hintergrund

---

[12] Ulrich Beck/Elisabeth Beck-Gernsheim: Das ganz normale Chaos der Liebe. © Suhrkamp Verlag 1990, S. 70f.

lässt sich anhand des Textes „Verschiedenartige Geschichts-auffassung" von H. Heine erarbeiten, vgl. **K 6**, LB, S. 413.)

3b Der Dichter der **Romantik** versteht sich als Künstler, die Kunst ist autonom; er hat sozusagen die Möglichkeit des Zugangs zum Absoluten durch die Kunst. Für die **Weimarer Klassik** ist Kunst ein Mittel zur Bildung des Menschen – durch Schönheit zur Freiheit, wie es Schiller formuliert, zur Humanität, zur Selbstentfaltung. Die Kunst ‚mischt sich nicht ein' in die politischen Verhältnisse, wie es die Literatur nach der Kunstperiode tut.

Texterläuterungen:
Die Erzählung „Lenz" basiert auf dem tagebuchartigen Bericht Johann Friedrich Oberlins (1740–1846) über den Aufenthalt des Sturm-und-Drang-Dichters Jakob Michael Reinhold Lenz (1751–92) in seinem Pfarrhaus im elsässischen Waldersbach/Steintal. Lenz hatte den Pfarrer, Philanthropen und praktischen Sozialreformer Oberlin aufgesucht, um den drohenden Ausbruch von Wahnsinn zu überwinden. Dort kommt es zunächst zu einer scheinbaren Stabilisierung, dann zu einer dramatischen Verschlimmerung des Leidens (Lenz versucht ein totes Mädchen wieder zu erwecken). Die Erzählung Büchners endet mit dem Abtransport des Kranken nach Straßburg. Büchner ergänzt die Beobachtungen Oberlins durch Passagen, die Einblick in die innere Befindlichkeit des kranken Lenz geben. Er versucht so die Genese des Wahnsinns aus dem Leiden nachvollziehbar zu machen, statt den Wahnsinn als unbegreifliches, abartiges Verhalten der Unerklärbarkeit zu überantworten.
In dieser empathischen Darstellung des Leidens tut Büchner, was Lenz im **„Kunstgespräch"** als Aufgabe des Dichters fordert: statt idealisierte Menschen zu entwerfen solle der Künstler sich „in das Leben des Geringsten" senken und die menschliche Natur lebendig und anteilnehmend darstellen. Büchner wendet sich dem Ärmsten, dem Leidenden zu, aber weniger empfindsam als Lenz und mit dem wachen Interesse eines Naturwissenschaftlers.

4a Erzählt wird in der 3. Person, doch handelt es sich um **Innensicht** der Figur.

Wahrnehmung der Außenwelt	innerer Zustand
– Gebirge: Gipfel, Bergflächen, Schnee … – Täler: grüne Flächen – nasskalt, schwere Tannenäste, Nebel – Wald schüttelt sich – Nebel verschlingt Formen	– gleichgültig, ohne Müdigkeit – unangenehmes Gefühl, weil er nicht auf dem Kopf gehen kann – es drängt in der Brust – gestörtes Verhältnis zu Raum/Zeit
– Sturm, Wolken – wie wilde wiehernde Rosse – Sonne – blitzendes Schwert – Blendendes Licht, tiefes Blau	– es riss ihm in der Brust – will alles in sich fassen – dehnt sich aus – Lust
– Gewölk – fest, unbeweglich – Gipfel	– Ernüchterung – Angst vor dem Nichts – Leere – als jage ihn der Wahnsinn

---

[13] Wolfgang Martens: Büchner. Leonce und Lena. In: Die deutsche Komödie. Hrsg. von W. Hinck. Düsseldorf (Bagel) 1977.
[14] Kindlers Neues Literatur Lexikon. München (Kindler) 1989, S. 317f.
[15] Walther Killy: Literatur Lexikon. Gütersloh/München (Bertelsmann) 1985, S. 287ff.
[16] Hiltrud Gnüg: Georg Büchner. In: Handbuch des deutschen Dramas. Hrsg. von W. Hinck. Düsseldorf (Bagel) 1980.
[17] Arnd Beise: Georg Büchners Lustspiel Leonce und Lena. In: Der Deutschunterricht 6/2002, S. 30.

Drei Abschnitte: Z. 1–14; Z. 14–30; Z. 30–42. Innerer Zustand: zwischen Gleichgültigkeit, Empfindungslosigkeit, Lust und Angst; Angst vor dem Welt-, Wirklichkeitsverlust.

Vergleichstext: Goethe, Die Leiden des jungen Werther: Briefe vom 10. Mai – auch wegen der Syntax / wenn – dann – Periode – und 18. August (SB, S. 178f.).

Seite 285

5a/b Die der **klassischen Literatur** der „Kunstperiode" zugewiesenen Merkmale erscheinen überwiegend in bildlicher Sprache: „hölzerne Kopien", „Marionetten", deren Strick man noch heraushängen sieht, „krachende Gelenke" im Takt fünffüßiger Jamben. Das Innenleben dieser Figuren, die „schlechte Kopien der Wirklichkeit" sind, belaufe sich auf „Gefühlchen". Er wirft dem klassischen Drama Leblosigkeit und Künstlichkeit vor. Hinzu kommt die Kritik an der hohen Wertschätzung dieser Literatur. Man spricht diesen Helden Charakter und Konsequenz zu, erhebt sie zum Ideal und erbaut sich an dieser Kunst (Z. 11f.). Das hat Folgen für die Wahrnehmung der Wirklichkeit. In Erwartung von Schönheit nimmt der so verblendete Beobachter nicht mehr die „glühende, brausende, leuchtende Schöpfung" wahr. Danton sekundiert Camilles Kritik an der Literatur der „Kunstperiode" mit dem Beispiel des Revolutionsmalers Jacques Louis David, der die Toten der Septembermorde zeichnete; dieser an sich realistische und politisch denkende Maler dient hier dazu, die Kälte und Leblosigkeit der klassischen Literatur zu illustrieren.

5c Daraus könnte man als **ästhetisches Programm** ableiten: Die Kunst soll lebendige Menschen darstellen, das Leben, wie man es auf der „Gasse" findet. Nur in den von klassischer Bildung nicht erreichten Volksschichten findet man wahre, lebendige, leidenschaftliche und natürliche Menschen; diese sollten die Helden einer neuen realistischen Kunst sein. (Zur Erweiterung vgl. das Kunstgespräch aus „Lenz", **K 7**, LB, S. 414.)

Seite 286

Texterläuterungen: Leonce und Lena II,4
Der Stellenwert der Komödie „Leonce und Lena" ist seit dem Erscheinen des Stücks bis heute umstritten. Dementsprechend wird das Verhalten von Leonce in der Gartenszene im Zusammenhang mit der Deutung des Schlusses kontrovers diskutiert. „Die Meinungen darüber, ob Leonce wirklich ein anderer geworden ist, gehen bis heute auseinander", stellt Wolfgang Martens fest.[13]
Die Artikel über Büchners „Leonce und Lena" in den beiden Literaturlexika von Kindler[14] und von Killy[15] sowie Hiltrud Gnüg im „Handbuch des deutschen Dramas"[16] betonen die satirisch-subversive Tendenz (Kindler), die Überbietungsform von **romantischer Ironie** als Tarnung der Satire (Killy) und die Entlarvung des Feudalismus, der nur noch die Komödie beikommt (Gnüg). So betont H. Gnüg in der Gartenszene auch, dass es sich nicht um eine gelebte Beziehung handele, sondern um romantische Fernenliebe. Eine andere Deutung von II,4 und dem entsprechend des Komödienschlusses, in dem er die Utopie eines romantischen Traums sieht, gibt Arnd Beise: „Keineswegs wird Leonces Liebe zu Lena denunziert. [...] Zu warnen ist davor, die Struktur komischer Brechung" etwa „mit dem Gestus satirischer Erledigung zu verwechseln".[17]

6a Die Szene enthält eine Fülle romantischer Motive: eine mondbeglänzte Zaubernacht und romantisierte Erotik; das Bild des Flügels (vgl. Eichendorff, „Mondnacht") erscheint hier in der Assoziationskette Liebe, Todesengel, Kuss, seliger Traum und mit den schauer-romantischen Elementen ‚schöne Leiche' und ‚schwarze Männer'. In dieser Szene wird Leonce zum Liebenden und zum Romantiker. Lena kennt bis zu dieser

Begegnung mit Leonce die Liebe nur in Form von romantischer Literatur, mit der sie die Enge ihres Lebens kompensiert.

Diese literarisch vermittelte Sehnsucht löst auch ihren Entschluss zur Flucht aus. Bei ihr tritt jetzt die Liebe aus der Literatur ins Leben.

Lena schwärmt in ihrer Mondfantasie nur scheinbar vom Mond; vielmehr ist es die Unruhe nach der Begegnung mit Leonce, die sie in den Garten treibt. Sie hat sofort die Melancholie des jungen Mannes „mit den blonden Locken" (Szene II,3) erkannt und empfindet Mitleid. Ähnlich mitleidig wendet sie sich dem Mond zu, in dem sie ein krankes schlafendes Kind mit „goldenen Locken" sieht; ihre mitfühlende Fantasie steigert sich zur Angst um den Tod dieses Kindes – es ist Angst um Leonce –, den sie sich schauerromantisch ausmalt. Leonce wird Beobachter dieser Fantasie ohne zu wissen, dass eigentlich er gemeint ist, denn Lenas Liebesschwärmerei äußert sich in unverfänglichen Vorstellungen und Worten.

Leonce tritt zunächst als galanter Verführer auf, der ihre Fantasie mitspielt und die Gelegenheit zu einem Kuss nutzt. Als Lena aufspringt, findet bei ihm eine Verwandlung statt. In einer ihm bis dahin unbekannten Ausweitung seines Inneren entsteht in ihm die Vision von Schöpfung und Chaos in einem reich geschmückten Bild. Im Bewusstsein auf dem Gipfel seines Lebens angelangt zu sein will er sterben, indem er sich in das Chaos – den Fluss – stürzt. Die Komik dieser Gefühlsüberhitzung nach dem Werther-Modell wird durch Valerios ernüchternde Diagnose „Leutnantsromantik" satirisch auf den Punkt gebracht. Die Szene endet nüchtern, aber ohne den Schmerz der **Desillusionierung.**

Valerio hat das letzte Wort. Auch der Stellenwert dieser Figur ist umstritten zwischen Randfigur und eigentlicher Hauptfigur. Dennoch ist Valerio zu eindimensional, zu unempfänglich für Strebungen, die über Nahrung, Schnaps und Bequemlichkeit hinaus reichen, um dieses **romantische Liebesgefühl** zu entwerten. Eher hat er hier die Rolle romantischer Ironie. Das romantische Erlebnis macht Leonce zum Menschen (vgl. die Szene III, 1), danach zeigt er keine weiteren Äußerungen von Menschenverachtung und **Melancholie** mehr. Gleichzeitig bleibt die Verbindung zwischen Romantik und Enge immer präsent, besonders deutlich am Schluss des Stücks. Das Verhältnis Büchners zur Romantik ist ambivalent.

6b Die Bedeutung des **intertextuellen Bezugs** zur Romantik: Die erste Generation der Romantiker, deren Produktion nach dem enttäuschenden Ende der Französischen Revolution einsetzt, ist im Kern nicht politisch. Statt die Welt zu verändern wenden sie sich der inneren Welt der Fantasie, des Unbewussten, der Kindheit, der Poesie zu und versuchen die Welt zu romantisieren. Die Literatur wird begriffen als Universalpoesie, die eine Poetisierung des ganzen Lebens bewirken soll. Solch eine Verinnerlichung der Literatur muss dem politischen Aktivisten Büchner suspekt sein; sein Schreiben ist im Kern politisch. Abgesehen vom Hessischen Landboten sind seine literarischen Werke weniger zielorientierte, agitatorische „Gebrauchsliteratur" und „Ideenschmuggel" als die Schriften des Jungen Deutschland, sondern eine Auseinandersetzung mit den politischen und sozialen Zwängen, die Leiden verursachen (Lenz, Woyzeck). In diesem Werkkontext nimmt die Komödie „Leonce und Lena", verfasst anlässlich eines Preisausschreibens, um dadurch auch an Geld zu kommen, eine Sonderstellung ein. Eine „naive" Propagierung der Romantik ist diesem Autor des Vormärz nicht mehr möglich, wohl aber zeigt sich bei ihm eine sentimentalische, ironisch gebrochene Faszination durch diese als nicht mehr zeitgemäß empfundene Kunst.

Seite 287

7a Das *Lesen mit verteilten Rollen* kann die erste Begegnung mit dem Text sein – ein auf den Punkt lesen, also ein sinnerschließendes Lesen, ohne dass die Figuren schon profiliert sind. Dabei wird sich die **Kontrastierung** der Figuren rasch deutlich abzeichnen: Die scheinbare Überlegenheit des Hauptmanns durch seine Stellung und die zunächst größeren Sprechanteile, während Woyzeck anfangs nur seine stereotypen Gehorsamsreaktionen zeigt. Ab Z. 33 erfolgt der Wechsel: Nun äußert Woyzeck seine vertrackten sozialen und religiösen Reflexionen, die den Hauptmann konfus machen, weil der Untergebene zu viel denkt (Z. 56f.). Zur **Inszenierung** gehören eine Figurenfindung, eine Rollenbiografie (vgl. Ingo Scheller: Szenisches Spiel. Berlin (Cornelsen Scriptor) 1988). Es muss ein Verständnis der Figuren erarbeitet werden.

7b Zur **Kommunikationsstruktur** in der Szene:
- asymmetrische Beziehung
  - Woyzeck geht nicht auf das Thema ein; verhält sich bestätigend, entsprechend seiner Position
- Hauptmann macht sich über Woyzeck lustig, nutzt seine Position aus
- Hauptmann wirft Woyzeck Unmoral vor (uneheliches Kind)
- Woyzeck rechtfertigt sich unter Berufung auf die Bibel
- Hauptmann versteht Woyzeck nicht
- Woyzecks Begründung: Die Armen sind von der Natur abhängig (Trieb)
- Hauptmann redet widersprüchlich

Der sich für überlegen haltende Hauptmann ist es letztlich nicht; Woyzeck kann – mit seinen Mitteln – seine Situation beschreiben, sein Verhalten begründen. Die dahinter stehende Vorstellung: Die Tugend/Moral/Kultur als Überformung der Natur sind erst dann möglich, wenn die elementaren Lebensbedürfnisse/Triebbedürfnisse befriedigt sind. **Brecht** drückt es in der „Dreigroschenoper" drastisch aus: Erst kommt das Fressen, dann kommt die Moral. Die **Tugend** als ein zentrales Thema des **bürgerlichen Trauerspiels** – die Bürger definieren sich gerade durch die Tugend und unterscheiden sich damit vom Adel – wird hier weitergeführt, man könnte auch sagen: vom Kopf auf die Füße gestellt. Fortführung in **Freuds Kulturtheorie** (Das Unbehagen in der Kultur).

7c/8a Der wesentliche Unterschied zum **klassischen Drama** besteht im **Menschenbild:** Die Klassik setzt die Möglichkeit menschlicher Autonomie, Selbstbestimmung voraus, die Freiheit von der Bestimmung durch Leidenschaften, Triebnatur. Bei Büchner wird dagegen die Determiniertheit sichtbar, dementsprechend gibt es kein Individuum, das frei entscheiden kann. Damit ist die wesentliche Grundlage des klassischen Dramas aufgegeben, das aber hat auch Auswirkungen auf die **dramatische Form.** Es kann keinen ‚klassischen' Konflikt (z. B. zwischen Wahrhaftigkeit und individuellem Interesse, Glücksanspruch in der „Iphigenie") mehr geben, der auf der Grundlage freier Entscheidungskompetenz gelöst wird. Damit verändert sich der Aufbau des Dramas, anstelle der **geschlossenen Form** kommt es zur **offenen Form**, zum Stationendrama; ebenso ändert sich die Sprache – je nach Herkunft der Protagonisten.

8b Als mögliche Fluchtpunkte der **Kritik** bieten sich an:
- das **aristotelische Theater** mit den von **Gustav Freytag** dargelegten Aufbaumerkmalen (Exposition, erregendes Moment, steigende Handlung, Peripetie, Fallhöhe, Retardierung, Katastrophe) als Maßnahmen zur Erzeugung, Aufrechterhaltung und Steigerung der Spannung des Zuschauers bis zum Schluss;
- die **Lessing'sche Theorie** von Furcht und Mitleid. Hier könnte man zeigen, dass Woyzeck kein Held im Sinne des Lessingschen Mitleidsbegriff ist, kein Mensch vom gleichen Schrot und Korn, sondern ein Underdog, zu dem nur ein herablassendes Mitleid möglich ist; keines, das Selbsterkenntnis befördert;

- die Theorie **Schillers** mit den Kernbegriffen Schönheit, Freiheit, schöner Schein, bewusster Verzicht auf zu enge Mimesis;
- die Formmerkmale eines klassischen Dramas: sorgfältiger Aufbau, Verssprache, Darstellung von Menschen im Konflikt, Ringen um Entscheidung im Monolog, Abmilderung der Emotionen.

Zu kritisieren wären im Einzelnen:
- Wahl des Sujets: geisteskranker Mann aus dem Armenmilieu tötet in wahnhafter Eifersucht seine triebhafte und in Unzucht mit ihm lebende Geliebte, die keine edlen Züge aufweist.
- Die Figuren: primitive, nicht entwickelte Menschen, keine autonomen Individuen, sondern Getriebene, Opfer ihres Milieus.
- Milieu: das Elend der untersten Schichten, das den Zuschauer hilflos macht.
- Aufbau: keine linear geplante und ausgeführte Gesamtanlage, keine Steuerung der Emotionen, keine Veredelung der Gefühle, sondern Sprunghaftigkeit, Flüchtigkeit, fragmentarische Kurzszenen.
- Sprache: umgangssprachlich, dialektgefärbt, ohne erkennbare Sprachkunst des Autors, primitive Nachahmung.

(Durch den Vergleich des Sterntaler-Märchens aus „Woyzeck" (Szene 19) mit der Fassung bei J. und W. Grimm lässt sich der ästhetische und weltanschauliche Ort des Dramas bestimmen.
Mögliche Arbeitsanweisungen:
Vergleichen Sie die beiden Märchenfassungen.
1. Beschreiben Sie die Strukturmerkmale.
2. Legen Sie dar, welches Menschenbild den Märchenfassungen zugrunde liegt.
3. Welche Bedeutung hat das Märchen in Büchners Schauspiel?)

II. Selbstbehauptung und Welterfahrung (S. 288–298)

Durch den Filter der Literaturgeschichte stellt sich der Eindruck eines Nacheinanders von Stilrichtungen, Strömungen ein; tatsächlich aber existieren viele Tendenzen nebeneinander (vgl. SB, S. 492). Alle verhalten sich – auf ihre Weise – zur Zeitsituation: Lyrik und Subjektivität, die seit der ‚Erlebnislyrik' Goethes zusammen gehören, sind andere Antworten auf die Verhältnisse; man muss die Auslotung des Individuellen, wie es in der Lyrik und in der erzählenden Prosa erfolgt, nicht als Resignations- und Rückzugsphänomene verstehen, sondern kann darin auch eine Entfaltung von Ausdrucksmöglichkeiten sehen.

> **S. 288–292: II,1. Individualität in der Lyrik – Projektorientiertes Arbeiten**

Am Phänomen der **Individualisierung** lässt sich deutlich machen, wie die **Lyrik** eine neue Sprache entwickelt. Mit Annette von Droste-Hülshoff erscheint – wohl zum ersten Mal in der deutschen Literatur/Lyrik – eine **Dichterin,** die sich behauptet in der nach wie vor von Männern bestimmten Literatur.

___ **Mögliche Ziele:** ___
1. Die Funktion der Außenwelt (Natur) für das lyrische Ich erkennen und beschreiben
2. Weibliche Identitätsbildung als Thema der Lyrik untersuchen
3. Den Wandel der lyrischen Sprache im historischen Längsschnitt verfolgen

Seite 288

 Annette von Droste-Hülshoff: Im Grase

Zeile	Inhalt/Motive/Themen	Gestaltungsmittel	Bedeutung/Sinn
0	Überschrift: Ortsangabe/Natur		
1	Innerer Zustand, Gegensatz: Ruh und Taumel/Bewegung	Anapher (süß): positive Konnotationen	
2	Ursache: Duft/Geruch des Krautes, der Gräser	Syntax: Ellipsen als angemessene Form für die Assoziation	
3	Flut, überflutet sein; Konnotation: sich selbst verlieren; trunken – Rausch; außer sich sein	Anapher: tief	– Assoziatives Sprechen – innerer Zustand der Ruhe – von außen nach innen – Zustand, in dem Fantasie, Erinnerung mobilisiert werden – flüchtiger, instabiler, aber subjektiv schöner innerer Zustand
4	Wolke, die sich auflöst; optischer Eindruck	Konditionalsatz; undeutlicher Sinnzusammenhang; Azur – poetisch für Himmel	
5	Das müde, schwimmende Haupt: Hinweis auf d. lyr. Ich als Urheber d. Wahrnehmung; Zustand der Müdigkeit; schwimmend – innere Instabilität	2. Konditionalsatz	
6	Gehörtes: Lachen; wessen Lachen? Süß verweist auf positives Verhältnis zur Person; gaukeln: Täuschung? Produkt der Fantasie? Der Erinnerung?	Hauptsatz	
7	Weiteres zur Person gehörendes Merkmal: liebe Stimme; säuseln: akustisch; Konnotationen: betören, verzaubern; träufen: fließen/Konkretisierung	Aufzählung, Hauptsatz	
8	Lindenblüte/Grab: Grab als Schlüsselbegriff, Gegensatz: Tod	Vergleich	

2. Strophe:
- Erinnerung (tote Liebe, tote Lust, tote Zeit) – Schätze, die im „Schutt" verweht sind – Bewegung innerhalb der Strophe von den Toten zum Klang der Glöckchen

3. Strophe:
- Flüchtigkeit der Erinnerung
- Kuss und Händedruck signalisieren, dass es um zwischenmenschliche Beziehungen geht
- Syntax insgesamt elliptisch

4. Strophe:
- Dennoch – gegen resignative Stimmung
- genaue Bezugnahme auf die 3. Strophe (Lied – Strahl – Händedruck – Glück)

Fazit: Erinnerung von Glücksmomenten, die vergangen sind, aber vergegenwärtigt werden können; Vorrang des Assoziierens, auch durch die Syntax spürbar.
Mörike: Glücksbilder und Fantasiebilder, die im lyrischen Ich entstehen, bevor mit dem Tag die Realität einbricht – doch der Tag ist positiv („wie ein Gott") konnotiert, er wird nicht als Zerstörung schöner Träume empfunden. Es gibt einen Wechsel zwischen den Fantasievorstellungen und der Reflexion, die durch Verben zur Geltung kommt: ‚scheinen', ‚glauben' und durch Fragen.

Seite 289

2

„Die *Bastei* deutet auf Lüneburg. Maximilian Heine (1807–79) schreibt in seinen Erinnerungen: „Die ganze Beschreibung in diesem Gedicht passt genau auf die damalige Lokalität des Lüneburger Walles." Die Beschreibung enthält jedoch auch literarische Reminiszenzen, die nicht an eine realistische Abschilderung glauben lassen, so die folgenden Zeilen aus Matthissons „Gedichten" (Zürich 1802.): „Als lodernde Kaskade./ Des Dorfes Mühle treibt / Und wild vom lauten Rade / In Silberfunken stäubt." Die Wirklichkeitsdarstellung ist bestimmt durch die subjektive Situation, sie lenkt die Wahrnehmung. Charakteristisch ist der Gegensatz von Innen und Außen, Oben und Unten, Nähe und Ferne; der erhöhte Standort exponiert den Sprecher – ein Element des sentimentalen Gestus. Die Beziehung des Ichs zur Welt ist eine des Registrierens von Eindrücken, Wahrnehmungen; die Beziehung der Welt zum Ich wird als Akt der Aggression vorgestellt, bei dem sich das Ich als Opfer sieht. Das Ausgeschlossensein erscheint potenziert im Todeswunsch.
Dieses Gedicht hat in der Gegenwart das Heine-Verständnis entscheidend beeinflusst.
Die „Situation dient zum Vorwand, die Spielzeugwelt ringsum in ihren einzelnen Splittern aneinander zu fügen so, als geschehe es in einem einmaligen Erlebnisvorgang. Tatsächlich aber beginnt in den folgenden Strophen die ‚Welt in Miniatur' im Innern des Dichters sich in äußeren Bildzitaten zu verkörpern und die Situation des im Fremden Stehenden mit heraufzubeschwören, in einer Fügung einzeln umzirkter Kaleidoskopscherben." Die „Schlusswendung" „beschwört unvergesslich das Ausgestoßensein" (Walter Höllerer: Zwischen Klassik und Moderne. Stuttgart 1958. Seite 89f.).
„Hundert Jahre hat es gebraucht, bis aus dem absichtsvoll falschen Volkslied ein großes Gedicht ward, die Vision des Opfers. Heines stereotypes Thema, hoffnungslose Liebe, ist Gleichnis der Heimatlosigkeit, und die Lyrik, die ihr gilt, eine Anstrengung, Entfremdung selber hinaufzuziehen in den nächsten Erfahrungskreis. (Theodor W. Adorno: Noten zur Literatur I. Frankfurt am Main 1958. Seite 151)
„Aber so ganz ernst darf man die Trauer nicht nehmen. Sie wird übertrieben – und eben damit entwertet. Sie wird in der Über-

treibung als etwas bloß Irreales und Unverbindliches erkannt. Die unwahrhaftig gewordene Trauer als die etwas weltschmerzliche Liebesklage der späten Romantik wird auf ihren Wahrheitsgehalt geprüft. Und der Wahrheitsgehalt solcher Gefühle wird vermisst."
„Die Bilder der romantischen Poesie und die Zeichen einer modernen, von Geschäft und Nützlichkeit erfüllten Welt erzeugen den Widerspruch, den das Gedicht sichtbar macht." „Die Prosa der Mägde bei ihrer Wäsche zerreißt den Zusammenhang der Stimmung, in der wir uns noch eben geborgen glaubten. Als einer der ersten versucht Heine die Zusammenhanglosigkeit der modernen Welt im Gedicht zu erfassen: das unverbundene Nebeneinander von Traum und Wirklichkeit, von Poesie und Prosa, von Romantik und Modernität." (Walter Müller-Seidel: Probleme der literarischen Wertung. Stuttgart 1969. Seite 114f.)[18]

 3a Auffällig ist das Mengenverhältnis: Kürze der Darstellung des Beobachteten und Ausführlichkeit des inneren Bildes.
Wahrgenommen werden drei Dinge: der Wind im offenen Haar, Wellen am Strand und ein bewimpeltes Schiff auf dem Wasser. Der Wind löst die Fantasie eines wilden Kräftemessens aus. Die Wellen werden mit spielenden Doggen verglichen, dieser Vergleich weitet sich aus zu der Fantasievorstellung einer Unterwasserjagd (Korallen) auf Walrosse (4 Zeilen). Aus der Beobachtung des Schiffes (eine Zeile) entwickelt sich eine siebenzeilige Wunschvorstellung, Steuermann des auf der Gischt fliegenden Schiffs zu sein.
In der 4. Strophe findet sich eine zusammenfassende Benennung und der Zusatz weiterer männlicher Rollenwünsche.

 3b **Weibliche Identität** als Thema: Siehe Nr. 4.
Vergleich mit Gedichten und Biografie der Karoline von Günderode:
Das Gedicht **„Der Luftschiffer"** (SB, S. 263) zeigt einen ähnlichen Fernblick nach unten wie des Gedicht „Am Turme". Ähnlich wie sich die Sprecherin hier nach ihr versagten wilden Aktivitäten in der Welt unten sehnt, leidet die Sprecherin des Luftschiffer-Gedichts unter dem Gesetz der Schwere, das unten herrscht. Die Freiheitsfantasien sind in die Unendlichkeit des Sternenhimmels gerichtet. Der Wunsch ein Mann zu sein, wird nicht ausgesprochen, doch „Beruf" und grammatische Form des Luftschiffers sind männlich, ebenso wie die Freuden der Reise: Freiheit, Einsamkeit, Erkennen von kosmologischen Gesetzen.

Vergleichbar wäre auch das Gedicht „Die eine Klage" von Karoline von Günderode

Wer die tiefste aller Wunden
Hat in Geist und Sinn empfunden
Bittrer Trennung Schmerz;
Wer geliebt was er verloren,
5 Lassen muss was er erkoren,
Das geliebte Herz,

Der versteht in Lust die Tränen
Und der Liebe ewig Sehnen
Eins in Zwei zu sein,
10 Eins im Andern sich zu finden,
Dass der Zweiheit Grenzen schwinden
Und des Daseins Pein.

Wer so ganz in Herz und Sinnen
Konnt ein Wesen lieb gewinnen
15 O! den tröstet's nicht,
Dass für Freuden, die verloren,
Neue werden neu geboren:
Jene sind's doch nicht.

---

18 Heinrich Heine: Buch der Lieder. Hrsg. von Josef Schnell. München (Goldmann) 1987, S. 392f.

Das geliebte, süße Leben,
20 Dieses Nehmen und dies Geben,
Wort und Sinn und Blick,
Dieses Suchen und dies Finden,
Dieses Denken und Empfinden
Gibt kein Gott zurück.

Da die Dichterin unter männlichem Pseudonym veröffentlichte, hat sie die Sprachform so neutral gehalten, dass der Leser ihre Identität nicht erkennt. Die Klage um den Verlust des Geliebten wird neutralisiert durch den Ausdruck „das geliebte Herz". Die idealisierte Liebe zeigt keine Spur der traditionellen **Rollenvorstellung** vom starken Mann und der sich anlehnenden Frau. Die Sprecherin hat sich den Mann „erkoren"; sie stellt sich nicht als Verlassene dar, sondern beklagt den Verlust eines auf Gleichheit gestellten Zusammenlebens. Darin verbinden sich **romantische Vorstellungen** von Verschmelzungsliebe mit einem auf Dauer gestellten, fast partnerschaftlichen Verhältnis.
Die Klage über die einschränkenden Rollenvorschriften für Frauen wird nicht thematisiert; doch das Leiden daran trieb die Dichterin in den Freitod.

4 Das Charakteristische am **Gesicht** der Annette von Droste-Hülshoff sind seine Schmalheit im Vergleich zu der hohen und breiten Stirn und eine leichte Fehlstellung der auffallenden, hellen Augen, die sehr groß und wasserhell waren, was bei diesem Porträt kaum zur Geltung kommt. Besondere Mühe hat der Maler auf die Darstellung der Frisur verwandt, auf den Glanz des straff gescheitelten, glatt anliegenden Haars mit den zwei exakt gezogenen Scheiteln, den penibel geflochtenen Zöpfen und dem sehr ordentlichen Zopfkrönchen auf dem Kopf. Ob der geschlossene Mund die Spur eines Lächelns aufweist, ist nicht auszumachen. Der Blick ist seitwärts gerichtet, er scheint nichts zu fixieren; der Gesichtsausdruck ist ernst, nachdenklich, ein wenig skeptisch, nicht weiblich-anmutig. In dieser fast pedantischen Aufmachung, zu der das hoch geschlossene Kleid passt, saß sie Modell. Der weiße Kragen lässt durch seine Breite die Stirn schmaler erscheinen.
Am Turme: Das Gedicht gestaltet die Entstehung von Wünschen, die sie als Frau nicht ausleben darf: wildes, übermütiges Kämpfen und Fechten, sich den Bewegungen überlassen, ins Wasser springen, ein Schiff wie im Flug über Riff und durch die Brandung steuern, damals kühne Wünsche in mitreißender Sprache. Sie erträumt sich ausschließlich **männliche Rollen:** Ringkämpfer, Walrossjäger, Steuermann, explizit in Strophe 4: Jäger, Soldat – „wär ich ein Mann doch wenigstens nur ..." (Z. 27). Die **weibliche Rolle**, aus der diese Wünsche aufsteigen, ist die der Mänade mit im Winde flatterndem Haar. Das bloße Lösen der Haare erscheint bereits als Schritt über die Grenze des einer Frau Erlaubten. Nichts ist ihr gestattet, außer zu „sitzen so fein und klar, gleich einem artigen Kinde" (Z. 29f.). In diesem Kontext erscheint die perfekte Scheitelfrisur des Porträts fast als Tarnung für die innere Rebellion gegen die Rollenzumutung „Frau". Bilder in dieser Eindeutigkeit erscheinen recht selten in ihren Gedichten. Häufiger erscheint die Nicht-Weiblichkeit im Medium des Unheimlichen, der Angst-Lust. Sie veröffentlicht aber ihre im Leben zu unterdrückenden Wünsche frei und offen in der soziohistorisch sanktionierten Gattung des Gedichts, in dem sie sich durchaus verstecken kann.
Das Spiegelbild: Der Blick in den Spiegel wird zur Begegnung mit ihrem alter ego, das als männlich empfunden wird, als ein

ihr fremder und unbegreiflicher Seelenanteil, dem sie äußerst ambivalent gegenübersteht. In ihrer Interpretation der unheimlichen **Ballade** „Das Fräulein von Rodenschild" zeigt Irmgard Roebling, dass das Spiegelbild bei Annette von Droste-Hülshoff immer „als Symbol der Gespaltenheit und Identitätslabilität (,) von Unheimlichkeit umwittert" ist.[19] Das Gedicht „Das Spiegelbild" zeigt auch unheimliche Züge. Bei diesem Blick der 44-jährigen Frau auf ihr eigenes Gesicht fehlt das (typisch weibliche) Taxieren der eigenen Schönheit oder das Wahrnehmen erster Anzeichen des Alterns, auch fragt sie nicht nach den charakteristischen äußeren Gesichtsmerkmalen. Vielmehr entwirft sie ein inneres Porträt. Nur die beiden mittleren Strophen enthalten Aussagen zu einzelnen Gesichtszügen: vom „Herrscherthron" der Stirn (Z. 15), die einschüchternd wirkt, ist die Rede, von den Augen, die ihr als kalt – fast tot – erscheinen (verg. Z. 18f.), dem Mund, der in seiner Form (weiblich) weich und hilflos ist, aber höhnische Worte wie verletzende Pfeile abschießen kann (Z. 22–26). So spricht sie der Stirn, den Augen und dem Mund indirekt männliche Merkmale zu. In der fast angstbesetzten Selbstwahrnehmung überwiegen ablehnende Äußerungen (Z. 7, Z. 14). Am Ende klärt sich dieses Erschrecken zu Mitleid; dies ist kein sentimentales Selbstmitleid, sondern wohl eher der Wunsch, sich selber annehmen zu können. Den Höhepunkt des Erschreckens bildet die vorletzte Strophe mit dem Aussprechen des ihr Unheimlichen und Fremden: „... fremden Leides, fremder Lust" (Z. 33) und dem Angstruf: „Gnade mir Gott" (Z. 34).
Der **Kontextbezug** beider Gedichte zeigt im Gedicht „Am Turme" den verbotenen Wunsch nach männlichen Bewegungs- und Entfaltungsmöglichkeiten; im Spiegelgedicht sind die dem **Männlichkeitsstereotyp** entsprechenden Merkmale angstbesetzt. So erscheint ihr das eigene Gesicht in irritierender Doppelheit: ein „Phantom" (Z. 7) aus „zwei Seelen" (Z. 5), ein „Doppellicht" (Z. 12), das sie nicht akzeptieren kann.
Vergleicht man diese Sprache mit der in ihren Briefen, so erstaunt die Offenheit, mit der sie in den Gedichten über sich spricht. In ihren Briefen bringt sie anderes zur Geltung: Selbstironie, trockenen Humor, wache Beobachtungsgabe und eine sehr lebendige Kritiklust. Selbstmitleid verbot sie sich: „Verlassen, aber einsam nicht, erschüttert, aber nicht zerdrückt"[20] Sie war eine selbstbewusste Frau, sie kannte ihre Begabung als Dichterin und arbeitete zielstrebig für die Veröffentlichung ihrer Texte. Obwohl ihr die Schädlichkeit der den Männern und Frauen zugeschriebenen Stereotype klar war, weil sie sah, dass die Uniformität der Geschlechter und die einseitige Prägung von Mann und Frau ins Unglück führen (Beuys, S. 330), zeigen die Gedichte, dass so einfache Wünsche wie im Gedicht „Am Turme" oder die Beobachtung männlicher Eigenschaften an sich selbst starke Irritationen hervorrufen konnten.
Auffällig im „Spiegelbild" ist wechselnder **Zeitgebrauch:** Str. 1 (und wieder Str. 4) zeigen an, dass es sich nicht um ein einmaliges Erschrecken vor dem eigenen Ich handelt; es sind verkürzte Wenn-Dann-Sätze. In den Strophen 2 und 3 und ausklingend noch in Str. 4 wird – im Irrealis – der Gedanke durchgespielt: Wie würde ich reagieren, wenn dieses Gesicht mir leibhaftig aus dem Spiegel entgegenträte? Die vorgestellten Reaktionen sind: Ambivalenz, scheues Wegrücken, Flucht. Die dramatische 5. Strophe sagt im Präsens aus, dass das im Spiegel gesehene fremde Wesen nicht Ich ist, sondern ein fremdes Wesen; dennoch gipfelt sie im angstvollen Ausruf: „Gnade mir Gott!" Die ruhigere 6. Strophe drückt im Präsens die Akzeptanz der Seelenverwandtschaft aus. Noch einmal wird der Gedanke „Was täte ich, wenn ...? aufgenommen und – im Irrealis – beantwortet: „Ich würde um dich weinen!"
Metrum: In den Strophen 2, 3 und 4 haben die dramatischen Schlusszeilen (Ambivalenz, Wegrücken, Flucht) schwebende Betonung, sie heben sich damit von regelmäßigen Muster des Metrums ab. Dasselbe gilt für den Ausruf „Gnade mir Gott!" Eine letzte schwebende Betonung findet sich in Str. 6 (Z. 40)

[19] Irmgard Roebling: Heraldik des Unheimlichen. Annette von Droste-Hülshoff In: Deutsche Literatur von Frauen, Band 2 Hrsg. von Gisela Brinker-Gabler. München (C.H. Beck) 1988, S. 49.
[20] Barbara Beuys: Blamieren mag ich mich nicht. Das Leben der Annette von Droste-Hülshoff München, Wien (Hanser) 1999, S. 341.

„Phantom du". Die **Selbstvergewisserung des lyrischen Ich** ist keine ruhige, gelassene Reflexion, sondern ein verstörendes, dramatisches inneres Geschehen.

Seite 290

5   Die 1. Strophe von „Auf einer Wanderung" steht in der Gegenwart, als Vergegenwärtigung eines vergangenen Geschehens; die 2. Strophe beginnt im Präteritum, das lyrische Ich denkt an den Augenblick zurück, in dem es die verzaubernde Stimme gehört hat; es hat den Ort in einem Zustand der Trance verlassen oder der Ergriffenheit. Noch immer fühlt es sich „wie trunken". Es deutet den Moment als eine Begegnung mit der Muse, was sich auf das Gehörte und auf das Ich beziehen kann. Der **Rhythmus** der ersten Strophe ist bewegt, es gibt zwei- bis sechshebige Verse. Die zweite Strophe beginnt mit **alternierenden Versen**, erst in V. 17/18 gibt es Daktylen.

„Das Gedicht gibt das Gefühl der Wärme und Geborgenheit im Engen und ist doch zugleich ein Werk des hohen Stils, nicht von Gemütlichkeit und Behaglichkeit verschandelt, nicht sentimental die Enge gegen die Weite preisend, kein Glück im Winkel. Rudimentäre Fabel und Sprache helfen gleichermaßen, die Utopie der nächsten Nähe und die der äußersten Ferne kunstvoll in eins zu setzen.
Die Fabel weiß vom Städtchen einzig als flüchtigem Schauplatz, nicht als von einem des Verweilens.
Die Größe des Gefühls, das ans Entzücken über die Mädchenstimme sich schließt, und nicht diese allein, sondern die der ganzen Natur, den Chor vernimmt, offenbart sich erst jenseits des begrenzten Schauplatzes, unter dem offenen purpurn wogenden Himmel, wo goldene Stadt und rauschender Bach zur imago zusammentreten. Dem kommt sprachlich ein unwägbar feines, kaum am Detail fixierbares antikes, odenhaftes Element zu Hilfe. Wie von weit her mahnen die freien Rhythmen an griechische reimlose Strophen (...)."[21]

(„Mondesaufgang" von A. von Droste-Hülshoff wäre als Ergänzung oder Übungsklausur gut geeignet.

Arbeitsanweisung:
Interpretieren Sie das Gedicht, indem Sie den inneren Prozess des lyrischen Ichs und die Wahrnehmung der Außenwelt aufeinander beziehen.)

 6   **Melancholie** und Dichtung:
Anfangen ließe sich bei Walther von der Vogelweide: Ich saz ûf eime steine;
Barock: Gryphius, Abend
Empfindsamkeit: Klopstock, Hölty
Romantik: Brentano, Tieck, Eichendorff
Biedermeier: Droste-Hülshoff, Platen, Lenau
Realismus und Expressionismus
Eine umfangreiche Textsammlung liegt vor: „Komm, heilige Melancholie". Eine Anthologie deutscher Melancholie-Gedichte. Hrsg. von Ludwig Völker. Stuttgart (Reclam) 1983.

(Einen Gedichtvergleich ermöglicht folgende kontrastive Textanordnung: Gottfried Benn: Kleine Aster (SB, S. 337); Eduard Mörike: Denk es, o Seele!

Arbeitsanweisungen:
1. Interpretieren Sie die Gedichte; im Zentrum Ihrer Interpretation soll das Todesmotiv stehen. Beziehen Sie dabei ein barockes Vanitas-Gedicht ein.
2. Welche Folgerungen lassen sich aus dem historischen Vergleich ziehen?)

7   Das Lebensgefühl des **Biedermeier** ist nicht das einer Aufbruchsstimmung wie im **Sturm und Drang;** das Genie definiert sich durch Kraft, Selbstbestimmung (Prometheus); dagegen sucht die Zeit ausgebliebener Veränderung „kleine Fluchten".

Seite 291

8a/b   Man könnte den Aufbau von Storms Gedicht „Abseits" mit verschiedenen **Kameraeinstellungen** erläutern: 1. Strophe: Totale, 2. Strophe: Halbtotale, 3. Strophe: Großaufnahme, 4. Strophe: Großaufnahme. Die „aufgeregte Zeit" hat diesen Winkel noch nicht erreicht, was im Gedicht als Vorzug gesehen wird; die vorher geschilderte Idylle legt diese Deutung nahe.
In Mörikes Gedicht kommt die möglicherweise auch aufgeregte Zeit nicht vor, man könnte also sagen, sie werde ausgeblendet, zumindest wird über sie kein Urteil gesprochen.
(Das Motiv „Venedig" eignet sich zu einem Gedichtvergleich: C. F. Meyer: Auf dem Canal grande, August Graf von Platen: Venedig liegt nur noch im Land der Träume)

9   Ausgangspunkt ist eine Naturbeobachtung (Möwe, Abendschein); in der zweiten Strophe, mit zunehmender Dunkelheit, werden die Dinge weniger deutlich sichtbar; Geräusche sind noch vernehmbar, wenn es dunkel ist; was gehört wird, kann auch aus dem Innern des Ich kommen (3. Strophe); die „Stimmen über der Tiefe" gehören dem Ich.
Die **Aufgabe des lyrischen Dichters** besteht für Storm darin, „eine Seelenstimmung derart im Gedicht festzuhalten, dass sie durch dasselbe dem empfänglichen Leser reproduziert wird."[22]
(Interessant wäre der Vergleich des Motivs „Abend" in Gedichten aus unterschiedlichen Epochen:
Andreas Gryphius: Abend (SB, S. 148); Gottfried Keller: Abendlied

Arbeitsanweisungen:
1. Interpretieren und vergleichen Sie die Gedichte.
2. Inwiefern spiegelt sich die unterschiedliche Einstellung zur Welt in der Form der Gedichte?)

10a   Das Gedicht von Th. Storm hat einen alternierenden Rhythmus (Jamben), es weist Reime auf; jede Strophe besteht aus einem Satz; Enjambements sind wichtige Ausdrucksmittel, die beim *Vortrag* zu beachten sind. Dagegen gibt es im Gedicht von Grünbein kein Gleichmaß; das Sprechen muss rhythmische und inhaltliche Einheiten hörbar machen, Pausen sind besonders wichtige Ausdrucksmittel, einzelne Schlüsselbegriffe werden dadurch hervorgehoben. Der Vortrag setzt die Interpretation voraus.

10b   Einige Merkmale des Gedichts von D. Grünbein:
– Auflösung der traditionellen Gedichtform (Strophe, Metrum)
– Subjektive Eindrücke von Alltäglichem
– Bedeutung erhalten sie durch das auswählende Ich
– Flüchtigkeit des Wahrgenommenen
– Selbstreflexion
– Neologismen

Die **neuere Lyrik** – seit Goethe – ist subjektiv und sie unterscheidet sich damit deutlich von der Barocklyrik; nimmt man etwa **Goethe** und **Grünbein** als Anfangs- und Schlusspunkt, lassen sich erhebliche Unterschiede erkennen: In Goethes Erlebnisgedichten (z.B. Maifest) besteht eine Identität von subjektiver Gestimmtheit und wahrgenommener Natur, die das lyrische Ich sich gleichsam anverwandelt hat. In dem zeitgenössischen Gedicht (der Prozess beginnt aber schon viel früher) haben die Dinge eine subjektive Codierung, aber das Ich spiegelt sich nicht darin.

---

[21] Theodor W. Adorno: Noten zur Literatur. Frankfurt (Suhrkamp) 1985, S. 93.
[22] Regina Fasold: Theodor Storm. Stuttgart/Weimar (Metzler) 1997, S. 70.

Seite 292

11 *Exzerpt:* Auf kultureller Ebene zeigt sich der Modernisierungsprozess vor allem als Prozess der Individualisierung. (Z. 8f.)
Im Mittelalter (Z. 13ff.): Wenig Raum für **Individualität**. Letztere kommt zum Ausdruck in der Art, wie man seine soziale Rolle ausfüllt. Die Kultivierung der Unterschiede zu anderen ist noch kein Ziel.
Im 18. Jahrhundert (Z. 21ff.): Abschwächung der Identifikation des Individuums mit seiner Rolle. Individualität wird nun verstanden als reine Spezifikation des „Menschen als solchen". Danach (Z. 26ff.): Wachsende Einsicht, dass das Prinzip der Individualisierung im Einzelnen ruht. Damit verbunden ist das Ziel ein besonderes, einzigartiges und unvergleichliches Individuum zu sein. (Vgl. Niklas Luhmann: Der Standpunkt des Individuums liegt jetzt im Individuum selbst und außerhalb der Gesellschaft.) Man macht sich selbst zum Individuum. Persönliche Identität wird zum individuellen, reflexiven Projekt.

S. 292–298: II,2. Das Maß des Humanen – Novellenauszüge und Texterörterung

---

Zwischen romantischen Novellen, die dem Märchen oft nahe sind, und den realistischen Novellen gibt es deutliche Unterschiede in der Thematik und in der Form: Größere Wirklichkeitsnähe könnte man als Hauptmerkmal anführen. Die Psychologie spielt eine wichtige Rolle bei der Figurenzeichnung und in der Erzählweise. *Welche* Wirklichkeit in der Literatur vorkommen soll, darüber bestanden unterschiedliche Meinungen; die Autoren des Realismus führten die poetologische Diskussion weiter, die auch in der Romantik einen bedeutenden Platz hatte.

Mögliche Ziele:

1. Die Psychologie als Gestaltungselement von Erzähltexten erfassen
2. Gesichtspunkte literarischer Wertung erarbeiten
3. Die poetologische Reflexion als Begleittext der Literatur sehen
4. Argumentieren im Anschluss an Texte

Seite 293

Texterläuterungen:

„Stifters *Brigitta* weist in Anlage und Form deutlich die Tendenz zur Erzählung auf. Die strenge Form der Novelle ist durch einen breit angelegten Erzählfluss, der analog zur weiten Wanderung des Erzählers und seiner Suche nach dem „Ziel" des Majors verläuft, durch Kapitelüberschriften, ein dichtes Geflecht von Vorausdeutungen, Rückwendungen und Reflexionen gesprengt. Das Novellistische tritt am deutlichsten im dritten Kapitel, der *Steppenvergangenheit*, zutage: in Form eines Rückschrittes wird die ungewöhnliche Liebesgeschichte zwischen einem schönen Mann und einem hässlichen Mädchen, deren Ehe trotz unveränderter Liebe zueinander scheitert, erzählt. Im Mittelpunkt von *Brigitta* steht jedoch nicht allein die ungewöhnliche Beziehung von Brigitta und dem Major Stephan Murai, sondern die Geschichte des

Erzählers, der sich als alternder Mann die Begegnung mit Stephan und Brigitta in ihrer wohltätigen Wirkung auf sein späteres Leben in Erinnerung ruft, wird zum erzählkonstituierenden Moment. Der erzählerische Rahmen ist durch dieses Spannungsverhältnis von erzählendem und erlebendem Ich, vom Blick des Alternden auf ein entscheidendes Erlebnis aus seiner Jugend geprägt und zielt damit auf Distanz und Objektivierung. Ein Zug von Abgeklärtheit ist trotz deutlichen Betroffenseins dem Erzählen immanent. [...]"[23]
„Bevor der Erzähler im dritten Kapitel, der *Steppenvergangenheit*, Brigittas Kindheit, Jugend und die Geschichte ihrer Ehe erzählt, stellt er zwischen der Einleitung und dem Steppen-Motiv eine direkte Beziehung her: „Oft wird die Schönheit nicht gesehen, weil sie in der Wüste ist, oder weil das rechte Auge nicht gekommen ist." Analog zu den „Gesichtstäuschungen", die der Erzähler beim Durchwandern der Steppe durchlebt, bis er zu seiner Identität findet und das Wesen der Steppe sowie der in ihr lebenden Menschen in der Ambivalenz von Schönheit und Bedrohung mit dem „rechten Auge" zu schauen lernt, vollzieht sich das „Erkennen" zwischen Brigitta und Stephan. Beide sind in einer Außenseiterposition aufgewachsen: Stephan in der Abgeschiedenheit auf dem Lande, Brigitta, der äußere Schönheit fehlt, in völliger Vereinsamung und ohne liebevolle Zuwendung: „So ward die Wüste immer größer." Während Stephan aufgrund äußerer Anmut und Schönheit sowie seines in ländlicher Einsamkeit gereiften ungewöhnlichen Wesens in der hauptstädtischen Gesellschaft Aufsehen erregt und wohlwollende Aufnahme findet, verschließt sich Brigitta, die den tradierten Normen von Weiblichkeit nicht entspricht, dieser soziale Raum. Aber gerade dieses Ausgestoßensein aus den familiären und sozialen Bindungen gestattet es Brigitta, ihre Individualität auszuprägen und zu einer ungewöhnlich starken, selbstbewussten Frau heranzuwachsen. Brigitta unterwirft sich nicht dem männlichen Kult der schönen Frau und passt sich den geltenden Normen von Weiblichkeit nicht an. Gerade dieses Außergewöhnliche ihres Wesens ist es, was die Anziehungskraft für Stephan ausmacht. Der Wunsch nach einer ebenbürtigen Partnerin, der wohl auch des Dichters Sehnsucht bestimmen, wird spürbar. Mit dem Anspruch auf eine im Gegensatz zu den sozialen Normen des 19. Jahrhunderts stehende, gleichberechtigte eheliche Partnerschaft entsteht jedoch zugleich männliche Liebesangst, Angst um männliche Domänen, die das Unangepasste im Wesen der Frau nur in seiner Dämonisierung gelten lässt und letztlich seine Vernichtung anstrebt. Diesem Vorgang sieht sich Brigitta ausgesetzt."[24]

1a Die alles entscheidende Bedingung sind fehlende Zuwendung, Liebe; im Textauszug wird der Begriff „Kränkung" benutzt. – Die Biografie *(Gestaltungsaufgabe)* sollte die im Text enthaltenen Informationen nutzen, angefangen bei der nicht gesehenen oder fehlenden Schönheit; ferner: die materiellen Lebensverhältnisse, die gesellschaftliche Zugehörigkeit, das Verhalten der Umwelt, die Bildung.

1b Gedacht ist an eine selbstständige Lösung durch Recherchen in der Schul- oder Stadtbibliothek oder im Internet.
(Zum besseren psychologischen Verständnis dient der Textauszug von K. Asper, vgl. **K 8**, LB, S. 415.)

Seite 295

2a Stifter und Clauren: Zwei **Liebesszenen**, in denen die beiden Liebenden sich erklären.
Erzählweise: Bei Stifter wird in der 3. Person erzählt, der Erzähler kommentiert, erläutert, erklärt.
In Claurens Text gibt es einen **Ich-Erzähler**, der ausführlich beschreibt; die Natur(kulisse) wird zum Zeichen für das „Allerheiligste des höchsten Gottes" (Z. 7f.).

[23] Christiane Baumann: Angstbewältigung und „sanftes Gesetz", Adalbert Stifter: Brigitta. In: W. Freund (Hrsg.): Deutsche Novellen. München (Fink) 1993, S. 121–129, hier: S. 124f.
[24] Ebenda, S. 126f.

Höhepunkt ist in beiden Szenen der Kuss. Bei Stifter spielt der **Dialog** eine bedeutende Rolle; Brigitta, um die Murai – unerwartet – wirbt, zeigt sich keineswegs begeistert, sondern sie warnt und fordert. Doch die Liebe ist so stark, dass die Bedenken keine Rolle mehr spielen (oder die Liebe gerade verstärken). Die Leser werden mit Gedanken und Gefühlen der Personen vertraut gemacht. Das Liebespaar bei Clauren spricht wenig. Der Ich-Erzähler kann sein Begehren nicht verbergen, seine Sicht der Frau macht es deutlich, wenn er ihre Reize beschreibt. Aber es soll kein sexuelles Begehren sein, sie sind wie Bruder und Schwester; die Erotik soll dadurch legitimiert, schicklich werden, dass die Liebe als fromm, unschuldig, nicht irdisch erscheint. Clauren verwendet sehr viele Adjektive, was seinen Text überladen macht; Stifter geht es vor allem um die Innenwelt, und zwar diejenige Brigittas.

2b Die **Wertung** sollte es sich in beiden Fällen nicht zu leicht machen, obgleich die Stilmerkmale des Kitsches bei Clauren auf der Hand liegen. Immer noch nützlich, wenn es um Kriterien geht: Walther Killy: Deutscher Kitsch. Göttingen (Vandenhoeck und Ruprecht) 1962. Einige Zitate: „Die Absicht ist vorzüglich auf Reiz gerichtet. Sie möchte Gefühlserregtheit, poetische Stimmung:" (S. 11) Begriffe: Kumulation, Repetition, Effekte, Kostbarkeit, Häufung; Unterordnung der Gegenstände unter den Reizeffekt; die Ökonomie der Mittel ist dem Kitsch unbekannt.

Texterläuterungen zu „Immensee":

Entstanden ist die Novelle 1849 und sie war und ist Storms populärstes Werk. „Die durchgehende Poetisierung des Dargestellten wird dadurch gewährleistet, dass die Vorgänge durchweg aus gefühlvoller Anteilnahme erinnert oder erzählt werden, nicht selten am Rande der Sentimentalität. Dem entspricht ein Menschenbild in den Novellen der 1850er Jahre: die Figuren vermögen im Allgemeinen nicht ihr Schicksal selbst zu gestalten, versuchen es zuweilen auch gar nicht einmal, sondern erleiden es. Erst um 1860 treten zu den Resignationsnovellen auch andere (...)."[25]

„*Immensee* ist nicht nur ein Stück Resignationspoesie, sondern in deren Bildern kritisiert Storm klassische bürgerliche Positionen: eine ästhetische wie eine kleinbürgerliche Lebenshaltung. Kritischer Gegenstand ist allgemein: Passivität."[26]

„Die Rahmenhandlung der Novelle, die noch zu Lebzeiten von Storm sein populärstes Werk wurde, skizziert die Situation, aus der heraus erzählt wird: Ein alter, unverheirateter Mann denkt an seine gescheiterte Jugendliebe. Die eigentliche Erzählung erscheint so als Erinnerung. Reinhard Werner verlor durch Unentschlossenheit seine Geliebte Elisabeth, die auf Drängen der Mutter Erich, einen wohlhabenden Gutsbesitzer, heiratet. Dieser ist als nüchterner und geschäftstüchtiger Mensch charakterisiert, während Reinhard eher als künstlerische Natur erscheint. Als Reinhard Jahre nach der Hochzeit mit Elisabeth auf Gut Immensee zusammentrifft, erkennt er, dass deren Ehe eine Enttäuschung ist und dass sie ihr Eheglück verpasst haben. Der Konflikt kommt aber nicht zum Tragen, weil Unterordnung und Verzicht nicht in Frage gestellt werden; und doch intensiviert eine wehmütige und sentimentale Stimmung, verstärkt durch die Erinnerungsperspektive, die Klage über ein unwiederbringliches Glück."[27]

Seite 296

3 Zur **Kommunikation** der Liebenden
Brigitta:
– Es wird offen ausgesprochen, was die Protagonistin denkt, empfindet.
– Die Antwort Murais ist ausgespart [Leerstelle].

– Die Reaktion der Umwelt wird mitgeteilt, dadurch wird das Ungewöhnliche unterstrichen.
– Der Kuss besiegelt die Liebeserklärung.
– „Der Vorhang war zerrissen" thematisiert die Problematik zwischenmenschlicher Beziehungen.

Mimili:
– Am Schluss der Passage heißt es: „Wir hatten uns ohne Worte verstanden."
– Es spricht nur Mimili – aber sie spricht nur über die Natur, nicht direkt über sich.
– These „die Liebe bedarf keiner Laute"

Immensee:
– Der sparsame Dialog ist voller Anspielungen auf die Kindheit, Vergangenheit: Als Kinder hatten sie Erdbeeren suchen sollen, aber keine gefunden; statt dessen waren sie im Heidekraut (Kapitel „Im Walde").
– Das Gespräch ist ausschließlich indirekt, man kann nicht direkt sagen, worum es geht.
– Der Erzähler teilt mit, was die Personen empfinden, indem er ihren Gesichtsausdruck beschreibt.
– Bedeutsame Gestik (Elisabeths Hand)
– Das Eigentliche wird nicht gesagt.

4 Der Reiz der Aufgabe besteht darin, dass ein *Perspektivenwechsel* vorgenommen werden soll; die Novelle wird aus Reinhards Perspektive erzählt. Anknüpfen könnte der **Monolog** Elisabeths an den Satz „Sie aber sah an ihm vorbei in die Ferne". Erinnerungen Elisabeths an Reinhards Abschied (Kapitel „Daheim"), bei dem er ankündigt, dass er nach den zwei Jahren seiner Abwesenheit ein Geheimnis lüften werde, können ihre Gedanken leiten, ihr Bild von Reinhard bestimmen, der immer gezögert hat, nie sich deutlich erklärt; sie ist als Frau zur Passivität und zum Gehorsam gegenüber der Mutter verpflichtet, sie ist durch ihre Rolle als Frau festgelegt. Sie lehnt sich nicht auf; sie trauert, ist aber nicht verzweifelt.

Seite 297

5a/b Zu Stifters „Vorrede": Hebbel hatte Stifter wegen dessen Naturbeschreibungen kritisiert – die Naturdarstellungen seien selbstgenügsam, sie seien nicht in die Geschichten integriert und uninteressant. W. Preisendanz schreibt dazu, „dass es sich für Stifter nicht um die Darstellung der Natur als solcher handelt, sondern dass seine Naturdarstellung bezogen ist auf menschliche Wahrnehmung und dass sie dadurch ein wesentliches Moment des erzählbaren Geschehens werden kann."[28]
Stifters Vorstellung vom Großen, weil Welterhaltenden, aber Unspektakulären enthält eine Aussage darüber, was in der Literatur dargestellt werden sollte: Das sanfte Gesetz, durch das das menschliche Geschlecht geleitet wird, ist das Humane, dem es um das Existenzrecht aller, nicht aber um individuellen Egoismus Einzelner geht (heute sprechen wir von der Ellbogengesellschaft). Dementsprechend kann und muss zwar dasjenige, was „die Bedingungen des Daseins eines andern zerstört" (Z. 37), vorkommen in der Literatur (das kann, wie in „Brigitta", eine zerstörerische Leidenschaft sein), aber als etwas Destruktives.

[25] Theodor Storm: Gedichte, Novellen 1848–1867. Hrsg. von D. Lohmeier. Frankfurt (Deutscher Klassikerverlag) 1987, S. 1006f.
[26] Josef Jansen u.a.: Einführung in die Literatur des 19. Jahrhunderts, Band 2. Opladen (Westdeutscher Verlag) S. 106.
[27] Harenbergs Lexikon der Weltliteratur. Dortmund (Harenberg) 1989, S. 1421.
[28] Wolfgang Preisendanz: Wege des Realismus. München (Fink) 1977, S. 95.

Die Frage zielt also darauf, wodurch Literatur für Leser interessant werden kann: Hängt das Interesse davon ab, ob das Spektakuläre dargestellt wird? Oder kommt es im Gegenteil darauf an, dem Unspektakulären Interessantes abzugewinnen?

spektakulär	unspektakulär
– extreme menschliche Möglichkeiten (Genies, Verbrecher) – Leidenschaften – Beispiele aus der Literatur: Faust (?), Wallenstein (?), Figuren aus der Abenteuerliteratur, John Grisham u. a.	– das Leben und Leiden im Rahmen der Normalität – „Leben voll Gerechtigkeit, Einfachheit …" – Beispiele aus der Literatur: Storm, Fontane, Stifter …

Was heißt ‚Spannung' in der Literatur?
– Spannung, die vom Plot abhängt
– Spannung, die von den Charakteren, der Entwicklung der Beziehungen abhängt

These: Nur Action-Literatur ist interessant
Gegenthese: Spannend wird Literatur durch die Art, wie sie Menschen darstellt.

 6 Das diachrone ist das zu bevorzugende Verfahren (vgl. SB, S. 247), weil es auch leichter zu handhaben ist.

Seite 298

7a Assoziationen zu „Vorbild": Vorbild für Erfolg, Glück; Sport, Film, Popszene; Vorbilder im ethischen Sinn; Vorbilder mit Zivilcourage.

7b Zur **Themenanalyse** gehört die Klärung der Anforderungen des Themas; das Erkennen der zu erklärenden Schlüsselbegriffe; das Erkennen des Erörterungstyps. Hauptfragen: Inwiefern unterscheiden sich „wahre" von „falschen" Vorbildern? Ist eine Unterscheidung gerechtfertigt? Welche Funktion haben Vorbilder für Jugendliche?

7c Zum Lifestyle gehören Aussehen/Äußeres (Outfit, Fashion), die glitzernde Oberfläche; das Lebensgefühl („leistungsstark" Z. 3, „relaxed", „happy"); das Leben soll ein „Superleben" (Z. 8) sein, nur Jugend; Spaß steht im Zentrum; wichtige gesellschaftlich relevante Bereiche spielen keine Rolle („Politik, Soziales, Kultur" Z. 10), es werden keine Sinnfragen und keine kritischen Fragen gestellt („Fragen nach dem Woher, Wohin und Wozu", Z. 12); „Spaß" und „Flow" (Z. 15) sind die wesentlichen Kriterien; die Moden, die den Lifestyle ausmachen, sind „industrielle Produkte" (Z. 20f.) mit „kurzfristigem Verfallsdatum" (Z. 28), es geht um Profitmaximierung.

 7d

Lebenssituation heutiger Jugendlicher	Motive für Teilnahme am Lifestyle	„wahre" Vorbilder
– abhängig – Selbstbehauptung der Gruppe – Selbstfindung – Ausbildung – ….	– Geltung besitzen; Anerkennung – so sein wie die Idole (sicher, erfolgreich, anerkannt) – eigene Schwächen überspielen – ….	– Orientierung an Werten, Normen – Vorbild für das Handeln – eigene Aktivität, Anstrengung bewirken – Entwicklung der eigenen Persönlichkeit fördern – keine Imitation von Äußerem – ….

 Mögliche **Gliederung** des Hauptteils:

8 1. Die Rolle des Lifestyles in der Sicht des Autors der Textvorlage
2. Die Lebenssituation heutiger Jugendlicher
2.1 Abhängigkeiten
2.2 Identitätssuche
3. Unterscheidung „wahrer" und „falscher" Vorbilder
3.1 Die falschen Vorbilder der Lifestyle-Welt
3.2 Definition des „wahren Vorbilds"
4. Funktionen von Vorbildern für Jugendliche
4.1 Negative Wirkungen falscher Vorbilder
4.2 Mögliche positive Funktionen von Vorbildern

9a Die Themenvorschläge sind als *Übungsbeispiele* gedacht.
Hebbels Sicht: Anknüpfungspunkt kann seine Forderung des Großen sein: Ist das gleichbedeutend mit dem Großartigen, Heldenhaften, Spektakulären?

9b **Stifter**, der das Spektakuläre nicht will, würde die Helden eher im Verborgenen Suchen und finden.

9c Der *Übersetzungsversuch*, der nicht überzeugend gelingen kann, aber das Problembewusstsein schärfen soll, könnte folgendes Ergebnis erbringen:
Zeitgemäß ausgedrückt: Leistungsfähigkeit, modisches äußeres Erscheinungsbild, modischer Lebensstil, Gesundheitsbewusstsein, aktive Lebensgestaltung und Spaß, Spaß, Spaß sind dominierende Zeittendenzen. Man bewegt sich entspannt und doch kraftvoll durch den überall verbreiteten ereignisreichen Erlebnispark, immer schön und gepflegt, leistungsstark und dynamisch bewegt, gelassen und glücklich. Man liebt den Glanz, die glitzernde, prickelnde Oberfläche, einen stets auf das Allerneueste zugeschnittenen Lebensstil mit häufigen sensationellen Erlebnissen. Man plaudert zeitgemäß, kennt die aktuellen Ereignisse, die wirkungsvollsten Erzeugnisse der Körperpflege, die modischste Kleidung, die erfolgreichsten Markenzeichen und die zeitgemäßesten Tätowierungen. Man ist auf dem absolut neuesten Informationsstand und weiß, dass „Wakeboard" die aktuellste und reizvollste Variante des Wasserskis ist.
Die *Übertragung* klingt distanzierter, vielleicht sogar „künstlicher" gegenüber dem modischen Zeitstil des Originals.
Die *Sprachbeschreibung* ergibt syntaktisch keine auffälligen Besonderheiten. Aber die Wortwahl ist weitgehend aus dem Englisch-Amerikanischen, so wie sie die Werbung nutzt. Viele Verben („surfen"), Substantive („Power"), aber auch Adjektive („happy") stammen aus dem Englischen oder sind als Partizipien daraus abgeleitet („durchgestylt"). Z.T. bleiben nur Artikel, Indefinitpronomen („man"); Partikel („doch"), Präpositionen und Konjunktionen als „Relikte" des deutschen Wortschatzes. Zusammensetzungen („eventreich"), Ableitungen („kultig", „spacig") und im modischen Alltagsjargon umgedeutete Wendungen („angesagte Szene") kommen hinzu.
Dieser sprachliche Befund könnte auch Anlass zur **Sprachreflexion** über Anglizismen sein (vgl. SB, S. 432f.); die Liste der Wörter kann erweitert werden, auch die Jugendsprache wäre einzubeziehen. Material müsste arbeitsteilig – verschiedene Suchbereiche, Medien, Computer, Stellenanzeigen betreffend – untersucht werden.

III. Das „Gesellschaftsetwas" (Theodor Fontane)

Dass es realistischer Literatur um die Gesellschaft geht, gehört zur Begriffsdefinition. Wie erleben die Menschen die Gesellschaft, wie reagieren sie auf ihre Anforderungen, ihre Kontrolle? Dabei spielt es eine besondere Rolle, ob es sich um Männer oder Frauen handelt, die sich der vorgegebenen Ordnung fügen oder sich gegen sie auflehnen.

**S. 299–302: III,1. Im Gefängnis der Ordnungen –
Das bürgerliche Trauerspiel**

Vehement thematisiert wird das „Gefängnis" zuerst im **bürgerlichen Trauerspiel** am Ende des 18. Jahrhunderts. Zu dem äußeren Gefängnis kommt das innere – in Gestalt des Tugendrigorismus im 18. Jahrhundert, in der Angst vor der sozialen Kontrolle, in der Verinnerlichung von Pflichten, Normen.

— Mögliche Ziele: —

1. Die Kommunikation im Drama analysieren
2. Den Zusammenhang von Geschlechterrollen und Beziehungsdefinitionen erkennen
3. Gesellschaftlich-kulturelle Vorgaben im Selbstverständnis der Geschlechter durchschauen

Seite 300

Texterläuterungen:

„Der neue Verführer, der neue Verrat – wer davon redet und dies in der literarischen Wirklichkeit vor Augen führen will, kommt um Leonhard nicht herum. Unter diesem Aspekt zeigt sich an ihm alles, was sonst wie ein Klischee aussieht, als dessen Gegenteil: neuartig, feinstrukturiert und bei längerer Betrachtung immer reicher. Man könnte „Maria Magdalene" durchaus als Stück über diesen Leonhard lesen. Dann handelt es nicht von einem Dreckskerl, sondern von einer Aktion der Selbstwerdung unter neuen Bedingungen; unter dem Axiom, dass Individuation und Identität allein von der Spannweite des zurückgelegten Karrieresprungs abhängen. Die Entelechie haust nicht mehr in der fühlenden Brust, sondern im angelegten Kapital. Dieses lebt und bewegt sich, wächst und pocht wahrhaftig wie ein Herz, während die Brust als Behältnis belanglos wird. Was geschieht, ist sehr einfach. Leonhard ist ein Schreiber, kaufmännischer Angestellter, und so gut wie verlobt mit Klara, der Tochter des Tischlers Anton. Der Vater hat Geld auf der Seite, und darum geht es Leonhard. Wie für die Kammmacher ist auch für ihn die Frau das Anhängsel eines Kapitals, das er im jetzigen Moment seines Werdegangs nötig hat. Als er merkt, dass Klara einem Jugendfreund gegenüber aufmerksam wird, zwingt er sie zum Beischlaf. Nur so kann er der Gefahr, die Aktie aus der Hand zu verlieren, vorbeugen."[29]

1a/b Charakteristisch für die Szene ist, dass es keine wirkliche **Kommunikation** gibt, dass es keine Verständigung und kein Verstehen geben kann, wenn zwei Menschen in völlig verschiedenen „Welten" leben.
Leonhards Sprache verrät ihn – er ‚argumentiert' juristisch, kaufmännisch, er rechnet und berechnet, unfähig, die moralische Dimension seines Handelns, Verhaltens, Redens zu sehen.
Klara, die zuerst wie sprachlos ist (geringer Redeanteil), spricht schließlich klar und deutlich aus, mit wem sie es in Leonhard zu tun hat und mit wem sie nichts mehr zu tun haben will.
(Die Figur des Vaters wird in einem Textauszug aus der 1. Szene des 2. Akts plastisch, vgl. **K 9**, LB, S. 416, wesentliche Aspekte zum Verständnis des bürgerlichen Trauerspiels enthält **K 10**, LB, S. 417.)

Seite 301

2a Beziehungen zwischen Helmer und Nora im **Dialog**:

Helmer, der Mann	Nora, die Frau
– „mein starker Flügel"	– „verschüchtertes Singvögelchen"
– Er hat sie den Krallen des Habichts (des Erpressers) „entrissen".	– „verfolgte Taube"
– Er verzeiht ihr.	– „dein armes, pochendes Herz"
– Er genießt den Akt des Verzeihens.	– Sie wird sein Verzeihen spüren.
– Er will ihr Wille und ihr Gewissen sein.	– Sie wird zu seinem hilflosen Weib und Kind zugleich werden.
Selbststilisierung als überlegen und stark	*Sie wird definiert als schwach, klein, hilfsbedürftig, unselbstständig, von seiner Großmut abhängig, ohne Autonomie des Gewissens*

Noras Antwort

Ihre durch Helmer bestimmte alte Rolle:	Ihre neue Selbstdefinition (indirekt, kann aus ihrem Verhalten erschlossen werden):
– Er bestimmte die Wohnungseinrichtung.	– Selbstbestimmung
– Er beschränkte ihre Rolle darauf, ihm Kunststücke vorzumachen.	– vernünftige Arbeit
– Er erwartete Dankbarkeit.	– sich selber erziehen, um die Kinder erziehen zu können
– Er machte sie zur Puppe.	

2b *Inszenierungsversuch:* Die Szene gliedert sich in zwei deutlich unterschiedene Phasen: Helmers **monologisierende** Rede an Nora und den von ihr gelenkten und bestimmten **Dialog**, in dem sie das Rollenverhältnis ablehnt und durch die Art ihrer Gesprächsführung Helmer vom Bestimmenden zum Reagierenden macht.
In diesem Dialog gibt es einen kurzen Versuch Helmers, die alte Ordnung wieder herzustellen (Z. 74); doch Nora nutzt sein Stichwort (Erziehung) geschickt für ihre Zwecke: der Wunsch, zur Erziehung der Kinder fähig zu werden macht ihren Weggang nötig.

Die *Inszenierung* müsste den Wechsel des Selbstverständnisses im Verhalten deutlich machen. Nora schafft die Schubumkehr dadurch, dass sie die Themen bestimmt, über die gesprochen wird (Z. 21, 23). Sie bestimmt, dass er sich setzen soll. (Z. 26), sie bittet ihn, sie nicht zu unterbrechen (Z. 30), sie stellt eine Lehrerfrage (Z. 33), sie widerspricht deutlich und klärt, worum es ihr geht (Z. 42), sie provoziert ihn durch pointierte Wortverwendung in ihrer Anklagerede, auf die er mit ungläubigem Entsetzen reagiert und hält diesen Part lange durch. Sie ignoriert seine Zurückweisung (Z. 63). Sie spricht klar und unaufgeregt. Als Helmer sich wehrt mit der Absicht, das alte Spiel zu spielen (Z. 74: „Jetzt kommt die Zeit der Erziehung") reagiert sie souverän mit einer Frage, die er nicht zu ihrer Zufriedenheit beantwortet. Die wörtliche Umdefinition des Rollenverhältnisses, mit der sie Helmer seine Unfähigkeit bescheinigt (Z. 77) könnte der Höhepunkt des Dialogs sein. Daran schließt sie schlau eine Gegenfrage (Z. 80), die ihn sprachlos macht.
Bis zu seinem Auflehnungsversuch verhält sich der überrumpelte Helmer ratlos und perplex, danach immer wortkarger.

---

[29] Peter von Matt: Liebesverrat. Die Treulosen in der Literatur. München (Deutscher Taschenbuch Verlag) 1994, S. 354.

Seite 302

3a Definition der **Geschlechterrollen** zu verschiedenen Zeiten:

Der Mann	Die Frau
1785 – geschickt zu harter Arbeit, z.B. Feldarbeit – mehr Tätigkeit und Feuer, kühn und stark – von der Natur zum Regieren getrieben	– geschickt zu ruhigerer Beschäftigung, z.B. Kindererziehung – zart, furchtsam, Schutzbedürftig – erkennt ihre Schwäche, ist zu Gehorsam geneigt
1848 – hat mehr Kraft auf das Äußere zu wirken – kann naturgemäß diese Wirksamkeit ständig ausüben	– Zeiten natürlicher Beeinträchtigung (Schwangerschaft etc.) – Wesen: beseelende Liebe – Geschicklichkeit zur Pflege anderer – Bildung verstärkt die Fähigkeit zu dieser Hauptbestimmung – Deshalb: bewusste Annahme dieser durch die Natur vorgegebenen Aufgaben – Drohung: Schwächlichkeit und Kränklichkeit bei Zuwiderhandlung
1894 – Dem Mann der Staat	– der Frau die Familie

1991
Es gibt keine biologischen Unterschiede, die verschiedene soziale Ausformungen der Rolle von Mann und Frau rechtfertigen.

Im 19. Jahrhundert zeigt sich eine deutliche Verschärfung der **Geschlechterdifferenz**, die zunehmend „wissenschaftlich" von angeblichen Naturgegebenheiten abgeleitet und benutzt wird, um die politische und später berufliche Gleichstellung von Frauen zu verhindern.
Symptomatisch sind die Drohungen am Schluss des Artikels von 1848, entstanden im Kontext der Forderung nach dem Frauen-Wahlrecht. Die Schärfe der Gegenüberstellung nimmt im Laufe des 19. Jahrhunderts deutlich zu; es entsteht eine „aufgeregte" (Frevert)[30] Selbstaufwertung der Männer und komplementär dazu das entsprechende Frauenbild, das der Frau einzig eine dienende und pflegende Aufgabe innerhalb der Familie zuweist (vergl. 1894). Die biologische Begründung der Geschlechterdifferenz ist interessengeleitet: Man(n) fürchtete nach 1848 die für gleiche Bildungschancen kämpfenden Frauen als Konkurrentinnen in akademischen Berufen. Im gewerblichen Bereich und für Fabrikarbeiterinnen wurde die Unterlegenheit der Frau als Argument für geringere Bezahlung für weibliche Arbeitskräfte genutzt.
(Der Text „Wider das verkochte und verbügelte Leben der Frauen" präsentiert frauenemanzipatorische Gedanken aus der Mitte des 19. Jahrhunderts, vgl. **K 11** , LB, S. 418.)

---

30 Lexikonartikel aus: Ute Frevert: Mann und Weib und Weib und Mann. Geschlechter-Differenzen in der Moderne. München (Beck) 1995, S. 48, 4, 39, 37.
31 Wieland Schmied: Caspar David Friedrich. Köln (DuMont) 1992, S. 19f.
32 Wolfgang Preisendanz, Anm. 28, S. 136.

> **S. 302–307: III,2. Was ist Wirklichkeit? – Merkmale des poetischen Realismus**

Der **Bildungsroman**, der eigentlich mit Goethes „Wilhelm Meister" in Deutschland begann, findet im 19. Jahrhundert zahlreiche Fortsetzer; „Der grüne Heinrich" von Gottfried Keller ist eine herausragende Weiterführung dieses Romantypus. Theodor Fontanes Gesellschaftsromane erweitern und ‚modernisieren' das Erzählen.

Mögliche Ziele:
1. Die Thematisierung der Fantasie im Bildungsroman kennen lernen
2. Die Darstellungsmittel des Gesellschaftsromans analysieren
3. Sich mit Grundfragen der realistischen Poetik auseinander setzen

Seite 303

1 Über die Bedeutung von **Landschaftsmalerei** schreibt Wieland Schmied:

„Wohl kein anderes Moment scheint für den Wandel der kunstgeschichtlichen Situation um 1800 so kennzeichnend wie der neue Stellenwert, den die Landschaftsmalerei gewinnt. [...] Die Landschaftsmalerei, der noch Lessing in seinem ‚Laokoon' die niedrigste Rangstufe angewiesen hatte, in der Cornelius selbst 1825 nur eine ‚Art von Moos oder Flechtengewächs am großen Stamm der Kunst' sah, die Landschaftsmalerei wurde die entscheidende künstlerische Leistung des 19. Jahrhunderts, mit der, wie John Ruskin es formulierte, die Menschheit sich „geradezu einen neuen Sinn erobert" habe.
Romantik, Realismus, Impressionismus und die Überwinder des Impressionismus, Cézanne, van Gogh, Seurat, haben sich vor allem im Medium der Landschaft ausgesprochen [...]. Am Wandel dessen, was Landschaft den einzelnen künstlerischen Bewegungen bedeutete, was die verschiedenen Maler in ihr erkannten – Spiegel der Seele oder Spiel des Lichts, objektive Natur oder Gleichnis des Seins –, lässt sich die geistesgeschichtliche Entwicklung des 19. Jahrhunderts in allen ihren Widersprüchen ablesen."[31]

Im „Grünen Heinrich" geht es um die „Unverantwortlichkeit der Einbildungskraft", um das „ Verhältnis von imaginativer und faktischer Welt" als „Heinrichs Grundproblem"[32]. Der Bezug zur Romantik wird deutlich – in der Kritik an der Fantasie.

2a Keller lastet seinem Helden an:
– schöne Worte, abenteuerliches Vegetieren, passives, ungeschicktes Umhertreiben
– Zerstörung des Familienlebens (Mutter)
– Bruch der Liebesbeziehung
– Aufgeklärte, rationelle Religiosität, nebulöse Schwärmerei, Erwartung eines vom Himmel fallenden Glücks

2b Aus den Angaben Kellers lassen sich Situationen vorstellen und ausgestalten, z.B. das Scheitern der Liebesbeziehung. – Eichendorffs „Zwei Gesellen" können als Folie berücksichtigt werden.
Denkbar wäre auch folgende Situation: Heinrich Lee ist unfähig zu dem Ausgleich zwischen eigenem Wollen und den familiären Gegebenheiten einerseits und den Anforderungen eines Berufs. Der junge Mann stellt hohe Anforderungen an die Eltern, will sich versorgen lassen und lernt nicht selbstverantwortlich, diszipliniert zu leben, zu studieren; er überschätzt sich, hat hohe

Ansprüche an andere, ist aber zu Anpassung und verantwortungsbewusstem Handeln unfähig, scheitert in einer beruflichen Position, die der den Eltern verdankt.

2c Die Zeichnungen wollen Effekte erzielen, doch es stimmt nichts an ihnen, was von den andern gesehen wird und zunächst als Kränkung aufgenommen wird, dann aber zu Anstrengungen führt, die Wirklichkeit genau wiederzugeben in ihrer Besonderheit; schließlich vermittelt das Zufriedenheit, auch Selbstkritik. Im Brief beschreibt Keller diesen Lernprozess, bei dem es darum geht, praktische Tätigkeit mit Selbstbeherrschung zu verbinden: Der Held muss sich selbst erziehen, was in der ersten Fassung des Romans nicht gelingt.

Texterläuterungen:

„Der 1854/55 erschienene Roman war in der literarischen Welt relativ unbekannt geblieben, und als Keller nach fünfundzwanzig Jahren die letzten hundert Exemplare seines Jugendwerks aufkaufte und dem Ofen anheimgab, wollte er damit seiner Zweitfassung (erschienen 1879/80) freie Bahn auf dem Literaturmarkt verschaffen. Diese ersetzte die Doppelgestalt von Er- und Ich-Erzählung, die Keller an der Erstfassung als disharmonisch gerügt hatte, durch die konsequent verwendete Ich-Form. So konnte Keller dem neuen Überlebenswillen seines Helden entsprechen. Denn das im Leben ausharrende, vor tödlicher Selbstauflösung sich bewahrende Ich kann seine Geschichte zu Ende erzählen und bedarf keines stellvertretenden Er-Erzählers. Dieses neue Erzähler-Ich korrespondiert mit lebensgeschichtlichen Wandlungen des Autors selber. Keller hatte seine tiefreichenden Selbst- und Lebenszweifel, denen er als freier, materiell unselbstständiger Schriftsteller ausgeliefert war, in ein öffentliches, verantwortungsbeladenes Amt einzubinden gewusst. Die Perspektive des Dienstes an der Gesellschaft eröffnet er in der zweiten Fassung auch seinem Helden. Soll dieser am Ende seines Entwicklungsganges reif für eine öffentliche Tätigkeit werden, so dürfen die Schicksalsschläge, die ihn treffen, nicht länger von tödlicher Wirkung sein. Sie müssen vielmehr entgiftet, gemildert, dosiert werden. Mit dieser klassischen Dämpfung des tragischen Abschwungs verbindet Keller die Dämpfung auch der enthusiastischen Aufschwünge, so dass die Erzähltöne der Illusion und der Desillusion in ein gemäßigtes Spannungsverhältnis zueinander treten. Dem dargestellten Ich wird aus der gewachsenen lebensgeschichtlichen Distanz und im Hinblick auf ein untragisches Ende die Selbstbewahrung von Anfang an entschiedener eingeschrieben: Es darf sich weder auf den Höhen des Sinnen- und Lebensrausches noch in der Tiefe des Schuldbewusstseins und der Todeswünsche verlieren. Dieser globalen Steuerung des zweiten Entwicklungsganges des Helden gehorcht der Erzählstil bis in feinste Verästelungen; Details in Satzstruktur und Bildersprache verändern sich, einzelne Szenen werden erweitert, gekürzt oder auch gestrichen (vgl. etwa die Streichung der berühmten Bade-Szene mit Judith, die der versittlichenden, glättenden Moral der Zweitfassung zum Opfer fällt).
Parallel zu dieser behutsameren Führung des Entwicklungsganges in der Zweitfassung mäßigt Keller die *Reflexionslust* des Jugendwerks. Dieses präsentiert das Erzähler-Ich in der ganzen Spontaneität und Intensität seiner Selbst- und Weltvergewisserung, gleichviel, ob diese zu einem vorläufigen Resultat führt, in quälender Kreisbewegung verläuft oder über die eigentliche Handlung hinausschießt. Aber auch der unpersönliche, allwissende Erzähler in der Erstfassung, der dem Ich-Erzähler die Feder wieder aus der Hand nimmt, waltet und schaltet frei mit seinen Gedanken über den Lauf der Welt. Demgegenüber beschneidet die zweite Fassung den Wildwuchs der Ich-Reflexionen und schmiegt diese eng an den Entwicklungsgang des Helden an.“[33]

(Ergiebig wäre der Vergleich des Motivs „Heimkehr" in Texten unterschiedlicher Epochen:
Gottfried Keller: Pankraz, der Schmoller (Pankraz kehrt nach 15 Jahren als Offizier zurück.); Franz Kafka: Heimkehr (SB, S. 27)

Arbeitsanweisungen:
Interpretieren und vergleichen Sie die beiden Texte zum Thema Heimkehr.
1. Beachten Sie dabei die Perspektive, aus der erzählt wird, und die Art, wie das Verhalten der Personen dargestellt wird.
2. Wie wird das Heimkehr-Motiv jeweils verstanden?)

3 Subjektive, in der eigenen Lebensgeschichte liegende **Motive** haben eine Rolle gespielt, Keller hat es schließlich geschafft zwischen dem Subjektiven und den Anforderungen der Gesellschaft einen Ausgleich herzustellen. Aber sicher geht es auch um den Ausdruck einer veränderten Weltsicht, bei der Individuum und Gesellschaft keinen unversöhnlichen Gegensatz bilden.

Seite 304

4/5 Aus *veränderter Perspektive* erzählen: Der Ausgangstext ist aus der Sicht Pauls erzählt: Die Leser erfahren, was er tut, denkt, sich vorstellt. Am Ende tritt das ein, was er erwartet hat, es hat sich also sichtbar nichts verändert. Es ist aber angeklungen, dass die Lebenssituation so, wie sie ist, nicht unbedingt befriedigt. Wie er seine Ehe sieht, gibt er explizit nicht preis. Wie stellt sich die Situation aus der Sicht Hildegards dar? Ist sie mit dem Leben zufrieden? Was sagt ihr Verhalten darüber aus? Was denkt sie über ihren Mann? Wie sieht sie ihn? – Wichtig ist, dass die Schüler sich möglichst viele Fragen stellen, bevor sie schreiben; dass sie also die Informationen, die der Text enthält, nutzen – die **Leerstellen**, die sich erst nach einigem Nachdenken zeigen.
Die Lösungen sollten zum Anlass genommen werden, im Sinne der **produktiven Hermeneutik**, immer wieder auf den Ausgangstext zurückzublicken.

6 „Geschichten kann man immer auch anders erzählen. – Geschichten sollte man immer auch anders erzählen." Das könnten die **Ausgangsthesen** sein um über das Erzählen nachzudenken. Alternativ: Man wählt verschiedene *Erzählanfänge*, lässt sie weiterführen zu einem Plot und gelangt auf diese Weise, indem man Ausgangstext und Lösungen vergleicht, zu einem Gespräch über das Erzählen. Am Ende könnte ein Kommunikationsmodell „Erzählen" stehen (vgl. SB, S. 263).

Seite 305

7 Die Umwandlung in **Erzählerrede** wird wahrscheinlich zu kommentierenden oder wertenden Zusätzen führen (erwartbar wäre auf Innstettens Begründung Adjektive wie „befremdlich", „seltsam", „schwer verständlich" „weit hergeholt" u.Ä., also **auktoriale Textelemente**. Ferner würden redeeinleitende Verben **(Sprechaktverben)** auftauchen, die ebenfalls auktoriale Steuerungselemente sind. („er rechtfertigte sich mit", „er begründete ...", „er versuchte mit viel Mühe ... seinen Gedanken zu erklären" etc.) bei Wüllersdorfs Erwiderung (Z. 53–57) könnte der höfliche Verzicht auf eine Gegenrede auffallen.

8a Das tyrannische Gesellschafts-Etwas wäre die Internalisierung gesellschaftlicher Normvorschriften, Verhaltenskodizes, Wertvorstellungen und Rollenerwartungen. Diese sind geschichtlichem Wandel unterworfen; der starre **Ehrbegriff**, der Innstettens Denken und Verhalten bestimmt und ihn dazu bringt, gegen seine eigenen Ziele und Wünsche zu handeln, ist heute veraltet und erscheint fast grotesk, auch

---

[33] Gert Sautermeister: Gottfried Keller: Der grüne Heinrich. In: Interpretationen. Romane des 19. Jahrhunderts. Stuttgart (Reclam) 1992, S. 280–320; hier: S. 315f.

ist die Forderung nach ehelicher Treue heute weniger streng. Innstetten aber hat die internalisierten Spielregeln zum Orientierungsraster seines Über-Ichs gemacht. So wirken sozialer und psychischer Zwang zusammen, dass er der Sprache seines Herzens nicht mehr folgen kann. Er schafft es nicht, das Gegebene zum Wünschbaren hin zu durchbrechen. Offenbar geht er unbewusst von einer grundlegenden Antinomie von Pflicht und Neigung aus.[34]

Den Schülern müsste klar werden, wodurch Normen vermittelt werden und was dazu dient, sie zu verändern (**Rolle der Literatur und anderer Medien**) bzw. ihnen autonom zu begegnen. (Sozialgeschichtliche Informationen über das Duell enthält eine Arbeit der Historikerin U. Frevert; daraus ein Auszug in **K 12**, LB, S. 419.)

8b Beispiele in der Literatur:
- Werthers Leiden an der Adelsgesellschaft
- Schiller: Kabale und Liebe: bürgerliche Ehr- und Moralvorstellungen, höfische Sitten-Laxheit, Karrieredenken (Wurm), höfische Etikette (v. Kalb)
- Lessing: Emilia Galotti: Emilia tötet sich, um sich für die göttliche Ordnung zu bewahren
- Gerhart Hauptmann: Die Ratten: das schichtenspezifische Denken, Wünschen und Handeln aller Figuren
- Thomas Mann: Der Tod in Venedig: Künstlerproblematik zwischen Zucht und Sehnsucht
- Kafka: Vaterbilder, bedrohliche Gesellschaftsstrukturen
- Max Frisch: Andorra: Macht und Folgen des Rassenwahns bei „normalen" Bürgern
- Döblin: Berlin Alexanderplatz: männliche Machtversessenheit

8c Mögliche Antwort Wüllersdorfs:
- Überbewertung, Fehleinschätzung des Gesellschafts-Etwas: Das Bestehen von Normen ist kein hinreichender Grund, ihnen in dieser Verbohrtheit zu folgen.
- Innstetten solle auch die Evidenz von Gefühlswahrnehmungen wahrnehmen.
- Er täusche sich, wenn er glaubt, er habe keinen Handlungsfreiraum.
- Notwendigkeit einer Selbstprüfung und Folgenabschätzung, auch mit Rücksicht auf Effi.
- Ein Duell nach so langer Verjährung wird nicht mehr erwartet, stößt eher auf allgemeines Befremden
- Appell an Mut und Zivilcourage
- Appell ans Gewissen: zu bedenken sind das Lebensrecht und das Recht auf Glück der betroffenen Ehefrau.
- Er solle den Anlass nutzen zu einer Aussprache mit Effi, zur Chance einer Neuorientierung in der Partnerschaft

Seite 306

9a Gedanken über Mutter und Tochter:
Die Aufgabe fordert zu *spontaner Äußerung* der Reaktion auf diese Szene auf, (1. *hermeneutischer Schritt*) als Grundlage für ein Gespräch über das Verhalten Effis. Die Szene ist in ihrer Dynamik so angelegt, dass der Leser spontan die Partei Effis ergreift und sich mit ihrer leidenschaftlichen Anklage gegen Innstetten identifiziert. Ihre emotionale Rebellion ist äußerst heftig („mich ekelt!" Z. 86) und zeigt noch nicht die verzeihende Abmilderung ihres späteren Urteils. Hier verurteilt sie Innstettens Schwächen als Charakterdefekte mit bösen Absichten.

---

[34] Vgl. Claudia Liebrand: Das Ich und die andern. Fontanes Figuren und ihre Selbstbilder. Freiburg (Rombach) 1990, S. 294ff.

9b Hier wäre das puppenhafte Verhalten des eingeschüchtert wirkenden Kindes zu beschreiben, seine stereotype Antwort „Wenn ich darf", die wie eingeübt wirkt, vor allem aber die heftigen expliziten Anwürfe des Schlusses gegen Innstetten:
- „grausam" (Z. 78)
- „Streber", auf Ehre fixiert (Z. 81)
- „Dummheit" mit blutigen Folgen (Z. 83)
- unterwürfiges Verhalten gegenüber der Ministerin (Z. 84)
- „Abrichten" des Kindes „wie eine Puppe" (Z. 85)
- „Mich ekelt! Eure Tugend! ... Weg mit euch!" (Z. 86 f.)
- ihr psychischer und physischer Zusammenbruch

Der Stellenwert des **Monologs** am Schluss dieser Szene: Hier bäumt sich Effi zum ersten Mal auf, und zwar in elementarer Leidenschaftlichkeit. Sie befindet sich in einem psychischen Ausnahmezustand, erlebt einen Nervenzusammenbruch. Aus ihrem mea culpa wird eine flammende Abrechnung. Es handelt sich um eine Situation, in der eine gerechte Beurteilung nicht möglich ist; wo das Ich überschwemmt ist mit nicht mehr steuerbaren Emotionen.

Seite 307

10 Annies *Erzählung* von diesem Besuch: Als Erzählung: Beschränkung auf den äußeren Vorgang ohne Gefühlsäußerungen, vorsichtige Nüchternheit.
Wahrscheinlich äußert sie sich nur über die Dauer des Besuchs, die Fragen der Mutter nach den Lieblingsfächern (Religion) und die Religionslehrer, die Kürze des Besuchs wegen der wartenden Johanna.
Ob sie von den drei Angeboten erzählt – Sie wieder treffen, Spaziergang im Prinz-Albrechts-Garten, Eis essen – hängt ab von der Deutung des Vater-Kind-Verhältnisses: Wie viel Offenheit ist hier denkbar? Wie weit geht die Abrichtung des Kindes, die Erziehung, sich alle Wünsche zu versagen?
Weiter gehende Überlegung: Wie „taktisch" kann sich ein etwa zehnjähriges Kind bewusst oder unbewusst verhalten?
Möglich wäre auch ein *Dialog* zwischen Innstetten und dem Kind; was für Fragen/Nachfragen könnte er stellen? Der „Angstapparat aus Kalkül": Spielt sich das Mundtot-Machen des Kindes in jedem Gespräch ab? Verläuft es subtiler? Hat er vielleicht auch eine Art Sehnsucht nach Effi?

11a Effis frühere Einschätzung Innstettens ist bestimmt von ihrem Unterlegenheitsgefühl und dem daraus folgenden Wohlwollen. Sie hält ihn für „überhaupt sehr gerecht", „gar nicht überheblich" und „engelsgut" und entwirft sich selber komplementär als menschlich irrend, fehlerbehaftet, nicht engelhaft, also auf seine Güte angewiesen. Sie reagiert mit Schuldgefühlen, als sie merkt, dass sich bei ihr kein Glück einstellt.
In dieser Szene: Sie glaubte, er habe ein Herz, sie fühlte sich klein (Z. 76). Nun kehrt sie dies um: nicht sie ist klein, sondern er, und aus seiner Kleinheit ergibt sich seine Grausamkeit (Z. 77f.). Hieraus ergibt sich die ganze Kaskade der Anklagepunkte.

11b Effi steht natürlich unter einem fürchterlichen Erwartungsdruck, durch den ihr Verhalten befangen und verkrampft ist. Dennoch könnte sie sich fragen, ob es nur die Schuld des abgerichteten Kindes war, dass das Gespräch gescheitert ist. Sie könnte sich im Nachhinein fragen:
- Warum habe ich sofort Fragen nach den Schulleistungen gestellt? (mögliche Überforderung der Tochter, falls diese keine so gute Schülerin ist oder falls sie durch väterliche Forderungen unter Leistungsdruck steht).

- Warum habe ich nach dem Leerlauf nach der Frage nach dem Kandidaten das Gespräch nicht auf ein anderes Thema gelenkt?
- Es war ein Fehler, die wartende Johanna zu erwähnen: Zeitdruck.
- „Wenn ich darf": Könnte es auch ein Zeichen für Unvertrautheit der Tochter mit der ihr fremden Mutter sein?
- Gegen die vermutete „Abrichtung" des Vaters hätte ich Herzlichkeit, Wärme und Ermunterung zeigen können, um das Kind für mich zu gewinnen.
- Ich habe im Kind nur das Produkt des Vaters gesehen, und so meinen Hass auf das unschuldige Kind übertragen.
- Ich habe überhaupt das Kind mit Fragen überhäuft, ich war nicht geduldig.

12 **Wirklichkeitsdarstellung im Roman,** Versuch einer Definition

Mitdarstellung der Umwelt der Figuren
- geschichtliche Situation
- familiäre Situation, vermittelte Werte
- Milieu
- Arbeit, Beruf, Ausbildung, wirtschaftliche Situation
- Politische Orientierung

Psychologische Nachvollziehbarkeit:
- keine Verzerrungen, Übertreibungen, keine Einseitigkeit
- keine „abgelegenen", „exotischen" Probleme

- keine reißerische Handlung, sondern Darstellung der Normalität

Genaue Beobachtung, bezeichnende Details, Nachahmung der Sprechweise

Um eine Überforderung zu vermeiden, ist es sinnvoll, die Aufgabenstellung dadurch einzugrenzen, dass man sie auf zwei oder mehr bekannte Texte bezieht, die unterschiedlich mit der Wirklichkeit umgehen: „Der goldene Topf" und „Effi Briest" beispielsweise. Oder man schafft eine Grundlage durch verschiedenartige Erzählanfänge, wie oben LB, S. 304, AA 6 angedeutet ist.

13 „Es ist die Aufgabe der Literatur zu erschließen, was Wirklichkeit ist." (W: Preisendanz)
„Es ist die Aufgabe der Literatur, unser Bild des Lebens von den Ideologisierungen, den falschen Ansichten zu befreien." (D. Wellershoff) Fasst man die beiden Auffassungen zusammen, sieht man, dass sie sich ergänzen. – Fragen, die zuerst gestellt werden müssten: Um welche Ideologisierungen handelt es sich? Woher kommen sie? Was ist der unverstellte Blick auf die Wirklichkeit? Kann es ihn geben? Zum Verfahren: Die Fragen sollten gemeinsam gesammelt werden, danach sollten sich Kleingruppen gemeinsam auf die *Plenumsdiskussion* vorbereiten. Man kann vereinbaren, dass jeder eine Stellungnahme abgeben muss.
(Ein früher Text zum Thema Umweltverschmutzung liegt von Wilhelm Raabe vor. Vgl. **K 13** , LB, S. 420)

4. Vorschläge für Übungen und Klausuren; Materialien/Kopiervorlagen K

4.1 Übersicht über Arten und Funktion der Kopiervorlagen

4.2 Kurzbeschreibung der Kopiervorlagen

K 1 Reiseliteratur als Zeitkritik – H. Heine: Reise von München nach Genua

Didaktischer Ort: Nach der Untersuchung des Textes aus der „Harzreise" handelt es sich um eine Transferaufgabe; der Text hat ein anderes Thema. (SB, S. 275)

Erläuterungen zur Aufgabe:

1. Der Anfang beginnt stimmungshaft, lässt eine Reiseschilderung erwarten, doch durch das Zeugma (Schafe trippelten nach ihren Ställen, Menschen nach den Kirchen) erscheint ein erstes Ironiesignal; im gleichen Satz: Geruch von hässlichen Heiligenbildern und Heu: Nicht Zusammengehörendes wird verknüpft. Gegenstand der Satire sind nicht allein die Jesuiten, sondern die Mächtigen.
2. Ideenschmuggel – das geschieht durch das Mittel der Ironie; Gesellschaftskritik bedient sich der sehr verbreiteten Reiseliteratur als Transportmittel.

K 2 Gesellschaftskritik – Ludwig Börne: Arm und Reich

Didaktischer Ort: Ein engagierter Text, der die soziale Ungerechtigkeit anprangert, indem er viele Beispiele anführt. (SB, Seite 275)

Erläuterungen zur Aufgabe:

1. Die Textuntersuchung muss exemplarisch gemacht werden. Die Beispiele veranschaulichen, was der Autor, vor allem aus moralischer Perspektive, verurteilt.

Die Lage der Reichen
- machen Gesetze
- missachten das „Land"
- geringe Besteuerung des Luxus
- Staatsanleihen
- Leben im Luxus
- Die Sängerin ist steuerfrei.
- Staatliches Lotto

Die Lage der Armen
- tragen die schwersten Lasten
- Der Bauer muss Opfer bringen.
- drückende Abgaben
- fehlendes Kapital
- Verluste werden abgewälzt
- Der Leiermann zahlt Steuern.
- Das Volk zahlt.

2. Die direkte Vorgehensweise lässt einen solchen Text einerseits – wenigstens aus der historischen Distanz – weniger wirkungsvoll erscheinen als die Texte Heines und Büchners. Börnes Text ist aber andererseits sehr viel konkreter in der Beschreibung und Analyse der sozialen Verhältnisse.

K 3 Politische Lyrik – Heinrich Heine: Erinnerung aus Krähwinkels Schreckenstagen

Didaktischer Ort: Die Interpretationsaufgabe bei diesem politischen Gedicht ist eine Entschlüsselungsaufgabe; dabei soll das bereits erarbeitete Wissen über politische Lyrik angewandt werden. (SB, S. 279)

Erläuterungen zur Aufgabe:

1. Die Obrigkeit spricht in selbstentlarvender Weise; einfache Denkschemata: Freund – Feind, Bürger und Fremde, Fromme und Atheisten; aber es wird auch ganz direkt gedroht.
2. Die beiden Zitate von Enzensberger und Vormweg drücken eine sehr skeptische Haltung gegenüber den Wirkungsmöglichkeiten politischer Dichtung aus. Die ästhetisch ge-

lungenen Texte der Vergangenheit (Heine, Büchner) sind auch heute noch sehr wirkungsvoll, das gilt auch für Texte aus dem 20. Jahrhundert. Heine wusste, dass er die Verhältnisse nicht direkt verändern könnte, doch konnte er sie entlarven, angreifen.

K 4 Politische Lyrik – Heinrich Heine: Die Wanderratten

Didaktischer Ort: Ein politisches Gedicht, das den Adressaten ein Schreckbild vermittelt und einen Appell enthält. (SB, S. 282)

Erläuterungen zur Aufgabe:

Die Darstellungsmittel in diesem Gedicht sind direkter; die Wirkung soll hauptsächlich durch die Beschreibung der Ratten ausgelöst werden – ihr kruder Materialismus wird drastisch vorgestellt; die materialistischen Ratten stehen für die Kommunisten, diejenigen, die die Eigentumsverhältnisse ändern wollen. Das Gedicht will die bürgerlichen Adressaten erschrecken; zu den Kommunisten wird nicht direkt Stellung bezogen, es werden nur ihre Motive als sehr plausibel und wirksam dargestellt.

K 5 Liebesgedichte und Liebeskonzepte: H. Heine: Es stehen unbeweglich; B. Brecht: Terzinen über die Liebe; E. Fried: Was es ist; N. Luhmann: Liebe als Passion; U. Beck und E. Beck-Gernsheim: Das ganz normale Chaos der Liebe

Didaktischer Ort: Es sollen Liebesgedichte aus dem 19. und 20. Jahrhundert gelesen werden in Verbindung mit Darstellungen von Liebeskonzepten; ebenso wie sich die Form der Lyrik verändert, verändern sich auch Liebesauffassungen. (SB, S. 283)

Erläuterungen zur Aufgabe:

1. Bei Luhmann geht es um die Frage nach der Authentizität des Gefühlsausdrucks: Wie kann man sicher sein, ob es das wahre Gefühl ist, das sich äußert? Beck-Gernsheim verweist auf mögliche Störungen in Beziehungen, die sich aus dem Nebeneinander unterschiedlicher Liebeskonzepte, -erwartungen ergeben können.
2. Heine thematisiert die Sprache der Liebe, die Frage nach der Authentizität, der Verständlichkeit; Brecht entwirft in seinem Gedicht zunächst das Bild einer harmonischen Beziehung, die aber spätestens in der letzten Zeile konterkariert wird; Frieds Gedicht handelt einerseits von den Paradoxien der Liebe, doch wird Liebe dennoch nicht in Frage gestellt.
3. Arbeitsteiliges Vorgehen ist empfehlenswert; Ziel/Ergebnis könnte eine historische Differenzierung sein in Bezug auf Liebesauffassungen und poetische Ausdrucksweisen.
4. In den unterschiedlichen Liebesauffassungen spiegelt sich ein soziokultureller Wandel. Zusätzliche Informationen enthält das Buch „Das ganz normale Chaos der Liebe". Der entscheidende Wandel zur Moderne fand im 18. Jahrhundert statt.

K 6 Heinrich Heine: Verschiedenartige Geschichtsauffassung

Didaktischer Ort: Ein theoretischer Text, der wichtig ist für das Verständnis Heines, seiner politischen Position im Streit der Ideologien. (SB, S. 284)

Erläuterungen zur Aufgabe:

1. Der Text ist gedanklich klar gegliedert, die Wiedergabe soll die Positionen und ihre Bewertung zeigen.
Dreiteiliger Aufbau: Die erste Auffassung der Geschichte, die er der „Kunstperiode" zuordnet, sieht die Geschichte nach dem Vorbild der Natur als einen Kreislauf von Werden und Vergehen; Konsequenz einer solchen Sicht ist ein Fatalismus, der negativ ist. Die 2. Auffassung sieht in der Geschichte einen Fortschrittsprozess zur Glückseligkeit, die Gegenwart steht im Dienst einer vervollkommneten Zukunft. Diese Auffassung hält Heine zwar für positiver als die von ihm gänz-

lich abgelehnte erste Position, aber er will nicht akzeptieren, dass die Gegenwart, in der man lebt, auf diese Weise entwertet wird. Deshalb vertritt er selbst den Standpunkt, das Leben sei ein Recht, dieses Lebensrecht müsse *jetzt* behauptet, verteidigt werden.

2. Geschichte als ‚ewige Wiederkehr' des Gleichen – das sei die Auffassung der Kunstperiode, doch er meint damit wohl nicht Goethe; zur historischen Schule gehören z.B. Savigny und Grimm, im Gegensatz dazu steht Hegel; Heine nennt die Humanitätsschule; Schiller gehört auch zu dieser Auffassung. Heines Frage: Soll man um des Fortschritts der Geschichte willen die Gegenwart in den Dienst der Zukunft stellen? Er spricht sich dagegen aus, wenn er vom Recht des Lebens spricht, das nicht Mittel sein soll. In der Geschichtsauffassung spiegelt sich auch seine Kritik an der christlichen Religion, ihrer Diesseitsentwertung und Jenseitsaufwertung.

3. Man muss klären, was unter Fortschritt verstanden werden soll – er bedeutet nicht wissenschaftlich-technischer Fortschritt in jener Zeit, sondern beispielsweise Fortschritt der Rechtsverhältnisse; in diesem Sinn ist Heine kein Gegner des Fortschritts.

K 7   Kunstauffassung – Georg Büchner: Lenz

Didaktischer Ort: Es geht um eine Erweiterung zum Kunstgespräch aus Büchners „Dantons Tod". (SB, S. 285)

Erläuterungen zur Aufgabe:

1. In beiden Texten findet sich eine satirische Abrechnung mit der Literatur der Klassik („idealistische Periode"). Ziel ist die Kritik der Wirklichkeitsdarstellung: Der Literatur der Klassik wird fehlende Lebendigkeit vorgeworfen, ferner eine idealisierende Überhöhung der Helden durch schöne und pathetische Sprache. Im Kunstgespräch in „Dantons Tod" fehlt die positive Darstellung eines empathischen, empfindsamen Realismus, die Zuwendung zum Geringsten, der bewundernde Blick auf kleinste Gesten, mit denen einfache Menschen aus dem Volk sich – wie der vorliegende Text es darlegt – Zuwendung und Liebe bekunden.

2. Ein Text aus der Klassik könnte eine Passage aus Goethes „Iphigenie auf Tauris" sein; für den Realismus kann man an G. Keller denken (SB, S. 302f.). Der verklärende Humor des poetischen Realismus muss von der Verklärung, von der Lenz spricht, unterschieden werden.

3. Was heißt ‚die Wirklichkeit geben' – wie Lenz sagt? Inwiefern tut es Büchner anders als Goethe? Was meint ‚Wirklichkeit'? Man wird eine Diskussion durch solche und ähnliche Fragen vorstrukturieren müssen.

K 8   Kathrin Asper: Verlassenheit und Selbstentfremdung

Didaktischer Ort: Ein theoretischer (psychologischer) Text, der zum Verständnis einer Figur in einer Novelle beiträgt. (SB, S. 293)

Erläuterungen zur Aufgabe:

1. Es geht um die Entstehung des Bindungsverhaltens in der frühen Kindheit.

2. Im Text wird eine Theorie referiert, die sehr plausibel auf „Brigitta" (aber auch auf andere literarische Figuren) bezogen werden kann. Dabei ist die psychologische Theorie eigentlich eine Bestätigung dessen, was die Novelle darstellt.

3. Auch wenn die Novelle nicht gelesen wird, könnte man die Aufgabe stellen; die Biografie müsste aber nicht deterministisch verlaufen, nicht als sich zwangsläufig aus der Kindheit zum Negativen entwickelnd.

K 9   F. Hebbel: Maria Magdalene

Didaktischer Ort: In diesem Auszug aus dem Drama zeigen sich Charakter und Denkweise des Vaters von Klara, eine Er-

gänzung zum besseren Verständnis der Tochter in der im SB abgedruckten Szene. (SB, S. 300)

Erläuterungen zur Aufgabe:

In der Szene kommt die Vater-Tochter-Beziehung als ein wichtiges Motiv des bürgerlichen Trauerspiels zum Ausdruck: Meister Anton mit seiner fordernden, erpresserischen Sprechweise, der seine Tochter unter unerträglichen Druck setzt; um ein Schwarz-Weiß-Denken zu verhindern, ist es nötig über die Motive des Vaters sich Gedanken zu machen, darüber, weshalb die soziale Kontrolle für ihn eine solche Bedeutung bekommt.

K 10   Zur Theorie des bürgerlichen Trauerspiels

Didaktischer Ort: Zum Verständnis der Entwicklung des Dramas ist das bürgerliche Trauerspiel unverzichtbar; das epische Theater Brechts nimmt letztlich darauf auch Bezug. (SB, S. 300)

Erläuterungen zur Aufgabe:

1. Unter Ausklammerung der Aristoteles-Diskussion in Lessings Dramaturgie wird nur der Wirkungsaspekt beleuchtet. Ist die zentrale Bedeutung von Mitleid/Empathie erkannt, lassen sich daraus Elemente der dramatischen Form, der Personen entwickeln als Bedingung dafür, dass die Mitleidswirkung möglich wird. Einen guten Zugang bekommt man, wenn man von dem modernen Medium Film ausgeht, das in gewisser Hinsicht an die Stelle des traditionellen Dramas getreten ist im Hinblick auf die Intensität der Wirkung. Kernaussage Lessings ist die über die Erweiterung der Mitleidsfähigkeit; Hebbel äußert sich hier nicht über die Wirkung, sondern nur darüber, woraus sich Tragik ergeben kann – auf dem Beharren auf einer überlebten Werteordnung.

2. Lessings und Hilgers Text enthalten wesentliche Gesichtspunkt (Zuwendung dem Unglücklichen zu allen Zeiten, der mitleidigste ist der beste Mensch. Empathie = Voraussetzung des Verstehens, Empathie bereichert eigene Erlebnisfähigkeit). Der Mitleidsbegriff sollte aber durchaus ambivalent gesehen werden.

3. Geht man von konkreten Beispielen aus – Jugendliteratur, Filme wie „Schindlers Liste" – lässt sich am ehesten eine Klärung erreichen; vor allem sollte deutlich werden, dass es nicht um Belehrung geht, wenn die von Lessing intendierte Wirkung erreicht werden soll.

K 11   Louise Dittmar: Wider das verkochte und verbügelte Leben der Frauen

Didaktischer Ort: Ein emanzipatorischer Text, der über das Selbstverständnis von Frauen in der Mitte des 19. Jahrhunderts Auskunft gibt und zeigt, dass die ‚offiziellen' Geschlechtsrollendefinitionen nicht das tatsächliche Bewusstsein (zumindest eines Teils) der Frauen wiedergeben. (SB, S. 302)

Erläuterungen zur Aufgabe:

1. Das Resümee sollte mit einer Textgliederung vorbereitet werden. Stichworte zum Resümee:
   - Hausfrau = „Lasttier"
   - zeittötendes Einerlei
   - keine Zeit/kein Spielraum für „Höheres"
   - Die Hausfrau müsste ein Genie sein, um dem Ideal der Gattin, Mutter, Haushälterin und Gesellschafterin zu entsprechen.
   - Häuslichkeit als Abmühen für die niedrigsten Bedürfnisse
   - Ziel: Die Frau sollte sich an großen gesellschaftlichen Aufgaben beteiligen können.

2. Um die aktuelle Situation zu erfassen, könnte man eine Umfrage im Kurs machen lassen; Informationen über die statistisch erfassten Verhältnisse zeigen in der Regel, dass subjektive Meinungen und statistisch erfasste Wirklichkeit nicht übereinstimmen. Die Textform „Glosse" als subjektiv gefärbte Kommentierung lässt sich an einem solchen Thema

üben; erleichtert wird das Schreiben, wenn die Lerngruppe nicht geübt ist, wenn man aktuelle Glossen, z.B. aus der Zeitung, ausgibt.

K 12 Ute Frevert: Ehrenmänner

Didaktischer Ort: Zum Verständnis der im Roman dargestellten Situation sind sozialgeschichtliche Informationen eine wichtige Hilfe. (SB, S. 305)

Erläuterungen zur Aufgabe:

1. Der Text von U. Frevert zeigt die Seite von männlicher Ehre und Duell, die im Roman, im Denken der Figuren eigentlich schon gar nicht mehr bewusst ist. Stichworte zum Resümee:
   - weibliche Ehre = Geschlechtsehre, d.h. sie ist gebunden an körperlich-sexuelle Integrität.
   - Nur der Mann konnte die verletzte Ehre der Frau „heilen".
   - Männer gewannen Ruhm durch ein solches Ehren-Duell.
   - Einerseits konnte sich die Frau durch das Duell ihretwegen geschmeichelt fühlen, andererseits aber wurde ihr Ruf beschädigt:
     • Bei tödlichem Ausgang des Duelles Vorwürfe bzw. soziale Ächtung;
     • bei Schuld der Frau am Duell war sie moralisch und sozial „erledigt".
   - Fazit: Frauen waren die Leidtragenden des traditionellen Ehrbegriffs.
2. Was für Innstetten das Gesellschafts-Etwas ist, wir sprechen von sozialer Kontrolle, muss auf die Vorstellung von Ehre zurückgeführt werden, von der der Text handelt.

K 13 Wirklichkeitsverständnis im poetischen Realismus – W. Raabe: Pfisters Mühle

Didaktischer Ort: Anhand eines Textauszugs aus einem Roman des poetischen Realismus mit einem modernen Thema – Um- weltverschmutzung – soll der Wirklichkeitsbegriff verdeutlicht werden. (SB, S. 307)

Erläuterungen zur Aufgabe:

1. Der befreundete Chemiker untersucht mit großem Eifer Wasserproben, der Müller und sein Sohn verfolgen gebannt sein Tun. Der Chemiker verhält sich wie ein neugieriger Forscher und benutzt eine Fülle lateinischer Fachausdrücke, er beschreibt das Beobachtete sozusagen als natürliche Prozesse. Zwar ist die Zuckerfabrik eindeutig Verursacher von Gestank und Verschmutzung, doch das ist kein Thema für den Gelehrten – die Wissenschaft hat sich darum nicht zu kümmern.
2. Raabe wählt ein ökologisches Thema; er zeigt deutlich sein Unbehagen an der ökonomischen Entwicklung, die zu ökologischen Schäden führt, aber er zeigt keine Strategien als Gegenmittel auf. In diesem Punkt müsste eine Geschichte mit ökologischer Thematik heute anders erzählt werden – sie müsste aufdecken, welche Interessen im Spiel sind, wie Interessen rücksichtslos durchgesetzt und rechtliche Normen missachtet werden.
   Alternativ ließe sich statt eines literarischen Plots eine journalistische Form wählen.
3. Der Vergleich kann Aspekte zu verstehen helfen, die bei Preisendanz angesprochen werden. Man könnte eine Formulierung von Th. Fontane einbeziehen – Realismus als „Widerspiegelung alles wirklichen Lebens, aller wahren Kräfte und Interessen im Elemente der Kunst": Die Betonung liegt auf „im Element der Kunst". Die Spiegelmetapher ist bestimmend für das 19. Jahrhundert, bis zur Widerspiegelungstheorie der marxistischen Literaturauffassung.

4.3 Die Kopiervorlagen

Reiseliteratur als Zeitkritik

Heinrich Heine (1797–1856): Reise von München nach Genua

Brixen war die zweite, größere Stadt Tirols, wo ich einkehrte. Sie liegt in einem Tal, und als ich ankam, war sie mit Dampf und Abendschatten übergossen. Dämmernde Stille, melancholisches Glockengebimmel, die Schafe trippelten nach ihren Ställen, die Menschen nach den Kirchen; überall beklemmender Geruch von hässlichen Heiligenbildern
5 und getrocknetem Heu.

„Die Jesuiten sind in Brixen", hatte ich kurz vorher im „Hesperus" gelesen. Ich sah mich auf allen Straßen nach ihnen um; aber ich habe niemanden gesehen, der einem Jesuiten glich, es sei denn jener dicke Mann mit geistlich dreieckigem Hut und pfäffisch geschnittenem, schwarzen Rock, der alt und abgetragen war und mit den glänzend neuen
10 schwarzen Hosen gar auffallend kontrastierte.

Das kann auch kein Jesuit sein, sprach ich endlich zu mir selber; denn ich habe mir immer die Jesuiten etwas mager gedacht. Ob es wirklich noch Jesuiten gibt? Manchmal will es mich bedünken, als sei ihre Existenz nur eine Schimäre, als spuke nur die Angst vor ihnen noch in unseren Köpfen, nachdem längst die Gefahr vorüber, und alles Eifern ge-
15 gen Jesuiten mahnt mich dann an Leute, die, wenn es längst aufgehört hat zu regnen, noch immer mit aufgespannten Regenschirmen umhergehen. Ja, mich dünkt zuweilen, der Teufel, der Adel und die Jesuiten existieren nur so lange als man an sie glaubt. Vom Teufel könnten wir es wohl ganz bestimmt behaupten, denn nur die Gläubigen haben ihn bisher gesehen. Auch in Betreff des Adels werden wir im Laufe einiger Zeit die Er-
20 fahrung machen, dass die bonne société aufhören wird, die bonne société zu sein, sobald der gute Bürgersmann nicht mehr die Güte hat, sie für die bonne société zu halten. Aber die Jesuiten? Wenigstens haben sie doch nicht mehr die alten Hosen an! Die alten Jesuiten liegen im Grabe mit ihren alten Hosen, Begierden, Weltplänen, Ränken, Distinktionen, Reservationen und Giften, und was wir jetzt in neuen, glänzenden Hosen
25 durch die Welt schleichen sehen, ist nicht sowohl ihr Geist als vielmehr ihr Gespenst, ein albernes, blödsinniges Gespenst, das uns täglich durch Wort und Tat zu beweisen sucht, wie wenig es furchtbar sei; und wahrlich, es mahnt uns an die Geschichte von einem ähnlichen Gespenste im Thüringer Walde, das einst die Leute, so sich vor ihm fürchteten, von ihrer Furcht befreite, indem es, vor aller Augen, seinen Schädel von den Schul-
30 tern herabnahm, und jedem zeigte, dass er inwendig ganz hohl und leer sei.

Ich kann nicht umhin, nachträglich zu erzählen, dass ich Gelegenheit fand, den dicken Mann mit den glänzend neuen Hosen genauer zu beobachten, und mich zu überzeugen, dass er kein Jesuit war, sondern ein ganz gewöhnliches Vieh Gottes. Ich traf ihn nämlich in der Gaststube meines Wirtshauses, wo er zu Nacht speiste, in Gesellschaft
35 eines langen, magern, Exzellenz genannten Mannes, der jenem alten hagestolzlichen Landjunker, den uns Shakespeare geschildert, so ähnlich war, dass es schien, als habe die Natur ein Plagiat begangen. [...]

(e 1828)

Aus: Heinrich Heines sämtliche Werke, Bd. 3. Hrsg. E. Elster Leipzig/Wien o.J.; es handelt sich um den Anfang des IX. Kapitels.

Arbeitsanweisungen:

1. Zeigen Sie durch eine genaue Textinterpretation, welche Absicht Heine mit seiner Reisebeschreibung verfolgt.

2. Inwiefern ist es gerechtfertigt, in Bezug auf diesen Text von „Ideenschmuggel" zu sprechen?

Realismus K 2

Gesellschaftskritik

Ludwig Börne (1786–1837): Arm und Reich

[...]
Die reichen Leute machen allein die Gesetze, sie allein verteilen die Auflagen, davon sie den größten und schwersten Teil den Armen aufbürgen. Das Herz empört sich, wenn man sieht, mit welcher Ungerechtigkeit alle Staatslasten verteilt sind. Hat man denn je einen reichen Städter über zu starke Auflagen klagen hören? Wer trägt denn nun alle die
5 Lasten, unter welchen die europäischen Völker halb zerquetscht jammern? Der arme Taglöhner, das Land. Aber was ist dem Städter das Land? Gott hat es nur zu Spazierfahrten und Kirchweihfesten geschaffen! Der Bauer muss seinen einzigen Sohn hergeben, den frechen Überfluss der Reichen gegen seine eigene Not zu schützen, und unterliegt er der Verzweiflung und murret, schickt man ihm den eigenen Sohn zurück, der für fünf
10 Kreuzer täglich bereit sein muss, ein Vatermörder zu werden. Alle Abgaben ruhen auf den notwendigsten Lebensbedürfnissen, und der Luxus der Reichen wird nur so viel besteuert, als es ihre Eitelkeit gern sieht; denn ein wohlfeiler Genuss würde sie nicht auszeichnen vor dem niedrigen Volke. Die fluchwürdigen Staatsanleihen, von denen erfunden, welchen nicht genügt, das lebende Menschengeschlecht unglücklich zu wissen,
15 sondern die, um ruhig zu sterben, die Zuversicht mit in das Grab nehmen wollen, dass auch die kommenden Geschlechter zugrunde gehen werden – entziehen dem Handel und den Gewerben fast alle Kapitalien, und nachdem sie dieses Verderben gestiftet, bleiben sie, zu noch größerem Verderben, unbesteuert, und was dadurch der Staat an Einkommen verliert, wird von dem armen Rest der Gewerbe verlangt. Der reiche Fabrikant
20 hält sich für zugrunde gerichtet, wenn nicht jeder seiner Töchter einen türkischen Shawl tragen kann, und um sich und seiner Familie nichts zu entziehen, wirft er seinen Verlust auf die Arbeiter und setzt ihren Tagelohn herab. Die Stadt Paris braucht jährlich vierzig Millionen, von welchen ein schöner Teil in den räuberischen Händen der begünstigten Lieferanten und Unternehmer zurückbleibt. Jetzt brauchen sie noch mehr
25 Geld, und sie besinnen sich seit einiger Zeit, ob sie die neuen Auflagen auf den Wein, die Butter oder die Kohlen legen sollen. Der Reiche soll nicht darunter leiden, der Arme soll bezahlen wie immer. Eine Flasche Wein zahlt der Stadt fünf Sous; ob es aber der geringe Wein ist, den der Arme trinkt, oder ein kostbarer, den der Reiche genießt, das macht keinen Unterschied. Die Flasche Wein, die zwanzig Franken kostet, zahlt nicht mehr
30 Abgaben als eine zu acht Sous. Eine Sängerin, die jährlich vierzigtausend Franken Einkommen hat, zahlt nichts, und ein armer Leiermann muss von dem Ertrage seiner Straßen-Bettelei der Polizei einen großen Teil abgeben. Das fluchwüdige Lotto ist eine Abgabe, die ganz allein auf der ärmsten Volkskasse liegt. Dreißig Millionen stiehlt der Staat aus den Beuteln der Tagelöhner, und eine Regierung, die dies tut, hat noch das
35 Herz, einen Dieb an den Pranger zu stellen und einen Räuber am Leben zu bestrafen! Und nach allen diesen Abscheulichkeiten kommen sie und lästern über die Unglücklichen, die nichts zu verlieren haben, und fordern die reichen Leute auf, gegen das wilde Tier, Volk, auf seiner Hut zu sein! Geschieht das alles sogar in Frankreich, wo die freie Presse manche Gewalttätigkeit verhindert, manche wieder gutmacht – was mag nicht
40 erst in jenen Ländern geschehen, wo alles stumm ist, wo keiner klagen darf und wo jeder nur den Schmerz erfährt, den er selber fühlt! [...]

(e 1831)

Aus: Jost Hermand (Hrsg.): Das Junge Deutschland. Stuttgart 1966, S. 281–284.

Arbeitsanweisungen:

1. Untersuchen Sie, wie Börne die Lage der Armen und Reichen darstellt.

2. Vergleichen Sie mit Büchners „Der Hessische Landbote" (SB, S. 275f.): Wie beurteilen Sie die Darstellungsmittel und die Wirkungsmöglichkeiten?

Politische Lyrik:

Heinrich Heine (1797–1856): Erinnerung aus Krähwinkels Schreckenstagen

Wir Bürgermeister und Senat,
Wir haben folgendes Mandat
Stadtväterlichst an alle Klassen
Der treuen Bürgerschaft erlassen.

5 Ausländer, Fremde, sind es meist,
Die unter uns gesät den Geist
Der Rebellion. Dergleichen Sünder,
Gottlob! sind selten Landeskinder.

Auch Gottesleugner sind es meist;
10 Wer sich von seinem Gotte reißt,
Wird endlich auch abtrünnig werden
Von seinen irdischen Behörden.

Der Obrigkeit gehorchen, ist
Die erste Pflicht für Jud und Christ.
15 Es schließe jeder seine Bude
Sobald es dunkel, Christ und Jude.

Wo ihrer drei beisammen stehn,
Da soll man auseinander gehn.
Des Nachts soll niemand auf den Gassen
20 Sich ohne Leuchte sehen lassen.

Es liefre seine Waffen aus
Ein jeder in dem Gildenhaus;
Auch Munition von jeder Sorte
Wird deponiert am selben Orte.

25 Wer auf der Straße räsoniert,
Wird unverzüglich füsiliert;
Das Räsonieren durch Gebärden
Soll gleichfalls hart bestrafet werden.

Vertrauet Eurem Magistrat,
30 Der fromm und liebend schützt den Staat
Durch huldreich hochwohlweises Walten;
Euch ziemt es, stets das Maul zu halten.

(v 1854)

Aus: Heinrich Heine. Sämtliche Werke. Hrsg. von G. Elster. Bd. 1. Leipzig/Wien (Bibliographisches Institut) o. J.

Arbeitsanweisungen:

1. Stellen Sie zusammen, welche Ironiesignale das Gedicht enthält.

H.M. Enzensberger schreibt über das politische Gedicht: „Sein politischer Auftrag ist, sich jedem politischen Auftrag zu verweigern und für alle zu sprechen noch dort, wo es von keinem spricht, von einem Baum, von einem Stein, von dem was nicht ist." Über die Möglichkeiten der politischen Dichtung heute sagt der Literaturkritiker Heinrich Vormweg: „Heute ist, summa summarum, die Poesie so frei, dass sich daraus nur noch schließen lässt, die Mächtigen erhofften nichts mehr von ihr, hätten vor ihr nicht mehr die geringste Furcht, hielten sie für politisch ganz und gar irrelevant."

2. Erörtern Sie diese Auffassungen; beziehen Sie Beispiele politischer Dichtung ein.

Politische Lyrik:

Heinrich Heine (1797–1856): Die Wanderratten

Es gibt zwei Sorten Ratten:
Die hungrigen und satten.
Die satten bleiben vergnügt zu Haus,
Die hungrigen aber wandern aus.

5 Sie wandern viel tausend Meilen,
Ganz ohne Rasten und Weilen,
Gradaus in ihrem grimmigen Lauf,
Nicht Wind noch Wetter hält sie auf.

Sie klimmen wohl über die Höhen,
10 Sie schwimmen wohl durch die Seen;
Gar manche ersäuft oder bricht das Genick,
Die lebenden lassen die toten zurück.

Es haben diese Käuze
Gar fürchterliche Schnäuze;
15 Sie tragen die Köpfe geschoren egal,
Ganz radikal, ganz rattenkahl.

Die radikale Rotte
Weiß nichts von einem Gotte.
Sie lassen nicht taufen ihre Brut,
20 Die Weiber sind Gemeindegut.

Der sinnliche Rattenhaufen,
Er will nur fressen und saufen,
Er denkt nicht, während er säuft und frisst,
Dass unsre Seele unsterblich ist.

25 So eine wilde Ratze,
Die fürchtet nicht Hölle, nicht Katze;
Sie hat kein Gut, sie hat kein Geld
Und wünscht aufs Neue zu teilen die Welt.
Die Wanderratten, o wehe!

30 Sie sind schon in der Nähe.
Sie rücken heran, ich höre schon
Ihr Pfeifen – die Zahl ist Legion.

O wehe! wir sind verloren,
Sie sind schon vor den Toren!
35 Der Bürgermeister und Senat,
Sie schütteln die Köpfe, und keiner weiß Rat.

Die Bürgerschaft greift zu den Waffen,
Die Glocken läuten die Pfaffen.
Gefährdet ist das Palladium
40 Des sittlichen Staats, das Eigentum.

Nicht Glockengeläute, nicht Pfaffengebete,
Nicht hochwohlweise Senatsdekrete,
Auch nicht Kanonen, viel Hundertpfünder,
Sie helfen euch heute, ihr lieben Kinder!

45 Heut helfen euch nicht die Wortgespinste
Der abgelebten Redekünste.
Man fängt nicht Ratten mit Syllogismen,
Sie springen über die feinsten Sophismen.

Im hungrigen Magen Eingang finden
50 Nur Suppenlogik mit Knödelgründen,
Nur Argumente von Rinderbraten,
Begleitet mit Göttinger Wurst-Zitaten.

Ein schweigender Stockfisch, in Butter gesotten,
Behaget den radikalen Rotten
55 Viel besser als ein Mirabeau
Und alle Redner seit Cicero.

(v 1869)

Aus: Heinrich Heines sämtliche Werke. Bd. 2, S. 202. Hrsg. E. Elster. Leipzig/Wien o. J.

Arbeitsanweisung:

Interpretieren Sie das Gedicht. Analysieren Sie die sprachlichen Mittel vor dem Hintergrund der Kommunikationssituation (beabsichtigte Wirkung auf die gemeinten ‚bürgerlichen' Leser).

Liebesgedichte und Liebeskonzepte:

1. Heinrich Heine (1797–1856): Es stehen unbeweglich

Es stehen unbeweglich
Die Sterne in der Höh,
Viel tausend Jahr, und schauen
Sich an mit Liebesweh.

5 Sie sprechen eine Sprache,
Die ist so reich, so schön;
Doch keiner der Philologen
Kann diese Sprache verstehn.

Ich aber hab sie gelernet,
10 Und ich vergesse sie nicht;
Mir diente als Grammatik
Der Herzallerliebsten Gesicht.

Aus: Heinrich Heine: Buch der Lieder. München (Goldmann)
1987, S. 79

2. Bertolt Brecht (1898–1956): Terzinen über die Liebe

Sieh jene Kraniche in großem Bogen!
Die Wolken, welche ihnen beigegeben
Zogen mit ihnen schon, als sie entflogen
Aus einem Leben in ein andres Leben.
5 In gleicher Höhe und mit gleicher Eile
Scheinen sie alle beide nur daneben.
Daß so der Kranich mit der Wolke teile
Den schönen Himmel, den sie kurz befliegen
Daß also keines länger hier verweile
10 Und keines andres sehe als das Wiegen
Des andern in dem Wind, den beide spüren
Die jetzt im Fluge beieinander liegen
So mag der Wind sie in das Nichts entführen
Wenn sie nur nicht vergehen und sich bleiben
15 So lange kann sie beide nichts berühren
So lange kann man sie von jedem Ort vertreiben
Wo Regen drohen oder Schüsse schallen.
So unter Sonn und Monds wenig verschiedenen Scheiben
Fliegen sie hin, einander ganz verfallen.
20 Wohin, ihr? – Nirgend hin. – Von wem davon? – Von allen.
Ihr fragt, wie lange sind sie schon beisammen?
Seit kurzem. – Und wann werden sie sich trennen? – Bald.
So scheint die Liebe Liebenden ein Halt.

Aus: Werke. Große kommentierte Berliner und Frankfurter Ausgabe. Hg. von
Werner Hecht, Jan Knopf, Werner Mittenzwei, Klaus-Detlef Müller. 30 Bände,
Frankfurt a.M./Berlin und Weimar (Suhrkamp) 1988–2000, Band 14 (1993), S.
15f.

*(Aus lizenzrechtlichen Gründen ist dieser Text nicht in reformierter Rechtschreibung
abgedruckt.)*

3. Erich Fried (1921–1988): Was es ist?

Es ist Unsinn
sagt die Vernunft
Es ist was es ist
sagt die Liebe

5 Es ist Unglück
sagt die Berechnung
Es ist nichts als Schmerz
sagt die Angst
Es ist aussichtslos
10 sagt die Einsicht
Es ist was es ist
sagt die Liebe

Es ist lächerlich
sagt der Stolz
15 Es ist leichtsinnig
sagt die Vorsicht
Es ist unmöglich
sagt die Erfahrung
Es ist was es ist
20 sagt die Liebe

Aus: Es ist was es ist. © 1983, NA 1994 Verlag Klaus Wagenbach Berlin.

4. Niklas Luhmann: Liebe als Passion

[...]

Trotzdem laufen – von Montaigne bis Rousseau – zwei Einstellungen nebeneinander her. Es gibt schon den radikalen Zweifel an der Möglichkeit des Aufrichtigseins und die Entlarvung der Sinnlosigkeit des Versuchs. Er mündet in die Einsicht der Inkommunikabilität der Icherfahrung, des authentischen Selbstseins. Andererseits sucht man immer wieder einen Ausweg mit Hilfe der semantischen Differenz von Natürlichkeit und Künstlichkeit, Natur und Zivilisation. Das Problem wird auf einen rhetorischen Fehlgriff reduziert, später auf eine besondere historische Lage: Nur in der heutigen (vornehmen) Welt sei es unmöglich, sich aufrichtig zu verhalten; aber es gebe gleichwohl auch dann noch eine in der Natur fundierte Verhaltensweise. Teils fällt jetzt der Psychologie die Aufgabe zu, die *Paradoxien* der Liebe als *Natur* und damit als *Einheit* darzustellen. Das kann natürlich nicht in der Form einer wissenschaftlichen Lehre geschehen, wohl aber in der psychologisierenden literarischen Darstellung. Authentische Liebe (für die es die Differenz aufrichtig/unaufrichtig nicht mehr gibt) erscheint teils als „witty, cruel, polished, brutal, dignified, and unprincipled", und wie das zusammengeht, zeigt der Roman. Teils glaubt man wieder an die gute Natur, die sich nun freilich vorbehaltlos zu ihrer Sinnlichkeit bekennen muss: Rousseau! Im einen Falle ist das, was der Natur unentbehrlich ist, schließlich nur noch das Raffinement, der Geist; im anderen Falle ist es die Sinnlichkeit, die sich als Natur selbst legitimiert. [...]

Aus: Liebe als Passion. © Suhrkamp Verlag 1994, S. 132f.

5. Ulrich Beck/Elisabeth Beck-Gernsheim: Das ganz normale Chaos der Liebe

Was heißt hier Liebe?

Worauf kann sich die neue Gemeinschaft gründen? Die Antwort scheint zunächst einfach. Nach der modernen Definition der Ehebeziehung ist diese vorrangig als emotionale Gemeinschaft bestimmt: Ihre Grundlage soll „Liebe" sein. Dies freilich ist eine sehr weite und vage Bestimmung. Denn die Inhalte dessen, was Liebe ist und sein soll, haben sich in der Geschichte – in den letzten Jahrhunderten und insbesondere auch in den letzten Jahrzehnten – vielfach gewandelt. In der Gegenwart existieren mehrere Versionen nebeneinander – traditionelle, moderne, postmoderne –, die zusammen eine schillernde Mischung ergeben. Diese „Ungleichzeitigkeit des Gleichzeitigen" hat zur Folge, dass sich mit dem einen Wort „Liebe" sehr unterschiedliche Vorstellungen, Erwartungen, Hoffnungen verbinden, und nicht zuletzt auch unterschiedliche Regeln und Verhaltensvorschriften (siehe z.B. die vielgeübten Diskussionen um „Monogamie versus Mehrfachbeziehung"). Die Herstellung jenes normativen Anspruchs, der „Liebe" genannt wird, erfordert damit komplizierte Abstimmungs- und Vermittlungsprozesse. Und wir ahnen es schon: Hier ist die Basis für potenzielle Konflikte gelegt. Dazu wiederum die Untersuchung über bikulturelle Ehen:

„Die Gemeinsamkeit einer modernen westlichen Ehe, die ‚von beiden geteilte Identität', entsteht normalerweise immer wieder neu im Gespräch. Die Erwartung an Verbalisierung ist jedoch kulturell unterschiedlich. Der westlich-bürgerliche Umgang mit Konflikten – Sprechen, Aufklären – ist ein keineswegs universelles Bedürfnis. Wenn der deutsche Teil darauf insistiert, kann er bei seinem ausländischen Partner gegen Wände anlaufen. In manch anderen Kulturen gilt Beziehungsnähe nämlich nicht als Kriterium einer ‚guten Ehe', vielmehr zählen dort Aufeinander-Angewiesensein, Verantwortung und Vorsorge für die Familie, Arbeitsteilung zwischen den Geschlechtern und praktischer, dauerhafter Bestand."

Aus: Das ganz normale Chaos der Liebe. © Suhrkamp Verlag 1990, S. 115.

Arbeitsanweisungen:

1. Fassen Sie die Ausführungen über die Liebeskonzepte zusammen.

2. Zeigen Sie durch eine Interpretation, welche Vorstellungen von Liebe in den Gedichten zum Ausdruck kommen.

3. Suchen Sie (aus dem SB) Liebesgedichte mit anderen Liebesauffassungen.

4. Welche Gründe sehen Sie für die Veränderungen?

© Schöningh Verlag, Best.-Nr. 028228 1

Heinrich Heine (1797–1856): Verschiedenartige Geschichtsauffassung

Das Buch der Geschichte findet mannigfaltige Auslegungen. Zwei ganz entgegengesetzte Ansichten treten hier besonders hervor. – Die einen sehen in allen irdischen Dingen nur einen trostlosen Kreislauf; im Leben der Völker wie im Leben der Individuen, in diesem, wie in der organischen Natur überhaupt, sehen sie ein Wachsen, Blühen, Welken und
5 Sterben: Frühling, Sommer, Herbst und Winter. „Es ist nichts Neues unter der Sonne!" ist ihr Wahlspruch; und selbst dieser ist nichts Neues, da schon vor zwei Jahrtausenden der König des Morgenlandes ihn hervorgeseufzt. Sie zucken die Achsel über unsere Zivilisation, die doch endlich wieder der Barbarei weichen werde; sie schütteln den Kopf über unsere Freiheitskämpfe, die nur dem Aufkommen neuer Tyrannen förderlich sei-
10 en; sie lächeln über alle Bestrebungen eines politischen Enthusiasmus, der die Welt besser und glücklicher machen will und der doch am Ende erkühle und nichts gefruchtet; – in der kleinen Chronik von Hoffnungen, Nöten, Missgeschicken, Schmerzen und Freuden, Irrtümern und Enttäuschungen, womit der einzelne Mensch sein Leben verbringt, in dieser Menschengeschichte sehen sie auch die Geschichte der Menschheit. In Deutsch-
15 land sind die Weltweisen der historischen Schule und die Poeten aus der Wolfgang-Goethe'schen Kunstperiode ganz eigentlich dieser Ansicht zugetan, und Letztere pflegen damit einen sentimentalen Indifferentismus gegen alle politischen Angelegenheiten des Vaterlandes allersüßlichst zu beschönigen. [...]
Der oben besprochenen, gar fatalen fatalistischen Ansicht steht eine lichtere entgegen,
20 die mehr mit der Idee einer Vorsehung verwandt ist und wonach alle irdischen Dinge einer schönen Vervollkommnung entgegenreifen und die großen Helden und Heldenzeiten nur Staffeln sind zu einem höheren, gottähnlichen Zustande des Menschengeschlechtes, dessen sittliche und politische Kämpfe endlich den heiligsten Frieden, die reinste Verbrüderung und die ewigste Glückseligkeit zur Folge haben. Das goldne Zeit-
25 alter, heißt es, liege nicht hinter uns, sondern vor uns; wir seien nicht aus dem Paradiese vertrieben mit dem flammenden Schwerte, sondern wir müssten es erobern durch ein flammendes Herz, durch die Liebe; die Frucht der Erkenntnis gebe uns nicht den Tod, sondern das ewige Leben. – „Zivilisation" war lange Zeit der Wahlspruch bei den Jüngern solcher Ansicht. In Deutschland huldigte ihr vornehmlich die Humanitäts-
30 schule. Wie bestimmt die so genannte philosophische Schule dahinzielt, ist männiglich bekannt. Sie war den Untersuchungen politischer Fragen ganz besonders förderlich, und als höchste Blüte dieser Ansicht predigt man die idealische Staatsform, die, ganz basiert auf Vernunftgründen, die Menschheit in letzter Instanz Veredelung beglücken soll. – Ich brauche wohl die begeisterten Kämpen dieser Ansicht nicht zu nennen. Ihr Hoch-
35 streben ist jedenfalls erfreulicher als die kleinen Windungen niedriger Ranken; wenn wir sie einst bekämpfen, so geschehe es mit dem kostbarsten Ehrenschwerte, während wir einen rankenden Knecht nur mit der wahlverwandten Knute abfertigen werden.
Beide Ansichten, wie ich sie angedeutet, wollen nicht recht mit unseren lebendigsten Lebensgefühlen übereinklingen; wir wollen auf der einen Seite nicht umsonst begeistert
40 sein und das Höchste setzen an das unnütz Vergängliche; auf der anderen Seite wollen wir auch, dass die Gegenwart ihren Wert gehalten und dass sie nicht bloß als Mittel gelte und die Zukunft ihr Zweck sei. Und in der Tat, wir fühlen uns wichtiger gestimmt, als dass wir uns nur als Mittel zum Zweck betrachten möchten; es will uns überhaupt bedünken, als seien Zweck und Mittel nur konventionelle Begriffe, die der Mensch in
45 die Natur und in die Geschichte hineingegrübelt, von denen aber der Schöpfer nichts wusste, indem jedes Erschaffnis sich selbst bezweckt und jedes Ereignis sich selbst bedingt und alles, wie die Welt selbst, seiner selbst willen da ist und geschieht. – Das Leben ist weder Zweck noch Mittel; das Leben ist ein Recht. Das Leben will dieses Recht geltend machen gegen den erstarrenden Tod, gegen die Vergangenheit, und dieses Gel-
50 tendmachen ist die Revolution. Der elegische Indifferentismus der Historiker und Poeten soll unsere Energie nicht lähmen bei diesem Geschäfte; und die Schwärmerei der Zukunftbeglücker soll uns nicht verleiten, die Interessen der Gegenwart und das zunächst zu verfechtende Menschenrecht, das Recht zu leben, aufs Spiel zu setzen. – Le pain est le droit du peuple, sagte Saint-Just, und das ist das größte Wort, das in der ganzen
55 Revolution gesprochen worden.

(e 1830)

Aus: Jost Hermand (Hrsg.): Das Junge Deutschland. Stuttgart (Reclam) 1966. S. 285–287.

Arbeitsanweisungen:

1. Geben Sie den Gedankengang des Textes wieder.

2. Suchen Sie in den Kapiteln Aufklärung – Romantik (SB, S. 144ff.) Repräsentanten der Geschichtsauffassungen, die Heine unterscheidet.

3. „Heine spricht sich hier gegen den Fortschritt aus." Erörtern Sie diese Interpretationsthese.

Kunstauffassung

Georg Büchner (1813–1837): Lenz

[...] Über Tisch war Lenz wieder in guter Stimmung, man sprach von Literatur, er war auf seinem Gebiete; die idealistische Periode fing damals gerade an, Kaufmann[1] war ein Anhänger davon, Lenz widersprach heftig. Er sagte: Die Dichter, von denen man sage, sie geben die Wirklichkeit, hätten auch keine Ahnung davon, doch seien sie immer noch
5 erträglicher, als die, welche die Wirklichkeit verklären wollten. Er sagte: Der liebe Gott hat die Welt wohl gemacht wie sie sein soll, und wir können wohl nicht was Besseres klecksen, unser einziges Bestreben soll sein, ihm ein wenig nachzuschaffen. Ich verlange in allem Leben, Möglichkeit des Daseins, und dann ist's gut; wir haben dann nicht zu fragen, ob es schön, ob es hässlich ist, das Gefühl, dass was geschaffen sei, Leben habe,
10 steht über diesen beiden, und sei das einzige Kriterium in Kunstsachen. Übrigens begegne es uns nur selten, in Shakespeare finden wir es und in den Volksliedern tönt es einem ganz, in Goethe manchmal entgegen. Alles Übrige kann man ins Feuer werfen. Die Leute können auch keinen Hundsstall zeichnen. Da wolle man idealistische Gestalten, aber alles, was ich davon gesehen, sind Holzpuppen. Dieser Idealismus ist die
15 schmählichste Verachtung der menschlichen Natur. Man versuche es einmal und senke sich in das Leben des Geringsten und gebe es wieder, in den Zuckungen, den Andeutungen, dem ganzen feinen, kaum bemerkten Mienenspiel; er hätte dergleichen versucht im „Hofmeister" und den „Soldaten". Es sind die prosaischsten Menschen unter der Sonne; aber die Gefühlsader ist in fast allen Menschen gleich, nur ist die Hülle mehr
20 oder weniger dicht, durch die sie brechen muss. Man muss nur Aug und Ohren dafür haben. Wie ich gestern neben am Tal hinaufging, sah ich auf einem Steine zwei Mädchen sitzen, die eine band ihre Haare auf, die andre half ihr; und das goldne Haar hing herab, und ein ernstes bleiches Gesicht, und doch so jung, und die schwarze Tracht und die andre so sorgsam bemüht. Die schönsten, innigsten Bilder der altdeutschen Schule ge-
25 ben kaum eine Ahnung davon. Man möchte manchmal ein Medusenhaupt[2] sein, um so eine Gruppe in Stein verwandeln zu können, und den Leuten zurufen. Sie standen auf, die schöne Gruppe war zerstört; aber wie sie so hinabstiegen, zwischen den Felsen war es wieder ein anderes Bild. Die schönsten Bilder, die schwellendsten Töne, gruppieren, lösen sich auf. Nur eins bleibt, eine unendliche Schönheit, die aus einer Form in die and-
30 re tritt, ewig aufgeblättert, verändert, man kann sie aber freilich nicht immer festhalten und in Museen stellen und auf Notenziehen und dann Alt und Jung herbeirufen, und die Buben und Alten darüber radotieren[3] und sich entzücken lassen. Man muss die Menschheit lieben, um in das eigentümliche Wesen jedes einzudringen, es darf einem keiner zu gering, keiner zu hässlich sein, erst dann kann man sie verstehen; das unbe-
35 deutendste Gesicht macht einen tiefern Eindruck als die bloße Empfindung des Schönen, und man kann die Gestalten aus sich heraustreten lassen, ohne etwas vom Äußern hineinzukopieren, wo einem kein Leben, keine Muskeln, kein Puls entgegenschwillt und pocht. Kaufmann warf ihm vor, dass er in der Wirklichkeit doch keine Typen für einen Apoll von Belvedere[4] oder eine Raphaelische Madonna[5] finden würde. Was liegt daran,
40 versetzte er, ich muss gestehen, ich fühle mich dabei sehr tot, wenn ich in mir arbeite, kann ich auch wohl was dabei fühlen, aber ich tue das Beste daran. Der Dichter und Bildende ist mir der Liebste, der mir die Natur am wirklichsten gibt, so dass ich über seinem Gebilde fühle, alles Übrige stört mich. [...]

(v 1836)

1 Kaufmann: Christoph Kaufmann (1753–1795) studierte Medizin in Bern, befasste sich dann mit den Basedow'schen pädagogischen Reformbestrebungen und zog als Weltverbesserer durch die Lande.
2 Medusenhaupt: In der griech. Mythologie war die Medusa eine von den drei Gorgonenungeheuern; ihre Haare waren Schlangen, ihr Blick versteinerte jeden, den er traf.
3 radotieren: faseln
4 Apoll von Belvedere: Statue des griech. Gottes der Künste und Wissenschaften, die sich in den Vatikanischen Museen befindet.
5 Raphaelische Madonna: Raffaello Santi (1483–1520), ital. Maler, berühmt wegen seiner Madonnenbilder.

Aus: Georg Büchner: Werke und Briefe. Hrsg. von W. R. Lehmann, München (Deutscher Taschenbuch Verlag) 1984.

Arbeitsanweisungen:

1. Fassen Sie zusammen, wie alte und neue Kunst beschrieben werden.

2. Überprüfen Sie die Aussagen anhand von Texten aus der Klassik und des Realismus.

3. Wie beurteilen Sie die in „Lenz" vertretene Kunstauffassung?

Kathrin Asper: Verlassenheit und Selbstentfremdung

[...]

Der führende Deprivationsforscher John Bowlby sichtete während Jahren die Ergebnisse von Untersuchungen verschiedener Fachdisziplinen – wie Psychoanalyse, Ethologie, Systemtheorien, Lerntheorie und kognitive Psychologie –, die sich mit Mutter-Kind-Trennungen befassten, und baute darauf seine Konzepte auf, deren Kern die *Bindungs-*
5 *theorie* ist: „Sie postuliert das Band zwischen Kind und Mutter als Produkt der Aktivität einer Anzahl von Verhaltenssystemen, deren voraussehbares Ziel die Nähe zur Mutter ist."

Von Geburt an besitzt das Kind ein angeborenes, Bindungsverhalten, das sich im Schreien, Saugen, Festhalten, im Lächeln und Schwätzeln und später im Kriechen und Gehen
10 äußert. Bowlby setzt sich mit seiner Bindungstheorie in einen Gegensatz zur klassischen Ansicht der Psychoanalyse, welche das Bindungsvermögen als sekundär aus der Nahrungsbefriedigung entstanden auffasst. Die Sekundärtriebtheorie ist bei Bowlby durch die Bindungstheorie ersetzt worden. Von allem Anfang an ist der werdende Mensch auf Bindung ausgerichtet, doch erst im zirka 6. Monat ist das Bindungsverhalten etabliert
15 und gut zu beobachten. Es dauert intensiv bis zum zirka 3. Geburtstag an, entwickelt sich bis in die Adoleszenz und bleibt charakteristisch für das gesamte Leben des Menschen. Das Bindungsverhalten des erwachsenen Menschen ist die Reflexion seiner frühen Erfahrungen. Bowlby versteht das Bindungsverhalten als etwas durchaus Menschliches und will nicht verstanden haben als etwas Regressives und Pathologisches. Im optimalen
20 Falle verhält sich die Mutter zum Bindungsverhalten des Kindes in einem angepassten Pflegeverhalten; beide bilden ein Paar und empfinden Freude an- und Liebe füreinander. Die Beziehung, die sie unterhalten, ist eine solche: „[...], in der *beide Partner Befriedigung und Genuss* finden. Ein Kind braucht die Gewissheit, für seine Mutter ein Gegenstand der Freude und des Stolzes zu sein; eine Mutter braucht das Erlebnis einer Er-
25 weiterung ihrer eigenen Persönlichkeit zum Kind hin: *beide* haben das Bedürfnis, sich intensiv mit dem anderen zu identifizieren. Was eine Mutter für ihr Kind tut, kann nicht durch Routine ersetzt werden; es ist eine lebendige menschliche *Partnerschaft*, durch die es bei beiden Beteiligten zu charakterlichen Veränderungen kommt."

Durch das Bindungsverhalten an die liebende Mutter geknüpft, erlebt das Kind nicht allein Schutz, sondern auch die notwendige Voraussetzung, sich auf einer „sicheren Ba-
30 sis" des Vertrauens entfalten zu dürfen und ein gesundes Selbstvertrauen aufbauen zu können.

Bowlby nennt den Mutterentzug „mütterliche Deprivation", ein solcher wirkt sich nicht allein auf das Bindungsverhalten des Kindes, sondern auf seine gesamte Entwicklung
35 fatal aus. Wiederum gestützt auf ein umfassendes empirisches Material kann Bowlby die Wichtigkeit der Bindung an die Mutter (oder an eine Bindungsfigur) nachweisen. Es zeigt sich bereits beim Kleinkind, dass Trennungen von der Mutter das Kind ängstigen, es traurig stimmen und Ärger auslösen; all das klingt bei der Wiedervereinigung mit der Mutter ab. Bowlby unterscheidet zwei Arten der Deprivation: die *„partielle"* liegt dann
40 vor, wenn dem Kind nicht mit Liebe, sondern mit Ablehnung begegnet wird bei konstanter Präsenz der Mutter (oder Bindungsfigur), absolute oder *„totale"* Deprivation ist verbunden mit Ausfall der Mutter (Tod, Krankheit, Verlassen, Trennung, Einweisung in Institutionen). Die Folgen des Mutterentzuges und Mutterverlusts sind von weitreichender Bedeutung und führen oft zu neurotischen Charakterverbiegungen. Ein in der
45 Kindheit deprivierter Mensch neigt zu Angst- oder Unsicherheitsbindungen, die sich durch eine übermäßige Anklammerung äußern. Oder aber das Kind lässt sich überhaupt nicht mehr auf Bindungen ein und trägt eine künstliche Selbstgenügsamkeit zur Schau. Beide Formen sind Ausdruck einer Deprivation. Menschen mit gestörtem Bindungsverhalten sind außerordentlich trennungssensibel und neigen zu Verlustängsten und
50 pathologischer Verarbeitung von Trauer. [...]

Aus: Kathrin Asper: Verlassenheit und Selbstentfremdung. Neue Zugänge zum therapeutischen Verständnis. München (Deutscher Taschenbuch Verlag) 1994, S. 48f.

Arbeitsanweisungen:

1. Resümieren Sie die Ausführungen über das Mutter-Kind-Verhältnis.

2. Vergleichen Sie diese Gedanken mit denen des Erzählers in „Brigitta" von A. Stifter (SB, S. 292f.)

3. Überlegen Sie, wie sich Brigittas Kindheit auf ihre Biografie auswirken kann.

Realismus

K 9

Friedrich Hebbel (1813–1863): Maria Magdalene, II/1 (Auszug)

Einführung in den Textzusammenhang: Der Sohn des Tischlermeisters Anton ist unter dem Verdacht des Diebstahls verhaftet worden; Klara ist Antons Tochter.

[...]

KLARA. Werd Er doch wieder ruhig!

MEISTER ANTON. Werd Er doch wieder gesund! Warum ist Er krank! Ja, Arzt, reich mir
nur den Trunk der Genesung! Dein Bruder ist der schlechteste Sohn, werde du die
beste Tochter! Wie ein nichtswürdiger Bankrottierer steh ich vor dem Angesicht der
5 Welt, einen braven Mann, der in die Stelle dieses Invaliden treten könne, was ich ihr
schuldig, mit einem Schelm hab ich sie betrogen. Werde du ein Weib, wie deine Mutter
war, dann wird man sprechen: An den Eltern hats nicht gelegen, dass der Bube abseits
ging, denn die Tochter wandelt den rechten Weg und ist allen anderen vorauf.
(Mit schrecklicher Kälte) Und ich will das Meinige dazu tun, ich will dir die Sache leich-
10 ter machen als den Übrigen. In dem Augenblick, wo ich bemerke, dass man auch auf
dich mit Fingern zeigt, werde ich – *(mit einer Bewegung an den Hals)* mich rasieren
und dann, *das schwör ich dir zu,* rasier ich den ganzen Kerl weg, du kannst sagen, es
sei aus Schreck geschehen, weil auf der Straße ein Pferd durchging oder weil die Katze
auf dem Boden einen Stuhl umwarf oder weil mir eine Maus an den Beinen hi-
15 nauflief. Wer mich kennt, wird freilich den Kopf dazu schütteln, denn ich bin nicht
sonderlich schreckhaft, aber was tuts? Ich kanns in einer Welt nicht aushalten, wo die
Leute mitleidig sein müssten, wenn sie nicht vor mir ausspucken sollen.

KLARA. Barmherziger Gott, was soll ich tun!

MEISTER ANTON. Nichts, nichts, liebes Kind, ich bin zu hart gegen dich, ich fühls wohl,
20 nichts, bleib nur, was du bist, dann ists gut! O, ich hab so groß Unrecht erlitten, dass
ich Unrecht tun muss, um nicht zu erliegen, wenns mich so recht anfasst. Sieh, ich
gehe vorhin über die Straße, da kommt der Pockenfritz daher, der Gaudieb, den ich
vor Jahren ins Loch stecken ließ, weil er zum dritten Mal lange Finger bei mir gemacht
hatte. Früher wagte der Halunke nicht, mich anzusehen, jetzt trat er frech auf mich
25 zu und reichte mir die Hand. Ich wollte ihm einen hinter die Ohren geben, aber ich
besann mich und spuckte nicht einmal aus, wir sind ja Vettern seit acht Tagen, und
es ist billig, dass Verwandte sich grüßen. Der Pfarrer, der mitleidige Mann, der mich
gestern besuchte, meinte zwar, ein Mensch habe niemanden zu vertreten als sich selbst
und es sei ein unchristlicher Hochmut von mir, dass ich auch noch für meinen Sohn
30 aufkommen wolle; sonst müsste Adam es sich so gut zu Gemüte ziehen wie ich. Herr,
ich glaubs gern, dass es den Frieden des Erzvaters im Paradies nicht mehr stört, wenn
einer seiner Ururenkel zu morden oder zu rauben anfängt, aber raufte er sich nicht
die Haare über Kain? Nein, nein, es ist zu viel! Ich könnte mich zuweilen nach meinem Schatten umsehen, ob er nicht schwärzer geworden ist! Denn alles, alles kann
35 ich ertragen und habs bewiesen, nur nicht die Schande! Legt mir auf den *Nacken,* was
ihr wollt, nur schneidet nicht den *Nerv* durch, der mich zusammenhält! [...]

(v 1844)

Aus: Friedrich Hebbel: Maria Magdalene. Stuttgart (Reclam) 1983, S. 64ff.

Arbeitsanweisung:

Charakterisieren Sie Meister Anton und erörtern Sie, welche Rolle die soziale Kontrolle für ihn spielt.

Realismus **K 10**

Zur Theorie des bürgerlichen Trauerspiels:

1. G.E. Lessing (1729–1781): Der mitleidigste Mensch ist der beste Mensch

[...] Wenn es also wahr ist, dass die ganze Kunst des tragischen Dichters auf die sichere Erregung und Dauer des einzigen Mitleidens geht, so sage ich nunmehr, die Bestimmung der Tragödie ist diese: Sie soll unsre Fähigkeit, Mitleid zu fühlen, erweitern. Sie soll uns nicht bloß lehren, gegen diesen oder jenen Unglücklichen Mitleid zu fühlen,
5 sondern sie soll uns so weit fühlbar machen, dass uns der Unglückliche zu allen Zeiten und unter allen Gestalten rühren und für sich einnehmen muss. Und nun berufe ich mich auf einen Satz, den Ihnen Herr Moses vorläufig demonstrieren mag, wenn Sie, Ihrem eignen Gefühl zum Trotz, daran zweifeln wollen. Der mitleidigste Mensch ist der beste Mensch, zu allen gesellschaftlichen Tugenden, zu allen Arten der Großmuth der
10 aufgelegteste. Wer uns also mitleidig macht, macht uns besser und tugendhafter, und das Trauerspiel, das jenes thut, thut auch dieses, oder – es thut jenes, um dieses thun zu können. Bitten Sie es dem Aristoteles ab, oder widerlegen Sie mich. [...]

2. F. Hebbel (1813–1863): Über das bürgerliche Trauerspiel

„Es war meine Absicht, das bürgerliche Trauerspiel zu regeneriren und zu zeigen, dass auch im eingeschränktesten Kreis eine zerschmetternde Tragik möglich ist, wenn man sie nur aus den rechten Elementen, aus den diesem Kreise selbst angehörigen, abzuleiten versteht. Gewöhnlich haben die Poeten, wenn sie bürgerliche Trauerspiele zu schreiben sich herabließen, es darin versehen, dass sie den derben, gründlichen Menschen,
5 mit denen sie es zu thun hatten, allerlei übertriebene Empfindeleien oder eine stöckige Borniertheit andichteten, die sie als amphibienhafte Zwitter-Wesen, die eben nirgends zu Hause waren, erscheinen ließen" (Tgb. 2910, 4. Dez. 1843).

Wenn dies Stück daher, abgesehen von der größeren Kette, in der es ein nothwendiges
10 Glied bildet, ein partielles Verdienst hat, so dürfte es darin liegen, dass hier das Tragische nicht aus dem Zusammenstoß der bürgerlichen Welt mit der vornehmen, woraus freilich in den meisten Fällen auch nur ein gehaltloses Trauriges hervorgeht, abgeleitet ist, sondern ganz einfach aus der bürgerlichen Welt selbst, aus ihrem zähen und in sich selbst begründeten Beharren auf den überlieferten patriarchalischen Anschauungen und
15 ihrer Unfähigkeit, sich in verwickelten Lagen zu helfen" (an Auguste Stich-Crelinger, 11. Dez. 1843).

3. Micha Hilgers: Das Einfühlen in die Persönlichkeit des anderen

[...]
Verständnis, Freundschaft und Liebe – dazu ist nur fähig, wer die Welt mit den Augen anderer sehen kann. Diese so genannte Empathie ist Voraussetzung, um andere Menschen einfühlend verstehen zu können. Wenn eine Frau der Freundin von ihrer unerwiderten Liebe berichtet, setzt sie selbstverständlich voraus, dass ihr Gegenüber ohne
5 große Worte versteht, dass sie unglücklich, vielleicht gekränkt und niedergeschlagen ist. Umgekehrt wird die Freundin nicht lange fragen, ob der Liebeskummer Unglück oder das Gefühl, nicht attraktiv zu sein, bringt. Gegenseitiges empathisches Einfühlen funktioniert weitgehend unbewusst; erst wenn es Verständnisschwierigkeiten gibt, tauchen Fragen auf, wird die Sichtweise des anderen infrage gestellt. [...]

10 Empathie bereichert die eigene Erlebnisfähigkeit; umgekehrt tun sich empathiegestörte Menschen schwer, von eingefahrenen Verhaltensweisen abzulassen. Die Fähigkeit, Perspektiven und Erlebnisweisen anderer, naher Personen probeweise zu übernehmen, differenziert die eigene Sicht. Empathie lehrt, dass es zahlreiche Alternativen zum eigenen Verhalten gibt, die anschließend erprobt werden können. Der Wechsel in die Welt des
15 Gegenübers ist daher wie eine Reise an einen anderen, manchmal fremden Ort, von dem man bereichert und verändert zurückkehrt.

Aus: Deutsche Dramaturgie vom Barock bis zur Klassik. Hrsg. von B.v. Wiese. Tübingen (Niemeyer) 1962, S. 13; Karl S. Guthke: Das bürgerliche Trauerspiel. Stuttgart (Metzler) 1976; Micha Hilgers: Das Einfühlen in die Persönlichkeit des anderen ist die Grundlage für Liebe und Freundschaft. In: Frankfurter Rundschau, 26.11.2000.

Arbeitsanweisungen:

1. Resümieren Sie die Texte von Lessing und Hebbel.
2. Schreiben Sie eine Begriffserläuterung zu „Mitleid".
3. Erörtern Sie, ob bzw. inwiefern Theater und Literatur/Kunst die Empathiefähigkeit (Mitleidsfähigkeit) der Menschen fördern kann.

Louise Dittmar: Wider das verkochte und verbügelte Leben der Frauen

[...]

Die Hausfrau ist in den meisten Fällen nichts als eine vornehme Magd, und der Mann das Lasttier, das mit der Ehe einen Berg von Sorgen auf sich lädt. [...]

Betrachten wir doch diese gepriesene Häuslichkeit etwas näher. Das verkochte und verbügelte Leben der Frauen ließe, wie Jean Paul sagt, daran zweifeln, ob die Frauen eine
5 Seele hätten, wenn sie nicht liebten. Aber hat denn diese Liebe nicht auch eine verkochte,
verwachsene und verbügelte Seele oder schlimmer noch eine roman- und teeverwässer-
te? Sollte man an die Gedanken und Erfindungen des 19. Jahrhunderts glauben beim
Anblick aller der häuslichen Plackereien, dieses spindelhaften Umdrehens um sich
selbst, gebannt in den engsten Kreis. Und wie heute, so morgen. Kann bei diesem zeit-
10 tötenden Einerlei ein erhebender Gedanke die Seele durchdringen; bleibt für das Interesse der Gesamtheit, für die Erreichung höherer Zwecke, für die Kultur des Herzens,
für die Entwicklung der Seelenkräfte noch Zeit, Neigung und Gelegenheit; erschöpfen
sich nicht alle Kräfte in der Befriedigung der steten Anforderungen und Bedürfnisse des
Augenblicks?

15 Die Frau müsste ein Genie sein, um halbwegs den Anforderungen zu entsprechen, die
ihre seltsame Stellung an sie macht. Ihre Stellung ist zusammengesetzt aus mittelalterlichen Spinnrädern und modernen Nippestischchen. Sie soll haushälterisch sein und die
liebenswürdige Wirtin machen, die Dienstboten beaufsichtigen und die Gesellschaft besuchen, die Kinder waschen und den Gatten unterhalten, die Kinder erziehen und die
20 Kinder bekommen, kurz sie muss das Ideal einer Gattin, Mutter, Hausfrau und Gesellschafterin sein, alles können und nichts wollen, alles leisten und nichts brauchen; tugendhaft, liebenswürdig, gebildet, bescheiden, einfach usw. sein, ein Genie in Leistungen und ein Automat im Willen. Denn wenn ihr eine dieser Eigenschaften fehlt, ist es
ein empfindlicher Fehler, der notwendig zu Zwiespalt und Missstand führen muss. Ihre
25 abhängige Lage und die ebenso beengte und bedrückte Stellung des Mannes erfordert
in der Tat gebieterisch alle diese Eigenschaften. Und nun urteile man, was von einem
häuslichen Glück, vom Familienleben zu erwarten ist, das diese Bedingungen stellt.

Man will die sittliche Natur fördern, und man verdammt eine Hälfte der Menschheit zur
Dienerin der sinnlichen Natur. Was ist diese Häuslichkeit anderes als ein stetes Abmühen
30 für die niedersten Bedürfnisse? [...]

Die Beschränkung der weiblichen Tätigkeit auf den Haushalt hemmt die Entwicklung
des Lebens im höchsten Grade. Welche Kenntnisse würden sich die Frauen in allen
Fächern aneignen können, wenn sie statt am eignen Herd, wie heute, so morgen, zu sie-
den und zu braten, an großen gemeinschaftlichen Anstalten sich beteiligten, wo alles
35 mit Kunst und wissenschaftlichen Hilfsmitteln betrieben würde. Und würden sich hierbei nicht die verschiedensten Fähigkeiten beteiligen und zugleich ihre ökonomische Unabhängigkeit sichern können? Solche Anstalten werden die Notwendigkeit und die Kul-
turmittel in nächster Zeit herbeiführen. Aber nicht eher wird die Notwendigkeit und ihr
Gewinn allgemein anerkannt werden, bis sie der Zufall, d.h. die Not hervorrief. Und nicht
40 eher wird man das jetzige Hauswesen verdammen, nicht eher die Bestimmung der Frau
von dieser Tretmühle freisprechen, nicht eher eine wahre Häuslichkeit, d.h. eine be-
hagliche Existenz zu Hause und ein gemütliches Familienleben erreichen, bis diese weibliche Galeerensträflingsanstalt als Folge frei beweglicher, gesellschaftlicher Einrichtungen verbannt ist.

(v 1849)

Aus: Renate Möhrmann (Hrsg.): Frauenemanzipation im deutschen Vormärz. Stuttgart (Reclam) 1980, S. 56–58.

Arbeitsanweisungen:

1. Resümieren Sie L. Dittmars Gedanken.

2. Schreiben Sie eine Glosse, in der
Sie den Text aktualisieren.

Ute Frevert: Ehrenmänner

[...] Weibliche Ehre war in noch viel stärkerem Ausmaß als die Ehre von Männern als Geschlechtsehre definiert, die an die körperlich-sexuelle Integrität der Frau gebunden war. Verlor sie diese Integrität, indem sie ihren Körper einem Mann hingab (oder hinzugeben gezwungen war), der dazu kein ‚Recht' hatte, büßte sie auch ihre Ehre ein. Es
5 war nur folgerichtig, dass solcherart verlorene Körper-Ehre nicht durch eigenen körperlichen Einsatz wiederhergestellt werden durfte. Die durch einen Mann verletzte Ehre konnte nur durch einen Mann ‚geheilt' werden: entweder, bei unverheirateten Frauen, auf dem Wege der Eheschließung oder, bei verheirateten Frauen, durch ein Duell zwischen Ehebrecher und Ehemann. [...]
10 Die Ehre einer Frau im Duell zu verteidigen, brachte Männern demnach Ruhm, Ehre und die ewige Dankbarkeit der von so viel Ritterlichkeit und Mut ‚Betroffenen' ein. Für die Frau dagegen, die solcherart zum Anlass eines männlichen Ehrenhandels geworden war, stellte sich die Situation sehr viel ambivalenter dar. Mochte sie sich einerseits, wie der katholische Duellgegner Graf Stolberg 1820 tadelte, „mit dem Erkühnen des Betör-
15 ten, der in ihrem Dienste seine Seele in Gefahr stürzt", brüsten und sich in ihrer „Eitelkeit" geschmeichelt fühlen, konnte andererseits ihr Ruf Schaden nehmen. Selbst wenn sie ohne eigenes Zutun und gegen ihren erklärten Willen ein Duell provoziert hatte, trübte allein schon das öffentliche Gerede, das dadurch ausgelöst wurde, „den Glanz ihres guten Rufes". Etwas blieb immer ‚hängen', getreu der viktimologischen Devise, dass das
20 Opfer an der Tat nie ganz unschuldig gewesen sein könne. Anständige Frauen, hieß es denn auch, achteten durch ihr eindeutiges, fehlerfreies Verhalten darauf, keinen Grund zu ehrenrühriger Nachrede zu geben, ein Duell, das ihretwegen stattfand, musste daher zwangsläufig Zweifel an ihrer makellosen Moral wecken. Endete der Zweikampf gar tödlich, hatten sie massive Vorwürfe und, im schlimmsten Fall, soziale Ächtung zu gewär-
25 tigen.
Frauen, die ein Duell ‚schuldhaft' verursachten, traf das Urteil der öffentlichen Meinung mit besonderer, existenzvernichtender Wucht. Ihr Fehltritt, ihre eheliche Untreue etwa, wurden durch den Ehrenhandel allgemein publik und prägten sich dem kollektiven Gedächtnis als gesellschaftlicher Skandal unauslöschlich ein. Der männliche Ehrenkodex
30 erlegte daher auch Frauen immense Verhaltenszwänge auf – ohne sie aber, gewissermaßen als Ausgleich, an dem partizipieren zu lassen, was das Duell als Akt autonomer Selbstbestätigung für viele Männer so attraktiv machte. Waren sie nicht jederzeit peinlich darauf bedacht, ihre Ehre bzw. das, was aus männlicher Sicht dafür galt, unversehrt zu erhalten, stürzten sie ihren ‚natürlichen Beschützer' in einen vielleicht tödlichen Kon-
35 flikt, der zwar *seine* Ehre rettete, die *ihre* jedoch faktisch zerstörte oder zumindest schwer belastete.
Bezeichnenderweise wurde diese fundamentale Asymmetrie in der zeitgenössischen Duell-Debatte kaum jemals angesprochen, geschweige denn problematisiert. Anstatt Frauen als die eigentlich Leidtragenden der konventionellen Ehrbegriffe wahrzunehmen,
40 neigte man vielmehr dazu, sie für die Zweikämpfe der Männer aktiv verantwortlich zu machen. Nicht ein ins Absurde übersteigerter Männlichkeitskult, sondern die Schwäche des ‚starken Geschlechts', leichtsinnigen Verführungen der Frauen nicht widerstehen zu können, galt vielen Duellkritikern als Quelle des Übels. Um so eindringlicher appellierten sie an die potenziellen Verursacherinnen, ihre gefährliche Macht nicht zu miss-
45 brauchen, Duellanten gesellschaftlich zu boykottieren und sich als züchtige „Weiserinnen" auf den „verschlungenen Pfaden männlicher Ehre" zu betätigen: [...]

Aus: Ute Frevert: Ehrenmänner. Das Duell in der bürgerlichen Gesellschaft. München (Beck) 1991, S. 224ff.

Arbeitsanweisungen:

1. Resümieren Sie den Text über Duell und Ehre.

2. Vergleichen Sie diese Ausführungen mit dem Gespräch Innstettens mit Wüllersdorf (SB, S. 304f.): Wie beurteilen Sie das Gespräch vor diesem Hintergrund?

© Schöningh Verlag, Best.-Nr. 028228 1

Realismus **K 13**

Wirklichkeitsverständnis im poetischen Realismus

Wilhelm Raabe (1831–1910): Pfisters Mühle (Auszug)

In „Pfisters Mühle" wird die Geschichte eines Müllers und seiner Mühle erzählt, – eine Geschichte der Zerstörung, denn die Mühle wird unbenutzbar und unbewohnbar, da der Mühlbach durch eine Zuckerfabrik verunreinigt wird. Der Erzähler, der Sohn des letzten Müllers, verkauft die Mühle, an deren Stelle eine Fabrik errichtet wird.

Ein Chemiker – Freund der Familie des Müllers – untersucht das Wasser des Mühlbachs.

[...]
Wir stellten das Mikroskop in die wenigen, hellen Stunden des ersten Christtages, und der Doktor begab sich an die genauere Untersuchung des Unflats mit der Hingebung, wel-
5 che Vater Pfister aus früherm, schönerm Verkehr mit der Universitas litterarum nur als „Biereifer" bezeichnen konnte. Und begreiflicherweise taten Vater Pfister und sein Stammhalter nicht das Geringste, diesen Eifer zu dämpfen. Sie hielten sogar die Stubentür verriegelt und saßen stumm, mit den Händen auf den Knien, und hielten dann und wann
10 sogar den Atem an, wenn der Mann der Wissenschaft zu einem neuen Resultate gelangt war und uns daran teilnehmen ließ.
„Wie ich es mir gedacht habe, was das interessante Geschlecht der Algen anbetrifft, meistens kieselschalige Diato-
15 meen. Gattungen Melosira, Encyonema, Navicula und Pleurosigma. Hier auch eine Zygnemacee. Nicht wahr, Meister, die Namen allein genügen schon, um ein Mühlrad anzuhalten?"
„Das weiß der liebe Gott", ächzte mein Vater.
20 „Jawohl, groß ist sein Tiergarten", meinte ruhig Adam Asche. „Was die Pilze anbetrifft, so kann ich leider nicht umhin, Ihnen mitzuteilen, dass sie den Geruch, über den Sie sich beklagen, Vater Pfister, durch ihre Angehörigkeit zu den Saprophyten, auf deutsch: Fäulnisbewohnern, vollkommen
25 rechtfertigen. Was wollen Sie denn eigentlich, alter Schoppenwirt? Ein ewig Kommen und ein ewig Gehen! Haben die Familien Schulze, Meier und so weiter den Verkehr in Pfisters Mühle eingestellt, so haben Sie dafür die Familien der Schizomyceten und Saprolegniaceen in fröhlichster Menge,
30 sämtlich mit der löblichen Fähigkeit, statt Kaffee in Pfisters Mühle zu kochen, aus den in Pfisters Mühlwasser vorhandenen schwefelsauren Salzen in kürzester Frist den angenehmsten Schwefelwasserstoff zu brauen. Lauter alte gute Bekannte – Septothrix, Ascococcus Billrothii, Cladothrix
35 Cohn und hier –"
Er richtete sich auf von seinem Instrument und seinen Vergrößerungsobjekten. Er fuhr mit beiden Händen durch die Haare. Er blickte von dem Vater auf den Sohn, legte lächelnd dem Vater Pfister die Hand auf die Schulter und sprach, was
40 ihn selber anbetraf, vollkommen befriedigt und seiner Sache gewiss: „Beggiatoa alba!" „Was?", fragte mein Vater. „Wer?", fragte er.
„Krickerode!", sagte Doktor Adam Asche, und der alte Herr fasste seine Stuhllehne, dass der Sitz unter ihm fast aus den
45 Fugen ging:
„Und daran kann ich mich halten mit meiner Väter Erbe und unseres Herrgotts verunreinigter freier Natur? Und darauf

darf ich mich stellen mit meinem Elend? Ich zahle Ihnen alle Ihre Schulden für das Wort, Adam! ... Wie nannten Sie es
50 doch?"
„Beggiatoa alba. Von einem von uns ganz speziell für Sie erst neulich zu Ihrer Beruhigung in den Ausflüssen der Zuckerfabriken entdeckt, alter Freund. Was wollen Sie? Pilze wollen auch leben, und das Lebende hat Recht oder nimmt es
55 sich. Dieses Geschöpfe ist nun mal mit seiner Existenz auf organische Substanzen in möglichst faulenden Flüssigkeiten angewiesen, und was hat es sich um Pfisters Mühle und Kruggerechtsame zu kümmern? Ihm ist recht wohl in Ihrem Mühlgerinne und Rädern, Meister, auch das gebe ich Ihnen
60 schriftlich, wenn Sie es wünschen; und Kollege Kühn, der zuerst auf das nichtsnutzige Gebilde aufmerksam wurde und machte, setzt Ihnen gern seinen Namen mit unter das Attest."
„Und die Krickeroder Fabrik halten Sie also wirklich und
65 wahrhaftig einzig für das infame Lamm, so mir mein Wasser trübt? I, da soll doch –"
„Ja, was da soll, das ist freilich die Frage, welche wir Gelehrten unseres Faches nicht berufen sein können zu lösen. Übrigens habe ich bis jetzt nur das Behängsel Ihres Rades unter-
70 sucht und einige Tropfen den Garten entlang aus dem Röhricht dazu entnommen. Selbstverständlich werden wir den Unrat den Bach aufwärts bis zu seiner Quelle verfolgen. Aber, Vater Pfister, was ich Ihrem Jungen da gesagt habe, wiederhole ich Ihnen jetzt: es interessiert mich ungemein, dieser
75 Sache einmal so gründlich als möglich auf den Leib zu rücken; aber – ich bin grenzenlos Partei in dieser Angelegenheit, und der Dienst, den ich Ihnen im Besondern und der Welt im Allgemeinen vielleicht tue, kann mir nur das höchst Beiläufige sein. Ihren Ärger, Ihre Schmerzen und son-
80 stigen lieben Gefühle in allen Ehren, Vater Pfister!"
„Jeder Mensch ist Partei in der Welt", seufzte mein alter, lieber Vater, „nur ist es schlimm, wenn der Mensch das auf seine alten Tage ein bisschen zu sehr einsieht und sich zu alt fühlt, um noch mal von neuem mit mehr Aufmerksamkeit
85 in die Schule zu gehen. Was Sie aus meinem ruinierten Mühlwasser noch zu lernen haben, weiß ich nicht, Adam Asche – für den vorliegenden Fall möchte ich, ich hätte meinen Jungen da weniger auf das Griechische und Lateinische dressieren lassen und mehr auf Ihr Vergrößerungsglas. Da
90 könnten Sie mir denn auch nur ein angenehmer Gast sein, ohne dass ich Sie weiter um Ihre Wissenschaft zu bemühen brauchte." [...]

(v 1884)

Aus: Wilhelm Raabe: Pfisters Mühle. Stuttgart (Reclam) 1980.

Arbeitsanweisungen:

1. Fassen Sie in wenigen Sätzen den Inhalt der Textpassage zusammen und schildern Sie Ihren Leseeindruck: Wie wird der Sachverhalt – ein Umweltskandal – vermittelt?

2. Entwerfen Sie einen Plot, bei dem Sie die bei Raabe dargestellte Situation in die heutige Zeit verlegen.

3. Vergleichen Sie heutige literarische oder filmische Darstellungsweisen mit der des poetischen Realismus, zu dem auch Raabe gezählt wird.

Literatur der Jahrhundertwende

1. Gegenstands- und Konzeptionsbeschreibung

1.1 Pädagogisch-fachwissenschaftliche Aspekte

Die Zeit vor dem Ersten Weltkrieg wurde in der Literaturwissenschaft lange als das verwirrte und verwirrende Ende des 19. Jahrhunderts betrachtet. Man empfand die Kultur jener Zeit kaum als originär, eher als epigonal. Auch die Kunstleistungen erschienen nur als kraftlose, aus dem Mangel an eigener Schöpferkraft hervorgegangene Produkte einer Flucht in die Vergangenheit („Historismus"[1]), in den übersteigerten ästhetischen Reiz, ja in das bloße Ornament („Ästhetizismus"[2]) und schließlich in Verzweiflung und ekstatischen Bruch mit der Tradition („Expressionismus"[3]). Bei besonders konzilianter Betrachtung konnte man allenfalls eine „Erneuerung und Verwandlung des klassisch-romantischen Erbes"[4] erkennen. Später sah man in der Zeit vor dem Ersten Weltkrieg den schon von den Zeitgenossen bemerkten Stilpluralismus, den man zunächst aus-

schließlich als Ratlosigkeit gegenüber einer zerbrechenden Welt interpretierte. Man kreierte die Ismen, was den Vorteil einer leichteren Überschaubarkeit zu haben schien und dadurch legitimiert war, dass auch die Zeitgenossen schon eine Vielzahl unterschiedlicher Stilrichtungen festgestellt, ja deren Fülle und Widersprüchlichkeit manchmal geradezu begeistert begrüßt hatten. Den schon früh erkannten und anerkannten Stilrichtungen des Naturalismus, Impressionismus und Expressionismus stellte man andere Stilrichtungen an die Seite, deren Namen teilweise aus anderen Bereichen des kulturellen Lebens, z.B. der bildenden Kunst, oder aus den Kulturströmungen anderer Länder, vor allem Frankreichs, übernommen wurden: Symbolismus, Ästhetizismus, Formkunst, Stilkunst, Neuklassik, Neuromantik, Jugendstil, Décadence, Fin de siècle. Dabei konnte man leicht der Versuchung erliegen, diese Stilrichtungen auch in eine chronologische Abfolge zu bringen, was wiederum den Eindruck hervorrufen konnte, sie seien in unterschiedlicher Dauer zeitlich aufeinander gefolgt. Dabei hatte schon der Kritiker Hans Landsberg 1904 erkannt, dass diese Stilbegriffe durcheinander wirbelten, „ohne dass jemand mit diesen schönen Worten den Ernst des Begreifens verbindet. Es kommt einzig darauf an, sie nicht als literarische Strömung, sondern als Weltanschauung, als spezifische Veranlagung von Temperament und Charakter zu begreifen."[5] Diese sicher überspitzt formulierte Sicht ermöglicht Erklärungen für die Tatsache, dass bei vielen Autoren rasche Übergänge von der einen zur anderen Stilrichtung zu beobachten sind und dass bei anderen Autoren ein bleibendes Nebeneinander mehrerer Stilrichtungen und manchmal sogar das Vorhandensein verschiedener Stilprinzipien in demselben Werk festzustellen ist.[6] Thomas Mann fasste in einem späten Rückblick das Wesen der Jahrhundertwende so zusammen: „[...] das alles behauptete Gleichzeitigkeit, war alles Willensausdruck dieser sehr reich bewegten Zeit, in der viele Strömungen, persönlich bestimmt und einheitlich geprägt doch auch wieder von der Epoche, sich überkreuzten und ineinander übergingen"[7].

Heute leugnet man eine „Abfolge in der Verlagerung von Schwerpunkten"[8] keineswegs, betont aber mehr das „Nebeneinander" und die Gleichzeitigkeit dieser Stilrichtungen. Das wiederum bedeutet, dass man heute die „relative Einheit des Zeitraumes" (Žmegač) herauszustellen bemüht ist. Damit ergibt sich das Problem, welche Epochenbezeichnung an die Stelle der Ismen treten könnte. Es müsste eine Bezeichnung sein, die sowohl den nach wie vor unbestrittenen „pluralistischen Charakter" wie die „relative Einheit" der Epoche fassen könnte. Schon den Zeitgenossen schien ein wesentlicher Aspekt der Gemeinsamkeit die seit den Naturalisten beschworene Modernität. Das kommt der heutigen Auffassung entgegen, die in der Epoche vor dem Ersten Weltkrieg nicht mehr das Ende des 19., sondern vielmehr den Beginn des 20. Jahrhunderts sehen möchte. „Mehr und mehr setzt sich die Erkenntnis durch, dass gerade die Jahrzehnte um 1900 in vielfacher Hinsicht von entscheidender Bedeutung für das geschichtliche Geschehen der darauf folgenden Zeiten waren. In den meisten europäischen Ländern – und Deutschland ist dafür ein besonders einprägsames Beispiel – bildeten sich damals jene wirtschaftlichen und politischen Wirkungskräfte heraus, ohne die die gegenwärtigen Verhältnisse kaum verstanden werden können."[9] Deshalb besteht heute auch in der Literatur-

---

[1] „Man schmückte sich, da die eigene kulturschöpferische Kraft ausblieb, mit allen historischen Stilformen in einer bunten und dekorativen Maskerade."
Fritz Martini: Deutsche Literaturgeschichte von den Anfängen bis zur Gegenwart. Stuttgart (Kröner) [7]1955, S. 421.

[2] „Was hier geschah, war die Flucht höchst verfeinerter, übersensitiver Ästheten des fin de siècle aus der schalen und gewöhnlichen Misere des alltäglichen Daseins in ein realitäts- und ethosloses Reich sprachlicher, bildhafter, klanglich-musikalischer Reize und Räusche, keinem anderen Gesetz als dem selbstzwecklicher Schönheit untertan."
Gerhard Fricke: Geschichte der deutschen Dichtung. Lübeck und Hamburg (Matthiesen) [5]1957, S. 354.

[3] „Die Leistungen der expressionistischen Dichter sind aber an die hochgesetzten Ziele nicht herangekommen [...], weil eine so weit getriebene Loslösung von der Natur, eine solche Flucht ins eigene Gefühl und ins bloße Wort hinein dichterisch auf die Dauer nicht ergiebig genug sein konnte."
Georg Ried: Wesen und Werden der deutschen Dichtung. München (Lurz) [20]1966, S. 261.

[4] So überschrieb Johannes Klein das letzte Kapitel seiner „Geschichte der deutschen Lyrik" (Wiesbaden: Steiner [2]1960), dem die Teilkapitel „Der dionysische Realismus" (Nietzsche) und „Der Hochrealismus" (Fontane, Liliencron, Dehmel, Holz) vorausgingen. Dem letzteren waren wiederum der Naturalismus und Impressionismus als „Stil-Probleme" untergeordnet.

[5] Hans Landsberg: Die moderne Literatur. 1904. In: Gotthart Wunberg (Hrsg.): Die literarische Moderne. Dokumente zum Selbstverständnis der Literatur um die Jahrhundertwende. Frankfurt/Main (Athenäum) 1971, S.172.

[6] In Hofmannsthals Lyrik z.B., die in einem engen Zeitraum entstanden ist, lassen sich verschiedene Stilrichtungen nachweisen. Hauptmann schrieb schon früh neben seinen naturalistischen Dramen auch Stücke, in denen er andere Gestaltungsprinzipien (neuromantische, später auch neuklassische) verwendete; in „Hanneles Himmelfahrt" verknüpfte er diese Stilmittel sogar miteinander.

[7] Thomas Mann: Gerhart Hauptmann (1952): In: Thomas Mann: Gesammelte Werke in 13 Bänden, Bd. IX: Reden und Aufsätze 1. Frankfurt/Main (Fischer) 1990, S. 804ff., hier: S. 806.

[8] Viktor Žmegač: Zum literarhistorischen Begriff der Jahrhundertwende. In: Viktor Žmegač (Hrsg.): Deutsche Literatur der Jahrhundertwende. Königstein/Ts.: Athenäum, Hain, Scriptor, Hanstein 1981 (= Neue wissenschaftliche Bibliothek 113), S. XI.

[9] Viktor Žmegač, a.a.O., S. VII.

wissenschaft ein weitgehender Konsens über die Bezeichnungen „Beginn der Moderne" oder „Klassische Moderne" für die Kultur der Jahrhundertwende. Daneben wird die unverbindlichere, aber auch offenere, weil übergreifende Epochenbezeichnung „Jahrhundertwende" weiter gepflegt. Dieser Offenheit wegen wurde sie auch für dieses Kapitel gewählt. Sie soll wohl die Neugier der Schüler hervorrufen (eine Epoche ohne eigenen Namen!?), aber keine Unterrichtsergebnisse vorwegnehmen.

Umstritten ist auch der Zeitumfang, der für die „Jahrhundertwende" angesetzt wird. Für die Literaturgeschichte ist entschieden, dass der Naturalismus nicht als Nachhut des Realismus, sondern als bewusste Abwendung von der Tradition des 19. Jahrhunderts[10], als erster Schritt in die „Moderne", als ein Aufbruch zu verstehen ist. Man lässt deshalb die „Jahrhundertwende" mit dem Auftreten der Naturalisten in den Achtzigerjahren des 19. Jahrhunderts beginnen[11]. Schwieriger ist es, ein Ende der Epoche „Jahrhundertwende" festzusetzen. Setzt man die Grenze vor dem Ersten Weltkrieg, so klammert man den Expressionismus aus. Nimmt man diesen als Teil der Jahrhundertwende, so scheidet der Erste Weltkrieg als Epochengrenze deshalb aus, weil der Expressionismus seine Wirkung erst nach dem Krieg breit entfaltet hat. Das 1988/89 ausgestrahlte Funkkolleg „Jahrhundertwende" umfasste aus solchen Überlegungen heraus den Zeitraum von 1880–1930.[12] Der auch hier verfolgte Kompromiss sieht den Expressionismus als Bestandteil der „Jahrhundertwende", leugnet nicht seine erst nach dem Ersten Weltkrieg einsetzende Breitenwirkung, sieht aber doch seine produktive Phase im Wesentlichen um 1920 erschöpft. Das gilt auch für das große Thema der Jahrhundertwende, das – in eine grobe Formel gefasst – immer um die Zusammenhänge und Gegensätze zwischen Natur und Geist, Leben und Kunst kreist. Die Nachkriegszeit wendet sich neuen Themen und Gestaltungsmöglichkeiten zu, die über die Grenze von 1933 hinweg in der Exilliteratur weiterverfolgt werden, so dass es zweckmäßig erscheint, die Zeit vom Ende des Ersten bis zum Ende des Zweiten Weltkriegs als eigene Epoche anzusetzen.

Der pluralistische Charakter der Jahrhundertwende wurde schon betont. Diese Vielseitigkeit, auch Vielschichtigkeit gilt für die Epoche im Ganzen, für den Zustand und die Entwicklung ihrer Kultur und damit auch für ihre Literatur im Besonderen. Zunächst ist heute unbestritten, dass der Widerspruch als Grundmuster der Epoche anzusehen ist.[13] Zum ersten Mal in der Geistesgeschichte speisten sich das Lebensgefühl und das Selbstverständnis einer Epoche nicht aus einer gemeinsamen Mitte, sondern aus den weit auseinander liegenden Polen von Vitalismus und Dekadenz, von denen für möglich gehalten wurde, dass sie auch in jedem Einzelnen durchaus gleichzeitig vorhanden sein konnten. Zwischen diesen extremen Polen, die vor allem durch Nietzsche ins Bewusstsein gehoben worden waren, vollzog sich ein unablässiges Hin und Her, das ermöglichte, dass z.B. Hauptmanns „Die Weber", Stefan Georges „Algabal" und Hofmannsthals „Der Tod des Tizian" zur gleichen Zeit (1892) entstehen konnten. Diese Werke, die im Spannungsfeld der Epoche an ganz verschiedenen Stellen angesiedelt sind (und deshalb verschiedenen Stilrichtungen zugeordnet werden, wobei für die beiden Letzteren gleich mehrere in Frage kommen), sind doch unbestreitbar gleichzeitig (was ihre Zuordnung zu verschiedenen Stilrichtungen als schematische Willkür, allenfalls als der Übersichtlichkeit dienende Hilfskonstruktion erscheinen lässt). In jedem anderen Jahr dieser Epoche ließe sich dieselbe Gleichzeitigkeit des Disparaten nachweisen.[14]

Das primäre Kennzeichen der Epoche ist also im ästhetischen und ideologischen Wettstreit zu sehen. Die gesellschaftliche Veränderung, die durch die Industrielle Revolution bewirkt wurde, die Überführung der Ständegesellschaft in die Klassen- und Schichtengesellschaft, bewirkte die Erweiterung von Begriffen

wie Kultur und Ästhetik bis zu einer Breite, von der an sie als autonom verstanden werden können. Die Folgen für die Kunst lassen sich so beschreiben: „Das Selbstbewusstsein des seiner potenziellen Freiheit gewahr gewordenen Künstlers äußert sich als Individualismus, kunsttheoretisch (poetologisch) als Originalitätsforderung, kunsttechnisch als stilistische Innovation".[15] Dem Prozess der Individualisierung steht aber das Entstehen der Massengesellschaft gegenüber, das dazu führt, dass auch das Publikum massenhaft wird. Aus diesem Zwiespalt von Individualisierung und Vermassung muss sich notwendig eine Auffächerung ergeben: Als autonom sich verstehende Individualkunst muss notwendig „elitär, hermetisch" und damit „schwerverständlich"[16] werden; die neuen bestimmenden Schichten des Bürgertums und der Arbeiterschaft suchen sich eigene Zugänge zur Literatur, es entstehen erste Formen einer spezifischen Arbeiterliteratur und einer Literatur der Arbeitswelt, vor allem entsteht eine den Ansprüchen des Bürgertums entsprechende massenhafte Unterhaltungsliteratur (Trivialliteratur).[17]

Ein weiteres prägendes Charakteristikum der Epoche ist die Bezugnahme auf die Rationalität und die Naturwissenschaften insofern, als diese Wissenschaften zunehmend den Alltag der Menschen mitbestimmten (technische Erfindungen, Maschinen, medizinische Erkenntnisse), aber auch mit ihren Wissens-

---

[10] In ihrem Standardwerk „Deutsche Kunst und Kultur von der Gründerzeit bis zum Expressionismus" überschreiben Richard Hamann und Jost Hermand die ersten beiden Kapitel des Teilbands „Naturalismus" mit: „Abrechnung mit der Gründerzeit" und „Kampf gegen Konvention und Autorität".
Richard Hamann, Jost Hermand: Deutsche Kunst und Kultur von der Gründerzeit bis zum Expressionismus.
Band I: Gründerzeit. Berlin (Ost): Akademie-Verlag 1965.
Band II. Naturalismus. Berlin (Ost): Akademie-Verlag 1959.
Band III: Impressionismus. Berlin (Ost): Akademie-Verlag 1960.
Band IV: Stilkunst um 1900. Berlin (Ost): Akademie-Verlag 1967.
Band V: Expressionismus. Berlin (Ost): Akademie-Verlag 1975.
Dieses Werk ist unter dem Titel „Epochen deutscher Kultur von 1870 bis zur Gegenwart" ebenfalls in 5 Bänden auch in München 1971–76 erschienen. Die einzelnen Bände tragen jeweils denselben Titel wie bei der Berliner Ausgabe.

[11] Vor dem spektakulären Durchbruch des Naturalismus mit Gerhart Hauptmanns Drama „Vor Sonnenaufgang" 1889 zeigte sich die neue Kunstauffassung in den „Kritischen Waffengängen" (1882–1884) der Brüder Hart, im „Buch der Zeit. Lieder eines Modernen" (1885) von Arno Holz und in der von Wilhelm Arent herausgegebenen Lyrik-Anthologie „Moderne Dichter-Charaktere" (1885).

[12] Funkkolleg Jahrhundertwende. Die Entstehung der modernen Gesellschaft 1880–1930. Studienbegleitbriefe 0–12. Hrsg. vom Deutschen Institut für Fernstudien an der Universität Tübingen (DIFF). Weinheim und Basel (Beltz) 1988.

[13] Ein besonders einprägsames Porträt der Epoche unter dem Gesichtspunkt ihrer Widersprüchlichkeit liefert Robert Musil in seinem Roman „Der Mann ohne Eigenschaften" (Erstes Buch, Erster Teil, 15. Kapitel: Geistiger Umsturz).

[14] Als Beispiel soll noch das Jahr 1914 angeführt werden, in dem so unterschiedliche Werke wie Heinrich Manns Roman „Der Untertan", die Dramen „Der Weibsteufel" von Schönherr, „Der Snob" von Sternheim und „Der Sohn" von Hasenclever, aber auch Gedichte von Stefan George, Stadler und Wolfenstein, sowie Geschichten von Robert Walser erscheinen.

[15] Viktor Žmegač, a.a.O., S. XV.

[16] Erhard Schütz/Jochen Vogt u.a.: Einführung in die deutsche Literatur des 20. Jahrhunderts. Bd. 1: Kaiserreich. Opladen (Westdeutscher Verlag) 1977 (= Grundkurs Literaturgeschichte), S. 17 und 20.

[17] Mit Hilfe dieser Literatur vermag das breite Publikum der widersprüchlichen Wirklichkeit in eine Welt der fiktiven Harmonie (angesiedelt in oberen Gesellschaftsschichten, den „höheren Kreisen", bei Eugenie Marlitt oder Hedwig Courths-Mahler, bestimmten geographischen Räumen zugeordnet etwa bei Ludwig Ganghofer oder Hermann Löns) oder des fantasieerzeugten Abenteuers (Karl May) zu entfliehen. Literatur wird so nicht nur zum Kunst-, sondern auch zum Lebensersatz.

inhalten an die Stelle der Glaubensinhalte der Religion traten (zunehmende Säkularisierung). Wissenschaft schien jetzt überhaupt in der Lage, früher oder später alle „Welträtsel"[18] zu lösen und die Widersprüche der Welt aufzuheben in einer höheren Einheit. Allerdings zeigte sich bald, dass mit dem Fortschritt der Wissenschaften die Welt nicht durchschaubarer wurde, sondern für den Einzelnen undurchsichtig blieb, ja immer undurchsichtiger wurde. Der „Umschlagpunkt, an dem die Wissenschaft ihr bisher so selbstbewusst gewachsenes rationalistisch-mechanistisches Theoriegebäude zweiflerisch, ja selbstzweiflerisch in Frage stellte"[19], ist exakt bestimmbar: Er erfolgte mit der 1900 erschienenen „Traumdeutung" von Sigmund Freud und der im gleichen Jahr begründeten Quantentheorie Max Plancks. Mit diesen Erkenntnissen ergab sich eine bis heute nicht ausgelotete Ausweitung des Wissens über Mensch und Natur, die Zeitgenossen in neue Ungewissheiten stürzte.

Die skizzierten Sachverhalte und Entwicklungen haben sich in der Kunst, insbesondere in der Literatur der Jahrhundertwende niedergeschlagen. In vielen Motiven wurde von ihr der Widerspruch als Lebenswirklichkeit gestaltet, aber ebenso die Sehnsucht nach der Überwindung aller Gegensätze. In dieser Spannung war die Jahrhundertwende „eine Zeit kühner (und windiger) gedanklicher Synthesen, Entwürfe, Abstraktionen [...] die bislang letzte Epoche, in der man aufs ‚Ganze' ging, mit umfassenden psychologischen und mythischen Typologien dichtete und dachte".[20] Dabei wurde für möglich gehalten, dass Wege nach außen, in den Bereich des Gesellschaftlichen, wie nach innen, in den Bereich des Geistig-Seelischen, ans Ziel führen könnten. Dass es bei so vielgestaltigen Bemühungen nicht selten zu Ungenauigkeiten und Verwischungen kam, zeigt eine Äußerung des Kritikers F. M. Fels, der anlässlich der Eröffnung der Wiener „Freien Bühne" 1891 sagte: „Das Schlagwort, unter dem man die künstlerischen Bestrebungen der Gegenwart zusammenzufassen pflegt, heißt Naturalismus. Nun ist es allerdings das entscheidende Kennzeichen der Moderne, dass sie keine einseitige Einzelrichtung ist, dass in ihr die verschiedensten und entgegengesetztesten Anschauungen und Bestrebungen Platz finden: aber die uns getauft, haben glücklicherweise den Begriff so weit gezogen, dass wir mit dem Namen wohl zufrieden sein können. Naturalist ist schließlich jeder. Naturalist ist, wer die Außenwelt mit all ihren Details peinlichst sorgfältig nachzubilden sucht, indem er das ungeordnet Zufällige, Unwichtige und Zusammenhangslose streng beibehält; Naturalist ist, wer sich in die Innenwelt versenkt und mit ängstlichem Bemühen jeder kleinsten Nuancierung seines Seelenlebens nachspürt; [...] Naturalist ist jeder gute Dichter, und mag er sich noch so idealistisch, romantisch, symbolistisch usw. gebärden."[21] In derselben Rede benennt Fels auch das Zeitgefühl, das als repräsentativ für die Epoche der Jahrhundertwende gelten kann: „Ich glaube kaum, dass es irgendeinen völlig modernen Schriftsteller gibt, in dessen Werken nicht, in dieser oder jener Form, der Gedanke zum Ausdruck käme: Wir stehen an der Grenzscheide zweier Welten; was wir schaffen, ist nur Vorbereitung auf ein künftiges Großes, das wir nicht kennen, kaum ahnen" und leitet daraus ein „künstlerisches Programm" ab: „[...] dass wir uns, indem wir heute Soziales und morgen Individualistisches und übermorgen ein Drittes vorführen, wenigstens in dem einen konsequent geblieben sind: in der großen Inkonsequenz."[22]

Zur Kulturgeschichte der Jahrhundertwende gehört wesentlich auch ein verändertes Verhältnis zur Sprache. Gerade ihre Leistungsfähigkeit als Medium der Mitteilung und die Qualität der in ihr liegenden Möglichkeiten, subjektive und objektive Wirklichkeit wiederzugeben, wurden als problematisch erlebt. Das führte auf der einen Seite zu einem Anreiz, die psychologische und soziale Funktion von Sprache wissenschaftlich zu untersuchen und ihre Grammatik auf dieser Basis neu zu beschreiben. Die Wurzeln der modernen Sprachwissenschaft, Sprachphilosophie und Sprachpsychologie liegen somit in der Epoche Jahrhundertwende[23]. Auf der anderen Seite erlebte der Sprachkünstler eine zunehmende Verunsicherung im Umgang mit seinem Material. Die Naturalisten wollten mit Hilfe der Sprache Wirklichkeit möglichst genau abbilden und entdeckten dabei, dass diese Wirklichkeit nur unvollständig erfasst war, wenn sie nur sprachlich gestaltet wurde. Sie suchten deshalb nach Möglichkeiten, auch den nichtsprachlichen Bereich von Wirklichkeit zu erfassen.[24] Den Expressionisten war dagegen ein mehr oder minder ausgeprägtes „Neues Pathos"[25] zu eigen, das nicht selten geradezu in einen Sprachrausch überging. Ihren Urhebern schienen je länger, je mehr beide Wege ungeeignet, der Eigentlichkeit des von ihnen Gewollten näher zu kommen. Sprache und Wirklichkeit waren nicht mehr deckungsgleich, sie entfernten sich voneinander in zwei Richtungen: zur überhöhenden, dann nicht selten übermäßig sinnbeladenen Metaphorik (z.B. im Symbolismus) oder zur weitgehend sinnentleerten, daher nicht selten verflachenden Or-

---

[18] So der Titel einer berühmten Schrift des Naturphilosophen Ernst Haeckel aus dem Jahr 1899. Den hier zur Weltanschauung erhobenen Monismus (kausale Naturauffassung, Deszendenztheorie, volle Einordnung des Menschen in die Natur, Verzicht auf Offenbarungsglauben; Ablehnung aller auf Dualismus oder Pluralismus beruhenden Denksysteme) empfanden Haeckel und viele Zeitgenossen als „Band zwischen Religion und Wissenschaft" (so der Titel eines Haeckel-Buches von 1892, das 1900 bereits die zehnte Auflage erlebte). Mit seinen Monographien über niedere Tiere, die er nicht nur aus naturwissenschaftlichem, sondern auch aus ästhetischem Interesse schrieb, wirkte er stil- und geschmacksbildend. Wie sehr solche Auffassungen dem Verlangen der Zeit entgegenkamen, zeigt eine Notiz Hofmannsthals aus dem Jahre 1894: „Den Gedanken scharf fassen: wir sind eins mit allem, was ist und was je war, kein Nebending, von nichts ausgeschlossen." Und 1895 schreibt er an Bahr: „Ich les' hier viel, Schopenhauer, Haeckel und solche Bücher, wo von dem Großen die Rede ist, das zugrunde liegt."

[19] Detlev J. K. Peukert: Das Janusgesicht der Moderne. In: Funkkolleg Jahrhundertwende (vgl. Anm. 12), Heft 0, S. 66.

[20] Viktor Žmegač, a.a.O., S. XLIV.

[21] Friedrich Michael Fels (Pseudonym f. F. M. Mayer, 1864–?): Die Moderne. Vortrag, gehalten zur Eröffnung der Freien Bühne in Wien am 28. Oktober 1891. In: Gotthart Wunberg (Hrsg.): Die Wiener Moderne. Stuttgart (Reclam) 1981, S. 194ff.

[22] Friedrich Michael Fels, a.a.O., S. 192 und 196.

[23] Nietzsche hatte in „Menschliches/Allzumenschliches" (1878/80) als Erster eine radikale Sprachskepsis ausgesprochen. Der Mensch habe geglaubt, in der Sprache die Erkenntnis der Welt zu haben [...] Sehr nachträglich – jetzt erst – dämmert es den Menschen auf, dass sie einen ungeheuren Irrtum in ihrem Glauben an die Sprache propagiert haben." Diese Gedanken wurden aufgenommen und fortgeführt in „Beiträge zu einer Kritik der Sprache", einem dreibändigen Werk von Fritz Mauthner (1849–1923), das 1901/02 erschien und zu den wichtigsten Texten der Epoche gehört. Am Ende der Epoche stehen Ferdinand De Saussures (1857–1913) „Grundlagen der allgemeinen Sprachwissenschaft" (1916), mit denen die moderne Linguistik eigentlich beginnt. Vgl. hierzu: Helmut Arntzen: Sprachdenken und Sprachkritik. In: Frank Trommler (Hrsg.): Jahrhundertwende. Vom Nationalismus zum Expressionismus 1880–1918. Reinbek (Rowohlt) 1982, S. 247ff. (= H. A. Glaser (Hrsg.): Deutsche Literatur. Eine Sozialgeschichte in 10 Bänden, Bd. 8).

[24] Zu diesen Versuchen gehören sowohl die „phonographische Methode", die Arno Holz und Johannes Schlaf entwickelten, als auch die um äußerste Genauigkeit im szenischen und mimischen Bereich bemühten Szenenanweisungen in den Dramen Gerhart Hauptmanns. Mit beiden Techniken sollte die volle Wahrheit der Wirklichkeitsdarstellung erreicht werden.

[25] Um die von Ludwig Meidner seit 1913 herausgegebene Zeitschrift „Das neue Pathos" versammelten sich bildende Künstler und Literaten, die der pathetisch-ekstatischen Tendenz im Expressionismus zugeordnet werden. Wie fragwürdig solche Etikettierungen sind, zeigt sich daran, dass das erste Heft vom Juni 1913 Beiträge u.a. von Stefan Zweig, Richard Dehmel, Franz Werfel, Gottfried Benn, Else Lasker-Schüler, Walter Hasenclever und Paul Zech enthielt. Der pathetisch-ekstatische Grundzug der expressionistischen Kunst ganz allgemein ist unverkennbar.

namentik (im Jugendstil). So gesehen können alle Ismen der Jahrhundertwende als Nuancierungen dieser beider Richtungen erscheinen. Deutlich wurde jedenfalls die Schwierigkeit, Sprache als künstlerisches Material zu verwenden. Bei einigen Autoren führte das bis zur Sprachkrise, deren wichtigstes Dokument der sog. Chandos-Brief Hofmannsthals ist. Die philosophische und sprachtheoretische Komponente dieser Krise vertreten Texte von Fritz Mauthner, die zugleich die epochenübergreifende Dimension des Problems sichtbar machen. Das Bewusstsein von der Sprödigkeit, ja Brüchigkeit ihres Materials hat die Sprachkünstler bis heute nicht mehr verlassen.

Den Schülern kann an diesem Epochenkapitel auch der Zusammenhang von gesellschaftlicher Entwicklung und Kunst im Allgemeinen sowie Literatur im Besonderen deutlich gemacht werden. Die Zeit der Jahrhundertwende ist eine Zeit gesellschaftlicher Umbrüche, die teilweise schon länger andauerten, teilweise neu entstanden. Die ursprünglich vom Adel beherrschte Ständegesellschaft, die sich zu einer vom Bürgertum dominierten, aber immer noch ständisch strukturierten Gesellschaft entwickelt hatte, wurde nun allmählich von der durch die Industrialisierung erzwungenen Schichten- oder Klassengesellschaft abgelöst, ein Prozess, der noch weit ins 20. Jahrhundert hineinreichte und teilweise erst nach dem Zweiten Weltkrieg abgeschlossen wurde. Wenn Gesellschaft aber als Rahmen verstanden wird, in dem das Individuum Orientierung und Bedeutungsgehalte für sein Handeln findet, bedeutet das für den Einzelnen, dass um 1900 eine permanente gesellschaftliche Verunsicherung durch die Infragestellung alter und die Installation neuer Rahmenbedingungen bestand. Zum einen veränderte sich die Weise der materiellen Existenzsicherung durch das Entstehen neuer Arbeits- und Produktionsbedingungen, was zu veränderten Lebensbedingungen führte, die in Zeiten des Umbruchs für viele immer auch mit Existenzgefährdung verbunden sind. Zum anderen entbrannte ein Kampf um die für jede Gesellschaft unentbehrlichen kulturellen Werte als allgemein akzeptierte und verbindlich gemachte Leitbilder menschlichen Handelns und deren Präzisierung zu bestimmten Verhaltensregeln und Handlungsnormen. Für beide Prozesse finden sich in diesem Epochenkapitel Beispiele. Ganz allgemein erkennt der Schüler, dass eine offene, gar diffuse Gesellschaft auch in der Kunst, die sich ja immer als Antwort auf wie als Motor für die gesellschaftliche Entwicklung versteht, zu vielfältigen, unterschiedlichen, ja sogar widersprüchlichen Ausprägungen kommt. Er kann teilnehmen an den Auseinandersetzungen, die sich damals im kulturellen Bereich zwischen Beharrung und Erneuerung ergaben. Und er muss einsehen, dass in Zeiten eines kulturellen Pluralismus jeder selbst seine kulturelle Identität finden muss, er also einerseits offen zu sein hat für die Vielfalt des Angebots, sich andererseits aber auch innerhalb dieses Angebots orientieren und festlegen muss, wenn er nicht fremdbestimmt und orientierungslos bleiben will.

1.2 Fachdidaktisch-methodische Aspekte

1.2.1 Sprechen und Schreiben

Im Sinne des verbundenen Deutschunterrichts werden auch in diesem Epochenkapitel sinnvolle und notwendige Schreibanlässe gesucht. Schwerpunktmäßig sind zwei Aufsatzformen vertreten: Im Zusammenhang mit der Diskussion um die Aufgaben der Kunst im Naturalismus-Teil wird die **textgebundene Erörterung** wieder aufgenommen, im Zusammenhang der Arbeit mit Gedichten wird die **vergleichende Gedichtbetrachtung** differenziert eingeübt. Darüber hinaus wird in den Arbeitsanregungen eine Vielzahl von Schreibanlässen angeboten: de-

skriptive (hier vor allem die Text- und die Bildbeschreibung, aber auch freie Formen, z.B. Schilderung), erörternde (zu poetischen und zu Sachtexten), interpretierende (als Einzelanalyse wie als Vergleich) sowie **gestaltende** (perspektivisches Schreiben, Umformungen von Texten in andere Gattungsformen oder in visuelle Präsentationsformen, Fortschreibung von Texten, Gegenentwürfe zu Texten). Als **Studiertechniken** werden neben dem Exzerpieren das Zusammenstellen von Begriffen, das tabellarische Skizzieren erster Leseeindrücke, die Suche von Belegen für eine Behauptung oder These, das Strukturieren von Texten, das Erstellen von Übersichten über Gedankengänge oder Handlungsabläufe eingefordert. Sprechanlässe ergeben sich aus Aufgaben wie Besprechen, Gruppengespräch führen, Kurzreferat und Rezitationsübung.

1.2.2 Literatur und Medien

Eine so disparate Epoche wie die Jahrhundertwende zwingt noch mehr als andere zu **stofflicher Reduktion.** Bei ausschließlich oder vorwiegend literaturgeschichtlicher Akzentuierung droht dabei die Gefahr, dass ein Fakten- und Etikettengerüst übrig bleibt, das zwar ein abfragbarer Lernstoff sein könnte, mit dem Eigeninteresse der Schüler aber nichts zu tun hätte. Wer seine didaktischen Überlegungen dort beginnt, muss seine Textauswahl ausschließlich unter dem Gesichtspunkt der (vermuteten) Interessantheit oder Ergiebigkeit für Schüler treffen. Dann aber geht die literaturhistorische Orientierungsmöglichkeit für den Schüler verloren. So wird hier ein Kompromiss versucht, der einerseits die wesentlichen Strömungen der damaligen Zeit zu Wort kommen lässt, auch eine Hilfe zur Übersicht bietet, andererseits aber die Texte vor allem unter dem Gesichtspunkt ihrer grundlegenden und weiterwirkenden Bedeutung, ihrer Wichtigkeit für die Gegenwart also, wählt.

Bei diesem Ansatz müssen der Anfang und das Ende der Epoche in ihrer literarischen Eigenart vorgestellt werden, **Naturalismus** und **Expressionismus** müssen also in ihrem Wesen wie in ihrer Bedeutung sichtbar werden. Die Vielzahl der Ismen,[26] die zwischen diesen Polen liegt, wird nicht eigens dokumentiert, sondern soll sich, wenigstens ansatzweise, in Werken von vier großen Dichtern der Jahrhundertwende (Hofmannsthal, George, Rilke und Th. Mann) erschließen lassen. Wichtiger ist, dass diese Autoren die Themen und die literarischen Formen der damaligen Zeit in besonderer Weise repräsentieren.[27] Die Beschränkung auf diese Autoren versteht sich also als Anwendung des exemplarischen Prinzips.

Unentbehrlich für dieses Kapitel wie für das Verständnis der Moderne überhaupt erscheint **Nietzsche** in inhaltlicher wie sprachgestalterischer Hinsicht. Ihm wird deshalb hier der Rang einer „Portalfigur der Moderne" eingeräumt.

---

[26] Dass der Literatur dadurch nicht nur Gefahren erwachsen sind (Lakonismus bis zum Verstummen), sondern auch Bereicherungen, zeigen die Geschichte des (literarischen) Cabarets und des (politischen) Kabaretts mit ihren unzähligen Beispielen schöpferischen Sprachspiels ebenso wie das Entstehen metasprachlicher Literaturwerke, etwa in der visuellen Poesie.

[27] Die exemplarische Bedeutung dieser Autoren ist schon lange unbestritten: „Nachhaltiger und bedeutender aber erwies sich für die Dauer das Werk dreier Dichter, die in der Rückschau auf diese Jahrzehnte die eigentlichen Bildner und Sprachfinder gewesen sind und letzten Endes das dauerhafte Bild der Epoche bestimmten: Hofmannsthal, George und Rilke."

Walter Urbanek: Deutsche Literatur. Das 19. und 20. Jahrhundert. Epochen, Gestalten, Gestaltungen. Bamberg (Buchner) ⁵1984, S. 186.

1.2.3 Sprachbetrachtung

Die **Sprachkrise der Jahrhundertwende** kann nicht nur zur Darstellung der epochenspezifischen Gestaltungskrise am Beispiel Hofmannsthals genutzt werden, sondern bietet darüber hinaus Gelegenheit, die fortdauernde Existenz dieses Problems in der Literatur des 20. Jahrhunderts aufzuzeigen. Sehr verschiedenartige Texte von wichtigen Autoren führen die Wirkungen der Sprach- und Sprechkrise vor: inhaltlich als Bewusstseinskrise und Kommunikationsstörung, als Zerbrechen der Form. Der Vergleich mit einem barocken Text macht die Neu- und Andersartigkeit dieser Sprach- und Gestaltungskrise deutlicher. Texte des Sprachtheoretikers Fritz Mauthner können in die Gründe und Formen der Verunsicherung einführen, aus der diese Krise resultiert. Zugleich wird, in der gebotenen Reduktion, auch die sprachwissenschaftliche Seite des Problems dokumentiert.

1.3 Literaturhinweise

Die Literaturhinweise geben nur eine kleine Auswahl besonders wichtiger und interessanter Werke. Bücher, die sich für Schüler besonders gut eignen, sind mit einem * versehen.

1.3.1 Zum historischen Hintergrund und zum Gesamtbild der Epoche

- Michael Stürmer: Das ruhelose Reich. Deutschland 1866–1918. Reihe: Die Deutschen und ihre Nation. Berlin (Siedler) 1983.
- Thomas Nipperdey: Deutsche Geschichte 1866–1918. Band 1: Arbeitswelt und Bürgergeist. München (Beck 1993) Band 2: Machtstaat vor der Demokratie. München (Beck 1995).

Zwei inzwischen als Klassiker geltende Standardwerke: immenses Wissen interessant und aufschlussreich dargestellt, glänzend geschrieben.

- *Joachim Leuschner (Hrsg.): Deutsche Geschichte, Band 9: Hans Ulrich Wehler: Das Deutsche Kaiserreich 1871–1918. Göttingen (Kleine Vandenhoeck-Reihe 1380).
- *Gerhard A. Ritter (Hrsg.): Das Deutsche Kaiserreich 1871. Ein historisches Lesebuch. Göttingen (Kleine Vandenhoeck-Reihe 1414.)

Zwei leicht zugängliche, überaus bewährte und sich gut ergänzende Bändchen.

- *Deutsche Geschichte in Quellen und Darstellung, hrsg. von Rainer A. Müller. Band 8: Kaiserreich und Erster Weltkrieg 1871–1918, hrsg. von Rüdiger vom Bruch und Björn Hofmeister. Stuttgart (Reclam) 2000 (= UB 17008).

Eine auch für Schüler außerordentlich interessante Zusammenstellung wichtiger Quellen, ausführliche Kommentierung.

- Wolfgang J. Mommsen: Der autoritäre Nationalstaat. Verfassung, Gesellschaft und Kultur im deutschen Kaiserreich. Frankfurt (Fischer) 1990. (Fischer Tb 10525)

Eine thematisch weit gestreute Sammlung von Aufsätzen zum Kaiserreich, auch zu dessen kultureller Situation. ·

- Hanns L. Mikoletzky: Österreich. Das entscheidende 19. Jahrhundert. Geschichte, Kultur und Wirtschaft. Wien (Austria-Edition) 1972.
- Österreichische Geschichte 1890–1990, hrsg. von Herwig Wolfram. Ernst Hanisch: Der lange Schatten des Staates. Österreichische Gesellschaftsgeschichte im 20. Jahrhundert. Wien (Ueberreuter) 1994.

Beide Bücher, mit großer Sachkenntnis geschrieben und interessant dargeboten, geben ein anschauliches Bild der besonderen Situation in der Donaumonarchie zur Zeit der Jahrhundertwende.

Ausstellungskataloge sind längst bedeutende Informationsmedien und Quellen für interessante Materialfunde geworden. Das gilt in besonderem Maße für die folgenden Kataloge:

- Wege – Irrwege – Umwege. Die Entwicklung der parlamentarischen Demokratie in Deutschland. Historische Ausstellung im Deutschen Dom in Berlin, hrsg. vom Deutschen Bundestag, Berlin 2002.
- Zwischen Traum und Wirklichkeit. Wien 1980–1930. Katalog zur 93. Sonderausstellung des Historischen Museums der Stadt Wien. Wien 1985.
- Das Zeitalter Kaiser Franz Josephs. 2. Teil: 1880–1916. Glanz und Elend. Schloss Grafenegg 1987. Band 1: Beiträge, Band 2: Katalog (= Katalog des NÖ Landesmuseums, Neue Folge Nr. 186, Wien 1987).
- Berlin, Berlin. Die Ausstellung zur Geschichte der Stadt. Hrsg. von Gottfried Korff und Reinhard Rürup. Berlin (Nicolaische Verlagsbuchhandlung) 1987. Kapitel III: Reichshauptstadt und „Parvenüpolis", S. 253–361.
- Das XX. Jahrhundert. Kunst, Kultur, Politik und Gesellschaft in Deutschland, hrsg. von Andrea Bärnreuther und Peter-Klaus Schuster zur Jahrhundertausstellung der Nationalgalerie Berlin. Köln (DuMont) 1999.

Aspekte der Sozial-, Kultur- und Geistesgeschichte werden besonders berücksichtigt in:

- August Nitschke, Gerhard Ritter, Detlev J. K Peukert, Rüdiger vom Bruch (Hrsg.): Jahrhundertwende. Der Aufbruch in die Moderne 1880–1930, 2 Bände. Reinbek 1990.

Die beiden Bände enthalten die Begleitmaterialien zu und Ausschnitte aus den Sendungen des Funkkollegs „Jahrhundertwende", das 1988/89 ausgestrahlt wurde.

- Jürgen Nautz, Richard Vahrenkamp (Hrsg.): Die Wiener Jahrhundertwende. Einflüsse, Umwelt, Wirkungen. Wien/Köln (Böhlau) ²1996.

Monumentale Aufsatzsammlung zu allen Lebensbereichen.

- Richard Hamann, Jost Hermand: Deutsche Kunst und Kultur von der Gründerzeit bis zum Expressionismus.
  Band I: Gründerzeit. Berlin (Ost) (Akademie-Verlag) 1965.
  Band II: Naturalismus. Berlin (Ost) (Akademie-Verlag) 1959.
  Band III: Impressionismus. Berlin (Ost) (Akademie-Verlag) 1960.
  Band IV: Stilkunst um 1900. Berlin (Ost) (Akademie-Verlag) 1967.
  Band V: Expressionismus. Berlin (Ost) (Akademie-Verlag) 1975.

Dieses Werk ist unter dem Titel „Epochen deutscher Kultur von 1870 bis zur Gegenwart" ebenfalls in 5 Bänden auch in München 1971–76 erschienen. Die einzelnen Bände tragen jeweils denselben Titel wie bei der Berliner Ausgabe. Eine monumentale Darstellung, die immer noch als Standardwerk angesehen wird.

1.3.2 Materialsammlungen

- Manfred Brauneck, Christine Müller (Hrsg.): Manifeste und Dokumente der deutschen Literatur 1880–1900: Naturalismus. Stuttgart (Metzler) 1987.
- Erich Ruprecht, Dieter Bänsch (Hrsg.): Manifeste und Dokumente der deutschen Literatur 1890–1910: Jahrhundertwende. Stuttgart (Metzler) 1981.
- Thomas Anz, Michael Stark (Hrsg.): Manifeste und Dokumente zur deutschen Literatur 1910–1920: Expressionismus. Stuttgart (Metzler) 1982.

Diese Bände der bekannten Reihe vereinigen „programmatische, literaturhistorische und literaturkritische Texte des literarischen Deutschland" zu den genannten Zeiten in außerordentlicher Fülle. Sie sind entsprechend umfangreich, aber sehr übersichtlich gegliedert. Die ersten beiden Bände enthalten eine gründliche Einleitung, der dritte Band außerdem Kommentare zu jedem Kapitel.

- Helmut Koopmann: Deutsche Literaturtheorien zwischen 1880 und 1920. Eine Einführung. Darmstadt (Wiss. Buchgesellschaft) 1997.

Eine ausgezeichnete Einführung in eine schwierige und unübersichtliche Materie.

- Gotthart Wunberg (Hrsg.): Die Wiener Moderne. Literatur, Kunst und Musik zwischen 1890 und 1910. Stuttgart (Reclam) 1981 (= UB 7742).
- Jürgen Schutte, Peter Sprengel (Hrsg.): Die Berliner Moderne 1885–1914. Stuttgart (Reclam) 1987 (= UB 8359).
- Walter Schmitz (Hrsg.): Die Münchner Moderne. Die literarische Szene in der „Kunststadt" um die Jahrhundertwende. Stuttgart; (Reclam) 1990 (= UB 8557).

Drei sehr umfangreiche Bände, die neben einer Fülle übersichtlich angeordneter Materialien auch viele Informationen und umfangreiche Gesamteinleitungen sowie Einführungen zu den einzelnen Kapiteln enthalten. Nicht mehr im Verlagsprogramm.

- Karin Tebben (Hrsg.): Deutsche Schriftstellerinnen des Fin de siècle. Darmstadt (Wiss. Buchgesellschaft) 1999.

Eine verdienstvolle und teilweise erstaunliche Anthologie.

1.3.3 Literaturgeschichte (allgemein)

- Erhard Schütz, Jochen Vogt u.a.: Einführung in die deutsche Literatur des 20. Jahrhunderts. Band 1: Kaiserreich. Opladen (Westdeutscher Verlag) 1977.

Knappe, aber ergiebige Übersichtsartikel zu wichtigen Autoren, zu den Stilrichtungen Naturalismus, Heimatkunstbewegung und Expressionismus, sowie zu den literatursoziologischen Bereichen Unterhaltungsliteratur (Marlitt, May) und Arbeiterliteratur.

- Viktor Žmegač (Hrsg.): Deutsche Literatur der Jahrhundertwende. Königstein/Ts. (Athenäum, Hain, Scriptor. Hanstein) 1981 = (Neue wissenschaftliche Bibliothek 113. Literaturwissenschaft).

Eine Sammlung wichtiger Aufsätze verschiedener Autoren, angeordnet zu den Kapiteln „Panorama des Zeitalters", „Sozialgeschichte und Programmatik" und „Stilkategorien" mit einer ausführlichen und außerordentlich anregenden Einleitung des Herausgebers.

- Viktor Žmegač (Hrsg.): Geschichte der deutschen Literatur vom 18. Jahrhundert bis zur Gegenwart. Band II/1: 1848–1918. Königsstein/Ts. (Athenäum) 1980. Jetzt auch als Band 24 bei der Digitalen Bibliothek auf CD-ROM erschienen.
- Frank Trommler (Hrsg.): Jahrhundertwende. Vom Naturalismus zum Expressionismus 1880–1918. Reinbek (Rowohlt) 1982 (= Horst Albert Glaser (Hrsg.): Deutsche Literatur. Eine Sozialgeschichte in 10 Bänden, Band 8).
- Hansers Sozialgeschichte der deutschen Literatur vom 16. Jahrhundert bis zur Gegenwart. Band 7: York-Gothart Mix: Naturalismus – Fin de siècle – Expressionismus (1890–1918) München. (Hanser) 2000 (ebenso bei der Wiss. Buchgesellschaft Darmstadt und als dtv-Taschenbuch 4349).

Grundlegende, unentbehrliche Handbücher.

- Hermann Glaser: Literatur des 20. Jahrhunderts in Motiven. Band 1: 1870–1918. München (Beck) 1978.

Gut lesbare Darstellung des europäischen Zusammenhangs der Literatur der Jahrhundertwende unter dem interessanten Ansatz der bestimmenden Motive. Gelegentlich reißerisch formuliert („Aktion Vatermord"), immer anregend. Zahlreiche zeitgenössische Illustrationen.

- Walter Falk: Der kollektive Traum vom Krieg. Epochale Strukturen der deutschen Literatur zwischen „Naturalismus" und „Expressionismus". Heidelberg (Winter) 1977.

Ungewohnte Auffassungen und Schwerpunktsetzungen und eine eigenwillige Interpretationsmethode lassen dieses Buch durchaus interessant erscheinen.

- Walter Fähnders: Avantgarde und Moderne 1890–1933. Lehrbuch Germanistik. Stuttgart (Metzler) 1998.

Profunde Darstellung mit ausführlicher Bibliographie.

- Herbert Zeman: Die österreichische Literatur an der Wende vom 19. zum 20. Jahrhundert. In: Ders. (Hrsg.): Literaturgeschichte Österreichs. Graz (Akademische Druck- und Verlagsanstalt) 1996.

Beste Übersicht über den österreichischen Literaturbeitrag zur Epoche.

- Silvio Vietta: Die literarische Moderne. Eine problemgeschichtliche Darstellung der deutschsprachigen Literatur von Hölderlin bis Thomas Bernhard. Stuttgart (Metzler) 1992.

Eine außerordentlich anregende, den Begriff der Moderne neu definierende Aufarbeitung von 200 Jahren Literaturgeschichte.

- Dieter Hoffmann: Arbeitsbuch deutschsprachige Lyrik 1880–1916. Vom Naturalismus bis zum Expressionismus. Tübingen/Basel (Francke) 2001 (= UTB 2199).

Ergiebiger Darstellungs- und anregender Interpretationsteil, verbunden mit Aufgabenstellungen machen diesen Band zu einem echten Arbeitsbuch.

- *„Deutsche Literaturgeschichte, Band 7: Annemarie und Wolfgang van Rinsum, Realismus und Naturalismus. München (Deutscher Taschenbuch Verlag) 1994 (= dtv 3347).
- *„Deutsche Literaturgeschichte, Band 8: Ingo Leiß und Hermann Stadler, Wege in die Moderne 1890–1918. München (Deutscher Taschenbuch Verlag) 1997 (= dtv 3348).

In ihrer Verbindung von allgemeinen Einführungen, biografischen Notizen und Interpretationen wichtiger Werke sind diese Bücher für Schüler besonders gut geeignet.

1.3.4 Zu einzelnen Stilrichtungen

- *Roy C. Cowen: Der Naturalismus: Kommentar zu einer Epoche, München (Winkler) ³1981.

Eine kenntnisreiche Einführung („Der Naturalismus als ästhetischer und historischer Begriff") wird ergänzt durch fundierte Interpretation („Kommentare") wesentlicher Werke vor allem von Hauptmann und Holz/Schlaf.

- Günther Mahal: Naturalismus. München (Fink) 1975 (= Hans-G. Kemper, Lothar Köhn, Klaus-P. Philippi (Hrsg.): Deutsche Literatur im 20. Jahrhundert. Literaturwissenschaftliche Arbeitsbücher, Bd. 1).

Thematisch strukturierte literaturhistorische Darstellung mit drei Analysen zu repräsentativen Werken.

- Hanno Möbius: Der Naturalismus. Epochendarstellung und Werkanalyse. Heidelberg (Quelle und Meyer) 1982.

Knappe Epochendarstellung unter den Gesichtspunkten „Die weltanschaulichen Grundpositionen des Naturalismus" und „Naturalismus und Technik", dazu Werkanalysen zu Epik und Drama, sowie Betrachtungen zum „Veralten der Moderne" und zum Zusammenhang von technizistischer Literaturkonzeption und technischen Medien.

- Theo Meyer (Hrsg.): Theorie des Naturalismus'. Stuttgart (Reclam) 1973 (= UB 9475).

Fundgrube für literaturtheoretische Texte.

- Helmut Scheuer (Hrsg.): Naturalismus. In: Der Deutschunterricht, Heft 2/1988.

Interpretationen zu dramatischen, epischen und lyrischen Texten. Überlegungen zum Begriff des Naturalismus.

- Sigfrid Hoefert: Das Drama des Naturalismus. Stuttgart (Metzler) [3]1979.

Knapper, dennoch informativer Überblick über den Forschungsstand mit zahlreichen Literaturhinweisen.

- Paul Hoffmann: Symbolismus. München (Fink) 1987 (= Hans-G. Kemper, Lothar Köhn, Klaus-P. Philippi (Hrsg.): Deutsche Literatur im 20. Jahrhundert. Literaturwissenschaftliche Arbeitsbücher, Band 2).

Knappe Darlegung des Epochenproblems mit Abgrenzungen des Symbolismus zum Naturalismus und zum Impressionismus. Im Hauptteil Behandlung des französischen Symbolismus. Interpretationen auch zu George-, Rilke- und Hofmannsthal-Gedichten.

- Jost Hermand (Hrsg.): Jugendstil. Darmstadt (Wissenschaftliche Buchgesellschaft) [3]1992.

Anregende Aufsätze über bildende Kunst und Literatur des Jugendstils.

- Dominik Jost: Literarischer Jugendstil. Stuttgart (Metzler) 1969.

Knappe, aber sehr informative Übersicht mit einer Begriffsbestimmung zum Jugendstil und der Darstellung wesentlicher Grundzüge des literarischen Jugendstils („als Antirealismus, als Ausformung des Manierismus, als elliptischer Stil"). Übersicht über Autoren und Werke des literarischen Jugendstils sowie einer Vorstellung von fünf Autoren (Dauthendey, Lasker-Schüler, Stadler, Sack, Stucken).

- Hartmut Scheible: Literarischer Jugendstil in Wien. Eine Einführung: München und Zürich (Artemis) 1984 (= Artemis Einführungen, Band 12).

Knapper, thematisch strukturierter Überblick mit kommentierten Literaturhinweisen.

- *Jens Malte Fischer: Fin de siècle. Kommentar zu einer Epoche. München (Winkler) 1978.

Führende Darstellung der Literatur des letzten Jahrzehnts des 19. Jahrhunderts mit zahlreichen Werkinterpretationen („Kommentaren") und einem sehr ausführlichen Literaturverzeichnis.

- Dagmar Lorenz: Wiener Moderne. Stuttgart (Metzle) 1995 (= Sammlung Metzler 290).

Knappe, aber gut gegliederte und zuverlässige Einführung.

- Peter Szondi: Das lyrische Drama des Fin de siècle. Hrsg. von Henriette Beese. Frankfurt/Main (Suhrkamp) 1975.

Sehr ausführliche Darlegungen zu Mallarmé und den Dramen des frühen Hofmannsthal. Im Anhang u.a. wichtige Ausführungen zu Rilkes Duineser Elegien.

- Hans Steffen (Hrsg.): Der deutsche Expressionismus. Formen und Gestalten. Göttingen (Kleine Vandenhoeck-Reihe 208).
- Silvio Vietta, Hans-Georg Kemper: Expressionismus. München (Fink) 1975 (= Lothar Köhn, Klaus-P. Philippi (Hrsg.): Deutsche Literatur im 20. Jahrhundert. Literaturwissenschaftliche Arbeitsbücher, Band 3).

Ausführliche Darstellung von „Problemen, Zusammenhängen und methodischen Fragen", sowie eingehende Werkanalysen zu Trakl, Kafka, Sternheim und Edschmid.

- Wolfgang Rothe: Expressionismus als Literatur. Gesammelte Studien. Bern und München (Francke) 1969.

Eine Sammlung von Aufsätze zu Grundfragen, Abgrenzungen, Gattungen und vor allem zu Autoren (nach Gattungen geordnet). Ein eigenes Kapitel über den Dadaismus.

- Wolfgang Rothe: Der Expressionismus. Theologische, soziologische und anthropologische Aspekte einer Literatur. Frankfurt/Main (Klostermann) 1977.

Ausführliche Darlegungen zum Menschenbild des Expressionismus. Die Teile über die Theologie und die Soziologie des Expressionismus bieten Anregungen zu einem fächerübergreifenden Unterricht.

- Gerhard P. Knapp: Die Literatur des deutschen Expressionismus. Einführung, Bestandsaufnahme, Kritik. München (Beck) 1979.

Gute Übersicht über den Forschungsstand mit einem sehr informativen Anhang.

- Wolfgang Paulsen: Deutsche Literatur des Expressionismus. Bern, Frankfurt/Main, New York (Lang) 1983.

Klassische literarhistorische Darstellung.

- Otto F. Best (Hrsg.): Theorie des Expressionismus. Stuttgart (Reclam) 1982 (= UB 9817).

Fundgrube für literaturtheoretische Texte.

- Helmut Scheuer (Hrsg.): Expressionismus. Der Deutschunterricht, Heft 2/1990.

Aufsätze zu Benn und Heym, zum expressionistischen Drama sowie „kulturwissenschaftlich-didaktische Überlegungen zu einer Epoche".

2. Sequenzvorschläge

2.1 Epochensequenzen

Texte und Bilder aus BLICKFELD DEUTSCH Oberstufe	Didaktisch-methodische Kommentierung
I. Spiegelbilder und Prägungen der Epoche (S. 308–317) 1. Die Welt im Übergang – Tendenzen der Zeit (S. 308–311) a) Selbstporträts der Epoche Klemm: Meine Zeit *Ziegler: Die geistigen und sozialen Strömungen des 19. Jahrhunderts Ball: Der Künstler als Prophet einer neuen Zeit	**Einstiegs- und Motivationsphase:** Erste Begegnung und Grundinformation. **Motivation** durch verschiedene Zugänge (text- oder bildorientiert), deren Erträge sich gegenseitig stützen und ergänzen. **Grundlegung** eines Epochenverständnisses durch die Entdeckung der Disparität und Zerrissenheit als wesentlichem Erscheinungsbild der Epoche. **Erste historische Orientierung** durch die Kontrastierung künstlerisch-subjektiver (erlebnishafter) und wissenschaftlich-objektiver (analytischer) Texte.

Texte und Bilder aus BLICKFELD DEUTSCH Oberstufe	Didaktisch-methodische Kommentierung
b) Abendbilder und Bilder von Aufbruch und Morgen Rilke: Abend Trakl: Verfall Lichtenstein: Die Dämmerung Hart: Ein neuer Frühling Zweig: Morgenlicht Lotz: Aufbruch der Jugend	**Erste literatur- und geistesgeschichtliche Orientierung** durch vergleichende Betrachtung epochentypischer Gedichte: Entdeckung der vorherrschenden Stimmungen und Bewusstseinsformen der Zeit sowie ihrer künstlerischen Intentionen. Die Bearbeitung der gemischten Texte in a) kann in arbeitsteiliger Gruppenarbeit erfolgen. Die Gedichte in b) ermöglichen sowohl einen auf Differenzierung angelegten Gesamtüberblick wie auch eine auf Erkenntnis der Polarität angelegte Kontrastierung. Im letzten Fall ist die Beschränkung auf die grau hervorgehobenen Gedichte möglich. Die Arbeit kann in sechs Kleingruppen (Überblick) oder zwei Großgruppen (Kontrastierung) geleistet werden. Die zu gewinnende **Leitfrage** ist im ersten Fall eher auf die Vielgestaltigkeit, im zweiten eher auf die Widersprüchlichkeit der Epoche hin zu formulieren.
2. Im Spiegel der bildenden Kunst – Vergleiche von Texten und Bildern (S. 312–315) Seurat: Die Mutter des Künstlers Ensor: Die Kathedrale van Gogh: Blick auf Arles Munch: Geschrei (Der Schrei) Eckmann: Schwertlilien Kollwitz: Weberzug Delaunay: Eiffelturm Kandinsky; Komposition Nolde: Masken Nolde: Familie	**Einstiegs- und Erweiterungsphase I:** **Konkretisierung** und **Überprüfung** des Epochenverständnisses. In beiden Fällen Kleingruppenarbeit mit Präsentation der Ergebnisse in einheitlichem Raster (Vergleichbarkeit). Gestaltung als fachübergreifender oder fächerverbindender Unterricht. Als Einstieg Entdeckung epochentypischer Merkmale, die sich zur Leitfrage für die Untersuchung von Texten verdichten. Als Erweiterung Konkretisierung und Überprüfung der an Texten gewonnenen Einsichten.
3. Die Portalfigur der „Moderne" – Friedrich Nietzsche (S. 315–317) Nietzsche: Götzen-Dämmerung Nietzsche: Also sprach Zarathustra Nietzsche: Ecce homo (S. 9) Nietzsche: Vereinsamt (S. 14) Nietzsche: Der tolle Mensch (S. 189f.)	**Einstiegs- und Erweiterungsphase II:** Prinzip des **Exemplarischen** als Epochenzugang; Entdeckung einer geistesgeschichtlichen Verwerfungslinie; Formulierung des Neuansatzes bei Nietzsche. Frage nach der Repräsentativität Nietzsches; Erweiterung durch Überprüfung gewonnener Einsichten am Einzelfall.
II. Einheit durch Vielfalt? (S. 317–340) 1. Literatur als Experiment – Tendenzen des Naturalismus (S. 317–323) Holz/Schlaf: Papa Hamlet Hauptmann: Vor Sonnenaufgang Retemeyer: Freie Bühne Hauptmann: Bahnwärter Thiel *Bölsche: Die naturwissenschaftlichen Grundlagen der Poesie Wilhelm II.: Rede zur Einweihung von Denkmälern an der Berliner Siegesallee Elemente von Schülerlösungen	**Informations- und Erarbeitungsphase I:** Erweiterung und Vertiefung der Kenntnisse der Epochenmerkmale und des Epochenzusammenhangs. Erarbeitung wesentlicher Voraussetzungen, Elemente und Ergebnisse naturalistischer Literatur: – Zusammenhänge zwischen kunsttheoretischen Vorgaben sowie Inhalten und Formmerkmalen von Sprachkunstwerken; – Stärken und Grenzen naturalistischer Literatur; – exemplarische Besinnung auf das Wesen und die Aufgaben der Kunst. Merkmale des erzählenden und des dramatischen Texts; Reproduktion und Produktion erörternder Texte. Interpretations- und Gestaltungsaufgaben zur naturalistischen Literatur. Diskussion über das Verhältnis von Kunst und Leben.
2. Subjektive Welterfahrung – Die Vielfalt der Stile (S. 324–331) a) Die Welt in der Schwebe Hofmannsthal: Der Abenteurer und die Sängerin *Hofmannsthal: Terzinen III George: Wir schreiten auf und ab ... George: Der hügel wo wir wandeln ... Rilke: Blaue Hortensie b) Leben und Tod *Hofmannsthal: Terzinen I George: Komm in den totgesagten ... Rilke: Jetzt reifen schon ... c) „Zustände unseres Inneren" *Th. Mann: Enttäuschung Rilke: Die Aufzeichnungen des Malte Laurids Brigge *Schnitzler: Leutnant Gustl	**Erarbeitungsphase II:** des Stil- und Empfindungspluralismus in exemplarischer Verkürzung: – Beschränkung auf wenige, besonders wichtige Autoren; – Konzentration auf bestimmte Themen; – Lyrik als Schwerpunkt. Vergleichende Gedichtbetrachtung als Arbeitsform und als Methode (Aufsatzart). Bei einer reduzierten Erarbeitung dieses Abschnitts sollte der Schwerpunkt auf die Gedichte (2 b) und die Prosatexte (2 c) gelegt werden.

Texte und Bilder aus BLICKFELD DEUTSCH Oberstufe	Didaktisch-methodische Kommentierung
d) Neue Zuversicht George: Es lacht in dem steigenden Jahr dir ... Rilke: Herbst Vorschläge für Einleitungen	Die vergleichende Gedichtinterpretation (2 d) bliebe dann zugleich ein Beitrag zur Schreiberziehung und erhielte noch einen größeren Stellenwert als Lernerfolgskontrolle für diesen Abschnitt.
3. Zwischen Traum und Verzweiflung – Der Expressionismus (S. 332–340) a) „Form ist Wollust" Heym: Tagebücher: 15.9.1911 Stadler: Form ist Wollust Stadler: Der Spruch *Marc: „Der blaue Reiter" b) Erlebnis Stadt Loerke: Blauer Abend in Berlin *Heym: Die Stadt * Boldt: Auf der Terrasse des Café Josty Wolfenstein: Städter Meidner: Potsdamer Platz Grosz: Friedrichstraße c) Weltflucht, Weltende und Krieg Lasker-Schüler: Weltschmerz Lasker-Schüler: Weltflucht Lasker-Schüler: Weltende van Hoddis: Weltende Heym: Der Krieg Trakl: Grodek d) Ich und Welt Heynicke: Gedicht Benn: Morgue I: Kleine Aster Lichtenstein: Nebel Pinthus: Vorrede zu „Menschheitsdämmerung" Die Jahrhundertwende im Rückblick	**Erarbeitungsphase III:** wesentlicher Inhalte und Absichten expressionistischer Literatur sowie des Selbstverständnisses expressionistischer Künstler: – Einsicht in das Spannungsverhältnis von expressionistischem Lebensgefühl und expressionistischem Kunstausdruck (Verhältnis Inhalt/Form als Problem des Kunstschaffens und als Zugang zum Kunstverständnis); – Vergleich von Werken der Literatur und der bildenden Kunst zum gleichen Thema; – Kenntnis und Diskussion programmatischer Texte, Überprüfung literarischer Texte im Hinblick auf diese Programme. Einzel- und Gruppenarbeit zur Erarbeitung von Gedichtinterpretationen. Methoden des fächerübergreifenden Unterrichts. Möglichkeit zur selbstständigen Erkundung mit verschiedenen Formen der Ergebnispräsentation (Referatformen, Medienvortrag, Darbietungsformen im Team). Der literaturhistorisch interessierte Schüler findet am Ende dieses Kapitels eine kurze Darstellung der literaturgeschichtlichen Situation der Jahrhundertwende sowie eine Zusammenstellung der verschiedenen **Stilrichtungen** der Epoche.
III. Sprache und Wirklichkeit (S. 341–349) 1. Sprachzerfall und Wirklichkeitsverlust – Sprachkritik der Moderne (S. 341_344) Hofmannsthal: Chandos-Brief Mauthner: Kritik der Sprache	**Erweiterungs- und Vertiefungsphase:** Der Zusammenhang von **Sprechen und Denken** sowie die Bedeutung der Sprache als Indikator des Wirklichkeitsverständnisses werden am Phänomen der Sprachkrise der Jahrhundertwende verdeutlicht. Erarbeitung der Ursachen und Wirkungen der Sprach- und Wahrnehmungskrise am zentralen Hofmannsthal-Text.
2. Sprachkrise als Wahrnehmungskrise – Denken, Sprechen und Wirklichkeit (S. 344–349) Gryphius: Leo Arminius *Rilke: Ich fürchte mich so ... *Benn: Ein Wort *Bachmann: Ihr Worte Gomringer: worte sind schatten Handke: Kaspar Aichinger: Schlechte Wörter Zimmer: So kommt der Mensch zur Sprache	Die weiteren Texte zeigen die **Sprach- und Wahrnehmungskrise** als weiter bestehende Erscheinung der Moderne sowohl aus der Sicht des Sprachkünstlers wie aus der Sicht des Sprachwissenschaftlers. Ausgehend von der Interpretation eines zentralen Textes und damit der Erschließung eines zugleich epochentypischen wie weiter wirkenden Problems, ausgehend auch von der Verbalisierung eigener Erfahrungen, kann der Schüler (z.B. über Gespräch oder Referate) bis zu Problemen der Sprach- und Existenzphilosophie geführt werden.

2.2 Alternative Sequenzen

Unterrichtseinheiten	Texte und Bilder aus BLICKFELD DEUTSCH Oberstufe	Didaktisch-methodische Kommentierung
Jugend um 1900 1. Wedekind: Frühlings Erwachen. Eine Kindertragödie 2. Musil: Die Verwirrung des Zöglings Törleß. Roman	1. Titelseite der Zeitschrift „Jugend", Januar 1900 (S. 308) 2. Hart: Ein neuer Frühling (S. 311) 3. Zweig: Morgenlicht (S. 311) 4. Lotz: Aufbruch der Jugend (S. 311) 5. Nietzsche: Also sprach Zarathustra (S. 316f.) 6. Hofmannsthal: Terzinen III (S. 325f.) 7. Heym: Tagebücher. 15.9.1911 (S. 332)	Im Mittelpunkt der UE steht die Lektüre der beiden **Ganzschriften.** Zentrale Themen sind Schwierigkeiten junger Menschen bei der Selbstfindung in einer autoritären Gesellschaft voller Tabus sowie die Krise der Erziehung. Die Texte im SB stellen ebenso die Widersprüche zwischen jugendlicher Euphorie und dem Gefühl der Einengung durch die Gesellschaft dar wie das Leitbild des Übermenschen bei Nietzsche oder das Gefühl der Lebensleere bei Heym.
Th. Mann: **Der Tod in Venedig**	1. Th. Mann: Enttäuschung (S. 327) 2. Rilke: Die Aufzeichnungen des Malte Laurids Brigge (S. 327f.) 3. Hofmannsthal: Terzinen I (S. 326) 4. George: Komm in den totgesagten park (S. 326) 5. Rilke: Jetzt reifen schon die ersten ... (S. 326)	Die 1912 erschienene **Novelle** ist nicht nur ein Hauptwerk des frühen Thomas Mann, sondern als ein „in vielfachen Beziehungen schwebendes" Gebilde auch ein Schlüsselwerk der Jahrhundertwende. Aschenbachs Untergang geschieht aus Gründen seiner individuellen Veranlagung und seiner Gefährdung als Künstler, zugleich ist er aber Ausdruck der „tödlichen Seuche im Innern" und Beweis für die Unbrauchbarkeit der Bürgerideale dieser Epoche. Die Texte aus dem SB können gerade den Zusammenhang der Novelle zu ihrer Zeit sichtbar machen.
Peripetie des Bürgertums – Wilhelminismus im Spiegel der „wilhelminischen Romane" Heinrich Manns 1. H. Mann: Der Untertan dazu vergleichend: 2. H. Mann: Professor Unrat oder das Ende eines Tyrannen 3. H. Mann: Im Schlaraffenland	1. Ziegler: Die geistigen und sozialen Strömungen des 19. Jahrhunderts (S. 309f.) 2. Klemm: Meine Zeit (S. 309) 3. Wilhelm II.: Rede zur Einweihung von Denkmälern ... (S. 321f.) 4. Th. Mann. Enttäuschung (S. 327) 5. Rilke: Die Aufzeichnungen des Malte Laurids Brigge (S. 327f.) 6. Heym: Tagebücher, 15.9.1911 (S. 332) 7. van Hoddis: Weltende (S. 336) 8. Lasker-Schüler: Weltende (S. 335)	Im Mittelpunkt dieser UE steht **„Der Untertan",** auszugsweise oder in Referaten können auch die beiden anderen „wilhelminischen Romane" herangezogen werden. Herauszuarbeiten wäre vor allem der Gegensatz zwischen Heßling und Wolfgang Buck als Repräsentanten der Epoche. Einbeziehung der Verfilmungen („Der Untertan", „Der blaue Engel") empfehlenswert. Die Texte aus dem SB zeigen den geistesgeschichtlichen Hintergrund und ermöglichen die gezielte Erarbeitung von Phänomenen, die sich dann in den Handlungs- und Strukturzusammenhängen der Romane für die Schüler leichter auffinden und identifizieren lassen.
Hugo von Hofmannsthal – ein Dichter der Jahrhundertwende 1. Lyrik 2. Reitergeschichte 3. Das Märchen der 672. Nacht 4. Der Tor und der Tod 5. „Chandos-Brief"	1. Was ist die Welt? 2. Der Abenteurer und die Sängerin (S. 324) 3. Terzinen I. Über Vergänglichkeit (S. 326) 4. Terzinen III (S. 324f.) 5. Ein Brief (S. 341f.)	Von verschiedenen Textsorten und **literarischen Gattungen** her lassen sich die künstlerischen Anliegen Hofmannsthals zugleich für sich und als Ausdruck der Epoche erarbeiten. Die Erarbeitung der beiden Erzählungen kann in Gruppenarbeit erfolgen, es kann aber auch nur eine Erzählung gewählt werden.
Naturalismus und Expressionismus – Leistungen und Grenzen zweier extremer Kunststile – Vergleich von Literatur und bildender Kunst	1. Holz/Schlaf: Papa Hamlet (S. 317f.) 2. Hauptmann: Vor Sonnenaufgang (S. 318f.) 3. Retemeyer: Freie Bühne (S. 319) 4. Bölsche: Die naturwissenschaftlichen Grundlagen der Poesie (S. 321) 5. Expressionistische Lyrik (S. 332ff.) 6. Heym: Tagebücher, 15.9.1911 (S. 332) 7. Marc: Programmpunkte und Ziele des „Blauen Reiters" (S. 333f.) 8. Pinthus: Vorrede zu „Menschheitsdämmerung" (S. 338) 9. Bilder von Munch (S. 313), Delaunay (S. 314), Kandinsky (S. 314), Nolde (S. 315), Meidner (S. 334)	In dieser UE könnte es darum gehen, das **Verhältnis der Literatur zur Wirklichkeit** als höchst unterschiedlich zu begreifen und (erkennbare) Grenzen von Kunst zu ermitteln. Die UE erlaubt in besonderer Weise das Vorgehen in arbeitsteiliger Gruppenarbeit. Die Erarbeitung der Merkmale des jeweiligen Stils und die Interpretation der dichterischen wie der theoretischen Texte könnte so geleistet werden, während sich im Plenum die Grenzen der beiden Kunststile diskutieren ließen.
Weltverständnis als Sprachleistung	1. Hauptmann: Vor Sonnenaufgang (S. 318f.) 2. George: Der hügel ... (S. 325) 3. van Hoddis: Weltende (S. 336) 4. Hofmannsthal: Ein Brief (S. 341f.) 5. Rilke: Ich fürchte ... (S. 345) 6. Benn: Ein Wort (S. 345) 7. Bachmann: Ihr Worte (S. 345) 8. Zimmer: So kommt der Mensch zur Sprache (S. 347f.)	Statt der ausführlichen Behandlung der in der Jahrhundertwende aufgetretenen **Sprachkrise** und ihrer Fortwirkung kann das Thema auch in einem kürzeren Überblick angerissen werden. Ausgehend von der Sprachverwendung in Naturalismus, Symbolismus und Expressionismus können Grenzen der Sprachleistung sichtbar gemacht werden, die dann von Hofmannsthal und Späteren thematisiert wurden. Am Schluss erfolgt eine theoretische Zusammenfassung und Vertiefung.

3. Erläuterungen und Lösungsvorschläge

I. Spiegelbilder und Prägungen der Epoche (S. 308 – 317)

Bilderläuterungen:

Beschreibung:

Die Zeitschrift „Jugend" zeigt auf dem Titelblatt ihres Januarhefts 1900 (V. Jahrgang, Nr. 1, Januar 1900) ein blütenbekränztes Janushaupt als riesiges steinernes Monument auf einem fast mannshohen Sockel. Dieser Sockel, schwarz und glatt wie aus Marmor, besteht aus einem massiven, quader- oder kubusartigen unteren Teil, auf dem ein niedrigerer und weniger umfänglicher Quader so aufliegt, dass eine Art Sims entsteht. Auf diesem oberen Sockelteil ist groß die Jahreszahl 1900 zu erkennen. Das eine der beiden Gesichter ist rechts schräg nach rückwärts gerichtet und vom Betrachter abgewandt. Es ist mit geschlossenen Augen dargestellt, mit runzliger Stirn und ausgehöhlten Wangen, Kinn und Nase ragen spitz daraus hervor, ein altes Gesicht. Von der rechten Seite ragen am unteren rechten Bildrand verdorrte Zweige ins Bild. Das andere Gesicht ist jung, glatt mit schön geschwungener Nase und rundem Kinn. Es ist schräg nach links vorn gerichtet und somit dem Betrachter zugewandt. Seine weit geöffneten Augen sind starr in die Ferne gerichtet und nehmen den Blick des Betrachters suggestiv mit. Verstärkt wird dieser Zwang noch durch eine nackte Jünglingsgestalt, die mit Oberkörper und Kopf an der dem Betrachter zugewandten Seite des Sockels so lehnt, dass ihr linker Arm auf dem Sockelsims aufliegen kann. Auch diese Figur schaut, offensichtlich gebannt, in dieselbe Ferne wie das schöne Janusgesicht. Diese Ferne liegt jenseits des linken Bildrands, von dem her blühende Zweige ins Bild ragen. Auf dem Januskopf liegen Blütenkränze und eine Girlande fällt zwischen den beiden Kopfteilen so herunter, dass das Bild im goldenen Schnitt in eine breitere linke und eine schmälere rechte Seite geteilt wird. Der Januskopf ist in einen warmen Rotton getaucht, der in den Blütengirlanden und -kränzen sich lebhaft verstärkt. Die Jünglingsgestalt dagegen ist von einem undifferenzierten und stumpfen Beigeton, der in viel hellerer Nuancierung auch den Hintergrund bestimmt.

Zusatzinformation:

Im ersten Heft der „Jugend" (Januar 1896) fand sich folgender programmatisch gemeinter Text:

---

[28] Heinz Spielmann: Jugend 1896-1940. Zeitschrift einer Epoche. Aspekte einer Wochenschrift „Für Kunst und Leben". Harenberg Kommunikation Dortmund 1988 (= Die bibliophilen Taschenbücher 545), S. 8f.

[29] „Jedes Bild ist heute erstens ein malerisches und zweitens ein händlerisches Problem. Es soll uns etwas so sehen lassen, wie der Maler es sieht. Dazu ist aber notwendig, dass wir es überhaupt ansehen; unter den vielen Tausenden gerade dieses eine Bild. Um uns also zwingen zu können, dass wir dies so sehen, wie der Maler es sieht, für diesen künstlerischen Zweck muss es uns erst zwingen, still zu stehen und es anzusehen. Es genügt nicht, dass es ein Bild ist, sondern das Bild muss auch noch sein eigenes Plakat sein. In jeder heutigen Technik steckt dies: das Werk auch noch zu seinem Plakat zu machen." (Hermann Bahr: Tagebuch. Berlin 1909, S. 166) Dass diese – heute unbestrittenen – Ausführungen nicht nur für die bildende Kunst, sondern auch für die Literatur gelten, liegt auf der Hand und war auch in der Zeit um 1900 bewusst. So hat 1911 der Publizist Alfred Wechsler unter dem Pseudonym W. Fred eine Schrift „Literatur als Ware" veröffentlicht. Aber schon Wilhelm Scherer hatte in seiner in Berlin 1888 veröffentlichten „Poetik" auf den Warencharakter der Literatur in den neueren Epochen hingewiesen. Vgl. Viktor Zmegac, a.a.O., S. XVIIIff.

„Jugend! Jugend! Das Wort ist einer von den Zaubersprüchen, die uns das Herz aufhellen mit einem Schlag, bevor wir noch Zeit gefunden, ihrem Sinne nachzudenken. Jede Sprache hat ein paar solche Worte. In der deutschen heißen sie: Jugend, Frühling, Liebe, Mutter, Heimat! Sie klingen – man nimmt sie auf –, und vor unsern Blicken öffnet sich eine Welt. Und die weiteste von allen diesen Welten ist jene, die das Wort Jugend erschließt [...] Denn die Jugend ist kein Vorrecht der Leute bis zu dreißig oder fünfunddreißig Jahren. Dem Jüngsten kann sie fehlen, der Älteste kann sie haben! [...] Jugend ist Daseinsfreude, Genussfähigkeit, Hoffnung und Liebe, Glaube an die Menschen, Jugend ist Leben, Jugend ist Farbe, ist Form und Licht [...] Ein besseres Bannwort hätten wir für unser Wagnis [gemeint ist die Herausgabe der Zeitschrift] nicht finden können! Darum sehen wir dem Werdenden mit froher Hoffnung entgegen. Ganz schlecht kann es nicht ausfallen, unser Zeichen ist viel zu gut!"[28]

Dem Zugang kommt bei einer so komplexen wie disparaten Epoche eine besonders große Bedeutung zu, soll er doch neben einer motivierenden Wirkung auch Grundmuster der Epoche sichtbar machen. Wesentliche Grundmuster der Jahrhundertwende sind aber Vielgestaltigkeit und Widersprüchlichkeit. Die **erste Sequenz** versucht einen *Zugang* auf vier verschiedenen Wegen: Zunächst wird die Epoche als **„Welt im Übergang"** vorgestellt. Die „Selbstporträts der Epoche" vereinen bewusst sehr unterschiedliche Materialien, ein Titelblatt eines für die Zeitschriftenkultur der Epoche repräsentativen Blattes, ein Gedicht von geringem literarischen, aber hohem zeitdokumentarischen Wert und ein Auszug aus einem populärwissenschaftlichen Bestseller, der die Dialektik seiner Zeit sehr eindrücklich formuliert. Damit ist die Möglichkeit gegeben, den Aspekt der Widersprüchlichkeit mit Anschauung zu erfüllen und seine unterschiedliche, weil ebenfalls widersprüchliche Ausprägung durch Vergleich festzustellen. Ein *zweiter Zugang* eröffnet sich durch den Vergleich repräsentativer Gedichte, die zwei Motive gestalten: **„Abendbilder und Bilder von Aufbruch und Morgen"**. Ach hier wird die Widersprüchlichkeit zwischen „Verfall" und „Aufbruch" deutlich, genauso lassen sich aber unterschiedliche Gestaltungsabsichten und -mittel erkennen, die wiederum einen ersten Eindruck von der Stilvielfalt der Jahrhundertwende geben können. Der *dritte Zugang* geschieht von der **bildenden Kunst** her. Das erscheint mehrfach gerechtfertigt: Mit der Jahrhundertwende beginnt auch das Zeitalter der visuellen Kommunikation und zugleich die Notwendigkeit, mit einem massenhaften Publikum in Verbindung zu treten. Die Flut der Zeitschriftenpublikationen der damaligen Zeit erklärt sich nur so und natürlich aus dem Grund der technischen Machbarkeit. Auch der bildende Künstler strebt jetzt nach leicht reproduzierbaren Techniken, womit sich der Aufschwung der Druckgrafik zur damaligen Zeit erklärt. Angedeutet werden kann dabei die Entwicklung, die Hermann Bahr meint, wenn er sagt, Kunstwerke seien nicht nur „Schöpfungen", sondern auch „Waren", der (erfolgreiche) Künstler demnach auch „Händler"[29]. Bewusst wurden hier Kunstwerke ausgewählt, die wiederum einen Eindruck geben können von der Vielfalt der Themen und Stile, aber auch von der Entwicklung innerhalb der Epoche. Der *vierte Zugang* geschieht schließlich durch die Präsentation **Nietzsches** als „Portalfigur der Moderne". Die beiden Textausschnitte zeigen wichtige Grundgedanken Nietzsches und sind besonders unter dem Gesichtspunkt seiner gewaltigen Wirkung als Philosoph und Stilist gewählt. Diese vier Zugänge können durchaus auch je einzeln oder in anderer Kombination im Unterricht verwendet werden. Möglich ist es auch, einen Zugang für die gemeinsame Behandlung im Unterricht zu nehmen und die anderen etwa in Gruppenarbeit bearbeiten zu lassen.

| S. 308–311: I,1. | Die Welt im Übergang – Tendenzen der Zeit |

In der ersten Teilsequenz soll nach dem Modell konzentrischer Kreise ein erster Zugang zur Epoche geleistet werden. Dabei geht es darum, den Schüler Disparität und Zerrissenheit als Grundmuster der Epoche erfahren zu lassen. Die einzelnen Teilsequenzen können alternativ verwendet werden, d.h. es kann mit der Lerngruppe ein Zugang zur Epoche von epochentypischen Texten, vom Bereich der bildenden Kunst oder von einem exemplarischen Autor her erarbeitet werden. Es ist aber auch möglich, diese verschiedenen Zugänge von drei Gruppen erarbeiten zu lassen. Die Ergebnisse der Gruppenarbeit können dann zur Bestätigung und Ergänzung des von den einzelnen Gruppen Gefundenen dienen. Hier und im ganzen Kapitel sollte die Möglichkeit des fachübergreifenden oder fächerverbindenden Unterrichts wahrgenommen und die Zusammenarbeit mit dem Fach bildende Kunst angestrebt werden.
Als Einstieg werden Materialien unterschiedlicher Provenienz zur Verfügung gestellt, um die Motivationswirkung zu erhöhen. Es soll beim Schüler der Eindruck entstehen, dass man sich auf sehr unterschiedliche Weise Gewinn bringend der Epoche annähern und dass durch den Vergleich der aus verschiedenen Materialien gewonnenen Einsichten deren Glaubwürdigkeit erhöht werden kann.

Mögliche Ziele:

1. Texte und Bilder als Motivation
2. Erste historische und literaturgeschichtliche Orientierungen

Seite 308

1a Sicher ist es notwendig, dem Oberstufenschüler die Technik der *Bildbeschreibung* ins Gedächtnis zurückzurufen. Wichtig ist es dabei, hinzuweisen auf
– die Nähe zur Inhaltsangabe, vor allem auf die Verwendung des Präsens;
– die Orientierung der Bildbeschreibung am Bildaufbau und seinen drei Möglichkeiten:
  1. vom Vorder- über den Mittel- zum Hintergrund,
  2. entlang der Längs- und/oder Querachse,
  3. entlang den Diagonalen;
– die richtige Erfassung der Bildstruktur (Beziehung der inhaltlichen und formalen Bildelemente zueinander, mögliche Funktion der Details für die Gesamtaussage).

1b **Thema des Bildes** ist das Verhältnis von Vergangenheit und Gegenwart. Die Vergangenheit (auf dem nicht sichtbaren Hintergrund des Sockels darf die Jahreszahl 1899 angenommen werden, sie steht für die ganze Vergangenheit) erscheint als das Abgelebte, Verbrauchte, Überwundene; an die Zukunft, in die mit zwei Augenpaaren gestarrt wird, knüpft sich eine deutlich erkennbare Erwartung. Das Bild will den Optimismus einer zukunftsorientierten Jugend vermitteln. Die Erwartung, die das Bild ausdrückt, ist aber ganz offensichtlich nicht nur von Hoffnung, sondern auch von Bangigkeit getragen. Bestimmend für das Bild ist wohl die unverstellte Zukunftsorientierung, die sich geradezu als Fixiertheit vermittelt, aber: Starrt so der Hoffnungsvolle in die Zukunft oder das Kaninchen auf die Schlange? Geschieht ein Aufbruch aus solch lässiger Haltung, wie sie der Jüngling zur Schau trägt? Das Bild besitzt eine bestürzende Ambivalenz, die zu dem programmatischen Text in der ersten Nummer der „Jugend" in einem merkwürdigen Kontrast steht.

1c Mit diesem Janusgesicht soll ein Anfang, ein Aufbruch dargestellt werden. Aber die aus durchsichtigen Gründen gewählte Metapher des Januskopfs schlägt gewissermaßen zurück und enthüllt auf diesem Bild auch ihre tragischen Züge: Optimismus und Zweifel werden ausgedrückt, **Janus** ist der Gott nicht nur des Anfangs, sondern auch des Umschlagens von Frieden in Krieg, also von Gefahr und Ungewissheit.
Die Erörterung der intendierten Botschaft dieses Bildes sollte als freies *Unterrichtsgespräch* gestaltet werden, wobei die Qualität der einzelnen Gesprächsbeiträge immer am Bild und seiner Beschreibung überprüft werden kann: Deuten beruht auf genauem Sehen. Zur Ergebnissicherung können die Gesprächsbeiträge stichwortartig an der Tafel festgehalten und/oder in einem Ergebnissatz zusammengefasst werden.
„Wir kommen nicht darum herum, uns die Moderne so zu denken wie die Römer den Gott Janus, nämlich mit einem Doppelgesicht, das nicht nur gleichzeitig in die Vergangenheit und in die Zukunft blickt, sondern das auch sofort die Kosten mit dem Gewinn vergleicht. Dieser überwache, immer bilanzierende und immer relativierende Gott des Eingangs und des Ausgangs kam bei den Römern nur zur Ruhe, wenn Frieden herrschte. Nur dann, selten genug, wurden die Tore seines Tempels geschlossen. Auch dies wohl ein gutes Bild für den Unfrieden der Moderne. [...] Definiert sie sich nicht gerade durch ihre Widersprüchlichkeiten, in ihrer Unübersichtlichkeit, in ihrer rasanten Entwicklungslogik, die auf den krisenhaften Umschlag förmlich hindrängt? Bedeutet nicht die Moderne das Ende aller Sicherheit, selbst der Urteilssicherheit darüber, was gut und böse ist?"[30]

Seite 310

2a **Text 1:**
Das Gedicht Klemms interessiert in diesem Zusammenhang weniger als Kunstwerk denn als Zeitdokument. Es geht also einerseits um die Erarbeitung und Erfassung der auf die Zeit gemünzten Aussagen, andererseits aber auch um die Sprachstrukturen, in denen diese Aussagen getroffen werden. Der Aufbau zeigt die für das **Sonett** charakteristische Zweiteilung: Str. 1 und 2 dienen einer aus bloßer Aneinanderreihung unterschiedlichster Versatzstücke gefertigten Deskription, Str. 3 und 4 versuchen eine Deutung, die sich aber ihrerseits einer nur schwer erfassbaren Metaphorik bedient.
Die Besprechung kann ausgehen von dem im freien *Unterrichtsgespräch* mit begleitendem Tafel-/Folienanschrieb unternommenen Versuch, den Charakter der formelhaften Versatzstücke der beiden Quartette zu bestimmen und Konnotationen für sie zu finden. So entsteht ein vollständigeres, dem Schüler zugänglicheres Bild der Zeit. Anschließend wird zunächst das erste Terzett auf seine Struktur untersucht. Die Anrede an die Zeit als Ausbruch von Klage und Anklage, die Nennung dreier Merkmale, von denen das erste sozusagen die Grunderkenntnis, die beiden anderen denselben Sachverhalt der Orientierungslosigkeit aus gegensätzlicher Perspektive formulieren: das Leben hat keine Sinnrichtung („Stern" = Leitstern), das Wissen hat keinen Bezug zum Leben. Das zweite Terzett kann jetzt als Peripatie verstanden werden (zugespitzte Formulierung des Befunds in einem als Resümee gedachten Bild, Umschwung in die Klage über die Auswegslosigkeit).
Dieses Gedicht ist ein Sonett, eine fest gefügte Form. Warum will der Autor seine disparaten Aussagen in eine solche Form gießen? Der Verweis auf den Lebensbereich „Kunst und Poesie" in Text 2 führt weiter.

---

[30] Funkkolleg Jahrhundertwende, Studienbegleitbrief 0, Weinheim 1988, S. 66.

Diskutiert werden könnte auch die Frage, was geschehen könnte, wenn einmal die Gegensätze für aufhebbar, die Orientierungs- und Führungslosigkeit für behebbar gehalten würden und wenn diese Überwindung sich des anderen Extrems der doktrinären Orientierung und der bedingungslosen Führung bediente. Von der Widersprüchlichkeit der „Jahrhundertwende" könnte so auf die Ideologieanfälligkeit des 20. Jahrhunderts hingewiesen werden. Selbstverständlich könnte auch von einer Behandlung der Literatur im Faschismus auf dieses Gedicht zurückverwiesen werden.

Text 2:

Zentraler Begriff: Übergangszeit. Sie werde erlebt als „böse Zeit", der Grund dafür liege in ihrer „Zwiespältigkeit".
Im 1. Abschnitt werden fünf Lebensbereichen folgende Hauptwidersprüche zugeordnet:

Staat und Politik	Nationalgedanke, Chauvinismus *versus* humanitäre und soziale Bestrebungen; Heroenkult und Byzantinismus *versus* Demokratisierung
Kirche und Religion	Interesse für Religion *versus* Abwendung von Kirchen- und Christentum
Sitte und Sittlichkeit	Sozialer Geist, Hingabe an das Wohl des Ganzen *versus* Individualitätslehre als Basis einer „neuen Ethik"
Kunst und Poesie	Das Klassische *versus* Realismus; daraus entstehender Konflikt Schönheit *versus* Wahrheit
Grundlagen der Gesellschaft und der Kultur	Festhalten am Bestehenden (historischer Sinn) *versus* Anstürmen gegen das Bestehende (revolutionärer Sturm und Drang)

Im 2. Abschnitt des Textauszugs werden weitere Gegensätze genannt:
- Kraftvoll aufstrebende Renaissance ↔ pessimistisch müde Dekadence;
- Ruhelosigkeit und Reizbedürftigkeit ↔ Ruhebedürftigkeit und Reizübersättigung;
- Verlieren an das Zerstreuende der Außenwelt ↔ Sehnen nach Wiedergewinnung eines Innerlichen und Einheitlichen;
- Überschätzung des Intellektuellen ↔ praktisch, utilitaristisch;
- von Stimmungen bewegt ↔ voll Willen und Streben nach Macht;
- pessimistisch und innerlich müde ↔ vom Willen zum Leben, von Lebensdrang und Lebensfreudigkeit emporgepeitscht;
- tatkräftig, ehrgeizig strebend, vorurteilsfrei, ungläubig, kritisch, kühl ↔ von Mystik ergriffen, voll Neugier für das Rätselhafte und Geheimnisvolle,

Summe: „Übergangszeit, zwiespältig, Welt voller Gegensätze, chaotisch": „böse Zeit". Diese Zeitanalyse wird in anschauliche Sprachbilder gefasst: „gären, brodeln, quirlen, wogen; Strudel, kein fester Boden; Karneval und Aschermittwoch zugleich". Trotzdem positive Erwartung: „noch; allgemeiner Fluss der Dinge". Auch die Bezeichnung „chaotisch" ist positiv: aus dem Chaos entsteht die (neue) Welt.

Text 3:

Wieder können im *Unterrichtsgespräch* die im ersten Abschnitt gemachten Befunde genauer gefasst und beschrieben und zugleich ihren Lebensbereichen (Bewusstseinswandel, Veränderungen in der und durch die (Natur-)Wissenschaft, Gesellschaftswandel) zugeordnet werden. Weiterführende Fragen könnten angerissen werden: Inwiefern ist der vor hundert Jahren erlebte Wandlungsprozess für uns noch von Interesse? Ist er abgeschlossen, dauert er an? Wenn er noch andauert; wo stehen wir in diesem Prozess heute? Wie hat er sich verändert, wie wird er heute wahrgenommen?

Die eher ungeordneten Aussagen des zweiten Abschnitts können auf diese Lebensbereiche bezogen werden: Was sind die wesentlichen Aussagen?
Zentral sollte die Stellung des Künstlers besprochen werden. Bei einer Lektüre dieses Textes innerhalb des Unterrichts könnte vor der Lektüre des 3. Abschnitts dieser Frage zunächst im freien Unterrichtsgespräch nachgegangen werden. Die eigenen Erwartungen könnten mit denen Balls verglichen werden. Besonders herausgestellt werden sollten die Aussagen „nach innen gerichtet" und „Propheten einer neuen Zeit". Wie lassen sie sich aus den Aussagen des 2. Abschnitts herleiten? Welche Erwartung steckt in dem Begriff „Gesamtkultur"? Als Rückverweis wäre zu einem späteren Unterrichtszeitpunkt möglich: Entsprechen die „Einheitskulturen" des 3. Reichs und der DDR diesen Erwartungen?
Vom Text Balls kann auch zum Verständnis der beiden Nolde-Bilder (Seite 315) hingeführt werden, wie umgekehrt diese Bilder den Text illustrieren.

(Die Arbeitsergebnisse zu AA 2a können einerseits überprüft, andererseits angewandt werden bei der Bearbeitung folgender Gedichte: Wilhelm Arent: Fragment [aus: Jürgen Schütte (Hrsg.): Lyrik des Naturalismus. Stuttgart (Reclam) 1982, S. 39f.] und Ernst Stadler: Stille Stunde [aus: Ernst Stadler: Dichtungen, Schriften, Briefe. Kritische Angabe. Hrsg. von Klaus Hurlebusch, Karl L. Schneider. München 1983. S. 59.]

Mögliche Arbeitsanweisungen:
1. Was ist das Thema der beiden Gedichte?
2. Wie wird das Thema gestaltet (Grundsituation, Gedankengang, Stilmittel)?
3. Versuchen Sie die Gedichte als Werke derselben Epoche zu verstehen. Welche Unterschiede und Gemeinsamkeiten stellen Sie fest?
Dieser Gedichtvergleich eignet sich als Zusatztext wie als Klausurvorlage.)

2b Als Unterrichtsform für diese Aufgabe bieten sich das freie Unterrichtsgespräch oder das *Rundgespräch* an. Denkbar sind auch drei oder vier Kurzreferate, die anschließend diskutiert und zusammengefasst werden. Möglich sind folgende Erkenntnisse:
- Was in dem „Jugend"-Titelbild zum Ausdruck kommt, wird in den Texten vielfältig konkretisiert und erweitert.
- Bilder sprechen unmittelbar an, transportieren eine „Tendenz", sind aber nicht leicht zu entziffern, Texte sind ihrer Natur nach viel informativer als Bilder.
- Je mehr Informationen man hat, umso besser kann man Bilder verstehen und deuten.

Seite 311

3a Diese Arbeitsanregung kann als vorbereitende *Hausaufgabe* gestellt werden: Mehrere Schüler sollen den *sinngestaltenden Vortrag* jeweils eines der Gedichte vorbereiten. Im Unterricht könnten jeweils zwei oder drei Vorträge miteinander verglichen werden. Es kommt darauf an, einen Eindruck von der Wirkung zu erhalten, die von der akustischen Gestalt der Gedichte ausgeht und diese zu benennen. Die Schüler sollen auch erkennen, dass nicht jeder Vortrag der akustischen Gestalt eines Gedichts gerecht wird. Daraus ergeben sich Beurteilungen der Vorträge und mögliche Benennungen:
Text 4: getragen, feierlich, abgeklärt, betörend, ...
Text 5: verhalten, widersprüchlich, traurig, unbehaglich, ...
Text 6: kurzatmig, zusammenhanglos, komisch, absurd, unwirklich, skurril ...
Text 7: optimistisch, beschwingt, überzogen, abgehoben, ...
Text 8: optimistisch, idealistisch, schwungvoll, zuversichtlich, ...
Text 9: kämpferisch, rebellisch, eifernd, missionarisch, ...

3b Bei diesem Schritt geht es um die inhaltlich-logische Struktur der Gedichte. Mögliche Antworten:

Text 1: Einem angeredeten Du scheint es, als ob der Abend die Welt in zwei Teile trenne, die auseinander streben und ihm deutlich zu Bewusstsein bringen, dass es keinem wirklich zugehört und sein Leben daher nur in extremen Gegensätzen leben kann.

Text 2: Am Abend schaut ein Ich dem Zug der Vögel nach, die ins Helle ziehen, während das Ich um sich her nur Verfall und Tod wahrnimmt.

Text 3: Es geschehen viele merkwürdige und unzusammenhängende Dinge, wobei nicht nur Menschen, sondern auch Naturerscheinungen als Handelnde auftreten.

Text 4: Eine Anzahl Menschen mit starkem Zusammengehörigkeitsgefühl („uns", „wir") erlebt den Frühling als optimistischen Aufbruch in die eigene Zukunft.

Text 5: Eine Anzahl Menschen mit starkem Zusammengehörigkeitsgefühl („wir") will in ihre Zukunft wie in einen frischen Morgen hineingehen, der voller Lichter und Gesang ist.

Text 6: Eine Anzahl Menschen, die sich neu erstarkt fühlt, ist entschlossen, das Alte, wenn nötig auch gewaltsam, abzuschütteln und der Erfüllung in neuen Welten zuzugehen.

3c Bei dieser Arbeitsanregung geht es darum, die Genauigkeit und Treffsicherheit der gefundenen **Übersichtssätze** zu überprüfen. Beurteilungsmaßstab und Kriterien: die Metaphorik, die Stilfiguren und die semantischen Strukturen der Gedichte.

3d Bei dieser *Gestaltungsaufgabe* geht es darum, die Schüler zu Zustimmung und Widerspruch zu ermutigen. Bei der formalen Verwirklichung sollte man einerseits auf Einhaltung der durch die Gedichte gegebenen Form dringen, andererseits nicht zu streng sein. Der inhaltlich-gedanklichen Stimmigkeit sollte man den Vorzug vor der formalen Richtigkeit geben.

4 Die bisherigen Arbeitsergebnisse sollen hier zusammengefasst werden: Den Unterschieden im Lebensgefühl steht die Gemeinsamkeit im Festhalten an klaren Formen gegenüber. Daraus soll ein erster Begriff der Epoche gebildet werden: Diese Texte können als Werke derselben Epochen nur begriffen werden, wenn man von der Zerrissenheit des Zeitbewusstseins und dem gleichzeitigen Wunsch nach fester Form ausgeht.

(Als Zusatztexte zum Thema „Abend" wie als Klausurvorlage eignen sich die Gedichte von W. Arent und E. Stadler, vgl. AA 2a zu SB, S. 310 bzw. LB, S. 433.)

**S. 312–315: I, 2.   Im Spiegel der bildenden Kunst –
Vergleiche von Bildern und Texten**

Die zweite Teilsequenz erweitert die Einstiegsphase durch einen stark projektorientierten Unterricht, der Tendenzen und Stile der bildenden Kunst einbezieht.

Die exemplarisch ausgewählten **Bilddokumente** könnten durch eine Projektarbeit mit dem Fach bildende Kunst erweitert werden.

Ohne die aus der Sekundarstufe I vertraute Form der **Bildbeschreibung** lässt sich kein Zugang zu den Bildern gewinnen.

Mögliche Ziele:

1. Die sog. „wechselseitige Erhellung" der Künste als interdisziplinäre Methode anwenden
2. Reorganisation von Fertigkeiten der Bildbeschreibung

Seite 312

1a Die **Bildbeschreibungen** können in arbeitsteiliger *Einzelarbeit* hergestellt werden. (Zur Bildbeschreibung vgl. LB, S. 432)

Um die Schüler mit der Bildbeschreibung vertraut zu machen, könnten ihnen für die beiden schwer zu beschreibenden Bilder a und b Musterbeschreibungen vorgelegt werden, die sie auf ihre Effizienz untersuchen und mit deren Hilfe sie sich für die eigene Schreibleistung rüsten können (vgl. **K 1** und **K 2**, LB, S. 476).

Es geht nicht um die positivistische Aneinanderreihung der von der Kunstgeschichte vorgenommenen Etikettierungen, obwohl die Namen der Stilrichtungen durchaus verwendet werden können; es geht um die Erkenntnis der Pluralität, der Offenheit, auch der Radikalität, mit der die Kunst der Jahrhundertwende einen eigenen Standort gesucht und doch „nur" Standorte gefunden hat. Vielleicht sollte man den Schülern vor der Betrachtung der Bilder Sätze von Franz Marc geben:

„Der Kunststil aber, der *unveräußerliche* Besitz der alten Zeit, brach in der Mitte des 19. Jahrhunderts katastrophal zusammen. Es gibt seitdem keinen Stil mehr. Er geht, wie von einer Epidemie erfasst, auf der ganzen Welt ein. Was es an ernster Kunst seitdem gegeben hat, sind Werke Einzelner; mit ‚Stil' haben sie gar nichts zu tun, da sie in gar keinem Zusammenhang mit dem Stil und Bedürfnis der Masse stehen und eher ihrer Zeit zum Trotz entstanden sind. Es sind eigenwillige feurige Zeichen einer neuen Zeit." („Der blaue Reiter", 1912).

„Das furchtbar Schwierige in unserer heutigen Aufgabe liegt darin, dass man gegenüber dem heutigen Geisteswirrwarr der Millionenköpfe zunächst nur durch gänzliche Isolierung des eigenen Lebens und der eigenen Aufgabe rein bleiben oder sagen wir offen: wieder rein werden kann." („Briefe, Aufzeichnungen und Aphorismen", 1920).

	Motiv	Darstellungsweise, Gestaltungsabsicht
a) Seurat	Einzelperson, sehr nah, privat, intim	Leicht, weich; Hell-Dunkel-Kontraste mit fließenden Übergängen; Darstellungsgegenstand als Lichtwirkung gestaltet. Ruhe, Harmonie, Bei-sich-Sein.
b) Ensor	Hoch aufragende gotische Kathedrale, davor dicht gedrängte Menschenmassen auf großem Platz	Ausschnitthaft; Nähe und Ferne zugleich gestaltend, dabei wirkt die ferne Kathedrale näher als die nahe Menschenmasse; Kathedrale groß und übermächtig, Menschen winzig, aber in ihrer Masse beeindruckend. Gegensatz des Historischen und des Jetzigen.
c) van Gogh	Blick über blühende Obstgärten hinweg auf die in einiger Entfernung liegende Stadt	Ganz vom Duktus des Zeichenstifts bestimmt, zugleich in rauschhaften Farben; wunderbarer Kontrast zwischen den aufrechten Bäumen und der fliehenden Perspektive. Schönheit der Natur, darin eingebettet die Stadt.
d) Munch	Einzelperson auf einer Brücke mit dem Ausdruck des Entsetzens; Küstenlandschaft	Grobe, heftig bewegte und zugleich stark reduzierende Zeichnung; Figur und Küstenlandschaft in hartem Dunkel-Hell-Kontrast, Himmel in glühenden Farben. Extreme Angst, Bedrohung ausdrückend.
e) Eckmann	Blüten, Knospen und Blätter sehr nah	Schwarz-Weiß-Kontrast mit kostbaren Grau-Abstufungen; ornamental auf ästhetische Wirkung bedacht. Reine, ungetrübte Schönheit.

	Motiv	Darstellungsweise, Gestaltungsabsicht
f) Kollwitz	Ungeordneter Zug von Männern, Frauen und Kindern, z.T. mit Arbeitsgeräten, manche gramgebeugt, geradezu teilnahmslos, manche aufrührerisch	Schwarz-Weiß-Kontrast mit vielen Zwischentönen; in Körperhaltung und Gesichtsausdruck auf Genauigkeit angelegt; Not und Leid, aber auch Wut und Verzweiflung ausdrückend. Soziale Anklage.
g) Delaunay	Eiffelturm zwischen Stadthäusern (Straßenschluchten) in die Wolken ragend	Wirklichkeitsformen noch erkennen lassend, aber grotesk verschoben; ungeheuer bewegt, dabei leicht, wie schwebend. Nicht zu verstehende, aber herrlich bunte und bewegte Welt.
h) Kandinsky	Abstrakte Formen	Von der Wirklichkeit sichtbarer Formen abgelöste Strich- und Flächenstrukturen, dabei gelegentlich wie an Realistisches erinnernd. Rätselhafte bunte Welt.
i) j) Nolde	Exotische Masken; exotische Familie	Gemälde: Übersteigerte Formen, grelle Farbigkeit, Holzschnitt: Schwarz-Weiß-Kontrast ohne Zwischentöne, Übersteigerung in Körperhaltung und Gesichtsausdruck. Grobe, stark reduzierte Zeichnung, ausgeprägte Bilddynamik. Primitivität als wahre (?) Existenzform.

Bilderläuterungen:

Als Verstehenshilfe können folgende Zitate verwendet werden:

Zu Bild a (Seurat):

„Kunst ist Harmonie. Harmonie wiederum ist Einheit von Kontrasten und Einheit von Ähnlichem, im Ton, in der Farbe, in der Linie. Ton, d.h. Hell und Dunkel; Farbe, d.h. Rot und seine Komplementärfarbe Grün [...]. Linie, das ist die Richtung im Verhältnis zur Waagerechten. Alle diese Harmonien scheiden sich in solche der Ruhe, der Heiterkeit und der Trauer. Heiterkeit entsteht im Ton bei Vorherrschaft des Hellen, in der Farbe bei Vorherrschaft des Warmen, in der Linie bei Bewegung, die über die Horizontale aufsteigt. Ruhe stellt sich ein im Ton bei Gleichgewicht des Dunklen und Hellen, in den Farben bei Gleichgewicht des Warmen und des Kalten, in der Linie bei Ausrichtung auf die Horizontale. Der Ton stimmt sich auf die Trauer bei Vorherrschaft der Dunkelheit, die Farben bei jener der Kälte, die Linie bei absteigender Bewegung." (Nach einem von seinem Biografen Christophe niedergeschriebenen Diktat Seurats, 1890[31].)

„Er vertrat die Auffassung, dass die physikalische Vermischung der Farbe auf der Leinwand oder der Palette durch die optische Vermischung auf der Netzhaut des menschlichen Auges ersetzt werden musste, da ja auch die Farbigkeit in der Natur durch die Mischung farbigen Lichts entstehe. Das Resultat seiner Überlegungen war eine „Konfettitechnik", bei der Farben Punkt für Punkt nebeneinander auf die Leinwand gesetzt werden [= Pointillismus]. Bevor er sich aber dem farbigen Bild zuwandte, hatte er sich ausschließlich mit Schwarz-Weiß-Zeichnungen beschäf-

tigt, bei denen er völlig auf die Linie als Mittel der Genauigkeit verzichtete und die Formen nur durch die verschiedenen Abstufungen von Hell und Dunkel fixierte. Bei diesen flächenhaften Formen gibt es keine Zufälligkeiten mehr, alles ist auf das rhythmische Spiel von Strichstrukturen und unterschiedlichen Tonwerten hin angelegt."[32]

Zu Bild b (Ensor):

Ensor ist die wahrscheinlich unfassbarste Gestalt in der Kunst der Jahrhundertwende. Sein Werk ist einzigartig, von keiner Richtung beeinflusst, keiner Etikettierung zugänglich (behelfsweise werden seine Anfänge als impressionistisch, die Werke seines künstlerischen Höhepunkts als expressionistisch und surrealistisch eingestuft). Seine Hauptmotive sind Masken (als Symbole für Lüge und Verstellung) und Skelette (Ausdruck für die „Gespensterhaftigkeit" und „Abgelebtheit" der Welt), sowie große, ins Groteske gesteigerte Menschenmassen, häufig als Umzüge oder Faschingstreiben gestaltet, wobei die Menschen ins Gespensterhafte verzerrt sind, zugleich aber meist winzig erscheinen. Ensors Bilder sind voller Gegensätze: die festlichbunte Oberfläche wird oft von einer düsteren Tiefenschicht des Makabren, Zerstörerischen und Verzweifelten durchstoßen. Bei aller Depressivität und Angst, die aus Ensors Bildern sprechen, sind sie nicht selten von satirischer Schärfe. Sinnbilder der Angst und Verzweiflung „sind bei ihm Menschenschwärme in Panik und sinnloser Bewegung und Bildräume, in denen der Einzelne verloren untergeht" (J. Lindenmaier)[33].

Zu Bild c (van Gogh):

„Zeichnung und Farbe als eins betrachten [...]." – „Ich fange an, dies so zu handhaben, wie man schreibt, mit derselben Leichtigkeit. Die Erregung, der Ernst des Naturgefühls, sind manchmal so stark; man fühlt gar nicht, dass man arbeitet. Mitunter kommen die Striche Schlag auf Schlag und folgen sich wie Worte in einem Gespräch [...]." – „Indem ich stets an Ort und Stelle arbeite, suche ich in meiner Zeichnung das festzuhalten, was wesentlich ist [...]." – „Sage ihm, dass in meinen Augen die wahren Maler die sind, welche die Dinge nicht so malen, wie sie sind, trocken analysierend, sondern so, wie sie sie fühlen." – „Ich sehe in der ganzen Natur, z.B. in den Bäumen, Ausdruck, sogar Seele." – „Ich habe versucht, in die Landschaft dieselbe Empfindung zu legen wie in eine menschliche Figur; das gleichsam krampfhafte und leidenschaftliche Sicheinwurzeln in die Erde und ein dabei doch halb Losgelöstsein durch die Stürme." – „Anstatt mich der Verzweiflung hinzugeben, habe ich mich für die aktive Melancholie entschieden, soweit ich die Kraft der Aktivität besaß, oder, anders ausgedrückt, ich zog eine Melancholie, die hofft und strebt, derjenigen vor, die dumpf und stagnierend verzweifelt." (Aus Briefen van Goghs)[34].

Zu Bild d (Munch):

„Man sollte nicht mehr nur schöne Interieurs [= Darstellung von Innenräumen] mit lesenden Männern und strickenden Frauen malen [...] die Menschen sollten leben, atmen, fühlen, leiden und lieben [...] ich werde eine Reihe solcher Bilder malen. Die Betrachter werden das Heilige an diesen Bildern erkennen und das Haupt vor ihnen entblößen wie in der Kirche."

„Krankheit, Wahnsinn und Tod sind die schwarzen Engel, die über meiner Wiege gewacht und mich mein ganzes Leben begleitet haben."

„Ich ging mit zwei Freunden die Straße entlang. Die Sonne ging unter, und der Himmel färbte sich blutrot. Ein Hauch von Melancholie befiel mich. Ich blieb stehen und stützte mich todmüde auf das Geländer (neben der Straße). Über der Stadt und dem schwarzblauen Fjord schwebten die Wolken wie Feuerzungen. Meine Freunde waren weitergegangen. Ich stand wie gelähmt und zitterte vor Angst. Mir war plötzlich, als hörte ich den ungeheuren, unendlichen Schrei der Natur ausbrechen." (Aus Selbstzeugnissen Munchs)[35]

---

[31] Walter Hess: Dokumente zum Verständnis der modernen Malerei. Hamburg (Rowohlt) 1956, S. 23.

[32] „Graphik. Meisterwerke aus fünf Jahrhunderten." Text von Gottfried Lindemann. Braunschweig (Westermann) 1975, Bd. 2, S. 81.

[33] In: Meisterwerke der Kunst, Folge 29. Hrsg. von der Landesstelle für Erziehung und Unterricht, Stuttgart (LEU) 1981.

[34] Walter Hess, a.a.O. (Anm. 31), S. 23ff.

[35] Nach Meisterwerke der Kunst. Folge 30, Stuttgart (LEU) 1982, verfasst von Peter Fischer.

„Die düsteren Visionen seiner ‚Innenschau' umkreisen Situationen, in denen sich die Ohnmacht des Menschen gegenüber dem Verhängnis, dem er ausgeliefert ist, darstellt: die Einsamkeit, der Tod, der Kampf der Geschlechter, die Versuchung und die Eifersucht. Die Form strebt nach monumentaler Verdichtung. Das Typische einer Landschaft, eines Baumes und eines Menschen wird in bedrückenden Konturen betont. Die Leere, in der die massigen Figuren wie festgewachsen stehen, wird zu einem wesentlichen Ausdruckselement des Raumes. Das gibt den Bildern Munchs die bange, dumpfe Unerlöstheit."[36]

Bildbeschreibung und kunstgeschichtliche Würdigung:

„Das bildbeherrschende Element ist die Gestalt im Vordergrund. Den Mund weit aufgerissen, die Augen geweitet, steht sie, die Hände an den Kopf gepresst, etwas schräg an ein wuchtiges Brückengeländer gedrückt, das in jäher Verkürzung zum linken Bildrand in die Tiefe ‚flieht', wo zwei kleine Gestalten – offenbar Männer mit Hüten – den räumlichen Abstand zu der Figur im Vordergrund signalisieren.

Über dem Brückengeländer zeigt sich rechts der dreieckige Ausschnitt einer sparsam angedeuteten Landschaft. Von links schiebt sich die helle Zunge einer fjordartigen Bucht ins Bild. Man erkennt zwei kleine Schiffe mit kreuzartigen Masten. Das obere Bilddrittel wird von einer Zone gebildet, die man als Himmel identifizieren kann. Es ist offensichtlich, dass hier keine realistische Darstellung angestrebt wird, obwohl es sich um ‚reale' Dinge handelt. Es gibt keinerlei genaue Bezeichnung im Detail (zum Beispiel bei den Händen der Figur). [...]

Aber was übrig bleibt ist von großer Eindringlichkeit: die Bildformulierung hat eine auf das Nötigste reduzierte Knappheit, die gerade ausreicht, um die Bildgegenstände zu identifizieren. Dadurch wird eine zeichenhafte Gesamtwirkung erreicht, die alle Bildteile einer großen Schwingung unterordnet, so dass die ‚Deformierung' der Einzelteile nur eine logische Folge davon ist. Das Blatt wird so zu einem erstaunlichen und kunsthistorisch frühen Beweis, dass Munch hier im Alleingang etwas vorweggenommen hat, was erst etwa 10 Jahre später in Erscheinung trat: im so genannten Expressionismus. Durch diese Art der Formulierung bekommt das Blatt eine fast unerträgliche Spannung. Was geschieht hier? Ist jemand in Gefahr und braucht Hilfe? Wer ist die Gestalt? Welche Rolle spielen die Männer im Hintergrund? Und vor allem: Woher kommt der Schrei?

(Das Blatt wird einmal mit ‚Schrei', dann wieder mit ‚Geschrei' betitelt).

Man findet bei einigen Autoren die Annahme, es sei die Gestalt, die schreit. Das wird aber durch die Schilderung von Munch selbst (siehe oben) eindeutig geklärt: nicht die Gestalt schreit, sondern sie wird von dem ‚ungeheuren Schrei der Natur' in panisches Entsetzen gebracht. Munch gibt dabei der Figur ein maskenhaftes, anonymes Aussehen, obwohl er das Erlebnis als persönliche Betroffenheit erlebte. Dadurch bekommt die Situation einen allgemeinen Charakter, jeder kann sich mit der Gestalt identifizieren – sie wird zum Ausdruck des ‚Schreis an sich'.

Dabei zeigt Munch die Wirkung des Schreis an der Reaktion: Die Hände pressen sich an die Ohren, der Mund ist offen: So mussten sich im Krieg Soldaten bei schwerem Trommelfeuer verhalten, um nicht das Gehör zu verlieren. Interessant ist dazu eine Parallele im Werk von Munch: Das kleine Kind in dem Bild ‚Die tote Mutter' presst die Hände genauso an die Ohren: Es ist die Geste der Abwehr gegen einen unfassbaren Eindruck. Die Gestalt im Bild wirkt so, als würde sie von den unbekannten Schallwellen an den Rand des Wahnsinns getrieben und förmlich erdrückt." (Peter Fischer)[37]

Zu Bild e (Eckmann):

Er begann als Maler. Nachdem er 1894 für seinen Gemäldezyklus „Die vier Lebensalter" mehrere Preise bekommen hatte, verkaufte er alle von ihm geschaffenen Bilder. Er wandte sich damit programmatisch von der Malerei ab, um sich fortan der Grafik und dem Kunsthandwerk zuzuwenden. Er schuf Randzeichnungen und Lithografien für die Zeitschriften „Pan" und „Jugend", entwarf Plakate und schuf typografische Entwürfe für Bücher. In diesem Zusammenhang wurde er der Schöpfer neuer Schrifttypen, die für den Jugendstil außerordentlich bedeutsam wurden („Eckmann-Schrift"). Er entwarf aber auch Textilien, Keramiken, Möbel und Möbelbeschläge. Seine Arbeiten, in denen er mit Vorliebe stilisierte Pflanzen oder Pflanzenornamente mit dekorativ geschlungenen Linien verband, sind typische Produkte des „floralen Jugendstils".

Zu Bild f (Kollwitz):

„[...] ihr künstlerisches Interesse galt von Anfang an nur der Grafik. Sie schuf Radierungen, Lithografien und Holzschnitte und erarbeitete sich damit einen eigenen, ausdrucksstarken Stil, den sie in einzigartiger Weise für Aufgaben innerhalb ihres sozialkritischen Engagements einsetzte. Armut, menschliches Leid, Tod und Krieg waren die Themen, die in ihren Werken immer wiederkehrten. Das begann schon, kurz nachdem sich die Künstlerin 1891 in Berlin niedergelassen hatte, mit der Folge ‚Ein Weberaufstand' (nach Gerhart Hauptmanns ‚Die Weber') und fand seine Fortsetzung mit den Radierungen, die unter dem Titel ‚Bauernkrieg' erschienen. Aber auch in Bildnissen und Einzelblättern ging es Käthe Kollwitz anklagend und mitleidend stets um die gleichen Motive, um sichtbar gemachte Not und soziales Elend [...]"[38].

Zu Bild g (Delaunay):

„Solange die Kunst vom Gegenstand nicht loskommt, verdammt sie sich zur Sklaverei." – „In dieser Periode [1910/11] wollte ich rhythmische Beziehungen schaffen zwischen gegenständlichen Elementen, z.B. von einer Landschaft, einer Frau und einem Turm. Aber aus den Brechungen ergaben sich auch Unterbrechungen von Rhythmus, Bewegung, Dynamismus." – „Die Brechung, wie schon der Name sagt, hebt die Kontinuität auf." – „Was die Brechung rechtfertigt, das sind die Beziehungen zwischen den verschiedenen hellen Lichtflächen, die sich begegnen und überlagern, das Ganze ist nicht mehr statisch." (Aus Schriften Delaunays)[39]

„Was den Kubismus von der früheren Malerei unterscheidet, ist die Tatsache, dass er keine nachbildende, sondern eine begriffliche Kunst ist, die sich beinahe bis zum Schöpferischen erhebt" (Guillaume Apollinaire).

Bildbeschreibung und -deutung:

„I. Zwischen den am Bildrand rechts und links sich vielstockig aufschichtenden Häusern ist ein breiter Durchblick frei auf den Eiffelturm. Es ist ein Blick gegen das Licht. Man ist geblendet und sieht in der ins Bild stürzenden Helligkeit ein verwirrendes Spiel vielfältiger Schatten und Reflexe. Wie von einer Explosion geschüttelt schwanken die Bauten.

Das Haus rechts ist eine von Reflexen aufgehellte kräftige Schattenkulisse. Links ist das Licht so hell, dass die Gegenständlichkeit von der Lichtbahn aufgesaugt wird. Nur in den oberen Stockwerken tauchen Gegenstandsformen aus der hellen Flut auf.

In der Mitte steht der Turm. Es ist ein vom Licht zersäbeltes Gebilde. Seine Ränder sind aufgebrochen, unten fehlt der feste Stand. Auf dem unstabilen Unterbau neigt sich der aufsitzende Gittermast in die schräge Richtung des einfallenden Lichts.

Licht und Atmosphäre füllen den Raum zwischen den Bauten. Links vom Turm trennt die blendende Helligkeit der Lichtflut in breiter Bahn die Architekturformen, rechts verbinden die in vielgliedrigen Trauben geballten Wolken und Schattenschraffuren

36 Knaurs Stilkunde. Von der Antike bis zur Gegenwart. Hrsg. von Ursula Hatje. Bd. II: Von der Renaissance bis zur Gegenwart. © 1963 Droemer Knaur, München, S. 471.
37 In: Meisterwerke der Kunst, Folge 30. Stuttgart (LEU) 1982.
38 Fritz Winzer: Das rororo Künstlerlexikon. Hamburg (Rowohlt) 1985, Bd. 1, S. 154.
39 Walter Hess, a.a.O. (Anm. 31), S. 67.

den Turm und das Haus. Die Symmetrie der großen Anordnung, in der der Turm in der Mitte zwischen den vom Rand überschnittenen beiden Häusergruppen steht, verliert so das Starre. Es entsteht mit dem über die Bildfläche hin frei rhythmisierten Formengeflecht eine starke und sehr einprägsame Bildform. [...] Statt eines durchgehenden Zusammenhangs stabil gefügter Gegenstände ist eine ‚Schichtung mit Verwerfungen‘ charakteristisch. Der Gegenstandszusammenhang ist immer wieder unterbrochen, die Darstellung muss immer wieder neu ansetzen. Immer wieder verliert sich die Gegenständlichkeit im Unbestimmten, Ungeklärten, im Chaotischen oder Leeren. Und immer wieder setzt der Blick neu mit verschobenem Ansatzpunkt an.

Besonders deutlich [...] wird es, wenn man den Horizont für das Blickfeld sucht. Zunächst sieht man den Turm vom Boden aus, der untere Absatz ist mit seiner vorspringenden Ecke in Untersicht gegeben. Die zweite Stufe mit dem Kranzgesims, über dem sich der steigende Gittermast erhebt, ist im Widerspruch dazu eindeutig von oben gesehen. Es gibt also keinen einheitlichen Horizont, keine durchgehende Perspektive, bei der alles von einem festliegenden Punkt aus gesehen und dargestellt wird. Da dazu noch der [...] im Konstanzsystem unserer Wahrnehmung verankerte Grundsatz preisgegeben ist, dass die Senkrechten erhalten bleiben, entsteht für den naiven Betrachter eine taumelnde und schwankende Welt [...].

Der Betrachter ist an den Lebensnerv dieses Bildes geraten, wenn ihm die Spannung klar geworden ist, die zwischen dem Bildgegenstand und der Bildform besteht. Gegenstand ist der Eiffelturm [erbaut zur Weltausstellung in Paris 1889]. Wir wissen, dass Delaunay von ihm fasziniert war, weil er in ihm das Triumphzeichen der modernen Welt sah: eine kühne Konstruktion, die die neuen Möglichkeiten des Eisengitters ausnützt und spielerisch leicht, elegant in vorher nie erreichte Höhen aufsteigt. Er sieht ihn aus einem Lebensgefühl heraus, das voll Optimismus den Triumph der Technik in ihrer kühnen Modernität begrüßt und bejaht [...].

Der bildnerische Enthusiasmus, der am Werk war, war nicht geringer als der thematische. An späten Bildern von Cezanne [...] hatten die jungen Maler Elemente entdeckt, die sie zu Konsequenzen verlockten, die das traditionelle Bild so umstürzend veränderten wie die technische Revolution das europäische Leben. Der Gegenstand löst sich auf, die Hauswände biegen sich, die Häuser zerbrechen zu Bildelementen, die frei verfügbar werden in einem Zusammenhang, dessen freier Herr der Maler ist. Er macht, was er will.

Aber der Eiffelturm setzt sich zur Wehr [...] Er gerät, wenn der Maler selbstherrlich wird, aus den Fugen und stürzt, wie der Spielzeugturm der Kinder, ein.

Auch Delaunay hat sich dieser schmerzlichen Einsicht nicht verschließen können: der Turm, der in seinem Bild als Siegesdenkmal, als preisender Hymnus auf die neue Zeit gedacht war, der sich kühn und frei, von Licht umflutet aufrichten sollte, bricht zusammen. Er wird zur Vorahnung der Katastrophe, zeigt ein Ende mit Schrecken [...]“ (Karl Bertsch)[40].

Zu Bild h (Kandinsky):

„Das Erleben der ‚geheimen Seele‘ der sämtlichen Dinge, die wir mit unbewaffnetem Aug, mit Mikroskop oder durch das Fernrohr sehen, nenne ich den ‚inneren Blick‘. Dieser Blick geht durch die harte Hülle, durch die äußere ‚Form‘ zum Inneren der Dinge hindurch und lässt uns das innere ‚Pulsieren‘ der Dinge mit unseren sämtlichen Sinnen aufnehmen. Und diese Aufnahme wird beim Künstler zum Keim seiner Werke. Unbewusst. So erzittert die ‚tote‘ Materie. Und noch mehr: die inneren ‚Stimmen‘ der einzelnen Dinge klingen nicht isoliert, sondern alle zusammen – die ‚Sphärenmusik‘.“ – „Das Malen ist ein donnernder Zusammen-

stoß verschiedener Welten, die in und aus dem Kampf miteinander die neue Welt zu schaffen bestimmt sind. Jedes Werk entsteht technisch so, wie der Kosmos entsteht, durch Katastrophen, die aus dem chaotischen Gebrüll der Instrumente zum Schluss eine Symphonie bilden, die Sphärenmusik heißt. Werkschöpfung ist Weltschöpfung.“ (Aus Schriften Kandinskys)[41]

Zu den Bildern i, j (Nolde):

„Alles Ur- und Urwesenhafte immer wieder fesselte meine Sinne. Das große tosende Meer ist noch im Urzustand, der Wind, die Sonne, ja der Sternenhimmel wohl fast auch noch so, wie er vor fünftausend Jahren war.“ – „Die Urmenschen leben in ihrer Natur, sind eins mit ihr und Teil vom ganzen All [...] Ich male und zeichne und suche einiges vom Urwesen festzuhalten. Die künstlerischen Erzeugnisse der Naturvölker sind ein letztes Überbleibsel einer Urkunst.“ – „Die Kunstäußerungen der Naturvölker sind unwirklich, rhythmisch, ornamental, wie wohl immer die primitive Kunst aller Völker es war [...] Das Absolute, Reine, Starke war meine Freude, wo ich es fand.“ – „Fantastisch sein im Werk ist schön, fantastisch sein wollen ist blöd. Wenn die Bodennähe im romantisch fantastischen Schaffen mir zu verschwinden schien, stand ich suchend wieder vor der Natur, Wurzeln in die Erde versenkend und demütig in vertieftem Sehen.“ – „Ich will so gern, dass mein Werk aus dem Material hervorwachse.“ (Aus Schriften Noldes)[42]

1b Es wäre ohne Gewaltsamkeit und Verkrampfung sicher nicht möglich, jedes Bild einem oder mehreren der Gedichte zuzuordnen. Dazu ist auch der Bezug zwischen den Gedichten und den Grafiken zu wenig bewusst gewählt. Beim Schüler soll sich durchaus neben dem Gefühl der Repräsentativität auch der Eindruck der Zufälligkeit einstellen: Es könnten auch ganz andere repräsentative Werke gefunden werden. Es geht bei dieser Arbeitsanregung vielmehr darum, Elemente der Übereinstimmung wie der Gegensätzlichkeit in Aussage und Form zwischen den Bildern und den Gedichten aufzuspüren. Dabei können die Ergebnisse aus den Arbeitsanregungen 2a und 2b (SB, S. 310) herangezogen und mit denen der Arbeitsanregungen 3a und 3b (SB, S. 311) verglichen werden. Die richtige Methode ist ein möglichst offenes, freies Unterrichtsgespräch, das weitgehend der Initiative der Schüler zu überlassen ist. Hilfestellungen oder Gesprächsanstöße könnten sein:

– **Weltsicht bei Rilke und van Gogh:**
  Das „bewegte Bild“ bei Rilke und das „statische“ Bild bei van Gogh als Ausdruck einer Entwicklung (Geschehensablauf, zugleich Erkenntnisvorgang beim Dichter) und eines repräsentativen Augenblicks (Eindruck, zugleich Aneignung einer Weltansicht durch den Künstler). Inwiefern sind beide Methoden „Deutung“? Wie groß ist die Reichweite der beiden Deutungen? Warum bleibt die Grafik „unverbindlicher“ als das Gedicht?
  Formale Elemente: „Goldener Schnitt“ in der Zeichnung, Entwicklung im Gedicht (klar gebaute, ohne Enjambements auskommende 1. Strophe, dann Verschlingung der Gedanken, Periodisierung des Satzbaus und Verwendung des Enjambements sogar über die Strophengrenze hinweg; Rückkehr zur formalen Festigkeit des Gedichtanfangs). Wie wird in Gedicht und Zeichnung der Einklang oder das Einverständnis des Dichters/Zeichners mit dem Gesehenen hergestellt; wie teilt dieser Einklang sich mit?

– **Das Thema „Weltschmerz“ bei Trakl und Munch:**
  Wie wird die Gebrechlichkeit der Welt wahrgenommen? Welche Darstellungsformen entsprechen dieser Wahrnehmung? Wie erklären sich die Eindeutigkeit der Grafik und die Zweidimensionalität des Gedichts? Welches Verhältnis zur Welt ist damit ausgesprochen?

– **Das Thema „Zerbrechende Welt“ bei Lichtenstein und Delaunay:**
  Wie wird Welt wahrgenommen? Ist die Darstellungsform Ursache oder Folge des Inhalts? Auf welches Lebensgefühl des

[40] In: Meisterwerke der Kunst. Folge 20. Stuttgart (LEU) 1972.
[41] Walter Hess. a.a.O. (Anm. 31). S. 86ff.
[42] Walter Hess, a.a.O. (Anm. 31). S. 45f.

Dichters/Zeichners lässt sich aus seiner Wahrnehmungs- und Darstellungsweise schließen? Wie erklären sich der beschwingte Grundakkord der Zeichnung und die humoristische Wirkung des Gedichts?

– **Das Thema „Individuum und Masse"** bei Rilke, Trakl, J. Hart, Zweig, Lotz, Seurat, Ensor, Munch, Kollwitz, Nolde:
In welchen Lebenszusammenhängen werden in den Gedichten und Bildern die Einzelnen oder die Menge/Masse gezeigt? Wo zeigen sich deutliche Idealisierungen oder Überhöhungen, wo wird Nähe zur Realität angestrebt? Mit welchen Mitteln geschieht dies? Lässt sich daraus auf die Absicht der Dichter/Grafiker schließen?
Wieso wählen die Dichter/Grafiker einen Einzelnen oder die Menge/Masse als Darstellungssubjekt?

– **Die Bedeutung des Motivs bei Eckmann und Kandinsky:**
Was soll dargestellt werden? Warum wird dieses Motiv gewählt? Wie beurteilen Sie die Wahl? Gibt es solche Tendenzen auch in den Gedichten? Warum sind sie dort nicht so ausgeprägt wie in den Grafiken? (Für Kandinsky Hinweis auf das „abstrakte", dadaistische Gedicht „Karawane" von Hugo Ball, SB, S. 371).
In einem zusammenfassenden Gespräch könnte auch der Frage nachgegangen werden, in welcher Hinsicht und warum sich die literarischen Werke von denen der bildenden Kunst unterscheiden. Hier könnte auch gefragt werden: Was kann die Literatur, was kann die bildende Kunst besser?

2a *Hausaufgabe:* Die Schüler informieren sich in ihnen zugänglichen Nachschlagewerken (häusliche oder öffentliche Bibliothek, vgl. auch SB, S. 492). Die Ergebnisse werden im Unterricht zusammengetragen und zu einer brauchbaren Definition zusammengefasst. Zur Verdeutlichung könnte der verwandte Begriff „Periode" herangezogen werden. Dann könnte sich folgende Unterscheidung ergeben:

Zeitraum, Zeitabschnitt

Epoche	Periode
altgriech. *epoché*: das Anhalten, der Haltepunkt; Einschnitt, den ein besonderes Ereignis in der Zeitrechnung macht	altgriech: *periodos* (peri = um – herum, hodos = Gang, Weg): das Herumgehen, die Wiederkehr
Der auf einen historischen Wendepunkt folgende und durch ihn charakterisierte, deshalb als geschlossen erkennbare Zeitraum, Zeitabschnitt	Der durch die Wiederkehr bestimmter Vorgänge und/oder Strukturen charakterisierte Zeitraum, Zeitabschnitt innerhalb eines größer gedachten Zeitganzen
Epoche machen: durch ein bedeutsames Ereignis eine neue Zeit einleiten	periodisieren: in Zeitabschnitte einteilen
Epoche machend: eine neue Zeit einleitend; auch: Aufsehen erregend	periodisch: in gleichen Zeitabständen wiederkehrend

Zur Epoche „Jahrhundertwende" schreibt Walter Fähnders: „Der hier untersuchte Zeitraum gewinnt unter dem zentralen Aspekt von Moderne und Avantgarde ein deutliches und unverwechselbares Profil, das sich aus der Historisierung der vieldeutigen und kontrovers diskutierten Leitkategorien ergibt [...]. Diese Historisierung führt zur Gliederung des Materials in drei große literaturgeschichtliche Perioden [!] von Naturalismus und Fin de siècle (etwa 1890 bis 1910), Expressionismus und Avantgarde (etwa 1910 bis 1920) und der Literatur der Weimarer Republik bis zur Zäsur 1933.

1. Die ,historische Moderne' beginnt mit der Literaturrevolte des Naturalismus in den Achtzigerjahren des 19. Jahrhunderts und umfasst zudem die gegennaturalistischen Strömungen des Fin de siècle einschließlich der Wiener Moderne der Jahrhundertwende.

2. Europaweit lässt sich um 1910 ein künstlerischer Aufbruch beobachten, der – begrifflich parallel zu ,historischer Moderne' – als ,historische Avantgarde' zu bezeichnen ist. Sie beginnt mit dem Aufbruch des Futurismus in Italien und findet in Deutschland mit dem Expressionismus und seinem Widerpart, Dada, eine besondere Ausprägung.

3. Nach dem Ausgang des ,expressionistischen Jahrzehnts' formiert sich die Neue Sachlichkeit als besondere Strömung der ,Moderne' und bildet die Dominante in der Literatur der Weimarer Republik seit Mitte der Zwanzigerjahre."[43]

2b Merkmale der „Jahrhundertwende": Die Schwierigkeiten bestehen darin, dass die „gemeinsame Tendenz" nur als ihr Widerspruch zu begreifen ist. Nicht die Gemeinsamkeit der Absichten, der Themen, der Gestaltungs- und Darstellungsformen scheint konstituierend für diese Epoche, sondern deren Vielfalt und Unterschiedlichkeit, ja Widersprüchlichkeit. Mit den Schülern ist deshalb zu fragen: Gibt es den (geistesgeschichtlichen) Wendepunkt, auf den sich all dies Disparate bezieht?
Auch folgende Fragen können schon gestellt und diskutiert werden: Wie kommt es, dass gerade um 1900 sich eine so ausgeprägte Vielfalt der Erscheinungen zeigt, wie das offenbar vorher noch nie der Fall war? Darf ein von Disparität gekennzeichneter Zeitraum „Epoche" genannt werden? Kann der Epochenbegriff auf Zeiten starker Differenzierung in „Strömungen" und „Richtungen" überhaupt angewandt werden, oder wäre es nicht besser, von der Gleichzeitigkeit des Widersprüchlichen auszugehen?
In der Diskussion geäußerte Vermutungen sollten auf ihre Belegbarkeit hin überprüft und dann behauptet oder verworfen, andernfalls als Vermutungen zur späteren Klärung festgehalten werden.

Bestimmende Merkmale (z.B.)

Doppelgesichtigkeit	Pluralität	Optimismus
Zerrissenheit	Offenheit	Aufbruchsstimmung
Orientierungslosigkeit	Radikalität	Angst
Rätselhaftigkeit		Resignation
Widersprüchlichkeit		Lebenswille
Gegensätzlichkeit		
Zwiespältigkeit		

Silvio Vietta nennt als „zentrale Inhalts- und Formprobleme der literarischen Moderne":
1. Autonomie und Geschichtlichkeit
2. Utopieversprechen und Utopieverlust
3. Erkenntnis- und Sprachkrise
4. Sprachreflexivität, Experimentalismus
5. Formen literarischer Dekonstruktion
   – Parodie, Satire, Ironie
   – Ästhetik des Hässlichen
   – Fragmentarismus[44]

S. 315–317: I,3. Die Portalfigur der „Moderne" – Friedrich Nietzsche

Nachdem in den ersten beiden Teilsequenzen die Vielgestaltigkeit und Widersprüchlichkeit gezeigt werden konnten, folgt die dritte Teilsequenz dem Prinzip der Konzentration auf den Schriftsteller und Philosophen **Friedrich Nietzsche**. Mit der

43 Walter Fähnders: Avantgarde und Moderne 1890–1933, Lehrbuch Germanistik, Stuttgart/Weimar 1998, S. IX.
44 Silvio Vietta: Die literarische Moderne. Eine problemgeschichtliche Darstellung der deutschsprachigen Literatur von Hölderlin bis Thomas Bernhard. Stuttgart 1992. S. 39ff.

Qualifizierung als „Portalfigur" sind Nietzsches vielfältige Anregungsimpulse gemeint als Philosoph (Überwinder der idealistischen Philosophie), Kulturkritiker (z.B. durch psychologische Analyse von Mitleid, Nächstenliebe, Askese, Christentum u.a.), Essayist, Aphoristiker und Lyriker sowie seine ungeheuere Wirkung für das 20. Jahrhundert.

Durch **Textbeschreibung** und **-erörterung** sollen die Schüler sich dem Autor nähern und Eigenarten seines **Stils** kennen lernen.

Mögliche Ziele:

1. Einführung in einige Grundgedanken Nietzsches über die Reflexion von Leitbegriffen
2. Merkmale eines essayistischen, rhythmisch überhöhten und aphoristischen Stils erfassen

---

Seite 316

 Der Text gibt in kürzester, deshalb auch sehr gedrängter und schwieriger Form eine Beschreibung des Nietzsche'schen **Nihilismus**. Die häusliche Vorbereitung des Textes ist kaum sinnvoll, er muss gemeinsam im Unterricht gelesen werden. Die Arbeitsanregung ist als schrittweiser Zugang gestaltet. Zum Verständnis des Titels kommt man leicht nach der Besprechung des Textauszugs: Götzen-Dämmerung = Untergang aller (falschen) Ideale und Verabsolutierungen, die zugleich als Werte an sich gesetzt wurden. Mit dem Hammer philosophieren = die Philosophie dazu benützen, diese falschen Ideale und Werte zu zerschlagen. Der Hinweis auf Richard Wagners „Götterdämmerung" (Dritter Tag des „Ring des Nibelungen"; erste Gesamtaufführung 1876 in Bayreuth) liegt nahe: Nicht nur die Menschen (Siegfried-Tragödie), sondern auch die Götter (Wotan-Tragödie) werden schuldig an der Welt, indem sie mit ihren Leidenschaften und Schwächen Irrtum und Leid hervorbringen. Beider Sühne geschieht in ihrem Untergang. Dieser Hinweis auf Wagner kann bei einer aufgeschlossenen Lerngruppe als Zusatzinformation durch den Lehrer erfolgen; denkbar ist aber auch ein fächerübergreifender Unterricht zwischen Deutsch und Musik.

Übersichtssatz:

Nietzsche postuliert die Absichts-, Willens- und Zwecklosigkeit als bestimmende Charakterzüge von Welt und Mensch und leugnet damit auch Gott, aber er sieht in dieser „Lehre" gerade die Befreiung des Menschen und die Wiederherstellung der „Unschuld des Werdens".

Begriffe:

- *Fatalität:* Die Unterworfenheit des Menschen und der ganzen Welt mit allen ihren Erscheinungen unter das blinde, also keinesfalls nach einem Plan oder Zweck verfahrende Schicksal. Alles muss so kommen, wie es kommt, niemand kann daran etwas ändern, alles ist notwendig. Menschliche Größe kann für Nietzsche daher nur im „amor fati", in der Liebe zu diesem Schicksal bestehen.
- *notwendig:* nicht anders denkbar.
- *verantwortlich, Verantwortlichkeit:* von Nietzsche als Bestandteil des Weltganzen wie als Vermögen des Menschen abgelehnt, da zur Notwendigkeit im Widerspruch stehend. Da eine lenkende Instanz (Gott) nicht notwendig gedacht werden muss, kann sie geleugnet werden; die Verantwortlichkeit könnte aber nur aus ihrer Existenz abgeleitet werden.

Nihilismus bei Nietzsche:

„Die Zeit, in die wir geworfen sind", ist „die Zeit eines großen inneren Verfalles und Auseinanderfallens. Die Ungewissheit ist dieser Zeit eigen; nichts steht auf festen Füßen und hartem Glauben an sich." Aus dieser Überzeugung leitet Nietzsche die Notwendigkeit ab, die Gewissheiten, die sich als Lagen zwischen Mensch und Welt geschoben haben, zu zerstören. „Goetzen (mein Wort für Ideale) umwerfen – das gehört zu meinem Handwerk." Denn alle „Wahrheiten sind Illusionen, von denen man vergessen hat, dass sie welche sind." Im Gegenteil: Man hat diese Täuschungen zu Normen (Werten) gemacht. Diese Normen müssen zertrümmert, die „Umwertung aller Werte" muss versucht werden. An die Stelle dieser bisherigen „Werte" ist das Nichts getreten. In dieser Situation ist es eines „freien Geistes" „Aufgabe, einen Augenblick höchster Selbstbesinnung der Menschheit vorzubereiten."

Das geschieht in dreifacher Steigerung:

1. Im Zerbrechen des Glaubens an die Wahrheit, denn der Mensch ist nicht dafür geeignet, die Wahrheit zu erfassen. Die Frage nach der Wahrheit hat einen Keil zwischen Mensch und Leben getrieben.
2. In der Aufdeckung der Fragwürdigkeit der Moral, die dem Menschen wohl sittliche Grundsätze gibt, ihn aber nicht zwingen kann sich daran zu halten. Die Moral hat sich als verlogene Scheinmoral gegen das Leben gerichtet.
3. In der Absage an alle Religion, vor allem das Christentum, das sich von allem Anfang an vom Leben feindlich abgekehrt hat.

Für Nietzsche ist der Nihilismus nicht das Ende, sondern ein Übergang zu einem Neuen. Der Nihilismus ist ihm „das hoffnungsvollste aller Schauspiele", denn durch ihn ist „in Europa eine so prachtvolle Spannung des Geistes geschaffen. Mit einem so gespannten Bogen kann man nach den fernsten Zielen schießen." Damit ist der Nihilismus Nietzsches utopisch. Allerdings nicht in dem Sinn, dass sich in Zukunft ein Zweck oder Ziel des Daseins finden ließe, denn es ist alles „ewige Wiederkehr", auch das Ewig-sich-selber-Schaffen und das Ewig-sich-selber-Zerstören als Pole eines Werdens, das keine Erfüllung finden kann. Aber der frei gewordene Mensch steht dann „mit einem freudigen und vertrauenden Fatalismus mitten im All, im Glauben, dass nur das Einzelne verwerflich ist, dass im Ganzen sich alles erlöst und bejaht – er verneint nicht mehr." „Hier liegt die ungeheure Aufgabe der großen Geister des nächsten Jahrhunderts."

Zusätzliche Arbeitsanregungen: Nietzsche schrieb in einer Widmung 1886, man dürfe seine Bücher erst im Jahr 2000 lesen, weil man sie auch erst dann verstehen könne. Sind wir befähigt Nietzsche zu verstehen? Sind wir der Gefahr des Missverständnisses enthoben, dem Nietzsche in diesem Jahrhundert mehrfach und von verschiedenen Seiten, am meisten von den Nationalsozialisten, ausgesetzt war?

2 Aus dem Textauszug lässt sich leicht der evolutionistische Grundsatz im **Menschenbild Nietzsches** erkennen. Den Menschen seiner Zeit sieht Nietzsche als zwischen Tier und Übermensch angesiedelt, d.h. als eine Stufe einer noch nicht zum Abschluss gekommenen Entwicklung. Diese Entwicklung weiterzutreiben wird als Aufgabe des Menschen postuliert. Das Bild vom Seil spricht davon, dass diese Entwicklung nicht notwendig und zwangsläufig ist, sondern dass der Mensch sie wollen und wagen muss, immer unter der Gefahr des Scheiterns. Der scheiternde Mensch ist aber größer als der ängstlich zaudernde Mensch.

„Der Übermensch ist der Mensch, der um den Tod Gottes weiß. Der weiß, dass alles idealistische Jenseits bloße Schimäre ist, der sich der Erde und dem Leben gibt und dazu freudig ja sagt. Der weiß, dass die Welt eine ‚dionysische' Welt ist, ewig neu geboren aus dem Quellgrund des Seins, dass alle Versuche des Menschen, erkennend, schaffend, Werte setzend, in ihr einen Halt zu gewinnen, zum Scheitern verurteilt sind im Lauf der allmächtigen Zeit; der ebenso weiß, dass er selbst ein Teil dieser Welt ist, ein Stück ‚Wille zur Macht' und nichts außerdem, der sich als diesen Willen bewusst will – und der diesem tiefen und unauflöslichen Widerspruch, der der Widerspruch des Lebens selbst ist, standhält. Solches Wissen nennt Nietzsche, im Gegensatz zum flachen, vordergründigen, illusionären Wissen, ‚tragische Weisheit‘. Der Übermensch ist schließlich der Mensch, der dem letzten, schwierigsten, auch am schwersten nachzuvollziehenden Gedanken Nietzsches standhalten kann: der ewigen Wiederkunft. [...] Die Welt ist zu denken als eine bestimmte Größe von Kraft. Das mannigfach Seiende ist zwar unabsehbar, aber nicht unendlich. Unendlich aber ist die Zeit. So muss jede Kombination der Dinge irgendwann schon einmal erreicht gewesen sein. Diesen Gedanken – dass alles wiederkehrt, dass alles ewig wiederkehrt, zu denken und zu bejahen: das ist die stärkste Form des Ja-Sagens, die sich denken lässt.“[45]

Nietzsches **Begriff vom Übermenschen** passt deshalb in seine Zeit,
– weil in der Biologie gerade damals die Evolutionstheorie durch Charles Darwin (1809–1882) entwickelt wurde (seit 1859);
– weil damals infolge der Erkenntnisse der Naturwissenschaften und der Errungenschaften der Technik bei vielen ein Fortschrittsglaube herrschte, der von einer unaufhaltsamen Weiter- und Höherentwicklung des Menschen und der Welt ausging.

Nietzsches Vorstellung vom Übermenschen stimmt also (teilweise) mit einem Grundgedanken seiner Zeit überein, will aber zugleich diese Auffassung korrigieren und überwinden.

Zur Problematik des Begriffs:

Ein Begriff wie dieser, der nur unter den Gesichtspunkten tragischer Vergeblichkeit und ewiger Relativierung richtig gefasst werden kann, ist leicht missbrauchbar,
– wenn er aus dem Kontext des Werkes und seiner Entstehungszeit herausgelöst und isoliert wird;
– wenn er verabsolutiert und zweckgerichtet wird;
– wenn der in ihm angelegte „Wille zur Macht“ nur noch als „Wille zur Herrschaft über andere“ begriffen wird;
– wenn aus dem Postulat des „Übermenschen“ die Existenz von „Untermenschen“ abgeleitet wird (woran Nietzsche nie gedacht hat).
(Für interessierte Klassen eignet sich **K 3** , LB, S. 477 als Zusatztext, besonders als Erweiterung und Vertiefung der Ergebnisse von AA 2.)

3a Zu Text 2, Zeilen 22–66
Literarische Gattung: Parabel (vgl. SB, S. 27)
Sie besteht aus einem Erzählteil (Zeile 22–53) und einem Lehrteil (Zeile 54–66). Das tertium comparationis, d.h. der Punkt, der die beiden Teile verbindet und aus dem die Parabel deshalb insgesamt verstanden werden muss, ist der Wille „die Menschen den Sinn ihres Seins zu lehren“: den Übermenschen.

Aufbau	Stilmittel
Erzählteil: Voraus geht ein das kommende Geschehen andeutender, deshalb Spannung erzeugender Übersichtssatz. Der Erzählteil selbst gliedert sich wieder in zwei Teile: Im 1. Teil (Z. 22–37) wird das dramatische Geschehen um den irritierten und deshalb scheiternden Seiltänzer erzählt. Diese Erzählung ist wiederum in drei Teile gegliedert. In zwei nicht genau gleich lange Erzählpartien ist die Rede des „Possenreißers“ eingefügt. Im 2. Teil (Z. 38–53) wird das Gespräch zwischen Zarathustra und dem sterbenden Seiltänzer wiedergegeben, in dessen Verlauf	Feierlich-getragene Sprache: erlesene Wortwahl, raffinierte Syntax. Deutlich rhythmisch durchgestaltete, hymnisch überhöhte Prosa; eine als gesprochene zu denkende, vom Rhetorischen, ja Mimischen her gestaltete Sprache. An den Kernstellen ausdrucksstarke Bilder („Der Mensch ist ein Seil [...] über einem Abgrunde“ – „das Volk glich dem Meere, wenn der Sturm hineinfährt“ – „der Übermensch, der Blitz aus der dunklen Wolke Mensch“). Nietzsche: „Man teilt sich nie Gedanken mit: man teilt sich Bewegungen mit, mimische Zeichen, welche von uns auf Gedan-

Aufbau	Stilmittel
die falschen Denkvoraussetzungen des Seiltänzers entlarvt werden, so dass sein Tun gerechtfertigt werden kann. Dieses Gespräch beginnt und endet mit einem kurzen Bericht und enthält kurze Erzählerkommentare. Die Zeilen 54–58 können als berichtende Überleitung zum Lehrteil verstanden werden. *Lehrteil:* Als wörtliche Rede im Sinne eines Selbstgesprächs Zarathustras gestaltet, in dem zugleich sein Auftrag dargestellt ist und die Unfähigkeit der Menschen ihn zu verstehen.	ken hin zurückgelesen werden.“ – „Das Verständlichste an der Sprache ist nicht das Wort selber, sondern Ton, Stärke, Modulation, Tempo, mit denen eine Reihe von Worten gesprochen wird – kurz die Musik hinter den Worten, die Leidenschaft hinter dieser Musik, die Person hinter dieser Leidenschaft: alles das also, was nicht geschrieben werden kann.“

3b Zu formalen Zusammenhängen:
Der rhythmisch überhöhten, in ihrer Vollkommenheit geradezu suggestiv wirkenden Prosa des Zarathustra-Textes entspricht in den Gedichten die vollkommene Beherrschung der lyrischen Form, sowohl in der schlichten Kleinform von „Ecce homo“ wie in der entfalteteren Form des Gedichts „Vereinsamt“, die Nietzsches Erfindung ist. Überlegungen zur Form könnten an folgenden Fragen anknüpfen:
– Wie verträgt sich in „Ecce homo“ die schlichte Form mit dem ausgeprägten (wenn man den Titel bedenkt, unüberbietbaren) Sendungsbewusstsein?
– Was soll der Wechsel von kürzerer und längerer Verszeile in „Vereinsamt“ ausdrücken (Hinweis: „Die Strophe bildet [...] den Flügelschlag ab. Aber es ist gleichsam ein Schlagen mit gebrochenen Flügeln [...] [Der Dichter] gibt eine vollkommene Übereinstimmung zwischen Erlebnis und Gestaltung – gehetzt, getrieben.“[46]

Zu inhaltlichen Zusammenhängen:
– Die Selbstgewissheit und das zum Prophetentum („Zarathustra“) und zur Blasphemie („Ecce homo“; ist aber Blasphemie der richtige Begriff?) gesteigerte Sendungsbewusstsein. Die Begriffe „Licht“ und „Kohle“ im Gedicht „Ecce homo“ können vom Textauszug „Goetzen-Dämmerung“ her leicht erfasst werden.
– Zum Gefühl der Vereinsamung bei Nietzsche, das gerade nach der Veröffentlichung des „Zarathustra“ besonders groß war: „Nach einem solchen Anrufe aus der innersten Seele keinen Laut von Antwort zu hören, das ist ein furchtbares Erlebnis; es hat mich aus allen Banden mit lebendigen Menschen herausgehoben.“ – „Niemand redet mit mir als ich selbst, und meine Stimme kommt wie die eines Sterbenden zu mir.“ – „Wenn ich dir einen Begriff meines Gefühls von Einsamkeit geben könnte! Unter den Lebenden so wenig als unter den Toten habe ich jemanden, mit dem ich mich verwandt fühle. Dies ist unbeschreiblich schauerlich [...].“ Das Bewusstsein, den eigenen Weg gehen zu müssen, ist für Nietzsche an die Erkenntnis gebunden: „Ich bin immer am Abgrund.“

Interpretationsgesichtspunkte:
Biografische Interpretation des Gedichts; das Gedicht als Ausdruck einer menschlichen Grundsituation, das Gedicht als Zeit-

[45] Hans Joachim Störig: Kleine Weltgeschichte der Philosophie. Stuttgart (Kohlhammer) 17. überarb. und erw. Ausgabe 1999, S. 307f.
[46] Johannes Klein: Geschichte der deutschen Lyrik. Wiesbaden (Steiner) ²1960, S. 661. Vgl. Franz Norbert Mennemeier: Friedrich Nietzsche: Vereinsamt. In: Benno von Wiese (Hrsg.): Die deutsche Lyrik, Bd. II: Interpretationen von der Spätromantik bis zur Gegenwart. Düsseldorf (Bagel) o.J. S. 245–254.

dokument; Bezüge zum Zarathustra-Text: Heimatlosigkeit im Gedicht und die Heimatlosigkeit des Seiltänzers; die Einsamkeit Zarathustras (Z. 54f.); der Narr im Gedicht, der Narr im Textauszug (Possenreißer). Worin unterscheiden sich das Gedicht und der Zarathustra-Text grundsätzlich? (Unsicherheit/Sicherheit des Auftrags.)

3c Die *Textbeschreibung* ist als Form der Ergebnissicherung gedacht: Die Schüler versichern sich darin noch einmal ihres Wissens über Nietzsche und ihres Verständnisses einiger Grundzüge seines Werks.
Die Beschreibung sollte folgende Gesichtspunkte berücksichtigen:
- Paradoxe Grundsituation bereits im einleitenden Satz ausgedrückt: Das Größte suchen mit dem untauglichsten Hilfsmittel;
- die Haltung der Umstehenden: Ironie und der Versuch des Lächerlichmachens als Ausdruck ihres Unglaubens;
- die Rede des „tollen Menschen": nur Fragen, keine Antworten, aber die eine, alles umschließende Behauptung: Wir haben Gott getötet – Es gab nie eine größere Tat;
- der Charakter der Fragen des „tollen Menschen" (echte oder rhetorische Fragen, Streitfragen, Fangfragen?);
- die Wirkung der Rede auf die Zuhörer, die Reaktion des „tollen Menschen" auf diese Wirkung;
- die Tollheit des „tollen Menschen";
- der Widerspruch.

4 Der Ausspruch ist als (verkürzende) Formel des Gegensatzes zu verstehen, der sich daraus ergibt, dass Nietzsche als Zeitgenosse an seiner Zeit teilhat und als in die Zukunft gerichteter Philosoph zugleich an deren Überwindung arbeitet. Der Begriff décadent, décadence ist ein Schlüsselbegriff im Werk Nietzsches; vgl. besonders „Der Wille zur Macht"[47].
I,40: „Begriff ‚décadence'. – Der Abfall, Verfall, Ausschuss ist nichts, was an sich zu verurteilen wäre: er ist eine notwendige Konsequenz des Lebens, des Wachstums an Leben. Die Erscheinung der décadence ist so notwendig, wie irgendein Aufgang und Vorwärts des Lebens: man hat es nicht in der Hand, sie abzuschaffen. [...] Es steht einer Gesellschaft nicht frei, jung zu bleiben. Und noch in ihrer besten Kraft muss sie Unrat und Abfallstoffe bilden. Je energischer und kühner sie vorgeht, um so reicher wird sie an Missglückten, an Missgebilden sein, um so näher dem Niedergange sein [...]".
I,42: „Was man bisher als Ursachen der Degeneration ansah, sind deren Folgen. Aber auch, was man als Heilmittel gegen die Entartung betrachtet, sind nur Palliative [= schmerzlindernde Mittel] gegen gewisse Wirkungen derselben: die ‚Geheilten' sind nur ein Typus der Degenerierten. Folgen der décadence: das Laster – die Lasterhaftigkeit; die Krankheit – die Krankhaftigkeit; das Verbrechen – die Kriminalität; der Hysterismus – die Willensschwäche; der Alkoholismus; der Pessimismus; der Anarchismus, die Libertinage [Zügellosigkeit] (auch die geistige). Die Verleumder, Untergraber, Anzweifler, Zerstörer."
I,43: „[...] 1. Skepsis ist eine Folge der décadence: ebenso wie die Libertinage des Geistes. 2. Die Korruption der Sitten ist eine Folge der décadence (Schwäche des Willens, Bedürfnis starker Reizmittel –). [...]
I,44: „Allgemeinste Typen der décadence: 1. Man wählt, im Glauben, Heilmittel zu wählen, das, was die Erschöpfung beschleunigt; – dahin gehört das Christentum [...]; dahin gehört der ‚Fortschritt'.
2. Man verliert die Widerstands-Kraft gegen die Reize, – man wird bedingt durch Zufälle: man vergröbert und vergrößert die Erlebnisse ins Ungeheure [...] eine ‚Entpersönlichung', eine Disgrega-

tion [Angleichung an die Masse, den „großen Haufen"] des Willens; – dahin gehört eine ganze Art Moral, die altruistische [eine durch Rücksicht auf andere bestimmte Denk- und Handlungsweise], die, welche das Mitleiden im Munde führt: an der das Wesentliche die Schwäche der Persönlichkeit ist [...]. 3. Man verwechselt Ursache und Wirkung: man versteht die décadence nicht physiologisch [hier: zu den Lebensvorgängen gehörig] und sieht in ihren Folgen die eigentliche Ursache des Sich-schlecht-Befindens; dahin gehört die ganze religiöse Moral [...]. 4. Man ersehnt einen Zustand, wo man nicht mehr leidet: Das Leben wird tatsächlich als Grund zu Übeln empfunden, – man taxiert die bewusstlosen, gefühllosen Zustände (Schlaf, Ohnmacht) unvergleichlich wertvoller, als die bewussten [...]".

Es ist unverkennbar, dass Nietzsche mit diesen Festlegungen Erscheinungen seiner Zeit (der Moderne; unserer Zeit?) beschreiben wollte. Indem er sich zugehörig empfindet und zugleich sich davon distanziert, attestiert er auch seiner Zeit, dass sie zwar voller Widersprüche sei, aber über sich hinaus wolle. Die Überzeugung, dass nicht nur etwas, sondern immer zugleich auch das Gegenteil davon existent ist, scheint für ihn ein Charakteristikum der Moderne zu sein. Auch hier also bestätigt sich der schon in den vorherigen Teilkapiteln gewonnene Eindruck der Widersprüchlichkeit, genauer: der von Widersprüchen zerrissenen Situation der „Jahrhundertwende".
(Als Zusammenfassung und Erweiterung der Teilsequenz I,3 eignet sich **K 4**, LB, S. 477. Der Text kann Grundlage eines Klassengesprächs sein, aber auch Vorlage für eine Klausur sein.)

II. Einheit durch Vielfalt (S. 317–340)

Die **zweite Sequenz** der Epochendarstellung ist wieder in drei Teilsequenzen gegliedert, die so als Anfang, Mitte und Ende einer Epochenentwicklung erscheinen. Das hat den Vorteil einer leichteren literaturhistorischen Überschaubarkeit und ermöglicht doch, die Zusammenhänge innerhalb der Epoche ins Auge zu fassen. Der **Naturalismus** erscheint mit zwei sehr charakteristischen Texten, die sowohl die Möglichkeiten wie die Grenzen der naturalistischen Schreibweise aufzeigen. Der Auszug aus Bölsche macht die Grundlagen und Intentionen der Naturalisten deutlich. Durch die Kontrastierung mit einer Karikatur und den Anwürfen sowie dem Kunstverständnis Wilhelms II. kann eine fruchtbare Diskussion über die Aufgaben und das Wesen der Kunst, ihr Verhältnis zur Öffentlichkeit im weiteren und zum Publikum im engeren Sinne geführt werden. Der Mittelteil gibt – wie gesagt – in der Beschränkung auf *vier Autoren* doch wesentliche Themen und Gestaltungsformen des **Stilpluralismus** und der Ismenvielfalt der Jahrhundertwende wieder. Neben zwei charakteristischen Prosatext-Auszügen bringt er ausschließlich Gedichte. Das bedarf keiner näheren Begründung, sind Gedichte doch schon an sich Gebilde von hoher Dichte und Knappheit, aber eben auch jene „gemalten Fensterscheiben", durch die man einen konzentrierten und gezielten Blick auf eine Epoche und auf die in ihr geltenden Schreibweisen werfen kann. Auch der **Expressionismus** wird ausschließlich an Gedichten dargestellt, die in vier thematischen Gruppen angeordnet sind. Auch hier lassen sich, wie im Mittelteil, die einzelnen Gruppen isolieren oder in thematische Längsschnitte (z.B. Krieg als Thema der Literatur, Großstadt als lyrisches Motiv, Kunst- und Selbstverständnis der Dichter verschiedener Epochen) einfügen. Das Selbstverständnis und der daraus resultierende Anspruch des Expressionismus wird dem Schüler in einem programmatischen Text geboten, den er wieder in Beziehung zu den mitgeteilten literarischen Texten bringen kann. Für eine mehr literarhistorische Ausrichtung des Unterrichts und zur Orientierung an sich bringt das Kapitel eine kurze Zusammenfassung der **„Einheit durch Vielfalt"** mit einem kleinen Wörterbuch der Ismen der Jahrhundertwende. Ergänzt wird die Basisinformation der Schüler durch Kurzbiografien der wichtigen Autoren.

---

47 Friedrich Nietzsche: Der Wille zur Macht. Versuch einer Umwertung aller Werte. Ausgewählt und geordnet von Peter Gast. Stuttgart (Kröner) 1964, S. 30–33.

S. 317–323: II,1. Literatur als Experiment – Tendenzen des Naturalismus

Die starken europäischen Anregungen für den deutschen Naturalismus (u.a. durch Emile Zola, Leo Tolstoi und Henrik Ibsen) können in dieser Teilsequenz nur ansatzweise im Rückgriff dargestellt werden (vgl. SB, S. 300f.). Dagegen sind im Kapitel „Realistische Literatur" die Impulse, die von Büchner (SB, S. 284ff.), Hebbel (SB, S. 299ff.) und Fontane (SB, S. 304ff.) ausgingen, detaillierter beleuchtet.

Die hier vorgenommene Beschränkung auf **fünf Aspekte** lässt sich didaktisch rechtfertigen: Die soziale Thematik (Text 2), das Verhältnis von Mensch und moderner Technik (Text 3), die offizielle Kulturpolitik der Kaiserzeit (Text 5), eine wesentliche literaturtheoretische Position (Text 4) und die wirklichkeitsimitierende Darstellungstechnik des Sekundenstils (Text 1) zeigen repräsentative inhaltliche und formale Facetten des Naturalismus.

Textbeschreibung, **textgebundene Erörterung** und verschiedene Gestaltungsaufgaben sowie Gesprächsformen und Kurzreferate sind dominierend in dieser Teilsequenz.

Mögliche Ziele:

1. Zentrale Themen und charakteristische Stilformen des Naturalismus kennen lernen
2. Inszenierungsversuche machen und Regiekonzepte reflektieren
3. Vertraute Gesprächs-, Referats- und Schreibformen anwenden

Seite 318

1a Zur Situation: Es genügt wohl, wenn im *Unterrichtsgespräch* einige Substantive gesucht werden, die geeignet sind, die geschilderte Situation objektiv zu charakterisieren: Banalität; Armut, Not, Existenzangst, Ausweglosigkeit, Ratlosigkeit, Sprachlosigkeit, Kommunikationsstörung, ...
Wie wird die Situation subjektiv erlebt? Zitate der am häufigsten vorkommenden Sätze und Satzfetzen können zeigen, dass in der subjektiven Wahrnehmung vor allem das Bewusstsein der Not („So'n Hundeleben! So'n Leben") und die Rat- und Sprachlosigkeit („Nu sag doch!") vorhanden sind.

1b Der Text ist kombiniert aus der Wiedergabe von Dialog und aus kurzen epischen Teilen.
Dialog: Umgangssprache, dargestellt mit Hilfe von Wiederholungen, Satzabbrüchen, Interjektionen, Gestammel, Ausrufen, bloßen Stimmgeräuschen und Pausen. Diese Sprachmittel produzieren aber zugleich auch Personenrede im Sinne eines Psychogramms, verstärkt durch die Verwendung von Floskeln („So'n Leben! – „Ach Gott!") und Sprechbesonderheiten („Nu sag doch!") und die Setzung der Satzzeichen (vor allem im Gebrauch des Ausrufezeichens und seiner Kombination mit dem Fragezeichen). Auch Pausen im Geschehen werden (durch Gedankenstriche und Pünktchen) dargestellt, sogar in ihrer Dauer angedeutet (Z. 6–8).
Epische Teile: kurze Beschreibungen, eigentlich bloße Wiedergabe von Augenblickswahrnehmungen im Präteritum mit auffällig häufiger Verwendung des Plusquamperfekts. Höhere Sprachebene als in den Dialogen.
Zur Diskussion des Textes als eines Beispiels für den **„Sekundenstil"**: Große, fast körperlich spürbare Nähe zum Geschehen, das sich dem Leser aus der Sicht eines unmittelbaren Betrachters und Zuhörers darbietet. Dadurch ergibt sich auch eine Art doppelter Perspektive: die „objektive" Sicht der episch be-

richteten Geschehenspartikel und der „subjektive" Charakter des Gesprochenen.
Beide Perspektiven ergänzen sich aber insofern, als sie sich gegenseitig erklären. Der Text enthält selbst scheinbar keine erklärenden, kommentierenden oder deutenden Teile. Abfolge von Augenblickswahrnehmungen, die sich aber sehr eindrücklich zum Gesamtbild einer schrecklichen Notsituation zusammenfügen. Übereinstimmung von Erzählzeit und erzählter Zeit, wobei der Leser durch die Häufung des Plusquamperfekts das Geschehen nicht im Moment des Geschehens selbst wahrnimmt, sondern erst in dem Moment, in dem es gerade geschehen ist. Auf diese Weise bleibt der an sich hinter das Geschehen vollkommen zurücktretende Autor in seiner Vermittlerfunktion indirekt erhalten. Sehr deutlich wird aber in diesem Text, dass es Holz/Schlaf nicht um die Abbildung einer beliebigen Wirklichkeit geht, sondern um die Darstellung der Befindlichkeit von Menschen, die in einer nicht von ihnen allein bestimmten Weise ihre Umgebung erleben. Dieser Absicht dient auch das Stilmittel der unpersönlichen Verwendung normalerweise persönlich gebrauchter Verben (Z. 15: „nebenan hatte es wieder zu schnarchen angefangen"). Dieses Stilmittel „dient hier nicht allein dazu, um ein reaktives, dem Willen des Trägers weithin entzogenes Geschehen anzuzeigen. [Es] dokumentiert vielmehr darüber hinaus die entfremdeten, verdinglichten Beziehungen der Personen zu ihrer Umwelt. Die erzählenden Passagen werden sozusagen durch das Bewusstsein der jeweils im Mittelpunkt stehenden Personen gefiltert."[48] Der Text macht die Situation transparent und lässt so den psychologischen und sozialen Hintergrund des Geschehens sichtbar werden.

An zwei weiteren Stellen wird die Vermittlerrolle des Autors deutlich:

Z. 10–12 wird ein Detail berichtet, das der Leser nur als beißende Ironie empfinden kann: die Buchseite mit der Zeile „Ein Sommernachtstraum". Die völlige Normalität, dass ein Schauspieler Shakespeare liest, wird zur „Ironie des Schicksals".
Z. 50ff.: Die hier mitgeteilten Beobachtungen bestätigen und verfestigen das Bild der Unsicherheit und geben der Szene etwas zugleich Fatales und Absurdes.

2a Zunächst muss die **Erzählperspektive** des Textes bestimmt werden: Holz schwankt zwischen einer Art personaler Erzählperspektive und auktorialen Einschüben. Die Schreibversuche zur Herstellung anderer Erzählperspektiven sollten arbeitsteilig erfolgen. Ihr Zweck ist, die Eigenart und die Leistungsfähigkeit der naturalistischen Schreibweise dadurch noch deutlicher werden zu lassen.
Leitfrage: Wie verändert sich der Text in seiner Struktur und in seiner Wirkung durch die Wahl einer anderen Erzählperspektive?
Lösungsmöglichkeiten:

Auktoriale Erzählperspektive:

Er ging zum Bett und kroch zu ihr unter die Decke, die Unterhosen hatte er anbehalten. Er legte sich, so gut es ging zurecht. „Nicht mal Platz genug zum Schlafen hat man!", sagte er. Dann dehnte und reckte er sich. Die Beengtheit erschien ihm jetzt unerträglich. „So'n Hundeleben! Nicht mal schlafen kann man!", stöhnte er. Dann wälzte er sich wieder auf die andre Seite. Dabei drehte sich die Decke von ihrer Schulter mit, sie lag fast bloß da. So lagen sie längere Zeit. Das Nachtlämpchen auf dem Tisch hörte allmählich zu zittern auf. Die beschlagene, blaue Karaffe davor war von unzähligen Lichtpunkten wie übersät. Er sah, dass eine Seite aus dem Buch sich schräg gegen

---

[48] Onno Frels: Zum Verhältnis von Wirklichkeit und künstlerischer Form bei Arno Holz. In: Christa Bürger, Peter Bürger, Jochen Schulte-Sasse (Hrsg.): Naturalismus/Ästhetizismus. Frankfurt/M. (Suhrkamp) 1979, S. 118.

das Glas aufgeblättert hatte. Mitten auf dem vergilbten Papier konnte er die fette Schrift erkennen: „Ein Sommernachtstraum". Hinten auf der Wand, übers Sofa weg, warf die kleine, glitzernde Fotografie ihren schwarzen, rechteckigen Schatten. Er hörte den kleinen Fortinbras röcheln, und nebenan hatte es wieder zu schnarchen angefangen. „So'n Leben!", dachte er ...

Personale Erzählperspektive:

Er war zu ihr unter die Decke gekrochen, die Unterhosen hatte er anbehalten. „Nicht mal Platz genug zum Schlafen hat man!" Er reckte und dehnte sich. „So'n Hundeleben! Nicht mal schlafen kann man!" Er hatte sich wieder auf die andere Seite gewälzt. Hatte er die Decke von ihrer Schulter mitgedreht? Lag sie vielleicht gar bloß da? Er wollte nicht daran denken. Das Nachtlämpchen auf dem Tisch ...

Ich-Perspektive:

Ich war zu ihr unter die Decke gekrochen, die Unterhosen hatte ich anbehalten. „Nicht mal Platz genug zum Schlafen hat man!" Ich reckte und dehnte mich. „So'n Hundeleben! Nicht mal schlafen kann man!" Ich wälzte mich wieder auf die andre Seite. Das Nachtlämpchen auf dem Tisch hatte jetzt zu zittern aufgehört. Die beschlagene, blaue Karaffe davor war von unzähligen Lichtpünktchen wie übersät. Ich sah, dass sich eine Seite aus dem Buch schräg gegen das Glas aufgeblättert hatte. Mitten auf dem Papier hob sich deutlich die fette Schrift ab: „Ein Sommernachtstraum". Hinten auf der Wand, übers Sofa weg, warf die kleine, glitzernde Fotografie ihren schwarzen, rechteckigen Schatten. Ich hörte den kleinen Fortinbras röcheln und nebenan hatte es wieder zu schnarchen begonnen. „So'n Leben! So'n Leben!" ...

2b Die *Umformung* des Textes in eine **dramatische Szene** ist besonders einfach: die epischen Teile werden zu Regieanmerkungen.

Niels *kriecht zu ihr unter die Decke, die Unterhosen hat er anbehalten.* Nicht mal Platz genug zum Schlafen hat man! *Er reckt und dehnt sich.* So'n Hundeleben! Nicht mal schlafen kann man! *Er wälzt sich auf die andre Seite. Dabei dreht er die Decke von ihrer Schulter mit sich, so dass sie fast bloß daliegt. Pause. Das Nachtlämpchen auf dem Tisch hört auf zu zittern. Die beschlagene, blaue Karaffe davor ist mit unzähligen Lichtpünktchen wie übersät. Hinten auf der Wand, übers Sofa weg, wirft die kleine, glitzernde Fotografie ihren schwarzen, rechteckigen Schatten. Er nimmt das Buch vom Tisch und liest.* Ein Sommernachtstraum. *In diesem Moment hört man den kleinen Fortinbras röcheln, nebenan fängt es auch wieder zu schnarchen an.* So'n Leben! So'n Leben! ...

2c Die *Diskussion* sollte ergeben:

– Der Naturalismus hat die Tendenz, die Grenzen zwischen epischem und dramatischem Text zu verwischen, wenn nicht aufzuheben.[49] Die kommentarlose Wiedergabe eines Geschehens ist eben am ehesten mit dramatischen Mitteln möglich, wobei dieser Text sich eher filmischer als traditionell theatralischer Mittel bedient. Die Vorstellung von der Möglichkeit einer „technischen Reproduzierbarkeit" (Walter Benjamin) des Lebens gewinnt hier schon Profil. Zugleich wird deutlich, dass die Darstellungsabsicht über die Möglichkeiten sprachlicher Mittel hinausdrängt. Auf eine überspitzte Formel gebracht: Der Autor wird überflüssig und sein Werkzeug unbrauchbar.

– Die Erzählperspektive bei Holz/Schlaf ist multifunktional: Durch sie soll die „objektive" Wiedergabe eines Geschehens

geleistet werden, die dem Leser scheinbar eigene Rückschlüsse und Deutungen erlaubt. Die Kunst gibt vor, nur noch die Bilder der Wirklichkeit, nicht mehr ihre Deutungen zu liefern. In Wirklichkeit kann der Leser aber nur die „Gesetze" entdecken, aus deren Kenntnis heraus der Autor das Geschehen angelegt hat.

Seite 319

3a/b Die Betrachtung des **Menschenbildes** zeigt Folgendes: „[...] vom ersten Augenblick an ist es ersichtlich, dass alles sich in einer naturalistisch determinierten Welt abspielt." (R. C. Cowen)
Vgl. SB, S. 339f. Stilrichtungen der Jahrhundertwende: Naturalismus.
Determinismus (< lat. determinare = bestimmen, festsetzen) = Lehre von der durch die Naturgesetze gegebenen Vorbestimmtheit alles Geschehens, auch des vom Menschen ausgelösten. Der Mensch steht in zwei Kausalzusammenhängen, einem biologischen (Vererbung) und einem sozialen (Milieu). Von beiden wird seine Handlungsweise zwingend bestimmt. Er ist deshalb in seinem Wollen und Handeln unfrei. Diese Unfreiheit erscheint als dumpfe Triebhaftigkeit (das Ehepaar Krause) auf der einen oder als bewusste Anerkennung der Naturgesetze (Loth) auf der anderen Seite. Daraus ergibt sich wieder die Frage nach seiner Verantwortlichkeit (z.B. in der Handlungsweise Loths Helene gegenüber: Durfte er, musste er gar so handeln?).
Im klassischen Drama wird dagegen ein Menschenbild vorausgesetzt, das auf der Freiheit der eigenen Entscheidung und der aus ihr zu gewinnenden menschlichen Größe basiert.
Zum Vergleich mit Goethes „Iphigenie" s. SB, S. 219ff.

4a/b Die Funktion der **Regieanweisungen** hängt eng zusammen mit der Funktion der Sprache: Wie die naturalistische Epik über die Möglichkeiten sprachlicher Darstellung hinausdrängt (s.o. zu Holz/Schlaf, Papa Hamlet), so auch das Drama des Naturalismus. Sprache kann nur ein Mittel der Wirklichkeitsabbildung sein. Dazu kommt der mimisch-gestische Bereich.

„Wenn [Arno] Holz sich an der alltäglich gesprochenen Sprache als der ‚Sprache des Lebens' orientiert und sie möglichst getreu wiederzugeben sucht, so steht dahinter die Überzeugung, dass alle Kunst die Natur entsprechend ihren besonderen Mitteln nachzuahmen sucht und das Mittel der Dichtung die Sprache ist. Aber diese Sprache versteht nun Holz nicht von der geistigen Leistung des Dichters her, der in der Sprache sich des Daseins bemächtigt, sondern sie wird als beobachtbares Naturphänomen verstanden, das der Dramatiker reproduzieren kann. Rhythmus, Tonfall und Redeweise werden als natürliche Gebärdungen des Lebens in der Sprache, als Sprachgesten, verstanden, so dass der dramatische Dialog nur die Sprachgebärden vorzuführen braucht, um die Wiedergabe der Natur zu erreichen. Der Dialog lebt nicht mehr primär von geistigen oder sachlichen Auseinandersetzungen, sondern gibt die Sprachgebärden eines bestimmten Menschen oder eines sozialen Zustands wieder und hat damit nur noch als Sprachmimus Bedeutung. [...] [Hauptmanns] Kunst besteht darin, die mimischen Gebärden der einzelnen Szenen so aufeinander zu beziehen, dass dadurch eine Katastrophe als notwendiges Ergebnis einer Lebenssituation erscheint [...] Darstellerische Lebendigkeit gewinnt diese lastende Welt menschlicher Ohnmacht und Triebverfallenheit erst durch die szenische Vergegenwärtigung [...] Der Wortschatz, der Tonfall, die lautliche Artikulation sind Mittel einer Charakteristik, die menschliche Verhaltensweisen vorführt [...] Der Mensch muss die in ihm wirkenden Lebensgesetze vollziehen und verfügt deshalb nur in sehr begrenz-

---

[49] Max Halbe, 1889: „Es gibt nichts an sich Episches. Es gibt nichts an sich Dramatisches. Ein Stück aus dem unermesslichen Urwald des Lebens [...]. Das verlangt der Naturalismus." (Berliner Brief. In: Die Gesellschaft 5, 1989).

ter Weise über Sprache; er gerät an die Grenze des Verstehens und verliert sich im Gerede, das zur Entladung der Affekte weiterdrängt [...] So sind die für Hauptmann kennzeichnenden Szenen wohl diejenigen, in denen die Rede in den Affektausbruch umschlägt."[50]

„Typisch zugleich für Hauptmanns dramatischen Stil erscheint die Rolle der Gestik. Allein die letzte Szene [in „Vor Sonnenaufgang"], in der Helene nach Loth ruft, auf und ab geht, ein Fenster aufmacht, auf einen Stuhl steigt, durch eine Tür rennt, Loths Brief entdeckt, ihn liest, einen Hirschfänger samt Gehänge ergreift, ihn verbirgt und in Hoffmanns Zimmer verschwindet, ohne mehr als ein paar Worte zu Eduard und zu sich zu sprechen – diese Szene zeigt deutlich genug, wie stumm die Heldin dieses Stücks geworden ist.

Danach erscheint Miele, die zweimal nach Helene ruft und dann das Zimmer betritt, das sie schreiend wieder verlässt, nachdem sie Helene tot aufgefunden hat. Und im Hintergrund hören wir immer wieder, wie der betrunkene Vater singt [...] Hier spricht Helene nicht, denn es gestaltet sich schon eine Welt, die sie zu ihrer verzweifelten Tat treibt. Uns braucht sie nichts zu erklären."[51]

Die Intention, menschliche Disponiertheit und das dazugehörige Verhalten nicht nur mit Hilfe der Sprache der Bühnenfiguren, sondern auch mit Hilfe von Mimik, Gestik und Bewegung im Raum darzustellen, macht die Regieanmerkungen für einen Naturalisten (und das ist Hauptmann hier wirklich) unentbehrlich. Zugleich wird sozusagen von der anderen Seite her das schon beobachtete Phänomen der Verwischung der Gattungsgrenzen sichtbar (das Drama tendiert zur Epik). Die Diskussion über die Verbindlichkeit der Regieanmerkungen sollte auf die Glaubwürdigkeit der Personen als künstlerischen Maßstab abheben.
(Als Zusatztext zu Text 2 (SB, S. 318) und als Erweiterung der AA 3 (SB, S. 319) eignet sich **K 5**, LB, S. 478 ebenso als Diskussionsgrundlage für ein Klassen-/Gruppengespräch und als Klausurvorlage.)

5 Diese Arbeitsanregung schließt sehr eng an die vorige an. Es geht darum, die Verwischung der Gattungsgrenzen, die in beiden Texten sichtbar wird, als naturalistisches Form- und Methodenproblem und die Ähnlichkeit der Thematik und ihrer inhaltlichen Ausbildung als Folge des naturalistischen Weltbilds zu begreifen.
Als Zusammenfassung der hart geführten polemischen Kritik gegen Tendenzen des Naturalismus könnte die Karikatur von Retemeyer herangezogen werden.
Am Ende der Teilsequenz (SB, S. 323) könnte eine *Lernerfolgskontrolle* mit der Aufgabenstellung erfolgen: Übertragen Sie die Bildsprache der Karikatur in einen polemisch gefassten *offenen Brief* (vgl. SB, S. 323) gegen Tendenzen des Naturalismus.

Bilderläuterungen:

In ganzer Breite wird das Bild ausgefüllt von der Fassade eines Theaterbaus. Im Hintergrund sieht man dunkel das Bühnenhaus. Die Fassade selbst erinnert durch die Halbsäulen im Erdgeschoss und den aufwändig gestalteten Giebel von fern an klassische Bauten, erscheint aber heruntergekommen und zweckentfremdet: Die Säulen sind schief, das Mauerwerk schlecht gepflegt, aus der Wand ragt die Rinne einer Latrine. Neben dem Theatergebäude, das durch die Inschrift „Freie Bühne" eindeutig identifiziert ist, liegt rechts eine freie Fläche, auf der sich ein Misthaufen mit einer Mistgabel findet, links ist eine Theaterdestille (Schnapsbude) angebaut. Bemerkenswert ist die Gestaltung des Giebels: zuoberst sitzt eine heruntergekommene Gestalt, die einen Stiefel zum Mund führt („Naturalismus"), links steht eine zigarrenrauchende Suffragette, die einen Mann niederdrückt („Das freie Weib") und rechts stehen ein trunksüchtiger Vater mit seinem ebenfalls schon dem Trunk verfallenen Söhnchen („Vererbung"). Die Giebelfläche zeigt ein Zimmer, in dem eine Alte in Müllkübeln wühlt („Repertoire"). Aus dem

Haupteingang des Theaters stürzt eben ein Mensch, das Gesicht vor Ekel verzerrt, offensichtlich bemüht, so schnell wie möglich wegzukommen. Rechts an der seitlichen Theaterwand lehnt eine Figur, die in ihrer Haltung schwer zu erkennen ist. Am Theater läuft ein gut gekleideter Bürger (Gehrock, Zylinder, Stock) mit eiligen Schritten vorbei und hält sich die Nase zu.
Behauptungen:
– Das Repertoire der Freien Bühne ist aus dem Müllkübel genommen.
– Naturalismus ist Schmutz und Scheußlichkeit, Mist und Gestank.
– Die widernatürliche Vertauschung der Geschlechterrollen und die Trunksucht sind seine Leitfiguren.
– Einen anständigen Menschen kann es vor einem solchen Theater nur ekeln.

Seite 320

Texterläuterungen und Lösungsvorschläge:

6a Es erscheint sinnvoll, an dieser Stelle nicht einfach die übliche Gesamtinterpretation (vgl. SB, S. 167ff. und 220ff.) zu verlangen, sondern gezielt Vorarbeit zu einer solchen zu leisten, indem textrelevante Aspekte untersucht werden. Es bleibt dem Lehrer überlassen, ob er am Ende die gemachten Beobachtungen zu einer Gesamtinterpretation dieses Textausschnitts zusammenfügen lassen will. Notwendig ist es jedenfalls, am Ende der Beschäftigung mit dieser Arbeitsanregung den Schülern den Inhalt der Novelle mitzuteilen und von da nach dem Stellenwert dieses Ausschnitts zu fragen.

Erzählperspektive:

Z. 1–8: auktorial. Ab Z. 9 Wechsel zu eher personaler Erzählperspektive (so wird Thiel den herannahenden und vorbeifahrenden Zug erlebt haben), unterbrochen durch einen auktorialen Einschub Z. 27–29. Die Erzählweise in unserem Ausschnitt bedient sich zweier verschiedener „Entfernungseinstellungen": der distanzierteren eines außenstehenden Betrachters (auktoriale Perspektive) und der näheren eines eher unmittelbar Beteiligten (personale Perspektive). Damit ist auch der Leser mit einem doppelten Blick ausgestattet: dem Blick auf Thiel und dem Blick durch Thiel hindurch, gewissermaßen als Thiel. Die Nahtstelle zwischen beiden Perspektiven (Z. 10/11) ist genau beobachtet: erst wenn Thiel mit seiner Arbeit fertig ist, kann er den Blick erheben und seine Umgebung betrachtend in sich aufnehmen. Mit dem auktorialen Einschub Z. 27–29 wird wiederum ein Neues eingeführt und zugleich auf Thiel bezogen: die Erscheinung des vorüberfahrenden Zugs. Indem die abendliche Waldlandschaft und die Erscheinung des Zugs aus personaler Erzählperspektive gestaltet sind, erscheinen sie als Wahrnehmung Thiels, als bewusst-unbewusstes Erleben.

Beschreibung des Eisenbahnzugs:

Der stillen und langsamen Entfaltung des Naturbildes tritt mit Z. 29 eine rasante, ja eruptive Bewegung entgegen.
„Das Gleichmaß der Zeit, das fast regungslos ist, wird zerrissen, die innere Einheit von Gefühl und Welt geht verloren, und ein scheinbar Zusammenhangloses bricht als zerstörerische Gewalt ein. [...] Es muss bemerkt werden, dass der Erzähler angesichts des Zuges alles detaillierende Beschreiben ausspart, um die Energie des Ausdrucks allein auf die Dynamik des anonymen Geschehens zu richten, dessen Wirklichkeit und Symbol allein das

50 Paul Böckmann: Der Naturalismus Gerhart Hauptmanns. In: Interpretationen. Hrsg. von Jost Schillemeit, Bd. II: Deutsche Dramen von Gryphius bis Brecht. Frankfurt (S. Fischer Verlag) 1965, S. 269–294, hier 275f. und 280f.
51 Roy C. Cowen: Der Naturalismus. Kommentar zu einer Epoche. München (Artemis & Winkler) ³1981, S. 159.

Kraftzentrum dieser technischen Welt, die Lokomotive ist. In ihr sammelt sich der Titanismus der Technik. Die motorische Realität wird zur Vision einer ungeheuerlichen Kraft, welche die Geleise, die Erde, die Luft unter ihre Gewalt zwingt."[52]

Sprachliche Mittel:

Ruhige, den Einzelheiten nacheinander sich zuwendende, um Genauigkeit in Beschreibung und Abfolge der Handlungen bemühte Sprache in den auktorialen Teilen. Dabei auch Verwendung charakterisierender („trägen und schlürfenden Ganges") oder wertender („gewissenhaft") Wendungen.

Anders die in personaler Perspektive gehaltenen erlebnishaften Partien. Hier sind folgende Sprachmittel zu beobachten:

– Dynamisierung durch Wörter der Bewegung (schnitt – stauten [verstärkt noch durch das fehlende „sich"] – frei lassend – zusammenzogen – hatte sich erhoben – trieb – begleiteten – tönten – fortrankten – klebten – flog lachend – herabhing – versinken – goss – entzündeten – glühten – glühen – erloschen – stieg – zurücklassend – streifend). Dadurch wird der Eindruck erweckt, als handelten die Dinge selbst; schon in diesem „ruhigen" Naturbild sind Elemente der Gewaltsamkeit und Rücksichtslosigkeit enthalten.

– Gehäufte Verwendung von Farbworten und Worten, die akustische Vorgänge bezeichnen (grüner Forst – rötlichbrauner Bahndamm – schwarze Geleise – schwarzgrünes Wipfelmeer – Ströme von Purpur – glühten wie Eisen – feurige Schlangen – kaltes Verwesungslicht – rötlicher Schimmer; tönten summende Akkorde – zwitschernde Vögel – lachend). Dabei sind zwei Abschnitte von den Farben, ein Abschnitt vom Akustischen ganz bestimmt. Auch diese Farben und Töne haben etwas Gewaltsames und Übermächtiges.

– Vergleiche mit bedrohlicher Wirkung (ungeheure eiserne Netzmasche – Gewebe einer Riesenspinne – feurigen Schlangen gleich – den Hufschlägen eines heranbrausenden Reitergeschwaders nicht unähnlich – das schwarze, schnaubende Ungetüm). Durch diese Vergleiche entsteht eine zweite Bedeutungsschicht im Text, die das Geschehen in einen schicksalhaften Zusammenhang stellt.

– Verwendung von Verbalsubstantiven, die das eigentliche Subjekt ungenannt lassen (ein Vibrieren und Summen – ein rhythmisches Geklirr – ein dumpfes Getöse – ein Keuchen und Brausen – ein rasendes Tosen und Toben). Solche Wendungen erhöhen den Eindruck der Anonymität des Geschehens und zeigen, wie sehr der Mensch ihm ausgeliefert ist.

– Verwendung unterschiedlicher Blickrichtungen (vor Z. 27 von der Vertikalen, nach Z. 29 von der Horizontalen bestimmt).

– Abbildung der Dynamik des Geschehens im Satzbau. Zu Z. 29ff.:

„Zunächst wird das Anschwellen des unerkennbar (der ‚dunkle Punkt') Sich-Nähernden ‚von Sekunde zu Sekunde' verzeichnet. Drei Sätze nehmen dieses Moment der Beschleunigung in ihrer je verkürzten Abfolge in sich auf. Dann bleibt keine Zeit mehr zu eigener Satzbildung. Der letzte Satz des Absatzes fasst in gedrängter vierstufiger Steigerung das sich jetzt in einer großen Geräuschbewegung vereinigende Geschehen zusammen. Auch dieser Satz ist auf das Kurze, Plötzliche in seinen Einzelgliedern angelegt – der akustische Eindruck wird, dem tatsächlichen Verlauf angepasst, in seine einzelnen Wachstumsphasen zerlegt, in seinem kontinuierlich anstei-

genden Wechsel von Sekunde zu Sekunde abgebildet. Darin zeigt sich ein pointillistischer Sekundenstil, der sich von jenem Sekundenstil, wie [man ihn bei Arno Holz findet], dadurch unterscheidet, dass er nicht wie bei ihm eine stehende, fixierte Zeit, sondern die Zeit als stark gefüllte Bewegung wiedergibt. Das sich jetzt einstellende Bild des Reitergeschwaders macht nochmals bemerkbar, wie die Maschine erfahren wird: nicht in ihrer Mechanik, sondern als elementare Gewalt des Dynamisch-Vitalen, des massenhaft und anonym Aggressiven. [...] Auch der nächste [...] Absatz fällt durch eine fast mathematisch präzise innere Gliederung auf. [Drei] Druckzeilen bereiten das Erscheinen des Zuges vor, [drei] Zeilen führen nach seinem Erscheinen in das ‚alte heil'ge Schweigen' zurück. [...] Entsprechend der empirischen Wirklichkeit wird das Herannahen des Zuges akustisch für längere Zeit wahrgenommen als sein Enteilen. Deshalb übernahm Hauptmann seine vom zunächst scheinbar Bewegungslosen zu immer größerer Schnelligkeit anwachsende Vorbereitung in den [vorherigen] Absatz als ein paralleles Gegenbild zu dem Sonnenuntergang. Jetzt wird die Sprache auf noch größere Beschleunigung eingestellt. Es folgen zwei kürzere Sätze, wobei die Parallelisierung im Wiederholen gleicher Vorstellungen und Worte offenbar eine innere Verbindung zu dem vorigen Absatz schaffen soll (wachsend, plötzlich, schwoll, plötzlich). Die Wiederholung bedeutet Intensivierung im Gleichlauf. Nochmals tauchen die Hinweise auf das Elementar-Unfassbare (‚fernher'), auf das Gewaltsame (‚stoßweise') und Explosive auf. Der Realismus der Abbildungssprache bemüht sich um die Gleichzeitigkeit von Erzählvorgang und Erzähltem, um die lautmalerische Suggestion des akustischen Eindrucks in unmittelbarer Gegenwärtigkeit. Die Satzglieder drängen sich in dem großen Mittelsatz, geben schließlich nur noch Stichworte. Die Vorüberfahrt vollzieht sich so rasch, dass Auge und Ohr entmächtigt werden und nur noch das Unmittelbarste des Gefühls bleibt (‚ein starker Luftdruck'). Es entspricht durchaus empirischer Erfahrung, dass Bild und Sprache sich erst wieder einstellen, als ‚das schwarze, schnaubende Ungetüm' bereits vorüber ist. Die Sprache musste in diesem Augenblick verstummen – die Gedankenstriche treten an ihre Stelle."[53]

6b Es sind zwei Auffälligkeiten, durch die sich Hauptmanns Text von Texten des „konsequenten Naturalismus", z.B. „Papa Hamlet" von Holz/Schlaf, deutlich unterscheidet:

1. Die Verwendung der **auktorialen Erzählperspektive** ist für einen naturalistischen Text kaum vertretbar, bedeutet sie doch Einmischung, Kommentar, Wertung. Hier behauptet sich der Autor, wenn nicht als Gestalter und Schöpfer, so doch als Beobachter, der an dem Experiment „Bahnwärter Thiel" Anteil nimmt, der die Versuchsanordnung aufbaut und der vom Ausgang des Versuchs zumindest nicht überrascht ist, ihn sogar zu kennen scheint.

In der Literatur wird darüber gestritten, ob Hauptmann sich hiermit noch einmal zum Erzählstil des Poetischen Realismus (verwiesen wird auf das Vorbild Kellers, den Hauptmann sehr verehrt hat) zurückwendet, oder ob er, den Zwang des Naturalismus zur Eliminierung des Autors erkennend, sich dagegen auflehnt. Wegen des Entstehungsdatums von „Bahnwärter Thiel" (vor „Papa Hamlet") neigen die meisten älteren Interpreten mit Fritz Martini zur ersten Annahme. Aber: „Der Hinweis, dass Hauptmann, am Anfang des Naturalismus stehend, diese literarische Epoche mit dem ‚Bahnwärter Thiel' bereits überwunden hat, ist, ausgesprochen oder unausgesprochen, die verbindende Klammer fast aller Deutungsversuche der neueren Forschung."[54]

2. Die Art, wie im Textausschnitt Sonnenuntergang und vorbeifahrender Zug beschrieben sind, geht über bloße Beobachtung weit hinaus: Beide Erscheinungen haben **Symbolwert**. Es kam Hauptmann „darauf an, Naturerscheinungen als Symbol von Seelenstimmungen darzustellen."[55] Darin

[52] Fritz Martini: Das Wagnis der Sprache. Interpretation deutscher Prosa von Nietzsche bis Benn. Klett-Cotta, Stuttgart 1954, 8. Aufl. 1993, S. 86f.

[53] Fritz Martini, a.a.O.

[54] Klaus D. Post: Gerhart Hauptmann. Bahnwärter Thiel. Texte, Materialien, Kommentar. München (Hanser) 1979, S. 50.

[55] Walter Requardt, Martin Machatzke: Gerhart Hauptmann und Erkner. Studien zum Berliner Frühwerk. Berlin (Schmidt) 1980, S. 118 (= Veröffentlichungen der Gerhart-Hauptmann-Gesellschaft, Bd. 1).

sind sich die Interpreten einig. Weniger Einigkeit besteht in der Deutung des Symbols. Während Martini im Bild des Sonnenuntergangs ein „Verlassen-Werden, das den Gebundenen preisgibt"[56] erkennt, sieht Guthke darin „eine verklärende, heiligende Gewalt, die den Menschen der Welt überhebt."[57] Einigkeit besteht darin, dass „die Kräfte der Innerlichkeit in Thiel [...] dem elementar Dämonischen"[58] erliegen. Hauptmann nimmt nach einhelliger Meinung mit dieser Erzählweise Elemente des kommenden Symbolismus vorweg.

Anmerkung: Die Frage der Zugehörigkeit zu Stilrichtungen ist für Schüler weniger interessant und sollte hier also nur am Rande besprochen werden. Wichtig dagegen ist die Frage nach den Möglichkeiten, mit Hilfe von Sprache inhaltliche und formale Absichten zu verwirklichen.

Seite 321

7a Mögliche Antworten:
– Einen neuen, auf genauer Beobachtung beruhenden Wirklichkeitsbegriff;
– neue, aus der Hinwendung zur Sozialen Frage entstandene Themen;
– Erweiterung des Sprachrepertoires des Dichters in die Alltagssprache und die subjektiven Gebrauchssprachen hinein;
– Erweiterung der Darstellungsmöglichkeit non-verbaler Kommunikation.

7b Mögliche Antworten:
– Wegen des immer gleichen Ergebnisses seiner „Experimente", also wegen seiner Bindung an die Naturwissenschaften in ihrem damaligen Stand;
– wegen der dadurch gegebenen Beschränkung seiner Themen: Auch der dargestellte Mensch ist immer derselbe, da den immer gleichen Gesetzen unterworfen;
– wegen der durch ihn bewirkten Skandale, denen aber auch rasche Ermüdung und Abstumpfung des Publikums entsprachen;
– wegen seiner Tendenz, den Autor überflüssig zu machen: Seine Tätigkeit reduziert sich auf genaue Beobachtung und unverfälschte Wiedergabe.
Insgesamt: wegen seiner Monotonie und Perspektivlosigkeit.
(An dieser Stelle kann ein Auszug aus Bertolt Brechts „Messingkauf" [aus: Bertolt Brecht: Gesammelte Werke in 20 Bänden. Bd. 16: Schriften zum Thema 2. Frankfurt am Main (Suhrkamp) 1967, S. 154–158.] eingesetzt werden. Der Text eignet sich als „Steinbruch" für die Argumentation wie zur Fortsetzung als Rollengespräch. Auch ein Arbeitsauftrag wäre sinnvoll:
Setzen Sie sich mit Brechts Beurteilung des Naturalismus auseinander.
1. Zeigen Sie, was Brecht am Naturalismus lobt und was er kritisiert.
2. Nehmen Sie aus Ihrer Kenntnis des Naturalismus dazu Stellung.)

8a Übersicht:

1. Prämisse: Naturwissenschaftliche Resultate sind Maßstab für die Qualität künstlerischer Ideen.
2. Folgerung: Poetische Schöpfungen sind in der Fantasie durchgeführte Experimente.
3. Begründung: Menschliches Handeln folgt Naturgesetzen. Der Dichter experimentiert also mit diesen Gesetzen, indem er menschliches Handeln gestaltet.
4. Konsequenz: Die Bedingtheit des menschlichen Willens wird anerkannt.

5. Beispiel: Der zum Bösen disponierte Mensch wird Böses, der zum Moralischen disponierte Mensch wird Gutes tun.
6. Erwartung: Die Willensunfreiheit ermöglicht die Berechenbarkeit der Handlungsweise von Menschen und erlaubt so die Darstellung gesetzmäßig handelnder Menschen.

Wichtige Begriffe:
– Naturwissenschaft
– Experiment
– Bedingtheit aller menschlichen Willensakte
– Willensunfreiheit
– realistische Dichtung

Texterläuterungen und Lösungsvorschläge:

8b Bei dieser Arbeitsanregung ist nicht an eine (so nicht zu leistende) Gegenüberstellung („Bölsches Verständnis" – „heutiges Verständnis") gedacht, sondern an den Versuch, das enge (zugleich materialistische, deterministische und positivistische) Weltbild Bölsches als solches zu erkennen und offenere, plurale, auch relativiertere Formen des Weltverständnisses dagegenzuhalten. Die Durchführung dieser Arbeitsanregung kann auf verschiedenen Stufen der Intensität erfolgen: von einer kurzen Textbesprechung („Bölsches Verständnis") und anschließender knapper Aussprache („was halte ich davon: heutiges Verständnis") bis zu intensiver Beschäftigung mit dem Text und einem ausgedehnten Versuch, unter Heranziehung weiterer Informationen und Materialien die „heutige" Auffassung zu erkunden.

Zum Begriffskomplex „Naturwissenschaft – Experiment":
Bölsche:
Für ihn sind naturwissenschaftliche Inhalte und Methoden die einzigen Möglichkeiten einer gültigen Welterfassung und -beschreibung:
„Die Basis unseres gesamten modernen Denkens bilden die Naturwissenschaften. Wir hören täglich mehr auf, die Welt und die Menschen nach metaphysischen Gesichtspunkten zu betrachten, die Erscheinungen der Natur selbst haben uns allmählich das Bild einer unerschütterlichen Gesetzmäßigkeit alles kosmischen Geschehens eingeprägt, dessen letzte Gründe wir nicht kennen, von dessen lebendiger Bestätigung wir aber unausgesetzt Zeuge sind. Das vornehmste Objekt naturwissenschaftlicher Forschung ist dabei selbstverständlich der Mensch geblieben, und es ist der fortschreitenden Wissenschaft gelungen, über das Wesen seiner geistigen und körperlichen Existenz ein außerordentlich großes Tatsachenmaterial festzustellen, das noch mit jeder Stunde wächst, aber bereits von einer derartigen beweisenden Kraft ist, dass die gesamten älteren Vorstellungen, die sich die Menschheit von ihrer eigenen Natur auf Grund weniger exakter Forschung gebildet, in den entscheidensten Punkten über den Haufen geworfen werden."[59]

Empirisch-induktiv wie die Naturwissenschaften hat also auch der Künstler zu arbeiten. Nicht eine wie immer geartete „dichterische Fantasie" ist gefragt, sondern die Exaktheit einer Versuchsanordnung, mit deren Hilfe menschliche Situationen als kausale Folgen ihrer Bedingungen analysiert werden können. Naturwissenschaftliche und künstlerische Erkenntnis haben also denselben Ursprung: das Experiment (im Sinne von Beobachtung, Empirie, Analyse und als Ablehnung von theoretischen Vorgaben oder Vorgaben der Fantasie). Anders gewendet: Im Experiment, sofern es regelgerecht durchgeführt wird,

56 Fritz Martini, a.a.O., S. 84.
57 Karl S. Guthke: Gerhart Hauptmann. Weltbild im Werk. München (Francke) ²1980, S. 66.
58 Karl S. Guthke, a.a.O., S. 66.
59 Wilhelm Bölsche: Die naturwissenschaftlichen Grundlagen der Poesie. Zitiert nach Theo Mayer (Hrsg.): Theorie des Naturalismus. Stuttgart. (Reclam) 1973, S. 128f.

lassen sich gültige Erkenntnisse über den Menschen gewinnen. Regelgerecht ist eine Versuchsanordnung aber nur, wenn sie keine naturwissenschaftlichen Gesetze verletzt oder unberücksichtigt lässt.

„Da alle Naturgesetze, welche die mechanischen Vorgänge in der physischen Welt regeln, auch alle geistigen Vorgänge und Erscheinungen bestimmen, so ist auch die Kunst genau denselben Gesetzen unterworfen wie die mechanische Welt. Die Prinzipien des Kampfes ums Dasein, der natürlichen Auslese, der Vererbung und der Anpassung haben in Kunst und Kunstgeschichte ebenso unbedingte Geltung wie in der physiologischen Entwicklung der Organismen."[60]

Aus „heutiger" Sicht:

Die moderne Physik in der Ergänzung und Korrektur ihres mechanischen Weltbilds durch Feldtheorien (Spezielle und Allgemeine Relativitätstheorie) und Quantentheorie (Quantenmechanik und Quantenlogik) lässt das naturalistische Weltbild als historisch bedingt erscheinen. Die Fortschritte der Naturwissenschaften haben wohl zur Enträtselung der Welt beigetragen, aber zugleich neue Rätsel erkennen lassen. Das gilt auch für die Wissenschaft vom Menschen, die mit der Tiefenpsychologie dem rationalen wissenschaftlichen Denken die Dimension des Irrationalen erschlossen hat. Gegen den Wissenschafts- und Fortschrittsoptimismus im ausgehenden 19. Jahrhundert ist die Tatsache zu halten, dass unsere Kenntnis von der Natur wohl viel größer, aber auch viel komplexer geworden ist und zunehmend unübersichtlich erscheint. Die Möglichkeiten auch auf dem Gebiet des Experiments sind heute so, dass sich nicht nur die wissenschaftlichen Schwierigkeiten vergrößern, sondern zunehmend auch eine ethische Problematik entsteht. Hier könnten Schülerreferate[61] oder eine fächerübergreifende Informations- und Diskussionsveranstaltung zusammen mit Naturwissenschaftlern hilfreich sein.

Zum Begriffskomplex „Bedingtheit aller menschlichen Willensakte – Willensunfreiheit":

Bölsche:

Das von ihm gezeichnete Menschenbild zeigt den unfreien, in allen seinen Denk- und Handlungsweisen von den Vorgaben der „trois forces primordiales: la race, le milieu et le moment" (Taine) abhängigen, also für seine Handlungen und Handlungsweisen auch nicht verantwortlichen Menschen. Bölsche erteilt dem Gedanken einer Autonomie des Menschen eine deutliche Absage. Deutlich wird aber auch der in dieser Konzeption notwendige unbedingte Wissenschafts- und Fortschrittsglaube („das restlose Ergebnis" – „wahre mathematische Durchdringung"). Erstaunlicherweise lässt sich aber auch

die Tendenz zur Idealisierung erkennen („logisch [...] wie die Natur").

Aus „heutiger" Sicht:

Als Grundunterscheidung nützlich: Willensfreiheit des Menschen ermöglicht sein Handeln, Willensunfreiheit bedingt sein Verhalten. Auf der Basis dieser Prämisse könnte eine erste Diskussion mit den Schülern geführt werden, die ihnen erlaubte, ihre Vorkenntnisse (Naturwissenschaften, Religion, Ethik, Philosophie, Deutsch) einzubringen und eigene Standpunkte zu artikulieren.

Weiter kann der Frage nachgegangen werden, wie die Veränderung der Naturwissenschaften in unserem Jahrhundert auf das menschliche Bewusstsein eingewirkt hat. Dabei bieten sich folgende Möglichkeiten an:

1. Auflistung der wichtigsten Richtungen der modernen Philosophie und deren Vorstellung in Kurzreferaten:
   – Existenzphilosophie (Jaspers, Sartre, Camus)
   – Kritischer Rationalismus/Konstruktivismus (Popper)
   – Marxismus
   – Wissenschaftstheorie;
2. Darstellung wichtiger Beiträge zur modernen Anthropologie in Kurzreferaten: Psychologie, Soziologie, Pädagogik, Theologie;
3. Referate zu zwei Aufsätzen von Odo Marquard: „Abschied vom Prinzipiellen" und „Ende des Schicksals? Einige Bemerkungen über die Unvermeidlichkeit des Unverfügbaren"[62] und anschließende Diskussion;
4. Referate zu Texten zum Selbstverständnis heutiger Autoren[63].

Zum Begriff „realistische Dichtung":

Bölsche:

Werke der Sprachkunst, die unter Beachtung des vom Naturalismus angenommenen Bedingungsgeflechts menschlicher Existenz als Experimente zum Zweck empirischer Analyse entstanden sind. Bölsche fordert die Psychographie als Vollzug naturgegebener Gesetze. Dabei anerkennt er die Form der Pathographie als häufigste Form der Literatur, denn:

„Die wissenschaftliche Psychologie und Physiologie sind durch Gründe, die jedermann kennt, gezwungen, ihre Studien überwiegend am erkrankten Organismus zu machen, sie decken sich fast durchweg mit Psychiatrie und Pathologie. Der Dichter nun, der sich in berechtigtem Wissensdrang bei ihnen direct unterrichten will, sieht sich ohne sein Zuthun in die Athmosphäre der Clinic hineingezogen [...]". Ihre „Wahrheit" (ein naturalistischer Zentralbegriff) liegt einmal in der minuziösen Abbildung der Wirklichkeit im Sinne einer jedermann verständlichen Versuchsanordnung („Sekundenstil"), dann aber auch in der Hinwendung zur „Sozialen Frage", in der Durchbrechung der Fassaden im tatsächlichen wie im ästhetischen Sinn. Damit erscheint Wahrheit als inhaltliche („logisch [...] wie die Natur") wie als formale Kategorie. Ibsen hat das auf die Formel gebracht: „Ich glaubte, die Wahrheit sei schon Schönheit an sich."

Aus „heutiger" Sicht:

Texte von Brecht („Weite und Vielfalt der realistischen Schreibweise", „Fünf Schwierigkeiten beim Schreiben der Wahrheit" und „Der Naturalismus", aus „Der Messingkauf"[65]) und/oder Autoren der Gegenwart[66].

8c Die in 8a und b gewonnenen Einsichten werden zusammenfassend dargestellt und zugleich auf ihren Wert und ihre Wirkung hin befragt und beurteilt.

Schriftliche Form: als Einzelleistung oder so, dass die Schüler in kleinen Gruppen gemeinsam Stoffsammlung und Gliederung erstellen und dann die Ausführung einzeln leisten.

Mündliche Form: In verschiedenen Schritten, die der Gliederung des Aufsatzes entsprechen, leisten Schüler Beiträge, die jeweils zu einem Ergebnisprotokoll zusammengefasst und von allen Schülern übernommen werden. Schritte:

[60] Conrad Alberti, in: Erich Ruprecht (Hrsg.): Literarische Manifeste des Naturalismus 1880–1892. Stuttgart (Metzler) 1962, S 130.
[61] Als Informationsgrundlage wären hier z.B. Bücher von Carl Friedrich von Weizsäcker zu empfehlen, etwa „Die Einheit der Natur". München (Hanser) 1971, oder „Der Garten des Menschlichen. Beiträge zur geschichtlichen Anthropologie". Frankfurt (Fischer), ferner: Jürgen Teichmann: Wandel des Weltbildes. Reinbek (Rowohlt) 1985.
[62] beide in: Odo Marquard: Abschied vom Prinzipiellen. Stuttgart (Reclam) 1981, S. 4–22 und 67–90.
[63] Als Textsammlung bietet sich an: Markus Krause, Stephan Speicher (Hrsg.): Absichten und Einsichten. Texte zum Selbstverständnis zeitgenössischer Autoren. Stuttgart (Reclam) 1990, mit guter Auswahl wichtiger Autoren und Texte. Die Texte sind von der Länge her Schülern zumutbar.
[64] Dichter über ihre Dichtungen Bd. 10/II: Henrik Ibsen. Übertragen und hrsg. von Verner Arpe. München (Heimeran) 1972, S. 88.
[65] Bertolt Brecht: Gesammelte Werke. Frankfurt/M. (Suhrkamp) Bd. 19, S. 340–349, Bd. 18, S. 222–239 und Bd. 16, S. 514–520.
[66] Als Textgrundlage bietet sich an: Peter Laemmle (Hrsg.): Realismus – welcher? Sechzehn Autoren auf der Suche nach einem literarischen Begriff. München (Winkler) 1976.

1. Bölsches oberstes Ziel:
Wahrheit, gewonnen mit der naturwissenschaftlichen Methode des Experiments und unter Beachtung der Ergebnisse der Naturwissenschaft (Anlage, Umwelt, geschichtliche Situation).
2. Bölsches Methode:
In der Prosa wie im Drama wird die Alltäglichkeit zur Darstellung gebracht, ein „Stück" Wirklichkeit, d.h. ein aus einem Kontinuum herausgeschnittener Abschnitt aus dem Leben von Personen, die sich zueinander verhalten. Die reproduzierte Kommunikationssituation interessiert, weil sich an ihr die Bedingungen menschlichen Verhaltens darstellen lassen.
3. Wirkungen:
a) Die Gestaltungsabsicht führt zur Verwischung der Gattungen: Die Prosa neigt zur Reduktion auf den Dialog, das Drama braucht „episch" breite Bühnenanweisungen, um Milieu und Verhalten, das sich ja oft als außersprachliche Kommunikation abspielt, richtig zu erfassen. In der Prosa Bestreben, Erzählzeit und erzählte Zeit zur Deckung zu bringen. Radikaler Bruch mit der bisherigen Dichtersprache, dafür „mimetische Reproduktion der Alltagssprache"[67].
b) Naturalistische Texte, ob Prosa oder Drama, neigen dazu, ihre Urheber zu verdrängen: Die Figuren repräsentieren ihr Leben, ihre Lebensbedingungen, die so nur auf sie zutreffen. Die Möglichkeit, Lehren aus dem Gesehenen/Gelesenen zu ziehen, ist allenfalls dem Zuschauer/Leser, nicht aber dem Autor gestattet.
c) Naturalistische Schreib-Intentionen, verbunden mit dem den Naturalisten eigenen sozialen Mitleid, führen zur Einengung der Sujets, zumal die unterschiedlichen Situationen ja immer nur dasselbe zeigen können; Anlage, Umwelt, Zeitpunkt.
d) Der Zuschauer/Leser befindet sich in der Rolle des Voyeurs, er kann Schlüsse ziehen, aber er kann sich auch mit dieser Rolle begnügen (Wirkungslosigkeit, im schlimmsten Fall; Beitrag zur Polarisierung der Gesellschaft).
4. Bewertung: ...

Seite 322

9a Die *Strukturierung* der **Rede** durch Textmarkierungen und Annotationen ist eine Anwendung früher eingeführter Techniken (vgl. SB, S. 78f., 99, 149f., 168f., 175, 221f.) und könnte folgende Zwischenüberschriften ergeben:
- Der Kaiser bestimmt, was Kunst ist: Schönheit, Harmonie
- Kunst dient auch der Volkserziehung: Orientierung an Idealen
- Gegenwärtige „Kunst" versündigt sich vielfach am deutschen Volk: zeigt das Elend noch scheußlicher als es schon ist.

9b Die Ergänzung der *Stoffsammlung* (zur Texterörterung vgl. LB, S. 25) fußt auf folgendem Zusammenhang zwischen Kunst und Leben, so wie ihn der Kaiser sieht:
Kunst wird als etwas gesehen, das über dem Leben steht, ein Ideales, Unveränderliches, Ewiges. Sie ist bestimmt durch das „Gefühl für Ästhetik und Harmonie", für das Wilhelm II. Allgemeingültigkeit behauptet und aus dem er ein a priori bestehendes „Gesetz der Schönheit" ableitet. Dieses Gesetz ist gekoppelt an nicht näher definierte „Ideale", von denen aber behauptet wird, dass nur das deutsche Volk sie als „dauernde Güter" besitze. Hier kann ein informierender Lehrervortrag weiterhelfen.

Aufgaben der Kunst:
1. Darstellung und Verherrlichung der „großen Ideale". Dadurch

2. Erziehung des Volkes zur Bewahrung diese Ideale, aber auch
3. Aufrichtung des Volkes aus den Niederungen des Alltags und
4. Erhebung des Volkes aus seinen gewöhnlichen „Gedankenkreisen". Deshalb
5. Ablehnung aller Kunst, die diesen Alltag darstellt.
Gegenmodell:
Kunst als Bewusstmachung der Wirklichkeit. Ein Gegenmodell zur kaiserlichen Kunstauffassung ist eben die Kunstauffassung der Naturalisten.

Forderungen Wilhelm II.	Gefahren, die Wilhelm II. sieht
... – Heutige Kunst sollte das Elend nicht noch scheußlicher darstellen (Z. 17ff.). – Pflege der Ideale als wichtige Kulturarbeit (Z. 19) – Das ganze Volk muss an dieser Kulturarbeit teilhaben (Z. 20f.). – Kunst muss erheben statt in den Rinnstein zu steigen (Z. 22f.).	... – Dies Versündigung am Volk, was heutige Kunst macht. – Das deutsche Volk verliert durch Tendenzen der modernen Kunst die Vorbildrolle für andere Völker. – Moderne Kunst ist zu wenig volksnah.

2. Kritische Stellungnahme

... – Kaiser hat Ziele der modernen Kunst nicht berücksichtigt oder nicht verstanden. – Er sieht die „Pflege der Ideale" zu einseitig. – Kunstfunktion ist zu eng gesehen.	... – Die jeweils moderne Kunst hat zu allen Zeiten wichtige Denkanstöße und Stilimpulse gegeben. – Jede Kunst darf den Anspruch erheben, aus ihren „Gesetzen" verstanden zu werden.

Um den Schülern zu verdeutlichen, dass neben der exakten Textbeschreibung vor allem die Qualität der **Argumentation** entscheidend ist (vgl. SB, S. 151, 426f.), könnten folgende Leitfragen hilfreich sein:
- Wann ist Kunst Lebenshilfe, wann Lebenslüge?
- Kann Kunst überhaupt Hilfe sein?
- Kann Schönheit definiert werden? Gibt es ein Gesetz der Schönheit?
- Hat die Kunst der Schönheit zu dienen oder der Wahrheit?
- Kann Kunst Wahrheit überhaupt darstellen?
- Hört Kunst auf, Kunst zu sein, wenn sie sich in den Dienst einer Sache stellt?
- Welchen Anspruch haben die Adressaten (Kunstbetrachter, -genießer, -konsumenten) an die Kunst?

(Zur Verdeutlichung der Kunstauffassung des Kaisers und zur Illustration von Text 5 (SB, S. 321f.) eignet sich **K 6**, LB, S. 479.)

---

[67] Günther Mahal: Naturalismus: München (Fink) 1985, S. 96. Mahal zitiert zur Erklärung dieser Formulierung aus einem 1899 veröffentlichten Aufsatz von Franz Servaes: „Nicht nur, dass sie alles Mundartliche weit nüanzierter aufnahmen als bisher, sie beobachteten und reproduzierten auch in der treuesten Weise, was man die ‚Mimik der Rede' nennen kann: jene kleine Freiheiten und Verschämtheiten jenseits aller Syntax, Logik und Grammatik, in denen sich das Werden und Sichformen eines Gedankens, das unbewusste Reagieren auf Meinungen und Gebärden des Mitunterredners, Vorwegnahme von Einwänden, Captatio benevolentiae und all' jene leisen Regungen der Seele ausdrücken, über die die Widerspiegler des Lebens sonst als ‚unwichtig' hinwegzuleiten strebten, die aber gerade meist das ‚Eigentliche' enthalten und verraten." (Mahal, a.a.O., S. 99, Fußnote 57).

Seite 323

10a Zuordnung von **Textelementen:**
- Zur **Einleitung:** Element c), weil es den Zugang zum Thema über eine persönliche Prämisse sucht.
- Zum **Hauptteil:** Die Elemente a) und d), weil sie Teile der argumentativen Auseinandersetzung mit der Auffassung des Kaisers sind. Das Element f), weil es eine Überleitung von der Textbeschreibung und textimmanenten Erörterung zur kritischen Stellungnahme ist.
- Zum **Schluss:** Das Element b) verbindet die Form des Resümees mit einer Aktualisierung.
  Das Element e) zeigt die Form des Schlusses als persönliche Wertung, die jedoch durch die Frageform einen deutlichen Reflexionsimpuls an den Leser enthält.

10b Die *Verbesserung* des Überleitungsteils f) muss inhaltlich und sprachlich erfolgen:
- Inhaltlich sollten die Hauptkritikpunkte (z.B. einseitiger Kunstbegriff, Ignoranz gegenüber den Zielen moderner Kunst) noch einmal aufgenommen werden.
- Sprachlich ist insgesamt die deskriptiv-argumentative Stilebene verfehlt: „sein Fett abkriegen" ist Jargon, ebenso wie „was Sache ist".

Angemessen wäre im ersten Fall nach der Darlegung der Kritikpunkte deren abschließende Gewichtung. Im zweiten Fall wäre eine bescheidenere und sachlichere Formulierung angebracht: Z.B.: [...] will ich unter drei Aspekten darlegen: ...

11 Ergebnis des Vergleichs:
Die Karikatur auf die Freie Bühne wirkt wie eine Illustration zum letzten Abschnitt der Kaiser-Rede, eine Illustration zum Wort „Rinnstein-Kunst".

12 Die angestrebten *Gestaltungsaufgaben* schaffen unterschiedlich ausgerichtete perspektivische Schreibanlässe und wären auch als **Lernerfolgskontrollen** geeignet.

12a Der *offene Brief* an den Kaiser (veröffentlicht in einer „linken" Tages- oder Literaturzeitung) muss bei aller Entschiedenheit in der Sache (Prämissen des Naturalismus) und argumentativen Schärfe (Hervorhebung der sozialen und ästhetischen Ziele) im Ton gemäßigt sein, um nicht gegen die strengen Bestimmungen der „Majestätsbeleidigung" zu verstoßen.

12b Der *offene Brief* an den „Kladderadatsch" basiert auf ähnlicher sachlicher und argumentativer Ausgangslage, kann aber im Ton ironischer, aggressiver und polemischer sein. Denn es ist angemessen, sprachlich mit ähnlichen Mitteln (Einseitigkeit, Verzerrung, Übertreibung, Vereinfachung, Pointierung) zu arbeiten, wie sie der Karikaturist verwendet.
Der angeregte **Projektvorschlag** verlangt eine vorausgehende koordinierte (zeitgleich in den Fächern Deutsch und Kunst) oder fächerverbindende Arbeit, um die notwendigen Informationsgrundlagen zu schaffen. Die Durchführung der *Diskussion* (als Rundgespräch eher konsensorientiert) oder der *Debatte* (eher kontrovers zwischen deutlich gegensätzlichen Positionen geführt) dient vor allem der Ergebnisbilanz (etwa als Abschluss von Projekttagen oder anlässlich einer Kunstausstellung, einer Museumseröffnung oder einer Schulfeier etc.).
Die Anfertigung von Thesenpapieren, eines Verlaufs- bzw. Ergebnisprotokolls wäre sinnvoll.

---

[68] Gabriele Malsch: Schwierigkeiten bei der Vermittlung von Lyrik (Sekundarstufe II). In: Der Deutschunterricht, Heft 3/1987, S. 23ff.
[69] Pierre Bertaux (Hrsg.): Hölderlin. Werke. Briefe und Dokumente. Nachwort. München (Winkler) 1977. S. 906.

S. 324–331: II,2. Subjektive Welterfahrung – Die Vielfalt der Stile

Unter didaktischen und methodischen Aspekten ist es sehr schwierig, Jugendlichen die „Vielfalt der Stile" so zu vermitteln, dass sie wichtige Tendenzen gegen den Naturalismus anschaulich und differenziert genug erkennen, ohne in der Fülle die Orientierung zu verlieren.
Durch eine doppelte Reduktion wird versucht, die Übersicht zu ermöglichen: Die Beschränkung auf **fünf Autoren** – Hofmannsthal, George, Rilke, Th. Mann und Schnitzler – erbringt eine deutliche Fokussierung, und die **Dominanz der Lyrik** – neben je einem Auszug aus einem „dramatischen Gedicht", einer Erzählung, einem Roman und einer Novelle – hält das Textangebot gut überschaubar.
Durch die **thematische Binnengliederung** der Teilsequenz in vier Abschnitte wird die Orientierung zusätzlich erleichtert.
Neben Rezitations- und Gestaltungsaufgaben steht der **Gedichtvergleich** (vgl. LB, S. 18f.) im Zentrum, wobei es vor allem um die Anwendung der früher eingeführten (vgl. SB, S. 12, 19) und eingeübten Methode (vgl. SB, S. 245ff.) geht.

___ **Mögliche Ziele:** ___

1. Optimierung der Rezitationsfertigkeit durch die Arbeit mit dem Textblatt
2. Interpretationsübungen in Gruppenarbeit
3. Individualisierung des Gedichts durch grafische Gestaltung
4. Exemplarische Erarbeitung eines Gedichtvergleichs

Seite 324

1 Die Notwendigkeit kontinuierlicher *Rezitationsübungen* auf allen Stufen des Gymnasiums wurde an anderer Stelle begründet (vgl. LB, S. 16ff.).
Die „Schwierigkeiten bei der Vermittlung von Lyrik"[68] lassen sich nur durch eine curricular langfristig angelegte Konzeption verringern: Der bekannten Aversion der Schüler gegen Lyrik begegnen viele Lehrer dadurch, dass sie von der besonderen Form dieser Texte möglichst wenig Aufhebens machen und sich bloß aufs Inhaltliche/Gehaltliche beschränken. Schüler verlieren so das Bewusstsein dafür, dass es Texte gibt, die den Anspruch erheben, Kunstwerke zu sein. Jede Textsorte gilt ihnen gleich, der Unterschied der Textsorten ist ihnen ein nicht weiter beachtenswerter Willkürakt des Autors, als solcher beliebig und daher unwichtig für das „Verständnis" des Textes. Dem Gedicht geht damit seine eigentliche Gestalt und eine Hälfte seines Seins verloren: die akustische Dimension. Wie fern diese Seite des Gedichts gerückt ist, zeigt sich daran, dass viele Lehrer sich „komisch" vorkämen, wenn sie ein Gedicht rezitieren würden; Schülern das zuzumuten, erscheint als unmöglich. „In unserer modernen Zivilisation wissen wir kaum noch, dass ‚Sprache' von ‚sprechen' kommt und nicht von ‚schreiben'. Um an Hölderlins Dichtung heranzugehen, muss man damit anfangen – und es genügt wohl –, sich die Sprache als das laut gesprochene Wort vorzustellen. Es gibt keinen einzigen Satz Hölderlins – nicht einmal in seinen Briefen und ebenso wenig in seinen Abhandlungen –, der sich nicht besser laut lesen ließe, der nicht beim Laut-Lesen gleichsam erhellte, ‚einleuchtete'."[69]
Man darf der Prämisse dieser Aussage wohl zustimmen, die Folgerung aber auf Dichtung insgesamt erweitern. Für die um eine neue Autarkie des Vers-Kunstwerks bemühte Trias Hofmannsthal – George – Rilke gilt sie sicher in besonderem Maße.
Mit dieser Arbeitsanregung wird versucht, die Schüler dazu zu bewegen, über „ihren Schatten zu springen". Das kann natürlich nur mit aller Vorsicht geschehen; verfehlt wäre es, einen

vollendeten künstlerischen Gedichtvortrag zu erwarten oder auch nur daraufhin zu arbeiten, andererseits soll den Schülern schon bewusst werden, dass es nicht leicht ist, die akustische Gestalt eines Gedichts nachzuvollziehen. Das kann nur nach intensiver Vorarbeit geschehen (vgl. „Textblatt", SB, S. 14).

Die Arbeit geschieht am besten in *Kleingruppen,* die sich jeweils einem Gedicht zuwenden. Die Gruppenmitglieder versuchen gemeinsam, die akustische Gestalt des Gedichts festzulegen. Sie bedienen sich dabei einfacher Symbole:

Symbole zur Notierung der akustischen Gestalt von Gedichten:

1. Wortbetonungen werden durch die Zeichen x́ (Hauptakzent) und x̀ (Nebenakzent) bezeichnet.

2. Das metrische Schema wird mit x́ für betonte Silben und x für unbetonte Silben angegeben.

3. „Versetzte (schwebende) Betonung" (einmalige Abweichung der Verteilung von betonten und unbetonten Silben bei sonst regelmäßigem Schema) kann mit einem ⌒ über den beiden versetzten Silben, Spannungen zwischen Metrum und Rhythmus können mit einem ◄───► unter der entsprechenden Stelle vermerkt werden.

4. Pausen werden mit / (kurz) und // (lang), kleine Atempausen, die den Versfluss nicht unterbrechen sollen, mit ' bezeichnet.

5. Zur Bezeichnung von Tonhöhe und Satzmelodie verwendet man entsprechende Linien und Kurven, z.B. ╱‾‾‾‾‾‾ (= Tiefer Stimmeinsatz, der rasch zu einem Hochpunkt ansteigt, um dann langsam zur Ausgangslage zurückzukehren) oder in der Kombination ◡//‾‾‾‾‾ (= Steiler Aufschwung, lange Pause; Neueinsatz mit langsamem Stimmanstieg).

6. Die Lautstärke wird wie in der Musik mit p (piano, leise) und f (forte, laut) bezeichnet. Ein Anschwellen von sehr leise nach sehr laut und ein anschließendes Abschwellen von sehr laut nach sehr leise wird so bezeichnet: pp ◄═══════ ff ═══════► pp

7. Die Sprechgeschwindigkeit kann durch eine der Verszeile unterlegte Wellenlinie mit unterschiedlicher Schwingungslänge angedeutet werden. Eine Linie mit langer Schwingung ⌣⌣ bedeutet dann langsames, eine Linie mit kurzer Schwingung ⋁⋁⋁⋁ schnelles Sprechen. Eine Phase der Beschleunigung kann wie in der Musik mit „accelerando (acc.)", eine Phase der Verlangsamung mit „ritardando (rit.)" bezeichnet werden.

Wenn die Schüler ihre „Partitur" angelegt haben, sollen möglichst alle Mitglieder der Gruppe am Vortrag beteiligt werden und sich gegenseitig korrigieren. Hilfreich kann auch ein *Kassettenrekorder* sein, mit dessen Hilfe die Schüler eine größere Distanz zu sich selber bekommen.

Die Arbeitsanregung „und fügen Sie jeder Anweisung einen begründenden Halbsatz hinzu" soll mündlich ausgeführt werden; die Schüler sollen sich zwingen, ihre Rezitationsvorschläge aus dem Text (Gehalt und Struktur) zu begründen. Dabei sind auch sehr subjektive Äußerungen zulässig und diskutabel. Im Gegenteil: Gerade die von Schülern so oft vermutete Willkür bei der Interpretation von Texten kann hier für alle hörbar überprüft werden, zugleich wird die Erfahrung einer großen Breite der Interpretationsmöglichkeiten gemacht (viele Nuancen sind möglich, aber nicht Willkür oder Beliebigkeit).

Seite 325

Texterläuterungen und Lösungsvorschläge:

|2| Interpretation unter dem leitenden **Aspekt des Lebensgefühls:**

Text 1: Vielfache Ambivalenz (Z. 2/3; Z. 8–10; /. 11–13; Z. 16; Z. 26). Ein Lebensgefühl, das in allen seinen Empfindungen zugleich deren Gegenteil mitempfindet, was nicht als Zwiespalt, sondern als festliche Steigerung verstanden wird. Dazu kommt das Gefühl dieses Menschen, von sich aus nichts, alles aber durch die Kunst (Z. 14/15) und durch die Liebe (Z. 18ff.) zu sein.

Text 2: Die Traumhaftigkeit menschlicher Existenz, wieder als Lebenssteigerung (nämlich als Erweiterung ins Unendliche) verstanden (letzter Vers). (Hinweis auf die von Freud (vgl. SB, S. 263f.) gleichzeitig entwickelte Tiefenpsychologie mit ihren Möglichkeiten der Traumdeutung nützlich, aber ebenso auf die Gefahr, dass aus Träumen Alpträume werden können).

Text 3: Lebensgenuss als schöne Passivität, sich erschöpfend in der Betrachtung, die Einsamkeit suchend, Licht und Schatten als bestimmende Gleichzeitigkeit erkennend, gehalten im Gefühl der Dankbarkeit für das Eingebundensein (V. 10) in die Reifezeit der Natur (V. 12). Das Ungewöhnliche, Unnatürliche erscheint wie eine Steigerung von Natur (V. 4). Fühlbar wird die Morbidität in dieser Schönheit wie in ihrem Genuss.

Text 4: Das Lebensgefühl wird benannt: gedämpfter Schmerz (V. 12). Wieder das Erlebnis von Licht und Schatten, jetzt auch durch die sich in ihrem Zeichen Mond andeutende Nacht, durch die Präsenz des Geheimnisvollen (Strophe 2) und die fröhliche Todgeweihtheit (V. 9/10) gesteigert. Der Mensch im „Duft des Abends".

Text 5: Das genau betrachtete „Ding" als Zeichen der Vergänglichkeit (V. 11) und der nicht zu sich selber kommenden oder sich selber verlierenden Unbestimmtheit (V. 4–10; z.B. „ungenau", „Verwaschnes" sind nicht nur Bezeichnungen von Farbnuancen, sondern auch Ausdruck der Vergeblichkeit und des immer drohenden Seinsverlusts). In der letzten Strophe aber dann das Lebensgefühl einer Selbstbehauptung gegen den Untergang (aber was steckt in diesem Kontext in einem Wort wie „rührend", oder was bedeutet die Formulierung „und man sieht ein rührend Blaues sich vor Grünem freuen"?).

Wortwahl und Satzbau:

Bei allen Texten ist die Suche nach dem ungewöhnlichen, erlesenen Wort unverkennbar, selbst Worte der Umgangssprache erscheinen (bei Rilke ganz deutlich) bewusst abgehoben, in eine Sphäre der Kostbarkeit gerückt. Dabei sind die Worte sehr stark mit Assoziationen und Bedeutungen beladen: Sie sind gerade in ihrer Schönheit nicht sie selber, sondern deuten auf ein anderes (z.B. Text 3, V. 1 „reicher flitter"). Komplizierter, in sich verschachtelter, d.h. mehrere Ebenen herstellender Satzbau.

Die Schüler erkennen die Ähnlichkeit der Texte in Gehalt und Struktur. Das Gesamtergebnis kann von jedem Schüler für sich selbst formuliert werden; einige Beispiele werden im Plenum vorgelesen und gegebenenfalls korrigiert. Festgehalten werden sollte vor allem das Ambivalente, das Morbid-Festliche, das Selbstverloren-Hingegebene, das erstaunende Befremdetsein, das Traumwandlerische im Gehalt und die erlesene Form als kostbares Gefäß für diesen Inhalt. Ein Gespräch über das Elitäre dieser Kunst (als bewusster Gegensatz zum Naturalismus) kann angeschlossen werden, um den Schülern die Ambivalenz der Epoche selbst noch einmal vor Augen zu führen. (Als Zusatztest zur poetologischen Grundierung können die Ausführungen Georges und Hofmannsthals in **K 7**, LB, S. 480, dienen.)

Seite 326

|3| **Text 6:** Eine für Hofmannsthal charakteristische lyrische Situation: Das Rätsel des Lebens tritt von außen an das lyrische Ich heran als jähe „Erkenntnis", die sich aber nur zu Frage (V. 2/3) und staunendem, ja erschrockenem Beobachten, nicht zu einem sicheren Wissen, verdichtet. Vergänglichkeit als Widerspruch zwischen der Ahnung von un-

endlicher Zugehörigkeit („Präexistenz") und dem Bewusstsein völliger eigener Fremdheit. Hofmannsthal skizziert in „Ad me ipsum" das auch diesem Gedicht zugrunde liegende Gedankengerüst: „Ambivalenter Zustand zwischen Präexistenz und Verschuldung [...] schwankende Zugehörigkeit zum Reich des Ewigen und des Vergänglichen, [...] Unfähigkeit jeden Augenblick durch den Überschwang ins Reich des Ewigen zu heben [...]" – „Der ambivalente Zustand zwischen Präexistenz und Leben. Das Zu-sich-selber-kommen (zu der höheren Existenz zurückkommen) [...]" – „Fällt das Wesen aus jener Totalität (Präexistenz Schicksalslosigkeit) heraus, so ist es in Gefahr, sich zu verlieren, zu verirren: es sucht das zu ihm Gehörige, Entscheidende, das Äquivalent [...]"[70].

Text 7: Gegen die Vergänglichkeit wird die eigene absichtslose, geistbestimmte Handlung gestellt (V. 8). Das Gedicht hat somit kaum Beschreibungs-, sondern eher Appellcharakter (acht Imperative in 12 Versen!). In der bewussten Aneignung („schau") wird die schon nicht mehr erwartete („unverhofft") Schönheit des Herbstes aus ihrer Sterblichkeit in eine Vision vom Untergang („herbstliches gesicht") verwandelt und damit unsterblich. Die Vergänglichkeit kann als bloße Äußerlichkeit, ja als Lüge („totgesagt") abgetan werden.

Text 8: Auch in diesem Gedicht wird die eigene geistige Anstrengung gegen die Vergänglichkeit gestellt, aber nicht wie bei George als herrische Attitüde, sondern als Wunsch, der bedroht ist von der Vergeblichkeit in einem alltäglichen, einem existenziellen und religiösen Sinn[71].
(Zur Vertiefung des Themas „Vergänglichkeit" kann **K 8**, LB, S. 481, herangezogen werden.)

4a/b George wollte damit das Artifizielle, Kostbare seiner Gedichte unterstreichen. Der Druck sollte nicht nur „Aufbewahrungsort", sondern optische Gestalt seiner Gedichte sein.
Für eigene Versuche sind der Fantasie keine Grenzen gesetzt. Einige Vorschläge:
- Gedicht abschreiben, also in die eigene Handschrift „kleiden";
- kalligrafische Versuche mit ornamentaler Schrift und/oder besonderer Gestaltung der Strophenanfänge;
- den gedruckten Gedicht-Text mit Ornamenten oder Zeichnungen wie mit einem Rahmen umgeben;
- ein DIN-A4–Blatt mit passenden Farbflächen (Aquarellfarben) versehen und dann einen Computerausdruck des Gedichts in großer Schrift darüber legen;
- das Gedicht mit einer Zeichnung (Bleistift, Tusche, Kohle, Rötel, Kreiden) oder einem Bild (Pastell-/Ölkreiden, Aquarell) illustrieren;
- unter Computerschriften (die) passende auswählen.

---

[70] Hugo von Hofmannsthal: Ad me ipsum. In: Die neue Rundschau. 3./4. Heft/1954, S. 358ff.
[71] Interpretationen dieser Gedichte finden sich in:
Clemens Heselhaus: Deutsche Lyrik der Moderne von Nietzsche bis Yvan Goll. Die Rückkehr zur Bildlichkeit der Sprache. Düsseldorf (Bagel) ²1962, S. 73ff. (zu Hofmannsthal);
Rupert Hirschenauer, Albrecht Weber (Hrsg.): Wege zum Gedicht, Bd. 1, München (Schnell und Steiner) ⁸1972, S. 266–272 (zu George), S. 279–287 (zu Rilke);
Marcel Reich-Ranicki (Hrsg.): Frankfurter Anthologie. Gedichte und Interpretationen. Frankfurt/M. (Insel) 1990, Bd. 2, S. 92–94 (zu George) und Bd. 5, S. 148–150 (zu Hofmannsthal).
Dieter Hoffmann: Arbeitsbuch deutschsprachige Lyrik, 1880–1916. Tübingen/Basel 2001 (= UTB 2199).
[72] August Stahl, aus: R.M. Rilke, Werke, Bd. 3, S. 912f. und 914, Insel Verlag, Frankfurt a.M. und Leipzig 1996

Seite 327

5a **Text 9:** Thema ist das Leiden an der Beschränktheit des Lebens. Entweder verführt sie die Menschen dazu, sich ihr Leben zurechtzulügen („Eitelkeit"), oder führt sie zur grenzenlosen, alles, auch den Tod umfassenden Enttäuschung (Horizont statt Unendlichkeit).

Text 10: „*Ich lerne sehen. (Z. 1)* Dieser Satz hat programmatischen Charakter. *Sehen* wird für Rilke mehr und mehr Voraussetzung für die künstlerische Produktion. Mit „sehen"(schauen oder anschauen) bezeichnete er eine Haltung, die durch Verzicht auf das subjektive Element sich ganz dem Objektiven des Außen zuwendet [...] *Sehen* ist daher nicht als eine rein rezeptive Haltung zu begreifen, sondern als eine produktive Form des Darstellens, dem die sichtbare Welt als Medium der Selbstaussage dient. [...] Sehen und die verwandten Verben sind jedenfalls die am weitaus häufigsten vorkommenden Vollverben der *Aufzeichnungen*. [...] *wie viel Gesichter es gibt*: das Gesicht als problematischer Ausdruck und fragwürdige Festlegung des Menschen ist ein durchgehendes Thema auch in der Lyrik Rilkes. [...]
seine hohle Form: Bild mit weltanschaulicher und erzähltechnischer Bedeutung. Das Bild gebraucht Rilke in unendlichen Variationen: leere oder offene Form, ausgetretene Mulde, als Golf usw. Ausgangspunkt des Bildes ist die Tatsache, dass man beim Gießen von Figuren eine Form verwendet. Diese Form ist vor dem Guss noch leer und ist es wieder, wenn nach dem Guss die Figur herausgenommen wird. Die leere Form enthält aber immer schon oder noch, auch als leere Form, die Figur sozusagen im Negativ. Die hohle Form wurde für Rilke eines der wichtigsten Bilder für die Entbehrung und den Mangel, für das Leid und schließlich auch für die Haltung des Verzichts und der Armut. Nach dem Deutungsansatz Judith Ryans (Hypothetisches Erzählen) entspräche das Bild dem erzählerischen Verfahren, vom gegebenen Wirklichen ausgehend, das Vergangene oder nicht mehr Vorhandene einfühlend, vermutend und deutend zu ergänzen."[72]
Thema ist der als Beliebigkeit der Gesichter und als Gesichtsverlust dargestellte Selbstverlust des Menschen. Der „bloße wunde Kopf ohne Gesicht" als grässliche Metapher für den sich selbst abhanden gekommenen Menschen.
Die beiden Texte geben die Außen- und Innenansicht desselben Phänomens: Welt- und Selbstverlust.

Text 11: Dieser Auszug muss den Schülern zugänglich gemacht werden, weil er einerseits in seinen gesellschaftlichen Rahmenbedingungen völlig historisch ist, andererseits gerade deshalb Lebensbedingungen der Jahrhundertwende und die Kritik daran besonders deutlich auszudrücken vermag.
Möglicher 1. Schritt: Informationen zum Duell:

„Es war im Österreich um 1900 durchaus üblich, dass maßgebende staatliche Organe ,beredtes Zeugnis dafür' ablegten, ,dass der vom Strafgesetz bedingungslos verpönte Zweikampf unter gewissen sachlichen und persönlichen Voraussetzungen unvermeidlich erscheine und daher – nach der herrschenden Rechtsüberzeugung – straflos bleiben müsse'. [...] Der Staat, der den Zweikampf auf dem Weg der Strafgesetzgebung seinen Bürgern verbot, hatte sich dort (wie in Preußen) nicht nur damit abgefunden, dass diese Rechtsvorschrift von einem Teil seiner Bürger regelmäßig durchbrochen wurde, dass also neben der zivilen Rechtsordnung und in direktem Widerspruch zu ihr eine militärische sich behauptete, sondern er war dazu übergegangen, entgegen dem Geist und Buchstaben seiner eigenen Gesetze die Durchführung der militärischen Rechtsordnung zu überwachen. Das führte zu der Merkwürdigkeit, dass der ,Staat den Duellzwang im Widerspruch mit den von ihm selbst erlassenen Verboten des Duells' durchsetzte. Die Zweikampfbereitschaft war, trotz des Strafgesetzes, für den österreichischen Offizier um 1900 eine ,staatliche Rechtspflicht, weil staatliche Rechtsfolgen an ihr Fehlen geknüpft' waren. Denn ,wer sich duellierte, wurde vom Staat eingesperrt, wer sich aber nicht duellierte, wurde von seinen Standesgenossen mit schlichtem Abschied davongejagt', was zwar nicht der Form, wohl aber der Sache nach einem staatlichen Hoheitsakt entsprach. Da ein Offizier, der sich duelliert hatte, in der Regel freigesprochen oder zu Festungshaft verurteilt und binnen kurzem begnadigt wurde, musste er diese Art der Verurteilung einem nicht wieder rückgängig zu machenden Verlust seiner Charge vorziehen. Starb er gar im Duell, so erhielt seine Witwe eine Pension, während er im Falle einer Duellverweigerung ohne jeden Versorgungsanspruch zu leben hatte." Das Recht und die Pflicht, sich zu duellieren, muss als „entscheidendes Zugehörigkeitskriterium der führenden Gesellschaftsschicht angesehen werden. Verwirkt man dieses Recht (oder verletzt man diese Pflicht), so verliert man in den Augen derer, die zu dieser Schicht gehören, nicht nur alle Rechte und Pflichten eines Angehörigen der herrschenden Klasse, sondern die gesellschaftliche Existenz."[73]

Die Überlagerung der zivilen durch die militärische Rechtsordnung führte nicht nur zu einer Militarisierung der Gesellschaft, sondern auch dazu, dass das „gehobene" Bürgertum zunehmend Satisfaktionsfähigkeit und Duell als Zugehörigkeitskriterium zur Oberschicht akzeptierte und selber praktizierte. Die Satisfaktionsfähigkeit wurde zum eigentlichen und einzig relevanten Beweis der Zugehörigkeit zur Führungsschicht.

Möglicher 2. Schritt: Interpretierende Inhaltsangabe:

Nach einem Konzert, an dem ein junger Leutnant eher zufällig und gelangweilt teilgenommen hat, gerät dieser im Gedränge des Foyers mit einem Bäckermeister aneinander, den er zuvor provoziert hatte. Der Bäckermeister beleidigt den Leutnant, allerdings unbemerkt von anderen und so, dass sich der Leutnant nicht an Ort und Stelle wehren kann. Da der Bäckermeister für den Leutnant nicht satisfaktionsfähig ist, fühlt dieser seine Ehre in irreparabler Weise verletzt und er beschließt deshalb, sich am nächsten Morgen zu erschießen. Die Nacht verbringt der Leutnant unter freiem Himmel im Prater, wo er, zwischen Panik und Sentimentalität hin- und hergerissen, sein Leben Revue passieren lässt, wobei seine persönliche Unsicherheit, die Banalität seiner Existenz und die Inhaltslosigkeit seines Lebens deutlich werden. Ebenso wird deutlich, dass er seine Identität deshalb bedingungslos an die Verhaltensnormen seines Standes, des Militärs, gekoppelt, sich also völlig von seinem sozialen Status abhängig gemacht hat. Dieser soziale Status wiederum gründet sich auf einen absurden Ehrbegriff, der nur auf dem Weg des an sich verbotenen, für beleidigte Militärangehörige aber zugleich als zwingend notwendig angesehenen Duells verteidigt werden kann. Seiner Ehre ist der Leutnant also deshalb beraubt, weil er einerseits nicht in der Lage war, im Augenblick der Beleidigung angemessen zu reagieren und andererseits sich einem Gegner gegenübersieht, den er für nicht satisfaktionsfähig halten muss, weil er sonst seinen sozialen Status verletzen würde, denn duellieren kann man sich nur mit Gleichstehenden. Ein im klassischen Sinn tragischer, weil ausweglöser Konflikt, den der Leutnant nur durch den Freitod in würdiger Weise lösen zu können glaubt. Zugleich zeigt sich aber, dass die Umstände, die diesen Konflikt zu einem tragischen machen, in sich widersprüchlich, antiquiert, gesellschaftsfeindlich und morbid sind und aus Missverständnissen resultieren. Weil sie aber für den Leutnant (und für viele außer ihm) trotzdem die soziale Existenz bedingen und Identität stiften, sind sie auch absurd. Der Schluss der Novelle treibt die Handlung ins Groteske und Lächerliche: Zufällig erfährt der Leutnant bei seinem vermeintlich letzten Frühstück, dass der Bäckermeister, der als Einziger von seiner verletzten Ehre weiß, in der Nacht gestorben ist. Er muss deshalb seine Ehre nicht mehr als verletzt ansehen, beschließt, am Leben zu bleiben und macht sich auf den Weg zu einem Duell mit einem Juristen, von dem er eine abfällige Bemerkung über das Militär gehört zu ha-

ben glaubte. Nach der durch absurde Bedingungen ausgelösten Krise und ihrer absurden Lösung, will der Leutnant sein Leben völlig unverändert weiterführen. Heißt das nicht die Absurdität auf die Spitze zu treiben, auch wenn man bedenken muss, dass sich der Leutnant ihrer nicht bewusst ist und sie von ihm, wenn sie als Ahnung an ihn herantritt, immer sofort zurückgewiesen wird.

Thema dieser Novelle ist daher nicht die Kritik am Militär, an der Rechts- und Gesellschaftsordnung, an Standesdünkel und Ressentiments, an antiquiertem und schablonenhaftem Denken und am Antisemitismus, obwohl all das in ihr thematisiert wird. Thema ist der Identitätsverlust des Einzelnen durch absurde Verhaltensnormen und Fremdbestimmung. Auch für den jungen Leutnant gilt: Das Bild, das er von sich hat, ist unwichtig, wichtig ist nur das Bild, das er den anderen von sich vermitteln kann; wichtig ist nicht, mit sich im Reinen zu sein, sondern den absurden Verhaltenskodex zu erfüllen; wichtig ist nicht, der zu sein, der man ist, sondern als der zu scheinen, der man sein soll.

Diese interpretierende Inhaltsangabe kann mit den Schülern aus einer kurzen Handlungsskizze entwickelt werden.

5b **Text 9** in seiner auktorialen Erzählhaltung hat keinerlei Anklänge an den „Sekundenstil"; dieser Text will nicht an einer Situation teilnehmen lassen, sondern aus einer Situation heraus Überschau und Einsicht gewinnen. Er will nicht Wirklichkeit abbilden, sondern Erkenntnis vermitteln.

Text 10 hat dieselben Intentionen (Einsicht, Erkenntnis), entwickelt sie aber aus der entgegengesetzten Blickrichtung, sozusagen von innen nach außen. Eine größere zeitliche Dichte ergibt sich durch die Fragen, die eine suggestive Wirkung entfalten und durchaus eine monologische Struktur bewirken. Dieser Text kann daher als Vorform des „Inneren Monologs" gesehen werden, die naturalistische Tendenz des „Sekundenstils" geht ihm völlig ab.

Text 11 gilt als das erste Beispiel eines souverän verwirklichten „Inneren Monologs" in der deutschen Literatur. In ihm ist allerdings konsequenterweise der Erzähler völlig ausgeschaltet, geliefert wird nur das Protokoll eines stundenlangen Selbstgesprächs. Alles, was geschieht, geschieht nur in der Wahrnehmung und Artikulation des Leutnants. Da ein chronologischer Handlungsablauf gegeben ist, ergibt sich somit eine große Nähe zum „Sekundenstil", allerdings nicht im Sinne einer Wiederherstellung der Wirklichkeit durch einen Autor wie in „Papa Hamlet" von Arno Holz und Johannes Schlaf, sondern als unmittelbare Teilnahme am Gedankenfluss eines Menschen. Im Gegensatz zu Holz/Schlaf kann Schnitzler deshalb auch eine doppelte Zeitebene bieten: der äußeren Chronologie vom Abend des 4. bis zum Morgen des 5. April 1900 steht eine innere Zeitebene willkürlicher und unwillkürlicher Assoziationen gegenüber. Daraus entsteht ein Psychogramm der Persönlichkeit des Leutnants, zugleich aber auch ein Soziogramm seiner komplexen und absurden Lebensbedingungen.

Der „Sekundenstil" in seiner Abbildungsabsicht muss an der Oberfläche bleiben und nimmt nur wahr, was getan oder gesagt wird. Seine Wirkung ist deshalb auf die Anklage sozialer Zustände beschränkt, weil sie zum Himmel schreien: Wir sehen Menschen an ihren Bedingungen zugrunde gehen, die aber in ihrer Auflehnung oder Ohnmacht ihre Persönlichkeit behaupten. Der „Innere Monolog" Schnitzlers dringt in psychi-

---

[73] Klaus Laermann: Zur Sozialgeschichte des Duells. In: Rolf-Peter Janz/Klaus Laermann; Arthur Schnitzler. Zur Diagnose des Wiener Bürgertums im Fin de siècle Stuttgart 1977. Im gleichen Buch befindet sich auch eine ausführliche Interpretation von „Leutnant Gustl" von Klaus Laermann.
Weiter ist hinzuweisen auf Wendelin Schmidt-Dengler: Schnitzler: Leutnant Gustl, in der Reclam-Reihe „Interpretationen", Band „Erzählungen des 20. Jahrhunderts, Band 1", Stuttgart 1996.

sche Tiefenschichten vor und kann deshalb soziale Zustände entlarven: Wir sehen Menschen ihrer eigenen Persönlichkeit entkleidet, als willige Vollstrecker anerkannter, gleichwohl selbst- und damit gesellschaftszerstörerischer Mechanismen.

6a Hofmannsthal spricht von der menschlichen Seele als einem Kosmos, der in seiner Größe sich mit dem den Menschen außen umgebenden Weltall messen kann, dieses an Zahl der in ihm verborgenen Wunder aber noch übertrifft. Dem vollkommenen Gedicht wird zugetraut, die Abgründe dieser riesig zu denkenden Seele als Milchstraßen sichtbar zu machen, d.h. als Gebilde von unglaublicher Erhabenheit und Schönheit. Die Prosatexte und Gedichte sprechen von „Zuständen unseres Inneren", auch wenn sie sich scheinbar nur Gegenständen oder Eindrücken der Außenwelt zuwenden. Sie meinen immer eine Grundbefindlichkeit des Menschen. Vorherrschend dabei ist das Gefühl des Rätselhaften und Fremden, das Erlebnis des Erschreckens, ja Entsetzens und der Eindruck des Ungenügens, Zustände einer ambivalenten Welterfahrung, die jederzeit in Orientierungslosigkeit und Leid abstürzen kann.

6b Für Hofmannsthal ist der Bedeutungsgehalt des Begriffs „Leben" so ausgeweitet, dass er nicht mehr erfasst werden kann. Aus der Verzweiflung heraus, die diese Erkenntnis verursacht, lässt er Claudio in seinem Jugenddrama „Der Tor und der Tod" fragen: „Was weiß denn ich vom Menschenleben?" Diese Frage weist auf den Zusammenhang von Leben und Kunst hin. Kunst ist der Versuch, das unergründliche Leben für einen „Augenblick" zu „durchleuchten", künstlerische Erfüllung ist der Augenblick, „in dem der Mensch zur vollkommenen Identifikation des Ichs mit dem (als Welt ihm gegenübergestellten) Non-Ich begabt worden ist, das Stadium, in dem er das göttliche Geschenk der Übereinstimmung von Ding und Begriff und Wort, kurzum die Grundlage aller Welt-Intuition, aller Erkenntnis und aller Sprache ein für allemal und unverlierbar empfangen hat."[74]
(Zur Verdeutlichung von Hofmannsthals Poesie und zur Absetzung gegen frühere und spätere Epochen eignet sich der Vergleich des Hofmannsthal-Gedichts „Was ist die Welt" mit dem Gedicht „Die Welt" von Christian Hofmann von Hofmannswaldau (1617–1679).

Arbeitsanweisungen:
Untersuchen und vergleichen Sie die beiden Gedichte. Gehen Sie dabei folgenden Fragen nach:
1. Welche Vorstellung von Welt machen sich die beiden Dichter?
2. Welcher Darstellungsmittel bedienen sie sich?
3. Welche epochentypischen Merkmale lassen sich erkennen?

Gut vergleichbar ist auch das Hofmannsthal-Gedicht „Dein Antlitz ..." mit dem Gedicht „Erinnerung an die Marie A." von Bertolt Brecht (1898–1956).
Mögliche Arbeitsanweisungen:
Interpretieren und vergleichen Sie die beiden Gedichte, indem Sie
1. das Thema der Gedichte benennen und ihren Inhalt zusammenfassen;
2. das unterschiedliche Verhältnis zur Wirklichkeit herausarbeiten;
3. auf die Funktion der Erinnerung in beiden Gedichten genauer eingehen.)

Seite 329

7a Die *Assoziationstechnik* (vgl. LB, S. 16ff.) ist eine erprobte Methode, um den Schülern den Zugang zur Lyrik zu erleichtern. Dabei ist es sekundär, ob die Einfälle zum Titel eher sinnerschließend oder eher irritierend sind. Entscheidend ist die „Verhakung" (Harald Weinrich) des Lesers mit dem Text.
– Zu Text 12 sind die Assoziationen zum Titel in doppelter Hinsicht positiv: „Es lacht" und „steigendes Jahr" signalisieren „Freundlichkeit, Heiterkeit" und Zukunftsoffenheit (Frühling?!).
– Zu Text 13 löst „Herbst" Gedanken an „Erntezeit", aber auch an „Abschied" und „Ende" aus.

7b Stille und laute *Leseversuche* führen zu stärker inhaltlichen (stilles Lesen) und zu deutlicher formalen (lautes Lesen) Eindrücken:

TA		
Gedichte	stilles Lesen	lautes Lesen
1. George	– „noch" als Leitbegriff für die Gegenwart von Duft, Blumen, Glück – Kleinschreibung	– Enjambements (Z. 1, 3, 10 und 11) – Stellung von „noch" in deutlicher Betonung – Letzte Strophe schränkt das „Glück" deutlich ein.
2. Rilke	„fallen" als Leitbegriff für Ende und Verfall, an dessen Ende aber die religiöse Botschaft des Haltes in Gott steht.	– siebenmal „fallen" – Wechsel zwischen Enjambements (Z. 4, 8) und knappen Aussagesätzen (Z. 6/7) – Finalstruktur (Z. 8/9)

Seite 330

8 Die *Kommentierung* der ersten Phase der vergleichenden Interpretation könnte etwa folgende Aspekte betreffen:
– Die Assoziationen zu den Gedichttiteln haben die Vergleichsaspekte klar erkennen lassen.
– Die Herausstellung der Operatoren ermöglicht eine übersichtliche Gliederung der Aufgabenstellung.

– Die Gewichtung der Teile ist gut gelungen.
Insgesamt kann die erste Phase der Interpretation positiv beurteilt werden.

Seite 331

9 Die Ergänzung der Stoffsammlung und die Zwischenergebnisse könnten Folgendes ergeben:

---

[74] Hermann Broch: Hofmannsthal und seine Zeit. Eine Studie. In: Hermann Broch: Dichten und Erkennen. Essays, Bd. I. Hrsg. und eingeleitet von Hannah Arendt. Zürich (Rhein-Verlag) 1955, S. 152.

TA

Zeilen	Inhalt/Aufbau →	Stileigenarten	Zeilen	Inhalt/Aufbau →	Stileigenarten
5–8	... – „doch hold noch" (Z. 7) – Glanz etwas bleich *Deutung: Assoziationen an G. Benns „Astern": Noch einmal ... D.h., in der Erfassung eines glanzvollen Augenblicks wird die Ambivalenz deutlich: Gerade noch vor dem Verfall.*	... „Vielleicht" (Z. 6) „nicht so hoch mehr ..." (Z. 6) (Inversion)	4–5	... – „Einsamkeit" (Z. 5) i. S. von Verlorenheit, Vereinzelung – „schwere Erde" (Z. 4) im Gegensatz zu den leichten Blättern *Deutung: Erste und zweite Strophe eröffnen die Spannweite des Geschehens.*	... – Erde → Sterne = kosmische Dimension des Fallens – Erweiterter Aussagesatz wirkt sehr konstatierend-definitiv
9–12	... – „verwehrt" i.S. von unzugänglich, geheimnisvoll – „geloben" = versprechen *Deutung: Entschiedenheit in den Handlungsverben, wobei das Versprechen zum Glücklichsein schon sehr angestrengt wirkt. Der letzte Satz reduziert das Glück auf ein episodenhaftes Minimum. Der optimistische „Aufbruch" der ersten Zeile ist nun definitiv reduziert.*	... – Parataxen (Z. 9/10) – appellative Semantik der Verben (Z. 9/10) – Inversion (Z. 11/12) durch „uns" – Relativierungen	6–7	... – Universalität und Individualität – direkte Anrede des Lesers *Deutung: Die Steigerung im Fallen ist nun erreicht: Blätter – kosmische Materie – alles Geschaffene*	... – Fast stakkatoartige Reihung gewichtiger Aussagen – Appell (Z. 7) und „Beweis"
			8–9	... – Personalisierung (nicht anonyme Kraft) – „in Händen hält" (Z. 9) *Deutung: Die Ausweglosigkeit am Ende der dritten Strophe wird durch den „Einen" (gegen alle Kräfte des Kosmos) nicht nur „gebremst", sondern gesteuert und „beherrscht" (Finalstruktur).*	... – „und doch" (Z. 8) – „Gegenbewegung" zum Fallen. – „unendlich sanft" (= äußerste Steigerung)

10a Die Fehler der **Einleitungen:**
– **Beispiel a:** Methodenhinweis, aber es fehlen Titel der Gedichte und die Namen der Autoren.
– **Beispiel b:** Es fehlen die Titel, und der Versuch, den Kern beider Gedichte zu erfassen, ist zu einseitig im Blick auf George und zu verkürzt bei Rilke, weil die letzte Strophe völlig übersehen wird.
– **Beispiel c:** Der Ausgang von den Assoziationen zu den Titeln ist in etwa so möglich, aber es fehlen die Namen der Autoren.
– **Beispiel d:** Die Aufnahme von Ersteindrücken als Frage ist eine gute Möglichkeit, aber es fehlen sowohl die Titel der Gedichte als auch die Namen der Autoren.

10b Die *Verbesserung* von Beispiel c könnte etwa so aussehen:
[...] Wie soll „Es lacht in dem steigenden Jahr dir ..." von Stefan George mit „Herbst" von Rainer Maria Rilke verglichen werden können? Ich werde dazu von dem Vergleichspunkt für beide Gedichte – Herbst als Endzeit – ausgehen und in einer diachronen Interpretation mit Georges Text beginnen.

11 Die *Vergleichende Interpretation* könnte nach den beschriebenen gemeinsamen Vorarbeiten als Übungsaufsatz geschrieben oder als Klausur (zweistündig) gestellt werden. In beiden Fällen ging es darum zu prüfen, in welcher Weise Schüler mit dem vorliegenden Material (Schülerbuch und Aufschriebe stünden zur Verfügung) umgehen können. Kriterien der Leistungsbeurteilung wären
– die Souveränität in der Nutzung der Vorarbeiten,
– die Gewichtung der Teile, Binnengliederung (Übergänge zwischen den Abschnitten, Vergleichsbeziehungen, Differenzierungen),
– die stilistische Gestaltung der Ausarbeitung.

12 Zu den Malern:
Jakob Bräckle (1897–1987) stammt aus bäuerlichen Verhältnissen. Er ist in dem kleinen oberschwäbischen Dorf Winterreute bei Biberach geboren und in Biberach, wo er seit 1937 wohnte, gestorben. Seine Heimat hat er nur während seiner Stuttgarter Ausbildungs- und Studienzeit und später für mehrere kurze Reisen verlassen. Zeit seines Lebens unterhielt er ein Atelier in seinem Heimatdorf, wo er auch die Motive für die meisten seiner Bilder fand: Szenen aus der bäuerlichen Arbeits- und Lebenswelt (diese meist in kleinformatigen, eher realistischen Ölbildern) und Dorf- und Landschaftsansichten (diese meist in eher mittelgroßen Formaten und in zunehmender Abstraktion und Reduktion).

Das Bild „Herbst" gehört zur erst genannten Werkreihe. Zu besprechen wäre das Verhältnis des Malers zu seinem Motiv: Was bedeutet die Wahl des Blickwinkels? Warum beherrscht die leere, frisch gepflügte Ackerfläche das Bild, warum sind die arbeitenden Menschen und Tiere in den Bildhorizont „verbannt"? Was tun die auf dem Bild dargestellten Menschen? Welche Funktion hat der gut gefüllte Kartoffelsack im Bildvordergrund? Zu erarbeiten wäre die Nähe des Bildes zur Natur und den sie bearbeitenden Menschen: die Natur als Lebensgrundlage für den Menschen, der mit Fleiß und großer Kraftanstrengung der Natur seinen Lebensunterhalt abringt; der Einklang zwischen Natur und Mensch; das Archaische, Biblische des Motivs.

Giuseppe Arcimboldo (auch: Arcimboldi) wurde um 1527 wahrscheinlich in Mailand geboren, wo er auch 1593 gestorben ist. 1562 wurde er als Hofmaler nach Prag berufen. Unter den Kaisern Ferdinand I., Maximilian II. und Rudolf II. erlebte der vielseitige Maler ein hohe Wertschätzung. Berühmt wurde er durch fantastische Gemälde, in denen sich (wie auf dem abgebildeten) täuschend realistisch gemalte Einzelheiten stillebenhaft zu menschlichen Figurationen vereinen. Auf diesen Bildern „hatte der Manierismus seine äußerste Grenze erreicht. Der Künstler fühlte sich der Natur in keiner Weise mehr verpflichtet. Was er malte, war nicht, was er sah, sondern was er dachte [...]. Wichtig war nur der Scharfsinn, der ,Einfall', die gelungene Täuschung, der Nervenkitzel." – „Der häufig nachgeahmte Arcimboldo wurde in neuerer Zeit von den Surrealisten als einer ihrer Ahnherrn proklamiert – ein Hinweis freilich auch

darauf, dass bei ihm der ‚Gag' oft den letztlich doch geringen künstlerischen Rang überdeckt.[75]
Manierismus: 1. Stilrichtung besonders der italienischen Malerei im 16. Jahrhundert (Spätrenaissance, Übergang zum Barock). 2. Übersteigerung, gewollt übertreibender, gekünstelter Stil (maniert: übertrieben, gesucht, gekünstelt, unnatürlich).

S. 332–340: II,3. Zwischen Traum und Verzweiflung – Der Expressionismus

---

Der Expressionismus ist zunächst eine **europäische Bewegung** der bildenden Kunst: Vorläufer sind vor allem van Gogh und Gaugin. Matisse und die Fauves (seit der Pariser Herbstausstellung von 1905) gehören dazu, ebenso Munch und Ensor. In Deutschland sind es die Maler der „Brücke" (Dresden 1905 mit Kirchner, Heckel, Schmidt-Rottluff, zeitweise Nolde) und die Künstlergruppe „Der blaue Reiter" (München ab 1911 mit Marc, Macke u.a.) sowie Rohlfs, Kokoschka, Beckmann und auf dem Gebiet der Plastik Lehmbruck und Barlach.
In der Literatur wurde der Expressionismus vor allem eine **Stilrichtung deutscher Autoren**. Sie drückten nicht nur die innere Krise der Jahrhundertwende, der Vorkriegszeit und während des Ersten Weltkriegs aus, sondern traten mit dem Anspruch auf, eine neue Sinngebung des Daseins zu verkünden: Gegen die Scheinordnung und Scheinmoral der Zeit (vgl. z.B. das häufige Thema des Vater-Sohn-Konflikts) sollten innere Wahrheiten und seelische Erfahrungen aus dem Geist brüderlicher Liebe gestellt werden.
Damit und durch die Sprengung herkömmlicher ästhetischer Formen – u.a. durch eine bewusst vereinfachte oder verzerrte Syntax, durch Auflösung der Sprachlogik (etwa durch Verzicht auf Artikel, Konjunktionen und Präpositionen), aber auch durch visionäre Bildlichkeit, ein gesteigertes Pathos und eine rauschhafte Ekstase, z.B. in Worthäufungen – trat der Expressionismus nicht nur aufs Entschiedenste dem Naturalismus entgegen. Nicht weniger stark wirkte der Expressionismus aber in die Zukunft, wie schon ein Blick auf Futurismus, Surrealismus und Dadaismus sowie auf deren vielfältige Spielarten bis in die Gegenwart zeigt.
Neben dem symbolhaften Ideendrama, dessen Hauptausdrucksform der Monolog ist, steht die **Lyrik** im Zentrum expressionistischer Literatur. Weil sie in allen Nuancen und Tonlagen – im ekstatischen Jubel ebenso wie in der Klage und Anklage – überzeugender Ausdruck des Expressionismus ist, dominiert sie in dieser Teilsequenz. In den vier thematisch gegliederten Abschnitten – „Form ist Wollust", „Erlebnis Stadt", „Weltflucht, Weltende und Krieg" sowie „Ich und Welt" – wird die geistige Spannweite deutlich.
Da die Prosa Franz Kafkas – ebenso wie die von James Joyce – mit aller Zurückhaltung bestenfalls „am Rande" des Expressionismus einzuordnen ist, wird Kafka im Kapitel „Weimarer Republik" vorgestellt, wodurch auch seine Wirkungsgeschichte berücksichtigt ist.
Am Ende der Teilsequenz erfolgt eine doppelte Reflexion – literaturtheoretisch (Text 18) und literaturgeschichtlich (Text 19) – sowie eine Darstellung der Überlagerung von Stilrichtungen (vgl. auch SB, S. 492).

---

[75] Robert E. Wolf, Ronald Millen: Geburt der Neuzeit, Baden-Baden 1968; Das große Lexikon der Malerei, Braunschweig 1982.
[76] Vgl. das so überschriebene Kapitel in: Silvio Vietta, Hans-Georg Kemper: Expressionismus. München (Fink) 1975, S. 40ff.

Mögliche Ziele:
1. Rezitationsübungen
2. Wechselseitige Erhellung von Texten und bildender Kunst
3. Expressionismus als wichtige Stilrichtung des 20. Jahrhunderts erkennen
4. Teilinterpretationen mit besonderer Berücksichtigung des Sonetts erproben

Seite 333

1a Vorbemerkung zu Text 1: Heym gibt ein Lebensgefühl wieder (Leiden an der Banalität der Zeit, starke Empfindung des eigenen „brachliegenden Enthusiasmus", Sehnsucht nach „gewaltigen äußeren Emotionen"), deutet aber auch in den Z. 9–12 eine Kunstauffassung an.

	Traditionelles	Revolutionäres
Text 1:		Bis zur Perversion (Herbeisehnen von Gewalt und Krieg) getriebenes Aufbruchsbedürfnis aus der als erstickend empfundenen Banalität der Zeit; eine neue Bestimmung des Subjekt-Objekt-Bezugs (Ich: „der Mann der Dinge", „der Spiegel des Außen"; Formeln für die „Verdinglichung des Ich und Personifizierung der Dinge"[76]; ein neues Pathos („ich immer in Sturm", „wild und chaotisch", „begeistertes Publikum").
Text 2:	Sehnsucht nach Erfüllung (als immer gleichem Lebensmaßstab)	Absage an alle Form als Einengung im Gestalten und Empfinden („grenzenloses Michverschenken").
Text 3:	Zu-sich-selbst-Finden als oberstes Ziel, als Vordringen zum „Wesen" des Menschen	Eingeständnis, dass die Kunst die Tendenz habe, die unbegreifbare Wirklichkeit ästhetisch zu verbrämen („Schein, Lug und Spiel", „rascher Sinn", „Traum"); Wille, diese Wirklichkeit („Dunkles", „Weite", „Sinn") zu erfassen.
Text 4:	Vorstoß zum Wesen unter Betonung der „Kontinuität"	Verzicht auf „Verschönerung" der Wirklichkeit, Wille zur „Verwandlung" durch die Wendung zum „Innern der Natur", durch Darstellung der „geistigen Seite unseres Ich in der Natur"; Kunst als Beherrschung und Deutung der Natur.

1b Gesichtspunkte:
– Zusammenhang zwischen Expressionismus und Naturalismus: Betreben, die Natur unverfälscht zu sehen und unbeschönigt wiederzugeben;
– Zusammenhang zwischen Expressionismus und den antinaturalistischen Stilrichtungen:
Bestreben, die Innenseite der Dinge darzustellen, von der äußeren Fläche zum Wesenskern vorzustoßen.
Insgesamt: Expressionismus als gesteigerte, ins Pathetische überhöhte Symbiose der Tendenzen der „Jahrhundertwende".

1c Das geschieht in der Tendenz zur Auflösung der Form (Text 2: „in alle Weiten drängen"); damit werden Form-Experimente möglich und notwendig: Der Expressionismus entbindet den „Tumult der Stile" der Zeit nach dem Ersten Weltkrieg. Der in der Stilvielfalt der „Jahrhundertwende" sich ausdrückenden Offenheit der Themen (als Offenheit des Verhältnisses zur Wirklichkeit) fügt er die Offenheit im Formalen hinzu.

An dieser Stelle des Unterrichtsgangs ist nur eine vorläufige Antwort möglich. Es empfiehlt sich daher, diese Frage am Ende des Kapitels noch einmal zu stellen. Dann könnten hinzugefügt werden die im Expressionismus sich durchsetzende Krassheit der Inhalte und ihrer Sprachgestaltung und die Absage an die Ästhetik im Sinne eines eingeschränkten Schönheitsbegriffs.

2a Diese Arbeitsanregung ist auch als Erkundungsauftrag im Sinne einer selbstständigen Informationsermittlung und -verarbeitung gedacht. Das Arbeitsergebnis kann in Form von Einzel- oder Gruppenreferaten, von Lichtbildervorträgen oder einer Tonbildschau gestaltet werden[77].

2b/c Den Schülern sollte in der Wahl „ihres" Bildes vollkommene Freiheit gelassen werden.
Bei der *Bildbeschreibung* kommt es auf Genauigkeit der Beobachtung und sachgerechten Aufbau der Darstellung an (vgl. LB, S. 12). Die Sprache ist sachlich-deskriptiv.
Bei dem in 2c geforderten „kreativen" Text geht es darum, das (ungefähr) in Worte zu fassen, was das Bild ausdrückt. Dieser Text hält sich demnach an die vom Bild vorgegebenen Perspektiven und Ausdrucksmittel (z.B. Krassheit, Grellheit, Verzerrung, Übersteigerung usw.) und bedient sich einer diesen Ausdrucksmitteln angemessenen, auch subjektiv gefärbten Sprache.
Als Beispiel sowohl für den Stil der Bildbeschreibung als auch der Gestaltungsaufgabe zum Bild könnten Ausschnitte aus Hermann Hesses Erzählung „Klingsors letzter Sommer" dienen (aus dem Kapitel „Das Selbstbildnis"; vgl. **K 11** , LB, S. 484).
Bei dieser Arbeitsanregung ist Vorsicht geboten, man muss mit ganz dilettantischen und unzureichenden Ergebnissen rechnen, die ein sehr taktvolles Vorgehen des Lehrers sowohl beim Einbeziehen geeigneter Beispiele in den Unterricht wie beim Beurteilen verlangen. Der Versuch erscheint aber lohnend als Einübung in die Emotionalität als Ebene des Expressionismus und als Vorbereitung auf die Arbeit mit expressionistischen Texten, aber auch als Herausforderung zur Gestaltung eines eigenen Textes mit ästhetischem Anspruch[78].

Seite 334

3a **Texterläuterungen und Lösungsvorschläge:**
Text 5: Das zentrale Bild ist eine Unterwasserlandschaft. Alle Erscheinungen werden in dieses Bild vergleichend einbezogen (Kuppeln sind wie Bojen, Schlote wie Pfähle, Essendämpfe wie Wasserpflanzen). Alle Bewegung wird gedeutet als Sekundärbewegung (Folge der Wellenbewegung des Wassers). Die Menschen werden mit dem Sand auf dem Grund des Gewässers verglichen, auch seine Bewegung ist nur als unbewusstes Geschehen verstanden, hervorgerufen durch eine „Wellenhand".
Text 6: Personifizierung in der 1. Strophe. Dann, diese Personifizierung weiterführend, der menschliche Körper mit seinen Adern und dem darin zirkulierenden Blut als Vergleichsebene. In der 3. Strophe Aufhebung der Bildebene in die abstraktere (Denk- und Deutungs-)Ebene von Geburt und Tod. In der letzten Strophe eine neue Bildebene, nur angedeutet: imaginäre Riesenfaust mit Brandfackel, bereit, alles in Brand zu stecken.
Text 7: Einheitliche Bildebene (Naturbereich), trotzdem haben „wir es hier mit einer dissoziierten Kette heterogener Themaelemente zu tun [...], mit einer raschen Abfolge wechselnder Bilder"[79]. Die Bilder selbst sind der Natur entnommen (Str. 1: Bergwelt; Str. 2–4: Naturbilder, vor allem aus der Tierwelt; in der 4. und in der letzten Zeile Deutungsmuster: „Menschenmüll" und Eiter-Pest-Beule) und betonen ihren Vergleichscharakter. Die Vergleiche werden von der Beobachterperspektive aus angestellt; vorherrschend ist der Eindruck des Ekels. „Das Dissoziierte, Unzusammenhängende der Bilder, die [...] Simultaneität des Disparaten ist selbst die formale Konkretion der Orientierungslosigkeit, der Zusammenhanglosigkeit der

Zeit [... Die Bilder] evozieren – auf den verschiedensten Ebenen – Zusammenbruch der bürgerlichen Welt, Chaos [...]"[80].
Text 8: Heterogene Bilder als Vergleiche für die Isoliertheit und Einsamkeit des Menschen: „wie Löcher eines Siebes", „Straßen grau geschwollen wie Gewürgte", „die zwei Fassaden Leute", „Wände [...] so dünn wie Haut", „wie stumm in abgeschlossner Höhle".

3b Auch die beiden **Bilder** enthalten reale Elemente als Versatzstücke einer disparaten Welt, was besonders deutlich wird durch die Zuordnung der einzelnen Bildelemente. Diese Zuordnung suggeriert eine „aus dem Lot" geratene Welt. Meidner stellt das Großstadtgewühl mit pathetischer Überhöhung wie den Augenblick einer Explosion dar. Die Menschen erscheinen als amorphe, gesichtslose Masse, dem „Sand" in Text 1, in der Bewegung aber auch dem „schwemmen" in Text 2 vergleichbar. Auch die Fremdbestimmtheit (Text 1) und die Bedrohtheit (Text 2) enthält Meidners Bild.
Grosz, dessen Darstellung schon zwischen Expressionismus und Neuer Sachlichkeit steht, gibt das Großstadtgewühl kalt sezierend wieder. Der Einzelne ist fast karikaturhaft überzeichnet, mitten im Gewühl steht er in vollkommener Isolierung; jeder wirkt gleichzeitig zielstrebig und richtungslos. Hier ist der Vergleich zu den Texten 3 und 4 besonders augenfällig.

3c Mögliche Antworten:
Für die Expressionisten ist die Stadt ein Ort
- der Anonymität,
- der Gleichgültigkeit,
- der Getriebenheit,
- der ständigen, aber bewusstlosen Bewegung,
- des dumpfen, immer gleichen Geschehens,
- der Ver-rücktheit.

4a Die Untersuchung ergibt, dass die hier vorliegenden **Sonette** zunehmende Auflösungserscheinungen zeigen. Es ergibt sich der Eindruck, dass die Autoren sich einer festen Form als äußerem Halt versichern wollten, dass diese Sicherheit sich aber sozusagen von innen her auflöst. Möglicherweise schien den Autoren das Sonett auch deshalb besonders geeignet, weil das Vorhandensein zweier Strophenformen (Quartette und Terzette) schon im Barock zur Gestaltung dialektischer Sachverhalte diente (vgl. SB, S. 134ff.). Eine widersprüchliche Welt müsste also im Sonett gut darstellbar sein. Der Befund dieser Gedichte zeigt, dass die Welt der Expressionisten nicht widersprüchlich, sondern disparat ist und des-

---

[77] Als Hilfsmittel bieten sich Videokassetten, Filme und Diareihen an, wie sie bei den Kreismedienstellen erhältlich sind.
Neuere Taschenbücher:
Kunst-Epochen, Band 11: 20. Jahrhundert I. Von Susanna Partsch. Stuttgart 2002 (Reclam 18178).
Dietmar Elger: Expressionismus. Eine deutsche Kunstrevolution. Köln (Taschen) 2002.
Magdalena M. Moeller: Das Brücke-Museum Berlin. München (Prestel) 2001.
Magdalena M. Moeller: Der blaue Reiter. Köln (Dumont) 2003.
Doris Kunstbach: Der blaue Reiter im Lenbachhaus München. München (Prestel) 1996.
Wassily Kandinsky und Franz Marc (Hrsg.): Der Blaue Reiter. Dokumentarische Neuausgabe von Klaus Lankheit. Serie Piper 300.
[78] Imitation und Parodie sind wohl legitime Möglichkeiten für gestalterische Textproduktion. Vgl. dazu Harald Fricke, Rüdiger Zymner: Einübung in die Literaturwissenschaft: Parodieren geht über Studieren. Paderborn (Schöningh) 1991, S. 13ff.
[79] Silvio Vietta, Hans-Georg Kemper: Expressionismus. München (Fink) 1975, S. 32. Der zitierte Satz bezieht sich auf das Gedicht „Weltende" von Jakob van Hoddis und andere Gedichte des „frühexpressionistischen Reihungsstils", gilt aber auch für Boldt, wenn man zugesteht, dass bei ihm der Vergleichscharakter der Bilder ausgeprägter ist als bei van Hoddis.
[80] Silvio Vietta, Hans-Georg Kemper, a.a.O., S. 32.

halb der genannte Auflösungseffekt eintritt. Methodisches Vorgehen: Zuerst Wiederholung der Kenntnisse über das Sonett, dann Gespräch über die Beliebtheit des Sonetts in einzelnen Stilrichtungen der „Jahrhundertwende" (z.B. bei Rilke) und erste Vermutungen über die Gründe der Verwendung dieser Gedichtform im Expressionismus. Anschließend arbeitsteilig eine eingehendere Untersuchung der vier Gedichte und abschließend Formulierung eines Ergebnisses. Bei der Untersuchung ergeben sich im Einzelnen folgende Beobachtungen:

Text 5: Strenges, sozusagen klassisches Reimschema: abba/abba/cdd/cdd, das mit 4 Reimen auskommt. Gleichmäßiger fünfhebiger jambischer Vers, überdeckt von einem vorwärts drängenden Rhythmus, der über die Zeilenenden und Strophenschlüsse hinausdrängt (Enjambement).

Text 6: Strenges, aber in den Terzetten sehr ungewöhnliches, eigenwilliges Reimschema: abba/cddc/eee/fff, das wohl 6 Reime benötigt (weil die Quartette jeweils eigenen Reim haben), aber auch in den Terzetten Haufenreime aufweist. Auch hier fünfhebiger Jambus, aber gestört durch versetzte Betonung (V. 8, 10). Die Form wird hier durch Kurzatmigkeit und ausgeprägten Zeilenstil bestimmt. Die Syntax zeigt Auflösungserscheinungen.

Text 7: Strenges, in den Terzetten ungewöhnliches Reimschema: abba/cddc/efe/fgg, das dem Shakespeare-Sonett gleicht (3 Quartette und ein abschließendes Reimpaar), trotzdem ist das Gedicht in der Form mit 2 Quartetten und 2 Terzetten gedruckt. Deutliche Auflösung des Metrums (als fünfhebiger Jambus angelegt) und der Syntax.

Text 8: Strenges Reimschema mit neuer Variante in den Terzetten: abba/addc/efg/gef. Das Metrum ist hier ein fünfhebiger Trochäus (fallender Fünftakter oder serbischer Trochäus), der vorletzte Vers ist verkürzt. Enjambements, aber Beachtung der Strophengrenzen.

4b Als Hilfsmittel bieten sich natürlich **Literaturlexika** an (die aber, vor allem im Fall Boldt, häufig versagen). Ergänzend müsste im **Internet** recherchiert werden.

Seite 336

5a **Text 9:** Leitmotive: „der brennende Wüstenwind", „Glutkraft" versus „erkaltete", „nahm Gestalt an", „steinernes Sphinxhaupt". Worin besteht der im Titel angesprochene „Welt-Schmerz"?

Text 10: Gefühl des Erstickens unter den Menschen, deshalb will das lyrische Ich zurück ins eigene „Grenzenlose". Wie ist der Zusammenhang von „Welt-Flucht" und der Richtungsangabe „meinwärts" zu verstehen?

Text 11: Todesmetapher: Weinen – gestorben – grabesschwer – Särgen – sterben müssen. Wie wird „Welt-Ende" erlebt?

Die Gedichte können als Stufenfolge, Klimax gelesen werden. Welches Weltbild, welches Selbstgefühl und welche Stellung des Individuums in der Welt ergeben sich daraus?

Hilfreich könnte folgender Ausschnitt aus einem Brief der Lasker-Schüler sein:

„Ich plaudere wieder so vor mich hin wie Verblühn. Ich habe alles abgegeben der Zeit, wie ein voreiliger Asket, nun nimmt der Wind noch meine letzten herbstgefärbten Worte mit sich. Bald

bin ich ganz leer, ganz weiß, Schnee, der in Asien fiel. So hat nie die Erde gefroren, wie ich friere; woran kann ich noch sterben! Ich bin verweht und vergangen, aus meinem Gebein kann man keinen Tempel mehr bauen. Kaum erinnerte ich mich noch an mich, wenn mir nicht alle Winde ins Gesicht pfiffen. Oh, du Welt, du Irrgarten, ich mag nicht mehr deinen Duft, er nährt falsche Träume groß. Du entpuppte grauenvolle Weltsagerin, ich habe dir die Maske vom Gesicht gerissen. Was soll ich noch hier unten, daran kein Stern hängt. Ich bin nun ganz auf meine Seele angewiesen und habe mit Zagen meine Küste betreten. So viel Wildnis! Ich werde selbst von mir aufgefressen werden. Ich feiere blutige Götzenfeste, trage böse Tiermasken und tanze mit Menschenknochen, mit Euren Schenkeln. Ich werde aber mit der Zeit mich besänftigen können, ich muss Geduld haben. Ich habe Geduld mit mir."[81]

5b **Text 11:** (Lasker-Schüler): Einer trostlosen Außenwelt, die wegen des Todes Gottes (Konjunktiv!) wie von einem bleiernen Schatten niedergedrückt wird und voller Weinen ist, wird die Innenwelt gegenübergestellt. In ihr wird dialektische Lebenserfüllung gesucht: als Liebe und als Tod. Ein Liebeslied voller Klage über den Tod als das Eigentliche der Welt.

Text 12: (van Hoddis): Nebeneinander gestellte Wahrnehmungen, die einzeln und in ihrem (Nicht-)Zusammenhang grotesk erscheinen, dennoch als Katastrophen verstanden werden müssen. Das Disparate, Unzusammenhängende bildet den eigentlichen Wesenskern des Gedichts: Es versteht sich als Abbild einer disparaten Welt. Bemerkenswert ist das Element des Komischen, das dadurch entsteht, dass die einzelnen Katastrophen als Kabarettnummern formuliert sind. So entsteht das Bild einer fröhlichen Apokalypse, einer dämonischen Gemütlichkeit. Schlüsselfunktion des am Ende der 1. Strophe eingeschobenen „liest man": Schlagzeilen-Charakter der Verse; Schnoddrigkeit als Imitation des Massenmediums Zeitung. Die Welt, in der der Mensch zum Objekt („Dem Bürger"), die „Ereignisse" hingegen zu handelnden Subjekten werden (Funktion der Verben).[82]

Angeregt wurde das Gedicht durch die 1910 aufgeregt verfolgte Erscheinung des Halleyschen Kometen, der alle 76 Jahre erscheint und 1910 mit riesigem Schweif sogar über die Sonne hinwegzog, allerdings ohne ihr Licht zu verdunkeln. Auch 1986 wurde er wieder beobachtet.

Die Überschrift „Weltende" bezeichnet bei van Hoddis den katastrophalen, aber lächerlichen Untergang der Bürger- und Spießerwelt mit ihren vermeintlichen Fortschritten, bei Lasker-Schüler das individuelle Zerbrechen an der Welt und ihren disparaten Bedingungen.

6a/b **Das Bild des Krieges bei Heym:**

Der Sachverhalt wird personifiziert, zu einer übermächtigen Riesengestalt, zum Gott dämonisiert. In immer neuen, immer mächtigeren Bildern wird sein Zerstörungswerk beschrieben. Vom Schluss her wird deutlich, dass Heym nicht die Weltkatastrophe meint (die vermeintliche „Prophetie" Heyms angesichts des bald ausbrechenden Ersten Weltkriegs), sondern die als notwendig empfundene Zerstörung einer Zivilisation, als deren stärkster Auswuchs die Großstadt erscheint. Beides, die Großstadt und ihre Zerstörung, verdichtet sich symbolhaft im Bild des biblischen Gomorrha. „Heyms Bilder des Krieges dokumentieren weniger die inhumane Lust an der Zerstörung schlechthin als vielmehr den Wunsch nach der Vernichtung einer Ordnung, die versagt hatte. Der Krieg, so wie Heym ihn darstellte, ist in erster Linie eine Flucht aus dem Frieden, der in den Bildern der unerträglichen Stagnation und tödlichen Erstarrung im Grunde als die größere Gefahr in den Kriegsgedichten erscheint [...] Der Krieg ist somit zugleich ein Gedicht der Angst vor dem Kriege und der Angst vor dem Frieden."[83] Zu bedenken ist dabei auch, dass sich 1911 noch nie-

[81] Else Lasker-Schüler: Dichtungen und Dokumente. München 1956.
[82] Neuere Interpretation in: Gedichte und Interpretationen. Bd. 5: Vom Naturalismus bis zur Jahrhundertmitte. Hrsg. von Harald Hartung. Stuttgart (Reclam) 1983, S. 118ff. s. auch Anm. 71.
[83] Karl Ludwig Schneider: Georg Heyms Gedicht ‚Der Krieg I' und die Marokko-Krise von 1911. In: Günther Damman, Karl L. Schneider, Joachim Schöbert: Georg Heyms Gedicht ‚Der Krieg'. Heidelberg (Winter) 1978 (Beihefte zu Euphorion 9/78), S. 51.

mand die tatsächlichen Schrecken eines Krieges im technischen Zeitalter vorstellen konnte.

Das Bild des Krieges bei Trakl:

Der Krieg wird zum sprachlich nicht mehr erfassbaren Grauen: Die grammatische Struktur zerbricht, ein wie immer gearteter Zusammenhang kann sich nicht mehr herstellen. Der Anfang ist noch deutlich („Am Abend tönen die herbstlichen Wälder von tödlichen Waffen"): eine Zusammenballung von auf Untergang gestimmten Metaphern. Von da an verwandeln sich die Bilder in Chiffren mit dem Zentrum in Vers 10. Spätestens mit Vers 11 wird das Vorhandensein einer anderen Bewusstseinsebene deutlich, die wiederum nicht in grammatische Stimmigkeit zu fassen ist, aber als anderes, Wesentlicheres erfassbar wird. Zu den drei Schlussversen:

„Das Gedicht schließt mit einem Anruf an die dem Weltunglück enthobenen ‚ehernen Altäre'. Der gewaltige Schmerz vermag eine Brücke zu schlagen dorthin. Dann bricht das Gedicht ab mit einer Gebärde, die wiederum grammatisch nicht motiviert ist: ‚Die ungeborenen Enkel'. Es ist ein Hinweiszeichen, das in keiner logischen Verbindung zum Vorausgehenden steht. Es weist [...] in die Zukunft: ‚die Enkel', – aber holt zugleich im Negativen aus: ‚die ungeborenen'. – Zweierlei Gedanken mögen mitschwingen: an die Enkel, die durch den Tod der Krieger nicht mehr geboren werden, die so dem gewaltigen Schmerz sich zugesellen. Oder an die Enkel, die später zu ähnlichem Los berufen sein werden wie die Sterbenden hier"[84].

(Als Zusatztext zur vertiefenden Beschäftigung mit Trakl kann der Vergleich motivgleicher Texte herangezogen werden. Die Gedichte „Im Winter" und „Ein Winterabend" können mit dem Prosagedicht „Winternacht" verglichen werden.
Mögliche Arbeitsanweisungen:
Interpretieren und vergleichen Sie diese Texte, indem Sie
1. beschreiben, wie das Motiv „Winter" jeweils gestaltet wird;
2. aufzeigen, welche Themen jeweils mit dem Motiv „Winter" verbunden werden;
3. den Zusammenhang von Inhalt und Form untersuchen.)

Seite 338

Durch die Leseversuche soll die unterschiedliche Wahrnehmung festgehalten werden (vgl. LB, S. 16f.).

7/8 **Text 15:** Heynicke verwendet freie Rhythmen und eine freie, geordnete Gliederung (der erste Abschnitt umfasst 9, der zweite 7 und der dritte 5 Verse). Dem im „Gang im Kreise" erstarrten, im „Rausche der Tage" toten Ich wird das nächtliche Gotteserlebnis entgegengestellt. Feierliche Sprache (Nähe zur Hymne), aber seltsam blutleere, unanschauliche Bilder. Auch die Steigerung des Nacht-Motivs in den Abschnitten 2 und 3 erscheint wenig plausibel und aus anderem Grunde als bei Trakl nicht nachvollziehbar: Was bedeutet die Zusammenstellung in Vers 12, was meint Vers 20?

Text 16: Auch bei Benn freie Rhythmen und Abschnitts-Gliederung. Der erste Abschnitt, nüchtern konstatierend, informativ, benennt eine Wirklichkeit, die auf Tod, schlimmer: auf ‚Verrecken' angelegt ist. Der zweite Abschnitt beschreibt den Vorgang der Sektion in nüchterner Sprache. Mit den drei Schlusszeilen kommt ein völlig neuer Ton ins Gedicht: eine euphorisch-pathetische Anrede an die „kleine Aster", deren Wert so auf sarkastische Weise als höher dargestellt wird als der des „ersoffenen Bierfahrers". Zynische Menschenverachtung und bewegende Zuneigung zur unscheinbaren Blume als schroffe, provokant gemeinte Gegensätze. Betonung des Alltäglichen durch die schnoddrig-gewöhnliche Sprache.

Text 17: Feste Form: 3 Strophen mit je 4 fünfhebigen Jamben in Kreuzreim. Dazu steht der Inhalt im Gegensatz: Schon in der ersten Strophe löst sich die fahle Welt auf in Nebel und Rauch.

Dann erscheint in der zweiten Strophe die Welt als riesiges Spinnennetz von groteskem Einschlag und in der dritten Strophe führt das Gedicht nach einer deutlichen Verurteilung des zerstörerischen, todgeweihten Menschen in surreale Bereiche: das sinnlose Glotzen in eine nichtssagende Nacht.

Die Gedichte geben auf unterschiedliche Weise Auskunft über dasselbe Ungenügen an der Welt, die unverständlich und sinnlos erscheint. Aber sie bewegen sich in verschiedene Richtungen: in eine diffuse Gläubigkeit, einen zynischen Sarkasmus und in eine kalte, gefühllose Resignation hinein.
(Die Arbeitsergebnisse sollten verglichen werden mit den Thesen in **K 9 und 10**, LB, S. 483.)

9a Pinthus sieht die **Eigenart der expressionistischen Dichtung** in ihrer Fähigkeit
– zur schonungslosen Analyse des Zustands der Menschheit;
– zur Suche nach möglichen Änderungen in der Zukunft;
– zur Vision.
Er sieht ihre Stärke in ihrem totalen Bezug auf den Menschen und ihrem Verzicht auf den Versuch, die „äußeren Zustände" ändern zu wollen. Infolge dieser Wendung zum Menschen versteht er die expressionistische Kunst als politische Kunst.

9b Verhältnis zur Realität: Schonungslose Analyse.
Verhältnis zum Ästhetischen: Schonungslose Darstellung; Schockwirkung, „Ästhetik des Hässlichen".
Grundzüge einer Poetik und Ästhetik des Expressionismus:
Der Expressionismus „war Reaktion der jungen Generation auf eine allgemeine Selbstentfremdung, auf Geringschätzung und Unterdrückung des Menschen und seiner humanen Bedürfnisse. [...] Und er war zugleich radikales und ekstatisches Bekenntnis zum individuellen Menschsein, zum neuen Menschen und zur Hingabe an die als ‚Brüder' verstandenen Mitmenschen [...], zur rauschhaften Hingabe an die Natur, den Kosmos, die Welt. [...] Die Sprache [...] ist nicht einheitlich: sie ist sowohl ekstatisch gesteigert als auch Sektionsbefund; sowohl metaphorisch, symbolisch überhöht als auch die traditionelle Bildersprache zerstörend. Auf Ausdruck drängend, betont sie die ‚Rhythmen', die fließen, hämmern oder stauen können. Zu registrieren sind als auffallendste Merkmale: Sprachverknappung, Ausfall der Füllwörter, Artikel und Präpositionen, ebenso wie Sprachhäufung, nominale Wortballungen, Betonung des Verbs, Wortneubildung und die Forderung einer neuen Syntax".[85]

(Zur Zusammenfassung des Kapitels II,3 eignen sich die Thesen in **K 10**, LB, S. 483.
Zur Zusammenfassung der Sequenz II eignet sich auch ein Vergleich motivgleicher Gedichte, die zu unterschiedlichen Stilrichtungen der Jahrhundertwende gehören. Vorgeschlagen werden: „Der Herbstwind heult" von Gerhart Hauptmann, „Herbsttag" von Rainer Maria Rilke und „Im Herbst" von Georg Trakl.
Mögliche Arbeitsanweisungen:
Interpretieren und vergleichen Sie die Gedichte. Gehen Sie dabei folgendermaßen vor:
1. Zeigen Sie, welche Assoziationen und Gedanken das Thema „Herbst" bei den Autoren auslöst.
2. Arbeiten Sie für alle drei Gedichte den Zusammenhang zwischen Inhalt und Form heraus.
3. Erklären Sie Ihre Ergebnisse aus Ihrer Kenntnis der Epoche „Jahrhundertwende".)

---

[84] Walter Höllerer: Georg Trakl, Grodek. In: Benno von Wiese (Hrsg.): Die Deutsche Lyrik. Form und Geschichte. Interpretationen, Bd. 2: Von der Spätromantik bis zur Gegenwart. Düsseldorf (Bagel) 1964, S. 419ff., hier S. 423.

[85] Günther und Irmgard Schweikle (Hrsg.): Metzler Literaturlexikon. Begriffe und Definitionen, 2., überarb. Auflage © 1990 J. B. Metzlersche Verlagsbuchhandlung und Carl Ernst Poeschel Verlag GmbH in Stuttgart.

III. Sprache und Wirklichkeit (S. 341–349)

> **S. 341–344: III,1. Sprachzerfall und Wirklichkeitsverlust – Sprachkritik der Moderne**

Auch in dieser Teilsequenz soll die Sprachreflexion eng mit den dichterischen Texten verknüpft sein. Auf geradezu ideale Weise eignet sich dafür der **sprachkritische und poetologische Essay** Hugo von Hofmannsthals. Als fiktiver Brief eines universal gebildeten Dichters, des Lord Chandos, ist er an den Vertreter einer neuen, auf Experiment und Einzelerkenntnis gerichteten Wissenschaft adressiert, den Naturwissenschaftler und Philosophen Francis Bacon.

Der Text ist Zeugnis einer Sinn-, Bewusstseins- und Sprachkrise. Er legt dar, dass der Dichter in eine geistige Starre verfallen ist, wodurch sich ihm religiöse, moralische und logische Begriffe entziehen. Denken und Sprechen erscheinen nur noch in einer Sprache möglich, die es (noch) nicht gibt (s.u.).

Mit diesem Brief ist nicht nur ein bedeutsames privates Bekenntnis abgelegt, sondern er ist repräsentativ für den **Sprachskeptizismus** der gesamten literarischen Moderne.

Wenn der Beitrag Fritz Mauthners (Text 2) an dieser Stelle erscheint, kann er sowohl als Anstoß für Hofmannsthals „Brief" als auch als Explikation von Einzelaspekten gelesen werden, wobei sich die strengere sprachwissenschaftliche Diktion Mauthners deutlich abhebt und Anlass zum Vergleich bietet.

Mögliche Ziele:

1. Exzerpt und Textbeschreibung
2. Vergleich von sprachkritischen Texten
3. Reflexion im Blick auf die „Jahrhundertwende"

Seite 341

Kernaussagen des Chandos-Briefes:

1
- Z. 27/28: „Es ist mir völlig die Fähigkeit abhanden gekommen, über irgendetwas zusammenhängend zu denken oder zu sprechen."
- Z. 52/53: „Es zerfiel mir alles in Teile, die Teile wieder in Teile, und nichts mehr ließ sich mit einem Begriff umspannen."
- Z. 62–65: „Denn es ist ja etwas völlig Unbenanntes und auch wohl kaum Benennbares, das in solchen Augenblicken [...] mir sich ankündet."
- Z. 68–72: „Jeder dieser Gegenstände [...] kann für mich plötzlich in irgendeinem Moment, den herbeizuführen auf keine Weise in meiner Gewalt steht, ein erhabenes und rührendes Gepräge annehmen, das auszudrücken mir alle Worte zu arm scheinen."

Skizze des Gedankengangs:

I. Z. 1–9: Einführung in die Textbedingungen (fiktive Situation, Briefform), Beschreibung der Ausgangssituation („Verzicht auf literarische Betätigung", „geistige Starrnis").

II. Z. 10–26: Beschreibung des früheren Zustands („das ganze Dasein als eine große Einheit. Geistige und körperliche Welt schien mir keinen Gegensatz zu bilden [...]; in allem fühlte ich Natur").

III. Z. 27/28: Benennung des jetzigen Zustands.

IV. Z. 29–56: Beschreibung des jetzigen Zustands in seinen beiden Entwicklungsstadien („zuerst": „unmöglich, ein höheres oder allgemeineres Thema zu besprechen und dabei jene Worte in den Mund zu nehmen, [...] ein Urteil herauszubringen. [...] sondern die abstrakten Worte [...] zerfielen mir im Munde wie modrige Pilze" – „allmählich": „Die einzelnen Worte [...]: Wirbel sind es, [...] durch die hindurch man ins Leere kommt").

V. Z. 57–72: Beschreibung der Auswirkungen des jetzigen Zustands auf die Lebensführung („Dasein [...] so geistlos, so gedankenlos [...] nicht ganz ohne freudige und belebende Augenblicke").

VI. Z. 73–81: Wiederaufnahme des Beginns (fiktive Situation, Briefform) und nochmalige, abschließende und zusammenfassende Benennung des Themas („Schilderung eines unerklärlichen Zustandes").

Texterläuterungen:

Zur Ergänzung: Hermannn Brochs Zusammenfassung und Deutung des „Chandos-Briefs":

„Lord Chandos, ein junger Landedelmann der elisabethanischen Epoche, in dem jedoch der gebildete Oxford-Graduate und Gentleman-Ästhet unserer Tage unschwer zu entdecken ist, schreibt an seinen väterlichen Freund, den Lordkanzler Bacon, den schärfsten Denker seiner Epoche, und er beschreibt, freilich mit der ihm durch Erziehung und Anlage gebotenen zurückhaltenden Selbst-Verschweigung, ein höchst furchtbares Erlebnis: Die mystische Intuitiv-Einheit von Ich, Ausdruck und Ding ist ihm mit einem Schlag verloren gegangen, so dass sein Ich jählings zu hermetischster Isolierung gebracht ist, isoliert in einer reichen Welt, zu der er keinen Zugang mehr findet und deren Dinge ihm nichts mehr sagen wollen, nicht einmal ihre Namen; Welt und Dinge haben ihn auf eine gewissermaßen negative Weise überwältigt, da sie sich ihm entzogen haben. Was sich da offenbart, ist nicht Zerknirschung, nicht der Zustand des ins Nichts geworfenen Menschen, nein, es ist ein Zustand der äußersten Mangelhaftigkeit und ebendarum äußersten Ekels, ist Ekel vor den Dingen, da sie nicht erreichbar sind, ist Ekel vor dem Wort, das vor lauter Unstimmigkeit kein Ding mehr erreicht, ist Ekel vor dem eigenen Sein, dem die Erkenntnis und folglich auch die Selbsterfüllung abhanden gekommen ist: der Mensch ist der Aggression der Dinge unterlegen [...], und an die Stelle der geforderten und nun unvollziehbaren radikalen Identifikation mit den Dingen, an die Stelle dieses Aktes vollkommenster Liebe ist Lebensniederlage getreten, die Lebensimpotenz an sich, ihr Ekel. [...] jegliche Menschenseele ist Spaltungen unterworfen und erst recht die des Künstlers, und am allermeisten die des Dichters [...]. Sooft es dem Dichter gelingt – und anders wäre er keiner –, seine Spaltungen fruchtbar zu machen, also unter Überwindung aller Antinomien ein Stück Realität festzuhalten, die Welt, sei's zur Gänze, sei's teilweise, mit seinen Symbolketten einzufangen oder gar ihr ein Gesamtsymbol zu setzen, in dem sie als erkennbar harmonische Einheit aufleuchtet, wird ihm jene Erhöhung zuteil, an der sich für Hofmannsthal die ekstatischen Augenblicke höchster Werterfüllung definiert haben. Und keine Ironie vermag solch ekstatische Beglückung abzuschwächen; weit eher wird sie durch das ironische Wissen gesteigert werden. Was jedoch im ‚Chandos-Brief' geschieht, hat mit Ironie kaum mehr etwas zu tun. Hier wird ein junger Mensch hingestellt, für den Ich und Non-Ich jeglichen Kontakt verloren haben, da ihm die Symbolketten schon vor Schmiedung des ersten Gliedes abgerissen sind: Nichts bleibt ihm mehr als die schiere Spaltung an sich, so dass alle Lebenswerte verlöschen; er befindet sich im Gegenzustand zur Ekstase, im Zustand der Panik, im festen Absturz des Menschen. [...] Der ‚Chandos-Brief' schildert den Extremfall der völligen Vernichtung, da hier der Mensch, unfähig zur Identifikation, unfähig zur Überwindung der Spannung zwischen dem Erkennen und dem Erkannten, restlos dem unerkennbaren Sein, den Dingen, ihrer unangreifbaren Feindlichkeit, ihrer Unbegreiflichkeit, ihrer Ironie ausgeliefert ist. Doch schon die Verzweiflung darüber, wie sie eben vom jungen Chandos geäußert wird, zeigt den paradoxfruchtbaren Gehalt des Vorganges, nämlich Identifikation des Subjekts mit einem identifikationsunfähigen Objekt, die Identifizierung mit ihrem eigenen Gegenteil, ohne die es für Hofmannsthal unmöglich gewesen wäre, die Chandos'sche Verzweiflung zu zeichnen. Dies aber, just dies ist die dialektische Struktur des dichterischen Prozesses: Ob nun wie hier Identifikation und Non-Identifikation zur Synthese gebracht werden, oder ob das mit irgendeinem andern Gegensatzpaar geschieht, immer spiegelt sich darin der Ur-Gegensatz an sich, und der ist [...] der von Ich und Non-Ich, von Ich-Sein und Welt-Sein, beides – dank der seelischen Spaltung – Wohnstatt des Menschen und der Quellpunkt seines Dichtens. Denn aus der Ich-Welt-Spannung entspringt die dichterische Kraft [...].“[86]

2a Der „Zustand“ des Briefschreibers wird in drei Stufen geschildert:
– 1. Stufe („zuerst“): Z. 29–37;
– 2. Stufe („allmählich“): Z. 38–56;
– 3. Stufe („seither“): Z. 57–72.

Die Schreibversuche der Schüler sind nicht als Paraphrase gedacht (als solche könnten sie nur die hohe sprachliche Qualität des Originals erweisen, was mit der Erfahrung der eigenen Unzulänglichkeit verbunden wäre), sondern als Zusammenfassung, wobei sich die wohl anfänglich empfundene Fremdheit des Textes (die vor allem aus seiner stupenden Rhetorik entsteht) in das Gefühl eigener Betroffenheit verwandeln könnte.

2b Hier ist Gelegenheit, die in der Arbeitsanregung 2b (SB, S. 312) begonnene Liste von **Epochenmerkmalen** zu ergänzen und auf den Hofmannsthal-Text zu beziehen. Es ergibt sich, dass die Disparität als Kennzeichen der Epoche hier bis zur letzten Konsequenz des Zerbrechens getrieben wird. Die Widersprüchlichkeit ist aber zugleich Wesensmerkmal des Textes selbst, indem er das Thema des Wirklichkeitsverlusts durch Sprachzerfall mit höchster Sprachbeherrschung gestaltet. Damit wird auch die Radikalität des Chandos-Briefs in Frage gestellt: Mit ihm hört weder die Literatur an sich noch die literarische Tätigkeit Hofmannsthals auf. Eine soziologische Literaturbetrachtung kann daher zu einem kritischen Urteil kommen:

„Nicht ohne Koketterie und heimlichen Selbstapplaus dürfte in diesem Brief die Verzweiflung an der Sprache mit solcher Eloquenz beredet sein – der Eloquenz des Ästhetizismus. Am Sinn seiner Lebenspraxis irre geworden, seinem Besitz und seinen Mitmenschen entfremdet, schlägt der feudale Visionär aus Todesschreien, Verzweiflung und Zerstörung den Funken des Göttlichen: die vollste erhabenste Gegenwart. In ihr täuscht er sich über seine eigene, leere und langweilige Gegenwart hinweg: die Gegenwart dessen, der einen gesellschaftlichen Sinn seines praktischen Tuns nicht zu entdecken vermag, dafür mit seiner inspirativen Mystik ins Weltgeheimnis rückt [...]. Dieser pathetisch raunende, gegenüber der Weltpolitik und den Mitmenschen indifferente Edelmann, der Lust auch aus der Zerstörung gewinnt und dem die stumme Kreatur teurer ist als die sprechende und leidende: er trägt prophetische Züge.“[87]

Der Widerspruch zwischen psychologischer und soziologischer Deutung des Chandos-Briefs kann im Unterricht dazu benutzt werden, das Zwiespältige des Textes herauszuarbeiten.
Zur Modernität: Neben dem zentralen Problem des verlorenen Zusammenhangs zwischen Wahrnehmen und Sprechen und der daraus sich ergebenden Denk- und Existenzkrise ist im Chandos-Brief auch ein weiterer Grundkonflikt der Literatur des 20. Jahrhunderts angelegt, der Konflikt um die Aufgabe von Literatur im Spannungsfeld zwischen Individuations- und Sozialisationsprozessen und im Gegensatz von „poésie pure“ und „littérature engagée“.
Zum epochengeschichtlichen Kontext: Hingewiesen werden könnte auch auf die Philosophie Ernst Machs (1838–1916), eine als Empiriokritizismus bezeichnete Erkenntnistheorie[88], und natürlich auf die Sprachphilosophie Fritz Mauthners (1849–1923), die beide nachweislich auf Hofmannsthal größte Wirkung ausübten. Mach hatte schon Jahre vor dem Chandos-Brief vom „unrettbaren Ich“ gesprochen und damit eine Entwicklung angedeutet, die für die Literatur des 20. Jahrhunderts bestimmend wurde und die ihren ersten spezifischen, aber auch als Signal verstandenen Ausdruck im Chandos-Brief fand.

Die Frage nach der über die Epochengrenze hinauswirkenden Modernität des Chandos-Briefs sollte am Ende der Arbeit an der III. Sequenz (Sprache und Wirklichkeit) noch einmal aufgenommen werden. Von dort aus kann dann die sprach- und bewusstseinsgeschichtliche Bedeutung des Hofmannsthal-Textes noch besser erfasst werden (vgl. unten zu Arbeitsanregung 3).

3 Hofmannsthal gibt selbst folgende Antwort:
„Mir ist nun einmal keine andere Art, mich auszusprechen gegeben, als die deren Medium die Fantasie ist [...] Von dem was du tadelnd bemerkst will ich nur eines mit einem Einwand aufnehmen. Nämlich dass du sagst, ich hätte mich zu diesen Geständnissen oder Reflexionen nicht einer historischen Maske bedienen, sondern sie direct vorbringen sollen. Ich ging aber wirklich vom entgegengesetzten Punkt aus. Ich blätterte im August öfters in den Essays von Bacon, fand die Intimität dieser Epoche reizvoll, träumte mich in die Art und Weise hinein, wie *diese* Leute des XVIten Jahrhunderts die Antike empfanden, bekam Lust, etwas in *diesem* Sprechton zu machen und der Gehalt, den ich, um nicht kalt zu wirken, einem eigenen inneren Erlebnis, einer lebendigen Erfahrung entleihen musste, kam dazu. Ich dachte und denke an eine Kette ähnlicher Kleinigkeiten. Das Buch würde heißen ‚erfundene Gespräche und Briefe‘. Ich denke, darin kein einziges bloß formales, costümiertes Totengespräch zu geben – der Gehalt soll überall für mich und mir nahe stehend actuell sein – aber wenn du mich wieder heißen wolltest, diesen Gehalt direct zu geben, so ginge für mich aller Anreiz zu dieser Arbeit verloren – der starke Reiz für mich ist, vergangene Zeiten nicht ganz tot sein zu lassen, oder fernes Fremde als nah verwandt spüren zu machen. [...].“[89]

„Die Wirkung des Briefes ist wohl vor allem daraus zu verstehen, dass Hofmannsthal das Thema der Sprachkritik durch die Form des fiktiven Briefs zu einem existenziellen machte. Er gab damit ein Identifizierungsmuster, das dem Bedürfnis der skeptizistischen Intelligenz um die Jahrhundertwende entgegenkam. Doch gab er es auf eine Weise, die gestattete, Thema und Probleme der Sprachkritik sofort zu einem überhistorischen zu stilisieren und so von ganz Offenkundigem abzulenken.“[90]

Folgende Gesichtspunkte sollten beachtet werden:
Hofmannsthal schrieb den Chandos-Brief auch im Blick auf seine gewandelte Beziehung zu George und zu dessen elitär-ästhetizistischer Kunstauffassung. Dazu passt, dass er Geor-

---

[86] Hermann Broch, aus: Hofmannsthal und seine Zeit. © Suhrkamp Verlag 1974. (Textabschnitte umgestellt)
Vgl. auch den Artikel „Ein Brief“ in Kindlers Literatur-Lexikon, leicht greifbar in dem Auswahlband „Hauptwerke der deutschen Literatur“. Hrsg. von Manfred Kluge und Rudolf Radler, München (Kindler) 1974, S. 494.

[87] Gert Sautermeister: Irrationalismus um die Jahrhundertwende. Hofmannsthals ‚Manche freilich müssen drunten sterben‘ und der ‚Brief des Lord Chandos‘. In: Text & Kontext 7; 2,1979, S. 84f.

[88] Ernst Mach: Die Analyse der Empfindungen und das Verhältnis des Physischen zum Psychischen. Reprographischer Nachdruck der 9. Aufl. 1922 mit einem Vorwort von G. Wolters. Darmstadt (Wissenschaftliche Buchgesellschaft) 1987. Kurze, für Schüler geeignete Zusammenfassungen der Mach'schen Philosophie finden sich bei Frank Trommler (Hrsg.): Jahrhundertwende: Vom Naturalismus zum Expressionismus 1880–1918. Reinbek (Rowohlt) 1982, S. 232f. (= Horst Albert Glaser (Hrsg.): Deutsche Literatur. Eine Sozialgeschichte in 10 Bänden, Bd. 8), sowie bei Hartmut Scheible: Literarischer Jugendstil in Wien. München/Zürich (Artemis) 1984, S. 157f.

[89] Brief an Leopold von Andrian vom 16. Januar 1903. In: Hugo von Hofmannsthal, Leopold von Andrian: Briefwechsel. Hrsg. von Walter H. Perl. Frankfurt (S. Fischer) 1968, S. 160f.

[90] Helmut Arntzen: Sprachdenken und Sprachkritik. In: Frank Trommler (Hrsg.): Jahrhundertwende. Vom Naturalismus zum Expressionismus 1880–1918. Reinbek (Rowohlt) 1982, S. 253f. (= Horst Albert Glaser (Hrsg.): Deutsche Literatur. Eine Sozialgeschichte in 10 Bänden, Bd. 8).

ge eine Abschrift des Chandos-Briefs übermittelte. Das Verhältnis zwischen sich und George schien ihm wohl in der fiktiven Beziehung des Chandos zu Bacon noch erkennbar, die Briefform bewahrt den Charakter einer privaten Mitteilung an einen wichtigen Menschen, und die historische Einkleidung erscheint dann als Form des Takts, mit dem das Eingeständnis der Entfremdung abgemildert wird. Hofmannsthal sah in diesem Text aber ebenso sehr ein überpersönliches wie ein persönliches Dokument. Dazu wiederum passt, dass Hofmannsthal diesen Text in einer der größten deutschen Tageszeitungen erscheinen ließ.

„Eine Neuorientierung des Denkens kommt aber [für Hofmannsthal zu diesem Zeitpunkt] nicht von ungefähr; sie geht auf eine Neufixierung von Wertvorstellungen und von Zuordnungen der einzelnen Lebensaspekte zurück. So gesehen ist das, was als Sprachkrise sichtbar wird, Indiz und Ausdruck einer krisenhaften Veränderung von elementaren Einstellungen zum Leben, die zur Folge hat, dass sprachlich Gewohntes dem neuen Bezugsrahmen nicht mehr entspricht."[91]

Die so definierte persönliche Krise Hofmannsthals kann mit allen Vorbehalten, die heute gemacht werden, doch auch als Widerspiegelung der Krise der Epoche verstanden werden. Jedenfalls wird in Hofmannsthals Text zum ersten Mal jene Deckungsungleichheit von Wahrnehmung und Sprache, also auch von Denken und Sprechen beschrieben, die für die „Moderne" signifikant ist.

Seite 343

Texterläuterungen und Lösungsvorschläge:

4 Zu Mauthner:
„Die ersten Gegner Kants hatten als Ergänzung der Kritik der Vernunft eine Kritik der Sprache gefordert. Fritz Mauthner (1849–1923) hat sein ganzes Leben dieser Aufgabe gewidmet. Die Ergebnisse sind hauptsächlich niedergelegt in seinem dreibändigen Werk *Beiträge zu einer Kritik der Sprache* und dem zweibändigen *Wörterbuch der Philosophie*.
Ausgangspunkt ist der unlösbare Zusammenhang vom Denken und Sprechen. Kritik der Vernunft muss daher Kritik der Sprache werden. In den Begriffen unserer Sprache ist aber nichts, was nicht durch die Sinne hineingekommen wäre. Nur durch die Sinne haben wir Zugang zur ‚Wirklichkeit'. Diese Sinne sind jedoch Zufallssinne; sie zeigen uns nur einen – objektiv betrachtet – zufälligen, willkürlichen Ausschnitt der Gesamtwirklichkeit. Für die praktischen Bedürfnisse des Lebewesens Mensch mag das ausreichend und zweckdienlich sein. Für den Versuch ‚Wahrheit' zu erkennen kann es nur völlige Resignation lehren. Wir können nämlich keinen anderen Standpunkt gewinnen als den beschränkt menschlichen. Wir besitzen keine sprachlichen Mittel, zu erkennen und zu bezeichnen, was die Dinge ‚an sich' sein mögen. Solche Resignation ist nicht Verzweiflung. Denn die Kritik der

Sprache lehrt zugleich erkennen, dass die Widersprüche der Welt auch nur in unserer Sprache sind. ‚Sprachloses', unmittelbares Leben und Fühlen lässt uns die Einheit und Einheitlichkeit der Natur erahnen. Das kann man Mystik nennen. Es ist jedoch gottlose Mystik, denn Mauthner ist Atheist. Die sprachliche Analyse und Kritik des Gottesbegriffes ist eines seiner Hauptanliegen. Mauthner hat den sprachkritischen Gedanken auf Sprachwissenschaft, Logik, Grammatik, Metaphysik und Ethik angewendet."[92]

4a Bei der Notation sollten die Schüler von den Beobachtungen Mauthners ausgehen und seine unausgesprochenen Urteile selber formulieren oder die von ihm ausgesprochenen Urteile zitieren.

Zu „Laut- und Bedeutungswandel":
1. Schritt: Eine Sensibilisierung der Schüler für das hier beschriebene Phänomen kann auf einfache Weise erfolgen: 1. Man lässt dasselbe Wort von verschiedenen Schülern schnell hintereinander sagen: Warum klingt es unterschiedlich? Ursachen: Persönlicher Sprechstil, Stimmfarbe, Dialektfärbung etc., aber auch Gefühlslage). 2. Man kann ein Haus, einen Baum, ein Schiff zeichnen oder spontane Äußerungen über abstrakte Begriffe wie „Glück" (Zielvorstellung: Was ist/wäre für Sie ein großes Glück?) oder „Mut" (Beispielsammlung: Was ist/wäre für Sie ein Beispiel für Mut?) tun lassen und über den Grund der Verschiedenartigkeit der Zeichnungen/Äußerungen sprechen.
2. Schritt: Die Schüler lesen den Text und finden die zentralen Formulierungen: Wie trifft die in Z. 6 genannte Beobachtung, dass sich ein Fels „unaufhörlich verändert", auch auf die „Menschensprache" zu? These 1: Z. 7–8; These 2: Z. 8–9; These 3: Z. 10–11; These 4: Z. 12–13.
3. Schritt: Sprachgeschichtlicher Exkurs zum Bedeutungswandel (Lexikonarbeit, z.B. Schülerduden „Wortgeschichte", Kap. 1.3).
„Der Sprachwandel wird gleichsam mit bloßem Auge sichtbar, wenn man ihn aus größerer Distanz betrachtet, wenn er also schon hundert, zweihundert Jahre oder länger zurückliegt. Was sich hingegen an Sprachveränderungen in unserer unmittelbaren Gegenwart abspielt – ‚hautnah' könnte man sagen, wenn das nicht sprachkritisch verpönt wäre –, geht fast unmerklich vonstatten, und derselbe Sprachwandel wird dann, zumal in seinen oftmals schillernden Einzelheiten, zu einem recht verwirrenden Phänomen. Weil das so ist, gelangt die Sprachwissenschaft, wenn sie den Gründen, aktuellen Tendenzen und allgemeinen Gesetzlichkeiten der Sprachentwicklung nachgeht, vielfach zu anderen Schlüssen als die Sprachkritik, die jene Einzelheiten eher punktuell ins Visier nimmt."[93]

Das (unausgesprochene) Urteil Mauthners: Sprache ist so sehr dem Wandel unterworfen, dass sie als Mittel zur Herstellung der „Wahrheit" oder einer verbindlichen Festschreibung der Erscheinungen nicht in Frage kommt.

Zu „Missverstehen durch Sprache. Wortstreit":
Beobachtung: Niemals sprechen die Menschen von genau demselben, auch wenn sie dasselbe Wort benützen. Je abstrakter die Worte sind, umso weniger deckt sich ihr Inhalt bei verschiedenen Benutzern. (Aber, so wissen wir schon: Auch bei demselben Benutzer verändert sich der Inhalt eines Wortes ständig.)
Urteil: Sprache ist ein untaugliches Mittel für Menschen sich gegenseitig zu verstehen.

Zu „Deiktisch":
Beobachtung: Sprache ist etwas Reales, aber zugleich unfähig, das in der Welt der Erscheinungen zu vermutende Eigentliche zu benennen.
Urteil: Sprachlosigkeit ist das eigentliche Wesen der Natur. Sie zu verstehen würde Sprachlosigkeit bedeuten.

[91] Wolfram Mauser: Hugo von Hofmannsthal. Konfliktbewältigung und Werkstruktur. Eine psychosoziologische Interpretation. München (Fink) 1977, S.120.
[92] Hans Joachim Störig: Kleine Weltgeschichte der Philosophie, Stuttgart 1961.
[93] Willy Sanders: Sprachkritikastereien und was der „Fachler" dazu sagt. Darmstadt 1992. Es sollte wenigstens kurz der Versuch gemacht werden, auf Beispiele heutigen Sprachwandels zu sprechen zu kommen. Als Materialgrundlage dienen Zeitschriftenglossen, aber auch sprachkritische Veröffentlichungen, z. B. Hermann Bausinger: Deutsch für Deutsche, Frankfurt 1984 (Fischer Tb 6491); Eike Christian Hirsch: Deutsch für Besserwisser, Hamburg 1976; Hans Weigel: Die Leiden der jungen Wörter, Zürich 1975; Ulrich Holbein, Sprachlupe, Frankfurt 1996; vor allem: Dieter E. Zimmer: Redens Arten, Zürich 1986 (Haffmanns Tb 1021).

Zu „*Fluch der Sprache*":
Beobachtung: Durch Sprache ist dem Menschen keine Erkenntnis möglich.
Urteil: Die Sprache hat die Menschheit aus dem Paradies (eines unschuldig-unbewussten Einsseins mit der Natur) vertrieben. Sie hat den Menschen seiner Tierheit beraubt, aber die Gottheit nicht gegeben.
Gesamturteil: Sprache ist weder geeignet als Verständigungsmittel (im Sinne eines uneingeschränkten Verstehens) noch als Instrument der Erkenntnis (im Sinne eines Vorstoßes zur Eigentlichkeit von Wirklichkeit und Wahrheit).

4b Die Zusammenhänge liegen auf der Hand: Hofmannsthals Text sollte zunächst noch einmal in dem scheinbaren Widerspruch (oder der dialektischen Spannung) zwischen der Unfähigkeit „über irgendetwas zusammenhängend zu denken oder zu sprechen" und der „Offenbarung", in der die Gegenstände „ein erhabenes und rührendes Gepräge annehmen, das auszudrücken mir alle Worte zu arm scheinen", erfasst werden. Anschließend können für diese beiden Pole auch Formulierungen bei Mauthner gefunden werden.

4c Die Texte können als Produkte einer tief greifenden Verunsicherung gelten, wie sie in der Epoche „Jahrhundertwende" zu Tage tritt. Gründe für diese Verunsicherung liegen in der immer komplizierter werdenden Welt (wissenschaftlicher, technischer Fortschritt; Bevölkerungsexplosion, soziale Unsicherheit, Anfänge von „Globalisierung"), im Verlust an Ordnungsvorstellungen und dem Kampf zwischen Bewahrung und Veränderung sowie in einem Werteverlust, der z.B. dazu führt, dass Bewahrung und Veränderung schon selbst als Werte auftreten können.
Mögliche Vorgriffe: Die im Vorspann zu diesem Kapitel aufgestellte Behauptung, dass „Verunsicherung des Sprechens bis hin zum Verstummen ein Phänomen und Inhalt der modernen Literatur" sei, könnte einer Prüfung unterzogen werden, dergestalt, dass die Schüler aufgefordert werden, aus den noch folgenden Kapiteln von BLICKFELD DEUTSCH Belege für diese Behauptung zu suchen. Diese Belege sollten von den Schülern, die sie gefunden haben, in der Klasse kurz vorgestellt werden. Natürlich wäre Gruppenarbeit hier besonders gut möglich.
Es könnte aber auch ein Versuch gemacht werden zu zeigen, dass die Kenntnis der Texte von Hofmannsthal und Mauthner ein wichtiges Hilfsmittel zum Verstehen späterer literarischer Texte sein kann. So könnte Kafkas Parabel „Eine kaiserliche Botschaft" (SB, S. 359) aus dem speziellen Blickwinkel dieser Texte interpretiert werden.
Selbstverständlich könnten diese Unterrichtsschritte auch zu einem späteren Unterrichtszeitpunkt als Rückgriffe erfolgen.

Zusatztexte:

[1] Betonung
„Unsere Grammatik ist so roh, dass sie nicht einmal der Sprache beizukommen weiß. Sie hält sich eben nicht an die lebendige Sprache, sondern an die schriftlich fixierte, an den Leichnam der Sprache und versteht ihren Bau so wenig, wie der Anatomieschüler den lebendigen Organismus versteht. Der ganze Apparat der Betonung ist ihr unzugänglich. Und ich fürchte, die schriftliche Fixierung der Sprache wird die Sprachen tonlos machen, wie sie sie dialektlos gemacht hat. Wozu auch betonen? Die Bücher sind fast nie betont (hie und da nur ein Wort durch gesperrten Druck) und man versteht sie doch. Schon hat man sich gewöhnt, Fragen und Verneinungen durch Wortstellung tonloser zu machen. Wie wichtig die Betonung ist, und wie alle ihre Feinheiten der Grammatik entgehen, mache man sich an einem Beispiel klar. „Ich habe dich nicht geliebt" kann heißen: *Ich* habe dich nicht geliebt, sondern du hast mich verführt." Oder: „Ich *habe* dich nicht geliebt, ich liebe dich noch." Oder: „Ich habe *dich* nicht geliebt, sondern deine Schwester." Oder: „Ich habe dich *nicht* geliebt,

wenn ich es auch geglaubt habe." Oder: „Ich habe dich nicht *geliebt*, sondern dich aus anderen Gründen geheiratet."
So hat der für die Schrift identische Satz völlig verschiedenen Sinn, ohne dass seine grammatischen Formen sich scheinbar geändert hatten. In Wirklichkeit war das psychologische Prädikat immer ein anderes. Ausgesagt, prädiziert [= durch ein Prädikat bestimmt] wurde immer, worauf das Denken aufmerksam eingestellt wurde, was darum auch schärfer zu Gehör gebracht wurde, wie Bilder im Fleck des deutlichsten Sehens schärfer geschaut werden."

[2] Einsamkeit
„Wie der Ozean zwischen den Kontinenten, so bewegt sich die Sprache zwischen den einzelnen Menschen. Der Ozean verbindet die Länder, so sagt man, weil ab und zu ein Schiff herüber- und hinüberfährt und landet, wenn es nicht vorher versunken ist. Das Wasser trennt, und nur die Flutwelle, die von fremden Gewalten emporgehoben wird, schlägt bald da, bald dort an das fremde Gestade und wirft Tang und Kies heraus. Nur das Gemeine trägt so die Sprache, von einem zum anderen. Mitten inne, wenn es rauscht und stürmt und hohler Gischt zum Himmel spritzt, wohnen fern von allen Menschenländern Poesie und Seekrankheit dicht beisammen."

[3]
„Wir haben jetzt in der Zufallsfolge des Alphabets die drei Welten kennen gelernt, welche die Gegenstände unseres Denkens oder unserer Sprache sind. Ich nenne sie (und bin mir der Unzulänglichkeit des dritten Namens bewusst): die adjektivische Welt der Erfahrung, die substantivische Welt des Seins, die verbale Welt des Werdens. Ich fürchte, ich muss noch eine Warnung hinzufügen, damit kein wortgläubiger Leser in Versuchung geführt werde, an eine Trinität von Welten zu denken, an eine Dreiheit, die nur durch ein Wunder zu einer Einheit zurückkehren kann. Ich meine natürlich nur drei Bilder von einer und derselben Welt; ich meine nur drei Sprachen, in denen wir je nach der Richtung unserer Aufmerksamkeit unsere Kenntnis von einer und derselben Welt ausdrücken. Dass die Welt nur einmal da ist und nicht noch ein zweites Mal oder gar noch ein drittes Mal, das habe ich oft und energisch genug zu lehren versucht, gegenüber dem Dualismus, aber auch gegenüber einem falschen, dogmatischen Materialismus, welcher sich Monismus nennt.
Hätte der Sensualismus Recht, so wäre der Welt durch eine adjektivische Sprache allein beizukommen, hätte der Idealismus Recht, so besäßen wir die Wahrheit, was ich recht genau zu überlegen bitte, in der substantivischen Sprache, in der mythologischen Welt des Seins, hätte die Lehre vom Flusse aller Dinge Recht, die man heute Entwicklungslehre nennt, so könnten wir aus der verbalen Sprache, aus unserer verbalen Welt vielleicht zu unserer Überraschung lernen: wie es möglich war, dass der Zweckbegriff in eine zweckfremde Welt hineinkam, durch den Zweck nämlich, der jedem Verbum zugrunde liegt.
Die Wahrheit aber ist bei keiner dieser drei Sprachen allein; sie müssen einander ergänzen (was man *so ergänzen* nennt, wir kennen kein Ganzes), sie müssen einander helfen, uns ein bisschen in der einen Welt zu orientieren.
Die drei Sprachen oder die drei Welten dürfen einander aber nicht etwa so helfen wollen, dass die schwierige Frage der einen Sprache aus Verlegenheit in einer ganz andern Sprache beantwortet wird. [...] Nur besinnen sollen sich die Forscher jeder der drei Welten darauf, dass es jenseits des Gebietes ihrer besondern Welt stets zwei andere Welten gibt, für welche die letzten Ergebnisse der besondern und beschränkten Forschung nicht ganz richtig sind. Diese Besinnung wird immer Bescheidung lehren oder die Sehnsucht nach einem hohen Aussichtspunkte.
Und jetzt bin ich so weit, das höhere Stockwerk jeder der drei neu benannten Welten mit einem altvertrauten Namen bezeichnen zu können. Die *adjektivische* Welt ist als die Welt des Sensualismus ungefähr gleich der sinnlichen Erfahrungswelt; die unmittelbare und inbrünstige Erfassung dieser sinnlichen Welt kann sich in begnadeten Naturen steigern bis zu einer Welt der *Kunst*.

Die *substantivische* Welt ist ungefähr gleich der Welt des Seins, deren Bedingung der Raum ist. Der älteste Aberglaube der Menschen und wohl auch der Tiere ist der Glaube an die Realität der Dinge im Raume; und so abergläubisch wie dieser naive Realismus, so mythologisch ist der Glaube an die Realität oder an die Wirksamkeit der abstrakten Substantive. Unser Denken in substantivischen Begriffen ist Mythologie. Aber das inbrünstige Erfassen dieser Welt des Seins kann sich in begnadeten Naturen steigern zu einer Welt der *Mystik*, die der Erfahrungswelt gegenüber das höhere Stockwerk ist. In welchem man nicht dauernd wohnen, in welchem man aber ruhig träumen kann.

Die verbale Welt ist ungefähr die Welt des Werdens, deren Bedingung die Zeit ist; die verbale Welt glaubt nicht an die substantivische Welt und begnügt sich nicht mit der adjektivischen Welt; sie sieht in allen Veränderungen, um die allein sie sich kümmert, nur Relationen, Relationen der so genannten Dinge zu uns und Relationen dieser Dinge zueinander; sie erhebt sich also in der *Wissenschaft* (von der Erfahrung und von den Dingen), über die adjektivische und über die substantivische Welt. Das Sein wird zum Werden. Und in begnadeten Naturen steigert sich ein inbrünstiges Wissen zu etwas, das der Kunst verwandt sein muss durch unmittelbares Erfassen der Sinnlichkeit und durch den sprachlichen Ausdruck dieses Erfassens, das der Mystik verwandt sein muss durch die Stimmung des Einswerdens mit den beiden andern Welten. Die Welt, deren Bedingung die Zeit ist, glaubt nicht mehr an das Substantiv Zeit. Das Wissen wird zu einer *docta ignorantia*.

Kunst, Mystik und Wissenschaft sind drei Sprachen, die einander helfen müssen."

(Texte 1 und 2 aus: Fritz Mauthner: Beiträge zu einer Kritik der Sprache, Ullstein 1982. (= Ullstein Materialien 35145, 35146,34147) © Ullstein Heyne List GmbH & Co. KG, München. Text 3 aus: Ders.: Wörterbuch der Philosophie. Neue Beiträge zu einer Kritik der Sprache, Leipzig (Meiner) 1923.)

Als Material für *Klassengespräche* könnten auch die folgenden **Karikaturen** von Saul Steinberg (aus: Steinberg's Labyrinth, Rowohlt Verlag, Hamburg 1961) dienen:

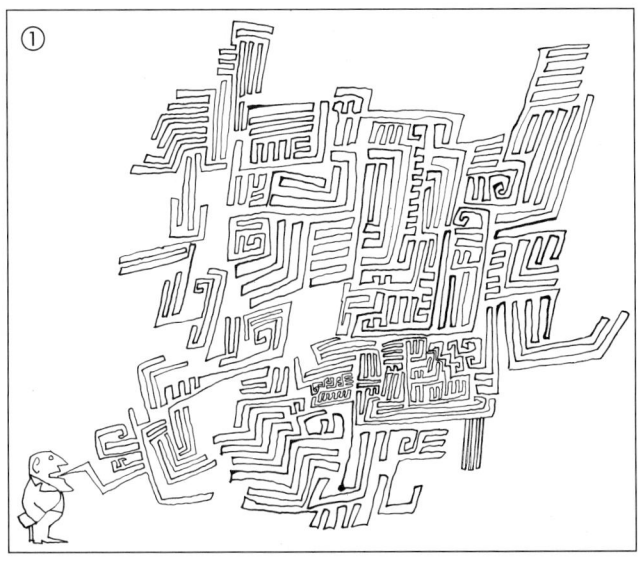

⑤

S. 344–349: III,2. Sprachkrise als Wahrnehmungskrise – Denken, Sprechen und Wirklichkeit

In dieser Teilsequenz wird das problematische Verhältnis, in das Sprache, Wahrnehmung und Denken gekommen sind, zunächst aus der Sicht derer gezeigt, die unmittelbar mit Sprache arbeiten. Es werden repräsentative **poetische Texte** vorgestellt, die ein möglichst facettenreiches Bild der **„Sprachnot"** des modernen Dichters zeigen sollen. Erst danach wird in zwei Texten angedeutet, wie sich das Problem aus der Sicht der Sprachwissenschaft darstellt.

Mögliche Ziele:

1. Gestaltung eigener Spracherfahrungen als Reflexionsbeispiele
2. Textbeschreibung und -vergleich
3. Exzerpieren sprachwissenschaftlicher Erkenntnisse im Vergleich zu eigenen und dichterischen Erfahrungen
4. Erörtern sprachphilosophischer Thesen

Seite 345

(Als Einführung in die Teilsequenz III,2 wie als Überprüfung der Arbeitsergebnisse können die Gedichte in **K 13**, LB, S. 486, herangezogen werden. Eine Ergänzung oder Alternative wäre der Vergleich von Friedrich Gottlieb Klopstock (1724–1803):

„Die Sprache" [aus: Friedrich Gottlieb Klopstock: Ausgewählte Werke. München (Hanser) 1962. S. 131f.] und Dieter E. Zimmer: „Sie ist aus warmem Atem gebosselt..." [aus: Dieter E. Zimmer: So kommt der Mensch zur Sprache. Zürich (Hoffmans) 1988, S. 186].
Arbeitsanweisungen:
1. Untersuchen Sie, was die beiden Autoren unter Sprache verstehen und welche Funktionen sie ihr zuweisen.
2. Zeigen Sie, welche Rückwirkung die Sprachauffassung Klopstocks auf den Stil und die Form seines Gedichts hat.)

1 Bei dieser *Gestaltungsaufgabe*, die sehr wohl auch mündlich geleistet werden kann, sollen die Schüler alltägliche Situationen erzählen, in denen der Zusammenhang von Denken und Sprechen sichtbar wird (Missverständnisse, Aneinander-Vorbeireden, sog. Freud'sche Versprecher u.Ä.). Dabei kommt es auf die lebhafte und pointierte Erzählung ebenso an wie auf die möglichst genaue Beschreibung des Sprachphänomens.
Anmerkung: In einer wenig erzählfreudigen Klasse könnten hier auch Texte von Karl Valentin (z.B. „Im Schallplattenladen") eingesetzt werden.

2a/b Texterläuterungen und Lösungsvorschläge:
Text 1: Sprache ist die Befähigung, die den Menschen vor allen Lebewesen auszeichnet und über alle Lebewesen erhebt. Mit Hilfe der Sprache verfügt er über die Welt, durch Sprache betreibt er aber auch ihre Zerstörung. Der Besitz der Sprache hat also zwiespältigen Charakter: In ihr ist dem Menschen die freie Entscheidung zwischen Gut und Böse möglich, sie ist der eigentliche Bereich seiner Lebensverantwortung.

Text 2: Sprache ist die falsche Sicherheit, die den Menschen glauben lässt, er verfüge über die Welt in Vergangenheit, Gegenwart und Zukunft, nichts außer Gott sei ihm fremd. Dagegen wird die Behauptung gesetzt, die Benennung mache die Dinge „starr und stumm", nehme ihnen das Leben; sie verlören durch Benennung den ihnen innewohnenden Gesang. Daraus entstehe aber auch die Beziehungslosigkeit des Einzelnen zur Welt (antithetische Setzung: Ich, mich, mir – sie, ihr, ihnen; im letzten Vers zur Behauptung der Schuld verdichtet: *„Ihr* bringt *mir* alle die Dinge um"). Das „ich" muss deshalb „warnen und wehren": Dichtung wird als Kampf gegen die Zerstörung der Welt durch Benennung gesehen.
Vgl. dazu das Märchenmotiv des Rumpelstilzchens: Entzauberung, Entmachtung durch Benennung, das bei Rilke sozusagen ins Negative gewendet wird (im Märchen führt der Name zur Abwehr der Bedrohung, bei Rilke wird die Namengebung selber bedrohlich).
Rückverweis auf Hofmannsthals „Chandos-Brief".

Text 3: Die Sprache wird zum erleuchteten Augenblick in einer dunklen und leeren Welt, zur Überwindung der Leere. Aber nicht Sprache an sich, sondern die kunstvoll gestaltete, mit neuem Sinnzusammenhang beladene Sprache („Chiffren"). Das künstlerische Wort als Erhellung und Sinngebung, aber nur für einen Augenblick, nicht (mehr) auf Dauer. Sprache, aber nur in ihrer Kunstform, als die „eigentlich metaphysische Tätigkeit des Menschen"[94] und als Religionsersatz:

„Wie schön wäre es für einen, der Dichtung machen muss, wenn er damit irgendeinen höheren Gedanken verbinden könnte, einen festen, einen religiösen oder auch einen humanen, wie tröstlich wäre das für seinen Geheimsender, der die Todesstrahlen ausschickt, aber ich glaube, dass vielen kein solcher Gedanke tröstend zuwächst, ich glaube, dass sie in einer erbarmungslosen Leere leben, unablenkbar fliegen da die Pfeile, es ist kalt, tiefblau, da gelten nur Strahlen, da gelten nur die höchsten Sphären und das Menschliche zählt nicht dazu." – „Kein Zweifel, das moderne Ge-

---

94 Else Buddenberg: Gottfried Benn. Stuttgart (Klett) 1961, S. 298.

dicht ist monologisch, es ist ein Gedicht ohne Glauben, ein Gedicht ohne Hoffnung, ein Gedicht aus Worten, die Sie faszinierend montieren. [...] Das Gedicht ist also absolut, – gerichtet an das Nichts," – „Auch dieses Gedicht ohne Glauben, auch dieses Gedicht ohne Hoffnung, auch dieses Gedicht an niemand gerichtet ist transzendent, es ist, um einen französischen Denker über diese Fragen zu zitieren: „der Mitvollzug eines auf den Menschen angewiesenen, ihn aber übersteigernden Werdens." – „Alles möchte dichten das moderne Gedicht, dessen monologischer Zug außer Zweifel ist. Die monologische Kunst, die sich abhebt von der geradezu ontologischen Leere, die über allen Unterhaltungen liegt und die die Frage nahe legt, ob die Sprache überhaupt noch einen dialogischen Charakter in einem metaphysischen Sinne hat. Stellt sie überhaupt noch Verbindung her, bringt sie Überwindung, bringt sie Verwandlung, oder ist sie nur noch Material für Geschäftsbesprechungen und im Übrigen das Sinnbild eines tragischen Verfalls? Gespräche, Diskussionen – es ist alles nur Sesselgemurmel, nichtswürdiges Vorwölben privater Reizzustände, in der Tiefe ist ruhelos das Andere, das uns machte, das wir aber nicht sehen. Die ganze Menschheit zehrt von einigen Selbstbegegnungen, aber wer begegnet sich selbst? Nur wenige und dann allein." – „Überall der tiefe Nihilismus der Werte, aber darüber die Transzendenz der schöpferischen Lust. Das Wort Kunst ist erst in den letzten Jahrzehnten zu einem metaphysischen Begriff geworden [...]."[95]

Text 4: Für Ingeborg Bachmann „gibt die Kunst uns die Möglichkeit zu erfahren, wo wir stehen oder wo wir stehen sollten, wie es mit uns bestellt ist und wie es mit uns bestellt sein sollte"[96]. In diesem Gedicht wird die Frage nach dem tatsächlichen wie dem erstrebten Standort mit großer Skepsis gegen alle bisherige Sprachleistung gestellt, sie führt zur Zurückweisung allen bisherigen Sprachgebrauchs, der in verschiedenen Facetten benannt wird: als der vergebliche Versuch, durch die Quantität der Wörter Welt fassen zu wollen (Verse 6–13), als die vergebliche Anstrengung zu einem logischen System in der Sprache („Spruch und Widerspruch"), als der vergebliche Aufwand der Gefühle (Vers 19–22), als der unsinnige Glaube, man könne die „letzten Dinge", Gott und Tod, in Worte fassen. Diesem radikalen Skeptizismus steht aber eine große Zuversicht zur Seite, der Welt, die bisher durch die Sprache nicht aufgehellt wurde (Vers 5), durch Sprache näher zu kommen. Das müsste aber eine Sprache sein, die rücksichtslos vorwärts geht, weil sie von der tragischen Einsicht geprägt ist, dass man immer „zu weit gegangen" ist, auch wenn es „zu keinem Ende" geht. Diesem Antrieb entspricht der Befehlston, mit dem das Ich die Worte wie ein Feldherr hinter sich versammeln will. Denn alles Stehenbleiben und Stehenlassen, der Glaube an das endgültig zu Formulierende oder schon Formulierte ist nur ein Glaube an „Sterbenswörter".

Als hilfreich bei der Arbeit am Gedichttext könnte es sein, Ausschnitte aus den Essays der Dichterin heranzuziehen, vor allem aus der kleinen Rede zur Verleihung des Hörspielpreises der Kriegsblinden „Die Wahrheit ist dem Menschen zumutbar" und aus den „Frankfurter Vorlesungen":

[95] Gottfried Benn: Sämtliche Werke. Stuttgarter Ausgabe. In Verb. M. Ilse Benn hrsg. v. Gerhard Schuster (Bände I–V) und Holger Hof (Bände VI–VII). Band VI: Prosa 4 (1951–1956). Klett-Cotta, Stuttgart 2001.
[96] Ingeborg Bachmann: Aus den Frankfurter Vorlesungen. In: Ingeborg Bachmann: Gedichte, Erzählungen, Hörspiel, Essays. München (Piper) 1964, S. 340f.
[97] Texte in dem genannten Sammelband (Anm. 96), S. 324ff., 332, 336ff. Weitere Texte finden sich in: Ingeborg Bachmann: Wir müssen wahre Sätze finden. Gespräche und Interviews. Hrsg. von Christine Koschel und Inge von Weidenbaum. München/Zürich (Piper), Neuausgabe 1991, besonders S. 78 und 83f.

„[...] So kann es auch nicht die Aufgabe des Schriftstellers sein, den Schmerz zu leugnen, seine Spuren zu verwischen, über ihn hinwegzutäuschen. Er muss ihn, im Gegenteil, wahrhaben und noch einmal, damit wir sehen können, wahr machen. Denn wir wollen alle sehend werden. Und jener geheime Schmerz macht uns erst für die Erfahrung empfänglich und insbesondere für die der Wahrheit. Wir sagen sehr einfach und richtig, wenn wir in diesen Zustand kommen, den hellen, wehen, in dem der Schmerz fruchtbar wird: Mir sind die Augen aufgegangen. Wir sagen das nicht, weil wir eine Sache oder einen Vorfall äußerlich wahrgenommen haben, sondern weil wir begreifen, was wir doch nicht sehen können. Und das sollte die Kunst zuwege bringen: dass uns, in diesem Sinne, die Augen aufgehen.

Der Schriftsteller – und das ist auch in seiner Natur – ist mit seinem ganzen Wesen auf ein Du gerichtet, auf den Menschen, dem er seine Erfahrung vom Menschen zukommen lassen möchte (oder seine Erfahrung der Dinge, der Welt und seiner Zeit, ja von all dem auch!), aber insbesondere vom Menschen, der er selber oder die anderen sein können und wo er selber und die anderen am meisten Mensch sind. Alle Fühler ausgestreckt, tastet er nach der Gestalt der Welt, nach den Zügen des Menschen in dieser Zeit. Wie wird gefühlt und was gedacht und wie gehandelt? Welches sind die Leidenschaften, die Verkümmerungen, die Hoffnungen ...? [...] Wie der Schriftsteller die anderen zur Wahrheit zu ermutigen versucht durch Darstellung, so ermutigen ihn die anderen, wenn sie ihm, durch Lob und Tadel, zu verstehen geben, dass sie die Wahrheit von ihm fordern und in den Stand kommen wollen, wo ihnen die Augen aufgehen. Die Wahrheit nämlich ist dem Menschen zumutbar. [...]"

„[...] Die Realitäten von Raum und Zeit sind aufgelöst, die Wirklichkeit harrt ständig einer neuen Definition, weil die Wissenschaft sie gänzlich verformelt hat. Das Vertrauensverhältnis zwischen Ich und Sprache und Ding ist schwer erschüttert. Das erste Dokument, in dem Selbstbezweiflung, Sprachverzweiflung und die Verzweiflung über die fremde Übermacht der Dinge, die nicht mehr zu fassen sind, in einem Thema angeschlagen sind, ist der berühmte ‚Brief des Lord Chandos' von Hugo von Hofmannsthal. [...] Mit einer neuen Sprache wird der Wirklichkeit immer dort begegnet, wo ein moralischer, erkenntnishafter Ruck geschieht, und nicht, wo man versucht, die Sprache an sich neu zu machen, als könnte die Sprache selber die Erkenntnis eintreiben und die Erfahrung kundtun, die man nie gehabt hat. Wo nur mit ihr hantiert wird, damit sie sich neuartig anfühlt, rächt sie sich bald und entlarvt die Absicht. Eine neue Sprache muss eine neue Gangart haben, und diese Gangart hat sie nur, wenn ein neuer Geist sie bewohnt. Wir meinen, wir kennen sie doch alle, die Sprache, wir gehen doch mit ihr um; nur der Schriftsteller nicht, er kann nicht mit ihr umgehen. Sie erschreckt ihn, ist ihm nicht selbstverständlich, sie ist ja auch vor der Literatur da, bewegt und in einem Prozess, zum Gebrauch bestimmt, von dem er keinen Gebrauch machen kann. Sie ist ja für ihn kein unerschöpflicher Materialvorrat, aus dem er sich nehmen kann, ist nicht das soziale Objekt, das ungeteilte Eigentum aller Menschen. Für das, was er will, mit der Sprache will, hat sie sich noch nicht bewährt; er muss im Rahmen der ihm gezogenen Grenzen ihre Zeichen fixieren und sie unter einem Ritual wieder lebendig machen, ihr eine Gangart geben, die sie nirgendwo sonst erhält außer im sprachlichen Kunstwerk. Da mag sie uns freilich erlauben, auf ihre Schönheit zu achten, Schönheit zu empfinden, aber sie gehorcht einer Veränderung, die weder zuerst noch zuletzt ästhetische Befriedigung will, sondern neue Fassungskraft."[97]

Text 5: Der Verfasser nennt seine Gedichte „Konstellationen" und bestimmt sie so: „[...] das neue Gedicht ist deshalb als ganzes und in den teilen überschaubar. es wird zum seh- und gebrauchsgegenstand: denkgegenstand – denkspiel. es beschäftigt durch seine kürze und knappheit, es ist memorierbar und als bild einprägsam. es dient dem heutigen menschen durch seinen objektiven spiel-charakter, und der dichter dient ihm durch seine besondere begabung zu dieser spieltätigkeit. er ist der kenner der spiel- und sprachregeln, der erfinder neuer formeln. durch die vorbildlichkeit seiner spielregeln kann das neue gedicht die alltagssprache beeinflussen. [...] der beitrag der dichtung wird sein die konzentration, die sparsamkeit und das schweigen [...].

das wort: es ist eine größe. es ist – wo immer es fällt und geschrieben wird. es ist weder gut noch böse, weder wahr noch falsch. es besteht aus lauten, aus buchstaben, von denen einzelne einen individuellen, markanten ausdruck besitzen. es eignet dem wort die schönheit des materials und die abenteuerlichkeit des zeichens. [...] wir wollen es suchen, finden und hinnehmen. wir wollen ihm aber auch in der verbindung mit anderen worten seine individualität lassen und fügen es deshalb in der art der konstellationen zu anderen worten.

die konstellation ist die einfachste gestaltungsmöglichkeit der auf dem wort beruhenden dichtung. sie umfasst eine gruppe von worten – wie sie eine gruppe von sternen umfasst und zum sternbild wird. in ihr sind zwei, drei oder mehr, neben- oder untereinander gesetzten worten – es werden nicht zu viele sein – eine gedanklich-stoffliche beziehung gegeben. und das ist alles!

die konstellation ist eine ordnung und zugleich ein spielraum mit festen größen. sie erlaubt das spiel. [...] die konstellation wird vom dichter gesetzt. er bestimmt den spielraum, das kräftefeld und deutet seine möglichkeiten an. der leser, der neue leser, nimmt den spielsinn auf und mit sich. denn um die möglichkeiten des spieles zu wissen, ist heute gleichbedeutend dem wissen um eine endgültige klassiker-satzung. [...]"⁹⁸

„In diesem Text ist das Phänomen [gemeint ist „Verstummen, Schweigen und Leere im zeitgenössischen Gedicht"] auf die kürzeste Mitteilung gebracht. Wort, Spiel und Schatten sind in eine ganz bestimmte verbale Konstellation zueinander versetzt. Sie leben miteinander in einer empfindlichen Vertauschbarkeit, was einen deutlichen kombinatorischen Reiz für die poetische Darlegung ergibt. Aber der zeitliche Umgang, ja die Umgänglichkeit, die sie zeigen, ist freilich nicht durchaus eindeutig. Wieder ist [...] der Vexierbildcharakter zu erkennen, also auch: das Trügerische, ja Quälende solcher Lage. Was in Gomringers Text [...] festgehalten wird, ist ein Fluktuationsvorgang, der für die Dauer einiger Zeilen zum Gerinnen gebracht ist. Wir sind mitten im Reduktionsprozess im Schrumpfungsprozess dessen, was am Gedicht Stoff, Gegenstand, Ensemble ist. Dafür stellt sich – auf Widerruf und unter ‚spielerischen' Verlautbarungen – eine neue Ensemblehaftigkeit ein: in der unermüdlich vom Autor geschaffenen und verfolgten Kombinatorik seines Wortmaterials, das mit den drei ‚Setzungen' Wort, Spiel und Schatten auskommt, und zwar derart auskommt, dass man nicht den Eindruck eines Sich-Behelfens hat. Gomringers kleines Gedicht ist von spürbarer Programmatik. In unserem Zusammenhang soll es eine Situation erhellen, die von progressiven verbalen Verflüchtigungsvorgängen im Gedicht unserer Tage gekennzeichnet ist. Die Ballung von Schatten ist bereits eins der Symptome, wobei solche sich über der modernen Lyrik zusammenziehende Schattenhaftigkeit als eine Kondensierung leichtester ‚Materie' empfunden werden muss.

Der ‚Schatten' – so verstanden – ist unter anderem eine luftige Barriere, die vor weiteren Reduktionsvorgängen errichtet worden ist. Er ist ein poröser Aufenthalt vor der konsequent reduzierten und skelettierten lyrischen Texturierung, vor dem Wortzerfall, vor dem Buchstabenzerfall. Die persönliche Sensibilität des Poeten hat im ‚Schatten' noch eine Möglichkeit, individuelles Feingefühl zum Ausdruck zu bringen.

Hinter solcher Schattenwand beginnt dann sehr schnell jener zugleich unheimliche und folgerichtige Vorgang des Verstummens, der auf ein Schweigen im Gedicht zutreibt, von dem die Dichtung heute [...] angefüllt zu sein scheint."⁹⁹

Text 6: Mit den Mitteln eines antiillusionistischen Theaters, das die eigene, eingegrenzte Umwelt der Spieler und der Zuschauer sichtbar macht, zeigt Handke in seinem Stück „Kaspar" Vorgänge des Spracherwerbs, des Spracherlernens und

der Sprachverwendung zugleich als Prozess des Zu-Sich-Kommens einer Person (Individuation) und als Prozess der sozialen Ein- und Unterordnung (Sozialisation). Aus dem Lernprozess („durch Sprechen zum Sprechen gebracht werden") wird aber schnell ein Leidensweg („Sprechfolterung"). Denn es zeigt sich, dass der Vorgang der Sozialisation, der von den „Einsagern" betrieben wird, den der Individuation zu überlagern, ja auszulöschen droht. „Sprache wird thematisiert, ihr Mechanismus als Methode der erzieherischen Dressur wie des zwischenmenschlichen Machtmissbrauchs vorgeführt, das Ergebnis der Sprachabhängigkeit und puppenhaften Widerstandslosigkeit ausgestellt. [...] Der Dressurakt gelingt, die Sprache Kaspars schwenkt auf die der Einsager ein, er wird zum Nachsager."¹⁰⁰ In einem späten, zu späten Akt des Widerspruchs und der Auflehnung gibt sich Kaspar, der zugleich der rätselhafte Kaspar Hauser wie der Kasper des Puppentheaters ist, Rechenschaft, indem er seine Syntax, die Motive seines Sprachgebrauchs und damit sich selbst begründet. Unser Textausschnitt zeigt, dass Kaspar „Sprache auch anders gebrauchen kann, nämlich so, dass ein Satz nicht ein Bild von einem Satz ist, sondern ein Bild von Wirklichkeit"¹⁰¹. Er redet aber ohne Antwort, die anderen Kaspars, nur mit sich beschäftigt, negieren ihn. Er muss erkennen: „Schon mit meinem ersten Satz bin ich in die Falle gegangen." Noch einmal trumpft er auf: „Ich kann mich verständlich machen", aber dieses Können stößt ins Leere: „Ich bin zum Sprechen gebracht. Ich bin in die Wirklichkeit überführt. – Hört ihr's? *Stille.* Hört ihr's? *Stille.* Pst. *Stille. Die Bühne wird schwarz. Stille.*"

Text 7: Um einen Zugang zu diesem Text zu finden, erscheint es notwendig, zunächst einmal bei geschlossenen Büchern den Text vorzulesen, damit von vornherein der monologische Grundton erfasst werden kann, und ihn dann noch einmal still lesen zu lassen. Dann werden die Schüler aufgefordert, sich über den Titel „Schlechte Wörter" zu äußern. In dieses Gespräch könnte dann als Anregung ein Zitat von Günter Eich eingebracht werden:

„Wir bedienen uns des Wortes, des Satzes, der Sprache. Jedes Wort bewahrt einen Abglanz des magischen Zustandes, wo es mit dem gemeinten Gegenstand eins ist, wo es mit der Schöpfung identisch ist. Aus dieser Sprache, dieser nie gehörten und unhörbaren, können wir gleichsam immer nur übersetzen, recht und schlecht und jedenfalls nie vollkommen, auch wo uns die Übersetzung gelungen erscheint. Dass wir die Aufgabe haben zu übersetzen, das ist das eigentlich Entscheidende des Schreibens, es ist zugleich das, was uns das Schreiben erschwert und vielleicht bisweilen unmöglich macht."¹⁰²

Zum Verständnis des Textes:

„Der Text greift die sanktionierten sprachlichen Mittel an, die bereits ein ganzes Weltbild und Vorstellungen von Effekt und Ursache suggerieren, und die, da sie durch Konventionen gefestigt sind, keinen individuellen Charakter haben und sich daher dem einzelnen Sprecher nur unvollkommen anpassen. [Z. 19–21]. Theoretische Unterhaltungen über Sprachtheorie werden als tri-

---

⁹⁸ eugen gomringer: vom vers zur konstellation. in: max bense: descartes und die folgen. ein aktueller traktat. krefeld/baden-baden (agis-verlag) 1955 (= augenblick 2, suppl. bd.).

⁹⁹ Karl Krolow: Aspekte zeitgenössischer deutscher Lyrik. München (List) 1963. S. 132ff.

¹⁰⁰ Uwe Schultz: Peter Handke. Velber (Friedrich) 1973, S. 44 (= Friedrichs Dramatiker des Welttheaters. Band 67).

¹⁰¹ Manfred Mixner: Peter Handke. Kronberg/Ts.(Athenäum)1977, S. 70.

¹⁰² Günter Eich: Rede vor den Kriegsblinden (1953). In: Susanne Müller-Hanpft (Hrsg.): Über Günter Eich. Frankfurt/M. (Suhrkamp) 1970, S. 24.

vial abgelehnt [Z. 21/22]. Die im Text erscheinenden Beispiele beweisen, dass es sich nicht nur um das Sprachproblem allein handelt. ‚Die Untergänge vor sich herschleifen‘, ‚Sammle den Untergang‘, ‚Leben‘ und ‚Sterben‘ deuten auf Bereiche, die sich außerhalb der sprachlichen Ausdrucksmöglichkeiten befinden, da sie außerhalb der menschlichen Erfahrung liegen. Sie bezeichnen die Impotenz, sich selbst, den Vorgang des Lebens und des Todes, adäquat ausdrücken zu können. Dieser Unmöglichkeit gegenüber wird die genaue Definition der Alltagswelt irrelevant, ja, sie selbst gerät ins Wanken, denn die grundlegenden Prozesse des Lebens können nicht verbalisiert werden. Demnach entziehen sich auch die Prozesse, die jenen untergeordnet sind, die alltäglichen, der Besprechung. Die Schwäche für das ‚Zweit- und Drittbeste‘ auf Seiten des Sprechers rührt von der Machtlosigkeit, begrifflich zu fassen, was für die Existenz das Vorrangige ist. Der Mangel an Einsicht und das Fehlen des Ausdrucks für absolute Gegebenheiten rechtfertigen die angekündigten Mängel des Ausdrucks für solche Erscheinungen, die ihre Bedeutung für den Menschen nur aus dem Vorhandensein der ersteren, unerkennbaren beziehen können und daher für sich genommen sekundär sind. [...] Noch immer besteht daher eine Distanz zwischen dem Sprecher und der Allgemeinheit [...]. Kritiklosigkeit, der Hauptvorwurf an das Publikum, bezieht sich nicht nur auf das Gebiet des literarischen Geschmacks, sondern auf das Sich-Abfindenkönnen mit den herkömmlichen Mitteln, Realität zu deuten. Das konventionelle Leben, dessen Problemfreiheit durch falsche Harmonisierung geschaffen wird, wird angegriffen. [Z. 32–33] Aus der Haltung des Sprechers geht das Bewusstsein einer Isolation hervor, die ihn daran hindert, sich einzugliedern. [...] Das Wissen, dass Wort und Faktum nicht übereinstimmen [Z. 49–50], bedingt die Kluft. Der Sprecher kann die Sprache nicht unbefangen handhaben. Sein Suchen nach den weniger präzisen, [weniger] verräterischen Ausdrücken ist ein bewusstes Verschweigen dessen, was er weiß. Während für die meisten das schlechte Wort das geläufigere ist, bedeutet für ihn das Suchen nach dem weniger gewählten eine Anstrengung, die er auf sich nimmt, um weniger aus dem Rahmen zu fallen.

‚Schlechte Wörter‘ handelt von dem Verschweigen unerwünschter und unbequemer Wahrheiten. Der Sprecher betrachtet die schlichte Sprache als ein Mittel, hinter d[as] man sich zurückziehen kann, um nicht mit der Wirklichkeit konfrontiert zu werden. [...]. Die Komplexe, die ihn wirklich interessieren [...] sind solche, die [...] selten zur Sprache kommen und mit Euphemismen umgangen werden. [...]. Das Engagement für das Aussprechen der Wahrheit ist deutlich. ‚Schlechte Wörter‘ stellt einen Angriff auf die Sprach-, Begriffs- und Gedankenverfälschung einer Kultur dar, die nicht mit den grundlegenden menschlichen Anliegen fertig wird, da sie sich weigert, sich mit ihnen fundamental auseinander zu setzen. Die angestrebte Ungenauigkeit überspielt Konflikte, statt dem Unbehagen an der Welt, die ‚schlechter ist als ihr Name‘ (Z. 58–59), offen Ausdruck zu verleihen. Der Text wendet sich gegen selbst verschuldete Blindheit dem Leben gegenüber und gegen den auf den Einzelnen ausgeübten Druck, mit dieser Blindheit konform zu gehen. [...]. Die Alternative, entweder isoliert und offen oder eingegliedert und verschwiegen zu leben, steht ihm [dem Sprecher] nicht offen, da die Umgebung, der Konformität wegen, einen ihr angepassten Wortgebrauch verlangt.“[103]

[103] Dagmar C. G. Lorenz: Ilse Aichinger. Königstein/Ts. (Athenäum) 1981, S. 172ff. Vgl. auch: Samuel Moser (Hrsg.): Ilse Aichinger. Materialien zu Leben und Werk. Frankfurt (Fischer) 1990: darin finden sich Rezensionen zu „Schlechte Wörter“ (S. 198-230), von denen diejenige von Peter Horst Neumann (S. 208f.) für den Unterricht besonders geeignet erscheint.

Zu Text 8: vgl. Arbeitsanregung 3a.

Seite 348

3a **Text 8:** Zimmer sieht Sprechen und Denken in einem unausgesetzten Spannungsverhältnis.

1. Zunächst spricht er von der „sprachlichen Ohnmacht“, weil viele Bewusstseinsinhalte sprachlich nicht mitgeteilt werden können:
   a) Die Sprache stellt nur grobschlägige Benennungen für viel differenzierter gedachte Sachverhalte zur Verfügung;
   b) Denken und Empfinden folgen eher komplexen, die Sprache eher kategorialen Strukturen.
2. Nur sprachlich gefasstes Denken kann mitgeteilt werden.
3. Das Denken wird durch Sprache erleichtert:
   a) Sprache verfestigt das Denken und macht es dadurch dauerhaft und handhabbar;
   b) Je leichter etwas sprachlich fassbar ist, desto leichter lässt es sich denken.
4. Verständigung zwischen den verschiedenen Sprachkreisen ist deshalb möglich, weil sich alle Sprachen in ihren Grundmustern gleichen. Keine Sprache ist aber vollkommen in eine andere übersetzbar.

3b Die *tabellarische Darstellung* eignet sich gut als zusammenfassende Hausaufgabe:

	SPRACHE (Sprachleistung, Sprachverwendung, Sprachkritik)	Zusammenhang von SPRECHEN und DENKEN
Hofmannsthal „Chandos-Brief“		
Text 1: Gryphius		
usw.		

Der *Vergleich* mit den Ergebnissen zu den Arbeitsanregungen 1 und 2 geschieht am besten im Unterrichtsgespräch. Die einzelnen Ergebnisse, z.B. der Inhalt der Tabelle aus Arbeitsanregung 2, werden mit den zu 3a formulierten Sätzen in Beziehung gesetzt. Leitfrage: Welche Feststellung aus Text 8 ist in den Texten 1–7 thematisiert?

Beispiel: Der bei Zimmer formulierte Gedanke, dass die Sprache nur grobschlägige Benennungen für viel differenzierter gedachte Sachverhalte zur Verfügung stelle (1.a/b), erscheint in Text 2 (Rilke) als Voraussetzung für die Warnung vor der „zerredeten Welt“.

4 Der Einfluss **Wittgensteins** auf das moderne Weltbild und vor allem auf die moderne deutsche Literatur (z.B. Ilse Aichinger, Ingeborg Bachmann, Peter Handke) rechtfertigt es, die Diskussion einiger Sätze aus dem „Tractatus logico-philosophicus“ mit den Schülern zu versuchen. Dabei muss der Lehrer entscheiden, was er seiner Lerngruppe zutrauen kann und zumuten darf. Bei einer weniger aufgeschlossenen Klasse sollte nur der zuletzt zitierte Satz bearbeitet werden.

Mögliche Vorgehensweisen:
Die ersten 3 Zitate aus dem „Tractatus“ (4.121; 4.26 und 4.116) sollen je einzeln auf ihre Bedeutung befragt werden.
– „Der Satz *zeigt* die logische Form der Wirklichkeit“: In der Sprache, die im einzelnen Wort den Dingen Namen gibt, also lediglich auf sie hinweist, und im Satz „nur“ die Konstellationen, die zwischen (den) Dingen bestehen, aufzeigt, bilden sich die in der Welt bestehenden Tatsachen (= Sachverhalte) ab. Für Wittgenstein besteht die Welt wesentlich nicht primär aus Dingen, sondern aus Tatsachen, also den Beziehungen zwischen Dingen. Genau diese Beziehungen sind Gegen-

stand der Sprache. Mit Hilfe der Sprache kann also die Wirklichkeit nicht erforscht, sondern nur dargestellt werden.

- „Die Angabe aller wahren Elementarsätze beschreibt die Welt vollständig": Jeder Elementarsatz besteht aus der Verbindung von Namen und behauptet das Bestehen eines Sachverhaltes. „Wahr" heißt dann, dass der im Elementarsatz behauptete Sachverhalt besteht, „falsch" heißt, dass der im Elementarsatz behauptete Sachverhalt nicht besteht. Mehr als die Summe aller Elementarsätze lässt sich über die Welt nicht sagen.

- „Alles, was überhaupt gedacht werden kann, kann klar gedacht werden. Alles, was sich aussprechen lässt, lässt sich klar aussprechen": Für Wittgenstein ist die Sprache das Instrument, mit dessen Hilfe man „die Gedanken, die sonst gleichsam trübe und verschwommen sind, klar machen und scharf abgrenzen" kann. In diesem Satz steckt aber zugleich eine Reduktion, die Wittgenstein so formuliert: „Die Gesamtheit der wahren Sätze ist die gesamte Naturwissenschaft (oder die Gesamtheit der Naturwissenschaften)". Negativ ausgedrückt: Mehr als die Naturwissenschaften über die Welt aussagen können, kann man über die Welt nicht aussagen. „Die einzigen Sätze, die sinnvoll sind und somit auch etwas besagen, sind Erfahrungssätze – Sätze also, die sich auf die Sachverhalte der Wirklichkeit beziehen. Diese Sätze treten in den empirischen Einzelwissenschaften auf. Spezifisch philosophische Sätze aber, wie sie die Metaphysik aufstellt, müssen, da sie der empirischen Wissenschaft und ihren Methoden unzugänglich sind und dennoch mehr sein wollen, als Tautologien, als Scheinsätze entlarvt werden"[104].

- Das 4. Zitat (Satz 6.52 des „Tractatus") muss in seinen drei Mitteilungsstufen erfasst werden:

1. Wenn alle möglichen (natur-)wissenschaftlichen Fragen gelöst sind, sind unsere Lebensprobleme noch gar nicht berührt: Die logischen Sätze können die Welt nur widerspiegeln, nicht erklären. Wenn wir alles wissen, was wir wissen können, wissen wir noch nichts wirklich Existenzielles, nichts über den „Sinn" der Welt.

2. Wenn alle möglichen (natur-)wissenschaftlichen Fragen gelöst sind, kann man keine Fragen mehr stellen, denn: „Zu einer Antwort, die man nicht aussprechen kann, kann man auch die Frage nicht aussprechen. Das Rätsel gibt es nicht.

Wenn sich eine Frage überhaupt stellen lässt, so kann sie auch beantwortet werden" (6.5). Jede über die bloße Reproduktion von Wirklichkeit in der Sprache hinausgehende Erkenntnis ist uns also verschlossen.

3. Der vernichtende Charakter des Halbsatzes „und eben dies ist die Antwort" ist offenkundig: Dem Menschen ist der Zugang zum Sinn der Welt verschlossen, obwohl er weiß, dass es „Unaussprechliches", „das Mystische" gibt, aber: „Um die logische Form darstellen zu können, müssten wir uns mit dem Satze außerhalb der Logik aufstellen können, das heißt außerhalb der Welt" (4.12) und „Gott offenbart sich nicht *in* der Welt" (6.432).

- Das 5. Zitat, der viel zitierte Satz 5.6 aus dem „Tractatus", kann sehr eng auf den Erfahrungsbereich der Schüler bezogen werden und so den Bogen zur Arbeitsanregung 1 schlagen. Die Schüler sprechen (am besten in der offenen Form des *Unterrichtsgesprächs*) über Erfahrungen, in denen sie die Gültigkeit dieses Satzes erfahren haben, und erwägen, ob auch Lebenssituationen denkbar sind, die den Satz widerlegen könnten. Auf den Ergebnissen aufbauend, kann eine tiefere Diskussion geführt werden, deren Tenor etwa folgendermaßen sein könnte:

„Diesseits der ‚Grenzen' stehen wir, denken wir, sprechen wir. Das Gefühl der Welt als begrenztes Ganzes entsteht, weil wir selbst, als metaphysisches Subjekt, nicht mehr Teil der Welt, sondern ‚Grenze' sind. Der Weg über die Grenze hinaus ist uns jedoch verstellt. [...] Mit der Frage nach dem ‚Sinn von Sein' werden wir auf uns selbst verwiesen. [...] Aber lässt Wittgenstein uns nicht wissen, dass die sittliche Form, die wie die logische nicht darstellbar ist, sich zeigt und Wirklichkeit ist? ‚Wovon man nicht sprechen kann, darüber muss man schweigen' [Tractatus 7], sagt er am Ende und meint eben diese Wirklichkeit, von der wir uns kein Bild machen können und dürfen. Oder folgert er auch, dass wir mit unserer Sprache verspielt haben, weil sie kein Wort enthält, auf das es ankommt?"[105]

Von diesem Zitat aus könnte noch einmal aus der Sicht Wittgensteins oder unter dem Aspekt „Wittgenstein und die Folgen" auf die literarischen Beispiele dieses Kapitels zurückgeblickt werden.

4. Vorschläge für Übungen und Klausuren; Materialien/Kopiervorlagen K

4.1 Übersicht über Arten und Funktion der Kopiervorlagen

Im Spiegel der bildenden Kunst (I/2)

K 1	Bildbeschreibung: Georges Seurat: Die Mutter des Künstlers (SB, S. 312, Bild a)
K 2	Bildbeschreibung: James Ensor: Die Kathedrale (SB, S. 312, Bild b)

Die Portalfigur der Moderne (I/3)

K 3	Textanalyse: Friedrich Nietzsche: Der Wille zur Macht (Auszug) (SB, S. 315ff.)
K 4	Texterörterung: Thomas Mann: Nietzsche's Philosophie im Lichte unserer Erfahrung (Auszug) (SB, S. 315ff.)

Literatur als Experiment (II/1)

K 5	Textanalyse: Otto Brahm: (Die „Freie Bühne" stellt sich vor, Auszug) (SB, S. 319)
K 6	Arbeitsmaterialien zur Kunstauffassung Kaiser Wilhelms II. (SB, S. 317ff., bes. S. 321f., Text 5)

Subjektive Welterfahrung (II/2)

K 7	Vergleichende Texterörterung: Stefan George: Über Dichtung; Hugo von Hofmannsthal: Poesie und Leben. Vortrag (Auszug) (SB, S. 325)
K 8	Textinterpretation: Hugo von Hofmannsthal: Der Tor und der Tod (Auszug) (SB, S. 326)

---

[104] Ingeborg Bachmann: Ludwig Wittgenstein – Zu einem Kapitel der jüngsten Philosophiegeschichte. In: Ingeborg Bachmann. a.a.O. (Anm. 96), S. 311.

[105] Ingeborg Bachmann, a.a.O., S. 315 und 317.

Zwischen Traum und Verzweiflung (II/3)	**K 9**	Erörterung: Thesen zur expressionistischen Lyrik (SB, S. 338)
	K 10	Erörterung: Thesen zum Expressionismus (SB, S. 338)
	K 11	Bildbeschreibung und Bildinterpretation: Hermann Hesse, Klingsors letzter Sommer [Auszüge] (SB, S. 338)
	K 12	Textinterpretation: Robert Musil: Der Mann ohne Eigenschaften. Roman (Auszug) (Kapitelzusammenfassung, SB, S. 338f.)
Sprachkrise als Wahrnehmungskrise (III/2)	**K 13**	Gedichtvergleich: Johann Wolfgang von Goethe: Worte sind der Seele Bild; Johann Wolfgang von Goethe: Sprache; Johannes Bobrowski: Sprache (SB, S. 345)

4.2 Kurzbeschreibung der Kopiervorlagen

K 1 Bildbeschreibung: Georges Seurat (1859–1881): Die Mutter des Künstlers

Didaktischer Ort: Zusatztext für eine vorbereitende Hausaufgabe mit anschließendem Gruppengespräch als Einführung in die Bildbetrachtung und Bildbeschreibung; „Mustertext" für die AA 1 (SB, S. 312)

Erläuterungen zur Aufgabe:

1. Zur Vorgehensweise des Autors: Auf einen Gesamteindruck folgt die detaillierte Beschreibung, die in einen Versuch mündet auch die künstlerische und handwerkliche Qualität der Kreidezeichnung zu erfassen. Gerade Letzteres könnte Anlass sein, den Kunstlehrer zu bitten, den Schülern die Unterschiede in der Handhabung und in der Wirkung von Öl- und Pastellkreiden zu zeigen.

2. Der erste Abschnitt gibt einen ersten Gesamteindruck und antwortet gewissermaßen auf gedachte Fragen. Satz 1: Wie wirkt das Bild? Satz 2: Was stellt es dar? Satz 3: Was sind die wesentlichen Gestaltungselemente in diesem Bild; wie werden sie verwendet und welche Wirkung bringen sie hervor? Satz 4: Wie ist das Sujet des Bildes dargestellt?
Der zweite Abschnitt geht dann ins Detail. Um die Leistung des Textes beurteilen zu können, sollten die Schüler zunächst selbst den Versuch machen ein paar beschreibende Sätze zu formulieren zu diesem Bild, das ja gerade die verschwimmende Fläche anstelle der klaren Kontur, die „Stimmung" anstelle des erkennbaren Details setzt. Der Verfasser verbindet zwei Betrachtungsebenen miteinander: Einmal wird das Dargestellte (Figur, Tisch) möglichst exakt bezeichnet (linke, rechte Schulter, Oberarmgelenk, Fingerglieder, mittlere Gliedteile, Gesicht, Hände, Ellbogenansatz etc.; äußerste Ecke der Tischfläche, Tischseitenfläche), zum anderen wird das kompositionelle Zueinander dieser Details mit geometrischen Begriffen und den Gegebenheiten eines zweidimensionalen Bildes zu fassen gesucht (Eiform des Kopfes; oberer Bildrand; helle Waagrechte, steilerer Winkel, rechte Bildrandsenkrechte, steile Bewegungsrichtung, zwei Dreieckskeile etc.) In einem weiteren Arbeitsgang sollten die wertenden Formulierungen herausgesucht und unterstrichen werden (bes. Z. 16, Z. 24f.). Abschließend könnte untersucht werden, was ein Begriff wie „Papierweiß" (Z. 28) leisten kann.

K 2 Bildbeschreibung: James Ensor (1869–1949): Die Kathedrale

Didaktischer Ort: Zusatztext für eine vorbereitende Hausaufgabe zu einem Gruppengespräch als Einführung in die Bildbetrachtung und Bildbeschreibung; Arbeitsanweisung 3 auch als Klausur durchführbar; „Mustertext" für die AA 1 (SB, S. 312)

Erläuterungen zur Aufgabe:

1. Zentralperspektive, Schrägansicht, Horizont, (Flucht der) Tiefenlinien; Wimperge, Maßwerk, Strebepfeiler.

2. Erster Abschnitt: Gesamteindruck, Übersicht; zweiter Abschnitt: eigentliche Beschreibung, gegliedert in: obere zwei Drittel, Kathedrale/unteres Drittel, Menschenmasse. Wie trennt, wie verbindet der Autor die beiden Bildteile/Bildinhalte? Ist seine Vorgehensweise schlüssig, gibt es Schwachstellen (Z. 15: Perspektivwechsel)?

3. Zur Bildbeschreibung vgl. LB, S. 432. Die Schüler sollten angehalten werden, den Textaufbau ihrer Beschreibung aus der Bildkomposition zu gewinnen. Der Beschreibung sollte ein Übersichtssatz oder die Formulierung eines Gesamteindrucks vorausgehen. Die Beschreibung sollte in eine Bewertung münden und mit einem Gesamturteil schließen.

K 3 Textanalyse: Friedrich Nietzsche (1844–1900): Der Wille zur Macht: Versuch einer Umwertung aller Werte (Auszug)

Didaktischer Ort: Zusatztext für philosophisch interessierte Klassen; Vertiefung der Teilsequenz I,3 (SB, S. 315ff.), insbesondere der Arbeitsergebnisse zu AA 2 (LB, S. 439); Gruppengespräch.

Erläuterungen zur Aufgabe:

1. In den Ausführungen der Schüler sollten sich folgende Gedanken wiederfinden und erläutert werden:
   – zweckfreie Kraft,
   – dialektische Struktur,
   – ewige Wiederkehr.
   Zum Begriff „dionysisch": „Mit dem Namen Dionysos wird das Werden aktiv gefasst, subjektiv nachgefühlt, als wütende Wollust des Schaffenden, der den Ingrimm des Zerstörenden kennt." – „Das dionysische Jasagen zur Welt, wie sie ist, ohne Abzug, Ausnahme und Auswahl." – „Mein Terminus ‚dionysisch' für das Verlangen nach Zerstörung als Ausdruck der übervollen Kraft." – „Die Bejahung des Vergehens und Vernichtens ist das Entscheidende in einer dionysischen Philosophie." – „Meine dionysische Weisheit: Lust an der Vernichtung des Edelsten als Lust am Kommenden." Gegenbegriff: „apollinisch": „Die beiden entgegengesetzten und doch zusammengehörigen Welten des Apollinischen und Dionysischen". Das Apollinische als Streben nach Maß, Ordnung, Schönheit, Idealität verlangt die Schaffung einer Scheinwelt, denn nur in einer solchen lassen sich diese Prinzipien verwirklichen. Ihm steht entgegen das Dionysische, das die Sinnlosigkeit und Zerbrochenheit der Welt nicht nur erkennt, sondern als Gestaltungsaufgabe annimmt, indem es alles Alte zerstört um neuer Möglichkeiten willen. So hat das Dionysische nicht nur Zerstörendes, sondern ist auch die eigentliche schöpferische Kraft. Durch sie wird der Mensch frei, auch vom Nihilismus. „Das Dasein, so wie es ist, ohne Sinn und Ziel, aber unvermeidlich wiederkehrend, ohne ein Finale ins Nichts: ‚die ewige Wiederkehr'. Das ist die extremste Form des Nihilismus: das Nichts (das ‚Sinnlose') ewig." – „Ein frei gewordener Geist steht mit einem freudigen und vertrauenden Fatalismus mitten im All, im Glauben, dass nur das Einzelne verwerflich ist, dass im Ganzen sich alles erlöst und bejaht – er verneint nicht mehr."

2. „Dem Werden den Charakter des Seins aufzuprägen ist der höchste Wille zur Macht." – „Alle Zwecke, alle Nützlichkei-

ten sind nur Anzeichen davon, dass ein Wille zur Macht über etwas weniger Mächtiges Herr geworden ist." – „Alle Zwecke, Ziele, Sinne [= Sinngebungen] sind nur Ausdrucksweisen des Willens zur Macht." – „Wille zur Macht ist der letzte Grund aller Veränderung."[106]

3. Vgl. LB, S. 439. Der Zusammenhang von Zerstören und Aufbauen sollte als radikaler Schöpfungsakt gesehen werden, in dem die Negation des Vergangenen und Bestehenden erst das Neue ermöglicht.

K 4 Texterörterung: Thomas Mann: Nietzsche's Philosophie im Lichte unserer Erfahrung (Auszug)

Didaktischer Ort: Zusatzmaterial für eine Zusammenfassung und Erweiterung der Teilsequenz I,3 (LB, S. 438ff.) oder Grundlage für ein Klassengespräch nach der Besprechung von I,3; Klausurvorlage. (SB, S. 315ff.)

Erläuterungen zur Aufgabe:

1. Die Texterörterung sollte sich zunächst auf die Seiltänzer-Geschichte konzentrieren: An welchen Stellen werden die Gegensatzpaare Intellekt – Instinkt und Leben – Moral sichtbar (Seiltänzer – Possenreißer als Widerspiegelung dieser Gegensätze, Haltung Zarathustras). Welche Bewertung erfahren sie in der Geschichte? Wie ist diese Geschichte in ihren (programmatischen, apodiktischen) Kontext eingebettet?

2. Hervorzuheben sind die Verwerfung des Kant'schen Freiheitsbegriffs (Z. 3) und seine Ersetzung durch Zweckfreiheit, Notwendigkeit, „Verhängnis" (Z. 10/11). Was bedeutet somit „Unschuld des Werdens" (Z. 17)? Worin besteht die „große Befreiung" des Menschen, was ist mit „erlöst" (Z. 19) gesagt?

3. Um das Entstehungsdatum des Textes ins Bewusstsein des Schülers zu bringen, erscheint es notwendig, in einem kurzen Referat oder gesprächsweise die Geschichte der ersten Hälfte des 20. Jahrhunderts zu überblicken. Aus welcher „Erfahrung" heraus blickt Mann auf Nietzsches Philosophie?

Zusatztext:

„Wenn Nietzsche im Vorwort des „Willens zur Macht" die Geschichte des europäischen Nihilismus, seine Herkunft und Zukunft, beschreibt, so wollte er nicht bloß diagnostizieren, sondern das, was er als unausweichlich vorhersah, „heraufbeschwören", vorantreiben und entscheiden. Er sieht nicht nur, auf Grund seines hellsichtigen Spürsinns für die untergründigen Strömungen unter der Oberfläche einer prosperierenden Zeit, die Zukunft voraus, sondern er spielt allen Ernstes Vorsehung. [...] Wer könnte da noch Nietzsches Philosophie von einer geschichtlichen Verantwortung ausnehmen, oder – was dasselbe besagt – sich mit der Berufung auf „Schicksal" und „Geschick" begnügen, die alles verschulden und zugleich entschuldigen sollen?

Nietzsches Schriften haben ein geistiges Klima geschaffen, in dem bestimmte Dinge möglich wurden, und die Aktualität ihrer Massenauflagen während des Dritten Reichs war kein bloßer Zufall. Umsonst betonte Nietzsche, dass sein „Wille zur Macht" ausschließlich ein Buch zum Denken sei; denn sein Gedanke war eben doch der Wille zur Macht, von dem er wusste, dass er den Deutschen als Prinzip durchaus verständlich sein werde. Wer die „Sprache der Weltregierenden" spricht und sich so wie Nietzsche als ein europäisches Schicksal weiß, kann nicht umhin, dieses Schicksal auch selbst „in die Hand zu nehmen", um zu beweisen, dass er es ist. Der Versuch, Nietzsche von seiner geschichtlich wirksamen Schuld entlasten zu wollen, ist darum ebenso verfehlt wie der umgekehrte Versuch, ihm jeden untergeordneten Missbrauch seiner Schriften aufzubürden. Gewiss hätte sich Nietzsche so wenig in Hitler wiedererkannt wie Rousseau in seinem Verehrer Robespierre, aber das ändert nichts daran, dass beide einen Umsturz vorbereiteten und andern Wege öffneten, die sie selber nicht gingen. Es gibt zwar zwischen dem Gedanken, den ein bedeutender Schriftsteller ausspricht, und seinen möglichen ge-

schichtlichen Folgen keine eindeutige Zuordnung, aber jeder öffentlich ausgesprochene Gedanke hat solche Folgen, zumal wenn er schon selbst provoziert und zur Tat herausfordert.

Die Verantwortung eines Denkens hat immer zwei Seiten: die direkte Selbstverantwortung des Autors für das, was er mit seiner Aussage mitteilen wollte, und die indirekte Mitverantwortung für die mögliche Antwort, die sein Anspruch hervorrufen soll. Zwischen beiden besteht keine Gleichung, aber auch keine Gleichgültigkeit; denn die unmittelbare Verantwortung für die bewussten Absichten einer Veröffentlichung schließt mit ein die mittelbare für ihre mögliche Aufnahme von Seiten derer, für die ein Gedanke veröffentlicht wird." (Karl Löwith)[107]

K 5 Textanalyse: Otto Brahm (1856–1912: [Die „Freie Bühne" stellt sich vor, Auszug]

Didaktischer Ort: Zusatztext zu SB, Teilsequenz II,1, besonders zu Text 2 (SB, S. 318) und als Erweiterung der AA 3 (SB, S. 319); Diskussionsgrundlage für ein Klassen-/Gruppengespräch; Klausurvorlage.

Erläuterungen zur Aufgabe:

1. Der Zusammenfassung sollte ein Übersichtssatz vorangestellt werden, dem dann für die Abschnitte 3–5 je eine These folgt.
   Übersichtssatz: In seinem als Manifest gestalteten Text entwirft Otto Brahm das Programm einer neuen Theaterkunst, von der er verlangt, sie müsse dem Leben zugewandt und der Wahrheit verpflichtet sein.
   These 1 (zu Abschnitt 3): Kunst flieht nicht die Wirklichkeit, sondern versucht das gegenwärtige Leben so genau wie möglich zu erfassen.
   These 2 (zu Abschnitt 4): Kunst gibt die Wirklichkeit wieder, ohne sie zu verfälschen oder zu beschönigen; sie ist ausschließlich der Wahrheit verpflichtet.
   These 3 (zu Abschnitt 5): Kunst ist nicht Unveränderliches, sondern verändert sich mit der Zeit und ihren sich ändernden Bedingungen. Der Naturalismus als jetzt zeitgemäße und angemessene Kunstrichtung könnte deshalb eines Tages von einer anderen Kunstauffassung abgelöst werden (müssen).

2. Bei diesem Vergleich kommt es darauf an, dass der Schüler erkennt, dass die Texte in einem Theorie-Praxis-Verhältnis zueinander stehen: im Bölsche-Text wird erläutert, wie die im Brahm-Text erhobene Forderung nach „Wahrheit" erfüllt werden kann.

3. Der Schwerpunkt der Untersuchung liegt auf den Brahm-Formulierungen „Wahrheit", „Erkenntnis der natürlichen Daseinsmächte" und „die Welt wie sie ist". Es kommt auf möglichst große Textnähe und überzeugende Argumentation an.

K 6 Arbeitsmaterialien zur Kunstauffassung Kaiser Wilhelms II.

Didaktischer Ort: Zusatzmaterial zu Text 5 (SB, S. 321), insgesamt zur Naturalismus-Debatte. Grundlage für Klassengespräche oder fächerübergreifenden Unterricht. Material für eine allgemeine Diskussion über Natur und Kunst.

---

[106] Alle Zitate nach: Richard Oehler: Nietzsche-Register. Stuttgart 1943. Interessierten Schülern sei das Nietzsche-Kapitel in Wilhelm Weischedel, Die philosophische Hintertreppe, dtv 1119, empfohlen. Hinzuweisen ist auch auf den Band 1394 der Kleinen Vandenhoeck-Reihe „Nietzsche. Werk und Wirkungen", hrsg. von Hans Steffen, Göttingen 1974.

[107] Karl Löwith in: Nietzsche. Zeitgemäßes und Unzeitgemäßes. Ausgewählt und eingeleitet von Karl Löwith. Fischer TB (Bücherei des Wissens) 115, 1956, S. 10f.

Erläuterungen zur Aufgabe:

1. Der Schüler sollte erkennen, dass die endgültige Zeichnung Elemente aus beiden Entwürfen des Kaisers aufnimmt. Im Hintergrund wird der Tempel des Friedens als Portal einer romanischen Kirche gestaltet. Die Szene, die darin dargestellt wird, erscheint als Idylle mittelalterlich-höfischen Lebens, überhöht von den Figuren des Frieses, die offensichtlich himmlische Wesen (Engel) darstellen. Der Erzengel Michael steht als Ritter, gerüstet mit Schwert und Schild, die das Zeichen des Kreuzes, aber vor allem den Reichsadler zeigen, vor diesem Tempel und wehrt (durch sein bloßes Dasein) die anstürmenden Teufel ab.

In der Beschreibung sollte auch auf die formale und inhaltliche Überhöhung eingegangen und das Verhältnis zwischen Kunst und Kitsch (Gesichtspunkt: Unglaubwürdigkeit, Verlogenheit) und Kunst und Propaganda (Gesichtspunkt: politische Wirkungsabsicht) erörtert werden.

Zusatzinformation:

Michael, ein Erzengel, der im A. T. als Engel Israels, im N. T. als Bekämpfer des Teufels und Höllendrachens auftritt; gilt als Führer und Bannerträger der himmlischen Heerscharen, als Vertrauter Gottes und Fürsprecher der Menschen bei Gott, als Engel der Gerechtigkeit und der Gnade, der die Seelen der Verstorbenen in den Himmel vor das Gericht Gottes geleitet. Als Heerführer der Engel wurde M. zum Beschützer des Hl. Röm. Reiches und der Kirche. Als „Engel des Volkes" wird er besonders in Deutschland verehrt, wo er bevorzugter Patron der Burgkapellen war. In der bildenden Kunst wird er schon früh dargestellt; in byzantinischen Darstellungen erscheint er geflügelt, im langen Gewand, in der rechten die Weltkugel, in der linken einen Wächterstab. Neben diesem Darstellungstyp, der sich bis ins MA. behauptete, erscheint der Typus des kriegerischen Erzengels. Als solcher trug er die Waffen, zunächst meist im Engelkleid, dann ritterlich gerüstet. Die Gestalt des Kämpfers zog das Abendland, zumal die Deutschen, an, deren Heerfahne schon im 10. Jh. sein Bild trug[108].

2. Wesentliche Gesichtspunkte des Vergleichs sollten einerseits die Betonung der „Pflege der Ideale" als „größte Kulturarbeit" (Z. 19), andererseits die Ausblendung der gesellschaftlichen Wirklichkeit sein (Z. 17ff.).

3. *Zum Programm der Siegesallee:*

   „Die Verherrlichung der Hohenzollern, in deren Dienst er [Kaiser Wilhelm II.] namentlich die Kunst stellen wollte, erschien ihm als patriotische Pflicht, zumal er geflissentlich davon absah, dass sich die Geschichte des deutschen Volkes nicht in der Geschichte Preußens oder gar nur seiner Dynastie erschöpfte. Die Siegesallee mit ihren idealisierten Porträts von Herrschern, ihren Soldaten und Ministern, ist ein charakteristischer Ausdruck dieser Überzeugung [...]. Gemäß den Ansichten des Kaisers mussten Kunstwerke, die in irgendeiner Hinsicht von politischer Bedeutung waren – vor allem Denkmäler, historische Gemälde, der plastische Schmuck und die Fassaden öffentlicher Gebäude – eine Botschaft von eindeutiger Staatstreue, von Stolz, Kraft und positivem Selbstvertrauen ausstrahlen. [...] Aber Wilhelm II. erkannte, dass sogar die Kunst, die nicht unmittelbar politisch war, durchaus eine politische Bedeutung haben konnte. [... Seine Vorstellungen] waren Ausdruck eines engen, schwerfälligen Kunstbegriffs, der von politischen und ethischen Interessen geprägt war und jeder Neuerung misstraute. In [Kunstwerken] sah er Symbole des Zusammenhalts, der die

Deutschen ermutigen und ihre ausländischen Nachbarn und Gegner beeindrucken sollten. [...] Bei genauerem Zusehen weist der Geschmack des Kaisers einen bemerkenswerten Zwiespalt auf. Er sah nichts Bedenkliches in Werken, die seine Person und das Leben seiner Ahnen mit übertriebenem Prunk und einem Byzantinismus [= schmeichlerisch-knechtische Unterwürfigkeit gegenüber Höhergestellten] feierten, den sogar überzeugte Monarchisten absurd fanden. Doch er hatte auch einen Instinkt für die Kunst, die dem einfachen Mann gefiel. Nicht nur aus politischen Gründen, sondern auch aus ästhetischer Überzeugung wollte Wilhelm II. eine Kunst für alle. [Er hatte] stets einen untrüglichen Sinn für den Geschmack des breiten Publikums, [dem er] sich verpflichtet fühlte."[109]

Zur Kritik: Inhalt, Gestaltungselemente und Aussage der Karikatur erschließen sich den Schülern ohne weiteres. Lediglich die Funktion und Modeabsicht des aus gesteiftem Papier gefertigten Stehkragens (im Volksmund „Vatermörder" genannt) sollte erklärt werden.

K 7 Vergleichende Texterörterung: Stefan George (1868–1933): Über Dichtung; Hugo von Hofmannsthal (1874–1929): Poesie und Leben. Vortrag (Auszug)

Didaktischer Ort: Zusatztexte zur poetologischen Grundierung der Gedichte in der Teilsequenz II,2 (SB, S. 324ff.), besonders zur Vertiefung der AA 2 (SB, S. 325) und 3 (SB, S. 326); Grundlage für Klassengespräche, Material für eine allgemeine Diskussion über das Wesen der Kunst; Klausurvorlage (besonders AA 3).

Erläuterungen zur Aufgabe:

1. George:
   (Die Aufgabe zu George lässt sich wohl nur als Gemeinschaftsleistung meistern, zu der jeder Schüler nach Vermögen beiträgt, der Lehrer sollte Hilfestellung leisten und Anregungen geben oder Vorschläge machen.)
   These 1: Dichtung, Kunst überhaupt, ist weder Mitteilung noch Einflussnahme auf das Leben.
   These 2: Kunst darf nicht in Gegensatz, Widerspruch oder Distanz zum Leben treten.
   These 3: Dichtung und Kunst erhalten ihren Wert nicht durch einen Sinn, sondern durch die Form; sie allein stellt die Beziehung zum Leser/Betrachter her.
   These 4: Dichtung und Kunst erhalten ihren Wert nicht durch geglückte Einzelheiten, sondern durch die erkennbare Notwendigkeit des Zusammenhangs der Teile zueinander.
   These 5: Reim ist nicht äußerer Schmuck, sondern innere Beziehung; der Reim stellt innere Verbindungen her.
   These 6: Rhythmus ist immer angemessene innere Bewegung. Es gibt keine Nuancen oder Grade von Rhythmus.
   These 7: Maß und Freiheit stehen in einem paradoxen Verhältnis zueinander: je strenger das Maß, desto höher die Freiheit.
   These 8: Dichtung und Traum haben eine Gemeinsamkeit: sie führen alles zusammen, machen, dass alles gleich und gleichzeitig sein kann.
   These 9: Das Gedicht ruft Eindrücke hervor, weckt Empfindungen, dem guten Gedicht eignet darüber hinaus eine sich mitteilende gelassene Freude.
   These 10: Schönheit ist der äußerste Maßstab von Kunst, zugleich hat sie in ihrer Vollendetheit einen latent utopischen Charakter.
   These 11: (Hier sollte ein Bedeutungswörterbuch zu Rate gezogen werden). Der Dichtung, und nur ihr, ist eine doppelte Leistung zu eigen: „Erweckung" (Wortbedeutung: Bewusstmachung, Erneuerung, Neubelebung, Bekehrung) und „Übergang" (Wortbedeutung: das Hinübergehen in einen anderen Bereich; das Überschreiten einer Grenze; das Übergehen in etwas anderes; Wechsel, Wandlung; Schattierung, Ab-

---

[108] Zusammengestellt aus: „Brockhaus-Enzyklopädie" (19. Auflage, Bd. 14, 1991) und „Der Große Brockhaus" (16. Auflage, Bd. 7, 1956).

[109] Peter Paret: Die Berliner Secession. Moderne Kunst und ihre Feinde im Kaiserlichen Deutschland. Ullstein KunstBuch 36074, 1983, S. 40ff.

stufung; Verbindung zwischen zwei Orten, Zuständen; Zwischenstufe, unfertiger Zustand), beide aber nicht als Offenes, Erkennbares, sondern im „Geheimnis", also schwer zu erkennen, nicht zu erklären.

Hofmannsthal:
Für Hofmannsthal sind Gedichte schwerelose Gebilde aus Worten, die einen Seelen-, keinen Bewusstseinszustand hervorzurufen vermögen. Das liegt an dem Material, aus dem sie gefertigt sind, den Worten. Ihnen eignet in Poesie und Leben ein völlig verschiedenes Wesen: In der Poesie erscheinen sie durch ihre Kraft zu Erinnerung und Assoziation sozusagen als Spiegelungen des Lebens, während sie im Leben selbst in ihrer Bedeutung festgelegt sind. Aus diesem Grund verneint Hofmannsthal eine Deckungsgleichheit von Poesie und Leben. Damit bezieht er eine zum Naturalismus vollkommen gegensätzliche Position.

Dass die beiden Texte sich aufeinander beziehen, ist leicht zu erkennen: Die Überschrift des Hofmannsthal-Textes benennt einen Zusammenhang, der auch in den Thesen Georges von Bedeutung ist, von denen Hofmannsthal zustimmend die 3. und 4. These direkt, aus der 2. These indirekt zitiert. Die zuvor gemachten Ausführung dienen der Präzisierung.

2. Vgl. LB, S. 450. Bei der erneuten Interpretation der Gedichte 3, 4 oder 7 (SB, S. 325f.) sollten die Thesen Georges am Text überprüft werden. Dabei muss der Zusammenhang zur Realität, der Begriff der „Schönheit" und die Frage in den Mittelpunkt gestellt werden, ob sich das „Geheimnis der Erweckung" und das „Geheimnis des Übergangs" andeutungsweise fassen lassen.

3. George: Betonung der Vorrangigkeit der Form, aus der ein Sinn entsteht, aber nicht als absichtliche Mitteilung, sondern als „innere Verbindung". Er leugnet nicht, dass ein Gedicht „tiefsten Eindruck" wiedergeben und hervorrufen und „stärkstes Empfinden" ausdrücken und auslösen kann, aber er ordnet diese inhaltlichen Kategorien der „Schönheit", einer formalen Kategorie, unter. Aus diesem Grund lehnt er eine nur negative Weltsicht („Schwärze") ab, er braucht den „Lichtstrahl", ohne den keine „Schönheit" sichtbar würde. Zu diskutieren wäre, ob hier nicht auch (wie z.B. in Text 5, SB, S. 321f.) eine Form der Ausblendung von Wirklichkeit vorliegt. Kunst als Lebenslüge oder als Herstellung einer höheren Wahrheit?

Bei Hofmannsthal kann man nicht einfach Inhalt und Form unterscheiden. Er geht vom Wort, von der Sprache aus, aber er unterscheidet das „Wort als Träger eines Lebensinhaltes" (eine eher inhaltliche Kategorie) vom „traumhaften Bruderwort" (einer eher formalen, genauer: poetischen Kategorie) und behauptet, die beiden „streb[t]en auseinander". Die im Gedicht vorhandene Qualität von Sprache sieht er unterschieden von der Qualität von Sprache im Leben. Hier wäre zu diskutieren, ob es gestattet ist, der wirklichen Sprache eine andere, eigentliche Sprache gegenüberzustellen? Weiter könnte im Rückblick von Kapitel III.1 (SB. S. 341ff.; LB, S. 459.) und nach der Behandlung des „Chandos-Briefs" der Frage nachgegangen werden, welche Auswirkungen für einen Sprachkünstler wie Hofmannsthal es hat, wenn ihm die Wirklichkeitssprache abhanden kommt?

4. Im freien Unterrichtsgespräch ohne inhaltliche Vorgaben sollen die Schüler sich über die Positionen Georges und Hofmannsthals verständigen (wobei die Einbeziehung der Position des Naturalismus hilfreich wäre) und in Zustimmung und Widerspruch eine eigene Position entwickeln.

K 8 Textinterpretation: Hugo von Hofmannsthal (1874–1929): Der Tor und der Tod (Auszug)

Didaktischer Ort: Zusatztext zur Teilsequenz II,2b (SB, S. 326); Klausurvorlage

Erläuterungen zur Aufgabe:

1. Durch die Musik wird in Claudio die Erinnerung wach, die Vergangenheit des eigenen Lebens steht vor seinem geistigen Auge, aber ‚verklärt' (V. 16), ‚verzaubert" (V. 40) zur ‚Wunderwelt" (V. 54). In der Erinnerung erscheint ihm sein Leben „warm und froh" (V. 39), er sieht sich als „ein lebend Glied im großen Lebensringe" (V. 32). Aber die Erinnerung ist seltsam irreal, er „meinte" (V. 229, er „ahnte" (V. 33), es war ein „kaum geahntes Leben" (V. 48). Ideale Empfindungen (V. 21/22, 29/30, 34/35, 48–50) werden fragwürdig vor dem Heute (V. 36). Das Bild des erfüllten Lebens, das von der Musik herbeigezaubert wurde, verschwindet, wenn sie verstummt.

In der zweiten Stufe wird der Musiker sichtbar und von Claudio als Tod erkannt. Er weist ihn von sich, er ist nicht zum Tod bereit, ihn überfällt die Erkenntnis „Ich habe nicht gelebt" (V. 90), sein Leben „war ein Tausch von Schein und Worten leer" (V. 108), er hat nie „den Kern davon erfasst" (V. 107). Er ist gezwungen, ein vernichtendes Resümee zu ziehen (V. 133/134).

In der dritten Stufe kommt es zu einer paradoxen Forderung Claudios: „Da tot mein Leben war, sei du mein Leben, Tod!" Im zusammengedrängten Moment vor dem Sterben wird die Fülle des Lebens für Claudio plötzlich wirklich (V. 164–166). In dieser Stufung wird ein Lebensprozess sichtbar, der vom Schein zum Sein, vom Entgleiten zum Erfassen gelangt.

2. Die Torheit Claudios besteht in seiner Verkennung des Lebens, das er nicht gestalten kann, weil er auf das eigentliche Leben immer wartet, es erst in der Zukunft erwartet (am deutlichsten in V. 94–97 und 128–134). Er versündigt sich am Leben, weil er nicht bereit ist, das jeweils Gegenwärtige als Leben anzuerkennen, es ist ihm zu wenig. „Kein anderes der Lyrischen Dramen hat die Zeitgenossen und die Jugend der nachfolgenden Generationen so fasziniert wie dieses. Denn in dem Edelmann Claudio hatte Hofmannsthal die Seelenverfassung seiner Generation gespiegelt [...] Sechsundzwanzigmal aufgelegt wurde es mit 275000 Exemplaren zu einem der erfolgreichsten Bändchen der Insel-Bücherei."[110] In ihrem Bericht „Loris – Blätter der Erinnerung" schreibt Marie Herzfeld über den 19-jährigen Hofmannsthal: „Und als ich hierauf fragte, was denn für ihn ein starkes Erlebnis gewesen sei, antwortete er mir: ‚Ich habe bisher nie eine große Freude oder einen großen Schmerz gehabt.' Mich überlief es. [...] Dieser junge Mensch lief hinter dem Leben her, das ihn narrte; fasste er es beim flatternden Zipfel, so verstand er nicht, dass er es hatte."[111] Und Hofmannsthal selbst schrieb später über „Der Tor und der Tod": „Worin liegt eigentlich die Heilung? – Dass der Tod das erste wahrhaftige Ding ist, das ihm [Claudio] begegnet [...] dessen tiefe Wahrhaftigkeit er zu fassen imstande ist. Ein Ende aller Lügen, Relativitäten und Gaukelspiele. Davon strahlt dann auf alles andere Verklärung aus."[112]

3. Vgl. LB, S. 459. „Der Tor und der Tod" gestaltet das Lebensgefühl, von dem sich Hofmannsthal fast ein Jahrzehnt später im „Chandos-Brief" befreiende Rechenschaft ablegt.

110 Werner Volke: Hugo von Hofmannsthal in Selbstzeugnissen und Bilddokumenten. Rowohlts Monographien 127, Reinbek bei Hamburg 1967, S. 45. Eine auch für Schüler gut lesbare Interpretation von „Der Tor und der Tod" ist : Richard Alewyn: Der Tod des Ästheten, in: Interpretationen, hrsg. von Jost Schillemeit, Band II: Deutsche Dramen von Gryphius bis Brecht, Frankfurt/M. 1965 (= Fischer Taschenbuch 699), S. 295–308.

111 In: Helmut A. Fiechtner: Hugo von Hofmannsthal. Die Gestalt des Dichters im Spiegel der Freunde. Wien 1949, S. 31.

112 In: Hugo von Hofmannsthal: Gesammelte Werke in Einzelausgaben, hrsg. von Herbert Steiner, Band „Aufzeichnungen", Frankfurt/M. 1959, S. 106.

K 9   Erörterung: Thesen zur expressionistischen Lyrik

Didaktischer Ort: Zusatzaufgabe zur Teilsequenz II,3 (SB, S. 332ff.), besonders zu den AA 3 (SB, S. 334), 5, 6 (SB, S. 336), 7 und 8 (SB, S. 338), Aufgabe zur selbstständigen Materialbeschaffung für Gruppen-/Klassengespräche und für Kurzreferate.

Erläuterungen zur Aufgabe:

Zu These 1: Die vier genannten Stilmittel sollten zunächst auf ihre Bedeutung befragt werden (Was könnte das heißen? Wie hat man sich das vorzustellen?), dann sollte jeder Schüler für sich Beispiele (ein Gedicht, Zitate aus mehreren Gedichten) suchen. Die „Fundstücke" könnten auf großen Themenblättern (Ironisierung etc.) aufgeklebt werden. Auch hier wäre eine Parallelaktion im Bereich der bildenden Kunst möglich.
Zu den Thesen 2–6: Gleiches Vorgehen wie zu These 1. Zusatz für These 5: Ist die Behauptung im Relativsatz richtig?

K 10   Erörterung: Thesen zum Expressionismus

Didaktischer Ort: Zusatzmaterial zur Teilsequenz II,3 (SB, S. 332ff.), besonders zu den AA 1 (SB, S. 333) und 9 (SB, S. 338), Materialgrundlage für Gruppen-/Klassengespräche; Themen für Kurzreferate; Klausurvorlage.

Erläuterungen zur Aufgabe:

Zu These 1: Die Welt vor dem Ersten Weltkrieg war von zunehmenden Gegensätzen in Politik, Kultur, Wirtschaft und Gesellschaft geprägt und die meisten Menschen hielten diese Gegensätze für nicht mehr ausgleichbar. Restaurativ-reaktionäre und fortschrittlich-revolutionäre Tendenzen standen sich zunehmend unversöhnlich gegenüber. Das Bewusstsein, nur eine gewaltsame Lösung führe aus der Krise, setzte sich allgemein durch.
Zur Situation allgemein können die Texte 2 und 3 (SB, S. 309f.) herangezogen werden, die Zusammenfassung 19 (SB, S. 338f.) bietet weitere Gesichtspunkte. Als Beispieltexte eignen sich vor allem die Texte 1 (SB, S. 332) und 13 (SB, S. 336). Auf die ungeheure Wirkung Nietzsches auf den Expressionismus könnte eingegangen werden.[113]
Zu These 2: In den Bildern SB, S. 334 (Meidner), 335 (Grosz) und 337 (Dix) wird die latente Sprengkraft deutlich. Davon ausgehend können die Texte 12 (SB, S. 336 und 17 (SB, S. 338), aber auch Text 14 (SB, S. 337) untersucht werden.
Zu These 3: Dieses Phänomen kann besonders im Zusammenhang mit AA 2a (SB, S. 333) dargestellt werden. Neben die Zusammenschlüsse traten auch Verbindungen von Literaten (vor allem der „Neue Club"), besonders im Umkreis literarischer Zeitschriften. Hier böte sich vor allem ein Blick auf „Die Aktion", „Der Sturm" oder „Pan" an.[114]
Zu These 4: Unter den zwei behaupteten Tendenzen sollten zuerst expressionistische Bilder (SB, S. 315, 333 und 337) betrachtet und das Manifest des „Blauen Reiters" (SB, Text 4, S. 332f.) besprochen werden, danach werden literarische Texte leichter zugänglich sein. Besonders geeignet sind die Texte 5–8 (SB, S. 334f.). Es liegt nahe, nach der Bedeutung von Farben in den Gedichttexten zu fragen. Im fächerübergreifenden Unterricht könnte auch bildende Kunst weiteres Bildmaterial zur Verfügung stellen, in literarischen Anthologien („Menschheitsdämmerung", „Lyrik des expressionistischen Jahrzehnts") könnten weitere Beispiele „farbintensiver" und formsprengender Lyrik gesucht werden. Ergiebig für das Thema ist der Briefwechsel zwischen Else Lasker-Schüler und Franz Marc.

Zu These 5: Hier kann (über einen Rückgriff auf These 1 hinaus, der zum ersten Teil der These gehört) der Frage nachgegangen werden, warum das Ende des Ersten Weltkriegs auch zum Erlöschen des Expressionismus führte: Die Nachkriegszeit war in Deutschland vor allem geprägt von schweren politischen Auseinandersetzungen, die unter denselben Vorzeichen von Reaktion und Revolution wie vor dem Krieg geführt, jetzt aber mit ungleich größerer Schärfe, oft bürgerkriegsähnlich ausgetragen wurden. Dazu kam eine große wirtschaftliche Not, die viele mit Fragen nach der nackten Existenz vollauf beschäftigte.
Zu These 6: Geeignet als Illustration für diese These sind die Texte 2 und 3 (SB, S. 332), 11 (SB, S. 335), 14, 15 und 16 (SB, S. 337).

K 11   Bildbeschreibung und Bildinterpretation: Hermann Hesse (1877–1962): Klingsors letzter Sommer (Auszüge)

Didaktischer Ort: Zusatztexte zur Teilsequenz III, 3 (SB, S. 338), Material für die Symbiose von Literatur und bildender Kunst im Expressionismus und für eine Zusammenfassung des Kapitels.

Erläuterungen zur Aufgabe:

Hesse schreibt in einem Brief vom 8.9.1919:

„Die Depression, die Sie bei mir wahrnehmen, ist in der Hauptsache der Rückschlag auf eine rasende Arbeitszeit während dieser Monate seit Mai. Ich habe die Glut und wie besessene Arbeitsunrast dieses Sommers in einer kleinen, expressionistischen und phantastischen Dichtung festgehalten."

Und 1938 heißt es in „Erinnerung an Klingsors Sommer":

„Um diesen Sommer zu einem außerordentlichen und einmaligen Erlebnis für mich zu steigern, kamen drei Umstände zusammen: das Datum 1919, die Rückkehr aus dem Krieg ins Leben, aus dem Joch in die Freiheit, war das Wichtigste; aber es kam hinzu Atmosphäre, Klima und Sprache des Südens, und als Gnade vom Himmel kam hinzu ein Sommer, wie ich nur sehr wenige erlebt habe, von einer Kraft und Glut, einer Lockung und Strahlung, die mich mitnahm und durchdrang wie starker Wein. Das war Klingsors Sommer. Die glühenden Tage wanderte ich durch die Dörfer und Kastanienwälder, saß auf dem Klappstühlchen und versuchte, mit Wasserfarben etwas von dem flutenden Zauber aufzubewahren; die warmen Nächte saß ich bis zu später Stunde bei offenen Türen und Fenstern in Klingsors Schlösschen und versuchte, etwas erfahrener und besonnener, als ich es mit dem Pinsel konnte, mit Worten das Lied dieses unerhörten Sommers zu singen. So entstand die Erzählung vom Maler Klingsor."

Und 1921 schreibt Hesse in einer Rezension:

„Mehrmals hat es mich gelüstet, das Leben Vincent van Goghs zu schreiben [...] Wenn man den Bildband durchsucht, tritt einem Vincents leidenschaftliche Geistigkeit, seine fanatische Liebe zu Gott, zu den Menschen, zur Wahrheit alsbald fühlbar entgegen, zugleich seine Bestimmung zu schwerstem Kampf und schwersten Leiden. Die Handschrift jedes einzelnen Bildes schon, der Rhythmus von Hell und Dunkel, die Führung des Pinsels legt laut, fast schreiend Zeugnis ab von den Ekstasen und vom Leid dieses außerordentlichen Menschen. Es ist dabei keineswegs bloß von Kunst und Malerei die Rede, im Gegenteil, es handelt sich, auch für den Verfasser, hier weniger um ein Malerleben und dessen Resultat, als um ein vorbildliches Schicksal, um das Leben eines großen Leidenden, eines Unbedingten, der keiner Konzession fähig sich an der Mechanik unserer Welt und unseres Lebens aufrieb. Ecce homo, könnte ebensowohl über diesem Leben stehen wie über dem Bekenntnis Nietzsches, seines Gegenpols. Was wir bei manchen Erzählungen Tolstois oder noch mehr Dostojewskis empfinden, diese wilde, saftvolle Lebendigkeit und Unbedingtheit menschlicher Wesen, die wir bis ins Herz zu kennen und zu verstehen meinen, während sie uns in unserer Wirklichkeit doch nie begegnen, das ist in van Goghs Leben, mitten im gesitteten Westeuropa, Wirklichkeit geworden, Wirklichkeit und

[113] Vgl. Gunter Martens: Im Aufbruch das Ziel. Nietzsches Wirkung im Expressionismus. In: Nietzsche. Werk und Wirkungen, hrsg. von Hans Steffen, Göttingen 1984 (= Kleine Vandenhoeck-Reihe 1394), S. 115-166.
[114] Vgl. Fritz Schlawe: Literarische Zeitschriften 1910–1933, Stuttgart 1963 (= Sammlung Metzler SM 6).

furchtbares Martyrium. Die Geschichte dieses Lebens gehört zu den paar bleibenden Vermächtnissen unserer Zeit an die Nachwelt."

Zur zwiespältigen Hesse-Rezeption:

„Ich kenne wenig Seiten, selbst bei den Größten, von einer Fülle und Dichtigkeit wie jene sechs Seiten aus Hesses ‚Klingsor', die das Selbstbildnis des sterbenden Romantikers, des Klingsor-Deutschen enthalten. Die Sprache dieser Novelle geht, wenn ich so sagen darf, weit über des Dichters eigenes Maß hinaus. Es ereignet sich hier der seltene Fall, dass der Künstler eine Wesenssphäre ergreift und erschöpft, die man vorher nicht als ihm zugehörig vorausgesetzt hatte. (Hugo Ball, 1927)

„Die Häufung superlativischer Adjektive und Dynamik vorspiegelnder Verben, die rhetorische Wiederholung derselben Satzpartikel, derselben affektbetonten Inversionen und syntaktischen Schemata enthüllen das Spannungslose einer mit genialisch-leidenschaftlichen Zügen drapierten Künstlerexistenz." (Gert Sautermeister, 1974)[115]

1. Die Textauszüge beschäftigen sich mit einem Bild, das der Maler Klingsor in seinem letzten Lebensjahr gemalt hat, einem Selbstbildnis, seinem letzten Bild.
Der erste Textauszug beschreibt, auf welche unterschiedliche Weise das Bild rezipiert wird. Die unterschiedlichsten Urteile werden mitgeteilt: „Farbenkonzert", „Versuch der Befreiung vom Gegenständlichen", „Bekenntnis", Produkt eines Wahnsinnigen, in den „Deformationen und Übertreibungen" sehen die einen Anleihen bei der Kunst der Naturvölker, die anderen blasphemische Selbstverherrlichung. Alle diese Sichtweisen werden im Text selbst als möglich, die Zusammenstellung selbst als unvollständig bezeichnet.
Der zweite Textauszug beschreibt den Akt des Malens selbst als einen umfassenden Schöpfungsakt, der nicht nur die eigene zwiespältige Person und ihre Biografie umfasst, nicht nur den „Phänotyp" (Benn) ihrer Zeit, nicht nur das Ergebnis unbewusster kollektiver Entwicklung, nicht nur alle Empfindungen und Assoziationen, deren dieser malende Mensch fähig ist, sondern auch die Auslöschung alles diesen, den Tod.
2. Das Gespräch sollte über diese Textauszüge hinaus auf Texte und Bilder rekurrieren, mit denen sich die Schüler im Unterricht beschäftigt haben, aber auch mit Material, das aus dem Kunstunterricht oder aus eigenen Nachforschungen stammt.

Zusatztext:

In Hesses „Gedichte[n] des Sommers 1929" findet sich auch das folgende:

Gedenken an den Sommer Klingsors

Zehn Jahre schon, seit Klingsors Sommer glühte
Und ich mit ihm die warmen Nächte lang
Bei Wein und Frauen so verloren blühte
Und seine trunknen Klingsor-Lieder sang.

5 Wie anders schau'n und nüchtern jetzt die Nächte,
Wie so viel stiller geht mein Tag einher!
Wenn auch ein Zauberwort mir wiederbrächte
Den Rausch von einst – ich wollte ihn nicht mehr.

Das eilige Rad nicht mehr zurückzurollen,
10 Still zu bejah'n den leisen Tod im Blut,
Nicht mehr das Unausdenkliche zu wollen,
Ist meine Weisheit jetzt, mein Seelengut.

Ein andres Glück, ein neuer Zauber faßten
Seither mich manchmal: nichts als Spiegel sein,
15 Darin für Stunden, so wie Mond im Rhein,
Der Sterne, Götter, Engel Bilder rasten.

(Aus: Sämtliche Werke, Band 10, Die Gedichte, © Suhrkamp Verlag 2001; aus lizenzrechtlichen Gründen in alter Rechtschreibung.)

K 12   Textinterpretation: Robert Musil (1880–1942): Der Mann ohne Eigenschaften. Roman (Auszug)

Didaktischer Ort: Zusatztext zur Kapitelzusammenfassung und für einen Epochenüberblick; Impulstext und Materialgrundlage für Projekte, Referate und Präsentationen; in der Auswahl von Aspekten auch Klausurvorlage. (SB, S. 338f.)

Erläuterungen zur Aufgabe:
Es handelt sich um das Kapitel 15 des Ersten Buchs (in der Frisé-Ausgabe S. 54–56).
1. Musil beurteilt die letzten Jahrzehnte des 19. Jahrhunderts zwiespältig: In den Bereichen Technik, Handelsgewerbe und Forschung, den „Brennpunkten seiner Energie" sei es „klug" gewesen, sonst aber, vor allem – wie seine Beispiele zeigen – im Künstlerischen und im Lebensstil „still und verlogen wie ein Sumpf". Als Beispiele dafür nennt er den Historismus in der Architektur, epigonale Tendenzen in Literatur und bildender Kunst. Insgesamt sieht er gerade die „zwei letzten Jahrzehnte des neunzehnten Jahrhunderts" als Zeit der Stagnation, der Leblosigkeit, des unmerklichen Verfalls: er nennt sie „flach dahinsinkend" und bescheinigt ihr einen „ölglatten Geist".
Mit der Jahrhundertwende habe sich in Europa aber ein „beflügelndes Fieber" erhoben. Musil betont, dass die Veränderung eher als Ahnung denn als greifbare Wirklichkeit bestand, dass sie aber viele Bereiche (er nennt Kunst, Selbstverständnis des Menschen, Moral und Gesellschaft) erfasste. Die Veränderung weckte latente Begabungen und führte die unterschiedlichsten Leute zusammen. Überhaupt bescheinigt Musil dem neuen „Werden" eine „unübertrefflich[e]" Gegensätzlichkeit. Er spricht zunächst von der Liebe zum Übermenschen und meint damit Nietzsche und den Nietzsche-Kult und als Gegensatz von der Liebe zum Untermenschen, wie sie sich im Sozialismus ausdrückt; er benennt den Gesundheitskult und die Freikörperkultur und stellt ihr einen durch die damals grassierende Schwindsucht hervorgerufenen Krankheitskult entgegen; er konstatiert die Gleichzeitigkeit von „Heldenglaubensbekenntnis" (Militarismus, Nationalismus und Chauvinismus, Kolonialismus) und „Allemannsglaubensbekenntnis", (Liberalismus, Emanzipations- und Menschenrechtsbewegungen). Dann formuliert er drei Gegensatzpaare:
gläubig – skeptisch,
naturalistisch – preziös,
robust – morbid.
Er stellt dem Ästhetizismus und Morbiditätskult der Jahrhundertwende den Entdeckergeist und die technisch-wirtschaftliche Umwälzung entgegen und benennt zwei markante Ismen jener Zeit indirekt: den Darwinismus („menschliche Urpaare") und den Marxismus („Zertrümmerung der Gesellschaft"). Er sieht die Unvereinbarkeit dieser Gegensätze, sieht sie aber aus dem gleichen Antrieb („gegen das Alte kämpfen", „sich einem Wind beugen") entstehen. Als Ergebnis all dieser gegensätzlichen Bestrebungen konstatiert er eine „Illusion", die unterschiedliche „Verhaltensweisen" und ein „Gewirr von Glauben" nicht nur ermöglicht, sondern diese Unterschiedlichkeit sogar vergessen lässt. Zusammenfassend nennt er die Jahrhundertwende „kein geschichtliches Ereignis", aber doch ein „Ereignislein".
2. In Gruppen- oder Einzelarbeit können die Teilsequenzen dieses Kapitels nach Belegen für Musils Feststellungen durchforscht werden. Einzelne Aspekte, die von Musil genannt werden, können auch in Kurzreferaten abgehandelt werden.

---

[115] Alle Zitate aus: Martin Pfeifer: Hesse-Kommentar zu sämtlichen Werken. München 1980 (= Winkler Kommentare), auch Frankfurt 1990 (= suhrkamp tb 1740).

Hier wäre eine fächerübergreifende Zusammenarbeit mit dem Geschichtsunterricht wünschenswert. Der Text Musils eignet sich auch als Ausgangspunkt und Grundlage für Projektunterricht.

Denkbar wäre die Hinzuziehung des ersten Teils des folgenden Romankapitels 16 „Eine geheimnisvolle Zeitkrankheit" (Frisé-Ausgabe, S. 56–58).

3. Diese Aufgabe wäre in einem freien Unterrichtsgespräch zu leisten, indem Schüler aus ihrer eigenen Kenntnis zum Musil-Text Stellung nehmen.

K 13 Gedichtvergleich: Johann Wolfgang von Goethe (1749–1832): Worte sind der Seele Bild; Johann Wolfgang von Goethe: Sprache; Johannes Bobrowski (1917–1965): Sprache

Didaktischer Ort: Zusatztexte zur Teilsequenz III,2 (SB, S. 345); Klausurvorlage

Erläuterungen zur Aufgabe:

Im ersten Goethe-Gedicht wird die Flüchtigkeit der Sprache, aber auch ihre Mitteilungskraft, ihre Fähigkeit, Innerstes offenzulegen, betont. Die letzten anderthalb Verse sind Feststellung und Mahnung zugleich.

Zum zweiten Goethe-Gedicht schreibt Trunz:

„Entstanden wohl 1773. In die „Werke" erst 1815 aufgenommen, unverändert. – Reimfreie Verse, trotz der epigrammatischen Kürze fast hymnisch-begeistert, viertaktig; Vers 5 und 7 am Ende pausiert, also dreitaktig. – Die Sprache an sich ist weder reich noch arm, weder stark noch schwach, darüber soll man nicht viel theoretisieren, denn alles kommt darauf an, wie sie lebt, wie sie benutzt wird. Eine Sprache an sich (etwa im Wörterbuch) ist wie eine vergrabene Urne voll Gold oder ein Schwert im Zeughaus; sie ist nicht Reichtum, nicht Kraft. In Vers 4 hat das Wort „milde" wohl noch die alte Bedeutung, die man aus dem Mittelhochdeutschen kennt, wo milte = Freigebigkeit eine der Haupttugenden des Fürsten war. Der Vers besagt: greif mit vollen Händen drein, dann fließt Glück von dir aus, denn dann bist du Schöpfer, bist gleichsam Gottheit. Zu „von dir" ist „Gottheit" als Vergleich, als Apposition, hinzugesetzt; der Vers richtet sich also an das Genie. Herder hatte dieses in seinem Shakespeare-Aufsatz als einen „Sterblichen mit Götterkraft" bezeichnet; und Goethe schreibt in „Nach Falconet und über Falconet": „Die Welt liegt vor ihm (dem Künstler) [...] wie vor ihrem Schöpfer." Und in „Von deutscher Baukunst": „[...] in dem Menschen ist eine bildende Natur [...] sobald er nichts zu sorgen und zu fürchten hat, greift der Halbgott [...] umher nach Stoff, ihm seinen Geist einzuhauchen. Die Parallelen zum Gedicht sind deutlich, dort „Gottheit", hier „Halbgott", und auch im Aufsatz ohne „wie" eingefügt. Grammatisch ähnlich ist im „Mahometsgesang" Vers 64f. „Zedernhäuser trägt der Atlas Auf den Riesenschultern"; oder in „Künstlers Morgenlied" Vers 69 „Und haschen will ich Nymphe dich". Es ist ein Vergleich ohne „wie", den auch Pindar hat. Der Schöpfer also, in dem göttliche Kraft ist, er ist's, in dessen Hand die Sprache stark und groß wird. Denn Sprache ist Weltschöpfung, Seele, Geist, Kunst, und insofern Macht. Als solche Macht soll die Sprache geistige Siege erringen. Sprache ist Volkssprache, naturhaft begrenzt auf ihren Menschenkreis, daher hat sie andere Sprachen neben sich. Mit schöpferischer Kraft ergriffen, wird und kann die deutsche Sprache ruhmvoll neben den anderen Sprachen bestehen, die mit dem, was in ihnen ausgedrückt wurde, so großartig Geschichte gemacht haben. – Das Gedicht entstand in einer Zeit, als die Sprache der Wissenschaft noch vielfach das Latein war, und die Sprache der Gesellschaft das Französische, in welchem z.B. Friedrich d. Gr. alle seine Werke schrieb. Die alte deutsche Dichtung war vergessen, und in der neueren war von bedeutenden Werken einzig das Klopstocks vorhanden. – Das Gedicht fängt an, als stünde der Sprecher mitten im Gespräch mit anderen, die über Reichtum und Armut der Sprache hin- und hergeredet, und nun will er mit seinem Einwurf, mit seinen Fragen (V. 2/3) jenen Dingen auf den Grund gehen. Und es ist in der Tat so: Goethe knüpft an Äußerungen Hamanns, Klopstocks und Herders an, sie hatten über die Sprache als Geld oder Scheidemünze oder Schatzhaus gesprochen und den Reichtum der deutschen Sprache auf Grund ihres Wort- und Formbestandes erörtert. 1772 schrieb Goethe an Herder: „Dreingreifen, packen ist das Wesen jeder Meisterschaft". Das kurze Gedicht ist ausgesprochen gedrängt, verdichtend, stellenweise fast dunkel, ist selbst quellende, reiche, kraftvolle Sprache, jedoch ist es sehr scharf gegliedert: erster Halbvers „reich" , zweiter Halbvers „stark", dazu jedes Mal das Gegenteil; Vers 2 nimmt „reich" auf, Vers 3 „stark"; damit endet der erste, das Problem fassende Teil; der zweite bringt die Lösung, den Hinweis zum Handeln: V. 4/5 nimmt das „reich" auf, V. 6/7 das „stark". Die Parallelismen gehen bis ins Einzelne, und darin zeigt sich das Durchdachte, Klare des Ganzen."[116]

Zu **Bobrowski:** Ein lakonisches Gedicht, 15 reimlose, eigenrhythmische Verse, die zu 3 gleich langen Strophen gebündelt werden.

Keine Satzzeichen und was vor allem auffällt: erst in der 3. Strophe ein Verb, aber als Präteritum des Perfekts, fast ein Adjektiv. In Strophe eins „Der Baum". Ein Substantiv mit bestimmtem Artikel kann zweierlei sein, das Ding schlechthin (Stellvertreterfunktion) oder das bestimmte Ding. Hier ist der „Baum" wohl beides. Er wird zunächst verglichen mit der Nacht, die er überdauert, oft überdauert, deshalb ist er „größer". Dann wird er ausgestattet mit ihm Zugehörigem: „Atem der Talseen" und „Geflüster der Stille". Man gewinnt den Eindruck, der Baum an sich und dieser Baum seien etwas lang Dauerndes, Beständiges. Die zweite Strophe handelt auf sehr ähnliche, fast parallele Weise von Steinen, die wieder mit dem bestimmten Artikel, diesmal des Plurals, ausgestattet werden: die Steine schlechthin, aber auch bestimmte Steine. Sie sind wohl „unter dem Fuß" und „im Staub", aber sie sind auch „leuchtende Adern", sie dauern „lange", ja „ewig". Und auf dieses Adjektiv laufen die beiden Strophen offensichtlich zu, beide handeln von statischer Dauer. Die dritte Strophe setzt dagegen: „Sprache" ohne Artikel, weder etwas an sich noch etwas Bestimmtes, vielmehr etwas Allgemeines, Verfügbares, aber in welchem Zustand! Vom vielen, schnellen Gebrauch „abgehetzt", ein schlimmer Zustand, der ein Getriebensein voraussetzt und einen Lebendigkeitsverlust zur Folge hat; „mit dem müden Mund", jetzt wieder ein bestimmter Artikel: der Mund der Sprache, kein anderer, müde von großer Anstrengung, und schließlich die betroffen machende Paradoxie der letzten beiden Verse. Jetzt ist das Thema dieses Gedichts klar: Der statischen Dauerhaftigkeit der Natur wird die dynamische Flüchtigkeit der Sprache entgegengesetzt, die zu Erschöpfung und zur großen Mühsal der Kommunikation führt. Die Dinge sind da, in ihrer Benennung sind sie ganz erfasst; aber die Sprache, ist sie in ihrem Zustand überhaupt noch sie selber? Das Gedicht handelt von dem Medium, dessen sich der Dichter bedient, bedienen muss, kann sie ihm noch Werkzeug sein?

---

[116] Johann Wolfgang von Goethe: Werke. Hamburger Ausgabe in 14 Bänden. Hrsg.: Erich Trunz, Verlag C. H. Beck, München Band 1, S. 446.

4.3 Die Kopiervorlagen

Bildbeschreibung zu Georges Seurat (1859–1881): Die Mutter des Künstlers

Es ist ein stilles Bild. Die Mutter sitzt am Tisch und strickt. Das Licht fällt von rechts oben und beleuchtet nur wenige Teile: vor allem Kopf, Brust und Hände. Der Kopf im Dreiviertelprofil ist nach vorne geneigt; man ahnt mehr als man es genau erkennt, dass der Blick auf die Arbeit, den Strickteil gerichtet ist.

5 Die Eiform des Kopfes ragt in ihrem höchsten Punkt nahe an den oberen Bildrand des Hochformates. Die rechte Schulter der Figur überschneidet zwei kurze hellere Waagrechten. Die linke Schulter der Figur fällt in einem steileren Winkel, der sich vom Oberarmgelenk an nochmals in seiner Richtung ändert und der rechten Bildrandsenkrechten sich annähert. Diese steile Bewegungsrichtung fangen rechts unten zwei Dreiecks-
10 keile auf und geben ihr die Basis; der obere helle Keil bildet die äußerste Ecke der Tischfläche, der dunklere Keil zeigt die Tischseitenfläche, die im Schatten liegt. Die Senkrechte dieses dunklen Keiles ist gleichzeitig die Grenzlinie des helleren Strickteiles, der von den Händen fällt und gehalten wird. Die Fingerglieder sind abgebogen zur Arbeit, die mittleren Gliedteile stehen im vollen Licht. Wie beim Gesicht ahnt man auch bei den Hän-
15 den mehr die Einzelheiten, als dass man sie in aller Ausführlichkeit erfährt – und doch ist die Genauigkeit unübertrefflich, in der die Körperteile dem entsprechenden Bildort zugewiesen sind, im Funktionszusammenhang des Körperganzen. Geringste, aber entschiedene Veränderungen in der Winkelrichtung verdeutlichen das anatomische Gefüge, so beim Schulter und Oberarmansatz, ja der Ellbogenansatz ist in der gering aus-
20 bauchenden Kurve über der Tischkante noch erlebbar.

Vom unteren Rand des rechten Handrückens der Mutter hellt sich das tiefe Schwarz nach oben immer mehr auf in der gerundeten Form einer weichen Frauenhand. Die obere Grenzlinie von Unterarm und Händen verläuft nicht in einem Zug, sie ist unterbrochen, aufsteigend und absteigend, in den Richtungen in feinsten Differenzierungen sich
25 ändernd, in rhythmischen Stufen auf- und abfolgend. Von der höchsten und hellsten Stelle des Handrückens steigt der Rücken des ersten Gliedes des Mittelfingers in dunklen Schatten an, kontrastierend zu dem abgewinkelten zweiten Fingerglied in seinem hellen Licht des ausgesparten Papierweißes.

Aus: Meisterwerke der Kunst, Folge 26. Stuttgart (LEU) 1978.

Arbeitsanweisungen:

Stellen Sie Besonderheiten der Textsorte „Bildbeschreibung" fest, indem Sie Beobachtungen machen

1. zur Vorgehensweise des Autors,

2. zum Textaufbau und zur Verwendung von Fachbegriffen.

Bildbeschreibung zu James Ensor (1860–1949): Die Kathedrale

Zunächst könnte man das Blatt für die Illustration einer Erzählung oder einer ungewöhnlichen Begebenheit halten: Wie aus einem Fenster überblickt man einen riesigen, von dicht gedrängten Menschenmassen überfüllten Platz, aus dem zu gewaltiger Höhe eine gotische Kathedrale emporwächst. Die Höhe des Hauptturms kann nur erahnt wer-
5 den, da er vom oberen Bildrand überschnitten wird. Hinter der Kathedrale, von ihr zum Teil verdeckt, sind schemenhafte, fast exotisch wirkende Sakralbauten zu sehen, welche auf der rechten Bildseite ebenfalls bedeutende Abmessungen erreichen.

Die große Kathedrale ist vom Chor her in zentralperspektivischer Schrägansicht ins Bild gestellt. Vom Dachansatz des Chores ist eine mit Flaggen und Wimpeln versehene Lei-
10 ne gespannt und an den Wimpergen eines anderen Bauwerkes befestigt, das vom rechten Bildrand überschnitten wird und als schmaler dunkler Streifen die Leine verankert. Die oberen zwei Drittel der Bildfläche sind der Architektur vorbehalten. Die Augenhöhe des Betrachters, das heißt der Horizont, liegt auf der Grenze zum unteren Drittel. Der Flucht der Tiefenlinien in die Weite des Raumes wirken die Senkrechten der Strebepfeiler
15 und des Maßwerkes entgegen und lenken den Blick nach oben. Die Menschenmassen auf dem Platz sind in zwei Gruppen geteilt. Die Gruppe im Vordergrund bewegt sich in ungeordnetem Getümmel. Auffallend sind die Kopfbedeckungen; es gibt turbanartige mit Halbmonden verzierte und hohe Röhren. Man meint auch Federnkopfputz erkennen zu können. Der Ausdruck der meisten Gesichter ist erregt und wie von Angst oder
20 Wut verzerrt. Die zweite Gruppe ist in militärischen Reihen streng ausgerichtet und nach der Tiefe gestaffelt. Man glaubt drei hochgereckte Standarten, wie sie Musikzüge manchmal haben, zu erkennen. Der Kontrast der aufmarschierten Garden zu dem Tumult der Menge im Vordergrund bewirkt eine dramatische Spannung, die sich gesteigert fortsetzt im Baukörper der Kathedrale, deren kühne Architektur mit ihren Strebepfeilern,
25 Maßwerkfenstern und Wasserspeiern zu zerfallen beginnt. Ausgenagt von den Jahrhunderten dunkeln die Schattenhöhlen der Fensterlaibungen. Trotz der Wimpel und Flaggen, die eigentlich Festlichkeit signalisieren sollten, ist der Gesamtausdruck des Blattes düster und verzweifelt.

Aus: Meisterwerke der Kunst, Folge 29. Stuttgart (LEU, Verfasser: J. Lindenmaier) 1981.

Arbeitsanweisungen:

1. Klären Sie mit Hilfe eines Lexikons die Ihnen unbekannten Fachbegriffe.

2. Halten Sie Ihre Beobachtungen zur Vorgehensweise des Autors und zum Textaufbau fest.

3. Vergleichen Sie die beiden Bildbeschreibungen K1 und K2 und fertigen Sie für eines der Bilder c–j (SB, S. 313–315) eine Beschreibung nach demselben Verfahren an.

Textanalyse:

Friedrich Nietzsche (1844–1900): Der Wille zur Macht: Versuch einer Umwertung aller Werte (Auszug)

„[...] Und wisst ihr auch, was mir ‚die Welt' ist? Soll ich sie euch in meinem Spiegel zeigen? Diese Welt: ein Ungeheuer von Kraft, ohne Anfang, ohne Ende, eine feste, eherne Größe von Kraft, welche nicht größer, nicht kleiner wird, die sich nicht verbraucht, sondern nur verwandelt, als Ganzes unveränderlich groß, [...], vom ‚Nichts' umschlossen als

5 von seiner Grenze, nichts Verschwimmendes, Verschwendetes, nichts Unendlich-Ausgedehntes, sondern als bestimmte Kraft einem bestimmten Raum eingelegt, und nicht einem Raume, der irgendwo ‚leer' wäre, vielmehr als Kraft überall, als Spiel von Kräften und Kraftwellen zugleich eins und vieles, hier sich häufend und zugleich dort sich mindernd, ein Meer in sich selber stürmender und flutender Kräfte, ewig sich wandelnd,

10 ewig zurücklaufend, mit ungeheuren Jahren der Wiederkehr, mit einer Ebbe und Flut seiner Gestaltungen, aus den einfachsten in die vielfältigsten hinaustreibend, aus dem Stillsten, Starrsten, Kältesten hinaus in das Glühendste, Wildeste, Sich-selber-Widersprechendste, und dann wieder aus der Fülle heimkehrend zum Einfachen, aus dem Spiel der Widersprüche zurück bis zur Lust des Einklangs, sich selber bejahend noch in die-

15 ser Gleichheit seiner Bahnen und Jahre, sich selber segnend als Das, was ewig wiederkommen muss, als ein Werden, das kein Sattwerden, keinen Überdruss, keine Müdigkeit kennt –: diese meine *dionysische* Welt des Ewig-sich-selber-Schaffens, des Ewig-sich-selber-Zerstörens, diese Geheimnis-Welt der doppelten Wollüste, dies mein ‚Jenseits von Gut und Böse', ohne Ziel, wenn nicht im Glück des Kreises ein Ziel liegt, ohne Willen,

20 wenn nicht ein Ring zu sich selber guten Willen hat, – wollt ihr einen Namen für diese Welt? Eine *Lösung* für alle ihre Rätsel? Ein *Licht* auch für euch, ihr Verborgensten, Stärksten, Unerschrockensten, Mitternächtlichsten? – *Diese Welt ist der Wille zur Macht – und nichts außerdem!* Und auch ihr selber seid dieser Wille zur Macht – und nichts außerdem!" [...]

(e vor 1887)

Aus: Friedrich Nietzsche: Der Wille zur Macht. Ausgewählt und geordnet von Peter Gast unter Mitarbeit von Elisabeth Förster-Nietzsche. Stuttgart (Kröner) 1964. S. 696f.

Arbeitsanweisungen:

1. Beschreiben Sie mit eigenen Worten das Weltbild Nietzsches und erläutern Sie, warum er seine Welt „dionysisch" nennt.

2. Erklären Sie, was mit der Formel „Wille zur Macht" gemeint ist.

3. Vergleichen Sie diesen Text mit Text 1, SB, S. 315 und ergänzen Sie Ihre Beschreibung aus der ersten Arbeitsanweisung.

Texterörterung:

Thomas Mann (1875–1955): Nietzsche's Philosophie im Lichte unserer Erfahrung (Auszug)

„[...] Soviel ich sehe, sind es zwei Irrtümer, die das Denken Nietzsche's verstören und ihm verhängnisvoll werden. Der erste ist eine völlige, man muss annehmen: geflissentliche Verkennung des Machtverhältnisses zwischen Instinkt und Intellekt auf Erden, so, als sei dieser das gefährlich Dominierende, und höchste Notzeit sei es, den Instinkt vor

5 ihm zu retten. Wenn man bedenkt, wie völlig bei der großen Mehrheit der Menschen der Wille, der Trieb, das Interesse den Intellekt, die Vernunft, das Rechtsgefühl beherrschen und niederhalten, so gewinnt die Meinung etwas Absurdes, man müsse den Intellekt überwinden durch den Instinkt. [...] Der zweite von Nietzsche's Irrtümern ist das ganz und gar falsche Verhältnis, in das er Leben und Moral zueinander bringt, wenn er

10 sie als Gegensätze behandelt. Die Wahrheit ist, dass sie zusammengehören. Ethik ist Lebensstütze, und der moralische Mensch ein rechter Lebensbürger, – vielleicht etwas langweilig, aber höchst nützlich. Der wahre Gegensatz ist der von Ethik und Ästhetik. Nicht die Moral, die Schönheit ist todgebunden, wie viele Dichter gesagt und gesungen haben, – und Nietzsche sollte es nicht wissen? [...]".

(e 1947)

Aus: Thomas Mann: Gesammelte Werke in dreizehn Bänden. Band IX: Reden und Aufsätze. © S. Fischer Verlag GmbH, Frankfurt am Main 1960, 1974.

Arbeitsanweisungen:

1. Setzen Sie sich anhand des Thomas-Mann-Zitats mit Text 2, SB, S. 316f., auseinander.

2. Zeigen Sie an geeigneten Textstellen, inwieweit die Behauptungen Thomas Manns auch auf Text 1 zutreffen (SB, S. 315).

3. Äußern Sie sich über die Position, aus der heraus Thomas Mann seine Kritik an Nietzsche übt.

Textanalyse:

Otto Brahm (1856–1912): [Die „Freie Bühne" stellt sich vor]

Hinweis: 1889 wurde in Berlin der Theaterverein „Freie Bühne" gegründet, der für seine Mitglieder geschlossene Theateraufführungen veranstaltete. Nur so war es möglich, die Stücke der „Modernen" auf die Bühne zu bringen. Denn es gab in Preußen zwar keine förmliche Zensur, aber eine Polizeivorschrift, die für öffentliche Theateraufführungen eine polizeiliche Genehmigung verlangte. Um auch ärmeren Bevölkerungsschichten den Theaterbesuch zu ermöglichen wurde 1890 zusätzlich die „Freie Volksbühne" ins Leben gerufen, die Theateraufführungen moderner Stücke zu einem billigen Einheitspreis veranstaltete. Die Plätze wurden ausgelost um jeden in den Genuss guter Plätze kommen zu lassen. Im Zusammenhang mit diesen beiden Gründungen steht die Herausgabe der Zeitschrift „Freie Bühne für modernes Leben" (seit 1890), die mit diesem Artikel eröffnet wurde.

Eine freie Bühne für das moderne Leben schlagen wir auf.
Im Mittelpunkt unserer Bestrebungen soll die Kunst stehen; die neue Kunst, die die Wirklichkeit anschaut und das gegenwärtige Dasein.
Einst gab es eine Kunst, die vor dem Tage auswich, die nur im Dämmerschein der Ver-
5 gangenheit Poesie suchte und mit scheuer Wirklichkeitsflucht zu jenen idealen Fernen strebte, wo in ewiger Jugend blüht, was sich nie und nirgends hat begeben. Die Kunst der Heutigen umfasst mit klammernden Organen alles was lebt, Natur und Gesellschaft; darum knüpfen die engsten und die feinsten Wechselwirkungen moderne Kunst und modernes Leben aneinander, und wer jene ergreifen will, muss streben, auch dieses zu
10 durchdringen in seinen tausend verfließenden Linien, seinen sich kreuzenden und bekämpfenden Daseinstrieben.
Der Bannerspruch der neuen Kunst, mit goldenen Lettern von den führenden Geistern aufgezeichnet, ist das eine Wort: Wahrheit; und Wahrheit, Wahrheit auf jedem Lebenspfade ist es, die auch wir erstreben und fördern. Nicht die objektive Wahrheit, die dem
15 Kämpfenden entgeht, sondern die individuelle Wahrheit, welche aus der innersten Überzeugung frei geschöpft ist und frei ausgesprochen: die Wahrheit des unabhängigen Geistes, der nichts zu beschönigen und nichts zu vertuschen hat. Und der darum nur einen Gegner kennt, seinen Erbfeind und Todfeind: die Lüge in jeglicher Gestalt. [...]
Die moderne Kunst, wo sie ihre lebensvollsten Triebe ansetzt, hat auf dem Boden des
20 Naturalismus Wurzel geschlagen. Sie hat, einem tiefinnern Zuge dieser Zeit gehorchend, sich auf die Erkenntnis der natürlichen Daseinsmächte gerichtet und zeigt uns mit rücksichtslosem Wahrheitstriebe die Welt wie sie ist. Dem Naturalismus Freund, wollen wir eine gute Strecke Weges mit ihm schreiten, allein es soll uns nicht erstaunen, wenn im Verlauf der Wanderschaft, an einem Punkt, den wir heute noch nicht überschauen, die
25 Straße plötzlich sich biegt und überraschende neue Blicke in Kunst und Leben sich aufthun. Denn an keine Formel, auch an die jüngste nicht, ist die unendliche Entwicklung menschlicher Cultur gebunden; und in dieser Zuversicht, im Glauben an das ewig Werdende, haben wir eine freie Bühne aufgeschlagen, für das moderne Leben.

(v Januar 1890)

Aus: Freie Bühne für modernes Leben Jg. 1. Heft 1/Januar 1890.

Arbeitsanweisungen:

1. Fassen Sie den Inhalt des Textes in wenigen Sätzen zusammen.

2. Vergleichen Sie die Aussagen dieses Textes mit denen des Textes 4, SB, S. 321 (Bölsche).

3. Sehen Sie die Forderungen und Absichtserklärungen dieses Textes in Hauptmanns Drama „Vor Sonnenaufgang" erfüllt (SB, S. 318f., Text 2)?

**Jahrhundert-
wende** **K 6**

Arbeitsmaterialien zur Kunstauffassung Wilhelms II.
(1859–1941; Kaiser 1888–1918)

1. Beispiel für die von Wilhelm II. angeregte und geförderte Kunst

„Niemand zu Liebe. Niemand zu Leide!" Eigenhändige Entwürfe Wilhelms II. für das von Hermann Knackfuß ausgeführte Kunstblatt, 18. April 1895

„Niemand zu Liebe, Niemand zu Leide!" – „Die von dem Monarchen selbst entwickelte Composition ist von Professor Knackfuß' Hand vergrößert und die Zeichnung durch Herrn Professor Roese in der Reichsdruckerei heliographisch nachgebildet (...) Das groß und ernst berührende Blatt ist in allen Buch- und Kunsthandlungen zu erwerben. Alle Überschüsse sind für einen wohltätigen Zweck bestimmt", meldete die _Moderne Kunst_. Die Darstellung sollte des Kaisers Zuversicht bekunden, „dass auch wie bisher der deutsche Michael, in gold'ner Wehr strahlend, vor dem Throne des Friedenstempels der Welt stehend, dafür sorgen wird, dass niemals böse Geister ..." usw.

© Schöningh Verlag, Best.-Nr. 028228 1

2. Die Siegesallee in Berlin – Idee und Kritik

Erster Hinweis auf die geplante Gestaltung der Siegesallee in der Leipziger „Illustrirten Zeitung" vom 4. Juli 1896

„Kindliches Spiel. Der kleine Willy spielt Berlin". Karikatur von Th. Th. Heine im Simplicissimus (1902)

Aus: Peter Paret: Die Berliner Secession. Moderne Kunst und ihre Feinde im Kaiserlichen Deutschland. Frankfurt/Berlin/Wien (Ullstein) 1983. S. 39, 44, 45, 122.

Arbeitsanweisungen:

1. Beschreiben Sie Form und Inhalt des Beispiels 1.

2. Vergleichen Sie diese Zeichnungen mit Wilhelms Rede zur Einweihung von Denkmälern an der Berliner Siegesallee (SB, S. 321f., Text 5).

3. Setzen Sie sich mit der Idee auseinander, die zur Planung der Siegesallee in Berlin führte, und mit der an ihr geübten Kritik im „Simplicissimus".

Vergleichende Texterörterung:

Stefan George (1868–1933): Über Dichtung

I

In der dichtung – wie in aller kunst-betätigung – ist jeder der noch von der sucht ergriffen ist etwas „sagen" etwas „wirken" zu wollen nicht einmal wert in den vorhof der kunst einzu-
5 treten.

Jeder widergeist jedes vernünfteln und hadern mit dem leben zeigt auf einen noch ungeordneten denkzustand und muss von der kunst ausgeschlossen bleiben.

Den wert der dichtung entscheidet nicht der sinn (sonst wäre
10 sie etwa weisheit gelahrtheit) sondern die form d.h. durchaus nichts äusserliches sondern jenes tief erregende in maass und klang wodurch zu allen zeiten die Ursprünglichen die Meister sich von den nachfahren den künstlern zweiter ordnung unterschieden haben.

15 Der wert einer dichtung ist auch nicht bestimmt durch einen einzelnen wenn auch noch so glücklichen fund in zeile strofe oder grösserem abschnitt.. die zusammenstellung – das verhältnis der einzelnen teile zueinander – die notwendige folge des einen aus dem andern kennzeichnet erst die hohe
20 dichtung.

Reim ist bloss ein wortspiel wenn zwischen den durch den reim verbundenen worten keine innere verbindung besteht.

Freie rhythmen heisst soviel als weisse schwärze – wer sich nicht gut im rhythmus bewegen kann der schreite unge-
25 bunden.

Strengstes maass ist zugleich höchste freiheit.

II

Das wesen der dichtung wie des traumes: dass Ich und Du – Hier und Dort – Einst und Jezt nebeneinander bestehen und
30 eins und dasselbe werden.

Tiefster eindruck – stärkstes empfinden sind noch keine bürgschaft für ein gutes gedicht. Beide müssen sich erst umsetzen in die klangliche stimmung die eine gewisse ruhe – ja freudigkeit erfordert. Das erklärt warum jedes gedicht unecht
35 ist das schwärze bringt ohne jeden lichtstrahl. Etwas ähnliches meinte man wohl früher mit dem „idealischen".

Schönheit ist nicht am anfang und nicht am ende – sie ist höhepunkt ... Die kunst ergreift am meisten in der man das atemholen neuer noch schlafender geister spürt.

40 Die dichtung hat eine besondere stellung unter den künsten. Sie allein kennt das geheimnis der erweckung und das geheimnis des übergangs.

(v 1903)

Aus: Stefan George, Werke. 2 Bände. Hrsg. von Robert Boehringer. Stuttgart (Klett-Cotta) 4. Aufl. 1984, S. 530f.

Hugo von Hofmannsthal (1874–1929): Poesie und Leben. Vortrag (Auszug)

Ich weiß nicht, ob Ihnen unter all dem ermüdenden Geschwätz von Individualität, Stil, Gesinnung, Stimmung und so fort nicht das Bewusstsein dafür abhanden gekommen ist, dass das Material der Poesie die Worte sind, dass ein Gedicht
5 ein gewichtloses Gewebe aus Worten ist, die durch ihre Anordnung, ihren Klang und ihren Inhalt, indem sie die Erinnerung an Sichtbares und die Erinnerung an Hörbares mit dem Element der Bewegung verbinden, einen genau umschriebenen, traumhaft deutlichen, flüchtigen Seelenzustand
10 hervorrufen, den wir Stimmung nennen. Wenn Sie sich zu dieser Definition der leichtesten der Künste zurückfinden können, werden Sie etwas wie eine verworrene Last des Gewissens von sich abgetan haben. Die Worte sind alles, die Worte, mit denen man Geschehenes und Gehörtes zu einem
15 neuen Dasein hervorrufen und nach inspirierten Gesetzen als ein Bewegtes vorspiegeln kann. Es führt von der Poesie kein direkter Weg ins Leben, aus dem Leben keiner in die Poesie. Das Wort als Träger eines Lebensinhaltes und das traumhafte Bruderwort, welches in einem Gedicht stehen
20 kann, streben auseinander und schweben fremd aneinander vorüber, wie die beiden Eimer eines Brunnens.
Kein äußerliches Gesetz verbannt aus der Kunst alles Vernünfteln, alles Hadern mit dem Leben, jeden unmittelbaren Bezug auf das Leben und jede direkte Nachahmung des Le-
25 bens, sondern die einfache Unmöglichkeit: diese schweren Dinge können dort ebenso wenig leben als eine Kuh in den Wipfeln der Bäume.
„Den Wert der Dichtung" – ich bediene mich der Worte eines mir unbekannten aber wertvollen Verfassers – „den Wert
30 der Dichtung entscheidet nicht der Sinn (sonst wäre sie etwa Weisheit, Gelahrtheit), sondern die Form, das heißt durchaus nichts Äußerliches, sondern jenes tief Erregende in Maß und Klang, wodurch zu allen Zeiten die Ursprünglichen, die Meister sich von den Nachfahren, den Künstlern zweiter
35 Ordnung unterschieden haben. Der Wert einer Dichtung ist auch nicht bestimmt durch einen einzelnen, wenn auch noch so glücklichen Fund in Zeile, Strophe oder größerem Abschnitt. Die Zusammenstellung, das Verhältnis der einzelnen Teile zueinander, die notwendige Folge des einen aus
40 dem andern kennzeichnet erst die hohe Dichtung."

(v 1896)

Aus: Hugo von Hofmannsthal: Gesammelte Werke in Einzelausgaben. Prosa I. Frankfurt/M. (S. Fischer Verlag) 1956, S. 260–268, hier 263f.

Arbeitsanweisungen:

1. Versuchen Sie die Thesen Georges in eigene Worte zu fassen und geben Sie ein Resümee des Hofmannsthal-Textes.

2. Erläutern Sie am Beispiel eines George-Gedichts dessen Kunstauffassung.

3. Welche Bedeutung für das Kunstwerk sehen George und Hofmannsthal im Inhalt und in der Form?

4. Diskutieren Sie Ihre Ergebnisse aus Ihrer Vorstellung von den Aufgaben der Kunst.

Textinterpretation:

Hugo von Hofmannsthal (1874–1929): Der Tor und der Tod (Auszug)

Hinweis: „Der Tor und der Tod" gehört zu den kleinen, lyrischen Dramen, die Hofmannsthal in den 1890er-Jahren geschrieben hat.

[...]
CLAUDIO
Er geht eine Weile nachdenklich auf und nieder. Hinter der
Szene erklingt das sehnsüchtige und ergreifende Spiel einer
Geige, zuerst ferner, allmählich näher, endlich warm und voll,
als wenn es aus dem Nebenzimmer dränge. Musik?
5 Und seltsam zu der Seele redende!
[...]
Mich dünkt, als hätt ich solche Töne
Von Menschengeigen nie gehört ...
Er bleibt horchend gegen die rechte Seite gewandt.
10 In tiefen, scheinbar lang ersehnten Schauern
Dringts allgewaltig auf mich ein;
Es scheint unendliches Bedauern,
Unendlich Hoffen scheints zu sein.
Als strömte von den alten, stillen Mauern
15 Mein Leben flutend und verklärt herein.
Wie der Geliebten, wie der Mutter Kommen,
Wie jedes Langverlornen Wiederkehr,
Regt es Gedanken auf, die warmen, frommen,
Und wirft mich in ein jugendliches Meer:
20 Ein Knabe stand ich so im Frühlingsglänzen
Und meinte aufzuschweben in das All,
Unendlich Sehnen über alle Grenzen
Durchwehte mich in ahnungsvollem Schwall!
Und Wanderzeiten kamen, rauschumfangen,
25 Da leuchtete manchmal die ganze Welt,
Und Rosen glühten, und die Glocken klangen,
Von fremdem Lichte jubelnd und erhellt:
Wie waren da lebendig alle Dinge,
Dem liebenden Erfassen nah gerückt.
30 Wie fühlt ich mich beseelt und tief entzückt,
Ein lebend Glied im großen Lebensringe!
Da ahnte ich, durch mein Herz auch geleitet,
Den Liebesstrom, der alle Herzen nährt,
Und ein Genügen hielt mein Ich geweitet,
35 Das heute kaum mir noch den Traum verklärt.
Tön fort, Musik, noch eine Weile so
Und rühr mein Innres also innig auf:
Leicht wähn ich dann mein Leben warm und froh,
Rücklebend so verzaubert seinen Lauf:
40 Denn alle süßen Flammen, Loh an Loh
Das Starre schmelzend, schlagen jetzt herauf!
Des allzu alten, allzu wirren Wissens
Auf diesen Nacken viel gehäufte Last
Vergeht, von diesem Laut des Urgewissens,
45 Den kindisch-tiefen Tönen angefasst.
Weither mit großem Glockenläuten
Ankündigt sich ein kaum geahntes Leben,
In Formen, die unendlich viel bedeuten,
Gewaltig-schlicht im Nehmen und im Geben.
50 *Die Musik verstummt fast plötzlich.*
Da, da verstummt, was mich so tief gerührt,
Worin ich Göttlich-Menschliches gespürt!
Der diese Wunderwelt unwissend hergesandt,
Er hebt wohl jetzt nach Kupfergeld die Kappe,
55 Ein abendlicher Bettelmusikant.

Am Fenster rechts
Hier unten steht er nicht. Wie sonderbar!
Wo denn? Ich will durchs andre Fenster schaun
Wie er nach der Türe rechts geht, wird der Vorhang leise zurück-
60 *geschlagen, und in der Tür steht der Tod, den Fiedelbogen in der*
Hand, die Geige am Gürtel hängend. Er sieht Claudio, der ent-
setzt zurückfährt, ruhig an.
Wie packt mich sinnlos namenloses Grauen!
Wenn deiner Fiedel Klang so lieblich war,
65 Was bringt es solchen Krampf, dich anzuschauen?
Und schnürt die Kehle so und sträubt das Haar?
Geh weg! Du bist der Tod. Was willst du hier?
Ich fürchte mich. Geh weg! Ich kann nicht schrein.
Sinkend
70 Der Halt, die Luft des Lebens schwindet mir!
Geh weg! Wer rief dich? Geh! Wer ließ dich ein?

DER TOD
Steh auf! Wirf dies ererbte Graun von dir!
Ich bin nicht schauerlich, bin kein Gerippe!
75 Aus des Dionysos, der Venus Sippe,
Ein großer Gott der Seele steht vor dir.
[...]
CLAUDIO
Genug. Ich grüße dich, wenngleich beklommen.
80 *Kleine Pause*
Doch wozu bis du eigentlich gekommen?
DER TOD
Mein Kommen, Freund, hat stets nur *einen* Sinn!
CLAUDIO
85 Bei mir hats eine Weile noch *dahin!*
Merk: eh das Blatt zu Boden schwebt,
Hat es zur Neige seinen Saft gesogen!
Dazu fehlt viel: Ich habe nicht gelebt!
DER TOD
90 Bist doch, wie alle, deinen Weg gezogen!
CLAUDIO
Wie abgerissne Wiesenblumen
Ein dunkles Wasser mit sich reißt,
So glitten mir die jungen Tage,
95 Und ich hab nie gewusst, dass das schon Leben heißt.
Dann ... stand ich an den Lebensgittern,
Der Wunder bang, von Sehnsucht süß bedrängt,
Dass sie in majestätischen Gewittern
Auffliegen sollten, wundervoll gesprengt.
100 Es kam nicht so ... [...]
Da er die ungerührte Miene des Todes wahrnimmt, mit
steigender Angst
Denn schau, glaub mir, das war nicht so bisher:
Du meinst, ich hätte doch geliebt, gehasst ...
105 Nein, nie hab ich den Kern davon erfasst,
Es war ein Tausch von Schein und Worten leer!
Da schau, ich kann dir zeigen: Briefe, sieh,
Er reißt eine Lade auf und entnimmt ihr Pakete geordneter
alter Briefe.
110 Mit Schwüren voll und Liebeswort und Klagen;
Meinst du, ich hätte je gespürt, was die –
Gespürt, was ich als Antwort schien zu sagen?!

*Er wirft ihm die Pakete vor die Füße, dass die einzelnen Brie-
fe herausfliegen.*

115 Da hast du dieses ganze Liebesleben,
Daraus nur ich und ich nur widertönte,
Wie ich, der Stimmung Auf- und Niederbeben
Mitbebend, jeden heiligen Halt verhöhnte!
Da! da! und alles andre ist wie das:
120 Ohn Sinn, ohn Glück, ohn Schmerz, ohn Lieb, ohn Hass!
DER TOD
Du Tor! Du schlimmer Tor, ich will dich lehren,
Das Leben, eh dus endest, einmal ehren.
[...]
125 CLAUDIO :
Wie auf der Bühn ein schlechter Komödiant –
Aufs Stichwort kommt er, redt sein Teil und geht,
Gleichgültig gegen alles andre, stumpf,
Vom Klang der eignen Stimme ungerührt
130 Und hohlen Tones andre rührend nicht:
So über diese Lebensbühne hin
Bin ich gegangen ohne Kraft und Wert.
Warum geschah mir das? Warum, du Tod,
Musst du mich lehren erst das Leben sehen,
135 Nicht wie durch einen Schleier, wach und ganz,
Da etwas weckend, so vorübergehen?
Warum bemächtigt sich des Kindersinns
So hohe Ahnung von den Lebensdingen,
Dass dann die Dinge, wenn sie wirklich sind,
140 Nur schale Schauer des Erinnerns bringen?
Warum erklingt uns nicht dein Geigenspiel,
Aufwühlend die verborgne Geisterwelt,
Die unser Busen heimlich hält,
Verschüttet, dem Bewusstsein so verschwiegen,
145 Wie Blumen im Geröll verschüttet liegen?

Könnt ich mit dir sein, wo man dich nur hört,
Nicht von verworrner Kleinlichkeit verstört!
Ich kanns! Gewähre, was du mir gedroht:
Da tot mein Leben war, sei du mein Leben, Tod!
150 Was zwingt mich, der ich beides nicht erkenne,
Dass ich dich Tod und jenes Leben nenne?
In einer Stunde kannst du Leben pressen,
Mehr als das ganze Leben konnte halten,
Das schattenhafte will ich ganz vergessen
155 Und weih mich deinen Wundern und Gewalten.
Er besinnt sich einen Augenblick
Kann sein, dies ist nur sterbendes Besinnen,
Heraufgespült vom tödlich wachen Blut,
Doch hab ich nie mit allen Lebenssinnen
160 So viel ergriffen, und so nenn ichs gut!
Wenn ich jetzt ausgelöscht hinsterben soll,
Mein Hirn von dieser Stunde also voll,
Dann schwinde alles blasse Leben hin:
Erst, da ich sterbe, spür ich, dass ich bin.
165 Wenn einer träumt, so kann ein Übermaß
Geträumten Fühlens ihn erwachen machen,
So wach ich jetzt, im Fühlensübermaß,
Vom Lebenstraum wohl auf im Todeswachen.
Er sinkt tot zu den Füßen des Todes nieder.
170 DER TOD *indem er kopfschüttelnd langsam abgeht*
Wie wundervoll sind diese Wesen,
Die, was nicht deutbar, dennoch deuten,
Was nie geschrieben wurde, lesen,
Verworrenes beherrschend binden
175 Und Wege noch im Ewig-Dunkeln finden.
Er verschwindet in der Mitteltür, seine Worte verklingen.
[...]

(e 1893)

Aus: Hugo von Hofmannsthal: Gedichte und kleine Dramen. Frankfurt am Main (Insel Verlag) ²1912, S. 112–131.

Arbeitsanweisungen:

1. Welche verschiedenen Ansichten seines Lebens werden für
Claudio nacheinander bestimmend? Was spricht sich in dieser
Stufung aus?

2. Warum lässt Hofmannsthal seinen Claudio dem Tod begegnen
und wieso nennt er ihn einen Toren?

3. Stellen Sie Beziehungen zwischen diesem Dramolett und dem
sog. „Brief des Lord Chandos" her.

Erörterung: Thesen zur expressionistischen Lyrik

Thesen zur expressionistischen Lyrik:

1. Grundhaltung: Protest gegen Epigonentum und bürgerliche Gefühlskultur. Stilmittel:
   a) Ironisierung der traditionellen lyrischen Requisiten;
   b) Entrümpelung der Metaphorik und systematische Zerschlagung einer hohl gewordenen Dichtersprache;
   c) radikale Desillusionierung, auch in der Landschaftsdarstellung; d) Aufnahme des Alltäglichen und Banalen in das Gedicht.

2. In der Übersteigerung dieses Protests entsteht auch in der Lyrik ein Hässlichkeitskult (lyrische Gegenstände: z.B. Leichenschauhaus, Irrenhaus). Absicht: Zerstörung eines Schönheitsbegriffs, der wesentliche Erfahrungen der modernen Existenz ausschloss.

3. Entdeckung der Großstadt als wichtiges lyrisches Motiv.

4. In der Naturlyrik Entwicklung zur antiidyllischen Naturdarstellung.

5. Entwicklung visionärer Züge, die aber auf einer sehr scharfen und klaren Wirklichkeitserfassung beruhen.

6. Oft Neigung zu Extremen: zum Überdimensionalen oder Winzigen, zum übermächtigen oder Schwächlichen.

Zusammengestellt aus: Karl Ludwig Schneider: Zerbrochene Formen. Wort und Bild im Expressionismus. Hamburg (Hoffmann und Campe) 1967, vor allem S. 33–59.

Arbeitsanweisung:

Erläutern Sie eine These Ihrer Wahl an selbst gewählten Textbeispielen aus der expressionistischen Lyriksammlung „Menschheitsdämmerung".

Erörterung: Thesen zum Expressionismus

Thesen zum Expressionismus:

1. Zwischen der Revolution in der Kunst (seit 1910) und den großen geschichtlichen Katastrophen, die 1914 einsetzen, besteht ein tieferer Zusammenhang: Im zwanghaften Zerbrechen der Formen kommt das Vorgefühl katastrophaler Erschütterungen zum Ausdruck.

2. Die eigene Zeit wird von den Expressionisten als apokalyptische Endzeit gesehen, sei es als Ende der bürgerlichen Welt, sei es als Abschluss der abendländischen Kulturentwicklung. Von hier aus erklären sich sowohl der groteske wie der tragische Grundzug der Epoche.

3. Der Expressionismus wird nicht nur von wenigen bedeutenden Künstlern, sondern auch von einem „Heere aufgeregter Mitbeweger" begleitet: die erste Kulturepoche des Massenzeitalters. Grund: die publizistischen Möglichkeiten. Folgen: Zusammenschlüsse zu Künstlergruppen und Zusammenrücken der Künste.

4. Enger Zusammenhang zwischen bildender Kunst und Literatur. Zwei hervortretende Gemeinsamkeiten:
   a) Verwendung ungebrochener Farben und Erzeugung harter Kontraste;
   b) Deformierung des Gegenständlichen, Formverzerrung.

5. Der Expressionismus hat somit den Charakter einer großen geistigen Sammelbewegung, die aus der seelischen Unruhe der Jahre 1914 erwuchs und in der Resignation der Nachkriegszeit wieder erlosch.

6. Aus dem am Anfang der expressionistischen Bewegung stehenden Abscheu vor der („bürgerlichen") Selbstgerechtigkeit und der falschen Selbstsicherheit entsteht das Motiv für die Hinwendung zu den Verlorenen und Geschlagenen („Expressionistische Mitleidsethik" auch als Verneinung der bürgerlichen Welt und ihrer Wertmaßstäbe), dazu ein Kult der Zerrissenheit (Vorliebe für den zerrissenen und seiner Selbstherrschaft beraubten Menschen).

Zusammengestellt (und ergänzt) aus: Karl Ludwig Schneider: Zerbrochene Formen. Wort und Bild im Expressionismus. Hamburg (Hoffmann und Campe) 1967, vor allem S. 9–59.

Arbeitsanweisung:

Erläutern Sie eine These Ihrer Wahl und geben Sie Beispiele.

Bildbeschreibung und Bildinterpretation:

Hermann Hesse (1877–1962): Klingsors letzter Sommer (Auszüge)

I

Am Ende des Sommers, in den ersten Septembertagen malt Klingsor sein Selbst-
porträt, zugleich sein letztes Bild. Von diesem Bild wird gesagt:

[...]

Wie alle späteren Werke Klingsors, so kann man auch dies Selbstbildnis aus den verschiedensten Standpunkten betrachten. Für manche, zumal solche, die den Maler nicht kannten, ist das Bild vor allem ein Farbenkonzert, ein wunderbar gestimmter, trotz aller heftigen Buntheit still und edel wirkender Teppich. Andre sehen darin einen letzten kühnen, ja
5 verzweifelten Versuch zur Befreiung vom Gegenständlichen: ein Antlitz wie eine Landschaft
gemalt, Haare an Laub und Baumrinde erinnernd, Augenhöhlen wie Felsspalten – sie sagen, dies Bild erinnere an die Natur nur so, wie mancher Bergrücken an ein Menschenge-
sicht, mancher Baumast an Hände und Beine erinnert, nur von ferne her, nur gleichnis-
haft. Viele aber sehen im Gegenteil gerade in diesem Werk nur den Gegenstand, das Ge-
10 sicht Klingsors, von ihm selbst mit unerbitterlicher Psychologie zerlegt und gedeutet, eine
riesige Konfession, ein rücksichtsloses, schreiendes, rührendes, erschreckendes Bekenntnis. Noch andere, und darunter einige seiner erbittertsten Gegner, sehen in diesem Bildnis lediglich ein Produkt und Zeichen von Klingsors angeblichem Wahnsinn. Sie vergleichen den Kopf des Bildes mit dem naturalistisch gesehenen Original, mit Photographien,
15 und finden in den Deformationen und Übertreibungen der Formen negerhafte, entartete,
atavistische, tierische Züge. Manche von diesen halten sich auch über das Götzenhafte und
Phantastische dieses Bildes auf, sehen eine Art von monomanischer Selbstanbetung darin,
eine Blasphemie und Selbstverherrlichung, eine Art von religiösem Größenwahn. Alle diese Arten der Betrachtung sind möglich und noch viele andere. [...]

II

Während des Malens befindet sich Klingsor in einem rauschhaften Zustand. Von Zeit
zu Zeit betrachtet er sich in einem mit altmodischen Rosenranken bemalten Spiegel:

[...]

Viele, viele Gesichter sah er hinter dem Klingsor-Gesicht im großen Spiegel zwischen den
dummen Rosenranken, viele Gesichter malte er in sein Bild hinein: Kindergesichter süß und
erstaunt, Jünglingsschläfen voll Traum und Glut, spöttische Trinkeraugen, Lippen eines Dür-
stenden, eines Verfolgten, eines Leidenden, eines Suchenden, eines Wüstlings. Den Kopf
5 aber baute er majestätisch und brutal, einen Urwaldgötzen, einen in sich verliebten, eifer-
süchtigen Jehova, einen Popanz, vor dem man Erstlinge und Jungfrauen opfert. Dies waren
einige seiner Gesichter. Ein andres war das des Verfallenden, des Untergehenden, des mit
seinem Untergang Einverstandenen: Moos wuchs auf seinem Schädel, schief standen die alten Zähne, Risse durchzogen die welke Haut, und in den Rissen stand Schorf und Schim-
10 mel. Das ist es, was einige Freunde an dem Bilde besonders lieben. Sie sagen: es ist der
Mensch, ecce homo, der müde, gierige, wilde, kindliche und raffinierte Mensch unsrer späten Zeit, der sterbende, sterbenwollende Europamensch: von jeder Sehnsucht verfeinert, von
jedem Laster krank, vom Wissen um seinen Untergang enthusiastisch beseelt, zu jedem Fortschritt bereit, zu jedem Rückschritt reif, ganz Glut und auch ganz Müdigkeit, dem Schick-
15 sal und dem Schmerz ergeben wie der Morphinist dem Gift, vereinsamt, ausgehöhlt, uralt,
Faust zugleich und Karamasow, Tier und Weiser, ganz entblößt, ganz ohne Ehrgeiz, ganz
nackt, voll von Kinderangst vor dem Tode und voll von müder Bereitschaft, ihn zu sterben.
Und noch weiter, noch tiefer hinter all diesen Gesichtern schliefen fernere, tiefere, ältere Gesichter, vormenschliche, tierische, pflanzliche, steinerne, so als erinnere sich der letzte
20 Mensch auf Erden im Augenblick vor dem Tode nochmals traumschnell an alle Gestaltungen seiner Vorzeit und Weltenjugend.
Und nicht sein Gesicht allein, oder seine tausend Gesichter, malte er auf dies Bild, nicht bloß
seine Augen und Lippen, die leidvolle Talschlucht des Mundes, den gespaltenen Felsen der
Stirn, die wurzelhaften Hände, die zuckenden Finger, den Hohn des Verstandes, den Tod
25 im Auge. Er malte, in seiner eigenwilligen, überfüllten, gedrängten und zuckenden Pinsel-
schrift sein Leben dazu, seine Liebe, seinen Glauben, seine Verzweiflung. Scharen nackter
Frauen malte er mit, im Sturm vorbei getrieben wie Vögel, Schlachtopfer vor dem Götzen
Klingsor, und einen Jüngling mit dem Gesicht des Selbstmörders, ferne Tempel und Wälder, einen alten bärtigen Gott mächtig und dumm, eine Frauenbrust vom Dolch gespalten,
30 Schmetterlinge mit Gesichtern auf den Flügeln, und zuhinterst im Bilde, am Rande des Chaos den Tod, ein graues Gespenst, der mit einem Speer, klein wie eine Nadel, in das Gehirn
des gemalten Klingsor stach. [...]   (e 1919)

Aus: Hermann Hesse: Sämtliche Werke, Band 8, Klingsors letzter Sommer. Frankfurt/M. (Insel), S. 72f. und 73f., 75f.
(Aus lizenzrechtlichen Gründen ist dieser Text nicht in reformierter Rechtschreibung abgedruckt.)

© Schöningh Verlag, Best.-Nr. 0282281

Arbeitsanweisungen:

1. Versuchen Sie zu erfassen, was die Textauszüge beschreiben und wie sie es tun.

2. Finden Sie die in diesen Textauszügen gegebene Sicht der Dinge auch in anderen literarischen Texten oder in Bildwerken des Expressionismus? Begründen Sie Ihre Auffassung.

Textinterpretation:

Robert Musil (1880–1942): Der Mann ohne Eigenschaften. Roman (Auszug)

GEISTIGER UMSTURZ

Walter und er waren jung gewesen in der heute verschollenen Zeit kurz nach der letzten Jahrhundertwende, als viele Leute sich einbildeten, dass auch das Jahrhundert jung sei. Das damals zu Grabe gegangene hatte sich in seiner zweiten
5 Hälfte nicht gerade ausgezeichnet. Es war klug im Technischen, Kaufmännischen und in der Forschung gewesen, aber außerhalb dieser Brennpunkte seiner Energie war es still und verlogen wie ein Sumpf. Es hatte gemalt wie die Alten, gedichtet wie Goethe und Schiller und seine Häuser im Stil
10 der Gotik und Renaissance gebaut. Die Forderung des Idealen wartete in der Art eines Polizeipräsidiums über allen Äußerungen des Lebens. Aber vermöge jenes geheimen Gesetzes, das dem Menschen keine Nachahmung erlaubt, ohne sie mit einer Übertreibung zu verknüpfen, wurde damals al-
15 les so kunstgerecht gemacht, wie es die bewunderten Vorbilder niemals zustande gebracht hätten, wovon man ja noch heute die Spuren in den Straßen und Museen sehen kann, und, ob das nun damit zusammenhängt oder nicht, die ebenso keuschen wie scheuen Frauen jener Zeit mussten Kleider
20 von den Ohren bis zum Erdboden tragen, aber einen schwellenden Busen und ein üppiges Gesäß aufweisen. Im Übrigen kennt man aus allerlei Gründen von keiner gewesenen Zeit so wenig wie von solchen drei bis fünf Jahrzehnten, die zwischen dem eigenen zwanzigsten Jahr und dem zwanzig-
25 ten Lebensjahr der Väter liegen. Es kann deshalb nützen, sich auch daran erinnern zu lassen, dass in schlechten Zeiten die schrecklichsten Häuser und Gedichte nach genau ebenso schönen Grundsätzen gemacht werden wie in den besten; dass alle Leute, die daran beteiligt sind, die Erfolge
30 eines vorangegangenen guten Abschnitts zu zerstören, das Gefühl haben, sie zu verbessern; und dass sich die blutlosen jungen Leute einer solchen Zeit auf ihr junges Blut genauso viel einbilden wie die neuen Leute in allen anderen Zeiten. Und es ist jedes Mal wie ein Wunder, wenn nach einer sol-
35 chen flach dahinsinkenden Zeit plötzlich ein kleiner Anstieg der Seele kommt, wie es damals geschah. Aus dem ölglatten Geist der zwei letzten Jahrzehnte des neunzehnten Jahrhunderts hatte sich plötzlich in ganz Europa ein beflügelndes Fieber erhoben. Niemand wusste genau, was im Werden
40 war; niemand vermochte zu sagen, ob es eine neue Kunst, ein neuer Mensch, eine neue Moral oder vielleicht eine Umschichtung der Gesellschaft sein solle. Darum sagte jeder davon, was ihm passte. Aber überall standen Menschen auf, um gegen das Alte zu kämpfen. Allenthalben war plötzlich der
45 rechte Mann zur Stelle; und was so wichtig ist, Männer mit praktischer Unternehmungslust fanden sich mit den geistig Unternehmungslustigen zusammen. Es entwickelten sich Begabungen, die früher erstickt worden waren oder am öffentlichen Leben gar nicht teilgenommen hatten. Sie waren
50 so verschieden wie nur möglich, und die Gegensätze ihrer Ziele waren unübertrefflich. Es wurde der Übermensch geliebt, und es wurde der Untermensch geliebt; es wurden die Gesundheit und die Sonne angebetet, und es wurde die Zärtlichkeit brustkranker Mädchen angebetet, man begeisterte

55 sich für das Heldenglaubensbekenntnis und für das soziale Allemannsglaubensbekenntnis; man war gläubig und skeptisch, naturalistisch und preziös, robust und morbid; man träumte von alten Schlossalleen, herbstlichen Gärten, gläsernen Weihern, Edelsteinen, Haschisch, Krankheit, Dämo-
60 nien, aber auch von Prärien, gewaltigen Horizonten, von Schmiede- und Walzwerken, nackten Kämpfern, Aufständen der Arbeitssklaven, menschlichen Urpaaren und Zertrümmerung der Gesellschaft. Dies waren freilich Widersprüche und höchst verschiedene Schlachtrufe, aber sie hatten einen
65 gemeinsamen Atem; würde man jene Zeit zerlegt haben, so würde ein Unsinn herausgekommen sein wie ein eckiger Kreis, der aus hölzernem Eisen bestehen will, aber in Wirklichkeit war alles zu einem schimmernden Sinn verschmolzen. Diese Illusion, die ihre Verkörperung in dem magischen
70 Datum der Jahrhundertwende fand, war so stark, dass sich die einen begeistert auf das neue, noch unbenützte Jahrhundert stürzten, indes die anderen sich noch schnell im alten wie in einem Hause gehen ließen, aus dem man ohnehin auszieht, ohne dass sie diese beiden Verhaltensweisen als
75 sehr unterschiedlich gefühlt hätten. Wenn man nicht will, braucht man also diese vergangene „Bewegung" nicht zu überschätzen. Sie vollzog sich ohnehin nur in jener dünnen, unbeständigen Menschenschicht der Intellektuellen, die von den heute Gott sei Dank wieder oben-
80 auf gekommenen Menschen mit unzerreißbarer Weltanschauung, trotz aller Unterschiede dieser Weltanschauung, einmütig verachtet wird, und wirkte nicht in die Menge. Aber immerhin, wenn es auch kein geschichtliches Ereignis geworden ist, ein Ereignislein war es doch, und die beiden
85 Freunde Walter und Ulrich hatten, als sie jung waren, gerade noch einen Schimmer davon erlebt. Durch das Gewirr von Glauben ging damals etwas hindurch, wie wenn viele Bäume sich in *einem* Wind beugen, ein Sekten- und Besserergeist, das selige Gewissen eines Auf- und Anbruchs, eine klei-
90 ne Wiedergeburt und Reformation, wie nur die besten Zeiten es kennen, und wenn man damals in die Welt eintrat, fühlte man schon an der ersten Ecke den Hauch des Geistes um die Wangen.

(e ab ca. 1920, v 1930/1955)

Aus: Robert Musil: Der Mann ohne Eigenschaften. Roman. Hrsg. von Adolf Frisé. Hamburg (Rowohlt) 1978, S. 54ff.

Arbeitsanweisungen:

Interpretieren Sie diesen Text als Epochen-Porträt der „Jahrhundertwende".

1. Welche Beobachtungen hält Musil für wichtig?

2. Geben Sie Beispiele für Musils Beobachtungen aus den Texten dieses Kapitels.

3. Welche Beobachtungen würden Sie weniger betonen, welche hinzufügen?

Gedichtvergleich:

Johann Wolfgang von Goethe (1749–1832): Worte sind der Seele Bild

Worte sind der Seele Bild –
Nicht ein Bild! sie sind ein Schatten!
Sagen herbe, deuten mild,
Was wir haben, was wir hatten. –
5 Was wir hatten, wo ist's hin?
Und was ist's denn, was wir haben? –
Nun, wir sprechen! Rasch im Fliehn
Haschen wir des Lebens Gaben.

(e 1818)

Aus: Johann W. Goethe: Sophienausgabe, IV. Abt., 29. Bd.,
Brief 7951 (an Sulpiz Boisseree vom 10.1.1818). Weimar (Böhlau) 1904, S. 14f.

Johann Wolfgang von Goethe: Sprache

Was reich und arm! Was stark und schwach!
Ist reich vergrabner Urne Bauch?
Ist stark das Schwert im Arsenal?
Greif milde drein, und freundlich Glück
5 Fließt, Gottheit, von dir aus!
Fass' an zum Siege, Macht, das Schwert,
Und über Nachbarn Ruhm!

(v 1774)

Aus: Johann Wolfgang von Goethe: Werke. Hamburger Ausgabe in 14 Bänden.
Hrsg.: Erich Trunz, Verlag C. H. Beck [13]1982. Bd. 1, S. 63.

Johannes Bobrowski (1917–1965): Sprache

Der Baum
größer als die Nacht
mit dem Atem der Talseen
mit dem Geflüster über
5 der Stille

Die Steine
unter dem Fuß
die leuchtenden Adern
lange im Staub
10 für ewig

Sprache
abgehetzt
mit dem müden Mund
auf dem endlosen Weg
15 zum Hause des Nachbarn

(v 1967)

Aus: Johannes Bobrowski: Sprache. Aus: Nachbarschaft.
© 1967, Verlag Klaus Wagenbach Berlin, S. 8.

Arbeitsanweisung:

Interpretieren und vergleichen Sie die drei Gedichte. Achten Sie besonders auf Leistungen, die der Sprache zugetraut werden.

NEUNTES KAPITEL — Literatur in der Weimarer Republik und im Exil

1. Gegenstands- und Konzeptionsbeschreibung

1.1 Pädagogisch-fachwissenschaftliche Aspekte

Die Überschrift dieses Kapitels als Kennzeichnung für eine literarische Epoche ist sicher problematisch, wenn auch heute gebräuchlich. Es zeugt immer von einer gewissen Verlegenheit, wenn sich die Literaturgeschichte an politisch-historischen Wendemarken orientiert und wenn sie annimmt, eine ihrer Epochen sei deckungsgleich mit einer Epoche der politischen Geschichte. Wenn man von der Geistesgeschichte ausgeht, erscheint es viel eher so, als lägen die historischen Einschnitte mitten in einer kulturellen Entwicklung. Sie werden häufig von Philosophie und Literatur, um nur diese beiden Erscheinungsformen des Kulturellen zu nennen, antizipiert und vorbereitet, und ihre Wirkung lässt sich im öffentlichen Bewusstsein, das in der Literatur eine seiner markantesten Erscheinungsformen besitzt, noch lange nachweisen. Der Erste Weltkrieg, der in Deutschland die Weimarer Republik hervorgebracht hat, ist dafür sicher ein gutes Beispiel: Er wurde in manchen Texten der Jahrhundertwende schon vorausgeahnt, und die literarische Auseinandersetzung mit ihm war auch Jahre nach seinem Ende noch nicht abgeschlossen. Neben thematischen lassen sich aber auch stilgeschichtliche Zusammenhänge mühelos über das Jahr 1918 hinweg nachweisen. Der Expressionismus bestand auch nach dem Ende des Ersten Weltkriegs noch fort, allerdings hatte er doch seine Kraft verloren, sein Erlöschen setzte mit dem Kriegsende ein; andere Tendenzen machten sich breit, aus denen schließlich die „Neue Sachlichkeit" als bestimmende Tendenz[1] der Zwanzigerjahre hervorging. Was rechtfertigt also für die deutsche Literatur den Epochenbeginn 1918?

Was das Ende der Epoche angeht, stellt sich die Frage, ob nicht schon 1933 alles zu Ende war, ob nicht das, was nach diesem Datum in Deutschland und außerhalb Deutschlands in deutscher Sprache geschrieben wurde, etwas Neues und anderes ist als das in der Weimarer Republik Geschriebene.

Zu beiden Fragen besteht heute ein weitgehender Konsens. Der Literatur der Weimarer Republik wird eine signifikante Eigenart zugestanden, ohne dass deshalb ihr starker Bezug zur vorausgehenden Epoche der Jahrhundertwende in Abrede gestellt würde. Auch die ebenso unbezweifelbare wie zweifelhafte Vorbildfunktion, die sie in unterschiedlicher Weise für die Literaturen des zweigeteilten Deutschland nach dem Zweiten Weltkrieg hatte[2], kann nur aus solcher Eigenart begründet werden. Die Exilliteratur wie die Literatur der Inneren Emigration werden als Fortsetzung der Weimarer Literatur gesehen, wie überhaupt die Kulturleistungen im Exil und in der Inneren Emigration als unmittelbar zur „Weimarer Kultur" gehörig, diese unter anderen Bedingungen fortsetzend, empfunden werden. Selbst die Literatur des Faschismus, ob sie ihn verherrlicht oder nur seine Duldung erschleicht, kann als Fortführung von Tendenzen angesehen werden, die in der Epoche der Jahrhundertwende entstanden sind und sich in der Zeit der Weimarer Republik verfestigt haben. Worin besteht nun die Eigenart dieser Literaturepoche? Kurt Sontheimer hat auf die Weimarer Republik das Bild vom Kaleidoskop angewandt[3] und geurteilt: „Vierzehn Jahre nur währte die Republik von Weimar, und doch gibt es meines Wissens keine Periode der deutschen Geschichte, die gleichzeitig so reich und so beschränkt, so kühn und so gedrückt, so schöpferisch und so primitiv, so befreiend und so regressiv war. Weimar bot in einer bisher nie da gewesenen Vielfalt ein Kaleidoskop deutscher Möglichkeiten." Dieses Bild scheint ihm „ein passendes Sinnbild zu sein für das Durchgeschütteltwerden einer Nation und für die Summe der Erschütterungen, welche die Weimarer Epoche in allen zentralen Lebensbereichen an sich erfuhr". Sontheimer ist sicher zuzustimmen, aber mit dem Zusatz, dass sein Bild vom Kaleidoskop wohl die große Vielfalt und Buntheit trifft, aber mit seiner Assoziation, es verbinde sich jede neue „Durchschüttlung" zu einer neuen und auf ihre Weise schönen Ordnung, geradezu verfälschend erscheint. Die Situation einer „Nation ohne politischen Konsens"[4] war im Gegenteil von Anfang an so von unversöhnlichen Widersprüchen zerrissen, dass es immer wieder zu politischen Morden und zu bürgerkriegsähnlichen Ausschreitungen kam. Die politischen Gegensätze der Weimarer Republik können also nur sehr bedingt als Reichtum, sie müssen eher als Disposition zur Selbstzerstörung angesehen werden. Auch die so genannten „guten Jahre" der Weimarer Republik zwischen dem Krisenjahr 1923 und der Weltwirtschaftskrise ab 1929 verdeckten nur die latent vorhandenen Spannungen, denen zu dieser Zeit zur tätlichen Auseinandersetzung nur der Anlass, nicht der Wille fehlte. Wie fern auch in diesen Jahren die große Mehrheit der Bevölkerung der Demokratie stand, zeigte die Reichspräsidentenwahl von 1925 nur zu genau. Die 1919 von Thomas Mann ausgesprochene Forderung: „Es ist Zeit, zu zeigen, dass das deutsche Volk mit der Freiheit eine ehrbare Ehe zu führen weiß"[5], wurde in der Weimarer Republik nicht verwirklicht.

Die politischen Gegensätze setzten sich in den kulturellen Bereich hinein fort. „Der Vielfalt der politischen Gruppierungen stand also die Vielfältigkeit, Widersprüchlichkeit der Artikulationen des geistigen und kulturellen Lebens in nichts nach, eher

---

[1] Die Bedeutung der Neuen Sachlichkeit für die Weimarer Kultur ist noch umstritten. Neben der hier geäußerten Auffassung besteht auch die These von der Überbewertung der Neuen Sachlichkeit, wenn man sie „zur Epochensignatur schlechthin" mache. Ihre Funktion „als eine typische Ausprägung der Weimarer Kultur, als eine der spezifischen Bewusstseinsformen" ist allerdings unbestritten. Vgl. Theo Buck: Zur Literatur der Weimarer Republik. In: Tendenzen der deutschen Literatur zwischen 1918 und 1945. Hrsg. von Th. Buck und D. Steinbach. Stuttgart (Klett) 1985, S. 21.

[2] Beide deutsche Staaten haben aus der Literatur der Weimarer Republik jeweils jene Strömungen betont, die ihrem je eigenen Selbstverständnis entgegenkamen, und die anderen vernachlässigt, so dass zwei weitgehend verschiedene Bilder dieser Literatur entstanden. Seit 1970 allerdings war infolge einer verstärkten Erforschung der Weimarer Kultur und einer Abschwächung der ideologischen Verkrampfung eine Annäherung der wissenschaftlichen Standpunkte zu beobachten.

[3] Kurt Sontheimer: Weimar – ein deutsches Kaleidoskop. In: Wolfgang Rothe (Hrsg.): Die deutsche Literatur in der Weimarer Republik. Stuttgart (Reclam) 1974, S. 9–18.

[4] Kurt Sontheimer, a.a.O., S. 11.

[5] Thomas Mann: Zuspruch (Veröffentlicht in der Frankfurter Zeitung vom 14.2.1919). In: Thomas Mann: Gesammelte Werke, Bd. XI. Frankfurt/M. (Fischer) 1960, S. 827.

im Gegenteil", konstatiert Sontheimer und findet für die geistige Situation der Weimarer Republik die griffige Formel einer „Kultur der Widersprüche"[6]. Dass sich auch diese Widersprüche nicht zu einem fruchtbaren Gegeneinander verstanden, sondern sich schon für die Zeitgenossen als ausgesprochene „Polarisierung und Atomisierung"[7] darstellten, trägt nicht unwesentlich zur Relativierung jenes Bildes der „Goldenen Zwanzigerjahre" bei, das sich nach dem Zweiten Weltkrieg in den beiden Teilen Deutschlands aus verklärender Erinnerung und nostalgischer Euphorie gebildet hat. Aber es ist richtig, dass die Zwanzigerjahre einen kulturellen Pluralismus geschaffen haben, wie er vorher nie bestanden hatte. Die mannigfaltigsten Ismen, die sich alle ihre Schulen schufen, Jünger um sich scharten und sich gegenseitig auf das Heftigste befehdeten, brachten eine in ihrer Vielfalt ungeahnte künstlerische Produktion hervor. Nie vorher waren Kunst und Wissenschaft so frei gewesen und zugleich von Bürokratie und Justiz so sehr bedrängt und kriminalisiert[8] worden. Aber auch die geistige Freiheit selbst erwies sich zugleich als Segen einer kaum vorstellbaren Fülle wie als Fluch einer zerreißenden Widersprüchlichkeit. Ein tödlicher Taumel war die Folge: „Die Vielseitigkeit und Vielfalt des geistigen und kulturellen Lebens schuf eine Atmosphäre gesteigerter Sensibilität; der Eindruck des Ungebändigten, des Chaos, der eben durch diese Vielfalt hervorgerufen wurde, förderte andererseits die Empfindung und Vorahnung eines Endes, eines Niedergangs und mobilisierte wiederum neue Energien zur Überwindung des scheinbar lähmenden Zustandes, die sich, da sie völlig entgegengesetzte Ziele anvisierten, erst recht zum Chaos potenzierten."[9] Der kulturellen Fruchtbarkeit der Zeit lag eine oft bis zur Psychose gesteigerte Unsicherheit zugrunde, aus der wiederum der oft zum Wahnhaften gesteigerte Wunsch nach einer „geistigen Mitte" und nach „Führung" entstand. „Die Suche nach dem Absoluten, dem zeitlos Gültigen, der großen Einheit, nach dem vollkommen Neuen und der neuen Vollkommenheit eint die Richtungen über alle weltanschaulichen Abgründe hinweg, und das ist der wichtigste Grund dafür, dass die Beziehungen zwischen dem Weimarer Staat und der Weimarer Kultur tief gestört sind."[10] Es gibt unzählige Beispiele für diese Gestörtheit. So verhallten beispielsweise die Appelle des „Vernunftrepublikaners"[11] Thomas Mann, der seit 1919 für die Demokratie als Staatsform und für die Notwendigkeit der Weimarer Republik warb.[12] Hierher gehört auch der Bericht, den Harry Graf Kessler unter dem Datum des 15.11.1922 in sein Tagebuch schrieb. Es geht um die offizielle Feier des 60. Geburtstags von Gerhart Hauptmann, zu der in die neue Aula der Berliner Universität auch Reichspräsident Ebert und Reichstagspräsident Löbe gekommen waren. Kessler berichtet: „Das Denkwürdigste an der Feier ist das grotesk borniert Verhalten der Studenten und Professoren gewesen. Die Berliner Studentenschaft hat mit einer Mehrheit von, ich glaube, vier zu zwei feierlich beschlossen, an der Hauptmann-Feier nicht teilzunehmen, weil Gerhart Hauptmann, nachdem er sich als Republikaner bekannt hat, nicht mehr als charakterfester Deutscher zu betrachten sei! Und von [dem Verleger] Sam Fischer höre ich, dass der genannte Petersen [gemeint ist der Germanist Julius Petersen], der die Festrede hielt, vor zwei Tagen bei ihm war, um ihn zu bitten, Ebert wieder auszuladen, da es der Universität nicht angenehm sein werde, wenn das republikanische Reichsoberhaupt bei ihr erscheine: Und als Fischer das ablehnte, hat ihn Petersen gebeten, dann doch wenigstens Löbe auszuladen, denn zwei Sozialdemokraten auf einem Mal sei doch etwas viel!"[13]
Die hier sichtbar werdenden Tendenzen setzten sich bis in die Literatenkreise selbst hinein fort. Es gehört zu den erfreulichsten Vorgängen in der Weimarer Republik, dass es 1926 gelungen war, an der Preußischen Akademie der Künste eine Sektion der Dichtkunst ins Leben zu rufen, die in ihrer Mitgliederliste neben den Namen der längst Arrivierten und Etablierten durchaus auch solche der Avantgarde führte. Aber der für die

Weimarer Republik so typische Kleingeist herrschte auch hier. Die Wahl eines Preisträgers für das Jahr 1930 hatte folgendes Ergebnis: „Während Bert Brecht lediglich eine Stimme – die von Georg Kaiser – erhielt, siegte nach einer Stichwahl mit Else Lasker-Schüler schließlich Friedrich Schnack mit 14:6 Stimmen bei einer Stimmenthaltung (Döblin)."[14] Und die öffentliche, d.h. in den Zeitungen geführte literarische Diskussion wurde vor allem gegen Ende der Weimarer Republik in ihrem Ton immer unerträglicher. Als 1931 Ödön von Horvath den renommierten Kleist-Preis erhielt,[15] zeigte sich die Unversöhnlichkeit, mit der sich auch die literarischen Positionen begegneten. Er berichtet in einem Interview: „Ein Teil der Presse begrüßte diese Preisverteilung lebhaft, ein anderer Teil wieder zersprang schier vor Wut und Hass. Das sind natürlich Selbstverständlichkeiten. Nur möchte ich hier auch betonen, dass auch im literarischen Kampfe, bei literarischen Auseinandersetzungen von einer gewissen Presse in einem Tone dahergeschrieben wird, den man nicht anders als Sauherdenton bezeichnen kann."[16]
Zu dieser „Kultur der Widersprüche" gehörten also die Politisierung und Ideologisierung. Die literarische Auseinandersetzung war immer zuerst ein Kampf der politischen Einstellungen und der ideologischen Standorte und erst in zweiter Linie eine Diskussion künstlerischer Gestaltungsmöglichkeiten, obwohl gerade diese Zeit reich ist an künstlerischen Programmen. Aber „das Politische" deckt, zumindest im öffentlichen Bewusstsein, alles andere zu. Tragisch wird dieser Sachverhalt, weil die Schriftsteller in der Weimarer Republik nur aus-

---

[6] Kurt Sontheimer, a.a.O., S. 16.
[7] Theo Buck, a.a.O. (s. Anm. 1), S. 10.
[8] Indiz dafür ist die Zahl der in der Weimarer Republik wegen literarischer Werke geführten Gerichtsprozesse. Sie machen die Zerrissenheit Weimars zwischen demokratisch-pluralistischem Ideal und einer antidemokratischen und antimodernen Verfassungswirklichkeit besonders deutlich. Indiz ist aber auch die Tatsache, dass in den Schulen die moderne Literatur überhaupt keinen Platz hatte.
[9] Kurt Sontheimer, a.a.O., S. 16f.
[10] Hagen Schulze: Weimar. Deutschland 1917–1933. Berlin (Siedler) 1982, S.129.
[11] Diesen Begriff hat der Historiker Friedrich Meinecke geprägt, als er im November 1918 sagte: „Ich bleibe, der Vergangenheit zugewandt, Herzensmonarchist, und werde, der Zukunft zugewandt, Vernunftrepublikaner." (Zit. nach: Theo Buck, a.a.O., S. 7).
[12] Noch 1917 hatte Th. Mann in seinen „Betrachtungen eines Unpolitischen" geschrieben: „Ich hasse die Politik und die Demokratie, welche die Verpestung des gesamten nationalen Lebens mit Politik bewirkt." In zahlreichen Reden und Aufsätzen seit 1919 ergriff er für die Demokratie und für die Republik von Weimar Partei, am Ende mit deutlich beschwörenden Untertönen. Besonders sind zu nennen: „Von deutscher Republik" (1922), „Deutsche Ansprache" (1930) und die Rede vor Arbeitern in Wien (1932).
[13] Harry Graf Kessler: Tagebücher 1918–1937. Frankfurt/M. (S. Fischer) 1961, S. 347.
[14] Inge Jens: Dichter zwischen rechts und links. Die Geschichte der Sektion für Dichtkunst der Preußischen Akademie der Künste dargestellt nach den Dokumenten. München (Piper) 1971, S. 142.
[15] Er erhielt ihn zu gleichen Teilen mit Erik Reger (Pseudonym für Hermann Dannenberger; 1893–1954), der 1931 sein Erstlingswerk „Union der festen Hand. Roman einer Entwicklung", einen im Industriellenmilieu spielenden, aber die für die damalige Zeit wohl kennzeichnende Sehnsucht eines großen Teils der Arbeiterschaft nach einem kleinbürgerlichen „Lebensglück" darstellenden gesellschaftskritischen Roman veröffentlicht hatte. Die Tatsache, dass dieser Autor keinesfalls den Rang Horvaths erreichte und inzwischen der Vergessenheit anheimgefallen ist, kann nicht als Indiz für ein Fehlurteil der Jury im Sinne einer „generellen Unsicherheit" angesehen werden, wie Theo Buck das tut. (Vgl. Theo Buck, a.a.O., S. 11) Viel eher ist darin der in der Weimarer Zeit gewiss seltene Mut zu erkennen, noch unbekannten Talenten mit kritischer Einstellung zum Durchbruch zu verhelfen.
[16] Zit. nach: Materialien zu Ödön von Horvath. Hrsg. von Traugott Krischke. Frankfurt/M. (Suhrkamp) 1970, S. 186.

nahmsweise „ihren" Staat erkannten, und der Staat nie zu „seinen" Schriftstellern gefunden hat. Nie abgerissen ist jedenfalls die Klage der Schriftsteller über die Ungesichertheit ihrer sozialen Stellung und über das Nichtvorhandensein wirklicher staatlicher Fördermaßnahmen für die Kunst. In diesem Zusammenhang wurden auch die Grundsätze staatlicher Kulturpolitik heftig diskutiert und nicht selten in ihrer Berechtigung entschieden angezweifelt. Weimar ist eben auch das für Deutschland noch ganz unentwickelte Gelände einer nach den Regeln von Mehrheitsentscheidungen (im politischen Bereich) und Konkurrenz (im wirtschaftlichen Bereich) organisierten Massengesellschaft mit den veränderten und verändernden Bedingungen einer Massenproduktion auch im geistig-künstlerischen Bereich, die zugleich wesentlich von den Massenmedien beeinflusst wird. Dieser Sachverhalt schuf ein ganz neues kulturelles Klima, das sich in der „Jahrhundertwende" herausgebildet hatte und sich nun voll entfaltete: das Klima einer Zweiteilung. Es gibt seither eine „Kunst" für die Massen, die in ihrem künstlerischen Wert häufig zweifelhaft ist, und eine „elitäre" Kunst, die nie die Massen erreicht. Beide verhalten sich zueinander wie restaurativ und innovativ, beide gehören zum Bild ihrer Zeit, aber nur die letztere hatte eine Perspektive in die Zukunft. Diese Zweiteilung hat sich für die Literatur vor allem wegen der neuen Wege der Literaturvermittlung (andere Produktions- und Distributionsbedingungen, konsequente Kommerzialisierung, dadurch auch anderer Publikumsbezug) so ausgewirkt, dass sich die Kluft zwischen „Massenliteratur" und „gehobener Literatur" vertiefte und verbreiterte. Die Zweifel an einer „Kunst für alle" wurden immer drängender, und schon gesellten sich Zweifel an Wert und Notwendigkeit von Kunst überhaupt dazu. An die Stelle von Kultur trat immer deutlicher ein „Kult der Zerstreuung" als dem eigentlichen Kennzeichen der Massenkultur. Dazu kam, dass die Literatur ihre beherrschende Stellung überhaupt verlor. Sie geriet jetzt in Konkurrenz zu den audiovisuellen Medien, also zum Radio und zum Film. Aus beiden Medien ergaben sich aber umgekehrt wieder Anregungen für die Literatur in stofflicher wie gestalterischer Hinsicht, ja diese Konkurrenz zwang geradezu die Literatur zur Hervorbringung neuer Darstellungsformen (z.B. epische Kurzformen, Reportage, Hörspiel, Erweiterung des Repertoires der Trivialliteratur) und neuer Darstellungsmittel (z.B.: Montage, Collage) so wie die Politisierung sie zur Durchsetzung junger Genres (z.B. Zeitroman und Zeitstück) gezwungen hatte. Aus den sie schwächenden neuen Gegebenheiten erwuchs der Literatur also auch ein neuer Reichtum. Die „reine Kunst" jedenfalls geriet in eine Krise, nicht nur Brecht forderte die Beachtung des „Gebrauchswerts" von Kunst und Literatur.

Die Offenheit der kulturellen Situation im neuen demokratischen Staat, die für viele nur eine verachtenswerte Standortlosigkeit war, förderte auch den Austausch mit neuen außerdeutschen Leitbildern: Amerika erschien als Land der Zukunft; der „american way of life" als kommende Lebensform, der kulturelle Amerikanismus (z.B. Jazz, Show, Musical, Schlager, Box-

sport) durchdrang auch die deutsche Kultur. Andere setzten ihre Hoffnung auf die Sowjetisierung, die in Russland politisch-gesellschaftliche Wirklichkeit geworden war, noch unzureichend und fehlerhaft, so glaubten viele, aber doch Hoffnungen auf eine gerechtere Welt setzend. Die sowjetische Revolutionskunst wirkte vor allem durch den Film (Eisenstein, Pudowkin) und durch das Theater (der Realismus Stanislawskijs, seit 1898 im Moskauer Künstlerischen Theater gepflegt, entfaltete jetzt seine Wirkung; daneben traten Formen des Revolutions- und Agitprop-Theaters, wie es vor allem mit dem Namen Meyerhold verbunden ist[17]) .

Reichtum und Vielfalt der Weimarer Kultur dürfen nicht darüber hinwegtäuschen, dass es sich um ein „Eliten-Phänomen, eine Intellektuellen-Kultur"[18] handelt, eine geistige „Republik der Außenseiter" (Peter Gay). „Die Weimarer Kultur ist, so paradox es klingt, nicht eigentlich das Werk von Weimar, sie war [...] ein Tanz am Rande des Vulkans. Ein sehr kurzer Tanz übrigens, doch seine Kunstfiguren entzücken und faszinieren noch heute. Sie überdauerten den Vulkan, der sie für immer auszulöschen trachtete."[19]

Zusammenfassend lässt sich sagen:

„Die Weimarer Republik kann als eine Übergangsepoche interpretiert werden, in der traditionelle Denkweisen aus dem ständischen Obrigkeitsstaat des 19. Jahrhunderts mit Erfahrungen des modernen industriellen Massenzeitalters zusammenprallten. Für die politische wie für die kulturelle Sphäre bedeutete dies ein Konfliktpotenzial, an dem die Weimarer Republik letztlich zerbrach. Die Gleichzeitigkeit weit divergierender Werthaltungen und Einstellungen war zweifellos auch ein Hauptfaktor für das epochentypische Gefühl der Unsicherheit und permanenten Krisenstimmung, das sich auch in den literarischen Diskussionen niederschlug. Der industrielle und soziale Modernisierungsprozess, der sich besonders nach 1924 rapide entfaltete, hat den Schriftstellern eine Fülle neuer Erfahrungen aufgezwungen, die nach Erklärung und Sinndeutung verlangten. Folge dieser ,Erfahrungsübersättigung' war ein Anschwellen des literaturpraktischen Diskurses. Eine Flut von Essays, Analysen, Kommentaren, Stellungnahmen, Manifesten, Proklamationen, Debatten und Appellen überschwemmte den literarischen Markt. Der Schriftsteller wurde in der Weimarer Republik mehr als je zuvor zur öffentlichen Person, die sich unentwegt in Umfragen, Reden, Interviews und Feuilletonartikeln zur zeitgenössischen Kultur, Gesellschaft und Politik äußerte. Die für die Weimarer Republik charakteristische Öffnung der Institution Literatur zu einem Forum gesellschaftlicher Auseinandersetzung hat auch den Literaturbegriff verändert. Literatur wurde Teil der Alltagskommunikation [...] Die Weimarer Republik war politisch wie literarisch eine kämpferische, aggressive Epoche. Die Unfähigkeit zum Kompromiss, die im politischen Bereich zu unversöhnlichen, letztlich selbstzerstörerischen Frontbildungen führte, hat im literarischen Diskurs immer wieder neue Konfrontationen zwischen völkisch-nationalen, bürgerlich-liberalen und sozialistisch-kommunistischen Positionen hervorgerufen. Versuche, die Weimarer Republik ausschließlich entweder unter sozialistischer (auf die DDR vorausdeutender) oder auch präfaschistischer (zwangsweise auf Hitler zulaufender) Perspektive zu betrachten, sind unbefriedigend, denn sie verdecken die ideologischen Spannungen und Konflikte ebenso wie die (trotz aller Belastungen) objektiv bestehenden Möglichkeiten dieser Epoche."[20]

Diese Literatur wurde 1933 infolge der nationalsozialistischen Machtübernahme zweigeteilt: in die der so genannten „inneren" und „äußeren" Emigration. Jeder dieser Zweige hatte wiederum ganz unterschiedliche Produktionsbedingungen und wandte sich deshalb unterschiedlichen Themen zu: Die Exilliteratur betrieb direkt oder indirekt die Auseinandersetzung mit dem Faschismus, während die Literatur der „Inneren Emigration" sich auf allgemeinere, eher überzeitliche Themen zurückgeworfen sah[21].

---

[17] Am Ende der Weimarer Republik entfaltete sich auch in Deutschland, vor allem in den Arbeiterbezirken Berlins, eine lebhafte Agitprop-Szene mit zeitweise über 200 organisierten Spieltruppen, deren Texte z.T. in der Sammlung „Das rote Sprachrohr" 1929 veröffentlicht wurden. Der Einfluss dieser Agitpropkunst auf das Theater (Piscator) und auf die moderne Dramatik (Brecht, Weiß) ist noch unzureichend erforscht.

[18] Hagen Schulze, a.a.O., S. 125.

[19] Kurt Sontheimer, a.a.O., S. 18.

[20] Anton Kaes (Hrsg.): Weimarer Republik. Manifeste und Dokumente zur deutschen Literatur 1918–1933. Stuttgart (Metzler) 1983. S. IV und VII.

[21] Daraus erklärt sich auch die Tatsache, dass in der frühen Bundesrepublik, einer aus vielen Gründen restaurativen Zeit, vor allem die Literatur der „inneren Emigration" rezipiert wurde, während die Exilliteratur lange nicht zur Kenntnis genommen wurde.

Am pointiertesten hat Peter Sloterdijk über die Aktualität der Weimarer Kultur geurteilt: „In ihren artikulierten Spitzenleistungen steht die Weimarer Kultur, trotz vieler Gegenbeispiele, als die wachste Epoche der Geschichte vor uns. [...] Sie empfindet den Schmerz der Modernisierung heftiger und spricht ihre Desillusionierung kälter und schärfer aus, als jede Gegenwart dies noch könnte. Wir finden in ihr herausragende Formulierungen des modernen unglücklichen Bewusstseins – brennend aktuell bis heute, ja vielleicht erst jetzt in ihrer allgemeineren Geltung fassbar."[22]

Für Schüler ist die Kultur der Weimarer Republik deshalb von mehrfachem Interesse. Das erste ist ein relatives: Die Schüler erkennen in ihr die Vorgeschichte unserer heutigen Situation der Unübersichtlichkeit durch Informationsüberfütterung und Reizüberflutung, durch den raschen Wechsel der Moden. Die zeitliche Distanz zur Weimarer Republik erlaubt aber auch einen gelasseneren Blick auf ihre Kultur. Zum einen wird in ihr deutlich, zu welcher Fülle und Vielfalt, zu welchem Reichtum an Möglichkeiten sich Kultur entfalten kann, zum anderen zeigt sich in ihr, zu welcher geistigen Verengung und Selbstbeschränkung ideologische Festlegung verführen kann. Der Schüler erfährt, wie in derselben Kultur ein äußerstes Gewährenlassen und ein direkter Vernichtungswille nebeneinander stehen können, er erfährt aber auch, dass Orientierungslosigkeit der Masse im Bereich des Geistigen diese Gegensätze nicht aufhebt, sondern verschärft, weil sie meist zu fanatischer Parteinahme oder apathischer Verweigerung führt, unbewusste Ängste schürt und irrationale Hilfen erwartet.

Wenn sich die Schüler im vorausgehenden Kapitel „Jahrhundertwende" des Zusammenhangs von politischer und kultureller Entwicklung bewusst wurden, so können sie jetzt diesen Eindruck vertiefen und erweitern. Einerseits werden sie sich beeindrucken lassen von der Fülle der Möglichkeiten, die sich der Kultur in einer offenen Gesellschaft bieten, andererseits werden sie erschrecken ob des mit diesem Reichtum einhergehenden Versuchs der Ideologisierung, also der gewaltsamen Verengung der Möglichkeiten und der Ächtung jener, die sich jenseits dieser Grenzen zu bewegen „getrauen". Die Weimarer Republik bietet das zugleich faszinierende wie abstoßende Beispiel für die antagonistische Polarisierung im Politischen, die zu völliger politischer Indifferenz verleitet oder zur entschiedenen politischen Stellungnahme führt, die aber andere Standpunkte dann nicht mehr als gegnerisch, sondern als feindlich empfindet. Die von einer offenen Gesellschaft zu fordernde und zunächst geförderte Toleranz schlägt in ihr Gegenteil um, wird zu Hass und Unversöhnlichkeit. Die politisch-gesellschaftliche Auseinandersetzung wird nicht mehr argumentativ, sondern als offener Kampf geführt, der politische Gegner muss nicht mehr im Meinungsstreit überzeugt, sondern als Feind im handgreiflichen Kampf vernichtet werden. Die Kultur und damit auch die Literatur der Weimarer Republik nehmen teil an dieser Überdehnung, auch die kulturelle Spannweite ist nicht mehr das weite Feld schöner Möglichkeiten, sondern die unmittelbare Nachbarschaft von Hochpunkt und Abgrund. Ein solcher Einblick kann ein Beitrag zur Mäßigung, zur Anerkennung auch des ganz anderen und dazu sein, dass eigene Standpunkte durchaus entschieden und klar definiert sein, dass sie aber niemals zu Verabsolutierung und Ausschließung führen dürfen, wenn sie nicht gemeinschaftszerstörend und kulturfeindlich werden sollen.

1.2 Fachdidaktisch-methodische Aspekte

1.2.1 Sprechen und Schreiben

Schwerpunktmäßig wird in diesem Kapitel an die literarische Erörterung einer Textsequenz herangeführt, in der es nicht um die detaillierte Einzelinterpretation geht, sondern um die Er-schließung und Reflexion größerer Zusammenhänge, die sich aus dem Werk eines Autors oder aus der Kenntnis von Werken verschiedener Autoren ergeben. Am Beispiel Kafkas werden die Schüler mit unterschiedlichen Interpretationsansätzen bekannt gemacht und erproben verschiedene **Interpretationsmethoden**. Schreibanlässe werden in großer Zahl hergestellt, als **reproduzierendes Schreiben** in den Formen der Analyse, der Erörterung, der aspektgebundenen Textbeschreibung und des Textvergleichs, als **produktives Schreiben** in der selbstständigen Gestaltung vorgegebener Textsorten wie des Feuilletons, des offenen Briefs und der Rezension. **Sprechanlässe** finden sich vom fingierten Streitgespräch mit seinem Zwang zu argumentativer Sachlichkeit bis zur Rezitation mit ihrem Anspruch auf künstlerische Gemäßheit. In der Auseinandersetzung mit der politischen Rede werden eigene Redeversuche unternommen.

1.2.2 Literatur und Medien

Zwei wichtige Vorbemerkungen und Verweise:

Im Einführungs-Kapitel von BLICKFELD DEUTSCH wurde als Beispiel für den Zusammenhang von Autor, Werk und Leser mit Kurt Tucholsky ein Autor gewählt, der wie kaum ein anderer für die Weimarer Republik und ihre politische Wirklichkeit steht und zugleich viel von dem Neuen, das die Literatur der Weimarer Republik ausmacht, repräsentiert. Insofern konnten die Schüler schon wesentliche Einblicke in die Epoche bekommen. Was über den Zusammenhang von Disparität einer Epoche einerseits und ihrer Darstellung unter der Notwendigkeit extremer stofflicher Reduktion andererseits zu sagen ist, wurde schon bei der „Jahrhundertwende" gesagt (vgl. LB, S. 421ff.). Bei der Textauswahl und der Strukturierung des Kapitels „Literatur in der Weimarer Republik und im Exil" „kam es darauf an, gerade das **gleichzeitige Neben- und Gegeneinander** verschiedener Standpunkte in ihrer prinzipiellen Widersprüchlichkeit hervortreten zu lassen"[23]. Zuerst zu berücksichtigen war also die epochentypische Relevanz der Texte. Eine zweite, unter dem Gesichtspunkt ihrer Verwendung im Unterricht mindestens ebenso wichtige Bedingung an die Texte war die ihrer Interessantheit für die Schüler. Drittens waren Texte auch unter dem Gesichtspunkt ihres Fortwirkens bis heute auszuwählen.

1.2.3 Sprachbetrachtung

Dieses Kapitel bietet zwei Schwerpunkte der Sprachbetrachtung. Einmal die Auseinandersetzung mit **Stilmustern der Prosa** und der Notwenigkeit einer funktionalen Sprachbeschreibung prosaischer Texte. Dazu gehört auch die Stiluntersuchung bestimmter Textsorten wie Feuilleton, Glosse und Parabel, Groteske und Satire. Zum anderen wird am Beispiel der **politischen Rede** die politische Sprache als Funktions- und Meinungssprache untersucht. In einen weiteren Erkenntnishorizont führen sprachtheoretische Reflexionen zum Zusammenhang von **Sprache und Diktatur**, also die Rückwirkungen, die sich aus der Herrschaftsform auf Sprachbewusstsein und Sprachverwendung ergeben, und Sprache und Exil, also die Situation, in der Literatur nicht mehr da entstehen kann, wo die Sprache gesprochen wird, in der sie geschrieben ist.

1.3 Literaturhinweise

Die Literaturhinweise geben nur eine kleine Auswahl besonders wichtiger und interessanter Werke. Bücher, die sich für Schüler besonders gut eignen, sind mit einem * versehen.

---

[22] Peter Sloterdijk: Kritik der zynischen Vernunft. 2 Bände. Frankfurt/M. (Suhrkamp) 1983, S. 708 und 42.
[23] Anton Kaes: a.a.O., S. VII.

1.3.1 Zum historischen Hintergrund und zum Gesamtbild der Epoche

- Ploetz Weimarer Republik. Eine Nation im Umbruch. Hrsg. von Gerhard Schutz. Freiburg/Würzburg (Ploetz) 1987.
- Ploetz Das Dritte Reich. Ursachen, Ereignisse, Wirkungen. Hrsg. von Martin Broszat und Norbert Frei in Verbindung mit dem Institut für Zeitgeschichte, München/Freiburg/Würzburg (Ploetz) 1983.

Solide historische Grundinformationen, übersichtlich präsentiert.

Beste Information in glänzender Aufbereitung und ausgezeichnete Lesbarkeit verbinden die beiden Bänden der Reihe „Die Deutschen und ihre Nation":
- Hagen Schulze: Weimar. Deutschland 1917–1933. Berlin (Siedler) 1982.
- Hans-Ulrich Thamer: Verführung und Gewalt. Deutschland 1933–1945. Berlin (Siedler) 1986.

Umfassend informiert auch über die Geistesgeschichte der Weimarer Republik:
- Karl Dietrich Bracher, Manfred Funke, Hans-Adolf Jacobsen (Hrsg.): Die Weimarer Republik 1918–1933. Politik, Wirtschaft, Gesellschaft. Bonn 1987 (= Schriftenreihe der Bundeszentrale für politische Bildung, Band 251).

Ebenso umfassend, aber ohne geistesgeschichtliche Informationen:
- Karl Dietrich Bracher, Manfred Funke, Hans-Adolf Jacobsen (Hrsg.): Nationalsozialistische Diktatur 1933–1945. Eine Bilanz. Bonn 1983 (= Schriftenreihe der Bundeszentrale für politische Bildung, Band 192).

Leicht zugängliche, sich gut ergänzende und auch für Schüler interessante Bändchen sind:
- *Joachim Leuschner (Hrsg.): Deutsche Geschichte, Band 10: Gerhard Schulz: Deutschland seit dem Ersten Weltkrieg. Göttingen (Kleine Vandenhoeck-Reihe 1419).
- *Heinrich August Winkler und Alexander Cammann (Hrsg.): Weimar. Ein Lesebuch zur deutschen Geschichte 1918–1933. München (Beck'sche Reihe 1238).
- *Christoph Studt (Hrsg.): Das Dritte Reich. Ein Lesebuch zur deutschen Geschichte 1933–1945. München (Beck'sche Reihe 1089).

Gesamtdarstellungen der Weimarer Kultur geben folgende Bände, die sich auch für Schüler eignen:
- *Jost Hermand, Frank Trommler: Die Kultur der Weimarer Republik. Frankfurt/M. (Fischer) 1988.
- *Die wilden Zwanziger. Weimar und die Welt 1919–1933. Ein Bilderlesebuch. Reinbek (Rowohlt) 1988.
- *John Willett: Die Weimarer Jahre. Eine Kultur mit gewaltsamem Ende. Stuttgart (Hatje) 1986.
- *Peter Gay: Die Republik der Außenseiter. Geist und Kultur in der Weimarer Zeit 1918–1933. Frankfurt/M. (Fischer) 1987 (Neuausgabe).

Über die geistesgeschichtliche Vorbereitung des Nationalsozialismus vor allem auch in der Zeit der Weimarer Republik berichtet aus einem interessanten Gesichtswinkel:
- Hermann Glaser: Spießer-Ideologie. Von der Zerstörung des deutschen Geistes im 19. und 20. Jahrhundert und dem Aufstieg des Nationalsozialismus. Frankfurt/M. (Fischer) 1985 (Neuausgabe).

Ebenso informationsreich wie eigenwillig und anregend in seinen Akzentsetzungen und Wertungen ist das Buch:
- Peter Sloterdijk: Kritik der zynischen Vernunft. 2 Bände. Frankfurt/M. (Suhrkamp) 1983.

Eine Aufsatzsammlung zum politischen Verhalten deutscher Publizisten und Schriftsteller in der Endphase der Weimarer Republik bietet:

- Weimars Ende. Prognosen und Diagnosen in der deutschen Literatur und politischen Publizistik 1930–1933. Hrsg. von Thomas Koebner. Frankfurt/M. (Suhrkamp) 1982.

1.3.2 Materialsammlungen

Die umfangreichsten und am eingehendsten kommentierten Sammlungen programmatischer Texte enthalten:
- Weimarer Republik. Manifeste und Dokumente zur deutschen Literatur 1918–1933. Mit einer Einleitung und Kommentaren hrsg. von Anton Kaes. Stuttgart (Metzler) 1983.
- Wolfgang Asholt, Walter Fähnders (Hrsg.): „Die ganze Welt ist eine Manifestation". Die europäische Avantgarde und ihre Manifeste. Darmstadt (Wiss. Buchgesellschaft) 1997.

Politische Stellungnahmen deutscher Literaten, ebenfalls kommentiert, enthält der Band:
- Lesebuch Weimarer Republik. Deutsche Schriftsteller und ihr Staat von 1918 bis 1933. Hrsg. von Stephan Reinhardt. Berlin (Wagenbach) 1982.

Eine außerordentlich reiche Sammlung auch längerer Texte mit ausführlichen Einleitungen und Kommentaren enthält:
- Ernst Loewy (Hrsg.): Exil. Literarische und politische Texte aus dem deutschen Exil 1933–1945. Band 1: Mit dem Gesicht nach Deutschland. Band 2: Erbärmlichkeit und Größe. Band 3: Perspektiven. Frankfurt/M. (Fischer) 1981/82 (= Fischer Tb 6481– 6483).

Für Schüler geeignet ist auch die überaus reiche Sammlung an Dokumenten und literarischen Texten:
- Literatur im Dritten Reich. Dokumente und Texte, hrsg. von Sebastian Graeb-Könneker. Stuttgart 2001 (= UB 18148).

1.3.3 Literaturgeschichte (allgemein)

- Hansers Sozialgeschichte der deutschen Literatur vom 16. Jahrhundert bis zur Gegenwart. Band 8: Bernhard Weyergraf (Hrsg.), Literatur der Weimarer Republik (1918–1933). München (Hanser) 1995 (auch bei der Wiss. Buchgesellschaft, Darmstadt).
  Hansers Sozialgeschichte der deutschen Literatur vom 16. Jahrhundert bis zur Gegenwart. Band 9: Wilhelm Haefs (Hrsg.), Literatur unterm Faschismus: NS – Innere Emigration – Exil (1933–1945). München (Hanser) (in Vorbereitung).
- Viktor Zmegac (Hrsg.): Geschichte der deutschen Literatur vom 18. Jahrhundert bis zur Gegenwart. Band III,1: 1918–1945, Königstein/Ts. (Athenäum) 1984. Jetzt auch als Band 24 bei der Digitalen Bibliothek auf CD-Rom erschienen.
- Horst Albert Glaser (Hrsg.): Deutsche Literatur. Eine Sozialgeschichte in 10 Bänden, Band 9: Alexander von Bormann, Horst A. Glaser (Hrsg.): Weimarer Republik – Drittes Reich: Avantgardismus, Parteilichkeit, Exil. Reinbek (Rowohlt) 1983.
  Grundlegende, unentbehrliche Handbücher.
- Jan Berg, Hartmut Böhme, Walter Fähnders, Jan Hans, Heinz-B. Heller, Joachim Hintze, Helga Karrenbrock, Peter Schütze, Jürgen C. Thöming, Peter Zimmermann: Sozialgeschichte der deutschen Literatur von 1918 bis zur Gegenwart. Frankfurt/M. (Fischer) 1981.
- Erhard Schütz, Jochen Vogt u.a.: Einführung in die deutsche Literatur des 20. Jahrhunderts. Band 2: Weimarer Republik, Faschismus und Exil. Opladen (Westdeutscher Verlag) 1977 (= Grundkurs Literaturgeschichte).
- Anton Kaes: Vom Expressionismus zum Exil. In: Ehrhard Bahr (Hrsg.): Geschichte der deutschen Literatur. Kontinuität und Veränderung. Vom Mittelalter bis zur Gegenwart. Band 3: Vom Realismus bis zur Gegenwartsliteratur. Tübingen (Francke) 1988.
- Walter Fähnders: Avantgarde und Moderne 1890–1933. Lehrbuch Germanistik. Stuttgart (Metzler) 1998.
  Profunde Darstellung mit ausführlicher Bibliographie.

- Silvio Vietta: Die literarische Moderne. Eine problemgeschichtliche Darstellung der deutschsprachigen Literatur von Hölderlin bis Thomas Bernhard. Stuttgart (Metzler) 1992.

Eine außerordentlich anregende, den Begriff der Moderne neu definierende Aufarbeitung von 200 Jahren Literaturgeschichte.

- Dieter Hoffmann: Arbeitsbuch deutschsprachige Lyrik 1916–1945. Vom Dadaismus bis zum Ende des Zweiten Weltkriegs. Tübingen/Basel (Francke) 2001 (= UTB 2200).

Ergiebiger Darstellungs- und anregender Interpretationsteil, verbunden mit Aufgabenstellungen machen diesen Band zu einem echten Arbeitsbuch.

Unentbehrliche Standardwerke mit Aufsätzen namhafter Autoren zu wesentlichen Themen sind:
- Wolfgang Rothe (Hrsg.): Die deutsche Literatur in der Weimarer Republik. Stuttgart (Reclam) 1974.
- Manfred Durzak (Hrsg.): Die deutsche Exilliteratur 1933–1945. Stuttgart (Reclam) 1973.

Eine knappe, aber glänzende Übersicht und Kommentare zu zahlreichen Einzelwerken bietet:
- Konrad Feilchenfeldt: Deutsche Exilliteratur 1933–1945. Kommentar zu einer Epoche. München (Winkler) 1986.

Für Schüler eignen sich die folgenden Bände aus Reclam-Reihen:
- *Die deutsche Literatur. Ein Abriss in Text und Darstellung. Hrsg. von Otto F. Best und Hans-Jürgen Schmitt. Band 14: Expressionismus und Dadaismus. Hrsg. von Otto F. Best. Stuttgart (Reclam) 1974 (= UB 9653–56). Band 15: Neue Sachlichkeit. Literatur im „Dritten Reich" und im Exil. Hrsg. von Henri R. Paucker. Stuttgart (Reclam) 1974 (= UB 9657–60).
- Deutsche Dichter. Leben und Werk deutschsprachiger Autoren. Hrsg. von Gunter E. Grimm und Frank Rainer Max. Band

7: Vom Beginn bis zur Mitte des 20. Jahrhunderts. Stuttgart (Reclam) 1989 (= UB 8617).
- *Deutsche Literaturgeschichte, Band 9: Ingo Leiß und Hermann Stadler, Weimarer Republik 1918–1933. München (Deutscher Taschenbuch Verlag) 2003 (= dtv 3349).
- *Deutsche Literaturgeschichte, Band 10: Paul Riegel und Wolfgang Rinsum: Drittes Reich und Exil 1933–1945. München (Deutscher taschenbuch verlag) 2000 (= dtv 3350).

In ihrer Verbindung von allgemeinen Einführungen, biografischen Notizen und Interpretationen wichtiger Werke sind diese Bücher für Schüler besonders gut geeignet.

1.3.4 Literaturgeschichte (speziell)

Ausgezeichnete Übersichten bieten:
- Erhard Schütz: Romane der Weimarer Republik. München (Fink) 1986.
- Eckhard Philipp: Dadaismus. Einführung in den literarischen Dadaismus und die Wortkunst des „Sturm"-Kreises. München (Fink) 1980.
- Angela Huß-Michel: Literarische und politische Zeitschriften des Exils 1933–1945. Stuttgart (Metzler) 1987.
- Walter Zettl: Literarische Spuren einer Übergangsepoche. Dichtung und Schrifttum in Österreich zwischen den beiden Weltkriegen. In: Herbert Zeman (Hrsg.): Literaturgeschichte Österreichs. Graz (Akademische Druck- und Verlagsanstalt) 1996.

*Für Schüler eignen sich auch die Bände der rowohlts bildmonographien, die Materialienbände der suhrkamp-Bibliothek und die Bände „Literaturwissen" bei Reclam.

2. Sequenzvorschläge

2.1 Epochensequenzen

Texte und Bilder aus BLICKFELD DEUTSCH Oberstufe	Didaktisch-methodische Kommentierung
I. Eine Welt aus den Fugen (S. 350–361) 1. Widersprüchliche Bilder von einer widersprüchlichen Welt – Menschenbilder in Lyrik und Prosa (S. 350–353) Aspekte der Zwanzigerjahre (Zitatsammlung) Carossa: Der alte Brunnen Kästner: Monolog mit verteilten Rollen Benn: Sieh die Sterne, die Fänge Klabund: Ironische Landschaft Th. Mann: Der Zauberberg Hesse: Der Steppenwolf	**Einstiegs- und Motivationsphase:** **Motivation** durch einen offenen Zugang mit alternativen Möglichkeiten: 1. Bearbeitung aller angebotenen Texte in arbeitsteiliger Gruppenarbeit, 2. Bearbeitung der Gedichte in vier Arbeitsgruppen (zunächst unter Verzicht auf die Prosatexte), 3. Bearbeitung der beiden Prosatexte im Plenum. **Grundlegung** eines Epochenverständnisses durch die Entdeckung der Widersprüchlichkeit und/oder Orientierungslosigkeit als wesentlichem Erscheinungsbild der Epoche. Die zu gewinnende Leitfrage kann bei Alternative 1 eher auf die Widersprüchlichkeit, bei Alternative 2 eher auf die Orientierungslosigkeit hin formuliert werden.
2. Rätselhaftigkeit der Welt und Sinnverlust des Lebens – Parabelinterpretation und literarische Erörterung (S. 353–361) Polgar: Verfall *Kafka: Das Stadtwappen R. Walser: Ovation *Kafka: Auf der Galerie Kafka: Gibs auf Heinz Politzer: Eine Parabel Kafkas – Versuch einer Interpretation *Kafka: Eine kaiserliche Botschaft Zuordnung, Ergänzung und Beurteilung von „Textelementen"	**Einstiegs- und Erweiterungsphase:** Konkretisierung des Epochenverständnisses im Sinne einer geistesgeschichtlichen Orientierung: Befindlichkeit und Selbstverständnis nach dem Ersten Weltkrieg in fiktionalen Darstellungen mit unterschiedlicher Perspektive und verschiedener Intention. Merkmale der Textsorten Feuilleton und Parabel. Kennen lernen und Erproben unterschiedlicher Interpretationsansätze. Die literarische Erörterung als Aufsatzform.

Texte und Bilder aus BLICKFELD DEUTSCH Oberstufe	Didaktisch-methodische Kommentierung
II. Der Tanz auf dem Vulkan (S. 361–376) Dix: Großstadt 1. Der lange Schatten des Krieges – Aspekte in Roman, Tragödie, Essay und Reportage (S. 361–365) Remarque: Im Westen nichts Neues Kraus: Die letzten Tage der Menschheit E. Jünger: Der Kampf als inneres Erlebnis Kisch: Wallfahrtsort für Kriegshetzer	**Informations- und Erarbeitungsphase:** Erweiterung und Vertiefung der Kenntnisse der Epochenmerkmale und des Epochenzusammenhangs unter thematischen Gesichtspunkten. **Schwerpunktthema 1:** Die Verarbeitung des Kriegserlebnisses in der Literatur der Weimarer Republik. Erarbeitung unterschiedlicher Textbeispiele und ihrer thematischen Festlegungen als Beispiel für die radikale Widersprüchlichkeit und Unvereinbarkeit von Standpunkten. Zusammenhang von Thema und Form (Textbeispiele als Gattungsrepräsentanten: Roman, Drama, Essay, Reportage). Einzel- und Gruppenarbeit. Festsetzung und Diskussion von Kategorien der Vergleichbarkeit. Bildbeschreibung und Bildinterpretation.
2. „Der Zeitgeist pfeift" (Tucholsky) – Aspekte in Glosse, Zeitroman, Volksstück und Gebrauchslyrik (S. 366–370) Kuh: Nietzsche und Hindenburg Feuchtwanger: Die Geschwister Oppermann Horváth: Italienische Nacht Kästner: Marschliedchen	**Schwerpunktthema 2:** Die Okkupation des Denkens, Fühlens und Handelns von Menschen durch die Politik. Erarbeitung unterschiedlicher Textbeispiele zur literarischen Kritik am politischen System und zur literarischen und politischen Situation in der Endphase der Weimarer Republik. Zusammenhang von Inhalt und Form (Textbeispiele als Gattungsrepräsentanten: Glosse, Roman, Volksstück, „Gebrauchslyrik"). Arbeitsteilige Einzel- oder Gruppenarbeit. Feststellung von epochentypischen Darstellungsperspektiven, Stilmerkmalen und Gattungen.
3. Jahrmarkt des Lebens – Dadaismus und Zeitkritik (S. 371–374) Schwitters: Der Zusammenstoß J. Roth: Das Lächeln der Welt K. Mann: Der Wendepunkt	**Schwerpunktthema 3:** Reichtum und Elend der „Goldenen Zwanzigerjahre", Lebens- und Bewusstseinsformen in der Weimarer Republik, neue Medien des Massenzeitalters. Erarbeitung unterschiedlicher Textbeispiele zum Lebensgefühl in der Weimarer Republik und der es beherrschenden Widersprüchlichkeit. Vergleich eines literarischen Textes mit einem Werk der bildenden Kunst (Möglichkeit zu fächerübergreifendem Unterricht).
4. Überzeugen oder überreden? – Die politische Rede als Ausdruck einer Weltanschauung (S. 375–376) Ebert: Antrittsrede als Reichspräsident Hindenburg: Antrittsrede als Reichspräsident Gaier: Fragen an eine politische Rede	**Erweiterungs- und Vertiefungsphase:** Erarbeitung des Zusammenhangs von Ideologie und Sprache in der politischen Rhetorik. Entdeckung der manipulativen Tendenzen in politischer Rede zwischen appellhafter Intention und offengelegter oder verschleierter Rückbindung an den politischen Standort des Redners. Untersuchung der Rückwirkungen der Bedingungen politischer Rhetorik auf die Sprachverwendung in ihr. Kombination aus Textanalyse, ansatzweiser Theoriebildung und Gestaltungsübung.
III. Vertriebener Geist (Deutsche Literatur im Exil) (S. 377–383) 1. „Vertriebene sind wir, Verbannte" (Bertolt Brecht) – Perspektiven der sog. Emigration (S. 377–380) * Brecht: Gedanken über die Dauer des Exils * Brecht: Über die Bezeichnung Emigranten K. Mann: Der Wendepunkt J. Roth: Die vertriebene deutsche Literatur Bloch: Zerstörte Sprache – zerstörte Kultur Feuchtwanger: Arbeitsprobleme des Schriftstellers im Exil St. Zweig: Erklärung Zuckmayer: Aufruf zum Leben	**Informations- und Erarbeitungsphase:** Auseinandersetzung mit der Situation des Schriftstellers im Exil. Erarbeitung der Lebens- und Arbeitsbedingungen des Exil-Schriftstellers an fiktionalen und nichtfiktionalen Texten. Zusammenhang zwischen Textsorte und Thema (Gedicht, autobiografischer Bericht, Feuilleton, Vortrag, Essay). Selbstständige Erkundung mit anschließender Präsentation der Arbeitsergebnisse als Gruppen- oder Einzelreferat.
2. Botschaften aus der Fremde – Formen der Prosa und das epische Theater (S. 380–383) * Feuchtwanger: Exil * Brecht: Der gute Mensch von Sezuan * Th. Mann: Das Gesetz	**Erweiterungs- und Vertiefungsphase:** Themen und Formen der Exilliteratur in exemplarischer Verkürzung: – Beschränkung auf drei wichtige Autoren; – Beschränkung auf Texte, in denen die Zeitanalyse verbunden wird mit Vorstellungen von Zukunft; – Beschränkung auf wesentliche Darstellungsformen (den epochentypischen Zeitroman, die Kreierung einer neuen Theaterform, den traditionellen Text mit dem Anspruch des Überzeitlich-Klassischen). Selbstständige Erkundung mit anschließender Präsentation der Arbeitsergebnisse als Gruppen- oder Einzelreferat. Zusammenfassung und Vertiefung in Diskussion oder Rundgespräch.

2.2 Alternative Sequenzen

Unterrichtseinheiten	Texte und Bilder aus BLICKFELD DEUTSCH Oberstufe	Didaktisch-methodische Kommentierung

Blick in eine bewegte Zeit	1. K. Mann: Der Wendepunkt (S. 373f.)
	2. Th. Mann: Der Zauberberg (S.352)
	   Hesse: Der Steppenwolf (S. 353)
	   Polgar: Verfall (S. 353f.)
	   Kafka: Das Stadtwappen (S. 354)
	3. Remarque: Im Westen nichts Neues (S. 362f.)
	   E. Jünger: Der Kampf als inneres Erlebnis (S. 364)
	   Kuh: Nietzsche und Hindenburg (S. 366)
	   Horváth: Italienische Nacht (S. 368f.)
	4. Brecht: Gedanken über die Dauer des Exils (S. 377)
	   Brecht: Über die Bezeichnung Emigranten (S. 377f.)
	   Th. Mann: Das Gesetz (S. 383)
	5. K. Mann: Der Wendepunkt (S. 378)
		Eine **kursorische Behandlung** von Literatur in der Weimarer Republik und im Exil hat vor allem deren diagnostische Funktion im Blick auf ihre Zeit herauszustellen. Dabei treten Vitalität und Sinnleere als eine bestimmende Komponente, die doppelte Überwältigung der Kunst durch die Politik (nach innen: thematisch; von außen: existenziell) als eine zweite Komponente in den Vordergrund. Motivation und Problemorientierung, ebenso Zusammenfassung und Ergebnissicherung geschehen im Plenum, die Zwischenteile (Themenblöcke 2–4) eignen sich für arbeitsteilige Gruppenarbeit mit Textvorträgen und Referaten vor dem Plenum (Themenblock 3 kann an zwei Gruppen aufgeteilt werden).

Tucholsky – Ein Autor in seiner Zeit	Tucholsky – Autor, Werk und Leser (S. 61–83)	Wenn die Sequenz **Tucholsky** in Klasse 11 nicht besprochen wurde, kann sie in 12/13 exemplarisch eingesetzt werden. Tucholsky darf in seinem sehr engagierten Sinne als Repräsentant seiner Epoche verstanden werden. Die Darstellung seines Lebens und seines Werks im historischen Wirkungszusammenhang bietet beste Voraussetzungen auch zur Darstellung der Epoche. In Gruppenarbeit lassen sich die verschiedenen Aspekte erschließen.
Brecht – Ein Autor in seiner Zeit	1. Antigone (S. 49) 2. Der hilflose Knabe (S. 24) 3. Gedanken über die Dauer des Exils (S. 377) 4. Über die Bezeichnung Emigranten (S. 377f.) 5. Der gute Mensch von Sezuan (S. 381)	Auch **Brecht** darf als exemplarischer Autor seiner Zeit gesehen werden. Der Zusammenhang mit der Epoche kann durch weitere Texte aus dem Kapitel und durch Hinzuziehung enzyklopädischer und biografischer Literatur verdeutlicht werden. Als Methoden empfehlen sich vor allem das Lehrer- und/oder Schülerreferat, sowie Gruppenarbeit und Rundgespräch.
kontrastiert mit Th. Mann **oder/und Benn**	1. Th. Mann: Enttäuschung (S. 327) 2. Th. Mann: Der Zauberberg (S. 352) 3. Th. Mann: Das Gesetz (S. 383) 1. Benn: Kleine Aster (S. 337) 2. Benn: Sieh die Sterne (S. 352) 3. Benn: Ein Wort (S. 345) 4. Benn: Nur zwei Dinge (S. 386) 5. Benn: Verlorenes Ich (S. 146) 6. Benn: Reisen (S. 10)	Die kontrastiv verwendeten Texte von **Mann** und/oder **Benn** können als alternative Reaktionen auf die Zeit im Sinne von Zusatzinformationen genutzt werden oder, ebenfalls mit Hilfe von Nachschlagewerken, zu eigenen Autor-/Epoche-Kapiteln ausgebaut werden.

3. Erläuterungen und Lösungsvorschläge

I. Eine Welt aus den Fugen (S. 350–361)

Bilderläuterungen:

Beschreibung:

„Dies ist eines der wenigen frühen Landschaftsbilder Franz Radziwills, in dem der Darstellung des Menschen offensichtlich eine größere Bedeutung zukommt.

Drei Männer und zwei Frauen stehen dem Betrachter direkt gegenüber und versperren den Zugang zur eingefriedeten Hofstelle. Sie tragen die Kleidung der arbeitenden ländlichen Bevölkerung und wirken derb und vierschrötig. Würde man als Fremder das Dorf besuchen – das „Empfangskomitee" am Dorfeingang wirkte nicht besonders freundlich oder einladend. Abwehr signalisiert auch die aus einer hohen Steinmauer, einem Tor und einem weiterführenden Bretterzaun bestehende Einfassung des Gehöftes. In dessen Innenhof steht eine in damaliger Zeit noch verwendete mobile Dampfmaschine, die als Antriebsaggregat für eine Dreschmaschine diente. Das rote, makellos wirkende Schwungrad signalisiert vor der alten, rissigen Giebelfront des Stallgebäudes den Einzug industrieller Technik in die abgeschlossene bäuerlich-provinzielle Welt, so, als ob ein Trojanisches Pferd hinter die Mauern des Dorfes gelangt ist. Doch auch diese

Maschine wird bald moderneren Entwicklungen weichen müssen. Die grundlegende Idee des Fortschritts verdeutlicht Radziwill darüber hinaus an zwei weiteren Beispielen: Am Himmel sind zwei Flugzeuge zu erkennen – ein älteres Doppeldeckermodell und ein modernerer Tiefdecker –, und auf dem fernen Jadebusen schwimmen ein Segelschiff, das die alte traditionelle Seefahrt repräsentiert, sowie zwei mit Maschinenkraft betriebene neuzeitliche Schiffe.

Nochmals aufgenommen wird diese Polarität in dem Zeitungsleser. Er wendet sich von den Dorfbewohnern bewusst ab, steht aber in Blickrichtung zu einem roten geschlossenen Tor, das wirkt, als ob es ihn in die Schranken weisen wolle – doch er sieht es nicht, ist in seine Zeitung versunken, die ihm die Welt ins Dorf holt. Die sachlich konstatierten Veränderungen und Beeinflussungen des ländlichen Lebens scheinen die abweisend wirkenden Dorfbewohner nicht zu beeindrucken. Nur die Dampfmaschine haben sie, vielleicht aus Neugier wie einst die Trojaner das hölzerne Pferd der Griechen, in ihre Welt gelassen – ohne zu ahnen, dass diese Maschine den Beginn der Auflösung ihrer traditionellen ländlichen Strukturen markiert".[24]

Zusatzinformationen:

Franz Radziwill, (geb. 1895 in Strohausen/Oldenburg, gest. 1983 in Wilhelmshaven) Maler und Grafiker; wichtiger Vertreter der Neuen Sachlichkeit. Als Angehöriger der vom Ersten Weltkrieg hart betroffenen Generation konnte R. seine künstlerische Berufstätigkeit unter erschwerten Bedingungen erst seit etwa 1920 aufnehmen. Er gehörte damals in Berlin zur so genannten Novembergruppe. Dieses Sammelbecken avantgardistischer Künstler übte zwar auf R. keine unmittelbar stilbildenden Einflüsse aus, ließ ihn aber auch nicht beim Expressionismus seiner Frühwerke ausharren. Er übersiedelte nach Dangast an der Nordsee, wo er sich allmählich zu einem der Hauptvertreter des Magischen Realismus in Deutschland entwickelte. Als solcher bekam er 1933 den Lehrstuhl Paul Klees an der Düsseldorfer Akademie, nachdem dieser von den Nationalsozialisten entlassen worden war. R. selber trat 1933 der NSDAP bei. 1935 wurde er wegen „pädagogischer Unfähigkeit" entlassen, er wurde als „entartet" eingestuft, immer wieder mit Ausstellungsverbot belegt, seine Bilder aber nicht in die Ausstellung „Entartete Kunst" eingereiht, aus den Museen allerdings entfernt. Er zog sich nach Dangast zurück, wo er weiterhin seine Landschaften und Figurenbilder malte, in denen die besondere Bedrohung und Verlassenheit des Menschen zum Ausdruck kommt. Seit 1972 hinderte ihn ein Augenleiden am Malen.

Mit seinem Frühwerk steht er dem Expressionismus nahe. Die Bilder sind naiv erzählend, voll symbolischer Fantasie. Seit etwa 1922 wandte er sich einer Gestaltungsweise zu, in der sich scharf beobachtete Realität mit inneren Visionen verbindet. Klare Konstruktion der Bilder, Präzision der Zeichnung und Lokalfarbigkeit gewinnen an Gewicht. Dazu kamen eine altmeisterliche Lasurtechnik (wie sie z.B. auch Otto Dix anwandte) und Einflüsse der deutschen Romantik (z.B. C. D. Friedrich: Mönch am

Meer). Aus realen und surrealen Elementen baut er symbolträchtige Bilder auf mit magischen Beleuchtungseffekten und beängstigender Atmosphäre – apokalyptische Visionen.

„Es liegt mir daran, repräsentative Werke derjenigen Künstler zu vereinigen, die in den letzten zehn Jahren weder impressionistisch aufgelöst noch expressionistisch abstrakt, weder rein sinnenhaft äußerlich noch rein konstruktiv innerlich gewesen sind. Diejenigen Künstler möchte ich zeigen, die der positiven greifbaren Wirklichkeit mit einem bekennerischen Zuge treu geblieben oder wieder treu geworden sind." Mit diesen Worten wandte sich der Direktor der Städtischen Kunsthalle in Mannheim, G. F. Hartlaub, 1923 an in Frage kommende deutsche Maler. Zwei Jahre später, im Sommer 1925, konnte er eine Ausstellung präsentieren, die unter dem von ihm gewählten Titel „Neue Sachlichkeit" 124 Bilder von 32 Malern vereinigte und auch solche enthielt, für die der Kunstkritiker Franz Roh kurz zuvor den Begriff „Magischer Realismus" geprägt hatte.

„Neue Sachlichkeit." Die „N. S." wurde seit 1918 zu einem Stilbegriff der deutschen Kunst. Ihre Anhänger standen in betontem Gegensatz zum Expressionismus und Historismus und waren bestrebt, das objektive Erscheinungsbild der Dinge darzustellen. Deshalb gehörten auch klare und materialgerechte Formen zu ihren obersten Prinzipien, das Wirklichkeitsvorbild wird in einer harten und nichtinterpretierend distanzierten Malweise nüchtern-realistisch wiedergegeben. Bei einer Überschärfe des Details und gleicher Präzision des Vorder- und des Hintergrundes erstarrt der Mensch oft zur stilllebenhaft eingefrorenen Haltung. Als Variante entwickelte sich aus der N. S. der Magische Realismus.

Magischer Realismus. Erstmals 1925 angewandter Begriff für eine realistische Malweise, deren hypertrophe Detailgenauigkeit in surrealistische Effekte umschlagen kann. Der Motivschatz des M. R. entstammt der Welt und Umwelt des „kleinen Mannes", es sind Straßenecken und schmucklose Häuserzeilen der Städte, Brückendurchfahrten, Bahnübergänge, Wohnzimmer und Dachböden. Immer wieder kommen Stillleben vor, gefüllt mit Kannen, Krügen und Blumen, aber auch mit Malutensilien, Büchern, ausgetretenen Schuhen, Besen und Abfalleimern. Am häufigsten haben die Künstler sich selbst gemalt, ihre Familien, Freunde und Auftraggeber, auch Männer beim Kartenspiel oder als Wartende vor dem Arbeitsamt, Frauen beim Bügeln und Nähen, Kinder beim Spiel, Liebespaare und Kranke. Franz Radziwill, in Dangast, einem Fischerdorf an der Nordsee zu Hause, ließ Flugzeuge wie bösartige Insekten über Küstenlandschaften hinschwärmen.

Was den neuen realistischen Stil der zwanziger Jahre charakterisiert, hat Wieland Schmied in fünf Punkten festgehalten:

1. die Nüchternheit und Schärfe des Blicks, eine unsentimentale, von Emotionen weitgehend freie Sehweise;
2. die Blickrichtung auf das Alltägliche, Banale, auf unbedeutende und anspruchslose Sujets, die fehlende Scheu vor dem „Hässlichen";
3. ein statisch fest gefügter Bildaufbau, der oft einen geradezu luftleeren gläsernen Raum suggeriert;
4. die Austilgung der Spuren des Malprozesses, die Freihaltung des Bildes von aller Gestik der Handschrift und
5. ein neue geistige Auseinandersetzung mit der Dingwelt.[25]

In der ersten Sequenz werden die **Grundpositionen der Weimarer Kultur** dargestellt: Widersprüchlichkeit und Orientierungslosigkeit. Dabei erscheint Widersprüchlichkeit notwendigerweise zweifach: als eine widersprüchlich empfundene Welt und als widersprüchliche Bilder von ihr, also als thematisches und als Formproblem. Auch mit der Orientierungslosigkeit verbinden sich zwei thematische Aspekte: nach außen die „Rätselhaftigkeit der Welt" und nach innen der „Sinnverlust des Lebens". Als paradigmatischer Autor erscheint hier **Kafka,** weshalb es sinnvoll ist, das Problem der Interpretationsansätze in diesem Teilkapitel abzuhandeln.

---

[24] Aus dem Katalog zur Ausstellung „Franz Radziwill – Das größte Wunder ist die Wirklichkeit", die 1995 in Emden, Ulm und Halle stattfand. (Wienand-Verlag Köln) 1995.

[25] Die Informationen wurden aus verschiedenen Handbüchern und Nachschlagewerken zusammengetragen:
Das große Lexikon der Malerei, Braunschweig 1982; Fritz Winzer: Das rororo Sachlexikon der bildenden Künste, Hamburg 1986 (= rororo 6312/6313); Fritz Winzer: Das rororo Künstler-Lexikon, Hamburg 1985 (rororo 6306/6309); Horst Richter: Geschichte der Malerei im 20. Jahrhundert, Köln 1974 (dumont kunsttaschenbücher 18); Wieland Schmied: Neue Sachlichkeit und Magischer Realismus in Deutschland 1918–1933. Hannover (Fackelträger) 1969, S. 26.

**S. 350–353: I,1. Widersprüchliche Bilder von einer wider-
sprüchlichen Welt – Menschenbilder in
Lyrik und Prosa**

Neben der Motivation für die heterogene Signatur der Epoche ist die **Problemorientierung** das Entscheidende: Kurze Texte – charakteristische Zitate, kontrastiv vorgestellte Gedichte und zwei kurze Romanausschnitte – sind geeignet für die Einführung. Mit der Konzentration auf das **Menschenbild** wird ein Leitthema wieder aufgenommen, das seit dem ersten Kapitel bestimmend ist, auch weil es der Interessenlage Jugendlicher besonders entspricht.

Der Zielsetzung des Einstiegs entsprechen die Vorschläge zur arbeitsteiligen Interpretation der Texte (vgl. Sequenzvorschläge, LB, S. 492ff.), wobei es wichtig ist, dass die Präsentation der Ergebnisse und deren Auswertung – u.a. durch eine **Mitschrift** (vgl. SB, S. 28f., 213ff.) – so geschieht, dass alle Schüler Orientierungspunkte für das Epochenverständnis erhalten. Aus diesem Grund ist zu empfehlen, dass die Bearbeitung der beiden Romanausschnitte gemeinsam erfolgt.

Mögliche Ziele:

1. Herausstellen zeittypischer Merkmale im Bild und in Texten
2. Skizzierung charakteristischer Menschenbilder
3. Anwendung von Arbeitsformen und Techniken der Textbeschreibung und Interpretation

Seite 350

1a Die Schüler sollten ihre Eindrücke (und nur um diese geht es zunächst) vor allem mit Adjektiven und Partizipien wiedergeben. Z.B.: etwas „schwer", erdfarben, Haltung und Blick der Menschen abweisend, Nebeneinander von Alten und Neuem, keine Dorfidylle

1b **Bildaufbau:** Vordergrund (in der linken Bildhälfte betont): Menschengruppe, Mauer, Gartentor (man nennt so etwas eine Grundstücks-„Einfriedung" [!]); Mittelgrund, am besten von links nach rechts zu beschreiben, von der relativen Nähe (Maschine, Häusergruppe, Bäume) in die Ferne (Häusergruppe, Bäume); Hintergrund: Ausblick auf einen Meerbusen, der Himmel mit seiner starken Bewegtheit von links nach rechts. Welche Bildachsen sind für das Bild konstitutiv: Längsachse, Querachse, Diagonale.

Farbgestaltung: Welche Farben? Wie zugeordnet? Welche Wirkung?

Bildelemente: Zu besprechen in der angegebenen Reihenfolge: Menschen, Landschaft, Maschinen, hinzuzufügen wäre z.B. Erde – Himmel.

Die Schüler sollten zu möglichst unbefangenem Reden über das Bild gebracht werden. Die genannten formalen Vorgaben können vom Lehrer an der richtigen Stelle eingebracht werden, ebenso die Zusatzinformationen.

2a/b a) Maskenfest – keine Wirklichkeit – Kostüme
b) du lebst nicht, du gespensterst – Opfer eines unlösbaren Widerspruchs
c) Missbehagen
d) Zeit ohne Ordnung, Gesetz und absolute Wertungen – im Moralischen, Politischen, in der Literatur
e) ungeheurer Umschwung vom Rationalen zum Irrationalen
f) Spitzenleistungen – hoch reflexives, nachdenkliches, fantasievolles, ausdrucksstarkes Zeitalter – vielfältigste Selbstbetrachtungen und Selbstanalysen – Gipfel
Der Bezug auf das Bild von Radziwill könnte sich aller dieser Etikettierungen bedienen. Am besten könnten 6 Gruppen jeweils ein Zitat in Beziehung zum Bild setzen.

(Zur Erweiterung und Vertiefung der Ergebnisse zu AA 2a wie ganz allgemein als Einführung in die Epoche eignet sich der in Fußnote 3 (LB, S. 487) angeführte Text von Kurt Sontheimer. Aus ihm könnte man solche Abschnitte auswählen oder aussuchen lassen, die die Widersprüchlichkeit der Epoche besonders herausstellen.

Mögliche Arbeitsanregungen:

1. Zeigen Sie die Widersprüchlichkeit der Weimarer Kultur an zwei selbst gewählten Beispielen auf.
2. Versuchen Sie herauszufinden, welche Stilrichtungen es in der Malerei der Zwanzigerjahre gab und erläutern Sie in Kurzreferaten jeweils eine Stilrichtung an einem Beispiel.
3. Zeigen Sie an Text 7 (SB, S. 353) und an Text 3 (SB, S. 373f.), welches Lebensgefühl und welche Lebenseinstellung aus Vielfalt und Widersprüchlichkeit in Politik und Kultur der Weimarer Republik entstehen konnte.
4. Erläutern Sie an den Texten 2 (SB, S. 351), 4 (SB, S. 352) und 1 (SB, S. 353f.), was Sontheimer mit der „konservativen Strömung des Irrationalismus" meint, die für ihn zunehmend die Weimarer Kultur bestimmte.)

Seite 351

3a/b

	Thematik	das „Traditionelle" und das „Moderne"
Text 2: Carossa	Die Beunruhigung darüber, dass das, was „immer" war, aufhören könnte, weil es für einen Moment unterbrochen wurde, wird als unbegründet bezeichnet. Das „Erschrecken" ist unnötig: Die Welt ist in Ordnung und zu menschlicher Gemeinschaft kommt es, wie vorbestimmt, immer wieder. Brunnen, Sterne, Wanderer sind die Symbole einer Ordnung, in der alles seine Richtigkeit hat und die zu bezweifeln töricht wäre.[26] Ein als Landschaft imaginiertes Arrangement wird so zum „Lebens- und Weltbild".[27]	Klassisch-vollendete Form; erlesene Wortwahl, gehobener Ton. Das Gedicht enthält neben der Entfaltung des Motivs auch seine Deutung in einer fast sinnspruchartigen Formulierung (Verse 15/16). Beschwörung der „heilen Welt" und appellhafter Anruf an den Leser, an sie zu glauben. „Traditionell" in Form und Inhalt.

---

[26] Eine Interpretation des Gedichts findet sich (unter der für die Rezeptionsgeschichte der Weimarer Zeit in der frühen Bundesrepublik bezeichnenden Überschrift „Gedichte der Meister"; Carossa wird hier in eine Reihe mit Goethe, Eichendorff und Mörike gestellt) in: Rudolf Nikolaus Maier: Das Gedicht. Über die Natur des Dichterischen und der dichterischen Form. Betrachtungen für Lehrende und Lernende. Düsseldorf (Schwann) ²1961, S. 162–164, ferner in: Robert Hippe: Interpretationen zu 62 ausgewählten motivgleichen Gedichten. Hollfeldt/Ofr. (Bange) 1964, S. 43f.

[27] Johannes Klein: Geschichte der deutschen Lyrik. Wiesbaden (Steiner) ²1960, S. 803. Ein auf die gesamte Lyrik Carossas, die unter dem Titel „Nachlebende Klassik" behandelt wird, gemünzter Satz heißt dort: „Ein wirkliches Landschaftsbild wird zum Lebens- und Weltbild." Die Frage nach der „Wirklichkeit" des Landschaftsbildes könnte Ausgangspunkt eines Unterrichtsgesprächs sein.

	Thematik	das „Traditionelle" und das „Moderne"
Text 3: Kästner	Das Thema des Gedichts ist die Isolation des Einzelnen in der Großstadt. Der Hinterhof als Kehrseite städtischen Lebens. Die Unmöglichkeit, auf die Dauer mit sich allein auszukommen (Lähmung, das Gegenüber als Widerpart fehlt).	Widerspruch zwischen dem lässigen parlando-Ton (understatement), der lustigen, geistreich-witzigen, schon in der Überschrift eine Pointe setzenden Darbietung der Alltagssprache und der durchaus ernst gemeinten, auf ein Problem verweisenden Aussage.
Text 4: Benn	Thema des Gedichts ist der „Realitätszerfall", das Auseinanderbrechen des menschlichen Bewusstseins in „Begriff" und „Halluzination" infolge „progressiver Zerebration"[28]. Thema ist die Unmöglichkeit, in die alte Einheit von Mensch und Mythos zurückzukehren. Thema ist auch die ruhige Einsicht in die Gegebenheit des Todes (Verse 7/8) und in den Verlust menschlicher Eigentlichkeit (Verse 23/24)[29].	Als Gedicht leicht erkennbar durch strophische Gliederung, Versform (fallender Dreitakter mit freier Füllung) und Reim[30]. Mit diesen Elementen „traditioneller" Lyrik verbinden sich „moderne": ungewöhnliche Sprachverwendung („Bildungssprache", Sprachneuschöpfungen, komplizierte Syntax), Auflösung des Metrums.[31]
Text 5: Klabund	Abendgedicht, aber in völliger Verfremdung der Motive: Aus den Abendwolken werden „zerlumpte Strolche", „Abendwolkenstrolche"; aus den letzten Sonnenstrahlen „rote Sonnendolche". Dann wird deutlich, dass dies die Deutung der Himmelserscheinungen des Abends durch einen „Landgendarmen" ist, der durch Verscheuchen der ihm als Landstreicher erscheinenden Abendwolken die „Ordnung" wiederherstellt. Die Welt als Kabarettnummer, ebenso grotesk wie unsinnig.	Der Titel ist doppelbödig: Man kennt heroische oder romantische Landschaften aus der Kunst, fruchtbare oder karge aus der Geographie, aber ironische? Form des uneigentlichen Sprechens: Die Landschaft ist (unpassender, daher Aufmerksamkeit erregender) Vorwand zur Darstellung eines anderen, nämlich der absoluten Lächerlichkeit, aber auch Unerträglichkeit des Ordnungshüters, aus dessen Aussehen und Verhalten auf die durch ihn repräsentierte Ordnung geschlossen werden kann. „Traditionelle" Form, neuartige Darstellungsweise.

Seite 353

Texterläuterungen und Lösungsvorschläge:

Text 6: Th. Mann

4a/b/c *Einsichten:*

Der Mensch befindet sich in einer Welt der Gegensätze, deren schärfster, äußerster Gegensatz der von Leben und Tod ist. Die Gegensätze können nicht beseitigt, aber beherrscht werden. Das gilt auch für den Tod, über den sich der Mensch zu erheben vermag, nicht durch die Vernunft, sondern durch die Liebe: Aus der Fixierung auf den Tod entstehen Bosheit und Menschenfeindschaft, aber die Befreiung des Denkens von der ebenso faszinierenden wie lähmenden Beherrschung durch den Tod führt zu idealer Gemeinschaft und zum menschenwürdigen Staat.

Natürlich lässt sich aus dem kurzen Ausschnitt nur Andeutendes herauslesen, die Betrachtung dieser Textstelle im Zusammenhang des ganzen Romans würde ihren Kernstellencharakter deutlicher hervorheben, aber auch die Verknüpfungen mit der Romanhandlung und den Romanfiguren, insbesondere Hans Castorp, ermöglichen. Im Lehrervortrag könnte an Zusatzinformationen gegeben werden:

– „Der Zauberberg" als „Zeitroman in doppeltem Sinn" (Th. Mann): Die Zeit selber oder vielmehr das Erlebnis von Zeit ist das Thema des Romans, weil von einer Zeit, in der das Ungleichzeitige bestimmend geworden ist, eine „existenzielle Irritation"[32] ausgeht. Gleichzeitig gibt der Roman das Bild einer Zeit, jener Zeit nämlich, die sich im Nachhinein als Vorgeschichte des Ersten Weltkriegs darstellt, als Vorbereitung auf das „Weltfest des Todes". Die Welt des Sanatoriums erscheint so als Metapher einer kranken, dem Tod verfallenen Welt schlechthin (Hinweis auf „Fin de siècle" und „Décadence"). Mit der Schlussfrage des Romans („Wird auch aus diesem Weltfest des Todes, auch aus der schlimmen Fieberbrunst, die rings den regnerischen Abendhimmel entzündet, einmal die Liebe steigen?") wird aber der Bezug zur Nachkriegszeit hergestellt, deren Sinn nur darin gesehen werden kann, dass sie eine Zeit der Liebe wäre.

– „Der Zauberberg" als Bildungsroman führt all die zahlreichen „Weltanschauungen" vor, die im Roman personalisiert erscheinen, um zu zeigen, dass die positive Beantwortung der genannten Schlussfrage nur möglich ist, wenn diese (ideologischen) Positionen überwunden sind. „Hans Castorp, als fiktiver Bildungsreisender, durchwandert die vielstimmige Welt des gleichzeitig Denkbaren mit der naiv-listigen Distanz des noch nicht Entschiedenen."[33] Unter dem Zwang der Schlussfrage des Romans müsste sich Hans Castorp, muss sich der Leser entscheiden.

---

28 Gottfried Benn: Akademie-Rede. In: Gottfried Benn: Gesammelte Werke in acht Bänden. Hrsg. von Dieter Wellershoff. Band 4: Reden und Vorträge. Wiesbaden (Limes) 1968, S. 995–1003. Mit „Begriff" ist die bloß rationale, kalte Erfassung von Welt, mit „Halluzination" der rauschhafte Augenblick des künstlerischen Schöpfungsprozesses gemeint; hinter beiden steht das „Nichts".

29 „Worte, Worte – Substantive! Sie brauchen nur die Schwingen zu öffnen und Jahrtausende entfallen ihrem Flug. [...] Schwer erklärbare Macht des Wortes, das löst und fügt. Fremdartige Macht der Stunde, aus der Gebilde drängen unter der formfordernden Gewalt des Nichts: Transzendente Realität der Strophe voll von Untergang und voll von Wiederkehr: die Hinfälligkeit des Individuellen und das kosmologische Sein, in ihr verklärt sich ihre Antithese, sie trägt die Meere und die Höhe der Nacht und macht die Schöpfung zum stygischen Traum: ,Niemals und immer'. [...] Alles möchte dichten das moderne Gedicht, dessen monologischer Zug außer Zweifel ist. Die monologische Kunst, die sich abhebt von der geradezu ontologischen Leere [...]" (Gottfried Benn: Probleme der Lyrik. In: Gottfried Benn, a.a.O., S. 1077 und 1092).

30 „Der Reim ist auf jeden Fall ein Ordnungsprinzip und eine Kontrolle innerhalb des Gedichts. [...] Der lyrische Autor selbst wird wohl immer den Reim als ein Prinzip empfinden, das nicht er selber ist, sondern das ihm von der Sprache nahegelegt wird [...]" (Gottfried Benn: Probleme der Lyrik. In: Gottfried Benn, a.a.O., S. 1078f.).

31 Benn selbst gibt für den „kommenden Stil eine bestimmt begründete Perspektive: Nämlich dass unter dem nicht mehr aufzuhaltenden Realitätszerfall [...] sich ein radikaler Vorstoß der alten noch substanziellen Schichten vorbereiten wird und dass die zivilisatorische Endepoche der Menschheit [...] gleichzeitig die Epoche eines großartig halluzinatorisch-konstruktiven Stils sein wird, in dem sich das Herkunftsmäßige, das Schöpfungsfrühe noch einmal ins Bewusstsein wendet, in dem sich noch einmal mit einer letzten Vehemenz das einzige [...] metaphysische Wesen darstellt: der sich durch Formung an Bildern und Gesichten vom Chaos differenzierende Mensch." (Gottfried Benn: Akademie-Rede. In: Gottfried Benn, a.a.O., S. 1002f.).

32 Jan Berg u.a.: Sozialgeschichte der deutschen Literatur von 1918 bis zur Gegenwart. Franfurt/M. (Fischer) 1981, S. 309.

33 Jan Berg u.a., a.a.O., S. 309.

Menschenbild:

Der zwischen Antinomien, vor allem der von Leben und Tod stehende, deshalb zur Entscheidung gezwungene Mensch, von dem offen bleibt, ob er überhaupt entscheidungsfähig ist und, wenn ja, wofür er sich entscheiden wird.

Folgen:

Mann vertritt hier die Position eines bürgerlich-demokratischen Humanismus. Der Appell, der Vorherrschaft des Todes über das Denken abzusagen, kann verstanden werden als Absage an „die Mystifikation des Todes als Verführung des Bürgertums zur Identifikation mit dem eigenen Untergang", als Absage an ein „irrationalistisches Erbe".[34] Diskussionsfragen: In welcher Weise könnte Thomas Manns Appell im Leben des Einzelnen und der Gesellschaft umgesetzt werden und bewirkt er das von ihm Erwartete? Wie beurteilen Sie den Geschichtsverlauf seit dem Ersten Weltkrieg, wenn Sie diese Forderung Manns als Maßstab nehmen?

Text 7: Hesse

Einsichten:

Der Mensch, der das „Echte" möchte, der von Freude und Glauben bestimmt ist, sieht für sich in der Welt bürgerlicher Mittelmäßigkeit und Oberflächlichkeit keinen Platz. Hesse schreibt: „Aufgabe des Steppenwolf war: Unter Wahrung einiger für mich ‚ewiger' Glaubenssätze die Ungeistigkeit unserer Zeittendenzen und ihre zerstörende Wirkung auch auf den höherstehenden Geist und Charakter zu zeigen. Ich [...] gab [...] die Seele eines weit über Durchschnitt Begabten und Gebildeten, der an der Zeit schwer leidet, der aber an überzeitliche Werte glaubt."[35]

Menschenbild:

Der sich als „wahr" und „eigentlich" empfindende Ausnahme-Mensch im Gegensatz zur „bürgerlichen" Welt, die als Lebensmöglichkeit völlig abgelehnt wird. Die Tragik des Steppenwolfs besteht darin, dass er sich seiner Individualität als Wert bewusst ist und sie zugleich als Quelle seiner Leiden erkennen muss.

Folgen:

Hesse lässt seinen Steppenwolf in der dialektischen Spannung von Ich-Befangenheit und Öffnung mehrere Stufen durchlaufen: die Rückkehr zum einfachen sinnlichen Genuss (durch Hermine), den Untergang der Person in der Menge im „Rausch der Festgemeinschaft" (auf dem Maskenball) und den Zerfall und Wiederaufbau der Persönlichkeit (durch Pablo im Magischen Theater).[36] Er sieht in diesen Stufen einen Heilungsprozess.[37] (Es wäre denkbar, dass in Schülerreferaten kurz über diese Entwicklungsstufen berichtet wird). Diskussionsfragen: Welche Wege beschreiten Menschen, um der Leere ihres Lebens zu entkommen? Kann es die Gesellschaft jedem einzelnen überlassen, welchen Weg er beschreiten will? Wie sehen Sie die Spannung zwischen Individualität und Vermassung in der Geschichte des 20. Jahrhunderts, in der heutigen Zeit? Kann z.B. die Schule helfen, diesen Konflikt besser zu bestehen? Wie erklären Sie sich Hesses riesigen und seit langem anhaltenden Erfolg bei der Jugend in den USA und in Japan?

S. 353–361: I,2. Rätselhaftigkeit der Welt und Sinnverlust des Lebens – Parabelinterpretation und literarische Erörterung

---

Wenn **Franz Kafka** im Kapitel „Weimarer Republik und Exil" erscheint, so ist diese Zuordnung doppelt begründet:
Zwar stehen die großen Erzählungen, die den Vater-Sohn-Konflikt thematisieren – „Das Urteil" (1912), „Der Heizer" (1913)

und „Die Verwandlung" (1916) –, zeitlich und inhaltlich dem Expressionismus nahe. Aber zum einen ist Kafkas Dichtung einzigartig und keiner literarischen Strömung des 20. Jahrhunderts zuzuordnen, zum andern sind die großen Romane erst in den Zwanzigerjahren erschienen – „Der Prozess" (1925), „Das Schloss" (1926) und „Amerika" (1927) – und einem größeren Leserkreis bekannt geworden. (Die weltweite Wirkung setzte erst nach dem Zweiten Weltkrieg ein, und die Bedeutung für das Land seiner Herkunft entfaltete sich nach der Kafka-Konferenz in Liblice, 1963, erst im Vorfeld des Prager Frühlings.)
Die in BLICKFELD DEUTSCH ausgewählten **parabolischen Erzählungen** sind exemplarisch für das Gesamtwerk, weil sie nicht nur Kafkas Darstellungskunst zeigen – die Synthese exakter Beschreibung auch ganz alltäglicher, ja oft banaler Situationen und einer Atmosphäre des Hintergründigen, geheimnisvoll Traumhaften und fantastisch Grotesken –, sondern ebenso eindrucksvoll das vielfach gebrochene Weltverhältnis seiner Figuren repräsentieren: Die Verworrenheit und Vertracktheit gesellschaftlicher Verhältnisse (z.B. in Text 2), die Paradoxien von Schein und Sein (z.B. in Text 4), die menschliche Beziehungslosigkeit und Aussichtslosigkeit des persönlichen Bemühens (z.B. in Text 5) und die Parabolik von Gottferne und menschlicher Sehnsucht nach dem Transzendenten (z.B. in Text 7).
Weil sich Kafkas Werke – noch entschiedener als viele andere Texte – einer eindeutigen Interpretation verschließen, können an seiner Prosa besonders überzeugend unterschiedliche **Interpretationsansätze** erprobt werden, die je nach Standpunkt und Zielsetzung des Interpreten jeweils andere Aspekte erhellen (vgl. SB, S. 357).
Dem curricularen Konzeptionsprinzip von BLICKFELD DEUTSCH entspricht es, dass die theoretische und systematische Reflexion möglicher Interpretationsansätze erst erfolgt, nachdem die Schüler eine gewisse Interpretationskompetenz in den vorausgehenden Kapiteln gewonnen und in dieser Teilsequenz aufs Neue erprobt haben.
So vorbereitet, erhält auch die **literarische Erörterung** einen sinnvollen didaktischen Ort: Nicht auf eine Ganzschrift, sondern auf eine Textsequenz Franz Kafkas bezogen (SB, S. 354–359), soll die Aussage eines Zitats erörtert werden.

Mögliche Ziele:

1. Die Kenntnis schwieriger Textsorten erweitern
2. Durch eigene Interpretationsversuche zu Kafka unterschiedliche Interpretationsansätze einschätzen lernen
3. Die literarische Erörterung einüben

Seite 353

Polgars Menschenbild ist durchaus negativ: Die Menschen sind leer und blind, hemmungslos einer fatalen Vergangenheit zugetan, sie gleichen stehengebliebenen Uhren, sie verneinen ihre Gegenwart, sie sind von extremen Lebensgefühlen bestimmt. Vergleich mit Text 6 (Th. Mann; S. 352): Auch Mann

---

[34] Jan Berg u.a., a.a.O., S. 310.
[35] Hermann Hesse in einem Brief aus den Jahren 1931 oder 1932. Zit. nach: Materialien zu Hermann Hesses „Der Steppenwolf", Hrsg. von Volker Michels, Frankfurt/M. (Suhrkamp) 1972, S. 147f.
[36] Nach: Hermann Burger: Ein Blick ins maskentreibende Chaos. Über Hermann Hesses „Der Steppenwolf" In: Frankfurter Allgemeine Zeitung vom 10.9.1981.
[37] Am Schluss des „Nachworts zum ‚Steppenwolf'" von 1941 heißt es: „[...] es wäre mir doch lieb, wenn viele [Leser] merken würden, daß die Geschichte des Steppenwolfes zwar eine Krankheit und Krisis darstellt, aber nicht eine, die zum Tode führt, nicht einen Untergang, sondern das Gegenteil: eine Heilung." (Zit. nach: Materialien, s. Anm. 33, S. 160).

beschreibt die vergangene, untergegangene Welt, aber in der Absicht, seinen Lesern die Notwendigkeit Ihrer Überwindung begreiflich zu machen. Es besteht Hoffnung.

Vergleich mit Text 7 (Hesse; S. 353): Auch Hesse beschreibt einen mit der Gegenwart Unzufriedenen, seine Gründe aber liegen nicht in Dummheit und Bequemlichkeit, in geistiger Unfähigkeit, sondern in deren Gegenteil, deshalb sind ihm Entwicklung und Heilung möglich.

1a/b Inhalt und Form stehen in einem Spannungsverhältnis zueinander, das aus der doppelten Absicht des **Feuilletons** entsteht: Es will aufklärerisch wirken (belehren, zur Einsicht bringen, Veränderung bewirken), und deshalb will es auch gelesen werden. Die pädagogische Absicht steckt im Inhalt, die Form hat die Funktion der attraktiven „Verpackung".

Gestaltungsmittel:
– überraschende, ebenso witzige wie hintergründige Vergleiche (Fenster, Bogenlampen, Uhren); krasse Bilder (Leichnam);
– antithetischer (auf Gegensätze aufgebauter) Gedanken- und Satzbau als logisch-syntaktische Entsprechung zu einer widersprüchlichen Wirklichkeit (z.B. böse Mienen – selbst verschuldet; bittere Verneinung der Gegenwart – logische Folge der bejahten Vergangenheit; zugrunde gegangen an dem, was war – klagen, dass es nicht mehr ist);
– aperçuhafte Zuspitzung des Gedankengangs (Mirakel der Wiederauferstehung – Strapazen der Neugeburt; Zeugen des Verfalls – Zeugen für des Verfalls strenge Logik und innere Notwendigkeit).
– Überhöhung des Grundgedankens ins Kosmische (2. Teil); Gegenüberstellung unterschiedlicher Stilebenen (feierlich-pathetisch-sentimental: Unser Sternenzelt ist noch intakt; schnoddrig-unterkühlt: möchte ich nicht so sicher behaupten);
– Beschwörung (und Korrektur) einer Autorität: Der letzte Satz (Zeile 20/21) spielt auf Kant an. Am Ende der „Kritik der praktischen Vernunft" steht der berühmte Satz: „Zwei Dinge erfüllen das Gemüt mit immer neuer und zunehmender Bewunderung und Ehrfurcht, je öfter und anhaltender sich das Nachdenken damit beschäftigt: der bestirnte Himmel über mir und das moralische Gesetz in mir [...] Der erstere Anblick einer zahllosen Weltenmenge vernichtet gleichsam meine Wichtigkeit, als eines tierischen Geschöpfs, das die Materie, daraus es ward, dem Planeten (einem bloßen Punkt im Weltall) wieder zurückgeben muss, nachdem es eine kurze Zeit (man weiß nicht wie) mit Lebenskraft versehen gewesen. Der zweite erhebt dagegen meinen Wert, als einer Intelligenz, unendlich durch meine Persönlichkeit, in welcher das moralische Gesetz mir ein von der Tierheit und selbst von der ganzen Sinnenwelt unabhängiges Leben offenbart [...]".
Die Kenntnis des ganzen Satzes von Kant erhöht zweifellos die Wirkung der Polgarschen Verkürzung, die besagt: Eure Kleinheit und Unwichtigkeit, Menschen, steht angesichts des Weltalls außer Zweifel, euer Wert infolge Intelligenz und moralischer Kraft ist dagegen mehr als zweifelhaft. Psychologischer Effekt: Der sich der Kantschen Autorschaft des Sat-

zes bewusste Leser fühlt sich geschmeichelt, dass er den (ursprünglichen) Autor des Satzes erkannt hat, er darf sich damit zum Kreis der Gebildeten zählen wie der Autor (des vorliegenden Textes), mit dem er sich deshalb unbewusst solidarisiert; er wird so zum Einverständnis mit dessen Meinung gezwungen.

1c Die Bedingungen dieser *Gestaltungsaufgabe* können dem Artikel „Feuilleton" in der Randspalte (SB, S. 353f.) entnommen werden. Beim Festlegen der Themen sollte man den Schülerneigungen weit entgegenkommen, bei der Ausarbeitung ist auf das Stilistische erhöhte Aufmerksamkeit zu richten.

Zur Ergänzung:

„Im Hinblick auf das Feuilleton, eine genuin journalistische Form, lassen sich zwei Haupttypen unterscheiden: das operative Feuilleton und das Genre-Feuilleton. Beim operativen Feuilleton stehen die sprachlich-stilistischen Mittel im Dienste der Kritik an gesellschaftlichen Gegebenheiten: ‚Im operativen Feuilleton wird kritisch ein dokumentarisch belegter, konkret bezeichneter Missstand behandelt [...], um ihn schnell beseitigen zu helfen. Dazu sind ganz besonders satirische und humoristische Stilmittel geeignet. Elemente der Reportage, des Berichts, der Kurzgeschichte oder Glosse können im Verlauf der Darstellung auftreten.' [...]. Das Genre-Feuilleton ist seiner Geschichte und seinem Anspruch nach eine bürgerliche, nur z.T. kritische, überwiegend der Unterhaltung dienende Form, deren ästhetische Elemente häufig Selbstzweck sind. Der Feuilletonist nimmt mit Vorliebe scheinbar unbedeutende Alltagserscheinungen, kleine Dinge, augenblicksgebundene Vorgänge und Gegebenheiten, die oft im lauten Geschehen von den Zeitgenossen übersehen werden, zum Anlass für ein kurzes, impressionistisches Prosastück. ‚Der Feuilletonist versieht eine beinah trivial erscheinende Begegnung mit Perspektiven. [...] Er stilisiert die kleinen Vorgänge der Welt.' Vielfalt und Beiläufigkeit des Stoffes finden in der Variabilität und Leichtigkeit der Form ihre Entsprechung.

Um den Leser zu fesseln, schreibt der Feuilletonist spielerisch-geistreich, witzig, mitunter humoristisch-satirisch, stets anschaulich, impressionistisch, seinen subjektiven Assoziationen folgend. Sein Einfallsreichtum tendiert zum Wortspiel, zum Bonmot, zum Neologismus, zur überraschenden, suggestiven Formulierung, zur Pointe. Oft animiert er den Leser bereits durch die paradoxe Formulierung der Überschrift. Der Feuilletonist wirbt durch einen dialogisch-plaudernden Ton um den Leser, sucht vertraulichen Kontakt zu ihm und will ihn durch Aktualität und Kürze locken. Der Feuilletonist meidet Abstraktionen, Pathos, gelehrte Tiefgründigkeit. Bei aller Leichtigkeit und scheinbaren Improvisation zwingt ihn die Begrenztheit des verfügbaren Raumes in der Zeitung zu sprachlicher Prägnanz und größtmöglicher Ökonomie seiner Mittel. In rascher Folge variiert er die Syntax, wechselt er die Bilder und knüpft neue Gedankengänge an."[38]

Seite 355

2a **Wappen:** Individuelles oder körperschaftliches Erkennungszeichen mit dem Anspruch, die Identität einer Person/Körperschaft und ihre historische Dimension zu belegen. Wappen ist immer Ausdruck der Einzigartigkeit und Wichtigkeit. Ein Stadtwappen legt die Erkennbarkeit eines städtischen Gemeinwesens für alle sichtbar fest und lässt sich in der Form des Siegels auch zur juristischen Bekräftigung von Rechtsakten verwenden.

2b/c Eine sinnvolle **Gliederung des Textes**[39] ergibt sich, wenn man seine komplexe Zeitstruktur beachtet:

Abschnitt 1: Zeile 1– 6: Präteritum: Bericht von einem Geschehen: Ausgangslage

---

[38] Horst Belke: Literarische Gebrauchsformen. Düsseldorf (Bertelsmann Universitätsverlag) 1973, S. 110f. (Reihe: Grundstudium Literaturwissenschaft. Hochschuldidaktische Arbeitsmaterialien, Bd. 9).

[39] Hinzuweisen ist auf die folgenden Interpretationen:
– Werner Zimmermann: Deutsche Prosadichtungen unseres Jahrhunderts. Interpretationen für Lehrende und Lernende. Bd. 1. Düsseldorf (Schwann) 1966. S. 251–256.
– Hartmut Binder (Hrsg.): Kafka-Handbuch in zwei Bänden. Stuttgart (Kröner) 1979. Band 2: Das Werk und seine Wirkung. S. 362f.
– Hans Dieter Zimmermann: Der babylonische Dolmetscher. Zu Franz Kafka und Robert Walser. Frankfurt/M. (Suhrkamp) 1985. S. 61–66 und 72–78.

Zeile 6–18: Präsens, Konjunktiv des Präteritums, Präteritum: Reflexion der an der Geschichte Beteiligten mit 3 Stufen (eine Prämisse wird durch Argumente bis zu einer abschließenden rhetorischen Frage entwickelt, dann in ihren Konsequenzen erwogen, daraus eine Schlussfolgerung gezogen)

Zeile 19–30: Präteritum: Bericht von einem Geschehen: Fortgang, weitere Entwicklung

Abschnitt 2: Zeile 31–34: Perfekt, Präsens, Futur: Hinweis auf die Deutung des Berichteten; in „Sagen und Liedern" wird sein unbewusstes Selbstverständnis, die Bestimmtheit zum Untergang, bewahrt. Erwartung des Untergangs und Einverständnis mit ihm.

Zum *Vergleich* mit der biblischen Turmbaugeschichte finden sich Hinweise in der angegebenen Literatur (s. Anm. 39). Wichtig ist, dass Kafkas Parabel ohne Gott auskommen muss, wodurch die beiden „Eckstücke" der biblischen Geschichte, nämlich die Verträge Gottes mit den Menschen, wegfallen. Dadurch verändert sich der ganze Handlungsablauf: Z.B. ist die Sprachverwirrung nicht mehr Strafe Gottes, sondern Ausdruck einer a priori gegebenen Denk-Verwirrung. Aber es verändert sich vor allem die Grundbedingung der Geschichte: Ohne Gott ist alles sinnlos. Auch die Erlösungserwartung schlägt in einen Weltuntergangswunsch um: Apokalypse als Erlösung.

2d   **Eigenarten der Parabel:** (Zur Parabel vgl. SB, S. 27)
– Sie ist eine selbstständige Geschichte, die nicht um ihrer selbst willen erzählt wird, sondern auf etwas anderes, eigentlich Gemeintes hindeutet.
– Im Gegensatz zum Gleichnis wird dieses Gemeinte nicht genannt, die Vergleichsformel „so – wie" fehlt also. Das Gemeinte kann nur durch Analogieschluss ermittelt werden.
– Die Vergleichbarkeit des tatsächlich Erzählten mit dem eigentlich Gemeinten muss nicht in allen Einzelheiten gegeben sein, sondern besteht in einem zentralen Punkt (tertium comparationis).
– Die Parabel will immer belehrend sein.

„Die Parabel verzichtet auf Ausführlichkeit. Sie berichtet nur das Notdürftigste – gerade so viel, wie erforderlich ist, damit die Erscheinungen das Licht einer hinter ihnen liegenden höheren Bedeutung reflektieren. [...] Neben die Kategorie des Wirklichen tritt im parabolischen Stil die Kategorie des Möglichen, des Bedingten und Konditionalen, der vielen ‚Wenns' und ‚Abers'. Sie ist wortkarg und zwingt zur Kürze, zur Abkürzung, zum Stenogramm. Die Details, die sie verwendet, um etwas zur Sprache zu bringen, was jenseits der Sprache liegt, wirken wie zufällig aufgelesen und addiert. Für sich genommen sind sie ohne jeden Belang. Dinge, Begebenheiten, Worte und Sätze stehen nicht in einem ersichtlichen, konsekutiven, kausalen oder finalen Verhältnis zueinander. Der Zusammenhang wird dabei nicht etwa absichtlich verschwiegen oder dem synthetischen Verstande des Lesers überlassen, sondern als gar nicht vorhanden oder als rein zufällig imaginiert. Auch rein sprachlich gibt die Parabel Rätsel auf, ohne sie zu lösen oder ihre Lösung in Aussicht zu stellen. Dabei ist der Text keineswegs als solcher ein Problem. Fragwürdig sind nur die Hintergründe, auf die er kraft seiner bruchstückhaften, stenogrammatisch verkürzten Darstellung verweist. Alles klafft auseinander, man schaut in ein Halbdunkel, vor dem die Sprache versagt und die Segel streicht. Wir befinden uns in einem abgeblendeten Allüberall und Nirgendwo, in einem ganz ‚anderen' Land, wo nichts mehr mit ‚rechten' Dingen zugeht. Hier wird nicht erschöpfend ‚ausgedrückt' oder formuliert, es wird vielmehr etwas demonstriert, das sich als sprachlich nicht auflösliche Reste störend und aufstörend ins Bewusstsein drängt. Das Verborgene bleibt verborgen. Es verrät sich nur. Man ahnt es, kann es aber unmöglich identifizieren. Was sich davon nachweisen lässt, droht sich sogleich in Nebel aufzulösen [...]. Die Parabel schafft ‚Modell-Situationen' (Heinz Hillmann), die simplifizieren und schematisieren [...] ‚Lehrdichtung' ist sie, zumindest nicht in ihren entwickelten Formen, schon allein deshalb nicht,

weil sie die Deutung, die sie niemals schwarz auf weiß zu formulieren vermag, durchaus offen und zweifelhaft lässt. Sie ist kurz angebunden, unabgeschlossen, fragmentarisch und bei aller augenfälligen Präsenz des Faktischen elementar unverständlich, missverständlich oder halbverständlich. Der Rest ist Schweigen. Sie verzichtet auf jeglichen poetischen Glanz. Es geht in ihr durchaus nüchtern, unsensationell, manchmal sogar betont konventionell zu [...]. Ihr eigentlicher, erst unter erheblichen Anstrengungen zu entdeckender ‚Mehrwert' besteht darin, dass sie den Adressaten, den Empfänger der Botschaft [also den Leser] auf den Weg bringt. [Insofern kann Kafkas „Eine kaiserliche Botschaft" auch als Parabel über die Parabel gelesen werden.]"[40]

Was könnte das *tertium comparationis* sein?
Es hat zwei Ebenen: die aus der Gewalt resultierende Annahme, dass Gewalt der Sinn der Geschichte (im doppelten Sinn gemeint) sein müsse (Sehnsucht nach Erfüllung der Prophezeiung) und die sich im Stadtwappen ausdrückende Zustimmung zu diesem Sinn (Fatalismus).
Wo liegt die (eigentlich gemeinte) Vergleichsebene, welche Einsicht soll der Leser gewinnen? Die Schüler sollten hier mehrere Möglichkeiten durchspielen. Die beiden Möglichkeiten „Diese Parabel ist eine geraffte Darstellung der Menschheitsgeschichte" und „Mit dieser Parabel will Kafka seiner Zeit den Spiegel vorhalten" sollten dabei sein. Sie werden aber nicht als gültige Interpretation verordnet, sondern als Denkmodelle (unter Beachtung der durch die Parabel gegebenen Bedingungen) diskutiert.

3a/b   Obwohl die beiden Texte fast zeitgleich entstanden sind („Auf der Galerie" nach und in Kenntnis von „Ovation"), machen sie den Unterschied deutlich, der zwischen der Epoche „Jahrhundertwende" und der Epoche „Weimarer Republik" liegt. „Ovation" ist noch ein Text der „Jahrhundertwende": mit dem hohen ästhetischen Reiz der Texte des Fin de siècle und der Décadence ausgestattet, in virtuoser Verfügung über das Wort in Form eines herrlichen Gedankenspiels einen an sich banalen, aber für das Selbstgefühl der Epoche aufschlussreichen Sachverhalt darstellend; eine kostbar ausgestaltete Bagatelle über einen erfüllten Augenblick. Kafkas Text hingegen, formal nicht weniger virtuos, aber nicht aufs Spielerische, sondern auf strenge Funktionalität ausgerichtet, spricht von gespaltenem Bewusstsein, von Hilflosigkeit und vielfacher persönlicher Not; Dokument einer Krise also, eines katastrophalen Zustands.

Zum *Textvergleich:*[41]
Erster Eindruck, „dass hier [bei Kafka] die gleiche Art der Erfindung in traurig klingt wie dort [bei Walser] in lustig" (Robert Musil).
Wichtig ist es, die beiden Überschriften ganz ernst zu nehmen: Walsers Text ist eine vierfach variierte und gesteigerte Darstellung des Applauses und seiner kommunikativen Wirkung. „So wird in diesem kleinen Text ein kindlicher Wunsch zum Ausdruck gebracht, der auch Erwachsenen wohl bekannt ist: gefallen wollen und Gefallen finden, einander gefallen in wechselseitig sich steigender Zustimmung" (Zimmermann). Es kommt aber zu einem Eklat durch das von der Künstlerin so empfundene Fehlverhalten des „schwärmerischen Barons".

---

[40] Erwin Wäsche: Die verrätselte Welt. Ursprung der Parabel. Lessing, Dostojewski, Kafka. Meisenheim am Glan 1976 (= Deutsche Studien 28).

[41] Zum Textvergleich finden sich Hinweise bei:
Hans Dieter Zimmermann: Der babylonische Dolmetscher, a.a.O., S. 20–26;
Karl Pestalozzi: Nachprüfung einer Vorliebe. Franz Kafkas Beziehung zum Werk Robert Walsers. In: Katharina Kerr (Hrsg.): Über Robert Walser. 3 Bände. Frankfurt/M. (Suhrkamp) 1978, 2. Bd., S. 94–114;
Robert Musil: Die Geschichten von Robert Walser. In: Katharina Kerr (Hrsg.): Über Robert Walser, a.a.O. 1. Bd., S. 89–91.
Walter Höllerer: Über Robert Walser. In: Robert Walser, Prosa. Auswahl. Mit einem Nachwort von Walter Höllerer. Frankfurt/M. (Suhr-

Dieser Störung der Geschichte muss man nachdenken: Wie kommt es zu ihr? Was bedeutet sie? Warum bleibt sie (für die Geschichte) folgenlos? Lösungshinweise: Einbruch des Materiellen in das Reich des Idealen, der Käuflichkeit in die „reine" Beziehung.

Bezeichnenderweise heißt Kafkas Text nicht „In der Manege", sondern „Auf der Galerie". Seine Erzählperspektive ist also die des Galeriebesuchers, die Geschichte ist sozusagen von der Peripherie her, die den Überblick ermöglicht, erzählt. Die Beachtung dieser Perspektive ist wichtig, um den Text richtig zu verstehen.[42] Kafka zeichnet nicht nur das Bild einer Ausweglosigkeit („endlos"), sondern auch das der Ohnmacht dieser Ausweglosigkeit gegenüber.

Zur *Bewusstseinsveränderung* bei Kafka: „Auf der Galerie" kann auch als Produkt jenes Zusammenbruchs aller Sicherheit gesehen werden, der sich im Ersten Weltkrieg ereignet hat und in der „Rätselhaftigkeit der Welt" und im „Sinnverlust des Lebens" zu Bewusstsein kommt.

4a Anrede an einen Menschen, den man kennt oder dem man sich überlegen fühlt und den man deshalb duzt. Imperativ, der dazu auffordert von einem tun abzulassen, dessen Vergeblichkeit angenommen wird.

4b **Zur Handlung:** Ein Mensch ist auf dem Weg zum Bahnhof. Erschrocken stellt er fest, dass es möglicherweise schon später ist als er bisher angenommen hatte. Er wird, weil er sich noch nicht lange in der Stadt aufhält, unsicher über den einzuschlagenden Weg. Er fragt einen glücklicherweise anwesenden Schutzmann nach dem Weg. Statt eine Auskunft zu geben, stellt der Schutzmann eine rhetorische Gegenfrage. Auf die Beantwortung dieser Gegenfrage reagiert der Schutzmann merkwürdig: er fordert zum Unterlassen auf und wendet sich, wahrscheinlich lachend, ab.

Problem: Jemand erhält auf eine verständliche Frage eine unsinnig erscheinende Reaktion, die aber auf unerklärliche Weise betroffen macht, die eingetretene Verunsicherung vertieft.

Figuren: Der zum Bahnhof Eilende, der sich nach den gegebenen Umständen völlig verständlich (so hätte ich auch gehandelt!), ja richtig (so muss man es machen!) verhält.

Der sich völlig unerwartet und unverständlich verhaltende Schutzmann: Mit seiner Gegenfrage lässt er daran zweifeln, dass er als Auskunftgeber in Frage kommen könnte oder dass man ihn überhaupt um eine Auskunft bitten dürfte; mit seiner Aufforderung geht er offensichtlich nicht auf das eigentliche Anliegen des Auskunftheischenden ein; mit seinem Abwenden entzieht er sich allen weiteren Klärungsversuchen; die zuletzt mitgeteilte Beobachtung (wer macht sie? der Auskunftsuchende, der Autor?) lässt den so unsinnig reagierenden Schutzmann aber überlegen (er lacht, weil er es besser weiß) und taktvoll (er will seine Überlegenheit nicht zur Demütigung des Fragestellers benützen) erscheinen.

Stilistische Gestaltung: In der Zeile 6 verliert die Geschichte, obwohl sie weiterhin im Präteritum erzählt wird und keine stilistische Veränderung erfährt, plötzlich ihre Normalität. Der Leser sieht sich gezwungen, nun seinerseits Fragen zu stellen.

4c *Exzerpt aus der Biografie:*
– tschechisch – deutsch – jüdisch: Zugehörigkeit?
– Willen zu materiellem Erfolg, zum sozialen Aufstieg
– bevormundender Vater
– als Einengung empfundene Familie
– Situation der Arbeiter, Gefühl des Ausgeliefertseins des modernen Menschen an anonyme Mächte
– Selbstentfremdung des Menschen
– Lebens- und Existenzangst
– Unterworfenheit unter anonyme Mächte
– Orientierungslosigkeit
– Alptraum
– zweimal mit derselben Frau verlobt
– schwere Erkrankung, vorzeitige Pensionierung
– Sanatoriumsaufenthalt

Seite 357

5a/b Zunächst sollten die Schüler versuchen Politzers drei **Interpretationsansätze** in das Schaubild (SB, S. 358) einzuordnen. Ergebnis: Es handelt sich ausschließlich um textexterne und produktionsorientierte Ansätze.

Die Tabelle könnte dann so aussehen:

	historischer Ansatz	psychologischer Ansatz	religiöser Ansatz
Merkmal 1: Prämisse	Jedes (literarische) Kunstwerk ist Ausdruck der Lebensumstände seines Autors und der Bedingungen der Zeit, in der er lebt.	Jedes (literarische) Kunstwerk ist Ausdruck der Gesetzmäßigkeiten des menschlichen Unterbewusstseins und der speziellen psychischen Gegebenheiten seines Autors.	Jedes (literarische) Kunstwerk ist Ausdruck der bewussten oder unbewussten religiösen Disponiertheit des Menschen, also auch seines Autors.
Merkmal 2: Charakteristika und Interpretationsrahmen	Der künstlerische Text ist anzusehen als die fiktional verschlüsselte Mitteilung über bestimmte Lebens- und Zeitumstände. Jeder künstlerische Text erklärt den Menschen aus seinen Lebens- und Zeitumständen.	Der künstlerische Text ist anzusehen als die fiktional verschlüsselte Mitteilung über die Steuerung von Menschen durch ihr Unterbewusstsein. Jeder künstlerische Text erklärt den Menschen aus seinen psychischen Bedingungen.	Der künstlerische Text ist anzusehen als die fiktional verschlüsselte Mitteilung über die religiösen Sehnsüchte und Ängste von Menschen. Jeder künstlerische Text erklärt den Menschen aus seinen religiösen Bindungen.
Vorteil	Fester Bezugsrahmen, klare Umgrenzung der Interpretationsmöglichkeiten im jeweiligen Bedingungsfeld.		
Nachteil	Einseitigkeit, Aspekthaftigkeit, Ergänzungsbedürftigkeit		

kamp)1960, S. 203–215. Dort heißt es (S. 210): „Vergleicht man das Prosastück von Robert Walser ‚Ovation' mit dem daran angelehnten von Franz Kafka ‚Auf der Galerie' (hier ist die Gefeierte eine Sängerin, dort eine Zirkusreiterin; auf eine für beide Dichter bezeichnende Art wird aus der Zuschauermenge jeweils eine Gestalt in Bildern, die am Rande des Begründbaren dahintasten, herausgehoben), so erkennt man, wie Kafka das Konzept von Walser weiterdachte und weiterdrehte. Was bei Walser schon in der Art von Chiffren sich ankündigt, aber noch in der Sphäre des einen, bestimmten Augenblicks, der spielerischen Impression bleibt, das überführt Franz Kafka vollends in die Fremdartigkeit und zugleich in die Allgemeingültigkeit der Parabel: ein Teilaspekt steht für das Ganze des Weltkarussells."

[42] Zu Kafkas „Auf der Galerie" finden sich Interpretationen in:
Werner Zimmermann: Deutsche Prosadichtungen unseres Jahrhunderts, a.a.O., S. 209–215;
Franz Kafka: Erzählungen, interpretiert von Reinhard Meurer. München (Oldenbourg) 1988, S. 89–98 (= Oldenbourg-Interpretationen, Bd. 18); Hartmut Binder (Hrsg.): Kafka-Handbuch, a.a.O., S. 320.

5c Es sollten zunächst alle drei Interpretationsansätze auf „Gibs auf" angewendet und ausführlich durchgespielt werden. Dabei sollte auf das Material aus der Arbeitsanregung 4 (SB, S. 355) zurückgegriffen werden. Die Entscheidung für einen der Ansätze kann dann von den Schülern mündlich begründet werden.

Seite 359

6a/b Bei der Bearbeitung dieser Arbeitsanregung kann folgendermaßen vorgegangen werden:

1. Stufe: Jeder Schüler verfertigt eine „werkimmanente" Interpretation. Die zu erfüllende Arbeitsbedingung ist, dass man ausschließlich mit dem Text selbst argumentieren darf. Es wäre auch möglich, eine werkimmanente Interpretation vorzulegen und sie gemeinsam zu analysieren.[43]

2. Stufe: Das Ergebnis dieses Versuchs oder der Analyse wird diskutiert. Das Unbefriedigende dieses Ergebnisses lässt sich gerade an der Parabel besonders deutlich zeigen: Sie verlangt ja geradezu nach dem Auffinden einer Vergleichs- als eigentlicher Bedeutungsebene. Der Text selbst kann aber einen solchen Weg nicht eröffnen. Man muss also von außen Zugänge schaffen.

3. Stufe: In Gruppen werden nun textexterne Ansätze ausprobiert (vielleicht sogar nur mündlich, das Ergebnis dieses Gesprächs ist dann dem Plenum als Gruppenreferat vorzutragen). Besonders ergiebig erscheinen in diesem Fall der biografische Ansatz[44] (Konflikt mit dem Vater: Textausschnitte aus dem „Brief an den Vater" oder Lehrervortrag), der geistesgeschichtliche Ansatz (Nietzsches „Gott-ist-tot"-These) und ein theologischer Ansatz (die Parabel als „theologisches Kommunikationsmodell").

4. Stufe: Die „Interessantheit" wie die (relative) „Beliebigkeit" dieser Ansätze werden im Unterrichtsgespräch des Plenums festgestellt.

Auf die Mehrdeutigkeit und Vielschichtigkeit poetischer Texte ist hinzuweisen.
(Zur Ergänzung dieser Teilsequenz und zur selbstständigen Anwendung verschiedener Interpretationsansätze kann in **K 1**, LB, S. 524, ein weiterer Kafka-Text herangezogen werden.)

7a Die **Themenanalyse** geht aus von den Schlüsselbegriffen des Zitats, erläutert und differenziert diese und führt zu einer sinnvollen Vorbereitung für die Stoffsammlung.

7b **Ergänzungen** zur Erörterung des Zitats:

auf seine Richtigkeit	auf seine Anwendbarkeit bei Kafka
...	...
– Die These bedarf der Differenzierung und Konkretisierung.	– Aber ist dieses „Misslingen" schon die ganze „Botschaft"?
– Zu beachten sind die Darstellungsart (Stilrichtung) und die Darstellungstechnik (Öl, Pastell, Collage etc.).	– Wie sind die weiteren Fragen zu beantworten?
– „Macht sichtbar" klingt viel eindeutiger, als es die Offenheit und Vieldeutigkeit großer Kunst zulässt.	• z.B. die Frage nach der Schuld
	• z.B. die Frage nach den Ursachen des Misslingens
	– Wie ist das Verhältnis von „Bildzeichen" und „Sprachzeichen" zu sehen und zu beurteilen?

Als **Gliederung** der Anwendungsfrage böte sich die in der Stoffsammlung vorgezeichnete Reihenfolge der Aspekte an.

Seite 360

8 Die **Prüfung der „Textelemente"** ergibt folgendes Ergebnis:

8a Der „Ort" der „Textelemente" im Aufbau:
a) gehört zum ersten Teil der Erörterung, weil zunächst die Semantik der Begriffe erläutert werden muss.
b) lässt sich dem zweiten Teil zuordnen und würde sich sowohl als Überleitung zu einem Abschnitt als auch für eine Abrundung eignen.
c) steht im ersten Teil nach der Begriffserläuterung.
d) Dieser Abschnitt eignet sich als Schluss, weil er Ergebnisse der Reflexion resümiert.
e) eignet sich als Einleitung, weil dieser Abschnitt das Problem des Zitats als Frage fasst und gleichzeitig die gewählte Methode umreißt.

8b Die ergänzte **Einleitung** könnte so lauten:
[...] wie der Blick auf das Tryptichon „Großstadt" von Otto Dix z.B. zeigt. (Oder Marc Chagall, SB, S. 8 oder David Teniers, SB, S. 116 u.a. Beispiele)
Deshalb prüfe ich im ersten Teil meiner Erörterung zunächst die Semantik der Schlüsselbegriffe sowie ihre Bedeutung für die bildende Kunst und erörtere danach schwerpunktmäßig, inwieweit die Aussage des Zitats auf Kafka zu übertragen ist.

8c Die „Textelemente" zeigen inhaltlich und sprachlich insgesamt gut gelungene Beispiele.

9 Die vorgeschlagenen **Themen** können als Übungs- oder Klausuraufgaben genutzt werden.

9a Die Ausarbeitung des Demonstrationsbeispiels zum Klee-Zitat (SB, S. 359ff.) ist besonders gut als *Übungsaufgabe* geeignet, wie sie – nach den weitgehenden inhaltlichen und strukturellen Vorarbeiten – dem Lehrer und den Schülern Gelegenheit geben, vor allem auf **die stilistische Gestaltung** zu achten.
Methodisch sind dazu unterschiedliche Lösungsmöglichkeiten denkbar:
– Alle Übungsaufsätze werden vom Lehrer sorgfältig korrigiert und mit einem differenzierten Kommentar versehen. Dieser sollte auf die Fähigkeit des Schülers eingehen, die weitgehend vorgegebene Stoffsammlung und Gliederung zu „verarbeiten".
Vor allem aber müsste differenziert erläutert werden, wie es dem Schüler/der Schülerin gelungen ist, die stilistischen Anforderungen der literarischen Erörterung zu bewältigen (vgl. SB, S. 172ff.).
Vorschläge für individuelle Übungsschwerpunkte bzw. sogar für ein mittelfristiges Übungsprogramm wären für eine optimale Evaluation zu empfehlen.
– Eine Schülerlösung, die charakteristische stilistische Schwächen zeigt, wird in Gruppen bearbeitet und im Plenum diskutiert.
Gemeinsam in Einzelarbeit vorgenommene Verbesserungen bzw. die Überarbeitung ausgewählter Passagen wäre eine sinnvolle Anwendungsphase für die gewonnenen Erkenntnisse.
– Bei einer leistungsstarken Lerngruppe ließe sich auch ein noch stärker schülerzentriertes Verfahren erproben: In Einzelarbeit werden anonymisierte Schülerarbeiten (z.B. aus dem Parallelkurs) korrigiert und kommentiert. Der jeweilige Hauptfehler wird diagnostiziert und an der Pinnwand „veröffentlicht". Die Auswertung ergibt bestimmte Fehlertypen,

---

[43] Ein Beispiel ist zu finden bei Werner Zimmermann: Deutsche Prosadichtungen unseres Jahrhunderts, a.a.O., S. 216–218.
[44] Dafür findet sich ein Beispiel bei Reinhard Meurer, a.a.O., S. 82–88, besonders S. 84f.

die arbeitsteilig in Gruppenarbeit erörtert werden. Die Ergebnisse lassen sich dem Plenum mündlich und schriftlich vermitteln.

9b/c Beide Themenvorschläge eignen sich für anspruchsvolle *Übungs-* oder *Klausurgaufgaben* (fünfstündig), wobei in jedem Fall die Beispiele und Methodenhinweise des Schülerbuches verwendet werden können.

II. Der Tanz auf dem Vulkan (S. 361–376)

In der zweiten Sequenz werden vier *wesentliche Aspekte von Literatur und Sprache in der Weimarer Republik* dargestellt:

1. Die **Bedeutung des Ersten Weltkriegs** als literarisches Thema und die inhaltliche und formale Widersprüchlichkeit in der literarischen Behandlung des Kriegserlebnisses.

2. Die **Spiegelung der politischen Wirklichkeit** der Weimarer Republik in der Literatur als Aushöhlung der Demokratie durch die Institutionen der Republik selbst (als Beispiel dient hier das Amt des Reichspräsidenten) und durch die Mentalität der (unpolitischen) Menschen.

3. Die Funktionen und **Erscheinungsformen politischer Rede** lassen sich am Beispiel der Weimarer Republik gut aufzeigen. Vor allem kommt es darauf an, die grundsätzliche Standortgebundenheit von politischer Rede vorzuführen, aber auch die Möglichkeiten zu zeigen, diesen Standort zu erkennen. Wichtig ist es auch, das notwendig gebrochene Verhältnis politischer Rhetorik zur Wahrheit zu zeigen, sobald der Standort ihres Urhebers an eine Ideologie gebunden ist.

4. Die Teilsequenz „Jahrmarkt des Lebens" versucht eine paradigmatische Wiedergabe dessen, was man unter den **„Goldenen Zwanzigern"** oder „Roaring Twenties" verstehen könnte: Buntheit und Vielfalt der Eindrücke, Stimmungen und Erfahrungen, die hektische Betriebsamkeit Berlins, der „Hauptstadt der Ungleichzeitigkeit", aber auch die breite Palette der Darstellungsformen und das Experimentieren mit neuen Ausdrucksmöglichkeiten. Als eine Art Zusammenfassung erscheint der Text aus Klaus Manns „Wendepunkt" in der Kontrastierung mit dem Triptychon „Großstadt" von Otto Dix.

> **S. 361–365: II,1. Der lange Schatten des Krieges –**
> **Aspekte in Roman, Tragödie, Essay und**
> **Reportage**

In dieser Telsequenz ist nicht eine möglichst umfassende und differenzierte Darstellung des Themas „Krieg" beabsichtigt, sondern die Vorstellung exemplarischer Aspekte und Wertungen.
Erich Maria Remarques „Im Westen nichts Neues" repräsentiert den populären **Anti-Kriegsroman.** Tagebuchartig wird aus der Perspektive des neunzehnjährigen Paul berichtet, erzählt, geschildert und reflektiert, ohne aber eine Erhellung der Kriegsursachen zu versuchen oder eine politisch-historische Klärung der innen- und außenpolitischen Zusammenhänge zu geben. Inhaltlich geht es Remarque nicht nur um die Darstellung der äußeren Vernichtung durch den Krieg und der vielfältigen seelischen Verwundungen, sondern um das Paradigma der Zerstörung einer ganzen Generation („lost generation"). Der Roman entgeht der Gefahr inhaltlicher Monotonie, indem er verschiedene Lebensbereiche erfasst: Die Kasernenhof-Schikane (Himmelstoß), die Fronterfahrungen (Essen fassen, Patrouille, Trommelfeuer, Gasangriff, Latrine), Etappensituationen, Lazarettaufenthalt, Urlaub usw.

Zwar enthalten die zeit- und zivilisationskritischen Reflexionen zahlreiche Kolportageelemente, sie sind jedoch immer getragen von einer humanen Grundhaltung, dem Ethos der Kameradschaft und einer bedingungslosen Friedensliebe.
Der ungeheure Erfolg des Romans – in 16 Monaten wurde die Verkaufszahl von einer Million erreicht – war begleitet von heftiger Kritik aus allen Lagern: Die Linken kritisierten die ihnen zu oberflächlich und z.T. verharmlosend erscheinende Darstellung des Krieges. Die Rechten, in radikaler Weise vor allem die Nationalsozialisten, diffamierten den Roman als schändlichen Verrat am beispielhaften Heldentum des deutschen Frontsoldaten.
Wegen seiner Überlänge – eine Spielzeit von zehn Abenden wäre nötig – ist **Karl Kraus' Anti-Kriegstragödie „Die letzten Tage der Menschheit"** vor allem ein Lesedrama. Als satirische Schmähschrift gegen die Barbarei des Ersten Weltkriegs bietet das Stück eine Fülle von Szenen und Figuren (das Personenverzeichnis umfasst 13 Seiten!): Alle Hierarchiestufen des Militärs, Politiker, Kapitalisten und Kriegsgewinnler sowie alle Spielarten des Spießers kommen vor. Teils tragen sie erfundene Namen, teils treten Personen des öffentlichen Lebens mit ihren bürgerlichen Namen auf (z.B. der Schriftsteller Ludwig Ganghofer). Karl Kraus behauptet mit Nachdruck, nur dokumentarische Dialoge verwendet zu haben, deren Quellen Erlebnisberichte von Zeitzeugen, Reportagen und Leitartikel aus Zeitungen und Zeitschriften waren. Ziel von Karl Kraus war es, die Lügen, das hohle Pathos, den Zynismus, die Dummheit und die unmenschliche Brutalität der Kriegstreiber, der willigen Handlanger und der Profiteure ebenso zu entlarven, wie die Ohnmacht und das Leid der Opfer zu beklagen. In all seinen Schriften war für Karl Kraus die Reinheit der Sprache ein Gradmesser für die Lauterkeit der Gesinnung.
Ernst Jüngers **Kriegsverherrlichung** in seinem Essay „Der Kampf als inneres Erlebnis" – ähnlich in seinem Tagebuch „In Stahlgewittern" (1920) – steht in schärfstem Kontrast zu den übrigen Texten dieser Teilsequenz. Den „Tod als Partner, als Zeugen der Wirklichkeit" (Ernst Jünger) zu erfahren, entspricht der frühen Phase Jüngers, die als „heroischer Nihilismus" bezeichnet wurde: Hier wird der Kampf als Bewährung verstanden, und die Faszination der Gefährdung wird ebenso z.T. mythisch überhöht wie das „Abenteuer" des Todes. Damit ist e i n e Grundlinie in Jüngers Schaffen bezeichnet, die bis zum Kriminalroman „Eine gefährliche Begegnung" (1985) reicht.
Auch wenn in dieser Teilsequenz die ideologiekritische Betrachtung Jüngers im Vordergrund steht, bedeutet dies nicht, seine späteren Phasen und Wandlungen zu verkennen: Etwa seine Nähe zum französischen Surrealismus in „Das abenteuerliche Herz" (1929/1938). Auch in den Werken, die dem sog. magischen Realismus zuzuordnen sind, zeigt sich der „andere" Jünger: symbolisch verschlüsselt im Roman „Auf den Marmorklippen" (1939) und fantastisch-utopisch in den Romanen „Heliopolis" (1949) und „Gläserne Bienen" (1957).
Auch der Stilist Jünger, dessen zwingende Präzision ebenso besticht wie die kühle Distanz des „Kaltnadeltechnikers" oft befremdet, ist mit pauschal rühmenden Etiketten ähnlich unzureichend zu erfassen wie durch polemisch überzeichnende Schmähungen seines Stils als „Herrenreiterprosa" (Fritz J. Raddatz).
Die **Anti-Kriegsreportage** „Wallfahrt für Kriegshetzer" von Egon Erwin Kisch stammt aus dem Sammelband „Der rasende Reporter" (1925). Sie ist charakteristisch für den doppelten Standort des Autors: Einerseits wahrt Kisch in seiner differenzierten Darstellung der Realität eine distanzierte Sachlichkeit, andererseits zeigt er sich als engagierter Kämpfer gegen Chauvinismus und Kriegsverherrlichung, wobei er den ironisch-sarkastischen Kommentar und die entschiedene Wertung nicht scheut. Die Reportage sowohl als Instrument des Kampfes zu nutzen und sie gleichzeitig als literarische Kunstform zu betrachten, ist für Kisch kein Widerspruch.

Mögliche Ziele:

1. Über eine Bildbetrachtung typische Zeittendenzen erkennen
2. Textbeschreibung und Prosainterpretation erproben
3. Über verschiedene Gestaltungsformen engagierte Auseinandersetzung mit den Texten

Seite 361

Bilderläuterungen und Lösungsvorschläge:

1a Nach ersten spontanen Äußerungen kann zu Dix' Triptychon auch eine genauere *Beschreibung* versucht werden. Fritz Löffler[45] beschreibt es so:

„Das Mittelteil des Triptychons „Großstadt" geht unmittelbar auf das Gemälde „An die Schönheit" von 1922 zurück. [...] Dargestellt ist in beiden Fällen das Treiben einer mondänen Gesellschaft beim Spiel einer Jazz-Kapelle. Im [zeitlich] ersten Bild steht der Maler noch im Vordergrunde des Ereignisses, im zweiten [„Großstadt"] hat er sich eine ganz andere Rolle zugedacht. Die „Großstadt" gibt Dix wieder Gelegenheit, seinen grotesken Humor zu entfalten. Die Verrenkungen des tanzenden Paares beherrschen die Mittelachse des Bildes. Der in ein exotisches, schmucküber- sätes Gewand gehüllten Dame mit dem Fächer aus rosa Straußen- federn[46], ihrer blonden Nachbarin zur Rechten, deren Fett das gelbe Kleid zu sprengen droht, sowie der Dekadenten in Blau mit der Zigarette entsprechen auf der Gegenseite die vehement ihre Instrumente bearbeitenden, schwarzbefrackten Musiker. Bass- und Tenor-Saxophon, Tuba und Trompete richten ihre wie Saug- näpfe vorsintflutlicher Tiere wirkenden Schalltrichter auf dieses merkwürdige Treiben. Die geistige Spannung erhält diese Mitte aber erst durch die beiden Seitenteile. Die Beschäftigung mit den altdeutschen Meistern ließ Dix den Versuch wagen, neben der Maltechnik auch die Form des dreiteiligen Flügelaltars für gegenwartsnahe Bildinhalte zu übernehmen.

Auf diesen Flügeln erscheinen wiederum die in seinem Werke schon klassisch gewordenen Gestalten der Huren und Kriegs- krüppel. Sie geben für die Deutung der „Großstadt" erst die be- stürzende Vielgesichtigkeit. Der rechte Flügel wird durch eine pseudobarocke Theaterkulisse[47] abgeschlossen [...]. Den Raum ne- ben dieser Architektur füllt Dix mit der ebenso falschen Pracht von Klassefrauen in großer Schale. Zu Füßen einer mit einem Purpurmantel angetanen Fetten mit entblößten Brüsten hockt ein um eine milde Gabe heischender Kriegskrüppel. Im Gegensatz zu der falschen Pracht auf dem rechten zeigt der linke Flügel eine trostlose Bahnunterführung aus Ziegelwerk und Eisenkonstruk- tion. Im Hintergrund erwartet das erleuchtete Bordell seine Be- sucher. Entsprechend der Ärmlichkeit der Umgebung gehören die sich hier freibietenden Mädchen zur billigen Sorte. Auf dem Pflaster liegt ein Betrunkener ausgestreckt. Die beherrschende Gestalt des linken Flügels ist aber der Kriegskrüppel.
Der Krüppel wird zur Hauptperson dieses modernen Totentan- zes. Dix hat ihm seine eigenen Züge verliehen. So ist er selbst zum Zuschauer von Glanz und Elend der „Großstadt" geworden, nicht mehr Akteur wie im ersten Bilde, sondern Räsoneur, dis- tanziert, wissend und ohne Illusionen."

Mögliche Arbeitsfragen zur *Bildbeschreibung:*

– Wie sind die Mitteltafel und die Seifenflügel aufgebaut? Was ist mit diesem Bildaufbau ausgedrückt?
Mitteltafel: Die Betonung der Diagonalen schafft zwei ge- geneinander gerichtete Bildflächen, in deren Zusammen- treffen das tanzende Paar sich bewegt.
Seitentafeln: vertikal halbiert, links und rechts Architektur- teile als Raumikonen, auf den Innenhälften die Huren, links in das Bild hinein-. rechts aus ihm herausführend. Der lie- gende und der sitzende Krüppel links und rechts als zu- gehörig, keine Aufmerksamkeit erregend. Anders ist es mit dem Beinamputierten links, er fällt aus der Bildkomposition heraus zu einer ganz eigenen, zwiespältigen Position, vor al- lem, weil er, wie der Betrachter, dem Bild zugewandt ist.
– Welchen Eindruck vermittelt die Farbgebung?
Mittelteil: schwere, sinnlich-schwülstige Farben, auf dem Ge- gensatz von Rot und Schwarz aufgebaut.
Seitenflügel: „verblichene", blasse Farben.

Abb. 1: Otto Dix: An die Schönheit. 1922

---

45 Fritz Löffler: Otto Dix. Leben und Werk. Wien/München (Schroll) 1967, S. 92. ©Verlag der Kunst Dresden. Weitere Beschreibungen des Bildes und Aufsätze zur fachwissenschaftlichen Auseinander- setzung: Eva Karcher: Otto Dix. 1891–1969. Leben und Werk. Hrsg. von Ingo F. Wather. Köln (Taschen) 1988, S. 151ff.; Hanne Bergius: Dix – Dionysos in der Kälte. Spuren von Mythen und Alten Meistern im Großstadt-Triptychon; Birgit Schwarz: „Otto Hans Baldung Dix" malt die Großstadt. Zur Rezeption der altdeutschen Malerei. Beide Aufsätze in: Dix. Zum 100. Geburtstag 1891–1991. Ausstellungs- katalog der Galerie der Stadt Stuttgart und der Nationalgalerie Berlin. Stuttgart (Hatje) 1991, S. 219ff. und 229ff.
46 Diese Figur zeigt, dass auch in der Mode der Weimarer Zeit Ge- gensätze und Widersprüche virulent waren („Pagenkopf", „Knaben- figur").
47 Von Dix sind diese Bauteile wohl eher als vornehm-reicher Gegen- satz zur schäbigen Welt auf der linken Tafel gemeint.

Kompositionsskizze zu Otto Dix: Großstadt.

Karton (Gleichformatige Entwurfskizze) zum Großstadt-Triptychon (Kohle, weiße Kreide, Rötel, Bleistift und Deckweiß auf Papier auf Leinwand). Galerie der Stadt Stuttgart: Aus: Dix. Zum 100. Geburtstag 1891–1991. Ausstellungskatalog. Stuttgart (Hatje) 1991, S. 220f.

1b Mögliche **Assoziationen** zu den Titeln der Texte 1–4:

Die nüchterne Aussage eines Wetter- oder Lageberichts (Text 1); Weltuntergang (Text 2); begeisterte Kriegsverherrlichung (Text 3); monströses Schlachtendenkmal (Text 4).

Seite 365

2a Die Texte 1 und 2 konfrontieren unmittelbar mit dem Kriegsgeschehen selbst, berichten also gewissermaßen aus der Perspektive der Augenzeugen. Im Text 3 wird das eigene Kriegserlebnis weniger berichtet als vielmehr reflektiert und „gedeutet", also auf eine quasi-philosophische Ebene gebracht. Text 4 schließlich ist aus einer kritisch-ironischen Distanz heraus gestaltet, er bewegt sich auf der Ebene des nach Ursachen fragenden Kommentars.

2b

	Text 1: Remarque	Text 2: Kraus	Text 3: Jünger	Text 4: Kisch
Absicht und Wirkung	Schonungslose Darstellung der Kriegswirklichkeit. Aufzeigen des „wahren Gesichts" des Kriegs: sinnloser Tod, blindwütige Zerstörung. Die Beschreibung des Kriegs wird zum Appell gegen den Krieg.	Drastische Vorführung der Brutalität und Verlogenheit, zu denen der Krieg Menschen verführen kann: Er weckt die niedrigsten Instinkte und macht aus den Menschen Täter oder Opfer.	Verherrlichung des Kriegs als des Geschehens, in dem sich die wertvollste Gabe des Menschen entfalten kann: der Mut. Wo er zutage tritt, werden erst die den Menschen bestimmenden ewigen Werte sichtbar.	Darstellung der Ursache für Kriege: gedankenloser, übersteigerter Nationalismus. Aufzeigen der verklärenden Wirkung, die von einer musealen Präsentation des Kriegs ausgehen kann.
Sprachliche Mittel	Ich-Erzählung, die sich hauptsächlich eines mehrere Bedeutungen umfassenden „Wir" bedient. Realistischer Sprachgebrauch: „Frontkämpfer"-Sprache, dazwischen aber auch Stilebenen der Reflexion und der Empfindung. Reihentechnik als Aufzählungen von Wörtern oder Parallelismus von Sätzen und Satzteilen.[48]	Rekonstruktion von Wirklichkeit mit Mitteln des Theaters (Vorform des dokumentarischen Theaters) mit genauer Nachbildung der Sprachebene der einzelnen Sprecher. Realistische Darstellung, aber als Konzentrat, nicht als (beliebiges) Abbild der Wirklichkeit.[49]	Gehobener Sprachstil einer zugleich reflexiven und emphatischen Sprechweise. Erlesene Wortwahl, kunstvoll konstruierte Sätze.[50]	Dauernde Durchdringung von Bericht und Kommentar, wobei letzterer das eigentliche Anliegen des Texts enthält. Der Sprachstil ist von diesen beiden Textebenen bestimmt: Bericht knapp und sachlich, Kommentar mit vielfältigen Stilmitteln, vor allem der ironischen Brechung.

(Über die Textsorte „Reportage" schreibt E. E. Kisch Grundsätzliches im Vorwort zu „Der rasende Reporter".)

3a–c Bei den *Gestaltungsaufgaben* kommt es neben der Beachtung der Textsorten-Bedingungen darauf an, die Textperspektive zu treffen. Das ist besonders schwierig für die Aufgabe 3a. Hier müsste unbedingt vorher ein kurzes Gespräch zur genaueren Festlegung der Bedingungen geführt werden: Soll es sich um einen jungen oder alten Briefschreiber handeln? Hat er selber am Ersten Weltkrieg teilgenommen? Schreibt er als Betroffener (Kriegsteilnehmer, Eltern eines Gefallenen etc.) oder aus weltanschaulichem/künstlerischem Interesse? Bei der Lösung der Aufgabe 3b kommt es auf zwei Qualitäten an: einmal auf die Fähigkeit, möglichst genau auf den Text einzugehen und zum anderen darauf, die ablehnende oder zustimmende Haltung zum Text möglichst gut zu begründen. Das Gespräch, das Aufgabe 3c vorschlägt, sollte ebenfalls möglichst textnah, womöglich mit Zitaten, geführt werden. Bei einer Weiterentwicklung der Positionen der Autoren muss darauf geachtet werden, dass keine logischen Brüche entstehen.

(Weitere Texte zu dieser Teilsequenz bietet K 2 , LB, S. 525.)

> **S. 366–370: II,2. „Der Zeitgeist pfeift" (Kurt Tucholsky) –**
> **Aspekte in Glosse, Zeitroman, Volksstück**
> **und Gebrauchslyrik**

In der zweiten Teilsequenz stehen die psychologisch-politischen Aspekte der späten Phase der Weimarer Republik und des emporkommenden Nationalsozialismus stärker im Vordergrund.
Besonders Lion Feuchtwanger beförderte die aktuelle politische Aufklärung und **psychologische Durchleuchtung.** In seinem Roman „Die Geschwister Oppermann" (ursprünglich „Die Geschwister Oppenheim") zeigt er beispielhaft, wie mühsam und lang der Erkenntnisprozess war, bis die wirkliche Zeitsituation realistisch eingeschätzt wurde: Für die Angehörigen der jüdischen Großbürgerfamilie erschien es zunächst unvorstellbar, dass die Brutalität des Nationalsozialismus alle Bereiche und Gesellschaftsschichten erfassen könnte, wie die Reaktion auf die Diskriminierung des jüdischen Schülers Berthold demonstriert (Text 2, SB, S. 366, Z. 12ff.). Die Tradition des Bildungs-

bürgertums und die gemeinsamen hohen ethischen Werte – der Geist Goethes gegen Hitlers „Mein Kampf" (SB, S. 367, Z. 41ff.) – schienen für lange Zeit ein unüberwindliches Bollwerk gegen die braune Flut zu sein. Selbst die lebensgefährliche Verletzung des Mechanikers Pachnicke durch NS-Schläger wird von Gustav Oppermann zwar beklagt, aber doch als Exzess jenseits der eigenen Sphäre betrachtet.
Auch wenn die Prototypen der Nationalsozialisten häufig karikaturistisch überzeichnet sind und die aufklärerische Tendenz des Romans nicht ohne Kolportageelemente auskommt, wird das Buch zur dramatischen Anklage.
In welchem Ausmaß die **fahrlässige politische Apathie** angesichts der „braunen Gefahr" bereits das flache Land ergriffen hat, veranschaulicht Ödön von Horváths Stück „Italienische Nacht" in demaskierender Weise. Die philisterhaft verbürgerlichten Republikaner – mit Ausnahme des linksradikalen Egozentrikers Martin – stehen dem blindwütigen Fanatismus der Faschisten ohnmächtig und untätig gegenüber. Ihre phrasenhafte kleinbürgerliche Vereinsmeierei, die ihren stärksten Ausdruck im kitschigen Stimmungsrausch der „Italienischen Nacht" findet, demonstriert den äußersten Kontrast zum „Deutschen Tag", den die Nationalsozialisten mit martialischem Aufmarsch und mit einschüchternder Machtdemonstration organisieren.

[48] Vgl. Hubert Rüter: Remarque. Im Westen nichts Neues. Ein Bestseller der Kriegsliteratur im Kontext. Entstehung – Struktur – Rezeption – Didaktik. Paderborn (Schöningh) 1980 (Reihe: Modellanalysen: Literatur. Bd. 4).

[49] Vgl. Franz H. Mautner: Karl Kraus. Die letzten Tage der Menschheit. In: Benno von Wiese (Hrsg.): Das deutsche Drama. Vom Barock bis zur Gegenwart. Interpretationen. Bd. II. Düsseldorf (Bagel) o. J. S. 360–385.

[50] Vgl. Karl Heinz Bohrer: Die Ästhetik des Schreckens. Die pessimistische Romantik und Ernst Jüngers Frühwerk. München (Hanser) 1978. Dazu die Repliken:
Wolf Lepenies: Gesinnungsästhetik. Zu Karl Heinz Bohrers Auseinandersetzung mit Ernst Jüngers Frühwerk. In: Merkur 32/1978, S. 1055–1060 und
Michael Rutschky: Die Ästhetik des Schreckens. Zu Karl Heinz Bohrers Untersuchung. In. Neue Rundschau 89/1978. S. 457–464.
Vgl. auch: Johannes Volmert: Ernst Jünger „In Stahlgewittern". München. (Fink) 1985.

Die politische Heimatlosigkeit und geistige Orientierungslosigkeit der Menschen erweist sich auch im Gebrauch eines schablonenhaften Bildungsjargons aus abgestandenen Spruchweisheiten, verballhornten Zitaten und politischen Klischees, der die Rede der Dörfler ebenso kennzeichnet wie die Sprache der Städter (vgl. z.B. „Sladek, der schwarze Reichswehrmann", 1929).

___

Mögliche Ziele:

1. Einsichten in die Mentalitätsgeschichte am Ende der Weimarer Republik
2. Kennenlernen von exemplarischen Gattungs- und Stilformen der Zeit
3. Übungen zur Interpretation
4. Erprobung einer Parallelgestaltung

___

Seite 370

Texterläuterungen und Lösungsvorschläge:

1a/b **Text 1 (Kuh):** Perspektive des distanzierten Kritikers. Situation: die Reichspräsidenten-Wahl 1925. Form: Gedankenspiel (Könnte der schon lange tote Nietzsche, wenn er noch lebte, heute an Stelle des fast gleichaltrigen Generalfeldmarschalls Hindenburg Kandidat für das Reichspräsidentenamt sein?) Die Antwort ist vernichtend für Hindenburg: „Schädel" als Ausdruck der brutalen und geistfeindlichen Stärke versus „Kopf" als Summe aus Gesicht (= individuelle Erkennbarkeit) und Gehirn (= Geistigkeit). Noch mehr als auf Hindenburg zielt diese Antinomie („Polar-Repräsentanten deutscher Möglichkeiten") aber auf Hindenburgs Wähler, zumal in der provozierenden Verallgemeinerung „Die Deutschen".

Text 2 (Feuchtwanger): Der Text zeigt, wie die sich verändernden politischen Verhältnisse in den letzten Jahren der Weimarer Republik von Angehörigen des gebildeten Großbürgertums erlebt werden. Dargestellt werden diese Verhältnisse aus der Sicht der beiden gleichgesinnten Freunde Gustav Oppermann und Rektor Francois. Die mit dem Aufkommen der Nationalsozialisten sich immer häufiger ergebenden und immer stärkeren „Störungen" werden von den beiden wohl wahrgenommen, aber in ihrer tatsächlichen Bedeutung völlig verkannt. Die beiden nehmen zu den alarmierenden Vorkommnissen eine erschreckend naive, ja in ihrer Verkennung der Wirklichkeit schon geradezu dümmlich-arrogante Haltung ein. Die Art, wie sie sich nach dem Gespräch aus dem Goethe-Band ihre eigene Weitsicht bestätigen, trägt groteske, ja gespenstische Züge.
Feuchtwanger hält diese Erzählperspektive genau durch: Der Leser erfährt einen tiefen Einblick in die vornehme Denk- und Handlungsweise der beiden außerordentlich sympathischen Gesprächspartner. Umso deutlicher wird ihr Missverhältnis zur Wirklichkeit. Das doppelte Gefühl der Zuneigung und der Empörung, das den Leser angesichts dieser beiden erfasst, ist die beabsichtigte und umsichtig ins Werk gesetzte Wirkung dieses Romanausschnitts.[51]

___

[51] Vgl. Sigrid Schneider: Fiktionale Antworten. Frühe Auseinandersetzungen mit dem Ende Weimars im Exilroman. In: Thomas Koebner (Hrsg.): Weimars Ende. Prognosen und Diagnosen in der deutschen Literatur und politischen Publizistik 1930–1933. Frankfurt/M. (Suhrkamp) 1982. S. 376–396, bes. S. 390f.
[52] Wilhelm, Kronprinz des Deutschen Reiches und von Preußen, spielte, nachdem ihm der damalige Reichskanzler Stresemann 1923 die Rückkehr nach Deutschland erlaubt hatte, eine Rolle als Gallionsfigur republikfeindlicher reaktionärer Kräfte. Er gehörte 1932/33 auch zu denjenigen, die Hindenburg drängten, Hitler zum Reichskanzler zu ernennen.

Text 3 (Horváth): Auch der Szenenausschnitt aus „Italienische Nacht" zeigt Facetten der Reaktion auf den heraufkommenden Faschismus, diesmal aus der Sicht eher „kleiner Leute". Da jeder Dramenfigur eine eigene Individualität gegeben werden kann, erscheint das Spektrum breiter und differenzierter als bei Feuchtwangers beiden gleichgesinnten Freunden. Interessant ist es, die Haltung der einzelnen Figuren herauszuarbeiten: die überhebliche Selbstgefälligkeit des Funktionärs Stadtrat Ammetsberger, die als demokratisch verbrämte Gleichgültigkeit von Betz, die in Empörung umschlägt, das dümmliche Mitläufertum Engelberts. Politisch wacher erscheinen Karl und vor allem Martin, dessen politische Wachheit aber vom Stadtrat zunächst als Querulantentum abqualifiziert wird. Das Spektrum wird um die Person des Wirts Josef Lehninger und damit um einen wesentlichen Aspekt erweitert: Lehninger hat, von seiner Frau getrieben und um sich ein Geschäft nicht entgehen zu lassen, sein Lokal, das Stammlokal der Sozialdemokraten, auch an die Nationalsozialisten vergeben. Damit treten neben Gleichgültigkeit, Überheblichkeit und Selbstgefälligkeit opportunistische Korrumpierbarkeit und die latente Bereitschaft zum „Mitmachen" als wesentliche Wegbereiter des Faschismus. Die völlig überzogene, damit unglaubwürdige Reaktion des Wirts (Zeile 92f.) zeigt nur umso deutlicher die Hilflosigkeit und Unsicherheit, aus der seine Verführbarkeit stammt.

Text 4 (Kästner): Der Autor im Frontalangriff auf die Ewig-Gestrigen, die als Monarchisten („Prinzen"[52], „alte Dynastie") gezeigt werden, die das alte Kaiserreich auf den Fundamenten von „Kirchen und Kasernen" wiedererrichten möchten. Beispiel für die Schärfe des Tons, aber auch für die dialektische Zuspitzung, die Kästner mit seiner „Gebrauchslyrik" im Stil der „Neuen Sachlichkeit" möglich war. Dass Kästner noch 1932 die paradierenden Nationalsozialisten einfach als Teil der reaktionären Rechten sah, dass er hinter Militarismus und Monarchismus nicht die Eigenständigkeit des viel gefährlicheren Faschismus sah, ist offensichtlich kennzeichnend für die Gebildeten in der Weimarer Republik (vgl. Text 2).

Texterläuterungen:

Der im Schülerband zum Stichwort „Gebrauchslyrik" (SB, S. 370) zitierte programmatische Text aus Kästners Gedichtband „Lärm im Spiegel" (V 1929) soll hier in seinem die Intentionen Kästners formulierenden zweiten Teil ungekürzt wiedergegeben werden, z.B. zum Vorlesen in der Klasse. Unter der Überschrift „Prosaische Zwischenbemerkung" schreibt Kästner, nachdem er gegen die „Lyrik mit dem lockig im Winde wallenden Gehirn" zu Felde gezogen ist:

„Zum Glück gibt es ein oder zwei Dutzend Lyriker – ich hoffe fast, mit dabei zu sein –, die bemüht sind, das Gedicht am Leben zu erhalten. Ihre Verse kann das Publikum lesen und hören, ohne einzuschlafen; denn sie sind seelisch verwendbar. Sie wurden im Umgang mit den Freuden und Schmerzen der Gegenwart notiert; und für jeden, der mit der Gegenwart geschäftlich zu tun hat, sind sie bestimmt. Man hat für diese Art von Gedichten die Bezeichnung ‚Gebrauchslyrik' erfunden, und die Erfindung beweist, wie selten in der jüngsten Vergangenheit wirkliche Lyrik war. Denn sonst wäre es jetzt überflüssig, auf ihre Gebrauchsfähigkeit wörtlich hinzudeuten. Verse, die von den Zeitgenossen nicht in irgendeiner Weise zu brauchen sind, sind Reimspielereien und ungeschickte Gedichte, aber noch diese sind jenen vorzuziehen. Mit der Sprache seiltanzen, das gehört ins Varieté.
Es gibt wieder Verse, bei denen auch der literarisch unverdorbene Mensch Herzklopfen kriegt oder froh in die Stube lächelt. Es gibt wieder Lyriker, die wie natürliche Menschen empfinden und die Empfindungen (und Ansichten und Wünsche) in Stellvertretung ausdrücken. Und weil sie nicht für sich selber und um ihrer Sechseroriginalität willen schreiben, finden sie inneren Anschluss.
Dass jemand ausspricht, was ihn bewegt und bedrückt – und andere mit ihm –, ist nützlich. Wem das zu einfach gesagt ist, der

mag es sich von den Psychoanalytikern erklären lassen! Wahr bleibt es trotzdem.

Die Lyriker haben wieder einen Zweck. Ihre Beschäftigung ist wieder ein Beruf. Sie sind wahrscheinlich nicht so notwendig wie die Bäcker und die Zahnärzte; aber nur, weil Magenknurren und Zahnreißen deutlicher Abhilfe fordern als nichtkörperliche Verstimmungen. Trotzdem dürfen die Gebrauchspoeten ein bisschen froh sein: sie rangieren unmittelbar nach den Handwerkern."[53]

2 Die Beschreibung des **„Tonfalls"** sollte vor allem auf die Mischung aus leichter Eingängigkeit, Aggressivität und intellektuell wirkender Doppelbödigkeit abheben. Verwendete Stilmittel:

– Leichte Eingängigkeit wird erreicht durch: volksliedhaften Vers- und Strophenbau (fünfhebige Jamben, vierzeilige Strophe, umarmender Reim mit außen weiblicher und innen männlicher Kadenz); Verwendung von Alltagssprache; sentenzenhaft zugespitzte Formulierungen unter Verwendung gebräuchlicher Sprachfloskeln (umgangssprachliche Redewendungen: z.B. Verse 4, 14, 28; Sprichwörter: z.B. Verse 11/12, 21).

– Aggressivität wird erreicht durch: Unverblümtheit, ja beleidigende Deutlichkeit in Wortwahl und Metaphorik (z.B. „Dummheit", „Tier im Menschen", „Ihr wollt die Uhrenzeiger rückwärts drehen"); direkte Anrede der Angeprangerten („Ihr"); Pauschalierungen (Verse 1, 4, 5, 7, 10, 13–15, 17, 19/20, 21/22, 26); neue Sinngebung für altbekannte Formulierungen (Verse 11/12, 28); Floskeln der Geringschätzung („Glaubt nicht", „Ihr kommt daher"); Lächerlichmachen (z.B. „erschüttert weinen").

– Doppelbödigkeit wird erreicht durch: zugleich plakative und vieldeutig-hintersinnige Formulierungen (z.B. „Kasernen der Vergangenheit", „laßt die Seele kochen", Verse 17/18, die Wortschöpfung „Fideikommißbrot"); Zitattechnik (Sprichwörter: Vers 11/12, 21; politische Schlagworte: Vers 25); dialektische Zuspitzungen (z.B. Vers 3/4, 6, 26) und Gegensatz-Konstruktionen (z.B. Verse 8, 13, 21/22).

Zum Verhältnis von **Form und Inhalt:**

Kästner habe „einen öffentlichkeitsbezogenen Protest mit künstlerischen Mitteln formuliert. Das aber heißt: Er rechnet mit einer provozierbaren Öffentlichkeit."[54] Massenhafte Wirkung auf eine provozierbare Öffentlichkeit ist zweifellos die Absicht Kästners hier wie in seinen anderen, im Stil von Kabarettsongs und Chansons geschriebenen Gedichten. Liegt darin auch die Tragik solcher Literatur: dass sie nämlich keine massenhafte Wirkung tut, weil es keine provozierbare Öffentlichkeit gibt? Nicht unerwähnt darf bleiben, dass Kästner selber als ein politisch Kurzsichtiger erscheinen muss. Ging es 1932, der Zeit der bürgerkriegsähnlichen Auseinandersetzungen zwischen Nationalsozialisten und „Linken", in Deutschland tatsächlich bloß um das Problem des Militarismus der Ewig-Gestrigen?

War Kästner für das eigentliche Problem, das Heraufkommen des Faschismus, genauso blind wie es Feuchtwanger in seinem Roman „Die Geschwister Oppermann" für das Bildungsbürgertum dargestellt hat? (Vergleich mit Text 2).

(Einen weiteren Text zur politischen und kulturellen Situation in der Weimarer Republik bietet **K 3**, LB, S. 526f. Texte, die auf die sich durch die „Machtergreifung" der Nationalsozialisten und durch die Bücherverbrennungen am 10. Mai 1933 verschärfende Situation eingehen, bietet **K 4**, LB, S. 528.)

3 Mögliche Themen: Die schreckliche Wirklichkeit des „Dritten Reichs" mit Verfolgung und Vernichtung, Krieg und Zerstörung; der heutige Rechtsradikalismus.

S. 371–374: II,3. Jahrmarkt des Lebens – Dadaismus und Zeitkritik

„Jahrmarkt des Lebens" im Titel der Teilsequenz verweist auf die heterogene Vielfältigkeit der Zwanzigerjahre, von der hier drei Facetten vorgestellt werden: Im Text von Kurt Schwitters begegnet uns eine Spielart des **Dadaismus.** In dieser Endzeit-Groteske kommt in der skurrilen Montage von banaler Alltagsrede und völlig lächerlichem Aktionismus ein „karnevalistisches Weltempfinden" (Friedhelm Lach) zum Ausdruck. Formal handelt es sich in Text 1 um eine Variante der dadaistischen Lautpoesie, die in der „Ursonate" (1922/1932) von Schwitters ihren Höhepunkt erreicht. Diese Art von Literatur gewinnt nur durch lauten Vortrag ihre optimale Wirkung. Sie wurde zu einem der Vorläufer konkreter Poesie.

Joseph Roths Feuilleton „Das Lächeln der Welt" karikiert die selektive und **typisierende Wahrnehmung** und Darstellung der gegenwärtigen Lebensverhältnisse durch die „Berliner Illustrierte Zeitung" als Paradigma für die **verfälschende Sicht** der Massenmedien.

Bereits hier erscheinen Facetten von Roths ironisch-resignativer Grundstimmung, die in späteren Werken zunehmen wird. Klaus Manns Lebensbericht „Der Wendepunkt" zeigt hinter der schrillen und lauten Oberfläche – verdichtet in den Tanz- und Partyorgien der Zeit – die bodenlose **Nichtigkeit.**

Mögliche Ziele:
1. Erkennen von Grundthemen der Zwanzigerjahre
2. Beschreiben der Wechselbeziehung zwischen Literatur und bildender Kunst
3. Erproben von Interpretationsfertigkeiten

Seite 371

Texterläuterungen:

Text 1 (Schwitters): Thema ist die Konfusion und das irrationale (Menge), lächerliche (Ordnungspolizei), absurde (Noll und Taa) und groteske (Direktrice) Verhalten von Menschen angesichts des zu erwartenden Weltuntergangs. (Voraussetzung der Handlung: Ein Komet rast mit großer Geschwindigkeit direkt auf die Erde zu).

---

[53] Erich Kästner: Lärm im Spiegel. Vollständige Taschenbuchausgabe. München (Knaur) o.J., S. 45–47, hier 46f. © Atrium Verlag, Zürich 1985.

[54] Dirk Walter: Lyrik in Stellvertretung? Zu Erich Kästners Rollengedicht ‚Jahrgang 1899'. In: Gedichte und Interpretationen. Band 5: Vom Naturalismus bis zur Jahrhundertmitte. Hrsg. von Harald Hartung. Stuttgart (Reclam)1983, S. 310–319, hier S. 319.
Vgl. auch: Karl Riha: Literarisches Kabarett und Rollengedicht. Anmerkungen zu einem literarischen Typus in der deutschen Literatur nach dem Ersten Weltkrieg. In: Wolfgang Rothe (Hrsg.): Die deutsche Literatur in der Weimarer Republik. Stuttgart (Reclam) 1974, S. 382–395; Kurt Tucholsky: Die Zeit schreit nach Satire. In: Kurt Tucholsky: Gesammelte Werke in 10 Bänden. Hrsg. von Mary Gerold-Tucholsky und Fritz J. Raddatz: Reinbek (Rowohlt) 1975, Bd. 7, S. 83ff., ders.: Bänkelbuch, a.a.O. Bd. 7, S. 127ff., ders: Auf dem Nachttisch, a.a.O. Bd. 8, S. 309ff.; Walter Benjamin: Linke Melancholie. In: Walter Benjamin: Gesammelte Schriften. Hrsg. Von Rolf Tiedemann und Hermann Schweppenhäuser, Band 3: Kritiken und Rezensionen. Frankfurt/M. (Suhrkamp) 1991, S. 280ff.

Text 2 (Roth): Thema ist die im Zerrspiegel der ganz auf den Publikumsgeschmack abgestellten Massenmedien in ihr Gegenteil umgelogene, „verkehrte Welt". (Beispiel: Berliner Illustrierte Zeitung, ein Produkt der, wie man heute sagt, „Regenbogenpresse.")

Text 3 (K. Mann): Thema ist die ekstatische Oberflächlichkeit, die hektische Leere des Lebens, die Flucht der Menschen in das Vergnügen, die „apokalyptische Gemütsverfassung".

1a **Gemeinsamkeiten:** In allen Texten erscheint das Leben als sinnentleert oder seines Sinns beraubt, zugleich unglaublich turbulent. Der Ausdruck „Hier ist Leben" wird damit gleichzeitig in einem äußerlichen Sinne vollkommen wahr und in einem inneren Sinne vollkommen falsch. Der Widerspruch zwischen Betriebsamkeit und Sinnlosigkeit wird zum eigentlichen Lebensinhalt.

Unterschiede liegen in der Akzentsetzung:

Text 1: Welt als Kaleidoskop in grotesker Zuspitzung;

Text 2: Welt in distanziert-ironischer Betrachtung (Perspektive des Außerirdischen!);

Text 3: Welt in der doppelten Perspektive unmittelbaren Erlebens und distanzierter Kommentierung (Reportage-Charakter).

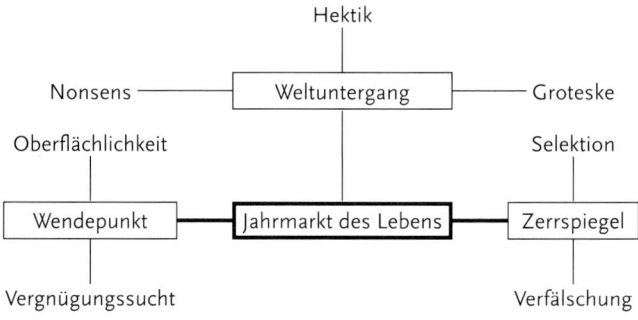

1b Zusammenhänge zwischen **Absicht und Form:**

Text 1: Kaleidoskopartiges Durcheinander der gleichzeitigen Vielfalt, die sich immer wieder zu momenthaften Bildern zusammenfügt. Deshalb die Form des dramatischen Bilderbogens mit Nähe zum Surrealismus und Dadaismus. „Schwitters durchbricht und vermengt alle Formen und Gattungen: die Satire und das Lehrstück, das Musical und das politische Theater, die Oper und die Show."[55]

Text 2: Adäquate Form für die Betrachtungsweise des Autors ist das Feuilleton mit seiner lockeren, assoziativen Form, seiner Möglichkeit zu knapper, geistreich-witziger Formulierung, die hier am Schluss bis zur Zuspitzung auf eine Pointe getrieben ist.

---

[55] Ernst Nündel: Kurt Schwitters. Reinbek (Rowohlt) 1981, S. 96. – Vgl. Werner Schmalenbach: Kurt Schwitters. München 1984. – Friedhelm Lach: Der Merzkünstler Kurt Schwitters. Köln 1971.

[56] Vgl. vor allem: Autobiografie. In: Metzler Literatur Lexikon. Stichwörter zur Weltliteratur. Hrsg. von Günther und Irmgard Schweikle. Stuttgart (Metzler) 1984, S. 32–34.

[57] Frido Mann: „Der Wendepunkt" gestern und heute. Nachwort zu Klaus Mann: Der Wendepunkt. Ein Lebensbericht. Reinbek (Rowohlt) 1984, S. 513–527, hier S. 514.

[58] Klaus Mann: Der Wendepunkt. Ein Lebensbericht. Reinbek (Rowohlt) 1984, S. 20. © 1989 edition spangenberg München 40.

Text 3: Zum Wesen der Autobiografie allgemein unterrichten die Artikel in den einschlägigen Lexika.[56] Bezeichnend ist sicher, dass Mann seinem Buch den Untertitel „Ein Lebensbericht" gegeben hat. Damit ist die Absicht betont, sich vor der Öffentlichkeit Rechenschaft zu geben über die eigene Zeit und die persönliche Stellung in und zu ihr. Diese Absicht wiederum bedingt die durchgehend vorhandene doppelte Perspektive des Buches als Erlebnisbericht und als kritischer Kommentar. „Die Vielfalt und Farbigkeit des ,Wendepunkt' ergibt sich zuerst aus der Mehrdimensionalität der Erzählung selbst. Diese fasziniert um so mehr, als sie nichts nimmt von der Geschlossenheit und Folgerichtigkeit, die das Buch dennoch hat. Sie ergibt sich aus der Tatsache, dass Inhalte aus verschiedenen Entstehungszeiten bzw. aus verschiedenen Fassungen im Buch zusammengefügt sind. [...] ,Der Wendepunkt' ist trotz der Hereinnahme von Inhalten aus früherer Zeit aus der Perspektive der letzten Lebensjahre seines Autors geschrieben."[57]

Bedenkenswert sind im Zusammenhang mit einer Interpretation des Textes auch die Sätze, mit denen Klaus Mann das 1. Kapitel seines Lebensberichts beginnt:

„Erinnerungen sind aus wundersamem Stoff gemacht – trügerisch und dennoch zwingend, mächtig und schattenhaft. Es ist kein Verlass auf die Erinnerung, und dennoch gibt es keine Wirklichkeit außer der, die wir im Gedächtnis tragen. Jeder Augenblick, den wir durchleben, verdankt dem vorausgegangenen seinen Sinn. Gegenwart und Zukunft würden wesenlos, wenn die Spur des Vergangenen aus unserem Bewusstsein gelöscht wäre. Zwischen uns und dem Nichts steht unser Erinnerungsvermögen, ein allerdings etwas problematisches und fragiles Bollwerk. An was erinnern wir uns? An wieviel? Nach welchen Prinzipien bewahrt unser Geist die Spuren gewisser Eindrücke, während wir andere in den Abgrund des Unbewussten versinken lassen?"[58]

Seite 374

2a Als **Überschriften** könnten Formulierungen und Wendungen aus dem Text selbst genommen werden, sofern sie ihn als Ganzes treffen:

– Vergessen (Z. 6);
– Zweifelhafte Amüsements des so genannten Friedens! (Z. 8/9);
– Atembeklemmende Lustbarkeit (Z. 10);
– Die Welt aus den Fugen (Z. 10/11);
– Was für ein Witz! (Z. 15);
– Zum Piepen (Z. 19);
– Der größte Ulk der so genannten Weltgeschichte (Z. 19);
– Alles Schwindel; Alles Illusion! (Z. 22/23);
– Man will auch kein Spielverderber sein (Z. 25);
– Es kommt nicht darauf an (Z. 35);
– Lassen wir uns fallen! (Z. 38);
– Warum sollten wir stabiler sein als unsere Währung? (Z. 39);
– Wir tanzen mit! (Z. 39/40);
– Im Jazz-Delirium (Z. 42);
– Der Tanz als Manie und Kult (Z. 42/43);
– Grausige Euphorie (Z. 46);
– Vergessen im Tanz (Z. 47);
– Aus der Mode wird Obsession (Z. 47);
– Die hüpfende Sucht (Z. 49);
– Apokalyptische Gemütsverfassung (der besiegten Nation) (Z. 56);
– So was hat die Welt noch nicht gesehen (Z. 61);
– Das muss man gesehen haben (Z. 63);

Es können auch eigene Überschriften formuliert werden, z.B. Tanz auf dem Vulkan, Orgie am Abgrund u.Ä.
Bei dem Versuch, eine Unterscheidung von beschreibenden und wertenden Textstellen vorzunehmen, werden die Schüler auf große Schwierigkeiten stoßen. Sie werden entdecken, dass

auch solche Textstellen, die man auf den ersten Blick für beschreibend (sachlich, objektiv) hält, immer Wertungen enthalten. Der Stil des Textes ist kompromisslos subjektiv: Beobachtung und Wertung lassen sich nicht trennen. Die Wertung erfolgt mit unterschiedlichen Mitteln, z.B. durch

- die Verwendung von Epitheta ornantia. (Es heißt z.B. Z.9/10 nicht: „Nach dem Krieg kam die Inflation", sondern: „Nach der blutigen Ausschweifung des Krieges kam der makabre Jux der Inflation);
- rhetorische Fragen (z.B. Z. 1–3, 19–22);
- Ironisierung und Infragestellung (z.B. wird der Satz „Jeder passt zu jedem" (Z. 35) sofort in Frage gestellt durch den ironischen Nachsatz „es kommt nicht darauf an");
- emphatische Formulierungen: Funktion der Ausrufezeichen;
- ungewöhnliche Bilder (z.B. Z. 43/44);
- durch Etikettierungen (z.B. Z. 2/3,13, Z. 47 „Obsession");
- durch Zitat und Parodie (Z. 24–34, 57–63).

Resümee:

Klaus Mann beschreibt die Jahre nach dem Ersten Weltkrieg in Deutschland als eine Zeit, in der eine aus den Fugen geratene Gesellschaft in hektischer Vergnügungssucht Vergessen sucht. Er betont den Gegensatz zwischen der physischen und moralischen Erschöpfung einerseits und der hektischen Aufgekratztheit andererseits. Zunächst beschreibt er die Inflation in ihren Erscheinungsformen und Auswirkungen. Sie vergrößert die sozialen Gegensätze, und sie korrumpiert die Gesellschaft. Gleichheit findet nur als moralische Beliebigkeit statt. Dann wendet er sich der alles überdeckenden Mode zu, die er im epidemisch grassierenden Jazz-Fieber erkennt. Alles, Gesellschaft, Wirtschaft und Politik, sieht er im Taumel dieser zur Obsession gewordenen Mode. In der Reichshauptstadt Berlin sieht er alle diese Erscheinungsformen konzentriert zu apokalyptischen Ausmaßen.

2b Das **Bild von Otto Dix** behandelt dasselbe Thema wie der Textausschnitt von Klaus Mann, ja erscheint wie eine Illustration dazu.

Arbeitsfragen zum Vergleich:

- Wo findet sich bei Mann eine Entsprechung zur Altarform des Dix-Bildes? Das Hauptbild (Hauptthema): turbulente, gleißende Oberfläche; die Seitenbilder (Seitenthemen): schreiende Widersprüche, Abgründe.
- Wo und warum arbeiten Text und Bild mit Gegensätzen?
- Wie wird Gesellschafts- und Zeitkritik ausgedrückt?
- Welche Rolle spielt der Autor/Maler im Text/Bild?
- Wie entsteht die „Vielgesichtigkeit" des Bildes, wie die des Textes?
- Ist die Bezeichnung „Totentanz" für das Bild/den Text angebracht?
- Versuchen Sie, für die bei Mann gefundenen Stilmerkmale der Ironisierung und Infragestellung auch im Bild Beispiele zu finden.
- Wie drückt der Maler seine „Meinung" zu dem Dargestellten aus?

Problemfrage: Dix gilt als Hauptvertreter der „Neuen Sachlichkeit", sein Triptychon „Großstadt" als eines seiner bedeutendsten Werke. Wie beurteilen Sie von dieser Voraussetzung die Beschreibung von Merkmalen der „Neuen Sachlichkeit" durch Wieland Schmid (vgl. LB, S. 495), welche dieser Stilmerkmale finden Sie bei Dix und/oder Klaus Mann, welche nicht?

Zum Vergleich von Werken der bildenden Kunst und literarischen Texten kann ein dieses Kapitel abschließendes Rundgespräch geführt werden. Es soll Unterschiede und Gemeinsamkeiten in der Rolle des Lesers oder Kunstbetrachters reflektieren.

Allgemeine Gesichtspunkte zu Literatur und bildender Kunst als Medien und zur Rolle des Lesers/Betrachters (als Provokation, Denkanstoß und Diskussionsgrundlage gedacht):

- Aus dem Zwang zur Imagination entsteht eine (wie große?) „Vieldeutigkeit" bei Werken der Literatur, aus der Sichtbarkeit entsteht eine (wie große?) „Eindeutigkeit" bei Werken der bildenden Kunst;
- Das Lesen von literarischen Kunstwerken ist eine „schwere Arbeit" (weil der Leser „verstehen" muss um die Vielschichtigkeit des Textes erfassen zu können), das Betrachten von Werken der bildenden Kunst ist eine „leichte Arbeit" (weil es sich auf ein bloßes ästhetisches oder inhaltliches Wahrnehmen beschränken kann).

Hinzuweisen ist auch auf die im 20. Jahrhundert zu beobachtende Tendenz von Literatur über ihre Grenze hinaus zum Bild, zur Verbildlichung (Visuelle Kunst, Collage-Kunst) zu gelangen, ebenso die Tendenz des Bildes, seine Aussagefähigkeit zu erhöhen, indem es das Wort zu Hilfe nimmt (vom Kubismus über Dadaismus und andere Stilrichtungen bis hin zu Anselm Kiefer, der immer wieder Worte auf seinen Bildern anbringt, um sie in einen historischen oder literarischen Kontext einzubinden).[59]

**S. 375–376: II,4. Überzeugen oder überreden? –
Die politische Rede als Ausdruck einer
Weltanschauung**

Die **politische Rede** hat in Deutschland keine lange Tradition, im Gegensatz zu England, wo das Parlament sich im Kampf mit der Monarchie früh durchsetzen konnte (vgl. z.B. Redner wie D. Hume, H. Blair oder W. Pitt d.J.). Sicher lag es in Deutschland vor allem an den politischen Entwicklungen – vor allem am verspätet erreichten Nationalstaat –, dass die politische Rede erst im 19. Jahrhundert eine bedeutsame Rolle spielte durch Repräsentanten wie O. von Bismarck, A. Bebel und K. Liebknecht. In den Zwanzigerjahren ragten W. Rathenau, G. Stresemann und F. Naumann heraus.

Wenn in dieser Teilsequenz auf den Vergleich von demokratischem und nationalsozialistisch-demagogischem Redebeispiel verzichtet wird, so geschieht dies aus zwei Überlegungen: Einmal sollte das in Zeitgeschichte und Politik vielfach demonstrierte Paradigma Republikaner contra Faschisten hier nicht wiederholt werden. Zum andern gibt der Vergleich zweier Antrittsreden von demokratisch gewählten Reichspräsidenten viel interessantere Einblicke in eine im Zeitraum von sechs Jahren substanziell veränderte politische Situation, die durch Persönlichkeiten aus entgegengesetzten politischen Lagern (SPD contra Rechtskonservatismus) exemplarisch repräsentiert wird.

Mögliche Ziele:

1. Ein Gespür für Nuancen politischer Sprache und deren Hintergründe entwickeln
2. Expositorische Texte analysieren und die gewonnenen Erkenntnisse anwenden
3. Gestaltungsaufgaben erproben

---

59 Vgl. Wolfgang Max Faust: Bilder werden Worte. Zum Verhältnis von bildender Kunst und Literatur. Vom Kubismus bis zur Gegenwart. Köln: (DuMont) 1987.

Seite 375

1 Es empfiehlt sich, zunächst die **Redetexte** selbst zu analysieren und erst dann ihren historisch-politischen Kontext zu rekonstruieren. Vergleichspunkte können sein:[60]

	Ebert	Hindenburg
Adressat:	Nationalversammlung in Weimar als provisorisches Wahlorgan	Die gesamte (deutsche) Öffentlichkeit (Rundfunkübertragung)
Grammatik:	*Satzarten:* Aussagesätze *Personalpronomina:* Ich – Sie (als Anrede an das Auditorium) wir (als kollektive Bezeichnung für eine unmittelbar vorher genannte Personengruppe: „die die Freiheit lieben"; einmal verwendet). *Schlüsselwörter:* Freiheit, Recht, feste staatliche Ordnung, Frieden, Selbstbestimmungsrecht, Verfassung, politische Gleichberechtigung, Arbeit und Brot, Kulturfreiheit.	*Satzarten:* Aussagesätze, Aufforderungssätze. Ausrufesätze. *Personalpronomina:* Ich – wir (als kollektive Bezeichnung für die als „Volksgemeinschaft" gedachte Einheit aus dem Redner und „jedem Deutschen"; dreimal an herausragender Stelle verwendet). *Schlüsselwörter:* gemeinsam, Leistungen, Anspruch, Achtung und Anerkennung, Geltung, Selbstachtung, Selbstvertrauen, Gemeinschaftsleben, tägliches Brot, Anteil am deutschen Kulturgut, würdige Stellung in der Volksgemeinschaft, Einheitswillen der Nation, ungebeugter Mut, wahrer Frieden, Freiheit.
Stilistik:	Erkennbares Bemühen um Schlichtheit und Sachlichkeit in Wortwahl und Satzbau (einfache und überschaubare zusammengesetzte Sätze) sowie um Klarheit und Eindeutigkeit der verwendeten Begriffe.	Erkennbares Bemühen um rhetorische Wirkung durch betonten Adressatenbezug, unablässige Attribuierungen, Wiederholung von Worten und Satzteilen, Verwendung von appellhaften, vereinnahmenden und beschwörenden Formulierungen und Andeutungen, Unklarheit der Begriffe.
Rhetorik:	*Aufbau:* Vier Abschnitte mit folgendem Inhalt: 1. Abschnitt: Absichtserklärung in Bezug auf die Amtsführung; 2. Abschnitt: Klarlegung des eigenen politischen Standorts, seine Begründung aus der Biografie des Redners. Erläuterung des vom Redner gesehenen Zusammenhangs zwischen diesem Standort und seiner Wahl zum Reichspräsidenten; 3. Abschnitt: Darlegung der eigenen politischen Grundüberzeugung, daraus abgeleitete Willenserklärung; 4. Abschnitt: Nennung der wichtigsten anzustrebenden politischen Ziele. *Tropen und Figuren:* Emphase („Sohn des Arbeiterstandes"), Metapher („Zwillingsschwestern"), Antithese („nicht Bettlerfreiheit, sondern Kulturfreiheit"), syntaktischer Parallelismus (Z. 17–21).	*Aufbau:* Vier Abschnitte mit folgendem Inhalt: 1. Abschnitt: Absichtserklärung in Bezug auf die Amtsführung; Appell zur Mitarbeit und Nennung der Kräfte, auf die der Redner sein Vertrauen setzt; 2. Abschnitt: Grüße an Teile des deutschen Volks und an das „arbeitende deutsche Volk" insgesamt; 3. Abschnitt: Nennung der wichtigsten gemeinsam zu erstrebenden politischen Ziele; 4. Abschnitt: Hinweis auf das Amtsverhältnis des Redners, daraus abgeleitet: feierliche Geste und Appell. *Tropen und Figuren:* Zahlreiche Epitheta ornantia; Enumeration („stolze ruhmreiche Vergangenheit"), Pleonasmus („schwere Notzeit"), Metapher („Bande des Blutes"), Bild mit Symbolwert („reiche ich in dieser Stunde jedem Deutschen im Geiste die Hand"); Wiederholungen als Gemination in der Aufzählung (Z. 6/7) und als Anapher (Z. 8–15, 15–21, 23); häufig Alliterationen (z.B. Z. 12/13, 19, 23, 31/32, 33).

[60] – Vgl. zur Rhetorik: Hans Dieter Zimmermann: Die politische Rede. Stuttgart (Kohlhammer) [3]1975; Heinrich Lausberg: Handbuch der Literarischen Rhetorik, 2 Bände. München (Hueber)1960; Heinz Lemmermann: Lehrbuch der Rhetorik. Die Kunst der Rede und der Diskussion. München. (Goldmann) [2]1968; Gerd Ueding, Bernd Steinbrink: Grundriss der Rhetorik. Geschichte, Technik, Methode. Stuttgart (Metzler) 1986.
– Vgl. zum Zusammenhang von Rhetorik und Sprache: Walther Dieckmann: Sprache in der Politik. Einführung in die Pragmatik und Semantik der politischen Sprache. Heidelberg (Winter) 1969; Siegfried J. Schmidt: Sprache und Politik. Zum Postulat rationalen politischen Handelns. In: Sprache und Gesellschaft. Hrsg. von A. Rucktäschl. München (Fink) 1972, S. 81–101; Jürgen Frese: Politisches Sprechen: Thesen über einige Rahmenbedingungen. In: Sprache und Gesellschaft. Hrsg. von A. Rucktäschl. München (Fink) 1972, S.102–114; Ulrich Gaier: Bemerkungen zum Verhältnis von Sprache und Politik. In: Sprache und Politik. Hrsg. von der Bundeszentrale für politische Bildung, Heft 91/1971, S. 10–28.
– Für die Unterrichtsvorbereitung sind vor allem folgende Aufsätze hilfreich: Gerhard Storz: Unsere Begriffe von Rhetorik und vom Rhetorischen. In: Der Deutschunterricht, Heft 6/1966, S. 5–14; Heinrich Lausberg: Rhetorik und Dichtung. In: Der Deutschunterricht, Heft 6/1966, S. 77–93; Theodor Pelster: Politische Rede im Deutschunterricht. Modell für eine Unterrichtsreihe der gymnasialen Oberstufe. In: Der Deutschunterricht, Heft 2/1972, S. 46–76; Ulrich Gaier: Fragen an eine politische Rede. In: Der Deutschunterricht, Heft 5/1972, S. 64–93; Albert Veraart: Logik als Lehre argumentierender Rede. In: Der Deutschunterricht, Heft 2/1975, S. 63–80; Gerd Fritz/Franz Hundsnurscher: Sprechaktsequenzen. Überlegungen zur Vorwurf/Rechtfertigungs-Interaktion. In: Der Deutschunterricht, Heft 2/1975, S. 81–103; Winfried Vollmar: Über die Wahrheit von Aussagen. Ein Unterrichtsmodell für die Klassen 11 und 12. In: Der Deutschunterricht, Heft 2/1975, S. 104–119; Raimund H. Drommel/Gerhart Wolff: Metaphern in der politischen Rede. In: Der Deutschunterricht, Heft 1/1978, S. 71–86; Winfried Bauer: Politische Reden auf Sekundarstufe II. Ein Unterrichtsmodell für Klasse 11. In: Der Deutschunterricht, Heft 1/1978, S. 87–109; Hans Dieter Zimmermann: Elemente zeitgenössischer Rhetorik. In: Diskussion Deutsch 4/1971, S. 157–169.
– Für die Hand des Schülers sind gedacht: Theodor Pelster: Rede und Rhetorik. Düsseldorf (Schwann) 1972; Robert Hippe: Politische Reden. Hollfeld/Ofr. (Bange) 1981; Walter Schafarschik (Hrsg.): Herrschaft durch Sprache. Politische Reden. Stuttgart (Reclam) 1973; Michael F. Loebbert (Hrsg.): Rhetorik. Stuttgart (Reclam) 1991.

	Ebert	Hindenburg
Ideologie:	Bekenntnis zum Sozialismus als persönlichem Standpunkt, Hervorhebung der durch die Industrialisierung bewirkten gesellschaftlichen Veränderungen und ihrer Konsequenzen für den Staat; erkennbar (sozial-)demokratische Grundhaltung (außenpolitisches Ziel: Frieden auf der Basis des Selbstbestimmungsrechts der Völker; innenpolitische Ziele: Verfassungsbewahrung und -ausbau mit dem Schwergewicht auf der politischen Gleichberechtigung, Gewährleistung von Arbeit und dadurch Einkommen, Gestaltung der Wirtschaftsordnung als Zusammenwirken gleichberechtigter Partner mit geregelten Rechten und Pflichten („Kulturfreiheit"). Besondere Betonung des Zusammenhangs von Freiheit und Recht(sordnung), Absage an jede Form von Gewaltherrschaft.	Der persönliche politische Standort wird nicht genannt, lässt sich aber erschließen als 1. nationalistisch (zahlreiche Belege, z.B. Formulierungen wie Z. 13/14, 19, 24, Worte wie gemeinsam, Volksgemeinschaft, Volksgenosse, Gemeinschaftsleben gehören zum Vokabular der „Völkischen", in diesem Sinn ist auch das „Wir" gebraucht); 2. reaktionär (Herabsetzung der eigenen Zeit, z.B. Z. 9, 15, 17, 32/33, 35, bei gleichzeitiger Aufwertung der Vergangenheit, z.B. Z. 10, 14). Besonders deutlich wird die fragwürdige Haltung Hindenburgs zum Ersten Weltkrieg und seinen Folgen: Formulierungen wie „hartes Schicksal" (Z. 7) und „teuere Toten" (Z. 31/32) betonen zwar die Opfer, die Deutschland erlitten hat, der „ungerechte Makel" (Z. 24) aber leugnet die (Mit-)Schuld Deutschlands. Ein „wahrer Friede" (Z. 33) kann also nur ein anderer als der Versailler Friede sein, dem „Gerechtigkeit" abgesprochen wird. Deutlich ist auch die konservative Grundhaltung Hindenburgs zu erkennen in Formulierungen wie „opferbereit" (Z. 11/12) „ungebeugter Mut" (Z. 32), aber auch in dem Satz Z. 25/26.

Im Anschluss an diese vergleichende Analyse kann z.B. der unterschiedlichen Bedeutung nachgegangen werden, den der Begriff „Freiheit" bei den beiden Rednern hat. (Bei Ebert als Leben unter den Bedingungen von Selbstbestimmung und Gleichberechtigung, bei Hindenburg eingeschränkt auf den „würdigen Platz" Deutschlands in der Welt, als „Anspruch auf Achtung und Anerkennung bei anderen Völkern"). Weiter kann der Herkunft der politischen Überzeugungen Eberts und Hindenburgs nachgeforscht werden, indem die Reden in ihrem historischen und biografischen Kontext gesehen werden. Hierzu wären Schülerreferate denkbar, aber auch die Zusammenarbeit mit dem Geschichtslehrer in Form von fächerverbindendem Unterricht.

Zum Zusammenhang von **ideologischem Hintergrund und Sprachverwendung** empfiehlt sich ein *Rundgespräch*, bei dem jeder Schüler seine Beobachtungen und Meinungen einbringen kann. Als Ergebnis sind folgende Einsichten anzustreben:

– Dass mit Formen von interessenbezogener und interessengeleiteter Ideologie im Reden immer gerechnet werden muss;
– dass man die einen Redner bestimmende Weltanschauung oder Ideologie aus seiner Sprachverwendung erkennen und bestimmen kann;
– dass die Sprache viele Möglichkeiten zur Klarlegung, aber auch zur Verschleierung von Standpunkten bietet;
– dass jede Form von Verschleierung oder Verabsolutierung des eigenen politischen Standorts einen Versuch der Überwältigung anderer darstellt;
– dass demokratisch nur genannt werden kann, wer seinen eigenen Standort reflektiert und offen legt, anderen aber das Recht auf einen anderen Standpunkt zubilligt (Pluralismus), gleichzeitig zur Konkurrenz der Standpunkte (Diskussion, Konsens oder Kompromiss) bereit ist.

Seite 376

2a 1. Parteien entwickeln aufgrund ihrer gesellschaftlichen und weltanschaulichen Prämissen eine eigene, sie charakterisierende Sprache (Systemsprache).
2. Diese Systemsprache entsteht durch die Ausstattung bestimmter Wörter mit positiver, bestimmter anderer Wörter mit negativer Wertigkeit und die Herstellung bestimmter wiederum positiver oder negativer Abhängigkeiten gedanklicher oder assoziativer Art im Kontext.
3. Die Parteien konkurrieren nicht nur mit ihren Ideologien, sondern auch mit ihren Systemsprachen um die öffentliche Gunst.
4. Systemsprachen mit positiver Wirkung in der Öffentlichkeit bringen ihren Parteien (Wähler-)Kredit, solche mit negativer Wirkung Kreditverlust.
5. Dabei spielt der Zufall der jeweiligen Sprachmode eine Rolle. Parteien statten auch ihre Systemsprache bewusst mit positiv besetzten Worten und Wendungen der jeweiligen Sprachmode aus, die sie ihren Zwecken entsprechend definitorisch umfunktionieren.
6. In der Systemsprache werden also Worte der öffentlichen Sprache nicht nur durch andere ersetzt, sondern diese Worte, indem sie verwendet werden, werden zugleich verändert (eingeschränkt oder erweitert) und mit unterschiedlichen Wertassoziationen ausgestattet.
7. In Einparteienstaaten kann die Systemsprache der Partei z.T. selbst Sprache der Öffentlichkeit werden, in Mehrparteistaaten müssen sich die Systemsprachen gegeneinander profilieren, sie entfernen sich damit auch weiter von der Sprache der Öffentlichkeit und sind deshalb auch oft schwerer zu verstehen.

2b/c Die Spaltenüberschriften der folgenden Übersicht beziehen sich auf den Kasten **„Politische Sprache"** im SB, S. 376.

Fachtermini Komplexe und differenzierte Sprachverwendung, Bemühen um sprachliche Eindeutigkeit	Schlagworte Vereinfachte, daher vergröbernde Sprachverwendung, häufig auch bewusst vage oder irreführende Terminologie
Text 1: Freiheit wird definiert als Gegensatz von Gewaltherrschaft, Recht als feste staatliche Ordnung. Friede wird dem Selbstbestimmungsrecht zugeordnet, Verfassung wird vor allem als unbedingt verbürgte politische Gleichberechtigung gesehen. Die Wirtschaftsordnung wird als nach klaren Regeln, nicht nach Belieben und Gutdünken funktionierend gewünscht, deshalb wird auch der Zusammenhang von Arbeit und Brot betont.	Text 2: Gerechtigkeit wird für Deutschland definiert als Wiedergewinnung seines (!) würdigen (!) Platzes in der Welt. Freiheit ist nur möglich durch wahren (!) Frieden (!). Die Wirtschaftsordnung soll so gestaltet sein, dass jeder sein (!) tägliches Brot, seinen (!) Anteil am Kulturgut und seine (!) würdige (!) Stellung in der Volksgemeinschaft hat. Statt politischer Begriffe verwendet der Autor irrationale Wendungen wie „unsterbliche Lebenskräfte" oder „Achtung […] bei anderen Völkern".

Anmerkung: Zum Datum dieser Rede waren die Vorstellungen über die künftige politische Verfassung Deutschlands schon klar, diejenigen über die Wirtschaftsverfassung hingegen noch umstritten. Sie blieben es auch während der Zeit der Weimarer Republik; trotzdem erreichte sie Fortschritte in der Sozialpolitik.	Anmerkung: Zum Datum dieser Rede besteht die Weimarer Republik bereits 6 Jahre, die Anfangskrisen sind überwunden, die Annäherung an die Westmächte durch den Vertrag von Locarno (1925) und die Aufnahme Deutschlands in den Völkerbund (1926) stehen kurz bevor.
Information	Meinungs- und Verhaltenssteuerung
Text 1: Information über die Amtsauffassung des Redners (in eigenen Formulierungen), über seinen politischen Standort, über seine Interpretation seiner Wahl, über seine Staatsauffassung und die ihm vorschwebenden politischen Ziele.	Text 2: Mitteilung der Amtsauffassung des Redners (in der verkürzten Zitierung des in Art. 42 WV vorgeschriebenen Amtseids), Mitteilung über das, worauf der Redner „vertraut", Nennung derer, denen sein Gruß gilt, Angabe von inhaltlich ungenauen, aber emotional gefärbten politischen Zielen in appellativen Formulierungen.
Beschreibung der politischen (institutionellen) Wirklichkeit	Ideologische Deutung der politischen Wirklichkeit = Modell
Text 1: Absichtserklärung, daher kaum Beschreibung in den Absätzen 1, 3 und 4. In Abschnitt 2 Beschreibung des eigenen politischen Standorts und der in der Wahl des Redners zum Ausdruck kommenden Absichten der Wähler (= Nationalversammlung).	Text 2: Nach den formelhaften Absichtserklärungen bringt der Text negative Beschreibungen der Gegenwart, verklärende Rückblicke auf die Vergangenheit und visionäre Ausblicke auf die Zukunft.

3 Die Arbeitsanregung ist zu verstehen als Zusammenfassung der bisherigen Lernschritte und als Ergebnissicherung. Sie sollte in einem freien *Unterrichtsgespräch* durchgeführt werden, zu dem von allen oder einzelnen Gesprächsteilnehmern anschließend ein *Ergebnisprotokoll* (s. SB, S. 33ff., 43) angefertigt werden soll.
Der zweite Teil der Arbeitsanregung ist eine Transferaufgabe, die vom Schüler die Anwendung seiner Kenntnisse auf einen aktuellen Text verlangt. Dieser Text kann einer Zeitung[61] entnommen werden. Es empfiehlt sich bei der Analyse dieselbe Vorgehensweise wie im SB, S. 375, AA 1 (s. LB, S. 511) oder nach dem Katalog von Bauer (vgl. Anm. 63).

4a Zum **Aufbau einer politischen Rede** geben Drommel/ Wolff[62] folgendes Schema an, das auch von Schülern bei eigenen Versuchen leicht praktiziert werden kann:

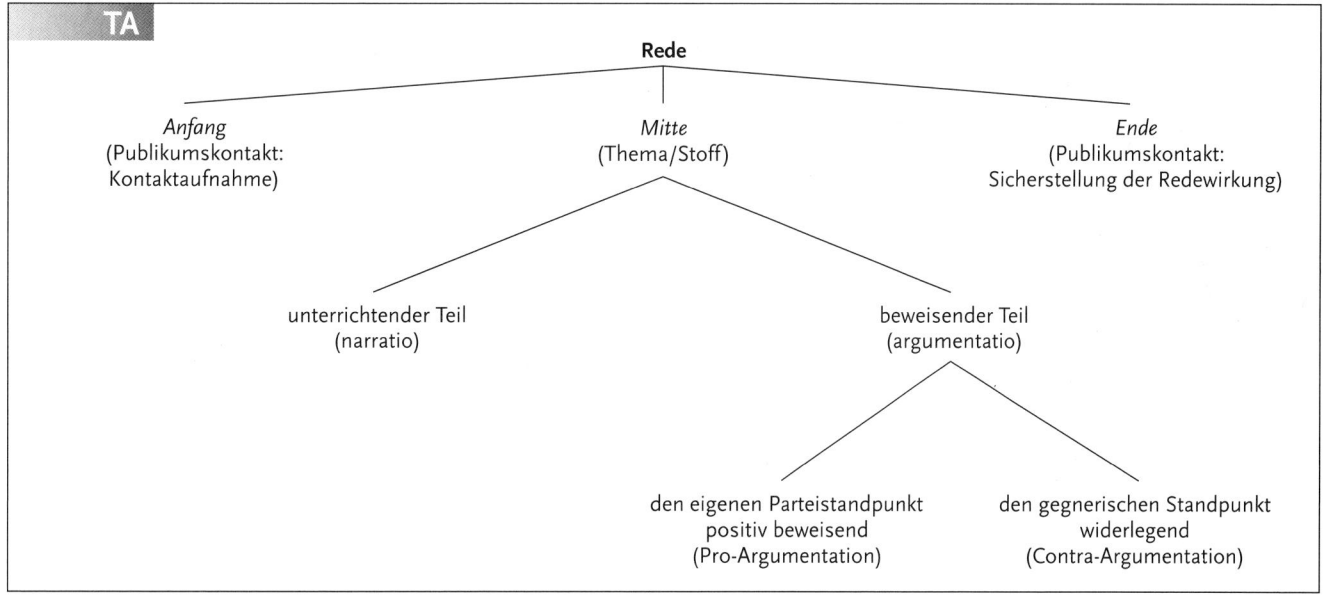

Für das *Verfassen einer Rede* lässt sich, in entsprechender Umformulierung, der Katalog von „Vorüberlegungen zur Erschließung einer politischen Rede" verwenden, den Winfried Bauer[63] aufgestellt hat. Die Umarbeitung in einen Katalog von „Anweisungen für die Vorbereitung und das Halten einer politischen Rede" kann von den Schülern als Hausaufgabe oder in Einzel-/Gruppenarbeit leicht vorgenommen werden und ist außerordentlich anregend und gewinnbringend.
Die Überlegungen zu den ideologischen Bedingungen sollten in der Klasse gemeinsam angestellt werden. Am besten wäre es, zwei unterschiedliche Bedingungskomplexe (konservativ versus progressiv, systemkonform versus systemkritisch, parteiisch A versus parteiisch B) festzulegen und dann jeden Schüler sich für einen Komplex entscheiden zu lassen. Seine Rede muss sich dann unbedingt an die festgelegten Bedingungen halten. Mindestens zwei Reden sollten in der Klasse gehalten und auch nach ihrer Darbietungsform beurteilt werden.

4b Diese Arbeitsanregung versteht sich als Anregung für besonders motivierte oder interessierte Schüler. In einer freien Form (deshalb „Essay" und nicht „Aufsatz") soll der Schüler seine Erkenntnisse und Gedanken zum Zusammenhang von politischer Sprache, Sprache der Politiker und politi-

---

[61] Neben den Tages- und Wochenzeitungen, die immer wieder politische Reden ganz oder in Auszügen abdrucken, kommt hier vor allem die Zeitschrift „Das Parlament" in Frage, die ständig den wortlaut von Redebeiträgen in Bundestag und Bundesrat abdruckt.
[62] Raimund H. Drommel, Gerhart Wolff: Metaphern in der politischen Rede. In: Der Deutschunterricht, Heft 1/1978, S. 71ff., hier S. 75.
[63] Winfried Bauer: Politische Reden auf Sekundarstufe II. Ein Unterrichtsmodell für Klasse 11. In: Der Deutschunterricht, Heft 1/1978, S. 87ff., hier S. 90f.

scher Kultur darstellen. Denkbar sind neben dem Essay als Darstellungsform auch die Glosse oder alle Formen des Briefs bis hin zum Leserbrief oder Offenen Brief. Neben der Darlegung eigener Gedanken kann der Schüler auch Publiziertes referieren und reflektieren.[64] Hier kann auch der Bogen zu den sprachphilosophischen und sprachgeschichtlichen Kapiteln des Buches geschlagen werden (SB, S. 77–83, 232–237, 341–349).

III. Vertriebener Geist: Deutsche Literatur im Exil (S. 377–383)

Die letzte Sequenz gibt einen Eindruck von der **Literatur im Exil,** nicht aber von der Literatur der „Inneren Emigration". Warum unter dem Zwang der Reduktion auf die Wiedergabe von Zeugnissen der Literatur der „Inneren Emigration" verzichtet werden konnte, wurde schon angedeutet. Sie setzte in ihren Formen im günstigsten Fall die Literatur der Weimarer Republik unmittelbar fort, in vielen Fällen fiel sie weit hinter diese zurück. Auch thematisch konnte sie aus ihrer Position des Rückzugs kaum etwas Neues leisten. Neu jedoch war die Situation des Schriftstellers im Exil, sie gilt es darzustellen, ebenso wie einige Beispiele dessen, was an deutscher Literatur unter diesen schwierigen Bedingungen damals entstanden ist. Dass es hier unmöglich war, eine auch nur im Ansatz befriedigende Auswahl an Texten zu treffen, liegt in der Natur der Sache selbst. Die getroffene Auswahl versteht sich als exemplarisch in dem Sinn, dass einmal die künstlerische Bewältigung der Situation Exil selbst, zum anderen die in die Literatur der Nachkriegszeit hineinwirkende Entwicklung des Epischen Theaters und schließlich das Problem der Schuld und des Verhältnisses von Exilanten zur alten Heimat dargestellt werden konnten.

S. 377–380: III,1. „Vertriebene sind wir, Verbannte" (Bertolt Brecht) – Perspektiven der sog. Emigration

---

Der für die Teilsequenz gewählte Titel demonstriert, dass es sich für die Autoren der vorgestellten Texte – aus rassischen oder politischen Gründen – um erzwungene Auswanderung, ja um Vertreibung und Flucht handelte: Mit über 2000 Exilautoren – die Journalisten, Politiker und Wissenschaftler eingeschlossen – erreichte die Herrschaft der Nationalsozialisten einen traurigen Rekord in der langen Geschichte der „Emigration". Staatliche Einschüchterung und Unterdrückung, Zensur, Schreibverbot und Ausbürgerung waren Methoden, die vor allem in zwei Wellen der Flucht kulminierten: 1933 unmittelbar nach Hitlers Machtergreifung, nach der durch den Reichstagsbrand und die Bücherverbrennungen ausgelösten Verhaftungsaktionen; 1938/39 waren es die Pogrome gegen die jüdischen Mitbürger, die Synagogenzerstörungen, die „Angliederungen" Österreichs und der Tschechoslowakei sowie der Ausbruch des Zweiten Weltkrieges, die weitere Fluchtwellen verursachten.

Bei allen Unterschieden nach individueller Situation, politischem Standort und ihrer literarischen Ausrichtung stimmten die Exilautoren überein in ihrer Opposition gegen den Nationalsozialismus, die viele Akzente zwischen Warnung und Anklage aufweist, die aber stets von den Idealen der Humanität und Toleranz getragen war. Gemeinsam für alle Exilanten galt auch die geistige und sprachliche Isolation.

Die vorgestellten Texte verdeutlichen vor allem diesen Aspekt und beschränken sich auf Lyrik, Lebensbericht und essayistische Texte sowie sehr persönlich und situativ geprägte Erklärungen.

Die getroffene Auswahl erfolgt im Bewusstsein einer sehr reichen autobiografischen Literatur (z.B. von E. Toller, Th. Wolff,

C. Sternheim, C. Zuckmayer, R. Schickele, St. Zweig), bedeutender Lyrik (z.B. von F. Werfel, E. Lasker-Schüler, N. Sachs), wichtiger Romane (z.B. von K. und Th. Mann. B. Frank, Ö. von Horváth, L. Feuchtwanger, A. Seghers, R. Musil, H. Broch, J. Roth) sowie großer dramatischer Werke (z.B. B. Brecht, F. Werfel, C. Zuckmayer).

Mögliche Ziele:

1. Beispielhafte Einblicke in die Exilsituation gewinnen
2. Textartenspezifische Beschreibung üben

Seite 377

Texterläuterungen und Lösungsvorschläge:

1/2 **Texte 1 und 2 (Brecht):** Die beiden Gedichte eröffnen (in umgekehrter Reihenfolge) den letzten (VI.) Teil der „Svendborger Gedichte" Brechts. In den 6 Gedichten dieses Teils, der mit dem berühmten „An die Nachgeborenen" endet, reflektiert Brecht seine Situation „in finsteren Zeiten". Es handelt sich um autobiografische Rollengedichte, womit gesagt sein soll, dass hier das lyrische Ich über sich selbst spricht, zugleich aber auch stellvertretend für viele andere, und dass diese Gedichte sehr deutlich an einen Leser/Zuhörer gerichtet sind. Zur Form vgl. Brechts Aufsatz „Über reimlose Lyrik mit unregelmäßigen Rhythmen" vom März 1939 und besonders den Nachtrag zu diesem Aufsatz.[65]

Bei „Gedanken über die Dauer des Exils" handelt es sich im ersten Teil um ein Ermutigungsgedicht. Der Dichter möchte sich einreden, dass das Exil nicht lange dauern könne, dass es sich daher nicht lohne, in der Fremde sich einzurichten. Im zweiten Teil aber zerschlägt sich die Zuversicht durch das Eingeständnis des Dichters, dass er sich doch einzurichten beginnt. Schmerzlich sind daher die rhetorischen Fragen in den Versen 21, 22 und 26, die Auskunft geben über die im Unterbewusstsein schon vorgenommene Einrichtung auf eine lange Dauer des Exils und über die zunehmende Verzweiflung im Blick auf den Wert der eigenen Arbeit.

In dem Gedicht „Über die Bezeichnung Emigranten", in dem eben diese Bezeichnung als Lüge zurückgewiesen und berichtigt wird, betont Brecht die „Unruhe" der Exilanten angesichts der jederzeit erwarteten Rückkehr. Hier bäumt sich der Exilant auf gegen sein Schicksal in der trotzigen Gewissheit der letzten drei Verse.[66]

Textsorte: Gedankenlyrik.

Text 3 (Klaus Mann): Das Zentrum dieses eher essayistischen Textes, der von der unterbewusst ständig vorhandenen, in Träumen sich entladenden Angst der Exilanten, aber auch von den alltäglichen Schwierigkeiten des Lebens im Exil spricht, ist die sehr eindringliche Schilderung des „Emigranten-Angsttraums".

Diese Eindringlichkeit entsteht durch den Wechsel in der Erzählperson und der Erzählzeit. Die Schilderung beginnt mit den

---

[64] Z.B. Theodor W. Adorno: Jargon der Eigentlichkeit. Zur deutschen Ideologie. Frankfurt/M. (Suhrkamp) 1964; Karl Korn: Sprache in der verwalteten Welt. München (Deutscher Taschenbuch-Verlag) 1962; Friedrich Handt (Hrsg.): Deutsch – gefrorene Sprache in einem gefrorenen Land? Polemik, Analysen, Aufsätze. Berlin (Colloquium) 1964; Dolf Sternberger; Gerhard Storz, W. E. Süskind: Aus dem Wörterbuch des Unmenschen. Neue erweiterte Ausgabe mit Zeugnissen des Streites über die Sprachkritik. Hamburg (Claasen) ³1968.

[65] Bertolt Brecht: Gesammelte Werke in 20 Bänden, Band 19: Schriften zur Literatur und Kunst 2, Frankfurt/M. (© Suhrkamp Verlag) 1967, S. 395–403 und 403f.

[66] Vgl. die kurze Interpretation in Konrad Feilchenfeldt: Deutsche Exilliteratur 1933–1945. Kommentar zu einer Epoche. München (Winkler) 1986, S. 125–128.

unpersönlichen „man" und steht im Präteritum. Eine erste „Vergegenwärtigung" findet statt durch die Ich-Fragen (Z. 16/17). Noch einmal kehrt die Schilderung ins Präteritum und zum „man" zurück, aber mit der nächsten Frage (Z. 19/20) wendet sich die Schilderung ins Präsens und zum „du", das als suggestive Einbeziehung des Lesers in den Traum wirkt. (Vgl. die heute häufige, sich als modische Flottheit verstehende Verwendung des „du" anstelle von „man").
Textsorte: „Lebensbericht", autobiografische Schilderung auf den Ebenen von Erlebniswiedergabe und Reflexion.

Text 4 (J. Roth): vereinigt trotz seiner Kürze wesentliche Bewusstseinsstufen eines Exil-Schriftstellers: In der Überschrift wird die Kraft deutlich, über die Gegenwart hinauszusehen; der erste Abschnitt weist alle Legendenbildung über die Erträglichkeit des Exils zurück; der zweite Abschnitt beklagt die Ohnmacht der Exilschriftsteller und die Untauglichkeit ihrer Waffe: des Wortes; der letzte Abschnitt beharrt dann aber mit verzweifelter und trotziger Inkonsequenz auf der Utopie der Unsterblichkeit und Tauglichkeit des Wortes, bekräftigt durch ein Zitat aus der Bibel (Joh. 1,1).
Textsorte: Feuilleton, Nähe zum Essay; also vollkommene Freiheit in der Gestaltung bei möglichster Kürze, Prägnanz und Eleganz der Argumentation und ihrer sprachlichen Darstellung; Zuspitzung auf eine Pointe, mit der der Text auch sofort beendet wird.

Texte 5 und 6 (Bloch und Feuchtwanger): Zwei nichtfiktionale Texte zur Wirkung des Exils im Blick auf den Sprachkünstler mit gegensätzlicher Tendenz.
Bloch beklagt in seinem Vortrag die Gefahr, die aus der besonderen Situation von faschistischer Diktatur und Exil entsteht: Verkümmerung. Es wäre gut, mit den Schülern diese These zu diskutieren, um ihre Vorstellungskraft von Diktatur und Exil als Bedingungen für Sprache zu vergrößern.[67]
Feuchtwanger betont dagegen (auch) die Möglichkeiten des Exil-Schriftstellers, sich an der fremden Sprache zu bereichern.

Texte 7 und 8 (Stefan Zweig und Zuckmayer): Zwei Texte von großer persönlicher Direktheit. Dazu passt, dass sie gleichwohl als Flugblätter und/oder Erklärungen in Exilzeitschriften veröffentlicht wurden. Die existenzielle Not durch die Exilsituation kann nicht deutlicher und erschreckender gefasst werden. Die Texte sollten nicht diskutiert und zerredet, sondern zu unmittelbarer Wirkung gebracht werden: am besten als unkommentierte Lesung am Ende der Unterrichtseinheit „Exil" durch den Lehrer oder durch zwei Schüler.
Anmerkung: In der Veröffentlichung der Zweigschen „Erklärung" im New Yorker „Aufbau" vom 27.2.1942 lautete die Schlusspassage so: „Daher glaube ich, dass es an der Zeit ist, ein Leben zu beenden, das nur geistiger Arbeit gewidmet war und das stets die Freiheit und auch meine eigene als den größten Reichtum in der Welt betrachtet hat. Ein herzliches Lebewohl an alle meine Freunde!"
(Einen weiteren markanten Text zur Situation der Exil-Schriftsteller bietet Alfred Kerr: Gerhart Hauptmanns Schande. In: Ernst Loewy: Exil, Literarische und politische Texte aus dem deutschen Exil 1933–1945. – Frankfurt/M. (Fischer) 1981/82, S. 196 f. und 218–221. – Zur Interpretation geeignet wäre auch Alfred Polgar: Sein letzter Irrtum. In: Alfred Polgar: Kleine Schriften. – Reinbek (Rowohlt) 1968.)

---

[67] Hierzu können herangezogen werden: Sternberger, Storz, Süskind: Aus dem Wörterbuch des Unmenschen (vgl. Anm. 64) und das Kapitel „Unsere Waffe ist die Feder" in: Ernst Loewy: Exil Literarische und politische Texte aus dem Exil. A.a.O.

[68] Helmut Jendreiek. Bertolt Brecht. Drama der Veränderung. Düsseldorf (Bagel) 1969, S. 232–235.

[69] Aus: Martin Hussong, Artur Schütt, Brigitte Stuflesser: Textanalyse optisch. Textanalyse im Deutschunterricht mit gezeichneten Modellen. Düsseldorf (Schwan) 1971, S. 48.

> **Seite 380–383: III,2. Botschaften aus der Fremde – Formen der Prosa und das epische Theater**

In dieser Teilsequenz sind drei Autoren vorgestellt, die repräsentativ sind für die Zeitproblematik und für die jeweilige Gattung. „Exil" von Lion Feuchtwanger repräsentiert den **epochentypischen Zeitroman.** Er ist Teil des Romanzyklus „Der Wartesaal" und stellt dar, wie der Komponist Trautwein für eine bestimmte Zeit auf seine künstlerische Existenz verzichtet, um Mitarbeiter einer Exilzeitung zu werden. Aufgerüttelt durch die Verhaftung eines Journalisten durch die Gestapo, verfasst Trautwein für eine Emigrantenzeitung kämpferische Artikel und kann dadurch zur Entlassung des Journalisten beitragen.
Das alltägliche Leiden und die quälende Situation der Exilierten gewinnt besonders scharfe Konturen durch die Konfrontation ihrer Lage mit dem üppigen Lebensstil der Repräsentanten der Nationalsozialisten und ihrem anmaßenden Auftreten in Paris.
Im Schwanken zwischen Hoffen und Verzweifeln wird das Exil zum „Wartesaal". Schließlich gelingt es dem Komponisten, aus tiefster Not heraus eine große Symphonie über den „Wartesaal" zu schaffen.
Die epochemachende **Form des epischen Theaters** wird im Parabelstück „Der gute Mensch von Sezuan" von Bertolt Brecht vorgestellt. Insgesamt mehr als 12 Jahre arbeitete Brecht an diesem Stück (1930–1942), wobei er selbst nur die Hauptarbeitsphase als Entstehungszeit angab (1938–1940).
Das Stück gibt kein Abbild der Wirklichkeit, sondern konstruiert eine neue Welt im Spiel: Darin sind Gut und Böse keine individuellen Charaktereigenschaften, sondern werden durch die sozialen Verhältnisse bedingt. Weil Güte zu andern den persönlichen Ruin bedeutet und nur Egoismus der Selbsterhaltung dient, kommt es zur Spaltung der Person: In die gute Shen Te, „den Engel der Vorstädte", und in den hartherzigen und rücksichtslosen Vetter Shui Ta. Damit ist die Frage, ob ein guter Mensch in dieser Welt leben kann, negativ beantwortet. Und weil selbst die Hilfe der Götter nicht ausreicht, bleibt nur der Ausweg, die Welt zu ändern. Der offene Schluss ist der Appell an die Zuschauer, selbst aktiv zu werden.
Eine **mythisch-überzeitliche Perspektive** eröffnet die Erzählung „Das Gesetz" von Thomas Mann. Sie steht im thematischen Zusammenhang der Joseph-Tetralogie und stützt sich stofflich auf das 2. Buch Mose, den Exodus, der den Auszug der in Ägypten versklavten Israeliten und die Verkündigung des Dekalogs beinhaltet.
Die zehn Gebote stehen im „Gesetz" für das Sittengesetz schlechthin als Basis menschlicher Kultur. Moses erfüllt den Auftrag Jahwes und wendet sich in einer zornerfüllten Mahnrede an das Volk, um es vor dem „Schurken" zu warnen, der die ethischen Grundlagen zu zerstören droht. Weil hier der aktuelle Gegenwartsbezug unverkennbar ist, wurde für das Schülerbuch dieser Schluss der Erzählung ausgewählt.

Mögliche Ziele:

1. Unterschiedliche „Botschaften" aus dem Exil kennen lernen
2. Grundzüge des epischen Theaters erschließen
3. Eine historische Zuordnung der Texte versuchen

Seite 383

1 Die Schüler sollen die Gestaltung der Szene mit den unter dem Stichwort „Episches Theater" (SB, S. 381f., Randspalte) gemachten Ausführungen in Verbindung bringen. Eine eingehende Analyse der Szene findet sich bei Jendreiek.[68] Als Tafelbild eignet sich folgende Strukturskizze.[69]

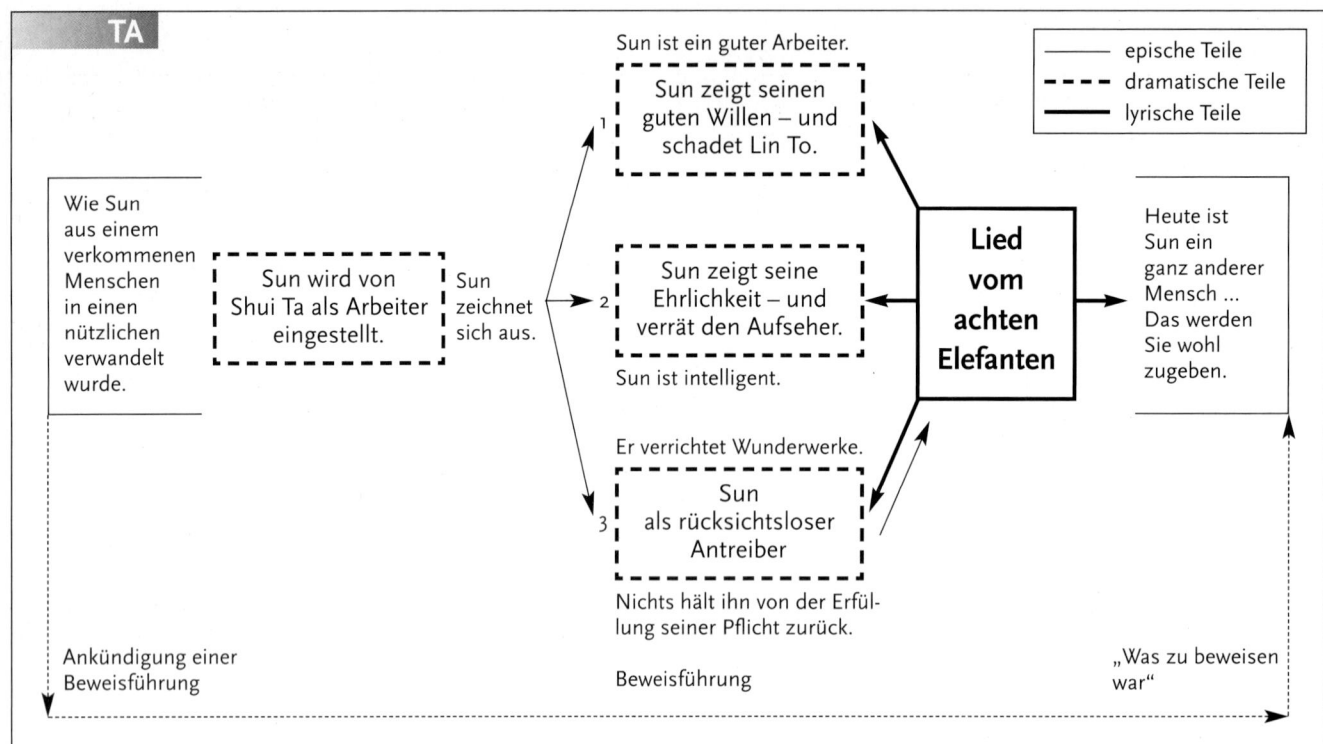

Elemente der Verfremdung:

Durch die Verbindung epischer, dramatischer und lyrischer Teile wird für den Zuschauer ständig eine neue, andere Rezeptionssituation geschaffen, die es ihm nicht erlaubt, sich an das gezeigte Geschehen mitfühlend zu verlieren („Einfühlung"), sondern ihn zu kritischer Distanz nötigt, weil sich Handlung und Kommentierung dieser Handlung ständig abwechseln. Dabei gibt es drei interne Kommentarebenen und eine externe:

die 1. Ebene findet sich im Dialog selbst als Meinungsäußerung der Gesprächsteilnehmer/der Handelnden (Zeitvorstellung: damals);

die 2. Ebene wird gebildet durch den Bericht der Frau Yang, aus dem ihre (falsche) Haltung zum Geschehen hervorgeht (Zeitvorstellung: jetzt);

die 3. Ebene entsteht durch den Song in Form einer Verallgemeinerung des vorgeführten Geschehens und seiner Überhöhung ins Überzeitlich-Allgemeingültige (Zeitvorstellung: immer).

Eine 4. Ebene entsteht im Zuschauer als Widerspruch zum falschen und Entscheidung zum richtigen Handeln aus der Erkenntnis der Gesetze, die das Handeln von Menschen bestimmen.

Im Unterrichtsgespräch kann nun Brechts Auflistung der Eigenschaften der „Epischen Form des Theaters" besprochen und es können aus dem Text Beispiele dafür gefunden werden. Beispiele:

„Macht [den Zuschauer] zum Betrachter": Wie reagiert der Zuschauer? Woraus entsteht diese Reaktion?

„Weckt seine Aktivität" und „erzwingt von ihm Entscheidungen": Kann man dem, was da geschieht, ruhig zusehen? Was müsste man tun?

„Der Mensch ist Gegenstand der Untersuchung": Es geht in der 8. Szene (besser: Bild) um das Verhalten Suns. Ist es verständlich? Wie erklärt es sich? Ist es richtig? Wie müsste es sein, um richtig zu sein? Was steht dem entgegen?

„Der veränderliche und verändernde Mensch": Wer von den Beteiligten ist veränderlich, wer verändert? Was wird verändert, was müsste verändert werden?

„Die Welt, wie sie wird": Ist das von Frau Yang am Ende der Szene zitierte Sprichwort wahr, weil es notwendig (unabänderlich, naturgesetzlich) ist oder nur, weil es mit der Wirklichkeit

übereinstimmt? Kann man diese Wirklichkeit verändern? Was muss dazu geschehen?

Als Zusammenfassung und Lernerfolgskontrolle eignet sich das Schaubild[70]:

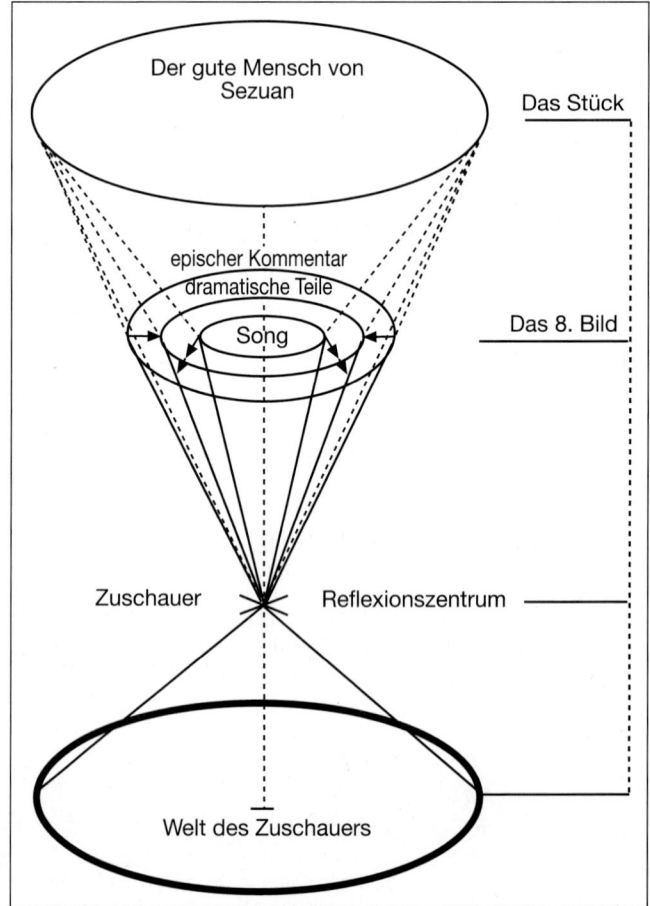

(Zur Ergänzung: Brecht: Lied des Stückschreibers, s. **K 5**, LB, S. 529.)

---

[70] Aus: Martin Hussong u.a., a.a.O. (S.135), Bild 20.

2a/b

	Von der Exilsituation bestimmt	Über die Exilsituation hinausweisend
Text 1:	Feuchtwanger stellt unmittelbar die Erlebniswelt des in der exilbedingten Schaffenskrise befindlichen Künstlers dar und findet im Bild vom Wartesaal das Beschreibungsmuster für Exil.	Feuchtwanger schafft eine Zukunftsperspektive, indem er die Exilsituation als Bild vom Wartesaal zur künstlerischen Gestalt kommen lässt und sie so in einer höheren Form aufbewahrt. Damit ist sie nicht vergeblich gewesen.
Text 2:	Die Zusammenhänge dieses Texts mit der Exilsituation sind nur zu erkennen, wenn man die marxistisch-leninistische Grundüberzeugung Brechts und seine auf langfristige und grundsätzliche Veränderung angelegte Strategie in Rechnung stellt. Für ihn ist der Faschismus nur das brutale und unverstellte Gesicht des Kapitalismus, den es zu überwinden gilt. Es kommt daher darauf an, die Funktionsweisen des Kapitalismus allgemein bewusst zu machen und so seinem Selbstverständnis zu entsprechen, wie es z.B. im Gedicht „Gedanken über die Dauer des Exils" zum Ausdruck kommt: „Tag um Tag/ Arbeitest du an der Befreiung".	Brecht richtet den Blick auf die nach der Überwindung von Faschismus und Kapitalismus zu errichtende neue sozialistische Gesellschaft. Seine Aufgabe ist es, diese neue Gesellschaft(sordnung) vorzubereiten. Er beschreibt sie in seinem Gedicht „Verjagt mit gutem Grund"[71]: „Ja, ich plaudere ihre Geheimnisse aus. Unter dem Volk / Stehe ich und erkläre / Wie sie betrügen, und sage voraus, was kommen wird, denn ich / Bin in ihre Pläne eingeweiht."
Text 3:	Bei Th. Mann ist die Situation des Exils in Beziehung gesetzt zur alttestamentarischen Geschichte vom Tanz ums Goldene Kalb und der Neuaufrichtung des Gesetzes Gottes durch Mose. Der Blick richtet sich auf die Verursacher dieser Situation, auf die „Lästerer", in denen unschwer die Nationalsozialisten zu erkennen sind.	Th. Mann entwirft eine Vision des neuen Bundes mit Gott. Die Zukunftsperspektive wird am Schluss deutlich (Z. 34/35).

Zusammenfassend: In Text 1 wird die „Heilung" als individuelle Leistung jetzt möglich und für die Zukunft wirksam, in den Texten 2 und 3 wird sie als gesellschaftliche Veränderung durch politisch-strukturelle (Brecht) oder religiöse (Mann) Erneuerung für die Zukunft (die Zeit „danach") erhofft.

4. Vorschläge für Übungen und Klausuren; Materialien/Kopiervorlagen K

4.1 Übersicht über Arten und Funktion der Kopiervorlagen

Rätselhaftigkeit der Welt und Sinnverlust des Lebens (I,2)	**K 1**	Prosatextinterpretation: Franz Kafka (1883–1924): Vor dem Gesetz (SB, S. 353ff.)
Der lange Schatten des Krieges (II,1)	**K 2**	Vergleichende Textinterpretation Klabund (d.i. Alfred Henschke, 1890–1928): Die Schlachtreihe; Erich Kästner (1899–1972): Primaner in Uniform (SB, S. 361ff.)
„Der Zeitgeist pfeift" (Kurt Tucholsky) (II,2)	**K 3**	Prosatextinterpretation: Jakob Wassermann (1873–1934): Der Fall Maurizius (Auszug) (SB, S. 366ff.)
	ohne K	Gedichtinterpretation: Kurt Tucholsky (1890–1935): Das Dritte Reich (SB, S. 66); Joebbels (SB, S. 67) (SB, S. 366ff.)
	K 4	Literaturhistorische Recherche und Textanalyse: Texte zum 10. Mai 1933. Erich Kästner (1899–1974): Bei Verbrennung meiner Bücher; Oskar Maria Graf: Verbrennt mich! (SB, S. 366ff.)
Botschaften aus der Fremde (III,2)	**K 5**	Textanalyse und -erörterung: Bertolt Brecht (1898–1956): Lied des Stückschreibers (SB, S. 380ff.)
	ohne K	Gedichtinterpretation: Bertolt Brecht (1898–1956): An die Nachgeborenen (SB, S. 380ff.)

---

[71] Bertolt Brecht: Gesammelte Werke (s. Anm. 65), Band 9: Gedichte 2. Frankfurt/M. (© Suhrkamp Verlag) S. 721f.

4.2 Kurzbeschreibung der Kopiervorlagen

K1 **Prosatextinterpretation: Franz Kafka (1883–1924): Vor dem Gesetz**

Didaktischer Ort: Zusatzmaterial zur Teilsequenz I,2 (SB, S. 353ff.); Material zur vertieften Beschäftigung mit Kafka; Übungsmaterial zur Textinterpretation; Klausurvorlage

Erläuterungen zur Aufgabe:

Dieser Text, eine Parabel (Kafka selbst bezeichnet ihn als „Legende"), ist ein wesentlicher Bestandteil des Romans „Der Prozess", wo er im 9. Kapitel „Im Dom" dem Josef K. von einem Geistlichen, der zugleich Gefängniskaplan und als solcher Mitglied des anonymen Gerichts ist, vor dem Josef K angeklagt ist, erzählt und erläutert wird. Kafka hat „Vor dem Gesetz" aber auch als eigenständigen Text angesehen: Im September 1915 wurde er in der Nr. 34 des 9. Jahrgangs von „Selbstwehr. Unabhängige jüdische Wochenschrift (Prag) abgedruckt, 1916 in dem bei Kurt Wolff, Leipzig, erschienenen Sammelband „Vom jüngsten Tag. Ein Almanach neuer Dichtung" (2., veränderte Ausgabe 1917) und 1919 in dem bei Kurt Wolff erschienenen Band „Der Landarzt. Kleine Erzählungen" als selbstständiger Text aufgenommen. Die Parabel gehört also zu den wenigen Texten, die Kafka selbst zur Veröffentlichung freigegeben hat.

1. Am Anfang wäre das Eingeständnis hilfreich, dass scheinbar einfache Fragen oft nicht einfach zu beantworten sind, weil sie der Komplexität eines Textes nicht gerecht werden.
Erster Schritt: Wortbedeutung von „Gesetz": Ordnungsregel, auf Grund deren (1.) etwas ist oder geschieht, die also einem Seienden oder Geschehenden per se innewohnt („Naturgesetz") oder die (2.) vorschreibt, wie etwas sein oder geschehen soll, also eine Norm für das Verhalten von Menschen vorgibt. Das kann eine staatliche Rechtsvorschrift (z.B. das Strafgesetz) ebenso sein wie eine ethisch-moralische Verhaltensregel. Als Rechtsvorschrift ist sie durch staatliche Zwangsmittel erzwingbar, als ethische Vorschrift wird ihre Einhaltung durch die Gesellschaft erwartet, ihre Verletzung durch gesellschaftliche Sanktionen geahndet. Als Gesetz wird auch (3.) jede geschriebene oder ungeschriebene Verfassung oder Satzung bezeichnet, die sich eine Gemeinschaft gibt („Grundgesetz"); schließlich versteht man unter Gesetz (4.) jede verbindliche Regel, Richtschnur, jeden Grundsatz.[72]
Zweiter Schritt: Welche Aussagen macht der Text über das „Gesetz"? Einerseits erscheint der abstrakte Begriff merkwürdig konkret, wie ein Gebäude, es hat eine Tür (Z. 31), ja, es führt ein Tor (Z. 4) zum Gesetz, das sich hinter diesem Tor in einem Innenraum befindet, in den man hineinsehen kann (Z. 6), aus dem, wenn es dunkel genug ist, sogar ein Glanz bricht (Z. 30/31). Diese Tür, dieses Tor steht immer offen und wird ausdrücklich als Eingang (Z. 40) bezeichnet, durch den Einlass (Z. 40) gewährt wird. Hinter dem Tor aber befinden sich mehrere, vielleicht sogar viele Säle, vor denen wieder neue Türhüter stehen, die von Saal zu Saal mächtiger werden. Ganz offensichtlich ist das „Gesetz" auch das einzige Lebensziel des „Mannes vom Lande", nachdem er sich entschlossen hat, „um Eintritt in das Gesetz" zu bitten, von dem er annimmt, dass es „jedem und immer zugänglich" (Z. 11) sein soll. Andererseits wird der Eingang zum Gesetz bewacht, von einem sich merkwürdig verhaltenden, eher Misstrauen erweckenden „Repräsentanten", der aber offensichtlich auch nur für diesen einen Eingang „zuständig" ist.
Dritter Schritt: Versuch einer Antwort: Das „Gesetz" ist etwas der Zeit Enthobenes, über die Dinge Gestelltes, Verbindliches, für den Menschen Lebenswichtiges und schwer Zugängliches, also etwas Absolutes, Prinzipielles. Und es ist offensichtlich beides: Vorschrift und Institution.[73] Jede weitere Konkretisierung und Festlegung wäre eine Einengung,

eine „Herabwürdigung". Solche Konkretisierungen sind aber von jedem denkbaren Interpretationsansatz aus möglich, legen dann aber die Geschichte auf eine bestimmte Aussage fest. Das Spiel mit solchen Interpretationsmöglichkeiten kann einerseits mit den Schülern durchaus gespielt werden: Wie konkretisiert sich jenes „Absolute" bei einem religiösen, philosophischen, geistesgeschichtlichen, soziologischen, politischen, biografischen, rezeptionsästhetischen etc. Interpretationsansatz? Welche Konkretisierungen erscheinen brauchbar (im Sinne von Annäherungswerten an den Text), welche erscheinen als zu platt, zu eindimensional? Andererseits legt der Zusammenhang im Roman „Der Prozess" nahe, im „Gesetz" eine oberste Gerichtsinstanz zu sehen, die sich Macht über Leben und Tod anmaßt und in ihrer unerreichbaren Nähe zugleich Furcht und Schrecken auslöst. Warum richtet das „Gesetz", warum richtete es so unerbittlich wie an Josef K., warum gibt es sich diese schreckliche Anonymität?

2. Es ist interessant, dass in dem interpretierenden Gespräch – Kafka nennt es „Exegese" –, das im Roman „Der Prozess" auf die Erzählung von „Vor dem Gesetz" durch den Geistlichen folgt, nicht einmal vom Gesetz, dafür ausschließlich vom Türhüter und der Frage die Rede ist, wie dessen Verhalten zu beurteilen sei. Von Kafka selbst wurde „Vor dem Gesetz" als „Türhütergeschichte"[74], in der Sekundärliteratur wird dieser Text deshalb auch gern als „Türhüterlegende" bezeichnet. Zweifellos kann das Gespräch zwischen Geistlichem und Josef K. über den Türhüter auch im Unterricht Interesse und lebhafte Auseinandersetzungen bewirken[75].
Der Türhüter ist Repräsentant einer Instanz und einer Sache, die er selber offenbar nicht kennt oder von denen er zumindest nur wenig Ahnung haben kann. Er rangiert in der Hierarchie der Türhüter offensichtlich ganz unten. Er verweigert dem „Mann vom Lande" den Eintritt ins Gesetz, aber nur „jetzt" (Z. 2), später sei er „möglich" (Z. 4), aber auch später erklärt er immer, dass der Eintritt „noch nicht" (Z. 19) möglich sei.
Die Beurteilung des Verhaltens des Türhüters durch den Schüler sollte sehr nah am Text erfolgen, also möglichst alle Aspekte dieses Verhaltens erfassen und erst dann zu einer subjektiven Bewertung kommen.

3. Die Schlusspointe bewirkt eine Verblüffung, ja Empörung des Lesers, da sie offensichtlich in schreiendem Gegensatz zu allem steht, was sich bis dahin ereignet hat. Im „Exegese"-Gespräch im Roman wird dieser Widerspruch zwar in Abrede gestellt, aber auch Josef K. sucht zunächst alle Schuld beim Türhüter: „Der Türhüter hat also den Mann getäuscht" (Reclam, S. 198, Z. 23) und der Geistliche hatte ja die Erzählung der Türhüterlegende mit der Bemerkung vorbereitet, sie handle von der Täuschung über das Gericht, deren er auch Josef K beschuldigt. Es erhebt sich deshalb die Frage, ob es an dem „Mann vom Lande" liegen könnte, dass er nicht ins Gesetz gelangt ist. Er hat sich größte Mühe gegeben, hat vom Türhüter Auskünfte über das Gesetz eingeholt (Z. 16, 36). Hat er sich zu sehr auf den Türhüter konzentriert, hat er den Respekt, vielleicht sogar die Angst vor dem Repräsen-

---

[72] Vgl. Gerhard Wahrig: Deutsches Wörterbuch, Gütersloh 1970.

[73] Im 1. Kapitel („Verhaftung") des Romans sprechen die Wächter das „Gesetz" an (in der neuen Reclam-Ausgabe, Band 9676, deren Text der historisch-kritischen Ausgabe von Malcolm Pasley, Frankfurt 1990, folgt. S. 12. Z. 6ff.) und zwar so, dass „das ‚Gesetz' als eine numinose, nur den Wächtern bekannte Instanz eingeführt" wird (Reclam 8197, Erläuterungen und Dokumente. Franz Kafka, Der Proceß, S. 12).

[74] Im Band „Tagebücher" der historisch-kritischen Ausgabe (Frankfurt 1990) S. 723.

[75] In der Reclam-Ausgabe (Band 9676) steht dieses Gespräch auf den Seiten 198–203.

tanten des „Gesetzes" zu hoch, sein Recht auf Zugang zum „Gesetz" zu niedrig bewertet? Hat er zu schnell an die Stelle seiner Entschlossenheit, zum „Gesetz" zu gelangen, die Bedenken gegenüber den nicht erwarteten Schwierigkeiten gesetzt? Ist er am Sinn seines Lebens – wenn das Gelangen zum „Gesetz" sein Lebenssinn war – vorbeigegangen, weil er sich mit Äußerlichkeiten aufgehalten hat?

Der Enttäuschung der Schüler über die Unmöglichkeit, eine eindeutige und unmissverständliche Interpretation zu finden, muss entgegengehalten werden, dass der Text aus seiner Vielschichtigkeit gerade seine Faszination und seinen Wert erhält. Ein Hinweis könnte helfen: Der Talmud, die Zusammenfassung der Lehren, Vorschriften und Überlieferungen, die über das Alte Testament hinaus für Juden verbindlich sind, besteht aus zwei Teilen: der Mischna, den unveränderlichen, ehernen Religionsgesetzen, und der Gemara, einer Niederschrift von Diskussionen, die jüdische Religionslehrer im 3. – 5. Jahrhundert über die Religionsgesetze geführt haben, die Gemara gibt also nur Meinungen wieder. Besteht dasselbe Verhältnis zwischen einem Kafka-Text und den ihm geltenden Interpretationsversuchen?

K 2 **Vergleichende Textinterpretation (Prosatext und Gedicht): Klabund (d.i. Alfred Henschke, 1890–1928): Die Schlachtreihe; Erich Kästner (1899–1972): Primaner in Uniform**

Didaktischer Ort: Zusatzmaterial zur Teilsequenz II,1 (SB, S. 361ff.); Übungsmaterial zur Textinterpretation; Klausurvorlage

Erläuterungen zur Aufgabe:

1. Beide Texte beschreiben die Kriegserlebnisse aus der Perspektive von (ehemaligen) Schülern und mit Sicht auf ihre Lehrer.
Im Mittelpunkt der Klabund-Geschichte stehen der Lateinlehrer Hiltmann, der sprachlichen Schwulst verabscheut und einen sachlichen Ton auch bei Lateinübersetzungen bevorzugt. Dass er „acies" lieber mit „Heer" als mit „Schlachtreihe" übersetzt wissen wollte, hing damit zusammen, dass er „Heer" für ein normales Wort, „Schlachtreihe" aber für eine militärsprachliche Aufblähung und Wichtigmacherei hielt. Ihm steht der schlechteste Schüler der Klasse, der „Ultimus" von Falkenstein gegenüber. Er hatte vermutlich den Professor oft verärgert, weil er „acies" immer mit „Schlachtreihe" übersetzte, denn diese Übersetzung stand als erste im Wörterbuch, die Übersetzung „Heer" wurde erst unter b) angeboten und so weit war der Schüler Falkenstein nie vorgedrungen. Nach Jahren, im Weltkrieg, einer Blütezeit für Phrasen – und deshalb war der Professor auch jetzt kein Hurra-Patriot –, bekommt er ein Feldpostkarte seines ehemaligen schlechten Schülers Falkenstein und diese Karte treibt ihm Tränen in die Augen. Nicht, weil er von seinem Schüler eine Belehrung annehmen muss, sondern weil diese Belehrung auf eine furchtbare Wahrheit hinweist. Im Unterricht war „Schlachtreihe" ein quasi abstrakter Begriff gewesen, ein Sandkastenwort, jetzt mussten beide, Schüler wie Lehrer, die tiefere Bedeutung dieses Worts erfahren: Im Kriege wurden und werden Menschen reihenweise hingeschlachtet. Als bittere Pointe teilt der Text zum Schluss mit, dass der Schüler diese „Korrektur" nicht nur erfahren, sondern erleben (was für eine grausame Paradoxie und Zynismus!) musste.
Kästners Gedicht teilt in schlichten Zeilen mit, wie der Erste Weltkrieg in eine Schulklasse einbricht: der erste Mitschüler gefallen. Ein die Schüler erschütterndes Ereignis, aber die Schule geht für die noch nicht 18jährigen weiter, diejenigen, so erfährt man eine Strophe später, die 18 geworden sind, werden eingezogen. Das neue Schuljahr bringt wieder einen gefallenen und einen schwer verletzten Mitschüler. Und hier tritt Rektor Jobst auf, ein national gesinnter Theologe, der es versteht zwei Göttern zu dienen: Gott und Vaterland. Und die Schüler, die ins Feld müssen, werden von ihm mit Handschlag – welche Aus-

zeichnung! – verabschiedet. Die vom Leid gebeugte Mutter des gefallenen Mitschülers Kern macht in der Schule Besuch, der schwer verwundete Mitschüler stirbt, so viele fallen, dass man schon eine Liste der Toten ans Schwarze Brett anschlagen muss. In der achten Strophe wird der Widerspruch zwischen der Kriegsbegeisterung des Rektors und dem gedankenlosen Fortwursteln der Lehrer auf der einen Seite und der nackten Angst der Schüler auf der anderen Seite in seiner unerträglichen Gleichzeitigkeit vorgeführt. Die vorletzte Strophe spricht noch einmal von den Schülern, deren Angst und Schmerz in die letzte Strophe hinüberschwappt. Aber dort haben sich der Rektor Jobst und die anderen nicht mehr kriegstauglichen und deshalb so kriegsbegeisterten Herren festgesetzt.

2. Beide Texte sind in ihrem lapidaren und lakonischen Mitteilungsstil deutlich Zeugnisse der Neuen Sachlichkeit. Klabund zeichnet seine beiden Protagonisten mit viel Sympathie: der alte Professor mit seinem antipathischen Tick, mit dem er sich auf Fontane berufen kann, und der junge Schüler, der zwar dumm, aber auch herzensgut ist. Beide sind ein bisschen weltfremd, eine Charaktereigenschaft, die ihnen der Weltkrieg grausam zurechtrückt. Klabund erzählt mit leiser Ironie, indem er den unpathetischen Professor einen „geschworenen Feind" von Phrasen sein lässt und ihn mit der Fähigkeit ausstattet, etwas „in den Tod nicht leiden" zu können, Worte die für seinen Schüler eine ganz andere Wirklichkeit werden. Ein ironischer Seitenhieb Klabunds ist es auch, die Kämpfe vor Verdun, den verlustreichsten Stellungskrieg, den die Welt bis dahin erlebt hatte, „männermordend" zu nennen, ein Wort, das man bei der Übersetzung aus Homers „Ilias" oder Vergils „Aeneis" und anderen antiken Autoren durchaus öfter brauchen kann. Dem weichen, fast sentimentalen Bild des aus Erkenntnis der Wahrheit weinenden Professors setzt Klabund dann im Schlusssatz noch einmal die harte Wirklichkeit entgegen.
Kästners Gedicht besteht aus 10 Strophen zu vier Versen, bei den vier- und dreihebige Jamben sich kreuzweise reimen. Das Gedicht hat einen narrativen Grundton, in den sich aber deutliche Autorenkommentare einfügen. Diese Kommentare teilen sich häufig durch eine scheinbar unpassende oder entlarvende Wortwahl auch dem Leser mit. Beispiele:
V. 2: „bekümmert": was für eine jämmerliche Haltung angesichts des Ereignisses, das „zum Abendbrot" serviert wird;
V. 4: „Klassenbruder": Beschönigende Formulierung von gewohnheitsmäßigen Leichenpredigern;
V. 15: „in den Weltkrieg ziehen", das ist die Rede- und Denkweise des Rektors, nicht der Schüler, die „wurden gezogen";
V. 29: „pro Sieg", das Wörtchen pro stammt aus dem Kaufmannsjargon;
V. 39/40: „Gott mit uns" war die Überzeugung der Kriegstreiber und Hurra-Patrioten und sie haben es leicht „gefasst" zu sein, sie „bleiben" (und „bleiben" hat hier eine doppelte Bedeutung: sie müssen nicht „in den Tod gehen") ja „in der Heimat zurück".
Der Ton des Gedichts ist nur scheinbar schnoddrig, tatsächlich wird ein Sarkasmus wirksam, der in manchen Versen sich zur schrillen Anklage steigert. Ein mündlicher Vortrag des Gedichts kann diese Stilelemente gut deutlich machen.

K 3 **Prosatextinterpretation: Jakob Wassermann (1873–1934): Der Fall Maurizius. Roman (Auszug)**

Didaktischer Ort: Zusatzmaterial zur Teilsequenz II,2, SB, S. 366ff.; Übungsmaterial zur Prosatextinterpretation; Klausurvorlage (in Auszügen).

Erläuterungen zur Aufgabe:

1. Im Text selbst gibt es drei Perspektiven, diejenige des Erzählers und die der beiden Kontrahenten. Der auktoriale Erzählstil, der die z.T. längeren Passagen direkter Rede verbindet, erscheint als zurückhaltend-sachlich, um Genauig-

keit bemüht, vor allem, was die Befindlichkeit der beiden Kontrahenten angeht. Der jeweilige Seelenzustand wird aus der Sicht des Erzählers dargestellt und von diesem gedeutet. Der auktoriale Erzähler kann auch die Gedanken der beiden Kontrahenten mitteilen, der Wechsel zwischen direkter und erlebter Rede gibt dem Text eine besondere Intensität. Gelegentlich ist allerdings die Zuordnung zu einer Perspektive kaum möglich: z.B. „mit frechem Doppelsinn", Zeile 56. Wer empfindet Etzels Bemerkung so: er selbst, der Vater, der Erzähler oder alle drei?

2. Der Text zeigt mit eindringlicher Deutlichkeit, dass es in der Weimarer Republik Gegensätze zwischen Menschen gab, die sich nicht infolge unterschiedlicher politischer Auffassungen ergaben und somit diskussions- und möglicherweise konsensfähig waren, sondern dass es grundsätzliche Einstellungen zum „System" waren, die jede Verständigung von vornherein ausschlossen. Im Text wird diese Unversöhnlichkeit so weit getrieben, dass sich Vater und Sohn voneinander lossagen (Zeile 91/92). Gegenstand der Auseinandersetzung ist die Rolle der Justiz in der Weimarer Republik. Herr von Andergast ist vor allem und um jeden Preis an der Erhaltung der Erhabenheit der Justiz, ihrer Organe und Repräsentanten über alle Kritik und jeden noch so berechtigten Zweifel interessiert. Er erhebt das „System" zum Selbstzweck, seine Position ist autoritär, damit reaktionär und antidemokratisch. Für diese Position nimmt er das Auseinanderklaffen von Recht und Gerechtigkeit in Kauf, in seiner Auffassung dient die Rechtsprechung der Erhaltung des „Sys-

tems". Dass dabei oft Gerechtigkeit nicht verwirklicht werden kann, ficht ihn nicht an, da er über sich das „ewige (also abstrakte und damit wesenlose) Symbol" des Rechts weiß, das ihn immer „absolviert". Er hat also nie Gewissensprobleme. Die Floskel „Recht sprechen" ist für ihn insofern Wirklichkeit, als er jedes gesprochene Recht für Recht an sich, also für die menschenmögliche Gerechtigkeit hält. Einen Justizirrtum einzugestehen, wäre falsch, da dies das Vertrauen in die Justiz und ihre Repräsentanten erschüttern könnte, was dem „System" schädlich wäre. Er kann sich daher äußerstenfalls zur „Begnadigung" des zu Unrecht Verurteilten verstehen. Sein Sohn Etzel Andergast wiederum hat gar keinen Sinn für das Politische, er sieht im Justizirrtum nur das einem Menschen angetane Unrecht, er verlangt die Wiederherstellung der Gerechtigkeit durch die Revision des Fehlurteils. Die Perspektive des Erzählers im Blick auf die Weimarer Republik: Er will mit seinem Zeitroman vor der Zerreißkraft der (politischen? gesellschaftlichen?) Widersprüche jener Zeit warnen, von der auch Familienbande nicht verschont werden. Das Auseinanderbrechen des Vater-Sohn-Verhältnisses in seinem Roman dient dazu, die Auseinandersetzung über den bloßen Generationskonflikt und die Darstellung von Widersprüchen, die jederzeit möglich wären, hinaus auf die Ebene der Unversöhnlichkeit, des Hasses zu treiben, eines Zustandes also, in dem der Konsens gar nicht mehr wünschenswert erscheint. In dieser Absicht ist er repräsentativ für die Zeit der Weimarer Republik.

3.

	Etzel	Herr Andergast
Argumentations-grundlagen:	– Gerechtigkeit (Z. 2) – Ehre des Menschen (Z. 5f.) im Sinn von Menschenwürde	– Verantwortung für Recht und Rechtsprechung (Z. 10f.) – Rücksichten auf „Existenzen", „Staatskasse", „Gerichtshof", „Institution als solche" (Z. 20–22)
Argumentationsweise, und Handlungsverlauf:	– Forderung nach „Umstoßen des Urteils" und einem „Wiederaufnahmeverfahren" als Anerkennung seiner Grundprinzipien – Ablehnung jeder Rechtsprechung, die sich an anderen Gesichtspunkten als den von ihm anerkannten Grundprinzipien orientiert – Entsetzen über die Haltung des zu Unrecht Verurteilten, er empfindet die Begnadigung und ihre Annahme als Verrat an den Menschenrechten – Verurteilung des Vaters als eines Mitschuldigen an Verurteilung und Begnadigung – Beschwören der eigenen Beschädigung durch das Verhalten des Vaters, Wunsch, „auf der Stelle [zu] krepieren" – Drohung mit künftiger Rache, Aufkündigung der Sohnschaft	– Sorge um die Aufrechterhaltung der gegebenen Rechtsordnung und Erhaltung des Ansehens der Justizorgane – Zurechtweisung (Z. 36) – Befremdung über den Sohn, Mitteilung der Begnadigung – Wut, tätlicher Angriff auf den Sohn – Zusammenbruch

Wendepunkte:
Eine Möglichkeit besteht darin, den einen, entscheidenden Wendepunkt des Gesprächs in den Zeilen 48–57 zu sehen. Vorher bewegte sich das schon sehr konträre Gespräch immer noch im Bereich von Möglichkeiten, es wurden Erwägungen angestellt. Mit diesem Wendepunkt sieht sich Etzel vor vollendete Tatsachen gestellt, die seine Überlegungen hinfällig machen. Er kann nicht mehr agieren oder eine Aktion herbeiführen, er ist zur bloßen Reaktion gezwungen, die nun vollkommen emotional verläuft, erklärbar aus der grundsätzlichen Disposition beider zu Unnachgiebigkeit und Ausschließlichkeit, aber auch durch den Zynismus des Vaters (Z. 54f.). Eine zweite Möglichkeit besteht darin, das Gespräch als absteigende Wellenlinie darzustellen:

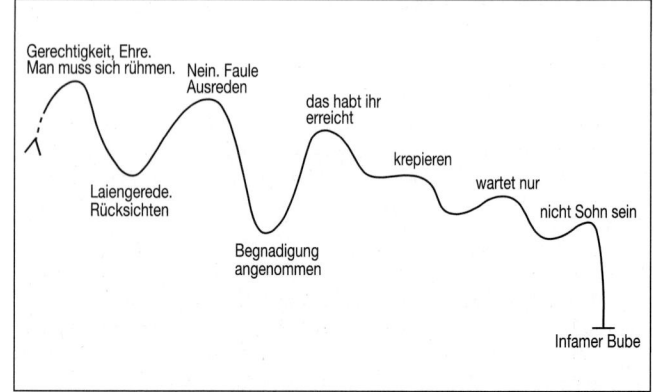

4. Die Umarbeitung in eine Hörspielszene kann ohne große Vorbereitung nach kurzer Absprache unmittelbar in den Kassettenrekorder erfolgen: Gesprochen werden die Partien in direkter Rede und in erlebter Rede. Die Moderationstexte des Erzählers sind als Regieanmerkungen, hier also als Sprechanweisungen, aufzufassen. Die Übung macht den Schülern eindrücklich deutlich, wie sehr diese Romanszene vom Dialog her konstruiert ist.

ohne K Gedichtvergleich: Kurt Tucholsky (1800–1935): Das Dritte Reich (SB, S. 66), Joebbels (SB, S. 67)

Didaktischer Ort: Erweiterung der Teilsequenz II,2, SB, S. 366ff.; Zusatzmaterial zum Thema Ende der Weimarer Republik und nationalsozialistische Machtergreifung; Übungsmaterial zur Gedichtinterpretation; Klausurvorlage

Arbeitsanweisungen:

1. Ordnen Sie die Gedichte in ihren Zeitzusammenhang ein.
2. Zeigen Sie die Stilmittel auf, die diese Gedichte dem Kabarett und der Satire zuweisen.
3. Versuchen Sie eine Aufführung der beiden Gedichte.

Erläuterungen zur Aufgabe:

1. Beide Gedichte sind in der Endphase der Weimarer Republik entstanden, als sich durch die Weltwirtschaftskrise und die damit verbundene Massenarbeitslosigkeit die Polarisierung der Gesellschaft katastrophal beschleunigte und die unversöhnliche Feindschaft politischer Gruppierungen und Überzeugungen zementierte. In der Weimarer Republik waren diese zentrifugalen Kräfte latent immer vorhanden gewesen, jetzt wurden sie für jedermann sichtbar und bedrohten die demokratische Ordnung. Die politischen Auseinandersetzungen fanden mehr auf der Straße als im Parlament statt und wurden mehr mit Waffen als mit Worten geführt. Besonders die extremen Parteien, vor allem die NSDAP, trugen dazu bei, dass die Auseinandersetzungen 1932 bürgerkriegsähnliche Ausmaße annahmen.

2. Stilmittel des Kabaretts und der Satire:

    „Das Dritte Reich": Der ganze Text wird szenisch präsentiert, hier als fingierte Kaffeehaus-/Gasthausszene (Kellnersprache: „Das dritte Reich? = Wiederholung der Bestellung des Gasts, „Bitte sehr! Bitte gleich!" = Bekundung der Dienstfertigkeit und Beflissenheit). Unpassende, also lächerliche Zusammenstellungen, z.B. „hohe Ideale" (V. 1) – „daran turnen" V. 3/4); Aufzählung von Leitbegriffen und deren Variation bis zur Sinnlosigkeit, z.B. „freideutsch ... heimatwolkig", „völkisch ... volkig" (V. 15/16); entlarvende Überhöhungen (der Hendiadichoin „hohes Ideal" legt nahe, dass „der nationale Mann", „deutsche Manneskraft" auch nur verbale „Turnübungen" sind und dass die „neueste Errungenschaft" Drittes Reich weder in „segensreichen Stunden" noch als „Ideal" erfunden wurde); Verwendung eines Sprichworts im verkehrten Sinn (V. 18/19); Zusammenziehung von Worten im Sinne eines ideologischen Jargons zu grammatikalischen Fehlern (V. 20); Ironisierung durch unglaubwürdige Pauschalisierungen (V. 23, 29, 36, 40/41); satirische Wiederholungen (V. 24 „unsre – uns", V. 30 „unter uns" wird von der

sozialen Situation zur moralischen Befindlichkeit); ständige Entlarvung (das ist das Stilmittel im dritten Teil des Gedichts, besonders deutlich V. 27/28: gegen den Militarismus, V. 33/34: gegen die reaktionäre Gesinnung, V. 35: gegen Nationalismus, V. 38: gegen den Rassenwahn); Rechtschreibfehler als Entlarvung: Mistik (V. 50).

„Joebbels": Goebbels als Chef-Propagandist der NSDAP kann mithilfe des Berliner Dialekts und der Ausdrucksweise des Berliners („Berliner Schnauze") selber als „jroße Fresse" und „Schnauze" dargestellt werden. Komik und Satire mit grobem Geschütz: ständige Anspielungen auf die Körpergröße und eine körperliche Deformation von Goebbels. Verhöhnung durch Entgegensetzungen: „Möbelpacker" (= Leibwächter) – „Lauseknacker", „Bariton" – „Jachtenpublikum" (= anspruchsloses, unaufmerksames Publikum in einem Biergarten) (Str. 1), „Recke" – „Klumpfuß", „Schützenjrahm" – „Sportpalast" (Str. 2), „Heros" – „Buckel", „Schatze" – „Porzellanzerschmeißer", „Führer" – „Reißer" (Str. 3). Der Aufbau der (Chanson-)Strophen: 4 Verse eher Bericht, 3 Verse eher Kommentar und 1 Vers Zusammenfassung, Summe (in den ersten beiden Strophen als echtes Urteil, in der dritten Strophe als satirische Verhöhnung). Vgl. LB, S. 66f.

3. Beide Gedichte lassen sich sehr gut als „Sprechkantaten" inszenieren. Vorschlag:

    „Das Dritte Reich": 1. Strophe: V. 1–4 Solo, V. 5–8 Männerchor, V. 9/10 zwei hysterische Schreier, V. 11–12 Solo (als Kellner mit Tablett und übergehängter Serviette). 2. Strophe: V. 13–16 einzelne Stimmen, V. 17 alle, V. 18–19/1 Stimme in seliger Verzückung, V. 19/2–20 Stimme eines Fanatikers, V. 21–22 wie V. 11–12. 3. Teil: V. 23–30, 32–41 und 43–45 einzelne Sprecher in rascher Folge satz- oder halbsatzweise, V. 31 und 42 gemütlicher Bass, V. 46–47 mehrere, V. 48 alle, V. 49–50/1 zwei Wichtigtuer, V. 50/2 Stimme aus dem Publikum.

    „Joebbels": Die ersten 4 Verse jeder Strophe: Männerchor, die nächsten drei Verse jeder Strophe: Frauenchor, der letzte Vers der ersten und zweiten Strophe: Einzelstimme, der letzte Vers der dritten Strophe: alle (mit ganz langer Fermate auf dem „o" von „jroßer".

    Selbstverständlich können Instrumente zu Hilfe genommen werden, wie sich überhaupt die Kooperation mit dem Musiklehrer nahe legt.

K 4 Literarhistorische Recherche und Textanalyse: Texte zum 10. Mai 1933: Erich Kästner (1899–1974); Bei Verbrennung meiner Bücher; Oskar Maria Graf (1894–1967); Verbrennt mich!

Didaktischer Ort: Informationsblatt, Zusatzmaterial zur Teilsequenz II,2, SB, S. 366ff., Zusatzmaterial zu Text 3, SB, S. 72 und 1,. SB, S. 77, Material zur Textanalyse und Textinterpretation; Klausurvorlage (in Auszügen).

Erläuterungen zur Aufgabe:

1. Am 10. Mai 1933 fanden in vielen deutschen Städten, vor allem Universitätsstädten, Bücherverbrennungen statt. Sie wurden von der Deutschen Studentenschaft organisiert und dienten nebenbei auch der „Gleichschaltung" der Studentenverbände und der Hochschulen insgesamt. Die Aktion, Höhepunkt einer „Aktion wider den undeutschen Geist" und als Gegenschlag gegen die „schamlose Greuelhetze des Judentums im Ausland" deklariert, war in ihrer Zielsetzung, Vorbereitung und Durchführung ein Lehrbeispiel nationalsozialistischer Propaganda.[76] In einem Projekt in Zusammenarbeit mit dem Fach Geschichte könnten die Schüler die Vorgänge in der eigenen oder einer benachbarten Stadt recherchieren (Stadtarchive, Zeitungsarchive). Vgl. auch LB, S. 100ff. (zu Text 3, SB, S. 72 und Text 1, SB, S. 77ff.)

---

[76] Ulrich Walberer (Hrsg.): 10. Mai 1933. Bücherverbrennung in Deutschland und die Folgen. Frankfurt 1983 (= Fischer Tb 4245, Reihe „Informationen zur Zeit"). Die Beiträge dieses Bandes eignen sich gut als Grundlage für Schülerreferate. Aus diesem Band stammen auch beiden Zusatztexte. Weitere Literatur: Joseph Wulf: Literatur und Dichtung im Dritten Reich, Gütersloh 1963, Reinbek 1966 (= rororo 809–811); Ernst Loewy (Hrsg.): Exil. Literarische und politische Texte aus dem deutschen Exil 1933–145, Band 1: Mit dem Gesicht nach Deutschland. Frankfurt 1981 (Fischer-Tb 6481).

Zusatztexte (wichtige Dokumente):

Plakat des NSDSt zur Vorbereitung der Bücherverbrennung:

Zwölf Thesen wider den undeutschen Geist

1. Sprache und Schrifttum wurzeln im Volke. Das deutsche Volk trägt die Verantwortung dafür, dass seine Sprache und sein Schrifttum reiner und unverfälschter Ausdruck seines Volkstums sind.

2. Es klafft heute ein Widerspruch zwischen Schrifttum und deutschem Volkstum. Dieser Zustand ist eine Schmach.

3. Reinheit von Sprache und Schrifttum liegt an Dir! Dein Volk hat Dir die Sprache zur treuen Bewahrung übergeben.

4. Unser gefährlichster Widersacher ist der Jude und der, der ihm hörig ist.

5. Der Jude kann nur jüdisch denken. Schreibt er deutsch, dann lügt er. Der Deutsche, der deutsch schreibt, aber undeutsch denkt, ist ein Verräter. Der Student, der undeutsch spricht und schreibt, ist außerdem gedankenlos und wird seiner Aufgabe untreu.

6. Wir wollen die Lüge ausmerzen, wir wollen den Verrat brandmarken, wie wollen für den Studenten nicht Stätten der Gedankenlosigkeit, sondern der Zucht und der politischen Erziehung.

7. Wir wollen den Juden als Fremdling achten und wir wollen das Volkstum ernst nehmen. Wir fordern deshalb von der Zensur: Jüdische Werke erscheinen in hebräischer Sprache. Erscheinen sie in deutsch, sind sie als Übersetzung zu kennzeichnen. Schärfstes Einschreiten gegen den Missbrauch der deutschen Schrift. Deutsche Schrift steht nur Deutschen zur Verfügung. Der undeutsche Geist wird aus öffentlichen Büchereien ausgemerzt.

8. Wir fordern vom deutschen Studenten Wille und Fähigkeit zur selbstständigen Erkenntnis und Entscheidung.

9. Wir fordern vom deutschen Studenten den Willen und die Fähigkeit zur Reinerhaltung der deutschen Sprache.

10. Wir fordern vom deutschen Studenten den Willen und die Fähigkeit zur Überwindung des jüdischen Intellektualismus und der damit verbundenen liberalen Verfallserscheinungen im deutschen Geistesleben.

11. Wir fordern die Auslese von Studenten und Professoren nach der Sicherheit des Denkens im deutschen Geiste.

12. Wir fordern die deutsche Hochschule als Hort des deutschen Volkstums und als Kampfstätte aus der Kraft des deutschen Geistes.

Bericht der „Neuen Zürcher Zeitung" vom 11. Mai 1933:

„Am Mittwoch gegen Mitternacht bot sich den Berlinern eines der erstaunlichsten Schauspiele, die man im zwanzigsten Jahrhundert noch erleben kann. Mitten in der Stadt loderte ein brennender Scheiterhaufen mit 20 000 Büchern zum Himmel empor. Der Erfolg, den die deutsche Studentenschaft mit ihren Requisitionen bei den Leihbibliotheken und Buchhändlern erzielte, entspricht der Länge der schwarzen Liste, die gegen 200 Namen von Dichtern und Schriftstellern aufzählt. Die Verfasser belletristischer Werke allein sind schon mit 125 Namen auf der von Kultusminister Rust genehmigten und für sämtliche Volksbüchereien Preußens verbindlichen Fassung der schwarzen Liste vertreten. Abends 9 Uhr am historischen Tage bildete die Studentenschaft in der Umgebung der Universität einen Fackelzug und holte von dort aus im Studentenhaus die Lastwagen mit den verurteilten Büchern ab, um sie vorerst auf einem 5 km weit ausgedehnten Umzug durch die Stadt und im Triumph durch das Brandenburger Tor zu führen. Unter den Linden rückte der seltsame Umzug bis zu dem als Richtstätte auserwählten Opernplatz gegenüber der Universität vor, wo ungezählte Kinooperateure und Pressephotographen ihres Amtes walteten und die SA-Abteilungen sich in Front stellten. Eine Reihe von Jupiterlampen strahlten ihr grelles Licht aus, und eine Musikkapelle begleitete die ganze Verbrennungszeremonie mit nationalen Märschen.

Die auf der Mitte des großen Platzes aufgefahrenen Lastwagen ließen die Hakenkreuzfahne flattern, während die Bücher stoßweise in die Glut geworfen wurden. Das Feuer loderte bald meterhoch empor und verbreitete einen gelben Schein auf die umliegenden Paläste der Wissenschaft, Kunst und Finanz. Romane und Novellen, Dramen und Geschichtsbücher, die Schriften der großen Theoretiker des Sozialismus, volkswirtschaftliche und zeitgeschichtliche Werke, Völkerbund und Paneuropa flogen auf den Feuerhaufen, wo die Hitze die Seiten umblätterte und glühende Papierfetzen zwischen den Rauchwolken in die Höhe trieb. Das Publikum, das sich im ganzen Umkreis herandrängte, geriet an einigen Stellen, wo es besonders aufgeregt zuging, in Kollision mit der Polizei, die daraufhin handgreifliche Mittel anwendete. Auf der Fahrbahn vor der Universität sorgten berittene Polizeitruppen für die Abwicklung des Verkehrs. In später Stunde ergriffen der Führer der Berliner Studentenschaft und der Propagandaminister Dr. Goebbels das Wort zu Ansprachen, die aber trotz der Anwendung eines Lautsprechers auf einem Teil des Platzes nur stückweise aus dem zerhackten Echo, das die Häuserfronten zurückwarfen, verständlich waren. Aus einem dieser Fragmente konnte man auf jeden Fall vernehmen, dass mit den „jüdischen Volksverführern" abgerechnet werde. Mit erhobenen Armen sang man zum Schluss das Horst-Wessel-Lied: „Die Straße frei den braunen Bataillonen!"

1./2. **Text 1 (Kästner):** Zweck: Zeugnis ablegen aus persönlichem Erleben, Erinnerung wach halten, mahnen, anklagen, geschehenes Unrecht und daraus resultierende Verbitterung verarbeiten, alles aus der zeitlichen Entfernung des „gerade vorbei". Stilmittel der Satire: z.B. die Bezeichnung für die Veranstaltung selbst in Z. 7, die Beschreibung der Atmosphäre der Veranstaltung in Z. 13; die Benennungen für den „gewissen Herrn Goebbels" und seiner Rede in Z. 12/13, 23 und Z. 27f.; ironische Feststellung des Widerspruchs zwischen dem Anspruch der Studentenschaft als „Blüte der Nation" (Z. 10) und ihrer Sturheit anstelle geistiger Offenheit (Z. 24–26); das Understatement („merkwürdiges Gefühl") und die böse Verwendung des Begriffs „Vaterland" in Z. 29–34; das vernichtende Urteil in Z. 35–41.

Text 2 (Graf): Zweck: Öffentlicher Protest aus unmittelbarem Erleben, Richtigstellung aus aktuellem Anlass, Anklage, Rechtfertigung. Stilmittel: „schwungvoller Protest" (Graf), Pathos, Leidenschaftlichkeit, Geradlinigkeit. Raffinierter Aufbau: Zunächst wird eine persönliche Ebene entwickelt (Z. 1–21): Dem Unrecht der Beschlagnahme wird die Überraschung der Duldung gegenüber gestellt und durch die rhetorische Frage (Z. 20f.) zurecht gerückt und eindeutig bezeichnet („Schmach"). Dann erfolgt dieselbe Entgegensetzung auf einer höheren, allgemeinen Ebene (Z. 22–44): Der Abrechnung mit dem Nationalsozialismus, seinen Machthabern und Helfern wird die Entrüstung darüber entgegengesetzt, für einen „Gleichgesinnten" gehalten zu werden. Die rhetorische Frage der Z. 20 erscheint jetzt in Z. 44 als selbstbewusste Behauptung. Die Z. 45–51 dienen der Zusammenfassung und steigern die Anklage (Z. 43f. und 50f.).

Zusatztext:

Es ist bezeichnend für die Lage der Exilschriftsteller im Nachkriegsdeutschland und für die anhaltende Diffamierung oder doch Ausgrenzung als sozialistisch geltender Schriftsteller, dass sich Oskar Maria Graf genötigt sah, im Jahr 1960 eine Nachschrift zu diesem „Protest" zu verfassen:

„Der Inhalt dieses Protestes, der nach dem 10. Mai 1933 in der Presse der ganzen Welt erschien, berichtet über die Fakten, die dazu Anlass gaben. Die Folge davon war, dass die Münchner Studenten im Beisein der Professorenschaft meine Bücher in der Aula der Münchner Universität verbrannten. Im Juni des gleichen Jahres wurde ich von der Hitlerregierung „aus dem Deutschen Reiche ausgebürgert" und lebte 25 Jahre lang als passloser Emigrant und Staatenloser in den Ländern meines Exils. Erst im März 1958 erhielt ich die USA-Bürgerschaft.

Heutzutage, da fast jeder Mensch davon überzeugt ist, dass in den letzten Jahrzehnten alle Politik Bankrott gemacht hat, empfindet man sicherlich Bezeichnungen wie „entschieden sozialistisch" oder „sozialistische Genossen" als längst überholte, inhaltlose Phrasen, oder man versteht darunter etwas politisch höchst Anrüchiges, das man, schon rein aus Gründen des privaten Fortkommens, energisch ablehnt. Bei einer Gesellschaft, welche mit aller Hartnäckigkeit bemüht ist, die durch barbarische Diktaturen erzeugte Entmenschlichung unseres gesamten Lebens hinzunehmen oder zu vergessen, ist das weiter nicht verwunderlich. Eine solche Gesellschaft gebärdet sich, je nach dem Machtbereich, in welchem sie sich befindet, konformistisch oder nonkonformistisch, was im Grunde genommen auf das gleiche hinausläuft. Keiner nämlich glaubt mehr an das, was er sich vormacht, und passt sich der jeweiligen Situation an. Dazu kommt nunmehr seine dauernde Angst vor dem unerwarteten Atomtod, die ihn gänzlich zukunftslos gemacht hat, so dass er sich nur noch dem leeren Sichgehenlassen und der hektischen Jagd nach dem ablenkenden Augenblick ergibt, weil ihm alles andere unwichtig und sinnlos erscheint. In diesem Zustand fällt es ihm um so leichter, sich jeder Selbstverantwortung zu entziehen.

Ich war nie Parteisozialist und habe mir nicht erst von marxistischen Schriftgelehrten sagen lassen müssen, was Sozialismus ist. Mir ist – um mit Gorki zu reden – „mein Sozialismus von Kind an auf den Rücken geprügelt worden". Das hat mich – nicht etwa aus einem inneren Wagnis, sondern gleichsam instinktiv und zwangsläufig – zum Rebellen gemacht, über dessen Wesen ich mir längst vor Camus Klarheit verschafft habe. Der Rebell bedarf keiner sozusagen moralischen Zurede von anderer Seite, er handelt nicht nach dem Rezept einer politischen Überzeugung, die ihm von irgendwelchen politischen Ideologen oktroyiert worden ist, sondern einzig und allein aus einer grundmenschlichen Empörung gegen jeden Missbrauch der Schwächeren durch die Stärkeren, aus der erlittenen Einsicht, dass Unrecht und Unmenschlichkeit, niederträchtiger Massenbetrug und chauvinistische Völkerverhetzung gemeine Verbrechen asozialer Machthaber sind. Das macht ihn zum Sozialisten, denn kein Mensch kann schließlich allein und für sich wirken, und bei allem provokativen Einzelgängertum, das ihn kennzeichnet, wird die Grundhaltung des Rebellen doch von dem unzerstörbaren Glauben an die Solidarität der Gleichen bestimmt. Mehr als für jeden anderen Menschen besteht für ihn die unabweisbare Verpflichtung, zu jeder Zeit und mit allen seinen Kräften dafür einzustehen und zu kämpfen, was im Grunde genommen alle wahrhaft sozialistischen Parteien erringen wollen: eine Gesellschaftsordnung, in welcher der Einzelne und die Völker das gleiche Recht erhalten, in Freiheit und Frieden am Aufbau einer glücklichen Welt mitzuwirken. Danach habe ich stets zu handeln versucht, und jeder, der dafür kämpfte – ganz gleich, ob er sich nun Kommunist, freier Sozialist oder Sozialdemokrat nannte –, war und ist für mich ein ‚Genosse'. Dafür haben viele meiner Freunde, und nicht nur Arbeiter, sondern auch Geistige, gläubige Christen und Priester, die Folterungen in den Konzentrationslagern oder den Märtyrertod erlitten. Dies je zu vergessen, hielte ich für einen schamlosen Verrat."

(© Ullstein Heyne List GmbH & Co. KG, München. Paul List Verlag)

K 5 Textanalyse und -erörterung: Bertolt Brecht (1898–1956): Lied des Stückeschreibers

Didaktischer Ort: Zusatzmaterial zu Text 2, SB, S. 381ff. und zur Randspalte S. 381f.; Zusatzmaterial zum Epischen Theater; Klausurvorlage. (SB, S. 380ff.)

Erläuterungen zur Aufgabe:

Die erste Strophe gibt die Form (V. 2 „was ich gesehen habe": realistisch, objektiv) und den Inhalt (V. 3: Der Mensch als Ware) des Epischen Theaters vor. In den folgenden drei Strophen wird das an Beispielen erläutert und in sich steigernden Verben zusammengefasst: zeigen, berichten, enthüllen. Die 4. Strophe erläutert zugleich den Verfremdungseffekt: Was zunächst wie eine Naturkatastrophe anmutet, unvermeidlich, schicksalhaft, ist von reichen und mächtigen Menschen anderen Menschen angetan. In der 5. Strophe benennt Brecht seine literarischen Vorbilder. Die Strophen 6–9 sprechen von der historischen Genauigkeit, deren sich das Epische Theater bedient, um Wandel und Vergänglichkeit deutlich machen zu können. Die letzte Strophe spricht zusammenfassend vom Zuschauer im Epischen Theater, der das Alltägliche wie etwas Ungewöhnliches erleben soll, damit er die Veränderbarkeit und Veränderungswürdigkeit erkennt.

---

ohne K Gedichtinterpretation: Bertolt Brecht (1898–1956): An die Nachgeborenen

Didaktischer Ort: Zusatzmaterial zur Sequenz III: Vertriebener Geist: Deutsche Literatur im Exil; Material zur Kapitel- und Epochenzusammenfassung; Übungsmaterial zur Gedichtinterpretation; Klausurvorlage (SB, S. 377ff.)

Erläuterungen zur Aufgabe:

Interpretieren Sie dieses Gedicht.

Das Gedicht besteht aus eigenrhythmischen Versen (freien Rhythmen) die zu strophenartigen Versgruppen zusammengefasst sind. Die erste Strophengruppe (sehr ungleich lange Strophen, die aber doch eine innere Gesetzlichkeit haben: 5 – 6 – 4 – 5 –10 Verse) wird eingerahmt durch den Ausruf, der die Lebenszeit Brechts als „finster" bezeichnet und die durch das vorangestellte „wirklich" noch bekräftigt. Die Verse dazwischen (V. 2–29) stellen das erstrebte Positive (arglos, glatte Stirn, Lachende, Gespräch über Bäume, ruhig über die Straße gehen, Unterhalt verdienen, etwas tun, verschont sein, essen und trinken, weise sein, ohne Gewalt auskommen, gut sein, anspruchslos sein) dem tatsächlichen Negativen entgegen. „Finstere Zeiten" sind also solche, in denen man so viel Gutes, Richtiges möchte, aber nur Böses, Falsches tun oder erleben kann. Die zweite Strophengruppe ist sehr regelmäßig: 4 Strophen zu je 6 Versen. Durch die Wiederholung der letzten beiden Zeilen in jeder Strophe hat dieser Teil auch etwas Litaneihaftes, Gebetsmühlenartiges: Die Unausweichlichkeit der historischen Gegebenheiten erzwingt ein nicht gelingendes, unnatürliches, auf Vorsicht und List angelegtes, das Ziel erkennendes, aber nicht erreichendes Leben.

Die dritte Strophengruppe schließlich wendet sich nun auch wörtlich an die „Nachgeborenen" mit dem Appell, derer, die durch die vorher entfalteten historischen Bedingungen bestimmt waren, mit Nachsicht zu gedenken. Dabei entwirft der Schluss das utopische Ziel, „dass der Mensch dem Menschen ein Helfer ist", als könnte es zur Zeit der Nachgeborenen Realität werden.[77]

---

[77] Eine schöne Interpretation von Günter Holtz („Nachricht aus finsterer Zeit") findet sich in: Gedichte und Interpretationen, Band 5: Vom Naturalismus bis zur Jahrhundertmitte, hrsg. von Harald Hartung. Stuttgart 1983 (= Reclam 7894 [5]). Zum Gesamtkomplex der *Svendborger Gedichte* vgl. Christiane Bohnert: Brechts Lyrik im Kontext. Zyklen und Exil. Königstein/Taunus 1982.

4.3   Die Kopiervorlagen

Prosatextinterpretation:

Franz Kafka (1883–1924): Vor dem Gesetz

VOR DEM GESETZ steht ein Türhüter. Zu diesem Türhüter kommt ein Mann vom Lande und bittet um Eintritt in das Gesetz. Aber der Türhüter sagt, dass er ihm jetzt den Eintritt nicht gewähren könne. Der Mann überlegt und fragt dann, ob er also später werde eintreten dürfen. „Es ist möglich", sagt der Türhüter, „jetzt aber nicht." Da das Tor zum Gesetz offen steht wie immer und der Türhüter beiseite tritt, bückt sich der Mann, um durch das Tor in das Innere zu sehn. Als der Türhüter das merkt, lacht er und sagt: „Wenn es dich so lockt, versuche es doch, trotz meines Verbotes hineinzugehen. Merke aber: Ich bin mächtig. Und ich bin nur der unterste Türhüter. Von Saal zu Saal stehn aber Türhüter, einer mächtiger als der andere. Schon den Anblick des dritten kann nicht einmal ich mehr ertragen." Solche Schwierigkeiten hat der Mann vom Lande nicht erwartet; das Gesetz soll doch jedem und immer zugänglich sein, denkt er, aber als er jetzt den Türhüter in seinem Pelzmantel genauer ansieht, seine große Spitznase, den langen, dünnen, schwarzen tatarischen Bart, entschließt er sich, doch lieber zu warten, bis er die Erlaubnis zum Eintritt bekommt. Der Türhüter gibt ihm einen Schemel und lässt ihn seitwärts von der Tür sich niedersetzen. Dort sitzt er Tage und Jahre. Er macht viele Versuche, eingelassen zu werden, und ermüdet den Türhüter durch seine Bitten. Der Türhüter stellt öfters kleine Verhöre mit ihm an, fragt ihn über seine Heimat aus und nach vielem andern, es sind aber teilnahmslose Fragen, wie sie große Herren stellen, und zum Schlusse sagt er ihm immer wieder, dass er ihn noch nicht einlassen könne. Der Mann, der sich für seine Reise mit vielem ausgerüstet hat, verwendet alles, und sei es noch so wertvoll, um den Türhüter zu bestechen. Dieser nimmt zwar alles an, aber sagt dabei: „Ich nehme es nur an, damit du nicht glaubst, etwas versäumt zu haben." Während der vielen Jahre beobachtet der Mann den Türhüter fast ununterbrochen. Er vergisst die andern Türhüter, und dieser erste scheint ihm das einzige Hindernis für den Eintritt in das Gesetz. Er verflucht den unglücklichen Zufall, in den ersten Jahren rücksichtslos und laut, später, als er alt wird, brummt er nur noch vor sich hin. Er wird kindisch, und, da er in dem jahrelangen Studium des Türhüters auch die Flöhe in seinem Pelzkragen erkannt hat, bittet er auch die Flöhe, ihm zu helfen und den Türhüter umzustimmen. Schließlich wird sein Augenlicht schwach, und er weiß nicht, ob es um ihn wirklich dunkler wird, oder ob ihn nur seine Augen täuschen. Wohl aber erkennt er jetzt im Dunkel einen Glanz, der unverlöschlich aus der Türe des Gesetzes bricht. Nun lebt er nicht mehr lange. Vor seinem Tode sammeln sich in seinem Kopfe alle Erfahrungen der ganzen Zeit zu einer Frage, die er bisher an den Türhüter noch nicht gestellt hat. Er winkt ihm zu, da er seinen erstarrenden Körper nicht mehr aufrichten kann. Der Türhüter muss sich tief zu ihm hinunterneigen, denn der Größenunterschied hat sich sehr zu Ungunsten des Mannes verändert. „Was willst du denn jetzt noch wissen?", fragt der Türhüter, „du bist unersättlich." „Alle streben doch nach dem Gesetz", sagt der Mann, „wieso kommt es, dass in den vielen Jahren niemand außer mir Einlass verlangt hat?" Der Türhüter erkennt, dass der Mann schon an seinem Ende ist, und, um sein vergehendes Gehör noch zu erreichen, brüllt er ihn an: „Hier konnte niemand sonst Einlass erhalten, denn dieser Eingang war nur für dich bestimmt. Ich gehe jetzt und schließe ihn."

(v 1915)

Aus: Franz Kafka: Sämtliche Erzählungen. Frankfurt/M. (S. Fischer Verlag) 1961, S. 135f.

Arbeitsanweisungen:

Interpretieren Sie die Parabel. Achten Sie dabei besonders auf folgende Aspekte:

1. Was ist das „Gesetz"?

2. Wer ist der Türhüter; wie beurteilen Sie sein Verhalten?

3. Was bewirkt die Schlusspointe? Wie hätte sich der „Mann vom Lande" Ihrer Meinung nach verhalten müssen?

Vergleichende Textinterpretation:

Klabund (d.i. Alfred Henschke, 1890–1928): Die Schlachtreihe

Unser Lateinlehrer, der alte Professor Hiltmann, war wie Fontane ein geschworner Feind aller feierlichen und hochtrabenden Phrasen. So konnte er es in den Tod nicht leiden, wenn man nach dem Lexikon acies mit „die Schlachtreihe" statt einfach und simpel mit „das Heer" übersetzte.

5 Der Ultimus unserer Klasse war einer derer von Falkenstein, ein herzensguter, aber dummer Junge.

Jahre gingen ins Land
Der Weltkrieg brach aus.

Hiltmann, als geschworner Feind aller feierlichen und hochtrabenden Phrasen, konn-
10 te sich mit ihm nicht befreunden.

Es tobten die männermordenden Kämpfe vor Verdun. Da erhielt Hiltmann eines Tages eine Feldpostkarte von Falkenstein, der vor Verdun lag. Auf der stand nichts als:

„Sehr geehrter Herr Professor!
Acies heißt *doch* die Schlachtreihe ...
15   Ergebenster Gruß
                                          Ihres Falkenstein."

Da stützte der alte Hiltmann den weißen Kopf auf sein Stehpult und die Tränen rannen über seine runzeligen Wangen und tropften auf die Korrekturen des lateinischen Extemporale.
20 Falkenstein fiel vor Verdun.

                                                                    (e 1926)

Aus: Klabund: Lesebuch. Vers und Prosa. Berlin (Heyder) 1926, S. 188f.

Erich Kästner (1899–1974): Primaner in Uniform

Der Rektor trat, zum Abendbrot,
bekümmert in den Saal.
Der Klassenbruder Kern sei tot.
Das war das erste Mal.

5 Wir saßen bis zur Nacht im Park
und dachten lange nach.
Kurt Kern, gefallen bei Langemarck,
saß zwischen uns und sprach.

Dann lasen wir wieder Daudet und Vergil
10 und wurden zu Ostern versetzt.
Dann sagte man uns, dass Heimbold fiel.
Und Rochlitz sei schwer verletzt.

Herr Rektor Jobst war Theolog
für Gott und Vaterland.
15 Und jedem, der in den Weltkrieg zog,
gab er zuvor die Hand.

Kerns Mutter machte ihm Besuch.
Sie ging vor Kummer krumm.
Und weinte in ihr Taschentuch
20 vorm Lehrerkollegium.

Der Rochlitz starb im Lazarett.
Und wir begruben ihn dann.
Im Klassenzimmer hing ein Brett
mit den Namen der Toten daran.

25 Wir saßen oft im Park am Zaun.
Nie wurde mehr gespaßt.
Inzwischen fiel der kleine Braun.
Und Koßmann wurde vergast.

Der Rektor dankte Gott pro Sieg.
30 Die Lehrer trieben Latein.
Wir hatten Angst vor diesem Krieg.
Und dann zog man uns ein.

Wir hatten Angst. Und hofften gar,
es spräche einer Halt!
35 Wir waren damals achtzehn Jahr,
und das ist nicht sehr alt.

Wir dachten an Rochlitz, Braun und Kern.
Der Rektor wünschte uns Glück.
Und blieb mit Gott und den andern Herrn
40 gefasst in der Heimat zurück.

                                                                    (v 1931)

Aus: Erich Kästner: Ein Mann gibt Auskunft. © Atrium Verlag, Zürich 1985.

Arbeitsanweisungen:

Vergleichen Sie die Texte, indem Sie

1. die Darstellung des Kriegserlebnisses untersuchen,

2. die Stilmittel herausarbeiten.

Prosatextinterpretation:

Jakob Wassermann (1873–1934): Der Fall Maurizius (Auszug)

Dieser Zeitroman behandelt die Geschichte eines Justizirrtums. Der Sohn des am Unrechtsurteil mitschuldigen Staatsanwalts Andergast, Etzel, stellt aus Erbitterung über seinen Vater und aus Empörung über dessen Rechtsauffassung auf eigene Faust Untersuchungen an und kann schließlich die Unschuld des seit 18 Jahren Inhaftierten beweisen. Dies eröffnet er am Ende des Romans seinem Vater. Es kommt zu folgendem Auftritt:

[...] „Aber es handelt sich um was Ungeheures! Um das Allergrößte auf der Welt, um Gerechtigkeit!", ruft Etzel, der nun vollständig die Fassung verloren hat. „Ein Urteil kann man doch für ungültig erklären. Wenn man auch die Strafe nicht ungeschehen machen kann, das Urteil kann man doch umstoßen, die Ehre kann man, muss man dem Men-
5 schen doch zurückgeben. Und nicht bloß die Ehre ... Was ist denn die Ehre? ... Was hat er, was haben wir davon? ... Gerechtigkeit ist wie Geburt. Ungerechtigkeit ist Tod. Man muss sich rühmen ... Ihr könnt nicht so zusehn ... Das wäre ja sonst ... Soviel ich weiß, gibt's ein Wiederaufnahmeverfahren ...!" Herr von Andergast dreht den Kopf wie eine hölzerne Puppe. „Laiengerede", entgegnet er dumpf-widerwillig. „Wir haben uns zu hü-
10 ten. Wir, die die Verantwortung tragen, dürfen nicht leichtsinnig umspringen mit Recht und Rechtsprechung. Wiederaufnahmeverfahren ... Kindskopf, du ahnst nicht, was das bedeutet. Man mobilisiert nicht eine Armee, um einen gestürzten Baum aufzurichten, der zudem gar nicht mehr lebens- und wachstumsfähig wäre. Einen gewaltigen Apparat in Bewegung setzen, die Welt alarmieren, den alten, totgehetzten Streit von neuem ent-
15 fachen ... Wo denkst du hin. Unter anderem: Wäre der Meineid nicht verjährt, so müsste nach der Vorschrift des Gesetzes der Prozess gegen diesen Waremme durch sämtliche Instanzen geführt werden und seine Verurteilung zu Recht bestehen. Bis dahin würden Jahre vergehen. Ich führe das nur an, damit du siehst, wie kompliziert diese Dinge sind. Die Verjährung brauchte natürlich kein Hindernis zu sein. Außerdem aber ... Es
20 sind Rücksichten zu nehmen, schwerwiegende Rücksichten, Existenzen stehen auf dem Spiel, der Staatskasse wären enorme Kosten aufzubürden, das Ansehen des einschlägigen Gerichtshofes wäre geschädigt, die Institution als solche der zersetzenden Kritik preisgegeben, die ohnehin die Fundamente der Gesellschaft unterminiert ... Lass ab von der Vorstellung, dass Gerechtigkeit und Justiz ein und dasselbe sind oder zu sein haben.
25 Sie können es nicht sein. Es liegt außerhalb menschlicher und irdischer Möglichkeit. Sie verhalten sich zueinander wie die Symbole des Glaubens zur religiösen Übung. Du kannst mit dem Symbol nicht leben. Doch in der strengen und gewissenhaften Übung das ewige Symbol über sich zu wissen, das ... wie soll ich sagen, das absolviert. Eine solche Absolution ist natürlich notwendig. Dass man sich mit ihr beruhigt, ist gleichfalls
30 notwendig."
Ein Vortrag. Lehrvortrag. Als die Stimme schweigt, wird es erschreckend still im Raum. Etzel blickt eine Weile mit zusammengepressten Lippen vor sich nieder; auf einmal schreit er schrill: „Nein!" Die Augen funkeln böse. „Nein!", schreit er abermals. „Damit kann ich und damit will ich nicht leben." Sein ganzer Intellekt fängt Feuer. Die Res-
35 pektschranke bricht zusammen. „Das erkenn ich nicht an", stammelt er in einer Erbitterung, die sich wie Betrunkenheit äußert, „Symbol ... Übung ... Was denn ... Faule Ausreden ..." Ein abermaliges donnerndes „Benimm dich!" findet ihn taub. Nein, er anerkennt es nicht. Der Mensch besitzt ein Urrecht in seiner Brust, ein mit ihm geborenes. Teil hat jeder an der Gerechtigkeit, wie er teilhat an der Luft. Raubt man ihm die, muss
40 die Seele ersticken. „Ich erkenn's nicht an, das andere, ich will's nicht, ich glaub's nicht. Schlauheit der Kaste. Komplott. Angst der Priester um den Zinsgroschen. Religiöse Übung? Wieso? Was hat das mit Religion zu tun, dass man den Unschuldigen verderben lässt, weil's die Übung ist und das Symbol nur so drüberhängt wie der Helm über einem grinsenden Schutzmanngesicht ..." Er nimmt es nicht an. Davon sagt er sich los.
45 Lieber nicht leben. Lieber die Welt in Fetzen als in solcher Gemeinheit. „Nein ... nein ... nein ..."
Ungeheuerlich, denkt Herr von Andergast. Er ist wie gelähmt. Er hat das Gefühl, jemand halte seinen Kopf über einen Kessel mit kochendem Wasser. Mühselig erhebt er sich. An den Hals greifend, erklärt er mit mühseliger Trockenheit: „Die Unterhaltung ist im
50 Übrigen gegenstandslos, da Maurizius die Begnadigung angenommen hat. Und zwar ohne Vorbehalt." Etzel macht zwei sprungartige Schritte ins Zimmer hinein. Er faltet die Hände in der Höhe der Augen und drückt sie flach gegen den Mund. „Angenommen? Die Begnadigung angenommen?", flüstert er scheu. – „Ohne Vorbehalt. Wie ich sagte."
– „Und lebt weiter? Lässt die Ungerechtigkeit auf sich sitzen? Schweigt? Lebt weiter?" –
55 Herr von Andergast zuckt die Achseln. „Der Mensch, wie du siehst, kann alles." – Ein wildes Lächeln bewegt Etzels Lippen. „Das seh ich, dass der Mensch alles kann", ent-

gegnet er mit frechem Doppelsinn, „der eine kann die Wahrheit verschwinden machen, der andere kann verrecken." – „Junge!", brüllt Herr von Andergast. – „So weit habt ihr ihn also gebracht", fährt Etzel in maßloser Verzweiflung fort (alles, was er unternom-
60 men, ist ja nun vergeblich unternommen, worauf er felsenfest gebaut, stürzt ins Nichts hinunter). „Das habt ihr erreicht mit den Paragraphen, mit den Klauseln, mit der Vorsicht und der Rücksicht ... Dazu soll man noch das Maul halten ... Wenn er weiterlebt, verdient er nichts Besseres ... Vielleicht hat er sich auch schön bedankt, der Maurizius, für den Fußtritt, mit dem ihr ihn aus dem Zuchthaus hinausbefördert habt. Vergelt's Gott
65 für die neunzehn Jahre Zuchthaus, was? ... Weißt du denn nicht, wer geschossen hat, damals? Natürlich weißt du's. Deswegen wahrscheinlich die Begnadigung ... Ich glaub, ich kann's nicht mehr mit ansehen alles ... Gnade ... Wo ist der Richter, dass man ihm seine Gnade ins Gesicht spuckt ... Wie soll ich mich denn je wieder unter Menschen blicken lassen ... Das ist der Bub vom Andergast, werden sie sagen, der Alte hat dem
70 Maurizius zur Begnadigung verholfen, der Junge kuscht dazu, die stecken alle zwei unter einer Decke ... Fein. Gediegen. Schöne Welt. Großartige Welt. Wenn man doch auf der Stelle krepieren könnte ..."
Er stöhnt, als ob der Erdboden unter ihm verginge, als ob die Seele den Leib verlassen wolle, voll Bedauern, dass sie sechzehn Jahre und etliche Monate gezwungen gewesen,
75 in so einem kraftlosen, unfähigen, prahlerischen, anmaßenden, geschändeten Gehäuse zu verweilen. Keuchend redet er weiter, aber die Worte verlieren den Zusammenhang. Eingewurzelte Scheu vor dem Vater kann er nicht ganz überwinden, sie hemmt ihn selbst jetzt noch, im äußersten Jammer, er möchte etwas viel Entscheidenderes, etwas Schicksalträchtigeres sagen, aber er kommt nicht auf gegen die Nichtigkeit, Hohlheit, Plattheit
80 und Ohnmacht der Worte, es ist ihm, als wäre sein Gaumen voll trockenem Staub. Er rennt wie närrisch rund um den Sessel herum, die Augen, blutunterlaufen, glitzern tückisch, die Hände fuchteln krampfhaft, er packt die Quaste des Sessels und reißt sie ab, er stopft das Taschentuch in den Mund, beißt die Zähne hinein und zerrt daran, bis es ein Knäuel Fetzen ist. Auf der qualvoll verzogenen Stirn bilden sich sonderbare bläu-
85 liche Flecken, er gibt Laute von sich, die ebenso gut ein Gelächter wie ein Geheul sein können, dabei tritt er beständig von einem Fuß auf den andern, als habe er den Veitstanz. Das ist nicht mehr der scharmante, beherrschte, vernünftige, besonnene kleine Etzel, das ist ein Teufel. „Wartet nur", schäumt er, „das wird euch nicht geschenkt, das werdet ihr büßen, es kommt schon noch die Reihe an euch ..." Herr von Andergast steht
90 eine Weile erstarrt da. Steinerne Säule. Plötzlich macht er eine Gebärde, um den Knaben zu packen. Er umklammert Etzels Schulter. Der entwindet sich ihm, wobei sich sein Gesicht vor Angst, Zorn und Abscheu verzerrt. „Ich will nicht dein Sohn sein", bricht es in maßloser Wildheit aus ihm hervor. – „Infamer Bube!", röchelt Herr von Andergast. sieht aber dabei aus wie einer, der was zu erbetteln hat. [...]

(1928)

Aus: Jakob Wassermann: Der Fall Maurizius. Hamburg (Rowohlt) 1975 (= rororo 1907), S. 378–380. © Berliner Wissenschafts-Verlag.

Arbeitsanweisungen:

1. Zeigen Sie, aus welchen Perspektiven der Erzähler und seine Figuren die Weimarer Republik sehen.

2. Beschreiben sie die Reaktion der dargestellten Personen auf die politische Situation in der Endphase der Weimarer Republik.

3. Untersuchen Sie den Gesprächsverlauf:
   Arbeiten Sie die Argumentationsgrundlagen und die Argumentationsweise der beiden Gesprächspartner heraus.

4. Arbeiten Sie diesen Romanausschnitt in eine Hörspielszene um.

© Schöningh Verlag, Best.-Nr. 028228 1

Literaturhistorische Recherche und Textanalyse:

1 ### Erich Kästner (1899–1974): Bei Verbrennung meiner Bücher

Im Jahre 1933 wurden meine Bücher in Berlin, auf dem großen Platz neben der Staatsoper, von einem gewissen Herrn Goebbels mit düster-feierlichem Pomp verbrannt. Vierundzwanzig deutsche Schriftsteller, die symbolisch für
5 immer ausgetilgt werden sollten, rief er triumphierend bei Namen. Ich war der Einzige der Vierundzwanzig, der persönlich erschienen war, um dieser theatralischen Frechheit beizuwohnen.
Ich stand vor der Universität, eingekeilt zwischen Studenten
10 in SA-Uniform, den Blüten der Nation, sah unsere Bücher in die zuckenden Flammen fliegen und hörte die schmalzigen Tiraden des kleinen abgefeimten Lügners. Begräbniswetter hing über der Stadt. Der Kopf einer zerschlagenen Büste Magnus Hirschfelds[1] stak auf einer langen Stange, die, hoch
15 über der stummen Menschenmenge, hin und her schwankte. Es war widerlich. Plötzlich rief eine schrille Frauenstimme: „Dort steht ja der Kästner!" Eine junge Kabarettistin, die sich mit einem Kollegen durch die Menge zwängte, hatte mich stehen sehen und ihrer Verblüffung übertrieben laut
20 Ausdruck verliehen. Mir wurde unbehaglich zumute. Doch es geschah nichts. (Obwohl in diesen Tagen gerade sehr viel zu „geschehen" pflegte.) Die Bücher flogen weiter ins Feuer. Die Tiraden des kleinen abgefeimten Lügners ertönten wei-

terhin. Und die Gesichter der braunen Studentengarde blick-
25 ten, den Sturmriemen unterm Kinn, unverändert geradeaus, hinüber zu dem Flammenstoß und zu dem psalmodierenden, gestikulierenden Teufelchen.
In dem folgenden Jahrdutzend sah ich Bücher von mir nur die wenigen Male, die ich im Ausland war. In Kopenhagen,
30 in Zürich, in London. – Es ist ein merkwürdiges Gefühl, ein verbotener Schriftsteller zu sein und seine Bücher nie mehr in den Regalen und Schaufenstern der Buchläden zu sehen. In keiner Stadt des Vaterlands.
Es hat zwölf Jahre gedauert, bis das Dritte Reich am Ende war.
35 Zwölf Jahre haben genügt, Deutschland zugrunde zu richten. Und man war kein Prophet, wenn man, in satirischen Strophen, diese und ähnliche Ereignisse voraussagte. Dass keine Irrtümer vorkommen konnten, lag am Gegenstand: am Charakter der Deutschen. Den Gegenstand seiner Kritik
40 muss der Satiriker natürlich kennen. Ich kenne ihn.

(e 1946)

Aus: Erich Kästner: Kästner für Erwachsene, hrsg. von Rudolf Walter Leonhardt, Frankfurt 1966, S. 435. © Atrium Verlag, Zürich

1 Magnus Hirschfeld (1868–1935), Arzt und Sexualforscher

2 ### Oskar Maria Graf (1894–1967): Verbrennt mich!

Wie fast alle linksgerichteten, entschieden sozialistischen Geistigen in Deutschland habe auch ich etliche Segnungen des neuen Regimes zu spüren bekommen: Während meiner zufälligen Abwesenheit aus München erschien die Polizei in
5 meiner dortigen Wohnung, um mich zu verhaften. Sie beschlagnahmte einen großen Teil unwiederbringlicher Manuskripte, mühsam zusammengetragenes Quellenstudienmaterial, meine sämtlichen Geschäftspapiere und einen großen Teil meiner Bücher. Das alles harrt nun der wahr-
10 scheinlichen Verbrennung. Ich habe also mein Heim, meine Arbeit und – was vielleicht am schlimmsten ist – die heimatliche Erde verlassen müssen, um dem Konzentrationslager zu entgehen.
Die schönste Überraschung aber ist mir erst jetzt zuteil ge-
15 worden: Laut ‚Berliner Börsencourier' stehe ich auf der „weißen Autorenliste" des neuen Deutschlands, und alle meine Bücher, mit Ausnahme meines Hauptwerkes *Wir sind Gefangene*, werden empfohlen: Ich bin also dazu berufen, einer der Exponenten des „neuen" deutschen Geistes zu sein!
20 Vergebens frage ich mich: Womit habe ich diese Schmach verdient?
Das „Dritte Reich" hat fast das ganze deutsche Schrifttum von Bedeutung ausgestoßen, hat sich losgesagt von der wirklichen deutschen Dichtung, hat die größte Zahl ihrer wesent-
25 lichsten Schriftsteller ins Exil gejagt und das Erscheinen ihrer Werke in Deutschland unmöglich gemacht. Die Ahnungslosigkeit einiger wichtigtuerischer Konjunkturschreiber und der hemmungslose Vandalismus der augenblicklich herrschenden Gewalthaber versuchen all das, was von unse-
30 rer Dichtung und Kunst Weltgeltung hat, auszurotten, und den Begriff „deutsch" durch engstirnigsten Nationalismus zu

ersetzen. Ein Nationalismus, auf dessen Eingebung selbst die geringste freiheitliche Regung unterdrückt wird, ein Nationalismus, auf dessen Befehl alle meine aufrechten soziali-
35 stischen Genossen verfolgt, eingekerkert, gefoltert, ermordet oder aus Verzweiflung in den Freitod getrieben werden.
Und die Vertreter dieses barbarischen Nationalismus, der mit Deutschsein nichts, aber auch schon gar nichts zu tun hat, unterstehen sich, mich als einen ihrer „Geistigen" zu bean-
40 spruchen, mich auf ihre so genannte „weiße Liste" zu setzen, die vor dem Weltgewissen nur eine *schwarze* Liste sein kann! Diese Unehre habe ich nicht vedient!
Nach meinem ganzen Leben und nach meinem ganzen Schreiben habe ich das Recht, zu verlangen, dass meine
45 Bücher der reinen Flamme des Scheiterhaufens überantwortet werden und nicht in die blutigen Hände und die verdorbenen Hirne der braunen Mordbanden gelangen!
Verbrennt die Werke des deutschen Geistes! Er selber wird unauslöschlich sein, wie eure Schmach!
50 *Alle anständigen Zeitungen werden um Abdruck diese Protestes ersucht.*

(e 1933)

Aus: Jürgen Serke (Hrsg.): Die verbrannten Dichter, Frankfurt am Main (Fischer) 1980. Der Protest erschien zuerst in der Wiener Arbeiterzeitung vom 12.5.1938. © Beltz und Gelberg, Weinheim und Basel.

Arbeitsanweisungen:

1. Stellen Sie die Texte in ihren historischen Zusammenhang (Kurzreferate). Nehmen Sie dazu auch die Texte 3, SB, S. 72 und 1, SB, S. 79 zu Hilfe.

2. Erläutern Sie Zweck und Stil der beiden Texte.

© Schöningh Verlag, Best.-Nr. 028228 1

Textanalyse und -erörterung:

Bertolt Brecht (1898–1956): Lied eines Stückeschreibers

Ich bin ein Stückschreiber. Ich zeige
Was ich gesehen habe. Auf den Menschenmärkten
Habe ich gesehen, wie der Mensch gehandelt wird. Das
Zeige ich, ich, der Stückschreiber.

5 Wie sie zueinander ins Zimmer treten mit Plänen
Oder mit Gummiknüppeln oder mit Geld
Wie sie auf den Straßen stehen und warten
Wie sie einander Fallen bereiten
Voller Hoffnung
10 Wie sie Verabredungen treffen
Wie sie einander aufhängen
Wie sie sich lieben
Wie sie die Beute verteidigen
Wie sie essen
15 Das zeige ich.

Die Worte, die sie einander zurufen, berichte ich.
Was die Mutter dem Sohn sagt
Was der Unternehmer dem Unternommenen befiehlt
Was die Frau dem Mann antwortet
20 Alle die bittenden Worte, alle die herrischen
Die flehenden, die mißverständlichen
Die lügnerischen, die unwissenden
Die schönen, die verletzenden
Alle berichte ich.

25 Ich sehe da auftreten Schneefälle
Ich sehe da nach vorn kommen Erdbeben
Ich sehe da Berge stehen mitten im Wege
Und Flüsse sehe ich über die Ufer treten.
Aber die Schneefälle haben Hüte auf
30 Die Erdbeben haben Geld in der Brusttasche
Die Berge sind aus Fahrzeugen gestiegen
Und die reißenden Flüsse gebieten über Polizisten.
Das enthülle ich.

Um zeigen zu können, was ich sehe
35 Lese ich nach die Darstellungen anderer Völker und
        anderer Zeitalter.
Ein paar Stücke habe ich nachgeschrieben, genau
Prüfend die jeweilige Technik und mir einprägend
Das, was mir zustatten kommt.
Ich studierte die Darstellungen der großen Feudalen
40 Durch die Engländer, reicher Figuren
Denen die Welt dazu dient, sich groß zu entfalten.
Ich studierte die moralisierenden Spanier
Die Inder, Meister der schönen Empfindungen
Und die Chinesen, welche die Familien darstellen
45 Und die bunten Schicksale in den Städten.

Und so schnell wechselte zu meiner Zeit
Das Aussehen der Häuser und Städte, daß ein Wegfahren
        für zwei Jahre
Und ein Rückkehren eine Reise in eine andere Stadt war
Und in riesiger Masse wandelten die Menschen ihr
        Aussehen
50 In wenigen Jahren. Ich sah
Arbeiter in das Tor der Fabrik treten, und das Tor war
        hoch
Aber als sie herauskamen, mußten sie sich bücken.
Da sagte ich zu mir:
Alles wandelt sich und ist nur für seine Zeit.

55 Also gab ich jedem Schauplatz sein Kennzeichen
Und brannte jedem Fabrikhof seine Jahreszahl ein und
        jedem Zimmer
Wie die Hirten dem Vieh seine Zahl einbrennen, daß es
        erkannt wird.

Und auch den Sätzen, die da gesprochen wurden
Gab ich ihr Kennzeichen, so daß sie wurden wie
        Aussprüche
60 Der Vergänglichen, die man aufzeichnet
Damit sie nicht vergessen werden.

Was da die Frau sagte im Arbeitskittel
Über die Flugblätter gebeugt, in diesen Jahren
Und wie die Börsenleute mit ihren Schreibern sprachen
65 Die Hüte im Genick, gestern
Das versah ich mit dem Zeichen der Vergänglichkeit
Ihrer Jahreszahl.

Alles aber übergab ich dem Staunen
Selbst das Vertrauteste.
70 Daß die Mutter dem Kinde die Brust reichte
Das berichtete ich wie etwas, das keiner mir glauben
        wird.
Daß der Pförtner vor dem Frierenden die Tür zuschlug
Wie etwas, das noch keiner gesehen hat.

(v 1939)

Aus: *Werke*. Große kommentierte Berliner und Frankfurter Ausgabe. Hg. von Werner Hecht, Jan Knopf, Werner Mittenzwei, Klaus-Detlef Müller. 30 Bände (Suhrkamp) Frankfurt a.M./Berlin und Weimar 1988–2000, Band 14 (1993), S. 298–300.

(Aus lizenzrechtlichen Gründen ist dieser Text nicht in reformierter Rechtschreibung abgedruckt.)

Arbeitsanweisung:

Erläutern Sie anhand dieses Gedichts Brechts Theorie vom epischen Theater.

ZEHNTES KAPITEL

Literatur nach 1945

1. Gegenstands- und Konzeptionsbeschreibung

1.1 Pädagogisch-fachwissenschaftliche Aspekte

Für eine auch nur einigermaßen abgerundete Beschreibung der jüngsten Epoche deutschsprachiger Literatur fehlen, zumindest teilweise, gesicherte Kategorien. Schon die Bezeichnung für diesen inzwischen fast ein halbes Jahrhundert umfassenden Zeitraum signalisiert die Vorläufigkeit vieler Einordnungen, Abgrenzungen und Deutungen. Die Überschrift „Literatur der Gegenwart" wäre wohl noch weniger zutreffend, vor allem im Hinblick auf die Schüler. Sie haben ja nur einige Jahre davon bewusst erlebt, und nur zu ganz wenigen literarischen Texten besteht für sie eine echte Zeitgenossenschaft

Wir können davon ausgehen, dass die radikalen politischen und gesellschaftlichen Veränderungen, die gegen Ende des Jahres 1989 eingesetzt haben, Verursacher und Auslöser einer literaturgeschichtlichen Zäsur sind (vgl. das 11. Kapitel). Für die Literatur aus der DDR gilt dies sicher in ganz besonderem Maße, sofern nur zutrifft, was Hans-Jürgen Schmitt in der Vorbemerkung zu seinem Band „Die Literatur der DDR"[1] schreibt: „Keine andere Epoche deutscher Literatur ist mit dem kulturpolitischen Programm einer Partei in einer so ambivalenten Verbindung zu sehen, wie die *Literatur der DDR.*"

An der Frage, ob diese Literatur mehr als nur Spiegelbild eines historischen Prozesses war, wird sich entscheiden, welche ihrer Texte die Zeit überdauern werden. Ganz sicher ist das, was dort in vier Jahrzehnten geschrieben worden ist, mehr als das Resultat eines groß angelegten kulturpolitischen Erziehungsprogramms mit vorweg festgelegtem Resultat. Die teils sehr direkte, teils versteckte Einflussnahme auf Arbeitsweise und verwendete Formen, auf Themen, Fragestellungen und Zielsetzungen ebenso wie auf das Selbstverständnis der Autoren erbrachte in vielen Fällen ein anderes als das gewünschte Ergebnis. Die programmatischen Vorgaben von Partei und Regierung wirkten sich in ganz unterschiedlicher Weise auf die Schreibenden aus, bestärkten die einen in ihrer affirmativen Grundhaltung (z.B. Eduard Claudius, Dieter Noll, Hermann Kant) und schärften bei anderen das kritische Sensorium (z.B. Volker Braun, Günter Kunert, Reiner Kunze, Erich Loest, Christa Wolf). Staat und Partei versuchten, diese Literatur in die Pflicht zu nehmen, indem sie sie subventionierten. Die Ergebnisse waren ganz unterschiedlich:

Anpassung oder gar Überidentifikation mit dem Staat, der sich antifaschistisch und sozialistisch gab und mit einem entschiedenen moralischen Anspruch auftrat; Sprachrohr der Partei oder – wie Rolf Schneider es nannte – Komplizenschaft der Künste mit der Diktatur; im besten Falle der ehrliche Versuch, Solidarität, gemeinsames Tun, das Bild vom neuen Menschen und einer besseren Welt im eigenen Werk lebendig werden zu lassen.

Für die meisten Autoren jedoch schoben sich neben die Ziele, die Versprechungen und Utopien dieses ersten sozialistischen Staates auf deutschem Boden Widersprüche und unterdrückte Wahrheiten. Sie sahen sich verpflichtet, über die Brüche zu schreiben, die sie an der Gesellschaft wahrnahmen, und über die „Risse", mit denen sie selbst leben mussten: „Sie schilderten den ,realen Sozialismus' und seine Tendenz zur Subalternisierung und Instrumentalisierung der Individuen"[2]. Die einen sprachen mit verstellter Stimme und benutzten die Sprache der Herrschenden, um die Nöte, Bedrängnisse und Hoffnungen der vielen auszudrücken, Beschreibungen und Analysen ihres Alltags zu geben. Andere forderten offen das Recht auf schöpferischen Zweifel, auf Kritik am Bestehenden, das Recht selber zu denken und zu widersprechen. Mehr und mehr wurden in den Bestandsaufnahmen der letzten Jahre Denkweisen und Lebenskonzeptionen fraglich gemacht. Menschen wurden gezeigt, die sich der „Unerheblichkeit ihrer Existenz" bewusst werden, Menschen, die der Angsttraum vom verlorenen Leben bedrückt und umtreibt.

Im westlichen Teil Deutschlands verlief die Entwicklung sehr rasch in andere Richtung. Die programmatisch geäußerten Vorstellungen von einem radikalen Neuanfang in einer Welt von Trümmern, nachdem zunächst „tabula rasa" (Wolfdietrich Schnurre) gemacht worden war, erwiesen sich ebenso als Wunschdenken wie die proklamierte „Neuformung" des Bildes vom Menschen und die „Neuordnung seiner Welt und seines Lebens" (Hans Werner Richter). Die Phase des politisch-kritischen Rückblicks dauerte nur wenige Jahre. Gleiches gilt für die Suche nach neuen ästhetischen Ansätzen. Eine „voraussetzungslos neue Sprache" (Wolfdietrich Schnurre) wurde zwar gefordert, doch die von einer illusionslosen Bestandsaufnahme ausgehende Schreibweise des nüchternen Benennens findet sich nur in wenigen Texten wieder.

Die Fünfzigerjahre waren einerseits bestimmt von der Rezeption der literarischen Moderne (der Werke von Kafka, Musil, Proust, Joyce, Hemingway, Steinbeck, Wilder und der modernen Lyrik), von der Existenzphilosophie und vom absurden Theater. Ein großer Teil der führenden Autoren im westlichen Deutschland sah sich andererseits als „Gewissen der Nation", wandte sich gegen die das Individuum entlastenden Rechtfertigungs- und Verdrängungsmechanismen ebenso wie gegen die Wiederbelebung kleinbürgerlicher Tugenden und Verhaltensnormen, opponierte gegen Antikommunismus, Wiederbewaffnung, atomare Aufrüstung und Notstandsgesetzgebung.

Die in den Sechzigerjahren einsetzende Systemkritik fand ihren Ausdruck in der realistischen Darstellung zeitgeschichtlicher Themen, in der engagierten Verarbeitung aktueller politischer Vorgänge, in der Beschreibung der Arbeits- und Alltagswelt und in der Erprobung neuer literarischer Formen (Hans Magnus Enzensberger, Rolf Hochhuth, Günter Wallraff, Peter Weiss u.a.). Die Kritik richtete sich gegen die autoritäre Erziehung, die Manipulation durch die Massenmedien, die kapitalistische Wirtschaftsform, die Warengesellschaft, teilweise auch gegen die parlamentarische Demokratie. Die Veränderung des Bewusstseins, der Denkweisen, Einstellungen und Verhaltensformen war das Ziel.

Die von der neuen Opposition beschriebenen Hoffnungen erwiesen sich jedoch als unrealistisch, häufig waren Enttäuschung und Resignation die Folge. Sie führten bei vielen Autoren zu einer Identitätskrise und zur Selbstbesinnung, fanden schließlich ihren Niederschlag in zahlreichen autobiografischen Werken (Günter Grass, Max Frisch, Wolfgang Koeppen, Elias Canetti, Peter Härtling).

---

[1] Hans-Jürgen Schmitt (Hrsg.): Die Literatur der DDR. In: Hansers Sozialgeschichte der deutschen Literatur. Hrsg. von Rolf Grimminger, Bd. 11. München/Wien 1983.
[2] Wolfgang Emmerich: Kleine Literaturgeschichte der DDR. Darmstadt und Neuwied (Luchterhand) 1981, S. 203.

Bleibt die Frage, was die beiden deutschen Literaturen, von denen häufig die Rede ist, verbindet. Nach Gerhard R. Kaiser liegt ihr „möglicher gemeinsamer Bezugspunkt [...] weder in der Sprache, die allein nicht trägt, noch in den ästhetischen Programmen, die einander oft ausschließen, sondern in dem utopischen Moment, das den besten Werken der deutschen Nachkriegsliteratur eignet."[3] Humanisierung der Lebenswelt und Demokratisierung der Entscheidungsprozesse sind die Wege, die zu „einer gerechteren Gesellschaft"[4] führen sollen. In zunehmendem Maße setzt sich allerdings die Erkenntnis durch, dass dabei dem Menschen als Individuum ebenso sein Recht widerfahren muss, wie er umgekehrt als Einzelner nicht entlassen werden kann aus seinen Verpflichtungen gegenüber der Gemeinschaft, in der er lebt.

1.2 Fachdidaktisch-methodische Aspekte

Die in drei Sequenzen gegliederte Darstellung eröffnet Einblicke in die jüngste Phase der deutschen Literatur und möchte Anstöße und Anregungen geben zur exemplarischen Beschäftigung mit den für diese Epoche bestimmenden literarischen und geistesgeschichtlichen Entwicklungen, mit bedeutenden Autoren und mit für diese Zeit kennzeichnenden Themen, Tendenzen und Strömungen. Die einzelnen Kapitel sind so konzipiert, dass der Lehrer sie als feste Bausteine übernehmen oder sich frei entscheiden kann für
– ihm wichtig erscheinende Texte,
– von ihm bevorzugte Autoren,
– von seiner Gesamtplanung her sich nahe legende thematische oder gattungsspezifische Schwerpunkte,
– einzelne der von einem Leitgedanken her konzipierten Unterrichtseinheiten.

Auf eine jeweils eigene Darstellung und auf die getrennte Behandlung der Literatur der Bundesrepublik und der Literatur der DDR wurde bewusst verzichtet. Eine solche Trennung wäre nur für wenige Bereiche sinnvoll, in weitaus überwiegendem Maße aber künstlich, von der Sache her häufig unsinnig und im Blick auf viele Autoren auch nicht zu leisten, weil viele von ihnen schon vor Jahren die DDR verließen oder verlassen mussten (Johnson, Huchel, Biermann, Kunze, Loest u.a.).
Statt einer nach formalen, inhaltlichen oder gattungsspezifischen Gesichtspunkten vorgenommenen Aufteilung ist die Darstellung anhand von Leitbegriffen oder Leitsätzen gegliedert. Von diesen her erschließt sich dem Leser die innere Ordnung der nicht willkürlich gereihten, sondern einem jeweils größeren Zusammenhang verpflichteten Texte. Diese Einbindung in ein gedankliches Konzept ist aber keineswegs starr und schon gar nicht bindend für die Unterrichtsarbeit.
Die Leitgedanken stellen einzelne thematische Aspekte besonders heraus. Sie nennen gleichzeitig Ansatzpunkte für erschließende Fragen an die Texte, zeigen Zugänge und Deutungsmöglichkeiten. Die so eröffneten und mit Hilfe der Arbeitsanregungen genauer skizzierten Wege sollten aber nicht als festgelegte „Fahrspuren" angesehen oder als „Einbahnstraßen" missverstanden werden. Lehrer und Schüler können die einzelnen Textgruppen durch andere Texte ergänzen, variieren und weiterführen; sie können die aufgezeigten Positionen fraglich machen, in Frage stellen und abweichende oder gar gegenläufige Verstehensansätze erproben.
Die vorgenommene Gliederung in Sequenzen und Teilsequenzen geht teils von zeitbezogenen, teils von thematischen Überlegungen aus. Sie will nicht absolute Fixierungen vornehmen,

sondern dem, der sich mit der in den Jahrzehnten nach dem Krieg geschriebenen Literatur beschäftigt, Orientierungspunkte geben, Blickrichtungen eröffnen, Fragestellungen nahe legen. Die gewählten Leitbegriffe sind also nicht nur Anhaltspunkte für die Auswahl und die thematische Zuordnung von Texten. Sie enthalten stets auch ein bewegendes Moment, das heißt gedankliche Anstöße, welche die Annäherung an den einzelnen Text oder die Textgruppe erleichtern wollen und Wege für das Erschließen und Deuten der Textinhalte weisen können.

1.3 Literaturhinweise

- Wolfgang Emmerich: Kleine Literaturgeschichte der DDR. Darmstadt und Neuwied (Luchterhand) 1981.
  Eine am zeitlichen Gang orientierte Darstellung, die das Kennenlernen der DDR-Literatur erleichtern will, indem sie diese „als Bestandteil, Zeuge und Faktor des historischen Prozesses" beschreibt. Eine von 1945 bis 1980 reichende Zeittafel hilft bei der ersten Einordnung von Autoren und Werken.

- Hans-Jürgen Schmitt (Hrsg.): Die Literatur der DDR. In: Hansers Sozialgeschichte der deutschen Literatur, Band 11. München 1983. Der Band zeigt die Zusammenhänge auf zwischen den programmatischen Vorgaben einer staatlich gelenkten Kulturpolitik und der dadurch teils angestoßenen und geförderten, teils in bewusster Abwehr dieser Voraussetzungen geschriebenen Literatur.

- Manfred Jäger: Kultur und Politik in der DDR. Ein historischer Abriss. Köln (Edition Deutschland Archiv) 1982.
  Der die Jahre 1945 bis 1981 umfassende Band gibt in 7 Kapiteln einen übersichtlichen Abriss der literarischen Entwicklung seit Kriegsende. Die vorgetragenen Einordnungen und Wertungen werden mit zahlreichen Zitaten belegt, so dass ein anschauliches, vom Leser selbst überprüfbares Bild der kulturpolitischen und literarischen Wirklichkeit entsteht.

- Fritz J. Raddatz: Traditionen und Tendenzen. Materialien zur Literatur der DDR. Erweiterte Ausgabe, 2 Bände. Frankfurt/M. (Surkamp) 1976.
  Einer Reihe von Belegen für die These von den „zwei deutschen Literaturen" und von der „sprachlichen Auseinanderentwicklung" folgt eine Darstellung sozialistischer Kulturpolitik unter der bezeichnenden Überschrift „Engführung der Literatur". Im weitaus größten Teil der beiden Bände – formal streng gegliedert in Lyrik, Prosa und Drama – geht Raddatz in knapp gehaltenen Beschreibungen, typisierenden Einschätzungen und Wertungen auf die etwa 40 Autoren und ihre bis Mitte der 70er-Jahre wichtigsten Veröffentlichungen ein.

- Günther Rüther (Hrsg.): Kulturbetrieb und Literatur in der DDR. Köln (Verlag Wissenschaft und Politik) 1987.
  Neben der Erörterung der Frage, ob die deutsche Literatur „ein Bindeglied der geteilten Nation" sein könne (G. Rüther), der Darstellung neuerer Tendenzen in der DDR-Literatur (Th. Mechtenberg) und einem Überblick zum inzwischen historischen Thema „Die DDR-Literatur im Schulunterricht der DDR" bietet der Band im Beitrag von J.-R. Groth zahlreiche und an konkreten Beispielen erläuterte didaktisch-methodische Hinweise für die Behandlung von DDR-Literatur im Unterricht, die durch die eingetretenen politischen Veränderungen zwar an Tagesaktualität verloren, in ihrer generellen Bedeutung aber noch dazugewonnen haben.

- Peter Bekes u.a.: Deutsche Gegenwartslyrik von Biermann bis Zahl. Interpretationen. München (Fink) 1982.
  Die Autoren wollen mit ihren im gemeinsamen Dialog erarbeiteten Interpretationen das Verständnis von Texten erleichtern, „die weder durch zeitlichen Abstand und Kanonisierung, noch durch Auslegungstradition in die Klassikerdistanz gerückt sind". An den Texten werden „Tendenzen der Deutschen Gegenwartslyrik" v. a. der 70er-Jahre erkennbar,

---

[3] Gerhard R. Kaiser (Hrsg.): Gegenwart: Stuttgart (Reclam) 1983, S. 18f. (= Die deutsche Literatur. Ein Abriss in Text und Darstellung. Hrsg. von Otto F. Best und Hans Jürgen Schmitt, Bd. 16).

[4] Gerhard R. Kaiser, a.a.O., S. 20.

die Auslegungsvorschläge zeigen exemplarisch verschiedene Zugänge und Deutungsansätze.

- Birgit Lermen, Matthias Loewen: Lyrik aus der DDR. Exemplarische Analysen. Paderborn (Schöningh) 1987.
  Auf einen lesenswerten Überblick über die Entwicklung der Lyrik in der DDR nach 1945 folgt die Darstellung einer Reihe ausgewählter Lyriker, die jeweils mit einer Kurzbiografie und drei Gedichtinterpretationen vorgestellt werden (P. Huchel, St. Hermlin, J. Bobrowski, F. Fühmann, G. Kunert, R. Kunze, S. Kirsch, W. Biermann, V. Braun und Ulrich Schacht).

- Ludwig Fischer (Hrsg.): Literatur in der Bundesrepublik bis 1967. In: Hansers Sozialgeschichte der deutschen Literatur, Band 10. München 1986.
  Der Band versucht zunächst „einen Gesamtentwurf des sozial- und bewusstseinsgeschichtlichen Bildes" zu geben und schließt eine Beschreibung des „Institutionengefüges" der literarischen Öffentlichkeit und der literarischen Kultur an. Im Zentrum steht die Darstellung der „Literaturkonzepte in der Zeit von 1945 bis 1967" und der in Gattungen, Genres, Gruppierungen, Institutionen und Medien aufgefächerten „Segmente der Literaturentwicklung".

- Ehrhard Bahr (Hrsg.): Geschichte der deutschen Literatur, Band 3: Vom Realismus bis zur Gegenwartsliteratur. Tübingen 1988.
  Das Kapitel „Gegenwartsliteratur in der BRD, Österreich, Schweiz und in der DDR" (von 1945 bis zu den 80er-Jahren) von Otto F. Best gibt einen knappen, auf Autoren, Werke, zentrale Themen und stichwortartige Zuordnungen beschränkten Abriss, der ganz äußerlich in fünf, den Jahrzehnten zugeordneten Phasen aufgeteilt ist.

- Walter Hinck (Hrsg.): Gegenwart. (= Gedichte und Interpretationen, Band 6). Stuttgart (Reclam) 1982.
  Eine Auswahl von Texten, die sich zur Aufgabe macht, die bedeutendsten deutschsprachigen Lyriker der Nachkriegszeit und die wichtigsten lyrischen Richtungen zu dokumentieren mit knapp gehaltenen, meist auch dem interessierten Schüler zugänglichen Interpretationen.

- Walter Jens: Literatur der Gegenwart. Themen, Stile, Tendenzen. München 1961
  W. Jens fragt in seiner Bestandsaufnahme nach den gemeinsamen Merkmalen, nach „Themen, Stilen und Tendenzen" der Literatur der Nachkriegsepoche. Er analysiert die Situation der Schreibenden, versucht Richtungen bei der Themenauswahl, in der Art zu schreiben und bei der Deutung literarischer Texte auszumachen. Seine Beobachtungen – meist bewusst einseitig zugespitzt und polemisch formuliert – geben einen raschen und sehr anregenden Einblick in die ersten zwei Jahrzehnte der Nachkriegsliteratur.

2. Sequenzvorschläge

2.1 Epochensequenzen

Texte und Bilder aus BLICKFELD DEUTSCH Oberstufe	Didaktisch-methodische Kommentierung

I. Auf der Suche nach einem anderen Anfang (S. 384–411)
1. „Inventur" (Günter Eich) – Perspektiven der „Trümmerliteratur"(S. 384–390)
   * Bobrowski: Die ersten beiden Sätze für ein Deutschlandbuch
   Eich: Inventur
   * Müller: Das Eiserne Kreuz
   Benn: Nur zwei Dinge
   Böll: Besichtigung
   * Borchert Die lange lange Straße lang
   Huchel: Chausseen
   *Bender: Heimkehr
   Ausländer: Der Brunnen
   Borchert: Das ist unser Manifest
	Zugang zur Epoche über die redliche und ungeschönte Bestandsaufnahme, die folgende Aspekte in das Blickfeld der Schüler rückt:
	– Jeweils andere Wirklichkeitsausschnitte in der den Autoren gemeinsamen Situation des Kriegsendes;
	– ganz unterschiedliche Perspektiven;
	– verschiedenartige Sprachformen und Darstellungsweisen.
	Annäherung an eine weit entfernte, der persönlichen Erfahrung zunächst versperrte Realität durch gründliche Arbeit am Text, fragend-erörterndes Gespräch und eigene Schreibversuche.
	Suche nach einer eigenen, im gedanklichen Austausch mit den Mitschülern überprüften Einschätzung und Wertung;
	Ausweiten der inhaltsbezogenen Fragestellungen auf sprachliche und stilistische Aspekte – Untersuchen folgender Zusammenhänge:
	– Thema – Darstellungsformen
	– dargestellter Sachverhalt –Wirkung
	– Situation –Schreibweise

2. „Trauerarbeit" (A. und M. Mitscherlich) – Auseinandersetzung mit dem Faschismus (S. 390–404)
   Lenz: Deutschstunde
   * Grass: Die Blechtrommel
   Seghers: Das Ende
   Zuckmayer: Des Teufels General
   * Andersch: Die Kirschen der Freiheit
   * Hochhuth: Der Stellvertreter
   Koeppen: Der Tod in Rom
   Weiss: Die Ermittlung
   Schlink: Der Vorleser
   Mitscherlich: Die Unfähigkeit zu trauern
   * Celan: Todesfuge
   * Sachs: Chor der Geretteten
	Phase der Differenzierung: Auseinandersetzung mit Brechts für jede Generation geltender These, dass die Zukunft abhängen wird von der „Erledigung der Vergangenheit";
	Frage nach situationsgerechten Verhaltensweisen; Suche nach Leitvorstellungen für menschliches Handeln.
	Vergleichendes Arbeiten:
	– Textvergleich auf inhaltlicher Ebene;
	– Einnehmen und Vertreten unterschiedlicher Standpunkte;
	– Vergleich gegensätzlicher Verhaltensweisen und der dafür gegebenen Erklärungen.
	Klären von Begriffen
	Urteilsbildung im Gespräch
	Weitergehende Beschäftigung mit den Texten durch umgestaltende und kreative Schreibversuche.
	Fächerübergreifende Aufgabe
	Interpretierendes Lesen im Chor

Texte und Bilder aus BLICKFELD DEUTSCH Oberstufe	Didaktisch-methodische Kommentierung
3. „Topographie im Ungesicherten" (Ilse Aichinger) – Gedichte und Denkbilder als Orientierungsversuche (S. 405–408) Eich: Trigonometrische Punkte Eich: Geometrischer Ort Kunert: Die Schreie der Fledermäuse Fried: Gebranntes Kind * Wondratschek: In den Autos Meister: Ich sage Ankunft * Celan: Fadensonnen	**Weiterführende Beschäftigung** mit zeitgenössischer Literatur aus der **Perspektive des Schriftstellers:** – Einführung in die Problematik anhand eines theoretischen Textes, der Reflexion des Autors über Standort, Vorgehensweise und gesetzte Ziele. – Übertragen der gefundenen Hinweise auf ein literarisches Beispiel und Interpretationsversuch ausgehend von zuvor gewonnenen Leitbegriffen – Interpretation verschiedener Texte, die als Standortbestimmung verstanden werden können, inhaltlich und in ihrer Darstellungsweise aber grundverschieden sind.
4. Aufbruch – Experimentieren mit modernen Gedichten (S. 409–411) Zech: Neu beginnen * Bachmann: Die große Fracht Bachmann: Die gestundete Zeit Gomringer: Vielleicht Braun: Anspruch Schacht: Ferner Morgen Bachmann: Undine geht	**Phase der Vertiefung: Thema ist der Mensch**, sein Ort und sein Ziel, seine Grundbefindlichkeiten, seine Ängste, Zweifel und Enttäuschungen, seine Fragen, Erwartungen, Hoffnungen und seine ins Utopische reichenden Entwürfe. Methodischer Zugang über das Experimentieren mit den Gedichten, das dem Gedankengang, der Sprechweise, dem Rhythmus, dem sprachlichen Grundton usw. gerecht werden muss. Wertungsversuch und Begründung mit Hilfe formaler und inhaltlicher Kategorien
II. „Nichts weiter als ein Mensch sein" (Christa Wolf) (S. 411–421) 1. Parteilichkeit der Literatur? – „Ankunftsliteratur" im sozialistischen Realismus (S. 411–413) Becher: Kantate 1950 Reimann: Ankunft im Alltag Reimann: Franziska Linkerhand Lenz: Literatur im wissenschaftlichen Zeitalter	**Differenzierender Einblick** in historische, politische und gesellschaftliche Voraussetzungen, die auf die Literatur einwirken; Auseinandersetzung mit dem dargestellten Menschenbild; Frage nach Selbstverständnis und Intention des Autors; Reflexion über den Stellenwert, die Ausdrucks- und Wirkungsmöglichkeiten des Wortes; Wirkung auf den Leser, inhaltliche Einordnung und eigene kritische Stellungnahme; wertender Vergleich; Ausweitung auf andere Beispiele; theoretische Erläuterung am Beispiel und eigener Gestaltungsversuch.
2. „Denn Kunst ist immer Widerspruch zu dem, was ist" (Stefan Schütz) – Erprobung eines projektorientierten Verfahrens (S. 414–417) Enzensberger: Ins Lesebuch für die Oberstufe * Bachmann: Alle Tage Meckel: Andere Erde Eich: Im Sonnenlicht Dürrenmatt: Die Physiker Schädlich: Schwer leserlicher Brief Kunze: Das Ende der Kunst * Kunze: Amerika, ... Wagner: Fabel Branstner: Probleme verstecken ... Branstner: Die Kunst lässt weg ... Braun: Jazz	**Vertiefte Kenntnis von literarischen Texten**, die durch ihre zeitbedingten Voraussetzungen geprägt sind und in unterschiedlicher Weise **„Widerspruch zu dem, was ist"**, äußern; Einblick in verschiedene sprachliche Darstellungsformen und Verständnis für das jeweilige Anliegen des Autors. Aufgabenstellungen, die sich von der provokativen These des Leitsatzes her nahe legen und arbeitsteilig erledigt werden können: – Beschreibung der bis zur Betroffenheit reichenden Wirkung auf den Leser; – gründliche Untersuchung der Texte auf Zielrichtung und Art des geäußerten Widerspruchs hin; – Suche nach Alternativen; – kreativer Arbeitsauftrag, der die gestalterischen und besonderen sprachlichen Ausdrucksmöglichkeiten ins Spiel bringt. Transfer der vorher geübten Fähigkeiten an den folgenden Gedichten. Zu den Texten 6–12: Sie entstanden aus dem Widerspruch gegen die staatliche Bevormundung in der ehemaligen DDR, in der grundlegende menschliche Freiheiten ebenso willkürlich beschränkt worden sind wie die Freiheit der Kunst. Sie geben Anstöße zu einer begründeten Einschätzung und zu eigenen Schreibversuchen.
3. „Dieser lange, nie enden wollende Weg zu sich selbst" (Christa Wolf) – Spurensuche in moderner Prosa (S. 418–421) Frisch: Stiller Frisch: Du sollst dir kein Bildnis machen	**Auseinandersetzung mit der Frage nach Sinn und Ziel des menschlichen Daseins** anhand von Texten, die in der Problemstellung vergleichbar, in der Art der Aufarbeitung ganz verschieden sind.

Texte und Bilder aus BLICKFELD DEUTSCH Oberstufe	Didaktisch-methodische Kommentierung
Bachmann: Auch ich habe in Arkadien gelebt Wolf: Nachdenken über Christa T. * Walser: Ein fliehendes Pferd * Huchel: Unter der blanken Hacke des Monds	Zugangswege: – Sammeln von ersten Überlegungen zur Themenstellung; – gestaltendes Umformen; – Textvergleiche; – Suche nach Fragen und Antworten auf dem Weg über die Identifikation mit den verschiedenen Autoren; – werkimmanente Untersuchung und Deutung.
III. Sehen und zur Sprache bringen (S. 422–435) 1. „Mit wechselndem Schlüssel" (Paul Celan) – Interpretation moderner Dichtung (S. 422–425) Domin: Lied zur Ermutigung Friedrich: Dichtung und die Methoden ihrer Deutung Zimmermann: Die Botschaft des ästhetischen Textes Kaschnitz: Interview Bobrowski: Immer zu benennen Eich: Ende eines Sommers * Celan: Mit wechselndem Schlüssel Dürrson: Aschenmär	Die Themen dieser Sequenz sind sehr verschieden: Erklären und Deuten literarischer Texte, die freie Erörterung, die deutsche Sprache der Gegenwart mit ihren derzeit beobachtbaren Veränderungen. Gemeinsam ist ihnen die Aufgabe, teils schwer fassbare, teils sehr komplexe Sachverhalte und Zusammenhänge zu erkennen und sprachlich zu erfassen. **Den Prozess des Erfassens und Verstehens von literarischen Texten bewusst machen** und an Beispielen nachvollziehen: – im schrittweisen selbstständigen Sichvortasten zur Gesamtdeutung eines Textes; – in der theoretischen Beschäftigung mit der „Methode", die Verstehen eröffnet und ermöglicht sowie im nachträglichen Reflektieren über das eigene Vorgehen; – in der strengen Unterscheidung zwischen „Verstehen" und „Erklären", zwischen subjektiver Rezeption und der diesen Vorgang reflektierenden wissenschaftlichen Aneignung eines ästhetischen Textes.
2. „Mit jedem Wort wachsen wir." (Christian Morgenstern) – Die freie Erörterung (S. 425–428) Vorschläge für Einleitungen und Schlüsse Textelemente aus dem Hauptteil	Ausgehend von den besonderen Schwierigkeiten dieser für alle Bereiche geistiger Tätigkeit zentralen Arbeitsform sollen an einem Themenbeispiel die einzelnen Arbeitsschritte klar gemacht werden. Der so durchgeführte Arbeitsgang soll zeigen, dass **systematisches Vorgehen** nicht nur sinnvoll und notwendig ist, sondern auch zu fundierten Ergebnissen führt.
3. „Meine Sprache" (Günter Kunert) – Sprechweisen (S. 428–435) Anders: Der Löwe Pinker: Der Sprachinstinkt * Watzlawick: Menschliche Kommunikation * Weinrich: Können Wörter lügen? Havel: Am Anfang war das Wort Fried: Definition Moeller: Verkommt die Sprache? Pörksen: Die Experten als Funktionäre der Verwirklichung „Wer deutsch spricht, riskiert Arbeitsplatz" Zimmer: Anglizismen heute Trömel-Plötz: Frauensprache – Sprache der Veränderung Zimmer: Die, Der, Das. Sprache und Sexismus Die Sonne ist keine Frau Jens Reich: Rückkehr nach Europa Müller: Sprachrevolte Kunert: Meine Sprache	Theoretische Beschäftigung und praktische Auseinandersetzung mit Erscheinungen und Veränderungen in der Gegenwartssprache; **Einblick in Leistung und Funktion sprachlicher Mittel und Strukturen**; Verständnis für die besondere Bedeutung der Wortwahl und die Verwendung grammatischer und syntaktischer Strukturen; Einsicht in die Notwendigkeit, überlegt und sorgfältig mit der Sprache umzugehen. Für die Beschäftigung mit diesen Themen ist das Bewusstmachen wesentlicher Aspekte anhand theoretischer Texte ebenso wichtig wie der Rückgriff auf den eigenen Sprachgebrauch: – Die Hinweise und Überlegungen verschiedener Autoren können den Blick auf einzelne Erscheinungsformen und Veränderungsprozesse lenken. – Die Suche nach Beispielen und die Erörterung verschiedener Aspekte soll zu aufmerksamerer Beobachtung anhalten und die Voraussetzungen schaffen für eine selbstständige Einschätzung und Beurteilung. – Das Gedicht von G. Kunert könnte, als Äußerung in eigener Sache betrachtet, den Blick auf die ästhetischen und gestalterischen Seiten der Sprache lenken; es soll indessen aber auch als Anstoß dazu dienen, sich die großartigen, aber gleichzeitig immer gefährdeten Möglichkeiten von Sprache bewusst zu machen.

2.2 Alternative Sequenzen

Unterrichtseinheiten	Texte und Bilder aus BLICKFELD DEUTSCH Oberstufe	Didaktisch-methodische Kommentierung
Literatur aus der DDR – nur Spiegelbild eines historischen Prozesses?	1. Becher: Kantate 1950 (S. 411) Reimann: Ankunft im Alltag (S. 412) 2. Fabeln von Kunze, Wagner und Branstner (S. 417) Kunert: Die Schreie der Fledermäuse (S. 406) 3. Schädlich: Schwer leserlicher Brief (S. 416) 4. Wolf: Nachdenken über Christa T. (S. 420) Braun: Jazz (S. 417) 5. Wolf: Kassandra (LB, S. 592)	**Einblick** in das politische, sozial- und geistesgeschichtliche Umfeld von Literatur und Frage nach der überzeitlichen Gültigkeit einzelner Werke: 1. Hymnisches Bekenntnis zur kommunistischen Partei, dem antiken Herrscherlob vergleichbar Literatur nach „Programm" (Vgl. das Stichwort „Ankunftsliteratur", S. 411) 2. Gegen die kulturpolitische Einengung in der DDR gerichtete Texte, die jedoch generell die Gefährdungen des Künstlers und v.a. des Schriftstellers durch autoritäre Systeme thematisieren. 3. Beispiele für in unterschiedlicher Weise zwar kaschiertes, aber entschiedenes Eintreten für die Rechte des Individuums und für die freie Entfaltung der Persönlichkeit. 4. Gegen die in der DDR etablierten Macht- und Denkstrukturen – aufgezwungen durch den bedingungslose Gefolgschaft fordernden Staat – gerichtete Darstellung, deren überzeitlich gültige Aussage im erklärten Widerspruch gegen Fremdbestimmung und im Versuch, überkommene fatale Verhaltensmechanismen zu überwinden, besteht.
Christa Wolf – eine Autorin der Gegenwart	1. Nachdenken über Christa T. (S. 420) 2. Kindheitsmuster (S. 196f.) 3. Der Schatten eines Traums (S. 257) 4. Kurzbiografie (S. 420) 5. Kassandra (LB, S. 592)	**Zugang** zu einem zeitgenössischen literarischen Einzelwerk: – Leseproben zu Themenschwerpunkten – Schülerreferate und arbeitsteilige Verfahren – Hinweise zum Erzählverfahren und zum Stil
Das Thema" Vergänglichkeit" im modernen Gedicht	1. Benn: Nur zwei Dinge (S. 386) 2. Bachmann: Die gestundete Zeit (S. 409) 3. Eich: Ende eines Sommers (S. 424) 4. Huchel: Unter der blanken Hacke des Monds (S. 421)	**Interpretation** motivgleicher bzw. motivähnlicher Gedichte: Kennenlernen und Reflektieren ganz unterschiedlicher Erfahrungen und Deutungen eines Grundphänomens des menschlichen Daseins
‚Dunkle' Dichtung	1. Domin: Lied zur Ermutigung (S. 422) 2. Meister: Ich sage Ankunft (S. 406) 3. Huchel: Unter der blanken Hacke des Monds (S. 421) 4. Celan: Mit wechselndem Schlüssel (S. 424) 5. Celan: Fadensonnen (S. 407)	Suche nach einem jeweils angemessenen **Zugang** zu besonders schwer verständlichen poetischen Texten Konkrete Anleitung zur Interpretation hermetischer Lyrik am Beispiel von Paul Celan „Fadensonnen" (S. 407f.)
Autoren bedenken ihr eigenes Tun	1. Eich: Inventur (S. 385) 2. Eich: Trigonometrische Punkte (S. 405) 3. Kaschnitz: Interview: (S. 423) 4. Kunert: Meine Sprache (S. 435)	**Einblick** in die **Bedeutung des Schreibens** für den einzelnen Autor und Reflexion über den außergewöhnlichen Stellenwert der Sprache für den, der die Wirklichkeit erfassend und sie gestaltend auf sie angewiesen ist.
Auf Literatur aufmerksam machen	Autoren und Texte nach eigener Wahl	**Gestaltende Beschäftigung mit Texten** (handlungsorientiertes Arbeiten): – Entwurf für einen Bucheinband; – Vorschlag zu einem Plattencover für eine Sammlung von Gedichten, die vom Autor gesprochen werden; – Plakatentwurf für eine Dichterlesung; – Präsentation eines Autors an der Pinwand im Klassenraum.

3. Erläuterungen und Lösungsvorschläge

I. Auf der Suche nach einem anderen Anfang (S. 384–411)

Bilderläuterungen:

Mit dem **Auftaktbild** kann der durch das Kriegsende gesetzte historische Einschnitt veranschaulicht und ein Stück weit auch in seinen geistigen Auswirkungen vermittelt werden.

Max Beckmann war sein Leben lang geprägt vom Erlebnis der Gräuel des Ersten Weltkrieges. Seit 1915 sind die damals erlebten Schreckensvisionen Teil seiner großen thematischen Kompositionen, in denen immer wieder sein Entsetzen über die in der Menschennatur angelegten zerstörerischen und dämonischen Kräfte sichtbar wird.

Auch in dem unmittelbar nach Ende des Zweiten Weltkrieges geschaffenen Gemälde „Der Abtransport der Sphinxe" hat er seine Sicht der Wirklichkeit in eine mythische Chiffre übertragen. Er geht zwar in diesem Werk einmal mehr aus vom konkreten Erlebnis, vom „Augen-Blick", den er in einem mit Symbolen befrachteten Bild festhält. Doch auch dafür gilt, was der Künstler zu dem 1932/33 gestalteten Triptychon „Abfahrt" notierte: „Abfahrt, ja Abfahrt vom trügerischen Schein des Lebens zu den wesentlichen Dingen an sich, die hinter den Erscheinungen stehen. Das bezieht sich letzten Endes auf alle meine Bilder."

In der Regel wird eine *Beschreibung* des Bildes diesen Erläuterungen und Hinweisen vorausgehen.

Auf zwei Karren mit eisenbeschlagenen Holzrädern werden vier Standbilder vorbeigefahren: Zwei auf einem Triumphbogen hockende nackte und gelbgrün geflügelte Sphinxfiguren, die seltsame an Uniformmützen erinnernde Kopfbedeckungen tragen – ihnen gegenüber zwei ins Eisengitter ihres Wagens eingesperrte Gestalten. Die vordere hat blonde Haare und trägt ein rotes Stirnband. Sie gleicht mit ihrem starren Blick, den in einem aufgerissenen oder zurückgeschlagenen fellartigen schwarzweißen Überwurf sichtbar werdenden nackten Brüsten und den in Pratzen auslaufenden Armen ebenfalls einer Sphinx. Von der zweiten Gestalt sind hinter ihr nur die Haare und eine dunkle Augenpartie sowie ein kleiner Teil des rot bekleideten Rückens zu sehen.

Neben dem Karren marschiert im Vordergrund ein rot gekleideter Krieger. Sein dunkler Metallhelm lässt das Gesicht nur schemenhaft erkennen; von der lanzenähnlichen Waffe, die er trägt, sieht man nur das stahlblaue, gewaltige Mittelteil.

Im Hintergrund steht vor dem tiefblauen, den Horizont bildenden Meer ein weißes Gebäude. Es erinnert mit der dem Betrachter zugewandten Treppe, mehreren Säulen und einem dreieckigen Fries an einen antiken Tempel, sieht in seiner eher gedrückten und kompakten Form aber auch einem Bunker ähnlich; auf seinem Dach vier weiße schemenhafte Gestalten oder Steinfiguren.

Ein gleichförmig hellblau gehaltener Himmel bildet den oberen Rand. Seinen mittleren Teil beherrschen, zusammen mit einer aufrecht stehenden Granate, die Enden einer roten und einer gelben Fahne sowie eine geballte Faust.

Deutungsansätze lassen sich im *offenen Gespräch* am besten ausgehend von der Situation des Kriegsendes oder durch Fragen, die an den Leitbegriffen in den Überschriften der Sequenzen und Teilsequenzen ansetzen, gewinnen:

Götter und Götzen der zu Ende gegangenen Epoche werden mit den Statuen und Standbildern, den Symbolen ihrer Macht und Herrschaft abgeräumt und weggefahren. Deren stumme und geheimnisvolle, zuvor als Drohung empfundene Blicke, ihre herausragende Größe und die Angst einflößende Pose haben ihre Wirkung und ihren Gültigkeitsanspruch verloren. Sie sind entlarvt und vom Sockel gestoßen.

Für den Betrachter besteht indessen kein Anlass zu erleichtertem oder sogar frohgestimmtem Aufatmen. Zu deutlich werden andere bedrohliche Zeichen von Gewalt und Zerstörung ins Bild gerückt: Die finstere Kriegergestalt im Vordergrund, die Fahnen in ihrer Doppeldeutigkeit als Zeichen des Kampfes und des Sieges und die über der Szene drohende Faust. Das diesem Ende geradezu notwendig folgende nächste Unheil wird bereits angekündigt.

Schon die Bezeichnung der folgenden dreiteiligen **Sequenz** „Auf der Suche nach einem anderen Anfang" lässt die auch in den Überschriften der Teilkapitel wiederholt angedeuteten Intentionen erahnen. Es geht nicht nur darum, einen inhaltlichen Einblick in die literarhistorische Entwicklung während der ersten Jahrzehnte nach dem Ende des Krieges und der Naziherrschaft zu geben. Die Nachwirkungen dieser Vergangenheit, die Auseinandersetzung damit, die aus den gemachten Erfahrungen gewonnenen Erkenntnisse und die daraus zu ziehenden Schlussfolgerungen sollen, soweit dies für Heranwachsende möglich ist, vermittelt werden.

> **S. 384–390: I,1. „Inventur" (Günter Eich) – Perspektiven der „Trümmerliteratur"**

Die erste Teilsequenz macht deutlich, aus wie unterschiedlicher Perspektive und in wie verschiedenen Formen deutsche Autoren „Inventur" gemacht und – teils mit lauter, teils mit nachdenklich-verhaltener Stimme – Bilanz gezogen haben.

Das Ende des Zweiten Weltkriegs und die bedingungslose Kapitulation werden zu Recht als tief greifender politischer und kultureller Einschnitt angesehen. Einen literarischen Nullpunkt jedoch gab es nicht.

Die Autoren, die versuchten sich in den Trümmern zurechtzufinden und ein eigenes, wenn auch vorläufiges Selbstverständnis zu entwickeln, trugen schwer an der Last der Vergangenheit. Sie hatten Unfassbares, weil Vernunftwidriges und Unmenschliches gesehen, erlebt und erlitten. Orientierungspunkte, Werte und allgemein verbindliche Maßstäbe waren weitgehend verloren gegangen.

Die Schriftsteller der Generation, die der **„Trümmerliteratur"** zugeordnet werden, haben versucht „mit einem menschlichen und unbestechlichen Auge" „die Dinge [...] zu durchschauen, in sie hineinzusehen". Sie haben Inventur gemacht und dabei festgestellt, „dass die Zerstörungen in unserer Welt nicht nur äußerer Art sind und nicht so geringfügiger Natur, dass man sich anmaßen kann, sie in wenigen Jahren zu heilen" (Heinrich Böll, Bekenntnis zur Trümmerliteratur 1952).

Distanziertes Beobachten und Beschreiben trotz spürbarer Verunsicherung und existenzieller Betroffenheit kennzeichnen die ersten sechs Texte (1–6) dieses Teilkapitels. Sie entsprechen dem in den Vordergrund gerückten Thema der **Bestandsaufnahme,** die von den sechs Autoren, von einem jeweils ganz eigenen Ansatz her, geleistet wird.

Mögliche Ziele:

1. Literarische Zeugnisse, die sich auf den gleichen historischen Moment beziehen, in ihrer Unterschiedlichkeit kennen und verstehen lernen
2. Texte unter einer zentralen Perspektive untersuchen und deuten
3. Fächerübergreifende Projektarbeit an verschiedenen Schwerpunktthemen üben

Seite 384

1a Mit der ersten Aufgabe in dieser Teilsequenz sollen die **geschichtliche Situation** vergegenwärtigt und die historischen Zusammenhänge in den Blick gerückt werden. Auf diese Weise kann der Zugang zu den literarischen Texten eröffnet oder zumindest erleichtert werden.

Die Schüler können – u.U. zusätzlich motiviert durch einen Blick ins Geschichtsbuch oder einen daraus vorgetragenen Abschnitt – ihre *Assoziationen* zunächst auf Karten festhalten. Dazu eine ungeordnete Reihe von Beispielen: Zerstörte Städte, Notunterkünfte, Tausende von Toten, Not, Hunger, eingestürzte Häuser, gesprengte Brücken, Kriegswaisen, heimkehrende Soldaten, es fehlt an allem, Angst, Hoffnungslosigkeit, alles verloren, Witwen, Kranke und Verwundete, Ausgebombte, Vertriebene, Familien ohne Vater, keine Arbeit, Leben von der Hand in den Mund, Hoffnungslosigkeit, schlechte Zukunftsaussichten, heimatlos, Niederlage, Besatzung, Flüchtlinge, Deutschland am Boden, Weltmachtsträume zu Ende, Trümmer, nichts zu essen, ...

1b Im *Metaplanverfahren* werden die gesammelten Assoziationen nach Themen oder Schwerpunkten gruppiert und Oberbegriffen zugeordnet. Ansatzweise dargestellt könnte das Ergebnis etwa so aussehen:

TA

materielle Schäden	menschliche Schicksale	alltägliche Situation	Folgen für das Land
Trümmer	Ausgebombte	Not	Niederlage
eingestürzte Häuser	Vertriebene, Flüchtlinge	Hunger, nichts zu essen	Besatzung
zerstörte Städte	Familien ohne Vater	Hoffnungslosigkeit	Deutschland am Boden
Notunterkünfte	Kriegswaisen	alles verloren	Weltmachtsträume zu Ende
gesprengte Brücken	Verwundete	keine Arbeit	

Fragen, die sich einem Menschen, der 1945 redlich „Inventur" machen wollte, gestellt haben könnten, dürften die Skala der Antworten wesentlich erweitern. Beispiele für solche Fragen:

– Was habe ich richtig, was habe ich verkehrt gemacht?
– Welche meiner Entscheidungen waren falsch?
– Habe ich getan, was mir notwendig erschien?
– Aus welchen Gründen habe ich Unrecht ohne Widerspruch hingenommen?
– Warum habe ich nicht gewarnt, protestiert?
– Welche Überlegungen haben mich veranlasst zu schweigen?
– Womit kann ich mein Tun erklären?
– Mit welchen Argumenten kann ich mein Verhalten rechtfertigen?
– Was belastet mich?
– Was bleibt mir, was hat noch Bedeutung?
– Was ist jetzt zu tun?
– Welche Dinge haben sich als wertlos erwiesen?
– Welche Ideen und Vorstellungen sind hohl und unbrauchbar?
– Was hat seinen Wert behalten, was hat an Wert gewonnen?
Einen weiteren, vor allem Nachdenklichkeit auslösenden Zugang bieten zwei autobiografische Zeugnisse: Das Sonett

„Schuld" des Autors Albrecht Haushofer und das Gedicht „Auch ich" von Richard Leising. Ergänzt durch Reiner Kunzes zeitgenössischen Text „Die Mauer" erhält das Thema eine auch die junge Generation betreffende Perspektive (siehe **K 1** LB, S. 583).
Ein zusätzlicher gedanklicher Anstoß könnte über eine oder mehrere **Leitfragen** führen: Warum geschah Unmenschliches in einem zivilisierten Land, das stolz sein konnte auf seine kulturellen Leistungen? Woran fehlte es, was war verloren gegangen, so dass sich Unrecht breit machen konnte?
Feigheit, *Weitsicht*, Hilflosigkeit, Angst, *Gewissen, Mut, Widerstand*, Opportunismus, Gefühl der Ohnmacht, *Zivilcourage, Zuversicht*, eigener Vorteil, Resignation, Halbherzigkeit, *Schuldgefühl, Offenheit, Solidarität mit Schwächeren*, Unfähigkeit zur Kritik, berufliche Nachteile, Eigeninteresse, *Tapferkeit, Redlichkeit* ... (kursiv gedruckte Begriffe können auch gelesen werden als Mangel an ...)

Diese Assoziationen, im *Metaplanverfahren* zunächst auf Karten ungeordnet gesammelt (s.o.), könnten etwa zu folgender Übersicht führen:

persönliches Verhalten		Konsequenzen	
fragliche Verhaltensweisen	*positive Ansätze*	*persönlicher Bereich*	*Umgang miteinander*
Zusehen	Mut	Redlichkeit	Offenheit
Resignation	Zuversicht	eigenes Urteil	Toleranz
Eigeninteresse	Zivilcourage		Rücksicht
Angst			

1c Max **Beckmanns Bild** eröffnet eine für die „Inventur" besonders wichtige und ergiebige Perspektive. Es könnte dazu veranlassen, den Blick auf die weltanschauliche bzw. die ideologische Ebene zu lenken. Dies führt zu der Frage, welche Überzeugungen und welche Glaubensgewissheiten in einer solchen Extremsituation einer kritischen Bilanz standhalten.

Als konkrete Ansatzpunkte könnten hier auch die Hakenkreuzfahne, das Führerbild, Auszeichnungen wie das Eiserne Kreuz oder das Mutterkreuz in die Diskussion gebracht werden; ebenso Schlagworte wie „Du bist nichts, Dein Volk ist alles!"

Seite 385

2a/b   Mögliche **Ergebnisse** der arbeitsteilig geleisteten Untersuchung der verschiedenen Texte:

Texte	Fakten	Situation und Verfassung des schreibenden Ichs	Ergebnis der Bestandsaufnahme	Schlussfolgerungen im Auswertungsgespräch
1 **J. Bobrowski:** Die ersten beiden Sätze für ein Deutschlandbuch	Massenmorde, ungeheure Zahlen, grässliche Methoden, raffinierte Techniken, Diskussionen über mildere, menschlichere Verfahren	Sachliche Bilanzierung übermittelter Nachrichten	Äußerst knappe Frage: Geistesgestört „seit wann?" Wie weit reichen Verantwortung und Schuld?	Vom Autor angestoßene, vom Leser zu leistende Bewertung: – Verdrängen – Ausweichen – Schweigen, wo beredtes Zeugnis gefordert ist
2 **G. Eich:** Inventur	Aufzählung einfachster alltäglicher Gegenstände Schreibwerkzeuge als Dinge von besonderer Bedeutung	Einschränkung macht sonst Wertloses „kostbar" Dinge von persönlichem Wert müssen versteckt werden.	Wer schreibt, ist auf diese einfachsten Werkzeuge angewiesen.	Inventur in dieser Extremsituation macht sichtbar, was überlebenswichtig ist und Voraussetzung, um ich selbst zu bleiben.
3 **H. Müller:** Das Eiserne Kreuz	Fortgesetzte Selbstdarstellung bis zum Mord an Tochter und Frau	Entlarvender Zugriff eines unerbittlichen Beobachters: „Das Stück war aus ..."	Zu Lasten anderer stark und konsequent zu sein ist leicht.	Feigheit und Flucht statt Selbsterkenntnis und Einsicht
4 **G. Benn:** Nur zwei Dinge	Rückblick und Bilanz eines Lebens, die ihre besondere Bedeutung erhalten durch die Frage „Wozu?"	Endzeitstimmung und trotzig geäußerte Bereitschaft, was vorherbestimmt ist zu ertragen	Erkenntnis der Vergänglichkeit, Eingeständnis innerer Leere	Einsicht in die auferlegte Notwendigkeit: fern- und fremdbestimmt zu sein, aber herausgehoben aus dem alles einebnenden Gang der Geschichte
5 **H. Böll:** Besichtigung	zerstörtes Gotteshaus, kopflose, verkrüppelte Heilige, Gang durch Trümmer, unversehrte Nische, Gesang aus Krypta	In den Trümmern einer Kirche auf der Suche nach Orientierung	Vorher heile Welt zusammengestürzt, bisher gültige Leitbilder verloren, Sinnmitte (Altar) verschüttet	In fast gänzlicher Zerstörung ermutigende Zeichen: – junge Vögel – Licht – Blumen – Stimmen
6 **W. Borchert:** Die lange lange Straße lang	Kriegserlebnisse, die nachwirken: – Kommandos – Marschlieder – Kanonenorgel – 57 ahnungslose gefallene Kameraden – zahllose Tote	– Schwäche, Hunger, Angst – nächtliches Grauen – Erinnerung an furchtbares Geschehen – Gefühl, allein und verlassen zu sein	Einziger Überlebender unter Tausenden, die leben wollten und sich am Leben gefreut haben	Das Grauen, die Härte und Brutalität dieser Erfahrungen, die Unmenschlichkeit des Erlebten – all das zeigt den Wahnsinn des Krieges.

3   **Interpretationsvorschläge** für die drei Prosatexte:

Text 1: Mit der programmatischen Überschrift „Die ersten beiden Sätze für ein Deutschlandbuch" signalisiert Johannes Bobrowski einen außergewöhnlichen Anspruch. Zugleich weckt er beim Leser eine entsprechend hohe Erwartung, an die sich die Frage knüpft, wie er dem erhobenen Anspruch wohl gerecht werden will. Solange die Schüler den Text nicht kennen, könnte man sie auch vor die motivierende Aufgabe stellen, die ersten Sätze für ein Buch über Deutschland zu formulieren.

Es liegt nahe, bei der Beschreibung und Deutung zu beginnen mit der fast zu keinem Ende kommenden, mehr als zwei Dutzend Neben- oder Teilsätze und außerdem mehrere Einschübe umfassenden, extrem verschachtelten Satzperiode. Darin ist die Rede von Übertreibungen, von im Nachhinein nutzlosem Diskutieren von Alternativen, von völligem „Schweigen" und ausbleibendem „Widerspruch", typische Verhaltensweisen und Reaktionen des Verharmlosens, Ausweichens, Wegschiebens und Verdrängens. Der Appell ans Gefühl, verbunden mit einer

eindeutigen historischen Reminiszenz („Schicksalskampf von mythischem Rang") fehlt in dieser außergewöhnlichen Auflistung genauso wenig wie der Versuch, sich mit einer leicht-lockeren Bemerkung („Witz") aus der Verantwortung zu stehlen. Auch die so gängige Berufung auf schon immer Übliches und Gültiges („seit je gewesen") und der Hinweis auf die doch besondere Situation („unter den erschwerten Bedingungen des Krieges") werden bei der Suche nach den Erklärungen, Ausreden und Entschuldigungen für die an den Juden begangenen Massenmorde bemüht. Der Autor wertet indirekt mit Hilfe sehr sorgfältig vorgenommener sprachlicher Setzungen, indem er die Spannweite der Verhaltensweisen aufzeigt zwischen ganz genauem Wissen eines jeden (vgl. Z. 2/3) und völligem Schweigen, das er als „Sich-hinwegschweigen" entlarvt.

Der zentrale Vorwurf und zugleich Deutungsansatz – angekündigt zwar als „gar nichts Besonderes" (Z. 17), aber offensichtlich nur scheinbar beiläufig erzählt – mit der Episode um den hirnverletzten Oberleutnant der Pioniere ins Spiel gebracht: Die Frage nämlich, ob „Geistesgestörtheit" (Z. 23) auch

Ursache für die Verhaltensweisen von „‚jedermann" (Z. 1/2) in Deutschland war und „seit wann" (Z. 26) dieser Zustand bei denen schon dauerte, „die frei herumliefen in Deutschland" (Z. 13). Mit dieser gedanklichen Wendung löst Bobrowski den mit seiner Überschrift erhobenen Anspruch ein, indem er nach dem Grad der Verantwortlichkeit und dem Anteil an persönlicher Schuld eines jeden Einzelnen fragt.

Text 2: Nüchternes und genaues Beobachten und Beschreiben, aus spürbarer Verunsicherung und existenzieller Betroffenheit heraus, kennzeichnet vor allem den Text „Inventur" von Günter Eich. Das Thema der Bestandsaufnahme, das bei den ersten fünf Texten mehr oder weniger deutlich präsent ist, rückt hier auf geradezu programmatische Weise in den Vordergrund.

TA

Inventur:	Art	Ergebnis
Strophen 1+6	– kurze, einfache Sätze – knappe, treffende Bemerkungen – Aufzählungen – Wiederholungen – „dies ist mein [...]"	– Ausschließlich einfachste, alltägliche Gegenstände – nichts Außergewöhnliches → *Persönlicher Besitz*
Strophen 2–5	genaue, fast umständliche Beschreibung von Einzelheiten; auffallend dabei der persönliche Bezug: „ich ..."	– Dinge von besonderer Bedeutung: Nagel Pappe } Schreibwerkzeug Bleistiftmine } → *Persönliches Handeln*

Zur Lage und inneren Verfassung in der sich das schreibende Ich befindet wenige Hinweise: Der Schreibende – Kriegsgefangener – ist auf das Lebensnotwendige eingeschränkt, ist in einer Situation, in der das sonst Wertlose (Konservenbüchse) wichtig und „kostbar" (Nagel) wird, gezwungen, Dinge von besonderem persönlichem Wert zu verbergen. Seinen Besitz schätzend und zusammenhaltend ist er bestrebt, die Voraussetzungen dafür zu sichern, dass er schreiben und so er selbst sein kann.[5]

Text 3: Der Titel von Heiner Müllers Geschichte „Das Eiserne Kreuz" weckt zunächst eine positive Erwartungshaltung, die sich auf eine besondere kriegerische Leistung oder eine außergewöhnliche Heldentat richten könnte. Denn das Eiserne Kreuz wurde seit 1915 für besondere Tapferkeit oder hervorragende Truppenführung verliehen.
Beim Lesen des Textes ergibt sich jedoch ein ganz anderes Bild. Eine auf die im Dritten Reich propagierten Haltungen und Werte ausgerichtete Bestandsaufnahme anhand von Heiner Müllers Geschichte könnte besonders begabten Schülern als Aufgabe gestellt werden. Der Papierhändler, dekoriert mit dem Eisernen Kreuz am Rockaufschlag, wird dabei zum Demonstrationsobjekt für eine ins Bodenlose fallende Bilanz, deren Ergebnis etwa so aussehen könnte:
– blinde Gefolgschaftstreue, ad absurdum geführt durch den sinnlosen Doppelmord an Tochter und Frau;

– vorgespielte Entschlusskraft, entlarvt als von Äußerlichkeiten und Zufälligkeiten gelenktes Handeln;
– auf Schritt und Tritt widerlegte Wunschvorstellungen von Männlichkeit und Tapferkeit;
– Schwäche und Unfähigkeit des mit dem Tapferkeitssymbol Ausgezeichneten, den gedanklichen Entwurf eines für heldenhaft gehaltenen Nachfolgetodes handelnd an sich selbst zu vollziehen;
– ein konsequenter, jedoch äußerst jämmerlicher Schlusspunkt im Wegwerfen der Waffe und der Auszeichnung.

Die überwiegend nüchtern berichtende Sprache entspricht dem ernüchternden Geschehen. Einfache Hauptsätze bestimmen den sprachlichen Duktus. In der so beschriebenen Realität ist kein Platz für hohe oder gar heldenhafte Gefühle und schon gar nicht für heroisches und beispielhaftes Tun. Die am Beginn des Textes eingestreuten Formeln von „Treue" und „Ehre" sind eingebettet in indirekte Rede und werden so in ihrer Fragwürdigkeit sichtbar. Einen unmittelbaren Zugang eröffnet der Schlüsselsatz, gleichzeitig Dreh- und Angelpunkt der Geschichte: „Das Stück war aus, der Vorhang gefallen." (Z. 45).

Die Gegenläufigkeit von äußerem Verlauf und innerem Geschehen lässt sich in einem Tafelbild verdeutlichen:

TA Heiner Müller: Das Eiserne Kreuz

Geschehen:	Demonstriertes Heldentum	Überspielte Unsicherheit	Unschlüssigkeit und Angst	Der „Held" allein	Feige Flucht aus der Verantwortung
Verlauf:	Entschluss, sich und die Familie zu töten	Erklärung: Treue zum Führer	Aufforderung ihm zu folgen	Zögerlicher Gang durch den Wald	Tötung von Frau und Tochter

---

[5] Eine vor allem auch die klanglichen, stilistischen und kompositorischen Aspekte des Gedichts aufarbeitende Analyse und Deutung von Jürgen Zenke findet sich in: Gedichte und Interpretationen, Band 6. Gegenwart. Hrsg. von Walter Hinck, Stuttgart (Reclam) 1982, S. 71–82.

Text 5: Als Interpretationshilfe zu Bölls „Besichtigung" der Vorschlag zu einem Tafelbild:

Beschriebene Situation	**Ergebnis seiner „Inventur"**	**positiver Ausblick**
– ein zerstörtes Gotteshaus, – von ihrem Platz gestoßene kopflose oder verkrüppelte Heilige, piepsende Vögel – Gang durch Trümmer, – eine unversehrte Nische mit Kerze und Blumen – Gesang aus der Krypta	– Eine vorher heile Welt ist zusammengestürzt; Sicherheit und Geborgenheit sind verloren gegangen. – Die bisher gültigen Leitbilder sind zerstört, mit ihnen die bisher gültige Ordnung. – Der zentrale Bezugspunkt (der Altar), die Sinnmitte ist verschüttet, die Orientierung fehlt. – Nach fortgesetzter Suche Hinweise, die über die Zerstörung und das Chaos hinausweisen.	Ermutigende Beobachtungen: – junge Vögel – das Licht – die Blumen – Stimmen, die für eine noch vorhandene Gemeinschaft stehen. Signale, die auf neues Leben verweisen, Zeichen für Hoffnung und Zuversicht.

(Das Thema „Inventur" eignet sich, weil es sehr unterschiedliche Aspekte hat, auch für ein Projekt. **K 2** LB, S. 584, bietet dazu einen Entwurf mit verschiedenen Themenvorschlägen.)

Seite 387

4a Eine gute Lösung dieser Aufgabe setzt die gründliche Lektüre beider Texte voraus und muss die äußerst unterschiedlichen Kriegserlebnisse und Einschätzungen der beiden Autoren sichtbar machen:

Sehr geehrter Herr Jünger;
wenige Tage nach Kriegsende – ich bin an der Ostfront gewesen – habe ich in Ihrer Biografie den Hinweis gefunden, dass Sie im Ersten Weltkrieg mehr als Dutzend Male verwundet worden sind. Dann habe ich in Ihrem Essay „Der Kampf als inneres Erlebnis" geblättert und mich, nachdem ich einige Abschnitte gelesen hatte, gefragt: Was ist das für ein Mensch und in was für einem Krieg ist er gewesen? Vor fünf Jahren noch hätte ich Ihnen alles geglaubt, was Sie da geschrieben haben von schönen und stolzen Gefühlen, vom Rausch der Schlacht, vom Überschwang männlichen Mutes, von den anrollenden Wogen der Vernichtung und von Verklärung über den Wellen. Ich habe im Fronteinsatz die Vernichtung heranrollen hören und sie unmittelbar erlebt. Sie rollte tatsächlich heran und dann waren 57 Kameraden auf einmal tot. Wissen Sie, was eine Kanonenorgel ist? Das rumpelt wie ein alter Lastwagen mit leeren Tonnen über Kopfsteinpflaster. Dann plötzlich ein einziger Schlag und 57 Kameraden sind tot, mausetot, singen nicht mehr. Kein Zickezacke, kein Juppheidi mehr! Sind tot, werden begraben, 7 Schuljungen darunter. Sieben, die keine Ahnung hatten. Und da ist kein Platz mehr für schöne Gefühle, für männlichen Mut oder für Verklärung! Ich habe noch gelebt. Die anderen haben sie alle begraben, alle. Ich kann nachts nicht mehr schlafen, habe Angst, schöne Angst, wenn nachts immer noch die Kanonen grummeln. Und Sie, Herr Jünger, singen ein Loblied auf den Krieg ...

4b W. Borchert rückt das für ihn furchtbare Erlebnis des Krieges in den Mittelpunkt, relativiert gleichzeitig alles andere und schiebt es als unwichtig an den Rand. Sein „Manifest" lässt keinen Raum für Belangloses, Beiläufiges oder Besonderes. Der Text selber liefert dafür deutliche Hinweise:

– Klare eindeutige Aussagen;
– direkte, entschiedene Antworten;
– keine umständlichen Formulierungen;
– keine Vorbehalte und Einschränkungen;
– der Verzicht auf Differenzierung und Nuancierung.

Borchert selber nimmt zu diesem thematischen Aspekt Stellung und gibt Begründungen dafür: „Und das Lila gibt keine Zeit für Grammatik ..." (Text 10, Z. 57/58) Es erinnert an

– die Heere der Toten;
– Kanonen, Helme – Angst;
– magere, vor Frost zitternde Kinder;
– Armut, Hunger, Tod.

Aus dem heraus, was er erlebt und erlitten hat, kennzeichnet er sich selbst und seine Zeitgenossen so:
„Wir selbst sind zu viel Dissonanz." (Text 10, Z. 49)
– „Der erregte, hektische Jazz ist unsere Musik." (Text 10, Z. 28)
– Das Leben: „... wie Jazz: heiß und hektisch. Erregt." (Text 10, Z. 46/47)
– keine gemäßigten, sondern laute Äußerungen;
– keine unterdrückten, versteckten Gefühle.

Der Autor konzentriert sich auf das Grauen des Krieges, auf die Härte und Brutalität der gemachten Erfahrungen, auf die Unmenschlichkeit des Erlebten und dessen schlimme, bittere Folgen. Diese äußern sich nicht nur in physisch wahrnehmbaren Reaktionen wie Hunger und Angst, sie sind vor allem gegenwärtig in dem alles beherrschenden Trauma, das ihn seit dem Tod von 57 Kameraden bei Woronesch nicht mehr loslässt. (Text 6, Z. 9 u.ö.).
Seine abgrundtiefe Unruhe und seine heillose Gehetztheit schlagen sich unmittelbar nieder im einerseits fast atemlosen Erzählen, andererseits in den abgehackt und stockend herausgepressten Monologfetzen. Kennzeichnend sind die reihende, ungegliederte, assoziative Gedankenfolge, abrupte Übergänge und Brüche, eine knappe, sich überstürzende Erzählweise, unruhiges und ungleichmäßiges Sprechen, stakkatoartige Passagen, von der inneren Spannung zeugende Wiederholungen.

Seite 388

 5a Die Suche nach einer geeigneten, im besten Falle sprechenden *Clusterform* für die Motive der drei Gedichte (Texte 7–9) gibt der Aufgabe ihre besondere Schwierig-

keit, setzt aber auch einen besonders hohen Anspruch. Auf dem Weg über ein zunächst vorläufig zuordnendes Notieren der Motive könnten sich neben dem zentralen Begriff **Kriegsende** weitere Clusterkerne wie **Tod, Flucht** und **Heimkehr** ergeben. Hier ein Vorschlag für ein Schaubild:

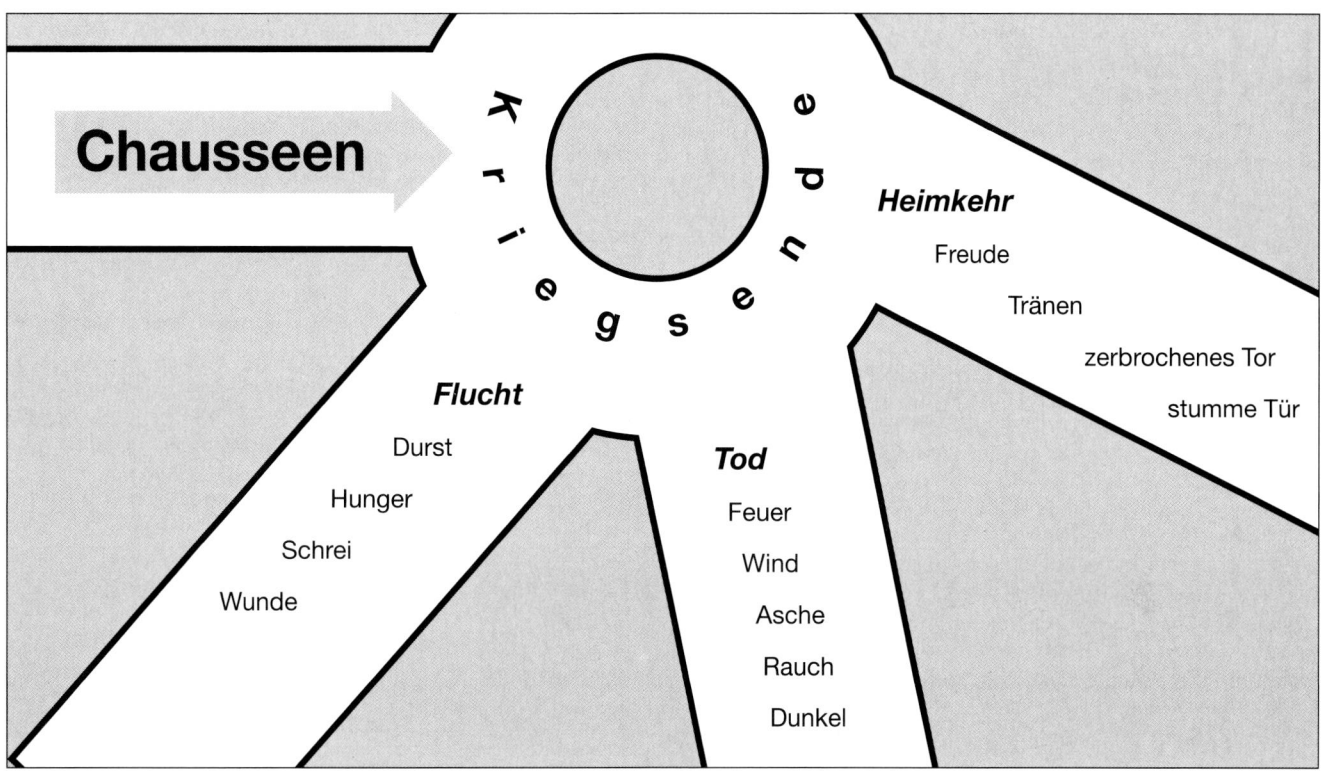

 5b Ansatzpunkte für eine **Interpretation** der drei Gedichte:

	Huchel: Chausseen	Bender: Heimkehr	Ausländer: Der Brunnen
Inhalt:	Bilder von Flucht und Vertreibung vereinzelte, auf Einzelbeobachtungen reduzierte optische und akustische Eindrücke Den drei Strophen entsprechend drei Kristallisationspunkte für die Erinnerung; – Chausseen, Flucht-Wege – Nächte – Tote	– Rückkehr eines Soldaten oder Kriegsgefangenen – in fremder Kleidung – widersprüchliche Empfindungen und Erfahrungen bei der Ankunft: Freude ↔ zögerndes Innehalten lautes Sichäußern ↔ Verstummen	– Eine einzige optische Wahrnehmung: der Brunnen mitten im zerstörten Hof – eine überraschende Assoziation: „Voll Tränen" – eine logische Frage: „Wer weinte sie?" – eine scheinbar völlig widersinnige Frage, die vollends das Denken und Sprechen auf mehreren Ebenen zeigt
Sprache:	Fast nur Satzfragmente Metaphern Personifizierungen Affektfreie Sprache ohne Wertungen, dennoch ein sehr deutlicher Grundton – der Klage und Anklage, – des Erschreckens, – der hilflosen Trauer.	– Nach Sinnabschnitten in Zeilen unterteilt – drei Hauptsätze: – der erste durch vier Adverbialbestimmungen eröffnet – die beiden anderen durch „und" verbunden – mit jeweils anderem Subjekt Scheinbar neutral berichtendes, nur feststellendes Sprechen, das sich mehr und mehr verlangsamt, zum Stakkato wird; Engführung vom lebendigen Erzählen bis zum erschrockenen Verstummen	– Kurze Feststellung in einem Aussagesatz – Zwei noch knapper gehaltene Fragen in drei, verschieden lange Strophen andeutenden Abschnitten – Vorwurf, Mahnung
Gemeinsamkeiten, die sich beim Vergleich der Gedichte ergeben:	Inhalt: Zerbrochene menschliche Bindungen, Einsamkeit, Beziehungslosigkeit Sprache: Kürze und Direktheit der Aussage, Verzicht auf Zwischentöne Eingängige, eindrucksvolle, weil sehr authentische Bilder		

S. 390–404: I,2. „Trauerarbeit" (A. und M. Mitscherlich) –
Auseinandersetzung mit dem Faschismus

Am Beginn dieser Teilsequenz steht eine Reihe von Fragen, die auch aus dem Abstand von mehr als einem halben Jahrhundert nur schwer zu beantworten sind. Sie werden einer Generation gestellt, der keinerlei persönliche Verantwortung oder gar Schuld für die während des Dritten Reiches begangenen Verbrechen und die Versäumnisse in den Jahrzehnten nach dem Krieg vorgeworfen werden können, die indessen diesen Fragen nicht ausweichen darf. Wir müssen uns dafür die düstere Prophezeiung des italienischen Autors und Überlebenden von Auschwitz Primo Levi nicht zu eigen machen: „Es wird wieder geschehen, weil es geschehen ist." Wir sollten jedoch die Mahnung des amerikanischen Philosophen George Santayana ernst nehmen: „Wer sich an Vergangenes nicht erinnert, ist dazu verurteilt, es noch einmal zu erleben."

Das hinzugefügte Brechtzitat konstatiert und erklärt die unterlassene Trauerarbeit; es gibt aber auch eine weitere entschiedene Begründung dafür, warum die „Auseinandersetzung mit dem Faschismus" geführt, warum „Trauerarbeit" geleistet werden muss.

Mögliche Ziele:

1. Sich einfühlen in ganz andere Personen und Vorgänge sowie Probleme aus deren Sicht wahrnehmen und beurteilen
2. Zu wesentlichen Fragen Stellung beziehen und sich ein eigenes Urteil bilden
3. Sich besonders schwierigen Texten auf dem Weg über den gemeinsamen Vortrag und über gestaltende Zugänge annähern
4. Projektarbeit einüben und am konkreten Beispiel erproben

Seite 390

1a Zu der den **„Inneren Monolog"** kennzeichnenden Schreibweise vgl. SB, S. 320, 390.
Wichtiger Hinweis für die Schüler: Der kleine Siggi ist zehn Jahre alt: Beklemmung, Angst, „Warum ist Vater so nervös?", Verständnis für den Vater oder Vorwürfe (Vorbehalte)?, mögliche Alternativen?

1b Entwurf für ein **Filmdrehbuch** – Beispiel: Schlussszene
Hinweis für die Schüler:

Totale   – T   Nahaufnahme – NA
Halbtotale – HT   Großaufnahme – G
Ausschnitt – A

Ton	Bild	
Jens: „Sollst nur abwarten, Max."	Jens Ole	A (Kopf)
Wegschieben des Stuhls	Nansen steht vom Tisch auf,	HT
Pendelschlag der Wanduhr	dreht den Kopf Jens Ole zu	A (Kopf und Oberkörper)
Pendelschlag der Wanduhr	Zifferblatt	G
Pendelschlag der Wanduhr	Jens Ole wendet sich ab	HT
Nansen: „Wir aus Glüserup, was?"	Er steckt den Umhang zusammen.	HT, dann A
Jens: „Wir können auch nicht aus unserer Haut – wir aus Glüserup."	zuschnappende Klammer	G
Nansen: „Dann behalt mich mal im Auge."	Schwenk auf das Bild „Zwei am Zaun"	A (nur Bild) NA (Gesichter)

Seite 391

2a Nansens **Tagebuchnotiz:** Die zweite Hälfte des Romanausschnittes bietet vielfältige Ansatzpunkte für die Lösung der gestellten Aufgabe. Es liegt nahe, dass der Maler die Gedanken, die er im Gespräch mit Jens Ole Jepsen geäußert hat, in seiner Tagebuchnotiz wieder aufnimmt. Dabei könnten v.a. das Malverbot und das Bedürfnis, ja der unbezähmbare Zwang zu malen Gegenstand seiner Notizen sein oder auch die gedankliche Auseinandersetzung mit den Urhebern des Verbots und dem, was sie damit erreichen wollen und können.

Freitag, den 12. April 1943
Jetzt ist es so weit. Die Reichskunstkammer in Berlin hat ein Malverbot gegen mich erlassen. Jens Ole, der Polizeiposten aus Rugbüll, hat mir den Brief überbracht. Sie verbieten mir das Malen, und er soll das überwachen.
Das Malen verbieten! Als ob man jemand das Essen, das Trinken oder gar das Atmen verbieten könnte. Mir das Malen verbieten! Diese Idioten, sie müssten mir schon die Hände abhacken. Und dann würde ich mit dem Mund oder den Füßen weitermalen. ...

Freitag, den 12. April 1943
Ein strammer Nordwest kam heute vom Meer her. Ich habe ihm lange zugesehen, wie er die lilafarbenen Wellen mit den weißen Schaumkronen gegen die Dünen getrieben hat. Am Nachmittag ist Jens Ole gekommen und hat mir das Berufsverbot überbracht. Ich habe ihn beobachtet. Es ist ihm verdammt schwer gefallen. „Wir können auch nicht aus unserer Haut – wir aus Glüserup." Das hat er gesagt, bevor er weggegangen ist. Ja, Jens hat Recht. Und so gut müsstest du mich ja kennen, Jens. Müsstest wissen: Auch ich kann nicht aus meiner Haut. Was erwartest du von mir. Ich kann doch nicht aufhören zu malen. Keiner, der wie ich sein Leben lang gemalt hat, kann einfach aufhören. ...

2b Jepsens **Dienstbericht:** Der Romanausschnitt lässt erkennen, welch hohen Stellenwert Pflichtbewusstsein und Pflichterfüllung für den Polizeiposten der Außenstelle Rugbüll haben. Hinter seiner „Dienstbereitschaft" – dies wird in seinem in dieser besonderen Situation dargestellten Verhalten und in seinen Äußerungen fassbar – muss die persönliche, v.a. die menschliche Beziehung zu dem Maler Nansen völlig zurückzustehen.

Glüserup, 12. April 1943
Den von der Reichskunstkammer in Berlin an mich, den Polizeiposten der Außenstelle Rugbüll, adressierten Brief vom 4.4.1943 habe ich am 11. April erhalten. Ich habe, dem an mich ergangenen Auftrag entsprechend, das beigefügte Schreiben an den Maler Max Ludwig Nansen in Glüserup umgehend weitergeleitet und es dem Adressaten heute Nachmittag gegen 14.00 Uhr persönlich ausgehändigt. Er hat den Brief in meiner Anwesenheit gelesen und zur Kenntnis genommen. Auf das darin ausgesprochene Berufsverbot habe ich ihn ausdrücklich noch einmal hingewiesen und ihn pflichtgemäß auch darüber informiert, dass ich den Auftrag habe, das Malverbot zu überwachen.

2c Die Bearbeitung der gestellten Aufgabe, das **Verhalten des Polizisten** zu beurteilen – ist nur nach gründlicher Lektüre des Textes möglich. Sie kann in Form eines kurzen mündlichen oder schriftlichen Kommentars oder auch in Form einer eingehenden, auf einer genauen Textanalyse fundierenden Stellungnahme geleistet werden. Das auf mehreren Ebenen ablaufende Geschehen und sich daraus ergebende Schlussfolgerungen sind in der folgenden Übersicht festgehalten:

Aspekte	für eine Beurteilung wichtige Einzelheiten	mögliche Schlussfolgerungen
äußere Handlung:	– ungewöhnlich ausgedehnte Vorbereitungen – lange hinausgezögerter Aufbruch – Jepsen erledigt seinen Auftrag, überbringt das Malverbot und teilt mit, dass er den Befehl erhalten hat, es zu überwachen.	Jepsen erkennt die mit dem Verbot verbundene unerträgliche Zumutung für den Maler, vielleicht sogar das dadurch veranlasste Unrecht. Er würde sich dem Auftrag gerne entziehen, aber sein Pflichtbewusstsein ist stärker.
Äußerungen des Polizisten im Dialog mit dem Maler:	– „Ich hab mir das alles nicht ausgedacht ... Mit dem Berufsverbot habe ich nichts zu tun, ich hab das alles nur zu überbringen." (Z. 36/37) – „Mich, Max – sie haben mich beauftragt ..."(Z. 49/50) – „Mich ja, ich bin am nächsten dran." (Z. 52) – „Wir können auch nicht aus unserer Haut – wir aus Glüserup." (Z. 69/70) – „Sollst nur abwarten Max." (Z. 63/64)	Er entschuldigt sich für sein Tun. Zugleich weist er jede Schuld von sich und möchte so auch die Verantwortung dafür wegschieben. Er beruft sich (unausgesprochen) auf sein Berufs- und Pflichtverständnis. Lässt er den Maler damit im Unklaren oder will er ihm drohen?
Erzählerkommentare:	– „.So war es ... vermutlich die aus Gewohnheit zustande gekommene äußere Dienstbereitschaft ... nicht der Eifer, nicht die Berufsfreude und schon gar nicht die ihm zugefallene Aufgabe;" (Z. 32–34) – „daß es meinem Vater schließlich nicht leichtfiel, zu erklären ..." (Z.50) – „Mein Vater überhörte da schon die Vertraulichkeit, die in dieser Frage lag, ... (Z. 62/63) – „... und mein Vater darauf; ohne den Kopf zu heben ..." (Z. 68/69)	Jepsen handelt nicht aufgrund einer bewusst getroffenen Entscheidung, sondern aus gewohntem Pflichtgefühl. Er hat zunächst Schwierigkeiten, seinen Auftrag zu akzeptieren. Er zieht sich auf die rein dienstliche Ebene zurück und verdrängt, auch indem er den Blickkontakt meidet, die menschliche Seite des Vorgangs.

Um die Basis der **Beurteilung** zu erweitern, vielleicht auch um den Schülern die Aufgabe zu erleichtern und gleichzeitig ihr Leseinteresse zu wecken, bietet es sich an, zwei Romanausschnitte vorzulesen, die Jepsens Standpunkt verdeutlichen (Seitenzahl nach dtv, München 1968):
S. 153 oben – S.157 oben: Jens Ole ertappt Nansen bei einem Verstoß gegen das Malverbot.
S. 161 unten – S. 163 oben: Er begründet, warum er den Maler anzeigt.

3 Material zu dieser Aufgabe ist leicht greifbar: Funkkolleg Moderne Kunst, Studienbegleitbrief 9; „Die Kampagne ‚Entartete Kunst' – Die Nationalsozialisten und die moderne Kunst". Weinheim und Basel (Beltz) 1990, S. 49–88. Beispiele: Kunst in der Verfolgung „Entartete Kunst" – Ausstellung 1937 in München in: Meisterwerke der Kunst, Villingen-Schwenningen: (Neckar-Verlag), Best.-Nr. 899.

Seite 392

4 Die drei sehr unterschiedlichen **Kommunikationssituationen** eröffnen aus jeweils anderem Blickwinkel ganz unterschiedliche Zugänge zum vorliegenden Romanausschnitt. Nächstliegendes Ziel ist die sehr gründliche Beschäftigung mit dem Text, der das inhaltliche und teilweise auch das sprachliche Material für die gestellten Aufgaben bereithält. Sie bieten über die drei verschiedenartigen Gestaltungsaufgaben hinaus (sie sind auch in Partnerarbeit zu lösen) auch die Möglichkeit, der Erzählkunst von Günter Grass auf die Spur zu kommen.

4a–c An den vorliegenden Text anknüpfende Hinweise, um die Positionen der verschiedenen an den Gesprächen beteiligten Personen zu orten und zu konkretisieren:

Oskars Vater	Frau Matzerath	Parteifreunde unter sich	Parteikommission
– erzählt verärgert von der unerhörten Störung – bedauert die gesprengte Kundgebung – beklagt, dass seine neue Uniform nicht recht zu Geltung kam – beschimpft seine Frau, die den Ernst der politischen Veranstaltung nicht sieht – sieht „Sodom und Gomorrha" nahen	– kann ihre Freude über den überraschenden Verlauf nur schwer zurückhalten – hat großes Verständnis für das Volk, das die Gelegenheit zum Tanzen nutzte – findet Spaß am so selten gehörten „Walzertakt" – sieht sich erinnert an frühere Tänze zur „Schönen blauen Donau" – hat den Rhythmus noch jetzt in den Beinen	– regen sich auf über die unglaubliche Dreistigkeit, den weihevollen Akt zu stören – schimpfen auf die feigen subversiven Kräfte, die am Werk waren – können nicht verstehen, dass Tausende „Volksgenossen" sich von solch entarteter Musik begeistern lassen – kritisieren unzureichende „Kommandos" und Ratlosigkeit der Führung	• Fragen nach – Standort – Beobachtungen vor und während der Veranstaltung – vermuteten Störern – Verhalten der Zugführer – Verhalten der Damen von der Frauenschaft • Antworten – unterwürfig (z.B. Anrede) – beflissen – nichts sagend

5a Das beiden Texten gemeinsame **Kernproblem**: Schießen auf Wehrlose und sehr unterschiedliche Erklärungs- und Rechtfertigungsversuche dafür.

– Text 3: Der durch Befehl von oben angeordnete Mord an Frauen, Kindern, alten Männern (vgl. Z. 5/6); die Vernichtung von unschuldigen Menschen.

– Text 4: Einsatz beim „Vertilgungskommando" (Z. 14); Schießen „auf Wehrlose" (Z. 17) zum Spaß und weil die Verwirklichung der Idee einer neuen Zeit und einer besseren Welt dies verlange.

5b Die in den beiden Texten vorgetragenen Fragen und „Antworten" sind in *Einzel- oder Partnerarbeit* rasch zusammengetragen. Im Gespräch über gemeinsam erarbeitete Wertungen können sowohl Verhaltensweisen wie Maßstäbe für menschliches Tun erörtert werden.

	Fragen (direkt gestellt/nur angedeutet)	„Antworten"	Wertung
Text 3: **Seghers**	Was habe ich dabei gedacht? Warum habe ich geschossen – auf Kinder? Warum habe ich mich nicht geweigert? Warum einem solchen Befehl gehorcht? Warum habe ich gar nicht mehr nachgedacht? Warum habe ich nicht dem höheren Befehl gehorcht? War er verstummt? War ich taub? Warum habe ich nicht auf meine innere Stimme gehört?	Antworten von Zillich: – „So was ist ja oft passiert." – „Was hättest du denn anderes tun sollen?" – „Das ist doch ganz klar. Das war dein Befehl." – „Was denn für ein höherer Befehl?" – „An deinen Leutnant war sicher zuerst der höhere Befehl ergangen." – „Eine innere Stimme. Das legt sich dann …" Antworten des Soldaten: – „… ich dachte: in irgendein Lager." – „… ich dachte vielleicht auch gar nichts." – „Der wahre, der innere (Befehl). Die innere Stimme, die nie im Menschen verstummt."	– Verharmlosung der Tat – naheliegende Entschuldigung – Sichverstecken hinter der Anweisung von oben – oberflächliches Unverständnis – billiger Trost – Verantwortung weggeschoben – Wunschvorstellung – Verdrängen der Realität – Ehrliche und offene Konfrontation mit der Wahrheit
Text 4: **Zuckmayer**	Hat das noch mit Krieg zu tun? Wie verhält sich das zum „Ziel", zur Idee? Gibt es dafür eine Rechtfertigung? Wird jeder so, wenn man ihn lässt? Könnte ich so werden? Gibt es keinen Schutz dagegen?	– Für manche war das ein „Spaß". – Aufgabe der „Kreuzritter einer neuen Zeit" – Es ist notwendig, um „ein Reich der Kraft und Herrlichkeit auf dieser Welt" aufzubauen. – Es geht darum „etwas Neues … etwas Starkes und Gutes" zu schaffen.	– Offene, sehr direkte, allerdings erschreckende Erklärung, die von kaum vorstellbarer Gefühllosigkeit zeugt. – Mitwirken an einer außergewöhnlichen Aufgabe – Rechtfertigung: Verweis auf ein höheres Ziel. Die hehre Zielsetzung erlaubt Unrecht und Gewalt.

5c Die **Leitbegriffe**: Beide Texte legen eine Gegenüberstellung nahe.

Text 3:		**Text 4:**	
Befehl: Schießen – gehorchen	– Innere Stimme: nachdenken	Töten Wehrloser keine Rechtfertigung das Niedrigste und Gemeinste Mord	– Ideale: Opfer, Einsatz, Pflicht … – das Ziel, die Idee – eine neue Zeit

Ergebnis der Überlegungen könnte sein:

Leitbegriffe eröffnen nicht nur Zugänge zu einem Text und erleichtern den Verstehensvorgang. Sie helfen auch, die vorgetragenen Gedanken zu ordnen und die wichtigsten Überlegungen in knapper Form begrifflich zu fassen.

6a Der **Tagebucheintrag** von General Harras könnte eines der im Gespräch berührten Themen aufnehmen und es mehr oder weniger direkt mit seinem Entschluss, zum letzten tödlichen Flug zu starten, in Zusammenhang bringen:

– Eine direkte Stellungnahme zu Hartmanns Bericht über die Verbrechen des Vertilgungskommandos; Eingeständnis seiner Mitwisserschaft, seines Nichtstuns und seiner Hilflo-

sigkeit; Entschluss zur Flucht aus der Verantwortung, d.h. Selbstmord.

– Eine verzweifelt-sarkastische Äußerung über den unversöhnlichen Widerspruch zwischen den von den Nazis verkündeten hohen Idealen sowie der Idee von „einer neuen Zeit" und ihren unmenschlichen Verbrechen, eine Situation, in der ihm kein Ausweg mehr offen bleibt.

– Der ehrliche Versuch einer Antwort auf eine der von Hartmann gestellten Fragen (Z. 21/22; Z. 30–32; Z. 32/33), d.h. eine entschiedene Verurteilung der Verbrechen dieses Regimes und eine ebenso entschiedene Ermutigung zum Widerstand; beides verbunden mit dem Eingeständnis persönlicher Feigheit und Schuld; authentisch und glaubhaft durch einen einleitenden Hinweis wie z.B.: „Ja, eine überzeugende Antwort bin ich meinem Offizier schuldig geblieben. Ich hätte ihm sagen müssen ..."

6b Bei der schwierigen Aufgabe, einen **Abschiedsbrief** zu verfassen, könnte das Ende des Gesprächs mit Hartmann und die sich anschließende Begegnung mit Anne Eilers, die den General nach dem Absturz ihres Mannes aufsucht (Fischer Taschenbuch S. 141–146), hilfreich sein, ebenso das letzte Zusammentreffen mit Oderbruch (S.146–155), weil wir dort Harras in besonders nachdenklichen Momenten erleben.

6c Die **Interpretation der Szene** könnte das Kernproblem einleitend nennen, es über eine knapp gehaltene Wiedergabe der von Fliegeroffizier Hartmann geschilderten Szene oder mit der im Dramenausschnitt zuletzt gestellten Frage in den Blick rücken. Auch über eine kurze Situationsbeschreibung wird es konkret fassbar: Der Fliegeroffizier Hartmann sucht, bis ins Innerste bewegt und aufgewühlt von dem, was er bei einem Vertilgungskommando erlebt hat, das Gespräch mit General Harras. Sein Welt- und Menschenbild und v.a. seine bisherigen politischen Überzeugungen, alles ist für ihn fraglich geworden. Eine genauere Darstellung der Einzelheiten, beginnend bei der einzigen Hartmann betreffenden Szenenanweisung, macht dies mehr als deutlich. Sein sich auf wenige Sachverhalte konzentrierender Vergleich zwischen dem, was er bei der Hitler-Jugend erlebt und immer wieder gehört hat und den grauenvollen Beobachtungen bei einer „Hetz", einer gegen wehrlose Menschen gerichteten Vernichtungsaktion, zeigt den tief gehenden Bruch, der in ihm vorgegangen ist. Er bemüht sich im Gespräch mit dem Vorgesetzten, gefasst und kontrolliert zu sprechen (Anrede). Aber Sprechweise und Satzbildung – Parataxen überwiegen; kurze, oft ähnlich gebaute Hauptsätze werden aneinandergereiht; wiederholt versagt die Sprache – sind sprechende Indizien für die seelische und geistige Katastrophe, die er durchlebt. Die vielen unbeantworteten Fragen zeigen seine Ratlosigkeit.
General Harras, sonst um schnelle, auch scharf und pointiert formulierte Antworten nicht verlegen, nimmt sich nicht nur verbal Zeit für seinen Gesprächspartner, er hört lange zu. Er schaltet sich nicht voreilig oder dominierend ein, sondern nimmt in seinen beiden Repliken das jeweils zuletzt gegebene Stichwort auf. Nachdenklich und jedes Wort überprüfend „entwickelt" er seine Antworten in einzelnen gedanklichen Schritten, setzt, ergänzt, bessert nach. Auf das Kernproblem geht er jedoch nicht ein: Gibt er sich, während er allgemeine Einsichten vorträgt, einmal mehr Rechenschaft über sein eigenes Tun? Fragt er, der sich mit den Machthabern eingelassen hat, nach seinem persönlichen Anteil an der Schuld?

---
6 Eine vorurteilsfreie, wissenschaftlich fundierte Darstellung der komplexen Wirklichkeit der päpstlichen Politik und ihrer Motive gegenüber dem Nationalsozialismus gibt José M. Sanchez, Professor für Geschichte an der Saint Louis University, St. Louis, Missouri in seinem Buch „Pius XII. und der Holocaust. Anatomie einer Debatte." Paderborn (Schöningh) 2003.

Seite 395

7a Alfred Andersch kommt in seiner Reflexion über den dem Führer geschworenen **Eid** zu mehreren Schlussfolgerungen, die nach seiner Überzeugung alle „die Absurdität dieses Eides" belegen. Dabei gilt eine Behauptung oder auch eine Tat als „absurd", die widersinnig oder sinnlos erscheint bzw. ist. Dies trifft für den Eid auf Hitler zu.
1. weil er „unter Zwang geleistet" (Z. 37) wurde, ihm also keine freie, persönlich gewollte Entscheidung zugrunde lag;
2. weil der Eid für ihn „ein religiöser Akt" (Z. 47) war, der immer dann sinnlos ist, wenn jemand nicht an Gott glaubt oder religiös indifferent ist;
3. weil der Führer, der den Eid von den Soldaten verlangte, „nicht eidesfähig war" (Z. 52), „da er Gott leugnete und alle religiösen Regungen verfolgen ließ" (Z. 52/53).

 7b **Argumente** für ein *Streitgespräch* über den Eid auf Hitler:

Argumente des Erzählers:
– Bei den Soldaten, die ich getroffen habe, spielte der Eid überhaupt keine Rolle; es wurde nie darüber geredet.
– Ein Eid ist nur dann gültig, wenn er aus freien Stücken geschworen wird.
– Wer den auf Hitler geschworenen Eid für bindend ansah, war mit Blindheit geschlagen, weil er einem Verbrecher Gehorsam leistete.
– Hitler zu folgen bzw. zu gehorchen war eine schwere Sünde, weil er verlangte, Unrecht zu tun.
– Hitler selbst konnte gar keinen Eid verlangen, weil er nicht an Gott glaubte.

Argumente des „Gläubigen":
– Einen Eid zu schwören ist ein ganz außerordentliches Versprechen, das man nicht einfach für ungültig erklären kann.
– Der Eid auf Hitler war ja eine Verpflichtung gegenüber dem Vaterland und seinen Menschen, und ebenso gegenüber den Kameraden.
– Wer nicht an Gott glaubt, der kann die Bedeutung und das Gewicht eines solchen Versprechens gar nicht ermessen.
– Der Schwur wurde ja gerade durch den Verweis auf Gott bekräftigt und besiegelt, also war mein Verhältnis zu Gott betroffen, wenn ich ihn nicht gehalten habe.

Seite 396

8a Für eine *szenische Lesung* oder *Inszenierung* eignet sich der Ausschnitt besonders gut, weil es um eine Dialogpassage mit extrem hohen Spannungsmomenten geht, weil die sehr konkreten Bühnenanweisungen des Autors einen Darstellungsversuch unterstützen und weil das, was gesagt wird und geschieht, durch die mittels Davidstern und Pilatusszene plakativ eingespielte Symbolik mit zusätzlicher Bedeutung aufgeladen wird.
Beide Verfahren können den Verstehensprozess fördern. Man könnte aber auch die Reihenfolge der Arbeitsschritte teilweise umkehren, mit einer Untersuchung der Bühnenanweisungen beginnen und die Beurteilung des Verhaltens (AA 8b) als Basis einer Inszenierung nutzen.

8b Rolf Hochhuth nimmt in dieser Szene seines „Christlichen Trauerspiels" sehr entschiedene und entsprechend einseitige Rollenzuweisungen vor. Die Bühnenanweisungen, derer er sich dabei bedient, spiegeln – die Äußerungen der Schauspieler ergänzend und verstärkend – seine Auffassung der dargestellten Personen. Für die Beurteilung[6] des Verhaltens der beiden Hauptfiguren sind sie in ihrer zur Schwarzweißzeichnung tendierenden Kontrastierung sehr aufschlussreich.

Papst:	– in höchster Erregung (Z. 11) – beschmutzt sich die Hand mit Tinte (Z. 12) – zeigt sie ... tief gekränkt ... wie eine Wunde (Z. 22/23) – zitternd vor Zorn (Z. 31) – bricht ab, weil die Sprache zu versagen droht (Z. 34) – stumm, in seiner offensichtlichen Machtlosigkeit (Z. 39) – schweigt ostentativ (Z. 58) – ehrlich erschüttert, hoch erregt (Z. 71) – glasklar und hart (Z. 101) – ist keines Wortes fähig (Z. 115)	Der Papst ist schon zu Beginn der Szene in der Defensive; an seiner Erregung, die sich als Schwäche darstellt, ebenso ablesbar wie am Ausgleiten der Feder und der beschmutzten Hand. Äußerungen und Verhalten des Paters sind Anklage gegen ihn und haben ihn tief getroffen. Das Waschen der Hände wird zum symbolischen Schuldspruch über ihn (Pilatus).
Pater Riccardo:	– hat sich den Judenstern an die Soutane geheftet – unbeirrt, leidenschaftlich (Z. 7) – hat sofort geantwortet (Z. 26) – fast ruhig, sachlich (Z. 35) – sich steigernd (Z. 41) – Er steht dabei, als gehe ihn das alles längst nichts mehr an; man weiß nicht einmal, ob er zuhört. (Z. 89/90) – fest und ruhig (Z. 112)	Schon die ersten Bühnenanweisungen zeigen sein entschlossenes, zielgerichtetes, aber auch emotionsgeleitetes Handeln. Die rasche und entschiedene Antwort, mit der er sein Tun begründet, lässt ebenso wie der ruhige und sachliche Ton erkennen, dass er sich seiner Sache sicher ist. Diese vertritt er, lauter werdend, mutig und ohne Rücksicht auf die eigene Person. Auch von den besorgten Bemühungen seines Vaters hebt sich die Position, die er vertritt, überzeugend ab.

Seite 398

Texterläuterungen:

Wolfgang Koeppens Roman **„Der Tod in Rom"** hat u.a. das Wiederauftauchen für überwunden gehaltener nationalsozialistischer Ideologien und ihrer Vertreter zum Thema. Täter und Opfer des Terrors, Kriegsgewinnler, Mitläufer und Nachgeborene treffen in Rom zusammen. Mit bitterer Ironie beschreibt und kommentiert der Autor den schleichend zurückkehrenden Faschismus. Das Böse macht sich wieder breit, dargestellt im Zerrspiegel einer teils bedrohlich, teils absurd erscheinenden Wirklichkeit.

Die vorliegenden Romanausschnitte veranschaulichen dies in der Gestalt des Gottlieb Judejahn, ehemaliger SS-General und Judenmörder, zugleich und immer noch „der kleine Gottlieb, der Prügel fürchtete und prügeln wollte, der ohnmächtige kleine Gottlieb, der zur Macht gepilgert war". Er ist wieder wer, schmiedet Pläne, nutzt Beziehungen, erteilt Befehle, hat Geld und Einfluss, bewegt sich in den gleichen Denkmustern und schwärmt „von neuer Kampfzeit und neuer Bewegung" (Z. 55).

9a Adolf, in der Ordensschule erzogen und von dort am Kriegsende weggelaufen, hat sich von seinen Eltern „befreit", ist – trotz fortgesetzter Zweifel – Pfarrer geworden. Er hat seine Eltern lange Jahre nicht gesehen, er ist ihnen fremd geworden, hat sie und ihr Werk verraten. Was denn könnten sie ihm noch bedeuten, ihm, „dem fremden nur feindlich sein könnenden Wesen. Juden Verrat Pfaffen"? (Z. 42)
Die gestellte Aufgabe verlangt, sich in diesen seinen Eltern „fremden" Sohn hineinzudenken und – die wenigen Hinweise aus dem Text aufnehmend – dieses seltsame Verhältnis zwischen den Eltern und ihrem Sohn zu reflektieren. Ein *innerer Monolog* könnte so beginnen:

Ich hätte das Geld nicht annehmen sollen. Jeder Schein ist eine Beleidigung für mich. Und dazu noch die anzüglichen Bemerkungen! Schlimmer noch, die Gleichgültigkeit, die ich spüre und beobachte. Diese meine Mutter hat mich nicht einmal angesehen. Sie leben noch immer in dem alten Wahnsinn, sind von Gift und Hass erfüllt, reden von Verrat und Vergeltung ...

Mit Geld abgespeist – und mit Verachtung! Das erste Wiedersehen nach so langer Zeit hatte ich mir anders vorgestellt. Da saßen sie – auf dem Bett – wie Laokoon und seine Söhne am griechischen Strand von der Schlange umwickelt, den geifernden Schlangen ihres Wahnsinns, giftzüngelnd, geifernd vor Hass ...

9b Wollte sich Adolf in das Gespräch seines Vaters mit Pfaffrath einmischen, so könnte es tatsächlich nur als *Streitgespräch* weitergeführt werden, Anlass für die Schüler, sich mit den Einlassungen Ewiggestriger auseinander zu setzen:

– Vater, hast du alles, was war, denn völlig vergessen und verdrängt? Als Kriegsverbrecher zum Tode verurteilt – geächtet als Mörder!
– Hast du denn überhaupt nichts dazugelernt? Du redest, wie wenn nichts gewesen wäre – gebrauchst die alten, abgegriffenen Formeln: Kampfzeit und neue Bewegung! Und wo ist die Schar der Getreuen, die du sammeln willst? Verbrecher und Mörder, Schreibtischtäter und Mitläufer, die hoffentlich ihre persönliche Schuld eingesehen und dafür gebüßt haben.
– Ihr redet von Treu und Glauben und von verbrieftem Recht, nachdem ihr ein ganzes Volk ins Unglück geführt habt. Was für Dienste habt ihr denn dem Staat geleistet? Den Krieg habt ihr mitgeplant und mitverschuldet.

Seite 400

Texterläuterungen[7]:

„Nicht nur Requiem, sondern aktuelle Zeitkritik strebt **Weiss** mit der **szenischen Dokumentation** des Frankfurter Auschwitz-Prozesses 1963/64 an. Weiss, dem ursprünglich eine Inferno-Dichtung von Dantes Weiträumigkeit vorschwebte, behält auch in der Schlussfassung die Gliederung nach Gesängen bei. Durch solche Distanz in der Formgebung hebt er den Alptraum einer unmenschlichen Wirklichkeit aus dem Bereich der Emotionen, die nur gefühlsmäßiger Abscheu sein kann, in den des Verstandes. Die 18 Angeklagten des Prozesses behalten ihre Namen, sind jedoch mehr Symbole als Individuen. Die Aussagen der 409 Zeugen aus Frankfurter Verhandlungen sind in einem einzigen Rechtsextremisten und seinen pathetischen Tiraden zusammengefasst. Die zahlreichen Aufführungen waren stets mehr Lesung als Theaterspiel. Nicht die theatralische, in subjektiven Nuancen auf Wirkung zielende Gestaltung des Grauenhaften, sondern die sachliche Mitteilung, das Bewusstmachen des Ungeheuerlichen war angestrebt."

S.K.

---

[7] Aus: Gero von Wilpert: Lexikon der Weltliteratur, Band II, Werke, 3. Auflage 1993, S. 328, Alfred Kröner Verlag, Stuttgart.

10a Um die beiden Texte in den *szenischen Lesungen* in ihrer jeweils ganzen Art zur Geltung zu bringen, empfiehlt es sich, den im Schülerband auf S. 50 gegebenen Hinweisen besondere Beachtung zu schenken. Die bei einem angemessenen Vortrag erreichbare unterschiedliche Wirkung dürfte v.a. darin bestehen, dass Text 6 einen ausgesprochen lebhaften Meinungsaustausch anstößt, Text 8 dagegen eher Fragen, Nachdenklichkeit oder sogar Sprachlosigkeit auslöst.

10b Zur sprachlichen Form der **Anklageschrift**: Sie wird weitgehend aus Fakten konstatierenden und begründenden Sätzen bestehen. Inhaltlich könnte sie folgende Punkte nennen:

– Mitwirkung bei der Vergasung von Männern; Frauen und Kindern

– persönlich tätig nicht nur bei den organisatorischen Vorbereitungen, sondern auch beim Einwerfen des Gases in den Raum, in dem Menschen, die getötet werden sollten, eingesperrt waren
– mangelnde moralische Maßstäbe, ja völlig fehlendes Unrechtsbewusstsein
– trotz höherer Schulbildung unfähig, propagandistische Behauptungen von Fakten zu unterscheiden
– kritik- und gedankenloser Handlanger eines Unrechtsregimes
– unfähig zu erkennen; dass jeder für sein Tun verantwortlich ist; statt dessen Abschieben der Verantwortung auf andere und auf abstrakte gesetzliche Vorgaben.

<u>Text 10</u> könnte helfen, die für Stark typischen Verhaltensweisen auf den Begriff zu bringen.

Vorwürfe	Entschuldigungen
Was geschah, das konnte nur geschehen, weil dieses Bewusstsein korrumpiert war.	„Das weiß ich nicht".
	„Ich habe nicht genau hingesehen".
Die alten Ideale wirken unbewusst weiter.	
Unser Ich war unserem Narzissmus zu Diensten.	Das, was sich mir zeigte, hielt ich „durchaus nicht für unrecht".
Dieser war bestimmt von der Vorstellung von uns selbst als Herrenmenschen.	„Jedes dritte Wort schon in unserer Schulzeit handelte doch von denen, die an allem schuld waren und die ausgemerzt werden mussten".
Wir hatten ein falsches und eingeengtes Bewusstsein.	„Es wurde uns eingehämmert, dass dies nur zum Besten des eigenen Volkes sei".
Hinter unseren entstellenden Projektionen konnten wir unsere Fähigkeit des Mitleidens nicht wahrnehmen.	„In den Führerschulen lernten wir vor allem alles stillschweigend entgegenzunehmen".
	„Uns wurde das Denken abgenommen, das taten ja andere für uns".

10c Der für eine *Interpretation* der Hochhuth-Szene wichtige erste Gesamteindruck könnte sich auf folgende Beobachtungen stützen:

– Die dem Jesuitenpater Riccardo vom Papst gewährte Audienz endet in einer ungewöhnlich direkten und harten Auseinandersetzung.
– Der dem Papst unterstellte Priester hält das, was dieser in der Judenfrage tun will, für völlig falsch und greift seinen Vorgesetzten deswegen mit massiven Vorwürfen an.
– Der Papst gerät mehr und mehr in eine defensive und missliche Lage, weil er den vorgetragenen Argumenten, wenig Überzeugendes entgegenzusetzen hat.

Der erste Gesamteindruck wird durch eine Reihe von Einzelbeobachtungen gestützt:

– Die zur AA 8b erarbeitete kontrastierende Gegenüberstellung der **Bühnenanweisungen** (LB, S. 546)
– Die **Personenkonstellation**: Die Verteilung der Gewichte, scheinbar leicht ablesbar an der zahlenmäßigen Gruppierung und an der hierarchisch vorgegebenen Über- und Unterordnung (Papst, Kardinal, Graf Fontana – Pater Riccardo), ist, was Argumentation und Überzeugungskraft angeht, auf den Kopf gestellt. Der Papst und seine zwei Würdenträger neutralisieren sich in ihren Äußerungen und d.h. im Gewicht, das ihren Äußerungen zukommt, wechselseitig.
– **Sprache und Sprechweise**: Auch bei diesem Vergleich wird Riccardos Dominanz deutlich; ausdrücklicher Beleg dafür im Text: Papst *„stumm, in seiner offensichtlichen Machtlosigkeit Riccardo und der Sprache gegenüber."* (Z. 39).

Papst	Pater Riccardo

• Ist zunächst nicht in der Lage, zu sprechen
• Dann redet er in Teilsätzen, stockt, unterbricht
• Reagiert nur
• Zieht sich „ostentativ" auf Schweigen zurück
	• Redet in ganzen, wohlüberlegten Sätzen
	• Nimmt gegebene Stichwörter direkt, zielgerichtet auf
	• Die von ihm gewählten Begriffe und Formulierungen wirken wie „Hammerschläge":
	  – „für Hitler eine Blankovollmacht" (Z. 8);
	  – „zum Zeichen, dass er vogelfrei ist" (Z. 28);
	  – „vor aller Welt *den* Mann verfluchen, der Europas Juden viehisch ermordet" (Z. 36–38);
	  – „Diener *der* Kirche ..., die in der Nächstenliebe ihr oberstes Gebot sieht" (Z. 51/52);
	  – „Gott soll die Kirche nicht verderben, nur weil ein Papst sich seinem Ruf entzieht." (Z. 113/114)

• Die erklärenden und begründenden Aspekte seiner abschließenden Äußerung werden durch die Pilatus-Rolle, in die ihn der Autor durch seine Bühnenanweisungen versetzt, zu bloßen oberflächlich klingenden Entschuldigungen.	

– Die vom Autor wohl angestrebte und erzielte **Wirkung** beim Leser: Die Kommunikationssituation, vorgegeben durch die sehr steile Hierarchie in der römischen Kurie, ist extrem asymmetrisch. Sie wird im Verlauf des Gesprächs durch die für Außenstehende befremdlich klingenden Anreden („Herr Minutant" Z. 1, 54 und „Heiligkeit" Z. 7, 54, 76), die Verwendung des Pluralis majestatis durch den Papst („Wir" Z. 32, 86, 103 und „Uns" Z. 107) und das unterwürfige Auftreten des Kardinals und Graf Fontanas, formal noch gesteigert. Durch diese Zuspitzung ergibt sich eine im wörtlichen Sinne „verzerrte Kommunikation", die der Autor durch „Übertreibungen" in der Sache und in der verwendeten Sprache zum Umschlag bringt: Der Stern an der Soutane wird als „Blasphemie" (Z. 4 und 5), als „Anmaßung" (Z. 20), als „Ungezogenheit"(Z. 21), schließlich als „Frevel" (Z. 68) und als „Unfug" (Z. 83) bezeichnet. Im gleichen Zusammenhang spricht der Papst – „zitternd vor Zorn" (Z. 31), also völlig unbeherrscht – ein Verbot „ex cathedra" (Z. 32) aus, d.h. er benutzt die Formel, mit der ein Papst in Glaubens- und Lebensfragen als oberster Lehrer der Kirche Lehraussagen verkündet, die frei von der Möglichkeit des Irrtums, also unfehlbar und unbedingt verbindlich sind. Dies verstärkt den ohnehin fast durchgehend erweckten Eindruck: Der Heilige Vater macht die eigene Position wiederholt selbst fraglich, gibt sich hier sogar der Lächerlichkeit preis. Dies könnte auch als Grundtendenz seiner abschließenden „endgültig glasklar und hart" (Z. 101) vorgetragenen Äußerung verstanden werden, in der die Häufung von Fremdwörtern und von lateinischen Formeln auffällt. In der Schlussbemerkung des „Minutanten" jedenfalls wird die Umkehrung der asymmetrischen Situation, die im Verhalten und in der Sprache der beiden Hauptfiguren längst manifest geworden ist, noch einmal deutlich: Jetzt ist nicht mehr von „Heiligkeit", sondern nur noch von „einem Papst" die Rede.

Sprachlosigkeit des Papstes markiert das Ende des ungleich angelegten Dialogs. Dieser entfaltet und belegt zweifellos die den Werken des Autors sehr entschieden – teils lobend, teils kritisch – nachgesagte „provozierende Wirkung". Der Germanist Walter Muschg[8] hat in seinem Nachwort zur Taschenbuchausgabe des „Stellvertreters" (1967) die Papstszene verglichen mit der Audienz beim Sultan Saladin, in der Nathan die Ringparabel erzählt. Er schreibt: „Dort und hier wird mit den gleichen Mitteln des kunstvollen Szenenaufbaus, der rhetorischen Steigerung, der dialektischen Kontrastierung gearbeitet. Es ist lächerlich, hier nach mehr Psychologie und historischer Treue zu rufen. Solche Kunst hat es auf eine Wahrheit abgesehen, die kein Psychologe und kein Historiker sichtbar machen kann."

Ausgangspunkt einer *Interpretation* des Textauszuges aus dem „Oratorium" von Peter Weiss sollten vielleicht einige allgemeine Hinweise zum Thema „Holocaust" sein, damit den Schülern die historische Realität gegenwärtig ist.

Der „Gesang vom Unterscharführer Stark III" konfrontiert den Leser oder Zuhörer mit der Realität der unmenschlichsten Verbrechen, die sich die Nationalsozialisten für die Vernichtung des jüdischen Volkes, nach ihrer Sprachregelung für die „Endlösung der Judenfrage", ausgedacht haben. Allein in Auschwitz wurden, neuerer Forschung[9] zufolge, zwischen 0,8 und 1,6 Millionen Menschen umgebracht. Die Opfer – v.a. Juden, aber auch Sinti und Roma – wurden in den vom Februar 1942 bis zum November 1944 fabrikmäßig betriebenen Gaskammern (mit Zyklon B) getötet und in Krematorien verbrannt, starben an Entkräftung, Seuchen oder bei brutalen Übergriffen der Lagerbesatzung. In Treblinka waren es mehr als 974.000 Opfer.

In diesem Textauszug wird das perfekt organisierte und meist reibungslos funktionierende Vernichtungssystem personalisiert und am Ablauf eines einzelnen Mord-Vorgangs aus der Sicht eines Täters gezeigt. Der erste Eindruck könnte v.a. bestimmt sein von dem menschenverachtenden, offenbar völlig gefühllosen Handeln der beteiligten Täter, über das berichtet wird. Denn in dieser Szene wird die in den erschreckenden Zahlen nur abstrakt fassbare Tötungsmaschinerie trotz der sachlich-distanzierten Art und Weise der Befragung konkret vorstellbar.

Bei einer näheren Untersuchung des Textes ergibt sich – ausgehend von der Frage nach einer möglichen Gliederung der Szene, sei es von einer näheren inhaltlichen Betrachtung der Fragen und Antworten, sei es aus der Suche nach Schlüssel begriffen – eine deutliche Zweiteilung: Erheben der Fakten Z. 1–91 – Ermittlung der Handlungsmotive und eines vielleicht vorhandenen Schuldbewusstseins Z. 92–127.

Sie kann mittels des folgenden Schaubildes veranschaulicht werden:

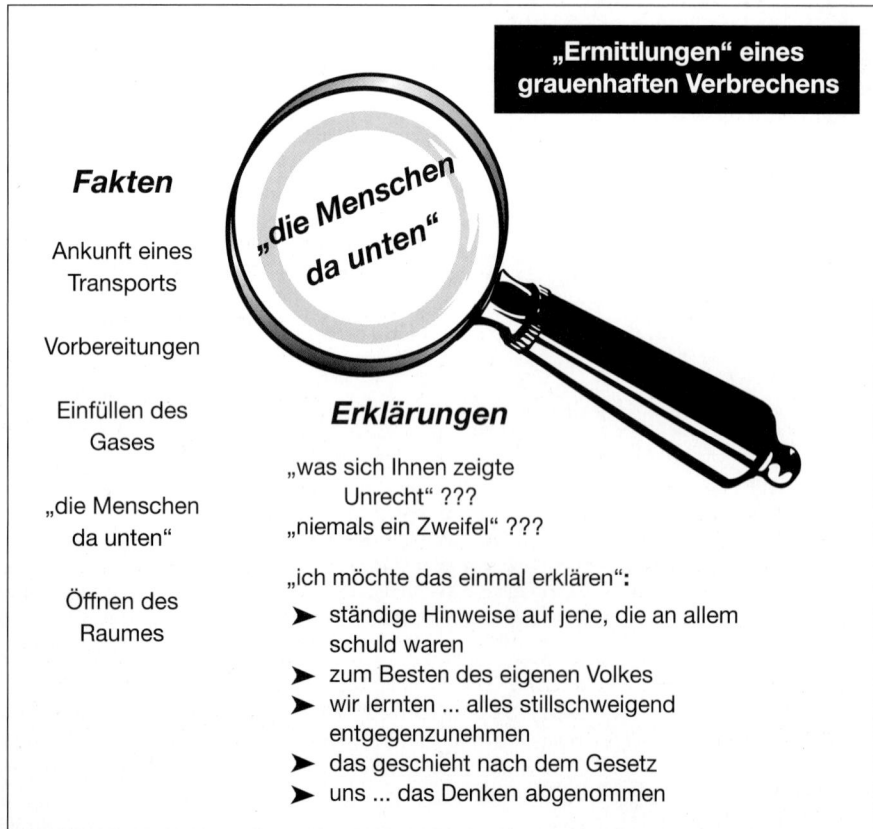

„Ermittlungen" eines grauenhaften Verbrechens

Fakten

Ankunft eines Transports

Vorbereitungen

Einfüllen des Gases

„die Menschen da unten"

Öffnen des Raumes

„die Menschen da unten"

Erklärungen

„was sich Ihnen zeigte Unrecht" ???
„niemals ein Zweifel" ???

„ich möchte das einmal erklären":
➤ ständige Hinweise auf jene, die an allem schuld waren
➤ zum Besten des eigenen Volkes
➤ wir lernten ... alles stillschweigend entgegenzunehmen
➤ das geschieht nach dem Gesetz
➤ uns ... das Denken abgenommen

---

8 Rolf Hochhuth: Der Stellvertreter. Hamburg (Rowohlt) 1967, rororo TB 997/998, S. 295.

9 Dazu: Guido Knopp: Holokaust. München (Bertelsmann) 2002.

Ausgehend von der über die Einzelbeobachtungen gewonnenen Übersicht lässt sich unschwer erkennen, wie konsequent der Richter zunächst sachlich und neutral die Fakten erhebt, den Ablauf des Geschehens rekonstruiert und zu klären versucht, in welchem Umfang der Angeklagte persönlich beteiligt war. Die auf das Notwendigste reduzierten Fragen belegen dies. Die Antworten des Angeklagten beschränken sich ihrerseits auf die äußerst knapp gehaltene Darstellung von Fakten und Vorgängen; mit der einen Ausnahme, dass er die Befehle des Schutzhaftlagerführers Grabner, die ihn entlasten könnten, wörtlich zitiert (Z. 70/71 und Z. 73–75). Auf zwei Fragen, die ihn zu einer wirklichkeitsnahen Schilderung des Geschehenen auffordern, gibt er ausweichende Antworten. Er scheint die Schreckensbilder von damals verdrängen zu wollen Z. 82 und 91).

Von Zeile 92 an ändert der Richter die Perspektive und die Zielrichtung seiner Fragen. Jetzt stehen nicht mehr Fakten und Abläufe im Zentrum, sondern wie der Leitbegriff „Unrecht" erkennen lässt, die Frage nach dem Schuldbewusstsein des Angeklagten. Eine Interpretation dieser Szenenhälfte könnte – insbesondere auf dem Hintergrund der vorher berichteten Taten – zeigen, dass und warum ihm dies völlig abgeht. Bis in den Sprachgebrauch hinein, wo immer noch – unreflektiert weiterhin gebraucht – die vor Jahrzehnten indoktrinierten Gedanken in Begriffen und Formeln auftauchen („das war unmännlich und feige" Z. 100 – „die ausgemerzt werden mussten" Z. 110), zeigt sich, dass eine Auseinandersetzung mit der Vergangenheit nicht stattgefunden hat. Der mehr als deutliche Versuch, auch jetzt noch Verantwortung und Schuld anderen zuzuschieben, ist das Ergebnis dieser mangelnden Einsicht.

Überlegungen zu der Frage, warum dies so geschehen konnte, warum die Täter so gefühl- und gewissenlos handeln konnten, warum Menschen einander so unvorstellbares Leid antun, könnten am Ende dieser Interpretation stehen.

11a Die Schüler können einzelne **Eigenarten des dokumentarischen Theaters** bei Peter Weiss – insbesondere wenn sie es mit dem Auszug aus Rolf Hochhuths Schauspiel (Text 6) vergleichen – erkennen:
– Aufteilung in „Gesänge"
– Verzicht auf fast alle theatralischen Mittel (z.B. keine Bühnenanweisungen)

– Entschiedene Konzentration auf den sprachlichen Vortrag
– Stark reduzierte sprachliche Darstellung; überwiegend knappe Fragen, sowie auf kurze Hauptsätze und oft nur auf Teilsätze beschränkte Antworten
– Protokollstil: Reihung gleichwertiger Einzelinformationen
– sparsame, fast durchgehend emotionslose Beschreibung von Fakten

11b Im Lexikonartikel „**Dokumentarisches Theater**" (SB, S. 399) werden „Nähe zur Wirklichkeit, Glaubwürdigkeit, gesellschaftsverändernde Wirkung" als Ziele dieser Theaterform genannt. Diese Zielsetzungen sind in einem Staat wie dem der DDR, in dem die Künste parteipolitischen Zielen untergeordnet sind (vgl. den Lexikonartikel „Parteilichkeit" SB, S. 412), nicht gern gesehen. Dies wird noch deutlicher, wenn wir an gleicher Stelle auf die Verpflichtung des Künstlers zu „wahrheitsgetreuer, historisch konkreter Darstellung der Wirklichkeit in ihrer revolutionären Entwicklung" stoßen. Der Führungsanspruch der Partei auch in der Literatur schloss die zum dokumentarischen Theater gehörende Absicht, gesellschaftskritisch und politisch zu wirken, aus.

(Als Klausurtexte eignen sich in diesem Zusammenhang Günter Kunerts „Zentralbahnhof", **K 3** LB, S. 585, in Form der Interpretation eines fiktionalen Textes und ein Auszug aus Erich Loests Roman „Es geht seinen Gang oder Mühen in unserer Ebene" **K 4** LB, S. 586f., mit einem ersten als Texterläuterung vorgesehenen Teil und einer Gestaltungsaufgabe.)

12 Sich mit Martin Walsers Standpunkt auseinanderzusetzen verlangt besondere gedankliche Anstrengung. Die These, dass es im Auschwitz-Prozess auch um „unser Auschwitz" ging, ist der heutigen Schülergeneration – „der dritten Generation, der Generation der Enkel und Enkelinnen" (Bernhard Schlink) nur sehr schwer und nur mittels klarer Unterscheidungen zu vermitteln. Daher zunächst der Versuch, zu differenzieren und differenzierend zuzuordnen (Auszüge aus der Rede Schlinks anlässlich der Verleihung des Fallada-Preises der Stadt Neumünster 1997, **K 5**, LB, S. 588, können dabei helfen.)
Alternative: Parallele Lektüre zu den von Alexander und Margarete Mitscherlich angestellten Überlegungen in dem Auszug aus ihrem Buch „Die Unfähigkeit zu trauern" (SB, S. 402/403).

„Unser Auschwitz" – Differenzierungsversuch

Generation der Täter:	• am Unrecht, an den begangenen Verbrechen aktiv Beteiligte: • Urheber der Mordbefehle • – Organisatoren des Massenmordes • – Ausführende: Lagerleiter .... Einzeltäter, Führer von Einsatzgruppen, Sonderkommandos • Schreibtischtäter • Handlanger („willige Helfer") • Denunzianten • Nutznießer • Mitläufer • überzeugte Volksgenossen • Tatzeugen, Wissende und Sehende, die weggeschaut, die nicht eingegriffen haben • Gleichgültige	• Schuld für persönlich begangene Verbrechen • Schuld, weil indirekt beteiligt am Unrecht, das anderen angetan worden ist • Schuld, weil einverstanden mit diesem Unrecht • Schuld, weil Eingreifen oder Hilfeleistung wegen Feigheit, Angst, Eigennutz oder Gleichgültigkeit unterlassen
Generation der Söhne und Töchter:	• schicksalhaft einbezogen, weil Kinder oder Verwandte von Tätern • ungewollt einbezogen, weil Angehörige desselben Volkes • mitverantwortlich, weil in derselben Solidargemeinschaft, die Täter als Mitbürger, Politiker, Beamte, Richter, Professoren, Lehrer, Eltern akzeptiert bzw. akzeptiert hat	gemeinsam zu tragende Schuld und Verantwortung, die sich aus der Einbindung in die Gemeinschaft ergibt • Möglichkeit der zumindest moralischen Befreiung aus dieser Einbindung durch Protest sowie Anklage und Verurteilung der Täter, Mittäter und schuldig gewordenen Zuschauer

Generation der Enkel und Enkelinnen (der „Nachgeborenen"):	• aus dem dargestellten Schuldzusammenhang herausgewachsen
	• Bezug zu dem, was geschehen ist:
	  – Betroffenheit von dem, wozu Menschen fähig sind
	  – zurückhaltende Stellungnahme
	  – Desinteresse und Gleichgültigkeit
	• erneutes Fehlverhalten: Ablehnung, Intoleranz
		• rechtliche und moralische Verpflichtung und Verantwortung für das, was ich persönlich tue oder unterlasse

Aus dem literarischen Dokument, das Peter Weiss 1965 vom Auschwitz-Prozess erstellt hat (Text 8), und aus den beiden Auszügen aus Bernhard Schlinks Roman (Text 9) können die Schüler unterschiedliche Beispiele entnehmen dafür, wie jemand mit persönlicher Schuld umgeht:

Text 8: – Seine Hände in Unschuld waschen in Anspielung auf Pilatus (Z. 13–21).
– Suche nach Entlastungsmomenten, hier Zwang von außen (Z. 67–77).
– Vorgeschobenes Nichtwissen (Z. 82 und 91).
– Weit ausholende Erklärung, in der die Schuld der Schule und der Ausbildung in der Hitlerjugend zugeschoben wird (Z. 105–126).

Text 9: – Hanna spricht nicht von sich aus; sie versucht nicht, ihr Tun zu beschönigen. (Z. 46).
– Sie „akzeptierte, dass sie zur Rechenschaft gezogen wurde" (Z. 85/86).
– Michael gesteht sich ein, dass er Hanna verraten hatte, sieht sich schuldig (Z. 100).
– Er sieht sich auch schuldig, weil er eine Verbrecherin geliebt hat (Z. 101/102).

Seite 401

Texterläuterungen:

Bernhard Schlink betrachtet und beschreibt im **„Vorleser"** die im Dritten Reich begangenen Verbrechen und die Auseinandersetzung mit der nationalsozialistischen Vergangenheit aus veränderter Perspektive. Der persönliche Anteil eines einzelnen Menschen an diesen Verbrechen und die sich daran anknüpfende Schuldfrage sind wesentlicher Teil der Geschichte; außerdem die Frage, ob und wie sich Verbrechen und Schuld auf eine später aufgenommene Beziehung auswirken.

Der Ich-Erzähler Michael Berg berichtet die Ende der 50er-Jahre beginnende Geschichte in chronologischer Folge. Der Fünfzehnjährige verliebt sich in die 36 Jahre alte Straßenbahnschaffnerin Hanna. Sie lehrt ihn die Liebe und er liest ihr – Teil ihres Liebesrituals – vor aus Dramen, Erzählungen und Romanen der Weltliteratur. Die Beziehung endet, als Hanna plötzlich aus der Stadt verschwindet.

Jahre später trifft Michael, jetzt Student der Rechtswissenschaften, Hanna in einem Prozess wieder, angeklagt als ehemalige KZ-Aufseherin. Sie soll für den Tod von Häftlingen in Auschwitz und in einem Außenlager mitverantwortlich sein; außerdem dafür, dass mehrere hundert Frauen bei einem Todesmarsch nach Westen in einer in Brand geratenen Kirche umgekommen waren. Michael begreift, warum Hanna die Hauptschuld auf sich nimmt, erst als er ihr sorgsam gehütetes Geheimnis entdeckt: Sie ist Analphabetin. Sie wird, weil sie dies auch im Prozess verschweigt und lieber die Hauptschuld auf sich nimmt, zu lebenslanger Haft verurteilt.

Im dritten Teil des Romans nimmt Michael acht Jahre später wieder Kontakt zu Hanna auf, schickt ihr, ohne jede persönliche Äußerung, von ihm besprochene Kassetten, mit deren Hilfe sie lesen und schreiben lernt. Kurz vor ihrer Entlassung nach achtzehn Jahren treffen sie sich wieder. Michael begegnet einer resignierten alten Frau. Dem Leben in Freiheit, das er für sie organisiert, entzieht sich Hanna durch Selbstmord.

Michael, Vater einer Tochter und nach wenigen Ehejahren geschieden, lässt die Schuldfrage nicht los. Zehn Jahre später versucht er sie schreibend zu bewältigen.

13a Bei der Lösung dieser Aufgabe sind folgende Punkte denkbar:

1. Einstieg mitten ins Thema, z.B. mit einer der Fragen des Anwalts: „Junge Mädchen also, jeweils eines für eine Weile?"

2. Sachlich informierende Zuordnung dieser Frage zum Vorgang: Erneute Fortsetzung des KZ-Prozesses vor dem Schwurgericht in ...; Befragung der Angeklagten Hanna Schmitz durch den Anwalt der anderen Angeklagten zu einem besonders ungewöhnlichen Anklagepunkt: Bevorzugte Behandlung einzelner weiblicher Häftlinge durch die Beschuldigte.

3. Vom befragenden Anwalt strategisch geschickt dazu benutzt, seine Mandantinnen zu entlasten, indem er der Angeklagten Schmitz vorhält, „dass sie allein im Lager Schützlinge hatte" und dass dies – ein Vorwurf, wie man ihn schlimmer kaum formulieren kann – „ihre spezielle, ihre persönliche Selektion war".

4. Schweigen der Beschuldigten auf die Frage, ob es stimme, „dass alle ihre Schützlinge, wenn sie ihrer überdrüssig war, in den nächsten Transport nach Auschwitz kamen".

5. Ergänzende Aussage der aus den USA angereisten Zeugin, die mit ihrer Mutter die Bombennacht damals in der Kirche überlebt hatte: Sie bestätigt, dass die Angeklagte „Lieblinge" hatte, die besser untergebracht, versorgt und verköstigt waren und die sie „abends zu sich holte"; wie erzählt wurde, um sich vorlesen zu lassen.

6. Ende des Prozesstages, da die Anwälte keine weiteren Fragen an die Angeklagte zu stellen hatten, mit dem denkwürdigen Kommentar der Zeugin zu den seltsamen Machenschaften der KZ-Aufseherin: „War es denn besser, als wenn sie sich an dem Bau zu Tode gearbeitet hätten?"

13b Für die Abfassung dieser *Gerichtsreportage* ist ein Punkt von besonderer Bedeutung: Der Erzähler weiß noch nicht, dass Hanna nicht lesen und schreiben kann. Denkbar sind in einem aus seiner Sicht geschriebenen Bericht die folgenden Gesichtspunkte:

1. Eröffnung mit der letzten Äußerung der Zeugin: „Das war besser, ... als wenn sie sich an dem Bau zu Tode gearbeitet hätten."; Abschluss eines interessanten und bewegenden Prozesstages.

2. Sachlich informierende Zuordnung des Zitates zum Vorgang: Fortsetzung des Prozesses vor dem Schwurgericht in ..., bei dem die Beschuldigten diesmal zu ihrem Umgang mit den weiblichen Häftlingen im Lager, in dem sie als Aufseherinnen tätig waren, befragt wurden.

3. Versuch eines der Rechtsanwälte, die Angeklagte Schmitz – zur Entlastung der von ihm vertretenen Mandantinnen – mit einer ungewöhnlichen Vorhaltung zu isolieren: Sie habe im Lager „Schützlinge" gehabt und diese, wenn sie ihrer überdrüssig war, mit dem nächsten Transport nach Auschwitz geschickt.

4. Keine Antwort der Beschuldigten auf diesen scheinbar schlimmen Vorwurf. Bedauerlicherweise hat der Anwalt von Hanna Schmitz die ihm gebotene Möglichkeit, von seiner Mandantin Genaueres über ihr Tun und ihre Beweggründe zu erfragen, nicht genutzt.

5. Gegen Ende des Verhandlungstages eine für alle Prozessbeteiligten überraschende Aussage der aus den USA angereisten Zeugin, die mit ihrer Mutter die Bombennacht damals in der Kirche überlebt hatte: Die Angeklagte habe tatsächlich „Lieblinge" gehabt. Sie habe immer wieder junge, schwache und zarte Mädchen „unter ihren Schutz genommen" und dafür gesorgt, dass sie nicht arbeiten mussten. Sie habe sie besser untergebracht, versorgt und verköstigt und sie abends zu sich geholt. Die Vermutung, sie habe mit ihnen ihren Spaß gehabt und, wenn sie die Mädchen satt hatte, seien sie zum Transport gekommen, habe sich nicht bestätigt, sondern sei durch die Äußerung eines der Mädchen widerlegt worden. Wörtliche Feststellung der Zeugin: „Wir haben gewusst, dass die Mädchen ihr vorgelesen haben. Abend um Abend um Abend. Das war besser..."

Zum *Vergleich* der Ergebnisse: Die gedoppelte Aufgabenstellung verlangt von den Schülern, zwei völlig verschiedene Beurteilungsperspektiven einzunehmen und den strittigen Sachverhalt bewusst einseitig zu betrachten. Bei einer Gegenüberstellung müssten mehrere Gesichtspunkte fast selbstverständlich in den Blick rücken:

– Einseitiges Fragen führt nur zu Teilwahrheiten.
– Die Kenntnis eines Faktums kann die Einschätzung und Beurteilung vieler Details, aber auch des ganzen Sachverhalts verändern.
– Jede persönlich geprägte oder von Voreingenommenheit bestimmte Sichtweise führt zu anderen „Erkenntnissen".
– Nicht nur die verwendete Begrifflichkeit, auch Beleuchtung und sprachliche Fassung eines Vorgangs oder einer Tatsache verändern deren Bedeutung und Gewicht.

14 Das *Schlussplädoyer* des Verteidigers könnte sich auf folgende Überlegungen stützen:

– Nicht lesen und schreiben können galt und gilt sogar heute noch als Schande.
– Wer diesen Makel in seinem Gewicht und in seiner ganzen Tragweite verstehen und einordnen möchte, der muss sich zuallererst klar machen, was sich deswegen schämen müssen in einer hochzivilisierten Gesellschaft bedeutet.
– An einer ganz entscheidenden Stelle im Leben von Frau Schmitz ist ihr dieser Mangel zum Verhängnis geworden, so dass sie die Chance, die ihrem Leben eine ganz andere Wendung gegeben hätte, nicht wahrnehmen konnte: Bei Siemens wurde ihr eine Stelle als Vorarbeiterin angeboten. Als Analphabetin war sie dafür ungeeignet. Um ihr Unvermögen nicht zu offenbaren, meldete sich als Aufseherin zur SS.
– Im Prozess wurde ihr die Tatsache, dass sie nicht lesen und schreiben konnte wiederholt zum Verhängnis:

• Schreiben und Ladungen der Staatsanwaltschaft konnte sie nicht lesen, so dass sie auch nicht antworten konnte, was ihr zum Nachteil ausgelegt wurde (Z. 94)
• Sie konnte die Anklageschrift nicht lesen und sich deswegen auch nicht auf eine überlegte Verteidigung vorbereiten.
• Sie konnte das Protokoll der richterlichen Vernehmung nicht lesen und deswegen auch nicht überprüfen, so dass sie falsche Anschuldigungen nicht feststellen und auch nicht rechtzeitig richtigstellen konnte (z.B. die Behauptung, sie habe einen Schlüssel zur Kirche gehabt, Z. 104/105).
• Sie kannte, weil sie nicht lesen konnte, die deutsche Fassung des Buches der Tochter nicht, die ihr im Manuskript zugänglich gemacht worden war. Weil sie ihre Unfähigkeit nicht öffentlich eingestehen will, muss sie akzeptieren, dass das Buch in der Verhandlung auch nicht vorgelesen wird (Z. 105).
• Sie erklärt, obwohl sie sich damit enorm schadet, sie habe den Bericht, der sich in den Akten der SS gefunden hatte, geschrieben, um bei einer vom Staatsanwalt vorgeschlagenen Schriftprobe nicht bloßgestellt zu werden (Z. 124).

Ein Teil dieser Hinweise und Überlegungen findet sich – teils knapp angedeutet, teils sehr pointiert gefasst – im zweiten Teil des Romanauszuges (Z. 53–90)

15a Dem **Ich-Erzähler** begegnet „im Späteren ... Früheres", wird „gegenwärtig und lebendig", v.a. seitdem Hanna für Jahre aus seinem Leben verschwunden und dann als ganz andere Person wieder aufgetaucht ist:

– In den letzten Zeilen des Romanausschnittes reflektiert Michael die Situation, in der er sich gesehen hatte, als Hanna plötzlich aus der Stadt verschwunden war. Er war sicher

gewesen, sie vertrieben zu haben und deswegen schuldig zu sein, weil er sie im Schwimmbad für einen Moment ignoriert hatte. Jetzt erklärt sich ihr Verschwinden ganz anders, und dennoch sieht er sich schuldig, weil er sie damals im Bad „verraten" hat.
– Seine Liebesbeziehung zu Hanna wird für ihn im Nachhinein zur Schuld: „... weil ich eine Verbrecherin geliebt hatte" (Z. 101f.).

15b Die Konsequenzen aus der von Bernhard Schlink gewonnenen Einsicht könnten in einem *Gespräch* mit der Klasse erörtert werden. Gedanklicher Anstoß dazu: In welchen sprichwörtlich gewordenen Redensarten ist diese Erfahrung in ähnlicher Weise festgehalten?
Mögliche Antworten:

– Die Vergangenheit holt uns ein.
– Die Rechnung dafür kommt noch.
– Man muss für alles bezahlen.
– Denn alle Schuld rächt sich auf Erden (Goethe: „Wilhelm Meister").

Weiterführende Überlegungen: Was geschieht, wenn wir in späteren Phasen unseres Lebens auf frühere, vielleicht sogar bewusst abgelegte Schichten unserer persönlichen Vergangenheit stoßen, durch Orte, Gegenstände, Personen, Ereignisse an früher Geschehenes erinnert werden? Verarbeiten, Verdrängen, Vergessen sind unterschiedliche Arten, damit umzugehen. Welche Bedeutung haben sie in solchen Momenten?
Das vom Autor aufgegriffene Problem begegnet uns in ähnlicher Weise dort, wo wir auf geschichtliche Vorgänge treffen, die nachwirken. Wie müssen wir in diesem Kontext die folgende Äußerung Goethes einschätzen: „Wenn wir uns von vergangenen Dingen eine rechte Vorstellung machen wollen, so haben wir die Zeit zu bedenken, in welcher etwas geschehen, und nicht etwa die unsrige, in der wir die Sachen erfahren, an jene Stelle zu setzen." (Geschichte der Farbenlehre, Artemis-Gedenkausgabe 16, S. 539)?

Der Zugang zu Paul Celans „Todesfuge" kann – im Sinne einer „Vorentlastung" – auch über die Verse gesucht werden, die sein Freund Immanuel Weißglas wenige Monate bevor die Todesfuge entstand, verfasst hat. (Textvorlage in **K 6**, LB, S. 589)
Zum *Vortrag des Gedichtes* vgl. die zu der Arbeitsanregung 16a (s.u.) gegebenen Hinweise.

Seite 404

16a Der *Vortrag des Gedichtes* lässt sich durch wenige und sehr einfache choreografische Hinweise unterstützen und wirksamer gestalten (gut wäre, wenn solche Vorschläge in gemeinsamer Vorüberlegung und Erprobung zustande kämen):

– Selbstverständlich dürfte sein, dass die Schüler beim Vortragen nicht sitzen bleiben.
– Alternativen zum stehenden Vortrag: knien, zusammengekauert hocken ...
– Stimmen oder Gruppen sprechen mit dem Rücken zum Zuhörer oder gegen eine Wand.
– Sehr sparsame Gesten können die Aussage einzelner Verse oder Textpassagen verstärken.

16b/c Die **Suche nach Bildausschnitten und Motiven** eignet sich auch für eine *Partner- bzw. Gruppenarbeit* oder für eine freiwillige Hausaufgabe, u.U. als alternativer Auftrag zu einer *Text-Bild-Collage*.
Weitere Möglichkeit: Eine Textcollage mit Textfragmenten aus Text 8 und Text 12, die einander zugeordnet wechselseitig gedankliche Beziehungen zueinander aufnehmen.

S. 405–408: I,3. „Topographie im Ungesicherten" (Ilse Aichinger) – Gedichte und Denkbilder als Orientierungsversuche

In dieser Teilsequenz rücken die Aufgaben, denen sich der Dichter konfrontiert sieht, in den Mittelpunkt. Die Frage, die sich damit stellt, ist nicht neu, genauso wenig wie die im Lauf der Geschichte sich verändernden Antworten: Als Sänger, Prophet und Priester wurde er gesehen, als Chronist, Erzähler und Unterhalter, als geistiger Führer und als Sozialkritiker, sein Auftrag reichte von der wahrheitsgetreuen Darstellung der Realität bis zu deren Verklärung, von der Beobachtung und Deutung der Lebenswirklichkeit bis zu deren Veränderung.

Verglichen mit solch zahlreichen und meist auch hohen Ansprüchen schlagen die in diesem Zusammenhang präsentierten Texte einen sehr zurückhaltenden Ton an. Die den Autoren gemeinsamen geschichtlichen Erfahrungen und wohl ganz ähnliche Schwierigkeiten bei der Standortsuche in einer brüchig gewordenen Welt machen diese Zurückhaltung verständlich.

Mögliche Ziele:

1. Beispiele für Gedankenlyrik vergleichend erarbeiten und interpretieren
2. An ganz unterschiedlichen Beispielen den für Dichtung konstituierenden Grenzbereich zwischen Sprachlosigkeit und Sprechen erkunden
3. Mögliche Zugänge zu dunkler Dichtung (hermetischer Lyrik) kennen lernen und erproben

Seite 405

1a Die gestellte Aufgabe soll Vorkenntnisse der Schüler aktivieren und in einer am besten gemeinsam durchgeführten Stoffsammlung ein tragfähiges Fundament für das Verständnis der in diesem Teilkapitel vorgelegten Texte schaffen. Ein auf diesem Weg erstellter *Cluster* könnte etwa so aussehen:

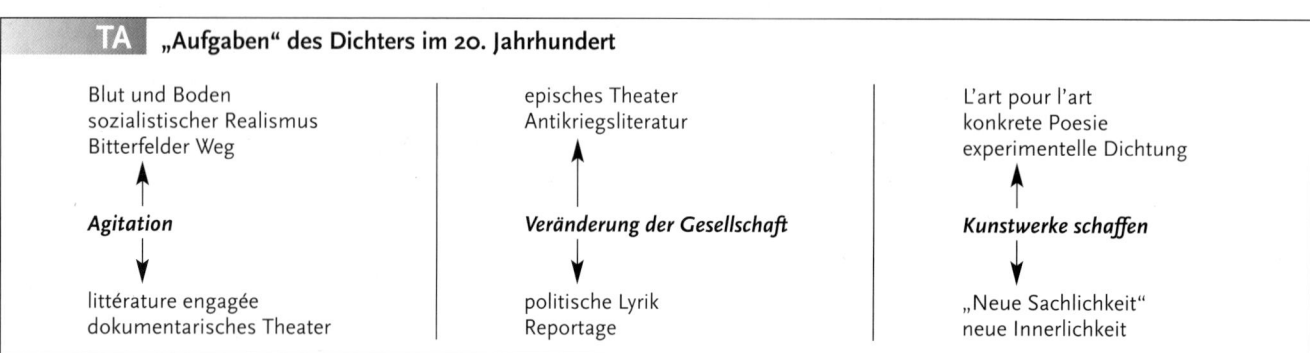

TA „Aufgaben" des Dichters im 20. Jahrhundert

Blut und Boden sozialistischer Realismus Bitterfelder Weg	episches Theater Antikriegsliteratur	L'art pour l'art konkrete Poesie experimentelle Dichtung
↑	↑	↑
Agitation	*Veränderung der Gesellschaft*	*Kunstwerke schaffen*
↓	↓	↓
littérature engagée dokumentarisches Theater	politische Lyrik Reportage	„Neue Sachlichkeit" neue Innerlichkeit

1b Wie Günter Eich die **Aufgabe des Dichters** sieht, kann in einer kurzen Stillarbeit aus Text 1 erschlossen werden. Arbeitsauftrag: Notieren Sie mit eigenen Worten die Aufgaben, die der Autor Günter Eich sich stellt.

– Orientierung in der Wirklichkeit;
– Markieren des Kurses in der unbekannten Fläche, als die sich die Wirklichkeit darbietet;
– Übersetzen, um dadurch der Wirklichkeit näher zu kommen, d.h. Übersetzen aus einem nicht vorhandenen „Urtext" – geschrieben in einer Sprache, „in der das Wort und das Ding zusammenfallen", in die noch unzureichende Sprache des Schriftstellers;
– Gedichte zu schreiben, zunächst v.a. mit Hilfe des Dingwortes; auf diese Weise die notwendigen und richtigen „Definitionen" zu finden, um sich so „auf festem Boden" bewegen zu können.

1c *Interpretation* des *Gedichts* von **Günter Eich „Geometrischer Ort"** (Text 2):

Günter Eichs Orientierung in der Wirklichkeit geht aus von zwei historischen Vorgängen: vom Abwurf der ersten Atombombe auf die Stadt Hiroshima und von der Tatsache, dass in deutschen Konzentrationslagern Hunde auf Menschen gehetzt worden sind. Er bringt damit ganz alltägliche Realitätsausschnitte in Zusammenhang: den gewohnheitsmäßigen Kneipenbesuch, das Trinken von Whisky, Liedersingen, das Streicheln von Hunden und das Anlegen von Geld auf der Bank.

Schon die in der ersten Zeile getroffene kategorische Feststellung – „Wir haben unseren Schatten verkauft" – macht diese unsere Wirklichkeit von Grund auf fraglich; die kommentierenden Hinweise – „ein Geschäft, von dem wir nichts wussten, wir streichen ratlos die Zinsen ein" – bekräftigen diese Einschätzung.

Kennzeichnend für das in der Literatur weit verbreitete Motiv des verlorenen oder verkauften Schattens ist die Vorstellung des damit verbundenen Verlustes und der daraus folgenden Persönlichkeitsstörung. Es geht zurück auf Adalbert von Chamissos 1813 geschriebene Erzählung „Peter Schlemihls wundersame Geschichte". Hier wird der gedankenlose Pechvogel zum Schuldigen, der einen wertlos erscheinenden Teil seiner selbst um Reichtums willen verkauft. Von den Mitmenschen wegen seines Mangels verachtet und verstoßen gerät er in die Versuchung, dieses Symbol einer soliden und vertrauenswürdigen bürgerlichen Existenz durch Verschreibung seiner Seele wiederzuerlangen.[10]

Eichs ‚Kursmarkierung' kann nur als entschiedener Vorwurf, als harte, unmissverständliche Anklage verstanden werden: Wir haben einen unveräußerlichen Teil unserer selbst um eines materiellen Vorteils willen weggegeben. Der verkaufte Schatten ist identisch mit einem der im nuklearen Brand verglühten Opfer in Hiroshima, nur schattenhafte Umrisse auf einer Mauer sind von ihm geblieben.

Was war, was seine selbstverständliche Ordnung hatte, ist verändert oder verloren. Doch die Erinnerung an die entsetzlichen Untaten in den Konzentrationslagern bleibt. Noch „die Urenkel auf Menschen dressierter Hunde" halten sie gegenwärtig. Die von Günter Eich gefundene und für richtig gehaltene ‚Definition' setzt eine Verbindung zwischen beiden historischen Fakten. Dabei bleibt offen, ob der Autor die Gemeinsamkeit zwischen Hiroshima und den Konzentrationslagern in der Unmenschlichkeit dessen sieht, was Menschen hier wie dort angetan worden ist, oder in unserer beide Wirklichkeiten einschließenden Schuld.

---

[10] Zur Bedeutung und Geschichte des Motivs vgl. Horst S. und Ingrid Daemmrich: Themen und Motive in der Literatur. Tübingen (Francke) 1987, S. 272f. und Elisabeth Frenzel: Stoffe der Weltliteratur. Stuttgart (Kröner) 1983 (Stichwort: „Schlemihl").

Seite 406

Texterläuterungen:

Text 3: Günter Kunert: Die Schreie der Fledermäuse

Bereits die Überschrift von Günter Kunerts Denkbild lenkt auf den zentralen Aspekt: Die Schreie der Fledermäuse

– lautes Schreien	→ Es wird „nur von ihresgleichen gehört."
– der Stellenwert des zurückgeworfenen Echos	→ Es meldet, „wo ein freier Weg ist."
– die Bedeutung der Stimme, aufgezeigt an ihrem Verlust	→ Ohne Stimme „finden sie keinen Weg mehr."
– die Folge: ihr Tod	→ Konsequenz daraus: „Aufschwung" des Ungeziefers

Die Vorgänge auf der Bildebene berichten weitgehend Bekanntes und sind ohne Schwierigkeiten nachzuvollziehen. Doch die Art und Weise, wie hier scheinbar Selbstverständliches berichtet wird, soll und wird den Leser an mehreren Punkten irritieren:

– Kunert benutzt, von der Überschrift abgesehen, nur das Personalpronomen „sie".
– Er konfrontiert den Leser mit der durchaus absurden Vorstellung, jemand könnte tatsächlich auf die Idee kommen, Fledermäusen die Stimme wegzunehmen.
– Der geradezu absonderlich konstruierte Schlusssatz lenkt die Aufmerksamkeit auf *ein* Wort: „Ungeziefer".

Der auf diesem Wege herausgehobene Sachverhalt: Ein unmittelbar Betroffener berichtet über die Aufgabe der Schriftsteller im Allgemeinen und über ihre konkrete Situation im DDR-Staat, wo man ihnen die Stimme nehmen wollte.

Text 4, 5, 6: Von der einleitenden Definition topografischer Arbeit ausgehende Orientierungsversuche:

Autor	unbekanntes Gelände	Bezugspunkte	Einsichten

Erich Fried: Gebranntes Kind	– Nachkriegszeit
	– politische Auseinandersetzungen:
	  • Aufrüstung
	  • Atomwaffenversuche
	  • Kubakrise 1962
	  • Beginn des Vietnamkrieges 1964
	– Angst vor einem 3. Weltkrieg
		– Sprichwort gewordene Erfahrung
		  • Gebranntes Kind ...
		  • sammeln ... feurige Kohlen
		– Generationenfolge
		– Feuer-Asche
			– Die Menschen lernen aus der Geschichte nicht.
			– Jede Generation muss ihre eigenen bitteren Erfahrungen machen.
			– Was wir tun, das ist im höchsten Grade unsinnig.
			– Ein nochmaliges „Spiel mit dem Feuer" würde die Erde zerstören.

Wolf Wondratschek[11]: In den Autos	Gängige Lebenseinstellungen: – Fernweh – utopische Vorstellungen, – Träume von einer ganz anderen Welt. – Verliebtsein, – warten, bis das Leben richtig anfängt.	– Modernes Statussymbol: Auto – klischeehafte Träume – Fernweh – Südsehnsucht – große Liebe – die Welt verändern – widersprüchliche Vorstellungen; z.B. – „Postkarten [...] um zu endgültigen Entschlüssen aufzufordern." – „die Sonne auch nachts"	Keine neuen, durch Schlussfolgerung gewonnenen Erkenntnisse, sondern eine im Rückblick vorgenommene Standortbestimmung: – aussichtslose Versuche; – Ratlosigkeit; – Enttäuschung; – Resignation.

Ernst Meister nimmt altbekannte Wendungen, überlieferte Redeweisen (Bibelzitate) auf, bemüht die bekannte, unzählige Male benutzte Metaphorik von Rose und Dorn, stellt sie aber in einen ganz neuen, fremden und befremdlichen Kontext, reiht eine Folge von stets erneut überraschenden Äußerungen und verzichtet dabei auf gängige Vers- und Strophenformen.

Autor	unbekanntes Gelände	Bezugspunkte	Einsichten

Ernst Meister: Ich sage Ankunft	– hermetischer Text
	– dunkle, unverständliche Metaphern:
	  • das Licht aufrecht
	  • des Lichtes wirkliches Schilf
	  • die Formel
	
	– poetologische Aussage?
		– Licht – Abgrund
		– Weisheit – Torheit (Anspielung auf 1. Kor. 1, 17–25)
		– Formel als kompakte, präzise gefasste Erkenntnis
		– Gängige Erfahrungen:
		  • Leicht Erscheinendes wird in der Hand schwer.
		  • Verloren Geglaubtes findet sich in neuer Gestalt.
		  • Dorn und Rose gehören zusammen.
			– ein Moment der Hoffnung
			– Torheit kann sich zeigen als höhere Weisheit:
			  • Im weitesten Ausgriff Gewonnenes, leicht in der Hand, wird schwer, geht verloren.
			  • Wird in wunderbarer Verwandlung zur Rose.

Seite 406

---

[11] Ausführlicher Interpretationsversuch von Volker Hage zu Wolf Wondratscheks Gedicht in: Gedichte und Interpretationen. Band 6. Gegenwart. Hrsg. von Walter Hinck. Stuttgart (Reclam) 1982, S. 394–402.

2a Günter Kunert veröffentlichte die Geschichte „Die Schreie der Fledermäuse" zum ersten Mal 1964 in dem Erzählband „Tagträume". Das *Umschreiben* dieses Denkbildes in ein reales Geschehen läuft also auf den Versuch hinaus, den Tagtraum in die Wirklichkeit herüberzuholen[12]:

Die von einigen jungen Leuten seit mehreren Jahren in regelmäßiger Folge herausgebrachte Zeitungsbeilage trug den Titel „Antenne". Die Hefte wurden in der Uni, in vielen Betrieben und sogar an einigen Schulen gern gelesen, nicht nur wegen der aktuellen Tipps, dem Veranstaltungskalender für die nächsten zwei Wochen und dem „Drehscheibe" genannten Teil, in dem tausend Sachen angeboten oder auch gesucht wurden, von der Beatles-Platte bis zur Vorlesungsmitschrift. Besonders viel gelesen wurden die Buchrezensionen, die kritischen Anmerkungen zum Studienalltag mit der Rankingliste „informativ – interessant – langweilig" zu den Vorlesungen und Seminaren und der „Blick über den Zaun" mit den Hintergrundinformationen zu den täglichen Nachrichtensendungen. Der besondere Gag, die „Karikatur auf Seite 2", enttäuschte nie. Politik, Wirtschaft, Medien und v.a. die wichtigen Zeitgenossen, die es überall gibt, lieferten Stoff genug, und dem Zeichner fiel aber auch zu jedem Thema etwas Neues und ungemein Witziges ein. An der ungewöhnlich großen Zahl von Leserbriefen konnte man das Interesse der Abonnenten ablesen.

Eines Tages wurde die Beilage eingestellt. Dem Herausgeber habe der Teil, der jetzt „Blick über die Mauer" hieß, immer weniger gefallen, einige Karikaturen sollen verletzend gewesen sein. Der maßgebende Gesichtspunkt jedoch war der: Man brauchte mehr Platz für die Werbung.

2b Von diesem nicht in allen Punkten stimmigen Übertragungsversuch her kann in einem Gespräch mit der Klasse die für dieses „Denkbild" wesentliche Dimension erhellt und erörtert werden: Es geht Kunert um die Auseinandersetzung des Schriftstellers mit den Mächtigen und um die Freiheit als fundamentale Lebensvoraussetzung des Dichters, der zugrunde geht, wenn man ihm die Sprache nimmt. Es geht ihm aber auch darum, dass es des schreibenden Künstlers bedarf, um die menschliches Zusammenleben zerstörenden Kräfte abzuwehren.

Die besseren, weil wahren Geschichten schreibt das Leben. Günter Kunert hat bei seiner „Kürzestgeschichte", wie er sie nennt, zweifellos die Arbeit und die Aufgabe der Dichter und Schriftsteller im Blick. In einem Interview 1977 bezeichnet er sich als einen „weltbürgerlichen Autor, der seinen Wohnsitz in der DDR hat und dort auch die Konflikte, die sein Material sind, frei Haus erhält."

Eines von vielen konkreten Beispielen dafür bietet der Autor Reiner Kunze (vgl. seine Biografie im SB, S. 417) in seiner Dokumentation „Deckname Lyrik" (siehe den Auszug in **K8**, LB, S. 591).

Seite 408

5 Die an Paul Celans „Fadensonnen" demonstrierte Erschließung eines **hermetischen Gedichts** (vgl. LB, S. 18f.) ist für eine besonders qualifizierte und sehr hoch motivierte Lerngruppe gedacht. Eine Aufgabe von dieser Schwierigkeit wäre als Klausur völlig ungeeignet, weil sie die Schüler überfordern würde.

Deshalb wurde an dieser Stelle auf die Anwendung des Drei-Phasen-Modells der Interpretation verzichtet. Vielmehr ist das Experiment als „*Probehandeln*" angelegt.

Diese wäre – als freiwillig zu lösende Zusatzaufgabe – auf andere hermetische Gedichte zu übertragen (z.B. auf Ernst Meister: Ich sage Ankunft, SB, S. 406):

– Assoziationstest
– Ermitteln der Klanggestalt

– Textmarkierung und Annotation
– Experimentelle Verfahren
  • Umformungsprobe
  • Ersatzprobe
  • Ergänzungsprobe
– Literaturrecherche zur Ermittlung von Motivverwandschaft und Erhellung durch Intertextualität (vgl. SB, S. 283).

> **S. 409–411: I,4. Aufbruch – Experimentieren mit modernen Gedichten**

Den didaktischen Überlegungen und den vorgeschlagenen methodischen Zugängen bei der hier versuchten „Annäherung" an schwer zu verstehende Texte liegt einmal mehr Goethes fundamentale Erkenntnis zugrunde: „Verstehen heißt, dasjenige, was ein anderer ausgesprochen hat, aus sich selbst entwickeln." (vgl. SB, S. 422)

Mögliche Ziele:

1. Bild und Textzeichen entschlüsseln und eigenständig deuten lernen
2. Verschiedene Formen des Experimentierens mit Texten als Möglichkeiten der Annäherung und des Verstehens erproben
3. Die Darstellung in Versen und in Prosa vergleichend üben

Seite 409

1a/b Jean Tinguelys „**Proletkunst Nr. 3**" ist eine der für sein Werk typischen aus Altmetallteilen und objects trouvés konstruierten beweglichen Skulpturen. Das menschliche Leben, ein erschütterndes, weil tragisches Geschehen mit negativem Ausgang – inwiefern löst der Künstler den von ihm gesetzten Anspruch ein, dass diese vergleichsweise kleine und überschaubare Maschine etwas von dieser „Tragödie des Menschen" ausdrückt? Die folgende Übersicht versucht dies deutlich zu machen und zieht gleichzeitig die Verbindungslinien zu Ulrich Schachts „Ferner Morgen".

---

[12] Günter Kunert: Die Schreie der Fledermäuse – Geschichten, Gedichte, Aufsätze. Frankfurt; Berlin; Wien (Ullstein) 1981, S. 376.

Das Kunstwerk und seine Einzelteile	Tinguelys Maschinen sprechen	Die in Ulrich Schachts Gedicht hörbaren „Botschaften"
– unbrauchbare Maschine: • nur ein Rad • kein Sattel – abgerissene Kabel	– Nutzlosigkeit und Vergeblichkeit menschlichen Tuns – abgerissene Kontakte und Verbindungen, Isolation, Vereinsamung, Anonymität	– „Wir werden gehen können – aufrecht und im Licht..." (3/4) – „ ...werden wir Höfe betreten, vertraute Häuser ... werden Brot und Salz finden (Symbole der Gastfreundschaft) ... DENN DA SIND MENSCHEN" (21ff.)
– entfleischte Schädelreste eines Tieres – bewegen sich auf und ab	– Tod und Vergänglichkeit	– „Wir werden sehen können alle Farben dieser Stunde ..." (13ff.)
– einem Tanzbär ähnliches Holzstück	– mechanische Tun, gesteuert von außen, Demonstration der Sinnlosigkeit	– „ ... und ein Tanzen wird uns ergreifen – so frei – dass wir vergessen die Nacht, die Nacht vor diesem Morgen." (29ff.)

Seite 410

2a-f Beim *Experimentieren mit Gedichten* bieten sich ganz unterschiedliche Möglichkeiten an. Dabei können schon vorhandene Fähigkeiten genutzt werden, noch wichtiger dürfte sein, solche Fähigkeiten bei den Schülern zu entdecken, zu entwickeln und zu entfalten. Die knappe, sachlich distanzierte, teilweise lakonische oder pointierte Ausdrucksweise in den vorliegenden Texten kommt dabei der jungen Generation entgegen.

Durch wiederholtes lautes *Rezitieren* werden die Schüler zu konzentriertem und intensivem Lesen angehalten. Die gestellte Aufgabe lautet, der jeweils besonderen Eigenart des einzelnen Textes gerecht zu werden:

– der verhaltenen, sehr getragenen, persönlichste Erfahrungen mitteilenden Sprechweise in Paul Zechs Sonett;
– der knappen, apodiktischen Sprache Ingeborg Bachmanns;
– dem auf ganz wenige Elemente reduzierten, tastenden Erproben von Wortfolgen bei Eugen Gomringer;
– dem laut, direkt, pointiert und fordernd geäußerten „Anspruch" Volker Brauns;
– dem aus einem bedrückenden Jetztzustand aufbrechenden, immer wieder innehaltenden und sich vergewissernden Träu-

men von einem besseren „Fernen Morgen" bei Ulrich Schacht.

Zur experimentierenden Beschäftigung mit den Texten gehört natürlich auch die Beobachtung, dass „Die große Fracht" von Ingeborg Bachmann ein völlig abgerundetes, in sich geschlossenes Wortkunstwerk darstellt. Hier dürfte ein Weiterschreiben oder das Hinzufügen von Strophen kaum gelingen. Dagegen reizt z.B. Volker Brauns „Anspruch" geradezu zu einem „Widerwort":

Wer von euch fragt nach Anweisungen, meine Damen?
Das Leben ist ein einzig Bilderbuch, und keine Formelsammlung.
Das Denken – Sache der Computer, die haben einen Abschaltknopf.
Los, auf die Socken – von Burlington und Ralph Lauren!
Was da an deine Waden knallt von Marco Polo, Boss und Yoop
Das sind die neuen Kontinente, die galaktischen,
Ein bisschen Spielzeug nur: Die Zukunft – reine Spielerei!

3a/b Das Thema **„Aufbruch"** ist in den Texten 1–6 sehr unterschiedlich gestaltet. Bei einer *Untersuchung und Wertung* könnten die in der folgenden Übersicht genannten Aspekte aufgezeigt bzw. erörtert werden:

Autor und Text	Inhaltliche Aspekte des „Aufbruchs"	Beobachtungen zur formalen Gestaltung	Persönliche Wertung
Paul Zech: Neu beginnen	Vom ertragenen Leid bestimmter Rückblick – Klage über eine als übergroße Last erlebte Vergangenheit – Der Aufbruch ist nur im Appell der Überschrift gegenwärtig	Feste gebundene Form des Sonetts, in der, wie in der Metaphorik, Einengung und Zwang sichtbar werden.	
I. Bachmann: Die große Fracht	Moment der Ausfahrt mit übervoller Ladung – Ende der hohen Jahreszeit, Aufbruch im Wissen darum, dass Ende und Untergang bevorstehen.	Noch strengere Formvorgabe in der vorgegebenen Wiederholung der ersten Verszeilen; die Fracht eingeholt und festgezurrt für eine lange Fahrt.	
I. Bachmann: Die gestundete Zeit	Eine doppelte Erinnerung, vielleicht sogar Warnung geht dem Hinweis auf den bevorstehenden Aufbruch voraus: Gestundete Zeit, härtere Tage – keine Ermutigung für den Aufbruch, der Abschied bedeutet, mehr noch: Tod.	Kurze, harte Hauptsätze, Imperative, die keinen Einwand zulassen. Kategorische Setzung durch die Art der Überschrift – ebenso unangreifbar formuliert die beiden Rahmenverse am Anfang und Ende.	
Eugen Gomringer: vielleicht	Ganz andere Art des „Aufbrechens": zu einem anderen zurückhaltenderen Umgang mit den Dingen, den Lebewesen, der Natur, der Sprache.	Äußerste Reduktion im sprachlichen Zugriff: Benennung versuchsweise; noch verdeutlicht in der das Gesagte erprobenden Umstellung der Wörter.	
Volker Braun: Anspruch	Dieser „Aufbruch" stellt sozusagen alles in Frage, v.a. alle Normen, Vorgaben, Festlegungen; setzt Wünsche, Erwartungen, bisher nicht gesehene Möglichkeiten dagegen. Fast unmerklich, aber dennoch entschieden in Frage gestellt wird der von Staat und Partei verordnete „Aufbruch": „Hier wird ab sofort Denken verlangt." (Z. 12)	Vorgetragen laut, direkt und frech – in frei rhythmisierten Versen, ohne jede formale Einengung. Beschreibend mit ausgesprochen aggressiver Meer-Metaphorik oder in appellativer Sprache mit entschiedenen Setzungen und Behauptungen, Ausrufen und Imperativen	

Autor und Text	Inhaltliche Aspekte des „Aufbruchs"	Beobachtungen zur formalen Gestaltung	Persönliche Wertung
Ulrich Schacht: Ferner Morgen	Ideal einer völlig veränderten Welt, in einem die Zukunft vorwegnehmenden Traum entworfen, als Aufbruch aus einer dunklen, beängstigenden Gegenwart („Nacht").	Rhythmisierte und in Verse gesetzte, auf solche Weise stilisierte Prosa; in klarer, teilweise gewählter, getragener Sprache; einfache und bekannte, leicht eingängige Bilder nutzend. Verhaltener, fast erzählender Ton	
I. Bachmann: Undine geht	Hinführung im ersten Textauszug auf den zentralen thematischen Aspekt: viele, immer gleiche Abschiede – jeder ein entschlossener „Aufbruch" in die Einsamkeit.	Trotz der irreführenden, geradezu programmatischen Anrede eine sehr persönlich gehaltene Notiz: Erzählend zunächst, dann innerer Monolog in seinen typischen Ausformungen: unverbundene Sätze, Satzbruchstücke, Ausrufe, Wiederholungen ...	

Ein Weg der Annäherung kann über **„Leitbegriffe"** führen, die sich bei manchen Texten sehr deutlich abheben. Einzelne Texte in diesem Teilkapitel eignen sich dafür besonders gut: Aufgabe: Suchen Sie nach Leitbegriffen im Text und ordnen sie diese einander zu.

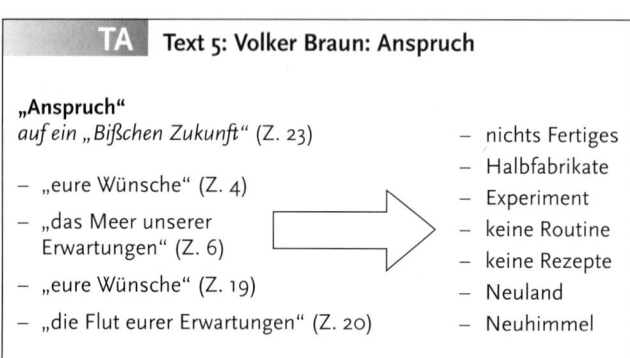

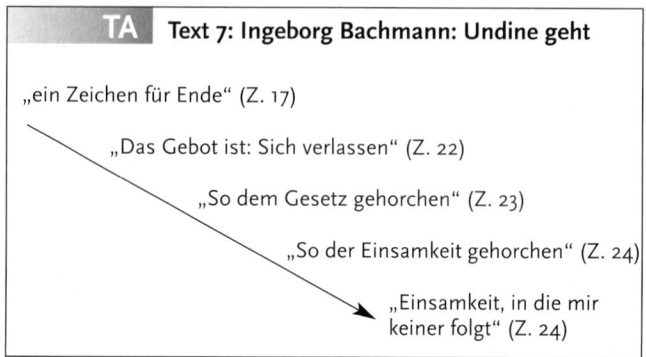

4 Die Aufgabe *Informationen zu* **Leben und Werk Ulrich Schachts** *zu ermitteln* konfrontiert die Schüler bewusst mit zwei Schwierigkeiten:

1. Informationen über den Schriftsteller in gängigen Lexika sind selten. Im 1996 veröffentlichten Ergänzungsband der Brockhaus-Enzyklopädie z.B. finden sich zwar Artikel zu Hans Joachim Schädlich (*1935) und Durs Grünbein (*1962), aber nichts über ihn.

2. Das Internet meldet auf ‚Google' 832 Suchergebnisse zum Stichwort „Ulrich Schacht", neben wenigen brauchbaren Informationsquellen also viel „Info-Müll", d.h. eine riesige Zahl von in die Irre führenden Verweisen: Sie reichen von Gerrit Engelkes „Tod im *Schacht*" im Rahmen eines Tagungsberichts von *Ulrich* Riehm, über das Büro zweier Rechtsanwälte, der eine mit Vornamen *Ulrich* und der andere mit Nachnamen *Schacht*, zum von Prof. *Ulrich* Reimers von der TU im „Wirtschaftsmagazin" behandelten Thema „Die Zukunft liegt im Schacht". Spätestens wenn er im Kehrbezirk *Schacht*-Audorf des Bezirksschornsteinfegers Nils Zenke angekommen ist, merkt der Schüler, dass er bei seiner Suche immens viel Zeit unnötig vertan hat.

Daher sind bei einem solchen Suchauftrag klare und sehr entschieden abgegrenzte Zielsetzungen, d.h. die Arbeit steuernde und die Suche leitende Vorgaben, unverzichtbar. Schüler müssen lernen, solche Vorgaben vorab selber zu fixieren:

– Biografische Angaben
– Werke, Veröffentlichungen
– Berichte und Rezensionen
– evtl. authentische Texte (z.B. programmatische Äußerungen)
– Zeitliche Begrenzung der Suche (max. 15 Minuten)

Eingrenzende Suchbegriffe – z.B. *Ulrich Schacht-Schriftsteller* – können einer vernünftigen Reduktion sehr förderlich sein, können allerdings auch bereits zu stark einschränken.

Kurz zusammengefasste Ergebnisse der Suche:
Ulrich Schacht: 1951 geboren, in Wismar aufgewachsen, 1976 nach vier Jahren Haft aus der DDR ausgereist, von da an in Hamburg als Journalist und Autor bei der überregionalen Tageszeitung „Die Welt" tätig, 1998 nach Schweden übergesiedelt. Veröffentlichte u.a. den Gedichtband „Scherbenspur", den Prosaband „Brandenburgische Konzerte", den Essayband „Gewissen ist Macht" und die Sammlung von Erzählungen „Verrat. Die Welt hat sich gedreht" (2001). Im Jahre 1999 drehte der niederländische Literaturkritiker und TV-Journalist John Albert Jansen „Die Schacht– Saga", eine deutsch-russische Familiengeschichte, gleichzeitig Dokumentation der abgründigen und menschenverachtenden Maßnahmen eines totalitären Regimes.

5a Die *Suche nach inhaltlichen Parallelen* kann sich zunächst im literarischen Feld bewegen. Naheliegender Vorschlag: im Schülerband blättern, einzelne Überschriften prüfen, den einen oder anderen Text anlesen. Ergebnis einer solchen Suche:

S. 311: Ernst Wilhelm Lotz: Aufbruch der Jugend (– Volker Braun: Aufbruch)
S. 335: Else Lasker-Schüler: Weltflucht (– Ingeborg Bachmann: Undine geht)
S. 380: Carl Zuckmayer: Aufruf zum Leben (– Paul Zech: Neu beginnen)
S. 417: Volker Braun: Jazz (– ders.: Aufbruch)

5b Diese Anregung zu einer *Gestaltung* kann sich an vorliegende literarische Beispiele anlehnen und als *Parallel*- oder *Gegengestaltung* erfolgen, wobei ein breiter Spielraum bestehen soll, was die Annäherung (inhaltlich und/oder formal) an das Original betrifft. Bei ganz individuellen *kreativen Gestaltungen* sind Einfallsreichtum und adäquater Stil wichtige Kriterien.

II. „Nichts weiter als ein Mensch sein" (Christa Wolf) (S. 411–421)

Diese Sequenz lenkt den Blick auf das **Individuum** und fragt nach der Stellung und der Bedeutung, die ihm von der Literatur in der zweiten Hälfte des zwanzigsten Jahrhunderts zugewiesen werden. Aus der umgekehrten Perspektive ergibt sich, wenn man den einzelnen Menschen ins Zentrum rückt, die Frage nach der Aufgabe, die dabei der Literatur bzw. der Kunst überhaupt zukommt.

Die dreiteilige Sequenz setzt zunächst einen Schwerpunkt ausgehend vom Aspekt **„Parteilichkeit der Literatur"** (vgl. SB, S. 412/413). Sie stellt dieser, soweit sie sich als Klassengebundenheit von Denken und Handeln versteht, einseitigen Position die sehr entschieden formulierte gegenteilige Auffassung von der Kunst als **„Widerspruch"** entgegen. Sie schließt mit einer gedanklichen Perspektive, bei der die thematische Ausrichtung auf das Individuum noch verstärkt wird, indem Schreiben – was auch für das Lesen gelten könnte – als „Weg zu sich selbst" gesehen wird.

Jede dieser drei Sichtweisen – unabhängig davon, ob sie grundsätzlich oder vom konkreten Beispiel her betrachtet Zustimmung findet oder verneint wird – eröffnet einen fruchtbaren Zugang zu literarischen Texten und kann als Ansatzpunkt für inhaltliche Auseinandersetzung mit dem Text oder als Anstoß zu einer Diskussion darüber genutzt werden.

> **S. 411–413: II,1. Parteilichkeit der Literatur? – „Ankunfts-literatur" im sozialistischen Realismus**

Parteilichkeit, Begriff der marxistisch-leninistischen Philosophie, der die Klassengebundenheit von Denken und Handeln bezeichnet; zugleich ein bewusst angewendetes theoretisch-methodisches Prinzip, das die konsequente Parteinahme für die Sache der Arbeiterklasse und damit den „objektiven Wahrheitsgehalt" des Klassenkampfes zum Ausdruck bringen und sich dadurch vom Objektivismus nichtmarxistischer Ideologien abheben sollte. Auch die neomarxistische Wissenschaftstheorie forderte Parteilichkeit im Interesse fortschrittlichen Denkens. (Brockhaus – Die Enzyklopädie. Leipzig, Mannheim 1998, Bd. 16) Wenn der Schriftsteller seiner bewusstseinsbildenden und erzieherischen Funktion beim Aufbau der sozialistischen Gesellschaft gerecht werden wollte, musste er sich selbstverständlich mit der Politik von Staat und Partei identifizieren und sich aktiv für deren Ziele einsetzen. Seine Arbeit hatte „der moralischen Veränderung des Menschen im Geiste des Sozialismus" zu dienen. Seine Parteilichkeit wirkte sich aus auf die Wahl der Themen, die Darstellung und Bewertung der Charaktere, die Gestaltung der Konflikte und der angebotenen Lösungen. Zu den wesentlichsten Zielen gehörte die Liebe zur Arbeit zu wecken, herausragende Leistungen als beispielhaft darzustellen und „Begeisterung für bahnbrechende Produktionstaten zu wecken". (Zitate aus G. Mehnert: Aktuelle Probleme des sozialistischen Realismus. Lektionen der Parteihochschule „Karl Marx" beim ZK der SED, Berlin-Ost 1968.) Die von Johannes R. Becher verfasste „Kantate 1950" und Brigitte Reimanns Roman „Ankunft im Alltag" entstammen dieser Grundhaltung. Der Auszug aus dem nach ihrem Tod veröffentlichten Roman „Franziska Linkerhand" setzt sich kritisch mit der vorgegebenen Parteilinie auseinander. Siegfried Lenz dagegen hat ganz andere Vorstellungen von den „Aufgaben eines Schriftstellers von erklärter Parteilichkeit".

Mögliche Ziele:

1. Texte von unterschiedlichen Aspekten her analysieren
2. Darstellungsweise und Stileigenarten des sozialistischen Realismus kennen lernen
3. Den Bedeutungshorizont von „Parteilichkeit" an literarischen Texten erfassen und beschreiben

---

Seite 413

Texterläuterungen:

Text 1: Johannes R. Becher: Kantate 1950

Die von Hanns Eisler vertonte Kantate war dem III. Parteitag der SED gewidmet und wurde zu diesem Anlass uraufgeführt. Sie ist ein Beispiel für politische Dichtung im engeren Sinne, bejaht, preist und verherrlicht die bestehenden Verhältnisse. Das Lob der herrschenden Klasse ist in seiner Penetranz und in seinen Übertreibungen kaum zu überbieten. Zu den aus dieser überdeutlichen Tendenz resultierenden Mängeln kommen formale und sprachliche („Das beste Denken gabst du uns zur Lehre.") sowie Schwächen in der Metaphorik („Seht welch ein Blühen auf ihren Gräbern schwebt!" – „Das Blühen sich wie im Triumph erhebt.").

1a Texte 1 und 2:

TA Aspekte der „Parteilichkeit"	
J. R. Becher: Kantate 1950	**B. Reimann: Ankunft im Alltag**
– Wir-Gefühl, – Hochstilisierung der Partei, – Vorbehaltlose Unterordnung; – gläubige Annahme der „Lehre", – Demut und Ergebenheit; – unkritische Heldenverehrung, – auch emotionales Einverständnis, – irrationale Heilserwartung, – anerkannter Ausschließlichkeitsanspruch.	– Gemeinschaftsgefühl: „[...] du gehörst dazu als einer unter Tausenden". – Sich einordnen in ein gemeinsames Werk: „An der Halle habe ich mitgebaut [...]". – Stolz auf die gemeinsam erbrachte Leistung: „[...] heute steht ein Riesenwerk". – emotionale Bindung an das Werk: „Und er sah Tränen in ihren Augen, ergreifendes Zeichen ihrer Verbundenheit mit dem Werk [...]".

1b Im **Parteiprogramm der SED**, in dem auf dem IX. Parteitag 1976 die seit Beginn der 70er-Jahre bestimmende Parteilinie festgeschrieben wurde, wird von Autor und Werk eine „tiefe Verbundenheit mit der Wirklichkeit des Sozialismus" gefordert. In Text 3 rückt die Ich-Erzählerin von der offiziell vorgegebenen Parteilinie ab, wie sie auch in Text 2 noch in ganz wesentlichen Punkten zu finden ist:

– Die persönliche Perspektive rückt in den Vordergrund.	– *„In diesem Augenblick beherrschte mich nur das Verlangen, einen Auftrag zu erraffen, um meinetwillen ...".* (Z. 1/2)
– Kritik am System	– *„...leben als Handlanger in einer Häuserfabrik"* (Z. 2/3) *„Verordnungen und Kennziffern wie Spanische Reiter"* (Z. 7/8)
– Kritik an der Ausbildung durch die Hochschule	– *„Wir sind getäuscht worden ..."* (Z. 3) *„in einen Kokon aus Idealen und Illusionen eingepuppt"* (Z. 5/6)
– Befindlichkeit: Enttäuschung und Verzweiflung	– *„damals erfasste mich ... eine Art Verzweiflung* (Z. 11/12) – *„Ich fühlte mich betrogen ..."* (Z. 12)
– Entschluss zu egoistischem Vorgehen	– *„ich muss mir die paar Gewissheiten heraus klauben, Projekte unter den Nagel reißen, Anerkennung erzwingen"* (Z. 13/14)

1c Für Siegfried Lenz (vgl. SB, S. 413, Text 4) hat der Begriff „Parteilichkeit" offenbar eine ganz andere Bedeutung. Er leitet seine Vorstellung wohl ab von dem, was wir verbinden mit dem Ausdruck „Partei für jemand oder für eine Sache ergreifen". Er erörtert dieses Thema im Zusammenhang von Überlegungen, die er zu den Fragen vorträgt, die sich die Wissenschaft stellt. Seine These lautet: Die Literatur muss im Zeitalter der Wissenschaft ihre Aufgabe neu bestimmen. Anstoß dazu ist die Erkenntnis, dass das Individuum – gerade dann, wenn es meint, besonders viel zu wissen – „ratlos" ist. Auf doppelte Weise meint er dieser Aufgabe nachkommen zu können; dabei bleibt er allerdings auffallend allgemein und abstrakt in seinen Formulierungen:

„Aufgaben eines Schriftstellers von erklärter Parteilichkeit"

– die Herkunft einer allgemeinen Trauer zu bestimmen	– den Schrecken zu neutralisieren
– das Scheitern unserer Entwürfe zu begründen	– die Not als veränderbar zu beschreiben
– die Furcht verständlich zu machen	– die Chancen der Sprache zu belegen
– der Hoffnung Namen zu geben	– zu zeigen, dass es richtiges und falsches Handeln gibt

Ergänzende Aufgabe könnte sein: Nennen und diskutieren sie Beispiele, die zeigen, dass ein Schriftsteller sich an einer dieser Aufgaben versucht hat.

2 *Erörtern* Sie die These von Siegfried Lenz, Sprache sei „das schärfste und gefährlichste, das wirksamste und geheimnisvollste Werkzeug".

Die **Erörterung** könnte als *Übungs-* oder *Hausaufsatz* erfolgen.
– Ausgangspunkt könnte die Abgrenzung des Begriffs „Parteilichkeit" bei Lenz gegen die im Sozialismus gängige Ideologisierung und Dogmatisierung sein. Bei Lenz bedeutet „Parteilichkeit des Schriftstellers" i.w.S. seine Verpflichtung, dem Humanen und Sozialen zu dienen – in Wahrheit, Klarheit, Anschaulichkeit und mit dichterischer Überzeugungskraft.
– Zur Erschließung des Zitats ist eine semantische Reflexion besonders ergiebig; Sprache als „Werkzeug" im oben bezeichneten Sinne:
  • „scharf", i.S. von zielsicher treffend,
  • „gefährlich" i.S. von gefürchtet, vor allem von den Herrschenden,
  • „wirksam" i.S. von durchdringend, weit verbreitet, verändernd, ja umstürzend (revolutionär),
  • „geheimnisvoll" i.S. von unkalkulierbar in der Kraft und in den Dimensionen seiner Aussage und Wirkung.

1. Phase: Spontane Einfälle (Assoziationen) und Themenanalyse
Spontane Einfälle:
– Hans Bender „Mein Gedicht ist mein Messer"
– Äußerungen wie: Deine Bemerkung hat mich verletzt. Was sie gesagt hat tut weh.
– Schlagzeilen: „Das Sagen hat Amerika"

Themenanalyse

Problemstellung: These, wonach sich das „Werkzeug" Sprache durch vier besondere Charakteristika auszeichnet:

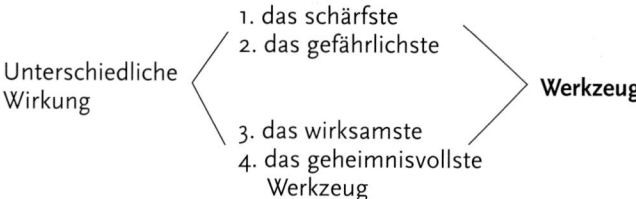

Unterschiedliche Wirkung

1. das schärfste
2. das gefährlichste
3. das wirksamste
4. das geheimnisvollste Werkzeug

Werkzeug

Negative, zerstörerische Wirkungen bei 1. und 2. – Sprache kann	Ambivalente Wirkungen, je nach Zielsetzung, bei 3. und 4. – Sprache kann
– verletzen	– beeindrucken
– wehtun	– umstimmen
– beleidigen	– überzeugen
– verwirren	– vermitteln
– trennen	– Verbindungen aufbauen
– zunichte machen	– trösten und heilen

Aufgabenstellung:
Erörtern: (Operator)
Inhalt der These, was ihre **Gültigkeit** angeht, in verschiedenen **Lebensbereichen**

– vier Aspekte	– Wo? Wann? Warum?	– Familie
	– weitgehend gültig	– Freundeskreis
		– Sport
		– Politik

Die These besteht aus vier entschieden vorgetragenen Setzungen, deren Gültigkeit geprüft und (zustimmend, einschränkend, ablehnend) veranschaulicht werden soll.

2. Phase: Stoffsammlung und Gliederung
Semantische Untersuchung des Leitbegriffs „Werkzeug":
Als Werkzeug gilt jedes Hilfsmittel, das zur leichteren Handhabung, zur Herstellung oder Bearbeitung eines Gegenstandes verwendet wird. Tiere und Menschen können Gegenstände, Menschen auch Apparate und komplexere Geräte als funktionale Erweiterung des Körpers benutzen, um ein Ziel zu erreichen. Im übertragenen Sinne kann die Sprache als „Werkzeug" angesehen werde, das der Mensch einsetzt, um Wirkungen zu erzielen und Ziele zu erreichen.

Stoffsammlung: Spontanes, bei diesem Thema den vier Aspekten von Anfang an zuordnendes Notieren von Einfällen und Beispielen:

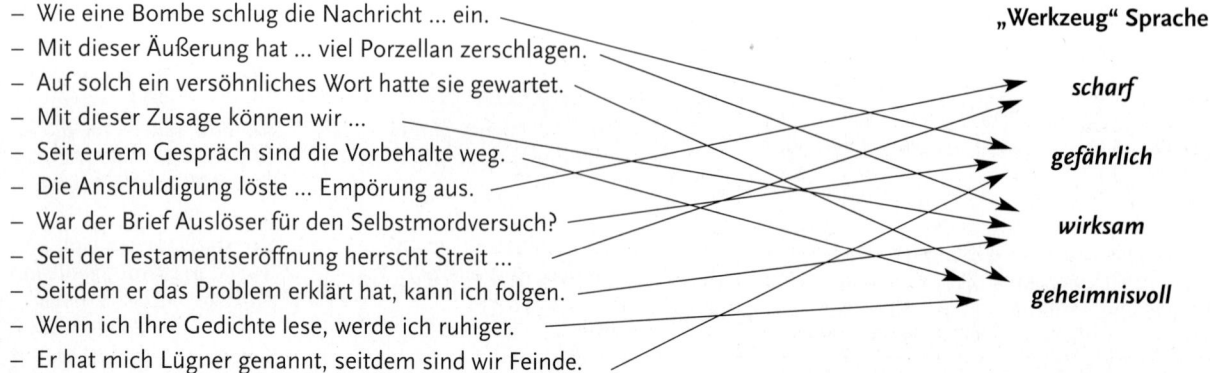

– Wie eine Bombe schlug die Nachricht ... ein.
– Mit dieser Äußerung hat ... viel Porzellan zerschlagen.
– Auf solch ein versöhnliches Wort hatte sie gewartet.
– Mit dieser Zusage können wir ...
– Seit eurem Gespräch sind die Vorbehalte weg.
– Die Anschuldigung löste ... Empörung aus.
– War der Brief Auslöser für den Selbstmordversuch?
– Seit der Testamentseröffnung herrscht Streit ...
– Seitdem er das Problem erklärt hat, kann ich folgen.
– Wenn ich Ihre Gedichte lese, werde ich ruhiger.
– Er hat mich Lügner genannt, seitdem sind wir Feinde.

„Werkzeug" Sprache

scharf

gefährlich

wirksam

geheimnisvoll

Literarische Beispiele aus dem Schülerband:

– Sprache, das schärfste Werkzeug:	* Georg Büchner: Der hessische Landbote (S. 275f.) * Saint-Just vor dem Konvent aus Büchners: Dantons Tod (S. 199)
– Sprache, das gefährlichste Werkzeug:	* Erörterungsthema: „Wer die Sprache beherrscht, beherrscht seine Mitmenschen." (S. 426ff.)
– Sprache, das wirksamste Werkzeug	* Lessings Fabel: Der Rabe und der Fuchs (S. 161) * Lessing: Nathan – Dialog mit Recha (S. 168f.)
– Sprache, das geheimnisvollste Werkzeug:	* Günter Kunert: Meine Sprache (S. 435) * Paul Celan: Mit wechselndem Schlüssel (S. 424)

Gliederung: Sie ergibt sich aus den vier verschiedenen Aspekten; natürlich kann die Reihenfolge – sei es wegen der Überleitungen, sei es um eine wirkungsvollere Steigerung zu erzielen – verändert werden.

3. Phase: Ausarbeitung und Korrektur: Hierzu kann auf den SB, S. 427 verwiesen werden.

3 Gedacht ist an ein *projektorientiertes Arbeiten* innerhalb des Deutschunterrichts oder an ein *Projekt*, zusammen mit dem Fach bildender Kunst. *Methodisch* lehrreich wäre es, wenn die Schüler selbst einen Zugang zum Thema suchten: z.B. über Sachlexika, Bildlexika, Monografien oder über eine Internetrecherche (einschließlich aller „Umwege" und „Irrwege").
Inhaltlich ist eine Beschränkung auf exemplarische Beispiele wichtig: „linientreue" Vertreter und originale Künstler innerhalb der Stilrichtung.
Die *Präsentation* sollte über Dia- oder Overhead-Projektionen erfolgen, wobei knappe Bilderläuterungen durch kurze biografische Informationen ergänzt werden sollen.
Wenn *Arbeitsblätter* vorliegen (links eine „Bildleiste" mit Kopien der wichtigsten Bilder, rechts Platz für Notizen), kann das *Mitschreiben* (vgl. SB, S. 28f., 213ff.) geübt werden.

Beispiele der darstellenden Kunst aus der DDR:
– Sighard Gille, Diptychon: Brigadefeier-Gerüstbauer. 1975/77 (Berlin, Nationalgalerie)
– Wolfgang Mattheuer: Die Ausgezeichnete. 1973/74 (Berlin, Nationalgalerie)
– Bernhard Franke: Bauarbeiter. 1973 (Internet = I)
– Kurt-Hermann Kühn: Brigade Neues Leben. 1967 (I)
– Rainer Mersiowsky: Stilleben. 1977 (I)
– Karl-Heinz Schmidt: Die Mühen der Ebene. 1976 (I)
– Norbert Wagenbrett: Bauarbeiter. Bauarbeiterin. 1984 (I)

Allgemeiner Hinweis:
„In der bildenden Kunst zeigte sich die Distanz zur ideologischen Inszenierung in einer zunehmend individuellen Wirklichkeits-

reflexion (u.a. W. Mattheuer; Sighard Gille, * 1941; H. Ebersbach; T. Wendisch; J. Böttcher, Doris Ziegler). Sie brachte eine künstlerische Pluralität hervor, die jedoch bis Ende der 80er-Jahre trotz proklamierter „Weite und Vielfalt" (6.Plenum des ZK der SED, 1972) auch im Künstlerverband mit Argwohn beobachtet wurde und zu heftigen Auseinandersetzungen führte.
Bis zum Ende des realen Sozialismus blieb in allen davon betroffenen Ländern, wenn auch in unterschiedlicher Ausprägung, zwischen den künstlerischen Prozessen und der machtkonformen Ideologie eine tiefe Kluft."

(Brockhaus Die Enzyklopädie. Leipzig, Mannheim 1998, Bd. 20, S. 481.)

S. 414–417: II,2. „Denn Kunst ist immer Widerspruch zu dem, was ist." (Stefan Schütz) – Erprobung eines projektorientierten Verfahrens

Die These in der Überschrift dieser Teilsequenz nennt ein sehr konkretes **literarisches Programm**, das kaum deutlicher und kategorischer ausgedrückt werden kann. Selbstverständlich fordert es schon deswegen zur **Gegenrede** heraus; hinzu kommt, dass sich in der unmittelbar vorangehenden Teilsequenz sehr anschauliche Gegenbeispiele finden.
Indessen eröffnet diese programmatische These einen offenen, ja geradezu einladenden Zugang zu einer großen Zahl literarischer Texte.

Mögliche Ziele:
1. Texte unter einer vorgegebenen Perspektive untersuchen und interpretieren
2. Analytische und gestaltende Interpretation vergleichend erproben
3. Projektorientierte Verfahren der Beschäftigung mit Literatur einüben.

Seite 414

Im vorgeschlagenen *projektorientierten Verfahren* sollen bisher bereits vermittelte Wege und Arbeitsweisen wieder aufgenommen, selbstständig erprobt und eingeübt. werden. Deshalb wurde auf detaillierte Arbeitsanregungen verzichtet. (Die Zählung folgt an dieser Stelle der Gliederung des projektorientierten Vorschlags, SB, S. 414.)

1 Die vorgeschlagene *Stoffsammlung* kann mit unterschiedlicher Fragestellung aufgenommen und betrieben werden: Wogegen richtet sich der Text? Wofür setzt sich der Autor mit diesem Text ein? Welche Botschaft vermittelt dieser Text?

TA Widerspruch – Texte 1– 12 im Überblick

Autoren und Texte	Widerspruch wogegen?	Engagiertes Eintreten wofür?	Die Botschaft des Textes
H. M. Enzensberger: Ins Lesebuch der Oberstufe	Gegen weihevolle und „erhabene" literarische Texte, die verherrlichen und ergreifen wollen.	Für veränderte „Schulung" und Vorbereitung auf das Leben; für die Vorbereitung auf Widerstand gegen die Mächtigen.	Lernt anderes als bisher: Seid wachsam, lernt euch zu wehren, Nein zu sagen!
I. Bachmann: Alle Tage	Gegen Heldenverehrung und Orden für kriegerische Tapferkeit; gegen Befehl und Gehorsam.	Für die „Umwertung" bisher gültiger kriegerischer Tugenden und Verhaltensweisen	Stellt euch eine Welt vor, in der ganz andere „friedliche" Maßstäbe gelten!

Autoren und Texte	Widerspruch wogegen?	Engagiertes Eintreten wofür?	Die Botschaft des Textes
Chr. Meckel: Andere Erde	Gegen die gedanken- und rücksichtslose Ausbeutung und Zerstörung der Erde	Für einen aufmerksamen, nachdenklicheren Umgang mit den Selbstverständlichkeiten und den Wundern der Natur	Macht euch klar, dass das, worüber ihr heute noch so selbstverständlich verfügt, begrenzt ist; dass ihr dabei seid es zu zerstören!
G. Eich: Im Sonnenlicht	Gegen die sorglose Verschwendung der unverdienten „Reichtümer", über die wir verfügen	Für den bewussten und maßvollen Umgang mit dem „Geschenk", das die Sonne für uns bedeutet.	Ihr seid verantwortlich für all das, was ihr unbesonnen und unüberlegt entgegennehmt und leichtfertig vertut.
F. Dürrenmatt: Die Physiker	Gegen alle Versuche, die Wissenschaft für Machtpolitik zu nutzen, sie von Interessen lenken zu lassen.	Für einen vernünftigen, verantwortungsvollen Umgang mit den Ergebnissen von Wissenschaft und Forschung	„Wir sind ... an die Grenzen des Erkennbaren gestoßen" – seht die Risiken: Der Untergang der Menschheit droht!
H. J. Schädlich: Schwer leserlicher Brief	Gegen willkürliche, nicht begründete Entscheidungen einer anonymen Obrigkeit	Für Entscheidungen, die den persönlichen Bedürfnissen und v. a. den menschlichen Aspekten gerecht werden.	Zu einem Land, das fundamentale menschliche Rechte nicht achtet, will ich nicht gehören.
R. Kunze: Das Ende der Kunst	Gegen Eingriffe des Staates in die Arbeit des einzelnen Künstlers	Für eine von staatlicher Bevormundung unabhängige und freie Kunst	Wenn Partei oder Staat Einfluss nehmen auf die Kunst, verliert sie entscheidend an Qualität.
R. Kunze: Amerika	Gegen eine fast natürlich anmutende, aber bedenkliche technische Entwicklung.	Für Nachdenken darüber, was „Entfernung" bedeutet: Distanz, messbar an Kilometern; aber auch Sichentfernen vom eigenen Wesen.	Amerika, warnendes Beispiel einer bedenklichen Entwicklung
B. Wagner: Fabel G. Branstner: Probleme verstecken heißt ...	Gegen eine (staatlich verordnete) Kunst, die sich als solche ausgibt, aber wirkliche Kunst zerstört.	Für eine freie (nicht reglementierte) und deswegen qualitätsvolle Kunst	Wer sich gegen das System („Raben") kritisch äußert, läuft Gefahr, „gefressen" zu werden.
G. Branstner: Die Kunst lässt weg ...	Gegen künstlerische Darstellung, die nicht die Wahrheit zeigt, sondern sie verschleiert.	Für eine Kunst, die sich nicht scheut, die wahre Natur der Mächtigen zu zeigen.	Vorsicht ist geboten, wenn die Mächtigen den Künstler und sein Werk loben.
V. Braun: Jazz	Gegen Erstarrungen, Verkrustungen im System, die dem Einzelnen Fesseln anlegen, zerstören, zum Absterben führen.	Für freie Entfaltung der Fähigkeiten und Kräfte eines jeden, so dass etwas Neues, Besseres entstehen kann.	Ein „neues Thema" ist angesagt: „Jeder ist ein Schöpfer"! Jeder hat das Recht, er selbst zu sein!

2a Kurze **Texterläuterungen** v.a. mit Blick auf die stilistische Form des Widerspruchs:

Text 1: H. M. Enzensberger richtet seinen Widerspruch gegen die Mächtigen, v.a. gegen diejenigen, die ihre Macht missbrauchen. Sein mit direkter, vertraulicher Anrede beginnender Aufruf richtet sich gegen Fehlinformation und mangelndes Wissen. Damit sich Einschüchterung und Unterdrückung nicht länger darauf stützen können, soll eine veränderte, realitätsnähere Ausbildung Abhilfe schaffen. Sehr konkrete Ratschläge und Empfehlungen folgen. Kurz zusammengefasst besagen sie: Es geht darum, anderes für wichtig anzusehen, sich anders als gewohnt zu verhalten, für unantastbar Gehaltenes abzulehnen und Lebenstüchtigkeit zu erlernen. Die teils als Mahnungen, teils als Warnungen formulierten Hinweise sind sehr knapp, eingängig und entsprechend leicht zu merken. Einzelne Vorgänge werden in besonders anschaulichen und eindringlichen Bildern vermittelt. Kennzeichnend ist der durchgehend appellative, kritisch-aggressive Grundton.

Text 2: Ingeborg Bachmann wendet sich gegen den Krieg. Sie macht jede Heldenverehrung und die Verherrlichung des Tötens fraglich, ebenso die als Tugenden gepriesenen Verhaltensweisen wie Treue, Tapferkeit und Gehorsam. Sie tut dies, indem sie das Unerhörte, den utopischen Entwurf beschreibt, als ob dies alltägliche Wirklichkeit wäre. Nachdrücklichkeit und Überzeugungskraft, die diesen Text auszeichnen, ergeben sich aus der einleitenden Folge kurzer, prägnanter Hauptsätze, in den zwei sich anschließenden Strophen aus der parallelen Satz-führung und den durch Anaphern noch hervorgehobenen Reihungen. Es ist der als Wirklichkeit vorgestellte Entwurf einer „Gegenwelt", in der nicht mehr die kriegerische Tat zählt, sondern der aktive Einsatz für den Frieden.

Text 3: Das andere begegnet uns üblicherweise als das Neue, noch nicht Bekannte; nicht selten – wenn wir es nicht als Fremdes fürchten und ablehnen – als Erstrebenswertes und noch nicht Erreichtes, manchmal sogar als fantastischer, utopischer Entwurf. Christoph Meckels „Andere Erde" könnte eine solch zukunftsgerichtete, hoffnungsvolle Wunschvorstellung sein. Doch schon die ersten Zeilen des reim- und schmucklosen Gedichts lassen die negative Utopie, die hier in knappen, nüchtern formulierten Sätzen gezeichnet wird, erkennen. Nach dem in eine düstere Prophezeiung gefassten, das Thema signalisierenden Auftakt („werden wir wissen, was die Erde wert war" – Z.3) wird sehr rasch deutlich, dass der erste Teil der Klage sich auf heute schon weitgehend Verlorenes (exemplarische Beispiele dafür in Z. 4–6) bezieht. Im zweiten Teil folgt die in die Zukunft projizierte Erinnerung an die von uns erlebte Gegenwart „der verbrauchten Welt" (Z.7). Der scheinbar nur konstatierende Hinweis auf diese, unsere Zeit enthält bei genauerem Hinsehen eine an uns gerichtete Anklage: Untätigkeit, Versäumnis, weil wir reden, anstatt zu handeln, während die Katastrophe („das Sterben der Bäume") näher kommt. Die in eine Anspielung auf Bertolt Brechts Bemerkung in seinem Gedicht „An die Nachgeborenen" gekleidete Botschaft ist nicht zu überhören: Heute könnte es ein Verbrechen sein, kein Gespräch über Bäume zu führen! Eine kurz gehaltene, von bitterer Resignation bestimmte Bilanz in den Schlusszeilen: Die lebensnotwendigen Dinge – exemplarische Reste davon aufbewahrt, weggeschlossen im Schrank – sind die einzigen Erinnerungsstücke, die uns am Ende bleiben. Unbeantwortet bleibt die wiederum nur indirekt gestellte Frage, die den Leitbegriff im Titel des Gedichts noch einmal aufnimmt: Lässt diese künftige „andere Erde", lässt dieses künftige „andere Haus" (Z.15) überhaupt noch Raum zum Leben. Christoph Meckels Widerspruch richtet sich seinen eigenen Worten bei der Verleihung des Bremer Literaturpreises zufolge „gegen das Ausmaß der inneren und äußeren Belastung, der Vergiftung und Verkrüppelung aller Art, der Ruinierung von Welt und Leben".

Text 4: Für einen Moment wecken die Überschrift und die ersten drei Zeilen von Günter Eichs Gedicht rundum positive Assoziationen und Erwartungen. Von Vers vier an beherrschen Vorbehalte, Fragen, vor allem Negationen den immer bedenklicher klingenden Text. Die Sonne, gesehen als „das unverlangte Geschenk", steht für die Reichtümer der Erde, über die wir verfügen können: reine Luft und sauberes Wasser – eine intakte, im Gleichgewicht befindliche Natur – der Überfluss an Nahrung, Kleidung und Wohnung – unser hoher Lebensstandard ganz allgemein. „Ich habe sie nicht verlangt." Mit diesem vor einer zu selbstverständlichen Annahme des Geschenks warnenden Hinweis übt der Autor Kritik an unserer Leichtfertigkeit und Gedankenlosigkeit. Er wiederholt seine Mahnung eindringlich in anderer Form, z.B. in Zeile 22 mit der bedenklichen Einschätzung „die vertanen Reichtümer" oder in Zeile 26 mit der Frage: „Womit werden wir zahlen?" Er warnt vor einer Haltung, die das, was uns anvertraut ist, unbedacht gebraucht, verbraucht, missbraucht. Zielgerichtet („ich" – „ihr" – „wir" – „o Brüder") lenkt er seinen zunächst versteckten, dann laut geäußerten Appell – seinen Widerspruch gegen die gedanken- und verantwortungslose Zerstörung der Schöpfung – und richtet ihn in der Schlusszeile an uns alle, die wir gemeinsam für eine lebendige und lebensfähige Welt verantwortlich sind.
Eine auf weitere wesentliche Aussagen in Meckels Gedicht eingehende Interpretation gibt Wulf Segebrecht.[13]

Text 5: Der Szenenausschnitt aus Friedrich Dürrenmatts „Komödie" gibt Einblick in das zentrale Thema des Stücks: die Verantwortlichkeit des Wissenschaftlers für seine Entdeckungen und zeigt, auf welche Weise die Beteiligten in die Auseinandersetzung zwischen Macht und Moral verwickelt sind. Im Fortgang der Handlung werden allerdings alle ihre Überlegungen und guten Absichten ad absurdum geführt. Die drei Forscher, die sich zu Beginn dieses Gesprächs wechselseitig eröffnet haben, dass sie den irren Physiker jeweils nur spielen, werden zu wahren Irren, als ihnen ihre tatsächliche Lage eröffnet wird: Die Kontrolle ihrer Erfindungen liegt längst nicht mehr in ihrer Macht, sondern in der Hand einer wirklichen Irren, der Anstaltsleiterin Mathilde von Zahndt. Diese hat sich ihrer bemächtigt und wird nun ihre Forschungen ausbeuten und zu Geld machen. Die einmal gedachten Gedanken sind nicht mehr zurückzuholen.
In präziser, sachgerechter Begrifflichkeit beschreibt Möbius die augenblickliche Situation und zieht daraus in logisch konsequenter Gedankenführung die ihm zwingend erscheinenden Schlussfolgerungen. Seine auf die jeweils wesentliche Aussage reduzierten Sätze und die eingeschobenen Fragen – apodiktisch im Ton, thesenartig vorgetragen – folgen aufeinander wie Hammerschläge. Die bei den anderen kommen dagegen

mit ihren wenigen Einwänden nicht an. Er dominiert auf diese Weise das Gespräch, was auch daran deutlich wird, dass er ihnen zweimal das Wort abschneidet. Im Fortgang der Handlung einigen sich die drei – unter dramaturgischen Gesichtspunkten beurteilt etwas abrupt – auf den von Möbius vertretenen gemeinsamen Verzicht, eine Entscheidung, die – wie oben angedeutet – jedoch ins Leere läuft.

Text 6: In – dem Anschein nach – unbeholfener Sprache verfasst Hans Joachim Schädlich einen, was seine Aussageabsicht und die mitzuteilende ‚Botschaft' angeht, höchst subtilen Text. Beide Textteile – ein „schwer leserlicher Brief" (Z. 8–28), eingerahmt von einem erzählenden Bericht zu Beginn und am Ende (Z. 1–7 und 29/30) – sind in gleich stockender, einzelne Wörter (Verben, Artikel) oder ganze Satzteile unterschlagender Satzfügung geschrieben. Dadurch, und durch die auffallend bürokratische Schreibweise (Imitation des Kanzleistils im real existierenden Sozialismus) wird der ‚Redefluss' gestaut, manchmal unterbrochen und wirkt extrem angespannt. So vermittelt er die durch die Situation bedingte innere Anspannung des Schreibenden. Die alles andere als glatte, eher gehemmte und brüchige Schreibweise wirkt unbeholfen, aber ehrlich. Die zuständige Behörde in dem Staat, dem der Briefschreiber fünfzehn Jahre lang treu und mit großem Einsatz gedient und mit dem er sich identifiziert hat, hat den wegen der schweren Erkrankung seines Vaters gestellten Reiseantrag ohne Begründung abgelehnt. Er kann diese Entscheidung, die seinem gewichtigen persönlichen Anliegen nicht Rechnung trägt, nicht akzeptieren. In der gleichen sachlichen Art, in der er sein durchaus emotional geprägtes Verhältnis und seine loyale Haltung zu diesem Staat dargestellt und begründet hat, erläutert er die Schlussfolgerung, die er daraus zieht: Er will das Land, zu dem er nicht mehr gehört (Z. 23), verlassen.
Unaufdringlich, aber deutlich und hart ist die in einzelnen Aussagen im Text geäußerte Kritik am politischen System: Sie charakterisiert den Schreibenden als ohnmächtigen und in Abhängigkeit gehaltenen Untertan. Er erlebt den Staat in dieser Situation als anonyme, Zwang ausübende Macht, die ihn als Sache („Zubehör" – Z. 26) behandelt, nicht als Mensch und schon gar nicht als „Freund" (Z. 24, 25), als den er sich bisher angesehen hat. Der Schreibvorgang selber wird für ihn zu einem am Text („es" und „man" in Z. 1–7 wird zum zunächst vereinzelt, dann immer selbstverständlicher gebrauchten „ich" in Z. 8–28) nachvollziehbaren Emanzipationsvorgang. Der Schreibende lernt „ich" sagen und als selbstbewusste Person aufzutreten.

Texte 7, 9, 10, 11: Alle vier Fabeln suchen im Tierreich eine Entsprechung zu Situationen in der Welt der Menschen, und das Geschehen dort ist jeweils Spiegel und Gleichnis für das, was Menschen tun oder auch einander antun. Im Mittelpunkt eines jeden mit wenigen Strichen nachgezeichneten Vorgangs steht ein Lied, ein Gedicht, ein Bild. Dreimal (in den Texten 7, 9, 10) dominiert die stärkere Seite, greift – weil sie sich missachtet, angegriffen oder kritisiert sieht – ein in die freien Gestaltungsmöglichkeiten der Kunst. Ergebnis des Eingriffs, des Verbots: Der Sänger oder Dichter „verstummt", der Kritiker ist zum Schweigen gebracht. Absicht hinter allen drei Texten ist es, die Wahrheit auch unter schwierigen Umständen zu sagen. Die Einkleidung des Geschehens in eine Tierfabel macht dies möglich. Die repressive Kulturpolitik in der DDR bot nicht nur Anlass zur hier geäußerten Kritik, sie nötigte auch zu der die Wahrheit verhüllenden Form.
Informationen und generalisierende Erkenntnisse darüber „... wie in totalitären Systemen Literatur entsteht, zensiert, veröffentlicht bzw. unterdrückt und aufgenommen wird", hat Joachim-Rüdiger Groth[14] unter folgender Aufgabenstellung zusammengetragen: „Partei, Staat und Literatur in der DDR – Grundlagen, Interpretationen und Hinweise für den Unterricht."

---

13 Wulf Segebrecht: Vom Sterben der Bäume. Zu Christoph Meckels Gedicht „Andere Erde". Stuttgart (Reclam) 1982, S. 341–350 (Hrsg. Walter Hinck: Gedichte und Interpretationen, Bd. 6).
14 In: Kulturbetrieb und Literatur in der DDR. Hrsg. von Günther Rüther Köln (Verlag Wissenschaft und Politik) 1987, S. 37–212.

Text 8: Reiner Kunzes Fabel stellt in äußerst reduzierter sprachlicher Form – Überschrift und drei knappe Sätze, zwei davon ohne Verb – eine aus seiner Sicht höchst fragwürdige „Entwicklung" vor: den „autobaum". Die von uns gewöhnlich und meist ganz selbstverständlich als technischer Fortschritt eingeordnete nicht mehr überschaubare Zunahme von Automobilen wird von Kunert als natürlicher Vorgang, als Wachsen einer Pflanze, betrachtet. In diesen organischen Vorgang ist der Mensch als natürliches Teil („kerne" – Samenkörner?) einbezogen. Die erste Erkenntnis, dass der „autobaum" – die ungeheure und ständig wachsende Zahl der Fahrzeuge – Folge, Produkt, „Frucht" der großen Entfernungen ist, kann leicht nachvollzogen werden. Neu und unerwartet ist ein Teil der folgenden, fast beiläufig mitgeteilten Perspektive: Dieses als „Baum" vorgestellte Ergebnis moderner Zivilisation bringt nicht nur Fahrzeuge „aus stahl und chrom" hervor. Menschen, egal welcher Hautfarbe, sind zugleich natürliche Teile („kerne") dieses Prozesses. Schließlich macht die überraschende und zugleich erschreckende Schlusswendung den Blick frei für Kunerts dritte Erkenntnis: Im zum Produkt des technischen Fortschritts mutierten Menschen „wächst" die Entfernung. Die „Moral" fehlt in dieser Fabel. Der Leser mag und kann sie sich ohne Schwierigkeiten selbst zurechtlegen.

Text 12: Volker Braun hält ein lautes, mit innerer Überzeugung vorgetragenes Plädoyer für die freie, lebendige Entfaltung des Einzelmenschen und seiner schöpferischen Fähigkeiten. Er kündigt ein „neues Thema" an, das Zusammenwirken von individuellem Können und gemeinsamem Tun. Sachliche Beschreibung, thesenartiger Vortrag und engagierter Aufruf wechseln sich ab in der eher unregelmäßigen Folge freier Rhythmen.

Kämpferischen, ja aggressiven Charakter gewinnt der Text durch eine Reihe von Adjektiven und Substantiven, die Erstarrung und Einschränkung beim Namen nennen, durch Verben, die zu aktiver, gewaltsamer Gegenwehr aufrufen. Es ist ein fulminanter, durch die verwendete Metaphorik kaum verhüllter Aufruf gegen erzwungene Einordnung, gegen Gängelung, willkürliche Beschränkung und lebensfeindliche Einengung.

2b Beim Blättern im Schülerband könnten die Schüler folgende „**Gegentexte**" entdecken:
Einverständnis:
    Eduard Mörike: Gebet (SB, S. 9)
    Friedrich Hölderlin: Lebenslauf (SB, S. 12)
    Johann Peter Hebel: Unverhofftes Wiedersehen (SB, S. 23f.)
Zustimmung:
    Ludwig Chr. H. Hölty: Aufmunterung zur Freude (SB, S. 9)
Lobpreis:
    Walther von der Vogelweide: Wenn die Blumen aus dem Gras sprießen (SB, S. 94)
    Friedrich Klopstock: Dem Unendlichen (SB S. 181)
    Johann W. von Goethe: Ganymed (SB, S. 182)
Übereinstimmung:
    Johann W. von Goethe: Die Leiden des jungen Werthers – Brief vom 10. Mai (SB, S. 178)
    ders.: Maifest (SB, S. 181)

2c Es liegt nahe, die **semantischen Reflexionen** *arbeitsteilig* anzustellen. Die Zuordnung der beiden Begriffe erlaubt aber auch eine gleichzeitige Bearbeitung, bei der die Schüler die Erfahrung machen können, dass sich in der Gegenüberstellung zusätzliche Assoziationen ergeben können.

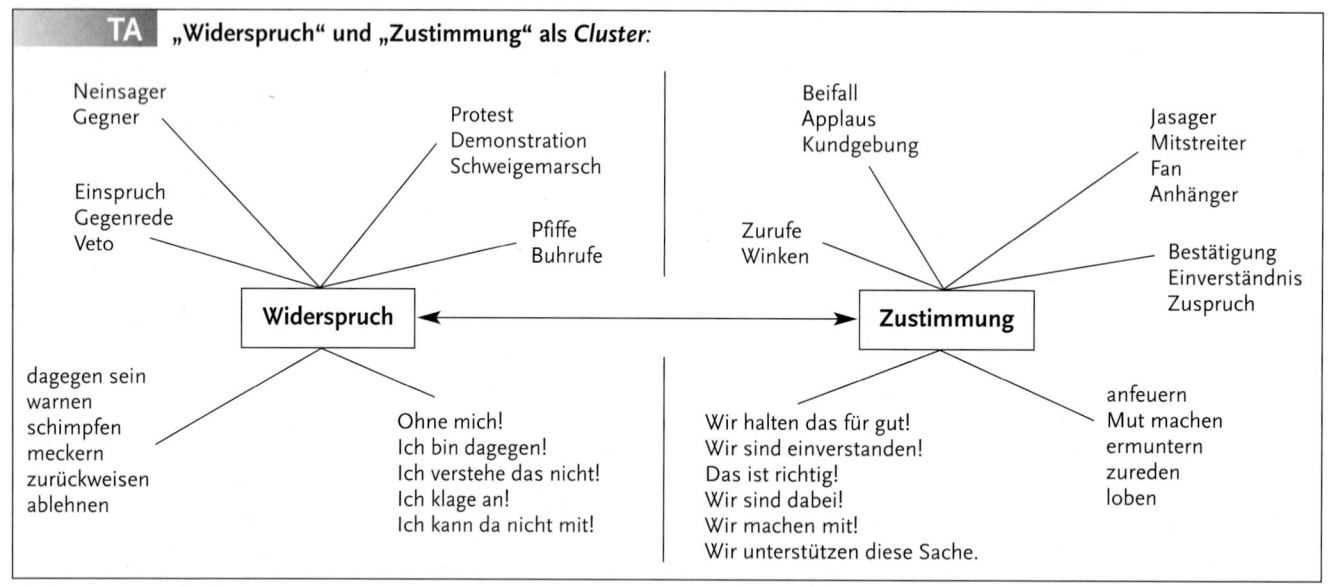

TA „Widerspruch" und „Zustimmung" als *Cluster*:

Neinsager
Gegner

Einspruch
Gegenrede
Veto

Protest
Demonstration
Schweigemarsch

Pfiffe
Buhrufe

Beifall
Applaus
Kundgebung

Zurufe
Winken

Jasager
Mitstreiter
Fan
Anhänger

Bestätigung
Einverständnis
Zuspruch

Widerspruch ⟷ **Zustimmung**

dagegen sein
warnen
schimpfen
meckern
zurückweisen
ablehnen

Ohne mich!
Ich bin dagegen!
Ich verstehe das nicht!
Ich klage an!
Ich kann da nicht mit!

Wir halten das für gut!
Wir sind einverstanden!
Das ist richtig!
Wir sind dabei!
Wir machen mit!
Wir unterstützen diese Sache.

anfeuern
Mut machen
ermuntern
zureden
loben

Die mit Hilfe von Wörterbüchern unternommene Suche könnte u.a. folgende Ergebnisse erbringen:

Widerspruch			
Einspruch	ablehnen	absurd
Widerstand	zurückweisen	fehlerhaft
Einwand	entgegenhalten	unvernünftig
Entgegnung	protestieren	widersinnig
Bedenken	erwidern	unrealistisch
Gegenbeweis	einwerfen	irrig
Kritik	anfechten	bestreitbar
Protest	bestreiten	unwirklich
Bedenken	sich widersetzen	gegenteilig
Weigerung	widersprechen	ungerecht
Abwehr	entgegentreten	....
....	....	....

Zustimmung	Bereitschaft	gewillt sein	gern
	Entgegenkommen	einverstanden sein	einverstanden
	Bereitwilligkeit	bestätigen	geneigt
	Mithilfe	mitwirken	bereit
	Akzeptanz	bejahen	willig
	Einwilligung	beipflichten	geschätzt
	Einverständnis	applaudieren	empfehlenswert
	Beifall	beklatschen	beliebt
	Begeisterung	schwärmen für	bewundert
	Verehrung	zujubeln	gepriesen
	Anerkennung	gutheißen	....
	Übereinstimmung	akklamieren	....

Ein Auszug aus Christa Wolfs „Kassandra", **K 9**, LB, S. 592, nimmt das Thema der Teilsequenz „Literatur ist immer Widerspruch" auf andere Weise auf. Er eignet sich als Klausurthema gegen Ende der Unterrichtseinheit.)

2d Gedacht ist an eine *Transferaufgabe*, die nach Methode und Textbezug zur freien Wahl gestellt werden soll:

Die „Veröffentlichung" der Ergebnisse kann als „Aushang" im Klassenzimmer erfolgen, wobei die Autoren eine kurze mündliche Begründung der Themen- und Methodenwahl geben können.

Die *Kommentierung* könnte so erfolgen, dass jeder Schüler zu einem Ergebnis eine schriftliche Stellungnahme (auf einem Papierstreifen) abgibt. Diese wird unter das jeweilige Beispiel geheftet. Verschiedene Stellungnahmen, die oft sehr kontrovers ausfallen, sind Anlässe für Gespräche.

(Ein Projekt über Uwe Johnson könnte nach den Vorschlägen von **K 10**, LB, S. 593ff., angelegt werden.)

S. 418–421: II,3. „Dieser lange, nie enden wollende Weg zu sich selbst" (Christa Wolf) – Spurensuche in moderner Prosa

---

Wer bin ich? Diese Frage wird schon auf der ersten Textseite von BLICKFELD DEUTSCH ins Zentrum gerückt. Die zu Beginn der mit dem Leitsatz „Nichts weiter als ein Mensch sein" überschriebenen Sequenz eröffnete Perspektive verengt sich inhaltlich zu der in den ausgewählten Texten thematisierten Suche nach „sich selbst". Die dritte Teilsequenz schickt den Leser demnach auf eine doppelte „Spurensuche". Er kann die zeitgenössische Literatur daraufhin befragen, in welcher Lage sie das **Individuum** sieht und darstellt. Er kann nach den besonderen sprachlichen und stilistischen Ausprägungen fahnden, die kennzeichnend sind für diese Suche.

Mögliche Ziele:

1. Spezifische Formen autobiografischen Schreibens kennen lernen, untersuchen und vergleichen
2. Einer zentralen Perspektive fragend und deutend in verschiedenen literarischen Texten nachgehen, sie erfassen und prüfen
3. Texte erschließen mit Hilfe von verschiedenen Dialogformen

---

15 Aus dem Nachwort zu „Als der Krieg zu Ende war". In: Max Frisch: Gesammelte Werke in zeitlicher Folge, Bd. II.1, Frankfurt/M. (Suhrkamp) 1976, S. 279.

16 Dazu das erste Kapitel in „Stiller". Eine knappe und sehr ergiebige Analyse der Identitäts- und Bildnisproblematik in diesem Roman gibt Hans Jürg Lüthi: Max Frisch. München (UTB 1085) 1997, S. 63–79.

17 Max Frisch: Gesammelte Werke in zeitlicher Folge, Bd. III,2, a.a.O. S. 542.

Texterläuterungen:

Die ersten vier Texte sind sich in einem Punkt sehr ähnlich: Sie haben den Charakter eines **literarischen Tagebuchs**.

Text 1 und 2: Für das Denken und das Werk von **Max Frisch** hat der Text „Du sollst dir kein Bildnis machen" grundsätzliche Bedeutung. Schon auf der nächsten Seite folgt in seinem „Tagebuch" die Parabel „Der andorranische Jude", aus dem er sein erfolgreichstes Drama „Andorra" (1961) entwickelt, ein Lehrstück zum Rassenwahn und gegen die zerstörende, ja mörderische Gewalt des Vorurteils. In seinem Schauspiel „Als der Krieg zu Ende war" (1949) schreibt er bereits ein Dutzend Jahre zuvor an gegen „die Fratze unseres Vorurteils, das immer eine Versündigung bedeutet".[15]

In seinen Tagebuchnotizen überträgt der Autor das alttestamentarische Gebot, sich von Gott kein Bildnis zu machen, auf den Menschen. So wenig wie wir die grenzenlose und unerschöpfliche Fülle Gottes in einem Bildnis fassen können, so wenig können wir den Menschen, der „alles Möglichen voll, aller Geheimnisse voll, unfaßbar ist" (Text 2, Z. 12f.), in einem Bildnis fassen, am allerwenigsten den, den wir lieben.

Schon mit dem ersten Satz des Romans „Stiller"[16] wehrt der Ich-Erzähler die teils von ihm selbst geschaffenen, teils von seiner Umwelt entworfenen Bilder ab (z.B. das Bild des Künstlers, des aktiven und entschlossenen Spanienkämpfers, des tragisch Leidenden und Unverstandenen), die ihn ein Leben lang daran gehindert haben, sich selbst anzunehmen und der zu sein, der er ist. Beide Perspektiven – der Blick auf die verhängnisvollen Versuche anderer, uns eine von ihnen vorgegebene Rolle zuzuweisen und der auf „diese lebenslängliche Bemühung, anders zu sein, als man erschaffen ist, diese große Schwierigkeit, sich selbst einmal anzunehmen"[17] – sind in den einleitenden Zeilen gegenwärtig und können, indem der Blick von den Äußerlichkeiten der Handlungsebene auf die Ebene der Selbst-reflexion gelenkt wird, leicht von einzelnen Textstellen her aufgenommen und verdeutlicht werden.

Text 3: Ingeborg Bachmann verbindet in ihrem Text „Auch ich habe in Arkadien gelebt" das tradierte und vielgestaltige Motiv vom Schauplatz eines glückseligen idyllischen Lebens in der Natur mit den Erfahrungen des von Betriebsamkeit, Besitzstreben und Erfolg bestimmten Menschen unserer Epoche. Die einzelnen Ereignisse und Lebensstationen reihen sich – folgt man den Abschnitten des Textes – nahtlos aneinander: „Abschied" (1) und radikale Trennung von der Heimat – neuer Anfang in der ersten fremden Stadt – Glück und Erfolg in der „Weltstadt" (Z. 15), die das erzählende Ich fest an sich bindet – vereinzelte Ansätze auszubrechen – eine auf die Jahre gesehen zunächst positive Bilanz – wiederholte Anrufe aus der Ferne, die zurückweisen in die „Heimat" (Z. 46/47) – die erhoffte, aber nicht realisierbare Heimkehr als „Geheimnis des Erfolges" (Z. 43) – der verstärkte Ruf zurück, der jetzt aus dem eigenen „Herzen" (Z. 52) kommt. Dieser Kreis schließt sich jedoch nur scheinbar. Die Möglichkeit der Rückkehr ist dem erzählenden Ich nicht nur aus äußerlichen Gründen verbaut. (Aber die Währung ... ist noch immer eine andere" Z. 47/48).

Die Zeichen, die es wahrnimmt, rücken Heimkehr und Tod immer näher zusammen. Beim Vergleich des drittletzten mit dem letzten Abschnitt wird dies an zahlreichen Motiven und Bildern deutlich.

Der Text ist geprägt von widersprüchlichen Erlebnissen und Erfahrungen („aber" als leitende gedankliche Figur). Tun und Glücksvorstellungen erweisen sich als unvereinbar. Die Ankunft am Meer, eine Wunschvorstellung, die über all die Jahre gegenwärtig geblieben ist, erweist sich als utopisch, schließlich sogar als fragwürdig (vgl. Z. 31/32). Gerade in dem Augenblick, in dem eine völlige Übereinstimmung zwischen Person und äußerem Geschehen, zwischen Weltlauf und seelischem Befinden beschrieben wird („Jahre kommen und vergehen ... und ich habe einen Platz unter der Sonne" Z. 33/34), drängen sich Töne und Bilder aus einer längst zurückgelassenen Vergangenheit auf, werden Fragen laut. Diese rühren in ganz grundsätzlicher Weise an das Selbstverständnis des erzählenden Ich. Die Grundlage für den gegenwärtigen Erfolg wird ebenso wie die damals getroffene Entscheidung, von der „Heimat" (Z. 7) Abschied zu nehmen, erschüttert. Der Text gewinnt seine gedankliche Intensität durch die mehrfache Wiederaufnahme von sich wandelnden Motiven und Vorstellungen. Dabei ändern sich Perspektive, Erzählhaltung und Darstellungsweise: eher distanzierte Beschreibung und sachlich-nüchterner Bericht in der ersten Hälfte, zunehmend vom unmittelbaren Erleben bestimmtes metaphorisches Sprechen in der zweiten.

Indessen kommt die sehr persönlich gehaltene, meist einfache und überschaubare Sätze aneinander reihende Erzählweise einem literarischen Tagebuch sehr nahe; dazu tragen die berichteten Pläne und Erwartungen, die beschriebenen Gemütszustände und Seelenlagen ebenso bei, wie der dem Leser eröffnete Einblick in ganz intime und ungewöhnliche Wahrnehmungen, Empfindungen und Stimmungen. Je entschiedener sich Blick und Aufmerksamkeit auf die inneren Vorgänge richten, umso klarer zeichnet sich ab, dass es auch hier um den „Weg zu sich selbst" geht.

An diesem Textbeispiel könnte interpretatorisches Vorgehen demonstriert werden; Vorschlag zur ‚Arbeit am Begriff' (OHP-Folie einsetzen zur raschen Selbstkontrolle der Schülerergebnisse und zur intensiveren Erörterung einzelner „Erfahrungen"):

1. Erfassen des äußeren Geschehens – **Stationen**:
   „Abschied"
   Neuanfang in einer fremden Stadt
   Arbeit in der „Weltstadt"
   Entschluss zu bleiben
   Vereinzelte Versuche auszubrechen
   Bleiben über Jahre hin
   Wiederholte Rufe aus der Ferne
   Hoffnung auf Heimkehr
   Sich überlagernde Gedanken an Heimkehr und Tod
2. Fixierung der inneren Vorgänge und erste Deutungsansätze – **Erfahrungen**:
   radikale Trennung von der Heimat, Verluste
   positive Erlebnisse
   Glück und Erfolg
   neue Verpflichtungen und Bindungen
   Fernweh, gefolgt von Ernüchterung
   Übereinstimmung zwischen Ich und Welt
   Rückverweise auf die Heimat – Fragen
   die nicht realisierte Heimkehr als „Geheimnis des Erfolgs"
   Tun und Glücksvorstellungen widersprechen sich

Seite 418

1a Die Überschrift dieser Teilsequenz könnte aber auch folgende *Assoziationen* auslösen:

TA

Selbstsuche

Meditation

Egotrip   *Vergebliches Suchen*   *Einkehr in sich selbst*   *Nabelschau*

Selbsterforschung   Ichanalyse

Wann komme ich an?   *Wer bin ich?*

Innenschau

Nachdenken über sich selbst   *Gewissenserforschung*

Nie ankommen!   *Weg nach innen*

1b Fruchtbarer *Impuls* zur Lösung dieser Auflage ist zweifellos eine Überlegung, die Hans Magnus Enzensberger[18] bei der Selbstinterpretation seines Gedichtes „an alle fernsprechteilnehmer" zum Titel angestellt hat: „Ich halte den Titel für einen unentbehrlichen Teil des Gedichts. Er kann als Nenner oder Schlüssel, aber auch als Falle oder Sigel fungieren."

Eine Reihe möglicher Einfälle:

zu Max Frisch „Stiller" (**Text 1**): Als Eigenname angesehen kürzeste Benennung, allerdings nur äußerliche Identifikation einer Person – Vermutungen, die vom Adjektiv „still" ausgehen, führen in die Irre, sind „Falle".

zu Max Frisch „Du sollst dir kein Bildnis machen" (**Text 2**): Wer vom biblischen Bezug ausgeht und den ursprünglichen Zusammenhang zum Bildnisverbot im ersten der Zehn Gebote sieht, hat einen „Schlüssel" zum Text in der Hand; allerdings könnte man die im Titel ausgesprochene auf den anderen bezogene Warnung auch auf „sich selbst" beziehen.

zu Ingeborg Bachmann „Auch ich habe in Arkadien gelebt" (**Text 3**): In Arkadien gelebt haben, könnte verstanden werden als Lebensphase, in der jemand – zwar nur vorübergehend – dem erträumten Wunschbild von „sich selbst" sehr nahe gekommen ist; „Schlüssel" also zum Text oder zusammenfassender „Nenner" für ein tatsächliches oder utopisches Ankommen auf dem „Weg zu sich selbst".

zu Christa Wolf „Nachdenken über Christa T." (**Text 4**): Man könnte den Titel als Ankündigung einer Selbstanalyse oder Selbstsuche lesen – sicher als „Schlüssel", wenn nicht als offene Tür zum Text anzusehen.

zu Martin Walser „Ein fliehendes Pferd" (**Text 5**): Der Titel wird zum „Sigel", das den Zugang versperrt, oder gar zur „Falle", wenn man ihn in seiner wörtlichen, d.h. direkten Bedeutung aufnimmt; er wird zum „„Schlüssel", wenn er als Metapher erkannt und gelesen wird, Metapher, die den Aspekt des Sichentziehens und der Vergeblichkeit des Einholens enthält.

zu Peter Huchel (**Text 6**): Dieser Titel hat Signalcharakter. Bezogen auf die Überschrift der Teilsequenz wird der „Weg zu sich selbst" zu einem gefahrvollen, beängstigenden Vorhaben, ent-

---

[18] In: Doppelinterpretationen. Das zeitgenössische Gedicht zwischen Autor und Leser. Herausgegeben und eingeleitet von Hilde Domin, Frankfurt/M. (Fischer Bücherei) 1969, S. 130f.

hüllt zwar noch nicht den Zusammenhang mit den sich anschließenden Erfahrungen des lyrischen Ich, stellt aber eine gedankliche Verbindung her zu der in der Überschrift angesprochenen vergeblichen Suche.

 2a/b Der arbeitsteilig vorzubereite *Dialog*, der bei der Auswertung vor der ganzen Klasse geführt werden sollte, kann z.B. in Form eines *Kurzinterviews* mit dem Autor vorbereitet werden.
Beispiele für Fragen:

Text 1:	Text 2:	Text 3:
[b] Herr Frisch, – könnten Sie mit wenigen Worten Stiller, die Hauptfigur Ihres Romans, charakterisieren? – Warum wehrt sich Ihr Held so sehr gegen den Versuch ihn „in eine fremde Haut zu stecken"? – Warum ist es Ihrer Meinung nach – diese Frage geht über den vorliegenden Abschnitt hinaus – so schwer „nichts als die schlichte Wahrheit" zu schreiben?	Herr Frisch, – „Du sollst Dir kein Bildnis machen" ist einer der zentralen Leitgedanken in Ihrem ganzen Werk. Können Sie uns verdeutlichen, was Sie – im Unterschied zur entsprechenden Formulierung in der Bibel – damit meinen? – Wir sind, nach Ihrer Ansicht, „die Verfasser der anderen". Was meinen Sie damit und wie sollten wir mit dieser „Verantwortung" umgehen. – Sie sehen im anderen den „Spiegel unseres erstarrten Menschenbildes". Wie können wir – wenn dies zutrifft – diese fatale Situation überwinden bzw. auflösen.	Frau Bachmann, – wo liegt für den Ich-Erzähler zu Beginn Ihrer Geschichte „Arkadien"? – Warum bleibt der Erzähler dann doch lange Jahre in der Stadt, die auf dem Weg dorthin liegt? – Können Sie uns etwas über das „Geheimnis des Erfolges" sagen, den er hat? – Was löst die so gar nicht erwartete Veränderung aus, die sich nach Jahren einstellt? – Inwiefern verändert sich am Ende die ursprüngliche Wunschvorstellung von seinem „Arkadien"?

Text 4:	Text 5:	Text 6:
Frau Wolf, – könnten Sie mit wenigen Worten Christa T., die zentrale Figur Ihres Romans, charakterisieren? – „Was willst du werden?" ist eine durchaus übliche Frage. Warum fällt es Christa T. so schwer darauf zu antworten? – Was meinen Sie mit dem so selbstverständlich klingenden Satz: „Nichts weiter als ein Mensch sein..."?	Herr Walser, – könnten Sie mit wenigen Worten Helmut Halm, die zentrale Figur Ihrer Novelle, charakterisieren? – Inwiefern nimmt der vorliegende Textausschnitt den Titel der Novelle „Ein fliehendes Pferd" auf? – Welche Erklärungen haben Sie für die „Sehnsucht" Ihres Helden „noch nicht erkannt zu sein"?	Aufschlussreich wäre auch ein imaginäres Gespräch mit Peter Huchel. Es könnte sich zum Ziel setzen, die Chiffren in seinem Gedicht zu ‚lesen' und die ‚dunklen Metaphern' zu entschlüsseln: – unter der blanken Hacke des Monds – das Alphabet der Blitze – das Wasserzeichen der Nacht – die Kindheit der Mythen

Seite 419

3 Die Aufgabe kann in *Partnerarbeit* oder in *kleinen Gruppen arbeitsteilig* aufgenommen werden; allerdings ist davon abzuraten, den Text aufzuteilen, da für die Bearbeitung der Aufgaben und den Austausch der Ergebnisse in der sich anschließenden Auswertung die Kenntnis des ganzen Textes unverzichtbar ist.

TA **Zur Arbeit am Text „Auch ich habe in Arkadien gelebt"**

Stationen	Erfahrungen	grundlegende Einsicht
„Abschied" Neuanfang in einer fremden Stadt Arbeit in der „Weltstadt" Entschluss zu bleiben Vereinzelte Versuche auszubrechen Bleiben über Jahre hin Wiederholte Rufe aus der Ferne Hoffnung auf Heimkehr Sich überlagernde Gedanken an Heimkehr und Tod	radikale Trennung von der Heimat, Verluste positive Erlebnisse Glück und Erfolg neue Verpflichtungen und Bindungen Fernweh, gefolgt von Ernüchterung Übereinstimmung zwischen Ich und Welt Rückverweise auf die Heimat – Fragen die nicht realisierbare Heimkehr als „Geheimnis des Erfolgs" Tun und Glücksvorstellungen widersprechen sich	Auch rastlose Betriebsamkeit, Erfolg und Anerkennung können das im Menschen angelegte Verlangen nach Erfüllung und Glück nicht stillen. „Arkadien" bleibt Utopie.

Seite 420

4a Der **innere Monolog von Christa T.** könnte mit der Frage einsetzen, die niemand aus ihrem Umfeld sich zu stellen traut: „Was will ich denn werden? Niemand traut sich, mir diese Frage zu stellen und doch treibt sie mich ständig um – wenn ich hier am runden Marmortisch sitze, in meinen Notizen blättere, mich vorbereite – worauf denn? ...."
Die gestellte Aufgabe eignet sich vor allem für Schüler, die Schreibschwierigkeiten haben (denen wenig einfällt), weil sie ihren Text aus dem im Romanausschnitt vorgegebenen ‚Material' entwickeln können. Ein Hinweis auf den Lexikon-Artikel SB, S. 390) – gegebenenfalls die Vorgabe der ersten Zeilen (siehe oben) kann helfen und sicherstellen, dass die richtige sprachliche Form gefunden wird.

4b Die Lösung dieser Aufgabe ist nur über zusätzliche Vorarbeit möglich. Im Idealfall tragen die Schüler die notwendigen Voraussetzungen für den Vergleich selbst zusammen, d.h. sie suchen nach der Vergleichsgröße „Vorstellungen über die ‚sozialistische Persönlichkeit'".

Geeignete Quellen:

- DDR Handbuch. Bundesministerium für innerdeutsche Beziehungen, Frankfurt/M ²1979.
- „Zehn Gebote der sozialistischen Moral und Ethik" (Programm von 1963) unter diesem Stichwort im Internet.
- Marxistisch-Leninistisches Wörterbuch der Philosophie. Hg. von Georg Klaus und Manfred Buhr, Hamburg (Rowohlt) 1972. Darin Artikel „Persönlichkeit" – Auszug von S. 829/830:

„Sozialistische Persönlichkeit ist das sich im Prozess der gesellschaftlichen Arbeit selbst gestaltende und entwickelnde Individuum, das unter der Führung der marxistisch-leninistischen Partei in Gemeinschaft mit anderen Menschen seinen Lebensprozess in ständig wachsendem Maße unter Kontrolle nimmt; und in diesem Prozess seine individuellen Fähigkeiten, seine produktiven Kräfte immer allseitiger entfaltet.
Für die Persönlichkeit der sich voll entwickelnden sozialistischen Gesellschaft können daraus folgende Merkmale und Eigenschaften bestimmt werden:
Das Streben nach Aneignung einer umfassenden Allgemeinbildung und ständiger Vervollkommnung des beruflichen Wissens und Könnens; die Fähigkeit und das Bedürfnis zur selbstständigen schöpferischen geistigen Arbeit und zur praktischen Anwendung neuer Erkenntnisse; ein fester sozialistischer Klassenstandpunkt, der in der sozialistischen Ideologie und Weltanschauung begründet ist und in der aktiven Parteinahme für den sozialistischen Staat und in der Bereitschaft, ihn zu verteidigen, zum Ausdruck kommt; sozialistische moralische Qualitäten und Verhaltensweisen, wie vor allem hohes Pflicht- und Verantwortungsbewusstsein, sozialistischer Gemeinschaftsgeist, Kämpfertum und Mut zum Risiko, Ehrgefühl und Gewissenhaftigkeit, Internationalismus und Achtung vor dem Menschen.
Reichtum an individuellen und kollektiven produktiven Kräften und Fähigkeiten, die wirkliche Leistung, die gute verantwortliche Arbeit innerhalb der Gemeinschaft bestimmen die Entwicklung der sozialistischen Persönlichkeit."*

Anderer Zugang über den Auszug aus Brigitte Reimann „Ankunft im Alltag" (SB, S. 412); hier in einem kurzen Überblick die dort fassbaren Vorstellungen, denen von Christa T. gegenübergestellt:

TA

B. Reimann: Ankunft im Alltag – Die sozialistische Persönlichkeit –	Chr. Wolf: Nachdenken über Christa T. – Der Mensch Christa T. –
- aktives, bewusstes Tun - gemeinsam arbeiten an einer großen Aufgabe (gegenseitige Hilfe und Zusammenarbeit) - sich ein- und unterordnen (Arbeit im Kollektiv) - bei einem „Riesenwerk" mit anpacken - nicht die individuelle Leistung, das gemeinsame Werk zählt - gemeinsamer Jubel über das gemeinsam Erreichte	- „Sie sitzt auch allein da..." (Z. 6) - „Sie gab sich ja Mühe hineinzupassen. Sie fiel nicht aus bloßem Übermut heraus." (Z. 18/19) - „Sie zweifelte ja, inmitten unseres Rauschs der Neubenennungen, sie zweifelte ja an der Wirklichkeit von Namen ..." (Z. 22/23) - „Leben, erleben, freies großes Leben! ... Nichts weiter als ein Mensch sein ..." (Z. 27/28) - „Sie zuckte davor zurück, sich selbst einen Namen aufzudrücken, das Brandmal, mit welcher Herde in welchen Stall man zu gehen hat." (Z. 25–27)

Seite 421

5a/b Mit dieser *Recherche im Internet* sollen den Schülern mehrere Möglichkeiten eröffnet werden:
1. Sie können einzelne bedeutende Persönlichkeiten der Zeitgeschichte, deren Leben und Werk kennen lernen.
2. Sie erhalten Zugang zu zentralen Themen auf einer sie sprachlich und inhaltlich besonders fordernden Ebene.
3. Sie gewinnen Einblick in literarische Auseinandersetzungen und in das Wechselspiel von Literatur und Politik.

Die Suche führt, ansetzend beim Stichwort „Friedenspreis des Deutschen Buchhandels", direkt und sehr rasch zu den wichtigsten Ergebnissen:

- Kurzgefasste Informationen zum Friedenspreis, zur Begründung der Vergabe an den Autor, zu seinem Werk und Leben;
- Namen einer langen Reihe seit 1950 ausgezeichneter Preisträger: u.a. Hermann Hesse, Siegfried Lenz, Theodor Heuss, Carl-Friedrich von Weizsäcker, Marion Gräfin Dönhoff, Yehudi Menuhin, Vaclav Havel;
- Dankesrede von Martin Walser zur Verleihung des Friedenspreises ... am 11. Oktober 1998;
- Laudatio von Frank Schirrmacher;
- Walser-Bubis-Kontroverse;
- Antisemitismus-Verdacht, geäußert im Zusammenhang mit Walsers Roman „Der Tod eines Kritikers" (2002);
- Anmerkungen von Henryk M. Broder zur Debatte um Walsers Friedenspreisrede unter dem Titel „Halbzeit im Irrenhaus";
- Vom Historischen Seminar der Universität München zusammengetragene Bibliografie, „Eine Rede und ihre Folgen".

6a Rezitationsversuche sind besonders gut zu beurteilen und zu optimieren, wenn eine Toneinspielung möglich ist.

6b Das Gedicht von Peter Huchel nimmt – wie der zu Aufgabe 1 b (SB, S. 418) gegebene Hinweis zeigt – unmittelbar Bezug auf die Überschrift der Teilsequenz:

- Die erste Strophe weist offen und ehrlich darauf hin, dass unserem Streben nach Wissen und Erkenntnis Grenzen gesetzt sind; dies gilt wohl auch unserer Suche nach Selbsterkenntnis: Wesentliche und fundamentale Einsichten bleiben uns verschlossen.
- Die zweite Strophe macht deutlich, dass „die Kindheit der Mythen" für uns ein Rätsel bleibt. Da die Metapher auch den „Weg zu sich selbst" einschließen könnte, ergibt sich daraus, dass unsere Suche nie ganz ans Ziel kommt.
- Die dritte Strophe gelangt zum schmerzhaften Eingeständnis menschlicher Unwissenheit und Bedeutungslosigkeit und bekräftigt diese Erfahrung mit dem in der biblischen Formel hart, ja geradezu brutal evozierten Bild des Absturzes.

Huchels Sprache: Einfache, überschaubare Fügungen; klare und eindeutige Setzungen, in der Aussage auf das Wesentliche reduziert und doch aufgrund der Metaphorik offen für vielfältige Assoziationen. Sparsam verwendete Bilder; fremde und eigenwillige Prägungen, nur schwer zu entziffernde Chiffren.

TA

Strophe I:
    elementare Naturvorgänge
	Strophe II:
	    der Mensch, seine Geschichte und seine
	Überlieferung
		Strophe III:
		    meine Bedeutung als menschliches
		Individuum

„Unter der blanken Hacke des Monds" = ständig bedroht von einem harten, gnaden- losen Schicksal	„Im Wasserzeichen der Nacht" = die verborgene Seite der Wirklichkeit, nur er- kennbar, wenn ins Licht des Bewusstseins gehoben.	„Unwissend stürz ich hinab" = existentielle Erfahrung menschlichen Un- genügens
„das Alphabet der Blitze" ↓ Buchstabierenkönnen im Buch der Natur, die Anfangsgründe des Verstehens erlernen	„die Kindheit" der Mythen ↓ Ursprung und Herkunft der Geheimnisse entdecken, die unser Wesen bestimmen	„zu den Knochen der Füchse geworfen" ↓ Hilflosigkeit und Verlassenheit als Urerfah- rung, an den Psalmisten erinnernde Sprache

7 Die *Interpretationsaufgabe* ist absichtlich offen gestellt und verfolgt unterschiedliche Ziele:
– Über die freie Textwahl durch die Schüler werden persönliche Affinitäten wirksam. Dadurch lassen sich Motivation und Engagement für die Interpretation erhöhen.
– Die Schüler können die Interpretation als Anwendung bisheriger Fertigkeiten ausführen und erst im Nachhinein den Abgleich mit einem der Demonstrationsbeispiele suchen. (Für Prosa z.B. SB, S. 35ff.; für Lyrik z.B. SB, S. 134ff. und S. 279ff.)
– Schüler, die noch unsicher sind, können von Anfang an ein Schwerpunktbeispiel zur Orientierung des Lösungswegs nutzen.
Auch die als **K**-Vorlagen mitgeteilten Texte können einbezogen werden.

Die beiden Gedichte (Anlage **K 11**, LB, S. 596) von Christoph Meckel „Musterung" und von Günter Kunert „Sinnsuche" nehmen auch das Leitthema dieser Teilsequenz auf. Sie eignen sich als Ergänzungen und zur Erweiterung des Horizonts (u.U. auch als zusätzliche Texte für eine Gruppenarbeit mit differenzierter Aufgabenstellung in einer besonders großen Klasse oder auch als Stationen in einem Lernzirkel). Als Gedichtvergleich können sie in einer Klausur eingesetzt werden.
Gleiches gilt für den Prosatext von Marie Luise Kaschnitz (Anlage **K 12**, LB, S. 597).

III. Sehen und zur Sprache bringen (S. 422–435)

Die Überschrift der dritten Sequenz dieses Kapitels lenkt den Blick ein weiteres Mal auf zentrale Fragen im Umgang mit der **Sprache**. Dabei geht es sowohl um den Zusammenhang zwischen dem, was wir im weitesten Sinne wahrnehmen und dem, was wir mit Hilfe der Sprache erfassen und mitteilen können, wie um das Verstehen und Deuten des in unterschiedlichsten Formen Gesagten; schließlich auch darum, die eigenen Fähigkeiten und Möglichkeiten Gedachtes, Beobachtetes, Erlebtes und Erfahrenes präzise oder auch nur zureichend in Sprache zu fassen, es im besten Falle „auf den Begriff zu bringen". Vereinzelt mag es sogar gelingen, den Schülern einerseits etwas von der Verletzlichkeit und Zerbrechlichkeit, andererseits etwas von der Macht des Wortes zu vermitteln. Stefan George hat uns dieses besondere Geheimnis der Sprache im Schlussvers seines Gedichtes „Das Wort" mitgeteilt: „Kein ding sei wo das wort gebricht."
Den Zugang zu dieser Sequenz könnte auch ein kurzes Gespräch über deren Titel eröffnen. Die dafür geeignete Leitfrage: Was soll gesehen, was zur Sprache gebracht werden? Auf diesem Weg lässt sich, da wir mit ganz unterschiedlichen Schülerantworten rechnen dürfen, die anvisierte **Doppelperspektive** ausmachen – die **des Dichters**, der ein Stück äußere oder innere Wirklichkeit sieht und in Sprache fassen will, die

des Lesers oder Interpreten, der einen Text in seiner Vielgestaltigkeit erfassen und die gewonnenen Beobachtungen und Erkenntnisse mit seinen sprachlichen Möglichkeiten mitteilen möchte.
Drei verschiedene Aspekte von „Sprache" werden – dies machen die Titel der Teilsequenzen deutlich – betrachtet: Es geht zunächst um die ins Zentrum des Literaturunterrichts gehörende Fähigkeit des Erschließens, des Verstehens und des Deutens von Texten. Der Titel der zweiten Teilsequenz ist Programm und gleichzeitig Appell an Lehrer wie an Schüler, in gemeinsamer Bemühung um den präzisen Begriff, das passende Wort, die treffende Formulierung, die überzeugende Argumentationsfolge das sprachliche Vermögen der Schüler zu erweitern und zu verbessern. Der dritte, überwiegend sprachbetrachtende Teil will den Blick schärfen für einen bewussten und sorgfältigen Umgang mit dem geheimnisvollen und gefährlichen Werkzeug „Sprache".

> **S. 422–425: III,1. „Mit wechselndem Schlüssel"**
> **(Paul Celan) – Interpretation moderner**
> **Dichtung**

Paul Celans Bild vom „wechselnden Schlüssel" veranschaulicht und vermittelt in knappster Form die für die Interpretation von literarischen Texten grundlegende Erkenntnis:
„In der *Literaturwissenschaft* ändern sich Rang und Bedeutung der Fragestellungen der Interpretation je nach dem intendierten Erkenntnisgegenstand. Dieser kann 1) außerhalb des engeren Gebietes der Literaturwissenschaft liegen, d.h. Dichtung wird dann z.B. als histor., soziolog. Quelle benutzt; es können 2) anthropolog. Konstanten (z.B. Weltanschauungstypen) oder umfassende Prinzipien wie Gattung, Stil, Idee, Geist eines zeitlich und räumlich begrenzten Kollektivs (Epoche, Nation) sein, aber auch 3) der Autor und 4) das einzelne Werk. Die Interpretation kann sich auf das Einzelwerk beschränken, sie kann auch method. Ausgangspunkt zu umfassender Synthese sein. Aus der unterschiedl. Auffassung der einzelnen Faktoren und ihrer Beziehungen resultieren die jeweiligen ästhet. und poetolog. Postulate, die wiederum Gegenstand, Methode und Resultat der Interpretation bestimmen."
(Brockhaus: Die Enzyklopädie. Leipzig; Mannheim 1997. Zehnter Band, S. 619)

— Mögliche Ziele: —
1. Sich anhand theoretischer Texte die für den Verstehensprozess wesentlichen Zusammenhänge klar machen
2. Verschiedene „Schlüssel" (Zugänge) zu poetischen Texten kennen lernen und erproben
3. Ausgehend von Interpretationsschwierigkeiten verschiedene Ebenen bzw. Bedeutungshorizonte von Texten entdecken und erschließen

Seite 422

 1a Wichtig für die *Rezitation* ist der insgesamt verhaltene Ton. Enjambements und Pausen sind sehr wichtig. Zu empfehlen ist die Anlage eines *Textblattes* (vgl. SB, S. 14).

 1b **Fragen an das Gedicht** sind auf zwei Ebenen denkbar.

1. *Fragen,* die schwer Verständliches klären wollen:
   a) Welche Situation skizziert die Autorin in den ersten fünf Zeilen?
   b) Was vermittelt die Metapher „dieses schwerste ABC"?
   c) Welches Bild bzw. welche Vorstellung steht hinter dem Hinweis auf „die neue Stadt ... Jerusalem, die goldene"?
   d) Worauf bezieht sich die Schlusszeile?

2. *Fragen,* die Schritte für eine systematische Interpretation markieren:
   a) Welche Erwartungen weckt die Überschrift?
   b) Welchen ersten Eindruck haben Sie als Leser/Leserin des Gedichtes?
   c) Welche Fragen stellen sich nach mehrmaligem Lesen?
   d) Welche Vorgänge können wir wahrnehmen, welche Leitbegriffe erschließen?
   e) Welche textexterne Informationen helfen bei der Entschlüsselung des Gedichtes?
   f) Welche Gedankenfolge und Sprache?
   g) Welche mögliche Gesamtdeutung?

2a/b Gedacht ist an eine selbstständig durchzuführende *Buch-* bzw. *Internetrecherche* der Schüler.
Bei wenig Zeit oder zum Vergleich der Ergebnisse kann das Demonstrations- und Informationsblatt vorgelegt werden:
Die Informationen zu Hektors Flucht vor Achill und zum Neuen Jerusalem finden Sie in **K 13** , LB, S. 598f., unter „Schritt 5".

3 Ein weiterer Entwurf zur *Interpretation* dieses Gedichtes in **K 13** , LB, S. 598f., so konzipiert, dass er den Schülern als Beispiel für einen Lösungsvorschlag in die Hand gegeben werden kann.

4a Die wichtigsten Aussagen der Texte 2 und 3:

Text 2:
Friedrichs Forderung: Verstehen muss zur „Methode" werden. Seine **These** „Verstehen heißt, dasjenige was ein anderer ausgesprochen hat, aus sich selbst entwickeln."
Ziel: Eine so weitgehende Übereinstimmung mit dem dichterischen Werk zu erreichen, dass Teilerkenntnisse untereinander und mit dem ganzen Werk einer inneren Notwendigkeit folgend organisch zusammenstimmen.
Voraussetzung dafür ist es, alles für ein Werk Wissenswerte zu erfassen und so „Unsicherheiten", „Unverbindlichkeiten", „bloße Impressionen", „das Unkraut der Behauptungen und Schwärmereien" auszuschließen. „Wissbar" und jeweils auf ihre Bedeutung für das einzelne Werk zu überprüfen sind:
– die geschichtlichen Bedingungen einer Dichtung,
– ihre Nationalsprache,
– persönliche, soziale und politische Umstände ihrer Entstehung,
– das Stoff-, Motiv- und Ideenmaterial,
– die literarische Gattung und die formalen Mittel.

Friedrichs Thesen:
Verstehen will Einklang mit seinem Gegenstand.
Wissenswert sind geschichtliche Bedingungen einer Dichtung nur, soweit sie Bedingungen dieses Werkes waren und sein Verstehen vorbereiten können. Verstehen sucht nach Evidenz, nach dem organischen Zusammenstimmen von Teilen und Gestalt.
„Verstehen heißt, dasjenige, was ein anderer ausgesprochen hat, aus sich selbst entwickeln." (Goethe)

Text 3:
Zimmermann unterscheidet zwei Arten der Kommunikation mit einem literarischen Text: die „vorwissenschaftliche" Form des **Verstehens,** das ausgehend von der Lebenserfahrung des Lesers zu einer „subjektiven Rezeption" gelangt; das **Erklären,** das über den Prozess des Verstehens reflektiert und zur objektiven Gestalt des Textes hinstrebt, d.h. die Interpretation der Literaturwissenschaft.

Seite 423

 5a Passende „Schlüssel" zu den Texten 4–8:

Text 4: Marie Luise Kaschnitz „Interview"
Sprachliche Auffälligkeiten: Wiederholte Negationen („kein") im ersten Teil des Textes;
Mehrfache Einschränkungen in den folgenden Versen: „obwohl", „aber";
Inhaltliche Besonderheit: Programmatische Schlusszeile.

Text 5: Johannes Bobrowski „Immer zu benennen"
Signalcharakter der ersten auch als Überschrift dienenden Zeile; besonders auffällig die zögernden, bruchstückhaften Nennungen;
Leitfrage, die mit dieser Zurückhaltung korrespondiert: „Und wer lehrt mich, was ich vergaß?"

Text 6: Günter Eich „Ende eines Sommers"
Leitbegriffe: Ende, leben – sterben, Zeit – Ewigkeit;
Trost – Verzweiflung – Geduld;
Thema: Die Erfahrung der eigenen Vergänglichkeit und der Versuch, ihr standzuhalten.

Die sprachlichen Bilder sind alle auf den einen zentralen Punkt hin gerichtet, den die Überschrift des Gedichts nennt, „Ende eines Sommers": Herbst, Zeit der Reife, der Ernte, des Abschieds.
Die beiden einleitenden fast emphatischen Ausrufe setzen von Anfang an ein Gegengewicht: Wenn nicht Einverständnis mit dem Faktum Sterben, so doch offenes und redliches Aussprechen der bitteren Wahrheit und eine entschiedene realitätsbewusste Haltung, die der Verzweiflung die Mahnung zur Geduld entgegensetzt.
Charon: der Fährmann, der die Toten in seinem Boot über den Grenzfluss der Unterwelt (Acheron, Styx) fährt; Unbestattete weist er zurück. Als Fährgeld nimmt er eine Münze, die den Verstorbenen in den Mund gelegt wird.
Die letzte Zeile fasst die Erfahrung der Vergänglichkeit, indem sie den Moment des Abschieds und Hinübergehens ins Reich der Schatten in den Blick rückt. Sie könnte, wenn der mythologische Sachverhalt, den sie evoziert, bekannt ist oder bewusst gemacht wird, als Schlüsselzeile gelten.

Text 7: Paul Celan „Mit wechselndem Schlüssel"
Der in der Überschrift genannte Leitgedanke, wonach die Sprache, das „Wort", den verborgenen, verschwiegenen Teil der Wirklichkeit erschließt, wird in vorsichtig beschreibendem, teilweise über Metaphern vermitteltem Zugriff entfaltet:
„Mit wechselndem Schlüssel", d.h. mit unseren verschiedenen menschlichen Möglichkeiten, nämlich beobachtend, sprechend, hörend, finden wir Zugang, mit Hilfe unserer Sinneswahrnehmungen also, für die einige beispielhaft genannt sind:
Der Vorgang des Aufschließens kann aktives zielstrebiges Tun sein, bewusste Anstrengung erfordern. Es ist an eine gewisse

Verletzlichkeit, Feinfühligkeit, Sensibilität gebunden („Je nach dem Blut, das dir quillt [...]"), fügt seinerseits vielleicht Verletzungen zu. Mit eigener Kraftanstrengung ist dieses Erschließen jedoch nicht zu leisten. Andere Kräfte („Je nach dem Wind, der dich fortstößt") sind mit im Spiel.

Text 8: Werner Dürrson[19] „Aschenmär" – eine Geschichte, die mehrere „Schlüssel" anbietet: Leitmotivisch, bereits in der Überschrift genannt, kommt das Wort „Asche" (Z. 11, 17, 30, 57, 67) in verschiedenen Wortzusammensetzungen immer wieder vor: Aschenhügel (Z. 11, 21), Aschenbeule (Z. 24), „Aschenstumpf" (Z. 26), „Aschensäule" (Z. 27), „Aschengestalt" (Z. 31, 69), „Aschenkopf" (Z. 43), „Aschengespinst" (Z. 71).
Ein seltsamer, beiläufig mehrfach wiederholter Leitsatz: „das sollte man einmal erzählen" – parallel dazu die ähnlich oft wiederholte Formel „Du erinnerst dich" (Z. 4, ...), geäußert als Bestätigung und Aufforderung, dann als Frage, schließlich in verneinter Form „du wirst dich nicht mehr erinnern" (Z. 79) – daneben in ebenfalls sich auffallend verändernden Varianten wiederkehrende Einschübe wie „ich täusche mich nicht." (Z. 17), „oder täusche ich mich" (Z. 18), „wahrscheinlich täusche ich mich" (Z. 55) – begleitet von Versicherungen wie „das weiß ich genau" (Z. 21/22) oder „das weiß ich noch ganz genau" (Z. 68), dies aber bezogen auf „Wir hatten arge Zweifel zuletzt" (Z. 68).
In diesem Geflecht von bekräftigenden und beteuernden Einwürfen kommt mehreren Einzelheiten eine Schlüsselfunktion zu:
1. Offensichtlich geht es in dieser Geschichte um Aufräumarbeiten, die zwar vorgesehen waren, aber noch nicht einmal begonnen werden („ohne auch nur einen Finger gekrümmt zu haben" – Z. 78).
2. Der Schlusssatz erhält in diesem Kontext besonderes Gewicht: „... ich habe ihn (den Platz) schließlich vergessen." (Z. 80)
3. Die historische Wirklichkeit – der Titel „Aschenmär" kündigt dies bereits an – d.h. die durch die Straßen der Stadt geschleifte Kreatur (vgl. Z. 43ff.) wird zum „Hirngespinst" (Z. 71) erklärt – auf diese Weise gelingt der beschriebene Verdrängungsprozess. Die so seltsamen Äußerungen von Spind und Spund, den beiden, die aufräumen sollten, werden zum entlarvenden Kommentar ihres eigenen Tuns. Es ‚irrlichtert' zunächst hin und her zwischen Erinnern- und Vergessenwollen, zwischen der Bereitschaft zu klären und der immer stärker werdenden Neigung, das Geschehene zu verdrängen.

Einen nicht alltäglichen Schlüssel zu der Kurzgeschichte von Werner Dürrson bietet die Begründung, mit der die Jury 1973 den Deutschen Kurzgeschichtenpreis für den Text „Aschenmär" an den Autor vergeben hat. Sie begründete ihre Entscheidung so:

„Aus einer amorphen Flugsandlandschaft entwickelt sich eine dialektisch musikalische Spirale von optischen Variationen, die eine geschlossene formale Einheit bilden und sich zu einer eigenen sinnreichen Wirklichkeit verdichten. Die so entstehende Gestalt ist eine Missgeburt unserer verschlissenen Zivilisationsumwelt mit ihren Öltonnen, Büchsen, Eimern, Kartons, Automobilen. Beunruhigend und zugleich überzeugend wirken die stille Kraft des Textes und seine Stimmungsmodulationen."

Arbeitsauftrag an die Schüler: Vergleichen Sie die von der Jury gegebene Begründung mit dem Text „Aschenmär" und zeigen Sie anhand konkreter Textbelege, warum diese Begründung zu kurz greift, weil sie wesentliche Teile des Textes nicht erfasst hat.
Das neben dem Text abgedruckte Bild „Das blaue Phantom" von Wols (1913–1951), der als Begründer und Hauptvertreter des Tachismus gilt, eröffnet weitere Zugänge. Dafür geeignete Aufgaben:
1. Nennen sie die Gefühle und Emotionen, die das Bild von Wols bei Ihnen auslöst.
2. Wols weist daraufhin, dass das Bild „eine analoge Schöpfung" sein kann. Nehmen Sie seinen Grundgedanken auf und versuchen Sie sein Bild „Das blaue Phantom" als analoge Schöpfung zur Geschichte von Werner Dürrson zu deuten.
3. Lassen Sie sich durch das Bild von Wols anregen und entwickeln Sie einen Illustrationsvorschlag zu Dürrsons Geschichte (Buchseite, Cover für einen Kurzgeschichtenband, Plakat für eine Autorenlesung).

5b   *Vergleich* der **„Interview-Fragen"**

– Beispiele für die eigenen Fragen	Den „Antworten" im Gedicht zugrunde liegende Fragen
Welches waren die einschneidensten Ereignisse Ihres Lebens?	Welche Hobbys haben Sie?
Wer hat Ihren Lebensweg entscheidend beeinflusst?	Worauf legen Sie bei der Einrichtung Ihres Hauses besonderen Wert?
Welche Erfahrungen haben Sie besonders geprägt?	Worin besteht für Sie der Sinn des Lebens?
Sind Sie mit dem, was Sie gemacht und geleistet haben, zufrieden?	Was heißt für Sie Altwerden?
Womit beschäftigen Sie sich jetzt?	Sehen Sie Ihr Leben als beispielhaft für andere an?

– *Der Vergleich* charakteristischer eigener Naturerfahrungen mit den Leitbegriffen in Text 5 könnte etwa folgende Übersicht ergeben:

TA	
Eigene Naturerfahrungen	**Leitbegriffe und deren Darstellung in Bobrowskis Gedicht**
– Stille, Ruhe – Erholung, Entspannung – Freude – Staunen, Faszination: Wunder der Natur – überwältigende Eindrücke – Naturgewalten – eigene Machtlosigkeit	B. *benennt* die einfachsten Dinge bei ihrem *Namen* und mit ihren *Farben*: Bäume, Vogel im Flug, Fels/Steine, Strom, Fisch; er bezeichnet dieses Benennen als *Spiel*, „bedenklich" für ihn; er fragt nach Vergessenem: dem *Schlaf* dieser Dinge und mahnt zu geduldigem Warten und Hören.

– Die **Leitbegriffe** in Günter Eichs Gedicht „Ende eines Sommers" können als wesentliche Verstehenshilfe eingesetzt werden. Auch hier dürfte – nachdem die Leitbegriffe in einem kurzen *Gespräch* genannt und festgehalten worden sind (s. o.) – eine gedankliche und gleichzeitig optische Zuordnung weiterführen:

---

[19] Biografische Hinweise zu Werner Dürrson und eine knappe, sehr verständliche und überzeugende Deutung der Kurzgeschichte findet sich in: Manfred Durzak: Die Kunst der Kurzgeschichte. UTB München (Fink) 1989, S. 318–321.

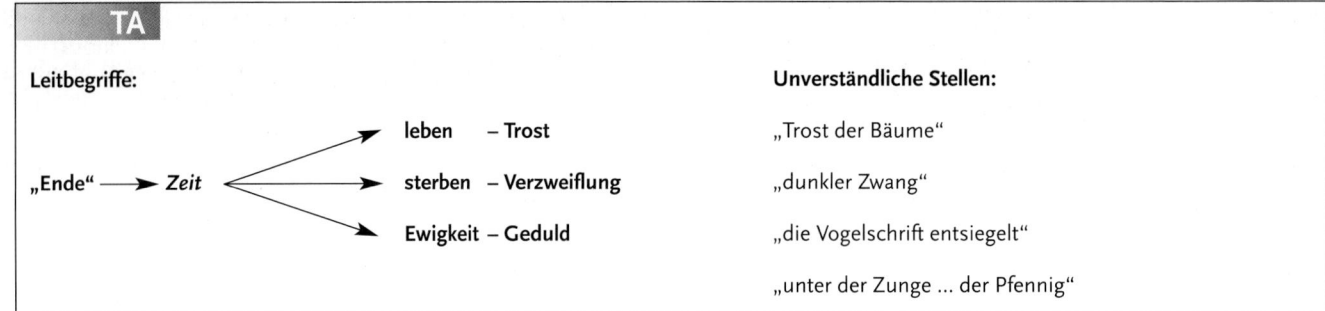

TA

| Leitbegriffe: | | Unverständliche Stellen: |

„Ende" ⟶ *Zeit*
  ⟶ leben – Trost
  ⟶ sterben – Verzweiflung
  ⟶ Ewigkeit – Geduld

„Trost der Bäume"

„dunkler Zwang"

„die Vogelschrift entsiegelt"

„unter der Zunge ... der Pfennig"

- Beim Versuch, die **Haus-Metapher** zu deuten, können wir uns an Paul Celans grundlegender Feststellung orientieren: „Wirklichkeit ist nicht, Wirklichkeit will gesucht und gewonnen sein." Das „Haus", in das ich – „mit wechselndem Schlüssel" – eintrete, ist Teil meiner Wirklichkeit; es sind Teile oder Bereiche meiner Welt, die ich mir bisher nicht voll bewusst gemacht habe, die ich mir mit Hilfe des Wortes erschließe: nicht ausgesprochene Tatsachen, Vorstellungen, Einbildungen, Ängste, Träume, Hoffnungen. Die Formulierung „darin der Schnee des Verschwiegenen treibt" deutet vielleicht hin auf diese mit unseren Sinnen nur schwer fassbaren, schon gar nicht greifbaren Gebilde, die unter zupackenden Händen zerfallen.
- Der Ausgang vom **Titel** „Aschenmär" könnte zunächst zu Assoziationen führen, die – parallel etwa zu „Aschenputtel" – in die Irre führen, so dass sich der Titel als „Falle" (s.o.) erweist. Die beigefügten semantischen Erläuterungen zu „Mär" könnten dann weiterhelfen.

Seite 425

6 Die geforderte *Interpretation* ist in erster Linie als Übung gedacht, weil die Schüler – entsprechend den eigenen Präferenzen bzw. Schwierigkeiten – wählen können zwischen Gedicht- und Prosainterpretationen ganz unterschiedlicher Schwierigkeitsgrade.
Ziel ist es vor allem, das *Drei-Phasen-Modell* anzuwenden, nachdem die Texte im Unterricht besprochen worden sind (s. o.).
Je nach ihrem individuellen Leistungsvermögen können die Schüler mit Benutzung der Demonstrationsbeispiele (vgl. SB, Sach- und Methodenregister, S. 517ff.) von Anfang an arbeiten oder diese – nach Abschluss der selbstständigen Interpretationsarbeit – zum Abgleich nutzen. Die Auswertung der Ergebnisse kann besonders ertragreich in *Gruppenarbeit* erfolgen.

- Die Gruppe (3–4 Mitglieder) formiert sich aus Schülern, die dasselbe Thema bearbeitet haben.
- Alle Gruppenmitglieder lesen und kommentieren alle Interpretationsbeispiele.
- In der Gruppe werden die Kommentare vorgelegt (als Kopie) und besprochen.
- Die Gruppe ermittelt als Ergebnis
  • die spezifischen Schwierigkeiten des Themas und
  • die bei der Interpretation gewonnenen Erfahrungen (Tricks, Tipps, Hilfen etc.).
- An der *Pinnwand* werden die gewonnenen Ergebnisse „veröffentlicht".
- Eine *Koordinierungsgruppe* (mit je einem Mitglied aus jeder Gruppe) wertet die Ergebnisse der Pinnwand unter den Aspekten
  • gemeinsame Schwierigkeiten
  • themenspezifische Schwierigkeiten
  für das *Planungsgespräch* aus.
- In einem *Mitschrieb* (SB, S. 28f. und 213ff.) werden die gewonnenen Erfahrungen festgehalten.

S. 425–428: III,2. „Mit jedem Wort wachsen wir" (Christian Morgenstern) – Die freie Erörterung

Die Zielsetzung dieser Teilsequenz ist, schon wenn man den ihr vorangestellten Leitsatz zur Kenntnis nimmt, offensichtlich: Das seit den ersten zaghaften Versuchen, Worte und Satzfragmente zu bilden, gewachsene Sprachvermögen der Schüler soll erweitert, ihre Fähigkeiten, Sachverhalte, Vorgänge, Ereignisse, komplexe Zusammenhänge, Gedanken und Gefühle im jeweils passenden Wort zu erfassen und in angemessener sprachlicher Form darzustellen, sollen verbessert, geschult, weiterentwickelt werden. Vielleicht ist es nicht verkehrt, in diesem Zusammenhang an Wilhelm von Humboldts Erkenntnis zu erinnern, dass Sprache „kein Werk (Ergon), sondern eine Tätigkeit (Energeia)" ist und „die sich ewig wiederholende Arbeit des Geistes, den artikulierten Laut zum Ausdruck des Gedankens fähig zu machen" (SB, S. *232/233*).

Mögliche Ziele:

1. Die bei einer freien Erörterung (Problemerörterung) wichtigen Schritte kennen lernen und einüben:
   – Sammeln von Ideen (Assoziationen),
   – Themenanalyse,
   – Semantische Differenzierung,
   – Erschließen von Lebensbereichen,
   – Gliederungsmöglichkeiten,
   – Ausarbeitung und Korrektur des eigenen Entwurfes
2. Den aufmerksamen und bewussten Umgang mit dem „Wort" lernen und an konkreten Sachverhalten erproben

Seite 426

 1a Die *vervollständigte Themenanalyse* könnte so aussehen:

- Genaues Aufnehmen und Beschreiben der These: Sie ist nach Art einer Wenn-dann-Beziehung konstruiert, die Voraussetzung und Konsequenz verallgemeinernd miteinander verbindet.
- Herausheben der Leitbegriffe: die Sprache beherrschen – seine Mitmenschen beherrschen.
- Prüfen, welche Begriffe geklärt werden müssen: Das in beiden Teilsätzen gebrauchte Verb „beherrschen" hat offensichtlich unterschiedliche Bedeutung.
- Anzahl, Art und Umfang der Arbeitsanweisungen klären:
  1. „Erläutern": Beispiele aus verschiedenen Lebensbereichen heranziehen.
  2. „Erörtern": prüfen und abwägen, was für und was gegen die vorgetragene These spricht.

TA

Zugang zur Problemerörterung:
Allgemeine, übertragbare Schlüsselfragen

- Wie, wann, warum ... bin ich persönlich von dem Problem betroffen?
- Für wen ist die Sache, die gestellte Frage, die vorgetragene These noch von Bedeutung?
- Wann stellt sich die diskutierte Frage?
- Wo zeigt sich das umstrittene Problem?
- Weshalb ist der diskutierte Sachverhalt umstritten?
- In welcher Weise wirkt sich der dargelegte Sachverhalt aus?
- Warum ist die aufgestellte These fraglich?
- Welche Lösungen erscheinen angemessen?

 1b Bei der Lösung der Aufgabe, die *Stoffsammlung* zu ergänzen, können zwei sehr konkrete, bei ähnlicher Themenstellung übertragbare Zwischenschritte erprobt werden:

1. Die semantische Differenzierung (Randspalte SB, S. 426)
2. Die Öffnung des Themenhorizonts mit Hilfe des „Modells der konzentrischen Kreise" (SB, S. 427)

Am Ergebnis einer **semantischen Differenzierung** zeigt sich, dass eine Stoffsammlung auch sprachliche Vorarbeit für die spätere Ausarbeitung leisten kann. In einer vergleichenden Übersicht klären wir mit der Frage nach der unterschiedlichen Bedeutung des in der These zweimal gebrauchten Verbs „beherrschen" auch die unterschiedlichen Sachverhalte. Hilfsfrage: Welche Fähigkeiten, welche Möglichkeiten des „Beherrschens" sind gemeint:

TA

„die Sprache beherrschen"	„seine Mitmenschen beherrschen"
– gekonnt formulieren	durch *Manipulation*: – sie überreden
– sich genau ausdrücken	– ihnen den eigenen Willen aufzwingen
– einen Sachverhalt präzise beschreiben	– ihnen etwas vormachen
– ein Problem differenziert darstellen	– sie täuschen und belügen
– Bedeutungsnuancen erkennen	durch *Missbrauch* ambivalenter sprachlicher Möglichkeiten: – sie für die eigene Sache gewinnen
– sich sicher in einer Sprache bewegen	– sie von einer Ansicht überzeugen
– flüssig reden	– sie faszinieren und begeistern
– flott schreiben	– sie in ihrer Meinung beeinflussen
– überzeugend vortragen	– sie nach eigenen Vorstellungen lenken
– begeisternd erzählen	

Das „Modell der konzentrischen Kreise" zeigt einen auch für schwächere Schüler gangbaren Weg:

Beispiele:
- *Wer* beherrscht, weil er die Sprache beherrscht, seine Mitmenschen (in der Familie, im Freundeskreis, der Schule ... im Beruf, in der Politik ...)?
- *Wer* kann in seinem Beruf, wenn er ansprechend formuliert, seine Mitmenschen für seine Sache gewinnen?
- *Wo* kann ich selbst, wenn ich die Sprache beherrsche, andere nach meinen Vorstellungen lenken?
- *Wo* hat jemand in der Arbeitswelt „das Sagen", weil er sich genau ausdrückt oder ein Problem differenziert darstellen kann?
- *Wann*, d.h. in welchen Situationen (in der Familie, in der Arbeitswelt, auf Reisen, im öffentlichen Leben) kann jemand seine Mitmenschen, weil er sicher mit der Sprache umgeht, beeinflussen?

Seite 427

 2a Die Beispiele (Text 1, SB, S. 427) zeigen folgende Lösungstypen:

- **Einleitungen**:
  a. zeigt Motivation und methodisches Vorgehen.
  c. zeigt einen mehr spontanen Zugang zum Thema, der in eine Fragehaltung mündet.
  e. zeigt den Ansatz bei einem literarischen Zitat, das zu einer Problematisierung führt und zum Hauptteil überleitet.

- Schlüsse:
  b. ist eine Form der Bilanzierung, die sehr allgemein gehalten ist.
  d. versucht eine differenzierte Zusammenfassung der wichtigsten Ergebnisse.

 2b Die *Verbesserung* der Vorschläge könnte folgende Zielrichtungen haben:

- **Beispiel c**: Die Idee mit dem „Bonmot" könnte sich wirkungsvoller entfalten, wenn die These als Zitat zunächst in die Einleitung aufgenommen würde.
- **Beispiel b**: Die Gegenüberstellung von „Tun" und „Sprechen" könnte überzeugender sein, wenn sie sprachlich eindeutiger gefasst wäre: „Machtausübung durch das Tun [...] ist unbestritten und je und je ganz unmittelbar erfahrbar. Die Erörterung zeigte, dass die Beherrschung der Menschen durch Sprache sowohl unmittelbar – etwa durch Befehle – als auch mittelbar – z.B. durch Überzeugung – möglich ist.

2c Gedankliche Verbindungen sind zwischen den folgenden Vorschlägen erkennbar:

- Einleitung e, in der nach der „Macht des Wortes" gefragt wird, und Schluss b, der auf diese Frage – mit einem vergleichenden Blick auf durch Taten unmittelbar ausgeübte Macht – eine zustimmende Antwort gibt.
- Einleitung a, die von der unterschiedlichen Bedeutung von „beherrschen" ausgeht, und Schluss d, der zusammenfassend gegensätzliche, d.h. negative und positive Arten des „Beherrschens von Mitmenschen" darlegt und wertet.

Seite 428

3a Anregungen in Form einer *Mind-Map* zur Weiterführung von Textelement 2c:

die Spieler „heiß machen"
die Mannschaft einstellen
Selbstvertrauen stärken
Stärken des Gegners bewusst machen
den Spielern Mut machen
die Mannschaft aufbauen
Schwächen des Gegners aufzeigen
den Gegner auf „Normalgröße" bringen

Vor dem Spiel

fürs nächste Spiel motivieren
gute Einzelleistungen anerkennen
eigene Leistung ins Licht rücken
den Erfolg gut verkaufen

Nach dem Sieg

das Ergebnis „klein reden"
Schwachstellen deutlich herausheben
darauf achten, dass „Bäume nicht in den Himmel wachsen"
gegen Selbstüberschätzung angehen

Nach der Niederlage

Leistung des Gegners anerkennen
seine Stärken besonders hervorheben
Ausreden suchen: Pech, Schiedsrichter
die Niederlage relativieren
eigene Schwächen analysieren
gemachte Fehler benennen
mangelnden Einsatz „gnadenlos" anprangern

Die **Chancen** eines Fußballtrainers, seine Spieler sprachlich zu „beherrschen" reichen von der psychischen Stabilisierung, über Motivierung, Vermittlung von Selbstvertrauen und Aufbau von Selbstbewusstsein bis zur Entwicklung einer selbstständigen, starken Spielerpersönlichkeit. Die **Gefahren** sind ähnlich vielfältig: Verunsicherung, Demotivation, Fördern von Selbstzweifeln, Verstärken fraglicher Verhaltensweisen (übertriebene Härte, unfaires Spiel), Abhängigkeit, Entwicklung bedenklicher Charaktereigenschaften (falscher Ehrgeiz, mangelnde Selbsteinschätzung).

3b Bei den drei angebotenen Textelementen bietet sich das **Prinzip der Steigerung** fast selbstverständlich an: Familie (Element b) – Sport (Element c) – Politik (Element a). Bei einer wertenden Einordnung der Beispiele kann dies dem Schüler noch überzeugender vermittelt werden: fast alltägliches Einzelproblem – interessantes aktuelles Geschehen – historisches Ereignis mit Auswirkungen auf Millionen Menschen. Nach dem Prinzip der Klimaxstruktur sollte der Schwerpunkt auf dem Politischen liegen.
Leider fehlen den Schülern dafür oft die notwendigen Informationen aus der Geschichte. Alternativ wäre es ebenso möglich, tagesaktuelle Beispiele zu wählen, die den Jugendlichen aus den Fernseh- und Zeitungsnachrichten bekannt sind: Z.B. Probleme von „Kindersoldaten", die beliebig zu missbrauchen sind. Oder: Ideologisch manipulierbare Selbstmordattentäter.
Überleitungen zwischen den Abschnitten des Hauptteils sind formal vorzubereiten durch eine Methodendarlegung in der Einleitung.
Gedanklich können die Schüler dem Strukturierungsprinzip der konzentrischen Kreise (SB, S. 427) und dem Prinzip der Steigerung folgen.
Stilistisch bieten sich Formulierungen an, die deutlich Bezug nehmen auf das Dargelegte und die eine Verbindung zum neuen Aspekt herstellen:
„Nachdem im Bereich der Familie [...], soll am Beispiel des Fußballspiels geprüft werden, [...]"

„Soweit scheinen die Ergebnisse überzeugend zu sein, aber was ergibt die Erörterung im Bereich des Sports?"

4a Die Ausarbeitung der **Erörterung** eignet sich gut als *Übungs- oder Hausaufsatz*. Bei gleichen Voraussetzungen für alle Schüler nach der Erarbeitung des Demonstrationsbeispiels (SB, S. 425–428) kann das Augenmerk jetzt besonders auf die Fertigkeiten der Binnengliederung (mit Gewichtung der Teile und Gestaltung der Überleitungen zwischen den Abschnitten) sowie auf die sprachliche Darstellung gerichtet werden: Gelingt es den Schülern, in Wortwahl und Syntax den angemessenen deskriptiv-argumentativen Stil zu finden?
Gezielte Wortfeldübungen und Ersatzproben sowie die Neuformulierung entscheidender Passagen wären adäquate Korrekturarbeiten.
(Anlage **K 14**, LB, S. 600f. nimmt den Titel der Teilsequenz „Mit jedem Wort wachsen wir" im wörtlichen Sinne und will Zuarbeit zum Sprachschatz der Schüler leisten. Diese kann durchaus auch so aussehen, dass die Schüler während einzelner Deutschklausuren diese Blätter zur Hand haben – auch hier macht nur Übung den Meister.)

4b Hinweise zur vorgeschlagenen Erörterungsübung: „Die uns beleben, die können wir brauchen, das sind Klassiker." Erläutern Sie Martin Walsers provozierende These und setzen Sie sich mit seiner Ansicht auseinander.

1. Spontane Einfälle und Themenanalyse:

a) Naheliegende erste Überlegungen: Klassiker gelten als „alt und verstaubt", Pflichtpensum im Schulunterricht, weit weg und uninteressant – in auffallendem Widerspruch zu Walsers Zuordnung – Anstoß zur Beschäftigung mit seiner These, die wohl aus diesem Widerspruch heraus als „provozierend" empfunden wird.
b) Die Themenanalyse erbringt die drei Leitbegriffe „beleben", „brauchen können" und „Klassiker", für die sich eine semantische Differenzierung nahe legt (s.u.). Die gestellte Aufgabe ist zweiteilig:

1. Der erste Teil, „Erläutern der These" (Operator I) bezieht sich auf die drei Leitbegriffe, d.h. insbesondere auf die Frage, welche inhaltliche Bedeutung diesen zukommt.
2. Im zweiten Teil, „sich mit Walsers Ansicht auseinandersetzen" (Operator II), wird eine Erörterung seiner Behauptung verlangt; sie kann ganz oder teilweise zustimmend, aber auch völlig ablehnend ausfallen.

2. Phase: Stoffsammlung und Gliederung:

Das Erarbeiten der Wortfelder (semantische Differenzierung) kann als spontanes und ungeordnetes Sammeln erfolgen.

„beleben": aufmuntern, auffrischen, ermutigen, Hoffnung geben erwecken, erheitern, erfreuen, begeistern, faszinieren anregen, anstoßen, Impulse geben, inspirieren, auf neue Ideen bringen, in Bewegung versetzen bewusstmachen, verändern, umformen, verwandeln kräftigen, stärken, befähigen, neue Kräfte zuführen, verjüngen, erneuern

„brauchen können": von Nutzen sein, nötig haben, notwendig sein, Bedeutung haben, hilfreich sein, unterstützen

Klassiker: gängige Einordnung:	M. Walsers Ansicht:
– erstrangige, hervorragende Schriftsteller und Künstler,	Nur *ein* gültiges Kriterium – „beleben"!
– Schöpfer mustergültiger Werke,	Die üblichen und anerkannten
– Vorbilder, Leitbilder,	Gesichtspunkte werden
– Werke von zeitloser Bedeutung	nicht widerlegt oder verworfen, sie sind jedoch dem einen Kriterium untergeordnet.

Für die Stoffsammlung empfiehlt sich das „Modell der konzentrischen Kreise", das zu einem nach Bereichen geordneten Ergebnis führt:

wer – wo – wem – wie – warum – ...?

Ich selbst:	– meine Fantasie, meine Pläne, meine Zielsetzungen
Familie, Freundeskreis:	– Gespräche
	– gemeinsame Unternehmungen
Beruf, Arbeitswelt:	– Routine verdrängen
	– Sensibilität ausbilden
	– Einfühlungsvermögen entwickeln
Freizeit, Reisen:	– Erlebnisfähigkeit entfalten
	– Horizont erweitern
Öffentliches Leben, Politik:	– Probleme wahrnehmen
	– Missstände durchschauen
	– günstige Entwicklungen sehen
	– kritische Momente erkennen
	– andere Sehweisen vermitteln

S. 428-435: III,3. „Meine Sprache" (Günter Kunert) – Sprechweisen

Die Überschrift dieser Teilsequenz – sie zitiert den Titel von Günter Kunerts Gedicht, ein sehr persönliches Bekenntnis zur Sprache – ist als Appell gemeint, als Aufforderung an Schülerinnen und Schüler, die Sprache zu ihrer eigenen Sache zu machen: Geht aufmerksam und selbstkritisch mit der Sprache um, seid euch bewusst, dass die Sprache ein mächtiges, aber auch leicht zu missbrauchendes Instrument ist, zerstörerische Kräfte besitzt, aber auch selbst sehr verletzlich ist.

Die aufgezeigten Merkmale und Tendenzen der **Gegenwartssprache**, die Beispiele aus der zeitgenössischen **Sprachforschung** und **Sprachkritik** sollen deutlich machen, dass die Sprache sich in einem ständigen Veränderungsprozess befindet, und sollen auch auf verschiedenartige Absichten und Einflüsse, die dabei am Werk sind, aufmerksam machen.

Mögliche Ziele:

1. Die Sprache als ein äußerst komplexes Gebilde, gleichzeitig als großartige menschliche Möglichkeit kennen und schätzen lernen
2. Sich mit aktuellen Entwicklungen der Gegenwartssprache und unterschiedlichen Einschätzungen auseinander setzen und sich eine eigene Meinung dazu bilden
3. Wach, aufmerksam und kritisch mit der Sprache umgehen

Seite 429

1a Diese Aufgabe, *einen Cluster zu „Sprache"* anzulegen, eignet sich auch gut für eine *Partnerarbeit*, bei der z.B. das Suchen der zentralen Textstellen und das Formulieren und Notieren der Leitgedanken arbeitsteilig erfolgen kann.

Das Ergebnis ließe sich als Tafelbild festhalten:

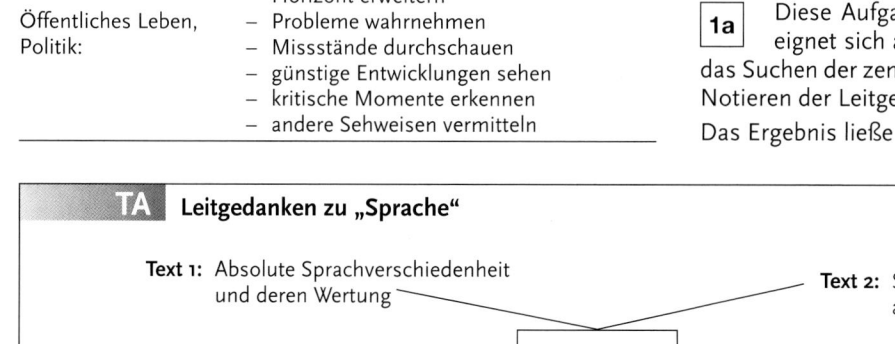

TA   Leitgedanken zu „Sprache"

Text 1: Absolute Sprachverschiedenheit und deren Wertung
Text 2: Sprache ist eine komplexe Fertigkeit, die aber angelegt ist als „Instinkt".
Text 6: Nur der Mensch reflektiert sein Tun und Sprechen.
Sprache
Text 3: – Man kann nicht n i c h t kommunizieren. – Sprache besitzt einen Inhalts- und Beziehungsaspekt.
Text 5: Große Vorsicht und Verantwortung im Gebrauch der Worte ist angebracht.
Text 4: – Wörter ohne Kontextdetermination können nicht lügen. – Aber mit entsprechendem Kontext können Wörter lügen (z.B. „Blut und Boden").

(Zu vergleichen wäre auch die Mind-Map zu „Sprechen": **K 15**, LB, S. 602.)

1b Die Texte zeigen unterschiedliche Zugänge zum Thema „Sprache":
Text 1: Die Fabel karikiert die Egozentrik in der Einschätzung der eigenen „Sprache".

Text 2: „Instinkt" ist nur eine von vielen Deutungen. Wäre aber nicht eine „neutralere" Begrifflichkeit angemessener, die nicht durch die Tierbiologie so festgelegt ist?
Text 3: Eine zunächst verblüffende, aber richtige These.

Text 4: Besonders ideologische Kontexte i.w.S. neigen zur Verfälschung.

Text 5: Gerade Text 4 lässt die Forderung Havels besonders gut verstehen.

Text 6: Die Verbindung von Sprache und Menschsein ist eine wichtige Prämisse.

1c Die **Erörterung** ist als *Hausaufgabe* geplant, die thematisch offen gehalten ist. Sie ist als Zusatz gedacht, sofern die Vorschläge der letzten Teilsequenz (SB, S. 428, Arbeitsanregung 4b) intensiv bearbeitet wurden.
Wichtig sind vor allem die Aussagen der Texte 3–6, provokant vielleicht Text 1 und fragwürdig die Begrifflichkeit von Text 2.

2a/b **Sammy Molcho**, Pantomime, Regisseur, Professor an der Hochschule für Musik und Darstellende Kunst in Wien: „Ich glaube nicht an den Dualismus von Körper und Seele. Beide sind voneinander untrennbar. ... Jede innere Bewegung, Gefühle, Emotionen, Wünsche drücken sich durch unseren Körper aus. Was wir Körperausdruck nennen, ist der Ausdruck innerer Bewegungen."[20]

Die Situation, in der dieser Mann spricht, ist ziemlich eindeutig: Er legt seinen Standpunkt dar, versucht, was er zu sagen hat klar und unmissverständlich zu äußern und bekräftigt das Gesagte:

a) Ein Geschäftsführer, der sein neues Konzept vorstellt und es begründet.

b) Ein Politiker, der Position bezieht oder auf eine Attacke antwortet.

c) Ein Lehrer, der das Fehlverhalten eines Schülers entschieden missbilligt und Konsequenzen androht.

Ein jeweils in *Dreiergruppen* (Aufgaben: Vorspielen, Texthinweise geben, beobachten und korrigieren) eingeübtes Rollenspiel dürfte den Zugang erleichtern.

TA Deutung der Bildfolge	
Wörtliche Äußerungen	Was drücken Mimik und Gestik aus?
A *„Ich bin der festen Überzeugung ..."* *„Niemand wird mich davon abbringen ..."* *„Sie können mir wirklich glauben ..."*	– Meine Aussage gilt, sie ist definitiv. – Es gibt dazu keine Alternative. – Ich bin entschlossen, das so zu machen.
B *„Achten Sie genau auf das, was ich jetzt sage ..."* *„Keiner weiß das besser als ich ..."* *„Du hast die geltenden Regeln in einem entscheidenden Punkt verletzt ..."*	– **Ich** habe hier das Sagen! – Ich bin mir meiner Sache sicher. – Das Recht und die Macht sind auf meiner Seite.
C *„Ziehen Sie jetzt selbst die Schlussfolgerungen"* *„Du hast dir das selbst zuzuschreiben ..."*	– Die Sache ist klar – jetzt die Konsequenzen! – Meine Entscheidung duldet keinen Widerspruch. – Ich bestrafe dich zu Recht.

Seite 431

3 Lösungsvorschläge zu den für die *Gruppenarbeit* vorgegebenen Aufgaben:

1. Gruppe:
a) Beispiele für Sprachkürzel:
Comic: Mampf, Rirooz, Rraaatzepuuh, Diing, schnüff, öchöt, wuuaah
E-Mail: de = Deutschland, fr = Frankreich, gif = graphic interchange format (Austauschformat für Grafik), png = persona non grata oder Papua Neu Guinea
SMS: thx = thanks, xmas = christmas, cu = see you, lol = laught out loud (laut herauslachen), asap = as soon as possible (so schnell wie möglich), w = weiblich, m = male, f = female.

Weitere Kürzel im Internet unter: www.acronymfinder.com

b) **Text 7** – zustimmende Stellungnahme: Klaus-Ulrich Moeller nimmt, ausgehend von sehr anschaulichen und eingängigen Beispielen, Stellung gegen eine Entwicklung, die nach seiner Meinung dazu führt, dass bisher gültige Sprachregeln verloren gehen und die Ausdrucksfähigkeit abnimmt. Sein Hauptargument: Mit dem Verlust „kultivierter Sprache" verringert sich auch die Fähigkeit zu denken. Wir werden unfähig, die Wirklichkeit mit Hilfe der Sprache zu erfassen und können das, was wir wahrnehmen, wissen und meinen, anderen nicht mehr vermitteln.

 3c Die Ergebnisse der Analyse von **Text 8** in einem Tafelbild dargestellt, ergänzt durch von den Schülern gesammelte Beispiele; diese können durch aktuelle ergänzt bzw. ausgetauscht werden.

TA „Die Experten als Funktionäre der Verwirklichung"			
Beobachtete Veränderungen	Sich daraus ergebende Folgen	Beispiele	Gegenbeispiele
Verwissenschaftlichung der Umgangssprache durch „Plastikwörter": – Neutra – geschichtslos – undurchsichtige Vokabeln, die „Wissenschaft" signalisieren	– „Verwirrung" – „persönliches Handeln ausgeblendet" – „Objektivität vorgespiegelt" – „Sachzwänge verdrängen verantwortliches menschliches Handeln – diktatorische Position der Experten	Verkaufsphilosophie Nachhaltigkeit Kontinuität Industriepark Handlungslinie Langfrist-Szenarien ökologische Erfordernisse	Denkpause Talsohle Giftmüll Meinungsbrei Spritverbrauch Rasenmähermethode
Botschaft dieser Sprache: Alles lässt sich durch Berechnen beherrschen	– Entzauberung der Welt	Flurbereinigung Ressortverstand Grundkonzeption	
Ergebnis: ein hierarchisches System, getragen von und angewiesen auf Experten	– Abhängigkeit von diesem System, das vorgibt, alle Bedürfnisse zu befriedigen, alle Probleme zu beherrschen.	Investition in die Wissensgesellschaft Bestandsdynamisierung Fallgestaltung	

---

[20] Sammy Molcho: Körpersprache. München (Mosaik Verlag) 1983 S. 20/21.

Beispiele aus aktueller Werbung als Anregungen für ein „Gegenbild":
- Die **Lufthansa** wirbt für Flüge in europäische Städte: *Jetzt ganz viel Europa für ganz wenig Euro.*
- Die **Ruhrgas AG** betreibt Imagewerbung mit seinem Kultursponsoring für das Bernsteinzimmer in St. Petersburg: *Zimmer frei!*
- Die **RWE** zitiert ein Bonmot von Mark Twain: „Jeder schimpft auf das Wetter, aber keiner tut etwas dagegen." und ergänzt: *Oh doch. Unser Gas sorgt im Winter für Wärme, unser Strom im Sommer für kalte Getränke.*

2. Gruppe:

a) Eine **Abmahnung** der Lufthansa könnte sich vor allem auf Artikel 3, Absatz 3 des „Grundgesetzes für die Bundesrepublik Deutschland" stützen:

„Niemand darf wegen seines Geschlechtes, seiner Abstammung, seiner Rasse, seiner Sprache, seiner Heimat und Herkunft, seines Glaubens, seiner religiösen oder politischen Anschauungen benachteiligt oder bevorzugt werden."

b) Für eine **Stellungnahme** des „Vereins zu Wahrung der deutschen Sprache" ist natürlich die Kenntnis seiner Zielsetzungen notwendige Voraussetzung:

Der „Verein Deutsche Sprache e.V." hat seinen Sitz in Dortmund. Der Zweck des Vereins ist in seiner Satzung so beschrieben:

„Der Verein verfolgt das Ziel, die deutsche Sprache als eigenständige Kultursprache zu fördern. Insbesondere tritt er dafür ein, dass sich die deutsche Sprache gegen die Überhäufung mit Wörtern aus dem Englischen behauptet."

Seine Ziele (Auszug aus der Internetseite des VDS Berlin/Brandenburg):

Zehn Gründe für die Deutsche Sprache

„Wir erleben in vielen Bereichen des täglichen Lebens, dass zunehmend englische Wörter das gesprochene und das geschriebene Deutsch durchsetzen, ja, manchmal fast ersetzen! Dies ist nach unserer Überzeugung eine Fehlentwicklung. Wieso?

1. Englische Wörter in unserer Sprache sind wie bunte Fähnchen. Sie flattern hübsch, aber niemand weiß genau, was sie uns sagen wollen.
2. Wer stets englische Wörter schöner findet als die eigenen, schämt sich für seine eigene Sprache.
3. Wer sich der eigenen Sprache schämt, ist unsicher und für andere nicht mehr anziehend, schon gar nicht im Ausland.
4. Wer sich aus der eigenen Sprache und Nationalität davonstiehlt, weiß nicht mehr, wo er steht. Er wird anfällig für moderne Rattenfänger in Werbung und Politik.
5. Jede lebendige Sprache ergreift neue Dinge und gibt ihnen eigene Namen. Sind es zu viele fremde Namen, bleiben uns die Dinge fremd.
6. Fremdsprachenkenntnis wird im vereinigten Europa immer wichtiger, ersetzt aber den bewussten Umgang mit der eigenen Sprache nicht. In einer fremden Sprache fließen die Gedanken nicht so leicht wie in der eigenen. Also ist man im Denken und im Ausdruck immer mehr oder weniger behindert.
7. Beanspruchen wir nicht für die deutsche Sprache neben Englisch einen gleichberechtigten Platz in Kunst, Wissenschaft, Wirtschaft und Politik, sind wir dort nur noch zweite Wahl.
8. Wenn wir in Schlüsselbereichen des gesellschaftlichen Lebens die deutsche Sprache immer weniger benutzen, unterwerfen wir uns auch im Denken und Handeln dem Stärkeren, werden sozusagen eine Provinz im englischen Sprachraum.
9. Wir können die Bedeutung des Englischen als Weltsprache nicht leugnen, aber die deutsche Sprache sollte neben den anderen europäischen Sprachen ihren Platz behaupten, damit die Vielfalt über die Einfalt siegt.

10. Wir können eine jahrzehntelange Entwicklung nicht von heute auf morgen aufhalten, wohl aber mit der eigenen Sprache bewusster umgehen und sie als Teil unserer Eigenart schätzen und pflegen."

Material für eine ausführlichere Stellungnahme, eine Diskussionsrunde, für einen Erörterungsaufsatz oder für ein Projekt bieten Leitlinien des „Vereins Deutsche Sprache e.V." (Informationen dazu unter diesem Stichwort im Internet).

c) Auch der **Richterspruch** wird sich auf GG Art. 3, Abs. 3 berufen und wird die von der Lufthansa vorgetragenen Hinweise auf „einen sensiblen Sicherheitsbereich" prüfen und abwägen gegenüber den im Grundgesetz verbrieften Persönlichkeitsrechten.

d) Ein *Vergleich* zeigt erstaunlich viele Übereinstimmungen; so u.a.
- Hochschätzung der eigenen Sprache – ohne nationalistische Abgrenzung – und Sorge um deren Erhaltung und Förderung;
- Abwehr überflüssiger Anglizismen und Amerikanismen (früher v.a. lateinische und französische Wörter), die aus Effekthascherei, weil es Mode ist, oft auch völlig unbedacht übernommen werden;
- Pflege und Weiterentwicklung der eigenen Sprache als eigenständiger Kultursprache;
- Suche nach geeigneten Neubildungen/Übersetzungen;
- Erweiterung und Bereicherung durch das Fremdwort dort, wo das zureichende oder passende deutsche Wort fehlt.

3. Gruppe:

a) D. E. Zimmer beschreibt das Eigenartige der **Anglisierung**:
- Sie erfasst heute alle Lebensbereiche, vor allem aber die der Jugendlichen.
- Jugendliche verstehen die Anglisierung als „Maßstab des Angemessenen" (Z. 5f.).

b) Auseinandersetzung mit Anglisierung:
- Verteidigung: Globalisierung, die „eine" Welt, das Englische als international verbreitete Sprache, Englisch lernt heute jeder, die kommunikative Reichweite des Englischen ist am größten.
- Kritik: Vgl. die für Gruppe 2 genannten Aspekte in b) und d) (s.o.).

c) Übertragung der Aussagen Jil Sanders in „normales" Deutsch:

„Mein Leben ist eine Geschichte des Gebens. Ich habe verstanden, dass man zeitgemäß sein und sein Denken auf die Zukunft richten muss. Meine Idee war, die handgearbeitete Schneiderei mit neuen technischen Möglichkeiten zu verbinden. Für meinen Erfolg war eine Planung entscheidend, bei der viele Teile einer Kollektion miteinander kombinierbar sind. Aber die Kunden (das Publikum) haben (hat) dies alles auch von Anfang an unterstützt. Der problembewusste Mensch von heute kann diese Erzeugnisse, diese klug veredelten Produkte, eben auch entsprechend würdigen. Allerdings richtet sich unser Angebot auch an bestimmte Zielgruppen. Wer „Damenhaftes" bevorzugt, sucht nicht bei Jil Sander. Man muss Sinn haben für das Mühelos-Verspielte, den Zauber meines Stils."

4. Gruppe:

a) Die Position von Senta Trömel-Plötz:
- Männer haben auch in der Sprache Macht, Frauen sind ohnmächtig (Z. 1).
  →Dies ist eine extreme, heute nicht mehr gültige Position, wenn man die Frauen in führenden Positionen in Politik, Medien und vor allem auch in der Literatur bedenkt.
- „Die Frau schweige in der Gemeinde." (Z. 4)
  →Diese Regel ist Geschichte! (s.o.)

- Die Sprechweisen von Männern und Frauen sind unterschiedlich (Z. 8ff.).
  - →Dies trifft sicher z.T. zu, obwohl sich gerade unter Jugendlichen und jüngeren Frauen eine Annäherung an den „härteren" Ton der Männer zeigt, vor allem im Jargon und in der Umgangssprache.
- Es existieren despektierliche Vorurteile gegenüber dem Reden der Frauen (Z. 10ff.).
  - →Diese Feststellung ist richtig, betrifft aber die heutige jüngere Generation weniger.
- Ausschluss der Frauen als Adressaten im öffentlichen Sprachgebrauch (Z. 16ff.).
  - →Dies ist heute anders: Doppelanreden und Doppelnennungen z. B. bei Stellenausschreibungen sind üblich.
- Trivialisierung der Frau als „Mädchen" oder „Fräulein" oder euphemistisch als „Dame" (Z. 30ff.)
  - →Auch diese Position ist heute weitgehend überholt. Außerdem ist es unzutreffend, „Mädchen" und „Fräulein" als Trivialisierung zu bezeichnen. Vielmehr handelt es sich um Bezeichnungen für ein bestimmtes Alter und einen bestimmten sozialen Stand.
- Abwertung der Frauen durch despektierliche Etikettierungen (Z. 43ff.)
  - →Dies galt früher entschiedener als heute.

b) Bedeutungen von „Dame":

1901: Titel adliger Frauen; in Deutschland im 17. Jh. auch abwertend

1999: eine Frau von Anstand, Bildung,sicherem Auftreten
Bei Senta Trömel-Plötz: „Dame" als unberechtigte Beschönigung abgelehnt.

c) Für ein *Streitgespräch* zwischen den Autoren sind, neben der oben dargestellten Position von Senta Trömel-Plötz, folgende Sichtweisen bzw. Argumente von D. E. Zimmer wichtig:

a. Sein Zugeständnis, dass „die meisten Sprachen, auch die deutsche, Frauen und Männer nicht gleich behandeln" (Z. 23), und sein Hinweis, dass unsere Sprache – „aus Missachtung oder Hochachtung" (Z. 26) der Frau – Unterschiede macht.

b. Seine korrigierenden Einwände:
  - Es liege eine „Verwechslung" (Z. 2) vor zwischen angeblich „sexistischer" Sprache und den „Einstellungen sexistischer Sprecher" (Z. 2).
  - „Sprachliche Injurien" (beleidigende Äußerungen – Z. 6) seien „kein Beweis für den Sexismus der Sprache" (Z. 6/7).
  - Abschätzige Äußerungen richteten sich „nicht gegen das weibliche Geschlecht" (Z. 11), sondern gegen einzelne Menschen oder einzelne menschliche Charakterzüge.

c. Sein Vorwurf, die Autorin habe ein „irrealistisches Weltbild" (Z. 18).

Hinweis am Rande: In dieses Streitgespräch könnten auch Argumente aus Text 13 oder ein Verweis auf die Karikatur daneben – zur Auflockerung – einbezogen werden.

5. Gruppe:

a/b Zwei Texte, von demselben Autor, zur selben Zeit, zum gleichen Thema „Ministerbesuch" geschrieben – die gleichen Anlässe also, dazwischen nicht nur ein Jahr, sondern ein einschneidendes historisches Ereignis: die Wende.

Die *Analyse der sprachlichen Eigenarten* verlangt nicht nur aufmerksames und kritisches Hinsehen, sie ist nur in detaillierter und präziser Gegenüberstellung zu leisten; um den zeitlichen Aufwand zu reduzieren, ist *Gruppenarbeit* mit differenzierter Aufgabenstellung anzuraten:

Schritt I: Notieren Sie Ihren ersten Eindruck nach erstmaligem Lesen (hier empfiehlt sich lautes Vorlesen) der beiden Texte.

Antworten: Gleicher Ablauf, ähnliches Drumherum – austauschbare Akteure, fast übereinstimmende Verhaltensweisen – gleiches Blabla, teilweise dasselbe Vokabular – in beiden Reden viele Leerformeln – eine Menge Substantive, große Worte, wenig Konkretes.

Schritt II: Untersuchen Sie beide Texte auf stilistische Gemeinsamkeiten und deuten Sie diese.

Ergebnis: Telegrammstil, extreme Häufung von Substantiven, wenige Partizipien, nur vereinzelte Adjektive, Verben fast ausschließlich im Infinitiv.

Wirkung: Ablauf des Besuchs rasch und zielstrebig, vereinzelte, beim Publikum geschätzte Äußerungen und Verhaltensweisen (Adjektive); Zeit ausschließlich genutzt für Wesentliches; dezidierte Aussagen (Nomina und Partizipia), Demonstration von Entschiedenheit, Einfluss und Macht; eindeutige „Botschaft".

Schritt III: Untersuchen Sie beide Texte auf ihre inhaltlichen Unterschiede:

Das Ergebnis der Untersuchung zeigt, dass der erste, die äußere Seite des politischen Geschäfts erfassende Eindruck durchaus begründet ist. Es macht aber auch deutlich (II+III), dass der doppelte „Bericht" von Jens Reich mehrere Perspektiven und Schichten des Vorgangs erfasst, den er mit dem Titel seines Buches als „Rückkehr nach Europa" bezeichnet.

An mehreren Stellen – dies fördert erst die ins Detail gehende Textanalyse zutage – macht der Autor sogar innere Widersprüche in den ansonsten ja sehr überzeugt vorgetragenen Reden sichtbar.

TA

Text	Ministerbesuch I	Ministerbesuch II
Rahmen:	schwarze Volvos, schnelle Ladas am Werkseingang Begrüßung Belegschaftsversammlungsraum	im schneidigen Schwarzcitroën Leitung angetreten Tross früher SED, jetzt sozialdemokratisch verschüttete Tradition wiederentdeckt
Akteure:	Karawane Minister Dompteursblick, dann Zähnefletschen freundliches Zuwinken alter Bekannter	schneidiger Minister Minister leutselig
Einführung:	Begrüßung: im Namen Kombinatsleitung, Parteileitung, Betriebskollektiv, Arbeiterklasse, alle Werktätigen … Dank an Politbüro	Minister und Tross nehmen Platz ein paar Diapositive mit Kurven und Bildern

Text	Ministerbesuch I		Ministerbesuch II	
	politische Ebene	menschliche Ebene	politische Ebene	menschliche Ebene
Inhalte:	Beschlüsse IX. Parteitag aktuelle Fragen V. Plenum	soziale Frage ideologische Arbeit Arbeit mit unseren Menschen	Kampf ums Wohl aller Solidargemeinschaft notwendige Sanierung harte Währung	Sorge berechtigt Problem erkannt moralischer Neuanfang Erfahrungen einbringen nicht ganz umsonst gelebt sozial abfedern auf keinen Fall unsozial
	weitere Perspektive Einheit Wirtschafts- und Sozialpolitik	Zuversicht	.... Investitionen marktwirtschaftlich ökologisch	
	Stärkung des Sozialismus Hauptfrage Arbeitsproduktivität	Kraft, Zukunft Hauptfrage Frieden	.... allenfalls längere kurz dauernde Arbeitssuche	Zuversicht niemand durchs Netz
	Lenin Sieg der neuen Gesellschaftsordnung		Freiheit ist Leistung! Arbeit gibt Wohlstand! Arbeit macht frei!	Privilegien abbauen Geld für gute Arbeit
Aussageabsicht:	Unser Staat, die Partei – sie haben das richtige politische Konzept.	Die Menschen können sich auf diese politische Führung verlassen.	Die soziale Marktwirtschaft ist in der Lage, dieses Land in Ordnung zu bringen.	Wir kennen eure Sorgen und kümmern uns darum.

c) Ein **Leserbrief** zu Gerhard Müllers „Sprachrevolte" könnte
- aus der Sicht eines Ost-Lesers seine Gefühle kundtun über die Befreiung von der auch sprachlichen Bevormundung durch die Partei und den Staatssicherheitsdienst der DDR.
- aus der Sicht eines Ost-Lesers berichten von seinen Gedanken und Empfindungen in dem Moment, als er in den West-Nachrichten über die Montagsdemonstrationen den Ruf hörte: „Wir sind das Volk!"

- aus der Sicht eines West-Lesers Christa Wolfs Satz „Jede revolutionäre Bewegung befreit auch die Sprache." zum Anlass nehmen, über das Recht auf freie Meinungsäußerung in einem demokratischen Staat nachzudenken.

Seite 435

4a

TA **Günter Kunerts Bilanz: Erfahrungen mit der Sprache**

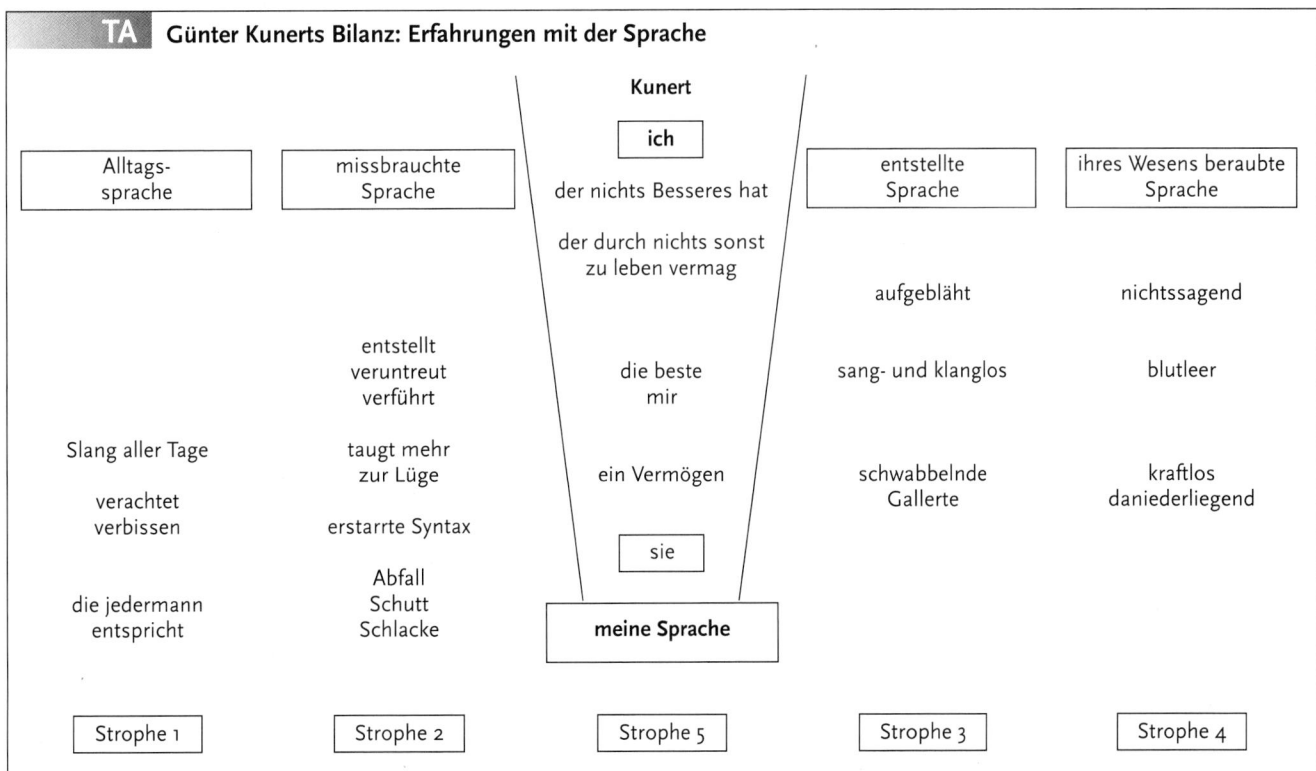

Kunert

ich

der nichts Besseres hat

der durch nichts sonst zu leben vermag

die beste
mir

ein Vermögen

sie

meine Sprache

Alltagssprache

Slang aller Tage
verachtet
verbissen

die jedermann
entspricht

missbrauchte Sprache

entstellt
veruntreut
verführt

taugt mehr
zur Lüge

erstarrte Syntax

Abfall
Schutt
Schlacke

entstellte Sprache

aufgebläht

sang- und klanglos

schwabbelnde Gallerte

ihres Wesens beraubte Sprache

nichtssagend

blutleer

kraftlos
daniederliegend

Strophe 1 · Strophe 2 · Strophe 5 · Strophe 3 · Strophe 4

4b Wollte eine Schülerin oder ein Schüler, ein Arzt, Journalist oder Lehrer über Günter Kunerts Gedicht „Meine Sprache" reflektieren, könnte ihm eine Übersicht über die vielfältigen Möglichkeiten und Leistungen der Sprache helfen. (**K 15** , LB, S. 602, zeigt diese in einer Mind-Map, die auch an anderer Stelle im Unterrichtsprozess eingesetzt werden kann.)

Die vorgeschlagene Reflexion könnte sich an einzelnen Leitfragen orientieren:
- Wie spreche ich selbst im täglichen Umgang, „im Slang aller Tage"?
- Inwieweit neige ich dazu, mich einfach anzupassen, die Sprache zu sprechen, „die jedermann" entspricht?
- Wo begegne ich der „entstellten" und „veruntreuten" Sprache, von der Kunert spricht?

– Wie gehe ich um mit den bedenklichen sprachlichen Vorbildern, wie sehr lasse ich mich davon beeindrucken von dieser Art zu reden („aufgebläht", „schwabbelnde Gallerte (die) quillt ... tropft ... trieft ... triumphiert")
– Was kann ich tun, damit diese Sprache, beschrieben als „blutleer und kraftlos" stärker, ehrlicher, lebendiger wird?

Die Aufgabe eignet sich ganz besonders für eine *Gruppenarbeit* mit unterschiedlicher Aufgabenstellung, weil der Vergleich der Ergebnisse in der gemeinsamen Auswertung den angestrebten bewussteren und sorgfältigeren Umgang mit der Sprache fördern dürfte.

(In dem Auszug aus einer Rede von Siegfried Lenz – in Anlage **K 16**, LB, S. 603, unter dem Titel „Der Künstler als Mitwisser" reflektiert der Schriftsteller über seinen Umgang mit der Sprache. Der Text ist als zusätzliche Anregung geeignet. Er kann auch als Klausurtext verwendet werden.)

5 *Texterörterung* zu Klaus-Ulrich Moeller: Verkommt die Sprache? – Lösungsentwurf:

Die Bearbeitung dieser Arbeitsanregung ist als Ergänzung bzw. als Alternative gedacht zur Aufgabenstellung der **K 16**, LB, S. 603.

1. Einleitung: Auffallende Phänomene in unserer Gegenwartssprache: Zahlreiche Comic-Kürzel, zunehmender Insider-Slang, eine Flut von Anglizismen und wachsende Tendenz sich in Sprechblasen zu äußern. Diese aktuellen Veränderungen geben nach Klaus-Ulrich Moeller Anlass zur Besorgnis: Verkommt die Sprache?

2. Hauptteil I: Moellers Thesen, vorgetragen im Anschluss an seine einleitenden Beispiele:
a) Sprachregeln verkommen.
b) Die Ausdrucksfähigkeit hat abgenommen. Damit schwindet die Fähigkeit, Wirklichkeit sprachlich umzusetzen, abzubilden und weiterzugeben. Seine Beispiele:
• Nachrichten-Schnipsel im Fernsehen
• Worthülsen der Politiker
• Anspruchsvolle Artikel und Reden sind selten
c) Sprachschablonen im politischen Bereich und scheinwissenschaftliche Fachbegriffe verzerren die Wirklichkeit, anstatt sie zu erhellen.
d) Sprach-Naivität führt zur Denk-Naivität.
e) Sprache als Kulturform gerät in die Enge, weil nur noch nach der Verwertbarkeit von Wissen gefragt wird.

3. Hauptteil II: In der textübergreifenden Erörterung könnten eine der Thesen b–e oder auch mehrere schwerpunktmäßig diskutiert werden. These b könnte z.B. an einem so komplexen Thema wie „Arbeit und Arbeitslosigkeit" oder „Bildung" erläutert werden. Teilaspekte und Beispiele aus dem weiten Bereich der Sprachschablonen ließen sich hier organisch einfügen.

Schluss: Neben einer immer möglichen Zusammenfassung der Ergebnisse bietet sich hier u.a. eine Erweiterung des Themas um den Aspekt Erziehung zur „Sprachkultur" an.

4. Vorschläge für Übungen und Klausuren; Materialien/Kopiervorlagen K

4.1 Übersicht über Art und Funktion der Kopiervorlagen

„Inventur" (Günter Eich) (I/1)

K 1 Die Frage nach persönlicher Schuld – Gedichtvergleich (SB, S. 384)
K 2 Das Thema „Inventur" als Projekt (SB, S. 385)

„Trauerarbeit" (A. und M. Mitscherlich) (I/2)

K 3 Günter Kunert: Zentralbahnhof (SB, S. 400)
K 4 Erich Loest: Es geht seinen Gang oder Mühen in unserer Ebene (SB, S. 400)
K 5 Auszüge aus der Rede Bernhard Schlinks anlässlich der Verleihung des Fallada-Preises der Stadt Neumünster 1997 (SB, S. 400)
K 6 Gedichtvergleich: Paul Celan: Todesfuge – Immanuel Weißglas: ER (SB, S. 401)
K 7 Vorschlag für ein Projekt „Trauerarbeit" oder „Die Erinnerung wach halten" (SB, S. 404)

„Topographie im Ungesicherten" (Ilse Aichinger) (I/3)

K 8 „Mechanismen" der Bespitzelung und Unterdrückung (SB, S. 406)

„Denn Kunst ist immer Widerspruch zu dem, was ist" (Stefan Schütz) (II/2)

K 9 Christa Wolf: Kassandra (SB, S. 417)
K 10 Projekt: Uwe Johnson (SB, S. 417)

„Dieser lange, nie enden wollende Weg zu sich selbst" (Christa Wolf) (II/3)

K 11 Gedichtvergleich: Christoph Meckel: Musterung – Günter Kunert: Sinnsuche (SB, S. 421)
K 12 Marie Luise Kaschnitz: Flug über die Alpen (SB, S. 421)

„Mit wechselndem Schlüssel" (Paul Celan) (III/1)

K 13 Hilde Domin: Lied zur Ermutigung – Interpretationsbeispiel (SB, S. 422)

„Mit jedem Wort wachsen wir" (Christian Morgenstern) (III/2)

K 14 Begriffe zur Textbeschreibung (SB, S. 428 u.ö.)

„Meine Sprache" (Günter Kunert) (III/3)

K 15 Mind-Map (Gedankenlandkarte) zu „Sprechen" (SB, S. 429 und 435)
K 16 Siegfried Lenz: Der Künstler als Mitwisser (SB, S. 435)

4.2 Kurzbeschreibung der Kopiervorlagen

K 1 Die Frage nach persönlicher Schuld – Gedichtvergleich

Didaktischer Ort: Zusatztexte im Zusammenhang der Problemeröffnung (SB, S. 384)

Erläuterungen zur Aufgabe:

1. Eingeständnisse persönlicher Schuld bei

Haushofer	Leising	Kunze
– wenig Schuld im juristischen Sinne	– stolzer Mitläufer bei Hitler	– Die innere Mauer ist hoch.
– aber zu spät erkannt und geurteilt	– Mitläufer und Akteur auch im Sozialismus	– Gewöhnung an das Unnatürliche
– Selbstanklage	– deutliches Schuldbewusstsein	– menschliches Versagen ohne Entschuldigung

2. Primär geht es im Text von Reiner Kunze um die Probleme zwischen West- und Ostdeutschen; allgemeiner gefasst müssen Vorurteile gegen das Unvertraute, Andersartige bedacht werden.

K 2 Das Thema „Inventur" als Projekt

Didaktischer Ort: Bei Interesse der Lerngruppe böte sich ein Projekt mit dem Fach Geschichte an (SB, S. 385).

Erläuterungen zum Arbeitsblatt:

Die Vorschläge sind als Anregung gedacht, die geeignet ist, die vorausgegangenen Überlegungen der Schüler zu ergänzen. Wichtig wäre, dass die historischen Fakten nicht dominieren, sondern nur den Rahmen bilden für die Reflexion und die Einordnung der literarischen Texte. Eine angemessene Präsentation (z.B. über eine Wandzeitung) und die Ergänzung durch Berichte von Zeitzeugen, Dias und eventuell Ausschnitten aus Filmdokumentationen machen die Informationen anschaulich. Entscheidend für das Gelingen ist die sinnvolle Kombination von arbeitsteiligen Verfahrensweisen (Kurzreferaten, Partner- und Gruppenarbeit) mit der Arbeit im Plenum.

K 3 Günter Kunert: Zentralbahnhof

Didaktischer Ort: Interpretation als Übungs- oder Klausuraufgabe (SB, S. 400)

Erläuterungen zur Aufgabe:

Für diesen Text kennzeichnend ist das Ineinander von selbstverständlichen und rätselhaften Vorgängen. Es bewirkt beim Leser Irritation oder Betroffenheit. – Der Schüler soll sich, ausgehend von seinem vorläufigen Textverständnis (erste Arbeitsanweisung), die dargestellten Widersprüche bewusst machen und die dadurch ausgelösten Fragen aufnehmen. Die in der zweiten Arbeitsanweisung genannten Aspekte sollen dem Schüler den Zugang zu den Verständnisebenen der Geschichte erleichtern, ihn aber auch zu einer genauen Textuntersuchung anhalten. Die dritte Arbeitsanweisung eröffnet mit dem Stichwort „Tagträume" eine weitere Verstehensmöglichkeit.

1. Die ersten Leseeindrücke könnten sich v.a. auf die das Verständnis erschwerenden Widersprüche, die realitätsfernen, teilweise grotesken Vorgänge und das Ängste und Betroffenheit auslösende Geschehen beziehen.

2. Die zweite Arbeitsanweisung verlangt eine genaue Untersuchung und Deutung des Textes.

– Beim Vergleich der Anfangs- mit der Schlusssituation zeigt sich, dass die zu Beginn amtlich angekündigte und von dem Jemand für einen Irrtum gehaltene „Hinrichtung" tatsächlich erfolgt ist. Die in sachlich-distanzierter, entpersönlichter, ja unmenschlicher Sprache gehaltene „Aufforderung", die weder einen Absender noch eine verantwortliche Entscheidungsinstanz nennt, erweist sich als tödlicher Eingriff in die persönliche Sphäre. Wer hier agiert, das bleibt nicht nur bis zum Ende offen, es wird durch die zum Schluss eingebrachten Paradoxien („Zentralbahnhof" – „keine Züge", „rotziegelige Tiefen" – „jeder wusste") und Anspielungen („über seinem Dach der Rauch angeblicher Lokomotiven": Kommt er aus einem Krematorium, aus den Verbrennungsöfen eines KZ's?) noch mehr ins Geheimnisvolle und Beängstigend-Bedrohliche verlagert. Dies und der Zusatz, „von dem jeder wusste", eröffnet eine weitere Verstehensebene (‚Endlösung' der Judenfrage im Dritten Reich).

– Das Verhalten des „Jemand" ist bestimmt von fast blindem Gehorsam und bedingungslosem Vertrauen in die anordnende Instanz. Beides steht im Gegensatz zur Stimmung, in der er sich seit Erhalt des Schreibens befindet: „verzagt", ratlos, „schlaflos", niederfüllt. Nur kurz vor dem Ende gelingt es ihm, die tiefe Beunruhigung zu verdrängen („euphorische Stimmung", „lächelnd").

– Die Erfahrungen mit seiner Umwelt sind rundum enttäuschend: Die Freunde geben nicht Rat und Hilfe, sondern ziehen sich zurück; der Rechtsanwalt hat außer einer oberflächlichen Erklärung („Druckfehler") und einem wenig sinnvollen Vorschlag („Eingabe") nur Redensarten und Allgemeinplätze zu bieten; der Nachbar bleibt unzugänglich; der Zentralbahnhof verstärkt mit einer sterilen, unpersönlichen Atmosphäre sein Gefühl der Einsamkeit.

3. Der Buchtitel, auf den die dritte Arbeitsanweisung Bezug nimmt, weist das Erzählte dem Bereich des Unwirklichen und Fantastischen zu. Doch die o.a. Deutungsansätze erschweren es, das Erzählte als irreal zu verdrängen. Als „Tagtraum" macht es im Gegenteil die nur scheinbar feste und vertraute Wirklichkeit fraglich und unsicher. Diese erscheint als ständig gefährdet durch den Zugriff fremder und unmenschlicher Mächte. So gesehen könnten Tagträume dieser Art zu einem höheren Grad von Bewusstheit und Abwehrbereitschaft beitragen.

K 4 Erich Loest: Es geht seinen Gang oder Mühen in unserer Ebene

Didaktischer Ort: Die Texterläuterung als Teilinterpretation und die Verteidigungsrede als Gestaltungsaufgabe sind geeignet für eine Übungs- oder Klausuraufgabe (SB, S. 400).

Erläuterungen zur Aufgabe:

1. Die Beschimpfung des Schwimmlehrers Dr. Feldig als „Faschist" durch Wolfgang Wüllf geht auf folgende Beobachtungen zurück, die den Beobachter an den nicht lange vergangenen Faschismus erinnern:

– Personenkult, Selbststilisierung und provozierendes Imponiergehabe (Z. 1ff.)

– „Überlegenheit", die sich aber als Abgestumpftheit gegenüber den kindlichen Empfindungen und Ängsten entlarvt (Z. 12ff.)

– Die „Harten, Empfindungslosen" (Z. 23f.)

– Der Vater behandelt den ängstlichen Sohn wie ein Objekt (Z. 30ff.)

– Das Gebaren von „Pflichtmenschen" (Z. 38ff.)

– Assoziationen an „deutsche Fachleute, die deutsche Wertarbeit verrichteten" (Z. 43f.)

– Parallele zum „Foto deutscher Flieger" (Z. 45) über England drängt sich auf.

- Der starke Vater verharmlost die Angst des Sohnes (Z. 53ff.).
2. Stichworte für eine Verteidigungsrede zugunsten Wolfgang Wüllfs:
   - Selbstlosigkeit seiner Intervention, denn es geht ihm nur um die gequälten Kinder.
   - Offensichtliche Parallelen im Erscheinungsbild und im Verhalten des Schwimmlehrers und des Vaters zu den verachteten „Nazigrößen"
   - Kein Gehör bei den Angesprochenen, ja zunächst völlige Nichtbeachtung
   - Verletzende Arroganz der sich überlegen Fühlenden

K 5 Auszüge aus einer Rede Bernhard Schlinks anlässlich der Verleihung des Fallada-Preises der Stadt Neumünster 1997

Didaktischer Ort: Informationsmaterial im Zusammenhang einer Begriffserläuterung, wobei die Textanalyse geübt werden kann (SB, S. 400)

Erläuterungen zur Aufgabe:

1. Schlinks Differenzierung der Schuldfrage:
   - *Erste Schuld*: Generation der Väter und Täter, die durch Verdrängung oder Offenlegung reagieren (Z. 3ff.)
   - Die Literatur darüber ist fast völlig dokumentarisch (Z. 8).
   - *Zweite Schuld*: Generation der Töchter und Söhne versucht Bewältigung durch Drängen auf Offenlegung, durch Anklage und Verurteilung (Z. 4ff.).
   - Die Literatur darüber ist stärker fiktional (Z. 8).
   - Beide Formen sind „Schuld-Literatur" (Z. 11f.): Eine „Solidargemeinschaft ist auch Schuldgemeinschaft" (Z. 23f.).
2. - Die dritte Generation und die folgenden Generationen teilen keine Schuld mit der ersten Generation (Z. 24ff.): Es „gibt keine dritte Schuld" (Z. 34f.).
   - Aber es gilt, das politische Vermächtnis der historischen Situation (Z. 38ff.) zu akzeptieren: Wie wurde dies alles möglich?
3. Die Literatur hat die Aufgabe, dieses Vermächtnis lebendig zu halten (Z. 44ff.).

K 6 Gedichtvergleich: Paul Celan: Todesfuge – Immanuel Weißglas: ER

Didaktischer Ort: Das Gedicht „ER" als vorbereitender Text für die Lektüre der „Todesfuge", um verwandte Motive und auffällige Metaphern zu erkennen.
Da das Gedicht „Todesfuge" bewusst ohne Arbeitsanregungen abgedruckt wird, geht es auch hier nicht um einen detaillierten Gedichtvergleich. Eher ist daran gedacht, mit einer interessierten Lerngruppe in ein Gespräch über literarische Anregung zu kommen. (SB, S. 401)

Erläuterungen zur Aufgabe:

1 Die Fakten des Gedichts:
   - Verbrennung in unmittelbarer Nähe der Wohnungen
   - Geigenspiel dabei, Tanz
   - „ER", der „Herr" über Leben und Tod
   - „ER" hat ein kultiviertes Privatleben: Tierliebe, Dichtung.
2. Die Metaphern im Gedicht:
   - „Gräber in der Luft" (Z. 1)
   - „Ein Haus für alle in die Lüfte grabend" (Z. 11)
   - „Gretchens Haar" (Z. 14)
   - „Grab in Wolken" (Z. 15)
Metaphern als Bildlichkeit, als Verdichtung und Überhöhung einer Realität, die in ihrer Grausamkeit dichterisch nicht (oder kaum) zu erfassen ist.

K 7 Vorschlag für ein Projekt „Trauerarbeit" oder „die Erinnerung wach halten"

Didaktischer Ort: Arbeitsblatt zur Erarbeitung des im Schülerband vorgeschlagenen Projekts (SB, S. 404)

Erläuterungen zum Arbeitsblatt:

Besonders fruchtbar sind die Informationen und Aufgabenstellungen, wenn eigene Überlegungen der Schüler vorausgegangen sind.
Natürlich können die Vorschläge abgewandelt, ergänzt oder in Auswahl genutzt werden.

K 8 „Mechanismen" der Bespitzelung und Unterdrückung

Didaktischer Ort: Zusätzliches Material, um die Überwachungsmethoden der Staatssicherheit der DDR (Stasi) zu konkretisieren (SB, S. 406)

Erläuterungen zur Aufgabe:

1. Vorwürfe gegen Reiner Kunze:
   - Provokation gegenüber DDR (Z. 4)
     • DDR = Gefängnis (Z. 9)
     • Kulturpolitik der DDR ist gegen Kunst (Z. 27).
     • Sympathie für „revisionistische und konterrevolutionäre Auffassungen" (Z. 29f.)
   - Nur vereinzelte und allgemein gehaltene Zeilen gegen den Imperialismus (Z. 34ff.)
   - Eindeutiger Verstoß gegen die Statuten des Schriftstellerverbandes (Z. 37ff.)
   - Ausschluss gerechtfertigt (Z. 39f.)
2. Maßnahmen gegen Reiner Kunze:
   - Beschaffung von Belegexemplaren (Z. 41f.)
   - Ausforschung der finanziellen und privaten Verhältnisse (Z. 47ff.)
   - Sammeln von „Zeugenaussagen" (Z. 55)
   - Sammeln politischer Äußerungen Kunzes (Z. 58f.)
   - Nachforschungen über das „Umfeld" (Z. 60ff.)
   - Telefon abhören (Z. 65) und Postkontrolle (Z. 69f.)
3. Die Kritik im „Denkbild" (vgl. LB, S. 554) trifft sehr genau die „Mechanismen" der tatsächlichen Bespitzelung durch die Stasi.

K 9 Christ Wolf: Kassandra (Auszug)

Didaktischer Ort: Als Übungs- oder Klausuraufgabe am Ende der Teilsequenz (SB, S. 417)

Erläuterungen zur Aufgabe:

Unter dem Aspekt des Widerspruchs lassen sich folgende Gesichtspunkte erheben:

1. Die Seherin wendet sich gegen den „Wahn",
   - Achill auf so heimtückische Weise zu beseitigen,
   - Troja auf so schmähliche Weise zu retten,
   - Polyxena auf diese Weise unversehrt zu lassen.
2. Das Nein Kassandras entspringt aus ihrem Rechtsverständnis,
   - dem Recht des Feindes auf einen fairen Kampf;
   - dem Recht Polyxenas, nicht als Lockvogel (Objekt) missbraucht zu werden;
   - dem Recht Kassandras, nicht bloß als Jasagerin entmündigt zu werden.
3. Letztlich geht es um den Widerspruch gegen die Willkürakte der Mächtigen, die ihre Ziele skrupellos verfolgen – ohne Rücksicht auf Recht, Gesetz, Anstand, Ethik, die Rechte der Einzelperson, ihre Gefühle und ihr Wollen.

K 10 Uwe Johnson – ein Projekt

Didaktischer Ort: Als Ergänzung der Teilsequenz II,2 oder als Alternative zu dieser, um unter dem Aspekt Autor, Werk und Leser (vgl. SB, S. 61ff.: Kurt Tucholsky) in größeren Zusammenhängen zu arbeiten. (SB, S. 417)

K 11 Gedichtvergleich: Christoph Meckel: Musterung – Günter Kunert: Sinnsuche

Didaktischer Ort: Zusatztexte oder Aufgaben für Übung oder Klausur (SB, S. 421)

Erläuterungen zur Aufgabe:

Der Vergleichspunkt für beide Gedichte ist die Frage nach dem Wesen und Sinn des Menschen.

1. Der erste Satz bei Christoph Meckel weckt Assoziationen zu Matthias Claudius' „Der Mensch" (SB, S. 9).
Der Titel „Musterung" i.S. von militärischer Tauglichkeitsprüfung lenkt die Aufmerksamkeit in Richtung des manipulierbaren „Objekts" Mensch.
Der Titel „Sinnsuche" des Gedichts von Günter Kunert lässt zunächst i.S. eines humanistischen Menschenbildes an Religion, Ethik, Philosophie denken.
Die „Fragen" in beiden Gedichten:

	bei Meckel	**bei Kunert**
	– Herkunft, Alter?	– Sinn im Tageslauf?
	– körperliche Beschaffenheit?	– Sinn im Soldatentod?
	– Pläne?	– Sinn im Religiösen, das aber nur vage angedeutet wird?
	– Heimatland?	
	– das Zuhause ein Fluchtweg?	
2.	– kurze Fragen	– Das Grundthema (Aufstehen, Arbeiten, zu Bett gehen, sterben) wird in verschiedenen Tempusformen variiert.
	– Reihung	
	– vertrackte Antworten, die oft negativ sind	
3.	Tätigkeit des Dichters (Musikanten) führt durch die Hölle und ist vergeblich.	Ursachen für „Verwüstungen" und Ansatzpunkte für die Rettung liegen im Individuum, seinen Taten und Initiativen.

K 12 Marie Luise Kaschnitz: Flug über die Alpen (Auszug)

Didaktischer Ort: Zusatz- oder Klausurtext (SB, S. 421)

1. Statt den Flug über die Alpen in allen Einzelheiten zu schildern, beschreibt das erzählende Ich vor allem seine Angst beim Fliegen. Es hebt sich damit ab gegen die anderen Passagiere – die Gleichgültigen und die Geschäftigen –, die über Bedenken und Angst lachen.
2. Die Erzählerin schildert auktorial im Rückblick auf den Flug. Dabei wechselt sie zwischen „Vogelschau" (z.B. Z. 3ff., 19ff.) und „Menschenschau" (z.B. Z. 8ff., 25ff.).
Die Sprecherin wechselt zwischen Beschreibung und Vergleich (Z. 5ff.), angstvollen Reflexionen (Z. 9ff., 22ff.), verwendet Paradoxien – „das Schreckliche, und schön war es auch" (Z. 16f.) –, die an R. M. Rilke (erste Duineser Elegie) erinnern.
3. Die Erzählerin erlebt in ihrer Angst
   – den Flug nicht als außergewöhnliches Erlebnis, sondern als langweilig (Z. 4),
   – sieht sich gegen die anderen in einer Außenseiterrolle (Z. 11ff.),
   – erinnert sich an Details früher auf der Erde gewonnener Erfahrungen (Z. 19ff.),
   – versucht sich selbst zu beruhigen (Z. 2f., 39f., 44f.),
   – hat von den Alpen nichts gesehen (Z. 46f.).

K 13 Hilde Domin: Lied zur Ermutigung – Interpretationsbeispiel

Didaktischer Ort: Informations- und Arbeitsblatt zur Interpretation dieses hermetischen Gedichts (SB, S. 422)

Erläuterungen zum Arbeitsblatt:

1. Die Arbeitsanregungen 2 und 3 (SB, S. 422) zielen auf eine Interpretation im Anschluss an die Rezitationsversuche und als Anwendung des Drei-Phasen-Modells. Zur Abkürzung des Verfahrens könnten die Informationen zu Arbeitsanregung 2 a/b den Schülern gegeben werden.
2. Für alle Schüler wäre das Arbeitsblatt geeignet, die Ergebnisse der Interpretationsphasen eins und zwei zu überprüfen.
3. Für Übungszwecke könnte das Arbeitsblatt schwächeren Schülern auch von Anfang an ausgehändigt werden.

K 14 Begriffe zur Textbeschreibung

Didaktischer Ort: Information zur Differenzierung des sprachlichen Ausdrucks (SB, S. 428 u.ö.)

Erläuterungen zum Informationsblatt:

1. Der Sinn für sprachliche Differenzierung und Nuancierung lässt sich entwickeln, wenn Schüler möglichst oft Wortfeldübungen machen.
2. Auch für die jeweils konkrete Benutzung des Informationsblattes ist der Appell fruchtbar: „Suche selbst den treffenden Ausdruck (etwa über einen Cluster), ehe Hilfen eingesetzt werden!"

K 15 Mind-Map (Gedankenlandkarte) zu „Sprechen"

Didaktischer Ort: Ergänzungsbeispiel zum Cluster „Sprache" (SB, S. 429 und 435)

Erläuterungen zum Beispiel:

1. Fruchtbar ist die Vorlage z.B., wenn ein aktueller Anlass besteht: Etwa registrierte Defizite in Gesprächsformen oder wenn eigene Überlegungen der Schüler zu Aspekten des „Sprechens" vorausgegangen sind.
2. Auch als Anregung zur Anlage einer anderen Mind-Map (z.B. „Schreiben") wäre die Vorlage geeignet.

K 16 Siegfried Lenz: Der Künstler als Mitwisser (Auszug)

Didaktischer Ort: Reflexions- und Anwendungsaufgabe als Texterörterung (SB, S. 435)

Erläuterungen zur Aufgabe:

Es handelt sich um eine Synthese aus textimmanenter und textübergreifender Erörterung (vgl. SB, S. 149ff.), wobei der zweite Teil der Aufgabe spezifiziert ist durch die Vorgabe der Darstellungsform (Brief) und des Adressaten (des künftigen Schriftstellers). Dieser Zusatz bedeutet einerseits eine Erleichterung (durch Konkretisierung der Aufgabe), andererseits erfordert er die Berücksichtigung der Kommunikationssituation.

1. Über die Aufgaben des Schriftstellers und die Begründungen (angezeigt durch Pfeile):
   – Der Sprachgebrauch verlangt von allen Wachsamkeit (Z. 2f.).
     →Die Angst der Herrschenden bestätigt dies.
   – Der Schriftstellerberuf beruht auf freiwilliger Entscheidung (Z. 11ff.) und versucht, mit Hilfe „des wirksamsten und geheimnisvollsten Werkzeugs" (Z. 15), der Sprache, „die Welt zu entblößen" (Z. 15f.).
     →Dies unterscheidet den Schriftsteller deutlich von andern Berufen.
   – Der Schriftsteller handelt, indem er etwas aufdeckt (Z. 15ff.).
     →Dazu Beispiele im Positiven und Negativen
   – Wörter können „geladene Pistolen" (Z. 21) sein.
     →Daraus resultiert die Verpflichtung zur Verteidigung der Sprache und zur Solidarität mit den Machtlosen.
   – Das Engagement des Schriftstellers ist nicht unkünstlerisch (Z. 27ff.), denn der Schriftsteller ist immer ein Mitwisser (Z. 39).
     →Der Autor nennt Beispiele aus der Literaturgeschichte.
   – Der Schriftsteller sollte verstehen und nicht richten (Z. 44ff.).
     →Wenn ein Schriftsteller Sprachzwängen huldigt, führt dies immer zu seiner Stigmatisierung.
   – Der Schriftsteller muss zweifeln und Fragen stellen (Z. 54ff.).
     →Denn Lösungen müssen stets neu gefunden werden.

2. Die Auseinandersetzung mit einer These soll in der Form eines Briefes an einen künftigen Schriftsteller erfolgen, also in persönlichem Ton gehalten, dialogisch und adressatenbezogen sein.

Eine mögliche These wäre die Forderung, der Schriftsteller solle verstehen und nicht richten (Z. 44ff.).

Beispiele aus der Literaturgeschichte – von Walther von der Vogelweide, über Luther, Gryphius, Lessing, Schiller, Büchner, Heine, Hauptmann u.v.a. bis zu den „Modernen" – könnten (in Auswahl) herangezogen werden, um die schwierige Balance zwischen begründeter Kritik und einseitiger Verurteilung (wie z.B. in ideologischer Lehrdichtung) zu bedenken und zu erörtern.

4.3 Die Kopiervorlagen

Die Frage nach persönlicher Schuld – Gedichtvergleich

| Literatur nach 1945 | **K 1** |

Die beiden folgenden Gedichte sind Beispiele dafür, dass auch eine offene und redliche Auseinandersetzung mit der Schuldfrage möglich war. Das Sonett „Schuld" von Albrecht Haushofer bezieht sich auf seine politische Tätigkeit als Professor für politische Geographie an der Universität in Berlin und im Auswärtigen Amt bis zum Jahre 1941.

Der Text „Auch ich" von Richard Leising informiert über seine Zugehörigkeit zur Hitlerjugend und gibt Hinweise auf sein Leben als erwachsener DDR-Bürger, der in den Sechzigerjahren nach und nach seine Verbindungen zu Partei und Staat löste, als Dramaturg am Kindertheater eine Nische fand und überlebte.

Albrecht Haushofer (1903–1945): Schuld

Ich trage leicht an dem, was das Gericht
Mir Schuld benennen wird: an Plan und Sorgen.
Verbrecher wär ich, hätt ich für das Morgen
Des Volkes nicht geplant aus eigner Pflicht.

5 Doch schuldig bin ich. Anders als ihr denkt,
Ich musste früher meine Pflicht erkennen,
Ich musste schärfer Unheil Unheil nennen,
Mein Urteil hab ich viel zu lang gelenkt...

Ich klage mich in meinem Herzen an:
10 Ich habe mein Gewissen lang betrogen,
Ich hab mich selbst und andere belogen –

Ich kannte früh des Jammers ganze Bahn.
Ich hab gewarnt – nicht hart genug und klar!
Und heute weiß ich, was ich schuldig war.

(e 1945)

Aus: Albrecht Haushofer: Moabiter Sonette. © 1999 Langewiesche-Brandt, Ebenhausen bei München.

Reiner Kunze (*1933): Die Mauer

Als wir sie schleiften, ahnten wir nicht,
wie hoch sie ist
in uns

Wir hatten uns gewöhnt
5 an ihren horizont

Und an die Windstille

In ihrem schatten warfen
alle keinen schatten

Nun stehen wir entblößt
10 jeder entschuldigung

(e 1990)

Aus: Reiner Kunze: ein tag auf dieser erde. Gedichte. S. 90
© S. Fischer Verlag GmbH, Frankfurt am Main 1998.

*(Aus lizenzrechtlichen Gründen ist dieser Text
nicht in reformierter Rechtschreibung abgedruckt.)*

Richard Leising (1934–1997): Auch ich

Auch ich trug es stolzgeschwellt, das Hitlermesser
Ein ganzes Jahr und wenig mehr
Das mit der Blutrinne in der Klinge, ich trug es
Ehe ich es vergrub in die Erde bei Floßmühle
5 Als da Russen kamen mit Liedern
Die ich mitgrölte, auch ich

Ich war unter euch, die wir Steine warfen
Die ersten nicht, aber Steine, und auf die anderen
Auch ich tanzte Liebe Laurentia mein
10 Unter dem Bäumlein, sechsundvierzig, am ersten Mai
Ein guter Mitwerfer gut mitlaufend, Mitbesitzer
Der einzig wissenschaftl. Weltanschauung, auch ich

Später mein Schweigen, ich kleidete es
In edle Wendungen, ich trug, bau auf, bau auf
15 Meinen Stein herbei zur Mauer, auch ich
Mitpächter war eines Meters Todesstreifen
Bin ich wahr, wenn ich in der Vergangenheit rede?
Von vielem bin ich frei, in nichts von Schuld

Und es ist wohl nichts als Glück,
20 Dass ich keinen verriet.

Aus: Richard Leising: Die Rotzfahne. Gedichte und kleine Prosa. © 1997 Langewiesche-Brandt, Ebenhausen bei München.

Arbeitsanweisungen:

1. Untersuchen Sie die drei Gedichte und fragen Sie nach der jeweils anderen persönlichen Schuld, die sich diese drei Autoren – stellvertretend für ihre Zeitgenossen – eingestehen.

2. Das letzte „wir" in Reiner Kunzes Gedicht schließt auch uns ein. Versuchen Sie in einem Gespräch zu klären, wie wir mit der „Mauer ... in uns" umgehen könnten.

Das Thema „Inventur" als Projekt

1. Deutschland am Ende des Zweiten Weltkrieges

Machen Sie eine Bestandsaufnahme, indem Sie einerseits nach Zahlen und Fakten fragen, andererseits jeweils die konkrete Situation der betroffenen Menschen beschreiben:

- Tote, Vermisste, Kriegsbeschädigte
- ausgebombte Familien
- Witwen und Waisen
- Vertriebene
- zerstörte Existenzgrundlagen

2. Der Holocaust – die geplante und systematisch organisierte Vernichtung des jüdischen Volkes:

- Die geschichtlichen Fakten
- Der Antisemitismus als historisches Phänomen
- Das Volk der Juden als „Sündenbock"

3. Auswirkungen der Katastrophe: „Zerstörungen ... nicht nur äußerer Art" (Heinrich Böll)

- zerstörte Familien
- verlorene Heimat
- Heimkehrer ohne Zuhause
- persönliche Schuld

4. Die Last der Vergangenheit:

- Volk und Vaterland (missbrauchte Wertvorstellungen)
- Gehorsam, Disziplin, Pflichterfüllung (missbrauchte Tugend- und Wertvorstellungen)

5. Ansatzpunkte zur Aufarbeitung des Geschehenen:

- Literarische Texte: Versuche, das Schreckliche zu benennen
- Mahnmale: Versuche, das Schreckliche darzustellen
- Trauerarbeit als von mehreren Generationen zu leistende Aufgabe

6. Aktuelle „Inventur":

Versetzen Sie sich in die Lage eines typischen Zeitgenossen (Banker, Computerfachmann, Manager, Aussteiger ...) und versuchen Sie, indem Sie sich sprachlich und stilistisch an Günter Eich orientieren, an seiner Stelle Inventur zu machen.

Schülerbeispiel zur gestellten Aufgabe:

Inventur

Dies ist mein Hut
Dies ist mein Mantel
Versace sei Dank
In einem Koffer aus Leder

5 Kofferraum:
Mein Laptop mein Golfzeug
Mit Gravur auf Eisen
Sieben und acht

Veredelt mit Nummern
10 Aus Gold und Silber
Ein Unikat wie ich
Jedem gern zeige

Im Handschuhfach
Schlüpfer aus Seide
15 Und einiges was ich
Sonst noch erobert

Sie dienen mir nicht als Kissen
Denn die Nacht
Ist gleich dem Tag
20 Nur Gott hat geruht

So ist das Handy
Mir am liebsten
Es sagt mir tags
Die Gewinne der Nacht

25 Dies ist mein Haus
Dies ist mein Boot
Dies ist mein Auto
Und wo ist der Sinn?

U.K. (Okt. 97)

Günter Kunert (*1929): Zentralbahnhof

An einem sonnigen Morgen stößt ein Jemand innerhalb seiner Wohnung auf ein amt-
liches Schreiben: Es liegt auf dem Frühstückstisch neben der Tasse. Wie es dahinkam,
ist ungewiss. Kaum geöffnet, überfällt es den Lesenden mit einer Aufforderung:
Sie haben sich, befiehlt der amtliche Druck auf dem grauen, lappigen Papier, am 5. No-
5 vember des laufenden Jahres morgens acht Uhr in der Herrentoilette des Zentralbahnhofes zwecks Ihrer Hinrichtung einzufinden. Für Sie ist Kabine 18 vorgesehen. Bei Nicht-
befolgung dieser Aufforderung kann auf dem Wege der verwaltungsdienstlichen Ver-
ordnung eine Bestrafung angeordnet werden. Es empfiehlt sich leichte Bekleidung, um
einen reibungslosen Ablauf zu garantieren.
10 Wenig später taucht der solchermaßen Betroffene verzagt bei seinen Freunden auf. Getränke und Imbiss lehnt er ab, fordert hingegen dringlich Rat, erntet aber nur ernstes
und bedeutungsvolles Kopfschütteln. Ein entscheidender Hinweis, ein Hilfsangebot
bleibt aus. Heimlich atmet man wohl auf, wenn hinter dem nur noch begrenzt Lebendigen die Tür wieder zufällt, und man fragt sich, ob es nicht schon zu viel gewesen ist,
15 sie ihm überhaupt zu öffnen. Lohnte es denn, wer weiß was alles auf sich zu laden für
einen Menschen, von dem in Zukunft so wenig zu erwarten ist?
Der nun selber begibt sich zu einem Rechtsanwalt, wo ihm vorgeschlagen wird, eine Eingabe zu machen, den Termin (5. Nov.) aber auf jeden Fall einzuhalten, um Repressalien
auszuweichen. Herrentoilette und Zentralbahnhof höre sich doch ganz erträglich und
20 vernünftig an. Nichts werde so heiß gegessen wie gekocht. Hinrichtung? Wahrscheinlich ein Druckfehler. In Wirklichkeit sei „Einrichtung" gemeint. Warum nicht? Durchaus denkbar findet es der Rechtsanwalt, dass man von seinem frisch gebackenen Klien-
ten verlange, er solle sich einrichten. Abwarten. Und vertrauen! Man muss Vertrauen
haben! Vertrauen ist das Wichtigste.
25 Daheim wälzt sich der zur Herrentoilette Beorderte schlaflos über seine durchfeuchte-
ten Laken. Erfüllt von brennendem Neid lauscht er dem unbeschwerten Summen einer
Fliege. Die lebt! Die hat keine Sorgen! Was weiß die schon vom Zentralbahnhof?! Man
weiß ja selber nichts darüber ... Mitten in der Nacht läutet er an der Tür des Nachbarn.
Durch das Guckloch glotzt ihn ein Auge an, kurzfristig, ausdruckslos, bis der Klingeln-
30 de kapituliert und den Finger vom Klingelknopf löst.
Pünktlich um acht Uhr morgens betritt er am 5. Nov. den Zentralbahnhof, fröstelnd in
einem kurzärmeligen Sporthemd und einer Leinenhose, das leichteste, was er an derartiger Bekleidung besitzt. Hier und da gähnt ein beschäftigungsloser Gepäckträger. Der
Boden wird gefegt und immerzu mit einer Flüssigkeit besprengt.
35 Durch die spiegelnde Leere der Herrentoilette hallt sein einsamer Schritt: Kabine 18 entdeckt er sofort. Er schiebt eine Münze ins Schließwerk der Tür, die aufschwingt, und
tritt ein. Wild zuckt in ihm die Gewissheit auf, dass gar nichts passieren wird. Gar nichts!
Man will ihn nur einrichten, weiter nichts! Gleich wird es vorüber sein, und er kann wieder nach Hause gehen. Vertrauen! Vertrauen! Eine euphorische Stimmung steigt ihm
40 in die Kehle, lächelnd riegelt er das Schloss zu und setzt sich.
Eine Viertelstunde später kommen zwei Toilettenmänner herein, öffnen mit einem
Nachschlüssel Kabine 18 und ziehen den leicht bekleideten Leichnam heraus, um ihn
in die rotziegeligen Tiefen des Zentralbahnhofes zu schaffen, von dem jeder wusste, dass
ihn weder ein Zug jemals erreicht noch verlassen hatte, obwohl oft über seinem Dach
45 der Rauch angeblicher Lokomotiven hing.

(v 1967)

Aus: Günter Kunert: Tagträume in Berlin und andernorts. München und Wien (Hanser) 1972.

Arbeitsanweisungen:

Interpretieren Sie den Text.

1. Formulieren Sie Ihren ersten Gesamteindruck.

2. Erläutern Sie das Verhalten des
„Jemand" und seine Erfahrungen
mit der Umwelt, indem Sie besonders auf die Sprache achten.

3. Versuchen Sie eine abschließende
Deutung des Textes.

© Schöningh Verlag, Best.-Nr. 028228 1

Erich Loest (*1926): Es geht seinen Gang oder Mühen in unserer Ebene

Wolfgang Wülff, die Hauptfigur des 1978 veröffentlichten Romans, hat durch den Biss eines Polizeischäferhundes bei einer verbotenen Schülerdemonstration die Staatsmacht als feindlich kennen gelernt. Er ist nicht bereit die gesellschaftlich vorgegebene und ihm politisch-ideologisch zugedachte Rolle zu spielen und weigert sich das allgemein gängige Aufstiegs- und Leistungsdenken zu übernehmen. In der Schwimmbadszene, einer für die Handlung entscheidenden Episode des Romans, legt er, der einfache Arbeiter, sich mit dem arrivierten Akademiker Dr. Feldig an:

Die Halle war überheizt, das Wasser wie in der Badewanne. Der Schwimmrecke thronte auf einer Bank und glotzte ins Leere, seine Schultern waren so breit und musklig, dass sie einem Bildhauer als Muster hätten dienen können. Womöglich war ich neidisch auf diese Schönheit und mühte mich deshalb, in bestechender Haltung vom Startblock zu
5 springen, hoch hinaus, abgeknickt in der Hüfte, wieder gestreckt und mit kerzengeraden Beinen spritzerlos eingetaucht; der Göttliche sollte sehen: Es gab noch Männer neben ihm. Aber er beachtete mein Kunststückchen nicht, obendrein war ich ja aus dem Alter raus, in dem er aus mir einen Olympiasieger hätte kneten können.
Nach und nach trollten sich RAMONA, MIKE und ISOLDE aus den Umkleidekabinen.
10 BIANCA balancierte am Beckenrand; ich sollte wohl staunen, wie mutig sie war. Jutta in ihrem herrlichen gelben Badeanzug ging auf den Wassergott zu, der sich erhob und beim Handschlag verbeugte. Da war auch DETLEV, und da war sein starker Vater, der ebenfalls dem Kraulkönig die Hand drückte, zu dritt standen sie im Gespräch, und ich dachte, dass diese beiden männlichen Helden ja gar nicht auf die Idee kommen *konnten*, in
15 den Kinderchen etwas zu verbiegen, verhärten, empfindungslos oder überempfindlich zu machen, wenn auch eine Frau und Mutter, Frau von heute, werktätige Bürgerin unserer Deutschen Demokratischen Republik an ihrem Treiben teilhatte. Jutta hatte ein Händchen in die Hüfte gestützt und ein Knie locker vorgedrückt, grazil stand sie und wendete das Köpfchen zum Schwimmgott und zum Kraftvater und lachte, denn nicht
20 sie wurde ja gleich ins Wasser gestoßen, sie war groß und schön, diese beiden strampelten sich ihretwegen ab, und der eine war Mann so gut wie der andere. Ich versuchte zu schmettern, verschluckte mich, legte mich auf den Rücken und hustete, ich wollte mich abgrenzen von den dreien da, hielt mich für sensibel, kinderlieb, ausgeschlossen von den Harten, Empfindungslosen, mit denen ich nichts zu tun haben wollte, einsam,
25 verkannt und wertvoll; einen Wall von schmückenden Adjektiven häufte ich um mich herum auf, um mir nicht mies vorkommen zu müssen [...]
Ich stieg aus dem Wasser. Noch immer ging ich nicht fort, vielmehr trat ich näher, trat so nahe, dass ich alles sah und hörte, jede Träne und jedes Schluchzen, ich vernahm, wie der Kräftige mit Bauchansatz seinem Besitz erklärte, wie *einfach* alles war, was er *nur* zu tun
30 hätte. DETLEV klammerte sich an den Arm seines Vaters; der Behaarte drückte sein Eigentum mit einer raschen Bewegung mit dem Gesicht zum Wasser, so wie man einen Furunkel nicht langsam ausdrückt, sondern mit einem Ruck. Heldenhände pressten Knie gerade, Vaterhände bogen Ärmchen, und DETLEV kippte, das wäre doch gelacht, fiel und tauchte ein und trieb an die Oberfläche, drehte sich auf den Rücken, die Arme wirbelten,
35 blind strampelte Detlev in die falsche Richtung, auf den Beckenrand zu, wurde umgedreht von einem Begleitelternteil, ergrapschte die Leiter und kletterte heraus.
Die Gesichter des Schwimmgelehrten und des Behaarten waren jetzt dicht vor mir, es waren unverstellte Gesichter von Männern, die eine Pflicht taten, die Pflicht des Befehlens. In meinem Empfindungsrelais wurden feinstfühlige Verbindungen gekoppelt, das
40 gebrannte Kind in mir schrie auf, alte Narben meldeten sich, eine frische Erfahrung drängte sich vor: Solche Gesichter hatte ich kürzlich gesehen, Gesichter von Energischen, deren hübsche Frauen gewiss griffbereit in der Nähe waren, Männer, die ihr Handwerk verstanden, deutsche Fachleute, die deutsche Wertarbeit verrichteten – vielleicht wäre alles Folgende nicht passiert ohne diese Assoziation. Es war noch nicht so lange her, dass
45 ich das Foto deutscher Flieger gesehen hatte, die am englischen Himmel deutsche halbe Rollen drehten in ihren Me 109. Da sollte DETLEV wieder an den Beckenrand und wieder springen – beim zweiten Mal tat's ja bestimmt nicht mehr so weh –, aber der Schock saß ihm noch in den Gliedern, und da muss ihm wohl eingefallen sein, dass der, der sich erbrechen muss, nicht springen kann. Gebückt, die Hände auf dem Leib, schlich
50 er zum Fenster, dort krümmte er sich, sein Vater beugte sich hinab und legte ihm die Hand auf die Schulter. Andere Kinder traten ans Becken, brauchten bloß die Ärmchen zu strecken und das Köpfchen auf die Brust zu drücken, und wenn die Beinchen zu stark zitterten, half der Schwimmboss nach. Detlev stand am Fenster und wollte sich erbrechen und konnte nicht; noch sprach sein Vater ruhig auf ihn ein, ich konnte mir den-
55 ken, was er sagte: Ist doch gar nichts, nun komm schon! Detlev richtete sich auf, nahm die Hand vom Leib, da legte sich die behaarte Vaterhand auf seine Schulter und schob,

in diesem Augenblick brannte in mir die Sicherung durch, die gewöhnlich vor Torheiten bewahrt, die höflich und feig macht und vorm Einmischen in die Dinge anderer hindert. Ich ging auf diesen Mann zu und sagte, besser: Es sagte aus mir heraus: „Lassen
60 Sie endlich den Jungen in Ruhe!"
Ein Blick traf mich, in dem vor allem Verblüffung lag, noch nicht einmal Empörung,
vielmehr Erstaunen über eine Einmischung, hinter der womöglich Berechtigung stand:
Vielleicht war ich Oberschwimmkönig, Schwimmgottvater, Staatssekretär für das
Schwimmhallenwesen der DDR, vielleicht zog ich in der nächsten Sekunde einen Aus-
65 weis aus der Badehose, und der behaarte Vater musste meine Kompetenz anerkennen
und ließ seinen Jungen wirklich in Ruhe. Aber nach diesem Überraschungsmoment begriff der Mann, dass sich hier einer quer legte, der ihm *überhaupt nichts zu sagen* hatte,
er nahm seinen Besitz an der Hand und wollte mit ihm ohne ein Wort zum Becken
zurückkehren, er meinte wohl, dann träte ich zur Seite, aber ich blieb breitbeinig stehen,
70 und auch, als er nur noch einen halben Meter vor mir war, rührte ich mich nicht; er dürfte an meinen Augen gesehen haben, dass gleich die zweite Sicherung durchbrannte. Da
sagte er, was in solchen Fällen immer gesagt wird: „Was geht denn Sie das an!"
„Lassen Sie den Jungen in Ruhe", wiederholte ich und brüllte plötzlich: „Sie sollen ihn
in Ruhe lassen!"
75 Neben mir stand der Schwimmlehrer. „Was wollen Sie denn?"
Ich hatte dreimal meinen Satz herausgestoßen, ein weiterer fiel mir nicht ein. „Gehen
Sie endlich beiseite", sagte der starke Vater, „machen Sie kein Theater. Mit dem Jungen
ist doch gar nichts."
„Wolf!" Das war Jutta.
80 Jetzt standen wir im Viereck, der Erziehungsberechtigte, der Schwimmgott, Jutta und
ich, drei Augenpaare starrten mich an, ich starrte auf den berechtigten Vater und sagte:
„Wenn Sie den Jungen noch einmal reinschmeißen, schmeiße ich Sie rein!"
„Und ich Sie", versicherte der Schwimmlehrer. „Nun lassen Sie den Quatsch, wir wollen weitermachen."
85 Das hörte ich kaum. Ich brüllte: „Sie gottverdammter Faschist!"

(V 1978)

Aus: Erich Loest: Es geht seinen Gang oder Mühen in unserer Ebene. Halle (Mitteldeutscher Verlag) 1978, S. 128ff.
© 1990 by Linden-Verlag, Leipzig.

Arbeitsanweisungen:

1. Erläutern Sie, indem Sie von Wolfgang Wüllfs Beobachtungen im
Schwimmbad ausgehen, warum
er Dr. Feldig als „Faschisten" be-
schimpft.

2. Wolfgang Wüllf wird wegen Beleidigung verklagt. Verteidigen Sie
ihn vor Gericht.

© Schöningh Verlag, Best.-Nr. 028228 1

Auszüge aus der Rede Bernhard Schlinks anlässlich der Verleihung des Fallada-Preises der Stadt Neumünster 1997

[...] Was den literarischen Umgang mit der politisch-historischen Situation des Dritten Reichs und des Holocaust angeht, so ist es nicht zu früh, zwei Abschnitte zu unterscheiden, entsprechend den zwei Generationen zunächst der Väter und Täter und dann ihrer Söhne und Töchter. Bei der ersten Generation geht es um Verdrängung und Offenlegung, um Offenlegung als Bewältigung, bei der zweiten darum, sich zur ers-
5 ten ins Verhältnis zu setzen, in ein wieder offen legendes, aber auch anklagendes und verurteilendes Verhältnis und um diese Verhältnisbestimmung als Bewältigung. Die Literatur der zweiten Generation ist auf freilich vorsichtige Weise literarischer als die der ersten; sie ist es auch insofern, als sie auf wieder vorsichtige Weise stärker fiktional ist, während die der ersten fast völlig dokumentarisch ist. Was wird mit der dritten Generation, der Generation der Enkel und Enkelinnen? Welche Literatur erreicht sie? Welche Literatur
10 wird sie selbst produzieren?

Was die Literatur der ersten und der zweiten Generation bei allen Unterschieden verbindet, ist, dass es sich um Schuld-Literatur handelt. Obwohl die Vorstellung einer kollektiven Schuld oft vage ist und religiöser und philosophischer Spekulation überlässt, wie die Schuld von jemandem, der ein Verbrechen begangen hat, zur Schuld auch eines anderen wird, der das Verbrechen nicht begangen hat, wie die Schuld der Väter zur Schuld
15 der Kinder wird, war bzw. ist kollektive Schuld für die meisten Angehörigen der ersten wie auch der zweiten Generation eine Wirklichkeit: individuell erlebt, erlitten, verborgen und verdrängt wie jede andere Schuld.

Es war die Schuld derer, die die Verbrechen des Dritten Reiches begangen haben, wie auch derer, die zugesehen haben und nicht eingeschritten sind oder überhaupt weggeschaut haben. Die Rechtsgeschichte lehrt uns, wie Schuld sogar die verstrickt, die nicht einmal Zeugen der Verbrechen waren. In den frühen Stam-
20 meskulturen hatte, wenn ein Angehöriger einer Gemeinschaft gegenüber einem Angehörigen einer anderen Gemeinschaft ein Verbrechen beging, seine Gemeinschaft die Wahl, ihn auszustoßen oder ihn bei sich zu behalten. Behielt sie ihn bei sich, gewährte sie ihm Solidarität, dann teilte sie auch seine Schuld, übernahm gegenüber der anderen Gemeinschaft Verantwortung und Haftung. Solidargemeinschaft ist auch Schuldgemeinschaft. Ähnlich haben die Deutschen, die die Täter der ersten Generation nicht ausgestoßen,
25 sondern als Mitbürger, Politiker, Administratoren, Richter, Professoren, Lehrer und Eltern akzeptiert haben, an deren Schuld teilgehabt. Darum ging es 1968: Die zweite Generation realisierte, wie verstrickt sie in die Schuld der ersten war, und versuchte, sich aus der Verstrickung zu befreien durch wenigstens ein moralisches Anklagen, Verurteilen und Ausstoßen der Täter, Mittäter und Zuschauer der ersten Generation.

Gerade weil kollektive Schuld nichts Spekulatives ist, sondern ihre empirischen und normativen Bedingun-
30 gen hat und verschiedene Menschen und Generationen durch das verbindet, was sie tun und lassen, kann der Schuldzusammenhang enden. Anders als die erste und zweite Generation steht die dritte nicht vor der Wahl, Solidarität mit den Tätern der ersten Generation zu üben oder zu verweigern. Mit den Politikern, Lehrern und Eltern der ersten Generation, die die Verbrechen begangen, mitbegangen oder geschehen lassen haben, sind sie persönlich nicht mehr oder kaum noch verstrickt. Es gibt die erste und die zweite, aber es
35 gibt keine dritte Schuld. Das breite Spektrum von echter Betroffenheit über taktvolle Höflichkeit, Zurückhaltung, Gleichgültigkeit; Ablehnung bis zum Flirt mit faschistischen Versatzstücken, dem wir bei der dritten Generation begegnen, hat entscheidend mit dem Ende des Schuldzusammenhanges zu tun.

Und doch gibt es ein Vermächtnis der Furchtbarkeiten des Dritten Reichs auch für die dritte und die folgenden Generationen. Ein politisches Vermächtnis dieser politisch-historischen Situation. Was Menschen
40 einander antun und einander schuldig bleiben können, wie sie, ohne Monster zu sein, die furchtbarsten Verbrechen begehen können, wie politische und gesellschaftliche Institutionen versagen und wie eine moralische Kultur zusammenbrechen kann, schließlich auch wie man sich zu denen verhält, die die furchtbarsten Verbrechen begangen haben – diese Fragen sind für die nächste Generation nicht weniger drängend als für die erste und zweite. Aber der individuelle Zugang zu ihnen ist bei der dritten und bei den folgenden Ge-
45 nerationen, anders als bei der ersten und zweiten, nicht durch eine zugleich kollektiv und individuell erfahrene Schuld, in die man als Deutscher eben verstrickt ist, immer schon gestiftet. Er wird vielmehr immer wieder neu hergestellt werden müssen. Literatur, die dazu beitragen will, wird politische Literatur sein, aber anders als die der ersten und zweiten Generation mit dem Dritten Reich noch ein Stück individualistischer umgehen – und zugleich universeller, da mit dem deutschen Schuldzusammenhang auch die Evidenz der
50 partikularen deutschen politisch-historischen Situation verloren geht.

Arbeitsanweisungen:

1. Erläutern Sie, was Schlink unter erster und zweiter Schuld versteht.

2. Worin sieht Schlink das „Vermächtnis der Furchtbarkeiten des Dritten Reiches" für die dritte und die folgenden Generationen?

3. Welche Aufgabe weist er in diesem Zusammenhang der Literatur zu?

Gedichtvergleich:

Paul Celan (1920–1970): Todesfuge (SB, S. 403)

Immanuel Weißglas: ER

Wir heben Gräber in die Luft und siedeln
Mit Weib und Kind an dem gebotnen Ort.
Wir schaufeln fleißig, und die andern fiedeln,
Man schafft ein Grab und fährt im Tanzen fort.

5 Er will, dass über diese Därme dreister
Der Bogen strenge wie sein Antlitz streicht:
Spielt sanft vom Tod, er ist ein deutscher Meister,
Der durch die Lande als ein Nebel schleicht.

Und wenn die Dämmrung blutig quillt am Abend,
10 Öffn' ich nachzehrend den verbissnen Mund,
Ein Haus für alle in die Lüfte grabend:
Breit wie der Sarg, schmal wie die Todesstund.

ER spielt im Haus mit Schlangen, dräut und dichtet,
In Deutschland dämmert es wie Gretchens Haar.
15 Das Grab in Wolken wird nicht eng gerichtet:
Da weit der Tod ein Deutscher Meister war.

(e 1945)

Zitiert nach Manfred Herrmann: Gedichte interpretieren. Paderborn
(Schöningh) 1983, S. 102.

Arbeitsanweisungen:

Celans Freund I. Weißglas hat wenige Monate, bevor die „Todesfuge" entstand, das Gedicht „ER" verfasst.

1. Halten Sie in einem sachlichen Bericht die Fakten fest, die Sie den Zeilen entnehmen können.

2. Notieren Sie die Metaphern, die der Autor verwendet und verständigen Sie sich über deren Bedeutung in einem in kleinen Gruppen geführten Gespräch.

Vorschlag für ein Projekt „Trauerarbeit" oder „Die Erinnerung wach halten"

Ziel des Projektes ist es, ausgehend von den im Teilkapitel „,Trauerarbeit' (Mitscher-lich) – Auseinandersetzung mit dem Faschismus" abgedruckten Texten, sich nicht nur inhaltlich mit dem historischen Sachverhalt zu beschäftigen. Sie sollen, indem Sie sich mit wenigen, aber einprägsamen literarischen Texten auseinander setzen, Ihr Wissen, Ihr Einfühlungs- und Urteilsvermögen erweitern. Auf diesem Wege ist es viel-leicht sogar möglich, mit der uns aus unserer Geschichte zukommenden Verant-wortung richtig umgehen zu lernen.

Mit unserem Vorentwurf, d.h. mit den vorgeschlagenen Arbeitsschritten, zeigen wir Ihnen einen möglichen Erkenntnisweg auf, möchten Sie aber auch auf neue Ideen bringen und Sie dazu anregen, ganz oder teilweise einen Entwurf für Ihr eigenes „Pro-jekt" zu konzipieren.

Arbeitshinweis: Halten Sie in Ihrem „Logbuch" – einer Art Tagebuch, in dem Sie vor-gesehene Arbeitsschritte, erworbene Erkenntnisse ebenso wie persönliche Eindrücke und Einschätzungen notieren – die Stationen Ihrer Arbeit fest; dafür eignen sich für die später anzufertigende Dokumentation am besten lose Blätter, die Sie nur einsei-tig beschreiben. Ergänzen Sie die einzelnen Teile durch Zitate, Textauszüge, Bilder und Fotos, so dass Sie auf diesem Wege zu einer Ihnen gemäßen Form persönlicher Aneignung finden.

Arbeitsanregungen:

1. Anna Seghers konfrontiert Sie in Text 3 (SB, S. 393) mit der erschreckenden Rea-lität der Räumung eines Dorfes durch Soldaten, die einen entsprechenden Be-fehl erhalten haben. Halten Sie in einer kurzen Notiz das erzählte Geschehen fest und ergänzen Sie diese durch eigene Überlegungen zur Problematik von Befehl und Gehorsam.

2. Informieren Sie sich anhand Ihres Geschichtsbuches, eines enzyklopädischen Wörterbuchs oder im Internet (entsprechende Informationen finden Sie auch in der ‚Encarta') über das, was in Lidice oder in Oradour-sur-Glane während des Zweiten Weltkriegs geschehen ist. Notieren Sie die von Ihnen erkundeten Fakten.

3. Carl Zuckmayer zeigt in seinem Schauspiel „Des Teufels General", was es heißt, sich mit den nationalsozialistischen Machthabern einzulassen und mit ihnen zu-sammenzuarbeiten. Halten Sie die Fragen fest, die der Fliegeroffizier Hartmann in dem in Text 4 (SB, S. 393f.) wiedergegebenen Dialog mit General Harras stellt. Diskutieren Sie diese Fragen in Ihrer Gruppe und notieren Sie dabei die Antwor-ten, die Sie überzeugen.

4. Siegfried Lenz berichtet am Beispiel des Malers Nansen eine Form Menschen verachtender Unterdrückung durch das Naziregime (vgl. Text 1, SB, S. 390f.). In-formieren Sie sich, davon ausgehend, über die Art und Weise, in der die Natio-nalsozialisten seit ihrer Machtübernahme 1933 mit der modernen deutschen Kunst, die sie als „entartete Kunst" verfolgt und geächtet haben, umgegangen sind. Suchen Sie nach Beispielen für diese Kunst, z.B. in der Sondermappe „Kunst in der Verfolgung" (1987) der vom Landesinstitut für Erziehung und Un-terricht Baden-Württemberg herausgegebenen Reihe ‚Meisterwerke der Kunst'.

5. Sammeln Sie Notizen aus Gesprächen mit Zeitzeugen aus der Generation Ihrer Großeltern.

6. Besorgen Sie sich nach der Lektüre der Auszüge aus Peter Weiss „Die Ermittlung" (Texte, SB, S. 398ff.) das Videoband mit der Aufnahme des Dokumentarstückes.

7. Machen Sie sich Gedanken über die Frage nach dem Verhältnis der verschiede-nen Generationen zu den Verbrechen des Dritten Reiches. Nutzen Sie zur Klärung der Zuordnungen und als gedankliche Anregung die Rede von Bernhard Schlink anlässlich der Verleihung des Fallada-Preises (Anlage **K 5**, LB, S. 588), und hal-ten Sie Ihr Ergebnis in einer persönlichen Stellungnahme fest.

8. Untersuchen Sie den für das Thema ‚Trauerarbeit' zentralen Aspekt der „Verdrän-gung" (ein psychologischer Mechanismus, der darauf zielt, unangenehme Vor-stellungen aus dem Bereich bewusster Empfindung fernzuhalten). Interpretieren Sie unter diesem Aspekt die Kurzgeschichte „Aschenmär" von Werner Dürrson (SB, S. 424f.).

9. Sammeln Sie in einer Umfrage oder in einer Reihe von Interviews zusammen mit Ihren Mitschülern aktuelle Meinungen von Zeitgenossen aus verschiedenen Ge-nerationen zum Thema „Holocaust" und diskutieren Sie miteinander das Er-gebnis.

10. Sichten Sie Ihre Notizen und das von Ihnen gesammelte Material. Suchen Sie nach einem Ordnungsschema, das sich für eine Dokumention zu diesem Thema eig-net, und präsentieren Sie Ihre Ergebnisse in möglichst ansprechender Form.

„Mechanismen" der Bespitzelung und Unterdrückung

Zwölf Bände (insgesamt 3491 Blatt) umfassen die Akten, die das Ministerium für Staatssicherheit der DDR über den Schriftsteller Reiner Kunze mit Hilfe von inoffiziellen Mitarbeitern (IM), d.h. konspirativ arbeitenden Informanten, in der Zeit von September 1967 bis zu seiner Übersiedlung in die Bundesrepublik Deutschland zusammengetragen hat. Der Autor hat daraus 1990 einen Auszug von etwa 110 Seiten veröffentlicht, um an seinem Beispiel über das Überwachungssystem und die „Mechanismen" der Bespitzelung und Unterdrückung zu informieren.

Berlin, 23.5.69
Inoffiziell wurde bekannt: Der soeben erschienene Gedichtband „Sensible Wege" von Reiner *Kunze* stellt eine politische Provokation gegenüber unserem Staat und seiner
5 Politik dar. Die in diesen Gedichten bezogene Position des Autors muss als weit negativer als die bisher bekannte Position eingeschätzt werden. Aus den Gedichten werden im Wesentlichen drei Thesen sichtbar, die der Verfasser vertritt:
I. Die DDR ist ein großes Gefängnis, worunter nicht nur die
10 Beschränkung der Bewegungsfreiheit, sondern auch eine Einengung des geistigen Lebens und der Entwicklung der Persönlichkeit und des Talents verstanden wird. Charakteristisch sind dafür die Verse aus dem Gedicht mit dem bezeichnenden Titel „Kurzer Lehrgang":

15 *Dialektik*

Unwissende damit ihr
unwissend bleibt

werden wir
euch schulen

20 *Ethik*

Im mittelpunkt steht
der mensch

Nicht
der einzelne

25 Solche Auffassungen finden sich in den meisten Gedichten des Bandes wieder. 2. Die Kulturpolitik der DDR ist eng und dogmatisch. Sie ist gegen die Entwicklung der Kunst gerichtet.
[...]

3. Sympathie für revisionistische und konterrevolutionäre
30 Auffassungen. Beispiel „Rückkehr aus Prag – Dresden Frühjahr 1968":

Eine lehre liegt mir auf der zunge, doch
zwischen den zähnen sucht der zoll
[...]

Im genannten Gedichtband finden sich nur vereinzelt und
35 ganz allgemein gehaltene Zeilen gegen den Imperialismus, und selbst diese enthalten Bezüge gegen die DDR ... Der IM teilte mit, dass *Kunze* mit vorliegendem Band ... eindeutig gegen die Statuten des Deutschen Schriftstellerverbandes verstoßen habe und sein Ausschluss aus dem Schriftstel-
40 lerverband gerechtfertigt sei ... Erste Maßnahmen: ... Beschaffung von 2 Exemplaren des Gedichtbandes durch IM in Westberlin.

★

Gera, den 26.06.70
... Zur Präzisierung des Maßnahmeplanes ... sowie zur Be-
45 stätigung der ... operativen Version werden folgende Informationen benötigt:
– Angaben über [die] finanzielle[n] Verhältnisse [des K.], ... Kontostand und Kontenbewegung
– Hinweise auf eventuelle Kurierwege nach Westdeutsch-
50 land
– Alles, was über die Familie bekannt wird, Verhalten seiner Ehefrau und Tochter
– Informationen über sämtliche, auch geringfügige Gesetzesverletzungen durch K ...
55 – Äußerungen, die irgendeine Person über K. macht
– Einschätzung der charakterlichen und moralischen Seite von K. unter eventueller Zuhilfenahme inoffizieller Kräfte.
– Informationen über jede einzelne offiziell oder inoffiziell bekannt gewordene politische Äußerung des *Kunze* ...
60 – Aufklärung der Person Paul *Celan*, Schriftsteller, unlängst in Paris durch Selbstmord gestorben ...
– Alles, was über Versuche *Kunzes* bekannt wird, durch die Anwendung kirchlicher Motive und Ausdrucksweisen in seinen Werken unseren Staat anzugreifen
65 – Nach Einleitung der Maßnahme A [Abhören des Telefons] sämtliche anfallende Berichte [Die erste Niederschrift eines abgehörten Telefongesprächs trägt jedoch bereits das Datum 10.9.68]
– Nach Erweiterung der M [Post]-Kontrolle Anfertigung von
70 Kopien sämtlicher an *Kunze* gerichteter und von ihm verschickter Post ...

Aus: „Deckname Lyrik – Eine Dokumentation von Reiner Kunze" © Fischer Taschenbuch Verlag GmbH, Frankfurt am Main 1990, S. 20–24.

Arbeitsanweisungen:

1. Welche gegen den Schriftsteller Reiner Kunze erhobenen Vorwürfe sind in diesen Akten festgehalten?

2. Welche Maßnahmen wurden gegen den Schriftsteller angeordnet bzw. unternommen?

3. Inwiefern lassen sich Verbindungen herstellen zwischen der in diesen Dokumenten fassbaren Wirklichkeit und Günter Kunerts Denkbild „Die Schreie der Fledermäuse"?

© Schöningh Verlag, Best.-Nr. 028228 1

Christa Wolf (*1929): Kassandra (Auszug)

Kassandra, die Prophetin des Untergangs, warnt vergeblich nicht nur vor dem Krieg, sondern auch vor dem „schmählichen Betrug", der dem Ende Troias vorausgeht. Die Troer planen Achill, den schrecklichsten der griechischen Helden, der sich bisher im Kampf als unbesiegbar erwiesen hat, in einen Hinterhalt zu locken:

[...] Der Bote kam zurück: Wir sollten kommen. Aber nur kurz. Man habe keine Zeit. Immer, solange ich denken kann, war im Rat für wichtige Fragen keine Zeit.

Zuerst konnte ich nicht hören, weil ich den Vater sah. Ein verfallner Mann. Kannte er mich? Dämmerte er dahin?

5 Es ging also um Polyxena. Nein, um Troia. Nein um Achill das Vieh. Es ging darum, daß Polyxena den Achill in unsern Tempel locken sollte. In den Tempel des thymbraischen Apoll. Unter dem Vorwand, sich ihm zu vermählen. In meinem Kopfe jagten sich Vermutungen. Vermählen? Aber – keine Sorge. Nur zum Schein. In Wirklichkeit –
Ich glaubte meinen Ohren nicht zu trauen. In Wirklichkeit würde unser Bruder Paris

10 hinter dem Götterbild, wo er verborgen war, hervorbrechen (hervorbrechen! So sprach Paris selbst!), und er würde Achill da treffen, wo er verletzlich war: an der Ferse. Wieso gerade dort. – Er hatte seinen wunden Punkt der Schwester Polyxena anvertraut.– Und Polyxena? – spielte mit. Natürlich. Die? sagte Paris frech. Die freut sich drauf.
Das bedeutet, ihr verwendet Polyxena als Lockvogel für Achill.

15 Breites Grinsen: Du hasts erfaßt. So ist es. Ohne Schuhe, das ist die Bedingung, die sie ihm genannt, wird Achilles in den Tempel kommen.
Rundum Gelächter.
Allein?
Was denkst du denn. Allein. Und wird den Tempel lebend nicht verlassen.

20 Und Polyxena? Wird ihn dort allein erwarten?
Wenn du von Paris absiehst, sagte Eumelos. Und von uns natürlich. Aber wir stehn draußen.
Und Achill wird also Polyxena dort umarmen.
Zum Schein. Wenn er genügend abgelenkt ist – Lachen –, trifft ihn Paris' Pfeil.

25 Gelächter.
Und Polyxena ist damit einverstanden.
Einverstanden? Sie ist gierig drauf. Eine wahre Troerin.
Aber warum ist sie nicht hier.
Hier geht es um Einzelheiten. Die sie nichts angehn. Und die kühle Planung. Die sie als

30 Frau nur durcheinanderbrächte.
Ich schloß die Augen, und ich sah die Szene. Mit allen Einzelheiten. Hörte Polyxenas Lachen. Sah den Mord im Tempel – Achill als Leiche, ach! wer lechzte nicht nach diesem Anblick! –, der an Polyxena hängenbliebe.
Ihr benutzt sie.

35 Wen denn?
Polyxena.
Aber bist du nicht imstande zu begreifen! Um sie geht es nicht. Es geht uns um Achill.
[...]
Dies also war, doch unverhofft, der Augenblick, den ich gefürchtet hatte. Unvorbereitet

40 war ich nicht, warum war es so schwer. Hastig, unheimlich schnell erwog ich, daß sie im Recht sein könnten. Was heißt im Recht. Daß das Recht – Polyxenas Recht, mein Recht – gar nicht zur Sprache stand, weil eine Pflicht, die, unsern schlimmsten Feind zu töten, das Recht verschlang. Und Polyxena? Sie ging zugrund, daran war nicht zu zweifeln. Sie war schon aufgegeben.

45 Nun, Kassandra. Nicht wahr, du bist vernünftig.
Ich sagte: Nein.
Du stimmst nicht zu?
Nein.
Aber du wirst schweigen.

50 Nein, sagte ich. Angstvoll umfaßte Hekabe die Mutter meinen Arm. Sie wußte, was jetzt kam, ich auch. Der König sagte: Nehmt sie fest. [...]

(v 1983)

Arbeitsanweisungen:

Christa Wolf lässt in ihrer Erzählung den Leser an einem Vorgang teilhaben, der ihren eigenen „Seh-Raster verändert hat". Fragend bringt sie dies auf den Punkt: „Woher kommen ihr die Lust und die Kraft zum Widerspruch?"

Nehmen Sie diese gedanklichen Anstöße auf, indem Sie, ausgehend von dem Textauszug,

1. die Formen des „Wahns" beschreiben, gegen den sich die Seherin wendet;

2. nach den Gründen dafür suchen, dass Kassandra wiederholt „Nein" sagt;

3. nach dem auf unsere Zeit bezogenen „Widerspruch", den Christa Wolf in diesem Text vorträgt, fragen und ihn mit Ihren eigenen Worten zu fassen versuchen.

Projekt: Uwe Johnson (SB, S. 417)

Das vorgeschlagene Projekt soll die Schüler mit einem der bedeutendsten Roman-
schriftsteller deutscher Sprache der zweiten Hälfte des 20. Jahrhunderts und mit seiner Art zu erzählen, bekannt machen. Darüber hinaus will es aufzeigen, auf welchen
Wegen die Annäherung an ein von der Schreibweise wie vom Umfang her sperriges
literarisches Werk versucht werden könnte.

Einen ersten allgemeinen Impuls zur Beschäftigung mit dem Autor, vielleicht auch
einen ersten Leseanstoß könnte eine frühe Einschätzung von Walter Jens, zeitgenössischer Schriftsteller, Kritiker und Literaturwissenschaftler, geben. Er würdigt
1961 in der Wochenzeitschrift „Die Zeit" Uwe Johnsons eben erschienenen neuen Roman „Das dritte Buch über Achim" mit folgendem Hinweis: „Fünfzehn Jahre lang haben die Kritiker nun darüber gegrübelt, warum ausgerechnet das Thema der Themen,
das Kardinalproblem jedes deutschen Schriftstellers: die Teilung Deutschlands, nicht
gestaltet worden sei. Das große Thema bedurfte eines großen Schriftstellers, und ich
glaube, dass der Autor, der jetzt als Erster das Kardinalproblem auf der Ebene der
Kunst analysiert hat, ein solcher Schriftsteller ist: Uwe Johnson ... *Das dritte Buch über
Achim* ist ein Buch auf der Schwelle der Meisterschaft ..."

• Informieren Sie sich in einem Lexikon oder im Internet über Leben und Werk des Autors Uwe Johnson und fassen Sie Ihre Ergebnisse in einem Kurzreferat zusammen.

Teil I: „Mutmassungen über Jakob" (1959)

1. Der Anfang des Romans:

„Der Tod ist der letzte Anlass für alles Erzählen – und auch der erste." Dieser programmatische Satz des Biografen Bernd Neumann (Uwe Johnson, Ullstein Verlag,
Berlin 2000, S. 14) über den Schriftsteller Uwe Johnson benennt auch die Art und
Weise, in der dieser seinen ersten Roman eröffnet (abgedruckt in Originalschreibweise):

Aber Jakob ist immer quer über die Gleise gegangen.

– Aber er ist doch immer quer über die Rangiergleise und die Ausfahrt gegangen, warum, aussen auf der anderen Seite um den ganzen Bahnhof bis zum Strassenübergang
hätt er eine halbe Stunde länger gebraucht bis zur Strassenbahn. Und er war sieben Jah-
5 re bei der Eisenbahn.

– Nun sieh dir mal das Wetter an, so ein November, kannst keine zehn Schritt weit sehen vor Nebel, besonders am Morgen, und das war doch Morgen, und alles so glatt. Da
kann einer leicht ausrutschen. So ein Krümel Rangierlok ist dann beinah gar nicht zu
hören, sehen kannst sie noch weniger.

10 – Jakob war sieben Jahre bei der Eisenbahn will ich dir sagen, und wenn irgend wo sich
was gerührt hat was auf Schienen fahren konnte, dann hat er das wohl genau gehört unterhalb des hohen grossglasäugigen Stellwerkturms kam eine Gestalt quer über das trübe dunstige Gleisfeld gegangen, stieg sicher und achtlos über die Schienen eine Schiene nach der anderen, stand still unter einem grün leuchtenden Signalmast, wurde ver-
15 deckt von der Donnerwand eines ausfahrenden Schnellzuges, bewegte sich wieder. An
der langsamen stetigen Aufrechtheit des Ganges war vielleicht Jakob zu erkennen, er
hatte die Hände in den Manteltaschen und schien geraden Nackens die Fahrten auf den
Gleisen zu beachten. Je mehr er unter seinen Turm kam verdunsteten seine Umrisse
zwischen den finster massigen Ungeheuern von Güterzugwagen und kurzatmigen Lo-
20 komotiven, die träge ruckweise kriechend den dünnen schrillen Pfiffen der Rangierer
gehorchten im Nebel des frühen Morgens auf den nass verschmierten Gleisen

– wenn einer dann er. Hat er mir doch selbst erklärt, so mit Physik und Formel, lernt
einer ja tüchtig was zu in sieben Jahren, und er sagt zu mir: Bloss stehenbleiben, wenn
du was kommen siehst, kann noch so weit wegsein. „Wenn der Zug im Kommen ist –
25 ist er da" hat er gesagt. Wird er auch bei Nebel gewusst haben.

– Eine Stunde vorher haben sie aber einen Rangierer zerquetscht am Ablaufberg, der
wird das auch gewusst haben.

– Deswegen waren sie ja so aufgeregt. Wenn sie auch gleich wieder Worte gefunden haben von tragischem Unglücksfall und Verdienste beim Aufbau des Sozialismus und eh-
30 rendes Andenken bewahren: der sich das aus den Fingern gesogen hat weiss es gewiss
besser, wär schon einer. Frag doch mal auf diesem ganzen verdammten Bahnhof ob einer jetzt noch im November Ausreiseerlaubnis nach Westdeutschland gekriegt hat, und
Jakob ist am selben Morgen erst mit einem Interzonenzug zurückgekommen. Denk dir
mal bei wem er war.

35 – Cresspahl, wenn du den kennst. Der hat eine Tochter.

Aus: Mutmassungen über Jakob. © Suhrkamp Verlag 1959. S. 7/8.

© Schöningh Verlag, Best.-Nr. 028228 1

Erzähler und Leser versuchen vom ersten Satz des Buches an, Klarheit über das Leben und den Tod von Jakob Abs, der Hauptfigur des Romans, zu gewinnen. Aus dieser Konstellation ergibt sich ein weiterer Projektauftrag:

- Der Tod als Erzählanlass: Wer war Jakob Abs?

2. Ein anderer Zugang zum Roman eröffnet sich mit folgender Aufgabenstellung:

- Der Literaturwissenschaftler Hans Mayer macht sich 1967 in einem Vortrag Gedanken über Aspekte des Romans und schließt mit der Feststellung: „Narren, Neurotiker, Verbrecher, Monstren, Artisten aller Art bevölkern die Romanwelt in unserer Mitte des 20. Jahrhunderts." Ist Jakob einer von ihnen?

3. Die Suche nach der Wahrheit, die Uwe Johnson als zentrale Aufgabe des Erzählers ansieht, eröffnet einen weiteren Aspekt: „Der Verfasser [...] sollte nicht verschweigen, dass seine Informationen lückenhaft sind und ungenau [...] Dies eingestehen kann er, indem er etwa die schwierige Suche nach der Wahrheit ausdrücklich vorführt, indem er seine Auffassung des Geschehens mit der seiner Person vergleicht und relativiert, indem er auslässt, was er nicht wissen kann, indem er nicht für reine Kunst ausgibt, was noch eine Art der Wahrheitsfindung ist." (Uwe Johnson, 1975)

- Lesen Sie, ausgehend von dieser These, verschiedene Passagen des Romans; wählen Sie mehrere Textstellen aus und erläutern Sie daran den von Uwe Johnson beschriebenen Sachverhalt.
- Machen Sie einen eigenen Versuch der Wahrheitsfindung, und informieren Sie sich in Ihrem Geschichtsbuch oder im 10. Band der Propyläen-Weltgeschichte über den Ungarnaufstand 1956 und die Suez-Krise 1956/57.
- Vergleichen Sie die Sichtweise des Historikers mit der Perspektive von Jakob, der als Dispatcher unmittelbar betroffen ist von der Durchfahrt der russischen „Kriegsmaschinen", die auf dem Weg nach Budapest sind, um dort den Aufstand niederzuschlagen (Suhrkamp Taschenbuch, S. 245–251).

Einen ganz anderen Ansatzpunkt für die Lektüre der „Mutmassungen" – in gleicher Weise auch für die des „Dritten Buches über Achim" – gibt Uwe Johnson, indem er im Gespräch Jakob, Cresspahl zitierend, die Frage stellen lässt: „Wie gehen Sie mit dem Menschen um?"

- Suchen und erläutern Sie Passagen im Roman, die dieser Frage nachgehen.

Teil II: „Das dritte Buch über Achim" (1961)

1. „Anfangen heißt auswählen." Dieser Leitsatz aus den „Hundejahren" von Günter Grass, der in jedem seiner Bücher eine andere Form des Anfangs erprobt, erschließt dem Leser eine besonders interessante Fragestellung.

- Untersuchen Sie, ausgehend von diesem Leitsatz, den Anfang des Romans (abgedruckt in Originalschreibweise). Zeigen Sie, wie der Autor in die Romanhandlung einführt und welche Informationen er dem Leser zunächst vermittelt.

da dachte ich schlicht und streng anzufangen so: sie rief ihn an, innezuhalten mit einem Satzzeichen, und dann wie selbstverständlich hinzuzufügen: über die Grenze, damit du überrascht wirst und glaubst zu verstehen. Kleinmütig (nicht gern zeige ich Unsicherheit schon anfangs) kann ich nicht anders als ergänzen daß es im Deutschland der fünf-
5 ziger Jahre eine Staatsgrenze gab; du siehst wie unbequem dieser zweite Satz steht neben dem ersten. Dennoch würde ich am liebsten beschreiben daß die Grenze lang ist und drei Meilen vor der Küste anfängt mit springenden Schnellbooten, junge Männer halten sie in den Ferngläsern, scharf geladene Geschütze reichen bis zu dem Stacheldrahtzaun, der heranzieht zum freundlichen Strand der Ostsee, in manchen frei gele-
10 genen Dörfern auf der einen Seite waren die Kirchtürme von Lübeck zu sehen der anderen Seite, zehn Meter breit aufgepflügt drängt der Kontrollstreifen in den eigens gerodeten Wald, die Karrenwege und Trampelpfade sind eingesunken und zugewachsen, vielleicht sollte ich blühende Brombeerranken darüberhängen lassen, so könntest du es dir am Ende vorstellen. Dann hätte ich dir beschrieben die Übergänge für den Verkehr
15 auf der Straße auf Schienen in der Luft: was du sagen mußt bei den Kontrollen (und was man dir sagt) auf der einen und der anderen Seite, wie die Baracken unterschiedlich aussehen und die Posten unähnlich grüßen und das schreckhafte Gefühl der fremden Staatlichkeit, das sogar Karsch anfiel beim Überfahren des Zwischenraums, obwohl er doch schon oft in fremden Ländern gewesen war ohne auch nur ihre Sprache zu haben. Aber

© Schöningh Verlag, Best.-Nr. 028228 1

20 der und sein Aussehen und der Grund seiner Reise sind bisher weniger wichtig als der
naturhaft plötzliche Abbruch der Straßen an Erdwällen oder in Gräben oder vor Mauern; ich gebe zu: ich bin um Genauigkeit verlegen. Ich meine nicht die Zahl von zehn
Metern, es können ja sieben sein unter dem Schnee oder unter der ersten wärmenden
Sonne, die aus dem aufgerissenen Boden einen grünen Flaum unnützer Keime holt, ich
25 meine: der Boden soll in ausreichender Breite locker sein, damit Schritte erkennbar sind
und verfolgt werden können und noch angehalten. Nun erwarte von mir nicht den Namen und Lebensumstände für eine wild dahinstürzende Gestalt im kalten Morgennebel
und kleine nasse Erdklumpen, die unter ihren Tritten auffliegen, wieder reißt der stille
Waldrand unter menschlichen Sprüngen auf, eifriges dummes Hundegebell, amtliche
30 Anrufe, keuchender Atem, ein Schuß, unversehens fällt jemand hin, das wollte ich ebenso wenig wie der Schütze es am besten behaupten sollte gegen Ende seines Lebens; ich
hatte ja nichts im Sinn als einen telefonischen Anruf, der nicht als Kundenwunsch erledigt sein sollte vor dem Westdeutschland-Schrank des Fernamtes mit der Stimme des
Mädchens, das den Kunden zum Warten abhängt, die Leitstelle ruft und sagt: Gib mir
35 Hamburg. Hamburg – und nach einer Weile eine von den Leitungen in die gewünschte Kontaktbuchse stecken kann, ich habe das selbst gesehen, es wird auch in Filmen gezeigt, irgend wo sind die Drähte zwischen Ostdeutschland und Westdeutschland zu-
sammengefaßt, da gehen sie also über die Grenze, wen wundert das. Ungern setze ich
hinzu daß es aber unverhältnismäßig wenige Leitungen sind, die demnach leicht im Ohr
40 zu behalten wären: man könnte an angeschlossene Tonbänder denken und meinen ich
sei gehässig; ich wollte es nur jedenfalls gesagt haben und zu verstehen geben daß einer
lange warten muß an einem beliebigen Alltagsabend und sogar nachts, wenn es denn
ein solches Gespräch sein soll: und daß sie nach allem nicht sicher sein durfte ob das
Fernamt ihr sagen ließ: Gewiß ja, oder: wo denken Sie hin. So ist nach der Wartezeit un-
45 glaublich die Stimme zu hören: Ihre Verbindung mit Hamburg, melden Sie sich. Das
ist nicht alles. Zum Glück auch war Karsch noch wach, er hatte getrunken, er erkannte
ihre Stimme sofort und sagte ohne zu fragen ja. Ja: sagte er und legte die Verbindung
still, die eigentlich undenkbar war und nicht möglich, wiederum war er hinter der De-
markationslinie. Du wirst aus unserem Mißverständnis mit dem Flüchtenden und den
50 Schüssen im Morgengrauen ersehen können welche Art von Genauigkeit ich meine; ich
meine die Grenze: die Entfernung: den Unterschied.

2. Uwe Johnson eröffnet mit den Schlusssätzen seines Romans einen ganz anderen
Zugang. Er schließt „Das dritte Buch über Achim" mit dem programmatischen Hinweis:

„Die Personen sind erfunden. Die Ereignisse beziehen sich nicht auf ähnliche, sondern auf die Grenze: den Unterschied: die Entfernung und den Versuch sie zu beschreiben."

• Der Autor beginnt seinen Roman mit einem Versuch, „die Grenze", vielleicht auch
„die Entfernung ... zu beschreiben". Untersuchen Sie diesen Beschreibungsver-
such. Notieren und berichten Sie in einem Kurzreferat, was Sie darin über die Grenze erfahren.

• Informieren Sie sich im DDR-Handbuch (Stichwort „Grenze") über die Realität der
Grenze zwischen den beiden deutschen Staaten und fassen Sie das Ergebnis ebenfalls in einem kurzen Bericht zusammen.

Teil III: „Jahrestage" (4 Bde. Suhrkamp Verlag, Frankfurt am Main 1993)

Dieses vierteilige Werk kann allenfalls in einer knappen inhaltlichen Zusammenfassung (z.B. Wilpert: Lexikon der Weltliteratur) oder in einigen Leseproben – vielleicht
von interessierten Schülern ausgesucht – vorgestellt werden, mit der Absicht, Leseanreize zu geben.

## Gedichtvergleich	**Literatur nach 1945** **K 11**

Christoph Meckel (*1935): Musterung

Wie kamst du in die Welt? Ein Mensch, geboren,
mir schlug die schöne Welt den Himmel um die Ohren.
Dein Alter? Sieben Kriege und ein Überleben.
Leibgröße? Wie ein Sarg, der allen Völkern Platz kann geben.
5 Dein Herz? Ein Muskel, der kaut eine Kälte.
Dein Mund? Ich hab ihn mir verbrannt mit Strophen.
Die Augen? Sahen oft, wie sich die Nacht erhellte.
Die Ohren? Hörten oft Geschrei im Klageofen.
Was hast du vor? Noch einmal überleben
10 und sagen: diese Mähre haben wir geritten
wir wollen ihr ein bessres Futter geben
und um ein neues Zaumzeug bitten.
Wie heißt dein Land? Es heißt nicht; nicht vorhanden;
es liegt verstreut in vieler Bosse Händen.
15 Und dein Zuhaus? Ein Fluchtweg allerlanden
ein Hohelied, zu singen allerenden.
Wie kann ein Mensch so reden – streicht ihn von der Liste!
Du taugst als Musikant nur an nutzloser Stelle –
Gewiss – ich spann mich selber vor die Leierkiste
20 und zieh sie pfeifend durch die taube Hölle.

(v 1967)

Aus: Bei Lebzeiten zu singen © 1967 Verlag Klaus Wagenbach Berlin.

Günter Kunert (*1929): Sinnsuche

Aufstehen. Arbeiten und heimgehen
und ins Bett: das ist der Sinn.
Aufgestandensein und erschossen
und begraben werden: das ist der Sinn
5 gleichfalls.
Werde und stirb: ist die Umkehrung
sinnvoller?

Auf und heim und schießen
und selber getroffen ins Grab oder ins Bett:
10 ist eine Alternative der Sinn?

Aufgestandengewesen und heimgegangen,
gearbeitet haben und geschossen,
eingegraben, aufgebettet, aufgegeben:
den Geist, den Sinn, dass dies
15 der Sinn sei, aber er ist es trotzdem:
Aufstehen, Arbeiten, Heimgehen.

Alle Verwüstungen der Person
vollziehen Personen, überzeugt vom Sinn
des Vollzugs: Quellen wahrer Sinnflut.
20 Eine Taube schick aus
zu einem Festland: dich selber suche, du
findest dich
an der Arbeit für dein Bett, für dein Grab.

(v 1979)

Aus: Günter Kunert: Unruhiger Schlaf. Gedichte (dtv) 1979.
© Carl Hanser Verlag München Wien.

Arbeitsanweisungen:

Vergleichen Sie die beiden Gedichte. Sie können dabei von den folgenden Ansatzpunkten ausgehen:

1. Mit welchen Fragen beschäftigen sich Christoph Meckel und Günter Kunert auf ihrem „langen, nie enden wollenden Weg zu sich selbst"?

2. Durch welche Eigenheiten in der Sprechweise, durch welche formalen Besonderheiten unterscheiden sich die beiden Gedichte?

3. Zu welchen unterschiedlichen Schlussgedanken kommen die beiden Autoren?

Literatur nach 1945 **K 12**

Marie Luise Kaschnitz (1901–1974): Flug über die Alpen (Auszug)

[...] Flug über die Alpen nach Mailand, wo ich noch einmal meinen Vortrag hielt. Obwohl mir bekannt war, dass eine Gefahr höchstens beim Starten und Landen besteht, hatte ich doch in beinahe jedem Augenblick meines Fluges Angst. So hoch über den Wolken zu reisen, erschien mir ungeheuerlich und zugleich langweilig, die Erde glich
5 einer schlecht belichteten Flugaufnahme, die berühmte Vogelschau war keineswegs so reizvoll wie die Menschenschau, die ja alles andere, Gerüche, Windhauch, Wellengeräusche, in sich schließt. Das Hochgefühl, die triumphierende Freude, die manche junge Menschen beim Fliegen empfinden, war mir rätselhaft, noch rätselhafter die zumeist zu beobachtende Gleichgültigkeit, die Mappe unter den Arm geklemmt und ein-
10 gestiegen, was macht es aus, dass wir uns höher erheben als der Gaurisankar[1]; wichtig ist die Konferenz, das Geschäft. Der Schatten des Flugzeugs raste noch über das Rollfeld, und schon wurden die Akten herausgenommen, Zahlen notiert. Ich war da wieder der Hanswurst, das Hündchen auf zwei Beinen, wenn ich fragte, ob niemand bemerkt hatte, dass einer der Motoren von Zeit zu Zeit leiser wurde oder dass wir in ein Gewit-
15 ter hineinflogen, da lachte man nur, schüttelte den Kopf. Eine Anfängerin, aber ich war gar keine (mein fünfter Flug), war doch eine, eine ewige Anfängerin, bis es mir schön wird, das Schreckliche, und schön war es auch, dieses Hinausrollen auf dem Beton und da noch einmal stehen bleiben und alle Kraft zusammennehmen, alle Pferdekräfte bis zum Bersten toben lassen, ehe das Flugzeug den Boden verließ. Den Stadtwald erkann-
20 te ich noch, da waren noch unsere Fußspuren, aber überweht, übergangen, da hatte einmal Schnee gelegen, da hatte einmal der Ginster geblüht. Gleich war das Flugzeug, wie der Lautsprecher meldete, auf zweitausend Meter Höhe, gleich würde es zerspringen oder gegen einen Berg prallen, schwer zu finden wären dann unsere Gliedmaßen, Hände, Füße abgerissen und im ewigen Schnee verstreut. Auf deinem Grabstein wird man
25 mich hinzumeißeln, zersprungen in dreitausend Meter Höhe, kurz vor dem Abendessen, schon wurden die ersten Servierbretter den Passagieren auf die Knie gestellt. Wir flogen mit der Air France, also gab es ein gutes Essen und französischen Rotwein, aber besser wäre es, jetzt im Weinberg das Unkraut zu hacken, die schweren, schwarzen Wolken über dem Kopf (wo sie auch hingehören) und an den Sohlen gelben zäh haftenden
30 Lehm. Ein Gewitter, murmelte mein Nachbar, als hätte ich ihn nicht längst darauf aufmerksam gemacht. Tatsächlich sah man schon die Blitze schwefelgelb in die dunklen Wolkenvorhänge gekrallt. Ein Gewitter, da rauschten dort unten die Bäume, aber hier wackelte nur die Kabine, schon längst hatten sich die Fahrgäste anschnallen müssen, Tüten wurden verteilt. Gegessen wurde trotzdem, eine Scheibe Gänseleber, eine Schei-
35 be Braten, Kartoffelchips. Möchte ich mit euch sterben, nein, ich möchte nicht, nicht mit dem da, nicht mit der da, allenfalls mit dem Kind mit den langen weißblonden Haaren, die würden mir in die Augen und in den Mund wehen, wenn ich mit ihm durch die zweitausend Meter schwarzer Luft stürze, ohne Fallschirm natürlich, Fallschirme wurden nicht verteilt. Kartoffelchips und Salat, danach eine flambierte Banane, ich bin nicht vor-
40 bereitet, keiner ist vorbereitet, ein Gebet wenigstens sollte gesprochen werden, wie auf den alten britischen Schiffen, nearer my God to Thee, aber wir sind ihm schon allzu nahe, falls er überhaupt dort oben zu Hause ist und nicht drunten in der Erde und da hervorlugt mit Teichaugen aus dem lieben warmen Schoß. Salat und eine Banane, Trinken, Mundabwischen, bei Tisch stirbt man nicht, wenn man so tut als sei man zu Hause,
45 stirbt man nicht. Natürlich haben sie wieder Recht gehabt, die Gleichmütigen, die übrigens auch auf der Erde ganz zu Unrecht so tun, als ob sie zu Hause wären. Wir sind gut angekommen, von den Alpen haben wir nichts gesehen. [...]

(v 1963)

Aus: Marie Luise Kaschnitz: Wohin denn ich – Aufzeichnungen. © 1963 Claassen Verlag, Ullstein Heyne List GmbH & Co. KG, München.

Arbeitsanweisungen:

Der Text stammt aus den 1963 unter dem Titel „Wohin denn ich" veröffentlichten tagebuchähnlichen Aufzeichnungen der Dichterin. Untersuchen Sie den vorliegenden Auszug und versuchen Sie, eine möglichst geschlossene Interpretation zu geben.

1. Sie können beginnen mit einer vergleichenden Gegenüberstellung des in der ersten Zeile scheinbar angekündigten mit dem tatsächlich behandelten Thema.

2. Gehen Sie auf jeden Fall auf die von der Erzählerin gewählten Perspektiven und auf ihre Darstellungsweise ein.

3. Stellen Sie die vom erzählenden Ich während des Fluges gewonnenen Erkenntnisse besonders heraus.

---

[1] Gaurisankar: Bergspitze im Himalaja

Hilde Domin: Lied zur Ermutigung – Interpretationsbeispiel

Moderne Gedichte verstehen und deuten ist besonders schwierig, wenn sie enigmatischen, d.h. rätselhaften Charakter haben. Der Zugang für den Leser ist dann besonders mühsam. Im Text 3 (SB, S. 422f.) von Hans-Dieter Zimmermann ist von zwei Ebenen die Rede, auf denen der Interpretationsprozess abläuft: Dabei geht es um **Verstehen** und **Erklären**. Am Beispiel von Hilde Domins „Lied zur Ermutigung" können Sie sich – dem vorgeschlagenen Lösungsweg folgend – klarmachen, dass es dabei um ein Wechselspiel geht, bei dem Erklären und Verstehen den Verstehensprozess schrittweise voranbringen. Dabei zeigt sich, dass die *Entschlüsselung* mancher Texte nur mit Hilfe zusätzlicher, **textexterner Informationen** möglich ist.

Schritt 1: Welche Erwartungen weckt die Überschrift?

- Ein Gedicht, das Mut macht, aufbaut, Kraft gibt, Hoffnung weckt.
- Ein Text, der vielleicht geschrieben wurde in schlimmer Zeit (in Not, Krieg, Elend).
- Kriegszeit, Elend, Angst, Krankheit, Einsamkeit.
- Ein fröhliches Gedicht: vielleicht eine Naturschilderung – leicht und farbenfroh.

  ...

Schritt 2: Welchen ersten Eindruck haben Sie als Leser/Leserin des Gedichtes?

Zwei Schülerbeispiele:

<u>Nina</u>: *Mir scheint es, als würde das Gedicht von einer Person sprechen, die Schlimmes erlebt hat und nun dabei ist, sich eine neue Existenz aufzubauen. Es könnte aber auch von einem ganzen Volk handeln, das seine Heimat verloren hat und nun auf dem Weg ist, eine neue zu suchen: dies nachdem es lange Zeit hilflos und allein war.*
Ich musste sofort an das Volk der Juden denken bei den Worten „gejagt", „fliehst und streust ... hinter dich". Die Stadt „Jerusalem", die in Zeile 12 genannt wird, bestärkt mich in meiner Annahme.

<u>Tobias</u>: *Das Gedicht soll Hoffnung geben und Mut machen in einer ausweglosen Situation: Ganz egal, wie schlimm dein Schicksal auch ist, es gibt immer eine Lösung, einen Ausweg aus der tristen Lage. Man muss jedoch einer helfenden Hand Vertrauen schenken und darf nicht nur stur versuchen, sich allein einen Weg zu bahnen.*

Schritt 3: Welche Fragen stellen sich nach mehrmaligem Lesen?

a) Welche Situation skizziert die Autorin in den ersten fünf Zeilen?
b) Was vermittelt die Metapher „dieses schwerste ABC"?
c) Welches Bild bzw. welche Vorstellung steht hinter dem Hinweis auf „die neue Stadt ... Jerusalem, die goldene"?
d) Worauf bezieht sich die Schlusszeile?

Schritt 4: Welche Vorgänge können wir wahrnehmen, welche Leitbegriffe erschließen?

a) Vorgänge im Text:
  - gejagt werden
  - fliehen
  - die Namen streuen
  - ein Zeichen machen

b) Leitbegriffe, die das Verständnis der Verse lenken:
  - Ermutigung
  - Vertrauen
  - ein kleines Zeichen
  - die goldene (Stadt)

Schritt 5: Welche *textexterne Informationen* helfen bei der Entschlüsselung des Gedichtes?

- Biografischer Hinweis: Hilde Domin war als Jüdin im Exil und ist nach Deutschland zurückgekehrt.
- Der erste Teil des Gedichtes knüpft an eine zentrale Stelle in Homers „Ilias" (23. Gesang) an: Hektor wird dreimal von Achill, dem stärksten und furchtbarsten Gegner, um seine Vaterstadt gejagt; deren Tore sind verschlossen, jeder Weg zur Flucht ist abgeschnitten; die Waffen im Kampf verloren, wehrlos zuletzt wird er tödlich getroffen.
- Der dritte Teil nimmt das 21. und 22. Kapitel der Geheimen Offenbarung des Johannes auf mit dem Stichwort von der „goldenen Stadt Jerusalem"

© Schöningh Verlag, Best.-Nr. 028228 1

und evoziert eine einzigartige utopische Vorstellung, die Verheißung einer nicht von Menschen entworfenen und gebauten, sondern von Gott geschenkten Stadt: aus kostbarsten Baumaterialien, sicher und auf sicherem Grund; gebaut im rechten Maß, licht und hell, offen für alle Völker, ein Ort des Lebens und des Heiles, wo das Göttliche gegenwärtig ist und Dauer verbürgt.

Schritt 6: Gedankenfolge, nachgezeichnet im Blick auf deren sprachliche Fassung:

Str. 1 und 2: Zwei die Ausgangssituation konstatierende Hauptsätze; schon lange andauernde Bedrohung, Flucht, Verwirrung des sonst selbstverständlich Verfügbaren: der Worte, der Wirklichkeit, der in ihr geltenden Zusammenhänge und Beziehungen.

Die Folge: Verunsicherung und Angst, dargestellt im andeutenden Verweis auf den homerischen Helden und seine ausweglose Lage.

Str. 3: Bildet die Achse des Gedichts, enthält gleichzeitig den Dreh- und Angelpunkt des Gedankengangs; nennt als Schlüsselwort das „Vertrauen". Es ist für die Dichterin das aufs Äußerste Gefährdete und gleichzeitig „das Rettende auch" (Hölderlin); so fundamental wie das ABC, das Einfachste und das Schwerste, was es zu lernen gilt, aber immerhin erlernbar.

Str. 4: Wechsel aus der Anrede in die Ichform, Wechsel auch im Ton: zuversichtlich, hoffnungsvoll, ermutigend, wie in der Überschrift bereits angekündigt. Gleichzeitig Bildwechsel, denn jetzt ist die Rede von der anderen Stadt" (s.o.), die für Zuflucht, Hoffnung, Neuanfang steht; eine Vorstellung, nur fassbar im Zeichen, „aus nichts", aber vielleicht gerade deswegen – weil voraussetzungslos und bedingungslos gewährt – erreichbar.

Schritt 7: Ein zusammenfassender Deutungsversuch:

„Ermutigung" wird verheißen in ziemlich verzweifelter Lage. Unsicherheit und extreme Gefährdung bestimmen die Situation des vereinzelten und ganz auf sich selbst zurückgeworfenen Individuums, das um die dem Untergang geweihte, jede Zuflucht versagende Stadt gejagt wird. Aufs Äußerste gefährdet, gehen ihm die selbstverständlichsten Orientierungspunkte – die Namen der Dinge – verloren. In dieser Lage erscheint die Fähigkeit, jemand Vertrauen zu schenken, so einfach und zugleich so grundlegend wie das Erlernen des „ABC". Mit dem ins Ungewisse gesandten Signal eines noch nicht einmal erkennbaren „Zeichens" gelingt vielleicht ein erster, nur angedeuteter Ansatz zur Rettung. Im Gegenbild der anderen, „neuen Stadt" erscheint – wie eine ferne utopische Vorstellung – eine zukünftige, hoffnungsvolle Möglichkeit.

Begriffe zur Textbeschreibung	Literatur nach 1945 **K 14/1**

Leitfrage: Was tut der Autor?

A Beschreibung des Sachverhalts, Problems, Zusammenhangs usw.

beschreiben	analysieren	aufzählen, aufführen
darstellen, darlegen	sich einlassen	andeuten
vortragen, vorstellen	anregen	streifen
entwickeln (eines Gedankengangs)	nachhaken	kurz erwähnen
erläutern	sich auseinander setzen	unterschlagen
erklären	in den Vordergrund stellen	Perspektive eröffnen
Gesichtspunkte erörtern	beschließen	interpretieren
ergänzen	Überlegungen anstellen	feststellen
ausweiten	informieren	untersuchen
einschränken	Fragen stellen	betrachten
einen Schwerpunkt setzen	Fragen anknüpfen	sich begeistern
Aspekte sichtbar machen	klarstellen	anraten
zeigen	Beispiele geben	vergegenwärtigen
verdeutlichen	verständlich machen	Thesen aufstellen
veranschaulichen	ein Problem zuspitzen	zum Schluss kommen
Blickwinkel verengen	den entscheidenden Aspekt nennen	thematisieren
deuten	herausheben	variieren
auslegen	das Wesentliche herausstellen	aufhören
sagen	verschiedene Seiten beleuchten	

B Begründung vorgetragener Meinungen, Standpunkte, Thesen

begründen	Gründe nennen	bekräftigen
eine These vertreten	Gegengründe vortragen	bekunden
eine Behauptung untermauern	folgern	bescheinigen
einen Standpunkt belegen	Schlussfolgerungen ziehen	bestätigen
beweisen	annehmen	dokumentieren
als Beleg anführen	unterstellen, unterschieben	erhärten
als Zeugen bemühen	nahe legen	beanspruchen
zitieren	zu bedenken geben	daraus schließen
sich berufen auf	anstoßen	
argumentieren	in Gang bringen	

C Zusammenhänge sehen oder sichtbar machen

gegenüberstellen	gegeneinander abwägen	sich Rechenschaft geben
vergleichen	einen Gedanken zu Ende denken	einbeziehen
voneinander abheben	erschließen	mitbedenken
Gegensätze aufzeigen	ableiten	außer Acht lassen
auf Widersprüche hinweisen	zuordnen	übersetzen
Gemeinsamkeiten sichtbar machen	verallgemeinern	unterschlagen
Standpunkte diskutieren	generalisieren	beiseite schieben
Verbindungen herstellen	bedenken	herausfinden
in Zusammenhang setzen	berücksichtigen	assoziieren
Aspekte verknüpfen	in Betracht ziehen	wieder aufnehmen

D Unterscheidung

erkennen	bestimmen	abstrahieren
entscheiden	sondieren	entgegensetzen
auswählen	kritisch betrachten	differenzieren
kennzeichnen	prüfen	sichten
charakterisieren	einteilen	zergliedern, aufgliedern
fixieren	parallelisieren	
voneinander trennen	kategorisieren	

E Wirkungsabsicht (Intention)

fordern	verkünden	nachdenklich machen
verlangen	schwören	sich engagieren
appellieren	sich bemühen um	tätig werden
aufrufen	eintreten für	reflektieren
zielen auf	manipulieren	herausstellen
anstreben	anhalten zu	hervortreten
wollen, mögen	mahnen	unterstreichen
versichern	beschwören	beeinflussen
bekräftigen	bewirken wollen	
predigen	zum Nachdenken anregen	

F Stellungnahme

befürchten	nahe legen	wiederlegen
bezweifeln	einräumen	zurücknehmen
bejahen	in Frage stellen	einwenden
zustimmen	anprangern	vertreten, verteidigen
begrüßen	sich entsetzen über	abstreiten
befürworten	sich lustig machen über	vorwerfen, vorhalten
übereinstimmen	nachfragen	zum Vorwurf machen
genauso sehen	angreifen, attackieren	verlangen
eine Position beziehen	deuten	appellieren
einen Standpunkt einnehmen	missbilligen	warten, bewerten
meinen	eigene Meinung einbringen	zugestehen
überzeugt sein	ablehnen	Kritik üben an
verstehen können	bedauern, beklagen	vermuten
eine Ansicht übernehmen	widersprechen	lächerlich machen
einschätzen	anders einschätzen	wieder aufnehmen
beurteilen	dagegensetzen	sich absetzen
raten, abraten	verwerfen, verurteilen	interpretieren
fordern	zurückweisen	
aufrufen	sich von einer Meinung distanzieren	

Mind-Map (Gedankenlandkarte) zu „Sprechen"

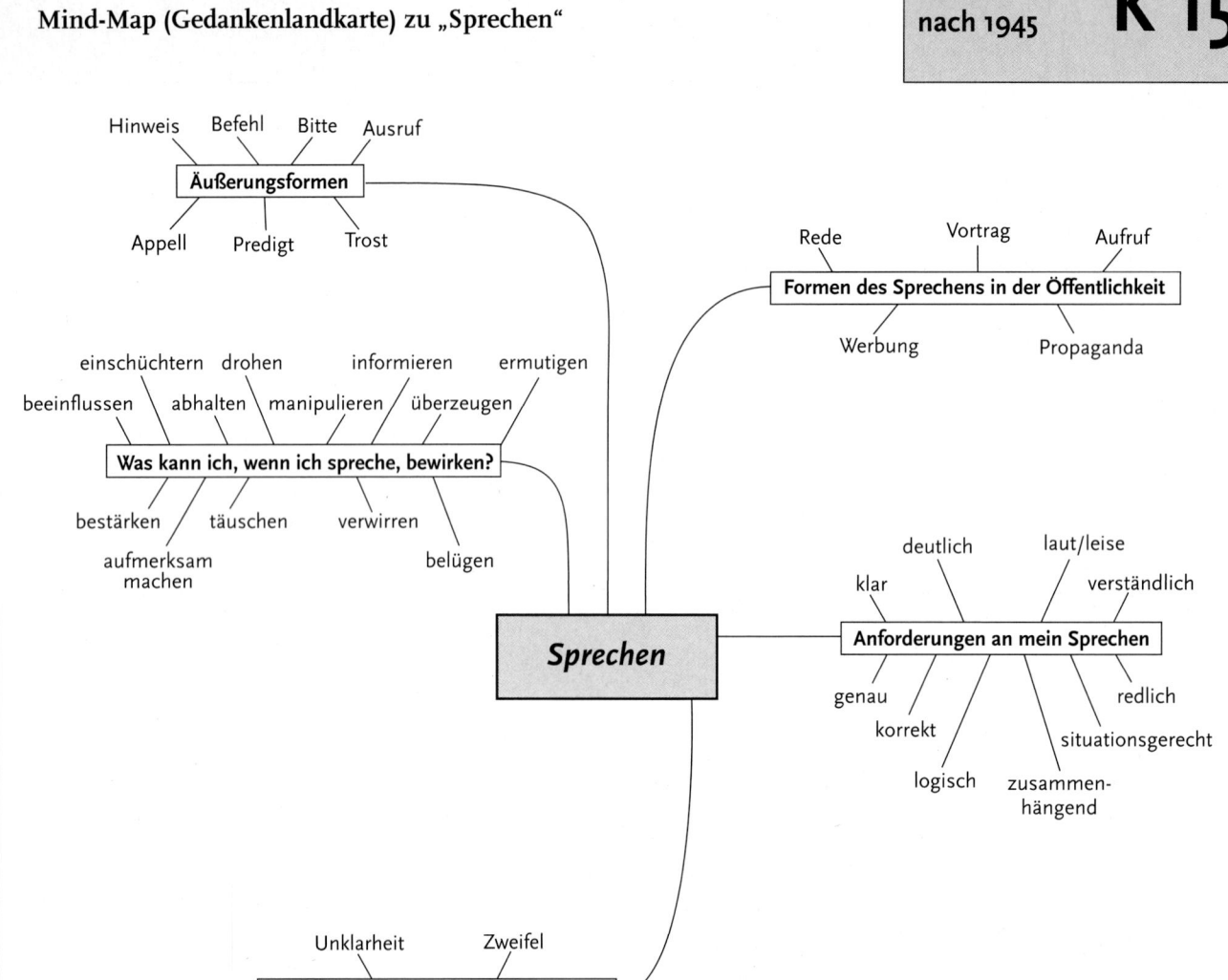

Mind Mapping ist eine Arbeitstechnik, die sprachliches und bildhaftes Denken verbindet. Mind-Maps helfen, Ideen zu finden, Gedanken zu entwickeln, aber auch sie zu strukturieren und geordnet festzuhalten. In Gedankenbildern lassen sich auch komplexe Sachverhalte übersichtlich anordnen und einprägsam darstellen.

Beim Erstellen einer solchen „Gedanken-Landkarte" halten wir unsere Einfälle zu einer Frage, einem vorgegebenen Begriff oder Sachverhalt – die sich beim Anfertigen eines Stichwortzettels oder eines Clusters assoziativ ergeben – in einer von uns selbst entworfenen Ordnung fest. Das gedankliche Netz, das sich dabei nach und nach ergibt, hilft nicht nur bei der Ideensuche, sondern auch beim Erkennen von Zusammenhängen und beim Herstellen von begrifflichen und sachlichen Bezügen. Das Ergebnis, Mind-Map genannt, ist eine zunächst vorläufige und nur teilweise geordnete Übersicht über unsere Einfälle. Es kann, vor allem wenn wir es systematisch vervollständigen und mit Farben oder Symbolen für mehr Übersicht sorgen, auch zur Darstellung (Präsentation) unserer Überlegungen verwendet werden.

(Vergleiche dazu SB, S. 226/227)

Siegfried Lenz (*1926): Der Künstler als Mitwisser (Auszug)

[...] ich teile die Ansicht der Herrschenden, daß bereits ein einziges Wort eine Gefahr darstellen, eine Krise hervorrufen kann; ich bin überzeugt, daß sich nirgendwo eine größere Wachsamkeit empfiehlt als da, wo Sprache in fremdem oder eigenem Auftrag gebraucht wird. Die Großinquisitoren wußten und wissen, daß jedes Wort seine Ge-
5 schichte hat, daß es mit Leiden und Träumen beschwert ist, daß es Sehnsucht auslöst und die Lüge enthüllt; darum gilt ihre Aufmerksamkeit denen, die sich aus Berufs-gründen mit der Sprache befassen: dem Journalisten und dem Schriftsteller.

Mir schien es wichtig, zunächst die Risiken anzudeuten, denen die Sprache durch die Macht ausgesetzt ist – lediglich um den Konflikt zu erwähnen; den jeder Schriftsteller
10 vorfindet und in dem er sich entscheiden muß.

Solch eine grundsätzliche Entscheidung gehört zu der Vorstellung, die ich mir vom Schriftsteller mache. Ein Schriftsteller ist ein Mensch, den niemand zwingt, das zu sein, was er ist; zum Schriftsteller wird man weder bestellt noch berufen wie etwa ein Rich-ter. Er entschließt sich vielmehr freiwillig dazu, mit Hilfe des schärfsten und gefähr-
15 lichsten, des wirksamsten, und geheimnisvollsten Werkzeugs – mit Hilfe der Sprache die Welt zu entblößen, und zwar so, daß niemand sich in ihr unschuldig nennen kann. Der Schriftsteller handelt, indem er etwas aufdeckt: eine gemeinsame Not, gemeinsame Leidenschaften, Hoffnungen, Freuden, eine Bedrohung, die alle betrifft.

Das allerdings kann er nicht mit jenem absichtslosen Entzücken tun, mit dem man blaue
20 Schatten auf dem Schnee zur Kenntnis nimmt oder den Flug einer Libelle. Wenn er seine Wahl getroffen hat, sollte er wissen, daß Wörter „geladene Pistolen" sind oder es doch sein können; und darum erwarte ich vom Schriftsteller, daß er, da er keine äußere Verpflich-tung anerkennt, zumindest sich selbst ein Versprechen gibt; ein Versprechen, das er in sei-ner Einsamkeit ständig erneuert: es läuft auf die stillschweigende Verpflichtung hinaus,
25 die Sprache zu verteidigen und mit den Machtlosen solidarisch zu sein, mit den vielen, die Geschichte nur erdulden müssen und denen sogar Hoffnungen verweigert werden.

Darin liegt für mich das selbstverständliche Engagement des Schriftstellers, was soviel heißt, daß man sich nicht nur für einen bevorzugten Stil entscheidet, sondern daß man sich auch dafür erklärt, die Seufzer und die Erwartungen der anderen zu seinen eigenen
30 Seufzern und Erwartungen zu machen. Der Einwand, jede Bindung der Literatur sei be-reits eine Schwäche und schließe die Möglichkeit zum Kunstwerk aus, ist ebenso oft er-hoben wie widerlegt worden; wer die Äußerungen eines Schriftstellers als Kommentar zur Welt ansieht, wird in jedem Kunstwerk irgendein Engagement entdecken können: bei Aristophanes, bei Cervantes, bei Jean Paul ebenso wie bei Günter Grass.
35 Mein Anspruch an den Schriftsteller besteht nicht darin, daß er, verschont von der Welt, mit einer Schere schöne Dinge aus Silberpapier schneidet; vielmehr hoffe ich, daß er mit dem Mittel der Sprache den Augenblicken unserer Verzweiflung und den Augenblicken eines schwierigen Glücks Widerhall verschafft. In unserer Welt wird auch der Künstler zum Mitwisser – zum Mitwisser von Rechtlosigkeit, von Hunger, von Verfolgung und
40 riskanten Träumen –, und darum fällt es mir schwer, einzusehen, warum ausgerechnet er den „Luxus der Unschuld" für sich fordern sollte. Es scheint mir, daß seine Arbeit ihn erst dann rechtfertigt, wenn er seine Mitwisserschaft zu erkennen gibt, wenn er das Schweigen nicht übergeht, zu dem andere verurteilt sind. [...]

Doch wie Camus sagte, sollte der Schriftsteller sich berufen fühlen, zu verstehen, nicht zu
45 richten, und wer das Verhalten der Schreibenden zu verstehen sucht, die sich der Macht verbinden, wird eine seltsame Entdeckung machen: es gibt allem Anschein nach ein Ge-dächtnis der Sprache. Die Sprache vergißt offenbar nicht, was ihr geschehen ist, und eines Tages beginnt sie sich denen zu widersetzen, die sie unter Gewaltanwendung mißbraucht haben. Ein Schriftsteller, der einmal dem Sprachzwang huldigte, wird dieses Vergehen wie
50 ein Stigma zu tragen haben, er wird – und es gibt auch in dieser Hinsicht Beispiele – kaum noch zum Wagnis des freien Worts zurückfinden. Wenn die Sprache beschädigt ist, dann fällt Dunkelheit auf unser Denken; ein Denken aber, das seine Klarheit eingebüßt hat, ist nicht mehr in der Lage, uns bei der Suche nach der Wahrheit zu helfen.

Das mag vielleicht alles selbstverständlich sein – aber ein Schriftsteller kann leider nichts
55 für selbstverständlich halten. Auf die Gefahr hin, sich zu wiederholen, muß er, schon aus beruflichen Gründen, zweifeln, und das heißt zugleich: immer von neuem Fragen stellen. Wir können zwar Probleme erben, die Lösung dieser Probleme jedoch nicht; um die Lösung muß jede Zeit für sich bemüht sein. [...]

(e 1962)

Aus: Siegfried Lenz: Beziehungen. Ansichten und Bekenntnisse zur Literatur. Copyright © 1970 by Hoffmann und Campe Verlag, Hamburg

(Aus lizenzrechtlichen Gründen ist dieser Text nicht in reformierter Rechtschreibung abgedruckt.)

© Schöningh Verlag, Best.-Nr. 028228 1

Arbeitsanweisungen:

Siegfried Lenz beschreibt in dieser Rede, die er 1962 bei der Verleihung des Bremer Literaturpreises gehal-ten hat, die Aufgaben des Schrift-stellers:

1. Geben Sie diese Aufgaben in The-senform wieder und zeigen Sie, wie Lenz seine Forderungen be-gründet.

2. Wählen Sie eine These aus und ge-hen Sie auf diese in einem Brief an einen jungen Menschen, der Schriftsteller werden möchte, aus-führlich ein.

ELFTES KAPITEL

Literatur nach 1989

1. Gegenstands- und Konzeptionsbeschreibung

1.1 Pädagogisch-fachwissenschaftliche Aspekte

„Seit den Achtzigerjahren ist zu beobachten, dass der Deutschunterricht wieder einmal den Anschluss an das literarische Leben der Gegenwart zu verlieren droht", konstatiert Clemens Kammler 1999.[1] Zeitgenössische Literatur werde in der Unterrichtspraxis oftmals nach wie vor gleichgesetzt mit Nachkriegsliteratur. Die Gründe dafür sind vielfältig: „Die Deutschen mögen ihre Gegenwartsliteratur nicht, weil sie ihre Gegenwart nicht mögen."[2] Oftmals wird der zeitgenössischen Literatur auch schlichtweg ihre ästhetische Qualität abgesprochen. Zudem macht sich angesichts der unüberschaubaren Zahl an Neuerscheinungen Ratlosigkeit breit, welches aktuelle literarische Werk dem Anspruch auf „Repräsentanz" tatsächlich genüge. Gerade dieser Aspekt scheint in den letzten Jahren bei der Entscheidung, welches literarische Werk sich für die Besprechung im Deutschunterricht eigne, an Bedeutung gewonnen zu haben, wie die in den deutschen Feuilletons vehement geführte Diskussion um einen Lektürekanon zeigt.[3]
Gerade in der modernen „Informationsgesellschaft" scheint die Frage, welche literarischen Werke ein Gymnasiast bis zum Abitur unbedingt gelesen haben sollte, eine zunehmend wichtige Rolle zu spielen. Darin zeigt sich das Bedürfnis unserer multimedial geprägten Gesellschaft nach kultureller Orientierung und Traditionspflege.[4] Dieses berechtigte Anliegen sollte jedoch nicht dazu führen, die Gegenwartsliteratur gegen einen Kanon literarischer Klassiker auszuspielen und sie in der Schule unberücksichtigt zu lassen, sondern vielmehr mit ihrer Hilfe den Schülern zu der Erkenntnis zu verhelfen, „dass Literatur kein totes Medium ist, sondern auch in der Gegenwart ‚etwas zu sagen' hat".[5] In diesem Sinne fordert Kammler den Mut, sich im Deutschunterricht auf das Experiment Gegenwartsliteratur einzulassen – mögliches Scheitern inbegriffen.
Da die „Baustelle Gegenwartsliteratur"[6] beständig in Veränderung begriffen ist, übersehen wir noch nicht, welche Bücher auch zukünftigen Generationen von Bedeutung sein werden. Es gilt daher für den Deutschunterricht eine vorläufige Auswahl zu treffen, die keineswegs kanonischen Anspruch erhebt.
Da in der deutschen Literatur der Neunzigerjahre die Beschäftigung mit der deutschen Wiedervereinigung einen großen Raum einnimmt, erscheint eine Textauswahl unter diesem Aspekt legitim und sinnvoll. Diese Akzentsetzung soll der Titel „Literatur nach 1989" für das 11. Kapitel in BLICKFELD DEUTSCH widerspiegeln.
Das Kapitel ist mit Blick auf die Schüler so konzipiert, dass es am Ende der Oberstufe stehen sollte (Anknüpfung an vorangegangene Kapitel, Vertiefung eingeführter Inhalte und Methoden; eigenständiges Arbeiten), um somit den Abschluss der schulischen Lesesozialisation zu bilden. Idealiter sollten die Schüler nun zu einer anderen Art als der kindlichen Leselust gefunden haben: Diese erwachsene Leselust „funktionalisiert nicht die Texte nach den psychischen Bedürfnissen, sondern beruht auf der Lust an der ästhetischen Eigenart."[7] Dazu ist es notwendig, dass Schüler erleben, wie sich ein zunächst sperrig wirkender literarischer Text bei intensiver Beschäftigung öffnet und letztlich neue, die eigene Erfahrungswelt bereichernde Einsichten ermöglicht.
Aufgabe der letzten beiden Teilsequenzen ist es daher, den

Schülern inhaltliche wie methodische Hilfestellungen zur Entschlüsselung von Schulzes Roman „Simple Storys", in der Sequenzüberschrift bewusst als „Lesepuzzle" bezeichnet, zu vermitteln, die sich auch auf andere moderne Texte übertragen lassen. Ziel ist es, ihre Fähigkeit des ästhetischen Lesens zu stärken und sie damit in ihre eigene Leserbiografie zu entlassen: „Für dieses ästhetische Lesen wird die literarische Qualität des Textes zur Bedingung der Leselust, Trivialitäten oder Konventionalitäten des Textes verderben die Freude."[8]

1.2 Fachdidaktisch-methodische Aspekte

Innerhalb dieses Kapitels spielen drei Teilaspekte eine wichtige Rolle: In der ersten Teilsequenz geht es um die Absurdität

---

[1] Clemens Kammler: Plädoyer für das Experiment – Deutschunterricht und Gegenwartsliteratur, in: Der Deutschunterricht 4/1999, S. 3–8. Lesenswert auch sein Beitrag „Gegenwartsliteratur im Unterricht". In: Klaus-Michael Bogdal, Hermann Korte (Hrsg.): Grundzüge der Literaturdidaktik. München (dtv) 2002, S. 166–176.

[2] Georg M. Oswald, zitiert in: Thomas Kraft (Hrsg.): aufgerissen – Zur Literatur der 90er. München (Piper) 2000, S. 18.

[3] Der deutsche Literatur-Kanon, in: DIE ZEIT vom 16. Mai 1997, S. 50ff. und vom 23. Mai 1997 – diese Umfrage löste in den deutschen Feuilletons eine umfassende Reaktion aus (vgl. u. a. Stuttgarter Zeitung vom 31. Mai 1997; DIE ZEIT vom 13. Juni 1997). Die Diskussion über einen möglichen Kanon hielt in den darauf folgenden Jahren an und wurde schließlich auch auf die Gegenwartsliteratur ausgedehnt, vgl. Volker Weidermann: Die neuen Klassiker – Ein kleiner Kanon für die Gegenwart: Die wirkungsvollsten Bücher der letzten zwanzig Jahre. In: Frankfurter Allgemeine Zeitung vom 17. März 2002, S. 21ff. Ferner: Ulrich Greiner: Die ZEIT-Schülerbibliothek – Weshalb wir einen literarischen Kanon brauchen. In: DIE ZEIT vom 10. Oktober 2002, S. 45f.
Die Relevanz der Kanonfrage zeigt sich auch darin, dass diesem Thema in den aktuellen Didaktiken zum Fach Deutsch jeweils ein eigenes Kapitel gewidmet wird. Vgl. Hermann Korte: Historische Kanonforschung und Verfahren der Textauswahl. In: Bogdal/Korte (a.a.O.), S. 61–77. Sowie Angelika Buß: Kanonprobleme. In: Michael Kämper van den Boogart (Hrsg): Deutsch-Didaktik. Berlin Cornelsen-Scriptor) 2003, S. 142–152.

[4] „Literarische Bildung ist nicht nur ein Privatvergnügen. So, wie man die Winkelsumme des Dreiecks kennen sollte oder die Hauptstädte Europas, so gehört es sich auch, Goethe oder Kafka oder Thomas Mann gelesen zu haben. Andernfalls verlieren wir unser kulturelles Gedächtnis." Ulrich Greiner (2002), a.a.O., S. 45.

[5] Kammler, a.a.O., S. 5.

[6] Andreas Erb: Baustelle Gegenwartsliteratur. Die Neunzigerjahre. (Opladen) 1998. Einen knappen Überblick über die literarischen Entwicklungen in der deutschen Literatur der Neunzigerjahre geben zudem:
Wieland Freund und Winfried Freund (Hrsg.): Der deutsche Roman der Gegenwart. München (UTB Wissenschaft) 2001.
Thomas Ostermeier: Das Theater im Zeitalter seiner Beschleunigung. In: Theater der Zeit Juli/August 1999, S. 10–15.
Theo Elm (Hrsg.): Lyrik der Neunzigerjahre – Einleitung, Stuttgart (Reclam) 2000, S. 15–35.

[7] Hartmut Eggert: Literarische Bildung ohne Schule? In: Der Deutschunterricht 6/1998, S. 40.

[8] Werner Graf: Literarische Pubertät – Überlegungen zu Interviews mit erwachsenen Lesern. In: Der Deutschunterricht 5/1980, S. 16–24.

der deutschen Teilung, aufgezeigt in Georg Seidels Drama „Königskinder", das noch kurz vor der Wende entstanden ist. In der zweiten Teilsequenz steht das Motiv der Reisefreiheit im Vordergrund, in dessen Zusammenhang der symbolische Charakter von Grenzen allgemein ins Bewusstsein gerückt wird. Am Beispiel von Paul Gompitz, dem Protagonisten in Delius' Erzählung „Spaziergang von Rostock nach Syrakus", wird deutlich, dass die Überwindung äußerer Grenzen keineswegs automatisch die angestrebte Freiheit mit sich bringt, vielmehr muss Gompitz sich nach der erfolgreichen Flucht in den Westen erst einmal mit seinen persönlichen Grenzen auseinander setzen. Der Fall Gompitz spiegelt die Schwierigkeiten des Zusammenwachsens von Ost- und Westdeutschland nach dem Mauerfall wider: Auch 10 Jahre nach der Wiedervereinigung existiert noch eine unsichtbare Grenze zwischen Ost und West – die „Mauer in den Köpfen", die es endgültig aufzuheben gilt. Abschließend geht es im 11. Kapitel um Versuche, das komplexe Thema der Wiedervereinigung mit ihren Folgen angemessen literarisch zu verarbeiten. Am Beispiel von Ingo Schulzes („Wende-")Roman „Simple Storys" werden die Schüler exemplarisch an die eigenständige Lektüre von anspruchsvoller Gegenwartsliteratur herangeführt.

1.2.1 Sprechen und Schreiben

Im 11. Kapitel, das den Charakter eines Schlusskapitels besitzt, werden im Arbeitsbereich Sprechen und Schreiben keine neuen Inhalte eingeführt, sondern bekannte vertieft und angewendet. Neben Übungsangeboten zur *Inhaltsangabe* erhalten die Schüler Gelegenheit, das *analytische Interpretieren* an Textbeispielen aus allen drei Gattungen vertiefend zu wiederholen. Schwerpunktmäßig sind die Schüler jedoch gestaltend tätig: Sie schreiben Texte um, entwerfen eigene Fortsetzungen, verfassen Tagebucheinträge, Briefe, Zeitungsnotizen etc. und interpretieren auf diese Weise die ausgewählten literarischen Texte *(gestaltende Interpretation)*. Im mündlichen Bereich nutzen die Schüler das *szenische Lesen* als Mittel zur Annäherung an einen unbekannten dramatischen Text. Bei der Erstellung kurzer Hörfeatures spielt das *sinngestaltende Lesen* eine zentrale Rolle. Da im Zusammenhang des 11. Kapitels eine große Zahl umfangreicher Romane vergleichend besprochen wird, ist es notwendig, dass die Schüler arbeitsteilig vorgehen und Recherceergebnisse in Form *von Kurzvorträgen* und *Buchvorstellungen* dem Plenum präsentieren.

1.2.2 Literatur und Medien

Den Schwerpunkt des Kapitels „Literatur nach 1989" bildet der Arbeitsbereich Literatur und Medien. Die Schüler lernen über die *Arbeit mit Textauszügen* und anhand von *Literaturtipps* nicht nur eine breite Auswahl an zeitgenössischer Literatur kennen, sondern sie wenden in arbeitsgleichen und arbeitsteiligen Verfahren (z.B. Gruppenpuzzle) *Methoden zur Erschließung und Entschlüsselung von Gegenwartsliteratur* an (insbesondere des *Montageromans*). Hierbei erhalten unterschiedliche *Formen der Visualisierung* (Cluster, Arbeit mit Karteikarten, Anlage einer Zeitleiste, Netzwerkanalyse, tabellarische Übersicht) ein besonderes Gewicht. Vorrangiges Ziel ist dabei die Hinführung der Schüler zur eigenständigen *Privatlektüre* als Abschluss ihrer schulischen Lesesozialisation.
Im Sinne der didaktischen Progression werden die Schüler in mehrfacher Hinsicht gefordert, über die Grenzen eines Einzelwerks hinauszublicken *(Text im Kontext)*: Zum einen vergleichen sie themengleiche Romane bzw. Romanauszüge eines identischen Entstehungszeitraumes, zum anderen erkennen sie epochenübergreifende *literaturgeschichtliche Bezüge*. Literarische *Motive* werden als solche erkannt und in ihrem spezifischen Verwendungszusammenhang gedeutet.

1.2.3 Sprachbetrachtung

Die Grenze zwischen den beiden deutschen Staaten bedeutete nicht nur eine politisch-wirtschaftliche Trennung zwischen Ost- und Westdeutschland, sondern sie betraf mehr oder weniger alle Lebensbereiche – nicht zuletzt auch die Sprache. Ausgehend von sprachlichen Auffälligkeiten in den ausgewählten Romanauszügen der „Wendeliteratur", gehen die Schüler im Arbeitsbereich Sprachbetrachtung diesen *Sprachunterschieden* nach, erforschen ihr Zustandekommen und machen sich deren Funktion im jeweiligen politischen System bewusst.
Bei der analytischen Interpretation gehen die Schüler der *Bedeutungsvielfalt* zentraler Begriffe nach und finden so zu eigenständigen Deutungen, die sie begründen können.
Im Zusammenhang des gestaltenden Interpretierens analysieren die Schüler exemplarisch die sprachliche Gestaltungsweise des vorliegenden literarischen Textes (z.B. *Figurensprache*, Erzählperspektive ...), damit die eigenen Gestaltungsversuche auch sprachlich dem Originaltext gerecht werden.

2. Sequenzvorschläge

Texte und Bilder aus BLICKFELD DEUTSCH Oberstufe	Didaktisch-methodische Kommentierung
I. Die Wiedervereinigung im Spiegel der Literatur (S. 436–449) 1. „Es waren zwei Königskinder" – Ein alter Stoff in einem modernen Drama (S. 436–441) *Arnim/Brentano: Edelkönigskinder Plakat einer Schultheater-AG Seidel: Königskinder (Wandertag) Trauth: Stilsicher und fantasievoll Fotos einer Schulinszenierung Semantische Reflexion zu einem zentralen Begriff Seidel: Königskinder (Schluss)	**Motivation** und **Einführung** ins Thema „Grenzen" über verzögertes Lesen und theaterorientierte Verfahren: – Ein traditionelles literarisches Motiv auf aktuelle Ereignisse beziehen und dramatisieren – Ausgehend von einem Theaterplakat Erwartungen an ein Drama aufbauen – Leseproben zur Erprobung eines ersten Textverständnisses durchführen – Zentrale Begriffe semantisch klären und Deutungshypothesen überprüfen – Fremde Regiekonzepte erkennen und bewerten – Das eigene Textverständnis in einen passenden Inszenierungsvorschlag umsetzen – Die Wiederaufnahme traditioneller literarischer Muster und Motive in der Gegenwartsliteratur erkennen und deuten können

Texte und Bilder aus BLICKFELD DEUTSCH Oberstufe	Didaktisch-methodische Kommentierung
2. „Go West!" – Reisefreiheit als literarisches Motiv im Kontext der Wiedervereinigung (S.441–449) *Fotocollage Wiedervereinigung von Petersdorff: Im Museum der Geschichte Kunze: Die Mauer Werbeanzeige: Dominikanische Republik Müller: Mit Mut und Vernunft durch die Welt tornistern Delius: Der Spaziergang von Rostock nach Syrakus Hein: Willenbrock Brussig: Am kürzeren Ende der Sonnenallee	**Erarbeitung 1** durch den Vergleich themengleicher Romane der Gegenwartsliteratur: – Den historischen Entstehungskontext literarischer Werke recherchieren – Ein umfangreiches Thema im Gruppenpuzzle-Verfahren erschließen (**Methodentraining 1**) – Vergleichsaspekte zur Besprechung themengleicher Romane benennen – Literarische Texte gestaltend interpretieren – Rechercheergebnisse und das eigene Textverständnis zu einem Hörfeature gestalten
II. Entschlüsselungsprobleme im Gegenwartsroman (S. 450–461) 1. Ingo Schulzes „Simple Storys" – Ein Lesepuzzle statt einfacher Geschichten (S. 450–457) Weidermann: Die wirkungsvollsten Bücher der letzten zwanzig Jahre Schulze: Simple Storys – Vorbei ist vorbei Schulze: Simple Storys – Kapitelzusammenfassungen *Schulze: Simple Storys – Zugvögel	**Erarbeitung 2:** Entschlüsselung eines Montageromans der Gegenwartsliteratur, ausgehend von einer zentralen Textstelle: – Eine Bestandsaufnahme der Gegenwartsliteratur durchführen – Karteikarten zur Übersicht über einen Montageroman anlegen (**Methodentraining 2**) – Mit Analyse- und Gestaltungsarbeiten zu einer eigenständigen Interpretation finden – (Rand-)Notizen während der Privatlektüre verfassen (**Methodentraining 3**)
2. Auf „Schnitzeljagd" im Netzwerk des Romans – Methoden und Tipps für die Lektüre (S. 457–461) Schweizer, Michael Schnegg: Die soziale Struktur der „Simple Storys" – eine Netzwerkanalyse Höbel: Glücksritter auf Tauchstation Michalzik: Wie komme ich zur Nordsee?	**Differenzierung, Vertiefung** und **Anwendung** mit Blick auf die spezifische Gestaltungsweise eines Gegenwartsromans: – Arbeitsteilig einen Episoden- bzw. Montageroman lesen und die Ergebnisse präsentieren – Eine Netzwerkanalyse zum Roman nachvollziehen und deren Aussagekraft bewerten – Rezensionen zum Verständnis eines literarischen Textes nutzen – Aussagekräftige Übersichten als Strukturierungshilfe bei der Privatlektüre anlegen (**Methodentraining 4**)

3.   Erläuterungen und Lösungsvorschläge

I. Die Wiedervereinigung im Spiegel der Literatur (S. 436–449)

Statt Bilderläuterungen:

Weil das mit dem Maler (geb. 1964) vorgesehene Gespräch leider nicht zustande kam, seien im Folgenden mögliche Fragen an sein Bild gestellt (Es ist 2002 entstanden als Aquarell auf Leinwand.):

– Hängt die dominierende Farbe rosarot mit dem auf den ersten Blick jahreszeitlich zu deutenden Thema „Traumzeit" zusammen? Geht es also zunächst einmal um Ferien- und Reisezeit als Erfüllung lang gehegter Träume i.S. von Wunschvorstellungen, die in ihrer Realitätsferne eben rosarot sein müssen, um die idyllisierende, schönfärberische Verdrängung der Grau- und Zwischentöne des Alltags zu gewährleisten?

– Lassen sich das Fehlen von Raumperspektive und Raumtiefe sowie die weitgehende Konturlosigkeit einer flächig, ja nahezu amorph gehaltenen Gesamtwirkung des Bildes mit der diffusen Desorientierung der Reisenden erklären, die meist dahin strömen, wo alle hin wollen? Massenhaftigkeit und uniformierte Gleichförmigkeit im „Reisen wohin?"

– Ist demnach die wolkige Gestaltung der Fläche in vier unterschiedlich breiten Zonen die angemessene Bildsprache für die wolkig-verquollenen und unscharfen Reisepläne und -ziele der Tagträumer?

– Und was bedeuten die figürlichen und farblich abgehobenen Einsprengsel? Ist etwa der rubinrote Punkt in der rechten unteren Ecke Symbol der Sonne, die all die Sonnenhungrigen in südlichen Gefilden suchen? Oder sind die roten, gelben und graublauen, senkrecht stehenden Formen im linken Bilddrittel, die in dynamische Spannung treten zu den dominierend horizontalen Flächen und an Seepferdchen erinnern, bildgewordene Manifestationen der Wünsche nach Meer und Wellen? Und symbolisieren die braunen, ocker-, grün- und blaufarbigen Flecken im oberen Bildfeld die bescheidenen Abwechslungen im rosaroten Einerlei? Kann in der Mitte des rechten Bilddrittels von einer liegenden nackten Gestalt ausgegangen werden, wie sie die Sandstrände der Welt zur Reisezeit millionenfach bevölkert?

– Sind die Silhouetten am oberen linken Bildrand doch Umrisse einzelner Figuren, die sich von der „Masse" abheben und über dem Traumgewölk ihr Reiseziel konsequent anstreben?

– Ist es zu kühn, den Titel und den Bildinhalt nicht nur saisonal, sondern auch allgemein zu verstehen zur Kennzeichnung einer massenhaft planlos und illusionär dahintreibenden Gesellschaft, die das Ziel ihrer Lebensreise nicht kennt und die die wenigen, die es zu kennen scheinen, rücksichtslos an den Rand drängt?

Peter Mettenleiter

Die zweiteilige Sequenz ist so strukturiert, dass zunächst über ein Drama die Hinführung zum Thema Grenzen allgemein und die innerdeutsche Grenze im engeren Sinne geleistet wird. Im Vordergrund steht dabei der offene Zugang über *theaterorientierte Verfahren*. Die zweite Teilsequenz stellt eine thematische Engführung dar: Am Beispiel des Motivs der Reisefreiheit stellen die Schüler Vergleiche zwischen verschiedenen Romanen der so genannten Wendeliteratur an **(Text im Kontext)**. Das *arbeitsteilige Vorgehen* ermöglicht die Bewältigung einer breiten Textauswahl und lässt sich auf andere Teilaspekte übertragen. Einen Schwerpunkt bildet dabei die Möglichkeit der Präsentation von Ergebnissen in Form eines **Hörfeatures** sowie Übungen zum **gestaltenden Schreiben**.

S. 436–441: I,1. „Es waren zwei Königskinder ...“ – Ein alter Stoff in einem modernen Drama

---

Im Mittelpunkt der Teilsequenz steht das **Drama** „Königskinder". Im Sinne des *verzögerten Lesens* sollen die Schüler vorab eine eigene Erwartungshaltung an dieses Drama aufbauen. Daher lernen sie zunächst das literaturgeschichtliche **Motiv** kennen, mit dem der Autor Georg Seidel in seinem Drama spielt: Die Ballade „Edelkönigskinder" in der Fassung von Arnim/Brentano wird zum Anlass genommen, Bezüge zum aktuellen Zeitgeschehen herzustellen und eigene Vorüberlegungen zu einer modernen Dramatisierung des Balladenstoffes anzustellen. Nach diesen *Konkretisierungen* lernen die Schüler auszugsweise Seidels Drama kennen, indem sie den **Dramenauftakt** und den **Dramenschluss** bearbeiten. Zur Herstellung eines ersten Textverständnisses dienen *szenische Verfahren*, die zum einen den Zugang zum Text erleichtern und zum anderen den Schülern bewusst machen, dass ein Drama stets für die Bühnenrealisierung geschrieben ist und dass dies bei der Interpretation auch mitgedacht und nach Möglichkeit konkretisiert werden sollte. Im weiteren Verlauf der Teilsequenz wechseln sich *analytische und szenische Verfahren* des Textverstehens ab. Die Schüler erfahren, dass beide Verfahren sich gegenseitig ergänzen und gemeinsam zu einem vertieften Textverstehen beitragen.

Mögliche Ziele:

1. Über szenische und analytische Verfahren zur Interpretation eines dramatischen Textes gelangen
2. Die Bedeutung literarischer Motive und älterer Werke für die Gegenwartsliteratur erkennen
3. Der Mehrdeutigkeit literarischer Motive nachgehen

Seite 436

Methodenerläuterungen:

Die Ballade „Edelkönigskinder" bildet den Ausgangspunkt für eine *textorientierte Vorgestaltung* zu Seidels Drama „Königskinder", das im Mittelpunkt der Teilsequenz steht. Seidel benutzt in seinem Drama „tradierte Märchenmotive (unter anderem das von den Königskindern, die zusammen nicht kommen konnten) und macht sie durchlässig für Zeitkonflikte".[9] Mit Hilfe der Ballade sollen die Schüler zunächst selbstständig relevante Anknüpfungspunkte für eine moderne Adaption des Kö-

nigskinder-Stoffes herausarbeiten und Überlegungen zu einer möglichen Dramatisierung anstellen. Durch diese textorientierte Vorgestaltung bauen die Schüler eine Erwartungshaltung an Seidels Drama auf: Welche Motive werden von Seidel beibehalten bzw. ausgebaut? Welche Bezüge zur Gegenwart werden bei Seidel deutlich? Wie gestaltet Seidel den Stoff für die Bühne? Diese Verlangsamung des Leseprozesses dient der Vorbereitung einer intensiveren Lektüre des Originals im Sinne eines „literarischen" statt des konsumierenden und „automatisierten" Lesens.[10]

Texterläuterungen:

Die **Ballade „Edelkönigskinder"** geht vermutlich zurück auf die altgriechische Sage vom Liebespaar Hero und Leander, das durch den Hellespont getrennt lebt. Da Leanders Eltern einer Heirat nicht zustimmen, besucht er Hero jede Nacht, indem er mit Hilfe einer Leuchte, die Hero in einem Turm aufstellt, den Hellespont durchschwimmt. Als eines Nachts das Licht während eines Sturmes erlischt, ertrinkt Leander, worauf sich Hero von ihrem Turm stürzt. Diese Sage ist in Deutschland erstmalig um 1536 vollständig unter dem Titel „Zwischen zwei Burgen" auf einem Nürnberger Flugblatt überliefert.

Die vorliegende Balladenfassung aus dem 19. Jahrhundert stellt eine bekannte hochdeutsche Überlieferung dieses alten Stoffes dar, die deutliche inhaltliche Veränderungen gegenüber der antiken Vorlage aufweist. Hier ist vor allem die dritte Strophe zu nennen, in der von einem „Nönnechen" die Rede ist, das die wegweisenden Kerzenlichter heimlich ausbläst und so den Tod des Jünglings zu verantworten hat. Im Zusammenhang der Teilsequenz sind jedoch nicht die Nuancen der Überlieferung von Bedeutung, sondern den Schülern sollte deutlich werden, dass Seidel zur Darstellung zeitgenössischer Themen und Fragen auf einen sehr alten Stoff zurückgreift, diesen Stoff seinerseits umarbeitet und ihn dadurch mit neuen Bedeutungen versieht.

1a Die Schüler werden vermutlich die unglückliche Liebesbeziehung (Zerstörung durch Dritte) in den Vordergrund ihrer Überlegungen stellen. Im Sinne einer gelungenen Aktualisierung wäre es in diesem Fall wichtig, dass die Schüler konkrete Einwände gegen die Beziehung nennen (z.B. Vorurteile der Eltern wegen der Zugehörigkeit der beiden Liebenden zu unterschiedlichen Kulturkreisen oder Glaubensrichtungen). Ein anderer Aspekt, unter dem die Ballade aktualisiert und dramatisiert werden könnte, ist die Unbedingtheit, mit der beide Liebende ihr Ziel, zueinander zu finden, verfolgen und dafür sogar ihr Leben aufgeben.

Eine dritte Möglichkeit der Akzentsetzung, die mit Seidels Ansatz korrespondiert, stellt das Thema Grenzen dar. Hierbei lassen sich nicht nur Bezüge zur deutschen Teilung bis 1989, sondern auch zur Situation in Korea (Teilung in Nord- und Südkorea) sowie auf Zypern (griechischer und türkischer Teil, Frage der Aufnahme in die EU) herstellen.

1b/c Die *Inszenierungsüberlegungen* der Schüler zu ihren eigenen Dramenskizzen sollen dazu beitragen, dass die Jugendlichen bei der späteren Besprechung der fremden Dramenauszüge eine mögliche Bühnenrealisierung mitdenken und von vornherein den Regieanweisungen eine wichtige Bedeutung bei der Interpretation des Dramentextes beimessen. Die Konkretisierung des Bühnenbildes soll die Schüler zudem für die unterschiedlich gewählten Formen der Grenzziehung sensibilisieren: Während in der Ballade ein nahezu (!) unüberwindbares Gewässer die Grenze bildet, entscheidet Seidel sich für eine Schlucht, die angeblich so tief ist, dass man nicht hinuntersehen kann – erst später wird deutlich, dass diese Schlucht nur in der Einbildung der Menschen, die an sie glauben, existiert. Mit dieser Schlucht spielt Seidel durchaus auf die real existierende Grenze zwischen Ost- und Westdeutschland an, deren markantester Teil keineswegs eine Schlucht, sondern die Berliner Mauer ist.

9 Volker Trauth: Stilsicher und phantasievoll. In: Theater der Zeit, H. 9 (1988), S. 23.
10 Harald Frommer: Verzögertes Lesen. In: Der Deutschunterricht, H. 2 (1981), S. 10–27. Ders.: Statt einer Einführung: Zehn Thesen zum Literaturunterricht. In: Der Deutschunterricht, H.2 (1981), S. 5–9.

Die Schülerüberlegungen zu Kostümen und Requisiten bereiten die Beschäftigung mit der Schultheater-Inszenierung (SB, S. 439f.) vor: Während die Schüler vermutlich in der Kürze der Zeit und angesichts des Entwurfcharakters ihres Inszenierungsvorschlags eher zu einer additiven und zufälligen Zusammenstellung von Kostümen, Requisiten und Bühnenbild neigen, deutet sich in den Inszenierungsfotos der Schultheater-AG ein stringenteres **Regiekonzept** an.

2 Die Gefahr eines Rückgriffs auf **Märchen- oder Sagenmotive**, die eine lange Traditionsgeschichte aufweisen, liegt im Ausweichen vor der eigenen Gegenwart, was einer Flucht vor aktuellen Problemen in eine vermeintlich bessere Vorzeit bzw. in eine mythische Zeit gleichkäme. Dieser Vorwurf wurde u.a. den sog. Exilautoren während des Nationalsozialismus gemacht, die gerne auf das Genre des historischen Romans zurückgriffen. Sie sahen darin jedoch kein Ausweichen vor der politischen Realität, sondern versuchten gerade im Rückgriff auf die Geschichte die gegenwärtige politische Lage in Deutschland zu thematisieren oder sich „historisch zu lokalisieren, zu rechtfertigen" (Alfred Döblin).

Der Reiz, einen sehr alten Stoff neu zu gestalten oder zumindest mit Anspielungen auf ihn zu arbeiten, liegt vor allem darin, durch die spezifischen Variationen des Originals die Aufmerksamkeit der Rezipienten zu wecken. Gerade die Abweichungen vom Vertrauten stechen ins Auge und regen zum Nachdenken an: Warum taucht in Seidels Drama z.B. ein Drache als Urheber der Schlucht auf?

An dieser Stelle bietet sich der Rückbezug zu den verschiedenen Antigone-Bearbeitungen von Sophokles, Brecht und Anouilh an, die im ersten Kapitel von BLICKFELD DEUTSCH (S. 49–60) miteinander verglichen werden.

Seite 437

3a Das **Theaterplakat** stellt ein gelungenes Beispiel für Plakatwerbung dar:

– Der Text ist auf wenige Informationen beschränkt (Veranstalter, Titel des Dramas, Autor).
– Die Bildelemente greifen zentrale Inhalte des Stückes auf: Trennung einer Landschaft durch eine tiefe Schlucht; Verbindung durch eine Brücke; Anknüpfung an das alte Motiv der Königskinder, angedeutet durch zwei Liedzeilen; das Brustbild einer vornehmen Frau im Bildvordergrund scheint den Titel des Stückes „Königskinder" zu illustrieren.
   Die Schwarzweiß-Darstellung erweckt beim Betrachter einen düsteren, geheimnisvollen Eindruck und schafft Neugier. Zudem steht der realistische Bildinhalt im oberen Teil des Bildes im Widerspruch zum unteren Drittel, in dem die Schlucht das Frauengesicht zu zerschneiden scheint. Insofern enthält das Plakat bereits das zentrale Thema des Stückes: Auswirkungen äußerer Grenzziehungen auf den einzelnen Menschen und die Gesellschaft. Gleichzeitig wirkt das Dargestellte auf jemanden, der das Stück nicht kennt, eher rätselhaft und lädt daher unter Umständen zum Besuch der Aufführung ein.

3b Die Erwartungen an ein **modernes Drama** werden durch das Plakat zunächst sicherlich eher enttäuscht, da sowohl die Landschaft als auch die Darstellung der weiblichen Person im Bildvordergrund auf eine weiter zurückliegende Zeit verweisen.

Seite 438

Texterläuterungen:
Der **Inhalt des Dramas** wird in dem Auszug aus der Dramenkritik von Volker Trauth (SB, S. 439) umrissen.

Bei allen Anspielungen auf die deutsch-deutsche Teilung wird jedoch immer betont, dass sich das Drama keineswegs nur „auf eine platte aktuell-politische Bezüglichkeit"[11] reduzieren lasse. Angesichts der Tatsache, dass das Drama vor der Wende entstanden und auch uraufgeführt worden ist, stellt sich die Frage, ob der Schluss (SB, S. 440f.) eine hellsichtige Vorwegnahme der Wiedervereinigung darstellt oder aber resignativer gelesen werden muss. Trauth kommt 1988 zu dem Fazit: „Die Botschaft lässt sich vielleicht so formulieren: In einer von Vorurteilen und Misstrauen zerklüfteten Welt lassen sich menschliche Verhältnisse wiederherstellen – der Einzelne kann dazu beitragen durch Gefühlstiefe, Mut und Fantasie, durch seinen unbeirrbaren Glauben an eine sinnvolle Zukunft."[12] Allerdings ist im Drama die Grenze zum Schluss wieder in ihr Recht gesetzt, lediglich die Seiten wurden getauscht. Der Kreis scheint sich wieder zu schließen ...

4a-c „Beim Lesen des Dramentextes entwirft der/die Leser/in in seiner/ihrer Vorstellung Situationen, Figuren, Handlungen und Beziehungen. Diese wirken zurück auf den Gestus, den er/sie den sprachlichen Äußerungen der Figuren zuschreibt [...]. Damit Sinnzuschreibungen nicht heimlich und vorschnell vorgenommen [...] werden, können Szenen vor der genaueren Interpretation szenisch gelesen werden. Dabei wird das Bedeutungsspektrum sprachlicher Äußerungen experimentell erkundet: Unterschiedliche Tonfälle, Lautstärken und Akzentuierungen provozieren Vorstellungen von unterschiedlichen inneren Haltungen [...]."[13] In diesem Sinn eröffnet Aufgabe 4 einen offenen, theaterorientierten Zugang zu Seidels Dramenauszug. Bei der Besprechung der verschiedenen Vortragsvarianten sollte deutlich werden, dass sowohl die Gouvernante als auch die Prinzessin aufgrund des vorliegenden Textauszugs keineswegs eindeutig auf eine Haltung festlegbar sind. Vielmehr stellt der Text im Sinne Schellers lediglich eine „Partitur" dar, die von den Schauspielern ausgedeutet werden muss. Genau darin liegen bei der Aufführung eines Dramas Möglichkeiten einer eigenen Akzentsetzung und Interpretation des Stoffes. Der Einsatz eines Requisits erleichtert den Schülern einerseits das Spielen, denn sie können sich daran „festhalten" – andererseits trägt es zusätzlich zu einer Deutung der „Partitur" bei: Je nachdem ob die Prinzessin bei ihrem Auftritt eine Puppe, ein Handy oder eine Wanderkarte in der Hand hält, weckt sie beim Zuschauer andere Assoziationen.

5a Das *Exzerpt* ergibt Folgendes:
Bereits die nahezu gleichlautenden Ländernamen, die sich nur durch die Konsonanten „dr" im Wortinneren unterscheiden, wirken wie eine Anspielung auf die beiden deutschen Staaten (BRD/DDR). Im Dramenauszug fallen folgende Textstellen auf, die das Drama wie ein märchenhaftes Gleichnis auf die deutsche Teilung erscheinen lassen:

– Zeile 13–17: Eigentlich ist keine natürliche Grenze zu erkennen, vielmehr handelt es sich um eine äußerst willkürliche Grenzziehung: „.... die Brücke, die über die Schlucht führt, ist der Beweis, dass es die Schlucht gibt."
– Zeile 21–24: Die Entstehungsgeschichte der Schlucht wird zurückgeführt auf den erfolgreichen Kampf gegen einen Drachen, dessen Schwanzschlag die Erde gespalten habe – die deutsche Teilung als Ergebnis des Sieges der Alliierten gegen die Nationalsozialisten?
– Zeile 50f. und 56f.: „... wenn wir sie nicht erheben, dann werden sie sich mit Macht selber erheben, Blut fließt ...". Anspielung auf die sozialistische Idee des Klassenkampfes?

---

[11] Volker Trauth: Stilsicher und phantasievoll – Georg Seidels ,Königskinder' in Schwedt uraufgeführt. In: Theater der Zeit 9/1988, S. 23.
[12] Trauth, a.a.O., S. 23.
[13] Ingo Scheller: Wir machen unsere Inszenierungen selber (I) – szenische Interpretation von Dramentexten. Oldenburg 1991³, S. 55.

5b Eine Textstelle, die sich dieser Deutung eher verschließt, scheint Z. 57 zu sein, in der vom König gesprochen wird. Weder in Ost- noch in Westdeutschland waren nach dem 2. Weltkrieg noch monarchistische Strukturen erhalten geblieben. Gerade daran wird deutlich, dass Seidels Drama eben nur auf die deutsche Teilung anspielt, statt diese eins zu eins abzubilden. Der Zuschauer wird sich auch im weiteren Verlauf des Dramas vergeblich bemühen, Hochdrobenland und Hochobenland eindeutig der BRD bzw. der DDR zuzuordnen. Vielmehr sind beide Länder im Drama geradezu austauschbar.

Seite 439

6 Wertende Passagen der **Theaterkritik** sind:

Zeile 1f.: „durch eine Brücke so getrennt wie verbunden" – in diesem Paradoxon steckt bereits Interpretation!
Zeile 2f.: „Das Wasser [...] existiert nur im Kopf der Philosophen" – der Handlungsverlauf legt diese Deutung zwar nahe, aber sie ist keineswegs eindeutig. Immerhin stürzen mehrere Personen in die Schlucht, die zeitweise begehbar erscheint. Handelt es sich dabei um einen Absturz im metaphorischen Sinne?
Zeile 9f.: „ein banaler Zufall"
Zeile 12f.: „die Borniertheit der Zöllner"
Zeile 23: „sie meinen, das Menschsein genüge und Macht verderbe den Charakter" – ausgesprochen wird diese Einsicht im Dramentext nicht!

7a Bild links oben/unten: die beiden Zöllner (mögliche Bildunterschrift: Pflichtbewusste Grenzorgane);
Bild rechts: König Cajo und König Quetscher, in ihrer Mitte der Kaiser (mögliche Bildunterschrift: Gipfeltreffen)

7b Drei Aspekte des **Regiekonzepts** lassen sich auf den Szenenfotos erkennen:
– Austauschbarkeit beider Seiten:
Das identische Outfit der Zöllner (rote Pullis, Orden an derselben Stelle) und der Könige beider Länder (schwarze Hose, weißes Hemd, königlicher Umhang, kleine Krone) verweist bereits auf die Austauschbarkeit beider Seiten: „Sind deren Unterschiede nicht auch eingebildete Konstrukte, von Interessen gelenkte Lügen, Feindbilder, die nur den Zweck haben, die Menschen zu trennen, um sie besser beherrschen zu können?"[14]
– Anspielung auf die deutsche Teilung:
Zugleich wird jedoch auch auf die konkrete Situation der beiden deutschen Staaten vor 1989 angespielt: In der Farbe der beiden Pullover spiegelt sich eine der gemeinsamen Nationalfarben; noch eindeutiger wird der Verweischarakter durch die Zeitung „Neues Deutschland", die ein Zöllner in der Hand hält.
– Inszenierung und Ausübung von Macht:
Der Kaiser (Inkarnation einer fremden, sonst nicht greifbaren Macht?) hebt sich bereits durch seine prunkvollere Kleidung und Krone von den beiden Königen ab. Dennoch wird der unterschwellige Kampf um Macht durch den Regieeinfall der Schemel, auf denen alle drei Machthaber stehen, unterstrichen.

Seite 440

8a Die Frage, welche symbolische Bedeutung der **Drache** in unterschiedlichen Kulturen besitzt, bietet sich für ei-

nen *Internet-Rechercheauftrag* an. Hierbei müssen die Schüler darauf achten, ob es sich um seriöse Informationen handelt oder ob die gefundene Internetadresse eher der Rubrik Esoterik bzw. Fantasie zuzuordnen ist und man daher den gewonnenen Informationen sehr kritisch gegenüberstehen muss.
Der Drache verkörpert im christlichen Kulturkreis von jeher böse Mächte. So taucht er z.B. in den apokalyptischen Schriften der Bibel, insbesondere in der Offenbarung des Johannes, auf (vgl. Kampf des Erzengels Michael mit dem Drachen oder die Legende vom hl. Georg).
Im Drama „Königskinder" nehmen beide Könige für sich in Anspruch, den Drachen getötet zu haben, der einstmals ihr Land bedrohte – so wie beide deutsche Staaten nach 1945 für sich in Anspruch nahmen, den Nationalsozialismus aufgearbeitet, wenn nicht gar beseitigt zu haben (vgl. Entnazifizierungsprogramme ...). Der Drache im Stück „Königskinder" erlaubt also durchaus die Assozation, dass damit der Nationalsozialismus gemeint sei, zumal die deutsche Teilung (= Entstehung der Schlucht) eine Folge des Sieges der Alliierten gegen das nationalsozialistische Deutschland (= Drache) war.
Thomas Manns Radiorede passt zwar zu diesem Deutungskontext, stellt jedoch eine Einzeläußerung dar, die keinen traditionsbildenden Charakter besitzt. Daher ist es eher unwahrscheinlich, dass Seidel beim Entwurf seines Dramas auf diese Äußerung Manns Bezug genommen hat.
Eine weitere Anspielung könnte in der Funktionalisierung germanischer Sagen (insbesondere der des Drachentöters Siegfried) durch die Nationalsozialisten gesehen werden.

8b/c Im Unterschied zum europäischen, christlich geprägten Kulturkreis ist der **Drache** im ostasiatischen Raum ein Symbol der himmlischen und weltlichen Macht, und er gilt als Verkörperung des Guten, von Kreativität, Weisheit und Macht. Bei den traditionellen Umzügen am chinesischen Neujahrstag soll der Drache die bösen Geister vertreiben. Diese völlig unterschiedliche Einschätzung des Drachen hat Auswirkungen auf das Verständnis des Dramas „Königskinder" – ein asiatischer Zuschauer dürfte angesichts der Tötung des Drachen zumindest irritiert sein. Umgekehrt fällt uns ohne Hintergrundwissen der Zugang zu Kunstwerken anderer Kulturkreise schwer. Das Beispiel des Drachen könnte Impuls für ein Unterrichtsgespräch über interkulturelle Unterschiede und deren Bedeutung im „globalen Dorf" sein.

9a/b Die Schlucht symbolisiert im Stück das Trennende, Gefährliche im Allgemeinen, sie kann aber ebenso gut auch als konkrete Anspielung auf die Berliner Mauer verstanden werden. Letztlich geht es darum, dass zwei Machtbereiche bzw. Einflusssphären voneinander abgegrenzt werden. Im Verlauf des Stücks wird der Zuschauer jedoch verunsichert: „Diese Schlucht, gibt es sie wirklich, oder ist sie nur Fiktion, eine Erfindung der Mächtigen?" (Hansjörg Bär)
Diesen symbolischen Charakter der Schlucht könnte eine Inszenierung unterstreichen, indem z.B. einfach ein Tuch über die Bühne geworfen wird und diese in zwei Hälften teilt. Dadurch wird die Schlucht einerseits real markiert, andererseits ist das Trennende leicht zu beseitigen. Die Farbgebung für dieses Tuch sollte nicht dem Zufall überlassen bleiben und bietet weitere Möglichkeiten für ein Unterrichtsgespräch, das zur Interpretation des Dramas beiträgt.
Eine andere Idee wäre die Projektion einer Schlucht auf den Bühnenboden oder die Bühnenwand ...

10a–c Alle aufgeführten Aspekte für die *Inszenierung* sind in Seidels Drama angelegt – es gilt daher, einen eigenen Akzent zu setzen. Die Offenheit des Textes sollen die Schüler für eine Konkretisierung ihres Textverständnisses nutzen und einen eigenen Inszenierungsvorschlag machen. Die Aufgabenstellung schließt an Arbeitsauftrag 7b und 9a,b an und stellt eine Vertiefungsmöglichkeit dar.

---

[14] Hansjörg Bär: Zu unserem Stück „Königskinder" – Beitrag im Theaterprogramm des Humboldt-Gymnasiums Karlsruhe, 2002.

Seite 441

11a/b Das Dramenende der „Königskinder" enttäuscht die Erwartungen: Die beiden Königskinder finden nicht zusammen, obwohl es kurzzeitig so aussieht. Schreibt Seidel damit die Trennung beider Staaten als unaufhebbar fest oder verstärkt er durch den unerwarteten Schluss beim Zuschauer den Eindruck, dass diese Grenze doch eigentlich völlig überflüssig und deren Aufhebung überfällig ist?

Durch einen eigenen Gestaltungsversuch sollen die Schüler zu einer intensiven Auseinandersetzung mit dem **Dramenschluss** veranlasst werden. Eine Textstelle, die zur Veränderung herausfordert, stellt sicherlich Z. 17ff. dar: Während sich im Original beide Königskinder ihrem Schicksal fügen und die erneute Trennung in Kauf nehmen, wäre es denkbar, dass beide (oder eine/r von beiden) aufbegehren, aktiv werden und somit die erneute Trennung zu verhindern versuchen.

11c Das *Gespräch* über die unterschiedlichen Lösungsvorschläge könnte die Funktion eines offenen Schlusses thematisieren oder die verschiedenen Lösungen dahingehend vergleichen, inwiefern sie die gewünschte Textaussage explizit machen und dadurch evtl. auch den Zuschauer ein Stück weit „entmündigen", ihm zu wenig eigene Reflexionsfähigkeit zutrauen.

12a/b Parallelen zwischen beiden Dramen lassen sich beim *Vergleich* auf verschiedenen Ebenen finden:

Personeninventar: Jeweils überschaubares Personal, das zwei konträren Königreichen spiegelbildlich zuzuordnen ist. Das Personal beider Dramen besteht zum einen aus den Repräsentanten der königlichen Familien; auffallend ist dabei, dass keine Königin auftritt, sondern die Erziehung der Prinzessin jeweils von einer Gouvernante übernommen wird. Zum anderen setzt sich das Personeninventar aus Funktionsträgern am königlichen Hof zusammen (z.B. Hofmeister, Zeremonienmeister in „Leonce und Lena", bzw. Grenzorgan und Wissenschaftler, wie die moderneren Amtsbezeichnungen in den „Königskindern" lauten).

Personenkonstellation: Im Zentrum beider Dramen stehen die Liebenden, Prinz und Prinzessin, Letztere wird jeweils von einer Gouvernante begleitet.

Motive: Langeweile (Leonce – König Cajo)/Abneigung gegen Arbeit (Valerio – Grenzer)/Suche nach dem Glück (Leonce u. Lena – Prinzessin Katja u. Prinz Peter)/Sehnsucht nach der Welt (vgl. „Leonce und Lena": Flucht vor der Hochzeit – „Königskinder": Abflug mit der Flugmaschine des Kaisers)/ Bemühen um Verbesserungen im Land

Sprache: ironischer Grundton/Parallelen im Detail (z.B. „Schmetterlinge" im Zusammenhang der Darstellung der Langeweile und des Müßiggangs).

12c Seidel spielt bewusst mit den literarischen Vorlagen, enthält dem Leser aber ein eindeutiges Ende vor: Sein Dramenschluss kann weder als Happyend bezeichnet werden noch als tragischer Schluss (vgl. Königskinder-Ballade). Führt der Autor hier eine versäumte Chance der Aufhebung der Grenze zwischen den beiden Königreichen vor, um den Zuschauer zu aktivieren? Während die trennende Schlucht in den Köpfen der Zuschauer zunehmend lächerlich wirkt und somit aufgehoben ist, wird sie durch die im Stück agierenden Personen immer wieder hergestellt. Selbst die „Hoffnungsträger" und Vertreter der nachwachsenden Generation, Prinzessin Katja und Prinz Peter, schicken sich in ihr vermeintliches Schicksal und leben getrennt voneinander weiter.

S. 441–449: I,2. „Go West!" – Reisefreiheit als literarisches Motiv im Kontext der Wiedervereinigung

Die Überschrift der Teilsequenz spielt auf einen bekannten Werbeslogan der Zigarettenindustrie an. Im Zusammenhang mit dem Thema Wiedervereinigung und insbesondere der Fokussierung auf den Aspekt der Reisefreiheit entsteht eine ironische Brechung, die dem Grundton in zahlreichen „Wenderomanen" entspricht.

In der Teilsequenz werden zwei verschiedene Wege vorgestellt, um Texte in einem thematischen Kontext vergleichend zu erarbeiten. Zum einen besteht die Möglichkeit, mehrere Romane unter verschiedenen Aspekten *arbeitsteilig* zu besprechen und das Plenum über die Ergebnisse zu informieren. Zum anderen können verschiedene Romane auch *arbeitsgleich,* d.h. unter demselben Aspekt bearbeitet werden – abschließend sind die Ergebnisse dann im Plenum vergleichend zu diskutieren. Die zweite – arbeitsgleiche – Vorgehensweise wird in dieser Teilsequenz am Beispiel des **Motivs der „Reisefreiheit** in der Wendeliteratur" durchgespielt. Die Präsentation der Arbeitsergebnisse erfolgt in Form eines **Hörfeatures,** das verschiedene Anforderungen an die Schülerinnen und Schüler stellt, so z.B. die *eigenständige Recherche* (politisch-historische Hintergründe), *analytische Textinterpretation, sinnbetonender Vortrag,* gezielte Auswahl von Inhalten (Notwendigkeit starker Reduktion und einer deutlichen Schwerpunktsetzung) und *Medieneinsatz* (Aufnahme mit Hilfe des traditionellen Kassettenrekorders oder aber des Computers, falls ein geeignetes Programm vorhanden ist. Unabhängig davon lassen sich die Romanauszüge natürlich auch einzeln besprechen und bieten verschiedene Ansatzpunkte für die **gestaltende Interpretation**.

Mögliche Ziele:

1. Themengleiche Romane arbeitsteilig erarbeiten und vergleichend betrachten (Methodentraining: Gruppenpuzzle-Verfahren)
2. Recherche- und Interpretationsergebnisse in Form eines Hörfeatures präsentieren
3. Unterschiede zwischen ost- und westdeutscher Ausdrucksweise erkennen

1 Da sowohl die Lebensbedingungen in den beiden deutschen Staaten als auch die Ereignisse rund um den Mauerfall im Bewusstsein der Schülerinnen und Schüler dem Bereich der Geschichte angehören, sollte zunächst erst einmal individuelles Vorwissen abgerufen werden (Kenntnisse aus dem Geschichtsunterricht, persönliche Berührungspunkte über Zeitzeugen in der Verwandtschaft etc.) und gegebenenfalls eine Hinführung zum Thema über zielgerichtete Rechercheaufträge geleistet werden. Die Fotocollage hat in diesem Zusammenhang Impulscharakter.

Seite 442

2a–c Beispiele für **Schlagzeilen** im November 1989:
Süddeutsche Zeitung (11./12. Nov. 1989)
- „Brandt: Die Teilung hat keinen Bestand"
- „Moskau gegen Wiedervereinigung"
- „Eine Flut befreiter Menschen"
- „DDR-Reiseverkehr hat Vorrang vor Kontrollen"
Süddeutsche Zeitung (13. Nov.):
- „Momper: Berlins Herz wird wieder schlagen"
- „Baustop für neuen Bundestag in Bonn"
- „Die Luft ist voller Jubel"
- „Im Taumel der Brüderlichkeit"

– „DDR-Touristen mit Eintagesvisum in Dänemark"
– „Schweden ließ DDR-Bürger nicht einreisen"
– „Krenz: Wiedervereinigung steht nicht zur Debatte"

Begriffe wie Jubel, Taumel spiegeln die Euphorie der ersten Tage wider. Zugleich wird deutlich, dass das Thema Reisen zentrale Bedeutung besaß. Daneben ging es um einen vorsichtigen Blick in die Zukunft:
Wiedervereinigung beider Staaten? Finanzielle und wirtschaftliche Hilfen für den Osten? Bleibt Bonn Hauptstadt?

Seite 443

Texterläuterungen:

Petersdorffs Gedicht thematisiert die Assoziationen eines lyrischen Ichs, das sich als Zeitgenosse an den Fall der Berliner Mauer erinnert. Im Vordergrund steht dabei die individuelle Perspektive: Die Erinnerung wird geweckt durch einen „grauen Stein" in einem „Glaskasten", – möglicherweise eine Museumsvitrine, wie die Überschrift nahe legt, evtl. aber auch nur eine zufällige Alltagskonstellation. Statt allgemein-politische Betrachtungen anzustellen, erinnert sich das lyrische Ich an die eigene Situation in dem Moment, in dem die Mauer fiel. Es saß „versunken [...]/am Küchentisch in Kiel". Überraschend der weitere Satzbau: „[...] als die Meldung kam,/als die Mauer fiel." Eigentlich erwartet man als Leser an dieser Stelle: „*dass* die Mauer fiel".[15] Handelt es sich bei der „Meldung" überhaupt um eine Nachrichtenmeldung zum Mauerfall oder ist hier eine ganz andere, individuell bedeutsame Meldung gemeint, die nur zufällig mit dem politischen Ereignis des Mauerfalls zeitlich zusammenfällt? Der Inhalt der Meldung wird nicht genauer ausgeführt, während die damalige Befindlichkeit des lyrischen Ichs erstaunlich detailliert erinnert wird. Die Meldung sorgt jedenfalls für Verwirrung, wie die Durchbrechung des ansonsten regelmäßigen Reimschemas (Licht – bricht, Stein – ein, saß – kam, Kiel – fiel) erahnen lässt. Letztlich handelt es sich dabei jedoch um eine vergleichsweise kurzfristige Irritation, wie die Wiederaufnahme des Reimschemas in der letzten Verszeile deutlich macht. Das „historische Ereignis" scheint im lyrischen Ich keinerlei inneres Beteiligtsein ausgelöst zu haben. Stattdessen entsteht ein deutliches Spannungsverhältnis zwischen dem einschneidenden historischen Ereignis, an dem in Berlin Menschenmassen Anteil nehmen, und der Situation des lyrischen Ichs zum selben Zeitpunkt, die geprägt ist vom Alltag („Küchentisch"), von Vereinzelung („versunken") und räumlicher Ferne zum Mauerfall („Kiel"). Die Chance, Geschichte zu erleben, vom zufälligen Zeitgenossen zum bewussten Zeitzeugen zu werden, scheint ungenutzt verstrichen zu sein – der Mauerfall wird somit zum Fall fürs Museum, ohne das lyrische Ich erreicht zu haben. Das Gedicht endet geradezu folgerichtig, indem keine Reaktion des lyrischen Ichs auf den Mauerfall erwähnt wird. Verallgemeinernd könnte man im lyrischen Ich den unbeteiligten „Wessi" sehen, der von den Ereignissen im (fernen) Berlin nur durch Vermittlung der Medien erfährt.

3a Die Schülervorschläge für eine *Fortsetzung des Gedichts* fallen sicherlich sehr unterschiedlich aus, letztlich sind aber vier inhaltliche Varianten zu erwarten:
– Weiterführung der Situation zum Zeitpunkt des Mauerfalls in Kiel (anknüpfend an die zweite Strophe): Das lyrische Ich

reagiert interessiert und betroffen (z.B. Entschluss zur Reise nach Berlin oder zumindest aufmerksames Verfolgen der Medienberichte)
– ...: Es lässt sich davon nicht berühren und bleibt weiterhin „versunken" in andere, eher persönliche Dinge.
– Weiterführung der Situation im Museum (anknüpfend an die erste Strophe): Das lyrische Ich beginnt über die damaligen Ereignisse zu reflektieren.
– ...: Die Erinnerung an den Mauerfall ist nur flüchtig, die Aufmerksamkeit wendet sich anderen Exponaten im Museum zu.

3b Unabhängig davon, ob beim Entwurf der dritten Strophe an die erste oder zweite angeknüpft wird, sollten die Schüler bei der *Besprechung* ihrer Vorschläge im Plenum die Haltung „ihres" lyrischen Ichs dem Mauerfall gegenüber begründen. Vermutlich fällt einigen Schülern bei dem Versuch, auch formale Gestaltungsmittel des Originals zu imitieren, der Bruch im Reimschema und im Metrum in Z. 7 auf. Dessen Funktion sollte diskutiert werden: Handelt es sich um ein Anzeichen für eine Veränderung, die auch das lyrische Ich erfassen wird? Oder handelt es sich um einen geringfügigen Bruch, dem die geringe Bedeutung des Mauerfalls für das lyrische Ich entspricht?
(Im Zusammenhang dieses Gedichts bietet sich die Arbeit mit dem Auszug aus Günter Grass' „Mein Jahrhundert" zum Jahr 1989 an. Vgl. **K 1**, LB, S. 623.).

4a/b Bei dem Versuch, die ursprüngliche Gedichtform aus dem Prosatext wiederherzustellen, handelt es sich um einen *handlungsorientierten Zugang* im Sinne Payrhubers.[16] Dabei sollen die Schüler die Einsicht gewinnen, „dass Lyrik mehr ist als das Resultat eines Schreibprozesses, in dem die Zeilen lediglich anders als in der Prosa umbrochen werden."[17] Durch dieses Verfahren setzen sich die Schüler intensiv mit dem Text auseinander. Bei der anschließenden Besprechung der Lösungsvorschläge sollte die Diskussion der Schülerbeobachtungen im Vordergrund stehen, unabhängig davon, ob es dabei gelingt, das Original exakt zu rekonstruieren. Das Gespräch über die Lösungsvorschläge der Schüler trägt somit zu einem differenzierteren Verständnis des Gedichts bei. Erst wenn sich die Schüler im Plenum auf einen Lösungsvorschlag geeinigt haben, der ihnen am überzeugendsten scheint, wird das Original präsentiert.

Das Gedicht im Original:

Die Mauer (1990)

Als wir sie schleiften, ahnten wir nicht,
wie hoch sie ist
in uns

Wir hatten uns gewöhnt
an ihren horizont

Und dann die windstille

In ihrem schatten warfen
alle keinen schatten

Nun stehen wir entblößt

jeder entschuldigung

5a Der *Gedichtvergleich* kann ausgehend von folgenden Verszeilen sehr gut exemplarisch vorgenommen werden:

v. Petersdorff: „wie ich versunken saß [...] als die Mauer fiel" (V. 5 und 9)
Kunze: „Als wir sie schleiften [...]" (V. 1)

---

15 Im Unterrichtsgespräch kann zur Verdeutlichung eine Ersatzprobe hilfreich sein.
16 Franz-Josef Payrhuber: Gedichte im Unterricht – einmal anders. München (Oldenbourg) 1993. Hier finden sich zahlreiche Ideen zum Umgang mit Literatur für die Unterrichtspraxis.
17 Ebd., S. 33.

Deutungsaspekt	v. Petersdorff	Kunze
Zeitliches Verhältnis zum Mauerfall	Beginnend in der Gegenwart; dann Rückblick (vgl. Präteritum V. 5–9)	Zunächst Rückblick (vgl. Präteritum bzw. Plusquamperfekt V. 1–8); dann Reflexion der Gegenwart
Haltung des lyrischen Ichs gegenüber Mauerfall		
a) zum Zeitpunkt des Mauerfalls	(zumindest räumliche) Distanz zu den Ereignissen	Aktive Teilhabe an den Ereignissen
b) in der Gegenwart des lyrischen Ichs	?	Enttäuschte Erwartungen; innere Distanz Selbstkritik (vgl. Schlussverse)
Aufbau des Gedichts	Gleichmäßiger Aufbau (2 Strophen à 4 etwa gleich langer Verse); Gestaltung des Gedichts wirkt geradezu „museal"; nur geringe Abweichungen im Metrum und im Reimschema (beide in V. 7)	Sehr aufgelöste Form ohne erkennbare Regelmäßigkeiten, stattdessen individueller Gestaltungswille erkennbar; Nähe zur Prosa
	→ Spiegelt die gleichmäßige Gestaltung eine unbeteiligte u. distanzierte Haltung des lyrischen Ichs gegenüber dem „historischen" Ereignis?	→ Spiegelt die Form die innere „Auflösung", Enttäuschung des lyrischen Ichs? → Sind die abgesetzten letzten zwei Zeilen (Einzelverse, Tempuswechsel) als indirekter Appell zum aktiven Handeln zu verstehen?

5b Im Unterschied zu den meist euphorischen Schlagzeilen in den Tagen unmittelbar nach dem 9. November lassen beide Gedichte eine spürbare Distanz zu den Ereignissen, wenn auch aus unterschiedlichen Gründen, erkennen. Während das lyrische Ich in Petersdorffs Gedicht den Ereignissen von vornherein unbeteiligt gegenübergestanden zu haben scheint, spricht aus Kunzes Gedicht Ernüchterung über die späteren Entwicklungen. An die Stelle der einstigen Hoffnungen ist hier das Bewusstsein über die Schwierigkeiten des Zusammenwachsens von Ost und West getreten. Die reale Mauer zwischen Ost und West wurde abgelöst von der metaphorischen „Mauer in den Köpfen".

6 Da bei der **Buchauswahl** auch andere Kriterien eine Rolle spielen (z.B. Textumfang, Gestaltung des Covers, Auftakt ...), wäre es im Sinne der Medienerziehung besser, wenn jeweils ein Exemplar jedes Buches den Schülern vorläge. Dazu müssten sich die Schüler vorab auf die Suche begeben: im Bücherschrank von Eltern oder Bekannten sowie in der örtlichen Bibliothek.
Jeder Schüler entscheidet sich, ausgehend von den **Klappentexten**, für ein Buch, das er lesen und genauer bearbeiten wird. Gemeinsam mit den Mitschülern, die sich für dasselbe Buch entschieden haben, bildet er eine „Stammgruppe".

7 Im Folgenden sollen die Schüler selbstständig verschiedene Romane vergleichend bearbeiten. Im Mittelpunkt steht dabei das *Gruppenpuzzle-Verfahren*, das „vor allem die Steigerung teamorganisierten Wissenserwerb"[18] zum Ziel hat. Mit dessen Hilfe können die Schüler arbeitsteilig vorgehen

und immer wieder Zwischenergebnisse ihren Mitschülern referieren.
Nachdem die Schüler bis zu einem vereinbarten Zeitpunkt das von ihnen ausgewählte Buch gelesen haben, bereiten sie in ihrer Stammgruppe eine kurze **Buchvorstellung** vor, so dass alle Schüler der Klasse die wesentlichen Handlungsschritte aller Bücher kennen. Gerade bei solchen Kurzpräsentationen sind *Visualisierungen* hilfreich (vgl. SB, S. 41, 94).

8 Im weiteren Verlauf sollen die Schüler jeweils einen Vertreter aus ihrer „*Stammgruppe*" in eine sog. „*Expertengruppe*" entsenden, in denen Beobachtungen zu einem bestimmten Teilaspekt (z.B. zum Thema Reisefreiheit oder Stasi-Bespitzelung) aller ausgewählten Bücher gesammelt und ausgewertet werden.
Im Unterschied zur traditionellen Form der Gruppenarbeit kann sich beim Gruppenpuzzleverfahren kein Schüler „verstecken", da er alleiniger Experte für ein Buch in der Expertengruppe ist und zudem in der abschließenden Phase seiner Stammgruppe Bericht erstatten muss über die Ergebnisse seiner Expertengruppe.

9 Auf den Seiten 444–449 des Schülerbandes wird das Teilthema Reisefreiheit exemplarisch aufgearbeitet. Analog dazu lassen sich auch die anderen Teilthemen (SB, S. 443) im Gruppenpuzzleverfahren arbeitsteilig erarbeiten.

Seite 444

10a/b Am Beispiel des **Themas „Reisefreiheit in der Literatur nach 1989"** soll den Schülern deutlich werden, in welcher Weise konkrete historisch-politische Gegebenheiten, die das Denken und Fühlen von Menschen zur Zeit der deutschen Teilung maßgeblich beeinflusst haben, nach der Wiedervereinigung von Schriftstellern literarisch verarbeitet werden.
Bevor sich die Schüler intensiv mit den Folgen der restriktiven Ein- und Ausreisepolitik der ehemaligen DDR befassen, sollen sie zunächst ihre eigenen Vorstellungen zum Thema Reisen in der Klasse austauschen. Das **Reiseplakat** der Dominikanischen Republik evoziert bereits ein breites Spektrum an Möglichkeiten, den eigenen Urlaub zu gestalten (Einsamkeit und Entspannung, sportliche Herausforderungen und Abenteuer, kulturelle Begegnungen ...). Der Werbeslogan „Hier fühle ich mich frei" entspricht den heutigen Vorstellungen von Urlaubsreisen als Flucht aus dem Alltagseinerlei, den täglichen Routinen. Zugleich wird damit ein scharfer Kontrast aufgebaut zu den Reisebeschränkungen, die in der ehemaligen DDR galten und die den Mittelpunkt der folgenden literarischen Texte bilden.

Tipp: Anstelle des Themas „Reisefreiheit" lässt sich auch das **Thema „Stasi"** anhand folgender aussagekräftiger Textauszüge erarbeiten:

– Friedrich Christian Delius: Spaziergang von Rostock nach Syrakus. S. 141–155.
– Monika Maron: Stille Zeile 6. S. 136–142.
– Christoph Hein: Willenbrock. S. 30–35 und S. 104–108.

In den beiden folgenden Romanen ist das Thema „Stasi" durchgängig von Bedeutung:

– Erich Loest. Nikolaikirche. (Mitten durch die Leipziger Familie, die im Mittelpunkt der Handlung steht, geht der Riss zwischen Zugehörigkeit zur Stasi und Sympathien für die Friedensbewegung im Umfeld der Nikolaikirche.)

---

[18] Wilhelm H. Peterßen: Kleines Methoden-Lexikon. – München (Oldenbourg) 1999, S. 127–131. Zitat S. 127. Peterßen beschreibt die didaktischen Möglichkeiten und den methodischen Ablauf sehr genau.

– Christa Wolf: Was bleibt. (Beschreibung der psychologischen Folgen des staatlichen Terrors, beruhend auf authentischen Erfahrungen der Autorin.)

11 Die Gestaltung eines **Werbeplakats** in *Gruppenarbeit* könnte – trotz ähnlicher Präferenzen (AA 10b) – zu Schwierigkeiten führen, weil sich die Schüler nicht auf Thema und Motive oder die Darstellungsform einigen können. In diesem Fall wäre als Alternative Einzel- oder Partnerarbeit anzuregen.
Je nach der Bereitschaft der Schüler und je nach der zur Verfügung stehenden Zeit kann der Entwurf unterschiedliche Stadien erreichen: Von der nur verbalen Skizze (mit Andeutung der Proportionen, Motive und Farben etc.) über eine Collage (mit Elementen aus Prospekten z.B.) kann die Ausführung bis zur farbigen Darstellung geführt werden.

12a Möglicher **Übersichtssatz:** Johann Gottfried Seumes „Spaziergang nach Syrakus" wird 200 Jahre nach seinem Erscheinen neu herausgegeben. Das Buch dokumentiert Seumes Reise, die dieser als Ausdruck größtmöglicher Freiheit versteht und im Unterschied zu seinem Zeitgenossen Goethe bewusst nicht als Bildungsreise anlegt.

12b/c Vordergründig bedient das **Plakat** Seumes Wunsch nach absoluter Freiheit im Reisen. Berücksichtigt man jedoch Z. 15–17 der Rezension, dann ergibt sich ein anderes Bild: Seume lehnt jedweden „ausgetretenen" Pfad ab, daher reist er allein und entscheidet sich zu Fuß zu gehen, um nicht wiederum „in Zusammenhänge verstrickt" zu werden. Das Werbeplakat suggeriert zwar auf drei der vier Fotos Unabhängigkeit und Individualität des Reisenden, dahinter steht jedoch eine inszenierte und organisierte Urlaubswelt, die im Widerspruch zu Seumes Anliegen steht.

Seite 446

Texterläuterungen:
Paul Gompitz, die Hauptfigur in Delius' Erzählung **„Der Spaziergang von Rostock nach Syrakus"**, heißt im wirklichen Leben Klaus Müller. Die „unerhörte Begebenheit"[19], dass ein DDR-Bürger im Jahr vor der Wende illegal nach Italien reist und etwa ein halbes Jahr später wieder in die DDR zurückkehrt, hat tatsächlich stattgefunden. Delius, der 1992 durch eine Darstellung in der „Ostsee-Zeitung" von dem außergewöhnlichen Grenzdurchbruch erfuhr, nahm Kontakt zu Klaus Müller auf, ließ sich dessen Geschichte erzählen und machte sich daran, „diesem Mann, dieser Tat ein literarisches Denkmal zu setzen"[20]. In der ersten Hälfte des Buches nimmt die Darstellung der Fluchtvorbereitung, die sich über acht Jahre hinzieht, breiten Raum ein. In der zweiten Hälfte wird die Durchführung der Flucht beschrieben, wichtiger sind jedoch die Erfahrungen, die Gompitz in Westdeutschland macht sowie seine Empfindungen während seiner Italienreise, die ja eigentlich den Gipfel seines Glücks symbolisieren könnte, und letztlich die ersten Wochen in der DDR, wo er im „Stasi-Knast" (Delius, S. 142) vernommen und schließlich in den DDR-Alltag entlassen wird. Schon während seines Aufenthaltes in der BRD wird deutlich, dass ihm die dortigen Arbeitsbedingungen fremd sind und er große Schwierigkeiten hat, sich durchzuschlagen. Gompitz stellt fest: „[...] [H]ier muss man mitlügen und hochstapeln, wenn man aufsteigen will, aber wohin steigt man auf, fast alle

haben alles und trotzdem freut sich keiner so richtig am Wohlstand [...]. Oder sind das nur meine dummen DDR-Gedanken?" (Delius, S. 109) In Italien gefällt ihm zunächst alles, doch je weiter er sich von zu Hause entfernt, desto stärker wird die Furcht, „die Frau und die Freunde und die Heimat zu verlieren" (SB, S. 447, Z. 71) und das Gefühl, sich „immer weiter von [sich] selbst zu entfernen" (SB, S. 447, Z. 78). Gompitz beschließt, diese Italienreise „so schnell wie möglich hinter sich zu bringen" – im kursiv gedruckten Zwischentext greift ein auktorialer Erzähler diese Worte noch einmal kommentierend auf: „Italien schnell hinter sich bringen, das hört sich nicht nach Traumreise an." (SB, S. 447, Z. 85). Der Textauszug im Schülerband schließt mit der Einsicht des Protagonisten, dass eine Bildungs- und Pilgerreise mehr erfordere, als aus der DDR heraus eine Italienreise zu ertrotzen. Trotz des überstürzten Aufbruchs und der direkten Rückreise in die DDR kann hier nicht von einem Scheitern des Protagonisten gesprochen werden. Paul Gompitz muss zwar Grenzen akzeptieren lernen, die in ihm liegen, andererseits beendet er seine Italienreise aber freiwillig. Sein ursprüngliches, paradox anmutendes Ziel, „dem Fernweh [...] nachzugeben und das Land, um bleiben zu können, einmal zu verlassen" (SB, S. 445, Z. 9) hat er mit seiner Rückkehr in die DDR erreicht.

13 Delius' Erzählung ist weitgehend aus der **personalen Erzählperspektive** gestaltet, lediglich kurze ironische Kommentare zu Beginn jedes Kapitels, zum Teil auch innerhalb der Kapitel sind einem auktorialen Erzähler zuzuordnen. Diese auktorialen Einschübe tragen zwar dazu bei, dass der Leser die Hauptfigur immer wieder in Frage stellen muss, sie nehmen jedoch keinen großen Raum ein und erhalten durch die vorangestellten Spiegelstriche den Charakter von Gedankensplittern.
Diese insgesamt sehr beschränkte Sicht auf das Handeln von Paul Gompitz fordert geradewegs dazu heraus, die ausgesparten Perspektiven anderer Figuren schreibend zu konkretisieren.

13a/b Die ersten beiden Schreibaufträge aus der Sicht von Helga Gompitz erfordern von den Schülern eine **Perspektivenübernahme**, lassen ihnen aber inhaltlich und sprachlich einen großen Gestaltungsfreiraum. Da der Text wenig über Helga Gompitz bzw. die Beziehung der beiden Ehepartner verrät, können die Schüler weitgehend eigenständig diese Figur entwerfen. Allerdings muss es ihnen beim Verfassen des inneren Monologs bzw. des Tagebucheintrags gelingen, die Innenperspektive dieser Frau einzunehmen und eine in sich schlüssige Figur zu entwerfen.

13c Der **Brief** an den stellvertretenden Staatsratsvorsitzenden, der in Delius' Erzählung enthalten ist (s.u.), verpflichtet die Schüler sehr viel stärker, die ihnen bekannten Textauszüge auszuwerten und Gompitz' Motive für die illegale Reise (gegebenenfalls auch seine tatsächlichen Erfahrungen) in das Schreiben aufzunehmen. Stilistisch gesehen ist hier ein sachlicher Stil mit respektvollem Auftreten gegenüber dem Adressaten zu erwarten.

Der Brief lautet im Original (Delius, S. 140)

[...]

„Am frühen Nachmittag des 19. Oktober setzt sich unser Held in den Interzonenzug Hamburg – Lübeck – Rostock – Stralsund. In irgendeinem Postzug wird bereits sein Brief nach Berlin aussortiert: „Sehr geehrter Herr Stellvertreter des Staatsratsvorsitzenden! Am 8.6.88 war ich, nach vorheriger Bekundung meines Rückkehrwillens, mit meiner Segeljolle nachts nach Dänemark gesegelt, um eine Bildungsreise durch Westdeutschland und Italien auf den Spuren Johann Gottfried Seumes zu machen. Nach Abschluss dieser Bildungs- und Pilgerreise bin ich nun willens, sofort in die DDR zurückzukehren. Wenn Sie mir, weil ich kein Aka-

[19] Cornelia Geißler: Das ist sein Buch. Ich bin der Müller – ein Interview mit F.C. Delius und Klaus Müller, In: Berliner Zeitung, 31.10.1995; online nachzulesen unter: www.berlin-tip.de/wissen/berliner-zeitung/archiv (Auszüge vgl. **K 2**, LB, S. 624.)
[20] Ebd.

demiker bin, eine Bildungsreise nicht zubilligen wollen, nenne ich meine Reise eine Walz. Ich war in der BRD in vier Städten auf sieben Arbeitsstellen in zwei Berufen zeitweilig tätig und habe dort sowie in Italien reiche berufliche Erfahrungen sammeln können. Man kann meine Handlungsweise auch faustisch nennen. Um der Erkenntnis willen habe ich mich mit dem Bösen verbündet. Das Böse steht hier nicht für die BRD, sondern für den Geist der Gesetzesverletzung, gemäß § 213 des Strafgesetzbuches der DDR. Die Rolle des Weltgeistes, der den alten Faust vor der Verdammnis bewahrte, ist nun in Ihre Hände gelegt. Hochachtungsvoll, Paul Gompitz." [...]

Aus: F. C. Delius: Der Spaziergang von Rostock nach Syrakus. Hamburg (Rowohlt) 1998, S. 140.

13d Gompitz' Unzufriedenheit mit den westdeutschen Zeitungsartikeln hat zum einen inhaltliche Gründe: Es stört ihn, dass der eigentliche Sinn seiner Reise nicht richtig dargestellt wird. Zum anderen empfindet er die westliche Ausdrucksweise als „fürchterlich".

An dieser Stelle liegt ein Vergleich der **Sprachentwicklung im geteilten Deutschland** zwischen 1949 und 1989 nahe. Im Schülerband bieten ausgewählte Beispiele aus einem deutsch-deutschen Wörterbuch von 1988 die Möglichkeit, Unterschiede der Ausdrucksweise in Ost und West zu erkennen und über deren Ursachen nachzudenken.[21]

Nach dieser Vorarbeit handelt es sich bei dem Schreibauftrag um eine Anwendungsaufgabe, bei der die sprachliche Gestaltung der beiden Zeitungsartikel im Vordergrund steht. Unter Umständen ist es hierbei für die Schüler hilfreich, wenn im Unterricht noch einmal eine aktuelle Zeitungsnotiz besprochen wird, bevor die eigenen Zeitungsartikel über Gompitz' Flucht entstehen.

(Als Reflexionsanstoß eignet sich das Gedicht von Durs Grünbein, **K 3**, LB, S. 625.)

Seite 448

14a/b Durch den **Briefwechsel** sollen sich die Schüler sowohl in die Situation des Flüchtenden als auch der Zurückgebliebenen (am Beispiel von Willenbrock) hineinversetzen. Der Textauszug gibt den Tenor der Briefe („zornig", „anklagend" Z. 56) bereits vor. Aufgabe der Schüler ist, ausgehend von Textsignalen, beide Perspektiven auszuführen. Dabei sollten folgende Aspekte angesprochen werden:

Willenbrock	Bruder Peter
– Vorwurf des egoistischen Vorgehens ohne Rücksicht auf Konsequenzen für die restliche Familie: Vernachlässigung der alten Eltern (Z. 30) Zerstörung von W.s Leben: Verlust des Studienplatzes, erzwungener Verzicht auf das Hobby Fliegen	Betonung des eigenen Mutes angesichts des risikoreichen Fluchtversuchs (beinahe gescheitert)
– Der Staat sieht das anders (Sippenhaft), und das war dem Bruder auch bei der Entscheidung zur Flucht bewusst.	– Prämisse: Jeder ist für sein eigenes Leben verantwortlich.

Durch den Briefwechsel sollte den Schülern deutlich werden, dass selbst hinter „gelungenen" Fluchtversuchen ein Stück menschlicher Tragik zu vermuten ist.

14c Der **innere Monolog** sollte v.a. an Z. 48–55 anknüpfen, wichtig erscheint aber auch die unsensible Äußerung des Bruders in Z. 76: „Geld ist nicht alles [...] irgendein Hobby braucht der Mensch". Während Peter es nach seiner Flucht in den Westen sogar zu einer eigenen Cessna gebracht hat, wur-

de Willenbrock aus der Segelsportgesellschaft ausgeschlossen und zog sich daraufhin – eine Art Selbstschutz – ganz aus diesem Bereich zurück. Selbst das Zuschauen versagte er sich. Wie schmerzlich ihn das getroffen hat, zeigt sich darin, dass er an das einstige Hobby eben nicht mehr nahtlos anknüpfen kann, obwohl er nunmehr die äußeren Möglichkeiten dazu hätte. Peters mangelndes Verständnis für die ablehnende Haltung Willenbrocks gegenüber der Fliegerei spiegelt die Entfremdung der beiden Brüder wider.

15 Zahlreiche literarische Texte der Neunzigerjahre, die sich mit dem Thema „Lebensalltag in der DDR" beschäftigen, tragen **ironische Züge**. Ein besonders amüsantes Beispiel ist Brussigs Roman „Am kürzeren Ende der Sonnenallee".[22] Der ausgewählte Textauszug eignet sich zur exemplarischen Besprechung im Unterricht und zur Wiederholung der **text-immanenten Interpretation** (vgl. SB, S. 16 und 35f.):

Zeile	Stil	Deutung
9ff.	– Namensgebung: „Rumpel", im negativen Sinne lautmalerisch, geradezu ein Zungenbrecher – mehrfache Wiederholung	wirkt lächerlich Verstärkte Komik, zugleich aber Ausdruck dafür, dass Frau Kuppischs Gedanken um diesen Namen kreisen, der ihr eine neue „Identität" ermöglichen soll.
12f.	– Diminutivform „Schminktisch-chen"	Verniedlichungsform dient der Ironisierung.
18–22	– auffallend langer und komplexer Satzbau	Schlüsselszene!
18/19	– Tempuswechsel	Schlüsselszene!
19f. und 21	– Kumulation von Beispielen	Steigerung, die die Verzweiflung von Frau K. ausdrückt
19 und 22	Bezeichnung des westdeutschen Paares mit „die"	Ausdruck der Distanzierung (Veränderung in Frau K. beginnt)

16a–d Bevor die Schüler in *Gruppen* von ca. 6 Personen ihr **Hörfeature** planen und aufnehmen, sollten im Unterricht noch Hilfestellungen gegeben bzw. verbindliche Absprachen getroffen werden:

– Ziel: Wie wird das Thema Reisefreiheit in der Literatur der Neunzigerjahre verarbeitet?

---

[21] Anregungen und Informationen zum unterschiedlichen Sprachgebrauch in Ost- und Westdeutschland finden sich bei: Eva Neuland (Hrsg.): Sprachwandel nach 1989. Der Deutschunterricht (Themenheft) 1/1997, Stuttgart (Klett). – Gerhard Müller: Zum gemeinsamen Sprachgebrauch im wiedervereinigten Deutschland. In: Elfriede Brumsack (Hrsg.): Sprachwandel – Arbeitsblätter Deutsch. Stuttgart (Klett) 1998, S. 55f. – Günther Drosdowski: Deutsch – Sprache in einem geteilten Land. Mannheim (Duden) 1990.

[22] Hinweise zur Interpretation bzw. Ideen für den Unterricht finden sich in: Günther Gutknecht/Brigitte Rapp: Am kürzeren Ende der Sonnenallee. (Krapp & Gutknecht) 2001. – Michael Lammers: Am kürzeren Ende der Sonnenallee – Interpretationshilfe. Freising (Stark) 2000.

– Mögliche Inhalte: Hintergrundinformationen zu Reiseregelungen in der DDR/Auszüge aus literarischen Werken/Zeitzeugeninterviews/fiktive Interviews/historische Tondokumente/Musikeinlagen ...
– Umfang: maximale „Sendezeit" von 3–5 Minuten[23]
– Pflicht: Jedes Gruppenmitglied muss zumindest einen Part sprechen.
– Tipp: Die zugrunde gelegten literarischen Texte können unter folgenden Aspekten verglichen werden: Darstellung der Hauptfigur? Motive für Flucht bzw. Reisewunsch? Erfahrungen bei deren Verwirklichung? Ergebnis? Erzählweise (berichtend, ironisch gebrochen, collagemäßig ...)?

Seite 449

17a/b Für Schüler, die mit BLICKFELD DEUTSCH in der Sekundarstufe I gearbeitet haben, bietet die Arbeitsanregung keine Schwierigkeiten.
Das Informationsblatt ist deshalb vor allem für Schüler gedacht, die das Verfahren zur Produktion eines Hörfeatures nicht kennen.
(Tipps zur Produktion eines Hörfeatures: Vgl. **K 4**, LB, S. 625. Die zusätzliche Einübung der Texterörterung könnte an einem Text von Günter Kunert und/oder Frank Armbruster erfolgen. Vgl. **K 5**, LB, S. 626 und **K 6**, LB, S. 627.)

II. Entschlüsselungsprobleme im Gegenwartsroman (S. 450–461)

Im Zentrum der zweiten Sequenz steht die exemplarische Beschäftigung mit dem Roman „Simple Storys" von Ingo Schulze. Thematisch wird damit der Schwerpunkt der ersten Kapitelsequenz („Wiedervereinigung") fortgeführt. Statt des Vergleichs verschiedener Werke konzentriert sich die Arbeit in dieser Sequenz jedoch ausschließlich auf den genannten Roman. An die Stelle des extensiven Lesens tritt somit das **intensive Lesen**. Am Beispiel dieses **episodisch angelegten Zeitromans**, der durch seine besondere Struktur sogar Profis beim ersten Lesen Schwierigkeiten bereitet, sollen die Schüler an die eigenständige Privatlektüre moderner Romane herangeführt werden. In der ersten Teilsequenz findet zunächst eine inhaltliche Annäherung an den Roman statt, ausgehend vom 22. Kapitel, dem **Schlüsselkapitel** des Romans, in dem verschiedene Fäden zusammenlaufen. Nach der gemeinsamen Auseinandersetzung mit diesem Einzelkapitel rückt in der zweiten Teilsequenz der Gesamtroman stärker in den Blick. Mit Hilfe eines arbeitsteiligen Verfahrens wird der Inhalt aller Episoden vorgestellt und der Versuch unternommen, die **Struktur des Romans** zu durchdringen und auch zu visualisieren.
Tipp: Die spezifische Gestaltungsweise des Romans „Simple Storys" bietet sich in besonderer Weise für die Arbeit mit dem Computer im Deutschunterricht an.[24]

---

[23] Zur Veranschaulichung könnte den Schülern ein professionelles Beispiel zu einem verwandten Thema vorgespielt werden, z.B. Thomas Bormann: Zeitraffer – 50 Jahre Bundesrepublik Deutschland. Stuttgart (Raabits) 2000, in Zusammenarbeit mit dem SWR Stuttgart. ISBN: 3-8183-0007-0.
[24] Vgl. den konkreten Vorschlag von Andreas Borrmann: Eine Hypertext-Interpretation zu einem vernetzten Roman. In: Praxis Deutsch 158 (1999), S. 59–64. Die Dokumentation der Schülerergebnisse findet sich im Internet unter www.hh.schule.de/herdersh/schulze/.
[25] Helmut Böttiger: Der Kamerablick der Sprache. Ingo Schulzes „Simple Storys": ein virtuoser Ver- und Enthüllungs-Roman. In: Frankfurter Rundschau, 14.3.1998.

S. 450–457: II,1. Ingo Schulzes „Simple Storys" – Ein Lesepuzzle statt einfacher Geschichten

Den Auftakt der Teilsequenz bildet eine **Bestandsaufnahme moderner Literatur** und deren Rezeption im Umfeld der Schüler. Damit soll das Bewusstsein der Schüler für aktuelle Entwicklungen auf dem Buchmarkt geweckt werden. Im Zentrum der Teilsequenz steht ein umfangreicher Auszug aus Schulzes Roman „Simple Storys". Dieser Roman soll die Schüler einerseits mit den Schwierigkeiten bei der **Lektüre von Gegenwartsliteratur** konfrontieren, ihnen aber andererseits gezielt Möglichkeiten aufzeigen, auch komplexe, auf den ersten Blick undurchschaubare Zeitromane „in den Griff" zu bekommen. Schulzes Roman bietet sich dazu in besonderer Weise an, denn „[d]ie Irritation für den Leser ist beträchtlich. Es ist nicht die Sprache, die verstört, sondern die Form. Alles, woran man sich halten könnte, fehlt: [...] Es gibt keine Psychologie, keine fortlaufende Handlung, [...] es gibt kein lineares Erzählen, keine Angebote zur voreiligen Identifikation. [...] Doch gerade, weil so viel ausgespart zu sein scheint, baut sich langsam eine untergründige Spannung auf [...]."[25]
In einem ersten Schritt orientieren sich die Schüler erst einmal innerhalb eines einzelnen Kapitels, indem sie traditionelle **Verfahren der Texterschließung** anwenden: Sie fassen wichtige Inhalte zusammen, stellen die Personenkonstellation grafisch dar und formulieren Fragen an den Text. Nach dieser Phase der Textsicherung interpretieren sie Teilaspekte des Kapitels, wahlweise in Form der **gestaltenden** oder **analytischen Interpretation**. Am Ende der Teilsequenz wird der Blick vorsichtig auf den Gesamtroman ausgeweitet: Ausgehend von den Zusammenfassungen, die jedem Romankapitel vorangestellt sind, erkennen die Schüler Bezüge des 22. Kapitels zu den übrigen Romankapiteln, sie erweitern ihre bisherige Personenkonstellation und stellen erste Beobachtungen zur wechselnden Erzählperspektive an.

Mögliche Ziele:

1. Sich einen Überblick über zeitgenössische Literatur und deren Rezeption verschaffen
2. Verfahren der Texterschließung als Zugang zu einem Gegenwartsroman nutzen
3. Karteikarten und Randnotizen zur Übersicht bei einem komplexen Romangeschehen nutzen (Methodentraining 2/3)
4. Ausgehend von zentralen Textstellen, Rückschlüsse auf die Gesamtstruktur eines Romans ziehen

Seite 450

1a–e Die Problematik der **Kanondebatte** wird bereits im ersten Kapitel von BLICKFELD DEUTSCH (SB, S. 45–48) thematisiert. Volker Weidermanns „kleiner Kanon für die Gegenwart" ist insofern noch problematischer, weil der zeitliche Abstand fehlt, um einschätzen zu können, welches dieser Werke sich dauerhaft etablieren wird. Diese Einschätzung können und sollen auch die Schüler nicht leisten, vielmehr dient Weidermanns Kanon ihnen als Impuls für eigene Beobachtungen und Recherchen:
Zum einen sollen die Schüler, ausgehend von den genannten Titeln, eine *Umfrage* starten, welche Bücher einer mehr oder weniger großen Schar von Lesern in ihrem Umfeld ein Begriff sind. Die Erkenntnisse werden vermutlich relativ ernüchternd sein: Viele Titel sind unbekannt, oftmals sind nicht einmal deren Autoren ein Begriff!

2 Zum anderen sollen sich die Schüler zumindest über die Themen, die in den aufgeführten Romanen aus dem Zeitraum von 1983–2000 eine Rolle spielen, per *Internetrecherche* informieren. Auf diese Weise lernen sie ein breites Spektrum an Gegenwartsliteratur flüchtig kennen, erhalten ggfs. Leseanreize und erkennen, dass der im Folgenden behandelte Roman „Simple Storys" nur einer von vielen Neuerscheinungen der letzten Jahre ist.

Seite 452

Texterläuterungen zum Gesamtroman:

In den deutschen Feuilletons der 1990er-Jahre bestimmte das Warten auf den sog. **„Wende-Roman"** die Reaktionen auf zahlreiche Neuerscheinungen. Viele Romane wurden daran gemessen, inwiefern es dem Autor gelungen sei, die Ereignisse rund um den Mauerfall und vor allem die Konsequenzen für das Leben im wiedervereinigten Deutschland darzustellen. Ingo Schulzes Roman „Simple Storys" hat in dieser Hinsicht viel Anerkennung gefunden: „[W]enn man heute überhaupt noch einen panoramahaften Zeitroman schreiben kann, dann so", urteilte z.B. Helmut Böttiger in der Frankfurter Rundschau.[26] Böttiger spielt damit auf die außergewöhnliche Romanstruktur an, die Schulze gewählt hat: Statt einer linearen Handlung reiht der Autor 29 Episoden aneinander, die auf den ersten Blick eher jede für sich den Charakter einer selbstständigen Kurzgeschichte besitzen, als dass sie Teil eines Ganzen zu sein scheinen. Erst nach und nach verdichten sich beim Lesen die verbindenden Elemente, es wird unmerklich ein Netz von Beziehungen geknüpft: Der Roman aus der ostdeutschen Provinz (so der Untertitel) setzt nach dem Mauerfall ein und „enthält die Figuren, aus denen Reportagen gemacht werden: abgewickelte Akademiker und stasibelastete Rentner, ostdeutsche Arbeitslose und westliche Handelsvertreter, geprügelte Ausländer und heimische Kleinunternehmer, Provinzreporter, Taxifahrer, Landtagspolitiker, Kellnerinnen. Das Personal lebt in Altenburg in Thüringen, kommt aber bis Italien und auch nach München, wo ein in den Westen gegangener Vater lebt. Aber die Figuren schleppen ihr Altenburg überallhin [...]. Wer den Blick zwischen ihnen wandern lässt, erkennt die Dramen: die Aufdeckung einer Stasi-Affäre, eine Scheidung, eine Entlassung, eine Auswanderung, ein furchtbarer Unfall, Großes also, das ein nur als Arrangeur erkennbarer Erzähler unter die Oberfläche seines erzählerischen Flickenteppichs gelegt hat."[27] Gerade weil Schulze darauf verzichtet, *die* Geschichte des Mauerfalls mit seinen Folgen in einem großen geschlossen Entwurf zu erzählen, sondern stattdessen „einfache Geschichten" scheinbar zufällig aneinander reiht, gelingt es ihm, ein Panorama zu entwerfen.[28] „Der Fall der Mauer bedeutete auch den Zusammenbruch einer Wahrnehmungsform, denn er ließ die tausendfältigen Routinen eines sozialen Alltags verschwinden. [...] Diese Situation hat sich Ingo Schulze zunutze gemacht; unverkennbar hat er die Wende in die Erzählweise verlegt, anstatt die Wende zu erzählen."[29] In Schulzes eigenen Worten ausgedrückt: „Ich strebe nicht nach dem Schulze-Sound, sondern versuche, einen angemessenen Stil, eine angemessene Erzählform für etwas zu finden. Ich schließe mich dem an, was Alfred Döblin gesagt hat: Man müsse den Stil aus dem Stoff entwickeln."[30]

Texterläuterungen zum 22. Kapitel, „Vorbei ist vorbei":

Das 22. Kapitel des Romans bildet in gewisser Weise einen Schlüssel zum Gesamtroman, da in ihm zwei wesentliche Erzählstränge zusammengeführt werden: Der eine Erzählstrang kreist um den ehemaligen Schulleiter Ernst Meurer und dessen Schicksal nach dem Mauerfall; im Mittelpunkt des anderen Erzählstrangs steht Frau Dr. Barbara Holitzschek, die in der Psychiatrie arbeitet und mit Frank H., Landtagsabgeordneter,

verheiratet ist. Ernst Meurer ist Patient von Frau H. im Parkkrankenhaus Dösen und im 22. Kapitel findet ein Gespräch statt zwischen seiner Frau Renate, seinem Stiefsohn Martin und der Ärztin. In diesem Gespräch wird deutlich, dass Ernst Meurer zum „SED-Establishment"[31] gehört hat, noch zu Beginn der Montagsdemonstrationen in Leipzig der Partei öffentlich treu geblieben ist und Leserbriefe gegen die Abweichler verfasst hat. Seine Frau spielt sein Verhalten herunter, so auch im Fall Schubert, für dessen Entlassung aus dem Staatsdienst der linientreue Meurer zu DDR-Zeiten verantwortlich war. Im weiteren Verlauf des Gesprächs erwähnt Renate Meurer nebenbei den Tod ihrer Schwiegertochter, Martins Frau, bei einem Fahrradunfall Jahre zuvor. An dieser Stelle verknüpfen sich nahezu unmerklich beide Handlungsstränge: Frau Dr. Holitzschek war die Verursacherin des Unfalls, hatte aber Fahrerflucht begangen. Diese Schlussfolgerung kann jedoch nur der Leser in Kenntnis anderer Kapitel ziehen,[32] die beiden Meurers ahnen nichts davon. Stattdessen berichten sie weiter von Ernst Meurers Niedergang nach der Wende: Zeitungshäme, Untersuchungskommission, anonyme Briefe, ‚freiwilliger' Verzicht auf das Schulleiteramt, psychischer „Knacks" (Z. 138). – Ursache für seine Einlieferung in die Klinik war die Tatsache, dass Meurer eines Tages im Treppenhaus mit einer Gaspistole gefeuert hat. Am Ende des Gesprächs deutet sich bereits an, dass Frau Meurer eine neue Lebensperspektive in Stuttgart gefunden hat, die sie nicht um ihres Mannes willen aufzugeben gedenkt.

Das 22. Kapitel enthält „den einzigen Berührungspunkt zwischen den beiden Hauptpersonengruppen des Buches"[33]: den Meurers einerseits und den Holitzscheks mit ihren Kontakten andererseits. Während Meurer das Leben anderer, zumindest das von Dieter Schubert, zerstört hat, ohne Reue zu zeigen, stellt sich an dieser Stelle heraus, dass seine Ärztin in das Leben seiner Familie hineingewirkt hat und sich ihrerseits der Verantwortung entzogen hat.

Seite 452

3a–c Beide **Cover** sind sehr unterschiedlich gestaltet und reizen daher zum Vergleich. Das in kühlen Blautönen gehaltene Buchcover (S. 451) zeigt eine Anlage mit 8 Klingeln, bei denen z.T. die Namensschilder fehlen. Es bleibt offen, ob das auf die Nachlässigkeit der Bewohner zurückzuführen ist oder ob die Wohnungen leer stehen (z.B. weil die ehemaligen Bewohner gen Westen gezogen sind). An der dahinter liegenden

---

[26] Böttiger, a.a.O. Vgl. auch Eva Leipprands Einschätzung: „Für den großen umfassenden Wenderoman (wenn er denn überhaupt kommt) ist es einfach noch zu früh. So ist die Form, die Ingo Schulze gewählt hat, durchaus plausibel. Nur in kleinen Ausschnitten lässt sich fassen, was noch keiner durchschaut. [...] Wenn einer also bei der Lektüre mangels Durchblick ungeduldig wird, dann teilt er die Erfahrung der Leute in den *Simple Storys*". Zitiert nach: www.carpe.com/buch/t–ingo–schulze–storys–evle.html

[27] Gustav Seibt: „Unsimplizissimus ostteutsch. Schreiben wie der Mauerfall: Ingo Schulzes „Simple Storys". In: Berliner Zeitung, 7./8. März 1998.

[28] Vgl. auch Peter Michalzik: Wie komme ich zur Nordsee. In: Thomas Kreft (Hrsg.): aufgerissen – Zur Literatur der 90er. München (piper) 2000, S. 25–38. Vgl. Auszug im SB, S. 460.

[29] Seibt, a.a.O.

[30] Ingo Schulze in: „Der DDR-Alltag war frei von Angst", Interview in der Rheinischen Post am 28. Febr. 1998.

[31] Thomas Schweizer u. Michael Schnegg: Die soziale Struktur der ‚Simple Storys' – eine Netzwerkanalyse. Internetpublikation unter: www.uni-koeln.de/phil-fak/voelkerkunde

[32] Vgl. Kapitel 5 (Rückkehr zur „Unfallstelle") sowie Kap. 18 (hinter dem „Alptraum" verbirgt sich der unverarbeitete Unfall).

[33] Michalzik, a.a.O., S. 35.

Wand bröckelt der Putz – insgesamt ein sehr alltäglicher Anblick, aus dem eine gewisse Tristesse spricht.

Ganz anders dagegen das zweite, in warmen Orange-, Gelb- und Brauntönen gehaltene Cover (S. 452). Die Kombination verschiedener Bildelemente wirkt witzig und rätselhaft. Im Internet findet sich eine gelungene, auf detaillierten Textkenntnissen beruhende Beschreibung eines Schülers: „Es sind aneinander gereihte Miniaturen, die scheinbar nichts miteinander zu tun haben. Dies entspricht der Textstruktur, die sozusagen noch über den Text hinaus fortgesetzt wird. [...] Kennt man aber den Inhalt des Romans, so lassen sich Beziehungen zwischen den Bildern des Umschlags und den Geschichten, den simplen Storys, erkennen. [...] Zu dem Hund erfährt man, dass es der Foxterrier von Tino Meurer [Martins Sohn] ist und [dass er] den Namen ‚Terry‘ trägt. In Kapitel 2 ‚Neues Geld‘ ist von blauen Augen die Rede. Sie stehen hier für Naivität, bzw. für ‚Blauäugigkeit‘ [...]“.[34]

Das blaue Cover betont also eher einen inhaltlichen Aspekt, indem es auf den im Roman dargestellten (durch die Wende veränderten) Alltag in der ostdeutschen Provinz anspielt. Das orange-farbene Cover greift die Romanstruktur auf, indem es – passend zur episodenhaften Erzählweise – Bildelemente scheinbar beliebig kombiniert.

Seite 453

 Vgl. Texterläuterungen zu Kap. 22.

 Der Stammbaum und die **Personenkonstellation** ließen sich etwa so verbinden:

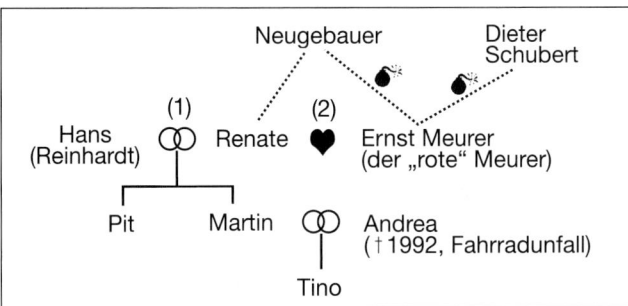

Indem die Schüler sich auf die Suche nach „**Leerstellen**" im Text begeben, haben sie zum einen Gelegenheit, Verständnisschwierigkeiten offen zu artikulieren. Das Zitat, mit dem die Aufgabenstellung eingeleitet wird, soll den Schülern zum anderen deutlich machen, dass gerade solch eine Fragehaltung des Lesers gegenüber dem Text vom Autor beabsichtigt und erwünscht ist.

Zum anderen leisten sie damit eine interpretatorische Vorarbeit, denn insbesondere irritierende Textpassagen („Stutzpunkte") und ausgelassene Informationen („Leerstellen") sind ergiebige Ansatzpunkte für die gestaltende wie auch für die analytische Textinterpretation.

Denkbare **Fragen** sind:
– Der Textauszug beginnt mit einem Auslassungszeichen – enthält der Originaltext eine informative Einleitung? → nein: das Original beginnt sogar noch unvermittelter („Wieso denn?", fragte Renate Meurer ...).

---

[34] www.hh.schule.de/herdersh/schulze/cover.htm (vgl. auch Fußnote 24).

– Z. 9 – Warum unterbricht Renate Meurer die Frage der Ärztin?
– Z. 24f. – Was meint Renate Meurer mit dem Satz, „die anderen habens doch auch geschafft?"
– Z. 87 – Warum bricht Frau H. mitten im Satz ab? ...

Exzerpt der Informationen über Ernst Meurer:

7a – Seit mehr als 20 Jahren (Z. 42) in zweiter Ehe verheiratet mit Renate M., deren erster Mann in den Westen geflüchtet war (Z. 3–5)
– eigener Sohn aus erster Ehe ist verstorben
– SED-Parteimitglied (Z. 16–18)
– Schulleiter (Z. 21)
– Allergie gegen Hundehaare (Z. 93)
– 1978: Verantwortlich für die Entlassung von Dieter Schubert aus dem Schuldienst wegen angeblicher Duldung staatskritischer Schülerbemerkungen (Z. 47–52)
– 1989: Verfasser von linientreuen Leserbriefen anlässlich der ersten Bürgerunruhen, Bezug nehmend auf Ungarn 1956 und Prag 1968 (Z. 30–34)
– 1990 (Februar): „illegale" Reise nach Italien
– Nach der Wende öffentlichen Angriffen ausgesetzt und in ein Stasi-Untersuchungsverfahren verwickelt (Z. 96–112)
– Ca. Ostern 1990: Austritt aus der SED, „freiwillige" Kündigung der Schulleiterstelle
– Erpressung des „Apparatschiks" Neugebauer (Z. 123ff.)
– Terrorisiert seine Frau, die in Stuttgart eine neue Arbeit gefunden hat, dauernd mit Telefonanrufen (Z. 147–149) – Anzeichen eines psychischen ‚Knacks'?
– Begibt sich wegen unterschiedlichster Krankheitssymptome zu Ärzten, ist jedoch völlig gesund (Z. 157–160)
– Zunehmender Realitätsverlust: Während Sanierungsarbeiten im Haus reagiert er immer sonderbarer, entwickelt Ordnungs- und Sauberkeitswahn (Z. 181–190)
– Droht Hausbewohnern mit Gaspistole, um sich Ruhe zu verschaffen – Anlass für Einlieferung in Dösen (Z. 210f.)

7b Die verschiedenen **Schreibformen**, in denen Meurers Lebensdaten verarbeitet werden können, erfordern unterschiedliche Schreibstile (sachlich-nüchtern bis sensationsheischend) und unterschiedliche Perspektiven (Außen- und Innenperspektive). Der Vergleich verschiedener Schülerlösungen ist unter diesem Aspekt reizvoll, denn die Varianten führen zu divergierenden Beurteilungen der Figur.

So würde der „Fall Schubert" in einem Lebenslauf sicherlich gar nicht erwähnt werden, während er im Tagebucheintrag Meurers eine wichtige Rolle spielen könnte (Anstoß für ein Nachdenken über das eigene Verhalten zu DDR-Zeiten). Eine Boulevard-Zeitung würde diesen Fall u.U. nutzen, um eine Kampagne gegen Meurer zu starten und über dessen potenzielle Stasi-Vergangenheit zu spekulieren (vgl. Z. 107).

Im Unterricht sollte besprochen werden, welche Reichweite an Interpretationen der Originaltext zulässt.

Seite 454

8a In dem Gespräch mit der Ärztin Dr. Holitzschek wird deutlich, dass die politische Wende tiefgreifende Veränderungen in der Beziehung zwischen Renate Meurer und ihrem Mann nach sich gezogen hat.

Die Beziehung war jedoch von Anfang an eher eine Art „Zweckgemeinschaft" als eine Liebesheirat, wie die Bedingungen, die von beiden Seiten vor der Ehe an den Partner gestellt wurden, deutlich machen (vgl. Z. 4–8: Renate will keine weiteren Kinder, während Ernst sich ausbedingt, dass Renate den Kontakt zu ihrem ersten Mann abbricht). Darüber hinaus hatte Renate anfänglich sogar den Verdacht, Ernst arbeite für die Stasi und solle sie lediglich davon zurückhalten, ihrem Mann in den Westen zu folgen. Renates Ausdrucksweise in diesem Zusammenhang („Ernst will mich nur, weil ...", Z. 12) lässt jedwede Romantik vermissen.

Rückblickend verteidigt sie das konforme Verhalten ihres Mannes im DDR-Regime, indem sie seine Parteimitgliedschaft ebenso herunterspielt („... ist man halt ... gibt es eben", Z. 21) wie sein Vorgehen im Fall von Dieter Schubert. Sie betont, dass Ernst nur auf Befehl von oben gehandelt habe (vgl. Wiederholung Z. 52). Dieter Schuberts Namen nennt sie zunächst gar nicht, sondern erzählt davon, dass Ernst „mal einen Lehrer entlassen" habe, „dem Lehrer warfen sie vor ..." (Z. 47f.).

Unmittelbar nach der Wende scheint Renate ihrem Mann beigestanden zu haben, jedenfalls stilisiert sie ihn ohne Einschränkung als Opfer, wie ihre drastische Ausdrucksweise zeigt: „Die Zeitung hat ihn ausgeschmiert" (Z. 96), „Die haben Ernst nach Strich und Faden fertig gemacht, freigegeben zum Abschuss" (Z. 114f.). Dennoch setzt in dieser Phase der äußeren Belastung eine deutliche Entfremdung der Ehepartner voneinander ein. Renate kann den Rückzug ihres Mannes in die häusliche Isolation, seine kompromisslose Ablehnung der neuen, westlichen Lebensweise kaum ertragen: „Da wollte ich mich scheiden lassen" (Z. 146). Dennoch realisiert sie die Scheidung nicht, sondern registriert mit zunehmender Distanz, dass ihr Mann immer sonderbarer wird, einen „Knacks" (Z. 138) zu haben scheint: „Er lauerte hinterm Spion" (Z. 189) und „hockt den ganzen Tag in seiner Höhle" (Z. 197). Obwohl Renate Meurer betont, dass sie seinetwegen doch nicht alles aufgeben könne (Z. 213 u. 215), droht sie weiterhin nur die Scheidung an – warum schreckt sie davor zurück, diesen Schritt auch zu gehen? Zeigt sich darin Dankbarkeit angesichts der 20 miteinander verbrachten Ehejahre zu DDR-Zeiten oder ist es Mitleid mit dem gescheiterten und geradezu gebrochenen Mann?

8b Im Anschluss an das Gespräch mit Frau Dr. H. teilt Renate ihrem Sohn mit, dass sie einen Liebhaber namens Hubertus habe und sie zumindest in Erwägung ziehe, diesen zu heiraten (Schulze, S. 242–244). Ihrem Sohn rät sie nachdrücklich davon ab, seinen Vater zu sich zu nehmen: „Lass Ernst, wo er ist, Martin. Du weißt nicht, was du dir aufhalst. Wer will dich dann noch? Sich freiwillig so einen Klotz ans Bein binden!" (ebd. S. 243).

Seite 455

9a-b Trotz der Vorgaben im Schülerband ist *Partnerarbeit* zu empfehlen. Wenn die Ergebnisse auf Folie präsentiert werden, ist ein Vergleich mit der Kopierlage gut möglich. (Vgl. K 7 , LB, S. 628.)

10 Die Erweiterung der **Personenkonstellation** könnte ebenfalls in *Partnerarbeit* erfolgen. Hilfreich wäre es, wenn das Ergebnis der AA 5 a/b, SB, S. 453, auf einem Arbeitsblatt als „Kern" vorgegeben würde. (Zum Vergleich der Ergebnisse kann K 8 , LB, S. 629, herangezogen werden.)

11a Vor jedem Kapitel befindet sich – kursiv gedruckt – „eine Art Stolperstein gegen die Einfühlung, einer ‚Episierung‘ des Inhalts, die signalisiert: Ich kann das auch anders erzählen, als Banalität, als simple Story, als die Zusammenfassung für einen Verriss."[35]

11b/c Bereits beim Vergleich der beiden Textauszüge (SB, S. 450–453 = Kap. 22; SB, S. 456 = Kap. 5) fällt unmittelbar auf, dass die **Erzählperspektive** von Kapitel zu Kapitel wechselt: Die auktoriale Erzählperspektive wird immer wieder durch eine Ich-Erzählperspektive abgelöst. Die Rolle des Ich-Erzählers wird ihrerseits ständig neu besetzt:

Es ergibt sich somit eine **multiperspektivische Erzählweise**, die dem Leser keinerlei Sicherheiten und wenig Orientierung gibt. Dieses „Erzählpuzzle" muss er selber zusammensetzen.

In den vorangestellten Kapitelzusammenfassungen wird zum Teil bereits auf die jeweilige Erzählperspektive hingewiesen („Renate Meurer erzählt von ..."). Sie selbst sind durchgängig von einem auktorialen Erzähler verfasst. Stilistisch gesehen sind sie äußerst knapp formuliert, häufig tauchen Ellipsen auf. Oftmals besitzen die Angaben geradezu Schlagzeilencharakter (vgl. z.B. Kap. 2: „Blauäugigkeit und Voraussicht"), so dass beim Leser Neugier geweckt wird bzw. die Aufmerksamkeit auf bestimmte Textpassagen innerhalb des Kapitels gelenkt wird.

12a Die **Veränderung der Erzählperspektive** in den vorgeschlagenen Textstellen bereitet bereits zwei spätere Aufgaben vor (SB S. 456, Aufgabe 14 bzw. S. 459, Aufgabe).

Zu Text 4:

Frau Holitzschek „behauptet" (!) (SB, S. 456, Z. 1) lediglich einen Dachs überfahren zu haben, tatsächlich ist sie die Verursacherin eines Unfalls mit Todesfolge: Unabsichtlich hat sie offenbar beim Überholen die Radfahrerin Andrea Meurer gestreift, die so unglücklich fällt, dass sie einem Genickbruch erliegt. In Text 4 (SB, S. 456) kehrt sie gemeinsam mit der Museumsmitarbeiterin Danny zur Unfallstelle zurück – angeblich um dort einen toten Dachs aufzulesen. Durch den erzählerischen Trick, dass diese Episode aus der Sicht der ahnungslosen Danny erzählt wird, ahnt man als Leser zunächst nichts von den wahren Zusammenhängen. Bei der Umformung in die auktoriale Erzählperspektive müsste zumindest das Gespräch zwischen Polizist und Dr. Holitzschek mitgeteilt werden, das die Erzählerin Danny nicht mitbekommt. Dadurch würde auch die anschließende Behauptung Dr. Holitzscheks, „die sagen einem nichts, absolut nichts ..." (SB, S. 456, Z. 65), u.U. als Lüge vom Leser durchschaut. Auf diese Weise verheimlicht Frau Dr. Holitzschek Danny gegenüber den Fahrradunfall mit Todesfolge und gerät somit nicht in Verdacht, daran beteiligt zu sein. Die Schüler besitzen an dieser Stelle noch keine Informationen, um an Frau Holitzscheks Worten zu zweifeln. Bei ihrem Umformungsversuch müsste ihnen jedoch deutlich werden, dass Dannys Perspektive an dieser Stelle ausgesprochen beschränkt ist: Mehrfach ist ihr die Sicht durch den vorbeifahrenden Verkehr genommen, zudem ist sie auch akustisch vom Dialog zwischen dem Polizist und Frau Dr. Holitzschek ausgeschlossen.

Zu Text 2:

Der vorgegebene Dialog könnte bei der Umformung in die Ich-Perspektive durch Gedanken einer der beteiligten Figuren angereichert werden.

Reizvoll ist die Ich-Perspektive aus Sicht von Frau Dr. Holitzschek, wenn die Schüler erkannt haben, dass sie die Schuldtragende ist: Warum hat sie sich nie zu ihrer Schuld bekannt? Was geht ihr in diesem Moment durch den Kopf, als sie den Angehörigen des Opfers gegenübersitzt?

12b/c Renate Meurer wirkt während des Gesprächs stellenweise hilflos, sie scheint die politisch-gesellschaftlichen Zusammenhänge nicht immer zu durchschauen

---

[35] Ingo Schulze: Lesen und Schreiben. In: Süddeutsche Zeitung, 6. Juli 2000 (Feuilleton).

und legt sich stattdessen eigene Erklärungsmuster bzw. Strategien zur Bewältigung zurecht. So werden z.B. die Gegner Meurers von ihr pauschal mit „die" bzw. „sie" bezeichnet.

Eine Umformung ihrer Darstellung ins Schriftdeutsche würde zugleich auch ihren Charakter verändern: Die geschliffene Ausdrucksweise entspräche nicht dem Bild von einer einfachen Frau, die geradezu von den Ereignissen überrollt wird und daher auch unsicher wirkt.

Seite 456

13 Diese **Gestaltungsaufgabe** ist sehr schwierig. Sie kann als freiwillig zu bearbeitende Zusatzaufgabe angeboten werden. Die Annäherung an Ingo Schulzes Stil kann nur annähernd gelingen: Andeutungen in knappen Sätzen oder Ellipsen, Perspektivwechsel zwischen Vater, Sohn und auktorialem Erzähler, unterschiedliche Stilebenen (z.B. mit West- und Ost-Jargon) wären einige Möglichkeiten.

Nach der Besprechung der Schülerlösungen könnte vergleichend das Originalkapitel gegenübergestellt werden. (Vgl. Ingo Schulze: Simple Storys. München (dtv) 2001, S. 104–111.)

Mögliche Arbeitsanweisungen:

Wo erfüllt das Kapitel Ihre Erwartungen? Wo weicht Schulze völlig von dem ab, was Sie sich vorgestellt haben? Wie lassen sich diese Abweichungen evtl. begründen? Wie wirkt dieses Kapitel auf Sie?)

14 Die Aufgabe soll die Aufmerksamkeit der Schüler mit Hilfe des Textimpulses wecken und sie auf die Bedeutung des 22. Kapitels vorbereiten. Sollten die Schüler an dieser Stelle das „rätselhafte Ende ohne Dachs" noch nicht erklären können, sollte ihnen die Lösung ruhig noch vorenthalten werden. Im Zusammenhang der Buchrezension (SB, S. 458f.) wird das Rätsel um den Dachs gelöst! (Vgl. Hinweise zu Arbeitsanregung 12, SB, S. 455 bzw. zu den allgemeinen Texterläuterungen, LB, S. 616.)

S. 457–461: II,2. Auf „Schnitzeljagd" im Netzwerk des Romans – Methoden und Tipps für die Lektüre

---

Nachdem der Roman entweder von allen Schülern gelesen wurde oder aber arbeitsteilig der Inhalt der einzelnen Kapitel vorgestellt worden ist, beginnt die „Schnitzeljagd": Verschiedene **Formen der Visualisierung** (Zeitleiste, Karteikarten-Cluster, Netzwerkanalyse) werden vorgestellt, und die Schüler wägen Vor- und Nachteile der einzelnen Darstellungsformen mit Blick auf den Roman „Simple Storys" ab. Den Abschluss bildet eine tabellarische Übersicht zum Gesamtroman (SB, S. 461), die analog auch auf andere zeitgenössische Romane übertragbar ist. Darüber hinaus lernen die Schüler zwei professionelle Interpretationen bzw. Besprechungen des Romans auszugsweise kennen.

Mögliche Ziele:

1. Methoden zur Entschlüsselung komplexer Romane anwenden und Übersichten anlegen (Methodentraining 4)
2. Literarische Qualitäten eines Textes erkennen
3. Mut zur Beschäftigung mit „sperrigen" Texten gewinnen

---

36 Thomas Schweizer, Michael Schnegg: Die soziale Struktur der „Simple Storys" – Eine Netzwerkanalyse. Im Internet unter: www.uni-koeln.de/phil-fak/voelkerkunde.

Seite 457

1a Angesichts des Romanumfangs und seiner Fokussierung auf Alltagssituationen bietet sich die Lektüre als Ganzschrift im Rahmen des Deutschunterrichts nur für eine leserfahrene und -hungrige Klasse an. Im Sinne einer **kursorischen Lektüre** erscheint es jedoch durchaus sinnvoll, jeweils ein Kapitel von einem Schüler knapp vorstellen zu lassen, um davon ausgehend der Romanstruktur weiter auf die Spur zu kommen.

1b–d Die Auswertung ist vergleichbar mit einer „Schnitzeljagd": Jeder Schüler trägt als Experte eines Kapitels einen Schnitzel bei, aber erst der Versuch, die einzelnen Schnitzel in Beziehung zu setzen, gibt den Blick auf die **Struktur des Gesamtromans** frei.

Zu den verschiedenen Visualisierungsmöglichkeiten:

– Einigt sich die Klasse auf die Anlage einer *Zeitleiste*, auf der die verschiedenen Ereignisse angeordnet werden, so dürfte deutlich werden, dass der Roman durchaus chronologisch aufgebaut ist (beginnend im Januar 1990, mindestens bis 1993 reichend), allerdings bei vielen Kapiteln eine genauere Zeitangabe vermissen lässt.

– Eine umfassende *Grafik der Personenkonstellation* könnte an die vorläufige zu Kapitel 22 (SB, S. 453 bzw. S. 455) anknüpfen (vgl. auch **K 8**, LB, S. 629).

– Denkbar wäre es aber auch, die *Karteikarten*, mit deren Hilfe die einzelnen Kapitel vorgestellt werden sollen, nach einheitlichem Muster im DIN-A-5 Format anzulegen. Beginnend mit dem 22. Kapitel entscheidet jeder Schüler, an welches Kapitel er unter welchem Aspekt am besten anknüpfen kann, um sein Kapitel vorzustellen. Die Vorstellung der einzelnen Kapitel entspräche dann natürlich nicht der Reihenfolge im Roman. Stattdessen fänden die Schüler bereits zu einem eigenen Netz, das sie über den Roman legen, und das im Klassenzimmer in Form eines *Clusters* aus Karteikarten abgebildet wird. (Vgl. **K 9**, LB, S. 629)

Seite 458

2a Bei den drei Abbildungen (SB, S. 457f.) handelt es sich um eine sog. *Netzwerkanalyse*. „Schulzes Roman [...] schildert die Veränderungen im deutschen Osten am Beispiel von Bewohnern einer Kleinstadt und ihrer verwickelten sozialen Beziehungen. [... Wir verwenden] die auf der mathematischen Graphentheorie basierenden Verfahren der Analyse sozialer Netzwerke, um das Beziehungsgeflecht zwischen den Personen des Romans zu erfassen und dadurch seine Struktur zu verdeutlichen."[36]

Mit Hilfe der Legenden zu den einzelnen Abbildungen fällt es den Schülern nicht sonderlich schwer, die drei Graphen zu verstehen. Die Aufgabe, die darin enthaltenen Informationen in eigenen Worten auszudrücken, erfordert jedoch die Fähigkeit zur *Strukturierung von Informationen* und schult die *Ausdrucksweise*.

2b/c Das gemeinsame Nachvollziehen der einzelnen Verbindungslinien im Unterricht dient einerseits der Textsicherung, andererseits der intensiven Auseinandersetzung mit Schweizer/Schneggs Netzwerkanalyse.

3a Während die erste Abbildung dem Betrachter zunächst ein Gefühl von Chaos und der Unübersichtlichkeit vermittelt, verdeutlichen die beiden anderen Abbildungen, dass sich innerhalb des Romans verschiedene Beziehungskreise herausbilden und dass einzelnen Personen (z.B. Ernst Meurer, Christian Beyer, Barbara Holitzschek) durch gewisse Konfliktstrukturen besondere Bedeutung zukommt.

3b/c Einerseits tragen die Graphen dazu bei, die beim Lesen geradezu unüberschaubare Zahl an Personen zu erfassen und zu ordnen. Andererseits gibt die nüchterne und reduzierte Art der Darstellung keinerlei Hinweise darauf, wie intensiv die einzelnen Beziehungen sind: Handelt es sich z.B. bei dem Kontakt zwischen Barbara Holitzschek und Enrico Friedrich um eine wichtige Beziehung oder begegnen sich beide lediglich per Zufall auf einer Party und kommen dabei ins Gespräch? Zumindest eine unterschiedliche Strichstärke oder ein zusätzliches Symbol bzw. eine Erläuterung könnten hier mehr Klarheit schaffen. (Vgl. **K 8** , LB, S. 629)

Seite 459

4 Die veränderte Reihenfolge der Textabschnitte der **Rezension** soll die Schüler im Sinne des *„verzögerten Lesens"* zu einer intensiveren Auseinandersetzung mit Höbels Buchbesprechung veranlassen. Die richtige Reihenfolge lautet: g-m-d-e-f-c-h-l-a-k-b-i

5 Der ironisch-distanzierte Tonfall, in dem Höbels Rezension abgefasst ist, regt den Leser zum Schmunzeln an und verführt zum Weiterlesen der Besprechung und u.U. auch zur Lektüre des Romans. Allerdings könnte die Enttäuschung für den ungeübten Leser groß sein: Schulzes Roman ist eben nicht so eindeutig und dicht verfasst, wie Höbels Rezension vermuten lässt. Andererseits gibt Höbel den potenziellen Schulze-Lesern hilfreiche Informationen, die das Verständnis des Romans erleichtern.

6a–c *Statarisches Lesen*, vor allem als wiederholte Lektüre, fällt den Schülern sehr schwer. Hier besteht jedoch ein gut motivierter Anlass, an überschaubaren Textpassagen das genaue Lesen zu schulen.

Eine tabellarische Darstellung erleichtert die Textarbeit:

Text und Zeile	Textstelle als Kurzzitat	Veränderte Bedeutung	Indizien

(Vgl. Texterläuterungen zu Kap. 22 (LB, S. 616 sowie Hinweise zu Aufgabe 12a, LB, S. 618.)

Seite 460

7 Michalzik vertritt folgende Position:
Pro (traditioneller Roman):
– einfacher zu lesen
– Inhalt wäre der gleiche geblieben

Contra:
– langweilig, weil nicht Neues enthalten gewesen wäre: Wiederholung des Wegs von der „warmen DDR-Nische in die kalten Ebenen des Kapitalismus" (Z. 23f.)
– Vorgehen über Miniaturausschnitte verändert die Sicht auf die (bekannten) Dinge
– Das meiste fällt bei Schulzes Gestaltungsweise weg – gerade dadurch wird die Aufmerksamkeit des Lesers geweckt: „Der Leser [...] muss am Buch mitschreiben" (Z. 33f.)
– „Alles liegt in den Worten offen zutage, aber der Sinn bleibt uns [Westlern] immer wieder verborgen. [... Schulze] schafft eine Struktur, die die existierenden Verständnisschwierigkeiten in sich trägt." (Z. 37–40)

Damit stellt Michalzik die Entsprechung von Inhalt und Form des Romans als besonders gelungen heraus. Ein ähnlicher Gedanke steht hinter Gustav Seibts Wortspiel: „Unverkennbar hat [Schulze] die Wende in die Erzählweise verlegt, anstatt die Wende zu erzählen" (SB, S. 457).

4. Vorschläge für Übungen und Klausuren; Materialien/Kopiervorlagen K

4.1 Übersicht über Arten und Funktion der Kopiervorlagen

„Go West!" (1/2)	**K 1**	Günter Grass: Mein Jahrhundert (Auszug) (SB, S. 443)
	K 2	Cornelia Geißler: „Das ist sein Buch. Ich bin der Müller" (Interviewauszüge) (SB, S. 445)
	K 3	Durs Grünbein: Kosmopolit (SB, S. 447)
	K 4	Tipps zur Produktion eines Hörfeatures (SB, S. 449)
	K 5	Günter Kunert: Vom Reisen (Auszug) (SB, S. 449)
	K 6	Frank Armbruster: Neun mal dreizehn (Auszug) (SB, S. 449)
„Simple Storys!" – ein Lesepuzzle (II/1)	**K 7**	„Simple Storys" – Schlüsselfunktion des 22. Kapitels (SB, S. 455)
	K 8	„Simple Storys" – Grafische Darstellung der Personenkonstellation (SB, S. 455)
Auf Schnitzeljagd im Netzwerk des Romans	**K 9**	„Simple Storys" – Der Inhalt des Romans in Form eines Clusters aus Karteikarten (SB, S. 457)

4.2 Kurzbeschreibung der Kopiervorlagen

K 1 Günter Grass: Mein Jahrhundert (Auszug)

Didaktischer Ort: Erweiterungsangebot zum Thema: Der historische Moment des Mauerfalls (SB, S. 443).

Erläuterungen zur Aufgabe:

1. Die Suche nach einer passenden Überschrift dient der Textsicherung, z.B. „Wahnsinn" statt Winterreifen.
2. Bei der vorgeschlagenen Textkürzung würde ein wesentlicher Aspekt des Originaltextes verloren gehen: Mit dem Rückbezug auf Z. 26ff. wird der Schlusssatz mit der Kernaussage: „Denn irgendwie ging das Leben ja weiter" vorbereitet.
3. Anregung für eine Parallelgestaltung zu Grass' Episode. Dabei ist ein Dialog ebenso denkbar, wie ein Brief, ein Tagebucheintrag oder ein innerer Monolog etc.

K 2 Cornelia Geißler: „Das ist sein Buch. Ich bin der Müller" (Interviewauszug)

Didaktischer Ort: Erweiterungsangebot zum realen Hintergrund des Romans „Der Spaziergang von Rostock nach Syrakus" (SB, S. 445)

Erläuterungen zur Aufgabe:

1. „Wessi-Buch" als Vorwurf an den Autor, er habe aus typisch westdeutscher Sicht geschrieben, d.h. an die Stelle ostdeutscher Realität treten westdeutsche Klischeevorstellungen vom Leben in der ehemaligen DDR (vgl. Z. 16–18). „Wessi-Buch" meint zudem ein Buch, das v.a. in Westdeutschland gut „ankommt" (vgl. Z. 26–28 und Z. 68–88).
2. Die Aufgabenstellung soll das Bewusstsein dafür wecken, dass nach wie vor die Haltung zur deutschen Wiedervereinigung von Ost- und Westdeutschen unterschiedlich ist und beiderseits sehr schnell Vorurteile mitspielen – so auch bei der Rezension von literarischen Werken, die sich mit diesem Thema beschäftigen.

K 3 Durs Grünbein: Kosmopolit

Didaktischer Ort:

1. Vertiefungsmöglichkeit zum Thema Reisen (SB, S. 447)
2. Möglich wäre die Interpretation des Gedichtes auch als Übungsaufsatz.

Erläuterungen zur Aufgabe:

Grünbeins Gedicht „Kosmopolit" passt zum thematischen Kontext Reisen. Im Unterschied zu den anderen Texten im 11. Kapitel thematisiert es jedoch das Reisen in einem allgemeinen Sinne.

Das Gedicht besitzt, wenn man Inhalt und Aufbau betrachtet, eine klar erkennbare Finalstruktur: Auf zwei Strophen mit je 8 Versen folgt ein abgesetzter einzelner Vers, der den Schluss des Gedichtes bildet. Dieser Schlussvers enthält die inhaltliche Zuspitzung des Gedichts. Während das lyrische Ich in der ersten Strophe von sich selbst behauptet, nichts vom Reisen zu verstehen, nimmt es in der zweiten Strophe eine deutlich ablehnende Haltung ein: „Dem Körper ist Zeit gestohlen, den Augen Ruhe." (V. 9) Der Schlusssatz behauptet dann sogar: „Reisen ist ein Vorgeschmack auf die Hölle."

Offen bleibt dabei, ob mit der „weitesten Reise" (V. 1) auf eine Todeserfahrung angespielt wird, zumal im Text Bilder aus dem medizinischen Bereich verwendet werden („Erwachen aus der Narkose", V. 7/„Krankenzimmer", V. 14).

K 4 Tipps zur Produktion eines Hörfeatures

Didaktischer Ort: Zusatzmaterial als Hilfestellung für die Gruppenarbeit der Schüler (SB, S. 449)

Erläuterungen zur Aufgabe:

Das Übersichtsblatt enthält Hilfestellungen zur Produktion eines Hörfeatures: Welche Schritte müssen beachtet werden? Welche Reihenfolge bietet sich an? Wie kann man die Ideen zur Gestaltung des Features übersichtlich notieren (Anlage eines Regiebuchs in Tabellenform)?

K 5 Günter Kunert: Vom Reisen

Didaktischer Ort:

1. Wiederholung der textgebundenen Erörterung mit dem Schwerpunkt auf der textübergreifenden Erörterung (SB, S. 449)
2. Übungs- oder Klassenaufsatz

Erläuterungen zur Aufgabe:

1. Kunerts Verständnis vom Reisen:
   - negative Begriffsbestimmung: Reisen *nicht* als bloßes Hinter-sich-bringen einer Entfernung oder zu einem speziellen Zweck (Z. 1–4)
   - stattdessen: Reisen bedeutet das Verlassen einer Gewohnheit (Z. 5ff.) mit dem Ziel der Verwandlung (Z. 19f.)
   - Unter „Verwandlung" versteht Kunert nicht die Zunahme an Kenntnissen etc., sondern dass der Reisende sich selber fremd wird (Z. 26–34), bereit, von sich selber abzusehen (Z. 42).
   - Folge: „Unser Bewertungssystem wird korrigiert" (Z. 75)
   - Letztlich kehrt der solchermaßen Reisende jedoch zu sich zurück, findet sich verändert und erkennt zugleich sich und seine vertraute Umgebung genauer als zuvor (Z. 71–86).
2. Der Schwerpunkt der Aufgabenstellung liegt auf diesem zweiten Aufgabenteil, bei dem der Schüler die Bedeutung des Reisens in der Moderne reflektieren soll. Dabei könnte er auf folgende Aspekte Bezug nehmen:
   - Begleiterscheinungen des Massentourismus sowie moderne Reisemotive stehen einem Reisen im Sinne des Goethezitats „Reisen bildet" entgegen.
   - Andererseits ist Reisen mittlerweile keine elitäre Angelegenheit mehr und eröffnet jedem Reisenden die Möglichkeit, seine Reise nach seinen Vorstellungen zu gestalten (und somit eben auch in Kunerts Sinne zu reisen).

K 6 Frank Armbruster: Neun mal dreizehn (Auszug)

Didaktischer Ort:

1. Wiederholung der textgebundenen Erörterung mit dem Schwerpunkt auf der textimmanenten Analyse
2. Übungs- oder Klassenaufsatz (SB, S. 449)

Erläuterungen zur Aufgabe:

1. Die Bedeutung von Fotos besteht nach Meinung Armbrusters darin, dass sie schlaglichtartig Momente unseres Lebens festhalten. Folgerichtig ist ein Foto umso kostbarer je älter es ist, da die gedankliche Erinnerung zunehmend verblasst. Beim Betrachten von Fotos wird die Vergänglichkeit dem Betrachter schmerzlich bewusst.
   Angesichts dieser Bedeutsamkeit von Fotos für die Erinnerungsarbeit eines Menschen stellt sich Armbruster die bange Schlussfrage, was passiert, wenn die digitale Fotografie ihren Siegeszug fortsetzt.
2. - enger Bezug zur Alltagsrealität des durch zahlreiche Beispiele, in denen Personen mit Allerweltsnamen stellvertretend genannt werden (z.B. „Karl-Heinz vorm Eiffelturm" Z. 2).
   - Fragen und Ausrufe involvieren den Leser in den Gedankengang des Autors
   - Mit Cees Nooteboom und Marcel Proust werden namhafte Autoren zitiert, die dem Gedankengang das nötige Gewicht verleihen sollen (Autoritätsargument)
   - Stellenweise entsteht durch die Wortwahl ein ironischer Unterton (Z. 5–8, 31f.).

- Gehäufte Substantivierungen („die Betätigung" Z. 30; „im Heraufbeschwören" Z. 34; „beim Betrachten" Z. 37) bewirken eine Distanzierung des Autors zum Gesagten. Armbruster bemüht sich darum, einen unterhaltsamen Text über das Alltagsthema „(Urlaubs)Fotos" zu verfassen, dem er dennoch eine nachdenkliche, tiefere Bedeutung abzugewinnen versteht. Insgesamt dominieren eingängige Beispiele und Empfindungen gegenüber den reflexiven Passagen.

3. Den Schülern dürfte es leicht fallen, aufgrund ihrer Erfahrung mit digitalen Bildern und deren Bearbeitungsmöglichkeiten am PC die positiven Aspekte dieser neuen Form der Fotografie herauszuarbeiten. Ausgehend vom Text müssten sie jedoch angesichts der Flüchtigkeit, mit der digitale Fotos produziert werden, auch die Gegenseite entwickeln können. Gerade weil digitale Fotos kaum Herstellungskosten verursachen und dadurch eine Flut von Bildern entsteht, nimmt ihre Bedeutung und die Wertschätzung ihnen gegenüber unter Umständen ab.

4. Adressatenorientierte Gestaltungsaufgabe: Die Produktion von Schwarzweißfotos muss sich einerseits den Vorwurf gefallen lassen, heillos veraltet zu sein und zudem hohe Kosten nebst Umweltbelastung durch Chemikalien für die Schule zu verursachen. Andererseits findet gerade bei der Schwarzweißfotografie eine intensive Beschäftigung mit dem Medium Foto statt. Die Schüler können dabei einen ganzen Produktionsprozess eigenständig durchführen (Aufnahme der Fotos, Entwicklung und Vergrößerung) und messen so dem einzelnen Bild eine ganz andere Bedeutung zu als das sonst in einer Zeit der Bilderflut der Fall ist.

K 7 „Simple Storys" – Schlüsselfunktion des 22. Kapitels

Didaktischer Ort: „Musterlösung" zur Selbstkontrolle (SB, S. 455)

K 8 „Simple Storys" – Grafische Darstellung der Personenkonstellation

Didaktischer Ort: Vergleichsmöglichkeit zu den Schülerlösungen (SB, S. 455)

Erläuterungen zur Aufgabe:

Die erweiterte Personenkonstellation arbeitet mit mehreren Symbolen und Zusatzinformationen. Zum einen sollte überprüft werden, inwiefern diese Darstellung selbsterklärend ist. Zum anderen bietet sich der Vergleich zur Netzwerkanalyse (SB, S. 457f.) an.

K 9 „Simple Storys" – Der Inhalt des Romans in Form eines Clusters aus Karteikarten

Didaktischer Ort: Mögliches Musterbeispiel für die Anlage einer Karteikarte (SB, S. 457)

Erläuterungen zur Aufgabe:

1. Die beiden vorgegebenen, bereits ausgefüllten Karteikarten sollen den Schülern eine Hilfestellung bei der knappen Zusammenfassung des jeweiligen Kapitelinhalts geben und zugleich gemeinsame Beobachtungsaspekte vorgeben, so dass die Auswertungsphase möglichst ergiebig ist.

2. Der Pfeil deutet einen möglichen Anknüpfungspunkt an: Die Geschichte mit dem überfahrenen Dachs taucht mehrfach im Roman auf.
Zu den vorgegebenen Kapiteln würde auch das 14. Kapitel gut passen, das eine nächtliche Szene zwischen den Eheleuten Holitzschek in deren Badezimmer beschreibt. Barbara Holitzschek wirft ihrem Mann fehlende Zivilcourage vor, weil dieser kurz zuvor einigen pöbelnden Neonazis nicht entschieden entgegengetreten war. Kennt man nur dieses Kapitel, sympathisiert man unweigerlich mit der Entschlossenheit Barbara Holitzscheks – angesichts ihrer „Dachslüge" relativiert sich ihre vermeintlich entschlossene und couragierte Haltung jedoch deutlich!

3. Bei der Dokumentation der Karteikarten an der Klassenzimmerwand bietet es sich an, den jeweiligen Bezugspunkt zwischen zwei Kapiteln auf den Karteikarten hervorzuheben und beide Karten sichtbar durch einen Faden zu verbinden. Dadurch entsteht nach und nach ein Netzwerk der Romankapitel, das nach der Vortragsphase noch durch weitere Verknüpfungen ergänzt werden kann.

4.3 Die Kopiervorlagen

Günter Grass (1927): Mein Jahrhundert (Auszug)

ALS WIR, VON BERLIN KOMMEND, zurück ins Lauenburgische fuhren, kam uns, weil aufs Dritte Programm abonniert, die Nachricht übers Autoradio verspätet zu Ohren, worauf ich, wie zigtausend andere, wahrscheinlich „Wahnsinn!", vor Freude und Schreck „Das ist ja Wahnsinn!" gerufen und mich dann, wie Ute, die am Steuer saß, in vor- und rück-
5 läufigen Gedanken verloren habe. Und ein Bekannter, der auf der anderen Seite der Mauer seinen Wohnsitz und Arbeitsplatz hatte und im Archiv der Akademie der Künste, zuvor wie gegenwärtig, Nachlässe hütet, bekam die fromme Mär gleichfalls verzögert, sozusagen mit Zeitzünder geliefert.

Seinem Bericht zufolge kehrte er schwitzend vom Joggen aus dem Friedrichshain zurück.
10 Nichts Ungewöhnliches, denn auch den Ostberlinern war diese Selbstkasteiung amerikanischen Ursprungs mittlerweile geläufig. An der Kreuzung Käthe-Niederkirchner-Straße/Bötzowstraße traf er einen Bekannten, den gleichfalls Laufen ins Hecheln und Schwitzen gebracht hatte. Noch auf der Stelle tretend, verabredete man sich für den Abend auf ein Bier und saß dann in dem geräumigen Wohnzimmer des Bekannten, des-
15 sen Arbeitsplatz in der, wie es hieß, „materiellen Produktion" sicher war, weshalb es meinen Bekannten nicht erstaunte, in der Wohnung seines Bekannten einen frisch verlegten Parkettboden vorzufinden; solch eine Anschaffung wäre ihm, der im Archiv nur Papier bewegte und allenfalls für Fußnoten zuständig war, unerschwinglich gewesen.

Man trank ein Pilsner, noch eines. Später kam Nordhäuser Korn auf den Tisch. Man re-
20 dete von früher, von den heranwachsenden Kindern und von ideologischen Barrieren bei Elternversammlungen. Mein Bekannter, der aus dem Erzgebirge stammt, wo ich im Vorjahr auf Kammlagen totes Holz gezeichnet hatte, wollte, wie er seinem Bekannten sagte, im kommenden Winter mit seiner Frau dort zum Skilaufen hin, hatte aber Probleme mit seinem Wartburg, dessen Vorder- wie Hinterreifen so runtergefahren waren,
25 daß sie kaum noch Profil zeigten. Jetzt hoffte er, über seinen Bekannten an neue Winterreifen zu kommen: wer sich im real existierenden Sozialismus privat Parkett legen lassen kann, der weiß auch, wie man an die Spezialreifen mit der Markierung „M + S", was heißen sollte „Matsch und Schnee", herankommt.

Während wir uns, nun schon mit froher Botschaft im Herzen, Behlendorf näherten, lief
30 im sogenannten „Berliner Zimmer" des Bekannten meines Bekannten mit fast auf Null gedrehtem Ton das Fernsehen. Und während noch die beiden bei Korn und Bier über das Reifenproblem plauderten und der Parkettbesitzer meinte, daß an neue Reifen im Prinzip nur mit dem „richtigen Geld" ranzukommen sei, sich aber anbot, Vergaserdüsen für den Wartburg zu besorgen, sonst jedoch keine weitere Hoffnung zu machen ver-
35 stand, fiel meinem Bekannten mit kurzem Blick in Richtung tonlose Mattscheibe auf, daß dort offenbar ein Film lief, nach dessen Handlung junge Leute auf die Mauer kletterten, rittlings auf derem oberen Wulst saßen und die Grenzpolizei diesem Vergnügen tatenlos zuschaute. Auf solche Mißachtung des Schutzwalls aufmerksam gemacht, sagte der Bekannte meines Bekannten: „Typisch Westen!" dann kommentierten beide die
40 laufende Geschmacklosigkeit – „Bestimmt ein Kalter-Kriegs-Film" – und waren bald wieder bei den leidigen Sommerreifen und fehlenden Winterreifen. Vom Archiv und den dort lagernden Nachlässen mehr oder weniger bedeutender Schriftsteller war nicht die Rede.

Während wir bereits im Bewußtsein der kommenden, der mauerlosen Zeit lebten und
45 – kaum zu Hause angekommen – die Glotze in Gang setzten, dauerte es andererseits der Mauer noch ein Weilchen, bis endlich der Bekannte meines Bekannten die paar Schritte übers frischverlegte Parkett machte und den Ton des Fernsehers voll aufdrehte. Ab dann kein Wort mehr über Winterreifen. Dieses Problem mochte die neue Zeitrechnung, das „richtige Geld" lösen. Nur noch den restlichen Korn gekippt, dann weg
50 und hin zur Invalidenstraße, wo sich bereits die Autos – mehr Trabant als Wartburg – stauten, denn alle wollten zum Grenzübergang hin, der wunderbar offenstand. Und wer genau hinhörte, dem kam zu Ohren, daß jeder, fast jeder, der zu Fuß oder im Trabi in den Westen wollte, „Wahnsinn!" rief oder flüsterte, wie ich kurz vor Behlendorf „Wahnsinn!" gerufen, mich dann aber auf Gedankenflucht begeben hatte.
55 Ich vergaß, meinen Bekannten zu fragen, wie und wann und gegen welches Geld er endlich doch noch an Winterreifen gekommen sei. Auch hätte ich gerne gewußt, ob er den Jahreswechsel von neunundachtzig auf neunzig mit seiner Frau, die während DDR-Zeiten eine erfolgreiche Eisschnelläuferin gewesen ist, im Erzgebirge gefeiert hat. Denn irgendwie ging das Leben ja weiter.

Aus: Günter Grass, Mein Jahrhundert. © Steidl Verlag, Göttingen 1999, S. 332–335.

(Aus lizenzrechtlichen Gründen ist dieser Text nicht in reformierter Rechtschreibung abgedruckt.)

© Schöningh Verlag, Best.-Nr. 028228 1

Arbeitsanweisungen:

Die Schlagzeile der *Süddeutschen Zeitung* vom 11. November 1989 lautete: „In dieser Nacht [9. November] war das deutsche Volk das glücklichste der Welt".

1. Wählen Sie eine Schlagzeile, die zu Grass' Beschreibung dieser Nacht passt.

2. Diskutieren Sie, ob die Episode aus dem Jahr 1989 bereits in Zeile 54 enden könnte.

3. a) Befragen Sie erwachsene Zeitzeugen des Mauerfalls 1989, wo und wie sie von der Öffnung der DDR-Grenze erfahren haben.
b) Wählen Sie einen Zeitzeugenbericht aus und verfassen Sie dazu eine unterhaltsame oder zum Nachdenken anregende Darstellung des historischen Moments.

Cornelia Geißler: Das ist sein Buch. Ich bin der Müller.
(Auszüge aus einem Interview)

Ein (West-)Berliner Schriftsteller schreibt über einen DDR-Bürger, der auszog, Sizilien zu sehen

Der Rostocker Kellner Paul Gompitz erfüllt sich den lang gehegten Traum, einmal Syrakus auf Sizilien zu sehen. Im Frühjahr 1988 reist er illegal nach Italien und kommt im Oktober 1988 in die DDR zurück. Der Schriftsteller Friedrich Christian Delius erzählt davon in seinem Buch „Der Spaziergang von Rostock nach Syrakus" [...] Im wirklichen Leben heißt Gompitz Klaus Müller. Mit dem Autor und dem Vorbild für seinen Helden traf sich Cornelia Geißler.

Das Buch ist vor wenigen Wochen erschienen. Sind Sie mit dem Ergebnis zufrieden?

Delius: Sehr. Ich habe daran härter gearbeitet, als man ihm ansieht. Denn ich wollte mich selbst völlig zurücknehmen
5 und nur als Erzähler eine unerhörte Begebenheit in literarische Sprache bringen – wenn man so will, um diesem Mann, dieser Tat ein literarisches Denkmal zu setzen.

Und Sie, das Vorbild der Erzählung, wie gefällt Ihnen das Buch?

Müller: Ich finde es auch gut. Vor allem die Passagen, die ich
10 verdrängt hatte, weil sie so unangenehm waren: Die Zeit, als ich im Westen versucht hatte, mit meiner Hände Arbeit ein bisschen Kohle zu machen.

Am Telefon erzählten Sie, dies sei ein „Wessi-Buch". Daraus höre ich, dass Sie nicht ganz zufrieden sind.

15 **Müller:** Das müssten Sie als Ossi-Frau verstehen. Bei der Vorbereitungsphase der Reise ist von Ängsten die Rede, die dem Wessi unter die Haut gehen, die wir aber gar nicht mehr hatten. Zum Beispiel war es doch ganz normal, West-Radio zu hören.

20 *Aber so öffentlich, wie im Buch geschildert?*

Müller: Ich meinte es damals als Gag, als ich sagte: Mensch, macht das Ding aus, es könnte ja jemand von der Stasi kommen. Da waren die Typen schon in der Kneipe.

Delius: So habe ich es doch geschrieben. Und der Bezeich-
25 nung „Wessi-Buch" widerspreche ich ganz entschieden. Abgesehen davon, dass das Buch im Osten wie im Westen gleichermaßen gut ankommt, ist es so geschrieben, dass beide Seiten sich darin wiedererkennen und keiner sagen kann: Wir waren besser als ihr.

30 **Müller:** Schlimm ist nur, dass der Rowohlt-Verlag dies zu einem schwejkschen Abenteuer erklärt. Der „Vorwärts" schrieb in seiner Rezension sogar: „Die Abenteuer eines Schwejk aus der ehemaligen DDR". Sie sollten Ihrer Ost-Leserschaft erklären: Dies war eine Reise im besten preußisch-aufkläreri-
35 schen Sinn. Preußisch nicht zuletzt deshalb, weil auch eine militärische Komponente dazugehörte. Wenn ich mich nicht in das militärische Denken dieser Flachköpfe hineinversetzt hätte, wäre das nichts geworden.

Sie haben sich ja sogar mit Radartechnik beschäftigt. Aber etwas
40 *anderes: Kurz bevor Gompitz seine gefährliche Segeltour startet, stellt er fest, dass das Land in Agonie liegt. Wenn Sie das auch so gesehen haben, warum haben Sie nicht abgewartet, bis es vorbei ist mit dem Land?*

Müller: Das will ich Ihnen ganz deutlich sagen: Ich dachte,
45 die Agonie reicht bis zur Jahrtausendwende. Immerhin hätte die Sowjetunion die Mauer mit Gewalt erhalten können. Dass es dort noch finsterer aussieht, haben wir ja alle nicht gewusst.

Ist eigentlich alles authentisch, was F. C. Delius beschreibt?

50 **Müller:** Bis auf meine Familienverhältnisse. Meine Frau hat einen anderen Beruf.

Was hat Ihre Frau gesagt, als Sie wiedergekommen sind? Sie wusste doch vorher nichts von der Reise.

Müller: Na, die hat sich gefreut! Aber im Ernst, für sie war es
55 schrecklich. Als ich weg war, haben Stasi-Leute bei einer Hausdurchsuchung gedroht: Wenn wir den erwischen, stecken wir ihn mindestens zehn Jahre in den Knast. Das hat meine arme Frau so belastet, dass sie jetzt noch darunter leidet.

60 *Der Knast blieb Ihnen ja erspart.*

Delius: Neulich hast du mir erzählt, dass deine Frau erst durch die Lektüre des Buches etwas von dem Schock überwunden hat.

Müller: Das ist wahr. Das Buch hat sie ein bisschen beruhigt.
65 Sie hat mit mir ja nie darüber gesprochen, meine Briefe kaum gelesen. Sie wollte nichts mit Italien zu tun haben. Sie isst nicht einmal mehr Spaghetti.

Woher wissen Sie, dass das Buch im Osten gut ankommt?

Delius: Auf der Buchmesse habe ich es von Verlagsvertretern
70 gehört, die in Sachsen und Thüringen verkaufen. Aber ich merke es auch bei Lesungen. Leserinnen und Leser, die in der DDR gelebt haben, sagen oft, dass sie deshalb von der Geschichte begeistert sind, weil hier etwas erzählt wird, was ihrer Erfahrung nahe kommt – ihrer Sehnsucht, reisen zu
75 können. Hier wird ausgesprochen, was es bedeutete, hinter einer Mauer zu sitzen. Und dass einer sich getraut hat, sich zu verweigern, der nicht bis zur Rente Staatseigentum sein wollte, ist für viele ein starkes Identifikationsmoment.

Und im Westen?

80 **Delius:** Gibt es überwiegend eine starke Neugier. Die meisten Westdeutschen haben ja bis 1989 nicht ganz verstanden, was es hieß, in der DDR zu leben. Gut, sie haben Päckchen nach drüben geschickt. Aber dass da Menschen mit ähnlichen Wünschen und Bedürfnissen lebten, hat man nicht so
85 recht ernst nehmen wollen. So geniert man sich heute ein bisschen, wie man damals mit den armen Verwandten umgegangen ist. Hinzu kommt Bewunderung für diese Tat. [...]

Aus: Berliner Zeitung vom 31.10.1995, Ressort: Kultur.

Arbeitsanweisungen:

1. Erläutern Sie, was die Gesprächspartner unter einem „Wessi-Buch" verstehen.

2. Bücher zur deutschen Wiedervereinigung und ihren Folgen werden in Ost- und Westdeutschland unterschiedlich rezipiert (vgl. Z. 69–88).
Versuchen Sie Auszüge aus anderen „Wenderomanen" aus beiderlei Perspektive zu lesen.

Durs Grünbein (*1962): Kosmopolit

Von meiner weitesten Reise zurück, anderntags
Wird mir klar, ich verstehe vom Reisen nichts.
Im Flugzeug eingesperrt, stundenlang unbeweglich,
Unter mir Wolken, die aussehn wie Wüsten,
5 Wüsten, die aussehn wie Meere, und Meere,
Den Schneewehen gleich, durch die man streift
Beim Erwachen aus der Narkose, sehe ich ein,
Was es heißt, über die Längengrade zu irren.

Dem Körper ist Zeit gestohlen, den Augen Ruhe.
10 Das genaue Wort verliert seinen Ort. Der Schwindel
Fliegt auf mit dem Tausch von Jenseits und Hier
In verschiedenen Religionen, mehreren Sprachen.
Überall sind die Rollfelder gleich grau und gleich
Hell die Krankenzimmer. Dort im Transitraum,
15 Wo Leerzeit umsonst bei Bewusstsein hält,
Wird ein Sprichwort wahr aus den Bars von Atlantis.

Reisen ist ein Vorgeschmack auf die Hölle.

(v 1999)

Aus: Kurt Drawert (Hrsg.): Lagebesprechung. Junge deutsche Lyrik.
© Suhrkamp Verlag 2001, S. 66.

Arbeitsanweisung:

Interpretieren Sie Durs Grünbeins
Gedicht „Kosmopolit".

Tipps zu Produktion eines Hörfeatures

1. Entwurf des REGIEBUCHS

- Einzelbeiträge (Interviewmöglichkeit, Statistik aus Internet, Auszüge aus literarischen Werken) sichten, auswählen und in eine sinnvolle Reihenfolge bringen (= Spielphasen eines Hörspiels)
- Textbeiträge ausformulieren
- Überlegungen zu Musikeinspielung, Geräuschkulisse bzw. Originalton

→ übersichtliche Darstellung in Tabellenform:

Sprecher/in (Notizen zur Vortragsweise)	ausformulierter Textbeitrag	Musik/O-Ton …
Sprecher 1 *(erst nach einigen Takten Musik)*	Als Lindenbergs Sonderzug durch die deutschen Sendeanstalten fuhr, ahnte man weder in Ost- noch Westdeutschland, dass …	Musikeinspielung Lindenberg: „Sonderzug"
…	…	…

2. AUFNAHME des Hörfeatures

- Probedurchlauf (Vortragsweise: ausdrucksvoll, verständlich? Klappen die Übergänge, kennt jeder seinen Einsatz? Wie ist die Qualität der Aufnahme? …)
- Endgültige Aufnahme

Arbeitsanweisung:

Legen Sie Ihr Regiebuch zum Thema „Reisefreiheit als Thema der deutschen Literatur der Neunzigerjahre" nach diesem Muster an.

Günter Kunert: Vom Reisen (Auszug)

[...] Reisen, wie ich es verstehe, ist kein Hintersichbringen einer Entfernung zwischen zwei näher oder entfernter gelegenen Orten, um so rasch wie möglich einen Zweck zu erfüllen, was Zusammensetzungen wie „Geschäftsreise", „Dienstreise" falsch und widersprüchlich benennen. *Reisen* meint weder das Verlassen des Heimes noch der Heimatstadt, noch des so genannten Vaterlandes, sondern vor allem: der Gewohnheit. Selbst noch im letzten, von keiner Einsicht getrübten Touristen schimmert im Unterbewusstsein vom existenziellen Motiv des Reisens, das Metamorphose[1] heißen könnte. Man weiß zwar, Reisen hat sich aus nackten ökonomischen Notwendigkeiten ergeben; wer nicht im weitesten Sinne wirtschaftlich betroffen war, blieb von der Steinzeit an hinterm Ofen hocken, doch trotz dieser realen Ursprünge und neben ihnen (und das ist ein Gesetz, von Gültigkeit auch für andere Bereiche) bedeutet es keineswegs nur Pfefferimport, Austausch von Tonwaren und Bernstein. [...]

Verwandlung hießen wir das geheime und ungenannte Ziel jedes wirklichen Reisens und nicht: irgendwo ankommen. Selbst jemand, der in ausschließlich utilitaristischer[2] Absicht sich von einem geographischen Punkt zum andern bewegt, transzendiert unwillkürlich sein Unternehmen, indem er dessen Begleitumstände betont und hervorhebt und so unfreiwillig eingesteht, wie sehr auch ihn die Mittel der Verwandlung erfasst haben.

Verwandlung – aber wie? Das Wort ist nun oft genug gefallen, somit die Erläuterung fällig. Gemeint ist keineswegs die Zunahme an Kenntnissen und Wissen, keine Steigerung von Fähigkeiten, unterschiedliche Situationen reibungsloser zu bewältigen – gemeint ist, dass die *Fremde* (und ich benutze bewusst den altertümlichen, doch treffenden Ausdruck) den Reisenden sich selber fremd werden lässt. Woanders ist man ein anderer. Welcher einigermaßen empfindsame Reisende merkte nicht beispielsweise unter südlicherem Himmel an sich selber eine stärkere Bereitschaft zu größerer Lebhaftigkeit, gar zur ungewohnten Gestikulation? Dem anderen Lebensrhythmus sich anpassend, verliert er merklich von der eigenen, ohnehin unsicheren Individualitätssubstanz, gewinnt jedoch fremdartig neue hinzu, die aus der Kollektiv-Individualität, von welcher er eingehüllt wird, auf ihn übergeht. Man meint, die abweichende, sogar gegensätzliche Daseinsweise durch ein Minimum an Mimesis[3] zu begreifen, nachzufühlen, und in diesem Nachfühlen (etwas wie ein emotionales Bewusstsein, und das ist bloß ein scheinbarer Widerspruch) liegt bereits, da wir ja damit schon von uns selber absehen und anderes Leben in uns aufzunehmen trachten, die Verwandlung beschlossen. Beteiligt sich noch unsere Fantasie, unser Vorstellungsvermögen an dem Vorgang, erhöht sich seine Intensität: Jede Landschaft bietet uns plötzlich Heimat und glückliche Geborgenheit, jedes Haus die Möglichkeit, eine Existenz hineinzuprojizieren, welche die unsere sein könnte, sein müsste. [...]

Auf solche Weise wurde ich in New Mexico zum Indianer. Ich bin sowohl der etwas suspekte, vermutlich im Grenzbereich der Kriminalität operierende Kramhändler vom sonnabendlichen Krammarkt in Brighton, wie auch jener Postangestellte im abgelegenen Tiroler Inntal-Dorf, wo fünfhundert Meter von der Autostraße weg die Kalender einige Menschenjahre hindurch nicht erneuert wurden. Der Stärkegrad freilich des Sichverwandelns schwankte. Das hängt von der Eindrucksmächtigkeit der bisher unbekannten Umgebung ab, von der hinterbliebenen Kraft örtlicher Vergangenheit, von der Vitalität ihrer Bewohner, die heftiger oder geringer spürbar, sinnlicher oder abstrakter sein kann; ihre Anwesenheit, ihre Geschichte und ihre Geschichten, ob den Gesichtern hypothetisch entnommen oder tatsächlich gehört, es sind die kostenlosen Mittel, derer wir bedürfen, unser eigenes Ich auszutauschen – freilich: Es handelt sich nur um einen scheinbaren Austausch, und doch: Etwas bekommen wir und etwas geben wir fort dabei, ohne dass wir genau zu definieren vermögen, was es eigentlich ist. Auf jeden Fall sensibilisieren uns solche Pseudo-Morphosen: Sie öffnen unsere Poren. Unser Bewertungssystem wird korrigiert: Wir erkennen, was Leben sein kann und was nicht und welches von beiden mehr wert wäre, gelebt zu werden.

So außer sich und seinem persönlichen Alltag geraten, in einer Art gezügelter, doch permanenter Ekstase, erfährt der Reisende auch das eigene Ich, da er nach allen Wandlungen und Verwandlungen erneut und immer wieder zu sich selber zurückkehrt. Weil es jedoch bei dieser Rückkehr kaum mehr der ganz Gleiche ist wie vordem, findet er sich selber fremd und verfremdet vor, sich selber deutlicher erkennbar, eingebettet im Gelee seiner sozialen und gesellschaftlichen Lage.

Derart vollzieht sich an Reisenden die Goethische Sentenz „Reisen bildet", was, dem Sprachgebrauch des Alten zufolge wahrscheinlich mehr enthält als nur Bildungserlebnis und wohl eher und glaubhafter besagt, dass, wer da reise, zum Menschen gebildet werde. Was eben auf andere Weise das gleiche verheißt: Verwandlung – aus rohem Stoff zu einem Wesen, das (potenziell) die Gesamtheit, meinetwegen: die Gattung, mitenthält. Eine Literatur, die sich mit dem Reisen befasst und sich solcher Möglichkeiten trotzdem nicht bewusst ist, darf getrost als „Reise-Literatur" bezeichnet werden: Ihr bleibt alles unverwechselbar exotisch und außerhalb des Begreifbaren, Begriffenen, sogar Begrifflichen.

Wo aber die Reise zum Zentrum der Dinge, der irdischen Dinglichkeit geht und die Reflexion am Steuer sitzt, von solcher Reise erwarten wir, wenn einer eine tut, dass er was davon erzählen kann, dessen wir nicht mehr entraten möchten, nachdem wir es erfuhren.

Aus: Rainer Nolte (Hrsg.): Essays von der Aufklärung bis heute. Berlin (Cornelsen) 1993, S. 270–272.

Arbeitsanweisungen:

1. Fassen Sie in eigenen Worten zusammen, was Kunert unter Reisen versteht und worin er den eigentlichen Sinn des Reisens sieht.

2. Erörtern Sie die Bedeutung des Reisens für den modernen Menschen. Beziehen Sie dabei Ihre Kenntnisse zum Thema Reisebeschränkungen in der ehemaligen DDR ein.

---

[1] Metamorphose: Verwandlung
[2] utilitaristisch: lediglich auf das Nützliche beschränkt
[3] Mimesis: nachahmende Darstellung

Frank Armbruster: Neun mal dreizehn

Jetzt liegen sie wieder millionenfach in den Abholregalen der Fotogeschäfte und Super-
märkte, Format neun mal dreizehn, glänzend: Karl-Heinz vorm Eiffelturm, Tante Ger-
da auf der Rialto-Brücke, wir mit unseren Liebsten in der Taverne auf Santorin, umringt
von geleerten Retsina-Flaschen. Urlaubsfotos, wie sie jedes Jahr geknipst und entwickelt
5 werden, in Diarahmen und Alben gesteckt werden, wo sie unter Umständen viele Jahre
ausharren müssen, bis man sie irgendwann wehmütig wieder zur Hand nimmt und
staunt: Wie haben wir damals nur ausgesehen? Haben wir wirklich solche Hosen ange-
habt? Und diese Frisur, unmöglich!

Fotoalben, so hat der niederländische Autor Cees Noteboom einmal geschrieben, seien
10 wie ein Roman, aus dem eine Menge Seiten herausgerissen sind. Die fehlenden Seiten
sind in unserer Erinnerung gespeichert, als Chronologie unseres Lebens, aus dem die
Fotos schlaglichtartig einzelne Momente beleuchten.

Meist besitzt die Fotogeschichte eines Lebens die charakteristischen periodischen Ver-
dichtungen: Die Kindheit ist in der Regel durchgängig bebildert, [...] später beschränkt
15 man sich dann auf die wichtigen, aus dem Alltag herausragenden Ereignisse, auf Hoch-
zeiten, Geburtstage und Familienfeste. [...] Dabei gibt es Standardsituationen, die zu
Chiffren für die Sitten einer Gesellschaft geworden sind und die fast jeder in seinem
Album hat: der erste Schultag mit seiner Schultüte, die Kommunion oder Konfirmation,
das Tanzstundenballfoto und später, individueller, die Urlaubsbilder.
20 Vordergründig sind diese Urlaubsbilder natürlich erst einmal Beweismittel. Schaut her,
liebe Nachbarn und Verwandten, wir waren fort! Je kürzer die zur Verfügung stehende
Urlaubszeit ist, desto größer fällt in der Regel das Verlangen nach umfassender Dokumentation aus, [...] was besonders schön bei japanischen Reisegruppen zu beobachten
ist, die an touristisch bedeutenden Plätzen ausschwärmen, sich aufstellen, ihre Filme
25 durchschießen und wieder in den Bus einsteigen, ohne der Umgebung selbst besondere Aufmerksamkeit geschenkt zu haben.

Die Sehenswürdigkeit allein ist dabei für viele Menschen noch nicht gleichbedeutend
mit Fotografierwürdigkeit; [...] erst die Kombination fremder Landschaften und Städte
mit dem Konterfei von Onkel Fritz und Tante Anneliese erzeugt die nötige Spannung
30 zwischen Exotik und Heimat und rechtfertigt die Betätigung des Auslösers. [...]

Die Verlockung, das Erlebte fotografisch zu speichern, speist sich aus dem Wissen, dass
man sich in Zukunft über die Aufnahme freuen wird. Je älter Fotos sind, desto kostbarer werden sie, da mit fortschreitender Zeit die Erinnerung verblasst. Doch der nostal-
gische Rückblick ist fast immer auch mit Wehmut verbunden, denn im Heraufbe-
35 schwören einer früheren Zeit wird dem Betrachter mit aller Deutlichkeit vor Augen geführt, dass die Jahre vorbei und verschwunden sind. [...]

Beim Betrachten alter Fotos kann man vom Hundertsten ins Tausendste kommen. Wie
dem Erzähler in Prousts Roman „Auf der Suche nach der verlorenen Zeit" durch den
Geschmack einer in Lindenblütentee getauchten Madeleine die Bilder seiner Jugend in
40 Combray auferstehen, so können einem beim Blick auf ein Foto Stimmungen wieder
einfallen, Gesichter, Musikfetzen, ... der Duft eines Lavendelfelds in der Provence zum
Beispiel, die Stimme eines Antiquitätenverkäufers in einem englischen Provinzstädt-
chen, die Hitze einer spanischen Nacht. [...]

Doch was wird bloß aus unseren Fotoalben werden, wenn die digitale Fotografie ihren
45 Siegeszug fortsetzt? [...] Bilder im Computer sind praktisch und bequem, doch sie steigern nicht unbedingt die Intensität unserer Wahrnehmung. Diese Erkenntnis verbreitet sich allmählich wohl mehr und mehr. Die mit Videokameras vorm Auge durch süd-
liche Altstadtgassen torkelnden Dauerfilmer sind, wenn der Schein nicht trügt, in den
vergangenen Jahren etwas seltener geworden.

Aus: Stuttgarter Zeitung vom 27.8.2002.

Arbeitsanweisungen:

1. Geben Sie die Kerngedanken des Textes wieder.

2. Untersuchen Sie, wie Armbruster sprachliche Mittel einsetzt, und beschreiben Sie deren Wirkung auf den Leser.

3. Nehmen Sie Stellung zu der Frage, ob der Siegeszug der digitalen Fotografie einen Fortschritt oder einen Verlust darstellt.

oder

4. Stellen Sie sich vor, dass an Ihrer Schule die Einrichtung (bzw. Renovierung) eines Fotolabors zur Entwicklung von Schwarzweißfotos geplant ist. Verfassen Sie einen Kommentar für die Schülerzeitung.

Ingo Schulze: „Simple Storys" – Schlüsselfunktion des 22. Kapitels

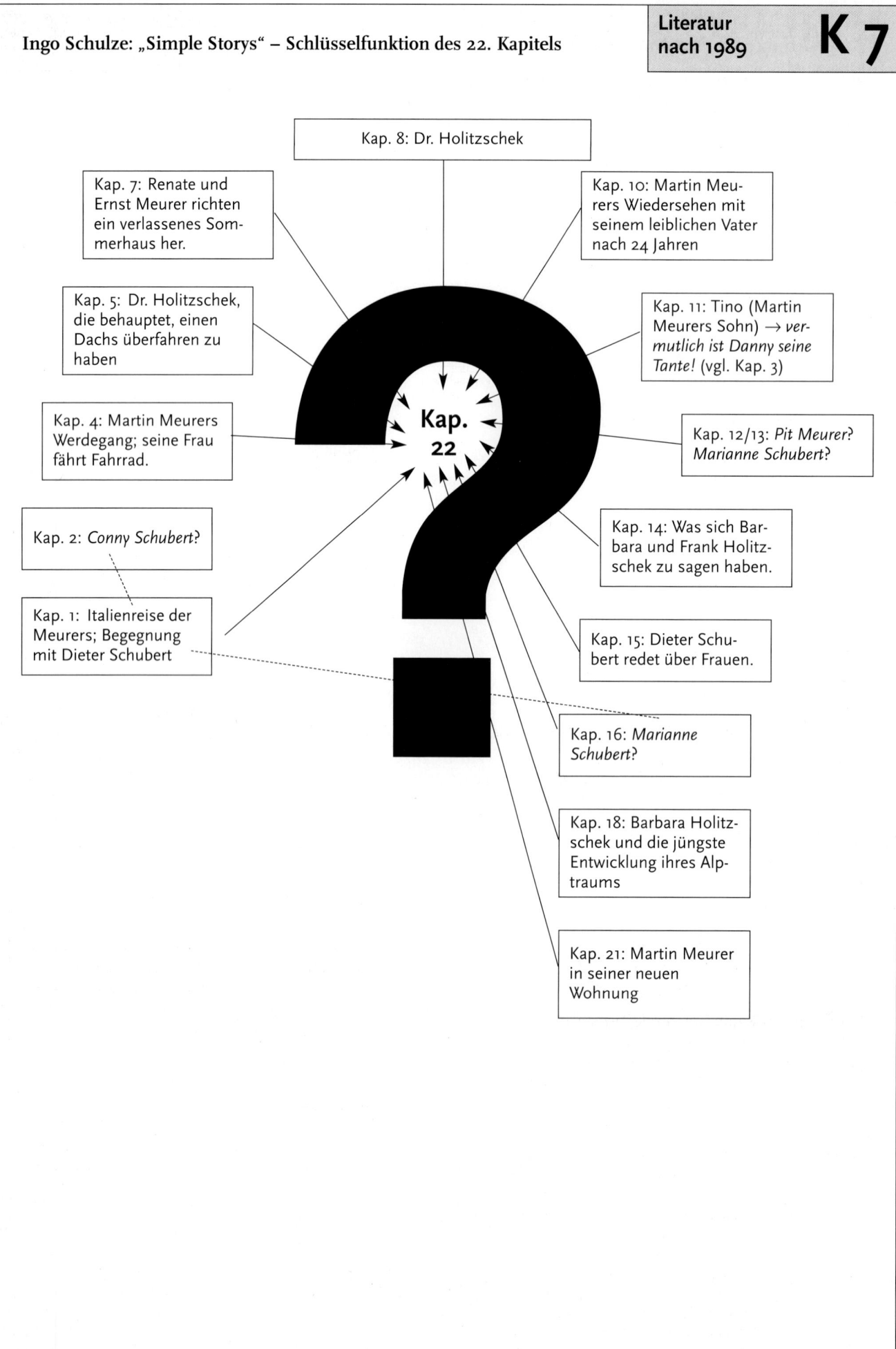

Ingo Schulze: „Simple Storys" – Grafische Darstellung der Personenkonstellation

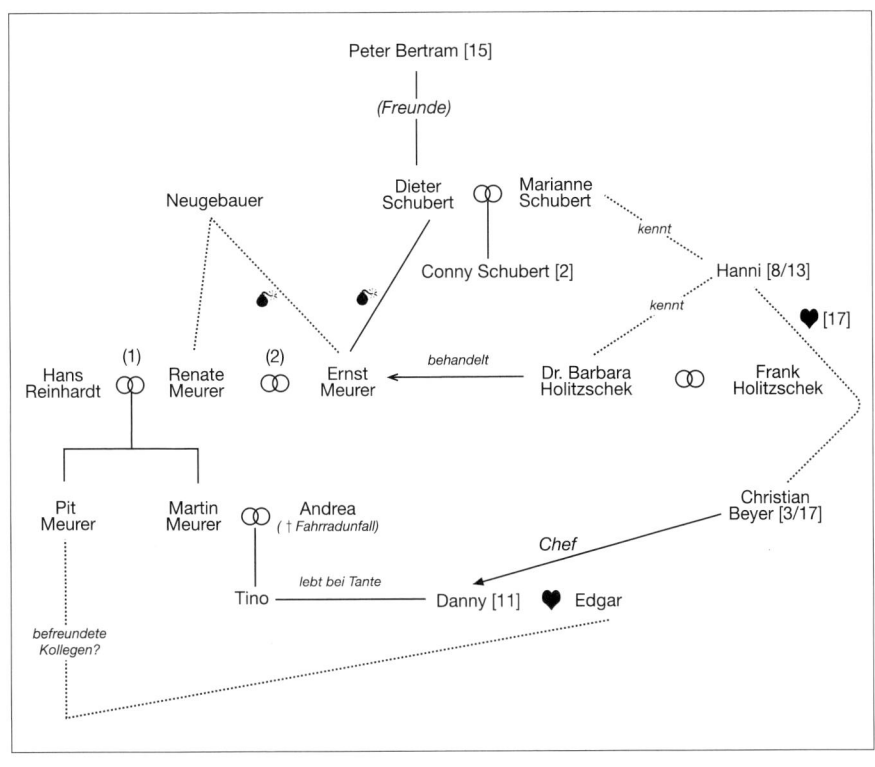

Arbeitsanweisung:

Beurteilen Sie die Übersichtlichkeit und Aussagekraft dieser Darstellung.

Ingo Schulze: „Simple Storys" – Der Inhalt des Romans in Form eines
Clusters aus Karteikarten

Erzähler(in): Lydia **Zeitpunkt:** Okt. 91

Beteiligte Personen:
– Lydia Schumacher
– Hanni
– Dr. Barbara Holitzschek

Situation:
vergebliche Suche nach einem Dachs, den Frau H. angeblich überfahren hat.

5
„Zugvögel"

Aussage des Kapitels/zentrale Textstelle:
Kurzes Gespräch am Kap.ende über (Un)Zufriedenheit im neuen Lebensalltag: „Sehnst du dich auch manch-mal nach früher?" (S. 60)

Erzähler(in): Frank Holitzschek **Zeitpunkt:** Febr. 93

Beteiligte Personen:
– Frank Holitzschek
– Dr. Barbara Holitzschek

Situation:
Barbara H. hat Alpträume wegen des 2 Jahre zuvor überfahrenen „Dachses". Frank versteht seine Frau nicht.

18
„Der Morgen nach dem Abend"

Thema bzw. Aussage des Kapitels:
Barbaras Leben mit ihrer Schuld und Lüge (Selbstmord-gedanken) – Belastung für die Beziehung

Arbeitsanweisungen:

1. Bereiten Sie die Zusammenfassung eines Romankapitels vor und legen Sie dazu nach dem Muster von Kap. 5 und 18 eine Kartei-karte an (DIN-A 5).

2. Wählen Sie den passenden Zeitpunkt Ihres Vortrags, indem Sie bei der Auswertung im Plenum einen Anknüpfungspunkt an ein anderes Kapitel abwarten.

3. Ordnen Sie nach Ihrem Vortrag Ihre Karteikarte an der passen-den Stelle den bereits vorhandenen Karten zu und markieren Sie Bezugspunkte zu den anderen Kapiteln, so dass nach und nach ein Netz der Romankapitel entsteht.

ZWÖLFTES KAPITEL Moderne Medien und vernetzte Welt

1. Gegenstands- und Konzeptionsbeschreibung

1.1 Pädagogisch-fachwissenschaftliche Aspekte

„Wenn ein Schriftsteller oder Geisteswissenschaftler oder Journalist vor zehn Jahren bekannte, ein Computer werde ihm nie ins Haus kommen, so klang das noch standhaft und wacker, als verteidige da jemand unvergängliche Kulturwerte gegen die Versuchungen einer leichtlebigen Zeit. Heute outet man sich mit einem solchen Bekenntnis nur noch als einer, der keine Ahnung hat. Wer den Computer boykottiert, schadet nur sich selbst."[1] Diese Aussage Dieter E. Zimmers beschreibt sehr treffend den aktuellen Stand einer Entwicklung, die auch vor Kinder- und Klassenzimmern nicht Halt macht. Im Zusammenhang mit dieser Entwicklung rücken die modernen Medien, Computer, Internet, Handy etc., immer stärker in den Mittelpunkt der Forschung. Diese versteht den Umgang mit Medien heute als Kulturtechnik, die erlernt werden müsse wie Lesen und Schreiben. Benutzer müssen und können den Umgang mit Medien lernen, d.h. sie müssen auf der einen Seite die vielfältigen Geräte bedienen lernen, und sie müssen auf der anderen Seite Bezüge der in den Medien (Bücher, Zeitungen, Rundfunk und Fernsehen sind hier genauso zu sehen wie Computer und Internet) präsentierten Wirklichkeiten zu ihren eigenen Realitätserfahrungen herstellen und diese einordnen können. Schüler müssen also auf verschiedenen Ebenen Medienkompetenz erwerben. In der Kursstufe des Gymnasiums kann es dabei nicht mehr darum gehen, den praktischen Umgang mit den Geräten, der Hardware, zu üben. Auch Reflexionen über Nutzungsmöglichkeiten und Gefahren haben bereits stattgefunden[2]. In der Kursstufe muss es überwiegend darum gehen, den Schülern Einblicke in Vielfalt und Komplexität der Medienproblematik zu ermöglichen, von der Mediengeschichte bis hin zur Möglichkeit der Vernetzung klassischer und moderner Medien zur Multimedialität und ihrer (sinnvollen) Anwendung. Unterricht, der das Erkennen dieser Mehrdimensionalität von Medienkompetenz ermöglicht, wird heute als ein wichtiger Beitrag zur Identitätsbildung gesehen[3].
Die Forschung hat sich in den letzten Jahren immer intensiver dieses Themas angenommen, das zeigen allein die immens gestiegene Zahl und Ausrichtung der Veröffentlichungen. Dabei geht der Blick immer mehr von den „klassischen" Medien (Buch, Rundfunk, Film, Fernsehen) weg zu den so genannten „neuen" Medien (Computer und Internet)[4]. Die Fachdidaktik greift diese Entwicklung auf[5], neue Schulbücher versuchen sie für den Unterricht nutzbar zu machen.
Mit Hilfe exemplarischer Texte werden in diesem Kapitel verschiedene Problembereiche erörtert, so z.B. die Problematik „alte" und „neue Medien", die Entwicklung vom „alten" zum „neuen" Fernsehen, die Problematik Wahrnehmung und Wirklichkeit etc. Diese Vertiefung soll ermöglichen, dass die Schüler lernen, Zusammenhänge über die komplexen Strukturen verschiedener Medien diachron und synchron zu erkennen, die Erkenntnisse für sich umzusetzen und auf ihre Lebenswelt anzuwenden.
Ein solches Kapitel auf der Sekundarstufe II muss über eine rein deskriptive Ebene hinaus den Blick schärfen für eine multimediale Zukunft. Das erfordert auf der einen Seite induktive Ver-

fahren, denn, wie eine konstruktivistische Pädagogik nachhaltig zeigt, wirken nur Überzeugungen, die selbst entwickelt und überprüft wurden[6]. Auf der anderen Seite müssen erprobte analytische Verfahren, z.B. der Textbeschreibung, demonstriert und angewandt werden, um die Fertigkeiten der Schüler im Verstehen und Erschließen expositorischer Texte zu schulen.

1.2 Fachdidaktisch-methodische Aspekte

Neue Schulbücher und vor allem die Fachzeitschrift PRAXIS DEUTSCH[7] entwickeln zunehmend Ansätze zur Mediendidaktik und -methodik im Deutschunterricht. Wichtig ist das Angebot einer konsequent aufgebauten und curricular begründeten Medienerziehung, die in der Elementarerziehung beginnt, im schulischen Bereich nach dem Prinzip der Nachhaltigkeit verfährt und in didaktischer Progression über alle Schuljahre aufgebaut wird und dabei neueste Erkenntnisse der Wahrnehmungs- und Kognitionsforschung berücksichtigt sowie Perspektiven für die Zukunft aufscheinen lässt.

---

[1] Dieter E. Zimmer: Die Bibliothek der Zukunft. Text und Schrift in den Zeiten des Internet. Hamburg (Hoffmann und Campe) 2000, S. 7.
[2] Vgl. dazu z.B. die Ausführungen in:
    Peter Mettenleiter/Stephan Knöbl (Hrsg.): BLICKFELD DEUTSCH 9/10, Lehrerband. Paderborn (Schöningh) 2001, S. 26 und 348ff.
[3] Aus den vielen Veröffentlichungen ist wegen seiner vielseitigen und informativen Aspekte besonders hervorzuheben: Norbert Groeben/Bettina Hurrelmann (Hrsg.): Medienkompetenz. Voraussetzungen, Dimensionen, Funktionen. Weinheim und München (Juventa) 2002. Hier gibt es auch interessante Literaturhinweise zu einzelnen Themen des Komplexes.
[4] Einen ausführlichen Überblick über den aktuellen Stand der medienpädagogischen Forschung bietet: Martin K. W. Schweer (Hrsg.): Aktuelle Aspekte medienpädagogischer Forschung. Wiesbaden (Westdeutscher Verlag) 2001.
    Interessante pädagogische und didaktische Überlegungen findet man u.a. in:
    – Wolfgang Maier: Grundkurs Medienpädagogik Mediendidaktik. Weinheim und Basel (Beltz) 1998.
    – Ingbert von Martial/Volker Ladenthin: Medien im Unterricht.. Hohengehren (Schneider) 2002.
    Methodische Hinweise liefern:
    – Hartmut Koch/Hartmut Neckel: Unterrichten mit Internet & Co. Berlin (Cornelsen Scriptor) 2001.
[5] Als aktuelle Beispiele seien genannt:
    – Bodo Lecke: Medienpädagogik, Literaturdidaktik und Deutschunterricht In: Michael Kämper–van den Boogaart (Hrsg.): Deutschdidaktik. Berlin (Cornelsen Scriptor) 2003, S. 34–45.
    – Wolfgang Steinig/Hans-Werner Huneke: Sprachdidaktik Deutsch. Berlin (Schmidt) 2002 (vor allem die Seiten 160 bis 183).
[6] Vgl. hierzu: Horst Siebert: Pädagogischer Konstruktivismus. Neuwied, Kriftel (Luchterhand) 1999.
[7] Z. B. die Hefte: 153 (Januar 1999): Medien im Deutschunterricht; 158 (November 1999): Internet; 167 (Mai 2001): Recherchieren; 171 (Januar 2002): Stars – Idole – Medienwelten.

Als Prämissen für das 12. und letzte Kapitel des Oberstufenbandes von BLICKFELD DEUTSCH gelten:

- Anwendung,
- Variation,
- Transfer (jeweils mit Beispielen).

1.2.1 Sprechen und Schreiben

Im Arbeitsbereich Sprechen und Schreiben werden die folgenden Formen aufgegriffen und im Sinne einer curricularen Progression differenziert weitergeführt: *Sammeln, Verarbeiten und Präsentieren* von *Informationen und Ergebnissen* und deren *Diskutieren* und *Erörtern* vor dem Hintergrund Fernsehen, Computer und Internet. Neben *Arbeitsformen* (Streitgespräch, Diskussion, Recherche) und *Arbeitstechniken* (Stichwortzettel, Exzerpte verfassen, Texte analysieren, Ergebnisprotokolle schreiben) steht die *Einführung einer neuen Methode* (Wochenplanarbeit) im Mittelpunkt. Die Schüler sollen mit ihrer Hilfe lernen, ihre eigene Lernarbeit zeitlich und organisatorisch zu planen. Im Sinne des *produktionsorientierten Handelns* und des *kreativen Gestaltens* werden eigene Texte verfasst, in denen *journalistische Formen* und die *Verwendung von Fachbegriffen* aus dem Bereich der neuen Medien eine besondere Rolle spielen sollen. Ausgangspunkte sind dabei die terminologischen Setzungen von Waldmann und Fritzsche, die das Selberschreiben als ein Mittel sehen, mit dessen Hilfe Schüler Texte besser verstehen („produktives Schreiben"), und die zum anderen Texte als Material und Mittel sehen, um Schüler zu poetischem Arbeiten anzuregen („kreatives Schreiben")[8].

1.2.2 Literatur und Medien

Dieser Arbeitsbereich wird dominiert von *Beispieltexten aus den verschiedensten Medienbereichen (Buch, Hörspiel, Film, Fernsehen, Internet), Sachtexten* und *Romanauszügen*. Die Textauswahl ist sehr knapp gehalten, denn es geht in diesem Kapitel vor allem um Reflexion, nicht um Information[9]. *Ein Gedicht und eine Parabel* dienen zur Einführung in die Problematik „alte und neue Medien", das bekannte Werk eines berühmten Autors (Döblins *Berlin Alexanderplatz*) zur *Vertiefung* und zur *Anwendung* bekannter *Fachbegriffe* aus dem Medienkontext. Mit der Nutzung des Internets (im Buch auch auf den Seiten 227, 251, 265, 287, 403, 408, 421, 442 und 484) soll ein erstes und vorläufiges Fazit über den Stand der Medienentwicklung ermöglicht werden (diachron und synchron). Die getroffene Auswahl an *Sachtexten* soll den Schülern die Möglichkeit bieten, Produktionsbedingungen wie auch Wahrnehmungsprobleme verschiedener Wirklichkeitsebenen kennen zu lernen, zu analysieren und in ihrer jeweiligen Bedeutung für die eigene Lebenswirklichkeit zu verstehen. Das ist auch der Grund für die kontrastive Auswahl der Texte, die „alte und neue Medien" zusammenführen und einen Blick in die Zukunft ermöglichen sollen.

1.2.3 Sprachbetrachtung

Die Sprachbetrachtung steht ganz im Zeichen der *Fachsprache* von Hörspiel, Film, Fernsehen und Computer *(Spracheigenarten informierender, appellierender und erörternder Texte, argumentative Sprachverwendung)*[10]. Durch Anwendungsbeispiele und Systematisierung erfahren diese Bereiche eine Erweiterung im integrierten Deutschunterricht (auch und vor allem im Hinblick auf eine kritische Nutzung der modernen Medien).

2. Sequenzvorschläge

Texte und Bilder aus BLICKFELD DEUTSCH Oberstufe	Didaktisch-methodische Kommentierung
I. Die komplexe Wirklichkeit und ihre Vermittlung (S. 462–468) 1. Unser Leben, eine Vorabendserie? – Realität und mediale Wirklichkeiten (S. 462–466) *Enzensberger: Altes Medium *Illies: Generation Golf (Auszug) Dürrson: Kleiner Akt Ein Fernsehprogramm von 1972 für einen historischen Vergleich Doelker: Kulturtechnik Fernsehen (Auszug) **Alternativen:** Einstieg über ein blitzlichtartiges Sammeln von Schülerassoziationen zum Thema „Medien – früher, heute und in Zukunft" oder zum Thema Soaps. Aussagen zur individuellen Mediennutzung (z.B. über Fragebogen, evtl. auch im Vergleich zur Nutzung der Unter- und Mittelstufe) könnten zum Anlass für einen Vergleich mit früheren Angeboten genutzt werden, z.B. durch Elternbefragung. So könnte Neugier für die im Folgenden zu bearbeitenden Schwerpunkte geweckt werden.	**Motivation** und erste **Orientierung** durch Texte, die zur Problematik „alte und neue Medien" hinführen. **Reorganisation** wichtiger Ergebnisse und Fertigkeiten aus dem 9. und 10. Schuljahr, **Anwendung** vorhandener Kenntnisse: - induktiv zur Problematik hinführen, - Fernsehsendungen analysieren, - Untersuchungsergebnisse diskutieren. **Reorganisation** medienspezifischer Grundsätze: - Auswirkungen verschiedener „Wirklichkeiten" kennen und mit ihnen umgehen lernen, - Beispiele verwenden, - literarische Texte analysieren, - einen Sachtext untersuchen, - Gestaltungs- und Anwendungsaufgaben lösen.

---

[8] Joachim Fritzsche: Zur Didaktik und Methodik des Deutschunterrichts. Band 3: Umgang mit Literatur. Stuttgart, Düsseldorf, Berlin, Leipzig (Klett) 1994, S. 197f. – Günter Waldmann: Produktiver Umgang mit Literatur im Unterricht. Baltmannsweiler (Schneider) ²1999, S. 26ff.

[9] Wenn es für nötig gehalten wird, mehr Informationen zu bearbeiten, so findet man diese in den Werken, die in den Fußnoten 2, 4 und 6 auf S. 631 im Lehrerband angegeben sind, oder in den Kopiervorlagen, LB, S. 647ff.

[10] Ausführungen zu den Veränderungen der Sprache durch die neuen Medien sind gesammelt in:
  - Rüdiger Weingarten (Hrsg.): Sprachwandel durch Computer. Opladen (Westdeutscher Verlag) 1997.
  Mit Konsequenzen der Entwicklung der modernen Medien (auch auf die Sprache) beschäftigt sich:
  - Franz Josef Röll: Mythen und Symbole in populären Medien. Frankfurt am Main (Gemeinschaftswerk der evangelischen Publizistik) 1998.
  Erste empirische Untersuchungen zu individuellen Veränderungen bei Schülern beschreiben: Michael Myrtek/Christian Scharff: Fernsehen, Schule und Verhalten. Bern, Göttingen, Toronto, Seattle (Huber) 2000.

Texte und Bilder aus BLICKFELD DEUTSCH Oberstufe	Didaktisch-methodische Kommentierung
2. Verfälschung oder Trivialisierung? – Aspekte aktueller Medienkritik (S. 467–468) Wirth: Acht Thesen über die Aufgabe und den Wert des öffentlich-rechtlichen Rundfunks für die Gesellschaft *Postman: Wir amüsieren uns zu Tode (Auszug) **Alternativen:** Denkbar sind Kommentare aus jeweils aktuellen Tageszeitungen, die sich mit dem Zustand der Medien befassen. Die ganze Problematik kann auch mit Hilfe von Aussagen von Fernsehmachern erarbeitet werden. Man kann an öffentlich-rechtliche wie an private Sender schreiben und um Stellungnahmen zum Thema „Aufgaben des Senders" bitten, die man dann vergleichend auswertet.	**Konkretisierung, Differenzierung und Erweiterung 1** des Verständnisses: – Aspekte aktueller Medienkritik erarbeiten, – Leben und Werk berühmter Autoren vorstellen, – medienspezifische Besonderheiten in einem Streitgespräch herausstellen.
II. Literatur im Medienverbund (S. 468–473) 1. „Berlin Alexanderplatz" – Großstadt- und Montageroman (S. 468–470) Döblin: Berlin Alexanderplatz – der Beginn *Döblin: Berlin Alexanderplatz – Die Verfolgung **Alternativen:** Man zieht die Beschreibung anderer Großstädte zum Vergleich heran, z.B. New York in Dos Passos' *Manhattan Transfer* oder Dublin in Joyce's *Ulysses*, um den Aspekt „moderner Großstadtroman" zu vertiefen. Will man die Entwicklung innerhalb der deutschen Literatur genauer untersuchen, bietet sich der Vergleich mit einer Berlin-Beschreibung Fontanes, z.B. in *Frau Jenny Treibel*, oder mit Raabes *Chronik der Sperlingsgasse* an. Weitere Beispiele finden sich in **K 3** auf S. 650ff. im Lehrerband.	**Reorganisation und Vertiefung 1** der Kenntnisse im Umgang mit einem modernen Roman: – Einen bedeutenden Großstadtroman lesen bzw. den Plot reorganisieren, – Besonderheiten des modernen Romans kennen lernen, – Stilstudien betreiben. **Methodenschulung:** – Romanausschnitte interpretieren, – Fachbegriffe verwenden.
2. „Berlin Alexanderplatz" – Ein multimediales Ereignis (S. 470–473) Döblin: Die Geschichte vom Franz Biberkopf (Auszug) Jutzi: Standbilder aus „Berlin Alexanderplatz" Fassbinder: Drehbuch zu „Berlin Alexanderplatz" (Auszug) **Alternative:** Hier könnte (bei viel Zeit) stärker mit Eigenproduktionen der Schüler gearbeitet werden. Da medienbedingte Aspekte beim Vergleich von Hörspiel und Filmen aus verschiedenen Epochen im Mittelpunkt des Unterrichts stehen, sollten die Ergebnisse der GA eine Qualitätsdiskussion (mit guten Beispielen) ermöglichen. Ein Umschreiben der Verfolgungsszene (SB, S. 470, Text 2) in ein Drehbuch könnte z.B. am Gelingen der folgenden medialen Umsetzung in eine Hörspiel- oder eine Filmsequenz gemessen werden.	**Vertiefung 2** der Kenntnisse im Umgang mit „klassischen" und modernen Medien und **Systematisierung** der formalen und inhaltlichen Aspekte des Umganges mit Hörspiel, Film und Internet: das bisher über Medien Erarbeitete anwenden und erproben.
III. Ein Ausschnitt der Wirklichkeit im Nahblick (S. 474–477) 1. www.berlin.de – Die Hauptstadt im Netz (S. 474–476) Die Homepage *Recherche im Internet **Alternative:** Man beginnt die Arbeit mit dem Internet und der Homepage der Heimatstadt oder dem Ziel einer Studienfahrt (Rom, London etc.)	**Erweiterung 2** durch eine Fokussierung auf Gegenwart und Zukunft der Medien und **Reorganisation** der Kenntnisse im Umgang mit dem Internet: – gezielt im Internet recherchieren, – Anwendungsmöglichkeiten des Internets ausprobieren, – Regeln für den Umgang mit dem Internet aufstellen und anwenden. **Methodenschulung:** – Wochenplanarbeit anwenden.
2. Wie orientieren wir uns? – Die multimediale Informationsgesellschaft (S. 476–477) *Dyson: Release 2.0 – Die Internet-Gesellschaft (Auszug) *Stoll: LogOut – Warum Computer im Klassenzimmer nichts zu suchen haben (Auszug) **Alternative:** Die Schüler sammeln mit der Moderationsmethode selbst Punkte zum Umgang mit dem Internet. Diese Aspekte ließen sich ordnen (Chancen – Befürchtungen) und in einer Podiumsdiskussion vertreten.	**Erweiterung 3** durch Erarbeiten einer kritischen Perspektive für den Umgang mit dem Internet, **Reorganisation und Vertiefung 3** der Kenntnisse über das Beschreiben von Sachtexten: – einen Brief an eine Expertin schreiben und versenden, – fundiert Stellung zu einem kritischen Artikel über die Zukunft des Computers in der Schule nehmen.

3. Erläuterungen und Lösungsvorschläge

I. Die komplexe Wirklichkeit und ihre Vermittlung (S. 462–468)

Bilderläuterungen:

Das Auftakt-Bild dieses Kapitels (S. 462), „Black and White" von Jackson Pollock (1912–1956), ist 1948 entstanden. Dieses Bild ist ein anschauliches Beispiel für das so genannte „Action Painting". Bei dieser Technik wird die Leinwand auf den Fußboden gelegt und mit dünnflüssiger Farbe beträufelt.

„Das fertige Bild ist so auch Ergebnis der emotionalen Gestimmtheit des Künstlers und betont die Prozesshaftigkeit des Malaktes", weiß die Microsoft Encarta Enzyklopädie 2002 unter dem Stichwort „Pollock, Jackson"[11]. Dieses Zitat könnte als Ausgangspunkt für ein Unterrichtsgespräch über Assoziationen und Erwartungen verwendet werden, die das Bild im Zusammenhang mit der Kapitelüberschrift „Moderne Medien und vernetzte Welt" bei den Schülern weckt. Einzelne Aspekte (z.B. Zufälligkeit, alles ist mit allem verbunden, undurchschaubar, farblos, Bild als Medium, das Eindrücke vermittelt, moderne Malerei, Individualität der Wahrnehmung und der Bewertung etc.) könnten dann später bei der Behandlung verschiedener Texte erneut aufgegriffen werden. Die Anknüpfung an das Wissen aus der Mittelstufe (z.B. im Zusammenhang mit dem Problem Wahrnehmung und [mediale] Wirklichkeit[en]) kann so leichter vollzogen werden.

Die Sequenz umfasst – themen- und problemorientiert – ein zeitgenössisches Gedicht, drei Auszüge aus Sachtexten, eine Parabel, eine Übersicht über das Fernsehprogramm vom 14. März 1972 für einen historischen Vergleich und das Thesenpapier eines Fernsehverantwortlichen über die Aufgabe und den Wert des öffentlich-rechtlichen Rundfunks. Dazu kommen zwei Standbilder aus erfolgreichen Vorabendserien der ARD zur Veranschaulichung.

Bereits bekannte Sprech- und Schreibformen (z.B. Streitgespräch, Erörterung) sollen angewandt und gefestigt werden, die Einübung von Arbeitsformen (EA, PA, GA) und -techniken (Exzerpieren, Texte analysieren, Ergebnisprotokoll) und Präsentationsformen (Wandzeitung) schult das methodische Repertoire der Schüler.

Die integrierten Gesichtspunkte der Sprachbetrachtung (Semiotik, Zeitstil, Fachbegriffe moderner Medien, politische Sprache) dienen zum einen der Reorganisation und Einübung von Bekanntem, zum anderen der Erweiterung der individuellen sprachlichen Fertigkeiten.

S. 462–466: I,1. Unser Leben, eine Vorabendserie? – Realität und mediale Wirklichkeiten

---

Das Textangebot ermöglicht eine **Einführung** in die Problematik „alte und neue Medien" sowie eine **Wiederaufnahme** wichtiger Erkenntnisse aus der Mittelstufe: Medien transportieren mehr als nur eine Wirklichkeit, und jeder Benutzer schafft sich durch seine individuelle Wahrnehmung seine jeweils eigene Wirklichkeit.

Die Schüler sollen das „alte" Medium **Buch** reflektieren und in Beziehung zu den „neuen" Medien **Fernsehen** und **Computer** setzen. Dabei sollen sie induktiv Vorzüge beider Arten erarbeiten und die Nachteile diskutieren.

Der Vergleich mit einem **Fernsehprogramm von 1972** zeigt die rasante quantitative Entwicklung des Mediums, ein **Sachtext** führt schließlich zum Problem der „magischen Kommunikati-

---

[11] Pollock, Jackson. In: Microsoft Encarta Enzyklopädie. © 1993–2001 Microsoft Corporation.

on", die eine fundamentale Bedeutung für den Gebrauch der „neuen" Medien hat.

Analytische Aufgaben und Gestaltungsanregungen sollen Erkenntnisse in Bezug auf den alltäglichen individuellen Mediengebrauch ermöglichen, die in Verhaltensvorschlägen münden sollen. Bereits erarbeitete Methoden, z.B. das Streitgespräch, sollen angewandt werden.

Mögliche Ziele:

1. Textimpulse nutzen zur Erarbeitung von Merkmalen von „alten und neuen" Medien
2. Vergleichen formaler und inhaltlicher Gemeinsamkeiten und Unterschiede verschiedener Medien
3. Übung im Gebrauch von Gesprächs- und Arbeitsformen sowie von Arbeitstechniken und Präsentationsformen

---

Seite 462

Texterläuterungen:

Das Gedicht **„Altes Medium" von H. M. Enzensberger** hat einen mit der Hand geschriebenen Text zum Gegenstand der Reflexion. Insofern ist es der Gedankenlyrik zuzuordnen. Das lyrische Ich tritt in Form einer Rede in einen Dialog mit den Lesern (Z. 2) und entschuldigt sich (Z. 4) gewissermaßen dafür, dass es sein Gedicht, in freien Rhythmen und ohne Reime, noch mit der Hand und nicht mit dem Computer schreibt (Z. 5ff.). Das lyrische Ich stellt sein Werk nach einer Absage an die Erwartungen des Auditoriums in einen großen literarischen Zusammenhang (Goethe, Benn, Gryphius; Z. 14ff.), die Fiktionalität der Texte betonend (Z. 12). Als Grundlage dieser Werke werden Buchstaben und Papier identifiziert (Z. 19f.) sowie der Bleistift, mit dessen Hilfe beide zusammengebracht werden (Z. 23). Lakonisch endet die vierte Strophe mit der Feststellung, dies sei alles (Z. 24). Die Entschuldigung wird fast flehentlich wiederholt (Z. 25f.), aber das lyrische Ich zeigt sich als Individuum, das noch in der Lage ist, die Form dem Inhalt zuzuordnen (Z. 29).

Mit der Verwendung von Begriffen aus dem Bereich der „neuen Medien" (virtual reality, Display, CD-ROM) zeigt sich das lyrische Ich auf der Höhe der aktuellen Diskussion um die Verwendung von Computern. Mit dem Hinweis auf Klassiker dokumentiert es aber auch sein Wissen um eine Tradition, die älter ist und die mehr zu sagen hat, mit einfachsten Mitteln. Und damit trifft es das Problem im Kern („ernst", Z. 11). Der Verzicht auf ein regelmäßiges Metrum und auf Reime unterstreicht sowohl die Dominanz des Inhaltlichen vor dem Formalen als auch die Modernität der Gestaltung; die Wiederholungen betonen die Eindringlichkeit der Aussageabsicht. Den kurzen möglichen Entgegnungen der Adressaten (jeweils eine Zeile; 6,8) antwortet das lyrische Ich in einer langen Ausführung (Strophen 3 und 4)

1 Diese Arbeitsanregung will die Schüler mit Hilfe einer oft angewandten Methode in die Thematik einführen.

Das Gedicht soll den Teilnehmern des *Streitgesprächs* zu einer ersten Begriffsklärung verhelfen und dann Argumentationshilfen für und gegen alte bzw. neue Medien liefern, die sie selbst mit Beispielen und Belegen ergänzen müssen, damit erste Positionen erarbeitet bzw. skizziert werden können. Eine Sammlung der Argumente auf Folie dürfte hilfreich sein, denn die Ergebnisse werden später noch gebraucht werden, wenn es darum gehen wird, den Absolutheitsanspruch einer Richtung zurückzuweisen (vgl. Gesprächsarten, SB, S. 11 und 480). Eine erste ergebnissichernde Tabelle könnte so aussehen:

TA	
Altes Medium bei Enzensberger	Neues Medium bei Schülern
– Buchstaben, mit Hand geschrieben (Z. 3, 6) – schwer lesbar (Z. 6) – ungewohnt (Z. 7ff.) – Ernstes wurde früher zu Papier gebracht (Gedichte, Z. 14ff.). – Dem Dichter, der etwas zu sagen hat, reichen die Buchstaben und ein Bleistift (Z. 19f., Z. 23). – Manche wissen das noch (lyrisches Ich zum Beispiel; Z. 28). – Wer etwas zu sagen hat, findet die richtige Form, die sich dem Inhalt unterzuordnen hat. – ...	– Mit der Hand wird heute kaum mehr geschrieben. – leicht lesbar – Gedichte gibt's im Internet. – Auf CD-ROM findet man Texte schneller als in einem Buch. – Auf einem Bildschirm liest sich's besser als in einem Buch, die Buchstaben sind größer. – Einem Buch kann man nicht direkt antworten. – ...

2a Die Bedeutung von **„virtual reality"** dürfte bei der heutigen Schülergeneration schnell geklärt sein: Gemeint ist eine Wirklichkeit, die vom Computer geschaffen wird und die damit künstlich ist (interessant ist, dass virtuell aus dem Lateinischen „der Möglichkeit nach" heißt und im Englischen „wirklich, tatsächlich"; der Aspekt des Künstlichen, in das man sich nur scheinbar versetzen kann, kommt erst im Zusammenhang mit der Computersprache auf).

2b Die zitierten Gedichte finden sich im SB, S. 148 (Gryphius) bzw. in **K 1** im LB, S. 647.
Im Sinne der Aufgabenstellung soll keine Interpretation der drei Gedichte angefertigt werden, es soll nur der spezielle Aspekt der Gestaltung von „virtual reality" herausgearbeitet werden. In arbeitsteiliger *Gruppenarbeit* könnte jede Gruppe eine Folie stichwortartig füllen. Die Folien, nebeneinander gelegt, könnten dann miteinander verglichen werden.

TA		
„virtual reality" in		
Goethe: An den Mond	Benn: Einsamer nie	Gryphius: Abend
– Gedankenlyrik (1789) – Mondschein als Auslöser von Reflexionen über eine verlorene Liebe – Natur als Folie für Klage des lyrischen Ichs – ...	– Gedankenlyrik (1936) – Stille eines Sommertages löst Reflexionen und Fragen aus. – ...	– Gedankenlyrik (1650) – Tageszeit wird zur Metapher für einen Lebensabschnitt. – ...

Fazit: Das jeweilige lyrische Ich gestaltet seine Wirklichkeit individuell nach seinem inneren Befinden. Der Leser ...

3 Fantasie, Kreativität, Individualität und poetische Möglichkeiten, Form, Inhalt und Aussage in Zusammenhang zu bringen, die das lyrische Ich bei Enzensberger betont, um den handschriftlichen Text einem modernistischen Gebrauch des Computers gegenüberzustellen, sollten in einer

„Gegendarstellung" sichtbar werden. Das Universelle der virtuellen Welt sollte in möglichen Gegenstrophen sichtbar werden, vielleicht so:

Neues Medium

Was Sie vor Augen haben,
meine Damen und Herren,
das ist Arial.
Entschuldigen Sie.
5 Entschuldigen Sie.
Leicht zu lesen, schwer zu verstehen.
Ich weiß, ich weiß.
Ein Problem.
Sie hätten es lieber schwarz auf weiß,
10 zum Mitnehmen und Beschreiben.
[...]

4 Wichtig an dieser Stelle ist eine kommentarlose *Sammlung* der Rolle, die Bücher, Zeitungen, Zeitschriften, Rundfunk, Fernsehen und Computer für die Schüler spielen. Wenn mehr Zeit in die Problematik investiert werden soll, kann auch eine Fragebogenaktion für Unter- und/oder Mittelstufe entworfen werden. Gefragt werden könnte z.B. nach der Zeit, die ein Schüler täglich mit den o.a. Medien zubringt. Das in einem Kurs ermittelte Ergebnis sollte so festgehalten werden, dass es später noch einmal verwendet werden kann.
(Zur Vertiefung kann auch der Text in **K 2** im LB, S. 648f., herangezogen werden.)

Seite 463

Texterläuterungen:

Das Buch von Florian Illies, aus dem der Auszug stammt, beschreibt in acht Kapiteln, deren Überschriften aus Werbekampagnen für den Golf IV stammen, das Lebensgefühl der Generation der zwischen 1965 und 1975 Geborenen. Der Autor sieht sein Leben eingespannt zwischen Frank Elstners „Wetten, dass ..." und den Erfolgsbüchern „Sorge dich nicht, lebe" sowie „Die Kraft ist in dir". Hilft alles nichts, „gibt es die Droge mit dem schönen Namen Ecstasy" (S. 197). Die zentrale Rolle neben dem Golf Cabrio und den Markenklamotten spielen die Medien, vor allem das Fernsehen. Ironisch, fast zynisch beschreibt Illies, wie die Vorabendserien die Bücher abgelöst haben, wie eine ganze Generation, von Passivität freiwillig gelähmt, nicht mehr unterscheiden kann zwischen Fiktion und Wirklichkeit. Die Folge ist, niemand aus dieser Generation kann sich seiner Verantwortung stellen, der Blick ist konsequent nach hinten gewandt. So passt das Buch gut zu Douglas Coupland's „Generation X" und den im Schülerband angeführten Adoleszenzromanen (vgl. SB, S. 39ff.).
In Werner Dürrsons Parabel beschreibt ein Erzähler namens Lohmann seine Leiden, wenn er mit ansehen musste, wie sich sein Vater ein Buch „vornahm". Das Buch erhält menschliche Eigenschaften. Das Verhältnis Lohmanns zum Buch allgemein ist ein fast erotisches, der Vergleich mit den leidenden Kreaturen am Anfang des Textes verstärkt das Mitgefühl, das der Leser mit dem leidenden Lohmann hat, und den Schlusssatz kann jeder verstehen.

5a Aus Gründen der Unterrichtsökonomie kann man die AA arbeitsteilig bearbeiten. Eine Abteilung bearbeitet den Illies-, die andere den Dürrson-Text. Die jeweilige Rolle des Buches kann stichwortartig auf einem Folienstreifen festgehalten werden. Diese Folienstreifen können dann nebeneinander gelegt werden. So kann man die Ergebnisse miteinander vergleichen. Ein Beispiel könnte so aussehen:

Rolle des Buches bei Illies	Rolle des Buches bei Dürrson
– „so genannte Bücher" (Z. 11) – anspruchslose Inhalte (Z. 11f.) – immer die gleichen Themen (Z. 12f.) – „Jahr für Jahr in neuen Folgen aufgelegt" (Z. 14) – „ideale Vorbereitung" für den Fernsehkonsum (Z. 16f.) – ...	– „fragile(s) Gebilde" (Z. 4) – „voller Leben" (Z. 4) – besitzt Rückgrat (Z. 6, 9) – begehrt auf (Z. 8) – wird zum Opfer, wenn man es nicht pfleglich behandelt (Z. 10) – ...

5b Im Anschluss an die Auswertung kann man dann die Folie noch einmal heranziehen, auf der die Rolle der „alten" Medien festgehalten wurde (vgl. AA 4, SB, S. 462, LB, S. 634).

6a Ein *Exzerpt* auf einem Stichwortzettel könnte so aussehen:

Hauptgedanken aus „Generation Golf"

– Daily Soaps sind seit der Mitte der Neunzigerjahre zum beherrschenden Fernseherlebnis der ganzen Generation geworden (Z. 2f.).
  Hauptgründe: Sie sind zuverlässig und jederzeit elektronisch abrufbar (Z. 7f.).
– Die Liebe zu den Vorabendserien wurde früh geweckt durch Jugendbücher, die in immer neuen Folgen nach immer den gleichen Mustern erschienen (Z. 9ff.).
– Die Identifikation mit der Welt der Vorabendserien ist total (Z. 19ff.).
– Die Konfrontation mit der Wirklichkeit ist irritierend (Z. 22).
– Prinzipien aus Filmen, Computerspielen und Gameboys werden auf das wirkliche Leben übertragen und führen zu einer merkwürdigen Gelassenheit (Z. 27ff.).
– Den Vertretern der „Generation Golf" „begegnet das Leben" (Peter Weiss) in den Vorabendserien, nicht mehr – wie früheren Generationen – im Roman (Z. 30ff.).
– Problem: Die Vermischung der Wirklichkeitsebenen durch Zitieren einer Vorabendserie in einer anderen (Z. 35ff.) wirkt für eine ganze Generation prägend (Z. 37).

6b Das *Exzerpt* (vgl. AA 6a) kann als Grundlage für die Erörterung dieser Frage dienen. Wenn man sich auf die Kennzeichen der Vorabendserien konzentriert, können folgende Aspekte diskutiert werden:

– Erwähnt werden RTL-Vorabendserien (Z. 21), „Lindenstraße" und „Verbotene Liebe" laufen aber in der ARD, einem öffentlich-rechtlichen Sender also. Ist auch das schon ein Problem (unzulässiger) Vermischung?
– Zeigen sich die Auswirkungen der Vorabendserien, die in den Zeilen 21ff. genannt werden, wirklich so deutlich?
– Verwischen die Wirklichkeitsebenen auch bei den Schülern in der von Illies vermuteten Weise?
– Kann das wirklich mit den benannten Büchern (Z. 11ff.) zu tun haben? Einige davon dürften den Schülern bekannt sein.
– ...

7a Die **Serie „Lindenstraße"** zeigt die ARD immer nur sonntags eine halbe Stunde lang. „Verbotene Liebe" strahlt derselbe Sender montags bis freitags jeweils eine halbe Stunde aus, also zweieinhalb Stunden in der Woche. Ein Vergleich der beiden Soaps lässt sich am besten als Hausaufgabe vorbereiten. Die Schüler sollen eine bestimmte Sendung ansehen und miteinander vergleichen, z.B. Struktur, Handlung und Personen.

Am 9. und am 10.3.03 sah das z.B. so aus:
– „Lindenstraße" (9.3.03):
Die 901. Folge trug den Titel: „Bedrohliches Schweigen". Der ARD-Videotext informierte in seiner TV-Vorschau so über den Inhalt:
„Heiko ist nach München geeilt, nachdem Iffi ihm mitgeteilt hat, dass sie nicht mehr nach Köln zurückkehren wolle.
Jack fühlt sich in ihrem neuen Heim noch gar nicht heimisch. Sie misstraut Dressler und seinen angeblich edlen Motiven. Alex leidet Höllenqualen. Er ist bis über beide Ohren in Marion verliebt. Die geht aber auf Distanz zu ihm, weil ihr Freund Rashid zu Besuch kommt."
Die optische Gestaltung deutet an und der Film zeigt, dass die „Lindenstraße" nach wie vor am Prinzip der drei Stränge plus „Cliffhänger" als Abschluss und am Prinzip der Realitätsnähe festhält, wie es in BFD 9/10 ausführlich erarbeitet wurde (SB, S. 308, LB, S. 362f.). Allerdings sind durch mehr und durch schnellere Schnitte die einzelnen Stränge nicht mehr so eng miteinander verbunden.
– „Verbotene Liebe" (10.3.03):
Die 1934. Folge wurde im ARD-Videotext so angekündigt:
„Franziska trennt sich von Andi. Ihn trifft der Schlag, als er von Jana die ganze Wahrheit erfährt. Er hofft, sich Franziska gegenüber erklären zu können.
Sylvia fasst einen neuen Plan, um Hanna und Lars zu trennen. Sie setzt auf Illmanns Versuch, Hanna zu verführen, doch auch das ist schwieriger als gedacht.
Sven wähnt sich seinem Ziel, Isabell über kurz oder lang zu erobern, ein gutes Stück näher und dankt seinen Helfern im Gefängnis."
Im Gegensatz zur „Lindenstraße" beginnt „Verbotene Liebe" immer mit einem kurzen Rückblick auf die letzte Folge.
Die Realitätsnähe der „Lindenstraße" ist eine andere als die der „Verbotenen Liebe", weil sie auf ein anderes Publikum zielt. So ist es nicht verwunderlich, dass sich Jugendliche von den jungen Protagonisten der „Verbotenen Liebe" eher angesprochen fühlen. Die Serie bedient deren Bedürfnisse nach Liebe und Beziehung ebenso wie die alltäglichen Erfahrungen von Trennung und Streit. Hier ist man, wie das Publikum, immer auf der Suche.
Über solche Erkenntnisse kann man vor dem Hintergrund der Äußerung von Illies diskutieren, die „Lindenstraße" sei für seine Generation Fiktion, „Verbotene Liebe" aber Wirklichkeit (vgl. Text 2, SB, S. 463, Z. 36f.). Eventuell kann man die in Text 2, SB, S. 463, Z. 11ff., erwähnten Bücher in die Diskussion über die verschiedenen Wirklichkeitsebenen einbeziehen. Gemeinsam ist allen „Serien" der Fortsetzungscharakter: Immer wird am Schluss ein neuer Strang eröffnet, der auf die nächste Folge neugierig macht und so zum Zuschauen bzw. Weiterlesen animiert. Durch gezielte Werbestrategien (Kleidungsstücke, Musik, Poster, Websites) lässt sich dann so etwas wie Kultstatus entwickeln. Das ist leicht zu überprüfen an Internetseiten wie www.lindenstrasse.de oder www.t-movies.t-online.de, wo man wirklich alles über die aktuellen Soaps, ihre Darsteller und ihre Macher erfahren kann.

7b „Prägen" hat zunächst etwas mit Münzen zu tun. Wenn man eine Münze prägt, presst man ihr Zeichen ein, die ihren Wert bestimmen. Man formt und bildet Geld. In Pädagogik und Soziologie wird dieses Prinzip auf den Menschen übertragen. Illies sieht das so: Der Mensch wird geformt und gebildet durch etwas, hier durch Vorabendserien, die seine Identität formen. Mode und Redeweisen orientieren sich am Vorbild, und das gilt für alle Betrachter. Erst individuelle Störungen des Ablaufs „wecken" den Einzelnen, geben ihm aber auch die Gelassenheit, alles – passiv – zu ertragen. So entstehen Typen, keine Individuen.
Eine Diskussion auf dieser abstrakten Ebene wird wohl effektiver sein, weil sie im einzelnen Schüler nicht unmittelbar – vorwurfsvoll – das Gefühl wecken dürfte, dazuzugehören.

Seite 464

8 Das Ergebnis des *Vergleichs* eines ganztägigen Fernsehprogramms von 1972 mit einem aktuellen Tagesprogramm sollte nicht nur zeigen, dass die Sendedauer heute wesentlich länger ist. Herausgearbeitet werden muss die Fülle des Senderangebotes wie auch die unterschiedliche Strukturierung des Programmangebots. Die Entwicklung zu immer mehr Unterhaltung kann man nur problematisieren; wenn man die Produktions- und Sendebedingungen der privaten und der öffentlich-rechtlichen Sender kennt. Diese Bedingungen kann man im Internet recherchieren oder in BLICKFELD DEUTSCH 9/10 nachschlagen (SB, S. 301 und 307).

Eine *arbeitsteilige GA* sollte so organisiert werden, dass einzelne Abteilungen, am besten in PA, jeweils einen Sender nach dem Schema der Tabelle im SB, S. 465, bearbeiten und ihre Ergebnisse auf einem Folienschnipsel festhalten. Die Schnipsel lassen sich dann zusammen auflegen und auswerten. Will, man die AA nur paradigmatisch erarbeiten, reicht es aus, wenn man exemplarisch, z.B. ARD und RTL, miteinander vergleicht. Ein Ergebnis könnte so aussehen:

ARD und RTL 1972 und heute

Zeit	Sendeanstalt	Sendung (Kurzname)	Sendetyp	Uhrzeit und Dauer	
1972	ARD (und ZDF)	– Tagesschau	– Nachrichten	10.00–10.05	5'
		– Heute (vom Vorabend)	– Nachrichten	10.05–10.30	25'
		– „Gefahr aus der Luft"	– Spielfilm/Unterhaltung	10.30–12.05	95'
		– Panorama	– Information	12.05–12.50	45'
		– Die internationale Presseschau	– Information	12.50–13.00	10'
		– Tagesschau	– Nachrichten	13.00–13.20	20'
		PAUSE BIS 16.15 UHR		13.20–16.15	175'
		– Tagesschau	– Nachrichten	16.15–16.20	5'
		– Päng! (Für Kinder)	– Information/Unterhaltung	16.20–16.50	30'
		– Die Robbeninsel (Für Kinder)	– Information	16.50–17.10	20'
		– Abenteuer Südamerika	– Information	17.10–17.55	45'
	ARD	– Tagesschau	– Nachrichten	17.55–18.00	5'
		– Regional-Programme	– Information/Unterhaltung, Nachrichten	16.00–20.00	120'
		– Tagesschau	– Nachrichten	20.00–20.15	15'
		– Ente gut – alles gut	– Unterhaltung/Information	20.15–21.00	45'
		– Karpfs Karriere	– Fernsehfilm/Unterhaltung	21.00–22.10	70'
		– Tagesschau	– Nachrichten	22.10–22.30	20'
		– Musiker bei der Arbeit beobachtet	– Information/Unterhaltung	22.30–23.05	35'
	RTL	*seit 1985*			
heute	ARD (und ZDF)	– Morgenmagazin	– Nachrichten, Information, Unterhaltung	5.30–9.00	210'
	ARD	– heute	– Nachrichten	9.00–9.05	5'
		– ...	– ...	–	
	–	–		...	
	RTL	– Punkt 6	– Nachrichten, Information, Unterhaltung	6.00–7.00	60'
		– ...	– ...	– ...	

Fazit:

1972 sendete die **ARD** an einem Werktag *610 Minuten* (also 10 Stunden und 10 Minuten). Dabei entfielen auf einzelne Sendetypen (ohne die Regional-Programme):

– Nachrichten:	95 Minuten
– Information:	120 Minuten
– Unterhaltung:	165 Minuten
– Unterhaltung mit Information:	110 Minuten
+ Regional-Programme	120 Minuten
	610 Minuten

Heute sendet die **ARD** an einem Werktag:

...

RTL, das seit 1985 sendet:

...

9 Eine individuelle **Programmauswahl** ist nicht vorhersehbar. Wichtig wird die Begründung sein (z.B. persönliches Interesse, Gruppeninteresse, Trend, Mode etc.).
Eine *Diskussion* könnte Folgendes ergeben:
– Primat der Unterhaltung
– Jugendspezifische Themen
– ...

Seite 466

Texterläuterungen:

Christian Doelker fasst in diesem **Sachtext** seine Ergebnisse zur Wahrnehmungsproblematik von Medien am Beispiel des Fernsehens zusammen. Mit den **drei Wirklichkeiten** zeigt er, wie Fernsehbilder im „Kopf" des Betrachters ankommen und wie sie dort wirken können: Primäre Wirklichkeit (W1) wird durch die Darstellung in den Medien auf unterschiedliche Weise und mit verschiedenen Absichten verändert (W2). Fehlt die primäre Wirklichkeitserfahrung und ist diese nicht hinreichend verarbeitet (reflektiert), so kann die wahrgenommene mediale Wirklichkeit (W3) beim Betrachter Irritationen auslösen.

10 Vor allem mit dem **Prinzip der Realitätsnähe** ermöglichen die Produzenten den Zuschauern ein Höchstmaß an Identifikation. In Doelkers Terminologie: Die Zuschauer halten die *wahrgenommene mediale Wirklichkeit* für die *eine* Wirklichkeit, es kommt zur Einheit von Abbild und Abgebildetem, zur *magischen Kommunikation*. Wird also in der „Lindenstraße" eine Wohnung frei, meint ein Wohnungssuchender, er könne zum Zuge kommen. Also bewirbt er sich um die Wohnung.

11 Eine *Diskussion* der Problematik der **„magischen Kommunikation"** sollte von konkreten Fernseh- oder Filmbeispielen ausgehen. Dann kann man sich Gedanken machen, was es für Zuschauer bedeutet, wenn sie primäre und mediale Wirklichkeit nicht mehr unterscheiden können. Hier einige Anregungen für die Diskussion:

- Kinder sehen, z.B. in „Tom und Jerry", wie jemand aus dem dreißigsten Stock eines Hochhauses aufs Pflaster knallt, sich schüttelt und weiterläuft.
- Prügeleien in Filmen enden meist glimpflich. Warum also nicht mit einem Stock zuschlagen?
- Alkohol- und Drogenkonsum sind in Filmen meist leicht beherrschbar, aber im wirklichen Leben nicht.
- Recht bekommt meist der physisch Stärkere.
- Frauen sind meist nur für die Küche, die Familie, als Sexsymbole etc. zu sehen.
- Alte, Kranke, Dicke, Behinderte, Hässliche etc. gibt es kaum.
- Wie lässt sich die Beliebtheit so genannter Reality Shows (z.B. Gerichtssendungen) erklären?

Als Anschauungsbeispiel kann auch der Film „Wag the Dog – Ein hundsgemeiner Trick" gezeigt werden. In Barry Levinsons Film von 1997 zeigen u.a. Robert de Niro und Dustin Hoffman, wie man mit Hilfe des Fernsehens manipulieren kann: Um eine Sex-Affäre des US-Präsidenten zu vertuschen, inszeniert ein Marketing-Experte fürs Fernsehen eine Krise auf dem Balkan, die er in einen Krieg münden lässt. So wird das Interesse des ganzen Volkes gefesselt, die Zuschauer werden von den wahren internen Problemen abgelenkt. Der Hollywood-Produzent, der alles filmisch umgesetzt hat, wird am Schluss umgebracht, der „siegreiche" Präsident wird vom Volk gefeiert.
Die Erörterung des Problems kann also bis hin zu Aspekten der Gefährdung einer Demokratie gehen.

12 Die **Zusammenfassung** der Ergebnisse für eine Unterstufenklasse sollte altersgemäß erfolgen. D.h. die Terminologie muss angepasst (z.B. deine Wirklichkeit, Fernsehwirklichkeit und deine Fernsehwirklichkeit) und die Beispiele müssen aus Kinder- bzw. Jugendsendungen gewählt werden. Interessant könnte auch ein Vergleich von Realitäts„anpassungen" sein, z.B. in der Kästner-Verfilmung „Das fliegende Klassenzimmer" aus den Fünfzigerjahren und von 2003.

S. 467–468: I, 2. Verfälschung oder Trivialisierung? – Aspekte aktueller Medienkritik

---

Das Textangebot ermöglicht eine **Differenzierung** und eine **Erweiterung** der Frage, welche Rolle Medien in der heutigen Gesellschaft spielen. Die **Thesen** eines Fernsehmannes können mit den **kritischen Ausführungen** eines Wissenschaftlers verglichen werden. Die Bearbeitung der **Sachtexte** kann dazu führen, dass sich die Schüler vor dem Hintergrund der eigenen Fernseherfahrung ein fundiertes Bild erarbeiten.
Dazu sollen analytische Aufgaben und Anregungen zu eigener Gestaltung beitragen. Bereits vertraute Arbeitsformen und Methoden (Ergebnisprotokoll, Diskussion, Debatte) sollen angewandt und eingeübt werden.

---

[12] Eine wertvolle Hilfe zur Bearbeitung der ganzen Teilsequenz kann die CD-ROM „Bildbox für Millionen" sein. Auf ihr findet sich eine Zusammenfassung der „Fernseh- und Mediengeschichte der Bundesrepublik Deutschland" (Untertitel) mit vielen Dokumenten, Materialien und Analysen. Die CD kann beim Adolf-Grimme-Institut oder bei der Bundeszentrale für politische Bildung (auch online) erworben werden.

Mögliche Ziele:

1. Textimpulse nutzen zur Erarbeitung von Aspekten moderner Medienkritik
2. Festigung im Gebrauch von Gesprächs- und Arbeitsformen sowie von Arbeitstechniken und Präsentationsformen

Seite 467

Texterläuterungen:

Das **Thesenpapier** von Stephen Wirth fasst wichtige Aufgaben zusammen, die der Autor, selbst „Fernsehmann", dem öffentlich-rechtlichen Rundfunk in der heutigen Zeit zuweist. Die knappe Abgrenzung zum privaten Fernsehen kann ausführlicher erörtert werden.
Neil Postmans Buch „Wir amüsieren uns zu Tode" erregte bei seinem Erscheinen 1985 großes Aufsehen. Denn in Deutschland starteten damals gerade die privaten Sender, es begann das duale System. Auch war das mit einer gewissen Sorge erwartete Jahr 1984, nicht zuletzt wegen Orwells Titel, gerade vorbei. Zahlreiche Veröffentlichungen hatten sich mit der Gefahr des „Big Brother" beschäftigt, Huxley war aber relativ unbekannt. Und so fand das Buch, das sich auf der einen Seite gegen die Totalitarismen des Kommunismus wandte und auf der anderen Seite Huxleys Visionen als in den USA bereits weitgehend als Realität sah, große Beachtung.[12]

1a Hilfreich könnte eine *Strukturierung* der AA der GA sein, z.B. in der Art einer vollständigen Argumentation. Die Schüler sollen die Thesen um Begründungen und Beispiele/Belege ergänzen. Dann lassen sich, in Vorbereitung der AA 2 auf derselben Seite im SB auch klarer die Gegenpositionen herausstellen und diskutieren.
Beispiel:
These 2: Fernsehen ist das eindringlichste und wirksamste Massenmedium, weil es weit verbreitet ist und schnell auf aktuelle Ereignisse zu reagieren vermag. Sendungen können z.B. unterbrochen werden, damit ein bedeutendes Ereignis sofort gemeldet werden kann, z.B. ein Flugzeugabsturz.
Gegenthese: Aktuelle Entwicklungen auf dem Mediensektor lösen das Fernsehen in dieser Rolle ab, weil sie alle Ereignisse sofort und aus verschiedenen Perspektiven beleuchten können. Das Internet erlaubt es wesentlich mehr Menschen, sie einzuschalten und Informationen zu verbreiten.

Diskussionspunkte:

- Fernsehen wird kontrolliert, ist also authentischer,
- Überprüfungen können durch Umschalten auf andere Sender erfolgen,
- Internetseiten sind nicht überprüfbar, weil unkontrolliert,
- ...

1b Das *Ergebnisprotokoll* sollte den Kriterien entsprechen, die im SB, S. 33ff., genannt sind.
Die Ergebnisse selbst können dann als Vorbereitung der *Debatte* verwendet werden, von der in AA 4b, SB, S. 468, die Rede ist.

2 Mögliche Aspekte können als weitere **Thesen** genannt werden.

Beispiel:
9) Den öffentlich-rechtlichen Sendern geht es nicht um Gewinnmaximierung. Mehrheitsinteressen des Publikums sind also nicht unbedingt Maximen der Programmauswahl.
10) Vielfalt und Qualität müssen im Vordergrund stehen, denn es geht nicht um wirtschaftlichen Erfolg.
11) Die Bedeutung der Aufgaben der öffentlich-rechtlichen Sender wird in Zukunft noch zunehmen.
12) ...

Seite 468

3 Die **Informationen** können in Lexika, in der Microsoft Encarta (in der alle drei Autoren vertreten sind) und/oder im Internet beschafft werden. Eine Internetseite, die sich besonders gut für Recherchen dieser Art eignet, ist www.sondershaus.de. Hier findet man thematisch geordnet viele Links, die einem bei der Recherche helfen können.

4a Hier können noch einmal die *Gruppen,* die die AA 1, SB, S. 467, bearbeitet haben, zusammenarbeiten und Postmans Text vor dem Hintergrund ihrer **Thesen** bearbeiten. Dabei dürfte auch der Aufbau des Postman-Textes sichtbar werden: Zuerst werden die Möglichkeiten beschrieben, „wie der Geist einer Kultur beschädigt werden kann" (Text 2, SB, S. 467f., Z. 1). Das Beispiel bekannter Werke berühmter Autoren dient als Beleg. Erst im Schlussabschnitt (Z. 31ff.) geht Postman auf das Fernsehen ein, das hier als Totengräber der amerikanischen Kultur gesehen wird.
Schülerergebnisse könnten vor diesem Hintergrund so aussehen:

– These 1 (Wirth, Text 1, SB, S. 467):
Demokratische Gesellschaften sind auf Massenmedien als Foren der freien, individuellen wie öffentlichen Meinungs- und politischen Willensbildung angewiesen.
– Schülererkenntnisse:
Es kommen kaum noch Nachrichtensendungen oder politische Magazine. Unterhaltungssendungen nehmen einen immer größeren Raum ein.
– Postman:
Amerika hat dem Fernsehen die Vorherrschaft eingeräumt und ist damit auf dem Weg, Huxleys Visionen zur Realität werden zu lassen (Text 2, SB, S. 467f., Z. 42ff.). Damit ist die Kultur real bedroht (Z. 29f.).
– Schlussfolgerung: Die Gefahr der „kulturelle[n] Verwüstung" (Postman, Z. 17f.) besteht durchaus. Man braucht dazu nur das Fernsehprogramm eines Tages heranzuziehen (vgl. Text 4, SB, S. 464f., und die dortigen AA).
– These 2: ...

4b Eine *Debatte* (ein Streitgespräch) hat zum Ziel, den „Gegner" im Idealfall durch Überzeugung zu besiegen. Nach strengen Regeln (vgl. SB, S. 11, S. 480) wird ein Problem erörtert. Es müssen also Rollen verteilt werden (Gesprächsleiter, Vertreter der einen bzw. der anderen Position). Dann sollte man sich auf die Problemstellung einigen (hier etwa: „Die Zukunft des Fernsehzeitalters – Fortschritt oder kultureller Niedergang"), und die Parteien sollten Zeit bekommen, um sich auf ihre Positionen und Argumente, die aus dem bisher Erarbeiteten stammen, vorzubereiten. Dann sollte jede Partei zwei oder drei Redner benennen, die die Positionen dieser Gruppe vor dem Plenum vertreten und auf die Positionen der Gegenpartei antworten sollen. Zum Schluss kann dann eine Abstimmung erfolgen. Dabei wäre es interessant, die Gründe für das individuelle Abstimmungsverhalten offen zu diskutieren, denn dann werden sicher Gründe sichtbar, die jenseits der Debatteninhalte im Persönlichen liegen können.

II. Literatur im „Medienverbund" (S. 468–473)

Die folgende Sequenz ermöglicht eine umfassende Beschäftigung mit Alfred Döblins **Montageroman** „Berlin Alexanderplatz". Der Schwerpunkt der ersten Teilsequenz liegt dabei auf Textauszügen. Der Beginn und eine wichtig Szene, etwa aus der Mitte des Romans, sollen dem Schüler inhaltliche und vor allem strukturelle Aspekte näher bringen. Die zweite Teilsequenz stellt dann multimediale Aspekte des Romans in den Mittelpunkt der Betrachtung. Dabei können mediengeschichtliche

Zusammenhänge beleuchtet (Hörspiel, Film, Fernsehfilm) oder technische Gesichtspunkte näher betrachtet werden. Dabei kann an das Wissen aus der Mittelstufe angeknüpft werden (was die Romanlektüre und was das Medienwissen betrifft). Bereits bekannte **Sprech- und Schreibformen** (z.B. Gestalten einer Hörspielszene, Recherchieren) sollen angewandt und gefestigt werden, die Einübung von Arbeitsformen (EA, PA, GA, Projektunterricht) und -techniken (Lesen eines modernen Romans, Medienvergleich, Tabellen) sowie von Gestaltungsformen (Hörspiel, Film) erweitert das methodische Repertoire der Schüler.
Die integrierten Gesichtspunkte der **Sprachbetrachtung** (Fachbegriffe aus der Medienwelt, „Sprache" von Hörspiel und Film) dienen zum einen der Reorganisation und Einübung von Bekanntem, zum anderen der Erweiterung der individuellen sprachlichen Fertigkeiten.

> ### S. 468–470: II,1. „Berlin Alexanderplatz" – Großstadt und Montageroman

Das Textangebot ermöglicht eine **Einführung** in den Großstadtroman „Berlin Alexanderplatz".
Analytische Aufgaben und Gestaltungsanregungen sollen vor dem Hintergrund der aktuellen Lesedidaktik Verständnis für einen bedeutenden modernen Roman ermöglichen.

Mögliche Ziele:

1. Einen modernen Roman und seine Besonderheiten (Montage) kennen lernen
2. Festigen von Arbeitstechniken

Seite 468

Texterläuterungen:
Der bisher bedeutendste deutsche Großstadtroman erzählt in chaotisch und verwirrend erscheinenden Bildern die Geschichte des ehemaligen Transportarbeiters Franz Biberkopf, der nach Verbüßen einer Haftstrafe beschließt, „anständig" zu bleiben. Seine Gegenspielerin ist die als Pandämonium geschilderte Großstadt. Er will ehrlich bleiben, aber ohne es zu wissen, ist er schon verloren. Von seinem „Freund" Reinhold lässt er sich mit Mädchen versorgen und wird in Verbrechen hineingezogen. Als Mitwisser wird er aus einem fahrenden Fluchtauto gestoßen. Er verliert einen Arm und erkennt, dass sich das Anständigbleiben in dieser Welt nicht lohnt. Er sucht ein Mädchen, Mieze, und wird ihr Zuhälter.
Reinhold vergewaltigt und ermordet Mieze, Franz bricht zusammen und kommt in die Irrenanstalt. Ein Prozess gegen Reinhold bringt die Wahrheit ans Licht, der Lebensbericht des Franz Biberkopf wird lakonisch abgeschlossen, das Ende bleibt offen[13].

Seite 469

1 Eine behutsame Annäherung an das Phänomen **„Berlin in der Literatur"** und eine intensive Auseinandersetzung mit literaturtheoretischen Fragen ermöglichen die Texte in **K 3** im LB, S. 650ff.

---

[13] Ausführliche Hilfen für den Unterricht (Didaktisches, Methodisches, Interpretationsansätze, Unterrichtsmodelle, Klausurvorschläge u.v.a.) bieten: Wolfgang Aleker, Georg Knapp, Klaus Roth: Alfred Döblin: „Berlin Alexanderplatz" – Bausteine zu einer Unterrichtseinheit. Stuttgart (Landesinstitut für Erziehung und Unterricht) 2000.

Diese AA zielt ansonsten auf medientheoretische Reflexion und Anwendung.

Der Entwurf eines **Hörspiels** verlangt die Konzentration auf die Möglichkeiten (und Begrenzungen) dieses Mediums: Sprache, Geräusche, Musik etc.

Auf einem Blatt im Querformat könnte ein Anfang so aussehen:

Der Anfang des Romans als Hörspiel

Geräusche	Sprecher/Sprechweise	Wörtliche Rede
– Verkehrsgeräusche – Immer wieder fährt eine Straßenbahn vorbei.	Polizist/ruhig	„Det is Ihre Tram, die 41. Die fährt direkt inne Stadt."
	Polizist/lauter	„Nu fahr schon, Mann!"
– Ein Mensch atmet unruhig und immer lauter und heftiger.	Franz/wie zu sich selbst	„Der hat jut reden. Für den ändert sich ja nischt. Aber ick, ick hatte vier Jahre ein ruhiges und jeregeltes Leben. Un nu?"
– Eine Straßenbahn kommt näher, hält. – Man hört jemanden einsteigen, die Straßenbahn fährt klingelnd ab; Musik begleitet sie, immer schneller werdend. – ...	Franz/heftig	„Jetzt aber los, Mensch!"

Bei den Überlegungen zu einer **Verfilmung** müssen die Möglichkeiten bedacht werden, die die Visualisierung zusätzlich bietet: Gefängnisgebäude, Polizeiuniform, Franz' Kleidung und Gepäck, Straßenbahn, Bewegung, Gestik, Mimik etc. Man sollte also zwei Spalten mehr einplanen (Regieanweisungen, Bilder) und die Hinweise zu den Figuren ausführlicher gestalten („geht auf und ab", „zögert" etc.).

Seite 470

2a Die AA eignet sich gut, um den **Montagecharakter** des Romans in wenigen Zeilen zu beschreiben. Gleichzeitig ermöglicht die Beschreibung das Erkennen einer Absicht des Autors:

Im *epischen Bericht* zeigt sich das souveräne Wissen des auktorialen Erzählers. Dieses Wissen wird in der *erlebten Rede* langsam, aber noch distanziert verringert, der Leser nähert sich der Person, in deren Denken und Fühlen er im *inneren Monolog* direkt hineingezogen wird. Ein weiteres Stilmittel in Text 2, SB, S. 470, ist z.B. ein Bibelzitat, Z. 5–7. Es folgt dann ein längerer *epischer Bericht,* unterbrochen nur von einer *erlebten Rede* in Z. 12.

2b Die Überlegungen könnten zu folgendem Ergebnis führen: Der Einsatz von **Mitteln der Filmtechnik** führt zu einer Verfremdung. Mit dieser sprachlichen, stilistischen und in-

---

[14] Zitiert nach Heinz Schwitzke: Nachwort zu Alfred Döblin: Die Geschichte des Franz Biberkopf. Stuttgart (Reclam) 2001, S. 67.

haltlichen Verfremdung gelingt es dem Autor, verschiedene Wirklichkeitsebenen zusammenzufügen und den Leser zu informieren, zu provozieren, zum Nachdenken anzuregen etc.

S. 470–473: II,2. „Berlin Alexanderplatz" – Ein multimediales Ereignis

---

Das Textangebot ermöglicht eine **Einführung** in die multimediale Umsetzung des Romans „Berlin Alexanderplatz" durch Döblin (Hörspiel) und Filmregisseure in verschiedenen Zeiten (1931 und 1980).

Analytische Aufgaben und Anregungen zur eigenen Gestaltung sollen vor dem Hintergrund der aktuellen Mediendidaktik Erkenntnisse in Bezug auf die mediale Umsetzung eines Romans ermöglichen. Bereits erarbeitete Methoden, z.B. projektorientiertes Arbeiten, können angewandt werden.

Mögliche Ziele:

1. Vergleichen formaler und inhaltlicher Gemeinsamkeiten und Unterschiede eines Stoffes in verschiedenen Medien zu verschiedenen Zeiten
2. Anwenden von Arbeitsformen und -techniken

Seite 470

Texterläuterungen:

Ein Jahr nach dem Erscheinen seines berühmtesten Romans, 1930, verfasste Alfred Döblin ein **Hörspiel** nach Motiven von „Berlin Alexanderplatz" (Heinrich George, der 1931 in Phil Jutzis Film den Franz Biberkopf spielte, stellte diesen auch bei der Uraufführung des Hörspiels am 30.9.1930 dar). Roman und Film erregten aber so viel Aufsehen, dass das Hörspiel – in den folgenden Jahren wohl auch aus politischen Gründen – „vergessen" wurde. Erst 1962 gab es beim Norddeutschen Rundfunk eine Neuinszenierung. Seither gilt das Hörspiel als viel bewundertes Beispiel der Rundfunkgeschichte. Der Titel des Hörspiels weist darauf hin, dass das Schicksal des Franz Biberkopf im Mittelpunkt steht (Entlassung aus dem Gefängnis, Wunsch anständig zu werden, Reinhold, Verlust des Arms, Mieze, deren Ermordung, Irrenanstalt, Läuterung nach einem Gespräch mit dem Tod). Die epische Breite des Romans ließ sich nicht auf das Hörspiel übertragen, das wusste Döblin, und so spielt die Stadt eine Nebenrolle.

1 Der *Vergleich* von Roman und Hörspiel (vgl. LB. S. 640): Nach der Feststellung, dass es Unterschiede im Titel gibt, und mit dem Ergebnis, dass sich das Hörspiel auf die Person des Franz Biberkopf konzentriert und die Stadt nur eine Nebenrolle spielt, sollten zusammenfassend die unterschiedlichen Möglichkeiten von Hörspiel und Roman erarbeitet werden. Als Aufhänger kann auch folgendes Zitat von Döblin benutzt werden, der feststellte, dass es vom Roman zum Hörspiel weit sei: „Unser heutiger Roman ist mit von der Buchform erzeugt. Romanen und epischen Werken ist Breite, Ausdehnung und Fluss wesentlich [...] Für diese Ausdehnung sind die Augen der Schnellreiter [...], die es ermöglichen, das zu fassen, was man Spannung nennt. Alles, was Spannung ist in diesen großen Zusammenhängen, wird durch das langsame Fuhrwerk der gesprochenen Sprache totgefahren."[14]

Seite 471

 2a Die AA dient der Erweiterung bisher gewonnener Ergebnisse. In PA kann die Tabelle des SB ergänzt werden.

Beispiel:

Roman	Hörspiel
[...] – erlebte Rede (Z. 23f.) – dialogische Struktur (Z. 26f.) – innerer Monolog (Z. 29ff.) – Beschreibung der Stadt (Z. 32f.) – surreale Beschreibungen (Z. 40ff.) – ...	[...] – Sprecher als Kommentator (Z. 18, 21, ...) – erklärende Äußerungen (Z. 32f.) – Geräusche (Z. 41) – ...

2b Hier kann als **Zusammenfassung** der Ergebnisse von AA 1, SB, S. 470, und 2a, SB, S. 471, festgehalten werden, dass die Handlung im **Hörspiel** sehr konzentriert und auf ein paar Personen beschränkt sein muss, denn das Hörspiel ist allein auf akustische Mittel angewiesen. Allerdings stehen ihm die Mittel der Blende und des Schnitts zu Verfügung, um zeitliche und räumliche Sprünge sowie innere Handlungen zu vermitteln. Der **Roman** arbeitet zwar mit ähnlichen Mitteln, aber er kann episch breit, genau und ausführlich erzählen, und der Autor weiß, dass der Leser jederzeit zurückgehen kann.

2c Aus inhaltlichen und aus ökonomischen Gründen erscheint es sinnvoll, wenn man sich auf die epische **Grundstruktur des Romans** und auf die dialogisch **Struktur des Hörspiels** beschränkt. Im Roman muss breit angelegt in die Geschichte eingeführt werden: Personen, Orte, Geschehnisse. Das Hörspiel kann das nur mit Hilfe von Geräuschen oder erklärenden Stimmen.
Der **Film** hat zusätzlich die Möglichkeit der visuellen Gestaltung. Während im Roman der innere Zustand Franz Biberkopfs bei der Entlassung aus dem Gefängnis ausführlich geschildert wird, verzichtet das Hörspiel ganz auf diese Szene, der „Sprecher" weist nur auf Franz' Gefängnisvergangenheit hin.
Der Film dagegen kann beide Elemente verbinden: durch langes Verweilen auf den Gefängnismauern, durch Mimik und Gestik des Biberkopf-Darstellers etc.

3 Im Idealfall kann man den Anfang des Jutzi-Filmes anschauen und die Rekonstruktion anhand des Filmes vornehmen (oder aber die anhand der Bilder erarbeitete Rekonstruktion überprüfen).
Zu sehen sind vier Bilder vom Anfang des Films;
– Franz Biberkopfs Abschied vom Gefängnis (oben links),

– seine Fahrt mit der Straßenbahn in die Stadt (oben rechts),
– Franz verlässt die Straßenbahn (unten links) und
– sieht sich kurz darauf von einer Menschenmenge umringt (unten rechts).

Die in arbeitsteiliger GA (vier Gruppen bearbeiten jeweils ein Bild) erarbeitete Rekonstruktion könnte so aussehen:
1. TEGEL (*amerikanisch, 30", ohne Hintergrundgeräusche*) *Polizist schüttelt Biberkopf, der wegsieht, die Hand.*
   Polizist: Mach's jut, ick will dir hier nich mehr sehn.
   Biberkopf (abweisend): Ja, ja.
2. IN DER STRASSENBAHN (*groß, 45"*) *Franz steht in der Straßenbahn, er hat den Arm aufs Fenster gelegt und die Hand vor den Mund gepresst. Man hört das Geräusch der fahrenden Straßenbahn, im Hintergrund schrille, lauter werdende Musik, in die hinein Biberkopfs Stimme aus dem Off spricht: Ick fürchte mir.*
3. HALTESTELLE IN BERLIN (*amerikanisch, 20"*) *Franz steigt schnell aus der Straßenbahn. Das Geräusch einer sich entfernenden Straßenbahn erstirbt langsam, andere Stadtgeräusche werden lauter.*
4. BERLIN (*groß, 20"*) *Franz, den Hut in der Hand, ist von Menschen umringt. Stadtgeräusche im Hintergrund.*
   Franz (unsicher): Jestatten, Biberkopf, Franz Biberkopf.

Seite 473

1980 dreht Rainer Werner Fassbinder ein vierzehnteiliges Fernsehspiel nach Döblins Roman. Er wollte der epischen Breite der Romanvorlage gerecht werden. Im SB sind die ersten beiden Sequenzen der Drehbuchvorlage abgedruckt, sie umfassen 48 Einstellungen.

4a Das **Internet** bietet reichhaltiges Material über beide Regisseure. So dürfte es nicht schwer fallen, aus Jutzis KPD-Vergangenheit auf sein Interesse an „Berlin Alexanderplatz" zu schließen, das er als Kritik an den sozialen Verhältnissen seiner Zeit interpretiert. (Zu Fassbinder kann aus unterrichtsökonomischen Gründen auch K 4 , LB, S. 654, herangezogen werden. In diesem Zeitungsartikel zu seinem 20. Todestag wird Fassbinders Interesse an Außenseitern sehr deutlich.)

4b Eine mögliche Lösung, orientiert am Beispiel im SB, könnte so aussehen:

TA **Alfred Döblin: „Berlin Alexanderplatz"**			
Romananfang (1929)	Hörspielanfang (1930)	Jutzi-Verfilmung (1931)	Fassbinder-Verfilmung (1980)
– breite, ausschmückende Darstellung von Biberkopfs Weg in die Stadt – Montagestruktur wird erkennbar: – epischer Bericht (Z. 6ff.) – innerer Monolog (Z. 32) – ... – ... Fazit: – Roman mit mehreren hundert Seiten – episch breit angelegt – Leser wird zum Ko-Autor, d.h. seine Realität mischt sich mit der des Autors. – ...	– dialogische Struktur – Biberkopf als Gewerbetreibender in Berlin – andere Personen treten auf (Z. 2ff.) – unterstreicht Biberkopfs Unsicherheit – Hörspiel, das sich nur auf akustische Gestaltungsmittel stützen kann: Worte, Geräusche, Musik – Optisches entsteht nur in der Fantasie des Hörers.	– Biberkopfs Entlassung aus dem Gefängnis – Zögern wird durch Musik herausgestellt. – subjektive Kameraeinstellung – Kinofilm (schwarz-weiß) von 90 Minuten Dauer – arbeitet im Gegensatz zum Hörspiel mit: Szene, Kulisse, Blenden, Gestik, Mimik etc. – Reduktion des Stoffes nach Auswahl des Regisseurs – ...	– rasche Bild- und Tonfolge zur Einstimmung ins Berlin der zwanziger Jahre – Leben außerhalb der Gefängnismauern – Biberkopf im Gefängnis, auf dem Weg zur Entlassung ans Tor – Fernsehproduktion (farbig), 14 Teile, 15 1/2 Stunden Sendezeit – episch breite Darstellung – Fantasie des Zuhörers wird reduziert. – starke Einflussmöglichkeiten des Regisseurs: Interpretation wird vorgegeben, d.h. Möglichkeiten der Manipulation. – ...

III. Ein Ausschnitt der Wirklichkeit im Nahblick (S. 474–477)

Die folgende Sequenz ermöglicht eine kritische Annäherung an das neue Medium „Internet". Die erste Teilsequenz befasst sich exemplarisch mit der Abbildung einer **Homepage**. Nach der Beschäftigung mit „Berlin Alexanderplatz", dem Roman, dem Hörspiel und Filmbeispielen, ist es sinnvoll, den medialen Fokus auf Berlin, die Bundeshauptstadt, zu richten. Um ein zentrales Problem des Internets, die Informationsfülle, anzureißen, befasst sich der zweite Teil mit einem **Sachtext** zur Recherche. Die zweite Teilsequenz bietet Diskussionsgrundlagen für eine kritische Beleuchtung des Internets in Texten von bekannten Computerfachleuten.

Bereits bekannte **Sprech- und Schreibformen** (z.B. Recherchieren) sollen angewandt werden, die Einführung und Einübung von Arbeitsformen (Wochenplanarbeit, EA, PA) und -techniken (Arbeiten mit dem Computer) sowie von Gestaltungsformen (Internet, Wandzeitung, PowerPoint) erweitern das methodische Repertoire der Schüler.

Die integrierten Gesichtspunkte der **Sprachbetrachtung** (Fachbegriffe aus der Medienwelt, „Sprache" des Computers) dienen zum einen der Reorganisation und Einübung von Bekanntem, zum anderen der Erweiterung der individuellen sprachlichen Fertigkeiten.

S. 474–476: III,1. www.berlin.de – Die Hauptstadt im Netz

Das Textangebot ermöglicht eine **Einführung** in medientypische Gestaltungsformen des Internets und mit Hilfe des Computers. Analytische Aufgaben und Gestaltungsanregungen sollen vor dem Hintergrund der aktuellen Mediendidaktik Verständnis für den Umgang mit einem modernen Medium ermöglichen.

Mögliche Ziele:
1. Ein modernes Medium und seine besonderen Möglichkeiten kennen und anwenden lernen
2. Einführen der Wochenplanarbeit

Seite 474

Texterläuterungen:
Mittlerweile gehört es für Einzelpersonen wie für Institutionen zum guten Ton, im Internet mit einer **Homepage** vertreten zu sein. Das gilt natürlich auch für die Bundeshauptstadt Berlin. Dabei kann die Abbildung im SB nur als Beispiel dienen, denn die Schnelllebigkeit des Mediums bringt es mit sich, dass die Homepage ständig aktualisiert wird. Deshalb ist es für den Unterricht sicher günstiger, auf die jeweils aktuelle Homepage zuzugreifen. Allerdings dürfte sich so bald nichts Grundsätzliches ändern, Termine, Informationen, Werbung und Suchmöglichkeiten werden bleiben.

 Wenn der Lehrer (oder ein Schüler) eine *Folie* mit Stichworten füllt, die man ihm zuruft, kann das Ergebnis später noch zum Vergleich herangezogen werden.
Ein Beispiel könnte so aussehen:

 TA

Erwartungen an die Homepage der Hauptstadt
- Stadtplan
- Neuigkeiten (Politik, Kultur, Wirtschaft, Unterhaltung ...)
- Hinweise zu den Stadtteilen
- Informationen über
- Verkehrsmöglichkeiten
- Vereine
...
- Termine
- ...
...

1b Auffallend sind die verschiedenen **Textarten:** Bilder, Sachtexte, Werbung, Links. Die Informationen reichen von Berliner Interna über allgemeine Medienhinweise bis zu Übernachtungsmöglichkeiten und Werbung. Die Linkliste am rechten Rand erlaubt es dem User, sich seinen Interessen nach schnell zu orientieren. Suchmaschinen erweitern die Informationsmöglichkeiten.

2 Ein *Vergleich* wird ergeben, dass sich die Homepages inhaltlich gleichen, egal, welche Stadt man aufruft. Die Unterschiede liegen in der Quantität. Eine Kleinstadt hat naturgemäß weniger Termine, Veranstaltungen etc. zu bieten. Interessant ist also eher eine Diskussion über den Sinn solcher Homepages. Für sie sprechen die Aktualität und das Anbieten von vielen Informationen, aus denen sich der Suchende das herausfiltern kann, was für ihn wichtig ist, ohne dass er viel telefonieren und organisieren muss.

3a Die Methode der *Wochenplanarbeit* eignet sich hier besonders gut, denn sie erhöht die Verantwortlichkeit der Schüler für die Studienfahrt. Die Schüler können ihren Anliegen und Bedürfnissen entsprechend vorbereiten, z.B. eine literarische Suche nach Spuren von Franz Biberkopf oder Alfred Döblin.
Programme für Studienfahrten unter literarischer Schwerpunktsetzung nach Wien und Rom findet man im Internet unter der Adresse www.webforumdeutsch.de.

3b Der **Reader** eignet sich gut als Zielsetzung der Wochenplanarbeit, denn die Schüler arbeiten dann auf ein Produkt hin, das die Fahrt noch mehr zu ihrem eigenen Anliegen macht. Ist man sich über die grundsätzliche Zielsetzung der Fahrt einig, kann man sich auf die entsprechenden Angebote beschränken (Theater und Kino genügen u.U., Discos, Konzerte, politische Veranstaltungen, sportliche Ereignisse etc. müssen dann nicht gesondert aufgeführt werden.)

Seite 475

4a Ein *Stichwortzettel,* der Probleme im Umgang mit dem Internet skizziert, könnte so aussehen:

Probleme im Umgang mit dem Internet:
- geeignete Stichworte finden
- Informationsüberschuss
- Auswahlkriterien
- Ablenkung bzw. Abweichung
- Glaubwürdigkeit
- Zeitaufwand
- Hardware- bzw. Softwareprobleme
...

4b Im **Sach- und Methodenregister,** SB, S. 517ff., findet man unter dem Stichwort „Großstadtroman" einen Hinweis auf die Seite 469 des SB. Der Fettdruck verweist auf einen Lexikoneintrag.

Gibt man bei Google.de das Stichwort „Großstadtliteratur" ein, erhält man Hinweise auf über 210 Einträge von Vorlesungsverzeichnissen verschiedener Universitäten über Schülerreferate bis zu Dissertationen und Habilitationen über portugiesischsprachige Großstadtliteratur. Bei der Einschränkung „Großstadtliteratur Berlin" wird man auf über 160 Einträge verwiesen, selbst „Großstadtliteratur Berlin Döblin" ergibt noch über 30 Hinweise. Nach ein paar Stichworten folgt jeweils ein Link zum entsprechenden Text. Will man allen folgen, verliert man sich im Unendlichen (zeitlich und inhaltlich).

5 In die Bearbeitung dieser AA können die Ergebnisse der AA 4b, SB, S. 473, einfließen. Die Ausführungen über **Berlin** (orientiert an den Texten, SB, S. 468ff.) müssen auf die medienbedingten Unterschiede hinweisen, die grundsätzlichen inhaltlichen Aussagen bleiben gleich: fiktionaler „Text", Stadt als Lebensraum und Mitspieler, Franz Biberkopf als Beispiel für den Lebensablauf in der Stadt, Montagetechnik als Sinn stiftendes Element der Moderne, Tempo und Wechsel (Orte, Personen etc.) als Spiegelbild der Stadt etc.

Die Ausführungen zur **Homepage** ließen sich noch so ergänzen: ermöglicht das Befriedigen individueller Bedürfnisse, kann Anfragen beantworten, erleichtert die Suche nach Informationen, alles geht sehr schnell ...

Zum Fazit: **Hörspiel** und **Film** nähern sich mit ihren akustischen und optischen Möglichkeiten dem Internet, sie nehmen dem Hörer bzw. dem Seher viel Fantasie, die das Buch hervorruft. Rückschau ist nur im Buch möglich. Allerdings fehlen dem Hörspiel wie den Filmen die Unübersichtlichkeit, die Beliebigkeit und die Kurzlebigkeit der Homepage, weil sie an einem literarischen Vorbild orientiert sind. Weitere Vorteile des Internets: ermöglicht weltweite Verbindungen und Kontakte; Nachteile: mangelnde Seriosität, Zeitaufwand, Orientierungslosigkeit ...

6a Das *Exzerpt* ist wie auch die Ergänzung der Informationen um weitere, eigene Aspekte wichtig, um z.B. mit Hilfe einer Wandzeitung Tipps für „Internetanfänger" zusammenstellen zu können.
Ein Exzerpt könnte so aussehen:

Wichtige Informationen zur Recherche im Internet
– Informationen sind die Basis für Wissenserwerb und Kompetenzentwicklung.
– Lernen findet heute auch nach der Schule ein Leben lang statt.
– Es gibt immer mehr Informationen.
– Alle Wissensgebiete entwickeln sich rasant weiter.
– Elektronische Medien helfen bei der Datenverarbeitung.
– Es ist schwer, der Informationsflut Herr zu werden. Das geht nur, wenn man einige Dinge beachtet.
– Informationen aus dem Netz sind schnell veraltet.
– Man braucht die richtigen Suchbegriffe.
– Keine Zeit verschwenden durch wahlloses Anklicken.
– Erkenntnisinteresse muss klar sein.
– Seriosität der Anbieter muss überprüft werden.
– Nicht blenden lassen durch optische Darstellungen.
– Grundsätzlich: Alles, was im Netz steht, muss kritisch geprüft werden.

6b Hier dürften Ergänzungen von Schülern kommen, die aus deren eigener Erfahrungswelt im Umgang mit dem **Internet** stammen, z.B.:
– Hausaufgaben und Referate darf man nicht einfach herunterladen, oft sind sie schlecht.
– Surfen im Netz kann teuer werden.
– Oft verbergen sich hinter scheinbar seriösen Adressen Werbe-, Gewalt- oder Pornoseiten.
– Werbung ist verlockend und gefährlich.
...

7 Die in den AA 6a und 6b, SB, S. 475, erarbeiteten Ergebnisse lassen sich für Unterstufenschüler als „Verfah-

rensweisen und Tipps für Internetanfänger" zusammenstellen. Diese Ergebnisse kann man auf einer Wandzeitung, die man im Unterstufenbereich aufhängt, optisch ansprechend gestalten. Man kann aber auch eine kleine Präsentation mit Beispielen auf dem Computer zusammenstellen (PowerPoint z.B.) und diese den Schülern präsentieren[15].

> **S. 476–477: III,2. Wie orientieren wir uns? – Die multimediale Informationsgesellschaft**

Das Textangebot ermöglicht eine **kritische Auseinandersetzung** mit der Zukunft der multimedialen Informationsgesellschaft. Analytische Aufgaben und Gestaltungsanregungen sollen vor dem Hintergrund aktueller Medienkritik ein distanziertes und reflektiertes Verständnis für den Umgang mit dem Internet ermöglichen.

Mögliche Ziele:
1. Ein modernes Medium und seine Besonderheiten kritisch betrachten lernen
2. Zukunftsperspektiven des Internets sachgerecht diskutieren
3. Die Beschreibung von Sachtexten üben

Seite 476

Texterläuterungen:
Esther Dyson gehörte zu den ersten Wissenschaftlern, die die Bedeutung des Internets erkannten.
Seit 1982 gibt sie monatlich den Newsletter „Release 1.0" heraus. Dieser bildet auch heute noch ein Diskussionsforum für alle Fragen, die sich aus der Nutzung des Internets für wirtschaftliche, gesellschaftliche und politische Zwecke ergeben. Man kann ihn auf Dysons Homepage finden (edventure.com). Im 1997 erschienenen Buch „Release 2.0" fasst die Autorin die Essenz der bis dahin erschienenen Newsletter zusammen. Sie äußert darin die Meinung, dass das Internet eine revolutionäre Sache sei, der man sich nicht verschließen dürfe und an deren Entwicklung man sich aktiv beteiligen müsse, wenn die Demokratie nicht gefährdet werden soll durch das, was in und mit dem Internet möglich ist.
Noch ein Wort zum Titel: „Release" kann verschieden verstanden werden, z.B. als „Veröffentlichung". Im Computer-Kontext bedeutet es wohl „Ausgabe" oder „Auflage", führen doch manche Programme diese Bezeichnung zur näheren Bestimmung im Namen, z.B. das Mathe-Schulprogramm Maple. Da gibt es die Version „Maple V, Release 4". „Release 1.0 bzw. 2.0" kann also verstanden werden als „Ausgabe 1 bzw. 2". Ein interessantes Wortspiel: Im Deutschen heißt eine Zentrale zur Behandlung Suchtkranker „Release-Zentrum", der behandelnde Psychotherapeut oder Sozialarbeiter „Releaser".

1a Informationen über Esther Dyson findet man z.B. auf dem **Klappentext** ihres Buches und auf ihrer Homepage. Ein *Referat* über die Entwicklung des Internets und die Bedeutung der Person Esther Dyson könnte ein lohnendes Thema für die „Gleichwertige Feststellung von Schülerleistungen" sein; denn die 1951 geborene Tochter des berühmten Physikers Freeman Dyson (er ist immerhin in der Microsoft Encarta mit

---
[15] Einen altersgerechten und optisch gelungenen Ein- und Überblick mit Präsentationsbeispielen findet man in: Ulrich Vogt: Wie Bonni, Logi und Harald im Internet surfen. Paderborn (Schöningh) 2001.

einem eigenen Artikel genannt) gilt laut Klappentext ihres Buches als „First Lady des Internet".

1b Es wäre hilfreich, wenn der Text den Schülern als Kopie vorläge oder wenn die Einlegefolie (SB, S. 14) verwendet würde, damit sie mit ihm arbeiten können.
In Anlehnung an die **Siglen** im SB, S. 78f., könnten die Schüler zunächst eine Liste von bereits markierten Schlüsselbegriffen (Internet), von Hauptgedanken (_____), von sprachlichen Auffälligkeiten (_ _ _ _ _) und Fragwürdigem (∩∿∩) erstellen und den Text dann um solche *Markierungen* erweitern.
In einem ersten Textverständnis sollten dann folgende Aspekte genannt werden, die man für einen möglichen Vergleich mit den Gedanken anderer Autoren (z.B. Stoll) auf Folie sammeln könnte:

TA	Esther Dysons Einstellung zum Internet		
Z.	Erstes Verständnis	Zu Z.	Fragen, Hinweise etc.
1ff.	– Internet kann nicht isoliert für sich gesehen werden, seine Bedeutung hängt von dem ab, der es bedient.	Zu 1	Woher stammen für den User die Benutzungskategorien?
		Zu 3	Was heißt „mystische Einheit"?
		Zu 4	Was bedeutet „lokale Ökonomien"?
5ff.	– Internet hat großen Einfluss („mächtiges Werkzeug").	Zu 8f.	Wie soll diese Entmachtung gehen und wie soll sie aussehen?
		Zu 12f.	Die Probleme finde ich nach wie vor frustrierend: Lange Wartezeiten, Abstürze, unübersichtliche Adressen, zu viele Links ...
...	...	...	...

1c Es bietet sich an, die Ergebnisse einer zweiten, vertieften *Textarbeit* in einer Tabelle vorzustellen.
Beispiel:

TA					
Zeilen	Information	Z.	Argumente, Wertung	Z.	Beispiele
1ff.	Internet dient der Kommunikation.	4	keine mystische Einheit	6ff.	„lokale" Ökonomien in Weltwirtschaft
		6ff.	Einfluss wird Leben verändern.	9ff.	Internet erstreckt sich über Grenzen.
		8ff.	Internet wird Macht entwinden.	13f.	Internet arbeitet fehlerlos.
10f.	Internet operiert in der realen Zeit.	12ff.	Kommunikation wird fehlerlos.		
...	...	...	...	...	...

2 Diese *Anwendungsaufgabe* dient zur schriftlichen Zusammenfassung des bisher Erarbeiteten. Außerdem bietet sie die Möglichkeit, fächerverbindend mit Englisch zusammenzuarbeiten, denn die E-Mail sollte auf Englisch verfasst werden.
Zustimmung finden dürften Dysons Ausführungen zum Zeitgewinn und zum grenzüberschreitenden Informationsaustausch. Auch die Gefahren für demokratische Staaten und die Gefährdungen durch Terroristen und Verbrecher dürften konsensfähig sein. Überlegenswert wäre, ob die Schüler nicht ei-

nen Appell an Esther Dyson richten könnten, sie möge ihren Einfluss und ihre Reputation noch stärker nutzen, um bei Regierungen auf Einschränkungen bzw. bestimmte Kontrollen (Pornografie, Extremismus, Gewalt etc.) hinzuwirken.

Seite 477

Texterläuterungen:
Clifford Stoll gilt als ein Mitbegründer des Internets und wie Esther Dyson als Experte auf dem Gebiet des Computers. Er hat sich aber schon früh zu einem radikalen Kritiker unreflektierten Computergebrauchs entwickelt. In all seinen Publikationen wendet er sich massiv gegen den Computereinsatz in Schulen um des Computers Willen; denn ihn stört es gewaltig, dass Computer „wie Heiligtümer" verehrt werden und dass deren Nutzen gepriesen wird, wo es doch hauptsächlich um Vergnügen und Geldverdienen gehe (s. Einführung in sein Buch). Stoll will mit seinem Buch aufklären. Eltern und Lehrer sollen einsehen lernen, welche Beiträge der Computer zur Erziehung und zur Entwicklung eines Individuums leisten kann und welche nicht. Der Auszug im SB stammt aus dem Kapitel „Die Arroganz der Technikfreaks" und beschäftigt sich mit der Frage, auf welche Berufe der Computer vorbereitet und welche wichtigen menschlichen Fähigkeiten man im Internet lernen könne: keine.

3a Für die *Gruppenarbeit* sollte der Text so aufgeteilt werden, dass er überschaubar ist. Vorschlag: Z. 1–14, 15–30 und 31–55. Der Lösungsvorschlag orientiert sich am Methodenhinweis im SB, S. 79f.

3b Ein **Lösungsvorschlag** für die erste Gruppe (z. 1–14) könnte so aussehen:

TA

Clifford Stoll, *LogOut* (Auszug):
Textbeschreibung – Gegliederte Stoffsammlung

1. Kommunikationssituation.
   [...]
2. Zusammenhang zwischen Darstellungsform und Absicht:
   [...]
   – Der Autor will den Leser durch ein Beispiel überzeugen, das jeder aus (schmerzhafter) Erfahrung kennt (Z. 7ff.).
   – Die Absicht: Der Autor will Zustimmung erreichen (die hier aus tiefster innerer Überzeugung kommen wird).
3. Gedankenführung:
   [...]
   – Erstes Fazit: 2100 wird es fast dieselben Jobs wie heute geben. Und: Man wird keinen Computer brauchen, um sie zu lernen.
   – Fokussierung auf *ein* Beispiel, das jeder kennt: Ein Zahnarzt muss auch 2100 nicht nur fachlich, sondern auch „menschlich" kompetent sein. Dem Rechner fehlt die humane Komponente.
4. Argumentation:
   Die Argumentation ist geprägt von subjektiven Beispielen aus der Erfahrungswelt der Leser, sie ist auf Überzeugung angelegt (persuasive Struktur).
5. Zusammenhang zwischen Absicht, Inhalt, Aufbau, Stil und Wirkung:
   – Die mit Fachbegriffen versetzte Hochsprache zeigt einen kompetenten Autor (CD-ROM, Z. 10).
   – Die Beispiele aus vielen Berufsbereichen weisen auf umfassende Kenntnisse hin.
   – Die z.T. rhetorischen Fragen und die wörtliche Rede beziehen den Leser in die Überlegungen mit ein und sorgen für Identifikation: Ja, das kenne ich.
   – Das Beispiel mit dem Zahnarzt rührt an die Emotionen des Lesers: Der Autor weiß, wo meine Schmerzen, Probleme, Ängste etc. sitzen. Er kann mit mir fühlen, er versteht mich. Also:

Ich verstehe ihn auch. Er ist nicht nur intellektuell, sondern auch psychologisch kompetent. Ich mache seine Meinung zu meiner eigenen.

Clifford Stoll. *LogOut* (Auszug): Textbeschreibung

Der amerikanische Computerfachmann Clifford Stoll beschreibt in diesem Ausschnitt aus seinem Sachbuch „LogOut – Warum Computer im Klassenzimmer nichts verloren haben" (v 2001), Berufe, die es im Jahr 2100 immer noch geben wird und für deren Beherr-
5 schung Computer, denen eine humane Kompetenz fehle, keine Rolle spielen.
Nach Meinung des Autors werden die Berufe des Jahres 2100 denen von heute gleichen (Z. 1f.). Er zeigt sich realistisch, wenn er behauptet, es werde nach wie vor „Zahnärzte, Lastwagenfahrer,
10 Chirurgen, [...]" (Z. 2f.) geben. In einer ersten Zusammenfassung behauptet Stoll sehr polemisch, dass diese Berufe vor dem Hintergrund seines Problems alle eine Gemeinsamkeit hätten, die er als merkwürdig (vgl. Z. 6) bezeichnet: Man brauche für keinen dieser Berufe einen Computer (vgl. Z. 6f.).
15 Am Beispiel des Zahnarztes führt der Verfasser dann aus, was er meint, und er spricht von Fähigkeiten, die man nicht am Computer erwerben könne. Die wichtigsten seien: „Zähne in Ordnung bringen und erhalten" (Z. 7) und „Glaubwürdigkeit und Vertrauen vermitteln" (Z. 12f.). Die Frage nach dem Multimedia-Zahnarzt
20 (Z. 9f.) ist nur rhetorisch. Da jeder Leser eigene Erfahrungen mit Zahnärzten hat, ist dies für Stoll ein sehr gutes Beispiel, um den Leser von seiner Sicht der Dinge zu überzeugen. Mit der wörtlichen Rede (Z. 13f.) setzt er den Leser praktisch in den Zahnarztstuhl und provoziert ein zustimmendes und überzeugtes „Selbst-
25 verständlich" auf die fiktive Aufforderung: „Glauben Sie mir!"

Das Ergebnis aller drei Gruppen ergibt zusammengesetzt eine Beschreibung des Textes, die als Basis für eine Erörterung der Frage: „Haben Computer im Klassenzimmer etwas zu suchen?" genommen werden kann.
Wichtige Hinweise zur Texterörterung findet man im SB, S. 22f., 98f., 149ff., 174ff., 297f. und 322f.
(Eine weitere Übung zur Texterörterung (auch als Klausurangebot) findet man in **K 5** im LB, S. 655.)

4 Eine *Podiumsdiskussion* sollte den Regeln folgen, die im Methodenhinweis im SB, S. 232 und 480, zusammengefasst sind. Inhaltlich kann man sich an den Aspekten orientieren, die für eine Erörterung der Ausführungen von Esther Dyson und/oder Clifford Stoll im Kurs erarbeitet wurden. Dabei muss es nicht unbedingt zu einer Einigung kommen, aber es sollte klar werden, dass Dysons Ausführungen z.T. gegen Stoll sprechen: Wenn das Internet ein „mächtiges Werkzeug" und eine „Quelle unerhörter Produktivität" (Dyson, SB, S. 476, Z. 5 und 17) ist, müssen Schüler heute darauf vorbereitet werden, es zu nutzen und den Computer zu bedienen. Die kriminellen Gefahren, die Dyson erwähnt (Z. 17ff.), erkennt nur, wer Bescheid weiß. Natürlich hat Stoll mit seinem Hinweis auf die Berufe und die Kompetenzen Recht. Aber was spricht gegen Computerkompetenz als eine von vielen Kompetenzen, die ein junger Mensch heute erwerben sollte? Setzt man allerdings den Computer heute absolut als das Größte und Einzige, dann liegt Stoll mit seiner Kritik richtig, und man kann ihm nicht genug zustimmen.

4. Vorschläge für Übungen und Klausuren; Materialien/Kopiervorlagen K

4.1 Übersicht über Arten und Funktion der Kopiervorlagen

Unser Leben, eine Vorabendserie? (I,1)   **K 1**   J. W. von Goethe: An den Mond, G. Benn: Einsamer nie
(Zwei Gedichte als Ergänzungsaufgabe, SB, S. 462)

K 2   Norbert Bolz: Extra-Aufgabe
(Ein Zeitungsartikel als Ergänzungsaufgabe, SB, S. 462)

„Berlin Alexanderplatz" (II,1)   **K 3**   Ansichten von Berlin
(Literarische Beispiele als Ergänzungsaufgabe(n), SB, S. 468ff.)

„Berlin Alexanderplatz" (II,2)   **K 4**   Hilmar Bahr: Ein Besessener
(Ein Zeitungsartikel zur Ergänzung, SB, S. 473)

Wie orientieren wir uns? (III,2)   **K 5**   Clifford Stoll: Junk-Infos aus dem Internet (Auszug)
(Ein Buchauszug zur Ergänzung oder als Klausur, SB, S. 477)

4.2 Kurzbeschreibung der Kopiervorlagen

K 1 J. W. von Goethe: An den Mond, G. Benn: Einsamer nie

Didaktischer Ort: Überprüfung von Aussagen in einem Gedicht von H. M. Enzensberger (SB, S. 462)
Die Schüler erhalten zwei Gedichte zur Ergänzung und Erweiterung des Aspektes „virtual reality" vor dem Hintergrund „Alte Medien" (SB, S. 462). „Abend" von Gryphius vervollständigt die Textauswahl (SB, S. 148).

Erläuterungen zur Aufgabe:
1. Die Gedichte sollen in GA gelesen und (z.B. mit Hilfe des Textblatts, SB, S. 14) bearbeitet werden.
2. Es handelt sich um eine *Kombinationsaufgabe,* die Folgendes verlangt:
   – das Untersuchen der Gestaltung von Wirklichkeit in Gedichten aus verschiedenen Epochen,
   – eine Erörterung der Behauptung, dass „wem es wirklich ernst ist/mit virtual reality [...],/der kommt mit wenig aus." (Text 1, SB, S. 462, Z. 11 f. und 18).
Die Einsamkeit des lyrischen Ichs bei Goethe, das viel erlebt hat, ist schicksals-, nicht naturbedingt. Unwiederbringlich Vergangenes löst sich im Gedicht, in der vom Mond er-

schaffenen Wirklichkeit. Das Geheimnis der Nacht zu Beginn und am Schluss bleibt offen. Benns Gedicht, einer der letzten Texte, den er veröffentlichen konnte, bevor die Nazis ein Publikationsverbot über ihn verhängten, beschreibt in einfachen, gereimten Vierzeilern den melancholischen Verzicht auf die (politische?) Realität und schafft sich eine neue Wirklichkeit, die des Geistes. Enthält es eine esoterische Botschaft?

Das Sonett von Gryphius zeigt den barocken Gegensatz von diesseitigem Elend und jenseitiger Erlösung. Das lyrische Ich, geprägt von Alter und Not, schafft sich eine neue, bessere Wirklichkeit.

Fazit: Mit dem knappen Hinweis auf drei bedeutende Texte von 1650, 1789 und 1936 belegt das lyrische Ich bei Enzensberger die Bedeutung von der im Gedicht, im „Alten Medium", geschaffenen Wirklichkeit als Möglichkeit menschlicher Grunderfahrung.

K 2 Norbert Bolz: Extra-Aufgabe

Didaktischer Ort: Definitions- und Argumentationshilfe zu Überlegungen zur Zukunft alter Medien, hier am Beispiel der Zeitung (SB, S. 462)

Erläuterungen zur Aufgabe:

1. Der Text soll gelesen und in PA bearbeitet werden. Die Schüler können ermitteln, wie der Autor die Zukunft der Zeitung sieht (vor dem Hintergrund des Wortspiels „Extra-Aufgabe", das an „Extra-Ausgabe" erinnert und Besonderes betont).
2. Das Medienverhalten der Schüler soll vor dem Hintergrund des Textes kritisch reflektiert und in Beziehung zu Enzensbergers Äußerungen über „Alte Medien" und eigene Erfahrungen mit den „Neuen Medien" gesetzt werden (SB, S. 462). Die allgemeine Vorstellung, der Computer sei das alleinige

Medium der Zukunft, erhält hier eine kluge Einschränkung durch die Darstellung der „Kernkompetenz" (Z. 68) der Zeitung: Orientierung (vgl. Z. 71). Die Stärken der „alten Medien", „Filterung, Selektion und Bewertung" (Z. 82f.) von Informationen und das damit zu erzielende Vertrauen (vgl. Z. 91) gilt es herauszuarbeiten, zu diskutieren und zu bewerten.

K 3 Ansichten von Berlin

Didaktischer Ort: Annäherung an „Berlin in der Literatur" mit Hilfe verschiedener Texte über Berlin (SB, S. 468ff.)

1. Die Schüler wenden eine bekannte Methode, das Gruppenpuzzle, an (SB, S. 443f.).
2. Die Texte zeigen aus unterschiedlichen Perspektiven Bilder von Berlin. Sie stammen aus verschiedenen Zeiten, die Stadt spielt in jedem Text eine andere Rolle, hat eine andere Bedeutung (SB, S. 468ff.), was den Vergleich mit „Berlin Alexanderplatz" und dem Berlin-Bild der Homepage (SB, S. 474) reizvoll und ergiebig machen dürfte.

Erläuterungen zur Aufgabe:

1. Die Schüler können sehen, wie die Beschreibung Berlins von Zeit, Zusammenhang und Autorenabsicht abhängt. Kerr beschreibt seine Sicht der Reichshauptstadt in Briefen an seine Leser, Hessel notiert Eindrücke, die die Stadt auf ihn macht. Anders die Texte von Wolf und Nooteboom: Romanfiguren, fiktionale Personen sehen Berlin. Rita Seidel, die Protagonistin in Christa Wolfs Erzählung, fühlt sich – aus dem Osten kommend – ängstlich und verloren in der „riesigen, unheimlichen Stadt" (Z. 39), Nootebooms Romanfigur treibt die Neugier, die Suche nach Bildern durch die Stadt, die er liebt wie keine andere.

Die Experten könnten Folien mit ihren Arbeitsergebnissen anfertigen, die sie dann in Stammgruppen einbringen. Eine Folie könnte z.B. so aussehen:

Alfred Kerr: Wo liegt Berlin? – 2. September 1900

Textbeispiel	Bild von Berlin	Sprache, Stil	Erzähler, Absicht
Z. 1	– Schönheit	– sachlich, lapidar	– wertet, weckt Sympathie
Z. 1–3	– Entwicklung	– sachlich	– Vergleich, Abgrenzung
Z. 3ff.	– Bülowstraße	– Aufzählung	– lobt, hebt Besonderes hervor
Z. 4–10	– Alt-Berlin	– zuerst sachlich, dann zynisch	– Rückblick, Vergleich mit
Z. 10f.	– modernes Berlin	(Aufzählung abwertender Adjektive)	früher
Z. 11ff.	...	– wehmütig	– Reflexion: Moderne Technik
		– hypotaktischer Satzbau	zerstört das einst schöne
		...	Stadtbild.
			...

2. Die Recherchen sind besonders ergiebig, wenn Informationen aus Lexika und aus dem Internet verglichen und bewertet werden.

K 4 Hilmar Bahr: Ein Besessener

Didaktischer Ort: Charakterisierung eines Regisseurs mit Hilfe eines Textes zu seinem 20. Todestag (SB, S. 473)

Erläuterungen zur Aufgabe:

1. Die Schüler fassen Charakterzüge des Regisseurs Rainer Werner Fassbinder zusammen (z.B. Arbeitswut, Schonungslosigkeit sich selbst gegenüber, Widersprüchlichkeit der Person, hoch sensibel, aber unberechenbar: grausam und zärtlich) und versuchen, Gründe für sein obsessives Arbeiten zu finden (z.B. Angst, Chance zur Selbsterkenntnis, Zeitkritik, Protest).
2. Obwohl in dem Text die Verfilmung von „Berlin Alexanderplatz" nur ganz kurz erwähnt wird, dürften Fassbinders Interessen an der Person Franz Biberkopf deutlich werden. Ihn

faszinierte der Außenseiter, der sozial Schwache, der vom Schicksal Gebeutelte, das Opfer, der in der Großstadt Isolierte etc.

K 5 Clifford Stoll: Junk-Infos aus dem Internet (Auszug)

Didaktischer Ort: Ein Buchauszug zur Ergänzung oder als Klausur (SB, S. 477)

Erläuterungen zur Aufgabe:

1. Die Methode der Textbeschreibung soll hier angewandt werden: Die im Lexikon im SB, S. 477, zusammengefassten Hinweise zur Textbeschreibung als erstem Teil der Texterörterung sollen hier beachtet werden. Der Text soll mit Markierungen versehen und dann ausführlich beschrieben werden. Wichtig ist die Erkenntnis, dass schon die Überschrift einen Bezug zu einer berühmt-berüchtigten Fast-Food-Kette herstellt, deren Essen als Junk-Food bezeichnet wird, als Essen, das einen geringen Nährwert, aber eine hohe Kalorienzahl hat (junk ist im Übrigen Englisch und bedeutet Abfall, Schund).

Herauszustellen gilt es also, dass Stoll die Informationen aus dem Internet als Massenware von geringer Qualität sieht. Was wirklich gut ist, das kostet Geld und ist nicht massenhaft zu haben. Die Forderung der Konsumenten, alles müsse gut, billig und schnell sein, sei nicht zu erfüllen, wie Stoll an Beispielen eindrucksvoll belegt (vgl. Z. 24ff.). Aufbau und Argumentationsstruktur sollten dargestellt werden, bevor die Schüler mit eigenen Beispielen versuchen, Stoll zu unterstützen oder zu widerlegen.

2. Die Erörterung der Thesen von Stoll führt dann zu einer kompletten Texterörterung:

Entscheidend werden die Perspektivierung („Wert" unter subjektiven Aspekten – individuell und situativ bedingter Nutzen – und unter objektiven Kriterien: wirtschaftlich, politisch etc.) und die Qualität der Argumentation sein. D.h., Argumente und Belege müssen schlüssig und überzeugend sein. Während die Schüler bei der Beschreibung des Aufbaus (Arbeitsanweisung 1) die von Stoll genannten Aspekte genau und vollständig erfassen müssen, ist es legitim, bei der Erörterung (Arbeitsanweisung 2) auszuwählen und zu gewichten, sofern die Entscheidung plausibel begründet wird. Der Hinweis auf „eigene Interneterfahrungen" legt dem Schüler die Beschränkung sogar nahe. Entscheidend für die Bewertung ist das Kriterium der Profilierung: Ist es gelungen, dem Erörterungsteil einen signifikanten Schwerpunkt zu geben, der gedanklich und sprachlich den Nachweis einer kenntnisreichen und differenzierten Auseinandersetzung erbringt?

4.3 Die Kopiervorlagen

Johann Wolfgang von Goethe (1749–1832): An den Mond
Spätere Fassung (1789)

Füllest wieder Busch und Tal
Still mit Nebelglanz.
Lösest endlich auch einmal
Meine Seele ganz;

5 Breitest über mein Gefild
Lindernd deinen Blick,
Wie des Freundes Auge mild
Über mein Geschick.

Jeden Nachklang fühlt mein Herz
10 Froh- und trüber Zeit,
Wandle zwischen Freud' und Schmerz
In der Einsamkeit.

Fließe, fließe, lieber Fluss!
Nimmer werd' ich froh,
15 So verrauschte Scherz und Kuss,
Und die Treue so.

Ich besaß es doch einmal,
Was so köstlich ist!
Dass man doch zu seiner Qual
20 Nimmer es vergisst!

Rausche, Fluss, das Tal entlang,
Ohne Rast und Ruh,
Rausche, flüstre meinem Sang
Melodien zu,

25 Wenn du in der Winternacht
Wütend überschwillst,
Oder um die Frühlingspracht
Junger Knospen quillst.

Selig, wer sich vor der Welt
30 Ohne Hass verschließt,
Einen Freund am Busen hält
Und mit dem genießt,

Was, von Menschen nicht gewusst
Oder nicht bedacht,
35 Durch das Labyrinth der Brust
Wandelt in der Nacht.

Aus: Goethe-Gedichte. Herausgegeben und kommentiert von Erich Trunz. München (C. H. Beck) 1981, S. 129f.

Gottfried Benn (1886–1956): Einsamer nie (1936)

Einsamer nie als im August:
Erfüllungsstunde – im Gelände
die roten und die goldenen Brände,
doch wo ist deiner Gärten Lust?

5 Die Seen hell, die Himmel weich,
die Äcker rein und glänzen leise,
doch wo sind Sieg und Siegsbeweise
aus dem von dir vertretenen Reich?

Wo alles sich durch Glück beweist
10 und tauscht den Blick und tauscht die Ringe
im Weingeruch, im Rausch der Dinge –:
dienst du dem Gegenglück, dem Geist.

Aus: Gottfried Benn, Statische Gedichte © 1948, 2000 by Arche Verlag AG, Zürich-Hamburg.

Arbeitsanweisungen:

1. Bereiten Sie arbeitsteilig in Gruppenarbeit jeweils ein Gedicht zum Vortrag vor.

2. Untersuchen Sie die Darstellung von „virtual reality" in „Ihrem" Gedicht und erörtern Sie die Frage nach der Ernsthaftigkeit, von der im Text 1, SB, S. 462, Z. 11 ff., die Rede ist.

Norbert Bolz: Extra-Aufgabe

Zukunft der Zeitung: Die alten Medien heilen die Wunden, die die neuen Medien schlagen

Wenn man Leser oder Zuhörer um ein paar Minuten Aufmerksamkeit bittet, richtet sich diese Bitte eigentlich an die knappste aller Ressourcen
5 des 21. Jahrhunderts: die Aufmerksamkeit. Um sie wird gekämpft, und zwar in allen Bereichen. Das gilt für die Politik ebenso wie die Wirtschaft, und natürlich auch für die Medien. Es
10 gibt heute keinen „Durbridge-Effekt" mehr – dass nämlich Deutschland abends ein und dieselbe Sendung schaut und am nächsten Tag am Arbeitsplatz oder in der Schule darüber
15 spricht. Und das hängt natürlich mit der unendlichen Diversifizierung des Angebots zusammen.
Leidenschaftlich wird gekämpft um unser aller knappe Aufmerksamkeit.
20 Das sollte allerdings kein Grund sein, um in den Schlachtruf des Silicon Valley einzustimmen, der in etwa lautet: Unser Supermedium, der Computer, wird alle anderen Medien über-
25 flüssig machen. Denn es wird nicht zu einem Medienkannibalismus

Auch das Schwätzchen mit der Zeitungsfrau ist interaktiv. Die klassischen Medien erschreckt der Begriff allerdings immer ein bisschen. Keine Sorge: Interaktivität und Informationsgehalt stehen in keiner direkten Verbindung.
Foto: SZ-Archiv

kommen, an dessen Ende es nur einen Sieger gibt, den Computer. Betrachtet man Jugendliche – auf die ja unser Augenmerk immer gerichtet ist, wenn wir Zukunft erforschen und erspüren wollen – in ihrem konkreten Mediengebrauch, ergibt sich ein
30 viel entspannteres und gelasseneres Bild. Zu beobachten ist ein sehr individueller Medienmix. Die Jugendlichen lesen zwar keine Bücher, weil sie dafür keine Zeit haben, aber sie schätzen die Bedeutung des Mediums Buch außerordentlich hoch ein. Und es ist auch umgekehrt nicht so, dass die Medien, die die publizistische Aufmerksamkeit faszinieren (zum Beispiel das Internet), zu einem suchtartigen Verhalten führen würden.
35 Nein, wir beobachten eine große Gelassenheit im Umgang mit all diesen Medienangeboten.

Im fröhlichen Medienmix

Eines aber stimmt dann doch: Wir haben es mit einer Kultur zu tun, in der es keine Leitmedien mehr gibt: Lange Zeit war die Zeitung das unbestrittene Leitmedium; dann wa-
40 ren viele überzeugt – und sind es noch heute –, das Fernsehen sei das neue Leitmedium. Doch das ist ein Irrtum: Auch der Fernseher spielt eine Rolle neben vielen anderen Medien in diesem fröhlichen, individuellen Medienmix unserer Zeit.
Was bedeutet diese Situation für die klassischen Medien? Sie müssen nicht mit dem Untergang rechnen – wenn sie sich auf ihre Kernkompetenzen besinnen. Sie sind aufge-
45 fordert, sich zu überlegen, was die spezifische Leistung ist, die nur ihr Medium erbringen kann.
Am Beispiel der Zeitung lässt sich diese These leicht konkretisieren. Die Zeitung leistet vor allem eines, nämlich den Brückenschlag zwischen lokalen und globalen Interessen ihrer Leser. Lokal, das bedeutet vor allem: das Agendasetting einer Gemeinschaft, für die
50 eine Zeitung produziert wird. Auf der anderen Seite, im Blick auf die globalen Interessen, geht es um einen klassischen Auftrag, den Zeitungen wohl mehr als jedes andere Medium programmiert haben, nämlich den der Aufklärung. Zeitungen sind und bleiben deren klassisches Medium.
Die großen Herausforderungen, vor denen sie stehen, kann man auf einen Begriff brin-
55 gen: Es gibt eine neue Eigenschaft, die zwar sehr attraktiv ist, vor der aber die klassischen Massenmedien zunächst einmal erschrecken: die Interaktivität, das Faszinosum der digitalen Medien. Doch hier scheint es an der Zeit, einmal zu fragen: Hat das Ganze auch einen Haken?
Hat es. Man könnte geradezu die Faustformel aufstellen: Je interaktiver ein Medium ist,
60 um so weniger Informationen verteilt es. Man kann das an beliebigen interaktiven Medi-

en wie etwa dem Telefon am leichtesten überprüfen. Die Telefonie braucht fast gar keine Informationen. Sie funktioniert am besten, wenn man nahezu ausschließlich mit Re-
dundanz – zu Deutsch: Geschwätz – operiert. Das ist bei den meisten interaktiven Medien ähnlich, ihre Qualität und ihr Schwerpunkt liegen gerade nicht in der Informati-
65 onsübermittlung.

Daraus folgt: Schon deshalb, weil wir als Informationsgesellschaft angewiesen sind auf
das massenweise Prozessieren von Informationen, werden klassische Medien wie die
Zeitung ihre Bedeutung nicht einbüßen. Aber die Besinnung auf ihre Kernkompetenz
bedeutet für die Zeitung vor allem, dass sie begreifen muss, was sie im Gegensatz zu in-
70 teraktiven Medien wie dem Internet tatsächlich anbieten kann. Man kann dieses Angebot auch auf eine ganz einfache Formel bringen: Orientierung.

Die Zukunft der Zeitung liegt also nicht im reinen Ansammeln, Speichern und Verarbeiten von Daten. Dafür gibt es mittlerweile schnellere und erschöpfender Möglichkeiten. Was die Zeitung und die Printmedien in Zukunft immer mehr ins Zentrum ihrer
75 Aufmerksamkeit rücken müssen, ist ihre Orientierungsfunktion. Der amerikanische Or-
ganisationspsychologe Karl Weick hat einmal die schöne Formel geprägt: „Our problem
is confusion not ignorance" – wir sind nicht ungebildet oder uninformiert, aber ziemlich konfus.

Im Vertrauen

80 Wie kann man Orientierung anbieten? Darauf gibt es eine technisch genau präzisierba-
re Antwort: Massenmedien, aber vor allen Dingen Zeitungen und Printmedien, leisten
das durch den Akt der Filterung, der Selektion und der Bewertung. Das ist etwas, das
man im Internet nicht so ohne Weiteres geboten bekommt. Und zu viel Information ist
vom Nutzwert her beinahe dasselbe wie gar keine Information. Man kann angesichts
85 tausender Treffer einer Internet-Suchmaschine nur antworten: So genau wollte ich es
gar nicht wissen.

Die Printmedien nehmen uns Lesern, Kunden, Bürgern die zentralen Aufgaben der Filterung, Selektion und Bewertung zumindest in einem gewissen Umfang ab. Und weil
man die Nachrichten in der Regel nicht selbst überprüfen kann, bleibt nur das Vertrau-
90 en in die Informationsquelle. Deshalb ist es für jedes Printmedium primär von Bedeutsamkeit, um dieses Vertrauen zu werben und ihm eine seriöse Gegenleistung entgegenzusetzen.

Im Trab der Evolution

Orientierung bieten letztlich nur Medien, denen man Vertrauen schenken kann. Und
95 dieses wiederum kristallisiert sich in einer Marke. Deshalb können wir seit einiger Zeit
beobachten, dass das Konzept der Marke, das wir bisher nur aus dem Konsumgüterbe-
reich kannten, immer mehr auch in den Bereich der Medien eindringt. Meine optimis-
tische Einschätzung der Zukunftsfähigkeit der seriösen Zeitungen soll natürlich keineswegs in Abrede stellen, dass die neuen, die digitalen Medien das Tempo in einer ge-
100 radezu evolutionären Entwicklung vorgeben. Doch diese Medien-Evolution verlangt nach
einer humanen Kompensation. In dieser Formel steckt die Antwort auf die Frage, wie
sich die Medien in Zukunft zueinander verhalten und neu arrangieren werden.

Der Begriff Medien-Evolution soll zunächst einmal markieren, dass es sicher keine Alternative zu dieser Entwicklung der neuen Medien gibt. Aber diese Evolution vollzieht
105 sich in einer Geschwindigkeit, die uns alle überfordert. Die ganz simple Abschlussthe-
se lautet deshalb: Die Wunden, die uns die neuen Medien schlagen, werden geheilt von
den alten Medien.

Also gerade weil wir uns zunehmend einlassen auf die Angebote und Standards der neu-
en digitalisierten Medienwelt, wird unser Interesse an den alten Medien nicht abneh-
110 men, sondern wachsen. Denn diese alten Medien sind eine Form von Wiedergutma-
chung – menschengemäßer und vertrauter als alles, was sich an neuen Medienangeboten über uns ergießt.

*Der Autor ist Professor für Kommunikations- und Medientheorie am Essener Institut für Kunst-
und Designwissenschaften.*

Aus: Süddeutsche Zeitung vom 5.8.2002, Seite 15.

Arbeitsanweisungen:

1. Stellen Sie in Partnerarbeit dar, wie der Verfasser die „Zukunft der Zeitung" sieht.

2 Klären Sie vor dem Hintergrund des Textes Ihr eigenes Medienverhalten und stellen Sie Bezüge her zur Ausgangsthese „Die alten Medien heilen die Wunden, die die neuen Medien schlagen" (Untertitel) und zum Gedicht von Enzensberger.

Ansichten von Berlin

1 **Alfred Kerr (1867–1948): Wo liegt Berlin?** (Auszug)

Am Ende seines Studiums beginnt Alfred Kerr mit seinen Berichten aus Berlin. Für die angesehene „Breslauer Zeitung" schreibt er vom 1. Januar 1895 bis ins neue Jahrhundert hinein Briefe über die Entwicklung der Stadt, über Persönlichkeiten, Ereignisse, Jahreszeiten und Feste. Kulturelles mischt sich mit Traurigem, Fröhlichem, Hintersinnigem und Persönlichem. Kerr sucht – kritisch – sein Berlin. So ist die Frage „Wo ist Berlin?" die Motivation seines Schreibens, und der Leser wird von ihm in eine moderne, weltoffene und kunstliebende Metropole geführt.

2. September 1900

[...] Berlin aber lebt in ... Schönheit. Die Natur hat den Süden erschaffen zur Wonne der Menschheit, das norddeutsche Gebiet aber mehr aus Nützlichkeitsgründen. Immerhin gibt es hier Fortschritte, Arbeit, Technik, Entwicklung. Die Bülowstraße hat sich verändert in diesen sechs Wochen. Welcher verblüffende Anblick: das Eisengestell einer Über-
5 bahn, rot lackiert und grau gestrichen, steigt in plumper Scheußlichkeit empor zwischen den Häusern, zwischen den Bäumchen. Barbarischer, ekliger, gottverlassener, blöder, bedauernswerter, mickriger, schändlicher, gerupfter, auf den Schwanz getretener sieht nichts in der Welt aus. Aber diese Stadt war von jeher gebenedeit in Kunstdingen. Sie hatte Liebreiz, Anmut, Holdheit und einen glücklichen Griff in allem dergleichen. Nur
10 geht manches über die Hutschnur. Ein modernes Prinzip offenbart sich allerdings in der Behandlung dieses Stadtteils. Es ist allgemein feststellbar. Die Franzosen, welche den Schönheitsbegriff hochhalten, sind schwach in der Technik; die technischen Völker sind schwach in der Schönheit. Während ruppiger sechs Wochen sind hier Bahnen nach Wannsee elektrisch geworden, neue Verkehrsstränge wurden der Kurfürstenstraße ein-
15 verleibt, das Eisengerüst wuchs aus der Erde – überall Fortschritt, Entwicklung, Arbeit, Technik und Verhunzung. Ist Technik und Verhunzung nicht zu trennen?
Am Ende sind wir bloß unfähig, diese Art Schönheit gegenwärtig zu erfassen. Einst wird ja auch sie eine Schönheit sein. Man ringt um das Bauwerk der Zukunft; Zola[1] in seinem Künstlerroman läßt es auftauchen, schemenhaft, neblig, rätselvoll. Vielleicht wird
20 es die große Halle sein, aus Eisen, wie dieses Gerüst der Bülowstraße, und aus Glas. Späte Augen werden daran gewöhnt sein, sie als Herrlichkeiten empfinden, wie wir die Paläste der Florentiner, die klobigen, gewalttätigen, quaderhaften, selbstsicheren, die sie vor einem halben Jahrtausend hinsetzten. Sehet, liebe Freunde, zu welcher strahlenden, psalmodierenden Schönheit das neue Eisengerüst werden kann; das sagt der märchen-
25 hafte Turm der Franzosen, diese zwecklose technische Gipfeltat eines technisch zurückgebliebenen Volks. Sie haben zuerst die Schönheit der neuen Methode gelehrt, nicht ihre Verwendbarkeit. Eher die stolzen Möglichkeiten als den tatsächlichen Nutzen. In der friedvolleren Stadt Dresden aber zeigt ein Bau, was die Verbindung von Eisen, Glas und strahlend leichten Ziegeln Anmutiges hervorbringen kann in diesem Zukunftsstil: der
30 sonnenfestliche, junge, leuchtende Bahnhof. Er wird vorbildlich sein. Die Berliner haben auch bereits in ihr revidiertes Schönheitsgefühl die abendlichen Stadtbahnhöfe aufgenommen; der Maler Baluschek ist ihr begabter Herold. Aus Glas und Stein und Eisen hat dann Messel[2] den Wertheimpalast erbaut, der neben jenem Bahnhof zum Vorbild berufen scheint. Doch weder die sächsische Anmut noch die geniehafte Kühnheit der
35 Franzosen, noch die sichere Gastlichkeit des Messelschen Stils zeigt sich in dieser elend veränderten Bülowstraße; sondern bloß die jammervolle Herrichtung eines Notbehelfs, die dreiste Verschimpfierung eines freien Stadtteils, ein täppisches Ad hoc-Verfahren. Die Pariser wollten Revolution machen, als man ihnen elektrische Bahnen mit Leitungsdrähten zu geben suchte. Sie wünschten die Schönheit ihrer Gassen nicht durch
40 Stangen und Drähte zu gefährden. Die Berliner werden keine Revolution machen! Berlin wird aber auch nicht die „schönste Stadt der Welt" werden, wenn es so weitergeht; und unter den vielen Aussprüchen Wilhelms des Zweiten, welche eine Diskussion zulassen, wird auch dieser seinen Platz finden. [...]   (e 1900)

Aus: Alfred Kerr: Wo liegt Berlin? Briefe aus der Reichshauptstadt 1895–1900. Hrsg. u. Nachw.: Günther Rühle
© Aufbau-Verlag GmbH, Berlin 1997, S. 604ff.

(Aus lizenzrechtlichen Gründen ist dieser Text nicht in reformierter Rechtschreibung abgedruckt.)

---

[1] Emile Zola (1840–1902): frz. Schriftsteller; wichtigster Vertreter des Naturalismus
[2] Alfred Messel (1853–1909): dt. Architekt mit Vorlieben für funktionsbetonte Bauwerke

2 Franz Hessel (1880–1941): Ein Flaneur in Berlin (Auszug)

„Flanieren ist eine Art Lektüre der Straße, [...]", steht auf der hinteren Umschlagseite des 1984 neu herausgegebenen Buches, das erstmals 1929 unter dem Titel „Spazieren in Berlin" erschienen war. Franz Hessel spaziert alleine langsam durch sein Berlin und fügt das, was er sieht und wahrnimmt, zu einem Buch zusammen. Für ihn wird der Spaziergang zum Bildungsgang. Er erzählt von der Arbeit, der Mode, der Lebenslust, ... in Berlin.

Nach Osten

Lohnt's noch, vom heutigen und gestrigen Alexanderplatz zu sprechen? Er ist wohl schon verschwunden, ehe diese Zeilen gedruckt werden. Schon wandern die Trambahnen, Autobusse und Menschenmassen um die Zäune breiter Baustellen und tief aufgerissener Erdlöcher. Die gute dicke Stadtgöttin Berolina, die hier früher von hohem Postament den
5 Verkehr regelte, ist abgewandert. Das benachbarte Scheunenviertel mit seinen schiefen und geraden, verrufenen und armselig ehrlichen Straßen und Gassen ist zum größten Teil bereits eingerissen. Düster ragen von Süden die Mauern des Polizeipräsidiums über die Trümmerstätte des Platzes. Von Nordosten überwächst Häuser und Zäune der hohe Turm der Georgenkirche. Polizei und Kirche werden so bleiben. Aber was sonst hier noch
10 steht, wird fast alles eingerissen oder umgebaut werden. Die meisten Grundstücke und Parzellen sind bereits im Besitz der Hoch- und Untergrundbahn, die ihren Schacht gen Osten gräbt. Was sie davon abtreten wird, darf dann der neue Besitzer nicht nach Gutdünken bebauen, alle künftigen Bauten hier sind gebunden an die Entwürfe des Stadtbauamts. So besteht keine Gefahr, dass die Spekulation hässliche Mietskasernenblöcke
15 mit düsteren, luftarmen Quer- und Hintergebäuden türmt und kleistert. Um eine Mittelinsel, auf der Kreisverkehr eingerichtet werden wird, sollen in Hufeisenform Hochhäuser aufwachsen.
Wo Altes verschwindet und Neues entsteht, siedelt sich in den Ruinen die Übergangswelt aus Zufall, Unrast und Not an. Wer hier die Schlupfwinkel kennt, kann in seltsame
20 Wohnstätten finden und führen, schaurige Zwischendinge von Nest und Höhle. Da versteckt sich zum Beispiel in den Kellerräumen einer abgerissenen Mietskaserne, die einen der großen Obstläden enthielt, welche zur nahen Markthalle ihre Wagen und Körbe sandten, hinter Schutt und Mörtel der ‚Bananenkeller', eine traurige Schlafstelle für Obdachlose, die in den Nachtasylen nicht mehr unterkommen können oder wollen. Sie
25 kriechen hier in ihren Winkel, wenn die Lokale rings am Platz und in den nahen Straßen geschlossen werden. Sie ziehen die Beine nur ein bisschen näher an den Bauch und zerren die Jacke über die Knie, wenn wir unbefugten Eindringlinge an ihnen vorüberstolpern. Andere Kellerräume enthalten kleine Basare, deren Inhalt an den Pariser Flohmarkt erinnert. Da sind zu verkaufen: Konservengläser und Karbidlampen, Vogelkäfige und
30 Papierkörbe, alte Zylinderhüte und Lampenzylinder, Russenkittel, ‚kaum getragene' Schuhe, Schnürsenkel und Ölgemälde mit ‚Gold'rahmen, Plumeaux[1] und sogar Straußenfedern. Auch die Oberwelt ist voll fliegenden Handels. Am Zugang des Georgenkirchplatzes, wo im Regen frierende Dirnen um die Ecke schleichen und starr stehen, sah ich aus der Zaunlücke des Abbruchs eine graue Alte den armen Geschöpfen
35 weißleinene feste Unterbeinkleider hinhalten. Das sollten sie gegen die Kälte über die durchbrochene ‚Reizwäsche' ziehen. [...]   (e 1929)

Aus: Franz Hessel: Ein Flaneur in Berlin. Berlin (Das Arsenal) 1984, S. 200f.

---

[1] Plumeaux (< frz. plume = Feder): Federdeckbett

652

③ Christa Wolf (*1929): Der geteilte Himmel (Auszug)

Rita Seidel erwacht in „jenen letzten Augusttagen des Jahres 1961" in einem kleinen Krankenhaus aus einer Ohnmacht. Sie stellt sich die Frage, ob der Unfall, den sie hatte, absichtlich oder zufällig passiert ist. Die Suche nach der Antwort führt sie in ihre Vergangenheit zurück. Im Mittelpunkt ihrer Überlegungen stehen ihre Beziehung zu Manfred Herrfurth, einem jungen Chemiker, und ihre im Arbeitskollektiv gemachten Erfahrungen. Sie studiert in einem Lehrerbildungsinstitut und absolviert während der Ferien ein Arbeitspraktikum in einem Waggonwerk in (Ost-)Berlin. Manfred wird ihre erste und große Liebe. Aber er kehrt von einem Kongress in Westberlin nicht zurück. In der Retrospektive wird erzählt, wie sich Rita auf den Weg zu Manfred macht.

[...] Zum Nachdenken blieb keine Zeit mehr. Der Zug hielt. Polizisten kamen herein und verlangten die Ausweise zu sehen. (Wenn sie mich fragen – lügen werde ich nicht. Dem nächsten besten erzähle ich jetzt alles von Anfang bis Ende.) Sie blätterten in ihrem Ausweis und gaben ihn zurück. Ihre Hände zitterten, als sie ihn in die Tasche zurücksteckte. Nicht sehr wirksam, diese Kontrolle, dachte sie
5 fast enttäuscht.
Der Mann, der ihr gegenübersaß, trocknete sich mit einem blütenweißen, scharf gebügelten Taschentuch die Stirn.
„Heiß", sagte er.
Danach sprachen sie nicht mehr. Rita sah ihn noch einmal an der Sperre, zusammen mit einer Frau,
10 die aus dem gleichen Zug gestiegen war und mit der er sehr vertraut schien.
Dann vergaß Rita ihn. Sie hatte ihre eigenen Sorgen. In der Nebenhalle des Bahnhofs fand sie einen großen Stadtplan. Sie stand sehr lange davor und lernte fremde Straßen- und Bahnhofsnamen auswendig. Ihr war klar: In der Sache, die sie heute vorhatte, war sie ganz auf sich angewiesen.
Sie trat an den Fahrkartenschalter. Zum erstenmal mußte sie preisgeben, was sie tun wollte.
15 „Zoologischer Garten", sagte sie.
Gleichmütig wurde ihr eine kleine gelbe Pappkarte zugeschoben. „Zwanzig", sagte die Frau hinter der Glasscheibe.
„Und wenn man – zurückkommen will?" fragte Rita zaghaft. „Also vierzig", sagte die Frau, nahm die Karte zurück und schob eine andere durch das Fensterchen.
20 Darin also unterschied diese Stadt sich von allen anderen Städten der Welt: Für vierzig Pfennig hielt sie zwei verschiedene Leben in der Hand.
Sie sah auf die Karte und steckte sie dann sorgfältig ein. Ich muß den Kopf für andere Sachen frei haben.
Sie war schon müde, als sie sich von den Sonntagsausflüglern durch den Bahntunnel und die Trep-
25 pen hoch auf den Bahnsteig schieben ließ. Hier fing der Tag erst an. Schöne Kleider, Gedränge, Kindergeschwätz. Der gewöhnliche Sommersonntagsbetrieb. Rita stand an den breiten Türen, die sich bei jeder neuen Station lautlos öffneten und schlossen. Zum erstenmal in ihrem Leben wünschte sie, irgend jemand anders zu sein – einer von den harmlosen Sonntagsausflüglern –, nur nicht sie selbst. Dieser Wunsch war das einzige Zeichen dafür, daß sie sich in eine Lage brachte, die gegen ihre Na-
30 tur ging.
Es gab nun gar keine Wolken mehr am Himmel – wenn man sich die Mühe machte und aus dem fahrenden Zug nach den Wolken sah.
Rita wurde das peinliche Gefühl nicht los, jeden Augenblick etwas Entscheidendes zu versäumen. Sie wiederholte sich alle Namen von Bahnhöfen und Straßen, die auf ihrem Weg lagen. Was rechts
35 und links von diesem Weg lag, wußte sie nicht und wollte sie nicht wissen. In dieser riesigen, unheimlichen Stadt war ihr eine feine dünne Linie vorgezeichnet. An die mußte sie sich halten. Wich sie von ihr ab, würde es Verwicklungen geben, deren Ende sie sich gar nicht Ausdenken konnte.
Sie versäumte nichts und verfehlte nichts. Sie stieg pünktlich aus, umsichtig und ohne Hast. Sie zwang sich, in aller Ruhe ein paar Kioskfenster auf dem Bahnsteig anzusehen (das sind also diese Apfelsi-
40 nen und Schokoladen, die Zigaretten, die billigen Bücher ...), und sie fand, daß sie sich das genauso vorgestellt hatte.
Unter den letzten ging sie langsam zur Sperre. Da stieß sie auf eine kleine Menschengruppe, die den Weg versperrte und ganz in ihre Gefühlsäußerungen verstrickt war. Große Freude oder großer Schmerz – es war schwer zu unterscheiden. Übrigens mochte es beides sein. [...] (e 1963)

Im Gespräch mit Manfred erkennt Rita, dass sie sich nicht mehr verstehen. Manfred, der Individualist, bleibt im Westen, Rita geht zurück in die DDR. Drei Wochen nach der Trennung kommt es zum Unfall mit der Lokomotive, der ihr die Gelegenheit gibt, mit sich ins Reine zu kommen und ihre Aufgabe zu erkennen, die darin besteht, beim Aufbau des Sozialismus zu helfen.

Aus: Christa Wolf: Der geteilte Himmel. München (Deutscher Taschenbuchverlag) 1973, S. 167f.

(Aus lizenzrechtlichen Gründen ist dieser Text nicht in reformierter Rechtschreibung abgedruckt.)

4 Cees Nooteboom (*1933): Allerseelen (Auszug)

Arthur Daane, ein niederländischer Kameramann, lebt in Berlin. Vor zehn Jahren hat er seine Frau und sein Kind bei einem Flugzeugunglück verloren. In der deutschen Hauptstadt sucht er Motive für „seinen" Film.

[...] Er ging in Richtung Schillerstraße. Es gab nur zwei Städte, die einen so zum Laufen herausforderten, Paris und Berlin. Das stimmte natürlich auch wieder nicht, er war sein ganzes Leben lang überall viel zu Fuß gegangen, doch hier war es anders. Er fragte sich, ob das durch den Bruch kam, der durch beide Städte lief, wodurch das Zufußgehen den
5 Charakter einer Reise, einer Pilgerfahrt bekam. Bei der Seine wurde dieser Bruch durch Brücken gemildert, und dennoch wusste man immer, dass man irgendwo anders hinging, dass eine Grenze überschritten wurde, so dass man, wie so viele Pariser, auf seiner Seite des Flusses blieb, wenn keine Notwendigkeit bestand, das eigene Territorium zu verlassen. In Berlin war das anders. Diese Stadt hatte mal einen Schlaganfall erlitten, und die
10 Folgen waren noch immer sichtbar. Wer von der einen Seite in die andere ging, durchquerte einen merkwürdigen Riktus, eine Narbe, die noch lange zu sehen sein würde. Hier war das trennende Element nicht das Wasser, sondern jene unvollständige Form der Geschichte, die Politik genannt wird, wenn die Farbe noch nicht ganz trocken ist. Wer dafür empfänglich war, konnte den Bruch fast körperlich spüren.
15 Er trat auf die endlose Fläche des Ernst-Reuter-Platzes, sah, dass die hohen Metalllampen in der Bismarckstraße („das Einzige, was von Speer übrig geblieben ist" – Victor) brannten, so dass die dahintreibenden, sich selbst nachjagenden Schneeböen dort kurzzeitig zu Gold wurden. Ihn fröstelte, aber nicht vor Kälte. Wie lange war es jetzt her, dass er zum ersten Mal in Berlin war? Als Praktikant mit einem Team vom niederländischen Sender NOS,
20 das über einen Parteitag im Osten berichten sollte. So etwas konnte man schon jetzt nicht mehr erklären. Wer es nicht miterlebt hatte, konnte es nie mehr nachempfinden, und wer es mitgemacht hatte, wollte nichts mehr davon wissen. So etwas gibt es, Jahre, in denen die Ereignisse dahinrasen, in denen Seite 398 Seite 395 schon längst vergessen hat und die Wirklichkeit von vor ein paar Jahren eher lächerlich als dramatisch wirkt. Es war ihm aber
25 noch bewusst, die Kälte, die Bedrohung. Brav hatte er zusammen mit den anderen auf einem Holzpodest gestanden, um über das Niemandsland hinweg in die andere Welt zu blicken, in der er am Tag zuvor noch gedreht hatte: Selbst das war ihm damals unmöglich erschienen. Nein, darüber konnte man nichts Vernünftiges sagen, auch heute noch nicht. Wenn die steinernen Zeichen, Ruinen, Baugruben, leeren Flächen nicht gewesen wären,
30 hätte man noch am besten alles als Produkt einer krankhaften Fantasie abtun können. Später war er häufiger in die erdachte Stadt zurückgekehrt, mitunter Monate am Stück. Er hatte Freunde gewonnen, die er gern wiedersah, bekam gelegentlich einen Auftrag vom SFB, doch nichts konnte erklären, weshalb diese geheime Liebe nun ausgerechnet Berlin galt und nicht Städten, in denen es angenehmer oder spannender war, wie zum Beispiel
35 Madrid oder New York. Es musste etwas mit der Größe zu tun haben, wenn er durch die Stadt ging, wusste er genau, was er damit meinte, ohne dass er jemand anders eine befriedigende Erklärung dafür hätte liefern können. „Ich bin überall ein bisschen ungern." Dieser Satz war in ihm haften geblieben, weil er ihn so gut nachempfinden konnte. In diesem *ungern*, das man überall mit sich herumtrug, steckte eine essenzielle Melancholie, die
40 einem nicht viel nützte, doch hier ging die eigene Melancholie scheinbar eine Verbindung mit einem anderen, widerspenstigeren und gefährlicheren Element ein, das man vielleicht auch als Melancholie bezeichnen konnte, dann freilich eine der Dimensionen, der breiten Straßen, durch die ganze Armeen marschieren konnten, der pompösen Gebäude und der leeren Räume zwischen ihnen, sowie des Wissens um das, was in diesen Räumen gedacht
45 und getan worden war, eine Häufung ineinander greifender und sich gegenseitig verursachender Bewegungen von Tätern und Opfern, ein Memento, in dem man Jahre umherstreifen könnte. Die Berliner selbst hatten, wahrscheinlich aus Selbsterhaltungsgründen, dafür keine Zeit. Sie waren damit beschäftigt, die Narben abzutragen. Doch was für ein unerträgliches Gedächtnis müsste man schließlich auch haben, um das zu können?
50 Es würde an seiner eigenen Schwerkraft zugrunde gehen, zusammenbrechen, alles würde in ihm verschwinden, die Lebenden würden zu den Toten gesogen. [...] (e 1999)

Eines Tages lernt er die junge Geschichtsstudentin Elik Oranje kennen und lieben. Elik zieht ihn in ihren Bann, er folgt ihr bis nach Madrid, wo sie ihn endgültig wegschickt. Sie sagt ihm, sie tauge nicht als Ersatz, deshalb habe sie auch das Kind, das sie von ihm erwartet habe, abtreiben lassen. Auf dem Weg zu einer Metrostation wird er von zwei Männern mit kahlen Schädeln fast totgeschlagen. Nach einer langen Genesungszeit im Krankenhaus holen ihn seine Freunde heim nach Berlin.

Aus: Cees Nooteboom: Allerseelen. © Suhrkamp Verlag 1999, S. 35ff.

© Schöningh Verlag, Best.-Nr. 028228 1

Arbeitsanweisungen:

Bearbeiten Sie die vier Texte im Gruppenpuzzle.

1. Skizzieren Sie das jeweils von Berlin gezeichnete Bild. Sprechen Sie sich zuvor über mögliche Untersuchungskategorien ab, z.B. Situation des Erzählers/der Erzählerin, Erzählperspektive, Bild von Berlin, Absicht etc. Achten Sie besonders auf die unterschiedlichen Wahrnehmungs- und Darstellungsformen.

2. Recherchieren Sie zu Leben und Werk der Autoren in Lexika, im Internet etc. Präsentieren Sie Ihre Ergebnisse als Referat mit dem Titel: Leben und Werk von ...

Hilmar Bahr: Ein Besessener

Montag, 10. Juni 2002
FILM/Vor 20 Jahren starb Rainer Werner Fassbinder

Ein Besessener
Er war ein Getriebener und ein Besessener zugleich: „Schlafen
kann ich, wenn ich tot bin", war Rainer Werner Fassbinders stereotype Antwort auf die Frage nach seinem Arbeitspensum. So
exzessiv wie er arbeitete, lebte er auch: Affären, Alkohol, Me-
5 dikamente und Kokain.

HILMAR BAHR, dpa
MÜNCHEN Als Rainer Werner Fassbinder vor 20 Jahren am
10. Juni in München starb, hinterließ der 37-jährige Regisseur
10 ein Werk, das sowohl im Umfang als auch in seiner provozierenden Qualität in Deutschland immer noch einzigartig ist:
Über 40 Spielfilme in 13 Jahren, noch mehr Drehbücher, dazu
Fernsehserien und Theaterstücke.
„Bist du so früh gestorben, weil du dich so beeilt hast?", fragte
15 sein Star Hanna Schygulla in einem Nachruf. „Oder hast du
dich so beeilt, weil du so früh stirbst?" Wahrscheinlich stimmt
beides.
Manche von Fassbinders Weggefährten meinen, der Regisseur
habe sich auch aus eigenen Ängsten so in seine Arbeit gestürzt.
20 „Das Wunderbare an diesem Widerling war: Er machte mit seiner Angst den anderen Mut. Wohl keiner von Deutschlands
großen Künstlern hat sich so schonungslos preisgegeben",
meinte sein Kollege Hark Bohm in der vor einer Woche eröffneten Fassbinder-Ausstellung im Schwulen Museum in Ber-
25 lin. Die bis zum 28. Oktober geöffnete Schau mit Fotos von den
Dreharbeiten, Plakaten und Filmausschnitten thematisiert
auch die Homosexualität Fassbinders.
Der am 31. Mai 1945 in Bad Wörishofen geborene Fassbinder
gehörte zu den produktivsten und bedeutendsten Regisseuren
30 des deutschen Films nach 1945. Filme und der Prozess ihres
Entstehens waren für Fassbinder „immer auch der Versuch,
von mir selbst etwas besser zu begreifen". So kompliziert sei-
ne Person war, so widersprüchlich ist auch sein Werk: Der manchen als bösartig und
unkontrollierbar geltende Regisseur drehte hochsensible Filme in Rekordzeit. Allein
35 1969 entstanden zehn Filme, darunter „Liebe ist kälter als der Tod" und „Katzelmacher".
In beiden Streifen spielt Fassbinder selbst einen Mann, der isoliert ist und letztlich scheitert.
Einen autobiografischen Stempel trägt auch die 1970 entstandene „Warnung vor einer
heiligen Nutte", in der er Spannungen und Aggressionen in einem Filmteam themati-
40 sierte. Der Psychoterror auf der Leinwand geriet ihm wie Betroffene erzählen, durchaus
realistisch: Auch Fassbinder habe als unberechenbare Diva grausam und zärtlich sein
können. Spätestens Anfang der 70er-Jahre galt der Fußballfan, damals Mitte 20, der Kritik entweder als Enfant terrible oder als „Wunderkind" des neuen deutschen Films. „Die
bitteren Tränen der Petra Kant", das heikle Melodram „Angst essen Seele auf" oder sei-
45 ne präzise Fontane-Verfilmung „Effi Briest" erregten Aufsehen.
Die frühen Jahre der Bundesrepublik thematisierte Fassbinder am Beispiel von Frau-
enschicksalen in „Die Ehe der Maria Braun", „Lola" und „Die Sehnsucht der Veronika
Voss". Fassbinder blickte dabei auf die Schattenseite des Wirtschaftswunders, auf Vereinsamung und Provinzialität. Ein Publikumserfolg wurde „Lili Marleen" mit Hanna
50 Schygulla als Sängerin Lale Andersen. Sein nach Kritikermeinung größtes und schöns-
tes Werk gelingt Fassbinder mit der Verfilmung des Romans „Berlin Alexanderplatz"
von Alfred Döblin. In der 14-teiligen Fernsehserie setzt er der wilden, verunsicherten Figur des Franz Biberkopf ein Denkmal. Schwule Obsessionen verarbeitete er in der Ge-
net-Adaption „Querelle", seinem letzten Film als Regisseur.
55 Die Meinungen über Fassbinders Homosexualität gehen auseinander. So meint der
Schauspieler Karlheinz Böhm, der zu den Protagonisten des Regisseurs gehörte: „Ich
bin der festen Überzeugung, Rainer hat sich dieses Image der Homosexualität als Protest gegen den Vater zugelegt, aber auch als Protesthaltung gegenüber der Gesellschaft."

Aus: Südwest Presse Ulm, 10.6.2002

Rainer Werner Fassbinder in seiner letzten Rolle als Polizei-Agent
Jansen in Wolf Gremms „Kamikaze 1989".

Arbeitsanweisungen:

1. Fassen Sie hier benannte Charakterzüge des Regisseurs Rainer
Werner Fassbinder zusammen,
und suchen Sie Gründe für sein
obsessives Arbeiten.

2. Suchen Sie Hinweise, die Fassbinders Interesse an der Person Franz
Biberkopf erklären könnten.

Clifford Stoll: Junk-Infos aus dem Internet (Auszug)

[...] Informationen mögen von Nutzen sein, sie sind aber meistens nicht wertvoll. Sicher können präzise, gewichtige und rechtzeitige Informationen ein Vermögen wert sein, aber das meiste an Informationen ist ohne Wert. Der Unterschied zwischen wertlosen Daten und nützlichen Informationen ist also gar nicht allzu groß.

5 Welche ökonomische Bedeutung haben Informationen? Man kann zwar viel über Informationsmanagement lesen, aber kaum etwas über den Wert von Informationen. Wie jedem anderen ist auch mir ein Sandwich lieber als das Rezept dafür, das Hemd lieber als das Schnittmuster und ein Haus lieber als sein Bauplan. Im Grunde ist die Bilanz einer Bank nichts als eine Ansammlung von Zahlen. Aber die Herren des Cyberspace be-
10 stehen darauf, dass Informationen einen Wert an sich haben, das ist etwa so, wie wenn man die Linie auf der Landkarte schon für den Fluss halten würde.

Der Wert von Informationen hängt zum einen davon ab, wie neu sie sind: Die Nachrichten von gestern sind wie der Kopfsalat von gestern. Zum anderen ist der Wert von Informationen davon abhängig, ob sie genau und verlässlich sind. Mit den Einzelheiten
15 einer im Geheimen betriebenen Firmenübernahme kann ein Insider ein Vermögen machen, aber nur, wenn die Einzelheiten auch stimmen.

Und manche Information, die für Sie wertlos ist, mag für mich von großem Wert sein. Ich bin kein Wirtschaftswissenschaftler, aber schon der Energieerhaltungssatz der Physik sagt: Von nichts kommt nichts. Nimmt man dann noch den gesunden Menschen-
20 verstand und die Erkenntnis, dass nichts im Leben umsonst ist, dann wird klar: Wenn man etwas Wertvolles haben will, muss man dafür zahlen.

Bei allem, was wir kaufen – seien es Waren oder Dienstleistungen – achten wir auf drei Eigenschaften: Sie müssen gut sein, sie müssen billig sein und man muss sie schnell bekommen können. Zwei dieser drei Forderungen können gleichzeitig erfüllt werden,
25 aber nicht alle drei.

Sie wollen billig und schnell essen? Ab zu McDonald's! Sie wollen trotz Zeitdruck ein gutes Essen? Gehen Sie in ein feines Restaurant. Es gibt auch die Möglichkeit, gut und billig zu essen: zu Hause. Fastfood ist nicht gut, gute Restaurants sind nicht billig und das Essen zu Hause braucht seine Zeit.

30 Gut, billig, schnell: Dass man nicht alle drei Bedingungen gleichzeitig erfüllen kann, gilt, wenn man Schuhe kauft oder den Installateur kommen lässt – und es gilt auch bei der Ausbildung. Vermutlich gilt es auch für Beziehungen, aber ganz sicher gilt es für Informationen. Wenn sie wertvolle Informationen ganz billig haben wollen, gehen Sie in eine Bibliothek. Das wird allerdings nicht schnell gehen, Sie werden Zeit und Mühe da-
35 rauf verwenden müssen, um herauszubekommen, wonach Sie überhaupt suchen.

Es gibt viele Quellen für schnelle und genaue Informationen. Der volle Zugang zu Zeitungsarchiven, zu Börsen- und Wetterdaten und der Zugriff auf qualifizierte Datenbanken ist teuer, in den USA kostet die Stunde zwischen 50 und 200 Dollar, in Deutschland zahlt man für jedes „Dokument" aus einer Datenbank zwischen 3 DM (Zeitungsarchi-
40 ve, große Lexika) und 50 DM[1] (Archive mit Wirtschaftsdaten).

Sie wollen schnell und billig informiert werden? Gehen Sie ins World Wide Web und surfen Sie im Internet kreuz und quer, so schnell es Ihr Modem und Ihr Server zulassen. Das Internet ist der McDonald's der Information, und wie McDonald's liefert es ein Produkt, das schnell, leicht und billig zu bekommen ist. Wie McDonald's reicht es für
45 manche Leute aus und befriedigt ihre Bedürfnisse.

Und wie McDonald's verdrängt das Internet „klassische" Einrichtungen, die höchste Qualität liefern. McDonald's verdrängt die gediegenen Restaurants, das Internet untergräbt die Bedeutung der Bibliotheken. [...]

Aus: Clifford Stoll: „LogOut – Warum Computer im Klassenzimmer nichts zu suchen haben". © S. Fischer Verlag GmbH, Frankfurt am Main 2001, S. 210ff.

---

1 Entspricht einem Wert zwischen 1,53 € und 25,56 €.

Arbeitsanweisungen:

1. Verfassen Sie eine Beschreibung des Textes.

2. Erörtern Sie Stolls Thesen vor dem Hintergrund eigener Interneterfahrungen.

Bildquellenverzeichnis